Genusangabe durch den bestimmten Artikel
gender shown by definite article

langer betonter Vokal
long stressed vowel

britische und amerikanische Varianten
British and American variants

phonetische Umschreibung nach der internationalen Lautschrift
pronunciation information using the IPA

eigenes Stichwort für das Femininum bei Formunterschied
separate word for feminine when form differs

Querverweise auf die neue Schreibweise
old spellings cross-referred to new

kurzer betonter Vokal
short stressed vowel

Hervorhebung der Ausdrücke
fixed expressions given special status

Abkürzungen
abbreviations and acronyms

Femininum
feminine form

Plural mit eigener Bedeutung
plural with its own meaning

Abitur (*pl* **-e**) *das* ≃ A levels (*pl*) **Br,** ≃ SATs (*pl*) **Am,** *final examination at a German "Gymnasium", qualifying pupils for university entrance.*

ABITUR

The German equivalent of British A-levels, the "Abitur" is the leaving examination taken by all German pupils at the end of their school career and is a requirement if they wish to go on to university. Pupils select one main subject and a number of optional subjects. Each of the "Bundesländer" administers its own examinations.

Arzt [aːɐ̯tst] (*pl* **Ärzte**) *der* doctor; **praktischer ~** general practitioner, GP.

Ärztin [ˈɛːɐ̯tstɪn] (*pl* **-nen**) *die* doctor.

auf|brechen (*perf* **hat/ist aufgebrochen**) *(unreg) vt (hat)* [mit Gewalt öffnen - Tür] to force open; [- Schloss] to force; [- Deckel] to force off; [- Wohnung, Auto, Tresor] to break into ◇ *vi (ist)* **- 1.** [abreisen]: **~ (nach)** to set off (for) **- 2.** [aufreißen] to open.

auf|wendig *adj* & *adv* = **aufwändig.**

August *der* August; *siehe auch* **September.**

Ausflugs|ziel *das* destination *(of a trip).*

betrachten *vt* **- 1.** [ansehen] to look at; **sich** *(D)* **etw (näher) ~** to have a (closer) look at sthg **- 2.** [beurteilen] to regard **- 3.** [überprüfen] to examine, to consider.

◆ **sich betrachten** *ref* to look at o.s.

bisschen *adj* [wenig]: **das ~ Regen macht doch nichts** that little bit of rain won't do any harm.

◆ **das bisschen** *pron:* **das ~ kannst du jetzt auch noch essen** you can eat that little bit up.

BKA [beːkaːˈaː] (*abk für* **Bundeskriminalamt**) *das Federal Office for criminal investigation.*

Depp [dɛp] (*pl* **-en**) *der* ***fam Österr, Schweiz & Süddt*** twit.

Denker, in (*mpl* **-;** *fpl* **-nen**) *der, die* thinker.

Denkmalspflege, Denkmalpflege *die* preservation of historical monuments.

Ersparnis (*pl* **-se**) *die* saving.

◆ **Ersparnisse** *pl* savings.

Entsprechungen
cultural equivalents

Erläuterungen, falls es keine Übersetzung gibt
explanation where no direct translation exists

landeskundliche Information
cultural information

klare Bedeutungsdifferenzierungen und Kontextangaben
clear differentiation of sense and context

zu benutzende Hilfsverben
auxiliary verb information

genaue Angaben zur Übersetzung
comment clarifying translation

Kasusangaben für das Deutsche
... information

grammatische Gebrauchsmuster
grammatical ...

D1285958

LAROUSSE

CONCISE DICTIONARY

ENGLISH GERMAN

GERMAN ENGLISH

LAROUSSE

ISBN 2-03-540014-7

Typeset by Ingénierie Graphisme Services, France

CONTENTS
INHALTSVERZEICHNIS

PREFACE

This new dictionary has been designed as a reliable and user-friendly tool for use in all language situations. It provides accurate and up-to-date information on written and spoken German and English as they are used today.

Its 90,000 words and phrases and 120,000 translations give you access to German texts of all types. The dictionary aims to be as comprehensive as possible in a book of this size, and includes many proper names and abbreviations, as well as a selection of the most common terms from computing, business and current affairs.

The new German spelling system has been used throughout, with both old and new forms shown on the German–English side of the dictionary

Carefully constructed entries and a clear page design help you to find the translation that you are looking for fast. Examples (from basic constructions and common phrases to idioms) have been included to help put a word in context and give a clear picture of how it is used.

The dictionary provides extra help for students of German with the inclusion of boxes on German life and culture that appear within the dictionary text itself, and a 16-page central section which gives fuller background details on political and cultural life in Germany, Austria and Switzerland.

VORBEMERKUNG

Dieses neue Wörterbuch wurde als zuverlässiger und benutzerfreundlicher Begleiter für Schule, Beruf und Freizeit entwickelt. Es gibt schnell und präzise Auskunft über den aktuellen Wortschatz des Englischen und des Deutschen in seiner geschriebenen und gesprochenen Form.

90 000 Wörter und Ausdrücke mit 120 000 Übersetzungen eröffnen den Zugang zu englischen Texten aller Art. Um dieses Nachschlagewerk innerhalb des vorgegebenen Umfangs so umfassend wie möglich zu gestalten, wurden zudem viele Eigennamen und Abkürzungen sowie eine Auswahl der gebräuchlichsten Begriffe aus den Bereichen EDV/Internet, Wirtschaft und Tagespolitik aufgenommen.

Die Schreibung des Deutschen folgt konsequent den neuen amtlichen Rechtschreibregeln, im deutsch-englischen Teil werden zur besseren Auffindbarkeit alte und neue Formen nebeneinander angegeben.

Mit großer Sorgfalt gestaltete Einträge und eine übersichtliche Seitengestaltung helfen dem Benutzer, die gesuchte Übersetzung schnell zu finden. Zusätzlich veranschaulichen zahlreiche Beispiele (von grammatischen Basiskonstruktionen und gebräuchlichen Kollokationen bis zu idiomatischen Wendungen) die Benutzung des betreffenden Wortes im Kontext. Das Wörterbuch bietet dem deutschsprachigen Benutzer besondere Hilfestellung in Form von landeskundlichen Erläuterungen, die in den Text integriert sind und wertvolle Hintergrundinformationen zum jeweils gesuchten englischen Begriff liefern.

Editor-in-Chief
Gesamtleitung
Patrick White

Project Manager
Koordinierung
Helen Bleck

Editorial Team
Redaktion

Joaquín Blasco
Stuart Fortey
Helen Galloway
Elaine O'Donoghue
Christina Reinicke
Stefan Rosenland
Veronika Schilling
Anna Stevenson

with
mit

Alexander Behrens
Anna Canning
Lynda Carey
Steffen Krug
Elisabeth Lauer
Dörthe and Günter Lügenbuhl
Friedemann Lux
Úna ní Chiosáin
Ruth Noble
Ingrid Schumacher
Liliane Seifert
Katerina Stein

Data Management
Datenverwaltung

Abdul Aziz Ndao

ABKÜRZUNGEN		ABBREVIATIONS
Akkusativ	*A*	accusative
Abkürzung	*abk/abbr*	abbreviation
abwertend bezeichnet die subjektive negative Wertung des Sprechers, z. B. **Banause**	*abw*	pejorative implies disapproval, e.g. **Banause**
Adjektiv	*adj*	adjective
Adverb	*adv*	adverb
amerikanisches Englisch	*Am*	American English
amtssprachlich, formell	*amt*	official language
australisches Englisch	*Austr*	Australian English
Hilfsverb	*aux*	auxiliary
britisches Englisch	*Br*	British English
kanadisches Englisch	*Can*	Canadian English
ein zusammengesetztes Substantiv bildend ein Substantiv, das zur näheren Bestimmung eines anderen dient, z. B. **gardening** in **gardening book** oder **airforce** in **airforce base**	*comp*	compound-forming element a noun used to modify another noun, e.g. **gardening** in **gardening book** or **airforce** in **airforce base**
Komparativ	*compar*	comparative
Konjunktion	*conj*	conjunction
Verlaufsform	*cont*	continuous
Dativ	*D*	dative
demonstrativ, hinweisend	*dem*	demonstrative
Determinant bezeichnet Artikelwörter und andere aritikelähnliche Substantivbegleiter	*det*	determinant indicates article words and similar
eigentliche Bedeutung	*eigtl*	literal
etwas	*etw*	something
Femininum	*f*	feminine noun
umgangssprachlich	*fam*	informal
übertragene Bedeutung	*fig*	figurative
gehoben	*fml*	formal
Femininum im Plural	*fpl*	plural feminine noun
nicht trennbar	*fus*	inseparable
Genitiv	*G*	genitive
gehoben	*geh*	formal
generell, allgemein	*gen*	generally
humorvoll	*hum*	humorous
unbestimmt	*indef*	indefinite
umgangssprachlich	*inf*	informal
Interjektion	*interj*	interjection
unveränderlich kennzeichnet bei Substantiven die Übereinstimmung der Plural- und Singularform, wie z. B. bei **sheep** *pl inv:* **four sheep**	*inv*	invariable applied to a noun to indicate that plural form same as singular, e.g. **sheep** *pl inv:* **four sheep**
ironisch	*iron*	ironic
jemand	*jd*	someone (nominative)
jemandem	*jm*	someone (dative)
jemanden	*jn*	someone (accusative)
jemandes	*js*	someone (genitive)
Komparativ	*kompar*	comparative
Konjunktion	*konj*	conjunction
eigentliche Bedeutung	*lit*	literal in conjunction with *fig*, shows that

ABKÜRZUNGEN		ABBREVIATIONS
		both a literal and figurative sense is being covered by the same translation
Maskulinum	*m*	masculine noun
Maskulinum und Femininum	*mf*	feminine and masculine noun
Maskulinum im Plural	*mpl*	plural masculine noun
Norddeutsch	*Norddt*	northern German
Neutrum bei Städte- und Ländernamen Städte und Ländernamen gehören zu den Neutra. Sie werden in den meisten Fällen ohne Artikel benutzt: **ich fahre nach Deutschland/nach Berlin**. Es gibt jedoch Ausnahmen: **das Deutschland/das Berlin der 90er Jahre**	*nt*	neuter noun (used with place names) The names of countries and cities are generally neutral, and used without an article: **ich fahre nach Deutschland/ nach Berlin**. There are some exceptions, however: **das Deutschland/ das Berlin der 90er Jahre**
Zahlwort	*num*	numeral
ohne Plural	*ohne pl*	uncountable noun
sich	*o.s.*	oneself
Ostdeutsch	*Ostdt*	East German
Österreichisch	*Österr*	Austrian
abwertend bezeichnet die subjektive negative Wertung des Sprechers, z. B. **bimbo, catty**	*pej*	pejorative implies disapproval, e.g. **bimbo, catty**
Perfekt	*perf*	perfect
persönlich	*pers*	personal
Redewendung(en)	*phr*	phrase(s)
Plural	*pl*	plural
besitzanzeigend	*poss*	possessive
Partizip Perfekt	*pp*	past participle
Präposition	*präp*	preposition
Präsens	*präs*	present
Präteritum	*prät*	preterite
Vorsilbe	*pref*	prefix
Präposition	*prep*	preposition
Pronomen	*pron*	pronoun
reflexives Verb	*ref*	reflexive verb
regelmäßig	*reg*	regular
Redewendung(en)	*RW*	phrase(s)
salopp	*salopp*	very informal
jemand	*sb*	someone
Schweizerdeutsch	*Schweiz*	Swiss German
schottisches Englisch	*Scot*	Scottish English
trennbar	*sep*	separable
singular	*sg*	singular
Slang	*sl*	slang
etwas	*sthg*	something
Subjekt	*Subj/subj*	subject
Süddeutsch	*Süddt*	southern German
Superlativ	*superl*	superlative
ohne Plural	*U*	uncountable noun
unregelmäßig	*unreg*	irregular
unveränderlich	*unver*	invariable
Verb	*vb*	verb

ABKÜRZUNGEN		ABBREVIATIONS
intransitives verb	*vi*	intransitive verb
unpersönliches Verb	*v impers*	impersonal verb
salopp	*vinf*	very informal
vor dem Substantiv zeigt an, dass die Übersetzung grundsätzlich attributiv verwendet wird, d. h. unmittelbar vor dem Substantiv steht, welches es näher bezeichnet	*vor Subst*	before noun indicates that the translation is always used attributively, i.e. directly before the noun which it modifies
transitives Verb	*vt*	transitive verb
vulgär	*vulg*	vulgar
ohne Plural	*U*	uncountable noun
kulturelle Entsprechung	≃	cultural equivalent
a) Im Verb: Trennbarkeit des deutschen Verbs b) Im zusammengesetzten Substantiv: Angaben zum Plural unter dem Wort nach dem Balken (z. B. steht der Plural von **Ab|bild** under dem Stichwort **Bild**)	|	a) In a German verb: indicates that verb is separable b) In a compound noun: shows the root of the word, where the plural will be found (e.g. the plural of **Ab|bild** is under the headword **Bild**)

SACHBEREICHSANGABEN		FIELD LABELS
Verwaltung	ADMIN	administration
Flugwesen, Luftfahrt	AERON	aeronautics, aviation
Landwirtschaft	AGRIC	agriculture
Anatomie	ANAT	anatomy
Archäologie	ARCHAEOL	archaeology
Architektur	ARCHIT	architecture
Astrologie	ASTROL	astrology
Astronomie	ASTRON	astronomy
Kfz-Technik	AUT(O)	automobile, cars
Biologie	BIOL	biology
Botanik	BOT	botany
Chemie	CHEM	chemistry
Handel	COMM	business
Datenverarbeitung	COMPUT	computers, computer science
Bauwesen	CONSTR	construction, building trade
Kochkunst	CULIN	culinary, cooking
Wirtschaft	ECON	economics
Datenverarbeitung	EDV	computers, computer science
Elektrotechnik	ELEKTR/ELEC	electricity, electronics
Finanzen	FIN	finance, financial
Flugwesen, Luftfahrt	FLUG	aeronautics, aviation
Fotografie	FOTO	photography
Fußball	FTBL	football
Geografie	GEOGR	geography, geographical
Geologie	GEOL	geology, geological
Geometrie	GEOM	geometry
Grammatik	GRAM(M)	grammar
Geschichte	HIST	history
Industrie	IND	industry
Rechtswesen	LAW	legal
Kochkunst	KÜCHE	culinary, cooking
Linguistik	LING	linguistics
Mathematik	MATH	mathematics
Medizin	MED	medicine
Meteorologie	METEOR	weather, meteorology
Militärwesen	MIL	military
Musik	MUS	music
Mythologie	MYTH	mythology
Schifffahrt	NAUT	navigation
Fotografie	PHOT	photography
Physik	PHYS	physics
Politik	POL	politics
Psychologie	PSYCH	psychology, psychiatry
Eisenbahn	RAIL	railways
Rechtswesen	RECHT	law
Religion	REL(IG)	religion
Schifffahrt	SCHIFF	navigation
Schule	SCH(ULE)	school
Sport	SPORT	sport
Börse	ST EX	stock exchange
Technik, Technologie	TECH	technology, technical
Telekommunikation, Fernmeldewesen	TELEKOM/TELEC	telecommunications
Fernsehen	TV	television
Druckwesen	TYPO	printing
Universität	UNI(V)	university
Wirtschaft	WIRTSCH	economics
Zoologie	ZOOL	zoology

LAUTSCHRIFT

Deutsche Vokale

[a]	Affe, Banane
[aː]	Arzt, Antrag
[ɐ]	Gallier
[ɐ̯]	Dessert
[e]	Beton
[eː]	edel
[ɛ]	echt, Händler
[ɛː]	Rätsel, Dessert
[ə]	Aktie
[iː]	vier
[i]	Radio
[i̯]	Kalzium
[ɪ]	Winter
[o]	Melodie
[oː]	apropos
[o̯]	loyal
[ɔ]	sollen
[ø]	ökologisch
[øː]	Öl
[œ]	Köchin, Pumps
[u]	Kuvert, aktuell
[uː]	Kuh
[u̯]	Silhouette
[ʊ]	Kunst
[y]	Büchse, System
[yː]	Tür
[y̆]	Nuance

Deutsche Diphthonge

[ai̯]	Deichsel
[au̯]	Auge
[ɔy̆]	EuroCity

Deutsche Nasale

[ã]	Chanson
[ãː]	Abonnement
[ɛ̃ː]	Pointe
[ɔ̃]	Chanson

PHONETICS

English vowels

[ɑː]	barn, car, laugh
[æ]	pat, bag, mad
[ɒ]	pot, log
[e]	pet, tend
[ɜː]	burn, learn, bird
[ə]	mother, suppose
[iː]	bean, weed
[ɪ]	pit, big, rid
[ɔː]	born, lawn
[uː]	loop, loose
[ʌ]	run, cut
[ʊ]	put, full

English diphthongs

[aɪ]	buy, light, aisle
[aʊ]	now, shout, town
[eɪ]	bay, late, great
[ɔɪ]	boy, foil
[əʊ]	no, road, blow
[ɪə]	peer, fierce, idea
[eə]	pair, bear, share
[ʊə]	poor, sure, tour

Halbvokale		Semi-vowels
Jubiläum	[j]	you, spaniel
Hardware	[w]	wet, why, twin

Konsonanten		Consonants
Baby	[b]	bottle, bib
Chemie	[ç]	
Achse, Kaviar	[k]	come, kitchen
Duett, Medien	[d]	dog, did

LAUTSCHRIFT / PHONETICS

Gin	[dʒ]	jet, fridge
Fantasie, vier	[f]	fib, physical
Algerien, gut	[g]	gag, great
Hobby	[h]	how, perhaps
alphabetisch, Laser	[l]	little, help
Alphabet, Laser	[l̩]	
Material, Alarm	[m]	metal, comb
großem	[m̩]	
November, Angabe	[n]	night, dinner
lieben	[n̩]	
singen	[ŋ]	sung, parking
Pony, Pappe	[p]	pop, people
Apfel	[p͜f]	
Revue, rot	[r]	right, carry
Slalom, Sauce	[s]	seal, peace
Stadion, Schule	[ʃ]	sheep, machine
Toast, Volt	[t]	train, tip
Konversation	[t͜s]	
Chili	[tʃ]	chain, wretched
	[θ]	think, fifth
	[ð]	this, with
Vase, Wagen	[v]	vine, livid
Macht, lachen	[x]	loch
Sauce, Sonne	[z]	zip, his
Etage	[ʒ]	usual, measure

Die Betonung der deutschen Stichwörter wird mit einem Punkt für einen kurzen betonten Vokal (z. B. Berg) und mit einem Strich für einen langen betonten Vokal (z. B. Magen) angegeben.

German headwords have the stress marked either by a dot for a short stressed vowel (e.g. Berg) or by an underscore for a long stressed vowel (e.g. Magen). A phonetic transcription is only given when the pronunciation is problematic.

Der Hauptton eines englischen Wortes ist durch ein vorangestelltes [ˈ] markiert, der Nebenton durch ein vorangestelltes [ˌ].

The symbol [ˈ] indicates that the following syllable carries primary stress and the symbol [ˌ] that the following syllable carries secondary stress.

Das Zeichen [ʳ] zeigt in der englischen Phonetik an, dass der Endkonsonant "r" ausgesprochen wird, wenn das folgende Wort mit einem Vokal beginnt. Im amerikanischen Englisch wird dieses "r" so gut wie immer mitgesprochen.

The symbol [ʳ] in English phonetics indicates that the final "r" is pronounced only when followed by a word beginning with a vowel. Note that it is nearly always pronounced in American English.

HOW TO USE THE DICTIONARY

How to find the word or expression you are looking for:

First ask yourself some basic questions:

Is it a single word, a hyphenated word or an abbreviation?
Is it a compound noun?
Is it a German separable verb?
Is it a German feminine form?
Is it a phrase?
Is it a reflexive verb?
Is it a German irregular verb form?

Single words, hyphenated words and abbreviations

As a rule, you can find the word you are looking for in its alphabetical order. If you want to translate an English word into German, you should look on the English–German side of the dictionary, and if you want to know what a German term means, you should look on the German–English side. The word in **bold** at the start of each entry is called the 'headword'.

Entries beginning with a ***capital*** appear after those spelled the same way but with a small letter.

> **kosten** *vi* [probieren] to have a taste ...
> **Kosten** *pl* costs ...

Words with a ***hyphen***, a ***full stop*** or an ***apostrophe*** come after those spelled the same way but without any of these punctuation marks.

> **ob** *konj* whether; **ich weiß nicht, ~ er kommt** I don't know whether *ODER* if he'll come ...
> **o. B.** *abk für* **ohne Befund** ▻ **Befund.**

In some cases, the entry is followed by a number in ***superscript***. This means that just before or just after there is another entry, also followed by a number, which is written the same way but which has a completely different meaning or pronunciation. You must take care not to choose the wrong entry.

> **modern**^{1} (*perf* **hat/ist gemodert**) *vi* to moulder.
> **modern**^{2} *adj* modern; [modisch] fashionable ◇ *adv* **- 1.** [zeitgemäß] in a modern way; **~ denken** to have modern ideas **- 2.** [zeitgenössisch] in a modern style.

You will sometimes see words followed by a grey lozenge, called sub-entries. English phrasal verbs fall into this category.

> **afternoon** [ˌɑːftəˈnuːn] *n* Nachmittag *der;* **in the ~** am Nachmittag; **good ~** guten Tag.
> ◆ **afternoons** *adv esp Am* nachmittags.
> **amount** [əˈmaʊnt] ...
> ◆ **amount to** *vt fus* **- 1.** [total] sich belaufen auf *(+ A)* **- 2.** [be equivalent to] hinaus|laufen auf *(+ A)*.

If you are looking up a noun which has a form with an initial capital which has a different meaning from the form without a capital, you should look at the form without a capital.

ascension [ə'senʃn] *n* [to throne] Thronbesteigung *die*.
◆ **Ascension** *n* RELIG Christi Himmelfahrt *die*.

If you are looking up a noun which, in the plural, has a different meaning from the noun in its singular form (like **glass/glasses** in English), you will find it under the singular form; the plural form will be there as a subentry, indicated by the symbol ◆.

glass [glɑːs] *n* - **1.** [gen] Glas *das;* **a ~ of wine** ein Glas Wein - **2.** *(U)* [glassware] Glaswaren *pl* ◇ *comp* Glas-.
◆ **glasses** *npl* [spectacles] Brille *die;* [binoculars] Fernglas *das;* **a pair of ~es** eine Brille.

Some plural nouns appear as headwords in their own right when they are never or rarely used in the singular (e.g. **Teigwaren** in German, **scissors** in English).

Compound nouns

A compound is a word or expression which has a single meaning but is made up of more than one word, e.g. **point of order, kiss of life, virtual reality, International Monetary Fund**. It is a feature of this dictionary that English compounds appear in the A–Z list in strict alphabetical order. The compound **blood donor** will therefore come after **bloodcurdling** which itself follows **blood count**.

blood count *n* Blutbild *das*.

bloodcurdling ['blʌdˌkɜːdlɪŋ] *adj* markerschütternd.

blood donor *n* Blutspender *der*.

Most compounds in German have their two elements joined together to form a single word. A vertical line is used to separate the constituent elements of a compound.

Schul|jahr *das* - **1.** [Jahr] school year - **2.** [Klasse] year.

In order to check the plural of this noun, you should refer to the entry **Jahr**.

Jahr (*pl* -e) *das* year; **im ~(e) 1992** in 1992; **die 90er ~e** the nineties; **seit ~en** for years ...

Other German compound nouns made up of two separate words are entered in the same way as English compounds, e.g. **Schwarze Markt** *der*, **Rote Kreuz** *das*.

German separable verbs

Verbs of the type **an sein** which used to be written in one word (**an|sein**) are now written in two words following the German spelling reform but are still entered in the same place alphabetically.

an|seilen *vt* to rope up.
◆ **sich anseilen** *ref* to rope o.s. up.

an sein (*perf* **ist an gewesen**) *vi (unreg)* to be on.

an|setzen *vt* **- 1.** [in Stellung bringen - Werkzeug] to place in position ...

German feminine forms

The feminine form of a German noun is entered alongside the masculine form when the two forms are identical or alphabetically adjacent. **Lehrerin** is thus entered at **Lehrer**.

Lehrer, in (*mpl* **-;** *fpl* **-nen**) *der, die* [in Schule] teacher; [in Sportverein] instructor.

Otherwise the feminine appears as a separate headword.

Ärztin [ˈɛːɐ̯tstɪn] (*pl* **-nen**) *die* doctor.

Phrases

If looking for a phrase, you should look first under the noun that is used in the phrase. If there is no noun, then you should look under the adjective, and if there is no adjective, under the verb. Phrases appear in entries in bold, the symbol ~ standing for the headword.

Zeit (*pl* **-en**) *die* **- 1.** [gen] time; **in letzter ~** lately; **im Laufe der ~** in the course of time; **von ~ zu ~** from time to time; **die ~ stoppen** to stop the clock; **~ raubend** time-consuming; **~ sparend** time-saving; **sich** *(D)* **für jn/etw ~ nehmen** to spend time on sb/sthg; **die ~ drängt** ***fig*** time is short; **wir dürfen keine ~ verlieren** we have no time to lose; **sich** *(D)* **die ~ (mit Kartenspielen) vertreiben** to pass the time (playing cards); **sich** *(D)* **~ lassen** to take one's time ...

Some very fixed phrases like **in spite of** in English or **auf jeden Fall** in German are entered under the first important element and preceded by ◆.

spite [spaɪt] *n (U)* Bosheit *die;* **to do sthg out of** *ODER* **from ~** etw aus reiner Bosheit tun ◇ *vt* ärgern.
◆ **in spite of** *prep* trotz *(+ G)* ...

Fall (*pl* **Fälle**) *der* [gen] case ...
◆ **auf alle Fälle** *adv* **- 1.** [unbedingt] definitely **- 2.** [vorsichtshalber] in any case.
◆ **auf jeden Fall** *adv* in any case ...

Reflexive verbs

German reflexive verbs are entered under the main form, after the symbol ◆.

an|schnallen *vt* [Skier, Rollschuhe] to put on; [Sicherheitsgurt] to fasten.
◆ **sich anschnallen** *ref* to fasten one's seat belt.

German irregular verb forms

If you are unsure what the infinitive of a certain verb form is, and so where to look for it, then it may be an irregular form. These irregular forms are entered in the A–Z list.

> **aß** *prät* ⊳ **essen.**

How to find the right translation

Once you have found the word or phrase that you are looking for, there may be several different translations given from which to choose. However, all the necessary information to help you find the right translation is given.

Step 1 Imagine that you want to translate 'he accepted the blame' into German.

Go first to the entry **accept** on the English-German side of the dictionary. At sense 3 you will find the verb used in this context: **ein|gestehen**.

> **accept** [ək'sept] *vt* - **1.** [gift, advice, apology, invitation, offer] an|nehmen - **2.** [change, situation] akzeptieren, hin|nehmen - **3.** [defeat, blame] ein|gestehen; [responsibility] übernehmen - **4.** [person - as part of group] akzeptieren; [- for job] nehmen; [- as member of club] auf|nehmen ...

Step 2 Go now to the entry for the second word that needs to be translated, **blame**.

NB It is important first to find the correct grammatical category (each new category is introduced by ◇). **Blame** is a noun in this example and so you should look under the noun category (labelled *n*).

> **blame** [bleɪm] *n* Schuld *die;* **to take the ~ for sthg** die Schuld für etw auf sich *(A)* nehmen ◇ *vt* beschuldigen; **to ~ sthg on sb/sthg** jm/etw die Schuld an etw *(D)* geben ...

Step 3 On examining the noun category, you will find that the translation used is **Schuld**.

Step 4 The words selected can now be put together in the phrase to be translated, to give: **er hat die Schuld eingestanden**.

Extra information given in this dictionary

Labelling the gender of German nouns

The gender of German nouns is indicated on both sides of the dictionary by the definite article placed after the noun (*der* for masculine, *die* for feminine and *das* for neuter).

The label *pl* was chosen to mark plural forms in order to avoid the confusion with *die*.

> **Baum** (*pl* **Bäume**) *der* tree ...
>
> **Hand** (*pl* **Hände**) *die* - **1.** [Körperteil] hand ...
>
> **Kind** (*pl* **-er**) *das* child ...
>
> **kosten** *vi* [probieren] to have a taste ...

When a German noun accompanied by an adjective is given as a translation on the English–German side, the adjective ending (**-er**, **-e** or **-es**) tells you what gender the noun is and no *der, die* or *das* label is given. At the entry **adjustable spanner**, for example, the gender of **Schraubenschlüssel** is indicated by the **-er** ending of the adjective **verstellbarer**.

> **adjustable spanner** *n* Engländer *der*, verstellbarer Schraubenschlüssel.

German adjectives only used attributively

With German adjectives of this type, the feminine form is shown first, followed by the masculine and neuter endings.

lẹtztere, r, s *adj* the latter; **in ~m Fall** in the latter case ◇ *pron* the latter.

German adjectives used as nouns

Nominalized German adjectives are, like all other nouns, labelled with the definite article. When used with an indefinite article, the ending of this type of noun changes according to the gender. Hence **Blinde** ***der, die*** becomes **ein Blinder** and **eine Blinde**.

Blịnde (*pl* **-n**) *der, die* blind man (*f* blind woman).

Labelling case information

Some German prepositions can take either the accusative or dative case and these are always labelled accordingly, e.g. at the entry ***adept: to be ~ (at sthg)*** **(in etw** *(D)***) geschickt sein.**
Case is also indicated when it is not predictable, e.g. ***to be able to afford sthg*** sich *(D)* **etw leisten können**. Here the reflexive pronoun is dative, rather than the usual accusative.

Indicating the auxiliary

We indicate when a verb can be conjugated with both the auxiliary verb **haben** and the auxiliary verb **sein**, as at the entry **fahren**.

fa̲hren (*präs* **fä̲hrt;** *prät* **fu̲hr;** *perf* **hat/ist gefa̲hren**) *vi*

Separability of German verbs

A vertical line is used in the dictionary after the prefix of a verb to indicate that it is separable.

ạb|fahren (*perf* **hat/ist ạbgefahren**) *(unreg) vi (ist)* [losfahren] to leave; [Zug] to depart, to leave; **auf jn/etw ~** ***fam fig*** to be into sb/sthg ◇ *vt (hat)* **- 1.** [Ladung] to take away ...

German prefixes as translations for English adjectives

Some English adjectives are translated by a noun prefix that is joined to the noun to form a compound noun.

Thus, when translating **aggregate amount** into German, the prefix **Gesamt-** should be joined to **Summe** to give **Gesamtsumme**.

aggregate ['ægrɪgət] *adj* Gesamt-; **~ earnings** Gesamtverdienst *der* ◇ *n* [total] Gesamtsumme *die*, Gesamtheit *die;* **on ~** ingesamt.

Alphabetical order and new German spelling

The German spelling reform sometimes means changes in alphabetical order on the German–English side of the dictionary. In order to help the reader to find what they are looking for, we have decided to show both the old and the new spellings in cases like these.

When the new spelling of a word means that its alphabetical order must be changed, the old spelling is always given but with a cross-reference to the new spelling where the full entry appears.

Stẹngel *der* = **Stängel.**

Stạ̈ngel (*pl* -) *der* stalk.

In many cases, however, the new spelling is alphabetically very close to the old one. In these cases, a cross-reference is not necessary.

potenziẹll, potentiẹll [potɛn'tsi̯ɛl] *adj* potential <> *adv* potentially.

Sometimes cross-references are used when both the old spelling and new spelling are allowed. In these cases, the entry appears at the new spelling.

sẹlbständig = **selbstständig.**

sẹlbstständig *adj* - **1.** [unabhängig] independent - **2.** [im Beruf] self-employed ...

Compound words which used to be written in one word but which are now written in two have been left in their 'usual' place.

Kennen lernen thus appears where **kennenlernen** did before.

kẹnnen (*prät* **kạnnte;** *perf* **hat gekạnnt**) *vt* to know ...

kẹnnen lernen *vt* - **1.** [Person] to get to know, to meet ...

Kẹnner (*pl* -) *der* expert; [von Wein] connoisseur.

In some cases, however, we have left the old spelling and given a cross-reference to the new spelling.

rad|fahren *vi (unreg)* ▷ **Rad.**

Rad (*pl* **Räder**) *das* - **1.** [von Fahrzeug] wheel; **unter die Räder kommen** ***fam*** [überfahren werden] to be knocked over; ***fam fig*** [scheitern] to go to the dogs - **2.** [Fahrrad] bike; **~ fahren** to cycle ...

On the English–German side, only the new spelling is used without any labelling.

river ['rɪvəʳ] *n* Fluss *der* ...

When both the old and new spellings are allowable, just the new spelling is shown in translations.

fantastically [fæn'tæstɪklɪ] *adv* - **1.** [extremely] unwahrscheinlich - **2.** [bizarrely] fantastisch.

Cultural information

An appreciation of the culture of a foreign country is key to being able to understand and speak its language well. Cultural information on Germany is provided in this dictionary in boxes on the German–English side of the dictionary.

As a **Volkshochschule** is part of an education system unique to Germany, there is no real equivalent in English and a box is required to explain it.

Volkshochlschule *die* ≃ college of adult education.

VOLKSHOCHSCHULE

Colleges of adult education in Germany offer academic as well as practical courses, usually in the form of evening classes and lectures. These courses are offered in a variety of subjects and can in some cases lead to a certificate or other recognized qualification.

WARENZEICHEN

Als Warenzeichen geschützte Wörter sind in diesem Wörterbuch durch das Zeichen ® gekennzeichnet. Die Markierung mit diesem Symbol, oder sein Fehlen, hat keinen Einfluss auf die Rechtskräftigkeit eines Warenzeichens.

TRADEMARKS

Words considered to be trademarks have been designated in this dictionary by the symbol ®. However, neither the presence nor the absence of such designation should be regarded as affecting the legal status of any trademark.

LIST OF ENGLISH CULTURAL BOXES
LISTE DER ENGLISCHEN LANDESKUNDLICHEN ERLÄUTERUNGEN

LIST OF GERMAN CULTURAL BOXES
LISTE DER DEUTSCHEN LANDESKUNDLICHEN ERLÄUTERUNGEN

ENGLISH-GERMAN

ENGLISCH-DEUTSCH

A

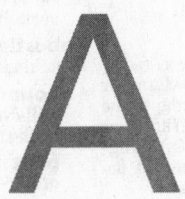

a[1] (*pl* **as** OR **a's**), **A** (*pl* **As** OR **A's**) [eɪ] *n* [letter] a *das*, A *das;* **to get from A to B** von A nach B kommen; **from A to Z** von A bis Z, von Anfang bis Ende.
◆ **A** *n* **- 1.** MUS [note] A *das* **- 2.** SCH [mark] ≃ eins.

a[2] [*stressed* eɪ, *unstressed* ə] *(before vowel or silent "h"* **an** [*stressed* æn, *unstressed* ən]*) indef art* **- 1.** [gen] ein, -e; **~ woman** eine Frau; **~ restaurant** ein Restaurant; **~ friend** ein Freund, eine Freundin; **an apple** ein Apfel **- 2.** [referring to occupation]: **I'm ~ doctor** ich bin Arzt **- 3.** [instead of the number one] ein, -e; **~ hundred** hundert; **~ hundred and twenty** hundertzwanzig; **for ~ week** eine Woche lang **- 4.** [in prices, ratios] pro; **£2 ~ kilo** £2 pro Kilo; **£10 ~ head** £10 pro Kopf; **twice ~ week/year** zweimal in der Woche/im OR pro Jahr; **50 km an hour** 50 km pro Stunde, 50 Stundenkilometer **- 5.** [preceding person's name]: **~ Mr Jones** ein Herr Jones **- 6.: not ~** kein, -e; **not ~ soul** kein Mensch; **I haven't understood ~ (single) word** ich habe kein (einziges) Wort verstanden.

a. *abbr of* **acre.**

A-1 *adj* **inf** 1a.

A4 *n* **Br** A4.

AA *adj abbr of* **antiaircraft** ◇ *n* **- 1.** (*abbr of* **Automobile Association**) ≃ ADAC *der* **- 2.** (*abbr of* **Associate in Arts**) *Hochschulabschluss in einem geisteswissenschaftlichen Fach nach zweijährigem Studium* **- 3.** (*abbr of* **Alcoholics Anonymous**) AA *pl.*

AAA *n* **- 1.** (*abbr of* **Amateur Athletics Association**) ≃ DLV *der* **- 2.** (*abbr of* **American Automobile Association**) ≃ ADAC *der.*

AB *n* **Am** (*abbr of* **Bachelor of Arts**) *Hochschulabschluss in einem geisteswissenschaftlichen Fach nach drei- oder vierjährigem Studium* ◇ *abk für Alberta, in Postanschrift verwendet.*

aback [ə'bæk] *adv:* **to be taken ~ (by sthg)** schockiert sein (über etw *(A)*).

abacus ['æbəkəs] (*pl* **-cuses** OR **-ci** [-saɪ]) *n* Abakus *der*, Rechenbrett *das.*

abandon [ə'bændən] *vt* **- 1.** [leave, desert] verlassen **- 2.** [give up] auf|geben ◇ *n (U):* **with ~** ausgelassen.

abandoned [ə'bændənd] *adj* [deserted] verlassen.

abashed [ə'bæʃt] *adj* verlegen, beschämt.

abate [ə'beɪt] *vi* **fml** nach|lassen.

abattoir ['æbətwɑːʳ] *n* Schlachthaus *das.*

abbess ['æbes] *n* Äbtissin *die.*

abbey ['æbɪ] *n* Abtei *die.*

abbot ['æbət] *n* Abt *der.*

abbreviate [ə'briːvɪeɪt] *vt* ab|kürzen.

abbreviation [əˌbriːvɪ'eɪʃn] *n* Abkürzung *die.*

ABC *n* **- 1.** [alphabet] ABC *das* **- 2. fig** [basics]: **the ~ of** das ABC von **- 3.** (*abbr of* **American Broadcasting Company**) *eine der vier überregionalen Fernsehanstalten in den USA.*

abdicate ['æbdɪkeɪt] *vi* ab|danken ◇ *vt* [responsibility] von sich schieben.

abdication [ˌæbdɪ'keɪʃn] *n* Abdankung *die.*

abdomen ['æbdəmən] *n* [of person] Unterleib *der;* [of animal, insect] Hinterleib *der.*

abdominal [æb'dɒmɪnl] *adj* Unterleibs-.

abduct [əb'dʌkt] *vt* entführen.

abduction [æb'dʌkʃn] *n* Entführung *die.*

aberration [ˌæbə'reɪʃn] *n* Abweichung *die;* **a mental ~** eine geistige Verwirrung.

abet [ə'bet] (*pt* & *pp* **-ted;** *cont* **-ting**) *vt* ▷ **aid.**

abeyance [ə'beɪəns] *n* **fml: to be in ~** [law] außer Kraft sein.

abhor [əb'hɔːʳ] (*pt* & *pp* **-red;** *cont* **-ring**) *vt* verabscheuen.

abhorrent [əb'hɒrənt] *adj* abscheulich, abstoßend.

abide [ə'baɪd] *vt* auslstehen.
◆ **abide by** *vt fus* sich halten an *(+ A).*

abiding [ə'baɪdɪŋ] *adj* bleibend.

ability [ə'bɪlətɪ] (*pl* **-ies**) *n* **- 1.** *(U)* [capability] Fähigkeit *die;* **a manager of great ~** ein Manager von großen Fähigkeiten; **to do sthg to the best of one's ~** etw nach besten Kräften *OR* bestem Vermögen tun **- 2.** [capability] Fähigkeit *die*, Gabe *die;* [talent] Begabung *die;* **linguistic abilities** Sprachbegabung *die.*

abject ['æbdʒekt] *adj* **- 1.** [poverty] bitter; **~ misery** tiefes Elend **- 2.** [person] unterwürfig, demütig; **to offer an ~ apology** unterwürfig um Entschuldigung bitten.

ablaze [ə'bleɪz] *adj* **- 1.** [on fire] in Flammen **- 2.** *fig* [bright]: **to be ~ with light** hell erleuchtet sein.

able ['eɪbl] *adj* **- 1.** [capable] fähig; **to be ~ to do sthg** etw tun können; [due to circumstances] imstande *OR* in der Lage sein, etw zu tun **- 2.** [competent] tüchtig; [gifted] begabt; **an ~ teacher** ein tüchtiger Lehrer.

able-bodied [-,bɒdɪd] *adj* kräftig und gesund; MIL tauglich.

ablutions [ə'bluːʃnz] *npl* **fml** Toilette *die.*

ably ['eɪblɪ] *adv* geschickt, gekonnt.

ABM *n abbr of* **antiballistic missile.**

abnormal [æb'nɔːml] *adj* [behaviour] abnorm; [interest] krankhaft; [workload] übermäßig.

abnormality [,æbnɔː'mælətɪ] (*pl* **-ies**) *n* [of behaviour] Abnormität *die;* [physical defect] Missbildung *die.*

abnormally [æb'nɔːməlɪ] *adv* ungewöhnlich.

aboard [ə'bɔːd] *adv* [on ship, plane] an Bord ◇ *prep:* **to go ~** an Bord gehen; **~ the ship/plane** an Bord des Schiffes/Flugzeugs; **~ the bus/train** im Bus/Zug.

abode [ə'bəʊd] *n* **fml: of no fixed ~** ohne festen Wohnsitz.

abolish [ə'bɒlɪʃ] *vt* ablschaffen.

abolition [,æbə'lɪʃn] *n* Abschaffung *die.*

A-bomb *n abbr of* **atom bomb.**

abominable [ə'bɒmɪnəbl] *adj* [behaviour, treatment] abscheulich; [performance] furchtbar.

abominable snowman *n:* **the ~** der Yeti, der Schneemensch.

abominably [ə'bɒmɪnəblɪ] *adv* [behave, treat] abscheulich; [perform] furchtbar.

aborigine [,æbə'rɪdʒənɪ] *n* Ureinwohner *der*, -in *die* Australiens, Aborigine *der.*

abort [ə'bɔːt] *vt* **- 1.** [pregnancy] ablbrechen; [baby] abltreiben **- 2.** *fig* [plan, mission] ablbrechen **- 3.** COMPUT ablbrechen ◇ *vi* COMPUT ablbrechen.

abortion [ə'bɔːʃn] *n* [of pregnancy] Abtreibung *die*, Schwangerschaftsabbruch *der;* **she's going to have an ~** sie wird eine Abtreibung vornehmen lassen.

abortive [ə'bɔːtɪv] *adj* misslungen, fehlgeschlagen.

abound [ə'baʊnd] *vi* **- 1.** [be plentiful] in großer Fülle vorhanden sein **- 2.** [be full]: **to ~ with** *OR* **in sthg** reich an etw *(D)* sein.

about [ə'baʊt] *adv* **- 1.** [approximately] ungefähr, etwa; **~ 50** ungefähr 50; **at ~ six o'clock** gegen sechs Uhr **- 2.** [referring to place] herum; **to walk ~** herumllaufen; **is Mr Smith ~?** ist Herr Smith da?; **there's a lot of flu ~** die Grippe geht um **- 3.** [on the point of]: **to be ~ to do sthg** im Begriff sein, etw zu tun ◇ *prep* **- 1.** [concerning] um, über *(+ A);* **a book ~ Scotland** ein Buch über Schottland; **what's it ~?** worum gehts?; **to talk ~ sthg** über etw sprechen; **to quarrel ~ sthg** sich wegen etw streiten; **what ~ a drink?** wie wärs mit etwas zu trinken? **- 2.** [referring to place] herum; **there are lots of hotels ~ the town** es gibt viele Hotels in der Stadt; **to wander ~ the streets** in den Straßen umherschlendern.

about-turn *esp Br,* **about-face** *esp Am n* **- 1.** MIL Kehrtwendung *die* **- 2.** *fig* [change of attitude] Wendung *die* um hundertachtzig Grad.

above [ə'bʌv] *prep* **- 1.** [higher than] über *(+ A, D);* **to fly ~ the clouds** über den Wolken fliegen; **no trees grow ~ the snowline** oberhalb der Schneegrenze wachsen keine Bäume **- 2.** [more than] über *(+ A);* **children ~ the age of twelve** Kinder über zwölf Jahren **- 3.** [in rank, status] über *(+ D);* **a colonel is ~ a major** ein Oberst steht über einem Major **- 4.** [too good for]: **she is ~ suspicion** sie ist über jeden Verdacht erhaben; **to be ~ doing sthg** sich *(D)* zu gut für etw sein; **she's not ~ lying** sie schreckt vor einer Lüge nicht zurück ◇ *adv* **- 1.** [on top, higher up] oben; **the flat ~** die Wohnung oben; **see ~** [in text] siehe oben **- 2.** [more]: **children aged ten and ~** Kinder ab zehn Jahren.
◆ **above all** *adv* vor allem.

aboveboard [ə,bʌv'bɔːd] *adj* ehrlich, einwandfrei.

abracadabra [,æbrəkə'dæbrə] *excl* Abrakadabra!

abrasion [ə'breɪʒn] *n* **fml** [graze] Abschürfung *die*, Schürfwunde *die.*

abrasive [ə'breɪsɪv] *adj* **- 1.** [for cleaning] Scheuer- **- 2.** *fig* [person] ungehobelt; [manner] grob ◇ *n* Schleifmittel *das*, Scheuermittel *das*.

abreast [ə'brest] *adv* nebeneinander, Seite an Seite; **to walk three ~** zu dritt nebeneinander gehen.

◆ **abreast of** *prep*: **to keep ~ of sthg** auf dem Laufenden in Bezug auf etw *(A)* bleiben.

abridged [ə'brɪdʒd] *adj* gekürzt.

abroad [ə'brɔːd] *adv* [live] im Ausland; [travel, go] ins Ausland.

abrupt [ə'brʌpt] *adj* **- 1.** [sudden] abrupt **- 2.** [person] kurz angebunden; [manner] brüsk.

abruptly [ə'brʌptlɪ] *adv* **- 1.** [suddenly] abrupt **- 2.** [brusquely, rudely] barsch.

ABS (*abbr of* **antilock braking system**) *n* ABS *das*.

abscess ['æbsɪs] *n* Abszess *der*.

abscond [əb'skɒnd] *vi* [from detention centre] entfliehen; [from boarding school] weg|laufen; **to ~ with sthg** sich mit etw davon|stehlen.

abseil ['æbseɪl] *vi* sich abseilen; **to ~ down sthg** sich an etw *(D)* abseilen.

absence ['æbsəns] *n* **- 1.** [of person] Abwesenheit *die*; **in his ~** in seiner Abwesenheit **- 2.** [lack] Mangel *der*; **in the ~ of sthg** aus Mangel an etw *(D)*, mangels etw *(G)*.

absent ['æbsənt] *adj* **- 1.** [not present]: **~ (from)** abwesend (von); **to be ~ without leave** MIL ohne Beurlaubung abwesend sein **- 2.** [absent-minded - person] zerstreut, geistesabwesend; [- expression] geistesabwesend.

absentee [ˌæbsən'tiː] *n* Abwesende *der, die*.

absent-minded [-'maɪndɪd] *adj* zerstreut, geistesabwesend.

absolute ['æbsəluːt] *adj* **- 1.** [complete, utter] absolut, vollkommen; **it's an ~ disgrace** es ist eine ausgesprochene Schande **- 2.** [ruler, power] absolut.

absolutely [æbsə'luːtlɪ] *adv* [completely, utterly] vollkommen, ausgesprochen; **I'm ~ starving** ich bin ausgesprochen hungrig ◇ *excl* [expressing agreement] vollkommen!

absolute majority *n* absolute Mehrheit *die*.

absolution [ˌæbsə'luːʃn] *n* Absolution *die*.

absolve [əb'zɒlv] *vt*: **to ~ sb (from sthg)** [from crime] jn (von etw) frei|sprechen; [from sin] jn (von etw) los|sprechen; [from responsibility] jn (von etw) entbinden.

absorb [əb'zɔːb] *vt* **- 1.** [liquid] auf|saugen; [gas, heat] absorbieren **- 2.** *fig* [learn] auf|nehmen **- 3.** [interest] fesseln; **to be ~ed in sthg** in etw *(A)* vertieft OR versunken sein **- 4.** [take over] übernehmen.

absorbent [əb'zɔːbənt] *adj* absorbierend, saugfähig.

absorbing [əb'zɔːbɪŋ] *adj* fesselnd.

absorption [əb'zɔːpʃn] *n* **- 1.** [soaking up] Absorption *die* **- 2.** [interest] Versunkenheit *die* **- 3.** [taking over] Übernahme *die*.

abstain [əb'steɪn] *vi* **- 1.**: **to ~ from sthg** [from drinking, smoking] sich etw *(G)* enthalten; [from sex, food] auf etw *(A)* verzichten **- 2.** [in vote] sich der Stimme enthalten.

abstemious [æb'stiːmjəs] *adj* ***fml*** enthaltsam.

abstention [əb'stenʃn] *n* [in vote] Enthaltung *die*.

abstinence ['æbstɪnəns] *n*: **~ (from sthg)** Abstinenz *die* (von etw), Enthaltsamkeit *die* (in Bezug auf etw *(A)*).

abstract ['æbstrækt] *adj* abstrakt ◇ *n* [summary] Abstract *der*.

abstraction [æb'strækʃn] *n* **- 1.** [distractedness] Geistesabwesenheit *die* **- 2.** [abstract idea] Abstraktion *die*.

abstruse [æb'struːs] *adj* schwer verständlich.

absurd [əb'sɜːd] *adj* absurd.

absurdity [əb'sɜːdətɪ] (*pl* **-ies**) *n* Absurdität *die*.

absurdly [əb'sɜːdlɪ] *adv* [large, rich] unsinnig; [low] lächerlich.

ABTA ['æbtə] (*abbr of* **Association of British Travel Agents**) *n* *Verband britischer Reiseveranstalter*.

abundance [ə'bʌndəns] *n* Fülle *die*; **in ~** in Hülle und Fülle.

abundant [ə'bʌndənt] *adj* reichlich.

abundantly [ə'bʌndəntlɪ] *adv* **- 1.** [extremely]: **it's ~ clear** es ist mehr als klar **- 2.** [in large amounts] in Hülle und Fülle.

abuse [*n* ə'bjuːs, *vb* ə'bjuːz] *n* **- 1.** *(U)* [offensive remarks] Beschimpfungen *pl*, Schimpfworte *pl* **- 2.** [maltreatment] Missbrauch *der* **- 3.** [misuse - of alcohol, drugs, power] Missbrauch *der* ◇ *vt* **- 1.** [insult] beschimpfen **- 2.** [maltreat, misuse] missbrauchen.

abusive [ə'bjuːsɪv] *adj* ausfallend.

abut [ə'bʌt] (*pt* & *pp* **-ted;** *cont* **-ting**) *vi*: **to ~ onto** grenzen an *(+ A)*.

abysmal [ə'bɪzml] *adj* [behaviour, performance, weather] miserabel; [failure, performance] erbärmlich.

abysmally [ə'bɪzməlɪ] *adv* [behave, perform] miserabel.

abyss [ə'bɪs] *n* Abgrund *der*; ***fig*** [between people, groups] Kluft *die*, Abgründe *pl*.

Abyssinia [ˌæbɪ'sɪnjə] *n* Abessinien *nt*.

Abyssinian [ˌæbɪ'sɪnɪən] *adj* abessinisch ◇ *n* Abessinier *der*, -in *die*.

a/c (*abbr of* **account (current)**) Kto.

AC *n* - **1.** **Br** (*abbr of* **athletics club**) *Leichtathletik Club* - **2.** *abbr of* **alternating current.**

acacia [ə'keɪʃə] *n* Akazie *die*.

academic [ˌækə'demɪk] *adj* - **1.** [of college, university] wissenschaftlich, akademisch - **2.** [studious] intellektuell - **3.** [hypothetical] theoretisch ◇ *n* Akademiker *der*, -in *die*.

academic year *n* akademisches Jahr.

academy [ə'kædəmɪ] (*pl* **-ies**) *n* Akademie *die*.

ACAS ['eɪkæs] (*abbr of* **Advisory Conciliation and Arbitration Service**) *n unabhängige britische Organisation, die bei Konflikten zwischen Arbeitgebern und Gewerkschaften vermittelt.*

accede [æk'siːd] *vi* - **1.** *fml* [agree]: **to ~ to sthg** in etw *(A)* ein|willigen - **2.** [monarch]: **to ~ to the throne** den Thron besteigen.

accelerate [ək'seləreɪt] *vt* [pace, rhythm, decline, event] beschleunigen ◇ *vi* - **1.** [car, driver] beschleunigen - **2.** [inflation, growth] sich beschleunigen, zu|nehmen.

acceleration [əkˌselə'reɪʃn] *n* Beschleunigung *die*.

accelerator [ək'seləreɪtə^r] *n* Gaspedal *das*.

accelerator board, accelerator card *n* COMPUT Beschleunigerkarte *die*.

accent ['æksent] *n* - **1.** [gen] Akzent *der* - **2.** *fig* [emphasis] Betonung *die*, Akzent *der*.

accentuate [æk'sentjueɪt] *vt* hervor|heben, betonen.

accept [ək'sept] *vt* - **1.** [gift, advice, apology, invitation, offer] an|nehmen - **2.** [change, situation] akzeptieren, hin|nehmen - **3.** [defeat, blame] ein|gestehen; [responsibility] übernehmen - **4.** [person - as part of group] akzeptieren; [- for job] nehmen; [- as member of club] auf|nehmen - **5.** [admit]: **to ~ that** zugeben, dass; **it is generally ~ed that** es ist allgemein anerkannt, dass - **6.** [subj: shop, bank] akzeptieren; [subj: machine] nehmen.

acceptable [ək'septəbl] *adj* akzeptabel.

acceptably [ək'septəblɪ] *adv* passend.

acceptance [ək'septəns] *n* - **1.** [of gift, advice, apology, piece of work] Annahme *die* - **2.** [of change, situation] Hinnahme *die* - **3.** [of defeat, blame] Eingeständnis *das;* [of responsibility] Übernehmen *das* - **4.** [of person - as part of group] Akzeptierung *die;* [- for job] Anstellung *die;* [- as member of club] Aufnahme *die*.

accepted [ək'septɪd] *adj* [wisdom, fact] anerkannt.

access ['ækses] *n (U)* - **1.** [entry, way in] Zutritt *der*, Zugang *der;* **to gain ~ to** [place, building] sich *(D)* Zutritt verschaffen zu - **2.** [opportunity to use, see]: **to have ~ to sthg** zu etw Zugang haben ◇ *vt* COMPUT zu|greifen auf *(+ A)*.

accessibility [əkˌsesə'bɪlətɪ] *n* - **1.** [of place] Zugänglichkeit *die*, Erreichbarkeit *die* - **2.** [availability] Verfügbarkeit *die*.

accessible [ək'sesəbl] *adj* - **1.** [place] zugänglich, (leicht) erreichbar - **2.** [available] verfügbar - **3.** [understandable] zugänglich.

accession [æk'seʃn] *n (U)*: **~ (to the throne)** Thronbesteigung *die*.

accessory [ək'sesərɪ] (*pl* **-ies**) *n* - **1.** [extra part, device] Extra *das;* **accessories** Zubehör *das*, Zubehörteile *pl* - **2.** LAW Helfershelfer *der*, -in *die*.
◆ **accessories** *npl* [to outfit] Accessoires *pl*.

access road *n* - **1.** [to building site, housing estate] Zufahrt *die*, Zufahrtsstraße *die* - **2.** **Br** [to motorway] Auffahrt *die*.

access time *n* COMPUT Zugriffszeit *die*.

accident ['æksɪdənt] *n* - **1.** [unpleasant event] Unfall *der;* [more serious] Unglück *das;* [mishap] Missgeschick *das;* **to have an ~** [in car] einen Autounfall haben; **I had an ~ in the garden** mir ist im Garten ein Missgeschick passiert - **2.** [unintentional act] Versehen *das*, Missgeschick *das* - **3.** *(U)* [chance]: **we met by ~** wir haben uns zufällig getroffen.

accidental [ˌæksɪ'dentl] *adj* - **1.** [meeting, discovery] zufällig - **2.** [mistake] versehentlich.

accidentally [ˌæksɪ'dentəlɪ] *adv* - **1.** [drop, break] versehentlich - **2.** [meet, find, discover] zufällig.

accident-prone *adj*: **he is ~** er ist vom Pech verfolgt.

acclaim [ə'kleɪm] *n* Anerkennung *die*, Beifall *der* ◇ *vt* feiern.

acclamation [ˌæklə'meɪʃn] *n* Beifall *der*, Beifallsbekundung *die*.

acclimatize, -ise [ə'klaɪmətaɪz], **acclimate** **Am** ['ækləmeɪt] *vi*: **to ~ (to sthg)** sich (in etw *(D)*) akklimatisieren.

accolade ['ækəleɪd] *n* Anerkennung *die*, Auszeichnung *die*.

accommodate [ə'kɒmədeɪt] *vt* - **1.** [subj: building, car] Platz bieten für; [subj: person] unter|bringen - **2.** [oblige] entgegen|kommen *(+ D)*, berücksichtigen.

accommodating [ə'kɒmədeɪtɪŋ] *adj* entgegenkommend.

accommodation **Br** [əˌkɒmə'deɪʃn] *n*, **accommodations** **Am** [əˌkɒmə'deɪʃnz] *npl* - **1.** [lodging] Unterkunft *die* - **2.** [work space] Raum *der*.

accompaniment [ə'kʌmpənɪmənt] *n* MUS Begleitung *die*.

accompanist [ə'kʌmpənɪst] *n* MUS Begleiter *der*, -in *die*.

accompany [ə'kʌmpənɪ] (*pt* & *pp* **-ied**) *vt* - **1.** [gen] begleiten - **2.** MUS: **to ~ sb (on sthg)** jn (auf etw *(D)*) begleiten.

accomplice [ə'kʌmplɪs] *n* Komplize *der*.

accomplish [ə'kʌmplɪʃ] *vt* [achieve] erreichen, leisten; [complete] vollbringen.

accomplished [ə'kʌmplɪʃt] *adj* fähig; [performance] vollendet.

accomplishment [ə'kʌmplɪʃmənt] *n* - **1.** [feat, deed] Leistung *die* - **2.** [action] Vollendung *die*.
◆ **accomplishments** *npl* Fähigkeiten *pl*.

accord [ə'kɔːd] *n* - **1.** [settlement] Einigung *die* - **2.** [agreement, harmony]: **to be in ~ (with sb)** (mit jm) übereinǀstimmen; **to be in ~ (with sthg)** (mit etw) im Einklang sein; **with one ~** geschlossen; **to do sthg of one's own ~** etw aus eigenem Antrieb tun, etw aus freien Stücken tun.

accordance [ə'kɔːdəns] *n*: **in ~ with** entsprechend *(+ D)*, gemäß *(+ D)*; **in ~ with your wishes** Ihren Wünschen entsprechend.

according to [ə'kɔːdɪŋ-] *prep* - **1.** [as stated or shown by] zufolge *(+ D)*, laut *(+ D)*; **to go ~ plan** nach Plan gehen - **2.** [with regard to, depending on] entsprechend *(+ D)*.

accordingly [ə'kɔːdɪŋlɪ] *adv* - **1.** [appropriately] (dem)entsprechend - **2.** [consequently] folglich, demgemäß.

accordion [ə'kɔːdjən] *n* Akkordeon *das*, Ziehharmonika *die*.

accordionist [ə'kɔːdjənɪst] *n* Akkordeonspieler *der*, -in *die*.

accost [ə'kɒst] *vt* belästigen.

account [ə'kaʊnt] *n* - **1.** [with bank, building society] Konto *das* - **2.** [with shop, company] Kundenkonto *das* - **3.** [report] Bericht *der*, Darstellung *die* - **4.** *phr:* **to call sb to ~** jn zur Rechenschaft ziehen; **to give a good ~ of o.s.** sich gut schlagen; **to take ~ of sthg, to take sthg into ~** etw berücksichtigen, etw in Betracht ziehen; **to be of no ~** ohne Bedeutung sein; **on no ~** auf keinen Fall, keinesfalls.
◆ **accounts** *npl* [of business] Buchführung *die*.
◆ **by all accounts** *adv* nach allem, was man hört.
◆ **on account of** *prep* aufgrund *(+ G)*, wegen *(+ G)*.
◆ **account for** *vt fus* - **1.** [explain] erklären, Rechenschaft ablegen über; **all the missing people have been ~ed for** der Verbleib aller vermissten Personen ist geklärt worden - **2.** [represent] ausǀmachen.

accountability [əˌkaʊntə'bɪlətɪ] *n* Verantwortlichkeit *die*.

accountable [ə'kaʊntəbl] *adj*: **~ (for sb/sthg)** [responsible] verantwortlich (für etw/jn); **~ to sb** [answerable] jm (gegenüber) verantwortlich.

accountancy [ə'kaʊntənsɪ] *n* Buchhaltung *die*, Buchführung *die*.

accountant [ə'kaʊntənt] *n* Buchhalter *der*, -in *die*.

accounting [ə'kaʊntɪŋ] *n* Buchhaltung *die*, Buchführung *die*.

accounts department *n* Buchhaltungsabteilung *die*, Buchführungsabteilung *die*.

accoutrements *Br* [ə'kuːtrəmənts], **accouterments** *Am* [ə'kuːtərmənts] *npl fml* [baggage] Ausrüstung *die*.

accredited [ə'kredɪtɪd] *adj* [authorized] bevollmächtigt; [recognized] (offiziell) anerkannt.

accrue [ə'kruː] *vi* FIN sich anǀsammeln.

accumulate [ə'kjuːmjʊleɪt] *vt* [money, belongings] anǀhäufen; [evidence] sammeln ◇ *vi* [money, belongings] sich anǀhäufen, sich anǀsammeln.

accumulation [əˌkjuːmjʊ'leɪʃn] *n* - **1.** *(U)* [action - of money, belongings] Anhäufen *das*; [- of evidence] Sammeln *das* - **2.** [collection - of money, belongings] Anhäufung *die*; [- of people] Menge *die*.

accuracy ['ækjʊrəsɪ] *n* - **1.** [truth, correctness] Korrektheit *die*, Richtigkeit *die* - **2.** [precision - of weapon, marksman] Präzision *die*; [- of typing, typist] Fehlerlosigkeit *die*; [- of figures, estimate] Genauigkeit *die*.

accurate ['ækjʊrət] *adj* - **1.** [true] korrekt, richtig - **2.** [precise - weapon, marksman] präzis(e); [- typing, typist] fehlerlos; [- figures, estimate] genau.

accurately ['ækjʊrətlɪ] *adv* - **1.** [truthfully] korrekt, richtig - **2.** [precisely - aim, estimate] genau; [- type] fehlerlos.

accusation [ˌækjuː'zeɪʃn] *n* - **1.** [charge, criticism] Vorwurf *der*, Beschuldigung *die* - **2.** LAW [formal charge] Anklage *die*.

accuse [ə'kjuːz] *vt* - **1.** [charge, criticize]: **to ~ sb of sthg** jn etw *(G)* beschuldigen; **to ~ sb of doing sthg** jn beschuldigen, etw getan zu haben - **2.** LAW: **to be ~d of murder/fraud** des Mordes/Betrugs angeklagt sein *OR* werden, wegen Mord(es)/Betrug(s) angeklagt sein *OR* werden; **to be ~d of doing sthg** beschuldigt werden, etw getan zu haben.

accused [ə'kjuːzd] *n* LAW: **the ~** der/die Angeklagte.

accusing [ə'kjuːzɪŋ] *adj* vorwurfsvoll.

accusingly [ə'kjuːzɪŋlɪ] *adv* vorwurfsvoll.

accustomed [ə'kʌstəmd] *adj*: **to be ~ to sthg** etw gewohnt sein, an etw *(A)* gewöhnt sein; **to be ~ to doing sthg** gewohnt sein, etw zu tun.

ace [eɪs] *n* - **1.** [gen] As *das* - **2.** *phr:* **he came within an ~ of being run over** er wäre um ein Haar *OR* beinahe überfahren worden ◇ *adj* [topclass] erstklassig.

acerbic [ə'sɜːbɪk] *adj* bissig.

acetate ['æsɪteɪt] *n* Acetat *das*.

ache [eɪk] *n* [dull pain] (dumpfer) Schmerz ◇ *vi* - **1.** [be painful] weh tun, schmerzen;

my head ~s mein Kopf tut mir weh **- 2.** ***fig*** [want]: **to be aching for sthg** sich nach etw sehnen; **to be aching to do sthg** sich danach sehnen, etw zu tun.

achieve [ə'tʃi:v] *vt* [success] erzielen; [goal] er|reichen; [ambition] verwirklichen; [victory] er|ringen; [fame] erlangen.

achievement [ə'tʃi:vmənt] *n* **- 1.** [feat, deed] Leistung *die* **- 2.** *(U)* [process of achieving] Erreichen *das*.

Achilles' heel [ə'kɪli:z-] *n* Achillesferse *die*.

Achilles' tendon *n* Achillessehne *die*.

acid ['æsɪd] *adj* **- 1.** [substance, food, drink] sauer **- 2.** ***fig*** [remark, person] bissig ◇ *n* **- 1.** Säure *die* **- 2.** ***inf*** [LSD] Acid *das*.

acidic [ə'sɪdɪk] *adj* sauer.

acidity [ə'sɪdətɪ] *n (U)* **- 1.** [of substance, food, drink] Säure *die* **- 2.** ***fig*** [of remark, person] Bissigkeit *die*.

acid rain *n* saurer Regen.

acid test *n* ***fig*** Feuerprobe *die*.

acknowledge [ək'nɒlɪdʒ] *vt* **- 1.** [accept, admit] ein|gestehen, zu|geben **- 2.** [recognize]: **to ~ sb as sthg** jn als etw an|erkennen; **to ~ sb's presence** js Anwesenheit zur Kenntnis nehmen **- 3.** [letter]: **to ~ (receipt of) sthg** den Eingang OR Empfang von etw bestätigen **- 4.** [greet] grüßen.

acknowledg(e)ment [ək'nɒlɪdʒmənt] *n* **- 1.** [thanks, gratitude] Anerkennung *die* **- 2.** [acceptance] Eingeständnis *das* **- 3.** [letter] Empfangsbestätigung *die*.

◆ **acknowledg(e)ments** *npl* [in book] Danksagungen *pl*.

ACLU (*abbr of* **American Civil Liberties Union**) *n US-amerikanische Organisation, die Rechtsfälle daraufhin untersucht, ob die Freiheitsrechte der betroffenen Personen verletzt wurden.*

acme ['ækmɪ] *n* Gipfel *der*, Höhepunkt *der*.

acne ['æknɪ] *n* Akne *die*.

acorn ['eɪkɔ:n] *n* Eichel *die*.

acoustic [ə'ku:stɪk] *adj* akustisch.

◆ **acoustics** *npl* [of room] Akustik *die*.

acoustic guitar *n* Akustikgitarre *die*.

ACPO (*abbr of* **Association of Chief Police Officers**) *n Verband britischer Polizeipräsidenten.*

acquaint [ə'kweɪnt] *vt*: **to ~ sb with sthg** [information] jn über etw *(A)* informieren; [method, technique] jn mit etw vertraut machen; **to be ~ed with sb** mit jm bekannt sein, jn kennen.

acquaintance [ə'kweɪntəns] *n* **- 1.** [personal associate] Bekannte *der, die* **- 2.** *(U)* ***fml*:** **to make sb's ~** [meet] js Bekanntschaft machen.

acquiesce [ˌækwɪ'es] *vi*: **to ~ (to** OR **in sthg)** (in etw *(A)*) ein|willigen.

acquiescence [ˌækwɪ'esns] *n (U)* Einwilligung *die*.

acquire [ə'kwaɪəʳ] *vt* **- 1.** [house, company, book] erwerben; [information, document] erhalten **- 2.** [habit] an|nehmen; [skill, knowledge] erwerben; **to ~ a taste for sthg** Gefallen an etw *(D)* finden.

acquired taste [ə'kwaɪəd-] *n*: **whisky/modern jazz is an ~** Whisky/Modern Jazz ist ein Genuss, wenn man sich erst daran gewöhnt hat.

acquisition [ˌækwɪ'zɪʃn] *n* **- 1.** [purchase, find] Anschaffung *die* **- 2.** *(U)* [act of purchasing, obtaining] Erwerb *der*.

acquisitive [ə'kwɪzɪtɪv] *adj* habgierig.

acquit [ə'kwɪt] (*pt* & *pp* **-ted;** *cont* **-ting**) *vt* **- 1.** LAW: **to ~ sb (of sthg)** jn (von etw) frei|sprechen **- 2.** [conduct]: **to ~ o.s. well/badly** seine Sache gut/schlecht machen.

acquittal [ə'kwɪtl] *n* LAW Freispruch *der*.

acre ['eɪkəʳ] *n* ≃ Morgen *der*, *= 4047,9 m²*.

acreage ['eɪkərɪdʒ] *n Größe eines Gebietes in „acres".*

acrid ['ækrɪd] *adj* **- 1.** [smoke, smell] beißend; [taste] bitter **- 2.** ***fig*** [words] verletzend; [remarks] beißend.

acrimonious [ˌækrɪ'məʊnjəs] *adj* erbittert.

acrobat ['ækrəbæt] *n* Akrobat *der*, -in *die*.

acrobatic [ˌækrə'bætɪk] *adj* **- 1.** [display] akrobatisch **- 2.** [person] (körperlich) geschickt.

◆ **acrobatics** *npl* akrobatische Kunststücke *pl*.

acronym ['ækrənɪm] *n* Akronym *das*.

across [ə'krɒs] *adv* **- 1.** [from one side to the other - to the other side] hinüber; [- from the other side] herüber **- 2.** [in measurements] breit; [of circle] im Durchmesser **- 3.** [in crossword] waag(e)recht **- 4.** ***phr*:** **to get sthg ~ to sb** jm etw verständlich machen ◇ *prep* **- 1.** [from one side to the other] über *(+ A)* ; **he drew a line ~ the page** er machte einen Strich quer über die Seite **- 2.** [on the other side of] auf der anderen Seite *(+ G)*.

◆ **across from** *prep* gegenüber von.

acrylic [ə'krɪlɪk] *adj* Acryl-, aus Acryl ◇ *n* Acryl *das*.

act [ækt] *n* **- 1.** [action, deed] Tat *die*, Akt *der;* **an ~ of mercy** ein Gnadenakt; **to catch sb in the ~** jn auf frischer Tat ertappen **- 2.** LAW Gesetz *das* **- 3.** [of play, opera] Akt *der;* [in cabaret *etc*] Nummer *die* **- 4.** ***fig*** [pretence] Komödie *die*, Schau *die;* **to put on an ~** Komödie spielen **- 5.** ***phr*:** **to get in on the ~** mit von der Partie sein; **get your ~ together!** reiß dich mal am Riemen ◇ *vi* **- 1.** [take action] handeln **- 2.** [behave] sich benehmen OR verhalten; **to ~ as if/like** sich benehmen OR verhalten als ob/wie **- 3.** [in play, film] spielen **- 4.** ***fig*** [pretend] Komödie spielen, schauspielen; **to ~ innocent** unschuldig tun **- 5.** [take effect] wirken **- 6.** [fulfil function]: **to ~ as sthg** als etw fungieren; **to ~ for** *OR* **on behalf of sb** jn vertreten <> *vt* [role] spielen; **to ~ the fool/innocent** den Dummen/Unschuldigen spielen.

◆ **act out** *vt sep* **- 1.** [thoughts, feelings] zum Ausdruck bringen; [fantasy] ausleben **- 2.** [event, story] nachspielen.

◆ **act up** *vi inf* **- 1.** [not work] verrückt spielen **- 2.** [misbehave] Theater machen.

acting ['æktɪŋ] *adj* [interim] stellvertretend <> *n (U)* [performance] Spiel *das;* [profession] Schauspielerei *die;* **Olivier's ~ was always marvellous** Olivier hat immer fantastisch gespielt; **I enjoy ~** ich spiele gerne Theater/ in Filmen.

action ['ækʃn] *n* **- 1.** *(U)* [fact of doing sthg] Handeln *das;* **to take ~** etwas unternehmen, handeln; **to put sthg into ~** etw in die Tat umsetzen; **in ~** [person] in Aktion; [machine] in Betrieb; **out of ~** [person] nicht in Aktion; [machine] außer Betrieb **- 2.** [deed] Tat *die* **- 3.** *(U)* [in battle, war] Gefecht *das*, Kampf *der;* **killed in ~** gefallen **- 4.** LAW [trial] Prozess *der;* [charge] Klage *die;* **to bring an ~ against sb** eine Klage gegen jn anstrengen **- 5.** [in play, book, film] Handlung *die* **- 6.** [effect] Wirkung *die*.

action group *n* [lobby] (Bürger)initiative *die*.

action replay *n* Wiederholung *die*.

activate ['æktɪveɪt] *vt* [device, machine] in Gang setzen; [alarm] auslösen.

active ['æktɪv] *adj* aktiv; [mind, interest] rege.

actively ['æktɪvlɪ] *adv* aktiv.

active service *n* MIL: **on ~** im Einsatz.

activist ['æktɪvɪst] *n* Aktivist *der*, -in *die*.

activity [æk'tɪvətɪ] *(pl* **-ies)** *n* **- 1.** *(U)* [movement, action] Geschäftigkeit *die*, geschäftiges Treiben **- 2.** [pastime, hobby] Betätigung *die*, Aktivität *die*.

◆ **activities** *npl* Aktivitäten *pl*.

act of God *n* höhere Gewalt.

actor ['æktə^r] *n* Schauspieler *der*.

actress ['æktrɪs] *n* Schauspielerin *die*.

actual ['æktʃʊəl] *adj* eigentlich; [cost, amount, cause] tatsächlich, wirklich; **in ~ fact** eigentlich.

actuality [ˌæktʃʊ'ælətɪ] *n (U):* **in ~** in Wirklichkeit.

actually ['æktʃʊəlɪ] *adv* **- 1.** [really, in truth] wirklich, tatsächlich **- 2.** [by the way] übrigens **- 3.** [with contradictory statement] eigentlich.

actuary ['æktjʊərɪ] *(pl* **-ies)** *n* Aktuar *der*.

actuate ['æktjʊeɪt] *vt* [device, mechanism] in Gang setzen; [alarm] auslösen.

acuity [ə'kjuːətɪ] *n fml* [of thought, judgement] Scharfsinn *der;* [of sight] Schärfe *die*.

acumen ['ækjʊmen] *n:* **business ~** Geschäftssinn *der*.

acupuncture ['ækjʊpʌŋktʃə^r] *n* Akupunktur *die*.

acute [ə'kjuːt] *adj* **- 1.** [pain, shortage] akut; [embarrassment, anxiety] groß **- 2.** [observer, mind] scharf; [analysis, judgement, person] scharfsinnig **- 3.** [sight] scharf; [hearing, sense of smell] fein **- 4.** MATH spitz.

acutely [ə'kjuːtlɪ] *adv* [extremely] äußerst; **to be ~ aware/conscious of sthg** sich *(D)* etw *(G)* genau *OR* sehr bewusst sein.

ad [æd] *(abbr of* **advertisement)** *n* ***inf*** [in newspaper] Inserat *das*, Annonce *die;* [on TV] Werbung *die;* [in shop window] Angebot *das*.

AD *(abbr of* **Anno Domini)** A. D.

adage ['ædɪdʒ] *n* Sprichwort *das*.

adamant ['ædəmənt] *adj:* **to be ~ (about sthg)** (in Bezug auf etw *(A)*) unnachgiebig sein; **to be ~ that** darauf bestehen, dass.

Adam's apple ['ædəmz-] *n* Adamsapfel *der*.

adapt [ə'dæpt] *vt* **- 1.** [adjust, modify] anpassen; [machine, system] umstellen; [text, materials] umarbeiten **- 2.** [book, play] adaptieren, bearbeiten' <> *vi:* **to ~ to sthg** sich etw *(D)* anpassen; [idea] sich mit etw anfreunden.

adaptability [əˌdæptə'bɪlətɪ] *n* Anpassungsfähigkeit *die*.

adaptable [ə'dæptəbl] *adj* anpassungsfähig.

adaptation [ˌædæp'teɪʃn] *n* [of book, play] Adaptation *die*, Bearbeitung *die*.

adapter, adaptor [ə'dæptə^r] *n* [for foreign plug] Adapter *der;* [for several plugs] Mehrfachstecker *der*.

ADC *n abbr of* **aide-de-camp.**

add [æd] *vt* **- 1.** [gen]: **to ~ sthg (to)** etw hinzufügen (zu) **- 2.** [total] addieren, zusammenzählen.

◆ **add in** *vt sep* [include] hinzufügen, einbeziehen.

◆ **add on** *vt sep* **- 1.** [build on, attach]: **to ~ sthg on (to sthg)** etw (an etw *(A)*) anbauen **- 2.** [include]: **to ~ sthg on (to sthg)** etw (zu etw) hinzufügen; [number, amount] etw (zu etw) dazurechnen.

◆ **add to** *vt fus* [increase] vergrößern, vermehren.

◆ **add up** *vt sep* [total up] zusammenrechnen, zusammenzählen <> *vi* ***inf*** [make sense] einen Sinn ergeben, zusammenpassen.

◆ **add up to** *vt fus* [represent] ergeben.

addendum [ə'dendəm] *(pl* **-da** [- də]) *n* [of speech] Nachtrag *der;* [of book] Anhang *der*.

adder ['ædə^r] *n* [snake] Viper *die*.

addict ['ædɪkt] *n* **- 1.** [taking drugs] Süchtige *der, die*, Abhängige *der, die* **- 2.** ***fig*** [fan]: **to be a**

chocolate ~ süchtig nach Schokolade sein; to be an exercise ~ ein Sportfanatiker sein.

addicted [ə'dɪktɪd] *adj* **lit** & **fig:** **~ (to)** süchtig (nach).

addiction [ə'dɪkʃn] *n* **lit** & **fig:** **~ (to)** Sucht *die* (nach).

addictive [ə'dɪktɪv] *adj:* **to be ~** [drug] süchtig machen; *fig* [exercise, food, TV] zu einer Sucht werden können.

addition [ə'dɪʃn] *n* **- 1.** MATH Addition *die* **- 2.** [extra thing] Zusatz *der*, Ergänzung *die* **- 3.** [act of adding] Hinzufügen *das;* **in ~** außerdem; **in ~ to** zusätzlich zu.

additional [ə'dɪʃənl] *adj* zusätzlich.

additive ['ædɪtɪv] *n* Zusatz *der*.

addled ['ædld] *adj* **- 1.** [egg] verdorben, faul **- 2.** *inf* [brain] verwirrt.

add-on COMPUT *adj* Zusatz- <> *n* Zusatzgerät *das*.

address [ə'dres] *n* **- 1.** [location] Adresse *die*, Anschrift *die* **- 2.** [speech] Ansprache *die* <> *vt* **- 1.** [letter, parcel] adressieren **- 2.** [meeting, conference] eine Ansprache halten bei, sprechen zu **- 3.** [person] ansprechen; **to ~ sb as sthg** jn etw nennen, jn mit etw an|reden **- 4.** [problem, issue]: **to ~ (o.s. to) sthg** sich etw *(D)* widmen, sich mit etw befassen.

address book *n* Adressbuch *das*.

addressee [ˌædre'siː] *n* [of letter, parcel] Empfänger *der*, -in *die*, Adressat *der*, -in *die*.

adenoids ['ædɪnɔɪdz] *npl* Polypen *pl*.

adept ['ædept] *adj:* **to be ~ (at sthg)** (in etw *(D)*) geschickt sein; **he is ~ at cooking** er kann gut kochen.

adequacy ['ædɪkwəsɪ] *n* **- 1.** [of amount, supply] ausreichender Umfang, Zulänglichkeit *die* **- 2.** [quality of being good enough] Adäquatheit *die*, Angemessenheit *die;* [of person, material] Eignung *die*.

adequate ['ædɪkwət] *adj* **- 1.** [sufficient] ausreichend **- 2.** [good enough] adäquat, angemessen.

adequately ['ædɪkwətlɪ] *adv* **- 1.** [sufficiently] ausreichend, hinlänglich **- 2.** [well enough] adäquat, angemessen.

adhere [əd'hɪər] *vi* **- 1.** [stick]: **to ~ (to)** kleben (an *(+ D)*) **- 2.** [observe]: **to ~ to sthg** sich an etw *(A)* halten, etw befolgen **- 3.** [uphold]: **to ~ to sthg** an etw *(D)* fest|halten.

adherence [əd'hɪərəns] *n:* **~ to sthg** [rule] Befolgung *die* einer Sache *(G);* [decision, law] Festhalten *das* an etw *(D)*.

adhesive [əd'hiːsɪv] *adj* klebend; **~ label** Haftetikett *das* <> *n* Klebstoff *der*.

adhesive tape *n* Klebestreifen *der*.

ad hoc [ˌæd'hɒk] *adj* ad hoc.

ad infinitum [ˌædɪnfɪ'naɪtəm] *adv* ad infinitum.

adjacent [ə'dʒeɪsənt] *adj* angrenzend, Neben-; **to be ~ to sthg** an etw *(A)* an|grenzen, neben etw *(D)* liegen OR sein.

adjective ['ædʒɪktɪv] *n* Adjektiv *das*.

adjoin [ə'dʒɔɪn] *vt* grenzen an *(+ A)*.

adjoining [ə'dʒɔɪnɪŋ] *adj* angrenzend, Neben-.

adjourn [ə'dʒɜːn] *vt* [postpone] **to ~ sthg (until)** etw vertagen (auf *(+ A)*) <> *vi* **- 1.** [stop temporarily] sich vertagen; **to ~ for lunch** zur Mittagspause unterbrechen **- 2.** *inf* [go]: **they ~ed to the pub** sie begaben sich in die Kneipe.

adjournment [ə'dʒɜːnmənt] *n* Vertagung *die*.

adjudge [ə'dʒʌdʒ] *vt* [declare]: **to be ~d the winner** zum Sieger erklärt werden; **the court ~d him (to be) guilty** das Gericht befand OR erklärte ihn für schuldig.

adjudicate [ə'dʒuːdɪkeɪt] *vt* [contest] Preisrichter sein bei; [claim] entscheiden über *(+ A)* <> *vi* als Preisrichter fungieren; **to ~ on** OR **upon sthg** entscheiden OR urteilen bei etw.

adjudication [əˌdʒuːdɪ'keɪʃn] *n* [act] Entscheidung *die*, Beurteilung *die;* [result] Urteil *das*

adjust [ə'dʒʌst] *vt* regulieren; [settings] ein|stellen; [clothing] zurecht|rücken <> *vi:* **to ~ (to sthg)** sich (auf etw *(A)*) ein|stellen, sich (etw *(D)*) an|passen.

adjustable [ə'dʒʌstəbl] *adj* [machine] regulierbar; [chair] verstellbar.

adjustable spanner *n* Engländer *der*, verstellbarer Schraubenschlüssel.

adjusted [ə'dʒʌstɪd] *adj* [person]: **to be well ~** ausgeglichen sein.

adjustment [ə'dʒʌstmənt] *n* **- 1.** [gen] Regulierung *die;* [of settings] Einstellung *die;* **to make an ~ to sthg** eine Änderung an etw *(D)* vor|nehmen **- 2.** [to situation]: **~ (to)** Anpassung *die* (an *(+ A)*).

adjutant ['ædʒʊtənt] *n* Adjutant *der*.

ad lib [ˌæd'lɪb] (*pt* & *pp* **ad-libbed;** *cont* **ad-libbing**) *adj* [improvised] Stegreif- <> *adv* [freely] aus dem Stegreif <> *n* [improvised joke] Stegreifwitz *der*.

◆ **ad-lib** *vi* improvisieren.

adman ['ædmæn] (*pl* **-men** [-mən]) *n* Werbefachmann *der*.

admin ['ædmɪn] *n* **Br inf** Verwaltung *die*.

administer [əd'mɪnɪstər] *vt* **- 1.** [company] verwalten **- 2.** [punishment] verhängen; **to ~ justice** Recht sprechen **- 3.** [drug, medication] verabreichen.

administration [ədˌmɪnɪ'streɪʃn] *n* **- 1.** [gen] Verwaltung *die* **- 2.** [of punishment] Verhängung *die;* **the ~ of justice** die Rechtssprechung.

◆ **Administration** *n* **Am** [government]: **the Administration** die Regierung.

administrative [əd'mɪnɪstrətɪv] *adj* Verwaltungs-, administrativ.

administrator [əd'mɪnɪstreɪtəʳ] *n* Administrator *der*, -in *die*.

admirable ['ædmərəbl] *adj* [worthy of admiration] bewundernswert; [excellent] großartig.

admirably ['ædmərəblɪ] *adv* bewundernswert.

admiral ['ædmərəl] *n* Admiral *der*.

Admiralty ['ædmərəltɪ] *n* **Br: the ~** die Admiralität.

admiration [ˌædmə'reɪʃn] *n* Bewunderung *die*.

admire [əd'maɪəʳ] *vt* bewundern; **to ~ sb for sthg** jn wegen etw *(G)* bewundern.

admirer [əd'maɪərəʳ] *n* - **1.** [suitor] Verehrer *der* - **2.** [enthusiast, fan] Bewunderer *der*, -in *die*.

admiring [əd'maɪərɪŋ] *adj* [look] bewundernd.

admiringly [əd'maɪərɪŋlɪ] *adv* bewundernd.

admissible [əd'mɪsəbl] *adj* LAW zulässig.

admission [əd'mɪʃn] *n* - **1.** [permission to enter] Zulassung *die;* [to museum *etc*] Eintritt *der* - **2.** [cost of entrance] Eintrittspreis *der* - **3.** [confession - of crime] Geständnis *das;* [- of guilt, mistake] Eingeständnis *das;* **by his/her own ~** nach eigenem Eingeständnis.

admit [əd'mɪt] (*pt* & *pp* **-ted;** *cont* **-ting**) *vt* - **1.** [crime] gestehen; [mistake] ein|gestehen; **to ~ that** zu|geben, dass; **to ~ doing sthg** zu|geben, etw getan zu haben; **to ~ defeat** *fig* auf|geben - **2.** [allow to enter] herein|lassen, hinein|lassen, Zutritt gewähren; **to be ~ted to hospital** *Br* OR **to the hospital** *Am* ins Krankenhaus eingeliefert werden - **3.** [allow to join]: **to ~ sb (to sthg)** jn (in etw *(A)*) auf|nehmen <> *vi:* **to ~ to sthg** etw zu|geben.

admittance [əd'mɪtəns] *n:* **to gain ~ to sthg** Zutritt erhalten zu etw; **'no ~'** 'kein Zutritt'.

admittedly [əd'mɪtɪdlɪ] *adv* zugegebenermaßen.

admixture [æd'mɪkstʃəʳ] *n* Beimischung *die*.

admonish [əd'mɒnɪʃ] *vt* **fml** ermahnen.

ad nauseam [ˌæd'nɔːzɪæm] *adv* bis zum Überdruss.

ado [ə'duː] *n:* **without further** OR **more ~** ohne weitere Umstände.

adolescence [ˌædə'lesns] *n* Jugend *die*.

adolescent [ˌædə'lesnt] *adj* - **1.** [teenage] jugendlich, halbwüchsig - **2.** **pej** [immature] unreif, pubertär <> *n* [teenager] Jugendliche *der, die*, Halbwüchsige *der, die*.

adopt [ə'dɒpt] *vt* - **1.** [child] adoptieren - **2.** [plan, method] übernehmen; [attitude, mannerism, recommendation] an|nehmen.

adoption [ə'dɒpʃn] *n* - **1.** [of child] Adoption *die* - **2.** *(U)* [of plan, method] Übernahme *die;* [of attitude, mannerism, recommendation] Annahme *die*.

adoptive [ə'dɒptɪv] *adj* Adoptiv-.

adorable [ə'dɔːrəbl] *adj* entzückend.

adoration [ˌædə'reɪʃn] *n* innige Liebe *die*.

adore [ə'dɔːʳ] *vt* über alles lieben; **I ~ these chocolate biscuits** ich esse diese Schokoladenkekse für mein Leben gern.

adoring [ə'dɔːrɪŋ] *adj* [look, smile] anbetend.

adorn [ə'dɔːn] *vt* schmücken.

adornment [ə'dɔːnmənt] *n* Schmuck *der*.

ADP (*abbr of* **automatic data processing**) *n* EDV *die*.

adrenalin [ə'drenəlɪn] *n* Adrenalin *das*.

Adriatic [ˌeɪdrɪ'ætɪk] *n:* **the ~ (Sea)** die Adria.

adrift [ə'drɪft] *adj* [boat, ship] treibend <> *adv:* **to go ~** *fig* [go wrong] schief|gehen, schief|laufen.

adroit [ə'drɔɪt] *adj* geschickt.

ADT (*abbr of* **Atlantic Daylight Time**) *n Sommerzeit in den Staaten an der Ostküste der USA.*

adulation [ˌædjʊ'leɪʃn] *n* Anbetung *die*.

adult ['ædʌlt] *adj* erwachsen; [animal] ausgewachsen; [book, film] für Erwachsene <> *n* [person] Erwachsene *der, die*.

adult education *n* Erwachsenenbildung *die*.

adulterate [ə'dʌltəreɪt] *vt* [wine, whisky] panschen; [food] *die Qualität eines Produkts durch die Beigabe von etwas anderem verschlechtern.*

adulterer [ə'dʌltərəʳ] *n* Ehebrecher *der*, -in *die*.

adultery [ə'dʌltərɪ] *n (U)* Ehebruch *der*.

adulthood ['ædʌlthʊd] *n* Erwachsenenalter *das*.

advance [əd'vɑːns] *n* - **1.** [of army] Vorrücken *das* - **2.** [improvement, progress] Fortschritt *der* - **3.** [money] Vorschuss *der* <> *comp:* **~ booking** Vorbestellung *die;* **~ payment** Vorauszahlung *die;* **~ warning** Vorwarnung *die* <> *vt* - **1.** [improve - cause] voran|bringen, fördern; [- interest] fördern - **2.** [bring forward in time] vor|verlegen - **3.: to ~ sb sthg** [money] jm etw vor|schießen <> *vi* - **1.** [go forward - army] vor|rücken - **2.** [improve] Fortschritte machen.

◆ **advances** *npl:* **to make ~s to sb** [sexual] bei jm Annäherungsversuche machen.

◆ **in advance** *adv* im Voraus.

◆ **in advance of** *prep* - **1.** [ahead of]: **to be in ~ of sb/sthg** jm/etw voraus|sein - **2.** [prior to] vor *(+ D)*.

advanced [əd'vɑːnst] *adj* - **1.** [developed - plan] weitentwickelt; [- stage] vorgerückt; **~ in years** ***euphemism*** [elderly] in fortgeschrittenem Alter - **2.** [student, pupil] fortgeschritten.

advancement [əd'vɑːnsmənt] *n* - **1.** *(U)* [promotion in job] Aufstieg *der* - **2.** [improvement] Förderung *die*.

advantage [əd'vɑːntɪdʒ] *n* Vorteil *der;* **to be to one's ~** für jn von Vorteil sein; **to have** *OR* **hold the ~ (over sb)** (jm gegenüber) im Vorteil sein; **to take ~ of sb/sthg** jn/etw auslnutzen.

advantageous [ˌædvən'teɪdʒəs] *adj* vorteilhaft.

advent ['ædvənt] *n* [of invention] Aufkommen *das;* [of period] Beginn *der.*
◆ **Advent** *n* RELIG Advent *der.*

Advent calendar *n* Adventskalendar *der.*

adventure [əd'ventʃəʳ] *n* Abenteuer *das;* **to have no sense of ~** keinen Sinn für Abenteuer haben.

adventure holiday *n* Abenteuerurlaub *der.*

adventure playground *n* Abenteuerspielplatz *der.*

adventurer [əd'ventʃərəʳ] *n* - **1.** [adventurous person] Abenteurer *der*, -in *die* - **2.** [unscrupulous person] Schlitzohr *das.*

adventurous [əd'ventʃərəs] *adj* - **1.** [person] abenteuerlustig - **2.** [life, project] abenteuerlich.

adverb ['ædvɜːb] *n* Adverb *das.*

adversary ['ædvəsərɪ] (*pl* **-ies**) *n* Gegner *der*, -in *die*.

adverse ['ædvɜːs] *adj* [weather] schlecht; [conditions] ungünstig; [criticism] negativ, nachteilig; [effect] nachteilig.

adversely ['ædvɜːslɪ] *adv* negativ.

adversity [əd'vɜːsətɪ] *n* Unglück *das.*

advert ['ædvɜːt] *n* ***Br*** = **advertisement.**

advertise ['ædvətaɪz] *vt* [job, product] Reklame *OR* Werbung machen für; **to ~ for sb/sthg** inserieren *OR* annoncieren für jn/etw.

advertisement [əd'vɜːtɪsmənt] *n* - **1.** [in newspaper] Inserat *das*, Annonce *die;* [on TV] Werbung *die;* [in shop window] Angebot *das* - **2.** ***fig*** [recommendation] Aushängeschild *das.*

advertising ['ædvətaɪzɪŋ] *n (U)* - **1.** [advertisements] Werbung *die*, Reklame *die* - **2.** [industry] Werbebranche *die.*

advertising agency *n* Werbeagentur *die.*

advertising campaign *n* Werbekampagne *die.*

advice [əd'vaɪs] *n (U)* Rat *der;* **to give sb ~** jm einen Rat geben; **to take sb's ~** js Rat befolgen; **a piece of ~** ein Ratschlag.

advice note *n* Benachrichtigung *die*, Avis *der.*

advisability [ədˌvaɪzə'bɪlətɪ] *n* Ratsamkeit *die.*

advisable [əd'vaɪzəbl] *adj* ratsam.

advise [əd'vaɪz] *vt* - **1.** [give advice to]: **to ~ sb to do sthg** jm raten, etw zu tun; **to ~ sb against sthg** jm von etw ablraten; **to ~ sb against doing sthg** jm davon ablraten, etw zu tun - **2.** [professionally]: **to ~ sb on sthg** jn in etw *(D)* beraten - **3.** ***fml*** [inform]: **to ~ sb of sthg** jn über etw *(+ A) OR* von etw unterrichten, jn von etw in Kenntnis setzen ◇ *vi:* **to ~ against sthg** von etw ablraten; **to ~ against doing sthg** davon ablraten, etw zu tun.

advisedly [əd'vaɪzɪdlɪ] *adv* mit Bedacht, bewusst.

adviser ***Br***, **advisor** ***Am*** [əd'vaɪzəʳ] *n* Berater *der*, -in *die*.

advisory [əd'vaɪzərɪ] *adj* [group, organization] beratend; **in an ~ capacity** *OR* **role** in einer beratenden Funktion *OR* Rolle.

advocacy ['ædvəkəsɪ] *n (U)* [support] Befürwortung *die.*

advocate [*n* 'ædvəkət, *vb* 'ædvəkeɪt] *n* - **1.** ***Scot*** LAW (Rechts)anwalt *der*, -wältin *die* - **2.** [supporter] Befürworter *der*, -in *die*, Verfechter *der*, -in *die* ◇ *vt* befürworten, einltreten für.

advt. (*abbr of* **advertisement**) Anz.

AEA (*abbr of* **Atomic Energy Authority**) *n britische Organisation, die für die Entwicklung und Überwachung von Atomenergie verantwortlich ist.*

AEC (*abbr of* **Atomic Energy Commission**) *n US-amerikanische Organisation, die für die Entwicklung und Überwachung von Atomenergie verantwortlich ist.*

Aegean [iː'dʒiːən] *n:* **the ~ (Sea)** die Ägäis.

aegis ['iːdʒɪs] *n:* **under the ~ of** unter der Schirmherrschaft von.

Aeolian Islands *npl:* **the ~** die Äolischen Inseln.

aeon ***Br***, **eon** ***Am*** ['iːən] *n* Äon *der;* ***fig*** [very long time] Ewigkeit *die.*

aerial ['eərɪəl] *adj* Luft-; **~ photograph** Luftaufnahme *die* ◇ *n* ***Br*** [antenna] Antenne *die.*

aerobatics [ˌeərəʊ'bætɪks] *n (U)* Kunstfliegen *das.*

aerobics [eə'rəʊbɪks] *n (U)* Aerobic *das.*

aerodrome ['eərədrəʊm] ***esp Br*** *n* Flugplatz *der.*

aerodynamic [ˌeərəʊdaɪ'næmɪk] *adj* aerodynamisch.
◆ **aerodynamics** *n (U)* [science] Aerodynamik *die* ◇ *npl* [aerodynamic qualities] Aerodynamik *die.*

aerogramme ['eərəgræm] *n* Aerogramm *das*, Luftpostleichtbrief *der*.

aeronautics [ˌeərə'nɔːtɪks] *n (U)* Luftfahrt *die*, Aeronautik *die*.

aeroplane *Br* ['eərəpleɪn], **airplane** *Am n* Flugzeug *das*.

aerosol ['eərəsɒl] *n* Spraydose *die*.

aerospace ['eərəuspeɪs] *n:* **the ~ industry** die Raumfahrtindustrie.

aesthete, esthete *Am* ['iːsθiːt] *n* Ästhet *der*, -in *die*.

aesthetic, esthetic *Am* [iːs'θetɪk] *adj* ästhetisch.

aesthetically, esthetically *Am* [iːs'θetɪklɪ] *adv* ästhetisch.

aesthetics, esthetics *Am* [iːs'θetɪks] *n (U)* Ästhetik *die*.

afar [ə'fɑːr] *adv:* **from ~** aus der Ferne.

affable ['æfəbl] *adj* umgänglich.

affair [ə'feər] *n* **- 1.** [event, concern] Angelegenheit *die*, Sache *die* **- 2.** [extramarital relationship] Verhältnis *das*.

◆ **affairs** *npl* [matters, interests] Angelegenheiten *pl*.

affect [ə'fekt] *vt* **- 1.** [influence] beeinflussen, sich aus|wirken auf *(+ A)*; [health] beeinträchtigen **- 2.** [move emotionally] berühren, bewegen **- 3.** [pretend, feign] vor|täuschen.

affectation [ˌæfek'teɪʃn] *n* **- 1.** [mannerism] Affektiertheit *die;* [habit] affektierte Angewohnheit **- 2.** [pretence] Vortäuschung *die*.

affected [ə'fektɪd] *adj* [mannered] affektiert.

affection [ə'fekʃn] *n* Zuneigung *die*.

affectionate [ə'fekʃnət] *adj* liebevoll, zärtlich.

affectionately [ə'fekʃnətlɪ] *adv* liebevoll, zärtlich.

affidavit [ˌæfɪ'deɪvɪt] *n* eidesstattliche Erklärung.

affiliate [*n* ə'fɪlɪət, *vb* ə'fɪlɪeɪt] *n* Tochtergesellschaft *die* <> *vt:* **to be ~d to** *OR* **with sthg** an etw *(A)* angegliedert sein.

affiliation [əˌfɪlɪ'eɪʃn] *n* Angliederung *die;* **what are her political ~s?** in welche politische Richtung tendiert sie?

affinity [ə'fɪnətɪ] *(pl* **-ies***)* *n* **- 1.** *(U)* [attraction] Verbundenheit *die;* **to have an ~ with sb/sthg** sich mit jm/etw verbunden fühlen **- 2.** [connection, similarity] Verwandtschaft *die*, Affinität *die;* **to have an ~ with sb/sthg** eine Ähnlichkeit mit jm/etw haben.

affirm [ə'fɜːm] *vt* **- 1.** [declare] versichern **- 2.** [confirm] bestätigen.

affirmation [ˌæfə'meɪʃn] *n* **- 1.** [declaration] Versicherung *die* **- 2.** [confirmation] Bestätigung *die*.

affirmative [ə'fɜːmətɪv] *adj* positiv <> *n:* **to answer in the ~** mit „ja" antworten.

affix [ə'fɪks] *vt* [stamp] kleben.

afflict [ə'flɪkt] *vt* plagen; **to be ~ed with sthg** von etw geplagt sein.

affliction [ə'flɪkʃn] *n* Plage *die;* **the ~s of old age** die Beschwerden des Alters.

affluence ['æfluəns] *n* Wohlstand *der*.

affluent ['æfluənt] *adj* wohlhabend.

affluent society *n* Wohlstandsgesellschaft *die*.

afford [ə'fɔːd] *vt* **- 1.** [gen]: **to be able to ~ sthg** sich *(D)* etw leisten können; **to be able to ~ the time (to do sthg)** die Zeit haben (etw zu tun); **I can't ~ two weeks off work** ich kann mir zwei Wochen Urlaub nicht leisten; **we can't ~ to let this happen** wir können es uns nicht leisten, dies geschehen zu lassen **- 2.** *fml* [provide - protection, shelter] gewähren; [- assistance] leisten.

affordable [ə'fɔːdəbl] *adj* erschwinglich.

afforestation [æˌfɒrɪ'steɪʃn] *n* Aufforstung *die*.

affray [ə'freɪ] *n Br fml* [disturbance] Schlägerei *die*.

affront [ə'frʌnt] *n* Beleidigung *die*, Affront *der* <> *vt* beleidigen.

Afghan ['æfgæn], **Afghani** [æf'gænɪ] *adj* afghanisch <> *n* Afghane *der*, -nin *die*.

Afghan hound *n* Afghane *der*, afghanischer Windhund.

Afghani *adj* & *n* = **Afghan.**

Afghanistan [æf'gænɪstæn] *n* Afghanistan *nt*.

afield [ə'fɪəld] *adv:* **far ~** weit weg *OR* entfernt.

AFL-CIO (*abbr of* **American Federation of Labor and Congress of Industrial Organizations**) *n* ≃ DGB, *Dachverband US-amerikanischer Gewerkschaften*.

afloat [ə'fləut] *adj* **- 1.** [above water] schwimmend **- 2.** *fig* [out of debt]: **to stay ~** sich über Wasser halten.

afoot [ə'fut] *adj:* **there's something ~** da ist irgendetwas im Gange; **there are plans ~** es sind Pläne in Vorbereitung.

aforementioned [əˌfɔː'menʃənd], **aforesaid** [ə'fɔːsed] *adj fml* oben erwähnt, oben genannt.

afraid [ə'freɪd] *adj* **- 1.** [frightened, reluctant]: **to be ~ (of sb/sthg)** (vor jm/etw) Angst haben, sich (vor jm/etw) fürchten; **to be ~ of doing** *OR* **to do sthg** Angst (davor) haben, etw zu tun; **to be ~ that** Angst (davor) haben, dass; **don't be ~ to call** scheuen Sie sich nicht (davor,) anzurufen **- 2.** [in apologies]: **I'm ~ we can't**

come wir können leider nicht kommen; **I'm ~ so/not** leider ja/nicht.

afresh [ə'freʃ] *adv:* **to start ~** noch einmal von vorn an|fangen; **to look at sthg ~** etw erneut betrachten.

Africa ['æfrɪkə] *n* Afrika *nt.*

African ['æfrɪkən] *adj* afrikanisch ◇ *n* Afrikaner *der,* -in *die.*

African American *adj* afro-amerikanisch ◇ *n* Afro-Amerikaner *der,* -in *die.*

Afrikaans [ˌæfrɪ'kɑːns] *n* Afrikaans *das.*

Afrikaner [ˌæfrɪ'kɑːnəʳ] *n* Afrikaner *der,* -in *die.*

aft [ɑːft] *adv* achtern; **to go ~** nach achtern gehen.

after ['ɑːftəʳ] *prep* - **1.** [in time] nach; **day ~ day** Tag für Tag; **time ~ time** immer wieder; **the day ~ tomorrow** übermorgen; **the week ~ next** übernächste Woche - **2.** [in order] nach; **~ you!** nach Ihnen!; **shut the door ~ you** schließe die Tür hinter dir - **3.** [in search of]: **to be ~ sb/sthg** jn/etw suchen - **4.** [with the name of] nach; **he is named ~ his father** er ist nach seinem Vater benannt - **5.** [directed at sb moving away]: **to call (sthg) ~ sb** jm (etw) nach|rufen - **6.** [enquiring]: **to ask ~ sb/sthg** sich nach jm/etw erkundigen - **7.** ART [in imitation of] nach; **~ Titian** nach Tizian - **8.** [telling the time] nach; **a quarter ~ ten** *Am* Viertel nach zehn ◇ *adv* danach; **the rest followed ~** die Übrigen folgten nach; **I heard about it ~** ich habe erst nachher *OR* später davon erfahren ◇ *conj* nachdem; **I came ~ he had gone** ich kam, nachdem er gegangen war.
- **afters** *npl Br inf* Nachtisch *der.*
- **after all** *adv* - **1.** [in spite of everything] doch - **2.** [it should be remembered] schließlich.

afterbirth ['ɑːftəbɜːθ] *n* Nachgeburt *die.*

aftercare ['ɑːftəkeəʳ] *n (U)* [for recovering patient] Nachbehandlung *die;* [for ex-prisoner] Resozialisierungshilfe *die.*

aftereffects ['ɑːftərɪˌfekts] *npl* [of war, storm] Folgen *pl;* [of heavy drinking] Nachwirkungen *pl.*

afterlife ['ɑːftəlaɪf] (*pl* **-lives** [-laɪvz]) *n* Leben *das* nach dem Tode.

aftermath ['ɑːftəmæθ] *n* Nachwirkungen *pl;* **in the ~ of sthg** nach etw.

afternoon [ˌɑːftə'nuːn] *n* Nachmittag *der;* **in the ~** am Nachmittag; **good ~** guten Tag.
- **afternoons** *adv esp Am* nachmittags.

after-sales service *n* Kundendienst *der.*

aftershave ['ɑːftəʃeɪv] *n* Rasierwasser *das,* Aftershave *das.*

aftershock ['ɑːftəʃɒk] *n* Nachbeben *das.*

aftersun (lotion) ['ɑːftəsʌn-] *n* Aftersunlotion *die.*

aftertaste ['ɑːftəteɪst] *n lit* & *fig* Nachgeschmack *der.*

afterthought ['ɑːftəθɔːt] *n* nachträgliche Idee.

afterwards ['ɑːftəwədz], **afterward** *esp Am* ['ɑftəwəd] *adv* danach; **three weeks ~** drei Wochen später; **she died soon ~** sie starb bald danach.

again [ə'gen] *adv* - **1.** [one more time] wieder; **~ and ~** immer wieder; **time and ~** immer wieder; **never ~** nie wieder; **all over ~** noch einmal von vorn; **please don't do that ~!** tu das bitte nicht wieder! - **2.** [once more as before] wieder; **he was ill, but he's well ~ now** er ist krank gewesen, aber jetzt ist er wieder gesund; **she promised to come back ~ one day** sie versprach, eines Tages wiederzukommen - **3.** [asking for repetition] wieder, noch einmal; **what is his name ~?** wie heißt er noch gleich? - **4.** [besides] außerdem; **~, we must remember his age** außerdem müssen wir sein Alter berücksichtigen - **5.** *phr:* **half as much ~** noch mal halb so viel; **(twice) as much ~** doppelt *OR* noch einmal so viel; **come ~?** *inf* wie bitte?; **then** *OR* **there ~** andererseits; **he may come, but then ~ he may not** vielleicht kommt er, aber vielleicht auch nicht.

against [ə'genst] *prep* - **1.** [gen] gegen; **he was leaning ~ the wall** er stand an die Wand gelehnt; **~ the law** rechtswidrig - **2.** [in contrast to]: **as ~** verglichen mit, im Gegensatz zu ◇ *adv:* **are you for or ~?** bist du dafür oder dagegen?

age [eɪdʒ] (*cont* **ageing** *OR* **aging**) *n* - **1.** [gen] Alter *das;* **she's 20 years of ~** sie ist 20 Jahre alt; **he's about my ~** er ist ungefähr mein Alter; **he was still writing at the ~ of 80** mit 80 schrieb er immer noch; **what ~ are you?** wie alt sind Sie?; **to be of ~** *Am* volljährig *OR* mündig sein; **to come of ~** volljährig *OR* mündig werden; **to be under ~** minderjährig *OR* unmündig sein; **act your ~!** sei nicht kindisch! - **2.** [of history] Zeitalter *das* ◇ *vt* altern lassen, alt werden lassen ◇ *vi* [person] altern, alt werden; [wine] reifen.
- **ages** *npl* [a long time]: **~s ago** schon ewig *OR* Urzeiten her; **I haven't seen her for ~s** ich habe sie eine Ewigkeit *OR* ewig lang nicht gesehen.

aged [*adj sense 1* eɪdʒd, *adj sense 2 & npl* 'eɪdʒɪd] *adj* - **1.** [of the stated age]: **a girl ~ 5** ein fünfjähriges Mädchen - **2.** [very old] betagt ◇ *npl:* **the ~** [the elderly] die alten Menschen.

age group *n* Altersgruppe *die.*

ageing ['eɪdʒɪŋ] *adj* [person, thing] alternd ◇ *n* [process of getting old] Altern *das* ◇ *comp:* **the ~ process** der Alterungsprozess.

ageless ['eɪdʒlɪs] *adj* [thing] zeitlos; **he seems to be ~** er scheint überhaupt nicht zu altern.

agency [ˈeɪdʒənsɪ] (*pl* **-ies**) *n* **- 1.** [business] Agentur *die* **- 2.** [organization] Organisation *die*.

agenda [əˈdʒendə] (*pl* **-s**) *n* Tagesordnung *die;* **what's on the ~ for today?** was steht heute auf dem Programm?

agent [ˈeɪdʒənt] *n* **- 1.** COMM [representative] Agent *der*, -in *die* **- 2.** [substance] Mittel *das;* [chemical] Wirkstoff *der* **- 3.** [spy] Agent *der*, -in *die*.

age-old *adj* uralt.

aggravate [ˈægrəveɪt] *vt* **- 1.** [make worse] verschlimmern **- 2.** [annoy] ärgern.

aggravating [ˈægrəveɪtɪŋ] *adj* [person, behaviour] unangenehm; [problem] ärgerlich.

aggravation [ˌægrəˈveɪʃn] *n* [irritation] Ärger *der*.

aggregate [ˈægrɪgət] *adj* Gesamt-; **~ earnings** Gesamtverdienst *der* <> *n* [total] Gesamtsumme *die*, Gesamtheit *die;* **on ~** ingesamt.

aggression [əˈgreʃn] *n (U)* [behaviour] Aggressionen *pl;* [feeling] Aggressivität *die;* **an act of ~** eine aggressive Handlung.

aggressive [əˈgresɪv] *adj* **- 1.** [belligerent - person] aggressiv **- 2.** [forceful - person] energisch; [- campaign] aggressiv.

aggressively [əˈgresɪvlɪ] *adv* aggressiv.

aggressor [əˈgresəʳ] *n* [country] Aggressor *der;* [person] Angreifer *der*, -in *die*.

aggrieved [əˈgriːvd] *adj* [upset, hurt] gekränkt.

aggro [ˈægrəʊ] *n* ***Br inf*** **- 1.** [violent behaviour] Rauferei *die* **- 2.** [hassle] Theater *das*.

aghast [əˈgɑːst] *adj:* **~ (at)** entsetzt (über *(+A)*).

agile [*Br* ˈædʒaɪl, *Am* ˈædʒəl] *adj* **- 1.** [person] beweglich, agil; [body] gelenkig **- 2.** [mind]: **to have an ~ mind** geistig sehr beweglich sein.

agility [əˈdʒɪlətɪ] *n* **- 1.** [physical] Beweglichkeit *die*, Agilität *die* **- 2.: mental ~** geistige Beweglichkeit.

aging *adj* & *n* = **ageing.**

agitate [ˈædʒɪteɪt] *vt* **- 1.** [disturb, worry] auf|regen, aus der Fassung bringen **- 2.** [shake] schütteln <> *vi* [campaign actively]: **to ~ for/against sthg** für/gegen etw Propaganda machen.

agitated [ˈædʒɪteɪtɪd] *adj* [disturbed, anxious] auf|-
geregt.

agitation [ˌædʒɪˈteɪʃn] *n* [anxiety] Aufregung *die*.

AGM (*abbr of* **annual general meeting**) *n* ***Br*** JHV *die*.

agnostic [ægˈnɒstɪk] *adj* agnostisch <> *n* Agnostiker *der*, -in *die*.

ago [əˈgəʊ] *adv* vor; **that was a long time ~** das ist schon lange her; **three days/years ~** vor drei Tagen/Jahren.

agog [əˈgɒg] *adj* gespannt; **the children were all ~ (with excitement)** die Kinder waren ganz gespannt (und aufgeregt).

agonize, -ise [ˈægənaɪz] *vi:* **to ~ (over** *OR* **about sthg)** sich *(D)* den Kopf (über etw *(A)*) zerbrechen.

agonized [ˈægənaɪzd] *adj* gequält.

agonizing [ˈægənaɪzɪŋ] *adj* qualvoll.

agony [ˈægənɪ] (*pl* **-ies**) *n* Qual *die;* **to be in ~** Qualen erleiden.

agony aunt *n* ***Br inf*** Kummerkastentante *die*.

agony column *n* ***Br inf*** *der Teil einer Zeitung oder Zeitschrift, in dem Leserbriefe mit persönlicher Problematik abgedruckt und beantwortet werden.*

agoraphobia [ˌægərəˈfəʊbjə] *n* Platzangst *die*.

agree [əˈgriː] *vi* **- 1.** [concur - two or more people] einer Meinung sein, sich einig sein; [- one person] der gleichen Meinung sein; **to ~ with sb/sthg** jm/etw zulstimmen; **to ~ on sthg** sich auf etw *(A)* einigen **- 2.** [consent] einlwilligen, zulstimmen; **to ~ to sthg** sich mit etw einverstanden erklären **- 3.** [statements] übereinlstimmen **- 4.** [food]: **curries don't ~ with me** Currygerichte bekommen mir nicht, ich vertrage keine Currygerichte **- 5.** GRAMM: **to ~ (with)** übereinlstimmen (mit) <> *vt* **- 1.** [price, terms] vereinbaren **- 2.** [concur]: **I ~ that ...** ich bin auch der Meinung, dass ...; **it was ~d that ...** man einigte sich darauf, dass ... **- 3.** [consent]: **to ~ to do sthg** sich bereit *OR* einverstanden erklären, etw zu tun **- 4.** [concede]: **to ~ that ...** zugeben, dass ...

agreeable [əˈgrɪəbl] *adj* **- 1.** [weather, experience] angenehm; [person] nett, angenehm **- 2.** [willing]: **to be ~ to sthg** mit etw einverstanden sein.

agreeably [əˈgrɪəblɪ] *adv* angenehm.

agreed [əˈgriːd] *adj:* **to be ~ on sthg** sich über etw *(A)* einig sein <> *adv* **- 1.** [decided] einverstanden **- 2.** [admittedly]: **~ (that) it's not the most attractive of cars, but ...** es ist zugegebenermaßen nicht das ansprechendste Auto, aber ...

agreement [əˈgriːmənt] *n* **- 1.** [accord] Einigkeit *die*, Übereinstimmung *die;* **to be in ~ with sb/sthg** mit jm/etw übereinlstimmen **- 2.** [settlement] Vereinbarung *die*, Übereinkunft *die;* [contract] Vertrag *der*, Abkommen *das;* **to reach an ~** eine Einigung erzielen **- 3.** [consent] Einwilligung *die*, Zustimmung *die* **- 4.** GRAMM Übereinstimmung *die*.

agricultural [ˌægrɪˈkʌltʃərəl] *adj* landwirtschaftlich; **~ land** Agrarland *das;* **~ worker** Landarbeiter *der*, -in *die*.

agriculture [ˈægrɪkʌltʃəʳ] *n* Landwirtschaft *die*.

aground [əˈgraʊnd] *adv:* **to run ~** auf Grund laufen, stranden.

ah [ɑː] *excl* [expressing surprise, pleasure] ah!, ach!; [expressing pity] ach!; [expressing pain] au!, aua!

aha [ɑːˈhɑː] *excl* aha!

ahead [əˈhed] *adv* **- 1.** [in front]: **the road ~** die Straße vor uns/ihnen/*etc;* **straight ~** geradeaus; **to go on ~** vor(ausl)gehen/vor(ausl)-fahren; **to be sent on ~** vorgeschickt werden **- 2.** [in competition, game]: **to be ~** führen **- 3.** [indicating success]: **to get ~** vorwärts kommen **- 4.** [in time]: **to plan ~** vorauslplanen, im Voraus planen; **the weeks ~ are going to be difficult** die nächsten Wochen werden schwierig sein.

◆ **ahead of** *prep* **- 1.** [in front of] vor *(+ D);* **the road ~ of them** die Straße vor ihnen **- 2.** [in competition, game]: **they are 10 points ~ of the other teams** sie sind den anderen Mannschaften um 10 Punkte voraus **- 3.** [in time] vor; **~ of schedule** früher als geplant.

ahoy [əˈhɔɪ] *excl* NAUT ahoi!; **ship ~!** Schiff ahoi!

AI *n* **- 1.** *abbr of* **Amnesty International - 2.** *abbr of* **artificial intelligence - 3.** *abbr of* **artificial insemination.**

aid [eɪd] *n* **- 1.** [help] Hilfe *die;* **to go to the ~ of sb** *OR* **to sb's ~** jm zu Hilfe kommen; **in ~ of** zugunsten *(+ G);* **with the ~ of** mithilfe *(+ G)* **- 2.** [device] Hilfsmittel *das;* **teaching ~** Lehrmittel *das* <> *vt* **- 1.** [help] unterstützen, helfen *(+ D)* **- 2.** LAW: **to ~ and abet** Beihilfe leisten *(+ D)*.

aide [eɪd] *n* POL persönlicher Berater, persönliche Beraterin.

aide-de-camp [eɪddəˈkɑ̃ː] (*pl* **aides-de-camp**) *n* Adjutant *der*.

AIDS, Aids [eɪdz] (*abbr of* **acquired immune deficiency syndrome**) *n* Aids *das* <> *comp:* **~ specialist** Aids-Spezialist *der*, -in *die;* **~ patient** Aids-Patient *der*, -in *die*.

aid worker *n* humanitärer Helfer, humanitäre Helferin.

ailing [ˈeɪlɪŋ] *adj* **- 1.** [ill] kränkelnd, kränklich **- 2.** *fig* [economy] kränkelnd.

ailment [ˈeɪlmənt] *n* Leiden *das;* [not serious] Wehwehchen *das*.

aim [eɪm] *n* **- 1.** [objective] Ziel *das*, Zweck *der* **- 2.** [in firing gun, arrow] Zielen *das;* **to take ~ at sthg** auf etw *(A)* zielen <> *vt* **- 1.: to ~ a gun at sb/sthg** mit einem Gewehr auf jn/etw zielen, ein Gewehr auf jn/etw richten; **to ~ a camera at sb/sthg** eine Kamera auf jn/etw richten **- 2.** [plan, programme]: **to be ~ed at doing sthg** darauf ausgerichtet sein, etw zu tun; **the campaign is ~ed at influencing public opinion** die Kampagne zielt darauf ab, die öffentliche Meinung zu beeinflussen **- 3.** [remark, criticism]: **to be ~ed at sb** gegen jn gerichtet sein <> *vi* **- 1.** [point weapon]: **to ~ (at)** zielen (auf *(+ A)*) **- 2.** [intend]: **to ~ at** *OR* **for sthg** etw anlstreben, auf etw *(A)* ablzielen; **to ~ to do sthg** vorlhaben *OR* beabsichtigen, etw zu tun.

aimless [ˈeɪmlɪs] *adj* [person, life] ziellos; [task, activity] planlos.

aimlessly [ˈeɪmlɪslɪ] *adv* [wander, look] ziellos.

ain't [eɪnt] *inf* = **am not, are not, is not, have not, has not.**

air [eəʳ] *n* **- 1.** [gen] Luft *die;* **to throw sthg into the ~** etw in die Luft werfen; **by ~** [travel] mit dem Flugzeug; **to be (up) in the ~** *fig* ungewiss *OR* unentschieden sein **- 2.** [look] Aussehen *das;* [facial expression] Miene *die;* **he had a certain ~ of mystery about him** er hatte etwas Geheimnisvolles an sich **- 3.** *literary* [tune] Weise *die* **- 4.** RADIO & TV: **to be on the ~** [programme] gesendet werden; **we're on the ~ in five minutes** wir werden in fünf Minuten auf Sendung sein **- 5.** *phr:* **to clear the ~** *fig* Klarheit schaffen <> *comp* Luft- <> *vt* **- 1.** [washing] nachtrocknen lassen **- 2.** [room, bed] lüften **- 3.** [feelings, opinions] äußern **- 4.** [broadcast] senden <> *vi* [washing] nachltrocknen.

◆ **airs** *npl:* **~s and graces** Allüren *pl;* **to give o.s. ~s, to put on ~s** wichtig tun.

air bag *n* AUT Airbag *der*.

airbase [ˈeəbeɪs] *n* Luftstützpunkt *der*.

airbed [ˈeəbed] *n Br* Luftmatratze *die*.

airborne [ˈeəbɔːn] *adj* **- 1.** [troops, regiment] Luftlande- **- 2.** [plane] in der Luft.

airbrake [ˈeəbreɪk] *n* [of bus, train] Druckluftbremse *die*.

airbus [ˈeəbʌs] *n* Airbus *der*.

air-conditioned [-kənˈdɪʃnd] *adj* klimatisiert.

air-conditioning [-kənˈdɪʃnɪŋ] *n* [device] Klimaanlage *die;* [process] Klimatisierung *die*.

aircraft [ˈeəkrɑːft] (*pl inv*) *n* Flugzeug *das*.

aircraft carrier *n* Flugzeugträger *der*.

airfield [ˈeəfiːld] *n* Flugplatz *der*.

airforce [ˈeəfɔːs] *n* Luftwaffe *die*.

air freight *n* Luftfracht *die*.

air freshener [-ˌfreʃnəʳ]*n* Raumspray *das*.

airgun [ˈeəgʌn] *n* Luftgewehr *das*.

airhostess [ˈeəˌhəʊstɪs] *n* Stewardess *die*.

airing [ˈeərɪŋ] *n:* **to give sthg an ~** [clothes] etw nachtrocknen lassen; [room] etw lüften.

airing cupboard *n Br* *Schrank, der durch den Heizkessel der Zentralheizung erwärmt wird und in dem man Wäsche trocknen lassen kann.*

airlane [ˈeəleɪn] *n* Flugroute *die*.

airless [ˈeəlɪs] *adj* [room] stickig; [weather] windstill.

airletter [ˈeəletəʳ] *n* Luftpostbrief *der*.

airlift [ˈeəlɪft] *n* Luftbrücke *die* <> *vt* über eine Luftbrücke befördern.

airline [ˈeəlaɪn] *n* Fluglinie *die*, Fluggesellschaft *die*.

airliner [ˈeəlaɪnəʳ] *n* Verkehrsflugzeug *das*.

airlock [ˈeəlɒk] *n* **- 1.** [in tube, pipe] Lufteinschluss *der* **- 2.** [airtight chamber] Luftschleuse *die*.

airmail [ˈeəmeɪl] *n* Luftpost *die*; **by ~** mit OR per Luftpost.

airman [ˈeəmən] (*pl* **-men** [- mən]) *n* [aviator] Flieger *der*.

air mattress *n* Luftmatratze *die*.

air miles *npl* Flugmeilen *pl*.

airplane [ˈeəpleɪn] *n* **Am** = **aeroplane.**

airplay [ˈeəpleɪ] *n*: **to get a lot of ~** oft im Radio gespielt werden.

airpocket [ˈeəˌpɒkɪt] *n* Luftloch *das*.

airport [ˈeəpɔːt] *n* Flughafen *der*.

air raid *n* Luftangriff *der*.

air-raid shelter *n* Luftschutzkeller *der*.

air rifle *n* Luftgewehr *das*.

airship [ˈeəʃɪp] *n* Luftschiff *das*.

airsick [ˈeəsɪk] *adj*: **I often get ~** im Flugzeug wird mir leicht übel.

airspace [ˈeəspeɪs] *n* Luftraum *der*.

airspeed [ˈeəspiːd] *n* Fluggeschwindigkeit *die*.

air steward *n* Steward *der*.

air stewardess *n* Stewardess *die*.

air strike *n* MIL Luftangriff *der*.

airstrip [ˈeəstrɪp] *n* Start- und Landebahn *die*.

air terminal *n* Terminal *das* OR *der*.

airtight [ˈeətaɪt] *adj* luftdicht.

airtime [ˈeətaɪm] *n* [on radio] Sendezeit *die*.

air-to-air *adj* [missile] Luft-Luft-.

air-traffic control *n* Flugsicherung *die*; [people] Fluglotsen *pl*.

air-traffic controller *n* Fluglotse *der*.

air travel *n* Flugverkehr *der*.

airwaves [ˈeəweɪvz] *npl*: **on the ~** im Radio.

airy [ˈeərɪ] (*compar* **-ier**; *superl* **-iest**) *adj* **- 1.** [room] luftig **- 2.** [notions] abstrus; [promises] vage **- 3.** [nonchalant] lässig, nonchalant.

aisle [aɪl] *n* **- 1.** [in church - central] Mittelgang *der*; [- at side] Seitenschiff *das* **- 2.** [in plane, theatre, shop] Gang *der*.

ajar [əˈdʒɑːʳ] *adj* angelehnt.

AK *abk für Alaska, in Postanschrift verwendet.*

aka (*abbr of* **also known as**) alias.

akin [əˈkɪn] *adj*: **~ to** vergleichbar mit.

AL *abk für Alabama, in Postanschrift verwendet.*

alacrity [əˈlækrətɪ] *n* **fml** [eagerness] Eifer *der*; **she accepted our offer with ~** sie nahm unser Angebot ohne zu zögern an.

alarm [əˈlɑːm] *n* **- 1.** [fear] Beunruhigung *die*, Besorgnis *die* **- 2.** [device] Alarmanlage *die*; **to raise** OR **sound the ~** [by activating device] Alarm geben; [by shouting] Alarm schlagen <> *vt* [scare] beunruhigen, alarmieren.

alarm clock *n* Wecker *der*.

alarming [əˈlɑːmɪŋ] *adj* beunruhigend.

alarmingly [əˈlɑːmɪŋlɪ] *adv* beunruhigend.

alarmist [əˈlɑːmɪst] *adj* schwarzseherisch.

alas [əˈlæs] *excl* **literary** leider.

Albania [ælˈbeɪnjə] *n* Albanien *nt*.

Albanian [ælˈbeɪnjən] *adj* albanisch <> *n* **- 1.** [person] Albaner *der*, -in *die* **- 2.** [language] Albanisch(e) *das*.

albatross [ˈælbətrɒs] (*pl inv* OR **-es**) *n* Albatros *der*.

albeit [ɔːlˈbiːɪt] *conj* **fml** wenn auch.

Albert Hall [ˈælbət-] *n*: **the ~** *große Konzerthalle in London.*

ALBERT HALL

Diese große Konzerthalle ist nach Prinz Albert, dem Gemahl von Königin Viktoria, benannt. Neben Konzerten finden hier auch andere Veranstaltungen wie z. B. Sportveranstaltungen statt.

albino [ælˈbiːnəʊ] (*pl* **-s**) *n* Albino *der* <> *comp* Albino-.

album [ˈælbəm] *n* Album *das*.

albumen [ˈælbjʊmɪn] *n* Albumin *das*.

alcohol [ˈælkəhɒl] *n* Alkohol *der*.

alcoholic [ˌælkəˈhɒlɪk] *adj* [drink] alkoholisch <> *n* [person] Alkoholiker *der*, -in *die*.

alcoholism [ˈælkəhɒlɪzm] *n* Alkoholismus *der*.

alcove [ˈælkəʊv] *n* [in room] Alkoven *der*; [in wall] Nische *die*.

alder [ˈɔːldəʳ] *n* Erle *die*

alderman [ˈɔːldəmən] (*pl* **-men** [-mən]) *n* Ratsherr *der*.

ale [eɪl] *n* Ale *das*.

alert [əˈlɜːt] *adj* **- 1.** [vigilant] wachsam **- 2.** [perceptive] aufmerksam; [as character trait] aufgeweckt **- 3.** [aware]: **to be ~ to sthg** sich *(D)* etw *(G)* **bewusst sein** <> *n* Alarm *der*; **on the ~** [watchful] auf der Hut; MIL in Gefechtsbereitschaft <> *vt* - **1.** [police, fire brigade] alarmieren; [to imminent danger] warnen - **2.** [make aware]: **to ~ sb to sthg** jm etw bewusst machen.

A level (*abbr of* **Advanced level**) *n einzelne Prüfung des Schulabschlusses weiterführender Schulen in Großbritannien.*

A LEVEL

Die „A level"-Prüfungen entsprechen in etwa dem deutschen Abitur bzw. der schweizerischen Matura und werden von Schülern im Alter von 18 Jahren abgelegt. Ihr Bestehen ist Voraussetzung für ein Hochschulstudium in Großbritannien. Im britischen Schulsystem wählen die Schüler bis zu vier Fächer, und in jedem Fach wird eine „A level"-Prüfung abgelegt. Die „A level"-Endnoten sind sehr wichtig, da sie mit entscheiden, ob ein Schüler an der Universität der eigenen Wahl angenommen wird.

alfalfa [æl'fælfə] *n* Alfalfa *die*, Luzerne *die*.

alfresco [æl'freskəʊ] *adj* & *adv* im Freien.

algae ['ældʒiː] *npl* Algen *pl*.

Algarve [æl'gɑːv] *n*: **the ~** die Algarve.

algebra ['ældʒɪbrə] *n* Algebra *die*.

Algeria [æl'dʒɪərɪə] *n* Algerien *nt*.

Algerian [æl'dʒɪərɪən] *adj* algerisch <> *n* Algerier *der*, -in *die*.

Algiers [æl'dʒɪəz] *n* Algier *nt*.

algorithm ['ælgərɪðm] *n* Algorithmus *der*.

alias ['eɪlɪəs] (*pl* **-es**) *adv* alias <> *n* Deckname *der*.

alibi ['ælɪbaɪ] *n* Alibi *das*.

alien ['eɪljən] *adj* - **1.** [foreign] ausländisch - **2.** [from outer space] außerirdisch - **3.** [unfamiliar] fremd <> *n* - **1.** [from outer space] Außerirdische *der*, *die* - **2.** LAW [foreigner] Ausländer *der*, -in *die*.

alienate ['eɪljəneɪt] *vt* [voters, supporters] verärgern, entfremden; **his time in prison has ~d him from his family** seine Haftzeit hat ihn seiner Familie entfremdet.

alienation [ˌeɪljə'neɪʃn] *n* Entfremdung *die*; **to have a sense of ~** ein Gefühl des Nicht-Dazugehörens haben.

alight [ə'laɪt] (*pt* & *pp* **-ed** OR **alit**) *adj*: **to be ~** brennen; **to set sthg ~** etw an|zünden <> *vi* *fml* - **1.** [bird, insect] sich nieder|lassen - **2.** [from train, bus] aus|steigen.

align [ə'laɪn] *vt* - **1.** [line up] aus|richten - **2.** [ally]: **to ~ o.s. with sb** sich mit jm verbünden.

alignment [ə'laɪnmənt] *n* - **1.** [of car wheels, brakes] Ausrichtung *die* - **2.** [with an ally] Zusammenschluss *der*.

alike [ə'laɪk] *adj* & *adv* [similar] ähnlich; [identical] gleich; **to look ~** [similar] ähnlich aus|sehen; [identical] gleich aus|sehen.

alimentary canal [ˌælɪmentərɪ-] *n* Verdauungskanal *der*.

alimony ['ælɪmənɪ] *n* Unterhaltszahlung *die*.

alive [ə'laɪv] *adj* - **1.** [living, lively] lebendig; **is he still ~?** lebt er noch?, ist er noch am Leben?; **to keep a tradition ~** eine Tradition aufrecht|erhalten - **2.** [aware]: **to be ~ to sthg** sich (*D*) etw (*G*) bewusst sein - **3.** [full]: **to be ~ with sthg** wimmeln von etw; **the house was ~ with rats** in dem Haus wimmelte es von Ratten.

alkali ['ælkəlaɪ] (*pl* **-s** OR **-es**) *n* Alkali *das*.

alkaline ['ælkəlaɪn] *adj* alkalisch.

all [ɔːl] *adj* - **1.** [the whole of – with sg noun] ganze; **~ the money** das ganze Geld; **~ the food** das ganze Essen; **~ the time** immer, die ganze Zeit; **~ day/evening** den ganzen Tag/Abend; **~ his life** sein ganzes Leben lang; **we condemn ~ violence** wir verurteilen jegliche Art von Gewalt; **~ Paris** ganz Paris - **2.** [every one of – with pl noun] alle, -r, -s; **~ the people** alle Menschen, alle Leute; **~ trains stop at Tonbridge** alle Züge halten in Tonbridge; **~ three died** alle drei starben; **at ~ hours** zu jeder Tages- und Nachtzeit <> *pron* - **1.** [everything]: **~ of the cake** der ganze Kuchen; **is that ~?** [in shop] ist das alles?; **she ate it ~, she ate ~ of it** sie aß alles auf; **it's ~ gone** es ist nichts mehr da - **2.** [everybody] alle; **~ of us went, we ~ went** wir sind alle gegangen - **3.** *(with superl)*: **the best of ~** der/die/das Allerbeste; **the biggest of ~** der/die/das Allergrößte; **he is the cleverest of ~** er ist der klügste von allen; **and, best of ~, ...** und (was) das Beste ist, ... <> *adv* - **1.** [completely] ganz; **~ alone** ganz allein; **dressed ~ in red** ganz in rot gekleidet; **the water spilled ~ over the carpet** das Wasser ergoss sich über den Teppichboden; **I'd forgotten ~ about that** das hatte ich völlig vergessen; **~ told** [in total] insgesamt; **that's ~ very well, but ...** das ist (ja) alles schön und gut, aber ... - **2.** [in scores] beide; **it's two ~** es steht zwei beide - **3.** *(with compar)*: **you'll feel ~ the better for it** du wirst dich danach umso besser fühlen; **to run ~ the faster** noch schneller laufen - **4.** *phr*: **~ over** [finished] alles vorbei.

◆ **above all** *adv* ▷ **above.**

◆ **after all** *adv* ▷ **after.**

◆ **all but** *adv* fast; **~ but empty** fast leer.

◆ **all in all** *adv* alles in allem.

◆ **all that** *adv*: **she's not ~ that pretty** so hübsch ist sie nun auch wieder nicht.

◆ **at all** *adv* ▷ **at.**

◆ **for all** *prep* trotz *(+ G)*; **for ~ his money** trotz seines (ganzen) Geldes <> *conj*: **for ~ I know** so viel ich weiß; **for ~ I care** meinetwegen.

◆ **in all** *adv* [in total] zusammen; [in summary] alles in allem.

Allah [ˈæləl] *n* Allah.

all-around *adj* **Am** = **all-round.**

allay [əˈleɪ] *vt fml* [fears, doubts] weitgehend zerstreuen; [anger] vermindern.

all clear *n* - **1.** [signal] Entwarnung *die* - **2.** *fig* [go-ahead] Bewilligung *die*.

allegation [ˌælɪˈgeɪʃn] *n* Behauptung *die;* **to make ~s (against sb)** Beschuldigungen erheben (gegen jn).

allege [əˈledʒ] *vt* behaupten; **they ~d misconduct on the part of the police** sie beschuldigten die Polizei eines Fehlverhaltens; **he is ~d to have passed on the information** er soll die Informationen weitergegeben haben.

alleged [əˈledʒd] *adj* angeblich.

allegedly [əˈledʒɪdlɪ] *adv* angeblich.

allegiance [əˈliːdʒəns] *n:* **~ (to)** Treue *die* (gegenüber).

allegorical [ˌælɪˈgɒrɪkl] *adj* allegorisch.

allegory [ˈælɪgərɪ] (*pl* **-ies**) *n* Allegorie *die*.

alleluia [ˌælɪˈluːjə] *excl* alleluia!, halleluja!

allergic [əˈlɜːdʒɪk] *adj:* **~ (to)** allergisch (gegen).

allergy [ˈælədʒɪ] (*pl* **-ies**) *n* Allergie *die;* **to have an ~ to sthg** eine Allergie gegen etw haben.

alleviate [əˈliːvɪeɪt] *vt* mildern.

alley(way) [ˈælɪ(weɪ)] *n* [street] (enge) Gasse *die;* [in garden] Weg *der*.

alliance [əˈlaɪəns] *n* Bündnis *das*.

allied [ˈælaɪd] *adj* - **1.** MIL verbündet, alliiert - **2.** [related] verwandt.

alligator [ˈælɪgeɪtəʳ] (*pl inv* OR **-s**) *n* Alligator *der*.

all-important *adj* [crucial] entscheidend.

all-in *adj* **Br** [price] Pauschal-.

◆ **all in** *adj* [tired] völlig OR total erledigt <> *adv* **Br** [inclusive] alles inklusive.

all-in wrestling *n* Freistilringen *das*.

alliteration [əˌlɪtəˈreɪʃn] *n* Alliteration *die*.

all-night *adj* [party, session] die ganze Nacht dauernd; [shop] nachts durchgehend geöffnet.

allocate [ˈæləkeɪt] *vt:* **to ~ sthg to sb** [money, resources] jm etw zur Verfügung stellen; [task, seats] jm etw zu|weisen; [tickets] etw an jn verteilen.

allocation [ˌæləˈkeɪʃn] *n* - **1.** [sharing out - of money, resources, tickets] Verteilung *die;* [- of task, responsibility, seats] Zuweisung *die* - **2.** [share - of money, resources] Anteil *der;* [- of tickets, seats] Quote *die*.

allot [əˈlɒt] (*pt* & *pp* **-ted;** *cont* **-ting**) *vt* [task] zu|weisen; [money, resources] zur Verfügung stellen; [time] vor|sehen.

allotment [əˈlɒtmənt] *n* - **1.** **Br** [garden] Schrebergarten *der* - **2.** [sharing out - of task] Zuweisung *die;* [- of money, resources] Verteilung *die;* [- of time] Vorsehen *das* - **3.** [share - of money, resources] Anteil *der;* [- of time] Zeitrahmen *der*.

all-out *adj* [effort] äußerst; [war] total; [attack] massiv.

allow [əˈlaʊ] *vt* - **1.** [permit] erlauben, gestatten; **they don't ~ smoking in the office** sie gestatten das Rauchen im Büro nicht; **to ~ sb to do sthg** jm erlauben OR gestatten, etw zu tun; **to be ~ed to do sthg** etw tun dürfen; **you're not ~ed to park here** Sie dürfen hier nicht parken; **~ me!** gestatten (Sie)! - **2.** [allocate - money] ein|rechnen; [- time] ein|planen - **3.** [admit]: **to ~ that ...** ein|räumen, dass ...

◆ **allow for** *vt fus* ein|kalkulieren.

allowable [əˈlaʊəbl] *adj* zulässig.

allowance [əˈlaʊəns] *n* - **1.** [grant] finanzielle Unterstützung; **travel ~** Reisekostenzuschuss *der;* **clothing ~** Kleidungsgeld *das* - **2.** **Am** [pocket money] Taschengeld *das* - **3.** FIN [for tax] Freibetrag *der* - **4.** [excuse]: **to make ~s for sb** mit jm Nachsicht haben; **to make ~s for sthg** etw berücksichtigen.

alloy [ˈælɔɪ] *n* Legierung *die*.

all-powerful *adj* allmächtig.

all right *adv* - **1.** [healthy, unharmed]: **to feel ~** sich ganz gut fühlen; **did you get home ~?** bist du gut nach Hause gekommen? - **2.** *inf* [acceptably] ganz gut - **3.** *inf* [indicating agreement] okay, in Ordnung - **4.** *inf* [certainly]: **it's pneumonia ~** es ist sicher Lungenentzündung - **5.** [do you understand?]: **all right?** okay?, in Ordnung? - **6.** [now then]: **~, let's go** okay, auf gehts <> *adj* - **1.** [healthy, unharmed]: **are you ~?** bist du in Ordnung? - **2.** *inf* [acceptable]: **it was ~** es war ganz ordentlich; **that's ~** [never mind] das ist schon in Ordnung - **3.** [permitted]: **is it ~ if I make a phone call?** haben Sie etwas dagegen, wenn ich (kurz) telefoniere?

all-round **Br**, **all-around** **Am** *adj* - **1.** [athlete] Allround-; [worker] vielseitig begabt - **2.** [improvement] allgemein.

all-rounder [-ˈraʊndəʳ] *n* - **1.** [versatile person] vielseitig begabter Mensch - **2.** SPORT Allroundsportler *der*, -in *die*.

all-time *adj* [record, best] absolut.

allude [əˈluːd] *vi:* **to ~ to sthg** auf etw *(A)* an|spielen.

allure [əˈljʊəʳ] *n* Reiz *der*, Anziehungskraft *die*.

alluring [əˈljʊərɪŋ] *adj* verführerisch.

allusion [əˈluːʒn] *n* Anspielung *die*.

ally [*n* ˈælaɪ, *vb* əˈlaɪ] (*pl* **-ies;** *pt* & *pp* **-ied**) *n* Verbündete *der*, *die* <> *vt:* **to ~ o.s. with sb** sich mit jm verbünden.

almighty [ɔːlˈmaɪtɪ] *adj inf* [noise, fuss] Riesen-.

◆ **Almighty** *n:* **the Almighty** der Allmächtige.

almond ['ɑːmənd] *n* Mandel *die;* **~ (tree)** Mandelbaum *der.*

almond paste *n* Marzipan *der* OR *das.*

almost ['ɔːlməʊst] *adv* fast, beinahe; **I ~ missed the bus** ich hätte beinahe den Bus verpasst.

alms [ɑːmz] *npl* ***dated*** Almosen *pl.*

aloft [ə'lɒft] *adv* - **1.** [in the air]: **to hold sthg ~** etw in die Höhe halten - **2.** NAUT (oben) in der Takelung.

alone [ə'ləʊn] *adj* allein, -e <> *adv* - **1.** [without others] allein, -e; **to go it ~** [in career] sich selbstständig machen - **2.** [only] nur, allein; **you ~ can help me** nur du OR du allein kannst mir helfen - **3.** [untouched, unchanged]: **to leave sthg ~** etw in Ruhe lassen; **leave me ~!** lass mich in Ruhe!
◆ **let alone** *conj* geschweige denn.

along [ə'lɒŋ] *adv* - **1.** [indicating movement]: **to stroll ~** dahin|schlendern; **they went ~ to the demonstration** sie gingen zu der Vorführung - **2.** [with others]: **to take sb/sthg ~** jn/etw mit|nehmen; **to come ~** mit|kommen <> *prep* entlang *(+ A);* **they walked ~ the river** sie liefen den Fluss entlang; **they walked ~ the forest path** sie folgten dem Waldweg; **the trees ~ the path** die Bäume neben dem Weg.
◆ **all along** *adv* die ganze Zeit.
◆ **along with** *prep* zusammen mit.

alongside [əˌlɒŋ'saɪd] *prep* neben *(+ D);* [with verbs of motion] neben *(+ A)* <> *adv* daneben.

aloof [ə'luːf] *adj* unnahbar <> *adv:* **to remain ~ (from)** sich fern|halten (von).

aloud [ə'laʊd] *adv* laut.

alpaca [æl'pækə] *n* Alpaka *das.*

alphabet ['ælfəbet] *n* Alphabet *das.*

alphabetical [ˌælfə'betɪkl] *adj* alphabetisch; **in ~ order** in alphabetischer Reihenfolge.

alphabetically [ˌælfə'betɪklɪ] *adv* alphabetisch.

alphabetize, -ise ['ælfəbətaɪz] *vt* alphabetisieren.

alphanumeric key [ˌælfənjuː'merɪk-] *n* COMPUT alphanumerische Taste.

alpine ['ælpaɪn] *adj* alpin.

Alps [ælps] *npl:* **the ~** die Alpen *pl.*

already [ɔːl'redɪ] *adv* schon.

alright [ˌɔːl'raɪt] *adv & adj* = **all right.**

Alsace [æl'sæs] *n* Elsass *nt.*

Alsatian [æl'seɪʃn] *adj* elsässisch <> *n* - **1.** [person] Elsässer *der*, -in *die* - **2.** [dog] (deutscher) Schäferhund.

also ['ɔːlsəʊ] *adv* auch.

also-ran *n:* **to be an ~** unter „ferner liefen" sein.

Alta. *abk für Alberta, in Postanschrift verwendet.*

altar ['ɔːltə^r] *n* Altar *der.*

alter ['ɔːltə^r] *vt* ändern; [appearance] verändern; [text] ab|ändern <> *vi* sich ändern; [appearance] sich verändern.

alteration [ˌɔːltə'reɪʃn] *n* Änderung *die;* [of appearance] Veränderung *die;* [of text] Abänderung *die;* **to make ~s to sthg** Änderungen an etw *(D)* vor|nehmen.

altercation [ˌɔːltə'keɪʃn] *n* ***fml*** Auseinandersetzung *die.*

alter ego ['ɔːltə^r-] *(pl* **-s***)* *n* Alter Ego *das.*

alternate [*adj* ***Br*** ɔːl'tɜːnət, ***Am*** 'ɔːltərnət, *vb* 'ɔːltərneɪt] *adj* - **1.** [by turns] abwechselnd - **2.** [every other]: **on ~ days** jeden zweiten Tag <> *vt* ab|wechseln <> *vi:* **to ~ (with)** sich ab|wechseln (mit); **to ~ between sthg and sthg** zwischen etw *(D)* und etw *(D)* (ab|)wechseln.

alternately [ɔːl'tɜːnətlɪ] *adv* abwechselnd.

alternating current ['ɔːltəneɪtɪŋ-] *n* ELEC Wechselstrom *der.*

alternation [ˌɔːltə'neɪʃn] *n (U)* Wechsel *der.*

alternative [ɔːl'tɜːnətɪv] *adj* - **1.** [different, other] andere, -r, -s - **2.** [nontraditional] alternativ <> *n* Alternative *die;* **an ~ to sb/sthg** eine Alternative zu jm/etw; **to have no ~ (but to do sthg)** keine (andere) Wahl haben (als etw zu tun).

alternatively [ɔːl'tɜːnətɪvlɪ] *adv* oder aber, aber auch; **~, you could just stay at home** Sie könnten aber auch einfach zu Hause bleiben.

alternative medicine *n (U)* alternative Heilmethoden *pl.*

alternator ['ɔːltəneɪtə^r] *n* ELEC Wechselstromgenerator *der;* [in car] Lichtmaschine *die.*

although [ɔːl'ðəʊ] *conj* obwohl.

altitude ['æltɪtjuːd] *n* Höhe *die.*

alto ['æltəʊ] *(pl* **-s***)* *n* [female voice] Alt *der* <> *comp* [flute, saxophone] Alt-.

altogether [ˌɔːltə'geðə^r] *adv* - **1.** [completely] vollkommen - **2.** [in general, in total] insgesamt.

altruism ['æltrʊɪzm] *n* Altruismus *der.*

altruistic [ˌæltrʊ'ɪstɪk] *adj* altruistisch.

aluminium ***Br*** [ˌæljʊ'mɪnɪəm], **aluminum** ***Am*** [ə'luːmɪnəm] *n* Aluminium *das* <> *comp* Aluminium-; **~ foil** Aluminiumfolie *die.*

alumnus [ə'lʌmnəs] *(pl* **-ni** [-naɪ]*)* *n* ehemaliger Schüler, ehemalige Schülerin.

always ['ɔːlweɪz] *adv* immer; **you can ~ stay at my place** du kannst auch bei mir übernachten.

am [æm] *vb* ▷ **be.**

a.m. (*abbr of* **ante meridiem**) *vormittags;* **at 3 ~** um 3 Uhr morgens OR früh; **12 ~** 12 Uhr.

AM (*abbr of* **amplitude modulation**) *n* AM.

AMA (*abbr of* **American Medical Association**) *n US-amerikanische Bundesärztekammer.*

amalgam [ə'mælgəm] *n* - **1.** *fml* [combination] Mischung *die* - **2.** TECH [of metals] Amalgam *das.*

amalgamate [ə'mælgəmeɪt] *vt* mischen ◇ *vi* sich verbinden.

amalgamation [əˌmælgə'meɪʃn] *n* - **1.** *(U)* [process] Verbindung *die* - **2.** [merger] Fusion *die.*

amass [ə'mæs] *vt* [fortune, power, information] anhäufen.

amateur ['æmətəʳ] *adj* - **1.** [nonprofessional] Amateur- - **2.** *pej* [unprofessional] dilettantisch ◇ *n* - **1.** [nonprofessional] Amateur *der*, -in *die* - **2.** *pej* [unskilled person] Dilettant *der*, -in *die.*

amateurish ['æmətə:rɪʃ] *adj* *pej* [unprofessional] dilettantisch.

amaze [ə'meɪz] *vt* erstaunen, verblüffen.

amazed [ə'meɪzd] *adj* erstaunt, verblüfft.

amazement [ə'meɪzmənt] *n* Erstaunen *das.*

amazing [ə'meɪzɪŋ] *adj* [incredible] erstaunlich.

amazingly [ə'meɪzɪŋlɪ] *adv* [very] erstaunlich.

Amazon ['æməzn] *n* - **1.** [river]: **the ~** der Amazonas - **2.** [region]: **in the ~** am Amazonas; **the ~ (Basin)** das Amazonasbecken; **the ~ rainforest** der Regenwald am Amazonas - **3.** [woman] Amazone *die.*

Amazonian [ˌæmə'zəʊnjən] *adj* [woman] amazonisch; [region] Amazonas-.

ambassador [æm'bæsədəʳ] *n* Botschafter *der*, -in *die.*

amber ['æmbəʳ] *adj* - **1.** [amber-coloured] bernsteinfarben - **2.** *Br* [traffic light] gelb ◇ *n* - **1.** [substance] Bernstein *der* - **2.** *Br* [colour of traffic light] Gelb *das* ◇ *comp* [made of amber] aus Bernstein, Bernstein-.

ambiance *n* = **ambience.**

ambidextrous [ˌæmbɪ'dekstrəs] *adj* beidhändig.

ambience ['æmbɪəns] *n* Ambiente *das.*

ambiguity [ˌæmbɪ'gju:ətɪ] (*pl* **-ies**) *n* [two possible meanings] Zweideutigkeit *die;* [many possible meanings] Mehrdeutigkeit *die.*

ambiguous [æm'bɪgjʊəs] *adj* [two possible meanings] zweideutig; [many possible meanings] mehrdeutig.

ambiguously [æm'bɪgjʊəslɪ] *adv* [two possible meanings] zweideutig; [many possible meanings] mehrdeutig.

ambition [æm'bɪʃn] *n* - **1.** Ehrgeiz *der* - **2.** [objective, goal] Ambition *die.*

ambitious [æm'bɪʃəs] *adj* ehrgeizig.

ambivalence [æm'bɪvələns] *n* Ambivalenz *die.*

ambivalent [æm'bɪvələnt] *adj* ambivalent.

amble ['æmbl] *vi* schlendern.

ambulance ['æmbjʊləns] *n* Krankenwagen *der*, Ambulanz *die* ◇ *comp:* **~ service** Rettungsdienst *der;* **~ man** Sanitäter *der;* **~ woman** Sanitäterin *die.*

ambush ['æmbʊʃ] *n* Hinterhalt *der* ◇ *vt* [attack] aus dem Hinterhalt überfallen.

ameba [ə'mi:bə] *n* *Am* = **amoeba.**

ameliorate *fml* [ə'mi:ljəreɪt] *vt* verbessern ◇ *vi* sich verbessern.

amen [ˌɑ:'men] *excl* [at end of prayer] Amen.

amenable [ə'mi:nəbl] *adj:* **~ (to sthg)** (etw *(D)*) zugänglich.

amend [ə'mend] *vt* [change] abländern.
◆ **amends** *npl:* **to make ~s (for sthg)** Entschädigungen (für etw) bieten.

amendment [ə'mendmənt] *n* Änderung *die.*

amenities [ə'mi:nətɪz] *npl* Einrichtungen *pl.*

America [ə'merɪkə] *n* Amerika *nt.*
◆ **Americas** *npl:* **the ~s** das Amerika, Nord- und Südamerika.

American [ə'merɪkn] *adj* amerikanisch ◇ *n* Amerikaner *der*, -in *die.*

American football *n* *Br* American Football *der.*

American Indian *n* Indianer *der*, -in *die.*

Americanism [ə'merɪkənɪzm] *n* Amerikanismus *der.*

americanize, -ise [ə'merɪkənaɪz] *vt* amerikanisieren.

amethyst ['æmɪθɪst] *n* Amethyst *der.*

Amex ['æmeks] *n* - **1.** (*abbr of* **American Stock Exchange**) *zweitwichtigste US-amerikanische Börse* - **2.** (*abbr of* **American Express**) *American Express, US-amerikanisches Kreditkartenunternehmen.*

amiable ['eɪmjəbl] *adj* freundlich.

amiably ['eɪmjəblɪ] *adv* freundlich.

amicable ['æmɪkəbl] *adj* freundschaftlich; [agreement] gütlich.

amicably ['æmɪkəblɪ] *adv* in aller Freundschaft.

amid(st) [ə'mɪd(st)] *prep* *fml* inmitten (*+ G*).

amino acid [ə'mi:nəʊ-] *n* Aminosäure *die.*

amiss [ə'mɪs] *adj:* **is there anything ~?** stimmt etwas nicht? ◇ *adv:* **to take sthg ~** etw übellnehmen.

ammo ['æməʊ] *n* *inf* MIL Munition *die.*

ammonia [ə'məʊnjə] *n* Ammoniak *der.*

ammunition [ˌæmjʊ'nɪʃn] *n* Munition *die.*

ammunition dump *n* Munitionslager *das.*

amnesia [æm'ni:zjə] *n* Amnesie *die.*

amnesty ['æmnəstɪ] (*pl* **-ies**) *n* Amnestie *die.*

Amnesty International *n* Amnesty International.

amniocentesis [ˌæmnɪəʊsen'tiːsɪs] *n* Fruchtwasseruntersuchung *die*.

amoeba, ameba *Am* [ə'miːbə] *n* Amöbe *die*.

amok [ə'mɒk] *adv*: **to run ~** Amok laufen.

among(st) [ə'mʌŋ(st)] *prep* unter *(+ D)*; **~ other things** unter anderem; **I count him ~ my friends** ich zähle ihn zu meinen Freunden; **they were talking ~ themselves** sie unterhielten sich.

amoral [ˌeɪ'mɒrəl] *adj* amoralisch.

amorous ['æmərəs] *adj* amourös.

amorphous [ə'mɔːfəs] *adj* amorph; [body, ideas] ungestaltet.

amortize [ə'mɔːtaɪz] *vt* FIN tilgen.

amount [ə'maʊnt] *n* **- 1.** [quantity] Menge *die* **- 2.** [sum of money] Betrag *der*.
◆ **amount to** *vt fus* **- 1.** [total] sich belaufen auf *(+ A)* **- 2.** [be equivalent to] hinaus|laufen auf *(+ A)*.

amp [æmp] *n* **- 1.** *abbr of* **ampere - 2.** *inf abbr of* **amplifier.**

amperage ['æmpərɪdʒ] *n* ELEC Amperezahl *die*.

ampere ['æmpeə^r] *n* Ampere *das*.

ampersand ['æmpəsænd] *n* Und-Zeichen *das*.

amphetamine [æm'fetəmiːn] *n* Amphetamin *das*.

amphibian [æm'fɪbɪən] *n* Amphibie *die*.

amphibious [æm'fɪbɪəs] *adj* amphibisch.

amphitheatre *Br*, **amphitheater** *Am* ['æmfɪˌθɪətə^r] *n* Amphitheater *das*.

ample ['æmpl] *adj* **- 1.** [enough] reichlich **- 2.** [large] großzügig.

amplification [ˌæmplɪfɪ'keɪʃn] *n (U)* **- 1.** [of sound] Verstärkung *die* **- 2.** [of idea, statement] Ausführung *die*.

amplifier ['æmplɪfaɪə^r] *n* Verstärker *der*.

amplify ['æmplɪfaɪ] (*pt* & *pp* **-ied**) *vt* **- 1.** [sound] verstärken **- 2.** [idea, statement] aus|führen.

amply ['æmplɪ] *adv* **- 1.** [sufficiently] reichlich **- 2.** [considerably] großzügig.

ampoule *Br*, **ampule** *Am* ['æmpuːl] *n* Ampulle *die*.

amputate ['æmpjʊteɪt] *vt* & *vi* amputieren.

amputation [ˌæmpjʊ'teɪʃn] *n* Amputation *die*.

Amsterdam [ˌæmstə'dæm] *n* Amsterdam *nt*.

amt *abbr of* **amount.**

Amtrak ['æmtræk] *n Nord-Amerikanische Eisenbahngesellschaft.*

amuck [ə'mʌk] *adv* = **amok.**

amulet ['æmjʊlɪt] *n* Amulett *das*.

amuse [ə'mjuːz] *vt* **- 1.** [make laugh] amüsieren **- 2.** [entertain] unterhalten; **to ~ o.s. (with sthg)** sich *(D)* (mit etw) die Zeit vertreiben.

amused [ə'mjuːzd] *adj* amüsiert; **to be ~ at** OR **by sthg** von etw erheitert sein; **to keep o.s. ~** sich die Zeit vertreiben.

amusement [ə'mjuːzmənt] *n* **- 1.** [enjoyment] Vergnügen *das* **- 2.** [diversion, game] Unterhaltungsmöglichkeit *die*.

amusement arcade *n* Spielhalle *die*.

amusement park *n* Vergnügungspark *der*.

amusing [ə'mjuːzɪŋ] *adj* [funny] amüsant.

an [*stressed* æn, *unstressed* ən] *indef art* ▷ **a²**.

anabolic steroid [ˌænə'bɒlɪk-] *n* Anabolikum *das*.

anachronism [ə'nækrənɪzm] *n* Anachronismus *der*.

anachronistic [əˌnækrə'nɪstɪk] *adj* anachronistisch.

anaemia *Br*, **anemia** *Am* [ə'niːmjə] *n* Anämie *die*.

anaemic *Br*, **anemic** *Am* [ə'niːmɪk] *adj* [suffering from anaemia] anämisch.

anaesthesia *Br*, **anesthesia** *Am* [ˌænɪs'θiːzjə] *n (U)* Anästhesie *die*, Narkose *die*.

anaesthetic *Br*, **anesthetic** *Am* [ˌænɪs'θetɪk] *n* Anästhetikum *das*, Narkosemittel *das*; **under ~** unter Narkose, in der Narkose.

anaesthetist *Br*, **anesthetist** *Am* [æ'niːsθətɪst] *n* Anästhesist *der*, -in *die*.

anaesthetize, -ise *Br*, **anesthetize** *Am* [æ'niːsθətaɪz] *vt* betäuben, narkotisieren.

anagram ['ænəgræm] *n* Anagramm *das*.

anal ['eɪnl] *adj* anal.

analgesic [ˌænæl'dʒiːsɪk] *adj* schmerzstillend ◇ *n* Analgetikum *das*.

analog *adj* & *n Am* = **analogue.**

analogous [ə'næləgəs] *adj* **fml** [comparable]: **~ (to)** vergleichbar (mit).

analogue *Br*, **analog** *Am* ['ænəlɒg] *adj* analog ◇ *n* **fml** [similar object, device] Gegenstück *das*.

analogy [ə'nælədʒɪ] (*pl* **-ies**) *n* Analogie *die*; **to draw an ~ between** eine Analogie herstellen zwischen *(+ D)*; **by ~** analog dazu.

analyse *Br*, **-lyze** *Am* ['ænəlaɪz] *vt* analysieren.

analysis [ə'næləsɪs] (*pl* **-ses** [ə'næləsiːz]) *n* **- 1.** [gen] Analyse *die* **- 2.** *phr*: **in the final** OR **last ~** letzten Endes.

analyst ['ænəlɪst] *n* **- 1.** [political, computer, statistics] Analytiker *der*, -in *die* **- 2.** [psychoanalyst] Psychoanalytiker *der*, -in *die*.

analytic(al) [ˌænə'lɪtɪk(l)] *adj* analytisch.

analyze *vt Am* = **analyse.**

anarchic [æ'nɑːkɪk] *adj* anarchisch.

anarchist ['ænəkɪst] *n* POL Anarchist *der*, -in *die*.

anarchy ['ænəkɪ] *n* Anarchie *die*.

anathema [ə'næθəməl] *n* Anathema *das*.

anatomical [ˌænə'tɒmɪkl] *adj* anatomisch.

anatomy [ə'nætəmɪ] (*pl* **-ies**) *n* Anatomie *die*.

ANC (*abbr of* **African National Congress**) *n* ANC *der*.

ancestor ['ænsestəʳ] *n* **- 1.** [person] Vorfahr *der*, Ahn *der* **- 2.** *fig* [of machine, vehicle] Vorläufer *der*.

ancestral home [æn'sestrəl-] *n* Stammsitz *der*.

ancestry ['ænsestrɪ] (*pl* **-ies**) *n* Abstammung *die*.

anchor ['æŋkəʳ] *n* **- 1.** NAUT Anker *der;* **to drop/weigh ~** Anker werfen/lichten **- 2.** TV Moderator *der*, -in *die* <> *vt* **- 1.** [secure] sichern **- 2.** TV [present] moderieren <> *vi* NAUT ankern.

anchorage ['æŋkərɪdʒ] *n* **- 1.** NAUT Ankerplatz *der* **- 2.** [means of securing] Verankerung *die*.

anchorman ['æŋkəmæn] (*pl* **-men** [-men]) *n* TV Moderator *der (eines Nachrichtenmagazins)*.

anchorwoman ['æŋkəˌwʊmən] (*pl* **-women** [-ˌwɪmɪn]) *n* TV Moderatorin *die (eines Nachrichtenmagazins)*.

anchovy ['æntʃəvɪ] (*pl inv* OR **-ies**) *n* Sardelle *die*.

ancient ['eɪnʃənt] *adj* **- 1.** [dating from distant past] alt **- 2.** *hum* [very old] alt, uralt.

ancillary [æn'sɪlərɪ] *adj* [staff, device] Hilfs-, Neben-.

and [*stressed* ænd, *unstressed* ənd, ən] *conj* **- 1.** [gen] und; **~ you?** und du/Sie?; **my wife ~ I** meine Frau und ich; **nice ~ warm** schön warm **- 2.** [in numbers]: **a hundred ~ one** hunderteins; **an hour ~ a quarter** eineinviertel Stunden **- 3.** [with repetition]: **more ~ more** immer mehr; **for days ~ days** tagelang **- 4.** *(with infinitive)* [in order to]: **to try ~ do sthg** versuchen, etw zu tun; **wait ~ see!** warte es ab!, warten Sie es ab!

◆ **and all that** *adv* und dergleichen.

◆ **and so on, and so forth** *adv* und so weiter, und so fort.

Andes ['ændiːz] *n:* **the ~** die Anden *pl*.

androgynous [æn'drɒdʒɪnəs] *adj* androgyn.

android ['ændrɔɪd] *n* Androide *der*.

anecdote ['ænɪkdəʊt] *n* Anekdote *die*.

anemia *n Am* = **anaemia.**

anemic *adj Am* = **anaemic.**

anemone [ə'nemənɪ] *n* Anemone *die*.

anesthetic *etc n Am* = **anaesthetic** *etc*.

anew [ə'njuː] *adv* von neuem.

angel ['eɪndʒəl] *n* ***lit*** & ***fig*** Engel *der*.

Angeleno [ˌændʒə'liːnəʊ] *n Bürger von Los Angeles*.

angelic [æn'dʒelɪk] *adj* engelsgleich.

anger ['æŋgəʳ] *n* Zorn *der*, Wut *die* <> *vt* ärgern.

angina [æn'dʒaɪnə] *n* Angina pectoris *die*.

angle ['æŋgl] *n* **- 1.** MATH [corner] Winkel *der* **- 2.** [point of view] Standpunkt *der* **- 3.** [slope] Schräge *die;* **at an ~** im schrägen Winkel <> *vt* [remarks, report] aus|richten <> *vi* **- 1.** [fish] angeln **- 2.** [manoeuvre]: **to ~ for sthg** nach etw angeln.

Anglepoise (lamp)® ['æŋgəlpɔɪs-] *n* verstellbare Klemmleuchte.

angler ['æŋgləʳ] *n* Angler *der*, -in *die*.

Anglican ['æŋglɪkən] *adj* anglikanisch <> *n* Anglikaner *der*, -in *die*.

anglicism ['æŋglɪsɪzm] *n* Anglizismus *der*.

angling ['æŋglɪŋ] *n* Angeln *das*.

Anglo- ['æŋgləʊ] *prefix* Anglo-.

Anglo-Saxon *adj* Angelsächsisch <> *n* **- 1.** [person] Angelsachse *der*, -sächsin *die* **- 2.** [language] Angelsächsisch(e) *das*.

Angola [æŋ'gəʊlə] *n* Angola *nt*.

Angolan [æŋ'gəʊlən] *adj* Angolanisch <> *n* Angolaner *der*, -in *die*.

angora [æŋ'gɔːrə] *n* **- 1.** [goat] Angoraziege *die;* [rabbit] Angorakaninchen *das* **- 2.** [material] Angora *das*.

angrily ['æŋgrəlɪ] *adv* wütend.

angry ['æŋgrɪ] (*compar* **-ier;** *superl* **-iest**) *adj* böse, wütend; **to be ~ (with sb)** (jm) böse sein, wütend sein (auf jn); **to get ~ (with sb)** böse OR wütend werden (auf jn).

angst [æŋst] *n* Existenzangst *die*.

anguish ['æŋgwɪʃ] *n* Qual *die*.

anguished ['æŋgwɪʃt] *adj* qualvoll; [look, expression] gequält.

angular ['æŋgjʊləʳ] *adj* [face, jaw, body] kantig; [furniture, car] eckig.

animal ['ænɪml] *adj* **- 1.** [gen] Tier- **- 2.** [physical] animalisch <> *n* **- 1.** [living creature] Tier *das* **- 2.** ***inf pej*** [brutal person] Bestie *die*.

animate ['ænɪmət] *adj* [alive] lebend.

animated ['ænɪmeɪtɪd] *adj* [lively] lebhaft.

animated cartoon *n* Zeichentrickfilm *der*.

animation [ˌænɪ'meɪʃn] *n* **- 1.** [excitement] Lebhaftigkeit *die* **- 2.** [of cartoons] Animation *die*.

animosity [ˌænɪ'mɒsətɪ] (*pl* **-ies**) *n* Feindseligkeit *die*.

aniseed ['ænɪsiːd] *n* Anis *der*.

ankle ['æŋkl] *n* Knöchel *der* <> *comp* Knöchel-; **~ socks** Söckchen *pl*.

annals [ˈænlz] *npl fml* Annalen *pl.*

annex [ˈæneks] *vt* annektieren.

annexation [ˌænekˈseɪʃn] *n* Annektion *die.*

annexe [ˈæneks] *n* [building] Anbau *der.*

annihilate [əˈnaɪəleɪt] *vt* vernichten, ausl-löschen.

annihilation [əˌnaɪəˈleɪʃn] *n* Vernichtung *die*, Auslöschung *die.*

anniversary [ˌænɪˈvɜːsərɪ] (*pl* **-ies**) *n* Jahres-tag *der.*

annotate [ˈænəteɪt] *vt fml* mit Anmerkungen versehen.

announce [əˈnaʊns] *vt* **- 1.** [make public] anl-kündigen, bekanntlgeben **- 2.** [state, declare] verkünden.

announcement [əˈnaʊnsmənt] *n* [public statement] Bekanntmachung *die;* **government ~** Regierungserklärung *die.*

announcer [əˈnaʊnsəʳ] *n* Ansager *der*, -in *die;* **television ~** Fernsehansager *der*, -in *die;* **radio ~** Radioansager *der*, -in *die.*

annoy [əˈnɔɪ] *vt* ärgern.

annoyance [əˈnɔɪəns] *n* Ärgernis *das.*

annoyed [əˈnɔɪd] *adj* verärgert; **to be ~ at sthg** über etw *(A)* verärgert sein; **to be ~ with sb** über jn verärgert sein; **to get ~** sich ärgern.

annoying [əˈnɔɪɪŋ] *adj* ärgerlich.

annual [ˈænjʊəl] *adj* jährlich, Jahres- ◇ *n* **- 1.** [plant] einjährige Pflanze **- 2.** [book] Jahr-buch *das.*

annual general meeting *n* Jahreshaupt-versammlung *die.*

annually [ˈænjʊəlɪ] *adv* jährlich.

annuity [əˈnjuːɪtɪ] (*pl* **-ies**) *n* FIN Jahresrente *die.*

annul [əˈnʌl] (*pt* & *pp* **-led;** *cont* **-ling**) *vt* annul-lieren.

annulment [əˈnʌlmənt] *n* Annullierung *die.*

annum [ˈænəm] *n:* **per ~** pro Jahr.

Annunciation [əˌnʌnsɪˈeɪʃn] *n:* **the ~** Mariä Verkündigung.

anode [ˈænəʊd] *n* TECH Anode *die.*

anoint [əˈnɔɪnt] *vt* RELIG salben.

anomalous [əˈnɒmələs] *adj fml* anomal.

anomaly [əˈnɒməlɪ] (*pl* **-ies**) *n* Anomalie *die.*

anon. [əˈnɒn] *abbr of* **anonymous.**

anonymity [ˌænəˈnɪmətɪ] *n* Anonymität *die.*

anonymous [əˈnɒnɪməs] *adj* anonym.

anonymously [əˈnɒnɪməslɪ] *adv* anonym.

anorak [ˈænəræk] *n esp Br* Anorak *der.*

anorexia (nervosa) [ˌænəˈreksɪə(nɜːˈvəʊsə)] *n* Anorexie *die*, Magersucht *die.*

anorexic [ˌænəˈreksɪk] *adj* magersüchtig ◇ *n* Magersüchtige *der, die.*

another [əˈnʌðəʳ] *adj* **- 1.** [additional] noch eine -r, -s; **in ~ few minutes** in einigen Minuten **- 2.** [different] ein anderer, eine andere, ein anderes ◇ *pron* **- 1.** [an additional one] noch ei-ne, -r, -s; **one after ~** einer/eine/eines nach dem/der anderen **- 2.** [a different one] etwas anderes; **they love one ~** sie lieben ei-nander, sie lieben sich; **they are always argu-ing with one ~** sie streiten immer miteinan-der, sie streiten (sich) immer.

ANSI (*abbr of* **American National Standards Institute**) *n* ≃ DIN.

answer [ˈɑːnsəʳ] *n* **- 1.** [reply] Antwort *die;* **in ~ to** als Antwort auf *(+ A)* **- 2.** [solution] Lösung *die* ◇ *vt* **- 1.** [reply to - question, letter, advertisement] beantworten **- 2.** [respond to]: **to ~ the door** die Tür öffnen; **to ~ the phone** den Hörer abl-nehmen ◇ *vi* [reply] antworten.

◆ **answer back** *vt sep* & *vi* widersprechen *(+ D).*

◆ **answer for** *vt fus* verantworten.

answerable [ˈɑːnsərəbl] *adj* [accountable] ver-antwortlich; **~ to sb** jm gegenüber verant-wortlich; **~ for sthg** für etw verantwortlich.

answering machine [ˈɑːnsərɪŋ-] *n* Anruf-beantworter *der*

ant [ænt] *n* Ameise *die.*

antacid [ˌæntˈæsɪd] *n* Säure bindendes Mit-tel.

antagonism [ænˈtæɡənɪzm] *n* Feindlichkeit *die*, Feindseligkeit *die.*

antagonist [ænˈtæɡənɪst] *n* Kontrahent *der*, -in *die.*

antagonistic [ænˌtæɡəˈnɪstɪk] *adj* feindlich, feindselig.

antagonize, -ise [ænˈtæɡənaɪz] *vt:* **to ~ sb** jn gegen sich auflbringen.

Antarctic [ænˈtɑːktɪk] *n:* **the ~** die Antarktis ◇ *adj* antarktisch.

Antarctica [ænˈtɑːktɪkəl] *n* Antarktis *die.*

Antarctic Circle *n:* **the ~** der südliche Po-larkreis.

Antarctic Ocean *n:* **the ~** das Südpolar-meer.

ante [ˈæntɪ] *n inf fig:* **to up** OR **raise the ~** den Einsatz erhöhen.

anteater [ˈæntˌiːtəʳ] *n* Ameisenbär *der.*

antecedent [ˌæntɪˈsiːdənt] *n fml* [earlier event] Vorgeschichte *die.*

antediluvian [ˌæntɪdɪˈluːvjən] *adj hum* [outda-ted] vorsintflutlich.

antelope [ˈæntɪləʊp] (*pl inv* OR **-s**) *n* Antilope *die.*

antenatal [ˌæntɪ'neɪtl] *adj* Schwangerschafts-.

antenatal clinic *n* Sprechstunde *die* für Schwangere.

antenna [æn'tenə] (*pl sense 1* **-nae** [-niː], *pl sense 2* **-s**) *n* **- 1.** [of insect, lobster] Fühler *der* **- 2.** ***Am*** [aerial] Antenne *die*.

anteroom ['æntɪrʊm] *n* **- 1.** [antechamber] Vorsaal *der* **- 2.** [waiting room] Vorzimmer *das*.

anthem ['ænθəm] *n* Hymne *die*.

anthill ['ænthɪl] *n* Ameisenhügel *der*.

anthology [æn'θɒlədʒɪ] (*pl* **-ies**) *n* Anthologie *die*.

anthrax ['ænθræks] *n* Milzbrand *der*.

anthropologist [ˌænθrə'pɒlədʒɪst] *n* Anthropologe *der*, -in *die*.

anthropology [ˌænθrə'pɒlədʒɪ] *n* Anthropologie *die*.

anti- ['æntɪ] *prefix* **- 1.** [opposed to] Anti- **- 2.** [preventive] -abwehr.

antiaircraft [ˌæntɪ'eəkrɑːft] *adj* Flugabwehr-.

antiapartheid [ˌæntɪə'pɑːtheɪt] *adj* gegen Apartheid.

antiballistic missile [ˌæntɪbə'lɪstɪk-] *n* Raketenabwehr-Rakete *die*.

antibiotic [ˌæntɪbaɪ'ɒtɪk] *n* Antibiotikum *das*.

antibody ['æntɪˌbɒdɪ] (*pl* **-ies**) *n* BIOL Antikörper *der*.

anticipate [æn'tɪsɪpeɪt] *vt* **- 1.** [expect] erwarten, voraus|sehen **- 2.** [preempt]: **to ~ sb** jm zuvor|kommen.

anticipation [ænˌtɪsɪ'peɪʃn] *n* Erwartung *die*; **thanking you in ~** vielen Dank im Voraus; **in ~ of** in Erwartung von.

anticlimax [æntɪ'klaɪmæks] *n* Enttäuschung *die*.

anticlockwise ***Br*** [ˌæntɪ'klɒkwaɪz] *adj* [direction] Links- <> *adv* gegen den Uhrzeigersinn, nach links.

antics ['æntɪks] *npl* **- 1.** [of children, animals] Possen *pl* **- 2.** ***pej*** [of politician *etc*] Eskapaden *pl*.

anticyclone [ˌæntɪ'saɪkləʊn] *n* Hoch *das*, Hochdruckgebiet *das*.

antidepressant [ˌæntɪdɪ'presnt] *n* Antidepressivum *das*.

antidote ['æntɪdəʊt] *n* ***lit*** & ***fig***: **~ (to)** Gegenmittel *das* (gegen).

antifreeze ['æntɪfriːz] *n* Frostschutzmittel *das*.

antihero ['æntɪˌhɪərəʊ] (*pl* **-es**) *n* Antiheld *der*, -in *die*.

antihistamine [ˌæntɪ'hɪstəmɪn] *n* Antihistamin *das*.

antinuclear [ˌæntɪ'njuːklɪər] *adj* gegen Atomkraft *OR* Kernkraft.

antipathy [æn'tɪpəθɪ] *n*: **~ (to** *OR* **towards)** Abneigung *die* (gegen).

antipersonnel ['æntɪˌpɜːsə'nel] *adj* MIL gegen Menschen gerichtet.

antiperspirant [ˌæntɪ'pɜːspərənt] *n* Deodorant *das*.

Antipodes [æn'tɪpədiːz] *npl*: **the ~** die Antipoden *pl*.

antiquarian [ˌæntɪ'kweərɪən] *adj* antiquarisch <> *n* Antiquar *der*, -in *die*.

antiquated ['æntɪkweɪtɪd] *adj* antiquiert, veraltet.

antique [æn'tiːk] *adj* antik <> *n* Antiquität *die*.

antique dealer *n* Antiquitätenhändler *der*, -in *die*.

antique shop *n* Antiquitätenhandlung *die*.

antiquity [æn'tɪkwətɪ] (*pl* **-ies**) *n* **- 1.** [ancient times] Antike *die*, Altertum *das* **- 2.** [antique object] Gegenstand *der* aus der Antike.

anti-Semitic [ˌæntɪsɪ'mɪtɪk] *adj* antisemitisch.

anti-Semitism [ˌæntɪ'semɪtɪzəm] *n* Antisemitismus *der*.

antiseptic [ˌæntɪ'septɪk] *adj* steril, desinfiziert <> *n* Antiseptikum *das*, Desinfektionsmittel *das*.

antisocial [ˌæntɪ'səʊʃl] *adj* **- 1.** [damaging to society] unsozial **- 2.** [unsociable] ungesellig; [working hours] unsozial.

antistatic [ˌæntɪ'stætɪk] *adj* antistatisch.

antitank [ˌæntɪ'tæŋk] *adj* MIL Panzerabwehr-.

antithesis [æn'tɪθɪsɪs] (*pl* **-theses**) [θɪsiːz] *n* ***fml*** Antithese *die*.

antlers ['æntləz] *npl* Geweih *das*.

antonym ['æntənɪm] *n* Antonym *das*.

Antwerp ['æntwɜːp] *n* Antwerpen *nt*.

anus ['eɪnəs] *n* After *der*.

anvil ['ænvɪl] *n* Amboss *der*.

anxiety [æŋ'zaɪətɪ] (*pl* **-ies**) *n* **- 1.** [worry, cause of worry] Sorge *die* **- 2.** [keenness] Ungeduld *die*.

anxious ['æŋkʃəs] *adj* **- 1.** [worried] besorgt; **to be ~ about sb/sthg** sich um jn/etw sorgen, sich über jn/etw Sorgen machen **- 2.** [keen]: **to be ~ to do sthg** darauf brennen, etw zu tun; **I'm ~ that he doesn't find out** ich möchte auf keinen Fall, dass er es erfährt.

anxiously ['æŋkʃəslɪ] *adv* **- 1.** [nervously] besorgt **- 2.** [eagerly] gespannt.

any ['enɪ] *adj* **- 1.** *(in questions)*: **have you got ~ money?** hast du Geld?; **have you got ~ postcards?** haben Sie Postkarten?; **can I be of ~ help?** kann ich Ihnen irgendwie behilflich sein? **- 2.** *(with negatives)*: **I haven't got ~ money** ich habe kein Geld; **we don't have ~ rooms**

wir haben keine Zimmer frei; **he never does ~ housework** er tut nie etwas im Haushalt; **it isn't ~ good** [pointless] es nützt nichts; [poor quality] es taugt nichts **- 3.** [no matter which] irgendein, -e; **take ~ one you like** nimm, welches du willst; **~ beer will do** jedes Bier ist recht; **at ~ time** jederzeit; ▻ **case, day, moment, rate** <> *pron* **- 1.** *(in questions)* welche; **I'm looking for a hotel – are there ~ nearby?** ich suche ein Hotel – gibts hier welche in der Nähe?; **can ~ of you change a tyre?** kann jemand von euch/Ihnen einen Reifen wechseln? **- 2.** *(with if):* **if ~** wenn überhaupt; **few foreign films, if ~, are successful here** nur wenige ausländische Filme haben hier Erfolg **- 3.** *(with negatives):* **I don't want ~ (of them)** ich möchte keinen/keines/keine (von denen) **- 4.** [no matter which one] jede, -r, -s; **take ~ you like** nimm, welches du willst; **you can sit at ~ of the tables** Sie können sich an jeden beliebigen Tisch setzen <> *adv* **- 1.** *(in questions):* **is there ~ more ice cream?** ist noch Eis da?; **is that ~ better?** ist das besser? **- 2.** *(with negatives):* **we can't wait ~ longer** wir können nicht mehr länger warten; **I can't see it ~ more** ich kann es nicht mehr sehen.

anybody ['enɪˌbɒdɪ] *pron* = **anyone.**

anyhow ['enɪhaʊ] *adv* **- 1.** [in spite of that] trotzdem **- 2.** [carelessly] durcheinander, wahllos **- 3.** [returning to topic in conversation] jedenfalls.

anyone ['enɪwʌn] *pron* **- 1.** [any person] jeder; **~ can tell you that** (ein) jeder kann dir das sagen; **~ else would have given up** jeder andere hätte es aufgegeben; **if ~ asks, you haven't seen me** wenn jemand fragt, du hast mich nicht gesehen **- 2.** *(in questions)* irgendjemand; **has ~ seen my book?** hat irgendjemand mein Buch gesehen?; **do you know ~ else?** kennst du sonst noch jemanden? **- 3.** *(in negative statements):* **there wasn't ~ in** niemand war zu Hause; **I didn't see ~ else** ich habe sonst niemanden gesehen; **there was hardly ~ there** es war kaum jemand dort.

anyplace ['enɪpleɪs] *adv* **Am** = **anywhere.**

anything ['enɪθɪŋ] *pron* **- 1.** [no matter what] alles; **he eats ~** er isst alles; **if ~ should happen to him** falls ihm irgendetwas zustoßen sollte; **please can I have something to write with, ~ will do** gib mir bitte etwas zu schreiben, egal was **- 2.** *(in questions)* irgendetwas; **would you like ~ else?** darf es noch etwas sein?; **is there ~ more pleasant than ...?** gibt es denn etwas Angenehmeres als ...? **- 3.** *(in negative statements):* **I don't want ~ at all** ich möchte überhaupt nichts (haben); **he didn't tell me ~** er hat mir nichts gesagt; **hardly ~** kaum etwas; **not for ~** um keinen Preis.

◆ **anything but** *adv:* **he is ~ but mad** er ist alles andere als verrückt.

anyway ['enɪweɪ] *adv* **- 1.** [in any case] sowieso **- 2.** [in spite of that] trotzdem; **but we went along ~** aber wir sind trotzdem hingegangen **- 3.** [in conversation] jedenfalls; **~, there we were, ...** nun ja, jedenfalls standen wir da ...

anywhere ['enɪweəʳ] *adv* **- 1.** [any place] überall; **sit ~ you like** setz dich einfach irgendwohin; **~ else** woanders, anderswo **- 2.** *(in questions)* irgendwo; **have you seen my jacket ~?** hast du meine Jacke irgendwo gesehen?; **did you go ~ else?** bist du/seid Ihr noch irgendwo anders hingegangen? **- 3.** *(in negative statements):* **I can't find it ~** ich kann es nirgends finden; **we didn't see ~ interesting** wir haben nichts Interessantes gesehen **- 4.** [unspecified amount, number]: **we're expecting ~ between 50 and 100 people** wir erwarten mindestens 50, vielleicht sogar 100 Leute.

Anzac ['ænzæk] (*abbr of* **Australia New Zealand Army Corps**) *n australisch-neuseeländisches Korps.*

AOB, a.o.b. (*abbr of* **any other business**) Verschiedenes.

Apache [ə'pætʃɪ] *n* Apache *der*, -in *die*.

apart [ə'pɑːt] *adv* **- 1.** [separated in space] getrennt; **she stood ~ from the group** sie hielt sich abseits der Gruppe **- 2.** [in several pieces] auseinander; **to fall ~** auseinander|fallen; **to take sthg ~** etw auseinander|nehmen **- 3.** [aside, excepted] beiseite; **joking ~** Spaß beiseite.

◆ **apart from** *prep* [except for] mit Ausnahme von <> *conj* [in addition to] abgesehen von.

apartheid [ə'pɑːtheɪt] *n* Apartheid *die*.

apartment [ə'pɑːtmənt] *n* **esp Am** Wohnung *die*.

apartment building *n* **Am** Wohnblock *der*.

apathetic [ˌæpə'θetɪk] *adj* teilnahmslos, apathisch.

apathy ['æpəθɪ] *n* Teilnahmslosigkeit *die*, Apathie *die*.

APB (*abbr of* **all points bulletin**) *n* Fahndungsaufruf *der*.

ape [eɪp] *n* [animal] Menschenaffe *der* <> *vt* **pej** [imitate] nachläffen.

Apennines ['æpɪnaɪnz] *npl:* **the ~** der Apennin.

aperitif [əperə'tiːf] *n* Aperitif *der*.

aperture ['æpəˌtjʊəʳ] *n* **- 1.** [hole, opening] Öffnung *die* **- 2.** PHOT Blende *die*.

apex ['eɪpeks] (*pl* **-es** OR **apices**) *n* [top] *lit* Spitze *der*; *fig* Gipfel *der*.

APEX ['eɪpeks] (*abbr of* **advance purchase excursion**) *n* **Br** *zeitlich reglementierter Vorverkauf verbilligter Flugtickets und Bahnfahrkarten.*

aphid ['eɪfɪd] *n* Blattlaus *die*.

aphorism [ˈæfərɪzm] *n* Aphorismus *der.*

aphrodisiac [ˌæfrəˈdɪzɪæk] *n* Aphrodisiakum *das.*

apices [ˈeɪpɪsiːz] *pl* ▷ **apex.**

apiece [əˈpiːs] *adv* [object] pro Stück.

aplomb [əˈplɒm] *n* Selbstsicherheit *die.*

apocalypse [əˈpɒkəlɪps] *n* Apokalypse *die.*

apocalyptic [əˌpɒkəˈlɪptɪk] *adj* apokalyptisch.

apogee [ˈæpədʒiː] *n* ***fig*** & ***fml*** Höhepunkt *der.*

apolitical [ˌeɪpəˈlɪtɪkəl] *adj* unpolitisch.

apologetic [əˌpɒləˈdʒetɪk] *adj* entschuldigend; **to be ~ (about sthg)** sich (für etw *OR* wegen etw *(G)*) entschuldigen.

apologetically [əˌpɒləˈdʒetɪklɪ] *adv* entschuldigend.

apologize, -ise [əˈpɒlədʒaɪz] *vi* sich entschuldigen; **to ~ to sb for sthg** sich bei jm für etw entschuldigen.

apology [əˈpɒlədʒɪ] (*pl* **-ies**) *n* Entschuldigung *die.*

apoplectic [ˌæpəˈplektɪk] *adj* **- 1.** MED apoplektisch **- 2.** ***inf*** [very angry]: **to be ~ (with rage)** außer sich sein (vor Wut).

apoplexy [ˈæpəpleksɪ] *n* MED Apoplexie *die.*

apostle [əˈpɒsl] *n* RELIG Apostel *der.*

apostrophe [əˈpɒstrəfɪ] *n* GRAMM Apostroph *der.*

appal *Br* (*pt* & *pp* **-led;** *cont* **-ling**), **appall** *Am* [əˈpɔːl] *vt* entsetzen.

Appalachian [ˌæpəˈleɪtʃjən] *n:* **the ~s, the ~ Mountains** die Appalachen *pl.*

appall *vt Am* = **appal.**

appalled [əˈpɔːld] *adj* entsetzt.

appalling [əˈpɔːlɪŋ] *adj* entsetzlich, furchtbar.

appallingly [əˈpɔːlɪŋlɪ] *adv* entsetzlich, furchtbar.

apparatus [ˌæpəˈreɪtəs] (*pl inv OR* **-es**) *n* Apparat *der;* [device] Gerät *das;* [in gym] Geräte *pl.*

apparel [əˈpærəl] *n Am* Kleidung *die.*

apparent [əˈpærənt] *adj* **- 1.** [evident] offensichtlich; **for no ~ reason** aus keinem ersichtlichen Grund **- 2.** [seeming] scheinbar.

apparently [əˈpærəntlɪ] *adv* **- 1.** [according to rumour] anscheinend; **~ they're quite good** anscheinend sind sie ganz gut **- 2.** [seemingly] scheinbar.

apparition [ˌæpəˈrɪʃn] *n* ***fml*** [ghost] Erscheinung *die.*

appeal [əˈpiːl] *vi* **- 1.** [request] (dringend) bitten; **to ~ to sb for sthg** jn (dringend) um etw bitten; **to ~ to the public to do sthg** die Öffentlichkeit dazu auf|rufen, etw zu tun **- 2.** [to sb's honour, common sense]: **to ~ to** appellieren an *(+ A)* **- 3.** LAW: **to ~ (against)** Berufung einlegen (gegen) **- 4.** [attract, interest]: **to ~ to sb** jm gefallen, jm zusagen ◇ *n* **- 1.** [for help, money] Aufruf *der,* Appell *der;* [for mercy] Gesuch *das* **- 2.** LAW Berufung *die* **- 3.** [charm, interest] Reiz *der,* Anziehungskraft *die.*

appealing [əˈpiːlɪŋ] *adj* [person] ansprechend; [baby] süß; [idea] reizvoll.

appear [əˈpɪəʳ] *vi* **- 1.** [gen] erscheinen **- 2.** [in play] auf|treten ◇ *vt* [seem] scheinen; **it would ~ that ...** es hat den Anschein, *OR* es scheint, als ob ...

appearance [əˈpɪərəns] *n* **- 1.** [gen] Erscheinen *das;* [of symptoms] Auftreten *das;* **to put in** *OR* **make an ~** sich sehen lassen **- 2.** [outward aspect] äußere Erscheinung; [facial features] Aussehen *das;* **to keep up ~s** den Schein wahren; **by** *OR* **to all ~s** allem Anschein nach **- 3.** [in play, film, on TV] Auftritt *der.*

appease [əˈpiːz] *vt* [person, anger] (durch Zugeständnisse) beschwichtigen; [hunger, curiosity] stillen.

appeasement [əˈpiːzmənt] *n* **- 1.** [of person, anger] Beschwichtigung *die* (durch Zugeständnisse); [of hunger, curiosity] Stillen *das* **- 2.** POL Beschwichtigung *die* (durch Zugeständnisse).

append [əˈpend] *vt* ***fml:*** **to ~ sthg (to)** [add] etw hinzufügen (zu); [enclose] etw beilfügen *(+ D).*

appendage [əˈpendɪdʒ] *n* Anhängsel *das.*

appendices [əˈpendɪsiːz] *pl* ▷ **appendix.**

appendicitis [əˌpendɪˈsaɪtɪs] *n (U)* Blinddarmentzündung *die.*

appendix [əˈpendɪks] (*pl* **-dixes** *OR* **-dices**) *n* **- 1.** MED Blinddarm *der;* **to have one's ~ out** *OR* **removed** sich *(D)* den Blinddarm heraus|nehmen lassen **- 2.** [in book] Anhang *der.*

appertain [ˌæpəˈteɪn] *vi* ***fml:*** **to ~ to** verbunden sein mit.

appetite [ˈæpɪtaɪt] *n:* **~ (for)** Appetit *der* (auf *(+ A)*); **he's lost his ~ for politics** er hat die Lust an der Politik verloren.

appetizer, -iser [ˈæpɪtaɪzəʳ] *n* (appetitanregendes) Häppchen; [starter] Vorspeise *die.*

appetizing, -ising [ˈæpɪtaɪzɪŋ] *adj* appetitlich.

applaud [əˈplɔːd] *vt* **- 1.** [person] applaudieren *(+ D),* Beifall klatschen *(+ D)* **- 2.** ***fig*** [effort] loben; [decision] begrüßen ◇ *vi* applaudieren, (Beifall) klatschen.

applause [əˈplɔːz] *n* Applaus *der,* Beifall *der.*

apple [ˈæpl] *n* Apfel *der;* **to be the ~ of sb's eye** js Liebling sein.

apple pie *n eine Art gedeckter Apfelkuchen mit dünnen Teigwänden.*

apple tree *n* Apfelbaum *der.*

appliance [əˈplaɪəns] *n* Gerät *das.*

applicable [ə'plɪkəbl] *adj* zutreffend; **delete where not ~** Nichtzutreffendes streichen; **to be ~ to sb/sthg** auf jn/etw zu|treffen.

applicant ['æplɪkənt] *n*: **~ (for)** [for job] Bewerber *der*, -in *die* (um OR für); [for state benefit] Antragsteller *der*, -in *die* (für).

application [ˌæplɪ'keɪʃn] *n* - **1.** [for job, college]: **~ (for)** Bewerbung *die* (um OR für) - **2.** [for club]: **~ (for)** Antrag *der* (auf *(+ A)*) - **3.** [of knowledge, rule] Anwendung *die;* [of invention] Einsatz *der* - **4.** [use] Verwendung *die* - **5.** [diligence] Fleiß *der* - **6.** COMPUT: **~ (program)** Anwendungsprogramm *das*.

application form *n* [for job] Bewerbungsformular *das;* [for state benefit, club] Antragsformular *das*.

applied [ə'plaɪd] *adj* [science] angewandt.

apply [ə'plaɪ] (*pt* & *pp* **-ied**) *vt* - **1.** [rule, skill] an|wenden; **to ~ o.s. (to)** sich an|strengen (bei); **to ~ one's mind to sthg** intensiv über etw *(A)* nach|denken - **2.** [paint, ointment] auf|tragen; **to ~ the brakes** bremsen ◇ *vi* - **1.** [for work, grant]: **to ~ (for)** sich bewerben (um OR für); **to ~ to sb for sthg** sich bei jm um OR für etw bewerben - **2.** [be relevant]: **to ~ (to)** zu|treffen (auf *(+ A)*).

appoint [ə'pɔɪnt] *vt* - **1.** [to job, position] ein|stellen; [to office] ernennen - **2.** *fml* [time, place] vereinbaren, fest|legen.

appointment [ə'pɔɪntmənt] *n* - **1.** *(U)* [to job, position] Einstellung *die;* [to office] Ernennung *die;* '**by ~ to Her Majesty the Queen**' 'Hoflieferant Ihrer Majestät der Königin' - **2.** [job, position] Stelle *die* - **3.** [with doctor, hairdresser, in business] Termin *der;* **to have an ~** einen Termin haben; **to make an ~** einen Termin vereinbaren; **by ~** nach Vereinbarung.

apportion [ə'pɔːʃn] *vt* [money] auf|teilen; [blame] zu|weisen.

apposite ['æpəzɪt] *adj fml* treffend.

appraisal [ə'preɪzl] *n* Beurteilung *die*.

appraise [ə'preɪz] *vt fml* beurteilen.

appreciable [ə'priːʃəbl] *adj* [difference] merklich; [amount] beträchtlich.

appreciably [ə'priːʃəblɪ] *adv* [different] merklich; [larger, smaller] beträchtlich, merklich.

appreciate [ə'priːʃɪeɪt] *vt* - **1.** [value] schätzen; **her books were not ~d at the time** ihre Bücher wurden damals nicht gewürdigt - **2.** [recognize, understand] sich *(D)* bewusst sein *(+ G)* - **3.** [help, advice] dankbar sein für; **thanks, I really ~ it!** danke schön, sehr nett von dir/Ihnen! ◇ *vi* FIN im Wert steigen.

appreciation [əˌpriːʃɪ'eɪʃn] *n* - **1.** [liking] Anerkennung *die*, Würdigung *die* - **2.** [understanding] Verständnis *das* - **3.** [gratitude] Dankbarkeit *die* - **4.** FIN Wertsteigerung *die* - **5.** [assessment] Kritik *die*, Rezension *die*.

appreciative [ə'priːʃjətɪv] *adj* [person, audience] dankbar; **to be ~ of sthg** etw zu schätzen wissen.

apprehend [ˌæprɪ'hend] *vt fml* [arrest] fest|nehmen.

apprehension [ˌæprɪ'henʃn] *n* [worry] Besorgnis *die*.

apprehensive [ˌæprɪ'hensɪv] *adj*: **~ (about)** besorgt (wegen *(+ G)*).

apprehensively [ˌæprɪ'hensɪvlɪ] *adv* besorgt, ängstlich.

apprentice [ə'prentɪs] *n* Lehrling *der*, Auszubildende *der, die;* **an ~ mechanic** ein Mechanikerlehrling ◇ *vt*: **to be ~d to sb** bei jm in der Lehre sein.

apprenticeship [ə'prentɪsʃɪp] *n* Lehre *die*.

appro. ['æprəʊ] (*abbr of* **approval**): *n inf* **on ~** zur Probe.

approach [ə'prəʊtʃ] *n* - **1.** [arrival] (Heran)nahen *das* - **2.** [access] Zugang *der;* [road] Zufahrt *die* - **3.** [method] Ansatz *der* - **4.** [proposal]: **to make an ~ to sb** an jn heran|treten ◇ *vt* - **1.** [come near to] sich nähern *(+ D);* **temperatures ~ing 35°C** Temperaturen von bis zu 35°C - **2.** [speak to]: **to ~ sb about sthg** an jn heran|treten wegen etw *(G)* - **3.** [problem, task] an|gehen ◇ *vi* sich nähern.

approachable [ə'prəʊtʃəbl] *adj* - **1.** [person] umgänglich - **2.** [place] erreichbar.

approaching [ə'prəʊtʃɪŋ] *adj* sich nähernd.

approbation [ˌæprə'beɪʃn] *n fml* Zustimmung *die*.

appropriate [*adj* ə'prəʊprɪət, *vb* ə'prəʊprɪeɪt] *adj* angemessen; [clothing, moment] passend ◇ *vt* - **1.** LAW [steal] sich an|eignen - **2.** [allocate] bestimmen.

appropriately [ə'prəʊprɪətlɪ] *adv* angemessen.

appropriation [əˌprəʊprɪ'eɪʃn] *n* - **1.** [stealing] Aneignung *die* - **2.** [allocation] Bestimmung *die*.

approval [ə'pruːvl] *n* - **1.** [liking, admiration] Anerkennung *die* - **2.** [official agreement] Genehmigung *die* - **3.** COMM: **on ~** zur Probe.

approve [ə'pruːv] *vi*: **to ~ of sb** von jm etwas halten; **to ~ of sthg** mit etw einverstanden sein, etw gut|heißen; **I don't ~ of him** ich halte nichts von ihm ◇ *vt* genehmigen.

approved [ə'pruːvd] *adj* - **1.** [accepted] anerkannt - **2.** [authorized] staatlich anerkannt.

approving [ə'pruːvɪŋ] *adj* [showing satisfaction] anerkennend; [showing consent] zustimmend.

approx. [ə'prɒks] *abbr of* **approximately.**

approximate [*adj* ə'prɒksɪmət, *vb* ə'prɒksɪmeɪt] *adj* ungefähr ◇ *vi*: **to ~ to sthg** etw *(D)* in etwa entsprechen.

approximately [ə'prɒksɪmətlɪ] *adv* ungefähr, circa.

approximation [əˌprɒksɪ'meɪʃn] *n* Annäherung *die;* **to be an ~ to the truth** in etwa der Wahrheit entsprechen.

Apr. *abbr of* **April.**

APR *n* **- 1.** (*abbr of* **annualized percentage rate**) jährlicher Gebührenzinssatz **- 2.** (*abbr of* **annual purchase rate**) jährlicher Gebührenzinssatz.

après-ski ['æpreɪ-] *n* Après-Ski *das.*

apricot ['eɪprɪkɒt] *n* **- 1.** [fruit] Aprikose *die* **- 2.** [colour] Apricot *das* <> *comp* Aprikosen-.

apricot tree *n* Aprikosenbaum *der.*

April ['eɪprəl] *n* April *der; see also* **September.**

April Fools' Day *n* der erste April.

APRIL FOOLS' DAY

Der 1. April wird wie im deutschsprachigen Raum auch mit Aprilscherzen begangen: an diesem Tag spielt man anderen gerne Streiche oder treibt sonst allerlei Schabernack. Aprilscherze sind allerdings nur bis zur Mittagszeit erlaubt.

apron ['eɪprən] *n* **- 1.** [clothing] Schürze *die;* **to be tied to sb's ~ strings** *inf* jm am Schürzenzipfel hängen **- 2.** AERON Vorfeld *das.*

apropos ['æprəpəʊ] *fml adj* [pertinent] treffend <> *prep:* **~ (of)** hinsichtlich (+ *G*).

apt [æpt] *adj* **- 1.** [pertinent] treffend **- 2.** [likely]: **to be ~ to do sthg** dazu neigen, etw zu tun.

Apt. (*abbr of* **apartment**) Whg.

aptitude ['æptɪtjuːd] *n* Begabung *die;* **to have an ~ for sthg** eine Begabung für etw haben.

aptitude test *n* Eignungstest *der.*

aptly ['æptlɪ] *adv* treffend.

aqualung ['ækwəlʌŋ] *n* Presslufttauchgerät *das.*

aquaplane ['ækwəpleɪn] *vi* **Br** AUT durch Aquaplaning ins Rutschen geraten.

aquarium [ə'kweərɪəm] (*pl* **-riums** OR **-ria** [-rɪə]) *n* Aquarium *das.*

Aquarius [ə'kweərɪəs] *n* Wassermann *der.*

aquatic [ə'kwætɪk] *adj* Wasser-.

aqueduct ['ækwɪdʌkt] *n* Aquädukt *der* OR *das.*

AR *abk für Arkansas, in Postanschrift verwendet.*

Arab ['ærəb] *adj* arabisch <> *n* **- 1.** [person] Araber *der*, -in *die* **- 2.** [horse] Araber *der.*

Arabia [ə'reɪbjə] *n* Arabien *nt.*

Arabian [ə'reɪbjən] *adj* arabisch.

Arabic ['ærəbɪk] *adj* arabisch <> *n* [language] Arabisch(e) *das.*

Arabic numeral *n* arabische Ziffer.

arable ['ærəbl] *adj:* **~ land** Ackerland *das.*

Arab League *n:* **the ~** die Arabische Liga.

arbitrary ['ɑːbɪtrərɪ] *adj* willkürlich.

arbitrate ['ɑːbɪtreɪt] *vi* als Schiedsrichter fungieren.

arbitration [ˌɑːbɪ'treɪʃn] *n* Schlichtungsverfahren *das;* **to go to ~** vor eine Schlichtungskommission gehen.

arc [ɑːk] *n* Bogen *der.*

ARC (*abbr of* **AIDS-related complex**) *n* ARC.

arcade [ɑː'keɪd] *n* **- 1.** [for shopping] Passage *die* **- 2.** ARCHIT [covered passage] Arkade *die.*

arch [ɑːtʃ] *adj* [knowing] schelmisch <> *n* **- 1.** ARCHIT Bogen *der;* [arched entrance] Torbogen *der* **- 2.** [of foot] Wölbung *die* <> *vt* [back] krümmen <> *vi* sich wölben.

arch- [ɑːtʃ] *prefix* [chief] Erz-; **~rival** Erzrivale *der.*

archaeological [ˌɑːkɪə'lɒdʒɪkl] *adj* archäologisch.

archaeologist [ˌɑːkɪ'ɒlədʒɪst] *n* Archäologe *der*, -in *die.*

archaeology [ˌɑːkɪ'ɒlədʒɪ] *n* Archäologie *die.*

archaic [ɑː'keɪɪk] *adj* [language] veraltet.

archangel ['ɑːkˌeɪndʒəl] *n* Erzengel *der.*

archbishop [ˌɑːtʃ'bɪʃəp] *n* Erzbischof *der.*

archduchess [ˌɑːtʃ'dʌtʃɪs] *n* Erzherzogin *die.*

archduke [ˌɑːtʃ'djuːk] *n* Erzherzog *der.*

arched [ɑːtʃt] *adj* **- 1.** [roof] gewölbt; [window] (Rund)bogen- **- 2.** [eyebrows] hochgezogen; [back] gekrümmt.

archenemy [ˌɑːtʃ'enɪmɪ] (*pl* **-ies**) *n* Erzfeind *der*, -in *die.*

archeology *etc* [ˌɑːkɪ'ɒlədʒɪ] = **archaeology** *etc.*

archer ['ɑːtʃəʳ] *n* Bogenschütze *der.*

archery ['ɑːtʃərɪ] *n* Bogenschießen *das.*

archetypal [ˌɑːkɪ'taɪpl] *adj* typisch.

archetype ['ɑːkɪtaɪp] *n* [typical specimen] Prototyp *der.*

archipelago [ˌɑːkɪ'pelɪgəʊ] (*pl* **-es** OR **-s**) *n* Archipel *der.*

architect ['ɑːkɪtekt] *n* **- 1.** [of buildings] Architekt *der*, -in *die* **- 2.** *fig* [of plan, event] Urheber *der*, -in *die.*

architectural [ˌɑːkɪ'tektʃərəl] *adj* architektonisch.

architecture ['ɑːkɪtektʃəʳ] *n* **- 1.** [gen & COMPUT] Architektur *die* **- 2.** [style of building] Baustil *der.*

archive file ['ɑːkaɪv-] *n* COMPUT Archivdatei *die.*

archives ['ɑːkaɪvz] *npl* [of documents] Archiv *das.*

archivist ['ɑːkɪvɪst] *n* Archivar *der*, -in *die.*

archway [ˈɑːtʃweɪ] *n* Torbogen *der*.

Arctic [ˈɑːktɪk] *adj* - **1.** GEOGR arktisch - **2.** *inf* [very cold] eiskalt ◇ *n*: **the ~** die Arktis; **in the ~** in der Arktis.

Arctic Circle *n*: **the ~** der nördliche Polarkreis.

Arctic Ocean *n*: **the ~** das Nordpolarmeer.

ardent [ˈɑːdənt] *adj* leidenschaftlich; [desire] brennend.

ardour *Br*, **ardor** *Am* [ˈɑːdəʳ] *n* [patriotic, revolutionary] Eifer *der*; [romantic] Leidenschaft *die*.

arduous [ˈɑːdjʊəs] *adj* [task] mühselig; [climb, journey] anstrengend.

are [*weak form* əʳ, *strong form* ɑːʳ] *vb* ▻ **be.**

area [ˈeərɪə] *n* - **1.** [region] Gegend *die*; [in town] Viertel *das*; **do you live in the ~?** wohnen Sie/wohnst du hier in der Gegend?; **in the Bristol ~** im Raum Bristol - **2.** *fig* [approximate size, number]: **in the ~ of** im Bereich von - **3.** [surface size] Fläche *die* - **4.** [space] Bereich *der*; **a parking ~** ein Parkplatz - **5.** [of knowledge, interest, subject] Gebiet *das*.

area code *n Am* Vorwahl *die*.

arena [əˈriːnə] *n* ***lit*** & ***fig*** Arena *die*.

aren't [ɑːnt] = **are not.**

Argentina [ˌɑːdʒənˈtiːnə] *n* Argentinien *nt*.

Argentine [ˈɑːdʒəntaɪn], **Argentinian** [ˌɑːdʒənˈtɪnɪən] *adj* argentinisch ◇ *n* Argentinier *der*, -in *die*.

arguable [ˈɑːgjʊəbl] *adj* [points, ideas, comments] fragwürdig; **it is ~ whether he will ever succeed** es ist (noch) die Frage, ob er es jemals schafft.

arguably [ˈɑːgjʊəblɪ] *adv* möglicherweise.

argue [ˈɑːgjuː] *vi* - **1.** [quarrel]: **to ~ (with sb about sthg)** sich (mit jm über etw *(A)*) streiten - **2.** [reason] argumentieren; **to ~ for/against sthg** für/gegen etw ein|treten ◇ *vt*: **to ~ the case for sthg** für etw ein|treten; **to ~ that** die Meinung vertreten, dass.

argument [ˈɑːgjʊmənt] *n* - **1.** [quarrel] Streit *der*, Auseinandersetzung *die*; **to have an ~ (with sb)** sich (mit jm) streiten - **2.** [reason] Argument *das* - **3.** *(U)* [reasoning] Diskussion *die*.

argumentative [ˌɑːgjʊˈmentətɪv] *adj* streitsüchtig.

aria [ˈɑːrɪə] *n* Arie *die*.

arid [ˈærɪd] *adj* trocken.

Aries [ˈeəriːz] *n* Widder *der*.

arise [əˈraɪz] (*pt* **arose;** *pp* **arisen** [əˈrɪzn]) *vi* [problems, difficulties] auf|treten; [opportunities] sich ergeben; **to ~ from sthg** sich aus etw ergeben; **if the need ~s** falls sich die Notwendigkeit ergibt.

aristocracy [ˌærɪˈstɒkrəsɪ] (*pl* **-ies**) *n* Aristokratie *die*.

aristocrat [*Br* ˈærɪstəkræt, *Am* əˈrɪstəkræt] *n* Aristokrat *der*, -in *die*, Adlige *der*, *die*.

aristocratic [*Br* ˌærɪstəˈkrætɪk, *Am* əˌrɪstəˈkrætɪk] *adj* [person, family] adlig; [manners, bearing] vornehm, kultiviert.

arithmetic [əˈrɪθmətɪk] *n* Arithmetik *die*, Rechnen *das*; [calculation] Rechnung *die*.

ark [ɑːk] *n* [ship] Arche *die*.

arm [ɑːm] *n* - **1.** [of person] Arm *der*; **~ in ~** Arm in Arm; **to chance one's ~** sein Glück versuchen; **to keep sb at ~'s length** ***fig*** jn auf Distanz halten; **do you want a drink? – oh, go on, twist my ~** möchtest du was trinken? – bevor ich mich schlagen lasse - **2.** [of garment] Ärmel *der* - **3.** [of chair] Armlehne *die* - **4.** [of organization] Zweig *der* ◇ *vt* [with weapons] bewaffnen.

◆ **arms** *npl* [weapons] Waffen *pl*; **to take up ~s** zu den Waffen greifen; **to be up in ~s (about sthg)** (wegen etw *(G)*) aufgebracht sein.

armadillo [ˌɑːməˈdɪləʊ] (*pl* **-s**) *n* Gürteltier *das*.

armaments [ˈɑːməmənts] *npl* Waffen *pl*.

armband [ˈɑːmˌbænd] *n* Armbinde *die*; [for swimming] Schwimmflügel *der*.

armchair [ˈɑːmtʃeəʳ] *n* Sessel *der*, Lehnstuhl *der*.

armed [ɑːmd] *adj* - **1.** [police, thieves] bewaffnet - **2.** ***fig*** [with information]: **~ with sthg** mit etw ausgestattet.

armed forces *npl* Streitkräfte *pl*.

armed robbery *n* bewaffneter Raubüberfall.

Armenia [ɑːˈmiːnjə] *n* Armenien *nt*.

Armenian [ɑːˈmiːnjən] *adj* armenisch ◇ *n* - **1.** [person] Armenier *der*, -in *die* - **2.** [language] Armenisch(e) *das*.

armhole [ˈɑːmhəʊl] *n* Armloch *das*.

armistice [ˈɑːmɪstɪs] *n* Waffenstillstand *der*.

armour *Br*, **armor** *Am* [ˈɑːməʳ] *n* - **1.** [for person] Rüstung *die* - **2.** [for military vehicle] Panzerung *die*.

armoured *Br*, **armored** *Am* [ˈɑːməd] *adj* MIL gepanzert.

armoured car *n* MIL Panzerwagen *der*.

armour-plated [-pleɪtɪd] *adj* MIL gepanzert.

armoury *Br*, **armory** *Am* [ˈɑːmərɪ] (*pl* **-ies**) *n* Arsenal *das*.

armpit [ˈɑːmpɪt] *n* Achselhöhle *die*.

armrest [ˈɑːmrest] *n* Armlehne *die*.

arms control [ˈɑːmz-] *n* Rüstungskontrolle *die*.

army [ˈɑːmɪ] (*pl* **-ies**) *n* - **1.** MIL Heer *das*, Armee *die;* **to be in the ~** beim Militär sein **- 2.** ***fig*** [large group] Heer *das.*

A road *n* ***Br*** ≃ Bundesstraße *die.*

aroma [ə'rəuməl] *n* Duft *der.*

aromatherapy [əˌrəumə'θerəpɪ] *n* Aromatherapie *die.*

aromatic [ˌærə'mætɪk] *adj* aromatisch.

arose [ə'rəuz] *pt* ▷ **arise.**

around [ə'raund] *adv* **- 1.** [here and there] herum; **to travel ~** herum|reisen; **to sit ~ doing nothing** untätig herum|sitzen **- 2.** [on all sides] herum; **all ~** auf allen Seiten, rundherum **- 3.** [present, nearby]: **is she ~?** ist sie da?; **~ here** [in the area] hier in der Gegend; **cars have been ~ for over a century** Autos gibt es schon seit über hundert Jahren **- 4.** [in a circle]: **to go ~** sich drehen; **to spin ~ (and ~)** sich im Kreis drehen **- 5.** [to the other side]: **to go ~** herum|gehen; **to turn ~** sich um|drehen; **to look ~** sich um|sehen **- 6.** ***phr:*** **to have been ~** ***inf*** [travelled a lot] (viel) herumgekommen sein ◇ *prep* **- 1.** [surrounding] um ... herum; **the country ~ the town** das Land rund um die Stadt ODER um die Stadt herum **- 2.** [near]: **~ here/there** hier/dort in der Nähe; **is there a bank anywhere ~ here?** gibt es hier irgendwo eine Bank? **- 3.** [all over]: **150 offices ~ the world** 150 Büros in der ganzen Welt; **all ~ the country** im ganzen Land; **we walked ~ the town** wir spazierten durch die Stadt **- 4.** [in a circle]: **we walked ~ the lake** wir gingen um den See herum; **to go/drive ~ sthg** um etw herum|gehen/herum|fahren; **~ the clock** ***fig*** rund um die Uhr **- 5.** [approximately] ungefähr **- 6.** [in circumference]: **she measures 30 inches ~ the waist** um die Taille misst sie 75 cm **- 7.** [so as to avoid] um ... herum; **to get ~ an obstacle** um ein Hindernis herum|gehen; **to find a way ~ a problem** einen Ausweg für ein Problem finden.

arousal [ə'rauzl] *n* [of feelings] Erregung *die;* [of interest, suspicion] Erweckung *die.*

arouse [ə'rauz] *vt* **- 1.** [excite] erregen; [interest, suspicion] erwecken **- 2.** [wake] (auf|)wecken.

arrange [ə'reɪndʒ] *vt* **- 1.** [flowers] arrangieren; [books, objects] (an|)ordnen; [furniture] (um|)stellen **- 2.** [event] planen; [meeting] vereinbaren; [party] arrangieren; **to ~ to do sthg** vereinbaren, etw zu tun; **to ~ for sb to do sthg** dafür sorgen ODER veranlassen, dass jd etw tut; **to ~ a hotel for sb** für jn ein Hotel buchen; **to ~ a taxi for sb** für jn ein Taxi bestellen **- 3.** MUS bearbeiten, arrangieren.

arranged marriage [ə'reɪndʒd-] *n* arrangierte Heirat.

arrangement [ə'reɪndʒmənt] *n* **- 1.** [agreement] Vereinbarung *die;* **to come to an ~** eine Einigung erzielen **- 2.** [of objects] Anordnung *die;* **flower ~** Blumenarrangement *das* **- 3.** MUS Bearbeitung *die,* Arrangement *das.*

◆ **arrangements** *npl* [preparations] Vorbereitungen *pl;* **to make ~s** Vorbereitungen treffen; **please make your own ~s for accommodation** bitte arrangieren Sie Ihre Unterkunft selbst.

array [ə'reɪ] *n* **- 1.** [of objects, people, ornaments] Aufgebot *das* **- 2.** COMPUT (Daten)feld *das,* Array *das* ◇ *vt* [ornaments] auf|stellen.

arrears [ə'rɪəz] *npl* [money owed] Rückstände *pl;* **to be paid in ~** rückwirkend bezahlt werden; **to be in ~** in Rückstand sein.

arrest [ə'rest] *n* [by police] Verhaftung *die,* Festnahme *die;* **to be under ~** verhaftet ODER festgenommen sein ◇ *vt* **- 1.** [subj: police] verhaften, fest|nehmen **- 2.** ***fml*** [sb's attention] erregen **- 3.** ***fml*** [stop - development] hemmen; [- spread of disease] auf|halten.

arresting [ə'restɪŋ] *adj* [striking] faszinierend.

arrival [ə'raɪvl] *n* **- 1.** [at place] Ankunft *die;* **on ~** bei der Ankunft; **late ~** [of train, bus, mail] verspätete Ankunft **- 2.** [of new system, technology] Aufkommen *das* **- 3.** [person] Ankömmling *der;* **new ~** [person] Neuankömmling *der;* **we're expecting a new ~** [baby] wir erwarten Familienzuwachs.

arrive [ə'raɪv] *vi* **- 1.** [gen] an|kommen; **to ~ at a conclusion/decision** zu einem Schluss/einer Entscheidung kommen **- 2.** [moment, event] kommen.

arrogance ['ærəgəns] *n* Arroganz *die,* Überheblichkeit *die.*

arrogant ['ærəgənt] *adj* arrogant, überheblich.

arrogantly ['ærəgəntlɪ] *adv* arrogant, überheblich.

arrow ['ærəu] *n* Pfeil *der.*

arse ***Br*** [ɑːs], **ass** ***Am*** [æs] *n* ***vulg*** [buttocks] Arsch *der.*

arsenal ['ɑːsənl] *n* Arsenal *das.*

arsenic ['ɑːsnɪk] *n* Arsen *das.*

arson ['ɑːsn] *n* Brandstiftung *die.*

arsonist ['ɑːsənɪst] *n* Brandstifter *der,* -in *die.*

art [ɑːt] *n* Kunst *die* ◇ *comp* Kunst-.

◆ **arts** *npl* **- 1.** SCH & UNIV [humanities] Geisteswissenschaften *pl* **- 2.** [fine arts]: **the ~s** die schönen Künste *pl* ◇ *comp* SCH & UNIV [subject] geisteswissenschaftlich; **~s graduates** (Hochschul)absolventen *pl* der Geisteswissenschaften.

◆ **arts and crafts** *n* Kunsthandwerk *das.*

art deco [-'dekəu] *n* Art deco *die.*

artefact ['ɑːtɪfækt] *n* = **artifact.**

arterial [ɑː'tɪərɪəl] *adj* **- 1.** [blood] arteriell **- 2.** [road]: **~ road** Hauptverkehrsstraße *die.*

arteriosclerosis [ɑːˌtɪərɪəʊsklɪəˈrəʊsɪs] *n* Arteriosklerose *die.*

artery [ˈɑːtərɪ] (*pl* **-ies**) *n* Arterie *die.*

artful [ˈɑːtfʊl] *adj* raffiniert.

art gallery *n* Kunstgalerie *die.*

arthritic [ɑːˈθrɪtɪk] *adj* arthritisch.

arthritis [ɑːˈθraɪtɪs] *n* Arthritis *die.*

artic [ɑːˈtɪk] *n* **Br inf** Sattelschlepper *der.*

artichoke [ˈɑːtɪtʃəʊk] *n* Artischocke *die.*

article [ˈɑːtɪkl] *n* - **1.** [item] Gegenstand *der;* COMM Ware *die,* Artikel *der;* ~ **of clothing** Kleidungsstück *das* - **2.** [in newspaper, magazine] Artikel *der* - **3.** [in agreement, contract] Paragraph *der;* [in constitution] Artikel *der* - **4.** GRAMM Artikel *der.*

articled clerk [ˈɑːtɪkld-] *n* **Br** Rechtsreferendar *der,* -in *die.*

articles of association [ˈɑːtɪklz-] *npl* Gesellschaftsvertrag *der.*

articulate [*adj* ɑːˈtɪkjʊlət, *vb* ɑːˈtɪkjʊleɪt] *adj* [speech] leichtverständlich; **to be** ~ [person] sich gut ausǀdrücken können ◇ *vt* [thought, wish] zum Ausdruck bringen, artikulieren.

articulated lorry [ɑːˈtɪkjʊleɪtɪd-] *n* **Br** Sattelschlepper *der*

articulation [ɑːˌtɪkjʊˈleɪʃn] *n* - **1.** [of sound] Artikulation *die* - **2.** [of thought, wish] Ausdruck *der,* Artikulation *die.*

artifact [ˈɑːtɪfækt] *n* Artefakt *das.*

artifice [ˈɑːtɪfɪs] *n* List *die.*

artificial [ˌɑːtɪˈfɪʃl] *adj* - **1.** [non-natural] künstlich - **2.** [insincere] gekünstelt.

artificial insemination *n* künstliche Befruchtung.

artificial intelligence *n* künstliche Intelligenz.

artificially [ˌɑːtɪˈfɪʃəlɪ] *adv* - **1.** [non-naturally] künstlich - **2.** [insincerely] gekünstelt.

artificial respiration *n* künstliche Beatmung.

artillery [ɑːˈtɪlərɪ] *n* Artillerie *die.*

artisan [ˌɑːtɪˈzæn] *n* Handwerker *der,* -in *die.*

artist [ˈɑːtɪst] *n* Künstler *der,* -in *die.*

artistic [ɑːˈtɪstɪk] *adj* - **1.** [gen] künstlerisch; [person] künstlerisch begabt - **2.** [attractive] kunstvoll.

artistically [ɑːˈtɪstɪklɪ] *adv* - **1.** [inclined, gifted] künstlerisch - **2.** [arranged] kunstvoll.

artistry [ˈɑːtɪstrɪ] *n* Kunstwertigkeit *die.*

artless [ˈɑːtlɪs] *adj* unschuldig, arglos.

art nouveau [ˌɑːnuːˈvəʊ] *n* Jugendstil *der.*

as [*unstressed* əz, *stressed* æz] *conj* - **1.** [referring to time] als; ~ **the plane was coming in to land** als das Flugzeug beim Landeanflug war; **he became more patient** ~ **he grew older** mit zunehmendem Alter wurde er geduldiger - **2.** [referring to manner] wie; ~ **expected ...** wie erwartet ...; **do** ~ **I say** tu, was ich dir sage; ~ **it is** ohnehin, sowieso; **it's hard enough** ~ **it is** es ist ohnehin schon schwierig genug; ~ **it turns out** wie sich herausstellt; ~ **things stand** so, wie die Dinge liegen; **be that** ~ **it may** wie dem auch sei - **3.** [introducing a statement] wie; ~ **I told you ...** wie ich dir bereits gesagt habe ...; ~ **you know, ...** wie du weißt, ... - **4.** [because] weil, da ◇ *adv (in comparisons):* ~ ... ~ so ... wie; **he's** ~ **tall** ~ **I am** er ist so groß wie ich; ~ **many** ~ so viele wie; ~ **much** ~ so viel wie ◇ *prep* als; **she works** ~ **a nurse** sie arbeitet als Krankenschwester; **to consider sb** ~ **a friend** jn als Freund betrachten; **she treats it** ~ **a game** sie betrachtet das Ganze als (ein) Spiel.

◆ **as it were** *adv* sozusagen.

◆ **as for** *prep:* ~ **for me** was mich betrifft.

◆ **as from, as of** *prep* ab; ~ **from** OR **of Monday** ab Montag.

◆ **as if, as though** *conj* als ob, als wenn; **he looked at me** ~ **if I were mad** er sah mich an, als ob ich verrückt wäre; ~ **if by chance** wie durch Zufall.

◆ **as to** *prep* **Br: she questioned him** ~ **to his motives** sie fragte ihn nach seinen Beweggründen.

AS *n* (*abbr of* **Associate in Science**) *von einer US-Universität verliehener naturwissenschaftlicher Grad oder dessen Inhaber* ◇ *abk für American Samoa, in Postanschrift verwendet.*

ASA (*abbr of* **American Standards Association**) *n* ASA.

a.s.a.p. (*abbr of* **as soon as possible**) *so bald wie möglich.*

asbestos [æsˈbestəs] *n* Asbest *der.*

asbestosis [ˌæsbesˈtəʊsɪs] *n* Asbestose *die.*

ascend [əˈsend] *vt* [hill] besteigen; [staircase] hinauf ǀgehen; [ladder] hinauf ǀsteigen; **to** ~ **the throne** den Thron besteigen ◇ *vi* [climb] auf ǀsteigen; [subj: path, road *etc*] anǀsteigen.

ascendancy [əˈsendənsɪ] *n* Vorherrschaft *die.*

ascendant [əˈsendənt] *n:* **to be in the** ~ im Aufstieg begriffen sein.

ascendency [əˈsendənsɪ] *n* = **ascendancy.**

ascending [əˈsendɪŋ] *adj* [increasing] zunehmend; **in** ~ **order** in aufsteigender Reihenfolge.

ascension [əˈsenʃn] *n* [to throne] Thronbesteigung *die.*

◆ **Ascension** *n* RELIG Christi Himmelfahrt *die.*

ascent [əˈsent] *n* - **1.** [gen] Aufstieg *der* - **2.** [upward slope] Steigung *die.*

ascertain [ˌæsəˈteɪn] *vt* ermitteln.

ascetic [əˈsetɪk] *adj* asketisch.

ASCII [ˈæskɪ] (*abbr of* **American Standard Code for Information Interchange**) *n* ASCII *das*.

ascorbic acid [əˈskɔːbɪk-] *n* Askorbinsäure *die*.

ascribe [əˈskraɪb] *vt*: **to ~ sthg to sthg** einer Sache *(D)* etw zu|schreiben; **to ~ sthg to sb** jm etw zu|schreiben.

ASE (*abbr of* **American Stock Exchange**) *n Börse in New York*.

aseptic [ˌeɪˈseptɪk] *adj* aseptisch, keimfrei.

asexual [ˌeɪˈsekʃʊəl] *adj* BIOL ungeschlechtlich.

ash [æʃ] *n* **- 1.** [from cigarette, fire] Asche *die* **- 2.** [tree] Esche *die*.
◆ **ashes** *npl* [from cremation] Asche *die*.

ASH [æʃ] (*abbr of* **Action on Smoking and Health**) *n britische Anti-Raucherbewegung*.

ashamed [əˈʃeɪmd] *adj* beschämt; **to be ~ of sb/sthg** sich js/etw *(G)* schämen, sich für jn/etw schämen; **to be ~ to do sthg** sich schämen, etw zu tun.

ash can *n* **Am** Mülleimer *der*.

ashen-faced [ˈæʃnˌfeɪst] *adj* kreidebleich.

ashore [əˈʃɔːʳ] *adv* [go, swim] an Land.

ashtray [ˈæʃtreɪ] *n* Aschenbecher *der*.

Ash Wednesday *n* Aschermittwoch *der*.

Asia [**Br** ˈeɪʃə, **Am** ˈeɪʒə] *n* Asien *nt*.

Asia Minor *n* Kleinasien *nt*.

Asian [**Br** ˈeɪʃn, **Am** ˈeɪʒn] *adj* asiatisch; **the ~ community** **Br** *aus Indien, Pakistan und Bangladesh stammende Bevölkerungsgruppe* <> *n* [from Far East] Asiat *der*, -in *die*.

Asiatic [ˌeɪʒɪˈætɪk] *adj* asiatisch.

aside [əˈsaɪd] *adv* **- 1.** [to one side] beiseite, zur Seite; **step ~!** treten Sie zur Seite!; **to take sb ~** jn beiseite nehmen; **to brush** OR **sweep sthg ~** etw vom Tisch wischen **- 2.** [apart]: **joking ~**, ... Spaß beiseite, ...; **~ from** abgesehen von <> *n* **- 1.** [in play] Apart *das*, Beiseitesprechen *das* **- 2.** [remark] beiläufige Bemerkung.

ask [ɑːsk] *vt* **- 1.** [gen] fragen; **to ~ a question** eine Frage stellen; **to ~ sb sthg** jn etw fragen; **if you ~ me ...** wenn du mich fragst, ... **- 2.** [request - permission, forgiveness] bitten um; **to ~ sb for sthg** jn um etw bitten; **to ~ sb for advice** jn um Rat fragen; **to ~ sb to do sthg** jn (darum) bitten, etw zu tun **- 3.** [invite] ein|laden; **to ~ sb (round) to dinner** jn zum Abendessen ein|laden **- 4.** [price] verlangen <> *vi* **- 1.** [enquire] fragen **- 2.** [request] bitten.
◆ **ask after** *vt fus* sich erkundigen nach.
◆ **ask for** *vt fus* **- 1.** [ask to talk to] verlangen; **he's ~ing for you** er will Sie sprechen **- 2.** [request] bitten um.

askance [əˈskæns] *adv*: **to look ~ at sb** jn missbilligend an|schauen; **to look ~ at sthg** etw *(D)* ablehnend gegenüber|stehen.

askew [əˈskjuː] *adj* schief.

asking price [ˈɑːskɪŋ-] *n* Verkaufspreis *der*.

asleep [əˈsliːp] *adj* schlafend; **to fall ~** ein|schlafen; **to be fast** OR **sound ~** fest schlafen.

ASM (*abbr of* **air-to-surface missile**) *n* Luft/Boden-Rakete *die*.

asparagus [əˈspærəgəs] *n* Spargel *der*.

ASPCA (*abbr of* **American Society for the Prevention of Cruelty to Animals**) *n Tierschutzverein in den USA*.

aspect [ˈæspekt] *n* **- 1.** [facet] Aspekt *der* **- 2.** [appearance] Aussehen *das* **- 3.** [of building] Lage *die*.

aspen [ˈæspən] *n* Espe *die*.

aspersions [əˈspɜːʃnz] *npl*: **to cast ~ (on sthg)** abfällige Bemerkungen (über etw *(A)*) machen.

asphalt [ˈæsfælt] *n (U)* Asphalt *der*.

asphyxiate [əsˈfɪksɪeɪt] *vt* ersticken.

aspic [ˈæspɪk] *n* Aspik *der* OR *das*.

aspidistra [æspɪˈdɪstrə] *n* Aspidistra *die*.

aspirate [ˈæspərət] *adj* LING aspiriert.

aspiration [ˌæspəˈreɪʃn] *n* **- 1.** [desire, ambition] Bestrebung *die* **- 2.** LING Aspiration *die*, Behauchung *die*.

aspire [əˈspaɪəʳ] *vi*: **to ~ to sthg** nach etw streben; **to ~ to do sthg** danach streben, etw zu tun.

aspirin [ˈæsprɪn] *n* Aspirin® *das*.

aspiring [əˈspaɪərɪŋ] *adj* aufstrebend.

ass [æs] *n* **- 1.** Esel *der* **- 2.** **Am** *vulg* = **arse**.

assail [əˈseɪl] *vt* **- 1.** [attack physically] an|greifen **- 2.** *fig* [beset]: **to ~ sb with questions/insults** jn mit Fragen/Beleidigungen überschütten; **to be ~ed by worries/doubts** von Sorgen/Zweifeln geplagt werden.

assailant [əˈseɪlənt] *n* Angreifer *der*, -in *die*.

assassin [əˈsæsɪn] *n* Attentäter *der*, -in *die (dessen Mordanschlag glückt)*.

assassinate [əˈsæsɪneɪt] *vt* ermorden; **to be ~d** einem Attentat OR Mordanschlag zum Opfer fallen.

assassination [əˌsæsɪˈneɪʃn] *n* (geglücktes) Attentat, (politischer) Mord.

assault [əˈsɔːlt] *n* **- 1.** MIL: **~ (on sthg)** Sturmangriff *der* (auf etw *(A)*) **- 2.** [physical attack]: **~ (on sb)** (tätlicher) Angriff (auf jn); **~ and battery** LAW Körperverletzung *die* <> *vt* [attack - physically] (tätlich) an|greifen; [- sexually] belästigen.

assault course *n* Übungsgelände *das*.

assemble [əˈsembl] *vt* **- 1.** [gather - people] zusammen|rufen; [- evidence, material] zusammen|tragen; [- Parliament] ein|berufen **- 2.** [fit together] zusammen|bauen <> *vi* [people] sich versammeln; [Parliament] zusammen|treten.

assembler language *n* = **assembly language.**

assembly [əˈsemblɪ] (*pl* **-ies**) *n* **- 1.** [gen] Versammlung *die;* [at school] Morgenandacht *die* **- 2.** *(U)* [fitting together] Zusammenbau *der;* [of device, machine] Montage *die.*

assembly language *n* COMPUT Assemblersprache *die.*

assembly line *n* Fließband *das.*

assent [əˈsent] *n* Zustimmung *die* <> *vi* zulstimmen; **to ~ to sthg** etw *(D)* zulstimmen.

assert [əˈsɜːt] *vt* **- 1.** [conviction, belief] behaupten; [innocence] beteuern **- 2.** [authority] geltend machen; **to ~ o.s.** sich behaupten.

assertion [əˈsɜːʃn] *n* Behauptung *die.*

assertive [əˈsɜːtɪv] *adj* [person, tone] energisch; [attitude] selbstbewusst.

assess [əˈses] *vt* **- 1.** [judge] ein|schätzen, beurteilen **- 2.** [estimate - value] schätzen; [- damages] fest|setzen.

assessment [əˈsesmənt] *n* **- 1.** [judgement] Einschätzung *die,* Beurteilung *die* **- 2.** [estimate - of value] Schätzung *die;* [- of damages] Festsetzung *die.*

assessor [əˈsesəʳ] *n* FIN *Sachverständiger (meist Finanzbeamter), der z. B. Vermögenswerte, Einkommen oder Steuern berechnet.*

asset [ˈæset] *n* **- 1.** [valuable quality] Vorteil *der* **- 2.** [valuable person] Stütze *die;* **the new secretary is an ~ to the company** die neue Sekretärin ist ein Gewinn für die Firma.

◆ **assets** *npl* COMM Vermögen *das.*

asset-stripping [-ˌstrɪpɪŋ] *n Aufkauf einer Firma zu einem niedrigen Preis, um die einzelnen Vermögenswerte gewinnbringend zu verkaufen und die Firma dann zu schließen.*

assiduous [əˈsɪdjʊəs] *adj* gewissenhaft.

assiduously [əˈsɪdjʊəslɪ] *adv* gewissenhaft.

assign [əˈsaɪn] *vt* **- 1.** [allot]: **to ~ sthg (to sb/sthg)** (jm/etw) etw zu|teilen *OR* zu|weisen **- 2.** [appoint]: **to ~ sb (to sthg)** jn (etw *(D)*) zu|teilen *OR* zu|weisen; **to ~ sb to do sthg** jn damit beauftragen, etw zu tun.

assignation [ˌæsɪgˈneɪʃn] *n* **fml** geheimes Treffen; [between lovers] Stelldichein *das.*

assignment [əˈsaɪnmənt] *n* **- 1.** [task] Aufgabe *die;* [at school] Projekt *das;* [job] Auftrag *der* **- 2.** [act of appointing] Zuteilung *die;* [to task] Betrauung *die;* [to post] Berufung *die.*

assimilate [əˈsɪmɪleɪt] *vt* **- 1.** [gen] auf|nehmen **- 2.** [people]: **to ~ sb (into sthg)** jn (in etw *(A)*) integrieren.

assimilation [əˌsɪmɪˈleɪʃn] *n* **- 1.** [gen] Aufnahme *die* **- 2.** [of people] Integration *die.*

assist [əˈsɪst] *vt* helfen *(+ D);* **to ~ sb with sthg** jm bei etw helfen; **to ~ sb in doing sthg** jm helfen, etw zu tun.

assistance [əˈsɪstəns] *n (U)* Hilfe *die;* **to be of ~ (to sb)** (jm) helfen *OR* behilflich sein.

assistant [əˈsɪstənt] *n* **- 1.** [helper] Assistent *der,* -in *die* **- 2.** [in shop] Verkäufer *der,* -in *die* <> *comp* stellvertretend; **~ editor** Redaktionsassistent *der,* -in *die.*

associate [*adj & n* əˈsəʊʃɪət, *vb* əˈsəʊʃɪeɪt] *adj* [member] außerordentlich <> *n* [business partner] Partner *der,* -in *die* <> *vt* [connect] in Verbindung bringen, assoziieren; **to ~ sb with sb/sthg** jn in Verbindung bringen mit jm/etw; **to ~ sthg with sb/sthg** etw in Verbindung bringen *OR* assoziieren mit jm/etw; **to be ~d with sb/sthg** mit jm/etw in Verbindung gebracht werden <> *vi:* **to ~ with sb** mit jm verkehren.

association [əˌsəʊsɪˈeɪʃn] *n* **- 1.** [organization] Verband *der,* Vereinigung *die* **- 2.** *(U)* [relationship] Verkehr *der,* Umgang *der;* **in ~ with sb/sthg** in Zusammenarbeit mit jm/etw **- 3.** [of ideas] Assoziation *die.*

assonance [ˈæsənəns] *n* Assonanz *die.*

assorted [əˈsɔːtɪd] *adj* [colours, sizes] verschieden; [sweets] gemischt.

assortment [əˈsɔːtmənt] *n* [mixture - of people] Mischung *die;* [- of goods] Auswahl *die,* Sortiment *das.*

Asst. *abbr of* **assistant.**

assuage [əˈsweɪdʒ] *vt* **fml** [grief] lindern; [thirst, hunger] stillen.

assume [əˈsjuːm] *vt* **- 1.** [suppose, adopt] an|nehmen **- 2.** [undertake] übernehmen.

assumed name [əˈsjuːmd-] *n* falscher Name.

assuming [əˈsjuːmɪŋ] *conj:* **~ (that)** vorausgesetzt(, dass).

assumption [əˈsʌmpʃn] *n* **- 1.** [supposition] Annahme *die* **- 2.** *(U)* [of power] Übernahme *die.*

◆ **Assumption** *n* RELIG: **the Assumption** Mariä Himmelfahrt *die.*

assurance [əˈʃʊərəns] *n* **- 1.** [promise] Zusicherung *die,* Versicherung *die* **- 2.** [confidence] Selbstsicherheit *die* **- 3.** *(U)* FIN [insurance] Versicherung *die.*

assure [əˈʃʊəʳ] *vt* [reassure] versichern *(+ D);* **to ~ sb of sthg** jn einer Sache *(G)* versichern; **to be ~d of sthg** [be certain] sich *(D)* einer Sache *(G)* sicher sein; **I ~ you that it will be ready tomorrow** ich versichere Ihnen, dass es morgen fertig ist.

assured [əˈʃʊəd] *adj* selbstsicher.

AST (*abbr of* **Atlantic Standard Time**) *n Standardzeit in der östlichen Zeitzone der USA.*

asterisk [ˈæstərɪsk] *n* Sternchen *das.*

astern [ə'stɜːn] *adv* NAUT achtern; [towards the rear] achteraus.

asteroid ['æstərɔɪd] *n* Asteroid *der*.

asthma ['æsmə] *n* Asthma *das*.

asthmatic [æs'mætɪk] *adj* asthmatisch ◇ *n* Asthmatiker *der*, -in *die*.

astigmatism [eɪ'stɪgmətɪzm] *n* Astigmatismus *der*.

astonish [ə'stɒnɪʃ] *vt* erstaunen.

astonished [ə'stonɪʃd] *adj* erstaunt.

astonishing [ə'stɒnɪʃɪŋ] *adj* erstaunlich.

astonishment [ə'stɒnɪʃmənt] *n* Erstaunen *das*.

astound [ə'staʊnd] *vt* verblüffen.

astounded [a'staʊndɪd] *adj* verblüfft.

astounding [ə'staʊndɪŋ] *adj* verblüffend.

astrakhan ['æstrakɑːn] *n* Astrachan *der*.

astray [ə'streɪ] *adv*: **to go ~** [object] verloren gehen; [animal] sich verirren; **to lead sb ~** ***fig*** jn vom rechten Weg ab|bringen.

astride [ə'straɪd] *adv* rittlings ◇ *prep* rittlings auf *(+ D)*.

astringent [ə'strɪndʒənt] *adj* **- 1.** [lotion] adstringierend **- 2.** [criticism] beißend ◇ *n* Adstringens *das*.

astrologer [ə'strɒlədʒəʳ] *n* Astrologe *der*, -gin *die*.

astrological [ˌæstrə'lɒdʒɪkl] *adj* astrologisch.

astrologist [ə'strɒlədʒɪst] *n* = **astrologer.**

astrology [ə'strɒlədʒɪ] *n* Astrologie *die*.

astronaut ['æstrənɔːt] *n* Astronaut *der*, -in *die*.

astronomer [ə'strɒnəməʳ] *n* Astronom *der*, -in *die*.

astronomical [ˌæstrə'nɒmɪkl] *adj* ***lit*** & ***fig*** astronomisch.

astronomy [ə'strɒnəmɪ] *n* Astronomie *die*.

astrophysics [ˌæstrəʊ'fɪzɪks] *n* Astrophysik *die*.

astute [ə'stjuːt] *adj* clever.

asunder [ə'sʌndəʳ] *adv* ***literary:*** **to tear ~** auseinander reißen.

asylum [ə'saɪləm] *n* **- 1.** ***dated*** [mental hospital] psychiatrische Anstalt **- 2.** *(U)* [protection] Asyl *das*.

asymmetrical [ˌeɪsɪ'metrɪkl] *adj* asymmetrisch.

at [*unstressed* ət, *stressed* æt] *prep* **- 1.** [indicating place, position]: **there was a knock ~ the door** es klopfte an der Tür; **he studies ~ Cambridge** er studiert in Cambridge; **~ the bottom of the hill** am Fuß(e) des Hügels; **~ my father's** bei meinem Vater; **~ home** zu Hause; **~ school** in der Schule; **~ work** bei der Arbeit **- 2.** [indicating direction]: **to aim ~ sb/sthg** auf jn/etw zielen; **to smile ~ sb** jn an|lächeln; **to look ~ sb/sthg** jn/etw an|sehen **- 3.** [indicating a particular time]: **~ midnight/noon/eleven o'clock** um Mitternacht/zwölf Uhr mittags/elf Uhr; **~ Christmas/Easter** zu *OR* an Weihnachten/Ostern; **~ night** bei Nacht, nachts **- 4.** [indicating age, speed, rate]: **~ your age** in deinem Alter; **~ 52 (years of age)** mit 52 (Jahren); **~ 100 miles per hour** mit 100 Meilen pro Stunde; **~ high speed** mit hoher Geschwindigkeit **- 5.** [indicating price]: **~ £50 (a pair)** für 50 Pfund (das Paar) **- 6.** [indicating particular state, condition]: **~ peace/war** im Frieden/Krieg; **~ lunch** beim Mittagessen **- 7.** [indicating tentativeness, noncompletion]: **to pull ~ sthg** an etw *(D)* ziehen; **to snatch ~ sthg** nach etw greifen; **to nibble ~ sthg** an etw *(D)* knabbern **- 8.** *(after adjectives):* **amused/appalled/puzzled ~ sthg** über etw *(A)* belustigt/entsetzt/verblüfft; **to be bad/good ~ sthg** in etw *(D)* schlecht/gut sein.

◆ **at all** *adv* **- 1.** *(with negative):* **not ~ all** [when thanked] keine Ursache; [when answering a question] überhaupt nicht; **she's not ~ all happy** sie ist überhaupt nicht glücklich **- 2.** [in the slightest]: **have you done anything ~ all today?** hast du heute überhaupt irgendetwas gemacht?; **do you know her ~ all?** kennst du sie überhaupt?

ATC (*abbr of* **Air Training Corps**) *n Trainingseinheit der britischen Luftwaffe.*

ate [***Br*** et, ***Am*** eɪt] *pt* ▷ **eat.**

atheism ['eɪθɪɪzm] *n* Atheismus *der*.

atheist ['eɪθɪɪst] *n* Atheist *der*, -in *die*.

Athenian [ə'θiːnjən] *adj* athenisch ◇ *n* Athener *der*, -in *die*.

Athens ['æθɪnz] *n* Athen *nt*.

athlete ['æθliːt] *n* Leichtathlet *der*, -in *die;* **to be a good ~** [sporty] (sehr) sportlich sein.

athlete's foot *n* Fußpilz *der*.

athletic [æθ'letɪk] *adj* **- 1.** [relating to athletics] athletisch **- 2.** [sporty] sportlich.

◆ **athletics** *npl* Leichtathletik *die*.

Atlantic [ət'læntɪk] *adj* atlantisch ◇ *n:* **the ~ (Ocean)** der Atlantik, der Atlantische Ozean.

Atlantis [ət'læntɪs] *n* Atlantis *nt*.

atlas ['ætləs] *n* Atlas *der*.

Atlas ['ætləs] *n:* **the ~ Mountains** das Atlas-Gebirge, der Atlas.

ATM (*abbr of* **automatic teller machine**) *n* Geldautomat *der*.

atmosphere ['ætməˌsfɪəʳ] *n* **- 1.** [gen] Atmosphäre *die* **- 2.** [in room] Luft *die*.

atmospheric [ˌætməs'ferɪk] *adj* **- 1.** [pressure, pollution] atmosphärisch **- 2.** [music, place, film] stimmungsvoll.

atoll [ˈætɒl] *n* Atoll *das.*

atom [ˈætəm] *n* - **1.** TECH Atom *das* - **2.** ***fig*** [tiny amount]: **an ~ of truth** ein Körnchen Wahrheit; **he hasn't an ~ of sense** er hat keinen Funken Verstand.

atom bomb *n* Atombombe *die.*

atomic [əˈtɒmɪk] *adj* Atom-.

atomic bomb *n* = **atom bomb.**

atomic energy *n* Atomenergie *die*, Kernenergie *die.*

atomic number *n* PHYS Ordnungszahl *die.*

atomizer, -iser [ˈætəmaɪzəʳ] *n* Zerstäuber *der.*

atone [əˈtəʊn] *vi:* **to ~ for sthg** [crime, sin] (für) etw büßen; [mistake, behaviour] etw wieder gut|machen.

atonement [əˈtəʊnmənt] *n* [for crime, sin] Buße *die;* [for mistake, behaviour] Wiedergutmachung *die.*

A to Z *n* Stadtplan *der* (im Buchformat).

ATP (*abbr of* **Association of Tennis Professionals**) *n internationaler Tennisverband.*

atrocious [əˈtrəʊʃəs] *adj* grauenhaft.

atrocity [əˈtrɒsətɪ] (*pl* **-ies**) *n* Greueltat *die.*

attach [əˈtætʃ] *vt* - **1.** [fasten] befestigen; [document] beilheften; **to ~ sthg to sthg** etw an etw *(D)* befestigen; [document] etw *(D)* etw beilheften - **2.** [attribute]: **to ~ sthg to sthg** [importance] etw *(D)* etw beilmessen; [blame] etw *(D)* etw zulschreiben - **3.** COMPUT anlheften, anlhängen.

attaché [əˈtæʃeɪ] *n* Attaché *der.*

attaché case *n* Aktenkoffer *der.*

attached [əˈtætʃt] *adj* - **1.** [fastened]: **~ (to sthg)** (an etw *(D)*) befestigt; [document] (etw *(D)*) beigeheftet - **2.** [assigned]: **to be ~ to sthg** etw *(D)* zugeteilt sein - **3.** [fond]: **to be ~ to sb/sthg** an jm/etw hängen.

attachment [əˈtætʃmənt] *n* - **1.** [device] Zusatzgerät *das* - **2.** [fondness]: **~ (to sb/sthg)** Anhänglichkeit *die* (an jn/etw) - **3.** COMPUT Attachment *das*, Anhang *der.*

attack [əˈtæk] *n* - **1.** [physical]: **~ (on sb)** [on person] Überfall *der* (auf jn); [on enemy] Angriff *der* (auf jn) - **2.** [verbal]: **~ (on sthg)** Angriff *der* (auf etw *(A)*) - **3.** [of illness] Anfall *der* ◇ *vt* - **1.** [physically - person] überfallen; [- enemy] anlgreifen - **2.** [verbally] anlgreifen - **3.** [affect] befallen - **4.** [deal with] in Angriff nehmen ◇ *vi* anlgreifen.

attacker [əˈtækəʳ] *n* Angreifer *der*, -in *die.*

attain [əˈteɪn] *vt* [rank, objectives] erreichen; [success, happiness] erlangen.

attainment [əˈteɪnmənt] *n* - **1.** [of rank, objectives] Erreichen *das;* [of success, happiness] Erlangen *das* - **2.** [skill] Fertigkeit *die.*

attempt [əˈtempt] *n* Versuch *der;* **an ~ at a smile** ein Versuch, zu lächeln; **to make an ~ on sb's life** einen Mordanschlag auf jn verüben ◇ *vt* [try] versuchen; **to ~ to do sthg** versuchen, etw zu tun.

attend [əˈtend] *vt* - **1.** [meeting] teillnehmen an; [party] gehen zu - **2.** [school, church] besuchen ◇ *vi* - **1.** [be present] anwesend sein - **2.** [pay attention]: **to ~ (to sthg)** auf|passen (bei etw).

◆ **attend to** *vt fus* - **1.** [deal with] sich kümmern um - **2.** [look after - customer] bedienen; [- patient] behandeln.

attendance [əˈtendəns] *n* - **1.** [number present - at meeting] Teilnehmerzahl *die;* [- at concert, cinema] Besucherzahl *die* - **2.** [presence] Anwesenheit *die*, Teilnahme *die;* **to have a poor ~ record** oft fehlen.

attendant [əˈtendənt] *adj* [accompanying] damit verbunden; **~ on sthg** mit etw verbunden ◇ *n* [at museum] Aufseher *der*, -in *die;* [at petrol station] Tankwart *der;* **car park ~** Parkplatzwächter *der*, -in *die.*

attention [əˈtenʃn] *n (U)* - **1.** [awareness, interest] Aufmerksamkeit *die;* **to attract sb's ~** jn auf sich *(A)* aufmerksam machen, js Aufmerksamkeit erregen; **to bring sthg to sb's ~, to draw sb's ~ to sthg** jn auf etw *(A)* aufmerksam machen; **to pay ~ to sb/sthg** jm/etw Aufmerksamkeit schenken; **to pay ~** auf|passen - **2.** [care] Fürsorge *die* - **3.** COMM: **for the ~ of** zu Händen (von) - **4.** MIL: **to stand to ~** stilllstehen ◇ *excl* MIL stillgestanden!

attentive [əˈtentɪv] *adj* aufmerksam.

attentively [əˈtentɪvlɪ] *adv* aufmerksam.

attenuate [əˈtenjʊeɪt] ***fml*** *vt* [make thin] dünn machen; [risk] reduzieren; [weaken] ablschwächen; **attenuating circumstances** LAW mildernde Umstände ◇ *vi* schwächer werden.

attest [əˈtest] *vt* [affirm] bestätigen; [signature, will] beglaubigen ◇ *vi:* **to ~ to sthg** etw beweisen.

attic [ˈætɪk] *n* Dachboden *der.*

attire [əˈtaɪəʳ] *n (U)* ***fml*** Kleidung *die.*

attitude [ˈætɪtjuːd] *n* - **1.** [way of thinking]: **~ (to** OR **towards sb/sthg)** Einstellung *die* (gegenüber jm/zu etw) - **2.** [behaviour, posture] Haltung *die.*

attn (*abbr of* **for the attention of**) z. Hd.

attorney [əˈtɜːnɪ] *n* **Am** [lawyer] (Rechts)anwalt *der*, -wältin *die.*

attorney general (*pl* **attorneys general**) *n* ≃ Generalbundesanwalt *der*, -wältin *die.*

attract [əˈtrækt] *vt* - **1.** [draw, cause to come near] anlziehen, anllocken - **2.** [be attractive to] anziehend wirken auf *(+ A);* **to be ~ed to sb** jn anziehend finden; **to be ~ed to sthg** etw mögen - **3.** [support] gewinnen; [criticism] auf sich *(A)* **ziehen** - **4.** [magnetically] an|ziehen.

attraction [əˈtrækʃn] *n* - **1.** [liking] Anziehungskraft *die;* **to feel an ~ to sb** sich zu jm hingezogen fühlen - **2.** *(U)* [appeal, charm] Reiz *der* - **3.** [attractive feature, event] Attraktion *die.*

attractive [əˈtræktɪv] *adj* - **1.** [person] anziehend - **2.** [thing, idea] attraktiv, ansprechend.

attractively [əˈtræktɪvlɪ] *adv* ansprechend.

attributable [əˈtrɪbjʊtəbl] *adj:* **to be ~ to sb/sthg** jm/etw zuzuschreiben sein.

attribute [*vb* əˈtrɪbjuːt, *n* ˈætrɪbjuːt] *vt* - **1.** [ascribe]: **to ~ sthg to sb/sthg** etw jm/etw zu|schreiben - **2.** [work of art, remark]: **to ~ sthg to sb** jm etw zu|schreiben ◇ *n* [quality] Eigenschaft *die.*

attribution [ˌætrɪˈbjuːʃn] *n (U)* Zuschreibung *die.*

attrition [əˈtrɪʃn] *n (U)* Zermürbung *die;* **war of ~** Zermürbungskrieg *der.*

attuned [əˈtjuːnd] *adj:* **~ (to sthg)** vertraut (mit etw).

Atty. Gen. *abbr of* **Attorney General.**

ATV *n* (*abbr of* **all terrain vehicle**) Geländewagen *der.*

atypical [ˌeɪˈtɪpɪkl] *adj* atypisch.

atypically [ˌeɪˈtɪpɪklɪ] *adv* atypisch.

aubergine [ˈəʊbəʒiːn] *n* ***Br*** Aubergine *die.*

auburn [ˈɔːbən] *adj* [hair] rotbraun.

auction [ˈɔːkʃn] *n* Auktion *die,* Versteigerung *die;* **at** *OR* **by ~** bei einer Auktion *OR* Versteigerung; **to put sthg up for ~** etw zur Versteigerung an|bieten ◇ *vt* versteigern.

◆ **auction off** *vt sep* versteigern.

auctioneer [ˌɔːkʃəˈnɪəʳ] *n* Auktionator *der.*

audacious [ɔːˈdeɪʃəs] *adj* [daring] kühn; [impudent] dreist.

audacity [ɔːˈdæsətɪ] *n* [daring] Kühnheit *die;* [impudence] Dreistigkeit *die.*

audible [ˈɔːdəbl] *adj* hörbar.

audience [ˈɔːdjəns] *n* - **1.** [gen] Publikum *das;* [of TV programme] Zuschauer *pl;* [of radio programme] Zuhörer *pl;* [of books] Leserschaft *die* - **2.** [formal meeting] Audienz *die.*

audio [ˈɔːdɪəʊ] *adj* Ton-; **~ tape** Audiokassette *die.*

audio frequency *n* Tonfrequenz *die.*

audiotyping [ˈɔːdɪəʊˌtaɪpɪŋ] *n das Schreiben eines auf Band gesprochenen Textes.*

audiotypist [ˈɔːdɪəʊˌtaɪpɪst] *n* Fonotypist *der,* -in *die.*

audio-visual *adj* audiovisuell.

audit [ˈɔːdɪt] *n* Buchprüfung *die* ◇ *vt* prüfen.

audition [ɔːˈdɪʃn] *n* [of actor] Vorsprechen *das;* [of singer] Probesingen *das;* [of musician] Probespiel *das* ◇ *vi:* **to ~ for sthg** [actor] für etw vor|sprechen; [singer] für etw vor|singen; [musician] für etw vor|spielen.

auditor [ˈɔːdɪtəʳ] *n* Buchprüfer *der,* -in *die.*

auditorium [ˌɔːdɪˈtɔːrɪəm] (*pl* **-riums** *OR* **-ria** [-rɪə]) *n* Zuschauerraum *der.*

au fait [ˌəʊˈfeɪ] *adj:* **~ with sthg** vertraut mit etw.

Aug. (*abbr of* **August**) Aug.

augment [ɔːgˈment] *vt* vergrößern.

augur [ˈɔːgəʳ] *vi:* **to ~ well/badly** etwas Gutes/nichts Gutes verheißen.

august [ɔːˈgʌst] *adj* ***literary*** [person, institution] ehrwürdig; [gathering, guest] illuster.

August [ˈɔːgəst] *n* August *der; see also* **September.**

Auld Lang Syne [ˌɔːldlæŋˈsaɪn] *n Lied, das nach alter Tradition in Großbritannien am Silvesterabend um Mitternacht angestimmt wird.*

aunt [ɑːnt] *n* Tante *die.*

auntie, aunty [ˈɑːntɪ] (*pl* **-ies**) *n* ***inf*** Tantchen *das.*

au pair [ˌəʊˈpeəʳ] *n* Aupairmädchen *das.*

aura [ˈɔːrə] *n* Aura *die.*

aural [ˈɔːrəl] *adj* SCH: **~ comprehension** Hörverständnis *das.*

aurally [ˈɔːrəlɪ] *adv:* **~ handicapped** hörbehindert.

auspices [ˈɔːspɪsɪz] *npl:* **under the ~ of** unter der Schirmherrschaft *(+ G).*

auspicious [ɔːˈspɪʃəs] *adj* [start] vielversprechend; [day, occasion] günstig.

Aussie [ˈɒzɪ] ***inf*** *adj* australisch ◇ *n* Australier *der,* -in *die.*

austere [ɒˈstɪəʳ] *adj* - **1.** [person] streng; [life] asketisch - **2.** [room, building] karg.

austerity [ɒˈsterətɪ] *n* - **1.** [of person] Strenge *die;* [of life - for religious reasons] Entsagung *die;* [- for economic reasons] Entbehrung *die* - **2.** [of room, building] Kargheit *die.*

austerity measures *npl* Sparmaßnahmen *pl.*

Australasia [ˌɒstrəˈleɪʒəl] *n* Australien und Ozeanien *nt.*

Australia [ɒˈstreɪljə] *n* Australien *nt.*

Australian [ɒˈstreɪljən] *adj* australisch ◇ *n* Australier *der,* -in *die.*

Austria [ˈɒstrɪə] *n* Österreich *nt.*

Austrian [ˈɒstrɪən] *adj* österreichisch ◇ *n* Österreicher *der,* -in *die.*

authentic [ɔːˈθentɪk] *adj* authentisch.

authenticate [ɔːˈθentɪkeɪt] *vt* authentifizieren, die Echtheit bestätigen von.

authentication [ɔːˌθentɪ'keɪʃn] *n (U)* Authentifizierung *die*, Echtheitserklärung *die*.

authenticity [ˌɔːθen'tɪsətɪ] *n* Authentizität *die*.

author ['ɔːθəʳ] *n* Autor *der*, -in *die;* [by profession] Schriftsteller *der*, -in *die*.

authoritarian [ɔːˌθɒrɪ'teərɪən] *adj* autoritär.

authoritative [ɔː'θɒrɪtətɪv] *adj* **- 1.** [person, voice] respekteinflößend **- 2.** [report] verlässlich.

authority [ɔː'θɒrətɪ] (*pl* **-ies**) *n* **- 1.** [official organization] Behörde *die*, Amt *das* **- 2.** *(U)* [power] Autorität *die;* **to have ~ over sb** Weisungsbefugnis gegenüber jm haben; **in ~** verantwortlich **- 3.** [permission] Erlaubnis *die* **- 4.** [expert] Autorität *die* **- 5.** *phr:* **to have it on good ~** aus zuverlässiger Quelle wissen.
◆ **authorities** *npl:* **the authorities** die Behörden.

authorize, -ise ['ɔːθəraɪz] *vt* genehmigen; [biography] autorisieren; [money] bewilligen; **to ~ sb to do sthg** jn ermächtigen, etw zu tun.

Authorized Version *n:* **the ~** *englische Bibelübersetzung von 1611.*

authorship ['ɔːθəʃɪp] *n* Autorschaft *die*.

autistic [ɔː'tɪstɪk] *adj* autistisch.

auto ['ɔːtəʊ] (*pl* **-s**) *n* **Am** Auto *das*.

autobiographical ['ɔːtəˌbaɪə'græfɪkl] *adj* autobiografisch.

autobiography [ˌɔːtəbaɪ'ɒgrəfɪ] (*pl* **-ies**) *n* Autobiografie *die*.

autocrat ['ɔːtəkræt] *n* Autokrat *der*, -in *die*.

autocratic [ˌɔːtə'krætɪk] *adj* autokratisch.

autocross ['ɔːtəʊkrɒs] *n* **Br** Autocross *das*.

Autocue® ['ɔːtəʊkjuː] *n* **Br** Teleprompter *der*.

autofocus [ɔːtəʊˌfəʊkəs] *n* Autofokus *der*.

autograph ['ɔːtəgrɑːf] *n* Autogramm *das* <> *vt* signieren.

Automat® ['ɔːtəmæt] *n* **Am** Automatenrestaurant *das*.

automata [ɔː'tɒmətə] *pl* ▷ **automaton.**

automate ['ɔːtəmeɪt] *vt* automatisieren.

automatic [ˌɔːtə'mætɪk] *adj* automatisch <> *n* **- 1.** [car] Wagen *der* mit Automatikgetriebe **- 2.** [gun] automatische Waffe, Maschinenwaffe *die* **- 3.** [washing machine] Waschautomat *der*.

automatically [ˌɔːtə'mætɪklɪ] *adv* automatisch.

automatic pilot *n* AERON & NAUT Autopilot *der;* **I was working on ~** *fig* ich habe völlig mechanisch meine Arbeit getan.

automation [ˌɔːtə'meɪʃn] *n* Automatisierung *die*.

automaton [ɔː'tɒmətən] (*pl* **-tons** OR **-ta**) *n* Roboter *der*.

automobile ['ɔːtəməbiːl] *n* **Am** Auto(mobil) *das*.

automotive [ˌɔːtə'məʊtɪv] *adj* Kraftfahrzeug-; **~ industry** Auto(mobil)industrie *die*.

autonomous [ɔː'tɒnəməs] *adj* autonom.

autonomy [ɔː'tɒnəmɪ] *n (U)* Autonomie *die*.

autopilot [ˌɔːtəʊ'paɪlət] *n* = **automatic pilot.**

autopsy ['ɔːtɒpsɪ] (*pl* **-ies**) *n* Autopsie *die*.

autumn ['ɔːtəm] *n* Herbst *der;* **in ~** im Herbst <> *comp* [leaves, weather] Herbst-; [colours, weather] herbstlich.

autumnal [ɔː'tʌmnəl] *adj* herbstlich.

auxiliary [ɔːg'zɪljərɪ] (*pl* **-ies**) *adj* **- 1.** [providing assistance] Hilfs-; **~ nurse** Schwesternhelferin *die* **- 2.** GRAMM [verb] Hilfs- <> *n* [in hospital] Hilfskraft *die*.

Av. *abbr of* **avenue.**

AV *n abbr of* **Authorized Version** <> (*abbr of* **audiovisual**) AV.

avail [ə'veɪl] *n:* **to no ~** vergeblich, ohne Erfolg <> *vt:* **to ~ o.s. of sthg** von etw Gebrauch machen.

availability [əˌveɪlə'bɪlətɪ] *n* Verfügbarkeit *die;* [of product] Lieferbarkeit *die*.

available [ə'veɪləbl] *adj* verfügbar; [product] lieferbar; **to be ~** [person] zur Verfügung stehen.

avalanche ['ævəlɑːnʃ] *n* **lit** & **fig** Lawine *die*.

avant-garde [ˌævɒŋ'gɑːd] *adj* avantgardistisch.

avarice ['ævərɪs] *n* Habgier *die*, Habsucht *die*.

avaricious [ˌævə'rɪʃəs] *adj* habgierig, habsüchtig.

Ave. *abbr of* **avenue.**

avenge [ə'vendʒ] *vt* rächen.

avenue ['ævənjuː] *n* Allee *die (in der Stadt)*.

average ['ævərɪdʒ] *adj* **- 1.** [mean] durchschnittlich **- 2.** [typical]: **the ~ Englishman** der Durchschnittsengländer **- 3.** *pej* [mediocre] durchschnittlich, mittelmäßig <> *n* Durchschnitt *der;* **on ~** im Durchschnitt <> *vt:* **we ~d 80 miles per hour** wir sind durchschnittlich 80 Meilen pro Stunde gefahren.
◆ **average out** *vt sep* den Durchschnitt ermitteln von <> *vi:* **to ~ out at** durchschnittlich betragen.

averse [ə'vɜːs] *adj:* **to be ~ to sthg** etw *(D)* abgeneigt sein; **to be ~ to doing sthg** abgeneigt sein, etw zu tun.

aversion [ə'vɜːʃn] *n* **- 1.** [dislike]: **~ (to)** Abneigung (gegen) **- 2.** [object of dislike] Gräuel *der*.

avert [ə'vɜːt] *vt* **- 1.** [problem] vermeiden; [accident, disaster] verhindern **- 2.** [eyes, glance] ab|wenden.

aviary [ˈeɪvjərɪ] (*pl* **-ies**) *n* Vogelhaus *das*.

aviation [ˌeɪvɪˈeɪʃn] *n (U)* Luftfahrt *die*.

aviator [ˈeɪvɪeɪtəʳ] *n* ***dated*** Flieger *der*, -in *die*.

avid [ˈævɪd] *adj* begeistert, passioniert; **~ for sthg** begierig auf etw *(A)*.

avocado [ˌævəˈkɑːdəʊ] (*pl* **-s** *OR* **-es**) *n*: **~ (pear)** Avocado *die*.

avoid [əˈvɔɪd] *vt* **- 1.** [problem, accident, mistake] vermeiden; **to ~ doing sthg** vermeiden, etw zu tun **- 2.** [keep away from] meiden.

avoidable [əˈvɔɪdəbl] *adj* vermeidbar.

avoidance [əˈvɔɪdəns] *n* ▻ **tax avoidance.**

avowed [əˈvaʊd] *adj* erklärt.

AWACS [ˈeɪwæks] (*abbr of* **airborne warning and control system**) *n* AWACS *das*.

await [əˈweɪt] *vt* erwarten.

awake [əˈweɪk] (*pt* **awoke** *OR* **awaked;** *pp* **awoken**) *adj* [not sleeping] wach; **to be wide ~** hellwach sein ◇ *vt* **- 1.** [person] wecken **- 2.** ***fig*** [memories, feelings] erwecken ◇ *vi* auf|wachen, erwachen.

awakening [əˈweɪknɪŋ] *n* Erwachen *das*.

award [əˈwɔːd] *n* **- 1.** [prize] Preis *der;* [for bravery] Auszeichnung *die* **- 2.** [compensation] Entschädigungszahlung *die* ◇ *vt:* **to ~ sb sthg, to ~ sthg to sb** [prize] jm etw verleihen; [free kick, penalty] jm etw geben; [damages, compensation] jm etw zu|sprechen.

aware [əˈweəʳ] *adj* **- 1.** [conscious]: **to be ~ of sthg** sich *(D)* etw *(G)* bewusst sein; **to be ~ that** sich *(D)* **bewusst sein, dass - 2.** [informed, sensitive] (gut) informiert; **to be ~ of sthg** über etw *(A)* informiert sein.

awareness [əˈweənɪs] *n* Bewusstsein *das*

away [əˈweɪ] *adv* **- 1.** [indicating movement] weg; **to walk ~ (from)** weg|gehen (von); **to run ~ (from)** weg|laufen (von); **to look ~ (from)** weg|sehen (von); **to turn ~ (from)** sich ab|wenden (von) **- 2.** [at a distance]: **far ~** weit entfernt; **10 miles ~ (from here)** 10 Meilen (von hier) entfernt; **it's still two weeks ~** bis dahin sind es noch zwei Wochen **- 3.** [absent] weg; [not at home or in the office] nicht da; **Mr Stone is ~ on a business trip** Herr Stone ist auf Geschäftsreise **- 4.** [in a safe place]: **to put sthg ~** etw weg|räumen **- 5.** [indicating removal or disappearance]: **to fade ~** verblassen; **to take sthg ~ (from sb)** (jm) etw weg|nehmen; **to give sthg ~** [as a present] etw verschenken **- 6.** [continuously]: **to work ~** in einem fort arbeiten **- 7.** *phr:* **straight** *OR* **right ~** sofort ◇ *adj* SPORT: **~ game** Auswärtsspiel *das*.

awe [ɔː] *n* Ehrfurcht *die;* **to be in ~ of sb** Ehrfurcht vor jm haben.

awesome [ˈɔːsəm] *adj* [impressive] ehrfurchtgebietend.

awestruck [ˈɔːstrʌk] *adj* von Ehrfurcht ergriffen; [expression, voice] ehrfurchtsvoll.

awful [ˈɔːfʊl] *adj* **- 1.** [terrible] furchtbar, schrecklich **- 2.** ***inf*** [very great]: **an ~ lot** sehr viel; **an ~ lot of time/money/books** eine Menge Zeit/Geld/Bücher.

awfully [ˈɔːflɪ] *adv* ***inf*** [very] furchtbar.

awhile [əˈwaɪl] *adv* ***literary*** eine Weile.

awkward [ˈɔːkwəd] *adj* **- 1.** [clumsy - movement] ungeschickt, unbeholfen; [- position] ungünstig; [- person] unbeholfen **- 2.** [embarrassed - person] verlegen; [- silence] betreten; [- situation, questions] peinlich **- 3.** [uncooperative] unkooperativ **- 4.** [inconvenient] ungünstig **- 5.** [difficult, delicate] schwierig.

awkwardly [ˈɔːkwədlɪ] *adv* **- 1.** [clumsily - move] ungeschickt, unbeholfen; [- dance] unbeholfen **- 2.** [in an embarrassed way] verlegen **- 3.** [inconveniently] ungünstig.

awkwardness [ˈɔːkwədnɪs] *n* **- 1.** [clumsiness - of movement] Ungeschicktheit *die*, Unbeholfenheit *die;* [- of person] Unbeholfenheit *die* **- 2.** [unease - of person] Verlegenheit *die;* [- of situation] Peinlichkeit *die* **- 3.** [inconvenience] Ungünstigkeit *die*.

awning [ˈɔːnɪŋ] *n* **- 1.** [of tent] Vordach *das* **- 2.** [of shop] Markise *die*.

awoke [əˈwəʊk] *pt* ▻ **awake.**

awoken [əˈwəʊkn] *pp* ▻ **awake.**

AWOL [ˈeɪwɒl] (*abbr of* **absent without leave**) ▻ **absent.**

awry [əˈraɪ] *adj* schief ◇ *adv:* **to go ~** schief gehen.

axe ***Br*, ax** ***Am*** [æks] *n* Axt *die;* **to have an ~ to grind** ein persönliches Interesse haben ◇ *vt* [project] auf|geben; [jobs] streichen, kürzen.

axes [ˈæksiːz] *pl* ▻ **axis.**

axiom [ˈæksɪəm] *n* Axiom *das*.

axis [ˈæksɪs] (*pl* **axes**) *n* Achse *die*.

axle [ˈæksl] *n* Achse *die*.

aye [aɪ] *adv* **- 1.** ***Scot*** [yes] ja **- 2.** NAUT [yes] zu Befehl, jawohl ◇ *n* [vote] Jastimme *die*.

AZ *abk für Arizona, in Postanschrift verwendet.*

azalea [əˈzeɪljə] *n* Azalee *die*.

Azerbaijan [ˌæzəbaɪˈdʒɑːn] *n* Aserbaidschan *nt*.

Azeri [əˈzerɪ] *adj* aserbaidschanisch.

Azores [əˈzɔːz] *npl:* **the ~** die Azoren; **in the ~** auf den Azoren.

AZT (*abbr of* **azidothymidine**) *n* AZT *das*.

Aztec ['æztek] *adj* aztekisch ◇ *n* Azteke *der*, -kin *die*.

azure ['æʒəʳ] *adj* azurblau, tiefblau.

B

b (*pl* **b's** *or* **bs**), **B** (*pl* **B's** *or* **Bs**) [bi:] *n* [letter] b *das*, B *das*.

◆ **B** *n* - **1.** MUS H *das* - **2.** SCH [mark] ≃ zwei.

b. *abbr of* **born.**

BA *n* - **1.** *abbr of* **Bachelor of Arts** - **2.** (*abbr of* **British Airways**) BA *die*.

BAA (*abbr of* **British Airports' Authority**) *n unabhängige Organisation, die viele der britischen Flughäfen betreibt.*

babble ['bæbl] *n* [noise] Gemurmel *das* ◇ *vi* plappern.

babe [beɪb] *n* - **1.** *literary* [baby] Kindlein *das* - **2.** *Am inf* [term of address] Babe *das* - **3.** *inf* [beautiful woman]: **she's a ~** sie ist 'ne tolle Braut.

baboon [bə'bu:n] *n* Pavian *der*.

baby ['beɪbɪ] (*pl* **-ies**) *n* Baby *das*; **don't be such a ~!** benimm dich nicht wie ein Baby!

baby boomer [-ˌbu:məʳ] *n Am Angehöriger der ersten Generation nach dem Zweiten Weltkrieg, geboren zwischen 1945 und 1950.*

baby buggy *n* - **1.** *Br* [pushchair] Sportwagen *der* - **2.** *Am* = **baby carriage.**

baby carriage *n Am* Kinderwagen *der*.

baby food *n* Babynahrung *die*.

Baby-gro® ['beɪbɪgrəʊ] *n* Strampelanzug *der*.

babyish ['beɪbɪɪʃ] *adj* **pej** kindisch, Baby-.

baby-minder *n Br* Tagesmutter *die*.

baby-sit *vi* babysitten.

baby-sitter [-ˌsɪtəʳ] *n* Babysitter *der*, -in *die*.

bachelor ['bætʃələʳ] *n* Junggeselle *der*.

Bachelor of Arts *n* [degree] *erster akademischer Grad der Geisteswissenschaften an Universitäten in englischsprachigen Ländern.*

Bachelor of Science *n* [degree] *erster akademischer Grad der Naturwissenschaften an Universitäten in englischsprachigen Ländern.*

bachelor's degree *n erster akademischer Grad an Universitäten in englischsprachigen Ländern.*

back [bæk] *adv* - **1.** [backwards] zurück; **stand ~ (please)!** (bitte) zurück|treten!; **to tie ~** zurück|binden; **to push ~** [shove] zurück|schieben - **2.** [to former position or state] zurück; **when will you be ~?** wann bist du wieder da?; **~ and forth** hin und her; **to give sthg ~** etw zurück|geben; **we went ~ to sleep** wir sind wieder eingeschlafen; **~ home** bei uns zu Hause - **3.** [earlier]: **two weeks ~** vor zwei Wochen; **it dates ~ to 1960** es stammt aus dem Jahr(e) 1960; **I found out ~ in January** ich habe es schon im Januar erfahren; **to think ~ to sthg** an etw *(A)* **zurück|denken** - **4.** [in reply, in return]: **to write/phone/pay ~** zurück|schreiben/-rufen/-zahlen - **5.** [in fashion again]: **to be ~ (in fashion)** wieder modern sein ◇ *n* - **1.** [of person, animal, hand] Rücken *der*; [of chair] Lehne *die*; **to break the ~ of the work** *fig* den größten Teil der Arbeit erledigen; **to do sthg behind sb's ~** etw hinter js Rücken tun; **he knows London like the ~ of his hand** er kennt London wie seine Westentasche; **to put sb's ~ up** jn irritieren; **to stab sb in the ~** jm in den Rücken fallen; **to turn one's ~ on sb/sthg** [abandon] jn/etw im Stich lassen; **to put one's ~ into sthg** sich bei etw an|strengen; **get off my ~!** *inf* lass mich in Ruhe! - **2.** [opposite or reverse side - of bank note, page] Rückseite *die*; **~ of the head** Hinterkopf *der* - **3.** [not front - inside car] Rücksitz *der*; [- of room] hinterer Teil; **at the ~ of, in ~ of** *Am* hinter *(+ D)*; **at the ~ of the cupboard** hinten im Schrank; **the ~ of beyond** *Br* das Ende der Welt - **4.** SPORT [player] Verteidiger *der*; [in rugby] Spieler *der* der Hintermannschaft ◇ *adj (in compounds)* - **1.** [at the back - wheels, legs, door] Hinter-; **~ seat** Rücksitz *der*; **~ street** kleine Seitenstraße - **2.** [overdue - rent] überfällig; **~ pay** Nachzahlung *die* ◇ *vt* - **1.** [reverse] zurück|setzen - **2.** [support] unterstützen - **3.** [bet on]: **to ~ a horse** (Geld) auf ein Pferd setzen - **4.** [provide lining for] füttern ◇ *vi* [car, driver] rückwärts fahren.

◆ **back to back** *adv* [stand] Rücken an Rücken.

◆ **back to front** *adv* [the wrong way round] verkehrt herum, auf links.

◆ **back away** *vi* zurück|weichen.

◆ **back down** *vi* nach|geben.

◆ **back off** *vi* zurück|weichen; **~ off!** weg da!

◆ **back onto** *vt fus Br*: **our garden ~s onto a river** unser Garten grenzt an einen Fluss.

◆ **back out** *vi* [of arrangement] aus|steigen.

◆ **back up** *vt sep* - **1.** [support] unterstützen - **2.** [confirm] bestätigen - **3.** [reverse] zurück|setzen - **4.** COMPUT ein Backup machen von ◇ *vi* [car, driver] zurück|setzen.

backache ['bækeɪk] *n (U)* Rückenschmerzen *pl*.

backbencher [ˌbæk'bentʃəʳ] *n* ***Br*** POL parlamentarischer Hinterbänkler.

backbiting ['bækbaɪtɪŋ] *n* Lästern *das.*

backbone ['bækbəʊn] *n* ***lit*** & ***fig*** Rückgrat *das.*

backbreaking ['bækˌbreɪkɪŋ] *adj* erschöpfend.

back burner *n:* **to put sthg on the ~** etw zurück|stellen.

backchat ***Br*** ['bæktʃæt], **backtalk** ***Am*** ['bæktɔːk] *n (U)* ***inf*** Widerrede *die.*

backcloth ['bækklɒθ] *n* ***Br*** = **backdrop.**

backcomb ['bækkəʊm] *vt* ***Br*** toupieren.

back copy *n* = **back number.**

backdate [ˌbæk'deɪt] *vt* zurück|datieren.

back door *n* Hintertür *die;* **to get in through** OR **by the ~** ***fig*** durch ein Hintertürchen herein|schlüpfen.

backdrop ['bækdrɒp] *n* ***lit*** & ***fig*** Hintergrund *der.*

backer ['bækəʳ] *n* FIN Geldgeber *der.*

backfire [ˌbæk'faɪəʳ] *vi* **- 1.** [motor vehicle] Fehlzündungen haben **- 2.** [plan] fehl|schlagen; **to ~ on sb** auf jn zurück|fallen.

backgammon ['bækˌgæmən] *n* Backgammon *das.*

background ['bækgraʊnd] *n* **- 1.** [gen] Hintergrund *der;* **in the ~** ***lit*** & ***fig*** im Hintergrund **- 2.** [upbringing] Herkunft *die*, Verhältnisse *pl* ◇ *comp* Hintergrund-.

backhand ['bækhænd] *n* Rückhand *die.*

backhanded ['bækhændɪd] *adj* ***fig*** [compliment] zweifelhaft.

backhander ['bækhændəʳ] *n* ***Br*** ***inf*** [bribe] Schmiergeld *das.*

backing ['bækɪŋ] *n* **- 1.** *(U)* [support] Unterstützung *die* **- 2.** [lining] Verstärkung *die* **- 3.** MUS Begleitung *die.*

backing group *n* MUS Begleitband *die.*

back issue *n* = **back number.**

backlash ['bæklæʃ] *n* [adverse reaction] Gegenschlag *der*, Gegenreaktion *die.*

backless ['bæklɪs] *adj* rückenfrei.

backlog ['bæklɒg] *n* Rückstände *pl;* **to have a ~ of work** mit der Arbeit im Rückstand sein.

back number *n* alte Ausgabe.

backpack ['bækpæk] *n* ***esp Am*** Rucksack *der.*

backpacker ['bækpækəʳ] *n* ***esp Am*** Rucksacktourist *der*, Tramper *der.*

backpacking ['bækpækɪŋ] *n* ***esp Am:*** **to go ~** trampen, wandern.

back passage *n* ***euphemism*** After *der.*

back pay *n* ausstehender Lohn.

backpedal [ˌbæk'pedl] (***Br*** *pt* & *pp* **-led;** *cont* **-ling,** ***Am*** *pt* & *pp* **-ed;** *cont* **-ing**) *vi* ***fig:*** **to ~ (on sthg)** einen Rückzieher (bei etw) machen.

back seat *n* [in car] Rücksitz *der;* **to take a ~** ***fig*** sich im Hintergrund halten.

back-seat driver *n Beifahrer, der dem Fahrer ständig ungefragt Ratschläge gibt.*

backside [ˌbæk'saɪd] *n* ***inf*** Hintern *der.*

backslapping ['bækˌslæpɪŋ] *n (U)* ***inf*** Schulterklopfen *das.*

backslash ['bækslæʃ] *n* COMPUT Backslash *der*, umgekehrter Schrägstrich.

backslide [ˌbæk'slaɪd] (*pt* & *pp* **-slid**) *vi* rückfällig werden.

backspace ['bækspeɪs] *n* [key] Backspacetaste *die*, Rücktaste *die* ◇ *vi* zurück|setzen.

backstage [ˌbæk'steɪdʒ] *adv* hinter den Kulissen.

back street *n* ***Br*** kleine Seitenstraße.

back-street abortion *n* ***Br*** illegale Abtreibung.

backstroke ['bækstrəʊk] *n* Rückenschwimmen *das.*

backtalk *n* ***Am*** = **backchat.**

backtrack ['bæktræk] *vi* = **backpedal.**

backup ['bækʌp] *adj* **- 1.** [reserve] Hilfs-, Reserve- **- 2.** COMPUT Sicherungs-, Backup- ◇ *n* **- 1.** *(U)* [support] Unterstützung *die* **- 2.** COMPUT Sicherungskopie *die.*

backward ['bækwəd] *adj* **- 1.** [gen] rückwärts gerichtet; **a ~ glance** ein Blick über die Schulter **- 2.** ***pej*** [child, country] zurückgeblieben ◇ *adv* ***Am*** = **backwards.**

backward-looking [-ˌlʊkɪŋ] *adj* ***pej*** rückwärtsgewandt, rückwärtsgerichtet.

backwards ['bækwədz], **backward** ***Am*** ['bækwəd] *adv* **- 1.** [towards the rear] rückwärts; **to fall ~** nach hinten fallen; **~ and forwards** hin und her; **to look ~** zurück|blicken **- 2.** [back to front] verkehrt herum.

backwater ['bækˌwɔːtəʳ] *n* ***fig*** [place] Kaff *das.*

backwoods ['bækwʊdz] *npl* [remote place] abgelegene Gegend.

backyard [ˌbæk'jɑːd] *n* **- 1.** ***Br*** [yard] Hinterhof *der* **- 2.** ***Am*** [garden] Garten *der* hinter dem Haus.

bacon ['beɪkən] *n (U)* Schinkenspeck *der*, durchwachsener Speck.

bacteria [bæk'tɪərɪə] *npl* Bakterien *pl.*

bacteriology [bækˌtɪərɪ'ɒlədʒɪ] *n* Bakteriologie *die.*

bad [bæd] (*compar* **worse;** *superl* **worst**) *adj* **- 1.** [unpleasant, unfavourable - gen] schlecht; [- smell] übel; **~ breath** Mundgeruch *der;* **things are going from ~ to worse** es wird immer schlimmer; **he is in a ~ way** es geht ihm gar nicht gut; **smoking is ~ for you** Rauchen ist schädlich; **too ~!** Pech! **- 2.** [serious] schwer; **to have a ~ cold** einen starken Schnupfen haben **- 3.** [inadequate - eyesight, excuse] schwach; **to be ~ at sthg** etw schlecht können; **he's ~ at English** er ist schlecht in Englisch; **not ~** nicht schlecht **- 4.** [injured, unhealthy] schlimm; **my ~ leg** mein schlimmes Bein; **he has a ~ heart** er hat ein schwaches Herz **- 5.** [naughty] ungezogen; [wicked] böse, übel; **he's a ~ lot** er ist ein übler Bursche **- 6.** [food - rotten, off] verdorben; **to go ~** verderben **- 7.** [guilty]: **he really feels ~ about it** es tut ihm wirklich leid ◇ *adv* **Am** = **badly.**

bad blood *n* [anger] böses Blut.

bad cheque *n* ungedeckter Scheck.

bad debt *n* unbegleichbare Schuld.

baddy [ˈbædɪ] (*pl* **-ies**) *n* **inf** Böse *der*, Schurke *der*.

bade [bæd] *pt* ▻ **bid.**

bad feeling *n (U)* [resentment] ungutes Gefühl.

badge [bædʒ] *n* **- 1.** [for fun] Button *der* **- 2.** [for employee, visitor] Schild(chen) *das* **- 3.** [sewn-on] Abzeichen *das* **- 4.** [on car] Emblem *das*.

badger [ˈbædʒəʳ] *n* Dachs *der* ◇ *vt* [pester]: **to ~ sb** jm keine Ruhe lassen.

badly [ˈbædlɪ] (*compar* **worse;** *superl* **worst**) *adv* **- 1.** [poorly] schlecht; **to treat sb ~** jn schlecht behandeln; **to think ~ of sb** von jm schlecht denken **- 2.** [wounded, beaten, affected] schwer **- 3.** [very much]: **to be ~ in need of sthg** etw dringend benötigen.

badly-off *adj* **- 1.** [poor] nicht gut gestellt **- 2.** [lacking]: **to be ~ for sthg** ein Mangel an etw *(D)* haben.

bad-mannered [-ˈmænəd] *adj* unhöflich.

badminton [ˈbædmɪntən] *n (U)* Federball *das;* SPORT Badminton *das*.

bad-mouth *vt* **esp Am inf** herziehen über *(+ A)*.

badness [ˈbædnɪs] *n* Schlechtigkeit *die*.

bad-tempered [-ˈtempəd] *adj* **- 1.** [by nature] übellaunig **- 2.** [in a bad mood] schlecht gelaunt.

baffled [bæfld] *adj* ratlos.

baffling [ˈbæflɪŋ] *adj* verwirrend.

bag [bæg] (*pt* & *pp* **-ged;** *cont* **-ging**) *n* **- 1.** [container] Tasche *die;* [for shopping] Tüte *die;* [large, for coal, cement] Sack *der;* [of tea, rice] Beutel *der;* **to be a ~ of bones** nur Haut und Knochen sein; **to be in the ~ inf** [contract] unter Dach und Fach sein; [game] gelaufen sein; **to pack one's ~s fig** [leave] seine Sachen packen **- 2.** [handbag] Handtasche *die;* [when travelling] Reisetasche *die* **- 3.** [bagful]: **a ~ of crisps Br** eine Tüte Chips; **a ~ of potatoes** ein Sack Kartoffeln ◇ *vt* **- 1.** [put into bags] ein|packen **- 2. Br inf** [get] sich *(D)* schnappen **- 3. Br inf** [reserve] belegen, besetzen.

◆ **bags** *npl* **- 1.** [under eyes] Tränensäcke *pl* **- 2.** [lots]: **~s of time/room inf** eine Menge ODER jede Menge Zeit/Platz.

bagel [ˈbeɪgəl] *n kleines ringförmiges Brötchen.*

baggage [ˈbægɪdʒ] *n* Gepäck *das*.

baggage car *n* **Am** Gepäckwagen *der*.

baggage reclaim *n* Gepäckausgabe *die*.

baggage room *n* **Am** Gepäckaufbewahrung *die*.

baggy [ˈbægɪ] (*compar* **-ier;** *superl* **-iest**) *adj* weit (geschnitten), ausgebeult.

Baghdad [bægˈdæd] *n* Bagdad *nt*.

bag lady *n* **inf** Stadtstreicherin *die*.

bagpipes [ˈbægpaɪps] *npl* Dudelsack *der*.

bagsnatcher [ˈbægsnætʃəʳ] *n* Handtaschendieb *der*.

bah [bɑː] *excl* bah!

Bahamas [bəˈhɑːməz] *npl:* **the ~** die Bahamas; **in the ~** auf den Bahamas.

Bahrain [bɑːˈreɪn] *n* Bahrain *nt*.

bail [beɪl] *n (U)* LAW Kaution *die;* **on ~** gegen Kaution.

◆ **bail out** *vt sep* **- 1.** LAW [pay bail for] (die) Kaution stellen für **- 2.** [rescue] aus der Klemme helfen *(+ D)* **- 3.** [boat] aus|schöpfen ◇ *vi* [from plane] ab|springen.

bailiff [ˈbeɪlɪf] *n* [in charge of repossession] Gerichtsvollzieher *der;* [in court] Gerichtsdiener *der*.

bait [beɪt] *n (U)* Köder *der;* **to rise to** ODER **take the ~ fig** an|beißen, sich ködern lassen ◇ *vt* **- 1.** [hook, trap] mit einem Köder versehen **- 2.** [torment - person] piesacken; [- bear, badger] quälen.

baize [beɪz] *n Bezugsstoff für Billiard- und Kartentische.*

bake [beɪk] *vt* **- 1.** [bread, cake *etc*] backen **- 2.** [ground] aus|dörren; [clay, brick] brennen ◇ *vi* backen.

baked beans [beɪkt-] *npl* weiße Bohnen *pl* in Tomatensoße.

baked potato *n* in der Schale gebackene Kartoffel.

baker [ˈbeɪkəʳ] *n* Bäcker *der*, -in *die;* **~'s (shop)** Bäckerei *die*, Bäckerladen *der*.

bakery [ˈbeɪkərɪ] (*pl* **-ies**) *n* Bäckerei *die*.

baking [ˈbeɪkɪŋ] *adj* **inf** [hot] brütend heiß ◇ *n* [cooking] Backen *das*.

baking powder *n* Backpulver *das*.

baking tin *n* Backform *die*.

baking tray *n* Backblech *das*.

balaclava [ˌbæləˈklɑːvəl] *n* **Br** *eng anliegende Kopfbedeckung, die nur das Gesicht freilässt.*

balance [ˈbæləns] *n* **- 1.** [equilibrium] Gleichgewicht *das;* **to keep/lose one's ~** das Gleichgewicht halten/verlieren; **off ~** aus dem Gleichgewicht **- 2.** *fig* [counterweight] Ausgleich *der* **- 3.** *fig* [weight, force]: **~ of power** Gleichgewicht *das* der Kräfte **- 4.** [scales] Waage *die;* **to be** *OR* **hang in the ~** in der Schwebe sein **- 5.** [remainder] Rest *der* **- 6.** [of bank account] Kontostand *der* ◇ *vt* **- 1.** [keep in balance] im Gleichgewicht halten **- 2.** [compare]: **to ~ sthg against sthg** etw gegen etw abwägen **- 3.** [in accounting]: **to ~ the books/the budget** die Bilanz machen ◇ *vi* **- 1.** [maintain equilibrium] das Gleichgewicht halten **- 2.** [in accounting] sich auslgleichen.

◆ **on balance** *adv* alles in allem.

balanced ['bælənst] *adj* **- 1.** [view, report] ausgewogen **- 2.** [person] ausgeglichen.

balanced diet [ˌbælənst-] *n* ausgewogene Ernährung.

balance of payments *n* Zahlungsbilanz *die*.

balance of trade *n* Handelsbilanz *die*.

balance sheet *n* Bilanz *die*.

balancing act ['bælənsɪŋ-] *n* *fig* Balanceakt *der*.

balcony ['bælkənɪ] (*pl* **-ies**) *n* **- 1.** [on building] Balkon *der* **- 2.** [in theatre] oberster Rang.

bald [bɔːld] *adj* **- 1.** [head, man] glatzköpfig, kahl(köpfig) **- 2.** [tyre] völlig abgenutzt **- 3.** *fig* [unadorned] nüchtern, unverblümt.

bald eagle *n* Weißkopfseeadler *der*.

balding ['bɔːldɪŋ] *adj*: **to be ~** eine Glatze bekommen.

baldness ['bɔːldnɪs] *n* Kahlköpfigkeit *die*.

bale [beɪl] *n* Ballen *der*.

◆ **bale out** *Br vt sep* [boat] auslschöpfen ◇ *vi* [from plane] ablspringen.

Balearic Islands [ˌbælɪ'ærɪk-], **Balearics** [ˌbælɪ'ærɪks] *npl*: **the ~** die Balearen; **in the ~** auf den Balearen.

Bali ['bɑːlɪ] *n* Bali *nt;* **in ~** auf Bali.

balk [bɔːk] *vi*: **to ~ (at)** zurücklschrecken (vor (+ *D*)).

Balkan ['bɔːlkən] *adj* Balkan-.

Balkans ['bɔːlkənz], **Balkan States** *npl*: **the ~** der Balkan; **in the ~** auf dem Balkan.

ball [bɔːl] *n* **- 1.** [in game] Ball *der;* [in snooker, bowling] Kugel *die;* **to start the ~ rolling** den Anfang machen; **to keep the ~ rolling** die Sache in Gang halten; **to be on the ~** auf Draht sein; **to play ~** *fig* mitlmachen **- 2.** [of wool] Knäuel *das* **- 3.** [of foot] Ballen *der* **- 4.** [dance] Ball *der;* **to have a ~** *fig* sich prima amüsieren.

◆ **balls** *vinf n (U)* [nonsense] Schwachsinn *der* ◇ *npl* [testicles] Eier *pl* ◇ *excl* Scheiße!

ballad ['bæləd] *n* Ballade *die*.

ball-and-socket joint *n* Kugelgelenk *das*.

ballast ['bæləst] *n* Ballast *der*.

ball bearing *n* Kugellager *das*.

ball boy *n* Balljunge *der*.

ballcock ['bɔːlkɒk] *n* Schwimmerhahn *der*.

ballerina [ˌbælə'riːnə] *n* Ballerina *die*.

ballet ['bæleɪ] *n* Ballett *das*.

ballet dancer *n* Balletttänzer *der*, -in *die*.

ball game *n* **- 1.** *Am* [baseball match] Baseballspiel *das* **- 2.** *fig* [situation]: **it's a whole new ~** *inf* das ist eine ganz neue Lage.

ball girl *n* Ballmädchen *das*.

ballistic missile [bə'lɪstɪk-] *n* ballistische Rakete.

ballistics [bə'lɪstɪks] *n* Ballistik *die*.

balloon [bə'luːn] *n* **- 1.** [toy] Luftballon *der* **- 2.** [hot-air balloon] Heißluftballon *der* **- 3.** [in comic strip] Sprechblase *die* ◇ *vi* [swell] sich blähen.

ballooning [bə'luːnɪŋ] *n* Ballonfahren *das*.

ballot ['bælət] *n* **- 1.** [voting paper] Stimmzettel *der* **- 2.** [voting process] Abstimmung *die*, Wahl *die* ◇ *vt* [members] abstimmen lassen ◇ *vi*: **to ~ for sthg** über etw *(A)* ablstimmen.

ballot box *n* Wahlurne *die*.

ballot paper *n* Stimmzettel *der*.

ball park *n Am* Baseballstadion *das*.

ball-park figure *n inf* [estimate] Richtzahl *die*.

ballpoint (pen) ['bɔːlpɔɪnt-] *n* Kugelschreiber *der*.

ballroom ['bɔːlrʊm] *n* Ballsaal *der*, Tanzsaal *der*.

ballroom dancing *n (U)* Gesellschaftstanz *der*.

balls-up *Br*, **ball-up** *Am n vinf* Durcheinander *das*.

balm [bɑːm] *n* Balsam *der*.

balmy ['bɑːmɪ] (*compar* **-ier;** *superl* **-iest**) *adj* [evening] mild.

baloney [bə'ləʊnɪ] *n* **- 1.** *inf* [rubbish] Quatsch *der*, Blödsinn *der* **- 2.** *Am* [sausage] Fleischwurst *die*, Mortadella *die*.

balsa ['bɒlsə] *n* = **balsawood.**

balsawood ['bɒlsəwʊd] *n* Balsaholz *das*.

Baltic ['bɔːltɪk] *adj* [port, coast] Ostsee-, baltisch ◇ *n*: **the ~ (Sea)** die Ostsee.

Baltic Republic *n*: **the ~s** die Baltischen Republiken *pl*.

Baltic State *n*: **the ~s** die Baltischen Staaten.

balustrade [ˌbælə'streɪd] *n* Balustrade *die*.

bamboo [bæm'buː] *n* Bambus *der*.

bamboozle [bæm'buːzl] *vt inf* verwirren.

ban [bæn] (*pt* & *pp* **-ned;** *cont* **-ning**) *n* Verbot *das;* **~ on smoking** Rauchverbot *das* ◇ *vt* verbieten; **to ~ sb from doing sthg** jm etw verbieten; **to be ~ned from driving** Fahrverbot erteilt bekommen.

banal [bəˈnɑːl] *adj* ***pej*** banal.

banana [bəˈnɑːnəl] *n* Banane *die*.

banana republic *n* Bananenrepublik *die*.

banana split *n* Bananensplit *das*.

band [bænd] *n* - **1.** [musical - pop] Gruppe *die;* [- traditional, classical] Kapelle *die;* [- jazz] Band *die* - **2.** [gang] Bande *die* - **3.** [of colour, metal] Streifen *der* - **4.** [range] Klasse *die*.

◆ **band together** *vi* sich zusammen|schließen.

bandage [ˈbændɪdʒ] *n* Verband *der* <> *vt* verbinden.

Band-Aid® *n* Heftpflaster *das*.

bandan(n)a [bænˈdænə] *n farbiges Baumwolltuch, als Halstuch oder (gefaltet) als Stirnband getragen.*

b and b, B and B *n abbr of* **bed and breakfast.**

bandit [ˈbændɪt] *n* Bandit *der*.

bandmaster [ˈbændˌmɑːstəʳ] *n* Kapellmeister *der*.

band saw *n* Bandsäge *die*.

bandsman [ˈbændzmən] (*pl* **-men** [-mən]) *n* Musiker *der*.

bandstand [ˈbændstænd] *n* Musikpavillon *der*.

bandwagon [ˈbændwæɡən] *n:* **to jump on the ~** auf den fahrenden Zug auf|springen.

bandy [ˈbændɪ] (*compar* **-ier;** *superl* **-iest;** *pt* & *pp* **-ied**) *adj* [bandy-legged] krummbeinig.

◆ **bandy about, bandy around** *vt sep* [words] um sich werfen mit.

bandy-legged [-ˌleɡd] *adj* = **bandy.**

bane [beɪn] *n:* **the ~ of my life** der Nagel zu meinem Sarg.

bang [bæŋ] *adv* - **1.** [right]: **~ in the middle** genau in der Mitte; **his description was ~ on** seine Beschreibung passte aufs Haar; **~ on time** auf die Minute pünktlich - **2.** *phr:* **~ goes our holiday!** ***inf*** unser Urlaub ist geplatzt! <> *n* - **1.** [blow] Schlag *der* - **2.** [loud noise] Knall *der;* **to go with a ~** ***inf fig*** ein Bombenerfolg sein <> *vt* - **1.** [hit] an|schlagen, (an|)stoßen - **2.** [door] zu|schlagen <> *vi* - **1.** [knock]: **to ~ on the door/wall** [once] gegen die Tür/die Wand schlagen; [more than once] gegen die Tür/die Wand hämmern - **2.** [make a loud noise] (herum|)poltern, Krach machen - **3.** [crash]: **to ~ into sb/sthg** gegen jn/etw stoßen <> *excl* peng!

◆ **bangs** *npl* ***Am*** Pony *der*.

◆ **bang down** *vt sep* hin|knallen.

banger [ˈbæŋəʳ] *n* ***Br*** - **1.** ***inf*** [sausage] Würstchen *das* - **2.** ***inf*** [old car] alte Kiste - **3.** [firework] Knallkörper *der*.

Bangkok [ˌbæŋˈkɒk] *n* Bangkok *nt*.

Bangladesh [ˌbæŋɡləˈdeʃ] *n* Bangladesh *nt*.

Bangladeshi [ˌbæŋɡləˈdeʃɪ] *adj* aus Bangladesh <> *n* Bangladeshi *der, die*.

bangle [ˈbæŋɡl] *n* Armreif *der*.

banish [ˈbænɪʃ] *vt* ***lit*** & ***fig*** verbannen, vertreiben.

banister [ˈbænɪstəʳ] *n,* **banisters** [ˈbænɪstəz] *npl* Geländer *das*.

banjo [ˈbændʒəʊ] (*pl* **-s** OR **-es**) *n* Banjo *das*.

bank [bæŋk] *n* - **1.** FIN Bank *die* - **2.** [of data, blood etc] Bank *die* - **3.** [of river, lake] Ufer *das* - **4.** [slope] Böschung *die*, Abhang *der* - **5.** [of fog, cloud] Bank *die;* **a ~ of snow** eine Schneeverwehung <> *vt* FIN ein|zahlen <> *vi* - **1.** FIN: **who do you ~ with?** bei welcher Bank sind Sie/bist du? - **2.** [plane] sich in die Kurve legen.

◆ **bank on** *vt fus* sich verlassen auf (+ *A*).

bank account *n* Bankkonto *das*.

bank balance *n* Kontostand *der*.

bankbook [ˈbæŋkbʊk] *n* Sparbuch *das*.

bank card *n* = **banker's card.**

bank charges *npl* Bankgebühren *pl*.

bank draft *n* Banküberweisung *die*.

banker [ˈbæŋkəʳ] *n* FIN Bankier *der*.

banker's card *n* ***Br*** Scheckkarte *die*.

banker's order *n* ***Br*** Dauerauftrag *der*.

bank holiday *n* ***Br*** Feiertag *der*.

BANK HOLIDAY

Bank holidays sind gesetzliche Feiertage (pro Jahr etwa vier), die stets auf einen Montag fallen, so dass sich ein verlängertes Wochenende ergibt. Die Banken haben an diesen Tagen geschlossen; fällige Rechnungen werden erst am folgenden Tag bezahlt.

banking [ˈbæŋkɪŋ] *n* Bankwesen *das*.

banking house *n* Bankhaus *das*.

bank loan *n* Bankkredit *der*.

bank manager *n* Filialleiter *der*, -in *die*.

bank note *n* Banknote *die*, Geldschein *der*.

bank rate *n* Diskontsatz *der*.

bankrupt [ˈbæŋkrʌpt] *adj* bankrott; **to go ~** bankrott machen, in Konkurs gehen <> *n* Bankrotteur *der* <> *vt* ruinieren.

bankruptcy [ˈbæŋkrəptsɪ] (*pl* **-ies**) *n* Bankrott *der*.

bank statement *n* Kontoauszug *der*.

banner [ˈbænəʳ] *n* Transparent *das*, Spruchband *das*.

bannister *n,* **bannisters** *npl* = **banister.**

banns [bænz] *npl:* **to publish the ~** das Aufgebot aushängen.

banquet [ˈbæŋkwɪt] *n* Festessen *das*, Bankett *das*.

bantam [ˈbæntəm] *n* Bantamhuhn *das*.

bantamweight [ˈbæntəmweɪt] *n* Bantamgewicht *das.*

banter [ˈbæntəʳ] *n (U)* Frotzeleien *pl.*

bap [bæp] *n* ***Br*** weiches Brötchen, Milchbrötchen *das.*

baptism [ˈbæptɪzm] *n* Taufe *die;* **~ of fire** Feuertaufe *die.*

Baptist [ˈbæptɪst] *n* Baptist *der,* -in *die.*

baptize, -ise [***Br*** bæpˈtaɪz, ***Am*** ˈbæptaɪz] *vt* taufen.

bar [bɑːʳ] (*pt* & *pp* **-red;** *cont* **-ring**) *n* **- 1.** [of wood, metal] Stange *die;* [of gold] Barren *der;* [of soap] Stück *das;* [of chocolate - slab] Tafel *die;* [- long and thin] Riegel *der;* **to be behind ~s** hinter Gittern sitzen; **the ~** [in gymnastics] der Balken **- 2.** ***fig*** [obstacle] Hindernis *das* **- 3.** [in hotel] Bar *die;* [pub] Kneipe *die* **- 4.** [counter] Theke *die,* Tresen *der* **- 5.** MUS Takt *der* ◇ *vt* **- 1.** [door, window] verriegeln **- 2.** [block] (ver)sperren; **to ~ sb's way** jm den Weg versperren **- 3.** [ban]: **to ~ sb (from doing sthg)** jn (von etw) aus|schließen; **to ~ sb (from somewhere)** jm den Zutritt (zu einem Ort) verweigern ◇ *prep* [except] ausgenommen, außer *(+ D)* ; **~ none** ohne Ausnahme, ausnahmslos.
◆ **Bar** *n:* **during his time at the Bar** während seiner Zeit als Anwalt; **to be called to the Bar** ***Br*** als Anwalt zugelassen werden.

Barbados [bɑːˈbeɪdɒs] *n* Barbados *nt;* **in ~** auf Barbados.

barbarian [bɑːˈbeərɪən] *n* ***lit*** & ***fig*** Barbar *der,* -in *die.*

barbaric [bɑːˈbærɪk] *adj* barbarisch.

barbarous [ˈbɑːbərəs] *adj* ***pej*** **- 1.** [uncivilized] barbarisch **- 2.** [cruel] roh, grausam.

barbecue [ˈbɑːbɪkjuː] *n* **- 1.** [grill] Grill *der* **- 2.** [party] Barbecue *das,* Grillparty *die* ◇ *vt* grillen.

barbed [ˈbɑːbd] *adj* **- 1.** [hook, spear] mit Widerhaken (versehen) **- 2.** [comment] bissig, spitz.

barbed wire [bɑːbd-] *n* Stacheldraht *der.*

barber [ˈbɑːbəʳ] *n* (Herren)friseur *der;* **~'s (shop)** (Herren)friseursalon *der.*

barbiturate [bɑːˈbɪtjʊrət] *n* Barbiturat *das.*

bar chart, bar graph ***Am*** *n* Balkendiagramm *das.*

bar code *n* Strichkodierung *die,* Strichcode *der.*

bare [beəʳ] *adj* **- 1.** [feet, legs, body] nackt, bloß; [rock, branches, landscape] kahl **- 2.** [basic]: **the ~ facts** die reinen Tatsachen; **the ~ minimum** das strikte Minimum; **the ~ essentials** das Allernotwendigste **- 3.** [room, cupboard] leer **- 4.** [mere]: **a ~ 15%** gerade mal 15% ◇ *vt* entblößen; **to ~ one's teeth** die Zähne fletschen.

bareback [ˈbeəbæk] *adj* & *adv* ohne Sattel.

barefaced [ˈbeəfeɪst] *adj* schamlos, frech.

barefoot(ed) [ˌbeəˈfʊt(ɪd)] *adj* barfüßig ◇ *adv* barfuß.

bareheaded [ˌbeəˈhedɪd] *adj* & *adv* ohne Kopfbedeckung.

barelegged [ˌbeəˈlegd] *adj* & *adv* mit nackten Beinen.

barely [ˈbeəlɪ] *adv* [scarcely] kaum, knapp.

bargain [ˈbɑːgɪn] *n* **- 1.** [agreement] Geschäft *die;* **into the ~** obendrein, noch dazu **- 2.** [good buy] Schnäppchen *das,* günstiges Angebot ◇ *vi* (ver)handeln; **to ~ with sb for sthg** mit jm um etw handeln ODER feilschen.
◆ **bargain for, bargain on** *vt fus* erwarten, rechnen mit.

bargaining [ˈbɑːgɪnɪŋ] *n* (Ver)handeln *das.*

bargaining power *n* Verhandlungsspielraum *der.*

barge [bɑːdʒ] *n* Schleppkahn *der,* Lastkahn *der* ◇ *vi* ***inf:*** **to ~ into sb** jn an|rempeln; **to ~ into a room** in ein Zimmer herein|platzen; **to ~ past sb/sthg** an jm/etw vorbei|stürmen.
◆ **barge in** *vi:* **to ~ in (on sb)** herein|platzen (bei jm).

barge pole *n* ***inf:*** **I wouldn't touch it with a ~** das würde ich nicht mal mit der Kneifzange anfassen.

bar graph *n* ***Am*** = **bar chart.**

baritone [ˈbærɪtəʊn] *n* Bariton *der.*

bark [bɑːk] *n* **- 1.** [of dog] Bellen *das;* **his ~ is worse than his bite** ***inf*** Hunde, die bellen, beißen nicht **- 2.** [on tree] Rinde *die,* Borke *die* ◇ *vt* [order] bellen ◇ *vi* [dog] bellen; **to ~ at sb/sthg** jn/etw an|bellen.

barking [ˈbɑːkɪŋ] *n* Bellen *das.*

barley [ˈbɑːlɪ] *n* Gerste *die.*

barley sugar *n* ***Br*** Malzbonbon *der* ODER *das.*

barmaid [ˈbɑːmeɪd] *n* Bardame *die.*

barman [ˈbɑːmən] (*pl* **-men** [-mən]) *n* Barkeeper *der.*

barmy [ˈbɑːmɪ] (*compar* **-ier;** *superl* **-iest**) *adj* ***Br inf*** idiotisch, bescheuert.

barn [bɑːn] *n* Scheune *die.*

barnacle [ˈbɑːnəkl] *n* Rankenfüßer *der.*

barn dance *n* Bauerntanz *der.*

barn owl *n* Schleiereule *die.*

barometer [bəˈrɒmɪtəʳ] *n* ***lit*** & ***fig*** Barometer *das*

baron [ˈbærən] *n* Baron *der;* **oil ~** Ölmagnat *der;* **press ~** Pressezar *der.*

baroness [ˈbærənɪs] *n* Baronin *die;* [not married] Baronesse *die.*

baronet [ˈbærənɪt] *n* Baronet *der.*

baroque [bəˈrɒk] *adj* Barock-.

barrack [ˈbærək] *vt* ***Br*** aus|pfeifen, aus|buhen.
◆ **barracks** *npl* Kaserne *die.*

barracking ['bærəkɪŋ] *n* ***Br*** Auspfeifen *das*, Ausbuhen *das*.

barracuda [ˌbærə'kuːdə] *n* Barracuda *der*.

barrage ['bærɑːʒ] *n* - **1.** [of firing] Sperrfeuer *das*; **a ~ of complaints/questions** eine Flut von Beschwerden/Fragen - **2.** ***Br*** [dam] Staudamm *der*.

barred [bɑːd] *adj* [window, door] vergittert.

barrel ['bærəl] *n* - **1.** [for beer, wine] Fass *das* - **2.** [for oil] Tonne *die*; [as measure] Barrel *das* - **3.** [of gun] Lauf *der*.

barrel organ *n* Drehorgel *die*.

barren ['bærən] *adj* - **1.** [woman, land, soil] unfruchtbar - **2.** [subject] trocken; [time] unproduktiv.

barrette [bə'ret] *n* ***Am*** Haarspange *die*.

barricade [ˌbærɪ'keɪd] *n* Barrikade *die* <> *vt* verbarrikadieren; **to ~ o.s. in** sich verbarrikadieren.

barrier ['bærɪə^{r}] *n* Barriere *die*; [at car park, level crossing] Schranke *die*.

barring ['bɑːrɪŋ] *prep*: **~ accidents** falls nichts passiert.

barrister ['bærɪstə^{r}] *n* ***Br*** Rechtsanwalt *der*, -wältin *die*.

barroom ['bɑːrʊm] *n* ***Am*** Bar *die*.

barrow ['bærəʊ] *n* [market stall] Karren *der*, Karre *die*.

bar stool *n* Barhocker *der*.

Bart. *abbr of* **baronet.**

bartender ['bɑːtendə^{r}] *n* ***Am*** Barkeeper *der*.

barter ['bɑːtə^{r}] *n* Tauschhandel *der* <> *vt & vi* tauschen.

base [beɪs] *n* - **1.** [of post, lamp, mountain] Fuß *der*; [of triangle] Basis *die*; [of box] Boden *der*, Grundfläche *die* - **2.** [of food, paint] Basis *die* - **3.** [centre of activities - gen] Standort *der*; [- military, in mountaineering] Stützpunkt *der* - **4.** [in baseball] Mal *das* <> *vt* - **1.** [locate] MIL stationieren; **he's ~d in Paris** er arbeitet in Paris - **2.** [use as starting point]: **to ~ sthg (up)on sthg** etw auf etw *(A)* gründen *OR* basieren; **~d on a novel** nach einem Roman <> *adj* ***pej*** [dishonourable] niederträchtig.

baseball ['beɪsbɔːl] *n (U)* Baseball *der*.

baseball cap *n* Baseballkappe *die*.

Basel [bɑːl] *n* Basle *nt*.

baseless ['beɪslɪs] *adj* unbegründet, grundlos.

baseline ['beɪslaɪn] *n* SPORT Grundlinie *die*.

basement ['beɪsmənt] *n* [of house] Keller *der*; [of department store] Untergeschoss *das*.

base rate *n* Leitzins *der*.

bases ['beɪsiːz] *pl* ▷ **basis.**

bash [bæʃ] ***inf*** *n* - **1.** [blow] (heftiger) Schlag - **2.** [attempt]: **to have a ~ (at sthg)** (etw) mal probieren - **3.** [party] Party *die* <> *vt* - **1.** [hit] schlagen, hauen; **to ~ one's head** sich *(D)* den Kopf anlhauen - **2.** [criticize] attackieren.

bashful ['bæʃfʊl] *adj* schüchtern.

basic ['beɪsɪk] *adj* grundlegend, wesentlich; [vocabulary, principle] Grund-; [meal, accommodation] einfach.

◆ **basics** *npl*: **the ~s** die Grundlagen *pl*.

BASIC ['beɪsɪk] (*abbr of* **Beginner's All-purpose Symbolic Instruction Code**) *n* BASIC *nt*.

basically ['beɪsɪklɪ] *adv* grundsätzlich, im Grunde.

basic rate *n* ***Br*** [of taxation] Eingangssteuersatz *der*; [of interest] Grundzinssatz *der*.

basic wage *n* Grundlohn *der*, Grundgehalt *das*.

basil ['bæzl] *n* Basilikum *das*.

basin ['beɪsn] *n* - **1.** [sink] Waschbecken *das* - **2.** ***Br*** [bowl] Schüssel *die* - **3.** GEOGR Becken *das*.

basis ['beɪsɪs] (*pl* **-ses**) *n* - **1.** [reason] Grundlage *die*, Basis *die*; **on the ~ that** in der Annahme dass - **2.** [foundation, arrangement] Basis *die*; **she works for us on a regular ~** sie arbeitet regelmäßig für uns; **on a weekly ~** wöchentlich; **on the ~ of** auf der Grundlage *(+ G)*, aufgrund *(+ G)*.

bask [bɑːsk] *vi* sich aalen; **to ~ in sb's praise/approval** ***fig*** sich in js Lob/Anerkennung sonnen.

basket ['bɑːskɪt] *n* Korb *der*.

basketball ['bɑːskɪtbɔːl] *n* Basketball *der*.

basket case *n* ***inf*** Verrückte *der*, *die*.

basking shark ['bɑːskɪŋ-] *n* Riesenhai *der*.

Basque [bɑːsk] *adj* baskisch <> *n* - **1.** [person] Baske *der*, -kin *die* - **2.** [language] Baskisch(e) *das*.

bass[1] [beɪs] *adj* [part, singer] Bass- <> *n* - **1.** [singer] Bass *der* - **2.** [double bass] Kontrabass *der* - **3.** = **bass guitar.**

bass[2] [bæs] (*pl inv OR* **-es**) *n* [fish] (See)barsch *der*.

bass clef [beɪs-] *n* Bassschlüssel *der*.

bass drum [beɪs-] *n* große Trommel.

basset (hound) ['bæsɪt-] *n* Basset *der*.

bass guitar [beɪs-] *n* Bassgitarre *die*, Bass *der*.

bassoon [bə'suːn] *n* Fagott *das*.

bastard ['bɑːstəd] *n* - **1.** [illegitimate child] Bastard *der* - **2.** ***vinf pej*** [unpleasant person] Scheißkerl *der*; **the poor ~** die arme Sau.

baste [beɪst] *vt* begießen *(Braten)*.

bastion ['bæstɪən] *n* ***fig*** Bastion *die*.

bat [bæt] (*pt & pp* **-ted;** *cont* **-ting**) *n* - **1.** [animal] Fledermaus *die* - **2.** [for cricket, baseball] Schlagholz *das*; [for table tennis] Schläger *der* - **3.** ***phr***: **to do sthg off one's own ~** etw auf eigene Faust tun ◇ *vt* [hit] schlagen ◇ *vi* [in cricket, baseball] schlagen.

batch [bætʃ] *n* - **1.** [of papers, letters, work] Stapel *der* - **2.** [of products] Ladung *die* - **3.** [of people] Schwung *der*.

batch file *n* COMPUT Stapeldatei *die*.

batch processing *n* COMPUT Stapelverarbeitung *die*.

bated ['beɪtɪd] *adj*: **with ~ breath** mit angehaltenem Atem.

bath [bɑːθ] *n* Bad *das;* [bathtub] (Bade)wanne *die;* **to have** OR **take a ~** ein Bad nehmen, baden ◇ *vt* baden.

◆ **baths** *npl* **Br** Bad *das*.

bathe [beɪð] *vt* - **1.** [wound] (ausl)waschen, baden - **2.** [in light, sweat] baden; **to be ~d in sweat** in Schweiß gebadet sein ◇ *vi* baden.

bather ['beɪðəʳ] *n* Badende *der, die*.

bathing ['beɪðɪŋ] *n* Baden *das*.

bathing cap *n* Badekappe *die*.

bathing costume, bathing suit *n* Badeanzug *der*.

bathing trunks *npl* Badehose *die*.

bath mat *n* Badematte *die*, Badvorleger *der*.

bath oil *n* Badeöl *das*.

bathrobe ['bɑːθrəʊb] *n* Bademantel *der*.

bathroom ['bɑːθrʊm] *n* - **1.** **Br** [room with bath] Badezimmer *das* - **2.** **Am** [toilet] Toilette *die*.

bath salts *npl* Badesalz *das*.

bath towel *n* Badetuch *das*.

bathtub ['bɑːθtʌb] *n* Badewanne *die*.

batik [bə'tiːk] *n* Batik *der* OR *die*.

baton ['bætən] *n* - **1.** [of conductor] Taktstock *der* - **2.** [in relay race] Staffelstab *der* - **3.** **Br** [of policeman] Schlagstock *der*.

baton charge *n* **Br** [by police] Schlagstockeinsatz *der*.

batsman ['bætsmən] (*pl* **-men** [-mən]) *n* Schlagmann *der*.

battalion [bə'tæljən] *n* Bataillon *das*.

batten ['bætn] *n* Latte *die*.

◆ **batten down** *vt fus*: **to ~ down the hatches** *fig* sich warm anlziehen.

batter ['bætəʳ] *n* CULIN Teig *der* ◇ *vt* [person] schlagen, verprügeln ◇ *vi* [on door, wall] hämmern, trommeln.

◆ **batter down** *vt sep* einlschlagen, zertrümmern.

battered ['bætəd] *adj* - **1.** [person] verprügelt - **2.** [car, hat, suitcase] verbeult - **3.** CULIN im Teigmantel.

battering ['bætərɪŋ] *n*: **to take a ~** Prügel bekommen OR beziehen.

battering ram *n* Rammbock *der*.

battery ['bætərɪ] (*pl* **-ies**) *n* Batterie *die*.

battery charger *n* Batterieladegerät *das*.

battery hen *n* Batteriehuhn *das*.

battle ['bætl] *n* - **1.** [in war] Schlacht *die* - **2.** [struggle]: **~ (for/against)** Kampf *der* (für/gegen); **~ of wits** geistiger Wettkampf; **to be fighting a losing ~** auf verlorenem Posten kämpfen; **that's half the ~** damit ist schon eine Menge gewonnen ◇ *vi*: **to ~ (for/against)** kämpfen (für/gegen).

battledress ['bætldres] *n* **Br** Kampfanzug *der*.

battlefield ['bætlfiːld], **battleground** [-graʊnd] *n* **lit** & **fig** Schlachtfeld *das*.

battlements ['bætlmənts] *npl* Zinnen *pl*.

battleship ['bætlʃɪp] *n* Schlachtschiff *das*.

bauble ['bɔːbl] *n* Christbaumkugel *die*.

baud [bɔːd] *n* COMPUT Baud *das*.

baud rate *n* COMPUT Baudrate *die*.

baulk [bɔːk] *vi* = **balk.**

Bavaria [bə'veərɪə] *n* Bayern *nt*.

Bavarian [bə'veərɪən] *adj* bay(e)risch ◇ *n* Bayer *der*, -in *die*.

bawdy ['bɔːdɪ] (*compar* **-ier;** *superl* **-iest**) *adj* derb.

bawl [bɔːl] *vt* [shout] brüllen ◇ *vi* - **1.** [shout] brüllen - **2.** [weep] heulen.

bay [beɪ] *n* - **1.** GEOGR Bucht *die* - **2.** [for loading] Ladeplatz *der* - **3.** [for parking] Parkbucht *die* - **4.** [horse] Braune *der* - **5.** *phr*: **to keep sb at ~** jn auf Abstand halten ◇ *vi* [dog, wolf] bellen.

bay leaf *n* Lorbeerblatt *das*.

bayonet ['beɪənɪt] *n* Bajonett *das*.

bay tree *n* Lorbeerbaum *der*.

bay window *n* Erkerfenster *das*.

bazaar [bə'zɑːʳ] *n* - **1.** [market] Basar *der* - **2.** **Br** [charity sale] Wohltätigkeitsbasar *der*.

bazooka [bə'zuːkə] *n* Panzerfaust *die*.

B & B *n abbr of* **bed and breakfast.**

BBC (*abbr of* **British Broadcasting Corporation**) *n* BBC *die*.

BC - **1.** (*abbr of* **before Christ**) v. Chr. - **2.** *abbr of* **British Columbia.**

BCG (*abbr of* **Bacillus Calmette-Guérin**) *n* BCG *nt*.

B/D *n abbr of* **bank draft.**

BDS (*abbr of* **Bachelor of Dental Science**) *n* *akademischer Grad in der Zahnheilkunde oder dessen Inhaber.*

be [biː] (*pt* **was** OR **were;** *pp* **been**) *vi* - **1.** [exist] sein; **there is/are** es ist/sind ... da, es gibt; **are there any shops near here?** gibt es hier in der Nähe irgendwelche Geschäfte?; **there is someone in the room** es ist jemand im Zimmer; **~ that as it may** wie dem auch sei - **2.** [referring to location] sein; **the hotel is near the airport** das Hotel ist in der Nähe des Flughafens; **he will ~ here tomorrow** er kommt morgen **- 3.** [referring to movement] sein; **have you ever been to California?** warst du schon mal in Kalifornien?; **I'll ~ there in ten minutes** ich komme in zehn Minuten; **where have you been?** wo bist du gewesen? **- 4.** [occur] sein; **my birthday is in June** mein Geburtstag ist im Juni **- 5.** [identifying, describing] sein; **he's a doctor** er ist Arzt; **I'm British** ich bin Brite/ Britin; **I'm hot/cold** mir ist heiß/kalt; **you are right** du hast Recht; **~ quiet!** sei still!, seid still!; **one and one are two** eins und eins ist zwei **- 6.** [referring to health]: **how are you?** wie geht es Ihnen?; **I'm fine** mir geht es gut; **she is ill** sie ist krank **- 7.** [referring to age]: **how old are you?** wie alt bist du?; **I am 14 (years old)** ich bin 14 (Jahre alt) **- 8.** [referring to cost] kosten; **how much is it?** wie viel kostet es?; **it's £10** es kostet 10 Pfund **- 9.** [referring to time, dates] sein; **what time is it?** wie viel Uhr ist es?, wie spät ist es?; **it's ten o'clock** es ist zehn Uhr; **today is February 17th** heute haben wir den 17. Februar **- 10.** [referring to measurement] sein; **it's ten metres long/high** es ist zehn Meter lang/ hoch; **I'm 8 stone** ich wiege 50 Kilo **- 11.** [referring to the weather] sein; **it's hot/cold** es ist heiß/ kalt **- 12.** [for emphasis] sein; **is that you?** bist du das?; **yes, it's me** ja, ich bins <> *aux vb* **- 1.** *(in combination with present participle to form continuous tense):* **I'm learning German** ich lerne Deutsch; **what is he doing?** was macht er?; **it's snowing** es schneit; **we've been visiting the museum** wir waren im Museum; **I've been living in London for 10 years** ich wohne seit 10 Jahren in London; **he is going on holiday next week** nächste Woche fährt er in Urlaub **- 2.** *(forming passive)* werden; **they were defeated** sie wurden geschlagen; **the flight was delayed** das Flugzeug hatte Verspätung; **to ~ loved** geliebt werden; **it is said** man sagt **- 3.** *(with infinitive to express an order):* **all rooms are to ~ vacated by 10.00 a.m.** alle Zimmer müssen bis 10 Uhr geräumt sein; **you are not to tell anyone** das darfst du niemandem erzählen **- 4.** *(with infinitive to express future tense):* **the race is to start at noon** das Rennen ist für 12 Uhr angesetzt **- 5.** *(in tag questions):* **it's cold, isn't it?** es ist kalt, nicht wahr?; **you're not going now, are you?** willst du schon gehen?

B/E *abbr of* **bill of exchange.**

beach [biːtʃ] *n* Strand *der* <> *vt* stranden, auf Strand setzen.

beach ball *n* Wasserball *der.*

beach buggy *n* Strandbuggy *der.*

beachcomber [ˈbiːtʃˌkəʊməʳ] *n* Strandgutsammler *der.*

beachhead [ˈbiːtʃhed] *n* MIL Brückenkopf *der.*

beachwear [ˈbiːtʃweəʳ] *n (U)* Strandkleidung *die.*

beacon [ˈbiːkən] *n* **- 1.** [fire, lighthouse] Leuchtfeuer *das* **- 2.** [radio beacon] Funkfeuer *das.*

bead [biːd] *n* [of glass, wood, sweat] Perle *die.*

beaded [ˈbiːdɪd] *adj* [dress, bag] mit Perlen besetzt.

beady [ˈbiːdɪ] (*compar* **-ier;** *superl* **-iest**) *adj* [eyes] wach.

beagle [ˈbiːgl] *n* Beagle *der.*

beak [biːk] *n* [of bird] Schnabel *der.*

beaker [ˈbiːkəʳ] *n* Becher *der.*

be-all *n:* **money/winning is not the ~ and end-all** das Gewinnen/Geld ist nicht alles.

beam [biːm] *n* **- 1.** [of wood] Balken *der;* [of steel] Träger *der* **- 2.** [of light] Strahl *der* **- 3.** *Am* AUT: **high/low ~s** Fern-/Abblendlicht *das* <> *vt* [signal, news] aus|strahlen <> *vi* strahlen.

beaming [ˈbiːmɪŋ] *adj* strahlend.

bean [biːn] *n* Bohne *die;* **to be full of ~s** ***inf*** voller Tatendrang sein; **to spill the ~s** ***inf*** [confess] singen.

beanbag [ˈbiːnbæg] *n* [seat] Sitzsack *der.*

beanshoot [ˈbiːnʃuːt], **beansprout** [-spraʊt] *n* (Soja)bohnensprosse *die.*

bear [beəʳ] (*pt* **bore;** *pp* **borne**) *n* **- 1.** [animal] Bär *der* **- 2.** ST EX Baissespekulant *der* <> *vt* **- 1.** [gen] tragen **- 2.** [tolerate] ertragen, aus|halten **- 3.** [fruit] tragen; [interest] ein|bringen **- 4.** [child] gebären **- 5.** [ill will, hatred] hegen <> *vi* **- 1.** [turn]: **to ~ left/right** sich links/ rechts halten **- 2.** [have effect]: **to bring pressure/influence to ~ on sb** bei jm Druck/ Einfluss geltend machen.

◆ **bear down** *vi:* **to ~ down on sb/sthg** auf jn/ etw zulsteuern.

◆ **bear out** *vt sep* bestätigen.

◆ **bear up** *vi:* **to ~ up well** sich tapfer halten.

◆ **bear with** *vt fus:* **~ with me for a minute, will you?** einen Moment Geduld, bitte.

bearable [ˈbeərəbl] *adj* erträglich.

beard [bɪəd] *n* Bart *der.*

bearded [ˈbɪədɪd] *adj* bärtig.

bearer [ˈbeərəʳ] *n* **- 1.** [of stretcher, coffin] Träger *der* **- 2.** [of news, letter] Überbringer *der,* -in *die* **- 3.** [of cheque, passport] Inhaber *der,* -in *die* **- 4.** [of name, title] Träger *der,* -in *die.*

bear hug *n* ***inf*** kräftige OR warmherzige Umarmung.

bearing [ˈbeərɪŋ] *n* **- 1.** [relevance] Bedeutung *die;* **to have a ~ on sthg** bei etw eine Rolle spielen **- 2.** [deportment] (Körper)haltung *die* **- 3.** TECH Lager *das* **- 4.** [on compass]: **to take a ~** die Richtung bestimmen; **to get one's ~s** ***fig*** sich orientieren; **to lose one's ~s** ***fig*** die Orientierung verlieren.

bear market *n* ST EX Baissemarkt *der.*

bearskin [ˈbeəskɪn] *n* **- 1.** [fur] Bärenfell *das* **- 2.** [hat] Bärenfellmütze *die.*

beast [biːst] *n* - **1.** [animal] Tier *das* - **2.** ***inf pej*** [person - unpleasant] Ekel *das;* [- evil] Bestie *die.*

beastly [ˈbiːstlɪ] (*compar* **-ier;** *superl* **-iest**) *adj* ***dated*** scheußlich.

beat [biːt] (*pt* **beat;** *pp* **beaten**) *n* - **1.** [of drum, heart, pulse] Schlag *der;* **the ~ of wings** das Flügelschlagen - **2.** [MUS - rhythm] Rhythmus *der;* [- measure] Takt *der* - **3.** [of policeman] Runde *die* ◇ *adj* ***inf*** [exhausted] todmüde, geschafft ◇ *vt* - **1.** [gen] schlagen; **to ~ a record** ein Rekord brechen; **it ~s me** ***inf*** ich habe keine Ahnung - **2.** [arrive ahead of] zuvor|kommen *(+ D);* **you've ~en me to it!** du bist mir zuvorgekommen! - **3.** MUS: **to ~ time** (den) Takt schlagen *OR* an|geben - **4.** ***phr:*** **~ it!** ***inf*** [go away] verschwinde!, hau ab! ◇ *vi* - **1.** [rain - on roof] trommeln - **2.** [heart, pulse] schlagen.

◆ **beat down** *vi* - **1.** [sun] nieder|brennen - **2.** [rain] nieder|prasseln ◇ *vt sep* [seller] herunter|handeln.

◆ **beat off** *vt sep* [resist] ab|wehren.

◆ **beat up** *vt sep* ***inf*** [person] zusammen|schlagen.

beaten [ˈbiːtn] *adj* - **1.** [metal] gehämmert - **2.** [path] ausgetreten.

beater [ˈbiːtəʳ] *n* - **1.** [for eggs] Schneebesen *der* - **2.** [for carpet] Teppichklopfer *der.*

beating [ˈbiːtɪŋ] *n* - **1.** [punishment] Prügel *pl;* **to give sb a ~** jm eine Fracht Prügel verabreichen - **2.** [defeat] Niederlage *die;* **to take some ~** ***inf*** nicht leicht zu schlagen sein.

beat-up *adj* ***inf*** [shabby] heruntergekommen.

beautician [bjuːˈtɪʃn] *n* Kosmetikerin *die.*

beautiful [ˈbjuːtɪfʊl] *adj* - **1.** [person] schön - **2.** [picture, music, weather] wundervoll, herrlich - **3.** ***inf*** [goal, player] herrlich, toll.

beautifully [ˈbjuːtəflɪ] *adv* - **1.** [dressed, decorated] bezaubernd - **2.** ***inf*** [cook, sing, play] wunderbar.

beauty [ˈbjuːtɪ] (*pl* **-ies**) *n* Schönheit *die;* **the goal was a ~** das war ein Traumtor ◇ *comp* [product] Schönheits-.

beauty contest *n* Schönheitswettbewerb *der.*

beauty parlour *n* Schönheitssalon *der.*

beauty queen *n* Schönheitskönigin *die.*

beauty salon *n* = **beauty parlour.**

beauty spot *n* - **1.** [place] schönes Fleckchen - **2.** [on skin] Schönheitsfleck *der.*

beaver [ˈbiːvəʳ] *n* Biber *der;* [fur] Biberpelz *der.*

◆ **beaver away** *vi:* **to ~ away at sthg** an etw *(D)* schuften.

becalmed [bɪˈkɑːmd] *adj* in einer Flaute liegend.

became [bɪˈkeɪm] *pt* ▻ **become.**

because [bɪˈkɒz] *conj* weil.

◆ **because of** *prep* wegen *(+ G, D).*

beck [bek] *n:* **to be at sb's ~ and call** nach js Pfeife tanzen.

beckon [ˈbekən] *vt* - **1.** [make a signal to] zul|winken *(+ D)* - **2.** ***fig*** [call] rufen ◇ *vi:* **to ~ to sb** jm zu|winken.

become [bɪˈkʌm] (*pt* **became;** *pp* **become**) *vt* werden; **to ~ old/rich/famous** alt/reich/berühmt werden; **to ~ accustomed to sthg** sich an etw *(A)* gewöhnen; **what became of him?** was ist aus ihm geworden?; **to ~ a priest** Priester werden.

becoming [bɪˈkʌmɪŋ] *adj* - **1.** [attractive]: **it's very ~** es steht ihr/dir/*etc* gut - **2.** [appropriate] schicklich.

BECTU [ˈbektuː] (*abbr of* **Broadcasting, Entertainment, Cinematograph and Theatre Union**) *n britische Gewerkschaft der Techniker aus den Bereichen Rundfunk, Unterhaltung, Film und Theater.*

bed [bed] (*pt* & *pp* **-ded;** *cont* **-ding**) *n* - **1.** [to sleep on] Bett *das;* **to go to ~** zu *OR* ins Bett gehen; **to get out of ~** auf|stehen; **to make the ~** das Bett machen; **to go to ~ with sb** ***euphemism*** mit jm ins Bett gehen - **2.** [flowerbed] Beet *das;* **it's no ~ of roses** ***fig*** das ist kein Zuckerschlecken - **3.** [of sea] Meeresgrund *der;* [of river] Flussbett *das.*

◆ **bed down** *vi* kampieren.

BEd [ˌbiːˈed] (*abbr of* **Bachelor of Education**) *n erziehungswissenschaftlicher Grad mit Lehrbefähigung oder dessen Inhaber.*

bed and breakfast *n* Zimmer *das* mit Frühstück.

BED AND BREAKFAST

Bei „Bed and Breakfast", meist einfach „B & B" oder auch „guest house" genannt, handelt es sich um eine in Großbritannien sehr verbreitete Unterkunftsmöglichkeit bei Privatleuten, die ein oder mehrere Zimmer für zahlende Gäste bereitstellen. Das Frühstück, ein „English breakfast", besteht aus Würstchen, Eiern, gebratenem Speck, Toast und Tee oder Kaffee und ist im Zimmerpreis inbegriffen.

bedbug [ˈbedbʌg] *n* Wanze *die.*

bedclothes [ˈbedkləʊðz] *npl* Bettzeug *das.*

bedcover [ˈbedˌkʌvəʳ] *n* Tagesdecke *die.*

bedding [ˈbedɪŋ] *n (U)* = **bedclothes.**

bedding plant *n* Setzling *der.*

bedeck [bɪˈdek] *vt:* **to ~ sthg with sthg** etw mit etw dekorieren *OR* verzieren.

bedevil [bɪˈdevl] (***Br*** *pt* & *pp* **-led;** *cont* **-ling,** ***Am*** *pt* & *pp* **-ed;** *cont* **-ing**) *vt:* **to be ~led with sthg** von etw geplagt werden.

bedfellow [ˈbedˌfeləʊ] *n* ***fig*** [colleague] Bettgenosse *der.*

bedlam [ˈbedləm] *n* Chaos *das.*

bed linen *n* Bettwäsche *die.*

Bedouin ['bedʊɪn] *adj* Beduinen- <> *n* Beduine *der*, -nin *die.*

bedpan ['bedpæn] *n* Bettpfanne *die.*

bedraggled [bɪ'drægld] *adj* schmutzig und nass.

bedridden ['bed,rɪdn] *adj* bettlägerig.

bedrock ['bedrɒk] *n* - **1.** GEOL Felsuntergrund *der* - **2.** *fig* [solid foundation] stabile Grundlage.

bedroom ['bedrʊm] *n* Schlafzimmer *das.*

Beds [bedz] *abk für Bedfordshire, in Postanschrift verwendet.*

bedside ['bedsaɪd] *n:* **at sb's ~** an js Bett.

bedside manner *n das Verhalten eines Doktors gegenüber seinem Patienten.*

bedside table *n* Nachttisch *der.*

bed-sit(ter) *n Br* Wohnschlafzimmer *das.*

bedsore ['bedsɔːʳ] *n* wundgelegene Stelle.

bedspread ['bedspred] *n* Tagesdecke *die.*

bedtime ['bedtaɪm] *n* Schlafenszeit *die.*

Beduin ['bedʊɪn] *adj* & *n* = **Bedouin.**

bed-wetting [-,wetɪŋ] *n* Bettnässen *das.*

bee [biː] *n* Biene *die;* **to have a ~ in one's bonnet** eine fixe Idee haben.

Beeb [biːb] *n Br inf:* **the ~** die BBC.

beech [biːtʃ] *n* - **1.** [tree] Buche *die* - **2.** [wood] Buchenholz *das.*

beef [biːf] *n* Rindfleisch *das.*
◆ **beef up** *vt sep inf* [report, story] auf|polieren; [flavour] verstärken.

beefburger ['biːf,bɜːgəʳ] *n* Hamburger *der*, Rinderhacksteak *das.*

Beefeater ['biːf,iːtəʳ] *n* Beefeater *der.*

beefsteak ['biːf,steɪk] *n* Beefsteak *das.*

beehive ['biːhaɪv] *n* [for bees] Bienenstock *der.*

beekeeper ['biː,kiːpəʳ] *n* Imker *der*, -in *die.*

beeline ['biːlaɪn] *n:* **to make a ~ for sb/sthg** *inf* geradewegs auf jn/etw zu|steuern.

been [biːn] *pp* ▷ **be.**

beep [biːp] *inf n* Pieps(ton) *der* <> *vi* piepen.

beeper ['biːpəʳ] *n* [device] Piepser *der.*

beer [bɪəʳ] *n* Bier *das.*

beer garden *n* Biergarten *der.*

beermat ['bɪə,mæt] *n* Bierdeckel *der.*

beeswax ['biːzwæks] *n* Bienenwachs *das.*

beet [biːt] *n* - **1.** [sugar beet] Zuckerrübe *die* - **2.** *Am* [beetroot] rote Rübe, rote Bete.

beetle ['biːtl] *n* Käfer *der.*

beetroot ['biːtruːt] *n* rote Rübe, rote Bete.

befall [bɪ'fɔːl] (*pt* **befell** [-'fel], *pp* **befallen** [-'fɔːlən]) *vt literary* [subj: misfortune] zulstoßen (+ *D);* [subj: fate, harm] treffen.

befit [bɪ'fɪt] (*pt* & *pp* **-ted;** *cont* **-ting**) *vt fml* sich gehören für.

before [bɪ'fɔːʳ] *prep* - **1.** [in time] vor (+ *D);* **they arrived ~ us** sie sind vor uns angekommen; **the week ~ last** vorletzte Woche; **the day ~ yesterday** vorgestern; **the day ~** der Tag zuvor; **she had arrived the day ~** sie war am Tag(e) zuvor angekommen; **~ long** bald - **2.** [in front of, facing] vor (+ *D);* **~ my (very) eyes** vor meinen Augen; **we have a difficult task ~ us** wir haben eine schwierige Aufgabe vor uns <> *adv* [previously] schon einmal; **never ~** noch nie <> *conj* bevor; **~ you go** bevor du gehst.

beforehand [bɪ'fɔːhænd] *adv* vorher, im Voraus.

befriend [bɪ'frend] *vt* sich an|freunden mit.

befuddled [bɪ'fʌdld] *adj* benebelt.

beg [beg] (*pt* & *pp* **-ged;** *cont* **-ging**) *vt* - **1.** [money, food] betteln um - **2.** [favour, forgiveness] bitten um; **to ~ sb for sthg** jn um etw bitten; **to ~ sb to do sthg** jn bitten, etw zu tun <> *vi* - **1.** [for money, food]: **to ~ (for)** betteln (um) - **2.** [for favour, forgiveness]: **to ~ (for)** bitten (um).

began [bɪ'gæn] *pt* ▷ **begin.**

beggar ['begəʳ] *n* Bettler *der*, -in *die.*

begin [bɪ'gɪn] (*pt* **began;** *pp* **begun;** *cont* **-ning**) *vt* beginnen, an|fangen; **to ~ doing** OR **to do sthg** beginnen OR an|fangen, etw zu tun <> *vi* beginnen, an|fangen; **to ~ with** zunächst, zu Anfang.

beginner [bɪ'gɪnəʳ] *n* Anfänger *der*, -in *die.*

beginning [bɪ'gɪnɪŋ] *n* Anfang *der;* **in** OR **at the ~** am Anfang; **from the ~** von Anfang an.

begonia [bɪ'gəʊnjə] *n* Begonie *die.*

begrudge [bɪ'grʌdʒ] *vt* - **1.** [envy]: **to ~ sb sthg** jm etw missgönnen - **2.** [do unwillingly]: **to ~ doing sthg** etw widerwillig tun.

beguile [bɪ'gaɪl] *vt* [charm] bezaubern.

beguiling [bɪ'gaɪlɪŋ] *adj* [charming] bezaubernd.

begun [bɪ'gʌn] *pp* ▷ **begin.**

behalf [bɪ'hɑːf] *n:* **on** *Br* OR **in** *Am* **~ of** im Namen (+ *G*), im Auftrag (+ *G*).

behave [bɪ'heɪv] *vt:* **to ~ o.s.** sich benehmen <> *vi* sich verhalten; [with good manners] sich benehmen.

behaviour *Br*, **behavior** *Am* [bɪ'heɪvjəʳ] *n* Benehmen *das.*

behead [bɪ'hed] *vt* enthaupten, köpfen.

beheld [bɪ'held] *pt* & *pp* ▷ **behold.**

behind [bɪ'haɪnd] *prep* - **1.** [at the back of] hinter (+ *D);* [with verbs of motion] hinter (+ *A*) - **2.** [causing, responsible for] hinter (+ *D);* **what's ~ this campaign?** was hat es mit dieser Kampagne auf sich?; **what's ~ it?** was steckt dahinter?

- 3. [supporting]: **to be ~ sb** ***fig*** jn unterstützen **- 4.** [indicating deficiency, delay]: **~ schedule** im Rückstand; **the train is 15 minutes ~ time** der Zug hat 15 Minuten Verspätung <> *adv* **- 1.** [at, in the back] hinten; **the others followed ~** die Anderen kamen hinterher; **to leave sthg ~** etw zurücklassen; **to stay ~** (noch) (da)bleiben **- 2.** [late]: **to be ~ (with sthg)** (mit etw) im Verzug sein <> *n* ***inf*** [buttocks] Hintern *der*.

behold [bɪ'həʊld] (*pt* & *pp* **beheld**) *vt* ***literary*** erblicken.

beige [beɪʒ] *adj* beige <> *n* Beige *das*.

Beijing [ˌbeɪ'dʒɪŋ] *n* Peking *nt*.

being ['biːɪŋ] *n* **- 1.** [creature] Wesen *das*, Geschöpf *das* **- 2.** [existence]: **in ~** existierend, vorhanden; **to come into ~** entstehen.

Beirut [ˌbeɪ'ruːt] *n* Beirut *nt*.

belated [bɪ'leɪtɪd] *adj* verspätet.

belatedly [bɪ'leɪtɪdlɪ] *adv* verspätet.

belch [beltʃ] *n* Rülpser *der* <> *vt* [smoke, fire] (ausl)speien <> *vi* **- 1.** [person] rülpsen **- 2.** [smoke, fire] (ausl)speien.

beleaguered [bɪ'liːgəd] *adj* ***lit*** & ***fig*** belagert.

belfry ['belfrɪ] (*pl* **-ies**) *n* Glockenturm *der*.

Belgian ['beldʒən] *adj* belgisch <> *n* Belgier *der*, -in *die*.

Belgium ['beldʒəm] *n* Belgien *nt*.

Belgrade [ˌbel'greɪd] *n* Belgrad *nt*.

belie [bɪ'laɪ] (*cont* **belying**) *vt* [claim, statement] nicht entsprechen *(+ D)*; **his looks ~ his age** er sieht jünger/älter aus, als er ist.

belief [bɪ'liːf] *n* **- 1.** [gen]: **~ (in)** Glaube *der* (an *(+ A)*); **beyond ~** unglaublich **- 2.** [opinion] Meinung *die*; **it's my ~ that ...** ich bin davon überzeugt, dass ...; **in the ~ that** im Glauben, dass.

believable [bɪ'liːvəbl] *adj* glaubwürdig, glaubhaft.

believe [bɪ'liːv] *vt* glauben; **to ~ sb** jm glauben; **I ~ so** ich glaube ja; **I don't ~ it!** das darf (ja wohl) nicht wahr sein!; **~ it or not** ob du/Sie es glaubst/glauben oder nicht <> *vi* glauben; **to ~ in sb/sthg** an jn/etw glauben; **I ~ in getting up early** ich halte viel davon, früh aufzustehen.

believer [bɪ'liːvəʳ] *n* RELIG Gläubige *der, die*; **I'm a great ~ in corporal punishment** ich halte viel von der Prügelstrafe.

belittle [bɪ'lɪtl] *vt* schmälern, herabl-würdigen.

Belize [be'liːz] *n* Belize *nt*.

bell [bel] *n* Glocke *die*; [of phone, door, bike] Klingel *die*; **that rings a ~** ***fig*** das kommt mir bekannt vor.

bell-bottoms *npl* Schlaghose *die*.

bellhop ['belhɒp] *n* ***Am*** Page *der*, Hotelboy *der*.

belligerence [bɪ'lɪdʒərəns] *n* Aggressivität *die*.

belligerent [bɪ'lɪdʒərənt] *adj* **- 1.** [at war] kriegführend **- 2.** [aggressive] angriffslustig.

bellow ['beləʊ] *vt* & *vi* brüllen.

bellows ['beləʊz] *npl* Blasebalg *der*.

bell push *n* ***Br*** Klingelknopf *der*.

bell-ringer *n* Glöckner *der*.

belly ['belɪ] (*pl* **-ies**) *n* Bauch *der*.

bellyache ['belɪeɪk] *n* Bauchschmerzen *pl* <> *vi* ***inf*** [complain] jammern.

belly button *n* ***inf*** Bauchnabel *der*.

belly dancer *n* Bauchtänzerin *die*.

belong [bɪ'lɒŋ] *vi* gehören; **to ~ to sb** jm gehören; **to ~ to a party/club** einer Partei/einem Verein anlgehören.

belongings [bɪ'lɒŋɪŋz] *npl* Sachen *pl*, Habseligkeiten *pl*.

beloved [bɪ'lʌvd] *adj* geliebt <> *n* Geliebte *der, die*.

below [bɪ'ləʊ] *adv* **- 1.** [in a lower position] unten; **they live on the floor ~** sie wohnen ein Stockwerk tiefer; **see ~** [in text] siehe unten **- 2.** [with numbers, quantities]: **children of 5 and ~** Kinder bis zu 5 Jahre **- 3.** NAUT: **to go ~** unter Deck gehen <> *prep* **- 1.** [lower than] unter *(+ D)*; [with verbs of motion] unter *(+ A)*; **~ the tree line** unterhalb der Baumgrenze **- 2.** [in rank, status] unter *(+ D)*; **a sergeant is ~ a captain** ein Feldwebel steht unter einem Hauptmann **- 3.** [less than] unter *(+ D)*; **10 degrees ~ (zero)** 10 Grad unter Null; **~ average** unter dem Durchschnitt, unterdurchschnittlich.

belt [belt] *n* **- 1.** [for clothing] Gürtel *der*; **that was below the ~** das war ein Schlag unter die Gürtellinie; **to have sthg under one's ~** [qualification] etw in der Tasche haben; [experience] etw gesammelt haben; **to tighten one's ~** den Gürtel enger schnallen **- 2.** TECH Riemen *der* **- 3.** [of land, sea] Zone *die*, Gürtel *der* <> *vt* ***inf*** [hit] verprügeln <> *vi* ***Br inf*** [move at speed] rasen, brausen.

◆ **belt out** *vt sep* ***inf***: **to ~ out a song** ein Lied aus voller Kehle singen.

◆ **belt up** *vi* ***Br inf*** [be quiet] die Klappe halten.

beltway ['beltˌweɪ] *n* ***Am*** Umgehungsstraße *die*.

bemused [bɪ'mjuːzd] *adj* verwirrt.

bench [bentʃ] *n* **- 1.** POL [seat] Bank *die* **- 2.** [in workshop] Werkbank *die*; [in laboratory] Labortisch *der*.

benchmark ['bentʃmɑːk] *n* [standard] Standard *der*; COMPUT Benchmark *die*.

bend [bend] (*pt* & *pp* **bent**) *n* **- 1.** [in river, pipe] Biegung *die*; [in road] Kurve *die* **- 2.** ***phr***: **round the ~** ***inf*** verrückt, bekloppt <> *vt* [arm, leg, knee] beugen; [back] krümmen; [head] neigen; [wire, fork, tube] (ver)biegen <> *vi* - **1.** [arm, leg] beugen; [branch, tree] biegen - **2.** [person] sich bücken, sich beugen - **3.** [road] eine Kurve machen; [river] eine Biegung machen.

◆ **bends** *npl* MED: **the ~s** die Caissonkrankheit.

◆ **bend down** *vi* sich bücken, sich herunter|beugen.

◆ **bend over** *vi* sich bücken, sich nach vorn beugen; **to ~ over backwards for sb** alles für jn tun.

beneath [bɪ'ni:θ] *adv* [below] unten <> *prep* - **1.** [under] unter *(+ D)*; [with verbs of motion] unter *(+ A)*; **it's ~ the bridge** es ist unter der Brücke; **she shoved it ~ the bed** sie schob es unter das Bett - **2.** [unworthy of]: **that is ~ him** das ist unter seiner Würde.

benefactor ['benɪfæktəʳ] *n* Wohltäter *der*, -in *die*.

beneficial [ˌbenɪ'fɪʃl] *adj* nützlich, nutzbringend; **to be ~ to sb/sthg** jm/etw zugute kommen.

beneficiary [ˌbenɪ'fɪʃərɪ] *(pl* **-ies***)* *n* - **1.** LAW [of will] Begünstigte *der, die* - **2.** [of change in law, new rule] Nutznießer *der*, -in *die*

benefit ['benɪfɪt] *n* - **1.** *(U)* [advantage] Nutzen *der*; **to be to sb's ~, to be of ~ to sb** zu js Nutzen sein, für jn von Nutzen sein; **for the ~ of** zum Nutzen von; **to give sb the ~ of the doubt** jm trotz Zweifels Glauben schenken - **2.** [good point] Vorteil *der* - **3.** [allowance of money] Unterstützung *die* <> *comp* [concert, match, performance] Benefiz- <> *vt* nützen *(+ D)* <> *vi*: **to ~ from sthg** von etw profitieren.

Benelux ['benɪlʌks] *n*: **the ~ countries** die Beneluxstaaten, die Beneluxländer.

benevolent [bɪ'nevələnt] *adj* wohlwollend.

BEng [ˌbi:'eŋ] *(abbr of* **Bachelor of Engineering***)* *n akademischer Abschluß in den Ingenieurwissenschaften oder dessen Inhaber.*

benign [bɪ'naɪn] *adj* - **1.** [influence] gut; [climate] mild - **2.** MED gutartig.

Benin [be'ni:n] *n* Benin *nt*.

bent [bent] *pt* & *pp* ▻ **bend** <> *adj* - **1.** [wire, bar] gebogen, verbogen - **2.** [person, body] gebeugt - **3.** *Br inf* [dishonest] korrupt - **4.** [determined]: **to be ~ on sthg** etw unbedingt wollen/haben wollen; **to be ~ on doing sthg** etw unbedingt tun wollen <> *n* [natural aptitude]: **~ (for)** Neigung *die* (zu).

bequeath [bɪ'kwi:ð] *vt lit* & *fig* hinterlassen; **to ~ sb sthg, to ~ sthg to sb** jm etw hinterlassen.

bequest [bɪ'kwest] *n* Nachlass *der*.

berate [bɪ'reɪt] *vt* schelten.

Berber ['bɜ:bəʳ] *adj* berberisch <> *n* - **1.** [person] Berber *der*, -frau *die* - **2.** [language] Berbersprache *die*.

bereaved [bɪ'ri:vd] *(pl inv)* *adj*: **to be ~** trauern <> *npl*: **the ~** die Hinterbliebenen *pl*.

bereavement [bɪ'ri:vmənt] *n* Trauerfall *der*.

bereft [bɪ'reft] *adj literary* mangelnd; **~ of sthg** einer Sache *(G)* beraubt.

beret ['bereɪ] *n* Baskenmütze *die*.

Bering Strait ['berɪŋ-] *n*: **the ~** die Beringstraße.

berk [bɜ:k] *n Br inf* Dussel *der*.

Berks [bɑ:ks] *abk für Berkshire, in Postanschrift verwendet.*

Berlin [bɜ:'lɪn] *n* Berlin *nt*; **East ~** Ostberlin *nt*; **West ~** Westberlin *nt*; **the ~ Wall** die Mauer.

Berliner [bɜ:'lɪnəʳ] *n* Berliner *der*, -in *die*.

berm [bɜ:m] *n Am* Grünstreifen *der*.

Bermuda [bə'mju:də] *n* Bermudainseln *pl*, Bermudas *pl*.

Bermuda shorts *npl* Bermudashorts *pl*.

Bern [bɜ:n] *n* Bern *nt*.

berry ['berɪ] *(pl* **-ies***)* *n* Beere *die*.

berserk [bə'zɜ:k] *adj*: **to go ~** wild werden.

berth [bɜ:θ] *n* - **1.** [in harbour] Liegeplatz *der*, Ankerplatz *der* - **2.** [on ship] Koje *die*; [on train] Schlafwagenplatz *der* - **3.** *phr*: **to give sb a wide ~** einen großen Bogen um jn machen <> *vt* [ship]: **to ~ a ship** mit einem Schiff (am Kai) anlegen <> *vi* [ship] an|legen.

beseech [bɪ'si:tʃ] *(pt* & *pp* **besought** OR **beseeched***)* *vt literary* [implore]: **to ~ sb (to do sthg)** jn an|flehen(, etw zu tun).

beset [bɪ'set] *(pt* & *pp* **beset;** *cont* **-ting***)* *adj*: **~ with** OR **by sthg** von etw heimgesucht <> *vt* heim|suchen.

beside [bɪ'saɪd] *prep* - **1.** [next to] neben *(+ A, D)* - **2.** [compared with] verglichen mit - **3.** *phr*: **to be ~ o.s. with joy/anger** vor Freude/Wut außer sich sein.

besides [bɪ'saɪdz] *adv* außerdem; **~ being expensive, it's also ugly** es ist nicht nur teuer, sondern auch hässlich <> *prep* [in addition to] außer *(+ D)*.

besiege [bɪ'si:dʒ] *vt lit* & *fig* belagern; **to be ~d with sthg** *fig* mit etw überschüttet werden.

besotted [bɪ'sɒtɪd] *adj*: **~ (with sb)** vernarrt (in jn).

besought [bɪ'sɔ:t] *pt* & *pp* ▻ **beseech.**

bespectacled [bɪ'spektəkld] *adj* bebrillt.

bespoke [bɪ'spəʊk] *adj Br* [clothes] maßgeschneidert, nach Maß.

best [best] *adj* beste, -r, -s; **my ~ friend** mein bester Freund/meine beste Freundin <> *adv* am besten; **which car do you like ~?**

welches Auto gefällt dir am besten?; **what type of beer do you like ~?** welches Bier magst du am liebsten? ◇ *n* **- 1.** Beste *der, die, das;* **to do one's ~** sein Bestes tun **- 2.** *phr:* **to make the ~ of sthg** das Beste aus etw machen; **for the ~** nur zum Guten; **all the ~!** alles Gute!; **he wants the ~ of both worlds** er will weder auf das eine noch auf das andere verzichten.
◆ **at best** *adv* bestenfalls.

bestial [ˈbestjəl] *adj* bestialisch.

best man *n* Trauzeuge *der.*

bestow [bɪˈstəʊ] *vt fml:* **to ~ sthg on sb** jm etw gewähren.

best-seller *n* [book] Bestseller *der*, Kassenschlager *der.*

best-selling *adj* meistverkauft.

bet [bet] (*pt* & *pp* **bet** *OR* **-ted;** *cont* **-ting**) *n* **- 1.** [wager] Wette *die;* **to have a ~ on sthg** auf etw *(A)* wetten; **to hedge one's ~s** sich absichern **- 2.** *fig* [prediction]: **it's a safe ~ that ...** man kann sicher sein, dass ... ◇ *vt* wetten ◇ *vi* **- 1.** [gamble]: **to ~ (on sthg)** (auf etw *(A)*) wetten **- 2.** *fig* [predict]: **to ~ on sthg** sich auf etw *(A)* verlassen **- 3.** *phr:* **you ~!** *inf* darauf kannst du wetten!, und ob!

Bethlehem [ˈbeθlɪhem] *n* Bethlehem *nt.*

betray [bɪˈtreɪ] *vt* verraten; [trust] missbrauchen.

betrayal [bɪˈtreɪəl] *n* Verrat *der;* **~ of trust** Vertrauensmissbrauch *der.*

betrothed [bɪˈtrəʊðd] *adj dated:* **~ (to sb)** (jm) versprochen.

better [ˈbetəʳ] *adj (compar of good, well)* besser; **to get ~** besser werden; **I hope you get ~ soon** ich hoffe, es geht dir bald besser; **to get ~ and ~** immer besser werden ◇ *adv* besser; [like] lieber ◇ *n* [best one] Bessere *der, die, das;* **to get the ~ of sb** die Oberhand über jn gewinnen; **my curiosity got the ~ of me** meine Neugier war stärker ◇ *vt* [improve] verbessern; **to ~ o.s.** sich verbessern.

better half *n inf* bessere Hälfte.

better off *adj* besser dran.

betting [ˈbetɪŋ] *n (U)* **- 1.** [bets] Wetten *das* **- 2.** [odds] Wetten *pl.*

betting shop *n Br* Wettannahmestelle *die.*

between [bɪˈtwiːn] *prep* zwischen *(+ D);* [with verbs of motion] zwischen *(+ A);* **~ now and next month** bis nächsten Monat; **we had only twenty pounds ~ us** wir hatten (zusammen) nur zwanzig Pfund ◇ *adv:* **(in) ~** zwischen.

bevelled *Br*, **beveled** *Am* [ˈbevld] *adj* abgeschrägt.

beverage [ˈbevərɪdʒ] *n fml* Getränk *das.*

bevy [ˈbevɪ] (*pl* **-ies**) *n* [group] Schar *die.*

beware [bɪˈweəʳ] *vi* sich in Acht nehmen; **to ~ of sthg** sich vor etw in Acht nehmen; **'~ of the dog'** 'Vorsicht bissiger Hund'.

bewildered [bɪˈwɪldəd] *adj* verwirrt.

bewildering [bɪˈwɪldərɪŋ] *adj* verwirrend.

bewitched [bɪˈwɪtʃt] *adj* verzaubert.

bewitching [bɪˈwɪtʃɪŋ] *adj* bezaubernd.

beyond [bɪˈjɒnd] *prep* **- 1.** [in space] jenseits *(+ G)*, über *(+ A)* ... hinaus; **it's just ~ the park** es ist direkt auf der anderen Seite des Parks **- 2.** [in time]: **~ the year 2010** über das Jahr 2010 hinaus; **~ midnight** bis nach Mitternacht; **~ the age of five** ab dem fünften Lebensjahr **- 3.** [outside the range of] über *(+ D, A)*; **the matter is now ~ my control** die Angelegenheit liegt nicht mehr in meiner Hand; **the town has changed ~ all recognition** die Stadt hat sich bis zur Unkenntlichkeit verändert ◇ *adv* **- 1.** [in space] jenseits (davon) **- 2.** [in time] darüber hinaus, danach.

b/f (*abbr of* **brought forward**) ▷ **bring.**

bhp *abbr of* **brake horsepower.**

biannual [baɪˈænjʊəl] *adj* halbjährlich.

bias [ˈbaɪəs] *n* **- 1.** [prejudice] Voreingenommenheit *die* **- 2.** [tendency] Tendenz *die.*

biased [ˈbaɪəst] *adj* **- 1.** [person]: **to be ~ (against)** voreingenommen sein (gegenüber) **- 2.** [system]: **to be ~ against/towards sb** jn benachteiligen/bevorteilen.

bib [bɪb] *n* [for baby] Latz *der*, Lätzchen *das.*

Bible [ˈbaɪbl] *n* Bibel *die.*

biblical [ˈbɪblɪkl] *adj* biblisch.

bibliography [ˌbɪblɪˈɒgrəfɪ] (*pl* **-ies**) *n* Bibliografie *die.*

bicarbonate of soda [baɪˈkɑːbənət-] *n* Natron *das.*

bicentenary *Br* [ˌbaɪsenˈtiːnərɪ] (*pl* **-ies**), **bicentennial** *Am* [ˌbaɪsenˈtenjəl] *n* Zweihundertjahrfeier *die.*

biceps [ˈbaɪseps] (*pl inv*) *n* Bizeps *der.*

bicker [ˈbɪkəʳ] *vi* sich zanken.

bickering [ˈbɪkərɪŋ] *n* Gezänk *das.*

bicycle [ˈbaɪsɪkl] *n* Fahrrad *das* ◇ *vi* radeln, Rad fahren.

bicycle path *n* Fahrradweg *der.*

bicycle pump *n* Luftpumpe *die.*

bid [bɪd] (*pt* & *pp vt sense 1* & *vi* **bid;** *pt vt senses 2* & *3* **bid** *OR* **bade;** *pp vt senses 2* & *3* **bid** *OR* **bidden;** *cont* **-ding**) *n* **- 1.** [attempt] Versuch *der;* **his ~ for power** sein Griff nach der Macht **- 2.** [at auction] Gebot *das* **- 3.** COMM Angebot *das* ◇ *vt* **- 1.** [at auction] bieten **- 2.** *literary* [request]: **to ~ sb do sthg** jn bitten, etw zu tun **- 3.** *fml* [say]: **to ~ sb good morning** jm einen guten Morgen wünschen; **to ~ sb farewell** von jm Abschied nehmen ◇ *vi* [at auction]: **to ~ (for)** bieten (für).

bidder [ˈbɪdəʳ] *n* Bietende *der, die.*

bidding [ˈbɪdɪŋ] *n* [at auction] Bieten *das.*

bide [baɪd] *vt:* **to ~ one's time** (eine Gelegenheit) ab|warten.

bidet [ˈbiːdeɪ] *n* Bidet *das.*

biennial [baɪˈenɪəl] *adj* zweijährlich <> *n* [plant] zweijährige Pflanze.

bier [bɪəʳ] *n* Bahre *die.*

bifocals [ˌbaɪˈfəʊklz] *npl* Brille *die* mit Bifokalgläsern.

BIFU [ˈbɪfuː] (*abbr of* **The Banking, Insurance and Finance Union**) *n* ≃ HBV *die, britische Gewerkschaft der Arbeitnehmer in den Bereichen Finanzwesen, Banken und Versicherungen.*

big [bɪg] (*compar* **-ger;** *superl* **-gest**) *adj* **- 1.** [gen] groß; **how ~ is it?** wie groß ist es?; **my ~ brother** mein großer Bruder; **~ ideas** hochfliegende Ideen **- 2.** [important] bedeutend; **the ~ day** der große Tag **- 3.** [conceited]: **to have a ~ head** eingebildet sein **- 4.** [phr] *inf:* **he's into motorbikes in a ~ way** er ist vernarrt in Motorräder.

bigamist [ˈbɪgəmɪst] *n* Bigamist *der.*

bigamy [ˈbɪgəmɪ] *n* Bigamie *die.*

Big Apple *n umgangssprachliche Bezeichnung für New York (City).*

Big Ben [-ˈben] *n* Big Ben *der.*

big business *n (U)* [large companies] Hochfinanz *die.*

big cat *n* Großkatze *die.*

big deal *inf n:* **it's no ~** das ist kein Problem; **what's the ~?** was ist schon dabei? <> *excl* und wenn schon!

Big Dipper [-ˈdɪpəʳ] *n* **- 1.** *Br* [rollercoaster] Achterbahn *die* **- 2.** *Am* ASTRON: **the ~** der Große Bär.

big end *n* AUT Pleuelfuß *der.*

big fish *n inf* [person] hohes Tier.

big game *n* Großwild *das.*

big hand *n* **- 1.** [on clock] großer Zeiger **- 2.** *inf* [applause] großer Beifall.

bighead [ˈbɪghed] *n inf* Angeber *der.*

bigheaded [ˌbɪgˈhedɪd] *adj inf* eingebildet.

big-hearted [-ˈhɑːtɪd] *adj* großherzig, großzügig.

big money *n inf:* **he earns ~** er verdient einen Haufen Geld.

big mouth *n inf* [person] Großmaul *das;* **he's got a ~** er hat eine große Klappe.

big name *n inf* Größe *die.*

bigot [ˈbɪgət] *n* bigotter Mensch.

bigoted [ˈbɪgətɪd] *adj* bigott.

bigotry [ˈbɪgətrɪ] *n* Bigotterie *die.*

big shot *n inf* hohes Tier.

big time *n inf:* **to make** OR **hit the ~** ganz groß raus|kommen.

big toe *n* großer Zeh.

big top *n* Zirkuszelt *das.*

big wheel *n* **- 1.** *Br* [at fairground] Riesenrad *das* **- 2.** *inf* [big shot] hohes Tier.

bigwig [ˈbɪgwɪg] *n inf pej* hohes Tier.

bike [baɪk] *n inf* **- 1.** [cycle] Rad *das* **- 2.** [motorcycle] Motorrad *das.*

bikeway [ˈbaɪkweɪ] *n Am* Radweg *der.*

bikini [bɪˈkiːnɪ] *n* Bikini *der.*

bilateral [ˌbaɪˈlætərəl] *adj* bilateral.

bilberry [ˈbɪlbərɪ] (*pl* **-ies**) *n* Heidelbeere *die.*

bile [baɪl] *n* Galle *die.*

bilingual [baɪˈlɪŋgwəl] *adj* zweisprachig.

bilious [ˈbɪljəs] *adj* **- 1.** [colour] widerlich **- 2.** [nauseous] übel.

bill [bɪl] *n* **- 1.** [statement of cost] Rechnung *die* **- 2.** [in parliament] Gesetzentwurf *der* **- 3.** [of show, concert] Programm *das* **- 4.** *Am* [bank note] Geldschein *der*, Banknote *die* **- 5.** [poster]: **'post** OR **stick no ~s'** 'Plakate ankleben verboten' **- 6.** [of bird] Schnabel *der* **- 7.** *phr:* **to be given a clean ~ of health** MED eine gute Gesundheit bescheinigt bekommen <> *vt:* **to ~ sb (for sthg)** jm eine Rechnung (für etw) schicken.

billboard [ˈbɪlbɔːd] *n* Plakatwand *die.*

billet [ˈbɪlɪt] *n* Quartier *das* <> *vt* ein|quartieren.

billfold [ˈbɪlfəʊld] *n Am* Brieftasche *die.*

billiards [ˈbɪljədz] *n (U)* Billard *das.*

billion [ˈbɪljən] *num* **- 1.** [thousand million] Milliarde *die* **- 2.** *Br dated* [million million] Billion *die.*

billionaire [ˌbɪljəˈneəʳ] *n* Milliardär *der*, -in *die.*

bill of exchange *n* Wechsel *der.*

bill of lading [-ˈleɪdɪŋ] *n* Konnossement *der.*

Bill of Rights *n:* **the ~** *die ersten zehn Zusätze zu den Grundrechten der Vereinigten Staaten.*

BILL OF RIGHTS

Bezeichnung für die ersten zehn Amendments (Ergänzungen) der Verfassung der USA, die 1791, zwei Jahre nach Inkrafttreten der Verfassung, ratifiziert wurden. Sie schützen die Rechte des Bürgers in Bezug auf Rede-, Religions-, Versammlungsfreiheit usw.

bill of sale *n* Kaufvertrag *der.*

billow [ˈbɪləʊ] *n* [of smoke] Schwaden *der* <> *vi* **- 1.** [smoke, steam] in Schwaden ziehen **- 2.** [skirt, sail] sich blähen.

billposter ['bɪl,pəʊstəʳ] *n* Plakatankleber *der*.
billycan ['bɪlɪkæn] *n* Kochgeschirr *das*.
billy goat ['bɪlɪ-] *n* Ziegenbock *der*.
bimbo ['bɪmbəʊ] (*pl* **-s** OR **-es**) *n* **inf pej** Tussi *die*.
bimonthly [,baɪ'mʌnθlɪ] *adj* **- 1.** [every two months] zweimonatlich **- 2.** [twice a month] vierzehntäglich <> *adv* **- 1.** [every two months] jeden zweiten Monat **- 2.** [twice a month] zweimal monatlich.
bin [bɪn] (*pt* & *pp* **-ned**; *cont* **-ning**) *n* **- 1.** ***Br*** [for rubbish] Abfalleimer *der* **- 2.** [for coal] Eimer *der*; [for grain] Tonne *die* **- 3.** [for bread] Brotkasten *der*; [for flour] Dose *die* <> *vt* ***inf*** [discard] weg|schmeißen.
binary ['baɪnərɪ] *adj* binär.
bind [baɪnd] (*pt* & *pp* **bound**) *vt* **- 1.** [gen] binden **- 2.** [bandage] verbinden **- 3.** [constrain] verpflichten <> *n* ***inf*** **- 1.** ***Br*** [nuisance]: **it's a real ~** es ist sehr lästig **- 2.** [difficult situation] Klemme *die*.
◆ **bind over** *vt sep* verwarnen.
binder ['baɪndəʳ] *n* **- 1.** [machine] Bindemaschine *die* **- 2.** [person] Buchbinder *der*, -in *die* **- 3.** [cover] Ordner *der*, Hefter *der*.
binding ['baɪndɪŋ] *adj* verbindlich, bindend <> *n* [of book] Einband *der*.
binge [bɪndʒ] ***inf*** *n*: **to go on a ~** [on drink] auf Sauftour gehen; [on food] eine Fresstour machen <> *vi*: **to ~ on sthg** [drink] etw saufen; [food] etw fressen.
bingo ['bɪŋgəʊ] *n* Bingo *das*.
bin-liner *n* ***Br*** Müllsack *der*.
binoculars [bɪ'nɒkjʊləz] *npl* Fernglas *das*.
biochemistry [,baɪəʊ'kemɪstrɪ] *n* Biochemie *die*.
biodegradable [,baɪəʊdɪ'greɪdəbl] *adj* biologisch abbaubar.
biodiversity [,baɪəʊdaɪ'vɜːsətɪ] *n* Artenvielfalt *die*.
biographer [baɪ'ɒgrəfəʳ] *n* Biograph *der*, -in *die*.
biographic(al) [,baɪə'græfɪk(l)] *adj* biographisch.
biography [baɪ'ɒgrəfɪ] (*pl* **-ies**) *n* Biografie *die*.
biological [,baɪə'lɒdʒɪkl] *adj* biologisch.
biological weapon *n* biologische Waffe.
biologist [baɪ'ɒlədʒɪst] *n* Biologe *der*, -gin *die*.
biology [baɪ'ɒlədʒɪ] *n* Biologie *die*.
biopic ['baɪəʊpɪk] *n* ***inf*** biografischer Film.
biopsy ['baɪɒpsɪ] (*pl* **-ies**) *n* Biopsie *die*.
biotechnology [,baɪəʊtek'nɒlədʒɪ] *n* Biotechnik *die*.
bipartite [,baɪ'pɑːtaɪt] *adj* [treaty] zweiseitig.
biplane ['baɪpleɪn] *n* Doppeldecker *der*.
birch [bɜːtʃ] *n* **- 1.** [tree] Birke *die* **- 2.** [stick]: **the ~** die Rute.
bird [bɜːd] *n* **- 1.** [creature] Vogel *der*; **to kill two ~s with one stone** zwei Fliegen mit einer Klappe schlagen **- 2.** ***inf*** [woman] Braut *die*.
birdcage ['bɜːdkeɪdʒ] *n* Vogelkäfig *der*.
birdie ['bɜːdɪ] *n* **- 1.** [bird] Vögelchen *das* **- 2.** [in golf] Birdie *das*.
bird of paradise *n* Paradiesvogel *der*.
bird of prey *n* Raubvogel *der*.
birdseed ['bɜːdsiːd] *n* *(U)* Vogelfutter *das*, Körner *pl*.
bird's-eye view *n* Vogelperspektive *die*.
bird-watcher [-,wɒtʃəʳ] *n* Vogelbeobachter *der*, -in *die*.
Biro® ['baɪərəʊ] *n* Kugelschreiber *der*.
birth [bɜːθ] *n* **- 1.** [of baby] Geburt *die*; **to give ~ (to)** gebären **- 2.** ***fig*** [of idea, system, country] Geburtsstunde *die*.
birth certificate *n* Geburtsurkunde *die*.
birth control *n* *(U)* Geburtenregelung *die*; **to use ~** verhüten.
birthday ['bɜːθdeɪ] *n* Geburtstag *der* <> *comp* Geburtstags-.
birthmark ['bɜːθmɑːk] *n* Muttermal *das*.
birthplace ['bɜːθpleɪs] *n* Geburtsort *der*.
birthrate ['bɜːθreɪt] *n* Geburtenrate *die*.
birthright ['bɜːθraɪt] *n* Geburtsrecht *das*.
Biscay ['bɪskeɪ] *n*: **the Bay of ~** der Golf von Biskaya.
biscuit ['bɪskɪt] *n* **- 1.** ***Br*** [thin dry cake] Keks *der* **- 2.** ***Am*** [bread-like cake] *Hefebrötchen, das üblicherweise mit Bratensaft gegessen wird.*
bisect [baɪ'sekt] *vt* **- 1.** GEOM halbieren **- 2.** [cut in two] durch|schneiden.
bisexual [,baɪ'sekʃʊəl] *adj* bisexuell <> *n* Bisexuelle *der, die*.
bishop ['bɪʃəp] *n* **- 1.** [in church] Bischof *der* **- 2.** [in chess] Läufer *der*.
bison ['baɪsn] (*pl inv* OR **-s**) *n* Bison *der*.
bistro ['biːstrəʊ] (*pl* **-s**) *n* Bistro *das*.
bit [bɪt] *pt* ▷ **bite** <> *n* **- 1.** [small piece] Stück *das*, Stückchen *das*; **~s and pieces *Br*** [objects] Krimskrams *der*; **to fall to ~s** kaputt|gehen, auseinander fallen **- 2.** [unspecified amount]: **a ~ of** ein bisschen; **quite a ~ of** eine ganze Menge **- 3.** [short time]: **for a ~** für ein Weilchen **- 4.** [of drill] Bohrer *der*, Bohreinsatz *der* **- 5.** [of bridle] Trensengebiss *das* **- 6.** COMPUT Bit *das* **- 7.** ***phr***: **to do one's ~ *Br*** sein(en) Teil (dazu) bei|tragen; **every ~ as ... as** genauso ... wie; **it's a ~ much** [overwhelming] es ist ein bisschen zuviel; [unreasonable] es ist ein starkes Stück; **not a ~** kein bisschen.
◆ **a bit** *adv* [tired, late, confused] ein bisschen.

◆ **bit by bit** *adv* Stück für Stück.

bitch [bɪtʃ] *n* - **1.** [female dog] Hündin *die* - **2.** *v inf pej* [unpleasant woman] Miststück *das*, Schnepfe *die* ◇ *vi inf* - **1.** [complain] meckern - **2.** [talk unpleasantly]: **to ~ about sb** über jn herziehen.

bitchy [bɪtʃɪ] (*compar* **-ier;** *superl* **-iest**) *adj inf* gehässig, gemein.

bite [baɪt] (*pt* **bit;** *pp* **bitten**) *n* Biss *der;* **to have a ~ (to eat)** einen Happen essen ◇ *vt* beißen ◇ *vi* - **1.** [animal, person, insect] beißen; **to ~ into sthg** in etw (hinein|)beißen; **to ~ off more than one can chew** den Mund zu voll nehmen, sich übernehmen - **2.** [tyres, clutch] greifen - **3.** *fig* [sanction, law] greifen.

biting ['baɪtɪŋ] *adj* - **1.** [wind, cold] schneidend, beißend - **2.** [caustic - comment] bissig.

bitmap ['bɪtmæp] *n* COMPUT Bitmap *das*.

bit part *n* kleine Rolle, Nebenrolle *die*.

bitten ['bɪtn] *pp* ▻ **bite.**

bitter ['bɪtəʳ] *adj* - **1.** [gen] bitter; **it's ~ (weather) today** es ist heute bitterkalt; **to the ~ end** bis zum bitteren Ende - **2.** [argument, war] erbittert - **3.** [resentful] verbittert ◇ *n* **Br** [beer] *dem Altbier ähnliches Bier.*

bitter lemon *n* Bitter Lemon *das*.

bitterly ['bɪtəlɪ] *adv* [disappointed] bitter; [weep, regret] bitterlich; **~ cold** bitterkalt.

bitterness ['bɪtənɪs] *n* Bitterkeit *die*.

bittersweet ['bɪtəswiːt] *adj* [taste] bittersüß; **~ memories** schmerzlich-schöne Erinnerungen.

bitty ['bɪtɪ] (*compar* **-ier;** *superl* **-iest**) *adj* **Br** *inf* [story, film] zusammengestückelt.

bitumen ['bɪtjumɪn] *n* Bitumen *das*.

bivouac ['bɪvuæk] (*pt* & *pp* **-ked;** *cont* **-king**) *n* Biwak *das* ◇ *vi* biwakieren.

biweekly [ˌbaɪ'wiːklɪ] *adj* & *adv* - **1.** [every two weeks] vierzehntäglich - **2.** [twice a week] zweimal wöchentlich.

bizarre [bɪ'zɑːʳ] *adj* exzentrisch; [house, landscape] bizarr.

bk - **1.** *abbr of* **bank** - **2.** *abbr of* **book.**

bl *abbr of* **bill of lading.**

blab [blæb] (*pt* & *pp* **-bed;** *cont* **-bing**) *vi inf* quatschen.

black [blæk] *adj* - **1.** [gen] schwarz; **he beat her ~ and blue** er hat sie grün und blau geschlagen; **~ and white** [films, photos] schwarz-weiß - **2.** [future] finster, düster - **3.** [look] finster; **to be in a ~ mood** deprimiert sein ◇ *n* - **1.** [colour] Schwarz *das;* **in ~ and white** [in writing] schwarz auf weiß; **in the ~** [solvent] in den schwarzen Zahlen - **2.** [person] Schwarze *der, die* ◇ *vt* **Br** [boycott] boykottieren.

◆ **black out** *vt sep* [city] verdunkeln ◇ *vi* [faint] ohnmächtig werden.

blackball ['blækbɔːl] *vt* stimmen gegen.

black belt *n* schwarzer Gürtel.

blackberry ['blækbərɪ] (*pl* **-ies**) *n* Brombeere *die*.

blackbird ['blækbɜːd] *n* Amsel *die*.

blackboard ['blækbɔːd] *n* Tafel *die*.

black box *n* [flight recorder] Flugschreiber *der*.

black comedy *n* schwarze Komödie.

blackcurrant [ˌblæk'kʌrənt] *n* schwarze Johannisbeere.

black economy *n* Schattenwirtschaft *die*.

blacken ['blækn] *vt* - **1.** [in colour] schwärzen - **2.** *fig* [reputation, name] an|schwärzen ◇ *vi* [sky] sich verdunkeln.

black eye *n* schwarzes Auge.

Black Forest *n* Schwarzwald *der;* **in the ~** im Schwarzwald.

blackhead ['blækhed] *n* Mitesser *der*.

black hole *n* ASTRON schwarzes Loch.

black ice *n (U)* Glatteis *das*.

blackjack ['blækdʒæk] *n* - **1.** [card game] Siebzehnundvier *das* - **2.** **Am** [weapon] Totschläger *der*.

blackleg ['blækleg] *n* **pej** Streikbrecher *der*, -in *die*.

blacklist ['blæklɪst] *n* schwarze Liste ◇ *vt* auf die schwarze Liste setzen.

black magic *n* schwarze Kunst, schwarze Magie.

blackmail ['blækmeɪl] *n* Erpressung *die* ◇ *vt* erpressen.

blackmailer ['blækmeɪləʳ] *n* Erpresser *der*, -in *die*.

Black Maria [-mə'raɪə] *n inf* Grüne Minna.

black mark *n* Minuspunkt *der*.

black market *n* Schwarzmarkt *der*.

blackout ['blækaut] *n* - **1.** [in wartime] Verdunkelung *die* - **2.** [power cut] Stromausfall *der* - **3.** [suppression of news] Nachrichtensperre *die* - **4.** [fainting fit] Ohnmachtsanfall *der*.

black pudding *n* **Br** Blutwurst *die*.

Black Sea *n*: **the ~** das Schwarze Meer.

black sheep *n* schwarzes Schaf.

blacksmith ['blæksmɪθ] *n* Schmied *der*, -in *die*.

black spot *n* [for road accidents] Gefahrenstelle *die*.

black-tie *adj* in Abendkleidung.

bladder ['blædəʳ] *n* ANAT Blase *die*.

blade [bleɪd] *n* - **1.** [of knife, razor] Klinge *die* - **2.** [of propeller, saw, oar] Blatt *das* - **3.** [of grass] Halm *der*.

blame [bleɪm] *n* Schuld *die;* **to take the ~ for**

sthg die Schuld für etw auf sich *(A)* nehmen ◇ *vt* beschuldigen; **to ~ sthg on sb/sthg** jm/etw die Schuld an etw *(D)* geben; **they ~d her for the defeat** sie gaben ihr die Schuld an der Niederlage; **to be to ~ for sthg** an etw *(D)* schuld sein.

blameless ['bleɪmlɪs] *adj* schuldlos, unbescholten.

blanch [blɑːntʃ] *vt* CULIN blanchieren ◇ *vi* [go white] erbleichen.

blancmange [blə'mɒndʒ] *n* Pudding *der*.

bland [blænd] *adj* - **1.** [person] farblos - **2.** [food] fad - **3.** [music, style] nichtssagend.

blank [blæŋk] *adj* leer ◇ *n* - **1.** [empty space] Leere *die*, leere Stelle - **2.** MIL [cartridge] Platzpatrone *die* - **3.** *phr:* **to draw a ~** keinen Erfolg haben.

blank cheque *n* Blankoscheck *der;* **to give sb a ~ to do sthg** *fig* jm freie Hand lassen, etw zu tun.

blanket ['blæŋkɪt] *adj* [ban, coverage] allgemein ◇ *n* - **1.** [bed cover] Decke *die* - **2.** [layer] Schicht *die* ◇ *vt* [subj: snow, fog] zudecken.

blanket bath *n Br* MED: **to give sb a ~** jn im Bett waschen.

blankly ['blæŋklɪ] *adv* [stare] ausdruckslos.

blare [bleəʳ] *vi* plärren.

◆ **blare out** *vi* plärren.

blasé [blɑː'zeɪ] *adj* blasiert.

blasphemous ['blæsfəməs] *adj* blasphemisch, lästerlich.

blasphemy ['blæsfəmɪ] (*pl* **-ies**) *n* Blasphemie *die*.

blast [blɑːst] *n* - **1.** [of bomb] Explosion *die* - **2.** [of air] Windstoß *der* - **3.** *Am inf* **: John's party was a ~** John's Party war total geil; **we had a real ~** wir haben einen Riesenspaß gehabt ◇ *vt* [hole, tunnel] sprengen ◇ *excl Br inf* verdammt.

◆ **(at) full blast** *adv* - **1.** [maximum volume] auf höchster Lautstärke - **2.** [maximum effort, speed] auf Hochtouren.

◆ **blast off** *vi* SPACE starten.

blasted ['blɑːstɪd] *adj* **inf** [for emphasis] verdammt.

blast furnace *n* Hochofen *der*.

blast-off *n* SPACE Start *der*.

blatant ['bleɪtənt] *adj* [shameless] unverhohlen.

blatantly ['bleɪtəntlɪ] *adv* offensichtlich.

blaze [bleɪz] *n* - **1.** [fire] Brand *der*, Feuer *das* - **2.** *fig* [of colour, light] Pracht *die;* **in a ~ of publicity** mit großem Werbeaufwand ◇ *vi* - **1.** [fire] lodern - **2.** *fig* [with colour, emotion] brennen.

blazer ['bleɪzəʳ] *n* Blazer *der*.

blazing ['bleɪzɪŋ] *adj* - **1.** [sun, heat] brennend; **~ hot** brennend heiß - **2.** [argument, row] hitzig.

bleach [bliːtʃ] *n (U)* [for clothes] Bleichmittel *das;* [for cleaning] Reinigungsmittel *das* ◇ *vt* [hair, clothes] bleichen.

bleached [bliːtʃt] *adj* [hair, jeans] gebleicht.

bleachers ['bliːtʃəz] *npl* **Am** SPORT *nicht überdachte Zuschauertribüne.*

bleak [bliːk] *adj* - **1.** [weather] trüb, trostlos; [place] trostlos - **2.** [future, face, person] trüb.

bleary ['blɪərɪ] (*compar* **-ier;** *superl* **-iest**) *adj* [eyes] trüb, verschlafen.

bleary-eyed [ˌblɪərɪ'aɪd] *adj* verschlafen.

bleat [bliːt] *n* [of sheep] Blöken *das;* [of goat] Meckern *das* ◇ *vi* - **1.** [sheep] blöken; [goat] meckern - **2.** *fig* [person] meckern.

bleed [bliːd] (*pt* & *pp* **bled** [bled]) *vt* [drain] entlüften ◇ *vi* bluten.

bleep [bliːp] *n* Piepton *der*, Signalton *der* ◇ *vt* [call] rufen ◇ *vi* piepen.

bleeper ['bliːpəʳ] *n* Piepser *der*, Funkrufempfänger *der*.

blemish ['blemɪʃ] *n* **lit** & **fig** Makel *der* ◇ *vt* [reputation] beflecken.

blend [blend] *n* **lit** & **fig** Mischung *die* ◇ *vt* (ver)mischen; **to ~ sthg with sthg** etw mit etw mischen ◇ *vi* [colours, sounds] sich (ver)mischen; **to ~ with sthg** mit etw mischen.

◆ **blend in** *vi* - **1.** [person] sich einlfügen - **2.** [colours, sounds] verschmelzen.

◆ **blend into** *vt fus* [background] sich einlfügen in *(+ A)*.

blender ['blendəʳ] *n* [food mixer] Mixer *der*.

bless [bles] (*pt* & *pp* **-ed** OR **blest**) *vt* - **1.** RELIG segnen - **2.** [endow]: **to be ~ed with sthg** mit etw gesegnet sein - **3.** *phr:* **~ you!** [after sneezing] Gesundheit!; [thank you] du bist ein Engel!

blessed ['blesɪd] *adj* - **1.** [wonderful & RELIG] gesegnet - **2.** **inf** [for emphasis] verdammt.

blessing ['blesɪŋ] *n* **lit** & **fig** Segen *der;* **to count one's ~s** seinem Schöpfer danken können; **it's a ~ in disguise** das ist Glück im Unglück; **a mixed ~** kein ungetrübtes Vergnügen.

blest [blest] *pt* & *pp* ▷ **bless.**

blew [bluː] *pt* ▷ **blow.**

blight [blaɪt] *n* - **1.** *(U)* [plant disease] Brand *der* - **2.** *fig* [curse] dunkler Schatten - **3.** *(U)* **fig** [of city] Verfall *der* ◇ *vt* beeinträchtigen.

blimey ['blaɪmɪ] *excl* **Br inf** herrje!

blind [blaɪnd] *adj* - **1.** [gen] blind; **to be ~ to sthg** *fig* gegenüber OR für etw blind sein - **2.** **Br inf** [for emphasis]: **it doesn't make a ~ bit of difference** das ist doch völlig egal! ◇ *adv:* **~ drunk** sinnlos betrunken ◇ *n* [for window] Jalousie *die* ◇ *npl:* **the ~** die Blinden *pl* ◇ *vt* blenden; **to ~ sb to sthg *fig*** jn für etw blind machen.

blind alley *n* **lit** & **fig** Sackgasse *die*.

blind corner *n* unübersichtliche Kurve.

blind date *n* *Rendezvous mit einem oder einer Unbekannten.*

blinders ['blaɪndəz] *npl* **Am** Scheuklappen *pl*.

blindfold ['blaɪndfəʊld] *adv* mit verbundenen Augen ◇ *n* Augenblinde *die* ◇ *vt:* **to ~ sb** jm die Augen verbinden.

blinding ['blaɪndɪŋ] *adj* [light] grell.

blindingly ['blaɪndɪŋlɪ] *adv* [obvious] völlig

blindly ['blaɪndlɪ] *adv* **lit** & **fig** blindlings.

blindness ['blaɪndnɪs] *n* Blindheit *die*.

blind spot *n* **- 1.** [when driving] toter Winkel **- 2. *fig*** [inability to understand]: **to have a ~ about sthg** (überhaupt) keine Begabung für etw haben.

blink [blɪŋk] *n* **- 1.** [of eyes, light] Blinzeln *das* **- 2.** *phr:* **to be on the ~ *inf*** [machine] eine Macke haben ◇ *vt* **- 1.** [eyes] an|blinzeln, zu|zwinkern **- 2. *Am* AUT: to ~ one's lights** die Scheinwerfer aufleuchten lassen ◇ *vi* **- 1.** [eyes] blinzeln, zwinkern **- 2.** [light] auf|scheinen, auf|leuchten.

blinkered ['blɪŋkəd] *adj* **- 1.** [horse] mit Scheuklappen **- 2. *fig*** [view, attitude] engstirnig.

blinkers ['blɪŋkəz] *npl* **Br** [for horse] Scheuklappen *pl*.

blinking ['blɪŋkɪŋ] *adj* **Br inf** [for emphasis] verflixt.

blip [blɪp] *n* **- 1.** [sound] Piepton *der*, Piepen *das* **- 2.** [on radar] leuchtendes Pünktchen.

bliss [blɪs] *n* Glück *das*, (Glück)seligkeit *die;* **it was sheer ~** es war die reinste Wonne.

blissful ['blɪsfʊl] *adj* herrlich; **in ~ ignorance** in völliger Ahnungslosigkeit.

blissfully ['blɪsfʊlɪ] *adv* [happy, unaware] vollkommen.

blister ['blɪstəʳ] *n* Blase *die* ◇ *vi* **- 1.** [skin] Blasen bekommen **- 2.** [paint] Blasen werfen.

blistering ['blɪstərɪŋ] *adj* **- 1.** [heat, sun] glühend **- 2.** [attack] scharf.

blister pack *n* *Verpackung für Tabletten mit einer hubbeligen Oberseite aus Plastik.*

blithe [blaɪð] *adj* **- 1.** [unworried] unbekümmert, sorglos **- 2. *dated*** [cheerful] heiter.

blithely ['blaɪðlɪ] *adv* unbekümmert.

blitz [blɪts] *n* MIL Luftangriff *der;* **I had a ~ on my bedroom *Br fig*** ich habe in meinem Zimmer einmal schnell gründlich aufgeräumt.

blizzard ['blɪzəd] *n* Schneesturm *der*.

bloated ['bləʊtɪd] *adj* **- 1.** [body, face] aufgedunsen **- 2.** [with food] übersatt.

blob [blɒb] *n* **- 1.** [of paint] Klecks *der;* [of cream] Klacks *der* **- 2.** [indistinct form] Fleck *der*.

bloc [blɒk] *n* POL Block *der*.

block [blɒk] *n* **- 1.** [building]: **~ (of flats)** Wohnhaus *das;* **office ~** Bürohaus *das* **- 2.** [of ice, wood, stone] Klotz *der* **- 3. *Am*** [of buildings] Block *der;* **it's three ~s away** es ist drei Blocks OR Straßen weiter **- 4.** [mental] geistige Sperre **- 5.** TECH: **~ and tackle** Flaschenzug *der* ◇ *vt* **- 1.** [road, path, law] blockieren; [pipe] verstopfen **- 2.** [view] versperren.

◆ **block off** *vt sep* [road, channel, entrance] ab|sperren; [pipe] blockieren.

◆ **block out** *vt sep* **- 1.** [from mind] verdrängen **- 2.** [light] nicht durch|lassen.

◆ **block up** *vt sep* verstopfen; **my nose is all ~ed up** meine Nase ist völlig verstopft.

blockade [blɒ'keɪd] *n* Blockade *die* ◇ *vt* blockieren, sperren.

blockage ['blɒkɪdʒ] *n* Verstopfung *die*.

block booking *n* Gruppenreservierung *die*.

blockbuster ['blɒkbʌstəʳ] *n* **inf** Kassenschlager *der*.

block capitals *npl* Blockschrift *die*.

blockhead ['blɒkhed] *n* **inf** Dummkopf *der*, Esel *der*.

block letters *npl* Blockschrift *die*.

block vote *n* **Br** Stimmenblock *der*.

bloke [bləʊk] *n* **Br inf** Typ *der*.

blond [blɒnd] *adj* blond.

blonde [blɒnd] *adj* blond ◇ *n* [woman] Blondine *die*.

blood [blʌd] *n* Blut *das;* **new OR fresh ~ *fig*** frisches Blut; **in cold ~** kaltblütig; **it's in his ~** es liegt ihm im Blut; **to make sb's ~ boil** jn rasend machen; **to make sb's ~ run cold** jm das Blut in den Adern erstarren lassen.

blood bank *n* Blutbank *die*.

bloodbath ['blʌdbɑːθ] *n* Blutbad *das*.

blood brother *n* Blutsbruder *der*.

blood cell *n* Blutzelle *die*.

blood count *n* Blutbild *das*.

bloodcurdling ['blʌd,kɜːdlɪŋ] *adj* markerschütternd.

blood donor *n* Blutspender *der*.

blood group *n* Blutgruppe *die*.

bloodhound ['blʌdhaʊnd] *n* Bluthund *der*.

bloodless ['blʌdlɪs] *adj* **- 1.** [face, lips] blutleer **- 2.** [coup, victory] unblutig.

bloodletting ['blʌd,letɪŋ] *n* Blutvergießen *das*.

blood money *n* Blutgeld *das*.

blood orange *n* Blutorange *die*.

blood poisoning *n* Blutvergiftung *die*.

blood pressure *n* Blutdruck *der*.

blood relation, blood relative *n* Blutsverwandte *der; die*.

bloodshed ['blʌdʃed] *n* Blutvergießen *das*.

bloodshot ['blʌdʃɒt] *adj* [eyes] blutunterlaufen.

blood sports *npl Sportarten, die das Töten von Tieren zum Ziel haben*.

bloodstained ['blʌdsteɪnd] *adj* blutbefleckt.

bloodstream ['blʌdstriːm] *n* Blutstrom *der*.

blood test *n* Blutprobe *die*.

bloodthirsty ['blʌd,θɜːstɪ] *adj* blutrünstig.

blood transfusion *n* Transfusion *die*.

blood type *n* Blutgruppe *die*.

blood vessel *n* Blutgefäß *das*.

bloody ['blʌdɪ] (*compar* **-ier;** *superl* **-iest**) *adj* **- 1.** [gen] blutig **- 2.** ***Br vinf*** [for emphasis] verdammt; **~ hell!** verdammt noch mal! ◇ *adv* ***Br vinf*** verdammt.

bloody-minded [-'maɪndɪd] *adj* ***Br inf*** stur.

bloom [bluːm] *n* Blüte *die* ◇ *vi* blühen.

blooming ['bluːmɪŋ] *adj* **- 1.** ***Br inf*** [for emphasis] verflixt; **~ heck!** verflixt noch mal! **- 2.** [healthy]: **to be ~ with health** sich blühender Gesundheit erfreuen ◇ *adv* ***Br inf*** verflixt.

blossom ['blɒsəm] *n* Blüte *die;* **in ~** in Blüte ◇ *vi* **- 1.** [tree] blühen **- 2.** ***fig*** [person] auf|blühen.

blot [blɒt] (*pt* & *pp* **-ted;** *cont* **-ting**) *n* **- 1.** [of ink etc] (Tinten)klecks *der* **- 2.** ***fig*** [blemish] Makel *der;* **a ~ on the landscape** ein Schandfleck in der Landschaft ◇ *vt* **- 1.** [dry] ab|löschen **- 2.** [spot with ink] beklecksen.

◆ **blot out** *vt sep* **- 1.** [sun, light] verdecken **- 2.** [memory] aus|löschen.

blotch [blɒtʃ] *n* Fleck *der*.

blotchy ['blɒtʃɪ] (*compar* **-ier;** *superl* **-iest**) *adj* fleckig.

blotter ['blɒtəʳ] *n* Löscher *der*.

blotting paper ['blɒtɪŋ-] *n (U)* Löschpapier *das*.

blouse [blaʊz] *n* Bluse *die*.

blouson ['bluːzɒn] *n Br* Blouson *das* OR *der*.

blow [bləʊ] (*pt* **blew;** *pp* **blown**) *vi* **- 1.** [wind] wehen; [stronger] blasen **- 2.** [move in the wind] wehen; **the door blew open/shut** die Tür flog auf/zu **- 3.** [person] blasen; **to ~ on one's coffee to cool it down** in den Kaffee pusten um ihn abzukühlen **- 4.** [fuse] durch|brennen **- 5.** [whistle] ertönen ◇ *vt* **- 1.** [subj: wind] wehen; [stronger] blasen **- 2.** [clear]: **to ~ one's nose** sich *(D)* die Nase putzen **- 3.** [whistle, horn, trumpet] blasen **- 4.** [bubbles] machen **- 5.** ***inf*** [money] verpulvern ◇ *n* Schlag *der;* **to come to ~s** handgreiflich werden; **to strike a ~ for sthg** ***fig*** etw *(D)* einen großen Dienst erweisen; **to soften the ~** [of bad news] die Härte der Nachricht ab|mildern.

◆ **blow away** *vi* [in wind] weg|fliegen.

◆ **blow out** *vt sep* aus|blasen ◇ *vi* **- 1.** [candle] aus|gehen **- 2.** [tyre] platzen.

◆ **blow over** *vi* **- 1.** [storm] sich legen **- 2.** [argument] in Vergessenheit geraten.

◆ **blow up** *vt sep* **- 1.** [inflate] auf|blasen; [with pump] auf|pumpen **- 2.** [with bomb] in die Luft jagen **- 3.** [photograph] vergrößern ◇ *vi* [explode] explodieren.

blow-by-blow *adj* detailliert.

blow-dry *n* Fönen *das;* **a cut and ~** Schneiden und Fönen ◇ *vt* fönen.

blowfly ['bləʊflaɪ] (*pl* **-flies**) *n* Schmeißfliege *die*.

blowgun *n Am* = **blowpipe.**

blowlamp ***Br*** ['bləʊlæmp], **blowtorch** ***esp Am*** ['bləʊtɔːtʃ] *n* Lötlampe *die*.

blown [bləʊn] *pp* ▷ **blow.**

blowout ['bləʊaʊt] *n* **- 1.** [of tyre]: **he had a ~** ihm platzte ein Reifen **- 2.** ***inf*** [big meal] Gelage *das*.

blowpipe ***Br*** ['bləʊpaɪp], **blowgun** ***Am*** [bləʊgʌn] *n* Blasrohr *das*.

blowtorch *n* ***esp Am*** = **blowlamp.**

blowzy ['blaʊzɪ] (*compar* **-ier;** *superl* **-iest**) *adj* ***Br*** schlampig.

blubber ['blʌbəʳ] *n* Walfischspeck *der* ◇ *vi* ***pej*** flennen, heulen.

bludgeon ['blʌdʒən] *vt* prügeln.

blue [bluː] *adj* **- 1.** [in colour] blau **- 2.** ***inf*** [sad] trübsinnig, melancholisch **- 3.** [film] Porno-; [joke] unanständig ◇ *n* Blau *das;* **in ~** (ganz) in Blau; **out of the ~** aus heiterem Himmel.

◆ **blues** *npl* **- 1.** MUS: **the ~s** der Blues **- 2.** ***inf*** [sad feeling]: **the ~s** ein Anfall von Melancholie.

blue baby *n Baby mit angeborenem Herzfehler*.

bluebell ['bluːbel] *n* Glockenblume *die*.

blueberry ['bluːbərɪ] (*pl* **-ies**) *n* Blaubeere *die*, Heidelbeere *die*.

blue-black *adj* blauschwarz.

blue-blooded [-'blʌdɪd] *adj* blaublütig.

bluebottle ['bluː,bɒtl] *n* Schmeißfliege *die*.

blue cheese *n* Blauschimmelkäse *der*.

blue chip *n* ST EX [share] Blue chip *der;* [company] erstklassige Firma.

blue-collar *adj:* **~ worker** Arbeiter *der*, -in *die;* **~ job** Stelle *die* für einen Arbeiter/eine Arbeiterin.

blue-eyed boy [-aɪd-] *n* ***inf*** Liebling *der*.

blue jeans *npl* ***Am*** (Blue) Jeans *die*.

blue moon *n* ***inf:*** **once in a ~** alle Jubeljahre einmal.

blueprint ['blu:prɪnt] *n* - **1.** CONSTR Blaupause *die* - **2.** *fig* [plan, programme] Entwurf *der*.

bluestocking ['blu:ˌstɒkɪŋ] *n* *pej* Blaustrumpf *der*.

blue tit *n* *Br* Blaumeise *die*.

blue whale *n* Blauwal *der*.

bluff [blʌf] *adj* [person, manner] raubeinig <> *n* - **1.** [deception] Bluff *der;* **to call sb's ~** jn dazu auf|fordern, seine Drohung wahrzumachen - **2.** [cliff] Steilhang *der* <> *vt* bluffen; **he ~ed his way through** er hat sich durchgemogelt <> *vi* bluffen.

blunder ['blʌndəʳ] *n* Schnitzer *der;* **to make a social ~** einen Fauxpas begehen <> *vi* - **1.** [make mistake] einen Schnitzer machen; [socially] sich blamieren - **2.** [move clumsily] tappen.

blundering ['blʌndərɪŋ] *adj* stümperhaft.

blunt [blʌnt] *adj* - **1.** [knife, pencil, instrument] stumpf - **2.** [person] geradeheraus; [manner, question] unverblümt <> *vt* - **1.** [knife] stumpf machen - **2.** *fig* [enthusiasm] dämpfen; [impact] ab|schwächen.

bluntly ['blʌntlɪ] *adv* unverblümt, geradeheraus.

bluntness ['blʌntnɪs] *n* Unverblümtheit *die*.

blur [blɜ:ʳ] (*pt* & *pp* **-red;** *cont* **-ring**) *n* verschwommener Fleck; **he couldn't remember anything about the accident, it was all a ~** er konnte sich an nichts bezüglich des Unfalls erinnern, alles war verschwommen <> *vt* - **1.** [outline, photograph] unscharf machen - **2.** [distinction] undeutlich machen; **his eyes were ~red with tears** seine Augen schwammen in Tränen.

blurb [blɜ:b] *n* *inf* [on book] Klappentext *der*.

blurred [blɜ:d] *adj* - **1.** [outline, photograph] unscharf - **2.** [distinction] undeutlich.

blurt [blɜ:t] ◆ **blurt out** *vt sep* heraus|platzen mit.

blush [blʌʃ] *n* Röte *die;* **to spare sb's ~es** jn nicht in Verlegenheit bringen <> *vi* rot werden, erröten.

blusher ['blʌʃəʳ] *n* Rouge *das*.

bluster ['blʌstəʳ] *n* großes Geschrei, Toben *das* <> *vi* toben.

blustery ['blʌstərɪ] *adj* stürmisch.

Blvd *abbr of* **boulevard.**

BMA (*abbr of* **British Medical Association**) *n* *britischer Ärzteverband.*

BMJ (*abbr of* **British Medical Journal**) *n* *Zeitschrift des britischen Ärzteverbandes.*

BMX (*abbr of* **bicycle motorcross**) *n:* **~ bike** BMX-Rad *das*.

BNP (*abbr of* **British National Party**) *n* *rechtsextreme britische Partei.*

BO *n abbr of* **body odour.**

boa constrictor ['bəʊəkən'strɪktəʳ] *n* Boa *die*.

boar [bɔ:ʳ] *n* - **1.** [male pig] Eber *der* - **2.** [wild pig] Keiler *der*.

board [bɔ:d] *n* - **1.** [plank] Brett *das* - **2.** [for notices - large] schwarzes Brett; [- small] Pinnwand *die* - **3.** [for games] Spielbrett *das* - **4.** [blackboard] Tafel *die* - **5.** ADMIN: **~ (of directors)** Vorstand *der;* **~ of examiners** Prüfungskommission *die;* **~ of enquiry** Untersuchungsausschuss *der* - **6.** *Br* [at hotel, guesthouse] Verpflegung *die;* **~ and lodging** Unterkunft und Verpflegung; **full/half ~** Voll-/Halbpension *die* - **7.** *phr:* **above ~** offen, einsichtig; **to go by the ~** *fig* ins Wasser fallen; **to sweep the ~** auf der ganzen Linie siegen <> *vt* [train, bus] ein|steigen in (+ *A*); **to ~ a ship/aircraft** an Bord eines Schiffes/Flugzeugs gehen.

◆ **across the board** *adj* [increase] generell <> *adv* [apply] überall.

◆ **on board** *prep* [ship, plane] an Bord (+ *G*); [bus, train] in (+ *D*) <> *adv:* **to be on ~** [on ship, plane] an Bord sein; [on train] im Zug sein; **to take sthg on ~** [knowledge] etw berücksichtigen; [advice] etw an|nehmen.

◆ **board up** *vt sep* mit Brettern vernageln.

boarder ['bɔ:dəʳ] *n* - **1.** [lodger] Pensionsgast *der* - **2.** [at school] Internatsschüler *der*, -in *die*.

board game *n* Brettspiel *das*.

boarding card ['bɔ:dɪŋ-] *n* Bordkarte *die*.

boardinghouse ['bɔ:dɪŋhaʊs, *pl* -haʊzɪz] *n* Pension *die*.

boarding school ['bɔ:dɪŋ-] *n* Internat *das*.

board meeting *n* Vorstandssitzung *die*.

Board of Trade *n* *Br:* **the ~** das Handelsministerium.

boardroom ['bɔ:drʊm] *n* Sitzungssaal *der*.

boardwalk ['bɔ:dwɔ:k] *n* *Am* Bohlenweg *der*.

boast [bəʊst] *n* Prahlerei *die;* **her proudest ~ is that she can windsurf** es ist ihr ganzer Stolz, windsurfen zu können <> *vt* [special feature] sich rühmen (+ *G*) <> *vi* prahlen; **to ~ about sthg** mit etw prahlen OR an|geben.

boastful ['bəʊstfʊl] *adj* prahlerisch, angeberisch.

boasting ['bəʊtɪŋ] *n* (*U*) Prahlerei *die*.

boat [bəʊt] *n* Boot *das;* [large] Schiff *das;* [for rowing] Ruderboot *das;* [for sailing] Segelboot *das;* **by ~** mit dem Boot; [large] mit dem Schiff; **to be in the same ~** im selben Boot OR in einem Boot sitzen; **to rock the ~** für Aufregung sorgen.

boater ['bəʊtəʳ] *n* [hat] steifer Strohhut.

boating ['bəʊtɪŋ] *n* Bootfahren *das*.

boat people *npl* Bootsflüchtlinge *pl*.

boatswain ['bəʊsn] *n* NAUT Bootsmann *der*.

bob [bɒb] (*pt* & *pp* **-bed;** *cont* **-bing**) *n* **- 1.** [hairstyle] Bubikopf *der* **- 2.** ***Br inf dated*** [shilling] Schilling *der* **- 3.** [bobsleigh] Bob *der* ◇ *vi* [boat, ship] auf und ab schaukeln.

bobbin [ˈbɒbɪn] *n* Spule *die*.

bobble [ˈbɒbl] *n* Pompom *der*, Bommel *der*.

bobby [ˈbɒbɪ] (*pl* **-ies**) *n* ***Br inf*** [policeman] Polizist *der*.

bobby pin *n* ***Am*** Haarklammer *die*.

bobby socks, bobby sox *npl* ***Am*** kurze Söckchen *pl*.

bobsleigh [ˈbɒbsleɪ] *n* Bob *der*.

bode [bəʊd] *vi* ***literary:*** **to ~ ill (for sb/sthg)** ein schlechtes Zeichen (für jn/etw) sein; **to ~ well (for sb/sthg)** ein gutes Zeichen (für jn/etw) sein.

bodice [ˈbɒdɪs] *n* Oberteil *das*.

bodily [ˈbɒdɪlɪ] *adj* körperlich; **~ functions** Körperfunktionen *pl* ◇ *adv* [carry, lift] mit dem ganzen Körper.

body [ˈbɒdɪ] (*pl* **-ies**) *n* **- 1.** [of human, animal] Körper *der;* **to keep ~ and soul together** Leib und Seele zusammen|halten **- 2.** [corpse] Leiche *die;* **over my dead ~!** nur über meine Leiche! **- 3.** [organization] Organisation *die* **- 4.** [of car] Karosserie *die;* [of plane] Rumpf *der* **- 5.** [group] Gruppe *die* **- 6.** [of wine] Körper *der* **- 7.** [of hair] Volumen *das* **- 8.** [garment] Body *der*.

body bag *n* Leichentransporthülle *die*.

body building *n* Bodybuilding *das*.

bodyguard [ˈbɒdɪgɑːd] *n* [one person] Leibwächter *der;* [group of people] Leibwache *die*.

body odour *n* Körpergeruch *der*.

body search *n* Leibesvisitation *die*.

body shop *n* **- 1.** [garage] Karosseriewerkstatt *die* **- 2.** ***Am inf*** [gym] Fitnesscenter *das*.

body stocking *n* Bodystocking *der*.

bodywork [ˈbɒdɪwɜːk] *n* Karosserie *die*.

boffin [ˈbɒfɪn] *n* ***Br inf*** [scientist] Eierkopf *der*.

bog [bɒg] *n* **- 1.** [marsh] Sumpf *der* **- 2.** ***Br inf*** [toilet] Klo *das*.

bogey [ˈbəʊgɪ] *n* [in golf] Bogey *das*.

bogeyman [ˈbəʊgɪmæn] *n* schwarzer Mann.

bogged down [ˌbɒgd-] *adj:* **~ (in sthg)** ***lit*** & ***fig*** (in etw *(D)*) festgefahren; **to get ~ in details** sich in Details verzetteln.

boggle [ˈbɒgl] *vi:* **the mind ~s!** es übersteigt den Verstand!

boggy [ˈbɒgɪ] (*compar* **-ier;** *superl* **-iest**) *adj* sumpfig, morastig.

bogie [ˈbəʊgɪ] *n* RAIL Drehgestell *das*.

Bogotá [bɒgeˈtɑː] *n* Bogota *nt*.

bog-standard *adj* ***inf*** stinknormal.

bogus [ˈbəʊgəs] *adj* [identity] falsch; [emotion] geheuchelt.

Bohemia [bəʊˈhiːmjə] *n* Böhmen *nt*.

bohemian [bəʊˈhiːmjən] *adj* [lifestyle] unkonventionell ◇ *n* Bohemien *der*.

◆ **Bohemian** *adj* böhmisch ◇ *n* Böhme *der*, -min *die*.

boil [bɔɪl] *n* **- 1.** [on skin] Furunkel *der* **- 2.** [boiling point]: **to bring sthg to the ~** etw zum Kochen bringen; **to come to the ~** zu kochen beginnen ◇ *vt* kochen; **to ~ the kettle** Wasser auf|setzen ◇ *vi* kochen; **the kettle is ~ing** das Wasser im Kessel kocht.

◆ **boil away** *vi* [evaporate] verkochen.

◆ **boil down to** *vt fus* ***fig*** hinaus|laufen auf (+ *A*).

◆ **boil over** *vi* **- 1.** [liquid] über|kochen **- 2.** ***fig*** [feelings] ihren Höhepunkt erreichen.

boiled [ˈbɔɪld] *adj* gekocht; **~ potatoes** Salzkartoffeln *pl;* **~ sweets** Bonbons *pl;* **~ egg** gekochtes Ei.

boiler [ˈbɔɪləʳ] *n* Boiler *der*.

boiler suit *n* ***Br*** Overall *der*, Blaumann *der*.

boiling [ˈbɔɪlɪŋ] *adj* [hot liquid] kochend heiß; [weather] wahnsinnig heiß; **I'm ~ (hot)!** mir ist fürchterlich heiß!; **to be ~ with rage** vor Wut kochen.

boiling point *n* Siedepunkt *der*.

boisterous [ˈbɔɪstərəs] *adj* ungestüm, wild.

bold [bəʊld] *adj* **- 1.** [person, plan] kühn, mutig **- 2.** ART [lines, colour] kräftig; [design] kühn **- 3.** TYPO: **~ type** *OR* **print** Fettdruck *der*.

boldly [ˈbəʊldlɪ] *adv* [confidently] kühn, mutig.

Bolivia [bəˈlɪvɪə] *n* Bolivien *nt*.

Bolivian [bəˈlɪvɪən] *adj* bolivianisch ◇ *n* Bolivier *der*, -in *die*.

bollard [ˈbɒlɑːd] *n* Poller *der*.

bollocks [ˈbɒləks] ***Br vinf*** *npl* Eier *pl* ◇ *excl* Scheiße!

Bolshevik [ˈbɒlʃɪvɪk] *adj* bolschewistisch ◇ *n* Bolschewik *der*, -in *die*.

bolster [ˈbəʊlstəʳ] *n* Nackenrolle *die* ◇ *vt* [confidence] stärken.

◆ **bolster up** *vt fus:* **to ~ up the economy** die Wirtschaft stärken.

bolt [bəʊlt] *n* **- 1.** [on door, window] Riegel *der* **- 2.** [type of screw] Bolzen *der* ◇ *adv:* **~ upright** kerzengerade ◇ *vt* **- 1.** [fasten together] verschrauben **- 2.** [close] verriegeln **- 3.** [food] hinunter|schlingen ◇ *vi* [run - horse] durch|gehen; [- person] flüchten.

bomb [bɒm] *n* Bombe *die* ◇ *vt* [from the air] bombardieren; [on the ground] einen Bombenanschlag verüben auf *(+ A)*.

bombard [bɒmˈbɑːd] *vt* [from the air] bombardieren; [from gun] beschießen; **to ~ sb with sthg** ***fig*** jn mit etw bombardieren.

bombardment [bɒm'bɑːdmənt] *n* [from the air] Bombardement *das;* [by big guns] Beschuss *der.*

bomb disposal squad *n* Bombenräumkommando *das.*

bomber ['bɒməʳ] *n* - **1.** [plane] Bomberflugzeug *das* - **2.** [person] Bombenleger *der*, -in *die.*

bomber jacket *n* Fliegerjacke *die.*

bombing ['bɒmɪŋ] *n* [from the air] Bombardierung *die;* [on the ground] Bombenanschlag *der.*

bombproof ['bɒmpruːf] *adj* bombensicher.

bombshell ['bɒmʃel] *n* **fig** schwerer Schlag.

bombsite ['bɒmsaɪt] *n* Trümmerfeld *das.*

bona fide [ˌbəʊnə'faɪdɪ] *adj* [genuine] echt.

bonanza [bə'nænzə] *n* Goldgrube *die.*

bond [bɒnd] *n* - **1.** [emotional link] enge Beziehung, Bindung *die;* **~s of friendship** freundschaftliche Bande *pl* - **2.** [binding promise]: **my word is my ~** was ich verspreche, halte ich auch - **3.** FIN Obligation *die* ◇ *vt* - **1.** [glue]: **to ~ sthg to sthg** etw an etw *(A)* kleben - **2.** **fig** [people]: **the experience ~ed them together** die Erfahrung band sie aneinander ◇ *vi* - **1.** [stick together]: **to ~ (together)** zusammen|kleben - **2.** **fig** [people] Bande knüpfen.

bondage ['bɒndɪdʒ] *n* **literary** Sklaverei *die.*

bonded warehouse ['bɒndɪd-] *n* Zolldepot *das.*

bone [bəʊn] *n* Knochen *der;* [of fish] Gräte *die;* **~s** [of skeleton] Gebeine *pl;* **~ of contention** Zankapfel *der;* **to feel** OR **know sthg in one's ~s** etw im Gefühl haben; **to make no ~s about sthg** keinen Hehl aus etw machen ◇ *vt* [meat] von den Knochen lösen; [fish] entgräten.

bone china *n* feines Porzellan.

bone-dry *adj* knochentrocken.

bone-idle *adj* **inf** stinkfaul.

boneless ['bəʊnlɪs] *adj* [meat] ohne Knochen; [fish] ohne Gräten.

bone marrow *n* Knochenmark *das.*

bonfire ['bɒnˌfaɪəʳ] *n* großes Feuer *(im Freien).*

bonfire night *n* **Br** *5. November, Jahrestag der Pulververschwörung;* ▷ **Guy Fawkes' Night.**

bongo ['bɒŋgəʊ] (*pl* **-s** OR **-es**) *n:* **~ (drum)** Bongo *das* OR *die.*

bonk *vt* & *vi* **Br vinf** bumsen.

Bonn [bɒn] *n* Bonn *nt.*

bonnet ['bɒnɪt] *n* - **1.** **Br** [of car] Kühlerhaube *die;* Motorhaube *die* - **2.** [hat - for woman] Haube *die;* [- for baby] Häubchen *das;* .

bonny ['bɒnɪ] (*compar* **-ier;** *superl* **-iest**) *adj* **Scot** [baby] prächtig; [girl] hübsch.

bonus ['bəʊnəs] (*pl* **-es**) *n* - **1.** [extra money] Prämie *die;* **Christmas ~** Weihnachtsgratifikation *die* - **2.** **fig** [added advantage] Pluspunkt *der.*

bonus issue *n* **Br** FIN Extradividende *die.*

bony ['bəʊnɪ] (*compar* **-ier;** *superl* **-iest**) *adj* - **1.** [person, hand, face] knochig - **2.** [meat] voller Knochen; [fish] voller Gräten.

boo [buː] (*pl* **-s**) *excl* buh! ◇ *n* Buhruf *das* ◇ *vt* aus|buhen, aus|pfeifen ◇ *vi* buhen.

boob [buːb] *n* **inf** [mistake] Schnitzer *der.*
◆ **boobs** *npl* **Br vinf** [woman's breasts] Möpse *pl.*

boob tube *n* - **1.** **Br** [garment] Bustier *das* - **2.** **Am inf** [TV] Röhre *die.*

booby prize ['buːbɪ-] *n Preis für den schlechtesten Teilnehmer.*

booby trap ['buːbɪ-] *n* - **1.** [bomb] getarnte Bombe - **2.** [prank] Falle *die (mit deren Hilfe ein Streich gespielt wird).*
◆ **booby-trap** *vt* eine Bombe verstecken in *(+ D).*

boogie ['buːgɪ] **inf** *n:* **to have a ~** rocken ◇ *vi* rocken.

book [bʊk] *n* - **1.** [for reading] Buch *das;* **to do sthg by the ~** etw genau nach Vorschrift tun; **to throw the ~ at sb** jn nach allen Regeln der Kunst fertig|machen - **2.** [of stamps, matches, tickets] Heftchen *das;* [of cheques] Heft *das* ◇ *vt* - **1.** [table, room] reservieren lassen; [ticket] bestellen; [performer] engagieren; [plane seat] buchen; **to be fully ~ed** [restaurant, hotel] ausgebucht sein; [performance] ausverkauft sein - **2.** **inf** [subj: police] auf|schreiben - **3.** **Br** FTBL verwarnen ◇ *vi* [book table, room] reservieren lassen; [book ticket] vor|bestellen; [book plane seat] buchen.
◆ **books** *npl* COMM Bücher *die;* **to do the ~s** die Bücher führen; **to be in sb's good/bad ~s** bei jm gut/schlecht angeschrieben sein.
◆ **book in** *vt sep* [register] an|melden; [make reservation for] ein Zimmer/Zimmer reservieren lassen für ◇ *vi* sich an|melden.
◆ **book up** *vt sep* buchen; **to be ~ed up** [restaurant, hotel] ausgebucht sein; [performance] ausverkauft sein.

book bag *n* **Am** = **booksack.**

bookbinding ['bʊkˌbaɪndɪŋ] *n* Buchbinderei *die.*

bookcase ['bʊkkeɪs] *n* Bücherregal *das.*

book club *n* Buchklub *der.*

bookends ['bʊkendz] *npl* Buchstützen *pl.*

bookie ['bʊkɪ] *n* **inf** Buchmacher *der.*

booking ['bʊkɪŋ] *n* - **1.** **esp Br** [of seat, room] Reservierung *die;* [of ticket] Bestellung *die* - **2.** FTBL Verwarnung *die.*

booking clerk *n* **esp Br** Schalterbeamte *der*, -tin *die.*

booking office *n esp Br* [in station] Fahrkartenschalter *der;* [in theatre] Theaterkasse *die.*

bookish [ˈbʊkɪʃ] *adj:* **to be ~** ein Bücherwurm sein.

bookkeeper [ˈbʊkˌkiːpəʳ] *n* COMM Buchhalter *der*, -in *die.*

bookkeeping [ˈbʊkˌkiːpɪŋ] *n* COMM Buchhaltung *die.*

booklet [ˈbʊklɪt] *n* Broschüre *die.*

bookmaker [ˈbʊkˌmeɪkəʳ] *n* Buchmacher *der.*

bookmark [ˈbʊkmɑːk] *n* Lesezeichen *das.*

booksack [ˈbʊksæk] *n* **Am** Schultasche *die.*

bookseller [ˈbʊkˌseləʳ] *n* Buchhändler *der*, -in *die.*

bookshelf [ˈbʊkʃelf] (*pl* **-shelves** [-ʃelvz]) *n* Bücherbord *das.*

bookshop *Br* [ˈbʊkʃɒp], **bookstore** *Am* [ˈbʊkstɔːʳ] *n* Buchhandlung *die.*

bookstall [ˈbʊkstɔːl] *n* **Br** Bücherstand *der.*

bookstore [ˈbʊkstɔːʳ] *n* **Am** = **bookshop.**

book token *n esp Br* Büchergutschein *der.*

bookworm [ˈbʊkwɜːm] *n* Bücherwurm *der.*

boom [buːm] *n* **- 1.** [of cannons, guns] Donnern *das;* [of voice] Dröhnen *das* **- 2.** [in business, economy] Boom *der*, Aufschwung *der* **- 3.** NAUT Baum *der* **- 4.** [for TV camera, microphone] Galgen *der* ◇ *vi* **- 1.** [cannons, guns] donnern; [voice] dröhnen **- 2.** [business, economy] einen Aufschwung nehmen.

boomerang [ˈbuːməræŋ] *n* Bumerang *der.*

boon [buːn] *n* Segen *der.*

boor [bʊəʳ] *n* Flegel *der*, Rüpel *der.*

boorish [ˈbʊərɪʃ] *adj* flegelhaft, rüpelhaft.

boost [buːst] *n* **- 1.** [in profits, production] Zunahme *die;* **to give a ~ to sthg** etw an|kurbeln **- 2.** [in popularity] Steigerung *die;* [in spirits, morale] Verbesserung *die;* **to give a ~ to sthg** [popularity] etw steigern; [spirits, morale] etw heben; **to give sb a ~** [encourage] jm Auftrieb geben ◇ *vt* **- 1.** [profits, production] an|kurbeln **- 2.** [popularity] steigern; [morale, spirits] heben **- 3.** **Am** *inf* [steal] klauen.

booster [ˈbuːstəʳ] *n* [vaccine] Auffrischimpfung *die.*

booster seat *n* Kindersitz *der.*

boot [buːt] *n* **- 1.** [footwear] Stiefel *der;* [for football, rugby] Schuh *der* **- 2.** **Br** [of car] Kofferraum *der* ◇ *vt* **- 1.** *inf* [kick] einen Tritt geben *(+ D)*; [ball] kicken **- 2.** COMPUT laden.

◆ **to boot** *adv* noch dazu.

◆ **boot out** *vt sep* **inf** raus|schmeißen.

◆ **boot up** *vi* COMPUT laden.

booth [buːð] *n* **- 1.** [at fair] (Markt)bude *die* **- 2.** [for telephone] Telefonzelle *die* **- 3.** [for voting] Kabine *die.*

bootleg [ˈbuːtleg] *adj* **inf** [recording] schwarz hergestellt; [alcohol] schwarz gebrannt.

bootlegger [ˈbuːtˌlegəʳ] *n* **inf** Schwarzhändler *der.*

booty [ˈbuːtɪ] *n* **literary** Beute *die.*

booze [buːz] **inf** *n* [alcohol] Alkohol *der* ◇ *vi* saufen.

boozer [ˈbuːzəʳ] *n* **inf - 1.** [person] Säufer *der*, -in *die* **- 2.** **Br** [pub] Kneipe *die.*

bop [bɒp] (*pt* & *pp* **-ped;** *cont* **-ping)** **inf** *n* **- 1.** [on head] Kopfnuss *die* **- 2.** [dance]: **to have a ~** rocken ◇ *vt* [hit]: **to ~ sb on the head** jm eins auf den Kopf geben ◇ *vi* [dance] rocken.

border [ˈbɔːdəʳ] *n* **- 1.** [between countries] Grenze *die* **- 2.** [of dress, handkerchief] Bordüre *die;* [of plate] Rand *der* **- 3.** [outer limit] Rand *der* **- 4.** [in garden] Rabatte *die* ◇ *vt* **- 1.** [country] grenzen an *(+ A)* **- 2.** [field, garden] umschließen; [path] säumen.

◆ **border on** *vt fus* [verge on] grenzen an *(+ A).*

borderline [ˈbɔːdəlaɪn] *adj:* **~ case** Grenzfall *der* ◇ *n* **fig** Grenze *die.*

Borders [ˈbɔːdəz] *n* **the ~** *an England grenzender südlicher Teil Schottlands.*

bore [bɔːʳ] *pt* ▷ **bear** ◇ *n* **- 1.** [person] Langweiler *der;* [situation, event] Plage *die;* **it's a ~ being sick** es ist ärgerlich, krank zu sein **- 2.** [of gun] Kaliber *das;* **a 12-~ shotgun** eine Flinte vom Kaliber 12 ◇ *vt* **- 1.** [not interest] langweilen; **to ~ sb stiff** OR **to tears** OR **to death** jn zu Tode langweilen **- 2.** [drill] bohren.

bored [bɔːd] *adj* gelangweilt; **he was ~ with his toys** seine Spielsachen langweilten ihn; **she is ~ with always staying in** es langweilt sie, immer zu Hause zu bleiben.

boredom [ˈbɔːdəm] *n* Langeweile *die.*

boring [ˈbɔːrɪŋ] *adj* langweilig.

born [bɔːn] *adj:* **to be ~** geboren werden; **I was ~ in London/1968** ich bin OR wurde in London/1968 geboren; **~ and bred in** geboren und aufgewachsen in *(+ D);* **a ~ entertainer** ein geborener Entertainer.

born-again *adj* [Christian] wiedergeboren.

borne [bɔːn] *pp* ▷ **bear.**

Borneo [ˈbɔːnɪəʊ] *n* Borneo *nt.*

borough [ˈbʌrə] *n Regierungsbezirk, der entweder eine Stadt oder einen Stadtteil umfasst.*

borrow [ˈbɒrəʊ] *vt* sich *(D)* leihen; [book from library] aus|leihen; **to ~ sthg from sb** sich *(D)* etw von jm leihen OR borgen.

borrower [ˈbɒrəʊəʳ] *n* [from bank] Kreditnehmer *der*, -in *die.*

borrowing [ˈbɒrəʊɪŋ] *n* [from bank] Kreditaufnahme *die.*

Bosnia ['bɒznɪə] *n* Bosnien *nt*.

Bosnia-Herzegovina [-ˌhɜːtsəgə'viːnə] *n* Bosnien-Herzegowina *nt*.

Bosnian ['bɒznɪən] *adj* bosnisch <> *n* Bosnier *der*, -in *die*.

bosom ['bʊzəm] *n* **- 1.** [woman's breasts] Busen *der;* [of dress] Brustteil *der* **- 2.** *fig* [of family] Schoß *der;* **~ friend** Busenfreund *der*, -in *die*.

Bosporus ['bɒspərəs], **Bosphorus** ['bɒsfərəs] *n:* **the ~** der Bosporus.

boss [bɒs] *n* **- 1.** [gen] Chef *der*, -in *die;* **to be one's own ~** sein eigener Chef sein **- 2.** *fig* [of gang] Boss *der*.

◆ **boss about, boss around** *vt sep* ***pej*** herum|kommandieren.

bossy ['bɒsɪ] (*compar* **-ier;** *superl* **-iest**) *adj* herrisch.

bosun ['bəʊsn] *n* = **boatswain.**

botanic(al) [bə'tænɪk(l)] *adj* [drawing] Pflanzen-; [studies, books] botanisch.

botanical garden *n* botanischer Garten.

botanist ['bɒtənɪst] *n* Botaniker *der*, -in *die*.

botany ['bɒtənɪ] *n* Botanik *die*.

botch [bɒtʃ] ◆ **botch up** *vt sep* ***inf*** mehr schlecht als recht machen.

both [bəʊθ] *pron* beide; **~ of us** wir beide; **~ of them speak German** sie sprechen beide Deutsch; **do you prefer music or painting? – I like them ~** bevorzugst du Musik oder Malerei? – ich mag beides <> *adj* beide <> *adv:* **~ my sister and I** sowohl meine Schwester als auch ich.

bother ['bɒðəʳ] *vt* **- 1.** [worry, hurt] stören; **what you told me yesterday has been ~ing me** was du mir gestern gesagt hast, hat mich beschäftigt; **I/she/***etc* **can't be ~ed to do it** ich/sie/*etc* hat keine Lust, das zu tun **- 2.** [annoy] ärgern; [pester] belästigen; **I'm sorry to ~ you** entschuldigen Sie die Störung <> *vi* sich bemühen; **no, don't ~!** nein, das ist nicht nötig!; **to ~ about sthg** sich um etw kümmern; **don't ~ to phone me** Sie brauchen mich nicht anzurufen; **I didn't ~ to lock up** ich habe mir nicht die Mühe gemacht abzuschließen; **don't ~ getting up** bleiben Sie doch sitzen <> *n* Mühe *die;* **it's no ~ at all** überhaupt kein Problem; **if it isn't too much of a ~** wenn es Ihnen nichts ausmacht <> *excl* verflixt!

bothered ['bɒðəd] *adj* [annoyed] verärgert.

Botswana [bɒt'swɑːnə] *n* Botswana *nt*.

bottle ['bɒtl] *n* **- 1.** [container, quantity] Flasche *die* **- 2.** [for baby] Fläschen *das*, Flasche *die* **- 3.** *(U)* ***Br inf*** [courage] Mumm *der* <> *vt* **- 1.** [wine] in Flaschen ab|füllen **- 2.** [fruit] ein|machen.

◆ **bottle out** *vi* ***Br inf*** einen Rückzieher machen.

◆ **bottle up** *vt sep* [feelings] in sich *(D)* auf|stauen.

bottle bank *n* Altglascontainer *der*.

bottled ['bɒtld] *adj* [water, gas] in Flaschen; **~ beer** Flaschenbier *das*.

bottle-feed *vt* mit der Flasche auf|ziehen *OR* ernähren.

bottleneck ['bɒtlnek] *n* Engpass *der*.

bottle-opener *n* Flaschenöffner *der*.

bottom ['bɒtəm] *adj* **- 1.** [lowest] unterste, -r, -s **- 2.** [least successful] schlechteste, -r, -s; **to be ~ in sthg** [subject] der Schlechteste in etw *(D)* sein <> *n* **- 1.** [of glass, bottle, bag] Boden *der;* [of page, list, ladder] unteres Ende; [of sea, lake] Grund *der;* [of hill, mountain] Fuß *der;* **at the ~** unten **- 2.** [of street, garden]: **at the ~ of** am Ende *(+ G)* **- 3.** [of organization] unteres Ende; **he worked his way up from the ~** er hat sich hoch gearbeitet **- 4.** [buttocks] Hintern *der* **- 5.** [cause]: **what's at the ~ of it?** was steckt dahinter?; **to get to the ~ of sthg** etw auf den Grund gehen.

◆ **bottom out** *vi* den Tiefstand erreichen.

bottomless ['bɒtəmlɪs] *adj* **- 1.** [pit, chasm] bodenlos **- 2.** [supply] unerschöpflich.

bottom line *n* ***fig*** [result]: **the ~** das Endergebnis.

botulism ['bɒtjʊlɪzm] *n* Nahrungsmittelvergiftung *die*

bough [baʊ] *n* Ast *der*.

bought [bɔːt] *pt* & *pp* ▷ **buy.**

boulder ['bəʊldəʳ] *n* (gerundeter) Felsbrocken *der*.

boulevard ['buːləvɑːd] *n* Boulevard *der*.

bounce [baʊns] *vi* **- 1.** [ball] springen; **the ball ~d onto the car** der Ball prallte auf das Auto **- 2.** [light, sound] reflektiert werden **- 3.** [person - with energy, enthusiasm] hüpfen; **to ~ on sthg** [jump up and down] auf etw *(D)* springen **- 4.** ***inf*** [cheque] platzen <> *vt* [ball] aufprallen lassen <> *n* **- 1.** [of ball] Sprungkraft *die;* [rebound] Aufprall *der* **- 2.** *(U)* [vigour] Schwung *der*.

◆ **bounce back** *vi* [after illness, setback] wieder auf die Beine kommen.

bouncer ['baʊnsəʳ] *n* ***inf*** Rausschmeißer *der*.

bouncy ['baʊnsɪ] (*compar* **-ier;** *superl* **-iest**) *adj* **- 1.** [lively] munter **- 2.** [springy] federnd.

bound [baʊnd] *pt* & *pp* ▷ **bind** <> *adj* **- 1.** [certain]: **to be ~ to do sthg** etw bestimmt tun; **it was ~ to happen** das musste so kommen; **he's ~ to win** er gewinnt hundertprozentig **- 2.** [forced, morally obliged]: **~ by sthg** durch etw gebunden; **~ to do sthg** gezwungen, etw zu tun; **he's morally ~ to tell the truth** er ist moralisch verpflichtet, die Wahrheit zu sagen; **I'm ~ to say** *OR* **admit** ich muss sagen *OR* zugeben **- 3.** [en route]: **to be ~ for** un-

terwegs sein nach ◇ *n* [leap] Sprung *der* ◇ *vt* [border]: **to be ~ed by** begrenzt sein von ◇ *vi* [leap] springen, hüpfen.
◆ **bound up with** *prep:* **to be ~ up with** zusammen|hängen mit.
◆ **bounds** *npl* Grenzen *pl;* **out of ~s** verboten.

boundary [ˈbaʊndrɪ] (*pl* **-ies**) *n* Grenze *die.*

boundless [ˈbaʊndlɪs] *adj* grenzenlos.

bountiful [ˈbaʊntɪfʊl] *adj* ***literary*** reich, üppig.

bounty [ˈbaʊntɪ] *n (U)* ***literary*** Freigebigkeit *die.*

bouquet [bʊˈkeɪ] *n* **- 1.** [bunch] Strauß *der* **- 2.** [smell] Bukett *das,* Blume *die.*

bouquet garni [-ˈgɑːnɪ] *n* Kräutermischung *die.*

bourbon [ˈbɜːbən] *n* Bourbon *der.*

bourgeois [ˈbɔːʒwɑː] *adj* ***pej*** spießbürgerlich.

bourgeoisie [ˌbɔːzwɑːˈziː] *n* ***pej:*** **the ~** die Spießbürger *pl.*

bout [baʊt] *n* **- 1.** [attack, session] Anfall *der* **- 2.** [boxing match] Kampf *der.*

boutique [buːˈtiːk] *n* Boutique *die.*

bow¹ [baʊ] *n* **- 1.** [act of bowing] Verbeugung *die* **- 2.** [of ship] Bug *der* ◇ *vt* [lower] beugen ◇ *vi* **- 1.** [make a bow] sich verbeugen **- 2.** [defer]: **to ~ to sthg** sich etw *(D)* beugen.
◆ **bow down** *vi* [give in]: **to ~ down (to sb)** sich (jm) fügen.
◆ **bow out** *vi* sich verabschieden.

bow² [bəʊ] *n* **- 1.** [weapon, for musical instrument] Bogen *der* **- 2.** [knot] Schleife *die.*

bowels [ˈbaʊəlz] *npl* ***lit*** & ***fig*** Eingeweide *pl.*

bowl [bəʊl] *n* Schüssel *die;* [of pipe] Kopf *der* ◇ *vt* [in cricket] werfen ◇ *vi* [in cricket] den Ball werfen.
◆ **bowls** *n britische Variante des französischen Boulespiels, bei der die Spielkugeln gerollt werden.*
◆ **bowl over** *vt sep* um|werfen.

bow-legged [ˌbəʊˈlegɪd] *adj* O-beinig.

bowler [ˈbəʊləʳ] *n* **- 1.** [in cricket] Werfer *der,* -in *die* **- 2.** [headgear]: **~ (hat)** Melone *die.*

bowling [ˈbəʊlɪŋ] *n:* **(tenpin) ~** Bowling *das.*

bowling alley *n* Bowlingbahn *die.*

bowling green *n Rasen- oder Kunstrasenfläche, auf der „bowls" gespielt wird.*

bow tie [bəʊ-] *n* Fliege *die.*

bow window [bəʊ-] *n* Erkerfenster *das.*

box [bɒks] *n* **- 1.** [made of wood or metal] Kiste *die;* [smaller] Kasten *der;* [made of cardboard] Karton *der;* [smaller] Schachtel *die;* **a ~ of chocolates** eine Schachtel Pralinen **- 2.** [in theatre] Loge *die* **- 3.** [on form] Kästchen *das* **- 4.** ***Br inf*** [television]: **the ~** die Glotze **- 5.** *(U)* [shrub, tree] Buchsbaum *der* ◇ *vt* **- 1.** BOXING boxen **- 2.** [put in boxes] ein|packen ◇ *vi* [fight] boxen.
◆ **box in** *vt sep* **- 1.** [hem in] ein|klemmen **- 2.** [build a box around] verkleiden, verschalen.

boxer [ˈbɒksəʳ] *n* **- 1.** [fighter] Boxer *der* **- 2.** [dog] Boxer *der,* -hündin *die.*

boxer shorts *npl* Boxer-Shorts *pl.*

boxing [ˈbɒksɪŋ] *n* Boxen *das.*

Boxing Day *n* Zweiter Weihnachtsfeiertag.

boxing glove *n* Boxhandschuh *der.*

boxing ring *n* Boxring *der.*

box junction *n* ***Br*** *Kreuzung mit gelber Schraffierung, die im Falle eines Staus freizuhalten ist.*

box number *n* Postfach *das.*

box office *n* Kasse *die (von Kino, Theater, bei Konzert).*

boxroom [ˈbɒksrʊm] *n* ***Br*** *sehr kleiner Raum in einer Wohnung oder einem Haus, oft als Abstellkammer genutzt.*

boy [bɔɪ] *n* **- 1.** [young male, son] Junge *der* **- 2.** [male friend]: **the ~s** die Jungs ◇ *excl:* **(oh) ~!** ***inf*** oh Mann!

boycott [ˈbɔɪkɒt] *n* Boykott *der* ◇ *vt* boykottieren.

boyfriend [ˈbɔɪfrend] *n* Freund *der.*

boyish [ˈbɔɪɪʃ] *adj* jungenhaft.

boy scout *n* Pfadfinder *der.*

Br *abbr of* **brother.**

BR *n abbr of* **British Rail.**

bra [brɑː] *n* Büstenhalter *der,* BH *der.*

brace [breɪs] (*pl sense 3 inv*) *n* **- 1.** [on teeth] Klammer *die,* Zahnspange *die* **- 2.** [on leg] Stützapparat *der* **- 3.** [pair] Paar *das* ◇ *vt* **- 1.** [steady, support]: **to ~ o.s.** sich fest|halten **- 2.** ***fig*** [mentally prepare]: **to ~ o.s. (for sthg)** sich (auf etw *(A)*) gefasst machen.
◆ **braces** *npl* ***Br*** [for trousers] Hosenträger *der.*

bracelet [ˈbreɪslɪt] *n* Armband *das.*

bracing [ˈbreɪsɪŋ] *adj* belebend.

bracken [ˈbrækn] *n (U)* Farmkraut *das.*

bracket [ˈbrækɪt] *n* **- 1.** [support] Halterung *die;* **(angle) ~** Winkelträger *der* **- 2.** [parenthesis] Klammer *die;* **in ~s** in Klammern **- 3.** [group] Klasse *die;* **income ~** Einkommensklasse *die* ◇ *vt* **- 1.** [enclose in brackets] ein|klammern, in Klammern setzen **- 2.** [group]: **to ~ sb/sthg (together) with sb/sthg** jn/etw in dieselbe Gruppe wie jn/etw ein|ordnen; **he ~s all criminals together** er wirft alle Kriminellen in einen Topf.

brackish [ˈbrækɪʃ] *adj* brackig.

brag [bræg] (*pt* & *pp* **-ged;** *cont* **-ging**) *vi* prahlen.

braid [breɪd] *n* - **1.** *(U)* [on uniform] Tresse *die* - **2.** ***esp Am*** [hairstyle] Zopf *der* ◇ *vt* ***esp Am*** flechten.

braille [breɪl] *n (U)* Blindenschrift *die*.

brain [breɪn] *n* - **1.** [organ] Gehirn *das* - **2.** [mind, person] Kopf *der;* **to have sthg on the ~** etw im Kopf haben.
◆ **brains** *npl* [intelligence] Grips *der*, Intelligenz *die;* **to pick sb's ~s** jn um Hilfe *OR* Rat bitten; **to rack *Br* *OR* cudgel *Am* one's ~s** sich *(D)* den Kopf zerbrechen.

brainchild ['breɪntʃaɪld] *n* Geistesprodukt *das*.

brain death *n (U)* Gehirntod *der*.

brain drain *n* Abwanderung *die* von Wissenschaftlern.

brainless ['breɪnlɪs] *adj* hirnlos.

brainstorm ['breɪnstɔːm] *n* - **1.** ***Br*** [moment of aberration]: **to have a ~** (geistig) weggetreten sein - **2.** ***Am*** [brilliant idea] Geistesblitz *der*.

brainstorming ['breɪnˌstɔːmɪŋ] *n (U)* Brainstorming *das*.

brainteaser ['breɪnˌtiːzəʳ] *n* Denksportaufgabe *die*.

brainwash ['breɪnwɒʃ] *vt:* **to ~ sb** jn einer Gehirnwäsche unterziehen.

brainwave ['breɪnweɪv] *n* Geistesblitz *der*.

brainy ['breɪnɪ] (*compar* **-ier;** *superl* **-iest**) *adj* ***inf*** gescheit.

braise [breɪz] *vt* schmoren.

brake [breɪk] *n* - **1.** [on vehicle] Bremse *die* - **2.** ***fig*** [restraint] Zurückhaltung *die* ◇ *vi* bremsen.

brake horsepower *n (U)* Bremsleistung *die*.

brake light *n* Bremslicht *das*.

brake lining *n* Bremsbelag *der*.

brake pedal *n* Bremspedal *das*.

brake shoe *n* Bremsbacke *die*.

bramble ['bræmbl] *n* [bush] Brombeerbusch *der;* [fruit] Brombeere *die*.

bran [bræn] *n (U)* Kleie *die*.

branch [brɑːntʃ] *n* - **1.** [of tree] Zweig *der*, Ast *der* - **2.** [of river] Arm *der;* [of railway] Nebenstrecke *die* - **3.** [of company, bank, organization] Zweigstelle *die* - **4.** [of subject] Zweig *der* ◇ *vi* [road] sich teilen, sich gabeln.
◆ **branch off** *vi* [road, track] ab|zweigen, ab|biegen.
◆ **branch out** *vi* sein Tätigkeitsfeld erweitern *OR* aus|dehnen.

branch line *n* Nebenlinie *die*.

brand [brænd] *n* - **1.** COMM [make] Marke *die* - **2.** ***fig*** [type, style] Sorte *die*, Art *die* - **3.** [on cattle] Brandzeichen *das* ◇ *vt* - **1.** [cattle] mit einem Brandzeichen versehen - **2.** ***fig*** [classify]: **to ~ sb (as) sthg** jn als etw brandmarken.

brandish ['brændɪʃ] *vt* schwingen.

brand leader *n* führende Marke.

brand name *n* Markenname *der*.

brand-new *adj* nagelneu, brandneu.

brandy ['brændɪ] (*pl* **-ies**) *n* Brandy *der*, Weinbrand *der*.

brash [bræʃ] *adj* ***pej*** [person, manner] laut.

brass [brɑːs] *n* - **1.** [metal] Messing *das* - **2.** MUS: **the ~** die Blechbläser *pl*.

brass band *n* Blaskapelle *die*.

brasserie ['bræsərɪ] *n* Bierstube *die*.

brassiere [***Br*** 'bræsɪəʳ, ***Am*** brə'zɪr] *n* Büstenhalter *der*.

brass knuckles *npl* ***Am*** Schlagring *der*.

brass tacks *npl* ***inf:*** **to get down to ~** zur Sache kommen.

brat [bræt] *n* ***inf pej*** Balg *das*.

bravado [brə'vɑːdəʊ] *n* Wagemut *der*.

brave [breɪv] *adj* mutig, tapfer ◇ *n* [warrior] Krieger *der* ◇ *vt* [weather] trotzen *(+ D);* [anger, displeasure, punishment] über sich *(A)* ergehen lassen.

bravely ['breɪvlɪ] *adv* mutig, tapfer.

bravery ['breɪvərɪ] *n* Mut *die*, Tapferkeit *die*.

bravo [ˌbrɑː'vəʊ] *excl* bravo!

brawl [brɔːl] *n* Handgemenge *das*, Rauferei *die*.

brawn [brɔːn] *n (U)* - **1.** [muscle] Muskelkraft *die* - **2.** ***Br*** [meat] Schweinskopfsülze *die*.

brawny ['brɔːnɪ] (*compar* **-ier;** *superl* **-iest**) *adj* muskulös.

bray [breɪ] *vi* [donkey] schreien.

brazen ['breɪzn] *adj* unverschämt, frech.
◆ **brazen out** *vt sep:* **to ~ it out** sich *(D)* nichts anmerken lassen.

brazier ['breɪzjəʳ] *n* Kohlenbecken *das*.

Brazil [brə'zɪl] *n* Brasilien *nt*.

Brazilian [brə'zɪljən] *adj* brasilianisch ◇ *n* Brasilianer *der*, -in *die*.

brazil nut *n* Paranuss *die*.

breach [briːtʃ] *n* - **1.** [of law, agreement] Bruch *der;* **to be in ~ of sthg** gegen etw verstoßen; **~ of contract** Vertragsbruch *der* - **2.** [opening, gap] Bresche *die;* **to step into the ~ *fig*** in die Bresche springen - **3.** ***fig*** [in friendship, marriage] Bruch *der* ◇ *vt* - **1.** [disobey] verletzen - **2.** [make hole in] durchbrechen.

breach of the peace *n* öffentliche Ruhestörung.

bread [bred] *n (U)* - **1.** [food] Brot *das;* **~ and but-**

ter [food] Butterbrot *das;* ***fig*** [main income] Lebensunterhalt *der* - **2.** ***inf*** [money] Kies *der.*

bread bin ***Br*****, bread box** ***Am n*** Brotkasten *der.*

breadboard ['bredbɔːd] *n* Brettchen *das.*

bread box *n Am* = **bread bin.**

breadcrumbs ['bredkrʌmz] *npl* Brotkrümel *pl;* [for coating food] Paniermehl *das.*

breaded ['bredɪd] *adj* paniert.

breadline ['bredlaɪn] *n:* **to be on the ~** am Existenzminimum leben.

breadth [bretθ] *n* - **1.** [in measurements] Breite *die* - **2.** ***fig*** [scope] Spektrum *das.*

breadwinner ['bredˌwɪnəʳ] *n* Ernährer *der,* -in *die.*

break [breɪk] (*pt* **broke;** *pp* **broken)** *n* - **1.** [gap, interruption] Unterbrechung *die;* **~ in sthg** Unterbrechung in etw *(D)* - **2.** [fracture, rupture, change] Bruch *der;* **~ with sthg** Bruch *der* mit etw - **3.** [pause, rest] Unterbrechung *die,* Pause *die;* SCH Pause *die;* **coffee ~** Kaffeepause *die;* **weekend ~** Urlaubswochenende *das;* **to take** *OR* **have a ~** eine (kurze) Pause machen; **to have a ~ from sthg** mit etw pausieren; **without a ~** ohne Unterbrechung - **4.** ***inf*** [luck, chance] Chance *die* - **5.** ***literary*** [of day]: **at ~ of day** bei Tagesanbruch ◇ *vt* - **1.** [gen] brechen; [smash] zerbrechen; [windows] ein|schlagen; **the river broke its banks** der Fluss stieg über die Ufer; **to ~ sb's hold** js Fesseln sprengen - **2.** [cause to stop working] kaputt|machen - **3.** [interrupt - journey, silence] unterbrechen; **to ~ sb's fall** js Fall bremsen - **4.** [tell]: **to ~ the news of sthg to sb** jm etw mit|teilen *OR* bei|bringen - **5.** TENNIS: **to ~ sb's serve** jm den Aufschlag *OR* das Aufschlagspiel ab|nehmen ◇ *vi* - **1.** [gen] brechen, zerbrechen - **2.** [stop working] kaputt|gehen - **3.** [pause] eine Pause machen, unterbrechen - **4.** [day] an|brechen - **5.** [weather] um|schlagen - **6.** [wave] sich brechen - **7.** [escape]: **to ~ loose** *OR* **free** los|brechen, sich los|reißen - **8.** [voice] brechen - **9.** [news] bekannt werden - **10.** ***phr:*** **to ~ even** seine Kosten decken.

◆ **break away** *vi* - **1.** [escape] weg|laufen, sich los|reißen - **2.** [end relationship]: **to ~ away (from sb)** sich (von jm) los|reißen.

◆ **break down** *vt sep* - **1.** [destroy] ein|schlagen, ein|brechen - **2.** [analyse] auf|schlüsseln - **3.** [cause to decompose] zersetzen ◇ *vi* - **1.** [gen] zusammen|brechen; **the car has broken down** das Auto hat eine Panne - **2.** [decompose] sich zersetzen.

◆ **break in** *vi* - **1.** [enter by force] ein|brechen - **2.** [interrupt]: **to ~ in (on sb/sthg)** (jn/etw) unterbrechen ◇ *vt sep* - **1.** [horse] zu|reiten - **2.** [person] ein|arbeiten - **3.** [shoes] ein|laufen.

◆ **break into** *vt fus* - **1.** [enter by force] ein|brechen in *(+ A)* - **2.** [begin suddenly] aus|brechen in *(+ A)* - **3.** [become involved in] Fuß fassen in *(+ D).*

◆ **break off** *vt sep* & *vi* ab|brechen.

◆ **break out** *vi* - **1.** [begin suddenly] aus|brechen - **2.** [become covered]: **to ~ out in spots/a rash** Pickel/Ausschlag bekommen; **he broke out in a sweat** ihm brach der Schweiß aus - **3.** [escape]: **to ~ out (of)** aus|brechen (aus).

◆ **break through** *vt fus* & *vi* durchbrechen.

◆ **break up** *vt sep* - **1.** [object] zerbrechen; [ice, soil] auf|brechen - **2.** [bring to an end]: **he broke up their relationship** er beendete ihre Beziehung; **the police broke up the party** die Polizei sprengte die Party; **she broke up the fight** sie trennte die Kämpfenden ◇ *vi* - **1.** [object] auseinander|brechen, zerbrechen - **2.** [relationship] in die Brüche gehen; [fight, party] enden; **to ~ up with sb** sich von jm trennen - **3.** [crowd] auseinander treiben, auseinander laufen - **4.** [school] enden; [pupils, teachers] in die Ferien gehen.

◆ **break with** *vt fus* brechen mit.

breakable ['breɪkəbl] *adj* zerbrechlich.

breakage ['breɪkɪdʒ] *n* Bruchschaden *der.*

breakaway ['breɪkəweɪ] *adj* Splitter-.

breakdown ['breɪkdaʊn] *n* - **1.** [of system] Zusammenbruch *der;* [of car] Panne *die;* [of machine] Störung *die;* [in talks] Scheitern *das* - **2.** [analysis] Aufschlüsselung *die.*

breaker ['breɪkəʳ] *n* [wave] Brecher *der.*

breakeven [ˌbreɪk'iːvn] *n (U)* Gewinnschwelle *die.*

breakfast ['brekfəst] *n* Frühstück *das;* **to have ~** frühstücken ◇ *vi:* **to ~ (on sthg)** frühstücken (etw).

breakfast cereal *n* Frühstücksflocken *pl.*

breakfast television *n* ***Br*** Frühstücksfernsehen *das.*

break-in *n* Einbruch *der.*

breaking ['breɪkɪŋ] *n (U):* **~ and entering** Einbruch *der.*

breaking point *n* Grenze *die* der Belastbarkeit.

breakneck ['breɪknek] *adj:* **at ~ speed** in halsbrecherischem Tempo.

breakthrough ['breɪkθruː] *n* Durchbruch *der.*

breakup ['breɪkʌp] *n* - **1.** [of system, group] Zusammenbruch *der* - **2.** [of relationship] Scheitern *das.*

breakup value *n* COMM Liquidationswert *der.*

bream [briːm] (*pl inv OR* **-s**) *n* Brasse *die.*

breast [brest] *n* - **1.** Brust *die* - **2.** ***phr:*** **to make a clean ~ of it** alles gestehen.

breast-feed *vt* & *vi* stillen.

breast pocket *n* Brusttasche *die.*

breaststroke [ˈbreststrəʊk] *n* Brustschwimmen *das.*

breath [breθ] *n* Atem *der;* **bad ~** Mundgeruch *der;* **to go out for a ~ of (fresh) air** frische Luft schnappen gehen; **he took a deep ~** er holte tief Atem; **out of ~** außer Atem; **to get one's ~ back** Luft holen; **to hold one's ~** ***lit*** & ***fig*** den Atem an|halten; **to save one's ~** sich seine Worte sparen; **to say sthg under one's ~** etw vor sich *(A)* hin murmeln; **to take sb's ~ away** jm den Atem verschlagen; **to waste one's ~** in den Wind reden, seine Worte verschwenden.

breathalyse ***Br,*** **-yze** ***Am*** [ˈbreθəlaɪz] *vt* (ins Röhrchen) blasen lassen.

Breathalyser® ***Br,*** **-yzer®** ***Am*** [ˈbreθəlaɪzəʳ] *n* Promillemesser *der.*

breathe [briːð] *vi* atmen; **to ~ more easily** ***fig*** auf|atmen ◇ *vt* **- 1.** [inhale] ein|atmen **- 2.** [whisper] flüstern.

◆ **breathe in** *vt sep* & *vi* ein|atmen.

◆ **breathe out** *vi* [exhale] aus|atmen.

breather [ˈbriːðəʳ] *n* ***inf*** Atempause *die.*

breathing [ˈbriːðɪŋ] *n* Atmen *das.*

breathing space *n* ***fig*** Atempause *die.*

breathless [ˈbreθlɪs] *adj* atemlos.

breathtaking [ˈbreθˌteɪkɪŋ] *adj* atemberaubend.

breath test *n* Atemkontrolle *die,* Alkoholtest *der.*

breed [briːd] (*pt* & *pp* **bred** [bred]) *n* **- 1.** [of animal] Rasse *die* **- 2.** ***fig*** [sort, style] Art *die* ◇ *vt* **- 1.** [animals, plants] züchten **- 2.** ***fig*** [suspicion] säen ◇ *vi* züchten.

breeder [ˈbriːdəʳ] *n* Züchter *der,* -in *die.*

breeder reactor *n* Brutreaktor *der.*

breeding [ˈbriːdɪŋ] *n (U)* **- 1.** [of animals] Aufzucht *die;* [of plants] Züchtung *die* **- 2.** [manners] Erziehung *die.*

breeding-ground *n* ***fig*** Nährboden *der.*

breeze [briːz] *n* Brise *die* ◇ *vi:* **to ~ in** herein|schneien; **to ~ out** verschwinden.

breezeblock [ˈbriːzblɒk] *n* ***Br*** Schlackebetonstein *der.*

breezy [ˈbriːzɪ] (*compar* **-ier;** *superl* **-iest**) *adj* **- 1.** [windy] windig **- 2.** [cheerful] leichtherzig, fröhlich.

brevity [ˈbrevɪtɪ] *n* Kürze *die.*

brew [bruː] *vt* [beer] brauen; [tea, coffee] auf|gießen, auf|brühen ◇ *vi* **- 1.** [tea, coffee] ziehen **- 2.** ***fig*** [trouble, storm] sich zusammen|brauen.

brewer [ˈbruːəʳ] *n* Brauer *der,* -in *die.*

brewery [ˈbruːərɪ] (*pl* **-ies**) *n* Brauerei *die.*

briar [braɪəʳ] *n* BOT Baumheide *die.*

bribe [braɪb] *n* Bestechung *die* ◇ *vt:* **to ~ sb (**… **do sthg)** jn bestechen(, etw zu tun).

bribery [ˈbraɪbərɪ] *n (U)* Bestechung *die.*

bric-a-brac [ˈbrɪkəbræk] *n* Nippes *der.*

brick [brɪk] *n* Ziegelstein *der,* Backstein *der*

◆ **brick up** *vt sep* zu|mauern.

bricklayer [ˈbrɪkˌleɪəʳ] *n* Maurer *der.*

brickwork [ˈbrɪkwɜːk] *n (U)* Backsteinmauerwerk *das.*

bridal [ˈbraɪdl] *adj* Braut-.

bride [braɪd] *n* Braut *die.*

bridegroom [ˈbraɪdgrʊm] *n* Bräutigam *der.*

bridesmaid [ˈbraɪdzmeɪd] *n* Brautjungfe… *die.*

bridge [brɪdʒ] *n* **- 1.** [gen] Brücke *die;* **I'll cro… that ~ when I come to it** alles zu seiner Ze… **- 2.** [card game] Bridge *das* ◇ *vt* ***fig*** [gap] übe… brücken.

bridging loan [ˈbrɪdʒɪŋ-] *n* ***Br*** Überbrückungskredit *der.*

bridle [ˈbraɪdl] *n* Zaum *der* ◇ *vt* auf|zäume… ◇ *vi:* **to ~ (at sthg)** sich (gegen etw) sträuben.

bridle path *n* Reitweg *der.*

brief [briːf] *adj* **- 1.** [short] kurz **- 2.** [skimpy, co…cise] knapp; **please be ~** fassen Sie sich kur… **in ~** kurz (gesagt) ◇ *n* **- 1.** LAW [statement] Ur…terlagen *pl* **- 2.** ***Br*** [instructions] Auftrag *d…* ◇ *vt:* **to ~ sb (on sthg)** jn (über etw *(A)*) unte…richten.

◆ **briefs** *npl* [underwear] Slip *der;* **a pair of ~s** ei… Slip.

briefcase [ˈbriːfkeɪs] *n* Aktentasche *die.*

briefing [ˈbriːfɪŋ] *n* Einsatzbesprechung *di…*

briefly [ˈbriːflɪ] *adv* kurz.

Brig. *abbr of* **brigadier.**

brigade [brɪˈgeɪd] *n* **- 1.** MIL Brigade *die* **- 2.** [o…ganization] Truppe *die.*

brigadier [ˌbrɪgəˈdɪəʳ] *n* ***Br*** Brigadegenera… *der.*

bright [braɪt] *adj* **- 1.** [room, light] hell **- 2.** [colou… leuchtend **- 3.** [lively, cheerful] strahlen… **- 4.** [intelligent] klug, gescheit; **a ~ girl** ein au… gewecktes Mädchen **- 5.** [future, prospect… glänzend.

◆ **brights** *npl* ***Am inf*** AUT Fernlicht *das.*

◆ **bright and early** *adv* in aller Frühe.

brighten [ˈbraɪtn] *vi* sich auf|hellen.

◆ **brighten up** *vt sep* **- 1.** [room, house] auf|hellen **- 2.** [situation, prospects] auf|heiter… ◇ *vi* **- 1.** [become more cheerful] fröhlicher werden; [face] sich auf|hellen **- 2.** [weather] sic… auf|-
hellen, sich auf|heitern.

brightly [ˈbraɪtlɪ] *adv* **- 1.** [shine] hell **- 2.** [co…oured] leuchtend **- 3.** [cheerfully] heiter.

brightness [ˈbraɪtnɪs] *n (U)* **- 1.** [of light] Helligkeit *die*, Helle *die* **- 2.** [of colour] Leuchtkraft *die*.

brilliance [ˈbrɪljəns] *n* **- 1.** [cleverness] Großartigkeit *die* **- 2.** [of colour, light] Strahlen *das*.

brilliant [ˈbrɪljənt] *adj* **- 1.** [gen] glänzend, brilliant **- 2.** [colour, light] strahlend **- 3.** *inf* [wonderful, enjoyable] toll; *iron* **oh ~!** na toll!

brilliantly [ˈbrɪljəntlɪ] *adv* **- 1.** [cleverly] großartig, brilliant **- 2.** [coloured] leuchtend **- 3.** [shine] glänzend.

Brillo pad® [ˈbrɪləʊ-] *n Scheuerschwämmchen aus Stahlwolle, mit Reinigungsmittel getränkt.*

brim [brɪm] (*pt* & *pp* **-med;** *cont* **-ming**) *n* **- 1.** [edge] Rand *der* **- 2.** [of hat] Krempe *die* ◇ *vi* **- 1.** [with liquid]: **to ~ with sthg** randvoll mit etw sein **- 2.** [with feeling]: **to ~ with ideas** vor Ideen überlsprudeln; **to ~ with self-confidence** vor Selbstbewußtsein strotzen.

◆ **brim over** *vi* **- 1.** [with liquid] überllaufen **- 2.** [with feeling]: **to ~ over with sthg** vor etw *(D)* überllaufen, mit etw übervoll sein.

brine [braɪn] *n (U)* Sole *die*, Lake *die*.

bring [brɪŋ] (*pt* & *pp* **brought**) *vt* **- 1.** [take along] mitbringen; [move] bringen; **to ~ sb good luck** jm Glück bringen **- 2.** [cause] führen zu; **to ~ sthg to an end** etw zu Ende bringen; **to ~ sthg into being** etw ins Leben rufen **- 3.** LAW: **to ~ charges against sb** jn anlklagen; **to ~ sb to trial** jn vor Gericht stellen **- 4.** *phr:* **I couldn't ~ myself to do it** ich konnte es nicht über mich bringen.

◆ **bring about** *vt sep* verursachen.

◆ **bring along** *vt sep* mitbringen.

◆ **bring around** *vt sep* [make conscious] zu Bewusstsein bringen.

◆ **bring back** *vt sep* **- 1.** [return] zurücklbringen **- 2.** [shopping, gift] mitlbringen **- 3.** [reinstate - custom] wieder einlführen; [- government] wieder an die Macht bringen **- 4.** [cause to remember]: **to ~ back memories** Erinnerungen wachrufen.

◆ **bring down** *vt sep* **- 1.** [shoot down - plane] ablschießen **- 2.** [government, tyrant] stürzen **- 3.** [prices] senken **- 4.** THEATRE: **to ~ the house down** stürmischen Beifall ernten.

◆ **bring forward** *vt sep* **- 1.** [meeting, election] vorlverlegen **- 2.** [in bookkeeping] übertragen.

◆ **bring in** *vt sep* **- 1.** [introduce] einlführen **- 2.** [earn] einlbringen **- 3.** [involve] einlschalten **- 4.** [verdict] fällen.

◆ **bring off** *vt sep* [plan] in die Tat umlsetzen; [deal] zustande bringen; **you'll never ~ it off** das schaffst du nie.

◆ **bring on** *vt sep* [cause] hervorlrufen; **you brought it on yourself** das hast du dir selber zuzuschreiben.

◆ **bring out** *vt sep* **- 1.** [new product, book] herauslbringen **- 2.** [reveal - flavour] betonen; **to ~ sthg out in sb** [characteristic] etw in jm wachlrufen.

◆ **bring round, bring to** *vt sep* = **bring around.**

◆ **bring up** *vt sep* **- 1.** [child] erziehen; **I was brought up in Liverpool** ich bin in Liverpool aufgewachsen **- 2.** [subject] anlsprechen; **did you have to ~ that up again?** komm mir doch nicht schon wieder damit! **- 3.** [food] erbrechen.

brink [brɪŋk] *n:* **on the ~ of** am Rand(e) *(+ G)*.

brisk [brɪsk] *adj* **- 1.** [walk, swim] flott **- 2.** [business, trading] rege **- 3.** [manner, tone] forsch **- 4.** [wind, weather] frisch.

brisket [ˈbrɪskɪt] *n (U)* Bruststück *das*.

briskly [ˈbrɪsklɪ] *adv* **- 1.** [walk] zügig **- 2.** [speak, act] schnell.

bristle [ˈbrɪsl] *n* Borste *die* ◇ *vi* **- 1.** [hair] sich sträuben **- 2.** [person]: **to ~ (at sthg)** zornig reagieren (auf etw *(A)*).

◆ **bristle with** *vt fus* strotzen vor *(+ D)*, voll sein von.

bristly [ˈbrɪslɪ] (*compar* **-ier;** *superl* **-iest**) *adj* stoppelig.

Brit [brɪt] *n inf* (*abbr of* **Briton**) Brite *der*, -tin *die*.

Britain [ˈbrɪtn] *n* Großbritannien *nt*.

British [ˈbrɪtɪʃ] *adj* britisch ◇ *npl:* **the ~** die Briten *pl*.

British Columbia [- kəˈlʌmbɪə] *n* Britisch-Kolumbien *nt*.

British Council *n:* **the ~** das British Council, *Organisation für die Förderung und Verbreitung englischer Sprache und Kultur im Ausland.*

BRITISH COUNCIL

Eine Art britisches Gegenstück zum deutschen Goethe-Institut, dient das „British Council" der Förderung der britischen Kultur und englischen Sprache und der Pflege der kulturellen Beziehungen zum Ausland.

Britisher [ˈbrɪtɪʃəʳ] *n* **Am** Brite *der*, -tin *die*.

British Isles *npl:* **the ~** die Britischen Inseln.

British Rail *n* British Rail *die*, *britische Bundesbahn.*

British Summer Time *n* britische Sommerzeit *die*.

British Telecom [-ˈtelɪkɒm] *n* British Telecom *die*.

Briton [ˈbrɪtn] *n* Brite *der*, -tin *die*.

brittle [ˈbrɪtl] *adj* [china] zerbrechlich; [material] spröde; [bones] schwach.

Bro [brəʊ] = **Br.**

broach [brəʊtʃ] *vt* [subject] anlschneiden.

broad [brɔːd] *adj* **- 1.** [wide] breit **- 2.** [wide-ranging, extensive] weit **- 3.** [introduction, description]

umfassend **- 4.** [hint] deutlich **- 5.** [accent] stark <> *n* **Am inf** [woman] Braut *die*.
in broad daylight *adv* am helllichten Tag.

B road *n* **Br** ≃ Landstraße *die*.

broad bean *n* dicke Bohne, Saubohne *die*.

broadcast ['brɔːdkɑːst] (*pt* & *pp* **broadcast**) RADIO & TV *n* Sendung *die*, Übertragung *die* <> *vt* senden, übertragen.

broadcaster ['brɔːdkɑːstəʳ] RADIO & TV *n* *jemand, der kulturell anspruchsvolle Sendungen präsentiert.*

broadcasting ['brɔːdkɑːstɪŋ] *n (U)* Sendung *die*, Übertragung *die*.

broaden ['brɔːdn] *vt* **- 1.** [make wider] verbreitern, erweitern **- 2.** [make more wide-ranging] vergrößern; **to ~ one's mind** seinen Horizont erweitern <> *vi* [become wider] sich verbreitern.
broaden out *vi* sich weiten.

broadly ['brɔːdlɪ] *adv* **- 1.** [generally] allgemein; **~ speaking** allgemein gesprochen **- 2.** [smile] breit.

broadminded [ˌbrɔːd'maɪndɪd] *adj* tolerant.

Broads [brɔːdz] *npl* ▷ **Norfolk Broads.**

broadsheet ['brɔːdʃiːt] *n* *großformatige Tageszeitung.*

brocade [brə'keɪd] *n (U)* Brokat *der*.

broccoli ['brɒkəlɪ] *n* Broccoli *der*.

brochure ['brəʊʃəʳ] *n* Prospekt *der*.

brogues [brəʊgz] *npl* feste Halbschuhe *pl*.

broil [brɔɪl] *vt* **Am** grillen.

broiler ['brɔɪləʳ] *n* **- 1.** [young chicken] Brathähnchen *das* **- 2. Am** [pan] Rost *der*.

broke [brəʊk] *pt* ▷ **break** <> *adj* **inf** [penniless] pleite; **to go ~** pleite gehen; **to go for ~** alles aufs Spiel setzen.

broken ['brəʊkn] *pp* ▷ **break** <> *adj* **- 1.** [damaged, in pieces] zerbrochen **- 2.** [fractured] gebrochen **- 3.** [not working] kaputt **- 4.** [interrupted] unterbrochen **- 5.** [promise, contract] gebrochen **- 6.** [marriage, home] kaputt, zerrüttet **- 7.** [hesitant, inaccurate] gebrochen.

broken-down *adj* **- 1.** [car, machine] kaputt **- 2.** [building] verfallen, heruntergekommen.

broker ['brəʊkəʳ] *n* [of shares, commodities] Broker *der*, -in *die*; **(insurance) ~** Versicherungsmakler *der*, -in *die*.

brokerage ['brəʊkərɪdʒ] *n (U)* **- 1.** [business] Maklergeschäft *das* **- 2.** [fee] Maklergebühr *die*.

brolly ['brɒlɪ] (*pl* **-ies**) *n* **Br inf** (Regen)schirm *der*.

bronchitis [brɒŋ'kaɪtɪs] *n (U)* Bronchitis *die*.

bronze [brɒnz] *n* Bronze *die* <> *comp* [made of bronze] aus Bronze <> *adj* [bronze-coloured] bronzefarben.

bronzed [brɒnzd] *adj* braun, gebräunt.

bronze medal *n* Bronze *die*, Bronzmedaille *die*.

brooch [brəʊtʃ] *n* Brosche *die*.

brood [bruːd] *n* Brut *die* <> *vi*: **to ~ (over** OR **about sthg)** (über etw *(D)*) brüten.

broody ['bruːdɪ] (*compar* **-ier;** *superl* **-iest**) *adj* **- 1.** [person] schwermütig **- 2.** [bird] brütig.

brook [brʊk] *n* Bach *der* <> *vt* **fml** dulden.

broom [bruːm] *n* **- 1.** [brush] Besen *der* **- 2.** *(U)* [shrub] Ginster *der*.

broomstick ['bruːmstɪk] *n* Besenstiel *der*.

Bros, bros (*abbr of* **brothers**) Gebr.

broth [brɒθ] *n* Brühe *die*.

brothel ['brɒθl] *n* Bordell *das*.

brother ['brʌðəʳ] *n* Bruder *der* <> *excl* **Am inf: (oh) ~!** Junge, Junge!

brotherhood ['brʌðəhʊd] *n* **- 1.** *(U)* [companionship] Brüderschaft *die* **- 2.** [organization] Gemeinschaft *die;* [religious] Bruderschaft *die*.

brother-in-law (*pl* **brothers-in-law**) *n* Schwager *der*.

brotherly ['brʌðəlɪ] *adj* brüderlich.

brought [brɔːt] *pt* & *pp* ▷ **bring.**

brow [braʊ] *n* **- 1.** [forehead] Stirn *die* **- 2.** [eyebrow] Braue *die;* **to knit one's ~s** die Stirn runzeln **- 3.** [of hill] Bergkuppe *die*.

browbeat ['braʊbiːt] (*pt* **browbeat;** *pp* **-en**) *vt* unter Druck setzen.

brown [braʊn] *adj* **- 1.** [colour] braun; **~ bread** Graubrot *das*, Mischbrot *das* **- 2.** [tanned] braun, gebräunt <> *n* [colour] Braun *das;* **in ~** in Braun <> *vt* [food] bräunen, an|braten.

Brownie (Guide) ['braʊnɪ-] *n* Pfadfinderin *die*.

Brownie point *n* **fig** Pluspunkt *der*.

brown paper *n (U)* Packpapier *das*.

brown rice *n* brauner Reis.

brown sugar *n* brauner Zucker.

browse [braʊz] *vt* COMPUT: **to ~ the web** im Web surfen <> *vi* **- 1.** [in shop] sich um|sehen **- 2.** [read]: **to ~ through sthg** in etw *(D)* blättern **- 3.** [graze] weiden.

browser ['braʊzəʳ] *n* COMPUT Browser *der*.

bruise [bruːz] *n* Bluterguss *der*, blauer Fleck <> *vt* **- 1.** [part of body] sich prellen; [fruit] beschädigen; **she ~d her arm** sie holte sich einen blauen Fleck am Arm **- 2.** **fig** [pride, feelings] verletzen <> *vi* [person] blaue Flecken bekommen; [fruit] Druckstellen bekommen.

bruised [bruːzd] *adj* **- 1.** [skin, part of body] mit blauen Flecken; [fruit] mit Druckstellen - **2.** ***fig*** [pride, feelings] verletzt.

Brum [brʌm] *n* ***Br inf*** Birmingham.

Brummie, Brummy ['brʌmɪ] ***Br inf*** *adj* Birminghamer, aus Birmingham <> *n Bürger von Birmingham.*

brunch [brʌntʃ] *n* Brunch *der.*

brunette [bru:'net] *n* Brünette *die*

brunt [brʌnt] *n:* **to bear** *OR* **take the ~ of sthg** die Hauptlast von etw tragen *OR* auf sich *(A)* nehmen.

brush [brʌʃ] *n* - **1.** [with bristles] Bürste *die;* [for painting] Pinsel *der* - **2.** [encounter] (flüchtige) Begegnung; **to have a ~ with the law** mit dem Gesetz in Konflikt kommen <> *vt* - **1.** [clean with brush - hair] bürsten; [- teeth] putzen - **2.** [move with hand] wischen - **3.** [touch lightly] berühren, streifen.

◆ **brush aside** *vt sep* [disregard] vom Tisch wischen.

◆ **brush off** *vt sep* [dismiss] zurück|weisen; **to ~ sb off** jn ab|blitzen lassen.

◆ **brush up** *vt sep* ***fig*** [revise] auf|frischen <> *vi:* **to ~ up (on sthg)** (etw) auf|frischen.

brushed [brʌʃt] *adj* [fabric] aufgeraut.

brush-off *n* ***inf:*** **to give sb the ~** jm eine Abfuhr erteilen.

brush-up *n* ***inf:*** **to have a wash and ~** sich frisch machen.

brushwood ['brʌʃwʊd] *n (U)* Unterholz *das,* Gestrüpp *das.*

brushwork ['brʌʃwɜ:k] *n (U)* Pinselführung *die.*

brusque [bru:sk] *adj* brüsk.

Brussels ['brʌslz] *n* Brüssel *nt.*

brussels sprouts *n pl* Rosenkohl *der.*

brutal ['bru:tl] *adj* brutal.

brutality [bru:'tælətɪ] *(pl* **-ies**) *n* Brutalität *die.*

brutalize, -ise ['bru:təlaɪz] *vt* - **1.** [make brutal] verrohen lassen - **2.** [treat brutally] brutal behandeln.

brute [bru:t] *adj:* **~ force** rohe Gewalt <> *n* Tier *das,* Vieh *das.*

bs *abbr of* **bill of sale.**

BS (*abbr of* **Bachelor of Science**) *n* ***Am*** *an US-Universitäten verliehener naturwissenschaftlicher Grad oder dessen Inhaber.*

BSc *abbr of* **Bachelor of Science.**

BSE (*abbr of* **bovine spongiform encephalopathy**) *n* BSE *das.*

BSI (*abbr of* **British Standards Institution**) *n* ≃ DIN, *britisches Normungsinstitut.*

B-side *n* Rückseite *die.*

BST *abbr of* **British Summer Time.**

BT *abbr of* **British Telecom.**

BTA (*abbr of* **British Tourist Authority**) *n britisches Amt für Tourismus.*

btu (*abbr of* **British thermal unit**) *n* Btu.

bubble ['bʌbl] *n* (Luft)bläschen *das,* (Luft)blase *die* <> *vi* - **1.** [produce bubbles] Bläschen bilden - **2.** [make a bubbling sound] blubbern - **3.** ***fig*** [person]: **to ~ with sthg** vor etw *(D)* sprühen.

bubble bath *n (U)* Schaumbad *das.*

bubble gum *n (U)* Kaugummi *das.*

bubblejet printer ['bʌbldʒet-] *n* Tintenstrahldrucker *der.*

bubbly ['bʌblɪ] (*compar* **-ier;** *superl* **-iest**) *adj* - **1.** [water, wine] spritzig - **2.** [person, personality] sprühend <> *n* ***inf*** Schampus *der.*

Bucharest [ˌbju:kə'rest] *n* Bukarest *nt.*

buck [bʌk] (*pl sense 1 inv OR* **-s**) *n* - **1.** [male animal - rabbit, hare] Rammler *der;* [- deer] Bock *der* - **2.** ***esp Am inf*** [dollar] Dollar *der;* **to make a fast ~** eine schnelle Mark machen - **3.** ***inf*** [responsibility]: **the ~ stops here** ich bin letztlich verantwortlich; **to pass the ~** die Verantwortung weiter|reichen *OR* ab|schieben <> *vt* - **1.** [subj: horse] ab|werfen - **2.** ***inf*** [trend] sich sträuben gegen; **to ~ the system** sich dem System widersetzen <> *vi* [horse] bocken.

◆ **buck up** ***inf*** <> *vt sep* - **1.** [improve]: **~ your ideas up** gib dir mehr Mühe - **2.** [cheer up] auf|muntern <> *vi* - **1.** [hurry up] sich beeilen - **2.** [cheer up] auf|leben.

bucket ['bʌkɪt] *n* Eimer *der.*

◆ **buckets** *npl* ***inf fig:*** **~s of money** ein Haufen Geld.

Buckingham Palace ['bʌkɪŋəm-] *n* Buckingham Palace *der.*

buckle ['bʌkl] *n* Schnalle *die,* Spange *die* <> *vt* - **1.** [fasten] zu|schnallen - **2.** [bend] ein|dellen, verbeulen <> *vi* [wheel] sich verbiegen; [knees, legs] nach|geben.

◆ **buckle down** *vi* [work harder] sich dahinter klemmen; **to ~ down to sthg** sich hinter etw *(A)* klemmen; **to ~ down to work** sich an die Arbeit machen.

Bucks [bʌks] *abk für Buckinghamshire, in Postanschrift verwendet.*

buckshot ['bʌkʃɒt] *n* Schrot *der OR das.*

buckskin ['bʌkskɪn] *n* Wildleder *das.*

buckteeth [ˌbʌk'ti:θ] *npl* vorstehende Zähne *pl.*

buckwheat ['bʌkwi:t] *n* Buchweizen *der.*

bud [bʌd] (*pt & pp* **-ded;** *cont* **-ding**) *n* Knospe *die;* **to nip sthg in the ~** etw im Keim ersticken <> *vi* Knospen treiben, aus|schlagen.

Budapest [ˌbju:də'pest] *n* Budapest *nt.*

Buddha ['bʊdə] *n* Buddha *der.*

Buddhism ['bʊdɪzm] *n* Buddhismus *der.*

Buddhist ['bʊdɪst] *adj* buddhistisch ◇ *n* Buddhist *der*, -in *die*.

budding ['bʌdɪŋ] *adj* [aspiring] angehend.

buddy ['bʌdɪ] (*pl* **-ies**) *n* ***esp Am inf*** [friend] Kumpel *der*.

budge [bʌdʒ] *vt* - **1.** [move] bewegen - **2.** [change mind of] beeinflussen ◇ *vi* - **1.** [move] sich rühren - **2.** [change mind] nach|geben.

budgerigar ['bʌdʒərɪgɑːʳ] *n* Wellensittich *der*.

budget ['bʌdʒɪt] *adj* [cheap - travel, holiday] kostengünstig; [- prices] niedrig ◇ *n* Budget *das*; **the Budget** ***Br*** POL der Haushaltsplan ◇ *vt* planen ◇ *vi* wirtschaften.

◆ **budget for** *vt fus* ein|planen.

budgetary ['bʌdʒɪtrɪ] *adj* Budget-.

budgie ['bʌdʒɪ] *n* ***inf*** Wellensittich *der*.

Buenos Aires [ˌbwenəs'aɪrɪz] *n* Buenos Aires *nt*.

buff [bʌf] *adj* [brown] braun ◇ *n* ***inf*** [expert] Kenner *der*, -in *die*.

buffalo ['bʌfələʊ] (*pl inv* OR **-es** OR **-s**) *n* Büffel *der*, Buffalo *der*.

buffer ['bʌfəʳ] *n* - **1.** [gen] Puffer *der* - **2.** [for trains] Prellbock *der*.

buffer state *n* Pufferstaat *der*.

buffet¹ ['bʊfeɪ] *n* - **1.** [meal] Buffet *das* - **2.** [cafeteria] Stehimbiss *der*.

buffet² ['bʌfɪt] *vt* [physically] rütteln.

buffet car ['bʊfeɪ-] *n* Speisewagen *der*.

buffoon [bə'fuːn] *n* Clown *der*.

bug [bʌg] (*pt* & *pp* **-ged**; *cont* **-ging**) *n* - **1.** ***esp Am*** [small insect] Insekt *das*; [beetle] Käfer *der* - **2.** ***inf*** [germ] Bazillus *der* - **3.** ***inf*** [listening device] Wanze *die* - **4.** COMPUT Programmfehler *der* - **5.** [enthusiasm]: **the travel ~** die Reiselust ◇ *vt* ***inf*** - **1.** [room, phone] verwanzen - **2.** [annoy] nerven.

bugbear ['bʌgbeəʳ] *n* Schreckgespenst *das*.

bugger ['bʌgəʳ] ***Br vinf*** *n* - **1.** [unpleasant person] Scheißkerl *der*; **he's a lazy ~!** er ist ein fauler Sack!; **the poor ~!** der arme Kerl! - **2.** [difficult, annoying task]: **a ~ of a job** eine Scheißarbeit ◇ *excl* Scheiße! ◇ *vt*: **~ it!** Scheiße!

◆ **bugger off** *vi*: **~ off!** hau ab!

buggy ['bʌgɪ] (*pl* **-ies**) *n* Kinderwagen *der*.

bugle ['bjuːgl] *n* Signalhorn *das*.

build [bɪld] (*pt* & *pp* **built**) *vt* - **1.** [construct] bauen - **2.** ***fig*** [form, create] auf|bauen ◇ *n (U)* Statur *die*, Körperbau *der*.

◆ **build in** *vt sep* - **1.** CONSTR ein|bauen - **2.** [include] ein|schließen.

◆ **build on** *vt fus* [further] auf|bauen) ◇ *vt sep* [base on] **to ~ sthg on sthg** etw auf etw *(D)* auf|bauen).

◆ **build up** *vt sep* [strengthen] auf|bauen ◇ *vi* [increase] zu|nehmen.

◆ **build upon** *vt fus* & *vt sep* = **build on.**

builder ['bɪldəʳ] *n* Bauarbeiter *der*, -in *die*.

building ['bɪldɪŋ] *n* - **1.** [structure] Gebäude *das*, Bau *der* - **2.** *(U)* [profession] Bau *der*, Bauwesen *das*.

building and loan association *n* ***Am*** Bausparkasse *die*.

building block *n* - **1.** [toy] Bauklotz *der*, Bauklötzchen *das* - **2.** ***fig*** [element] Baustein *der*.

building contractor *n* Bauunternehmer *der*, -in *die*.

building site *n* Baustelle *die*.

building society *n* ***Br*** Bausparkasse *die*.

BUILDING SOCIETY

Die den deutschen Bausparkassen vergleichbaren „Building Societies" entstanden als Genossenschaften, die ihren Mitgliedern Bauhypotheken vermittelten. Sie sind heute einer der Grundpfeiler der privaten Vermögensbildung und finanziellen Vorsorge. Ende der 1990er Jahre sind mehrere von ihnen von „mutual" (d. h. im Besitz der Sparer befindlichen) Building Societies zu konventionellen Girobanken umstrukturiert worden.

buildup ['bɪldʌp] *n* [increase] Steigerung *die*, Zunahme *die*.

built [bɪlt] *pt* & *pp* ▷ **build** ◇ *adj* [person] gebaut; **~ for sthg** für etw gemacht.

built-in *adj* - **1.** CONSTR eingebaut - **2.** [inherent] automatisch.

built-up *adj*: **~ area** bebautes Gebiet.

bulb [bʌlb] *n* - **1.** [for lamp] (Glüh)birne *die* - **2.** [of plant] Zwiebel *die* - **3.** [of thermometer, vessel] Kolben *der*.

bulbous ['bʌlbəs] *adj* [fruit] bauchig; **~ nose** Knollennase.

Bulgaria [bʌl'geərɪəl] *n* Bulgarien *nt*.

Bulgarian [bʌl'geərɪən] *adj* bulgarisch ◇ *n* - **1.** [person] Bulgare *der*, -rin *die* - **2.** [language] Bulgarisch(e) *das*.

bulge [bʌldʒ] *n* - **1.** [lump] Beule *die* - **2.** [sudden increase] Anschwellen *das* ◇ *vi*: **to ~ (with sthg)** (mit etw) voll gestopft sein.

bulging ['bʌldʒɪŋ] *adj* [muscles] sich wölbend; [pocket, bag] voll gestopft.

bulimia (nervosa) [bʊ'lɪmɪə-] *n* Bulimie *die*.

bulk [bʌlk] *n* - **1.** [mass] Ausmaß *das* - **2.** [of person] Masse *die* - **3.** COMM: **in ~** en gros - **4.** [majority]: **the ~ of** der Großteil *(+ G)* ◇ *adj* en gros, Groß-.

bulk buying [- 'baɪɪŋ] *n (U)* Einkauf en gros *der*, Großeinkauf *der*.

bulky ['bʌlkɪ] (*compar* **-ier;** *superl* **-iest**) *adj* sperrig, unhandlich; [garment] unhandlich.

bull [bʊl] *n* **- 1.** [male cow] Stier *der*, Bulle *der* **- 2.** [male elephant, seal] Bulle *der* **- 3.** ST EX Hausse-Spekulant *der*, -in *die* **- 4.** *(U)* **vinf esp Am** [nonsense] Geschwafel *das*.

bulldog ['bʊldɒg] *n* Bulldogge *die*.

bulldog clip *n* Klemme *die*.

bulldoze ['bʊldəʊz] *vt* **- 1.** [with bulldozer] planieren **- 2.** ***fig*** [force]: **to ~ one's way** seinen Weg erzwingen; **to ~ sb into sthg** jn zu etw zwingen; **to ~ sb into doing sthg** jn zwingen, etw zu tun.

bulldozer ['bʊldəʊzə^r] *n* Bulldozer *der*, Planierraupe *die*.

bullet ['bʊlɪt] *n* [for gun] Kugel *die*, Patrone *die*.

bulletin ['bʊlətɪn] *n* **- 1.** [brief report] Bericht *der* **- 2.** [regular publication] Bulletin *das*.

bulletin board *n* ***esp Am*** schwarzes Brett.

bullet-proof *adj* kugelsicher.

bullfight ['bʊlfaɪt] *n* Stierkampf *der*.

bullfighter ['bʊl,faɪtə^r] *n* Torero *der*, Stierkämpfer *der*.

bullfighting ['bʊl,faɪtɪŋ] *n (U)* Stierkampf *der*.

bullion ['bʊljən] *n (U)* Barren *der*.

bullish ['bʊlɪʃ] *adj* ST EX zuversichtlich.

bull market *n* Haussemarkt *der*.

bullock ['bʊlək] *n* Ochse *der*.

bullring ['bʊlrɪŋ] *n* Stierkampfarena *die*.

bullrush ['bʊlrʌʃ] *n* = **bulrush.**

bull's-eye *n* Schwarze *das*, Zentrum *das*.

bullshit ['bʊlʃɪt] (*pt* & *pp* **-ted;** *cont* **-ting**) ***vulg*** *n* Unfug *der*, Bockmist *der* <> *vi* Scheiß erzählen OR reden.

bull terrier *n* Bullterrier *der*.

bully ['bʊlɪ] (*pl* **-ies;** *pt* & *pp* **-ied**) *n* Tyrann *der* <> *vt* drangsalieren, tyrannisieren; **to ~ sb into doing sthg** jn so drangsalieren, dass er etw tut.

bullying ['bʊlɪɪŋ] *n* Drangsalieren *das*, Tyrannisieren *das*.

bulrush ['bʊlrʌʃ] *n* Rohrkolben *der*.

bum [bʌm] (*pt* & *pp* **-med;** *cont* **-ming**) *n* **- 1.** ***esp Br vinf*** [bottom] Hintern *der* **- 2.** ***Am inf pej*** [tramp] Landstreicher *der*, -in *die* **- 3.** ***Am inf pej*** [idler] Faulpelz *der*.

◆ **bum around** ***esp Am*** *vi* ***inf*** **- 1.** [waste time] gammeln **- 2.** [travel aimlessly] herum|ziehen.

bum bag *n* ***inf*** Gürteltasche *die*.

bumblebee ['bʌmblbiː] *n* Hummel *die*.

bumbling ['bʌmblɪŋ] *adj* ***inf*** trottelig.

bumf [bʌmf] *n (U)* ***Br inf*** Reklamewisch *der*.

bump [bʌmp] *n* **- 1.** [lump] Beule *die;* [in road] Unebenheit *die*, Hubbel *der* **- 2.** [knock, blow] Delle *der* **- 3.** [noise] Bums *der* <> *vt* [knock, damage] an|schlagen <> *vi* **- 1.** [move unevenly] holpern **- 2.** [knock, hit]: **to ~ into sthg** gegen etw stoßen.

◆ **bump into** *vt fus* [meet by chance] treffen.

◆ **bump off** *vt sep* ***inf*** ab|murksen, kalt|machen.

◆ **bump up** *vt sep* ***inf*** erhöhen.

bumper ['bʌmpə^r] *adj* Riesen-; **~ harvest** Rekordernte *die* <> *n* **- 1.** [on car] Stoßstange *die* **- 2.** ***Am*** RAIL Rammbohle *die*.

bumper-to-bumper *adj* dicht an dicht.

bumph [bʌmf] *n* = **bumf.**

bumptious ['bʌmpʃəs] *adj* ***pej*** wichtigtuerisch.

bumpy ['bʌmpɪ] (*compar* **-ier;** *superl* **-iest**) *adj* holp(e)rig.

bun [bʌn] *n* **- 1.** [cake] Rosinenbrötchen *das* **- 2.** [bread roll] Milchbrötchen *das* **- 3.** [hairstyle] Knoten *der*.

bunch [bʌntʃ] *n* [group - of people] Traube *die*, Haufen *der;* [- of flowers] Strauß *der;* [- of grapes] Traube *die;* [- of parsley, asparagus, keys] Bund *der* <> *vt* (zusammen|)bündeln <> *vi* sich bauschen.

◆ **bunches** *npl* [hairstyle] Zöpfe *pl*.

bundle ['bʌndl] *n* Bündel *das* <> *vt* stopfen.

◆ **bundle off** *vt sep* verfrachten.

◆ **bundle up** *vt sep* [put into bundles] bündeln.

bundled software *n* COMPUT Software-Paket *das*.

bung [bʌŋ] *n* Stöpsel *der*, Zapfen *der* <> *vt* ***Br inf*** [put] schmeißen.

bungalow ['bʌŋgələʊ] *n* Bungalow *der*.

bunged up [bʌŋd-] *adj* verstopft.

bungee jump ['bʌndʒɪ-] *n* Bungeesprung *der*.

bungee-jumping *n (U)* Bungeespringen *das*.

bungle ['bʌŋgl] *vt* verpfuschen.

bunion ['bʌnjən] *n* Ballen *der*.

bunk [bʌŋk] *n* **- 1.** [bed] Koje *die;* [in dorm] Bett *das* **- 2.** = **bunk bed - 3.** *(U)* ***inf*** [nonsense] Quatsch *der* **- 4.** ***phr:*** **to do a ~** ***inf*** ab|hauen.

bunk bed *n* Etagenbett *das*.

bunker ['bʌŋkə^r] *n* Bunker *der*.

bunkhouse ['bʌŋkhaʊs, *pl* -haʊzɪz] *n* Schlafbaracke *die*.

bunny ['bʌnɪ] (*pl* **-ies**) *n:* **~ (rabbit)** Häschen *das*.

Bunsen burner ['bʌnsn-] *n* Bunsenbrenner *der*.

bunting ['bʌntɪŋ] *n (U)* Wimpel *pl*.

buoy [*Br* bɔɪ, *Am* 'buːɪ] *n* Boje *die*.

◆ **buoy up** *vt sep* [encourage] beleben, stärken.

buoyancy ['bɔɪənsɪ] *n (U)* **- 1.** [ability to float] Auftrieb *der* **- 2.** [optimism] Schwung *der*.

buoyant ['bɔɪənt] *adj* **- 1.** [able to float] schwimmfähig **- 2.** [optimistic] beschwingt.

BUPA ['bju:pə] (*abbr of* **British United Provident Association**) *n private Krankenversicherung*.

burden ['bɜ:dn] *n* Bürde *die*, Last *die*; **to be a ~ on sb** eine Last für jn sein ◇ *vt*: **to ~ sb with sthg** jn mit etw belasten.

bureau ['bjʊərəʊ] (*pl* **-x**) *n* **- 1.** ***Am*** [government department] Amt *das* **- 2.** [office, branch] Büro *das* **- 3.** ***Br*** [desk] Sekretär *der* **- 4.** ***Am*** [chest of drawers] Kommode *die*.

bureaucracy [bjʊə'rɒkrəsɪ] (*pl* **-ies**) *n* Bürokratie *die*.

bureaucrat ['bjʊərəkræt] *n* ***pej*** Bürokrat *der*, -in *die*.

bureaucratic [ˌbjʊərə'krætɪk] *adj* ***pej*** bürokratisch.

bureau de change (*pl* **bureaux de change**) *n* Wechselstube *die*.

bureaux ['bjʊərəʊz] *pl* ▷ **bureau.**

burger ['bɜ:gəʳ] *n* Hamburger *der*.

burglar ['bɜ:gləʳ] *n* Einbrecher *der*, -in *die*.

burglar alarm *n* Alarmanlage *die*.

burglarize *vt* ***Am*** = **burgle.**

burglary ['bɜ:glərɪ] (*pl* **-ies**) *n* Einbruch *der*.

burgle ['bɜ:gl], **burglarize** ***Am*** ['bɜ:gləraɪz] *vt* ein|brechen in *(+ A)*.

burial ['berɪəl] *n* Begräbnis *das*.

burial ground *n* Begräbnisstätte *die*.

Burkina Faso [bɜ:ˌki:nə'fæsəʊ] *n* Burkino Faso *nt*.

burly ['bɜ:lɪ] (*compar* **-ier;** *superl* **-iest**) *adj* stämmig, kräftig.

Burma ['bɜ:mə] *n* Birma *nt*.

Burmese [ˌbɜ:'mi:z] *adj* birmanisch ◇ *n* **- 1.** [person] Birmane *der*, -nin *die* **- 2.** [language] Birmanisch(e) *das*.

burn [bɜ:n] (*pt* & *pp* **burnt** OR **-ed**) *vt* **- 1.** [gen] verbrennen; [house] ab|brennen ; **to ~ o.s.** sich verbrennen **- 2.** [overcook] anbrennen lassen **- 3.** [use as fuel] verbrauchen **- 4.** [with chemical] verätzen ◇ *vi* **- 1.** [gen] brennen **- 2.** [food] an|brennen **- 3.** [face, cheeks] glühen **- 4.** [get sunburned] einen Sonnenbrand bekommen **- 5.** [feel strong emotion]: **to ~ with anger** vor Wut kochen; **to ~ with shame** vor Scham rot an|laufen ◇ *n* **- 1.** [wound, injury] Brandwunde *die* **- 2.** [mark - on carpet, sofa] Brandfleck *der*.

◆ **burn down** *vt sep* nieder|brennen ◇ *vi* **- 1.** [building, town] ab|brennen, nieder|brennen **- 2.** [fire, candle] herunter|brennen.

◆ **burn out** *vt sep* [exhaust]: **to ~ o.s. out** sich total verausgaben ◇ *vi* [fire] aus|gehen.

◆ **burn up** *vt sep* [use up] verbrauchen ◇ *vi* [be destroyed] verglühen.

burner ['bɜ:nəʳ] *n* [on cooker] Brenner *der*.

burning ['bɜ:nɪŋ] *adj* **- 1.** [on fire] brennend **- 2.** [very hot] sengend **- 3.** [face, passion, desire] glühend.

burnish ['bɜ:nɪʃ] *vt* polieren.

burnout *n* **- 1.** TECH [of rocket] Burnout *das* **- 2.** ***fig*** [of person] totale Erschöpfung.

Burns' Night [bɜ:nz-] *n der Abend des 25. Januar, an dem mit Feiern des schottischen Dichters Robert Burns gedacht wird.*

BURNS' NIGHT

Am 25. Januar jedes Jahres feiern die Schotten den Geburtstag ihres Nationaldichters Robert Burns (1759–96). Dazu trifft man sich der Tradition gemäß zum Abendessen, den sogenannten „Burns' suppers", bei denen die Anwesenden reihum Gedichte von Burns rezitieren. Es werden typische schottische Spezialitäten wie „Haggis" (mit Innereien gefüllter Schafsmagen) serviert. Dazu trinkt man Whisky.

burnt [bɜ:nt] *pt* & *pp* ▷ **burn.**

burnt-out *adj* ***lit*** & ***fig*** ausgebrannt.

burp [bɜ:p] ***inf*** *n* Rülpser *der* ◇ *vi* auf|stoßen.

burrow ['bʌrəʊ] *n* Bau *der* ◇ *vi* **- 1.** [dig] graben **- 2.** ***fig*** [search] wühlen.

bursar ['bɜ:səʳ] *n* Schatzmeister *der*.

bursary ['bɜ:sərɪ] (*pl* **-ies**) *n* ***Br*** Stipendium *das*.

burst [bɜ:st] (*pt* & *pp* **burst**) *vi* **- 1.** [break open] platzen, auf|platzen **- 2.** [explode] explodieren **- 3.** [door, lid]: **to ~ open** auf|springen **- 4.** [go suddenly]: **to ~ in** hinein|platzen, hinein|stürmen ◇ *vt* [tyre, balloon, bubble] platzen lassen; [dam, river bank] durch|brechen ◇ *n* [bout] Explosion *die*.

◆ **burst into** *vt fus* aus|brechen in *(+ A)*; **the house ~ into flames** im Haus brach Feuer aus.

◆ **burst out** *vt fus* **- 1.** [say suddenly] los|platzen **- 2.** [begin suddenly]: **to ~ out laughing/crying** in Gelächter/Tränen aus|brechen.

bursting ['bɜ:stɪŋ] *adj* **- 1.** [with emotion]: **to be ~ with laughter** vor Lachen platzen **- 2.** [eager]: **to be ~ to do sthg** darauf brennen, etw zu tun.

Burundi [bʊ'rʊndɪ] *n* Burundi *nt*.

bury ['berɪ] (*pt* & *pp* **-ied**) *vt* **- 1.** [in ground - person] begraben; [- thing] vergraben **- 2.** [hide] vergraben **- 3.** ***fig*** [immerse]: **to ~ o.s. in sthg** sich in etw *(A)* vergraben.

bus [bʌs] *n* Bus *der*; **by ~** mit dem Bus.

bus conductor *n* Busschaffner *der*, -in *die*.

bus driver *n* Busfahrer *der*, -in *die*.

bush [bʊʃ] *n* - **1.** [gen] Busch *der* - **2.** *phr:* **to beat about the ~** um den heißen Brei herumlreden.

bushel [ˈbʊʃl] *n* Scheffel *der*.

bushy [ˈbʊʃɪ] (*compar* **-ier;** *superl* **-iest**) *adj* buschig.

business [ˈbɪznɪs] *n* - **1.** *(U)* [commerce] Geschäft *das;* **on ~** geschäftlich; **to mean ~** *inf* es ernst meinen; **to go out of ~** zulmachen, schließen - **2.** [company] Firma *die* - **3.** *(U)* [concern] Angelegenheit *die;* **to have no ~ doing** *OR* **to do sthg** kein Recht haben, etw zu tun; **mind your own ~!** *inf* kümmere dich um deine eigenen Sachen *OR* deinen eigenen Kram! - **4.** [affair, matter] Sache *die* <> *comp* Geschäfts-.

business address *n* Geschäftsadresse *die*.

business card *n* Visitenkarte *die*.

business class *n* Businessclass *die*.

businesslike [ˈbɪznɪslaɪk] *adj* sachlich.

businessman [ˈbɪznɪsmæn] (*pl* **-men** [-men]) *n* Geschäftsmann *der*.

business school *n* Wirtschaftshochschule *die*.

business trip *n* Geschäftsreise *die*.

businesswoman [ˈbɪznɪsˌwʊmən] (*pl* **-women** [-ˌwɪmɪn]) *n* Geschäftsfrau *die*.

busker [ˈbʌskəʳ] *n Br* Straßenmusikant *der*, -in *die*.

bus lane *n* Busspur *die*.

bus shelter *n* Wartehäuschen *das*.

bus station *n* Busbahnhof *der*.

bus stop *n* Bushaltestelle *die*.

bust [bʌst] (*pt* & *pp* **bust** *OR* **-ed**) *adj inf* - **1.** [broken] kaputt - **2.** [bankrupt]: **to go ~** pleite gehen <> *n* - **1.** [bosom] Busen *der* - **2.** [statue] Büste *die* - **3.** *police sl* [raid] Razzia *die* <> *vt inf* - **1.** [break] kaputt machen - **2.** *inf* [arrest] festlnehmen - **3.** *police sl* [raid]: **this club has been ~ed twice** in diesem Klub sind zwei Razzien durchgeführt worden <> *vi inf* kaputt gehen.

bustle [ˈbʌsl] *n* [activity] reges Treiben <> *vi:* **to ~ about** *OR* **around** hin und her eilen.

bustling [ˈbʌslɪŋ] *adj* geschäftig, rege.

bust-up *n inf* - **1.** [quarrel, fight] Streit *der* - **2.** [of marriage, relationship] Ende *das*.

busy [ˈbɪzɪ] (*compar* **-ier;** *superl* **-iest**) *adj* - **1.** [active] (viel) beschäftigt - **2.** [hectic - life] bewegt; [- week] hektisch; [- place] belebt; [- office] geschäftig; **to be ~ doing sthg** damit beschäftigt sein, etw zu tun - **3.** *esp Am* TELEC [engaged] besetzt <> *vt:* **to ~ o.s. doing sthg** sich damit beschäftigen, etw zu tun.

busybody [ˈbɪzɪˌbɒdɪ] (*pl* **-ies**) *n pej* Wichtigtuer *der*, -in *die*.

busy lizzie *n* fleißiges Lieschen.

busy signal *n Am* TELEC Besetztzeichen *das*.

but [bʌt] *conj* aber; [with negatives] sondern; **we were poor ~ happy** wir waren arm, aber glücklich; **she owns not one ~ two houses** sie hat nicht nur eins, sondern zwei Häuser; **~ now let's talk about you** jetzt aber zu dir <> *prep* [except] außer; **he has no one ~ himself to blame** das hat er sich *(D)* selbst zuzuschreiben; **the last ~ one** der/die/das Vorletzte; **anyone ~ him would have helped** jeder andere hätte geholfen; **anything ~ that** alles, nur nicht das <> *adv fml* [only] nur; **had I ~ known** hätte ich das nur gewusst; **we can ~ try** wir müssen es wenigstens versuchen; **she has ~ recently joined the firm** sie hat erst vor kurzem bei der Firma angefangen.

◆ **but for** *prep* ohne; **~ for her I would have died** ohne sie, wäre ich gestorben.

◆ **but then** *adv:* **he's very good at it, ~ then he's been doing it for years** er kann es sehr gut, aber er hat natürlich auch jahrelange Erfahrung.

butane [ˈbjuːteɪn] *n* Butan *das*.

butch [bʊtʃ] *adj Br inf* [woman] maskulin.

butcher [ˈbʊtʃəʳ] *n* - **1.** [shopkeeper] Fleischer *der*, Metzger *der;* **~'s (shop)** Fleischerei *die*, Metzgerei *die* - **2.** *fig* [killer] Schlächter *der* <> *vt* - **1.** [kill for meat] schlachten - **2.** *fig* [massacre] ablschlachten.

butchery [ˈbʊtʃərɪ] *n fig* Abschlachten *das*.

butler [ˈbʌtləʳ] *n* Butler *der*.

butt [bʌt] *n* - **1.** [of cigarette] Kippe *die;* [of cigar] Stummel *der* - **2.** [of rifle] Kolben *der* - **3.** [for water] Fass *das* - **4.** [target] Zielscheibe *die* - **5.** *esp Am inf* [bottom] Hintern *der* <> *vt* [hit with head] mit dem Kopf stoßen.

◆ **butt in** *vi* [interrupt] sich einlmischen, dazwischenlplatzen; **to ~ in on sb/sthg** sich bei jm/etw einlmischen.

butter [ˈbʌtəʳ] *n* Butter *die;* **~ wouldn't melt in her mouth** *inf* sie könnte kein Wässerchen trüben <> *vt* buttern, mit Butter bestreichen.

◆ **butter up** *vt sep inf:* **to ~ sb up** jm schönltun, jm um den Bart gehen.

butter bean *n* Wachsbohne *die*.

buttercup [ˈbʌtəkʌp] *n* Butterblume *die*.

butter dish *n* Butterdose *die*.

buttered [ˈbʌtəd] *adj* gebuttert, mit Butter.

butterfingers [ˈbʌtəˌfɪŋgəz] (*pl inv*) *n inf* Tolpatsch *der*.

butterfly [ˈbʌtəflaɪ] (*pl* **-ies**) *n* - **1.** [insect] Schmetterling *der;* **to have butterflies in one's stomach** *inf* ein flaues Gefühl im Magen haben - **2.** *(U)* [swimming style] Schmetterlingsstil *der*.

buttermilk [ˈbʌtəmɪlk] *n* Buttermilch *die*.

butterscotch [ˈbʌtəskɒtʃ] *n (U)* Karamelle *die*.

buttocks [ˈbʌtəks] *npl* Hintern *der*.

button [ˈbʌtn] *n* - **1.** [on clothes, machine] Knopf *der* - **2.** *Am* [badge] Anstecker *der* <> *vt* = **button up.**
◆ **button up** *vt sep* zu|knöpfen.

button-down *adj* mit angeknöpften Kragenenden.

buttonhole [ˈbʌtnhəʊl] *n* - **1.** [hole] Knopfloch *das* - **2.** *Br* [flower] Blume *die* für das Knopfloch <> *vt* ***inf*** zum Zuhören zwingen.

button mushroom *n* junger Champignon.

buttress [ˈbʌtrɪs] *n* Stützpfeiler *der* <> *vt* [wall] stützen.

buxom [ˈbʌksəm] *adj* vollbusig.

buy [baɪ] (*pt & pp* **bought**) *vt* - **1.** [purchase] kaufen; [company] auf|kaufen; **to ~ sthg from sb** etw von jm kaufen - **2.** ***fig*** [bribe] kaufen, bestechen <> *n* Kauf *der*.
◆ **buy in** *vt sep* ***Br*** ein|kaufen.
◆ **buy into** *vt fus* sich ein|kaufen in *(+ A)*.
◆ **buy off** *vt sep* kaufen.
◆ **buy out** *vt sep* - **1.** [in business] aus|zahlen - **2.** [from army]: **to ~ o.s. out** sich frei|kaufen.
◆ **buy up** *vt sep* auf|kaufen.

buyer *n* - **1.** [purchaser] Käufer *der*, -in *die* - **2.** [profession] Einkäufer *der*, -in *die*.

buyer's market *n* Käufermarkt *der*.

buyout [ˈbaɪaʊt] *n* Aufkauf *der*.

buzz [bʌz] *n* [noise - of insect, machinery] Summen *das*, Brummen *das*; [- of conversation] Gemurmel *das*, Stimmengewirr *das*; **to give sb a ~** ***inf*** TELEC jn an|rufen <> *vi* - **1.** [insect, machinery] summen, brummen - **2.** ***fig*** [place]: **the office was ~ing with excitement** im Büro herrschte große Aufregung - **3.** ***fig*** [head] schwimmen; [thoughts] schwirren; **my head was ~ing** mir schwirrte der Kopf <> *vt* [on intercom] rufen.
◆ **buzz off** *vi* ***Br inf***: **~ off!** zisch ab!

buzzard [ˈbʌzəd] *n* - **1.** ***Br*** [hawk] Bussard *der* - **2.** ***Am*** [vulture] Geier *der*.

buzzer [ˈbʌzəʳ] *n* Summer *der*.

buzzing [ˈbʌzɪŋ] *n (U)* Summen *das*; Brummen *das*.

buzzword [ˈbʌzwɜːd] *n* ***inf*** Modewort *das*.

by [baɪ] *prep* - **1.** [expressing cause, agent] von; **he was hit ~ a car** er ist von einem Auto angefahren worden; **~ Mozart** von Mozart - **2.** [indicating method, means, manner] mit; **~ car/train** mit dem Auto/Zug; **to pay ~ credit card** mit Kreditkarte bezahlen; **to dine ~ candlelight** bei Kerzenlicht speisen; **to take sb ~ the hand** jn an der Hand nehmen; **made ~ hand** handgemacht; **he got rich ~ buying land** er wurde durch Grundstückskäufe reich - **3.** [near to, beside] an *(+ D)*; **~ the sea** am Meer; **~ my side** an meiner Seite, neben mir - **4.** [past] an *(+ D)* ... vorbei; **a car went ~ the house** ein Auto fuhr am Haus vorbei - **5.** [via] durch; **exit ~ the door on the left** Ausgang durch die Tür auf der linken Seite; **we came ~ way of Paris** wir kamen über Paris - **6.** [with time]: **it will be ready ~ tomorrow** bis morgen wird es fertig sein; **be there ~ nine** sei spätestens um neun da; **she should be there ~ now** sie müsste inzwischen da sein; **I'll be ready ~ then** bis dahin bin ich fertig; **~ then it was too late** zu diesem Zeitpunkt war es bereits zu spät; **~ day** tagsüber; **~ night** nachts - **7.** [expressing quantity]: **sold ~ the dozen** im Dutzend verkauft; **prices fell ~ 20%** die Preise fielen um 20%; **~ the day/week/month/hour** pro Tag/Woche/Monat/Stunde - **8.** [expressing meaning]: **what do you mean ~ that?** was meinst du damit? - **9.** [in division] durch; **to divide 20 ~ 2** 20 durch 2 dividieren; [in multiplication] mit; **to multiply 20 ~ 2** 20 mit 2 multiplizieren; **two metres ~ five** zwei mal fünf Meter - **10.** [according to] nach; **~ law** nach dem Gesetz; **it's fine ~ me** ich bin damit einverstanden; **to judge ~ appearances** nach dem Äußeren urteilen; **~ nature** von Natur aus; **~ profession** von Beruf - **11.** [expressing gradual process]: **day ~ day** Tag für Tag; **they came out one ~ one** sie kamen einer nach dem anderen heraus; **little ~ little** nach und nach - **12.** *phr*: **~ mistake** versehentlich; **~ chance** durch Zufall; **~ the way** übrigens <> *adv* ▷ **go, pass** *etc.*
◆ **by and large** *adv* im Großen und Ganzen.
◆ **(all) by oneself** *adv* allein; **did you do it all ~ yourself?** hast du das ganz allein gemacht? <> *adj* allein; **I'm all ~ myself today** ich bin heute ganz allein.

bye(-bye) [baɪ(baɪ)] *excl* ***inf*** tschüs!, tschüss!

bye-election *n* = **by-election.**

byelaw [ˈbaɪlɔː] *n* = **bylaw.**

by-election *n* Nachwahl *die*.

bygone [ˈbaɪgɒn] *adj* vergangen.
◆ **bygones** *npl*: **to let ~s be ~s** die Vergangenheit ruhen lassen.

bylaw [ˈbaɪlɔː] *n* Verordnung *die*.

by-line *n* Seitenlinie *die*.

BYOB (*abbr of* **bring your own bottle**) Getränke bitte selbst mitbringen.

bypass [ˈbaɪpɑːs] *n* - **1.** [road] Umgehungsstraße *die* - **2.** MED: **~ (operation)** Bypassoperation *die* <> *vt* - **1.** [place] um|fahren, umgehen - **2.** [issue, person] umgehen.

by-product *n* ***lit & fig*** Nebenprodukt *das*.

bystanders [ˈbaɪˌstændəz] *npl* : **the ~** die Umstehenden *pl*.

byte [baɪt] *n* COMPUT Byte *das*.

byword ['baɪwɜːd] *n* [symbol]: **to be a ~ for sthg** ein Synonym für etw sein.

C

c[1] (*pl* **c's** *or* **cs**), **C** (*pl* **C's** *or* **Cs**) [siː] *n* [letter] c *das*, C *das*.

◆ **C** *n* - **1.** MUS C *das*; **C major** C-Dur - **2.** SCH [mark] ≃ drei - **3.** (*abbr of* **celsius, centigrade**) C.

c[2] [siː] - **1.** *abbr of* **century** - **2.** *abbr of* **cents.**

c., ca. (*abbr of* **circa**) ca.

c/a - **1.** *abbr of* **credit account** - **2.** *abbr of* **current account.**

CA *n* - **1.** *abbr of* **chartered accountant** - **2.** (*abbr of* **Consumers' Association**) *Verbraucherschutzorganisation in Großbritannien* <> - **1.** *abbr of* **Central America** - **2.** *abk für „California", in Postanschrift verwendet.*

CAA *n* - **1.** (*abbr of* **Civil Aviation Authority**) *britische Zivilluftfahrtsbehörde* - **2.** (*abbr of* **Civil Aeronautics Authority**) *amerikanische Zivilluftfahrtsbehörde.*

cab [kæb] *n* - **1.** [taxi] Taxi *das* - **2.** [of lorry] Führerhaus *das*.

CAB *n abbr of* **Citizens' Advice Bureau.**

cabaret ['kæbəreɪ] *n* Varieté *das*, Kabarett *das*.

cabbage ['kæbɪdʒ] *n* [vegetable] Kohl *der*.

cabbie, cabby ['kæbɪ] *n inf* Taxifahrer *der*, -in *die*.

caber ['keɪbəʳ] *n*: **tossing the ~** Pfahlwerfen *das, das Werfen eines grob behauenen Baumstamms, schottische Sportart.*

cabin ['kæbɪn] *n* - **1.** [on ship, in aircraft] Kabine *die* - **2.** [house] Hütte *die*.

cabin class *n* zweite Klasse.

cabin crew *n* Begleitpersonal *das*.

cabin cruiser *n* Kajütboot *das*.

cabinet ['kæbɪnɪt] *n* - **1.** [cupboard] Vitrine *die* - **2.** POL Kabinett *das*.

cabinet-maker *n* Tischler *der*, -in *die*, Möbelschreiner *der*, -in *die*.

cabinet minister *n* Minister *der*, -in *die*, Mitglied *das* des Kabinetts.

cable ['keɪbl] *n* - **1.** [rope] Seil *das* - **2.** [telegram] Telegramm *das* - **3.** ELEC Kabel *das* - **4.** TV = **cable television** <> *vt* [telegraph] telegrafieren.

cable car *n* Drahtseilbahn *die*.

cablegram ['keɪblgræm] *n* Telegramm *das*.

cable railway *n* Bergbahn *die*, Drahtseilbahn *die*.

cable television, cable TV *n* Kabelfernsehen *das*.

caboodle [kə'buːdl] *n inf*: **the whole (kit and) ~** der ganze Klumpatsch.

cabriolet ['kæbrɪəleɪ] *n* Kabriolett *das*.

cache [kæʃ] *n* - **1.** [store] geheimes Lager, Versteck *das* - **2.** COMPUT Zwischenspeicher *der* <> *vt* COMPUT zwischen|speichern.

cachet ['kæʃeɪ] *n fml* Ansehen *das*, Prestige *das*.

cackle ['kækl] *n* - **1.** [of hen] Gackern *das* - **2.** [of person] Kichern *das* <> *vi* - **1.** [hen] gackern - **2.** [person] kichern.

cacophony [kæ'kɒfənɪ] *n* Kakophonie *die*.

cactus ['kæktəs] (*pl* **-tuses** *or* **-ti** [-taɪ]) *n* Kaktus *der*.

CAD (*abbr of* **computer-aided design**) *n* CAD.

caddie ['kædɪ] *n* Golfjunge *der*, Caddie *der* <> *vi*: **to ~ for sb** für jn Caddie sein.

caddy ['kædɪ] (*pl* **-ies**) *n* Teedose *die*.

cadence ['keɪdəns] *n* Kadenz *die*.

cadet [kə'det] *n* [in police] Kadett *der*, -in *die*.

cadge [kædʒ] *Br inf vt*: **to ~ sthg (off** *or* **from sb)** etw (von jm) schnorren <> *vi*: **to ~ off** *or* **from sb** von jm schnorren.

Caesar ['siːzəʳ] *n* Cäsar *der*.

caesarean (section) [sɪ'zeərɪən] *n Br* Kaiserschnitt *der*.

CAF (*abbr of* **cost and freight**) *Kosten und Fracht.*

cafe, café ['kæfeɪ] *n* Café *das*.

cafeteria [,kæfɪ'tɪərɪə] *n* Cafeteria *die*.

caffeine ['kæfiːn] *n* Koffein *das*.

cage [keɪdʒ] *n* Käfig *der*.

caged [keɪdʒd] *adj* eingesperrt, im Käfig.

cagey ['keɪdʒɪ] (*compar* **-ier**; *superl* **-iest**) *adj inf* zugeknöpft, verschlossen.

cagoule [kə'guːl] *n Br* Regenjacke *die*.

cahoots [kə'huːts] *n inf*: **to be in ~ (with sb)** (mit jm) unter einer Decke stecken.

CAI (*abbr of* **computer-aided instruction**) *n* CUU, RGU.

cairn [keən] *n* [heap of stones] Steinhügel *der*.

Cairo ['kaɪərəʊ] *n* Kairo *nt*.

cajole [kə'dʒəʊl] *vt* zulreden; **to ~ sb into doing sthg** jn überreden, etw zu tun.

cake [keɪk] *n* - **1.** [sweet food] Kuchen *der;* **to sell like hot ~s** *inf* wie warme Semmeln weg|gehen; **you can't have your ~ and eat it** *inf* beides auf einmal geht nicht; **a piece of ~** *inf fig* ein Kinderspiel - **2.** [of soap] Stück *das.*

caked [keɪkt] *adj:* **~ with sthg** verkrustet mit etw.

cake pan *n* **Am** Kuchenform *die,* Backform *die.*

cake tin *n* **Br** [for baking] Kuchenform *die,* Backform *die;* [for storing] Keksdose *die,* Plätzchendose *die.*

cal [kæl] *n abbr of* **calorie.**

calamine lotion [ˌkæləmaɪn-] *n* Galmeilotion *die.*

calamitous [kəˈlæmɪtəs] *adj* **fml** verhängnisvoll.

calamity [kəˈlæmətɪ] (*pl* **-ies**) *n* **fml** Unheil *das,* Katastrophe *die.*

calcium [ˈkælsɪəm] *n* Kalzium *das.*

calculate [ˈkælkjʊleɪt] *vt* - **1.** [work out] aus|rechnen - **2.** [plan, intend]: **to be ~d to do sthg** darauf ausgelegt sein, etw zu tun.
◆ **calculate on** *vi:* **to ~ on sthg** mit etw rechnen; **to ~ on doing sthg** damit rechnen, etw zu tun.

calculated [ˈkælkjʊleɪtɪd] *adj* [planned] berechnet; [insult] beabsichtigt; [lie] bewusst.

calculating [ˈkælkjʊleɪtɪŋ] *adj* **pej** berechnend.

calculation [ˌkælkjʊˈleɪʃn] *n* [sum] Berechnung *die.*

calculator [ˈkælkjʊleɪtəʳ] *n* Taschenrechner *der,* Rechenmaschine *die.*

calculus [ˈkælkjʊləs] *n* MATH [differential] Differentialrechnung *die;* [integral] Integralrechnung *die.*

calendar [ˈkælɪndəʳ] *n* - **1.** [gen] Kalender *der* - **2.** [list of events] Veranstaltungskalender *der.*

calendar month *n* Kalendermonat *der.*

calendar year *n* Kalenderjahr *das.*

calf [kɑːf] (*pl* **calves**) *n* - **1.** [young animal] Kalb *das* - **2.** [leather] Kalbsleder *das* - **3.** [of leg] Wade *die.*

calfskin *n* Kalbsleder *das.*

caliber *n* **Am** = **calibre.**

calibrate [ˈkælɪbreɪt] *vt* kalibrieren.

calibre, caliber **Am** [ˈkælɪbəʳ] *n* Kaliber *das.*

calico [ˈkælɪkəʊ] *n* Kaliko *der.*

California [ˌkælɪˈfɔːnjə] *n* Kalifornien *nt.*

Californian [ˌkælɪˈfɔːnjən] *adj* kalifornisch ◇ *n* Kalifornier *der,* -in *die.*

calipers *npl* **Am** = **callipers.**

call [kɔːl] *n* - **1.** [shout - of person, animal] Ruf *der;* **a ~ for help** Hilferuf *der* - **2.** [visit] Besuch *der;* **to pay sb a ~** bei jm vorbei|gehen - **3.** [demand]: **she has a lot of ~s on her time** ihre Zeit ist stark beansprucht; **there are ~s for a referendum** verschiedentlich wird nach einem Referendum verlangt; **there's no ~ for that sort of behaviour!** das gehört sich nicht! - **4.** [telephone call] Anruf *der;* **to give sb a ~** jn an|rufen - **5.** [for flight] Aufruf *der* - **6.** [lure, fascination] Ruf *der* ◇ *vt* - **1.** [name, describe] nennen; **to be ~ed** heißen; **what's he ~ed?** wie heißt er?; **to ~ sb names** jn beschimpfen; **let's ~ it £10** sagen wir 10 Pfund - **2.** [shout] rufen - **3.** [telephone] an|rufen; [doctor] rufen - **4.** [meeting] ein|berufen; [election] an|setzen; [flight] auf|rufen; [strike] aus|rufen ◇ *vi* - **1.** [shout] rufen - **2.** [telephone] an|rufen; **who's ~ing?** wen darf ich melden? - **3.** [visit] vorbei|kommen; **this train ~s at ...** dieser Zug hält in ...
◆ **on call** *adj:* **to be on ~** [doctor, nurse] Bereitschaftsdienst haben.
◆ **call back** *vt sep* zurück|rufen ◇ *vi* - **1.** [phone again] zurück|rufen - **2.** [visit again] wieder|kommen.
◆ **call by** *vi inf* vorbei|schauen.
◆ **call for** *vt fus* - **1.** [come to fetch] ab|holen - **2.** [demand] verlangen; [require] erfordern; **that ~s for an explanation** das verlangt eine Erklärung; **this ~s for a drink** darauf müssen wir anstoßen.
◆ **call in** *vt sep* - **1.** [send for - army, riot police] ein|setzen - **2.** COMM [goods] aus dem Verkehr ziehen; FIN [loan] ein|fordern ◇ *vi:* **to ~ in (on sb)** (bei jm) vorbei|schauen.
◆ **call off** *vt sep* - **1.** [cancel] ab|sagen - **2.** [dog, attacker] zurück|rufen.
◆ **call on** *vt fus* - **1.** [visit] besuchen - **2.** [ask]: **to ~ on sb to do sthg** jn auf|fordern, etw zu tun.
◆ **call out** *vt sep* - **1.** [shout out] aus|rufen - **2.** [doctor, fire brigade] rufen - **3.** [workers] zum Streik auf|rufen ◇ *vi* [shout out] rufen.
◆ **call round** *vi* vorbei|kommen.
◆ **call up** *vt sep* - **1.** MIL ein|berufen - **2.** [on telephone] an|rufen - **3.** COMPUT auf|rufen.

call box *n* **Br** Telefonzelle *die.*

caller [ˈkɔːləʳ] *n* - **1.** [visitor] Besucher *der,* -in *die* - **2.** [on telephone] Anrufer *der,* -in *die.*

call girl *n* Prostituierte *die.*

calligraphy [kəˈlɪgrəfɪ] *n* Schönschreibkunst *die.*

call-in *n* **Am** RADIO & TV *Fernseh- oder Radioshow, in der Zuschauer bzw. Zuhörer anrufen und ihre Meinung zu einem Thema äußern können.*

calling [ˈkɔːlɪŋ] *n* - **1.** [profession, trade] Beruf *der* - **2.** [vocation] Berufung *die.*

calling card *n* **Am** Visitenkarte *die.*

callipers **Br**, **calipers** **Am** [ˈkælɪpəz] *npl*

- **1.** MATH Taster *der*, Zirkel *der* - **2.** MED Beinschienen *die*.

callous [ˈkæləs] *adj* gefühllos, herzlos.

callously [ˈkæləslɪ] *adv* gefühllos, herzlos.

callousness [ˈkæləsnɪs] *n* Grausamkeit *die*.

call-up *n* ***Br*** Einberufung *die*.

callus [ˈkæləs] (*pl* **-es**) *n* Schwiele *die*.

calm [kɑːm] *adj* - **1.** [person, voice] ruhig - **2.** [weather, day] windstill - **3.** [water] still <> *n* Ruhe *die* <> *vt* beruhigen.
◆ **calm down** *vt sep* beruhigen <> *vi* sich beruhigen.

calmly [ˈkɑːmlɪ] *adv* ruhig.

calmness [ˈkɑːmnɪs] *n* Ruhe *die*.

Calor gas® [ˈkæləʳ-] *n* ***Br*** *britische Handelsmarke für Butangas.*

calorie [ˈkælərɪ] *n* Kalorie *die*.

calorific [ˌkæləˈrɪfɪk] *adj* kalorienreich.

calve [kɑːv] *vi* kalben.

calves [kɑːvz] *pl* ▻ **calf.**

cam [kæm] *n* Nocken *der*.

CAM (*abbr of* **computer-aided manufacturing**) *n* CAM.

camaraderie [ˌkæməˈrɑːdərɪ] *n* Kameradschaft *die*.

camber [ˈkæmbəʳ] *n* Wölbung *die*.

Cambodia [kæmˈbəʊdjəl] *n* Kambodscha *nt*.

Cambodian [kæmˈbəʊdjən] *adj* kambodschanisch <> *n* Kambodschaner *der*, -in *die*.

Cambs *abk für Cambridgeshire, in Postanschrift verwendet.*

camcorder [ˈkæmˌkɔːdəʳ] *n* Camcorder *der*.

came [keɪm] *pt* ▻ **come.**

camel [ˈkæml] *adj* [coat] Kamelhaar- <> *n* [animal] Kamel *das*.

camellia [kəˈmiːljə] *n* Kamelie *die*.

cameo [ˈkæmɪəʊ] (*pl* **-s**) *n* - **1.** [piece of jewellery] Kamee *die* - **2.** [in film] *kleine Nebenrolle, in der ein berühmter Schauspieler zu sehen ist.*

camera [ˈkæmərəl] *n* Kamera *die*.
◆ **in camera** *adv* LAW unter Ausschluss der Öffentlichkeit.

cameraman [ˈkæmərəmæn] (*pl* **-men** [-men]) *n* Kameramann *der*.

camomile [ˈkæməmaɪl] *n* Kamille *die* <> *comp:* **~ tea** Kamillentee *der*.

camouflage [ˈkæməflɑːʒ] *n* - **1.** MIL Tarnung *die* - **2.** [of bird] Tarngefieder *das;* [of animal] Tarnkleid *das* <> *vt* MIL tarnen.

camp [kæmp] *n* - **1.** [for tents] Lagerplatz *der* - **2.** MIL Feldlager *das*, Militärlager *das* - **3.** [for refugees, faction] Lager *das* <> *vi* MIL lagern; [holiday] campen, zelten.
◆ **camp out** *vi* campen, zelten.

campaign [kæmˈpeɪn] *n* - **1.** [project, crusade] Kampagne *die* - **2.** [in war] Feldzug *der* <> *vi:* **to ~ for sthg** sich für etw ein|setzen; **to ~ against sthg** gegen etw an|gehen.

campaigner [kæmˈpeɪnəʳ] *n* Kämpfer *der*, -in *die*, Aktivist *der*, -in *die*.

camp bed *n* Feldbett *das*.

camper [ˈkæmpəʳ] *n* - **1.** [person] Camper *der*, -in *die* - **2.** [vehicle]: **~ (van)** Wohnmobil *das*.

campground [ˈkæmpgraʊnd] *n* ***Am*** Campingplatz *der*, Zeltplatz *der*.

camphor [ˈkæmfəʳ] *n* Kampfer *der*.

camping [ˈkæmpɪŋ] *n* Camping *das;* **to go ~** zelten gehen.

camping site, campsite [ˈkæmpsaɪt] *n* Campingplatz *der*, Zeltplatz *der*.

campus [ˈkæmpəs] (*pl* **-es**) *n* Universitätsgelände *das*, Campus *der*.

camshaft [ˈkæmʃɑːft] *n* Nockenwelle *die*.

can[1] [*weak form* kən, *strong form* kæn] (*pt* & *pp* **-ned;** *cont* **-ning**) *n* [container] Dose *die* <> *vt* konservieren, ein|dosen.

can[2] [*weak form* kən, *strong form* kæn] (*pt* & *conditional* **could;** *negative* **cannot** OR **can't**) *aux vb* - **1.** [be able to] können; **~ you help me?** können Sie mir helfen?; **I ~ see you** ich kann dich sehen, ich sehe dich; **~ you see/hear anything?** sehen/hören Sie etwas?, können Sie etwas sehen/hören?; **as soon/fast as I ~** so bald/schnell ich kann - **2.** [know how to] können; **~ you drive?** kannst du Auto fahren?; **I ~ speak German/play the piano** ich spreche Deutsch/spiele Klavier - **3.** [be allowed to] können, dürfen; **you ~'t smoke here** Sie können OR dürfen hier nicht rauchen; **you ~ use my car if you like** du kannst mein Auto nehmen - **4.** [in polite requests] können; **~ you tell me the time?** können Sie mir sagen, wie viel Uhr es ist?; **~ I speak to John, please?** kann ich bitte John sprechen? - **5.** [indicating disbelief, puzzlement] können; **what ~ she have done with it?** was hat sie bloß damit gemacht?; **we ~'t just leave him here** wir können ihn nicht einfach hier lassen; **you ~'t be serious!** das ist doch wohl nicht dein Ernst! - **6.** [indicating possibility] können; **they could be lost** sie könnten sich verlaufen haben - **7.** [indicating occasional occurrence] können; **it ~ get cold at night** es kann nachts kalt werden; **she ~ be a bit difficult sometimes** sie ist manchmal etwas schwierig.

Canada [ˈkænədəl] *n* Kanada *nt*.

Canadian [kəˈneɪdjən] *adj* kanadisch <> *n* Kanadier *der*, -in *die*.

canal [kəˈnæl] *n* Kanal *der*.

Canaries [kəˈneərɪz] *npl:* **the ~** die Kanaren.

canary [kə'neərɪ] (*pl* **-ies**) *n* Kanarienvogel *der*.

Canary Islands *npl*: **the ~** die Kanarische Inseln; **in the ~** auf den Kanarischen Inseln.

Canberra ['kænbərəl] *n* Canberra *nt*.

cancel ['kænsl] (*Br pt* & *pp* **-led;** *cont* **-ling,** *Am pt* & *pp* **-ed;** *cont* **-ing**) *vt* **- 1.** [call off - event, party] ausfallen lassen, ab|sagen; [- appointment, meeting] ab|sagen; [- order, booking] stornieren; **the concert has been ~led** das Konzert fällt aus; **the train has been ~led** der Zug fährt heute nicht; **the flight has been ~led** der Flug ist gestrichen worden **- 2.** [invalidate - stamp] entwerten; [- cheque] stornieren; [- debt] streichen; [- subscription] ab|bestellen ◇ *vi*: **we had to ~** wir mussten absagen.
◆ **cancel out** *vt sep*: **to ~ each other out** einander aus|gleichen, sich gegenseitig auf|heben.

cancellation [ˌkænsə'leɪʃn] *n* Stornierung *die*; [of meeting, visit] Absage *die*; [of subscription] Abbestellung *die*.

cancer ['kænsə^r] *n* Krebs *der* ◇ *comp* Krebs-.
◆ **Cancer** *n* Krebs *der*.

cancerous ['kænsərəs] *adj* Krebs-, krebsartig.

candelabra [ˌkændɪ'lɑːbrə] *n* Leuchter *der*, Kandelaber *der*.

C and F, C & F (*abbr of* **cost and freight**) *Kosten und Fracht*.

candid ['kændɪd] *adj* offen, ehrlich.

candidacy ['kændɪdəsɪ] *n* Kandidatur *die*.

candidate ['kændɪdət] *n* **- 1.** [for job] Kandidat *der*, -in *die*, Bewerber *der*, -in *die* **- 2.** [for exam] Prüfling *der*.

candidature ['kændɪdətʃə^r] *n* Kandidatur *die*.

candidly ['kændɪdlɪ] *adv* offen, ehrlich.

candidness ['kændɪdnɪs] *n* = **candour.**

candied ['kændɪd] *adj* kandiert.

candle ['kændl] *n* Kerze *die*; **to burn the ~ at both ends** *inf* sich zu viel zu|muten OR auf|halsen.

candlelight ['kændllaɪt] *n* Kerzenlicht *das*.

candlelit ['kændllɪt] *adj* im Kerzenschein, bei Kerzenlicht.

candlestick ['kændlstɪk] *n* Kerzenständer *der*.

candour *Br*, **candor** *Am* ['kændə^r] *n* Offenheit *die*.

candy ['kændɪ] (*pl* **-ies**) *n* **esp Am - 1.** *(U)* [confectionery] Süßigkeiten *pl* **- 2.** [sweet] Bonbon *das*.

candy bar *n* **Am** Schokoriegel *der*.

candyfloss *Br* ['kændɪflɒs], **cotton candy** *Am n (U)* Zuckerwatte *die*.

candy store *n* **Am** Süßwarenladen *der*.

cane [keɪn] *n* **- 1.** *(U)* [for making furniture] Rohr *das* **- 2.** [walking stick] Spazierstock *der* **- 3.** [for punishment]: **the ~** der Rohrstock **- 4.** [for supporting plant] Stock *der* ◇ *comp* Rohr- ◇ *vt* mit dem Rohrstock züchtigen.

cane sugar *n* Rohrzucker *der*.

canine ['keɪnaɪn] *adj* Hunde- ◇ *n*: **~ (tooth)** Eckzahn *der*.

canister ['kænɪstə^r] *n* Kanister *der*, Behälter *der*; [for tea, film] Dose *die*.

cannabis ['kænəbɪs] *n* Cannabis *der*.

canned [kænd] *adj* **- 1.** [food] Konserven-; [drink] Dosen- **- 2.** *inf fig* [prerecorded] Tonband-.

cannelloni [ˌkænɪ'ləʊnɪ] *n italienische Nudelspezialität*.

cannery ['kænərɪ] (*pl* **-ies**) *n* Konservenfabrik *die*.

cannibal ['kænɪbl] *n* Kannibale *der*, -in *die*, Menschenfresser *der*, -in *die*.

cannibalize, -ise ['kænɪbəlaɪz] *vt* aus|schlachten.

cannon ['kænən] (*pl inv* OR **-s**) *n* **- 1.** [on ground] Kanone *die* **- 2.** [on aircraft] Bordkanone *die*.
◆ **cannon into** *vt fus Br* zusammen|prallen mit.

cannonball ['kænənbɔːl] *n* Kanonenkugel *die*.

cannot ['kænɒt] *vb fml* ▷ **can²**.

canny ['kænɪ] (*compar* **-ier;** *superl* **-iest**) *adj* umsichtig, sparsam.

canoe [kə'nuː] (*cont* **canoeing**) *n* Paddelboot *das*, Kanu *das* ◇ *vi* Kanu fahren.

canoeing [kə'nuːɪŋ] *n* Kanufahren *das*.

canon ['kænən] *n* **- 1.** [clergyman] Domherr *der* **- 2.** [general principle] Grundregel *die*.
◆ **Canon** *n* [of Mass]: **the Canon** der Kanon.

canonize, -ise ['kænənaɪz] *vt* heilig sprechen.

canoodle [kə'nuːdl] *vi Br inf* schmusen.

can opener *n* Dosenöffner *der*.

canopy ['kænəpɪ] (*pl* **-ies**) *n* **- 1.** [over bed, seat] Baldachin *der* **- 2.** [of trees, branches] Blätterdach *das*.

cant [kænt] *n (U) pej* Heuchelei *die*.

can't [kɑːnt] = **cannot.**

Cantab. (*abbr of* **Cantabrigiensis**) *von der Universität Cambridge*.

Cantabrian Mountains [kæn'teɪbrɪən-] *npl*: **the ~** das Kantabrische Gebirge.

cantankerous [kæn'tæŋkərəs] *adj* streitsüchtig.

canteen [kæn'tiːn] *n* **- 1.** [restaurant - in workplace] Kantine *die*; [- in university] Mensa *die* **- 2.** [box of cutlery] Besteckkasten *der*.

canter ['kæntəʳ] *n* Kanter *der* ◇ *vi* im Handgalopp reiten.

cantilever ['kæntɪliːvəʳ] *n* Ausleger *der*.

Cantonese [ˌkæntə'niːz] *adj* kantonesisch ◇ *n* [language] Kantonesisch(e) *das* ◇ *npl*: **the ~** die Kantonesen.

canvas ['kænvəs] *n* - **1.** *(U)* [cloth] Segeltuch *das*; **under ~** [in a tent] im Zelt - **2.** [art - for painting] Leinwand *die*; [- finished painting] Gemälde *das*.

canvass ['kænvəs] *vt* - **1.** POL: **to ~ an area** in einer Gegend Wahlwerbung betreiben; **to ~ voters** um Wählerstimmen werben - **2.** COMM: **to ~ opinion** eine Meinungsumfrage durch|führen ◇ *vi* POL [campaign] um Stimmen werben.

canvasser ['kænvəsəʳ] *n* - **1.** POL [campaigner] Wahlhelfer *der*, -in *die* - **2.** [for opinion poll] Interviewer *der*, -in *die*.

canvassing ['kænvəsɪŋ] *n (U)* - **1.** POL [campaigning] Stimmenwerbung *die* - **2.** [for opinion poll] Befragung *die*, Umfrage *die*.

canyon ['kænjən] *n* Cañon *der*.

cap [kæp] (*pt* & *pp* **-ped**; *cont* **-ping**) *n* - **1.** [hat] Mütze *die*, Kappe *die*; **to go ~ in hand to sb** *fig* jm demütig gegenüber|treten - **2.** [lid, top] Deckel *der*; [on pen, lipstick] Kappe *die* - **3.** *Br* [contraceptive device] Diaphragma *das* ◇ *vt* - **1.** [cover top of] bedecken - **2.** [outdo]: **to ~ it all** als Krönung des Ganzen.

CAP (*abbr of* **Common Agricultural Policy**) *n* GAP *die*.

capability [ˌkeɪpə'bɪlətɪ] (*pl* **-ies**) *n* - **1.** [ability] Fähigkeit *die* - **2.** MIL Potenzial *das*.

capable ['keɪpəbl] *adj* - **1.** [able, having capacity]: **to be ~ of sthg** zu etw fähig sein; **to be ~ of doing sthg** fähig sein, etw zu tun - **2.** [competent, skilful] kompetent.

capably ['keɪpəblɪ] *adv* gekonnt.

capacious [kə'peɪʃəs] *adj fml* geräumig.

capacitor [kə'pæsɪtəʳ] *n* Kondensator *der*.

capacity [kə'pæsɪtɪ] (*pl* **-ies**) *n* - **1.** *(U)* [limit] Fassungsvermögen *das*; [of room, hall] Sitzplätze *pl*; **the theatre has a ~ of 200** das Theater fasst 200 Personen; **to work at full ~** voll ausgelastet sein; **full to ~** vollbesetzt - **2.** [ability] Fähigkeit *die*; **~ for sthg** die Fähigkeit zu etw; **~ for doing** *OR* **to do sthg** die Fähigkeit, etw zu tun - **3.** [position] Stellung *die*; **in my ~ as ...** in meiner Eigenschaft als ...; **in a ... ~** in der Funktion *(+ G)* ... ◇ *comp* Fassungs-.

cape [keɪp] *n* - **1.** GEOGR Kap *das* - **2.** [cloak] Cape *das*, Umhang *der*.

Cape Canaveral [-kə'nævərəl] *n* Cape Canaveral *nt*.

Cape Horn *n* Kap Horn *nt*.

Cape of Good Hope *n*: **the ~** das Kap der guten Hoffnung.

caper ['keɪpəʳ] *n* - **1.** [food] Kaper *die* - **2.** *inf* [escapade] Eskapade *die* ◇ *vi* herum|tollen.

Cape Town *n* Kapstadt *nt*.

capillary [kə'pɪlərɪ] (*pl* **-ies**) *n* Kapillare *die*.

capita ▻ **per capita**.

capital ['kæpɪtl] *adj* - **1.**: **~ letter** Großbuchstabe *der* - **2.** [offence] Kapital- ◇ *n* - **1.** [of country]: **~ (city)** Hauptstadt *die* - **2.** [letter] Großbuchstabe *der*; **in ~s** in Großbuchstaben - **3.** *(U)* [money] Kapital *das*; **to make ~ out of sthg** *fig* aus etw Kapital schlagen.

capital allowance *n* steuerpflichtige Abschreibung.

capital assets *npl* Kapitalanlagen *pl*, Kapitalvermögen *das*.

capital expenditure *n* Kapitalaufwand *der*.

capital gains tax *n* Kapitalertragssteuer *die*.

capital goods *npl* Investitionsgüter *pl*.

capital-intensive *adj* kapitalintensiv.

capitalism ['kæpɪtəlɪzm] *n* Kapitalismus *der*.

capitalist ['kæpɪtəlɪst] *adj* kapitalistisch ◇ *n* Kapitalist *der*, -in *die*.

capitalize, -ise ['kæpɪtəlaɪz] *vi*: **to ~ on sthg** aus etw Nutzen ziehen.

capital punishment *n (U)* Todesstrafe *die*.

capital stock *n* Grundkapital *das*.

capital transfer tax *n* Schenkungs- und Erbschaftssteuer *die*.

Capitol ['kæpɪtl] *n*: **the ~** das Kapitol.

Capitol Hill ['kæpɪtl-] *n* Capitol Hill.

CAPITOL HILL

Das Areal in Washington, D.C., auf dem die Hauptinstitutionen der US-Regierung liegen, wie der Kongress (im Kapitol), die Kongressbibliothek („Library of Congress") und der Oberste Gerichtshof („Supreme Court"). Oft bezeichnet der Ausdruck „Capitol Hill" oder kurz „the Hill" auch den Kongress oder die US-Regierung allgemein.

capitulate [kə'pɪtjʊleɪt] *vi*: **to ~ (to sthg)** kapitulieren (vor etw *(D)*).

capitulation [kəˌpɪtjʊ'leɪʃn] *n* Kapitulation *die*.

cappuccino [ˌkæpʊ'tʃiːnəʊ] (*pl* **-s**) *n* Cappuccino *der*.

capricious [kə'prɪʃəs] *adj* launisch, unberechenbar.

Capricorn ['kæprɪkɔːn] *n* Steinbock *der*.

caps [kæps] (*abbr of* **capital letters**) *npl* Großbuchstaben *pl*.

capsicum ['kæpsɪkəm] *n* Pfefferschote *die*.

capsize [kæp'saɪz] *vt* zum Kentern bringen <> *vi* kentern.

capsule ['kæpsju:l] *n* - **1.** [gen] Kapsel *die* - **2.** [on spacecraft] Raumkapsel *die*.

Capt. *abbr of* **captain.**

captain ['kæptɪn] *n* Kapitän *der;* [in army] Hauptmann *der* <> *vt* - **1.** [ship] kommandieren - **2.** [sports team] führen.

caption ['kæpʃn] *n* Bildunterschrift *die*.

captivate ['kæptɪveɪt] *vt* bezaubern, fesseln.

captivating ['kæptɪveɪtɪŋ] *adj* bezaubernd.

captive ['kæptɪv] *adj* - **1.** [imprisoned] gefangen - **2.** *fig* [unable to leave] gebannt; **~ audience** unfreiwilliges Publikum; **~ market** monopolistischer Markt <> *n* Gefangene *der, die*.

captivity [kæp'tɪvətɪ] *n*: **in ~** in Gefangenschaft.

captor ['kæptəʳ] *n Person, die jemanden gefangennimmt.*

capture ['kæptʃəʳ] *vt* - **1.** [take prisoner - person] gefangen|nehmen; [- animal] ein|fangen - **2.** [city, market, audience] erobern; [interest, imagination, votes] gewinnen - **3.** [in words, pictures, music] ein|fangen - **4.** COMPUT erfassen <> *n* Gefangennahme *die;* [of city] Eroberung *die*.

car [kɑ:ʳ] *n* - **1.** [motor car] Auto *das*, Wagen *der* - **2.** [on train] Wagen *der* <> *comp* Automobil-, Auto-.

carafe [kə'ræf] *n* Karaffe *die*.

caramel ['kærəmel] *n* - **1.** [burnt sugar] Karamell *der* - **2.** [sweet] Karamellbonbon *das*.

carat ['kærət] *n Br* Karat *das*.

caravan ['kærəvæn] *n* - **1.** *Br* [vehicle - towed by car] Wohnwagen *der*, Caravan *der;* [- towed by horse] Pferdewagen *der* - **2.** [travelling group] Karawane *die* <> *comp* Wohnwagen-.

caravanning ['kærəvænɪŋ] *n (U) Br* Ferien *pl* im Wohnwagen.

caravan site *n Br* Wohnwagenplatz *der*.

caraway seed ['kærəweɪ-] *n* Kümmelkorn *der*.

carbohydrate [ˌkɑ:bəʊ'haɪdreɪt] *n (U)* Kohle(n)hydrat *das*.

◆ **carbohydrates** *npl* [food] Kohle(n)hydrate *pl*.

carbon ['kɑ:bən] *n* - **1.** [element] Kohlenstoff *der* - **2.** = **carbon copy** - **3.** = **carbon paper.**

carbonated ['kɑ:bəneɪtɪd] *adj* mit Kohlensäure versetzt.

carbon copy *n* - **1.** [document] Durchschlag *der* - **2.** *fig* [exact copy]: **she's a ~ of her mother** sie ist ihrer Mutter wie aus dem Gesicht geschnitten.

carbon dating [-'deɪtɪŋ] *n (U)* Radiokarbonmethode *die*.

carbon dioxide [-daɪ'ɒksaɪd] *n* Kohlendioxyd *das*.

carbon fibre *n (U)* Kohlenstofffaser *die*.

carbon monoxide *n* Kohlenmonoxid *das*.

carbon paper *n (U)* Kohlepapier *das*.

car-boot sale *n Br auf einem (Park)platz oder in einem Parkhaus stattfindender Trödelmarkt.*

carburettor *Br*, **carburetor** *Am* [ˌkɑ:bə'retəʳ] *n* Vergaser *der*.

carcass ['kɑ:kəs] *n* [of animal] Kadaver *der*.

carcinogenic [ˌkɑ:sɪnə'dʒenɪk] *adj* krebserregend.

card [kɑ:d] *n* - **1.** [playing card] Spielkarte *die;* **to play one's ~s right** *fig* seine Karten richtig aus|spielen; **to put** OR **lay one's ~s on the table** die Karten auf den Tisch legen - **2.** [for identification] Karte *die* - **3.** [greetings card] Grußkarte *die* - **4.** [postcard] Postkarte *die* - **5.** *(U)* [cardboard] Pappe *die*.

◆ **cards** *npl* [game] Kartenspiel *das;* **to play ~s** Karten spielen.

◆ **on the cards** *Br*, **in the cards** *Am adv inf* durchaus möglich.

cardamom ['kɑ:dəməm] *n* Kardamom *der* OR *das*.

cardboard ['kɑ:dbɔ:d] *n (U)* Pappe *die* <> *comp* Papp-.

cardboard box *n* Pappkarton *der*.

card-carrying *adj* eingetragen.

card catalog *n Am* Kartei *die*.

cardiac ['kɑ:dɪæk] *adj* Herz-.

cardiac arrest *n* Herzstillstand *der*.

cardigan ['kɑ:dɪgən] *n* Strickjacke *die*.

cardinal ['kɑ:dɪnl] *adj* äußerste, -r, -s; **~ sin** Todsünde *die* <> *n* RELIG Kardinal *der*.

cardinal number, cardinal numeral *n* Kardinalzahl *die*.

card index *n Br* Kartei *die*.

cardiograph ['kɑ:dɪəgrɑ:f] *n* Kardiograf *der*.

cardiology [ˌkɑ:dɪ'ɒlədʒɪ] *n* Kardiologie *die*.

cardiovascular [ˌkɑ:dɪəʊ'væskjʊləʳ] *adj* kardiovaskular.

cardsharp ['kɑ:dˌʃɑ:p] *n* Falschspieler *der*, -in *die*.

card table *n* Kartentisch *der*.

card vote *n Br Abstimmung durch Wahlmänner bei Gewerkschaftswahlen in Großbritannien.*

care [keəʳ] *n* - **1.** [protection, looking after] Pflege *die;* **to be in ~** *Br* in Pflege sein; **to be taken into ~** in Pflege genommen werden; **to take ~ of sb** [look after] für jn sorgen; **to take ~ of sthg** etw erledigen; **take ~!** *inf* [when saying goodbye] pass auf dich auf!, gib auf dich acht! - **2.** [caution] Sorgfalt *die;* **to take ~ to do sthg** darauf achten, etw zu tun; **take ~!** [be careful] pass auf!, sei vorsichtig! - **3.** [cause of worry] Sorge *die* <> *vi* - **1.** [be concerned]: **you really don't ~, do you?** dir ist das wohl ganz egal, wie?; **to ~ about sb/sthg** an jn/etw denken - **2.** [mind] sich kümmern; **I don't ~ if/that/how ...** es ist mir egal, ob/dass/wie ...; **who ~s?** wen interessiert das schon?; **I don't honestly ~ what I look like** es kümmert *OR* interessiert mich ehrlich gesagt nicht, wie ich aussehe; **I couldn't ~ less!** *inf* das ist mir völlig egal!

◆ **care of** *prep* bei.

◆ **care for** *vt fus* [like] Interesse haben für; **I don't much ~ for opera** ich mache mir nichts aus Oper; **does she still ~ for him?** bedeutet er ihr noch immer viel?; **would you ~ for a drink?** möchtest du etwas trinken?

CARE [keəʳ] (*abbr of* **Cooperative for American Relief Everywhere**) *n* CARE.

career [kə'rɪəʳ] *n* - **1.** [job] Beruf *der;* **~s such as acting, writing ...** Berufe wie Schauspieler, Autor ...; **he's hoping for a ~ in the sciences** er möchte eine wissenschaftliche Laufbahn einschlagen; **to make a ~ out of sthg** etw zum Beruf machen - **2.** [working life] Laufbahn *die;* [in retrospect] Werdegang *der* - **3.** [very successful] Karriere *die;* **to make a ~ for o.s.** Karriere machen; **she had a very successful ~ as a businesswoman** sie hat als Geschäftsfrau Karriere gemacht <> *vi* rasen.

careerist [kə'rɪərɪst] *n* **pej** Karrieremacher *der*, -in *die*.

careers [kə'rɪəz] *comp* Berufs-.

careers adviser *n* Berufsberater *der*, -in *die*.

career woman *n* Karrierefrau *die*.

carefree ['keəfriː] *adj* sorglos, sorgenfrei.

careful ['keəfʊl] *adj* - **1.** [cautious] vorsichtig; **to be ~ with sthg** vorsichtig *OR* sorgsam mit etw um|gehen; **to be ~ to do sthg** darauf achten, etw zu tun - **2.** [thorough] gründlich, sorgfältig.

carefully ['keəflɪ] *adv* - **1.** [cautiously] vorsichtig - **2.** [thoroughly] gründlich, sorgfältig.

careless ['keəlɪs] *adj* - **1.** [inattentive] unaufmerksam - **2.** [unconcerned] nachlässig.

carelessly ['keəlɪslɪ] *adv* - **1.** [inattentively] unaufmerksam - **2.** [unconcernedly] nachlässig.

carelessness ['keəlɪsnɪs] *n* - **1.** [inattention] Unaufmerksamkeit *die* - **2.** [lack of concern] Nachlässigkeit *die*.

carer ['keərəʳ] *n* Pfleger *der*, -in *die*.

caress [kə'res] *n* Liebkosung *die* <> *vt* liebkosen.

caretaker ['keəˌteɪkəʳ] *n* **Br** Hausmeister *der*, -in *die*.

caretaker government *n* Übergangsregierung *die*.

car ferry *n* Autofähre *die*.

cargo ['kɑːgəʊ] (*pl* **-es** *OR* **-s**) *n* Ladung *die*, Fracht *die* <> *comp* Fracht-.

car hire *n (U)* **Br** Autovermietung *die*.

Caribbean [**Br** kærɪ'biːən, **Am** kə'rɪbɪən] *adj* karibisch <> *n* - **1.** [sea]: **the ~ (Sea)** das Karibische Meer, die Karibische See - **2.** [region]: **the ~** die Karibik.

caribou ['kærɪbuː] (*pl inv OR* **-s**) *n* Karibu *das OR der*.

caricature ['kærɪkəˌtjʊəʳ] *n* **lit** & **fig** Karikatur *die* <> *vt* karikieren.

caries ['keəriːz] *n* Karies *die*.

caring ['keərɪŋ] *adj* mitfühlend.

caring professions *npl:* **the ~** die Pflegeberufe.

carnage ['kɑːnɪdʒ] *n (U)* Gemetzel *das*.

carnal ['kɑːnl] *adj* **literary** fleischlich.

carnation [kɑː'neɪʃn] *n* Nelke *die*.

carnival ['kɑːnɪvl] *n* - **1.** [festive occasion] Karneval *der* - **2.** [fair] Volksfest *das*, Jahrmarkt *der*.

carnivore ['kɑːnɪvɔːʳ] *n* Fleischfresser *der*.

carnivorous [kɑː'nɪvərəs] *adj* Fleisch fressend.

carol ['kærəl] *n:* **(Christmas) ~** Weihnachtslied *das*.

carouse [kə'raʊz] *vi* zechen.

carousel [ˌkærə'sel] *n* - **1. esp Am** [at fair] Karussel *das* - **2.** [at airport] Gepäckband *das*.

carp [kɑːp] (*pl inv OR* **-s**) *n* Karpfen *der* <> *vi* nörgeln; **to ~ about sb** über jn meckern.

car park *n* **Br** Parkplatz *der*.

carpenter ['kɑːpəntəʳ] *n* [working on buildings] Zimmermann *der;* [making furniture] Tischler *der*, Schreiner *der*.

carpentry ['kɑːpəntrɪ] *n* [working on buildings] Zimmerhandwerk *das;* [making furniture] Tischlerhandwerk *das*, Schreinerhandwerk *das*.

carpet ['kɑːpɪt] *n* - **1.** [floor covering] Teppich(boden) *der;* **to sweep sthg under the ~ fig** etw unter den Teppich kehren - **2. fig** [of flowers, snow] Teppich *der* <> *vt* - **1.** [floor] mit Teppich(boden) aus|legen - **2. fig: ~ed with snow** schneebedeckt.

carpet slipper *n* Pantoffel *der*.

carpet sweeper [-ˌswiːpəʳ] *n* Teppichkehrmaschine *die*.

car phone *n* Autotelefon *das*.

car pool *n* **Br** [fleet of cars] Wagenpark *der*.

carport ['kɑːˌpɔːt] *n* Unterstellplatz *der*.

car radio *n* Autoradio *das*.

car rental *n (U) Am* Autovermietung *die.*

carriage ['kærɪdʒ] *n* - **1.** [horsedrawn vehicle] Kutsche *die* - **2.** *Br* [railway coach] Wagen *der* - **3.** [transport of goods] Transport *der;* **~ paid** OR **free** *Br* frachtfrei, frei Haus; **~ forward** *Br* Fracht zahlt Empfänger - **4.** [on typewriter] Wagen *der* - **5.** *(U) literary* [deportment] Karosse *die.*

carriage return *n* Wagenrücklauf *der.*

carriageway ['kærɪdʒweɪ] *n Br* Fahrbahn *die.*

carrier ['kærɪə^r] *n* - **1.** COMM Spediteur *der* - **2.** [of disease] Überträger *der*, -in *die* - **3.** MIL: **(aircraft) ~** Flugzeugträger *der* - **4.** [on bicycle] Gepäckträger *der* - **5.** = **carrier bag.**

carrier bag *n* Tragetasche *die.*

carrier pigeon *n* Brieftaube *die.*

carrion ['kærɪən] *n (U)* Aas *das.*

carrot ['kærət] *n* - **1.** [vegetable] Möhre *die*, Karotte *die* - **2.** *inf* [incentive] Köder *der.*

carry ['kærɪ] (*pt* & *pp* **-ied**) *vt* - **1.** [transport] tragen - **2.** [be equipped with] dabeilhaben, mit sich führen - **3.** [disease] übertragen - **4.** [involve] mit sich bringen - **5.** [motion, proposal] anlnehmen - **6.** [be pregnant with] tragen - **7.** MATH: **5 ~ 1** 5 Rest 1 ◇ *vi* [sound] tragen.

◆ **carry away** *vt fus:* **to get carried away** sich hinreißen lassen.

◆ **carry forward** *vt sep* übertragen.

◆ **carry off** *vt sep* - **1.** [plan, performance] schaffen - **2.** [prize] gewinnen.

◆ **carry on** *vt fus* [continue] fortlführen; **to ~ on doing sthg** etw weiterhin tun ◇ *vi* - **1.** [continue] weiterlmachen; **to ~ on with sthg** mit etw weiterlmachen - **2.** *inf* [make a fuss] sich auf lführen - **3.** *inf* [have affair]: **to ~ on with sb** ein Verhältnis mit jm haben.

◆ **carry out** *vt fus* [task, plan, order] auslführen; [experiment, investigation] durchlführen; [promise, threat] wahrlmachen.

◆ **carry through** *vt sep* [accomplish] durchlführen.

carryall ['kærɪɔːl] *n Am* Reisetasche *die.*

carrycot ['kærɪkɒt] *n esp Br* Babytragetasche *die.*

carry-on *n Br inf* Durcheinander *das.*

carry-out *n Am* & *Scot Essen oder Getränke zum Mitnehmen.*

carsick ['kɑːˌsɪk] *adj* reisekrank.

cart [kɑːt] *n* - **1.** [vehicle] Wagen *der* - **2.** COMPUT *abbr of* **cartridge** - **3.** *Am* [for shopping]: **(shopping** OR **grocery) ~** Einkaufswagen *der* ◇ *vt inf* schleppen.

carte blanche *n* uneingeschränkte Vollmacht.

cartel [kɑː'tel] *n* Kartell *das.*

cartilage ['kɑːtɪlɪdʒ] *n (U)* Knorpel *der.*

carton ['kɑːtn] *n* Karton *der;* [of cream, yoghurt] Becher *der;* [of milk] Tüte *die.*

cartoon [kɑː'tuːn] *n* - **1.** [satirical drawing] Karikatur *die* - **2.** [comic strip] Comic(strip) *der* - **3.** [film] Zeichentrickfilm *der.*

cartoonist [kɑː'tuːnɪst] *n* - **1.** [of satirical drawings] Karikaturist *der*, -in *die* - **2.** [of comic strips] Comiczeichner *der*, -in *die.*

cartridge ['kɑːtrɪdʒ] *n* - **1.** [for gun, pen] Patrone *die* - **2.** [for camera] Film *der* - **3.** [for record player] Tonabnehmer *der.*

cartridge paper *n* Zeichenpapier *das.*

cartwheel ['kɑːtwiːl] *n* Rad *das;* **to do ~s** Rad schlagen.

carve [kɑːv] *vt* - **1.** [wood] schnitzen; [stone] hauen, meißeln - **2.** [meat] auf lschneiden, in Scheiben schneiden - **3.** [cut] ritzen ◇ *vi* den Braten/das Fleisch auf lschneiden.

◆ **carve out** *vt sep:* **to ~ out a career** sich eine Karriere auf lbauen.

◆ **carve up** *vt sep* [divide] auf lteilen.

carving ['kɑːvɪŋ] *n* - **1.** *(U)* [art, work] Schnitzerei *die* - **2.** [object] Skulptur *die.*

carving knife *n* Tranchiermesser *das.*

car wash *n* - **1.** [process] Autowaschen *das* - **2.** [place] Autowaschanlage *die.*

Casanova [kæsə'nəʊvə] *n* Casanova *der.*

cascade [kæ'skeɪd] *n* Wasserfall *der* ◇ *vi* herablstürzen.

case [keɪs] *n* - **1.** [gen] Fall *der;* **a ~ in point** ein typischer Fall; **that's not the ~** das ist nicht der Fall; **in that ~** in dem Fall; **unless it's a draw, in which ~ I'll make the decision** außer bei einem Unentschieden, dann treffe ich die Entscheidung; **as** OR **whatever the ~ may be** je nachdem; **in ~ of emergency/doubt** im Notfall/Zweifelsfall - **2.** [argument] Angelegenheit *die*, Sache *die;* **the ~ for the defence** die Verteidigung - **3.** [packing case] Kiste *die;* [small box] Kästchen *das;* [for glasses, cigarettes] Etui *der;* [for musical instrument] Kasten *der* - **4.** *Br* [suitcase] Koffer *der.*

◆ **in any case** *adv* wie dem auch sei, wie auch immer.

◆ **in case** *conj* falls ◇ *adv:* **(just) in ~** für alle Fälle.

case history *n* Vorgeschichte *die.*

casement window ['keɪsmənt-] *n* Flügelfenster *das.*

case study *n* Fallstudie *die.*

cash [kæʃ] *n (U)* - **1.** [notes and coins] Bargeld *das;* **to pay (in) ~** bar bezahlen - **2.** *inf* [money] Geld *das;* **I'm a bit short of ~** ich bin etwas knapp bei Kasse - **3.** [payment]: **~ in advance** Vorkasse *die;* **~ on delivery** zahlbar bei Empfang ◇ *vt* einllösen.

◆ **cash in** *vi:* **to ~ in on sthg** *inf* von etw profitieren.

cash and carry *n* [for retailers] Großhandelsmarkt *der;* [for public] Verbrauchermarkt *der.*

cashbook ['kæʃbʊk] *n* Kassenbuch *das.*

cash box *n* Geldkassette *die.*

cash card *n* Kontokarte *die.*

cash crop *n für den Verkauf bestimmte Feldfrucht.*

cash desk *n* ***Br*** Kasse *die.*

cash discount *n* Skonto *das.*

cash dispenser [-dɪˌspensəʳ] *n* Geldautomat *der.*

cashew (nut) ['kæʃu:-] *n* Cashewnuss *die.*

cash flow *n* Cash-flow *der.*

cashier [kæ'ʃɪəʳ] *n* Kassierer *der*, -in *die.*

cash machine *n* = **cash dispenser.**

cashmere [kæʃ'mɪəʳ] *n* Kaschmir *der* <> *comp* Kaschmir-.

cash payment *n* Barzahlung *die.*

cashpoint (machine) ['kæʃpɔɪnt-] *n* Geldautomat *der.*

cash price *n* Barpreis *der.*

cash register *n* Registrierkasse *die.*

cash sale *n* Barverkauf *der.*

casing ['keɪsɪŋ] *n* Gehäuse *das;* [of cable] Hülle *die;* [of tyre] Mantel *der.*

casino [kə'si:nəʊ] (*pl* **-s**) *n* Kasino *das.*

cask [kɑ:sk] *n* Fass *das.*

casket ['kɑ:skɪt] *n* **- 1.** [for jewels] (Schmuck)kästchen *das* **- 2.** ***Am*** [coffin] Sarg *der.*

Caspian Sea ['kæspɪən-] *n:* **the ~** das Kaspische Meer.

casserole ['kæsərəʊl] *n* **- 1.** [stew] Fleischeintopf *der* **- 2.** [pan] Schmortopf *der*, Kasserolle *die.*

cassette [kæ'set] *n* Kassette *die.*

cassette deck *n* Kassettendeck *das.*

cassette player *n* Kassettenspieler *der.*

cassette recorder *n* Kassettenrecorder *der.*

cassock ['kæsək] *n* [Catholic] Soutane *die;* [Protestant] Talar *der.*

cast [kɑ:st] (*pt* & *pp* **cast**) *n* **- 1.** [of play, film] Besetzung *die* **- 2.** MED Gipsverband *der* <> *vt* **- 1.** [gen] werfen; **to ~ one's eye over sthg** einen Blick auf etw *(A)* werfen; **to ~ doubt on sthg** etw in Zweifel ziehen; **to ~ a spell on sb** jn verhexen **- 2.** [choose for play, film]: **she ~ him in the role of Hamlet** sie gab ihm die Rolle des Hamlet **- 3.** POL: **to ~ one's vote** seine Stimme ablgeben **- 4.** [metal, statue] gießen **- 5.** [skin]: **to ~ its skin** sich häuten <> *vi* [in fishing] die Angel auslwerfen.

◆ **cast about, cast around** *vi:* **to ~ about for sthg** nach etw suchen.

◆ **cast aside** *vt sep* fallen lassen.

◆ **cast off** *vt sep* ***fml*** [get rid of] ablegen <> *vi* **- 1.** NAUT ablegen **- 2.** [in knitting] Maschen ablnehmen.

◆ **cast on** *vi* [in knitting] Maschen anlschlagen.

castanets [ˌkæstə'nets] *npl* Kastagnetten *pl.*

castaway ['kɑ:stəweɪ] *n* Schiffbrüchige *der, die.*

caste [kɑ:st] *n* [class] Kaste *die.*

caster ['kɑ:stəʳ] *n* Rolle *die.*

caster sugar *n* ***Br*** Feinkristallzucker *der.*

castigate ['kæstɪgeɪt] *vt* ***fml*** [criticize] tadeln.

casting ['kɑ:stɪŋ] *n (U)* [for film, play] Rollenverteilung *die.*

casting vote *n* entscheidende Stimme.

cast iron *n (U)* Gusseisen *das.*

◆ **cast-iron** *adj* **- 1.** [made of cast iron] gusseisern **- 2.** ***fig*** [will] eisern; [alibi, guarantee] hieb- und stichfest.

castle ['kɑ:sl] *n* **- 1.** [fortress] Burg *die;* [mansion] Schloss *das* **- 2.** [in chess] Turm *der.*

castoff ['kɑ:stɒf] *n* abgelegtes Kleidungsstück.

castor ['kɑ:stəʳ] *n* = **caster.**

castor oil *n* Rizinusöl *das.*

castor sugar *n* = **caster sugar.**

castrate [kæ'streɪt] *vt* kastrieren.

castration [kæ'streɪʃn] *n* Kastration *die.*

casual ['kæʒʊəl] *adj* **- 1.** [relaxed] gleichgültig **- 2.** ***pej*** [offhand] nachlässig **- 3.** [chance] zufällig **- 4.** [clothes]: **~ clothes** zwanglose Kleidung; **~ wear** Freizeitkleidung **- 5.** [work, worker] Gelegenheits-.

casually ['kæʒʊəlɪ] *adv* **- 1.** [in a relaxed manner] gleichgültig **- 2.** [dress] leger, zwanglos.

casualty ['kæʒjʊəltɪ] (*pl* **-ies**) *n* **- 1.** [dead person] Todesopfer *das;* [injured person] Unfallopfer *das* **- 2.** = **casualty department** **- 3.** ***fig*** [of change, policy, system] Opfer *das.*

casualty department *n* Ambulanz *die.*

cat [kæt] *n* **- 1.** [domestic] Katze *die;* **to let the ~ out of the bag** die Katze aus dem Sack lassen; **to be like a ~ on hot bricks** ***Br*** OR **on a hot tin roof** ***Am*** wie auf glühenden Kohlen sitzen; **that's put the ~ among the pigeons** ***Br*** das hast du ja toll hingekriegt; **it's raining ~s and dogs** es regnet in Strömen; **she thinks she's the ~'s whiskers** ***Br*** sie hält sich für was Besonderes **- 2.** [wild] Raubkatze *die* **- 3.** (*abbr of* **catalytic converter**) AUT Kat *der.*

cataclysmic [ˌkætə'klɪzmɪk] *adj* [change] umwälzend; [disaster] katastrophal.

catacombs ['kætəku:mz] *npl* Katakomben *pl.*

Catalan ['kætəˌlæn] *adj* katalanisch <> *n*

- **1.** [person] Katalane *der*, -nin *die* - **2.** [language] Katalanisch(e) *das*.

catalogue *Br*, **catalog** *Am* ['kætəlɒg] *n* - **1.** [of items] Katalog *der* - **2.** *fig* [of accidents, disasters] Serie *die*, Reihe *die* ◇ *vt* katalogisieren.

Catalonia [ˌkætə'ləunɪəl] *n* Katalonien *nt*.

Catalonian [ˌkætə'ləunɪən] *adj* katalonisch ◇ *n* [person] Katalonier *der*, -in *die*.

catalyst ['kætəlɪst] *n* - **1.** CHEM Katalysator *der* - **2.** *fig* [cause] Auslöser *der*.

catalytic converter [ˌkætə'lɪtɪk-] *n* Katalysator *der*.

catamaran [ˌkætəmə'ræn] *n* Katamaran *der*.

catapult *Br* ['kætəpʌlt] *n* - **1.** [hand-held] Katapult *das* ODER *der*, (Stein)schleuder *die* - **2.** HIST [machine] Katapult *das* ODER *der* ◇ *vt* schleudern; **she was ~ed to fame** *fig* sie wurde über Nacht berühmt.

cataract ['kætərækt] *n* - **1.** MED grauer Star - **2.** *literary* [waterfall] Wasserfall *der*.

catarrh [kə'tɑːʳ] *n* Katarrh *der*.

catastrophe [kə'tæstrəfɪ] *n* Katastrophe *die*.

catastrophic [ˌkætə'strɒfɪk] *adj* katastrophal.

cat burglar *n Br* Fassadenkletterer *der*.

catcall ['kætkɔːl] *n* Buhruf *der*.

catch [kætʃ] (*pt* & *pp* **caught**) *vt* - **1.** [ball, fish, animal] fangen - **2.** [criminal] fassen - **3.** [discover] überraschen; **to ~ sb doing sthg** jn bei etw ertappen - **4.** [train, plane] erreichen - **5.** [hear clearly] hören, verstehen - **6.** [interest] wecken; [imagination] an|regen; **I tried to ~ his attention** ich versuchte, ihn auf mich aufmerksam zu machen - **7.** [sight]: **to ~ sight of sb/sthg, to ~ a glimpse of sb/sthg** jn/etw flüchtig zu Gesicht bekommen - **8.** [illness, disease]: **to ~ malaria/measles** an Malaria/Masern erkranken; **to ~ a cold** sich erkälten - **9.** [trap]: **to ~ one's finger in the door** sich den Finger in der Tür (ein|)klemmen - **10.** [light]: **the watch face glinted when it caught the light** das Zifferblatt schimmerte, als das Licht darauf fiel - **11.** [strike] treffen ◇ *vi* - **1.** [clothing] hängen bleiben; [foot, limb] stecken bleiben - **2.** [fire] an|gehen ◇ *n* - **1.** [of ball *etc*]: **good ~!** sehr gut gefangen! - **2.** [of fish] Fang *der* - **3.** [fastener] Verschluss *der* - **4.** [snag] Haken *der*.

◆ **catch at** *vt fus* greifen nach.

◆ **catch on** *vi* - **1.** [become popular] Anklang finden, sich durch|setzen - **2.** *inf* [understand] begreifen; **to ~ on to sthg** hinter etw *(A)* kommen, etw heraus|finden.

◆ **catch out** *vt sep* [trick] herein|legen.

◆ **catch up** *vt sep* - **1.** [come level with] ein|holen - **2.** [involve]: **to get caught up in sthg** in etw *(A)* verwickelt werden ◇ *vi* auf|holen; **to ~ up on sthg** etw nach|holen.

◆ **catch up with** *vt fus* - **1.** [in race, work] ein|holen - **2.** [criminal] ausfindig machen.

catch-22 [-twentɪ'tuː] *n*: **we're in a ~ situation** wir sind in einer Zwickmühle.

catch-all *adj*: **~ term** universeller Begriff.

catching ['kætʃɪŋ] *adj* ansteckend.

catchment area ['kætʃmənt-] *n* Einzugsgebiet *das*.

catchphrase ['kætʃfreɪz] *n* [of performer] Lieblingsspruch *der*.

catchword ['kætʃwɜːd] *n* [slogan] Schlagwort *das*.

catchy ['kætʃɪ] (*compar* **-ier**; *superl* **-iest**) *adj*: **a ~ tune** ein Ohrwurm.

catechism ['kætəkɪzm] *n* Katechismus *der*.

categorical [ˌkætɪ'gɒrɪkl] *adj* kategorisch.

categorically [ˌkætɪ'gɒrɪklɪ] *adv* kategorisch.

categorize, -ise ['kætəgəraɪz] *vt* kategorisieren.

category ['kætəgərɪ] (*pl* **-ies**) *n* Kategorie *die*.

cater ['keɪtəʳ] *vi* [provide food]: **to ~ for sb** jn mit Lebensmitteln versorgen.

◆ **cater for** *vt fus Br* - **1.** [tastes, needs] befriedigen - **2.** [anticipate]: **I hadn't ~ed for that** darauf war ich nicht vorbereitet.

caterer ['keɪtərəʳ] *n* Lebensmittellieferant *der*, -in *die*.

catering ['keɪtərɪŋ] *n (U)* [industry] Gaststättengewerbe *das*; [at wedding, party] Essen *das*.

caterpillar ['kætəpɪləʳ] *n* Raupe *die*.

caterpillar tracks *npl* Gleisketten *pl*, Ketten *pl*.

cat flap *n Br* Katzenklappe *die*.

catharsis [kə'θɑːsɪs] *n fml* Katharsis *die*, Läuterung *die*.

cathedral [kə'θiːdrəl] *n* Kathedrale *die*.

catheter ['kæθɪtəʳ] *n* Katheter *der*.

cathode ray tube ['kæθəud-] *n* Kathodenstrahlröhre *die*.

Catholic ['kæθlɪk] *adj* katholisch ◇ *n* Katholik *der*, -in *die*.

◆ **catholic** *adj*: **to have very ~ tastes** vielseitig interessiert sein.

Catholicism [kə'θɒlɪsɪzm] *n* Katholizismus *der*.

catkin ['kætkɪn] *n* Kätzchen *das*.

cat litter *n* Katzenstreu *die*.

Catseyes® ['kætsaɪz] *npl Br* Katzenaugen *pl*.

catsuit ['kætsuːt] *n Br* *einteiliger, enganliegender Hosenanzug für Frauen*.

catsup ['kætsəp] *n Am* Ketschup *der*.

cattle ['kætl] *npl* Vieh *das*.

cattle grid *n* **Br** *Gitter auf Landstraßen, um Vieh am Überqueren zu hindern.*

catty ['kætɪ] (*compar* **-ier;** *superl* **-iest**) *adj* ***inf pej*** [spiteful] gehässig.

catwalk ['kætwɔːk] *n* Laufsteg *der.*

Caucasian [kɔː'keɪzjən] *adj* kaukasisch <> *n* **- 1.** GEOGR Kaukasier *der*, -in *die* **- 2.** [white person] Weiße *der, die.*

caucus ['kɔːkəs] *n* **- 1. Am** POL Sitzung *die*, Versammlung *die* **- 2. Br** POL Gremium *das.*

CAUCUS

Die amerikanischen „caucuses" sind riesige politische Versammlungen der beiden großen politischen Parteien (Republikaner und Demokraten), auf denen diese ihre Kandidaten auswählen und ihre Programme formulieren.

caught [kɔːt] *pt* & *pp* ▷ **catch.**

cauldron ['kɔːldrən] *n* Kessel *der.*

cauliflower ['kɒlɪˌflaʊəʳ] *n* Blumenkohl *der.*

causal ['kɔːzl] *adj* kausal.

cause [kɔːz] *n* **- 1.** [reason why sthg happens] Ursache *die* **- 2.** [grounds]: **~ (for)** Grund *der* (zu); **to have no ~ to do sthg** keinen Grund haben, etw zu tun; **I have no ~ for complaint** ich habe keinen Grund zur Klage **- 3.** [movement, aim] Sache *die;* **for a good ~** für eine gute Sache <> *vt* verursachen; **to ~ sb to do sthg** jn veranlassen, etw zu tun; **heavy rain ~d the match to be postponed** aufgrund starken Regens musste das Spiel verschoben werden.

causeway ['kɔːzweɪ] *n* Damm *der.*

caustic ['kɔːstɪk] *adj* **- 1.** CHEM ätzend **- 2. *fig*** [comment] bissig; **~ wit** beißender Humor.

caustic soda *n* Ätznatron *das.*

cauterize, -ise ['kɔːtəraɪz] *vt* ausǀbrennen.

caution ['kɔːʃn] *n* **- 1.** [care] Vorsicht *die;* [prudence] Umsicht *die;* '**proceed with ~**' 'vorsichtig vorgehen' **- 2.** [warning] Warnung *die* **- 3. Br** LAW Verwarnung *die* <> *vt* **- 1.** [warn]: **to ~ sb against doing sthg** jn davor warnen, etw zu tun **- 2. Br** LAW verwarnen.

cautionary ['kɔːʃənərɪ] *adj* belehrend.

cautious ['kɔːʃəs] *adj* [careful] vorsichtig; [prudent] umsichtig.

cautiously ['kɔːʃəslɪ] *adv* [carefully] vorsichtig; [prudently] umsichtig.

cautiousness ['kɔːʃəsnɪs] *n* Vorsicht *die.*

cavalier [ˌkævə'lɪəʳ] *adj* unbekümmert, gleichgültig.

cavalry ['kævlrɪ] *n (U)* **- 1.** [on horseback] Kavallerie *die* **- 2.** [in armoured vehicles] motorisierte Truppen *pl.*

cave [keɪv] *n* Höhle *die.*

◆ **cave in** *vi* **- 1.** [physically collapse] einǀstürzen **- 2.** [give up] nachǀgeben.

caveman ['keɪvmæn] (*pl* **-men** [-men]) *n* Höhlenmensch *der.*

cavern ['kævən] *n* Höhle *die.*

cavernous ['kævənəs] *adj* [room, building] höhlenartig.

caviar(e) ['kævɪɑːʳ] *n* Kaviar *der.*

caving ['keɪvɪŋ] *n* **Br** Höhlenklettern *das.*

cavity ['kævətɪ] (*pl* **-ies**) *n* **- 1.** [in object, structure] Hohlraum *der;* [in body] Höhle *die* **- 2.** [in tooth] Loch *das.*

cavity wall insulation *n (U)* **Br** Schaumisolierung *die.*

cavort [kə'vɔːt] *vi* herumǀtollen.

cayenne (pepper) [keɪ'en-] *n* Cayennepfeffer *der.*

CB *n* **- 1.** (*abbr of* **Citizens' Band**) CB **- 2.** (*abbr of* **Companion of (the Order of) the Bath**) *Auszeichnung des britischen Königreichs oder deren Inhaber.*

CBC (*abbr of* **Canadian Broadcasting Corporation**) *n nationale kanadische Rundfunkanstalt.*

CBE (*abbr of* **Companion of (the Order of) the British Empire**) *n Auszeichnung des britischen Königreichs oder deren Inhaber.*

CBI (*abbr of* **Confederation of British Industry**) *n britischer Unternehmerverband.*

CBS (*abbr of* **Columbia Broadcasting System**) *n* CBS.

cc *n* (*abbr of* **cubic centimetre**) cm^3 <> *abbr of* **carbon copy.**

CCTV (*abbr of* **closed circuit television**) *n betriebs- oder schulinternes Fernsehen.*

CD *n* (*abbr of* **compact disc**) CD *die.*

CDI (*abbr of* **compact disc interactive**) *n* CDI *die.*

CD player *n* CD-Player *der*, CD-Spieler *der.*

Cdr. (*abbr of* **commander**) *n* Kdt.

CD-R *n* (*abbr of* **compact disc recordable**) CD-R *die.*

CD-ROM [ˌsiːdiː'rɒm] (*abbr of* **compact disc read-only memory**) *n* CD-ROM *die.*

CDT (*abbr of* **Central Daylight Time**) *n Sommerzeit in der zentralen Zeitzone der USA.*

CDW (*abbr of* **collision damage waiver**) *Versicherungspolice für Mietfahrzeuge.*

CE *abbr of* **Church of England.**

cease [siːs] ***fml*** *vt* beenden, einǀstellen; **to ~ doing** OR **to do sthg** aufǀhören, etw zu tun <> *vi* aufǀhören, enden.

cease-fire *n* Waffenruhe *die.*

ceaseless ['siːslɪs] *adj* ***fml*** unaufhörlich.

ceaselessly ['si:slɪslɪ] *adv* unaufhörlich.

cedar (tree) ['si:dəʳ-] *n* Zeder *die*.

cede [si:d] *vt* ab|treten; **to ~ sthg to sb** etw an jn ab|treten.

cedilla [sɪ'dɪlə] *n* Cedille *die*.

Ceefax® ['si:fæks] *n* **Br** *Videotext der BBC.*

ceilidh ['keɪlɪ] *n besondere Tanzveranstaltung in Schottland und Irland mit traditioneller Musik.*

CEILIDH

In Schottland und Irland sind die „ceilidhs" traditionelle gesellige Abende mit Volksmusik, Tanz und Gesang. Ursprünglich traf man sich dazu im Kreise der Familie und Freunde, heute versteht man darunter meist öffentliche Tanzveranstaltungen.

ceiling ['si:lɪŋ] *n* **- 1.** [of room] Decke *die* **- 2.** [limit] oberste Grenze.

celebrate ['selɪbreɪt] *vt* **- 1.** [victory, anniversary] feiern **- 2.** [praise] preisen **- 3.** RELIG zelebrieren ◇ *vi* feiern.

celebrated ['selɪbreɪtɪd] *adj* berühmt.

celebration [ˌselɪ'breɪʃn] *n* **- 1.** *(U)* [activity] Feiern *das* **- 2.** [event] Feier *die*.

celebrity [sɪ'lebrətɪ] (*pl* **-ies**) *n* [star] Star *der*, Berühmtheit *die*.

celeriac [sɪ'lerɪæk] *n* Knollensellerie *der* OR *die*.

celery ['selərɪ] *n* Stangensellerie *der* OR *die*.

celestial [sɪ'lestjəl] *adj* Himmels-.

celibacy ['selɪbəsɪ] *n* RELIG Zölibat *der* OR *das*; **fig** Enthaltsamkeit *die*.

celibate ['selɪbət] *adj* RELIG zölibatär; **fig** enthaltsam.

cell [sel] *n* **- 1.** [gen] Zelle *die* **- 2.** COMPUT Feld *das*.

cellar ['seləʳ] *n* **- 1.** [basement] Keller *der* **- 2.** [stock of wine] Weinkeller *der*.

cellist ['tʃelɪst] *n* Cellist *der*, -in *die*.

cello ['tʃeləʊ] (*pl* **-s**) *n* Cello *das*.

Cellophane® ['seləfeɪn] *n* Zellophan *das*.

cellphone ['selfəʊn], **cellular phone** ['seljʊləʳ-] *n* Mobiltelefon *das*, Handy *das*.

cellulite ['seljʊlaɪt] *n* Zellulitis *die*.

Celluloid® ['seljʊlɔɪd] *n* Zelluloid *das*.

cellulose ['seljʊləʊs] *n* Zellulose *die*.

Celsius ['selsɪəs] *adj* Celsius-, Celsius; **20 degrees ~** 20 Grad Celsius.

Celt [kelt] *n* Kelte *der*, -tin *die*.

Celtic ['keltɪk] *adj* keltisch ◇ *n* [language] Keltisch(e) *das*.

cement [sɪ'ment] *n (U)* **- 1.** [for concrete] Zement *der* **- 2.** [glue] Klebstoff *der* ◇ *vt* **- 1.** [cover with cement] betonieren **- 2.** [glue] kleben **- 3.** **fig** [friendship] festigen.

cement mixer *n* Betonmischmaschine *die*.

cemetery ['semɪtrɪ] (*pl* **-ies**) *n* Friedhof *der*.

cenotaph ['senətɑ:f] *n* Mahnmal *das*.

censor ['sensəʳ] *n* Zensor *der* ◇ *vt* zensieren.

censorship ['sensəʃɪp] *n* Zensur *die*.

censure ['senʃəʳ] *n* Tadel *der* ◇ *vt* tadeln.

census ['sensəs] (*pl* **censuses**) *n* Volkszählung *die*.

cent [sent] *n* Cent *der*.

centenary **Br** [sen'ti:nərɪ] (*pl* **-ies**), **centennial** **Am** [sen'tenjəl] *n* Hundertjahrfeier *die*, hundertster Jahrestag.

center *n, adj* & *vt* **Am = centre.**

centigrade ['sentɪgreɪd] *adj* Celsius-; **16 degrees ~** 16 Grad Celsius.

centigram(me) ['sentɪgræm] *n* Zentigramm *das*.

centilitre **Br**, **centiliter** **Am** ['sentɪˌli:təʳ] *n* Zentiliter *der*.

centimetre **Br**, **centimeter** **Am** ['sentɪˌmi:təʳ] *n* Zentimeter *der*.

centipede ['sentɪpi:d] *n* Tausendfüßler *der*.

central ['sentrəl] *adj* zentral; **to be ~ to sthg** [crucial] das Wesentliche an etw *(D)* sein.

Central African Republic *n*: **the ~** die Zentralafrikanische Republik.

Central America *n* Mittelamerika *nt*.

Central Asia *n* Zentralasien *nt*.

Central Europe *n* Mitteleuropa *nt*.

central government *n* Zentralregierung *die*.

central heating *n* Zentralheizung *die*.

centralization [ˌsentrəlaɪ'zeɪʃn] *n* Zentralisierung *die*.

centralize, -ise ['sentrəlaɪz] *vt* zentralisieren.

centralized ['sentrəlaɪzd] *adj* zentralisiert.

central locking [-'lɒkɪŋ] *n* Zentralverriegelung *die*.

centrally ['sentrəlɪ] *adv* zentral.

centrally heated *adj* zentralbeheizt.

central nervous system *n* Zentralnervensystem *das*.

central processing unit *n* COMPUT [component] Hauptprozessor *der*; [box] Computer *der*, PC *der*.

central reservation *n* **Br** Mittelstreifen *der*.

centre **Br**, **center** **Am** ['sentəʳ] *n* **- 1.** [gen] Mitte *die*, Zentrum *das*; [of circle] Mittelpunkt *der* **- 2.** [building, place] Zentrum *das* **- 3.** [of event, activity] Zentrum *das*, Mittelpunkt *der;* **she always wants to be the ~ of attention** sie will immer im Mittelpunkt stehen; **~ of gravity** Schwerpunkt *der* **- 4.** POL Mitte *die* **- 5.** [in basketball, netball] Center *der* ◇ *adj* **- 1.** [middle] Mittel-, mittlere, -r, -s **- 2.** POL: **~ party** Partei der Mitte ◇ *vt* [text, image] zentrieren; **the party's support is ~d in the capital** die Unterstützung der Partei konzentriert sich auf die Hauptstadt.

◆ **centre around, centre on** *vt fus* (sich) konzentrieren auf *(+ A).*

centre back *n* Mittelläufer *der*, -in *die*.

centre-fold *n doppelseitige Abbildung in der Mitte einer Zeitung oder Zeitschrift.*

centre forward *n* Mittelstürmer *der*, -in *die*.

centre half *n* = **centre back.**

centrepiece *Br*, **centerpiece** *Am* [ˈsentəpiːs] *n* Hauptelement *das*.

centre-spread *n* = **centre-fold.**

centrifugal force [sentrɪˈfjuːgl-] *n* Fliehkraft *die*.

century [ˈsentʃʊrɪ] (*pl* **-ies**) *n* Jahrhundert *das*.

CEO (*abbr of* **chief executive officer**) *n* **Am** *geschäftsführender Direktor.*

ceramic [sɪˈræmɪk] *adj* keramisch.

◆ **ceramics** *npl* [objects] Keramik *die*.

cereal [ˈsɪərɪəl] *n* **- 1.** [crop] Getreide *das* **- 2.** *(U)* [breakfast food] Frühstücksflocken *pl*.

cerebral [ˈserɪbrəl] *adj* **- 1.** [intellectual] geistig; [person] durchgeistigt **- 2.** ANAT zerebral.

cerebral palsy *n (U)* MED zerebrale Lähmung.

ceremonial [ˌserɪˈməʊnjəl] *adj* feierlich ◇ *n* **- 1.** [event] Zeremoniell *das* **- 2.** [formality] Förmlichkeit *die*.

ceremonious [ˌserɪˈməʊnjəs] *adj* förmlich, zeremoniell.

ceremony [ˈserɪmənɪ] (*pl* **-ies**) *n* **- 1.** [event] Zeremonie *die* **- 2.** [formality] Förmlichkeit *die;* **without ~** ohne Umstände; **to stand on ~** sehr förmlich sein.

cert [sɜːt] *n* **Br** *inf:* **it's a ~** es ist eine todsichere Sache.

cert. *abbr of* **certificate.**

certain [ˈsɜːtn] *adj* **- 1.** [gen] sicher; **he is ~ to be late** er kommt bestimmt zu spät; **she is ~ of a bronze medal** sie hat eine Bronzemedaille sicher; **to make ~** nach|prüfen, sich vergewissern; **I always make ~ of being on time** ich achte immer darauf, pünktlich zu sein; **for ~** sicher **- 2.** [particular, individual] gewiss; **she has a ~ charm** sie hat einen gewissen OR ganz eigenen Charme; **to a ~ extent** bis zu einem gewissen Grad **- 3.** [named person]: **a ~ Mr Davis** ein gewisser Herr Davis.

certainly [ˈsɜːtnlɪ] *adv* sicher(lich); **can I bring a friend along? – ~!** kann ich einen Bekannten/eine Bekannte mitbringen? – na klar!; **do you dye your hair? – ~ not!** färbst du dir die Haare? – natürlich nicht!

certainty [ˈsɜːtntɪ] (*pl* **-ies**) *n* Sicherheit *die*, Gewissheit *die;* **it's a ~ that he will win the race** es steht fest, dass er das Rennen gewinnen wird.

CertEd [sɜːtˈed] (*abbr of* **Certificate in Education**) *n britische Qualifikation für das Lehramt.*

certifiable [ˌsɜːtɪˈfaɪəbl] *adj* [insane] unzurechnungsfähig.

certificate [səˈtɪfɪkət] *n* Bescheinigung *die;* [from school, college] Zeugnis *das;* [of birth] Urkunde *die*.

certified [ˈsɜːtɪfaɪd] *adj* **- 1.** [teacher, accountant] geprüft **- 2.** [document] beglaubigt.

certified mail *n* **Am** Einschreiben *das*.

certified public accountant *n* **Am** Buchhalter *der*, -in *die*.

certify [ˈsɜːtɪfaɪ] (*pt* & *pp* **-ied**) *vt* **- 1.** [declare true] bescheinigen; **this is to ~ that ...** hiermit wird bescheinigt, dass ... **- 2.** [declare insane] für unzurechnungsfähig erklären.

cervical [səˈvaɪkl] *adj* Gebärmutter-.

cervical smear *n* Abstrich *der*.

cervix [ˈsɜːvɪks] (*pl* **-ices** [-ɪsiːz]) *n* Gebärmutterhals *der*.

cesarean (section) *n* **Am** = **caesarean section.**

cessation [seˈseɪʃn] *n* **fml** Einstellung *die*, Ende *das;* **~ of hostilities** Waffenstillstand *der*.

cesspit [ˈsespɪt], **cesspool** [ˈsespuːl] *n* Senkgrube *die*.

CET (*abbr of* **Central European Time**) *n* MEZ.

cf. (*abbr of* **confer**) vgl.

c/f (*abbr of* **carried forward**) ▻ **carry.**

CFC (*abbr of* **chlorofluorocarbon**) *n* FCKW *das*.

ch. (*abbr of* **chapter**) Kap.

Chad [tʃæd] *n* Tschad *der*.

chafe [tʃeɪf] *vt* [rub] scheuern ◇ *vi* **- 1.** [be sore] sich wund scheuern **- 2.** [be annoyed]: **to ~ at sthg** sich über etw *(A)* ärgern.

chaff [tʃæːf] *n* [husks] Spreu *die*.

chaffinch [ˈtʃæfɪntʃ] *n* Buchfink *der*.

chain [tʃeɪn] *n* Kette *die;* **a ~ of events** eine Kette OR Folge von Ereignissen ◇ *vt* an|ketten, mit einer Kette befestigen.

chain letter *n* Kettenbrief *der*.

chain reaction *n* Kettenreaktion *die*.

chain saw *n* Kettensäge *die*.

chain smoker *n* Kettenraucher *der*, -in *die*.

chain store *n* Filiale *die* einer Ladenkette.

chair [tʃeəʳ] *n* - **1.** [gen] Stuhl *der* - **2.** [university post] Lehrstuhl *der* - **3.** [of meeting - position] Vorsitz *der;* [- person] Vorsitzende *der, die;* **to take the ~** den Vorsitz führen <> *vt* [meeting, discussion] den Vorsitz führen bei, leiten.

chair lift *n* Sessellift *der.*

chairman ['tʃeəmən] (*pl* **-men** [-mən]) *n* Vorsitzende *der.*

chairmanship ['tʃeəmənʃɪp] *n* Vorsitz *der.*

chairperson ['tʃeə,pɜːsn] (*pl* **-s**) *n* Vorsitzende *der, die.*

chairwoman ['tʃeə,wʊmən] (*pl* **-women** [-,wɪmɪn]) *n* Vorsitzende *die.*

chaise longue [ʃeɪz'lɒŋ] (*pl* **chaises longues**) *n* Chaiselongue *die.*

chalet ['ʃæleɪ] *n* [in mountains] Chalet *das.*

chalice ['tʃælɪs] *n* Kelch *der.*

chalk [tʃɔːk] *n* - **1.** [for drawing] Kreide *die* - **2.** *(U)* [type of rock] Kalkstein *der.*

◆ **by a long chalk** *adv* mit Abstand.

◆ **not by a long chalk** *adv* bei weitem nicht.

◆ **chalk up** *vt sep* [attain] verzeichnen.

chalkboard ['tʃɔːkbɔːd] *n* **Am** Tafel *die.*

challenge ['tʃælɪndʒ] *n* - **1.** [gen] Herausforderung *die* - **2.** [to authority] Infragestellung *die* <> *vt* - **1.** [to fight, competition]: **to ~ sb (to sthg)** jn (zu etw) heraus|fordern; **I ~ you to beat that!** wetten, dass du das nicht schaffst! - **2.** [question] in Frage stellen.

challenger ['tʃælɪndʒəʳ] *n* Herausforderer *der,* -derin *die.*

challenging ['tʃælɪndʒɪŋ] *adj* herausfordernd.

chamber ['tʃeɪmbəʳ] *n* - **1.** [room] Kammer *die,* Zimmer *das* - **2.** TECH Kammer *die.*

◆ **chambers** *npl* [of barrister] Amtszimmer *das.*

chambermaid ['tʃeɪmbəmeɪd] *n* Zimmermädchen *das.*

chamber music *n* Kammermusik *die.*

chamber of commerce *n* Handelskammer *die.*

chamber orchestra *n* Kammerorchester *das.*

chameleon [kə'miːljən] *n* Chamäleon *das.*

chamois[1] ['ʃæmwɑː] (*pl inv*) *n* [animal] Gämse *die.*

chamois[2] ['ʃæmɪ] *n:* **~ (leather)** Waschleder *das.*

champ [tʃæmp] *n* ***inf*** Meister *der* -in *die,* Champion *der* <> *vi* [horse] geräuschvoll kauen.

champagne [,ʃæm'peɪn] *n* Champagner *der.*

champion ['tʃæmpjən] *n* - **1.** [of competition] Meister *der,* -in *die,* Champion *der* - **2.** [of cause] Verfechter *der,* -in *die,.*

championship ['tʃæmpjənʃɪp] *n* Meisterschaft *die.*

chance [tʃɑːns] *n* - **1.** *(U)* [luck] Glück *das;* **by** zufällig, durch Zufall; **by any ~** vielleich - **2.** [likelihood] Chance *die,* Möglichkeit *di* **she doesn't stand a ~ of winning the match** si hat keine Chance, das Spiel zu gewinne **on the off ~** auf gut Glück - **3.** [opportunity] Ge legenheit *die,* Chance *die* - **4.** [risk]: **to take ~** es riskieren <> *adj* [meeting] zufällig <> - **1.** [risk] riskieren; **he's chancing his luck a b** er fordert sein Glück heraus - **2.** [happen]: **t ~ to do sthg** zufällig etw tun.

chancellor ['tʃɑːnsələʳ] *n* Kanzler *der.*

Chancellor of the Exchequer *n* B Schatzkanzler *der.*

chancy ['tʃɑːnsɪ] (*compar* **-ier;** *superl* **-iest**) *adj* ***i*** riskant.

chandelier [,ʃændə'lɪəʳ] *n* Kronleuchter *der.*

change [tʃeɪndʒ] *n* - **1.** [alteration] Änderun *die;* [difference] Veränderung *die;* **~ in sb/sth** Veränderung in jm/etw; **a ~ for the bette** eine Verbesserung; **a ~ for the worse** ein Verschlechterung - **2.** [contrast, for variety] Ab wechslung *die;* **that makes a ~!** das ist ma was anderes!; **for a ~** zur Abwechslun - **3.** [switch, replacement] Wechsel *der;* **a ~ c clothes** Kleidung zum Wechseln - **4.** *(U)* [mon ey returned after payment] Wechselgeld *da* - **5.** *(U)* [coins] Kleingeld *das;* **have you got ~ fo a £5 note?** können Sie mir einen Fün pfundschein wechseln? <> *vt* - **1.** [alter, mak different] ändern; **to ~ sthg into sthg** etw in et *(A)* um|wandeln; **to ~ one's mind** seine Mei nung ändern - **2.** [replace] aus|wechseln [product purchased] um|tauschen - **3.** [switc wechseln; **to ~ clothes, to get ~d** sich um ziehen; **to ~ trains/planes** um|steigen; **t ~ hands** COMM den Besitzer wechsel - **4.** [money] wechseln - **5.** [bed] wechseln; [ba by] trocken|legen <> *vi* - **1.** [alter, become diffe ent] sich ändern, sich verändern; **to ~ int sthg** sich in etw *(A)* verwandeln - **2.** [put on di ferent clothes] sich um|ziehen; **to ~ into a su** sich einen Anzug an|ziehen - **3.** [on train, bus um|steigen; **all ~!** alle aus|steigen!

◆ **change over** *vi:* **to ~ over to sthg** auf etw *(A* um|stellen.

changeable ['tʃeɪndʒəbl] *adj* - **1.** [mood] wech selnd - **2.** [weather] wechselhaft.

changed [tʃeɪndʒd] *adj* [person] verändert.

change machine *n* Geldwechselautoma *der.*

change of life *n:* **the ~** die Wechseljahre.

changeover ['tʃeɪndʒ,əʊvəʳ] *n:* **~ (to sthg)** Um stellung *die* (auf etw *(A)*).

change purse *n* **Am** Portmonee *das.*

changing ['tʃeɪndʒɪŋ] *adj* sich (ver)ändernd wechselnd.

changing room *n* [in sports] Umkleideraum *der;* [in shop] Umkleidekabine *die.*

channel ['tʃænl] (*Br pt* & *pp* **-led;** *cont* **-ling**, *Am pt* & *pp* **-ed;** *cont* **-ing**) *n* - **1.** [gen] Kanal *der* - **2.** [route] Fahrrinne *die* <> *vt* [water] leiten.
◆ **Channel** *n:* **the (English) Channel** der Ärmelkanal.
◆ **channels** *npl:* **to go through the proper ~s** sich an die richtigen Stellen wenden.

channel-hopping *n* TV *ständiges Umschalten von einem Fernsehkanal zum anderen.*

Channel Islands *npl:* **the ~** die Kanalinseln *pl.*

Channel Tunnel *n:* **the ~** der Kanaltunnel.

chant [tʃɑːnt] *n* - **1.** RELIG [song] Gesang *der* - **2.** [repeated words] Sprechchor *der* <> *vt* - **1.** RELIG singen - **2.** [words] im Sprechchor rufen <> *vi* - **1.** RELIG [sing] singen - **2.** [repeat words] Sprechchöre an|stimmen.

chaos ['keɪɒs] *n* Chaos *das.*

chaotic [keɪ'ɒtɪk] *adj* chaotisch.

chap [tʃæp] *n* **Br** *inf* [man] Kerl *der.*

chapat(t)i [tʃə'pætɪ] *n indische Spezialität, ein aus Weizenmehl hergestelltes Fladenbrot.*

chapel ['tʃæpl] *n* - **1.** [part of church] Kapelle *die* - **2.** [in prison, hospital, school - small church] Kapelle *die;* [- room] *Raum, in dem Gottesdienste statt|finden.*

chaperon(e) ['ʃæpərəʊn] *n* Anstandsdame *die* <> *vt* als Anstandsdame begleiten.

chaplain ['tʃæplɪn] *n* Hausgeistliche *der.*

chapped [tʃæpt] *adj* aufgesprungen.

chapter ['tʃæptəʳ] *n* Kapitel *das.*

char [tʃɑːʳ] (*pt* & *pp* **-red;** *cont* **-ring**) *n* **Br** [cleaner] Putzfrau *die* <> *vt* [burn] verkohlen <> *vi* [work as cleaner] als Putzfrau arbeiten.

character ['kærəktəʳ] *n* - **1.** [nature - of place] Charakter *der;* [- of person] Wesen *das;* **out of ~** untypisch; **in ~** typisch - **2.** [unusual quality, style] Originalität *die* - **3.** [in film, book, play] Gestalt *die* - **4.** *inf* [unusual person] Original *das* - **5.** [letter, symbol] Schriftzeichen *das.*

character code *n* COMPUT Zeichenkode *der.*

characteristic [ˌkærəktə'rɪstɪk] *adj* charakteristisch <> *n* Kennzeichen *das.*

characteristically [ˌkærəktə'rɪstɪklɪ] *adv* charakteristischerweise.

characterization [ˌkærəktəraɪ'zeɪʃn] *n* Charakterisierung *die.*

characterize, -ise ['kærəktəraɪz] *vt* - **1.** [typify] kennzeichnen - **2.** [portray]: **to ~ sthg as sthg** etw als etw beschreiben.

charade [ʃə'rɑːd] *n* Farce *die.*
◆ **charades** *n (U)* Scharade *die.*

charcoal ['tʃɑːkəʊl] *n (U)* [for drawing] Kohle *die;* [for barbecue] Holzkohle *die.*

charge [tʃɑːdʒ] *n* - **1.** [cost] Gebühr *die;* **free of ~** gebührenfrei - **2.** LAW Anklage *die* - **3.** [command, control] Verantwortung *die;* **to take ~ (of sthg)** [of organization, group of people] die Leitung (einer Sache *(G)*) übernehmen; **in ~** zuständig, verantwortlich; **in ~ of** verantwortlich für - **4.** ELEC Ladung *die* - **5.** MIL Sturmangriff *der* <> *vt* - **1.** [customer] berechnen; [sum of money] nehmen; **to ~ sthg to sb** etw jm in Rechnung stellen - **2.** [suspect, criminal] an|klagen; **to ~ sb with sthg** jn wegen etw an|klagen - **3.** [attack] an|greifen - **4.** ELEC auf|laden <> *vi* - **1.** [ask for payment]: **to ~ sthg (for sthg)** etw berechnen (für etw) - **2.** [rush] stürmen - **3.** [attack] an|greifen.

chargeable ['tʃɑːdʒəbl] *adj* - **1.** [costs]: **to be ~ to sb** auf js Kosten gehen - **2.** [offence]: **a ~ offence** ein Vergehen, für das man belangt werden kann.

charge account *n* Kundenkonto *das.*

charge card *n* Kundenkreditkarte *die.*

charged [tʃɑːdʒd] *adj* [tense] angespannt.

chargé d'affaires ['ʃɑːʒeɪdæ'feəʳ] (*pl* **chargés d'affaires**) *n Diplomat, der anstelle eines Botschafters ein Land vertritt.*

charge hand *n* **Br** Vorarbeiter *der*, -in *die.*

charge nurse *n* **Br** Stationsschwester *die.*

charger ['tʃɑːdʒəʳ] *n* - **1.** [for batteries] Ladegerät *das* - **2.** *literary* [soldier's horse] Schlachtross *das.*

charge sheet *n* **Br** Anklageprotokoll *das.*

chariot ['tʃærɪət] *n* Streitwagen *der.*

charisma [kə'rɪzmə] *n* Charisma *das.*

charismatic [ˌkærɪz'mætɪk] *adj* charismatisch.

charitable ['tʃærətəbl] *adj* - **1.** [person] gütig; [remark] mitfühlend - **2.** [organization] Wohltätigkeits-, karitativ.

charity ['tʃærətɪ] (*pl* **-ies**) *n* - **1.** *(U)* [gifts, money] Spenden *pl* - **2.** [organization] Wohltätigkeitsorganisation *die*, karitative Einrichtung - **3.** [kindness] Nächstenliebe *die.*

charlatan ['ʃɑːlətən] *n* Scharlatan *der.*

charm [tʃɑːm] *n* - **1.** *(U)* [appeal, attractiveness] Charme *der* - **2.** [spell] Bann *der* - **3.** [on bracelet] Anhänger *der;* **lucky ~** Glücksbringer *der* <> *vt* bezaubern.

charm bracelet *n* Armband *das* mit Anhängern.

charmer ['tʃɑːməʳ] *n:* **to be a real ~** wirklich charmant sein.

charming ['tʃɑːmɪŋ] *adj* bezaubernd; [person] charmant.

charmingly ['tʃɑːmɪŋlɪ] *adv* bezaubernd, entzückend.

charred [tʃɑːd] *adj* verkohlt.

chart [tʃɑːt] *n* - **1.** [diagram] Diagramm *das;* [for weather forecast] Wetterkarte *die* - **2.** [map] Karte *die* <> *vt* - **1.** [map - seas, skies] kartieren; [- movements] auf einer Karte erfassen - **2.** ***fig*** [record] auf|zeichnen.

◆ **charts** *npl:* **the ~s** die Hitparade.

charter ['tʃɑːtəʳ] *n* [document - of organization] Charta *die;* [- of town] Gründungsurkunde *die* <> *vt* [plane, boat] chartern.

chartered accountant [ˌtʃɑːtəd-] *n* ***Br*** Wirtschaftsprüfer *der*, -in *die*.

charter flight *n* Charterflug *der*.

charter plane *n* Charterflugzeug *das*.

chary ['tʃeərɪ] (*compar* **-ier;** *superl* **-iest**) *adj:* **to be ~ of doing sthg** zögern, etw zu tun.

chase [tʃeɪs] *n* Verfolgungsjagd *die;* [hunt] Jagd *die;* **a car ~** eine Verfolgungsjagd im Auto; **to give ~** [chasing animals] jagen; [chasing people] die Verfolgungsjagd auf|nehmen <> *vt* - **1.** [pursue] jagen; [criminal] verfolgen - **2.** [drive away] fort|jagen - **3.** [money, jobs] nach|jagen <> *vi:* **to ~ after sb/sthg** jm/etw nach|jagen.

◆ **chase up** *vt sep* ***Br*** [person, information]: **to ~ sb up to do sthg** jn daran erinnern, etw zu tun.

chaser ['tʃeɪsəʳ] *n* [drink] *ein schwächeres alkoholisches Getränk, das nach einem starken getrunken wird, oder umgekehrt.*

chasm ['kæzm] *n* - **1.** [deep crack] tiefe Felsspalte - **2.** ***fig*** [divide] Kluft *die*.

chassis ['ʃæsɪ] (*pl inv*) *n* [of vehicle] Fahrgestell *das*.

chaste [tʃeɪst] *adj* keusch.

chasten ['tʃeɪsn] *vt* zur Einsicht bringen.

chastise [tʃæ'staɪz] *vt* ***fml*** schelten.

chastity ['tʃæstətɪ] *n* Keuschheit *die*.

chat [tʃæt] (*pt* & *pp* **-ted;** *cont* **-ting**) *n* Plauderei *die*, Plausch *der;* **to have a ~** plaudern <> *vi* plaudern.

◆ **chat up** *vt sep* ***Br inf*** sich heran|machen an (*+ A*).

chat room *n* COMPUT Diskussionsforum *das*, Chatroom *der*.

chat show *n* ***Br*** Talkshow *die*.

chatter ['tʃætəʳ] *n* - **1.** [of person] Geplapper *das* - **2.** [of animal, bird] Gezwitscher *das* <> *vi* - **1.** [person] plappern - **2.** [animal, bird] zwitschern - **3.** [teeth] klappern.

chatterbox ['tʃætəbɒks] *n* ***inf*** [child] Plappermäulchen *das*.

chattering classes *npl* ***pej:*** **the ~** Klatschkreise *pl*, *Intellektuelle, die selbstherrlich über das aktuelle Tagesgeschehen diskutieren.*

chatty ['tʃætɪ] (*compar* **-ier;** *superl* **-iest**) *adj* - **1.** [person] gesprächig - **2.** [letter] im Plauderton geschrieben.

chauffeur ['ʃəʊfəʳ] *n* Chauffeur *der* <> *vt* chauffieren.

chauvinist ['ʃəʊvɪnɪst] *n* Chauvinist *der*.

chauvinistic [ˌʃəʊvɪ'nɪstɪk] *adj* chauvinistisch.

cheap [tʃiːp] *adj* - **1.** [inexpensive] billig - **2.** [reduced in price] preiswert - **3.** [poor - quality] billig, minderwertig - **4.** [vulgar] billig; **to feel ~** sich schäbig fühlen <> *adv* billig <> *n:* **on the ~** auf die billige Tour.

cheapen ['tʃiːpn] *vt* [degrade - thing, place] herab|setzen; [- person] erniedrigen.

cheaply ['tʃiːplɪ] *adv* billig.

cheapness ['tʃiːpnɪs] *n* - **1.** [low cost] billiger Preis - **2.** [poor quality] Billigkeit *die*, Minderwertigkeit *die*.

cheap rate *n* TELEC Billigtarif *der*.

cheapskate ['tʃiːpskeɪt] *n* ***inf pej*** Knauser *der*, -in *die*.

cheat [tʃiːt] *n* - **1.** [person] Betrüger *der*, -in *die;* [in exam, game] Mogler *der*, -in *die* - **2.** [act] Betrug *der* <> *vt* betrügen; **to ~ sb out of sthg** jn um etw betrügen; **to feel ~ed** sich betrogen fühlen <> *vi* [in exam, game] mogeln.

◆ **cheat on** *vt fus* ***inf*** [be unfaithful to] betrügen.

cheating ['tʃiːtɪŋ] *n* [at cards, in exam] Mogeln *das*.

check [tʃek] *n* - **1.** [inspection, test]: **~ (on sthg)** Überprüfung *die* (von etw); **to keep a ~ on sthg** etw überprüfen - **2.** [restraint]: **to put a ~ on sthg** etw unter Kontrolle halten; **in ~** unter Kontrolle - **3.** ***Am*** [bill] Rechnung *die* - **4.** [pattern] Karomuster *das;* **a ~ tablecloth** ein Tischtuch mit Karomuster - **5.** ***Am*** = **cheque** <> *vt* - **1.** [test, verify] kontrollieren - **2.** [restrain] unter Kontrolle halten; [advance] auf|halten; **to ~ o.s.** inne|halten <> *vi* [have a look] nach|sehen; [ask sb] nach|fragen; **to ~ on sthg** etw überprüfen.

◆ **check in** *vt sep* [luggage] abfertigen lassen; [coat] ab|geben <> *vi* - **1.** [at hotel] sich an|melden - **2.** [at airport] ein|checken.

◆ **check off** *vt sep* ab|haken.

◆ **check out** *vt sep* [investigate] überprüfen <> *vi* [from hotel] sich ab|melden.

◆ **check up** *vi:* **to ~ up on sb** [supervise] jn kontrollieren; [investigate] über jn Nachforschungen an|stellen; **to ~ up on sthg** etw überprüfen.

checkbook *n* ***Am*** = **chequebook.**

checked [tʃekt] *adj* [patterned] kariert.

checkered *adj* ***Am*** = **chequered.**

checkers ['tʃekəz] *n (U)* ***Am*** Damespiel *das*.

check guarantee card *n* ***Am*** Scheckkarte *die*.

check-in *n* Abfertigung *die;* [check-in desk] Abfertigungsschalter *der*.

checking account ['tʃekɪŋ-] *n* ***Am*** Girokonto *das*.

checklist ['tʃeklɪst] *n* Checkliste *die*.

checkmate ['tʃekmeɪt] *n* Schachmatt *das*.

checkout ['tʃekaʊt] *n* - **1.** [in supermarket] Kasse *die* - **2.** [in hotel]: **~ (time) is 11 a.m** das Zimmer ist bis 11:00 zu räumen.

checkpoint ['tʃekpɔɪnt] *n* Kontrollpunkt *der*.

checkup ['tʃekʌp] *n* Kontrolluntersuchung *die*, Vorsorgeuntersuchung *die*.

Cheddar (cheese) ['tʃedəʳ-] *n* Cheddarkäse *der*.

cheek [tʃi:k] *n* - **1.** [of face] Backe *die*, Wange *die* - **2.** [buttock] Pobacke *die* - **3.** *inf* [impudence] Frechheit *die* <> *vt inf* frech sein zu.

cheekbone ['tʃi:kbəʊn] *n* Wangenknochen *der*, Backenknochen *der*.

cheekily ['tʃi:kɪlɪ] *adv* frech.

cheekiness ['tʃi:kɪnɪs] *n* Frechheit *die*, Unverschämtheit *die*.

cheeky ['tʃi:kɪ] (*compar* **-ier;** *superl* **-iest**) *adj* frech.

cheep [tʃi:p] *vi* piepsen.

cheer [tʃɪəʳ] *n* [shout] Hurraruf *der;* [cheering] Jubelgeschrei *das;* **three ~s for Linda!** ein dreifaches Hurra für Linda! <> *vt* - **1.** [shout approval, encouragement at] zu|jubeln *(+ D)* - **2.** [gladden] auf|muntern, auf|heitern <> *vi* jubeln.

◆ **cheers** *excl* - **1.** [said before drinking] prost! - **2.** *Br inf* [goodbye] tschüs! - **3.** *Br inf* [thank you] danke!

◆ **cheer on** *vt sep* an|feuern.

◆ **cheer up** *vt sep* auf|muntern, auf|heitern <> *vi* vergnügter werden; **~ up!** Kopfhoch!

cheerful ['tʃɪəfʊl] *adj* heiter; [music, colour] fröhlich.

cheerfully ['tʃɪəfʊlɪ] *adv* - **1.** [happily] fröhlich - **2.** [willingly] gern.

cheerfulness ['tʃɪəfʊlnɪs] *n* Heiterkeit *die*.

cheering ['tʃɪərɪŋ] *adj* [news, story] erfreulich <> *n (U)* Jubelgeschrei *das;* [of encouragement] Anfeuerungsrufe *pl*.

cheerio [ˌtʃɪərɪ'əʊ] *excl Br inf* tschüs!

cheerleaders ['tʃɪəˌli:dəz] *npl* Cheerleader *pl*.

cheerless ['tʃɪəlɪs] *adj* trostlos.

cheery ['tʃɪərɪ] (*compar* **-ier;** *superl* **-iest**) *adj* heiter, fröhlich.

cheese [tʃi:z] *n* Käse *der*.

cheeseboard ['tʃi:zbɔ:d] *n* - **1.** [board] Käsebrett *das* - **2.** [on menu] Käseplatte *die*.

cheeseburger ['tʃi:zˌbɜ:gəʳ] *n* Cheeseburger *der*.

cheesecake ['tʃi:zkeɪk] *n* Käsekuchen *der*.

cheesed off [ˌtʃi:zd-] *adj inf* angeödet, verärgert.

cheesy ['tʃi:zɪ] (*compar* **-ier;** *superl* **-iest**) *adj* - **1.** [tasting of cheese] Käse- - **2.** [grin] breit - **3.** *inf* [of poor quality] mies.

cheetah ['tʃi:tə] *n* Gepard *der*.

chef [ʃef] *n* [cook] Koch *der*, Köchin *die;* [head cook] Chefkoch *der*, -köchin *die*.

chemical ['kemɪkl] *adj* chemisch <> *n* Chemikalie *die*.

chemically ['kemɪklɪ] *adv* chemisch.

chemical weapons *npl* chemische Waffen *pl*.

chemist ['kemɪst] *n* - **1.** *Br* [pharmacist] Apotheker *der*, -in *die;* **~'s (shop)** [dispensing] Apotheke *die;* [non-dispensing] Drogerie *die* - **2.** [scientist] Chemiker *der*, -in *die*.

chemistry ['kemɪstrɪ] *n* - **1.** [science] Chemie *die* - **2.** [composition, characteristics] chemische Zusammensetzung.

chemotherapy [ˌki:məʊ'θerəpɪ] *n* Chemotherapie *die*.

cheque *Br*, **check** *Am* [tʃek] *n* Scheck *der;* **to pay by ~** mit Scheck bezahlen.

cheque account *n* Girokonto *das*.

chequebook *Br*, **checkbook** *Am* ['tʃekbʊk] *n* Scheckheft *das*.

cheque (guarantee) card *n Br* Scheckkarte *die*.

chequered *Br* ['tʃekəd], **checkered** *Am* ['tʃekerd] *adj* - **1.** [patterned] kariert - **2.** [varied] bewegt.

Chequers ['tʃekəz] *n der offizielle Landsitz des britischen Premierministers*.

cherish ['tʃerɪʃ] *vt* [person] liebevoll sorgen für; [thing] hegen und pflegen; [hope] hegen; **a memory I'll ~ all my life** eine Erinnerung, die mir immer teuer sein wird.

cherished ['tʃerɪʃt] *adj* [dear] kostbar.

cherry ['tʃerɪ] (*pl* **-ies**) *n* - **1.** [fruit] Kirsche *die* - **2.: ~ (tree)** Kirschbaum *der*.

cherry-picking *n der Erwerb nur der gewinnbringendsten Firmen bei der Privatisierung eines Industriezweigs*.

cherub ['tʃerəb] (*pl* **-s** OR **-im**) *n* - **1.** [angel] Cherub *der* - **2.** [child] Engelchen *das*.

chervil ['tʃɜ:vɪl] *n* Kerbel *der*.

chess [tʃes] *n* Schach *das*.

chessboard ['tʃesbɔ:d] *n* Schachbrett *das*.

chessman ['tʃesmæn] (*pl* **-men** [-men]) *n* Schachfigur *die*.

chest [tʃest] *n* - **1.** ANAT Brust *die;* **to get sthg off one's ~** *fig inf* sich *(D)* etw von der Seele reden - **2.** [trunk] Truhe *die*.

chestnut ['tʃesnʌt] *adj* [colour] kastanienbraun <> *n* - **1.** [nut] Kastanie *die* - **2.: ~ (tree)** Kastanienbaum *der*.

chest of drawers (*pl* **chests of drawers**) *n* Kommode *die*.

chesty ['tʃestɪ] (*compar* **-ier**; *superl* **-iest**) *adj* [cough] schnarrend.

chevron ['ʃevrən] *n* **- 1.** [on roadsign] Winkel *der* **- 2.** [on uniform] Abzeichen *das*.

chew [tʃuː] *n* [sweet] Kaubonbon *der* OR *das* ◇ *vt* **- 1.** [food] kauen **- 2.** [nails, carpet] kauen an *(+ D)*.

◆ **chew over** *vt sep* **fig** [think over]: **to ~ sthg over** sich *(D)* etw durch den Kopf gehen lassen.

◆ **chew up** *vt sep* [food, slippers] zerkauen; [by dog] zerbeißen.

chewing gum ['tʃuːɪŋ-] *n (U)* Kaugummi *der*.

chewy [tʃuːɪ] (*compar* **-ier**; *superl* **-iest**) *adj* [meat] zäh; **to be nice and ~** angenehm zu kauen sein.

chic [ʃiːk] *adj* schick ◇ *n* Schick *der*.

chicanery [ʃɪ'keɪnərɪ] *n* Machenschaften *pl*.

chick [tʃɪk] *n* **- 1.** [baby bird] Junge *das*, Küken *das* **- 2.** *inf* [girl] Braut *die*.

chicken ['tʃɪkɪn] *adj* **inf** [cowardly] feige ◇ *n* **- 1.** [bird] Huhn *das*; **it's a ~ and egg situation** man kann nicht sagen, was Ursache und was Wirkung ist **- 2.** *(U)* [food] Hähnchen *das* **- 3.** **inf** [coward] Feigling *der*.

◆ **chicken out** *vi* **inf**: **to ~ out of sthg** vor etw *(D)* kneifen; **to ~ out of doing sthg** sich (aus Angst) davor drücken, etw zu tun.

chickenfeed ['tʃɪkɪnfiːd] *n (U)* **fig** [small sum of money] ein paar Pfennige *pl*.

chickenpox ['tʃɪkɪnpɒks] *n* Windpocken *pl*.

chicken wire *n* Maschendraht *der*.

chickpea ['tʃɪkpiː] *n* Kichererbse *die*.

chicory ['tʃɪkərɪ] *n* [vegetable] Chicorée *die*.

chide [tʃaɪd] *vt* **literary** schelten; **to ~ sb for sthg** jn für etw schelten.

chief [tʃiːf] *adj* **- 1.** [most important] Haupt- **- 2.** [head] leitend ◇ *n* **- 1.** [of organization] Leiter *der*, -in *die*, Chef *der*, -in *die*; **the ~ of police** Polizeipräsident *der*, -in *die* **- 2.** [of tribe] Häuptling *der*.

chief constable *n* **Br** Polizeipräsident *der*.

chief executive *n* [of company] Direktor *der*, -in *die*.

◆ **Chief Executive** *n* **Am** [US president]: **the Chief Executive** der Präsident der USA.

chief justice *n* **Am** oberster Bundesrichter, oberste Bundesrichterin.

chiefly ['tʃiːflɪ] *adv* hauptsächlich.

chief of staff *n* Stabschef *der*, -in *die*.

chieftain ['tʃiːftən] *n* [of tribe] Häuptling *der*; [of Scottish clan] Oberhaupt *das*.

chiffon ['ʃɪfɒn] *n* Chiffon *der*.

chihuahua [tʃɪ'wɑːwə] *n* Chihuahua *der*.

chilblain ['tʃɪlbleɪn] *n* Frostbeule *die*.

child [tʃaɪld] (*pl* **children**) *n* Kind *das*.

childbearing ['tʃaɪld,beərɪŋ] *n* Gebären *das*; **a woman of ~ age** eine Frau im gebärfähigen Alter.

child benefit *n* **Br** Kindergeld *das*.

childbirth ['tʃaɪldbɜːθ] *n* Geburt *die*.

childcare *n (U)* Kinderbetreuung *die*.

childhood ['tʃaɪldhʊd] *n* Kindheit *die*.

childish ['tʃaɪldɪʃ] *adj* **pej** kindisch.

childishly ['tʃaɪldɪʃlɪ] *adv* **pej** kindisch.

childless ['tʃaɪldlɪs] *adj* kinderlos.

childlike ['tʃaɪldlaɪk] *adj* kindlich.

childminder ['tʃaɪld,maɪndə^r] *n* **Br** Tagesmutter *die*.

child prodigy *n* Wunderkind *das*.

childproof ['tʃaɪldpruːf] *adj* kindersicher.

children ['tʃɪldrən] *pl* ▷ **child**.

children's home *n* Kinderheim *das*.

Chile *n* Chile *nt*.

Chilean ['tʃɪlɪən] *adj* chilenisch ◇ *n* Chilene *der*, -nin *die*.

chili ['tʃɪlɪ] *n* = **chilli**.

chill [tʃɪl] *adj* kühl ◇ *n* **- 1.** [illness] Erkältung *die* mit leichtem Fieber **- 2.** [in temperature]: **there's a ~ in the air** es ist kühl draußen **- 3.** [feeling of fear] Schauder *der* ◇ *vt* **- 1.** [drink] kühlen; [food] kalt stellen **- 2.** [person - with cold]: **I'm ~ed to the bone** ich bin bis auf die Knochen durchgefroren ◇ *vi* [drink, food] kühl werden.

chilli ['tʃɪlɪ] (*pl* **-ies**) *n* [vegetable] Peperoni *die*; **~ (con carne)** Chili con carne *die*.

chilling ['tʃɪlɪŋ] *adj* **- 1.** [very cold] eisig **- 2.** [frightening] schaudererregend.

chilli powder *n* Chillipulver *das*.

chilly ['tʃɪlɪ] (*compar* **-ier**; *superl* **-iest**) *adj* kühl.

chime [tʃaɪm] *n* [of bells] Geläut *das*; [of clock] Schlagen *das*; [of door bell] Läuten *das* ◇ *vt* [time] schlagen ◇ *vi* [bell] läuten; [clock] schlagen.

◆ **chime in** *vi* sich einlschalten.

chimney ['tʃɪmnɪ] *n* Schornstein *der*.

chimneypot ['tʃɪmnɪpɒt] *n* Schornsteinaufsatz *der*.

chimneysweep ['tʃɪmnɪswiːp] *n* Schornsteinfeger *der*.

chimp [tʃɪmp] *n* **inf** Schimpanse *der*.

chimpanzee [tʃɪmpən'ziː] *n* Schimpanse *der*.

chin [tʃɪn] *n* Kinn *das*.

china ['tʃaɪnə] *n* Porzellan *das* ◇ *comp* Porzellan-.

China ['tʃaɪnə] *n* China *nt*; **the People's Republic of ~** die Volksrepublik China.

china clay *n* Porzellanerde *die*, Kaolin *das*.

Chinatown ['tʃaɪnətaʊn] *n von Chinesen bewohntes Viertel in manchen Großstädten der USA und Großbritanniens.*

chinchilla [tʃɪn'tʃɪlə] *n* - **1.** [animal] Chinchilla *die* - **2.** *(U)* [fur] Chinchillapelz *der.*

Chinese [ˌtʃaɪ'niːz] *adj* chinesisch <> *n* [language] Chinesisch(e) *das* <> *npl:* **the ~** die Chinesen *pl.*

Chinese cabbage *n* Chinakohl *der.*

Chinese lantern *n* Lampion *der.*

Chinese leaves *npl* **Br** Chinakohl *der.*

chink [tʃɪŋk] *n* - **1.** [narrow opening] Ritze *die;* **a ~ of light** ein dünner Lichtstrahl - **2.** [sound] Klimpern *das* <> *vi* klimpern.

chinos ['tʃiːnəʊz] *npl Hose aus Baumwollköper.*

chintz [tʃɪnts] *n* Chintz *der* <> *comp* Chintz-.

chinwag ['tʃɪnwæg] *n* **inf: to have a ~** einen Plausch halten.

chip [tʃɪp] (*pt* & *pp* **-ped;** *cont* **-ping**) *n* - **1.** **Br** [fried potato] Pommes frite *der* OR *das* - **2.** **Am** [potato crisp] Chip *der* - **3.** [fragment - of wood] Span *der;* [- of stone, metal] Splitter *der* - **4.** [flaw] angeschlagene Stelle - **5.** [microchip, token] Chip *der;* **when the ~s are down** wenn es hart auf hart kommt - **6.** **phr: to have a ~ on one's shoulder** Komplexe haben <> *vt* [damage] an|schlagen.

◆ **chip in** **inf** *vt fus* [contribute] bei|steuern <> *vi* - **1.** [contribute] etwas bei|steuern - **2.** [interrupt] sich ein|schalten.

◆ **chip off** *vt sep* ab|kratzen.

chip-based [-beɪst] *adj* COMPUT chip-gestützt.

chipboard ['tʃɪpbɔːd] *n (U)* Spanplatte *die.*

chipmunk ['tʃɪpmʌŋk] *n* Streifenhörnchen *das.*

chipolata [ˌtʃɪpə'lɑːtə] *n* Cocktailwürstchen *das.*

chipped [tʃɪpt] *adj* [flawed] angeschlagen.

chippings ['tʃɪpɪŋz] *npl* **esp Am** [of wood] Späne *pl;* **'loose ~'** 'Rollsplit'.

chip shop *n* **Br** Imbissbude *die.*

chiropodist [kɪ'rɒpədɪst] *n* Fußpfleger *der*, -in *die.*

chiropody [kɪ'rɒpədɪ] *n* Fußpflege *die.*

chiropractor ['kaɪrəʊˌpræktəʳ] *n* Chiropraktiker *der*, -in *die.*

chirp [tʃɜːp] *vi* [bird] zwitschern; [cricket] zirpen.

chirpy ['tʃɜːpɪ] (*compar* **-ier;** *superl* **-iest**) *adj* **esp Br inf** [cheerful] munter.

chisel ['tʃɪzl] (**Br** *pt* & *pp* **-led;** *cont* **-ling**, **Am** *pt* & *pp* **-ed;** *cont* **-ing**) *n* [for metal] Meißel *der;* [for wood] Beitel *der* <> *vt* [in metal] meißeln; [in wood] stemmen.

chit [tʃɪt] *n* Zettel *der.*

chitchat ['tʃɪttʃæt] *n* **inf** Geplauder *das.*

chivalrous ['ʃɪvlrəs] *adj* ritterlich.

chivalry ['ʃɪvlrɪ] *n* - **1.** **literary** [of knights] Rittertum *das* - **2.** [courtesy] Ritterlichkeit *die.*

chives [tʃaɪvz] *npl* Schnittlauch *der.*

chivy, chivvy ['tʃɪvɪ] (*pt* & *pp* **-ied**) *vt* **inf: to ~ sb along** jn an|treiben.

chloride ['klɔːraɪd] *n* Chlorid *das.*

chlorinated ['klɔːrɪneɪtɪd] *adj* gechlort.

chlorine ['klɔːriːn] *n* Chlor *das.*

chlorofluorocarbon ['klɔːrəʊˌflɔːrəʊ'kɑːbən] *n* Chlorfluorkohlenwasserstoff *der.*

chloroform ['klɒrəfɔːm] *n* Chloroform *das.*

chlorophyll ['klɒrəfɪl] *n* Chlorophyll *das.*

choc-ice ['tʃɒkaɪs] *n* **Br** *Eis mit Schokoladenüberzug.*

chock [tʃɒk] *n* Keil *der.*

chock-a-block, chock-full *adj* **inf** überfüllt.

chocolate ['tʃɒkələt] *n* - **1.** *(U)* [food] Schokolade *die* - **2.** [sweet] Praline *die* - **3.** [drink]: **(hot) ~** heiße Schokolade <> *comp* [made of chocolate] Schokoladen-.

choice [tʃɔɪs] *n* - **1.** [gen] Wahl *die;* **by/from ~** freiwillig; **to have no ~ but to do sthg** keine andere Wahl haben, als etw zu tun - **2.** [variety, selection] Auswahl *die* <> *adj* auserlesen, ausgesucht.

choir ['kwaɪəʳ] *n* Chor *der.*

choirboy ['kwaɪəbɔɪ] *n* Chorknabe *der.*

choke [tʃəʊk] *n* AUT Choke *der* <> *vt* - **1.** [strangle] würgen; **to ~ sb to death** jn erwürgen; **the fumes ~d her** durch den Rauch bekam sie keine Luft mehr - **2.** [block] verstopfen <> *vi* keine Luft mehr kriegen; [on fishbone] sich verschlucken; **to ~ to death** ersticken.

◆ **choke back** *vt fus* unterdrücken.

choker *n* [necklace] enge Halskette; [collar] Vatermörder *der.*

cholera ['kɒlərə] *n* Cholera *die.*

cholesterol [kə'lestərɒl] *n* Cholesterin *das.*

choose [tʃuːz] (*pt* **chose;** *pp* **chosen**) *vt* - **1.** [select - career] wählen; [- cake, dress] aus|wählen; **there's little** OR **not much to ~ between them** sie sind gleich gut - **2.** [opt]: **to ~ to do sthg** beschließen, etw zu tun <> *vi* [select]: **to ~ (from sthg)** eine Wahl treffen (zwischen etw *(D)*).

choos(e)y ['tʃuːzɪ] (*compar* **-ier;** *superl* **-iest**) *adj* wählerisch.

chop [tʃɒp] (*pt* & *pp* **-ped;** *cont* **-ping**) *n* - **1.** [meat] Kotelett *das* - **2.** [blow] Hieb *der;* **to be for the ~** vor dem Aus stehen <> *vt* - **1.** [wood] hacken; [food] schneiden - **2.** **inf** [funding, budget] kürzen - **3.** **phr: to ~ and change** es sich *(D)* dauernd anders überlegen.

◆ **chops** *npl* **inf** [mouth] Maul *das.*

◆ **chop down** *vt sep* fällen.
◆ **chop up** *vt sep* [wood] klein hacken; [food] klein schneiden.

chopper [ˈtʃɒpəʳ] *n* **- 1.** [axe] Hackbeil *das* **- 2.** *inf* [helicopter] Hubschrauber *der*.

chopping board [ˈtʃɒpɪŋ-] *n* Hackbrett *das*.

choppy [ˈtʃɒpɪ] (*compar* **-ier;** *superl* **-iest**) *adj* kabbelig.

chopsticks [ˈtʃɒpstɪks] *npl* Stäbchen *pl*.

choral [ˈkɔːrəl] *adj* Chor-.

chord [kɔːd] *n* MUS Akkord *der;* **to strike a ~ (with sb)** auf Zustimmung (bei jm) treffen.

chore [tʃɔːʳ] *n* lästige Pflicht; **household ~s** Hausarbeit *die*.

choreographer [ˌkɒrɪˈɒgrəfəʳ] *n* Choreograf *der*, -in *die*.

choreography [ˌkɒrɪˈɒgrəfɪ] *n* Choreografie *die*.

chortle [ˈtʃɔːtl] *vi* glucksen.

chorus [ˈkɔːrəs] *n* **- 1.** [part of song] Refrain *der* **- 2.** [singers] Chor *der* **- 3.** *fig* [of approval, complaints] Chor *der*.

chose [tʃəʊz] *pt* ▻ **choose.**

chosen [ˈtʃəʊzn] *pp* ▻ **choose.**

choux pastry [ʃuː-] *n* Brandteig *der*.

chow [tʃaʊ] *n* [dog] Chow-Chow *der*.

chowder [ˈtʃaʊdəʳ] *n* *Suppe mit Fisch oder Meeresfrüchten.*

Christ [kraɪst] *n* Christus *der* ◇ *excl* oh Gott!

christen [ˈkrɪsn] *vt* taufen.

christening [ˈkrɪsnɪŋ] *n* Taufe *die* ◇ *comp* Tauf-.

Christian [ˈkrɪstʃən] *adj* christlich ◇ *n* Christ *der*, -in *die*.

Christian Democrat *n* POL Christdemokrat *der*, -in *die*.

Christianity [ˌkrɪstɪˈænətɪ] *n* Christentum *das*.

Christian name *n* Vorname *der*.

Christmas [ˈkrɪsməs] *n* Weihnachten *das;* **Happy** *OR* **Merry ~!** Frohe *OR* Fröhliche Weihnachten! ◇ *comp* Weihnachts-.

Christmas cake *n* **Br** *Früchtekuchen mit Zuckerguss, der an Weihnachten gegessen wird.*

Christmas card *n* Weihnachtskarte *die*.

Christmas cracker *n* **Br** Weihnachtsknallbonbon *das*.

Christmas Day *n* der erste Weihnachtstag.

Christmas Eve *n* Heiligabend *der*.

Christmas pudding *n* **Br** *schwere Süßspeise aus Trockenfrüchten, die an Weihnachten gegessen wird.*

Christmas stocking *n* *Strumpf, der mit kleinen Weihnachtsgeschenken gefüllt wird.*

Christmastime [ˈkrɪsməstaɪm] *n* Weihnachtszeit *die*.

Christmas tree *n* Weihnachtsbaum *der*.

chrome [krəʊm], **chromium** [ˈkrəʊmɪəm] *n* Chrom *das* ◇ *comp* Chrom-.

chrome-plated *adj* verchromt.

chromosome [ˈkrəʊməsəʊm] *n* Chromosom *das*.

chronic [ˈkrɒnɪk] *adj* **- 1.** [illness, unemployment] chronisch **- 2.** [alcoholic] Gewohnheits-; [liar] chronisch.

chronically [ˈkrɒnɪklɪ] *adv* chronisch.

chronicle [ˈkrɒnɪkl] *n* Chronik *die* ◇ *vt* (chronologisch) auf|zeichnen.

chronological [ˌkrɒnəˈlɒdʒɪkl] *adj* chronologisch.

chronologically [ˌkrɒnəˈlɒdʒɪklɪ] *adv* chronologisch.

chronology [krəˈnɒlədʒɪ] *n* Chronologie *die*.

chrysalis [ˈkrɪsəlɪs] (*pl* **-lises** [-lɪsiːz]) *n* Puppe *die (eines Schmetterlings/eines Nachtfalters).*

chrysanthemum [krɪˈsænθəməm] (*pl* **-s**) *n* Chrysantheme *die*.

chubby [ˈtʃʌbɪ] (*compar* **-ier;** *superl* **-iest**) *adj* mollig.

chuck [tʃʌk] *vt* *inf* **- 1.** [throw] schmeißen **- 2.** [job] hin|schmeißen; [girlfriend, boyfriend] Schluss machen mit.

◆ **chuck away, chuck out** *vt sep* *inf* weg|schmeißen.

chuckle [ˈtʃʌkl] *n* leises Lachen ◇ *vi* in sich *(A)* hinein|lachen.

chuffed [tʃʌft] *adj* **Br** *inf:* **to be ~ with sthg** sich sehr über etw *(A)* freuen; **to be ~ to do sthg** sich sehr darüber freuen, etw zu tun.

chug [tʃʌg] (*pt* & *pp* **-ged;** *cont* **-ging**) *vi* tuckern.

chum [tʃʌm] *n* *inf* [friend] Kumpel *der*.

chummy [ˈtʃʌmɪ] (*compar* **-ier;** *superl* **-iest**) *adj* *inf:* **to be ~ with sb** auf freundlichem Fuß mit jm stehen.

chump [tʃʌmp] *n* *inf* Dummkopf *der*.

chunk [tʃʌŋk] *n* **- 1.** [of bread, cheese] Stück *das* **- 2.** *inf* [large amount] großer Teil.

chunky [ˈtʃʌŋkɪ] (*compar* **-ier;** *superl* **-iest**) *adj* **- 1.** [person] untersetzt **- 2.** [jewellery, furniture] klobig; [jumper] grob gestrickt.

church [tʃɜːtʃ] *n* Kirche *die;* **to go to ~** in die Kirche gehen.

churchgoer [ˈtʃɜːtʃˌgəʊəʳ] *n* Kirchgänger *der*, -in *die*.

churchman [ˈtʃɜːtʃmən] (*pl* **-men** [-mən]) *n* Geistliche *der*.

Church of England *n:* **the ~** die Anglikanische Kirche.

THE CHURCH OF ENGLAND

> Die „Church of England" oder Anglikanische Kirche ist die traditionelle englische Staatskirche. Sie hat eine episkopalische (bischöfliche) Struktur; ihr weltliches Oberhaupt ist der/die jeweils amtierende König/Königin, ihr geistlicher Leiter der Erzbischof von Canterbury. Dagegen ist die schottische Staatskirche, die Church of Scotland, synodal-presbyterianisch und wird von einer General Assembly (Generalsynode) geleitet; theologisch gehört sie zu den Reformierten Kirchen.

Church of Scotland *n:* **the ~** die Kirche von Schottland.

churchyard ['tʃɜːtʃjɑːd] *n* Friedhof *der*.

churlish ['tʃɜːlɪʃ] *adj* [impolite] unhöflich; [loutish] ungehobelt.

churn [tʃɜːn] *n* - **1.** [for making butter] Butterfass *das* - **2.** [for milk] Milchkanne *die* ◇ *vt* [stir up] auf|wühlen ◇ *vi:* **my stomach ~ed** mein Magen drehte sich um.

◆ **churn out** *vt sep* ***inf*** am laufenden Band produzieren.

◆ **churn up** *vt sep* auf|wühlen.

chute [ʃuːt] *n* Rutsche *die;* [for rubbish] Müllschlucker *der*.

chutney ['tʃʌtnɪ] *n* Chutney *das*.

CI *abbr of* **Channel Islands.**

CIA (*abbr of* **Central Intelligence Agency**) *n* CIA *der* OR *die*.

cicada [sɪ'kɑːdə] *n* Zikade *die*.

CID (*abbr of* **Criminal Investigation Department**) *n* ≃ Kripo *die*.

cider ['saɪdə^r] *n* Zider *der*.

CIF (*abbr of* **cost, insurance and freight**) CIF.

cigar [sɪ'gɑː^r] *n* Zigarre *die*.

cigarette [ˌsɪgə'ret] *n* Zigarette *die*.

cigarette butt, cigarette end ***Br*** *n* Zigarettenstummel *der*.

cigarette holder *n* Zigarettenspitze *die*.

cigarette lighter *n* Feuerzeug *das*.

cigarette paper *n* Zigarettenpapier *das*.

C-in-C *n abbr of* **commander in chief.**

cinch [sɪntʃ] *n* ***inf:*** **it's a ~** es ist ein Kinderspiel.

cinder ['sɪndə^r] *n* Asche *die*.

Cinderella [ˌsɪndə'relə] *n* Aschenputtel *das*.

cinecamera ['cɪnɪˌkæmərə] *n* Filmkamera *die*.

cinefilm ['cɪnɪˌfɪlm] *n Film für eine Filmkamera.*

cinema ['sɪnəmə] *n* Kino *das;* **the ~ industry** die Filmindustrie.

cinematic [ˌsɪnɪ'mætɪk] *adj* filmisch; [arts, effect] Film-.

cinnamon ['sɪnəmən] *n* Zimt *der*.

cipher ['saɪfə^r] *n* [secret writing system] Chiffre *die*, Kode *der*.

circa ['sɜːkə] *prep* etwa, zirka.

circle ['sɜːkl] *n* - **1.** [gen] Kreis *der;* **to come full ~** an den Ausgangspunkt zurück|kehren; **to go round in ~s** sich im Kreis bewegen - **2.** [in theatre, cinema] Balkon *der* ◇ *vt* - **1.** [draw a circle round] ein|kreisen - **2.** [move round] umkreisen ◇ *vi* kreisen.

circuit ['sɜːkɪt] *n* - **1.** ELEC Stromkreis *der* - **2.** [lap] Runde *die* - **3.** [motor racing track] Rennstrecke *die* - **4.** [series of venues] Tour *die*.

circuit board *n* Platine *die*, Leiterplatte *die*.

circuit breaker *n* Stromkreisunterbrecher *der*.

circuitous [sə'kjuːɪtəs] *adj* umständlich.

circular ['sɜːkjʊlə^r] *adj* - **1.** [in shape] rund, kreisförmig - **2.** [route] Rund- - **3.** [argument] sich im Kreis bewegend ◇ *n* - **1.** [letter, memo] Rundschreiben *das* - **2.** [advertisement] Wurfsendung *die*.

circulate ['sɜːkjʊleɪt] *vi* - **1.** [gen] zirkulieren - **2.** [rumour, story] um|gehen, kursieren - **3.** [socialize] sich unter die Leute mischen ◇ *vt* - **1.** [document] zirkulieren lassen - **2.** [rumour, story] in Umlauf setzen.

circulation [ˌsɜːkjʊ'leɪʃn] *n* - **1.** [of blood] Zirkulation *die*, Kreislauf *der* - **2.** [of money, document] Umlauf *der;* **in ~** im Umlauf - **3.** [of magazine, newspaper] Auflage *die* - **4.** [of heat, air] Zirkulation *die*.

circumcise ['sɜːkəmsaɪz] *vt* beschneiden.

circumcision [ˌsɜːkəm'sɪʒn] *n* Beschneidung *die*.

circumference [sə'kʌmfərəns] *n* Umfang *der*.

circumflex ['sɜːkəmfleks] *n:* **~ (accent)** Zirkumflex *der*.

circumnavigate [ˌsɜːkəm'nævɪgeɪt] *vt* umfahren; [by sailing boat] umsegeln.

circumscribe ['sɜːkəmskraɪb] *vt* ***fml*** [restrict] beschränken.

circumspect ['sɜːkəmspekt] *adj* umsichtig.

circumstances ['sɜːkəmstənsɪz] *npl* Umstände *pl;* **under** OR **in no ~** unter keinen Umständen, auf keinen Fall; **under** OR **in the ~** unter diesen Umständen.

circumstantial [ˌsɜːkəm'stænʃl] *adj* ***fml*** [account, description] ausführlich; **~ evidence** Indizienbeweis *der*.

circumvent [ˌsɜːkəm'vent] *vt* ***fml*** um|gehen.

circus [ˈsɜːkəs] *n* Zirkus *der;* [in place names] Platz *der.*

cirrhosis [sɪˈrəʊsɪs] *n* Zirrhose *die.*

cissy [ˈsɪsɪ] (*pl* **-ies**) *n* ***Br inf*** Weichling *der.*

cistern [ˈsɪstən] *n* - **1.** ***Br*** [in roof] Wassertank *der* - **2.** [in toilet] Spülkasten *der.*

citation [saɪˈteɪʃn] *n* - **1.** [official praise]: **~ (for sthg)** Belobigung *die* (für etw) - **2.** [quotation] Zitat *das.*

cite [saɪt] *vt* - **1.** [mention, quote] zitieren - **2.** LAW vorlladen.

citizen [ˈsɪtɪzn] *n* - **1.** [of country] Staatsbürger *der,* -in *die* - **2.** [of town] Bürger *der,* -in *die.*

Citizens' Advice Bureau *n* Bürgerberatungsstelle *die.*

Citizens' Band *n* CB-Funk *der.*

citizenship [ˈsɪtɪznʃɪp] *n* [nationality] Staatsangehörigkeit *die.*

citric acid [ˈsɪtrɪk-] *n* Zitronensäure *die.*

citrus fruit [ˈsɪtrəs-] *n* Zitrusfrucht *die.*

city [ˈsɪtɪ] (*pl* **-ies**) *n* Stadt *die;* [large] Großstadt *die.*

◆ **City** *n* ***Br*****: the City** *Londoner Finanzviertel.*

THE CITY

Die City, das Londoner Finanzviertel, ist ein autonomes Gebiet mit seiner eigenen Polizei, das manchmal „the square mile" genannt wird. Im weiteren Sinne wird „the City" oft als Bezeichnung für die britische Welt der Finanzen allgemein gebraucht.

city centre *n* Innenstadt *die,* Stadtzentrum *das.*

city hall *n* ***Am*** Rathaus *das.*

civic [ˈsɪvɪk] *adj* - **1.** [leader, event] Stadt- - **2.** [duty, pride] bürgerlich, Bürger-.

civic centre *n* ***Br*** Verwaltungszentrum *das* einer Stadt.

civil [ˈsɪvl] *adj* - **1.** [disorder, marriage] zivil - **2.** [polite] höflich.

civil defence *n* Bürgerwehr *die.*

civil disobedience *n* ziviler Ungehorsam.

civil engineer *n* Hoch- und Tiefbauingenieur *der.*

civil engineering *n* Hoch- und Tiefbau *der.*

civilian [sɪˈvɪljən] *n* Zivilist *der,* -in *die* <> *comp* [government] Zivil-; [organization] zivil; **in ~ clothes** in Zivil.

civility [sɪˈvɪlətɪ] *n* Höflichkeit *die.*

civilization [ˌsɪvəlaɪˈzeɪʃn] *n* - **1.** [advanced world] Zivilisation *die* - **2.** [society, culture] Kultur *die.*

civilize, -ise [ˈsɪvɪlaɪz] *vt* zivilisieren.

civilized [ˈsɪvəlaɪzd] *adj* - **1.** [advanced] zivilisiert - **2.** [polite] zivilisiert.

civil law *n* bürgerliches Recht.

civil liberties *npl* Freiheitsrechte *pl.*

civil list *n* ***Br*** *Geldsumme, die das britische Parlament jedes Jahr an den König bzw. die Königin von England und an einige andere Leute gibt.*

civil rights *npl* Bürgerrechte *pl.*

civil servant *n* Beamte *der,* -in *die* (im Staatsdienst).

civil service *n* Staatsdienst *der.*

CIVIL SERVICE

Der Sitz der britischen Regierungsbehörden und ihrer Beamten ist Whitehall, der der US-amerikanischen meist Capitol Hill. Einige der US-Regierungsbeamten werden zur Belohnung für politische Dienste ernannt und bei Regierungswechseln entsprechend abgelöst, doch die meisten (in Großbritannien alle) Beamten bekleiden ihre Stellen unabhängig davon, welche Partei gerade an der Macht ist. Sie sind für die gesamte Staatsverwaltung zuständig, mit Ausnahme des militärischen, religiösen und gerichtlichen Bereichs.

civil war *n* Bürgerkrieg *der.*

CIVIL WARS

Der englische Bürgerkrieg von 1642–48 entzündete sich an dem anhaltenden Machtkampf zwischen dem Parlament und Charles I. und führte in der Regierung des Landes zur Vormachtstellung des Parlaments gegenüber dem König. Zum amerikanischen Bürgerkrieg (Sezessionskrieg, 1861–65) kam es, als nach der Wahl des Sklavereigegners Abraham Lincoln zum Präsidenten die elf Südstaaten eine eigene Konföderation bildeten, unter anderem, um die Sklaverei beibehalten zu können. Die wirtschaftliche Unterlegenheit führte schließlich zur Niederlage des Südens und zur Abschaffung der Sklaverei.

CJD (*abbr of* **Creutzfeldt-Jakob disease**) *n* CJK *die.*

cl (*abbr of* **centilitre**) *n* cl.

clad [klæd] *adj* ***literary*** [dressed]: **~ in sthg** in etw *(D)* gekleidet.

cladding [ˈklædɪŋ] *n* ***Br*** Verkleidung *die.*

claim [kleɪm] *n* - **1.** [for territory, expenses, refund] Anspruch *der;* [demand] Forderung *die;* **to lay ~ to sthg** etw für sich beanspruchen - **2.** [assertion] Behauptung *die* <> *vt* - **1.** [money] beantragen; [lost property] beanspruchen; [expenses] einlreichen; [credit] für sich in Anspruch nehmen; **he ~ed responsibility for it** er bekannte sich dazu, dafür verantwortlich zu sein; **the earthquake ~ed 50 lives** das Erdbeben forderte 50 Menschenleben - **2.** [assert]

behaupten ◇ *vi:* **to ~ on one's insurance** Ansprüche an die Versicherung geltend machen; **to ~ for sthg** Ansprüche auf etw *(A)* geltend machen.

claimant ['kleɪmənt] *n* Antragsteller *der*, -in *die*; LAW Kläger *der*, -in *die*.

claim form *n* Antragsformular *das*.

clairvoyant [kleə'vɔɪənt] *adj* hellseherisch ◇ *n* Hellseher *der*, -in *die*.

clam [klæm] (*pt* & *pp* **-med;** *cont* **-ming**) *n* Klaffmuschel *die*.

◆ **clam up** *vi* **inf** keinen Pieps mehr sagen.

clamber ['klæmbəʳ] *vi* klettern.

clammy ['klæmɪ] (*compar* **-ier;** *superl* **-iest**) *adj* **inf** [skin] feucht und klamm; [weather] schwül.

clamor ['klæməʳ] *n* & *vi* **Am** = **clamour.**

clamorous ['klæmərəs] *adj* [applause] tosend.

clamour ***Br,*** **clamor** ***Am*** ['klæməʳ] *n* - **1.** [noise] [of voices] Geschrei *das* - **2.** [demand] **~ (for sthg)** lautstark erhobene Forderung (nach etw) ◇ *vi:* **to ~ for sthg** etw lautstark fordern.

clamp [klæmp] *n* - **1.** [fastener] Schraubzwinge *die* - **2.** MED & TECH Klemme *die* ◇ *vt* - **1.** [with fastener] fest|klemmen - **2.** [parked car] Parkkralle anlegen *(+ D)*.

◆ **clamp down** *vi:* **to ~ down (on)** durch|greifen (gegen).

clampdown ['klæmpdaʊn] *n:* **~ (on)** Durchgreifen *das* (gegen).

clan [klæn] *n* Clan *der*.

clandestine [klæn'destɪn] *adj* geheim.

clang [klæŋ] *n* [of bell] lautes Tönen ◇ *vi* [bell, gong] laut ertönen.

clanger ['klæŋəʳ] *n* **Br inf** Fauxpas *der;* **to drop a ~** ins Fettnäpfchen treten.

clank [klæŋk] *n* [of chains] Gerassel *das;* [of metallic objects] Scheppern *das* ◇ *vi* [chain] rasseln; [iron gate] scheppern.

clap [klæp] (*pt* & *pp* **-ped;** *cont* **-ping**) *n* - **1.** [of hands] Klatschen *das* - **2.** [of thunder] Donnerschlag *der* ◇ *vt* Beifall klatschen *(+ D);* **to ~ one's hands** in die Hände klatschen; **to ~ eyes on sb/sthg** jn/etw zu Gesicht bekommen ◇ *vi* Beifall klatschen.

clapboard ['klæpbɔːd] *n* **Am** Schindel *die*.

clapped-out [klæpt-] *adj* **Br inf** [machine] klapprig.

clapperboard ['klæpəbɔːd] *n* Klappe *die*.

clapping ['klæpɪŋ] *n* Beifall *der*.

claptrap ['klæptræp] *n* **inf** Gewäsch *das*.

claret ['klærət] *n* - **1.** [wine] roter Bordeaux - **2.** [colour] Bordeauxrot *das*.

clarification [ˌklærɪfɪ'keɪʃn] *n* (nähere) Erläuterung.

clarify ['klærɪfaɪ] (*pt* & *pp* **-ied**) *vt* (näher) erläutern.

clarinet [ˌklærə'net] *n* Klarinette *die*.

clarity ['klærətɪ] *n* Klarheit *die*.

clash [klæʃ] *n* - **1.** [incompatibility]: **a ~ of interests** ein Interessenkonflikt; **a ~ of personalities** ein Zusammenprall verschiedener Persönlichkeiten - **2.** [fight] Zusammenstoß *der* - **3.** [disagreement] Meinungsverschiedenheit *die* - **4.** [of cymbals] lautes Tönen ◇ *vi* - **1.** [ideas, beliefs] aufeinander prallen; [colours] sich beißen - **2.** [fight]: **to ~ (with sb)** (mit jm) zusammen|stoßen - **3.** [disagree]: **to ~ (with sb)** (mit jm) aneinander geraten - **4.** [coincide]: **to ~ (with sthg)** sich (mit etw) überschneiden - **5.** [cymbals] laut ertönen.

clasp [klɑːsp] *n* [on necklace, bracelet] Verschluss *der;* [on belt] Schnalle *die* ◇ *vt* ergreifen; **to ~ one's hands together** die Hände falten.

class [klɑːs] *n* - **1.** [gen] Klasse *die;* **to be in a ~ of one's own** eine Klasse für sich sein - **2.** [lesson] Stunde *die;* **an evening ~** ein Abendkurs - **3.** [social group] Schicht *die;* **upper ~** Oberschicht *die;* **the working ~** die Arbeiterklasse ◇ *comp* [system, war] Klassen- ◇ *vt* ein|stufen; **to ~ sb as sthg** jn als etw ein|stufen.

class-conscious *adj* **pej** standesbewusst.

classic ['klæsɪk] *adj* klassisch ◇ *n* Klassiker *der*.

◆ **classics** *npl* Altphilologie *die*.

classical ['klæsɪkl] *adj* - **1.** [gen] klassisch - **2.** [sculpture, architecture] klassizistisch.

classical music *n* klassische Musik.

classification [ˌklæsɪfɪ'keɪʃn] *n* - **1.** [gen] Klassifizierung *die* - **2.** [category] Klassifikation *die*.

classified ['klæsɪfaɪd] *adj* [secret]: **~ information** Verschlusssache *die*.

classified ad *n* Annonce *die*.

classify ['klæsɪfaɪ] (*pt* & *pp* **-ied**) *vt* klassifizieren.

classless ['klɑːslɪs] *adj* klassenlos.

classmate ['klɑːsmeɪt] *n* Klassenkamerad *der*, -in *die*.

classroom ['klɑːsrʊm] *n* Klassenzimmer *das*.

classy ['klɑːsɪ] (*compar* **-ier;** *superl* **-iest**) *adj* **inf** [clothes, restaurant] exklusiv; [car] nobel; [person] vornehm.

clatter ['klætəʳ] *n* Geklapper *das* ◇ *vi* klappern.

clause [klɔːz] *n* - **1.** [in legal document] Klausel *die* - **2.** GRAMM Satz *der*.

claustrophobia [ˌklɔːstrə'fəʊbjə] *n* Klaustrophobie *die*.

claustrophobic [ˌklɔːstrə'fəʊbɪk] *adj* klaustrophobisch; **it's very ~ in here** hier bekommt man wirklich Platzangst.

claw [klɔː] *n* - **1.** [of animal, bird] Kralle *die* - **2.** [of

insect, sea creature] Schere *die* <> *vt* kratzen <> *vi:* **to ~ at sthg** sich an etw *(A)* krallen.
◆ **claw back** *vt sep* ***Br*** sich *(D)* zurück|holen.

clay [kleɪ] *n* [soil] Lehm *der;* [for pottery] Ton *der.*

clay pigeon shooting *n* Tontaubenschießen *das.*

clean [kliːn] *adj* - **1.** [gen] sauber - **2.** [reputation, driving licence] tadellos; **to come ~ about sthg** ***inf*** etw zu|geben - **3.** [joke] harmlos - **4.** [line, movement] klar - **5.** [break] glatt <> *adv* [completely] ganz, völlig <> *vt* sauber machen; **to ~ one's teeth** ***Br*** sich *(D)* die Zähne putzen <> *vi* putzen <> *n:* **to give sthg a ~** etw sauber machen.
◆ **clean out** *vt sep* - **1.** [room, cupboard] gründlich auf|räumen - **2.** ***inf fig*** [leave penniless] aus|nehmen; **the burglars ~ed us out** die Einbrecher haben unser Haus vollkommen ausgeräumt.
◆ **clean up** *vt sep* [mess] auf|räumen; [with cloth] sauber machen; **to ~ o.s. up** sich waschen <> *vi* ***inf*** [win] ab|kassieren.

cleaner ['kliːnəʳ] *n* - **1.** [person] Putzfrau *die* - **2.** [substance] Reiniger *der* - **3.** [shop]: **~'s** Reinigung *die.*

cleaning ['kliːnɪŋ] *n:* **to do the ~** sauber machen.

cleaning lady *n* Putzfrau *die.*

cleanliness ['klenlɪnɪs] *n* Reinlichkeit *die.*

clean-living *adj* anständig.

cleanly ['kliːnlɪ] *adv* sauber.

cleanness ['kliːnnɪs] *n* [of room] Sauberkeit *die;* [of air] Reinheit *die.*

cleanse [klenz] *vt* - **1.** [skin, wound] säubern, reinigen - **2.** [society, soul] läutern.

cleanser ['klenzəʳ] *n* - **1.** [for skin] Reinigungsmilch *die* - **2.** [detergent] Reinigungsmittel *das.*

clean-shaven [-'ʃeɪvn] *adj* glatt rasiert.

cleanup ['kliːnʌp] *n:* **to have a ~** auf|räumen; [with cloth] sauber machen.

clear [klɪəʳ] *adj* - **1.** [gen] klar; **to make sthg ~ (to sb)** (jm) etw klar machen; **to make it ~ that** deutlich machen, dass; **to make o.s. ~** sich klar aus|drücken - **2.** [obvious] eindeutig - **3.** [sound] deutlich; [speaker] deutlich hörbar - **4.** [skin, complexion, conscience] rein - **5.** [road, view] frei; **try and keep Friday ~** versuch dir Freitag freizuhalten - **6.** [profit] Netto- <> *adv:* **stand ~!** zurücktreten!; **to be ~ of sthg** etw nicht berühren; **to stay ~ of sb, to steer ~ of sb** jm aus dem Wege gehen; **to stay ~ of sthg, to steer ~ of sthg** etw meiden <> *n:* **in the ~** [out of danger] außer Gefahr; [free from suspicion] außer Verdacht <> *vt* - **1.** [path, road] räumen; [pipe] reinigen; **to ~ the table** den Tisch ab|räumen; **to ~ one's throat** sich räuspern - **2.** [take out of the way] aus dem Weg räumen - **3.** [jump over] überspringen - **4.** [debt] begleichen - **5.** [authorize] genehmigen - **6.** [prove not guilty] frei|sprechen; **to ~ one's name** seinen Namen rein|waschen; **to be ~ed of sthg** von etw freigesprochen werden - **7.** [cheque] verrechnen <> *vi* [fog, smoke] sich verziehen; [weather] sich auf|klären.
◆ **clear away** *vt sep* weg|räumen.
◆ **clear off** *vi* ***Br inf*** ab|hauen.
◆ **clear out** *vt sep* [room, cupboard] gründlich auf|räumen <> *vi* ***inf*** [leave] verschwinden.
◆ **clear up** *vt sep* - **1.** [tidy] auf|räumen; [toys, litter] weg|räumen - **2.** [mystery] auf|klären; [problem, confusion] klären <> *vi* - **1.** [weather] sich auf|klären - **2.** [illness] zurück|gehen - **3.** [tidy up] auf|räumen.

clearance ['klɪərəns] *n (U)* - **1.** [removal] Entfernen *das,* Beseitigung *die* - **2.** [permission] Genehmigung *die;* [for takeoff] Starterlaubnis *die* - **3.** [free space] Spielraum *der.*

clearance sale *n* Ausverkauf *der.*

clear-cut *adj* klar umrissen.

clear-headed [-'hedɪd] *adj* scharfsinnig.

clearing ['klɪərɪŋ] *n* [in forest] Lichtung *die.*

clearing house *n* [bank] Clearingstelle *die.*

clearing up *n:* **to do the ~** auf|räumen.

clearly ['klɪəlɪ] *adv* - **1.** [speak, write] deutlich - **2.** [think, explain] klar - **3.** [obviously] eindeutig.

clearout ['klɪəraʊt] *n* ***esp Br inf*** Großreinemachen *das;* **to have a ~** gründlich auf|räumen.

cleavage ['kliːvɪdʒ] *n* - **1.** [between breasts] Dekolletee *das* - **2.** [division] Kluft *die.*

cleaver ['kliːvəʳ] *n* Hackbeil *das.*

clef [klef] *n* Notenschlüssel *der.*

cleft [kleft] *n* [in rock] Spalt *der.*

cleft palate *n* Gaumenspalte *die.*

clematis ['klemətɪs] *n* Klematis *die.*

clemency ['klemənsɪ] *n* ***fml*** Milde *die.*

clementine ['kleməntaɪn] *n* Klementine *die.*

clench [klentʃ] *vt* umklammern; [fist] ballen; [teeth] zusammen|beißen.

clergy ['klɜːdʒɪ] *npl:* **the ~** die Geistlichkeit.

clergyman ['klɜːdʒɪmən] (*pl* **-men** [-mən]) *n* Geistlicher *der.*

cleric ['klerɪk] *n* Geistlicher *der.*

clerical ['klerɪkl] *adj* - **1.** [in office] Büro- - **2.** [in church] geistlich.

clerk [*Br* klɑːk, *Am* klɜːrk] *n* - **1.** [in office] Büroangestellte *der, die* - **2.** [in court] Gerichtsschreiber *der,* -in *die* - **3.** ***Am*** [shop assistant] Verkäufer *der,* -in *die.*

clever ['klevəʳ] *adj* - **1.** [person] klug; **to be ~ with one's hands** geschickte Hände haben - **2.** [idea, device] raffiniert; **he had the ~ idea to ...** ***iron*** er war so schlau, ...

cleverly ['klevəlɪ] *adv* **- 1.** [intelligently] klug **- 2.** [ingeniously] raffiniert **- 3.** [skilfully] geschickt.

cleverness ['klevənɪs] *n* **- 1.** [intelligence] Klugheit *die* **- 2.** [ingenuity] Raffiniertheit *die* **- 3.** [skill] Geschicklichkeit *die*.

cliché ['kli:ʃeɪ] *n* Klischee *das*.

click [klɪk] *n* Klicken *das;* [of tongue] Schnalzen *das* ⇔ *vt* [fingers] schnippen mit; [tongue] schnalzen mit ⇔ *vi* [gen & COMPUT] klicken; **to ~ on sthg** COMPUT etw anlklicken; **the door ~ed shut** die Tür schnappte ins Schloss; **suddenly it all ~ed** plötzlich wurde alles klar.

client ['klaɪənt] *n* Kunde *der*, -din *die;* [of lawyer] Klient *der*, -in *die*.

clientele [ˌkli:ən'tel] *n* Kundschaft *die*, Klientel *die*.

cliff [klɪf] *n* [by sea] Klippe *die;* [of mountain] Felsen *der*.

cliffhanger ['klɪfˌhæŋəʳ] *n* ***inf*** Thriller *der*.

climactic [klaɪ'mæktɪk] *adj:* **~ point** Höhepunkt *der*.

climate ['klaɪmɪt] *n* ***lit*** & ***fig*** Klima *das*.

climatic [klaɪ'mætɪk] *adj* klimatisch.

climax ['klaɪmæks] *n* **- 1.** [culmination] Höhepunkt *der* **- 2.** [orgasm] Orgasmus *der*.

climb [klaɪm] *n* [of mountain] Aufstieg *der* ⇔ *vt* [tree, wall] hochlklettern; [rope] hochlklettern an *(+ D);* [ladder, stairs] hinauf lsteigen; [hill] steigen auf *(+ A);* [mountain] besteigen ⇔ *vi* **- 1.** [person, plant] klettern **- 2.** [road, prices, costs] anlsteigen; [plane] (auf l)steigen.

◆ **climb down** *vi* [admit mistake] klein beilgeben.

climber ['klaɪməʳ] *n* **- 1.** [person] Kletterer *der*, -in *die*; [mountaineer] Bergsteiger *der*, -in *die* **- 2.** [plant] Kletterpflanze *die*.

climbing ['klaɪmɪŋ] *n* Klettern *das;* [mountaineering] Bergsteigen *das;* **to go ~** bergsteigen gehen.

climbing frame *n* ***Br*** Klettergerüst *das*.

climes [klaɪmz] *npl* ***literary*** Breiten *pl*.

clinch [klɪntʃ] *vt* [deal] ablschließen.

cling [klɪŋ] (*pt* & *pp* **clung**) *vi* **- 1.** [hold tightly]: **to ~ to** sich klammern an *(+ A)* **- 2.** [clothes]: **to ~ (to sb)** sich (an jm) anlschmiegen.

clingfilm ['klɪŋfɪlm] *n (U)* ***Br*** Frischhaltefolie *die*.

clinging ['klɪŋɪŋ] *adj* **- 1.** [person, child] anschmiegsam **- 2.** [clothes] sich anschmiegend.

clinic ['klɪnɪk] *n* Klinik *die*.

clinical ['klɪnɪkl] *adj* **- 1.** MED klinisch **- 2.** [coldly rational] nüchtern.

clinically ['klɪnɪklɪ] *adv* **- 1.** MED klinisch **- 2.** [coldly] nüchtern.

clink [klɪŋk] *n* Geklirr *das* ⇔ *vi* klirren.

clip [klɪp] (*pt* & *pp* **-ped;** *cont* **-ping**) *n* **- 1.** [fastener] Klammer *die;* [on earring] Klipp *der* **- 2.** [of film, video] Ausschnitt *der*, Clip *der* ⇔ *vt* **- 1.** [fasten]: **to ~ sthg onto sthg** [papers] etw an etw *(A)* heften **- 2.** [cut] schneiden **- 3.** ***inf*** [hit] streifen; **to ~ sb round the ear** jm eins über die Ohren geben.

◆ **clip on** *vi* [fasten] anlklemmen.

clipboard ['klɪpbɔ:d] *n* Klemmbrett *das*.

clip-on *adj:* **~ earrings** Klipps *pl*.

clipped [klɪpt] *adj* [speech] abgehackt.

clippers ['klɪpəz] *npl* **- 1.** [for hair] Haarschneidemaschine *die* **- 2.** [for nails] Nagelknipser *der*, Nagelzange *die* **- 3.** [for plants, hedges] Heckenschere *die*.

clipping ['klɪpɪŋ] *n* [newspaper cutting] Zeitungsausschnitt *der*.

clique [kli:k] *n* ***pej*** Clique *die*.

clitoris ['klɪtərɪs] *n* Klitoris *die*.

cloak [kləʊk] *n* **- 1.** [garment] Umhang *der* **- 2.** ***fig*** [for secret] Deckmantel *der* ⇔ *vt:* **~ed in mystery** geheimnisumwittert.

cloak-and-dagger *adj* [story] geheimnisvoll.

cloakroom ['kləʊkrʊm] *n* **- 1.** [for clothes] Garderobe *die* **- 2.** ***Br*** [toilets] Waschraum *der*.

clobber ['klɒbəʳ] ***inf*** *n* [things] Kram *der* ⇔ *vt* **- 1.** [hit - person] hauen; [- ball] schlagen **- 2.** [defeat] fertiglmachen.

clock [klɒk] *n* **- 1.** [gen] Uhr *die;* **round the ~** rund um die Uhr; **to put the ~ back** ***lit*** die Uhr zurücklstellen; ***fig*** die Zeit zurückldrehen; **to put the ~ forward** die Uhr vorlstellen **- 2.** [mileometer] Tachometer *der*.

◆ **clock in** *vi* ***Br*** [at work] (den Arbeitsbeginn) stechen OR stempeln.

◆ **clock off** *vi* ***Br*** [at work] (das Arbeitsende) stechen OR stempeln.

◆ **clock up** *vt fus* [miles] fahren; [victories] erreichen.

clock radio *n* Radiowecker *der*.

clockwise ['klɒkwaɪz] *adj* & *adv* im Uhrzeigersinn.

clockwork ['klɒkwɜ:k] *n:* **like ~** wie am Schnürchen ⇔ *comp* [toy, train] zum Aufziehen.

clod [klɒd] *n* [of earth] Klumpen *der*.

clog [klɒg] (*pt* & *pp* **-ged;** *cont* **-ging**) *vt* verstopfen.

◆ **clogs** *npl* Clogs *pl*.

◆ **clog up** *vt sep* & *vi* verstopfen.

clogged [klɒgd] *adj* verstopft.

cloister ['klɔɪstəʳ] *n* ARCHIT Kreuzgang *der*.

cloistered ['klɔɪstəd] *adj* ***literary*** [sheltered] behütet.

clone [kləʊn] *n* Klon *der* ⇔ *vt* klonen.

close¹ [kləʊs] *adj* - **1.** [near] nahe; **~ to** nahe an *(+ D)*, dicht bei; [with verbs of motion] nahe an *(+ A)*; **the house is ~ to the river** das Haus steht nahe *OR* dicht am Fluss; **she sat down ~ to me** sie setzte sich in meine Nähe; **don't get too ~ to the edge** geh nicht zu nahe an den Abgrund; **~ to tears** den Tränen nahe; **that was a ~ shave** *OR* **thing** *OR* **call** das war knapp; **when seen from ~ up** *OR* **to** aus der Nähe betrachtet - **2.** [friend, contact, link] eng; **to be ~ to sb** jm nahe stehen - **3.** [resemblance] stark - **4.** [examination, inspection] genau; **on ~r examination** bei näherer Betrachtung - **5.** [weather] schwül - **6.** [race, contest] knapp ◇ *adv* nah; **~ by, ~ at hand** in der Nähe; **~ behind** dicht dahinter; **to stand ~ together** nahe *OR* dicht beieinander stehen ◇ *n* [street] Sackgasse *die*.

◆ **close on, close to** *prep* [almost] beinahe.

close² [kləʊz] *vt* - **1.** [gen] schließen - **2.** [road] sperren - **3.** [meeting, event] beenden; [speech, novel] beschließen - **4.** [bank account] auf|lösen - **5.** [deal] ab|schließen ◇ *vi* - **1.** [door, eyes, wound] sich schließen - **2.** [shop, office, book, share price] schließen - **3.** [factory - permanently] stillgelegt werden - **4.** [deadline, offer] enden ◇ *n* [end] Schluss *der*; **to draw to a ~** zu Ende gehen.

◆ **close down** *vt sep* [shut] schließen ◇ *vi* [shut down] stillgelegt werden.

◆ **close in** *vi* - **1.** [fog] fallen; **night was closing in** die Dunkelheit brach herein - **2.** [person]: **to ~ in on sb/sthg** sich jm/etw nähern.

◆ **close off** *vt sep* sperren.

close-cropped [ˌkləʊs-] *adj* [hair] kurzgeschnitten.

closed [kləʊzd] *adj* - **1.** [gen] geschlossen - **2.** [society] abgeschottet.

closed circuit television *n (U)* Fernsehüberwachungsanlage *die*.

closed shop *n* Gewerkschaftszwang *der*.

close-fitting [ˌkləʊs-] *adj* eng anliegend.

close-knit [ˌkləʊs-] *adj* eng verbunden.

closely [ˈkləʊslɪ] *adv* - **1.** [gen] eng; [resemble] stark - **2.** [watch, guard, listen] genau; [follow] dicht.

closeness [ˈkləʊsnɪs] *n* - **1.** [proximity] Nähe *die* - **2.** [of relationship] Innigkeit *die*.

close quarters [ˌkləʊs-] *npl*: **at ~** aus nächster Nähe.

close season [ˌkləʊs-] *n* ***Br*** [for hunting, fishing] Schonzeit *die*.

closet [ˈklɒzɪt] *adj* ***inf*** heimlich; **he's a ~ socialist** er ist ein verkappter Sozialist ◇ *n* ***Am*** Schrank *der* ◇ *vt*: **to be ~ed with sb** mit jm hinter verschlossenen Türen sitzen.

close-up [ˈkləʊs-] *n* Nahaufnahme *die*.

closing [ˈkləʊzɪŋ] *adj* [final] abschließend.

closing price *n* Schlusskurs *der*.

closing time *n* [for pubs] Sperrstunde *die*; [for shops] Ladenschlusszeit *die*.

closure [ˈkləʊʒəʳ] *n* - **1.** [of business, company] Schließung *die* - **2.** [of road, railway line] Sperrung *die*.

clot [klɒt] (*pt* & *pp* **-ted**; *cont* **-ting**) *n* - **1.** [lump] Klumpen *der*; [of blood] Blutgerinnsel *das* - **2.** ***Br inf*** [fool] Hornochse *der* ◇ *vi* [blood] gerinnen.

cloth [klɒθ] *n* - **1.** *(U)* [material] Stoff *der* - **2.** [for cleaning] Lappen *der*; [floor cloth] (Boden)wischlappen *der* - **3.** [tablecloth] Tischtuch *das*.

clothe [kləʊð] *vt* ***fml*** [dress] kleiden; **~d in white** in Weiß gekleidet.

clothes [kləʊðz] *npl* Kleider *pl*; **to put one's ~ on** sich an|ziehen; **to take one's ~ off** sich aus|ziehen.

clothes basket *n* Wäschekorb *der*.

clothes brush *n* Kleiderbürste *die*.

clotheshorse [ˈkləʊðzhɔːs] *n* Wäscheständer *der*.

clothesline [ˈkləʊðzlaɪn] *n* Wäscheleine *die*.

clothes peg ***Br***, **clothespin** ***Am*** [ˈkləʊðzpɪn] *n* Wäscheklammer *die*.

clothing [ˈkləʊðɪŋ] *n* Kleidung *die*; **a piece of ~** ein Kleidungsstück.

clotted cream [ˈklɒtɪd-] *n sehr dicke Sahne, Spezialität Südwestenglands.*

cloud [klaʊd] *n* Wolke *die*; [of insects] Schwarm *der*; **to leave under a ~ *fig*** unter zweifelhaften Umständen aus dem Dienst scheiden ◇ *vt* - **1.** [mirror, window] beschlagen - **2.** [memory] trüben; **to ~ the issue** die Angelegenheit kompliziert machen.

◆ **cloud over** *vi* - **1.** [sky] sich bewölken - **2.** [face] sich verdüstern.

cloudburst [ˈklaʊdbɜːst] *n* Wolkenbruch *der*.

cloudless [ˈklaʊdlɪs] *adj* wolkenlos.

cloudy [ˈklaʊdɪ] (*compar* **-ier**; *superl* **-iest**) *adj* - **1.** [day, sky] bedeckt - **2.** [beer, water] trüb.

clout [klaʊt] ***inf*** *n* - **1.** [blow] Schlag *der* - **2.** *(U)* [influence] Schlagkraft *die* ◇ *vt* [hit] schlagen.

clove [kləʊv] *n*: **a ~ of garlic** eine Knoblauchzehe.

◆ **cloves** *npl* [spice] Gewürznelken *pl*.

clover [ˈkləʊvəʳ] *n* Klee *der*.

clown [klaʊn] *n* - **1.** [performer] Clown *der* - **2.** [fool] Idiot *der* ◇ *vi* herum|albern.

cloying [ˈklɔɪɪŋ] *adj* - **1.** [scent] süßlich - **2.** [sentimentality] kitschig.

club [klʌb] (*pt* & *pp* **-bed**; *cont* **-bing**) *n* - **1.** [association] Klub *der* - **2.** [nightclub] Nachtklub *der* - **3.** [weapon] Knüppel *der*, Prügel *der* - **4.** SPORT [equipment]: **(golf) ~** (Golf)schläger *der* ◇ *comp* Klub- ◇ *vt* [hit] prügeln.

◆ **clubs** *npl* [playing cards] Kreuz *das;* **the six of ~s** die Kreuz Sechs.
◆ **club together** *vi Br* zusammenllegen.
club car *n Am* RAIL Speisewagen *der.*
clubhouse ['klʌbhaus, *pl* -hauzɪz] *n* Klubhaus *das.*
cluck [klʌk] *vi* **- 1.** [hen] gackern **- 2.** [person] schnalzen.
clue [klu:] *n* **- 1.** [hint] Hinweis *der*, Tipp *der;* [in crime] Spur *die;* [in crossword] Frage *die;* **I haven't (got) a ~ (about)** ich habe keine Ahnung (von) **- 2.** [key to problem]: **~ (to sthg)** Schlüssel *der* (zu etw).
clued-up [klu:d-] *adj Br inf* gut informiert.
clueless ['klu:lɪs] *adj Br inf* ahnungslos.
clump [klʌmp] *n* **- 1.** [of trees, flowers] Gruppe *die;* **~ of bushes** Gebüsch *das* **- 2.** [sound] dumpfer Laut ◇ *vi* [move heavily] trampeln.
clumsily ['klʌmzɪlɪ] *adv* ungeschickt.
clumsy ['klʌmzɪ] (*compar* **-ier;** *superl* **-iest**) *adj* **- 1.** [person] tollpatschig; [movement, remark] ungeschickt **- 2.** [unwieldy] klobig; [tool] unhandlich.
clung [klʌŋ] *pt* & *pp* ▷ **cling.**
cluster ['klʌstəʳ] *n* Gruppe *die;* [of grapes] Traube *die* ◇ *vi* **- 1.** [people] sich scharen **- 2.** [things] sich drängen.
clutch [klʌtʃ] *n* AUT Kupplung *die* ◇ *vt* festlhalten ◇ *vi:* **to ~ at sb/sthg** nach jm/etw greifen.
◆ **clutches** *npl:* **in the ~es of** in der Gewalt *(+ G).*
clutch bag *n* Unterarmtasche *die.*
clutter ['klʌtəʳ] *n* Unordnung *die.*
cm (*abbr of* **centimetre**) *n* cm.
CNAA (*abbr of* **Council for National Academic Awards**) *n von den Universitäten unabhängiger Ausschluss für die Vergabe von akademischen Auszeichnungen.*
CND (*abbr of* **Campaign for Nuclear Disarmament**) *n Kampagne für nukleare Abrüstung.*
c/o (*abbr of* **care of**) ▷ **care.**
Co. - 1. *abbr of* **Company - 2.** *abbr of* **County.**
CO *n abbr of* **commanding officer** ◇ **- 1.** *abbr of* **Company - 2.** *abbr of* **County - 3.** *abk für Colorado, in Postanschrift verwendet.*
coach [kəutʃ] *n* **- 1.** [bus] (Reise)bus *der* **- 2.** RAIL Wagen *der* **- 3.** [horsedrawn] Kutsche *die* **- 4.** SPORT Trainer *der*, -in *die* **- 5.** [tutor] Nachhilfelehrer *der*, -in *die* ◇ *vt* **- 1.** SPORT trainieren **- 2.** [tutor]: **to ~ sb (in sthg)** jm Nachhilfestunden (in etw *(D)*) geben.
coaching ['kəutʃɪŋ] *n* **- 1.** SPORT Training *das* **- 2.** [tutoring] Nachhilfe *die.*
coach station *n* Busbahnhof *der.*
coach trip *n Br* Ausflug *der* mit dem Bus.
coagulate [kəu'ægjuleɪt] *vi* [blood] gerinnen; [sauce] einldicken.
coal [kəul] *n* **- 1.** *(U)* [mineral] Kohle *die* **- 2.** [piece of coal] Stück *das* Kohle.
coalface ['kəulfeɪs] *n* Streb *der.*
coalfield ['kəulfi:ld] *n* Kohlenrevier *das.*
coalition [ˌkəuə'lɪʃn] *n* POL Koalition *die;* **~ government** Koalitionsregierung *die.*
coalman ['kəulmæn] (*pl* **-men** [-men]) *n Br* Kohlenmann *der.*
coal merchant *n* Kohlenhändler *der*, -in *die.*
coalmine ['kəulmaɪn] *n* Kohlenbergwerk *das.*
coalminer ['kəulˌmaɪnəʳ] *n* Bergmann *der.*
coalmining ['kəulˌmaɪnɪŋ] *n* Kohlenbergbau *der.*
coarse [kɔ:s] *adj* **- 1.** [rough - hair] dick; [- skin] derb; [- sandpaper, fabric] grob **- 2.** [vulgar - remark, laugh] ordinär; [- joke] derb; [- person] ordinär.
coarse fishing *n Br das Angeln von Süßwasserfischen (mit Ausnahme aller Lachs- und Forellenarten) in Flüssen und Seen.*
coarsen ['kɔ:sn] *vt* **- 1.** [manners] ungehobelter machen **- 2.** [skin] derber machen ◇ *vi* **- 1.** [manners] ungehobelter werden **- 2.** [skin] derber werden.
coast [kəust] *n* Küste *die* ◇ *vi* **- 1.** [car] im Leerlauf fahren **- 2.** *fig:* **you can't just ~ through life** du kannst nicht so ziellos durchs Leben gehen; **to ~ through an exam** eine Prüfung mit links schaffen.
coastal ['kəustl] *adj* Küsten-.
coaster ['kəustəʳ] *n* Untersetzer *der.*
coastguard ['kəustgɑ:d] *n* **- 1.** [person] Mitglied *das* der Küstenwache **- 2.** [organization]: **the ~** die Küstenwache.
coastline ['kəustlaɪn] *n* Küste *die.*
coat [kəut] *n* **- 1.** [garment] Mantel *der* **- 2.** [of animal] Fell *das* **- 3.** [of paint, varnish] Schicht *die* ◇ *vt:* **to ~ sthg (with sthg)** etw (mit etw) überziehen.
coat hanger *n* Kleiderbügel *der.*
coating ['kəutɪŋ] *n* [of chocolate] Überzug *der;* [of dust] Schicht *die;* [of metal] Beschichtung *die.*
coat of arms (*pl* **coats of arms**) *n* Wappen *das.*
coat stand *n* Garderobenständer *der.*
coauthor [kəu'ɔ:θəʳ] *n* Mitverfasser *der*, -in *die.*
coax [kəuks] *vt:* **to ~ sb (to do** *OR* **into doing sthg)** jn überreden(, etw zu tun).
coaxial cable [ˌkəu'æksɪəl-] *n* COMPUT Koaxialkabel *das.*
cob [kɒb] *n* ▷ **corn on the cob.**

cobalt ['kəʊbɔːlt] *n* - **1.** [colour] Kobaltblau *das* - **2.** CHEM Kobalt *das.*

cobbled ['kɒbld] *adj:* **~ street** Straße *die* mit Kopfsteinpflaster.

cobbler ['kɒbləʳ] *n* Schuster *der*, -in *die.*

cobbles ['kɒblz], **cobblestones** ['kɒblstəʊnz] *npl* Kopfsteinpflaster *das.*

cobble ◆ **cobble together** *vt sep* zusammenlbasteln; [book, article] zusammenlstoppeln.

Cobol ['kəʊbɒl] (*abbr of* **Common Business Oriented Language**) *n* COMPUT COBOL.

cobra ['kəʊbrə] *n* Kobra *die.*

cobweb ['kɒbweb] *n* Spinnennetz *das;* **the room is full of ~s** der Raum ist voller Spinnweben.

Coca-Cola® [ˌkəʊkə'kəʊlə] *n* Coca-Cola® *die* OR *das.*

cocaine [kəʊ'keɪn] *n* Kokain *das.*

cocaine addict *n* Kokainsüchtiger *der*, -süchtige *die.*

cock [kɒk] *n* - **1.** [male chicken] Hahn *der* - **2.** [male bird] Männchen *das* - **3.** *vulg* [penis] Schwanz *der* ◇ *vt* - **1.: to ~ a gun** den Hahn einer Schusswaffe spannen - **2.** [head]: **to ~ one's head (to one side)** den Kopf auf die Seite legen.

◆ **cock up** *vt sep Br vinf* versauen.

cock-a-hoop *adj inf* [delighted] außer sich vor Freude; [boastful] triumphierend.

cockatoo [ˌkɒkə'tuː] (*pl* **-s**) *n* Kakadu *der.*

cockerel ['kɒkrəl] *n* junger Hahn.

cocker spaniel [ˌkɒkə-] *n* Cockerspaniel *der.*

cockeyed ['kɒkaɪd] *adj inf* - **1.** [lopsided] schief - **2.** [foolish] verrückt.

cockfight ['kɒkfaɪt] *n* Hahnenkampf *der.*

cockle ['kɒkl] *n* Herzmuschel *die.*

Cockney ['kɒknɪ] (*pl* **-s**) *n* - **1.** [person] Cockney *der* - **2.** [dialect, accent] Cockney *das* ◇ *comp* Cockney-.

COCKNEY

Traditionelle Bezeichnung für die Bewohner des Londoner East End. Ihr ebenfalls „Cockney" genannter Akzent ist fast ein eigener Dialekt und hat einen unverkennbaren „rhyming slang".

cockpit ['kɒkpɪt] *n* Cockpit *das.*

cockroach ['kɒkrəʊtʃ] *n* Küchenschabe *die*, Kakerlak *der.*

cocksure [ˌkɒk'ʃɔːʳ] *adj* von sich eingenommen.

cocktail ['kɒkteɪl] *n* Cocktail *der* ◇ *comp* Cocktail-.

cocktail dress *n* Cocktailkleid *das.*

cocktail party *n* Cocktailparty *die.*

cocktail shaker [-ˌʃeɪkəʳ] *n* Cocktailshaker *der.*

cocktail stick *n* Cocktailpicker *der.*

cock-up *n vinf:* **to make a ~** Scheiße bauen; **to make a ~ of sthg** etw versauen.

cocky ['kɒkɪ] (*compar* **-ier;** *superl* **-iest**) *adj inf* überheblich.

cocoa ['kəʊkəʊ] *n* Kakao *der.*

coconut ['kəʊkənʌt] *n* Kokosnuss *die.*

cocoon [kə'kuːn] *n* - **1.** ZOOL Kokon *der* - **2.** *fig* [protective environment] Hülle *die* ◇ *vt* behüten.

cod [kɒd] (*pl inv* OR **-s**) *n* Kabeljau *der.*

COD (*abbr of* **cash/collect on delivery**) ▷ **cash/collect.**

code [kəʊd] *n* - **1.** [cipher] Kode *der* - **2.** [set of rules] Kodex *der;* **~ of behaviour** Verhaltenskodex *der* - **3.** TELEC Vorwahl *die* ◇ *vt* - **1.** [encode] verschlüsseln, chiffrieren - **2.** [give identifier to] kennzeichnen.

coded ['kəʊdɪd] *adj* verschlüsselt, chiffriert.

codeine ['kəʊdiːn] *n* Kodein *das.*

code name *n* Deckname *der.*

code of practice *n* Verfahrensregeln *pl.*

cod-liver oil *n* Lebertran *der.*

codswallop ['kɒdzˌwɒləp] *n Br inf* Blödsinn *der.*

coed *adj abbr of* **coeducational** ◇ *n* - **1.** (*abbr of* **coeducational student**) *Am Studentin (manchmal auch Student) an einer gemischten Universität* - **2.** (*abbr of* **coeducational school**) *Br gemischte Schule.*

coeducational [ˌkəʊedjuː'keɪʃənl] *adj* koedukativ; [school] gemischt.

coefficient [ˌkəʊɪ'fɪʃnt] *n* Koeffizient *der.*

coerce [kəʊ'ɜːs] *vt* zwingen; **to ~ sb into doing sthg** jn dazu zwingen, etw zu tun.

coercion [kəʊ'ɜːʃn] *n* Zwang *der.*

coexist [ˌkəʊɪg'zɪst] *vi* nebeneinander existieren, koexistieren.

coexistence [ˌkəʊɪg'zɪstəns] *n* Koexistenz *die.*

C. of C. *n abbr of* **chamber of commerce.**

C of E *n abbr of* **Church of England.**

coffee ['kɒfɪ] *n* Kaffee *der.*

coffee bar *n Br* Café *das.*

coffee beans *npl* Kaffeebohnen *pl.*

coffee break *n* Kaffeepause *die.*

coffee cup *n* Kaffeetasse *die.*

coffee-maker *n* Kaffeemaschine *die.*

coffee mill *n* Kaffeemühle *die.*

coffee morning *n Br morgendliches Kaffeetrinken, das zu Wohltätigkeitszwecken organisiert wird.*

coffeepot ['kɒfɪpɒt] *n* Kaffeekanne *die*.

coffee shop *n* - **1.** *Br* [café] Café *das* - **2.** *Am* [restaurant] Café *das* - **3.** [shop selling coffee] Kaffeegeschäft *das*.

coffee table *n* Couchtisch *der*.

coffee-table book *n* Bildband *der*.

coffers ['kɒfəz] *npl* Kasse *die*.

coffin ['kɒfɪn] *n* Sarg *der*.

cog [kɒg] *n* [tooth on wheel] Zahn *der;* [wheel] Zahnrad *das;* **he's just a ~ in the machine** er ist nur ein Rädchen im Getriebe.

cogent ['kəʊdʒənt] *adj* [argument] stichhaltig; [reason] zwingend.

cogitate ['kɒdʒɪteɪt] *vi fml* nach|sinnen.

cognac ['kɒnjæk] *n* Cognac *der*.

cognitive ['kɒgnɪtɪv] *adj* kognitiv.

cogwheel ['kɒgwiːl] *n* Zahnrad *das*.

cohabit [ˌkəʊ'hæbɪt] *vi:* **to ~ (with sb)** (mit jm) in nichtehelicher Gemeinschaft zusammen|leben.

coherent [kəʊ'hɪərənt] *adj* [answer] folgerichtig; [theory, ideas, story, speech] schlüssig; [account] zusammenhängend.

coherently [kəʊ'hɪərəntlɪ] *adv* [speak, write] zusammenhängend; [argue] folgerichtig.

cohesion [kəʊ'hiːʒn] *n* [of society] Zusammenhalt *der;* [of ideas] Zusammenhang *der*.

cohesive [kəʊ'hiːsɪv] *adj* [united - group] einheitlich; [- image] stimmig.

COI (*abbr of* **Central Office of Information**) *n* *zentrales Informationsamt der britischen Regierung*.

coil [kɔɪl] *n* - **1.** [of rope, wire] Rolle *die;* [of hair] Locke *die;* [of smoke] Kringel *der* - **2.** ELEC Spule *die* - **3.** *Br* [contraceptive device] Spirale *die* ◇ *vt* auf|rollen; **to ~ sthg around sb/sthg** etw um jn/etw wickeln ◇ *vi* sich ringeln.
◆ **coil up** *vt sep* auf|rollen.

coiled [kɔɪld] *adj* aufgerollt.

coin [kɔɪn] *n* Münze *die* ◇ *vt* [invent] prägen; **to ~ a phrase** um es mal ganz originell zu sagen.

coinage ['kɔɪnɪdʒ] *n* - **1.** *(U)* [currency] Währung *die* - **2.** [invented word, phrase] Neuprägung *die*, Neuschöpfung *die*.

coin-box *n Br* Münztelefon *das*.

coincide [ˌkəʊɪn'saɪd] *vi* - **1.** [occur simultaneously]: **to ~ (with sthg)** (mit etw) zusammen|fallen - **2.** [be in agreement] überein|stimmen.

coincidence [kəʊ'ɪnsɪdəns] *n* Zufall *der*.

coincidental [kəʊˌɪnsɪ'dentl] *adj* zufällig.

coincidentally [kəʊˌɪnsɪ'dentəlɪ] *adv* zufällig.

coin-operated [-'ɒpəˌreɪtɪd] *adj* Münz-.

coitus ['kəʊɪtəs] *n fml* Koitus *der*.

coke [kəʊk] *n* - **1.** [fuel] Koks *der* - **2.** *drugs sl* [cocaine] Koks *der*.

Coke® [kəʊk] *n* [Coca-Cola] Coke® *das*.

Col. *abbr of* **colonel.**

cola ['kəʊlə] *n* Cola *die* OR *das*.

colander ['kʌləndə^r] *n* Sieb *das*.

cold [kəʊld] *adj* - **1.** [gen] kalt; **I'm ~** mir ist kalt - **2.** [unfriendly - eyes, smile, voice] kalt; [- person] gefühlskalt ◇ *n* - **1.** [illness] Erkältung *die;* **to catch (a) ~** sich erkälten - **2.** [low temperature] Kälte *die*.

cold-blooded [-'blʌdɪd] *adj* - **1.** BIOL wechselwarm, kaltblütig - **2.** [unfeeling - person] gefühllos; [- attitude] herzlos - **3.** [ruthless] kaltblütig.

cold cream *n* Coldcream *die*.

cold cuts *npl* *esp Am* Aufschnitt *der*.

cold feet *npl:* **to get ~** *inf* kalte Füße kriegen.

cold-hearted [-'hɑːtɪd] *adj* [person] kaltherzig; [action] herzlos.

coldly ['kəʊldlɪ] *adv* kalt.

coldness ['kəʊldnɪs] *n* Kälte *die*.

cold shoulder *n:* **to give sb the ~** *inf* jm die kalte Schulter zeigen.

cold sore *n* Bläschenausschlag *der*.

cold storage *n* Kühllagerung *die*.

cold sweat *n* kalter Schweiß; **he was in a ~** ihm brach der kalte Schweiß aus.

cold war *n:* **the ~** der Kalte Krieg.

coleslaw ['kəʊlslɔː] *n* Krautsalat *der*.

colic ['kɒlɪk] *n* Kolik *die*.

collaborate [kə'læbəreɪt] *vi* - **1.** [work together]: **to ~ (with sb)** (mit jm) zusammen|arbeiten - **2.** *pej* [with enemy]: **to ~ (with sb)** (mit jm) kollaborieren.

collaboration [kəˌlæbə'reɪʃn] *n* - **1.** *(U)* [teamwork - of two parties] Zusammenarbeit *die;* [- of one party] Mitarbeit *die* - **2.** *pej* [with enemy]: **~ (with)** Kollaboration *die* (mit).

collaborative [kə'læbərətɪv] *adj* gemeinschaftlich.

collaborator [kə'læbəreɪtə^r] *n* - **1.** [colleague] Mitarbeiter *der*, -in *die* - **2.** *pej* [traitor] Kollaborateur *der*, -in *die*.

collage ['kɒlɑːʒ] *n* Collage *die*.

collagen ['kɒlədʒən] *n* Kollagen *das*.

collapse [kə'læps] *n* - **1.** [destruction] Einsturz *der* - **2.** [failure - of marriage, government] Scheitern *das;* [- of empire] Untergang *der;* [- of system, business, company] Zusammenbruch *der* - **3.** MED Kollaps *der* ◇ *vi* - **1.** [fall down, fall in - house, building, roof] ein|stürzen; [- stage, bridge] zusammen|brechen; [- lung] zusammen|fallen; **I ~d into bed** ich ließ mich aufs Bett fallen - **2.** [fail - marriage, government] scheitern; [- system, business, company] zusammen|brechen - **3.** MED kollabieren - **4.** [folding table, chair] sich zusammenklappen lassen.

collapsible [kəˈlæpsəbl] *adj* zusammenklappbar.

collar [ˈkɒləʳ] *n* - **1.** [on clothes] Kragen *der* - **2.** [for dog] Halsband *das* - **3.** TECH Bund *der* ◇ *vt inf* [detain] fassen.

collarbone [ˈkɒləbəʊn] *n* Schlüsselbein *das*.

collate [kəˈleɪt] *vt* - **1.** [information, evidence] sammeln - **2.** [pages, photocopies] sortieren.

collateral [kəˈlætərəl] *n* Sicherheit *die*.

collation [kəˈleɪʃn] *n* - **1.** [of information, evidence] Sammeln und Vergleichen *das* - **2.** [of pages, photocopies] Sortierung *die*.

colleague [ˈkɒliːg] *n* Kollege *der*, -gin *die*.

collect [kəˈlekt] *vt* - **1.** [gen] sammeln; [empty glasses, bottles] ein|sammeln; [dust] an|ziehen; [one's belongings] zusammen|suchen; [taxes] ein|ziehen; **~ on delivery** *Am* bei Lieferung bezahlen; **to ~ o.s.** sich sammeln - **2.** [go to get, fetch] ab|holen ◇ *vi* - **1.** [crowd, people] sich versammeln - **2.** [dust, dirt] sich an|sammeln - **3.** [for charity, gift] sammeln ◇ *adv Am* TELEC: **to call (sb) ~** ein R-Gespräch (mit jm) führen.
◆ **collect up** *vt sep* zusammen|sammeln.

collectable [kəˈlektəbl] *adj* sammelwürdig ◇ *n* Sammlerstück *das*.

collected [kəˈlektɪd] *adj* - **1.** [person] gelassen - **2.** [works, poems] gesammelt.

collecting [kəˈlektɪŋ] *n* Sammeln *das*.

collecting tin *n* Sammelbüchse *die*.

collection [kəˈlekʃn] *n* - **1.** [gen] Sammlung *die* - **2.** *(U)* [of taxes] Einziehen *das;* [of rubbish] Abfuhr *die;* [of mail] Leerung *die*.

collective [kəˈlektɪv] *adj* kollektiv ◇ *n* Produktionsgenossenschaft *die*.

collective bargaining *n (U)* Tarifverhandlungen *pl*.

collectively [kəˈlektɪvlɪ] *adv* gemeinsam.

collective ownership *n* Kollektiveigentum *das*.

collector [kəˈlektəʳ] *n* - **1.** [as a hobby] Sammler *der*, -in *die* - **2.** [of taxes] Einnehmer *der*, -in *die* - **3.** [of debts] Eintreiber *der*, -in *die;* [of rent] Kassierer *der*, -in *die*.

collector's item *n* Sammlerstück *das*.

college [ˈkɒlɪdʒ] *n* - **1.** [for further education] ≃ Fachhochschule *die;* **~ of technology** technische Hochschule - **2.** [of university] College *das* - **3.** [organized body] Kammer *die*, Bund *der*.

college of education *n* pädagogische Hochschule.

collide [kəˈlaɪd] *vi:* **to ~ (with sb/sthg)** (mit jm/etw) zusammen|stoßen, (mit jm/etw) kollidieren.

collie [ˈkɒlɪ] *n* Collie *der*.

colliery [ˈkɒljərɪ] (*pl* **-ies**) *n* Kohlengrube *die*.

collision [kəˈlɪʒn] *n* - **1.** [crash]: **~ (with sb/sthg)** Zusammenstoß *der* (mit jm/etw), Kollision *die* (mit jm/etw); **to be on a ~ course with sb/sthg** *fig* mit jm/etw auf Kollisionskurs sein - **2.** *fig* [conflict] Kollision *die*, Konflikt *der*.

colloquial [kəˈləʊkwɪəl] *adj* umgangssprachlich.

collude [kəˈluːd] *vi:* **to ~ with sb** mit jm gemeinsame Sache machen.

collusion [kəˈluːʒn] *n:* **in ~ with** in geheimer Absprache mit.

cologne [kəˈləʊn] *n* Kölnischwasser *das*.

Colombia [kəˈlɒmbɪə] *n* Kolumbien *nt*.

Colombian [kəˈlɒmbɪən] *adj* kolumbianisch ◇ *n* Kolumbianer *der*, -in *die*.

colon [ˈkəʊlən] *n* - **1.** ANAT Dickdarm *der* - **2.** [punctuation mark] Doppelpunkt *der*.

colonel [ˈkɜːnl] *n* Oberst *der*.

colonial [kəˈləʊnjəl] *adj* kolonial-.

colonialism [kəˈləʊnjəlɪzm] *n* Kolonialismus *der*.

colonist [ˈkɒlənɪst] *n* Siedler *der*, -in *die*, Kolonist *der*, -in *die*.

colonize, -ise [ˈkɒlənaɪz] *vt* kolonisieren.

colonnade [ˌkɒləˈneɪd] *n* Säulengang *der*, Kolonnade *die*.

colony [ˈkɒlənɪ] (*pl* **-ies**) *n* Kolonie *die*.

color *etc n, adj, vt & vi Am* = **colour** *etc*.

colorado beetle [ˌkɒləˈrɑːdəʊ-] *n* Kartoffelkäfer *der*.

colossal [kəˈlɒsl] *adj* gewaltig.

colostomy [kəˈlɒstəmɪ] (*pl* **-ies**) *n* Kolostomie *die*.

colour *Br*, **color** *Am* [ˈkʌləʳ] *n* Farbe *die;* **in ~** in Farbe ◇ *adj* [not black and white] Farb- ◇ *vt* - **1.** [give colour to] färben; [with pen, crayon] kolorieren - **2.** *fig* [affect] beeinflussen ◇ *vi* [blush] erröten.
◆ **colours** *npl* - **1.** [of school, team] Farben *pl* - **2.** [flag] Fahne *die*.
◆ **colour in** *vt sep* aus|malen.

colour bar *n* Rassenschranke *die*.

colour-blind *adj* farbenblind.

colour-coded *adj* farbig gekennzeichnet.

coloured *Br*, **colored** *Am* [ˈkʌləd] *adj* farbig.

colourfast *Br*, **colorfast** *Am* [ˈkʌləfɑːst] *adj* farbecht.

colourful *Br*, **colorful** *Am* [ˈkʌləfʊl] *adj* - **1.** [brightly coloured] farbenfroh - **2.** [story] ereignisreich; [description] farbig - **3.** [person] schillernd.

colouring *Br*, **coloring** *Am* [ˈkʌlərɪŋ] *n* - **1.** [dye] Farbstoff *der* - **2.** [complexion] Gesichtsfarbe *die;* [of hair] Farbe *die* **- 3.** [colours] Farben *pl.*

colourless *Br,* **colorless** *Am* ['kʌləlɪs] *adj lit & fig* farblos.

colour scheme *n* Farbzusammenstellung *die.*

colour supplement *n Br* Farbbeilage *die.*

colt [kəʊlt] *n* Hengstfohlen *das.*

column ['kɒləm] *n* **- 1.** [structure, of smoke] Säule *die* **- 2.** [of people, vehicles, numbers] Kolonne *die* **- 3.** [of text] Spalte *die* **- 4.** [article] Kolumne *die.*

columnist ['kɒləmnɪst] *n* Kolumnist *der,* -in *die.*

coma ['kəʊmə] *n* Koma *das.*

comatose ['kəʊmətəʊs] *adj* komatös, im Koma.

comb [kəʊm] *n* Kamm *der* <> *vt* **- 1.** [hair] kämmen **- 2.** [search] durchkämmen.

combat ['kɒmbæt] *n* Kampf *der* <> *vt* bekämpfen.

combative ['kɒmbətɪv] *adj* aggressiv.

combination [ˌkɒmbɪ'neɪʃn] *n* **- 1.** *(U)* [act of combining] Verbindung *die* **- 2.** [mixture, for safe] Kombination *die.*

combination lock *n* Kombinationsschloss *das.*

combine [*vb* kəm'baɪn, *n* 'kɒmbaɪn] *vt* vereinigen, verbinden; **to ~ sthg with sthg** [two substances, activities] etw mit etw verbinden; [two qualities] etw mit etw vereinigen <> *vi* [businesses, political parties]: **to ~ (with sb/sthg)** sich (mit jm/etw) zusammen|schließen <> *n* **- 1.** [group] Firmengruppe *die,* Konzern *der* **- 2. = combine harvester.**

combined *adj:* **~ with sb/sthg** zusammen mit jm/etw; **~ efforts** vereinte Anstrengungen *pl;* **~ attack** gemeinsamer Angriff.

combine harvester [-'hɑːvɪstəʳ] *n* Mähdrescher *der.*

combustible [kəm'bʌstəbl] *adj* brennbar.

combustion [kəm'bʌstʃn] *n* Verbrennung *die;* **~ engine** Verbrennungsmotor *der.*

come [kʌm] (*pt* **came;** *pp* **come**) *vi* **- 1.** [move] kommen; **we came by taxi** wir sind mit dem Taxi gekommen; **~ here!** komm her!; **coming!** ich komme schon! **- 2.** [arrive] kommen; **to ~ home** nach Hause kommen; '**coming soon**' 'demnächst'; **the time has ~** es ist an der Zeit; **the news came as a shock (to him)** die Nachricht war ein Schock (für ihn); **he doesn't know whether he's coming or going** *fig* er weiß nicht, wie er dran ist; **to ~ to one's senses** *inf* Vernunft an|nehmen **- 3.** [in competition, in order]: **to ~ first/last** Erster/Letzter werden; **P ~s before Q** P kommt vor Q **- 4.** [become] werden; **to ~ true** wahr werden; **to ~ undone** auf|gehen **- 5.** [be sold]: **they ~ in packs of six** es gibt sie im Sechserpack **- 6.** [happen]: **how did you ~ to fail your exam?** wieso hast du eigentlich die Prüfung nicht geschafft?; **~ what may** was auch geschieht **- 7.** [begin gradually]: **we have ~ to think that ...** wir sind zu der Ansicht gekommen, dass ...; **he has ~ to like Baltimore** inzwischen gefällt ihm Baltimore recht gut **- 8.** [have orgasm] kommen **- 9.** *phr:* **~ to think of it** wenn ich es mir recht überlege.

◆ **to come** *adv:* **for generations to ~** auf Generationen hin; **in years to ~ we will look back on today with pride** wir werden später mit Stolz auf diesen Tag zurückblicken.

◆ **come about** *vi* [happen] geschehen; [come into being] entstehen; **how did it ~ about?** wie ist es dazu gekommen?

◆ **come across** *vt fus* [find] stoßen auf *(+ A)* <> *vi* [speaker, message]: **how did I ~ across?** wie bin ich beim Publikum angekommen?; **to ~ across as friendly** freundlich wirken; **she came across as being very knowledgeable** sie schien viel zu wissen.

◆ **come along** *vi* **- 1.** [arrive] kommen **- 2.** [progress] voran|kommen **- 3.** *phr:* **~ along!** komm!

◆ **come apart** *vi* auseinander fallen.

◆ **come at** *vt fus* [attack] los|gehen auf *(+ A).*

◆ **come back** *vi* **- 1.** [gen] zurück|kommen; **to ~ back to sthg** auf etw *(A)* zurück|kommen **- 2.** [memory]: **it will ~ back to me in a minute** es wird mir gleich einfallen **- 3.** [become fashionable again] wieder in Mode kommen.

◆ **come by** *vt fus* **- 1.** [get, obtain]: **to ~ by sthg** an etw *(A)* kommen; **they are hard to ~ by** sie sind schwer zu finden **- 2.** [visit]: **he came by my place yesterday** er ist gestern bei mir vorbeigekommen.

◆ **come down** *vi* **- 1.** [price, rain] fallen **- 2.** [descend] herunter|kommen.

◆ **come down to** *vt fus:* **it ~s down to a choice between money and happiness** es läuft auf eine Entscheidung zwischen Geld und Glück; **it all ~s down to profitability** letztlich ist die Rentabilität entscheidend.

◆ **come down with** *vt fus* [illness] bekommen.

◆ **come forward** *vi* sich melden.

◆ **come from** *vt fus* **- 1.** [person]: **I ~ from Ireland** ich komme aus Irland; **my family ~s from Belgium** meine Familie stammt aus Belgien **- 2.** [originate from]: **caviar ~s from sturgeon** Kaviar stammt vom Stör; **where is that noise coming from?** woher kommt dieses Geräusch?

◆ **come in** *vi* **- 1.** [enter] herein|kommen; **~ in!** herein! **- 2.** [arrive - train] ein|fahren **- 3.** [finish race] an|kommen, ein|laufen; **to ~ in first** Erste/Erster werden **- 4.** [be involved]: **where do I ~ in?** was ist mit mir?; **that's where you ~ in** hier kommst du ins Spiel.

◆ **come in for** *vt fus* [criticism] einstecken *OR* hinnehmen müssen.

◆ **come into** *vt fus* **- 1.** [inherit] erben **- 2.** [begin to be]: **to ~ into being** entstehen; **to ~ into sight** in Sicht kommen.

◆ **come of** *vt fus* [result from]: **what will ~ of it?** was wird daraus?; **did anything ~ of your plans?** ist etwas aus deinen Plänen geworden?; **that's what ~s of telling lies** das kommt davon, wenn man lügt.

◆ **come off** *vi* - **1.** [button, top] ab|gehen - **2.** [succeed] klappen - **3.** [finish]: **to ~ off well/badly** [person] gut/schlecht ab|schneiden - **4.** [dirt, mud] ab|gehen - **5.** *phr:* **~ off it!** *inf* hör doch auf!

◆ **come on** *vi* - **1.** [start] an|fangen; **I have a cold coming on** ich kriege eine Erkältung; **the rain came on** es fing an zu regnen - **2.** [start working - light, machine] an|gehen - **3.** [progress] voran|kommen - **4.** *phr:* **~ on!** [as encouragement, hurry up] komm!; [in disbelief] hör doch auf!

◆ **come out** *vi* - **1.** [become known] heraus|kommen - **2.** [appear - book, record] erscheinen, heraus|kommen; [- stars] zu sehen sein; **the sun came out from behind a cloud** die Sonne kam von hinter einer Wolke hervor - **3.** [turn out]: **my cake/painting came out well** der Kuchen/das Bild ist mir gut gelungen; **to ~ out well/badly** gut/schlecht ab|schneiden - **4.** [go on strike] streiken - **5.** [declare publicly]: **to ~ out for/against sthg** sich für/gegen etw aus|sprechen - **6.** [photograph]: **only two photos came out** nur zwei Bilder sind etwas geworden - **7.** [stain] heraus|gehen.

◆ **come out in** *vt fus:* **to ~ out in spots** [acne] Pickel bekommen.

◆ **come out with** *vt fus* [idea] an|kommen mit; [remark] machen; **to ~ out with the truth** mit der Wahrheit heraus|rücken.

◆ **come over** *vt fus* [subj: sensation, emotion] überkommen; **I don't know what has ~ over her** ich weiß nicht, was in sie gefahren ist ◇ *vi* [visit] vorbei|kommen.

◆ **come round** *vi* - **1.** [visit] vorbei|kommen - **2.** [change opinion] seine Meinung ändern; **he eventually came round to my way of thinking** letzendlich schloss er sich meiner Ansicht an - **3.** [regain consciousness] zu sich kommen.

◆ **come through** *vt fus* - **1.** [war, illness, difficult situation] überstehen - **2.** [survive] durch|kommen ◇ *vi* [cheque] ein|treffen; **have your results ~ through yet?** hast du deine Ergebnisse schon?

◆ **come to** *vt fus* - **1.** [reach]: **to ~ to an end** zu Ende gehen; **to ~ to power** an die Macht kommen; **to ~ to a decision** zu einer Entscheidung kommen - **2.** [amount to]: **the bill ~s to £20** das macht 20 Pfund ◇ *vi* [regain consciousness] zu sich kommen.

◆ **come under** *vt fus* - **1.** [be governed by - jurisdiction, rules] fallen unter *(+ A)*; **this matter ~s under local government authority** für diese Angelegenheit ist die Lokalregierung zuständig; **to ~ under sb's influence** unter js Einfluss geraten - **2.** [heading] kommen *OR* stehen unter *(+ D)* - **3.** [suffer]: **to ~ under attack (from)** angegriffen werden (von).

◆ **come up** *vi* - **1.** [go upstairs] herauf|kommen - **2.** [be mentioned] erwähnt werden; **to ~ up for discussion** zur Diskussion kommen - **3.** [happen] passieren - **4.** [job] frei werden - **5.** [sun, moon] auf|gehen - **6.** [be imminent] bevor|stehen; **my birthday is coming up** ich habe bald Geburtstag.

◆ **come up against** *vt fus* [difficulties, obstacles] stoßen auf *(+ A)*; [opponent] treffen auf *(+ A)*.

◆ **come upon** *vt fus* [thing, place] stoßen auf *(+ A)*; [person] treffen.

◆ **come up to** *vt fus* - **1.** [approach - person, object] kommen zu; **it's coming up to Christmas/six o'clock** es ist bald Weihnachten/gleich sechs Uhr - **2.** [reach]: **the water ~s up to my waist** das Wasser reicht mir bis zur Taille - **3.** [equal - standard] erreichen; **to ~ up to sb's expectations** js Erwartungen erfüllen.

◆ **come up with** *vt fus* [answer, idea, solution] sich *(D)* aus|denken.

comeback ['kʌmbæk] *n* [of person] Comeback *das*; **to make a ~** [person] ein Comeback schaffen; [activity, style] wieder in Mode kommen.

Comecon ['kɒmɪkɒn] (*abbr of* **Council for Mutual Economic Aid**) *n* Comecon *das*.

comedian [kə'miːdjən] *n* Komiker *der*, -in *die*.

comedienne [kə,miːdɪ'en] *n* Komikerin *die*.

comedown ['kʌmdaʊn] *n inf* Abstieg *der*.

comedy ['kɒmədɪ] (*pl* **-ies**) *n* - **1.** [play, film] Komödie *die* - **2.** [humour] Komik *die*.

comely ['kʌmlɪ] *adj literary* ansehnlich.

come-on *n inf:* **to give sb the ~** jn an|machen.

comet ['kɒmɪt] *n* Komet *der*.

come-uppance [,kʌm'ʌpəns] *n inf:* **to get one's ~** die Quittung kriegen.

comfort ['kʌmfət] *n* - **1.** [ease] Behaglichkeit *die* - **2.** [luxury] Komfort *der* - **3.** [solace] Trost *der*; **to take ~ from sthg** Trost in etw *(D)* finden ◇ *vt* trösten.

comfortable ['kʌmftəbl] *adj* - **1.** [chair, shoes, sofa, life] bequem; [house, hotel, coach] komfortabel - **2.** [at ease]: **to be ~** sich wohl fühlen; **make yourself ~** machen Sie es sich bequem - **3.** [financially secure - income] ausreichend; **to be ~** keine finanziellen Sorgen haben - **4.** [after operation, accident]: **his condition is ~** ihm geht es (den Umständen entsprechend) gut - **5.** [lead] sicher; [victory] leicht.

comfortably ['kʌmftəblɪ] *adv* - **1.** [sit] bequem; [sleep] gut - **2.** [without financial difficulty] bequem, ohne Probleme; **he's ~ off** es geht ihm finanziell gut - **3.** [win] mühelos.

comforter ['kʌmfətə^r] *n* - **1.** [person] Tröster *der*, -in *die* - **2.** *Am* [quilt] Deckbett *das*.

comforting ['kʌmfətɪŋ] *adj* tröstlich.

comfort station *n Am euphemism* Bedürfnisanstalt *die*.

comfy ['kʌmfɪ] (*compar* **-ier**; *superl* **-iest**) *adj inf* **- 1.** [chair, shoes, sofa, life] bequem; [house, hotel, coach] komfortabel **- 2.** [person]: **to be ~** sich wohl fühlen; **make yourself ~** machs dir gemütlich.

comic ['kɒmɪk] *adj* komisch <> *n* **- 1.** [comedian] Komiker *der*, -in *die* **- 2.** [magazine] Comicheft *das*.

◆ **comics** *npl Am* [in newspaper] Comics *pl*.

comical ['kɒmɪkl] *adj* ulkig, komisch.

comic strip *n* Comicstrip *der*.

coming ['kʌmɪŋ] *adj* [future] kommend <> *n*: **~s and goings** Kommen und Gehen *das*.

comma ['kɒmə] *n* Komma *das*.

command [kə'mɑːnd] *n* **- 1.** [order] Befehl *der*; MIL Kommando *das* **- 2.** *(U)* [control] Kommando *das*, Befehlsgewalt *die*; **to be in ~ of sthg** [in charge of] für etw verantwortlich sein **- 3.** [mastery] Beherrschung *die*; **to have sthg at one's ~** etw zur Verfügung haben; **she has four languages at her ~** sie beherrscht vier Sprachen **- 4.** COMPUT Befehl *der* <> *vt* **- 1.** [order]: **to ~ sb (to do sthg)** jm befehlen(, etw zu tun) **- 2.** MIL [control] befehligen, kommandieren **- 3.** [deserve - respect, attention, admiration] verdienen; **to ~ a high price** einen hohen Preis verlangen können.

commandant [ˌkɒmən'dænt] *n* Kommandant *der*.

commandeer [ˌkɒmən'dɪəʳ] *vt* MIL beschlagnahmen.

commander [kə'mɑːndəʳ] *n* **- 1.** [in army] Kommandant *der*, Befehlshaber *der* **- 2.** [in navy] Fregattenkapitän *der*.

commander in chief (*pl* **commanders in chief**) *n* Oberbefehlshaber *der*.

commanding [kə'mɑːndɪŋ] *adj* **- 1.** [position, view] beherrschend; [lead] groß **- 2.** [voice, manner] gebieterisch.

commanding officer *n* befehlshabender Offizier.

commandment [kə'mɑːndmənt] *n* RELIG Gebot *das*.

command module *n* Kommandokapsel *die*.

commando [kə'mɑːndəʊ] (*pl* **-s** OR **-es**) *n* **- 1.** [unit] Kommandotrupp *der* **- 2.** [soldier] Angehörige *der, die* eines Kommandotrupps.

command performance *n* königliche Galavorstellung.

commemorate [kə'meməreɪt] *vt* **- 1.** [honour] gedenken *(+ G)* **- 2.** [subj: statue, plaque] erinnern an *(+ A)*.

commemoration [kəˌmemə'reɪʃn] *n*: **in ~ of** zum Gedanken an *(+ A)*.

commemorative [kə'memərətɪv] *adj* Gedenk-.

commence [kə'mens] *fml vt* beginnen; **to ~ doing sthg** (damit) beginnen, etw zu tun <> *vi* beginnen.

commencement [kə'mensmənt] *n fml* Beginn *der*.

commend [kə'mend] *vt* **- 1.** [praise]: **to ~ sb (on** OR **for sthg)** jn (wegen etw) loben **- 2.** [recommend]: **to ~ sthg (to sb)** (jm) etw empfehlen.

commendable [kə'mendəbl] *adj* lobenswert.

commendation [ˌkɒmen'deɪʃn] *n* Auszeichnung *die*.

commensurate [kə'menʃərət] *adj fml*: **to be ~ with sthg** etw *(D)* entsprechen.

comment ['kɒment] *n* Bemerkung *die*; **no ~** kein Kommentar <> *vt*: **to ~ that** bemerken OR äußern dass <> *vi*: **to ~ (on sthg)** sich (über etw *(A)*) äußern.

commentary ['kɒməntrɪ] (*pl* **-ies**) *n* **- 1.** RADIO & TV Livereportage *die* **- 2.** [written] Kommentar *der*.

commentate ['kɒmənteɪt] *vi* RADIO & TV: **to ~ (on sthg)** (über etw *(A)*) live berichten.

commentator ['kɒmənteɪtəʳ] *n* **- 1.** RADIO & TV Reporter *der*, -in *die* **- 2.** [expert] Kommentator *der*, -in *die*.

commerce ['kɒmɜːs] *n* Handel *der*.

commercial [kə'mɜːʃl] *adj* **- 1.** [regarding business - law, organization] Handels-; [- premises] Geschäfts- **- 2.** [profit-making] kommerziell <> *n* [advertisement] Werbespot *der*.

commercial bank *n* Geschäftsbank *die*.

commercial break *n* Werbepause *die*.

commercial college *n* kaufmännische Schule, Handelsschule *die*.

commercialism [kə'mɜːʃəlɪzm] *n pej* Kommerz *der*.

commercialize, -ise [kə'mɜːʃəlaɪz] *vt* kommerzialisieren.

commercialized [kə'mɜːʃəlaɪzd] *adj pej* kommerzialisiert.

commercially [kə'mɜːʃəlɪ] *adv* kommerziell.

commercial traveller *n Br dated* Handelsvertreter *der*, -in *die*.

commercial vehicle *n Br* Nutzfahrzeug *das*.

commie ['kɒmɪ] *inf pej adj* rot <> *n* Rote *der, die*.

commiserate [kə'mɪzəreɪt] *vi*: **to ~ (with sb)** (jm) sein Mitgefühl aus|sprechen.

commiseration [kəˌmɪzə'reɪʃn] *n* Mitgefühl *das*.

commission [kə'mɪʃn] *n* - **1.** *(U)* [money] Provision *die* - **2.** [piece of work] Auftrag *der* - **3.** [investigative body] Kommission *die* <> *vt* [work] in Auftrag geben; **to ~ sb to do sthg** jn damit beauftragen, etw zu tun.

commissionaire [kə,mɪʃə'neə^r] *n Br* Portier *der*.

commissioned officer [kə'mɪʃənd-] *n* Offizier *der*.

commissioner [kə'mɪʃnə^r] *n* - **1.** [of police] Präsident *der*, -in *die* - **2.** [member of commission] Kommissionsmitglied *das*.

Commission for Racial Equality *n Br*: **the ~** *britische Regierungsorganisation mit dem Auftrag, die Gleichstellung aller ethnischen Gruppen im Arbeitsleben, in Schulen etc sicherzustellen.*

commit [kə'mɪt] (*pt & pp* **-ted;** *cont* **-ting**) *vt* - **1.** [crime, sin] begehen - **2.** [money, resources] bestimmen für; **to ~ o.s. (to sthg)** sich (auf etw *(A)*) festlegen; **to ~ o.s. to doing sthg** sich verpflichten, etw zu tun - **3.** [consign] einlweisen; **to ~ sthg to memory** sich *(D)* etw merken, sich *(D)* etw einlprägen.

commitment [kə'mɪtmənt] *n* - **1.** [dedication] Engagement *das* - **2.** [responsibility] Verpflichtung *die*.

committed [kə'mɪtɪd] *adj* [writer, Christian] engagiert; **to be ~ to sb/sthg** sich für jn/etw einlsetzen.

committee [kə'mɪtɪ] *n* Ausschuss *der*, Komitee *das*.

commode [kə'məʊd] *n* - **1.** [chamber pot] Nachtstuhl *der* - **2.** [chest of drawers] Kommode *die*.

commodity [kə'mɒdətɪ] (*pl* **-ies**) *n* [product] Produkt *das*.

commodity exchange *n* Warenbörse *die*.

common ['kɒmən] *adj* - **1.** [ordinary, widespread] häufig; [practice] weitverbreitet; **the ~ cold** die Erkältung; **the ~ man** der Normalbürger - **2.** [shared] gemeinsam; **it's ~ to us all** es ist uns allen gemein - **3.** *Br pej* [vulgar] gewöhnlich <> *n* [land] Gemeinde *die*.
◆ **in common** *adv* gemein; **we've got a lot in ~** wir haben viel gemein.

commoner ['kɒmənə^r] *n* Bürgerliche *der, die*.

common good *n*: **for the ~** im allgemeinen Interesse, für das Gemeinwohl.

common ground *n*: **there's no ~** es gibt keine gemeinsame Basis.

common knowledge *n*: **it's ~ that ...** es ist allgemein bekannt, dass ...

common land *n (U)* Gemeindeland *das*.

common law *n* Gewohnheitsrecht *das*.
◆ **common-law** *adj*: **she is his common-law wife** sie lebt mit ihm in eheähnlicher Gemeinschaft.

commonly ['kɒmənlɪ] *adv* [generally] allgemein.

Common Market *n*: **the ~** der Gemeinsame Markt.

commonplace ['kɒmənpleɪs] *adj* alltäglich.

common room *n* Aufenthaltsraum *der*.

Commons ['kɒmənz] *npl Br*: **the ~** das (britische) Unterhaus.

common sense *n* gesunder Menschenverstand.

Commonwealth ['kɒmənwelθ] *n*: **the ~** das Commonwealth.

COMMONWEALTH

Als freiwilliger Zusammenschluss von 54 unabhängigen Staaten, die früher zum Britischen Weltreich gehörten, tritt der Commonwealth für Entwicklung, Gleichheit zwischen den Rassen und wirtschaftliches Wachstum ein und bietet seinen Mitgliedern Hilfen dabei an. Sein derzeitiges Oberhaupt ist Queen Elizabeth II, obwohl die meisten der Gliedstaaten mittlerweile gänzlich unabhängig von der britischen Krone sind. Daneben dient das Wort Commonwealth„ auch zur Bezeichnung gewisser Länder, wie z. B. Australien („Commonwealth of Australia"), die aus mehreren Gliedstaaten bestehen.

commotion [kə'məʊʃn] *n* [activity] Aufregung *die;* [noise] Lärm *der;* **to cause a ~** für Aufregung sorgen.

communal ['kɒmjʊnl] *adj* [kitchen] Gemeinschafts-; [garden, ownership] gemeinsam.

commune [*n* 'kɒmju:n *vb* kə'mju:n] *n* Kommune *die* <> *vi*: **to ~ with** Zwiesprache halten mit.

communicate [kə'mju:nɪkeɪt] *vt* mitlteilen <> *vi* sich verständigen; **to ~ with** kommunizieren mit.

communicating door [ke'mju:nɪkeɪtɪŋ-] *n* Verbindungstür *die*.

communication [kə,mju:nɪ'keɪʃn] *n* - **1.** *(U)* [contact] Kommunikation *die*, Verständigung *die;* **to be in ~ with sb** Kontakt mit jm haben - **2.** [letter, phone call] Mitteilung *die*.
◆ **communications** *npl* [traffic] Verkehrsverbindungen *pl;* [telephone *etc*] Kommunikationsmittel *pl*.

communication cord *n Br* Notbremse *die*.

communications satellite *n* Nachrichtensatellit *der*.

communicative [kə'mju:nɪkətɪv] *adj* gesprächig, mitteilsam.

communicator [kə'mju:nɪkeɪtə^r] *n*: **to be a**

good/bad ~ sich gut/schlecht verständigen können.

communion [kə'mjuːnjən] *n* Zwiesprache *die*.

◆ **Communion** *n* [RELIG - Protestant] Abendmahl *das;* [- Catholic] Kommunion *die*.

communiqué [kə'mjuːnɪkeɪ] *n* (offizielle) Bekanntmachung.

Communism ['kɒmjʊnɪzm] *n* Kommunismus *der*.

Communist ['kɒmjʊnɪst] *adj* kommunistisch <> *n* Kommunist *der*, -in *die*.

community [kə'mjuːnətɪ] (*pl* **-ies**) *n* - **1.** [group] Gemeinschaft *die;* [local] Gemeinde *die;* [ethnic] Bevölkerungsgruppe *die* - **2.** [people in general]: **the ~** die Gesellschaft.

community centre *n* Gemeindezentrum *das*.

community home *n* *Br* Fürsorgeanstalt *die*.

community service *n* [charitable work] ehrenamtliche Arbeit; [for criminal] gemeinnütziger Dienst.

community spirit *n* Gemeinschaftsgeist *der*.

commutable [kə'mjuːtəbl] *adj* LAW umwandelbar.

commutation ticket [ˌkɒmjuː'teɪʃn] *n* *Am* Zeitnetzkarte *die*.

commute [kə'mjuːt] *vt* LAW um|wandeln <> *vi* [to work] pendeln.

commuter [kə'mjuːtəʳ] *n* Pendler *der*, -in *die*.

commy ['kɒmɪ] (*pl* **-ies**) *adj* & *n* = **commie.**

compact [*adj* & *vb* kəm'pækt, *n* 'kɒmpækt] *adj* kompakt; [style, text] gedrängt <> *n* - **1.** [for face powder] Puderdose *die* - **2.** *Am* AUT: **~ (car)** Kompaktauto *das* <> *vt* [with foot] fest|treten; [with vehicle] fest|fahren.

compact disc *n* Compactdisc *die*.

compact disc player *n* CD-Player *der*.

companion [kəm'pænjən] *n* - **1.** [person] Gefährte *der*, -tin *die* - **2.** [one of pair] Pendant *das* - **3.** [book] Ratgeber *der*.

companionable [kəm'pænjənəbl] *adj* freundlich.

companionship [kəm'pænjənʃɪp] *n* *(U)* Gesellschaft *die*.

company ['kʌmpənɪ] (*pl* **-ies**) *n* - **1.** [business] Firma *die;* **insurance ~** Versicherung *die* - **2.** [of actors] Schauspieltruppe *die* - **3.** *(U)* [companionship] Gesellschaft *die;* **she's good ~** es ist schön mit ihr zusammen zu sein; **to keep sb ~** jm Gesellschaft leisten; **to part ~ (with sb)** sich *(D)* (von jm) trennen - **4.** [guests] Besuch *der* - **5.** MIL Kompanie *die* - **6.** NAUT Besatzung *die*.

company car *n* Firmenwagen *der*.

company director *n* Firmenchef *der*, -in *die*.

company secretary *n* Prokurist *der*, -in *die*.

comparable ['kɒmprəbl] *adj:* **~ (to** OR **with)** vergleichbar (mit).

comparative [kəm'pærətɪv] *adj* - **1.** [relative] relativ - **2.** [study, literature] vergleichend - **3.** GRAMM: **~ form** Komparativ *der*.

comparatively [kəm'pærətɪvlɪ] *adv* [relatively] relativ, verhältnismäßig.

compare [kəm'peəʳ] *vt* vergleichen; **to ~ sb/ sthg with** OR **to** jn/etw vergleichen mit; **~d with** OR **to** verglichen mit, im Vergleich zu <> *vi:* **to ~ (with sb/sthg)** sich (mit jm/etw) vergleichen lassen **to ~ favourably/unfavourably with sthg** im Vergleich mit etw gut/schlecht ab|schneiden.

comparison [kəm'pærɪsn] *n* Vergleich *der;* **in ~ (with** OR **to)** im Vergleich (zu).

compartment [kəm'pɑːtmənt] *n* - **1.** [in fridge, desk, drawer] Fach *das* - **2.** RAIL Abteil *das*.

compass ['kʌmpəs] *n* - **1.** [for finding direction] Kompass *der* - **2.** *fml* [scope] Rahmen *der;* **within the ~ of** im Bereich von.

◆ **compasses** *npl:* **(a pair of) ~es** ein Zirkel.

compassion [kəm'pæʃn] *n* Mitgefühl *das*.

compassionate [kəm'pæʃənət] *adj* mitfühlend.

compatibility [kəmˌpætə'bɪlətɪ] *n* - **1.** [of people]: **there's no ~ between them** sie passen nicht zueinander - **2.** COMPUT Kompatibilität *die*.

compatible [kəm'pætəbl] *adj* - **1.** [people]: **to be ~** zueinander passen - **2.** COMPUT kompatibel.

compatriot [kəm'pætrɪət] *n* Landsmann *der*, -männin *die*.

compel [kəm'pel] (*pt* & *pp* **-led;** *cont* **-ling)** *vt* - **1.** [force] zwingen; **to ~ sb to do sthg** jn (dazu) zwingen, etw zu tun - **2.** [sympathy] ab|nötigen; [interest, attention] ab|verlangen.

compelling [kəm'pelɪŋ] *adj* zwingend.

compendium [kəm'pendɪəm] (*pl* **-diums** OR **-dia** [-dɪəl]) *n* Handbuch *das*.

compensate ['kɒmpenseɪt] *vt:* **to ~ sb for sthg** [financially] jn für etw entschädigen <> *vi:* **to ~ for sthg** etw gut|machen.

compensation [ˌkɒmpen'seɪʃn] *n:* **~ (for sthg)** Entschädigung *die* (für etw).

compere ['kɒmpeəʳ] *Br* *n* Showmaster *der* <> *vt:* **to ~ a show** bei einer Show (der) Showmaster sein.

compete [kəm'piːt] *vi* - **1.** [vie]: **to ~ (for sthg)** (um etw) kämpfen - **2.** COMM: **to ~ (with sb/ sthg)** (mit jm/etw) konkurrieren; **to ~ for sthg** [contract, business] um etw kämpfen

- 3. [take part] teil|nehmen; **to ~ in sthg** an etw *(D)* teil|nehmen.

competence [ˈkɒmpɪtəns] *n* Fähigkeit *die*, Tüchtigkeit *die*.

competent [ˈkɒmpɪtənt] *adj* fähig, kompetent.

competently [ˈkɒmpɪtəntlɪ] *adv* sachkundig, kompetent.

competing [kəmˈpiːtɪŋ] *adj* [theories, views] (miteinander) konkurrierend.

competition [ˌkɒmpɪˈtɪʃn] *n* **- 1.** [rivalry & COMM] Konkurrenz *die* **- 2.** [race, contest] Wettbewerb *der*.

competitive [kəmˈpetətɪv] *adj* **- 1.** [person] vom Konkurrenzdenken geprägt **- 2.** [exam] Auswahl-; [sport] Wettkampf- **- 3.** COMM [goods, prices, company] konkurrenzfähig.

competitively [kəmˈpetətɪvlɪ] *adv* **- 1.** [play] um die Wette **- 2.** COMM [priced] konkurrenzfähig.

competitor [kəmˈpetɪtəʳ] *n* **- 1.** COMM Konkurrent *der*, -in *die* **- 2.** [in race, contest] Teilnehmer *der*, -in *die*.

compilation [ˌkɒmpɪˈleɪʃn] *n* **- 1.** [of book, report] Abfassung *die* **- 2.** [collection] Zusammenstellung *die*.

compile [kəmˈpaɪl] *vt* [programme, album] zusammen|stellen; [book, report] ab|fassen.

complacency [kəmˈpleɪsnsɪ] *n* Selbstzufriedenheit *die*.

complacent [kəmˈpleɪsnt] *adj* selbstzufrieden.

complacently [kəmˈpleɪsntlɪ] *adv* selbstzufrieden.

complain [kəmˈpleɪn] *vi* **- 1.** [moan]: **to ~ (about)** sich beschweren (über *(+ A)*) **- 2.** MED: **to ~ of sthg** über etw *(A)* klagen.

complaint [kəmˈpleɪnt] *n* **- 1.** [gen] Beschwerde *die*; **to have no ~s** [be satisfied] sich nicht beklagen können **- 2.** MED Leiden *das*.

complement [*n* ˈkɒmplɪmənt, *vb* ˈkɒmplɪˌment] *vt* gut ergänzen; [food] vervollkommnen ◇ *n* **- 1.** [accompaniment & GRAMM] Ergänzung *die* **- 2.** NAUT Besatzung *die*; **full ~** volle Anzahl.

complementary [ˌkɒmplɪˈmentərɪ] *adj* [colour] (einander) ergänzend; **~ medicine** alternative Medizin.

complete [kəmˈpliːt] *adj* **- 1.** [entire] vollständig; **~ with** komplett mit **- 2.** [finished] abgeschlossen, fertig **- 3.** [total - disaster, surprise] völlig; **she was a ~ stranger** sie war mir/uns völlig fremd ◇ *vt* **- 1.** [make whole] vervollständigen **- 2.** [finish] beenden, fertig|stellen **- 3.** [questionnaire, form] aus|füllen.

completely [kəmˈpliːtlɪ] *adv* vollkommen, völlig.

completion [kəmˈpliːʃn] *n* [finishing] Beendigung *die*, Fertigstellung *die*.

complex [ˈkɒmpleks] *adj* [complicated] kompliziert ◇ *n* **- 1.** [of buildings] (Gebäude)komplex *der* **- 2.** PSYCH Komplex *der*.

complexion [kəmˈplekʃn] *n* **- 1.** [of face] Teint *der* **- 2.** [aspect] Aspekt *der*; **that puts a different ~ on things** das lässt die Dinge in einem neuen OR anderen Licht erscheinen.

complexity [kəmˈpleksətɪ] (*pl* **-ies**) *n* **- 1.** [complex nature] Kompliziertheit *die* **- 2.** [complex thing] Schwierigkeit *die*.

compliance [kəmˈplaɪəns] *n* Einverständnis *das*; **~ with sthg** [with rules] Einhalten *das* einer Sache *(G)*.

compliant [kəmˈplaɪənt] *adj* fügsam.

complicate [ˈkɒmplɪkeɪt] *vt* komplizieren.

complicated [ˈkɒmplɪkeɪtɪd] *adj* kompliziert.

complication [ˌkɒmplɪˈkeɪʃn] *n* **- 1.** [complexity] Kompliziertheit *die* **- 2.** MED Komplikation *die*.

complicity [kəmˈplɪsətɪ] *n*: **~ (in sthg)** Mittäterschaft *die* (bei etw).

compliment [*n* ˈkɒmplɪmənt, *vb* ˈkɒmplɪˌment] *n* Kompliment *das* ◇ *vt*: **to ~ sb (on sthg)** jm ein Kompliment/Komplimente (wegen etw *(G)*) machen.

◆ **compliments** *npl* **fml: with ~s** mit den besten Empfehlungen; **my ~s to the chef!** mein Kompliment an den Küchenchef!

complimentary [ˌkɒmplɪˈmentərɪ] *adj* **- 1.** [admiring] schmeichelhaft; **to be ~** [person] sich bewundernd äußern **- 2.** [drink] Frei-.

complimentary ticket *n* Freikarte *die*.

compliments slip *n* Empfehlungszettel *der*.

comply [kəmˈplaɪ] (*pt* & *pp* **-ied**) *vi*: **to ~ with sthg** [contract] etw erfüllen; [request] etw *(D)* nach|kommen; [law, standards] etw ein|halten.

component [kəmˈpəʊnənt] *n* Teil *das*, Bestandteil *der*.

compose [kəmˈpəʊz] *vt* **- 1.** [constitute] bilden; **to be ~d of sthg** sich aus etw zusammen|setzen **- 2.** [poem] verfassen; [music] komponieren; [letter] ab|fassen **- 3.** [make calm]: **to ~ o.s.** sich fassen.

composed [kəmˈpəʊzd] *adj* [calm] beherrscht, gelassen.

composer [kəmˈpəʊzəʳ] *n* Komponist *der*, -in *die*.

composition [ˌkɒmpəˈzɪʃn] *n* **- 1.** *(U)* [of music] Komponieren *das*; [of poetry] Verfassen *das* **- 2.** [piece of music] Komposition *die* **- 3.** [contents] Zusammensetzung *die* **- 4.** [essay] Aufsatz *der*.

compost [*Br* 'kɒmpɒst, *Am* 'kɒmpəʊst] *n* Kompost *der*.

composure [kəm'pəʊʒəʳ] *n* Beherrschung *die*, Fassung *die*.

compound [*adj & n* 'kɒmpaʊnd, *vb* kəm'paʊnd] *adj* GRAMM zusammengesetzt ◇ *n* - **1.** CHEM Verbindung *die* - **2.** [mixture] Mischung *die* - **3.** [enclosed area] umzäuntes Gelände - **4.** GRAMM zusammengesetztes Wort, Kompositum *das* ◇ *vt* - **1.** [mixture, substance]: **to be ~ed of sthg** sich aus etw zusammen|setzen - **2.** [mistake, problem] vergrößern.

compound fracture *n* offener Bruch.

compound interest *n* Zinseszins *der*.

comprehend [ˌkɒmprɪ'hend] *vt* [understand] begreifen, verstehen.

comprehension [ˌkɒmprɪ'henʃn] *n* Verständnis *das*; **it's beyond my ~** es ist mir unbegreiflich.

comprehensive [ˌkɒmprɪ'hensɪv] *adj* - **1.** [wide-ranging] umfassend - **2.** [insurance] Vollkasko- ◇ *n Br* [school] = **comprehensive school.**

comprehensively [ˌkɒmprɪ'hensɪvlɪ] *adv* umfassend.

comprehensive school *n* Gesamtschule *die*.

COMPREHENSIVE SCHOOL

Die heute am meisten verbreitete weiterführende Schule in Großbritannien wird von ca. 87% aller Kinder über elf Jahren besucht. Anders als die Grammar Schools, deren Besuch an Aufnahmeprüfungen gebunden ist, stehen die „Comprehensives" Schülern jeder Leistungs- und Eignungsstufe offen. Dieser Schultyp entspricht etwa der deutschen Gesamtschule.

compress [*n* 'kɒmpres, *vb* kəm'pres] *n* MED Kompresse *die* ◇ *vt* - **1.** [squeeze] zusammen|pressen; **~ed air** Pressluft *die* - **2.** [text] kürzen.

compression [kəm'preʃn] *n* - **1.** [of air] Kompression *die* - **2.** [of text] Kürzung *die*.

comprise [kəm'praɪz] *vt* - **1.** [consist of]: **to be ~d of** bestehen aus, um|fassen - **2.** [constitute] bilden.

compromise ['kɒmprəmaɪz] *n* Kompromiss *der* ◇ *vt* kompromittieren; **to ~ o.s.** sich kompromittieren ◇ *vi* einen Kompromiss schließen.

compromising ['kɒmprəmaɪzɪŋ] *adj* kompromittierend.

compulsion [kəm'pʌlʃn] *n* Zwang *der*.

compulsive [kəm'pʌlsɪv] *adj* - **1.** [behaviour, gambler, liar] zwanghaft - **2.** [compelling]: **this programme is ~ viewing** dieses Programm muss man sehen.

compulsory [kəm'pʌlsərɪ] *adj* [retirement] Zwangs-; **it is ~ to do sthg** es ist Pflicht, etw zu tun; **attendance is ~** die Teilnahme ist verpflichtend.

compunction [kəm'pʌŋkʃn] *n (U)* Gewissensbisse *pl*; [stronger] Schuldgefühle *pl*.

computation [ˌkɒmpjuː'teɪʃn] *n* Berechnung *die*.

compute [kəm'pjuːt] *vt* berechnen.

computer [kəm'pjuːtəʳ] *n* Computer *der* ◇ *comp* Computer-.

computer dating *n* Partnervermittlung *die* per Computer.

computer game *n* Computerspiel *das*.

computerization [kəmˌpjuːtəraɪ'zeɪʃn] *n* Computerisierung *die*; [of system, office] Umstellung *die* auf Computer.

computerize, -ise [kəm'pjuːtəraɪz] *vt* computerisieren; [system, office] auf Computer um|stellen.

computerized [kəm'pjuːtəraɪzd] *adj* computerisiert.

computer language *n* Computersprache *die*.

computer-literate *adj*: **to be ~** mit Computern vertraut sein.

computer science *n* Informatik *die*.

computing [kəm'pjuːtɪŋ] *n* elektronische Datenverarbeitung; [subject] Informatik *die*.

comrade ['kɒmreɪd] *n* - **1.** POL Genosse *der*, -sin *die* - **2.** [companion] Kamerad *der*, -in *die*.

comradeship ['kɒmreɪdʃɪp] *n* Kameradschaft *die*.

comsat ['kɒmsæt] *n abbr of* **communications satellite.**

con [kɒn] (*pt & pp* **-ned;** *cont* **-ning)** *inf n* - **1.** [trick] Schwindel *der* - **2.** (*abbr of* **convict)** *prison sl* Knacki *der* ◇ *vt* [trick] rein|legen; **to ~ sb out of sthg** jn um etw bringen; **to ~ sb into doing sthg** jn durch einen Trick dazu bringen, etw zu tun.

concave [ˌkɒn'keɪv] *adj* konkav.

conceal [kən'siːl] *vt* [object] verstecken; [feelings, information] verbergen; **to ~ sthg from sb** etw vor jm verstecken; [feelings, information] etw vor jm verbergen.

concede [kən'siːd] *vt* [a point] zu|geben; [defeat] ein|gestehen ◇ *vi* seine Niederlage ein|gestehen.

conceit [kən'siːt] *n* Arroganz *die*.

conceited [kən'siːtɪd] *adj* eingebildet.

conceivable [kən'siːvəbl] *adj* denkbar, vorstellbar.

conceivably [kən'siːvəblɪ] *adv*: **he could ~ win** er könnte möglicherweise gewinnen; **I**

can't ~ agree to that ich kann dem unmöglich zustimmen.

conceive [kən'siːv] *vt* - **1.** [plan, idea] sich *(D)* aus|denken - **2.** MED [child] empfangen <> *vi* - **1.** MED empfangen - **2.** [imagine]: **to ~ of sthg** sich *(D)* etw vor|stellen.

concentrate ['kɒnsəntreɪt] *vt* konzentrieren <> *vi*: **to ~ (on)** sich konzentrieren (auf *(+A)*).

concentrated ['kɒnsəntreɪtɪd] *adj* - **1.** [substance]: **~ orange juice** Orangensaftkonzentrat *das* - **2.** [activity] verstärkt.

concentration [ˌkɒnsən'treɪʃn] *n* Konzentration *die*.

concentration camp *n* Konzentrationslager *das*, KZ *das*.

concentric [kən'sentrɪk] *adj* konzentrisch.

concept ['kɒnsept] *n* [idea] Vorstellung *die*; [principle] Konzept *das*; **he has no ~ of what's involved** er hat keine Ahnung, was damit zusammenhängt.

conception [kən'sepʃn] *n* - **1.** [idea] Vorstellung *die* - **2.** [formation of idea] Konzeption *die* - **3.** MED Empfängnis *die*.

conceptualize, -ise [kən'septʃʊəlaɪz] *vt* begrifflich fassen.

concern [kən'sɜːn] *n* - **1.** [worry] Besorgnis *die*; [cause of worry] Sorge *die*; **to show ~ for sb/sthg** sich Gedanken um jn/etw machen - **2.** [matter of interest] Angelegenheit *die*; **it's no ~ of mine** das geht mich nichts an - **3.** COMM [company] Unternehmen *das* <> *vt* - **1.** [worry] beunruhigen; **to be ~ed (about)** besorgt sein (um) - **2.** [involve] an|gehen, betreffen; **to be ~ed with sthg** [subj: person] mit etw zu tun haben; **to ~ o.s. with sthg** sich mit etw befassen; **as far as I'm ~ed** was mich betrifft - **3.** [subj: book, film] handeln von.

concerning [kən'sɜːnɪŋ] *prep* bezüglich *(+G)*.

concert ['kɒnsət] *n* Konzert *das*.
◆ **in concert** *adv* - **1.** [group, singer] live - **2.** *fml* [acting as one] gemeinsam.

concerted [kən'sɜːtɪd] *adj* [effort] vereint, gemeinsam.

concertgoer ['kɒnsətˌgəʊəʳ] *n* Konzertbesucher *der*, -in *die*.

concert hall *n* Konzerthalle *die*.

concertina [ˌkɒnsə'tiːnə] *n* Konzertina *die*.

concerto [kən'tʃɜːtəʊ] (*pl* **-s**) *n* Konzert *das*.

concession [kən'seʃn] *n* - **1.** [allowance] Zugeständnis *das* - **2.** COMM [franchise] Konzession *die* - **3.** [special price] Preisermäßigung *die*.

concessionaire [kənˌseʃə'neəʳ] *n* Konzessionär *der*, -in *die*.

concessionary [kən'seʃnərɪ] *adj* [fare, price] ermäßigt.

conciliation [kənˌsɪlɪ'eɪʃn] *n* [between people] Versöhnung *die*; **to go to ~** [industrial dispute] ein Schlichtungsverfahren durch|laufen.

concise [kən'saɪs] *adj* präzis(e), exakt.

concisely [kən'saɪslɪ] *adv* präzis(e), exakt.

conclave ['kɒŋkleɪv] *n*: **to be in ~** in Klausur tagen.

conclude [kən'kluːd] *vt* - **1.** [end] beenden - **2.** [deduce]: **to ~ (that)** schließen(, dass), folgern(, dass) - **3.** [agreement, deal] ab|schließen <> *vi* [finish] enden, schließen.

conclusion [kən'kluːʒn] *n* - **1.** [opinion] Schlussfolgerung *die*; **to jump to ~s** voreilige Schlüsse ziehen - **2.** [ending] Abschluss *der*, Schluss *der*; **it was a foregone ~ (that ...)** es war von vornherein klar(, dass ...) - **3.** [of agreement, deal] Abschluss *der*.

conclusive [kən'kluːsɪv] *adj* eindeutig.

concoct [kən'kɒkt] *vt* - **1.** [story, excuse, alibi] sich *(D)* aus|denken - **2.** [meal] kreieren; [drink] zusammen|brauen.

concoction [kən'kɒkʃn] *n* [meal] selbst kreiertes Gericht; [drink] Gebräu *das*.

concourse ['kɒŋkɔːs] *n* [hall] Eingangshalle *die*.

concrete ['kɒŋkriːt] *adj* ***lit*** & ***fig*** konkret <> *n* Beton *der* <> *comp* [made of concrete] Beton- <> *vt* betonieren.

concrete mixer *n* Betonmischmaschine *die*.

concur [kən'kɜːʳ] (*pt* & *pp* **-red**; *cont* **-ring**) *vi* [agree]: **to ~ (with sthg)** (etw *(D)*) zu|stimmen.

concurrently [kən'kʌrəntlɪ] *adv* gleichzeitig.

concussed [kən'kʌst] *adj*: **to be ~** eine Gehirnerschütterung haben.

concussion [kən'kʌʃn] *n* Gehirnerschütterung *die*.

condemn [kən'dem] *vt* - **1.** [disapprove of]: **to ~ sb (for sthg)** jn (wegen etw *(G)*) verurteilen - **2.** [force] verdammen - **3.** LAW [sentence]: **to ~ sb to sthg** jn zu etw verurteilen - **4.** [building] für unbewohnbar erklären.

condemnation [ˌkɒndem'neɪʃn] *n* Verurteilung *die*.

condemned [kən'demd] *adj* - **1.** LAW [man, criminal] zum Tode verurteilt - **2.** [building] für unbewohnbar erklärt.

condensation [ˌkɒnden'seɪʃn] *n* [on windows etc] Kondenswasser *das*.

condense [kən'dens] *vt* - **1.** PHYS [gas, steam] kondensieren - **2.** [text] zusammen|fassen <> *vi* [gas] kondensieren.

condensed milk [kən'denst-] *n* Kondensmilch *die*.

condescend [ˌkɒndɪ'send] *vi* - **1.** [behave patronizingly]: **to ~ to sb** jn von oben herab behandeln - **2.** [lower o.s.]: **to ~ to do sthg** sich dazu herab|lassen, etw zu tun.

condescending [ˌkɒndɪ'sendɪŋ] *adj* herablassend.

condiments *npl* **fml** *Salz, Pfeffer, Tomatenketschup und anderes, was zum Würzen von Speisen am Tisch dient.*

condition [kən'dɪʃn] *n* - **1.** [of object, building] Zustand *der;* [of person, patient] Verfassung *die;* **out of ~** schlecht in Form - **2.** MED [illness] Leiden *das* - **3.** [requirement] Bedingung *die,* Voraussetzung *die;* **on ~ that ...** unter der Bedingung, dass ... <> *vt* - **1.** PSYCH konditionieren - **2.** [determine] bestimmen - **3.** [hair] pflegen.

◆ **conditions** *npl* [circumstances] Verhältnisse *pl.*

conditional [kən'dɪʃənl] *adj* [provisional] vorbehaltlich; **to be ~ (up)on sthg** von etw abhängen <> *n* GRAMM Konditional *der.*

conditionally [kən'dɪʃnəlɪ] *adv* mit *OR* unter Vorbehalt.

conditioner [kən'dɪʃnəʳ] *n* - **1.** [for hair] Pflegespülung *die* - **2.** [for clothes] Weichspüler *der.*

conditioning [kən'dɪʃnɪŋ] *n* PSYCH Konditionierung *die.*

condo ['kɒndəʊ] *n* **Am inf** *abbr of* **condominium.**

condolences [kən'dəʊlənsɪz] *npl* Beileid *das.*

condom ['kɒndəm] *n* Kondom *das OR der,* Präservativ *das.*

condominium [ˌkɒndə'mɪnɪəm] *n* **Am** - **1.** [apartment] Eigentumswohnung *die* - **2.** [building] Apartmenthaus *das.*

condone [kən'dəʊn] *vt* hinweg|sehen über *(+ A).*

condor ['kɒndɔːʳ] *n* Kondor *der.*

conducive [kən'djuːsɪv] *adj:* **to be ~ to sthg** einer Sache *(D)* förderlich sein.

conduct [*n* 'kɒndʌkt *vb* kən'dʌkt] *n* - **1.** [behaviour] Verhalten *das,* Benehmen *das* - **2.** [of business, talks] Durchführung *die* <> *vt* - **1.** [carry out] durch|führen - **2.** [behave]: **to ~ o.s. well/badly** sich gut/schlecht benehmen - **3.** MUS dirigieren - **4.** PHYS [heat, electricity] leiten <> *vi* MUS dirigieren.

conducted tour [kən'dʌktɪd-] *n* Führung *die.*

conductor [kən'dʌktəʳ] *n* - **1.** MUS Dirigent *der,* -in *die* - **2.** [on bus] Schaffner *der* - **3.** **Am** [on train] Zugführer *der.*

conductress [kən'dʌktrɪs] *n* [on bus] Schaffnerin *die.*

conduit ['kɒndjuːt] *n* [for gas] Leitungsrohr *das;* [for water] Kanal *der.*

cone [kəʊn] *n* - **1.** [shape] Kegel *der* - **2.** [for ice cream] Eistüte *die* - **3.** [from tree] Zapfen *der* - **4.** [on roads] Pylon *der,* Pylone *die.*

confectioner's *n* [shop] Süßwarenladen *der.*

confectionery [kən'fekʃnərɪ] *n (U)* Süßwaren *pl.*

confederation [kənˌfedə'reɪʃn] *n* Bund *der.*

Confederation of British Industry *n:* **the ~** ≃ der Bundesverband der deutschen Industrie.

confer [kən'fɜːʳ] (*pt* & *pp* **-red;** *cont* **-ring**) *vt* **fml:** **to ~ sthg (on sb)** [title, degree] (jm) etw verleihen <> *vi:* **to ~ (with sb on** *OR* **about sthg)** sich (mit jm über etw *(A)*) beraten.

conference ['kɒnfərəns] *n* Konferenz *die,* Tagung *die;* **in ~** in einer Besprechung.

conference call *n* Konferenzschaltung *die.*

conference centre *n* Konferenzzentrum *das.*

conference hall *n* Konferenzhalle *die.*

confess [kən'fes] *vt* - **1.** RELIG beichten - **2.** [admit] gestehen <> *vi* - **1.** [admit]: **to ~ (to sthg)** (etw) gestehen - **2.** RELIG beichten.

confession [kən'feʃn] *n* - **1.** [of guilt] Geständnis *das* - **2.** *(U)* RELIG Beichte *die.*

confessional [kən'feʃənl] *n* Beichtstuhl *der.*

confetti [kən'fetɪ] *n (U)* Konfetti *pl.*

confidant [ˌkɒnfɪ'dænt] *n* Vertraute *der, die.*

confidante [ˌkɒnfɪ'dænt] *n* Vertraute *die.*

confide [kən'faɪd] *vt* an|vertrauen <> *vi:* **to ~ in sb** sich jm an|vertrauen.

confidence ['kɒnfɪdəns] *n* - **1.** *(U)* [self-assurance] Selbstvertrauen *das* - **2.** *(U)* [trust] Vertrauen *das;* **to have ~ that ...** zuversichtlich sein, dass ...; **to have ~ in sb** Vertrauen zu jm haben - **3.** [secrecy]: **in ~** im Vertrauen - **4.** [secret] vertrauliche Information.

confidence trick *n* Schwindel *der.*

confident ['kɒnfɪdənt] *adj* - **1.** [self-assured] selbstsicher, selbstbewusst - **2.** [sure] überzeugt; **to be ~ of sthg** von etw überzeugt sein.

confidential [ˌkɒnfɪ'denʃl] *adj* vertraulich.

confidentiality ['kɒnfɪˌdenʃɪ'ælətɪ] *n* Vertraulichkeit *die.*

confidently ['kɒnfɪdəntlɪ] *adv* - **1.** [with self-assurance] selbstsicher - **2.** [with certainty] sicher.

configuration [kənˌfɪgə'reɪʃn] *n* - **1.** [arrangement] Anordnung *die* - **2.** COMPUT Konfiguration *die.*

confine [*vb* kən'faɪn, *npl* 'kɒnfaɪnz] *vt* beschränken; **to be ~d to** beschränkt sein auf *(+ A);* **to ~ o.s. to sthg** sich auf etw *(A)* beschränken; **to ~ o.s. to doing sthg** sich darauf beschränken, etw zu tun; **she was ~d to the house** sie war ans Haus gefesselt.

◆ **confines** *npl* Grenzen *pl.*

confined [kən'faɪnd] *adj* [space, area] beschränkt.

confinement [kən'faɪnmənt] *n* - **1.** *(U)* [act of imprisoning] Einsperren *das;* [state of imprisonment] Haft *die* - **2.** ***dated*** & MED Niederkunft *die.*

confirm [kən'fɜːm] *vt* - **1.** [gen] bestätigen - **2.** RELIG konfirmieren; [Roman Catholic] firmen.

confirmation [ˌkɒnfə'meɪʃn] *n (U)* - **1.** [ratification] Bestätigung *die* - **2.** RELIG Konfirmation *die;* [of Roman Catholic] Firmung *die.*

confirmed [kən'fɜːmd] *adj* [bachelor, spinster] überzeugt.

confiscate ['kɒnfɪskeɪt] *vt* beschlagnahmen, konfiszieren.

confiscation [ˌkɒnfɪ'skeɪʃn] *n* Beschlagnahme *die,* Konfiszierung *die.*

conflagration [ˌkɒnflə'greɪʃn] *n* ***fml*** Feuersbrunst *die.*

conflict [*n* 'kɒnflɪkt, *vb* kən'flɪkt] *n* Konflikt *der;* **~ of interest** Interessenkonflikt *der* <> *vi* [clash] sich *(D)* widersprechen; **to ~ with sb/sthg** im Widerspruch zu jm/etw stehen.

conflicting [kən'flɪktɪŋ] *adj* widersprüchlich.

conform [kən'fɔːm] *vi* - **1.** [behave as expected] sich anlpassen - **2.** [be in accordance]: **to ~ (to** *OR* **with sthg)** sich (nach etw *(D)*) richten.

conformist [kən'fɔːmɪst] ***pej*** *adj* konformistisch <> *n* Konformist *der,* -in *die.*

conformity [kən'fɔːmətɪ] *n:* **~ (to** *OR* **with)** Übereinstimmung *die* (mit).

confound [kən'faʊnd] *vt* [confuse] verblüffen.

confounded [kən'faʊndɪd] *adj* ***inf*** [for emphasis] verflixt.

confront [kən'frʌnt] *vt* - **1.** [opponent, enemy, problem] sich stellen *(+ D);* **to be ~ed with a problem** mit einem Problem konfrontiert werden; **the problem that ~s us** das Problem, das sich uns stellt - **2.** [present]: **to ~ sb (with sthg)** jn (mit etw) konfrontieren.

confrontation [ˌkɒnfrʌn'teɪʃn] *n* Konfrontation *die,* Auseinandersetzung *die.*

confuse [kən'fjuːz] *vt* - **1.** [bewilder] verwirren - **2.** [mix up]: **to ~ sb/sthg (with)** jn/etw verwechseln (mit) - **3.** [complicate - situation] verworren machen.

confused [kən'fjuːzd] *adj* [person] verwirrt, konfus; [ideas, thoughts, situation] verworren, durcheinander; **to get ~** konfus werden.

confusing [kən'fjuːzɪŋ] *adj* verwirrend.

confusion [kən'fjuːʒn] *n* - **1.** [perplexity] Verwirrung *die* - **2.** [mixing up] Verwechslung *die* - **3.** [bewilderment] Verlegenheit *die* - **4.** [disorder] Durcheinander *das.*

congeal [kən'dʒiːl] *vi* [blood] gerinnen; [food] fest werden.

congenial [kən'dʒiːnjəl] *adj* angenehm.

congenital [kən'dʒenɪtl] *adj* MED angeboren.

conger eel ['kɒŋgəʳ-] *n* Seeaal *der.*

congested [kən'dʒestɪd] *adj* [roads, nose] verstopft.

congestion [kən'dʒestʃn] *n (U)* - **1.** [overcrowding] Stau *der* - **2.** MED Blutandrang *der.*

conglomerate [ˌkən'glɒmərət] *n* COMM Großkonzern *der (aus mehreren Firmen bestehend).*

conglomeration [kənˌglɒmə'reɪʃn] *n* ***fml*** Konglomerat *das.*

Congo ['kɒŋgəʊ] *n:* **the ~** [country, river] der Kongo.

congratulate [kən'grætʃʊleɪt] *vt:* **to ~ sb (on sthg)** jm (zu etw) gratulieren; **they ~d her on passing her exams** sie gratulierten ihr zum Bestehen ihrer Prüfungen; **to ~ o.s. (on sthg)** sich (zu etw) beglückwünschen.

congratulations [kənˌgrætʃʊ'leɪʃənz] *npl* Glückwunsch *der,* Glückwünsche *pl* <> *excl* herzlichen Glückwunsch!

congratulatory [kən'grætʃʊlətrɪ] *adj* Glückwunsch-.

congregate ['kɒŋgrɪgeɪt] *vi* [people] sich versammeln; [animals] sich sammeln.

congregation [ˌkɒŋgrɪ'geɪʃn] *n* RELIG Gemeinde *die.*

congress ['kɒŋgres] *n* [meeting] Kongress *der,* Tagung *die.*

◆ **Congress** *n* ***Am*** POL der Kongress.

CONGRESS

Der Kongress, das Gesetzgebungsorgan der USA, besteht aus zwei „Häusern": dem „Senate" (Senat) und dem House of Representatives (Repräsentantenhaus). Gesetzesvorlagen müssen separat von beiden Häusern verabschiedet werden, um Gesetzeskraft zu erlangen. Ein Amtsenthebungsverfahren („Impeachment") gegen einen US-Präsidenten kann nur durch den Kongress betrieben werden (die Anklage muss durch das Repräsentantenhaus erhoben werden, das eigentliche Verfahren obliegt dem Senat). Der Kongress hat auch die Befugnis, die amerikanische Verfassung zu ändern.

congressional [kəŋ'greʃənl] *adj* ***Am*** POL Kongress-.

congressman ['kɒŋgresmən] (*pl* **-men** [-mən]) *n* ***Am*** POL Kongressabgeordnete *der.*

congresswoman ['kɒŋgresˌwʊmən] (*pl* **-women** [-ˌwɪmɪn]) *n* ***Am*** POL Kongressabgeordnete *die.*

conical ['kɒnɪkl] *adj* konish, kegelförmig.

conifer ['kɒnɪfəʳ] *n* Nadelbaum *der,* Konifere *die.*

coniferous [kə'nɪfərəs] *adj* Nadel-.

conjecture [kən'dʒektʃəʳ] *n* Vermutung *die*, Mutmaßung *die* ◇ *vt:* **to ~ (that)** vermuten(, dass), mutmaßen(, dass) ◇ *vi* Vermutungen an|stellen.

conjugal ['kɒndʒʊgl] *adj* **fml** Ehe-.

conjugate *vt* GRAMM konjugieren.

conjugation [ˌkɒndʒʊ'geɪʃn] *n* GRAMM Konjugation *die*.

conjunction [kən'dʒʌŋkʃn] *n* **- 1.** GRAMM Konjunktion *die* **- 2.** [combination] Verbindung *die;* [of events] Zusammentreffen *das;* **in ~ with** in Verbindung mit.

conjunctivitis [kənˌdʒʌŋktɪ'vaɪtɪs] *n (U)* Bindehautentzündung *die*.

conjure ['kʌndʒəʳ] *vt* & *vi* zaubern.
◆ **conjure up** *vt sep* [evoke] herauf|beschwören.

conjurer ['kʌndʒərəʳ] *n* Zauberer *der*, -in *die*.

conjuring trick ['kʌndʒərɪŋ-] *n* Zaubertrick *der*.

conjuror ['kʌndʒərəʳ] *n* = **conjurer.**

conk [kɒŋk] *n* **inf** [nose] Zinken *der*.
◆ **conk out** *vi* **inf** **- 1.** [person] zusammen|klappen **- 2.** [car, machine] den Geist auf|geben.

conker ['kɒŋkəʳ] *n* **Br** (Ross)kastanie *die*.

conman ['kɒnmæn] (*pl* **-men** [-men]) *n* Betrüger *der*.

connect [kə'nekt] *vt* **- 1.** [join]: **to ~ sthg (to sthg)** etw (mit etw) verbinden **- 2.** [on telephone] verbinden **- 3.** [associate] in Verbindung *OR* Zusammenhang bringen; **to ~ sb/sthg to, to ~ sb/sthg with** jn/etw in Verbindung bringen mit; **to be ~ed** [two things] miteinander zu tun haben **- 4.** ELEC [to power supply]: **to ~ sthg (to sthg)** etw (an etw *(A)*) an|schließen ◇ *vi* [train, plane, bus]: **to ~ with** Anschluss haben an *(+ A)*.

connected [kə'nektɪd] *adj* [related]: **to be ~ with sthg** mit etw in Zusammenhang stehen.

connecting [kə'nektɪŋ] *adj* [flight, train] Anschluss-.

connecting rod *n* AUT Pleuelstange *die*.

connection [kə'nekʃn] *n* **- 1.** [relationship]: **to have a ~ with** in Zusammenhang stehen mit; **~ between** Zusammenhang zwischen; **in ~ with** im Zusammenhang mit; **to be in ~ with** in Zusammenhang stehen mit **- 2.** ELEC [between wires] Schaltung *die* **- 3.** [on telephone] Verbindung *die* **- 4.** [plane, train, bus] Anschluss *der* **- 5.** [professional acquaintance]: **~s** Beziehungen *pl*.

connective tissue [kə'nektɪv-] *n* Bindegewebe *das*.

connexion [kə'nekʃn] *n* **Br** = **connection.**

connive [kə'naɪv] *vi* **- 1.** [plot]: **to ~ (with sb)** sich (mit jm) verschwören **- 2.** [allow to happen]: **to ~ at sthg** etw dulden.

conniving [kə'naɪvɪŋ] *adj* **pej** hinterhältig.

connoisseur [ˌkɒnə'sɜːʳ] *n* Kenner *der*, -in *die;* **a ~ of wine** ein Weinkenner.

connotation [ˌkɒnə'teɪʃn] *n* Konnotation *die*.

conquer ['kɒŋkəʳ] *vt* **- 1.** [take by force - land, city] erobern; [- people] besiegen **- 2.** **fig** [overcome] besiegen.

conqueror ['kɒŋkərəʳ] *n* [of land, city] Eroberer *der*, -in *die;* [of people] Sieger *der*, -in *die*.

conquest ['kɒŋkwest] *n* **- 1.** [act - of land, city] Eroberung *die;* [- of people] Sieg *der* **- 2.** [thing conquered] Eroberung *die*.

cons [kɒnz] *npl* **- 1.** **Br inf** (*abbr of* **conveniences**): **all mod ~** mit allem modernen Komfort **- 2.** ▷ **pro.**

Cons. *abbr of* **Conservative.**

conscience ['kɒnʃəns] *n* Gewissen *das;* **to have a clear/guilty ~** ein reines/schlechtes Gewissen haben; **in all ~** mit gutem Gewissen.

conscientious [ˌkɒnʃɪ'enʃəs] *adj* gewissenhaft.

conscientiously [ˌkɒnʃɪ'enʃəslɪ] *adv* gewissenhaft.

conscientiousness [ˌkɒnʃɪ'enʃəsnɪs] *n* Gewissenhaftigkeit *die*.

conscientious objector *n* Kriegsdienstverweigerer *der* (aus Gewissensgründen).

conscious ['kɒnʃəs] *adj* **- 1.** [awake] bei Bewusstsein **- 2.** [aware]: **to be ~ of sthg** sich einer Sache *(G)* bewusst sein; **fashion-~** modebewusst; **to be money-~** sehr auf Geld achten **- 3.** [intentional - effort, decision] bewusst; [- insult] absichtlich.

consciously ['kɒnʃəslɪ] *adv* absichtlich

consciousness ['kɒnʃəsnɪs] *n* Bewusstsein *das*.

conscript [*n* 'kɒnskrɪpt, *vb* kən'skrɪpt] MIL *n* Wehrpflichtige *der* ◇ *vt* ein|ziehen.

conscription [kən'skrɪpʃn] *n* Wehrpflicht *die*.

consecrate ['kɒnsɪkreɪt] *vt* weihen.

consecration [ˌkɒnsɪ'kreɪʃn] *n* Weihe *die*.

consecutive [kən'sekjʊtɪv] *adj* aufeinanderfolgend; [numbers] fortlaufend; **for four ~ days** vier Tage hintereinander.

consecutively [kən'sekjʊtɪvlɪ] *adv* hintereinander; [numbered] fortlaufend.

consensus [kən'sensəs] *n* Übereinstimmung *die*.

consent [kən'sent] *n (U)* **- 1.** [permission] Zustimmung *die* **- 2.** [agreement]: **he is, by common ~, a good minister** man hält ihn allgemein für einen guten Minister ◇ *vi:* **to ~ (to sthg)** (etw *(D)*) zulstimmen.

consequence ['kɒnsɪkwəns] *n* - **1.** [result] Folge *die;* **to take the ~s** die Konsequenzen tragen; **in ~** folglich - **2.** *(U)* [importance] Bedeutung *die;* **a person of ~** eine bedeutende Person.

consequent ['kɒnsɪkwənt] *adj* daraus folgend.

consequently ['kɒnsɪkwəntlɪ] *adv* folglich.

conservation [ˌkɒnsə'veɪʃn] *n* [of buildings] Schutz *der*, Erhaltung *die;* **nature ~** Naturschutz *der;* **~ of energy/water** sorgsamer Umgang mit Energie/Wasser.

conservation area *n* [natural] Naturschutzgebiet *das;* [historical, architectural] unter Denkmalschutz stehendes Gebiet.

conservationist [ˌkɒnsə'veɪʃənɪst] *n* [of nature] Umweltschützer *der*, -in *die;* [of buildings] Denkmalpfleger *der*, -in *die*.

conservatism [kən'sɜːvətɪzm] *n* Konservatismus *der*.

◆ **Conservatism** *n* POL Konservatismus *der*.

conservative [kən'sɜːvətɪv] *adj* - **1.** [traditional] konservativ - **2.** [cautious] vorsichtig ◇ *n* Konservative *der, die*.

◆ **Conservative** POL *adj* konservativ ◇ *n* Konservative *der, die*.

Conservative Party *n:* **the ~** die Konservative Partei.

conservatory [kən'sɜːvətrɪ] (*pl* **-ies**) *n* Wintergarten *der*.

conserve [*n* 'kɒnsɜːv, *vb* kən'sɜːv] *n* Marmelade *die* ◇ *vt* [energy, supplies, electricity] sorgsam um|gehen mit; [nature, wildlife] schützen.

consider [kən'sɪdə^r] *vt* - **1.** [think about] erwägen - **2.** [take into account] berücksichtigen; **all things ~ed** alles in allem - **3.** [believe]: **I ~ him (to be) an expert** ich halte ihn für einen Experten.

considerable [kən'sɪdrəbl] *adj* beträchtlich.

considerably [kən'sɪdrəblɪ] *adv* beträchtlich.

considerate [kən'sɪdərət] *adj* rücksichtsvoll.

consideration [kənˌsɪdə'reɪʃn] *n* - **1.** [thought] Überlegung *die;* **to take sthg into ~** etw berücksichtigen - **2.** [thoughtfulness] Rücksichtsnahme *die* - **3.** [factor] Gesichtspunkt *der* - **4.** [discussion]: **the matter is under ~** die Angelegenheit wird zur Zeit geprüft.

considered [kən'sɪdəd] *adj:* **~ opinion** wohlüberlegte Meinung.

considering [kən'sɪdərɪŋ] *prep* in Anbetracht *(+ G)* ◇ *conj* wenn man bedenkt, dass ◇ *adv* eigentlich; **the play was quite good, ~** das Stück war eigentlich ganz gut.

consign [kən'saɪn] *vt:* **to ~ sthg to the attic/shed/***etc* etw auf den Dachboden/in den Schuppen/*etc* verbannen; **to ~ sthg to the scrapheap** *fig* etw raus|werfen.

consignee [ˌkɒnsaɪ'niː] *n* Empfänger *der*, -in *die*.

consignment [kən'saɪnmənt] *n* Sendung *die;* [bigger] Ladung *die*.

consignment note *n* Frachtbrief *der*.

consist [kən'sɪst] ◆ **consist in** *vt fus:* **to ~ in sthg** in etw *(D)* bestehen; **to ~ in doing sthg** darin bestehen, etw zu tun.

◆ **consist of** *vt fus* bestehen aus.

consistency [kən'sɪstənsɪ] (*pl* **-ies**) *n* - **1.** [coherence] Beständigkeit *die;* [of several things] Einheitlichkeit *die* - **2.** [texture] Konsistenz *die*.

consistent [kən'sɪstənt] *adj* - **1.** [constant] beständig - **2.** [steady] stetig - **3.** [coherent]: **to be ~ (with)** im Einklang stehen (mit).

consistently [kən'sɪstəntlɪ] *adv* - **1.** [constantly] ständig - **2.** [coherently] konsequent.

consolation [ˌkɒnsə'leɪʃn] *n* Trost *der*.

consolation prize *n* Trostpreis *der*.

console [*n* 'kɒnsəʊl, *vt* kən'səʊl] *n* [control panel] Bedienungsfeld *das;* [of computer game] Spielkonsole *die* ◇ *vt* trösten; **to ~ o.s. with sthg** sich mit etw trösten.

consolidate [kən'sɒlɪdeɪt] *vt* - **1.** [strengthen] festigen - **2.** COMM [merge] vereinigen ◇ *vi* COMM fusionieren, sich zusammen|schließen.

consolidation [kənˌsɒlɪ'deɪʃn] *n* *(U)* - **1.** [strengthening] Festigung *die* - **2.** COMM [merging] Fusion *die*, Zusammenschluss *der*.

consols ['kɒnsəlz] *npl Br* ST EX Konsols *pl*.

consommé [kɒn'sɒmeɪ] *n* Brühe *die*.

consonant ['kɒnsənənt] *n* Konsonant *der*.

consort [*vb* kən'sɔːt, *n* 'kɒnsɔːt] *vi fml:* **to ~ with sb** mit jm verkehren ◇ *n* [spouse] Gemahl *der*, -in *die*.

consortium [kən'sɔːtjəm] (*pl* **-tiums** OR **-tia** [-tjə]) *n* Konsortium *das*.

conspicuous [kən'spɪkjʊəs] *adj* auffällig.

conspicuously [kən'spɪkjʊəslɪ] *adv* auffällig.

conspiracy [kən'spɪrəsɪ] (*pl* **-ies**) *n* Verschwörung *die*.

conspirator [kən'spɪrətə^r] *n* Verschwörer *der*, -in *die*.

conspiratorial [kənˌspɪrə'tɔːrɪəl] *adj* verschwörerisch.

conspire [kən'spaɪə^r] *vt:* **to ~ to do sthg** heimlich planen, etw zu tun ◇ *vi* - **1.** [plan secretly]: **to ~ against/with sb** sich gegen jn/mit jm verschwören - **2.** [combine]: **events ~d to ruin our holiday** eine Verkettung unglücklicher Umstände hat unseren Urlaub ruiniert.

constable ['kʌnstəbl] *n Br* Wachtmeister *der*, -in *die*.

constabulary [kən'stæbjʊlərɪ] (*pl* **-ies**) *n* Polizei *die*.

constancy ['kɒnstənsɪ] *n (U)* - **1.** [continuity - of temperature] Beständigkeit *die;* [- of purpose] Unwandelbarkeit *die* - **2.** ***literary*** [faithfulness] Treue *die.*

constant [ˈkɒnstənt] *adj* - **1.** [unvarying] konstant, beständig - **2.** [recurring] ständig - **3.** ***literary*** [faithful] treu.

constantly [ˈkɒnstəntlɪ] *adv* [always] dauernd, ständig.

constellation [ˌkɒnstəˈleɪʃn] *n* Sternbild *das.*

consternation [ˌkɒnstəˈneɪʃn] *n* Bestürzung *die.*

constipated [ˈkɒnstɪpeɪtɪd] *adj* verstopft.

constipation [ˌkɒnstɪˈpeɪʃn] *n (U)* Verstopfung *die.*

constituency [kənˈstɪtjʊənsɪ] (*pl* **-ies**) *n* Wahlkreis *der.*

constituency party *n* ***Br*** *Ortsgruppe einer politischen Partei.*

constituent [kənˈstɪtjʊənt] *adj* Bestandteil *der* <> *n* - **1.** [voter] Wähler *der,* -in *die* - **2.** [element] Bestandteil *der.*

constitute [ˈkɒnstɪtjuːt] *vt* - **1.** [represent] darlstellen - **2.** [form] bilden - **3.** [set up] einlrichten.

constitution [ˌkɒnstɪˈtjuːʃn] *n* - **1.** [health] Konstitution *die* - **2.** [composition] Zusammensetzung *die.*

◆ **Constitution** *n:* **the (United States) Constitution** die Verfassung (der Vereinigten Staaten).

CONSTITUTION

Die USA haben eine Verfassung in Form eines verbindlichen schriftlichen Dokuments; sie ist durch mehrere „Amendments" ergänzt worden, darunter die Bill of Rights von 1791. Dagegen ist die Verfassung von Großbritannien nie schriftlich niedergelegt worden; sie basiert im Wesentlichen auf dem Präzedenzprinzip, also auf der Gesetzeslage, wie sie sich im Laufe der Geschichte entwickelt hat.

constitutional [ˌkɒnstɪˈtjuːʃənl] *adj* - **1.** [regarding the constitution] Verfassungs- - **2.** [allowed by the constitution] konsitutionell; [government, rights] verfassungsmäßig.

constrain [kənˈstreɪn] *vt* - **1.** [coerce]: **to ~ sb** js Freiheit einlschränken; **to ~ sb to do sthg** jn zwingen, etw zu tun - **2.** [restrict] hemmen.

constrained [kənˈstreɪnd] *adj* [inhibited] gezwungen.

constraint [kənˈstreɪnt] *n* - **1.** [restriction] Beschränkung *die;* **to place ~s on sthg** etw *(D)* Beschränkungen auflerlegen - **2.** [coercion]: **under ~** unter Zwang.

constrict [kənˈstrɪkt] *vt* - **1.** [compress] einlzwängen - **2.** [limit] einlschränken.

constricting [kənˈstrɪktɪŋ] *adj* - **1.** [clothes] beengend - **2.** [circumstances, lifestyle] einschränkend.

construct [*vb* kənˈstrʌkt, *n* ˈkɒnstrʌkt] *vt* - **1.** [build] bauen - **2.** [sentence] konstruieren; [argument] entwickeln <> *n* ***fml*** [concept] Konstrukt *das.*

construction [kənˈstrʌkʃn] *n* - **1.** [act of building] Bau *der;* **under ~** im Bau - **2.** [building industry] Bauindustrie *die* - **3.** [structure] Konstruktion *die* <> *comp* Bau-.

construction industry *n* Bauindustrie *die.*

constructive [kənˈstrʌktɪv] *adj* konstruktiv.

constructively [kənˈstrʌktɪvlɪ] *adv* konstruktiv.

construe [kənˈstruː] *vt* ***fml*** [interpret]: **to ~ sthg as** etw auflfassen als.

consul [ˈkɒnsəl] *n* Konsul *der.*

consular [ˈkɒnsjʊləʳ] *adj* konsularisch.

consulate [ˈkɒnsjʊlət] *n* Konsulat *das.*

consult [kənˈsʌlt] *vt* - **1.** [ask advice of - doctor, lawyer] konsultieren; [- friend] um Rat fragen - **2.** [refer to - dictionary] nachlschlagen in *(+ D);* [- map] nachlsehen auf *(+ D)* <> *vi:* **to ~ with sb** sich mit jm beraten.

consultancy [kənˈsʌltənsɪ] (*pl* **-ies**) *n* [company] Beratungsbüro *das.*

consultancy fee *n* Beratungsgebühr *die.*

consultant [kənˈsʌltənt] *n* - **1.** [expert] Berater *der,* -in *die* - **2.** ***Br*** [hospital doctor] Facharzt *der,* -ärztin *die.*

consultation [ˌkɒnsəlˈteɪʃn] *n* [meeting, discussion] Beratung *die.*

consulting room [kənˈsʌltɪŋ-] *n* Sprechzimmer *das.*

consume [kənˈsjuːm] *vt* - **1.** [food, drink] zu sich nehmen - **2.** [fuel, energy] verbrauchen; [time] in Anspruch nehmen - **3.** ***literary*** [burn up] verzehren.

consumer [kənˈsjuːməʳ] *n* Verbraucher *der,* -in *die* <> *comp* Verbraucher-; **~ rights** Rechter *pl* der Verbraucher.

consumer credit *n (U)* Verbraucherkredit *der.*

consumer durables *npl* (langlebige) Gebrauchsgüter *pl.*

consumer goods *npl* Konsumgüter *pl.*

consumerism [kənˈsjuːmərɪzm] *n (U)* ***pej*** [excessive consumption] Konsumdenken *das.*

consumer society *n* Konsumgesellschaft *die.*

consumer spending *n* Ausgaben *pl* für Konsumgüter.

consuming *adj* [passion] verzehrend; [interest] brennend.

consummate [*adj* kən'sʌmət, *vb* 'kɒnsəmeɪt] *adj* **- 1.** [skill] vollendet; **with ~ ease** mit spielender Leichtigkeit **- 2.** [liar, actor] unübertrefflich ◇ *vt* **- 1.** [marriage] vollziehen **- 2.** [deal, achievement] vollenden.

consummation [ˌkɒnsə'meɪʃn] *n* **- 1.** [of marriage] Vollzug *der* **- 2.** [culmination] Vollendung *die*.

consumption [kən'sʌmpʃn] *n (U)* **- 1.** [of food, drink] Konsum *der* **- 2.** [of fuel, energy] Verbrauch *der* **- 3.** ***dated*** [tuberculosis] Schwindsucht *die*.

cont. (*abbr of* **continued**) Forts.

contact ['kɒntækt] *n* Kontakt *der;* **to be in ~ with sthg** [touching] etw berühren; **to lose ~ with sb** den Kontakt zu jm verlieren; **to make ~ with sb** mit jm Kontakt auf|nehmen, sich mit jm in Verbindung setzen; **in ~ (with sb)** in Kontakt (mit jm) ◇ *vt* sich in Verbindung setzen mit, kontaktieren.

contact lens *n* Kontaktlinse *die*.

contact number *n Telefonnummer, unter der man erreicht werden kann.*

contagious [kən'teɪdʒəs] *adj* ***lit*** & ***fig*** ansteckend.

contain [kən'teɪn] *vt* **- 1.** [hold, include] enthalten **- 2.** ***fml*** [control - enthusiasm, anger, excitement] unter Kontrolle halten; [- epidemic, riot] unter Kontrolle bringen; [- enemy troops] in Schach halten; [- population growth] in Grenzen halten; **to ~ o.s.** sich beherrschen.

contained [kən'teɪnd] *adj* [person] beherrscht.

container [kən'teɪnəʳ] *n* **- 1.** [box, bottle *etc*] Behälter *der* **- 2.** COMM [for transporting goods] Container *der*.

containerize, -ise [kən'teɪnəraɪz] *vt* COMM **- 1.** [transport] in Container verpacken **- 2.** [adapt for containers] auf Container um|stellen.

container ship *n* Frachtschiff *das*.

containment [kən'teɪnmənt] *n (U)* [limitation] Eindämmung *die*.

contaminate [kən'tæmɪneɪt] *vt* [make impure] verunreinigen; [make poisonous] verseuchen.

contamination [kənˌtæmɪ'neɪʃn] *n* [making impure] Verunreinigung *die*.

cont'd (*abbr of* **continued**) Forts.

contemplate ['kɒntempleɪt] *vt* **- 1.** [consider] erwägen; **to ~ doing sthg** erwägen, etw zu tun **- 2.** ***literary*** [look at] betrachten ◇ *vi* [meditate] Betrachtungen an|stellen.

contemplation [ˌkɒntem'pleɪʃn] *n (U)* **- 1.** [thought] Kontemplation *die*, Betrachtung *die;* **she was lost in ~** sie war in Gedanken versunken **- 2.** ***literary*** [looking at] Betrachtung *die*.

contemplative [kən'templətɪv] *adj* kontemplativ.

contemporary [kən'tempərərɪ] (*pl* **-ies**) *adj* [life] zeitgenössisch ◇ *n* Zeitgenosse *der*, -sin *die*.

contempt [kən'tempt] *n (U)* **- 1.** [scorn]: **~ (for)** Verachtung *die* (für); **to hold sb in ~** jn verachten **- 2.** LAW: **~ (of court)** Missachtung *die* des Gerichts.

contemptible [kən'temptəbl] *adj* verachtenswert.

contemptuous [kən'temptʃʊəs] *adj* verächtlich; **to be ~ of sthg** etw verachten.

contend [kən'tend] *vi* **- 1.** [deal]: **to ~ with sthg** mit etw zu kämpfen haben; **I've got enough to ~ with** ich habe genug, womit ich fertig werden muss **- 2.** [compete]: **to ~ for sthg** um etw kämpfen ◇ *vt* ***fml*** [claim]: **to ~ that** behaupten, dass.

contender [kən'tendəʳ] *n* **- 1.** [in fight, race] Konkurrent *der*, -in *die* **- 2.** [in election] Kandidat *der*, -in *die*.

content [*n* 'kɒntent, *adj* & *vb* kən'tent] *adj:* **~ (with)** zufrieden (mit); **to be ~ to do sthg** etw gerne tun ◇ *n* **- 1.** [amount contained] Gehalt *der* **- 2.** [subject matter] Inhalt *der* ◇ *vt:* **to ~ o.s. with sthg** sich mit etw zufrieden geben.

◆ **contents** *npl* **- 1.** [of container, document] Inhalt *der* **- 2.** [at front of book] Inhaltsverzeichnis *das*.

contented [kən'tentɪd] *adj* zufrieden.

contentedly [kən'tentɪdlɪ] *adv* zufrieden.

contention [kən'tenʃn] *n* **- 1.** [assertion] Behauptung *die* **- 2.** *(U)* [disagreement]: **to be a source of ~** ein Streitpunkt sein **- 3.** *(U)* [competition]: **to be in ~** wetteifern.

contentious [kən'tenʃəs] *adj* ***fml*** [statement, issue, view] strittig; [decision] umstritten.

contentment [kən'tentmənt] *n* Zufriedenheit *die*.

contest [*n* 'kɒntest, *vb* kən'test] *n* **- 1.** [competition] Wettkampf *der;* **a beauty ~** ein Schönheitswettbewerb **- 2.** [for power, control] Kampf *der* ◇ *vt* **- 1.** [compete for] kämpfen um **- 2.** [dispute - statement] bestreiten; [- decision] Einspruch erheben gegen; [- will] an|fechten.

contestant [kən'testənt] *n* [in sports] Wettkampfteilnehmer *der*, -in *die;* [in quiz, election] Kandidat *der*, -in *die*.

context ['kɒntekst] *n* **- 1.** [of word, phrase] Kontext *der;* **to take sthg out of ~** etw aus dem Kontext reißen **- 2.** [of event, idea] Zusammenhang *der*.

continent ['kɒntɪnənt] *n* Kontinent *der*.

◆ **Continent** *n* ***Br:*** **the Continent** Kontinentaleuropa *das*.

continental [ˌkɒntɪ'nentl] *adj* **- 1.** GEOGR kontinental - **2.** *Br* [European] kontinentaleuropäisch; **~ holidays** Ferien auf dem europäischen Festland ◇ *n Br inf* Festlandseuropäer *der*, -in *die*.

continental breakfast *n Frühstück mit Kaffee oder Tee, Brötchen und Marmelade.*

continental climate *n* kontinentales Klima.

continental quilt *n Br* Steppdecke *die*.

contingency [kən'tɪndʒənsɪ] (*pl* **-ies**) *n* Eventualität *die*.

contingency plan *n* Ausweichplan *der*.

contingent [kən'tɪndʒənt] *adj fml:* **~ (up)on sthg** von etw abhängig ◇ *n* - **1.** MIL Kontingent *das* - **2.** [group] Gruppe *die*.

continual [kən'tɪnjʊəl] *adj* - **1.** [without interruption - noise] pausenlos; [- growth] ununterbrochen; [- jealousy] dauernd - **2.** [frequently repeated] ständig, dauernd.

continually [kən'tɪnjʊəlɪ] *adv* - **1.** [without interruption] ununterbrochen - **2.** [frequently] ständig.

continuation [kən,tɪnjʊ'eɪʃn] *n* Fortsetzung *die*.

continue [kən'tɪnju:] *vt* [carry on] fort|setzen; **to ~ singing/working/***etc* OR **to sing/work/***etc* weiter|singen/arbeiten/*etc*; **"And now ...," he said ~d** „Und nun ...", fuhr er fort ◇ *vi* - **1.** [carry on] an|dauern; **to ~ as director** weiterhin Direktor/Direktorin bleiben; **to ~ with sthg** etw fort|setzen - **2.** [begin again - gen] weiter|gehen; [- people] - weiter|machen - **3.** [resume speaking] fort|fahren - **4.** [resume travelling] weiter|fahren; [on foot] weiter|gehen.

continuity [,kɒntɪ'nju:ətɪ] *n (U)* - **1.** [coherence] Kontinuität *die* - **2.** TV & CINEMA Anschluss *der*; **~ girl** Scriptgirl *das*.

continuous [kən'tɪnjʊəs] *adj* ununterbrochen.

continuous assessment *n* fortlaufende Beurteilung.

continuously [kən'tɪnjʊəslɪ] *adv* ununterbrochen.

contort [kən'tɔ:t] *vt* [face, image] verzerren; [one's body] verrenken.

contortion [kən'tɔ:ʃn] *n* - **1.** *(U)* [twisting - of face, image] Verzerrung *die*; [- of body] Verkrümmung *die* - **2.** [position] Verrenkung *die*.

contour ['kɒn,tʊə^r^] *n* - **1.** [outline] Kontur *die* - **2.** [on map] Höhenlinie *die* ◇ *comp* [map] mit Höhenlinien; [line] Höhen-.

contraband ['kɒntrəbænd] *adj* geschmuggelt ◇ *n (U)* Schmuggelware *die*.

contraception [,kɒntrə'sepʃn] *n* Empfängnisverhütung *die*.

contraceptive [,kɒntrə'septɪv] *adj* Verhütungs-; [advice] zur Empfängnisverhütung ◇ *n* Verhütungsmittel *das*.

contraceptive pill *n* Antibabypille *die*.

contract [*n* 'kɒntrækt, *vb* kən'trækt] *n* Vertrag *der*; **a ~ of employment** ein Arbeitsvertrag ◇ *vt* - **1.** [through legal agreement]: **to ~ (to do sthg)** sich vertraglich verpflichten(, etw zu tun) - **2.** COMM: **to ~ sb** jn unter Vertrag nehmen - **3.** *fml* [disease] sich *(D)* zu|ziehen - **4.** [reduce in size, length] zusammen|ziehen ◇ *vi* [decrease in size, length] sich zusammen|ziehen.

◆ **contract in** *vi esp Br* bei|treten.

◆ **contract out** *vt sep* vergeben ◇ *vi esp Br:* **to ~ out (of sthg)** (aus etw) aus|treten.

contraction [kən'trækʃn] *n* - **1.** [reduction in size, length] Zusammenziehen *das* - **2.** [short form] Kontraktion *die*.

contractor [kən'træktə^r^] *n* [person] Auftragnehmer *der*, -in *die*; [company] beauftragte Firma.

contractual [kən'træktʃʊəl] *adj* vertraglich.

contradict [,kɒntrə'dɪkt] *vt* widersprechen *(+ D)*.

contradiction [,kɒntrə'dɪkʃn] *n* Widerspruch *der*; **~ in terms** Widerspruch in sich.

contradictory [,kɒntrə'dɪktərɪ] *adj* widersprüchlich.

contraflow ['kɒntrəfləʊ] *n Umleitung auf die Gegenfahrbahn (bei Baustellen auf der Fahrbahn).*

contralto [kən'træltəʊ] (*pl* **-s**) *n* [voice] Alt *der*; [singer] Altistin *die*.

contraption [kən'træpʃn] *n* Apparat *der*.

contrary ['kɒntrərɪ, *adj sense 2* kən'treərɪ] *adj* - **1.** [opposing] gegensätzlich; **to be ~ to sthg** im Gegensatz zu etw stehen - **2.** [stubborn] widerspenstig ◇ *n* Gegenteil *das*; **on the ~** im Gegenteil; **evidence to the ~** gegenteilige Beweise.

◆ **contrary to** *prep* im Gegensatz zu.

contrast [*n* 'kɒntrɑ:st, *vb* kən'trɑ:st] *n:* **~ (with** OR **to)** Gegensatz *der* (zu); **the ~ between** der Unterschied zwischen; **by** OR **in ~** im Gegensatz dazu; **in ~ with** OR **to sthg** im Gegensatz zu etw ◇ *vt:* **to ~ sthg with sthg** etw etw *(D)* gegenüber|stellen ◇ *vi:* **to ~ (with sthg)** im Gegensatz (zu etw) stehen; [colours] sich (gegen etw) ab|heben.

contrasting [kən'trɑ:stɪŋ] *adj* [personalities, views] gegensätzlich; [colours] kontrastierend.

contravene [,kɒntrə'vi:n] *vt* verstoßen gegen.

contravention [,kɒntrə'venʃn] *n:* **~ (of sthg)** Verstoß *der* (gegen etw).

contribute [kən'trɪbju:t] *vt* - **1.** [ideas] bei|tragen; [money] bei|steuern; [help, advice] zur Verfügung stellen - **2.** [to magazine, newspaper] beiltragen ◇ *vi* - **1.** [donate]: **to ~ (to sthg)** (für etw) spenden - **2.** [be part of cause]: **to ~ to sthg** zu etw beiltragen - **3.** [write material]: **to ~ to sthg** für etw einen Beitrag/Beiträge schreiben.

contributing [kənˈtrɪbjuːtɪŋ] *adj*: **it's a ~ factor** es ist ein Faktor, der mit eine Rolle spielt.

contribution [ˌkɒntrɪˈbjuːʃn] *n*: **~ (to sthg)** Beitrag *der* (zu etw).

contributor [kənˈtrɪbjʊtəʳ] *n* - **1.** [of money] Spender *der*, -in *die* - **2.** [to magazine, newspaper] freier Mitarbeiter, freie Mitarbeiterin; [regular] Mitarbeiter *der*, -in *die*.

contributory [kənˈtrɪbjʊtərɪ] *adj*: **it's a ~ factor** es ist ein Faktor, der mit eine Rolle spielt.

contributory pension scheme *n* beitragspflichtige Rentenversicherung.

contrite [ˈkɒntraɪt] *adj* ***literary*** reuig.

contrition [kənˈtrɪʃn] *n* ***literary*** Reue *die*.

contrivance [kənˈtraɪvns] *n* - **1.** [contraption, device] Vorrichtung *die*; [machine] Maschine *die* - **2.** [ploy] List *die*.

contrive [kənˈtraɪv] *vt* ***fml*** - **1.** [engineer] entwickeln; [meeting] arrangieren - **2.** [manage]: **to ~ to do sthg** es zuwege bringen, etw zu tun.

contrived [kənˈtraɪvd] *adj* gewollt.

control [kənˈtrəʊl] (*pt* & *pp* **-led;** *cont* **-ling**) *n* - **1.** *(U)* [power to manage - of situation, language] Beherrschung *die*; [- of traffic] Regelung *die*; [- of disease, crowd, fire] Kontrolle *die*; [- of budget] Aufsicht *die*; **to gain ~ of sthg** [of area, country] die Gewalt über etw *(A)* gewinnen; [of government, company, radio station] die Kontrolle über etw *(A)* gewinnen; **to take ~ of sthg** [one's life] etw in die (eigene) Hand nehmen, etw in seine Gewalt bringen; **due to circumstances beyond our ~** durch nicht in unserer Hand liegende Umstände; **to be in ~ of** [situation, place] unter Kontrolle haben; **out of ~** außer Kontrolle; **his car went out of ~** er verlor die Gewalt über seinen Wagen; **under ~** unter Kontrolle; **to get a situation under ~** eine Situation in den griff Bekommen - **2.** [of emotions] Beherrschung *die*; **to lose ~** [become angry] die Beherrschung verlieren - **3.** [limit] Beschränkung *die* - **4.** [in experiment - group] Kontrollgruppe *die*; [- person] Kontrollperson *die* - **5.** COMPUT Control, Steuerung *die* ◇ *vt* - **1.** [have power to manage - company] leiten; [- government] unter sich *(D)* haben; [- country] beherrschen; [- traffic] regulieren; [- crowds, rioters] unter Kontrolle haben - **2.** [operate - car, plane] steuern; [- machine] bedienen - **3.** [curb] unter Kontrolle bringen - **4.** [emotions] beherrschen; **to ~ o.s.** sich beherrschen ◇ *comp* Kontroll-.

◆ **controls** *npl* [of machine, plane] Bedienungsfeld *das*.

control group *n* Kontrollgruppe *die*.

control key *n* COMPUT Control- *OR* Steuerung-Taste *die*.

controlled [kənˈtrəʊld] *adj* - **1.** [person] beherrscht - **2.** ECON [prices] gebunden.

controller [kənˈtrəʊləʳ] *n* [of finances] Leiter *der*, -in *die* des Finanzwesens; RADIO & TV Programmdirektor *der*, -in *die*.

controlling [kənˈtrəʊlɪŋ] *adj* [factor] beherrschend.

controlling interest *n* Mehrheitsanteil *der*.

control panel *n* [of car] Armaturenbrett *das*; [of plane, machine] Bedienungsfeld *das*.

control room *n* Kontrollraum *der*.

control tower *n* Kontrollturm *der*.

controversial [ˌkɒntrəˈvɜːʃl] *adj* umstritten.

controversy [ˈkɒntrəvɜːsɪ, *Br* kənˈtrɒvəsɪ] (*pl* **-ies**) *n* Streit *der*.

conundrum [kəˈnʌndrəm] (*pl* **-s**) *n* ***fml*** Rätsel *das*.

conurbation [ˌkɒnɜːˈbeɪʃn] *n* Ballungsgebiet *das*.

convalesce [ˌkɒnvəˈles] *vi* genesen.

convalescence [ˌkɒnvəˈlesns] *n* Genesungszeit *die*.

convalescent [ˌkɒnvəˈlesnt] *adj* Genesungs- ◇ *n* Genesende *der*, *die*.

convection [kənˈvekʃn] *n* Konvektion *die*.

convector [kənˈvektəʳ] *n*: **~ heater** Heizlüfter *der*.

convene [kənˈviːn] *vt* [meeting, conference] einlberufen; [people] versammeln ◇ *vi* sich versammeln; [court, parliament] zusammenltreten.

convener [kənˈviːnəʳ] *n* ***Br*** Organisator *der*, -in *die* einer Versammlung.

convenience [kənˈviːnjəns] *n* - **1.** [ease of use]: **I like the ~ of it** ich finde es so praktisch; **for ~** aus praktischen Gründen - **2.** [benefit]: **please reply at your earliest ~** ***fml*** wir bitten um baldmöglichste Antwort; **a telephone is provided for your ~** ein Telefon wird Ihnen zur Verfügung gestellt - **3.** [facility] Annehmlichkeit *die*; **the house has every modern ~** das Haus hat allen modernen Komfort.

convenience food *n* Fertiggericht *das*, Fertigmahlzeit *die*.

convenience store *n* ***Am*** *kleiner Supermarkt.*

convenient [kənˈviːnjənt] *adj* - **1.** [suitable] günstig; **to be ~ for sb** jm passen - **2.** [handy] praktisch; **to be ~ for the shops** günstig in der Nähe von Geschäften gelegen sein.

conveniently [kənˈviːnjəntlɪ] *adv* günstig.

convent ['kɒnvənt] *n* Kloster *das* (für Frauen).

convention [kən'venʃn] *n* **- 1.** [practice] Brauch *der;* [social rule] Konvention *die* **- 2.** [agreement] Abkommen *das* **- 3.** [assembly] Tagung *die.*

conventional [kən'venʃənl] *adj* **- 1.** ***pej*** [dull] konventionell; [person] konventionsgebunden **- 2.** [traditional] üblich **- 3.** [weapon, war] konventionell.

conventionally [kən'venʃnəlɪ] *adv* **- 1.** ***pej*** [in a dull way] konventionell **- 2.** [traditionally] auf herkömmliche Weise.

convent school *n* Klosterschule *die.*

converge [kən'vɜːdʒ] *vi* **- 1.** [come together] zusammen|laufen; **to ~ on sb/sthg** von überall her zu jm/etw strömen; **to ~ on Denver** von überall her nach Denver strömen **- 2.** [become similar] sich einander an|nähern.

conversant [kən'vɜːsənt] *adj* ***fml:*** **~ with sthg** mit etw vertraut.

conversation [ˌkɒnvə'seɪʃn] *n* Gespräch *das;* **to have a ~** sich unterhalten; **to make ~** Konversation machen.

conversational [ˌkɒnvə'seɪʃənl] *adj* leger.

conversationalist [ˌkɒnvə'seɪʃnəlɪst] *n:* **a good ~** ein guter Unterhalter, eine gute Unterhalterin.

converse [*n* & *adj* 'kɒnvɜːs, *vb* kən'vɜːs] *adj* ***fml*** [opposing] gegenteilig <> *n* [opposite]: **the ~** das Gegenteil <> *vi* ***fml*** [talk]: **to ~ (with sb)** sich (mit jm) unterhalten.

conversely [kən'vɜːslɪ] *adv* ***fml*** umgekehrt.

conversion [kən'vɜːʃn] *n* **- 1.** [process] Umwandlung *die* **- 2.** [converted building, room] Umbau *der* **- 3.** RELIG [change in belief] Bekehrung *die* **- 4.** [in rugby] Verwandlung *die.*

conversion table *n* Umrechnungstabelle *die.*

convert [*vb* kən'vɜːt, *n* 'kɒnvɜːt] *vt* **- 1.** [change]: **to ~ sthg (in)to sthg** [miles, pounds] etw in etw *(A)* um|rechnen; [energy] etw in etw *(A)* um|wandeln; **we're ~ing the system to a computerized one** wir rüsten (das System) auf Computer um **- 2.** RELIG & ***fig:*** **to ~ sb (to sthg)** jn (zu etw) bekehren **- 3.** [building, room, ship]: **to ~ sthg (in)to sthg** etw zu etw um|bauen **- 4.** RUGBY verwandeln <> *vi:* **to ~ from sthg to sthg** [gas, electricity] sich von etw auf etw *(A)* um|stellen; [religion] von etw zu etw konvertieren <> *n* Bekehrte *der, die.*

converted [kən'vɜːtɪd] *adj* **- 1.** [building, room, ship] umgebaut **- 2.** RELIG [person] bekehrt.

convertible [kən'vɜːtəbl] *adj* **- 1.** [bed, sofa] ausziehbar **- 2.** [currency] konvertibel **- 3.** [car] mit aufklappbarem Verdeck <> *n* [car] Kabrio *das.*

convex [kɒn'veks] *adj* konvex; **~ lens** Konvexlinse *die.*

convey [kən'veɪ] *vt* **- 1.** ***fml*** [people, cargo] befördern **- 2.** [feelings, thoughts] vermitteln; **to ~ sthg to sb** jm etw vermitteln.

conveyancing [kən'veɪənsɪŋ] *n* Eigentumsübertragung *die.*

conveyer belt [kən'veɪəʳ-], **conveyor belt** *n* [in factory] Fließband *das;* [at airport] Förderband *das.*

convict [*n* 'kɒnvɪkt, *vb* kən'vɪkt] *n* Strafgefangene *der, die* <> *vt:* **to ~ sb of sthg** jn wegen etw verurteilen.

convicted [kən'vɪktɪd] *adj* verurteilt, schuldig gesprochen.

conviction [kən'vɪkʃn] *n* **- 1.** [gen] Überzeugung *die* **- 2.** LAW [of criminal] Verurteilung *die;* **previous ~s** Vorstrafen *pl.*

convince [kən'vɪns] *vt* [persuade] überzeugen; **to ~ sb of sthg** jn von etw überzeugen; **to ~ sb to do sthg** jn überreden, etw zu tun.

convinced [kən'vɪnst] *adj:* **~ (of sthg)** (von etw) überzeugt.

convincing [kən'vɪnsɪŋ] *adj* **- 1.** [person, argument, speech] überzeugend **- 2.** [win, victory] klar.

convivial [kən'vɪvɪəl] *adj* gesellig.

convoluted ['kɒnvəluːtɪd] *adj* [plot, reasoning] verwickelt; [sentence] gewunden.

convoy ['kɒnvɔɪ] *n* Konvoi *der;* **in ~** im Konvoi.

convulse [kən'vʌls] *vt:* **to be ~d with laughter** sich vor Lachen schütteln; **to be ~d with pain** sich vor Schmerzen krümmen.

convulsion [kən'vʌlʃn] *n* MED Konvulsion *die.*

convulsive [kən'vʌlsɪv] *adj* [shiver, movement] konvulsiv; **~ laughter** Lachkrämpfe *pl.*

coo [kuː] *vi* gurren.

cook [kʊk] *n* Koch *der*, Köchin *die* <> *vt* **- 1.** [food, meal] machen, zu|bereiten; [boil] kochen; [roast, fry] braten; **to ~ sthg (in the oven)** etw im Ofen garen lassen **- 2.** ***inf*** [falsify] frisieren <> *vi* [boil] kochen; [roast, fry] braten.
◆ **cook up** *vt sep* [invent] sich zusammen|basteln.

cookbook ['kʊkˌbʊk] *n* = **cookery book.**

cooked [kʊkt] *adj* [food] gekocht; **a ~ meal** ein warmes Essen.

cooker ['kʊkəʳ] *n* ***esp Br*** [stove] Herd *der.*

cookery ['kʊkərɪ] *n* Kochen *das.*

cookery book *n* Kochbuch *das.*

cookie ['kʊkɪ] *n* Keks *der*, Plätzchen *das.*

cooking ['kʊkɪŋ] *n (U)* **- 1.** [activity] Kochen *das* **- 2.** [food] Küche *die;* **her ~'s awful** ihre Kochkünste sind grauenvoll <> *comp* Koch-; **~ oil** Öl *das* (zum Kochen und Braten); **~ choco-**

late Blockschokolade *die;* ~ **sherry** Sherry *der* (zum Kochen).

cooking apple *n* Kochapfel *der.*

cookout [ˈkʊkaʊt] *n* **Am** *Kochen/Grillen am Lagerfeuer oder Kastengrill.*

cool [kuːl] *adj* - **1.** [gen] kühl; [dress] leicht - **2.** [person] ruhig, gelassen; **to keep a ~ head** einen kühlen Kopf behalten - **3.** ***inf*** [excellent, fashionable] cool ◇ *vt* kühlen ◇ *vi* ab|kühlen ◇ *n* ***inf*** [calm]: **to keep one's ~** die Ruhe bewahren, einen kühlen Kopf bewahren; **to lose one's ~** die Nerven verlieren.

◆ **cool down** *vt sep* - **1.** [make less warm] ab|kühlen - **2.** [make less angry] beruhigen ◇ *vi* - **1.** [become less warm] ab|kühlen; [person] kühler werden - **2.** [become less angry] sich beruhigen.

◆ **cool off** *vi* - **1.** [become less warm] ab|kühlen; [person] kühler werden - **2.** [become less angry] sich beruhigen.

coolant [ˈkuːlənt] *n* Kühlmittel *das.*

cool bag *n* Kühltasche *die.*

cool box ***Br,*** **cooler** [ˈkuːləʳ] ***Am*** *n* Kühlbox *die.*

cool-headed [-ˈhedɪd] *adj* kühl und besonnen.

cooling-off period [ˈkuːlɪŋ-] *n Zeitraum, in dem die Betroffenen nach einem Disput ihre Besonnenheit wiedergewinnen können.*

cooling tower [ˈkuːlɪŋ-] *n* Kühlturm *der.*

coolly [ˈkuːlɪ] *adv* - **1.** [calmly] ruhig, gelassen - **2.** [coldly] kühl.

coolness [ˈkuːlnɪs] *n (U)* Kühle *die.*

coop [kuːp] *n* Käfig *der.*

◆ **coop up** *vt sep* ***inf*** ein|pferchen.

co-op [ˈkəʊˌɒp] *n abbr of* **cooperative.**

cooperate [kəʊˈɒpəreɪt] *vi* zusammen|arbeiten, kooperieren; **to ~ with sb** mit jm zusammen|arbeiten.

cooperation [kəʊˌɒpəˈreɪʃn] *n (U)* - **1.** [collaboration] Zusammenarbeit *die* - **2.** [assistance] Mitarbeit *die;* Kooperation *die.*

cooperative [kəʊˈɒpərətɪv] *adj* - **1.** [helpful] kooperativ - **2.** [collective] auf Genossenschaftsbasis ◇ *n* [enterprise] Genossenschaft *die,* Kooperative *die.*

co-opt *vt:* **to ~ sb** jn hinzu|wählen; **to ~ sb into/onto sthg** jn in etw *(A)* hinein|wählen.

coordinate [*n* kəʊˈɔːdɪnət, *vt* kəʊˈɔːdɪneɪt] *n* [on map, graph] Koordinate *die* ◇ *vt* koordinieren.

◆ **coordinates** *npl* [clothes] Kleidung *die* zum kombinieren.

coordination [kəʊˌɔːdɪˈneɪʃn] *n* Koordination *die.*

coot [kuːt] *n* Blässhuhn *das.*

co-ownership *n (U)* Mitbesitz *der.*

cop [kɒp] (*pt & pp* **-ped;** *cont* **-ping**) *n* ***inf*** [policeman] Polizist *der,* -in *die.*

◆ **cop out** *vi* ***inf:*** **to ~ out (of sthg)** kneifen (vor etw *(D)*).

cope [kəʊp] *vi* zurecht|kommen; **to ~ with sthg** etw schaffen.

Copenhagen [ˌkəʊpənˈheɪgən] *n* Kopenhagen *nt.*

copier [ˈkɒpɪəʳ] *n* [photocopier] Kopierer *der.*

copilot [ˈkəʊˌpaɪlət] *n* Kopilot *der,* -in *die.*

copious [ˈkəʊpjəs] *adj* reichlich.

cop-out *n* ***inf*** Rückzieher *der.*

copper [ˈkɒpəʳ] *n* - **1.** [metal] Kupfer *das* - **2.** ***Br inf*** [policeman] Polizist *der,* -in *die.*

coppice [ˈkɒpɪs], **copse** [kɒps] *n* Wäldchen *das.*

copulate [ˈkɒpjʊleɪt] *vi* ***fml:*** **to ~ (with)** kopulieren (mit).

copulation [ˌkɒpjʊˈleɪʃn] *n* Kopulation *die.*

copy [ˈkɒpɪ] (*pt & pp* **-ied**) *n* - **1.** [gen] Kopie *die* - **2.** [of book, magazine] Exemplar *das* ◇ *vt* - **1.** [imitate] nach|ahmen - **2.** [photocopy] kopieren ◇ *vi* [cheat - at school] ab|schreiben.

◆ **copy down** *vt sep* auf|schreiben.

◆ **copy out** *vt sep* ab|schreiben.

copycat [ˈkɒpɪkæt] *n* ***inf*** Nachahmer *der,* -in *die* ◇ *comp* Nachahmungs-.

copy protected *adj* COMPUT kopiergeschützt.

copyright [ˈkɒpɪraɪt] *n* Copyright *das,* Urheberrecht *das.*

copy typist *n* ***Br*** Schreibkraft *die.*

copywriter [ˈkɒpɪˌraɪtəʳ] *n* Texter *der,* -in *die.*

coral [ˈkɒrəl] *n (U)* Koralle *die* ◇ *comp* Korallen-.

coral reef *n* Korallenriff *das.*

cord [kɔːd] *n* - **1.** [string] Schnur *die* - **2.** [wire] Kabel *das* - **3.** *(U)* [fabric] Kord *der* ◇ *comp* Kord-.

◆ **cords** *npl* ***inf*** Kordhose *die.*

cordial [ˈkɔːdjəl] *adj* freundlich ◇ *n* Fruchtsirup *der.*

cordially [ˈkɔːdɪəlɪ] *adv* freundlich.

cordless [ˈkɔːdlɪs] *adj* kabellos.

cordon [ˈkɔːdn] *n* Kette *die.*

◆ **cordon off** *vt sep* ab|sperren.

cordon bleu [-blɜː] *adj* [cook] Meister-; **~ cookery** feine Küche.

corduroy [ˈkɔːdərɔɪ] *n (U)* Kord *der* ◇ *comp* Kord-.

core [kɔːʳ] *n* - **1.** [of apple, pear] Kerngehäuse *das* - **2.** [of Earth, nuclear reactor] Kern *der* - **3.** [of cable] Seele *die* - **4.** ***fig*** [of group of people] Zentrum *das;* [of argument, policy] Kern *der* ◇ *vt* entkernen.

corer [ˈkɔːrəʳ] *n* Apfelstecher *der.*

corespondent [ˌkəʊrɪ'spɒndənt] *n* LAW Dritte *der, die.*

core time *n Br* Kernzeit *die*

corgi ['kɔːgɪ] (*pl* **-s**) *n* Corgi *der.*

coriander [ˌkɒrɪ'ændəʳ] *n* Koriander *der.*

cork [kɔːk] *n* **- 1.** [material] Kork *der* **- 2.** [stopper] Korken *der.*

corkage ['kɔːkɪdʒ] *n (U)* Korkengeld *das.*

corked [kɔːkt] *adj* korkig.

corkscrew ['kɔːkskruː] *n* Korkenzieher *der.*

cormorant ['kɔːmərənt] *n* Kormoran *der.*

corn [kɔːn] *n* **- 1.** *(U) Br* [cereal] Korn *das,* Getreide *das* **- 2.** *(U)* ***esp Am*** [maize] Mais *der* **- 3.** [callus] Hühnerauge *das.*

Corn *abk für Cornwall, in Postanschrift verwendet.*

corn bread *n* Maisbrot *das.*

cornea ['kɔːnɪə] (*pl* **-s**) *n* Hornhaut *die.*

corned beef [kɔːnd-] *n* Corned beef *das.*

corner ['kɔːnəʳ] *n* Ecke *die;* ***fig*** **from all ~s of the earth** aus aller Welt; **to cut ~s** oberflächlich arbeiten ◇ *vt* **- 1.** ***fig*** [person, animal] in die Enge treiben **- 2.** [market] monopolisieren.

corner flag *n* Eckfahne *die.*

corner kick *n* FTBL Eckstoß *der.*

corner shop *n* Laden *der* an der Ecke.

cornerstone ['kɔːnəstəʊn] *n* ***fig*** Grundstein *der.*

cornet ['kɔːnɪt] *n* **- 1.** [instrument] Kornett *das* **- 2.** ***Br*** [ice-cream cone] Hörnchen *das.*

cornfield ['kɔːnfiːld] *n* **- 1.** ***Br*** [of wheat] Kornfeld *das* **- 2.** ***esp Am*** [of maize] Maisfeld *das.*

cornflakes ['kɔːnfleɪks] *npl* Cornflakes *pl.*

cornflour ***Br*** ['kɔːnflaʊəʳ], **cornstarch** ***Am*** [-stɑːtʃ] *n (U)* Stärkemehl *das.*

cornice ['kɔːnɪs] *n* Zierleiste *die.*

Cornish ['kɔːnɪʃ] *adj* aus Cornwall ◇ *npl:* **the ~** die Einwohner von Cornwall.

Cornishman ['kɔːnɪʃmən] (*pl* **-men** [-mən]) *n* Einwohner *der* von Cornwall.

Cornishwoman ['kɔːnɪʃˌwʊmən] (*pl* **-women** [-ˌwɪmɪn]) *n* Einwohnerin *die* von Cornwall.

corn oil *n (U)* Maiskeimöl *das.*

corn on the cob *n* Maiskolben *der.*

cornstarch ['kɔːnstɑːtʃ] *n Am* = **cornflour.**

cornucopia [ˌkɔːnjʊ'kəʊpjə] *n* ***literary*** Füllhorn *das.*

corny ['kɔːnɪ] (*compar* **-ier;** *superl* **-iest**) *adj* ***inf*** abgedroschen.

corollary [kə'rɒlərɪ] (*pl* **-ies**) *n* Folgeerscheinung *die.*

coronary ['kɒrənrɪ] (*pl* **-ies**), **coronary thrombosis** [-θrɒm'bəʊsɪs] (*pl* **coronary thromboses** [-siːz]) *n* Herzinfarkt *der.*

coronation [ˌkɒrə'neɪʃn] *n* Krönung *die.*

coroner ['kɒrənəʳ] *n für die Untersuchung ungeklärter Todesfälle zuständiger Beamter.*

Corp. *abbr of* **corporation.**

corpora ['kɔːpərə] *pl* ▷ **corpus.**

corporal ['kɔːpərəl] *n* Hauptgefreite *der.*

corporal punishment *n (U)* körperliche Züchtigung *die,* Prügelstrafe *die.*

corporate ['kɔːpərət] *adj* **- 1.** [business] körperschaftlich **- 2.** [collective] gemeinsam.

corporate hospitality *n (U)* PR-Veranstaltung *die.*

corporate identity, corporate image *n* Firmenidentität *die.*

corporation [ˌkɔːpə'reɪʃn] *n* **- 1.** [council] Gemeindeverwaltung *die,* Stadtverwaltung *die* **- 2.** [large company] Handelsgesellschaft *die.*

corporation tax *n* ***Br*** Körperschaftssteuer *die.*

corps [kɔːʳ] (*pl inv*) *n* Korps *das.*

corpse [kɔːps] *n* Leiche *die.*

corpulent ['kɔːpjʊlənt] *adj* ***fml*** korpulent.

corpus ['kɔːpəs] (*pl* **-pora** OR **-puses**) *n* Korpus *der.*

corpuscle ['kɔːpʌsl] *n* Blutkörperchen *das.*

corral [kɒ'rɑːl] *n* ***esp Am*** Korral *der.*

correct [kə'rekt] *adj* **- 1.** [right, accurate] korrekt, richtig; **you're quite ~** du hast ganz Recht **- 2.** [appropriate, suitable] angemessen ◇ *vt* korrigieren.

correction [kə'rekʃn] *n* **- 1.** *(U)* [act of correcting] Korrigieren *das* **- 2.** [change] Korrektur *die,* Berichtigung *die.*

correctly [kə'rektlɪ] *adv* **- 1.** [accurately] richtig **- 2.** [appropriately, suitably] korrekt, angemessen.

correlate ['kɒrəleɪt] *vt* einen Zusammenhang herstellen zwischen ◇ *vi:* **to ~ (with sthg)** in Wechselbeziehung stehen (zu etw).

correlation [ˌkɒrə'leɪʃn] *n (U):* **~ (between)** Wechselbeziehung *die* (zwischen).

correspond [ˌkɒrɪ'spɒnd] *vi* **- 1.** [be equivalent]: **to ~ (with** OR **to sthg)** (etw *(D)*) entsprechen **- 2.** [tally]: **to ~ (with** OR **to sthg)** (mit etw) übereinǀstimmen **- 3.** [write letters]: **to ~ (with sb)** (mit jm) korrespondieren.

correspondence [ˌkɒrɪ'spɒndəns] *n* **- 1.** [letters] Briefe *pl* **- 2.** *(U)* [letter-writing]: **~ with/between** Briefwechsel *der* mit/zwischen *(D)* **- 3.** [relationship]: **~ with sthg** Übereinstimmung *die* mit jm.

correspondence course *n* Fernkurs *der.*

correspondent [ˌkɒrɪ'spɒndənt] *n* Korrespondent *der,* -in *die.*

corresponding [ˌkɒrɪ'spɒndɪŋ] *adj* entsprechend.

corridor ['kɒrɪdɔːʳ] *n* Gang *der*, Korridor *der*.

corroborate [kə'rɒbəreɪt] *vt* bestätigen.

corroboration [kəˌrɒbə'reɪʃən] *n (U)* Bestätigung *die*.

corrode [kə'rəʊd] *vt* zerfressen ◇ *vi* korrodieren.

corrosion [kə'rəʊʒn] *n* Korrosion *die*.

corrosive [kə'rəʊsɪv] *adj* korrosiv.

corrugated ['kɒrəgeɪtɪd] *adj* gewellt.

corrugated iron *n* Wellblech *das*.

corrupt [kə'rʌpt] *adj* - **1.** [gen] korrupt - **2.** [depraved] verdorben ◇ *vt* - **1.** [deprave] verderben - **2.** COMPUT [damage] beschädigen.

corruption [kə'rʌpʃn] *n (U)* - **1.** [dishonesty] Korruption *die* - **2.** [depravity] Verdorbenheit *die* - **3.** [debasement] Verführung *die*.

corsage [kɔː'sɑːʒ] *n* Ansteckblume *die*.

corset ['kɔːsɪt] *n* Korsett *das*.

cortege, cortège [kɔː'teɪʒ] *n* Prozession *die*.

cortisone ['kɔːtɪzəʊn] *n* Kortison *das*.

cos¹ [kɒz] *Br inf* = **because.**

cos² [kɒz] *n* = **cos lettuce.**

cosh [kɒʃ] *n* Knüppel *der* ◇ *vt* niederlknüppeln.

cosignatory [ˌkəʊ'sɪgnətrɪ] (*pl* **-ies**) *n* Mitunterzeichner *der*, -in *die*.

cosine ['kəʊsaɪn] *n* Kosinus *der*.

cos lettuce *n Br* römischer Salat.

cosmetic [kɒz'metɪk] *adj* ***fig*** [superficial] kosmetisch ◇ *n* Kosmetikum *das*, Schönheitsmittel *das*.

◆ **cosmetics** *n* Kosmetik *die*, Kosmetika *pl*.

cosmetic surgery *n (U)* Schönheitschirurgie *die*.

cosmic ['kɒzmɪk] *adj* kosmisch.

cosmonaut ['kɒzmənɔːt] *n* Kosmonaut *der*, -in *die*.

cosmopolitan [kɒzmə'pɒlɪtn] *adj* [city, place] kosmopolitisch, international; [person] welterfahren.

cosmos ['kɒzmɒs] *n*: **the ~** der Kosmos.

Cossack ['kɒsæk] *n* Kosake *der*, -kin *die*.

cosset ['kɒsɪt] *vt* verhätscheln.

cost [kɒst] (*pt & pp sense 1* **cost;** *pt & pp sense 2* **-ed**) *n* - **1.** [price] Kosten *pl* - **2.** ***fig*** [loss, damage] Preis *der;* **at the ~ of his health** auf Kosten seiner Gesundheit; **at all ~s** um jeden Preis ◇ *vt* - **1.** [gen] kosten - **2.** COMM [estimate price of] die Kosten kalkulieren *(+ G)*.

◆ **costs** *npl* LAW Kosten *pl*.

cost accountant *n* Kostenbuchhalter *der*, -in *die*.

co-star *n*: **to be the ~ in a film** eine der Hauptrollen in einem Film spielen ◇ *vt* [subj: film] in einer der Hauptrollen zeigen ◇ *vi*: **to ~ (with)** in einer der Hauptrollen auftreten (neben *(+ D)*).

Costa Rica [ˌkɒstə'riːkə] *n* Costa Rica *nt*.

cost-benefit analysis *n* Kosten-Nutzen-Rechnung *die*.

cost-effective *adj* kosteneffektiv.

cost-effectiveness *n* Kosteneffizienz *die*.

costing ['kɒstɪŋ] *n* Kalkulation *die*.

costly ['kɒstlɪ] (*compar* **-ier;** *superl* **-iest**) *adj* kostspielig, teuer.

cost of living *n*: **the ~** die Lebenshaltungskosten *pl*.

cost-of-living index *n* Lebenshaltungsindex *der*.

cost price *n* Selbstkostenpreis *der*.

costume ['kɒstjuːm] *n* - **1.** THEATRE Kostüm *das* - **2.** *(U)* [dress] Tracht *die* - **3.** [swimming costume] Badeanzug *der*.

costume jewellery *n* Modeschmuck *der*.

cosy *Br*, **cozy** *Am* (*compar* **-ier;** *superl* **-iest;** *pl* **-ies**) ['kəʊzɪ] *adj* - **1.** [warm and comfortable] gemütlich - **2.** [intimate] behaglich ◇ *n* [for teapot] Wärmer *der*.

cot [kɒt] *n* - **1.** *Br* [for child] Kinderbett *das* - **2.** *Am* [folding bed] Feldbett *das*.

cot death *n* plötzlicher Kindstod.

cottage ['kɒtɪdʒ] *n* Häuschen *das*, Cottage *das*.

cottage cheese *n (U)* Hüttenkäse *der*.

cottage hospital *n Br Krankenhaus für unkomplizierte Fälle*.

cottage industry *n* Heimindustrie *die*.

cottage pie *n Br Hackfleisch mit einer Lage Kartoffelbrei, im Ofen überbacken*.

cotton ['kɒtn] *n (U)* - **1.** [fabric] Baumwolle *die* - **2.** [plant] Baumwollstrauch *der* - **3.** [thread] Faden *der* ◇ *comp* [fabric] Baumwoll-.

◆ **cotton on** *vi inf*: **to ~ on (to sthg)** (etw) kapieren.

cotton bud *Br*, **cotton swab** *Am n* Wattebausch *der*.

cotton candy *n Am* = **candyfloss.**

cotton swab *n Am* = **cotton bud.**

cotton wool *n* Watte *die*.

couch [kaʊtʃ] *n* - **1.** [sofa] Sofa *das*, Couch *die* - **2.** [in doctor's surgery] Liege *die* ◇ *vt*: **the letter was ~ed in polite terms** der Brief war in höflichen Worten abgefasst.

couchette [kuː'ʃet] *n Br* Liegewagen *der*.

couch potato *n inf Person, die ständig vor dem Fernseher sitzt.*

cougar ['kuːgəʳ] (*pl inv* OR **-s**) *n* Puma *der.*

cough [kɒf] *n* Husten *der* <> *vt & vi* husten.

◆ **cough up** *vt sep* **- 1.** [blood, phlegm] auslhusten **- 2.** *inf* [money] rauslrücken, auslspucken.

coughing ['kɒfɪŋ] *n (U)* Husten *das.*

cough mixture *n Br* Hustensaft *der.*

cough sweet *n Br* Hustenpastille *die.*

cough syrup *n* = **cough mixture.**

could [kʊd] *pt* ▷ **can²**.

couldn't ['kʊdnt] = **could not.**

could've ['kʊdəv] = **could have.**

council ['kaʊnsl] *n* **- 1.** [local authority] Stadtverwaltung *die* **- 2.** [group, organization] Rat *der* **- 3.** [meeting] Beratung *die* <> *comp* [of local authority] Stadtverwaltungs-.

council estate *n* Sozialsiedlung *die.*

council house *n Br* ≃ Sozialwohnung *die, mit öffentlichen Mitteln gebautes Einfamilienhaus für eine Familie mit niedrigem Einkommen.*

councillor ['kaʊnsələr] *n* Stadtrat *der*, -rätin *die.*

Council of Europe *n* Europarat *der.*

council of war *n* Kriegsrat *der.*

council tax *n Br* Gemeindesteuer *die.*

counsel ['kaʊnsəl] (*Br pt & pp* **-led;** *cont* **-ling,** *Am pt & pp* **-ed;** *cont* **-ing**) *n* **- 1.** *(U) fml* [advice] Rat *der* **- 2.** [lawyer] Rechtsanwalt *der*, -wältin *die;* **~ for the defence** Verteidiger *der*, -in *die;* **~ for the prosecution** Anklagevertreter *der*, -in *die* <> *vt* beraten; **to ~ sb to do sthg** *fml* jm raten, etw zu tun.

counselling *Br*, **counseling** *Am* ['kaʊnsəlɪŋ] *n (U)* Beratung *die.*

counsellor *Br*, **counselor** *Am* ['kaʊnsələʳ] *n* **- 1.** [adviser] Berater *der*, -in *die* **- 2.** *Am* [lawyer] Rechtsanwalt *der*, -wältin *die.*

count [kaʊnt] *n* **- 1.** [total] Zählung *die;* **to keep ~ of sthg** etw mitlzählen; **to lose ~ of sthg** den Überblick über etw *(A)* verlieren **- 2.** [point] Punkt *der* **- 3.** LAW [charge] Anklagepunkt *der* **- 4.** [aristocrat] Graf *der* <> *vt* **- 1.** [add up] zählen **- 2.** [consider, include]: **to ~ sb/sthg as sthg** jn/etw als etw anlsehen; **there are six, not ~ing the broken ones** es sind sechs, die zerbrochenen nicht mitgezählt <> *vi* zählen; **to ~ (up) to** zählen bis; **to ~ for something** etwas wert sein, etwas bedeuten; **to ~ for nothing** umsonst gewesen sein; **to ~ as sthg** als etw zählen.

◆ **count against** *vt fus* sprechen gegen.

◆ **count in** *vt sep inf* rechnen mit.

◆ **count on** *vt fus* **- 1.** [rely on] zählen auf *(+ A)* **- 2.** [expect] rechnen mit.

◆ **count out** *vt sep* **- 1.** [money] ablzählen **- 2.** *inf* [leave out]: **~ me out!** ohne mich!

◆ **count up** *vt fus* zusammenlzählen.

◆ **count upon** *vt fus* = **count on.**

countdown ['kaʊntdaʊn] *n* Countdown *der.*

countenance ['kaʊntənəns] *n literary* [face] Angesicht *das;* [expression] Gesichtsausdruck *der* <> *vt* [approve of] unterstützen.

counter ['kaʊntəʳ] *n* **- 1.** [in shop] Ladentisch *der* **- 2.** [in board game] Spielmarke *die* **- 3.** *Am* [in kitchen] Theke *die* <> *vt:* **to ~ sthg with sthg** etw *(D)* mit etw begegnen <> *vi:* **to ~ with sthg** mit etw reagieren.

◆ **counter to** *adv* entgegen *(+ D);* **to run ~ to sthg** etw *(D)* zuwiderllaufen.

counteract [ˌkaʊntə'rækt] *vt* entgegenlwirken *(+ D).*

counterattack ['kaʊntərəˌtæk] *n* Gegenangriff *der* <> *vt* einen Gegenangriff führen gegen <> *vi* einen Gegenangriff führen.

counterbalance [ˌkaʊntə'bæləns] *vt fig* auslgleichen.

counterclaim ['kaʊntəkleɪm] *n* Gegenanspruch *der.*

counterclockwise *Am* [ˌkaʊntə'klɒkwaɪz] *adj & adv* gegen den Uhrzeigersinn.

counterespionage [ˌkaʊntər'espɪənɑːʒ] *n* Gegenspionage *die.*

counterfeit ['kaʊntəfɪt] *adj* gefälscht <> *vt* fälschen.

counterfoil ['kaʊntəfɔɪl] *n* Kontrollabschnitt *der.*

counterintelligence [ˌkaʊntərɪn'telɪdʒəns] *n* Spionageabwehr *die.*

countermand [ˌkaʊntə'mɑːnd] *vt* widerrufen.

countermeasure [ˌkaʊntə'meʒəʳ] *n* Gegenmaßnahme *die.*

counteroffensive [ˌkaʊntərə'fensɪv] *n* Gegenoffensive *der.*

counterpane ['kaʊntəpeɪn] *n* Tagesdecke *die.*

counterpart ['kaʊntəpɑːt] *n* Gegenstück *das.*

counterpoint ['kaʊntəpɔɪnt] *n (U)* MUS Kontrapunkt *der.*

counterproductive [ˌkaʊntəprə'dʌktɪv] *adj* die entgegengesetzte Wirkung habend.

counter-revolution *n* Konterrevolution *die.*

countersank ['kaʊntəsæŋk] *pt* ▷ **countersink.**

countersign ['kaʊntəsaɪn] *vt* gegenlzeichnen.

countersink ['kaʊntəsɪŋk] (*pt* **-sank;** *pp* **-sunk**) *vt* versenken.

countess ['kaʊntɪs] *n* Gräfin *die.*

countless [ˈkaʊntlɪs] *adj* unzählig.

countrified [ˈkʌntrɪfaɪd] *adj* **pej** ländlich.

country [ˈkʌntrɪ] (*pl* **-ies**) *n* **- 1.** [nation] Land *das;* **the ~** [countryside] das Land; **they live in the ~** sie leben auf dem Land **- 2.** [area of land, region] Gebiet *das* <> *comp* Land-.

country and western *n* Country- und Westernmusik *die* <> *comp* Country- und Western-.

country club *n exklusiver Klub auf dem Land.*

country dancing *n (U)* Volkstanz *der.*

country house *n* Landhaus *das.*

countryman [ˈkʌntrɪmən] (*pl* **-men** [-mən]) *n* Landsmann *der.*

country music *n* & *comp* = **country and western.**

country park *n* ***Br*** Freizeitpark *der.*

countryside [ˈkʌntrɪsaɪd] *n (U)* Landschaft *die.*

countrywoman [ˈkʌntrɪˌwʊmən] (*pl* **-women** [-ˌwɪmɪn]) *n* Landsmännin *die.*

county [ˈkaʊntɪ] (*pl* **-ies**) *n* Grafschaft *die.*

county council *n* ***Br*** Grafschaftsrat *der.*

county court *n* ***Br*** Grafschaftsgericht *das.*

county town ***Br,*** **county seat** ***Am*** *n Verwaltungszentrum einer Grafschaft.*

coup [kuː] *n* **- 1.** [rebellion]: **~ (d'état)** Staatsstreich *der,* Coup d'Etat *der* **- 2.** [masterstroke] Coup *der.*

coupé *n* AUT Coupé *das.*

couple [ˈkʌpl] *n* **- 1.** [in relationship] Paar *das* **- 2.** [small number]: **a ~ (of)** [two] zwei; [a few] ein paar <> *vt* **- 1.** [join]: **to ~ sthg (to sthg)** etw (an etw *(A)*) koppeln **- 2.** ***fig*** [associate]: **to ~ sthg with sthg** etw mit etw verbinden; **~d with** verbunden mit.

couplet [ˈkʌplɪt] *n* Verspaar *das.*

coupling [ˈkʌplɪŋ] *n* RAIL Kupplung *die.*

coupon [ˈkuːpɒn] *n* Gutschein *der.*

courage [ˈkʌrɪdʒ] *n* Mut *der,* Courage *die;* **to take ~ (from sthg)** sich (durch etw) ermutigt fühlen; **to have the ~ of one's convictions** Zivilcourage haben.

courageous [kəˈreɪdʒəs] *adj* mutig.

courageously [kəˈreɪdʒəslɪ] *adv* mutig.

courgette [kɔːˈʒet] *n* ***Br*** Zucchini *die.*

courier [ˈkʊrɪəʳ] *n* **- 1.** [on holiday tour] Reiseleiter *der,* -in *die* **- 2.** [to deliver letters, packages] Kurier *der.*

course [kɔːs] *n* **- 1.** [of study - for student] Kurs(us) *der;* [- for employee] Lehrgang *der;* **a ~ of lectures** eine Vorlesungsreihe **- 2.** MED [of treatment] Reihe *die* **- 3.** [path, route] Kurs *der;* **in the ~ of time** im Laufe der Zeit; **during the ~ of the negotiations** im Verlauf der Verhandlungen; **to run** OR **take its ~** seinen Verlauf nehmen; **on ~ *lit* & *fig*** auf Kurs; **off ~** vom Kurs abgewichen **- 4.** [plan]: **~ (of action)** Vorgehensweise **- 5.** [of time]: **in due ~** zu gegebener Zeit; **in the ~ of** im Laufe *(+ G)* **- 6.** [in meal] Gang *der* **- 7.** SPORT [for horseracing] Bahn *die,* Strecke *die;* [for golf] Platz *der* <> *vi* ***literary*** [flow] fließen, strömen.

◆ **of course** *adv* natürlich; **of ~ not** natürlich nicht.

coursebook [ˈkɔːsbʊk] *n* Lehrbuch *das.*

coursework [ˈkɔːswɜːk] *n (U)* Mitarbeit *die* im Unterricht.

court [kɔːt] *n* **- 1.** [for trial] Gericht *das;* **to appear in ~** vor Gericht erscheinen; **to settle out of ~** sich außergerichtlich einigen; **to go to ~** vor Gericht gehen; **to take sb to ~** jn verklagen OR vor Gericht bringen **- 2.** SPORT Platz *der;* **on ~** auf dem Platz **- 3.** [courtyard, of monarch] Hof *der* <> *vt* [danger, disaster] herausfordern; [favour, popularity] werben um <> *vi* ***dated:*** **~ing couples** Liebespärchen; **is he ~ing?** hat er ein Mädchen?

courteous [ˈkɜːtjəs] *adj* höflich.

courtesan [ˌkɔːtɪˈzæn] *n* Kurtisane *die.*

courtesy [ˈkɜːtɪsɪ] *n* Höflichkeit *die.*

◆ **courtesy of** *prep* [thanks to] dank *(+ G);* **reproduced ~ of** mit freundlicher Genehmigung *(+ G).*

courtesy car *n Fahrzeug, das kostenlos zur Verfügung gestellt wird.*

courthouse [ˈkɔːthaʊs, *pl* -haʊzɪz] *n* ***Am*** Gerichtsgebäude *das.*

courtier [ˈkɔːtjəʳ] *n* Höfling *der.*

court-martial (*pl* **-s** OR **courts-martial**, ***Br*** *pt* & *pp* **-led;** *cont* **-ling, *Am*** *pt* & *pp* **-ed;** *cont* **-ing)** *n* **- 1.** [court] Kriegsgericht *das* **- 2.** [trial] Kriegsgerichtsverhandlung *die* <> *vt* vor ein Kriegsgericht stellen.

court of appeal ***Br,*** **court of appeals** ***Am*** *n* Berufungsgericht *das.*

court of inquiry *n* **- 1.** [investigation] Untersuchung *die* **- 2.** [group] Untersuchungskommission *die.*

court of law *n* Gericht *das.*

courtroom [ˈkɔːtrʊm] *n* Gerichtssaal *der.*

courtship [ˈkɔːtʃɪp] *n (U)* **- 1.** [of people] Werbung *die* **- 2.** [of animals] Paarung *die;* [of birds] Balz *die.*

court shoe *n* Pumps *der.*

courtyard [ˈkɔːtjɑːd] *n* Hof *der.*

cousin [ˈkʌzn] *n* Cousin *der,* Cousine *die,* Kusine *die.*

couture [kuːˈtʊəʳ] *n:* **haute ~** die Haute Couture.

cove [kəʊv] *n* Bucht *die.*

coven [ˈkʌvən] *n* Hexenzirkel *der*.

covenant [ˈkʌvənənt] *n* **- 1.** [of money] Zahlungsverpflichtung *die* **- 2.** [pact] Vertrag *der*.

Covent Garden [ˌkɒvənt-] *n* Covent Garden *der, exklusive Londoner Einkaufsmeile.*

COVENT GARDEN

Covent Garden, der frühere Obst-, Gemüse- und Blumenmarkt der Londoner Innenstadt, ist heute ein großes überdachtes Areal mit Geschäften und Kunstgewerbemärkten. Künstler unterhalten die Besucher mit Straßentheater, Konzerten, Pantomimen usw. Der Name „Covent Garden" bezeichnet auch das gleich neben dem Markt gelegene Royal Opera House.

Coventry [ˈkɒvəntrɪ] *n*: **to send sb to ~** jn schneiden.

cover [ˈkʌvəʳ] *n* **- 1.** [of machine, typewriter] Abdeckung *die;* [of seat, cushion] Überzug *der* **- 2.** [lid] Deckel *der* **- 3.** [of book, magazine] Einband *der* **- 4.** [blanket] Decke *die* **- 5.** *(U)* [protection, shelter, insurance] Schutz *der;* **to take ~** [from weather] sich unter|stellen; [from gunfire] in Deckung gehen; **under ~** [from weather] geschützt; **under ~ of darkness** im Schutz der Dunkelheit; **to break ~** aus der Deckung kommen **- 6.** [disguise] Tarnung *die* ◇ *vt* **- 1.** [gen] bedecken; **to be ~ed in blood** blutüberströmt sein **- 2.** [traverse] zurück|legen **- 3.** [insure]: **to ~ sb (against sthg)** [subj: policy] jn (gegen etw) versichern **- 4.** [report on] berichten über *(+ A)* **- 5.** [deal with] behandeln **- 6.** [pay for - damage] decken.

◆ **cover up** *vt sep* **- 1.** [to keep warm] ein|wickeln **- 2.** *fig* [to conceal] vertuschen.

coverage [ˈkʌvərɪdʒ] *n (U)* [of news] Berichterstattung *die*.

coveralls [ˈkʌvərɔːlz] *npl* **Am** Overall *der*.

cover charge *n* Gedeck-Gebühr *die*.

cover girl *n* Covergirl *das*, Titelmädchen *das*.

covering [ˈkʌvərɪŋ] *n* Belag *der;* **a ~ of snow/dust** eine Schneedecke/Staubdecke.

covering letter *Br*, **cover letter** *Am n* Begleitbrief *der*.

cover note *n* **Br** vorläufiger Versicherungsschein.

cover price *n* [of book, magazine] Preis *der*.

covert [ˈkʌvət] *adj* verdeckt, versteckt; [look, glance] verstohlen.

cover-up *n* Vertuschung *die*.

cover version *n* Coverversion *die*.

covet [ˈkʌvɪt] *vt* ***fml*** begehren.

cow [kaʊ] *n* Kuh *die* ◇ *vt* ein|schüchtern.

coward [ˈkaʊəd] *n* Feigling *der*.

cowardice [ˈkaʊədɪs] *n* Feigheit *die*.

cowardly [ˈkaʊədlɪ] *adj* feige.

cowboy [ˈkaʊbɔɪ] *n* **- 1.** [cattlehand] Cowboy *der* **- 2.** ***Br inf*** [dishonest workman] Gauner *der* ◇ *comp* [western] Cowboy-.

cower [ˈkaʊəʳ] *vi* sich ducken; [squat] kauern.

cowhide [ˈkaʊhaɪd] *n (U)* Rindsleder *das*.

cowl neck [kaʊl-] *n* Schalkragen *der*.

cowpat [ˈkaʊpæt] *n* Kuhfladen *der*.

cowshed [ˈkaʊʃed] *n* Kuhstall *der*.

cox [kɒks], **coxswain** [ˈkɒksən] *n* Steuermann *der*.

coy [kɔɪ] *adj* kokett, neckisch.

coyly [ˈkɔɪlɪ] *adv* kokett, neckisch.

coyote [kɔɪˈəʊtɪ] *n* Kojote *der*.

cozy *adj* & *n* **Am** = **cosy**.

CP (*abbr of* **Communist Party**) *n* KP *die*.

CPA *n abbr of* **certified public accountant.**

CPI (*abbr of* **Consumer Price Index**) *n* Verbraucherpreisindex der.

Cpl. *abbr of* **corporal.**

c.p.s. (*abbr of* **characters per second**) Zeichen pro Sekunde ◇ (*abbr of* **cycles per second**) Hz.

CPS (*abbr of* **Crown Prosecution Service**) *n Staatsanwaltschaft in England und Wales.*

CPSA (*abbr of* **Civil and Public Services Association**) *n britische Gewerkschaft der Angestellten des öffentlichen Dienstes und des Dienstleistungssektors.*

CPU *n* COMPUT *abbr of* **central processing unit.**

cr. - 1. *abbr of* **credit - 2.** *abbr of* **creditor.**

crab [kræb] *n* Krabbe *die*, Krebs *der*.

crab apple *n* **- 1.** [fruit] Holzapfel *der* **- 2.** [tree] Holzapfelbaum *der*.

crabby (*compar* **-ier;** *superl* **-iest**) *adj* mürrisch.

crack [kræk] *n* **- 1.** [fault] Riss *der;* [in cup, glass, mirror] Sprung *der* **- 2.** [in curtains, door] Spalt *der;* [in wall] Ritze *die;* **at the ~ of dawn** bei Tagesanbruch **- 3.** [sharp noise] Knall *der* **- 4.** [joke] Witz *der* **- 5.** ***inf*** [attempt]: **to have a ~ at sthg** sich an etw *(D)* versuchen **- 6.** [cocaine] Crack *das* ◇ *adj* toll, erstklassig ◇ *vt* **- 1.** [damage] einen Riss machen in *(+ D)*; [cup, glass, mirror] an|schlagen; [skin] rissig machen **- 2.** [open - nut, safe] knacken; [- bottle] öffnen; [- egg] auf|schlagen **- 3.** [whip] knallen mit **- 4.** [bang, hit] an|schlagen; **I ~ed my head on the doorpost** ich habe mir den Kopf am Türrahmen gestoßen **- 5.** [solve] lösen; [code] knacken **- 6.** ***inf*** [make]: **to ~ a joke** einen Witz reißen ◇ *vi* **- 1.** [be damaged] einen Riss bekommen; [cup, glass, mirror] springen; [skin] auf|springen **- 2.** [whip] knallen **- 3.** [person] zusammen|brechen; [marriage] auseinander|brechen **- 4.** ***Br inf*** [act quickly]: **to get ~ing** los|legen.

◆ **crack down** *vi*: **to ~ down (on sb/sthg)** (bei jm/etw) hart durch|greifen.

◆ **crack up** *vi* durch|drehen.

crackdown [ˈkrækdaʊn] *n:* **~ (on sthg)** hartes Durchgreifen(bei etw).

cracked [krækt] *adj* **- 1.** [damaged] rissig; [cup, glass, mirror] gesprungen, angebrochen **- 2.** *inf* [mad] verrückt.

cracker [ˈkrækəʳ] *n* **- 1.** [biscuit] Keks *der* **- 2.** *Br* [for Christmas] Knallbonbon *das.*

crackers [ˈkrækəz] *adj Br inf* [mad] verrückt.

cracking [ˈkrækɪŋ] *adj inf:* **to walk at a ~ pace** in scharfem Tempo laufen.

crackle [ˈkrækl] *n* Knacken *das;* [of leaves, paper] Rascheln *das;* [of cooking] Brutzeln *das* ◇ *vi* knacken.

crackling [ˈkræklɪŋ] *n (U)* **- 1.** [noise] Knacken *das* **- 2.** [pork skin] Kruste *die.*

crackpot [ˈkrækpɒt] *inf adj* verrückt ◇ *n* Spinner *der,* -in *die.*

cradle [ˈkreɪdl] *n* **- 1.** [bed, birthplace] Wiege *die* **- 2.** [hoist] Hängebühne *die* ◇ *vt* an sich *(A)* drücken.

craft [krɑːft] (*pl sense 2 inv*) *n* **- 1.** [trade, skill] Handwerk *das* **- 2.** [boat] Boot *das.*

craftsman [ˈkrɑːftsmən] (*pl* **-men** [-mən]) *n* Handwerker *der.*

craftsmanship [ˈkrɑːftsmənʃɪp] *n (U)* Handwerkskunst *die.*

craftsmen *pl* ▻ **craftsman.**

crafty [ˈkrɑːftɪ] (*compar* **-ier;** *superl* **-iest**) *adj* schlau.

crag [kræg] *n* Felszacken *der.*

craggy [ˈkrægɪ] (*compar* **-ier;** *superl* **-iest**) *adj* **- 1.** [cliff, mountain] zerklüftet **- 2.** [face] kantig.

cram [kræm] (*pt* & *pp* **-med;** *cont* **-ming**) *vt* **- 1.** [stuff]: **to ~ sthg into sthg** etw in etw *(A)* stopfen **- 2.** [overfill]: **to be ~med (with sthg)** (mit etw) vollgestopft sein ◇ *vi* [study] pauken, büffeln.

cramming [ˈkræmɪŋ] *n* [studying] Pauken *das,* Büffeln *das.*

cramp [kræmp] *n* Krampf *der;* **I've got ~** ich habe einen Krampf; **stomach ~s** Magenkrämpfe ◇ *vt* [hinder] hemmen, behindern.

cramped [kræmpt] *adj* [flat] eng; [conditions] beengt; **it's a bit ~ in here** es ist etwas eng hier.

crampon [ˈkræmpɒn] *n* Steigeisen *das.*

cranberry [ˈkrænbərɪ] (*pl* **-ies**) *n* Preiselbeere *die.*

crane [kreɪn] *n* **- 1.** [machine] Kran *der* **- 2.** [bird] Kranich *der* ◇ *vt:* **to ~ one's neck** den Hals recken.

crane fly *n* Schnake *die.*

cranium [ˈkreɪnjəm] (*pl* **-niums** OR **-nia** [-njə]) *n* Kranium *das.*

crank [kræŋk] *n* **- 1.** TECH Kurbel *die* **- 2.** *inf* [eccentric] Spinner *der,* -in *die* ◇ *vt* **- 1.** [handle, mechanism] kurbeln **- 2.** AUT an|kurbeln.

crankshaft [ˈkræŋkʃɑːft] *n* Kurbelwelle *die.*

cranky [ˈkræŋkɪ] (*compar* **-ier;** *superl* **-iest**) *adj inf* **- 1.** [odd] wunderlich, verschroben **- 2.** *Am* [bad-tempered] griesgrämig.

cranny [ˈkrænɪ] (*pl* **-ies**) *n* ▻ **nook.**

crap [kræp] *n vinf* Scheiße *die.*

crappy [ˈkræpɪ] (*compar* **-ier;** *superl* **-iest**) *adj vinf* beschissen.

crash [kræʃ] *n* **- 1.** [of car] Unfall *der;* [of plane] Absturz *der;* [of train] Unglück *das;* [collision] Zusammenstoß *der;* **to have a ~** verunglücken; [collide] zusammen|stoßen **- 2.** [loud noise] Krachen *das* **- 3.** FIN Zusammenbruch *der* ◇ *vt* [car] einen Unfall haben mit; **she ~ed her car into a tree** sie krachte mit dem Auto gegen einen Baum ◇ *vi* **- 1.** [car driver] verunglücken; [plane] ab|stürzen; [collide] zusammen|stoßen; **to ~ into sthg** [in car] mit dem Auto gegen etw krachen **- 2.** [make loud noise] krachen **- 3.** FIN [business, company] bankrott gehen; [stock market] zusammen|brechen **- 4.** COMPUT ab|stürzen.

crash barrier *n* Leitplanke *die.*

crash course *n* Intensivkurs *der.*

crash diet *n* Radikaldiät *die.*

crash helmet *n* Sturzhelm *der.*

crash-land *vt* eine Bruchlandung machen mit ◇ *vi* eine Bruchlandung machen.

crash landing *n* Bruchlandung *die.*

crass [kræs] *adj* dumm und geschmacklos.

crate [kreɪt] *n* Kiste *die;* [of milk bottles, beer] Kasten *der.*

crater [ˈkreɪtəʳ] *n* Krater *der.*

cravat [krəˈvæt] *n* Halstuch *das.*

crave [kreɪv] *vt* sich sehnen nach; [subj: pregnant woman] Gelüste haben auf *(+ A)* ◇ *vi:* **to ~ for sthg** sich nach etw sehnen; [subj: pregnant woman] Gelüste auf etw *(A)* haben.

craving [ˈkreɪvɪŋ] *n:* **~ (for)** Verlangen *das* (nach); [of pregnant woman] Gelüste *pl* (auf).

crawl [krɔːl] *vi* **- 1.** [gen] kriechen; [baby, insect] krabbeln; **to ~ along** [traffic] im Schneckentempo vorwärts|kommen **- 2.** *inf* [be covered]: **to be ~ing with** wimmeln von **- 3.** *inf* [grovel]: **to ~ (to sb)** (vor jm) kriechen ◇ *n* **- 1.** [slow pace]: **to move at a ~** sich im Schneckentempo bewegen **- 2.** [swimming stroke]: **the ~** das Kraulen; **to do the ~** kraulen.

crawler lane [ˌkrɔːlə-] *n Br* Kriechspur *die.*

crayfish [ˈkreɪfɪʃ] (*pl inv* OR **-es**) *n* [saltwater] Languste *die.*

crayon [ˈkreɪɒn] *n* [pencil] Buntstift *der;* [of wax] Wachsmalstift *der.*

craze [kreɪz] *n* Mode *die (die gerade „in" ist)*; **the latest ~** der letzte Schrei.

crazed [kreɪzd] *adj* verrückt.

crazy ['kreɪzɪ] (*compar* **-ier;** *superl* **-iest**) *adj* ***inf*** **- 1.** [mad] verrückt **- 2.** [enthusiastic]: **to be ~ about sthg** auf etw *(A)* verrückt sein; **to be ~ about sb** nach jm verrückt sein.

crazy paving *n* ***Br*** Mosaikpflaster *das*.

CRE *n abbr of* **Commission for Racial Equality.**

creak [kriːk] *n* [of door, floorboard] Knarren *das;* [of bed, hinge, handle] Quietschen *das* <> *vi* [door, floorboard] knarren; [bed, hinge, handle] quietschen.

creaky ['kriːkɪ] (*compar* **-ier;** *superl* **-iest**) *adj* [door, floorboard] knarrend; [bed, hinge, gate] quietschend.

cream [kriːm] *adj* [in colour] creme(farben) <> *n* **- 1.** [food] Sahne *die;* [filling for chocolates, biscuits] Creme *die* **- 2.** *(U)* [cosmetic] Creme *die* **- 3.** [colour] Creme *das* **- 4.** [elite]: **the ~** die Besten *pl* <> *vt* [potatoes, parsnips] pürieren; [butter, cake mix] (schaumig) rühren.

◆ **cream off** *vt sep* sich *(D)* das Beste sichern.

cream cake *n* ***Br*** Sahnetorte *die;* [bun] Sahnetörtchen *das*.

cream cheese *n* Frischkäse *der*.

cream cracker *n* ***Br*** Kräcker *der*

cream tea *n* ***Br*** *Nachmittagstee mit Gebäck, Marmelade und Sahne.*

creamy ['kriːmɪ] (*compar* **-ier;** *superl* **-iest**) *adj* **- 1.** [taste] sahnig **- 2.** [texture] cremig **- 3.** [colour] creme(farben).

crease [kriːs] *n* [in fabric - deliberate] Bügelfalte *die;* [- accidental] Falte *die* <> *vt* [deliberately] falten; [accidentally] zerknittern <> *vi* **- 1.** [fabric] knittern **- 2.** [face, forehead] sich runzeln.

creased [kriːst] *adj* **- 1.** [fabric] zerknittert **- 2.** [face] gerunzelt.

crease-resistant *adj* knitterfrei.

create [kriː'eɪt] *vt* **- 1.** [gen] schaffen; [the world] erschaffen **- 2.** [noise, fuss] verursachen; [impression] machen; [difficulties] bereiten.

creation [kriː'eɪʃn] *n* **- 1.** [gen] Schaffung *die;* [of the world] Erschaffung *die* **- 2.** *(U)* ***literary*** [universe] Schöpfung *die* **- 3.** [work of art] Werk *das;* [dress, hat, hairstyle] Kreation *die*.

creative [kriː'eɪtɪv] *adj* kreativ; [energy] schöpferisch.

creativity [ˌkriːeɪ'tɪvətɪ] *n* Kreativität *die*.

creator [kriː'eɪtəʳ] *n* Schöpfer *der*, -in *die*.

creature ['kriːtʃəʳ] *n* **- 1.** [animal] Lebewesen *das*, Geschöpf *das* **- 2.** ***literary*** [person] Geschöpf *das*.

crèche [kreʃ] *n* ***Br*** (Kinder)hort *der*.

credence ['kriːdns] *n*: **to give** *OR* **lend ~ to sthg** etw glaubwürdig machen.

credentials [krɪ'denʃlz] *npl* **- 1.** [papers] (Ausweis)papiere *pl* **- 2.** ***fig*** [qualifications] Qualifikationen *pl* **- 3.** [references] Referenzen *pl*, Zeugnisse *pl*.

credibility [ˌkredə'bɪlətɪ] *n* Glaubwürdigkeit *die*.

credible ['kredəbl] *adj* glaubwürdig; [excuse, story] glaubhaft.

credit ['kredɪt] *n* **- 1.** [financial aid] Kredit *der;* **to be in ~** im Plus sein; **on ~** auf Kredit **- 2.** *(U)* [honour] Ehre *die;* [approval] Anerkennung *die;* **it is to your ~ that you admitted your crime** es ehrt dich, dass du dein Verbrechen zugibst; **to do sb ~** jm Ehre machen; **he was never given any ~ for it** man hat ihm nie Anerkennung dafür gezollt **- 3.** SCH & UNIV [mark] Auszeichnung *die;* [unit of work] Schein *der* **- 4.** FIN [money credited] Guthaben *das* <> *vt* **- 1.** FIN gut|schreiben **- 2.** ***inf*** [believe] glauben **- 3.** [attribute]: **to ~ sb with sthg** jm etw zu|schreiben; **~ me with SOME intelligence!** ein bisschen Intelligenz kannst du mir schon zu|trauen!; **he's ~ed with having discovered her** er soll sie entdeckt haben.

◆ **credits** *npl* CINEMA Nachspann *der*.

creditable ['kredɪtəbl] *adj* ***fml*** [effort, attempt] anerkennenswert; [behaviour] lobenswert.

credit account *n* ***Br*** Kundenkonto *das*.

credit card *n* Kreditkarte *die*.

credit facilities *npl* Kreditmöglichkeiten *pl*.

credit limit ***Br***, **credit line** ***Am*** *n* Kreditgrenze *die*.

credit note *n* COMM & FIN Gutschrift *die*.

creditor ['kredɪtəʳ] *n* Gläubiger *der*, -in *die*.

credit rating *n* Kreditwürdigkeit *die*.

creditworthy ['kredɪtˌwɜːðɪ] *adj* kreditwürdig.

credulity [krɪ'djuːlətɪ] *n* ***fml*** Leichtgläubigkeit *die*.

credulous ['kredjʊləs] *adj* leichtgläubig.

creed [kriːd] *n* **- 1.** [political] Kredo *das* **- 2.** RELIG Konfession *die*.

creek [kriːk] *n* **- 1.** [of sea] Meeresarm *der* **- 2.** ***Am*** [stream] Bach *der*.

creep [kriːp] (*pt* & *pp* **crept**) *vi* **- 1.** [gen] kriechen; [person] schleichen **- 2.** ***inf*** [grovel]: **to ~ (to sb)** (vor jm) kriechen <> *n* ***inf*** [loathsome person] widerlicher Typ; [groveller] Schleimer *der*.

◆ **creeps** *npl*: **to give sb the ~s** ***inf*** jm nicht geheuer sein.

◆ **creep in** *vi* [mistakes, doubts] sich ein|schleichen.

◆ **creep up on** *vt fus* **- 1.** [subj: person, animal] sich an|schleichen an *(+ A)* **- 2.** [subj: deadline] langsam zu|kommen auf *(+ A)*.

creeper ['kriːpəʳ] *n* [plant - growing along ground] Kriechpflanze *die;* [- growing upwards] Kletterpflanze *die.*

creeping *adj* [gradual] schleichend.

creepy ['kriːpɪ] (*compar* **-ier;** *superl* **-iest**) *adj* ***inf*** unheimlich.

creepy-crawly [-'krɔːlɪ] (*pl* **creepy-crawlies**) *n* ***inf*** Krabbeltier *das.*

cremate [krɪ'meɪt] *vt* einläschern.

cremation [krɪ'meɪʃn] *n* Einäscherung *die.*

crematorium ***Br*** [ˌkremə'tɔːrɪəm] (*pl* **-riums** OR **-ria** [-rɪəl]), **crematory** ***Am*** ['kremətrɪ] (*pl* **-ies**) *n* Krematorium *das.*

creosote ['krɪəsəʊt] *n* Kreosot *das* <> *vt* mit Kreosot streichen.

crepe [kreɪp] *n* - **1.** [cloth] Krepp *der* - **2.** [rubber] Kreppgummi *der* - **3.** [thin pancake] Crêpe *die.*

crepe bandage *n* ***Br*** elastische Binde.

crepe paper *n* Krepppapier *das.*

crepe-soled shoes *npl* ***Br*** Schuhe *pl* mit Kreppsohlen.

crept [krept] *pt* & *pp* ▷ **creep.**

Cres. *abbr of* **crescent.**

crescendo [krɪ'ʃendəʊ] (*pl* **-s**) *n* MUS Crescendo *das.*

crescent ['kresnt] *adj:* **~ moon** Mondsichel *die* <> *n* - **1.** [shape] Halbmond *der* - **2.** [street] *halbkreisförmig verlaufende Straße.*

cress [kres] *n* Kresse *die.*

crest [krest] *n* - **1.** [of bird] Haube *die;* [of cock, hill, wave] Kamm *der* - **2.** [of school, noble family] Wappen *das.*

crestfallen ['krestˌfɔːln] *adj* geknickt, niedergeschlagen.

Crete [kriːt] *n* Kreta *nt;* **in ~** auf Kreta.

cretin ['kretɪn] *n* ***inf pej*** [idiot] Idiot *der*, -in *die*, Schwachkopf *der.*

crevasse [krɪ'væs] *n* Gletscherspalte *die.*

crevice ['krevɪs] *n* Spalte *die.*

crew [kruː] *n* - **1.** [of ship, plane] Besatzung *die*, Crew *die* - **2.** CINEMA & TV Crew *die* - **3.** ***inf*** [gang] Bande *die.*

crew cut *n* Bürstenschnitt *der.*

crewman ['kruːmæn] (*pl* **-men** [-men]) *n* Mitglied *das* der Besatzung.

crew-neck *n* runder Halsausschnitt.

crib [krɪb] (*pt* & *pp* **-bed;** *cont* **-bing**) *n* - **1.** [cradle] Krippe *die* - **2.** ***Am*** [cot] Kinderbett *das* <> *vt* ***inf*** [copy]: **to ~ sthg off** OR **from sb** etw von jm ablschreiben.

cribbage ['krɪbɪdʒ] *n Kartenspiel, bei dem der Punktestand dadurch angezeigt wird, dass kleine Holzstücke in die Löcher eines Holzbrettes gelegt werden.*

crick [krɪk] *n:* **I've got a ~ in my neck** ich habe einen steifen Hals <> *vt:* **to ~ one's neck/back** sich *(D)* den Hals/Rücken verrenken.

cricket ['krɪkɪt] *n* - **1.** [game] Kricket *das* - **2.** [insect] Grille *die* <> *comp* Kricket-.

cricketer ['krɪkɪtəʳ] *n* Kricketspieler *der*, -in *die.*

crikey ['kraɪkɪ] *excl* ***Br inf dated*** verflixt!

crime [kraɪm] *n* - **1.** [gen] Verbrechen *das;* **~ is on the decrease** die Zahl der Verbrechen nimmt ab - **2.** ***fig*** [shameful act] Schande *die*, Sünde *die* <> *comp:* **~ prevention** Verbrechensverhütung *die;* **~ novel** Kriminalroman *der*, Krimi *der.*

Crimea [kraɪ'mɪə] *n:* **the ~** die Krim; **in the ~** auf der Krim.

crime wave *n* Verbrechenswelle *die.*

criminal ['krɪmɪnl] *adj* kriminell; [act, offence] strafbar; **~ lawyer** Anwalt *der*, -wältin *die* für Strafsachen; [in court] Strafverteidiger *der* <> *n* Kriminelle *der, die.*

criminalize, -ise ['krɪmɪnəlaɪz] *vt* kriminalisieren.

criminal law *n* Strafrecht *das.*

criminology [ˌkrɪmɪ'nɒlədʒɪ] *n* Kriminologie *die.*

crimson ['krɪmzn] *adj* - **1.** [in colour] purpurrot - **2.** [with embarrassment] knallrot <> *n* Purpur *der.*

cringe [krɪndʒ] *vi* - **1.** [out of fear] zurücklweichen - **2.** ***inf*** [with embarrassment] schaudern; **to ~ at sthg** vor etw *(D)* zurücklschrecken.

crinkle ['krɪŋkl] *n* [wrinkle] Knitterfalte *die;* [in skin] Fältchen *das* <> *vt* [paper, clothes] zerknittern <> *vi* [clothes] knittern; [face] sich in Fältchen legen.

cripple ['krɪpl] *n* ***offensive*** Krüppel *der* <> *vt* - **1.** MED [disable] zum Krüppel machen - **2.** [ship, plane] aktionsunfähig machen - **3.** ***fig*** [country, industry] lähmen.

crippling ['krɪplɪŋ] *adj* [taxes, prices, debts] erdrückend; **a ~ disease** eine Krankheit, die zu Lähmungen führt.

crisis ['kraɪsɪs] (*pl* **crises** ['kraɪsiːz]) *n* Krise *die.*

crisp [krɪsp] *adj* - **1.** [pastry, bacon] knusprig; [apple, vegetables] frisch und knackig; [bank note] frisch gedruckt - **2.** [weather] frisch - **3.** [manner, tone] forsch.

◆ **crisps** *npl* ***Br*** Chips *pl.*

crispbread ['krɪspbred] *n* Knäckebrot *das.*

crispy ['krɪspɪ] (*compar* **-ier;** *superl* **-iest**) *adj* [pastry, bacon] knusprig; [apple, vegetables] frisch und knackig.

crisscross ['krɪskrɒs] *adj* [pattern] gitterartig <> *vt* [subj: roads] kreuz und quer führen durch <> *vi* [lines] sich kreuzen.

criterion [kraɪ'tɪərɪən] (*pl* **-rions** OR **-ria** [-rɪəl]) *n* Kriterium *das.*

critic ['krɪtɪk] *n* Kritiker *der*, -in *die*.

critical ['krɪtɪkl] *adj* kritisch; [illness] schwer; [crucial] entscheidend; **to be ~ of sb/sthg** jn/etw kritisieren.

critically ['krɪtɪklɪ] *adv* kritisch; [ill] schwer; **to be ~ important** von entscheidender Bedeutung sein.

criticism ['krɪtɪsɪzm] *n* - **1.** [gen] Kritik *die* - **2.** [unfavourable comment] Kritikpunkt *der;* **I have a few small ~s** ich habe nur einige kleinere Kritikpunkte.

criticize, -ise ['krɪtɪsaɪz] *vt* & *vi* kritisieren.

critique [krɪ'tiːk] *n* Kritik *die*.

croak [krəʊk] *n* [of frog] Quaken *das;* [of raven, person] Krächzen *das* <> *vi* [frog] quaken; [raven, person] krächzen.

Croat ['krəʊæt] *adj* kroatisch <> *n* - **1.** [person] Kroate *der*, -tin *die* - **2.** [language] Kroatisch(e) *das*.

Croatia [krəʊ'eɪʃə] *n* Kroatien *nt*.

Croatian [krəʊ'eɪʃn] *adj* & *n* = **Croat.**

crochet ['krəʊʃeɪ] *n* Häkeln *das* <> *vt* häkeln.

crockery ['krɒkərɪ] *n* Geschirr *das*.

crocodile ['krɒkədaɪl] (*pl inv* OR **-s**) *n* Krokodil *das*.

crocus ['krəʊkəs] (*pl* **-cuses**) *n* Krokus *der*.

croft [krɒft] *n* **Br** *vor allem in Schottland Bezeichnung für einen kleinen Bauernhof.*

croissant ['kwæsɒn] *n* Croissant *das*.

crony ['krəʊnɪ] (*pl* **-ies**) *n* **inf** [friend] Kumpel *der*.

crook [krʊk] *n* - **1.** [criminal] Gauner *der* - **2.** [of road, river] Biegung *die;* [of arm, elbow] Beuge *die* - **3.** [of shepherd] Hirtenstab *der* <> *vt* [finger] krümmen; [arm] beugen.

crooked ['krʊkɪd] *adj* - **1.** [picture, tie, teeth] schief; [path] gewunden - **2.** **inf** [dishonest - person] unehrlich; [- deal] krumm.

croon [kruːn] *vt* & *vi* [softly] sanft singen; [sentimentally] schmalzig singen.

crop [krɒp] (*pt* & *pp* **-ped;** *cont* **-ping**) *n* - **1.** [kind of plant] Feldfrucht *die* - **2.** [harvest] Ernte *die* - **3.** **fig** [group] Schwung *der* - **4.** [whip] Reitpeitsche *die* - **5.** [of bird] Kropf *der* - **6.** [haircut] Kurzhaarschnitt *der* <> *vt* - **1.** [hedge] stutzen; [hair] kurz schneiden - **2.** [subj: cows, sheep] ab|fressen.

◆ **crop up** *vi* [problem] auf|tauchen.

cropper ['krɒpəʳ] *n* **inf: to come a ~** [fall] auf die Nase fallen; [fail - person] auf die Nase fallen; [- scheme] ein Reinfall sein.

crop spraying *n* Schädlingsbekämpfung *die (durch Besprühen).*

croquet ['krəʊkeɪ] *n* Krocket *das*.

croquette [krɒ'ket] *n* Krokette *die*.

cross [krɒs] *adj* [angry] böse; **to be ~ with sb** böse auf jn sein <> *n* - **1.** [gen] Kreuz *das* - **2.** [hybrid] Kreuzung *die* <> *vt* - **1.** [street, road, river] überqueren; [room, desert] durchqueren; **it ~ed my mind that ...** der Gedanke ging mir durch den Kopf, dass ... - **2.** [place one across the other] (über)kreuzen; [arms] verschränken; [legs] übereinander schlagen - **3.** RELIG: **to ~ o.s.** sich bekreuzigen - **4.** **Br** [cheque] als Verrechnungsscheck kennzeichnen - **5.** [thwart] verärgern - **6.** [animals, plants] kreuzen <> *vi* - **1.** [intersect] sich kreuzen - **2.** [cross road] die Straße überqueren; [cross river] den Fluß überqueren; **we ~ed into Hungary** wir überquerten die Grenze nach Ungarn.

◆ **cross off** *vt sep* streichen.

◆ **cross out** *vt sep* aus|streichen.

crossbar ['krɒsbɑːʳ] *n* - **1.** [of goal] Querlatte *die* - **2.** [of bicycle] Stange *die*.

crossbow ['krɒsbəʊ] *n* Armbrust *die*.

crossbreed ['krɒsbriːd] *n* Kreuzung *die*.

cross-Channel ferry *n* Fähre *die* über den Ärmelkanal.

cross-check *n* Gegenprobe *die*.

cross-country *adj* [run] Querfeldein-, Gelände-; [skiing] Langlauf- <> *adv* querfeldein; [travel] über Land <> *n* Querfeldeinlauf *der*, Geländelauf *der*.

cross-cultural *adj* interkulturell.

cross-dressing *n* Transvestismus *der*.

cross-examination *n* **lit** & **fig** Kreuzverhör *das*.

cross-examine *vt* **lit** & **fig** ins Kreuzverhör nehmen.

cross-eyed [-aɪd] *adj* schielend; **to be ~** schielen.

cross-fertilize *vt* kreuzbefruchten.

crossfire ['krɒs,faɪəʳ] *n* Kreuzfeuer *das*.

crossing ['krɒsɪŋ] *n* - **1.** [place] Übergang *der* - **2.** [sea journey] Überfahrt *die*.

cross-legged [-legd] *adv* im Schneidersitz.

crossly ['krɒslɪ] *adv* böse.

cross-purposes *npl:* **to talk at ~** aneinander vorbei|reden.

cross-question *vt* ins Kreuzverhör nehmen.

cross-refer *vt* verweisen.

cross-reference *n* Querverweis *der*.

crossroads ['krɒsrəʊdz] (*pl inv*) *n* Kreuzung *die;* **to be at a ~ fig** am Scheideweg stehen.

cross-section *n* Querschnitt *der*.

crosswalk ['krɒswɔːk] *n* **Am** Fußgängerüberweg *der*.

crosswind ['krɒswɪnd] *n* Seitenwind *der*.

crossword (puzzle) ['krɒswɜːd-] *n* Kreuzworträtsel *das*.

crotch [krɒtʃ] *n* - **1.** [of man] Hodengegend *die;*

[of woman] Schamgegend *die* **- 2.** [of clothes] Schritt *der.*

crotchet [ˈkrɒtʃɪt] *n* Viertelnote *die.*

crotchety [ˈkrɒtʃɪtɪ] *adj* ***Br inf*** griesgrämig; [child] quengelig.

crouch [kraʊtʃ] *vi* kauern.

croup [kruːp] *n* **- 1.** *(U)* [illness] Krupp *der* **- 2.** [of horse] Kruppe *die.*

croupier [ˈkruːpɪəʳ] *n* Croupier *der.*

crouton [ˈkruːtɒn] *n* Crouton *der.*

crow [krəʊ] *n* Krähe *die;* **10 miles as the ~ flies** 10 Meilen Luftlinie <> *vi* **- 1.** [cock] krähen **- 2.** ***inf*** [gloat]: **to ~ over sthg** sich mit etw brüsten.

crowbar [ˈkrəʊbɑːʳ] *n* Brecheisen *das.*

crowd [kraʊd] *n* **- 1.** [mass of people] Menschenmenge *die;* **~s of people** große Menschenmengen **- 2.** [social group]: **the usual ~** der übliche Haufen <> *vi* sich drängen <> *vt* [streets, town] bevölkern; **we were ~ed into a small room** wir wurden in ein kleines Zimmer gedrängt.

crowded [ˈkraʊdɪd] *adj* voll; [train, shop, bar] überfüllt; [timetable, flat] eng; **to be ~ with people** voller Menschen sein.

crown [kraʊn] *n* **- 1.** [of monarch, tooth] Krone *die* **- 2.** [top - of hat] oberes Ende; [- of head] Scheitel *der;* [- of hill] Kuppe *die* <> *vt* **- 1.** [king, queen] krönen **- 2.** [tooth] überkronen **- 3.** [top] bedecken.

◆ **Crown** *n:* **the Crown** [monarchy] die Krone.

crown court *n* Strafgericht *das (in England und Wales).*

crowning [ˈkraʊnɪŋ] *adj:* **his ~ achievement** die Krönung seiner Leistung.

crown jewels *npl* Kronjuwelen *pl.*

crown prince *n* Kronprinz *der.*

crow's feet *npl* Krähenfüße *pl.*

crow's nest *n* Mastkorb *der.*

crucial [ˈkruːʃl] *adj* entscheidend.

crucially [ˈkruːʃlɪ] *adv:* **~ important** von entscheidender Bedeutung.

crucifix [ˈkruːsɪfɪks] *n* Kruzifix *das.*

Crucifixion [ˌkruːsɪˈfɪkʃn] *n:* **the ~** die Kreuzigung.

crucify [ˈkruːsɪfaɪ] (*pt* & *pp* **-ied**) *vt* **- 1.** [kill] kreuzigen **- 2. *fig*** [treat cruelly] fertig machen.

crude [kruːd] *adj* **- 1.** [raw] Roh-, roh **- 2.** [vulgar] derb, ordinär **- 3.** [drawing] grob; [method, shelter] primitiv <> *n* = **crude oil.**

crudely [ˈkruːdlɪ] *adv* **- 1.** [vulgarly] ordinär **- 2.** [drawn] grob; [built] primitiv.

crude oil *n* Rohöl *das.*

cruel [krʊəl] (*compar* **-ler;** *superl* **-lest**) *adj* grausam; **to be ~ to animals** Tiere quälen.

cruelly [ˈkrʊəlɪ] *adv* grausam.

cruelty [ˈkrʊəltɪ] *n* Grausamkeit *die;* **~ to children** Kindesmisshandlung *die;* **~ to animals** Tierquälerei *die.*

cruet [ˈkruːɪt] *n* Menage *die.*

cruise [kruːz] *n* Kreuzfahrt *die* <> *vi* [ship] kreuzen; [plane] fliegen.

cruiser [ˈkruːzəʳ] *n* **- 1.** [warship] Kreuzer *der* **- 2.** [cabin cruiser] Vergnügungsjacht *die.*

crumb [krʌm] *n* **- 1.** [of food] Krümel *der,* Krume *die* **- 2.** [of information] Brocken *der.*

crumble [ˈkrʌmbl] *n* *mit Streuseln bedeckte überbackene Obstnachspeise* <> *vt* zerkrümeln; [into larger pieces] zerbröckeln <> *vi* **- 1.** [plaster] bröckeln; [bread] krümeln; [building, wall] zerbröckeln, verfallen **- 2. *fig*** [society, empire] verfallen; [hopes] dahin|schwinden.

crumbly [ˈkrʌmblɪ] (*compar* **-ier;** *superl* **-iest**) *adj* [plaster] bröckelig; [bread, cake] krümelig.

crummy [ˈkrʌmɪ] (*compar* **-ier;** *superl* **-iest**) *adj* ***inf*** mies.

crumpet [ˈkrʌmpɪt] *n kleines rundes Brot aus Hefeteig zum Toasten.*

crumple [ˈkrʌmpl] *vt* [clothes] zerknittern; [paper] zerknüllen <> *vi* **- 1.** [clothes] knittern; [face] sich (beim Weinen) verziehen **- 2.** [metal object] eingedrückt werden **- 3.** [legs, body] nach|geben.

◆ **crumple up** *vt sep* [clothes] zerknittern; [paper] zerknüllen.

crunch [krʌntʃ] *n* [sound] Krachen *das;* [of gravel, snow] Knirschen *das;* **if** OR **when it comes to the ~ *inf*** wenn es darauf an|kommt <> *vt* [with teeth] (krachend) kauen <> *vi* [snow, gravel] knirschen.

crunchy [ˈkrʌntʃɪ] (*compar* **-ier;** *superl* **-iest**) *adj* **- 1.** [apple, vegetables] frisch und knackig; [chocolate bar] knusprig **- 2.** [snow, gravel] verharscht.

crusade [kruːˈseɪd] *n* ***lit*** & ***fig*** Kreuzzug *der* <> *vi:* **to ~ for/against sthg** für/gegen etw zu Felde ziehen.

crusader [kruːˈseɪdəʳ] *n* **- 1.** HIST Kreuzritter *der* **- 2. *fig*** [campaigner] Verfechter *der,* -in *die.*

crush [krʌʃ] *n* **- 1.** [crowd] Gedränge *das* **- 2. *inf*** [infatuation] Schwärmerei *die;* **to have a ~ on sb** für jn schwärmen **- 3. *Br*** [drink]: **lemon ~** Zitronensaftgetränk *das* <> *vt* **- 1.** [squeeze - limb] quetschen; [- clothes, garlic] zerdrücken **- 2.** [ice, tablet] zerstoßen **- 3.** [destroy] zerquetschen; **to be ~ed to death** zu Tode gequetscht werden **- 4. *fig*** [army, hopes] vernichten; [opposition] nieder|schlagen.

crush barrier *n* ***Br*** Absperrung *die.*

crushing [ˈkrʌʃɪŋ] *adj* [defeat, remark] vernichtend.

crust [krʌst] *n* Kruste *die.*

crustacean [krʌ'steɪʃn] *n* Schalentier *das.*

crusty ['krʌstɪ] (*compar* **-ier;** *superl* **-iest**) *adj* **- 1.** [bread] knusprig **- 2.** [person] barsch.

crutch [krʌtʃ] *n* **- 1.** [stick] Krücke *die;* **she uses him as an emotional ~** *fig* sie klammert sich an ihn **- 2.** [crotch - of man] Hodengegend *die;* [- of woman] Schamgegend *die.*

crux [krʌks] *n* Kern *der;* **the ~ of the matter** der springende Punkt.

cry [kraɪ] (*pl* **cries;** *pt* & *pp* **cried**) *n* **- 1.** [weep]: **to have a ~** weinen **- 2.** [shout] Ruf *der;* [louder] Schrei *der;* **a ~ of pain** ein Schmerzensschrei; **a ~ for help** ein Hilferuf; **to be a far ~ from ...** vollkommen anders sein als ... **- 3.** [of bird] Schrei *der* ◇ *vt* & *vi* **- 1.** [weep] weinen **- 2.** [shout] rufen; [louder] schreien.

◆ **cry off** *vi* einen Rückzieher machen.

◆ **cry out** *vt sep* & *vi* schreien.

◆ **cry out for** *vt fus* [demand] dringend brauchen.

crybaby ['kraɪˌbeɪbɪ] (*pl* **-ies**) *n* ***inf pej*** Heulsuse *die.*

crying ['kraɪɪŋ] *adj* ***inf*:** **it's a ~ shame** es ist jammerschade; **there is a ~ need for sthg** etw ist dringend notwendig ◇ *n* Weinen *das.*

crypt [krɪpt] *n* Krypta *die.*

cryptic ['krɪptɪk] *adj* rätselhaft.

crypto- [krɪptəʊ] *prefix:* **~-communist** verkappter Kommunist, verkappte Kommunistin.

crystal ['krɪstl] *n* Kristall *der* ◇ *comp* [glass] Kristall-.

crystal ball *n* Glaskugel *die (einer Hellseherin).*

crystal clear *adj* glasklar.

crystallize, -ise ['krɪstəlaɪz] *vi* **- 1.** [form crystals] kristallisieren **- 2.** [ideas, plans] Form annehmen ◇ *vt* [fruit] kandieren.

CSE (*abbr of* **Certificate of Secondary Education**) *n* ≃ Hauptschulabschluss *der, früherer britischer Schulabschluss.*

CS gas *n* CS-Gas *das.*

CST (*abbr of* **Central Standard Time**) *n Standardzeit in der zentralen Zeitzone der USA.*

ct *abbr of* **carat.**

CT *abk für Connecticut, in Postanschrift verwendet.*

cu. *abbr of* **cubic.**

cub [kʌb] *n* **- 1.** [young animal] Junge *das* **- 2.** [boy scout] Wölfling *der.*

Cuba ['kju:bə] *n* Kuba *nt;* **in ~** auf Kuba.

Cuban ['kju:bən] *adj* kubanisch ◇ *n* Kubaner *der,* -in *die.*

cubbyhole ['kʌbɪhəʊl] *n* [room] Kabäuschen *das;* [compartment] Fach *das.*

cube [kju:b] *n* **- 1.** [object, shape] Würfel *der* **- 2.** MATH dritte Potenz ◇ *vt* MATH in die dritte Potenz erheben; **3 ~d** 3 hoch 3.

cube root *n* Kubikwurzel *die.*

cubic ['kju:bɪk] *adj* Kubik-.

cubicle ['kju:bɪkl] *n* Kabine *die.*

cubism ['kju:bɪzm] *n* Kubismus *der.*

cub reporter *n* junger Reporter, junge Reporterin.

Cub Scout *n* Wölfling *der.*

cuckoo ['kʊku:] *n* Kuckuck *der.*

cuckoo clock *n* Kuckucksuhr *die.*

cucumber ['kju:kʌmbəʳ] *n* Gurke *die.*

cud [kʌd] *n:* **to chew the ~** [cow] wieder|käuen; ***inf*** [person] vor sich hin grübeln.

cuddle ['kʌdl] *n:* **to give sb a ~** jn in den Arm nehmen; **I need a ~** ich brauche jemand zum Schmusen ◇ *vt* an sich *(A)* drücken, in den Arm nehmen; [doll, dog] knuddeln ◇ *vi* schmusen.

◆ **cuddle up** *vi* sich zusammen|kuscheln; **to ~ up to sb** sich an jn kuscheln.

cuddly ['kʌdlɪ] (*compar* **-ier;** *superl* **-iest**) *adj* knuddelig.

cuddly toy *n* Knuddeltier *das.*

cudgel ['kʌdʒəl] (***Br*** *pt* & *pp* **-led;** *cont* **-ling, *Am*** *pt* & *pp* **-ed;** *cont* **-ing**) *n* Knüppel *der;* **to take up the ~s for sb/sthg** für jn/etw auf die Barrikaden gehen ◇ *vt* prügeln.

cue [kju:] *n* **- 1.** RADIO, THEATRE & TV Stichwort *das;* **on ~** wie gerufen; **to take one's ~ from sb** sich nach jm richten **- 2.** ***fig*** [signal] Signal *das* **- 3.** [in snooker, pool] Queue *das.*

cuff [kʌf] *n* **- 1.** [of sleeve] Manschette *die* **- 2.** ***Am*** [of trouser] Aufschlag *der* ◇ *vt:* **to ~ sb round the ear** jm eine aufs Ohr geben.

cuff link *n* Manschettenknopf *der.*

cu. in. (*abbr of* **cubic inch**) = *16,3871 cm³.*

cuisine [kwɪ'zi:n] *n* Küche *die.*

cul-de-sac ['kʌldəsæk] *n* Sackgasse *die.*

culinary ['kʌlɪnərɪ] *adj* kulinarisch; [art, expertise, skills] Koch-.

cull [kʌl] *n Kontrolle der Größe eines Viehbestands durch das Töten der schwächsten Tiere* ◇ *vt* **- 1.** [kill]: **to ~ seals** Robbenschlag betreiben **- 2.** ***fml*** [gather] sammeln.

culminate ['kʌlmɪneɪt] *vi:* **to ~ in sthg** in etw *(D)* gipfeln.

culmination [ˌkʌlmɪ'neɪʃn] *n* Höhepunkt *der.*

culottes [kju:'lɒts] *npl* Hosenrock *der.*

culpable ['kʌlpəbl] *adj* ***fml*** strafbar; [person] schuldig; **~ homicide** fahrlässige Tötung.

culprit ['kʌlprɪt] *n* Schuldige *der, die;* [guilty of a crime] Täter *der,* -in *die.*

cult [kʌlt] *n* **- 1.** RELIG Kult *der* **- 2.** [book, film] Kultsymbol *das* ◇ *comp* [book, film] Kult-.

cultivate [ˈkʌltɪveɪt] *vt* - **1.** [farm - land] bebauen; [- crops] an|bauen, kultivieren - **2.** [develop - interest, taste] entwickeln; [- friendship] pflegen; [- trust] stärken; [- image] kultivieren.

cultivated [ˈkʌltɪveɪtɪd] *adj* kultiviert.

cultivation [ˌkʌltɪˈveɪʃn] *n* [farming] Kultivieren *das*.

cultural [ˈkʌltʃərəl] *adj* kulturell.

culture [ˈkʌltʃəʳ] *n* Kultur *die*.

cultured [ˈkʌltʃəd] *adj* kultiviert.

cultured pearl *n* Zuchtperle *die*.

culture shock *n* Kulturschock *der*.

culture vulture *n* ***inf*** Kulturfanatiker *der*, -in *die*.

cumbersome [ˈkʌmbəsəm] *adj* - **1.** [object] unhandlich; [parcel] sperrig - **2.** [system] mühselig, beschwerlich.

cumin [ˈkjuːmɪn] *n* Kümmel *der*.

cumulative [ˈkjuːmjʊlətɪv] *adj* kumulativ; **~ interest** Zins und Zinseszins.

cunning [ˈkʌnɪŋ] *adj* [plan] schlau; [person] gerissen; [device] schlau ausgedacht <> *n* [of plan] Schlauheit *die;* [of person] Gerissenheit *die*.

cup [kʌp] (*pt* & *pp* **-ped;** *cont* **-ping**) *n* - **1.** [gen] Tasse *die;* **a ~ of tea** eine Tasse Tee; **it's not my ~ of tea** ***fig*** das ist nicht mein Fall - **2.** [trophy, competition] Pokal *der* - **3.** [of bra] Körbchen *das* <> *vt:* **to ~ one's hands** die Hände hohl machen.

cupboard [ˈkʌbəd] *n* Schrank *der*.

cupcake [ˈkʌpkeɪk] *n in Papier oder Folie gewickelter kleiner runder Kuchen mit Zuckerguss.*

Cup Final *n:* **the ~** das Pokalendspiel.

cupid [ˈkjuːpɪd] *n* MYTH Amor *der*.

cupola [ˈkjuːpələ] (*pl* **-s**) *n* ARCHIT Kuppel *die*.

curable [ˈkjʊərəbl] *adj* heilbar.

curate [ˈkjʊərət] *n* Vikar *der*.

curator [ˌkjʊəˈreɪtəʳ] *n* [of museum] Kustos *der*.

curb [kɜːb] *n* - **1.** [control]: **to put a ~ on sthg** etw im Zaum halten - **2.** ***Am*** [of road] Bordstein *der* <> *vt* zügeln.

curd cheese *n* ***Br*** Quark *der*.

curdle [ˈkɜːdl] *vi* gerinnen.

cure [kjʊəʳ] *n* - **1.** MED: **~ (for)** Heilmittel *das* (für) - **2.** [solution]: **~ (for sthg)** Mittel *das* (gegen etw), Lösung *die* (für etw) <> *vt* - **1.** MED [illness, person] heilen, kurieren - **2.** [solve] beheben - **3.** [rid]: **to ~ sb of sthg** ***fig*** jn von etw heilen OR befreien - **4.** [preserve - smoke] räuchern; [- salt] pökeln; [- dry] trocknen.

cure-all *n* Allheilmittel *das*.

curfew [ˈkɜːfjuː] *n* Ausgangssperre *die*.

curio [ˈkjʊərɪəʊ] (*pl* **-s**) *n* Kuriosität *die*.

curiosity [ˌkjʊərɪˈɒsətɪ] *n* - **1.** [inquisitiveness] Neugier *die* - **2.** [rarity] Kuriosität *die*.

curious [ˈkjʊərɪəs] *adj* - **1.** [inquisitive]: **~ (about)** neugierig (auf (+ *A*)); **I'm ~ to see what happens next** ich bin gespannt, was als Nächstes passiert - **2.** [strange] merkwürdig, seltsam.

curiously [ˈkjʊərɪəslɪ] *adv* - **1.** [inquisitively] neugierig - **2.** [strangely] merkwürdig, seltsam.

curl [kɜːl] *n* - **1.** [of hair] Locke *die* - **2.** [of smoke] Kringel *der* <> *vt* - **1.** [hair] in Locken legen - **2.** [tail, ribbon] (ein)rollen <> *vi* - **1.** [hair] sich locken - **2.** [paper, leaf] sich zusammen|rollen; **to ~ into a ball** sich ein|rollen OR zusammen|rollen - **3.** [road, smoke, snake] sich schlängeln.

◆ **curl up** *vi* [person, animal] sich zusammen|rollen; **to ~ up in bed** sich ins Bett kuscheln.

curler [ˈkɜːləʳ] *n* Lockenwickler *der*.

curling [ˈkɜːlɪŋ] *n* SPORT Curling *das*.

curling tongs *npl* Lockenstab *der*.

curly [ˈkɜːlɪ] (*compar* **-ier;** *superl* **-iest**) *adj* [hair] lockig.

currant [ˈkʌrənt] *n* Korinthe *die*.

currency [ˈkʌrənsɪ] (*pl* **-ies**) *n* - **1.** [money] Währung *die* - **2.** ***fml*** [acceptability]: **to gain ~** sich verbreiten, Verbreitung finden.

current [ˈkʌrənt] *adj* gegenwärtig, aktuell <> *n* - **1.** [flow - of water] Strömung *die;* [- of air] Luftströmung *die;* [- of electricity] Strom *der* - **2.** ***fig*** [of opinion] Tendenz *die*.

current account *n* ***Br*** Girokonto *das*.

current affairs *npl* aktuelle Fragen *pl*.

current assets *npl* Umlaufvermögen *das*.

current liabilities *npl* kurzfristige Verbindlichkeiten *pl*.

currently [ˈkʌrəntlɪ] *adv* gegenwärtig, momentan.

curricular [kəˈrɪkjʊləʳ] *adj* lehrplanmäßig.

curriculum [kəˈrɪkjələm] (*pl* **-lums** OR **-la** [-lə]) *n* Lehrplan *der*.

curriculum vitae [-ˈviːtaɪ] (*pl* **curricula vitae**) *n* Lebenslauf *der*.

curried [ˈkʌrɪd] *adj* mit Curry(sauce).

curry [ˈkʌrɪ] (*pl* **-ies**) *n* Currygericht *das;* **chicken ~** Huhn mit Curry(sauce).

curry powder *n (U)* Curry *das* OR *der*.

curse [kɜːs] *n* - **1.** [evil spell, swearword] Fluch *der* - **2.** [source of problems] Plage *die* <> *vt* verfluchen <> *vi* [swear] fluchen.

cursor [ˈkɜːsəʳ] *n* COMPUT Cursor *der*.

cursory [ˈkɜːsərɪ] *adj* flüchtig.

curt [kɜːt] *adj* barsch.

curtail [kɜːˈteɪl] *vt* - **1.** [visit] ab|kürzen

- 2. [rights, expenditure] ein|schränken, beschneiden.

curtailment [kɜːˈteɪlmənt] *n* [of rights, expenditure] Einschränkung *die*, Beschneidung *die*.

curtain [ˈkɜːtn] *n* **- 1.** [gen] Vorhang *der* **- 2.** ***fig*** [of smoke] Wand *die*.

◆ **curtain off** *vt sep* durch einen Vorhang ab|trennen.

curtain call *n* [encore] Vorhang *der*.

curtain raiser *n* ***fig*** kurzes Vorspiel.

curts(e)y [ˈkɜːtsɪ] (*pt* & *pp* **curtsied**) *n* Knicks *der* ◇ *vi* knicksen.

curvaceous [kɜːˈveɪʃəs] *adj* kurvenreich.

curvature [ˈkɜːvətʃəʳ] *n (U)* **- 1.** [of Earth] Krümmung *die* **- 2.** MED [of spine] Verkrümmung *die*.

curve [kɜːv] *n* Kurve *die* ◇ *vi* [road, river] einen Bogen machen; [surface] sich wölben.

curved [kɜːvd] *adj* [surface] gewölbt; [shape] gebogen, gekrümmt

curvy [ˈkɜːvɪ] (*compar* **-ier;** *superl* **-iest**) *adj* kurvenreich.

cushion [ˈkʊʃn] *n* **- 1.** [for sitting on] Kissen *das* **- 2.** [protective layer] Polster *das* ◇ *vt* dämpfen, ab|fangen; **to be ~ed against sthg** gegen etw geschützt sein.

cushy [ˈkʊʃɪ] (*compar* **-ier;** *superl* **-iest**) *adj* ***inf*** bequem, lässig.

custard [ˈkʌstəd] *n* ≈ Vanillesoße *die*.

custard powder *n* ≈ Vanillesoßenpulver *das*.

custodian [kʌˈstəʊdjən] *n* Wächter *der*, -in *die*.

custody [ˈkʌstədɪ] *n* **- 1.** [of child] Sorgerecht *das* **- 2.** [of suspect]: **in ~** in Untersuchungshaft.

custom [ˈkʌstəm] *n* **- 1.** [tradition] Brauch *der;* [habit] Gepflogenheit *die* **- 2.** COMM [trade] Einkauf *der*.

◆ **customs** *n (U)* [place] Zoll *der*.

customary [ˈkʌstəmrɪ] *adj* üblich, gewöhnlich.

custom-built *adj* in Sonderausführung.

customer [ˈkʌstəməʳ] *n* Kunde *der*, -din *die*.

customer services *npl* Kundendienst *der*.

customize, -ise [ˈkʌstəmaɪz] *vt* **- 1.** [make] individuell her|richten **- 2.** [modify] an|passen, modifizieren.

custom-made *adj* [clothes] maßgeschneidert; [furniture] einzeln angefertigt.

Customs and Excise *n (U)* ***Br*** *britische Finanzbehörde, die indirekte Steuern (Ex- und Importsteuer, Mehrwertsteuer und Verbrauchssteuer) einzieht und verwaltet.*

customs duty *n (U)* Zoll *der*.

customs officer *n* Zollbeamte *der*, -tin *die*.

cut [kʌt] (*pt* & *pp* **cut;** *cont* **-ting**) *n* **- 1.** [slit] Schnitt *der* **- 2.** [wound] Schnittwunde *die* **- 3.** [of meat] Fleischstück *das* **- 4.** [in salary, film, article] Kürzung *die* **- 5.** ***inf*** [share] Anteil *der* **- 6.** [style - of clothes, hair] Schnitt *der* **- 7.** ***phr:*** **to be a ~ above the rest** dem Rest überlegen sein ◇ *vt* **- 1.** [gen] schneiden; **to ~ one's finger** sich *(D)* in den Finger schneiden **- 2.** [salary, costs, expenditure] reduzieren, senken **- 3.** [grass] mähen **- 4.** [tooth]: **to ~ a tooth** einen Zahn bekommen **- 5.** [cards] ab|heben **- 6.** ***inf*** [lecture, class] schwänzen ◇ *vi* **- 1.** [gen] schneiden **- 2.** [intersect] sich kreuzen.

◆ **cut across** *vt fus* [as short cut]: **to ~ across a field** querfeldein gehen.

◆ **cut back** *vt sep* **- 1.** [prune] zurück|schneiden **- 2.** [reduce] reduzieren, senken ◇ *vi:* **to ~ back on sthg** etw ein|schränken.

◆ **cut down** *vt sep* **- 1.** [chop down] fällen **- 2.** [reduce] reduzieren, ein|schränken ◇ *vi:* **to ~ down on sthg** etw ein|schränken.

◆ **cut in** *vi* **- 1.** [interrupt]: **to ~ in (on sb)** (jn) unterbrechen **- 2.** [in car]: **to ~ in on** OR **in front of sb** jn schneiden.

◆ **cut off** *vt sep* **- 1.** [sever] ab|schneiden **- 2.** [disconnect - electricity, gas, telephone] ab|stellen; **I got ~ off** [on telephone] das Gespräch wurde unterbrochen **- 3.** [isolate]: **to be ~ off (from sb/sthg)** (von jm/etw) abgeschnitten sein **- 4.** [discontinue] stoppen, unterbrechen.

◆ **cut out** *vt sep* **- 1.** [article, photo] aus|schneiden; [tumour] heraus|schneiden **- 2.** [sewing] zu|schneiden; **to be ~ out for sthg** ***fig*** zu etw *(D)* geeignet sein **- 3.** [stop] auf|hören mit; **~ it out!** lass das sein! **- 4.** [exclude] aus|schließen ◇ *vi* [engine] aus|setzen.

◆ **cut up** *vt sep* [vegetables] schneiden; [wood] hacken; [meat] auf|schneiden.

cut-and-dried *adj* abgesprochen.

cut and paste COMPUT *vt* & *vi* ausschneiden und ein|fügen.

cutback [ˈkʌtbæk] *n:* **~ (in)** Kürzung *die* (von).

cute [kjuːt] *adj* süß.

cut glass *n* geschliffenes Glas ◇ *comp:* **a ~ bowl** eine geschliffene Glasschale.

cuticle [ˈkjuːtɪkl] *n* Nagelhaut *die*.

cutlery [ˈkʌtlərɪ] *n (U)* Besteck *das*.

cutlet [ˈkʌtlɪt] *n* Kotelett *das*.

cutoff (point) [ˈkʌtɒf-] *n* Grenzlinie *die*.

cutout [ˈkʌtaʊt] *n* **- 1.** [on machine] Stopschalter *der* **- 2.** [shape] Ausschneidemodell *das*.

cut-price, cut-rate ***Am*** *adj* Billig-.

cutter [ˈkʌtəʳ] *n* [tool] Schneidwerkzeug *das*.

cut-throat *adj* [ruthless] gnadenlos, unbarmherzig.

cutting [ˈkʌtɪŋ] *adj* [wit] scharf; [remark] spitz, verletzend; [person] sarkastisch ◇ *n* **- 1.** [of plant] Ableger *der* **- 2.** [from newspaper] Ausschnitt *der* **- 3.** ***Br*** [for road, railway] Durchstich *der*.

cuttlefish [ˈkʌtlfɪʃ] (*pl inv*) *n* Tintenfisch *der*.

cut up *adj* ***Br inf*** [upset] aufgewühlt; **he was very ~ about the divorce** die Scheidung hat ihn schwer mitgenommen.

CV *n abbr of* **curriculum vitae.**

C & W (*abbr of* **country and western (music)**) *n* Country- und Westernmusik *die*.

cwo (*abbr of* **cash with order**) zahlbar bei Bestellung.

cwt. *abbr of* **hundredweight.**

cyanide [ˈsaɪənaɪd] *n* Cyanid *das*.

cybernetics [ˌsaɪbəˈnetɪks] *n* Kybernetik *die*.

cyclamen [ˈsɪkləmən] (*pl inv*) *n* Alpenveilchen *das*.

cycle [ˈsaɪkl] *n* **- 1.** [series of events] Kreislauf *der*, Zyklus *der* **- 2.** [of machine] Durchlauf *der*, Durchgang *der* **- 3.** [bicycle] Fahrrad *das* **- 4.** [of poems, songs] Zyklus *der* ◇ *comp* Fahrrad- ◇ *vi* Fahrrad fahren.

cyclic(al) [ˈsaɪklɪk(l)] *adj* zyklisch.

cycling [ˈsaɪklɪŋ] *n* Fahrradfahren *das*.

cycling helmet *n* Fahrradhelm *der*.

cyclist [ˈsaɪklɪst] *n* Fahrradfahrer *der*, -in *die*.

cyclone [ˈsaɪkləʊn] *n* Zyklone *die*, Tiefdruckgebiet *das*.

cygnet [ˈsɪgnɪt] *n* junger Schwan.

cylinder [ˈsɪlɪndəʳ] *n* **- 1.** [gen] Zylinder *der* **- 2.** [for gas, oxygen] Flasche *die*.

cylinder block *n* Zylinderblock *der*.

cylinder head *n* Zylinderkopf *der*.

cylinder-head gasket *n* Zylinderkopfdichtung *die*.

cylindrical [sɪˈlɪndrɪkl] *adj* zylindrisch.

cymbals [ˈsɪmblz] *npl* Becken *das*.

cynic [ˈsɪnɪk] *n* Zyniker *der*, -in *die*.

cynical [ˈsɪnɪkl] *adj* zynisch.

cynically [ˈsɪnɪklɪ] *adv* zynisch.

cynicism [ˈsɪnɪsɪzm] *n* Zynismus *der*.

cypher [ˈsaɪfəʳ] *n* = **cipher.**

cypress [ˈsaɪprəs] *n* Zypresse *die*.

Cypriot [ˈsɪprɪət] *n* Zypriot *der*, -in *die*.

Cyprus [ˈsaɪprəs] *n* Zypern *nt*; **in ~** auf Zypern.

cyst [sɪst] *n* Zyste *die*.

cystic fibrosis [ˌsɪstɪkfaɪˈbrəʊsɪs] *n (U)* Mukoviszidose *die*.

cystitis [sɪsˈtaɪtɪs] *n (U)* Blasenentzündung *die*.

cytology [saɪˈtɒlədʒɪ] *n* Zytologie *die*.

CZ (*abbr of* **canal zone**) *den Panamalkanal umgebende Zone.*

czar [zɑːʳ] *n* Zar *der*.

Czech [tʃek] *adj* tschechisch ◇ *n* **- 1.** [person] Tscheche *der*, -hin *die* **- 2.** [language] Tschechisch(e) *das*.

Czechoslovak [ˌtʃekəˈsləʊvæk] *adj* & *n* = **Czechoslovakian.**

Czechoslovakia [ˌtʃekəsləˈvækɪə] *n* Tschechoslowakei *die*.

Czechoslovakian [ˌtʃekəsləˈvækɪən] *adj* tschechoslowakisch ◇ *n* Tschechoslowake *der*, -kin *die*.

Czech Republic *n*: **the ~** die Tschechische Republik.

D

d¹ (*pl* **d's** *or* **ds**), **D** (*pl* **D's** *or* **Ds**) [diː] *n* [letter] d *das*, D *das*.

◆ **D** *n* **- 1.** MUS D *das*; [D flat] Des *das* **- 2.** SCH [mark] ≃ vier ◇ ***Am*** *abbr of* **Democratic.**

d² (*pl* **d's** *or* **ds**), **D** (*pl* **D's** *or* **Ds**) [diː] *Symbol für den alten britischen Penny.*

d. (*abbr of* **died**) *abbr of* **died.**

DA *n abbr of* **district attorney.**

dab [dæb] (*pt* & *pp* **-bed;** *cont* **-bing**) *n* [small amount] Klecks *der* ◇ *vt* **- 1.** [skin, wound] abtupfen **- 2.** [cream, ointment]: **to ~ sthg on(to) sthg** etw auf etw *(A)* tupfen ◇ *vi*: **to ~ at sthg** etw betupfen.

dabble [ˈdæbl] *vt* planschen, plantschen ◇ *vi*: **to ~ (in sthg)** (in etw *(D)*) planschen *or* plantschen.

dab hand *n* ***Br inf***: **to be a ~ (at sthg)** (in etw *(D)*) sehr geschickt sein.

dachshund [ˈdækshʊnd] *n* Dackel *der*.

dad [dæd], **daddy** [ˈdædɪ] (*pl* **-ies**) *n* ***inf*** Vati *der*.

daddy longlegs [-ˈlɒŋlegz] (*pl inv*) *n* Schnake *die*.

daffodil [ˈdæfədɪl] *n* Osterglocke *die*, Narzisse *die*.

daft [dɑːft] *adj* ***Br inf*** doof, blöd.

dagger [ˈdægəʳ] *n* Dolch *der*.

dahlia [ˈdeɪljə] *n* Dahlie *die*.

Dáil (Eireann) [dɔːl'eərən] *n*: **the ~** *Unterhaus der Republik Irland.*

daily ['deɪlɪ] (*pl* **-ies**) *adj* täglich <> *adv* täglich <> *n* **- 1.** [newspaper] Tageszeitung *die* **- 2.** *esp Br* [cleaning woman] Putzfrau *die.*

daintily ['deɪntɪlɪ] *adv* [walk, move] anmutig; [made, dressed] fein, zierlich.

dainty ['deɪntɪ] (*compar* **-ier;** *superl* **-iest**) *adj* zierlich.

dairy ['deərɪ] (*pl* **-ies**) *n* **- 1.** [on farm] Molkerei *die* **- 2.** [shop] Milchgeschäft *das.*

dairy cattle *npl* Milchvieh *das.*

dairy farm *n auf Milchwirtschaft spezialisierter Bauernhof.*

dairy products *npl* Molkereiprodukte *pl*, Milchprodukte *pl.*

dais ['deɪɪs] *n* Podium *das.*

daisy ['deɪzɪ] (*pl* **-ies**) *n* Gänseblümchen *das.*

daisy wheel *n* Typenrad *das.*

daisy-wheel printer *n* Typenraddrucker *der.*

dale [deɪl] *n literary* Tal *das.*

dalmatian [dæl'meɪʃn] *n* [dog] Dalmatiner *der.*

dam [dæm] (*pt* & *pp* **-med;** *cont* **-ming**) *n* (Stau)damm *der* <> *vt* (auf)stauen.
◆ **dam up** *vt sep* auf|stauen.

damage ['dæmɪdʒ] *n*: **~ (to sthg)** Schaden *der* (an etw *(D)*) <> *vt* **- 1.** [physically] beschädigen **- 2.** *fig* [chances, reputation] schaden *(+ D).*
◆ **damages** *npl* LAW Schaden(s)ersatz *der.*

damaging ['dæmɪdʒɪŋ] *adj*: **~ (to)** schädlich (für).

Damascus [də'mæskəs] *n* Damaskus *nt.*

Dame [deɪm] *n Br* Dame *die.*

damn [dæm] *adj* & *adv inf* verdammt <> *n inf*: **not to give** OR **care a ~ (about sthg)** sich einen Dreck scheren (um etw) <> *vt* **- 1.** RELIG [condemn] verdammen **- 2.** [curse] verfluchen; **~ it!** *inf* verdammt! <> *excl inf* verdammt!, Mist!

damnable ['dæmnəbl] *adj dated* [appalling] abscheulich.

damnation [dæm'neɪʃn] *n* RELIG Verdammung *die.*

damned [dæmd] *inf adj* verdammt; **I'm ~ if ...** mich soll der Teufel holen, wenn ...; **well I'll be** OR **I'm ~!** Donnerwetter! <> *adv* verdammt.

damning ['dæmɪŋ] *adj* vernichtend.

damp [dæmp] *adj* feucht <> *n* Feuchtigkeit *die* <> *vt* an|feuchten, befeuchten.
◆ **damp down** *vt sep* [unrest, violence] ein|dämmen.

damp course *n Br* Feuchtigkeitsisolierung *die.*

dampen ['dæmpən] *vt* **- 1.** [make wet] an|feuchten, befeuchten **- 2.** *fig* [emotion] dämpfen.

damper ['dæmpəʳ] *n* [for fire] Luftklappe *die;* **to put a ~ on sthg** etw *(D)* einen Dämpfer verpassen.

dampness ['dæmpnɪs] *n* Feuchtigkeit *die.*

damp-proof course *n* = **damp course.**

damson ['dæmzn] *n* Damaszenerpflaume *die.*

dance [dɑːns] *n* **- 1.** [gen] Tanz *der* **- 2.** [social event] Tanzabend *der* **- 3.** [art form] Tanzen *das* <> *vi* tanzen.

dance floor *n* Tanzfläche *die.*

dance hall *n* Tanzlokal *das.*

dancer ['dɑːnsəʳ] *n* Tänzer *der*, -in *die.*

dancing ['dɑːnsɪŋ] *n* Tanzen *das.*

D and C (*abbr of* **dilation and curettage**) *n* MED Dilatation und Kürettage.

dandelion ['dændɪlaɪən] *n* Löwenzahn *der.*

dandruff ['dændrʌf] *n* Schuppen *pl.*

dandy ['dændɪ] (*pl* **-ies**) *n* Dandy *der.*

Dane [deɪn] *n* Däne *der*, -nin *die.*

danger ['deɪndʒəʳ] *n* Gefahr *die;* **in ~** in Gefahr; **out of ~** außer Gefahr; **~ to sb/sthg** Gefahr für jn/etw; **to be in ~ of doing sthg** Gefahr laufen, etw zu tun.

danger list *n Br*: **to be on/off the ~** in/außer Lebensgefahr sein.

danger money *n (U) Br* Gefahrenzulage *die.*

dangerous ['deɪndʒərəs] *adj* gefährlich.

dangerous driving *n (U)* LAW Verkehrsgefährdung *die.*

dangerously ['deɪndʒərəslɪ] *adv* [riskily] gefährlich, riskant; **~ ill** lebensbedrohlich erkrankt.

danger zone *n* Gefahrenzone *die.*

dangle ['dæŋgl] *vt* baumeln lassen; **to ~ sthg in front of sb** *fig* jn mit etw locken <> *vi* baumeln.

Danish ['deɪnɪʃ] *adj* dänisch <> *n* **- 1.** [language] Dänisch(e) *das* **- 2.** = **Danish pastry** <> *npl*: **the ~** die Dänen *pl.*

Danish blue *n (U)* Blauschimmelkäse *der.*

Danish (pastry) *n* Hefeteilchen *das.*

dank [dæŋk] *adj* naßkalt.

Danube ['dænjuːb] *n*: **the ~** die Donau.

dapper ['dæpəʳ] *adj* adrett.

dappled ['dæpld] *adj* scheckig.

Dardanelles [ˌdɑːdə'nelz] *npl*: **the ~** die Dardanellen.

dare [deəʳ] *vt* - **1.** [be brave enough]: **to ~ to do sthg** sich trauen, etw zu tun - **2.** [challenge]: **to ~ sb to do sthg** jn herausǀfordern, etw zu tun - **3.** *phr:* **I ~ say** ich glaube schon ◇ *vi* es wagen, sich trauen; **how ~ you!** was fällt dir ein! ◇ *n* Mutprobe *die*.

daredevil [ˈdeəˌdevl] *n* Draufgänger *der*, -in *die*.

daren't [deənt] = **dare not.**

daring [ˈdeərɪŋ] *adj* [person, action] kühn, verwegen; [comment, clothes] gewagt ◇ *n* Wagemut *der*, Kühnheit *die*.

dark [dɑːk] *adj* - **1.** [gen] dunkel - **2.** [gloomy] düster - **3.** [sinister] finster ◇ *n* - **1.** [darkness]: **the ~** die Dunkelheit; **to be in the ~ about sthg** *fig* keine Ahnung von etw haben - **2.** [night]: **before/after ~** vor/nach Einbruch der Dunkelheit.

Dark Ages *npl*: **the ~** das frühe Mittelalter.

darken [ˈdɑːkn] *vt* verdunkeln ◇ *vi* - **1.** [gen] sich verdunkeln - **2.** *fig* [face] sich verfinstern.

dark glasses *npl* Sonnenbrille *die*.

dark horse *n* *fig* [person] stilles Wasser.

darkness [ˈdɑːknɪs] *n* Dunkelheit *die*.

darkroom [ˈdɑːkrʊm] *n* Dunkelkammer *die*.

darling [ˈdɑːlɪŋ] *adj* - **1.** [dear] lieb - **2.** *inf* [cute] süß, goldig ◇ *n* - **1.** [loved person, term of address] Schatz *der* - **2.** [favourite] Liebling *der*.

darn [dɑːn] *adj* & *adv* *inf* verdammt, verflixt ◇ *n* gestopfte Loch ◇ *vt* [repair] stopfen ◇ *excl* *inf* [damn] verdammt!, verflixt!

darning [ˈdɑːnɪŋ] *n* Stopfen *das*.

darning needle *n* Stopfnadel *die*.

dart [dɑːt] *n* - **1.** [arrow] (Wurf)pfeil *der* - **2.** [in sewing] Abnäher *der* ◇ *vt*: **to ~ a look/glance at sb** jm einen Blick zuǀwerfen ◇ *vi* [move quickly] flitzen; **to ~ at sb/sthg** sich auf jn/etw stürzen.

◆ **darts** *n (U)* [game] Darts *pl*.

dartboard [ˈdɑːtbɔːd] *n* Dartscheibe *die*.

dash [dæʃ] *n* - **1.** [of liquid] Schuß *der* - **2.** [in punctuation] Gedankenstrich *der* - **3.** AUT Armaturenbrett *das* - **4.** [rush]: **to make a ~ for sthg** sich auf etw *(A)* stürzen ◇ *vt* - **1.** *literary* [throw] schleudern - **2.** [hopes] zerstören ◇ *vi* stürzen, sausen; **I must ~!** ich muß los!

◆ **dash off** *vt sep* [write quickly] hinǀhauen.

dashboard [ˈdæʃbɔːd] *n* Armaturenbrett *das*.

dashing [ˈdæʃɪŋ] *adj* [man] schneidig, flott.

dastardly [ˈdæstədlɪ] *adj* *dated* niederträchtig, gemein.

DAT [dæt] (*abbr of* **digital audio tape**) *n* DAT.

data [ˈdeɪtə] *n* Daten *pl*.

databank [ˈdeɪtəbæŋk] *n* Datenbank *die*.

database [ˈdeɪtəbeɪs] *n* Datenbank *die*.

data capture *n* Datenerfassung *die*.

data processing *n* Datenverarbeitung *die*.

data transmission *n (U)* Datenübertragung *die*.

date [deɪt] *n* - **1.** [in time] Datum *das*; **to bring sb up to ~** jn über den Stand der Dinge informieren; **to bring sthg up to ~** etw auf den neuesten Stand bringen; **out of ~** [fashion, dictionary] veraltet; [passport] abgelaufen; **to keep sb/sthg up to ~** jn/etw auf dem Laufenden halten; **to ~** bis heute - **2.** [appointment, person] Verabredung *die* - **3.** [fruit] Dattel *die* ◇ *vt* - **1.** [gen] datieren - **2.** [go out with] ausǀgehen mit ◇ *vi* [go out of fashion] altmodisch werden.

◆ **date back to, date from** *vt fus* stammen aus.

dated [ˈdeɪtɪd] *adj* altmodisch.

date of birth *n* Geburtsdatum *das*.

date rape *n* *Vergewaltigung im Verlauf eines Rendezvous.*

date stamp *n* Datumsstempel *der*.

daub [dɔːb] *vt*: **to ~ sthg with sthg** etw mit etw beschmieren; **to ~ sthg on sthg** etw auf etw *(A)* schmieren.

daughter [ˈdɔːtəʳ] *n* Tochter *die*.

daughter-in-law (*pl* **daughters-in-law**) *n* Schwiegertochter *die*.

daunt [dɔːnt] *vt*: **to be ~ed by sthg** durch etw entmutigt werden.

daunting [ˈdɔːntɪŋ] *adj* überwältigend, gewaltig.

dawdle [ˈdɔːdl] *vi* trödeln.

dawn [dɔːn] *n* - **1.** [of day] Morgengrauen *das*, Tagesanbruch *der*; **at ~** im Morgengrauen, bei Tagesanbruch; **from ~ to dusk** von morgens bis abends - **2.** *fig* [of era, period] Beginn *der* ◇ *vi* *lit* & *fig* anǀbrechen; **the day is ~ing** es dämmert.

◆ **dawn (up)on** *vt fus*: **it finally ~ed on me that ...** mir dämmerte schließlich, dass ...

dawn chorus *n* morgendliches Konzert der Vögel.

day [deɪ] *n* - **1.** [gen] Tag *der*; **the ~ before/after** am Tag zuvor/danach; **the ~ before yesterday** vorgestern; **the ~ after tomorrow** übermorgen; **any ~ now** jeden Tag *(in Kürze)*; **one ~, some ~, one of these ~s** irgendwann, eines Tages; **to call it a ~** Schluss machen; **to make sb's ~** jn sehr erfreuen; **~ and night** Tag und Nacht; **to save sthg for a rainy ~** etw für später aufǀheben; **it's early ~s yet** es ist noch zu früh; **his ~s are numbered** seine Tage sind gezählt - **2.** [period]: **in those ~s** damals; **in my ~** zu meiner Zeit; **in this ~ and age** heutzutage.

◆ **days** *adv* [work] tagsüber.

dayboy ['deɪbɔɪ] *n* **Br** SCH Externe *der*.

daybreak ['deɪbreɪk] *n* Tagesanbruch *der;* **at ~** bei Tagesanbruch.

daycare centre ['deɪkeə-] *n* Tagesstätte *die*.

daycentre ['deɪsentəʳ] *n* **Br** [for old people] Altentagesstätte *die;* [for children] Kindertagesstätte *die*.

daydream ['deɪdriːm] *n* Tagtraum *der* ◇ *vi* [not concentrate] vor sich hin träumen; [be idealistic] Luftschlösser bauen.

daygirl ['deɪgɜːl] *n* **Br** SCH Externe *die*.

Day-Glo® ['deɪgləʊ] *adj* Day-Glo®.

daylight ['deɪlaɪt] *n* **- 1.** [light] Tageslicht *das* **- 2.** [dawn] Tagesanbruch *der* **- 3.** ***phr inf:*** **to scare the (living) ~s out of sb** jn furchtbar erschrecken.

daylight robbery *n* **inf** Halsabschneiderei *die*.

daylight saving time *n* Sommerzeit *die*.

day nursery *n* Kindertagesstätte *die*.

day off (*pl* **days off**) *n* arbeitsfreier Tag.

day pupil *n* **Br** Externe *der, die*.

day release *n (U)* **Br** *britisches System, das Arbeitnehmern einen freien Tag zur Weiterbildung einräumt*.

day return *n* **Br** Tagesrückfahrkarte *die*.

dayroom ['deɪruːm] *n* Aufenthaltsraum *der (im Krankenhaus)*.

day school *n* Tagesschule *die*.

day shift *n* Tagschicht *die*.

daytime ['deɪtaɪm] *n* Tag *der* ◇ *comp:* **~ job** Arbeit am Tage OR über Tag; **~ television** *tagsüber ausgestrahlte Fernsehprogramme*.

day-to-day *adj* [routine, life] (all)täglich; **on a ~ basis** tageweise.

day trip *n* Tagesausflug *der*.

day-tripper *n* **Br** Tagesausflügler *der*, -in *die*.

daze [deɪz] *n:* **in a ~** benommen, betäubt ◇ *vt* benommen machen.

dazed [deɪzd] *adj* benommen.

dazzle ['dæzl] *vt* blenden.

dazzling ['dæzlɪŋ] *adj* blendend.

DC *n abbr of* **direct current** ◇ *abk für „District of Columbia", in Postanschrift verwendet*.

D/D *abbr of* **direct debit.**

DDS (*abbr of* **Doctor of Dental Science**) *n Doktorgrad der Zahnmedizin oder dessen Inhaber*.

DDT (*abbr of* **dichlorodiphenyltrichloroethane**) *n* DDT *das*.

DE *abk für Delaware, in Postanschrift verwendet*.

DEA (*abbr of* **Drug Enforcement Administration**) *n amerikanische Drogenfahndung*.

deacon ['diːkn] *n* Diakon *der*.

deaconess [ˌdiːkə'nes] *n* Diakonisse *die*.

deactivate [ˌdiː'æktɪveɪt] *vt* entschärfen.

dead [ded] *adj* **- 1.** [person, animal, flower] tot; **the ~ man/woman** der/die Tote; **to shoot sb ~** jn erschießen; **I wouldn't be seen ~ wearing that inf** darin möchte ich nicht einmal tot gesehen werden **- 2.** [battery] leer; [telephone line, radio] tot **- 3.** [numb - arm, fingers] wie abgestorben, taub **- 4.** [lifeless - town] wie ausgestorben; [- party] öde ◇ *adv* **- 1.** [precisely] genau; **it's ~ ahead** es ist genau geradeaus; **~ on time** auf die Minute pünktlich **- 2. inf** [very] total; '**~ slow**' 'Schrittgeschwindigkeit'; **~ tired** todmüde; **to be ~ against sthg** völlig gegen etw sein; **to be ~ set on sthg** zu etw fest entschlossen sein **- 3.** [suddenly]: **to stop ~** [in car] plötzlich stehen bleiben ◇ *n:* **at ~ of night** mitten in der Nacht; **in the ~ of winter** im tiefsten Winter ◇ *npl:* **the ~** die Toten *pl*.

deadbeat ['dedbiːt] *n* **Am inf** Gammler *der*, -in *die*.

dead centre *n* exakter Mittelpunkt.

dead duck *n* **inf** [plan] aussichtsloser Fall.

deaden ['dedn] *vt* **- 1.** [noise] dämpfen **- 2.** [feeling] betäuben.

dead end *n* **lit** & **fig** Sackgasse *die*.

dead-end job *n* Job *der* ohne Aufstiegsmöglichkeiten.

dead heat *n* totes Rennen.

deadline ['dedlaɪn] *n* letztmöglicher Termin.

deadlock ['dedlɒk] *n* Stillstand *der*, toter Punkt.

deadlocked ['dedlɒkt] *adj* festgefahren.

dead loss *n* **inf** Reinfall *der;* **~ at sthg** Niete *die* in etw *(D)*.

deadly ['dedlɪ] (*compar* **-ier;** *superl* **-iest**) *adj* tödlich; [enemy, sin] Tod- ◇ *adv* tödlich.

deadly nightshade *n (U)* Tollkirsche *die*.

deadpan ['dedpæn] *adj* [delivery, manner] ausdruckslos; [humour] trocken ◇ *adv* ausdruckslos, mit unbewegter Miene.

Dead Sea *n:* **the ~** das Tote Meer.

dead wood **Br**, **deadwood** **Am** ['dedwʊd] *n* **fig** Ballast *der*.

deaf [def] *adj* taub; **to be ~ to sthg fig** sich in Bezug auf etw *(A)* taub stellen ◇ *npl:* **the ~** die Gehörlosen *pl*.

deaf-aid *n* **Br** Hörgerät *das*.

deaf-and-dumb *adj* taubstumm.

deafen ['defn] *vt* taub machen.

deafening ['defnɪŋ] *adj* ohrenbetäubend.

deaf-mute *adj* taubstumm <> *n* Taubstumme *der, die.*

deafness ['defnɪs] *n* Taubheit *die.*

deal [diːl] (*pt* & *pp* **dealt**) *n* - **1.** [quantity]: **a good** *OR* **great ~** (sehr) viel; **a good** *OR* **great ~ of** eine Menge - **2.** [business agreement] Geschäft *das;* **to do** *OR* **strike a ~ with sb** ein Geschäft mit jm ablschließen - **3.** *inf* [treatment]: **to give sb a fair/rough ~** jn fair/unfair behandeln; **big ~!** *iron* wie wichtig! <> *vt* - **1.** [strike]: **to ~ sb/sthg a blow, to ~ a blow to sb/sthg** jm/etw einen Schlag versetzen - **2.** [cards] auslteilen, geben <> *vi* - **1.** [in cards] geben - **2.** [in drugs, arms] handeln.

◆ **deal in** *vt fus* COMM handeln mit.

◆ **deal out** *vt sep* - **1.** [cards] auslteilen, geben - **2.** [share out] verteilen.

◆ **deal with** *vt fus* - **1.** [handle, cope with] sich kümmern um, erledigen - **2.** [be concerned with] handeln von - **3.** [be faced with] es zu tun haben mit.

dealer ['diːləʳ] *n* - **1.** [trader] Händler *der*, -in *die* - **2.** [in cards] Kartengeber *der*, -in *die.*

dealership ['diːləʃɪp] *n* Vertretung *die.*

dealing ['diːlɪŋ] *n* [trading] Handel *der.*

◆ **dealings** *npl* [relations] Umgang *der;* **to have ~s with sb** mit jm (geschäftlich) zu tun haben.

dealt [delt] *pt* & *pp* ▻ **deal.**

dean [diːn] *n* UNIV & RELIG Dekan *der.*

dear [dɪəʳ] *adj* - **1.** [loved] lieb; **to be ~ to sb** jm lieb und teuer sein - **2.** *esp Br* [expensive] teuer - **3.** [in letter]: **Dear Tony** Lieber Tony; **Dear Mr Blair** Sehr geehrter Herr Blair; **Dear Sir** *OR* **Madam** Sehr geehrte Damen und Herren <> *n:* **my ~** mein Lieber, meine Liebe <> *excl:* **oh ~!** ach je!; **~ me!** du meine Güte!

dearly ['dɪəlɪ] *adv* [love] von ganzem Herzen; [hope, wish] sehr.

dearth [dɜːθ] *n:* **~ (of)** Mangel *der* (an *(+ D)*).

death [deθ] *n* Tod *der;* **to frighten/worry sb to ~** jn zu Tode erschrecken; **to be bored to ~** zu Tode gelangweilt sein; **to be sick to ~ of sthg** etw gründlich satt haben; **to be put to ~** hingerichtet werden; **to be at ~'s door** an der Schwelle zum Tod stehen.

deathbed ['deθbed] *n* Sterbebett *das.*

death certificate *n* Totenschein *der.*

death duty *Br*, **death tax** *Am n* Erbschaftssteuer *die.*

death knell *n fig* Todesstoß *der.*

deathly ['deθlɪ] (*compar* **-ier;** *superl* **-iest**) *adj* [silence] tödlich <> *adv:* **~ white** totenbleich.

death penalty *n* Todesstrafe *die.*

death rate *n* Sterblichkeitsrate *die.*

death row *n Am* Todestrakt *der.*

death sentence *n* Todesurteil *das.*

death squad *n* Todesschwadron *die.*

death tax *n Am* = **death duty.**

death toll *n* Zahl *die* der Todesopfer.

death trap *n inf* Todesfalle *die.*

deathwatch beetle ['deθwɒtʃ-] *n* Klopfkäfer *der.*

death wish *n* Todeswunsch *der.*

deb [deb] *n Br inf* Debütantin *die.*

débâcle [deɪ'baːkl] *n* Debakel *das.*

debar [diː'bɑːʳ] (*pt* & *pp* **-red;** *cont* **-ring**) *vt* auslschließen.

debase [dɪ'beɪs] *vt* [quality, value, concept] entwerten; **to ~ o.s.** sich erniedrigen.

debasement [dɪ'beɪsmənt] *n* [of person] Entwürdigung *die.*

debatable [dɪ'beɪtəbl] *adj* fraglich.

debate [dɪ'beɪt] *n* Debatte *die,* Diskussion *die;* **to be open to ~** zur Debatte stehen <> *vt* debattieren, diskutieren; **to ~ whether to do sthg** darüber diskutieren, ob etw getan werden soll <> *vi* debattieren, diskutieren.

debating society [dɪ'beɪtɪŋ-] *n* Debattierklub *der.*

debauched [dɪ'bɔːtʃt] *adj* verdorben, liederlich.

debauchery [dɪ'bɔːtʃərɪ] *n* Ausschweifung *die.*

debenture [dɪ'bentʃəʳ] *n* Schuldschein *der.*

debilitate [dɪ'bɪlɪteɪt] *vt* schwächen.

debilitating [dɪ'bɪlɪteɪtɪŋ] *adj* [illness] schwächend; [heat] lähmend.

debit ['debɪt] *n* Soll *das,* Debet *das* <> *vt* debitieren, belasten.

debit card *n* Bankkarte *die (kann zum Bezahlen verwendet werden, wobei der jeweilige Betrag direkt vom Konto abgebucht wird).*

debonair [ˌdebə'neəʳ] *adj* flott.

debrief [ˌdiː'briːf] *vt* befragen, Bericht erstatten lassen.

debriefing [ˌdiː'briːfɪŋ] *n* Einsatzbesprechung *die.*

debris ['deɪbriː] *n (U)* Trümmer *pl;* GEOL Geröll *das.*

debt [det] *n* Schuld *die;* **to be in ~** Schulden haben; **to be in sb's ~** in js Schuld stehen.

debt collector *n* Schuldeneintreiber *der.*

debtor ['detəʳ] *n* Schuldner *der*, -in *die.*

debug [ˌdiː'bʌg] (*pt* & *pp* **-ged;** *cont* **-ging**) *vt* - **1.** [remove microphones from] entwanzen - **2.** COMPUT [program] Fehler beseitigen in.

debunk [ˌdiː'bʌŋk] *vt* entlarven.

debut ['deɪbjuː] *n* Debüt *das.*

debutante ['debjutɒnt] *n* Debütantin *die.*

Dec. (*abbr of* **December**) Dez.

decade ['dekeɪd] *n* Jahrzehnt *das*, Dekade *die*.

decadence ['dekədəns] *n* Dekadenz *die*.

decadent ['dekədənt] *adj* dekadent.

decaff ['diːkæf] *n* ***inf*** entkoffeinierter Kaffee.

decaffeinated [dɪ'kæfɪneɪtɪd] *adj* entkoffeiniert.

decal ['diːkæl] *n* ***Am*** Aufkleber *der*.

decamp [dɪ'kæmp] *vi* ***inf*** sich davon|machen.

decant [dɪ'kænt] *vt* um|füllen, dekantieren.

decanter [dɪ'kæntəʳ] *n* Karaffe *die*.

decapitate [dɪ'kæpɪteɪt] *vt* enthaupten.

decathlete [dɪ'kæθliːt] *n* Zehnkämpfer *der*, -in *die*.

decathlon [dɪ'kæθlɒn] *n* Zehnkampf *der*.

decay [dɪ'keɪ] *n* - **1.** [of body] Verwesung *die;* [of plant, wood] Verrotten *das;* **(tooth) ~** Karies *die* - **2.** ***fig*** [of building] Zerfall *der;* [of society] Untergang *der* ◇ *vi* - **1.** [tooth] faulen; [body] verwesen; [plant, wood] verrotten - **2.** ***fig*** [building] zerfallen; [society] unter|gehen.

deceased [dɪ'siːst] (*pl inv*) ***fml*** *adj* verstorben ◇ *n:* **the ~** der/die Verstorbene.

deceit [dɪ'siːt] *n* Betrug *der*.

deceitful [dɪ'siːtfʊl] *adj* betrügerisch, hinterlistig.

deceive [dɪ'siːv] *vt* [trick] betrügen; [subj: memory, eyes] täuschen; **to deceive o.s.** sich *(D)* selbst etwas vor|machen.

decelerate [ˌdiː'seləreɪt] *vi* die Geschwindigkeit verringern.

December [dɪ'sembəʳ] *n* Dezember *der; see also* **September.**

decency ['diːsnsɪ] *n* [respectability] Anstand *der;* **he didn't have the ~ to thank me** er hat es nicht für nötig gehalten, sich bei mir zu bedanken.

decent ['diːsnt] *adj* anständig; **are you ~?** [dressed] hast du was an?

decently ['diːsntlɪ] *adv* anständig.

decentralization [diːˌsentrəlaɪ'zeɪʃn] *n* Dezentralisierung *die*.

decentralize, -ise [ˌdiː'sentrəlaɪz] *vt* dezentralisieren.

deception [dɪ'sepʃn] *n* Täuschung *die*.

deceptive [dɪ'septɪv] *adj* irreführend, trügerisch.

deceptively [dɪ'septɪvlɪ] *adv* täuschend

decibel ['desɪbel] *n* Dezibel *das*.

decide [dɪ'saɪd] *vt* - **1.** [resolve] (sich) entscheiden, beschließen; **to ~ to do sthg** (sich) entscheiden etw zu tun, beschließen etw zu tun; **to ~ that** ... entscheiden, ... dass ... beschließen, ... dass ... - **2.** [issue, case, match] entscheiden; **what finally ~d you?** was hat dich schließlich dazu gebracht? ◇ *vi* [make up one's mind] (sich) entscheiden, (sich) entschließen.

◆ **decide (up)on** *vt fus* sich entscheiden für.

decided [dɪ'saɪdɪd] *adj* - **1.** [distinct] entschieden - **2.** [resolute] bestimmt, entschlossen.

decidedly [dɪ'saɪdɪdlɪ] *adv* - **1.** [distinctly] entschieden - **2.** [resolutely] bestimmt.

deciding [dɪ'saɪdɪŋ] *adj:* **~ vote** entscheidende Stimme.

deciduous [dɪ'sɪdjʊəs] *adj* Laub-.

decimal ['desɪml] *adj* dezimal ◇ *n* Dezimalzahl *die*.

decimal currency *n* Dezimalwährung *die*.

decimalize, -ise ['desɪməlaɪz] *vt* dezimalisieren.

decimal place *n* Dezimalstelle *die*.

decimal point *n* Dezimalpunkt *der*.

decimate ['desɪmeɪt] *vt* dezimieren.

decipher [dɪ'saɪfəʳ] *vt* entziffern.

decision [dɪ'sɪʒn] *n* - **1.** [choice, judgement] Entscheidung *die;* **to make a ~** eine Entscheidung treffen - **2.** [decisiveness] Entschlossenheit *die*.

decision-making *n* Entscheidungsfindung *die*.

decisive [dɪ'saɪsɪv] *adj* - **1.** [person] entschlossen - **2.** [factor, event] entscheidend.

decisively [dɪ'saɪsɪvlɪ] *adv* - **1.** [confidently] entschieden - **2.** [conclusively] entscheidend.

decisiveness [dɪ'saɪsɪvnɪs] *n* Entschlossenheit *die*.

deck [dek] *n* - **1.** [of ship, bus, plane] Deck *das* - **2.** [of cards] Spiel *das* - **3.** ***Am*** [of house] Terrasse *die* ◇ *vt* [decorate]: **to ~ sthg (with)** etw schmücken (mit).

◆ **deck out** *vt sep* schmücken.

deckchair ['dektʃeəʳ] *n* Liegestuhl *der*.

declaration [ˌdeklə'reɪʃn] *n* - **1.** [statement, proclamation] Erklärung *die* - **2.** [to customs] Zollerklärung *die;* [to tax office] Steuererklärung *die*.

Declaration of Independence *n:* **the ~** die (amerikanische) Unabhängigkeitserklärung.

declare [dɪ'kleəʳ] *vt* - **1.** [state, proclaim] erklären - **2.** [goods at customs, taxes] deklarieren.

declassify [ˌdiː'klæsɪfaɪ] (*pt* & *pp* **-ied**) *vt* frei|geben.

decline [dɪ'klaɪn] *n* Niedergang *der;* **to be in ~** sich verschlechtern; **to be on the ~** (ab|)sinken ◇ *vt* [offer, request] ab|lehnen; **to ~ to do sthg** ab|lehnen, etw zu tun ◇ *vi* - **1.** [deteriorate] sich verschlechtern - **2.** [refuse] ab|lehnen.

declutch [dɪ'klʌtʃ] *vi* AUT aus|kuppeln.

decode [ˌdiː'kəʊd] *vt* entschlüsseln.

decoder [ˌdiː'kəʊdəʳ] *n* TV Decoder *der*.

decommission [ˌdiːkə'mɪʃn] *vt* still|legen.

decompose [ˌdiːkəm'pəʊz] *vi* [vegetable matter] verfaulen; [flesh] verwesen.

decomposition [ˌdiːkɒmpə'zɪʃn] *n* [of vegetable matter] Fäulnis *die;* [of body] Verwesung *die*.

decompression sickness [ˌdiːkəm'preʃn-] *n* Taucherkrankheit *die*.

decongestant [ˌdiːkən'dʒestənt] *n* schleimlösendes Mittel.

decontaminate [ˌdiːkən'tæmɪneɪt] *vt* dekontaminieren, entgiften.

décor ['deɪkɔːʳ] *n* Dekor *der*.

decorate ['dekəreɪt] *vt* - **1.** [make pretty - cake, dessert] verzieren; [- with balloons, streamers, flags] dekorieren, schmücken - **2.** [with paint] streichen; [with wallpaper] tapezieren - **3.** [with medal] aus|zeichnen.

decoration [ˌdekə'reɪʃn] *n* - **1.** [ornament] Dekoration *die;* [on cake] Verzierung *die;* **Christmas tree ~s** Christbaumschmuck *der* - **2.** *(U)* [act of making pretty] Dekorieren *das;* [of cake] Verzieren *das* - **3.** [appearance of room, building] Dekor *das* - **4.** [medal] Auszeichnung *die*.

decorative ['dekərətɪv] *adj* dekorativ.

decorator ['dekəreɪtəʳ] *n* Maler *der*, -in *die*.

decorous ['dekərəs] *adj fml* schicklich.

decorum [dɪ'kɔːrəm] *n* Anstand *der*.

decoy [*n* 'diːkɔɪ, *vt* dɪ'kɔɪ] *n* - **1.** [for hunting] Köder *der* - **2.** [person] Lockvogel *der* <> *vt* an|locken.

decrease [*n* 'diːkriːs, *vb* dɪ'kriːs] *n:* **~ (in sthg)** [crime, unemployment] Rückgang (an etw *(D)*); [size, spending] Abnahme *die* (einer Sache *(G)*) <> *vt* verringern; [price] herab|setzen, reduzieren <> *vi* [in size] ab|nehmen; [of numbers] zurück|gehen, sinken.

decreasing [diː'kriːsɪŋ] *adj* sinkend.

decree [dɪ'kriː] *n* - **1.** [order, decision] Erlass *der* - **2.** *Am* [judgment] Urteil *das* <> *vt* verordnen.

decree absolute (*pl* **decrees absolute**) *n Br* LAW endgültiges Scheidungsurteil.

decree nisi [-'naɪsaɪ] (*pl* **decrees nisi**) *n Br* LAW vorläufiges Scheidungsurteil.

decrepit [dɪ'krepɪt] *adj* [person] alterschwach; [house, car] heruntergekommen.

decry [dɪ'kraɪ] (*pt* & *pp* **-ied**) *vt fml* bemängeln.

dedicate ['dedɪkeɪt] *vt* - **1.** [book, song, poem]: **to ~ sthg to sb** jm etw widmen - **2.** [devote]: **to ~ one's life to sthg** sein Leben etw *(D)* widmen; **to ~ o.s. to sthg** sich etw *(D)* widmen.

dedicated ['dedɪkeɪtɪd] *adj* - **1.** [person] engagiert - **2.** COMPUT dediziert.

dedication [ˌdedɪ'keɪʃn] *n* - **1.** [commitment] Hingabe *die* - **2.** [in book] Widmung *die*.

deduce [dɪ'djuːs] *vt* schließen; **to ~ sthg from sthg** etw aus etw schließen.

deduct [dɪ'dʌkt] *vt:* **to ~ sthg (from)** etw ab|ziehen (von).

deduction [dɪ'dʌkʃn] *n* - **1.** [conclusion] Folgerung *die* - **2.** [of money, number] Abzug *der*.

deed [diːd] *n* - **1.** [action] Tat *die* - **2.** LAW Urkunde *die;* **~ of sale** Kaufvertrag *der*.

deed poll (*pl* **-s**) *n Br:* **to change one's name by ~** seinen Namen durch eine einseitige Rechtserklärung ändern.

deem [diːm] *vt fml* erachten; **to ~ it wise to do sthg** es für sinnvoll erachten, etw zu tun.

deep [diːp] *adj* - **1.** [gen] tief; **to be thrown in at the ~ end** *fig* ins kalte Wasser geworfen werden - **2.** [colour] dunkel - **3.** [thoughts, feelings] stark - **4.** [sigh, breath] schwer <> *adv* tief; **to be ~ in thought** tief in Gedanken versunken sein; **~ down** *fig* innerlich.

deepen ['diːpn] *vt* [hole, channel] vertiefen <> *vi* - **1.** [river, sea] tiefer werden - **2.** [crisis, recession, feeling] sich verstärken.

deepening ['diːpnɪŋ] *adj* [crisis, recession] sich verschlimmernd.

deep-fat fryer *n* Fritteuse *die*.

deep freeze *n* Tiefkühltruhe *die*.
◆ **deep-freeze** *vt* tiefkühlen.

deep-fry *vt* frittieren.

deeply ['diːplɪ] *adv* - **1.** [gen] tief - **2.** [grateful, sorry, regret, moving] zutiefst - **3.** [sigh] tief; **~ religious** tief religiös.

deep-rooted *adj* tief verwurzelt.

deep-sea *adj* Tiefsee-.

deep-seated [-'siːtɪd] *adj* [belief, fear] tief sitzend.

deep-set *adj* [eyes] tief liegend.

deer [dɪəʳ] (*pl inv*) *n* [male] Hirsch *der;* [female] Reh *das*.

deerstalker ['dɪəˌstɔːkəʳ] *n* [hat] *Mütze mit Ohrenklappen.*

de-escalate [ˌdiː'eskəleɪt] *vt* deeskalieren.

deface [dɪ'feɪs] *vt* [poster] verunstalten.

defamation [ˌdefə'meɪʃn] *n fml* Verleumdung *die*.

defamatory [dɪ'fæmətrɪ] *adj fml* verleumderisch.

default [dɪ'fɔːlt] *n* - **1.** [failure] Versäumnis *das;* **to win by ~** durch Nichtantreten des Gegners gewinnen - **2.** COMPUT Voreinstellung *die* <> *adj* COMPUT voreingestellt <> *vi* nicht erscheinen; [in sports] nicht an|treten; **to ~ on**

sthg seinen Verpflichtungen hinsichtlich einer Sache *(G)* nicht nach|kommen.

defaulter [dɪˈfɔːltəʳ] *n* [on payment] säumiger Zahler, säumige Zahlerin.

default value *n* COMPUT Voreinstellung *die*.

defeat [dɪˈfiːt] *n* Niederlage *die;* [of motion] Ablehnung *die;* **to admit ~** sich geschlagen geben <> *vt* **- 1.** [team, opponent] schlagen **- 2.** [motion, proposal] ab|lehnen **- 3.** [plans] zunichte machen.

defeatism [dɪˈfiːtɪzm] *n* Defätismus *der*.

defeatist [dɪˈfiːtɪst] *adj* defätistisch <> *n* Defätist *der*.

defecate [ˈdefəkeɪt] *vi* ***fml*** defäkieren.

defect [*n* ˈdiːfekt, *vi* dɪˈfekt] *n* Mangel *der*, Fehler *der* <> *vi* POL über|laufen.

defection [dɪˈfekʃn] *n* Überlaufen *das*.

defective [dɪˈfektɪv] *adj* defekt.

defector [dɪˈfektəʳ] *n* Überläufer *der*, -in *die*.

defence ***Br*, defense** ***Am*** [dɪˈfens] *n* **- 1.** [gen] Verteidigung *die;* **in my ~** zu meiner Verteidigung **- 2.** [protective device, system] Abwehr *die*.

◆ **defences** *npl* [of country] Verteidigungsanlagen *pl*.

defenceless ***Br*, defenseless** ***Am*** [dɪˈfenslɪs] *adj* schutzlos.

defend [dɪˈfend] *vt* verteidigen; **to ~ sb against sb/sthg** jn gegen jn/etw verteidigen; **to ~ o.s.** sich verteidigen <> *vi* SPORT verteidigen.

defendant [dɪˈfendənt] *n* Angeklagte *der, die*, Beklagte *der, die*.

defender [dɪˈfendəʳ] *n* Verteidiger *der*, -in *die*.

defense *n* ***Am*** **= defence.**

defenseless *adj* ***Am*** **= defenceless.**

defensive [dɪˈfensɪv] *adj* **- 1.** [weapons, tactics] Verteidigungs- **- 2.** [person] defensiv <> *n:* **on the ~** in der Defensive.

defer [dɪˈfɜːʳ] (*pt* & *pp* **-red;** *cont* **-ring**) *vt* verschieben <> *vi:* **to ~ to sb** sich jm beugen, sich jm fügen.

deference [ˈdefərəns] *n* Achtung *die*, Respekt *der*.

deferential [ˌdefəˈrenʃl] *adj* respektvoll, ehrerbietig.

defiance [dɪˈfaɪəns] *n* Trotz *der;* **in ~ of sb/sthg** jm/etw zum Trotz.

defiant [dɪˈfaɪənt] *adj* trotzig.

defiantly [dɪˈfaɪəntlɪ] *adv* trotzig.

deficiency [dɪˈfɪʃnsɪ] (*pl* **-ies**) *n* **- 1.** [lack] Mangel *der* **- 2.** [inadequacy] Mangelhaftigkeit *die*.

deficient [dɪˈfɪʃnt] *adj* **- 1.** [lacking]: **~ in sthg** es mangelt ihm an etw *(D)* **- 2.** [inadequate] ungenügend.

deficit [ˈdefɪsɪt] *n* Defizit *das*.

defile [dɪˈfaɪl] *vt* besudeln.

define [dɪˈfaɪn] *vt* **- 1.** [give meaning of] definieren **- 2.** [describe] bestimmen, fest|legen.

definite [ˈdefɪnɪt] *adj* **- 1.** [plan, date] bestimmt, definitiv **- 2.** [answer] eindeutig; [improvement, difference] deutlich **- 3.** [confident - person] bestimmt.

definitely [ˈdefɪnɪtlɪ] *adv* definitiv, auf jeden Fall.

definition [defɪˈnɪʃn] *n* **- 1.** [of word, expression, concept] Definition *die;* **by ~** per Definition **- 2.** [of problem, function] Bestimmung *die* **- 3.** [of image] Bildschärfe *die*.

definitive [dɪˈfɪnɪtɪv] *adj* **- 1.** [answer] entschieden **- 2.** [book, version] maßgeblich.

deflate [dɪˈfleɪt] *vt* **- 1.** [balloon, tyre] die Luft ab|lassen aus **- 2.** ***fig*** [person] zurechtstutzen **- 3.** ECON: **to ~ the economy** eine Deflation herbei|führen <> *vi* [balloon, tyre] Luft verlieren.

deflation [dɪˈfleɪʃn] *n* ECON Deflation *die*.

deflationary [dɪˈfleɪʃnərɪ] *adj* ECON deflationär.

deflect [dɪˈflekt] *vt* ab|lenken.

deflection [dɪˈflekʃn] *n* Ablenkung *die*.

defog [ˌdiːˈfɒg] *vt* ***Am*** AUT belüften.

defogger [ˌdiːˈfɒgəʳ] *n* ***Am*** AUT Scheibenbelüftung *die*.

deforest [ˌdiːˈfɒrɪst] *vt* ab|holzen.

deforestation [diːˌfɒrɪˈsteɪʃn] *n* Abholzung *die*.

deform [dɪˈfɔːm] *vt* deformieren.

deformed [dɪˈfɔːmd] *adj* deformiert.

deformity [dɪˈfɔːmətɪ] (*pl* **-ies**) *n* Deformität *die*.

defraud [dɪˈfrɔːd] *vt* betrügen.

defray [dɪˈfreɪ] *vt* tragen.

defrost [ˌdiːˈfrɒst] *vt* **- 1.** [fridge] ab|tauen; [frozen food] auf|tauen **- 2.** ***Am*** [AUT - DE-ICE] enteisen; [- demist] belüften <> *vi* **- 1.** [fridge] ab|tauen **- 2.** [frozen food] auf|tauen.

deft [deft] *adj* geschickt.

deftly [ˈdeftlɪ] *adv* geschickt.

defunct [dɪˈfʌŋkt] *adj* [organization] nicht mehr bestehend.

defuse [ˌdiːˈfjuːz] *vt* ***Br lit*** & ***fig*** entschärfen.

defy [dɪˈfaɪ] (*pt* & *pp* **-ied**) *vt* **- 1.** [disobey] trotzen *(+ D)* **- 2.** [challenge]: **to ~ sb to do sthg** jn heraus|fordern, etw zu tun **- 3.** ***fig:*** **that defies description** das spottet jeder Beschreibung; **that defies belief** das ist nicht zu glauben.

degenerate [*adj* & *n* dɪ'dʒenərət, *vb* dɪ'dʒenəreɪt] *adj* degeneriert, entartet <> *n* Degenerierung *die*, Entartung *die* <> *vi*: **to ~ (into)** aus|arten (zu).

degradation [ˌdegrə'deɪʃn] *n* Entwürdigung *die*, Degradierung *die*.

degrade [dɪ'greɪd] *vt* entwürdigen, degradieren.

degrading [dɪ'greɪdɪŋ] *adj* entwürdigend, degradierend.

degree [dɪ'gri:] *n* - **1.** [unit of measurement] Grad *der* - **2.** [qualification] akademischer Grad; **to have/take a ~ (in sthg)** einen akademischen Abschluss (in etw *(D)*) haben/machen - **3.** [amount - of risk, truth] Maß *das*; **to a (certain) ~** bis zu einem gewissen Grad; **by ~s** allmählich, nach und nach.

dehumanizeg -ise [di:'hju:mənaɪz] *vt* entmenschlichen.

dehydrated [ˌdi:haɪ'dreɪtɪd] *adj* - **1.** [food]: **~ milk** Milchpulver - **2.** [person] ausgetrocknet.

dehydration [ˌdi:haɪ'dreɪʃn] *n* [of person] Austrocknung *die*.

de-ice [di:'aɪs] *vt* enteisen.

de-icer [di:'aɪsə^r] *n* Enteiser *der*, Enteisungsmittel *das*.

deign [deɪn] *vi*: **to ~ to do sthg** sich herab|lassen, etw zu tun.

deity ['di:ɪtɪ] (*pl* **-ies**) *n* Gottheit *die*.

déjà vu *n*: **a feeling of ~** ein Déjà-vu-Erlebnis.

dejected [dɪ'dʒektɪd] *adj* niedergeschlagen.

dejection [dɪ'dʒekʃn] *n* Niedergeschlagenheit *die*.

del. (*abbr of* **delete**) [on keyboard] Entf.

delay [dɪ'leɪ] *n* Verspätung *die*; **without ~** unverzüglich <> *vt* - **1.** [plane, train, traveller] auf|halten; [start, operation, recovery] verzögern - **2.** [postpone - meeting, journey, decision] verschieben; **to ~ doing sthg** es auf|schieben, etw zu tun <> *vi* zögern; **to ~ in doing sthg** es verschieben, etw zu tun.

delayed [dɪ'leɪd] *adj* verspätet.

delayed-action [dɪ'leɪd-] *adj* mit Zeitverzögerung; **~ shutter** PHOT Selbstauslöser *der*.

delectable [dɪ'lektəbl] *adj* - **1.** [food] köstlich - **2.** [person] reizend.

delegate [*n* 'delɪgət, *vb* 'delɪgeɪt] *n* Delegierte *der, die* <> *vt* delegieren; **to ~ sb to do sthg** jn beauftragen, etw zu tun; **to ~ sthg to sb** jn mit etw beauftragen <> *vi* delegieren.

delegation [ˌdelɪ'geɪʃn] *n* - **1.** [group of people] Delegation *die* - **2.** *(U)* [act of delegating] Delegieren *das*.

delete [dɪ'li:t] *vt* [word, line, name] streichen; COMPUT löschen, entfernen.

deletion [dɪ'li:ʃn] *n* Streichung *die*; COMPUT Löschen *das*.

deli ['delɪ] *n abbr of* **delicatessen.**

deliberate [*adj* dɪ'lɪbərət, *vb* dɪ'lɪbəreɪt] *adj* - **1.** [intentional] absichtlich - **2.** [slow] bedächtig <> *vi fml* beraten.

deliberately [dɪ'lɪbərətlɪ] *adv* - **1.** [on purpose] absichtlich - **2.** [slowly] bedächtig.

deliberation [dɪˌlɪbə'reɪʃn] *n* - **1.** [careful consideration] Überlegung *die* - **2.** [slowness] Bedächtigkeit *die*.

◆ **deliberations** *npl* Beratungen.

delicacy ['delɪkəsɪ] (*pl* **-ies**) *n* - **1.** [of lace, china] Feinheit *die*; [of health, instrument] Empfindlichkeit *die*; **because of the ~ of the situation** weil die Situation so heikel ist - **2.** *(U)* [tact] Feingefühl *das* - **3.** [food] Delikatesse *die*.

delicate ['delɪkət] *adj* - **1.** [lace, china, flavour] fein; [fingers, colour] zart - **2.** [child, person, health, instrument] empfindlich - **3.** [situation, subject] heikel.

delicately ['delɪkətlɪ] *adv* [made, drawn] fein; [flavoured, coloured] zart.

delicatessen [ˌdelɪkə'tesn] *n* Delikatessengeschäft *das*.

delicious [dɪ'lɪʃəs] *adj* - **1.** [tasty] köstlich - **2.** *fig* [delightful] entzückend.

delight [dɪ'laɪt] *n* Freude *die*; **to take ~ in doing sthg** Freude daran haben, etw zu tun <> *vt* erfreuen <> *vi*: **to ~ in doing sthg** sich damit vergnügen, etw zu tun.

delighted [dɪ'laɪtɪd] *adj* sehr erfreut; **can you come? – I'd be ~** können Sie kommen? – mit Vergnügen; **~ by** OR **with sthg** hocherfreut über etw *(A)*; **to be ~ to do sthg** etw mit Vergnügen tun; **to be ~ that ...** sich freuen, dass ...

delightful [dɪ'laɪtful] *adj* reizend; [meal] köstlich.

delightfully [dɪ'laɪtfulɪ] *adv* erfrischend.

delimit [di:'lɪmɪt] *vt fml* ab|grenzen.

delineate [dɪ'lɪnɪeɪt] *vt fml* umreißen.

delinquency [dɪ'lɪŋkwənsɪ] *n* Kriminalität *die*.

delinquent [dɪ'lɪŋkwənt] *adj* straffällig <> *n* Straftäter *der*, -in *die*.

delirious [dɪ'lɪrɪəs] *adj* - **1.** MED im Delirium - **2.** [ecstatic] ekstatisch.

delirium [dɪ'lɪrɪəm] *n* - **1.** MED Delirium *das* - **2.** [state of excitement] Ekstase *die*.

deliver [dɪ'lɪvə^r] *vt* - **1.** [distribute]: **to ~ sthg (to sb)** [mail, newspaper] (jm) etw zulstellen; COMM (jm) etw liefern - **2.** [give - speech, lecture] halten; [- message, warning] überbringen - **3.** [a blow, kick] versetzen **- 4.: to ~ a woman's baby** eine Frau von ihrem Baby entbinden **- 5.** ***fml*** [liberate]: **to ~ sb (from sthg)** jn (von etw) erlösen **- 6.** ***Am*** POL [votes] stellen ◇ *vi* **- 1.** COMM liefern **- 2.** [fulfil promise] erfüllen.

deliverance [dɪ'lɪvərəns] *n* ***fml*** Erlösung *die*.

delivery [dɪ'lɪvərɪ] (*pl* **-ies**) *n* **- 1.** [of goods] Lieferung *die*; [of letters] Zustellung *die* **- 2.** *(U)* [way of speaking] Vortragsweise *die* **- 3.** [birth] Entbindung *die*.

delivery note *n* Lieferschein *der*.

delivery van ***Br***, **delivery truck** ***Am*** *n* Lieferwagen *der*.

delphinium [del'fɪnɪəm] (*pl* **-s**) *n* Rittersporn *der*.

delta ['deltə] (*pl* **-s**) *n* GEOGR Delta *das*.

delude [dɪ'lu:d] *vt* täuschen; **to ~ o.s.** sich etwas vorlmachen.

deluge ['delju:dʒ] *n* **- 1.** [flood] Sintflut *die* **- 2.** ***fig*** [of questions, letters] Flut *die* ◇ *vt*: **to be ~d with** überschwemmt werden mit.

delusion [dɪ'lu:ʒn] *n* Täuschung *die*; **~s of grandeur** Größenwahnsinn *der*.

de luxe [də'lʌks] *adj* Luxus-.

delve [delv] *vi* **- 1.** [into mystery]: **to ~ into sthg** sich in etw *(A)* vertiefen **- 2.** [in bag, cupboard] greifen.

Dem. - 1. *abbr of* **Democrat - 2.** *abbr of* **Democratic.**

demagogue ***Br***, **demagog** ***Am*** ['deməgɒg] *n* Demagoge *der*, -gin *die*.

demand [dɪ'mɑ:nd] *n* **- 1.** [claim, firm request] Forderung *die*; **it makes great ~s on my time** es nimmt viel von meiner Zeit in Anspruch; **wage ~** Gehaltsforderung *die*; **on ~** bei Bedarf **- 2.** *(U)* COMM: **~ (for)** Nachfrage *die* (nach); **in ~** [product, person] gefragt ◇ *vt* **- 1.** [request forcefully] fordern, verlangen; **to ~ to do sthg** verlangen, etw zu tun **- 2.** [enquire forcefully] zu wissen verlangen **- 3.** [require] erfordern.

demanding [dɪ'mɑ:ndɪŋ] *adj* **- 1.** [job] anstrengend **- 2.** [person, public] anspruchsvoll.

demarcation dispute [di:mɑ:'keɪʃn-] *n* Kompetenzstreit *der*.

dematerialize, -ise [di:mə'tɪərɪəlaɪz] *vi* sich entmaterialisieren.

demean [dɪ'mi:n] *vt* erniedrigen; **to ~ o.s.** sich erniedrigen.

demeaning [dɪ'mi:nɪŋ] *adj* erniedrigend.

demeanour ***Br***, **demeanor** ***Am*** [də'mi:nə^r] *n (U)* ***fml*** Verhalten *das*.

demented [dɪ'mentɪd] *adj* wahnsinnig.

dementia [dɪ'menʃə] *n* Schwachsinn *der*.

demerara sugar [ˌdemə'reərə-] *n* ***Br*** brauner Zucker.

demigod ['demɪgɒd] *n* Halbgott *der*.

demilitarized zone, demilitarised zone [ˌdi:'mɪlɪtəraɪzd-] *n* entmilitarisierte Zone.

demise [dɪ'maɪz] *n (U)* ***fml*** **- 1.** [death] Ableben *das* **- 2.** ***fig*** [of company, custom] Ende *das*.

demist [ˌdi:'mɪst] *vt* ***Br*** AUT belüften.

demister [ˌdi:'mɪstə^r] *n* ***Br*** AUT Scheibenbelüftung *die*.

demo ['deməʊ] (*pl* **-s**) *n* ***inf*** *abbr of* **demonstration.**

demobilize, -ise [ˌdi:'məʊbɪlaɪz] *vt* ***fml*** entlassen.

democracy [dɪ'mɒkrəsɪ] (*pl* **-ies**) *n* Demokratie *die*.

democrat ['deməkræt] *n* Demokrat *der*, -in *die*.

◆ **Democrat** *n* ***Am*** *Wähler bzw. Angehöriger der Demokratischen Partei der USA.*

democratic [ˌdemə'krætɪk] *adj* demokratisch.

◆ **Democratic** *adj* ***Am*** *die Demokratische Partei der USA betreffend.*

democratically [ˌdemə'krætɪklɪ] *adv* demokratisch.

Democratic Party *n* ***Am***: **the ~** die Demokraten.

democratize, -ise [dɪ'mɒkrətaɪz] *vt* demokratisieren.

demographic [ˌdemə'græfɪk] *adj* demografisch.

demolish [dɪ'mɒlɪʃ] *vt* **- 1.** [building] ablreißen **- 2.** [idea, argument] zunichte machen **- 3.** ***inf*** [food] vertilgen.

demolition [ˌdemə'lɪʃn] *n* [of building] Abbruch *der*.

demon ['di:mən] *n* Dämon *der* ◇ *comp* ***inf*** [skilled] verdammt gut.

demonstrable [dɪ'mɒnstrəbl] *adj* beweisbar.

demonstrably [dɪ'mɒnstrəblɪ] *adv* nachweislich.

demonstrate ['demənstreɪt] *vt* **- 1.** [prove] beweisen **- 2.** [appliance, machine] vorlführen **- 3.** [ability, talent] zeigen ◇ *vi*: **to ~ (for/against)** demonstrieren (für/gegen).

demonstration [demən'streɪʃn] *n* **- 1.** [public meeting] Demonstration *die* **- 2.** [proof] Beweis *der* **- 3.** [of new appliance, machine] Vorführung *die* **- 4.** ***fml*** [of feelings] Ausdruck *der*.

demonstrative [dɪ'mɒnstrətɪv] *adj* demonstrativ.

demonstrator ['demənstreɪtə^r] *n* **- 1.** [protester] Demonstrant *der*, -in *die* **- 2.** [of machine, product] Vorführer *der*, -in *die*.

demoralize, -ise [dɪ'mɒrəlaɪz] *vt* demoralisieren.

demoralized [dɪ'mɒrəlaɪzd] *adj* demoralisiert, entmutigt.

demote [ˌdiː'məʊt] *vt* degradieren.

demotion [ˌdiː'məʊʃn] *n* Degradierung *die*.

demotivate [ˌdiː'məʊtɪveɪt] *vt* demotivieren.

demure [dɪ'mjʊəʳ] *adj* sittsam.

demystify [ˌdiː'mɪstɪfaɪ] (*pt* & *pp* **-ied**) *vt* entmystifizieren.

den [den] *n* [of animal] Höhle *die*.

denationalization ['diːˌnæʃnəlaɪ'zeɪʃn] *n* Entnationalisierung *die*.

denationalize, -ise [ˌdiː'næʃnəlaɪz] *vt* entnationalisieren.

denial [dɪ'naɪəl] *n* - **1.** [refutation] Leugnung *die* - **2.** *(U)* [refusal] Verweigerung *die*.

denier ['denɪəʳ] *n* Denier *das*.

denigrate ['denɪgreɪt] *vt* ***fml*** verunglimpfen.

denim ['denɪm] *n (U)* Jeansstoff *der*.
◆ **denims** *npl* Jeans *pl*.

denim jacket *n* Jeansjacke *die*.

denizen ['denɪzn] *n* ***literary*** OR ***hum*** Bewohner *der*.

Denmark ['denmɑːk] *n* Dänemark *nt*.

denomination [dɪˌnɒmɪ'neɪʃn] *n* - **1.** RELIG Konfession *die* - **2.** FIN Nennwert *der*.

denominator [dɪ'nɒmɪneɪtəʳ] *n* Nenner *der*.

denote [dɪ'nəʊt] *vt* ***fml*** an|zeigen.

denouement [deɪ'nuːmɒn]*n* (Auf)lösung *die*.

denounce [dɪ'naʊns] *vt* [person] an|greifen; [actions] an|prangern.

dense [dens] *adj* - **1.** [thick] dicht - **2.** ***inf*** [stupid] schwer von Begriff.

densely ['denslɪ] *adv* [thickly] dicht; **~ packed** dicht gedrängt.

density ['densətɪ] (*pl* **-ies**) *n* Dichte *die*.

dent [dent] *n* Beule *die* ◇ *vt* ein|beulen.

dental ['dentl] *adj* Zahn-; **~ appointment** Termin *der* beim Zahnarzt.

dental floss *n* Zahnseide *die*.

dental plate *n* Gaumenplatte *die*.

dental surgeon *n* Zahnarzt *der*, -ärztin *die*.

dental surgery *n* Zahnarztpraxis *die*.

dental treatment *n (U)* zahnärztliche Behandlung.

dented ['dentɪd] *adj* verbeult.

dentist ['dentɪst] *n* Zahnarzt *der*, -ärztin *die*; **to go to the dentist('s)** zum Zahnarzt gehen.

dentistry ['dentɪstrɪ] *n* Zahnmedizin *die*.

dentures ['dentʃəz] *npl* Gebiss *das*.

denunciation [dɪˌnʌnsɪ'eɪʃn] *n* [of person] Angriff *der*; [of action] Anprangern *das*.

deny [dɪ'naɪ] (*pt* & *pp* **-ied**) *vt* - **1.** [refute] bestreiten; [publicly] dementieren - **2.** ***fml*** [refuse] verweigern; **to ~ sb sthg** jm etw verweigern.

deodorant [diː'əʊdərənt] *n* Deodorant *das*.

depart [dɪ'pɑːt] *vi* ***fml*** - **1.** [leave] weg|gehen; [by car, bus *etc*] weg|fahren; [on journey] ab|reisen; **to ~ from** [train] ab|fahren von; [plane] ab|fliegen von - **2.** [differ]: **to ~ from sthg** von etw ab|weichen.

department [dɪ'pɑːtmənt] *n* - **1.** [in organization, shop] Abteilung *die* - **2.** SCH & UNIV Fachbereich *der* - **3.** [in government] Ministerium *das*.

departmental [ˌdiːpɑːt'mentl] *adj* [of organization, shop] Abteilungs-; SCH & UNIV Fachbereichs-; [in government] Ministeriums-.

department store *n* Kaufhaus *das*.

departure [dɪ'pɑːtʃəʳ] *n* - **1.** [leaving - on journey] Abreise *die*; [- of train] Abfahrt *die*; [- of plane] Abflug *der*; **there are several ~s for Los Angeles every day** es gehen täglich mehrere Busse/Züge/Flüge nach Los Angeles; **'departures'** [in airport] 'Abflug' - **2.** [variation]: **~ (from sthg)** Abweichung *die* (von etw) - **3.** [orientation]: **a new ~** ein Neubeginn.

departure lounge *n* Abflughalle *die*.

depend [dɪ'pend] *vi* - **1.**: **to ~ on sb/sthg** [financially] von jm/etw ab|hängen; [rely on] auf jn/etw angewiesen sein; **I can ~ on you** ich kann mich auf dich verlassen - **2.** [be determined]: **to ~ on sb/sthg** von jm/etw ab|hängen; **it ~s on what happens/who is there** das hängt davon ab, was passiert/wer da ist; **it all ~s on you** das hängt alles von dir ab; **~ing on the weather** je nachdem, wie das Wetter wird.

dependable [dɪ'pendəbl] *adj* verlässlich, zuverlässig.

dependant [dɪ'pendənt] *n* versorgungsabhängige Angehörige *der*, *die*.

dependence [dɪ'pendəns] *n* - **1.**: **~ (on sb/sthg)** [financially] Abhängigkeit *die* (von jm/etw); [reliance] Angewiesenheit *die* (auf jn/etw) - **2.** [addiction]: **~ (on sthg)** Abhängigkeit *die* (von etw).

dependent [dɪ'pendənt] *adj* - **1.** [reliant]: **to be ~ (on sb/sthg)** [financially] abhängig sein (von jm/etw); [rely on] angewiesen sein (auf jn/etw); **do you have any ~ children?** haben Sie unterhaltsberechtigte Kinder? - **2.** [addicted] abhängig - **3.** [determined by]: **to be ~ on sb/sthg** von jm/etw abhängig sein .

depict [dɪ'pɪkt] *vt* - **1.** [show in picture] darstellen - **2.** [describe]: **to ~ sb/sthg as sthg** jn/etw als etw beschreiben.

depilatory [dɪ'pɪlətrɪ] *adj* Enthaarungs-.

deplete [dɪ'pliːt] *vt* vermindern.

depletion [dɪ'pliːʃn] *n* Verminderung *die*.

deplorable [dɪ'plɔːrəbl] *adj* beklagenswert.

deplore [dɪ'plɔːʳ] *vt* verurteilen.

deploy [dɪ'plɔɪ] *vt* ein|setzen.

deployment [dɪ'plɔɪmənt] *n (U)* Einsatz *der*.

depopulated [ˌdiː'pɒpjʊleɪtɪd] *adj* entvölkert.

depopulation [diːˌpɒpjʊ'leɪʃn] *n* Entvölkerung *die*.

deport [dɪ'pɔːt] *vt* aus|weisen.

deportation [ˌdiːpɔː'teɪʃn] *n* Ausweisung *die*.

deportation order *n* Ausweisungsanordnung *die*.

depose [dɪ'pəʊz] *vt* [king, ruler] ab|setzen.

deposit [dɪ'pɒzɪt] *n* - **1.** GEOL [of gold, oil] Ablagerung *die* - **2.** [in wine] Bodensatz *der* - **3.** [payment into bank] Einzahlung *die;* **to make a ~** eine Einzahlung machen - **4.** [down payment] Anzahlung *die* - **5.** [returnable payment - on bottle] Pfand *das;* [- on hired goods] Kaution *die* ◇ *vt* - **1.** [subj: river] ab|lagern - **2.** [in bank] deponieren - **3.** [bag, case, shopping] ab|legen.

deposit account *n* ***Br*** Sparkonto *das*.

depositor [də'pɒzɪtəʳ] *n* [of money] Einzahler *der*, -in *die*.

depot ['depəʊ] *n* - **1.** [storage area - for buses] Depot *das;* [- for goods] Lagerhaus *das* - **2.** ***Am*** [terminus - for trains] Bahnhof *der;* [- for buses] Busbahnhof *der*.

depraved [dɪ'preɪvd] *adj* verderbt.

depravity [dɪ'prævətɪ] *n* Verderbtheit *die*.

deprecate ['deprɪkeɪt] *vt* ***fml*** missbilligen.

deprecating ['deprɪkeɪtɪŋ] *adj* missbilligend.

depreciate [dɪ'priːʃɪeɪt] *vi* an Wert verlieren.

depreciation [dɪˌpriːʃɪ'eɪʃn] *n* Wertverlust *der*.

depress [dɪ'pres] *vt* - **1.** [sadden] deprimieren - **2.** ECON [economy, market] sich hemmend auswirken auf *(+ A)*; [prices/share values] verringern - **3.** [slow down] verlangsamen; [reduce] reduzieren.

depressant [dɪ'presənt] *n* MED Beruhigungsmittel *das*.

depressed [dɪ'prest] *adj* - **1.** [person] deprimiert, niedergeschlagen - **2.** ECON flau - **3.** [area] unterentwickelt *(in wirtschaftlicher Hinsicht)*.

depressing [dɪ'presɪŋ] *adj* deprimierend.

depression [dɪ'preʃn] *n* - **1.** [sadness] Niedergeschlagenheit *die;* MED Depression *die* - **2.** ECON Depression *die* - **3.** ***fml*** [hollow] Vertiefung *die*.

◆ **Depression** *n:* **the (Great) Depression** die Weltwirtschaftskrise *(in den 30er Jahren)*.

depressive [dɪ'presɪv] *adj* depressiv; [effect] depressiv machend.

deprivation [ˌdeprɪ'veɪʃn] *n* Entbehrung *die;* **sleep ~** Schlafentzug *der;* **~ of freedom** Freiheitsberaubung *die*.

deprive [dɪ'praɪv] *vt:* **to ~ sb of sthg** [to take sthg away] jn einer Sache *(G)* berauben; [to prevent sb from having sthg] jm etw vor|enthalten.

deprived [dɪ'praɪvd] *adj* [person] unterpriviligiert; **a ~ background** *soziale Verhältnisse, in denen der Person fundamentale Rechte wie das auf eine angemessene Ausbildung verweigert werden.*

dept. *abbr of* **department.**

depth [depθ] *n* Tiefe *die;* **to be out of one's ~** [in water] nicht mehr stehen können; ***fig*** [unable to cope] überfordert sein; **the ~ of her knowledge** die Breite ihres Wissens; **to show great ~ of feeling/understanding** sehr viel Gefühl/Verständnis zeigen; **in ~** eingehend.

◆ **depths** *npl:* **the ~s of the sea** die Tiefen des Meeres; **in the ~s of winter** im tiefsten Winter; **to be in the ~s of despair** in tiefster Verzweiflung sein.

depth charge *n* Wasserbombe *die*.

deputation [ˌdepjʊ'teɪʃn] *n* Abordnung *die*.

deputize, -ise ['depjʊtaɪz] *vi:* **to ~ for sb** jn vertreten *(eine Person höheren Rangs)*.

deputy ['depjʊtɪ] (*pl* **-ies**) *adj* stellvertretend ◇ *n* - **1.** [second-in-command] Stellvertreter *der*, -in *die* - **2.** ***Am*** [deputy sheriff] Hilfssheriff *der*.

derail [dɪ'reɪl] *vt* [train] entgleisen lassen.

derailment [dɪ'reɪlmənt] *n* Entgleisung *die*.

deranged [dɪ'reɪndʒd] *adj* geistesgestört.

derby [***Br*** 'dɑːbɪ, ***Am*** 'dɜːbɪ] (*pl* **-ies**) *n* - **1.** [sports event] Derby *das* - **2.** ***Am*** [hat] Melone *die*.

deregulate [ˌdiː'regjʊleɪt] *vt* dem freien Wettbewerb überlassen.

deregulation [ˌdiːregjʊ'leɪʃn] *n (U)* Wettbewerbsfreiheit *die*.

derelict ['derəlɪkt] *adj* verfallen.

deride [dɪ'raɪd] *vt* verhöhnen.

derision [dɪ'rɪʒn] *n* Hohn *der*.

derisive [dɪ'raɪsɪv] *adj* höhnisch.

derisory [də'raɪzərɪ] *adj* - **1.** [ridiculous] lächerlich - **2.** [scornful] höhnisch.

derivation [ˌderɪ'veɪʃn] *n* [of word] Ursprung *der*.

derivative [dɪ'rɪvətɪv] *adj* ***pej*** nachgeahmt ◇ *n* Derivat *das*.

derive [dɪ'raɪv] *vt* - **1.: to ~ pleasure from sthg** Freude an etw *(D)* haben; **to ~ satisfaction from sthg** Befriedigung aus etw ziehen - **2.: to be ~d from sthg** [from language] aus etw stammen; [from word] von etw abgeleitet sein

◇ *vi:* **to ~ from sthg** [from language] aus etw stammen; [from word] von etw abgeleitet sein.

dermatitis [ˌdɜːməˈtaɪtɪs] *n (U)* Hautentzündung *die*.

dermatologist [ˌdɜːməˈtɒlədʒɪst] *n* Dermatologe *der*, -gin *die*.

dermatology [ˌdɜːməˈtɒlədʒɪ] *n* Dermatologie *die*.

derogatory [dɪˈrɒgətrɪ] *adj* abfällig.

derrick [ˈderɪk] *n* - **1.** [crane] Derrickkran *der* - **2.** [over oil well] Bohrturm *der*.

derv [dɜːv] *n* ***Br*** Diesel *der*.

desalination [diːˌsælɪˈneɪʃn] *n* Entsalzung *die;* **~ plant** Meerwasserentsalzungsanlage *die*.

descant [ˈdeskænt] *n* Diskant *der*.

descend [dɪˈsend] *vi* - **1.** ***fml*** [go down - person] herunter|gehen/hinunter|gehen; [- in vehicle] herunter|fahren/hinunter|fahren; [- from carriage, ladder *etc*] herunter|steigen/hinunter|steigen; [- plane] die Flughöhe verringern - **2.** [fall]: **to ~ on sb/sthg** [silence] sich über jn/etw legen; [gloom] jn/etw befallen - **3.** [invade]: **to ~ on** herfallen über *(A)* - **4.** [stoop]: **to ~ to sthg** sich zu etw herab|lassen ◇ *vt* ***fml*** [go down] hinunter|gehen.

descendant [dɪˈsendənt] *n* Nachkomme *der*.

descended [dɪˈsendɪd] *adj:* **to be ~ from sb** von jm ab|stammen.

descending [dɪˈsendɪŋ] *adj:* **in ~ order** in absteigender Reihenfolge.

descent [dɪˈsent] *n* - **1.** [downwards movement]: **a steep ~** ein steiler Abstieg; **the ~ will take us an hour** [walking] wir brauchen eine Stunde für den Abstieg - **2.** *(U)* [origin] Abstammung *die*.

describe [dɪˈskraɪb] *vt* beschreiben

description [dɪˈskrɪpʃn] *n* - **1.** [account] Beschreibung *die* - **2.** [type] Art *die*.

descriptive [dɪˈskrɪptɪv] *adj* [passage] beschreibend, anschaulich; **~ writing** Beschreibung *die*.

desecrate [ˈdesɪkreɪt] *vt* entweihen.

desecration [ˌdesɪˈkreɪʃn] *n* Entweihung *die*.

desegregate [ˌdiːˈsegrɪgeɪt] *vt* Rassentrennung auf|heben in *(+ D)*.

deselect [ˌdiːsɪˈlekt] *vt* ***Br*** nicht mehr als Kandidat auf|stellen *(ein Parliamentsmitglied)*.

desert [*n* ˈdezət, *vb & npl* dɪˈzɜːt] *n* - **1.** GEOGR Wüste *die* - **2.** ***fig*** [boring place] Einöde *die* ◇ *vt* [abandon - place] verlassen; [- person] im Stich lassen ◇ *vi* MIL desertieren.

◆ **deserts** *npl:* **to get one's just ~s** bekommen, was man verdient hat.

deserted [dɪˈzɜːtɪd] *adj* verlassen, öde.

deserter [dɪˈzɜːtəʳ] *n* Deserteur *der*.

desertion [dɪˈzɜːʃn] *n* - **1.** MIL Fahnenflucht *die* - **2.** [of person] Verlassen *das*.

desert island [ˈdezət-] *n* einsame Insel.

deserve [dɪˈzɜːv] *vt* verdienen; **to ~ to do sthg** verdienen, etw zu tun.

deserved [dɪˈzɜːvd] *adj* verdient.

deservedly [dɪˈzɜːvɪdlɪ] *adv* verdientermaßen, zu Recht.

deserving [dɪˈzɜːvɪŋ] *adj* verdienstvoll; **to be ~ of sthg** ***fml*** etw verdienen.

desiccated [ˈdesɪkeɪtɪd] *adj* getrocknet.

design [dɪˈzaɪn] *n* - **1.** [plan, drawing] Entwurf *der* - **2.** [art] Design *das* - **3.** [pattern] Muster *das* - **4.** [shape] Konstruktion *die;* [of dress] Schnitt *der* - **5.** [intention] Absicht *die;* **by ~** absichtlich; **to have ~s on sb/sthg** es auf jn/etw abgesehen haben ◇ *vt* entwerfen; **to be ~ed for sthg** vorgesehen sein für etw; **to be ~ed to do sthg** dafür vorgesehen sein, etw zu tun.

designate [*adj* ˈdezɪgnət, *vb* ˈdezɪgneɪt] *adj* designiert; **minister ~** der designierte Minister ◇ *vt* [appoint - area] bestimmen; [- person] ernennen; **to ~ sb as sthg** jn zu etw ernennen; **to ~ sb to do sthg** bestimmen, dass jd etw tut.

designation [ˌdezɪgˈneɪʃn] *n* ***fml*** [name] Bezeichnung *die*.

designer [dɪˈzaɪnəʳ] *adj* [jeans, glasses, stubble] Designer- ◇ *n* [in industry] Konstrukteur *der;* [in theatre] Bühnenbildner *der*, -in *die;* [of clothes] Modedesigner *der*, -in *die*.

desirable [dɪˈzaɪərəbl] *adj* - **1.** ***fml*** [appropriate] wünschenswert - **2.** [attractive] reizvoll - **3.** [sexually attractive] begehrenswert.

desire [dɪˈzaɪəʳ] *n* - **1.** [wish]: **~ (for sthg/to do sthg)** der Wunsch (nach etw/etw zu tun) - **2.** *(U)* [sexual longing] Begierde *die* ◇ *vt* - **1.** [want] wünschen; **it leaves a lot to be ~d** es lässt viel zu wünschen übrig - **2.** [feel sexual longing for] begehren.

desirous [dɪˈzaɪərəs] *adj* ***fml:*** **to be ~ of sthg** den Wunsch nach etw haben.

desist [dɪˈzɪst] *vi* ***fml:*** **to ~ (from doing sthg)** davon ab|sehen (etw zu tun).

desk [desk] *n* - **1.** [piece of furniture] Schreibtisch *der;* [in school] Pult *das* - **2.** [service point] Schalter *der;* [in hotel] Empfang *der*.

desk clerk *n* ***Am*** Empfangschef *der*, -in *die*.

desk diary *n* Tischkalender *der*.

desk lamp *n* Schreibtischlampe *die*.

desktop [ˈdesktɒp] *adj* [computer] Desktop-.

desktop publishing *n* Desktop-Publishing *das*.

desolate ['desələt] *adj* - **1.** [place] trostlos - **2.** [person] tieftraurig.

desolation [ˌdesə'leɪʃn] *n* - **1.** [barrenness, emptiness] Trostlosigkeit *die* - **2.** [devastation] Verwüstung *die* - **3.** [despair] tiefe Traurigkeit.

despair [dɪ'speəʳ] *n* Verzweiflung *die;* **in ~** verzweifelt <> *vi* verzweifeln; **to ~ of sb/sthg** an jm/etw verzweifeln; **to ~ of doing sthg** die Hoffnung auf|geben, etw zu tun.

despairing [dɪ'speərɪŋ] *adj* verzweifelt.

despairingly [dɪ'speərɪŋlɪ] *adv* verzweifelt.

despatch [dɪ'spætʃ] *n* & *vt* = **dispatch.**

desperate ['desprət] *adj* - **1.** [reckless - criminal, person] zum Äußersten entschlossen; [- attempt, measures] verzweifelt - **2.** [serious, hopeless] hoffnungslos - **3.** [despairing] verzweifelt - **4.** [in great need]: **to be ~ for sthg** etw dringend benötigen.

desperately ['desprətlɪ] *adv* - **1.** [seriously, hopelessly] hoffnungslos - **2.** [very - busy, sorry] äußerst; **to be ~ in love** über beide Ohren verliebt sein; **she ~ wants to travel** sie wünscht sich nichts mehr als zu reisen.

desperation [ˌdespə'reɪʃn] *n* Verzweiflung *die;* **in ~** aus Verzweiflung.

despicable [dɪ'spɪkəbl] *adj* [person] verachtenswert; [behaviour, act] verabscheuungswürdig.

despise [dɪ'spaɪz] *vt* [person] verachten; [racism] verabscheuen.

despite [dɪ'spaɪt] *prep* trotz *(+ G)*, ungeachtet *(+ G)*.

despondent [dɪ'spɒndənt] *adj* verzagt, mutlos.

despot ['despɒt] *n* Despot *der.*

despotic [de'spɒtɪk] *adj* despotisch.

dessert [dɪ'zɜːt] *n* Dessert *das*, Nachtisch *der.*

dessertspoon [dɪ'zɜːtspuːn] *n* Dessertlöffel *der.*

dessert wine *n* Dessertwein *der.*

destabilize, -ise [ˌdiː'steɪbɪlaɪz] *vt* destabilisieren.

destination [ˌdestɪ'neɪʃn] *n* [of means of transport] Bestimmungsort *der;* [of traveller] Reiseziel *das.*

destined ['destɪnd] *adj* - **1.** [intended]: **to be ~ for sthg** zu etw bestimmt sein; **to be ~ to do sthg** dazu bestimmt sein, etw zu tun; **we were ~ never to meet again** das Schicksal wollte es, dass wir uns nie wieder begegneten - **2.** [bound]: **~ for** unterwegs nach.

destiny ['destɪnɪ] *(pl* **-ies***)* *n* Schicksal *das.*

destitute ['destɪtjuːt] *adj* notleidend; **to be ~** Not leiden.

destroy [dɪ'strɔɪ] *vt* - **1.** [ruin] zerstören - **2.** [kill] töten.

destroyer [dɪ'strɔɪəʳ] *n* Zerstörer *der.*

destruction [dɪ'strʌkʃn] *n (U)* Zerstörung *die*, Vernichtung *die.*

destructive [dɪ'strʌktɪv] *adj* [power] zerstörerisch; [feeling, behaviour] destruktiv.

destructively [dɪ'strʌktɪvlɪ] *adv* destruktiv.

desultory ['desəltrɪ] *adj* **fml** [attempt] planlos; [conversation] nicht zielgerichtet.

detach [dɪ'tætʃ] *vt* - **1.** [remove] ab|nehmen; [tear off] ab|trennen; **to ~ sthg from sthg** etw von etw ab|nehmen OR ab|trennen - **2.** [dissociate]: **to ~ o.s. from sthg** sich von etw distanzieren.

detachable [dɪ'tætʃəbl] *adj* abnehmbar; [by tearing off] abtrennbar.

detached [dɪ'tætʃt] *adj* [unemotional] distanziert, unbeteiligt.

detached house *n* Einfamilienhaus *das.*

detachment [dɪ'tætʃmənt] *n* - **1.** [aloofness] Distanziertheit *die* - **2.** MIL Sonderkommando *das.*

detail ['diːteɪl] *n* - **1.** [small point] Detail *das;* [specific] Einzelheit *die* - **2.** *(U)* [collection of facts, points] Details *pl;* **to go into ~** ins Detail gehen; **in ~** im Detail - **3.** MIL Sondertrupp *der* <> *vt* [list] auf|listen.

◆ **details** *npl* [information] Informationen *pl;* [personal information] Personalien *pl.*

detailed ['diːteɪld] *adj* detailliert.

detain [dɪ'teɪn] *vt* - **1.** [in police station] in polizeilichem Gewahrsam behalten; [in hospital] zur stationären Behandlung behalten - **2.** [delay] auf|halten.

detainee [ˌdiːteɪ'niː] *n:* **political ~** politischer Häftling.

detect [dɪ'tekt] *vt* - **1.** [subj: person] bemerken, entdecken - **2.** [subj: machine] ausfindig machen.

detection [dɪ'tekʃn] *n* - **1.** *(U)* [discovery] Entdeckung *die* - **2.** [investigation] Ermittlungsarbeit *die.*

detective [dɪ'tektɪv] *n* [private] Detektiv *der*, -in *die;* [police officer] Kriminalbeamte *der*, -tin *die.*

detective novel *n* Kriminalroman *der.*

detector [dɪ'tektəʳ] *n* Detektor *der.*

détente [deɪ'tɒnt] *n* POL Détente *die.*

detention [dɪ'tenʃn] *n* - **1.** [of suspect] Untersuchungshaft *die;* **in ~** in Untersuchungshaft - **2.** [at school] Nachsitzen *das;* **to be in ~** nach|sitzen.

detention centre *n* **Br** Jugendstrafanstalt *die.*

deter [dɪ'tɜːʳ] *(pt* & *pp* **-red;** *cont* **-ring)** *vt* ab|halten; **to ~ sb from doing sthg** jn ab|halten, etw zu tun.

detergent [dɪ'tɜːdʒənt] *n* [for clothes] Waschmittel *das;* [for dishes] Spülmittel *das.*

deteriorate [dɪ'tɪərɪəreɪt] *vi* sich verschlechtern.

deterioration [dɪˌtɪərɪə'reɪʃn] *n* Verschlechterung *die.*

determination [dɪˌtɜːmɪ'neɪʃn] *n* - **1.** [resolve] Entschlossenheit *die* - **2.** [fixing, establishment] Festlegung *die.*

determine [dɪ'tɜːmɪn] *vt* - **1.** [establish, find out] bestimmen, ermitteln - **2.** [control] entscheiden - **3.** *fml* [resolve]: **to ~ to do sthg** sich dazu entschließen, etw zu tun - **4.** [fix, establish] fest|legen.

determined [dɪ'tɜːmɪnd] *adj* - **1.** [person] resolut; **to be ~ to do sthg** fest entschlossen sein, etw zu tun - **2.** [effort] angestrengt.

deterrent [dɪ'terənt] *adj* abschreckend ◇ *n* Abschreckungsmittel *das.*

detest [dɪ'test] *vt* verabscheuen.

detestable [dɪ'testəbl] *adj* verabscheuungswürdig.

dethrone [dɪ'θrəʊn] *vt* entthronen.

detonate ['detəneɪt] *vt* zur Detonation bringen ◇ *vi* detonieren.

detonator ['detəneɪtəʳ] *n* Sprengkapsel *die.*

detour ['diːˌtʊəʳ] *n* Umweg *der.*

detox ['diːtɒks] *n (U)* *inf* Entziehungskur *die (im Krankenhaus).*

detoxification [ˌdiːtɒksɪfɪ'keɪʃn] *n* Entgiftung *die.*

detract [dɪ'trækt] *vi:* **to ~ from** [quality] beeinträchtigen; [enjoyment, achievement] schmälern.

detractor [dɪ'træktəʳ] *n* Kritiker *der,* -in *die.*

detrain [ˌdiː'treɪn] *vi* aus dem Zug aus|steigen.

detriment ['detrɪmənt] *n:* **to the ~ of sb/sthg** zum Schaden von jm/etw.

detrimental [ˌdetrɪ'mentl] *adj* [effect] schädlich; [consequences] nachteilig.

detritus [dɪ'traɪtəs] *n (U)* Abfälle *pl.*

deuce [djuːs] *n* TENNIS Einstand *der.*

Deutschmark ['dɔɪtʃˌmɑːk] *n* deutsche Mark.

devaluation [ˌdiːvæljʊ'eɪʃn] *n* FIN Abwertung *die.*

devalue [ˌdiː'væljuː] *vt* ab|werten.

devastate ['devəsteɪt] *vt* - **1.** [destroy] verwüsten - **2.** *fig* [person] sehr mit|nehmen.

devastated ['devəsteɪtɪd] *adj* - **1.** [area, city] verwüstet - **2.** *fig* [person] am Boden zerstört.

devastating ['devəsteɪtɪŋ] *adj* - **1.** [disastrous - hurricane, storm] verheerend; [- news, experience] niederschmetternd - **2.** [very effective - charm, wit] umwerfend; [- remark, argument] vernichtend; [- player, speaker] überragend.

devastation [ˌdevə'steɪʃn] *n (U)* [destruction] Verwüstung *die.*

develop [dɪ'veləp] *vt* - **1.** [land, area, resources] erschließen - **2.** [illness] bekommen; [habit] an|nehmen; **to ~ one's mind** seine geistigen Fähigkeiten weiter|entwickeln; **the machine ~ed a fault** an der Maschine ist ein Fehler aufgetreten - **3.** [industry, sector] fördern - **4.** [machine, weapon, product] weiter|entwickeln - **5.** [business, company] aus|bauen; [idea, argument, plot] entfalten - **6.** PHOT entwickeln ◇ *vi* - **1.** [gen] sich entwickeln; [plot] sich entfalten - **2.** [fault, problem] auf|tauchen; [illness] sich entwickeln.

developer [dɪ'veləpəʳ] *n* - **1.** [of land] *Geschäftsmann, der Land kauft, erschließt und danach gewinnbringend wiederverkauft* - **2.** [person]: **to be an early ~** frühreif sein; **to be a late ~** ein Spätentwickler sein - **3.** PHOT [chemical] Entwickler *der.*

developing country [dɪ'veləpɪŋ-] *n* Entwicklungsland *das.*

development [dɪ'veləpmənt] *n* - **1.** [gen] Entwicklung *die;* [of business, company] Ausbau *der;* [of idea, argument, plot] Entfaltung *die* - **2.** *(U)* [of land, area, resources] Erschließung *die* - **3.** [developed land] Neubausiedlung *die.*

development area *n* *Br* *Gebiet mit hoher Arbeitslosigkeit, in dem durch Investitionen neue Arbeitsplätze geschaffen werden sollen.*

deviant ['diːvjənt] *adj* abweichend; [sexually] sexuell abnormal ◇ *n* *Person, die in ihrem Sexualverhalten von der Norm abweicht.*

deviate ['diːvɪeɪt] *vi:* **to ~ (from sthg)** (von etw) ab|weichen.

deviation [ˌdiːvɪ'eɪʃn] *n* - **1.** *(U)* [abnormality] Devianz *die* - **2.** [departure] Abweichung *die.*

device [dɪ'vaɪs] *n* - **1.** [apparatus] Gerät *das* - **2.** [plan, method] Mittel *das;* **to leave sb to his/her own ~s** jn sich selbst überlassen - **3.** [bomb] Sprengkörper *der;* **incendiary ~** Brandbombe *die.*

devil ['devl] *n* - **1.** [evil spirit] Teufel *der* - **2.** *inf* [person] Teufel *der;* **poor ~!** armer Teufel!; **you silly ~!** du Trottel!; **you lucky ~!** du Glückspilz! - **3.** [for emphasis]: **who/where/why the ~ ...?** wer/wo/warum zum Teufel ...?

◆ **Devil** *n* [Satan]: **the Devil** der Teufel.

devilish ['devlɪʃ] *adj* teuflisch.

devil-may-care *adj* Nach-mir-die-Sintflut-.

devil's advocate *n* Advocatus Diaboli *der.*

devious ['diːvjəs] *adj* [plan, means] fragwürdig; [person] verschlagen.

deviousness ['diːvjəsnɪs] *n* [of person] Verschlagenheit *die;* [of plan, means] Fragwürdigkeit *die.*

devise [dɪ'vaɪz] *vt* entwerfen.

devoid [dɪ'vɔɪd] *adj* ***fml:*** **~ of** bar *(+ G).*

devolution [ˌdiːvə'luːʃn] *n* POL Dezentralisierung *die.*

DEVOLUTION

Im Jahre 1998 gab die Zentralregierung in Westminster bestimmte Befugnisse und Pflichten an kleinere Parlamente in Schottland und Wales ab. Für Wales war dies die erste praktische Erfahrung mit dem Dezentralisierungsprozess der Devolution. Schottland hatte schon immer sein eigenes Rechts- und Schulsystem; jetzt hat es auch die Eigenzuständigkeit für Gesundheitswesen, Verkehr u. a. Die Zuständigkeit für die Bereiche, die das gesamte Vereinigte Königreich angehen (etwa Verteidigung), liegt nach wie vor beim Parlament in Westminster. In Zukunft könnten auch einige der größeren Regionen in England in den Genuss der Dezentralisierung kommen.

devolve [dɪ'vɒlv] *vi* ***fml:*** **to ~ (up)on sb** jm übertragen werden.

devote [dɪ'vəʊt] *vt:* **to ~ sthg to sthg** etw für etw verwenden; **to ~ o.s. to sthg** sich etw *(D)* widmen.

devoted [dɪ'vəʊtɪd] *adj* [mother] hingebungsvoll; [husband, wife] liebevoll und treu; **to be ~ to sb/sthg** jn/etw innig lieben.

devotee [ˌdevə'tiː] *n* [fan] Fan *der.*

devotion [dɪ'vəʊʃn] *n:* **~ (to sb/sthg)** Hingabe *die* (an jn/etw).

devour [dɪ'vaʊəʳ] *vt* ***lit*** & ***fig*** verschlingen.

devout [dɪ'vaʊt] *adj* RELIG fromm.

dew [djuː] *n* Tau *der.*

dexterity [dek'sterətɪ] *n* Geschicklichkeit *die.*

dexterous ['dekstrəs] *adj* geschickt.

dextrose ['dekstrəʊs] *n* Traubenzucker *der.*

dextrous ['dekstrəs] *adj* = **dexterous.**

DFEE (*abbr of* **Department for Education and Employment**) *n britisches Bildungs- und Arbeitsministerium.*

diabetes [ˌdaɪə'biːtiːz] *n* Diabetes *der.*

diabetic [ˌdaɪə'betɪk] *adj* **- 1.** [person] zuckerkrank **- 2.** [foods] Diabetiker- ◇ *n* Diabetiker *der,* -in *die.*

diabolic(al) [ˌdaɪə'bɒlɪk(l)] *adj* **- 1.** [evil] teuflisch **- 2.** ***inf*** [very bad] sauschlecht.

diaeresis ***Br,*** **dieresis** ***Am*** [daɪ'erɪsɪs] (*pl* **-eses** [-ɪsiːz]) *n* Trema *das.*

diagnose ['daɪəgnəʊz] *vt* **- 1.** [illness] diagnostizieren **- 2.** ***fig*** [problem] erkennen.

diagnosis [ˌdaɪəg'nəʊsɪs] (*pl* **-oses** [-əʊsiːz]) *n* **- 1.** [of illness] Diagnose *die* **- 2.** ***fig*** [of problem] Erkennen *das.*

diagnostic [ˌdaɪəg'nɒstɪk] *adj* MED diagnostisch.

diagonal [daɪ'ægənl] *adj* diagonal ◇ *n* Diagonale *die.*

diagonally [daɪ'ægənəlɪ] *adv* diagonal.

diagram ['daɪəgræm] *n* Schaubild *das.*

diagrammatic [ˌdaɪəgrə'mætɪk] *adj:* **in ~ form** in einem Schaubild dargestellt.

dial ['daɪəl] (***Br*** *pt* & *pp* **-led;** *cont* **-ling,** ***Am*** *pt* & *pp* **-ed;** *cont* **-ing**) *n* **- 1.** [of watch, clock] Zifferblatt *das;* [of meter] Skala *die* **- 2.** [of radio] Skala *die* **- 3.** [of telephone] Wählscheibe *die* ◇ *vt* [number] wählen.

dialect ['daɪəlekt] *n* Dialekt *der.*

dialling code ['daɪəlɪŋ-] *n* ***Br*** Vorwahl *die.*

dialling tone ***Br*** ['daɪəlɪŋ-], **dial tone** ***Am*** *n* Amtszeichen *das.*

dialogue ***Br,*** **dialog** ***Am*** ['daɪəlɒg] *n* Dialog *der.*

dial tone *n* ***Am*** = **dialling tone.**

dialysis [daɪ'ælɪsɪs] *n* Dialyse *die.*

diamanté [daɪə'mɒnteɪ] *adj* Strass-.

diameter [daɪ'æmɪtəʳ] *n* Durchmesser *der.*

diametrically [ˌdaɪə'metrɪklɪ] *adv:* **~ opposed** diametral entgegengesetzt.

diamond ['daɪəmənd] *n* **- 1.** [gem] Diamant *der* **- 2.** [shape] Raute *die.*

◆ **diamonds** *npl* Karo *das;* **the six of ~s** die Karo sechs.

diamond wedding *n* diamantene Hochzeit.

diaper ['daɪəpəʳ] *n* ***Am*** Windel *die.*

diaphanous [daɪ'æfənəs] *adj* durchscheinend.

diaphragm ['daɪəfræm] *n* **- 1.** ANAT Zwerchfell *das* **- 2.** [contraceptive] Diaphragma *das.*

diarrh(o)ea [ˌdaɪə'rɪə] *n* Durchfall *der.*

diary ['daɪərɪ] (*pl* **-ies**) *n* **- 1.** [appointment book] (Termin)kalender *der* **- 2.** [personal record] Tagebuch *das.*

diatribe ['daɪətraɪb] *n* [spoken] Schmährede *die;* [written] Schmähschrift *die.*

dice [daɪs] (*pl inv*) *n* [for games] Würfel *der;* **no ~!** ***Am inf*** keine Chance! ◇ *vt* würfeln.

dicey ['daɪsɪ] (*compar* **-ier;** *superl* **-iest**) *adj* ***esp Br inf*** riskant.

dichotomy [daɪ'kɒtəmɪ] (*pl* **-ies**) *n* ***fml*** Dichotomie *die.*

dickens ['dɪkɪnz] *n* ***Br inf dated:*** **who/what/where the ~ ...?** wer/was/wo zum Teufel ...?

Dictaphone® ['dɪktəfəʊn] *n* Diktiergerät *das.*

dictate [*vb* dɪk'teɪt, *n* 'dɪkteɪt] *vt* - **1.** [read out] diktieren; **to ~ sthg to sb** jm etw diktieren - **2.** [impose] vor|schreiben ◇ *vi* - **1.** [read aloud]: **to ~ to sb** jm diktieren - **2.** [give orders]: **to ~ to sb** jm Vorschriften machen.
◆ **dictates** *npl* [of fashion] Diktat *das;* **the ~s of his conscience** die Stimme seines Gewissens.

dictation [dɪk'teɪʃn] *n* Diktat *das;* **to take** OR **do ~** ein Diktat auf|nehmen.

dictator [dɪk'teɪtəʳ] *n* POL Diktator *der*, -in *die*.

dictatorship [dɪk'teɪtəʃɪp] *n* Diktatur *die*.

diction ['dɪkʃn] *n (U)* Aussprache *die*.

dictionary ['dɪkʃənrɪ] (*pl* **-ies**) *n* Wörterbuch *das;* [for a particular subject] Lexikon *das*.

did [dɪd] *pt* ▷ **do.**

didactic [dɪ'dæktɪk] *adj* didaktisch.

diddle ['dɪdl] *vt inf* übers Ohr hauen.

didn't ['dɪdnt] = **did not.**

die [daɪ] (*pt* & *pp* **died;** *cont* **dying;** *npl sense 2 only* **dice**) *vi* - **1.** [person] sterben; [animal, plant] ein|gehen; **to be dying** im Sterben liegen; **to be dying for sthg** *inf* sich nach etw sehnen; **to be dying to do sthg** *inf* darauf brennen, etw zu tun - **2.** *fig* [love, anger] vergehen; [memory] schwinden ◇ *n* - **1.** [for shaping metal] Gussform *die* - **2.** *esp Am* [dice] Würfel *der*.
◆ **die away** *vi* [sound] leiser werden; [wind] nach|lassen.
◆ **die down** *vi* [wind] sich legen, ab|flauen; [sound] leiser werden; [fire] herunter|brennen.
◆ **die out** *vi* aus|sterben.

diehard ['daɪhɑːd] *n* Ewiggestrige *der*, *die*.

dieresis [daɪ'erɪsɪs] *n Am* = **diaeresis.**

diesel ['diːzl] *n* - **1.** [vehicle] Diesel *der* - **2.** [fuel] Dieselöl *das*.

diesel engine *n* - **1.** [of car] Dieselmotor *der* - **2.** LOCOMOTIVE Diesellokomotive *die*.

diesel fuel, diesel oil *n* Dieselkraftstoff *der*, Dieselöl *das*.

diet ['daɪət] *n* - **1.** [eating pattern] Ernährung *die;* **they have a poor ~** ihre Ernährung ist schlecht; **to exist on a ~ of sthg** sich (ausschließlich) von etw ernähren - **2.** [to lose weight, for medical reasons] Diät *die;* **to be/go on a ~** eine Diät machen ◇ *comp* [low-calorie] Diät- ◇ *vi* [to lose weight] eine Diät machen.

dietary ['daɪətrɪ] *adj* diätisch, Ernährungs-.

dietary fibre *n* Ballaststoff *der*.

dieter ['daɪətəʳ] *n Person, die eine Diät macht.*

dietician [ˌdaɪə'tɪʃn] *n* Ernährungswissenschaftler *der*, -in *die*.

differ ['dɪfəʳ] *vi* - **1.** [be different] verschieden sein; **to ~ from sb/sthg** sich von jm/etw unterscheiden - **2.** [disagree]: **to ~ with sb (about sthg)** mit jm (über etw *(A)*) verschiedener Meinung sein; **to agree to ~** sich *(D)* verschiedene Meinungen zugestehen.

difference ['dɪfrəns] *n* Unterschied *der;* **it doesn't make any ~** es ist egal; **to make all the ~** einen gewaltigen Unterschied machen; **~ of opinion** Meinungsverschiedenheit *die*.

different ['dɪfrənt] *adj* - **1.** [not like before] anders; [not identical] verschieden, unterschiedlich; [various] verschieden; **to be ~ from** *Br* OR **than** *Am* **sb/sthg** anders sein als jd/etw - **2.** [unusual] außergewöhnlich.

differential [ˌdɪfə'renʃl] *adj* unterschiedlich, verschieden ◇ *n* - **1.** [between pay scales] Gehaltsunterschied *der* - **2.** TECH Differential *das*.

differentiate [ˌdɪfə'renʃɪeɪt] *vt:* **to ~ sthg from sthg** etw von etw unterscheiden ◇ *vi:* **to ~ (between)** unterscheiden (zwischen *(+ D)*).

differently ['dɪfrəntlɪ] *adv* anders.

difficult ['dɪfɪkəlt] *adj* - **1.** [hard] schwierig; **to make life ~ for sb** jm das Leben schwer |machen - **2.** [awkward] schwierig.

difficulty ['dɪfɪkəltɪ] (*pl* **-ies**) *n* Schwierigkeit *die;* **to have ~ (in) doing sthg** Schwierigkeiten haben, etw zu tun; **with ~** mit Mühe.

diffidence ['dɪfɪdəns] *n* Schüchternheit *die*.

diffident ['dɪfɪdənt] *adj* schüchtern; [approach] zaghaft.

diffuse [*adj* dɪ'fjuːs, *vb* dɪ'fjuːz] *adj* - **1.** [light] diffus - **2.** [speech] weitschweifig ◇ *vt* - **1.** [light] aus|strahlen - **2.** [information] verbreiten ◇ *vi* - **1.** [light] aus|strahlen - **2.** [information] sich verbreiten.

diffusion [dɪ'fjuːʒn] *n (U)* - **1.** [of light] Ausbreitung *die* - **2.** [of information] Verbreitung *die*.

dig [dɪg] (*pt* & *pp* **dug;** *cont* **-ging**) *n* - **1.** *fig* [unkind remark] Seitenhieb *der* - **2.** ARCHAEOL Ausgrabung *die* ◇ *vt* - **1.** [hole] graben; [garden] um|graben - **2.** [press, jab]: **to ~ sthg into sb/sthg** etw in jn/etw bohren; **to ~ sb in the ribs with one's elbow** jm den Ellbogen in die Rippen stoßen ◇ *vi* - **1.** [in ground] graben - **2.** [press]: **my belt's ~ging into me** mein Gürtel schneidet ein; **her nails were ~ging into his skin** ihre Fingernägel gruben sich in seine Haut.
◆ **dig out** *vt sep* **lit** & **fig** aus|graben.
◆ **dig up** *vt sep* **lit** & **fig** aus|graben.

digest [*n* 'daɪdʒest, *vb* dɪ'dʒest] *n* [book] *Sammlung zusammengefasster Texte* ◇ *vt* **lit** & **fig** verdauen.

digestible [dɪ'dʒestəbl] *adj* verdaulich.

digestion [dɪ'dʒestʃn] *n* Verdauung *die*.

digestive [daɪ'dʒestɪv] *adj* Verdauungs-.

digestive biscuit *n* **Br** *mürber Keks aus Vollkornmehl.*

digestive system *n* Verdauungsapparat *der*.

digger [ˈdɪgəʳ] *n* [machine] Bagger *der*.
digit [ˈdɪdʒɪt] *n* - **1.** [figure] Ziffer *die* - **2.** [finger] Finger *der;* [toe] Zehe *die*.
digital [ˈdɪdʒɪtl] *adj* digital.
digital camera *n* digitale Kamera.
digital recording *n* Digitalaufnahme *die*.
digital television *n* digitales Fernsehen.
digital watch *n* Digitaluhr *die*.
digitize, -ise [ˈdɪdʒɪtaɪz] *vt* digitalisieren.
dignified [ˈdɪgnɪfaɪd] *adj* würdevoll.
dignify [ˈdɪgnɪfaɪ] (*pt* & *pp* **-ied**) *vt* würdigen.
dignitary [ˈdɪgnɪtrɪ] (*pl* **-ies**) *n* Würdenträger *der*, -in *die*.
dignity [ˈdɪgnətɪ] *n* Würde *die*.
digress [daɪˈgres] *vi:* **to ~ (from sthg)** (von etw) ab|schweifen.
digression [daɪˈgreʃn] *n* Abschweifung *die*.
digs [dɪgz] *npl Br inf* Bude *die*.
dike [daɪk] *n* - **1.** [wall, bank] Damm *der* - **2.** *inf pej* [lesbian] Lesbe *die*.
dilapidated [dɪˈlæpɪdeɪtɪd] *adj* baufällig.
dilate [daɪˈleɪt] *vt* erweitern <> *vi* sich erweitern.
dilated [daɪˈleɪtɪd] *adj* erweitert.
dilemma [dɪˈlemə] *n* Dilemma *das*.
dilettante [ˌdɪlɪˈtæntɪ] (*pl* **-tes** OR **-ti**) *n pej* Dilettant *der*, -in *die*.
diligence [ˈdɪlɪdʒəns] *n* Sorgfalt *die*.
diligent [ˈdɪlɪdʒənt] *adj* sorgfältig.
dill [dɪl] *n* Dill *der*.
dillydally [ˈdɪlɪdælɪ] (*pt* & *pp* **-ied**) *vi inf* trödeln.
dilute [daɪˈluːt] *adj* verdünnt <> *vt:* **to ~ sthg (with sthg)** etw (mit etw) verdünnen.
dilution [daɪˈluːʃn] *n:* **~ (with sthg)** Verdünnung *die* (mit etw).
dim [dɪm] (*compar* **-mer;** *superl* **-mest;** *pt* & *pp* **-med;** *cont* **-ming**) *adj* - **1.** [room] halbdunkel; [light] trüb, schwach - **2.** [indistinct - shape, sight] undeutlich; [- sound, memory] schwach - **3.** [eyes] schwach - **4.** [gloomy]: **to take a ~ view of sthg** wenig von etw halten - **5.** *inf* [stupid] beschränkt, begriffsstutzig <> *vt* dämpfen <> *vi* [memory, beauty] verblassen; [light, hope] schwinden.
dime [daɪm] *n Am* Zehncentstück *das;* **they're a ~ a dozen** sie sind reine Dutzendware.
dimension [dɪˈmenʃn] *n* Dimension *die*.
◆ **dimensions** *pl* [of room, object] Abmessungen *pl;* **in three ~s** dreidimensional.
-dimensional [dɪˈmenʃənl] *suffix* -dimensional.
diminish [dɪˈmɪnɪʃ] *vt* [subj: person] herab|setzen; [subj: thing] verringern <> *vi* [responsibility] sich vermindern; [importance, popularity] ab|nehmen.
diminished [dɪˈmɪnɪʃt] *adj* - **1.** [profits, budget] reduziert - **2.** [reputation] verschlechtert.
diminished responsibility *n* LAW verminderte Zurechnungsfähigkeit.
diminishing returns *npl fig:* **it's a case of ~** obwohl man immer mehr hineinsteckt, kriegt man immer weniger heraus.
diminutive [dɪˈmɪnjʊtɪv] *adj fml* winzig <> *n* GRAMM Verkleinerungsform *die*.
dimly [ˈdɪmlɪ] *adv* - **1.** [shine] schwach - **2.** [see] verschwommen; [remember] schwach.
dimmer *n* Dimmer *der*.
◆ **dimmers** *npl Am* - **1.** [dipped headlights] Abblendlicht *das* - **2.** [parking lights] Begrenzungsleuchten *pl*.
dimmer switch [ˈdɪməʳ-] *n* = **dimmer.**
dimple [ˈdɪmpl] *n* Grübchen *das*.
dimwit [ˈdɪmwɪt] *n inf* Schwachkopf *der*.
dim-witted [-ˈwɪtɪd] *adj inf* beschränkt.
din [dɪn] *n inf* Getöse *das*.
dine [daɪn] *vi fml* speisen.
◆ **dine out** *vi* auswärts speisen.
diner [ˈdaɪnəʳ] *n* - **1.** [person] Gast *der (in einem Restaurant)* - **2.** *Am* [restaurant] Lokal *das*.
dingdong [ˌdɪŋˈdɒŋ] *adj inf* [battle, argument] hin- und herwogend <> *n* [of bell] Bimbam *das*.
dinghy [ˈdɪŋgɪ] (*pl* **-ies**) *n* [for sailing] kleines Segelboot; **(rubber) ~** Schlauchboot *das*.
dingo [ˈdɪŋgəʊ] (*pl* **-es**) *n* Dingo *der*.
dingy [ˈdɪndʒɪ] (*compar* **-ier;** *superl* **-iest**) *adj* schmuddelig.
dining car [ˈdaɪnɪŋ-] *n* Speisewagen *der*.
dining room [ˈdaɪnɪŋ-] *n* - **1.** [in house] Esszimmer *das* - **2.** [in hotel] Speisesaal *der*.
dining table [ˈdaɪnɪŋ-] *n* Esstisch *der*.
dinner [ˈdɪnəʳ] *n* - **1.** [meal - in the evening] (warmes) Abendessen; [- at noon] Mittagessen *das* - **2.** [formal event] (Abend)essen *das*.
dinner dance *n* Abendgesellschaft *die* mit Tanz.
dinner jacket *n* [jacket] Smokingjacke *die;* [suit] Smoking *der*.
dinner party *n* Abendgesellschaft *die* (mit Essen).
dinner service *n* Tafelservice *das*.
dinner table *n:* **the ~** die Tafel.
dinnertime [ˈdɪnətaɪm] *n* Essenszeit *die*.
dinosaur [ˈdaɪnəsɔːʳ] *n* Dinosaurier *der*.
dint [dɪnt] *n fml:* **by ~ of** mittels *(+ G)*.
diocese [ˈdaɪəsɪs] *n* Diözese *die*.
diode [ˈdaɪəʊd] *n* Diode *die*.

dip [dɪp] (*pt* & *pp* **-ped;** *cont* **-ping**) *n* - **1.** [in road, ground] Senke *die* - **2.** [sauce] Dip *der* - **3.** [swim]: **to go for a ~** (kurz) schwimmen gehen, ins Wasser gehen ◇ *vt* - **1.** [into liquid]: **to ~ sthg in (to) sthg** etw in etw *(A)* (ein|)tauchen - **2.** *Br* [headlights] ab|blenden ◇ *vi* - **1.** [wing, road, ground] sich senken - **2.** [sun, temperature, price] sinken.

Dip. *Br abbr of* **diploma.**

diphtheria [dɪf'θɪərɪə] *n* Diphterie *die.*

diphthong ['dɪfθɒŋ] *n* LING Diphthong *der.*

diploma [dɪ'pləʊmə] (*pl* **-s**) *n* Diplom *das.*

diplomacy [dɪ'pləʊməsɪ] *n* Diplomatie *die.*

diplomat ['dɪpləmæt] *n* - **1.** [official] Diplomat *der,* -in *die* - **2.** [tactful person] diplomatischer Mensch.

diplomatic [ˌdɪplə'mætɪk] *adj* diplomatisch.

diplomatic corps *n* diplomatisches Korps.

diplomatic immunity *n* Immunität *die (für Mitglieder des diplomatischen Korps).*

diplomatic relations *npl* diplomatische Beziehungen *pl.*

dipsomaniac [ˌdɪpsə'meɪnɪæk] *n* Trunksüchtige *der, die.*

dipstick ['dɪpstɪk] *n* AUT Ölmessstab *der.*

dipswitch ['dɪpswɪtʃ] *n Br* AUT Abblendschalter *der.*

dire ['daɪəʳ] *adj* [serious - warning] dringend; [- consequences] schwerwiegend; **to be in ~ need of sthg** etw dringend brauchen.

direct [dɪ'rekt] *adj* - **1.** [gen] direkt - **2.** [exact] genau ◇ *vt* - **1.** [aim]: **to ~ sthg at sb** [question, remark] etw an jn richten; **to ~ sb's attention to sthg** js Aufmerksamkeit auf etw *(A)* lenken; **the campaign is ~ed at teenagers** die Kampagne zielt auf Teenager ab - **2.** [person to place] den Weg erklären *(+ D)* - **3.** [manage, be in charge of] leiten - **4.** [TV programme] leiten; [film, play] Regie führen bei - **5.** [order]: **to ~ sb to do sthg** jn an|weisen, etw zu tun ◇ *adv* direkt.

direct action *n (U)* Protestaktionen *pl.*

direct current *n* Gleichstrom *der.*

direct debit *n Br* Dauerauftrag *der.*

direct dialling *n* Durchwählen *das.*

direct hit *n* Volltreffer *der.*

direction [dɪ'rekʃn] *n* - **1.** [orientation] Richtung *die* - **2.** [of play, film] Regie *die;* [of TV programme] Leitung *die* - **3.** [control]: **under the ~ of** unter *(+ D)* der Leitung von.

◆ **directions** *npl* - **1.** [to place] Wegbeschreibung *die;* **to ask (sb) for ~** (jn) nach dem Weg fragen - **2.** [for use] Gebrauchsanweisung *die.*

directive [dɪ'rektɪv] *n* Direktive *die.*

directly [dɪ'rektlɪ] *adv* - **1.** [gen] direkt - **2.** [exactly] genau - **3.** [very soon] sofort.

direct mail *n* Postwurfsendung *die.*

director [dɪ'rektəʳ] *n* - **1.** [of company] Direktor *der,* -in *die* - **2.** [of film, play] Regisseur *der,* -in *die;* [of TV programme] Leiter *der,* -in *die.*

directorate [dɪ'rektərət] *n* Aufsichtsrat *der.*

director-general (*pl* **directors-general** *or* **director-generals**) *n* Generaldirektor *der* -in *die.*

Director of Public Prosecutions *n Br Leiter der Anklagebehörde für schwere Straffälle.*

directorship [dɪ'rektəʃɪp] *n* - **1.** [position] Direktorenposten *der* - **2.** [period] Amtszeit *die (eines Direktors).*

directory [dɪ'rektərɪ] (*pl* **-ies**) *n* - **1.** [book, list] Verzeichnis *das;* **(telephone) ~** Telefonbuch *das* - **2.** COMPUT Directory *das,* Inhaltsverzeichnis *das.*

directory enquiries *n Br* Fernsprechauskunft *die.*

direct rule *n das Regieren einer Provinz durch eine Zentralregierung.*

direct selling *n* Direktverkauf *der.*

direct speech *n* direkte Rede.

direct taxation *n* direkte Besteuerung.

dire straits *npl:* **in ~** in großen Nöten.

dirge [dɜːdʒ] *n* Klagegesang *der.*

dirt [dɜːt] *n* - **1.** [mud, dust] Schmutz *der* - **2.** [earth] Erde *die.*

dirt cheap *inf adj* spottbillig.

dirt track *n* Feldweg *der.*

dirty ['dɜːtɪ] (*compar* **-ier;** *superl* **-iest;** *pt* & *pp* **-ied**) *adj* - **1.** [not clean] schmutzig - **2.** [unfair] gemein; **~ trick** Gemeinheit *die;* **to play a ~ trick on sb** jm übel mitspielen - **3.** [smutty] schmutzig, unanständig; **~ joke** schmutziger Witz ◇ *vt* beschmutzen.

disability [ˌdɪsə'bɪlətɪ] (*pl* **-ies**) *n* Behinderung *die.*

disable [dɪs'eɪbl] *vt* [subj: illness, accident] eine Behinderung zur Folge haben bei.

disabled [dɪs'eɪbld] *adj* behindert ◇ *npl:* **the ~** die Behinderten *pl.*

disabuse [ˌdɪsə'bjuːz] *vt fml:* **to ~ sb (of sthg)** jn (von etw) befreien.

disadvantage [ˌdɪsəd'vɑːntɪdʒ] *n* Nachteil *der;* **to be at a ~** im Nachteil sein; **to be to one's ~** zu js Nachteil sein.

disadvantaged [ˌdɪsəd'vɑːntɪdʒd] *adj* benachteiligt.

disadvantageous [ˌdɪsædvɑːn'teɪdʒəs] *adj* nachteilig.

disaffected [ˌdɪsə'fektɪd] *adj* [party voters] illoyal; [voters in general] am politischen Geschehen desinteressiert.

disagree [ˌdɪsəˈgriː] *vi* **- 1.** [with another person] nicht übereinlstimmen; [two people] sich nicht einig sein; **to ~ with sb** mit jm nicht übereinlstimmen; **to ~ with sthg** mit etw nicht einverstanden sein **- 2.** [statements; accounts] nicht übereinlstimmen **- 3.** [subj: food, drink]: **to ~ with sb** jm nicht bekommen.

disagreeable [ˌdɪsəˈgriːəbl] *adj* **- 1.** [smell, job] unangenehm **- 2.** [person] unfreundlich.

disagreement [ˌdɪsəˈgriːmənt] *n* **- 1.** [of opinions] Uneinigkeit *die;* [of records] Diskrepanz *die* **- 2.** [argument] Meinungsverschiedenheit *die;* **to be in ~ about sthg** [people] verschiedener Ansicht in Bezug auf etw *(A)* sein.

disallow [ˌdɪsəˈlaʊ] *vt* **- 1.** *fml* [appeal, claim] zurücklweisen **- 2.** [goal] nicht anlerkennen.

disappear [ˌdɪsəˈpɪəʳ] *vi* verschwinden.

disappearance [ˌdɪsəˈpɪərəns] *n* Verschwinden *das.*

disappoint [ˌdɪsəˈpɔɪnt] *vt* enttäuschen.

disappointed [ˌdɪsəˈpɔɪntɪd] *adj:* **~ (in** *OR* **with sthg)** (von etw) enttäuscht.

disappointing [ˌdɪsəˈpɔɪntɪŋ] *adj* enttäuschend.

disappointment [ˌdɪsəˈpɔɪntmənt] *n* Enttäuschung *die.*

disapproval [ˌdɪsəˈpruːvl] *n* Missfallen *das.*

disapprove [ˌdɪsəˈpruːv] *vi:* **to ~ of sthg** etw missbilligen; **to ~ of sb** etwas gegen jn haben.

disapproving [ˌdɪsəˈpruːvɪŋ] *adj* missbilligend.

disarm [dɪsˈɑːm] *vt* ***lit*** **&** ***fig*** entwaffnen <> *vi* ablrüsten.

disarmament [dɪsˈɑːməmənt] *n* Abrüstung *die.*

disarming [dɪsˈɑːmɪŋ] *adj* entwaffnend.

disarray [ˌdɪsəˈreɪ] *n:* **to be in ~** ***fml*** [clothes, hair, room] in Unordnung sein; [group] schlecht organisiert sein.

disassociate [ˌdɪsəˈsəʊʃɪeɪt] *vt:* **to ~ o.s. from sb/sthg** sich von jm/etw distanzieren

disaster [dɪˈzɑːstəʳ] *n* Katastrophe *die;* **to court ~** eine Katastrophe herauf lbeschwören.

disaster area *n* [after natural disaster] Katastrophengebiet *das.*

disastrous [dɪˈzɑːstrəs] *adj* katastrophal.

disastrously [dɪˈzɑːstrəslɪ] *adv* katastrophal; **to fail ~** vollkommen versagen.

disband [dɪsˈbænd] *vt* auf lösen <> *vi* sich auf llösen.

disbelief [ˌdɪsbɪˈliːf] *n:* **in** *OR* **with ~** ungläubig.

disbelieve [ˌdɪsbɪˈliːv] *vt* [person] nicht glauben *(+ D).*

disc ***Br,*** **disk** ***Am*** [dɪsk] *n* **- 1.** [shape] Scheibe *die* **- 2.** MED Bandscheibe *die* **- 3.** [record] Platte *die.*

discard [dɪˈskɑːd] *vt* weglwerfen.

disc brake *n* Scheibenbremse *die.*

discern [dɪˈsɜːn] *vt* **- 1.** [see] wahrlnehmen **- 2.** [detect] erkennen.

discernible [dɪˈsɜːnəbl] *adj* **- 1.** [visible] wahrnehmbar **- 2.** [detectable] erkennbar.

discerning [dɪˈsɜːnɪŋ] *adj* kritisch.

discharge [*n* ˈdɪstʃɑːdʒ, *vt* dɪsˈtʃɑːdʒ] *n* **- 1.** [of patient, prisoner, soldier] Entlassung *die* **- 2.** ***fml*** [fulfilment] Erfüllung *die* **- 3.** [toxic emission] Ausstoß *der* **- 4.** MED [from wound] Ausfluss *der* **- 5.** [payment] Begleichung *die* <> *vt* **- 1.** [patient, prisoner, soldier] entlassen **- 2.** ***fml*** [fulfil] erfüllen **- 3.** [emit] auslstoßen **- 4.** [pay] begleichen.

discharged bankrupt [dɪsˈtʃaːdzd-] *n* entlasteter Konkursschuldner.

disciple [dɪˈsaɪpl] *n* **- 1.** RELIG Jünger *der* **- 2.** ***fig*** [follower] Anhänger *der*, -in *die.*

disciplinarian [ˌdɪsɪplɪˈneərɪən] *n* Zuchtmeister *der*, -in *die.*

disciplinary [ˈdɪsɪplɪnərɪ] *adj* Disziplinar-, disziplinarisch; **to take ~ action against sb** disziplinarisch gegen jn vorlgehen.

discipline [ˈdɪsɪplɪn] *n* Disziplin *die* <> *vt* **- 1.** [train] disziplinieren **- 2.** [punish] bestrafen.

disciplined [ˈdɪsɪplɪnd] *adj* [person] diszipliniert.

disc jockey *n* Discjockey *der.*

disclaim [dɪsˈkleɪm] *vt* ***fml*** ablstreiten.

disclaimer [dɪsˈkleɪməʳ] *n* Dementi *das.*

disclose [dɪsˈkləʊz] *vt* enthüllen.

disclosure [dɪsˈkləʊʒəʳ] *n* Enthüllung *die.*

disco [ˈdɪskəʊ] (*pl* **-s**) *n abbr of* **discotheque.**

discoloration [dɪsˌkʌləˈreɪʃn] *n* Verfärbung *die.*

discolour ***Br,*** **discolor** ***Am*** [dɪsːkʌləʳ] *vt* verfärben <> *vi* sich verfärben.

discoloured ***Br,*** **discolored** ***Am*** [dɪsˈkʌləd] *adj* verfärbt.

discomfort [dɪsˈkʌmfət] *n* **- 1.** *(U)* [physical pain] Beschwerden *pl;* **to be in ~** Beschwerden haben **- 2.** [anxiety, embarrassment] Unbehagen *das* **- 3.** [uncomfortable condition] Beschwerlichkeit *die.*

disconcert [ˌdɪskənˈsɜːt] *vt* verunsichern.

disconcerting [ˌdɪskənˈsɜːtɪŋ] *adj* verunsichernd.

disconnect [ˌdɪskəˈnekt] *vt* **- 1.** [detach] trennen **- 2.** [remove plug of] den Stecker herauslziehen von; [from water/gas supply] von der

Wasserzufuhr/Gaszufuhr trennen; **to ~ sb's telephone** jm das Telefon ab|stellen; **we've been ~ed** man hat uns das Telefon/das Gas/das Wasser/den Strom abgestellt **- 3.** [when talking]: **we've been ~ed** die Verbindung wurde unterbrochen.

disconnected [ˌdɪskəˈnektɪd] *adj* **- 1.** [remarks, thoughts] zusammenhanglos **- 2.** [telephone, wire] nicht angeschlossen.

disconsolate [dɪsˈkɒnsələt] *adj* untröstlich.

discontent [ˌdɪskənˈtent] *n:* **~ (with sthg)** Unzufriedenheit *die* (mit etw).

discontented [ˌdɪskənˈtentɪd] *adj:* **to be ~ (with sthg)** (mit etw) unzufrieden sein.

discontentment [ˌdɪskənˈtentmənt] *n:* **~ (with sthg)** Unzufriedenheit *die* (mit etw).

discontinue [ˌdɪskənˈtɪnjuː] *vt* [service, supply] ein|stellen; [visits] beenden; [production] auslaufen lassen.

discontinued line [ˌdɪskənˈtɪnjuːd-] *n* COMM ausgelaufene Serie.

discord [ˈdɪskɔːd] *n* **- 1.** ***fml*** [conflict] Uneinigkeit *die* **- 2.** MUS Disharmonie *die*.

discordant [dɪˈskɔːdənt] *adj* **- 1.** [conflicting] nicht miteinander harmonierend **- 2.** MUS disharmonisch.

discotheque [ˈdɪskəutek] *n* Diskothek *die*.

discount [*n* ˈdɪskaunt, *vb*, ***Br*** dɪsˈkaunt, ***Am*** ˈdɪskaunt] *n* Rabatt *der* <> *vt* **- 1.** [disregard] verwerfen **- 2.** COMM [product] zu einem geringeren Preis an|bieten; [price] senken.

discount house *n* **- 1.** FIN Diskontbank *die* **- 2.** COMM [store] Discountgeschäft *das*.

discount rate *n* Rabattrate *die*.

discount store *n* COMM Discountgeschäft *das*.

discourage [dɪsˈkʌrɪdʒ] *vt* **- 1.** [dishearten] entmutigen **- 2.** [dissuade]: **to ~ sb from doing sthg** jn davon ab|bringen, etw zu tun.

discouraging [dɪˈskʌrɪdʒɪŋ] *adj* entmutigend.

discourse [ˈdɪskɔːs] *n:* **~ (on sthg)** Diskurs *der* (über etw *(A)*).

discourteous [dɪsˈkɜːtjəs] *adj* ***fml*** unhöflich.

discourtesy [dɪsˈkɜːtɪsɪ] *n* Unhöflichkeit *die*.

discover [dɪˈskʌvəʳ] *vt* **- 1.** [find] entdecken; [cause of sthg] heraus|finden **- 2.** [realize] fest|stellen.

discoverer [dɪˈskʌvərəʳ] *n* Entdecker *der*, -in *die*.

discovery [dɪˈskʌvərɪ] (*pl* **-ies**) *n* Entdeckung *die*.

discredit [dɪsˈkredɪt] *n* [shame] Misskredit *der* <> *vt* diskreditieren.

discredited [dɪsˈkredɪtɪd] *adj* diskreditiert.

discreet [dɪˈskriːt] *adj* diskret.

discreetly [dɪˈskriːtlɪ] *adv* diskret; [coloured, dressed] dezent.

discrepancy [dɪˈskrepənsɪ] (*pl* **-ies**) *n:* **~ (in/between)** Diskrepanz *die* (zwischen *(+ D)*).

discrete [dɪsˈkriːt] *adj* ***fml*** verschieden.

discretion [dɪˈskreʃn] *n* **- 1.** [tact] Diskretion *die* **- 2.** [judgment]: **use your own ~** handeln Sie nach eigenem Ermessen; **at the ~ of** nach Ermessen *(+ G)*.

discretionary [dɪˈskreʃənrɪ] *adj* Ermessens-; **to be ~** Ermessenssache sein; **~ powers** Ermessensspielraum *der*.

discriminate [dɪˈskrɪmɪneɪt] *vi* **- 1.** [distinguish]: **to ~ (between)** unterscheiden (zwischen *(+ D)*) **- 2.** [treat unfairly]: **to ~ against sb** jn diskriminieren.

discriminating [dɪˈskrɪmɪneɪtɪŋ] *adj* [person, eye, audience] kritisch; [taste] fein.

discrimination [dɪˌskrɪmɪˈneɪʃn] *n* **- 1.** [prejudice] Diskriminierung *die* **- 2.** [good judgment] Urteilsvermögen *das*.

discus [ˈdɪskəs] (*pl* **-es**) *n* Diskus *der*.

discuss [dɪˈskʌs] *vt* besprechen; [in political, academic context] diskutieren; **to ~ sthg with sb** etw mit jm besprechen.

discussion [dɪˈskʌʃn] *n* **- 1.** *(U)* [act of discussing] Besprechen *das;* [in political, academic context] Diskussion *die;* **to be under ~** zur Diskussion stehen **- 2.** [talk] Gespräch *das;* [in political, academic context] Diskussion *die*.

disdain [dɪsˈdeɪn] ***fml*** *n:* **~ (for sb/sthg)** Verachtung *die* (für jn/etw) <> *vt* verachten <> *vi:* **to ~ to do sthg** es für unter seiner Würde halten, etw zu tun.

disdainful [dɪsˈdeɪnful] *adj* verächtlich.

disease [dɪˈziːz] *n* ***lit*** & ***fig*** Krankheit *die*.

diseased [dɪˈziːzd] *adj* **- 1.** [plant] befallen; [body] krank **- 2.** ***fig*** [mind] krank.

disembark [ˌdɪsɪmˈbɑːk] *vi* von Bord gehen.

disembarkation [ˌdɪsembɑːˈkeɪʃn] *n (U)* Landung *die*.

disembodied [ˌdɪsɪmˈbɒdɪd] *adj* körperlos; [voice] geisterhaft.

disembowel [ˌdɪsɪmˈbauəl] (***Br*** *pt* & *pp* **-led;** *cont* **-ling**, ***Am*** *pt* & *pp* **-ed;** *cont* **-ing**) *vt* aus|weiden; [person] die Eingeweide heraus|nehmen *(+ D)*.

disenchanted [ˌdɪsɪnˈtʃɑːntɪd] *adj:* **~ (with sthg)** (von etw) ernüchtert.

disenchantment [ˌdɪsɪnˈtʃɑːntmənt] *n* Ernüchterung *die*.

disenfranchise [ˌdɪsɪnˈfræntʃaɪz] *vt* POL: **to ~ sb** jm das Wahlrecht verwehren.

disengage [ˌdɪsɪnˈgeɪdʒ] *vt* **- 1.** [release]: **to ~ o.s./sthg (from sthg)** sich/etw (von etw) los|machen **- 2.** TECH [gears, mechanism] aus|rücken.

disentangle [ˌdɪsɪn'tæŋgl] *vt* entwirren; **to ~ sthg from sthg** etw von etw lösen; **to ~ o.s. from sthg** sich aus etw befreien.

disfavour *Br*, **disfavor** *Am* [dɪs'feɪvəʳ] *n (U)*: **to look on sthg with ~** etw mit Missfallen betrachten; **to fall into ~ with sb** bei jm in Ungnade fallen.

disfigure [dɪs'fɪgəʳ] *vt* verunstalten.

disgorge [dɪs'gɔːdʒ] *vt* auslspeien.

disgrace [dɪs'greɪs] *n* Schande *die*; **to be in ~** in Ungnade gefallen sein ◇ *vt*: **to ~ sb** jm Schande machen; **to ~ o.s.** sich blamieren.

disgraceful [dɪs'greɪsfʊl] *adj* skandalös.

disgruntled [dɪs'grʌntld] *adj* verstimmt.

disguise [dɪs'gaɪz] *n* Verkleidung *die*; **in ~** verkleidet ◇ *vt* - **1.** [dress up] verkleiden; **to ~ o.s. as sb/sthg** sich als jd/etw verkleiden - **2.** [voice, handwriting] verstellen - **3.** [disappointment, surprise] verbergen; [fact] verschleiern; [taste of sthg] überldecken.

disgust [dɪs'gʌst] *n*: **~ (at sthg)** Abscheu *der* (vor etw *(D)*); **in ~** empört ◇ *vt* anlekeln.

disgusting [dɪs'gʌstɪŋ] *adj* ekelhaft.

dish [dɪʃ] *n* - **1.** [bowl] Schüssel *die*; [shallow] Schale *die* - **2.** *Am* [plate] Teller *der* - **3.** [food] Gericht *das*.

◆ **dishes** *npl* Geschirr *das*; **to do** *OR* **wash the ~es** Geschirr spülen *OR* ablwaschen.

◆ **dish out** *vt sep* ***inf*** ausIteilen.

◆ **dish up** *vt sep* ***inf*** [food] auf Itun.

dish aerial *Br*, **dish antenna** *Am n* Parabolantenne *die*, Satellitenschüssel *die*.

disharmony [ˌdɪs'hɑːmənɪ] *n* Disharmonie *die*.

dishcloth ['dɪʃklɒθ] *n* Spültuch *das*.

disheartened [dɪs'hɑːtnd] *adj* entmutigt.

disheartening [dɪs'hɑːtnɪŋ] *adj* entmutigend.

dishevelled *Br*, **disheveled** *Am* [dɪ'ʃevəld] *adj* [hair] zerzaust; [person] unordentlich.

dishonest [dɪs'ɒnɪst] *adj* - **1.** [person] unehrlich; [trader] unredlich - **2.** [action] unredlich, unlauter.

dishonesty [dɪs'ɒnɪstɪ] *n* [of person] Unehrlichkeit *die*; [of trader, action] Unredlichkeit *die*.

dishonor *n* & *vt* ***Am*** = **dishonour.**

dishonorable *adj* ***Am*** = **dishonourable.**

dishonour *Br*, **dishonor** *Am* [dɪs'ɒnəʳ] *n* Unehre *die* ◇ *vt* entehren.

dishonourable *Br*, **dishonorable** *Am* [dɪs'ɒnərəbl] *adj* unehrenhaft.

dish soap *n* ***Am*** Spülmittel *das*.

dish towel *n* ***Am*** Geschirrtuch *das*.

dishwasher ['dɪʃˌwɒʃəʳ] *n* [machine] Geschirrspülmaschine *die*.

dishy ['dɪʃɪ] (*compar* **-ier**; *superl* **-iest**) *adj* ***Br inf*** [attractive] aufregend.

disillusioned [ˌdɪsɪ'luːʒnd] *adj* desillusioniert; **~ with sb/sthg** von jm/etw enttäuscht.

disillusionment [ˌdɪsɪ'luːʒnmənt] *n (U)*: **~ (with sb/sthg)** Desillusionierung *die* (in Bezug auf jn/etw).

disincentive [ˌdɪsɪn'sentɪv] *n* Abschreckungsmittel *das*.

disinclined [ˌdɪsɪn'klaɪnd] *adj*: **to be ~ to do sthg** abgeneigt sein, etw zu tun.

disinfect [ˌdɪsɪn'fekt] *vt* desinfizieren.

disinfectant [ˌdɪsɪn'fektənt] *n* Desinfektionsmittel *das*.

disinformation [ˌdɪsɪnfə'meɪʃn] *n (U)* Desinformation *die*.

disingenuous [ˌdɪsɪn'dʒenjʊəs] *adj* unaufrichtig.

disinherit [ˌdɪsɪn'herɪt] *vt* enterben.

disintegrate [dɪs'ɪntɪgreɪt] *vi* - **1.** [object] zerfallen - **2.** ***fig*** [project] sich auf llösen; [marriage] auseinander gehen.

disintegration [dɪsˌɪntɪ'greɪʃn] *n* [of object] Zerfall *der*; [of project] Auflösung *die*; [of marriage] Auseinandergehen *das*.

disinterested [ˌdɪs'ɪntrəstɪd] *adj* - **1.** [objective] unparteiisch - **2.** ***inf*** [uninterested]: **~ (in sb/sthg)** nicht interessiert (an jm/etw).

disjointed [dɪs'dʒɔɪntɪd] *adj* zusammenhanglos.

disk [dɪsk] *n* - **1.** COMPUT: **(floppy) ~** Diskette *die*; **(hard) ~** Festplatte *die* - **2.** ***Am*** = **disc.**

disk drive *Br*, **diskette drive** *Am n* COMPUT [for floppy disk] Diskettenlaufwerk *das*.

diskette [dɪs'ket] *n* COMPUT Diskette *die*.

diskette drive *n* ***Am*** = **disk drive.**

disk operating system *n* COMPUT Betriebssystem *das*.

dislike [dɪs'laɪk] *n*: **~ (of)** Abneigung *die* (gegen); **to take a ~ to sb/sthg** eine Abneigung gegen jn/etw empfinden ◇ *vt* nicht mögen.

dislocate ['dɪsləkeɪt] *vt* - **1.** MED auslrenken - **2.** [disrupt] durcheinander bringen.

dislodge [dɪs'lɒdʒ] *vt*: **to ~ sb/sthg (from)** jn/etw entfernen (von *OR* aus).

disloyal [ˌdɪs'lɔɪəl] *adj*: **~ (to sb)** illoyal (gegenüber jm).

dismal ['dɪzml] *adj* - **1.** [gloomy, depressing] trist - **2.** [attempt, failure] kläglich.

dismantle [dɪs'mæntl] *vt* auseinander nehmen; [power plant, nuclear weapons] demontieren.

dismay [dɪs'meɪ] *n* Bestürzung *die*; **to sb's ~** zu js Bestürzung ◇ *vt* bestürzen.

dismember [dɪs'membəʳ] *vt* zerstückeln.

dismiss [dɪs'mɪs] *vt* - **1.** [employee, class, troops]: **to ~ sb (from sthg)** jn (aus etw) entlassen - **2.** [refuse to take seriously] ab|tun - **3.** LAW [case] ab|weisen.

dismissal [dɪs'mɪsl] *n* - **1.** [from job] Entlassung *die* - **2.** [refusal to take seriously] Abtun *das* - **3.** LAW Abweisung *die*.

dismissive [dɪs'mɪsɪv] *adj* geringschätzig; **to be ~ of sb/sthg** jn/etw gering achten.

dismount [ˌdɪs'maʊnt] *vi*: **to ~ (from sthg)** ab|steigen (von etw).

disobedience [ˌdɪsə'biːdjəns] *n* Ungehorsam *der*.

disobedient [ˌdɪsə'biːdjənt] *adj* ungehorsam.

disobey [ˌdɪsə'beɪ] *vt* [rule] übertreten; [person] nicht gehorchen *(+ D)* <> *vi* [by disobeying rule] eine Regel/Regeln übertreten; [by disobeying person] nicht gehorchen.

disorder [dɪs'ɔːdəʳ] *n* - **1.** [disarray]: **in ~** in Unordnung - **2.** [rioting] Unruhen *pl* - **3.** MED Funktionsstörung *die*.

disordered [dɪs'ɔːdəd] *adj* - **1.** [in disarray] unordentlich - **2.** MED: **mentally ~** geistig gestört.

disorderly [dɪs'ɔːdəlɪ] *adj* - **1.** [untidy] unordentlich - **2.** [unruly - behaviour] ungehörig.

disorderly conduct *n* LAW ungebührliches Verhalten.

disorganized, -ised [dɪs'ɔːgənaɪzd] *adj* [person] unorganisiert; [system] unstrukturiert.

disorientated *Br* [dɪs'ɔːrɪənteɪtɪd], **disoriented** *Am* [dɪs'ɔːrɪəntɪd] *adj* desorientiert.

disown [dɪs'əʊn] *vt* [son, daughter] verstoßen; [friend] verleugnen; **the screenwriter ~ed the film** der Drehbuchautor distanzierte sich von dem Film.

disparage [dɪ'spærɪdʒ] *vt* herab|setzen.

disparaging [dɪ'spærɪdʒɪŋ] *adj* geringschätzig.

disparate ['dɪspərət] *adj fml* disparat.

disparity [dɪ'spærətɪ] (*pl* **-ies**) *n*: **~ (between/in)** Ungleichheit *die* (zwischen *(+ D)*).

dispassionate [dɪ'spæʃnət] *adj* objektiv.

dispatch [dɪ'spætʃ] *n* Bericht *der* <> *vt* [person, troops, submarine] entsenden; [message, letter, parcel] senden.

dispatch box *n Br* POL: **to be at the ~** *als Vertreter des Kabinetts/Schattenkabinetts im Unterhaus eine Rede halten.*

dispatch rider *n* Kurier *der;* MIL Meldefahrer *der*.

dispel [dɪ'spel] (*pt* & *pp* **-led;** *cont* **-ling**) *vt* [doubts, fears] zerstreuen; [illusions] nehmen.

dispensable [dɪ'spensəbl] *adj* entbehrlich.

dispensary [dɪ'spensərɪ] (*pl* **-ies**) *n Stelle in einem Krankenhaus, wo Medizin zubereitet und ausgehändigt wird.*

dispensation [ˌdɪspen'seɪʃn] *n* Dispens *der*.

dispense [dɪ'spens] *vt* - **1.** [advice] erteilen; **to ~ justice** Recht sprechen - **2.** [drugs, medicine] ab|geben.

◆ **dispense with** *vt fus* - **1.** [do without] verzichten auf *(+ A)* - **2.** [make unnecessary] unnötig machen.

dispenser [dɪ'spensəʳ] *n* [for drinks, cash] Automat *der;* [for soap] Spender *der*.

dispensing chemist *Br*, **dispensing pharmacist** *Am* [dɪ'spensɪŋ-] *n* Apotheker *der*, -in *die*.

dispersal [dɪ'spɜːsl] *n* - **1.** [of crowd] Zerstreuung *die* - **2.** [of substance, oil slick] Auflösung *die;* [of gas] Verbreitung *die*.

disperse [dɪ'spɜːs] *vt* - **1.** [crowd] zerstreuen - **2.** [knowledge, news] verbreiten <> *vi* [crowd] sich zerstreuen.

dispirited [dɪ'spɪrɪtɪd] *adj* entmutigt, niedergeschlagen.

dispiriting [dɪ'spɪrɪtɪŋ] *adj* entmutigend.

displace [dɪs'pleɪs] *vt* - **1.** [supplant] ab|lösen - **2.** CHEM & PHYS verdrängen.

displaced person [dɪs'pleɪst-] *n* [expelled] (Zwangs)vertriebene *der*, (Zwangs)vertriebene *die;* [fleeing] Flüchtling *der*.

displacement [dɪs'pleɪsmənt] *n (U)* - **1.** [of people - expulsion] Vertreibung *die;* [- flight] Flucht *die* - **2.** CHEM & PHYS Verdrängung *die*.

display [dɪ'spleɪ] *n* - **1.** [of goods, merchandise] Auslage *die;* [in museum] Ausstellung *die;* **to be on ~** ausgestellt werden - **2.**: **it was a fine ~ of courage/skill from him** er zeigte viel Mut/Geschick - **3.** [performance] Vorführung *die* - **4.** COMPUT Display *das* <> *vt* - **1.** [goods, merchandise] aus|stellen - **2.** [courage, skill, self-control] zeigen.

displease [dɪs'pliːz] *vt* verärgern; **to be ~d with sthg** mit etw unzufrieden sein.

displeasure [dɪs'pleʒəʳ] *n* Missfallen *das*.

disposable [dɪ'spəʊzəbl] *adj* - **1.** [to be thrown away after use] Wegwerf-; **~ nappy** *Br*, **~ diaper** *Am* Wegwerfwindel *die* - **2.** [available] verfügbar.

disposal [dɪ'spəʊzl] *n (U)* - **1.** [removal] Beseitigung *die* - **2.** [availability]: **to be at sb's ~** jm zur Verfügung stehen; **to put sthg at sb's ~** jm etw zur Verfügung stellen.

disposed [dɪ'spəʊzd] *adj* - **1.** [willing]: **to be ~ to do sthg** geneigt sein, etw zu tun - **2.** [friendly]: **to be well ~ to** *OR* **towards sb** jm wohlwollend gegenüberstehen.

dispose ◆ **dispose of** *vt fus* [rubbish, problem] beseitigen.

disposition [ˌdɪspə'zɪʃn] *n* - **1.** [temperament]

Naturell *das;* **he has a cheerful ~** er ist ein fröhlicher Mensch **- 2.** [willingness]: **~ to do sthg** Bereitschaft *die*, etw zu tun.

dispossess [ˌdɪspəˈzes] *vt* ***fml:*** **to ~ sb** jn enteignen; **she was ~ed of her land** ihr Land wurde enteignet.

disproportion [ˌdɪsprəˈpɔːʃn] *n* Missverhältnis *das.*

disproportionate [ˌdɪsprəˈpɔːʃnət] *adj:* **to be ~ to sthg** in keinem Verhältnis zu etw stehen.

disprove [ˌdɪsˈpruːv] *vt* widerlegen.

dispute [dɪˈspjuːt] *n* **- 1.** [quarrel] Streit *der* **- 2.** *(U)* [disagreement] Meinungsverschiedenheit *die;* **to be in ~** [matter] umstritten sein; **they are in ~** zwischen ihnen herrschen Unstimmigkeiten **- 3.** IND Auseinandersetzung *die* ◇ *vt* **- 1.** [question, challenge] bestreiten **- 2.** [fight for - championship] jm streitig machen; [- territory] beanspruchen; **to ~ ownership of sthg** sich über den Besitz von etw streiten.

disqualification [dɪsˌkwɒlɪfɪˈkeɪʃn] *n:* [from sporting event] Disqualifizierung *die;* [from standing for election] Ausschluss *der;* **~ from driving** Führerscheinentzug *der.*

disqualify [ˌdɪsˈkwɒlɪfaɪ] (*pt* & *pp* **-ied**) *vt* **- 1.** [subj: illness, criminal record]: **to ~ sb from doing sthg** jn dafür ungeeignet machen, etw zu tun **- 2.** SPORT disqualifizieren **- 3.** ***Br:*** **to ~ sb from driving** jm den Führerschein entziehen.

disquiet [dɪsˈkwaɪət] *n* Unruhe *die.*

disregard [ˌdɪsrɪˈgɑːd] *n:* **~ (for sthg)** Geringschätzung *die* (für etw) ◇ *vt* ignorieren.

disrepair [ˌdɪsrɪˈpeəʳ] *n* Baufälligkeit *die;* **to fall into ~** verfallen.

disreputable [dɪsˈrepjʊtəbl] *adj* in einem schlechten Ruf stehend.

disrepute [ˌdɪsrɪˈpjuːt] *n:* **to bring sthg into ~** etw in Verruf bringen; **to fall into ~** in Verruf geraten.

disrespectful [ˌdɪsrɪˈspektfʊl] *adj* respektlos.

disrupt [dɪsˈrʌpt] *vt* [meeting, lesson] stören; [transport system] behindern.

disruption [dɪsˈrʌpʃn] *n* Störung *die.*

disruptive [dɪsˈrʌptɪv] *adj* störend.

dissatisfaction [ˈdɪsˌsætɪsˈfækʃn] *n* Unzufriedenheit *die.*

dissatisfied [ˌdɪsˈsætɪsfaɪd] *adj:* **~ (with sthg)** unzufrieden (mit etw).

dissect [dɪˈsekt] *vt* **- 1.** MED [animal] sezieren; [plant] präparieren **- 2.** ***fig*** [poem, novel, idea, argument] analysieren.

dissection [dɪˈsekʃn] *n* **- 1.** MED [of animal] Sektion *die;* [of plant] Präparation *die* **- 2.** ***fig*** [of poem, novel, idea, argument] Analyse *die.*

disseminate [dɪˈsemɪneɪt] *vt* verbreiten.

dissemination [dɪˌsemɪˈneɪʃn] *n (U)* Verbreitung *die.*

dissension [dɪˈsenʃn] *n (U)* Differenz *die.*

dissent [dɪˈsent] *n (U)* Nichtübereinstimmung *die* ◇ *vi:* **to ~ from sthg** in Bezug auf etw anderer Meinung sein.

dissenter [dɪˈsentəʳ] *n* Abweichler *der*, -in *die.*

dissenting [dɪˈsentɪŋ] *adj:* **hers was the only ~ voice** sie war die Einzige, die Kritik übte.

dissertation [ˌdɪsəˈteɪʃn] *n* [for degree] schriftliche Abschlussarbeit; [for PhD] Dissertation *die.*

disservice [ˌdɪsˈsɜːvɪs] *n:* **to do sb a ~** jm einen schlechten Dienst erweisen.

dissident [ˈdɪsɪdənt] *n* Regimekritiker *der*, -in *die.*

dissimilar [ˌdɪˈsɪmɪləʳ] *adj:* **~ (to)** verschieden (von); **to be not ~ to sthg** etw *(D)* nicht unähnlich sein.

dissipate [ˈdɪsɪpeɪt] *vt* **- 1.** [heat, oil spill] beseitigen **- 2.** [efforts, money] verschwenden, vergeuden ◇ *vi* [crowd] sich zerstreuen; [heat] verschwinden.

dissipated [ˈdɪsɪpeɪtɪd] *adj* [life] ausschweifend; [person] verlebt.

dissociate [dɪˈsəʊʃɪeɪt] *vt:* **to ~ sb/sthg from sthg** jn/etw von etw unabhängig betrachten; **to ~ o.s. from sthg** sich von etw distanzieren.

dissolute [ˈdɪsəluːt] *adj* [way of life] ausschweifend; [person, behaviour] zügellos.

dissolution [ˌdɪsəˈluːʃn] *n (U)* [of organization, relationship] Auflösung *die.*

dissolve [dɪˈzɒlv] *vt* auf|lösen ◇ *vi* **- 1.** [substance] sich auf|lösen **- 2.** ***fig*** [disappear] schwinden.

◆ **dissolve in(to)** *vt fus:* **to ~ in(to) tears/laughter** in Weinen/Gelächter ausbrechen.

dissuade [dɪˈsweɪd] *vt:* **to ~ sb from doing sthg** jn davon ab|bringen, etw zu tun.

distance [ˈdɪstəns] *n* **- 1.** [between two places] Entfernung *die;* [distance covered] Strecke *die* **- 2.** [distant point]: **at a ~ of five metres** in 5 Metern Entfernung; **to follow sb at a ~** jm in einiger Entfernung folgen; **from a ~** aus der Entfernung; **in the ~** in der Ferne ◇ *vt:* **to ~ o.s. from sb/sthg** sich von jm/etw distanzieren.

distant [ˈdɪstənt] *adj* **- 1.** [place] weit entfernt; **~ from** weit entfernt von **- 2.** [future] fern; **in the not too ~ future** in nicht allzu ferner Zukunft; **it's all in the ~ past** das ist alles schon lange her - **3.** [relative] entfernt - **4.** [manner] kühl, distanziert.

distaste [dɪs'teɪst] *n (U):* **~ (for sthg)** Widerwille *der* (gegen etw).

distasteful [dɪs'teɪstfʊl] *adj* sehr unangenehm.

Dist. Atty *abbr of* **district attorney.**

distemper [dɪ'stempəʳ] *n* - **1.** [paint] Temperafarbe *die* - **2.** [disease] Staupe *die.*

distended [dɪ'stendɪd] *adj* aufgebläht.

distil *Br* (*pt* & *pp* **-led;** *cont* **-ling**), **distill** *Am* [dɪ'stɪl] *vt* - **1.** [water] destillieren; [whisky] brennen - **2.** *fig* [information] herausldestillieren.

distiller [dɪ'stɪləʳ] *n* Brenner *der*, -in *die.*

distillery [dɪ'stɪlərɪ] (*pl* **-ies**) *n* Brennerei *die.*

distinct [dɪ'stɪŋkt] *adj* - **1.** [different]: **~ (from)** verschieden (von); **as ~ from** im Unterschied zu - **2.** [clear] deutlich, klar.

distinction [dɪ'stɪŋkʃn] *n* - **1.** [difference] Unterschied *der;* **to draw** *OR* **make a ~ between** einen Unterschied machen zwischen *(+ D)* - **2.** *(U)* [excellence] Rang *der* - **3.** [in exam result] Auszeichnung *die;* **she got a ~ in French** sie hat das Examen in Französisch mit Auszeichnung bestanden.

distinctive [dɪ'stɪŋktɪv] *adj* unverkennbar.

distinctly [dɪ'stɪŋktlɪ] *adv* - **1.** [see, speak] deutlich; [remember] genau - **2.** [very - rude, drunk] ausgesprochen; [- improve] entscheidend.

distinguish [dɪ'stɪŋgwɪʃ] *vt* - **1.** [tell apart]: **to ~ sthg from sthg** etw von etw unterscheiden - **2.** [discern, perceive] erkennen - **3.** [make different] unterscheiden; **to ~ o.s.** sich auslzeichnen <> *vi:* **to ~ between** unterscheiden zwischen *(+ D).*

distinguished [dɪ'stɪŋgwɪʃt] *adj* [visitor, politician] bedeutend; [career] glänzend.

distinguishing [dɪ'stɪŋgwɪʃɪŋ] *adj* charakteristisch.

distort [dɪ'stɔːt] *vt* - **1.** [shape, face, sound] verzerren - **2.** [truth, facts] verzerrt darlstellen.

distorted [dɪ'stɔːtɪd] *adj* verzerrt.

distortion [dɪ'stɔːʃn] *n* - **1.** [of shape, face, sound] Verzerrung *die* - **2.** [of truth, facts] verzerrte Darstellung.

distract [dɪ'strækt] *vt:* **to ~ sb (from sthg)** jn (von etw) ablenken.

distracted [dɪ'stræktɪd] *adj* geistesabwesend.

distraction [dɪ'strækʃn] *n* - **1.** [interruption, diversion] Ablenkung *die* - **2.** [madness]: **to drive sb to ~** jn zum Wahnsinn treiben - **3.** [absentmindedness] Geistesabwesenheit *die.*

distraught [dɪ'strɔːt] *adj* verzweifelt.

distress [dɪ'stres] *n (U)* - **1.** [suffering - mental] Kummer *der;* [- physical] Leiden *das;* **to be in ~** leiden - **2.** [danger]: **in ~** in Not <> *vt* [upset] Kummer machen *(+ D).*

distressed [dɪ'strest] *adj* bestürzt.

distressing [dɪ'stresɪŋ] *adj* bestürzend.

distress signal *n* Notsignal *das.*

distribute [dɪ'strɪbjuːt] *vt* - **1.** [gen] verteilen; [prizes] verleihen - **2.** COMM [goods] vertreiben.

distribution [ˌdɪstrɪ'bjuːʃn] *n* - **1.** [gen] Verteilung *die;* [of prizes] Verleihung *die* - **2.** COMM [of goods] Vertrieb *der.*

distributor [dɪ'strɪbjʊtəʳ] *n* COMM & AUT Verteiler *der.*

district ['dɪstrɪkt] *n* - **1.** [of country] Gebiet *das;* [of city] Stadtteil *der* - **2.** [administrative area] Bezirk *der.*

district attorney *n Am* LAW Bezirksstaatsanwalt *der*, -anwältin *die.*

district council *n Br* ADMIN Bezirksverwaltung *die.*

district nurse *n Br* Gemeindeschwester *die.*

distrust [dɪs'trʌst] *n* Misstrauen *das* <> *vt* misstrauen *(+ D).*

distrustful [dɪs'trʌstfʊl] *adj* misstrauisch.

disturb [dɪ'stɜːb] *vt* - **1.** [interrupt] stören - **2.** [upset, worry] beunruhigen - **3.** [alter - surface of water] bewegen; [- papers] durcheinander bringen.

disturbance [dɪ'stɜːbəns] *n* - **1.** [fight] Krawall *der* - **2.** *(U)* [interruption, disruption] Störung *die;* **~ of the peace** LAW öffentliche Ruhestörung.

disturbed [dɪ'stɜːbd] *adj* - **1.** [upset, ill] gestört - **2.** [worried] beunruhigt.

disturbing [dɪ'stɜːbɪŋ] *adj* beunruhigend.

disunity [ˌdɪs'juːnətɪ] *n* Uneinigkeit *die.*

disuse [ˌdɪs'juːs] *n:* **to fall into ~** [regulation] außer Gebrauch kommen; [building, mine] nicht mehr genutzt werden.

disused [ˌdɪs'juːzd] *adj* stillgelegt.

ditch [dɪtʃ] *n* Graben *der* <> *vt inf* - **1.** [boyfriend, girlfriend] ablservieren - **2.** [plan] fallen lassen - **3.** [old car] (einfach) zurücklassen.

dither ['dɪðəʳ] *vi* zaudern.

ditto ['dɪtəʊ] *adv* dito.

diuretic [ˌdaɪjʊ'retɪk] *n* harntreibendes Mittel.

diva ['diːvə] (*pl* **-s**) *n* Diva *die.*

divan [dɪ'væn] *n* Diwan *der.*

divan bed *n* Liege *die.*

dive [daɪv] (*Br pt* & *pp* **-d**, *Am pt* & *pp* **-d** *OR* **dove**) *vi* - **1.** [goalkeeper] hechten; [bird, aircraft] einen Sturzflug machen; [submarine] abltauchen - **2.** [as sport - from board] einen Kopfsprung machen [- underwater] tauchen; **he ~d**

into the water er sprang kopfüber ins Wasser **- 3.** [rush] stürzen **- 4.** [into pocket, bag]: **to ~ into sthg** in etw *(D)* wühlen ◇ *n* **- 1.** [of swimmer] Kopfsprung *der;* **to go into a ~** [bird, aircraft] einen Sturzflug machen; [submarine] ab|tauchen; **to make a ~ for the ball** nach dem Ball hechten **- 2.** ***inf pej*** [bar, restaurant] Kaschemme *die.*

dive-bomb *vt* im Sturzflug bombardieren.

diver ['daɪvəʳ] *n* [from board] Springer *der*, -in *die;* [underwater] Taucher *der*, -in *die.*

diverge [daɪ'vɜːdʒ] *vi* **- 1.** [opinions, interests] voneinander ab|weichen; **to ~ from sthg** von etw ab|weichen **- 2.** [roads, paths] sich trennen.

divergence [daɪ'vɜːdʒəns] *n* Auseinandergehen *das.*

divergent [daɪ'vɜːdʒənt] *adj* auseinander gehend.

diverse [daɪ'vɜːs] *adj* [opinions, people] unterschiedlich; [topics, nationalities] verschiedenartig.

diversification [daɪˌvɜːsɪfɪ'keɪʃn] *n* Diversifikation *die.*

diversify [daɪ'vɜːsɪfaɪ] (*pt* & *pp* **-ied**) *vt* & *vi* diversifizieren.

diversion [daɪ'vɜːʃn] *n* **- 1.** [distraction] Ablenkung *die* **- 2.** [of traffic, river] Umleitung *die* **- 3.** [of funds] Umverteilung *die.*

diversionary [daɪ'vɜːʃnrɪ] *adj:* **~ tactic** Ablenkungstaktik *die.*

diversity [daɪ'vɜːsətɪ] *n* Mannigfaltigkeit *die.*

divert [daɪ'vɜːt] *vt* **- 1.** [traffic, river] um|leiten **- 2.** [funds] um|verteilen **- 3.** [person, attention] ab|lenken.

divest [daɪ'vest] *vt* ***fml:*** **to ~ sb of sthg** jn einer Sache *(G)* berauben; **to ~ o.s. of sthg** sich einer Sache *(G)* entledigen.

divide [dɪ'vaɪd] *vt* **- 1.** [form barrier between] trennen **- 2.** [share out, distribute] auf|teilen; **to ~ sthg between** *OR* **among** etw auf|teilen zwischen *(+ D)* *OR* unter *(+ D)* **- 3.** [split up]: **to ~ sthg into** etw auf|teilen in *(+ A)* **- 4.** MATH: **to ~ 9 by 3, to ~ 3 into 9** 9 durch 3 teilen *OR* dividieren **- 5.** [disunite] spalten ◇ *vi* **- 1.** [split into two] sich teilen **- 2.** [disagree]: **to ~ over sthg** geteilter Meinung über etw *(A)* sein ◇ *n* [difference] Kluft *die.*

◆ **divide up** *vt sep* **- 1.** [split up] teilen **- 2.** [share out, distribute] auf|teilen.

divided [dɪ'vaɪdɪd] *adj* geteilt.

dividend ['dɪvɪdend] *n* Dividende *die;* **to pay ~s** sich bezahlt machen.

dividers [dɪ'vaɪdəz] *npl* Zirkel *der.*

dividing line [dɪ'vaɪdɪŋ-] *n* Trennungslinie *die.*

divine [dɪ'vaɪn] *adj* ***lit*** & ***fig*** göttlich ◇ *vt* **- 1.** [truth, meaning] erraten; [future] weissagen **- 2.** [water] auf|spüren.

diving ['daɪvɪŋ] *n* [from board] Springen *das;* [underwater] Tauchen *das.*

divingboard ['daɪvɪŋbɔːd] *n* Sprungbrett *das.*

diving suit *n* Taucheranzug *der.*

divinity [dɪ'vɪnətɪ] (*pl* **-ies**) *n* **- 1.** [godliness] Göttlichkeit *die* **- 2.** [study] Theologie *die* **- 3.** [god, goddess] Gottheit *die.*

divisible [dɪ'vɪzəbl] *adj* MATH: **~ (by)** teilbar (durch).

division [dɪ'vɪʒn] *n* **- 1.** [barrier] Trennung *die;* [of country, group] Teilung *die;* **~ between** Trennung zwischen *(+ D)* **- 2.** [sharing out, distribution] Teilung *die* **- 3.** MATH Division *die* **- 4.** [disagreement] Uneinigkeit *die;* **~ of opinion** Meinungsverschiedenheit *die* **- 5.** [department] Abteilung *die* **- 6.** ***Br*** [in sports league] Liga *die.*

division sign *n* Teilungszeichen *das.*

divisive [dɪ'vaɪsɪv] *adj* Uneinigkeit schaffend.

divorce [dɪ'vɔːs] *n* LAW Scheidung *die* ◇ *vt* **- 1.** LAW [husband, wife] sich scheiden lassen von **- 2.** [separate]: **to ~ sthg from sthg** etw von etw trennen.

divorced [dɪ'vɔːst] *adj* **- 1.** LAW geschieden; **to get ~** sich scheiden lassen **- 2.** ***fig*** [separated]: **to be ~ from sthg** keine Beziehung haben zu etw.

divorcee [dɪvɔː'siː] *n* geschiedener Mann, geschiedene Frau.

divulge [daɪ'vʌldʒ] *vt* preis|geben.

DIY *n* ***Br*** *abbr of* **do-it-yourself.**

dizziness ['dɪzɪnɪs] *n* Schwindel *der.*

dizzy ['dɪzɪ] (*compar* **-ier;** *superl* **-iest**) *adj* **- 1.** [person] schwind(e)lig **- 2.** ***fig*** [height, speed] Schwindel erregend.

DJ *n* **- 1.** *abbr of* **disc jockey - 2.** *abbr of* **dinner jacket.**

DJIA (*abbr of* **Dow-Jones industrial average**) *n* ***Am*** ▻ **Dow Jones average.**

dl (*abbr of* **decilitre**) dl.

DMZ (*abbr of* **demilitarized zone**) *n entmilitarisierte Zone.*

DNA (*abbr of* **deoxyribonucleic acid**) *n* DNS *die.*

do¹ [duː] *abbr of* **ditto.**

do² [duː] (*pt* **did;** *pp* **done;** *pl* **dos** *OR* **do's**) *aux vb* **- 1.** *(in negatives):* **don't ~ that!** tu das nicht!; **she didn't listen** sie hat nicht zugehört; **don't park your car there** stell dein Auto nicht dort ab **- 2.** *(in questions):* **did he like it?** hat es ihm gefallen?; **how ~ you ~ it?** wie machst du das?; **what did he want?** was wollte er? **- 3.** *(referring back to previous verb):* **I eat more than you ~** ich esse mehr als du; **no I didn't!**

nein, habe ich nicht!; **so ~ I** ich auch **- 4.** *(in question tags):* **so, you like Denver, ~ you?** Sie mögen Denver also, nicht wahr?; **you come from Ireland, don't you?** Sie kommen aus Irland, oder?; **I like coffee – ~ you?** ich mag Kaffee – du auch? **- 5.** *(for emphasis):* **I ~ like this bedroom** das Schlafzimmer gefällt mir wirklich; **~ come in!** kommen Sie doch herein! ◇ *vt* **- 1.** [perform] machen, tun; **I've a lot to ~** ich habe viel zu tun; **to ~ one's homework** seine Hausaufgaben machen; **what is she ~ing?** was macht sie?; **what can I ~ for you?** was kann ich für Sie tun?; **to ~ aerobics/gymnastics** Aerobik/Gymnastik machen; **to ~ the cooking** kochen; **to ~ sums** rechnen; **to ~ one's duty** seine Pflicht tun; **well done!** bravo! **- 2.** [clean, brush, cook *etc*]: **to ~ one's make-up** sich schminken; **to ~ one's teeth** sich *(D)* die Zähne putzen; **how would you like the steak done?** wie möchten Sie Ihr Steak (haben)? **- 3.** [take action] tun, machen; **he couldn't ~ anything about it** er konnte nichts dagegen tun *OR* machen; **we'll have to ~ something about that tree** wir müssen etwas mit diesem Baum machen; **I'll ~ my best to help** ich helfe, so gut ich kann **- 4.** [cause]: **the storm did a lot of damage** der Sturm hat viel Schaden angerichtet; **to ~ sb good** jm gut tun; **to ~ more harm than good** mehr schaden als nützen **- 5.** [have as job]: **what ~ you ~?** was machen Sie beruflich?; **what ~ you want to ~ when you leave school?** was willst du machen, wenn du mit der Schule fertig bist? **- 6.** [provide, offer]: **do you ~ vegetarian food?** haben Sie vegetarisches Essen?; **we ~ pizzas for under £4** wir bieten Pizzas für weniger als 4 Pfund an **- 7.** [study] studieren, machen; **I did physics at school** ich habe Physik in der Schule gehabt *OR* gemacht; **she's ~ing Spanish at Oxford** sie studiert Spanisch in Oxford **- 8.** [subj: vehicle] fahren; **the car can ~ 110 mph** das Auto schafft 175 km/h **- 9.** ***inf*** [visit]: **we did Switzerland in a week** wir haben uns in einer Woche die Schweiz angesehen **- 10.** [be good enough for] genügen *(+ D)*; **that'll ~ me nicely** das genügt mir **- 11.** ***inf*** [cheat]: **to ~ sb** jn übers Ohr hauen ◇ *vi* **- 1.** [behave, act] tun; **~ as I say** tu, was ich sage; **you would ~ well to reconsider** Sie sollten es sich lieber noch einmal überlegen **- 2.** [progress, get on]: **to ~ well/badly** gut/schlecht vorankommen; [in exam] gut/schlecht abschneiden; **he will ~ well** er wird Erfolg haben **- 3.** [be sufficient] reichen, genügen; **will £5 ~?** genügen 5 Pfund *OR* sind 5 Pfund genug?; **that will ~ (nicely)** das genügt *OR* reicht; **that will ~!** [showing annoyance] das reicht! **- 4.** ***phr***: **how ~ you ~?** Guten Tag!; **how are you ~ing?** wie gehts? ◇ *n* [party] Party *die*.

◆ **dos** *npl:* **~s and don'ts** was man tun und lassen sollte.

◆ **do away with** *vt fus* [law, practice] abschaffen; **it enables us to ~ away with a lot of red tape** das macht einen Großteil unserer Bürokratie überflüssig.

◆ **do down** *vt sep:* **to ~ sb/o.s. down** jn/sich schlecht machen.

◆ **do for** *vt fus* ***inf*** [kill]: **these kids will ~ for me** diese Kinder bringen mich noch um; **I thought I was done for** ich dachte, ich sei erledigt.

◆ **do in** *vt sep* **- 1.** ***inf*** [kill] kalt|machen **- 2.** [beat up]: **to ~ sb in** jm eine rein|hauen **- 3.** [tire]: **I'm done in** ich bin völlig fertig.

◆ **do out of** *vt sep:* **to ~ sb out of £10** jn um 10 Pfund betrügen.

◆ **do up** *vt sep* **- 1.** [fasten] zumachen; **~ your shoes up** binde dir die Schuhe **- 2.** [decorate] renovieren **- 3.** [wrap up] einpacken; **it was done up with green ribbon** es war mit einem grünen Band verziert.

◆ **do with** *vt fus* **- 1.** [need]: **I could ~ with a drink** ich könnte einen Drink gebrauchen; **the floor could ~ with a wash** der Boden könnte mal (wieder) geputzt werden **- 2.** [have connection with]: **what has that got to ~ with it?** was hat das damit zu tun?; **that has nothing to ~ with you** das geht dich gar nichts an; **it's something to ~ with the way he speaks** es liegt an seiner Aussprache.

◆ **do without** *vt fus:* **to ~ without sthg** ohne etw auskommen; **I can ~ without your sarcasm** [expressing annoyance] Sie können sich Ihren Sarkasmus sparen ◇ *vi:* **we'll just have to ~ without then** dann müssen wir eben so auskommen

DOA (*abbr of* **dead on arrival**) *adj* auf dem Weg ins Krankenhaus gestorben.

doable ['duːəbl] *adj* ***inf*** [schedule] einhaltbar; [work] machbar.

dob *abbr of* **date of birth.**

Doberman ['dəʊbəmən] (*pl* **-s**) *n:* **~ (pinscher)** Dobermann(pinscher) *der*.

docile [*Br* 'dəʊsaɪl, *Am* 'dɒsəl] *adj* fügsam.

dock [dɒk] *n* **- 1.** [in harbour] Dock *das* **- 2.** [in court] Anklagebank *die* ◇ *vt* [wages] kürzen ◇ *vi* [ship] anlegen.

docker ['dɒkəʳ] *n* Hafenarbeiter *der*, -in *die*.

docket ['dɒkɪt] *n* ***Br*** Warenbegleitschein *der*.

docklands ['dɒkləndz] *npl* ***Br*** *Be- und Endladezone in einem Hafen.*

dockworker ['dɒkwɜːkəʳ] *n* = **docker.**

dockyard ['dɒkjɑːd] *n* Werft *die*.

doctor ['dɒktəʳ] *n* **- 1.** [of medicine] Arzt *der*, Ärztin *die;* **to go to the ~'s** zum Arzt gehen **- 2.** [holder of PhD] Doktor *der* ◇ *vt* **- 1.** [tamper with - results] fälschen; [- text] verfälschen; **her drink had been ~ed** ihrem Getränk war etwas beigemischt worden **- 2.** ***Br*** [neuter] kastrieren.

doctorate ['dɒktərət], **doctor's degree** *n* Doktorwürde *die;* **~ in physics** Doktor(titel) *der* in Physik.

Doctor of Medicine *n* Doktor der Medizin *der.*

doctrinaire [ˌdɒktrɪ'neəʳ] *adj* doktrinär.

doctrine ['dɒktrɪn] *n* Doktrin *die,* Lehre *die.*

docudrama [ˌdɒkjʊ'drɑːmə] (*pl* **-s**) *n* TV Dokumentarspiel *das.*

document [*n* 'dɒkjʊmənt, *vt* 'dɒkjʊment] *n* Dokument *das* ◇ *vt* dokumentieren.

documentary [ˌdɒkjʊ'mentərɪ] (*pl* **-ies**) *adj* dokumentarisch ◇ *n* Dokumentarfilm *der.*

documentation [ˌdɒkjʊmen'teɪʃn] *n* Dokumentation *die.*

DOD (*abbr of* **Department of Defense**) *n* Verteidigungsministerium *das.*

doddering ['dɒdərɪŋ], **doddery** ['dɒdərɪ] *adj* **inf** tatterig.

doddle ['dɒdl] *n* **Br inf** Kinderspiel *das.*

Dodecanese [ˌdəʊdɪkə'niːz] *npl:* **the ~** die Südlichen Sporaden.

dodge [dɒdʒ] *n* **inf** Trick *der* ◇ *vt* [avoid] ausl-weichen ◇ *vi:* **to ~ out of the way/to one side** zur Seite springen; **he ~d behind the fence** er verschwand schnell hinter dem Zaun.

Dodgems® ['dɒdʒəmz] *npl* **Br** Autoskooter *der.*

dodgy ['dɒdʒɪ] *adj* **Br inf** [business, deal] windig; [plan] dubios.

doe [dəʊ] *n* **- 1.** [female deer - roe deer] Ricke *die;* [- red deer] Hirschkuh *die* **- 2.** [female rabbit] Kaninchenweibchen *das.*

DOE *n* **- 1.** (*abbr of* **Department of the Environment**) Umweltministerium *das* **- 2.** (*abbr of* **Department of Energy**) Energieministerium *das.*

doer ['duːəʳ] *n* **inf** Macher *der.*

does [*weak form* dəz, *strong form* dʌz] *vb* ▷ **do.**

doesn't ['dʌznt] = **does not.**

dog [dɒg] (*pt* & *pp* **-ged;** *cont* **-ging**) *n* **- 1.** [animal] Hund *der;* **it's a ~'s life** es ist ein Hundeleben; **to go to the ~s inf** vor die Hunde gehen **- 2. Am** [hot dog] Hotdog *der* ◇ *vt* **- 1.** [follow closely] auf den Fersen sein *(+ D)* **- 2.** [subj: problems, bad luck]: **~ged by problems** von Problemen geplagt; **~ged by bad luck** von Pech verfolgt.

dog biscuit *n* Hundekuchen *der.*

dog collar *n* **- 1.** [of dog] Halsband *das* **- 2.** [of clergyman] *steifer weißer Kragen.*

dog-eared [-ɪəd] *adj* mit Eselsohren.

dog-eat-dog *adj:* **it's ~** jeder kämpft gegen jeden.

dog-end *n* **inf** [of cigarette] Kippe *die.*

dogfight ['dɒgfaɪt] *n* **- 1.** [between dogs] Hundekampf *der* **- 2.** [between aircraft] Luftkampf *der.*

dogfish (*pl inv*) *n* Katzenhai *der.*

dog food *n* Hundefutter *das.*

dogged ['dɒgɪd] *adj* beharrlich.

doggone ['dɒgɒn], **doggoned** ['dɒgɒnd] *adj* **Am inf** verflixt.

doggy ['dɒgɪ] (*pl* **-ies**) *n* Wauwau *der.*

doggy bag *n Tütchen für Essensreste, die vom Restaurant nach Hause mitgenommen werden.*

dogma ['dɒgmə] *n* Dogma *das.*

dogmatic [dɒg'mætɪk] *adj* dogmatisch.

do-gooder [-'gʊdəʳ] *n* **pej** Weltverbesserer *der.*

dog paddle *n:* **to do the ~** [person] (in Hundemanier) paddeln.

dogsbody ['dɒgzˌbɒdɪ] (*pl* **-ies**) *n* **Br inf** Mädchen *das* für alles.

dog tag *n* Erkennungsmarke *die.*

doing ['duːɪŋ] *n:* **is this your ~?** ist das dein Werk?

◆ **doings** *npl* [activities] Taten *pl.*

do-it-yourself *n* Heimwerken *das,* Do-it-yourself *das.*

doldrums ['dɒldrəmz] *npl:* **to be in the ~ fig** [industry] in einer Flaute stecken; [person] Trübsal blasen.

dole [dəʊl] *n* **Br** [unemployment benefit] Arbeitslosenunterstützung *die;* **to be on the ~** Arbeitslosenunterstützung beziehen.

◆ **dole out** *vt sep* ausl-teilen.

doleful ['dəʊlfʊl] *adj* traurig.

doll [dɒl] *n* Puppe *die.*

dollar ['dɒləʳ] *n* Dollar *der.*

dolled up [dɒld-] *adj* **inf** aufgedonnert.

dollhouse *n* **Am** = **doll's house.**

dollop ['dɒləp] *n* **inf** Klacks *der.*

doll's house Br, dollhouse [dɒlhaʊs] **Am** *n* Puppenhaus *das.*

dolly ['dɒlɪ] (*pl* **-ies**) *n* **- 1.** [doll] Püppi *die* **- 2.** TECH [for TV or film camera] Dolly *der.*

Dolomites ['dɒləmaɪts] *npl:* **the ~** die Dolomiten *pl.*

dolphin ['dɒlfɪn] *n* Delfin *der.*

domain [də'meɪn] *n* **- 1.** [sphere of interest] Gebiet *das* **- 2.** [land - owned by state] Domäne *die;* [- owned by person] Gut *das.*

dome [dəʊm] *n* ARCHIT Kuppel *die.*

domestic [də'mestɪk] *adj* **- 1.** [internal - flight] Inland-; [- policy] Innen- **- 2.** [household, home-loving] häuslich; **the ~ water supply** die Wasserversorgung der Privathaushalte **- 3.** [not wild] Haus- ◇ *n* Hausangestellte *der, die.*

domestic appliance *n* Haushaltsgerät *das.*

domesticated [dəˈmestɪkeɪtɪd] *adj* **- 1.** [animal] domestiziert, gezähmt **- 2.** ***hum*** [person] häuslich.

domesticity [ˌdəʊmeˈstɪsətɪ] *n* häusliches Leben.

domestic science *n* Hauswirtschaftslehre *die.*

domicile [ˈdɒmɪsaɪl] *n* ***fml*** Wohnsitz *der.*

dominance [ˈdɒmɪnəns] *n* **- 1.** [control, power - of country] Vorherrschaft *die;* [- of person] Dominanz *die* **- 2.** [importance] Vorrangstellung *die.*

dominant [ˈdɒmɪnənt] *adj* [personality] dominant; [nation, group, colour] dominierend.

dominate [ˈdɒmɪneɪt] *vt* dominieren.

dominating [ˈdɒmɪneɪtɪŋ] *adj* dominant.

domination [ˌdɒmɪˈneɪʃn] *n* Vorherrschaft *die;* **under Roman ~** unter römischer Herrschaft.

domineering [ˌdɒmɪˈnɪərɪŋ] *adj* herrisch.

dominion [dəˈmɪnjən] *n* **- 1.** [power] Herrschaft *die* **- 2.** [land] Herrschaftsgebiet *das.*

domino [ˈdɒmɪnəʊ] (*pl* **-es**) *n* Dominostein *der.*

◆ **dominoes** *npl* [game] Domino *das.*

domino effect *n* Domino-Effekt *der.*

don [dɒn] (*pt* & *pp* **-ned;** *cont* **-ning**) *n* ***Br*** UNIV Universitätsdozent *der,* -in *die* ◇ *vt* an|ziehen; [hat] auf|setzen.

donate [dəˈneɪt] *vt* spenden.

donation [dəˈneɪʃn] *n* **- 1.** [act] Spenden *das* **- 2.** [sum] Spende *die.*

done [dʌn] *pp* ▷ **do** ◇ *adj* **- 1.** [finished] erledigt; **I'm nearly ~** ich bin fast fertig **- 2.** [cooked] gar **- 3.** [socially acceptable]: **it's not the ~ thing** das tut man nicht ◇ *excl* [to conclude deal] abgemacht!

donkey [ˈdɒŋkɪ] (*pl* **-s**) *n* Esel *der.*

donkey jacket *n* ***Br*** *dicke blaue Jacke, die traditionell im Straßenbau getragen wird.*

donkeywork [ˈdɒŋkɪwɜːk] *n (U)* ***Br inf*** Drecksarbeit *die.*

donor [ˈdəʊnəʳ] *n* Spender *der,* -in *die.*

donor card *n* Organspenderausweis *der.*

don't [dəʊnt] = **do not.**

doodle [ˈduːdl] *n* Kritzelei *die* ◇ *vi* vor sich hin |kritzeln.

doom [duːm] *n (U)* Verhängnis *das.*

doomed [duːmd] *adj* zum Scheitern verurteilt; **to be ~ to sthg** zu etw verurteilt sein; **we were ~ to die** wir waren dem Tode geweiht.

door [dɔːʳ] *n* Tür *die;* **to open the ~ to sthg** ***fig*** etw in greifbare Nähe rücken.

doorbell [ˈdɔːbel] *n* Türklingel *die,* Türglocke *die.*

doorhandle [ˈdɔːhændl] *n* Türklinke *die.*

doorknob [ˈdɔːnɒb] *n* Türknauf *der.*

doorknocker [ˈdɔːˌnɒkəʳ] *n* Türklopfer *der.*

doorman [ˈdɔːmən] (*pl* **-men** [-mən]) *n* Portier *der.*

doormat [ˈdɔːmæt] *n* ***lit*** & ***fig*** Fußabtreter *der.*

doorstep [ˈdɔːstep] *n* Eingangsstufe *die;* **the supermarket's right at her ~** sie hat den Supermarkt direkt vor der Tür.

doorstop [ˈdɔːstɒp] *n* Türstopper *der.*

door-to-door *adj* [selling] von Haus zu Haus; **~ salesman** Vertreter *der.*

doorway [ˈdɔːweɪ] *n* Eingang *der.*

dope [dəʊp] *n* **- 1. *drugs sl*** [cannabis] Hasch *das* **- 2.** [for athlete, horse] Aufputschmittel *das* **- 3. *inf*** [fool] Trottel *der* ◇ *vt* dopen.

dope test *n* SPORT Dopingkontrolle *die.*

dopey [ˈdəʊpɪ] (*compar* **-ier;** *superl* **-iest**) *adj* ***inf*** **- 1.** [groggy] benommen **- 2.** [stupid] blöd.

dormant [ˈdɔːmənt] *adj* **- 1.** [volcano] untätig **- 2.** [law] (zur Zeit) nicht wirksam; **to lie ~** [talents] schlummern.

dormer (window) [ˈdɔːməʳ-] *n* Mansardenfenster *das.*

dormice [ˈdɔːmaɪs] *pl* ▷ **dormouse.**

dormitory [ˈdɔːmətrɪ] (*pl* **-ies**) *n* **- 1.** [room] Schlafsaal *der* **- 2. *Am*** [in university] Wohnheim *das.*

Dormobile® [ˈdɔːməˌbiːl] *n* Campingbus *der.*

dormouse [ˈdɔːmaʊs] (*pl* **-mice**) *n* Haselmaus *die.*

DOS [dɒs] (*abbr of* **disk operating system**) *n* DOS *das.*

dosage [ˈdəʊsɪdʒ] *n* Dosis *die.*

dose [dəʊs] *n* **- 1.** [of medicine, drug] Dosis *die* **- 2.** [of illness] Anfall *der* ◇ *vt:* **to ~ sb with sthg** jm etw verabreichen.

doss [dɒs] ◆ **doss down** *vi* ***Br inf*** sich hin|hauen.

dosser [ˈdɒsəʳ] *n* ***Br inf*** Penner *der,* -in *die.*

dosshouse [ˈdɒshaʊs, *pl* -haʊzɪz] *n* ***Br inf*** Obdachlosenheim *das.*

dossier [ˈdɒsɪeɪ] *n* Dossier *das.*

dot [dɒt] (*pt* & *pp* **-ted;** *cont* **-ting**) *n* Punkt *der* ◇ *vt* verstreuen; **the meadow was ~ted with flowers** auf der Weide sprossen hier und da Blumen.

◆ **on the dot** *adv:* **at four on the ~** Punkt vier Uhr; **to arrive on the ~** auf die Minute pünktlich (an|)kommen.

DOT (*abbr of* **Department of Transportation**) *n* Verkehrsministerium *das.*

dotage ['dəʊtɪdʒ] *n:* **to be in one's ~** senil sein.

dote ◆ **dote upon** *vt fus* vernarrt sein in *(+ A)*.

doting ['dəʊtɪŋ] *adj:* **his ~ parents** seine ihn vergötternden Eltern.

dot-matrix printer *n* Matrixdrucker *der*.

dotted line ['dɒtɪd-] *n* punktierte Linie; **to sign on the ~** auf der punktierten Linie unterschreiben.

dotty ['dɒtɪ] (*compar* **-ier;** *superl* **-iest**) *adj* ***inf*** schrullig.

double ['dʌbl] *adj* doppelt; [row, door] Doppel-; **to have a ~ meaning** doppeldeutig sein; **two ~ one** zwei eins eins; **Susanne with a ~ "n"** Susanne mit zwei „n" <> *adv* **- 1.** [twice]: **~ the amount/number** doppelt so viel/viele **- 2.** [two of the same] doppelt; **to see ~** doppelt sehen **- 3.** [in two - fold] einmal; **to bend ~** sich zusammen|krümmen <> *n* **- 1.** [twice the amount] Doppelte *das* **- 2.** [of alcohol] Doppelter *der* **- 3.** [look-alike] Ebenbild *das* **- 4.** CINEMA Double *das* <> *vt* [increase twofold] verdoppeln <> *vi* **- 1.** [increase twofold] verdoppeln **- 2.** [serve two purposes]: **to ~ as** [thing] zugleich dienen als; [person] zugleich die Funktion *(+ G)* haben.
◆ **doubles** *npl* TENNIS Doppel *das*.
◆ **double up** *vt sep:* **she was ~d up in pain** sie krümmte sich vor Schmerzen; **she was ~d up with laughter** sie bog sich vor Lachen <> *vi* [bend over] sich krümmen.

double act *n zwei Komödianten, die als Paar auftreten.*

double agent *n* Doppelagent *der*, -in *die*.

double-barrelled ***Br,*** **double-barreled** ***Am*** [-'bærəld] *adj* **- 1.** [shotgun] doppelläufig **- 2.** [name] Doppel-.

double bass [-beɪs] *n* Kontrabass *der*.

double bed *n* Doppelbett *das*.

double-breasted [-'brestɪd] *adj* zweireihig.

double-check *vt* noch einmal überprüfen.

double chin *n* Doppelkinn *das*.

double cream *n* ***Br*** Schlagsahne *die*.

double-cross *vt* doppeltes Spiel treiben mit.

double-dealer *n* Betrüger *der*, -in *die*.

double-decker [-'dekəʳ] *n* Doppeldecker *der*.

double-declutch [-diː'klʌtʃ] *vi* ***Br*** AUT mit Zwischengas schalten.

double-density *adj* COMPUT [disk] mit doppelter Dichte.

double-dutch *n* ***Br hum*** Kauderwelsch *das*.

double-edged [-'edʒd] *adj* zweischneidig.

double entendre [ˌduːblɑ̃'tɑ̃dr] *n* Zweideutigkeit *die*.

double fault *n* TENNIS Doppelfehler *der*.

double figures *npl* zweistellige Zahlen *pl*.

double-glazing [-'gleɪzɪŋ] *n* Doppelverglasung *die*.

double-jointed [-'dʒɒɪntɪd] *adj* [person] sehr gelenkig.

double-park *vi* AUT in der zweiten Reihe parken.

double-quick ***inf*** *adj* sehr schnell; **in ~ time** im Nu <> *adv* im Nu.

double room *n* Doppelzimmer *das*.

double-sided *adj* COMPUT [disk] zweiseitig.

double standards *npl:* **to have ~** mit zweierlei Maß messen.

double take *n:* **to do a ~** erst nach einer kurzen Pause reagieren.

double-talk *n* [deceitful] doppelzüngiges Gerede.

double time *n* doppelter Stundenlohn.

double vision *n* doppeltes Sehen.

double whammy [-'wæmɪ] *n* ***inf*** doppelter Schlag.

doubly ['dʌblɪ] *adv:* **~ difficult/important/***etc* umso schwieriger/wichtiger/*etc;* **to be ~ mistaken** in zweierlei Hinsicht Unrecht haben.

doubt [daʊt] *n* Zweifel *der;* **there is no ~ that ...** es besteht kein Zweifel, dass ...; **to cast ~ on sthg** etw in Zweifel ziehen; **no ~** ohne Zweifel, zweifelsohne; **without (a) ~, beyond (all) ~** ohne Zweifel; **to be in ~** ungewiss sein <> *vt* **- 1.** [distrust] zweifeln an *(+ D)* **- 2.** [consider unlikely] bezweifeln.

doubtful ['daʊtfʊl] *adj* **- 1.** [unlikely, dubious] zweifelhaft **- 2.** [uncertain] ungewiss; **to be ~ about** *OR* **of sthg** in Bezug auf etw Zweifel haben.

doubtless ['daʊtlɪs] *adv* ohne Zweifel, zweifelsohne.

dough [dəʊ] *n (U)* **- 1.** [for baking] Teig *der* **- 2.** ***vinf*** [money] Knete *die*.

doughnut ['dəʊnʌt] *n* ≃ Berliner *der*.

dour [dʊəʳ] *adj* mürrisch.

douse [daʊs] *vt* **- 1.** [fire, light] löschen **- 2.** [person] übergießen.

dove[1] [dʌv] *n* [bird] Taube *die*.

dove[2] [dəʊv] *pt* ***Am*** ▻ **dive.**

dovecot(e) ['dʌvkɒt] *n* Taubenschlag *der*.

dovetail ['dʌvteɪl] *vt* [arrangements] koordinieren <> *vi* [arrangements] aufeinander abgestimmt sein.

dovetail joint *n* Schwalbenschwanzverbindung *die*.

dowager ['daʊədʒəʳ] *n* ***literary*** [old lady] *ehrwürdige und wohlhabende alte Dame.*

dowdy ['daʊdɪ] (*compar* **-ier;** *superl* **-iest**) *adj* ohne jeden Schick.

Dow-Jones average [ˌdaʊ'dʒəʊnz-] *n*: **the ~** der Dow-Jones-Index.

down [daʊn] *adv* **- 1.** [towards the bottom] nach unten, hinunter/herunter; **~ here/there** hier/dort unten; **to fall ~** [person] hin|fallen; [thing] herunter|fallen; **to bend ~** sich bücken; **head ~** mit gesenktem Kopf **- 2.** [along]: **I'm going ~ to the shops** ich gehe einkaufen **- 3.** [downstairs] herunter, nach unten; **I'll come ~ later** ich komme später herunter **- 4.** [southwards] hinunter/herunter; **we're going ~ to London** wir fahren hinunter nach London; **they're coming ~ from Manchester** sie kommen von Manchester herunter **- 5.** [in writing]: **to write sthg ~** etw auf|schreiben; **did you get that ~?** hast du alles mitschreiben können? **- 6.** [as deposit]: **to pay £5 ~** 5 Pfund an|zahlen **- 7.** [reduced]: **prices are coming ~** die Preise fallen **- 8.** [as far as]: **~ to the last detail** bis ins letzte Detail; **~ to the present** bis in die heutige Zeit <> *prep* **- 1.** [towards the bottom of]: **they ran ~ the hill** sie liefen den Hügel hinunter; **to fall ~ the stairs** die Treppe hinunter|fallen **- 2.** [along] entlang; **I was walking ~ the street when ...** ich lief gerade die Straße entlang, als ... <> *adj* **- 1.** *inf* [depressed] down; **to be ~ in the mouth** bedrückt sein **- 2.** [behind]: **we're two goals ~** wir liegen zwei Tore zurück **- 3.** [lower in amount]: **prices are ~** die Preise sind gefallen **- 4.** [not in operation]: **the computers are ~ again** die Computer tun es wieder (mal) nicht <> *n* **- 1.** *(U)* [feathers] Daunen *pl* **- 2.** *phr:* **to have a ~ on sb** *inf* jn nicht leiden können **- 3.** [in American football] Down *der* <> *vt* **- 1.** [knock over] nieder|schlagen **- 2.** [swallow] hastig trinken **- 3.** *phr:* **to ~ tools** die Arbeit nieder|legen.
◆ **downs** *npl* ***Br*** Hügelland *das.*
◆ **down with** *excl:* **~ with the King!** nieder mit dem König!

down-and-out *adj* heruntergekommen <> *n* Landstreicher *der*, -in *die.*

down-at-heel *adj* ***esp Br*** heruntergekommen.

downbeat ['daʊnbiːt] *adj* ***inf*** [ending] undramatisch.

downcast ['daʊnkɑːst] *adj* ***fml*** niedergeschlagen.

downer ['daʊnəʳ] *n* ***inf*** **- 1.** [drug] Beruhigungsmittel *das* **- 2.** ***inf*** [depressing event or person]: **he's/it's a real ~** er/das kann einem wirklich die Stimmung verderben; **to be on a ~** niedergeschlagen sein.

downfall ['daʊnfɔːl] *n* **- 1.** *(U)* [ruin - of dictator] Sturz *der;* [- of business] Ruin *der* **- 2.** [cause of ruin] Ruin *der.*

downgrade ['daʊngreɪd] *vt* herunter|stufen.

downhearted [ˌdaʊn'hɑːtɪd] *adj* niedergeschlagen.

downhill [ˌdaʊn'hɪl] *adj* **- 1.** [path] bergab führend **- 2.** ***fig*** [easy]: **it's ~ all the way now** jetzt wird es leichter **- 3.** SKIING [skier] Abfahrts- <> *adv* **- 1.** [downwards] bergab, abwärts **- 2.** ***fig:*** **her career went ~ after that** mit ihrer Karriere ging es danach bergab <> *n* SKIING Abfahrtslauf *der.*

Downing Street ['daʊnɪŋ-] *n Straße, in der sich der offizielle Wohnsitz des britischen Premierministers und des Schatzkanzlers befindet.*

> **DOWNING STREET**
>
> Diese Straße in London ist berühmt durch den Sitz des britischen Premierministers (Hausnummer 10) und des Schatzkanzlers (Hausnummer 11). Der Begriff wird manchmal als Synonym für die britische Regierung benutzt.

download [ˌdaʊn'ləʊd] *vt* COMPUT laden.

down-market *adj* [area] weniger anspruchsvoll; [product] von geringer Qualität.

down payment *n* Anzahlung *die.*

downplay ['daʊnpleɪ] *vt* herunter|spielen.

downpour ['daʊnpɔːʳ] *n* Platzregen *der.*

downright ['daʊnraɪt] *adj* [fool, cheat, cheek] ausgesprochen; [lie] glatt; [insult] grob <> *adv* ausgesprochen.

downside ['daʊnsaɪd] *n* Nachteil *der.*

downsize ['dəʊnsaɪz] *vi* sich verkleinern.

Down's syndrome *n (U)* Down-Syndrom *das.*

downstairs [ˌdaʊn'steəz] *adj:* **a ~ flat** eine Parterre- OR Erdgeschosswohnung <> *adv* [be, live] unten; **to go ~** (die Treppe) hinunter|gehen; **to come ~** (die Treppe) herunter|kommen.

downstream [ˌdaʊn'striːm] *adv* flussabwärts, stromabwärts.

downtime ['daʊntaɪm] *n (U)* Ausfallzeit *die.*

down-to-earth *adj* sachlich, nüchtern.

downtown [ˌdaʊn'taʊn] ***esp Am*** *adj:* **~ New York** im Stadtzentrum von New York <> *adv* [go] ins Stadtzentrum; [live] im Stadtzentrum.

downtrodden ['daʊnˌtrɒdn] *adj* unterdrückt.

downturn ['daʊntɜːn] *n:* **~ (in sthg)** Abnahme *die* (von etw).

down under *adv* ***Br*** [live] in Australien/Neuseeland; [go] nach Australien/Neuseeland.

downward ['daʊnwəd] *adj* **- 1.** [towards ground] abwärts gerichtet; **~ glance** Blick nach unten; **~ movement** Abwärtsbewegung *die*

- **2.** [decreasing] abnehmend, fallend ◇ *adv* *Am* = **downwards.**

downwards [ˈdaʊnwədz] *adv* - **1.** [look, move] nach unten - **2.** [in hierarchy] abwärts.

downwind [ˌdaʊnˈwɪnd] *adv* in Windrichtung.

dowry [ˈdaʊərɪ] (*pl* **-ies**) *n* Mitgift *die*.

doz. *abbr of* **dozen.**

doze [dəʊz] *n* Nickerchen *das* ◇ *vi* dösen.

◆ **doze off** *vi* ein|nicken.

dozen [ˈdʌzn] *n* Dutzend; **a ~ eggs** ein Dutzend Eier ◇ *n* Dutzend *das*.

◆ **dozens** *npl inf*: **~s of** Dutzende (von); **~s of times** x-mal.

dozy [ˈdəʊzɪ] (*compar* **-ier;** *superl* **-iest**) *adj* - **1.** [sleepy] schläfrig - **2.** *Br inf* [stupid] blöd.

DP *n abbr of* **data processing.**

DPh, DPhil [ˌdiːˈfɪl] (*abbr of* **Doctor of Philosophy**) *n* Dr. phil.

DPP *n abbr of* **Director of Public Prosecutions.**

DPT (*abbr of* **diphtheria, pertussis, tetanus**) *n* DPT.

Dr. - **1.** *abbr of* **Drive** - **2.** *abbr of* **Doctor.**

drab [dræb] (*compar* **-ber;** *superl* **-best**) *adj* - **1.** [colour, buildings] trist; [clothes] langweilig; [place] trostlos - **2.** [life] eintönig, farblos.

draconian [drəˈkəʊnjən] *adj fml* drakonisch.

draft [drɑːft] *n* - **1.** [early version] Entwurf *der;* [picture, plan] Skizze *die* - **2.** [money order] Zahlungsanweisung *die* - **3.** *Am* MIL: **the ~** die Einberufung - **4.** *Am* = **draught** ◇ *vt* - **1.** [write] entwerfen - **2.** *Am* MIL ein|berufen, ein|ziehen - **3.** [recruit] rekrutieren.

draft dodger [-dɒdʒəʳ] *n Am* Wehrdienstverweigerer *der*.

draftee [ˌdrɑːfˈtiː] *n Am* Einberufene *der*.

draftsman *n Am* = **draughtsman.**

draftsmanship *n Am* = **draughtsmanship.**

drafty *adj Am* = **draughty.**

drag [dræg] (*pt* & *pp* **-ged;** *cont* **-ging**) *vt* - **1.** [pull] ziehen; **she ~ged the dog along behind her** sie zog den Hund hinter sich her; **she ~ged herself to the door** sie schleppte sich zur Tür; **she ~ged me to the hairdresser** sie hat mich zum Friseur geschleift - **2.** [lake, river] (mit dem Schleppnetz) ab|suchen ◇ *vi* - **1.** [trail]: **to ~ on the ground** auf dem Boden schleifen - **2.** [pass slowly] sich in die Länge ziehen ◇ *n* - **1.** *inf* [bore] langweilige Sache/Person; **what a ~!** wie öde!; **the guy's a real ~** der Typ ist ein totaler Langweiler - **2.** *inf* [on cigarette] Zug *der* - **3.** [wind resistance] Luftwiderstand *der* - **4.** [cross-dressing]: **in ~** in Frauenkleidern, als Frau gekleidet.

◆ **drag down** *vt sep fig* ruinieren; **they ~ged him down with them** sie zogen ihn mit nach unten.

◆ **drag in** *vt sep* [involve] (mit) hinein|ziehen; **don't ~ me into this!** zieh mich da nicht mit rein!; **he was ~ged into the affair** er wurde in die Affäre hineingezogen.

◆ **drag on** *vi* sich in die Länge ziehen.

◆ **drag out** *vt sep* - **1.** [protract] hinaus|ziehen - **2.** [extract]: **to ~ sthg out of sb** etw aus jm heraus|bekommen.

dragnet [ˈdrægnet] *n* - **1.** [net] Schleppnetz *das* - **2.** *fig* [to catch criminal] Netz *das*.

dragon [ˈdrægən] *n lit* & *fig* Drache *der*.

dragonfly [ˈdrægnflaɪ] (*pl* **-ies**) *n* Libelle *die*.

dragoon [drəˈguːn] *n* Dragoner *der* ◇ *vt*: **to ~ sb into doing sthg** jn dazu zwingen, etw zu tun.

drag racing *n* Beschleunigungsrennen *das*.

dragster [ˈdrægstəʳ] *n* Dragster *der, für Beschleunigungsrennen konstruiertes Fahrzeug.*

drain [dreɪn] *n* - **1.** [pipe] Abflussrohr *das;* [grating in street] Gully *der;* **that's £50 down the ~** *fig* die 50 Pfund sind zum Fenster rausgeworfen - **2.** [depletion]: **~ on sthg** [resources, funds] Belastung *die* für etw; [energy, time] Verlust *der* von etw ◇ *vt* - **1.** [remove water from - vegetables] ab|gießen; [- marsh, field] entwässern - **2.** [deplete - funds, resources] erschöpfen; [- strength, energy] entziehen; **to feel ~ed** sich ausgelaugt fühlen - **3.** [drink, glass] aus|trinken ◇ *vi* - **1.** [dry] ab|tropfen - **2.** [disappear]: **the blood/colour ~ed from her face** sie wurde kreidebleich (im Gesicht).

drainage [ˈdreɪnɪdʒ] *n* - **1.** [ditches, channels] Entwässerungssystem *das;* [in city] Kanalisation *die* - **2.** [draining] Entwässerung *die*.

draining board *Br* [ˈdreɪnɪŋ-], **drainboard** *Am* [ˈdreɪnbɔːrd] *n* Abtropfbrett *das*.

drainpipe [ˈdreɪnpaɪp] *n* Abflussrohr *das*.

◆ **drainpipes** *npl* = **drainpipe trousers.**

drainpipe trousers *npl Br* Röhrenhosen *pl*.

drake [dreɪk] *n* Erpel *der*.

dram [dræm] *n* [of whisky] Schlückchen *das*.

drama [ˈdrɑːmə] *n* - **1.** [play, genre, event] Drama *das* - **2.** [dramatic quality] Dramatik *die* ◇ *comp* Schauspiel-.

dramatic [drəˈmætɪk] *adj* dramatisch.

dramatically [drəˈmætɪklɪ] *adv* dramatisch.

dramatist [ˈdræmətɪst] *n* Dramatiker *der*, -in *die*.

dramatization [ˌdræmətaɪˈzeɪʃn] *n* [for theatre, film, television] Dramatisierung *die;* **a stage ~** eine Bühnenbearbeitung.

dramatize, -ise [ˈdræmətaɪz] *vt* dramatisieren.

drank [dræŋk] *pt* ▷ **drink.**

drape [dreɪp] *vt* drapieren; **to be ~d with** OR **in sthg** mit etw drapiert sein.

◆ **drapes** *npl Am* Vorhänge *pl.*

draper [ˈdreɪpəʳ] *n:* **~'s (shop)** Textilgeschäft *das.*

drastic [ˈdræstɪk] *adj* drastisch.

drastically [ˈdræstɪklɪ] *adv* drastisch.

draught *Br,* **draft** *Am* [drɑːft] *n* **- 1.** [air current] Luftzug *der;* **there's a ~ in here** hier zieht es **- 2.** *literary* [of water] Schluck *der* **- 3.** [from barrel]: **on ~** [beer] vom Fass.

◆ **draughts** *n Br* Damespiel *das;* **to play ~s** Dame spielen.

draught beer *n Br* Fassbier *das,* Bier *das* vom Fass.

draughtboard [ˈdrɑːftbɔːd] *n Br* Damebrett *das.*

draught excluder *n* Dichtvorrichtung *die.*

draughtsman *Br,* **draftsman** *Am* [ˈdrɑːftsmən] (*pl* **-men** [-mən]) *n* technischer Zeichner.

draughtsmanship *Br,* **draftsmanship** *Am* [ˈdrɑːftsmənʃɪp] *n* **- 1.** [of artist] Zeichentalent *das* **- 2.** [of work] Zeichenkunst *die.*

draughtswoman *Br,* **draftswoman** *Am* [ˈdrɑːftswʊmən] (*pl* **-women** [-wɪmɪn]) *n* technische Zeichnerin.

draughty *Br,* **drafty** *Am* [ˈdrɑːftɪ] (*compar* **-ier;** *superl* **-iest**) *adj* zugig.

draw [drɔː] (*pt* **drew;** *pp* **drawn**) *vt* **- 1.** [sketch] zeichnen **- 2.** [pull, pull out] ziehen; **to ~ the curtains** [open] die Vorhänge auf|ziehen; [close] die Vorhänge zu|ziehen **- 3.** [breath]: **to ~ breath** ein|atmen **- 4.** [conclusion, comparison, distinction] ziehen **- 5.** [criticism, support] hervor|rufen; **to be** *OR* **feel ~n to** sich hingezogen fühlen zu; **to ~ sb's attention to sthg** js Aufmerksamkeit auf etw *(A)* lenken ◇ *vi* **- 1.** [sketch] zeichnen **- 2.** [move]: **to ~ away** weg|ziehen, davon|führen; **to ~ near** heran|ziehen; **to ~ to an end** *OR* **a close** zu Ende gehen **- 3.** SPORT unentschieden spielen; **to ~ with sb** gegen jn unentschieden spielen ◇ *n* **- 1.** SPORT [result] Unentschieden *das* **- 2.** [lottery] Ziehung *die,* Verlosung *die* **- 3.** [attraction] Anziehungspunkt *der.*

◆ **draw in** *vi* [days] kürzer werden.

◆ **draw into** *vt sep:* **to ~ sb into sthg** [quarrel, plot] jn in etw *(A)* hinein|ziehen; [conversation] jn in etw *(A)* ein|beziehen.

◆ **draw on** *vt fus* **- 1.** = **draw upon - 2.** [smoke] ziehen an *(+ D).*

◆ **draw out** *vt sep* **- 1.** [encourage] aus der Reserve locken **- 2.** [prolong] in die Länge ziehen **- 3.** [withdraw] ab|heben.

◆ **draw up** *vt sep* [draft] auf|setzen, entwerfen; [list] auf|stellen ◇ *vi* [stop] an|halten, halten.

◆ **draw upon** *vt fus* Gebrauch machen von.

drawback [ˈdrɔːbæk] *n* Nachteil *der.*

drawbridge [ˈdrɔːbrɪdʒ] *n* Zugbrücke *die.*

drawer [drɔːʳ] *n* Schublade *die.*

drawing [ˈdrɔːɪŋ] *n* **- 1.** [picture] Zeichnung *die* **- 2.** [skill, act] Zeichnen *das.*

drawing board *n* Reißbrett *das;* **back to the ~!** *inf* versuchen wir was Anderes *OR* Neues!

drawing pin *n Br* Reißzwecke *die.*

drawing room *n* Salon *der.*

drawl [drɔːl] *n* gedehntes Sprechen ◇ *vi* gedehnt sprechen.

drawn [drɔːn] *pp* ▷ **draw** ◇ *adj* **- 1.** [closed] zugezogen **- 2.** [tired, ill] abgespannt.

drawn-out *adj* in die Länge gezogen.

drawstring [ˈdrɔːstrɪŋ] *n* Durchziehschnur *die.*

dread [dred] *n* Furcht *die* ◇ *vt* fürchten; **to ~ doing sthg** es schrecklich finden, etw tun zu müssen; **I ~ to think** ich wage kaum, daran zu denken.

dreaded [ˈdredɪdl] *adj* gefürchtet.

dreadful [ˈdredfʊl] *adj* schrecklich, furchtbar; **I feel ~** [guilty] es ist mir sehr peinlich.

dreadfully [ˈdredfʊlɪ] *adv* **- 1.** [badly] furchtbar, fürchterlich **- 2.** [extremely] schrecklich, furchtbar.

dreadlocks [ˈdredlɒks] *npl* Dreadlocks *pl.*

dream [driːm] (*pt* & *pp* **-ed** *OR* **dreamt**) *n* Traum *der* ◇ *adj* Traum- ◇ *vt* [during sleep] träumen; **I never ~ed this would happen** ich habe nicht im Traum daran gedacht, dass das passieren könnte ◇ *vi:* **to ~ (of** *OR* **about sthg)** (von etw) träumen; **I wouldn't ~ of it** *fig* das würde mir nicht im Traum ein|fallen; **to ~ of doing sthg** davon träumen, etw zu tun.

◆ **dream up** *vt sep* sich *(D)* einfallen lassen *OR* aus|denken.

dreamer [ˈdriːməʳ] *n* Träumer *der,* -in *die.*

dreamily [ˈdriːmɪlɪ] *adv* verträumt, träumerisch.

dreamlike [ˈdriːmlaɪk] *adj* traumhaft.

dreamt [dremt] *pt* & *pp* ▷ **dream.**

dream world *n* Traumwelt *die,* Fantasiewelt *die.*

dreamy [ˈdriːmɪ] (*compar* **-ier;** *superl* **-iest**) *adj* **- 1.** [distracted] verträumt **- 2.** [languorous] traumhaft.

dreary [ˈdrɪərɪ] (*compar* **-ier;** *superl* **-iest**) *adj* **- 1.** [gloomy, depressing] trostlos **- 2.** [dull, boring] langweilig, öde.

dredge [dredʒ] *vt* aus|baggern.

◆ **dredge up** *vt sep* **- 1.** [from lake, river] herauf|holen, heraus|holen **- 2.** *fig* [from past] aus|graben.

dredger [ˈdredʒəʳ] *n* Bagger *der.*

dregs [dregz] *npl* - **1.** [of liquid] (Boden)satz *der* - **2.** *fig* [of society] Abschaum *der*.

drench [drentʃ] *vt* durch|nässen; **to be ~ed in** OR **with sweat** in Schweiß gebadet sein.

dress [dres] *n* - **1.** [frock] Kleid *das* - **2.** [type of clothing] Kleidung *die* ◇ *vt* - **1.** [clothe] an|ziehen; **to be ~ed** angezogen sein; **to be ~ed in** gekleidet sein in *(+ D)*; **to get ~ed** sich an|ziehen - **2.** [wound] verbinden - **3.** [salad] an|machen ◇ *vi* sich an|ziehen, sich kleiden.

◆ **dress up** *vt sep* - **1.** [in costume] verkleiden - **2.** [in nice clothes] fein|machen; [in formal clothes] festlich an|ziehen - **3.** [facts, story] aus|schmücken ◇ *vi* - **1.** [in costume] sich verkleiden - **2.** [in best clothes] sich festlich an|ziehen.

dressage ['dresɑːʒ] *n (U)* Dressur *die*.

dress circle *n* THEATRE erster Rang.

dresser ['dresəʳ] *n* - **1.** [for dishes] Küchenbüffet *das* (mit Tellerbord) - **2.** *Am* [chest of drawers] Frisiertisch *der*, Frisierkommode *die* - **3.** [person]: **he is a smart ~** er zieht sich elegant an - **4.** THEATRE Garderobier *der*, -e *die*.

dressing ['dresɪŋ] *n* - **1.** [bandage] Verband *der* - **2.** [for salad] Dressing *das*, Salatsoße *die* - **3.** *Am* [for turkey *etc*] Füllung *die*.

dressing gown *n* Bademantel *der*.

dressing room *n* - **1.** SPORT Umkleidekabine *die* - **2.** THEATRE Garderobe *die*.

dressing table *n* Frisiertisch *der*, Frisierkommode *die*.

dressmaker ['dres,meɪkəʳ] *n* Schneider *der*, -in *die*.

dressmaking ['dres,meɪkɪŋ] *n* Schneidern *das*.

dress rehearsal *n* Generalprobe *die*.

dress shirt *n* Smokinghemd *das*.

dressy ['dresɪ] (*compar* **-ier**; *superl* **-iest**) *adj* elegant.

drew [druː] *pt* ▷ **draw.**

dribble ['drɪbl] *n* [trickle] Rinnsal *das* ◇ *vt* SPORT [ball] dribbeln ◇ *vi* - **1.** [drool] sabbern - **2.** [spill] tropfen - **3.** SPORT [ball] dribbeln.

dribs [drɪbz] *npl*: **in ~ and drabs** kleckerweise.

dried [draɪd] *pt & pp* ▷ **dry** ◇ *adj* getrocknet; **~ milk** Trockenmilch *die*.

dried fruit *n* Trockenobst *das*, Dörrobst *das*.

dried-up *adj* ausgetrocknet.

drier ['draɪəʳ] *n* = **dryer.**

drift [drɪft] *n* - **1.** [of people] Strom *der*; **the ~ back to traditional values** die Rückbesinnung auf traditionelle Werte - **2.** [mass - of snow, leaves, sand] Verwehung *die* - **3.** [meaning]: **I get her general ~** ich verstehe, worauf sie hinaus|will ◇ *vi* - **1.** [boat, snow, sand, leaves] treiben - **2.** [person] sich treiben lassen; **to ~ into sthg** [job, marriage] in etw *(A)* hinein|rutschen; **to ~ apart** sich fremd werden.

◆ **drift off** *vi* ein|schlummern.

drifter ['drɪftəʳ] *n*: **he is a ~** er läßt sich treiben.

driftwood ['drɪftwʊd] *n* Treibholz *das*.

drill [drɪl] *n* - **1.** [tool] Bohrer *der* - **2.** [exercise, training] Übung *die* (für den Ernstfall) ◇ *vt* - **1.** [metal, wood, hole] bohren - **2.** [instruct] drillen; **to ~ sthg into sb** jm etw ein|bläuen ◇ *vi*: **to ~ (into sthg)** bohren (in etw *(A)*); **to ~ for sthg** nach etw bohren.

drilling platform ['drɪlɪŋ-] *n* Bohrinsel *die*.

drily ['draɪlɪ] *adv* = **dryly.**

drink [drɪŋk] (*pt* **drank**; *pp* **drunk**) *n* - **1.** [gen] Getränk *das*; **a ~ of water** ein Glas Wasser - **2.** [alcoholic beverage] Drink *der*; **to have a ~** etwas trinken - **3.** [alcohol] Alkohol *der* ◇ *vt* trinken ◇ *vi* trinken; **to ~ to sb/sthg** auf jn/etw an|stoßen.

drinkable ['drɪŋkəbl] *adj* trinkbar.

drink-driving *Br*, **drunk-driving** *Am* *n* Trunkenheit *die* am Steuer.

drinker ['drɪŋkəʳ] *n* Trinker *der*, -in *die*.

drinking ['drɪŋkɪŋ] *adj*: **he's not much of a ~ man** er trinkt nicht viel Alkohol ◇ *n* Trinken *das*.

drinking companion *n* Trinkbruder *der*.

drinking fountain *n* Trinkbrunnen *der*.

drinking-up time *n Br Zeitpunkt kurz vor dem Schließen einer Bar, zu dem die Gäste ihre Getränke austrinken müssen.*

drinking water *n* Trinkwasser *das*

drip [drɪp] (*pt & pp* **-ped**; *cont* **-ping**) *n* - **1.** [drop] Tropfen *der* - **2.** MED Tropf *der*, Infusion *die*; **to be on a ~** am Tropf hängen - **3.** *inf* [wimp] Niete *die* ◇ *vt* tropfen ◇ *vi* tropfen; **to be ~ping with** [diamonds, furs] behangen sein mit; **I'm ~ping with sweat** mir läuft der Schweiß nur so herunter.

drip-dry *adj* bügelfrei.

drip-feed *n* intravenöse Ernährung ◇ *vt* intravenös ernähren.

dripping ['drɪpɪŋ] *adj* - **1.** [person, clothes, hair]: **~ (wet)** klatschnass - **2.** [tap] tropfend ◇ *n* CULIN [from meat] Brat(en)fett *das*.

drive [draɪv] (*pt* **drove**; *pp* **driven**) *n* - **1.** [journey] Fahrt *die*; **an hour's ~** eine Stunde Fahrt; **to go for a ~** spazieren fahren - **2.** [urge] Trieb *der* - **3.** [campaign] Aktion *die* - **4.** *(U)* [energy] Energie *die* - **5.** [in front of house] Einfahrt *die* - **6.** [stroke - in golf] Treibschlag *der*; [- in tennis] Drive *der* - **7.** AUT: **left-/right-hand ~** Links-/Rechtslenkung *die* - **8.** COMPUT Laufwerk *das* ◇ *vt* - **1.** [vehicle, passenger] fahren; **he ~s a taxi** er ist Taxifahrer; **to ~ sb home** jn nach Hause fahren - **2.** TECH [operate] an|treiben; **~n by**

electricity mit elektrischem Antrieb - **3.** [chase - cattle, clouds, people] treiben; **they were ~n from their homeland** sie wurden aus ihrer Heimat vertrieben - **4.** [motivate]: **~n by greed/ambition** von Gier/Ehrgeiz getrieben - **5.** [force]: **to ~ sb to do sthg** jn dazu treiben, etw zu tun; **to ~ sb hard** jn schinden; **to ~ sb mad** *OR* **crazy** jn verrückt machen - **6.** [hammer] schlagen - **7.** SPORT [hit] schlagen; [kick] schießen <> *vi* fahren; **can you ~?** kannst du Auto fahren?

◆ **drive at** *vt fus:* **what are you driving at?** worauf willst du hinaus?

◆ **drive out** *vt sep* [person, evil spirit] vertreiben.

drive-in *esp Am adj* Drive-in- <> *n* - **1.** [restaurant] Drive-in-Restaurant *das* - **2.** [cinema] Autokino *das*.

drivel ['drɪvl] *n inf* Quatsch *der*.

driven ['drɪvn] *pp* ▻ **drive.**

driver ['draɪvəʳ] *n* - **1.** [of vehicle] Fahrer *der*, -in *die* - **2.** COMPUT Treiber *der*.

driver's license *n Am* = **driving licence.**

drive shaft *n* Antriebswelle *die*.

driveway ['draɪvweɪ] *n* Auffahrt *die*.

driving ['draɪvɪŋ] *adj* [rain] strömend; [wind] stürmisch <> *n* Fahren *das*.

driving force *n* treibende Kraft.

driving instructor *n* Fahrlehrer *der*, -in *die*.

driving lesson *n* Fahrstunde *die*.

driving licence *Br*, **driver's license** *Am n* Führerschein *der*.

driving mirror *n* Rückspiegel *der*.

driving school *n* Fahrschule *die*.

driving test *n* Fahrprüfung *die*.

drizzle ['drɪzl] *n* Sprühregen *der* <> *v impers:* **it's drizzling** es nieselt.

drizzly ['drɪzlɪ] (*compar* **-ier;** *superl* **-iest**) *adj* Niesel-; **it's ~** es nieselt.

droll [drəʊl] *adj* drollig.

dromedary ['drɒmədrɪ] (*pl* **-ies**) *n* Dromedar *das*.

drone [drəʊn] *n* - **1.** [sound - of machine, engine, loudspeaker] Dröhnen *das;* [- of insect] Summen *das* - **2.** [male bee] Drohne *die* <> *vi* dröhnen, brummen.

◆ **drone on** *vi* monoton sprechen; **to ~ on about sthg** über etw *(A)* (stundenlang) labern.

drool [dru:l] *vi* - **1.** [dribble] sabbern - **2.** *fig* [admire]: **he stood there ~ing over the sports car** er konnte sich an dem Sportwagen nicht satt sehen; **they sat there ~ing over their favourite recipes** sie schwärmten von ihren Lieblingsrezepten.

droop [dru:p] *vi* - **1.** [hang down] herunterlhängen; [flower] den Kopf hängen lassen - **2.** *fig* [spirits]: **his spirits ~ed** sein Mut sank.

drop [drɒp] (*pt* & *pp* **-ped;** *cont* **-ping**) *n* - **1.** [of liquid] Tropfen *der* - **2.** [sweet] Drops *der OR das* - **3.** [decrease]: **~ (in sthg)** Rückgang *der* (von etw); [in salary] Minderung *die* (von etw) - **4.** [vertical distance] Höhenunterschied *der;* **there's a 50 m ~** hier geht es 50 m (senkrecht) hinunter <> *vt* - **1.** [gen] fallen lassen; **to ~ (sb) a hint** (jm gegenüber) eine Anspielung machen - **2.** [decrease, lower] senken - **3.** [leave out] weglIassen - **4.** [let out of car] ablsetzen - **5.** TENNIS [lose] verlieren - **6.** [write]: **to ~ sb a line** *OR* **note** jm ein paar Zeilen schreiben <> *vi* - **1.** [fall] fallen; [with exhaustion] umlfallen - **2.** [decrease] sinken - **3.** [voice] leiser werden.

◆ **drops** *npl* MED Tropfen *pl*.

◆ **drop by** *vi inf* vorbeilkommen.

◆ **drop in** *vi inf:* **to ~ in (on sb)** vorbeilkommen (bei jm).

◆ **drop off** *vt sep* [person] ablsetzen; [letter, package] ablschicken <> *vi* - **1.** [fall asleep] einlnicken - **2.** [grow less] zurücklgehen.

◆ **drop out** *vi:* **to ~ out (of** *OR* **from sthg)** auslsteigen (aus etw).

drop-in centre *n soziale Beratungs- und Begegnungsstätte, die jedem offen steht.*

droplet ['drɒplɪt] *n* Tröpfchen *das*.

dropout ['drɒpaʊt] *n* - **1.** [from society] Aussteiger *der*, -in *die* - **2.** [from university] Studienabbrecher *der*, -in *die*.

dropper ['drɒpəʳ] *n* Pipette *die*.

droppings ['drɒpɪŋz] *npl* Kot *der;* [of horses] Äpfel *pl*.

drop shot *n* [Tennis] Stoppball *der*.

dross [drɒs] *n (U)* - **1.** TECH [waste material] Schlacke *die* - **2.** *fig inf* [rubbish] Mist *der*.

drought [draʊt] *n* Dürre *die*.

drove [drəʊv] *pt* ▻ **drive** <> *n* [of people] Schar *die*.

drown [draʊn] *vt* - **1.** [person, animal] ertränken - **2.** [sound]: **to ~ sb/sthg (out)** jn/etw übertönen <> *vi* ertrinken.

drowsy ['draʊzɪ] (*compar* **-ier;** *superl* **-iest**) *adj* schläfrig.

drudge [drʌdʒ] *n* Schwerarbeiter *der;* **I'm not your household ~!** ich bin nicht dein Dienstmädchen!

drudgery ['drʌdʒərɪ] *n* Schinderei *die*, Schufterei *die*.

drug [drʌg] (*pt* & *pp* **-ged;** *cont* **-ging**) *n* - **1.** [medication] Arzneimittel *das*, Medikament *das* - **2.** [illegal substance] Droge *die*, Rauschgift *das;* **to be on ~s** drogen- *OR* rauschgiftabhängig sein <> *vt* [person, animal] Drogen verabreichen *(+ D)*, betäuben; [food, drink] mit Drogen versetzen.

drug abuse *n* Drogenmissbrauch *der*.
drug addict *n* Drogensüchtige *der, die*.
drug addiction *n* Drogensucht *die*, Rauschgiftsucht *die*.
drug dealer *n* Drogenhändler *der*, -in *die*.
druggist ['drʌgɪst] *n* ***Am*** Apotheker *der*, -in *die*.
drugstore ['drʌgstɔːʳ] *n* ***Am*** Drugstore *der*.
druid ['druːɪd] *n* Druide *der*.
drum [drʌm] (*pt* & *pp* **-med;** *cont* **-ming**) *n* **- 1.** [instrument, cylinder] Trommel *die* **- 2.** [container] Tonne *die* <> *vt* & *vi* trommeln.
◆ **drums** *npl* Schlagzeug *das*.
◆ **drum into** *vt sep:* **to ~ sthg into sb** jm etw ein|pauken *OR* ein|hämmern.
◆ **drum up** *vt sep* [people] zusammen|trommeln; [business] an|kurbeln.
drumbeat ['drʌmbiːt] *n* Trommelschlag *der*.
drum brake *n* Trommelbremse *die*.
drummer ['drʌməʳ] *n* Schlagzeuger *der*, -in *die*.
drumming ['drʌmɪŋ] *n* Trommeln *das*.
drum roll *n* Trommelwirbel *der*.
drumstick ['drʌmstɪk] *n* **- 1.** [for drum] Trommelschlägel *der* **- 2.** [of chicken] Keule *die*.
drunk [drʌŋk] *pp* ▷ **drink** <> *adj* **- 1.** [on alcohol] betrunken; **~ and disorderly** betrunken und renitent **- 2.** ***fig*** [excited]: **to be ~ with** *OR* **on sthg** berauscht von etw sein <> *n* [on one occasion] Betrunkene *der, die;* [habitual] Trinker *der*, -in *die*.
drunkard ['drʌŋkəd] *n* Trinker *der*, -in *die*.
drunk-driving *n* ***Am*** = **drink-driving.**
drunken ['drʌŋkn] *adj* [person] betrunken; **a ~ evening** ein feuchtfröhlicher Abend; **in a ~ stupor** sinnlos betrunken.
drunken driving *n* = **drink-driving.**
drunkenness ['drʌŋkənɪs] *n* Trunkenheit *die*.
dry [draɪ] (*compar* **-ier;** *superl* **-iest;** *pt* & *pp* **dried**) *adj* **- 1.** [gen] trocken **- 2.** [river, lake] ausgetrocknet **- 3.** [thirsty] durstig; **to feel** *OR* **be ~** durstig sein, Durst haben <> *vt* & *vi* trocknen.
◆ **dry out** *vt sep* trocknen (lassen) <> *vi* aus|trocknen.
◆ **dry up** *vt sep* [dishes] ab|trocknen <> *vi* **- 1.** [river, lake, well] aus|trocknen, versiegen **- 2.** [supplies, inspiration] zur Neige gehen **- 3.** [actor, speaker] stecken bleiben **- 4.** [dry dishes] ab|trocknen.
dry-clean *vt* chemisch reinigen.
dry cleaner *n:* **~'s** chemische Reinigung.
dry cleaning *n* chemische Reinigung.
dry dock *n* Trockendock *das*.
dryer ['draɪəʳ] *n* [for clothes] Trockner *der*.
dry goods *npl* Textilwaren *pl*.
dry ice *n* Trockeneis *das*.
dry land *n* Festland *das*.
dryly ['draɪlɪ] *adv* [wryly] trocken.
dryness ['draɪnɪs] *n* **- 1.** [lack of water] Trockenheit *die* **- 2.** [wryness] (trockene) Ironie.
dry rot *n* Trockenfäule *die*.
dry run *n* Probelauf *der*.
dry ski slope *n* Sommerskihang *der*.
drystone wall ['draɪstəʊn-] *n* Trockenmauerwerk *das*.
DSc (*abbr of* **Doctor of Science**) *n Doktorgrad in Naturwissenschaften oder dessen Inhaber.*
DSS (*abbr of* **Department of Social Security**) *n britisches Sozialamt.*
DST *abbr of* **daylight saving time.**
DTI (*abbr of* **Department of Trade and Industry**) *n* Handels- und Industrieministerium *das*.
DTP (*abbr of* **desktop publishing**) *n* DTP *das*.
DT's [ˌdiːˈtiːz] (*abbr of* **delirium tremens**) *npl* ***inf:*** **to have the ~** im Delirium sein.
dual ['djuːəl] *adj* doppelt, Doppel-; **~ personality** gespaltene Persönlichkeit.
dual carriageway *n* ***Br*** vierspurige Straße.
dual control *n* [in car] doppelte Pedale *pl*.
dual nationality *n* doppelte Staatsbürgerschaft.
dual-purpose *adj* Mehrzweck-.
dubbed [dʌbd] *adj* **- 1.** CINEMA synchronisiert **- 2.** [nicknamed] genannt.
dubious ['djuːbjəs] *adj* **- 1.** [suspect, questionable] dubios, zweifelhaft **- 2.** [uncertain, undecided]: **to be ~ about doing sthg** nicht wissen, ob man etw tun soll.
Dublin ['dʌblɪn] *n* Dublin *nt*.
Dubliner ['dʌblɪnəʳ] *n* Dubliner *der*, -in *die*.
duchess ['dʌtʃɪs] *n* Herzogin *die*.
duchy ['dʌtʃɪ] (*pl* **-ies**) *n* Herzogtum *das*.
duck [dʌk] *n* Ente *die;* **to take to sthg like a ~ to water** bei etw sofort in seinem Element sein <> *vt* **- 1.** [head] ducken, ein|ziehen **- 2.** [responsibility, duty] aus|weichen *(+ D)* **- 3.** [person] unter|tauchen <> *vi* sich ducken.
◆ **duck out** *vi:* **to ~ out (of sthg)** sich (aus etw) zurück|ziehen, (aus etw) aus|steigen.
duckling ['dʌklɪŋ] *n* **- 1.** [animal] Entenküken *das* **- 2.** *(U)* [food] junge Ente.
duct [dʌkt] *n* **- 1.** [pipe] Leitung *die*, Rohr *das* **- 2.** ANAT Kanal *der*.
dud [dʌd] *adj* **- 1.** [false] falsch, gefälscht **- 2.** [useless] wertlos **- 3.: a ~ bomb/shell** ein Blindgänger <> *n* **- 1.** [person] Niete *die*, Ver-

sager *der*, -in *die* - **2.** [note] Blüte *die;* [cheque] ungedeckter Scheck - **3.** [bomb, shell] Blindgänger *der*.

dude [djuːd] *n* ***Am inf*** Typ *der*.

dude ranch *n* ***Am*** Touristenranch *die*.

due [djuː] *adj* - **1.** [expected] fällig; **the book's ~ (out) in May** das Buch soll im Mai erscheinen - **2.** [proper] ordnungsgemäß, nötig; **in ~ course** zu gegebener Zeit - **3.** [owed, owing] fällig ◇ *n:* **to give him his ~, ...** das muss man ihm lassen, ... ◇ *adv:* **~ west** genau nach Westen.

◆ **dues** *npl* Abgaben *pl*, Gebühren *pl*.

◆ **due to** *prep* wegen *(+ G, D)*.

due date *n* Fällingkeitsdatum *das*.

duel [ˈdjuːəl] *n* Duell *das*.

duet [djuːˈet] *n* Duett *das*.

duff [dʌf] *adj* ***Br inf*** nutzlos, wertlos.

◆ **duff up** *vt sep* ***Br inf:*** **to ~ sb up** jm verprügeln.

duffel bag [ˈdʌfl-] *n* Seesack *der*.

duffel coat [ˈdʌfl-] *n* Dufflecoat *der*.

duffle bag [ˈdʌfl-] *n* = **duffel bag.**

duffle coat [ˈdʌfl-] *n* = **duffel coat.**

dug [dʌg] *pt* & *pp* ▷ **dig.**

dugout [ˈdʌgaʊt] *n* - **1.** [canoe] Einbaum *der* - **2.** SPORT Unterstand *der*.

duke [djuːk] *n* Herzog *der*.

dull [dʌl] *adj* - **1.** [boring] langweilig - **2.** [colour, light] matt - **3.** [day, weather] trüb - **4.** [noise, pain] dumpf ◇ *vt* - **1.** [senses] ablstumpfen; [pain] dämpfen - **2.** [make less bright - metal] stumpf werden lassen; [- colour] verblassen lassen.

duly [ˈdjuːlɪ] *adv* - **1.** [properly] ordnungsgemäß - **2.** [as expected] erwartungsgemäß.

dumb [dʌm] *adj* - **1.** [unable to speak] stumm; **to be struck ~** sprachlos sein - **2.** ***esp Am inf*** [stupid] dumm.

dumbbell [ˈdʌmbel] *n* Hantel *die*.

dumbfound [dʌmˈfaʊnd] *vt* verblüffen; **to be ~ed** verblüfft sein, sprachlos sein.

dumbstruck [ˈdʌmstrʌk] *adj* völlig verblüfft sein, völlig sprachlos sein.

dumbwaiter [ˌdʌmˈweɪtəʳ] *n* Speiseaufzug *der*.

dumdum (bullet) [ˈdʌmdʌm-] *n* Dumdumgeschoss *das*.

dummy [ˈdʌmɪ] (*pl* **-ies**) *adj* unecht; **a ~ gun** eine Spielzeugpistole ◇ *n* - **1.** [model of human figure - for tailoring] Schneiderpuppe *die;* [- for crash testing] Dummy *der;* [- in shop] Schaufensterpuppe *die* - **2.** [copy, fake object] Attrappe *die* - **3.** ***Br*** [for baby] Schnuller *der*.

dummy run *n* Probe *die*, Probelauf *der*.

dump [dʌmp] *n* - **1.** [for rubbish] Müllhalde *die* - **2.** [for ammunition] Munitionslager *das* - **3.** ***inf pej*** [ugly place - house, flat] Loch *das;* [- hotel] Absteige *die;* [- town] schäbiges Kaff ◇ *vt* - **1.** ***inf*** [put down] ablladen, hinlschmeißen; [load] abladen - **2.** [dispose of - waste, rubbish] weglwerfen; [- car] zurücklassen - **3.** COMM zu Schleuderpreisen OR Dumpingpreisen verkaufen - **4.** COMPUT löschen - **5.** ***inf*** [jilt] in die Wüste schicken.

◆ **dumps** *npl:* **to be (down) in the ~s** ziemlich down sein.

dumper (truck) [ˈdʌmpəʳ-] ***Br***, **dump truck** ***Am*** *n* Kipper *der*, Kipplaster *der*.

dumping [ˈdʌmpɪŋ] *n* [of waste] Abladen *das;* **'no ~'** 'Schutt abladen verboten'.

dumping ground *n* Abladeplatz *der;* [for waste] Müllkippe *die*.

dumpling [ˈdʌmplɪŋ] *n* CULIN Kloß *der*, Knödel *der*.

dumpster *n* ***Am*** Müllcontainer *der*.

dump truck *n* ***Am*** = **dumper truck.**

dumpy [ˈdʌmpɪ] (*compar* **-ier;** *superl* **-iest**) *adj* ***inf*** dicklich, untersetzt.

dunce [dʌns] *n* Ignorant *der*, Dummkopf *der*.

dune [djuːn] *n* Düne *die*.

dung [dʌŋ] *n* Dung *der*, Mist *der*.

dungarees [ˌdʌŋgəˈriːz] *npl* - **1.** ***Br*** [for work] Arbeitshose *die*; [fashion garment] Segeltuch *das* - **2.** ***Am*** [heavy jeans] Latzhose *die*.

dungeon [ˈdʌndʒən] *n* Verlies *das*, Kerker *der*.

dunk [dʌŋk] *vt* ***inf*** einltauchen.

Dunkirk [dʌnˈkɜːk] *n* Dünkirchen *nt*.

duo [ˈdjuːəʊ] *n* - **1.** [of singers, musicians] Duett *das;* [on stage] Duo *das* - **2.** [couple] Duo *das*.

duodenal ulcer [ˌdjuːəʊˈdiːnl-] *n* Zwölffingerdarmgeschwür *das*.

dupe [djuːp] *n* Dumme *der*, *die* ◇ *vt* hereinllegen; **to ~ sb into doing sthg** jn (auf betrügerische Weise) dazu bringen, etw zu tun.

duplex [ˈdjuːpleks] *n* ***Am*** - **1.** [apartment] Doppelapartment *das* - **2.** [house] Zweifamilienhaus *das*.

duplicate [*adj & n* ˈdjuːplɪkət, *vb* ˈdjuːplɪkeɪt] *adj* [document] kopiert; **a ~ key** ein Nachschlüssel ◇ *n* Duplikat *das*, Kopie *die;* **in ~** in doppelter Ausfertigung ◇ *vt* - **1.** [copy - document] kopieren, vervielfältigen; [- key] nachlmachen - **2.** [repeat] doppelt tun.

duplication [ˌdjuːplɪˈkeɪʃn] *n (U)* - **1.** [copying] Kopieren *das*, Vervielfältigen *das* - **2.** [repetition] Wiederholung *die*.

duplicity [djuːˈplɪsətɪ] *n* ***fml*** Falschheit *die*.

Dur *abk für Durham, in Postanschrift verwendet.*

durability [ˌdjʊərəˈbɪlətɪ] *n* Haltbarkeit *die;* [of relationship] Dauerhaftigkeit *die*.

durable [ˈdjʊərəbl] *adj* strapazierfähig, haltbar.

duration [djʊˈreɪʃn] *n* Dauer *die;* **for the ~ of** für die Dauer von.

duress [djʊˈres] *n:* **under ~** unter Zwang.

Durex® [ˈdjʊəreks] *n* Kondom *das.*

during [ˈdjʊərɪŋ] *prep* während *(+ G).*

dusk [dʌsk] *n* Abenddämmerung *die.*

dusky [ˈdʌskɪ] *(compar* **-ier;** *superl* **-iest)** *adj literary* [skin] dunkel(häutig).

dust [dʌst] *n* Staub *der;* **to gather ~** [get dusty] Staub an|setzen ◇ *vt* **- 1.** [clean] ab|stauben **- 2.** [cover]: **to ~ sthg with sthg** etw mit etw bestäuben.

◆ **dust off** *vt sep* **- 1.** [clean] ab|klopfen **- 2.** *fig* [reuse] entstauben.

dustbin [ˈdʌstbɪn] *n Br* Mülltonne *die.*

dustbowl [ˈdʌstbəʊl] *n* GEOL Trockengebiet *das.*

dustcart [ˈdʌstkɑːt] *n Br* Müllwagen *der.*

dust cover *n* = **dust jacket.**

duster [ˈdʌstəʳ] *n* **- 1.** [cloth] Staubtuch *das,* Staublappen *der* **- 2.** *Am* [overall] Staubmantel *der.*

dust jacket *n* [on book] Schutzumschlag *der.*

dustman [ˈdʌstmən] *(pl* **-men** [-mən]) *n Br* Müllmann *der.*

dust mite *n* Staubmilbe *die.*

dustpan [ˈdʌstpæn] *n* Kehrschaufel *die.*

dustsheet [ˈdʌstʃiːt] *n Br* Staublaken *das.*

dust storm *n* Sandsturm *der.*

dustup [ˈdʌstʌp] *n inf* Handgemenge *das,* Gerangel *das.*

dusty [ˈdʌstɪ] *(compar* **-ier;** *superl* **-iest)** *adj* staubig, verstaubt.

Dutch [dʌtʃ] *adj* niederländisch, holländisch ◇ *n* [language] Niederländisch(e) *das* ◇ *npl:* **the ~** die Niederländer, die Holländer ◇ *adv:* **to go ~** getrennt bezahlen.

Dutch auction *n Br Auktion, bei der der Preis gesenkt wird, bis sich ein Käufer findet.*

Dutch barn *n Br Scheune mit doppelt geknicktem Dach, niedrigen Seitenwänden und breiten Doppeltüren.*

Dutch cap *n Br* Pessar *das.*

Dutch courage *n* angetrunkener Mut.

Dutch elm disease *n (U)* Ulmensterben *das.*

Dutchman [ˈdʌtʃmən] *(pl* **-men** [-mən]) *n* Niederländer *der,* Holländer *der.*

Dutchwoman [ˈdʌtʃˌwʊmən] *(pl* **-women** [-ˌwɪmɪn]) *n* Niederländerin *die,* Holländerin *die.*

dutiable [ˈdjuːtjəbl] *adj* zollpflichtig.

dutiful [ˈdjuːtɪfʊl] *adj* pflichtbewusst.

duty [ˈdjuːtɪ] *(pl* **-ies)** *n* **- 1.** *(U)* [responsibility] Pflicht *die;* **to do one's ~** seine Pflicht tun **- 2.** *(U)* [work] Dienst *der;* **to be on ~** Dienst haben; **to be off ~** dienstfrei haben **- 3.** [tax] Zoll *der.*

◆ **duties** *npl* [tasks] Aufgaben *pl.*

duty bound *adj:* **to be ~ (to do sthg)** verpflichtet sein (etw zu tun).

duty-free *adj* zollfrei ◇ *n (U)* [goods] zollfreie Waren *pl.*

duty-free shop *n* Duty-free-Shop *der.*

duty officer *n* MIL diensthabender Offizier; [in police station] diensthabender Beamter, diensthabende Beamtin.

duvet [ˈduːveɪ] *n Br* Daunendecke *die.*

duvet cover *n Br* Bettbezug *der (für eine Daunendecke).*

DVD *(abbr of* **Digital Versatile Disk)** *n* DVD *die.*

DVLC *(abbr of* **Driver and Vehicle Licensing Centre)** *n britische Führerschein- und Kraftfahrzeugzulassungsstelle.*

dwarf [dwɔːf] *(pl* **-s** *OR* **dwarves** [dwɔːvz]) *adj* [plant, animal] Zwerg- ◇ *n* Zwerg *der,* -in *die* ◇ *vt* [tower over] winzig erscheinen lassen.

dwell [dwel] *(pt* & *pp* **dwelt** *OR* **-ed)** *vi literary* [live] wohnen.

◆ **dwell on** *vt fus* [talk about] sich lange befassen mit; [think about] lange nach|denken über *(+ A).*

-dweller [ˈdweləʳ] *suffix* Bewohner *der,* -in *die.*

dwelling [ˈdwelɪŋ] *n literary* Wohnung *die.*

dwelt [dwelt] *pt* & *pp* ▷ **dwell.**

dwindle [ˈdwɪndl] *vi* dahin|schwinden.

dwindling [ˈdwɪndlɪŋ] *adj* schwindend.

dye [daɪ] *n* Farbstoff *der* ◇ *vt* färben.

dyed [daɪd] *adj* gefärbt.

dying [ˈdaɪɪŋ] *cont* ▷ **die** ◇ *adj* **- 1.** [person, animal] sterbend **- 2.** *fig* [tradition, language] aussterbend ◇ *npl:* **the ~** die Sterbenden *pl.*

dyke [daɪk] *n* = **dike.**

dynamic [daɪˈnæmɪk] *adj* dynamisch.

◆ **dynamics** *npl* Dynamik *die.*

dynamism [ˈdaɪnəmɪzm] *n* Dynamik *die.*

dynamite [ˈdaɪnəmaɪt] *n (U)* **- 1.** [explosive] Dynamit *das* **- 2.** *inf fig* [story, news]: **to be ~** viel Zündstoff enthalten **- 3.** *inf fig* [excellent]: **to be ~** eine Wucht sein ◇ *vt* sprengen.

dynamo [ˈdaɪnəməʊ] *(pl* **-s)** *n* TECH Dynamo *der;* AUT Lichtmaschine *die.*

dynasty [*Br* ˈdɪnəstɪ, *Am* ˈdaɪnəstɪ] *(pl* **-ies)** *n* Dynastie *die.*

dysentery [ˈdɪsntrɪ] *n (U)* Ruhr *die.*

dyslexia [dɪsˈleksɪə] *n (U)* Legasthenie *die.*

dyslexic [dɪs'leksɪk] *adj* legasthenisch; **to be ~** Legastheniker/Legasthenikerin sein.

dyspepsia [dɪs'pepsɪə] *n (U)* MED Verdauungsstörung *die*.

dystrophy ['dɪstrəfɪ] *n* ▷ **muscular dystrophy.**

E

e (*pl* **e's** *OR* **es**), **E** (*pl* **E's** *OR* **Es**) [iː] *n* [letter] e *das*, E *das*.

◆ **E** *n* - **1.** MUS E *das* - **2.** *abbr of* **east** - **3.** *inf* (*abbr of* **ecstasy**) E *das*.

E111 *n* E111.

ea. *abbr of* **each.**

each [iːtʃ] *adj* jede, -r, -s <> *pron:* **~ (one)** jede, -r, -s; **~ other** einander; **separated from ~ other** voneinander getrennt; **they know ~ other** sie kennen sich; **they kissed ~ other on the cheek** sie küssten sich auf die Wange; **there's one ~** es ist für jeden eins da; **I'd like one of ~** ich möchte von jedem/jeder eins; **they cost £10 ~** sie kosten je 10 Pfund.

eager ['iːgəʳ] *adj* [person] eifrig; [expression] erwartungsvoll; **to be ~ for sthg** auf etw *(A)* erpicht sein; **to be ~ to do sthg** etw unbedingt tun wollen.

eagerly ['iːgəlɪ] *adv* eifrig.

eagle ['iːgl] *n* Adler *der*.

eagle-eyed [-aɪd] *adj:* **an ~ person** eine Person mit Adleraugen.

E and OE (*abbr of* **errors and omissions excepted**) *Fehler und Auslassungen ausgenommen.*

ear [ɪəʳ] *n* - **1.** [of person, animal] Ohr *das;* **to play by ~** MUS nach Gehör spielen; **to go in one ~ and out the other** *inf* zu einem Ohr rein und zum anderen wieder raus gehen; **to have** *OR* **keep one's ~ to the ground** *inf* die Ohren offen halten; **to have sb's ~** Einfluss auf jn haben; **to have an ~ for sthg** ein Gehör für etw haben; **I'll play it by ~** ich werde es auf mich zukommen lassen - **2.** [of corn] Ähre *die*.

earache ['ɪəreɪk] *n* Ohrenschmerzen *pl*.

eardrum ['ɪədrʌm] *n* Trommelfell *das*.

earl [ɜːl] *n* Graf *der*.

earlier ['ɜːlɪəʳ] *adj & adv* früher; **~ on** früher.

earliest ['ɜːlɪəst] *adj* - **1.** [first] frühstmöglich; **at the ~ opportunity** so bald wie möglich - **2.** [most early] frühest <> *adv:* **she'll not be back till four o'clock at the ~** sie wird frühestens um vier Uhr wieder hier sein.

earlobe ['ɪələʊb] *n* Ohrläppchen *das*.

early ['ɜːlɪ] (*compar* **-ier;** *superl* **-iest**) *adj* früh; **~ death** vorzeitiger Tod; **at an ~ hour** zu früher Stunde; **at an ~ age** [early in life] schon früh; [as a child] im Kindesalter; **in the ~ afternoon** am frühen Nachmittag; **to have an ~ breakfast/night** früh frühstücken/zu Bett gehen <> *adv* früh; **to leave ~** [person] früher gehen; [bus, train] zu früh ab|fahren; **as ~ as next week** schon nächste Woche; **~ on** früh.

early closing *n:* **today is ~** heute schließen die Geschäfte früher.

early retirement *n:* **to take ~** in den vorzeitigen Ruhestand gehen.

early warning system *n* MIL Frühwarnsystem *das*.

earmark ['ɪəmɑːk] *vt:* **to be ~ed for sthg** für etw vorgesehen sein.

earn [ɜːn] *vt* - **1.** [gen] verdienen - **2.** COMM erwirtschaften.

earned income [ɜːnd-] *n* erarbeitetes Einkommen.

earner ['ɜːnəʳ] *n* - **1.** [person] Verdiener *der*, -in *die* - **2.** *Br inf* [deal]: **a nice little ~** eine nette Einnahmequelle.

earnest ['ɜːnɪst] *adj* ernsthaft.

◆ **in earnest** *adj:* **I'm in ~** ich meine es ernst; **to begin in ~** richtig an|fangen <> *adv* ernsthaft.

earnestly ['ɜːnɪstlɪ] *adv* ernsthaft.

earnings ['ɜːnɪŋz] *npl* [of person] Einkommen *das;* [of business] Ertrag *der*.

earnings-related *adj* einkommensabhängig.

ear, nose and throat specialist *n* Hals-, Nasen-, Ohrenarzt *der*, -ärztin *die*.

earphones ['ɪəfəʊnz] *npl* Kopfhörer *der*.

earpiece *n* [of telephone] Hörmuschel *die;* [of radio, mobile phone] ≃ Kopfhörer *der*.

earplugs ['ɪəplʌgz] *npl* Ohropax® *pl*.

earring ['ɪərɪŋ] *n* Ohrring *der*.

earshot ['ɪəʃɒt] *n:* **within/out of ~** in/außer Hörweite.

earsplitting ['ɪəsplɪtɪŋ] *adj* ohrenbetäubend.

earth [ɜːθ] *n* [gen] *Br* ELEC Erde *die;* **how/what/where/why on ~ ...?** wie/was/wo/warum um Himmels willen ...?; **to cost the ~** *Br* ein Vermögen kosten <> *vt Br:* **to be ~ed** geerdet sein.

earthenware ['ɜːθnweəʳ] *adj* aus Ton <> *n (U)* Töpferwaren *pl*.

earthling ['ɜːθlɪŋ] *n* Erdling *der*.

earthly ['ɜːθlɪ] *adj* **- 1.** [of material world] irdisch **- 2.** *inf* [reason] erdenklich; **for no ~ reason** ohne den geringsten Grund.

earthquake ['ɜːθkweɪk] *n* Erdbeben *das*.

earthshattering ['ɜːθˌʃætərɪŋ] *adj* **Br inf** weltbewegend.

earth tremor *n* Erdstoß *der*.

earthward(s) ['ɜːθwəd(z)] *adv* auf die Erde zu.

earthworks ['ɜːθwɜːks] *npl* ARCHAEOL Erdwälle *pl*.

earthworm ['ɜːθwɜːm] *n* Regenwurm *der*.

earthy ['ɜːθɪ] (*compar* **-ier;** *superl* **-iest**) *adj* **- 1.** [humour, person] derb **- 2.** [taste, smell] erdig.

earwax ['ɪəwæks] *n* Ohrenschmalz *der*.

earwig ['ɪəwɪg] *n* Ohrwurm *der*.

ease [iːz] *n* **- 1.** [in doing sthg] Leichtigkeit *die;* **it is designed for ~ of use** es ist so konzipiert, dass es einfach zu gebrauchen ist; **to do sthg with ~** etw mit Leichtigkeit tun **- 2.** [comfort]: **a life of ~** ein komfortables Leben; **to put sb at ~** jm die Befangenheit nehmen; **I feel at ~ (with him)** ich fühle mich (in seiner Gegenwart) wohl; **ill at ~** unbehaglich <> *vt* **- 1.** [make less severe - pain] lindern; [- restriction, problem] verringern **- 2.** [move carefully]: **she ~d herself out of the armchair** sie erhob sich behutsam aus dem Sessel; **she ~d the window open** sie öffnete behutsam das Fenster <> *vi* [pain, rain] nach|lassen; [grip] sich lockern; [problem] sich verringern.

◆ **ease off** *vi* [pain, rain] nach|lassen; [problem] sich verringern.

◆ **ease up** *vi* **- 1.** [rain] nach|lassen **- 2.** [relax] sich *(D)* mehr Ruhe gönnen; **to ~ up on sb** *inf* mit jm weniger streng um|gehen.

easel ['iːzl] *n* Staffelei *die*.

easily ['iːzɪlɪ] *adv* **- 1.** [without difficulty] leicht **- 2.** [undoubtedly] zweifellos **- 3.** [in a relaxed manner] entspannt.

easiness ['iːzɪnɪs] *n* Leichtigkeit *die*.

east [iːst] *adj* Ost-, östlich; **~ wind** Ostwind *der* <> *adv* [travel, face] ostwärts, nach Osten; **~ of** östlich von <> *n* **- 1.** [direction] Osten *der* **- 2.** [region]: **the ~** der Osten.

◆ **East** *n:* **the East** [Asia & POL] der Osten.

East Anglia [-'æŋglɪəl] *n Region im Osten Englands.*

eastbound ['iːstbaʊnd] *adj* (in) Richtung Osten.

East End *n:* **the ~** *der Londoner Osten nördlich der Themse.*

Easter ['iːstəʳ] *n* Ostern *pl*.

Easter egg *n* Osterei *das*.

easterly ['iːstəlɪ] *adj* östlich; **~ wind** Ostwind *der;* **in an ~ direction** in östlicher Richtung.

eastern ['iːstən] *adj* Ost-.

◆ **Eastern** *adj* **- 1.** [from Asia] östlich **- 2.** POL Ost-.

Eastern bloc [-blɒk] *n:* **the ~** der Ostblock.

Eastern Europe *n* Osteuropa *nt*.

Eastern Seaboard *n* Ostküste *die (der USA)*.

Easter Sunday *n* Ostersonntag *der*.

East German *adj* ostdeutsch <> *n* Ostdeutsche *der, die*.

East Germany *n:* **(the former) ~** Ostdeutschland *nt*.

eastward ['iːstwəd] *adj* (in) Richtung Osten <> *adv* = **eastwards.**

eastwards ['iːstwədz] *adv* ostwärts.

easy ['iːzɪ] (*compar* **-ier;** *superl* **-iest**) *adj* **- 1.** [not difficult] leicht; [route] einfach **- 2.** [comfortable] leicht, einfach; **an ~ life** ein bequemes Leben **- 3.** [relaxed] ungezwungen <> *adv:* **to go ~ on sb** *inf* [treat kindly] netter zu jm sein; **to go ~ on sthg** *inf* [not use too much] sparsam mit etw sein; **to take it** OR **things ~** *inf* [ease up] sich *(D)* mehr Ruhe gönnen; [have a rest] eine ruhige Kugel schieben.

easy chair *n* [armchair] Sessel *der*.

easygoing [ˌiːzɪ'gəʊɪŋ] *adj* [person] unbekümmert; [manner] lässig.

eat [iːt] (*pt* **ate;** *pp* **eaten**) *vt* [subj: person] essen; [subj: animal] fressen <> *vi* [person] essen; [animal] fressen.

◆ **eat away** *vt sep,* **eat into** *vt fus* **- 1.** [subj: rust, acid] zerfressen **- 2.** [savings] auf|zehren.

◆ **eat out** *vi* [at restaurant] essen gehen.

◆ **eat up** *vt sep* **- 1.** [food - subj: person] auf|essen; [- subj: animal] auf|fressen **- 2.** *fig* [money, time] fressen.

eatable ['iːtəbl] *adj* essbar, genießbar.

eaten ['iːtn] *pp* ▻ **eat.**

eater ['iːtəʳ] *n* Esser *der*, -in *die*.

eatery ['iːtərɪ] (*pl* **-ies**) *n* **Am** Esslokal *das*.

eating apple ['iːtɪŋ-] *n* Essapfel *der*.

eau de cologne [ˌəʊdəkə'ləʊn] *n* Eau de Cologne *das*, Kölnischwasser *das*.

eaves ['iːvz] *npl* [of house] Dachvorsprung *der*.

eavesdrop ['iːvzdrɒp] (*pt* & *pp* **-ped;** *cont* **-ping**) *vi* lauschen; **to ~ on sb** jn belauschen.

ebb [eb] *n* Ebbe *die;* **the ~ and flow of sthg** *fig* das Auf und Ab von etw; **at a low ~** *fig* auf einem Tiefstand <> *vi* **- 1.** [tide, sea] zurück|gehen **- 2.** *literary* [strength, pain, feeling]: **to ~ (away)** dahin|schwinden.

ebb tide *n* Ebbe *die*.

ebony ['ebənɪ] *adj* **literary** schwarz wie Ebenholz <> *n* Ebenholz *das*.

ebullient [ɪ'bʊljənt] *adj* [person] ausgelassen;

[manner] überschwenglich; [wit] übersprudelnd.

EC (*abbr of* **European Community**) *n* EG *die*.

e-cash *n* COMPUT elektronisches Geld.

eccentric [ɪk'sentrɪk] *adj* exzentrisch <> *n* Exzentriker *der*, -in *die*.

eccentricity [ˌeksen'trɪsətɪ] (*pl* **-ies**) *n* Exzentrizität *die*.

ecclesiastic(al) [ɪˌkliːzɪ'æstɪk(l)] *adj* kirchlich.

ECG *n* - **1.** (*abbr of* **electrocardiogram**) EKG *das* - **2.** (*abbr of* **electrocardiograph**) EKG *das*.

ECH (*abbr of* **electric central heating**) *Br* elektrische Zentralheizung.

echelon ['eʃəlɒn] *n* ***fml*** [rank] Rang *der*.

echo ['ekəʊ] (*pl* **-es;** *pt* & *pp* **-ed;** *cont* **-ing**) *n* - **1.** [sound] Echo *das* - **2.** [reminder] Reminiszenz *die* <> *vt* [repeat - opinion] wieder|geben; **he ~ed my words** er sagte genau dasselbe <> *vi* wider|hallen.

éclair [eɪ'kleəʳ] *n* Eclair *das*.

eclectic [ɪ'klektɪk] *adj* eklektisch.

eclipse [ɪ'klɪps] *n* - **1.** [of sun, moon] Eklipse *die*, Finsternis *die* - **2.** ***fig*** [decline] Niedergang *der* <> *vt* ***fig*** [overshadow] in den Schatten stellen.

eco-friendly *adj* umweltfreundlich.

ecological [ˌiːkə'lɒdʒɪkl] *adj* ökologisch; **an ~ group** eine Gruppe von Umweltschützern.

ecologically [ˌiːkə'lɒdʒɪklɪ] *adv* ökologisch; **~ friendly** umweltfreundlich.

ecologist [ɪ'kɒlədʒɪst] *n* - **1.** [scientist] Ökologe *der*, -gin *die* - **2.** [conservationist] Umweltschützer *der*, -in *die*

ecology [ɪ'kɒlədʒɪ] *n* Ökologie *die*.

economic [ˌiːkə'nɒmɪk] *adj* - **1.** [growth, system, policy] Wirtschafts- - **2.** [business] wirtschaftlich.

economical [ˌiːkə'nɒmɪkl] *adj* wirtschaftlich; [person] sparsam.

economics [ˌiːkə'nɒmɪks] *n (U)* [study] Wirtschaftswissenschaften *pl* <> *npl* [of plan, business, trade] Wirtschaftlichkeit *die*.

economist [ɪ'kɒnəmɪst] *n* Wirtschaftswissenschaftler *der*, -in *die*.

economize, -ise [ɪ'kɒnəmaɪz] *vi* sparen; **to ~ on sthg** an etw *(D)* sparen.

economy [ɪ'kɒnəmɪ] (*pl* **-ies**) *n* - **1.** [system] Wirtschaft *die* - **2.** [saving]: **it is a false ~** es hilft nicht zu sparen; **to make economies** Sparmaßnahmen treffen; **economies of scale** Einsparungen durch Massenproduktion; **~ measure** Sparmaßnahme *die*.

economy class *n* Touristenklasse *die*.

economy drive *n* Sparmaßnahmen *pl*.

economy-size(d) *adj:* **~ pack** Haushaltspackung *die*.

ecosystem ['iːkəʊˌsɪstəm] *n* Ökosystem *das*.

ECSC (*abbr of* **European Coal & Steel Community**) *n* EGKS *die*.

ecstasy ['ekstəsɪ] (*pl* **-ies**) *n* - **1.** [great happiness] Ekstase *die;* **to go into ecstasies about sthg** über etw *(A)* in Verzückung geraten - **2.** *(U)* [drug] Ecstasy *das*.

ecstatic [ek'stætɪk] *adj* ekstatisch.

ecstatically [ek'stætɪklɪ] *adv* ekstatisch; [happy] über alle Maßen.

ECT (*abbr of* **electroconvulsive therapy**) *n* Elektrokrampftherapie *die*.

Ecuador ['ekwədɔːʳ] *n* Ecuador *nt*.

Ecuadoran [ˌekwə'dɔːrən], **Ecuadorian** [ˌekwə'dɔːrɪən] *adj* ecuadorianisch <> *n* Ecuadorianer *der*, -in *die*.

ecumenical [iːkjʊ'menɪkl] *adj* ökumenisch.

eczema ['eksɪmə] *n (U)* Ekzem *das*.

ed. - **1.** (*abbr of* **edited**) hrsg. - **2.** *abbr of* **edition** - **3.** *abbr of* **editor**.

eddy ['edɪ] (*pl* **-ies;** *pt* & *pp* **-ied**) *n* [of water] Strudel *der* <> *vi* [water] strudeln.

Eden ['iːdn] *n* Eden *das;* **the Garden of ~** der Garten Eden.

edge [edʒ] *n* - **1.** [of cliff, path, forest] Rand *der;* [of table, coin, book] Kante *die;* **to be on the ~ of madness** am Rande des Wahnsinns sein; **to be on the ~ of war** kurz vor einem Krieg stehen - **2.** [of blade] Schneide *die* - **3.** [advantage]: **to have an ~ over sb, to have the ~ on sb** jm gegenüber einen Vorteil haben; **to have an ~ over sthg, to have the ~ on sthg** etw *(D)* überlegen sein - **4.** ***fig*** [in voice] Schärfe *die* <> *vi* [move slowly]: **to ~ forwards** sich Stück für Stück vorwärts|bewegen; **to ~ away** sich langsam zurück|ziehen.

◆ **on edge** *adj:* **to be on ~** [person] nervös sein; [nerves] gereizt sein.

edged [edʒd] *adj:* **~ with** [with gold] eingefasst in *(+ D)*; [with trees] umrandet von; [with lace] eingefasst mit.

edgeways ['edʒweɪz], **edgewise** ['edʒwaɪz] *adv* seitwärts.

edging ['edʒɪŋ] *n* Einfassung *die*.

edgy ['edʒɪ] (*compar* **-ier;** *superl* **-iest**) *adj* nervös.

edible ['edɪbl] *adj* essbar.

edifice ['edɪfɪs] *n* ***fml*** Bau *der*.

edify ['edɪfaɪ] (*pt* & *pp* **-ied**) *vt* ***fml*** erbauen.

edifying ['edɪfaɪɪŋ] *adj* ***fml*** erbaulich.

Edinburgh ['edɪnbrə] *n* Edinburgh *nt*.

Edinburgh Festival *n:* **the ~** das Edinburgh Festival.

edit ['edɪt] *vt* - **1.** [correct, select material for] redi gieren - **2.** CINEMA & RADIO & TV schneiden - **3.** [newspaper, magazine] herauslgeben - **4.** COMPUT editieren.

◆ **edit out** *vt sep* [remove] streichen.

edition [ɪ'dɪʃn] *n* - **1.** [of book, newspaper] Ausgabe *die* - **2.** [broadcast] Sendung *die*.

editor ['edɪtəʳ] *n* - **1.** [of newspaper, magazine, book] Herausgeber *der*, -in *die* - **2.** [of section of newspaper, programme] Redakteur *der*, -in *die* - **3.** [copy editor] Lektor *der*, -in *die* - **4.** CINEMA & RADIO & TV Cutter *der*, -in *die* - **5.** COMPUT Editor *der*.

editorial [ˌedɪ'tɔːrɪəl] *adj* redaktionell; ~ **department/staff** Redaktion *die* <> *n* Redaktion *die*.

EDP (*abbr of* **electronic data processing**) *n* EDV *die*.

EDT (*abbr of* **Eastern Daylight Time**) *n Sommerzeit in der östlichen Zeitzone der USA.*

educate ['edʒʊkeɪt] *vt* - **1.** SCH & UNIV auslbilden; [subj: parents] erziehen - **2.** [inform] informieren.

educated ['edʒʊkeɪtɪd] *adj* [cultured] gebildet.

education [ˌedʒʊ'keɪʃn] *n* Ausbildung *die;* [by parents] Erziehung *die*.

educational [ˌedʒʊ'keɪʃənl] *adj* - **1.** [establishment, policy] Bildungs-; ~ **background** Ausbildung *die* - **2.** [toy] didaktisch; [experience] lehrreich.

educationalist [ˌedʒʊ'keɪʃnəlɪst] *n* Pädagoge *der*, -gin *die*.

educator ['edʒʊkeɪtəʳ] *n* ***esp Am fml*** [teacher] Pädagoge *der*, -gin *die*.

Edwardian [ed'wɔːdɪən] *adj* aus der Zeit Eduards VII; ~ **society** die Gesellschaft zur Zeit Eduards VII.

EEC (*abbr of* **European Economic Community**) *n* EWG *die*.

EEG *n* - **1.** (*abbr of* **electroencephalogram**) EEG *das* - **2.** (*abbr of* **electroencephalograph**) EEG *das*.

eel [iːl] *n* Aal *der*.

EENT (*abbr of* **eye, ear, nose and throat**) *n:* ~ **specialist** Augen- und HNO-Arzt *der*.

EEOC (*abbr of* **Equal Employment Opportunity Commission**) *n Kommission in den USA zur Wahrung der Chancengleichheit im Berufsleben.*

eerie ['ɪərɪ] *adj* unheimlich.

EET (*abbr of* **Eastern European Time**) *n* OEZ.

efface [ɪ'feɪs] *vt* [mark, inscription] entfernen; [memory] auslöschen.

effect [ɪ'fekt] *n* - **1.** [result] Wirkung *die;* **to have an ~ on sb/sthg** eine Wirkung auf jn/etw haben; **to take ~** [law, rule] in Kraft treten; [drug] wirken; **to put sthg into ~** etw in Kraft setzen - **2.** [impression] Wirkung *die*, Effekt *der;* **for ~** aus Effekthascherei - **3.** [meaning]: **a statement to the ~ that** eine Aussage, die besagt, dass; **to that ~** in diesem Sinne <> *vt* bewirken.

◆ **effects** *npl* - **1.: (special) ~s** (Spezial)effekte *pl* - **2.** [property] Habe *die*.

◆ **in effect** *adv* in Wirklichkeit.

effective [ɪ'fektɪv] *adj* - **1.** [successful] effektiv - **2.** [actual] eigentlich - **3.** [in operation] wirksam.

effectively [ɪ'fektɪvlɪ] *adv* - **1.** [successfully] effektiv - **2.** [in fact] in Wirklichkeit.

effectiveness [ɪ'fektɪvnɪs] *n* [success] Effektivität *die*.

effeminate [ɪ'femɪnət] *adj* ***pej*** weibisch.

effervescent [ˌefə'vesənt] *adj* sprudelnd.

effete [ɪ'fiːt] *adj* ***pej*** verweichlicht.

efficacious [efɪ'keɪʃəs] *adj* ***fml*** wirksam.

efficacy ['efɪkəsɪ] *n* Wirksamkeit *die*.

efficiency [ɪ'fɪʃənsɪ] *n* [of person] Tüchtigkeit *die;* [of machine] Leistungsfähigkeit *die;* [of system] Effizienz *die*.

efficient [ɪ'fɪʃənt] *adj* [person] tüchtig; [machine] leistungsfähig; [method] effizient.

efficiently [ɪ'fɪʃəntlɪ] *adv* effizient.

effigy ['efɪdʒɪ] (*pl* **-ies**) *n* Bildnis *das*.

effluent ['efluənt] *n* Abwasser *das*.

effort ['efət] *n* - **1.** [exertion] Anstrengung *die;* **it's not worth the ~** es ist nicht der Mühe wert; **to make the ~ to do sthg** sich bemühen, etw zu tun; **with ~** mit Mühe - **2.** [attempt] Versuch *der;* **to make an/no ~ to do sthg** sich anlstrengen/sich nicht anlstrengen, etw zu tun.

effortless ['efətlɪs] *adj* mühelos.

effortlessly ['efətlɪslɪ] *adv* mühelos.

effrontery [ɪ'frʌntərɪ] *n* Unverfrorenheit *die*.

effusive [ɪ'fjuːsɪv] *adj* überschwenglich.

effusively [ɪ'fjuːsɪvlɪ] *adv* überschwenglich.

EFL ['efəl] (*abbr of* **English as a foreign language**) *n Englisch als Fremdsprache.*

EFTA ['eftə] (*abbr of* **European Free Trade Association**) *n* EFTA *die*.

EFTS [efts] (*abbr of* **electronic funds transfer system**) *n* elektronisches Überweisungssystem.

e.g. (*abbr of* **exempli gratia**) *adv* z. B.

EGA (*abbr of* **enhanced graphics adapter**) *n* EGA.

egalitarian [ɪˌgælɪ'teərɪən] *adj* egalitär.

egg [eg] *n* Ei *das*.

◆ **egg on** *vt sep* anlstacheln.

eggcup ['egkʌp] *n* Eierbecher *der*.

eggplant ['egplɑːnt] *n* ***Am*** Aubergine *die*.

eggshell [ˈegʃel] *n* Eierschale *die*.

egg timer *n* Eieruhr *die*.

egg whisk *n* Schneebesen *der*.

egg white *n* Eiweiß *das*.

egg yolk *n* Eigelb *das*.

EGM (*abbr of* **extraordinary general meeting**) *n* aoHV *die*.

ego [ˈiːgəʊ] (*pl* **-s**) *n* [opinion of self] Selbstbewusstsein *das*; PSYCH Ego *das*.

egocentric [ˌiːgəʊˈsentrɪk] *adj* **fml** & **pej** egozentrisch.

egoism [ˈiːgəʊɪzm] *n* Egoismus *der*.

egoist [ˈiːgəʊɪst] *n* Egoist *der*, -in *die*.

egoistic [ˌiːgəʊˈɪstɪk] *adj* egoistisch.

egotism [ˈiːgətɪzm] *n* Egoismus *der*.

egotist [ˈiːgətɪst] *n* Egoist *der*, -in *die*.

egotistic(al) [ˌiːgəˈtɪstɪk(l)] *adj* egoistisch.

ego trip *n* **inf** Egotrip *der*.

Egypt [ˈiːdʒɪpt] *n* Ägypten *nt*.

Egyptian [ɪˈdʒɪpʃn] *adj* ägyptisch ◇ *n* Ägypter *der*, -in *die*.

eh [eɪ] *excl* **Br inf** - **1.** [inviting agreement] nicht? - **2.** [what did you say?] was?

eiderdown [ˈaɪdədaʊn] *n* **esp Br** [bed cover] Daunendecke *die*.

eight [eɪt] *num* acht; *see also* **six.**

eighteen [ˌeɪˈtiːn] *num* achtzehn; *see also* **six.**

eighteenth [ˌeɪˈtiːnθ] *num* achtzehnte, -r, -s; *see also* **sixth.**

eighth [eɪtθ] *num* achte, -r, -s; *see also* **sixth.**

eightieth [ˈeɪtɪɪθ] *num* achtzigste, -r, -s; *see also* **sixth.**

eighty [ˈeɪtɪ] (*pl* **-ies**) *num* achtzig; *see also* **sixty.**

Eire [ˈeərə] *n* Irland *nt*.

either [ˈaɪðəʳ, ˈiːðəʳ] *adj* - **1.** [one or the other]: **~ will do** es ist egal, welches (von beiden); **~ way I will lose** wie ich es auch mache, ich werde dabei verlieren - **2.** [each] beide; **on ~ side** auf beiden Seiten ◇ *pron*: **I'll take ~ (of them)** ich nehme einen/eine/eins (von beiden); **I don't like ~ (of them)** ich mag keinen/keine/keins (von beiden) ◇ *adv (in negatives)*: **I can't ~** ich auch nicht ◇ *conj*: **~ ... or ...** entweder ... oder; **I don't like ~ him or her** ich mag weder ihn noch sie; **without ~ writing or phoning** ohne zu schreiben oder anzurufen.

ejaculate [ɪˈdʒækjʊleɪt] *vt* [exclaim] aus|rufen ◇ *vi* [have orgasm] ejakulieren.

eject [ɪˈdʒekt] *vt* - **1.** [object] aus|stoßen - **2.** [person]: **to ~ sb (from)** jn hinaus|werfen (aus).

ejector seat Br [ɪˈdʒektəʳ-], **ejection seat Am** [ɪˈdʒekʃn-] *n* Schleudersitz *der*.

eke ◆ **eke out** *vt sep* strecken ◇ *vt fus*: **to ~ out a living** sich mit Müh und Not durch|schlagen.

EKG (*abbr of* **electrocardiogram**) *n* **Am** EKG *das*.

el [el] (*abbr of* **elevated railroad**) *n* **Am inf** Hochbahn *die*.

elaborate [*adj* ɪˈlæbrət, *vb* ɪˈlæbəreɪt] *adj* [explanation] ausführlich; [plan] ausgefeilt; [carving] kunstvoll; [ceremony] kompliziert ◇ *vi*: **to ~ (on sthg)** (etw) näher erläutern.

elaborately [ɪˈlæbərətlɪ] *adv* [plan] ausgefeilt; [decorate] kunstvoll.

elapse [ɪˈlæps] *vi* [time] verstreichen.

elastic [ɪˈlæstɪk] *adj* - **1.** [stretchy] elastisch - **2.** **fig** [flexible] flexibel ◇ *n (U)* [material] Gummiband *das*.

elasticated [ɪˈlæstɪkeɪtɪd] *adj* [waistband] mit Gummizug.

elastic band *n* **Br** Gummiband *das*.

elasticity [ˌelæˈstɪsətɪ] *n* Elastizität *die*.

elated [ɪˈleɪtɪd] *adj* in Hochstimmung.

elation [ɪˈleɪʃn] *n* Hochstimmung *die*.

elbow [ˈelbəʊ] *n* Ellbogen *der* ◇ *vt*: **to ~ sb aside** jn beiseite stoßen.

elbow grease *n* **inf**: **to use some ~** Kraft an|wenden.

elbowroom [ˈelbəʊrʊm] *n* **inf** Bewegungsfreiheit *die*.

elder [ˈeldəʳ] *adj* ältere, -r, -s ◇ n - **1.** [older person]: **show respect to your ~s** zeige Respekt gegenüber älteren Menschen - **2.** [of tribe] Älteste *der*, *die* - **3.** [of church] Presbyter *der* - **4.** BOT Holunder *der*.

elderberry [ˈeldəˌberɪ] (*pl* **-ies**) *n* Holunderbeere *die*.

elderly [ˈeldəlɪ] *adj* ältere, -r, -s ◇ *npl*: **the ~** ältere Menschen *pl*.

elder statesman *n* erfahrener Staatsmann.

eldest [ˈeldɪst] *adj* älteste, -r, -s.

elect [ɪˈlekt] *adj*: **president ~** designierter Präsident ◇ *vt* - **1.** [by voting] wählen; **he was ~ed (as) party leader** er wurde zum Parteivorsitzenden gewählt - **2.** **fml** [choose]: **to ~ to do sthg** sich dafür entscheiden, etw zu tun.

elected [ɪˈlektɪd] *adj* gewählt.

election [ɪˈlekʃn] *n* Wahl *die*; **to have** OR **hold an ~** eine Wahl ab|halten.

election campaign *n* Wahlkampf *der*.

electioneering [ɪˌlekʃəˈnɪərɪŋ] *n* **pej** Wahlpropaganda *die*.

elective [ɪˈlektɪv] *n* SCH & UNIV Wahlfach *das*.

elector [ɪˈlektəʳ] *n* [voter] Wähler *der*, -in *die*.

electoral [ɪˈlektərəl] *adj* Wahl-.

electoral college *n* POL Wahlgremium *das*.

electoral register, electoral roll *n:* **the ~** das Wählerverzeichnis.

electorate [ɪ'lektərət] *n:* **the ~** die Wählerschaft.

electric [ɪ'lektrɪk] *adj* **- 1.** [gen] elektrisch **- 2.** *fig* [atmosphere] elektrisiert.
◆ **electrics** *npl* *Br inf* [in car, machine] Elektrik *die*.

electrical [ɪ'lektrɪkl] *adj* elektrisch; **~ goods** Elektrowaren *pl*.

electrical engineer *n* Elektrotechniker *der*, -in *die*.

electrical engineering *n* Elektrotechnik *die*.

electrically [ɪ'lektrɪklɪ] *adv* elektrisch.

electrical shock *n* *Am* = **electric shock.**

electric blanket *n* Heizdecke *die*.

electric chair *n:* **the ~** der elektrische Stuhl.

electric cooker *n* Elektroherd *der*.

electric current *n* elektrischer Strom.

electric drill *n* Bohrmaschine *die*.

electric fence *n* Elektrozaun *der*.

electric fire *n* Heizstrahler *der*.

electric guitar *n* elektrische Gitarre.

electrician [ˌɪlek'trɪʃn] *n* Elektriker *der*, -in *die*.

electricity [ˌɪlek'trɪsətɪ] *n* **- 1.** [current] Strom *der;* [in physics] Elektrizität *die* **- 2.** *fig* [excitement] Spannung *die*.

electric light *n* elektrisches Licht.

electric shock *Br*, **electrical shock** *Am* *n* Stromschlag *der*.

electric shock therapy *n* Elektroschocktherapie *die*.

electric storm *n* Gewitter *das*.

electrify [ɪ'lektrɪfaɪ] (*pt* & *pp* **-ied**) *vt* **- 1.** [railway line] elektrifizieren **- 2.** *fig* [excite] elektrisieren.

electrifying [ɪ'lektrɪfaɪɪŋ] *adj* *fig* elektrisierend.

electro- [ɪ'lektrəʊ] *prefix* Elektro-.

electrocardiograph [ɪˌlektrəʊ'kɑːdɪəgrɑːf] *n* MED Elektrokardiograf *der*.

electrocute [ɪ'lektrəkjuːt] *vt:* **to ~ o.s., to be ~d** sich durch Stromschlag töten; **to be ~d** [executed] auf dem elektrischen Stuhl hingerichtet werden.

electrode [ɪ'lektrəʊd] *n* Elektrode *die*.

electroencephalograph [ɪˌlektrəʊen'sefələgrɑːf] *n* Elektroenzephalograf *der*.

electrolysis [ˌɪlek'trɒləsɪs] *n* Elektrolyse *die*.

electromagnet [ɪˌlektrəʊ'mægnɪt] *n* Elektromagnet *der*.

electromagnetic [ɪˌlektrəʊmæg'netɪk] *adj* elektromagnetisch.

electron [ɪ'lektrɒn] *n* Elektron *das*.

electronic [ˌɪlek'trɒnɪk] *adj* elektronisch.
◆ **electronics** *n (U)* [technology] Elektronik *die* ◇ *npl* [of car, machine] Elektronik *die*.

electronic data processing *n* elektronische Datenverarbeitung.

electronic mail *n* elektronische Post, E-mail *die*.

electroplated [ɪ'lektrəupleɪtɪd] *adj* galvanisiert.

elegance ['elɪgəns] *n* Eleganz *die*.

elegant ['elɪgənt] *adj* elegant.

elegantly ['elɪgəntlɪ] *adv* elegant.

elegy ['elɪdʒɪ] (*pl* **-ies**) *n* Elegie *die*.

element ['elɪmənt] *n* **- 1.** [gen] Element *das;* [component] Bestandteil *der;* **an ~ of truth** ein Körnchen Wahrheit; **an ~ of jealousy** eine Spur von Eifersucht **- 2.** [of heater, kettle] Heizelement *das* **- 3.** *phr:* **to be in one's ~** in seinem Element sein.
◆ **elements** *npl* **- 1.** [basics] Grundlagen *pl* **- 2.** [weather]: **the ~s** die Elemente *pl*.

elementary [ˌelɪ'mentərɪ] *adj* [precautions, mistake, question] simpel; [education, maths] Elementar-.

elementary school *n* *Am* Grundschule *die*.

elephant ['elɪfənt] (*pl inv* OR **-s**) *n* Elefant *der*.

elevate ['elɪveɪt] *vt* **- 1.** [raise] heben **- 2.** [give importance to] erheben; [promote] befördern; **to ~ sb to the peerage** jn in den Adelstand erheben.

elevated ['elɪveɪtɪd] *adj* *fml* **- 1.** [important] bedeutend **- 2.** [idea, feelings] erhaben **- 3.** [raised - land] hochgelegen; [- platform] erhöht.

elevated railway *n* Hochbahn *die*.

elevation [ˌelɪ'veɪʃn] *n* *fml* **- 1.** [promotion] Beförderung *die* **- 2.** [height] Höhe *die* (über dem Meeresspiegel).

elevator ['elɪveɪtə^r] *n* *Am* Fahrstuhl *der*.

eleven [ɪ'levn] *num* elf; *see also* **six.**

elevenses [ɪ'levnzɪz] *n* *Br* zweites Frühstück.

eleventh [ɪ'levnθ] *num* elfte, -r, -s; *see also* **sixth.**

eleventh hour *n* *fig:* **at the ~** in letzter Minute.

elf [elf] (*pl* **elves**) *n* Elf *der*, -e *die*.

elicit [ɪ'lɪsɪt] *vt* *fml:* **to ~ sthg (from sb)** (jm) etw entlocken.

eligibility [ˌelɪdʒə'bɪlətɪ] *n* [suitability] Eignung *die;* [for grant] berechtiger Anspruch.

eligible ['elɪdʒəbl] *adj* **- 1.** [suitable, qualified] geeignet; **to be ~ for sthg** für etw in Frage kommen; **to be ~ to join the team** für die Mannschaft in Frage kommen; **to be ~ for a pension** pensionsberechtigt sein - **2.** ***dated*** [marriageable]: **~ bachelor** begehrter Junggeselle.

eliminate [ɪ'lɪmɪneɪt] *vt* - **1.** [remove] auslschließen; [disease, poverty] eliminieren - **2.** [from competition]: **to be ~d from sthg** aus etw auslscheiden.

elimination [ɪˌlɪmɪ'neɪʃn] *n* - **1.** [removal] Ausschluss *der;* [of disease, poverty] Elimination *die* - **2.** [from competition] Ausscheiden *das.*

elite [ɪ'li:t] *adj* Elite- ◇ *n* Elite *die.*

elitist [ɪ'li:tɪst] *adj* elitär.

elixir [ɪ'lɪksəʳ] *n* Elixier *das.*

Elizabethan [ɪˌlɪzə'bi:θn] *adj* elisabethanisch.

elk [elk] (*pl inv* OR **-s**) *n* Elch *der;* [Canadian] Elk *der.*

ellipse [ɪ'lɪps] *n* Ellipse *die.*

elliptical [ɪ'lɪptɪkl] *adj* elliptisch.

elm [elm] *n:* **~ (tree)** Ulme *die.*

elocution [ˌelə'kju:ʃn] *n* Sprechtechnik *die.*

elongated ['i:lɒŋgeɪtɪd] *adj* [face, shape] lang gezogen.

elope [ɪ'ləʊp] *vi* durchlbrennen.

elopement [ɪ'ləʊpmənt] *n* Durchbrennen *das.*

eloquence ['eləkwəns] *n* [of speaker] Wortgewandtheit *die;* [of speech] Wohlgesetztheit *die.*

eloquent ['eləkwənt] *adj* - **1.** [speaker] wortgewandt - **2.** [speech, words] wohlgesetzt.

eloquently ['eləkwəntlɪ] *adv* wortgewandt.

El Salvador [ˌel'sælvədɔ:ʳ] *n* El Salvador *nt.*

else [els] *adv:* **I don't want anything ~** ich will nichts mehr; **anything ~?** sonst noch etwas?; **everyone ~** alle anderen; **nobody ~** niemand anders; **nothing ~** sonst nichts; **somebody ~** [additional person] noch jemand anders; [different person] jemand anders; **anybody ~ (but you) would have given up** jeder andere (außer dir) hätte aufgegeben; **something ~** [additional thing] noch etwas; [different thing] etwas anderes; **somewhere ~** woanders; **to go somewhere ~** woandershin gehen; **what ~?** [in addition] was (sonst) noch?; [instead] was sonst?; **who ~?** [in addition] wer (sonst) noch?; [instead] wer sonst?

◆ **or else** *conj* - **1.** [or if not] sonst, oder; **come in or ~ go out** komm entweder herein oder geh hinaus - **2.** [as threat]: **do what I say, or ~!** tu, was ich sage, sonst passiert was!

elsewhere [els'weəʳ] *adv* woanders, anderswo.

ELT (*abbr of* **English language teaching**) *n englischer Sprachunterricht.*

elucidate [ɪ'lu:sɪdeɪt] *vt fml* erläutern.

elude [ɪ'lu:d] *vt* - **1.** [police, pursuers] entwischen - **2.** [subj: fact, name] entfallen sein *(+ D).*

elusive [ɪ'lu:sɪv] *adj* [quality] schwer fassbar; [success] schwer erreichbar; **he is very ~** er ist selten anzutreffen.

elves [elvz] *pl* ▷ **elf.**

'em [əm] *inf* = **them.**

emaciated [ɪ'meɪʃɪeɪtɪd] *adj* stark abgemagert.

e-mail *n* E-Mail *die;* **by ~** per E-Mail ◇ *vt:* **to ~ sb** jm eine E-mail schicken, jm mailen.

e-mail address *n* COMPUT E-Mail-Adresse *die.*

emanate ['emənert] *fml vt* auslstrahlen ◇ *vi:* **to ~ from** [idea] stammen von; [smell] kommen von/aus.

emancipate [ɪ'mænsɪpeɪt] *vt* befreien; [women] emanzipieren.

emancipation [ɪˌmænsɪ'peɪʃn] *n* Befreiung *die;* [of women] Emanzipation *die.*

emasculate [ɪ'mæskjʊleɪt] *vt* ***fml*** [weaken] schwächen.

embalm [ɪm'bɑ:m] *vt* einlbalsamieren.

embankment [ɪm'bæŋkmənt] *n* - **1.** [along road, path] Böschung *die* - **2.** [along river] Damm *der;* [along railway] Bahndamm *der.*

embargo [em'bɑ:gəʊ] (*pl* **-es;** *pt* & *pp* **-ed;** *cont* **-ing**) *n* - **1.** COMM & POL Embargo *das;* **to put an ~ on sthg** etw mit einem Embargo belegen - **2.** ***fig*** [ban] Sperre *die* ◇ *vt* - **1.** COMM & POL mit einem Embargo belegen - **2.** ***fig*** [ban] sperren.

embark [ɪm'bɑ:k] *vi* - **1.** [board ship] sich einlschiffen - **2.** [start]: **to ~ (up)on sthg** mit etw beginnen.

embarkation [ˌembɑ:'keɪʃn] *n* Einschiffung *die.*

embarkation card *n* ***Br*** Bordkarte *die.*

embarrass [ɪm'bærəs] *vt* in Verlegenheit bringen.

embarrassed [ɪm'bærəst] *adj* verlegen.

embarrassing [ɪm'bærəsɪŋ] *adj* peinlich.

embarrassment [ɪm'bærəsmənt] *n* Verlegenheit *die;* **to be an ~ to sb** jn in Verlegenheit bringen.

embassy ['embəsɪ] (*pl* **-ies**) *n* Botschaft *die.*

embattled [ɪm'bætld] *adj:* **the ~ government** die Regierung, die in Schwierigkeiten ist.

embedded [ɪm'bedɪd] *adj* - **1.** [in rock, wood, mud]: **to be ~ in sthg** in etw *(D)* festlstecken - **2.** ***fig*** [feeling] fest verwurzelt.

embellish [ɪm'belɪʃ] *vt* - **1.** [decorate]: **to ~ sthg with sthg** etw mit etw schmücken - **2.** ***fig*** [story] auslschmücken.

embers ['embəz] *npl* Glut *die.*

embezzle [ɪm'bezl] *vt* unterschlagen.

embezzlement [ɪm'bezlmənt] *n* Unterschlagung *die.*

embittered [ɪm'bɪtəd] *adj* verbittert.

emblazoned [ɪm'bleɪznd] *adj:* **to be ~ on sthg** auf etw *(D)* prangen; **to be ~ with sthg** mit etw geschmückt sein.

emblem ['embləm] *n* Emblem *das.*

embodiment [ɪm'bɒdɪmənt] *n* Verkörperung *die.*

embody [ɪm'bɒdɪ] (*pt* & *pp* **-ied**) *vt* **- 1.** [epitomize] verkörpern **- 2.** [include] enthalten.

embolism ['embəlɪzm] *n* Embolie *die.*

embossed [ɪm'bɒst] *adj* geprägt.

embrace [ɪm'breɪs] *n* Umarmung *die* ◇ *vt* **- 1.** [hug] umarmen **- 2.** ***fml*** [belief, religion] an|nehmen **- 3.** ***fml*** [include] umfassen ◇ *vi* sich umarmen.

embroider [ɪm'brɔɪdə^r] *vt* **- 1.** [design] sticken; [tablecloth, blouse] besticken **- 2.** [story] aus|schmücken.

embroidered [ɪm'brɔɪdəd] *adj* bestickt.

embroidery [ɪm'brɔɪdərɪ] *n* **- 1.** [skill] Sticken *das* **- 2.** [designs] Stickerei *die.*

embroil [ɪm'brɔɪl] *vt:* **to get ~ed (in sthg)** (in etw *(A)*) verwickelt werden.

embryo ['embrɪəʊ] (*pl* **-s**) *n* Embryo *der;* ***fig*** **to be in ~** noch in den Kinderschuhen stecken.

embryonic [ˌembrɪ'ɒnɪk] *adj* ***fig:*** **to be at an ~ stage** noch in den Kinderschuhen stecken.

emcee [ˌem'siː] *n* ***Am*** *abbr of* **master of ceremonies.**

emend [ɪ'mend] *vt* verbessern.

emerald ['emərəld] *adj:* **~ (green)** smaragdgrün ◇ *n* Smaragd *der.*

emerge [ɪ'mɜːdʒ] *vi* **- 1.** [come out] auf|tauchen; **to ~ from sthg** aus etw heraus|kommen **- 2.** [facts, truth] heraus|kommen ◇ *vt:* **it ~d that ...** es stellte sich heraus, dass ...

emergence [ɪ'mɜːdʒəns] *n* Auftauchen *das;* [of new organization] Entstehen *das.*

emergency [ɪ'mɜːdʒənsɪ] (*pl* **-ies**) *adj* Not- ◇ *n* Notfall *der;* **in an ~** im Notfall.

emergency brake *n* ***Am*** Notbremse *die.*

emergency exit *n* Notausgang *der.*

emergency landing *n* Notlandung *die.*

emergency room *n* ***Am*** Unfallstation *die.*

emergency services *npl* Hilfsdienste *pl.*

emergency stop *n* Vollbremsung *die.*

emergent [ɪ'mɜːdʒənt] *adj* aufstrebend.

emery board ['emərɪ-] *n* Papiernagelfeile *die.*

emetic [ɪ'metɪk] *adj* emetisch ◇ *n* Brechmittel *das.*

emigrant ['emɪgrənt] *n* Auswanderer *der.*

emigrate ['emɪgreɪt] *vi* aus|wandern.

emigration [ˌemɪ'greɪʃn] *n* Auswanderung *die.*

émigré ['emɪgreɪ] *n* ***fml*** Emigrant *der.*

eminence ['emɪnəns] *n* [prominence] hohes Ansehen.

eminent ['emɪnənt] *adj* berühmt und anerkannt.

eminently ['emɪnəntlɪ] *adv* ***fml*** [extremely] ausgesprochen.

emissary ['emɪsərɪ] (*pl* **-ies**) *n* ***fml*** Abgesandte *der, die.*

emission [ɪ'mɪʃn] *n* ***fml*** [of light] Ausstrahlung *die;* [of fumes] Emission *die;* [of heat, sound] Abgabe *die.*

emit [ɪ'mɪt] (*pt* & *pp* **-ted;** *cont* **-ting**) *vt* ***fml*** [light] aus|strahlen; [radiator, smoke] emittieren; [sound, heat] ab|geben.

emolument [ɪ'mɒljʊmənt] *n* ***fml*** Vergütung *die.*

emoticon [ɪ'məʊtɪkɒn] *n* COMPUT Emoticon *das,* Gefühlssymbol *das.*

emotion [ɪ'məʊʃn] *n* **- 1.** [particular feeling] Gefühl *das,* Emotion *die* **- 2.** *(U)* [strength of feeling] Gemütsbewegung *die;* **she showed no ~** sie blieb vollkommen unbewegt; **to speak with ~** ergriffen sprechen.

emotional [ɪ'məʊʃənl] *adj* **- 1.** [person - by nature] gefühlsbetont; [- temporarily] emotional; **to get ~** emotional werden **- 2.** [scene, farewell] emotionsgeladen; [music] gefühlvoll; [appeal, speech] gefühlsbetont **- 3.** [problems, needs, reaction] emotional.

emotionally [ɪ'məʊʃnəlɪ] *adv* [react, disturbed] emotional; [speak] gefühlvoll.

emotionless [ɪ'məʊʃnlɪs] *adj* ausdruckslos.

emotive [ɪ'məʊtɪv] *adj* [speech, language] gefühlsbetont; [issue] emotionsgeladen.

empathy ['empəθɪ] *n* Einfühlungsvermögen *das,* Empathie *die.*

emperor ['empərə^r] *n* Kaiser *der.*

emphasis ['emfəsɪs] (*pl* **-ases** [-əsiːz]) *n* Betonung *die;* **to lay** OR **place ~ on sthg** großen Wert auf etw *(A)* legen.

emphasize, -ise ['emfəsaɪz] *vt* betonen; [point, feature] hervor|heben.

emphatic [ɪm'fætɪk] *adj* [forceful] entschieden.

emphatically [ɪm'fætɪklɪ] *adv* **- 1.** [with emphasis] mit Nachdruck **- 2.** [deny] entschieden.

emphysema [ˌemfɪ'siːmə] *n* Emphysem *das.*

empire ['empaɪə^r] *n* **- 1.** POL Reich *das* **- 2.** COMM Imperium *das.*

empirical [ɪm'pɪrɪkl] *adj* empirisch.

empiricism [ɪm'pɪrɪsɪzm] *n* Empirismus *der*.

employ [ɪm'plɔɪ] *vt* - **1.** [give work to] beschäftigen; [recruit] an|stellen; **to be ~ed as a secretary** als Sekretär(in) arbeiten - **2.** *fml* [use] an|wenden.

employable [ɪm'plɔɪəbl] *adj* anstellbar.

employee [ɪm'plɔɪiː] *n* Angestellte *der, die*.

employer [ɪm'plɔɪə^r] *n* Arbeitgeber *der*, -in *die*.

employment [ɪm'plɔɪmənt] *n (U)* Arbeit *die;* [recruitment] Anstellung *die;* **to be in ~** eine Stelle haben.

employment agency *n* Stellenvermittlung *die*.

employment office *n* Arbeitsamt *das*.

emporium [em'pɔːrɪəm] *n* großes Kaufhaus.

empower [ɪm'paʊə^r] *vt fml:* **to be ~ed to do sthg** ermächtigt sein, etw zu tun.

empress ['emprɪs] *n* Kaiserin *die*.

emptiness ['emptɪnɪs] *n* Leere *die*.

empty ['emptɪ] (*compar* **-ier;** *superl* **-iest;** *pt & pp* **-ied;** *pl* **-ies**) *adj* leer; **on an ~ stomach** MED auf nüchternen Magen <> *vt* leeren; [bin] aus|leeren; [room] aus|räumen; **to ~ sthg into/out of sthg** [pour] etw in etw *(A)* /aus etw schütten <> *vi* [room, theatre] sich leeren <> *n inf* [bottle] leere Flasche; [glass] leeres Glas.

empty-handed [-'hændɪd] *adv* unverrichteter Dinge.

empty-headed [-'hedɪd] *adj pej* strohdumm.

emu ['iːmjuː] (*pl inv* OR **-s**) *n* Emu *der*.

EMU (*abbr of* **European Monetary Union**) *n* WWU *die*.

emulate ['emjʊleɪt] *vt* [person, example] nach|eifern *(+ D);* [system] nach|ahmen.

emulsion [ɪ'mʌlʃn] *n* - **1.: ~ (paint)** Dispersionsfarbe *die* - **2.** PHOT Emulsion *die*.

enable [ɪ'neɪbl] *vt:* **to ~ sb to do sthg** es jm möglich machen, etw zu tun.

enact [ɪ'nækt] *vt* - **1.** LAW erlassen - **2.** [scene, play] auf|führen.

enactment [ɪ'næktmənt] *n* - **1.** LAW Erlassung *die* - **2.** [of scene, play] Aufführung *die*.

enamel [ɪ'næml] *n* - **1.** [on metal, glass] Email *das* - **2.** [on tooth] Zahnschmelz *der* - **3.** [paint] Emaillack *der*.

enamelled *Br*, **enameled** *Am* [ɪ'næmld] *adj* emailliert.

enamel paint *n* Emaillack *der*.

enamoured *Br*, **enamored** *Am* [ɪ'næməd] *adj:* **to be ~ of sb/sthg** von jm/etw angetan sein.

enc. - **1.** (*abbr of* **enclosure**) Anlage *die* - **2.** (*abbr of* **enclosed**) anbei, als Anlage.

encamp [ɪn'kæmp] *vi* kampieren.

encampment [ɪn'kæmpmənt] *n* Lager *das*.

encapsulate [ɪn'kæpsjʊleɪt] *vt fig* zusammen|fassen.

encase [ɪn'keɪs] *vt:* **to be ~d in concrete** einbetoniert sein.

encash [ɪn'kæʃ] *vt Br* ein|lösen.

enchanted [ɪn'tʃɑːntɪd] *adj* - **1.** [delighted]: **to be ~ by** OR **with sthg** von etw OR über etw *(A)* entzückt sein - **2.** *literary* [magical] verzaubert.

enchanting [ɪn'tʃɑːntɪŋ] *adj* bezaubernd.

encircle [ɪn'sɜːkl] *vt* umgeben; [subj: troops] umringen.

enclave ['enkleɪv] *n* Enklave *die*.

enclose [ɪn'kləʊz] *vt* - **1.** [surround] umgeben; **~d space** abgeschlossener Raum; **to be ~d by** OR **with sthg** von etw umgeben sein - **2.** [put in envelope] bei|legen; **please find ~d ...** als Anlage senden wir Ihnen ...

enclosure [ɪn'kləʊʒə^r] *n* - **1.** [place] eingezäuntes Grundstück; [for animals] Gehege *das* - **2.** [in letter] Anlage *die*.

encompass [ɪn'kʌmpəs] *vt fml* umfassen.

encore ['ɒŋkɔː^r] *n* Zugabe *die* <> *excl* Zugabe!

encounter [ɪn'kaʊntə^r] *n* Begegnung *die;* [battle] Kampf *der* <> *vt fml* - **1.** [meet] begegnen *(+ D)* - **2.** [experience] stoßen auf *(+ A)*.

encourage [ɪn'kʌrɪdʒ] *vt* - **1.** [person] ermutigen, ermuntern; **to ~ sb to do sthg** jn ermutigen OR ermuntern, etw zu tun - **2.** [foster] fördern.

encouragement [ɪn'kʌrɪdʒmənt] *n* Ermutigung *die;* [support] Förderung *die*.

encouraging [ɪn'kʌrɪdʒɪŋ] *adj* ermutigend; **she was very ~** sie machte mir/uns viel Mut.

encroach [ɪn'krəʊtʃ] *vi:* **to ~ (up)on sthg** [on territory] in etw *(A)* vor|dringen; [on rights, privacy] in etw *(A)* ein|greifen.

encrusted [ɪn'krʌstɪd] *adj* [with mud] verkrustet; **~ with diamonds** mit Diamanten dicht besetzt.

encumber [ɪn'kʌmbə^r] *vt fml:* **to be ~ed with sthg** mit etw beladen sein; [with debts] mit etw belastet sein.

encyclop(a)edia [ɪnˌsaɪklə'piːdjə] *n* Lexikon *das*, Enzyklopädie *die*.

encyclop(a)edic [ɪnˌsaɪkləʊ'piːdɪk] *adj* enzyklopädisch.

end [end] *n* - **1.** [finish] Ende *das;* **from beginning to ~** von vorn bis hinten; **at the ~ of May** Ende Mai; **at an ~** zu Ende; **to come to an ~** enden; **to put an ~ to sthg** etw *(D)* ein Ende setzen; **at the ~ of the day** *fig* schließlich und endlich; **in the ~** [finally] schließlich - **2.** [extremity] Ende *das;* [of box] Seite *die;* [of finger, stick] Spitze *die;* **~ to ~** mit den Enden aneinander; **to make ~s meet** [financially] zurechtlkommen - **3.** [leftover part] Rest *der;* [of candle] Stummel *der* - **4.** *fml* [purpose] Ziel *das;* **it is an ~ in itself** das ist reiner Selbstzweck - **5.** *literary* [death] Ende *das* ◇ *vt* beenden ◇ *vi* enden; **to ~ in failure** in einem Misserfolg enden.

◆ **on end** *adv* - **1.** [upright] hoch kant - **2.** [continuously]: **for days on ~** tagelang.

◆ **no end** *adv inf* [a lot] irrsinnig.

◆ **no end of** *prep inf:* **no ~ of problems** irrsinnig viele Probleme; **it will do you no ~ of good** das wird dir unheimlich gut tun.

◆ **end up** *vi:* **to ~ up in prison** im Gefängnis landen; **to ~ up as president** schließlich Präsident werden; **to ~ up doing sthg** schließlich etw tun.

endanger [ɪn'deɪndʒəʳ] *vt* gefährden.

endangered species [ɪn'deɪndʒəd-] *n* von Aussterben bedrohte Art.

endear [ɪn'dɪəʳ] *vt:* **to ~ sb to sb** jn bei jm beliebt machen; **to ~ o.s. to sb** sich bei jm beliebt machen.

endearing [ɪn'dɪərɪŋ] *adj* liebenswert.

endearment [ɪn'dɪəmənt] *n fml* [word] zärtliches Wort.

endeavour *Br*, **endeavor** *Am* [ɪn'devəʳ] *fml n* Bemühung *die;* **human ~** menschliches Streben ◇ *vt:* **to ~ to do sthg** sich bemühen, etw zu tun.

endemic [en'demɪk] *adj* - **1.** MED endemisch - **2.** [problem, poverty, racism] ausgeprägt.

ending ['endɪŋ] *n* - **1.** [of story, film] Ende *das,* Schluss *der* - **2.** GRAMM Endung *die.*

endive ['endaɪv] *n* - **1.** [salad vegetable] Endivie *die,* Endiviensalat *der* - **2.** [chicory] Chicorée *die* OR *der.*

endless ['endlɪs] *adj* endlos; [possibilities, desert] unendlich.

endlessly ['endlɪslɪ] *adv* endlos; [patient, kind] unendlich.

endorse [ɪn'dɔːs] *vt* - **1.** [approve] billigen - **2.** [cheque] auf der Rückseite unterschreiben, indossieren - **3.** *Br* [driving licence] eine Strafe vermerken auf *(+ D).*

endorsement [ɪn'dɔːsmənt] *n* - **1.** [approval] Billigung *die* - **2.** [of cheque] Indossament *das* - **3.** *Br* [on driving licence] Strafvermerk *der* (auf dem Führerschein).

endow [ɪn'daʊ] *vt* - **1.** [equip]: **to be ~ed with sthg** mit etw ausgestattet sein; **to be ~ed with charm/talent** Charme/Talent haben - **2.** [donate money to] eine Stiftung machen an *(+ A).*

endowment [ɪn'daʊmənt] *n* - **1.** [talent] Begabung *die* - **2.** [gift of money] Stiftung *die.*

endowment insurance *n* Erlebensfallversicherung *die.*

endowment mortgage *n* Hypothek *die* mit Lebensversicherung.

end product *n* Endprodukt *das.*

end result *n* Endergebnis *das.*

endurable [ɪn'djʊərəbl] *adj* erträglich.

endurance [ɪn'djʊərəns] *n* Durchhaltvermögen *das;* **it was beyond ~** es war nicht auszuhalten.

endurance test *n* Belastungsprobe *die.*

endure [ɪn'djʊəʳ] *vt* ertragen ◇ *vi fml* Bestand haben.

enduring [ɪn'djʊərɪŋ] *adj fml* dauerhaft.

end user *n* Endverbraucher *der.*

endways *Br* ['endweɪz], **endwise** *Am* ['endwaɪz] *adv* - **1.** [lengthways] mit dem Ende nach vorn - **2.** [end to end] mit dem Enden aneinander.

enema ['enəmə] *n* Einlauf *der.*

enemy ['enɪmɪ] (*pl* **-ies**) *n* Feind *der* ◇ *comp* feindlich.

energetic [ˌenə'dʒetɪk] *adj* - **1.** [lively] energiegeladen, sehr aktiv; **to feel/be ~** viel Energie haben - **2.** [game, activity] viel Energie erfordernd - **3.** [supporter, campaigner] tatkräftig.

energy ['enədʒɪ] (*pl* **-ies**) *n* - **1.** [gen] Energie *die* - **2.** [effort] Energie *die,* Kraft *die.*

energy-saving *adj* energiesparend.

enervating ['enəveɪtɪŋ] *adj fml* strapazierend.

enfold [ɪn'fəʊld] *vt literary* einlhüllen; **she ~ed him in her arms** sie schloss ihn in ihre Arme.

enforce [ɪn'fɔːs] *vt* [high standards, discipline] sorgen für; **to ~ a law** für die Einhaltung eines Gesetzes sorgen.

enforceable [ɪn'fɔːsəbl] *adj* durchsetzbar.

enforced [ɪn'fɔːst] *adj* aufgezwungen.

enforcement [ɪn'fɔːsmənt] *n* [of law] Durchsetzung *die.*

enfranchise [ɪn'fræntʃaɪz] *vt* - **1.** [give vote to] das Wahlrecht geben *(+ D)* - **2.** [set free] freillassen.

engage [ɪn'geɪdʒ] *vt* - **1.** [attract - attention] in Anspruch nehmen; [- interest] fesseln; **to ~ sb in conversation** jn in ein Gespräch verwickeln - **2.** TECH [wheels] ineinander greifen lassen; [gear] einllegen; **to ~ the clutch** kuppeln - **3.** *fml* [employ] anlstellen; **to be ~d in** OR **on sthg** mit etw beschäftigt sein; **to be ~d in negotiations** Verhandlungen führen ◇ *vi:* **to ~ in sthg** sich mit etw befassen.

engaged [ɪn'geɪdʒd] *adj* - **1.** [couple]: **~ (to sb)** (mit jm) verlobt; **to get ~** sich verloben - **2.** [busy] beschäftigt - **3.** [toilet, telephone, number] besetzt.

engaged tone *n Br* Besetztzeichen *das.*

engagement [ɪn'geɪdʒmənt] *n* - **1.** [of couple]

Verlobung *die* **- 2.** [appointment - gen] Verpflichtung *die;* [- business] Termin *der.*

engagement ring *n* Verlobungsring *der.*

engaging [ɪn'geɪdʒɪŋ] *adj* [manner, personality] einnehmend; [smile] gewinnend.

engender [ɪn'dʒendəʳ] *vt fml* erzeugen.

engine ['endʒɪn] *n* **- 1.** [of car, plane] Motor *der;* [of ship] Maschine *die* **- 2.** RAIL Lokomotive *die.*

engine driver *n Br* Lokomotivführer *der.*

engineer [ˌendʒɪ'nɪəʳ] *n* **- 1.** [of roads, machines, bridges] Techniker *der,* -in *die;* [with degree] Ingenieur *der,* -in *die* **- 2.** [on ship] Maschinist *der,* -in *die* **- 3.** *Am* [engine driver] Lokomotivführer *der* ◇ *vt* **- 1.** [construct] konstruieren **- 2.** [arrange] arrangieren.

engineering [ˌendʒɪ'nɪərɪŋ] *n (U)* Technik *die;* [mechanical] Maschinenbau *der;* **a superb piece of ~** eine meisterhafte Konstruktion.

England ['ɪŋglənd] *n* England *nt.*

English ['ɪŋglɪʃ] *adj* englisch ◇ *n* Englisch(e) *das* ◇ *npl:* **the ~** die Engländer *pl.*

English breakfast *n* englisches Frühstück.

English Channel *n:* **the ~** der Ärmelkanal.

Englishman ['ɪŋglɪʃmən] (*pl* **-men** [-mən]) *n* Engländer *der.*

English muffin *n* **Am** *kleines rundes Stück Brot, das vor dem Verzehr getoastet wird.*

Englishwoman ['ɪŋglɪʃˌwʊmən] (*pl* **-women** [-wɪmɪn]) *n* Engländerin *die.*

engrave [ɪn'greɪv] *vt* [metal, glass] gravieren; [design] eingravieren; ***fig:* it's ~d on my memory** es hat sich mir tief eingeprägt.

engraver [ɪn'greɪvəʳ] *n* Graveur *der,* -in *die.*

engraving [ɪn'greɪvɪŋ] *n* **- 1.** [design] Gravierung *die;* [print] Stich *der* **- 2.** [skill] Gravieren *das.*

engrossed [ɪn'grəʊst] *adj:* **to be ~ (in sthg)** (in etw *(A)*) vertieft sein.

engrossing [ɪn'grəʊsɪŋ] *adj* fesselnd.

engulf [ɪn'gʌlf] *vt* [subj: fire, water] verschlingen; [subj: panic, fear] überwältigen.

enhance [ɪn'hɑːns] *vt* verbessern; [value, chances] steigern, erhöhen; [beauty] betonen.

enhancement [ɪn'hɑːnsmənt] *n* Verbesserung *die.*

enigma [ɪ'nɪgmə] *n* Rätsel *das.*

enigmatic [ˌenɪg'mætɪk] *adj* rätselhaft.

enjoy [ɪn'dʒɔɪ] *vt* **- 1.** [like] genießen; **she ~ed the film/book** der Film/das Buch hat ihr gefallen; **did you ~ it?** hast du es genossen?, hat es dir gefallen?; **to ~ doing sthg** etw gern(e) tun; **I ~ going to the cinema** ich gehe gern(e) ins Kino; **to ~ o.s.** sich amüsieren; **~ yourself!** viel Spaß! **- 2.** ***fml*** [possess] genießen; **to ~ good health** sich guter Gesundheit erfreuen ◇ *vi* ***Am:* ~!** [enjoy yourself] viel Spaß!; [before meal] guten Appetit!

enjoyable [ɪn'dʒɔɪəbl] *adj* [job, work, experience] angenehm; [holiday, day] schön; [film, book] unterhaltsam.

enjoyment [ɪn'dʒɔɪmənt] *n* **- 1.** [gen] Vergnügen *das* **- 2.** [possession] Genuss *der.*

enlarge [ɪn'lɑːdʒ] *vt* vergrößern; [scope, interest, circle of friends] erweitern.

◆ **enlarge (up)on** *vt fus* sich genauer äußern über *(+ A).*

enlargement [ɪn'lɑːdʒmənt] *n* Vergrößerung *die;* [of scope, programme] Erweiterung *die.*

enlighten [ɪn'laɪtn] *vt fml* auf|klären.

enlightened [ɪn'laɪtnd] *adj* [person] aufgeklärt; [approach] fortschrittlich.

enlightening [ɪn'laɪtnɪŋ] *adj* aufschlussreich.

enlightenment [ɪn'laɪtnmənt] *n* Aufklärung *die.*

◆ **Enlightenment** *n* HIST: **the Enlightenment** die Aufklärung.

enlist [ɪn'lɪst] *vt* **- 1.** MIL [recruit] ein|ziehen **- 2.** [support, help] in Anspruch nehmen ◇ *vi* MIL: **to ~ (in)** sich melden (zu).

enlisted man [ɪn'lɪstɪd-] *n* **Am** gemeiner Soldat.

enliven [ɪn'laɪvn] *vt* beleben.

en masse [ɒn'mæs] *adv* alle zusammen.

enmeshed [ɪn'meʃt] *adj:* **to be ~ in sthg** in etw *(+ D)* verstrickt sein.

enmity ['enmətɪ] (*pl* **-ies**) *n* Feindschaft *die.*

ennoble [ɪ'nəʊbl] *vt* adeln.

enormity [ɪ'nɔːmətɪ] *n* ungeheueres Ausmaß.

enormous [ɪ'nɔːməs] *adj* ungeheuer groß, riesig.

enormously [ɪ'nɔːməslɪ] *adv* ungeheuer.

enough [ɪ'nʌf] *adj* genug; **~ time** Zeit genug; **have you got ~ money?** hast du genügend Geld? ◇ *pron* genug; **is that ~?** reicht das?; **to have had ~ (of sthg)** genug (von etw) haben; **I've had ~!** [expressing annoyance] jetzt reichts mir aber!; **that's ~ of that!** das reicht!; **more than ~** mehr als genug; **~ is ~** was zuviel ist, ist zuviel; **it's ~ to drive you crazy!** es ist zum Verrücktwerden! ◇ *adv* **- 1.** [sufficiently] genug; **good ~** gut genug; **would you be good ~ to open the door for me?** ***fml*** wärst du so gut und öffnest mir die Tür?; **I was stupid ~ to believe him** ich war dumm genug, ihm zu glauben **- 2.** [rather]: **he seems a nice ~ chap** er scheint ganz nett zu sein; **strangely ~** merkwürdigerweise; **sure ~** tatsächlich.

enquire [ɪn'kwaɪəʳ] *vt & vi* = **inquire.**

enquiry [ɪn'kwaɪərɪ] (*pl* **-ies**) *n* = **inquiry.**

enraged [ɪn'reɪdʒd] *adj* wütend.

enrich [ɪn'rɪtʃ] *vt* **- 1.** [make wealthy] wohlhabender machen **- 2.** [improve - life, mind] bereichern; [- soil] anlreichern.

enrol (*pt* & *pp* **-led;** *cont* **-ling**), **enroll** *Am* [ɪn'rəʊl] *vt* einlschreiben; SCH anlmelden <> *vi:* **to ~ (on** *OR* **in)** sich einlschreiben (für).

enrolment *Br*, **enrollment** *Am* [ɪn'rəʊlmənt] *n* Einschreibung *die*.

en route [ɒn'ru:t] *adv:* **~ (from/to)** unterwegs (von/nach).

ensconced [ɪn'skɒnst] *adj fml:* **to be ~ (in)** sich niedergelassen haben (auf *(+ D)*).

enshrine [ɪn'ʃraɪn] *vt:* **to be ~d in sthg** durch etw bewahrt werden.

ensign ['ensaɪn] *n* **- 1.** [flag] Nationalflagge *die* **- 2.** *Am* [sailor] Fähnrich *der* zur See.

enslave [ɪn'sleɪv] *vt* versklaven.

ensue [ɪn'sju:] *vi fml* folgen.

ensuing [ɪn'sju:ɪŋ] *adj fml* folgend.

ensure [ɪn'ʃʊəʳ] *vt* sicherlstellen; [safety, privacy] gewährleisten; **to ~ (that)** ... dafür sorgen, dass ...

ENT (*abbr of* **Ear, Nose & Throat**) HNO.

entail [ɪn'teɪl] *vt* mit sich bringen.

entangled [ɪn'tæŋgld] *adj* **- 1.** [ensnared]: **to be ~ in sthg** in etw *(D)* verfangen sein **- 2.** [involved]: **to be ~ in sthg** in etw *(D)* verwickelt sein; **to be ~ with sb** [romantically] sich mit jm eingelassen haben.

entanglement [ɪn'tæŋglmənt] *n* [romantic] Techtelmechtel *das*.

enter ['entəʳ] *vt* **- 1.** [house, room] einltreten in *(+ A)*, betreten; [car, bus, train] einlsteigen in *(+ A)*; [subj: vehicle] fahren in *(+ A)*; [subj: ship] einllaufen in *(+ A)*; [country] einlreisen in *(+ A)* **- 2.** [army] einltreten in *(+ A)*; [competition, race] teillnehmen an *(+ D)*; **to ~ politics** in die Politik gehen; **to ~ the church** Geistlicher werden; **to ~ university** zur Universität gehen **- 3.** [horse, competitor] anlmelden; [poem, story] einlreichen **- 4.** [write down] einltragen **- 5.** COMPUT einlgeben <> *vi* **- 1.** [come or go in] einltreten; [enter bus, train] einlsteigen; [enter country] einlreisen **- 2.** [register]: **to ~ (for sthg)** sich (für etw) anlmelden.

◆ **enter into** *vt fus* [negotiations] treten in *(+ A)*; **to ~ into an agreement with sb** mit jm ein Abkommen schließen; **to ~ into conversation with sb** mit jm ins Gespräch kommen.

enteritis [ˌentə'raɪtɪs] *n (U)* Enteritis *die*.

enter key *n* COMPUT Eingabetaste *die*.

enterprise ['entəpraɪz] *n* **- 1.** [company, project] Unternehmen *das;* **private ~** Privatwirtschaft *die* **- 2.** *(U)* [initiative] Initiative *die*.

enterprising ['entəpraɪzɪŋ] *adj* [person] einfallsreich; [plan, idea] innovativ.

entertain [ˌentə'teɪn] *vt* **- 1.** [amuse] unterhalten **- 2.** [dinner guest] bewirten **- 3.** *fml* [idea, proposal] erwägen; [hopes] nähren; [suspicion, ambition] hegen <> *vi* [have guests] Gäste haben.

entertainer [ˌentə'teɪnəʳ] *n* Unterhalter *der*, -in *die*, Entertainer *der*, -in *die*.

entertaining [ˌentə'teɪnɪŋ] *adj* unterhaltsam <> *n:* **she does a lot of ~** sie hat oft Gäste.

entertainment [ˌentə'teɪnmənt] *n* **- 1.** [amusement] Unterhaltung *die* **- 2.** [show] Darbietung *die*.

entertainment allowance *n* Auslagenpauschale *die*.

enthral (*pt* & *pp* **-led;** *cont* **-ling**), **enthrall** *Am* [ɪn'θrɔ:l] *vt* fesseln.

enthralling [ɪn'θrɔ:lɪŋ] *adj* fesselnd.

enthrone [ɪn'θrəʊn] *vt fml* inthronisieren.

enthuse [ɪn'θju:z] *vi:* **to ~ (about)** schwärmen (von).

enthusiasm [ɪn'θju:zɪæzm] *n* **- 1.** [eagerness] Begeisterung *die*, Enthusiasmus *der* **- 2.** [hobby] Leidenschaft *die*.

enthusiast [ɪn'θju:zɪæst] *n* Enthusiast *der*, -in *die*.

enthusiastic [ɪnˌθju:zɪ'æstɪk] *adj* begeistert, enthusiastisch.

enthusiastically [ɪnˌθju:zɪ'æstɪklɪ] *adv* begeistert, enthusiastisch.

entice [ɪn'taɪs] *vt* locken; **to ~ sb away from sthg** jn von etw weglocken.

enticing [ɪn'taɪsɪŋ] *adj* verlockend.

entire [ɪn'taɪəʳ] *adj* ganz; [amount, population] gesamt; [confidence, attention] voll.

entirely [ɪn'taɪəlɪ] *adv* ganz; **I agree ~** ich stimme voll und ganz zu.

entirety [ɪn'taɪrətɪ] *n fml:* **in its ~** in seiner Gesamtheit.

entitle [ɪn'taɪtl] *vt* [allow]: **to ~ sb to sthg** jn zu etw berechtigen; **to ~ sb to do sthg** jn dazu berechtigen, etw zu tun.

entitled [ɪn'taɪtld] *adj* **- 1.** [allowed] berechtigt; **to be ~ to sthg** das Recht auf etw *(A)* haben **- 2.** [called]: **to be ~d** den Titel haben.

entitlement [ɪn'taɪtlmənt] *n* Berechtigung *die;* [to compensation, holiday] Anspruch *der*.

entity ['entətɪ] (*pl* **-ies**) *n* Wesen *das*.

entomology [ˌentə'mɒlədʒɪ] *n* Entomologie *die*.

entourage [ˌɒntʊ'rɑ:ʒ] *n* Gefolge *das*.

entrails ['entreɪlz] *npl* Eingeweide *pl*.

entrance [*n* 'entrəns, *vt* ɪn'trɑ:ns] *n* **- 1.** [way in]: **~ (to)** Eingang *der* (zu) **- 2.** [arrival] Eintritt *der;* [of actor] Auftritt *der* **- 3.** [admission] Eintritt *der;* **to gain ~ to sthg** *fml* [building] Zutritt zu etw erhalten; [society, university] die Zulassung zu etw erhalten; **'no ~'** 'Zutritt verboten' <> *vt* [delight] bezaubern.

entrance examination *n* Aufnahmeprüfung *die*.

entrance fee *n* Eintrittsgeld *das;* [for club] Aufnahmegebühr *die*.

entrancing [ɪn'trɑːnsɪŋ] *adj* bezaubernd.

entrant ['entrənt] *n* - **1.** [in competition, exam, race] Teilnehmer *der*, -in *die* - **2.** [to university] Neuzugang *der;* [to profession] Berufsanfänger *der*, -in *die*.

entreat [ɪn'triːt] *vt:* **to ~ sb to do sthg** jn inständig bitten, etw zu tun; [plead with] jn anlflehen, etw zu tun.

entreaty [ɪn'triːtɪ] (*pl* **-ies**) *n* dringende Bitte.

entrenched [ɪn'trentʃt] *adj* (fest) verwurzelt.

entrepreneur [ˌɒntrəprə'nɜːʳ] *n* Unternehmer *der*, -in *die*.

entrepreneurial [ˌɒntrəprə'nɜːrɪəl] *adj* unternehmerisch.

entrust [ɪn'trʌst] *vt:* **to ~ sthg to sb** jm etw anvertrauen; **to ~ sb with sthg** jn mit etw betrauen.

entry ['entrɪ] (*pl* **-ies**) *n* - **1.** [entrance, arrival]: **~ (into)** Eingang *der* (in *(+ A)*) - **2.** *(U)* [admission]: **~ (to)** [to country] Einreise *die* (in *(+ A)*); [to building] Zutritt *der* (zu); [to event] Einlass *der* (in *(+ A)*); **to gain ~ to** [house] gelangen in *(+ A);* [organization] beiltreten *(+ D);* **'no ~'** 'Zutritt verboten'; AUT 'Durchfahrt verboten' - **3.** *fig* [joining] Beitritt *der* - **4.** [for race] Nennung *die;* [for competition] Einsendung *die* - **5.** [in diary, dictionary, ledger] Eintragung *die* - **6.** COMPUT Eingabe *die* - **7.** *esp Am* [gate, door] Eingang *der*.

entry fee *n* Nenngeld *das*.

entry form *n* Anmeldeformular *das*.

entry phone *n* Türsprechanlage *die*.

entryway ['entrɪˌweɪ] *n Am* Flur *der;* [between buildings, yards] Durchgang *der*.

entwine [ɪn'twaɪn] *vt:* **their arms/fingers were ~d** ihre Arme/Finger waren ineinander verschlungen <> *vi* sich ineinander schlingen.

E number *n* E-Nummer *die*.

enumerate [ɪ'njuːməreɪt] *vt* auflzählen; [on list] auflisten.

enunciate [ɪ'nʌnsɪeɪt] *vt* - **1.** [words] artikulieren - **2.** [ideas] formulieren <> *vi* [speak clearly] artikulieren.

envelop [ɪn'veləp] *vt:* **to ~ sb/sthg in sthg** jn/etw in etw *(A)* (einl)hüllen.

envelope ['envələʊp] *n* Briefumschlag *der*.

enviable ['envɪəbl] *adj* beneidenswert.

envious ['envɪəs] *adj:* **~ (of sb/sthg)** neidisch (auf jn/etw); **she was very ~ of his success** sie beneidete ihn um seinen Erfolg.

enviously ['envɪəslɪ] *adv* neidisch, neiderfüllt.

environment [ɪn'vaɪərənmənt] *n* - **1.** [surroundings] Umgebung *die* - **2.** [natural world]: **the ~** die Umwelt; **Department of the Environment** *Br* ≃ Umweltministerium *das*.

environmental [ɪnˌvaɪərən'mentl] *adj* Umwelt-.

environmentalist [ɪnˌvaɪərən'mentəlɪst] *n* Umweltschützer *der*, -in *die*.

environmentally [ɪnˌvaɪərən'mentəlɪ] *adv* umwelt-; **~ friendly** umweltfreundlich.

Environmental Protection Agency *n Am:* **the ~** *Umweltschutzbehörde der US-amerikanischen Regierung.*

environs [ɪn'vaɪrənz] *npl* Umgebung *die*.

envisage [ɪn'vɪzɪdʒ], **envision** *Am* [ɪn'vɪʒn] *vt* sich vorlstellen.

envoy ['envɔɪ] *n* Gesandte *der, die*.

envy ['envɪ] (*pt* & *pp* **-ied**) *n* Neid *der;* **to be the ~ of** beneidet werden von; **to be green with ~** grün sein vor Neid <> *vt* beneiden; **to ~ sb sthg** jn um etw beneiden.

enzyme ['enzaɪm] *n* Enzym *das*.

EOC *n abbr of* **Equal Opportunities Commission.**

eon *n Am* = **aeon.**

EPA *n abbr of* **Environmental Protection Agency.**

epaulet(te) [ˌepə'let] *n* Schulterstück *das*.

ephemeral [ɪ'femərəl] *adj* kurzlebig; [happiness] von kurzer Dauer.

epic ['epɪk] *adj* [poetry] episch; [journey] lang und abenteuerlich; [story] monumental <> *n* [book, film] Epos *das*.

epicentre *Br*, **epicenter** *Am* ['epɪsentəʳ] *n* Epizentrum *das*.

epidemic [ˌepɪ'demɪk] *n* Epidemie *die*.

epidural [ˌepɪ'djʊərəl] *n* Epiduralanästhesie *die*.

epigram ['epɪɡræm] *n* Epigramm *das*.

epilepsy ['epɪlepsɪ] *n* Epilepsie *die*.

epileptic [ˌepɪ'leptɪk] *adj* epileptisch <> *n* Epileptiker *der*, -in *die*.

epilogue *Br*, **epilog** *Am* ['epɪlɒɡ] *n* Epilog *der*.

Epiphany [ɪ'pɪfənɪ] *n:* **(the) ~** das Dreikönigsfest.

episcopal [ɪ'pɪskəpl] *adj* bischöflich, episkopal.

episode ['epɪsəʊd] *n* - **1.** [event] Episode *die* - **2.** [broadcast] Folge *die*.

episodic [ˌepɪ'sɒdɪk] *adj* episodenhaft.

epistle [ɪ'pɪsl] *n literary* Epistel *die*, Brief *der*.

epitaph ['epɪtɑːf] *n* Epitaph *das*, Grabinschrift *die*.

epithet ['epɪθet] *n* Beiname *der*.

epitome [ɪ'pɪtəmɪ] *n:* **the ~ of** der Inbegriff *(+ G)*.

epitomize, -ise [ɪ'pɪtəmaɪz] *vt* beispielhaft zeigen.

epoch ['iːpɒk] *n* Epoche *die*.

eponymous [ɪ'pɒnɪməs] *adj* namengebend.

EPOS ['iːpɒs] *(abbr of* **electronic point of sale***) n* elektronisches Kassenterminal.

equable ['ekwəbl] *adj* [calm, reasonable] ausgeglichen.

equal ['iːkwəl] *(Br pt & pp* **-led;** *cont* **-ling,** *Am pt & pp* **-ed;** *cont* **-ing***) adj* **- 1.** [of the same quantity, size, shape, degree] gleich; **they're of ~ size** sie sind gleich groß; **to divide sthg into two ~ parts** etw in zwei gleiche Hälften teilen; **to be ~ to sthg** [sum] etw *(D)* entsprechen **- 2.** [in status] gleich(berechtigt); **~ rights** Gleichberechtigung *die;* **on ~ terms** als Gleichgestellte, zu gleichen Bedingungen **- 3.** [capable]: **to be ~ to sthg** etw *(D)* gewachsen sein ◇ *n* [person] Gleichgestellte *der, die* ◇ *vt* **- 1.** MATH gleichen **- 2.** [in standard] gleichlkommen *(+ D)*.

equality [iː'kwɒlətɪ] *n* Gleichheit *die*.

equalize, -ise ['iːkwəlaɪz] *vt & vi* SPORT auslgleichen.

equalizer ['iːkwəlaɪzəʳ], **-iser** *n* SPORT Ausgleich *der*.

equally ['iːkwəlɪ] *adv* **- 1.** [to the same extent] ebenso **- 2.** [divide, share] in gleiche Teile, gleichmäßig **- 3.** [by the same token] gleichzeitig.

equal opportunities *npl* Chancengleichheit *die*.

Equal Opportunities Commission *n Br:* **the ~** ≃ der Gleichstellungsausschuss.

equal(s) sign *n* Gleichheitszeichen *das*.

equanimity [ˌekwə'nɪmətɪ] *n* Gelassenheit *die*.

equate [ɪ'kweɪt] *vt:* **to ~ sthg with sthg** etw mit etw gleichlsetzen.

equation [ɪ'kweɪʒn] *n* MATH Gleichung *die*.

equator [ɪ'kweɪtəʳ] *n:* **the ~** der Äquator.

equatorial [ˌekwə'tɔːrɪəl] *adj* äquatorial.

equestrian [ɪ'kwestrɪən] *adj* [talent, event] Reit-; [statue] Reiter-.

equidistant [ˌiːkwɪ'dɪstənt] *adj:* **~ (from)** gleich weit entfernt (von).

equilateral triangle [ˌiːkwɪ'lætərəl-] *n* gleichseitiges Dreieck.

equilibrium [ˌiːkwɪ'lɪbrɪəm] *n* Gleichgewicht *das*.

equine ['ekwaɪn] *adj* Pferde-.

equinox ['ekwɪnɒks] *n* Tagundnachtgleiche *die*.

equip [ɪ'kwɪp] *(pt & pp* **-ped;** *cont* **-ping***) vt* **- 1.** [provide with equipment] auslstatten; **to ~ sb/sthg with sthg** jn/etw mit etw auslrüsten **- 2.** [prepare mentally]: **to ~ sb for sthg** jn für etw vorlbereiten; **he's well ~ped for the job** er bringt die nötigen Voraussetzungen für die Stelle mit.

equipment [ɪ'kwɪpmənt] *n (U)* Ausrüstung *die*, Ausstattung *die;* **electrical ~** Elektrogeräte *pl*.

equitable ['ekwɪtəbl] *adj* gerecht.

equity *n (U)* FIN [market value] Eigenkapital *das*.
◈ **equities** *npl* ST EX Stammaktien *pl*.

equivalent [ɪ'kwɪvələnt] *adj* entsprechend, äquivalent; **to be ~ to sthg** etw *(D)* entsprechen ◇ *n* Gegenstück *das*.

equivocal [ɪ'kwɪvəkl] *adj* **- 1.** [statement, remark] zweideutig **- 2.** [behaviour, event] zweifelhaft.

equivocate [ɪ'kwɪvəkeɪt] *vi* zweideutige Aussagen machen.

er [ɜːʳ] *excl* äh.

ER *(abbr of* **Elizabeth Regina***) Emblem der britischen Königin.*

era ['ɪərə] *(pl* **-s***) n* Ära *die*.

ERA *(abbr of* **Equal Rights Amendment***) n Gesetz zur Gleichstellung von Frauen in den USA.*

eradicate [ɪ'rædɪkeɪt] *vt* auslrotten.

eradication [ɪˌrædɪ'keɪʃn] *n* Ausrottung *die*.

erase [ɪ'reɪz] *vt* **- 1.** [rub out] auslradieren; [tape, recording] löschen **- 2.** ***fig*** [memory] (aus dem Gedächtnis) tilgen; [hunger, poverty] beseitigen.

eraser [ɪ'reɪzəʳ] *n* ***esp Am*** Radiergummi *der*.

erect [ɪ'rekt] *adj* **- 1.** [person, posture] aufrecht **- 2.** [penis] erigiert ◇ *vt* **- 1.** [building, statue] errichten, bauen **- 2.** [tent] auf lbauen; [roadblock, sign] auf lstellen.

erection [ɪ'rekʃn] *n* **- 1.** *(U)* [of building, statue] Errichtung *die*, Bau *der* **- 2.** [erect penis] Erektion *die;* **to get/have an ~** eine Erektion bekommen/haben.

ergonomic [ˌɜːgə'nɒmɪk] *adj* ergonomisch.

ergonomics [ˌɜːgə'nɒmɪks] *n* Ergonomie *die*.

ERM *(abbr of* **Exchange Rate Mechanism***) n* WUM *der*.

ermine ['ɜːmɪn] *n* Hermelin *der*.

erode [ɪ'rəʊd] *vt* **- 1.** GEOL erodieren **- 2.** ***fig*** [destroy] unterlgraben ◇ *vi* **- 1.** GEOL abgetragen werden, verwittern **- 2.** ***fig*** [be destroyed] untergraben werden.

erogenous zone [ɪ'rɒdʒɪnəs-] *n* erogene Zone.

erosion [ɪ'rəʊʒn] *n* **- 1.** GEOL Erosion *die* **- 2.** ***fig*** [destruction] Untergrabung *die*.

erotic [ɪ'rɒtɪk] *adj* erotisch.

eroticism [ɪ'rɒtɪsɪzm] *n* Erotik *die*.

err [ɜːʳ] *vi* sich irren; **to ~ on the side of caution** auf Nummer sicher gehen; **to ~ is human** Irren ist menschlich.

errand ['erənd] *n* Besorgung *die;* **to go on** *OR* **run an ~ (for sb)** (für jn) eine Besorgung *OR* einen Botengang machen.

errand boy *n* Botenjunge *der*.

erratic [ɪ'rætɪk] *adj* wechselhaft; [movement, bus service] unregelmäßig; [performance] variabel; [player] unberechenbar.

erroneous [ɪ'rəʊnjəs] *adj fml* falsch, irrig.

error ['erəʳ] *n* **- 1.** [mistake] Fehler *der;* **~ of judgement** Fehleinschätzung *die* **- 2.** *(U)* [making mistakes] Irrtum *der;* **in ~** aus Versehen, irrtümlicherweise.

error message *n* COMPUT Fehlermeldung *die*.

erstwhile ['ɜːstwaɪl] *adj literary* einstig.

erudite ['eruːdaɪt] *adj* gelehrt.

erupt [ɪ'rʌpt] *vi* aus|brechen.

eruption [ɪ'rʌpʃn] *n* Ausbruch *der*.

ESA (*abbr of* **European Space Agency**) *n* ESA *die*.

escalate ['eskəleɪt] *vi* eskalieren.

escalation [ˌeskə'leɪʃn] *n* **- 1.** [worsening] Eskalation *die* **- 2.** [rapid growth] sprunghafter Anstieg.

escalator ['eskəleɪtəʳ] *n* Rolltreppe *die*.

escalator clause *n* Gleitklausel *die*.

escapade [ˌeskə'peɪd] *n* Eskapade *die*.

escape [ɪ'skeɪp] *n* **- 1.** [from person, place, situation]: **~ (from sb/sthg)** Flucht *die* (vor jn/vor *OR* aus etw); **there was no ~** es gab kein Entkommen; **to make an** *OR* **one's ~ (from)** flüchten (aus) **- 2.** [from danger]: **to have a narrow ~** mit knapper Not entkommen **- 3.** [leakage] Ausströmen *das* **- 4.** COMPUT Escape *nt* ◇ *vt* **- 1.** [avoid] entkommen *(+ D)*, entgehen *(+ D);* **to ~ notice** unbemerkt bleiben **- 2.** [subj: fact, name] entfallen; **her name ~s me just now** ihr Name fällt mir momentan nicht ein ◇ *vi* **- 1.** [from person, place, situation]: **to ~ (from sb)** fliehen *OR* flüchten (vor jm); **to ~ (from sthg)** fliehen *OR* flüchten (vor *OR* aus etw); **to ~ from prison** aus dem Gefängnis fliehen **- 2.** [from danger] davon|kommen **- 3.** [leak] aus|strömen.

escape clause *n* Ausweichklausel *die*.

escape key *n* COMPUT Escape-Taste *die*.

escape route *n* Fluchtweg *der*.

escapism [ɪ'skeɪpɪzm] *n* Realitätsflucht *die*.

escapist [ɪ'skeɪpɪst] *adj* Aussteiger-.

escapologist [ˌeskə'pɒlədʒɪst] *n* Entfesselungskünstler *der*, -in *die*.

escarpment [ɪ'skɑːpmənt] *n* Böschung *die*.

eschew [ɪs'tʃuː] *vt fml* meiden.

escort [*n* 'eskɔːt, *vb* ɪ'skɔːt] *n* **- 1.** [guard] Geleitschutz *der*, Eskorte *die;* **under ~** unter Bewachung **- 2.** [companion] Begleiter *der*, -in *die* ◇ *vt* [accompany] begleiten; [for protection] eskortieren, Geleitschutz geben *(+ D)*.

escort agency *n* Begleitagentur *die*.

Eskimo ['eskɪməʊ] (*pl* **-s**) *adj* Eskimo- ◇ *n* **- 1.** [person] Eskimo *der*, -frau *die* **- 2.** [language] Eskimoisch(e) *das*.

ESL (*abbr of* **English as a Second Language**) *n* *Englisch als Zweitsprache*.

esophagus *n Am* = **oesophagus.**

esoteric [ˌesə'terɪk] *adj* esoterisch.

esp. (*abbr of* **especially**) bes.

ESP *n* **- 1.** (*abbr of* **extrasensory perception**) ASW *die* **- 2.** (*abbr of* **English for special purposes**) *Englisch für besondere Zwecke*.

espadrille [ˌespə'drɪl] *n* Espadrille *die*.

especial [ɪ'speʃl] *adj* besondere, -r, -s.

especially [ɪ'speʃəlɪ] *adv* **- 1.** [in particular, more than usually] besonders **- 2.** [specifically] speziell.

Esperanto [ˌespə'ræntəʊ] *n* Esperanto *das*.

espionage ['espɪəˌnɑːʒ] *n* Spionage *die*.

esplanade [ˌesplə'neɪd] *n* (Strand)promenade *die*.

espouse [ɪ'spaʊz] *vt* ein|treten für.

espresso [e'spresəʊ] (*pl* **-s**) *n* Espresso *der*.

Esq. *n abbr of* **Esquire.**

Esquire [ɪ'skwaɪəʳ] *n* ≃ Herr/Herrn, *britische Höflichkeitsanrede in der Postanschrift*.

essay ['eseɪ] *n* **- 1.** SCH Aufsatz *der* **- 2.** LITERATURE & UNIV Essay *der*.

essayist ['eseɪɪst] *n* Essayist *der*.

essence ['esns] *n* **- 1.** [nature] Wesentliche *das*, Kern *der;* **in ~** im Wesentlichen **- 2.** *(U)* CULIN Essenz *die*.

essential [ɪ'senʃl] *adj* **- 1.** [necessary]: **~ (to** *OR* **for sthg)** (unbedingt) notwendig (für etw) **- 2.** [basic] wesentlich, grundlegend.

◆ **essentials** *npl* **- 1.** [basic commodities] Notwendigste *das* **- 2.** [most important elements] Grundlagen *pl*.

essentially [ɪ'senʃəlɪ] *adv* im Grunde.

est. - 1. (*abbr of* **established**) gegr. **- 2.** (*abbr of* **estimated**) geschätzt.

EST (*abbr of* **Eastern Standard Time**) *n* *Standardzeit in der östlichen Zeitzone der USA*.

establish [ɪ'stæblɪʃ] *vt* **- 1.** [create - company, organization] gründen; [- system, law, post] schaffen **- 2.** [initiate]: **to ~ contact with sb** Kontakt mit jm auf|nehmen **- 3.** [ascertain] fest|stellen, ermitteln **- 4.** [cause to be accepted] bestätigen; **to ~ o.s. (as)** sich *(D)* einen Namen machen (als), sich etablieren (als).

established [ɪ'stæblɪʃt] *adj* - **1.** [accepted] etabliert; [author] anerkannt - **2.** [founded] gegründet.

establishment [ɪ'stæblɪʃmənt] *n* - **1.** *(U)* [creation, foundation] Gründung *die*, Errichtung *die* - **2.** [shop, business] Unternehmen *das*.
◆ **Establishment** *n*: **the Establishment** das Establishment.

estate [ɪ'steɪt] *n* - **1.** [land, property] Gut *das* - **2.** [for housing] Wohnsiedlung *die;* [for industry] Industriegebiet *das* - **3.** LAW [inheritance] Besitz *der*, Besitztümer *pl*.

estate agency *n Br* Immobilienagentur *die*.

estate agent *n Br* Grundstücksmakler *der*, -in *die;* **~'s** Immobilienbüro *das*.

estate car *n Br* Kombiwagen *der*.

estd., est'd. (*abbr of* **established**) gegr.

esteem [ɪ'stiːm] *n* Achtung *die*, Wertschätzung *die;* **to hold sb/sthg in high ~** große Achtung vor jm/etw haben ◇ *vt* schätzen, achten.

esthetic *etc adj Am* = **aesthetic** *etc*.

estimate [*n* 'estɪmət, *vb* 'estɪmeɪt] *n* - **1.** [calculation, reckoning] Schätzung *die* - **2.** COMM Kostenvoranschlag *der* ◇ *vt* schätzen, einschätzen ◇ *vi* COMM: **to ~ for sthg** veranschlagen für etw.

estimated ['estɪmeɪtɪd] *adj* geschätzt.

estimation [ˌestɪ'meɪʃn] *n (U)* - **1.** [opinion] Urteil *das*, Einschätzung *die;* **to go up/down in one's ~** in js Achtung steigen/sinken - **2.** [calculation] Schätzung *die*.

Estonia [e'stəʊnɪə] *n* Estland *nt*.

Estonian [e'stəʊnɪən] *adj* estnisch ◇ *n* - **1.** [person] Este *der*, -tin *die* - **2.** [language] Estnisch(e) *das*.

estranged [ɪ'streɪndʒd] *adj* getrennt lebend.

estrogen *n Am* = **oestrogen**.

estuary ['estjʊərɪ] (*pl* **-ies**) *n* Flußmündung *die*.

ETA (*abbr of* **estimated time of arrival**) *n* voraussichtliche Ankunftszeit.

et al. ['etˌæl] (*abbr of* **et alii**) et al.

etc. (*abbr of* **etcetera**) usw.

etcetera [ɪt'setərə] *adv* und so weiter.

etch [etʃ] *vt* - **1.** [engrave] radieren - **2.** *fig* [imprint]: **to be ~ed on sb's memory** in js Gedächtnis eingegraben sein.

etching ['etʃɪŋ] *n* Radierung *die*.

ETD (*abbr of* **estimated time of departure**) *n* voraussichtliche Abfahrtszeit.

eternal [ɪ'tɜːnl] *adj* ewig.

eternally [ɪ'tɜːnəlɪ] *adv* ewig.

eternity [ɪ'tɜːnətɪ] *n* Ewigkeit *die*.

eternity ring *n Br ringsherum mit Steinen besetzter Ring, den ein Ehemann seiner Frau nach einer bestimmten Ehezeit als Treueversprechen gibt.*

ether ['iːθəʳ] *n* Äther *der*.

ethereal [iː'θɪərɪəl] *adj* **literary** ätherisch.

ethic ['eθɪk] *n* Ethik *die*, Ethos *das*.
◆ **ethics** *n* [study] Ethik *die* ◇ *npl* [morals] Moral *die*.

ethical ['eθɪkl] *adj* ethisch.

Ethiopia [ˌiːθɪ'əʊpɪə] *n* Äthiopien *nt*.

Ethiopian [ˌiːθɪ'əʊpɪən] *adj* äthiopisch ◇ *n* Äthiopier *der*, -in *die*.

ethnic ['eθnɪk] *adj* - **1.** [traditions, groups, conflict] ethnisch - **2.** [clothes] folkloristisch; [food] einheimisch.

ethnic cleansing [-'klenzɪŋ] *n* ethnische Säuberung.

ethnic minority *n* ethnische Minderheit.

ethnology [eθ'nɒlədʒɪ] *n* Ethnologie *die*.

ethos ['iːθɒs] *n* Ethos *das*, Gesinnung *die*.

etiquette ['etɪket] *n* Etikette *die*, Verhaltensregeln *pl*.

etymology [ˌetɪ'mɒlədʒɪ] (*pl* **-ies**) *n* Etymologie *die*.

EU (*abbr of* **European Union**) *n* EU *die*.

eucalyptus [ˌjuːkə'lɪptəs] (*pl* **-tuses**) *n* Eukalyptus *der*.

eulogize, -ise ['juːlədʒaɪz] *vt* rühmen.

eulogy ['juːlədʒɪ] (*pl* **-ies**) *n* Lobrede *die*.

eunuch ['juːnək] *n* Eunuch *der*.

euphemism ['juːfəmɪzm] *n* Euphemismus *der*.

euphemistic [ˌjuːfə'mɪstɪk] *adj* euphemistisch.

euphoria [juː'fɔːrɪə] *n* Euphorie *die*.

euphoric [juː'fɒrɪk] *adj* euphorisch.

Eurasia [jʊə'reɪʒə] *n* Eurasien *nt*.

Eurasian [jʊə'reɪʒən] *adj* [of Europe and Asia] eurasisch ◇ *n* Eurasier *der*, -in *die*.

eureka [jʊə'riːkə] *excl* heureka.

Euro- ['jʊərəʊ] *prefix* Euro-.

Eurocheque ['jʊərəʊˌtʃek] *n* Euroscheck *der*.

Eurocrat ['jʊərəˌkræt] *n* Eurokrat *der*, -in *die*.

Eurocurrency ['jʊːrəʊˌkʌrənsɪ] (*pl* **-ies**) *n* Eurowährung *die*.

Eurodollar ['jʊərəʊˌdɒləʳ] *n* Eurodollar *der*.

Euro-elections *npl* Europawahlen *pl*.

Euro MP *n* Europaabgeordnete *der*, *die*.

Europe ['jʊərəp] *n* Europa *nt*.

European [ˌjʊərə'piːən] *adj* europäisch ◇ *n* Europäer *der*, -in *die*.

European Community *n*: **the ~** die Europäische Gemeinschaft.

European Court of Human Rights *n:* **the ~** der Europäische Hof für Menschenrechte.

European Court of Justice *n:* **the ~** der Europäische Gerichtshof.

European Currency Unit *n* Europäische Währungseinheit *die.*

Europeanism [ˌjʊərəˈpiːənɪzm] *n* Europäertum *das,* europäischer Gedanke.

Europeanize, -ise [ˌjʊərəˈpiːənaɪz] *vt* europäisieren.

European Monetary System *n:* **the ~** das Europäische Währungssystem.

European Parliament *n:* **the ~** das Europäische Parlament.

European Union *n:* **the ~** die Europäische Union.

euthanasia [ˌjuːθəˈneɪzjə] *n* Euthanasie *die.*

evacuate [ɪˈvækjʊeɪt] *vt* evakuieren.

evacuation [ɪˌvækjʊˈeɪʃn] *n* Evakuierung *die.*

evacuee [ɪˌvækjuːˈiː] *n* Evakuierte *der, die.*

evade [ɪˈveɪd] *vt* **- 1.** [pursuers, capture] sich entziehen *(+ D),* entkommen *(+ D)* **- 2.** [issue, question] auslweichen *(+ D),* (ver)meiden **- 3.** [subj: love, success]: **love/success has always ~d him** ihm ist die Liebe/der Erfolg immer versagt geblieben.

evaluate [ɪˈvæljʊeɪt] *vt* bewerten.

evaluation [ɪˌvæljʊˈeɪʃn] *n* Bewertung *die.*

evangelical [ˌiːvænˈdʒelɪkl] *adj* evangelisch.

evangelism [ɪˈvændʒəlɪzm] *n* Missionstätigkeit *die.*

evangelist [ɪˈvændʒəlɪst] *n* Evangelist *der;* [preacher] Prediger *der,* -in *die.*

evangelize, -ise [ɪˈvændʒəlaɪz] *vt* missionieren.

evaporate [ɪˈvæpəreɪt] *vi* **- 1.** [liquid] verdunsten **- 2.** *fig* [feeling] schwinden, sich in Luft auf llösen.

evaporated milk [ɪˈvæpəreɪtɪd-] *n* Kondensmilch *die.*

evaporation [ɪˌvæpəˈreɪʃn] *n* **- 1.** [of liquid] Verdunstung *die* **- 2.** *fig* [of feeling] Schwinden *das.*

evasion [ɪˈveɪʒn] *n* **- 1.** [of responsibility, payment *etc*] Ausweichen *das,* Umgehen *das* **- 2.** [lie] Ausflucht *die.*

evasive [ɪˈveɪsɪv] *adj* **- 1.** [to avoid question, subject] ausweichend **- 2.** [to avoid being hit]: **to take ~ action** ein Ausweichmanöver machen.

evasiveness [ɪˈveɪsɪvnɪs] *n* Ausweichen *das.*

eve [iːv] *n* [day before] Vortag *der.*

even [ˈiːvn] *adj* **- 1.** [rate, speed] gleichmäßig **- 2.** [calm] ausgeglichen **- 3.** [level, flat] eben **- 4.** [teams] gleich stark; **the scores were ~** es herrschte Gleichstand; **to get ~ with sb** es jm heimlzahlen **- 5.** [number] gerade ◇ *adv* **- 1.** [for emphasis] sogar; **not ~** nicht einmal; **without ~ thinking** ohne auch nur einen Moment nachzudenken; **~ now** sogar jetzt; **~ then** selbst dann **- 2.** [in comparisons] noch; **~ better** noch besser; **~ more stupid** (sogar) noch dümmer.

◆ **even as** *conj* [while] gerade als; **~ as we speak** ... in diesem Augenblick ...

◆ **even if** *conj* selbst OR auch wenn.

◆ **even out** *vt sep* **- 1.** [gen] auslgleichen; **to ~ things out** das Kräfteverhältnis auslgleichen **- 2.** [surface] ebnen ◇ *vi* sich auslgleichen.

◆ **even so** *adv* trotzdem.

◆ **even though** *conj* obwohl.

even-handed [-ˈhændɪd] *adj* gerecht.

evening [ˈiːvnɪŋ] *n* Abend *der;* **in the ~s** am Abend, abends.

◆ **evenings** *adv* **Am** am Abend, abends.

evening class *n* Abendkurs *der.*

evening dress *n* **- 1.** [formal clothes] Abendkleidung *die* **- 2.** [woman's garment] Abendkleid *das.*

evening star *n:* **the ~** der Abendstern.

evenly [ˈiːvnlɪ] *adv* **- 1.** [regularly, equally] gleichmäßig; **to be ~ spaced** den gleichen Abstand voneinander haben **- 2.** [calmly] gelassen.

evenness [ˈiːvnnɪs] *n* **- 1.** [regularity] Gleichmäßigkeit *die* **- 2.** [equality] Ausgeglichenheit *die.*

evensong [ˈiːvnsɒŋ] *n* Abendandacht *die.*

event [ɪˈvent] *n* **- 1.** [happening] Ereignis *das* **- 2.** SPORT Wettkampf *der* **- 3.** [case] Fall *der;* **in the ~ of** im Falle *(+ G);* **in the ~ of rain** bei Regen; **in the ~ that** falls.

◆ **in any event** *adv* [all the same] wie dem auch sei, wie auch immer.

◆ **in the event** *adv* **Br** letztlich.

even-tempered [-ˈtempəd] *adj* ausgeglichen.

eventful [ɪˈventfʊl] *adj* ereignisreich; [life] bewegt.

eventing [ɪˈventɪŋ] *n (U)* **Br** SPORT: **(three-day) ~** Pferdesportveranstaltung *die.*

eventual [ɪˈventʃʊəl] *adj:* **the ~ winner/outcome was ...** der Sieger/das Resultat war schließlich ...

eventuality [ɪˌventʃʊˈælətɪ] (*pl* **-ies**) *n* (möglicher) Fall, Eventualität *die.*

eventually [ɪˈventʃʊəlɪ] *adv* schließlich, am Ende.

ever [ˈevəʳ] *adv* **- 1.** [at any time] je, jemals; **the worst film I've ~ seen** der schlimmste Film, den ich je gesehen habe; **have you ~ been to Chicago?** sind Sie jemals in Chicago gewesen?; **don't ~ speak to me like that again!** so redest du nicht noch einmal mit mir!; **hardly ~** fast nie; **if ~** wenn überhaupt **- 2.** [all the time] immer; **for ~** [eternally] für immer; [for a long time] seit Ewigkeiten; **I'll love you for ~** ich werde dich immer lieben; **as ~** wie immer; **~ larger** immer größer **- 3.** [for emphasis]: **why/how ~ did you do it?** warum/wie hast du das bloß gemacht?; **what ~ is the matter with you?** was ist denn mit dir los?; **he was ~ so angry** er war sehr verärgert; **~ such a mess** ein fürchterliches Durcheinander.

◆ **ever since** *adv* seitdem ◇ *prep & conj* seit.

Everest ['evərɪst] *n* Mount Everest *der.*

Everglades ['evə,gleɪdz] *npl:* **the ~** die Everglades, *sumpfiges Flussgebiet in den USA.*

evergreen ['evəgriːn] *adj* immergrün ◇ *n* [plant] immergrüne Pflanze; [tree] immergrüner Baum.

everlasting [,evə'lɑːstɪŋ] *adj* ewig; [peace] immer während.

every ['evrɪ] *adj* **- 1.** [each] jede, -r, -s; **~ day** jeden Tag; **~ few days** alle paar Tage; **one in ~ ten** eine, -r, -s von zehn **- 2.** [all]: **we make ~ effort ...** wir geben uns alle Mühe ...; **to have ~ confidence** volles Vertrauen haben.

◆ **every now and then, every so often** *adv* dann und wann, ab und zu.

◆ **every other** *adj:* **~ other day/car** jeden zweiten Tag/Wagen.

◆ **every which way** *adv* **Am** überallhin.

everybody ['evrɪ,bɒdɪ] *pron* = **everyone.**

everyday ['evrɪdeɪ] *adj* (all)täglich, Alltags-.

everyone ['evrɪwʌn] *pron* alle; [each person] jeder; **as ~ knows** wie jeder weiß.

everyplace *adv* **Am** = **everywhere.**

everything ['evrɪθɪŋ] *pron* alles; **money isn't ~** Geld ist nicht alles.

everywhere ['evrɪweəʳ], **everyplace** *Am* ['evrɪ,pleɪs] *adv* überall; [go] überallhin.

evict [ɪ'vɪkt] *vt:* **to ~ sb (from a house)** jn zur Räumung zwingen (eines Hauses).

eviction [ɪ'vɪkʃn] *n* **- 1.** *(U)* [act of evicting] Vertreibung *die* **- 2.** [fact of being evicted] Zwangsräumung *die.*

eviction notice *n* Räumungsbescheid *der.*

evidence ['evɪdəns] *n (U)* **- 1.** [proof] Beweis *der* **- 2.** LAW Beweismaterial *das;* **piece of ~** Beweisstück *das;* **to give ~** (als Zeuge/Zeugin) aus|sagen.

◆ **in evidence** *adj* [noticeable]: **to be in ~** in Erscheinung treten.

evident ['evɪdənt] *adj* offensichtlich.

evidently ['evɪdəntlɪ] *adv* offensichtlich.

evil ['iːvl] *adj* [morally bad] böse, schlecht; [practice] übel ◇ *n* **- 1.** [wickedness] Böse *das* **- 2.** [wicked thing] Übel *das.*

evil-minded [-'maɪndɪd] *adj* bösartig.

evince [ɪ'vɪns] *vt* **fml** an den Tag legen.

evocation [,evəʊ'keɪʃn] *n* Heraufbeschwören *das.*

evocative [ɪ'vɒkətɪv] *adj:* **to be ~ of sthg** an etw *(A)* erinnern.

evoke [ɪ'vəʊk] *vt* hervor|rufen.

evolution [,iːvə'luːʃn] *n* **- 1.** BIOL Evolution *die* **- 2.** [development] Entwicklung *die.*

evolve [ɪ'vɒlv] *vt* entwickeln ◇ *vi* **- 1.** BIOL: **to ~ (into/from)** sich entwickeln (in *(+ D)*/aus) **- 2.** [develop] sich entwickeln.

ewe [juː] *n* Mutterschaf *das.*

ex- [eks] *prefix* Ex-, ehemalige, -r, -s.

exacerbate [ɪg'zæsəbeɪt] *vt* verschlimmern.

exact [ɪg'zækt] *adj* genau; **to be ~** um genau zu sein ◇ *vt:* **to ~ sthg (from sb)** etw (von jm) erzwingen OR erpressen.

exacting [ɪg'zæktɪŋ] *adj* **- 1.** [demanding, tiring] anspruchsvoll **- 2.** [rigorous] streng.

exactitude [ɪg'zæktɪtjuːd] *n (U)* **fml** Genauigkeit *die.*

exactly [ɪg'zæktlɪ] *adv* genau, exakt; **not ~** [not really] nicht gerade; [as reply] nicht wirklich ◇ *excl* genau!

exaggerate [ɪg'zædʒəreɪt] *vt & vi* übertreiben.

exaggerated [ɪg'zædʒəreɪtɪd] *adj* übertrieben.

exaggeration [ɪg,zædʒə'reɪʃn] *n* Übertreibung *die.*

exalted [ɪg'zɔːltɪd] *adj* [important - person] hoch gestellt; [- position] hoch.

exam [ɪg'zæm] (*abbr of* **examination**) *n* Prüfung *die;* **to take** OR **sit an ~** eine Prüfung machen OR ab|legen.

examination [ɪg,zæmɪ'neɪʃn] *n* **- 1.** [test, inspection, consideration] Prüfung *die* **- 2.** MED Untersuchung *die* **- 3.** LAW [of witness, suspect] Vernehmung *die*, Verhör *das.*

examination board *n* Prüfungsbehörde *die.*

examination paper *n* **Br** schriftliche Prüfung.

examine [ɪg'zæmɪn] *vt* **- 1.** [look at, inspect] überprüfen **- 2.** MED untersuchen **- 3.** [consider, test knowledge of] prüfen **- 4.** LAW vernehmen.

examiner [ɪg'zæmɪnəʳ] *n* Prüfer *der*, -in *die;* **internal/external ~** interner/externer Prüfer, interne/externe Prüferin.

example [ɪg'zɑːmpl] *n* **- 1.** [instance] Beispiel *das;* **for ~** zum Beispiel **- 2.** [model] Vorbild *das;* **to follow sb's ~** js Beispiel folgen; **to make an ~ of sb** ein Exempel an jm statuieren.

exasperate [ɪg'zæspəreɪt] *vt* zum Verzweifeln bringen.

exasperating [ɪgˈzæspəreɪtɪŋ] *adj:* **to be ~** zum Verzweifeln sein.

exasperation [ɪgˌzæspəˈreɪʃn] *n* Verzweiflung *die.*

excavate [ˈekskəveɪt] *vt* **- 1.** ARCHAEOL auslgraben **- 2.** CONSTR auslheben.

excavation [ˌekskəˈveɪʃn] *n* **- 1.** *(U)* [act of excavating - archaeology] Ausgraben *das;* [- construction] Graben *der* **- 2.** ARCHAEOL [instance] Ausgrabung *die.*

excavator [ˈekskəˌveɪtəʳ] *n* **Br** [machine] Bagger *der.*

exceed [ɪkˈsiːd] *vt* **- 1.** [be bigger than] übersteigen **- 2.** [go beyond, go over] übersteigen; [limit] überschreiten; [expectations] übertreffen.

exceedingly [ɪkˈsiːdɪŋlɪ] *adv* äußerst, ausgesprochen.

excel [ɪkˈsel] (*pt* & *pp* **-led;** *cont* **-ling**) *vi:* **to ~ (in** *OR* **at sthg)** sich hervorltun (in etw *(D)*); **to ~ in playing tennis** hervorragend Tennis spielen ◇ *vt:* **to ~ o.s.** **Br** sich selbst übertreffen.

excellence [ˈeksələns] *n* [high quality] hervorragende Qualität; [high performance] hervorragende Leistung.

Excellency [ˈeksələnsɪ] (*pl* **-ies**) *n* Exzellenz *die.*

excellent [ˈeksələnt] *adj* ausgezeichnet.

except [ɪkˈsept] *prep* außer; **everyone ~ her** alle außer ihr ◇ *conj:* **he does nothing ~ sleep** er tut nichts anderes als schlafen; **I'll do anything ~ typing** ich mache alles, nur nicht Maschine schreiben ◇ *vt:* **present company ~ed** Anwesende ausgenommen.

➜ **except for** *prep* & *conj* abgesehen von.

excepted [ɪkˈseptɪd] *prep* ausgenommen.

excepting [ɪkˈseptɪŋ] *prep* & *conj* = **except.**

exception [ɪkˈsepʃn] *n* **- 1.** [exclusion] Ausnahme *die;* **an ~ to the rule** die Ausnahme von der Regel; **with the ~ of** mit Ausnahme von; **without ~** ohne Ausnahme **- 2.** [offence]: **to take ~ to sthg** an etw *(D)* Anstoß nehmen

exceptional [ɪkˈsepʃənl] *adj* außergewöhnlich.

exceptionally [ɪkˈsepʃnəlɪ] *adv* außergewöhnlich.

excerpt [ˈeksɜːpt] *n:* **~ (from)** [from text] Auszug *der* (aus); [from film, play, piece of music] Ausschnitt *der* (aus).

excess [ɪkˈses, *before nouns* ˈekses] *adj* [fat in diet] überschüssig; [weight] über- ◇ *n* Übermaß *das;* **in ~ of** über *(+ D);* **to ~** übermäßig.

excess baggage *n* Übergewicht *das.*

excess fare *n* **Br** Nachlösegebühr *die.*

excessive [ɪkˈsesɪv] *adj* übermäßig; [price] überhöht.

excess luggage *n* = **excess baggage.**

exchange [ɪksˈtʃeɪndʒ] *n* **- 1.** [of information, students] Austausch *der;* **to be on an ~** [student] Austauschstudent, -in sein **- 2.** [swap] Tausch *der;* **in ~** dafür; **in ~ for** im Tausch gegen **- 3.** TELEC: **(telephone) ~** Fernmeldeamt *das* **- 4.** *fml* [conversation] Wortwechsel *der* ◇ *vt* [houses, seats, jobs] tauschen; [addresses] ausltauschen; [in shop] umltauschen; **to ~ letters** einen Briefwechsel führen; **to ~ sthg for sthg** etw gegen etw einltauschen; [foreign currency] etw in etw *(A)* umltauschen; [in shop] etw gegen etw umltauschen; **to ~ sthg with sb** etw mit jm (ausl)tauschen.

exchange rate *n* FIN Wechselkurs *der.*

Exchequer [ɪksˈtʃekəʳ] *n* **Br:** **the ~** das Schatzamt.

excise [ˈeksaɪz] *n (U)* Verbrauchssteuer *die* ◇ *vt* **fml** herauslschneiden.

excise duties *npl* Verbrauchssteuern *pl.*

excitable [ɪkˈsaɪtəbl] *adj* leicht erregbar.

excite [ɪkˈsaɪt] *vt* **- 1.** [person] begeistern **- 2.** [interest, curiosity, feeling] erregen.

excited [ɪkˈsaɪtɪd] *adj* aufgeregt.

excitement [ɪkˈsaɪtmənt] *n* Aufregung *die.*

exciting [ɪkˈsaɪtɪŋ] *adj* aufregend; [story, race, film] spannend.

excl. *abbr of* **excluding.**

exclaim [ɪkˈskleɪm] *vt* auslrufen ◇ *vi:* **to ~ in delight/horror** vor Freude/Entsetzen auflschreien.

exclamation [ˌekskləˈmeɪʃn] *n* Ausruf *der.*

exclamation mark *Br,* **exclamation point** *Am n* Ausrufezeichen *das.*

exclude [ɪkˈskluːd] *vt* **- 1.** [not include]: **to ~ sb/sthg (from sthg)** jn/etw (von etw) auslnehmen **- 2.** [prevent from entering]: **to ~ sb (from)** jm den Zutritt verweigern (zu) **- 3.** [reject, rule out] auslschließen.

excluding [ɪkˈskluːdɪŋ] *prep* außer *(+ D).*

exclusion [ɪkˈskluːʒn] *n:* **~ (from)** Ausschluss *der* (von); **she plays the violin, to the ~ of all other instruments** sie spielt ausschließlich Geige.

exclusion clause *n* COMM Haftungsausschlussklausel *die.*

exclusive [ɪkˈskluːsɪv] *adj* **- 1.** [high-class] exklusiv **- 2.** [sole] ausschließlich **- 3.** PRESS Exklusiv- ◇ *n* [interview] Exklusivinterview *das;* [reports] Exklusivbericht *der.*

➜ **exclusive of** *prep* exklusive *(+ G).*

exclusively [ɪkˈskluːsɪvlɪ] *adv* ausschließlich.

excommunicate [ˌekskəˈmjuːnɪkeɪt] *vt* exkommunizieren.

excommunication [ˈekskəˌmjuːnɪˈkeɪʃn] *n* Exkommunizierung *die.*

excrement ['ekskrɪmənt] *n (U)* ***fml*** Exkremente *pl.*

excrete [ɪk'skriːt] *vt* [urine, waste matter] aus|scheiden.

excruciating [ɪk'skruːʃɪeɪtɪŋ] *adj* **- 1.** [pain, headache] schrecklich **- 2.** [embarrassment, experience] unerträglich.

excursion [ɪk'skɜːʃn] *n* Ausflug *der.*

excusable [ɪk'skjuːzəbl] *adj* entschuldbar.

excuse [*n* ɪk'skjuːs, *vb* ɪk'skjuːz] *n:* **~ (for)** Entschuldigung *die* (für); **that's just an ~** das ist nur eine Ausrede ◇ *vt* **- 1.** [justify] entschuldigen; **to ~ o.s.** sich entschuldigen; **she ~d herself for arriving late** sie entschuldigte sich dafür, dass sie zu spät gekommen war **- 2.** [forgive] verzeihen; **to ~ sb for sthg** jm etw verzeihen **- 3.** [let off]: **to ~ sb (from sthg)** jn (von etw) befreien **- 4.** ***phr:*** **~ me!** [to attract attention] entschuldigen Sie bitte!; [forgive me] Entschuldigung!; ***Am*** [sorry] Verzeihung!; **~ me for phoning so late** entschuldigen Sie bitte, dass ich so spät anrufe.

ex-directory *adj* ***Br:*** **to be ~** nicht im Telefonbuch stehen.

exec [ɪg'zek] *abbr of* **executive.**

execrable ['eksɪkrəbl] *adj* ***fml*** [performance] miserabel; [taste, cooking] abscheulich.

execute ['eksɪkjuːt] *vt* **- 1.** [kill] hin|richten **- 2.** ***fml*** [order, plan, movement] aus|führen.

execution [ˌeksɪ'kjuːʃn] *n* **- 1.** [killing] Hinrichtung *die* **- 2.** ***fml*** [of movement, order, plan] Ausführung *die.*

executioner [ˌeksɪ'kjuːʃnəʳ] *n* Scharfrichter *der.*

executive [ɪg'zekjʊtɪv] *adj:* **~ position** leitende Position; **~ power** Entscheidungsbefugnis *die* ◇ *n* **- 1.** COMM leitende Angestellte *der, die* **- 2.** [of government] Exekutive *die* **- 3.** [of political party] Vorstand *der.*

executor [ɪg'zekjʊtəʳ] *n* Testamentsvollstrecker *der.*

exemplary [ɪg'zemplərɪ] *adj* beispielhaft, vorbildlich.

exemplify [ɪg'zemplɪfaɪ] (*pt* & *pp* **-ied**) *vt* **- 1.** [typify] ein typisches Beispiel sein für **- 2.** [give example of] veranschaulichen.

exempt [ɪg'zempt] *adj:* **~ (from)** befreit (von) ◇ *vt:* **to ~ sb/sthg from** jn/etw befreien von.

exemption [ɪg'zempʃn] *n:* **~ (from)** Befreiung *die* (von).

exercise ['eksəsaɪz] *n* **- 1.** *(U)* [physical movement] Bewegung *die;* **to take ~** sich bewegen **- 2.** [series of movements] gymnastische Übung; **to do ~s** Gymnastik machen **- 3.** MIL & SCH Übung *die* **- 4.** [activity]: **it's a pointless ~** das ist eine sinnlose Übung **- 5.** [of right] Wahrnehmung *die* ◇ *vt* **- 1.** [horse] bewegen; [dog] aus|führen **- 2.** ***fml*** [power] aus|üben; [right] wahr|nehmen; [caution] walten lassen **- 3.** [trouble]: **to ~ sb's mind** js Gedanken beschäftigen ◇ *vi* sich bewegen.

exercise bike *n* Heimtrainer *der (Fahrrad).*

exercise book *n* Heft *das.*

exert [ɪg'zɜːt] *vt* aus|üben; **to ~ o.s.** sich an|strengen.

exertion [ɪg'zɜːʃn] *n* **- 1.** [of influence, power] Ausübung *die* **- 2.** [effort] Anstrengung *die.*

ex gratia [eks'greɪʃə] *adj* ***Br*** Sonder-.

exhale [eks'heɪl] *vt* & *vi* aus|atmen.

exhaust [ɪg'zɔːst] *n* **- 1.** *(U)* [fumes] Abgase *pl* **- 2.** [on car]: **~ (pipe)** Auspuff *der* ◇ *vt* **- 1.** [tire] erschöpfen **- 2.** [use up] auf|brauchen; [subject] erschöpfen; **my patience is ~ed** meine Geduld ist zu Ende.

exhausted [ɪg'zɔːstɪd] *adj* erschöpft.

exhausting [ɪg'zɔːstɪŋ] *adj* anstrengend.

exhaustion [ɪg'zɔːstʃn] *n* Erschöpfung *die.*

exhaustive [ɪg'zɔːstɪv] *adj* [search, study] eingehend; [list] erschöpfend.

exhibit [ɪg'zɪbɪt] *n* **- 1.** ART Ausstellungsstück *das* **- 2.** LAW Beweisstück *das* ◇ *vt* **- 1.** ***fml*** [demonstrate] zeigen **- 2.** ART aus|stellen ◇ *vi* ART aus|stellen.

exhibition [ˌeksɪ'bɪʃn] *n* **- 1.** ART Ausstellung *die* **- 2.** [demonstration]: **it was a fine ~ of skill** er/sie zeigte viel Geschick **- 3.** ***phr:*** **to make an ~ of o.s.** ***Br*** sich lächerlich machen.

exhibitionist [ˌeksɪ'bɪʃnɪst] *n:* **to be an ~** sich gerne zur Schau stellen.

exhibitor [ɪg'zɪbɪtəʳ] *n* Aussteller *der,* -in *die.*

exhilarating [ɪg'zɪləreɪtɪŋ] *adj* aufregend.

exhort [ɪg'zɔːt] *vt* ***fml:*** **to ~ sb to do sthg** jn ermahnen, etw zu tun.

exhume [eks'hjuːm] *vt* ***fml*** exhumieren.

exile ['eksaɪl] *n* **- 1.** [condition] Exil *das;* **in ~** im Exil **- 2.** [person] Person *die,* die im Exil lebt ◇ *vt:* **to ~ sb (to)** jn aus|weisen OR verbannen (nach).

exiled ['eksaɪld] *adj* exiliert.

exist [ɪg'zɪst] *vi* existieren.

existence [ɪg'zɪstəns] *n* **- 1.** [state of being] Existenz *die;* **to be in ~** existieren, bestehen; **to come into ~** entstehen **- 2.** [life] Dasein *das,* Leben *das.*

existentialism [ˌegzɪ'stenʃəlɪzm] *n* Existenzialismus *der.*

existing [ɪg'zɪstɪŋ] *adj* bestehend; [government] gegenwärtig.

exit ['eksɪt] *n* **- 1.** [way out] Ausgang *der;* [from motorway] Ausfahrt *die* **- 2.** [departure]: **to make an ~** hinaus|gehen ◇ *vi* [from building] hinaus|gehen; [from stage] ab|gehen; [from motorway] ab|fahren.

exit poll *n* **Br** POL *Umfrage bei Wählern unmittelbar nachdem sie das Wahllokal verlassen haben.*

exit visa *n* Ausreisevisum *das.*

exodus ['eksədəs] *n* Auszug *der.*

ex officio [eksə'fɪʃɪəʊ] *fml adj* von Amts wegen <> *adv* kraft seines Amtes.

exonerate [ɪg'zɒnəreɪt] *vt:* **to ~ sb (from)** jn entlasten (von).

exorbitant [ɪg'zɔːbɪtənt] *adj* [cost, price] übertrieben hoch; [demands] übertrieben.

exorcism ['eksəsɪzm] *n* Exorzismus *der.*

exorcize, -ise ['eksɔːsaɪz] *vt* **- 1.** [ghost] auslreiben **- 2.** [place, person] von Geistern befreien.

exotic [ɪg'zɒtɪk] *adj* exotisch.

expand [ɪk'spænd] *vt* [department, influence, area] vergrößern; [business, production, knowledge] erweitern <> *vi* sich vergrößern; [business] erweitern; [metal] sich ausldehnen.

◆ **expand (up)on** *vt fus* weiter auslführen.

expanse [ɪk'spæns] *n:* **an ~ of water/sand** eine Wasserfläche/Sandfläche; **she gazed at the vast ~ of the sky** sie blickte in die Weite des Himmels.

expansion [ɪk'spænʃn] *n* [of business, production, knowledge] Erweiterung *die;* [of department, influence, area] Vergrößerung *die;* [of metal, gas] Ausdehnung *die.*

expansion card *n* COMPUT Erweiterungskarte *die.*

expansionist [ɪk'spænʃənɪst] *adj* expansionistisch.

expansion slot *n* COMPUT Erweiterungssteckplatz *der.*

expansive [ɪk'spænsɪv] *adj* [relaxed, talkative] mitteilsam.

expatriate [eks'pætrɪət] *adj:* **~ community** Auslandsgemeinde *die* <> *n* im Ausland Lebende *der, die.*

expect [ɪk'spekt] *vt* **- 1.** [anticipate] erwarten; [count on] rechnen mit; **to ~ sthg from sb** etw von jm erwarten; **I didn't ~ it to be so boring** ich habe nicht damit gerechnet, dass es so langweilig ist; **to ~ to do sthg** damit rechnen, etw zu tun; **I ~ to be treated with respect** ich erwarte, dass ich mit Respekt behandelt werde; **to ~ sb to do sthg** erwarten, dass jd etw tut; **what do you expect?** was willst du denn? **- 2.** [suppose]: **to ~ (that) ...** glauben, dass ..., denken, dass ...; **I ~ so** ich denke schon **- 3.** [be pregnant with]: **to be ~ing a baby** ein Kind erwarten <> *vi* [be pregnant]: **to be ~ing** in anderen Umständen sein.

expectancy *n* ▷ **life expectancy.**

expectant [ɪk'spektənt] *adj* [crowd, person] erwartungsvoll.

expectantly [ɪk'spektəntlɪ] *adv* erwartungsvoll.

expectant mother *n* werdende Mutter.

expectation [ˌekspek'teɪʃn] *n:* **they have no ~ of winning** sie erwarten nicht, dass sie gewinnen; **against** OR **contrary to all ~(s)** wider Erwarten.

expectorant [ɪk'spektərənt] *n* Expektorans *das.*

expedient [ɪk'spiːdjənt] *adj fml* angebracht.

expedite ['ekspɪdaɪt] *vt fml* beschleunigen.

expedition [ˌekspɪ'dɪʃn] *n* **- 1.** [organized journey] Expedition *die* **- 2.** [short trip] Tour *die.*

expeditionary force ['ekspɪ'dɪʃnərɪ-] *n* Expeditionskorps *das.*

expel [ɪk'spel] (*pt* & *pp* **-led;** *cont* **-ling**) *vt* **- 1.** [person]: **to ~ sb (from)** [country] jn auslweisen (aus); [school] jn verweisen (von) **- 2.** [liquid, gas] auslstoßen.

expend [ɪk'spend] *vt:* **to ~ sthg (on)** etw auf|wenden (auf *(+ A)*).

expendable [ɪk'spendəbl] *adj* [person] entbehrlich.

expenditure [ɪk'spendɪtʃə^r] *n (U)* **- 1.** [of money] Ausgaben *pl* **- 2.** [of energy] Aufwand *der.*

expense [ɪk'spens] *n* **- 1.** [amount spent] Ausgabe *die* **- 2.** *(U)* [cost] Kosten *pl;* **to go to great ~ (to do sthg)** sich in hohe Unkosten stürzen(, um etw zu tun); **at the ~ of** auf Kosten *(+ G);* **at his ~** auf seine Kosten.

◆ **expenses** *npl* COMM Spesen *pl;* **to put sthg on ~s** etw auf die Spesenrechnung schreiben.

expense account *n* Spesenkonto *das.*

expensive [ɪk'spensɪv] *adj* **- 1.** [financially] teuer **- 2.** *fig* [mistake] schwerwiegend.

experience [ɪk'spɪərɪəns] *n* **- 1.** *(U)* [knowledge, practice] Erfahrung *die* **- 2.** [event] Erlebnis *das* <> *vt* erfahren; [change] erleben.

experienced [ɪk'spɪərɪənst] *adj:* **~ (at** OR **in)** erfahren (in *(+ D)*).

experiment [ɪk'sperɪmənt] *n* **- 1.** [science] Experiment *das;* **to carry out an ~** ein Experiment durchlführen **- 2.** [exploratory attempt] Versuch *der* <> *vi* ***lit*** & ***fig:*** **to ~ (with)** experimentieren (mit); **to ~ on sb/sthg** Versuche an jm/etw durchlführen.

experimental [ɪkˌsperɪ'mentl] *adj* experimentell.

expert ['ekspɜːt] *adj* [player] ausgezeichnet; [advice] fachmännisch; **to be ~ at sthg** sachkundig in etw *(D)* sein <> *n* Fachmann *der,* -frau *die.*

expertise [ˌekspɜː'tiːz] *n* Sachkenntnis *die.*

expert system *n* COMPUT Expertensystem *das.*

expiate ['ekspɪeɪt] *vt fml* sühnen.

expire [ɪk'spaɪə^r] *vi* [licence, passport] ablaufen.

expiry [ɪk'spaɪərɪ] *n* Ablauf *der*.

expiry date *n* Ablaufdatum *das;* **~: 15/4/02** gültig bis 15/4/02.

explain [ɪk'spleɪn] *vt* erklären; **"my car broke down", she ~ed** „mein Auto ist kaputtgegangen", sagte sie; **to ~ o.s.** [justify o.s.] sich rechtfertigen; [clarify one's meaning] sich klar ausǀdrücken; **to ~ sthg to sb** jm etw erklären <> *vi* erklären.

◆ **explain away** *vt sep:* **to ~ sthg away** eine Erklärung/Erklärungen für etw anǀführen.

explanation [ˌeksplə'neɪʃn] *n:* **~ (for)** Erklärung *die* (für).

explanatory [ɪk'splænətrɪ] *adj:* **~ notes** Anmerkungen *pl* zur Erläuterung; **~ leaflet** Informationsbroschüre *die*.

expletive [ɪk'spliːtɪv] *n* **fml** Kraftausdruck *der*.

explicit [ɪk'splɪsɪt] *adj* **- 1.** [clearly expressed] explizit **- 2.** [graphic] eindeutig.

explode [ɪk'spləʊd] *vt* **- 1.** [bomb] explodieren **- 2.** *fig* [argument] widerlegen; [theory] umǀstoßen <> *vi* **- 1.** [bomb] explodieren **- 2.** *fig* [with feeling]: **to ~ in anger** (vor Wut) explodieren; **he ~d with laughter** er brach in schallendes Gelächter aus.

exploit [*n* 'eksplɔɪt, *vb* ɪk'splɔɪt] *n* Heldentat *die* <> *vt* **- 1.** [workers] ausǀbeuten; [friend] ausǀnutzen **- 2.** [resources] ausǀschöpfen; [opportunity] nutzen.

exploitation [ˌeksplɔɪ'teɪʃn] *n* **- 1.** [of workers] Ausbeutung *die;* [of friend] Ausnutzung *die* **- 2.** [of resources] Ausschöpfung *die*.

exploration [ˌeksplə'reɪʃn] *n* **- 1.** [of place] Erforschung *die* **- 2.** [of idea, theory] Untersuchung *die*.

exploratory [ɪk'splɒrətrɪ] *adj:* **~ talks** Sondierungsgespräche *pl;* **~ operation** Explorationsoperation *die*.

explore [ɪk'splɔːʳ] *vt* **- 1.** [place] erforschen **- 2.** [idea, theory] untersuchen <> *vi* auf Erkundungstour gehen.

explorer [ɪk'splɔːrəʳ] *n* Erforscher *der*, -in *die*.

explosion [ɪk'spləʊʒn] *n* ***lit*** & ***fig*** Explosion *die;* **~ of crime** rapider Anstieg der Verbrechensrate.

explosive [ɪk'spləʊsɪv] *adj* [material, situation] explosiv; [question] heikel; [temper] explosiv <> *n* Sprengstoff *der*.

explosive device *n* Sprengsatz *der*.

exponent [ɪk'spəʊnənt] *n* **- 1.** [supporter - of theory] Vertreter *der*, -in *die;* [- of plan] Befürworter *der*, -in *die;* **- 2.** MATH Exponent *der*.

exponential [ˌekspə'nenʃl] *adj* **fml** [growth] exponenziell.

export [*n & comp* 'ekspɔːt, *vb* ɪk'spɔːt] *n* Export *der*, Ausfuhr *die* <> *comp* Export- <> *vt* ***lit*** & ***fig*** exportieren.

◆ **exports** *npl* [goods] Exportgüter *pl*.

exportable [ɪk'spɔːtəbl] *adj* exportfähig.

exportation [ˌekspɔː'teɪʃn] *n (U)* Export *der*, Ausfuhr *die*.

exporter [ek'spɔːtəʳ] *n* Exporteur *der;* [country] Exportland *das*.

export licence *n* **Br** COMM Exportlizenz *die*.

expose [ɪks'pəʊz] *vt* **- 1.** [uncover - skin] entblößen; [- underlying layer] freilegen; **to be ~d to sthg** einer Sache *(D)* ausgesetzt sein; **to ~ o.s.** sich entblößen **- 2.** [crime] aufǀdecken; [criminal] entlarven **- 3.** PHOT belichten.

exposé [ek'spəʊzeɪ] *n* Exposé *das*.

exposed [ɪk'spəʊzd] *adj* [place] ungeschützt.

exposition [ˌekspə'zɪʃn] *n* **- 1. fml** [explanation] Darlegung *die* **- 2.** [exhibition] Ausstellung *die*.

exposure [ɪk'spəʊʒəʳ] *n* **- 1.** [to light, sun, radiation]: **~ (to)** Ausgesetztsein *das (+ D)* **- 2.: to die from ~** [hypothermia] erfrieren **- 3.** [of crime] Aufdeckung *die;* [of criminal] Entlarvung *die* **- 4.** [PHOT - time] Belichtung *die;* [- photograph] Aufnahme *die* **- 5.** [publicity] Publicity *die*.

exposure meter *n* Belichtungsmesser *der*.

expound [ɪk'spaʊnd] **fml** *vt* darǀlegen <> *vi:* **to ~ on sthg** etw darǀlegen.

express [ɪk'spres] *adj* **- 1. Br** [letter, delivery] Eil- **- 2. fml** [request] ausdrücklich; [purpose] bestimmt <> *adv* [send] per Express <> *n:* **~ (train)** D-Zug *der* <> *vt* **- 1.** [feeling, opinion] ausǀdrücken; **to ~ o.s.** sich ausǀdrücken **- 2.** MATH darǀstellen.

expression [ɪk'spreʃn] *n* **- 1.** [gen] Ausdruck *der* **- 2.** [of feeling, opinion] Äußerung *die* **- 3.** [look on face] Gesichtsausdruck *der*.

expressionism [ɪk'spreʃənɪzm] *n* Expressionismus *der*.

expressionist [ɪk'spreʃənɪst] *adj* expressionistisch <> *n* Expressionist *der*, -in *die*.

expressionless [ɪk'spreʃənlɪs] *adj* ausdruckslos.

expressive [ɪk'spresɪv] *adj* ausdrucksvoll.

expressively [ɪk'spresɪvlɪ] *adv* ausdrucksvoll.

expressly [ɪk'spreslɪ] *adv* ausdrücklich.

expressway [ɪk'spresweɪ] *n* **Am** Schnellstraße *die*.

expropriate [eks'prəʊprɪeɪt] *vt* **fml** enteignen.

expropriation [eksˌprəʊprɪ'eɪʃn] *n* **fml** Enteignung *die*.

expulsion [ɪk'spʌlʃn] *n* **- 1.** [from school]: **~ (from)** Verweisung *die* (von) **- 2.** [from country]: **~ (from)** Ausweisung *die* (aus).

exquisite [ɪk'skwɪzɪt] *adj* [object, jewellery] exquisit; [food] köstlich; [painting] ausgezeichnet; [taste] erlesen; [manners] ausgezeichnet.

exquisitely [ɪk'skwɪzɪtlɪ] *adv* [decorated, arranged] ausgezeichnet; [dressed] exquisit.

ex-serviceman *n Br* ehemaliger Soldat.

ex-servicewoman *n Br* ehemalige Soldatin.

ext., extn. (*abbr of* **extension**) App.

extant [ek'stænt] *adj* noch vorhanden.

extemporize, -ise [ɪk'stempəraɪz] *vi fml* aus dem Stegreif sprechen.

extend [ɪk'stend] *vt* - **1.** [road, building] aus|bauen - **2.** [visit, visa, deadline] verlängern - **3.** [authority, law] aus|dehnen - **4.** *fml* [head, arm] aus|strecken - **5.** [offer - credit, help] gewähren; **to ~ a welcome to sb** jn willkommen heißen <> *vi* - **1.** [stretch - in space] sich erstrecken; [- in time] an|dauern - **2.** [rule, law]: **to ~ to sb/sthg** sich auf jn/etw erstrecken - **3.** [protrude] ab|stehen.

extendable [ɪk'stendəbl] *adj* [ladder] ausziehbar.

extended-play [ɪk'stendɪd-] *adj* Langspiel-.

extension [ɪk'stenʃn] *n* - **1.** [new room, building] Anbau *der* - **2.** [of visit, visa, deadline] Verlängerung *die* - **3.** [of authority, law] Ausdehnung *die* - **4.** TELEC Nebenanschluss *der* - **5.** ELEC Verlängerungskabel *das* - **6.** COMPUT: **filename ~** Dateinamenendung *die*.

extension lead *n* [lead] Verlängerungsschnur *die*.

extensive [ɪk'stensɪv] *adj* - **1.** [damage] beträchtlich - **2.** [land, area] ausgedehnt - **3.** [discussions, tests] ausgedehnt; [use] häufig.

extensively [ɪk'stensɪvlɪ] *adv* - **1.** [modify, damage] beträchtlich - **2.** [discuss] ausführlich; [read] viel.

extent [ɪk'stent] *n* - **1.** [of land, area] Ausdehnung *die* - **2.** [of knowledge, damage] Umfang *der;* [of problem] Größe *die* - **3.** [degree]: **to what ~ ...?** inwieweit ...?; **to the ~ that** [in that, in so far as] insofern dass; [to the point where] derart ..., dass; **to a certain ~** in gewissem Maße; **to a large** *OR* **great ~** in hohem Maße; **to some ~** bis zu einem gewissen Grade.

extenuating circumstances [ɪk'stenjʊeɪtɪŋ-] *npl* mildernde Umstände *pl.*

exterior [ɪk'stɪərɪəʳ] *adj* [wall, lights] Außen-; **~ paintwork** äußerer Anstrich <> *n* [of house, car, person] Äußere *das*.

exterminate [ɪk'stɜːmɪneɪt] *vt* aus|rotten.

extermination [ɪkˌstɜːmɪ'neɪʃn] *n* Ausrottung *die*.

external [ɪk'stɜːnl] *adj* - **1.** [outside] äußere, -r, -s; **for ~ use only** nur äußerlich anzuwenden - **2.** [foreign - debt] Auslands-; [- affairs] auswärtig.

◆ **externals** *npl* Äußerlichkeiten *pl.*

externally [ɪk'stɜːnəlɪ] *adv* äußerlich; [located] außen.

extinct [ɪk'stɪŋkt] *adj* - **1.** [species] ausgestorben - **2.** [volcano] erloschen.

extinction [ɪk'stɪŋkʃn] *n* [of species] Aussterben *das*.

extinguish [ɪk'stɪŋgwɪʃ] *vt* - **1.** *fml* [fire] löschen; [cigarette] aus|drücken - **2.** *fig* [memory, feeling] aus|löschen.

extinguisher [ɪk'stɪŋgwɪʃəʳ] *n:* **(fire) ~** Feuerlöscher *der*.

extol (*pt* & *pp* **-led;** *cont* **-ling**), **extoll** *Am* [ɪk'stəʊl] *vt* rühmen.

extort [ɪk'stɔːt] *vt:* **to ~ sthg from sb** etw von jm erpressen.

extortion [ɪk'stɔːʃn] *n* Erpressung *die*.

extortionate [ɪk'stɔːʃnət] *adj* [price] Wucher-; [demand] ungeheuer.

extra ['ekstrə] *adj* [additional] zusätzlich; **~ charge** Zuschlag *der* <> *n* - **1.** [addition] Extra *das* - **2.** CINEMA & THEATRE Statist *der*, -in *die* <> *adv* [to pay, charge] extra.

◆ **extras** *npl* [in price] zusätzliche Kosten *pl.*

extra- ['ekstrə] *prefix* besonders; **an ~special present** ein ganz besonderes Geschenk.

extract [*n* 'ekstrækt, *vb* ɪk'strækt] *n* - **1.** [from book] Auszug *der;* [from film, piece of music] Ausschnitt *der* - **2.** [substance] Extrakt *der* <> *vt* - **1.** [pull out]: **to ~ sthg (from)** etw ziehen (aus) - **2.** [information, confession]: **to ~ sthg (from sb)** etw (aus jm) heraus|holen - **3.** [coal, oil]: **to ~ sthg (from)** etw gewinnen (aus).

extraction [ɪk'strækʃn] *n* - **1.** [descent] Herkunft *die* - **2.** [of coal, oil] Gewinnung *die;* [of tooth] Ziehen *das*.

extractor (fan) [ɪk'stræktəʳ-] *n Br* Entlüfter *der*.

extracurricular [ˌekstrəkə'rɪkjʊləʳ] *adj* außerhalb des Stundenplans.

extradite ['ekstrədaɪt] *vt:* **to ~ sb (from/to)** jn aus|liefern (von/an).

extradition [ˌekstrə'dɪʃn] *n* Auslieferung *die*.

extramarital [ˌekstrə'mærɪtl] *adj* außerehelich.

extramural [ˌekstrə'mjʊərəl] *adj* UNIV: **~ studies** *Studium für Teilzeitstudenten.*

extraneous [ɪk'streɪnjəs] *adj* - **1.** [irrelevant] irrelevant - **2.** [outside] von außen.

extraordinary [ɪk'strɔːdnrɪ] *adj* - **1.** [very special] außergewöhnlich - **2.** [strange] merkwürdig - **3.** [meeting] außerordentlich.

extraordinary general meeting *n* außerordentliche Hauptversammlung.

extrapolate [ɪk'stræpəleɪt] *vt* - **1.** MATH: **to ~ sthg from sthg** etw aus etw extrapolieren

- 2. [deduce]: **to ~ sthg from sthg** etw aus etw erschließen.

extrasensory perception [ˌekstrə'sensərɪ-] *n* außersinnliche Wahrnehmung.

extraterrestrial [ˌekstrətə'restrɪəl] *adj* außerirdisch.

extra time *n (U) Br* SPORT Verlängerung *die*.

extravagance [ɪk'strævəgəns] *n* **- 1.** [excessive spending] Verschwendung *die* **- 2.** [luxury] Extravaganz *die*.

extravagant [ɪk'strævəgənt] *adj* **- 1.** [wasteful - person, use] verschwenderisch; [- tastes] kostspielig **- 2.** [gift, party, behaviour] extravagant **- 3.** [claim] übertrieben.

extravaganza [ɪkˌstrævə'gænzə] *n aufwendig gestaltete Vorführung*.

extreme [ɪk'stri:m] *adj* **- 1.** [gen] äußerste, -r, -s; **~ heat** extreme Hitze **- 2.** [conditions, views, politician] extrem <> *n* [furthest limit] Extrem *das;* **in the ~** äußerst; **to go to ~s** es zu weit treiben.

extremely [ɪk'stri:mlɪ] *adv* [very] äußerst.

extremism [ɪk'stri:mɪzm] *n* Extremismus *der*.

extremist [ɪk'stri:mɪst] *adj* extremistisch <> *n* Extremist *der*, -in *die*.

extremity [ɪk'stremətɪ] (*pl* **-ies**) *n* **- 1.** *(U)* ***fml*** [extreme adversity] Extremsituation *die* **- 2.** ***fml*** [end] äußerstes Ende.

◆ **extremities** *npl* [of body] Hände und Füße.

extricate ['ekstrɪkeɪt] *vt:* **to ~ sthg (from)** etw befreien (aus); **to ~ o.s. (from)** sich heraus|winden (aus); ***fig*** sich befreien (aus).

extrovert ['ekstrəvɜ:t] *adj* extrovertiert <> *n* extrovertierter Mensch.

exuberance [ɪg'zju:bərəns] *n* Ausgelassenheit *die*.

exuberant [ɪg'zju:bərənt] *adj* ausgelassen.

exude [ɪg'zju:d] *vt* **- 1.** [smell] ab|sondern; [liquid] aus|scheiden **- 2.** ***fig*** [confidence] aus|strahlen; **to ~ charm** seinen Charme versprühen.

exult [ɪg'zʌlt] *vi:* **to ~ (at** *OR* **in)** [at sb's defeat, a victory] jubeln (über *(+ A)*); [at sb's discomfiture] frohlocken (über *(+ A)*).

exultant [ɪg'zʌltənt] *adj* [person, crowd] jubelnd; [smile] triumphierend.

eye [aɪ] (*cont* **eyeing** *OR* **eying**) *n* **- 1.** [gen] Auge *das;* **before my (very) ~s** vor meinen eigenen Augen; **in my ~s** meiner Ansicht nach; **to cast** *OR* **run one's ~ over sthg** etw überfliegen; **the advertisement caught my ~** die Anzeige stach mir ins Auge; **to catch the waiter's ~** die Aufmerksamkeit des Kellners erregen; **to clap** *OR* **lay** *OR* **set ~s on sb** jn zu Gesicht bekommen; **to cry one's ~s out** ***inf*** sich *(D)* die Augen aus|heulen; **to feast one's ~s on sthg** sich am Anblick von etw weiden; **to have an ~ for sthg** ein Auge für etw haben; **to have one's ~ on sb/sthg** ein Auge auf jn/etw haben; **to keep one's ~s open for, to keep an ~ out for** Ausschau halten nach *(+ D);* **to keep an ~ on** auf|passen auf *(+ A);* **there is more to this than meets the ~** da steckt mehr dahinter als auf den ersten Blick ersichtlich ist; **to open sb's ~s (to)** jm die Augen öffnen (über *(+ A)*); **not to see ~ to ~ with sb** mit jm nicht einer Meinung sein; **to close** *OR* **shut one's ~s to sthg** die Augen vor etw *(D)* verschließen; **to turn a blind ~ to sthg** über etw *(A)* hinweg|sehen; **to be up to one's ~s in sthg** ***Br inf*** bis über beide Ohren in etw *(D)* stecken **- 2.** [of needle] Öhr *das* **- 3.** [of potato] Auge *das* **- 4.** [of hurricane] Auge *das* <> *vt* [suspiciously] beäugen; [with desire] sehnsüchtig an|schauen.

◆ **eye up** *vt sep* ***Br*** [person] anmachend an|schauen.

eyeball ['aɪbɔ:l] *n* Augapfel *der* <> *vt* ***Am inf*** herausfordernd an|schauen.

eyebath ['aɪbɑ:θ] *n* Augenbad *das*.

eyebrow ['aɪbraʊ] *n* Augenbraue *die;* **to raise one's ~s at sthg** ***fig*** [in disapproval] über etw *(A)* die Stirn runzeln; [in surprise] über etw *(A)* verwundert sein.

eyebrow pencil *n* Augenbrauenstift *der*.

eye-catching *adj* auffallend.

eye contact *n:* **to make/avoid ~ (with sb)** Blickkontakt (mit jm) her|stellen/vermeiden.

eyedrops ['aɪdrɒps] *npl* Augentropfen *pl*.

eyeglasses ['aɪˌglɑ:sɪz] *npl* ***Am*** Brille *die*.

eyelash ['aɪlæʃ] *n* Augenwimper *die*.

eyelet ['aɪlɪt] *n* Öse *die*.

eye-level *adj* in Augenhöhe.

eyelid ['aɪlɪd] *n* Augenlid *das;* **she didn't bat an ~** ***inf*** sie zuckte nicht mal mit der Wimper.

eyeliner ['aɪˌlaɪnə^r] *n* Eyeliner *der*.

eye-opener *n* ***inf:*** **it was an ~ for me** das hat mir die Augen geöffnet.

eyepatch ['aɪpætʃ] *n* Augenklappe *die*.

eye shadow *n* Lidschatten *der*.

eyesight ['aɪsaɪt] *n (U)* Sehkraft *die;* **to have good/bad ~** gute/schlechte Augen haben.

eyesore ['aɪsɔ:^r] *n* Schandfleck *der*.

eyestrain ['aɪstreɪn] *n* Überanstrengung *die* der Augen.

eyetooth ['aɪtu:θ] (*pl* **-teeth**) *n:* **to give one's eyeteeth to do sthg** alles darum geben, etw zu tun.

eyewash ['aɪwɒʃ] *n* ***inf*** [nonsense] Unsinn *der*.

eyewitness [ˌaɪ'wɪtnɪs] *n* Augenzeuge *der*, -gin *die*.

eyrie ['ɪərɪ] *n* Horst *der*.

F

f (*pl* **f's** *OR* **fs**), **F** (*pl* **F's** *OR* **Fs**) [ef] *n* [letter] f *das*, F *das*.

◆ **F** *n* - **1.** MUS F *das* - **2.** (*abbr of* **Fahrenheit**) F.

FA (*abbr of* **Football Association**) *n Fußballverband in England und Wales.*

FAA (*abbr of* **Federal Aviation Administration**) *n amerikanische Flugaufsichtsbehörde.*

fable ['feɪbl] *n* Fabel *die*.

fabled ['feɪbld] *adj* sagenhaft.

fabric ['fæbrɪk] *n* - **1.** [cloth] Stoff *der* - **2.** [of building] Bausubstanz *die* - **3.** [of society] Gefüge *das*.

fabricate ['fæbrɪkeɪt] *vt* - **1.** [invent] erfinden - **2.** [manufacture] her|stellen, fabrizieren.

fabrication [ˌfæbrɪ'keɪʃn] *n* - **1.** *(U)* [lying] Erfindung *die* - **2.** [lie] Lüge *die* - **3.** *(U)* [manufacture] Herstellung *die*, Fabrikation *die*.

fabulous ['fæbjʊləs] *adj* - **1.** *inf* [excellent] toll - **2.** *fml* [wealth, beauty] unglaublich - **3.** *fml* [fairytale] sagenhaft; **~ beast** Fabeltier *das*.

fabulously ['fæbjʊləslɪ] *adv* unglaublich.

facade [fə'sɑːd] *n lit* & *fig* Fassade *die*.

face [feɪs] *n* - **1.** [of person] Gesicht *das*; **~ to ~** [with person] von Angesicht zu Angesicht; **to come ~ to ~ with sthg** mit etw konfrontiert werden; **to fall flat on one's ~** auf die Nase fallen; **to look sb in the ~** jm in die Augen sehen; **to say sthg to sb's ~** jm etw offen ins Gesicht sagen; **to show one's ~** sich sehen lassen; **it was staring me in the ~** es war direkt unter meiner Nase - **2.** [expression] Gesicht *das*, Gesichtsausdouck *der*; **to make** *OR* **pull a ~** ein Gesicht ziehen, das Gesicht verziehen; **her ~ fell** sie machte ein langes Gesicht - **3.** [of cliff] Wand *die*; [of coin] Vorderseite *die*; [of building] Fassade *die*; **the ~ of British politics** das Erscheinungsbild britischer Politik; **the species was wiped off the ~ of the earth** die Spezies wurde von der Erdoberfläche gefegt; **on the ~ of it** auf den ersten Blick - **4.** [of clock, watch] Zifferblatt *das* - **5.** [respect]: **to lose ~** das Gesicht verlieren; **to save ~** das Gesicht wahren - **6.** *phr*: **to fly in the ~ of sthg** etw *(D)* entgegen|laufen ◇ *vt* - **1.** [look towards] gegenüber|stehen *(+ D)*; **my house ~s south** mein Haus liegt nach Süden; **the hotel ~s the harbour** das Hotel liegt gegenüber vom Hafen - **2.** [confront] sich stellen *(+ D)*; **to be ~d with sthg** [problem, decision] mit etw konfrontiert werden - **3.** [facts, truth] ins Auge sehen *(+ D)*; **let's ~ it!** machen wir uns nichts vor! - **4.** *inf* [cope with]: **I can't ~ another omelette** ich kann kein Omelett mehr sehen!; **I can't ~ it!** ich bringe es einfach nicht über mich.

◆ **face down** *adv* [person] mit dem Gesicht nach unten; [book] mit der aufgeschlagenen Seite nach unten; [playing card] mit der Bildseite nach unten.

◆ **face up** *adv* [person] mit dem Gesicht nach oben; [book] mit der aufgeschlagenen Seite nach oben; [playing card] mit der Bildseite nach oben.

◆ **in the face of** *prep* [in spite of] trotz *(+ G)*.

◆ **face up to** *vt fus* [responsibility] auf sich *(A)* nehmen; [problem] sich stellen *(+ D)*.

facecloth ['feɪsklɒθ] *n Br* Waschlappen *der*.

face cream *n* Gesichtscreme *die*.

faceless ['feɪslɪs] *adj* anonym.

face-lift *n* - **1.** [on face] Gesichtsstraffung *die* - **2.** *fig* [on building]: **to give sthg a ~** etw verschönern.

face pack *n* Gesichtspackung *die*.

face powder *n* Gesichtspuder *das*.

face-saving [-ˌseɪvɪŋ] *adj*: **a ~ agreement/measure** eine Vereinbarung/Maßnahme, um das Gesicht zu wahren.

facet ['fæsɪt] *n* - **1.** [aspect] Seite *die* - **2.** [of jewel] Facette *die*.

facetious [fə'siːʃəs] *adj* leicht spöttisch.

facetiously [fə'siːʃəslɪ] *adv* leicht spöttisch.

face-to-face *adj* persönlich.

face value *n* [of coin, stamp] Nennwert *der*; **to take sthg at ~** *fig* etw für bare Münze nehmen.

facial ['feɪʃl] *adj* Gesichts- ◇ *n* kosmetische Gesichtsbehandlung.

facile [*Br* 'fæsaɪl, *Am* fæsl] *adj pej* trivial.

facilitate [fə'sɪlɪteɪt] *vt fml* erleichtern.

facility [fə'sɪlətɪ] (*pl* **-ies**) *n* - **1.** [ability]: **to have a ~ for sthg** eine Begabung für etw haben - **2.** [feature] Einrichtung *die*.

◆ **facilities** *npl* [amenities] Ausstattung *die*; **cooking facilities** Kochgelegenheiten *pl*.

facing ['feɪsɪŋ] *adj* [opposite] gegenüber befindlich.

facsimile [fæk'sɪmɪlɪ] *n* - **1.** [message] Fax *das* - **2.** [exact copy] Faksimile *das*.

facsimile machine *n fml* Faxgerät *das*.

fact [fækt] *n* Tatsache *die*; **it is a ~ that ...** es steht fest, dass ...; **the ~ is, ...** die Wahrheit ist, dass ...; **the ~ remains that ...** Tatsache bleibt, dass ...; **to know sthg for a ~** etw genau wissen.

◆ **in fact** *adv* [in reality] tatsächlich; [moreover] sogar.

fact-finding [-'faɪndɪŋ] *adj* [trip] Informations-; [mission] Erkundungs-.

faction ['fækʃn] *n* Splittergruppe *die*.

fact of life *n* Tatsache *die (mit der man sich abfinden muss)*.

◆ **facts of life** *npl* ***euphemism:* to tell sb the ~s of life** jn auf|klären.

factor ['fæktəʳ] *n* Faktor *der*.

factory ['fæktərɪ] (*pl* **-ies**) *n* Fabrik *die*.

factory farming *n* Massentierhaltung *die*.

factory ship *n* Fabrikschiff *das*.

factotum [fæk'təʊtəm] (*pl* **-s**) *n* Faktotum *das*.

fact sheet *n* ***Br*** Informationsblatt *das*.

factual ['fæktʃʊəl] *adj* [account] auf Tatsachen beruhend.

faculty ['fækltɪ] (*pl* **-ies**) *n* **- 1.** [ability] Fähigkeit *die;* **the ~ of sight** das Sehvermögen; **he was still in control of his faculties** er war (immer) noch im Vollbesitz seiner Kräfte **- 2.** UNIV [section] Fakultät *die;* [staff] Lehrkörper *der*.

FA Cup *n* ***Br:* the ~** *Pokalwettbewerb des englischen Fußballbundes.*

fad [fæd] *n* Tick *der*.

fade [feɪd] *vi* **- 1.** [material, colour] verbleichen; [flower] verwelken **- 2.** [light] nach|lassen **- 3.** [sound] verklingen **- 4.** [feeling, interest, smile] schwinden; [memory] verblassen ◇ *vt* [material, colour] aus|bleichen.

◆ **fade away, fade out** *vi* [sound] verklingen; [image] verschwinden.

faded ['feɪdɪd] *adj* verblichen.

faeces ***Br,*** **feces** ***Am*** ['fiːsiːz] *npl* Fäkalien *pl*.

Faeroe ['feərəʊ] *n:* **the ~ Islands, the ~s** die Färöer Inseln, die Färöer; **in the ~ Islands** auf den Färöer Inseln.

faff ◆ **faff about, faff around** *vi* ***Br inf*** herum|wursteln.

fag [fæg] *n* **- 1.** ***Br inf*** [cigarette] Glimmstengel *der* **- 2.** ***Br inf*** [chore] Schinderei *die* **- 3.** ***Am pej*** [homosexual] Schwuler *der*.

fag end *n* ***Br inf*** Kippe *die*.

fagged out [fægd-] *adj* ***Br inf*** völlig K.O.

faggot ['fægət] *n* ***Br*** CULIN Frikadelle *die*.

fagot ['fægət] *n* ***Am inf pej*** [homosexual] Schwuler *der*.

Fahrenheit ['færənhaɪt] *adj* Fahrenheit.

fail [feɪl] *vt* **- 1.** [not succeed in]: **to ~ to do sthg** etw nicht tun können; **you can't ~ to notice it** du kannst es nicht übersehen; **he ~ed to persuade her** es gelang ihm nicht, sie zu überreden; **I ~ to see what's so funny** ich verstehe nicht, was daran so komisch ist **- 2.** [exam, test] durch|fallen; [candidate] durchfallen lassen **- 3.** [let down] im Stich lassen ◇ *vi* **- 1.** [not succeed] scheitern **- 2.** [in exam, test] durch|fallen **- 3.** [brakes, engine, heart] versagen; [lights] aus|fallen **- 4.** [eyesight] nach|lassen; [health] sich verschlechtern.

failed [feɪld] *adj* [singer, writer *etc*] gescheitert.

failing ['feɪlɪŋ] *n* [weakness] Schwäche *die* ◇ *prep* wenn ... nicht; **~ any renewed fighting** wenn es keine neuen Kampfhandlungen gibt; **~ that** andernfalls.

fail-safe *adj* [device, system] *so beschaffen, dass ein auftretender Fehler keine gravierenden Schäden verursachen kann.*

failure ['feɪljəʳ] *n* **- 1.** [gen] Misserfolg *der* **- 2.** [person] Versager *der* **- 3.** [to attend, appear, act]: **I was surprised by her ~ to attend the meeting** ich war überrascht, dass sie nicht an der Besprechung teilnahm **- 4.** [of engine, brakes, heart] Versagen *das;* [of lights] Ausfall *der*.

faint [feɪnt] *adj* **- 1.** [slight] schwach; [image] kaum sichtbar; [chance] gering; **I haven't the ~est idea** ich habe keinen blassen Schimmer **- 2.** [dizzy] schwindelig; **to be ~ with hunger** sich schwach vor Hunger fühlen ◇ *vi* ohnmächtig werden.

faint-hearted [-'hɑːtɪd] *adj* zaghaft.

faintly ['feɪntlɪ] *adv* **- 1.** [shine] schwach; [speak, ring] leise; **~ visible** kaum sichtbar **- 2.** [slightly] ein wenig.

faintness ['feɪntnɪs] *n* **- 1.** [dizziness] Ohnmachtsgefühl *das* **- 2.** [dimness - of sound, hope, memory] Schwäche *die;* **because of the ~ of the image** weil das Bild kaum sichtbar ist.

fair [feəʳ] *adj* **- 1.** [just - judge, person] gerecht; [- result, decision, trial] fair; **it's not ~!** das ist ungerecht!; **to be ~, he did try to apologize** fairerweise muss man sagen, dass er versucht hat, sich zu entschuldigen **- 2.** [quite large] ziemlich groß **- 3.** [quite good] ziemlich gut **- 4.** [hair, person] blond **- 5.** [skin, complexion] hell **- 6.** [weather] schön ◇ *n* **- 1.** ***Br*** [funfair] Jahrmarkt *der* **- 2.** [trade fair] Messe *die* ◇ *adv* [play, fight] fair.

◆ **fair enough** *excl* ***Br inf*** na gut!

fair copy *n* Reinschrift *die*.

fair game *n* ***fig*** leichte Beute, Freiwild *das*.

fairground ['feəgraʊnd] *n* Rummelplatz *der*.

fair-haired [-'heəd] *adj* blond.

fairly ['feəlɪ] *adv* **- 1.** [rather] ziemlich **- 2.** [treat, distribute] gerecht; [describe, fight, play] fair.

fair-minded [-'maɪndɪd] *adj* gerecht.

fairness ['feənɪs] *n* [of judgement, person] Gerechtigkeit *die;* [of decision, trial, result] Fairness *die;* **in ~ to him** OR **in all ~, he did try to apologize** fairerweise, muss man sagen, dass er versucht hat, sich zu entschuldigen.

fair play *n (U)* Fairplay *das*.

fairway ['feəweɪ] *n* Fairway *das*.

fairy ['feərɪ] (*pl* **-ies**) *n* Fee *die*.

fairy lights *npl* ***Br*** Lichterkette *die*.

fairy tale *n* Märchen *das*.

fait accompli [ˌfeɪtə'kɒmpliː] (*pl* **faits accomplis**) *n* vollendete Tatsache.

faith [feɪθ] *n* - **1.** [trust]: **~ (in)** Vertrauen *das* (zu); **I have ~ in her ability to win** ich glaube, dass sie gut genug ist zu gewinnen; **in good ~** in gutem Glauben; **in bad ~** mit böser Absicht; **I told you that in good ~** ich habe dir das im Vertrauen gesagt - **2.** [particular religion] Religion *die* - **3.** *(U)* [religious belief] Glaube *der*.

faithful ['feɪθfʊl] *adj* - **1.** [friend, dog, lover] treu - **2.** [account, translation] getreu, genau ◇ *npl* RELIG: **the ~** die Gläubigen.

faithfully ['feɪθfʊlɪ] *adv* [support] treu; [promise] fest; **Yours ~** *Br* [in letter] hoachachtungsvoll.

faithfulness ['feɪθfʊlnɪs] *n* - **1.** [loyalty] Treue *die* - **2.** [accuracy] Genauigkeit *die*.

faith healer *n* Gesundbeter *der*, -in *die*.

faithless ['feɪθlɪs] *adj* treulos.

fake [feɪk] *adj* [painting, passport] gefälscht; [gun, jewellery] unecht ◇ *n* - **1.** [object, painting] [of painting, passport] Fälschung *die;* [of gun, jewellery] Imitation *die* - **2.** [person] Schwindler *der*, -in *die* ◇ *vt* - **1.** [signature, results] fälschen - **2.** [simulate] vor|täuschen; [illness] simulieren ◇ *vi:* **he's faking** er tut nur so.

falcon ['fɔːlkən] *n* Falke *der*.

Falkland Islands ['fɔːklənd-], **Falklands** ['fɔːkləndz] *npl:* **the ~** die Falkland Inseln; **in the ~** auf den Falkland Inseln.

fall [fɔːl] (*pt* **fell;** *pp* **fallen**) *vi* - **1.** [gen] fallen; [person] hin|fallen; [from great height, heavily, in sport] stürzen; [thing to ground] herunter-/hinunter|fallen; **the city fell to the enemy troops** die Stadt fiel in die Hände der feindlichen Truppen; **to ~ flat** [joke] daneben gehen - **2.** [decrease - temperature] fallen; [- number] ab|nehmen; [- demand, wind] nach|lassen - **3.** [become - ill, silent, vacant] werden; **to ~ asleep** ein|schlafen; **to ~ in love** sich verlieben; **to ~ under suspicion** in Verdacht geraten; **to ~ open** sich öffnen; **to ~ to bits** OR **pieces** auseinander fallen - **4.** [government, leader] gestürzt werden - **5.** [occur]: **to ~ (on)** fallen (auf (+ *D*)); **they ~ into two groups** sie lassen sich zwei Gruppen zu|ordnen - **6.** [silence] sich aus|breiten; [night] herein|brechen ◇ *n* - **1.** [accident, from power] Sturz *der;* **to have a ~** stürzen - **2.:** **~ of snow** Schneefall *der* - **3.** [of city, country] Eroberung *die* - **4.** [decrease]: **~ (in)** Abnahme *die* (+ *G*) - **5.** *Am* [autumn] Herbst *der*.

◆ **falls** *npl* [waterfall] Wasserfall *der*.

◆ **fall about** *vi Br inf:* **to ~ about (laughing)** sich krank|lachen.

◆ **fall apart** *vi* - **1.** [book, chair] auseinander fallen - **2.** *fig* [country, person] zusammen|brechen.

◆ **fall away** *vi* - **1.** [plaster, paint] ab|bröckeln - **2.** [land, slope] ab|fallen.

◆ **fall back** *vi* - **1.** [retreat] zurück|weichen - **2.** [lag behind] zurück|fallen.

◆ **fall back on** *vt fus* [resort to] zurück|greifen auf (+ *A*).

◆ **fall behind** *vi* - **1.** [in race] zurück|fallen - **2.** [with rent, work] in Rückstand geraten.

◆ **fall down** *vi* - **1.** [picture] herunter-/hinunter|fallen; [person] hin|fallen; [building] ein|stürzen - **2.** [fail]: **the plan ~s down on three points** der Plan funktioniert an drei Stellen nicht; **this is where your argument ~s down** an dieser Stelle ist dein Argument nicht stichhaltig.

◆ **fall for** *vt fus* - **1.** *inf* [fall in love with] sich verlieben in (+ *A*) - **2.** [trick] herein|fallen auf (+ *A*).

◆ **fall in** *vi* - **1.** [roof, ceiling] ein|stürzen - **2.** MIL (in Reih und Glied) an|treten.

◆ **fall in with** *vt fus* [suggestion, request] akzeptieren.

◆ **fall off** *vi* - **1.** [drop off] herunter-/hinunter|fallen - **2.** [diminish] zurück|gehen.

◆ **fall on** *vt fus* - **1.** [subj: eyes, gaze] fallen auf (+ *A*) - **2.** [attack] her|fallen über (+ *A*).

◆ **fall out** *vi* - **1.** [hair, tooth] aus|fallen - **2.** [quarrel]: **to ~ out (with sb)** sich (mit jm) zerstreiten - **3.** MIL weg|treten.

◆ **fall over** *vt fus* [step, obstacle] fallen über (+ *A*); **to be ~ing over o.s. to do sthg** *inf* sich fast überschlagen, etw zu tun ◇ *vi* [lose balance - person] hin|fallen; [- chair, jug] um|kippen.

◆ **fall through** *vi* [plan, deal] fehl|schlagen.

◆ **fall to** *vt fus* [subj: duty] zu|fallen (+ *D*); **it ~s to me to ...** es obliegt mir ...

fallacious [fə'leɪʃəs] *adj fml* irrig.

fallacy ['fæləsɪ] (*pl* **-ies**) *n* Irrtum *der*.

fallen ['fɔːln] *pp* ▷ **fall.**

fall guy *n Am inf* [scapegoat] Sündenbock *der*.

fallible ['fæləbl] *adj* [person] fehlbar; [method, plan] nicht unfehlbar.

falling ['fɔːlɪŋ] *adj* [decreasing] sinkend.

fallopian tube [fə'ləʊpɪən-] *n* Eileiter *der*.

fallout ['fɔːlaʊt] *n* [radiation] radioaktiver Niederschlag.

fallow ['fæləʊ] *adj* [land] brach; **to lie ~** brach|liegen.

false [fɔːls] *adj* - **1.** [gen] falsch - **2.** [fake - nose, eyelashes] künstlich; [- passport] gefälscht; [- smile] gekünstelt; **~ ceiling** Einschubdecke *die*.

false alarm *n* falscher Alarm.

falsehood ['fɔːlshʊd] *n fml* [lie] Unwahrheit *die*.

falsely ['fɔːlslɪ] *adv* - **1.** [accused, imprisoned] zu Unrecht; **~ stated** fälschlicherweise angegeben - **2.** [laugh] gekünstelt.

false start *n* Fehlstart *der*.

false teeth *npl* künstliches Gebiss.

falsetto [fɔːl'setəʊ] (*pl* **-s**) *n* MUS Falsett *das* ◇ *adv* im Falsett.

falsify ['fɔːlsɪfaɪ] (*pt* & *pp* **-ied**) *vt* [facts, accounts] verfälschen.

falter ['fɔːltəʳ] *vi* - **1.** [move unsteadily] wankend - **2.** [voice] stocken - **3.** [hesitate] zögern.

faltering ['fɔːltərɪŋ] *adj* [steps] wankend; [voice] stockend.

fame [feɪm] *n* Ruhm *der*.

familiar [fə'mɪljəʳ] *adj* - **1.** [known] vertraut; **to be ~ to sb** jm bekannt vor|kommen - **2.** [conversant]: **to be ~ with sthg** sich mit etw aus|kennen; **to be on ~ terms with sb** mit jm auf vertrautem Fuße stehen - **3.** *pej* [overly informal] vertraulich.

familiarity [fəˌmɪlɪ'ærətɪ] *n* - **1.** [gen] Vertrautheit *die* - **2.** *pej* [excessive informality] Vertraulichkeit *die*.

familiarize, -ise [fə'mɪljəraɪz] *vt*: **to ~ o.s. with sthg** sich mit etw vertraut machen; **to ~ sb with sthg** jn mit etw vertraut machen.

family ['fæmlɪ] (*pl* **-ies**) *n* Familie *die* ◇ *comp* Familien-; **~ entertainment/programme** Unterhaltung *die* Sendung/*die* für die ganze Familie.

family business *n* Familienunternehmen *das*.

family credit *n (U)* **Br** *staatlicher Zuschuss an einkommensschwache Familien.*

family doctor *n* Hausarzt *der*, -ärztin *die*.

family life *n* Familienleben *das*.

family planning *n* Familienplanung *die*.

family tree *n* Stammbaum *der*.

famine ['fæmɪn] *n* Hungersnot *die*.

famished ['fæmɪʃt] *adj* ***inf*** [very hungry]: **I'm ~** ich sterbe vor Hunger.

famous ['feɪməs] *adj*: **~ (for)** berühmt (für).

famously ['feɪməslɪ] *adv* ***dated:*** **they get on** OR **along ~** sie kommen prima miteinander aus.

fan [fæn] (*pt* & *pp* **-ned;** *cont* **-ning**) *n* - **1.** [held in hand] Fächer *der* - **2.** [electric] Ventilator *der* - **3.** [enthusiast] Fan *der* ◇ *vt* - **1.** [cool]: **to ~ one's face** sich *(D)* das Gesicht fächeln; **to ~ o.s.** sich *(D)* Luft zu|fächeln - **2.** [stimulate - fire, flames] an|fachen; [- feelings] entfachen; [- fears] schüren.

◆ **fan out** *vi* [army, search party] aus|schwärmen.

fanatic [fə'nætɪk] *n* Fanatiker *der*, -in *die*.

fanatical [fə'nætɪkl] *adj* fanatisch.

fanaticism [fə'nætɪsɪzm] *n* Fanatismus *der*.

fan belt *n* Keilriemen *der*.

fanciful ['fænsɪfʊl] *adj* - **1.** [odd] abstrus - **2.** [elaborate] fantastisch.

fan club *n* Fanklub *der*.

fancy ['fænsɪ] (*compar* **-ier;** *superl* **-iest;** *pl* **-ies;** *pt* & *pp* **-ied**) *adj* - **1.** [elaborate - clothes, design, restaurant, hotel] ausgefallen; [- food, cakes] fein - **2.** [expensive] exklusiv ◇ *n* - **1.** [liking] Lust *die;* **to take a ~ to** angetan sein von; **to take sb's ~** jm gefallen, jn an|sprechen - **2.** [whim] Laune *die* - **3.** [fantasy] Fantasie *die* ◇ *vt* - **1.** ***inf*** [want] Lust haben auf *(+ A);* **to ~ doing sthg** Lust dazu haben, etw zu tun - **2.** [person] scharf sein auf *(+ A);* **to ~ o.s.** von sich eingenommen sein - **3.** [imagine]: **~ that!** wer hätte das gedacht!; **~ meeting you here!** wer hätte das gedacht, dass wir uns hier treffen; **to ~ o.s. as a painter/writer** sich für einen Maler/Schriftsteller halten.

fancy dress *n* (Masken)kostüm *das*.

fancy-dress party *n* Kostümfest *das*.

fancy goods *npl* Geschenkartikel *pl*.

fanfare ['fænfeəʳ] *n* MUS Fanfare *die*.

fang [fæŋ] *n* - **1.** [of snake] Giftzahn *der* - **2.** [of wolf] Reißzahn *der*.

fan heater *n* Heizlüfter *der*.

fanlight ['fænlaɪt] *n* **Br** Oberlicht *das*.

fan mail *n (U)* Fanpost *die*.

fanny ['fænɪ] *n* ***Am inf*** [buttocks] Po *der*.

fanny pack *n* **Am** Gürteltasche *die*.

fantasize, -ise ['fæntəsaɪz] *vi* fantasieren; **to ~ about sthg** sich etw vor|stellen; **to ~ about doing sthg** sich vor|stellen, etw zu tun.

fantastic [fæn'tæstɪk] *adj* - **1.** ***inf*** [gen] fantastisch - **2.** [bizarre - story] fantastisch; [- animal] Fantasie-.

fantastically [fæn'tæstɪklɪ] *adv* - **1.** [extremely] unwahrscheinlich - **2.** [bizarrely] fantastisch.

fantasy ['fæntəsɪ] (*pl* **-ies**) *n* Fantasie *die* ◇ *comp* Fantasie-.

fanzine ['fænziːn] *n* Fan-Magazin *das*.

fao (*abbr of* **for the attention of**) z. H. (von).

FAO (*abbr of* **Food and Agriculture Organization**) *n* FAO *die*.

FAQ (*abbr of* **free alongside quay**) FAQ.

far [fɑːʳ] (*compar* **farther** OR **further;** *superl* **farthest** OR **furthest**) *adv* - **1.** [in distance, time] weit; **have you come ~?** sind Sie von weit her gekommen?; **how ~ is it (to London)?** wie weit ist es (bis London)?; **as ~ as** [town, country] bis nach; [station, school] bis zu; **as ~ back as 1900** schon (im Jahre) 1900; **so ~** [until now] bisher; **~ and wide** überall; **he will go ~** ***fig*** er wird es weit bringen - **2.** [in degree]: **~ better/quicker** weitaus besser/schneller; **you're not ~ wrong** OR **out** da liegst du nicht ganz falsch; **as ~ as I'm concerned** was mich betrifft; **as ~ as I know** so weit ich weiß; **~ and away, by ~** bei weitem; **~ from it** keineswegs; **so ~ so good** so weit, so gut; **I wouldn't go so ~ as to say I liked it** ich würde nicht gerade sagen, dass es mir gefallen hat; **that's going too ~** das geht zu weit ◇ *adj*: **at the ~ end** am anderen Ende; **the ~ right/left** [in politics] die extreme Rechte/Linke.

faraway ['fɑːrəweɪ] *adj* - **1.** [place, country] weit entfernt - **2.** [look] abwesend.

farce [fɑːs] *n* THEATRE & *fig* Farce *die*.

farcical ['fɑːsɪkl] *adj* lächerlich.

fare [feəʳ] *n* - **1.** [payment] Fahrpreis *der;* [for flight] Flugpreis *der* - **2.** *fml* [food] Kost *die* <> *vi:* **he is faring ~ well/badly** es geht ihm gut/ schlecht.

Far East *n:* **the ~** der Ferne Osten.

farewell [ˌfeə'wel] *n* Lebewohl *das;* **they said their ~s** sie verabschiedeten sich <> *excl literary* lebe wohl!

farfetched [ˌfɑː'fetʃt] *adj* weithergeholt.

far-flung *adj* [remote] abgelegen; [extensive] ausgedehnt.

farm [fɑːm] *n* Bauernhof *der* <> *vt* bewirtschaften <> *vi* Landwirtschaft betreiben.
◆ **farm out** *vt sep* [work] vergeben.

farmer ['fɑːməʳ] *n* Bauer *der*, Bäuerin *die*.

farmhand ['fɑːmhænd] *n* Landarbeiter *der*, -in *die*.

farmhouse ['fɑːmhaus, *pl* -hauzɪz] *n* Bauernhaus *das*.

farming ['fɑːmɪŋ] *n* Landwirtschaft *die;* **crop ~** Ackerbau *der;* **sheep ~** Schafzucht *die*.

farmland ['fɑːmlænd] *n (U)* Ackerland *das*.

farmstead ['fɑːmsted] *n* **Am** Gehöft *das*.

farmyard ['fɑːmjɑːd] *n* Hof *der*.

Faroe *n* = **Faeroe**.

far-off *adj* fern

far-reaching [-'riːtʃɪŋ] *adj* weitreichend.

farrier ['færɪəʳ] *n* Hufschmied *der*.

farsighted [ˌfɑː'saɪtɪd] *adj* - **1.** [person] weitblickend; [plan] auf weite Sicht konzipiert - **2.** *Am* [longsighted] weitsichtig.

fart [fɑːt] *inf n* - **1.** [wind] Furz *der* - **2.** [person] Scheißer *der* <> *vi* furzen.

farther ['fɑːðəʳ] *compar* ▻ **far.**

farthest ['fɑːðəst] *superl* ▻ **far.**

fascia ['feɪʃə] *n* - **1.** [on shop] Ladenschild *das* - **2.** [in car] Armaturenbrett *das*.

fascinate ['fæsɪneɪt] *vt* faszinieren.

fascinating ['fæsɪneɪtɪŋ] *adj* faszinierend.

fascination [ˌfæsɪ'neɪʃn] *n* Faszination *die;* **he watched in ~** er schaute fasziniert zu.

fascism ['fæʃɪzm] *n* Faschismus *der*.

fascist ['fæʃɪst] *adj* faschistisch <> *n* Faschist *der*, -in *die*.

fashion ['fæʃn] *n* - **1.** [current style] Mode *die;* **the latest ~s** die neueste Mode; **it's the ~ to wear your hair long** es ist jetzt Mode, das Haar lang zu tragen; **to be in/out of ~** modern/ unmodern sein - **2.** [manner] Art *die;* **after a ~** so einiger maßen <> *vt fml* [shape] formen.

fashionable ['fæʃnəbl] *adj* [clothes, hairstyle] modisch; **a ~ restaurant/opinion** ein Restaurant, das/eine Meinung, die gerade „in" ist.

fashion-conscious *adj* modebewusst.

fashion designer *n* Modedesigner *der*, -in *die*.

fashion show *n* Modeschau *die*.

fast [fɑːst] *adj* - **1.** [rapid] schnell; [journey] kurz; **to be in the ~ track** [in career] einen steilen Aufstieg vor sich *(D)* haben; **to pull a ~ one on sb** *inf* jn reinlegen - **2.** [clock, watch]: **to be ~** vorlgehen - **3.** [dye] farbecht <> *adv* - **1.** [rapidly] schnell - **2.** [firmly] fest; **to hold ~ to sthg** [grip firmly] an etw *(D)* festlhalten; **to be ~ asleep** fest schlafen <> *n* [act] Fasten *das;* [period] Fastenzeit *die* <> *vi* fasten.

fast breeder reactor *n* schneller Brüter.

fasten ['fɑːsn] *vt* - **1.** [coat, door, bag, window] zulmachen; **to ~ one's seat belt** sich anlschnallen - **2.** [attach]: **to ~ sthg to sthg** etw an etw *(D)* befestigen - **3.** [grasp]: **to ~ one's hands around sthg** etw mit den Händen umgreifen <> *vi:* **to ~ on to sthg** an etw *(D)* befestigt werden.

fastener ['fɑːsnəʳ] *n* Verschluss *der*.

fastening ['fɑːsnɪŋ] *n* Verschluss *der*.

fast food *n* Fastfood *das*.

fast-forward *n* [button] Vorspultaste *die;* **to put a tape on ~** eine Kassette vorspulen <> *vt* & *vi* vorspulen.

fastidious [fə'stɪdɪəs] *adj* sehr genau.

fast lane *n* Überholspur *die*.

fat [fæt] (*compar* **-ter;** *superl* **-test**) *adj* - **1.** [gen] dick; **to get ~** dick werden - **2.** [meat] fett - **3.** *iron* [small]: **a ~ lot of good that did you!** einen schönen Nutzen hat es dir gebracht!; **~ chance!** wers glaubt wird selig! <> *n* Fett *das*.

fatal ['feɪtl] *adj* - **1.** [mistake, decision] fatal - **2.** [accident, illness] tödlich.

fatalism ['feɪtəlɪzm] *n* Fatalismus *der*.

fatalistic [ˌfeɪtə'lɪstɪk] *adj* fatalistisch.

fatality [fə'tælətɪ] (*pl* **-ies**) *n* - **1.** [accident victim] Todesopfer *das* - **2.** = **fatalism.**

fatally ['feɪtəlɪ] *adv* [wounded] tödlich; **the plan is ~ flawed** der Plan ist fehlerhaft und daher zum Scheitern verurteilt.

fate [feɪt] *n* Schicksal *das;* **to tempt ~** das Schicksal herauslfordern.

fated ['feɪtɪd] *adj* - **1.: to be ~ to do sthg** dazu bestimmt sein, etw zu tun - **2.** [doomed] zum Scheitern verurteilt.

fateful ['feɪtful] *adj* verhängnisvoll.

fathead ['fæthed] *n inf* Dummkopf *der*.

father [ˈfɑːðəʳ] *n* Vater *der* <> *vt* [child] zeugen.

◆ **Father** *n* - **1.** [priest] Vater *der* - **2.** [God]: **our Father** unser Vater.

Father Christmas *n Br* Weihnachtsmann *der.*

fatherhood [ˈfɑːðəhʊd] *n* Vaterschaft *die.*

father-in-law (*pl* **father-in-laws** OR **fathers-in-law**) *n* Schwiegervater *der.*

fatherly [ˈfɑːðəlɪ] *adj* väterlich.

Father's Day *n* Vatertag *der.*

fathom [ˈfæðəm] *n* Faden *der* <> *vt:* **to ~ sb/sthg (out)** jn/etw ergründen.

fatigue [fəˈtiːg] *n* - **1.** [exhaustion] Erschöpfung *die* - **2.** [in metal] Ermüdung *die* <> *vt* [weary] erschöpfen.

◆ **fatigues** *npl* Arbeitsuniform *die.*

fatless [ˈfætlɪs] *adj* fettfrei.

fatten [ˈfætn] *vt* mästen.

◆ **fatten up** *vt sep* mästen.

fattening [ˈfætnɪŋ] *adj* dick machend; **to be ~** dick machen.

fatty [ˈfætɪ] (*compar* **-ier;** *superl* **-iest;** *pl* **-ies**) *adj* - **1.** [food, meat] fett - **2.** BIOL [tissue, acid] Fett- <> *n inf pej* Dickwanst *der.*

fatuous [ˈfætjʊəs] *adj* albern.

fatuously [ˈfætjʊəslɪ] *adv* albern.

faucet [ˈfɔːsɪt] *n Am* Wasserhahn *der.*

fault [ˈfɔːlt] *n* - **1.** [responsibility] Schuld *die;* **it's my ~** es ist meine Schuld; **whose ~ is it?** wer ist schuld daran? - **2.** [error, defect, in tennis] Fehler *der;* **to find ~ with sb/sthg** etw an jm/etw auszusetzen haben; **at ~** im Unrecht; **through no ~ of my own** ohne mein Verschulden - **3.** GEOL Verwerfung *die* <> *vt:* **to ~ sb (on sthg)** jm widerlegen (in Bezug auf etw *(A)*).

faultless [ˈfɔːltlɪs] *adj* fehlerfrei.

faulty [ˈfɔːltɪ] (*compar* **-ier;** *superl* **-iest**) *adj* fehlerhaft.

fauna [ˈfɔːnə] *n* Fauna *die.*

favour *Br,* **favor** *Am* [ˈfeɪvəʳ] *n* - **1.** *(U)* [approval] Gunst *die;* **in sb's ~** zu js Gunsten; **to be in/out of ~ (with sb)** (bei jm) beliebt/unbeliebt sein; **to curry ~ with sb** sich bei jm einlschmeicheln - **2.** [kind act] Gefallen *der,* Gefälligkeit *die;* **to do sb a ~** jm einen Gefallen tun - **3.** [favouritism]: **to show ~ to sb** jn bevorzugen - **4.** [advantage]: **to rule in sb's ~** zu js Vorteil OR Gunsten entscheiden <> *vt* - **1.** [prefer] bevorzugen - **2.** [benefit] begünstigen - **3.** *iron* [honour]: **to ~ sb with sthg** jn mit etw beehren.

◆ **in favour** *adv* [in agreement]: **to be in ~** dafür sein.

◆ **in favour of** *prep* - **1.** [in preference to] zugunsten *(+ G)* - **2.** [in agreement with]: **to be in ~ of sthg** für etw sein; **to be in ~ of doing sthg** dafür sein, etw zu tun.

favourable *Br,* **favorable** *Am* [ˈfeɪvrəbl] *adj* - **1.** [conditions, weather] günstig - **2.** [review, impression] positiv.

favourably *Br,* **favorably** *Am* [ˈfeɪvrəblɪ] *adv:* **to be ~ impressed** einen positiven Eindruck haben; **to speak ~ of sb** sich lobend über jn äußern.

favourite *Br,* **favorite** *Am* [ˈfeɪvrɪt] *adj* Lieblings- <> *n* - **1.** [person] Liebling *der;* **this jacket is my ~** das ist meine Lieblingsjacke - **2.** [in race, contest] Favorit *der,* -in *die.*

favouritism *Br,* **favoritism** *Am* [ˈfeɪvrɪtɪzm] *n* Günstlingswirtschaft *die.*

fawn [fɔːn] *adj* rehbraun <> *n* [animal] Hirschkalb *das;* [of roe deer] Rehkitz *das* <> *vi:* **to ~ on sb** sich bei jm einlschmeicheln.

fax [fæks] *n* - **1.** [device] Faxgerät *das* - **2.** [message] Fax *das* <> *vt* [document] faxen; **to ~ sb sthg** jm etw faxen.

fax machine *n* Faxgerät *das.*

fax modem *n* COMPUT Faxmodem *das.*

fax number *n* Faxnummer *die.*

faze [feɪz] *vt esp Am inf* aus der Fassung bringen.

FBI (*abbr of* **Federal Bureau of Investigation**) *n* FBI *das.*

FC (*abbr of* **Football Club**) *n* FC *der.*

FCO (*abbr of* **Foreign and Commonwealth Office**) *n* ≃ AA, *Ministerium für Auswärtiges und das Commonwealth.*

FD (*abbr of* **Fire Department**) *n abbr of* **Fire Department.**

FDA *n* - **1.** (*abbr of* **Food and Drug Administration**) *US-Bundesbehörde für Lebens- und Arzneimittelüberwachung* - **2.** (*abbr of* **Association of First Division Civil Servants**) *britische Gewerkschaft für hochgestellte Mitarbeiter des öffentlichen Dienstes.*

FE *n abbr of* **Further Education.**

fear [fɪəʳ] *n* - **1.** [gen] Angst *die,* Furcht *die* - **2.** [risk] Gefahr *die;* **there's no ~ of him coming back** es besteht keine Gefahr, dass er zurückkommt; **for ~ of waking him** aus Angst, dass er aufwachen könnte; **no ~!** *inf* auf keinen Fall! <> *vt* Angst haben vor *(+ D),* sich fürchten vor *(+ D);* **to ~ the worst** das Schlimmste befürchten <> *vi:* **to ~ for** fürchten um.

fearful [ˈfɪəfʊl] *adj* - **1.** *fml:* **to be ~ of sthg** vor etw *(D)* Angst haben - **2.** [noise, temper] furchterregend.

fearless [ˈfɪəlɪs] *adj* furchtlos.

fearlessly [ˈfɪəlɪslɪ] *adv* furchtlos.

fearsome [ˈfɪəsəm] *adj* furchterregend.

feasibility [ˌfiːzəˈbɪlətɪ] *n* [of plan] Durchführbarkeit *die*.

feasibility study *n* Durchführbarkeitsanalyse *die*.

feasible [ˈfiːzəbl] *adj* [plan] durchführbar.

feast [fiːst] *n* Festessen *das* ◇ *vi*: **to ~ on OR off sthg** etw ausgiebig genießen.

feat [fiːt] *n* Meisterleistung *die*.

feather [ˈfeðəʳ] *n* Feder *die*; **that's a ~ in his cap!** darauf kann er stolz sein.

feather bed *n* Federbett *das*.

featherbrained [ˈfeðəbreɪnd] *adj*: **he's ~** er hat ein Spatzenhirn.

featherweight [ˈfeðəweɪt] *n* Federgewicht *das*.

feature [ˈfiːtʃəʳ] *n* - **1.** [characteristic - gen] Merkmal *das*; [- of personality] Charakterzug *der* - **2.** [facial] Gesichtszug *der* - **3.** [article] Reportage *die*, Feature *das* - **4.** RADIO & TV [programme] Feature *das* - **5.** CINEMA Kinofilm *der* ◇ *vt*: **the film ~s Brad Pitt** Brad Pitt spielt in dem Film mit; **the exhibition ~s the work of two young artists** die Ausstellung zeigt das Werk zweier junger Künstler ◇ *vi*: **to ~ (in)** vor|kommen (in *(+ D)*).

feature film *n* Spielfilm *der*.

featureless [ˈfiːtʃəlɪs] *adj* ohne herausragende Merkmale.

Feb. [feb] (*abbr of* **February**) Feb.

February [ˈfebrʊərɪ] *n* Februar *der*; *see also* **September**.

feces *npl Am* = **faeces**.

feckless [ˈfeklɪs] *adj* nutzlos.

fed [fed] *pt* & *pp* ▻ **feed**.

Fed [fed] *n inf* (*abbr of* **Federal Reserve Board**) *Kontrollorgan der Zentralbank der USA* ◇ - **1.** *abbr of* **federal** - **2.** *abbr of* **federation**.

federal [ˈfedrəl] *adj* Bundes-.

federalism [ˈfedrəlɪzm] *n* Föderalismus *der*.

federation [ˌfedəˈreɪʃn] *n* - **1.** [country] Föderation *die* - **2.** [association] Zusammenschluss *der*.

fed up *adj*: **to be ~ with sb/sthg** etw/jn satt haben; **I'm (feeling) ~** ich habe keine Lust mehr.

fee [fiː] *n* [for service] Gebühr *die*; [for membership] Beitrag *der*; [for doctor] Honorar *das*; **school ~s** Schulgeld *das*; **the entrance ~ is five pounds** der Eintritt kostet fünf Pfund.

feeble [ˈfiːbəl] *adj* - **1.** [weak] schwach - **2.** [excuse, joke] lahm.

feebleminded [ˌfiːblˈmaɪndɪd] *adj* dümmlich.

feebleness [ˈfiːblnɪs] *n* - **1.** [weakness] Schwäche *die* - **2.** [of excuse, joke] Lahmheit *die*.

feebly [ˈfiːblɪ] *adv* - **1.** [smile, speak, shine] schwach - **2.** [explain] wenig überzeugend.

feed [fiːd] (*pt* & *pp* **fed**) *vt* - **1.** [baby, animal] füttern - **2.** *fig* [rumour] nähren; [fear] schüren - **3.** [insert]: **to ~ sthg into sthg** etw in etw *(A)* ein|führen; [coins] etw in etw *(A)* ein|werfen ◇ *vi* - **1.** [baby] essen; [animal] fressen - **2.** *fig* [prejudice, fear]: **to ~ on OR off sthg** von etw leben ◇ *n* - **1.** [for baby] Mahlzeit *die* - **2.** [for animal] Futter *das*.

feedback [ˈfiːdbæk] *n (U)* - **1.** [reaction] Feedback *das* - **2.** ELEC Rückkoppelung *die*.

feedbag [ˈfiːdbæg] *n Am* Futtersack *der*.

feeder road *n* Zuführungsstraße *die*.

feeding bottle [ˈfiːdɪŋ-] *n Br* Saugflasche *die*.

feel [fiːl] (*pt* & *pp* **felt**) *vt* - **1.** [touch] fühlen; [examine] befühlen - **2.** [be aware of - tension, presence] spüren; **I can ~ it in my bones** ich spüre es in den Knochen - **3.** [think]: **to ~ that** glauben, dass; **she felt herself to be a failure** sie glaubte, eine Versagerin zu sein; **he felt it (to be) his duty** er hielt es für seine Pflicht - **4.** [experience - sensation] spüren, fühlen; [- emotion] empfinden; **I ~ the cold a lot** ich leide sehr unter der Kälte; **I felt myself blushing** ich fühlte, wie ich rot wurde - **5.** *phr*: **I'm not ~ing myself today** ich bin heute nicht ich selbst ◇ *vi* - **1.** [happy, angry, sleepy] sein; [lonely, fit, uncomfortable] sich fühlen; **I ~ cold** mir ist kalt; **I ~ stupid** ich komme mir blöd vor; **I ~ ill** ich fühle mich nicht gut; **to ~ like sthg** Lust haben auf etw *(A)*; **I don't ~ like it** ich habe keine Lust dazu - **2.** [seem - light, heavy, soft *etc*] sich an|fühlen - **3.** [by touch]: **to ~ for sthg** nach etw *(D)* tasten ◇ *n* - **1.** [of material]: **it has a soft ~** es fühlt sich weich an - **2.** [atmosphere] Atmosphäre *die* - **3.** *phr*: **to get/have a ~ for sthg** ein Gefühl für etw bekommen/haben.

feeler [ˈfiːləʳ] *n* - **1.** [of insect, snail] Fühler *der* - **2.** [of octopus] Tentakel *der*.

feeling [ˈfiːlɪŋ] *n* - **1.** [gen] Gefühl *das*; **bad ~** Verstimmung *die* - **2.** [impression] Eindruck *der*; [opinion] Meinung *die*.

◆ **feelings** *npl* Gefühle *pl*; **to hurt sb's ~s** jn verletzen; **no hard ~s!** nichts für ungut!

fee-paying [-ˈpeɪɪŋ] *adj Br* [pupil] Schulgeld zahlend; [school] schulgeldpflichtig.

feet [fiːt] *pl* ▻ **foot**.

feign [feɪn] *vt fml* vor|täuschen.

feint [feɪnt] *n* Finte *die* ◇ *vi* eine Finte an|wenden.

feisty [ˈfaɪstɪ] (*compar* **-ier**; *superl* **-iest**) *adj esp Am inf* kämpferisch.

felicitous [fɪˈlɪsɪtəs] *adj fml* [choice] glücklich; [combination] passend.

feline [ˈfiːlaɪn] *adj* Katzen-; [appearance] katzenhaft ◇ *n fml* Katze *die*.

fell [fel] *pt* ▷ **fall** ◇ *vt* **- 1.** [tree] fällen **- 2.** [person] nieder|strecken.

fellow ['feləʊ] *adj* Mit-; **~ passenger** Mitreisende *der, die;* **~ sufferer** Leidensgenosse *der,* -sin *die;* **~ student** Kommilitone *der,* -nin *die* ◇ *n* **- 1.** *dated* [man] Kerl *der* **- 2.** [comrade] Kamerad *der* **- 3.** [of society] Mitglied *das;* [of college] Fellow *der.*

fellowship ['feləʊʃɪp] *n* **- 1.** [comradeship] Kameradschaftlichkeit *die* **- 2.** [organization] Vereinigung *die* **- 3.** [UNIV - scholarship] Stipendium *das;* [- post] Stellung *die* eines Fellows.

felony ['felənɪ] (*pl* **-ies**) *n* LAW schweres Verbrechen.

felt [felt] *pt & pp* ▷ **feel** ◇ *n* Filz *der.*

felt-tip pen *n* Filzstift *der.*

female ['fi:meɪl] *adj* weiblich; **~ worker** Arbeiterin *die;* **~ student** Studentin *die* ◇ *n* **- 1.** [animal] Weibchen *das* **- 2.** *pej inf* [woman] Weib *das.*

feminine ['femɪnɪn] *adj* feminin ◇ *n* GRAMM Femininum *das.*

femininity [femɪ'nɪnətɪ] *n* Weiblichkeit *die.*

feminism ['femɪnɪzm] *n* Feminismus *der.*

feminist ['femɪnɪst] *n* Feminist *der,* -in *die.*

fence [fens] *n* Zaun *der;* **to sit on the ~** *fig* nicht Partei ergreifen ◇ *vt* ein|zäunen.

◆ **fence in** *vt sep* **- 1.** [garden] ein|zäunen **- 2.** *fig* [person] ein|engen.

◆ **fence off** *vt sep* ab|zäunen.

fencing ['fensɪŋ] *n* **- 1.** SPORT Fechten *das* **- 2.** [fences] Zäune *pl.*

fend [fend] *vi:* **to ~ for o.s.** für sich selbst sorgen.

◆ **fend off** *vt sep* ab|wehren.

fender ['fendəʳ] *n* **- 1.** [round fireplace] Kamingitter *das* **- 2.** [on boat] Fender *der* **- 3.** *Am* [over car wheel] Kotflügel *der.*

fennel ['fenl] *n* Fenchel *der.*

Fens [fenz] *npl Br:* **the ~** *sumpfiges Flachlandgebiet in der Region East Anglia.*

feral ['ferəl] *adj* [cat, pigeon] verwildert.

ferment [*n* 'fɜ:ment, *vb* fə'ment] *n* [unrest] Aufruhr *der* ◇ *vi* [beer, wine] gären.

fermentation [ˌfɜ:mən'teɪʃn] *n* Gärung *die.*

fermented [fə'mentɪd] *adj* fermentiert.

fern [fɜ:n] *n* Farn *der.*

ferocious [fə'rəʊʃəs] *adj* [animal] wild; [attack, criticism] heftig.

ferociously [fə'rəʊʃəslɪ] *adv* heftig.

ferocity [fə'rɒsətɪ] *n* [of attack] Heftigkeit *die;* [of animal] Wildheit *die.*

ferret ['ferɪt] *n* Frettchen *das.*

◆ **ferret about, ferret around** *vi inf* herum|stöbern.

◆ **ferret out** *vt sep inf* auf|stöbern.

ferris wheel ['ferɪs-] *n* Riesenrad *das.*

ferry ['ferɪ] (*pl* **-ies;** *pt & pp* **-ied**) *n* Fähre *die* ◇ *vt* transportieren.

ferryboat ['ferɪbəʊt] *n* = **ferry.**

ferryman ['ferɪmən] (*pl* **-men** [-mən]) *n* Fährmann *der.*

fertile ['fɜ:taɪl] *adj* **- 1.** [gen] fruchtbar **- 2.** [imagination] reich.

fertility [fɜ:'tɪlətɪ] *n* Fruchtbarkeit *die.*

fertility drug *n Hormonpräparat zur Steigerung der Fruchtbarkeit.*

fertilization [ˌfɜ:tɪlaɪ'zeɪʃn] *n* **- 1.** [of land] Düngung *die* **- 2.** [of egg, seed] Befruchtung *die.*

fertilize, -ise ['fɜ:tɪlaɪz] *vt* **- 1.** [land] düngen **- 2.** [egg, seed] befruchten.

fertilizer ['fɜ:tɪlaɪzəʳ] *n* Dünger *der.*

fervent ['fɜ:vənt] *adj* leidenschaftlich.

fervour *Br,* **fervor** *Am* ['fɜ:vəʳ] *n* Leidenschaftlichkeit *die;* [of belief] Inbrunst *die.*

fester ['festəʳ] *vi* **- 1.** [wound, sore] eitern **- 2.** *fig* [anger, bitterness] wachsen; [quarrel] sich verschlimmern.

festival ['festəvl] *n* **- 1.** [series of organized events] Festival *das* **- 2.** [holiday] Feiertag *der.*

festive ['festɪv] *adj* festlich.

festive season *n:* **the ~** die Weihnachtszeit.

festivities [fes'tɪvətɪz] *npl* Feierlichkeiten *pl.*

festoon [fe'stu:n] *vt* schmücken; **to be ~ed with sthg** mit etw geschmückt sein.

fetal ['fi:tl] *adj* = **foetal.**

fetch [fetʃ] *vt* **- 1.** [go and get] holen; [person from station, school *etc*] ab|holen **- 2.** [sell for] ein|bringen; **to ~ a high price** einen hohen Preis erzielen.

fetching ['fetʃɪŋ] *adj* attraktiv.

fete, fête [feɪt] *n* Wohltätigkeitsbasar *der* ◇ *vt* durch Feiern ehren.

fetid ['fetɪd] *adj* übel riechend.

fetish ['fetɪʃ] *n* **- 1.** [sexual obsession] Fetisch *der* **- 2.** [mania] Manie *die.*

fetishism ['fetɪʃɪzm] *n* Fetischismus *der.*

fetlock ['fetlɒk] *n* Fessel *die.*

fetter ['fetəʳ] *vt* [person] fesseln.

◆ **fetters** *npl lit & fig* Fesseln *pl.*

fettle ['fetl] *n:* **in fine ~** [person] in Hochform.

fetus ['fi:təs] *n* = **foetus.**

feud [fju:d] *n* Fehde *die* ◇ *vi* in Fehde liegen.

feudal ['fju:dl] *adj* feudal; [system, lord] Feudal-.

fever ['fi:vəʳ] *n lit & fig* Fieber *das;* **in a ~ of excitement** höchst aufgeregt.

fevered ['fi:vəd] *adj* **- 1.** [brow] fiebrig **- 2.** [imagination] aufgewühlt.

feverish ['fiːvərɪʃ] *adj* - **1.** MED fiebrig - **2.** [frenzied] fieberhaft.

fever pitch *n* Siedepunkt *der*.

few [fjuː] *adj* wenige; **the first ~ times** die ersten paar Male; **in a ~ minutes** in einigen Minuten <> *pron*: **a ~** ein paar; **a ~ more** noch ein paar; **quite a ~, a good ~** eine ganze Menge; **~ and far between** dünn gesät.

fewer ['fjuːəʳ] *adj* weniger; **there were ~ visitors this year** dieses Jahr kamen weniger Besucher <> *pron* weniger; **I got ~ than last time** ich habe weniger bekommen als das letzte Mal; **no ~ than ten times** nicht weniger als zehn Mal; **there are far ~ (of them) now** heute gibt es weit weniger.

fewest ['fjuːəst] *adj*: **(the) ~** die wenigsten.

FH *Br abbr of* **fire hydrant.**

fiancé [fɪ'ɑnseɪ] *n* Verlobte *der*.

fiancée [fɪ'ɑnseɪ] *n* Verlobte *die*.

fiasco [fɪ'æskəʊ] (*Br pl* **-s**, *Am pl* **-s** OR **-es**) *n* Fiasko *das*.

fib [fɪb] (*pt* & *pp* **-bed;** *cont* **-bing**) *inf n* Schwindelei *die;* **to tell ~s** schwindeln <> *vi* schwindeln.

fibber ['fɪbəʳ] *n inf* Schwindler *der*, -in *die*.

fibre *Br*, **fiber** *Am* ['faɪbəʳ] *n* - **1.** [gen] Faser *die* - **2.** *(U)* [roughage] Ballaststoffe *pl* - **3.** [strength]: **moral ~** Charakterstärke *die*.

fibreboard *Br*, **fiberboard** *Am* ['faɪbəbɔːd] *n (U)* Faserplatte *die*.

fibreglass *Br*, **fiberglass** *Am* ['faɪbəglɑːs] *n* Fiberglas *das* <> *comp* Fiberglas-, aus Fiberglas.

fibre optics *n* (Glas)faseroptik *die*.

fickle ['fɪkl] *adj* wankelmütig.

fiction ['fɪkʃn] *n* - **1.** *(U)* [literature] Belletristik *die* - **2.** [lie] Fiktion *die*.

fictional ['fɪkʃənl] *adj* [work] erzählend; [character] fiktiv; [event] erfunden.

fictionalize, -ise ['fɪkʃənəlaɪz] *vt* erfinden.

fictitious [fɪk'tɪʃəs] *adj* frei erfunden.

fiddle ['fɪdl] *n* - **1.** [violin] Geige *die;* **(as) fit as a ~** kerngesund; **to play second ~ to sb** in js Schatten stehen - **2.** *Br inf* [fraud] Schiebung *die;* **tax ~** Steuermanipulation *die* <> *vt Br inf* frisieren <> *vi* - **1.** [fidget]: **to ~ (about** OR **around)** (herum|)zappeln; **to ~ (about** OR **around) with sthg** an etw *(D)* OR mit etw (herum|)spielen - **2.** [waste time]: **to ~ about** OR **around** herum|trödeln.

fiddler ['fɪdləʳ] *n* [violinist] Geiger *der*, -in *die*.

fiddly ['fɪdlɪ] (*compar* **-ier;** *superl* **-iest**) *adj Br inf* knifflig.

fidelity [fɪ'delətɪ] *n* - **1.** [loyalty] Treue *die* - **2.** [accuracy] originalgetreue Wiedergabe.

fidget ['fɪdʒɪt] *vi* zappeln.

fidgety ['fɪdʒɪtiː] *adj inf* zapp(e)lig.

field [fiːld] *n* - **1.** [gen] Feld *das;* **in the ~** in der Praxis; **~ of vision** Gesichtsfeld *das* - **2.** [for sports] Spielfeld *das* - **3.** [of knowledge] Gebiet *das* - **4.** COMPUT Datenfeld *das* <> *vt* [question] parieren <> *vi* [in cricket, baseball] als Fänger spielen.

field day *n*: **to have a ~** *fig* seinen großen Tag haben.

fielder ['fiːldəʳ] *n* Fänger *der*, -in *die*.

field event *n Sportart, die nicht auf der Aschenbahn ausgeübt wird.*

field glasses *npl* Feldstecher *der*.

field marshal *n* Feldmarschall *der*.

field mouse *n* Feldmaus *die*.

field trip *n* Exkursion *die*.

fieldwork ['fiːldwɜːk] *n* Arbeit *die* im Gelände.

fiend [fiːnd] *n* - **1.** [cruel person] Teufel *der* - **2.** *inf* [fanatic] Fanatiker *der*, -in *die*.

fiendish ['fiːndɪʃ] *adj* - **1.** [evil] teuflisch - **2.** *inf* [very difficult, complex] verteufelt schwer.

fierce [fɪəs] *adj* [dog] bissig; [lion, warrior] aggressiv; [storm, temper] heftig; [competition] hart; [criticism] scharf; [heat] glühend.

fiercely ['fɪəslɪ] *adv* - **1.** [attack, rage] heftig; [fight, defend] erbittert - **2.** [critical, independent] äußerst.

fiery ['faɪərɪ] (*compar* **-ier;** *superl* **-iest**) *adj* - **1.** [burning] brennend - **2.** [food] sehr scharf - **3.** [speech] feurig; [temper] hitzig - **4.** [sunset, hair] feuerrot.

FIFA ['fiːfə] (*abbr of* **Fédération Internationale de Football Association**) *n* FIFA *die*.

fifteen [fɪf'tiːn] *num* fünfzehn; *see also* **six.**

fifteenth [ˌfɪf'tiːnθ] *num* fünfzehnte, -r, -s; *see also* **sixth.**

fifth [fɪfθ] *num* fünfte, -r, -s; *see also* **sixth.**

Fifth Amendment *n* **Am to take the ~** *die Aussage verweigern.*

fifth column *n* fünfte Kolonne.

fiftieth ['fɪftɪəθ] *num* fünfzigste, -r, -s; *see also* **sixth.**

fifty ['fɪftɪ] (*pl* **-ies**) *num* fünfzig; *see also* **sixty.**

fifty-fifty *adj* & *adv* fifty-fifty.

fig [fɪg] *n* Feige *die*.

fight [faɪt] (*pt* & *pp* **fought**) *n* - **1.** [brawl] Schlägerei *die;* [between boxers] Kampf *der;* **to have a ~ with sb** sich mit jm schlagen; **to put up a ~** sich heftig zur Wehr setzen - **2.** *fig* [struggle] Kampf *der* - **3.** [argument] Streit *der;* **to have a ~ (with sb)** Streit (mit jm) haben - **4.** [fighting spirit]: **there was no ~ left in him** er war kampfmüde <> *vt* - **1.** [physically] sich schlagen mit; [in battle, war] kämpfen mit OR gegen - **2.** [battle] aus|tragen; [war] führen - **3.** [prejudice, racism]

bekämpfen <> *vi* - **1.** [physically] sich schlagen; [in war] kämpfen - **2.** *fig* [struggle]: **to ~ for/ against sthg** für/gegen etw kämpfen - **3.** [argue] sich streiten; **to ~ about** *OR* **over sthg** sich um *OR* über etw *(A)* streiten.
◆ **fight back** *vt fus* [tears, anger] zurück|halten <> *vi* sich zur Wehr setzen.
◆ **fight off** *vt sep* - **1.** [attacker] sich zur Wehr setzen gegen - **2.** *fig* [feeling, illness] an|kämpfen gegen.
◆ **fight out** *vt sep*: **to ~ it out** aus|tragen.

fighter ['faɪtəʳ] *n* - **1.** [plane] Jagdflugzeug *das* - **2.** [soldier] Kämpfer *der* - **3.** [combative person] Kämpfernatur *die*.

fighting ['faɪtɪŋ] *n (U)* [in war] Kämpfe *pl;* [brawling] Schlägereien *pl*.

fighting chance *n*: **to have a ~** gute Chancen haben.

figment ['fɪgmənt] *n*: **a ~ of your/his imagination** ein Hirngespinst von dir/ihm.

figurative ['fɪgərətɪv] *adj* - **1.** [language] bildlich - **2.** ART gegenständlich.

figuratively ['fɪgərətɪvlɪ] *adv* bildlich.

figure [*Br* 'fɪgəʳ, *Am* 'fɪgjər] *n* - **1.** [number] Zahl *die;* [digit] Ziffer *die;* **in single/double ~s** in ein-/ zweistelligen Zahlen; **to put a ~ on sthg** [cost] Zahlen für etw an|geben; [value] den Wert für etw an|geben - **2.** [outline of person] Gestalt *die* - **3.** [personality] Persönlichkeit *die;* **a father ~** eine Vaterfigur - **4.** [shape of body] Figur *die* - **5.** [diagram] Abbildung *die* <> *vt* **esp Am** [suppose] schätzen <> *vi* - **1.** [feature] auf|tauchen; **to ~ prominently** eine wichtige Rolle spielen - **2.** *Am* [make sense]: **that ~s** das war ja klar.
◆ **figure out** *vt sep* [answer] heraus|bekommen; [puzzle, problem] lösen.

figure eight *n Am* = **figure of eight.**

figurehead ['fɪgəhed] *n* **lit** & **fig** Galionsfigur *die*.

figure of eight *Br*, **figure eight** *Am n*: **to be (in) a ~** die Form einer Acht haben.

figure of speech *n* Redensart *die*.

figure skating *n* Eiskunstlauf *der*.

figurine [*Br* 'fɪgəri:n, *Am* ˌfɪgjə'ri:n] *n* Figurine *die*.

Fiji ['fi:dʒi:] *n* Fidschiinseln *pl;* **in ~** auf den Fidschiinseln.

Fijian [ˌfi:'dʒɪən] *adj* fidschianisch <> *n* Fidschiinsulaner *der*, -in *die*.

filament ['fɪləmənt] *n* [in bulb] Glühfaden *der*.

filch [fɪltʃ] *vt inf* klauen.

file [faɪl] *n* - **1.** [folder] Aktenordner *der* - **2.** [report] Akte *die;* **on ~, on the ~s** in der Akte, in den Akten - **3.** COMPUT Datei *die* - **4.** [tool] Feile *die* - **5.** [line]: **in single ~** hintereinander <> *vt* - **1.** [put in folder] ab|heften - **2.** [complaint, petition, lawsuit] ein|reichen - **3.** [wood, metal] feilen; **to ~ one's fingernails** sich *(D)* die Fingernägel feilen <> *vi* - **1.** [walk in single file]: **to ~ in/ out** nacheinander hinein-/hinaus|gehen - **2.** LAW: **to ~ for divorce** die Scheidung ein|reichen.

file clerk *n Am* = **filing clerk.**

filename ['faɪlˌneɪm] *n* COMPUT Dateiname *der*.

filet *n Am* = **fillet.**

filibuster ['fɪlɪbʌstəʳ] *vi* **esp Am** POL *durch Marathonreden die Verabschiedung eines Gesetzes aufzuhalten versuchen.*

filigree ['fɪlɪgri:] *n* Filigran *das*.

filing cabinet ['faɪlɪŋ-] *n* Aktenschrank *der*.

filing clerk *Br* ['faɪlɪŋ-], **file clerk** *Am n* Registraturangestellte *der, die*.

Filipino [ˌfɪlɪ'pi:nəʊ] (*pl* **-s**) *adj* philippinisch <> *n* Filipino *der*, -na *die*.

fill [fɪl] *vt* - **1.** [gen] füllen; **crowds ~ed the streets** Menschenmengen bevölkerten die Straßen - **2.** [repair - crack] zu|spachteln; [- hole in ground] zu|schütten - **3.** [fulfil - role] spielen; [- vacancy] besetzen; [- need] befriedigen <> *vi* sich füllen <> *n*: **to have had one's ~ of sthg** genug von etw gehabt haben; **to eat one's ~** sich satt essen.
◆ **fill in** *vt sep* - **1.** [form, questionnaire] aus|füllen; [name, address] ein|setzen - **2.** [inform]: **to ~ sb in (on sthg)** jn (über etw *(A)*) ins Bild setzen <> *vt fus*: **I'm just ~ing in time** ich überbrücke nur die Zeit <> *vi*: **to ~ in for sb** für jn ein|springen.
◆ **fill out** *vt sep* [form, questionnaire] aus|füllen <> *vi* [get fatter] fülliger werden.
◆ **fill up** *vt sep* voll füllen <> *vi* sich füllen.

filler ['fɪləʳ] *n* [for cracks] Spachtelmasse *die*.

fillet *Br*, **filet** *Am* ['fɪlɪt] *n* Filet *das*.

fillet steak *n* Filetsteak *das*.

filling ['fɪlɪŋ] *adj* [food] sättigend <> *n* Füllung *die*.

filling station *n* Tankstelle *die*.

fillip ['fɪlɪp] *n*: **to give sb a ~** jm neuen Schwung geben; **to give sthg a ~** neuen Schwung in etw *(A)* bringen.

filly ['fɪlɪ] (*pl* **-ies**) *n* Stutfohlen *das*.

film [fɪlm] *n* - **1.** [movie, for camera] Film *der* - **2.** [layer] Schicht *die* <> *vt* filmen; [book, play] verfilmen <> *vi* drehen.

filming ['fɪlmɪŋ] *n* [of event] Filmen *das;* [of book] Verfilmung *die;* **the ~ lasted six months** die Dreharbeiten dauerten sechs Monate.

film-maker *n* Filmemacher *der*, -in *die*.

film star *n* Filmstar *der*.

film studio *n* Filmstudio *das*.

Filofax® ['faɪləʊfæks] *n* Filofax® *der*.

filter ['fɪltəʳ] *n* Filter *der* <> *vt* filtern <> *vi* [people]: **to ~ in** einer nach dem anderen hinein|gehen/hinein|kommen.
◆ **filter out** *vt sep* [impurities] heraus|filtern.

◆ **filter through** *vi* durch|sickern.

filter coffee *n* Filterkaffee *der*.

filter lane *n* **Br** Abbiegespur *die*.

filter paper *n* Filterpapier *das*.

filter-tipped [-'tɪpt] *adj* mit Filter.

filth [fɪlθ] *n (U)* - **1.** [dirt] Dreck *der* - **2.** [obscenity] Obszönitäten *pl*.

filthy ['fɪlθɪ] (*compar* **-ier;** *superl* **-iest**) *adj* - **1.** [very dirty] dreckig - **2.** [obscene] obszön; **to have a ~ mind** er hat eine schmutzige Fantasie.

fin [fɪn] *n* - **1.** [on fish] Flosse *die* - **2.** ***Am*** [for swimmer] Schwimmflosse *die*.

final ['faɪnl] *adj* - **1.** [last] letzte, -r, -s - **2.** [at end]: **the ~ score** der Schlussstand - **3.** [decision, version, defeat] endgültig; **I said no, and that's ~!** ich sagte nein, und damit basta! <> *n* [of ball games] Endspiel *das;* [of races] Endrunde *die*.

◆ **finals** *npl* UNIV Examen *das*.

final demand *n* letzte Zahlungsaufforderung.

finale [fɪ'nɑːlɪ] *n* Finale *das*.

finalist ['faɪnəlɪst] *n* Finalist *der*, -in *die*.

finalize, -ise ['faɪnəlaɪz] *vt* [arrangements, details, dates] endgültig fest|legen; [deal] zum Abschluss bringen.

finally ['faɪnəliː] *adv* - **1.** [at last] schließlich; [with relief] endlich - **2.** [lastly] zum Schluss.

finance [*n* 'faɪnæns, *vb* faɪ'næns] *n (U)* - **1.** [money] Geldmittel *pl* - **2.** [money management] Finanzwesen *das* <> *vt* finanzieren.

◆ **finances** *npl* Finanzen *pl*.

financial [fɪ'nænʃl] *adj* finanziell.

financial adviser *n* Finanzberater *der*, -in *die*.

financially [fɪ'nænʃəlɪ] *adv* finanziell.

financial services *npl* Finanzdienstleistungen *pl*.

financial year ***Br***, **fiscal year** ***Am*** *n* Geschäftsjahr *das*.

financier [fɪ'nænsɪə^r] *n* ***Br*** Finanzier *der*.

finch [fɪntʃ] *n* Fink *der*.

find [faɪnd] (*pt* & *pp* **found**) *vt* - **1.** [gen] finden; **to ~ the time to do sthg** die Zeit finden, etw zu tun; **did you ~ your way here all right?** haben Sie gut hierher gefunden?; **I ~ him fascinating** ich finde ihn faszinierend - **2.** [discover]: **to ~ that** fest|stellen, dass; **I found myself back where I started** ich stellte fest, dass ich wieder da angekommen war, wo ich angefangen hatte - **3.** LAW: **to be found guilty/not guilty** für schuldig/nicht schuldig befunden werden <> *n* Fund *der*.

◆ **find out** *vi* heraus|finden <> *vt fus* [information, truth] heraus|finden <> *vt sep* [person] auf die Schliche kommen *(+ D)*.

findings ['faɪndɪŋz] *npl* Ergebnis *das*.

fine [faɪn] *adj* - **1.** [good - food, work] ausgezeichnet; [- building] prächtig; [- weather, day] schön; **how are you? – ~, thanks** wie gehts? – gut, danke - **2.** [satisfactory] in Ordnung, gut; **everything OK? – yes, ~!** ist alles OK? – ja, alles in Ordnung!; **more tea? – no, I'm ~, thanks** noch mehr Tee? – danke, ich habe genug; **it's ~ by me** ich habe nichts dagegen - **3.** [hair] fein; [thread, wire] dünn - **4.** [sand, powder, sandpaper] fein - **5.** [small, exact - detail] klein; **~ tuning** genaue Einstellung - **6.** [grand - clothes, people] vornehm <> *adv* - **1.** [quite well] gut; **that suits me ~** das passt mir gut - **2.** [thinly] fein <> *n* Geldstrafe *die* <> *vt* zu einer Geldstrafe verurteilen.

fine arts *npl* schöne Künste *pl*.

finely ['faɪnlɪ] *adv* - **1.** [sliced] dünn; [chopped] fein; [ground] fein - **2.** [tuned] genau; [balanced] gut.

fineness ['faɪnnɪs] *n* - **1.** [high quality] Güte *die* - **2.** [of hair, sand, powder] Feinheit *die;* [of thread] Dünnheit *die* - **3.** [of distinction] Feinheit *die*.

finery ['faɪnərɪ] *n* Staat *der*.

finesse [fɪ'nes] *n* Geschick *das*.

fine-tooth comb *n*: **to go over sthg with a ~** etw genau unter die Lupe nehmen.

fine-tune *vt* ***lit*** & ***fig*** fein ab|stimmen.

finger ['fɪŋgə^r] *n* Finger *der;* **to keep one's ~s crossed** die Daumen drücken; **she didn't lay a ~ on him** sie hat ihm kein Haar gekrümmt; **he didn't lift a ~ to help** er rührte keinen Finger(, um zu helfen); **to point a** OR **the ~ at sb** mit dem Finger auf jn zeigen; **to put one's ~ on sthg** etw genau aus|machen; **to twist sb round one's little ~** jn um den (kleinen) Finger wickeln <> *vt* [feel] an|fassen.

fingermark ['fɪŋgəmɑːk] *n* Fingerabdruck *der*.

fingernail ['fɪŋgəneɪl] *n* Fingernagel *der*.

fingerprint ['fɪŋgəprɪnt] *n* Fingerabdruck *der;* **to take sb's ~s** jm Fingerabdrücke ab|nehmen.

fingertip ['fɪŋgətɪp] *n* Fingerspitze *die;* **to have sthg at one's ~s** etw parat haben.

finicky ['fɪnɪkɪ] *adj* ***pej*** [eater] wählerisch; [person] pingelig; [task] knifflig.

finish ['fɪnɪʃ] *n* - **1.** [end] Ende *das;* [of race] Finish *das* - **2.** [on furniture, pottery] Oberfläche *die* <> *vt* - **1.** [complete] beenden; **to ~ doing the ironing/eating breakfast/***etc* mit dem Bügeln/dem Frühstück/*etc* fertig sein; **to ~ writing a letter** einen Brief zu Ende schreiben - **2.** [food] auf|essen; [drink] aus|trinken; [supplies] auf|brauchen; [cigarette] zu Ende rauchen; [book] aus|lesen - **3.** [work, school]: **I ~ work at half past five** ich mache um halb sechs Feierabend; **I ~ school at half past three** ich habe um halb vier Schule aus <> *vi* - **1.** [end] zu Ende sein; **when does the film ~?**

wann ist der Film zu Ende?; **when do you ~?** [stop work] wann machst du Feierabend? **- 2.** [complete task] fertig werden; **I haven't ~ed yet** ich bin noch nicht fertig **- 3.** [in race, competition]: **to ~ top of the league** Tabellenführer werden; **to ~ fifth** Fünfter werden.
◆ **finish off** *vt sep* **- 1.** [complete] beenden **- 2.** [food] auf|essen; [drink] aus|trinken **- 3.** [kill - subj: person] um|bringen *(jn, der bereits schwach oder verwundet ist)*; **the pneumonia ~ed him off** die Lungenentzündung bedeutete für ihn das Ende.
◆ **finish up** *vi:* **we ~ed up in a pub** wir sind schließlich in einer Kneipe gelandet; **she ~ed up running her own company** zum Schluss leitete sie ihre eigene Firma.
◆ **finish with** *vt fus* **- 1.** [boyfriend, girlfriend] Schluss machen mit **- 2.** [stop using]: **have you ~ed with the newspaper?** brauchst du die Zeitung noch?
finished ['fɪnɪʃt] *adj* **- 1.** [completed] fertig **- 2.** [no longer interested]: **to be ~ with sthg** mit etw fertig sein **- 3.** [programme, trial, meeting] vorbei; **the wine's ~** der Wein ist alle.
finishing line ['fɪnɪʃɪŋ-] *n* Ziellinie *die.*
finite ['faɪnaɪt] *adj* **- 1.** [limited] begrenzt **- 2.** GRAMM finit.
Finland ['fɪnlənd] *n* Finnland *nt.*
Finn [fɪn] *n* Finne *der,* -nin *die.*
Finnish ['fɪnɪʃ] *adj* finnisch ◇ *n* [language] Finnisch(e) *das.*
fiord [fjɔːd] *n* = **fjord.**
fir [fɜːʳ] *n* Tanne *die.*
fire ['faɪəʳ] *n* **- 1.** [gen] Feuer *das;* **to be on ~** brennen; **to catch ~** Feuer fangen; [forest, building] in Brand geraten; **to set ~ to sthg** etw an|zünden; [deliberately] etw in Brand setzen **- 2.** [in forest, of building] Brand *der* **- 3.** *Br* [heater] Ofen *der* **- 4.** *(U)* [shooting]: **under ~** unter Beschuss; **to open ~ (on sb)** das Feuer eröffnen (auf jn) ◇ *vt* **- 1.** [shoot - bullet, missile] ab|feuern; [- gun] ab|schießen **- 2.** [shout - accusation] überhäufen mit; **to ~ questions at sb** jn mit Fragen bombardieren **- 3.** [from job] feuern **- 4.** [imagination] beflügeln **- 5.** [pottery] brennen ◇ *vi:* **to ~ (on** OR **at sb/sthg)** (auf jn/etw) schießen OR feuern.
fire alarm *n* Feueralarm *der.*
firearm ['faɪərɑːm] *n* Schusswaffe *die.*
fireball ['faɪəbɔːl] *n* Feuerball *der.*
firebomb ['faɪəbɒm] *n* Brandbombe *die* ◇ *vt* einen Brandanschlag verüben auf *(+ A).*
firebreak ['faɪəbreɪk] *n* Feuerschneise *die.*
fire brigade *Br,* **fire department** *Am n* Feuerwehr *die.*
firecracker ['faɪəˌkrækəʳ] *n* Knallkörper *der.*
fire-damaged *adj* durch Brand beschädigt.
fire department *n Am* = **fire brigade.**
fire door *n* Feuerschutztür *die.*
fire drill *n* Probealarm *der.*
fire-eater *n* Feuerschlucker *der,* -in *die.*
fire engine *n* Feuerwehrauto *das.*
fire escape *n* [stairs] Feuertreppe *die;* [ladder] Feuerleiter *die.*
fire extinguisher *n* Feuerlöscher *der.*
fire fighter *n* Feuerwehrmann *der.*
fireguard ['faɪəgɑːd] *n* Kamingitter *das.*
fire hazard *n:* **to be a ~** feuergefährlich sein.
fire hydrant [-'haɪdrənt], **fireplug** *Am* ['faɪəplʌg] *n* Hydrant *der.*
firelight ['faɪəlaɪt] *n* Schein *der* des Feuers.
firelighter ['faɪəlaɪtəʳ] *n* Feueranzünder *der.*
fireman ['faɪəmən] (*pl* **-men** [-mən]) *n* Feuerwehrmann *der.*
fireplace ['faɪəpleɪs] *n* Kamin *der.*
fireplug *n Am* = **fire hydrant.**
firepower ['faɪəˌpaʊəʳ] *n* Waffenkontingent *das.*
fireproof ['faɪəpruːf] *adj* feuerfest.
fire-raiser [-ˌreɪzəʳ] *n Br* Brandstifter *der,* -in *die.*
fire regulations *npl* Brandschutzbestimmungen *pl.*
fire service *n Br* Feuerwehr *die.*
fireside ['faɪəsaɪd] *n:* **by the ~** am Kamin.
fire station *n* Feuerwache *die.*
firewood ['faɪəwʊd] *n* Brennholz *das.*
firework ['faɪəwɜːk] *n* Feuerwerkskörper *der;* **~s** Feuerwerk *das.*
◆ **fireworks** *npl fig:* **there will be ~s** da werden die Fetzen fliegen.
firework display *n* Feuerwerk *das.*
firing squad *n* Exekutionskommando *das.*
firm [fɜːm] *adj* **- 1.** [in texture] fest **- 2.** [structure, shelf] stabil **- 3.** [forceful, strong - pressure, hold, control] fest; [- leader, voice] energisch; **you must be ~ with him** sie müssen ihm gegenüber bestimmt auftreten; **to stand ~** standhaft bleiben **- 4.** [belief] unerschütterlich; [answer] entschieden; [evidence] sicher ◇ *n* Firma *die.*
◆ **firm up** *vt sep* **- 1.** [body, muscles] straffen **- 2.** [agreement] zum Abschluss bringen.
firmly ['fɜːmlɪ] *adv* **- 1.** [hold, attach, push] fest **- 2.** [forcefully - rule] entschlossen; [- answer] in entschiedenem Ton **- 3.** [believe] unerschütterlich.
firmness ['fɜːmnɪs] *n* **- 1.** [of texture, fruit] Festigkeit *die* **- 2.** [in dealing with person] Standfestigkeit *die.*
first [fɜːst] *adj* erste, -r, -s; **my ~ concern** meine größte Sorge; **for the ~ time** zum ersten

Mal; **I'll do it ~ thing (in the morning)** das ist das Erste, was ich morgen tun werde; **at ~ sight** auf den ersten Blick; **in the ~ place, ...** zunächst einmal ...; **~ things ~** eins nach dem anderen; **I don't know the ~ thing about it** ich habe keine Ahnung davon ◇ *adv* **- 1.** [firstly] zuerst; [arrive, speak *etc*] als erste, -r, -s; **~ of all** zuallererst; **what should I do ~?** was soll ich zuerst tun? **- 2.** [for the first time] zum ersten Mal ◇ *pron* Erste *der, die, das*; **the ~ of January** der erste Januar ◇ *n* **- 1.** [event]: **the balloon race was a world ~** der Ballonweltflug war der erste seiner Art auf der Welt **- 2.** ***Br*** UNIV *Abschluss mit „Sehr gut"* **- 3.** AUT: **~ (gear)** erster Gang.

◆ **at first** *adv* zuerst.

◆ **at first hand** *adv* aus erster Hand.

first aid *n* Erste Hilfe.

first-aider [-'eɪdəʳ] *n* Sanitäter *der*, -in *die*.

first-aid kit *n* Verbandskasten *der*.

first-class *adj* **- 1.** [excellent] erstklassig **- 2.** [ticket] erster Klasse; **~ compartment** Erste-Klasse-Abteil *das;* [stamp] *für Briefe, die innerhalb Großbritanniens schneller befördert werden sollen.*

first course *n* erster Gang.

first cousin *n* Cousin *der*, -e *die (ersten Grades).*

first-day cover *n* Ersttagsbrief *der*.

first-degree *adj* **- 1.** MED: **~ burn** Verbrennung *die* ersten Grades **- 2. *Am*** LAW: **~ murder** Mord *der*.

first floor *n* **- 1. *Br*** [above ground level] erster Stock **- 2. *Am*** [at ground level] Erdgeschoss *das*.

firsthand [fɜːst'hænd] *adj* & *adv* aus erster Hand.

first lady *n* POL First Lady *die*, *Frau des US-Präsidenten.*

first language *n* Muttersprache *die*.

first lieutenant *n* Oberleutnant *der*.

firstly ['fɜːstlɪ] *adv* zuerst; [followed by "secondly"] erstens.

first mate *n* Erster Offizier.

first name *n* Vorname *der*.

◆ **first-name** *adj:* **to be on first-name terms with sb** jn mit Vornamen an|reden.

first night *n* Premiere *die*.

first offender *n* Ersttäter *der*, -in *die*.

first officer *n* = **first mate.**

first-past-the-post system *n* ***Br*** ≃ Mehrheitswahlrecht *das*.

first-rate *adj* erstklassig.

First World War *n:* **the ~** der erste Weltkrieg.

firtree ['fɜːtriː] *n* = **fir.**

fiscal ['fɪskl] *adj* fiskalisch; [policy] Fiskal-.

fiscal year *n* ***Am*** = **financial year.**

fish [fɪʃ] (*pl inv* OR **-es**) *n* Fisch *der* ◇ *vt:* **to ~ a river** in einem Fluss fischen; [with rod] in einem Fluss angeln ◇ *vi:* **to ~ (for)** fischen; [with rod] angeln; **to ~ for compliments *fig*** auf Komplimente aus sein.

◆ **fish out** *vt sep **inf*** [bring out] heraus|fischen.

fish and chips *npl* ***Br*** *frittierter Fisch mit Pommes frites.*

FISH AND CHIPS

Ein traditionelles englisches Gericht, das aus frittiertem Fisch in Panade und Pommes frites besteht und das man in den „fish and chip shops" (einer Art Imbissstube) zum Mitnehmen in braunes Packpapier oder Zeitungspapier eingepackt bekommt. „Fish and chip shops" sind landauf, landab zu finden und bieten neben „fish and chips" auch eine Auswahl an anderen fritierten Schnellgerichten, zum Beispiel Würstchen, Hähnchen, Blutwurst und „meat pies" (Fleischpasteten) an. „Fish and chips" werden oft auf der Straße direkt aus der Hand gegessen.

fish and chip shop *n* ***Br*** *Imbissstube, die hauptsächlich frittierten Fisch mit Pommes frites verkauft.*

fishbowl ['fɪʃbəʊl] *n* (Gold)fischglas *das*.

fishcake ['fɪʃkeɪk] *n* Fischfrikadelle *die*.

fisherman ['fɪʃəmən] (*pl* **-men** [-mən]) *n* Fischer *der;* [angler] Angler *der*, -in *die*.

fishery ['fɪʃərɪ] (*pl* **-ies**) *n* [area] Fischereigewässer *das*.

fish-eye lens *n* Fischauge *das*.

fish farm *n* Fischzuchtanlage *die*.

fish fingers *Br*, fish sticks *Am* *npl* Fischstäbchen *das*.

fishhook ['fɪʃhʊk] *n* Angelhaken *der*.

fishing ['fɪʃɪŋ] *n* Fischen *das;* [with rod] Angeln *das;* [industry] Fischerei *das;* **to go ~** auf Fischfang gehen; [with rod] angeln gehen.

fishing boat *n* Fischerboot *das*.

fishing line *n* Angelschnur *die*.

fishing rod *n* Angelrute *die*.

fishmonger ['fɪʃˌmʌŋgəʳ] *n* ***esp Br*** Fischhändler *der*, -in *die;* **~'s (shop)** Fischgeschäft *das*.

fishnet ['fɪʃnet] *n* **- 1.** [for fishing] Netz *das* **- 2.** [material]: **~ stockings** Netzstrümpfe *pl;* **~ tights** Netzstrumpfhose *die*.

fish pond *n* Fischteich *der*.

fish shop *n* Fischgeschäft *das*.

fish slice *n* ***Br*** Bratenwender *der*.

fish sticks *npl* ***Am*** = **fish fingers.**

fish tank *n* [in house] Aquarium *das*.

fishwife ['fɪʃwaɪf] (*pl* **-wives** [-waɪvz]) *n* ***pej*** Marktweib *das*.

fishy ['fɪʃɪ] (*compar* **-ier;** *superl* **-iest**) *adj* **- 1.** [smell, taste] Fisch- **- 2.** *fig* [suspicious]: **there's something ~ about it** daran ist etwas faul.

fissure ['fɪʃəʳ] *n* Spalte *die*.

fist [fɪst] *n* Faust *die*.

fit [fɪt] (*pt* & *pp* **-ted;** *cont* **-ting**) *adj* **- 1.** [suitable]: **~ (for)** geeignet (für); **to be ~ to do sthg** die richtige Person sein, um etw zu tun; **he's not ~ to drive** [drunk] er ist nicht mehr in der Lage, Auto zu fahren; **~ to eat** essbar; **to see** OR **think ~ to do sthg** es für richtig halten, etw zu tun **- 2.** [healthy] fit; **to keep/get ~** fit bleiben/werden ◇ *n* **- 1.** [of clothes, shoes *etc*]: **to be a good ~** gut passen **- 2.** [epileptic, of anger, coughing] Anfall *der;* **to have a ~** MED einen Anfall haben OR erleiden; *fig* [be angry] einen Wutanfall kriegen; **in ~s and starts** [move] ruckartig, ruckweise; **to work in ~s and starts** die Arbeit mehrmals unterbrechen ◇ *vt* **- 1.** [subj: clothes, shoes] passen *(+ D);* [subj: key] passen in *(+ A)* **- 2.** [insert]: **to ~ sthg into sthg** etw in etw *(A)* stecken **- 3.** [install] ein|bauen; **to ~ sthg with sthg** etw mit etw aus|statten **- 4.** [correspond to] entsprechen *(+ D);* **he ~s the description** die Beschreibung passt auf ihn **- 5.** [for clothes]: **he was ~ted for a suit** der Schneider hat bei ihm Maß genommen ◇ *vi* passen.

◆ **fit in** *vt sep* [find time for - person] dazwischen|schieben; [- task] zusätzlich erledigen ◇ *vi* [belong]: **he's never ~ted in here** er hat hier nie hingepasst; **to learn to ~ in** lernen, sich anzupassen.

◆ **fit out** *vt sep* [ship, person] aus|statten.

◆ **fit together** *vt sep* [assemble] zusammen|bauen ◇ *vi* [make sense] zusammen|passen.

fitful ['fɪtfʊl] *adj* [sleep] unruhig.

fitment ['fɪtmənt] *n* Einrichtungsgegenstand *der*.

fitness ['fɪtnəs] *n* **- 1.** [health] Fitness *die*, Kondition *die* **- 2.** [suitability - for job]: **~ (for)** Eignung *die* (für).

fitted ['fɪtəd] *adj* **- 1.** [suited]: **~ for** OR **to sthg** für etw geeignet **- 2.** [skirt, jacket] auf Taille gearbeitet **- 3.** *Br* [shelves] eingebaut; [cupboard] Einbau-.

fitted carpet *n* Teppichboden *der*.

fitted kitchen *n Br* Einbauküche *die*.

fitted sheet *n* Spannbetttuch *das*.

fitter ['fɪtəʳ] *n* [mechanic] Monteur *der*, -in *die*, Installateur *der*, -in *die*.

fitting ['fɪtɪŋ] *adj fml* angemessen ◇ *n* **- 1.** [part] Zubehörteil *das* **- 2.** [for clothing] Anprobe *die*.

◆ **fittings** *npl* Ausstattung *die;* [electrical, pipes] Installation *die*.

fitting room *n* Umkleidekabine *die*.

five [faɪv] *num* fünf; *see also* **six**.

fiver ['faɪvəʳ] *n inf* **- 1.** *Br* [amount] fünf britische Pfund *pl;* [note] Fünfpfundschein *der* **- 2.** *Am* [amount] fünf Dollar *pl;* [note] Fünfdollarschein *der*.

five-star *adj* Fünf-Sterne-.

fix [fɪks] *vt* **- 1.** [attach] befestigen; **to ~ sthg to sthg** etw an etw *(D)* befestigen; **to ~ one's eyes on sthg** seine Augen auf etw *(A)* heften **- 2.** [decide - date, amount, price] fest|setzen; **I've ~ed it with him** ich habe es mit ihm abgemacht; **how are you ~ed for money?** wie sieht es bei dir mit dem Geld aus? **- 3.** [repair] reparieren **- 4.** *inf* [rig - race, fight] manipulieren **- 5.** *esp Am* [food, drink] machen ◇ *n* **- 1.** *inf* [difficult situation]: **to be in a ~** in der Patsche sitzen **- 2.** *drugs sl* Fix *der*.

◆ **fix up** *vt sep* **- 1.** [provide]: **to ~ sb up with sthg** jm etw besorgen **- 2.** [arrange] arrangieren.

fixation [fɪk'seɪʃn] *n* Fixierung *die*.

fixed [fɪkst] *adj* **- 1.** [attached] fest **- 2.** [charge, rate] festgesetzt **- 3.** [smile, stare, belief] starr.

fixed assets *npl* Anlagevermögen *das*.

fixture ['fɪkstʃəʳ] *n* **- 1.** [in building] festes Inventar; **~s and fittings** *zu einer Wohnung gehörende Ausstattung und Installationen;* **he's become a ~** *fig* er gehört schon zum Inventar **- 2.** [sports event] Spiel *das*.

fizz [fɪz] *vi* [drink] sprudeln; [champagne] perlen ◇ *n* [of drink] Sprudeln *das;* [of champagne] Perlen *das*.

fizzle ['fɪzl] ◆ **fizzle out** *vi* [fire, enthusiasm] verpuffen.

fizzy ['fɪzɪ] (*compar* **-ier;** *superl* **-iest**) *adj* kohlensäurehaltig.

fjord [fjɔːd] *n* Fjord *der*.

FL *abk für Florida, in Postanschrift verwendet*.

flab [flæb] *n* Speck *der*.

flabbergasted ['flæbəgɑːstɪd] *adj* platt.

flabby ['flæbɪ] (*compar* **-ier;** *superl* **-iest**) *adj* wabbelig.

flaccid ['flæsɪd] *adj* schlaff.

flag [flæg] (*pt* & *pp* **-ged;** *cont* **-ging**) *n* Fahne *die;* [of country] Flagge *die*, Fahne *die* ◇ *vi* [person] ermüden; [enthusiasm, energy] nach|lassen.

◆ **flag down** *vt sep* an|halten.

Flag Day *n 14. Juni, Feiertag, an dem überall in den USA die amerikanische Flagge gehisst wird*.

flag of convenience *n* Billigflagge *die*.

flagon ['flægən] *n* **- 1.** [bottle] Flasche *die* **- 2.** [jug] Krug *der*.

flagpole ['flægpəʊl] *n* Fahnenstange *die*.

flagrant ['fleɪgrənt] *adj* himmelschreiend.

flagship ['flægʃɪp] *n lit* & *fig* Flaggschiff *das*.

flagstone ['flægstəʊn] *n* Steinplatte *die;* [on floors] Fliese *die*.

flail [fleɪl] *vt:* **to ~ one's arms about** mit den Armen fuchteln; **to ~ one's legs about** mit den Beinen in der Luft strampeln ◇ *vi* herum|fuchteln.

flair [fleəʳ] *n* **- 1.** [talent]: **~ (for)** Talent *das* (für) **- 2.** [stylishness - of person] Ausstrahlung *die*.

flak [flæk] *n* **- 1.** [gunfire] Flakfeuer *das* **- 2.** ***inf*** [criticism]: **to get a lot of ~** unter schweren Beschuss geraten.

flake [fleɪk] *n* [of snow] Flocke *die;* [of skin] Schuppe *die;* **some ~s of paint/rust** ein bisschen Farbe/Rost ◇ *vi* [paint] ab|blättern; [skin] sich schuppen.
◆ **flake out** *vi inf* zusammen|klappen.

flaky ['fleɪkɪ] (*compar* **-ier;** *superl* **-iest**) *adj* **- 1.** [skin] schuppig; [paintwork] bröckelig; [texture] flockig **- 2.** ***Am inf*** [person] verrückt.

flaky pastry *n* Blätterteig *der*.

flambé ['flɒmbeɪ] (*pt* & *pp* **-ed;** *cont* **-ing**) *adj* flambiert ◇ *vt* flambieren.

flamboyant [flæm'bɔɪənt] *adj* extravagant; [design, decoration] üppig.

flame [fleɪm] *n* Flamme *die;* **to be in ~s** in Flammen stehen; **to burst into ~s** in Brand geraten ◇ *vi* brennen ◇ *vt* COMPUT Flames schicken *(+ D)*.

flameproof ['fleɪmpruːf] *adj* feuerbeständig.

flame-thrower [-ˌθrəʊəʳ] *n* Flammenwerfer *der*.

flaming ['fleɪmɪŋ] *adj* **- 1.** [red] flammend **- 2.** ***Br*** [argument] heftig **- 3.** ***Br inf*** [for emphasis] verflixt.

flamingo [flə'mɪŋgəʊ] (*pl* **-s** *OR* **-es**) *n* Flamingo *der*.

flammable ['flæməbl] *adj* leicht entflammbar.

flan [flæn] *n* [sweet] Torte *die;* [savoury] Quiche *die*.

Flanders ['flɑːndəz] *n* Flandern *nt*.

flange [flændʒ] *n* Flansch *der;* [on wheel] Spurkranz *der*.

flank [flæŋk] *n* Flanke *die* ◇ *vt:* **to be ~ed by sb/sthg** von jm/etw flankiert sein.

flannel ['flænl] *n* **- 1.** [fabric] Flannel *der* **- 2.** ***Br*** [facecloth] Waschlappen *der*.
◆ **flannels** *npl* Flannelhose *die*.

flannelette [flænə'let] *n* Flanell *der (aus Baumwolle)*.

flap [flæp] (*pt* & *pp* **-ped;** *cont* **-ping**) *n* **- 1.** [of pocket] Klappe *die;* [of envelope] Lasche *die;* [of table] hochklappbarer Teil; **a ~ of skin** ein Hautfetzen **- 2.** ***inf*** [panic]: **in a ~** in Panik ◇ *vt* [wings] schlagen mit; [arms] wedeln mit ◇ *vi* **- 1.** [wings] schlagen; [sail, flag, clothes] flattern **- 2.** ***inf*** [panic] in Panik geraten.

flapjack ['flæpdʒæk] *n* **- 1.** ***Br*** [biscuit] Haferflockenkeks *der* **- 2.** ***Am*** [pancake] Pfannkuchen *der*.

flare [fleəʳ] *n* [distress signal] Leuchtsignal *das* ◇ *vi* **- 1.** [fire]: **to ~ (up)** (auf|)lodern **- 2.: to ~ (up)** [war, violence, disease] aus|brechen **- 3.** [trousers, skirt] ausgestellt sein **- 4.** [nostrils] sich blähen.
◆ **flares** *npl* ***Br*** [trousers] Hose *die* mit Schlag.

flared [fleəd] *adj* [trousers, skirt] ausgestellt.

flash [flæʃ] *adj* **- 1.** PHOT Blitz- **- 2.** ***inf*** [car, watch, person] protzig ◇ *n* **- 1.** [of light - bright] Aufblitzen *das;* **a ~ of lightning** ein Blitz; **a ~ of inspiration *fig*** ein Geistesblitz; **in a ~** blitzartig; **quick as a ~** blitzschnell **- 2.** PHOT Blitz *der* ◇ *vt* **- 1.** [torch]: **to ~ a torch on sthg** etw an|leuchten; **to ~ one's headlights** die Lichthupe benutzen; **to ~ sb a look/smile** jn plötzlich (kurz) an|schauen/an|lächeln **- 2.** [show briefly - passport, image] kurz zeigen ◇ *vi* [light] auf|blinken; **to ~ by** *OR* **past** vorbei|sausen.

flashback ['flæʃbæk] *n* [in film] Rückblende *die*.

flashbulb ['flæʃbʌlb] *n* Blitzlicht *das*.

flasher ['flæʃəʳ] *n* **- 1.** ***Br*** [light] Lichthupe *die* **- 2.** ***Br inf*** [man] Exhibitionist *der*.

flash flood *n* flutartige Überschwemmung.

flashgun ['flæʃgʌn] *n* Blitzgerät *das*.

flashlight ['flæʃlaɪt] *n* [torch] Taschenlampe *die*.

flash point *n* [place] Krisenherd *der*.

flashy ['flæʃɪ] (*compar* **-ier;** *superl* **-iest**) *adj* ***inf*** protzig.

flask [flɑːsk] *n* **- 1.** [Thermos] Thermosflasche *die* **- 2.** [in chemistry] Glaskolben *der* **- 3.** [hip flask] Flachmann *der*.

flat [flæt] (*compar* **-ter;** *superl* **-test**) *adj* **- 1.** [gen] flach; [feet, tyre] platt; **~ roof** Flachdach *das* **- 2.** [refusal, denial] glatt **- 3.** [voice] monoton **- 4.** [MUS - singer, instrument] zu tief; **C ~** Ces *das;* **D ~** Des *das;* **A ~** As *das;* **B ~** B *das* **- 5.** COMM [fare, fee] Pauschal- **- 6.** [drink] abgestanden **- 7.** [battery] leer ◇ *adv* **- 1.** [level] flach **- 2.** [absolutely]: **~ broke** völlig pleite **- 3.** [refuse, deny] rundweg **- 4.** [exactly]: **in five minutes ~** in ganzen fünf Minuten **- 5.** [MUS - sing, play] zu tief ◇ *n* **- 1.** ***Br*** [apartment] Wohnung *die* **- 2.** [MUS - note] erniedrigter Ton; [-symbol] Erniedrigungszeichen *das* **- 3.** ***inf*** [flat tyre] Platte *der*.
◆ **flat out** *adv* [work] auf Hochtouren.

flat-chested [-'tʃestɪd] *adj* flachbrüstig.

flatfish ['flætfɪʃ] (*pl inv*) *n* Plattfisch *der*.

flat-footed [-'fʊtɪd] *adj* plattfüßig.

flatly ['flætlɪ] *adv* **- 1.** [refuse, deny] rundweg **- 2.** [speak] monoton.

flatmate ['flætmeɪt] *n* ***Br*** Mitbewohner *der*, -in *die*.

flat-packed *adj* [furniture] zum Zusammenbauen.

flat racing *n* Flachrennen *das.*

flat rate *n* Pauschalpreis *der.*

flatten ['flætn] *vt* **- 1.** [surface] glätten; [paper] glatt streichen; **to ~ o.s. against sthg** sich gegen etw drücken **- 2.** [destroy] dem Erdboden gleich machen **- 3.** *inf* [knock out] um|hauen.

◈ **flatten out** *vi* eben(er) werden ◇ *vt sep* [surface] glätten; [paper] glatt streichen.

flatter ['flætəʳ] *vt* schmeicheln *(+ D)*; **to ~ o.s. on having/being sthg** sich ein|bilden etw zu haben/sein.

flatterer ['flætərəʳ] *n* Schmeichler *der*, -in *die.*

flattering ['flætərɪŋ] *adj* schmeichelhaft.

flattery ['flætərɪ] *n (U)* Schmeicheleien *pl.*

flatulence ['flætjʊləns] *n (U)* Blähungen *pl.*

flatware ['flætweəʳ] *n* ***Am*** Besteck *das.*

flaunt [flɔːnt] *vt* zur Schau stellen.

flautist ***Br*** ['flɔːtɪst], **flutist** ***Am*** ['fluːtɪst] *n* Flötist *der*, -in *die.*

flavour ***Br***, **flavor** ***Am*** ['fleɪvəʳ] *n* **- 1.** [taste] Geschmack *der* **- 2.** *fig* [atmosphere] Touch *der* ◇ *vt* [food, drink] Geschmack verleihen *(+ D).*

flavouring ***Br***, **flavoring** ***Am*** ['fleɪvərɪŋ] *n* Aroma *das.*

flaw [flɔː] *n* Fehler *der.*

flawed [flɔːd] *adj* fehlerhaft.

flawless ['flɔːlɪs] *adj* fehlerlos.

flax [flæks] *n* **- 1.** [plant] Flachs *der* **- 2.** [fibre] Flachsfaser *die.*

flay [fleɪ] *vt* [skin] ab|ziehen.

flea [fliː] *n* Floh *der*; **to send sb away with a ~ in his/her ear** jm eine Abfuhr erteilen.

flea market *n* Flohmarkt *der.*

fleck [flek] *n* Tupfen *der* ◇ *vt*: **~ed (with)** besprenkelt (mit).

fled [fled] *pt & pp* ▻ **flee.**

fledg(e)ling ['fledʒlɪŋ] *adj* [industry, democracy] jung ◇ *n* Vogeljunge *das.*

flee [fliː] (*pt & pp* **fled**) *vt* [country] fliehen aus; [enemy] fliehen vor *(+ D)* ◇ *vi* fliehen.

fleece [fliːs] *n* **- 1.** [of sheep] Schaffell *das* **- 2.** [material] Fleece *das*; [jacket] Fleecejacke *die* ◇ *vt* ***inf*** [cheat] abzocken.

fleet [fliːt] *n* **- 1.** [of ships] Flotte *die* **- 2.** [of cars, buses] Fuhrpark *der.*

fleeting ['fliːtɪŋ] *adj* flüchtig; **a ~ visit** eine Stippvisite.

Fleet Street *n früherer Stammsitz der britischen Presse.*

Fleming ['flemɪŋ] *n* Flame *der*, Flämin *die.*

Flemish ['flemɪʃ] *adj* flämisch ◇ *n* [language] Flämisch(e) *das* ◇ *npl*: **the ~** die Flamen *pl.*

flesh [fleʃ] *n* Fleisch *das*; [of fruit] Fruchtfleisch *das*; [of vegetable] Mark *das*; **~ and blood** [family] Fleisch und Blut; **in the ~** leibhaftig.

◈ **flesh out** *vt sep* ausgestalten.

flesh wound *n* Fleischwunde *die.*

fleshy ['fleʃɪ] (*compar* **-ier**; *superl* **-iest**) *adj* [arms] fleischig; [cheeks, person] dick.

flew [fluː] *pt* ▻ **fly.**

flex [fleks] *n* ELEC Kabel *das* ◇ *vt* [arm, knee] beugen.

flexibility ['fleksə'bɪlətɪ] *n* **- 1.** [of material, bar] Biegsamkeit *die* **- 2.** [of person, system] Flexibilität *die.*

flexible ['fleksəbl] *adj* **- 1.** [material, bar] biegsam **- 2.** [person, system] flexibel.

flexitime ['fleksɪtaɪm] *n* Gleitzeit *die.*

flick [flɪk] *n* **- 1.** [of whip] Schnalzen *das* **- 2.** [with finger] Schnippen *das* ◇ *vt* **- 1.** [whip] schnalzen mit **- 2.** [with finger] schnippen **- 3.** [switch - turn on] an|knipsen; [- turn off] aus|knipsen.

◈ **flicks** *npl* ***inf***: **the ~s** das Kino.

◈ **flick through** *vt fus* durch|blättern.

flicker ['flɪkəʳ] *n* [of light, candle] Flackern *das*; [of TV, screen] Flimmern *das*; **a ~ of hope** ein Hoffnungsschimmer ◇ *vi* [light, candle] flackern; [TV, screen] flimmern; [shadow, eyelids] zucken.

flick knife *n* ***Br*** Klappmesser *das.*

flier ['flaɪəʳ] *n* **- 1.** [pilot] Flieger *der*, -in *die* **- 2.** [leaflet] Flugblatt *das.*

flight [flaɪt] *n* **- 1.** [of plane, bird] Flug *der* **- 2.**: **a ~ (of steps/stairs)** eine Treppe **- 3.** [escape] Flucht *die.*

flight attendant *n* Flugbegleiter *der*, -in *die.*

flight crew *n* Flugbesatzung *die.*

flight deck *n* **- 1.** [of aircraft carrier] Flugdeck *das* **- 2.** [of aircraft] Cockpit *das.*

flight path *n* Flugbahn *die.*

flight recorder *n* Flugschreiber *der.*

flighty ['flaɪtɪ] (*compar* **-ier**; *superl* **-iest**) *adj* flatterhaft.

flimsy ['flɪmzɪ] (*compar* **-ier**; *superl* **-iest**) *adj* **- 1.** [material, clothes, shoes] dünn; [paper] hauchdünn; [structure] nicht sehr stabil **- 2.** [excuse] schwach; [argument] fadenscheinig.

flinch [flɪntʃ] *vi* zurück|zucken; **to ~ from sthg** *fig* vor etw zurück|schrecken.

fling [flɪŋ] (*pt & pp* **flung**) *n* [affair] Affäre *die* ◇ *vt* [throw] schleudern; **to ~ o.s. into an armchair/onto the ground** sich in den Sessel/auf den Boden werfen.

flint [flɪnt] *n* Feuerstein *der.*

flip [flɪp] (*pt & pp* **-ped**; *cont* **-ping**) *vt* **- 1.** [omelette, steak *etc*] wenden; **to ~ a coin** eine Münze werfen; **to ~ open** auf|klappen; **to ~ over** um|drehen; **to ~ through** [magazine] durch|-

blättern - **2.** [switch - turn on] an|knipsen; [- turn off] aus|knipsen - **3.** [with finger] schnippen mit ◇ *vi* ***inf*** [become angry] aus|flippen ◇ *n* - **1.** [of coin]: **it was decided on the ~ of a coin** wir haben eine Münze geworfen, um zu entscheiden - **2.** [somersault] Salto *der* - **3.** ***phr:*** **at the ~ of a switch** auf Knopfdruck.

flipchart [ˈflɪp,tʃɑːt] *n* Flipchart *das.*

flip-flops *n* ***Br*** [shoe] Badelatschen *pl.*

flippant [ˈflɪpənt] *adj* leichtfertig.

flippantly [ˈflɪpəntlɪ] *adv* leichtfertig.

flipper [ˈflɪpəʳ] *n* - **1.** [of animal] Flosse *die* - **2.** [for swimmer, diver] Schwimmflosse *die.*

flipping [ˈflɪpɪŋ] *adj* ***Br inf*** verflixt.

flip side *n* [of record] B-Seite *die.*

flirt [flɜːt] *n:* **he's a terrible ~** er flirtet mit allen ◇ *vi* - **1.** [with person]: **to ~ (with)** flirten (mit) - **2.** [with idea]: **to ~ with sthg** mit etw liebäugeln.

flirtation [flɜːˈteɪʃn] *n* - **1.** *(U)* [flirting] Flirt *der* - **2.** [love affair] Affäre *die.*

flirtatious [flɜːˈteɪʃəs] *adj* kokett.

flit [flɪt] (*pt* & *pp* **-ted;** *cont* **-ting)** *vi* [bird] flattern; **a look of surprise ~ted across her face** ein Ausdruck der Überraschung huschte über ihr Gesicht.

float [fləʊt] *n* - **1.** [for fishing] Schwimmer *der;* [for swimming] Schwimmbrett *das* - **2.** [in procession] Festwagen *der* - **3.** [money] Wechselgeld *das* - **4.** [drink] *alkoholfreies Getränk mit einer Kugel Speiseeis* ◇ *vt* - **1.** [on water - logs] flößen; [- boat] zu Wasser lassen - **2.** [idea, project] zur Debatte stellen ◇ *vi* - **1.** [on water - not sink] schwimmen; [- move] treiben - **2.** [through air] schweben.

floating [ˈfləʊtɪŋ] *adj* [on water - restaurant, hotel] schwimmend; [- log] treibend.

floating voter *n* ***Br*** Wechselwähler *der*, -in *die.*

flock [flɒk] *n* [of birds] Schwarm *der;* [of sheep] Herde *die;* [of people] Schar *die* ◇ *vi:* **to ~ to** strömen zu OR nach.

floe [fləʊ] *n* Eisscholle *die.*

flog [flɒg] (*pt* & *pp* **-ged;** *cont* **-ging)** *vt* - **1.** [whip] aus|peitschen - **2.** ***Br inf*** [sell] verkloppen.

flood [flʌd] *n* Flut *die* ◇ *vt* - **1.** [gen] überschwemmen; [kitchen] unter Wasser setzen; **to ~ the market** den Markt überschwemmen - **2.** [with light] durchfluten - **3.** AUT [engine] ab|würgen ◇ *vi* - **1.** [river] über die Ufer treten - **2.** [street, land] überschwemmt werden - **3.** ***fig:*** **to ~ in** herein|strömen; **to ~ back** [memories, feelings] unvermittelt mit großer Stärke zurück|kommen.

◆ **floods** *npl* [from river, rain] Überschwemmung *die;* **to be in ~s of tears** in Tränen aufgelöst sein.

floodgates [ˈflʌdgeɪts] *npl:* **to open the ~ (to sthg)** ***fig*** (einer Sache *(D)*) Tür und Tor öffnen.

flooding [ˈflʌdɪŋ] *n* Überschwemmung *die.*

floodlight [ˈflʌdlaɪt] *n* Scheinwerfer *der.*

floodlit [ˈflʌdlɪt] *adj* [stadium] mit Flutlicht beleuchtet; [building] angestrahlt.

flood tide *n* Flut *die*

floor *n* - **1.** [of room] Fußboden *der* - **2.** [of valley, sea] Boden *der* - **3.** [storey] Stock *der* - **4.** [at meeting, debate] Publikum *das* - **5.** [for dancing] Tanzfläche *die* - **6.** [of stock exchange] Parkett *das* ◇ *vt* - **1.** [knock down] zu Boden schlagen - **2.** [subj: comment, question]: **to ~ sb** jm die Sprache verschlagen.

floorboard [ˈflɔːbɔːd] *n* Diele *die.*

floor cloth *n* ***Br*** Scheuertuch *das.*

floor lamp *n* ***Am*** Stehlampe *die.*

floorwalker [ˈflɔː,wɔːkəʳ] *n* Ladenaufsicht *die.*

floozy [ˈfluːzɪ] (*pl* **-ies**) *n* ***dated*** & ***pej*** Flittchen *das.*

flop [flɒp] (*pt* & *pp* **-ped;** *cont* **-ping)** ***inf*** *n* [failure] Flop *der* ◇ *vi* - **1.** [fail] ein Flop sein - **2.** [into chair, onto bed] sich fallen lassen.

floppy [ˈflɒpɪ] (*compar* **-ier;** *superl* **-iest**) *adj* schlaff herunterhängend.

floppy (disk) *n* Diskette *die.*

flora [ˈflɔːrə] *n* Flora *die;* **~ and fauna** Flora und Fauna.

floral [ˈflɔːrəl] *adj* - **1.** [arrangement, tribute] Blumen- - **2.** [pattern, material] geblümt.

Florence [ˈflɒrəns] *n* Florenz *nt.*

Florentine [ˈflɒrəntaɪn] *adj* florentinisch.

floret [ˈflɒrɪt] *n* [of cauliflower, broccoli] Röschen *das.*

florid [ˈflɒrɪd] *adj* - **1.** [face, complexion] gerötet - **2.** [style] blumig.

florist [ˈflɒrɪst] *n* Florist *der*, -in *die;* **~'s (shop)** Blumengeschäft *das.*

floss [flɒs] *n* [dental floss] Zahnseide *die* ◇ *vt* [teeth] mit Zahnseide reinigen.

flotation [fləʊˈteɪʃn] *n* ST EX: **since the ~ of the company** seit die Firma an der Börse notiert ist.

flotilla [fləˈtɪlə] *n* Flotille *die.*

flotsam [ˈflɒtsəm] *n:* **~ and jetsam** Treibgut und Strandgut.

flounce [flaʊns] *n* [in cloth] Rüsche *die* ◇ *vi* [move] stolzieren.

flounder [ˈflaʊndəʳ] (*pl inv* OR **-s**) *n* [fish] Flunder *die* ◇ *vi* - **1.** [in water] sich ab|strampeln; **to ~ in the mud** sich durch den Schlamm quälen - **2.** [in conversation, speech] ins Schwimmen kommen.

flour [ˈflaʊəʳ] *n* Mehl *das.*

flourish [ˈflʌrɪʃ] *vi* - **1.** [plant, flower] prächtig gedeihen **- 2.** [company, business] florieren; [music *etc*] eine Blütezeit erleben <> *vt* schwenken <> *n:* **to do sthg with a ~** etw mit einer schwungvollen Bewegung tun.

flourishing ['flʌrɪʃɪŋ] *adj* **- 1.** [plant] prächtig gedeihend **- 2.** [company, sector] florierend.

flout [flaʊt] *vt* missachten.

flow [fləʊ] *n* **- 1.** [river, of liquid] Fluss *der;* [of words] Redefluss *der;* **~ of lava/people** Lava-/Menschenstrom *der;* **~ of information/traffic** Informations-/Verkehrsfluss **- 2.** [of tide] Flut *die* <> *vi* **- 1.** [gen] fließen; [air, people] strömen **- 2.** [tide] steigen **- 3.** [hair, dress] wallen **- 4.** [result]: **to ~ from sthg** aus etw folgen.

flowchart [fləʊtʃɑːt], **flow diagram** *n* Flussdiagramm *das.*

flower ['flaʊəʳ] *n* [plant] Blume *die;* [blossom] Blüte *die;* **in ~** in Blüte <> *comp* Blumen- <> *vi* blühen; *fig* [music *etc*] eine Blütezeit erleben.

flowerbed ['flaʊəbed] *n* Blumenbeet *das.*

flowering ['flaʊərɪŋ] *adj* [plant] Blüten-; [shrub] Zier- <> *n fig* [of artistic movement, talents] Blütezeit *die.*

flowerpot ['flaʊəpɒt] *n* Blumentopf *der.*

flowery ['flaʊərɪ] (*compar* **-ier;** *superl* **-iest**) *adj* **- 1.** [dress, material] geblümt **- 2.** *pej* [language] blumig **- 3.** [perfume] süß.

flowing ['fləʊɪŋ] *adj fig* [writing, style] flüssig; [hair, robe] wallend.

flown [fləʊn] *pp* ▷ **fly.**

fl. oz. *abbr of* **fluid ounce** = *28,41 cm³.*

flu [fluː] *n (U)* Grippe *die;* **to have ~** (eine *OR* die) Grippe haben.

fluctuate ['flʌktʃʊeɪt] *vi* schwanken.

fluctuation [ˌflʌktʃʊ'eɪʃn] *n* Schwankung *die.*

flue [fluː] *n* Rauchfang *der.*

fluency ['fluːənsɪ] *n* **- 1.** [in a foreign language] Gewandtheit *die* **- 2.** [in speaking, writing] Flüssigkeit *die.*

fluent ['fluːənt] *adj* **- 1.** [in a foreign language] fließend; **to be ~ in German** fließend Deutsch sprechen **- 2.** [writing] flüssig; [speaker] gewandt.

fluently ['fluːəntlɪ] *adv* **- 1.** [speak a foreign language] fließend **- 2.** [speak, write, read] flüssig.

fluff [flʌf] *n (U)* **- 1.** [down] Flaum *der* **- 2.** [on clothes] Fussel *die* <> *vt* **- 1.** [cushion]: **to ~ sthg (up)** etw auf|schütteln **- 2.** *inf* [do badly] vermasseln.

fluffy ['flʌfɪ] (*compar* **-ier;** *superl* **-iest**) *adj* [animal] flaumweich; [jumper] flauschig.

fluid ['fluːɪd] *n* Flüssigkeit *die* <> *adj* **- 1.** [movement] fließend; [style] flüssig **- 2.** [situation] Veränderungen unterworfen.

fluid ounce *n* = *28,41 cm³.*

fluke [fluːk] *n inf* [chance]: **it was a ~** das war reiner Dusel.

flummox ['flʌməks] *vt esp Br inf* durcheinander bringen.

flung [flʌŋ] *pt* & *pp* ▷ **fling.**

flunk [flʌŋk] *Am inf vt* [SCH & UNIV - exam, test] fallen durch; [- student] durchfallen lassen <> *vi* durch|fallen.

fluorescent [flʊə'resənt] *adj* fluoreszierend.

fluorescent light *n* Neonlampe *die.*

fluoridate ['flʊərɪdeɪt] *vt* mit Fluor versetzen.

fluoride ['flʊəraɪd] *n* Fluorid *das.*

fluorine ['flʊəriːn] *n* Fluor *das.*

flurry ['flʌrɪ] (*pl* **-ies**) *n* [of rain] Guss *der;* [of snow] Gestöber *das;* [of wind] Stoß *der;* **there was a ~ of activity** es herrschte rege Betriebsamkeit.

flush [flʌʃ] *adj* **- 1.** [level]: **to be ~ with sthg** bündig mit etw ab|schließen **- 2.** *inf* [rich]: **to be ~** gut bei Kasse sein <> *n* **- 1.** [in toilet] Spülung *die* **- 2.** [blush] Röte *die* **- 3.** [of anger] Aufwallung *die;* **in the first ~ of youth** *literary* in der ersten Blüte der Jugend <> *vt* **- 1.** [with water]: **to ~ the toilet** spülen; **to ~ sthg down the toilet** etw die Toilette hinunter|spülen **- 2.** *fig* [force out of hiding]: **to ~ sb out** jn auf|stöbern <> *vi* **- 1.** [toilet] spülen **- 2.** [blush] erröten.

flushed [flʌʃt] *adj* **- 1.** [face] gerötet **- 2.** [excited]: **to be ~ with sthg** über etw *(A)* aufgeregt und glücklich sein.

fluster ['flʌstəʳ] *n:* **to be in a ~** konfus sein <> *vt* konfus machen.

flustered ['flʌstəd] *adj* konfus.

flute [fluːt] *n* MUS Querflöte *die.*

fluted ['fluːtɪd] *adj* [column] kanneliert.

flutist *n Am* = **flautist.**

flutter ['flʌtəʳ] *n* **- 1.** [of wings, heart] Flattern *das* **- 2.** *inf:* **in a ~ (of excitement)** in großer Aufregung <> *vt* [wings] flattern mit; [eyelashes] klimpern mit <> *vi* flattern.

flux [flʌks] *n:* **to be in a state of ~** im Fluss sein.

fly [flaɪ] (*pl* **flies;** *pt* **flew;** *pp* **flown**) *n* **- 1.** [insect] Fliege *die;* **the ~ in the ointment was that ...** *fig* der Haken an der Sache war, dass ... **- 2.** [of trousers] Hosenschlitz *der* <> *vt* **- 1.** [plane] fliegen; [kite] steigen lassen; [model aircraft] fliegen lassen; [passengers, goods] fliegen; [airline] fliegen mit **- 2.** [flag] gehisst haben <> *vi* **- 1.** [gen] fliegen; **the days flew by** *OR* **past** die Tage sind schnell verflogen; **time flies** die Zeit verfliegt **- 2.** [attack]: **to ~ at sb** auf jn los|gehen **- 3.** [flag] wehen.

◆ **fly away** *vi* weg|fliegen.

◆ **fly in** *vt sep* [troops, supplies] ein|fliegen <> *vi* an|kommen; [person] mit dem Flugzeug an|kommen.

◆ **fly into** *vt fus:* **to ~ into a rage** einen Wutanfall bekommen.
◆ **fly out** *vt sep* [troops, supplies] aus|fliegen ◇ *vi* fliegen.
flyby [ˈflaɪˌbaɪ] *n Am* = **flypast.**
fly-drive *n* Fly-drive-Urlaub *der.*
fly-fishing *n* Fliegenfischen *das.*
fly half *n Br* Halbspieler *der.*
flying [ˈflaɪɪŋ] *adj* [animal] Flug-; **~ leap** großer Sprung ◇ *n* Fliegen *das.*
flying colours *npl:* **to pass (sthg) with ~** (etw) glänzend bestehen.
flying doctor *n ein Arzt (vor allem in Australien), der seine Patienten per Flugzeug besucht.*
flying officer *n Br* Oberleutnant *der.*
flying picket *n* mobiler Streikposten.
flying saucer *n* fliegende Untertasse.
flying squad *n Br* Bereitschaftsdienst *der.*
flying start *n:* **to get off to a ~** einen glänzenden Start haben.
flying visit *n* Stippvisite *die.*
flyleaf [ˈflaɪliːf] (*pl* **-leaves**) *n* Vorsatzblatt *das.*
flyover [ˈflaɪˌəʊvəʳ] *n Br* Überführung *die.*
flypast *Br* [ˈflaɪˌpɑːst], **flyby** *Am n* Luftparade *die.*
flysheet [ˈflaɪʃiːt] *n* Überzelt *das.*
flyweight [ˈflaɪweɪt] *n* Fliegengewicht *das.*
flywheel [ˈflaɪwiːl] *n* Schwungrad *das.*
FM - **1.** (*abbr of* **frequency modulation**) UKW - **2.** *abbr of* **field marshal.**
FO *n abbr of* **Foreign Office.**
foal [fəʊl] *n* Fohlen *das.*
foam [fəʊm] *n* - **1.** [bubbles] Schaum *der* - **2.** [material]: **~ (rubber)** Schaumgummi *der* ◇ *vi* schäumen.
foamy [ˈfəʊmɪ] (*compar* **-ier;** *superl* **-iest**) *adj* [drink, sea] schäumend.
fob [fɒb] (*pt* & *pp* **-bed;** *cont* **-bing**) ◆ **fob off** *vt sep:* **to ~ sthg off on sb** jm etw an|drehen; **to ~ sb off with sthg** jn mit etw ab|speisen.
fob watch *n* Taschenuhr *die.*
foc (*abbr of* **free of charge**) gebührenfrei.
focal point [ˈfəʊkl-] *n fig* Mittelpunkt *der.*
focus [ˈfəʊkəs] (*pl* **-cuses** OR **-ci** [-kaɪ]) *n* - **1.** PHOT Fokus *der;* [of rays] Brennpunkt *der;* [of discussion] Mittelpunkt *der;* **in ~** [image] scharf; **out of ~** [image] unscharf - **2.: to be the ~ of attention** im Mittelpunkt der Aufmerksamkeit stehen ◇ *vt* - **1.** [lens, camera]: **to ~ sthg (on)** etw ein|stellen (auf *(+ A)*) - **2.** [mentally]: **to ~ one's attention on sb/sthg** seine Aufmerksamkeit auf jn/etw richten ◇ *vi:* **to ~ on** [with eyes] den Blick richten auf *(+ A);* [with camera] mit der Kamera scharf stellen auf *(+ A);* ***fig*** [mentally] konzentrieren auf *(+ A).*
focused, focussed [ˈfəʊkəst] *adj* [mentally] konzentriert; **to stay ~** bei der Sache bleiben.
fodder [ˈfɒdəʳ] *n* Futter *das.*
foe [fəʊ] *n* ***literary*** Feind *der.*
foetal [ˈfiːtl] *adj* fötal.
foetus [ˈfiːtəs] *n* Fötus *der.*
fog [fɒg] *n* Nebel *der.*
fogbound [ˈfɒgbaʊnd] *adj* durch Nebel behindert.
fogey [ˈfəʊgɪ] *n* = **fogy.**
foggiest [ˈfɒgɪəst] *n* ***inf:*** **I haven't the ~** ich habe keinen blassen Dunst.
foggy [ˈfɒgɪ] (*compar* **-ier;** *superl* **-iest**) *adj* neblig.
foghorn [ˈfɒghɔːn] *n* Nebelhorn *das.*
fog lamp *n* Nebelscheinwerfer *der.*
fogy [ˈfəʊgɪ] (*pl* **-ies**) *n* ***inf:*** **old ~** alter Spießer.
foible [ˈfɔɪbl] *n* Eigenheit *die.*
foil [fɔɪl] *n (U)* [material] Folie *die* ◇ *vt* [criminal] einen Strich durch die Rechnung machen *(+ D);* [plot, plan] vereiteln.
foist [fɔɪst] *vt:* **to ~ sthg on sb** [goods] jm etw an|drehen; [responsibility, work] etw auf jn ab|wälzen.
fold [fəʊld] *vt* - **1.** [sheet, blanket, paper] falten; **to ~ one's arms** die Arme verschränken - **2.** [wrap] ein|wickeln; **he ~ed her in his arms** er schloss sie in die Arme ◇ *vi* - **1.** [bed, chair, bicycle] sich zusammenklappen lassen - **2.** ***inf*** [business] ein|gehen ◇ *n* - **1.** [in material, paper] Falte *die* - **2.** [for animals] Pferch *der;* **to return to the ~ *fig*** in den Schoß der Gemeinde zurück|kehren.
◆ **fold up** *vt sep* - **1.** [sheet, blanket, paper] zusammen|falten - **2.** [chair, bed, bicycle] zusammen|klappen ◇ *vi* - **1.** [sheet, blanket, paper] sich zusammenfalten lassen - **2.** [chair, bed, bicycle] sich zusammenklappen lassen.
foldaway [ˈfəʊldəˌweɪ] *adj* Klapp-, zusammenklappbar.
folder [ˈfəʊldəʳ] *n* - **1.** [for papers] Mappe *die* - **2.** COMPUT Ordner *der.*
folding [ˈfəʊldɪŋ] *adj* [chair, table] Klapp-.
foliage [ˈfəʊlɪɪdʒ] *n (U)* Blätter *pl.*
folk [fəʊk] *adj* Volks- ◇ *n* [music - popular] Folk *der;* [- traditional] Volksmusik *die* ◇ *npl* [people] Leute *pl.*
◆ **folks** *npl* ***inf*** - **1.** [relatives]: **my ~s** meine Leute - **2.** [everyone]: **hi ~s!** hi Leute!
folklore [ˈfəʊklɔːʳ] *n* Folklore *die.*
folk music *n* [popular] Folk *der;* [traditional] Volksmusik *die.*
folk singer *n* Folksänger *der,* -in *die.*

folk song *n* [popular] Folksong *der;* [traditional] Volkslied *das.*

folksy [ˈfəʊksɪ] (*compar* **-ier;** *superl* **-iest**) *adj* **Am** *inf* gemütlich.

follicle [ˈfɒlɪkl] *n* Follikel *das.*

follow [ˈfɒləʊ] *vt* - **1.** [gen] folgen *(+ D);* **a presentation, ~ed by a discussion** ein Vortrag, gefolgt von einer Diskussion - **2.** [pursue] verfolgen - **3.** [advice, instructions] befolgen - **4.** [news, sb's career] verfolgen; [fashion] sich interessieren für ◇ *vi* folgen; **as ~s** wie folgt; **it ~s that ...** daraus folgt, dass ...; **I don't quite ~** [understand] da komm ich nicht ganz mit.
◆ **follow up** *vt sep* - **1.** [complaint] nach|gehen *(+ D);* [suggestion] auf|greifen - **2.** [supplement]: **to ~ sthg up with sthg** etw auf etw *(A)* folgen lassen.

follower [ˈfɒləʊəʳ] *n* [disciple, believer] Anhänger *der,* -in *die.*

following [ˈfɒləʊɪŋ] *adj* folgend; **the ~ day** am nächsten Tag ◇ *n* [supporters] Anhängerschaft *die* ◇ *prep* [after] nach.

follow-up *adj:* **a ~ visit** ein zweiter Besuch ◇ *n* [to programme] Fortsetzung *die;* [to treatment] Nachuntersuchung *die.*

folly [ˈfɒlɪ] *n* [foolishness] Torheit *die.*

foment [fəʊˈment] *vt* **fml** schüren.

fond [fɒnd] *adj* - **1.** [affectionate] liebevoll; **to be ~ of sb** jn gerne haben; **they're ~ of each other** sie haben sich gern; **to be ~ of sthg/of doing sthg** etw gerne haben/tun - **2.** *fml* [hope, wish] kühn.

fondle [ˈfɒndl] *vt* streicheln.

fondly [ˈfɒndlɪ] *adv* - **1.** [affectionately] liebevoll; [remember] gern(e) - **2.** [naively] unrealistischerweise.

fondness [ˈfɒndnɪs] *n:* **~ (for)** Schwäche *die* (für).

fondue [ˈfɒnduː] *n* CULIN Fondue *das.*

font [fɒnt] *n* - **1.** [in church] Taufstein *der* - **2.** COMPUT & TYPO Schrift *die.*

food [fuːd] *n* Essen *das;* [for animals] Futter *das;* **health ~s** Reformkost *die;* **~ for thought** Stoff *der* zum Nachdenken.

food chain *n* Nahrungskette *die.*

food poisoning [-ˌpɔɪznɪŋ] *n* Lebensmittelvergiftung *die.*

food processor [-ˌprəʊsesəʳ] *n* Küchenmaschine *die.*

food stamp *n* **Am** *Lebensmittelgutschein, den die US-Regierung an Arme ausgibt.*

foodstuffs [ˈfuːdstʌfs] *npl* Nahrungsmittel *pl.*

fool [fuːl] *n* - **1.** [idiot] Narr *der,* Trottel *der;* **to make a ~ of sb** jn zum Narren machen; **to make a ~ of o.s.** sich zum Narren machen; **to act** OR **play the ~** herum|albern - **2.** **Br** [dessert] *Cremespeise aus Sahne und Obst* ◇ *vt* täuschen; **to ~ sb into doing sthg** jn durch Tricks dazu bringen, etw zu tun.
◆ **fool about, fool around** *vi* - **1.** [behave foolishly]: **to ~ about (with sthg)** (mit etw) herum|albern - **2.** [be unfaithful]: **to ~ about (with sb)** (mit jm) eine Affäre haben - **3. Am** [tamper]: **to ~ around with sthg** mit etw Blödsinn machen.

foolhardy [ˈfuːlˌhɑːdɪ] *adj* tollkühn.

foolish [ˈfuːlɪʃ] *adj* - **1.** [unwise, silly] töricht - **2.** [laughable, undignified] dumm; **to look ~** albern aus|sehen; **to feel ~** sich *(D)* albern vor|kommen.

foolishly [ˈfuːlɪʃlɪ] *adv* - **1.** [behave] töricht - **2.** [laugh, smile] blöd.

foolishness [ˈfuːlɪʃnɪs] *n* Dummheit *die.*

foolproof [ˈfuːlpruːf] *adj* absolut sicher.

foolscap [ˈfuːlzkæp] *n* *britisches Papierformat, 33cm x 20cm.*

foot [fʊt] (*pl sense 1* **feet;** *pl sense 2 inv* OR **feet**) *n* - **1.** [gen] Fuß *der;* [of sheep, cow] Huf *der;* [of bed] Fußende *das;* [of page] Ende *das;* **to be on one's feet** auf den Beinen sein; **to get to one's feet** auf|stehen; **on** OR **by ~** zu Fuß; **it's wet under ~** der Boden ist nass; **to be back on one's feet** wieder auf den Beinen sein; **to find one's feet** Fuß fassen; **to have/get cold feet** kalte Füße bekommen; **to have itchy feet** weg wollen; **to put one's ~ down** [insist] ein Machtwort sprechen; AUT aufs Gas treten; **to put one's ~ in it** ins Fettnäpfchen treten; **to put one's feet up** die Beine hoch|legen; **to be rushed off one's feet** dauernd auf Trab sein; **to set ~ in sthg** etw betreten; **to stand on one's own two feet** auf eigenen Füßen stehen - **2.** [measurement] Fuß *der, = 30,48 cm* ◇ *vt* **inf: to ~ the bill (for sthg)** die Rechnung (für etw) bezahlen.

foot-and-mouth disease *n* Maul- und Klauenseuche *die.*

football [ˈfʊtbɔːl] *n* - **1. Br** [soccer] Fußball *der* - **2. Am** [American football] Football *der* - **3.** [ball - in soccer] Fußball *der;* [- in American football] Ball *der.*

football club *n* **Br** Fußballmannschaft *die.*

footballer [ˈfʊtbɔːləʳ] *n* **Br** Fußballspieler *der,* -in *die.*

football game *n* **Am** [American football] Footballspiel *das.*

football ground *n* **Br** Fußballplatz *der.*

football match *n* **Br** Fußballspiel *das.*

football player *n* Fußballspieler *der,* -in *die.*

football pools *npl* **Br** Fußballtoto *das.*

football supporter *n* Fußballfan *der.*

footbrake [ˈfʊtbreɪk] *n* Fußbremse *die.*

footbridge [ˈfʊtbrɪdʒ] *n* Fußgängerbrücke *die.*

footer [ˈfʊtəʳ] *n* COMPUT Fußzeile *die.*

foot fault *n* TENNIS Fußfehler *der.*

foothills ['futhɪlz] *npl* Gebirgsausläufer *pl.*

foothold ['futhəuld] *n* Halt *der;* **to get a ~** [on mountain, rockface] mit den Füßen Halt gewinnen; [in organization, company] Fuß fassen.

footing ['futɪŋ] *n* - **1.** [foothold] Halt *der;* **to lose one's ~** den Halt verlieren - **2.** [basis] Basis *die;* **to be on an equal ~ (with sb)** (jm) gleichgestellt sein; **to be on a war ~** auf einen Krieg vorbereitet sein.

footlights ['futlaɪts] *npl* Rampenlicht *das.*

footman ['futmən] (*pl* **-men** [-mən]) *n* Lakai *der.*

footmark ['futmɑːk] *n* Fußabdruck *der.*

footmen *pl* ▻ **footman.**

footnote ['futnəut] *n* Fußnote *die.*

footpath ['futpɑːθ, *pl* -pɑːðz] *n* Fußweg *der.*

footprint ['futprɪnt] *n* Fußabdruck *der.*

Footsie ['futsɪ] *n* **Br inf** Footsie *der, britischer Aktienindex der 100 bedeutendsten britischen Firmen.*

footsore ['futsɔːʳ] *adj* mit wunden Füßen.

footstep ['futstep] *n* - **1.** [sound] Schritt *der* - **2.** [footprint] Fußabdruck *der;* **to follow in sb's ~s** in js Fußstapfen treten.

footwear ['futweəʳ] *n* Schuhwerk *das.*

footwork ['futwɜːk] *n* SPORT Beinarbeit *die.*

for [fɔːʳ] *prep* - **1.** [expressing purpose, reason, destination] für; **this is ~ you** dieses Buch ist für dich; **a ticket ~ Manchester** eine Fahrkarte nach Manchester; **~ this reason** aus diesem Grund; **a cure ~ sore throats** ein Mittel gegen Halsschmerzen; **what did you do that ~?** wozu OR warum hast du das getan?; **to jump ~ joy** vor Freude an die Decke springen; **~ fear of failing** aus Angst, zu versagen; **what's it ~?** wofür ist das?; **to go ~ a walk** spazieren gehen; **it's time ~ bed** es ist Zeit schlafen OR ins Bett zu gehen; '**~ sale**' 'zu verkaufen' - **2.** [during] seit; **I've lived here ~ ten years** ich lebe seit zehn Jahren hier; **we talked ~ hours** wir redeten stundenlang - **3.** [by, before] für; **be there ~ 8 p.m.** sei um acht Uhr abends da; **I'll do it ~ tomorrow** ich mache es bis morgen; **be there at 7.30 ~ 8 o'clock** versucht um 19.30 Uhr da zu sein, damit wir um 20.00 Uhr anfangen können - **4.** [on the occasion of]: **I got socks ~ Christmas** ich habe Socken zu Weihnachten bekommen; **what's ~ dinner?** was gibt's zum Abendessen? - **5.** [on behalf of] für; **to do sthg ~ for sb** etw für jn tun; **the MP ~ Barnsley** der Parlamentsabgeordnete für Barnsley - **6.** [with time and space] für; **there's no room ~ it** dafür ist kein Platz; **to have time ~ for sthg** für etw Zeit haben - **7.** [expressing distance]: **we drove ~ miles** wir fuhren meilenweit; **road works ~ 20 miles** Straßenarbeiten auf 20 Meilen - **8.** [expressing price] für; **I bought it ~ five pounds** ich habe es für fünf Pfund gekauft; **~ free** gratis - **9.** [expressing meaning]: **what's the German ~ "boy"?** wie heißt „boy" auf Deutsch?; **P ~ Peter** P wie Peter - **10.** [with regard to] für; **it's warm ~ November** es ist warm für November; **it's too far ~ him to walk** zum Gehen ist es für ihn zu weit; **it's not ~ me to say** ich kann dazu nichts sagen; **it's all very well ~ him** er hat gut reden; **to feel sorry ~ sb** jn bemitleiden; **to be glad ~ sb** sich für jn freuen - **11.** [in favour of] für; **is she ~ or against it?** ist sie dafür oder dagegen?; **to vote ~ sthg** für etw stimmen; **I'm all ~ doing it** ich bin sehr dafür, dass wir das tun - **12.** [in ratios] für; **~ every person who passes the test there are five who fail** auf jede Person, die die Prüfung besteht, kommen fünf, die durchfallen - **13.** *phr:* **you'll be ~ it when ...** du kannst dich auf etwas gefasst machen, wenn ... ◇ *conj literary* denn.

◈ **for all** *prep* - **1.** [in spite of] trotz; **~ all that** trotzdem - **2.** [considering how little]: **~ all the good it's done me** so wenig, wie es mir genützt hat ◇ *conj:* **~ all he promised to do it, he never actually did** trotz all seiner Versprechen hat er es dann doch nie getan; **~ all I care** meinetwegen, von mir aus; **~ all I know** so viel ich weiß.

forage ['fɒrɪdʒ] *vi* [search] herum|stöbern; **to ~ for sthg** nach etw stöbern.

foray ['fɒreɪ] *n* (Raub)überfall *der;* **to make a ~ into politics/publishing** *fig* einen Ausflug in die Politik/das Verlagswesen machen.

forbad [fə'bæd], **forbade** [fə'beɪd] *pt* ▻ **forbid.**

forbearing [fɔː'beərɪŋ] *adj* nachsichtig.

forbid [fə'bɪd] (*pt* **-bade** OR **-bad;** *pp* **forbid** OR **-bidden;** *cont* **-bidding**) *vt* verbieten; **to ~ sb to do sthg** jm verbieten, etw zu tun; **God** OR **Heaven ~!** Gott bewahre!, der Himmel bewahre!

forbidden [fə'bɪdn] *pp* ▻ **forbid** ◇ *adj* [activity] verboten; **~ subject** Tabuthema *das.*

forbidding [fə'bɪdɪŋ] *adj* [person] abweisend; [landscape] unwirtlich.

force [fɔːs] *n* - **1.** [strength, magnitude] Stärke *die;* [of explosion, blow] Wucht *die;* **a ~ ten gale** ein Sturm mit Windstärke zehn - **2.** [violence] Gewalt *die;* **by ~** mit Gewalt - **3.** PHYSICS Kraft *die* - **4.** [powerful person, influence] Macht *die;* **by ~ of habit** aus Gewohnheit - **5.** [group]: **armed ~s** Streitkräfte *pl;* **the police ~** die Polizei; **sales ~** Verkaufspersonal *das;* **security ~s** Sicherheitskräfte *pl;* **in ~** [arrive] in großer Anzahl - **6.** [effect]: **to be in/come into ~** in Kraft sein/treten ◇ *vt* - **1.** [compel] zwingen; **to ~ sb to do sthg** jn zwingen, etw zu tun; **to ~ sthg on sb** jm etw auf|zwingen; **to ~ o.s.** sich zwingen; **go on, ~ yourself!** mach

schon! **- 2.** [lock, door] auf|brechen **- 3.** [push] pressen; **to ~ sthg open** etw auf|brechen; **to ~ one's way through/into** sich gewaltsam einen Weg bahnen durch/in (+ *A*) **- 4.: to ~ a smile** sich zu einem Lächeln zwingen.
◆ **forces** *npl:* **the ~s** die Streitkräfte *pl;* **to join ~s (with sb)** sich (mit jm) zusammen|tun.
◆ **by force of** *prep* mittels (+ *G*).
◆ **force back** *vt sep* **- 1.** [crowd] zurück|drängen **- 2.** [emotion, tears] unterdrücken.
◆ **force down** *vt sep* **- 1.** [food] hinunter|zwingen **- 2.** [aeroplane] zur Landung zwingen.

forced [fɔːst] *adj* **- 1.** [labour] Zwangs-; [march] Gewalt- **- 2.** [smile, conversation] gezwungen.

forced landing *n* Notlandung *die.*

force-feed *vt* zwangsernähren.

forceful [ˈfɔːsfʊl] *adj* [person] energisch; [words] eindringlich; [speech] überzeugend.

forcemeat [ˈfɔːsmiːt] *n* ***esp Br*** Fleischfüllung *die.*

forceps [ˈfɔːseps] *npl* Zange *die.*

forcible [ˈfɔːsəbl] *adj* **- 1.** [entry] gewaltsam **- 2.** [example, argument] überzeugend.

forcibly [ˈfɔːsəblɪ] *adv* **- 1.** [seize, enter, remove] gewaltsam **- 2.** [argue, express] überzeugend.

ford [fɔːd] *n* Furt *die* ◇ *vt* (an einer Furt) durchqueren.

fore [fɔːʳ] *adj* NAUT vordere, -r, -s; **~ deck** Vordeck *das* ◇ *n:* **to come to the ~ *fig*** [become well-known] bekannt werden; [become important] bedeutend werden.

forearm [ˈfɔːrɑːm] *n* Unterarm *der.*

forebear *n* ***fml*** Ahne *der,* -nin *die.*

foreboding [fɔːˈbəʊdɪŋ] *n* Vorahnung *die;* **to view sthg with ~** etw (*D*) mit einem unguten Gefühl entgegen|sehen.

forecast [ˈfɔːkɑːst] (*pt* & *pp* **forecast** OR **-ed**) *n* Prognose *die;* **(weather) ~** (Wetter)vorhersage *die* ◇ *vt* vorher|sagen.

forecaster [ˈfɔːkɑːstəʳ] *n* Prognostiker *der,* -in *die;* [of weather] Meteorologe *der,* -gin *die.*

foreclose [fɔːˈkləʊz] *vt* & *vi:* **to ~ (on) a mortgage** eine (durch eine Hypothek gesicherte) Schuldforderung geltend machen.

foreclosure [fɔːˈkləʊʒəʳ] *n* Zwangsvollstreckung *die.*

forecourt [ˈfɔːkɔːt] *n* Vorhof *der.*

forefathers [ˈfɔːˌfɑːðəz] *npl* Vorväter *pl.*

forefinger [ˈfɔːˌfɪŋgəʳ] *n* Zeigefinger *der.*

forefront [ˈfɔːfrʌnt] *n:* **to be in** OR **at the ~ of sthg** [campaign, movement] an der Spitze einer Sache (*G*) stehen; **to be in** OR **at the ~ of his mind** im Zentrum seiner Aufmerksamkeit stehen.

forego [fɔːˈgəʊ] *vt* = **forgo.**

foregoing [fɔːˈgəʊɪŋ] *adj* vorhergehend ◇ *n* ***fml:*** **the ~** das Vorhergehende.

foregone conclusion [ˈfɔːgɒn-] *n:* **it's a ~** es stand von vornherein fest.

foreground [ˈfɔːgraʊnd] *n* Vordergrund *der;* **in the ~** im Vordergrund.

forehand [ˈfɔːhænd] *n* Vorhand *die.*

forehead [ˈfɔːhed] *n* Stirn *die.*

foreign [ˈfɒrən] *adj* **- 1.** [gen] ausländisch; **~ person** Ausländer *der,* -in *die;* **~ holiday** Urlaub *der* im Ausland; **~ country** fremdes Land; **~ countries** das Ausland; **she must be ~** sie muss Ausländerin sein; [correspondent, debt] Auslands-; [policy] Außen- **- 2.** [alien]: **~ matter/object** Fremdkörper *der;* **it is ~ to her nature** es ist ihrem Wesen fremd.

foreign affairs *npl* Außenpolitik *die.*

foreign aid *n (U)* Entwicklungshilfe *die.*

foreign body *n* Fremdkörper *der.*

foreign currency *n (U)* Devisen *pl.*

foreigner [ˈfɒrənəʳ] *n* Ausländer *der,* -in *die.*

foreign exchange *n (U)* Devisen *pl;* **~ markets** Devisenmarkt *der.*

foreign language *n* Fremdsprache *die.*

foreign minister *n* Außenminister *der,* -in *die.*

Foreign Office *n* ***Br:*** **the ~** das Außenministerium.

Foreign Secretary *n* ***Br*** Außenminister *der,* -in *die.*

foreleg [ˈfɔːleg] *n* Vorderbein *das.*

foreman [ˈfɔːmən] (*pl* **-men** [-mən]) *n* **- 1.** [of workers] Vorarbeiter *der* **- 2.** [of jury] Obmann *der,* -männin *die.*

foremost [ˈfɔːməʊst] *adj* führend ◇ *adv:* **first and ~** vor allem.

forename [ˈfɔːneɪm] *n* Vorname *der.*

forensic [fəˈrensɪk] *adj* [examination] gerichtsmedizinisch.

forensic medicine *n* Gerichtsmedizin *die.*

forensic science *n* Kriminaltechnik *die.*

forerunner [ˈfɔːˌrʌnəʳ] *n* [precursor] Vorläufer *der,* -in *die.*

foresee [fɔːˈsiː] (*pt* **-saw** [-ˈsɔː], *pp* **-seen**) *vt* vorher|sehen, voraus|sehen.

foreseeable [fɔːˈsiːəbl] *adj* vorhersehbar; **for the ~ future** in absehbarer Zeit.

foreseen [fɔːˈsiːn] *pp* ▻ **foresee.**

foreshadow [fɔːˈʃædəʊ] *vt* ahnen lassen.

foresight [ˈfɔːsaɪt] *n (U)* Weitsicht *die.*

foreskin [ˈfɔːskɪn] *n* Vorhaut *die.*

forest [ˈfɒrɪst] *n* Wald *der.*

forestall [fɔːˈstɔːl] *vt* zuvor|kommen (+ *D*).

forestry [ˈfɒrɪstrɪ] *n* Forstwirtschaft *die;* [science] Forstwissenschaft *die.*

Forestry Commission *n Br:* **the ~** die Forstverwaltung.

foretaste ['fɔːteɪst] *n* Vorgeschmack *der.*

foretell [fɔː'tel] (*pt* & *pp* **-told**) *vt* vorher|sagen.

forethought ['fɔːθɔːt] *n:* **to have the ~ to do sthg** so vorausschauend sein, etw zu tun.

foretold [fɔː'təʊld] *pt* & *pp* ▻ **foretell.**

forever [fə'revəʳ] *adv* **- 1.** [eternally] ewig; [disappear, exile] für immer **- 2.** *inf* [incessantly] ständig **- 3.** *inf* [a long time] ewig; **I've been waiting ~!** ich warte schon seit Ewigkeiten!

forewarn [fɔː'wɔːn] *vt* vor|warnen.

foreword ['fɔːwɜːd] *n* Vorwort *das.*

forfeit ['fɔːfɪt] *n* Strafe *die* ◇ *vt* [deposit, chance] ein|büßen; [right] verwirken.

forgave [fə'geɪv] *pt* ▻ **forgive.**

forge [fɔːdʒ] *n* [place] Schmiede *die* ◇ *vt* **- 1.** [metal] schmieden **- 2.** [friendship, alliance] schließen; [relationship] knüpfen **- 3.** [signature, passport, banknotes] fälschen.

◆ **forge ahead** *vi* voran|kommen.

forger ['fɔːdʒəʳ] *n* Fälscher *der*, -in *die.*

forgery ['fɔːdʒərɪ] (*pl* **-ies**) *n* Fälschung *die.*

forget [fə'get] (*pt* **-got;** *pp* **-gotten;** *cont* **-getting**) *vt* vergessen; **to ~ to do sthg** vergessen, etw zu tun; **to ~ o.s.** sich vergessen; **to ~ how to dance** das Tanzen verlernen; **~ it!** vergiss es! ◇ *vi* es vergessen; **to ~ about sthg** etw vergessen.

forgetful [fə'getfʊl] *adj* vergesslich.

forgetfulness [fə'getfʊlnɪs] *n* Vergesslichkeit *die.*

forget-me-not *n* Vergissmeinnicht *das.*

forgive [fə'gɪv] (*pt* **-gave**, *pp* **-given** [-'gɪvən]) *vt* [person] verzeihen *(+ D);* [sins] vergeben; **~ my ignorance but ...** entschuldigen Sie bitte meine Unkenntnis, aber ...; **to ~ sb for sthg** jm etw verzeihen.

forgiveness [fə'gɪvnɪs] *n* Verzeihung *die.*

forgiving [fə'gɪvɪŋ] *adj* versöhnlich.

forgo [fɔː'gəʊ] (*pt* **-went**, *pp* **-gone** [-'gɒn]) *vt* verzichten auf *(+ A).*

forgot [fə'gɒt] *pt* ▻ **forget.**

forgotten [fə'gɒtn] *pp* ▻ **forget.**

fork [fɔːk] *n* **- 1.** [for food, gardening] Gabel *die* **- 2.** [in road, path, river] Gabelung *die* ◇ *vi* [road, river] sich gabeln; **to ~ left/right** [driver] nach links/rechts abbiegen.

◆ **fork out** *inf vt fus* blechen; **to ~ out money on** OR **for sthg** für etw blechen müssen ◇ *vi:* **to ~ out (for sthg)** (für etw) blechen.

◆ **forks** *npl* [of bike, motorbike] Gabel *die.*

forklift truck ['fɔːklɪft-] *n* Gabelstapler *der.*

forlorn [fə'lɔːn] *adj* **- 1.** [expression] betrübt; [cry] verzweifelt **- 2.** [desolate - person] einsam und unglücklich; [- place] trostlos **- 3.** [hope] schwach; [attempt] verzweifelt.

form [fɔːm] *n* **- 1.** [shape, type] Form *die;* [shape of person] Gestalt *die;* **in the ~ of** in Form von; **to take ~** [plan, idea] Gestalt an|nehmen; **the programme took the ~ of a series of interviews** die Sendung bestand aus einer Reihe von Interviews **- 2.** [health & SPORT] Form *die;* **on ~** *Br,* **in ~** *Am* in Form; **off ~** nicht in Form; **according to ~, true to ~** wie erwartet **- 3.** [piece of paper] Formular *das;* [application form] Bewerbungsbogen *der* **- 4.** *Br* SCH [class] Klasse *die* **- 5.** *esp Br* [bench] Bank *die (ohne Rückenlehne)* **- 6.** [etiquette]: **it is bad ~ to arrive late** es ist schlechtes Benehmen, zu spät zu kommen; **for ~'s sake** der Form halber ◇ *vt* **- 1.** [plan] entwerfen; [friendship] schließen; [character] formen; **to ~ an idea of sthg** sich *(D)* eine Vorstellung von etw machen **- 2.** [circle, sentence, plural, government] bilden **- 3.** [constitute] sein; **to ~ part of sthg** ein Teil von etw sein ◇ *vi* sich bilden.

formal ['fɔːml] *adj* **- 1.** [language] formell; [person] förmlich **- 2.** [event] feierlich; **~ clothes** Gesellschaftskleidung *die* **- 3.** [offer, decision] offiziell; **~ education** Ausbildung *die* in einer Institution.

formality [fɔː'mælətɪ] (*pl* **-ies**) *n* **- 1.** *(U)* [correctness] Förmlichkeit *die* **- 2.** [convention] Formalität *die.*

formalize, -ise ['fɔːməlaɪz] *vt* [plan] offiziell machen; [thoughts] Form geben *(+ D).*

formally ['fɔːməlɪ] *adv* **- 1.** [behave, write] förmlich; **to be ~ dressed** Gesellschaftskleidung tragen **- 2.** [offer, decide] offiziell.

format ['fɔːmæt] (*pt* & *pp* **-ted;** *cont* **-ting**) *n* **- 1.** [size & COMPUT] Format *das* **- 2.** [structure, arrangement] Struktur *die* ◇ *vt* COMPUT formatieren.

formation [fɔː'meɪʃn] *n* **- 1.** *(U)* [of company] Gründung *die;* [of government] Bildung *die* **- 2.** [arrangement] Formation *die* **- 3.** [of plan] Entwurf *der;* [of character] Formung *die.*

formative ['fɔːmətɪv] *adj* prägend; **~ years** entscheidende Jahre.

former ['fɔːməʳ] *adj* **- 1.** [previous] früher, ehemalig; **in ~ times** früher **- 2.** [first] erstere, -r, -s ◇ *n:* **the ~** der/die/das Erstere.

formerly ['fɔːməlɪ] *adv* früher.

form feed *n* Papiervorschub *der.*

Formica® [fɔː'maɪkə] *n* Resopal® *das.*

formidable ['fɔːmɪdəbl] *adj* Respekt einflößend; [task] gewaltig

formula ['fɔːmjʊlə] (*pl* **-as** OR **-ae** [-iː]) *n* **- 1.** [gen] Formel *die* **- 2.** *fig* [for success] Rezept *das* **- 3.** [baby milk] *Milchpulverpräparat für Säuglinge, das mit Wasser gemischt wird.*

formulate ['fɔːmjʊleɪt] *vt* **- 1.** [express] formulieren **- 2.** [plan] aus|arbeiten.

formulation [ˌfɔːmjʊ'leɪʃn] *n* - **1.** [expression] Formulierung *die* - **2.** [planning] Ausarbeitung *die*.

fornicate ['fɔːnɪkeɪt] *vi fml* Unzucht treiben.

forsake [fə'seɪk] (*pt* **-sook;** *pp* **-saken**) *vt literary* [person] verlassen; [habit] auf|geben.

forsook [fə'sʊk] *pt* ⊳ **forsake.**

fort [fɔːt] *n* Fort *das;* **to hold the ~** die Stellung halten.

forte ['fɔːtɪ] *n* Stärke *die*.

forth [fɔːθ] *adv literary* - **1.** [outwards, onwards]: **to go/send ~** fort|gehen/-schicken; **to bring ~** hervor|bringen - **2.** [into future]: **from that day ~** von jenem Tag an; **and so ~** und so weiter.

forthcoming [fɔːθ'kʌmɪŋ] *adj* - **1.** [future - election, events] bevorstehend; [- book] in Kürze erscheinend - **2.** [available - help, answer, money]: **to be ~** kommen - **3.** [willing to talk] mitteilsam.

forthright ['fɔːθraɪt] *adj* [person, manner] direkt; [opinions] unverblümt.

forthwith [ˌfɔːθ'wɪθ] *adv fml* unverzüglich.

fortieth ['fɔːtɪɪθ] *num* vierzigste, -r, -s; *see also* **sixth.**

fortification [ˌfɔːtɪfɪ'keɪʃn] *n* Befestigung *die*.

fortified wine ['fɔːtɪfaɪd-] *n* mit zusätzlichem Alkohol angereicherter Wein.

fortify ['fɔːtɪfaɪ] (*pt* & *pp* **-ied**) *vt* - **1.** [place] befestigen - **2.** *fig* [person, resolve] bestärken.

fortitude ['fɔːtɪtjuːd] *n (U)* innere Stärke.

fortnight ['fɔːtnaɪt] *n* vierzehn Tage *pl*, zwei Wochen *pl*.

fortnightly ['fɔːtˌnaɪtlɪ] *adj* [visit, meeting] alle zwei Wochen stattfindend; [magazine] alle zwei Wochen erscheinend ◇ *adv* alle vierzehn Tage, alle zwei Wochen.

fortress ['fɔːtrɪs] *n* Festung *die*.

fortuitous [fɔː'tjuːɪtəs] *adj fml* zufällig.

fortunate ['fɔːtjuːnət] *adj* glücklich; **to be ~** Glück haben; **it's ~ that ...** es ist ein Glück, dass ...

fortunately ['fɔːtʃnətlɪ] *adv* zum Glück.

fortune ['fɔːtʃuːn] *n* - **1.** [money] Vermögen *das;* **it costs a ~** *inf* es kostet ein Vermögen - **2.** [luck] Glück *das* - **3.** [fate] Schicksal *das* - **4.** [future]: **to tell sb's ~** jm die Zukunft voraus|sagen.

fortune-teller [-ˌteləʳ] *n* Wahrsager *der*, -in *die*.

forty ['fɔːtɪ] *num* vierzig; *see also* **sixty.**

forum ['fɔːrəm] (*pl* **-s**) *n* Forum *das*.

forward ['fɔːwəd] *adj* - **1.** [movement] vorwärts- - **2.** [planning] Voraus-; **we're no further ~ now than we were last year** wir sind jetzt nicht weiter als letztes Jahr - **3.** [impudent] dreist ◇ *adv* - **1.** [in space - go, move] vorwärts; [- look, lean] nach vorn; [- fall] vornüber - **2.** [in time]: **to bring a meeting ~** ein Treffen vor|verlegen; **from this time ~** [now] von jetzt an; [then] seitdem; **to put a clock ~** eine Uhr vor|stellen ◇ *n* SPORT Stürmer *der*, -in *die* ◇ *vt* - **1.** [letter, parcel] nach|senden; **'please ~'** 'bitte nachsenden' - **2.** [career] voran|bringen.

forwarding address ['fɔːwədɪŋ-] *n* Nachsendeadresse *die*.

forward-looking [-'lʊkɪŋ] *adj* fortschrittlich.

forwardness ['fɔːwədnɪs] *n* [boldness] Dreistigkeit *die*.

forwards ['fɔːwədz] *adv* = **forward.**

forwent [fɔː'went] *pt* ⊳ **forgo.**

fossil ['fɒsl] *n* Fossil *das*.

fossil fuel *n* fossile Brennstoffe *pl*.

fossilized, -ised ['fɒsɪlaɪzd] *adj* [animal, remains] versteinert.

foster ['fɒstəʳ] *adj* [family, mother] Pflege- ◇ *vt* - **1.** [child] in Pflege nehmen - **2.** [idea, hope] hegen; [relations] fördern.

foster child *n* Pflegekind *das*.

foster parents *npl* Pflegeeltern *pl*.

fought [fɔːt] *pt* & *pp* ⊳ **fight.**

foul [faʊl] *adj* - **1.** [water] faulig; [air] verpestet; [food] verdorben; [smell, taste] übel; **~ breath** Mundgeruch *der* - **2.** [very unpleasant] schrecklich; **what ~ weather!** was für ein scheußliches Wetter!; **she's in a ~ mood today** sie ist heute in sehr schlechter Stimmung - **3.** [language] unflätig - **4.** *phr:* **to fall ~ of sb** mit jm in Konflikt geraten ◇ *n* SPORT Foul *das* ◇ *vt* - **1.** [make dirty] verunreinigen - **2.** SPORT foulen - **3.** [entangle]: **the net ~ed the propeller** das Netz hat sich im Propeller verhedert.

◆ **foul up** *vt sep inf* [plans, day] vermasseln; [life] kaputt machen.

foul-mouthed [-'maʊðd] *adj* unflätig.

foul play *n (U)* - **1.** SPORT Foulspiel *das* - **2.** [criminal act]: **the police suspect ~** die Polizei vermutet, dass es Mord war.

found [faʊnd] *pt* & *pp* ⊳ **find** ◇ *vt* - **1.** [organization, town] gründen; [hospital, school] errichten - **2.** [base]: **to be ~ed on sthg** auf etw *(D)* basieren.

foundation [faʊn'deɪʃn] *n* - **1.** [of organization, town] Gründung *die;* [of hospital, school] Errichtung *die* - **2.** [basis] Grundlage *die;* **without ~** unbegründet - **3.** [organization] Stiftung *die* - **4.** [cosmetic]: **~ (cream)** Grundierungscreme *die*.

◆ **foundations** *npl* CONSTR Fundament *das*.

foundation stone *n* Grundstein *der*.

founder ['faʊndəʳ] *n* [person] Gründer *der*, -in *die* ◇ *vi* - **1.** [sink] sinken - **2.** *fig* [fail - plan, arrangement] scheitern; [- hope] sich zerschlagen.

founder member *n* Gründungsmitglied *das.*

foundry ['faʊndrɪ] (*pl* **-ies**) *n* Gießerei *die.*

fountain ['faʊntɪn] *n* [man-made] Springbrunnen *der.*

fountain pen *n* Füllfederhalter *der*, Füller *der.*

four [fɔːʳ] *num* vier; **on all ~s** auf allen vieren; *see also* **six.**

four-letter word *n* Vulgärausdruck *der.*

four-poster (bed) *n* Himmelbett *das.*

foursome ['fɔːsəm] *n* Quartett *das.*

four-star (petrol) *n* Super *das.*

fourteen [ˌfɔː'tiːn] *num* vierzehn; *see also* **six.**

fourteenth [ˌfɔː'tiːnθ] *num* vierzehnte, -r, -s; *see also* **sixth.**

fourth [fɔːθ] *num* vierte, -r, -s; *see also* **sixth.**

Fourth of July *n*: **the ~** der vierte Juli, *Nationalfeiertag (Unabhängigkeitstag) in den USA.*

four-way stop *n* **Am** *Kreuzung, an der in allen vier Richtungen angehalten werden muss.*

four-wheel drive *n* - **1.** [vehicle] Fahrzeug *das* mit Allradantrieb - **2.** [system] Allradantrieb *der.*

fowl [faʊl] (*pl inv* OR **-s**) *n* [chicken] Huhn *das;* [turkey] Truthahn *der.*

fox [fɒks] *n* Fuchs *der* <> *vt* - **1.** [outwit] täuschen - **2.** [baffle] vor ein Rätsel stellen.

foxcub ['fɒkskʌb] *n* Fuchswelpe *der.*

foxglove ['fɒksglʌv] *n* Fingerhut *der.*

foxhole ['fɒkshəʊl] *n* Fuchsbau *der.*

foxhound ['fɒkshaʊnd] *n* Foxhound *der.*

foxhunting ['fɒksˌhʌntɪŋ] *n (U)* Fuchsjagd *die.*

fox terrier *n* Foxterrier *der.*

foxy ['fɒksɪ] *adj* ***inf*** [sexy] scharf.

foyer ['fɔɪeɪ] *n* - **1.** [of hotel, theatre] Foyer *das* - **2. Am** [of house] Diele *die.*

FP *n* - **1.** (*abbr of* **former pupil**) ehemaliger Schüler - **2. Am** *abbr of* **fireplug.**

fr. (*abbr of* **franc**) F.

Fr. (*abbr of* **Father**) P.

fracas ['frækɑː, **Am** 'freɪkəs] (**Br** *pl inv*, **Am** *pl* **fracases**) *n* Tumult *der.*

fraction ['frækʃn] *n* - **1.** MATH Bruch *der* - **2.** [small part] Bruchteil *der;* **lift it up a ~** heb es eine Spur höher.

fractionally ['frækʃnəlɪ] *adv* geringfügig.

fracture ['fræktʃəʳ] *n* Bruch *der* <> *vt* brechen; **to ~ one's arm** sich *(D)* den Arm brechen.

fragile ['frædʒaɪl] *adj* zerbrechlich; [health] anfällig; **to feel ~** sich angeschlagen fühlen.

fragility [frə'dʒɪlətɪ] *n* Zerbrechlichkeit *die;* [of health] Anfälligkeit *die.*

fragment [*n* 'frægmənt, *vb* fræg'ment] *n* - **1.** [of china, glass] Scherbe *die* - **2.** [of text] Fragment *das;* [of conversation] Fetzen *der* <> *vi* [organization, society] zersplittern.

fragmented [fræg'mentɪd] *adj* [account] unzusammenhängend; [organization, society] zersplittert.

fragrance ['freɪgrəns] *n* Duft *der.*

fragrant ['freɪgrənt] *adj* duftend.

frail [freɪl] *adj* - **1.** [person, health] zart - **2.** [structure] brüchig.

frailty ['freɪltɪ] (*pl* **-ies**) *n* - **1.** [of person, health] Zartheit *die* - **2.** [of structure] Brüchigkeit *die* - **3.** [imperfection] Schwäche *die.*

frame [freɪm] *n* - **1.** [gen] Rahmen *der;* [of glasses, bed] Gestell *das;* [of house, boat] Gerippe *das* - **2.** [physique] Körper *der* - **3.** ***phr:*** **~ of mind** Gemütsverfassung *die* <> *vt* - **1.** [painting, photograph] rahmen - **2.** ***fig*** [surround] umrahmen - **3.** [thoughts, answer] formulieren - **4.** ***inf*** [falsely incriminate]: **to ~ sb** jm eine Sache anlhängen.

framework ['freɪmwɜːk] *n* - **1.** [of boat, house] Gerippe *das* - **2.** [of society, democracy] (Grund)struktur *die;* [of essay] Gliederung *die;* **a ~ for negotiations** eine Basis für Verhandlungen; **within the ~ of** im Rahmen (+ *G*).

France [frɑːns] *n* Frankreich *nt.*

franchise ['fræntʃaɪz] *n* - **1.** POL Wahlrecht *das* - **2.** COMM Lizenz *die.*

franchisee [ˌfræntʃaɪ'ziː] *n* Lizenznehmer *der*, -in *die.*

franchisor ['fræntʃaɪzəʳ] *n* Lizenzgeber *der*, -in *die.*

frank [fræŋk] *adj* offen; **to be ~, ...** offen gestanden, ... <> *vt* [letter] (frei)stempeln.

Frankfurt ['fræŋkfət] *n*: **~ (am Main)** Frankfurt (am Main) *nt.*

frankfurter ['fræŋkfɜːtəʳ] *n* Wiener Würstchen *das*, Wiener *die.*

frankincense ['fræŋkɪnsens] *n* Weihrauch *der.*

franking machine ['fræŋkɪŋ-] *n* Freistempler *der.*

frankly ['fræŋklɪ] *adv* - **1.** [talk] offen - **2.** [to be honest] offen gestanden.

frankness ['fræŋknɪs] *n* Offenheit *die.*

frantic ['fræntɪk] *adj* - **1.** [person] außer sich - **2.** [activity, day, pace] hektisch.

frantically ['fræntɪklɪ] *adv* [search] verzweifelt; [run around, work] wie wild.

fraternal [frə'tɜːnl] *adj* brüderlich; **~ twins** zweieiige Zwillinge.

fraternity [frəˈtɜːnətɪ] (*pl* **-ies**) *n* **- 1.** [community]: **the medical/banking ~** die Mediziner/Bankfachleute **- 2.** *Am* [of students] Studentenverbindung *die* **- 3.** [friendship] Brüderlichkeit *die*.

fraternize, -ise [ˈfrætənaɪz] *vi*: **to ~ (with sb)** sich (mit jm) verbrüdern; **to ~ with the enemy** mit dem Feind fraternisieren.

fraud [frɔːd] *n* **- 1.** *(U)* [crime] Betrug *der* **- 2.** [deceitful act] Schwindel *der* **- 3.** *pej* [impostor] Betrüger *der*, -in *die*.

fraudulent [ˈfrɔːdjʊlənt] *adj* [means] betrügerisch; [charge, promise] falsch.

fraught [frɔːt] *adj* **- 1.** [full]: **~ with danger** gefährlich; **~ with problems** voller Probleme **- 2.** *Br* [frantic - person] gestresst; [- time] stressig.

fray [freɪ] *vi* **- 1.** [clothing, fabric] auslfransen; [rope] sich durchlscheuern **- 2.** *fig*: **tempers began to ~** die Gemüter erhitzten sich ◇ *n literary* [brawl] Kampf *der*; [quarrel] Streit *der*; **to join in the ~** sich in den Kampf/Streit einlmischen.

frayed [freɪd] *adj* **- 1.** [clothing, fabric] ausgefranst; [rope] durchgescheuert **- 2.** *fig* [nerves] strapaziert; **tempers were ~** Gemüter waren erhitzt.

frazzled [ˈfræzld] *adj* *inf* [harassed] angegriffen.

FRB (*abbr of* **Federal Reserve Board**) *n Kontrollorgan der Zentralbank der USA.*

FRCP (*abbr of* **Fellow of the Royal College of Physicians**) *Mitglied des britischen Ärzteverbandes.*

FRCS (*abbr of* **Fellow of the Royal College of Surgeons**) *Mitglied des britischen Chirurgenverbandes.*

freak [friːk] *adj* außergewöhnlich ◇ *n* **- 1.** [strange creature - in appearance] Missgeburt *die*; [- in behaviour] Irre *der, die*; **~ of nature** Laune *die* der Natur **- 2.** [unusual event] außergewöhnliche Begebenheit **- 3.** *inf* [fanatic]: **a fitness ~** ein Fitnessfanatiker; **a computer ~** ein Computerfreak.

◆ **freak out** *inf vi* **- 1.** [get angry] auslflippen **- 2.** [panic] durchldrehen ◇ *vt sep*: **it ~ed him out** er ist dabei durchgedreht.

freakish [ˈfriːkɪʃ] *adj* [strange] sehr sonderbar.

freckle [ˈfrekl] *n* Sommersprosse *die*.

free [friː] (*compar* **freer;** *superl* **freest;** *pt* & *pp* **freed**) *adj* **- 1.** [gen] frei; **~ period** SCH Freistunde *die*; **she is ~ to leave** es steht ihr frei, zu gehen; **feel ~ to disagree** sie sind nicht gezwungen, zuzustimmen; **feel ~!** nur zu!; **to set sb/an animal ~** jn/ein Tier freillassen; **if you have a ~ moment** wenn Sie einen Moment Zeit haben **- 2.** [costing nothing] kostenlos; **'admission ~'** 'Eintritt frei'; **~ of charge** umsonst, kostenlos **- 3.** [unattached] lose **- 4.** [without]: **~ from blame** frei von Schuld; **~ from worry/pain** sorgen-/schmerzfrei **- 5.** [generous]: **to be ~ with one's money** freigebig mit seinem Geld sein; **to be ~ with one's advice** nicht mit Ratschlägen geizen ◇ *adv* **- 1.** [without payment] kostenlos; **for ~** umsonst **- 2.** [without restraint]: **to cut ~** loslschneiden; [from wrecked vehicle] befreien; **to work ~** sich lockern ◇ *vt* **- 1.** [prisoner, animal] freillassen; [country, city] befreien **- 2.** [make available] zur Verfügung stellen **- 3.** [extricate - person] befreien; [- object] herauslkriegen.

-free [friː] *suffix inf* -frei.

freebie [ˈfriːbɪ] *n inf* Gratisgeschenk *das*.

freedom [ˈfriːdəm] *n* Freiheit *die*; **~ of speech** Redefreiheit *die*.

freedom fighter *n* Freiheitskämpfer *der*, -in *die*.

free enterprise *n* freies Unternehmertum.

free-fall *n* freier Fall.

freefone [ˈfriːfəʊn] *adj Br*: **a ~ number** eine gebührenfreie Telefonnummer.

free-for-all *n* **- 1.** [brawl] allgemeine Schlägerei **- 2.** [argument] allgemeine lautstarke Auseinandersetzung.

free gift *n* Gratisgabe *die*.

freehand [ˈfriːhænd] *adj* [drawing] Freihand- ◇ *adv* aus der Hand.

freehold [ˈfriːhəʊld] *adv*: **to own sthg ~** etw besitzen; **to buy sthg ~** etw kaufen ◇ *n*: **to buy the ~ of one's house** das Haus, in dem man wohnt, kaufen.

free house *n Wirtshaus, das keiner bestimmten Brauerei gehört und daher Bier verschiedener Marken ausschenken darf.*

free kick *n* Freistoß *der*.

freelance [ˈfriːlɑːns] *adj* [work] freiberuflich; [translator, journalist] freiberuflich tätig ◇ *adv* freiberuflich ◇ *n* Freiberufler *der*, -in *die* ◇ *vi* freiberuflich arbeiten.

freeloader [ˈfriːləʊdəʳ] *n inf* Schmarotzer *der*, -in *die*.

freely [ˈfriːlɪ] *adv* **- 1.** [available, move] frei; [admit, talk] offen; [travel] ungehindert **- 2.** [generously] großzügig.

freeman [ˈfriːmən] (*pl* **-men** [-mən]) *n* [citizen] Ehrenbürger *der*.

free-market economy *n* freie Marktwirtschaft.

Freemason [ˈfriːˌmeɪsn] *n* Freimaurer *der*.

Freemasonry [ˈfriːˌmeɪsnrɪ] *n* Freimaurerei *die*.

freemen [ˈfriːmən] *pl* ▻ **freeman.**

freephone [ˈfriːfəʊn] *n* = **freefone.**

freepost [ˈfriːpəʊst] *adv* [send] portofrei.

free-range *adj Br* [eggs] von frei laufenden Hühnern; [hens] frei laufend.

free sample *n* Gratisprobe *die*.

free speech *n* Redefreiheit *die*.

freestanding [ˌfriːˈstændɪŋ] *adj* frei stehend.

freestyle [ˈfriːstaɪl] *n* [in swimming] Freistil *der*.

freethinker [friːˈθɪŋkəʳ] *n* Freidenker *der*, -in *die*.

free time *n* Freizeit *die*.

free trade *n* Freihandel *der*.

freeware [ˈfriːweəʳ] *n* COMPUT Freeware *die*.

freeway [ˈfriːweɪ] *n* **Am** Autobahn *die*.

freewheel [ˌfriːˈwiːl] *vi* [cyclist] (mit dem Fahrrad) rollen; [motorist] im Leerlauf fahren.

freewheeling [ˌfriːˈwiːlɪŋ] *adj* ***inf*** [style, attitude] locker.

free will *n* freier Wille; **to do sthg of one's own ~** etw aus freien Stücken tun.

free world *n:* **the ~** die freie Welt.

freeze [friːz] (*pt* **froze;** *pp* **frozen**) *vt* ein|frieren; [pond, river] zufrieren lassen; [lock, pipes] einfrieren lassen ◇ *vi* **- 1.** [pond, river] zu|frieren; [pipes] ein|frieren **- 2.** METEOR frieren **- 3.** [stop moving] in der Bewegung erstarren; **freeze!** keine Bewegung! ◇ *n* **- 1.** [cold weather] Frost *der* **- 2.: wage/price ~** Lohn-/Preisstopp *der*.

◆ **freeze over** *vi* zu|frieren.

◆ **freeze up** *vi* [pond, river] zu|frieren.

freeze-dried [-ˈdraɪd] *adj* gefriergetrocknet.

freeze frame *n* Standbild *das*.

freezer [ˈfriːzəʳ] *n* [upright] Tiefkühlschrank *der;* [chest] Tiefkühltruhe *die;* [part of fridge] Gefrierfach *das*.

freezing [ˈfriːzɪŋ] *adj* eiskalt; **I'm ~** mir ist eiskalt ◇ *n* ***inf:*** **above/below ~** über/unter dem Gefrierpunkt.

freezing point *n* Gefrierpunkt *der*.

freight [freɪt] *n* [goods] Fracht *die*.

freight train *n* Güterzug *der*.

French [frentʃ] *adj* französisch ◇ *n* Franzose *der*, -zösin *die* ◇ *npl:* **the ~** die Franzosen *pl*.

French bean *n* grüne Bohne.

French Canadian *adj* frankokanadisch ◇ *n* Frankokanadier *der*, -in *die*.

French doors *npl* = **French windows.**

French dressing *n* **- 1.** [in UK] Vinaigrette *die* **- 2.** [in US] *Salatsoße mit Majonäse und Ketschup*.

French fries *npl* ***esp Am*** Pommes frites *(pl)*.

French kiss *n* Zungenkuss *der*.

Frenchman [ˈfrentʃmən] (*pl* **-men** [-mən]) *n* Franzose *der*.

French Riviera *n:* **the ~** die französische Riviera.

French stick *n* **Br** Baguette *das*.

French toast *n Weißbrot, das in Ei und Milch gewendet und gebraten wird,* ≃ arme Ritter *pl*.

French windows *npl große zweiflügelige Glastür*.

Frenchwoman [ˈfrentʃˌwʊmən] (*pl* **-women** [-ˌwɪmɪn]) *n* Französin *die*.

frenetic [frəˈnetɪk] *adj* [activity] hektisch; [pace] rasend.

frenzied [ˈfrenzɪd] *adj* [activity] hektisch; [attack] wild; [crowd] rasend.

frenzy [ˈfrenzɪ] (*pl* **-ies**) *n:* **in a ~** hektisch; **the office was in a ~ of activity** im Büro herrschte große Betriebsamkeit.

frequency [ˈfriːkwənsɪ] (*pl* **-ies**) *n* **- 1.** [rate] Häufigkeit *die* **- 2.** [radio wave] Frequenz *die*.

frequency modulation *n* Frequenzmodulation *die*.

frequent [*adj* ˈfriːkwənt, *vb* frɪˈkwent] *adj* häufig; **she is a ~ visitor** sie kommt häufig zu Besuch ◇ *vt* häufig besuchen.

frequently [ˈfriːkwəntlɪ] *adv* häufig.

fresco [ˈfreskəʊ] (*pl* **-es** OR **-s**) *n* Fresko *das*.

fresh [freʃ] *adj* **- 1.** [gen] frisch; **~ water** Süßwasser *das* **- 2.** [new] neu; **to make a ~ pot of tea** noch einmal eine Kanne Tee machen; **to give sthg a ~ coat of paint** etw neu streichen; **to make a ~ start** einen neuen Anfang machen **- 3.** [refreshing] erfrischend; **to get some ~ air** an die frische Luft gehen **- 4.** [original] originell **- 5.** ***inf dated*** [cheeky] frech; **to get ~ with sb** jm frech kommen ◇ *adv* [recently] frisch; **I'm ~ out of milk *inf*** mir ist die Milch ausgegangen.

freshen [ˈfreʃn] *vt:* **to ~ (the air in) a room** [by airing] einen Raum lüften; [with air freshener] die Luft in einem Raum verbessern ◇ *vi* [wind] auf|frischen.

◆ **freshen up** *vt sep* **- 1.** [person]: **to ~ o.s. up** sich frisch machen **- 2.** [room, house] auf|frischen ◇ *vi* [person] sich frisch machen.

fresher [ˈfreʃəʳ] *n* ***Br inf*** Erstsemester *das*.

freshly [ˈfreʃlɪ] *adv* frisch.

freshman [ˈfreʃmən] (*pl* **-men** [-mən]) *n* Erstsemester *das*.

freshness [ˈfreʃnɪs] *n* **- 1.** [of food, air, taste] Frische *die* **- 2.** [originality] Originalität *die*.

freshwater [ˈfreʃˌwɔːtəʳ] *adj* Süßwasser-.

fret [fret] (*pt* & *pp* **-ted;** *cont* **-ting**) *vi* [worry] sich *(D)* Sorgen machen.

fretful [ˈfretfʊl] *adj* [baby] quengelig; [sleep] unruhig.

fretsaw [ˈfretsɔː] *n* Laubsäge *die*.

Freudian slip [ˈfrɔɪdɪən-] *n* freudscher Versprecher.

FRG (*abbr of* **Federal Republic of Germany**) *n* BRD *die*.

Fri. (*abbr of* **Friday**) Fr.

friar ['fraɪəʳ] *n* Mönch *der*.

friction ['frɪkʃn] *n (U)* **- 1.** [force] Reibung *die* **- 2.** [rubbing] Reiben *das* **- 3.** [conflict] Reibereien *pl*.

Friday ['fraɪdɪ] *n* Freitag *der; see also* **Saturday.**

fridge [frɪdʒ] *n* ***esp Br*** Kühlschrank *der*.

fridge-freezer *n* ***Br*** Kühlgefrierkombination *die*.

fried [fraɪd] *pt & pp* ▷ **fry** ◇ *adj* gebraten; **~ egg** Spiegelei *das*.

friend [frend] *n* **- 1.** [gen] Freund *der*, -in *die;* **to be ~s (with sb)** (mit jm) befreundet sein; **to make ~s (with sb)** sich (mit jm) an|freunden **- 2.** [of theatre, orchestra *etc*] Freund und Förderer *der*.

friendless ['frendlɪs] *adj* ohne Freunde.

friendly ['frendlɪ] (*compar* **-ier;** *superl* **-iest;** *pl* **-ies**) *adj* freundlich; [country] befreundet; **to be ~ with sb** mit jm befreundet sein ◇ *n* ***esp Br*** SPORT Freundschaftsspiel *das*.

friendship ['frendʃɪp] *n* Freundschaft *die*.

fries [fraɪz] *npl* = **French fries.**

Friesian (cow) ['fri:ʒən-] *n* schwarzbunte Kuh.

frieze [fri:z] *n* ARCHIT Fries *der;* [on wallpaper] Bordüre *die*.

frigate ['frɪgət] *n* Fregatte *die*.

fright [fraɪt] *n* **- 1.** *(U)* [fear] Angst *die;* **to take ~** es mit der Angst zu tun bekommen **- 2.** [shock] Schreck *der;* **to give sb a ~** jn erschrecken, jm einen Schreck ein|jagen.

frighten ['fraɪtn] *vt* Angst machen *(+ D)*, erschrecken.

◆ **frighten away** *vt sep* verscheuchen.

◆ **frighten off** *vt sep* verscheuchen.

frightened ['fraɪtnd] *adj* [person] verängstigt; [voice, expression] angsterfüllt; **to be ~ (of)** Angst haben (vor *(+ D)*).

frightening ['fraɪtnɪŋ] *adj* beängstigend.

frightful ['fraɪtfʊl] *adj* schrecklich.

frigid ['frɪdʒɪd] *adj* [sexually] frigide.

frill [frɪl] *n* **- 1.** [on clothes] Rüsche *die* **- 2.** ***inf*** [extra]: **with no ~s** ohne Extras.

frilly ['frɪlɪ] (*compar* **-ier;** *superl* **-iest**) *adj* [blouse] Rüschen-; [skirt] mit Rüschen.

fringe [frɪndʒ] *n* **- 1.** [on clothes, curtain] Fransen *pl* **- 2.** ***Br*** [of hair] Pony *der* **- 3.** [edge] Rand *der* ◇ *vt* [border] säumen.

fringe benefits *npl* zusätzliche Leistungen *pl*.

fringe group *n* Randgruppe *die*.

fringe theatre *n* ***Br*** *alternatives Theater, welches vom großen kommerziellen Theaterbetrieb unabhängig ist.*

Frisbee® ['frɪzbɪ] *n* Frisbee® *das*.

frisk [frɪsk] *vt* [search] durchsuchen.

frisky ['frɪskɪ] (*compar* **-ier;** *superl* **-iest**) *adj* ***inf*** quicklebendig.

fritter ['frɪtəʳ] *n* CULIN *in Pfannkuchenteig getauchtes und gebratenes Obst-, Gemüse- oder Fleischstück.*

◆ **fritter away** *vt sep* vergeuden; **to ~ money/time away on sthg** Geld/Zeit für etw vergeuden.

frivolity [frɪ'vɒlətɪ] (*pl* **-ies**) *n:* **such ~ is out of place** solche Leichtfertigkeit ist fehl am Platze; **I've no time for frivolities** ich habe keine Zeit für belanglose Dinge.

frivolous ['frɪvələs] *adj* frivol.

frizzy ['frɪzɪ] (*compar* **-ier;** *superl* **-iest**) *adj* kraus.

fro [frəʊ] ▷ **to.**

frock [frɒk] *n* ***dated*** Kleid *das*.

frog [frɒg] *n* [animal] Frosch *der;* **to have a ~ in one's throat** einen Frosch im Hals haben.

frogman ['frɒgmən] (*pl* **-men**) *n* Froschmann *der*.

frogmarch ['frɒgmɑ:tʃ] *vt* im Polizeigriff ab|führen.

frogmen ['frɒgmən] *pl* ▷ **frogman.**

frogspawn ['frɒgspɔ:n] *n (U)* Froschlaich *der*.

frolic ['frɒlɪk] (*pt & pp* **-ked;** *cont* **-king**) *vi* herum|tollen.

from [*weak form* frəm, *strong form* frɒm] *prep* **- 1.** [expressing origin, source] von; **where did you get that ~?** woher hast du das?; **I'm ~ England** ich bin aus England; **I bought it ~ a supermarket** ich habe es in einem Supermarkt gekauft; **the train ~ Manchester** der Zug aus Manchester; **we moved ~ Boston to Denver** wir sind von Boston nach Denver umgezogen **- 2.** [expressing removal, deduction] von; **away ~ home** weg von zu Hause; **to take sthg away ~ sb** jm etw weg|nehmen; **take 5 (away) ~ 9** ziehe 5 von 9 ab; **he took a notebook ~ his pocket** er nahm ein Notizbuch aus der Tasche; **to drink ~ a cup** aus einer Tasse trinken **- 3.** [expressing distance] von; **five miles ~ London** fünf Meilen von London entfernt; **it's not far ~ here** es ist nicht weit von hier **- 4.** [expressing position] von; **~ here you can see the valley** von hier aus kann man das Tal sehen **- 5.** [expressing starting time] von ... an; **open ~ nine to five** von neun bis fünf geöffnet; **~ next year** ab nächstem Jahr; **~ the moment I met him ...** schon bei unserer ersten Begegnung ...; **~ now on** von nun an, ab jetzt **- 6.** [expressing change] von; **the price has gone up ~ one to two pounds** der Preis ist von einem Pfund auf zwei Pfund gestiegen **- 7.** [expressing range]: **tickets cost ~ $10** Karten gibt es ab 10 Dollar; **it could take ~ two to six months** es könnte zwischen zwei und sechs Monaten dauern **- 8.** [as a result of] von; **I'm tired ~ walk-**

ing ich bin vom Gehen müde; **to suffer ~ asthma** an Asthma leiden **- 9.** [expressing protection] vor *(+ D)*; **sheltered ~ the wind** windgeschützt **- 10.** [in comparisons]: **different ~** anders als; **to distinguish good ~ bad** gut und böse auseinander halten **- 11.** [indicating material]: **made ~ wood/plastic** aus Holz/Kunststoff (gemacht) **- 12.** [on the evidence of]: **to speak ~ experience** aus Erfahrung sprechen; **~ what I can see** so wie ich es verstehe; **to judge ~ appearances** nach dem Äußeren urteilen.

frond [frɒnd] *n* Wedel *der*.

front [frʌnt] *n* **- 1.** [most forward part] Vorderseite *die*; [of house] Vorderfront *die*; **at the ~** vorne; **at the ~ of the train** vorne im Zug; **on the ~ of her dress** vorn auf ihrem Kleid; **to lie on one's ~** auf dem Bauch liegen; **at the ~ of the book** auf den ersten Seiten **- 2.** MIL & METEOR Front *die* **- 3.** [by the sea] (Strand)promenade *die* **- 4.** [outward appearance]: **it's all a ~** es ist alles nur Fassade; **she tried to put a brave ~ on things** sie versuchte, sich nach außen hin tapfer zu zeigen ◇ *adj* Vorder-, vordere, -r, -s; [row, page] erste, -r, -s; **~ garden** Vorgarten *der* ◇ *vt* [TV programme] moderieren; [organization] repräsentieren ◇ *vi*: **to ~ onto the lake/road** zum See/zur Straße hinausgehen.

◆ **in front** *adv* vorne; **the people ~** die vorne sitzenden/stehenden Leute.

◆ **in front of** *prep* vor *(+ D)*.

frontage ['frʌntɪdʒ] *n* Front *die*.

frontal ['frʌntl] *adj* [attack] Frontal-.

frontbench [ˌfrʌnt'bentʃ] *n* POL *führende Mitglieder der Regierung oder der Opposition*.

front desk *n* Rezeption *die*.

front door *n* [of house] Haustür *die*.

frontier ['frʌnˌtɪəʳ, *Am* frʌn'tɪər] *n* **lit** & **fig** Grenze *die*.

frontispiece ['frʌntɪspiːs] *n* Titelbild *das*.

front line *n*: **the ~** die Frontlinie.

front man *n* **- 1.** [of pop group] Frontmann *der* **- 2.** [of programme] Moderator *der*.

front room *n* Wohnzimmer *das*.

front-runner *n* SPORT Läufer *der*, -in *die* an der Spitze; **fig** Spitzenkandidat *der*, -in *die*.

front-wheel drive *n* **- 1.** [vehicle] Fahrzeug *das* mit Vorderradantrieb **- 2.** *(U)* [system] Vorderradantrieb *der*.

frost [frɒst] *n* **- 1.** *(U)* [layer of ice] Frost *der*, Reif *der* **- 2.** [weather] Frost *der* ◇ *vi*: **to ~ over** *OR* **up** [window] vereisen.

frostbite ['frɒstbaɪt] *n (U)* Erfrierungen *pl*.

frostbitten ['frɒstˌbɪtn] *adj* [toes, fingers] erfroren.

frosted ['frɒstɪd] *adj* **- 1.** [opaque]: **~ glass** Milchglas *das* **- 2.** **Am** CULIN mit Zuckerguss überzogen.

frosting ['frɒstɪŋ] *n* **Am** CULIN Zuckerguss *der*.

frosty ['frɒstɪ] (*compar* **-ier**; *superl* **-iest**) *adj* **- 1.** **lit** & **fig** [cold] frostig **- 2.** [field] bereift; [ground] gefroren.

froth [frɒθ] *n* Schaum *der* ◇ *vi* schäumen.

frothy ['frɒθɪ] (*compar* **-ier**; *superl* **-iest**) *adj* schäumend.

frown [fraʊn] *n*: **to give a ~** die Stirn runzeln ◇ *vi* die Stirn runzeln.

◆ **frown (up)on** *vt fus* missbilligen.

froze [frəʊz] *pt* ▷ **freeze**.

frozen [frəʊzn] *pp* ▷ **freeze** ◇ *adj* **- 1.** [ground] gefroren; [pipes] eingefroren; [lake] zugefroren **- 2.** [food] tiefgefroren **- 3.** [very cold] eiskalt; **I'm ~** mir ist eiskalt **- 4.** **fig** [rigid]: **~ with fear** starr vor Angst.

FRS *n* **- 1.** (*abbr of* **Fellow of the Royal Society**) *Mitglied der britischen Akademie der Wissenschaften* **- 2.** (*abbr of* **Federal Reserve System**) *Notenbanksystem der USA*.

frugal ['fruːgl] *adj* **- 1.** [meal] einfach **- 2.** [person] sparsam.

fruit [fruːt] (*pl inv* OR **- s**) *n* **- 1.** [food] Obst *das*; [variety of fruit] Frucht *die* **- 2.** **fig** [result] Frucht *die*; **to bear ~** Früchte tragen ◇ *comp*: **~ tree** Obstbaum *der*; **~ bowl** Obstschale *die*; **~ cocktail** Obstsalat *der*.

fruitcake ['fruːtkeɪk] *n Kuchen mit Trockenfrüchten*.

fruiterer ['fruːtərəʳ] *n* **Br** Obsthändler *der*, -in *die*.

fruitful ['fruːtfʊl] *adj* fruchtbar.

fruition [fruː'ɪʃn] *n*: **to come to ~** [hopes] in Erfüllung gehen; [plans] Wirklichkeit werden.

fruit juice *n* Fruchtsaft *der*.

fruitless ['fruːtlɪs] *adj* fruchtlos.

fruit machine *n* **Br** Spielautomat *der*.

fruit salad *n* Obstsalat *der*.

frumpy ['frʌmpɪ] (*compar* **-ier**; *superl* **-iest**) *adj* **inf** [clothes] unmodisch; [person] unmodisch gekleidet.

frustrate [frʌ'streɪt] *vt* **- 1.** [person] frustrieren **- 2.** [plan, attempt] vereiteln.

frustrated [frʌ'streɪtɪd] *adj* **- 1.** [person] frustriert **- 2.** [poet, artist] gescheitert **- 3.** [plan, attempt] vereitelt.

frustrating [frʌ'streɪtɪŋ] *adj* frustrierend.

frustration [frʌ'streɪʃn] *n* Frustration *die*.

fry [fraɪ] (*pt* & *pp* **fried**) *vt* [food] braten; **to ~ an egg** ein Spiegelei machen ◇ *vi* [food] braten.

frying pan ['fraɪɪŋ-] *n* Bratpfanne *die*; **to jump out of the ~ into the fire** vom Regen in die Traufe kommen.

ft. (*abbr of* **foot** OR **feet**) ft.

FTSE (*abbr of* **Financial Times Stock Exchange**): **the ~ (index)** *britischer Aktienindex der 100 bedeutendsten britischen Firmen.*

fuchsia [ˈfjuːʃə] *n* Fuchsie *die.*

fuck [fʌk] **vulg** *vt & vi* ficken ◇ *excl* Scheiße! ◆ **fuck off** **vulg** *vi* sich verpissen ◇ *excl* verpiss dich!

fucking [ˈfʌkɪŋ] **vulg** *adj* [for emphasis] Scheiß- ◇ *adv* verdammt.

fuddy-duddy [ˈfʌdɪˌdʌdɪ] (*pl* **fuddy-duddies**) *n* **inf** Fossil *das.*

fudge [fʌdʒ] *n (U)* [sweet] *weiches Bonbon aus Milch, Zucker und Butter* ◇ *vt* **inf** [issue] aus|weichen *(+ D).*

fuel [fjʊəl] (*Br pt & pp* **-led;** *cont* **-ling,** *Am pt & pp* **-ed;** *cont* **-ing**) *n* [for fire] Brennmaterial *das;* [for aircraft, ship] Treibstoff *der;* [for vehicle] Benzin *das;* **to add ~ to the fire** *fig* Öl ins Feuer gießen ◇ *vt* **- 1.** [furnace, boiler] mit Brennstoff versorgen **- 2.** [argument, violence] an|heizen ◇ *vi* auf|tanken.

fuel injection *n* Benzineinspritzung *die.*

fuel pump *n* Kraftstoffpumpe *die.*

fuel tank *n* Benzintank *der.*

fugitive [ˈfjuːdʒətɪv] *n:* **to be a ~ from justice** vor der Justiz auf der Flucht sein.

fulcrum [ˈfʊlkrəm] (*pl* **-crums** OR **-cra** [-krə]) *n* Angelpunkt *der.*

fulfil (*pt & pp* **-led;** *cont* **-ling**), **fulfill** *Am* [fʊlˈfɪl] *vt* **- 1.** [carry out - duty] erfüllen; [- promise] halten; [- role] aus|füllen **- 2.** [satisfy - need] befriedigen; [- requirement] entsprechen *(+ D);* [- hope, ambition] erfüllen; **to ~ o.s.** sich selbst verwirklichen.

fulfilling [fʊlˈfɪlɪŋ] *adj* [life] erfüllt; **a ~ job** eine Arbeit, in der man Erfüllung findet.

fulfilment, fulfillment *Am* [fʊlˈfɪlmənt] *n (U)* **- 1.** [satisfaction] Befriedigung *die* **- 2.** [carrying through - of ambition, dream] Erfüllung *die;* [- of need] Befriedigung *die*

full [fʊl] *adj* **- 1.** [filled] voll; **I'm ~ (up)** [after meal] ich bin satt; **the bus is ~** der Bus ist voll besetzt; **the room was ~ of furniture** das Zimmer war voll mit Möbeln; **his pockets were ~ of sweets** er hatte die Taschen voller Süßigkeiten **- 2.** [complete - day, amount] ganz; [- details] genau; [- report] ausführlich **- 3.** [plump - face] voll; [- figure] mollig **- 4.** [skirt, sleeve] weit **- 5.** [flavour] voll ◇ *adv* **- 1.** [directly] voll **- 2.** [very]: **he knows ~ well that ...** er weiß ganz genau, dass ... **- 3.** [at maximum]: **the sound was turned up ~** die Lautstärke war voll aufgedreht ◇ *n:* **in ~** vollständig; **to enjoy sthg to the ~** etw in vollen Zügen genießen.

fullback [ˈfʊlbæk] *n* Verteidiger *der,* -in *die.*

full-blooded [-ˈblʌdɪd] *adj* **- 1.** [pure-blooded] reinblütig **- 2.** [whole-hearted - argument] hitzig; [- support] voll.

full-blown [-ˈbləʊn] *adj* [heart attack] groß; [war] richtig; **~ Aids** Vollbild-Aids *das.*

full board *n (U)* Vollpension *die.*

full-bodied [-ˈbɒdɪd] *adj* vollmundig.

full dress *n (U)* Gesellschaftskleidung *die.*

full-face *adj:* **~ portrait** bildliche Darstellung, die das Gesicht von vorne zeigt.

full-fashioned *adj Am* = **fully-fashioned.**

full-fledged *adj Am* = **fully-fledged.**

full-frontal *adj:* **why is there so much ~ nudity in films?** warum werden in Filmen so viele Nackte gezeigt?

full-grown *adj* ausgewachsen.

full house *n* [at show, event] ausverkauftes Haus.

full-length *adj* **- 1.: ~ mirror** hoher Spiegel *(in dem man sich vollständig sehen kann);* **~ portrait** Ganzporträt *das* **- 2.** [dress] lang; [curtains] bodenlang **- 3.: a ~ novel/film** ein Roman/Film normaler Länge ◇ *adv* [lie] ausgestreckt.

full moon *n* Vollmond *der.*

fullness [ˈfʊlnɪs] *n* [of details, information] Vollständigkeit *die;* **in the ~ of time** wenn die Zeit dafür gekommen ist.

full-page *adj* ganzseitig.

full-scale *adj* **- 1.** [life-size] in Originalgröße **- 2.** [thorough - inquiry] umfassend; [- war] total.

full-size(d) *adj* **- 1.** [life-size] in Originalgröße **- 2.** [adult] normalgroß.

full stop *n* Punkt *der* ◇ *adv* **Br: I don't want to do it, ~** ich will es nicht machen und damit basta.

full time *n* **Br** SPORT Spielende *das.* ◆ **full-time** *adj* [job, employment] Ganztags-; [worker] Vollzeit- ◇ *adv* ganztags.

full up *adj* **- 1.** [after meal] satt **- 2.** [bus, train] voll.

fully [ˈfʊlɪ] *adv* **- 1.** [completely] vollkommen; **~ trained/automatic** vollausgebildet/-automatisch **- 2.** [in detail - answer] ausführlich; [- describe] detailliert.

fully-fashioned *Br,* **full-fashioned** *Am* [-ˈfæʃnd] *adj* mit Passform.

fully-fledged *Br,* **full-fledged** *Am* [-ˈfledʒd] *adj fig* [doctor, lawyer] vollausgebildet.

fulness [ˈfʊlnɪs] *n* = **fullness.**

fulsome [ˈfʊlsəm] *adj* übertrieben.

fumble [ˈfʌmbl] *vt* [ball] nicht richtig fangen ◇ *vi* [in bag, pocket] wühlen; **to ~ for sthg** [for light switch] nach etw tasten; [for words] nach etw suchen; **he ~d for his keys** er wühlte nach seinen Schlüsseln.

fume [fjuːm] *vi* [with anger] kochen.

◆ **fumes** *npl* Dämpfe *pl;* [from car] Abgase *pl;* [from fire] Rauch *der.*

fumigate [ˈfjuːmɪgeɪt] *vt* [room, building] auslräuchern.

fun [fʌn] *n* - **1.** [gen] Spaß *der;* **it's good ~** es macht viel Spaß; **to have ~** sich amüsieren; **for ~, for the ~ of it** aus *OR* zum Spaß - **2.** [ridicule]: **to make ~ of sb, to poke ~ at sb** sich über jn lustig machen ◇ *adj* lustig; **to have a ~ time** Spaß haben.

function [ˈfʌŋkʃn] *n* - **1.** [gen] Funktion *die* - **2.** [social event] Veranstaltung *die* ◇ *vi* - **1.** [work] funktionieren - **2.** [serve]: **to ~ as** dienen als.

functional [ˈfʌŋkʃnəl] *adj* - **1.** [practical] funktionell - **2.** [operational] funktionsfähig.

function key *n* COMPUT Funktionstaste *die.*

fund [fʌnd] *n* - **1.** [amount of money] Fonds *der* - **2.** *fig* [of knowledge, experience] Fundus *der* ◇ *vt* finanzieren.

◆ **funds** *npl* Gelder *pl;* **public ~s** öffentliche Mittel *pl.*

fundamental [ˌfʌndəˈmentl] *adj* - **1.** [basic - idea] grundlegend; [- principle, change, error] fundamental; [- inability] generell - **2.** [vital]: **to be ~ (to)** von fundamentaler Bedeutung sein (für).

◆ **fundamentals** *npl* Grundlagen *pl.*

fundamentalism [ˌfʌndəˈmentəlɪzm] *n* Fundamentalismus *der.*

fundamentally [ˌfʌndəˈmentəlɪ] *adv* - **1.** [basically] grundsätzlich - **2.** [radically] fundamental; **to disagree ~ with sthg** mit etw überhaupt nicht übereinlstimmen.

funding [ˈfʌndɪŋ] *n* Gelder *pl.*

fund-raising [-ˌreɪzɪŋ] *n* Geldbeschaffung *die* ◇ *comp:* **~ event** Veranstaltung *die* zur Geldbeschaffung.

funeral [ˈfjuːnərəl] *n* Beerdigung *die.*

funeral director *n* Bestattungsunternehmer *der,* -in *die.*

funeral parlour *n* Beerdigungsinstitut *das.*

funeral service *n* Trauergottesdienst *der.*

funereal [fjuːˈnɪərɪəl] *adj* [music] düster; [tone] trauervoll.

funfair [ˈfʌnfeəʳ] *n* Kirmes *die.*

fungus [ˈfʌŋgəs] (*pl* **-gi** [-gaɪ] *OR* **-guses**) *n* BOT Pilz *der.*

funk [fʌŋk] *n* - **1.** MUS Funk *der* - **2.** *dated* [fear] Bammel *der.*

funky [ˈfʌŋkɪ] (*compar* **-ier;** *superl* **-iest**) *adj* - **1.** [music] funky - **2.** *inf* [great] cool.

funnel [ˈfʌnl] (*Br pt* & *pp* **-led;** *cont* **-ling,** *Am pt* & *pp* **-ed;** *cont* **-ing**) *n* - **1.** [tube] Trichter *der* - **2.** [on ship] Schornstein *der* ◇ *vt* - **1.** [liquid] leiten - **2.** [crowd, money] schleusen.

funnily [ˈfʌnɪlɪ] *adv* [strangely] komisch; **~ enough** komischerweise.

funny [ˈfʌnɪ] (*compar* **-ier;** *superl* **-iest**) *adj* - **1.** [amusing] lustig - **2.** [odd] komisch - **3.** [ill]: **I feel ~** mir ist komisch.

◆ **funnies** *npl Am* Cartoons *pl.*

funny bone *n* Musikantenknochen *der.*

funny farm *n esp Am inf hum* Klapsmühle *die.*

fun run *n Langstreckenlauf, dessen Erlös Wohltätigkeitszwecken zugute kommt.*

fur [fɜːʳ] *n* - **1.** [on animal] Fell *das* - **2.** [garment] Pelz *der.*

fur coat *n* Pelzmantel *der.*

furious [ˈfjʊərɪəs] *adj* - **1.** [very angry] wütend - **2.** [violent] heftig; **at a ~ pace/speed** mit rasender Geschwindigkeit.

furiously [ˈfjʊərɪəslɪ] *adv* - **1.** [angrily] wütend - **2.** [fight] heftig; [drive] mit rasender Geschwindigkeit; [work] wie wild.

furl *vt* [sail, flag] einlrollen; [umbrella] zusammenlrollen.

furlong [ˈfɜːlɒŋ] *n* Achtelmeile *die.*

furnace [ˈfɜːnɪs] *n* [for melting metal] Schmelzofen *der.*

furnish [ˈfɜːnɪʃ] *vt* - **1.** [room, house] einlrichten - **2.** *fml* [provide - proof, explanation] liefern; **to ~ sb with sthg** jm etw liefern.

furnished [ˈfɜːnɪʃt] *adj* möbliert.

furnishings [ˈfɜːnɪʃɪŋz] *npl* Einrichtungsgegenstände *pl.*

furniture [ˈfɜːnɪtʃəʳ] *n (U)* Möbel *pl;* **a piece of ~** ein Möbelstück.

furniture polish *n* Möbelpolitur *die.*

furore *Br* [ˈfjʊərɔːrɪ], **furor** *Am* [ˈfjʊrɔːr] *n* Aufruhr *der.*

furrier [ˈfʌrɪəʳ] *n* [dealer] Pelzhändler *der,* -in *die;* [craftsman] Kürschner *der,* -in *die.*

furrow [ˈfʌrəʊ] *n* - **1.** [in field] Furche *die* - **2.** [on forehead] Runzel *die.*

furrowed [ˈfʌrəʊd] *adj* - **1.** [field, land] gefurcht - **2.** [brow] gerunzelt.

furry [ˈfɜːrɪ] (*compar* **-ier;** *superl* **-iest**) *adj* - **1.** [animal] mit dichtem Fell - **2.** [material] flauschig; **~ toy** Plüschtier *das.*

further [ˈfɜːðəʳ] *compar* ▷ **far** ◇ *adv* - **1.** [gen] weiter; **~ back** weiter hinten; [in time] weiter zurück; **~ on** weiter; **the police decided not to take the matter any ~** die Polizei entschied, die Angelegenheit nicht weiterzuverfolgen; **this mustn't go any ~** das darf nicht weitergetragen werden - **2.** [in addition] darüber hinaus ◇ *adj* [additional] weitere, -r, -s; **until ~ notice** bis auf weiteres ◇ *vt* [career] voranlbringen; [aim] unterstützen.

◆ **further to** *prep fml* Bezug nehmend auf (+ *A*).

further education *n Br* Erwachsenenbildung *die.*

furthermore [ˌfɜːðəˈmɔːʳ] *adv* außerdem.

furthermost [ˈfɜːðəməʊst] *adj* am weitesten entfernt.

furthest [ˈfɜːðɪst] *superl* ▷ **far** ◇ *adj* am weitesten entfernt ◇ *adv* am weitesten.

furtive [ˈfɜːtɪv] *adj* [glance] verstohlen; [behaviour] heimlichtuerisch.

furtively [ˈfɜːtɪvlɪ] *adv* [look] verstohlen; [behave] heimlichtuerisch.

fury [ˈfjʊərɪ] *n* Wut *die;* **in a ~** wütend.

fuse *Br,* **fuze** *Am* [fjuːz] *n* - **1.** [of plug] Sicherung *die* - **2.** [of bomb, firework] Zünder *der* ◇ *vt* - **1.** [metal, plastic] verschmelzen - **2.** [ideas, styles] verbinden ◇ *vi* - **1.** ELEC: **the lights have ~d** die Sicherung (für das Licht) ist durchgebrannt - **2.** [metal, plastic] verschmelzen.

fusebox [ˈfjuːzbɒks] *n* Sicherungskasten *der.*

fused [fjuːzd] *adj* [plug] gesichert.

fuselage [ˈfjuːzəlɑːʒ] *n* (Flugzeug)rumpf *der.*

fuse wire *n* Sicherungsdraht *der.*

fusillade [ˌfjuːzəˈleɪd] *n* Salve *die.*

fusion [ˈfjuːʒn] *n* - **1.** [of ideas, styles] Verbindung *die* - **2.** PHYSICS Fusion *die.*

fuss [fʌs] *n* Theater *das;* **to make a ~** Aufhebens machen; **to kick up** *OR* **to make a ~ about sthg** Krach schlagen wegen etw *(D);* **to make a ~ of sb** *Br* viel Wirbel um jn machen ◇ *vi* sich auf|regen.

◆ **fuss over** *vt fus* viel Wirbel machen um.

fusspot [ˈfʌspɒt] *n* **inf: to be a ~** pingelig sein.

fussy [ˈfʌsɪ] (*compar* **-ier;** *superl* **-iest**) *adj* - **1.** [person] pingelig - **2.** [design, dress] verspielt.

fusty [ˈfʌstɪ] (*compar* **-ier;** *superl* **-iest**) *adj* - **1.** [room] muffig - **2.** [old-fashioned] altmodisch.

futile [ˈfjuːtaɪl] *adj* zwecklos.

futility [fjuːˈtɪlətɪ] *n* Zwecklosigkeit *die.*

futon [ˈfuːtɒn] *n* Futon *der.*

future [ˈfjuːtʃəʳ] *n* - **1.** [time ahead] Zukunft *die;* **in ~** in Zukunft; **in the ~** in der Zukunft - **2.** GRAMM: **~ (tense)** Futur *das* ◇ *adj* künftig; **at a ~ date** zu einem späteren Zeitpunkt.

◆ **futures** *npl* COMM Termingeschäfte *pl.*

futuristic [ˌfjuːtʃəˈrɪstɪk] *adj* futuristisch.

fuze *n, vt* & *vi* *Am* = **fuse.**

fuzz [fʌz] *n* - **1.** [hair] Flaum *der* - **2.** *inf* [police]: **the ~** die Bullen *pl.*

fuzzy [ˈfʌzɪ] (*compar* **-ier;** *superl* **-iest**) *adj* - **1.** [hair] kraus - **2.** [image, photo] unscharf - **3.** [ideas] wirr.

fwd. *abbr of* **forward.**

FYI (*abbr of* **for your information**) zur Kenntnisnahme.

G

g¹ (*pl* **g's** *OR* **gs**), **G** (*pl* **G's** *OR* **Gs**) [dʒiː] *n* [letter] g *das,* G *das.*

◆ **G** *n* MUS G *das* ◇ - **1.** *abbr of* **good** - **2.** *Am* (*abbr of* **general (audience)**) jugendfrei.

g² [dʒiː] - **1.** (*abbr of* **gram**) g - **2.** (*abbr of* **gravity**) g.

GA *abk für Georgia, in Postanschrift verwendet.*

gab [gæb] *n* ▷ **gift.**

gabardine [ˌgæbəˈdiːn] *n* Gabardine *der.*

gabble [ˈgæbl] *vt* herunter|rasseln ◇ *vi* brabbeln ◇ *n* Gebrabbel *das.*

gable [ˈgeɪbl] *n* Giebel *der.*

Gabon [gæˈbɒn] *n* Gabun *nt.*

gad ◆ **gad about** (*pt* & *pp* **-ded;** *cont* **-ding**) *vi inf* herum|ziehen.

gadget [ˈgædʒɪt] *n* Gerät *das.*

Gaelic [ˈgeɪlɪk] *adj* gälisch ◇ *n* Gälisch(e) *das.*

gaffe [gæf] *n* Fauxpas *der.*

gaffer [ˈgæfəʳ] *n* *Br inf* [boss] Chef *der.*

gag [gæg] (*pt* & *pp* **-ged;** *cont* **-ging**) *n* - **1.** [for mouth] Knebel *der* - **2.** *inf* [joke] Gag *der* ◇ *vt* knebeln ◇ *vi* - **1.** [joke] Witze machen - **2.** [retch] würgen.

gage *n* & *vt Am* = **gauge.**

gaiety [ˈgeɪətɪ] *n* Fröhlichkeit *die.*

gaily [ˈgeɪlɪ] *adv* - **1.** [cheerfully] fröhlich; [dressed] in leuchtenden Farben; **~ coloured** farbenfroh - **2.** [thoughtlessly] unbekümmert.

gain [geɪn] *n* - **1.** [profit] Gewinn *der;* [advantage] Vorteil *der* - **2.** [increase] Zunahme *die* ◇ *vt* - **1.** [support] gewinnen; [advantage] sich verschaffen; [reputation] erwerben; [victory] erringen - **2.** [increase]: **to ~ weight** zu|nehmen; **to ~ speed** schneller werden; **to ~ strength/popularity** an Stärke/Beliebtheit gewinnen - **3.** [subj: watch, clock] vor|gehen um ◇ *vi* - **1.** [increase]: **to ~ in sthg** an etw *(D)* gewinnen - **2.** [profit]: **to ~ (from/by sthg)** (von/durch etw) profitieren - **3.** [watch, clock] vor|gehen.

◆ **gain on** *vt fus:* **to ~ on sb** jm (immer) näher kommen.

gainful [ˈgeɪnfʊl] *adj* *fml* bezahlt; **~ employment** Erwerbstätigkeit *die.*

gainfully [ˈgeɪnfʊlɪ] *adv* *fml:* **~ employed** erwerbstätig.

gainsay [ˌgeɪnˈseɪ] (*pt* & *pp* **-said**) *vt fml* leugnen; [person] widersprechen *(+ D)*.

gait [geɪt] *n* Gang *der*.

gaiters [ˈgeɪtəz] *npl* Gamaschen *pl*.

gala [ˈgɑːlə] *n* **- 1.** [celebration] Festveranstaltung *die* **- 2.** *Br* SPORT: **swimming ~** Schwimmfest *das* ◇ *comp* [performance, occasion] Gala-.

galaxy [ˈgæləksɪ] (*pl* **-ies**) *n* Galaxis *die*.

gale [geɪl] *n* Sturm *der*.

Galicia [gəˈlɪʃɪə] *n* **- 1.** [in Central Europe] Galizien *nt* **- 2.** [in Spain] Galicien *nt*.

gall [gɔːl] *n*: **to have the ~ to do sthg** die Frechheit haben, etw zu tun ◇ *vt*: **it ~s me to have to admit it** es ärgert mich, dass ich es zugeben muss.

gal(l). (*abbr of* **gallon**) Gal.

gallant [*sense 1* ˈgælənt, *sense 2* gəˈlænt, ˈgælənt] *adj* **- 1.** [courageous] mutig **- 2.** [polite to women] galant.

gallantry [ˈgæləntrɪ] *n* **- 1.** [courage] Mut *der* **- 2.** [politeness to women] Galanterie *die*.

gall bladder *n* Gallenblase *die*.

galleon [ˈgælɪən] *n* Galeone *die*.

gallery [ˈgælərɪ] (*pl* **-ies**) *n* **- 1.** [gen] Galerie *die* **- 2.** THEATRE dritter Rang.

galley [ˈgælɪ] (*pl* **-s**) *n* **- 1.** [ship] Galeere *die* **- 2.** [kitchen - of ship] Kombüse *die*; [- of aircraft] Bordküche *die* **- 3.** PRESS: **~ (proof)** Fahne *die*.

Gallic [ˈgælɪk] *adj* gallisch.

galling [ˈgɔːlɪŋ] *adj* ärgerlich.

gallivant [ˌgælɪˈvænt] *vi inf* sich herum|treiben.

gallon [ˈgælən] *n* Gallone *die*.

gallop [ˈgæləp] *n* **- 1.** [pace of horse] Galopp *der* **- 2.** [horse ride] Galoppritt *der* ◇ *vi* **- 1.** [horse] galoppieren **- 2.** *fig* [person] sausen.

galloping [ˈgæləpɪŋ] *adj fig* [inflation] galoppierend.

gallows [ˈgæləʊz] (*pl inv*) *n* Galgen *der*.

gallstone [ˈgɔːlstəʊn] *n* Gallenstein *der*.

Gallup poll [ˈgæləp-] *n Br* Meinungsumfrage *die*.

galore [gəˈlɔːʳ] *adv* in Hülle und Fülle.

galoshes [gəˈlɒʃɪz] *npl* Galoschen *pl*.

galvanize, -ise [ˈgælvənaɪz] *vt* **- 1.** TECH galvanisieren **- 2.** [impel]: **to ~ sb into action** jn dazu veranlassen, aktiv zu werden.

Gambia [ˈgæmbɪə] *n*: **(the) ~** Gambia *nt*.

Gambian [ˈgæmbɪən] *adj* gambisch ◇ *n* Gambier *der*, -in *die*.

gamble [ˈgæmbl] *n* [risk] Risiko *das*; **to take a ~** ein Risiko ein|gehen ◇ *vi* **- 1.** [bet] (um Geld) spielen; **to ~ on the horses** auf Pferde wetten; **to ~ on the stock exchange** an der Börse spekulieren **- 2.** [take risk]: **to ~ on sthg** sich auf etw *(A)* verlassen.

gambler [ˈgæmbləʳ] *n* Spieler *der*, -in *die*.

gambling [ˈgæmblɪŋ] *n* Spielen *das (um Geld)*.

gambol [ˈgæmbl] (*Br pt* & *pp* **-led**; *cont* **-ling**, *Am pt* & *pp* **-ed**; *cont* **-ing**) *vi* herum|tollen.

game [geɪm] *n* **- 1.** [gen] Spiel *das*; **fancy a ~ of chess/cards?** hast du Lust auf eine Partie Schach/Karten **- 2.** [hunted animals, meat] Wild *das* **- 3.** *phr*: **to beat sb at their own ~** jn mit den eigenen Waffen schlagen; **the ~'s up** das Spiel ist aus; **to give the ~ away** alles verderben; **to play ~s with sb** sein Spiel mit jm treiben; **what's his ~?** was führt er im Schilde?; **two can play at that ~** wie du mir, so ich dir ◇ *adj* **- 1.** [brave] mutig **- 2.** [willing]: **to be ~ for sthg** für etw bereit sein; **to be ~ to do sthg** bereit sein, etw zu tun.

◆ **games** *n* SCH Sport *der* ◇ *npl* [sporting event] Spiele *pl*.

gamekeeper [ˈgeɪmˌkiːpəʳ] *n* Wildhüter *der*.

gamely [ˈgeɪmlɪ] *adv* [bravely] mutig.

game reserve *n* Wildreservat *das*.

gamesmanship [ˈgeɪmzmənʃɪp] *n* Gerissenheit *die*.

gamma rays [ˈgæmə-] *npl* Gammastrahlen *pl*.

gammon [ˈgæmən] *n geräucherter und gekochter Vorderschinken*.

gammy [ˈgæmɪ] (*compar* **-ier**; *superl* **-iest**) *adj Br inf* lahm.

gamut [ˈgæmət] *n* Skala *die*; **to run the ~ of sthg** die ganze Bandbreite von etw kennen lernen.

gander [ˈgændəʳ] *n* Gänserich *der*, Ganter *der*.

gang [gæŋ] *n* [of criminals] Bande *die*, Gang *die*; [of young people] Clique *die*.

◆ **gang up** *vi inf* sich zusammen|tun; **to ~ up on sb** sich gegen jn verbünden.

Ganges [ˈgændʒiːz] *n*: **the ~** der Ganges.

gangland [ˈgæŋlænd] *adj*: **~ crime** organisiertes Verbrechen; **~ killer** professioneller Killer.

gangling [ˈgæŋglɪŋ], **gangly** [ˈgæŋglɪ] (*compar* **-ier**; *superl* **-iest**) *adj* schlaksig.

gangplank [ˈgæŋplæŋk] *n* Gangway *die*.

gangrene [ˈgæŋgriːn] *n* Wundbrand *der*.

gangrenous [ˈgæŋgrɪnəs] *adj* brandig.

gangster [ˈgæŋstəʳ] *n* Gangster *der*.

gangway [ˈgæŋweɪ] *n* **- 1.** *Br* [aisle] Gang *der* **- 2.** [gangplank] Gangway *die*.

gannet [ˈgænɪt] (*pl inv* OR **-s**) *n* [bird] Tölpel *der*.

gantry [ˈgæntrɪ] (*pl* **-ies**) *n* [for crane] Portal *das*.

gaol [dʒeɪl] *n* & *vt Br* = **jail**.

gap [gæp] *n* - **1.** [empty space, omission] Lücke *die* - **2.** [in time] Abstand *der* - **3.** *fig* [disparity] Kluft *die*.

gape [geɪp] *vi* - **1.** [person] gaffen; **to ~ at sb/sthg** jn/etw begaffen - **2.** [hole, shirt, wound] klaffen.

gaping ['geɪpɪŋ] *adj* - **1.** [person] gaffend - **2.** [hole, shirt, wound] klaffend.

garage [*Br* 'gærɑːʒ, 'gærɪdʒ, *Am* gə'rɑːʒ] *n* - **1.** [for keeping car] Garage *die* - **2.** *Br* [for fuel] Tankstelle *die* - **3.** [for car repair] Werkstatt *die* - **4.** [for selling cars] Autohändler *der*.

garage sale *n Am im Vorgarten oder in der Garage stattfindender privater Verkauf von nicht mehr benötigten Dingen.*

garb [gɑːb] *n (U) fml* Gewand *das*.

garbage ['gɑːbɪdʒ] *n esp Am* - **1.** [refuse] Müll *der* - **2.** *inf* [nonsense] Unsinn *der*, Quatsch *der*.

garbage can *n Am* Mülltonne *die*.

garbage collector *n Am* Müllmann *der*.

garbage truck *n Am* Müllauto *das*, Müllwagen *der*.

garbled ['gɑːbld] *adj* entstellt, verstümmelt.

Garda (Síochána) ['gɑːdə (ʃɪ'kɔːnə)] *n Irish*: **the ~** *die Polizei der Republik Irland.*

garden ['gɑːdn] *n* - **1.** [private] Garten *der* - **2.** [public] Grünanlage *die* <> *comp* Garten- <> *vi* gärtnern, im Garten arbeiten. ◆ **gardens** *npl* Grünanlagen *pl*, Park *der*.

garden centre *n* Gartencenter *das*.

garden city *n Br* Gartenstadt *die*.

gardener ['gɑːdnəʳ] *n* - **1.** [professional] Gärtner *der*, -in *die* - **2.** [amateur] Hobbygärtner *der*, -in *die*.

gardenia [gɑː'diːnjə] *n* Gardenie *die*.

gardening ['gɑːdnɪŋ] *n* Gartenarbeit *die* <> *comp* Garten-.

garden party *n* Gartenparty *die*.

gargantuan [gɑː'gæntjʊən] *adj* gewaltig, riesig.

gargle ['gɑːgl] *vi* gurgeln.

gargoyle ['gɑːgɔɪl] *n* Wasserspeier *der*.

garish ['geərɪʃ] *adj* grell.

garland ['gɑːlənd] *n* Girlande *die*.

garlic ['gɑːlɪk] *n* Knoblauch *der*.

garlic bread *n (U)* Knoblauchbrot *das*.

garlicky ['gɑːlɪkɪ] *adj inf* Knoblauch-; **to taste ~** nach Knoblauch schmecken.

garment ['gɑːmənt] *n* Kleidungsstück *das*.

garner ['gɑːnəʳ] *vt fml* sammeln.

garnet ['gɑːnɪt] *n* Granat *der*.

garnish ['gɑːnɪʃ] CULIN *n* Garnierung *die* <> *vt* garnieren.

garret ['gærət] *n* Dachstube *die*.

garrison ['gærɪsn] *n* Garnison *die* <> *vt* in Garnison legen.

garrulous ['gærələs] *adj* geschwätzig, schwatzhaft.

garter ['gɑːtəʳ] *n* - **1.** [around leg] Strumpfband *das* - **2.** *Am* [suspender] Strumpfhalter *der*.

gas [gæs] (*pl* **gases** OR **gasses**; *pt* & *pp* **gassed**; *cont* **gassing**) *n* - **1.** [gen] Gas *das* - **2.** *Am* [fuel for vehicle] Benzin *das*; **to step on the ~** *inf* aufs Gas treten OR steigen <> *vt* [poison] vergasen.

gas chamber *n* Gaskammer *die*.

gas cooker *n Br* Gasherd *der*.

gas cylinder *n* Gasflasche *die*.

gaseous ['gæsɪəs] *adj* TECH gasförmig.

gas fire *n Br* Gasofen *der*.

gas fitter *n* Gasinstallateur *der*.

gas gauge *n Am* Benzinuhr *die*.

gash [gæʃ] *n* tiefe Schnittwunde <> *vt*: **to ~ one's hand/arm** sich in die Hand/den Arm schneiden.

gasket ['gæskɪt] *n* Dichtung *die*.

gasman ['gæsmæn] (*pl* **-men** [-men]) *n* Gasmann *der*.

gas mask *n* Gasmaske *die*.

gasmen *pl* ▻ **gasman.**

gas meter *n* Gaszähler *der*, Gasuhr *die*.

gasoline ['gæsəliːn] *n Am* Benzin *das*.

gasometer [gæ'sɒmɪtəʳ] *n* Gasometer *der*.

gas oven *n* - **1.** [for cooking] Gasherd *der* - **2.** [gas chamber] Gaskammer *die*.

gasp [gɑːsp] *n* Keuchen *das* <> *vi* - **1.** [breathe quickly] keuchen - **2.** [in shock, surprise] nach Luft schnappen.

gas pedal *n Am* Gaspedal *das*.

gasping ['gɑːspɪŋ] *adj Br inf* [thirsty] durstig.

gas pump attendant *n Am* Tankwart *der*, -in *die*.

gas station *n Am* Tankstelle *die*.

gas stove *n* = **gas cooker.**

gassy ['gæsɪ] (*compar* **-ier**; *superl* **-iest**) *adj pej* kohlensäurehaltig; **this beer is very ~** in dem Bier ist zu viel Kohlensäure.

gas tank *n Am* Benzintank *der*.

gas tap *n* Gashahn *der*.

gastric ['gæstrɪk] *adj* Magen-, gastrisch.

gastric ulcer *n* Magengeschwür *das*.

gastritis [gæs'traɪtɪs] *n* Gastritis *die*.

gastroenteritis ['gæstrəʊˌentə'raɪtɪs] *n* Magen-Darm-Katarrh *der*.

gastronomic [ˌgæstrə'nɒmɪk] *adj* gastronomisch.

gastronomy [gæs'trɒnəmɪ] *n* Gastronomie *die*.

gasworks ['gæswɜːks] (*pl inv*) *n* Gaswerk *das*.

gate [geɪt] *n* - **1.** [in wall, fence] Tor *das* - **2.** [at airport] Flugsteig *der*.

-GATE

Dieses Suffix wird zur Bezeichnung eines öffentlichen, meist politischen Skandals gebraucht. Es ist von dem Namen des Gebäudes abgeleitet, in welchem sich die „Watergate"-Affäre abspielte, die zum Sturz von US-Präsident Nixon führte. Andere Beispiele sind „Irangate" (Waffengeschäfte der US-Regierung mit dem Iran, deren Erlös zur Finanzierung der Contra-Rebellen in Nicaragua diente) und „Monicagate" (Präsident Clintons Sexaffäre mit Monica Lewinsky und ihre politischen Folgen).

gâteau (*pl* **-x**) *n* ***Br*** Torte *die*.

gatecrash ['geɪtkræʃ] ***inf*** *vt* hereinlplatzen <> *vi* uneingeladen erscheinen *(auf einer Party)*.

gatecrasher ['geɪt,kræʃəʳ] *n* ***inf*** ungebetener Gast.

gatehouse ['geɪthaʊs] *n* Pförtnerhäuschen *das*.

gatekeeper ['geɪt,kiːpəʳ] *n* Pförtner *der*.

gatepost ['geɪtpəʊst] *n* Torpfosten *der*.

gateway ['geɪtweɪ] *n* Tor *das*.

gather ['gæðəʳ] *vt* - **1.** [collect] sammeln; **to ~ together** sich versammeln, zusammenlkommen - **2.** [speed]: **to ~ speed** schneller werden - **3.** [understand]: **to ~ that** annehmen, dass; **as far as I can ~** soweit ich weiß - **4.** [into folds] raffen, kräuseln <> *vi* [come together - people] sich versammeln; [- crowd] sich anl sammeln; [- clouds] sich zusammenlziehen; **I ~ from what he says, that ...** seinen Worten entnehme ich, dass ...

◆ **gather up** *vt sep* einlsammeln.

gathering ['gæðərɪŋ] *n* Versammlung *die*.

GATT [gæt] (*abbr of* **General Agreement on Tariffs and Trade**) *n* GATT *das*.

gauche [gəʊʃ] *adj* linkisch.

gaudy ['gɔːdɪ] (*compar* **-ier;** *superl* **-iest**) *adj* grell.

gauge, gage ***Am*** [geɪdʒ] *n* - **1.** [measuring instrument] Messinstrument *das* - **2.** [calibre] Kaliber *das* - **3.** RAIL Spurweite *die* <> *vt* - **1.** [measure, calculate] messen - **2.** [judge, predict] beurteilen.

gaunt [gɔːnt] *adj* hager.

gauntlet ['gɔːntlɪt] *n* [medieval glove] Panzerhandschuh *der;* [for motorcyclist] Stulpenhandschuh *der;* **to run the ~** Spießbruten laufen; **to throw down the ~ (to sb)** (jm) den Fehdehandschuh hinlwerfen.

gauze [gɔːz] *n* Gaze *die*.

gave [geɪv] *pt* ▷ **give.**

gawky ['gɔːkɪ] (*compar* **-ier;** *superl* **-iest**) *adj* unbeholfen.

gawp [gɔːp] *vi* gaffen; **to ~ at sb/sthg** jn/etw anlgaffen.

gay [geɪ] *adj* - **1.** [homosexual] schwul - **2.** [cheerful, lively] fröhlich - **3.** [brightly coloured] bunt <> *n* [homosexual] Schwule *der*.

gay rights *npl* Rechte *pl* von Homosexuellen.

Gaza Strip ['gɑːzə-] *n*: **the ~** der Gazastreifen.

gaze [geɪz] *n* Blick *der* <> *vi*: **to ~ (at sb/sthg)** (jn/etw) anlstarren.

gazebo [gə'ziːbəʊ] (*pl* **-s**) *n* Gartenlaube *die*.

gazelle [gə'zel] (*pl inv* OR **-s**) *n* Gazelle *die*.

gazette [gə'zet] *n* Anzeiger *der*.

gazetteer [,gæzɪ'tɪəʳ] *n* geografisches Namensverzeichnis.

gazump [gə'zʌmp] *vt* ***Br inf*** *jn um die Möglichkeit bringen, ein Haus zu kaufen, indem man es trotz mündlicher Zusage einem Höherbietenden verkauft*.

GB (*abbr of* **Great Britain**) *n* GB.

GBH *n abbr of* **grievous bodily harm.**

GC *n abbr of* **George Cross.**

GCE (*abbr of* **General Certificate of Education**) *n ehemalige Abschlussprüfung an weiterführenden britischen Schulen*.

GCH ***Br*** (*abbr of* **gas central heating**) ZH.

GCHQ (*abbr of* **Government Communications Headquarters**) *n Zentrale des britischen Nachrichtendienstes*.

GCSE (*abbr of* **General Certificate of Secondary Education**) *n Abschlussprüfung an weiterführenden britischen Schulen*.

GCSE

Das „GCSE" wurde 1988 in Großbritannien eingeführt und ersetzt die bis dahin üblichen „O level"-Prüfungen. Es handelt sich um Schulabschlussprüfungen in verschiedenen Fächern, die im Alter von 15 oder 16 Jahren abgelegt werden müssen. Will der Schüler eine weiterführende Schule besuchen und seine „A level"-Prüfungen machen, muss er sie in mindestens fünf Schulfächern ablegen. Im Gegensatz zu den „O levels" fließen beim GCSE neben dem Prüfungsergebnis auch die im Laufe des Schuljahres erzielten Ergebnisse in die Endnote mit ein.

Gdns *abbr of* **Gardens.**

GDP (*abbr of* **gross domestic product**) *n* BIP *das*.

GDR (*abbr of* **German Democratic Republic**) *n* DDR *die*.

gear [gɪəʳ] *n* - **1.** TECH [mechanism] Zahnrad *das*

- 2. [on car, bicycle] Gang *der;* **out of ~** im Leerlauf; **in ~** mit eingelegtem Gang **- 3.** *(U)* [equipment, clothes] Ausrüstung *die* <> *vt:* **to ~ sthg to sb/sthg** etw auf jn/etw aus|richten.
◆ **gear up** *vi:* **to ~ up for sthg** sich für etw rüsten; **to ~ up to do sthg** sich dafür rüsten, etw zu tun.

gearbox [ˈgɪəbɒks] *n* Getriebegehäuse *das;* **six-speed ~** Sechsganggetriebe *das.*

gearing [ˈgɪərɪŋ] *n* Getriebe *das.*

gear lever, gear stick *Br,* **gear shift** *Am n* Schaltknüppel *der.*

gear wheel *n* Zahnrad *das.*

gee [dʒiː] *excl* **- 1.** [to horse]: **~ up!** hüh!, hühott! **- 2.** *Am inf* [expressing surprise, excitement]: **~ (whizz)!** na so was!

geese [giːs] *pl* ▷ **goose.**

Geiger counter [ˈgaɪgəʳ-] *n* Geigerzähler *der.*

geisha (girl) [ˈgeɪʃə-] *n* Geisha *die.*

gel [dʒel] (*pt* & *pp* **-led;** *cont* **-ling**) *n* Gel *das* <> *vi* **- 1.** *fig* [idea, plan] Gestalt an|nehmen **- 2.** [thicken] gelieren.

gelatin [ˈdʒelətɪn], **gelatine** [ˌdʒeləˈtiːn] *n* Gelatine *die.*

gelding [ˈgeldɪŋ] *n* Wallach *der.*

gelignite [ˈdʒelɪgnaɪt] *n* Plastiksprengstoff *der.*

gem [dʒem] *n* **- 1.** [jewel] (geschliffener) Edelstein **- 2.** *fig* [person] Juwel *das.*

Gemini [ˈdʒemɪnaɪ] *n* **- 1.** [sign] Zwillinge *pl* **- 2.** [person] Zwilling *der;* **I'm (a) ~** ich bin Zwilling.

gemstone [ˈdʒemstəʊn] *n* Edelstein *der.*

gen [dʒen] (*pt* & *pp* **-ned;** *cont* **-ning**) *n (U) Br inf* Informationen *pl.*
◆ **gen up** *vi Br inf:* **to ~ up (on sthg)** sich (über etw *(A)*) informieren.

gen. - 1. (*abbr of* **general**) allg. **- 2.** (*abbr of* **generally**) allg.

Gen. (*abbr of* **General**) Gen.

gender [ˈdʒendəʳ] *n* Geschlecht *das.*

gene [dʒiːn] *n* Gen *das.*

genealogist [ˌdʒiːnɪˈælədʒɪst] *n* Genealoge *der,* -gin *die.*

genealogy [ˌdʒiːnɪˈælədʒɪ] (*pl* **-ies**) *n* **- 1.** [study] Genealogie *die* **- 2.** [family history] Stammbaumforschung *die.*

genera [ˈdʒenərə] *pl* ▷ **genus.**

general [ˈdʒenərəl] *adj* [gen] allgemein <> *n* MIL General *der.*
◆ **in general** *adv* **- 1.** [as a whole] im Allgemeinen **- 2.** [usually] gewöhnlich.

general anaesthetic *n* Vollnarkose *die.*

general delivery *adv Am* postlagernd.

general election *n* Parlamentswahlen *pl.*

generality [ˌdʒenəˈrælətɪ] (*pl* **-ies**) *n* **- 1.** [generalization] Verallgemeinerung *die* **- 2.** [majority] Mehrheit *die.*

generalization [ˌdʒenərəlaɪˈzeɪʃn] *n* Verallgemeinerung *die.*

generalize, -ise [ˈdʒenərəlaɪz] *vi:* **to ~ (about sthg)** (etw) verallgemeinern.

general knowledge *n* Allgemeinbildung *die.*

generally [ˈdʒenərəlɪ] *adv* **- 1.** [usually] im Allgemeinen **- 2.** [in a general way] allgemein.

general manager *n* Hauptgeschäftsführer *der,* -in *die.*

general practice *n* Allgemeinmedizin *die.*

general practitioner *n* Arzt *der,* Ärztin *die* für Allgemeinmedizin.

general public *n:* **the ~** die breite Öffentlichkeit.

general-purpose *adj* Allzweck-.

general store *n* Gemischtwarenhandlung *die.*

general strike *n* Generalstreik *der.*

generate [ˈdʒenəreɪt] *vt* **- 1.** [energy, power, heat] erzeugen **- 2.** [interest, excitement] hervor|rufen; [jobs, employment] schaffen.

generation [ˌdʒenəˈreɪʃn] *n* **- 1.** [gen] Generation *die;* **a second ~ American** ein Amerikaner der zweiten Generation **- 2.** [of jobs] Schaffung *die;* [of interest, excitement] Hervorrufen *das* **- 3.** [of energy, power, heat] Erzeugung *die.*

generation gap *n* Generationsunterschied *der.*

generator [ˈdʒenəreɪtəʳ] *n* Generator *der.*

generic [dʒɪˈnerɪk] *adj* Gattungs-.

generosity [ˌdʒenəˈrɒsətɪ] *n* Freigebigkeit *die,* Großzügigkeit *die.*

generous [ˈdʒenərəs] *adj* großzügig.

generously [ˈdʒenərəslɪ] *adv* großzügig.

genesis [ˈdʒenəsɪs] (*pl* **-eses** [-əsiːz]) *n* Entstehung *die.*

genetic [dʒɪˈnetɪk] *adj* genetisch.
◆ **genetics** *n* Genetik *die,* Vererbungslehre *die.*

genetically modified *adj* genmanipuliert, gentechnisch verändert.

genetic engineering *n* Gentechnologie *die.*

genetic fingerprinting [-ˈfɪŋgəprɪntɪŋ] *n* DNA-Fingerprintmethode *die*

Geneva [dʒɪˈniːvə] *n* Genf *nt.*

Geneva convention *n:* **the ~** die Genfer Konvention.

genial [ˈdʒiːnjəl] *adj* jovial.

genie [ˈdʒiːnɪ] (*pl* **-s** OR **genii** [ˈdʒiːnɪaɪ]) *n* Dschinn *der*, Flaschengeist *der*.

genitals [ˈdʒenɪtlz] *npl* Genitalien *pl*.

genius [ˈdʒiːnjəs] (*pl* **-es**) *n* Genie *das*; **to have a ~ for sthg** ein Talent für etw haben; **to have a ~ for doing sthg** ein Talent haben, etw zu tun; **he has a ~ for turning up late** *iron* er hat das Talent, zu spät zu kommen.

Genoa [ˈdʒenəʊə] *n* Genua *nt*.

genocide [ˈdʒenəsaɪd] *n* Völkermord *der*.

genre [ˈʒɑ̃rə] *n* Genre *das*, Gattung *die*.

gent [dʒent] *n Br inf* Gentleman *der*. ◆ **gents** *n Br* [toilets] Herrentoilette *die*.

genteel [dʒenˈtiːl] *adj* **- 1.** [refined] vornehm **- 2.** [affected] geziert.

gentile [ˈdʒentaɪl] *adj* nichtjüdisch ◇ *n* Nichtjude *der*.

gentle [ˈdʒentl] *adj* **- 1.** [person] sanftmütig; [smile, manner] freundlich **- 2.** [rain, breeze, movement] sanft, leicht **- 3.** [slope, curve] sanft **- 4.** [hint] zart.

gentleman [ˈdʒentlmən] (*pl* **-men** [-mən]) *n* **- 1.** [well-bred man] Gentleman *der*; **~'s agreement** Vereinbarung *die* auf Treu und Glauben **- 2.** [man] Herr *der*.

gentlemanly [ˈdʒentlmənlɪ] *adj* vornehm.

gentlemen *pl* ▷ **gentleman.**

gentleness [ˈdʒentlnɪs] *n* **- 1.** [of person] Sanftmütigkeit *die*; [of smile, manner] Freundlichkeit *die* **- 2.** [of rain, breeze, movement, slope, curve] Sanftheit *die*.

gently [ˈdʒentlɪ] *adv* **- 1.** [speak] sanft; [behave, smile] freundlich **- 2.** [blow] leicht; [move, heat] behutsam **- 3.** [slope, curve] allmählich.

gentry [ˈdʒentrɪ] *n* (niederer) Adel.

genuflect [ˈdʒenjuːflekt] *vi fml* knicksen; RELIG eine Kniebeuge machen.

genuine [ˈdʒenjʊɪn] *adj* **- 1.** [real] echt **- 2.** [sincere] aufrichtig.

genuinely [ˈdʒenjʊɪnlɪ] *adv* [sincerely] wirklich; **I was ~ pleased for him** ich freute mich aufrichtig für ihn.

genus [ˈdʒiːnəs] (*pl* **genera**) *n* Gattung *die*.

geographer [dʒɪˈɒɡrəfəʳ] *n* Geograf *der*, -in *die*.

geographical [dʒɪəˈɡræfɪkl] *adj* geografisch.

geography [dʒɪˈɒɡrəfɪ] *n* **- 1.** [science] Geografie *die*; [in school] Erdkunde *die* **- 2.** [layout] Anordnung *die*.

geological [ˌdʒɪəˈlɒdʒɪkl] *adj* geologisch.

geologist [dʒɪˈɒlədʒɪst] *n* Geologe *der*, -gin *die*.

geology [dʒɪˈɒlədʒɪ] *n* Geologie *die*.

geometric(al) [ˌdʒɪəˈmetrɪk(l)] *adj* geometrisch.

geometry [dʒɪˈɒmətrɪ] *n* Geometrie *die*.

geophysics [ˌdʒiːəʊˈfɪzɪks] *n* Geophysik *die*.

Geordie [ˈdʒɔːdɪ] *n* [person] *Einwohner von Tyneside, der Region um Newcastle im Nordosten Englands.*

George Cross [ˈdʒɔːdʒ-] *n Br nichtmilitärisches britisches Verdienstkreuz, das für mutige Taten vergeben wird und hohes Ansehen genießt.*

geranium [dʒɪˈreɪnjəm] (*pl* **-s**) *n* Geranie *die*.

gerbil [ˈdʒɜːbɪl] *n* Rennmaus *die*.

geriatric [ˌdʒerɪˈætrɪk] *adj* **- 1.** [of old people] geriatrisch **- 2.** *pej* [very old, inefficient] veraltet, altersschwach.

germ [dʒɜːm] *n lit* & *fig* Keim *der*.

German [ˈdʒɜːmən] *adj* deutsch ◇ *n* **- 1.** [person] Deutsche *der*, *die* **- 2.** [language] Deutsch(e) *das*.

Germanic [dʒɜːˈmænɪk] *adj* **- 1.** [architecture, style] germanisch **- 2.** [characteristics, humour] deutsch.

German measles *n* Röteln *die*.

German shepherd (dog) *n* deutscher Schäferhund.

Germany [ˈdʒɜːmənɪ] (*pl* **-ies**) *n* Deutschland *nt*.

germicide [ˈdʒɜːmɪsaɪd] *n* keimtötendes Mittel.

germinate [ˈdʒɜːmɪneɪt] *vt* **- 1.** [seed] zum Keimen bringen **- 2.** *fig* [idea, feeling] auf|keimen ◇ *vi lit* & *fig* keimen.

germination [ˌdʒɜːmɪˈneɪʃn] *n* **- 1.** [of seed] Keimung *die* **- 2.** *fig* [of idea, feeling] Aufkeimen *das*.

germ warfare *n* bakteriologische Kriegsführung.

gerrymandering [ˈdʒerɪmændərɪŋ] *n die willkürliche Vergrößerung bestimmter Wahlkreise zum Vorteil eines Kandidaten oder einer Partei.*

gerund [ˈdʒerənd] *n* GRAMM Gerundium *das*.

gestation [dʒeˈsteɪʃn] *n* **- 1.** [of animal] Trächtigkeit *die*; [of woman] Schwangerschaft *die* **- 2.** *fig* Reifwerden *das*, Heranreifen *das*.

gestation period *n* Reifezeit *die*.

gesticulate [dʒesˈtɪkjʊleɪt] *vi* gestikulieren.

gesticulation [dʒeˌstɪkjʊˈleɪʃn] *n* [gesture] Gebärde *die*.

gesture [ˈdʒestʃəʳ] *n* Geste *die* ◇ *vi*: **to ~ to** OR **towards sb** jm bedeuten.

get [ɡet] (*pt* & *pp* **got**, *Am pp* **gotten**; *cont* **-ting**) *vt* **- 1.** [obtain] bekommen; [buy] kaufen; **she got a job** sie hat eine Stelle gefunden; **he got us two tickets** er hat uns zwei Karten besorgt; **to ~ one's own way** seinen Willen durchsetzen **- 2.** [receive] bekommen; **I got a book for Christmas** ich habe zu Weihnachten ein Buch bekommen; **when did you ~ the news?** wann haben Sie die Nachricht bekommen?; **to ~ ten years** [criminal] zehn Jahre bekommen - **3.** [train, plane, bus] nehmen; **let's ~ a taxi** lass uns ein Taxi nehmen - **4.** [fetch] holen; **could you ~ me the manager?** [on phone] könnten Sie mir den Geschäftsführer geben?; **can I ~ you something to eat/drink?** möchtest du etwas essen/trinken? - **5.** [illness] bekommen; **I got this cold while I was on holiday** ich habe mir diese Erkältung im Urlaub zugezogen - **6.** [catch] fangen; **the police have got the killer** die Polizei hat den Mörder gefasst - **7.** [cause to be done]: **to ~ sthg done** etw machen lassen; **can I ~ my car repaired here?** kann ich mein Auto hier reparieren lassen? - **8.** [cause to become]: **she got the children ready for school** sie machte die Kinder für die Schule fertig; **I can't ~ the car started** ich kriege das Auto nicht an; **to ~ lunch** das Mittagessen zubereiten - **9.** [ask, tell]: **to ~ sb to do sthg** jn bitten, etw zu tun - **10.** [move]: **I can't ~ it through the door** ich bekomme es nicht durch die Tür - **11.** [understand] verstehen; **I don't ~ it** *inf* das verstehe ich nicht, da komme ich nicht mit - **12.** [time, chance] haben; **we didn't ~ the chance to see everything** wir hatten nicht die Gelegenheit, uns alles anzuschauen; **I haven't got (the) time** ich habe keine Zeit - **13.** [idea, feeling] haben; **I ~ a lot of enjoyment from it** ich habe viel Spaß daran - **14.** [answer - phone]: **could you ~ the phone?** könntest du ans Telefon gehen? - **15.** *inf* [annoy]: **what really ~s me is his smugness** am meisten nervt mich seine Selbstgefälligkeit - **16.** *phr:* **you ~ a lot of German tourists here** zu uns kommen viele deutsche Touristen; **we ~ a lot of rain here in winter** hier regnet es viel im Winter; ▻ **have** ◇ *vi* - **1.** [become] werden; **it's getting late** es wird spät; **to ~ lost** sich verirren; **~ lost!** *inf* hau ab!, verschwinde!; **to ~ ready** fertig werden - **2.** [into particular state, position]: **to ~ into trouble** in Schwierigkeiten geraten; **how do you ~ to the river from here?** wie kommt man von hier zum Fluss?; **to ~ dressed** sich an|ziehen; **to ~ married** heiraten; **to ~ into the car** ins Auto steigen - **3.** [arrive] an|kommen; **when does the train ~ here?** wann kommt der Zug hier an? - **4.** [eventually succeed]: **I finally got to meet him last week** letzte Woche habe ich ihn endlich getroffen; **did you ~ to see him?** hast du ihn gesehen?; **she got to like the class** allmählich gefiel ihr der Kurs; **to ~ to know sb** jn kennen|lernen - **5.** [progress]: **how far have you got?** wie weit bist du gekommen?; **we're ~ting nowhere** so kommen wir nicht weiter ◇ *aux vb* werden; **to ~ delayed** aufgehalten werden; **to ~ killed** getötet werden; **to ~ excited** aufgeregt werden; **let's ~ going** *OR* **moving!** also los!, auf gehts!

◆ **get about** *vi* - **1.** [move from place to place] herum|kommen; **he ~s about a lot** er kommt viel herum - **2.** [news, rumour] sich verbreiten.

◆ **get across** *vt sep:* **to ~ sthg across (to sb)** (jm) etw klar|machen.

◆ **get ahead** *vi* voran|kommen.

◆ **get along** *vi* - **1.** [manage]: **to ~ along (without sb/sthg)** (ohne jn/etw) zurecht|kommen - **2.** [progress]: **how are you ~ting along?** wie kommst du voran? - **3.** [in relationship]: **to ~ along (with sb)** (mit jm) aus|kommen - **4.** [leave] gehen; **I must be ~ting along** ich muss jetzt gehen.

◆ **get around, get round** *vt fus* [problem] um|gehen ◇ *vi* - **1.** [move from place to place] herum|kommen - **2.** [circulate - news] sich verbreiten - **3.** [eventually do]: **to ~ around to sthg/to doing sthg** dazu kommen, etw zu tun.

◆ **get at** *vt fus* - **1.** [reach] heran|kommen an (+ A); [truth] heraus|bekommen - **2.** [imply]: **what are you ~ting at?** worauf willst du hinaus? - **3.** *inf* [nag]: **stop ~ting at me!** nörgel nicht dauernd an mir rum!

◆ **get away** *vt sep:* **~ him away from here** bring ihn von hier weg ◇ *vi* - **1.** [leave] weg|kommen; **I need to ~ away by five** ich muss um fünf Uhr gehen *OR* weg - **2.** [escape] entkommen - **3.** [go on holiday]: **we like to ~ away at the weekend** wir fahren am Wochenende gerne weg; **to ~ away from it all** dem Alltag entfliehen.

◆ **get away with** *vt fus* durchkommen mit; **she lets him ~ away with everything** sie lässt ihm alles durchgehen.

◆ **get back** *vt sep* - **1.** [recover, regain] zurück|bekommen; **to ~ one's strength back** wieder zu Kräften kommen - **2.** [take revenge on]: **to ~ sb back for sthg** jm etw heim|zahlen; **to ~ one's own back** sich revanchieren ◇ *vi* - **1.** [return] zurück|kommen - **2.** [move away] zurück|treten.

◆ **get back to** *vt fus* - **1.** [return to previous state, activity]: **to ~ back to sleep** wieder ein|schlafen; **to ~ back to work** zur Arbeit zurück|kehren - **2.** [phone back]: **I'll ~ back to you later** ich rufe Sie später zurück.

◆ **get by** *vi* [manage, survive] zurecht|kommen; **to ~ by on sthg** mit etw aus|kommen.

◆ **get down** *vt sep* - **1.** [depress] deprimieren; **don't let it ~ you down** lass dich davon nicht unter|kriegen - **2.** [fetch from higher level] herunter|holen - **3.** [write] auf|schreiben.

◆ **get down to** *vt fus:* **to ~ down to doing sthg** sich daran machen, etw zu tun; **to ~ down to sthg** sich an etw *(A)* machen; **to ~ down to work** sich an die Arbeit machen; **to ~ down to business** zur Sache kommen.

◆ **get in** *vi* - **1.** [arrive] an|kommen - **2.** [into car, bus] ein|steigen - **3.** [be elected] gewählt werden ◇ *vt sep* - **1.** [bring in - washing] herein|-

holen - **2.** [interject]: **to ~ a word in** zu Wort kommen.

◆ **get into** *vt fus* - **1.** [car] ein|steigen in *(+ A)* - **2.** [become involved in] geraten in *(+ A)*; **to ~ into an argument with sb** mit jm in Streit geraten - **3.** [enter into a particular situation, state] geraten in *(+ A)*; **to ~ into a panic** in Panik geraten; **to ~ into trouble** in Schwierigkeiten geraten; **she has got into the habit of getting up early** sie hat sich daran gewöhnt, früh aufzustehen - **4.** [college]: **she managed to ~ into Oxford** sie hat es geschafft, einen Studienplatz in Oxford zu bekommen - **5.** ***inf*** [affect]: **what's got into you?** was ist bloß in dich gefahren?

◆ **get off** *vt sep* [remove - clothes, shoes] aus|ziehen; [- stain] heraus|bekommen; [- lid] ab|bekommen; **to ~ sb/sthg off one's hands** jn/etw los|werden; **to ~ sthg off one's chest** sich *(D)* etw von der Seele reden ◇ *vt fus* [bus, train] aus|steigen aus; [bicycle] ab|steigen von; **~ off my land!** verschwinde von meinem Grundstück! ◇ *vi* - **1.** [from train, bus] aus|steigen; [from bicycle] ab|steigen - **2.** [leave] los|gehen; [in car] los|fahren - **3.** [escape punishment] davon|kommen; **he got off lightly/with a warning** er ist glimpflich/mit einer Verwarnung davongekommen.

◆ **get off with** *vt fus* ***inf Br:*** **to ~ off with sb** jn auf|reißen.

◆ **get on** *vt sep* [put on - clothes] an|ziehen ◇ *vt fus* [bus, train] ein|steigen in *(+ A)*; [bicycle] steigen auf *(+ A)* ◇ *vi* - **1.** [on train, bus] ein|steigen; [on bicycle] auf|steigen - **2.** [in relationship] sich verstehen; **how do you ~ on with his family?** wie kommst du mit seiner Familie aus? - **3.** [progress]: **how are you ~ting on?** wie kommst du voran? - **4.** [proceed]: **to ~ on (with sthg)** (mit etw) weiter|machen - **5.** [have success] Erfolg haben - **6.** [grow old, late]: **he's ~ting on** er wird langsam alt; **time's ~ting on** es wird langsam spät.

◆ **get on for** *vt fus:* **she's ~ting on for 65** sie geht auf die 65 zu; **it's ~ting on for 5 o'clock** es ist fast 5 Uhr.

◆ **get on to** *vt fus* - **1.** [begin to talk about]: **how did we ~ on to this subject?** wie sind wir auf das Thema gekommen? - **2.** [contact] sich in Verbindung setzen mit; **I'll ~ on to them right away** [by telephone] ich werde sie sofort an|rufen.

◆ **get out** *vt sep* - **1.** [take out] heraus|nehmen; **she got a pen out of her bag** sie nahm einen Kuli aus der Handtasche; **to ~ a book out of the library** sich *(D)* ein Buch aus der Bibliothek aus|leihen - **2.** [remove]: **how do you ~ wine stains out?** wie bekommt man Weinflecken heraus? ◇ *vi* - **1.** [from car, bus] aus|steigen - **2.** [become known - news] heraus|kommen.

◆ **get out of** *vt fus* - **1.** [car, bus, train] aus|steigen aus - **2.** [escape from] heraus|kommen aus; **to ~ out of a difficult situation** sich aus einer schwierigen Lage befreien - **3.** [avoid]: **to ~ out of sthg** um etw herum|kommen; **to ~ out of doing sthg** darum herum|kommen, etw zu tun ◇ *vt sep:* **to ~ sb out of jail** jn aus dem Gefängnis heraus|holen; **I got nothing out of him** ich habe nichts aus ihm heraus|bekommen.

◆ **get over** *vt fus* - **1.** [recover from] hinweg|kommen über *(+ A)*; **she can't ~ over her disappointment** sie kommt nicht über ihre Enttäuschung hinweg - **2.** [overcome] überwinden ◇ *vt sep* [communicate] verständlich machen.

◆ **get over with** *vt sep:* **to ~ sthg over with** etw hinter sich *(A)* bringen.

◆ **get round** *vt fus* & *vi* = **get around.**

◆ **get through** *vt fus* - **1.** [work, task] erledigen - **2.** [exam] bestehen - **3.** [food, drink] verbrauchen - **4.** [survive] überstehen ◇ *vi* - **1.** [on phone] durch|kommen; **I couldn't ~ through to her** ich konnte sie nicht erreichen - **2.** [make oneself understood]: **I couldn't ~ through to her** ich konnte es ihr nicht verständlich machen.

◆ **get to** *vt fus* ***inf*** [annoy] auf die Nerven gehen; **don't let him ~ to you** lass dich von ihm nicht ärgern.

◆ **get together** *vt sep* - **1.** [organize - team, report] zusammen|stellen; [- demonstration] organisieren - **2.** [gather - people] zusammen|bringen; [- belongings] zusammen|packen ◇ *vi* zusammen|kommen; **they ~ together every Friday evening** sie trafen sich jeden Freitagabend; **they got together to campaign against it** sie taten sich zusammen, um eine Kampagne dagegen zu führen.

◆ **get up** *vi* auf|stehen ◇ *vt fus* - **1.** [organize - petition *etc*] organisieren - **2.** [gather - speed] in Fahrt kommen.

◆ **get up to** *vt fus* ***inf*** an|stellen; **I wonder what they're ~ting up to** ich frage mich, was die da treiben.

getaway ['getəweɪ] *n* Flucht *die*.

getaway car *n* Fluchtauto *das*.

get-together *n* ***inf*** Zusammenkunft *die*, Treffen *das*.

getup ['getʌp] *n* ***inf*** Aufmachung *die*.

get-up-and-go *n* ***inf*** Schwung *der*, Elan *der*.

get-well card *n Karte mit Wünschen zur guten Besserung.*

geyser ['giːzəʳ] *n* - **1.** [hot spring] Geysir *der* - **2.** ***Br*** [water heater] Durchlauferhitzer *der*.

Ghana ['gɑːnə] *n* Ghana *nt*.

Ghan(a)ian [gɑː'neɪən] *adj* ghanaisch ◇ *n* Ghanaer *der*, -in *die*.

ghastly ['gɑːstlɪ] (*compar* **-ier;** *superl* **-iest**) *adj* - **1.** ***inf*** [very bad, unpleasant] scheußlich, grässlich - **2.** [horrifying, macabre] schrecklich, schauerlich - **3.** [ill] grässlich.

gherkin ['gɜːkɪn] *n* Gewürzgurke *die*, Essiggurke *die*.

ghetto ['getəʊ] (*pl* **-s** *OR* **-es**) *n* Ghetto *das*, Getto *das*.

ghetto blaster [-ˌblɑːstəʳ] *n* ***inf*** Ghettoblaster *der*.

ghost [gəʊst] *n* Geist *der*, Gespenst *das*; **he doesn't have a ~ of a chance** er hat nicht die Spur einer Chance ◇ *vt* = **ghostwrite.**

ghostly ['gəʊstlɪ] (*compar* **-ier;** *superl* **-iest**) *adj* gespenstisch.

ghost town *n* Geisterstadt *die*.

ghostwrite ['gəʊstraɪt] (*pt* **-wrote;** *pp* **-written**) *vt*: **to ~ a book** ein Buch anonym für jn schreiben.

ghostwriter ['gəʊstˌraɪtəʳ] *n* Ghostwriter *der*.

ghostwritten ['gəʊstˌrɪtn] *pp* ▻ **ghostwrite.**

ghostwrote ['gəʊstrəʊt] *pt* ▻ **ghostwrite.**

ghoul [guːl] *n* **- 1.** [spirit] böser Geist **- 2.** ***pej*** [ghoulish person] makabrer Mensch.

ghoulish ['guːlɪʃ] *adj* makaber.

GHQ (*abbr of* **general headquarters**) *n* HQ *das*.

GI (*abbr of* **government issue**) *n* GI *der*.

giant ['dʒaɪənt] *adj* riesig ◇ *n* **- 1.** [very tall man] Riese *der* **- 2.** [talented person] Größe *die* **- 3.** [business, organization] Gigant *der*.

giant-size(d) *adj* Riesen-.

gibber ['dʒɪbəʳ] *vi* stammeln.

gibberish ['dʒɪbərɪʃ] *n* [meaningless] Unsinn *der*, Quatsch *der*; [hard to understand] Kauderwelsch *das*.

gibbon ['gɪbən] *n* Gibbon *der*.

gibe [dʒaɪb] *n* Seitenhieb *der* ◇ *vi*: **to ~ at sb/sthg** jn/etw verhöhnen *OR* verspotten.

giblets ['dʒɪblɪts] *npl* Geflügelklein *das*.

Gibraltar [dʒɪ'brɔːltəʳ] *n* Gibraltar *nt*; **in ~** auf Gibraltar; **the Rock of ~** der Fels von Gibraltar.

giddy ['gɪdɪ] (*compar* **-ier;** *superl* **-iest**) *adj* [dizzy] schwindelig.

gift [gɪft] *n* **- 1.** [present] Geschenk *das* **- 2.** [talent] Talent *das*, Begabung *die*; **to have a ~ for sthg** ein Talent *OR* eine Begabung für etw haben; **to have a ~ for doing sthg** ein Talent *OR* eine Begabung haben, etw zu tun; **the ~ of the gab** die Überzeugungsgabe.

gift certificate *n* ***Am*** = **gift token.**

gifted ['gɪftɪd] *adj* talentiert, begabt.

gift token, gift voucher ***Br*****, gift certificate** ***Am*** *n* Geschenkgutschein *der*.

gift wrap *n* Geschenkpapier *das*.

gift-wrapped [-ræpt] *adj* als Geschenk verpackt.

gig [gɪg] *n* ***inf*** Gig *der*, Konzert *das*.

gigabyte ['gɪgəbaɪt] *n* COMPUT Gigabyte *das*.

gigantic [dʒaɪ'gæntɪk] *adj* gigantisch, riesig.

giggle ['gɪgl] *n* **- 1.** [laugh] Gekicher *das* **- 2.** ***Br inf*** [fun] Spaß *der*; **it was a real ~!** es war sehr amüsant! ◇ *vi* [laugh] kichern.

giggly ['gɪglɪ] (*compar* **-ier;** *superl* **-iest**) *adj* albern.

GIGO ['gaɪgəʊ] (*abbr of* **garbage in, garbage out**) COMPUT ***inf*** unsinnige Eingabe erzeugt unsinnnige Ausgabe.

gigolo ['ʒɪgələʊ] (*pl* **-s**) *n* ***pej*** Gigolo *der*.

gigot ['ʒiːgəʊ] *n* Lammkeule *die*.

gilded ['gɪldɪd] *adj* = **gilt.**

gill [dʒɪl] *n* Viertelpint *das*.

gills [gɪlz] *npl* Kiemen *pl*.

gilt [gɪlt] *adj* vergoldet ◇ *n* [gold layer] Vergoldung *die*.

◆ **gilts** *npl* FIN öffentliche Schuldverschreibungen.

gilt-edged [-edʒd] *adj* FIN: **~ stocks or securities** öffentliche Schuldverschreibung.

gimme ['gɪmɪ] ***inf*** = **give me.**

gimmick ['gɪmɪk] *n* ***pej*** Spielerei *die*.

gin [dʒɪn] *n* Gin *der*; **~ and tonic** Gin Tonic *der*.

ginger ['dʒɪndʒəʳ] *adj* ***Br*** [colour - hair] rotblond; [- cat] rötlichbraun ◇ *n* Ingwer *der*.

ginger ale *n* Ginger Ale *das*.

ginger beer *n* Ingwerbier *das*.

gingerbread ['dʒɪndʒəbred] *n* *(U)* **- 1.** [cake] *Kuchen mit Ingwergeschmack* **- 2.** [biscuit] *Pfefferkuchen mit Ingwergeschmack*.

ginger-haired [-'heəd] *adj* rothaarig.

gingerly ['dʒɪndʒəlɪ] *adv* vorsichtig, sachte.

gingham ['gɪŋəm] *n* Gingan *der*.

gingivitis [ˌdʒɪndʒɪ'vaɪtɪs] *n* *(U)* Zahnfleischentzündung *die*.

ginseng ['dʒɪnseŋ] *n* Ginseng *der*.

gipsy ['dʒɪpsɪ] (*pl* **-ies**) *adj* Zigeuner- ◇ *n* Zigeuner *der*, -in *die*.

giraffe [dʒɪ'rɑːf] (*pl inv OR* **-s**) *n* Giraffe *die*.

gird [gɜːd] (*pt* & *pp* **-ed** *OR* **girt**) *vt* ▻ **loin.**

girder ['gɜːdəʳ] *n* Träger *der*.

girdle ['gɜːdl] *n* [corset] Mieder *das*.

girl [gɜːl] *n* Mädchen *das*; [daughter] Tochter *die*, Mädchen *das*; **I'm going out with the ~s tonight** ich gehe heute Abend mit meinen Freundinnen aus; **the ~s at work** die Kolleginnen.

girl Friday *n* Allround-Büroangestellte *die*.

girlfriend ['gɜːlfrend] *n* Freundin *die*.

girl guide ***Br*****, girl scout** ***Am*** *n* Pfadfinderin *die*.

girlie magazine [ˈgɜːlɪ-] *n* ***inf*** *Zeitschrift mit Bildern nackter Mädchen.*

girlish [ˈgɜːlɪʃ] *adj* mädchenhaft.

girl scout *n* ***Am*** = **girl guide.**

giro [ˈdʒaɪrəʊ] (*pl* **-s**) *n* ***Br*** [system] Giro *das;* **~ (cheque)** *Giroscheck für Sozialhilfeempfänger.*

girt [gɜːt] *pt* & *pp* ▷ **gird.**

girth [gɜːθ] *n* **- 1.** [circumference] Umfang *der* **- 2.** [of horse] (Sattel)gurt *der.*

gist [dʒɪst] *n* Wesentliche *das;* **to get the ~ (of sthg)** das Wesentliche (einer Sache *(G)*) mit|bekommen.

give [gɪv] (*pt* **gave;** *pp* **given**) *vt* **- 1.** [gen] geben; **to ~ sb/sthg** jm etw geben; **to ~ sb a push/kiss** jm einen Schubs/Kuss geben; **to ~ sb a look/smile** jn an|sehen/an|lächeln; **to ~ a cry** auf|schreien **- 2.** [as present]: **to ~ sb sthg** jm etw schenken; [as donation] jm etw spenden **- 3.** [speech] halten **- 4.** [attention, time]: **he ~s the issue a lot of attention** er widmet der Sache viel Aufmerksamkeit **- 5.** [communicate] geben; **when will you ~ me your decision?** wann werden Sie mir Ihre Entscheidung mitteilen?; **I'll ~ him the message** ich werde es ihm ausrichten; **~ her my regards** grüß sie schön von mir **- 6.** [produce] machen; **to ~ sb a surprise** jm eine Überraschung bereiten; **to ~ sb pleasure/trouble** jm Freude/Probleme bereiten OR machen; **does it ~ you much pain?** tut es sehr weh?; **to ~ sb a fright** jn erschrecken; **what gave you that idea?** wie bist du auf diese Idee gekommen? **- 7.** ***phr:*** '**~ way**' 'Vorfahrt beachten'; **he gave me to believe** OR **understand that ...** ***fml*** er gab mir zu verstehen, dass ...; **~n the choice, I would ...** wenn ich die Wahl hätte, würde ich ...; **I'll ~ it a go** ich werde es (mal) versuchen ◇ *vi* [yield] nach|geben ◇ *n* [elasticity] Nachgiebigkeit *die.*

◆ **give or take** *prep:* **5,000 people, ~ or take a few hundred** schätzungsweise 5000 Leute.

◆ **give away** *vt sep* **- 1.** [hand over] weg|geben **- 2.** [reveal] verraten; **to ~ the game away** alles verraten.

◆ **give back** *vt sep* zurück|geben.

◆ **give in** *vi* **- 1.** [agree unwillingly] nach|geben; **to ~ in to sb/sthg** jm/etw nach|geben **- 2.** [admit defeat] sich geschlagen geben.

◆ **give off** *vt fus* ab|geben.

◆ **give out** *vt sep* [distribute] aus|teilen ◇ *vi* [fail - legs, machine] versagen; [- strength, supply] zu Ende gehen.

◆ **give over** *vt sep* [dedicate]: **this building was ~n over to the church** das Gebäude wurde der Kirche übergeben; **the evening was ~n over to playing football** der Abend wurde mit Fußballspielen verbracht ◇ *vi* ***Br inf:*** **~ over!** hör auf!

◆ **give up** *vt sep* **- 1.** [stop, abandon] auf|geben; **to ~ up doing sthg** aufhören, etw zu tun **- 2.** [surrender]: **to ~ o.s. up (to sb)** sich (jm) ergeben ◇ *vi* [admit defeat] auf|geben.

◆ **give up on** *vt fus* [abandon] auf|geben.

give-and-take *n* Kompromissbereitschaft *die.*

giveaway [ˈgɪvəˌweɪ] *adj* **- 1.** [sign, comment] verräterisch **- 2.** [price] Schleuder- ◇ *n* [telltale sign]: **it was a (dead) ~** es hat sie/ihn/*etc* verraten.

given [ˈgɪvn] *pp* ▷ **give** ◇ *adj* **- 1.** [fixed] bestimmt; **at any ~ time** zu jeder beliebigen Zeit **- 2.** [prone]: **to be ~ to sthg** zu etw neigen; **to be ~ to doing sthg** die Angewohnheit haben, etw zu tun ◇ *prep* [taking into account] angesichts *(+ G);* **~ that ...** angesichts der Tatsache, dass ...

given name *n* ***Am*** Vorname *der.*

glacial [ˈgleɪsjəl] *adj* **- 1.** [of glacier] Gletscher- **- 2.** ***fig*** [unfriendly] eisig.

glacier [ˈglæsjəʳ] *n* Gletscher *der.*

glad [glæd] (*compar* **-der;** *superl* **-dest**) *adj* **- 1.** [happy] froh, erfreut; **to be ~ about sthg** sich über etw *(A)* freuen; **I would be ~ to help you** ich würde Ihnen sehr gerne helfen **- 2.** [grateful]: **to be ~ of sthg** dankbar für etw sein.

gladden [ˈglædn] *vt* ***literary*** erfreuen.

glade [gleɪd] *n* ***literary*** Lichtung *die.*

gladioli [ˌglædɪˈəʊlaɪ] *npl* Gladiolen *pl.*

gladly [ˈglædlɪ] *adv* [willingly, eagerly] gern(e).

glamor *n* ***Am*** = **glamour.**

glamorize, -ise [ˈglæməraɪz] *vt* idealisieren; [war, crime] glorifizieren.

glamorous [ˈglæmərəs] *adj* [film star, lifestyle] glamourös; [job] Traum-.

glamour ***Br***, **glamor** ***Am*** [ˈglæməʳ] *n* [of film star, lifestyle] Glamour *der;* [of job] Reiz *der.*

glance [glɑːns] *n* Blick *der;* **to cast** OR **take a ~ at sthg** einen Blick auf etw *(A)* werfen; **at a ~** auf einen Blick; **at first ~** auf den ersten Blick ◇ *vi:* **to ~ at sb** jn kurz an|sehen; **to ~ at sthg** einen Blick auf etw *(A)* werfen; **to ~ at** OR **through sthg** [newspaper, book] etw überfliegen.

◆ **glance off** *vt fus* [subj: ball, bullet] ab|prallen an *(+ D);* [subj: light] reflektiert werden von.

glancing [ˈglɑːnsɪŋ] *adj:* **to strike sb a ~ blow** jn nur streifen.

gland [glænd] *n* Drüse *die.*

glandular fever [ˌglændjʊləʳ-] *n* Drüsenfieber *das.*

glare [gleəʳ] *n* **- 1.** [scowl] langer wütender Blick **- 2.** *(U)* [of light, sun] greller Schein; **the ~ of publicity** das Rampenlicht der Öffentlichkeit ◇ *vi* **- 1.** [scowl] böse blicken; **to ~ at sb/sthg** jn/etw böse an|starren **- 2.** [light, sun] grell scheinen.

glaring [ˈgleərɪŋ] *adj* - **1.** [error, example] eklatant - **2.** [light, sun] grell.

Glasgow [ˈglɑːzgəʊ] *n* Glasgow *nt*.

glass [glɑːs] *n* - **1.** [gen] Glas *das;* **a ~ of wine** ein Glas Wein - **2.** *(U)* [glassware] Glaswaren *pl* ◇ *comp* Glas-.

◆ **glasses** *npl* [spectacles] Brille *die;* [binoculars] Fernglas *das;* **a pair of ~es** eine Brille.

glassblowing [ˈglɑːsˌbləʊɪŋ] *n* Glasbläserei *die*.

glass fibre *n (U)* ***Br*** Glasfaser *die*.

glasshouse [ˈglɑːshaʊs, *pl* -haʊzɪz] *n* ***Br*** [greenhouse] Gewächshaus *das*.

glassware [ˈglɑːsweəʳ] *n (U)* Glaswaren *pl*.

glassy [ˈglɑːsɪ] (*compar* **-ier;** *superl* **-iest**) *adj* - **1.** [surface, sea] spiegelglatt - **2.** [stare, eye] glasig.

Glaswegian [glæzˈwiːdʒjən] *adj* Glasgower- ◇ *n* Glasgower *der*, -in *die*.

glaucoma [glɔːˈkəʊmə] *n (U)* grüner Star.

glaze [gleɪz] *n* Glasur *die* ◇ *vt* [pottery & CULIN] glasieren.

◆ **glaze over** *vi* [eyes] glasig werden.

glazed [gleɪzd] *adj* - **1.** [eyes] glasig; [expression] starr - **2.** [pottery & CULIN] glasiert - **3.** [door, window] verglast.

glazier [ˈgleɪzjəʳ] *n* Glaser *der*, -in *die*.

GLC (*abbr of* **Greater London Council**) *n ehemalige Stadtregierung des Großraums London.*

gleam [gliːm] *n* [of surface] Schimmer *der;* [of light, sunset] Schein *der;* **a ~ of hope** ein Hoffnungsschimmer ◇ *vi* [surface, object] schimmern; [gold, brass] glänzen; [light] scheinen; [eyes] funkeln.

gleaming [ˈgliːmɪŋ] *adj* [surface, object] schimmernd; [gold, brass] glänzend; [light] scheinend; [eyes] funkelnd.

glean [gliːn] *vt* [gather] zusammen|tragen.

glee [gliː] *n* [joy] Freude *die;* [gloating] Schadenfreude *die*.

gleeful [ˈgliːfʊl] *adj* [joyful] freudig; [gloating] schadenfroh.

glen [glen] *n* ***Irish*** & ***Scot*** enges Tal.

glib [glɪb] (*compar* **-ber;** *superl* **-best**) *adj* ***pej*** - **1.** [answer, excuse] leichthin gesagt - **2.** [person] aalglatt.

glibly [ˈglɪblɪ] *adv* ***pej*** [talk, reply] leichthin.

glide [glaɪd] *vi* - **1.** [move smoothly - boat] gleiten; [- dancer] schweben - **2.** [fly] schweben.

glider [ˈglaɪdəʳ] *n* Segelflugzeug *das*.

gliding [ˈglaɪdɪŋ] *n* Segelfliegen *das*.

glimmer [ˈglɪməʳ] *n* - **1.** [faint light] schwacher Schein - **2.** *fig:* **~ of hope** Hoffnungsschimmer *der;* **she didn't show a ~ of interest/understanding** sie zeigte nicht die leiseste Spur von Interesse/Verständnis ◇ *vi* schwach scheinen.

glimpse [glɪmps] *n* - **1.** [look] flüchtiger Blick; **to catch a ~ of sb/sthg** jn/etw flüchtig zu sehen bekommen - **2.** [insight]: **we got a ~ of his true character** wir haben einen Eindruck davon bekommen, wie er wirklich war ◇ *vt* - **1.** [catch sight of] flüchtig *OR* kurz sehen - **2.** [perceive]: **to ~ sb's true feelings** einen Eindruck von js wahren Gefühlen bekommen.

glint [glɪnt] *n* - **1.** [of metal, sunlight] Glitzern *das* - **2.** [in eyes]: **there was a ~ of anger in his eyes** seine Augen funkelten böse ◇ *vi* - **1.** [metal, sunlight] glitzern - **2.** [eyes] funkeln.

glisten [ˈglɪsn] *vi* [gold, lips] glänzen; [lake, raindrops] glitzern.

glitch [glɪtʃ] *n* ***inf*** [in plan] Fehler *der*.

glitter [ˈglɪtəʳ] *n* - **1.** [of object, light] Glitzern *das;* [of diamonds, stars] Funkeln *das* - **2.** [decoration, make-up] Glitzerstaub *der* ◇ *vi* glitzern; [diamonds, stars] funkeln.

glittering [ˈglɪtərɪŋ] *adj* - **1.** [object, light] glitzernd; [diamonds, stars] funkelnd - **2.** [glamorous - career] glänzend; [- party] glanzvoll.

glitzy [ˈglɪtsɪ] (*compar* **-ier;** *superl* **-iest**) *adj* ***inf*** [dress, party] glamourös.

gloat [gləʊt] *vi:* **to ~ (over sthg)** [over sb's misfortune] sich hämisch (über etw *(A)*) freuen; [over one's own success] sich selbstzufrieden (über etw *(A)*) freuen.

global [ˈgləʊbl] *adj* global; [economy, peace] Welt-.

globally [ˈgləʊbəlɪ] *adv* - **1.** [worldwide] global, weltweit - **2.** [generally] allgemein.

global warming [-ˈwɔːmɪŋ] *n* Erwärmung *die* der Erdatmosphäre.

globe [gləʊb] *n* - **1.** [Earth]: **the ~** die Erde - **2.** [sphere representing world] Globus *der*.

globetrotter [ˈgləʊbˌtrɒtəʳ] *n* ***inf*** Globetrotter *der*, -in *die*.

globule [ˈglɒbjuːl] *n* [of blood, water] Tröpfchen *das;* [of wax] Kügelchen *das*.

gloom [gluːm] *n* - **1.** [darkness] Düsterkeit *die* - **2.** [unhappiness] Trübsinn *der*.

gloomy [ˈgluːmɪ] (*compar* **-ier;** *superl* **-iest**) *adj* - **1.** [place, landscape, weather] düster - **2.** [person, atmosphere] trübsinnig - **3.** [outlook] düster; [news] bedrückend.

glorification [ˌglɔːrɪfɪˈkeɪʃn] *n* Verherrlichung *die*.

glorified [ˈglɔːrɪfaɪd] *adj* ***pej:*** **air hostesses are just ~ waitresses** Stewardessen sind nichts weiter als bessere Kellnerinnen.

glorify [ˈglɔːrɪfaɪ] (*pt* & *pp* **-ied**) *vt* verherrlichen.

glorious ['glɔːrɪəs] *adj* - **1.** [illustrious] glorreich - **2.** [wonderful] herrlich.

glory ['glɔːrɪ] (*pl* **-ies**) *n* - **1.** [fame, honour] Ruhm *der* - **2.** [splendour] Herrlichkeit *die* - **3.** [best feature] Stolz *der*.
◆ **glories** *npl* [successes] Erfolge *pl*.
◆ **glory in** *vt fus* [success] sich sonnen in *(+ D);* [freedom] genießen.

Glos *abk für Gloucestershire, in Postanschrift verwendet.*

gloss [glɒs] *n* - **1.** [shine] Glanz *der* - **2.**: **~ (paint)** Lackfarbe *die*.
◆ **gloss over** *vt fus* [treat briefly] nur ganz kurz erwähnen; [hide] unter den Teppich kehren.

glossary ['glɒsərɪ] (*pl* **-ies**) *n* Glossar *das*.

glossy ['glɒsɪ] (*compar* **-ier;** *superl* **-iest**) *adj* glänzend; [photo, paper] Glanz-.

glossy magazine *n* Hochglanzmagazin *das*.

glove [glʌv] *n* Handschuh *der;* **to fit like a ~** [garment] wie angegossen passen.

glove compartment *n* Handschuhfach *das*.

glove puppet *n* **Br** Handpuppe *die*.

glow [gləʊ] *n* - **1.** [of fire, light, sunset] Schein *der* - **2.** [flush]: **there was a healthy ~ in her cheeks** ihre Wangen hatten eine blühende Farbe - **3.** [feeling]: **he felt a ~ of pride in his achievement** seine Leistung erfüllte ihn mit großem Stolz; **she felt a ~ of pleasure** sie empfand eine tiefe Freude ◇ *vi* - **1.** [light] scheinen; [fire, sky] glühen - **2.** [with colour] leuchten - **3.** [person]: **to ~ with pleasure** vor Freude strahlen; **he was ~ing with health** er strotzte vor Gesundheit.

glower ['glaʊəʳ] *vi* wütend dreinǀblicken; **to ~ at sb/sthg** jn/etw wütend anǀblicken.

glowing ['gləʊɪŋ] *adj* [report, description] begeistert.

glow-worm *n* Glühwürmchen *das*.

glucose ['gluːkəʊs] *n* Glukose *die*.

glue [gluː] (*cont* **glueing** OR **gluing**) *n* Klebstoff *der* ◇ *vt* kleben; **to ~ sthg to sthg** etw an etw *(A)* kleben; **to be ~d to the TV** unentwegt vor dem Fernseher hocken.

glue-sniffing [-ˌsnɪfɪŋ] *n* (Klebstoff)schnüffeln *das*.

glum [glʌm] (*compar* **-mer;** *superl* **-mest**) *adj* trübsinnig.

glut [glʌt] *n:* **~ (of sthg)** Überangebot *das* (an etw *(D)*).

gluten ['gluːtən] *n* Gluten *das*.

glutinous ['gluːtɪnəs] *adj* klebrig.

glutton ['glʌtn] *n* Vielfraß *der;* **to be a ~ for punishment** ein Masochist sein.

gluttony ['glʌtənɪ] *n* Völlerei *die*.

glycerin ['glɪsərɪn], **glycerine** ['glɪsəriːn] *n* Glyzerin *das*.

gm (*abbr of* **gram**) g.

GM *adj abbr of* **genetically modified.**

GMB (*abbr of* **General, Municipal, and Boilermakers**) *n britische Industriegewerkschaft.*

GMO (*abbr of* **genetically modified organism**) *n* GVO *der*.

GMT (*abbr of* **Greenwich Mean Time**) *n* WEZ, GMT.

gnarled [nɑːld] *adj* knorrig.

gnash [næʃ] *vt:* **to ~ one's teeth** mit den Zähnen knirschen.

gnat [næt] *n* Mücke *die*.

gnaw [nɔː] *vt* nagen an *(+ D);* [fingernails] kauen an *(+ D);* **to ~ a hole in sthg** ein Loch in etw *(A)* nagen ◇ *vi* [worry]: **to ~ (away) at sb** jn quälen.

gnome [nəʊm] *n* Gnom *der;* [in garden] Gartenzwerg *der*.

GNP (*abbr of* **gross national product**) *n* BSP *das*.

gnu [nuː] (*pl inv* OR **-s**) *n* Gnu *das*.

go [gəʊ] (*pt* **went;** *pp* **gone;** *pl* **goes**) *vi* - **1.** [move] gehen; [by vehicle, travel] fahren; [by plane] fliegen; **to ~ shopping/for a walk** einkaufen/spazieren gehen; **I'll ~ and collect the cases** ich gehe die Koffer abholen; **to ~ home/to school** nach Hause/in die Schule gehen; **to ~ to Austria** nach Österreich fahren; **to ~ by bus** mit dem Bus fahren; **to ~ by plane** fliegen; **to ~ to work** zur Arbeit gehen; **where do we ~ from here?** ***fig*** was machen wir nun? - **2.** [leave] gehen; [in vehicle] fahren; **it's time we went** es wird Zeit, dass wir gehen; **let's ~!** gehen wir!; **when does the bus ~?** wann fährt der Bus ab?; **~ away!** geh weg! - **3.** [lead]: **where does this path ~?** wohin führt dieser Weg? - **4.** [time] vergehen - **5.** [progress - negotiations, preparations, business] laufen; **how are your studies ~ing?** wie läuft es mit deinem Studium?; **how did the party ~?** wie war die Party?; **to ~ well** gut gehen; **how's it ~ing?** wie gehts? - **6.** [become] werden; **she went pale** sie wurde bleich; **the milk has gone sour** die Milch ist sauer geworden; **to ~ bankrupt** Bankrott machen - **7.** [be]: **our cries went unheard** unsere Rufe blieben ungehört; **to ~ hungry** hungern; **to allow sb to ~ free** jn freiǀlassen - **8.** [expressing future tense]: **to be ~ing to do sthg** etw tun werden; **it's ~ing to rain tomorrow** morgen wird es regnen; **we're ~ing to go to Switzerland** wir fahren in die Schweiz; **she's ~ing to have a baby** sie bekommt ein Baby - **9.** [function - gen] laufen; [- watch, clock] gehen - **10.** [become damaged] kaputtǀgehen; **the fuse has gone** die Sicherung ist herausgesprungen; **her sight is ~ing** ihre Sehkraft lässt nach - **11.** [bell, alarm] losǀgehen; **the bell went** es klingelte - **12.** [match]

zusammenlpassen; **to ~ with** passen zu; **red wine doesn't ~ with fish** Rotwein passt nicht zu Fisch - **13.** [fit] passen, gehen; **it won't ~ into my case** es geht *OR* passt nicht in meinen Koffer - **14.** [belong] kommen; **the plates ~ in the cupboard** die Teller kommen in den Schrank - **15.** [be sold] verkauft werden; '**everything must ~**' 'alles muss weg' - **16.** [be spent]: **all my money goes on rent** mein ganzes Geld geht für die Miete drauf - **17.** [be given]: **to ~ to sb/sthg** an jn/etw gehen; **the contract/prize went to X** der Vertrag/Preis ging an X - **18.** [in division] gehen; **three into two won't ~** zwei durch drei geht nicht - **19.** [referring to story, song *etc*] gehen; **how does that song ~?** wie geht das Lied?; **as the saying goes** wie man so sagt - **20.** *inf* [with negative - giving advice]: **now, don't ~ catching cold** erkälte dich bloß nicht - **21.** *inf* [expressing irritation]: **he's gone and broken my computer!** er hat doch tatsächlich meinen Computer kaputtgemacht!; **now what's he gone and done?** was hat er jetzt wieder gemacht?; **you've gone and done it now!** jetzt hast du es geschafft! - **22.** *phr:* **to let ~ of sthg** [drop] etw loslassen; **to ~ it alone** es allein versuchen ◇ *vt* - **1.** [make noise] machen; **the dog went "woof"** der Hund machte „Wuff" - **2.** *inf* [say] sagen ◇ *n* - **1.** [turn]: **it's your ~** du bist dran - **2.** *inf* [attempt] Versuch *der;* **to have a ~ at sthg** etw versuchen, etw probieren; **to have a ~ on sthg** etw auslprobieren; '**50p a ~**' 'jede Runde 50 Pence' - **3.** *inf* [success]: **at** *OR* **in one ~** auf einmal; **to make a ~ of sthg** aus etw einen Erfolg machen - **4.** *phr:* **to have a ~ at sb** *inf* [criticize] jn zur Schnecke machen; **to be on the ~** *inf* auf Trab sein.

◆ **to go** *adv* - **1.** [remaining]: **how long is there to ~ until Christmas?** wie lange ist es noch bis Weihnachten?; **with five minutes to ~ they were winning** fünf Minuten vor dem Abpfiff führten sie - **2.** *Am* [to take away] zum Mitnehmen.

◆ **go about** *vt fus* - **1.** [perform]: **to ~ about one's business** seinen Geschäften nachlgehen - **2.** [tackle]: **I don't know how to ~ about doing it** ich weiß nicht, wie ich das anfangen soll; **how do you intend ~ing about it?** wie willst du das machen? ◇ *vi* = **go around.**

◆ **go after** *vt fus* [aim for] aus sein auf *(+ A).*

◆ **go against** *vt fus* - **1.** [be in conflict with] gehen gegen - **2.** [disregard] missachten; **she went against our wishes** sie hat unsere Wünsche missachtet - **3.** [be unfavourable to]: **the vote went against us** wir haben die Wahl verloren; **the verdict went against us** das Urteil fiel gegen uns aus.

◆ **go ahead** *vi* - **1.**: **to ~ ahead (with sthg)** (mit etw) anlfangen *OR* beginnen; **the government is ~ing ahead with its plans** die Regierung wird die Pläne nun doch in die Tat umsetzen; **~ ahead!** bitte! - **2.** [take place] stattlfinden.

◆ **go along** *vi:* **we were ~ing along when the engine died** während der Fahrt starb plötzlich der Motor ab; **he was making it up as he went along** er sagte einfach, was ihm gerade im Sinn kam.

◆ **go along with** *vt fus* [idea, plan] zulstimmen *(+ D).*

◆ **go around** *vi* - **1.** *inf* [behave in a certain way]: **you can't ~ around telling lies** du kannst nicht einfach Lügen erzählen - **2.** [associate]: **to ~ around with sb** mit jm herumlziehen - **3.** [joke, illness, story] herumlgehen; [rumour] umlgehen.

◆ **go away** *vi* weglgehen; [by vehicle] weglfahren; **~ away!** geh weg!; **we're ~ing away for the weekend** wir fahren übers Wochenende weg.

◆ **go back** *vi* - **1.** [return] zurücklgehen; [by vehicle] zurücklfahren - **2.** [to activity]: **to ~ back to work** [after interruption] die Arbeit wieder auflnehmen; [after holiday] wieder arbeiten gehen; **to ~ back to sleep** wieder einlschlafen - **3.** [to previous topic]: **to ~ back to sthg** auf etw *(A)* zurücklkommen - **4.** [date from]: **their friendship goes back to 1955** sie sind schon seit 1955 befreundet.

◆ **go back on** *vt fus:* **to ~ back on one's word** sein Wort nicht halten.

◆ **go before** *vi* [precede]: **to ~ before sb/sthg** jm/einer Sache voranlgehen.

◆ **go by** *vi* [time] vergehen ◇ *vt fus* - **1.** [be guided by - instincts] folgen *(+ D)*; [- instructions] befolgen - **2.** [judge by - appearances] gehen nach; **~ing by her accent, I'd say she was French** ihrem Akzent nach ist sie Französin.

◆ **go down** *vi* - **1.** [decrease - prices, value, temperature] sinken, fallen - **2.** [sun] unterlgehen - **3.** [tyre] platt werden - **4.** [be accepted]: **to ~ down well/badly** gut schlecht anlkommen ◇ *vt fus* [stairs, road] hinunterlgehen.

◆ **go down with** *vt fus* [illness] bekommen.

◆ **go for** *vt fus* - **1.** [choose] wählen; [buy] nehmen - **2.** [be attracted to]: **to ~ for sb/sthg** jn/etw bevorzugen - **3.** [attack]: **to ~ for sb** auf jn loslgehen - **4.** [try to obtain] aus sein auf *(+ A);* **just ~ for it and ask her out!** frag sie einfach, ob sie mit dir ausgehen will! - **5.** [be valid] gelten; **does that ~ for me too?** gilt das auch für mich?

◆ **go in** *vi* hineinlgehen.

◆ **go in for** *vt fus* - **1.** [enter - competition] mitlmachen bei; [- exam] machen - **2.** *inf* [activity]: **he goes in for sports in a big way** er ist ein großer Sportfan; **I don't really ~ in for classical music** ich mache mir nicht viel aus klassischer Musik.

◆ **go into** *vt fus* - **1.** [describe]: **to ~ into sthg (in detail)** auf etw *(A)* (näher) einlgehen - **2.** [investigate] sich befassen mit - **3.** [take up as a profession]: **to ~ into teaching** Lehrer werden

- 4. [subj: effort, money]: **a lot of hard work went into that book** das Buch hat viel Arbeit gekostet - 5. [begin]: **the plane went into a spin** das Flugzeug geriet ins Trudeln; **to ~ into a rage** wütend werden.

◆ **go off** *vi* - 1. [alarm] los|gehen; [bomb] explodieren - 2. [food] schlecht werden - 3. [light, heating] aus|gehen - 4. [happen] verlaufen; **everything went off well** alles ist gut verlaufen ◇ *vt fus inf* [lose interest in] nicht mehr mögen.

◆ **go on** *vi* - 1. [happen] los sein; **what's ~ing on next door?** was ist nebenan los? - 2. [light, heating] an|gehen - 3. [continue]: **to ~ on doing sthg** etw weiter tun; **I can't ~ on!** ich kann nicht mehr!; **~ on!** [continue talking] weiter!; **we went on to a disco afterwards** anschließend gingen wir in eine Disko; **he went on to become president** später wurde er Präsident - 4. [go in advance] voraus|gehen; **you ~ on, I'll wait here** geh nur, ich bleibe hier - 5. [pass - time] vergehen - 6. [talk for too long]: **she doesn't half ~ on** *inf* sie ist eine Quasselstrippe; **to ~ on (and on) about sthg** auf etw *(D)* herum|reiten; **don't ~ on about it!** hör doch mal (damit) auf! ◇ *vt fus* [be guided by]: **I've got nothing to ~ on** ich habe keine Anhaltspunkte ◇ *excl* [expressing encouragement]: **~ on!** komm schon!; **~ on, have another chocolate** nimm doch noch eine Praline.

◆ **go on at** *vt fus* [nag]: **to ~ on at sb** an jm herum|nörgeln.

◆ **go out** *vi* - 1. [light, heating] aus|gehen - 2. [move outside] hinaus|gehen; **to ~ out for a meal** essen gehen; **to ~ out for a walk** einen Spaziergang machen - 3. [have relationship]: **to ~ out with sb** mit jm gehen; **we've been ~ing out for six years** wir sind seit sechs Jahren zusammen; **he's ~ing out with a Frenchwoman** er ist mit einer Französin zusammen, seine Freundin ist Französin - 4. [tide]: **the tide is ~ing out** die Ebbe hat eingesetzt.

◆ **go over** *vt fus* - 1. [check] überprüfen, durch|gehen - 2. [repeat]: **to ~ over sthg again** etw wiederholen.

◆ **go over to** *vt fus* - 1. [change to]: **we're ~ing over to gas** wir steigen auf Gas um - 2. [change sides]: **to ~ over to the enemy** zum Feind über|laufen; **to ~ over to the Labour Party** zur Labourpartei über|wechseln - 3. TV & RADIO: **we're now ~ing over to Washington/our New York correspondent** wir schalten jetzt nach Washington/zu unserem Korrespondenten in New York.

◆ **go round** *vi* - 1. [revolve] sich drehen - 2. [be enough] aus|reichen; **there isn't enough to ~ round** es reicht nicht für alle; *see also* **go around.**

◆ **go through** *vt fus* - 1. [experience] durch|machen - 2. [use up - money] aus|geben; [- inheritance] durch|bringen; **I went through five packets of cigarettes** ich habe fünf Schachteln Zigaretten geraucht - 3. [search] durchsuchen - 4. [read] durch|sehen ◇ *vi* [bill] durch|kommen; **the deal didn't ~ through** das Geschäft kam nicht zustande; **my divorce has gone through** meine Scheidung ist durch.

◆ **go through with** *vt fus:* **the government is ~ing through with the plan** die Regierung setzt den Plan in die Tat um; **she couldn't ~ through with it** sie brachte es nicht fertig.

◆ **go towards** *vt fus* [contribute to] bestimmt sein für.

◆ **go under** *vi lit & fig* unter|gehen.

◆ **go up** *vi* - 1. [increase] steigen - 2. [move upwards - balloon] auf|steigen; [- person] auf|steigen - 3. [be built] gebaut werden - 4. [explode] in die Luft gehen; **to ~ up in flames** in Flammen auf|gehen ◇ *vt fus* [stairs, hill] hinauf|steigen.

◆ **go with** *vt fus* - 1. [be included with] gehören zu - 2. [match] passen zu.

◆ **go without** *vt fus:* **to ~ without sthg** ohne etw aus|kommen.

goad [gəʊd] *vt* [provoke] provozieren; **to ~ sb into doing sthg** jn so lange provozieren, bis er/sie etw tut.

go-ahead *adj* fortschrittlich ◇ *n* Erlaubnis *die;* **to give sb the ~ (for sthg)** jm grünes Licht (für etw) geben.

goal [gəʊl] *n* - 1. SPORT Tor *das;* **to score a ~** ein Tor erzielen - 2. [aim] Ziel *das.*

goalie ['gəʊlɪ] *n* ***inf*** Torwart *der.*

goalkeeper ['gəʊl,ki:pəʳ] *n* Torwart *der,* Torhüter *der,* -in *die.*

goalless ['gəʊllɪs] *adj:* **to end in a ~ draw** Null zu Null enden.

goalmouth ['gəʊlmaʊθ, *pl* -maʊðz] *n* *unmittelbarer Torbereich.*

goalpost ['gəʊlpəʊst] *n* Torpfosten *der.*

goat [gəʊt] *n* Ziege *die;* **to act the ~** ***Br*** herum|albern.

goatee (beard) ['gəʊtɪ-] *n* Ziegenbärtchen *das.*

goat's cheese *n* Ziegenkäse *der.*

gob [gɒb] (*pt & pp* **-bed;** *cont* **-bing)** ***inf n Br*** [mouth] Maul *das,* Schnauze *die* ◇ *vi* [spit] spucken.

gobble ['gɒbl] *vt* hinunter|schlingen.

◆ **gobble down, gobble up** *vt sep* hinunter|schlingen.

gobbledygook ['gɒbldɪgu:k] *n* - 1. [official language] Kauderwelsch *das* - 2. ***inf*** [nonsense] Unsinn *der.*

go-between *n* Vermittler *der,* -in *die.*

Gobi Desert ['gəʊbɪ-] *n:* **the ~** die Wüste Gobi.

goblet ['gɒblɪt] *n* Kelch *der.*

goblin ['gɒblɪn] *n* Kobold *der.*

gobsmacked ['gɒbsmækt] *adj* ***Br inf*** platt.

go-cart *n* = **go-kart.**

god [gɒd] *n* Gott *der.*

◆ **God** *n* Gott *der;* **God knows** keine Ahnung; **God knows the money I've spent on those kids** ich habe weiß Gott viel Geld für diese Kinder ausgegeben; **for God's sake!** um Gottes willen!; **thank God!** Gott sei Dank! <> *excl:* **(my) God!** (mein) Gott!

◆ **gods** *npl Br inf:* **the ~s** THEATRE der Olymp.

godchild ['gɒdtʃaɪld] (*pl* **-children** [-ˌtʃɪldrən]) *n* Patenkind *das.*

goddam(n) ['gɒdæm] *esp Am adj vinf* verdammt <> *excl* verdammt noch mal!

goddaughter ['gɒdˌdɔːtəʳ] *n* Patentochter *die.*

goddess ['gɒdɪs] *n* Göttin *die.*

godfather ['gɒdˌfɑːðəʳ] *n* Pate *der,* Patenonkel *der.*

godforsaken ['gɒdfəˌseɪkn] *adj* gottverlassen.

godmother ['gɒdˌmʌðəʳ] *n* Patin *die,* Patentante *die.*

godparents ['gɒdˌpeərənts] *npl* Paten *pl.*

godsend ['gɒdsend] *n* Geschenk *das* des Himmels.

godson ['gɒdsʌn] *n* Patensohn *der.*

goes [gəuz] *vb* ▻ **go.**

gofer ['gəufəʳ] *n* **Am inf** Mädchen *das* für alles.

go-getter [-'getəʳ] *n* dynamischer Mensch.

goggle ['gɒgl] *vi:* **to ~ at sb/sthg** auf jn/etw mit weit aufgerissenen Augen starren.

goggles ['gɒglz] *npl* [in industry] Schutzbrille *die;* [for diving] Taucherbrille *die;* [for skiing] Skibrille *die.*

going ['gəuɪŋ] *adj* **- 1.** [rate, salary] üblich **- 2.** *Br* [available]: **any jobs ~?** gibt es freie Stellen?; **she's the biggest fool ~** sie ist der größte Dummkopf, den es gibt <> *n* **- 1.** [progress]: **have you finished already? – that's good ~** bist du schon fertig? – du bist gut OR schnell vorangekommen; **it was slow ~** es ging nur langsam voran **- 2.** [in horse racing] Geläuf *das;* **the ~ is good** die Bahn ist gut; **this novel is heavy ~** dieser Roman liest sich schwer.

going concern *n* gut gehendes Unternehmen.

goings-on *npl inf:* **strange ~** seltsame Dinge *pl.*

go-kart [-kɑːt] *n* **Br** Go-Kart *der.*

gold [gəuld] *adj* [gold-coloured] golden <> *n* **- 1.** [gen] Gold *das;* **to be as good as ~** sehr brav sein **- 2.** [medal] Goldmedaille *die* <> *comp* [made of gold] Gold-.

golden ['gəuldən] *adj* **- 1.** [made of gold] Gold- **- 2.** [gold-coloured] golden.

golden age *n* goldenes Zeitalter.

golden eagle *n* Steinadler *der.*

golden handshake *n hohe Geldsumme, die leitenden Angestellten beim Verlassen ihrer Firma in Anerkennung ihrer Dienste gezahlt wird.*

golden opportunity *n* ideale Gelegenheit.

golden retriever *n* Golden Retriever *der.*

golden rule *n* goldene Regel.

golden wedding *n* goldene Hochzeit.

goldfish ['gəuldfɪʃ] (*pl inv*) *n* Goldfisch *der.*

goldfish bowl *n* Goldfischglas *das.*

gold leaf *n* Blattgold *das.*

gold medal *n* Goldmedaille *die.*

goldmine ['gəuldmaɪn] *n* **- 1.** [mine] Goldmine *die* **- 2.** [profitable business] Goldgrube *die.*

gold-plated [-'pleɪtɪd] *adj* vergoldet.

goldsmith ['gəuldsmɪθ] *n* Goldschmied *der,* -in *die.*

golf [gɒlf] *n* Golf *das.*

golf ball *n* **- 1.** [for golf] Golfball *der* **- 2.** [for typewriter] Kugelkopf *der.*

golf club *n* **- 1.** [place, society] Golfklub *der* **- 2.** [equipment] Golfschläger *der.*

golf course *n* Golfplatz *der.*

golfer ['gɒlfəʳ] *n* Golfspieler *der,* -in *die.*

golly ['gɒlɪ] *excl* **inf dated** Menschenskind!

gondola ['gɒndələ] *n* Gondel *die.*

gone [gɒn] *pp* ▻ **go** <> *adj* [no longer here] weg <> *prep* [past] nach; **it's ~ twelve (o'clock)** es ist zwölf Uhr vorbei.

gong [gɒŋ] *n* Gong *der.*

gonna ['gɒnə] *inf* = **going to.**

gonorrh(o)ea [ˌgɒnə'rɪə] *n* Tripper *der,* Gonorrhö *die.*

goo [guː] *n (U)* **inf** klebriges Zeug.

good [gud] (*compar* **better;** *superl* **best**) *adj* **- 1.** [gen] gut; **it's ~ to see you again** schön, Sie wieder zu sehen; **to have a ~ time** sich gut amüsieren; **to feel ~** sich wohl fühlen; **it tastes/smells ~** es schmeckt/riecht gut; **is this meat still ~?** kann man das Fleisch noch essen?; **it's ~ for you** [beneficial] das wird dir gut tun; [food] das ist gesund; **a ~ opportunity** eine günstige Gelegenheit; **to be ~ at sthg** etw gut können; **~ at French** gut in Französisch; **she's ~ with her hands** sie ist geschickt mit den Händen; **she's very ~ with children** sie kann sehr gut mit Kindern umgehen **- 2.** [suitable] geeignet; **he would make a ~ president** er eignet sich zum Präsidenten **- 3.** [kind] lieb; **that's very ~ of you** das ist sehr nett von Ihnen; **to be ~ to sb** gut zu jm sein; **would you be ~ enough to open the door?** wären Sie so liebenswürdig, mir die Tür zu öffnen? **- 4.** [well-behaved] artig, brav; **be ~!** sei brav! **- 5.** [thorough] gründlich **- 6.** [considerable]: **a ~ while/deal** ziemlich lange/viel; **a ~ ten minutes** gute zehn Minuten **- 7.** *phr:* **in ~ time** beizeiten; **to make sthg ~** [damage, loss] etw wieder gut|machen; **it's a ~ job** *OR* **thing (that)** ... zum Glück ...; **~ for you!** wie schön für Dich!; **to give as ~ as one gets** Gleiches mit Gleichem vergelten <> *n* **- 1.** [moral correctness] Gute *das;* **to be up to no ~** nichts Gutes im Schilde führen **- 2.** [use]: **it's no ~** [there's no point] es hat keinen Zweck; **what's the ~ of worrying (about it)?** was nützt es, wenn man sich deswegen Sorgen macht?; **will this be any ~?** nützt das was? **- 3.** [benefit]: **for the ~ of** zum Wohle *(+ G);* **for your own ~** zu deinem Besten; **it will do him ~** es wird ihm gut tun.

◆ **goods** *npl* Waren *pl;* **to come up with** *OR* **deliver the ~s** *Br inf* Wort halten.

◆ **as good as** *adv* so gut wie; **as ~ as new** so gut wie neu.

◆ **for good** *adv* für immer.

◆ **good afternoon** *excl* guten Tag!

◆ **good evening** *excl* guten Abend!

◆ **good morning** *excl* guten Morgen!

◆ **good night** *excl* gute Nacht!

goodbye [ˌgʊd'baɪ] *excl* auf Wiedersehen!; [on phone] auf Wiederhören! <> *n:* **to say ~** auf Wiedersehen sagen; **to wave ~** zum Abschied winken.

good deed *n* gute Tat.

good-for-nothing *adj* nichtsnutzig <> *n* Taugenichts *der.*

good fortune *n* Glück *das.*

Good Friday *n* Karfreitag *der.*

GOOD FRIDAY AGREEMENT

So genannt, weil es am Karfreitag 1998 (nach einem Volkentscheid) unterzeichnet wurde, ist dieses Abkommen zwischen der Bevölkerung Irlands und der britischen Regierung ein Meilenstein des Friedensprozesses in Nordirland. In diesem Abkommen erklärt die britische Regierung ihre Bereitschaft, die Verfassung so zu ändern, dass Nordirland, falls die Mehrheit der dortigen Bevölkerung dies wünscht, sich mit Irland vereinigen kann, während die Republik Irland sich bereit erklärt, ihre territorialen Ansprüche auf Nordirland aufzugeben. Das Abkommen enthält darüber hinaus weitere wichtige Aussagen zu Fragen der Regierung, der gemeinsamen Verantwortung für das Rechtswesen usw, darunter auch die Übereinkunft, alle paramilitärischen Organisationen zu entwaffnen.

good-humoured [-'hju:məd] *adj* [person - temporarily] gut gelaunt; [- by nature] gutmütig; [rivalry] freundschaftlich.

good-looking [-'lʊkɪŋ] *adj* gut aussehend.

good manners *npl* gute Manieren *pl.*

good-natured [-'neɪtʃəd] *adj* [person] gutmütig; [rivalry] freundschaftlich; [argument] friedlich.

goodness ['gʊdnɪs] *n* **- 1.** [kindness] Güte *die* **- 2.** [of food] Nährgehalt *der* <> *excl:* **(my) ~!** meine Güte!; **for ~' sake!** um Himmels willen!; **thank ~!** Gott sei Dank!

goods train *n Br* Güterzug *der.*

good-tempered [-'tempəd] *adj* [person] ausgeglichen; [meeting] harmonisch.

good turn *n:* **to do sb a ~** jm einen Gefallen tun.

goodwill [ˌgʊd'wɪl] *n (U)* guter Wille; [between countries & COMM] Goodwill *der.*

goody ['gʊdɪ] (*pl* **-ies**) *n* **inf** [in story] Gute *der, die* <> *excl* toll!, prima!

◆ **goodies** *npl inf* **- 1.** [delicious food] Leckerbissen *pl* **- 2.** [desirable objects] schöne Dinge *pl.*

gooey ['gu:ɪ] (*compar* **gooier;** *superl* **gooiest**) *adj inf* [sticky] klebrig.

goof [gu:f] *Am inf n* [mistake] Patzer *der* <> *vi* Mist bauen.

◆ **goof off** *vi Am inf* [waste time] herum|trödeln; [do nothing] auf der faulen Haut liegen.

goofy ['gu:fɪ] (*compar* **-ier;** *superl* **-iest**) *adj inf* albern.

goose [gu:s] (*pl* **geese**) *n* Gans *die.*

gooseberry ['gʊzbərɪ] (*pl* **-ies**) *n* Stachelbeere *die;* **to play ~** *Br inf* das fünfte Rad am Wagen sein.

gooseflesh ['gu:sfleʃ] *n,* **goose pimples** *Br npl,* **goosebumps** *Am* ['gu:sbʌmps] *npl* Gänsehaut *die.*

goosestep ['gu:sˌstep] (*pt & pp* **-ped;** *cont* **-ping**) *n* Stechschritt *der* <> *vi* im Stechschritt marschieren.

GOP (*abbr of* **Grand Old Party**) *n Partei der Republikaner in den USA.*

gopher ['gəʊfər] *n* Taschenratte *die.*

gore [gɔ:r] *n (U)* **literary** [blood] Blut *das* <> *vt* [subj: bull] mit den Hörnern verletzen.

gorge [gɔ:dʒ] *n* Schlucht *die* <> *vt:* **to ~ o.s. on** *OR* **with sthg** sich mit etw voll|stopfen.

gorgeous ['gɔ:dʒəs] *adj* **- 1.** [place, present, weather] herrlich, wunderschön **- 2.** *inf* [person] toll aussehend; **to be ~** toll aus|sehen.

gorilla [gə'rɪlə] *n* Gorilla *der.*

gormless ['gɔ:mlɪs] *adj Br inf* dämlich.

gorse [gɔ:s] *n* Stechginster *der.*

gory ['gɔ:rɪ] (*compar* **-ier;** *superl* **-iest**) *adj* [story, film] blutrünstig.

gosh [gɒʃ] *excl inf* mein Gott!, Mensch!

go-slow *n Br* Bummelstreik *der.*

gospel ['gɒspl] *n* **- 1.** [doctrine] Lehre *die* **- 2.** *(U):* **to take sthg as ~ (truth)** etw für bare Münze

nehmen; **it's the ~ truth** es ist die reine Wahrheit <> *comp* [music, song] Gospel-.
◆ **Gospel** *n* [in Bible] Evangelium *das*.

gossip ['gɒsɪp] *n* - **1.** [conversation] Klatsch *der;* **to have a ~** klatschen - **2.** [person] Klatschbase *die* <> *vi* klatschen.

gossip column *n* Klatschspalte *die*.

got [gɒt] *pt* & *pp* ▻ **get.**

Gothic ['gɒθɪk] *adj* - **1.** [architecture, script] gotisch - **2.** [novel, story] Schauer-.

gotta ['gɒtə] *inf* = **got to.**

gotten ['gɒtn] *pp* **Am** ▻ **get.**

gouge [gaʊdʒ] ◆ **gouge out** *vt sep* [hole] machen; [eyes] auslstechen.

goulash ['gu:læʃ] *n* Gulasch *das*.

gourd [gʊəd] *n* - **1.** [fruit] Flaschenkürbis *der* - **2.** [container] Kürbisflasche *die*.

gourmet ['gʊəmeɪ] *n* Feinschmecker *der*, -in *die* <> *comp* [food, restaurant] Feinschmecker-.

gout [gaʊt] *n* Gicht *die*.

govern ['gʌvən] *vt* - **1.** POL regieren - **2.** [determine] bestimmen <> *vi* POL regieren.

governess ['gʌvənɪs] *n* Gouvernante *die*.

governing ['gʌvənɪŋ] *adj* POL regierend; **~ party** Regierungspartei *die*.

government ['gʌvnmənt] *n* Regierung *die* <> *comp* [policy, official] Regierungs-; **~ spending** Staatsausgaben *pl;* **~ department** Ministerium *das*.

governmental [ˌgʌvn'mentl] *adj* Regierungs-.

governor ['gʌvənə^r] *n* - **1.** POL Gouverneur *der*, -in *die* - **2.** [of school] Mitglied *das* des Schulbeirats; [of bank] Mitglied *das* des Direktoriums - **3.** [of prison] Direktor *der*, -in *die*.

govt (*abbr of* **government**) Rg., Reg.

gown [gaʊn] *n* - **1.** [dress] Kleid *das;* [evening gown] Abendkleid *das* - **2.** UNIV & LAW Talar *der* - **3.** MED Kittel *der*.

GP *n abbr of* **general practitioner.**

GPO (*abbr of* **General Post Office**) *n* Post *die*.

grab [græb] (*pt* & *pp* **-bed;** *cont* **-bing**) *vt* - **1.** [with hands]: **to ~ (hold of)** [person] packen; [object] schnappen; **to ~ (hold of) sb's arm** jn am Arm packen - **2.** *fig* [opportunity] (beim Schopf) ergreifen; [sandwich, lunch] schnell essen; **to ~ a few hours' sleep** ein paar Stunden Schlaf kriegen - **3.** *inf* [appeal to]: **how does that ~ you?** wie findest du das? <> *vi:* **to ~ at sthg** [with hands] nach etw greifen <> *n:* **to make a ~ at** *OR* **for sthg** nach etw greifen.

grace [greɪs] *n* - **1.** *(U)* [elegance] Grazie *die*, Anmut *die* - **2.** [graciousness]: **to have the ~ to do sthg** den Anstand haben, etw zu tun; **to do sthg with good ~** etw anstandslos tun - **3.** [extra time]: **ten days' ~** zehn Tage Aufschub - **4.** [prayer] Tischgebet *das* <> *vt* - **1.** *fml* [honour] beehren - **2.** [adorn] schmücken.
◆ **Grace** *n* [title]: **Your Grace** Euer Gnaden.

graceful ['greɪsfʊl] *adj* - **1.** [beautiful] graziös, anmutig; [line, curve] gefällig - **2.** [gracious]: **he was ~ enough to say he was sorry** er war so anständig, sich zu entschuldigen.

graceless ['greɪslɪs] *adj* - **1.** [lacking charm] reizlos - **2.** [ill-mannered] unhöflich.

gracious ['greɪʃəs] *adj* - **1.** [polite] höflich - **2.** [elegant] mondän <> *excl:* **(good) ~!** ach du meine Güte!

graciously ['greɪʃəslɪ] *adv* [politely] höflich.

gradation [grə'deɪʃn] *n* Abstufung *die*.

grade [greɪd] *n* - **1.** [quality] Güteklasse *die;* **high-~** hochwertig - **2.** [in company, organization]: **(salary) ~** Gehaltsstufe *die;* **to make the ~** es schaffen - **3.** **Am** [class] Klasse *die* - **4.** [in exam, test] Note *die* - **5.** **Am** [gradient] Gefälle *das* <> *vt* - **1.** [classify] klassifizieren - **2.** [test, exam] benoten.

grade crossing *n* **Am** Bahnübergang *der*.

grade school *n* **Am** Grundschule *die*.

grade school teacher *n* **Am** Grundschullehrer *der*, -in *die*.

gradient ['greɪdjənt] *n* [of road - upward] Steigung *die;* [- downward] Gefälle *das*.

gradual ['grædʒʊəl] *adj* allmählich.

gradually ['grædʒʊəlɪ] *adv* allmählich.

graduate [*n* 'grædʒʊət, *vb* 'grædʒʊeɪt] *n* - **1.** [person with a degree] Graduierte *der, die;* **he is an English ~** er hat einen Hochschulabschluss in Englisch - **2.** **Am** [of high school] ≃ Abiturient *der*, -in *die (mit bestandenem Abitur)* <> *vi* - **1.** [with a degree]: **to ~ (from)** seinen Hochschulabschluss machen (an *(+ D)*) - **2.** **Am** [from high school]: **to ~ (from)** ≃ das Abitur machen (an *(+ D)*) - **3.** [progress]: **to ~ from sthg to sthg** sich von etw zu etw hochlarbeiten.

graduated ['grædjʊeɪtɪd] *adj* [pension, tax, colours] abgestuft; [measuring jug, thermometer] mit Maßeinteilung.

graduate school *n* **Am** *Hochschule oder College, an dem man sein Studium nach dem ersten akademischen Grad weiterführen kann.*

graduation [ˌgrædʒʊ'eɪʃn] *n* - **1.** [completion of course] Abschluss *der* des Studiums; **Am** [at high school] ≃ Abitur *das* - **2.** [university or school ceremony] Abschlussfeier *die*.

graffiti [grə'fi:tɪ] *n (U)* Graffiti *pl*.

graft [grɑ:ft] *n* - **1.** [from plant] Pfropfreis *das* - **2.** MED Transplantat *das* - **3.** **Br** *inf* [hard work] Plackerei *die* - **4.** **Am** *inf* [corruption] Schiebung *die* <> *vt* - **1.** [plant]: **to ~ sthg (onto)** etw pfropfen (auf *(+ A)*) - **2.** MED: **to ~ sthg (onto)** etw transplantieren (in *(+ A)*) - **3.** [idea, system]: **to ~ sthg onto** etw ein|bringen in *(+ A)*.

grain [greɪn] *n* - **1.** [of corn, rice, salt, sand] Korn *das* - **2.** *(U)* [crops] Getreide *das*, Korn *das* - **3.** *fig* [of truth] Körnchen *das* - **4.** [in wood] Maserung *die;* [in rock] Korn *das;* **to go against the ~ *fig*** gegen den Strich gehen.

gram [græm] *n* Gramm *das*.

grammar [ˈgræməʳ] *n* Grammatik *die;* **her ~ is appalling** sie macht entsetzlich viele Grammatikfehler.

grammar school *n* - **1.** [in UK] ≃ Gymnasium *das* - **2.** [in US] ≃ Grundschule *die*.

GRAMMAR SCHOOL

„Grammar Schools" (in England und Wales) sind staatlich geförderte oder private weiterführende Schulen, die am ehesten dem traditionellen Gymnasium entsprechen. Sie bieten eine Ausbildung vom mehr traditionellen, akademischen Typ, die die Schüler auf ein Hochschulstudium vorbereiten soll. Die Aufnahme ist an eine Aufnahmeprüfung oder sonstige schriftliche Leistungsnachweise gebunden. Heute besuchen nur noch ca. 5% aller Schüler eine „Grammar School".

grammatical [grəˈmætɪkl] *adj* grammatisch; **it's not ~** es ist nicht grammatikalisch richtig.

gramme [græm] *n* ***Br*** = **gram.**

gramophone [ˈgræməfəʊn] *n* ***dated*** Grammofon *das*.

gran [græn] *n* ***Br inf*** Oma *die*, Omi *die*.

grand [grænd] (*pl inv*) *adj* - **1.** [house, style] prachtvoll; [design, plan] ehrgeizig; [person, job] bedeutend - **2.** ***inf dated*** [excellent] fantastisch <> *n* ***inf*** [thousand pounds] tausend Pfund *pl;* [thousand dollars] tausend Dollar *pl*.

grandad *n* ***inf*** Opa *der*, Opi *der*.

Grand Canyon *n:* **the ~** der Grand Canyon.

grandchild [ˈgræntʃaɪld] (*pl* **-children** [-ˌtʃɪldrənl]) *n* Enkelkind *das*.

granddad [ˈgrændæd] *n* ***inf*** = **grandad.**

granddaughter [ˈgrænˌdɔːtəʳ] *n* Enkelin *die*.

grand duchess *n* Großherzogin *die*.

grand duke *n* Großherzog *der*.

grandeur [ˈgrændʒəʳ] *n* [of building] Pracht *die;* [of scenery] Herrlichkeit *die*.

grandfather [ˈgrændˌfɑːðəʳ] *n* Großvater *der*.

grandfather clock *n* Standuhr *die*.

grandiose [ˈgrændɪəʊz] *adj* ***pej*** [building, style] bombastisch; [plan, idea] hochfliegend.

grand jury *n* ***Am*** *Geschworenengericht in den USA, das darüber entscheidet, ob jemand für ein Verbrechen vor Gericht gestellt wird.*

grandma [ˈgrænmɑː] *n* ***inf*** Oma *die*, Omi *die*.

grandmother [ˈgrænˌmʌðəʳ] *n* Großmutter *die*.

Grand National *n:* **the ~** *berühmtes Pferderennen in England.*

grandpa [ˈgrænpɑː] *n* ***inf*** Opa *der*, Opi *der*.

grandparents [ˈgrænˌpeərənts] *npl* Großeltern *pl*.

grand piano *n* Flügel *der*.

grand slam *n* SPORT Grand Slam *der*.

grandson [ˈgrænsʌn] *n* Enkel *der*.

grandstand [ˈgrændstænd] *n* (überdachte) Tribüne.

grand total *n* Endsumme *die*.

granite [ˈgrænɪt] *n* Granit *der*.

granny [ˈgrænɪ] (*pl* **-ies**) *n* ***inf*** Oma *die*, Omi *die*.

granny flat *n* ***Br*** Einliegerwohnung *die*.

granola [grəˈnəʊlə] *n* ***Am*** ≃ Müsli *das*.

grant [grɑːnt] *n* [money] Zuschuss *der;* [for study] Stipendium *das* <> *vt* ***fml*** - **1.** [request, right] gewähren; [appeal] nach|kommen *(+ D);* [wish] erfüllen - **2.** [admit] zu|geben; **I ~ that ...** ich gebe zu, dass ... - **3.** ***phr:*** **to take sthg for ~ed** etw als selbstverständlich betrachten; **he takes his wife for ~ed** er weiß nicht zu schätzen, was seine Frau für ihn tut; **to take it for ~ed that ...** es als selbstverständlich betrachten, dass ...

granulated sugar [ˈgrænjʊleɪtɪd-] *n* Kristallzucker *der*.

granule [ˈgrænjuːl] *n* Körnchen *das*.

grape [greɪp] *n* (Wein)traube *die*.

grapefruit [ˈgreɪpfruːt] (*pl inv* OR **-s**) *n* Grapefruit *die*, Pampelmuse *die*.

grape picking [-ˈpɪkɪŋ] *n (U)* Weinlese *die*.

grapevine [ˈgreɪpvaɪn] *n* Weinstock *der;* **we heard on the ~ that ... *fig*** wir haben gehört, dass ...

graph [grɑːf] *n* Diagramm *das*.

graphic [ˈgræfɪk] *adj* - **1.** [vivid] anschaulich - **2.** ART grafisch.

◆ **graphics** *npl* [pictures] grafische Darstellungen *pl;* **computer ~s** (Computer)grafik *die*.

graphic artist *n* Grafiker *der*, -in *die*

graphic design *n* Grafikdesign *das*.

graphic designer *n* Grafikdesigner *der*, -in *die*.

graphic equalizer *n* Graphic-Equalizer *der*.

graphics card *n* COMPUT Grafikkarte *die*.

graphite [ˈgræfaɪt] *n* Graphit *das*.

graphology [græˈfɒlədʒɪ] *n* Graphologie *die*.

graph paper *n* Millimeterpapier *das*.

grapple [ˈgræpl] ◆ **grapple with** *vt fus* ***lit*** & ***fig*** ringen mit.

grappling iron [ˈgræplɪŋ-] *n* Draggen *der*.

grasp [grɑːsp] *n* - **1.** [grip] Griff *der;* **success is now within their ~** der Erfolg ist nun in greifbarer Nähe - **2.** [understanding]: **to have a good ~ of sthg** [language] etw gut beherrschen; [situation] etw verstehen; **this is beyond her ~** das ist zu hoch für sie ◇ *vt* - **1.** [with hands] ergreifen - **2.** [understand] begreifen.

grasping [ˈgrɑːspɪŋ] *adj* ***pej*** [greedy] habgierig.

grass [grɑːs] *n* - **1.** [on ground] Gras *das;* [lawn] Rasen *der* - **2.** ***drugs sl*** [marijuana] Gras *das* ◇ *vi* ***Br crime sl:*** **to ~ on sb** jn verpfeifen.

grasshopper [ˈgrɑːsˌhɒpəʳ] *n* Heuschrecke *die.*

grassland [ˈgrɑːslænd] *n* Grasland *das.*

grass roots *npl* [ordinary people] Basis *die* ◇ *comp:* **~ opinion/support** Meinung/Unterstützung der Basis; **at ~ level** an der Basis.

grass snake *n* Ringelnatter *die.*

grassy [ˈgrɑːsɪ] (*compar* **-ier;** *superl* **-iest**) *adj* mit Gras bewachsen.

grate [greɪt] *n* [in fireplace] (Kamin)rost *der* ◇ *vt* [cheese, carrots] reiben ◇ *vi* [irritate] auf die Nerven gehen; **to ~ on sb's nerves** jm auf die Nerven gehen.

grateful [ˈgreɪtfʊl] *adj:* **to be ~ to sb (for sthg)** jm (für etw) dankbar sein.

gratefully [ˈgreɪtfʊlɪ] *adv* dankbar.

grater [ˈgreɪtəʳ] *n* Reibe *die.*

gratification [ˌgrætɪfɪˈkeɪʃn] *n* - **1.** [pleasure] Genugtuung *die* - **2.** [of desire] Befriedigung *die.*

gratify [ˈgrætɪfaɪ] (*pt* & *pp* **-ied**) *vt* - **1.** [please]: **to be gratified to hear/discover that ...** mit Genugtuung hören/entdecken, dass ... - **2.** [desire] befriedigen.

gratifying [ˈgrætɪfaɪɪŋ] *adj* [pleasing] erfreulich.

grating [ˈgreɪtɪŋ] *adj* nervend ◇ *n* [grille] Gitter *das.*

gratitude [ˈgrætɪtjuːd] *n:* **~ (to sb)** Dankbarkeit *die* (gegenüber jm).

gratuitous [grəˈtjuːɪtəs] *adj* ***fml*** unnötig.

gratuity [grəˈtjuːɪtɪ] (*pl* **-ies**) *n* ***fml*** [tip] Trinkgeld *das.*

grave [greɪv] *adj* - **1.** [solemn] ernst - **2.** [serious - situation, threat, illness] ernst; [- news] schlimm ◇ *n* Grab *das;* **to turn in one's ~** sich im Grab umldrehen.

gravedigger [ˈgreɪvˌdɪgəʳ] *n* Totengräber *der,* -in *die.*

gravel [ˈgrævl] *n* Kies *der.*

gravestone [ˈgreɪvstəʊn] *n* Grabstein *der.*

graveyard [ˈgreɪvjɑːd] *n* Friedhof *der.*

gravitate [ˈgrævɪteɪt] *vi:* **to ~ towards** ***fig*** [be attracted to] sich hingezogen fühlen zu.

gravity [ˈgrævətɪ] *n (U)* - **1.** [force] Schwerkraft *die* - **2.** ***fml*** [seriousness] Ernst *der.*

gravy [ˈgreɪvɪ] *n (U)* - **1.** [meat juice] Bratensaft *der;* [sauce] Soße *die* - **2.** ***Am inf*** [easy money] leichtes Geld.

gravy boat *n* Sauciere *die.*

gravy train *n* ***inf:*** **to get on the ~** leichtes Geld machen.

gray *adj* & *n* ***Am*** = **grey.**

graze [greɪz] *vt* - **1.** [field - subj: cattle] ablgrasen, ablweiden; [cattle] grasen OR weiden lassen - **2.** [knee, elbow] auflschürfen - **3.** [touch lightly] streifen ◇ *vi* [animals] grasen, weiden ◇ *n* [wound] Schürfwunde *die.*

grease [griːs] *n (U)* - **1.** [animal fat] Fett *das* - **2.** [lubricant] Schmiere *die* ◇ *vt* [engine, machine] schmieren; [baking tray] einlfetten.

grease gun *n* Fettpresse *die.*

greasepaint [ˈgriːspeɪnt] *n* (Fett)schminke *die (für Schauspieler).*

greaseproof paper [ˌgriːspruːf-] *n* ***Br*** Pergamentpapier *das.*

greasy [ˈgriːsɪ] (*compar* **-ier;** *superl* **-iest**) *adj* - **1.** [food, hair, hands] fettig - **2.** [clothes] schmierig.

greasy spoon *n* [cafe] *kleines, billiges Lokal, das gebratenes und fritiertes Essen serviert.*

great [greɪt] *adj* - **1.** [large] groß; **to a ~ extent** in hohem Maße; **the ~ majority** die überwiegende Mehrheit; **a ~ deal of money** eine Menge OR sehr viel Geld - **2.** [very good] großartig; **we had a ~ time** wir haben uns toll amüsiert ◇ *n* [person] Größe *die* ◇ *excl:* **(that's) ~!** (das ist) toll!

Great Barrier Reef *n:* **the ~** *großes Korallenriff vor der Nordostküste Australiens.*

Great Bear *n:* **the ~** der Große Bär.

Great Britain *n* Großbritannien *nt.*

GREAT BRITAIN

Großbritannien („Great Britain") ist die Bezeichnung für die aus England, Schottland und Wales bestehende Insel. Im Englischen wird sie verkürzt auch „Britain" genannt. Im Gegensatz dazu umfasst der Begriff „United Kingdom" (Vereinigtes Königreich) zusätzlich Nordirland, während der Begriff „British Isles" (die Britischen Inseln) außer Nordirland auch die Irische Republik, die Isle of Man, Orkney, die Shetlandinseln und die Kanalinseln mit einschließt.

greatcoat [ˈgreɪtkəʊt] *n langer schwerer Mantel.*

Great Dane *n* Deutsche Dogge.

Great Depression *n:* **the ~** die Weltwirtschaftskrise.

great-grandchild *n* Urenkel *der,* -in *die.*

great-grandfather *n* Urgroßvater *der.*

great-grandmother *n* Urgroßmutter *die.*

Great Lakes *npl:* **the ~** die Großen Seen.

greatly ['greɪtlɪ] *adv* sehr.

greatness ['greɪtnɪs] *n* [importance] Bedeutung *die;* [size] Größe *die.*

Great Wall of China *n:* **the ~** die Chinesische Mauer.

Great War *n:* **the ~** der Erste Weltkrieg.

Greece [gri:s] *n* Griechenland *nt.*

greed [gri:d] *n* **- 1.** [for food] Gefräßigkeit *die* **- 2.** *fig* [for money, power] Gier *die;* **~ for money/power** Geld-/Machtgier *die.*

greedily ['gri:dɪlɪ] *adv* gierig.

greedy ['gri:dɪ] (*compar* **-ier;** *superl* **-iest**) *adj* **- 1.** [for food] gefräßig **- 2.** *fig* [for money, power]: **~ for money/power** geld-/machtgierig.

Greek [gri:k] *adj* griechisch; **the ~ Islands** die griechischen Inseln ◇ *n* **- 1.** [person] Grieche *der,* -chin *die* **- 2.** [language] Griechisch(e) *das.*

green [gri:n] *adj* grün; **~ (with envy)** blass *OR* grün (vor Neid) ◇ *n* **- 1.** [colour] Grün *das* **- 2.** [in village]: **(village) ~** (Dorf)wiese *die* **- 3.** GOLF Grün *das.*

◆ **Green** *n* POL Grüne *der, die;* **the Greens** die Grünen.

◆ **greens** *npl* [vegetables] Grüngemüse *das.*

greenback ['gri:nbæk] *n* **Am** *inf* [banknote] Lappen *der,* Dollarschein *der.*

green bean *n* grüne Bohne.

green belt *n* **Br** Grüngürtel *der.*

Green Beret *n* **Am** *inf:* **the ~s** *amerikanische Kommandotruppe.*

green card *n* **- 1. Br** [for insuring vehicle] grüne Versicherungskarte **- 2. Am** [resident's permit] Aufenthaltserlaubnis *die.*

greenery ['gri:nərɪ] *n* Grün *das.*

green fingers *npl* **Br** *fig:* **to have ~** einen grünen Daumen haben.

greenfly ['gri:nflaɪ] (*pl inv OR* **-ies**) *n* (grüne) Blattlaus.

greengage ['gri:ngeɪdʒ] *n* Reneklode *die.*

greengrocer ['gri:n,grəʊsəʳ] *n* Obst- und Gemüsehändler *der,* -in *die;* **~'s (shop)** Obst- und Gemüsegeschaft *das.*

greenhorn ['gri:nhɔ:n] *n* **Am** [novice] Greenhorn *das.*

greenhouse ['gri:nhaʊs, *pl* -haʊzɪz] *n* Gewächshaus *das,* Treibhaus *das.*

greenhouse effect *n:* **the ~** der Treibhauseffekt.

greenish ['gri:nɪʃ] *adj* grünlich.

Greenland ['gri:nlənd] *n* Grönland *nt.*

Greenlander ['gri:nləndəʳ] *n* Grönländer *der,* -in *die.*

green light *n:* **to give sb the ~** jm grünes Licht geben.

green paper *n* POL *von der Regierung vorgelegtes Papier, mit dem Vorschläge zu bestimmten politischen Fragen im Parlament zur Diskussion gestellt werden.*

Green Party *n:* **the ~** die Grünen.

green salad *n* grüner Salat.

green thumb *n* **Am** *fig:* **to have a ~** einen grünen Daumen haben.

greet [gri:t] *vt* **lit** & *fig* begrüßen; [say hello to in passing] grüßen.

greeting ['gri:tɪŋ] *n* Gruß *der;* **to exchange ~s** sich grüßen.

◆ **greetings** *npl* [on card]: **Christmas ~s** Weihnachtsgrüße; **birthday ~s** Glückwünsche zum Geburtstag.

greetings card Br, greeting card Am *n* Glückwunschkarte *die.*

gregarious [grɪ'geərɪəs] *adj* [animal] Herden-; [person] gesellig.

gremlin ['gremlɪn] *n inf imaginärer böser Geist, der für unerklärliche Defekte an Maschinen verantwortlich gemacht wird.*

Grenada [grə'neɪdə] *n* Grenada *nt.*

grenade [grə'neɪd] *n:* **(hand) ~** (Hand)granate *die.*

grew [gru:] *pt* ▷ **grow.**

grey Br, gray Am [greɪ] *adj* grau; [life] trostlos; **to go ~** grau werden, ergrauen ◇ *n* Grau *das.*

grey area *n* Grauzone *die.*

grey-haired [-'heəd] *adj* grauhaarig.

greyhound ['greɪhaʊnd] *n* Windhund *der.*

greying Br, graying Am ['greɪɪŋ] *adj:* **his hair/he is ~** sein Haar/er ergraut langsam.

grey matter *n (U) inf* graue Zellen *pl.*

grey squirrel *n* Grauhörnchen *das.*

grid [grɪd] *n* **- 1.** [grating] Gitter *das* **- 2.** [for maps] Gitternetz *das;* ELEC Überlandleitungsnetz *das.*

griddle ['grɪdl] *n gusseiserne Platte zum Backen von Pfannkuchen.*

gridiron ['grɪd,aɪən] *n* **- 1.** [in cooking] Bratrost *der* **- 2. Am** [game] American Football *der;* [field] Spielfeld *das.*

gridlock ['grɪdlɒk] *n* [in traffic] Zusammenbruch *der* des Verkehrs.

grid reference *n* Positionsangabe *die.*

grief [gri:f] *n* **- 1.** [sorrow] Trauer *die* **- 2.** *inf* [trouble] Ärger *der* **- 3.** *phr:* **to come to ~** [in an accident] verunglücken; [plan] scheitern; **good ~!** ach du lieber Himmel!

grief-stricken *adj* schmerzerfüllt.

grievance ['gri:vns] *n* [complaint] Beschwerde *die*.

grieve [gri:v] *vt fml:* **it ~s me to ...** es bekümmert mich, zu ... <> *vi:* **to ~ (for sb/sthg)** (um jn/etw) trauern.

grieving ['gri:vɪŋ] *n* Trauern *das*.

grievous ['gri:vəs] *adj fml* [wound] schlimm; [mistake] schwer wiegend.

grievous bodily harm *n* schwere Körperverletzung.

grievously ['gri:vəslɪ] *adv fml* [wounded, ill] schwer.

grill [grɪl] *n* - **1.** [of cooker] Grill *der;* [over fire] Bratrost *der* - **2.** [food] Grillgericht *das* <> *vt* - **1.** [cook] grillen - **2.** *inf* [interrogate - interviewee] aus|quetschen; [- prisoner, suspect] ins Verhör nehmen.

grille [grɪl] *n* Gitter *das;* **radiator ~** AUT Kühlergrill *der.*

grim [grɪm] (*compar* **-mer;** *superl* **-mest**) *adj* - **1.** [face, smile] grimmig; [determination] eisern - **2.** [place, situation] trostlos; [prospect] düster; [news] grauenvoll.

grimace ['grɪməs] *n* Grimasse *die* <> *vi* Grimassen schneiden; **to ~ with pain** vor Schmerz das Gesicht verziehen.

grime [graɪm] *n* Schmutz *der;* [soot] Ruß *der.*

grimly ['grɪmlɪ] *adv* - **1.** [say, smile] grimmig - **2.** [struggle, defend] verbissen.

grimy ['graɪmɪ] (*compar* **-ier;** *superl* **-iest**) *adj* schmutzig; [soot] verrußt.

grin [grɪn] (*pt* & *pp* **-ned;** *cont* **-ning**) *n* Grinsen *das* <> *vi* grinsen; **to ~ at sb/sthg** jn/etw an|grinsen; **to ~ and bear it** gute Miene zum bösen Spiel machen.

grind [graɪnd] (*pt* & *pp* **ground**) *vt* - **1.** [coffee, pepper, flour] mahlen - **2.** [press]: **to ~ sthg into sthg** [knee, foot] etw in etw *(A)* bohren - **3.** [metal, glass] schleifen; **to ~ one's teeth** mit den Zähnen knirschen <> *vi* [car, gears] knirschen <> *n* - **1.** [hard, boring work] Schinderei *die;* **the daily ~** der tägliche Trott - **2.** *Am inf* [hard worker] Arbeitstier *das.*

◆ **grind down** *vt sep* [oppress] unterdrücken.

◆ **grind up** *vt sep* zermahlen.

grinder ['graɪndə^r] *n* [for coffee, pepper] Mühle *die.*

grinding ['graɪndɪŋ] *adj* [poverty] drückend.

grinning ['grɪnɪŋ] *adj* grinsend.

grip [grɪp] (*pt* & *pp* **-ped;** *cont* **-ping**) *n* - **1.** [physical hold]: **to release one's ~ on sb/sthg** jn/etw los|lassen; **he couldn't get a ~ on the rope** er konnte keinen Halt am Seil finden - **2.** [control]: **to have a (good) ~ on a situation** eine Situation im Griff haben; **to be in the ~ of fear** von Angst ergriffen sein; **to get to ~s with sthg** etw in den Griff bekommen; **to get a ~ on o.s.** sich zusammen|reißen; **to lose one's ~** *fig* nach|lassen - **3.** [of tyres] Haftung *die;* [of shoes] Halt *der* - **4.** [handle] Griff *der* - **5.** *dated* [bag] Reisetasche *die* <> *vt* - **1.** [grasp] fest|halten - **2.** [subj: tyres] haften auf *(+ D)* - **3.** [imagination, attention, audience] fesseln; **panic ~ped the country** das Land wurde von Panik ergriffen.

gripe [graɪp] *n inf* [complaint] Gemecker *das* <> *vi:* **to ~ (about sthg)** (über etw *(A)*) meckern.

gripping ['grɪpɪŋ] *adj* [story, film] fesselnd.

grisly ['grɪzlɪ] (*compar* **-ier;** *superl* **-iest**) *adj* grausig.

gristle ['grɪsl] *n* Knorpel *der.*

gristly ['grɪslɪ] (*compar* **-ier;** *superl* **-iest**) *adj* knorpelig.

grit [grɪt] (*pt* & *pp* **-ted;** *cont* **-ting**) *n (U)* - **1.** [for roads, in winter] Streusand *der;* **I've got some ~ in my eye** ich habe etwas im Auge - **2.** *inf* [courage] Schneid *der* <> *vt* [road, steps] streuen.

◆ **grits** *npl Am* Maisgrieß *der.*

gritter ['grɪtə^r] *n* Streufahrzeug *das.*

gritty ['grɪtɪ] (*compar* **-ier;** *superl* **-iest**) *adj:* **~ determination** Verbissenheit *die.*

grizzled ['grɪzld] *adj* ergraut.

grizzly ['grɪzlɪ] (*pl* **-ies**) *n:* **~ (bear)** Grislibär *der.*

groan [grəʊn] *n* Stöhnen *das* <> *vi* - **1.** [moan] stöhnen - **2.** [door, table] ächzen - **3.** [complain] sich beklagen.

grocer ['grəʊsə^r] *n* Lebensmittelhändler *der,* -in *die;* **~'s (shop)** Lebensmittelgeschäft *das.*

groceries ['grəʊsərɪz] *npl* Lebensmittel *pl.*

groggy ['grɒgɪ] (*compar* **-ier;** *superl* **-iest**) *adj* geschwächt.

groin [grɔɪn] *n* Leiste *die.*

groom [gru:m] *n* - **1.** [of horses] Stallbursche *der,* Stallgehilfin *die* - **2.** [bridegroom] Bräutigam *der* <> *vt* - **1.** [horse] striegeln; [dog] bürsten - **2.** [candidate]: **to ~ sb (for)** jn vor|bereiten (auf *(+ A)*).

groomed [gru:md] *adj:* **well ~** gepflegt; **badly ~** ungepflegt.

groove [gru:v] *n* Rille *die.*

grope [grəʊp] *vt* - **1.** [sexually] befummeln - **2.** [try to find]: **to ~ one's way** sich vorwärts tasten <> *vi:* **to ~ (about) for sthg** [object] nach etw tasten; *fig* [solution, remedy] nach etw suchen.

gross [grəʊs] (*pl inv* OR **-es**) *adj* - **1.** [weight, income] Brutto- - **2.** *fml* [error, misconduct] grob; [exaggeration] krass - **3.** *inf* [coarse, vulgar - person, behaviour] ordinär; [- food] widerlich - **4.** *inf* [obese] fett <> *n* Gros *das* <> *vt* [subj: person] brutto verdienen; [subj: store, film] brutto einlnehmen.

gross domestic product *n* Bruttoinlandsprodukt *das*.

grossly ['grəʊslɪ] *adv* [for emphasis] äußerst.

gross national product *n* Bruttosozialprodukt *das*.

gross profit *n* Bruttogewinn *der*.

grotesque [grəʊ'tesk] *adj* grotesk.

grotto ['grɒtəʊ] (*pl* **-es** OR **-s**) *n* Grotte *die*.

grotty ['grɒtɪ] (*compar* **-ier**; *superl* **-iest**) *adj* ***Br inf*** mies.

grouchy ['graʊtʃɪ] (*compar* **-ier**; *superl* **-iest**) *adj* ***inf*** grantig.

ground [graʊnd] *pt* & *pp* ▻ **grind** ◇ *n* **- 1.** [gen] Boden *der*; **low ~** niedriges Gelände; **above ~** über der Erde; **below ~** unter der Erde; **on the ~** auf dem Boden; ***fig*** vor Ort; **thin on the ~** dünn gesät; **to get sthg off the ~ *fig*** [company] etw zum Florieren bringen; **to be on dangerous ~** sich auf gefährlichem Boden bewegen; **to cover a lot of ~** [in discussion] einen weiten Themenkreis behandeln; **to break new ~** Neuland betreten; **to gain/lose ~** an Boden gewinnen/verlieren; **to cut the ~ from under sb's feet** jm den Boden unter den Füßen weglziehen; **to go to ~** unterltauchen; **to run sb/sthg to ~** jn/etw ausfindig machen; **to stand one's ~** nicht von der Stelle weichen; ***fig*** auf seinem Standpunkt beharren **- 2.** SPORT Sportplatz *der*; [stadium] Stadion *das*; **football ~** Fußballplatz *der*; [stadium] Fußballstadion *das* ◇ *vt* **- 1.** [base]: **to be ~ed on** OR **in sthg** basieren auf etw *(D)* **- 2.** [aircraft, pilot] ***inf*** nicht fliegen lassen **- 3.** ***esp Am*** [child]: **to be ~ed** Hausarrest haben **- 4.** ***Am*** ELEC: **to be ~ed** geerdet sein.

◆ **grounds** *npl* **- 1.** [reason] Grund *der*; **to have ~s for doing sthg** einen Grund dafür haben, etw zu tun; **on health ~s** aus gesundheitlichen Gründen; **on the ~s of** aufgrund *(+ G)*; **on the ~s that ...** mit der Begründung, dass ... **- 2.** [building] Gelände *das* **- 3.**: **coffee ~s** Kaffeesatz *der*.

ground cover *n* Bodenvegetation *die*.

ground crew *n* Bodenpersonal *das*.

ground floor *n* Erdgeschoss *das*.

grounding ['graʊndɪŋ] *n*: **to have a ~ in a subject** die Grundlagen eines Faches haben.

groundless ['graʊndlɪs] *adj* grundlos, unbegründet.

ground level *n*: **at ~** ebenerdig; [in house] im Erdgeschoss.

groundnut ['graʊndnʌt] *n* Erdnuss *die*.

ground plan *n* [of building] Grundriss *der*.

ground rent *n* Pachtzins *der (für ein Grundstück)*.

ground rules *npl* Grundregeln *pl*.

groundsheet ['graʊndʃiːt] *n* Bodenplane *die*.

groundsman ['graʊndzmən] (*pl* **-men** [-mən]) *n* ***Br*** [at sports ground] Platzwart *der*.

ground staff *n* ***Br*** [at airport] Bodenpersonal *das*.

groundswell ['graʊndswel] *n* Zunahme *die*; **there was a ~ of opinion in his favour** er erhielt zunehmend Zuspruch von der Öffentlichkeit.

groundwork ['graʊndwɜːk] *n (U)* Vorarbeit *pl*.

group [gruːp] *n* **- 1.** [gen] Gruppe *die*; **a ~ of trees** eine Baumgruppe **- 2.** COMM Gruppe *die*, Konzern *der* ◇ *vt* gruppieren; [classify] klassifizieren ◇ *vi*: **to ~ (together)** sich zusammenltun.

group captain *n* ***Br*** Oberst *der*.

groupie ['gruːpɪ] *n* ***inf*** Groupie *das*.

group practice *n* Gemeinschaftspraxis *die*.

grouse [graʊs] (*pl inv* OR **-s**) *n* [bird] Schottisches Moorschneehuhn ◇ *vi* ***inf*** meckern.

grove [grəʊv] *n* Hain *der*.

grovel ['grɒvl] (***Br*** *pt* & *pp* **-led**; *cont* **-ling**, ***Am*** *pt* & *pp* **-ed**; *cont* **-ing**) *vi* kriechen; **to ~ to sb** vor jm kriechen.

grow [grəʊ] (*pt* **grew**; *pp* **grown**) *vi* **- 1.** [gen] wachsen; [problem] sich vergrößern; [love] stärker werden; [idea] Formen anlnehmen; **to ~ in popularity** an Beliebtheit gewinnen **- 2.** [become] werden; **to ~ old** alt werden; **to ~ to do sthg** allmählich etw tun; **she grew to hate her mother** sie begann, ihre Mutter zu hassen ◇ *vt* [crops, vegetables] anlbauen; [flowers] züchten; **to ~ one's hair/a beard** sich *(D)* die Haare/einen Bart wachsen lassen.

◆ **grow apart** *vi* [friends] sich auseinander leben.

◆ **grow into** *vt fus* [clothes, shoes] hineinlwachsen in *(+ A)*.

◆ **grow on** *vt fus* ***inf*** [subj: music, idea]: **it'll ~ on you** es wird dir mit der Zeit immer besser gefallen.

◆ **grow out** *vi* [perm, dye] herauslwachsen.

◆ **grow out of** *vt fus* **- 1.** [clothes, shoes] herauslwachsen aus **- 2.** [habit] ablegen.

◆ **grow up** *vi* **- 1.** [person] auflwachsen; [become adult] erwachsen werden; **~ up!** werd endlich erwachsen! **- 2.** [feeling, city] entstehen.

grower ['grəʊə^r] *n* [of flowers] Züchter *der*, -in *die*; [of crops, vegetables] Anbauer *der*, -in *die*.

growl [graʊl] *n* Knurren *das*; [of bear, engine] Brummen *das* ◇ *vi* knurren; [bear, engine] brummen.

grown [grəʊn] *pp* ▻ **grow** ◇ *adj* erwachsen.

grown-up *adj* [fully grown] ausgewachsen; [mature] erwachsen ◇ *n* Erwachsene *der, die*.

growth [grəʊθ] *n* - **1.** [increase - of economy, company, population] Wachstum *das;* [- of research, opposition, nationalism] Zunahme *die* - **2.** [development - of person] Entwicklung *die* - **3.** MED Geschwulst *die*.

growth rate *n* Wachstumsrate *die*.

grub [grʌb] *n* - **1.** [insect] Larve *die* - **2.** *inf* [food] Futter *das*.

grubby ['grʌbɪ] (*compar* **-ier;** *superl* **-iest**) *adj* [clothes] schmuddelig; [hands, child] schmutzig.

grudge [grʌdʒ] *n* Groll *der;* **to bear sb a ~, to have a ~ against sb** einen Groll gegen jn hegen ◇ *vt:* **to ~ sb sthg** jm etw missgönnen; **I don't ~ her her success** ich gönne ihr ihren Erfolg; **to ~ doing sthg** etw widerwillig tun.

grudging ['grʌdʒɪŋ] *adj* widerwillig.

grudgingly ['grʌdʒɪŋlɪ] *adv* widerwillig.

gruelling *Br*, **grueling** *Am* ['grʊəlɪŋ] *adj* strapaziös.

gruesome ['gru:səm] *adj* grausig.

gruff [grʌf] *adj* - **1.** [voice] rau - **2.** [person, manner] barsch.

grumble ['grʌmbl] *n* - **1.** [complaint] Klage *die* - **2.** [of stomach] Knurren *das* ◇ *vi* - **1.** [complain]: **to ~ (about)** murren (über *(+ A)*) - **2.** [stomach] knurren.

grumbling ['grʌmblɪŋ] *n* [complaining] Klagen *das*.

grumpy ['grʌmpɪ] (*compar* **-ier;** *superl* **-iest**) *adj* *inf* mürrisch.

grunt [grʌnt] *n* Grunzen *das* ◇ *vi* grunzen.

G-string *n* - **1.** MUS G-Saite *die* - **2.** [clothing] Tangaslip *der*.

GU *abk für Guam, in Postanschrift verwendet.*

guarantee [ˌgærən'ti:] *n* Garantie *die*; [document] Garantieschein *der;* **it is still under ~** es hat noch Garantie; **to give sb a ~ that ...** jm garantieren, dass ... ◇ *vt* - **1.** COMM Garantie geben auf *(+ A)*; **it is ~d for one year** es hat ein Jahr Garantie - **2.** [promise] garantieren.

guarantor [ˌgærən'tɔ:'] *n* Bürge *der*, -gin *die*.

guard [gɑ:d] *n* - **1.** [person] Wachposten *der;* [for prisoner] Gefängniswärter *der*, -in *die;* [group of guards] Wache *die* - **2.** [supervision] Überwachung *die;* **to be on ~** Wache haben; **to stand ~** Wache halten; **to be on (one's) ~ (against sthg)** auf der Hut (vor etw *(D)*) sein; **to catch sb off ~** jn überrumpeln - **3.** *Br* RAIL Schaffner *der*, -in *die* - **4.** [protective device] Schutz *der;* [for machine] Schutzvorrichtung *die;* [for fire] Schutzgitter *das* - **5.** [in boxing] Deckung *die* ◇ *vt* bewachen.

◆ **guard against** *vt fus* vor|beugen *(+ D)*; [bad habit] sich hüten vor *(+ D)*.

guard dog *n* Wachhund *der*.

guarded ['gɑ:dɪd] *adj* [reply, statement] vorsichtig.

guardian ['gɑ:djən] *n* - **1.** LAW [of child] Vormund *der* - **2.** [protector] Wächter *der*, -in *die*.

guardian angel *n* Schutzengel *der*.

guardrail ['gɑ:dreɪl] *n* Geländer *das*.

guardsman ['gɑ:dzmən] (*pl* **-men** [-mən]) *n* Gardist *der*.

guard's van *n Br* Schaffnerabteil *das*.

Guatemala [ˌgwætə'mɑ:lə] *n* Guatemala *nt*.

Guatemalan [ˌgwætə'mɑ:lən] *adj* guatemaltekisch ◇ *n* Guatemalteke *der*, -kin *die*.

guerilla [gə'rɪlə] *n* = **guerrilla**.

Guernsey ['gɜ:nzɪ] *n* - **1.** [place] Guernsey *nt;* **in ~** auf Guernsey - **2.** [cow] Guernseyrind *das*.

guerrilla [gə'rɪlə] *n* Guerillakämpfer *der*, -in *die*.

guerrilla warfare *n (U)* Guerillakrieg *der*.

guess [ges] *n* - **1.** [at facts, figures] Schätzung *die;* **to take a ~** raten; **at a ~** schätzungsweise - **2.** [hypothesis] Vermutung *die;* **it's anybody's ~** das wissen die Götter ◇ *vt* [answer, name] raten; [correctly] erraten, richtig schätzen; [figure, weight] schätzen; **~ what!** stell dir vor! ◇ *vi* - **1.** [gen] raten; **to ~ at sthg** etw zu erraten versuchen; **to keep sb ~ing** jn im Ungewissen lassen - **2.** [suppose] glauben, denken; **I ~ (so)** ich glaube (schon).

guesstimate ['gestɪmət] *n* *inf* grobe Schätzung.

guesswork ['geswɜ:k] *n (U)* (reine) Vermutung.

guest [gest] *n* Gast *der;* **we've got ~s** wir haben Besuch; **be my ~!** nur zu!

guesthouse ['gesthaus, *pl* -haʊzɪz] *n* Pension *die*.

guest of honour *n* Ehrengast *der*.

guestroom ['gestrʊm] *n* Gästezimmer *das*.

guest star *n* Gaststar *der*.

guffaw [gʌ'fɔ:] *n* schallendes Gelächter ◇ *vi* schallend lachen.

GUI (*abbr of* **graphical user interface**) *n* COMPUT grafische Benutzeroberfläche.

Guiana [gaɪ'ɑ:nə] *n* Guayana *nt*.

guidance ['gaɪdəns] *n (U)* - **1.** [help from teacher, parents] Anleitung *die;* [counselling] Beratung *die* - **2.** [leadership] Führung *die*.

guide [gaɪd] *n* - **1.** [for tourists] Fremdenführer *der*, -in *die;* **tour ~** Reiseleiter *der*, -in *die* - **2.** [guide book] Führer *der;* [manual] Handbuch *das;* **user's ~** Gebrauchsanleitung *die* - **3.** [indication] Orientierungshilfe *die;* **to use sthg as a ~** etw als Vorbild nehmen - **4.** = **girl guide** ◇ *vt* - **1.** [lead] führen; [influenced]: **to be ~d by**

sb/sthg sich von jm/etw leiten lassen **- 2.** [plane, missile] lenken.

guide book *n* Führer *der*.

guided missile ['gaɪdɪd-] *n* Lenkflugkörper *der*.

guide dog *n* Blindenhund *der*.

guided tour ['gaɪdɪd-] *n* Führung *die*.

guideline ['gaɪdlaɪn] *n* Richtlinie *die*.

guiding ['gaɪdɪŋ] *adj*: **~ principle** Richtschnur *die*; **~ influence** bestimmender Einfluss.

guild [gɪld] *n* **- 1.** HIST Zunft *die* **- 2.** [association] Vereinigung *die*.

guile [gaɪl] *n* ***literary*** List *die*.

guileless ['gaɪlləs] *adj* ***literary*** arglos.

guillotine ['gɪləˌtiːn] *n* **- 1.** [for executions] Guillotine *die* **- 2.** [for paper] Papierschneidemaschine *die* **- 3.** ***Br*** POL *zeitliche Begrenzung der Debatte zur Verabschiedung eines Gesetzesvorschlags* <> *vt* [execute] guillotinieren.

guilt [gɪlt] *n* Schuld *die*.

guiltily ['gɪltɪlɪ] *adv* schuldbewusst.

guilty ['gɪltɪ] (*compar* **-ier**; *superl* **-iest**) *adj* **- 1.** [gen] schuldig; [smile, look] schuldbewusst; **to have a ~ conscience** ein schlechtes Gewissen haben **- 2.: to be found ~/not ~** LAW für schuldig/nicht schuldig befunden werden; **to be ~ of neglect/a mistake** der Vernachlässigung/eines Fehlers schuldig sein.

guinea ['gɪnɪ] *n* Guinee *die*.

Guinea ['gɪnɪ] *n* Guinea *nt*.

guinea fowl *n* Perlhuhn *das*.

guinea pig ['gɪnɪ-] *n* **- 1.** [animal] Meerschweinchen *das* **- 2.** [subject of experiment] Versuchskaninchen *das*.

guise [gaɪz] *n* ***fml***: **to present sthg in a new ~** etw anders dar|stellen; **under the ~ of friendship** unter dem Deckmantel der Freundschaft.

guitar [gɪ'tɑːʳ] *n* Gitarre *die*.

guitarist [gɪ'tɑːrɪst] *n* Gitarrist *der*, -in *die*.

gulch [gʌltʃ] *n* ***Am*** Felsschlucht *die*.

gulf [gʌlf] *n* **- 1.** [sea] Golf *der*, Meerbusen *der* **- 2.** ***lit*** & ***fig*** [gap] Kluft *die*.

◆ **Gulf** *n*: **the Gulf** der Golf; **the Gulf of Mexico** der Golf von Mexiko.

Gulf States *npl*: **the ~** die Golfstaaten.

Gulf Stream *n*: **the ~** der Golfstrom.

gull [gʌl] *n* Möwe *die*.

gullet ['gʌlɪt] *n* Speiseröhre *die*.

gullible ['gʌləbl] *adj* leichtgläubig.

gully ['gʌlɪ] (*pl* **-ies**) *n* **- 1.** [valley] Schlucht *die* **- 2.** [ditch] Graben *der*.

gulp [gʌlp] *n* Schluck *der* <> *vt* hinunter|schlucken <> *vi* schlucken.

◆ **gulp down** *vt sep* hinunter|schlucken.

gum [gʌm] (*pt* & *pp* **-med**; *cont* **-ming**) *n* **- 1.** [chewing gum] Kaugummi *der* **- 2.** [adhesive] Klebstoff *der* **- 3.** ANAT Zahnfleisch *das* <> *vt* [stick] kleben.

gumboil ['gʌmbɔɪl] *n* Zahnfleischgeschwür *das*.

gumboots ['gʌmbuːts] *npl* ***Br*** Gummistiefel *pl*.

gummed *adj* gummiert.

gumption ['gʌmpʃn] *n* ***inf*** Grips *der*.

gumshoe ['gʌmʃuː] *n* ***Am crime sl*** Schnüffler *der*.

gun [gʌn] (*pt* & *pp* **-ned**; *cont* **-ning**) *n* **- 1.** [weapon - revolver] Pistole *die*, Revolver *der*; [- rifle, shotgun] Gewehr *das*; [- cannon] Kanone *die*, Geschütz *das*; **to stick to one's ~s** seiner Überzeugung treu bleiben **- 2.** SPORT [starting pistol] Startpistole *die*; **to jump the ~** ***fig*** vorschnell OR voreilig handeln **- 3.** [for paint, spraying] Pistole *die*.

◆ **gun down** *vt sep* [person, animal] nieder|schießen.

gunboat ['gʌnbəʊt] *n* Kanonenboot *das*.

gundog ['gʌndɒg] *n* Jagdhund *der*.

gunfire ['gʌnfaɪəʳ] *n* (U) MIL Geschützfeuer *das*; [of small arms] Schießerei *die*.

gunge [gʌndʒ] *n* ***Br inf*** schmieriges OR klebriges Zeug.

gunk [gʌŋk] *n* ***inf*** schmieriges OR klebriges Zeug.

gunman ['gʌnmən] (*pl* **-men** [-mən]) *n* (mit einer Schußwaffe) bewaffneter Mann.

gunner ['gʌnəʳ] *n* MIL Artillerist *der*.

gunpoint ['gʌnpɔɪnt] *n*: **to hold sb at ~** jn mit einer Pistole/einem Gewehr bedrohen.

gunpowder ['gʌnˌpaʊdəʳ] *n* Schießpulver *das*.

gunrunning ['gʌnˌrʌnɪŋ] *n* Waffenschmuggel *der*.

gunshot ['gʌnʃɒt] *n* Schuss *der*.

gunsmith ['gʌnsmɪθ] *n* Büchsenmacher *der*.

gurgle ['gɜːgl] *vi* **- 1.** [water] gluckern **- 2.** [baby] glucksen <> *n* **- 1.** [of water] Gluckern *das* **- 2.** [of baby] Glucksen *das*.

guru ['gʊruː] *n* Guru *der*.

gush [gʌʃ] *n* Strahl *der* <> *vt*: **sthg ~es blood/oil/*etc*** Blut/Öl/*etc* schießt aus etw heraus <> *vi* **- 1.** [flow out] heraus|schießen **- 2.** ***pej*** [enthuse] schwärmen.

gushing ['gʌʃɪŋ] *adj* ***pej*** überspannt.

gusset ['gʌsɪt] *n* [sewing] Zwickel *der*.

gust [gʌst] *n* Windstoß *der*, Böe *die* <> *vi* böig wehen.

gusto ['gʌstəʊ] *n*: **with ~** mit Genuss.

gusty ['gʌstɪ] (*compar* **-ier**; *superl* **-iest**) *adj* stürmisch.

gut [gʌt] (*pt* & *pp* **-ted;** *cont* **-ting**) *n* **- 1.** MED Darm *der* **- 2.** *inf* [stomach] Bauch *der* ◇ *vt* **- 1.** [animal, fish] ausǀnehmen **- 2.** [building]: **the fire ~ted the house** das Haus brannte völlig aus.

◆ **guts** *npl inf* **- 1.** [intestines] Eingeweide *pl;* **to hate sb's ~s** jn absolut nicht ausstehen können **- 2.** [courage] Mumm *der;* **to have ~s** Mumm haben.

gut feeling *n* instinktives Gefühl.

gut reaction *n* instinktive Reaktion.

gutter ['gʌtəʳ] *n* **- 1.** [beside road] Rinnstein *der* **- 2.** [on roof] Dachrinne *die.*

gutter press *n pej* Regenbogenpresse *die.*

guttural ['gʌtərəl] *adj* guttural.

guv [gʌv] *n Br inf* Chef *der.*

guy [gaɪ] *n* **- 1.** *inf* [man] Typ *der* **- 2.** *esp Am* [person]: **are you ready, ~s?** seid ihr fertig? **- 3.** *Br* [dummy] *Puppe, die Guy Fawkes darstellt und in der „Guy Fawkes Night" verbrannt wird.*

Guyana [gaɪ'ɑːnə] *n* Guyana *nt.*

Guy Fawkes' Night *n Nacht der 5. November.*

GUY FAWKES' NIGHT

An diesem Tag, dem 5. November (auch „Bonfire Night" genannt), wird alljährlich mit Feuerwerken und Freudenfeuern die rechtzeitige Entdeckung des „Gunpowder Plot" gefeiert. Dabei handelte es sich um eine katholische Verschwörung im Jahre 1605, bei der König James I. und die Parlamentsgebäude in die Luft gesprengt werden sollten. Der Brauch will es, dass die Kinder zu dieser Gelegenheit eine Stoff- oder Strohpuppe basteln, die „Guy Fawkes", den Hauptverschwörer, verkörpert. Diese wird zum Geldsammeln für Feuerwerkskörper benutzt und dann am 5. November im Freudenfeuer verbrannt.

guy rope *n* Spannleine *die.*

guzzle ['gʌzl] *vt* [food] hinunterǀschlingen; [drink] hinunterǀkippen ◇ *vi* [eat] sich vollǀfressen.

gym [dʒɪm] *n inf* **- 1.** [gymnasium - in school] Turnhalle *die;* [- in hotel] Fitnessraum *der;* [- health club] Fitnessstudio *das* **- 2.** [exercises] Turnen *das.*

gymkhana [dʒɪm'kɑːnə] *n Reitwettbewerb mit Rennen und Sprungreiten.*

gymnasium [dʒɪm'neɪzjəm] (*pl* **-iums** OR **-ia** [-jə]) *n* [in school] Turnhalle *die;* [in hotel] Fitnessraum *der;* [health club] Fitnessstudio *das.*

gymnast ['dʒɪmnæst] *n* Turner *der,* -in *die.*

gymnastics [dʒɪm'næstɪks] *n (U)* [exercises] Gymnastik *die;* [discipline] Turnen *das.*

gym shoes *npl* Turnschuhe *pl.*

gymslip ['dʒɪm,slɪp] *n Br Trägerrock einer Schuluniform.*

gynaecological *Br,* **gynecological** *Am* [,gaɪnəkə'lɒdʒɪkl] *adj* gynäkologisch.

gynaecologist *Br,* **gynecologist** *Am* [,gaɪnə'kɒlədʒɪst] *n* Gynäkologe *der,* -gin *die,* Frauenarzt *der,* -ärztin *die.*

gynaecology, gynecology *Am* [,gaɪnə'kɒlədʒɪ] *n* Gynäkologie *die,* Frauenheilkunde *die.*

gypsy ['dʒɪpsɪ] (*pl* **-ies**) *adj* & *n* = **gipsy.**

gyrate [dʒaɪ'reɪt] *vi* sich schnell drehen; [disco dancer] ausgelassen tanzen.

gyroscope ['dʒaɪrəskəʊp] *n* Kreisel *der.*

H

h (*pl* **h's** OR **hs**), **H** (*pl* **H's** OR **Hs**) [eɪtʃ] *n* [letter] h *das,* H *das.*

ha [hɑː] *excl* ha!

haberdashery ['hæbədæʃərɪ] (*pl* **-ies**) *n* **- 1.** *(U)* [goods] Kurzwaren *pl* **- 2.** [shop] Kurzwarengeschäft *das.*

habit ['hæbɪt] *n* **- 1.** [usual practice] Gewohnheit *die;* **to be in the ~ of doing sthg** die Angewohnheit haben, etw zu tun; **I don't make a ~ of it** das mache ich nur ausnahmsweise; **to get into the ~ of doing sthg** sich *(D)* daran gewöhnen, etw zu tun **- 2.** [drug addiction] Abhängigkeit *die* **- 3.** [garment] Habit *das.*

habitable ['hæbɪtəbl] *adj* bewohnbar.

habitat ['hæbɪtæt] *n* Lebensraum *der.*

habitation [hæbɪ'teɪʃn] *n* **- 1.** [occupation]: **unfit for human ~** unbewohnbar **- 2.** *fml* [house] Behausung *die.*

habit-forming [-,fɔːmɪŋ] *adj* [drug] abhängig machend.

habitual [hə'bɪtʃʊəl] *adj* **- 1.** [customary] gewohnt **- 2.** [offender, smoker, drinker] Gewohnheits-.

habitually [hə'bɪtʃʊəlɪ] *adv* ständig, aus Gewohnheit.

hack [hæk] *n* **- 1.** *pej* [writer] Schreiberling *der* **- 2.** *Am inf* [taxi] Taxi *das* ◇ *vt* **- 1.** [cut] hacken; **to ~ sthg to pieces** etw zerhacken **- 2.** *inf* [cope with]: **he can't ~ it** er packt es nicht <> *vi* [cut] hacken.

◆ **hack into** *vt fus* COMPUT einldringen in *(+ A)*.

◆ **hack through** *vt fus* hacken; **to ~ (one's way) through sthg** sich (seinen Weg) durch etw schlagen.

hacker ['hækəʳ] *n* COMPUT Hacker *der*.

hackie ['hækɪ] *n* **Am inf** Taxifahrer *der*.

hacking ['hækɪŋ] *n* COMPUT Hacken *das*.

hacking cough *n* trockener Husten.

hackles ['hæklz] *npl* [of animal] Nackenfell *das;* [of bird] Nackengefieder *das;* **to make sb's ~ rise** jn auf die Palme bringen.

hackney cab, hackney carriage ['hæknɪ-] *n* **fml** [taxi] Taxi *das*.

hackneyed ['hæknɪd] *adj* **pej** abgedroschen.

hacksaw ['hæksɔː] *n* Metallsäge *die*.

had [*weak form* həd, *strong form* hæd] *pt & pp* ▷ **have**.

haddock ['hædək] (*pl inv*) *n* Schellfisch *der*.

hadn't ['hædnt] = **had not**.

haematology [ˌhiːmə'tɒlədʒɪ] *n* = **hematology**.

haemoglobin [ˌhiːmə'gləʊbɪn] *n* = **hemoglobin**.

haemophilia [ˌhiːmə'fɪlɪə] *n* = **hemophilia**.

haemophiliac [ˌhiːmə'fɪlɪæk] *n* = **hemophiliac**.

haemorrhage ['hemərɪdʒ] *n & vi* = **hemorrhage**.

haemorrhoids ['hemərɔɪdz] *npl* = **hemorrhoids**.

hag [hæg] *n* **pej** Hexe *die*.

haggard ['hægəd] *adj* verhärmt.

haggis ['hægɪs] *n schottische Spezialität aus Schafsinnereien, im Schafsmagen gekocht.*

haggle ['hægl] *vi:* **to ~ (over** OR **about)** feilschen (um).

haggling ['hæglɪŋ] *n* Feilschen *das*.

Hague [heɪg] *n:* **The ~** Den Haag *nt*.

hail [heɪl] *n* **lit & fig** Hagel *der;* **a ~ of bullets** ein Kugelhagel <> *vt* - **1.** [call] rufen; [taxi] heranlwinken, anlhalten - **2.** [acclaim]: **to ~ sb/sthg as sthg** jn/etw als etw feiern <> *v impers* METEOR hageln.

hailstone ['heɪlstəʊn] *n* Hagelkorn *das*.

hailstorm ['heɪlstɔːm] *n* Hagelsturm *der*.

hair [heəʳ] *n* - **1.** *(U)* [on human head] Haare *pl*, Haar *das;* [single hair] Haar *das;* **to have one's ~ cut** sich *(D)* die Haare schneiden lassen; **to do one's ~** sich *(D)* die Haare machen, sich frisieren; **keep your ~ on!** nur ruhig Blut!; **to let one's ~ down** aus sich herauslgehen; **it makes your ~ stand on end** da stehen einem die Haare zu Berge; **to split ~s** Haare spalten - **2.** [on animal, insect, plant] Haar *das* - **3.** [on human skin] Haar *das;* **body ~** Körperbehaarung *die* <> *comp* Haar-.

hairbrush ['heəbrʌʃ] *n* Haarbürste *die*.

haircut ['heəkʌt] *n* Haarschnitt *der;* **to get a ~** sich *(D)* die Haare schneiden lassen.

hairdo ['heəduː] (*pl* **-s**) *n* **inf** Frisur *die*.

hairdresser ['heəˌdresəʳ] *n* Friseur *der*, -euse *die;* **~'s (salon)** Friseur *der*.

hairdressing ['heəˌdresɪŋ] *n* Frisieren *das*.

hairdryer ['heəˌdraɪəʳ] *n* [handheld] Föhn *der*, Haartrockner *der;* [with hood] Trockenhaube *die*.

hair gel *n* Haargel *das*.

hairgrip ['heəgrɪp] *n* **Br** Haarklammer *die*.

hairline ['heəlaɪn] *n* [of hair] Haaransatz *der*.

hairline fracture *n* Haarriss *der*.

hairnet ['heənet] *n* Haarnetz *das*.

hairpiece ['heəpiːs] *n* Haarteil *das*.

hairpin ['heəpɪn] *n* Haarnadel *die*.

hairpin bend *n* Haarnadelkurve *die*.

hair-raising [-ˌreɪzɪŋ] *adj* haarsträubend.

hair remover [-rɪˌmuːvəʳ] *n* Enthaarungscreme *die*.

hair-restorer *n* Haarwuchsmittel *das*.

hair's breadth *n:* **by a ~** um Haaresbreite.

hair slide *n* **Br** Haarspange *die*.

hair-splitting *n* **pej** Haarspalterei *die*.

hairspray ['heəspreɪ] *n* Haarspray *das*.

hairstyle ['heəstaɪl] *n* Frisur *die*.

hairstylist ['heəˌstaɪlɪst] *n* Coiffeur *der*, -euse *die*.

hairy ['heərɪ] (*compar* **-ier;** *superl* **-iest**) *adj* - **1.** [animal, person, body] behaart - **2.** **inf** [dangerous] haarig.

Haiti ['heɪtɪ] *n* Haiti *nt;* **in ~** auf Haiti.

Haitian ['heɪʃn] *adj* haitianisch <> *n* Haitier *der*, -in *die*.

hake [heɪk] (*pl inv* OR **-s**) *n* Seehecht *der*.

halcyon ['hælsɪən] *adj* **literary: ~ days** glückliche Tage.

hale [heɪl] *adj:* **~ and hearty** gesund und munter.

half [**Br** hɑːf, **Am** hæf] (*pl senses 1, 2 and 3* **halves;** *pl senses 4, 5 and 6* **halves** OR **halfs**) *adj* halb, -e, -er, -es; **~ my life** mein halbes Leben (lang); **~ a dozen** ein halbes Dutzend; **~ an hour** eine halbe Stunde <> *adv* halb; **~ as big** halb so groß; **~ as much again** noch einmal halb soviel; **~ past ten Br, ~ after ten Am** halb elf; **it's ~ past** es ist halb; **not ~! Br inf** und wie!; **it isn't ~ cold Br inf** es ist unheimlich kalt; **~-and-~** halb und halb <> *n* - **1.** [50%] Hälfte *die;* **~ of it** die Hälfte davon; **by ~** um die Hälfte; **in**

~ [cut, tear] in zwei Hälften; **to be too clever by ~** neunmalklug sein; **he doesn't do things by halves** er macht keine halben Sachen; **to go halves (with sb)** (mit jm) halbe-halbe machen **- 2.** [fraction] Halbe(s) *das;* **four and a ~** viereinhalb **- 3.** SPORT [of sports match] Spielhälfte *die* **- 4.** SPORT [halfback] Läufer *der*, -in *die* **- 5.** [of beer] kleines Bier **- 6.** [child's ticket] Fahrkarte *die* zum halben Preis; **one and a ~** ein Erwachsener und ein Kind.

halfback ['hɑːfbæk] *n* Läufer *der*, -in *die*.

half-baked [-'beɪkt] *adj* ***inf*** unausgegoren.

half board *n (U)* ***esp Br*** Halbpension *die*.

half-breed *adj* Halbblut- <> *n* Mischling *der*.

half-brother *n* Halbbruder *der*.

half-caste [-kɑːst] *adj* Halbblut- <> *n* Mischling *der*.

half cock *n:* **to go off (at) ~** ein Reinfall sein.

half-day *n* [at school] halber Schultag; [at work] halber Tag.

half-fare *n* halber Fahrpreis.

half-hearted [-'hɑːtɪd] *adj* halbherzig.

half-heartedly [-'hɑːtɪdlɪ] *adv* halbherzig.

half hour *n* halbe Stunde.
◆ **half-hour** *adj* = **half-hourly.**

half-hourly *adj* halbstündlich.

half-light *n (U)* Dämmerlicht *das*.

half-mast *n* ***Br:*** **at ~** [flag] auf halbmast.

half measures *npl* Halbheiten *pl*.

half moon *n* Halbmond *der*.

half note *n* ***Am*** MUS halbe Note.

halfpenny ['heɪpnɪ] (*pl* **-pennies** *OR* **-pence**) *n* halber Penny.

half-price *adj* & *adv* zum halben Preis.

half-sister *n* Halbschwester *die*.

half term *n* ***Br*** *kurze Schulferien in der Mitte des Trimesters.*

half time *n* Halbzeit *die*.

half tone *n* ***Am*** MUS Halbton *der*.

half-truth *n* Halbwahrheit *die*.

halfway [hɑːf'weɪ] *adj:* **at the ~ stage** *OR* **point of sthg** in der Mitte von etw <> *adv:* **to go ~** die Hälfte des Weges zurück|legen; **I was ~ up the street before I noticed** ich war schon halb die Straße hinunter, als ich es bemerkte; **~ through the holidays** mitten im Urlaub; **to meet sb ~** ***fig*** [compromise] jm auf halbem Weg entgegen|kommen.

half-wit *n* Einfaltspinsel *der*.

half-yearly *adj* & *adv* halbjährlich.

halibut ['hælɪbət] (*pl inv OR* **-s**) *n* Heilbutt *der*.

halitosis [ˌhælɪ'təʊsɪs] *n (U)* Mundgeruch *der*.

hall [hɔːl] *n* **- 1.** [in house] Diele *die*, Flur *der* **- 2.** [meeting room] Saal *der* **- 3.** [public building] Halle *die* **- 4.** ***Br*** UNIV [hall of residence] Studentenwohnheim *das* **- 5.** [country house] Herrensitz *der*.

halleluja [ˌhælɪ'luːjə] *excl* halleluja!

hallmark ['hɔːlmɑːk] *n* **- 1.** [typical feature] Kennzeichen *das* **- 2.** [on metal] Feingehaltsstempel *der*.

hallo [hə'ləʊ] *excl* = **hello.**

hall of residence (*pl* **halls of residence**) *n* ***Br*** UNIV Studentenwohnheim *das*.

hallowed ['hæləʊd] *adj* [respected] heilig.

Hallowe'en, Halloween [ˌhæləʊ'iːn] *n* *Abend vor Allerheiligen, an dem sich Kinder oft als Gespenster verkleiden.*

HALLOWEEN

Der 31. Oktober, „Halloween" oder auch „All Hallows Eve" genannt, ist der Tradition zufolge die Nacht, in der Geister und Hexen umgehen. Die Kinder verkleiden sich, machen die Runde in der Nachbarschaft und spielen „trick or treat" (Trick oder Belohnung). Das heißt, sie drohen einen bösen Streich an, wenn sie keine Belohnung in Form von Süßigkeiten oder Geld bekommen. Es ist auch üblich, Laternen zu basteln, indem man einen Kürbis aushöhlt, eine Kerze hineinsteckt und ein Gesicht in eine Seite schnitzt.

hallucinate [hə'luːsɪneɪt] *vi* halluzinieren.

hallucination [ˌhəluːsɪ'neɪʃn] *n* Halluzination *die*.

hallucinogenic [həˌluːsɪnə'dʒenɪk] *adj* halluzinogen.

hallway ['hɔːlweɪ] *n* Diele *die*, Flur *der*.

halo ['heɪləʊ] (*pl* **-es** *OR* **-s**) *n* **- 1.** [of saint, angel] Heiligenschein *der* **- 2.** [round sun, moon] Hof *der*.

halogen ['hælədʒən] *n* Halogen *das*.

halt [hɔːlt] *n:* **to come to a ~** ***lit*** & ***fig*** zum Stillstand kommen; **to call a ~ to sthg** etw *(D)* Einhalt gebieten <> *vt* [person] an|halten; [development, activity] zum Stillstand bringen <> *vi* [vehicle] an|halten, halten; [person] stehen bleiben; [development, activity] still|stehen.

halter ['hɔːltəʳ] *n* Halfter *das*.

halterneck ['hɔːltənek] *adj* rückenfrei.

halting ['hɔːltɪŋ] *adj* zögernd.

halve [***Br*** hɑːv, ***Am*** hæv] *vt* **- 1.** [reduce by half] halbieren **- 2.** [divide] teilen.

halves [***Br*** hɑːvz, ***Am*** hævz] *pl* ▷ **half.**

ham [hæm] (*pt* & *pp* **-med;** *cont* **-ming**) *n* **- 1.** [meat] Schinken *der* **- 2.** ***pej*** [actor] Schmierenkomödiant *der*, -in *die* **- 3.** [radio fanatic]: **(radio) ~** Funkamateur *der*, -in *die* <> *comp* [salad, sandwich] Schinken- <> *vt:* **to ~ it up** THEATRE übertrieben spielen.

Hamburg [ˈhæmbɜːg] *n* Hamburg *nt.*

hamburger [ˈhæmbɜːgəʳ] *n* **- 1.** [burger] Hamburger *der* **- 2.** *(U)* **Am** [mince] Hackfleisch *das.*

ham-fisted [-ˈfɪstɪd] *adj* ungeschickt.

hamlet [ˈhæmlɪt] *n* kleines Dorf.

hammer [ˈhæməʳ] *n* Hammer *der* ◇ *vt* **- 1.** [with tool - nail] ein|schlagen; [- panel] hämmern **- 2.** ***inf fig*** [fact, order]: **to ~ sthg into sb** jm etw ein|bläuen **- 3.** ***inf fig*** [team, player] ab|servieren ◇ *vi:* **to ~ (on)** hämmern (an (+ A)).

◆ **hammer out** *vt fus* [agreement, solution] aus|arbeiten ◇ *vt sep* [metal] aus|hämmern; [dent] aus|beulen.

hammock [ˈhæmək] *n* Hängematte *die.*

hamper [ˈhæmpəʳ] *n* **- 1.** [for picnic] Picknickkorb *der* **- 2.** **Am** [for laundry] Wäschekorb *der* ◇ *vt* [impede] behindern.

hamster [ˈhæmstəʳ] *n* Hamster *der.*

hamstring [ˈhæmstrɪŋ] *n* ANAT Kniesehne *die* ◇ *vt* ***fig*** [thwart] vereiteln.

hand [hænd] *n* **- 1.** [part of body] Hand *die;* **to hold ~s** Händchen halten; **by ~** von Hand; **~ in ~** ***lit*** & ***fig*** Hand in Hand; **with one's bare ~s** mit bloßen Händen; **at the ~s of** vonseiten (+ G); **~s up!** Hände hoch!; **to change ~s** den Besitzer wechseln; **to force sb's ~** auf jn Druck aus|üben; **to get** OR **lay one's ~s on sb/sthg** an jn/etw heran|kommen; **to give sb a free ~** jm freie Hand lassen; **to have one's ~s full** alle Hände voll zu tun haben; **to try one's ~ at sthg** sich in etw *(D)* versuchen; **to wait on sb ~ and foot** von vorne bis hinten bedienen; **to take sb in ~** [discipline] jn an die Hand nehmen; **to have a ~ in sthg** [be involved] an etw *(D)* beteiligt sein; **I wash my ~s of it** ich will nichts (mehr) damit zu tun haben **- 2.** [help] Hilfe *die;* **do you need a ~?** kann ich dir helfen?; **to give** OR **lend sb a ~** jm helfen **- 3.** [worker] Arbeiter *der*, -in *die;* [on ship] Besatzungsmitglied *das* **- 4.** [of clock, watch] Zeiger *der* **- 5.** [handwriting] Handschrift *die* **- 6.** [of cards] Blatt *das* **- 7.** ***inf*** [applause] Beifall *der*, Applaus *der* ◇ *vt:* **to ~ sthg to sb, to ~ sb sthg** jm etw geben OR reichen.

◆ **(close) at hand** *adv* nah in Reichweite.

◆ **in hand** *adv* **- 1.** [time, money]: **I have ten pounds in ~** ich habe zehn Pfund übrig; **we have an hour in ~** es bleibt uns noch eine Stunde **- 2.** [problem, situation]: **to have sthg in ~** etw in Bearbeitung haben.

◆ **on hand** *adv* zur Stelle.

◆ **on the one hand** *adv* einerseits.

◆ **on the other hand** *adv* andererseits.

◆ **out of hand** *adj* [situation]: **to get out of ~** außer Kontrolle geraten ◇ *adv* [completely] rundweg.

◆ **to hand** *adv* zur Hand.

◆ **hand down** *vt sep* [heirloom] hinterlassen; [knowledge] weiter|geben.

◆ **hand in** *vt sep* [lost property] ab|geben; [essay, application] ein|reichen.

◆ **hand on** *vt sep* weiter|geben.

◆ **hand out** *vt sep* aus|teilen.

◆ **hand over** *vt sep* **- 1.** [gen] übergeben **- 2.** TELEC: **I'll ~ you over to the manager** ich gebe Ihnen (mal) den Manager ◇ *vi:* **to ~ over (to sb)** (an jn) übergeben.

handbag [ˈhændbæg] *n* Handtasche *die.*

handball [ˈhændbɔːl] *n* [game] Handball *der.*

handbill [ˈhændbɪl] *n* Flugblatt *das.*

handbook [ˈhændbʊk] *n* Handbuch *das.*

handbrake [ˈhændbreɪk] *n* Handbremse *die.*

handclap [ˈhændklæp] *n:* **slow ~** langsames Klatschen.

handcuff [ˈhændkʌf] *vt* Handschellen an|legen *(+ D).*

handcuffs [ˈhændkʌfs] *npl* Handschellen *pl.*

handful [ˈhændfʊl] *n* **- 1.** [gen] Hand *die* voll; [of grass, hair] Büschel *das* **- 2.** ***inf*** [difficult person, animal]: **to be a ~** anstrengend sein.

handgun [ˈhændgʌn] *n* Handfeuerwaffe *die.*

handicap [ˈhændɪkæp] (*pt* & *pp* **-ped;** *cont* **-ping**) *n* **- 1.** [disability] Behinderung *die* **- 2.** ***fig*** [disadvantage] Nachteil *der* **- 3.** SPORT Handicap *das* ◇ *vt* [hinder] behindern.

handicapped [ˈhændɪkæpt] *adj* [disabled] behindert.

handicraft [ˈhændɪkrɑːft] *n* [skill] Handwerk *das.*

handiwork [ˈhændɪwɜːk] *n* *(U)* Handarbeit *die.*

handkerchief [ˈhæŋkətʃɪf] (*pl* **-chiefs** OR **-chieves** [-tʃiːvz]) *n* Taschentuch *das (aus Stoff).*

handle [ˈhændl] *n* Griff *der;* [of door] Klinke *die;* [of broom, spade, frying pan] Stiel *der;* [of jug, cup] Henkel *der;* **to fly off the ~** aus der Haut fahren ◇ *vt* **- 1.** [with hands] an|fassen **- 2.** [control - tool, machine, words] handhaben; [- car, ship] steuern **- 3.** [process - orders, complaints] bearbeiten; [- stolen goods] verschieben **- 4.** [cope with - situation, crisis, death] um|gehen mit ◇ *vi* [vehicle, ship] sich steuern lassen.

handlebars [ˈhændlbɑːz] *npl* Lenker *der.*

handler [ˈhændləʳ] *n* **- 1.: dog ~** Hundeführer *der*, -in *die* **- 2.: (baggage) ~** Gepäckabfertiger *der*, -in *die* **- 3.** [of stolen goods] Schieber *der*, -in *die.*

handling charges [ˈhændlɪŋ-] *npl* [at bank] Bearbeitungsgebühren *pl.*

hand lotion *n* Handlotion *die.*

hand luggage *n* *(U)* **Br** Handgepäck *das.*

handmade [ˌhændˈmeɪd] *adj* in Handarbeit hergestellt.

hand-me-downs *npl inf* abgelegte Kleidung.

handout ['hændaʊt] *n* - **1.** [of money, food] Almosen *das* - **2.** [leaflet] Flugblatt *das* - **3.** [for lecture, discussion] Handout *das*.

handover ['hændəʊvəʳ] *n* Übergabe *die*.

handpicked [ˌhænd'pɪkt] *adj* handverlesen.

handrail ['hændreɪl] *n* Geländer *das*.

handset ['hændset] *n* TELEC Hörer *der*.

handshake ['hændʃeɪk] *n* Händedruck *der*.

hands-off *adj*: **to adopt a ~ approach** sich heraus|halten.

handsome ['hænsəm] *adj* - **1.** [man] gut aussehend - **2.** *literary* [woman] schön - **3.** [reward] großzügig; [profit] groß.

handsomely ['hænsəmlɪ] *adv* [generously] großzügig.

hands-on *adj* [training, experience] aktiv.

handstand ['hændstænd] *n* Handstand *der*.

hand-to-mouth *adj*: **they lead a ~ existence** sie leben von der Hand in den Mund.

hand towel *n* Händehandtuch *das*.

handwriting ['hændˌraɪtɪŋ] *n* Handschrift *die*.

handwritten ['hændˌrɪtn] *adj* handgeschrieben.

handy ['hændɪ] (*compar* **-ier**; *superl* **-iest**) *adj* *inf* - **1.** [useful] praktisch; **to come in ~** nützlich sein - **2.** [person] geschickt - **3.** [near]: **the newsagent's is very ~** der Zeitungshändler ist gleich um die Ecke; **to keep sthg ~** etw in Reichweite haben.

handyman ['hændɪmæn] (*pl* **-men** [-men]) *n* Heimwerker *der*.

hang [hæŋ] (*pt & pp sense 1* **hung**; *pt & pp sense 2* **hung** OR **hanged**) *vt* - **1.** [suspend] auf|hängen; **to ~ sthg on sthg** etw an etw *(A)* hängen - **2.** [execute] hängen <> *vi* hängen <> *n*: **to get the ~ of sthg** *inf* kapieren, wie etw funktioniert.

◆ **hang about, hang around** *vi* - **1.** [loiter] herum|hängen - **2.** [wait] warten.

◆ **hang down** *vi* herunter|hängen.

◆ **hang on** *vt fus* [depend on] ab|hängen von <> *vi* - **1.** [keep hold]: **to ~ on (to)** sich fest|halten (an *(+ D)*) - **2.** *inf* [continue waiting] warten; **~ on!** Moment mal!; [on telephone] bleiben Sie am Apparat! - **3.** [persevere] aus|halten, durch|halten.

◆ **hang onto** *vt fus* [rope, ledge, branch] sich fest|halten an *(+ D)*, sich fest|klammern an *(+ D)*; [job] behalten; **to ~ onto power** an der Macht bleiben.

◆ **hang out** *vt sep* [washing] auf|hängen <> *vi* *inf* [spend time] herum|hängen.

◆ **hang round** *vi* = **hang about.**

◆ **hang together** *vi* [argument] schlüssig OR zusammenhängend sein.

◆ **hang up** *vt sep* [suspend] auf|hängen <> *vi* [on telephone] auf|hängen, auf|legen.

◆ **hang up on** *vt fus* TELEC: **he hung up on me** er hat einfach aufgelegt.

hangar ['hæŋəʳ] *n* Hangar *der*.

hangdog ['hæŋdɒg] *adj* zerknirscht.

hanger ['hæŋəʳ] *n* [coat hanger] Kleiderbügel *der*.

hangers-on *npl* Gefolgsleute *pl*.

hang glider *n* [apparatus] Drachen *der*.

hang gliding *n* Drachenfliegen *das*.

hanging ['hæŋɪŋ] *n* - **1.** [punishment] Erhängen *das*; [execution] Hinrichtung *die* - **2.** [for wall] Vorhang *der*.

hangman ['hæŋmən] (*pl* **-men** [-mən]) *n* Henker *der*.

hangover ['hæŋˌəʊvəʳ] *n* - **1.** [from drinking] Kater *der* - **2.** [from past]: **~ (from)** Überbleibsel *das* (von).

hang-up *n* *inf* PSYCH Komplex *der*.

hank [hæŋk] *n* [of wool] Strang *der*.

hanker ['hæŋkəʳ] ◆ **hanker after, hanker for** *vt fus* sich sehnen nach.

hankering ['hæŋkərɪŋ] *n*: **~ after** OR **for** Sehnsucht *die* nach.

hankie, hanky ['hæŋkɪ] (*pl* **-ies**) *n* *inf* *abbr of* **handkerchief.**

hanky-panky *n (U)* *inf* [sexual behaviour] Knutscherei *die*, Gefummel *das*.

Hansard ['hænsɑːd] *n* *britisches Parlamentsprotokoll.*

Hants [hænts] *abk für Hampshire, in Postanschrift verwendet.*

haphazard [ˌhæp'hæzəd] *adj* willkürlich, planlos.

haphazardly [ˌhæp'hæzədlɪ] *adv* willkürlich, planlos.

hapless ['hæplɪs] *adj* *literary* unglückselig.

happen ['hæpən] *vi* - **1.** [occur] geschehen, passieren; **to ~ to sb** jm passieren - **2.** [chance]: **to ~ to do sthg** zufällig etw tun; **as it ~s** zufälligerweise; **as it ~s, I HAVE read the book** ich habe das Buch sehr wohl gelesen.

happening ['hæpənɪŋ] *n* Ereignis *das*.

happily ['hæpɪlɪ] *adv* - **1.** [contentedly]: **the children were playing ~** die Kinder spielten vergnügt; **she smiled ~** sie lächelte glücklich - **2.** [fortunately] glücklicherweise - **3.** [willingly] gern.

happiness ['hæpɪnɪs] *n* Glück *das*.

happy ['hæpɪ] (*compar* **-ier**; *superl* **-iest**) *adj* - **1.** [contented] glücklich - **2.** [causing contentment - life, day] glücklich; [- story] erfreulich; **Happy Christmas!** frohe OR fröhliche Weihnachten!; **Happy New Year!** frohes neues Jahr!; **Happy Birthday!** herzlichen Glückwunsch zum Geburtstag! **- 3.** [satisfied] zufrieden; **to be ~ with** *OR* **about sthg** glücklich *OR* zufrieden mit etw sein **- 4.** [fortunate] glücklich; **by a ~ coincidence** durch einen glücklichen Zufall **- 5.** [willing]: **to be ~ to do sthg** etw gerne tun.

happy event *n* freudiges Ereignis.

happy-go-lucky *adj inf* unbeschwert.

happy hour *n eine vorher festgelegte Zeit, zu der alkoholische Getränke in einer Bar zu einem Sonderpreis verkauft werden.*

happy medium *n* goldene Mitte.

harangue [hə'ræŋ] *n* Standpauke *die* <> *vt:* **to ~ sb** jm eine Standpauke halten.

harass ['hærəs] *vt* belästigen.

harassed ['hærəst] *adj* abgekämpft.

harassment ['hærəsmənt] *n* [persecution] Schikanierung *die*.

harbinger ['hɑːbɪndʒəʳ] *n* **literary** Vorbote *der*.

harbour *Br*, **harbor** *Am* ['hɑːbəʳ] *n* Hafen *der* <> *vt* **- 1.** [feeling] hegen **- 2.** [person] versteckt halten.

harbour master *n* Hafenmeister *der*.

hard [hɑːd] *adj* **- 1.** [gen] hart; **to be ~ on sb** streng mit jm sein; **walking downhill is ~ on your knees** bergab gehen belastet die Knie; **to be as ~ as nails** ein zäher Typ sein **- 2.** [difficult, strenuous] schwer; **~ times** schwere Zeiten; **he learnt not to trust people the ~ way** er hat auf schmerzliche Weise lernen müssen, dass man Menschen nicht trauen kann; **it is ~ to believe that ...** es ist kaum zu glauben, dass ...; **~ of hearing** schwerhörig **- 3.** [kick, push] heftig **- 4.** [fact] nackt **- 5.** *Br* POL: **the ~ left/right** der linke/rechte Flügel der Partei <> *adv* **- 1.** [work, hit] hart; **to try ~** sich *(D)* viel Mühe geben; **to listen ~** genau hinlhören **- 2.** [rain] heftig **- 3.** *phr:* **to be ~ pushed** *OR* **put** *OR* **pressed to do sthg** Schwierigkeiten haben, etw zu tun; **to feel ~ done by** sich benachteiligt fühlen.

hard-and-fast *adj* eisern.

hardback ['hɑːdbæk] *adj* gebunden <> *n* [book] gebundene Ausgabe.

hard-bitten *adj* hartgesotten.

hardboard ['hɑːdbɔːd] *n* Pressspanplatte *die*.

hard-boiled *adj* **- 1.** [egg] hart gekocht **- 2.** [person] hartgesotten.

hard cash *n* Bargeld *das*.

hard cider *n Am* Cidre *der*.

hard copy *n* COMPUT Papierausdruck *der*, Hardcopy *die*.

hard-core *adj* [pornography] hart.

◆ **hard core** *n* [of group] harter Kern.

hard court *n* Hartplatz *der*.

hard currency *n* harte Währung.

hard disk *n* Festplatte *die*.

hard drugs *npl* harte Drogen *pl*.

harden ['hɑːdn] *vt* **- 1.** [steel] härten; [arteries] verhärten **- 2.** *fig* [person] ablhärten **- 3.:** **to ~ sb's opinion/attitude** jn in seiner Meinung/Einstellung bestärken <> *vi* **- 1.** [glue, concrete] härten, hart werden; [arteries] sich verhärten **- 2.** *fig* [person] ablhärten **- 3.** [attitude, ideas, opinion] sich verhärten.

hardened ['hɑːdnd] *adj* **- 1.** [steel] gehärtet; [arteries] verhärtet **- 2.** [criminal] verroht **- 3.** [accustomed]: **~ to sthg** abgehärtet gegen etw.

hardening ['hɑːdnɪŋ] *n (U)* [of steel] Härtung *die;* [of arteries] Verhärtung *die*.

hard hat *n* [for protection] Schutzhelm *der*.

hardheaded *adj* nüchtern.

hard-hearted [-'hɑːtɪd] *adj* hartherzig.

hard-hitting [-'hɪtɪŋ] *adj* [reporting] aggressiv; [photographs] schonungslos.

hard labour *n* Zwangsarbeit *die*.

hard line *n:* **to take a ~ on sthg** in etw *(A)* unnachgiebig sein.

◆ **hard-line** *adj* kompromisslos; [Communist, Tory] überzeugt.

◆ **hard lines** *excl Br* Pech!

hard-liner *n* Hardliner *der*, -in *die*.

hardly ['hɑːdlɪ] *adv* **- 1.** [scarcely, not really] kaum; **~ ever** fast nie, kaum jemals; **~ anything** fast nichts, kaum etwas; **I can ~ move** ich kann mich kaum bewegen **- 2.** [only just] gerade erst.

hardness ['hɑːdnɪs] *n* **- 1.** [of water, firmness] Härte *die* **- 2.** [difficulty] Schwierigkeit *die* **- 3.** [of heart, person] Strenge *die*.

hard-nosed [-nəʊzd] *adj* abgebrüht.

hard return *n* COMPUT harter Zeilenumbruch, Absatzzeichen *das*.

hard sell *n* aggressive Verkaufsmethoden.

hardship ['hɑːdʃɪp] *n* Entbehrung *die*, Not *die;* **a life of many ~s** ein Leben voller Entbehrungen.

hard shoulder *n Br* AUT Standspur *die*.

hard up *adj inf* knapp bei Kasse; **~ for sthg** knapp an etw *(D)*.

hardware ['hɑːdweəʳ] *n (U)* **- 1.** [tools, equipment] Eisenwaren *pl* **- 2.** COMPUT Hardware *die*.

hardware shop *n* Eisenwarenhandlung *die*.

hardwearing [ˌhɑːd'weərɪŋ] *adj Br* strapazierfähig.

hardwood ['hɑːdwʊd] *n* Hartholz *das*.

hardworking [ˌhɑːd'wɜːkɪŋ] *adj* fleißig.

hardy ['hɑːdɪ] (*compar* **-ier;** *superl* **-iest**) *adj*

-1. [person, animal] abgehärtet **-2.** [plant] mehrjährig.

hare [heəʳ] *n* Hase *der*, Feldhase *der* <> *vi* **Br inf: to ~ off** loslrasen.

harebell ['heəbel] *n* Glockenblume *die*.

harebrained ['heəˌbreɪnd] *adj* **inf** hirnverbrannt.

harelip [ˌheə'lɪp] *n* Hasenscharte *die*.

harem [**Br** hɑː'riːm, **Am** 'hærəm] *n* Harem *der*.

haricot (bean) ['hærɪkəʊ-] *n* weiße Bohne.

hark [hɑːk] ◆ **hark back** *vi:* **to ~ back to sthg** auf etw *(A)* zurücklkommen.

harlequin ['hɑːləkwɪn] *n* Harlekin *der* <> *comp* Harlekin-.

Harley Street ['hɑːlɪ-] *n Straße in London, in der viele Spezialärzte ihre Praxis haben.*

harm [hɑːm] *n* [physical] Verletzung *die;* [psychological] Schaden *der;* **to do ~ to sb/sthg, to do sb/sthg ~** jm/etw Schaden zulfügen, jm/etw schaden; **she means no ~ by it** sie meint es nicht böse; **there's no ~ in it** es kann nichts schaden; **to be out of ~'s way** [person] in Sicherheit sein; [thing] aus dem Weg sein; **to come to no ~** [person] nicht zu Schaden kommen; [thing] nicht beschädigt werden <> *vt* [physically] verletzen; [psychologically] schädigen.

harmful ['hɑːmfʊl] *adj* schädlich.

harmless ['hɑːmlɪs] *adj* harmlos; [substance] unschädlich.

harmlessly ['hɑːmlɪslɪ] *adv* harmlos.

harmonic [hɑː'mɒnɪk] *adj* harmonisch.

harmonica [hɑː'mɒnɪkəl] *n* Mundharmonika *die*.

harmonious [hɑː'məʊnjəs] *adj* harmonisch.

harmonium [hɑː'məʊnjəm] (*pl* **-s**) *n* Harmonium *das*.

harmonize, -ise ['hɑːmənaɪz] *vt* [views, policies] in Einklang bringen <> *vi* **- 1.** [sounds, colours]: **to ~ (with sthg)** harmonieren (mit etw) **- 2.** MUS harmonisieren.

harmony ['hɑːmənɪ] (*pl* **-ies**) *n* Harmonie *die;* **in ~ with sthg** in Harmonie mit etw.

harness ['hɑːnɪs] *n* **- 1.** [for horse] Geschirr *das* **- 2.** [for person, child] Gurt *der* <> *vt* **- 1.** [horse] anlschirren **- 2.** [energy, solar power] nutzbar machen.

harp [hɑːp] *n* MUS Harfe *die*.
◆ **harp on** *vi:* **to ~ on (about sthg)** immer wieder anlfangen (von etw).

harpist ['hɑːpɪst] *n* Harfenist *der*, -in *die*.

harpoon [hɑː'puːn] *n* Harpune *die* <> *vt* harpunieren.

harpsichord ['hɑːpsɪkɔːd] *n* Cembalo *das*.

harrowing ['hærəʊɪŋ] *adj* grauenvoll.

harry ['hærɪ] (*pt* & *pp* **-ied**) *vt* **- 1.** [pester] verfolgen, plagen; **to ~ sb for sthg** jn mit etw belästigen **- 2.** MIL [attack] wiederholt anlgreifen.

harsh [hɑːʃ] *adj* **- 1.** [person, criticism, treatment, words] hart, streng **- 2.** [conditions, weather] rau **- 3.** [voice] barsch; [cry] schrill **- 4.** [colour, contrast, light] grell **- 5.** [landscape] trostlos **- 6.** [taste] streng.

harshly ['hɑːʃlɪ] *adv* **- 1.** [treat, punish, judge] hart **- 2.** [cry, shout] rau **- 3.** [shine] grell.

harshness ['hɑːʃnɪs] *n* **- 1.** [of person, criticism, treatment, words] Härte *die* **- 2.** [of conditions, weather, taste] Strenge *die* **- 3.** [of voice] Barschheit *die;* [of cry] schriller Klang **- 4.** [of colour, contrast, light] Grelle *die*, Grellheit *die* **- 5.** [of landscape] Trostlosigkeit *die*.

harvest ['hɑːvɪst] *n* Ernte *die* <> *vt* ernten.

harvest festival *n* Erntedankfest *das*.

has [*weak form* həz, *strong form* hæz] *vb* ▷ **have**.

has-been *n* **inf pej** vergessene Größe.

hash [hæʃ] *n* **- 1.** [meat] Haschee *das* **- 2. inf** [mess]: **to make a ~ of sthg** etw vermasseln **- 3. drugs sl** [hashish] Hasch *das*.
◆ **hash up** *vt sep* **Br inf** [make a mess of] vermasseln, verpfuschen.

hash browns *npl* **Am** Reibekuchen *pl*, Kartoffelpuffer *pl*.

hashish ['hæʃiːʃ] *n* Haschisch *das*.

hasn't ['hæznt] = **has not**.

hassle ['hæsl] **inf** *n* Ärger *der* <> *vt* ärgern.

haste [heɪst] *n* **- 1.** [rush] Eile *die*, Hast *die;* **to do sthg in ~** etw in Eile tun, etw hastig tun **- 2.** [speed] Eile *die;* **to make ~ dated** eilen, sich sputen.

hasten ['heɪsn] *vt* beschleunigen <> *vi:* **to ~ (to do sthg)** sich beeilen(, etw zu tun).

hastily ['heɪstɪlɪ] *adv* **- 1.** [rashly] übereilt **- 2.** [quickly] hastig.

hasty ['heɪstɪ] (*compar* **-ier;** *superl* **-iest**) *adj* **- 1.** [rash] übereilt **- 2.** [quick] hastig.

hat [hæt] *n* Hut *der;* **keep it under your ~** behalte es für dich!; **to be talking through one's ~** dummes Zeug reden; **old ~** alter Hut, alte Kamellen

hatbox ['hætˌbɒks] *n* Hutschachtel *die*.

hatch [hætʃ] *vt* **- 1.** [egg] auslbrüten **- 2. fig** [scheme, plot] auslhecken <> *vi* [chick] auslschlüpfen <> *n* [for serving food] Durchreiche *die*.

hatchback ['hætʃˌbæk] *n* Schräghecklimousine *die*.

hatchet ['hætʃɪt] *n* Beil *das;* **to bury the ~** das Kriegsbeil begraben.

hatchet job *n inf:* **to do a ~ on sb** jn fertig machen.

hatchway [ˈhætʃˌweɪ] *n* Luke *die*.

hate [heɪt] *n* [emotion] Hass *der* <> *vt* hassen, verabscheuen; **to ~ doing sthg** es hassen, etw zu tun.

hateful [ˈheɪtfʊl] *adj* abscheulich.

hatred [ˈheɪtrɪd] *n* Hass *der*.

hat trick *n* SPORT Hattrick *der*.

haughty [ˈhɔːtɪ] (*compar* **-ier**; *superl* **-iest**) *adj* hochmütig.

haul [hɔːl] *n* - **1.** [of drugs, stolen goods] Beute *die* - **2.** [distance]: **a long ~** ein langer Weg <> *vt* - **1.** [pull] ziehen; **I'm tired of ~ing these bags around** ich bin es leid, diese Taschen mit mir herumzuschleppen - **2.** [by lorry] transportieren, befördern.

haulage [ˈhɔːlɪdʒ] *n (U)* - **1.** [business] Transportunternehmen *das* - **2.** [act] Transport *der* - **3.** [cost] Transportkosten *pl*.

haulage contractor *n* Spediteur *der*.

haulier *Br* [ˈhɔːlɪəʳ], **hauler** *Am* [ˈhɔːlər] *n* - **1.** [business] Spedition *die* - **2.** [owner] Spediteur *der*.

haunch [hɔːntʃ] *n* - **1.** [of person] Gesäß *das* - **2.** [of animal] Keule *die*.

haunt [hɔːnt] *n* [place] Lieblingsort *der;* [pub] Stammlokal *das* <> *vt* - **1.** [subj: ghost] spuken in *(+ D)*, um|gehen in *(+ D)* - **2.** [subj: memory, fear, problem] verfolgen.

haunted [ˈhɔːntɪd] *adj* - **1.** [house, castle] Spuk-, Geister-; **this place is ~** hier spukt es - **2.** [look] gehetzt.

haunting [ˈhɔːntɪŋ] *adj* immer wiederkehrend.

have [hæv] (*pt* & *pp* **had**) *aux vb (to form perfect tenses)* haben/sein; **I ~ burnt it** ich habe es verbrannt; **he has come** er ist gekommen; **I ~ finished** ich bin fertig; **I ~ lived here for three years** ich wohne hier seit drei Jahren; **~ you seen the film?** hast du den Film gesehen?; **~ you been there? – no, I haven't/yes I ~** warst du schon mal dort? – nein, noch nie/ja; **she hasn't gone yet, has she?** sie ist noch nicht gegangen, oder?; **we had already left** wir waren schon gegangen; **I would never ~ gone if I'd known** ich wäre nie gegangen, wenn ich das gewusst hätte; **I was out of breath, having run all the way** ich war außer Atem, weil ich den ganzen Weg gerannt war <> *modal vb* [be obliged]: **to ~ (got) to do sthg** etw tun müssen; **do you ~ to go, ~ you got to go?** musst du wirklich gehen?; **I've got to go to work** ich muss arbeiten gehen; **do you ~ to pay?** muss mann bezahlen? <> *vt* - **1.** [possess]: **to ~ (got)** haben; **I ~ no money, I haven't got any money** ich habe kein Geld; **she has (got) brown hair** sie hat braunes Haar; **do you ~ a double room?** haben Sie ein Doppelzimmer? - **2.** [illness] haben; **to ~ a cold** eine Erkältung haben - **3.** [need to deal with]: **to ~ (got)** haben; **I've got things to do** ich habe einiges zu erledigen - **4.** [receive - news, letter] bekommen; **we don't ~ many visitors** wir haben OR bekommen wenig Besuch - **5.** [instead of another verb] haben; **to ~ a read of sthg** etw lesen; **to ~ an operation** sich operieren lassen; **to ~ a bath** ein Bad nehmen; **to ~ breakfast** frühstücken; **to ~ a cigarette** eine Zigarette rauchen; **to ~ a drink** etwas trinken; **to ~ a game of chess** eine Partie Schach spielen; **to ~ lunch/dinner** zu Mittag/zu Abend essen; **to ~ a shower** duschen; **to ~ a swim** schwimmen; **to ~ a walk** spazieren|gehen; **I had another piece of cake** ich nahm noch ein Stück Kuchen; **I've had a bad day** heute ist alles schief gegangen; **to ~ no choice** keine Wahl haben; **I ~ no doubt about it** ich habe keine Zweifel daran - **6.** [give birth to]: **to ~ a baby** ein Kind bekommen - **7.** [cause to be done]: **to ~ sb do sthg** jn etw tun lassen; **to ~ sthg done** etw machen lassen; **I'm having the house decorated** ich lasse das Haus tapezieren; **to ~ one's hair cut** sich *(D)* die Haare schneiden lassen - **8.** [be treated in a certain way]: **I've had my wallet stolen** mir ist mein Geldbeutel gestohlen worden - **9.** [experience, suffer - accident] haben; **I had a nasty surprise** ich erlebte eine böse Überraschung; **to ~ a good time** sich großartig amüsieren - **10.** [organize - party] to give; [- meeting] to hold - **11.** *inf* [cheat]: **you've been had!** du bist reingelegt worden! - **12.** *phr:* **to ~ it in for sb** es auf jn abgesehen haben; **to ~ had it** [car, machine, clothes] hinüber sein; **I've had it** [be tired] ich kann nicht mehr; [be in trouble] ich bin geliefert.

◆ **haves** *npl:* **the ~s and the ~ nots** die Reichen und die Armen.

◆ **have on** *vt sep* - **1.** [be wearing] an|haben - **2.** [tease] an|führen; **you're having me on!** du willst mich wohl auf den Arm nehmen! - **3.: to ~ (got) sthg on** [have to do] etw zu tun haben; [have planned] etw vor|haben; **I've got a lot of work on** ich habe viel zu tun.

◆ **have out** *vt sep* - **1.** [appendix, tonsils] herausgenommen bekommen; **to ~ a tooth out** einen Zahn gezogen bekommen - **2.** [discuss frankly]: **to ~ it out with sb** sich mit jm aus|sprechen.

◆ **have up** *vt sep* **Br inf** [take to court]: **to be had up for sthg** wegen etw vor Gericht kommen.

haven [ˈheɪvn] *n* Zufluchtsort *der;* **a safe ~** ein sicherer Hafen.

haven't [ˈhævnt] = **have not.**

haversack [ˈhævəsæk] *n* **dated** Rucksack *der*.

havoc [ˈhævək] *n* Chaos *das*, Verwüstung *die;* **to play ~ with sthg** [health] etw ruinieren; [plans] etw über den Haufen werfen.

Hawaii [həˈwaiiː] *n* Hawaii *nt*.

Hawaiian [həˈwaɪjən] *adj* hawaiisch <> *n* Hawaiianer *der*, -in *die*.

hawk [hɔːk] *n lit & fig* Falke *der;* **to watch sb like a ~** jn mit Argusaugen beobachten <> *vt* [in the street] feil|bieten; [door to door] hausieren gehen mit.

hawker [ˈhɔːkəʳ] *n* - **1.** [street vendor] Straßenhändler *der*, -in *die* - **2.** [door-to-door] Hausierer *der*, -in *die*.

hawthorn [ˈhɔːθɔːn] *n* Hagedorn *der*.

hay [heɪ] *n* Heu *das;* **to make ~ while the sun shines** die Gunst der Stunde nutzen.

hay fever *n* Heuschnupfen *der*.

haymaking [ˈheɪˌmeɪkɪŋ] *n* Heumachen *das*.

haystack [ˈheɪˌstæk] *n* Heuschober *der*.

haywire [ˈheɪˌwaɪəʳ] *adj* ***inf:* to go ~** [person] durch|drehen; [machine] verrückt spielen.

hazard [ˈhæzəd] *n* [danger] Gefahr *die;* [risk] Risiko *das* <> *vt* - **1.** [life, reputation] riskieren, aufs Spiel setzen - **2.** [guess, suggestion] wagen.

hazardous [ˈhæzədəs] *adj* [risky] riskant; [dangerous] gefährlich.

hazard warning lights *npl* ***Br*** Warnblinkanlage *die*.

haze [heɪz] *n* - **1.** [mist] Dunst *der* - **2.** [state of confusion] Verwirrtheit *die*.

hazel [ˈheɪzl] *adj* haselnussbraun <> *n* [tree] Haselnussstrauch *der*.

hazelnut [ˈheɪzlˌnʌt] *n* Haselnuss *die*.

hazy [ˈheɪzɪ] (*compar* **-ier;** *superl* **-iest**) *adj* - **1.** [misty] dunstig - **2.** [vague, confused] verwirrt.

H-bomb *n* H-Bombe *die*, Wasserstoffbombe *die*.

h & c *abbr of* **hot and cold (water).**

he [hiː] *pers pron* er; **~'s tall** er ist groß; **~ doesn't care** ihm ist es egal; **there ~ is** dort ist er; **HE can't do it** der kann das nicht tun <> *n* ***inf:* it's a ~** [animal] es ist ein Er <> *comp:* **~-goat** Ziegenbock *der*.

HE - **1.** (*abbr of* **high explosive**) hochexplosiver Stoff - **2.** (*abbr of* **His (or Her) Excellency**) Seine/Ihre Exzellenz.

head [hed] *n* - **1.** [part of body] Kopf *der;* **a** *OR* **per ~** pro Kopf; **off the top of one's ~** aus dem Stegreif; **to bite** *OR* **snap sb's ~ off** jm den Kopf ab|reißen; **to laugh one's ~ off** sich tot|lachen; **to sing/shout one's ~ off** aus vollem Halse singen/schreien; **to be banging one's ~ against a brick wall** gegen eine Wand reden; **I can't make ~ nor tail of it** ich werde daraus nicht schlau; **on your own ~ be it** auf deine Verantwortung - **2.** [mind, brain] Verstand *der;* **to have a ~ for figures** eine Begabung für Zahlen haben; **to have a ~ for heights** schwindelfrei sein; **to be off one's ~ *Br*, to be out of one's ~ *Am*** [mad] verrückt *OR* durchgedreht sein; ***inf*** [drunk] besoffen sein; **we put our ~s together** wir haben uns zusammen gesetzt; **to go to sb's ~** [alcohol, success, praise] jm zu Kopf steigen; **to keep one's ~** den Kopf nicht verlieren, die Ruhe bewahren; **to lose one's ~** den Kopf verlieren; **to be soft in the ~** schwachsinnig sein - **3.** [top, extremity - of stairs] oberer Absatz; [- of queue] Anfang *der;* [- of table, bed] Kopfende *das;* [- of procession, arrow] Spitze *die* - **4.** [of flower, cabbage] Kopf *der* - **5.** [leader - gen] Leiter *der*, -in *die;* [- of family] Oberhaupt *das* - **6.** [head teacher] Schulleiter *der*, -in *die* - **7.** ***phr:* to come to a ~** sich zu|spitzen <> *vt* - **1.** [procession, queue, list] an|führen - **2.** [organization, delegation] leiten - **3.** FTBL köpfen <> *vi* gehen, fahren; **where are you ~ing?** wohin gehst *OR* fährst du?; **to ~ home** nach Hause gehen *OR* fahren.

◆ **heads** *npl* [on coin] Kopf *der;* **~s or tails?** Kopf oder Zahl?

◆ **head for** *vt fus* - **1.** [place]: **to ~ for Glasgow** Richtung Glasgow fahren; **to ~ for the bar** auf die Bar zulsteuern - **2.** ***fig*** [trouble, disaster] zulsteuern auf *(+ A)*.

◆ **head off** *vt sep* - **1.** [enemy, escapees] ab|fangen - **2.** [threat, risk, disaster] ab|wenden <> *vi* [leave] gehen.

headache [ˈhedeɪk] *n* Kopfschmerzen *pl;* **to have a ~** Kopfschmerzen haben.

headband [ˈhedbænd] *n* Stirnband *das*.

headboard [ˈhedˌbɔːd] *n* Kopfteil *das*.

head boy *n* ***Br*** Schulsprecher *der*.

head cold *n* Kopfgrippe *die*.

head count *n* Kopfzahl *die*.

headdress [ˈhedˌdres] *n* Kopfschmuck *der*.

header [ˈhedəʳ] *n* - **1.** FTBL Kopfball *der*, Kopfstoß *der* - **2.** [at top of page] Kopfzeile *die*.

headfirst [ˌhedˈfɜːst] *adv* kopfüber.

headgear [ˈhedˌgɪəʳ] *n (U)* Kopfbedeckung *die*.

head girl *n* ***Br*** Schulsprecherin *die*.

headhunt [ˈhedhʌnt] *vt* ab|werben.

headhunter [ˈhedˌhʌntəʳ] *n jemand, der Führungskräfte abwirbt*.

heading [ˈhedɪŋ] *n* Überschrift *die*.

headlamp [ˈhedlæmp] *n* ***Br*** Scheinwerfer *der*.

headland [ˈhedlənd] *n* Landspitze *die*.

headlight [ˈhedlaɪt] *n* Scheinwerfer *der*.

headline [ˈhedlaɪn] *n* - **1.** [in newspaper] Schlagzeile *die* - **2.** [of news broadcast]: **the news ~s** die Kurznachrichten *pl*.

headlong [ˈhedlɒŋ] *adv* - **1.** [at great speed] halsbrecherisch - **2.** [impetuously] blindlings - **3.** [dive, fall] kopfüber <> *adj* [impetuous] unüberlegt.

headmaster [ˌhedˈmɑːstəʳ] *n* Schulleiter *der*.

headmistress [ˌhed'mɪstrɪs] *n* Schulleiterin *die*.

head office *n* Hauptsitz *der*.

head-on *adj* [collision] frontal; [confrontation] direkt ◇ *adv* frontal; [meet] direkt.

headphones ['hedfəunz] *npl* Kopfhörer *der*.

headquarters [ˌhed'kwɔːtəz] *npl* [of business, organization] Hauptniederlassung *die;* [of armed forces] Hauptquartier *das*.

headrest ['hedrest] *n* Kopfstütze *die*.

headroom ['hedrʊm] *n* [in car] Kopfraum *der;* [below bridge] lichte Höhe.

headscarf ['hedskɑːf] (*pl* **-s** *OR* **-scarves** [-skɑːvz]) *n* Kopftuch *das*.

headset ['hedset] *n* Kopfhörer *der*.

headship ['hedʃɪp] *n* Schulleiterstelle *die*.

headstand ['hedstænd] *n* Kopfstand *der*.

head start *n:* **~ (on** *OR* **over sb)** Vorsprung *der* (vor *OR* gegenüber jm).

headstone ['hedstəun] *n* Grabstein *der*.

headstrong ['hedstrɒŋ] *adj* eigenwillig.

head teacher *n* Schulleiter *der*, -in *die*.

head waiter *n* Oberkellner *der*.

headway ['hedweɪ] *n:* **to make ~** voranlkommen.

headwind ['hedwɪnd] *n* Gegenwind *der*.

headword ['hedwɜːd] *n* Stichwort *das*.

heady ['hedɪ] (*compar* **-ier;** *superl* **-iest**) *adj* **- 1.** [exciting] aufregend **- 2.** [causing giddiness] berauschend.

heal [hiːl] *vt* **- 1.** [person, wound] heilen **- 2.** *fig* [breach, division] schlichten, beillegen ◇ *vi* heilen.
◆ **heal up** *vi* verheilen.

healing ['hiːlɪŋ] *adj* heilend ◇ *n (U)* Heilung *die*.

health [helθ] *n* Gesundheit *die;* **to be in good/poor ~** bei guter/schlechter Gesundheit sein; **to drink (to) sb's ~** auf js Gesundheit *OR* Wohl trinken.

health centre *n* Ärztezentrum *das*.

health-conscious *adj* gesundheitsbewusst.

health farm *n* Gesundheitsfarm *die*.

health food *n* Reformkost *die*.

health food shop *n* Reformhaus *das*.

health hazard *n* Gesundheitsrisiko *das*.

health service *n* Gesundheitsdienst *der*.

health visitor *n* **Br** *Pflegekraft, die im Auftrag der Gesundheitsbehörden Bürger informiert und berät.*

healthy ['helθɪ] (*compar* **-ier;** *superl* **-iest**) *adj* **- 1.** [gen] gesund **- 2.** [profit, sum] ordentlich **- 3.** [attitude] vernünftig; [respect] angebracht.

heap [hiːp] *n* Haufen *der;* **in a ~** auf einem Haufen ◇ *vt* **- 1.** [pile up] auflhäufen; **to ~ sthg on(to) sthg** etw auf etw *(A)* häufen **- 2.** *fig* [lavish]: **to ~ sthg on sb** jn mit etw überhäufen *OR* überschütten.
◆ **heaps** *npl* *inf:* **~s of money/people/books** ein Haufen Geld/Leute/Bücher; **~s of time** eine Menge Zeit.

hear [hɪəʳ] (*pt* & *pp* **heard** [hɜːd]) *vt* **- 1.** [perceive] hören **- 2.** [learn of] hören, erfahren; **to ~ (that) ...** hören, dass ..., erfahren, dass ... **- 3.** LAW [listen to] anlhören ◇ *vi* **- 1.** [gen] hören; **to ~ from sb** von jm hören **- 2.** [know]: **to ~ about sthg** etw erfahren **- 3.** *phr:* **to have heard of sb/sthg** von jm/etw gehört haben; **I won't ~ of it!** ich möchte nichts davon hören!
◆ **hear out** *vt sep* ausreden lassen.

hearing ['hɪərɪŋ] *n* **- 1.** [sense] Gehör *das;* **don't say this in her ~** lass sie das nicht hören; **hard of ~** schwerhörig **- 2.** LAW [trial] Verhandlung *die;* **to get a fair ~** *fig* in Ruhe angehört werden.

hearing aid *n* Hörgerät *das*.

hearsay ['hɪəseɪ] *n* Hörensagen *das*.

hearse [hɜːs] *n* Leichenwagen *der*.

heart [hɑːt] *n* **- 1.** [gen] Herz *das;* **to have a ~ of gold** ein Herz aus Gold haben; **his ~ isn't in it** er ist nicht mit ganzem Herzen dabei; **it's a subject close to my ~** es liegt mir sehr am Herzen; **from the ~** von Herzen; **from the bottom of my ~** aus tiefstem Herzen; **I believe in my ~ of ~s that ...** im Grunde meines Herzens glaube ich, dass ...; **to do sthg to one's ~'s content** etw nach Herzenslust tun; **my ~ sank** mir rutschte das Herz in die Hose; **my ~ leapt** mein Herz schlug höher; **to break sb's ~** jm das *OR* js Herz brechen; **to set one's ~ on sthg** sein Herz an etw *(A)* hängen; **to set one's ~ on doing sthg** etw unbedingt tun wollen; **to take sthg to ~** sich *(D)* etw zu Herzen nehmen **- 2.** *(U)* [courage] Mut *der;* **to lose ~** den Mut verlieren **- 3.** [core - of city] Herz *das;* [- of problem] Kern *der*.
◆ **hearts** *npl* [playing cards] Herz *das;* **the six of ~s** die Herz Sechs.
◆ **at heart** *adv* im Grunde.
◆ **by heart** *adv* auswendig.

heartache ['hɑːteɪk] *n* Kummer *der*.

heart attack *n* Herzanfall *der*.

heartbeat ['hɑːtbiːt] *n* Herzschlag *der*.

heartbreaking ['hɑːtˌbreɪkɪŋ] *adj* herzzerreißend.

heartbroken ['hɑːtˌbrəukn] *adj* untröstlich.

heartburn ['hɑːtbɜːn] *n* Sodbrennen *das*.

heart disease *n* Herzkrankheit *die*, Herzleiden *das*.

heartening ['hɑːtnɪŋ] *adj* ermutigend.

heart failure *n* Herzversagen *das*.

heartfelt ['hɑːtfelt] *adj* tief empfunden.

hearth [hɑːθ] *n* Kamin *der*.

heartland ['hɑːtlænd] *n* Herzland *das*.

heartless ['hɑːtlɪs] *adj* herzlos.

heartrending ['hɑːtˌrendɪŋ] *adj* herzzerreißend.

heart-searching [-ˌsɜːtʃɪŋ] *n* Gewissenserforschung *die*.

heartthrob ['hɑːtθrɒb] *n* Idol *das*.

heart-to-heart *adj* offen <> *n* offene Aussprache.

heart transplant *n* Herztransplantation *die*, Herzverpflanzung *die*.

heartwarming ['hɑːtˌwɔːmɪŋ] *adj* herzerfreuend.

hearty ['hɑːtɪ] (*compar* **-ier;** *superl* **-iest**) *adj* **- 1.** [laughter, praise, welcome] herzlich **- 2.** [meal, appetite] herzhaft **- 3.** [dislike, distrust] tief.

heat [hiːt] *n* **- 1.** [warmth] Wärme *die* **- 2.** *(U)* [specific temperature] Temperatur *die* **- 3.** *(U)* [fire, source of heat] Feuer *das* **- 4.** *(U)* [hot weather] Hitze *die* **- 5.** ***fig*** [pressure]: **in the ~ of the moment** in der Hitze des Gefechts **- 6.** [eliminating round - in race] Vorlauf *der;* [- in competition] Vorrunde *die* **- 7.** ZOOL: **on ~** ***Br*****, in ~** ***Am*** brünstig; [dog, cat] läufig; [horse] rossig <> *vt* heiß machen, erhitzen; [house, pool] heizen.

◆ **heat up** *vt sep* heiß machen, auf|wärmen <> *vi* sich erwärmen, warm werden.

heated ['hiːtɪd] *adj* **- 1.** [room, swimming pool] beheizt **- 2.** [argument, discussion, person] hitzig.

heater ['hiːtəʳ] *n* [in car] Heizung *die;* [in room, water tank] Heizgerät *das*.

heath [hiːθ] *n* Heide *die*.

heathen ['hiːðn] *adj* heidnisch <> *n* Heide *der*, -din *die*.

heather ['heðəʳ] *n* Heidekraut *das*.

heating ['hiːtɪŋ] *n* Heizung *die*.

heat rash *n* Hitzeausschlag *der*.

heat-resistant *adj* hitzebeständig.

heat-seeking [-ˌsiːkɪŋ] *adj* auf Wärme ansprechend.

heatstroke ['hiːtstrəʊk] *n* Hitzschlag *der*.

heat wave *n* Hitzewelle *die*.

heave [hiːv] *vt* **- 1.** [pull] hieven, wuchten, schleppen; [push] schieben **- 2.** ***inf*** [throw] schmeißen **- 3.** [give out]: **to ~ a sigh** einen Seufzer aus|stoßen <> *vi* **- 1.** [pull] ziehen **- 2.** [rise and fall] sich heben und senken **- 3.** [retch] brechen <> *n* [pull] kräftiger Ruck.

heaven ['hevn] *n* **- 1.** [Paradise] Himmel *der;* **~ (alone) knows!** weiß der Himmel! **- 2.** [something delightful]: **it was ~ at the swimming pool** es war himmlisch am Swimmingpool.

◆ **heavens** *npl:* **the ~s** ***literary*** der Himmel <> *excl:* **(good) ~s!** du lieber Himmel!

heavenly ['hevnlɪ] *adj* **- 1.** ***inf*** [delightful] himmlisch, herrlich **- 2.** ***literary*** [of the skies] Himmels-.

heavily ['hevɪlɪ] *adv* **- 1.** [smoke, drink] stark; [rain] heftig **- 2.** [built] solide **- 3.** [breathe, sigh] schwer, laut **- 4.** [fall, land] schwerfällig **- 5.** [sleep] tief.

heaviness ['hevɪnɪs] *n* **- 1.** [of object] Gewicht *das* **- 2.** [of sleep] Tiefe *die* **- 3.** [of movement] Schwerfälligkeit *die*.

heavy ['hevɪ] (*compar* **-ier;** *superl* **-iest**) *adj* **- 1.** [in weight] schwer **- 2.** [fighting, losses] schwer; [rain] heftig; [traffic, smoker, drinker] stark; **to be a ~ sleeper** immer tief und fest schlafen; **to be ~ on sthg** ***inf*** einen hohen Verbrauch an etw *(D)* haben **- 3.** [person - fat] dick, schwergewichtig; [- solidly built] untersetzt, kräftig **- 4.** [laden]: **a tree ~ with fruit** ein Baum voller Früchte; **her eyes were ~ with sleep** ihr fielen fast die Augen zu **- 5.** [coat, sweater] dick **- 6.** [food, responsibility] schwer **- 7.** [breathing, step, fall] schwerfällig **- 8.** [schedule, week] arbeitsreich **- 9.** [work, job] anstrengend **- 10.** [weather, air] schwül; [sky] wolkenverhangen **- 11.** [sad]: **with a ~ heart** schweren Herzens.

heavy cream *n* ***Am*** Schlagsahne *die*.

heavy-duty *adj* [machine] Hochleistungs-; [material] strapazierfähig.

heavy goods vehicle *n* ***Br*** Schwertransporter *der*.

heavy-handed [-'hændɪd] *adj* ungeschickt, schwerfällig.

heavy industry *n* Schwerindustrie *die*.

heavy metal *n* MUS Heavy Metal *das*.

heavyweight ['hevɪweɪt] *adj* SPORT Schwergewichts- <> *n* **- 1.** [SPORT - class] Schwergewicht *das;* [- boxer] Schwergewichtler *der* **- 2.** [intellectual] Größe *die*.

Hebrew ['hiːbruː] *adj* hebräisch <> *n* **- 1.** [person] Hebräer *der*, -in *die* **- 2.** [language] Hebräisch(e) *das*.

Hebrides ['hebrɪdiːz] *npl:* **the ~** die Hebriden; **in the ~** auf den Hebriden.

heck [hek] *excl:* **what/where/why the ~ ...?** was/wo/warum zum Teufel ...?; **a ~ of a nice guy** ein wahnsinnig netter Kerl; **a ~ of a lot of people** wahnsinnig viele Leute.

heckle ['hekl] *vt* (durch Zwischenrufe) unterbrechen <> *vi* zwischen|rufen.

heckler ['hekləʳ] *n* Zwischenrufer *der*, -in *die*.

hectare ['hekteəʳ] *n* Hektar *der* OR *das*.

hectic ['hektɪk] *adj* hektisch.

hector ['hektəʳ] *vt* tyrannisieren.

he'd [hiːd] = **he had, he would.**

hedge [hedʒ] *n* [shrub] Hecke *die* <> *vi* [prevaricate] Ausflüchte machen.

hedgehog ['hedʒhɒg] *n* Igel *der*.

hedgerow ['hedʒrəʊ] *n* Naturhecke *die*.

hedonism ['hiːdənɪzm] *n* Hedonismus *der*.

hedonist ['hiːdənɪst] *n* Hedonist *der*, -in *die*.

heed [hiːd] *n*: **to pay ~ to sb** jm Beachtung schenken; **to take ~ of sthg** etw *(D)* Beachtung schenken <> *vt* ***fml*** beachten.

heedless ['hiːdlɪs] *adj*: **to be ~ of sthg** etw nicht beachten.

heel [hiːl] *n* - **1.** [of foot] Ferse *die;* **to dig one's ~s in *fig*** sich auf die Hinterbeine stellen; **to follow hard on the ~s (of sb/sthg)** (jm/etw) dicht auf den Fersen sein; **to take to one's ~s** die Beine in die Hand nehmen; **to turn on one's ~** auf dem Absatz kehrt|machen - **2.** [of shoe] Absatz *der*.

hefty ['heftɪ] (*compar* **-ier;** *superl* **-iest**) *adj* ***inf*** - **1.** [person] kräftig - **2.** [fee, fine] saftig; [salary] dick.

heifer ['hefəʳ] *n* Färse *die*.

height [haɪt] *n* - **1.** [gen] Höhe *die;* [of person] Größe *die;* **5 metres in ~** 5 Meter hoch; **what ~ is it?** wie hoch ist es?; **what ~ are you?** wie groß sind Sie?; **to gain/lose ~** an Höhe gewinnen/verlieren - **2.** [zenith] Höhepunkt *der;* **the ~ of stupidity/audacity** der Gipfel der Dummheit/Dreistigkeit.

◆ **heights** *npl* [high places] Höhen *pl;* **are you afraid of ~s?** haben Sie Höhenangst?

heighten ['haɪtn] *vt* [feeling, awareness] verstärken; [anxiety] steigern <> *vi* sich verstärken.

heinous ['heɪnəs] *adj* ***fml*** ruchlos.

heir [eəʳ] *n* Erbe *der*, -bin *die*.

heir apparent (*pl* **heirs apparent**) *n* gesetzlicher Erbe, gesetzliche Erbin.

heiress ['eərɪs] *n* Erbin *die*.

heirloom ['eəluːm] *n* Erbstück *das*.

heist [haɪst] *n* ***inf*** Raubüberfall *der*.

held [held] *pt* & *pp* ▻ **hold.**

helices ['helɪsiːz] *pl* ▻ **helix.**

helicopter ['helɪkɒptəʳ] *n* Hubschrauber *der*.

heliport ['helɪpɔːt] *n* Hubschrauberlandeplatz *der*.

helium ['hiːlɪəm] *n* Helium *das*.

helix ['hiːlɪks] (*pl* **-es** *OR* **helices**) *n* Spirale *die;* CHEM Helix *die*.

hell [hel] *n* - **1.** [gen] Hölle *die* - **2.** ***inf*** [for emphasis]: **what/where/why the ~ ...?** was/wo/warum zum Teufel ...?; **one** *OR* **a ~ of a mess** ein wahnsinniges Durcheinander; **one** *OR* **a ~ of a nice guy** ein wahnsinnig netter Kerl; **we ran like ~** wir rannten so schnell wir konnten; **it hurts like ~** es tut höllisch weh; **like ~ you will!** von wegen!; **to get the ~ out** ab|hauen, sich zum Teufel scheren - **3.** ***phr:* to ~ with him! *inf*** er kann mir gestohlen bleiben!; **to ~ with the expense! *inf*** (es ist mir) egal, was es kostet!; **all ~ broke loose *inf*** da war der Teufel los; **to do sthg for the ~ of it *inf*** etw aus Jux machen; **to give sb ~ *inf*** jm die Hölle heiß machen; **go to ~!** ***vinf*** hau ab!, scher dich zum Teufel!; **this damp weather plays ~ with my knees** das feuchte Wetter macht meinen Knien zu schaffen <> *excl* ***inf*** verdammt!

he'll [hiːl] = **he will.**

hell-bent *adj*: **to be ~ on sthg** auf etw *(A)* versessen sein; **to be ~ on doing sthg** darauf versessen sein, etw zu tun.

hellish ['helɪʃ] *adj* ***inf*** höllisch, schrecklich.

hello [hə'ləʊ] *excl* hallo.

helm [helm] *n* ***lit*** & ***fig*** Ruder *das;* **at the ~** am Ruder.

helmet ['helmɪt] *n* Helm *der*.

helmsman ['helmzmən] (*pl* **-men** [-mən]) *n* NAUT Steuermann *der*.

help [help] *n* Hilfe *die;* **to be of ~** behilflich sein; **to be a ~** eine Hilfe sein; **with sb's ~** mit js Hilfe; **with the ~ of sthg** mit Hilfe einer Sache *(G)* <> *vt* - **1.** [assist] helfen *(+ D)*; **to ~ sb (to) do sthg** jm helfen, etw zu tun; **to ~ sb with sthg** jm bei etw helfen; **can I ~ you?** [in shop, at reception] kann ich Ihnen behilflich sein? - **2.** [make easier for] erleichtern; **to ~ sb (to) do sthg** es jm erleichtern, etw zu tun - **3.** [contribute to]: **to ~ (to) do sthg** helfen, etw zu tun - **4.** [avoid]: **I can't ~ it** ich kann nichts dafür; **I couldn't ~ laughing** ich mußte einfach lachen - **5.** ***phr:*** **to ~ o.s.** sich bedienen; **to ~ o.s. to sthg** sich *(D)* etw nehmen <> *vi* helfen; **to ~ with sthg** bei etw helfen <> *excl* Hilfe!

◆ **help out** *vt sep* aus|helfen *(+ D)* <> *vi* aus|helfen.

helper ['helpəʳ] *n* - **1.** [on any task] Helfer *der*, -in *die* - **2.** ***Am*** [to do housework] Hausgehilfe *der*, -fin *die*.

helpful ['helpfʊl] *adj* - **1.** [willing to help] hilfsbereit - **2.** [useful] nützlich, hilfreich.

helping ['helpɪŋ] *n* Portion *die*.

helping hand *n*: **to give sb a ~ (with sthg)** jm (bei etw) helfen.

helpless ['helplɪs] *adj* hilflos.

helplessly ['helplɪslɪ] *adv* hilflos.

helpline ['helplaɪn] *n* Service-Nummer *die;* COMPUT Hotline *die*.

Helsinki ['helsɪŋkɪ] *n* Helsinki *nt*.

helter-skelter ['heltə'skeltəʳ] ***Br*** *n* Rutschbahn *die* <> *adv* [run, fall] Hals über Kopf.

hem [hem] (*pt* & *pp* **-med;** *cont* **-ming**) *n* Saum *der* <> *vt* säumen.

◆ **hem in** *vt sep* einlengen.

he-man *n inf hum:* **a real ~** ein echter *OR* ganzer Mann.

hematology [ˌhiːməˈtɒlədʒɪ] *n* Hämatologie *die*.

hemisphere [ˈhemɪˌsfɪəʳ] *n* Hemisphäre *die*.

hemline [ˈhemlaɪn] *n* Saum *der*.

hemoglobin [ˌhiːməˈgləʊbɪn] *n* Hämoglobin *das*.

hemophilia [ˌhiːməˈfɪlɪə] *n* Bluterkrankheit *die*, Hämophilie *die*.

hemophiliac [ˌhiːməˈfɪlɪæk] *n* Bluter *der*.

hemorrhage [ˈhemərɪdʒ] *n* Blutung *die* <> *vi* bluten.

hemorrhoids [ˈhemərɔɪdz] *npl* Hämorrhoiden *pl*.

hemp [hemp] *n* Hanf *der*.

hen [hen] *n* - **1.** [female chicken] Huhn *das*, Henne *die* - **2.** [female bird] Weibchen *das*.

hence [hens] *adv* **fml** - **1.** [therefore] folglich, daher - **2.** [from now]: **ten years ~** in zehn Jahren.

henceforth [ˌhensˈfɔːθ] *adv* **fml** fortan.

henchman [ˈhentʃmən] (*pl* **-men** [-mən]) *n* **pej** Helfershelfer *der*.

henna [ˈhenə] *n* Henna *die OR das* <> *vt* mit Henna färben.

hen party *n* **Br inf** *letzte für die Braut vor der Hochzeit arrangierte Damenparty.*

henpecked [ˈhenpekt] *adj* **pej: to be ~** unter dem Pantoffel stehen; **a ~ husband** ein Pantoffelheld.

hepatitis [ˌhepəˈtaɪtɪs] *n* Hepatitis *die*.

her [hɜːʳ] *pers pron (accusative)* sie; *(dative)* ihr; **I know ~** ich kenne sie; **it's ~** sie ist es; **send it to ~** schick es ihr; **tell ~ ...** sag ihr ...; **he's worse than ~** er ist schlimmer als sie; **she took her luggage with ~** sie nahm ihr Gepäck mit <> *poss adj* ihr; **~ friend** ihr Freund/ihre Freundin; **~ children** ihre Kinder; **she washed ~ hair** sie hat sich die Haare gewaschen.

herald [ˈherəld] *vt* **fml** an|künd(ig)en <> *n* [messenger] Bote *der*.

heraldry [ˈherəldrɪ] *n* Wappenkunde *die*, Heraldik *die*.

herb [hɜːb] *n* Kraut *das*.

herbaceous border [hɜːˌbeɪʃəs-] *n:* Staudenrabatte *die*.

herbal [ˈhɜːbl] *adj* Kräuter-.

herbalist [ˈhɜːbəlɪst] *n* [seller] Herbalist *der*, -in *die*.

herbicide [ˈhɜːbɪsaɪd] *n* Unkrautvernichtungsmittel *das*, Herbizid *das*.

herbivore [ˈhɜːbɪvɔːʳ] *n* Pflanzenfresser *der*.

herb tea *n* Kräutertee *der*.

herd [hɜːd] *n* **lit** & **fig** Herde *die* <> *vt* treiben.

herdsman [ˈhɜːdzmən] (*pl* **-men** [-mən]) *n* Hirte *der*.

here [hɪəʳ] *adv* hier; **come ~!** komm her!; **~ you are!** [when giving sthg] bitte!; [greeting sb] da bist du ja!; **~ we are** da sind wir; **~ and there** hier und da; **~ and now** sofort; **~'s to you!** [in toast] auf Ihr Wohl!; **~ goes! inf** los gehts!

hereabouts **Br** [ˌhɪərəˈbaʊts], **hereabout** **Am** [ˌhɪərəˈbaʊt] *adv* in dieser Gegend.

hereafter [ˌhɪərˈɑːftəʳ] *adv* **fml** im Folgenden <> *n:* **the ~** das Jenseits.

hereby [ˌhɪəˈbaɪ] *adv* **fml** hiermit.

hereditary [hɪˈredɪtrɪ] *adj* erblich, Erb-.

heredity [hɪˈredətɪ] *n* Vererbung *die*.

heresy [ˈherəsɪ] (*pl* **-ies**) *n* Ketzerei *die*, Häresie *die*.

heretic [ˈherətɪk] *n* Ketzer *der*, -in *die*.

herewith [ˌhɪəˈwɪð] *adv* **fml** anbei.

heritage [ˈherɪtɪdʒ] *n* Erbe *das*.

heritage centre *n Besucherzentrum oder Museum an historisch interessanter Stelle.*

hermaphrodite [hɜːˈmæfrədaɪt] ZOOL *adj* zwittrig, hermaphroditisch <> *n* Zwitter *der*, Hermaphrodit *der*.

hermetic [hɜːˈmetɪk] *adj* luftdicht.

hermetically [hɜːˈmetɪklɪ] *adv:* **~ sealed** hermetisch verschlossen.

hermit [ˈhɜːmɪt] *n* Einsiedler *der*, -in *die*, Eremit *der*, -in *die*.

hernia [ˈhɜːnɪə] *n* Bruch *der*, Hernie *die*.

hero [ˈhɪərəʊ] (*pl* **-es**) *n* - **1.** [gen] Held *der* - **2.** [idol] Idol *das*.

heroic [hɪˈrəʊɪk] *adj* [person, deed] heldenhaft, heroisch.

◆ **heroics** *npl* **pej** Heldenstücke *pl*.

heroin [ˈherəʊɪn] *n* Heroin *das*.

heroine [ˈherəʊɪn] *n* Heldin *die*.

heroism [ˈherəʊɪzm] *n* Heldentum *das*.

heron [ˈherən] (*pl inv OR* **-s**) *n* Reiher *der*.

hero worship *n* Heldenverehrung *die*.

herpes [ˈhɜːpiːz] *n* Herpes *der*.

herring [ˈherɪŋ] (*pl inv OR* **-s**) *n* Hering *der*.

herringbone [ˈherɪŋbəʊn] *n:* **~ pattern** Fischgrätenmuster *das*.

hers [hɜːz] *poss pron* ihre, -r, -s; **a friend of ~** ein Freund von ihr; **these shoes are ~** diese Schuhe gehören ihr; **she ate my portion and ~** sie aß meine und ihre Portion.

herself [hɜːˈself] *pron* - **1.** *(reflexive)* sich; **she hurt ~** sie hat sich verletzt - **2.** *(after prep)* sich selbst; **she did it ~** [stressed] sie hat es selbst getan; **by ~** allein.

Herts *abk für Hertfordshire, in Postanschrift verwendet.*

he's [hiːz] = **he is, he has.**

hesitant ['hezɪtənt] *adj* [person] unentschlossen, zögerlich; **she was ~ about coming** sie war sich nicht sicher, ob sie kommen sollte.

hesitate ['hezɪteɪt] *vi* zögern; **to ~ to do sthg** Bedenken haben, etw zu tun.

hesitation [ˌhezɪ'teɪʃn] *n* Zögern *das;* **without ~** ohne zu zögern; **to have no ~ in doing sthg** keine Bedenken haben, etw zu tun.

hessian ['hesɪən] *n* ***Br*** Sackleinen *das.*

heterogeneous [ˌhetərə'dʒiːnɪəs] *adj* ***fml*** heterogen.

heterosexual [ˌhetərəʊ'sekʃʊəl] *adj* heterosexuell ◇ *n* Heterosexuelle *der, die.*

het up [ˌhet-] *adj* ***inf*** aufgeregt.

hew [hjuː] (*pt* **-ed;** *pp* **-ed** *OR* **hewn** [hjuːn]) *vt **literary*** [stone, wood] behauen.

hex [heks] *n* [curse] Fluch *der.*

hexagon ['heksəgən] *n* Sechseck *das*, Hexagon *das.*

hexagonal [hek'sægənl] *adj* sechseckig, hexagonal.

hey [heɪ] *excl* he!

heyday ['heɪdeɪ] *n* Glanzzeit *die.*

hey presto [-'prestəʊ] *excl* simsalabim!

HF (*abbr of* **high frequency**) HF.

HGV (*abbr of* **heavy goods vehicle**) *n* LKW *der.*

hi [haɪ] *excl* ***inf*** hallo!

HI *abk für Hawaii, in Postanschrift verwendet.*

hiatus [haɪ'eɪtəs] (*pl* **-es**) *n* ***fml*** Unterbrechung *die.*

hibernate ['haɪbəneɪt] *vi* Winterschlaf halten

hibernation [ˌhaɪbə'neɪʃn] *n* Winterschlaf *der.*

hiccough, hiccup ['hɪkʌp] (*pt* & *pp* **-ped;** *cont* **-ping**) *n* **- 1.** [sound] Schluckauf *der;* **to have ~s** (den) Schluckauf haben **- 2.** ***fig*** [difficulty] kleines Problem; **without a ~** wie geschmiert ◇ *vi* schlucksen.

hick [hɪk] *n **esp Am inf pej*** Hinterwäldler *der*, -in *die.*

hid [hɪd] *pt* ▻ **hide.**

hidden ['hɪdn] *pp* ▻ **hide** ◇ *adj* versteckt; **~ costs** verdeckte Unkosten.

hide [haɪd] (*pt* **hid;** *pp* **hidden**) *vt* **- 1.** [conceal - person, item] verstecken; [- emotions, facts] verbergen; **to ~ sthg (from sb)** etw (vor jm) verstecken/verbergen **- 2.** [cover] verdecken ◇ *vi* sich verstecken ◇ *n* **- 1.** [animal skin] Haut *die* **- 2.** [for watching birds, animals] Versteck *das.*

hide-and-seek *n* Versteckspiel *das.*

hideaway ['haɪdəweɪ] *n **inf*** Versteck *das.*

hidebound ['haɪdbaʊnd] *adj **pej*** engstirnig.

hideous ['hɪdɪəs] *adj* grässlich.

hideout ['haɪdaʊt] *n* Versteck *das.*

hiding ['haɪdɪŋ] *n* **- 1.** [concealment]: **to be in ~** sich verstecken **- 2.** ***inf*** [beating]: **to give sb a (good) ~** jm eine (ordentliche) Abreibung verpassen; **to get a (good) ~** eine (ordentliche) Abreibung bekommen.

hiding place *n* Versteck *das.*

hierarchical [ˌhaɪə'rɑːkɪkl] *adj* hierarchisch.

hierarchy ['haɪərɑːkɪ] (*pl* **-ies**) *n* Hierarchie *die.*

hieroglyphics [ˌhaɪərə'glɪfɪks] *npl* Hieroglyphen *pl.*

hi-fi ['haɪfaɪ] *n* Hi-Fi *das.*

higgledy-piggledy [ˌhɪgldɪ'pɪgldɪ] *adv **inf*** wie Kraut und Rüben.

high [haɪ] *adj* **- 1.** [gen] hoch; *(before noun)* hohe, -r, -s; **to be ~** [building, mountain] hoch sein; **how ~ is it?** wie hoch ist es?; **it's 10 metres ~** es ist 10 Meter hoch; **~ winds** starker Wind; **at ~er altitudes** in größeren Höhenlagen; **~ and mighty** [person] hochmütig; **it's ~ time he started school** es ist höchste Zeit, dass er in die Schule kommt; **to have a ~ opinion of sb/sthg** eine hohe Meinung von jm/etw haben **- 2.** ***inf*** [from drugs] high ◇ *n* **- 1.** [weather front] Hoch *das* **- 2.** [highest point] Höchststand *der;* **inflation has reached a new ~** die Inflation hat einen neuen Höchststand erreicht ◇ *adv* hoch; **to aim ~** hoch hinaus|wollen; **to search ~ and low for sthg** etw überall suchen; **feelings were running ~** die Gemüter erhitzten sich.

highball ['haɪbɔːl] *n **Am*** Highball *der.*

highbrow ['haɪbraʊ] *adj* intellektuell; [literature, tastes] anspruchsvoll.

high chair *n* (Kinder)hochstuhl *der.*

high-class *adj* [superior - hotel, restaurant] vornehm; [- performance] hochwertig.

high command *n* Oberkommando *das.*

high commissioner *n* Hochkommissar *der (Botschafter eines Commonwealthstaates).*

High Court *n* ***Br*** LAW oberster Gerichtshof.

high-density *adj* COMPUT: **~ disk** HD-Diskette *die.*

higher ['haɪəʳ] *adj* [exam, qualification] höher.
◆ **Higher** *n:* SCH **Higher (Grade)** *schottischer Abiturabschluss in einem Fach.*

higher education *n* Hochschulbildung *die.*

high explosive *n* hochexplosiver Sprengstoff.

high-fidelity *adj* Highfidelity-.

high finance *n* Hochfinanz *die.*

high-flier *n* Senkrechtstarter *der.*

high-handed [-'hændɪd] *adj* überheblich.

high-heeled [-hi:ld] *adj* Stöckel-.

high horse *n* **inf: to get on one's ~** sich aufs hohe Ross setzen.

high jump *n* SPORT Hochsprung *der;* **to be for the ~** *Br inf* dran sein.

Highland Games ['haɪlənd-] *npl schottisches Volksfest mit unterschiedlichen Wettbewerben.*

Highlands ['haɪləndz] *npl:* **the ~** [of Scotland] das schottische Hochland, die Highlands.

high-level *adj* **- 1.** [talks, discussions] auf höchster Ebene **- 2.** [diplomats, officials] hochrangig.

high life *n:* **the ~** das Highlife.

highlight ['haɪlaɪt] *n* [of event, occasion] Höhepunkt *der* <> *vt* hervorheben.
◆ **highlights** *npl* [in hair] Strähnchen *pl.*

highlighter (pen) ['haɪlaɪtəʳ-] *n* Textmarker *der.*

highly ['haɪlɪ] *adv* **- 1.** [very, extremely] höchst **- 2.** [very well] sehr gut **- 3.** [at an important level]: **~ placed** hoch plaziert; **~ connected** mit guten Verbindungen **- 4.** [favourably] sehr gut; **I ~ recommend it** ich kann es sehr empfehlen.

highly-strung [-'strʌŋ] *adj* nervös.

high mass *n* Hochamt *das.*

high-minded [-'maɪndɪd] *adj* [principles] hehr; [person] mit hehren Prinzipien.

Highness ['haɪnɪs] *n:* **His/Her/Your (Royal) ~** Seine/Ihre/Eure (Königliche) Hoheit; **Their (Royal) ~es** Ihre (Königlichen) Hoheiten.

high-octane *adj* mit hoher Oktanzahl.

high-pitched [-'pɪtʃt] *adj* [voice] hoch; [shout, scream] schrill.

high point *n* Höhepunkt *der.*

high-powered [-'paʊəd] *adj* **- 1.** [powerful - engine] stark; [- car] stark motorisiert **- 2.** [dynamic - activity, place] anspruchsvoll, leistungsorientiert; [- person] dynamisch.

high-pressure *adj* **- 1.** [air, gas] Hochdruck- **- 2.** [salesman, selling techniques] aggressiv.

high priest *n* RELIG Hohepriester *der.*

high-ranking [-'ræŋkɪŋ] *adj* ranghoch.

high-resolution *adj* COMPUT mit hoher Auflösung.

high-rise *adj:* **~ building** Hochhaus *das.*

high-risk *adj* hochriskant; [group] Risiko-.

high school *n* höhere Schule, Oberschule *die.*

high seas *npl:* **on the ~** auf hoher See.

high season *n* Hochsaison *die.*

high-speed *adj* **- 1.** [train] Schnell- **- 2.** PHOT [film] hochempfindlich.

high-spirited [-'spɪrɪtəd] *adj* [person] ausgelassen.

high spot *n* Höhepunkt *der.*

high street *n* *Br* Hauptstraße *die.*

hightail ['haɪteɪl] *vt* **esp Am inf: to ~ it** sich aus dem Staub machen.

high tea *n* *Br Abendmahlzeit mit Tee und Gebäck.*

high-tech [-'tek] *adj* Hightech- <> *n* (*abbr of* **high technology**) Hochtechnologie *die.*

high technology *n* Hochtechnologie *die.*

high-tension *adj* Hochspannungs-.

high tide *n* Flut *die.*

high treason *n* Hochverrat *der.*

high water *n* Hochwasser *das.*

highway ['haɪweɪ] *n* **- 1.** *Am* [main road between cities] Schnellstraße *die* **- 2.** *Br* [any main road] Landstraße *die.*

Highway Code *n* *Br:* **the ~** die Straßenverkehrsordnung.

high wire *n* Drahtseil *das.*

hijack ['haɪdʒæk] *n* Entführung *die* <> *vt* entführen.

hijacker ['haɪdʒækəʳ] *n* [of aircraft] Flugzeugentführer *der,* -in *die;* [of vehicle] Entführer *der,* -in *die.*

hike [haɪk] *n* Wanderung *die* <> *vi* wandern.

hiker ['haɪkəʳ] *n* Wanderer *der,* -in *die.*

hiking ['haɪkɪŋ] *n* Wandern *das;* **to go ~** wandern gehen.

hilarious [hɪ'leərɪəs] *adj* urkomisch.

hilarity [hɪ'lærətɪ] *n* **fml** Heiterkeit *die.*

hill [hɪl] *n* **- 1.** [mound] Hügel *der* **- 2.** [slope] Hang *der.*

hillbilly ['hɪlˌbɪlɪ] (*pl* **-ies**) *n* **Am inf pej** Hinterwäldler *der,* -in *die.*

hillock ['hɪlək] *n* Anhöhe *die,* Hügel *der.*

hillside ['hɪlsaɪd] *n* Hang *der.*

hill start *n:* **to do a ~** an Berg anlfahren.

hilltop ['hɪltɒp] *n:* **on the ~** auf dem Berg.

hilly ['hɪlɪ] (*compar* **-ier;** *superl* **-iest**) *adj* hügelig.

hilt [hɪlt] *n* Heft *das;* **to support/defend sb to the ~** jn voll und ganz unterstützen/verteidigen; **to be mortgaged to the ~** total verschuldet sein.

him [hɪm] *pers pron (accusative)* ihn; *(dative)* ihm; **I know ~** ich kenne ihn; **it's ~** er ist es; **send it to ~** schick es ihm; **tell ~** sag ihm; **she's worse than ~** sie ist schlimmer als er; **he took his luggage with ~** er nahm sein Gepäck mit.

Himalayan [ˌhɪmə'leɪən] *adj* Himalaja-.

Himalayas [ˌhɪmə'leɪəz] *npl:* **the ~** der Himalaja.

himself [hɪm'self] *pron* **- 1.** *(reflexive)* sich; **he**

hurt ~ er hat sich verletzt **- 2.** *(after prep)* sich selbst; **he did it** ~ [stressed] er hat es selbst getan; **by** ~ allein.

hind [haɪnd] *(pl inv* OR **-s)** *adj:* ~ **legs** Hinterbeine *pl* <> *n* Hirschkuh *die.*

hinder ['hɪndəʳ] *vt* behindern.

Hindi ['hɪndɪ] *n* [language] Hindi *das.*

hindmost ['haɪndməʊst] *adj* hinterste, -r, -s.

hindquarters ['haɪnd,kwɔːtəz] *npl* Hinterteil *das.*

hindrance ['hɪndrəns] *n* **- 1.** [obstacle] Hindernis *das* **- 2.** *(U)* [delay] Behinderung *die.*

hindsight ['haɪndsaɪt] *n (U):* **with the benefit of** ~ im Nachhinein.

Hindu ['hɪnduː] *(pl* **-s)** *adj* Hindu-, hinduistisch <> *n* Hindu *der.*

Hinduism ['hɪnduːɪzm] *n* Hinduismus *der.*

hinge [hɪndʒ] *(cont* **hinging)** *n* [on door, window] Angel *die;* [on lid] Scharnier *das.*

◆ **hinge (up)on** *vt fus* [depend on] ab|hängen von.

hint [hɪnt] *n* **- 1.** [indirect suggestion] Andeutung *die,* Wink *der;* **to drop a** ~ eine Andeutung fallen lassen, einen Wink geben; **to take the** ~ den Wink verstehen **- 2.** [useful suggestion, tip] Tipp *der* **- 3.** [small amount, trace] Spur *die* <> *vi:* **to** ~ **at sthg** etw an|deuten <> *vt:* **to** ~ **that** an|deuten, dass.

hinterland ['hɪntəlænd] *n* Hinterland *das.*

hip [hɪp] *adj* ***inf*** [fashionable] in, angesagt <> *n* [part of body] Hüfte *die.*

hipbath ['hɪpbɑːθ] *n* Sitzbad *das.*

hipbone ['hɪpbəʊn] *n* Hüftknochen *der.*

hip flask *n* Flachmann *der.*

hip-hop *n* [music] Hip-Hop *der.*

hippie ['hɪpɪ] *n* Hippie *der.*

hippo ['hɪpəʊ] *(pl* **-s)** *n* Nilpferd *das.*

hippopotamus [,hɪpə'pɒtəməs] *(pl* **-muses** OR **-mi** [-maɪ]) *n* Nilpferd *das.*

hippy ['hɪpɪ] *(pl* **-ies)** *n* = **hippie.**

hire ['haɪəʳ] *n (U)* [of car, television, venue] Mieten *das;* [of suit] Leihen *das;* '**for** ~' 'zu vermieten'; [taxi sign] 'frei'; **on** ~ [car, television, venue] gemietet; [suit] geliehen <> *vt* **- 1.** [rent - car, television, venue] mieten; [- suit] leihen **- 2.** [employ] an|stellen.

◆ **hire out** *vt sep* [car, television, venue] vermieten; [suit] verleihen; **to** ~ **out one's services** seine Dienste an|bieten.

hire car *n* ***Br*** Mietwagen *der,* Leihwagen *der.*

hired help [,haɪəd-] *n* [domestic staff] Dienstboten *pl.*

hire purchase *n* Ratenkauf *der;* **to buy sthg on** ~ etw auf Raten kaufen.

his [hɪz] *poss adj* sein; ~ **friend** sein Freund/seine Freundin; ~ **children** seine Kinder; **he washed** ~ **hair** er hat sich die Haare gewaschen <> *poss pron* seine, -r, -s; **a friend of** ~ ein Freund von ihm; **these shoes are** ~ diese Schuhe gehören ihm; **he ate my portion and** ~ er aß meine und seine Portion.

Hispanic [hɪ'spænɪk] *adj* hispanoamerikanisch <> *n* ***esp Am*** Hispanoamerikaner *der,* -in *die.*

hiss [hɪs] *n* Zischen *das;* [of cat] Fauchen *das* <> *vt* [actor, performance] aus|pfeifen <> *vi* zischen; [cat] fauchen.

histogram ['hɪstəgræm] *n* Histogramm *das.*

historian [hɪ'stɔːrɪən] *n* Historiker *der,* -in *die.*

historic [hɪ'stɒrɪk] *adj* historisch.

historical [hɪ'stɒrɪkəl] *adj* historisch.

history ['hɪstərɪ] *(pl* **-ies)** *n* **- 1.** [gen] Geschichte *die;* **to go down in** ~ in die Geschichte ein|gehen; **to make** ~ Geschichte machen **- 2.** [past record] Vorgeschichte *die,* Hintergrund *der.*

histrionics [hɪstrɪ'ɒnɪks] *npl* ***pej*** theatralisches Getue.

hit [hɪt] *(pt & pp* **hit;** *cont* **-ting)** *n* **- 1.** [blow] Schlag *der* **- 2.** [successful strike] Treffer *der* **- 3.** [success] Erfolg *der;* [record] Hit *der;* **she was a big** ~ **with the audience** sie kam beim Publikum sehr gut an **- 4.** COMPUT [of website] Treffer *der* <> *comp* Erfolgs-; [record] Hit- <> *vt* **- 1.** [strike] schlagen **- 2.** [subj: stones, bullet] treffen, erwischen; [subj: vehicle - tree, wall] fahren gegen; [- person] erwischen **- 3.** [score, affect] treffen **- 4.** [reach] erreichen **- 5.** ***phr:*** **to** ~ **it off (with sb)** sich gut (mit jm) verstehen.

◆ **hit back** *vi:* **to** ~ **back (at sb/sthg)** ***fig*** sich (gegen jn/etw) wehren.

◆ **hit on** *vt fus* **- 1.** = **hit upon - 2. *Am inf*** [chat up] an|machen.

◆ **hit out** *vi:* **to** ~ **out at sb/sthg** [physically] auf jn/etw los|schlagen OR ein|schlagen; [in speech, writing] jn/etw attackieren.

◆ **hit upon** *vt fus* [think of] stoßen auf *(+ A).*

hit-and-miss *adj* = **hit-or-miss.**

hit-and-run *n:* ~ **(accident)** Unfall *der* mit Fahrerflucht <> *adj* [driver] unfallflüchtig.

hitch [hɪtʃ] *n* [problem, snag] Problem *das;* **a technical** ~ eine Panne <> *vt* **- 1.** [solicit]: **to** ~ **a lift** trampen, per Anhalter fahren **- 2.** [fasten]: **to** ~ **sthg on(to) sthg** etw an etw *(D)* befestigen <> *vi* [hitchhike] trampen, per Anhalter fahren.

◆ **hitch up** *vt sep* [skirt, trousers] hoch|ziehen.

hitchhike ['hɪtʃhaɪk] *vi* trampen, per Anhalter fahren.

hitchhiker ['hɪtʃhaɪkəʳ] *n* Anhalter *der,* -in *die,* Tramper *der,* -in *die.*

hi-tech [,haɪ'tek] *adj* = **high-tech.**

hither ['hɪðəʳ] *adv literary* hierher; **~ and thither** hierhin und dorthin.

hitherto [ˌhɪðə'tuː] *adv fml* bisher.

hit list *n* [of people to be attacked] Abschussliste *die*.

hit man *n* Killer *der*.

hit-or-miss *adj* willkürlich.

hit parade *n dated* Hitparade *die*.

HIV (*abbr of* **human immunodeficiency virus**) *n* HIV; **to be ~-positive** HIV-positiv sein.

hive [haɪv] *n* [for bees] Bienenstock *der;* **to be a ~ of activity** *fig* der reinste Bienenstock sein.

◆ **hive off** *vt sep* [separate] ab|spalten, aus|gliedern.

hl (*abbr of* **hectolitre**) hl.

HM (*abbr of* **His (or Her) Majesty**) S.M./I.M.

HMI (*abbr of* **His (or Her) Majesty's Inspector**) *n* *Schulinspektor der britischen Regierung.*

HMO (*abbr of* **health maintenance organization**) *n* *US-Gesundheitsbehörde.*

HMS (*abbr of* **His (or Her) Majesty's Ship**) *Bezeichnung aller Schiffe der britischen Marine.*

HMSO (*abbr of* **His (or Her) Majesty's Stationery Office**) *n* *Druckerei für staatliche Publikationen.*

HNC (*abbr of* **Higher National Certificate**) *n britische Qualifikation in technischen Fächern.*

HND (*abbr of* **Higher National Diploma**) *n britische Hochschulqualifikation in technischen Fächern.*

hoard [hɔːd] *n* Vorrat *der* ◇ *vt* horten.

hoarding ['hɔːdɪŋ] *n Br* Plakatwand *die*.

hoarfrost ['hɔːfrɒst] *n* Raureif *der*.

hoarse [hɔːs] *adj* heiser.

hoax [həʊks] *n* [joke] Streich *der;* [threat, alarm] blinder Alarm.

hoaxer ['həʊksəʳ] *n* *jemand, der einen Streich spielt oder einen blinden Alarm auslöst.*

hob [hɒb] *n Br* [on cooker] Kochfläche *die*.

hobble ['hɒbl] *vi* humpeln.

hobby ['hɒbɪ] (*pl* **-ies**) *n* Hobby *das*.

hobbyhorse ['hɒbɪhɔːs] *n* **- 1.** [toy] Steckenpferd *das* **- 2.** [favourite topic] Lieblingsthema *das*.

hobnob ['hɒbnɒb] (*pt* & *pp* **-bed;** *cont* **-bing**) *vi:* **to ~ with sb** mit jm gut Freund sein.

hobo ['həʊbəʊ] (*pl* **-es** *OR* **-s**) *n Am* Landstreicher *der*, Penner *der*.

Ho Chi Minh City ['həʊˌtʃiː'mɪn-] *n* Ho-Chi-Minh-Stadt *die*.

hock [hɒk] *n* [wine] (weißer) Rheinwein.

hockey ['hɒkɪ] *n* **- 1.** [on grass] Hockey *das* **- 2.** *Am* [ice hockey] Eishockey *das*.

hockey stick *n* Hockeyschläger *der*.

hocus-pocus [ˌhəʊkəs'pəʊkəs] *n* faule Tricks *pl*, Hokuspokus *der*.

hod [hɒd] *n* Tragmulde *die*.

hodgepodge *n Am* = **hotchpotch.**

hoe [həʊ] *n* Hacke *die* ◇ *vt* hacken.

hog [hɒg] (*pt* & *pp* **-ged;** *cont* **-ging**) *n* **- 1.** *Am* [pig] Schwein *das* **- 2.** *inf* [greedy person] Vielfraß *der* **- 3.** *phr:* **to go the whole ~** aufs Ganze gehen ◇ *vt inf* [monopolize - road] in Beschlag nehmen; [- attention] mit Beschlag belegen; **don't ~ the sweets!** nimm dir nicht alle Süßigkeiten!

Hogmanay ['hɒgmənei] *n Scot* Silvester *der OR das*.

hoi-polloi [ˌhɔɪpə'lɔɪ] *npl pej:* **the ~** das (gemeine) Volk, der Pöbel.

hoist [hɔɪst] *n* [device for lifting] Lastenaufzug *der* ◇ *vt* **- 1.** [load, person] heben, hieven **- 2.** [sail, flag] hissen.

hokum ['həʊkəm] *n Am inf* Quatsch *der*.

hold [həʊld] (*pt* & *pp* **held**) *vt* **- 1.** [gen] halten; **to ~ sb prisoner/hostage** jn gefangen halten/als Geisel fest|halten **- 2.** [position, responsibility, title, driving licence] haben; [belief, principle] vertreten **- 3.** [meeting, talks] ab|halten; [conversation] führen **- 4.** *fml* [consider]: **to ~ sthg to be necessary/important** etw für notwendig/wichtig erachten *OR* halten; **to ~ (that)** der Meinung sein(, dass); **to ~ sb responsible for sthg** jn für etw verantwortlich machen; **she held her reputation dear** ihr Ruf war ihr sehr teuer **- 5.** [on telephone]: **please ~ the line** bitte bleiben Sie am Apparat **- 6.** [attention, interest] fesseln **- 7.** [support] tragen **- 8.** [contain] enthalten; **what does the future ~ for him?** was birgt die Zukunft für ihn? **- 9.** [have space for] Platz haben für **- 10.** *phr:* **~ it!, ~ everything!** halt!; **to ~ one's own** sich behaupten können ◇ *vi* **- 1.** [promise, objection] gelten; [weather] sich halten; **his luck held** das Glück blieb ihm treu; **to ~ still** *OR* **steady** still halten **- 2.** [on phone] am Apparat bleiben ◇ *n* **- 1.** [grip] Griff *der;* **to keep ~ of sthg** [with hand] etw fest|halten; [save] etw behalten; **to take** *OR* **lay ~ of sthg** etw fassen *OR* packen; **to get ~ of sthg** [obtain] etw bekommen; **to get ~ of sb** [find] jn erreichen **- 2.** [of ship, aircraft] Laderaum *der*, Frachtraum *der* **- 3.** [control, influence]: **to have a ~ over sb** [person] jn in der Hand haben; [feeling, idea] von jm Besitz ergreifen; **to take ~** [fire] um sich greifen.

◆ **hold against** *vt sep:* **to ~ sthg against sb** *fig* jm etw übel nehmen.

◆ **hold back** *vi* sich zurück|halten; **to ~ back from doing sthg** darauf verzichten, etw zu tun ◇ *vt sep* **- 1.** [gen] zurück|halten **- 2.** [prevent progress of]: **to ~ sb back (from doing sthg)** jn davon ab|halten(, etw zu tun).

◆ **hold down** *vt sep:* **to ~ down a job** sich in einer Stelle halten.
◆ **hold off** *vt sep* [fend off] ab|wehren <> *vi* [rain] aus|bleiben.
◆ **hold on** *vi* - **1.** [wait, on phone] warten; **~ on!** [on phone] einen Moment, bitte! - **2.** [grip]: **to ~ on (to sthg)** sich (an etw *(D)*) fest|halten; **~ on tight!** gut fest|halten!
◆ **hold onto** *vt fus* [retain] behalten; [power] nicht auf|geben.
◆ **hold out** *vt sep* [hand] aus|strecken; [arms] aus|breiten <> *vi* - **1.** [last] reichen - **2.** [resist]: **to ~ out (against sb/sthg)** sich (gegen jn/etw) behaupten.
◆ **hold out for** *vt fus* bestehen auf *(+ D)*.
◆ **hold up** *vt sep* - **1.** [raise] hoch|heben - **2.** [delay - traffic, production] auf|halten; [- plans] verzögern - **3.** *inf* [rob] überfallen.
◆ **hold with** *vt fus* [approve of] billigen.

holdall ['həʊldɔːl] *n* ***Br*** Reisetasche *die*.

holder ['həʊldəʳ] *n* - **1.** [container] Halter *der;* [for cigarette] Spitze *die* - **2.** [owner] Inhaber *der*, -in *die*.

holding ['həʊldɪŋ] *n* - **1.** [investment] Aktienbesitz *der* - **2.** [farm] Gut *das* <> *adj:* **~ operation** *Aktion zur Erhaltung des Status quo, bis eine bessere Lösung gefunden werden kann.*

holding company *n* Holdinggesellschaft *die*.

holdup ['həʊldʌp] *n* - **1.** [robbery] bewaffneter Raubüberfall - **2.** [delay] Verzögerung *die;* [of traffic] stockender Verkehr.

hole [həʊl] *n* - **1.** [gen] Loch *das;* **~ in one** [in golf] As *das;* **to pick ~s in sthg** [criticize] etw auseinander nehmen - **2.** *inf* [horrible place] Loch *das;* [town] Kaff *das* - **3.** *inf* [predicament]: **to get o.s. into a ~** in die Bredouille kommen; **to be in a ~** in der Bredouille sein.
◆ **hole up** *vi* sich verkriechen.

holiday ['hɒlɪdeɪ] *n* - **1.** [vacation] Urlaub *der;* **~s** Urlaub *der;* SCH Ferien *pl;* **to be on ~** im Urlaub sein; **to go on ~** in Urlaub fahren - **2.** [public holiday] Feiertag *der*.

holiday camp *n* ***Br*** ≃ Feriendorf *das*.

holidaymaker ['hɒlɪdɪˌmeɪkəʳ] *n* ***Br*** Urlauber *der*, -in *die*.

holiday pay *n* ***Br*** Urlaubsgeld *das*.

holiday resort *n* ***Br*** Ferienort *der*.

holiday season *n* ***Br*** Urlaubszeit *die;* SCH Ferienzeit *die*.

holiness ['həʊlɪnɪs] *n* Heiligkeit *die*.
◆ **Holiness** *n:* **His/Your Holiness** Seine/Eure Heiligkeit.

holistic [həʊ'lɪstɪk] *adj* holistisch.

Holland ['hɒlənd] *n* Holland *nt*.

hollandaise sauce [ˌhɒlən'deɪz-] *n* Sauce Hollandaise *die*.

holler ['hɒləʳ] *vt & vi* ***inf*** brüllen.

hollow ['hɒləʊ] *adj* hohl; [cheeks] eingefallen; [victory, success] wertlos; [promise] leer <> *n* - **1.** [in tree] Hohlung *die* - **2.** [in ground, pillow] Mulde *die;* **the ~ of one's hand/back** die hohle Hand/das Kreuz.
◆ **hollow out** *vt sep* aus|höhlen.

holly ['hɒlɪ] *n* Stechpalme *die*.

hollyhock ['hɒlɪhɒk] *n* Malve *die*.

Hollywood ['hɒlɪwʊd] *n* Hollywood *nt* <> *comp* Hollywood-.

holocaust ['hɒləkɔːst] *n:* **a nuclear ~** ein atomarer Holocaust.
◆ **Holocaust** *n:* **the Holocaust** der Holocaust.

hologram ['hɒləgræm] *n* Hologramm *das*.

hols [hɒlz] *npl* ***Br inf*** Ferien *pl*.

holster ['həʊlstəʳ] *n* Pistolenhalfter *das*.

holy ['həʊlɪ] (*compar* **-ier;** *superl* **-iest**) *adj* heilig; [ground] geweiht.

Holy Communion *n* Heilige Kommunion.

Holy Ghost *n:* **the ~** der Heilige Geist.

Holy Grail [-'greɪl] *n:* **the ~** der Heilige Gral.

Holy Land *n:* **the ~** das Heilige Land.

holy orders *npl:* **to take ~** Priester werden.

Holy Spirit *n:* **the ~** der Heilige Geist.

homage ['hɒmɪdʒ] *n* ***fml*** - **1.** [respect]: **to pay ~ to sb/sthg** jm/etw huldigen - **2.** [tribute]: **~ (to)** Hommage *die* (an *(+ A)*).

home [həʊm] *n* - **1.** [place of residence, institution] Heim *das;* **Manchester's my ~ now** ich bin nun in Manchester zu Hause; **to make one's ~ somewhere** sich irgendwo nieder|lassen; **it's a ~ from ~ *Br*, it's a ~ away from ~ *Am*** es ist wie zu Hause - **2.** [place of origin] Heimat *die* - **3.** [family unit] Zuhause *das;* **to be from a broken ~** aus zerrütteten Familienverhältnissen kommen; **to leave ~** von zu Hause weg|gehen <> *adj* - **1.** [market, product] inländisch - **2.** SPORT Heim- <> *adv* - **1.: to go ~** nach Hause gehen; [from abroad] zurück|fahren/zurück|fliegen; **to be ~** zu Hause sein - **2.** *phr:* **to bring sthg ~ to sb** jm etw klar|machen; **to drive** OR **hammer sthg ~ to sb** jm etw ein|bläuen.
◆ **at home** *adv* - **1.** [in one's house, flat] daheim, zu Hause - **2.** [comfortable]: **to feel at ~ somewhere** sich irgendwo wohl fühlen; **I feel at ~ with this work** diese Arbeit bereitet mir keine Probleme; **to make o.s. at ~** es sich *(D)* bequem machen - **3.** [in one's own country]: **at ~ the shops close at five** bei uns machen die Geschäfte um fünf zu - **4.** SPORT: **to play at ~** ein Heimspiel haben.
◆ **home in** *vi:* **to ~ in on sthg** [target] auf etw *(A)* zulsteuern; [detail, problem] sich auf etw *(A)* konzentrieren.

home address *n* Privatadresse *die*.

home banking *n* Homebanking *das*.

home brew *n (U)* selbstgebrautes Bier.

homecoming ['həʊmˌkʌmɪŋ] *n* **- 1.** [return] Heimkehr *die* **- 2. Am** SCH & UNIV *alljährliches Zusammentreffen von derzeitigen und ehemaligen Studenten eines Colleges/einer Universität.*

home computer *n* Heimcomputer *der.*

home cooking *n* bürgerliche Küche.

Home Counties *npl* **Br: the ~** *die London umgebenden Grafschaften.*

home economics *n (U)* Hauswirtschaft(slehre) *die.*

home fries *npl* **Am** *ungeschälte, fritierte Kartoffelstücke.*

home ground *n:* **to be on ~** *lit* & *fig* sich auskennen.

homegrown [ˌhəʊm'grəʊn] *adj* selbstgezogen.

home help *n* **Br** Haushaltshilfe *die.*

home improvements *npl Renovierungsarbeiten am Eigenheim.*

homeland ['həʊmlænd] *n* **- 1.** [country of birth] Heimatland *das* **- 2.** [in South Africa] Homeland *das.*

homeless ['həʊmlɪs] *adj* obdachlos ◇ *npl:* **the ~** die Obdachlosen.

homelessness ['həʊmlɪsnəs] *n* Obdachlosigkeit *die.*

home loan *n Darlehen für Renovierungsarbeiten am Eigenheim.*

homely ['həʊmlɪ] *adj* **- 1.** [simple, unpretentious - place] schlicht; **~ fare** Hausmannskost *die* **- 2.** [ugly] unattraktiv.

homemade [ˌhəʊm'meɪd] *adj* selbstgemacht; [bread] selbstgebacken; [food] hausgemacht.

home movie *n* selbstgedrehter Film.

Home Office *n* **Br: the ~** das Innenministerium.

homeopathic [ˌhəʊmɪəʊ'pæθɪk] *adj* homöopathisch.

homeopathy [ˌhəʊmɪ'ɒpəθɪ] *n* Homöopathie *die.*

homeowner ['həʊmˌəʊnəʳ] *n* Hausbesitzer *der,* -in *die.*

home page *n* COMPUT Homepage *die.*

home rule *n* Autonomie *die.*

home run *n* **Am** *Lauf um alle vier Male im Baseball.*

Home Secretary *n* **Br** Innenminister *der,* -in *die.*

homesick ['həʊmsɪk] *adj* heimwehkrank; **to be/feel ~** Heimweh haben.

homesickness ['həʊmˌsɪknɪs] *n* Heimweh *das.*

homespun ['həʊmspʌn] *adj* [unsophisticated] einfach.

homestead ['həʊmsted] *n* **Am** Gehöft *das.*

home straight *n:* **the ~** [of race] die Zielgerade; **we're on the ~ now** *fig* das Ende ist in Sicht.

hometown ['həʊmtaʊn] *n* Heimatstadt *die.*

home truth *n:* **to tell sb a few ~s** jm die Meinung sagen.

homeward ['həʊmwəd] *adj* Heim- ◇ *adv* = **homewards.**

homewards ['həʊmwədz] *adv* nach Hause.

homework ['həʊmwɜːk] *n (U)* **- 1.** SCH Hausaufgaben *pl* **- 2.** *inf* [preparation]: **he's really done his ~** er hat sich gut darauf vorbereitet.

homey, homy ['həʊmɪ] (*compar* **-ier;** *superl* **-iest**) *adj* **Am** [place, atmosphere] heimelig.

homicidal ['hɒmɪsaɪdl] *adj* [person] gemeingefährlich; [rage] mörderisch.

homicide ['hɒmɪsaɪd] *n* Mord *der.*

homily ['hɒmɪlɪ] (*pl* **-ies**) *n* Predigt *die.*

homing ['həʊmɪŋ] *adj* **- 1.** [instinct] Heimfinde- **- 2.** [device] Zielsuch-.

homing pigeon *n* Brieftaube *die.*

homoeopathy *etc* [ˌhəʊmɪ'ɒpəθɪ] *n* = **homeopathy** *etc.*

homogeneous [ˌhɒmə'dʒiːnɪəs] *adj* homogen.

homogenize, -ise [hə'mɒdʒənaɪz] *vt* **Br** homogenisieren.

homophobic [ˌhɒmə'fəʊbɪk] *adj* homosexuellenfeindlich, homophob.

homosexual [ˌhɒmə'sekʃʊəl] *adj* homosexuell ◇ *n* Homosexuelle *der, die.*

homosexuality [ˌhɒməˌseksjʊ'ælətɪ] *n* Homosexualität *die.*

homy *adj* **Am** = **homey.**

Hon. *abbr of* **Honourable.**

hone [həʊn] *vt* **- 1.** [knife, sword] schleifen, wetzen **- 2.** [intellect, wit] schärfen.

honest ['ɒnɪst] *adj* **- 1.** [trustworthy, legal] redlich; **to make an ~ living** seinen Lebensunterhalt auf ehrliche Weise verdienen **- 2.** [truthful] ehrlich; **to be ~, ...** ehrlich gesagt, ... ◇ *adv* **inf** ehrlich.

honestly ['ɒnɪstlɪ] *adv* **- 1.** [in a trustworthy manner] redlich **- 2.** [truthfully] ehrlich ◇ *excl* also wirklich!

honesty ['ɒnɪstɪ] *n* **- 1.** [trustworthiness] Redlichkeit *die* **- 2.** [truthfulness] Ehrlichkeit *die.*

honey ['hʌnɪ] *n* **- 1.** [food] Honig *der* **- 2.** *esp* **Am** [dear] Liebling *der.*

honeybee ['hʌnɪbiː] *n* Honigbiene *die.*

honeycomb ['hʌnɪkəʊm] *n* **- 1.** [in wax] Bienenwabe *die* **- 2.** [pattern] Wabenmuster *das.*

honeymoon [ˈhʌnɪmuːn] *n* - **1.** [after wedding] Flitterwochen *pl;* [trip] Hochzeitsreise *die;* **they went on their ~ to Majorca** sie machten ihre Hochzeitsreise nach Mallorca - **2.** *fig* [initial trouble-free period] Schonzeit *die* <> *vi* Hochzeitsreise machen.

honeysuckle [ˈhʌnɪˌsʌkl] *n* Geißblatt *das.*

Hong Kong [ˌhɒŋˈkɒŋ] *n* Hongkong *nt.*

honk [hɒŋk] *vi* - **1.** [motorist] hupen - **2.** [goose] schreien <> *vt:* **to ~ one's horn** auf die Hupe drücken, hupen <> *n* - **1.** [of horn] Hupen *das* - **2.** [of goose] Schrei *der.*

honky [ˈhɒŋkɪ] (*pl* **-ies**) *n* **Am** *vinf offensive* Weiße *der, die.*

Honolulu [ˌhɒnəˈluːluː] *n* Honolulu *nt.*

honor *etc* **Am** = **honour** *etc.*

honorary [*Br* ˈɒnərərɪ, *Am* ɒnəˈreərɪ] *adj* - **1.** [given as an honour] Ehren-; **~ degree** ehrenhalber verliehener akademischer Grad - **2.** [unpaid] ehrenamtlich.

honor roll *n* **Am** SCH & UNIV *Liste der besten Schüler einer Schule/Studenten in einer College.*

honour *Br*, **honor** *Am* [ˈɒnəʳ] *n* Ehre *die;* **a man of ~** ein Ehrenmann; **in her ~** zu ihren Ehren; **in ~ of his achievements** zu Ehren seiner Leistungen <> *vt* - **1.** [fulfil - debt] begleichen; [- promise, agreement] erfüllen; [- cheque] akzeptieren - **2.** *fml* [bring honour to] ehren.

◆ **Honour** *n:* **His/Her Honour** das Gericht; **Your Honour** Euer Ehren.

◆ **honours** *npl* - **1.** [tokens of respect] Ehren *pl;* **with full military ~s** mit militärischen Ehren - **2.** UNIV *der erste erreichbare akademische Grad, der in ein oder zwei Fächern erlangt wird* - **3.** *phr:* **to do the ~s** [serve drinks] einlschenken; [serve food] servieren; [make introductions] die Honneurs machen.

honourable *Br*, **honorable** *Am* [ˈɒnrəbl] *adj* ehrenhaft.

◆ **Honourable** *adj* [in titles]: **the Honourable ...** der ehrenwerte ..., die ehrenwerte ...; **the Honourable Member for Southend** [in House of Commons] der Herr/die Frau Abgeordnete für den Wahlkreis Southend.

honourably *Br*, **honorably** *Am* [ˈɒnərəblɪ] *adv* ehrenhaft.

honour bound *adj:* **to be ~ to do sthg** moralisch dazu verpflichtet sein, etw zu tun.

honours list *n* **Br** *Liste der Titel- und Rangverleihungen.*

hooch [huːtʃ] *n (U) inf* Fusel *der (illegal hergestellt).*

hood [hʊd] *n* - **1.** [on cloak, jacket] Kapuze *die;* [of robber] Maske *die* - **2.** [of cooker] Abzugshaube *die;* [of pram, convertible car] Verdeck *das* - **3.** **Am** [car bonnet] Motorhaube *die.*

hooded [ˈhʊdɪd] *adj* - **1.** [wearing a hood] mit einer Kapuze; [robber] maskiert - **2.** [eyes] mit schweren Lidern.

hoodlum [ˈhuːdləm] *n* **Am** *inf* [youth] Rowdy *der;* [gangster] Gangster *der.*

hoodwink [ˈhʊdwɪŋk] *vt* reinllegen.

hooey [ˈhuːɪ] *n* **Am** *inf* Quatsch *der.*

hoof [huːf, hʊf] (*pl* **-s** OR **hooves**) *n* Huf *der.*

hook [hʊk] *n* Haken *der;* **~ and eye** Haken und Öse <> *vt* - **1.** [fasten with hook]: **to ~ sthg on to sthg** etw an etw *(D)* festlhaken - **2.** [fish] an die Angel bekommen - **3.**: **to ~ one's arm/leg round sthg** den Arm/das Bein um etw schlingen.

◆ **off the hook** *adv* - **1.** TELEC: **the telephone is off the ~** der Hörer ist abgenommen; **to leave the phone off the ~** den Hörer nicht auflegen - **2.** [out of trouble]: **to be off the ~** aus dem Schneider sein; **to get sb off the ~** jn aus der Klemme helfen.

◆ **hook up** *vt sep:* **to ~ sthg up to sthg** COMPUT & TELEC etw an etw *(A)* anlschließen.

hooked [hʊkt] *adj* - **1.** [shaped like a hook] gebogen; **~ nose** Hakennase *die* - **2.** *inf* [addicted]: **to be ~ on sthg** [on drugs] von etw abhängig sein; [on music, money, art] auf etw *(A)* ganz versessen sein.

hooker [ˈhʊkəʳ] *n* **Am** *inf* Nutte *die.*

hook(e)y [ˈhʊkɪ] *n* **Am** *inf:* **to play ~** (die Schule) schwänzen

hooligan [ˈhuːlɪgən] *n* Rowdy *der.*

hooliganism [ˈhuːlɪgənɪzm] *n* Rowdytun *das.*

hoop [huːp] *n* Reifen *der.*

hoop-la [ˈhuːplɑː] *n* [game] Ringwerfen *das.*

hooray [hʊˈreɪ] *excl* = **hurray.**

hoot [huːt] *n* - **1.** [of owl] Schrei *der* - **2.** [of horn] Hupen *das* - **3.**: **~s of laughter** schallendes Gelächter - **4.** **Br** *inf* [amusing thing, person]: **to be a ~** zum Schießen sein <> *vi* - **1.** [owl] schreien - **2.** [horn] hupen - **3.** *inf:* **to ~ with laughter** in schallendes Gelächter auslbrechen <> *vt* [horn]: **to ~ one's horn** hupen.

hooter [ˈhuːtəʳ] *n* - **1.** [horn - of car] Hupe *die;* [- of factory] Sirene *die* - **2.** **Br** *inf* [nose] Zinken *der.*

Hoover® [ˈhuːvəʳ] *n* **Br** Staubsauger *der.*

◆ **hoover** *vt* & *vi* (staub)saugen.

hooves [huːvz] *pl* ▷ **hoof.**

hop [hɒp] (*pt* & *pp* **-ped;** *cont* **-ping**) *n* - **1.** [of person, animal, bird] Hüpfer *der* - **2.** *inf* [trip] Trip *der* <> *vi* - **1.** [jump] hüpfen - **2.** *inf* [move nimbly] springen; **to ~ on a bus/train/plane** kurz entschlossen den Bus/den Zug/das Flugzeug nehmen <> *vt* *inf* - **1.** **Am** [bus, train]: **to ~ a bus/train** (kurzerhand) in einen Bus/Zug einlsteigen - **2.** *phr:* **~ it!** verschwinde!

◆ **hops** *npl* [for making beer] Hopfen *der.*

hope [həʊp] *vi* hoffen; **to ~ for sthg** auf etw *(A)* hoffen; **I ~ so** hoffentlich; **I ~ not** hoffentlich nicht; **to ~ for the best** das Beste hoffen <> *vt:* **to ~ (that)** hoffen, dass; **to ~ to do sthg** hoffen, etw zu tun <> *n* - **1.** *(U)* [belief, optimism] Hoffnung *die;* **to be beyond ~** [situation] aussichtslos *OR* hoffnungslos sein; **I don't hold out much ~** ich habe wenig Hoffnung - **2.** [expectation, chance] Hoffnung *die;* **in the ~ of doing sthg** in der Hoffnung, etw zu tun; **to pin one's ~s on sb/sthg** seine Hoffnungen auf jn/etw setzen; **to raise sb's ~s** jn Hoffnung machen.

hope chest *n Am* Aussteuertruhe *die.*

hopeful ['həʊpfʊl] *adj* - **1.** [person] hoffnungsvoll; **to be ~ that** zuversichtlich sein, dass; **to be ~ of doing sthg** zuversichtlich sein, etw zu tun - **2.** [sign, future] vielversprechend <> *n:* **a young ~** ein hoffnungsvoller Mensch.

hopefully ['həʊpfəlɪ] *adv* - **1.** [in a hopeful way] hoffnungsvoll - **2.** [with luck] hoffentlich.

hopeless ['həʊplɪs] *adj* - **1.** [despairing, impossible] hoffnungslos - **2.** *inf* [useless] miserabel.

hopelessly ['həʊplɪslɪ] *adv* hoffnungslos.

hopper ['hɒpəʳ] *n* [bin] Einfülltrichter *der.*

hopping ['hɒpɪŋ] *adv:* **to be ~ mad** fuchsteufelswild sein.

hopscotch ['hɒpskɒtʃ] *n (U)* Himmel-und-Hölle(-Spiel) *das.*

horde [hɔːd] *n* [of people] Horde *die;* [of insects] Schwarm *der.*

◆ **hordes** *npl:* **~s of** Horden *pl* von; [of letters] Massen *pl* von.

horizon [hə'raɪzn] *n* [of sky] Horizont *der;* **on the ~** *lit* & *fig* am Horizont.

◆ **horizons** *npl* Horizont *der.*

horizontal [ˌhɒrɪ'zɒntl] *adj* horizontal <> *n:* **the ~** die Horizontale.

hormone ['hɔːməʊn] *n* Hormon *das.*

hormone replacement therapy *n* Hormonersatztherapie *die.*

horn [hɔːn] *n* - **1.** [gen] Horn *das* - **2.** [on car] Hupe *die;* [on ship] Signalhorn *das.*

hornet ['hɔːnɪt] *n* Hornisse *die.*

horn-rimmed [-'rɪmd] *adj:* **~ glasses** Hornbrille *die.*

horny ['hɔːnɪ] (*compar* **-ier;** *superl* **-iest**) *adj* - **1.** [scale, body] hornig; [hand] schwielig - **2.** *vinf* [sexually excited] geil.

horoscope ['hɒrəskəʊp] *n* Horoskop *das.*

horrendous [hɒ'rendəs] *adj* - **1.** [horrific] entsetzlich - **2.** *inf* [unpleasant - bill, amount] horrend; [- weather] scheußlich.

horrible ['hɒrəbl] *adj* schrecklich, fürchterlich.

horribly ['hɒrəblɪ] *adv lit* & *fig* schrecklich.

horrid ['hɒrɪd] *adj esp Br* fürchterlich; **don't be so ~** sei nicht so gemein.

horrific [hɒ'rɪfɪk] *adj* entsetzlich.

horrify ['hɒrɪfaɪ] (*pt* & *pp* **-ied**) *vt* entsetzen.

horrifying ['hɒrɪfaɪɪŋ] *adj* entsetzlich.

horror ['hɒrəʳ] *n* - **1.** [alarm, fear] Entsetzen *das;* **the ~ of terrorism** der Schrecken des Terrorismus; **to my/his ~** zu meinem/seinem Entsetzen - **2.** [strong dislike]: **to have a ~ of sthg** einen Horror vor etw *(D)* haben - **3.** [horrifying thing] Schrecken *der;* **the ~s of war** die Greuel des Krieges.

horror film *n* Horrorfilm *der.*

horror-struck *adj* vor Schreck gelähmt.

hors d'oeuvre [ɔː'dɜːvr] (*pl* **-s**) *n* Hors d'oeuvre *das,* Vorspeise *die.*

horse [hɔːs] *n* Pferd *das.*

horseback ['hɔːsbæk] *adj:* **~ riding** *Am* Reiten *das* <> *n:* **on ~** zu Pferd.

horsebox *Br* ['hɔːsbɒks], **horsecar** *Am* ['hɔːskɑːr] *n* Pferdetransporter *der.*

horse chestnut *n* [tree, nut] Rosskastanie *die.*

horse-drawn *adj* Pferde-.

horsehair ['hɔːsheəʳ] *n* Rosshaar *das.*

horseman ['hɔːsmən] (*pl* **-men** [-mən]) *n* Reiter *der.*

horseplay ['hɔːspleɪ] *n (U)* Balgerei *die.*

horsepower ['hɔːsˌpaʊəʳ] *n (U)* Pferdestärke *die.*

horse racing *n* Pferderennen *das.*

horseradish ['hɔːsˌrædɪʃ] *n (U)* [plant] Meerrettich *der.*

horse riding *n* Reiten *das.*

horseshoe ['hɔːsʃuː] *n* Hufeisen *das.*

horse show *n* Reitturnier *das.*

horse-trading [-ˌtreɪdɪŋ] *n* **fig** & **pej** Kuhhandel *der.*

horse trials *npl* Military *die.*

horsewhip ['hɔːswɪp] (*pt* & *pp* **-ped;** *cont* **-ping**) *vt* auslpeitschen.

horsewoman ['hɔːsˌwʊmən] (*pl* **-women** [-ˌwɪmɪn]) *n* Reiterin *die.*

horticultural [ˌhɔːtɪ'kʌltʃərəl] *adj* [skill] gärtnerisch; [society] Gartenbau-.

horticulture ['hɔːtɪˌkʌltʃəʳ] *n* Gartenbau *der.*

hose [həʊz] *n* [hosepipe] Schlauch *der* <> *vt* [garden] sprengen.

◆ **hose down** *vt sep* ablspritzen.

hosepipe ['həʊzpaɪp] *n* Schlauch *der.*

hosiery ['həʊzɪərɪ] *n (U)* Strumpfwaren *pl.*

hospice ['hɒspɪs] *n* Sterbeklinik *die.*

hospitable [hɒ'spɪtəbl] *adj* gastfreundlich.

hospital ['hɒspɪtl] *n* Krankenhaus *das.*

hospitality [ˌhɒspɪ'tælətɪ] *n* Gastfreundschaft *die.*

hospitality suite *n* Gesellschaftsräume *pl.*

hospitalize, -ise ['hɒspɪtəlaɪz] *vt* ins Krankenhaus ein|weisen.

host [həʊst] *n* - **1.** [gen] Gastgeber *der;* **~ city** gastgebende Stadt; **~ country** Gastland *das* - **2.** [compere] Moderator *der* - **3.** *literary* [large number]: **a ~ of sthg** eine Schar von etw ◇ *vt* moderieren.
◆ **Host** *n* RELIG: **the Host** die Hostie.

hostage ['hɒstɪdʒ] *n* Geisel *die;* **to be taken/held ~** als Geisel genommen/festgehalten werden.

hostel ['hɒstl] *n* Wohnheim *das;* **(youth) ~** Jugendherberge *die.*

hostelry ['hɒstəlrɪ] (*pl* **-ries**) *n hum* Gastwirtschaft *die.*

hostess ['həʊstes] *n* [at party] Gastgeberin *die.*

hostile [*Br* 'hɒstaɪl, *Am* 'hɒstl] *adj* - **1.** [antagonistic, unfriendly]: **~ (to sb/sthg)** feindselig (gegenüber jm/etw) - **2.** [weather conditions] widrig; [climate] unwirtlich - **3.** MIL [territory, forces] feindlich.

hostility [hɒ'stɪlətɪ] *n (U)* Feindseligkeit *die.*
◆ **hostilities** *npl* Feindseligkeiten *pl.*

hot [hɒt] (*compar* **-ter;** *superl* **-test;** *pt* & *pp* **-ted;** *cont* **-ting**) *adj* - **1.** [gen] heiß; **I'm ~** mir ist heiß - **2.** [cooked] warm - **3.** [spicy] scharf - **4.** *inf* [expert] stark; **to be ~ on** OR **at sthg** super in etw *(D)* sein - **5.** [recent]: **a ~ piece of news** das Neueste vom Neuesten - **6.** [temper] hitzig.
◆ **hot up** *vi inf* [situation] sich verschärfen; [party] in Schwung kommen; **the pace is ~ting up** das Tempo steigert sich.

hot-air balloon *n* Heißluftballon *der.*

hotbed ['hɒtbed] *n* Brutstätte *die.*

hotchpotch *Br* ['hɒtʃpɒtʃ], **hodgepodge** *Am* ['hɒdʒpɒdʒ] *n inf* Mischmasch *der.*

hot-cross bun *n Rosinenbrötchen mit kleinem Teigkreuz, wird um Ostern gegessen.*

hot dog *n* Hot Dog *der* OR *das.*

hotel [həʊ'tel] *n* Hotel *das* ◇ *comp* Hotel-.

hotelier [həʊ'telɪə^{r}] *n* Hotelier *der.*

hot flush *Br*, **hot flash** *Am n* Hitzewallung *die;* **~es** fliegende Hitze.

hotfoot [ˌhɒt'fʊt] *adv literary* eilends.

hotheaded [ˌhɒt'hedɪd] *adj* hitzköpfig.

hothouse ['hɒthaʊs, *pl* -haʊzɪz] *n* [greenhouse] Treibhaus *das* ◇ *comp* Treibhaus-.

hot line *n* - **1.** [between government heads] heißer Draht - **2.** [for crisis, disaster] Hotline *die.*

hotly ['hɒtlɪ] *adv* - **1.** [argue, debate, deny] heftig - **2.** [pursue]: **they were ~ pursued by a policeman** ein Polizist war ihnen dicht auf den Fersen.

hotplate ['hɒtpleɪt] *n* Kochplatte *die.*

hotpot ['hɒtpɒt] *n Br* Eintopf *der.*

hot potato *n inf fig* heißes Eisen.

hot rod *n* AUT frisiertes Auto.

hot seat *n inf:* **to be in the ~** *aufgrund einer verantwortungsvollen Position schwierige Entscheidungen treffen müssen.*

hot spot *n* - **1.** [exciting place]: **the ~s of the Costa Brava** die Nachtklubs und Kasinos der Costa Brava - **2.** [politically unsettled area] Krisenherd *der.*

hot-tempered [-'tempəd] *adj* jähzornig.

hot water *n inf fig:* **to get into/be in ~** in Schwulitäten kommen/sein.

hot-water bottle *n* Wärmflasche *die.*

hot-wire *vt inf* kurz|schließen.

hound [haʊnd] *n* Jagdhund *der* ◇ *vt* verfolgen; **to ~ sb out (of a place)** jn (aus einem Ort) vertreiben.

hour ['aʊə^{r}] *n* Stunde *die;* **half an ~** eine halbe Stunde; **per** OR **an ~** pro OR die Stunde; **it's an ~'s drive away** es ist eine Stunde mit dem Auto von hier entfernt; **on the ~** zur vollen Stunde; **every ~, on the ~** jede volle Stunde; **in the small ~s** früh morgens; **in my ~ of need** *literary* in der Stunde der Not.
◆ **hours** *npl* - **1.** [of business] Geschäftszeiten *pl;* [of pub, museum *etc*] Öffnungszeiten *pl;* [of doctor] Sprechstunde *die;* **after ~s** [in pub] nach der Polizeistunde; [in office] nach Dienstschluss - **2.** [routine]: **to keep regular/irregular ~s** [work] regelmäßig/unregelmäßig arbeiten; **to work long ~s** lange arbeiten.

hourly ['aʊəlɪ] *adj* - **1.** [happening every hour] stündlich - **2.** [per hour] Stunden- ◇ *adv* - **1.** [every hour] stündlich - **2.** [per hour] pro Stunde - **3.** *fig* [constantly] ständig.

house [*n* & *adj* haʊs, *pl* 'haʊzɪz, *vb* haʊz] *n* - **1.** [gen] Haus *das;* **to put** OR **set one's ~ in order** vor seiner eigenen Tür kehren; **to move ~** um|ziehen; **on the ~** auf Kosten des Hauses; **to play to a full ~** vor vollem Haus spielen; **to bring the ~ down** das Publikum zum Toben bringen; **this ~ believes that ...** [in debate] wir glauben, dass ... - **2.** SCH *eine der traditionellen Schülergemeinschaften innerhalb einer Schule, die untereinander Wettbewerbe veranstalten* ◇ *vt* [subj: person] unter|bringen; **the building ~s three families/offices** im Gebäude sind drei Familien/Büros untergebracht ◇ *adj* Haus-; **~ style** hauseigener Stil; **~ red/white** [wine] Hausmarke *die (Rot-/Weißwein).*

house arrest *n:* **under ~** unter Hausarrest.

houseboat ['haʊsbəʊt] *n* Hausboot *das.*

housebound ['haʊsbaʊnd] *adj* ans Haus gefesselt.

housebreaking ['haʊsˌbreɪkɪŋ] *n (U)* Einbruch *der*.

housebroken ['haʊsˌbrəʊkn] *adj Am* [pet] stubenrein.

housecoat ['haʊskəʊt] *n* Morgenrock *der*.

household ['haʊshəʊld] *adj* **- 1.** [domestic] Haushalts-; **~ work** Hausarbeit *die* **- 2.** [familiar]: **to be a ~ name** ein Begriff sein ◇ *n* Haushalt *der*.

householder ['haʊsˌhəʊldə^r] *n* Hausinhaber *der*, -in *die;* [of flat] Wohnungsinhaber *der*, -in *die*.

househunting ['haʊsˌhʌntɪŋ] *n* Haussuche *die*.

house husband *n* Hausmann *der*.

housekeeper ['haʊsˌkiːpə^r] *n* Haushälterin *die*.

housekeeping ['haʊsˌkiːpɪŋ] *n* **- 1.** [work] Haushaltsführung *die* **- 2.** [budget]: **~ (money)** Haushaltsgeld *das*.

houseman ['haʊsmən] (*pl* **-men** [-mən]) *n Br* Assistenzarzt *der*, -ärztin *die*.

house martin *n* Mehlschwalbe *die*.

housemen ['haʊsmən] *pl* ▷ **houseman.**

house music *n* Hausmusik *die*.

House of Commons *n Br:* **the ~** das britische Unterhaus.

HOUSE OF COMMONS

Das britische Unterhaus in London besteht aus 650 Abgeordneten („Members of Parliament" oder „MPs"), die von den über 18-jährigen Bürgern des Wahlkreises („constituency"), den sie vertreten, für fünf Jahre gewählt werden. Das Unterhaus tagt ca. 175 Tage pro Jahr und ist die Legislative der Regierung. Der Führer der Mehrheitsfraktion im Unterhaus ist der Premierminister.

House of Lords *n Br:* **the ~** das britische Oberhaus.

HOUSE OF LORDS

Das britische Oberhaus ist das höchste Berufungsgericht im Vereinigten Königreich (mit Ausnahme von Schottland, das sein eigenes Gerichtswesen hat) und befugt, gewisse Gesetzesvorlagen, die das Unterhaus bereits verabschiedet hat, zu revidieren. Zusammen mit dem Unterhaus bildet es das britische Parlament, (die sogenannten „Houses of Parliament"). Das Oberhaus bestand traditionell aus den Peers (Angehörigen des Hochadels) und hochrangigen Kirchenmännern. Im November 1999 wurde die Zahl der Peers mit ererbtem Titel reduziert, und es ist derzeit noch unklar, wer sie ersetzen wird.

House of Representatives *n Am:* **the ~** das Repräsentantenhaus.

HOUSE OF REPRESENTATIVES

Das Repräsentantenhaus und der Senat bilden zusammen den Kongress, das Gesetzgebungsorgan der USA. Die 435 Abgeordneten („Representatives", auch „Congressmen/-women") werden für zwei Jahre gewählt; Wiederwahl ist möglich. Die Wahl erfolgt in den Einzelstaaten; je bevölkerungsreicher ein Staat, umso mehr Abgeordnete kann er ins Repräsentantenhaus entsenden.

house-owner *n* Hauseigentümer *der*, -in *die*.

houseplant ['haʊsplɑːnt] *n* Zimmerpflanze *die*.

house-proud *adj* penibel (im Haushalt).

Houses of Parliament *npl Br:* **the ~** *Sitz des britischen Parlaments.*

house-to-house *adj:* **~ collection** Haussammlung *die;* **to conduct a ~ search** jedes Haus durchsuchen.

house-train *vt Br* stubenrein machen; **~ed** stubenrein.

housewarming (party) ['haʊsˌwɔːmɪŋ-] *n* Einzugsparty *die*.

housewife ['haʊswaɪf] (*pl* **-wives** [-waɪvz]) *n* Hausfrau *die*.

housework ['haʊswɜːk] *n* Hausarbeit *die*.

housing ['haʊzɪŋ] *n* **- 1.** *(U)* [accommodation] Wohnungen *pl;* [act] Unterbringung *die* **- 2.** TECH Gehäuse *das* ◇ *comp* Wohnungs-; **~ conditions** Wohnverhältnisse *pl*.

housing association *n Br* Wohnungsbaugesellschaft *die*.

housing benefit *n (U) Br* Wohngeld *das*.

housing development *n* Wohnsiedlung *die*.

housing estate *Br*, **housing project** *Am n* Wohnsiedlung *die*.

hovel ['hɒvl] *n* armselige Hütte.

hover ['hɒvə^r] *vi* **- 1.** [fly] schweben **- 2.** [linger - person] herum|stehen.

hovercraft ['hɒvəkrɑːft] (*pl inv* OR **-s**) *n* Luftkissenfahrzeug *das*.

hoverport ['hɒvəpɔːt] *n Anlegestelle für Luftkissenfahrzeuge.*

how [haʊ] *adv* **- 1.** [referring to way, manner] wie; **~ do you get there?** wie kommt man dahin?; **tell me ~ to do it** sag mir, wie man das macht **- 2.** [referring to health, general state] wie; **~ are you?** wie gehts dir?; **~ are you doing?, ~ are things?** wie gehts dir?; **~ is your room?** wie ist dein Zimmer?; **~ do you do?** guten Tag! **- 3.** [referring to degree, amount] wie; **~ far?** wie weit?;

~ long? wie lang?; **~ many?** wie viele?; **~ much?** wie viel?; **~ much is it?** wie viel kostet es?; **~ old are you?** wie alt bist du? **- 4.** [in exclamations] wie; **~ nice/awful!** wie schön/schrecklich!; **~ I wish I could!** wenn ich doch nur könnte! **- 5.** [expressing surprise, outrage]: **~ can you say that?** wie kannst du das sagen?; **~ can you be so rude?** wie kannst du mir so unhöflich sein?

◆ **how about** *adv:* **~ about a drink?** wie wäre es mit einem Drink?; **I fancy a game of cards, ~ about it?** ich habe Lust, Karten zu spielen, wie wärs?; **I could do with a night off, ~ about you?** ich könnte einen freien Abend gebrauchen, du auch?

howdy ['haʊdɪ] *excl* ***Am inf*** Tag!

however [haʊ'evəʳ] *conj* [in whatever way] wie (immer) ◇ *adv* **- 1.** [nevertheless] jedoch; **~, it was not to be** es sollte jedoch nicht sein **- 2.** [no matter how] wie ... auch, egal wie; **~ difficult/good it is** wie schwierig/gut es auch ist, egal wie schwierig/gut es ist; **~ many/much you have** wie viele/viel du auch hast **- 3.** [how] wie ... bloß; **~ did you know?** woher hast du das bloß gewusst?

howl [haʊl] *n* [of person] Schrei *der;* [of animal, wind] Heulen *das* ◇ *vi* **- 1.** [animal, wind] heulen **- 2.** [person] schreien; **to ~ with laughter** brüllen vor Lachen.

howler ['haʊləʳ] *n* ***inf*** [mistake] Schnitzer *der.*

howling ['haʊlɪŋ] *adj* ***inf*** [success] Riesen-.

hp (*abbr of* **horsepower**) *n* PS.

HP *n* **- 1.** (*abbr of* **hire purchase**): **to buy sthg on ~** etw auf Raten kaufen **- 2.** = **hp.**

HQ (*abbr of* **headquarters**) *n* HQ *das.*

hr (*abbr of* **hour**) Std.

HRH® (*abbr of* **His (or Her) Royal Highness**) S.M./I.M.

hrs (*abbr of* **hours**) Std.

HRT (*abbr of* **hormone replacement therapy**) *n* Hormonsubstitionstherapie *die.*

HST (*abbr of* **Hawaiian Standard Time**) *Zeit in der Zeitzone Hawaiis.*

ht *abbr of* **height.**

HTML (*abbr of* **hypertext markup language**) HTML *nt, Programmiersprache zur Formatierung von elektronischen Textdokumenten.*

hub [hʌb] *n* **- 1.** [of wheel] (Rad)nabe *die* **- 2.** [of activity] Zentrum *das.*

hub airport *n* zentraler Flughafen.

hubbub ['hʌbʌb] *n* Lärm *der;* **~ of voices** Stimmengewirr *das.*

hubcap ['hʌbkæp] *n* Radkappe *die.*

huddle ['hʌdl] *vi* **- 1.** [crouch, curl up] kauern **- 2.** [crowd together]: **to ~ (together)** sich (zusammen|)drängen ◇ *n* [of people] Grüppchen *das.*

hue [hjuː] *n* [colour] Farbton *der.*

huff [hʌf] *n:* **in a ~** beleidigt ◇ *vi:* **to ~ and puff** ***fig*** großes Trara machen.

huffy ['hʌfɪ] (*compar* **-ier;** *superl* **-iest**) *adj* ***inf*** **- 1.** [offended] eingeschnappt **- 2.** [touchy] empfindlich.

hug [hʌg] (*pt* & *pp* **-ged;** *cont* **-ging**) *n* Umarmung *die;* **to give sb a ~** jn umarmen ◇ *vt* **- 1.** [embrace] umarmen **- 2.** [hold - one's knees] umfassen; **to ~ sthg to o.s.** etw an sich *(A)* drücken **- 3.** [stay close to]: **to ~ the coast/kerb** dicht an der Küste/am Straßenrand entlang|fahren.

huge [hjuːdʒ] *adj* riesig; [subject] vielfältig.

huh [hʌ] *excl* **- 1.** [expressing surprise, asking for repeat] was? **- 2.** [after questions]: **you must be tired, ~?** du bist bestimmt müde, ne? **- 3.** [expressing scorn] pah!

hulk [hʌlk] *n* **- 1.** [of ship] (Schiffs)rumpf *der* **- 2.** [person] Koloss *der.*

hulking ['hʌlkɪŋ] *adj* [building] klobig; [person] ungeschlacht.

hull [hʌl] *n* [of ship] Schiffskörper *der.*

hullabaloo [ˌhʌləbə'luː] *n* ***inf*** Spektakel *der.*

hullo [hə'ləʊ] *excl* = **hello.**

hum [hʌm] (*pt* & *pp* **-med;** *cont* **-ming**) *vi* **- 1.** [bee] summen; [car, machine] brummen **- 2.** [sing] summen **- 3.** [be busy - place] voller Leben sein; [- office] voller Aktivität sein **- 4.** ***phr:*** **to ~ and haw** herum|drucksen ◇ *vt* [tune] summen ◇ *n (U)* [buzz - of bee] Summen *das;* [- of car, machine] Brummen *das;* [- of conversation] Gemurmel *das.*

human ['hjuːmən] *adj* menschlich ◇ *n:* **~ (being)** Mensch *der.*

humane [hjuː'meɪn] *adj* [compassionate] human.

humanely [hjuː'meɪnlɪ] *adv* human.

human error *n (U)* menschliches Versagen.

humanist ['hjuːmənɪst] *n* PHILOSOPHY Humanist *der*, -in *die.*

humanitarian [hjuːˌmænɪ'teərɪən] *adj* humanitär ◇ *n* Anhänger *der*, -in *die* des Humanitätsgedankens.

humanity [hjuː'mænətɪ] *n* **- 1.** [kindness, sympathy] Humanität *die* **- 2.** [mankind] Menschheit *die.*

◆ **humanities** *npl:* **the humanities** die Geisteswissenschaften.

humanly ['hjuːmənlɪ] *adv:* **all that is ~ possible** alles, was menschenmöglich ist; **as far as is ~ possible** so weit wie irgend möglich.

human nature *n* die menschliche Natur.

human race *n:* **the ~** die menschliche Rasse.

human resources *npl* Humankapital *das.*

human rights *npl* Menschenrechte *pl.*

humble ['hʌmbl] *adj* [position, job, origins] niedrig; [clerk] einfach; [home, room, opinion] bescheiden; [person] demütig ◇ *vt* demütigen; **to ~ o.s.** sich demütigen *OR* erniedrigen.

humbly ['hʌmblɪ] *adv* [say, suggest] demütig; [live] bescheiden.

humbug ['hʌmbʌg] *n* - **1.** *dated* [hypocrisy] Heuchelei *die* - **2.** *Br* [sweet] Pfefferminzbonbon *der OR das.*

humdrum ['hʌmdrʌm] *adj* [life] eintönig.

humid ['hju:mɪd] *adj* feucht.

humidity [hju:'mɪdətɪ] *n* (Luft)feuchtigkeit *die.*

humiliate [hju:'mɪlɪeɪt] *vt* demütigen.

humiliating [hju:'mɪlɪeɪtɪŋ] *adj* demütigend.

humiliation [hju:ˌmɪlɪ'eɪʃn] *n* Demütigung *die.*

humility [hju:'mɪlətɪ] *n* Demut *die.*

hummingbird ['hʌmɪŋbɜ:d] *n* Kolibri *der.*

humor *n* & *vt Am* = **humour.**

humorist ['hju:mərɪst] *n* Humorist *der.*

humorous ['hju:mərəs] *adj* [remark, story] lustig; [person] humorvoll.

humour *Br*, **humor** *Am* ['hju:məʳ] *n* - **1.** [comedy] Humor *der;* [of situation, remark] Komik *die* - **2.** *dated* [mood] Stimmung *die*, Laune *die* ◇ *vt:* **to ~ sb** jm seinen Willen lassen.

hump [hʌmp] *n* - **1.** [hill] Hügel *der* - **2.** [of camel] Höcker *der;* [of person] Buckel *der* ◇ *vt inf* [carry] schleppen.

humpbacked bridge [ˌhʌmpbækt-] *n* gewölbte Brücke.

humus ['hju:məs] *n* Humus *der.*

hunch [hʌntʃ] *n inf* Gefühl *das*, Ahnung *die* ◇ *vt* [shoulders] hoch|ziehen ◇ *vi:* **she sat ~ed over a book** sie saß über ein Buch gebeugt.

hunchback ['hʌntʃbæk] *n* Bucklige *der, die.*

hundred ['hʌndrəd] *num* hundert; **a** *OR* **one ~** (ein)hundert; *see also* **six.**

◆ **hundreds** *npl* Hunderte *pl.*

hundredth ['hʌndrəθ] *num* hundertste, -r, -s; *see also* **sixth.**

hundredweight ['hʌndrədweɪt] *n* - **1.** [in UK] = 50,8 kg, ≃ Zentner *der* - **2.** [in US] = 45,36 kg, ≃ Zentner *der.*

hung [hʌŋ] *pt* & *pp* ▷ **hang** ◇ *adj* POL: **a ~ parliament** ein Parlament ohne klare Mehrheitsverhältnisse.

Hungarian [hʌŋ'geərɪən] *adj* ungarisch ◇ *n* - **1.** [person] Ungar *der*, -in *die* - **2.** [language] Ungarisch(e) *das.*

Hungary ['hʌŋgərɪ] *n* Ungarn *nt.*

hunger ['hʌŋgəʳ] *n lit* & *fig* Hunger *der.*

◆ **hunger after, hunger for** *vt fus literary* hungern nach.

hunger strike *n* Hungerstreik *der.*

hung over *adj inf* verkatert.

hungry ['hʌŋgrɪ] (*compar* **-ier;** *superl* **-iest**) *adj* hungrig; **to be ~** Hunger haben; **to go ~** hungern; **to be ~ for sthg** *fig* sich nach etw sehnen; **to be ~ for power** machthungrig sein.

hung up *adj inf:* **to be ~ (on** *OR* **about)** sich verrückt machen (wegen *(+ G)*).

hunk [hʌŋk] *n* - **1.** [of bread, cheese] Stück *das* - **2.** *inf* [attractive man]: **he's a real ~** er ist ein richtiger Mann.

hunky-dory [ˌhʌŋkɪ'dɔ:rɪ] *adj inf:* **everything is ~** es ist alles in Butter.

hunt [hʌnt] *n* - **1.** SPORT Jagd *die; Br* [for foxes] Fuchsjagd *die;* [hunters] Jagdgesellschaft *die* - **2.** [search] Suche *die;* **a murder ~** eine Mörderjagd ◇ *vi* - **1.** [for food, sport] jagen - **2.** *Br* [for foxes] auf die Fuchsjagd gehen - **3.** [search]: **to ~ (for)** suchen (nach) ◇ *vt* - **1.** [animals, birds] jagen - **2.** [criminal] fahnden nach.

◆ **hunt down** *vt sep* [catch] zur Strecke bringen; [chase] Jagd machen auf.

hunter ['hʌntəʳ] *n* - **1.** [of animals, birds] Jäger *der* - **2.** [of things]: **autograph ~** Autogrammjäger; **bargain ~** Schnäppchenjäger.

hunting ['hʌntɪŋ] *n (U)* - **1.** SPORT Jagd *die* - **2.** *Br* [foxhunting] Fuchsjagd *die* - **3.** [searching] Suche *die* ◇ *comp* [dog, clothes] Jagd-.

huntsman ['hʌntsmən] (*pl* **-men** [-mən]) *n* Jäger *der.*

hurdle ['hɜ:dl] *n lit* & *fig* Hürde *die* ◇ *vt* [jump over] überspringen.

◆ **hurdles** *npl* SPORT Hürdenlauf *der.*

hurl [hɜ:l] *vt* schleudern; **to ~ abuse at sb** jm Beschimpfungen an den Kopf werfen.

hurrah [hʊ'rɑ:] *excl dated* hurra!

hurray [hʊ'reɪ] *excl* hurra!

hurricane ['hʌrɪkən] *n* Orkan *der;* [tropical] Hurrikan *der.*

hurried ['hʌrɪd] *adj* [meal] hastig; [departure] überstürzt; [glance] flüchtig; [note] eilig geschrieben.

hurriedly ['hʌrɪdlɪ] *adv* [eat] hastig; [leave, write] eilig.

hurry ['hʌrɪ] (*pt* & *pp* **-ied**) *vt* [person] (zur Eile) an|treiben; [process] beschleunigen; **don't ~ me** hetz mich nicht; **to ~ to do sthg** sich beeilen, etw zu tun ◇ *vi* sich beeilen ◇ *n* Eile *die;* **to be in a ~** in Eile sein, es eilig haben; **to do sthg in a ~** etw in Eile tun; **to be in no ~ to do sthg** [unwilling] es nicht eilig haben, etw zu tun.

◆ **hurry off** *vi* schnell weg|gehen.

◆ **hurry up** *vi* sich beeilen ◇ *vt sep* [person]

(zur Eile) an|treiben; [process] beschleunigen.

hurt [hɜːt] (*pt* & *pp* **hurt**) *vt* - **1.** [cause physical pain to] wehltun *(+ D)*; **to ~ one's leg/arm** sich *(D)* am Bein/Arm wehltun; **to ~ o.s.** sich *(D)* wehltun - **2.** [injure, upset] verletzen; **to ~ sb's feelings** js Gefühle verletzen - **3.** [harm] schaden *(+ D)* ◇ *vi* - **1.** [gen] wehltun; **that ~s!** das tut weh! - **2.** [harm] schaden; **I suppose it won't ~** ich denke, es kann nicht schaden ◇ *adj* [leg, arm, feelings] verletzt; [look, voice] gekränkt ◇ *n (U)* [emotional pain] Schmerz *der*.

hurtful [ˈhɜːtfʊl] *adj* verletzend.

hurtle [ˈhɜːtl] *vi* sausen.

husband [ˈhʌzbənd] *n* Ehemann *der*; **my ~** mein Mann.

hush [hʌʃ] *n* Schweigen *das*; **a deathly ~** eine Totenstille ◇ *vt* [crowd, person] zum Schweigen bringen ◇ *excl* still!
◆ **hush up** *vt sep* [affair] vertuschen.

hush money *n inf* Schweigegeld *das*.

husk [hʌsk] *n* [of seed] Hülse *die*; [of grain] Spelze *die*.

husky [ˈhʌskɪ] (*compar* **-ier**; *superl* **-iest**) *adj* [voice] rau; [laugh] heiser ◇ *n* [dog] Husky *der*, Eskimohund *der*.

hustings [ˈhʌstɪŋz] *npl* **Br** [campaign] Wahlkampf *der*; [meetings] Wahlveranstaltungen *pl*.

hustle [ˈhʌsl] *vt* - **1.** [hurry]: **he ~d her out of the room** er drängte sie schnell aus dem Raum - **2.** *Am* [persuade]: **to ~ sb into doing sthg** jn dazu bringen wollen, etw zu tun ◇ *n*: **~ and bustle** geschäftiges Treiben.

hut [hʌt] *n* Hütte *die*; [temporary building] Baracke *die*.

hutch [hʌtʃ] *n* Stall *der*.

hyacinth [ˈhaɪəsɪnθ] *n* Hyazinthe *die*.

hybrid [ˈhaɪbrɪd] *adj* - **1.** [plant, animal] hybrid - **2.** [system, organization] Misch- ◇ *n* - **1.** [plant, animal] Hybride *der* OR *die* - **2.** [mixture] Mischung *die*.

hydrangea [haɪˈdreɪndʒə] *n* Hortensie *die*.

hydrant [ˈhaɪdrənt] *n* Hydrant *der*.

hydraulic [haɪˈdrɔːlɪk] *adj* hydraulisch.
◆ **hydraulics** *n (U)* Hydraulik *die*.

hydrocarbon [ˌhaɪdrəˈkɑːbən] *n* Kohlenwasserstoff *der*.

hydrochloric acid [ˌhaɪdrəˌklɔːrɪk-] *n* Salzsäure *die*.

hydroelectric [ˌhaɪdrəʊɪˈlektrɪk] *adj* hydroelektrisch; **~ power** durch Wasserkraft erzeugte Energie.

hydrofoil [ˈhaɪdrəfɔɪl] *n* Tragflächenboot *das*.

hydrogen [ˈhaɪdrədʒən] *n* Wasserstoff *der*.

hydrogen bomb *n* Wasserstoffbombe *die*.

hydrophobia [ˌhaɪdrəˈfəʊbɪə] *n* **fml** [rabies] Tollwut *die*.

hydroplane [ˈhaɪdrəpleɪn] *n* - **1.** [speedboat] Gleitboot *das* - **2.** [hydrofoil] Tragflächenboot *das*, Tragflügelboot *das*.

hyena [haɪˈiːnə] *n* Hyäne *die*.

hygiene [ˈhaɪdʒiːn] *n* Hygiene *die*; **personal ~** Körperpflege *die*.

hygienic [haɪˈdʒiːnɪk] *adj* hygienisch.

hygienist [haɪˈdʒiːnɪst] *n* Zahnhygieniker *der*, -in *die*.

hymn [hɪm] *n* Kirchenlied *das*.

hymn book *n* Gesangbuch *das*.

hype [haɪp] **inf** *n* Publicity *die* ◇ *vt* Publicity machen für.

hyped up [ˌhaɪpt-] *adj* **inf** aufgeregt.

hyper [ˈhaɪpəʳ] *adj* **inf** überdreht.

hyperactive [ˌhaɪpərˈæktɪv] *adj* überaktiv.

hyperinflation [ˌhaɪpərɪnˈfleɪʃn] *n* sehr hohe Inflation.

hyperlink [ˈhaɪpəlɪŋk] *n* COMPUT Hyperlink *das*.

hypermarket [ˈhaɪpəˌmɑːkɪt] *n* Großmarkt *der*.

hypersensitive [ˌhaɪpəˈsensɪtɪv] *adj* überempfindlich.

hypertension [ˌhaɪpəˈtenʃn] *n* MED Hypertonie *die*, Bluthochdruck *der*.

hypertext [ˈhaɪpətekst] *n* COMPUT Hypertext *der*.

hyperventilate [ˌhaɪpəˈventɪleɪt] *vi* hyperventilieren.

hyphen [ˈhaɪfn] *n* Bindestrich *der*; [at end of line] Trennungsstrich *der*.

hyphenate [ˈhaɪfəneɪt] *vt* mit Bindestrich schreiben.

hypnosis [hɪpˈnəʊsɪs] *n* Hypnose *die*; **to be under ~** unter Hypnose stehen.

hypnotic [hɪpˈnɒtɪk] *adj* hypnotisch.

hypnotism [ˈhɪpnətɪzm] *n* Hypnotik *die*, Hypnose *die*.

hypnotist [ˈhɪpnətɪst] *n* Hypnotiseur *der*, -euse *die*.

hypnotize, -ise [ˈhɪpnətaɪz] *vt* hypnotisieren.

hypoallergenic [ˈhaɪpəʊˌæləˈdʒenɪk] *adj* antiallergisch.

hypochondriac [ˌhaɪpəˈkɒndrɪæk] *n* Hypochonder *der*, -in *die*.

hypocrisy [hɪˈpɒkrəsɪ] *n* Heuchelei *die*.

hypocrite [ˈhɪpəkrɪt] *n* Heuchler *der*, -in *die*.

hypocritical [ˌhɪpəˈkrɪtɪkl] *adj* heuchlerisch.

hypodermic needle [ˌhaɪpəˈdɜːmɪk-] *n* Kanüle *die*.

hypodermic syringe [ˌhaɪpəˈdɜːmɪk-] *n* Injektionsspritze *die*.

hypothermia [ˌhaɪpəʊˈθɜːmɪəl *n* Unterkühlung *die*.

hypothesis [haɪˈpɒθɪsɪs] (*pl* **-theses** [-θɪsiːz]) *n* Hypothese *die*.

hypothetical [ˌhaɪpəˈθetɪkl] *adj* hypothetisch.

hysterectomy [ˌhɪstəˈrektəmɪ] (*pl* **-ies**) *n* Hysterektomie *die*.

hysteria [hɪsˈtɪərɪə] *n* Hysterie *die*.

hysterical [hɪsˈterɪkl] *adj* **- 1.** [gen] hysterisch **- 2.** ***inf*** [very funny] urkomisch.

hysterics [hɪsˈterɪks] *npl* [panic] hysterischer Anfall; **to be in ~ *inf*** [with laughter] sich ausschütten vor Lachen; **he had us in ~** er war so lustig, dass wir uns (halb) totgelacht haben.

Hz (*abbr of* **hertz**) Hz.

I

i (*pl.* **i's** *OR* **is**), **I** (*pl* **I's** *OR* **Is**) [aɪ] *n* [letter] i *das*, I *das*.

I[1] *abbr of* **Island, Isle.**

I[2] [aɪ] *pers pron* ich; **I'm tall** ich bin groß; **she and I were at college together** ich war mit ihr zusammen im College; **it is I *fml*** ich bins.

IA *abk für Iowa, in Postanschrift verwendet.*

IAEA (*abbr of* **International Atomic Energy Agency**) *n* IAEA *die*.

Iberian [aɪˈbɪərɪən] *adj* iberisch.

Iberian peninsula *n*: **the ~** die Iberische Halbinsel.

ibid (*abbr of* **ibidem**) ibd.

i/c (*abbr of* **in charge**) ▷ **charge.**

ICA (*abbr of* **Institute of Contemporary Art**) *n* *Zentrum für moderne Kunst in London.*

ICBM *n abbr of* **intercontinental ballistic missile.**

ICC *n* **- 1.** (*abbr of* **International Chamber of Commerce**) IHK *die*, *Internationale Handelskammer* **- 2.** (*abbr of* **Interstate Commerce Commission**) *Regulierungsbehörde für den Handel zwischen US-Staaten.*

ice [aɪs] *n* **- 1.** *(U)* [gen] Eis *das;* [on pond] Eisschicht *die;* [on road] Glatteis *das;* **to break the ~ *fig*** das Eis brechen; **to put sthg on ~ *fig*** etw auf Eis legen **- 2. *Br*** [ice cream] (Speise)eis *das*, Eiskrem *die* ◇ *vt* ***Br*** [cake] glasieren, mit Zuckerguss überziehen.

◆ **ice over, ice up** *vi* [windscreen] vereisen; [lake] zulfrieren.

ice age *n* Eiszeit *die*.

iceberg [ˈaɪsbɜːg] *n* Eisberg *der*.

iceberg lettuce *n* Eisbergsalat *der*.

icebox [ˈaɪsbɒks] *n* **- 1. *Br*** [in refrigerator] Eisfach *das* **- 2. *Am*** [refrigerator] Eisschrank *der*.

ice bucket *n* Eiskühler *der*.

ice cap *n* Eiskappe *die*.

ice-cold *adj* eiskalt.

ice cream *n* Eis *das*, Eiskrem *die*.

ice cream van *n* ***Br*** *leuchtend bunter Wagen eines fahrenden Eisverkäufers.*

ice cube *n* Eiswürfel *der*.

iced [aɪst] *adj* **- 1.** [drink] eisgekühlt; **~ coffee** Eiskaffee *der;* **~ tea** Eistee *der* **- 2.** [cake] glasiert, mit Zuckerguss überzogen.

ice floe *n* Eisscholle *die*.

ice hockey *n* Eishockey *das*.

Iceland [ˈaɪslənd] *n* Island *nt*.

Icelander [ˈaɪsləndəʳ] *n* Isländer *der*, -in *die*.

Icelandic [aɪsˈlændɪk] *adj* isländisch ◇ *n* [language] Isländisch(e) *das*.

ice lolly *n* ***Br*** Eis *das* am Stiel.

ice pick *n* Eispickel *der*.

ice rink *n* Schlittschuhbahn *die*, Eisbahn *die*.

ice skate *n* Schlittschuh *der*.

◆ **ice-skate** *vi* Schlittschuh laufen, Eis laufen.

ice-skater *n* Schlittschuhläufer *der*, -in *die*, Eisläufer *der*, -in *die*.

ice-skating *n* Schlittschuhlaufen *das*, Eislaufen *das;* [sport] Eiskunstlauf *der;* **to go ~** Schlittschuh laufen gehen.

icicle [ˈaɪsɪkl] *n* Eiszapfen *der*.

icily [ˈaɪsɪlɪ] *adv* [in unfriendly way] eisig.

icing [ˈaɪsɪŋ] *n* [of cake] Zuckerguss *der;* **the ~ on the cake *fig*** das Tüpfelchen auf dem i.

icing sugar *n* ***Br*** Puderzucker *der*.

ICJ (*abbr of* **International Court of Justice**) *n* IGH *der*.

icon [ˈaɪkɒn] *n* **- 1.** RELIG Ikone *die* **- 2.** COMPUT Icon *das*.

ICR (*abbr of* **Institute for Cancer Research**) *n* *Krebsforschungsinstitut in den USA.*

ICU (*abbr of* **intensive care unit**) *n* Intensivstation *die*.

icy [ˈaɪsɪ] (*compar* **-ier;** *superl* **-iest**) *adj* **- 1.** [wind, cold, weather] eisig; **it's ~ cold** es ist eiskalt **- 2.** [road, pavement] vereist **- 3.** ***fig*** [welcome, atmosphere] eisig.

I'd [aɪd] = **I would, I had.**

ID *n* (*abbr of* **identification**) Ausweis *der* <> *abk für Idaho, in Postanschrift verwendet.*

ID card *n* = **identity card.**

IDD (*abbr of* **international direct dialling**) *n* internationales Selbstwählen.

idea [aɪ'dɪə] *n* **- 1.** [plan, suggestion] Idee *die;* **the very ~!** der bloße Gedanke! **- 2.** [notion] Vorstellung *die;* **you have no ~ how difficult it is** du kannst dir nicht vorstellen, wie schwer es ist; **can you give me an ~ of the price?** können Sie mir eine ungefähre Preis nennen?; **I've got the general ~** ich habe ungefähr verstanden, worum es geht; **to get the ~ that ...** den Eindruck bekommen, dass ...; **to have an ~ of sthg** eine Vorstellung von etw haben; **to have an ~ that ...** glauben, dass ...; **to have no ~** keine Ahnung haben **- 3.** [intention] Absicht *die;* **the ~ is to ...** es ist beabsichtigt, zu ...; **what's the big ~?** ***inf*** was soll das (heißen)?

ideal [aɪ'dɪəl] *adj* ideal <> *n* Ideal *das.*

idealism [aɪ'dɪəlɪzm] *n* Idealismus *der.*

idealist [aɪ'dɪəlɪst] *n* Idealist *der*, -in *die.*

idealize, -ise [aɪ'dɪəlaɪz] *vt* idealisieren.

ideally [aɪ'dɪəlɪ] *adv* **- 1.** [located] ideal; **he was ~ suited to the job** er war perfekt geeignet für die Stelle **- 2.** [preferably] idealerweise, im Idealfall.

identical [aɪ'dentɪkl] *adj* identisch; **this is the ~ restaurant we ate in last month** das ist dasselbe Restaurant, in dem wir letzten Monat gegessen haben.

identical twins *npl* eineiige Zwillinge *pl.*

identifiable [aɪ'dentɪfaɪəbl] *adj* erkennbar.

identification [aɪˌdentɪfɪ'keɪʃn] *n* **- 1.** [gen] Identifizierung *die;* [of cause, need] Erkennen *das* **- 2.** *(U)* [documentation] Ausweispapiere *pl;* **do you have any ~?** können Sie sich ausweisen?

identify [aɪ'dentɪfaɪ] (*pt* & *pp* **-ied**) *vt* **- 1.** [gen] identifizieren; [cause, need] erkennen; **to ~ o.s.** sich aus|weisen **- 2.** [connect]: **to ~ sb with sthg** jn mit etw in Verbindung bringen <> *vi* [empathize]: **to ~ with sb/sthg** sich mit jm/etw identifizieren.

Identikit picture® [aɪˌdentɪkɪt-] *n* Phantombild *das.*

identity [aɪ'dentətɪ] (*pl* **-ies**) *n* Identität *die.*

identity card *n* Personalausweis *der.*

identity parade *n* Gegenüberstellung *die.*

ideological [ˌaɪdɪə'lɒdʒɪkl] *adj* weltanschaulich; ***pej*** ideologisch.

ideology [ˌaɪdɪ'ɒlədʒɪ] (*pl* **-ies**) *n* Weltanschauung *die;* ***pej*** Ideologie *die.*

idiom ['ɪdɪəm] *n* **- 1.** [phrase] Redewendung *die* **- 2.** ***fml*** [style] Idiom *das.*

idiomatic [ˌɪdɪə'mætɪk] *adj* idiomatisch.

idiosyncrasy [ˌɪdɪə'sɪŋkrəsɪ] (*pl* **-ies**) *n* [of person] Eigenheit *die;* [of thing] Besonderheit *die.*

idiot ['ɪdɪət] *n* Idiot *der.*

idiotic [ˌɪdɪ'ɒtɪk] *adj* idiotisch.

idle ['aɪdl] *adj* **- 1.** [person - inactive] untätig, müßig; [- lazy] faul **- 2.** [machine, factory] stillstehend; [workers] unbeschäftigt **- 3.** [threat] leer; **an ~ boast** eine Prahlerei, hinter der nichts ist **- 4.** [glance] flüchtig; **out of ~ curiosity** aus reiner Neugier **- 5.** [futile] sinnlos <> *vi* [engine] im Leerlauf sein.

◆ **idle away** *vt sep* [time] vertrödeln.

idleness ['aɪdlnɪs] *n* [laziness] Faulheit *die.*

idler ['aɪdlə^r] *n* Faulenzer *der*, -in *die.*

idly ['aɪdlɪ] *adv* **- 1.** [lazily] faul; **to stand ~ by** untätig herum|stehen **- 2.** [glance] flüchtig.

idol ['aɪdl] *n* **- 1.** [hero] Idol *das* **- 2.** RELIG Götze *der.*

idolize, -ise ['aɪdəlaɪz] *vt* vergöttern.

idyl(l) ['ɪdɪl] *n* Idylle *die.*

idyllic [ɪ'dɪlɪk] *adj* idyllisch.

i.e. (*abbr of* **id est**) d. h.

if [ɪf] *conj* wenn, falls; *(in indirect questions after "know", "wonder")* ob; **~ I were you** wenn ich du wäre; **pleasant weather, ~ rather cold** schönes Wetter, wenn auch ziemlich kalt; **as ~** als ob <> *n:* **~s and buts** Wenn und Aber *das.*

◆ **if not** *conj* wenn nicht, falls nicht.

◆ **if only** *conj* **- 1.** [expressing regret] wenn ... nur; **~ only I had known** wenn ich das nur OR bloß gewusst hätte **- 2.** [providing a reason] (und) sei es nur; **go and see him, ~ only to please me** geh ihn besuchen, und sei es nur mir zuliebe <> *excl:* **~ only!** das wäre schön!

iffy ['ɪfɪ] (*compar* **-ier;** *superl* **-iest**) *adj* ***inf*** [uncertain] ungewiss.

igloo ['ɪgluː] (*pl* **-s**) *n* Iglu *der* OR *das.*

ignite [ɪg'naɪt] *vt* entzünden; AUT zünden <> *vi* sich entzünden; AUT zünden.

ignition [ɪg'nɪʃn] *n* **- 1.** [act of igniting] Entzünden *das* **- 2.** [in car] Zündung *die.*

ignition key *n* Zündschlüssel *der.*

ignoble [ɪg'nəubl] *adj* ***fml*** [person] niederträchtig; [thought, action] schändlich.

ignominious [ˌɪgnə'mɪnɪəs] *adj* ***fml*** schmachvoll.

ignominy ['ɪgnəmɪnɪ] *n (U)* ***fml*** Schmach *die.*

ignoramus [ˌɪgnə'reɪməs] (*pl* **-es**) *n* Ignorant *der*, -in *die.*

ignorance ['ɪgnərəns] *n* Unwissenheit *die;* [of particular subject, information etc] Unkenntnis *die.*

ignorant ['ɪgnərənt] *adj* **- 1.** [uneducated] ungebildet; [lacking information] unwissend; **I'm ~ about politics** ich weiß nichts über Politik **- 2.** *fml* [unaware]: **to be ~ of sthg** von etw nichts wissen **- 3.** *inf* [rude] ungehobelt.

ignore [ɪg'nɔːʳ] *vt* ignorieren.

iguana [ɪ'gwɑːnə] (*pl inv* OR **-s**) *n* Leguan *der.*

ikon ['aɪkɒn] *n* = **icon.**

IL *abk für Illinois, in Postanschrift verwendet.*

ilk [ɪlk] *n:* **people of that ~** solche Leute; **and others of that ~** und seines-/ihresgleichen.

ill [ɪl] *adj* **- 1.** [sick] krank; **to feel ~** sich unwohl OR krank fühlen; **to be taken ~, to fall ~** krank werden **- 2.** [bad - omen, treatment] schlecht; [- effects] nachteilig; **~ luck** Pech *das;* **~ at ease** unbehaglich <> *adv* schlecht; **to speak/think ~ of sb** schlecht über jn reden/denken.
◆ **ills** *npl* Missstände *pl.*

ill. (*abbr of* **illustration**) Abb.

I'll [aɪl] = **I will, I shall.**

ill-advised [-əd'vaɪzd] *adj* unklug; **they would be ~ to do this** sie wären schlecht beraten, wenn sie dies täten.

ill-bred [-'bred] *adj* ungezogen.

ill-considered [-kən'sɪdəd] *adj* unüberlegt.

ill-disposed [-dɪ'spəʊzd] *adj:* **to be ~ towards sb** jm übel gesinnt sein.

illegal [ɪ'liːgl] *adj* [action] gesetzwidrig; [organization] illegal; **it is ~ to drive without a licence** es ist verboten, ohne Führerschein Auto zu fahren; **an ~ immigrant** ein illegaler Einwanderer, eine illegale Einwanderin.

illegally [ɪ'liːgəlɪ] *adv* [park, enter] unerlaubt; [act] gesetzwidrig; [enter a country] illegal.

illegible [ɪ'ledʒəbl] *adj* unleserlich.

illegitimate [ˌɪlɪ'dʒɪtɪmət] *adj* **- 1.** [child] unehelich **- 2.** [activity] unzulässig, unrechtmäßig.

ill-equipped [-ɪ'kwɪpt] *adj:* **to be ~ to do sthg** [unsuited] nicht dafür geeignet sein, etw zu tun.

ill-fated [-'feɪtɪd] *adj* unglückselig.

ill feeling *n* Feindseligkeit *die.*

ill-founded [-'faʊndɪd] *adj* unbegründet.

ill health *n* schwache Gesundheit.

illicit [ɪ'lɪsɪt] *adj* illegal.

illicitly [ɪ'lɪsɪtlɪ] *adv* illegal.

ill-informed *adj* [person] schlecht informiert.

illiteracy [ɪ'lɪtərəsɪ] *n* Analphabetentum *das.*

illiterate [ɪ'lɪtərət] *adj* **- 1.** [unable to read] des Lesens und Schreibens unkundig; **to be ~** Analphabet, -in sein **- 2.** [uneducated] ungebildet <> *n* Analphabet *der,* -in *die.*

ill-mannered *adj* [impolite] unhöflich; [rude] ungehobelt.

illness ['ɪlnɪs] *n* Krankheit *die.*

illogical [ɪ'lɒdʒɪkl] *adj* unlogisch.

ill-suited *adj* nicht zusammenpassend; **to be ~ to sthg** für etw ungeeignet sein.

ill-tempered *adj* [by nature] griesgrämig; [on particular occasion] schlecht gelaunt.

ill-treat *vt* misshandeln; [worker] schlecht behandeln.

ill-treatment *n* Misshandlung *die;* [of workers] schlechte Behandlung.

illuminate [ɪ'luːmɪneɪt] *vt* **- 1.** [light up] beleuchten **- 2.** [problem, subject] erhellen.

illuminated [ɪ'luːmɪneɪtɪd] *adj* **- 1.** [sign, notice] beleuchtet **- 2.** [book, manuscript] illuminiert.

illuminating [ɪ'luːmɪneɪtɪŋ] *adj* [book] instruktiv; [talk, experience] aufschlussreich.

illumination [ɪˌluːmɪ'neɪʃn] *n* [lighting] Beleuchtung *die.*
◆ **illuminations** *npl* **Br** festliche Beleuchtung.

illusion [ɪ'luːʒn] *n* Illusion *die;* **to have no ~s about sb/sthg** sich über jm/etw keine Illusionen machen; **to be under the ~ that** sich ein|bilden, dass; **optical ~** optische Täuschung.

illusionist [ɪ'luːʒənɪst] *n fml* Illusionist *der.*

illusory [ɪ'luːsərɪ] *adj fml* illusionär.

illustrate ['ɪləstreɪt] *vt* illustrieren.

illustration [ˌɪlə'streɪʃn] *n* **- 1.** [picture] Illustration *die,* Abbildung *die* **- 2.** [example] Beispiel *das.*

illustrator ['ɪləstreɪtəʳ] *n* Illustrator *der,* -in *die.*

illustrious [ɪ'lʌstrɪəs] *adj fml* berühmt; [career] glanzvoll.

ill will *n* böses Blut; **he didn't bear anyone any ~** er war niemandem feindlich gesinnt.

ill wind *n:* **it's an ~ (that blows nobody any good)** *proverb* so hat alles auch seine guten Seiten.

ILO (*abbr of* **International Labour Organization**) *n* IAA *das, Internationales Arbeitsamt.*

I'm [aɪm] = **I am.**

image ['ɪmɪdʒ] *n* **- 1.** [gen] Bild *das;* [in mirror] Spiegelbild *das* **- 2.** [in mind] Vorstellung *die* **- 3.** [of company, public figure] Image *das* **- 4.** [likeness]: **to be the ~ of sb** js Ebenbild sein.

imagery ['ɪmɪdʒrɪ] *n* [in writing] Metaphorik *die;* [in visual arts] Bildersymbolik *die.*

imaginable [ɪ'mædʒɪnəbl] *adj* denkbar.

imaginary [ɪ'mædʒɪnrɪ] *adj* imaginär.

imagination [ɪˌmædʒɪ'neɪʃn] *n* **- 1.** [ability, fantasy] Fantasie *die* - **2.** [mind] Einbildung *die;* **it's all in her ~** das bildet sie sich nur ein.

imaginative [ɪ'mædʒɪnətɪv] *adj* fantasievoll; [concerning new ideas] einfallsreich.

imagine [ɪ'mædʒɪn] *vt* - **1.** [visualize] sich *(D)* vorstellen, sich *(D)* denken; **to ~ doing sthg** sich *(D)* vorstellen, etw zu tun; **~ (that)!** stell dir das mal vor! - **2.** [dream] sich *(D)* einbilden; **you ~d it** du hast es dir (nur) eingebildet - **3.** [suppose] an|nehmen, vermuten.

imbalance [ˌɪm'bæləns] *n* Ungleichgewicht *das.*

imbecile ['ɪmbɪsiːl] *n* Idiot *der*, Schwachkopf *der.*

imbue [ɪm'bjuː] *vt* ***fml:*** **to be ~d with sthg** von etw durchdrungen sein.

IMF (*abbr of* **International Monetary Fund**) *n* IWF *der.*

imitate ['ɪmɪteɪt] *vt* nach|ahmen, imitieren.

imitation [ˌɪmɪ'teɪʃn] *n* - **1.** [gen] Nachahmung *die*, Imitation *die* - **2.** [copy] Kopie *die* ◇ *adj* unecht, imitiert; **~ leather** Kunstleder *das.*

imitator ['ɪmɪteɪtəʳ] *n* Nachahmer *der*, -in *die.*

immaculate [ɪ'mækjʊlət] *adj* - **1.** [clean and tidy] makellos - **2.** [behaviour] tadellos; [timing] perfekt.

immaculately [ɪ'mækjʊlətlɪ] *adv* - **1.** [cleanly, tidily] makellos - **2.** [behave] tadellos; [timed] perfekt.

immaterial [ˌɪmə'tɪərɪəl] *adj* [irrelevant] unwichtig.

immature [ˌɪmə'tjʊəʳ] *adj* - **1.** [person, behaviour] unreif; **don't be so ~!** sei nicht so kindisch! - **2.** BOT & ZOOL noch nicht voll entwickelt.

immaturity [ˌɪmə'tjʊərətɪ] *n* Unreife *die.*

immeasurable [ɪ'meʒrəbl] *adj* unermesslich.

immediacy [ɪ'miːdjəsɪ] *n* Unmittelbarkeit *die;* [of need, problem] Dringlichkeit *die.*

immediate [ɪ'miːdjət] *adj* - **1.** [response, attention] unverzüglich; [need, problem] dringend; **to take ~ action** sofort *OR* unverzüglich handeln - **2.** [future, neighbourhood] unmittelbar; **in the ~ aftermath of the riots** unmittelbar nach den Krawallen; **the ~ area** das Gebiet in unmittelbarer Nähe; **the ~ family** die engste Familie.

immediately [ɪ'miːdjətlɪ] *adv* - **1.** [at once] sofort - **2.** [directly] unmittelbar, direkt ◇ *conj* [as soon as] sobald.

immemorial [ˌɪmɪ'mɔːrɪəl] *adj:* **from time ~** seit undenklichen Zeiten.

immense [ɪ'mens] *adj* enorm.

immensely [ɪ'menslɪ] *adv* ungemein.

immensity [ɪ'mensətɪ] *n* Unermesslichkeit *die.*

immerse [ɪ'mɜːs] *vt* - **1.** [in liquid]: **to ~ sthg in sthg** etw in etw *(A)* ein|tauchen - **2.** ***fig*** [involve]: **to ~ o.s. in sthg** sich in etw *(A)* stürzen.

immersion heater [ɪ'mɜːʃn-] *n* Heißwasserbereiter *der.*

immigrant ['ɪmɪgrənt] *n* Einwanderer *der*, -derin *die* ◇ *comp:* **~ children** Kinder von Einwanderern.

immigration [ˌɪmɪ'greɪʃn] *n* Einwanderung *die.*

imminent ['ɪmɪnənt] *adj* [danger] drohend; [death, disaster] unmittelbar bevorstehend.

immobile [ɪ'məʊbaɪl] *adj* unbeweglich.

immobilize, -ise [ɪ'məʊbɪlaɪz] *vt* [machine, lift] lahm legen; [vehicle] gegen Wegfahren sichern.

immobilizer, -iser [ɪ'məʊbɪlaɪzəʳ] *n* AUT Wegfahrsperre *die.*

immodest [ɪ'mɒdɪst] *adj* - **1.** [vain] unbescheiden - **2.** [indecent] unanständig.

immoral [ɪ'mɒrəl] *adj* unmoralisch.

immorality [ˌɪmə'rælətɪ] *n* Unmoral *die.*

immortal [ɪ'mɔːtl] *adj* unsterblich ◇ *n* Unsterbliche *der, die.*

immortality [ˌɪmɔː'tælətɪ] *n* Unsterblichkeit *die.*

immortalize, -ise [ɪ'mɔːtəlaɪz] *vt* unsterblich machen.

immovable [ɪ'muːvəbl] *adj* - **1.** [fixed] unbeweglich - **2.** [obstinate] unnachgiebig.

immune [ɪ'mjuːn] *adj* - **1.** MED: **~ (to)** immun (gegen) - **2.** ***fig:*** **to be ~ to criticism** gegen Kritik unempfindlich sein; **to be ~ from prosecution** vor Strafverfolgung geschützt sein.

immune system *n* Immunsystem *das.*

immunity [ɪ'mjuːnətɪ] *n* - **1.** MED: **~ (to)** Immunität *die* (gegen) - **2.** ***fig:*** **~ to criticism** Unempfindlichkeit *die* gegen Kritik; **~ from prosecution** Schutz *der* vor Strafverfolgung.

immunization [ˌɪmjuːnaɪ'zeɪʃn] *n* MED Immunisierung *die.*

immunize, -ise ['ɪmjuːnaɪz] *vt:* **to ~ sb (against)** MED jn immunisieren (gegen).

immunology [ˌɪmjuː'nɒlədʒɪ] *n* Immunologie *die.*

imp [ɪmp] *n* - **1.** [creature] Kobold *der* - **2.** [naughty child] Racker *der.*

impact [*n* 'ɪmpækt, *vb* ɪm'pækt] *n* - **1.** [force of contact] Aufprall *der;* [of two moving objects] Zusammenprall *der* - **2.** [effect] Auswirkung *die;* **to make an ~ on sb** Eindruck auf jn machen; **to make an ~ on sthg** einen Einfluss auf etw *(A)* haben ◇ *vt* - **1.** [collide with] auf|prallen auf *(+ D)* - **2.** [influence] sich aus|wirken auf *(+ A).*

impair [ɪm'peəʳ] *vt* beeinträchtigen.

impale [ɪm'peɪl] *vt* auf|spießen.

impart [ɪm'pɑːt] *vt* ***fml*** **- 1.** [knowledge, skills]: **to ~ sthg to sb** jm etw vermitteln **- 2.** [feeling, quality]: **to ~ sthg to sthg** etw *(D)* etw verleihen.

impartial [ɪm'pɑːʃl] *adj* [person] unparteiisch; [news report] objektiv.

impartiality [ɪm,pɑːʃɪ'ælətɪ] *n* [of person] Unparteilichkeit *die;* [of news report] Objektivität *die.*

impassable [ɪm'pɑːsəbl] *adj* unpassierbar.

impasse [æm'pɑːs] *n* Sackgasse *die;* **to reach an ~** in eine Sackgasse geraten.

impassioned [ɪm'pæʃnd] *adj* leidenschaftlich.

impassive [ɪm'pæsɪv] *adj* unbewegt.

impatience [ɪm'peɪʃns] *n* Ungeduld *die.*

impatient [ɪm'peɪʃnt] *adj* ungeduldig; **to be ~ to do sthg** es nicht erwarten können, etw zu tun.

impatiently [ɪm'peɪʃntlɪ] *adv* ungeduldig.

impeach [ɪm'piːtʃ] *vt* LAW des Amtsmissbrauchs an|klagen.

impeachment [ɪm'piːtʃmənt] *n (U)* LAW Anklage *die* wegen Amtsmissbrauchs, Impeachment *das.*

impeccable [ɪm'pekəbl] *adj* untadelig.

impeccably [ɪm'pekəblɪ] *adv* tadellos.

impede [ɪm'piːd] *vt* [person] hindern; [progress, activity] behindern.

impediment [ɪm'pedɪmənt] *n* **- 1.** [obstacle] Hindernis *das* **- 2.** [disability] Behinderung *die.*

impel [ɪm'pel] (*pt* & *pp* **-led;** *cont* **-ling**) *vt:* **to ~ sb to do sthg** jn (dazu) nötigen, etw zu tun.

impending [ɪm'pendɪŋ] *adj* [doom, disaster] drohend; [interview, test] bevorstehend.

impenetrable [ɪm'penɪtrəbl] *adj* **- 1.** [forest] undurchdringlich **- 2.** [text] unverständlich.

imperative [ɪm'perətɪv] *adj* dringend notwendig <> *n* **- 1.** [necessity] dringende Notwendigkeit **- 2.** GRAMM Imperativ *der.*

imperceptible [,ɪmpə'septəbl] *adj* unmerklich.

imperfect [ɪm'pɜːfɪkt] *adj* [work, copy] fehlerhaft; [knowledge] mangelhaft <> *n* GRAMM: **~ (tense)** Imperfekt *das.*

imperfection [,ɪmpə'fekʃn] *n* **- 1.** [state] Unvollkommenheit *die* **- 2.** [fault] Makel *der.*

imperial [ɪm'pɪərɪəl] *adj* **- 1.** [of an empire] imperial; [of an emperor] kaiserlich **- 2.** [measurement] britisch.

imperialism [ɪm'pɪərɪəlɪzm] *n* Imperialismus *der.*

imperialist [ɪm'pɪərɪəlɪst] *adj* imperialistisch.

imperil [ɪm'perɪl] (***Br*** *pt* & *pp* **-led;** *cont* **-ling,** ***Am*** *pt* & *pp* **-ed;** *cont* **-ing**) *vt* ***fml*** gefährden.

imperious [ɪm'pɪərɪəs] *adj* gebieterisch.

impersonal [ɪm'pɜːsnl] *adj* **- 1.** [unemotional] unpersönlich **- 2.** GRAMM: **~ verb** unpersönlich gebrauchtes Verb.

impersonate [ɪm'pɜːsəneɪt] *vt* **- 1.** [mimic] imitieren, nach|ahmen **- 2.** [pretend to be] sich aus|geben als.

impersonation [ɪm,pɜːsə'neɪʃn] *n* [by mimic] Imitation *die,* Nachahmung *die;* **to do ~s of sb** jn imitieren OR nachahmen.

impersonator [ɪm'pɜːsəneɪtəʳ] *n* [mimic] Imitator *der,* -in *die.*

impertinence [ɪm'pɜːtɪnəns] *n* Unverschämtheit *die.*

impertinent [ɪm'pɜːtɪnənt] *adj* unverschämt.

imperturbable [,ɪmpə'tɜːbəbl] *adj* unerschütterlich.

impervious [ɪm'pɜːvɪəs] *adj:* **to be ~ to charm** für Charme unempfänglich sein; **to be ~ to criticism** von Kritik unberührt sein.

impetuous [ɪm'petʃʊəs] *adj* impulsiv.

impetus ['ɪmpɪtəs] *n* **- 1.** *(U)* [momentum] Schwung *der* **- 2.** [stimulus] Impuls *der.*

impinge [ɪm'pɪndʒ] *vi:* **to ~ on sb/sthg** sich auf jn/etw aus|wirken.

impish ['ɪmpɪʃ] *adj* [behaviour] spitzbübisch; [grin] verschmitzt.

implacable [ɪm'plækəbl] *adj* unerbittlich.

implant [*n* 'ɪmplɑːnt, *vb* ɪm'plɑːnt] *n* Implantat *das* <> *vt* **- 1.** [instil]: **to ~ sthg in sb** jm etw ein|impfen **- 2.** MED: **to ~ sthg in(to) sb** jm etw implantieren.

implausible [ɪm'plɔːzəbl] *adj* [story] unglaubwürdig.

implement [*n* 'ɪmplɪmənt, *vb* 'ɪmplɪment] *n* [tool] Werkzeug *das;* [piece of equipment] Gerät *das* <> *vt* [plan] aus|führen; [law] vollziehen; [policy] in die Praxis um|setzen.

implementation [,ɪmplɪmen'teɪʃn] *n* [of policy] Umsetzung *die* in die Praxis; [of law] Vollzug *der.*

implicate ['ɪmplɪkeɪt] *vt:* **to ~ sb in sthg** jn in etw *(A)* verwickeln.

implication [,ɪmplɪ'keɪʃn] *n* **- 1.** *(U)* [involvement] Verwicklung *die* **- 2.** [inference] Auswirkung *die;* **by ~** implizit.

implicit [ɪm'plɪsɪt] *adj* **- 1.** [inferred] implizit; [acknowledgement] stillschweigend; [criticism] unausgesprochen **- 2.** [inherent]: **to be ~ in sthg** durch etw impliziert werden **- 3.** [faith, belief] blind.

implicitly [ɪm'plɪsɪtlɪ] *adv* **- 1.** [by inference] implizit; [condone] stillschweigend; [criticize] unausgesprochen - 2. [believe] absolut; [trust] blind.

implied [ɪm'plaɪd] *adj* [criticism] unausgesprochen; [threat] indirekt.

implode [ɪm'pləʊd] *vi* implodieren.

implore [ɪm'plɔːʳ] *vt:* **to ~ sb (to do sthg)** jn inständig bitten(, etw zu tun).

imply [ɪm'plaɪ] (*pt & pp* **-ied**) *vt* - **1.** [suggest]: **I'm not ~ing that ...** ich will damit nicht sagen, dass ...; **what are you ~ing?** was wollen Sie damit sagen?; **his words ~ no criticism** seine Worte sind nicht als Kritik gemeint - **2.** [responsibility] mit einǀschließen.

impolite [ˌɪmpə'laɪt] *adj* unhöflich.

import [*n* 'ɪmpɔːt, *vb* ɪm'pɔːt] *n* - **1.** [product] Importware *die* - **2.** *(U)* [act of importing] Import *der*, Einfuhr *die* - **3.** *fml* [meaning] Bedeutung *die* - **4.** *(U) fml* [importance] Wichtigkeit *die* ◇ *comp* Einfuhr-, Import- ◇ *vt* - **1.** [goods] importieren, einǀführen - **2.** COMPUT importieren.

importance [ɪm'pɔːtns] *n (U)* Wichtigkeit *die;* [significance] Bedeutung *die*.

important [ɪm'pɔːtnt] *adj* wichtig; [significant] bedeutend; [person] einflussreich; **to be ~ to sb** für jn wichtig sein.

importantly [ɪm'pɔːtntlɪ] *adv:* **more ~** was noch wichtiger ist.

importation [ˌɪmpɔː'teɪʃn] *n* Import *der*, Einfuhr *die*.

imported [ɪm'pɔːtɪd] *adj* [goods] importiert, eingeführt.

importer [ɪm'pɔːtəʳ] *n* [person, firm] Importeur *der;* [country] Importland *das*.

impose [ɪm'pəʊz] *vt:* **to ~ sthg (on sb/sthg)** (jm/etw) etw aufǀerlegen; **to ~ a tax on sb** jn besteuern; **to ~ one's beliefs on sb** jm seine Überzeugungen aufǀzwingen ◇ *vi:* **to ~ (on sb)** (jm) zur Last fallen.

imposing [ɪm'pəʊzɪŋ] *adj* beeindruckend.

imposition [ˌɪmpə'zɪʃn] *n* - **1.** [enforcement - gen] Auferlegung *die;* [- of tax] Erhebung *die;* [- of opinions, beliefs] Aufzwingen *das* - **2.** [burden] Zumutung *die*.

impossibility [ɪmˌpɒsə'bɪlətɪ] (*pl* **-ies**) *n* Unmöglichkeit *die*.

impossible [ɪm'pɒsəbl] *adj* unmöglich ◇ *n:* **to do the ~** [in general] Unmögliches tun; [in a specific case] das Unmögliche tun.

impostor, imposter *Am* [ɪm'pɒstəʳ] *n* Hochstapler *der*, -in *die*.

impotence ['ɪmpətəns] *n* - **1.** [sexual] Impotenz *die* - **2.** [lack of power] Machtlosigkeit *die*.

impotent ['ɪmpətənt] *adj* - **1.** [sexually] impotent - **2.** [powerless] machtlos.

impound [ɪm'paʊnd] *vt* beschlagnahmen.

impoverished [ɪm'pɒvərɪʃt] *adj lit & fig* verarmt.

impracticable [ɪm'præktɪkəbl] *adj* [idea] undurchführbar.

impractical [ɪm'præktɪkl] *adj* praxisfern.

imprecation [ˌɪmprɪ'keɪʃn] *n* *fml* Verwünschung *die*.

imprecise [ɪmprɪ'saɪs] *adj* ungenau, unpräzise.

impregnable [ɪm'pregnəbl] *adj* [fortress, defences] uneinnehmbar; *fig* [person] unangreifbar; [position, argument] unanfechtbar.

impregnate ['ɪmpregneɪt] *vt* - **1.** [saturate]: **to ~ sthg with sthg** etw mit etw tränken; [to protect material] etw mit etw imprägnieren - **2.** *fml* [fertilize] befruchten.

impresario [ˌɪmprɪ'sɑːrɪəʊ] (*pl* **-s**) *n* Impresario *der*.

impress [ɪm'pres] *vt* - **1.** [make impression on] beeindrucken; [deliberately] imponieren *(+ D);* **to be favourably/unfavourably ~ed** einen guten/schlechten Eindruck haben - **2.** [make clear]: **to ~ sthg on sb** jm etw einǀschärfen ◇ *vi* Eindruck machen.

impression [ɪm'preʃn] *n* - **1.** [gen] Eindruck *der;* **to make an ~** Eindruck machen; **to give sb the ~ that ...** jm den Eindruck vermitteln, dass ...; **to be under the ~ (that) ...** den Eindruck haben, dass ... - **2.** [impersonation] Nachahmung *die*, Imitation *die;* **to do an ~ of sb** jn imitieren OR nachǀahmen - **3.** [of book] Nachdruck *der*.

impressionable [ɪm'preʃnəbl] *adj* leicht zu beeindrucken; **to be at an ~ age** in einem Alter sein, in dem man leicht zu beeinflussen ist.

Impressionism [ɪm'preʃənɪzm] *n* Impressionismus *der*.

impressionist [ɪm'preʃənɪst] *n* [entertainer] Imitator *der*, -in *die*.

impressive [ɪm'presɪv] *adj* beeindruckend.

imprint [*n* 'ɪmprɪnt, *vb* ɪm'prɪnt] *n* - **1.** [mark] Abdruck *der* - **2.** [publisher's name] Impressum *das* ◇ *vt* [mark] prägen; [on paper] aufǀdrucken; **it's ~ed on my mind** *fig* es hat sich unauslöschlich in mein Gedächtnis eingeprägt.

imprison [ɪm'prɪzn] *vt* inhaftieren, in Haft nehmen.

imprisonment [ɪm'prɪznmənt] *n (U)* Haft *die;* **to sentence sb to seven years' ~** jn zu sieben Jahren Freiheitsstrafe OR Gefängnis verurteilen.

improbable [ɪm'prɒbəbl] *adj* - **1.** [unlikely] unwahrscheinlich - **2.** [strange] komisch.

impromptu [ɪm'prɒmptjuː] *adj* improvisiert.

improper [ɪm'prɒpəʳ] *adj* - **1.** [unsuitable - treatment] unangebracht; [- behaviour] unpassend

- 2. [dishonest - actions] unehrenhaft; [- dealings] unlauter **- 3.** [rude] unanständig.

impropriety [ɪmprəˈpraɪətɪ] *n* **- 1.** [unsuitable behaviour] unpassendes Verhalten **- 2.** [dishonest behaviour] Unredlichkeit *die* **- 3.** [rude behaviour] Unanständigkeit *die*.

improve [ɪmˈpruːv] *vi* [weather, work, student] besser werden; [delinquent, health] sich bessern; [productivity] sich steigern; **to ~ (up)on** übertreffen; [offer] überbieten ◇ *vt* **- 1.** [make better] verbessern **- 2.** [increase - vocabulary, knowledge] erweitern; [- productivity] erhöhen, steigern **- 3.** [cultivate]: **to ~ one's mind** sich (weiter|)bilden; **to ~ o.s.** an sich *(D)* arbeiten.

improved [ɪmˈpruːvd] *adj* verbessert.

improvement [ɪmˈpruːvmənt] *n* Verbesserung *die;* [in health, sb's behaviour, weather] Besserung *die;* [in productivity, sports] Steigerung *die;* **there has been no ~ in the patient's condition** der Zustand des Patienten hat sich nicht gebessert; **we've made some ~s to the house** wir haben einige Renovierungsarbeiten am Haus durchgeführt.

improvisation [ˌɪmprəvaɪˈzeɪʃn] *n* Improvisation *die*.

improvise [ˈɪmprəvaɪz] *vt* improvisieren; [shelter] notdürftig erstellen ◇ *vi* improvisieren.

imprudent [ɪmˈpruːdənt] *adj* unklug.

impudence [ˈɪmpjʊdəns] *n* Unverschämtheit *die*.

impudent [ˈɪmpjʊdənt] *adj* unverschämt.

impugn [ɪmˈpjuːn] *vt fml* in Zweifel ziehen.

impulse [ˈɪmpʌls] *n* Impuls *der;* **to do sthg on ~** etw aus einem Impuls heraus tun.

impulse buying [-ˌbaɪɪŋ] *n (U)* Spontankäufe *pl*.

impulsive [ɪmˈpʌlsɪv] *adj* impulsiv.

impunity [ɪmˈpjuːnətɪ] *n:* **with ~** ungestraft.

impure [ɪmˈpjʊəʳ] *adj* **- 1.** [not clean] unrein **- 2.** [sinful - thoughts, acts] unsittlich; [- person] verdorben.

impurity [ɪmˈpjʊərətɪ] (*pl* **-ies**) *n* Unreinheit *die*.

in [ɪn] *prep* **- 1.** [indicating place, position] in *(+ D); (with verbs of motion)* in *(+ A);* **it's ~ the box/garden** es ist in der Schachtel/im Garten; **put it ~ the box/garden** leg es in die Schachtel/in den Garten; **~ the street/world** auf der Straße/Welt; **~ the country** auf dem Lande; **~ the sky** am Himmel; **~ Paris/Belgium** in Paris/Belgien; **to be ~ hospital/prison** im Krankenhaus/Gefängnis sein; **~ here/there** hier/dort drinnen **- 2.** [wearing] in *(+ D);* **she was still ~ her nightclothes** sie war noch im Nachthemd; **(dressed) ~ red** rot gekleidet; **the man ~ the top hat** der Mann mit dem Zylinder **- 3.** [appearing in, included in] in *(+ D);* **there's a mistake ~ this paragraph** in diesem Abschnitt ist ein Fehler; **who's ~ the play?** wer spielt in dem Stück? **- 4.** [at a particular time, during] in *(+ D);* **~ April** im April; **she was born ~ 1999** sie wurde 1999 geboren; **~ (the) spring/winter** im Frühling/Winter; **~ the afternoon/morning** am Nachmittag/Morgen; **ten o'clock ~ the morning** zehn Uhr morgens; **~ the future** in Zukunft **- 5.** [within, after] in *(+ D);* **he learned to type ~ two weeks** er lernte in zwei Wochen Maschine schreiben; **it'll be ready ~ an hour** es ist in einer Stunde fertig **- 6.** [expressing time passed] seit; **it's my first decent meal ~ weeks** das ist meine erste anständige Mahlzeit seit Wochen **- 7.** [indicating situation, circumstances]: **~ the sun/rain** in der Sonne/im Regen; **you shouldn't drive ~ this fog** sie sollten bei diesem Nebel nicht fahren; **~ ruins** in Trümmern; **to be ~ pain** Schmerzen haben; **~ danger/difficulty** in Gefahr/Schwierigkeiten; **to live/die ~ poverty** in Armut leben/sterben; **~ these circumstances** unter diesen Umständen **- 8.** [indicating manner]: **to write ~ ink** mit Tinte schreiben; **~ a soft voice** mit sanfter Stimme; **they were talking ~ English** sie sprachen Englisch; **~ writing** schriftlich **- 9.** [indicating emotional state]: **~ anger/delight/amazement/despair** wütend/entzückt/erstaunt/verzweifelt; **~ my excitement** in meiner Aufregung **- 10.** [specifying area of activity]: **advances ~ medicine** Fortschritte in der Medizin; **he's ~ computers** er ist in der Computerbranche **- 11.** [referring to quantity]: **to buy sthg ~ large/small quantities** etw in großen/kleinen Mengen kaufen; **~ (their) thousands** zu Tausenden **- 12.** [referring to age]: **she's ~ her twenties** sie ist in den Zwanzigern **- 13.** [describing arrangement] in *(+ D);* **~ a circle/line** im Kreis/in einer Reihe; **to stand ~ twos** zu zweit dastehen **- 14.** [indicating colour] in *(+ D);* **it comes ~ green or blue** es gibt es in grün oder blau **- 15.** [as regards]: **a rise ~ prices** ein Preisanstieg; **to be 3 metres ~ length** 3 Meter lang sein; **a change ~ direction** ein Richtungswechsel **- 16.** [in ratios]: **one ~ ten** jeder Zehnte; **an increase of five pence ~ the pound** eine Preiserhöhung von fünf Prozent **- 17.** *(after superl)* in *(+ D);* **the best ~ the world** der/die/das Beste in der Welt **- 18.** *(+ present participle):* **she made a mistake ~ accepting the offer** sie machte einen Fehler, indem sie das Angebot annahm ◇ *adv* **- 1.** [inside] herein/hinein; **come ~!** herein!; **you can go ~ now** du kannst jetzt hineingehen; **put the clothes ~** leg die Kleider hinein **- 2.** [at home, work] da; **is Judith ~?** ist Judith da?; **to stay ~** zu Hause bleiben **- 3.** [of train, boat, plane]: **to get ~** an|kommen; **the train isn't ~ yet** der Zug ist noch nicht angekommen **- 4.** [in shop]: **is my new TV ~ yet?** ist mein neuer Fernseher schon da? **- 5.** [of tide]: **the tide is ~** es ist Flut

- 6. *phr:* **you're ~ for a surprise** du wirst eine Überraschung erleben; **he's ~ for it** *inf* der kann sich auf etwas gefasst machen; **to be ~ on sthg** an etw *(D)* beteiligt sein; **my luck is ~** das Glück ist auf meiner Seite <> *adj* **inf** in; **short skirts are ~ this year** kurze Röcke sind dieses Jahr in.

◆ **ins** *npl:* **she knows the ~s and outs of the matter** sie ist mit allen Feinheiten der Sache vertraut.

◆ **in that** *conj* insofern als.

in. *abbr of* **inch.**

IN *abk für Indiana, in Postanschrift verwendet.*

inability [ˌɪnəˈbɪlətɪ] *n* Unfähigkeit *die;* **his ~ to sympathize** seine Unfähigkeit, Mitleid zu empfinden.

inaccessible [ˌɪnəkˈsesəbl] *adj* **- 1.** [place] unzugänglich **- 2.** [book, film, music] schwer verständlich.

inaccuracy [ɪnˈækjʊrəsɪ] (*pl* **-ies**) *n* Ungenauigkeit *die.*

inaccurate [ɪnˈækjʊrət] *adj* [imprecise] ungenau; [incorrect] inkorrekt.

inaction [ɪnˈækʃn] *n* Untätigkeit *die.*

inactive [ɪnˈæktɪv] *adj* inaktiv; [person] untätig.

inactivity [ˌɪnækˈtɪvətɪ] *n* Untätigkeit *die.*

inadequacy [ɪnˈædɪkwəsɪ] (*pl* **-ies**) *n* **- 1.** [insufficiency] Unzulänglichkeit *die* **- 2.** [weakness] Schwäche *die.*

inadequate [ɪnˈædɪkwət] *adj* unzureichend; **to feel ~** sich der Situation nicht gewachsen fühlen.

inadmissible [ˌɪnədˈmɪsəbl] *adj* unzulässig.

inadvertent [ˌɪnədˈvɜːtnt] *adj* [mistake] unbeabsichtigt; [discovery] zufällig.

inadvertently [ˌɪnədˈvɜːtəntlɪ] *adv* [forget, break] aus Versehen; [discover] zufällig.

inadvisable [ˌɪnədˈvaɪzəbl] *adj* nicht ratsam.

inalienable [ɪnˈeɪljənəbl] *adj* **fml** unveräußerlich.

inane [ɪˈneɪn] *adj* dumm.

inanely [ɪˈneɪnlɪ] *adv* dumm.

inanimate [ɪnˈænɪmət] *adj* leblos.

inanity [ɪˈnænətɪ] *n* Dummheit *die.*

inapplicable [ɪnəˈplɪkəbl] *adj* [rule] nicht anwendbar; [question] unzutreffend.

inappropriate [ɪnəˈprəʊprɪət] *adj* unpassend.

inarticulate [ˌɪnɑːˈtɪkjʊlət] *adj* **- 1.** [person]: **to be ~** sich nicht gut ausdrücken können **- 2.** [words, sounds] inartikuliert.

inasmuch [ˌɪnəzˈmʌtʃ] ◆ **inasmuch as** *conj* **fml** [because] da; [to the extent that] insofern als.

inattention [ˌɪnəˈtenʃn] *n* Unaufmerksamkeit *die.*

inattentive [ˌɪnəˈtentɪv] *adj* unaufmerksam.

inaudible [ɪˈnɔːdɪbl] *adj* unhörbar.

inaugural [ɪˈnɔːgjʊrəl] *adj* [meeting] Eröffnungs-; [speech] Antritts-.

inaugurate [ɪˈnɔːgjʊreɪt] *vt* **- 1.** [leader, president] in sein/ihr Amt ein|führen **- 2.** [building] ein|weihen; [system] ein|führen.

inauguration [ɪˌnɔːgjʊˈreɪʃn] *n* **- 1.** [of leader, president] Amtseinführung *die* **- 2.** [of building] Einweihung *die;* [of system] Einführung *die.*

inauspicious [ˌɪnɔːˈspɪʃəs] *adj* Unheil verkündend; **the meeting got off to an ~ start** schon der Beginn des Treffens verhieß nichts Gutes.

inboard motor [ˌɪnbɔːd-] *n* Innenbordmotor *der.*

inborn [ˌɪnˈbɔːn] *adj* angeboren.

inbound [ˈɪnbaʊnd] *adj* ankommend.

inbred [ˌɪnˈbred] *adj* **- 1.** [family]: **an ~ family** eine Familie, in der Inzucht herrscht **- 2.** [characteristic, quality] angeboren.

inbreeding [ˈɪnˌbriːdɪŋ] *n* Inzucht *die.*

inbuilt [ˌɪnˈbɪlt] *adj* **- 1.** [device] integriert **- 2.** [quality, defect] angeboren.

inc. (*abbr of* **inclusive**) inkl.

Inc. [ɪŋk] *abbr of* **incorporated.**

Inca [ˈɪŋkə] *n* Inka *der.*

incalculable [ɪnˈkælkjʊləbl] *adj* [very great] unabsehbar

incandescent [ˌɪnkænˈdesnt] *adj:* **~ with rage** vor Wut schäumend.

incantation [ˌɪnkænˈteɪʃn] *n* Zauberspruch *der.*

incapable [ɪnˈkeɪpəbl] *adj* **- 1.** [unable]: **to be ~ of sthg** zu etw nicht fähig sein; **to be ~ of doing sthg** nicht fähig sein, etw zu tun **- 2.** [incompetent] unfähig.

incapacitate [ˌɪnkəˈpæsɪteɪt] *vt* [for work] arbeitsunfähig machen.

incapacitated [ˌɪnkəˈpæsɪteɪtɪd] *adj* [for work] arbeitsunfähig.

incapacity [ˌɪnkəˈpæsətɪ] *n* Unfähigkeit *die;* **~ for work** Arbeitsunfähigkeit *die.*

incarcerate [ɪnˈkɑːsəreɪt] *vt* **fml** ein|kerkern.

incarceration [ɪnˌkɑːsəˈreɪʃn] *n* **fml** Einkerkerung *die;* [time in prison] Kerkerhaft *die.*

incarnate [ɪnˈkɑːneɪt] *adj* in Person.

incarnation [ˌɪnkɑːˈneɪʃn] *n* Verkörperung *die;* **in a previous ~** in einem früheren Leben.

incendiary device [ɪnˈsendjərɪ-] *n* Brandsatz *der.*

incense [*n* ˈɪnsens, *vb* ɪnˈsens] *n* Weihrauch *der* <> *vt* [anger] erbosen, erzürnen.

incentive [ɪnˈsentɪv] *n* Anreiz *der.*

incentive scheme *n* Anreizsystem *das.*

inception [ɪn'sepʃn] *n fml* Beginn *der;* [of institution] Gründung *die;* [of system] Einführung *die.*

incessant [ɪn'sesnt] *adj* unaufhörlich, unablässig.

incessantly [ɪn'sesntlɪ] *adv* unaufhörlich, unablässig.

incest ['ɪnsest] *n* Inzest *der.*

incestuous [ɪn'sestjuəs] *adj* inzestuös; **theatre people are a rather ~ group** *fig* Theaterleute sind sehr aufeinander fixiert.

inch [ɪntʃ] *n = 2,54 cm,* Zoll *der* ◇ *vi:* **to ~ forward/through** sich zentimeterweise vorwärts/hindurch bewegen.

incidence ['ɪnsɪdəns] *n* Häufigkeit *die;* **a high ~ of child mortality** eine hohe Sterblichkeitsrate bei Kindern.

incident ['ɪnsɪdənt] *n* - **1.** [event] Vorfall *der;* **the meeting went off without ~** das Treffen verlief ohne Zwischenfälle - **2.** POL Zwischenfall *der.*

incidental [ˌɪnsɪ'dentl] *adj* [minor] nebensächlich; **~ expenses** Nebenausgaben *pl.*

incidentally [ˌɪnsɪ'dentəlɪ] *adv* [by the way] übrigens.

incidental music *n* Begleitmusik *die.*

incinerate [ɪn'sɪnəreɪt] *vt* verbrennen.

incinerator [ɪn'sɪnəreɪtəʳ] *n* [large] Müllverbrennungsanlage *die;* [smaller] Verbrennungsofen *der.*

incipient [ɪn'sɪpɪənt] *adj fml* beginnend.

incision [ɪn'sɪʒn] *n fml* Schnitt *der.*

incisive [ɪn'saɪsɪv] *adj* [person] scharfsinnig; [comment, writing] pointiert.

incisor [ɪn'saɪzəʳ] *n* Schneidezahn *der.*

incite [ɪn'saɪt] *vt* auf|hetzen; **to ~ sb to do sthg** jn dazu auf|stacheln, etw zu tun.

incitement [ɪn'saɪtmənt] *n* Aufhetzung *die.*

incl. (*abbr of* **inclusive**) inkl.

inclement [ɪn'klemənt] *adj fml* [weather] unfreundlich.

inclination [ˌɪnklɪ'neɪʃn] *n* - **1.** [desire, slope] Neigung *die;* **she showed no ~ to go** sie machte keine Anstalten zu gehen - **2.** [tendency]: **to have an ~ to do sthg** die Neigung (dazu) haben, etw zu tun.

incline [*n* 'ɪnklaɪn, *vb* ɪn'klaɪn] *n* [slope] Hang *der;* [angle] Neigung *die* ◇ *vt* [head, body] neigen ◇ *vi:* **to ~ to sthg** zu etw neigen.

inclined [ɪn'klaɪnd] *adj* - **1.** [tending] geneigt; **I'm not that way ~** es sagt mir nicht zu; **to be ~ to sthg** zu etw neigen; **to be ~ to do sthg** dazu neigen, etw zu tun - **2.** [wanting]: **to be ~ to do sthg** Lust haben, etw zu tun - **3.** [sloping] geneigt.

include [ɪn'klu:d] *vt* - **1.** [gen] (mit) ein|schließen; [contain] enthalten - **2.** [add, count] mit|rechnen.

included [ɪn'klu:dɪd] *adj* eingeschlossen; **service is not ~** die Bedienung ist nicht inbegriffen.

including [ɪn'klu:dɪŋ] *prep* einschließlich (+ *G);* **the band played several songs, ~ some of my favourites** die Band spielte mehrere Lieder, darunter einige meiner Lieblingslieder; **up to and ~ last month** bis einschließlich des letzten Monats.

inclusion [ɪn'klu:ʒn] *n* Aufnahme *die.*

inclusive [ɪn'klu:sɪv] *adj* einschließlich, inklusive; **~ price** Pauschalpreis *der;* **from the 8th to the 16th ~** vom 8. bis einschließlich 16.; **~ of** einschließlich (+ *G).*

incognito [ˌɪnkɒg'ni:təʊ] *adv* inkognito.

incoherent [ˌɪnkəʊ'hɪərənt] *adj* [speech] zusammenhanglos; **he was ~** er drückte sich unklar aus.

income ['ɪŋkʌm] *n* Einkommen *das.*

income support *n Br* Sozialhilfe *die.*

income tax *n* Einkommensteuer *die.*

incoming ['ɪnˌkʌmɪŋ] *adj* - **1.** [plane] landend; [passengers] ankommend; [mail, report, phone call] eingehend; **the ~ tide** die Flut - **2.** [government, official] neu.

incommunicado [ˌɪnkəmju:nɪ'kɑ:dəʊ] *adv* von der Außenwelt abgeschnitten.

incomparable [ɪn'kɒmpərəbl] *adj* unvergleichlich.

incompatible [ˌɪnkəm'pætɪbl] *adj* [ideas, jobs, characters] unvereinbar; [computers] inkompatibel; **to be ~ with sb** nicht zu jm passen; **Linda and John are ~** Linda und John passen nicht zueinander.

incompetence [ɪn'kɒmpɪtəns] *n* Unfähigkeit *die,* Inkompetenz *die.*

incompetent [ɪn'kɒmpɪtənt] *adj* unfähig, inkompetent; [work] unzulänglich.

incomplete [ˌɪnkəm'pli:t] *adj* unvollständig; [story] nicht abgeschlossen.

incomprehensible [ɪnˌkɒmprɪ'hensəbl] *adj* unverständlich.

inconceivable [ˌɪnkən'si:vəbl] *adj* undenkbar, unvorstellbar.

inconclusive [ˌɪnkən'klu:sɪv] *adj* [meeting, debate] ergebnislos; [evidence, argument] nicht schlüssig.

incongruous [ɪn'kɒŋgrʊəs] *adj* [clothes, behaviour] unpassend.

inconsequential [ˌɪnkɒnsɪ'kwenʃl] *adj* [insignificant] unbedeutend.

inconsiderable [ˌɪnkən'sɪdərəbl] *adj:* **not ~** nicht unbeträchtlich.

inconsiderate [ˌɪnkənˈsɪdərət] *adj* rücksichtslos.

inconsistency [ˌɪnkənˈsɪstənsɪ] (*pl* **-ies**) *n* Widersprüchlichkeit *die*.

inconsistent [ˌɪnkənˈsɪstənt] *adj* widersprüchlich; [performance] schwankend; [work] unbeständig; [behaviour] inkonsequent; **to be ~ with sthg** mit etw nicht übereinǀstimmen, zu etw im Widerspruch stehen.

inconsolable [ˌɪnkənˈsəʊləbl] *adj* untröstlich.

inconspicuous [ˌɪnkənˈspɪkjʊəs] *adj* unauffällig.

incontinence [ɪnˈkɒntɪnəns] *n* Inkontinenz *die*.

incontinent [ɪnˈkɒntɪnənt] *adj*: **to be ~** an Inkontinenz leiden.

incontrovertible [ˌɪnkɒntrəˈvɜːtəbl] *adj* [evidence] unwiderlegbar; [fact] unbestreitbar.

inconvenience [ˌɪnkənˈviːnjəns] *n* Unannehmlichkeit *die* ◇ *vt* Unannehmlichkeiten OR Umstände bereiten.

inconvenient [ˌɪnkənˈviːnjənt] *adj* ungünstig; **to be ~ for sb** jm ungelegen kommen.

incorporate [ɪnˈkɔːpəreɪt] *vt* einǀschließen; **to ~ sb/sthg in(to) sthg** jn/etw in etw *(A)* aufǀnehmen.

incorporated company *n* COMM (im Handelsregister) eingetragene Gesellschaft.

incorrect [ˌɪnkəˈrekt] *adj* falsch; [behaviour] inkorrekt.

incorrigible [ɪnˈkɒrɪdʒəbl] *adj* unverbesserlich.

incorruptible [ˌɪnkəˈrʌptəbl] *adj* [person] unbestechlich.

increase [*n* ˈɪnkriːs, *vb* ɪnˈkriːs] *n*: **~ (in)** [number, unemployment] Zunahme *die (+ G)*; [price, demand, speed] Erhöhung *die (+ G)*; [output] Steigerung *die (+ G)*; **to be on the ~** (ständig) zuǀnehmen ◇ *vt* [price, wages, speed] erhöhen; [output] steigern; [fear, efforts] verstärken ◇ *vi* steigen; [unemployment, pain] zuǀnehmen; [anxiety] wachsen.

increased [ɪnˈkriːst] *adj* [efficiency, effort] gesteigert; [demand] erhöht.

increasing [ɪnˈkriːsɪŋ] *adj* [number, use, frequency] zunehmend; [anxiety, demand] wachsend.

increasingly [ɪnˈkriːsɪŋlɪ] *adv* zunehmend.

incredible [ɪnˈkredəbl] *adj* **- 1.** [wonderful] sagenhaft **- 2.** [very large, unbelievable] unglaublich.

incredulous [ɪnˈkredjʊləs] *adj* ungläubig, skeptisch.

increment [ˈɪnkrɪmənt] *n* Zuwachs *der*; [of salary] Gehaltserhöhung *die*.

incriminate [ɪnˈkrɪmɪneɪt] *vt* belasten; **to ~ o.s.** sich selbst belasten.

incriminating [ɪnˈkrɪmɪneɪtɪŋ] *adj* belastend.

incrusted [ɪnˈkrʌstɪd] *adj* = **encrusted.**

incubate [ˈɪnkjʊbeɪt] *vt* [egg] ausǀbrüten ◇ *vi* [egg] ausgebrütet werden.

incubation [ˌɪnkjʊˈbeɪʃn] *n* **- 1.** [of egg] Ausbrüten *das* **- 2.** MED: **~ period** Inkubationszeit *die*.

incubator [ˈɪnkjʊbeɪtəʳ] *n* [for baby] Brutkasten *der*.

inculcate [ˈɪnkʌlkeɪt] *vt fml*: **to ~ sthg in(to) sb** jm etw einǀschärfen.

incumbent [ɪnˈkʌmbənt] *fml adj*: **to be ~ (up)on sb to do sthg** jm obliegen, etw zu tun ◇ *n* [postholder] Amtsinhaber *der*, -in *die*.

incur [ɪnˈkɜːʳ] (*pt* & *pp* **-red;** *cont* **-ring**) *vt* [loss] erleiden; [expenses] haben; [debts] machen.

incurable [ɪnˈkjʊərəbl] *adj* **- 1.** [disease] unheilbar **- 2.** *fig* [romantic, cynic] unverbesserlich.

incursion [*Br* ɪnˈkɜːʃn, *Am* ɪnˈkɜːʒn] *n* MIL Einfall *der*; *fig* Eindringen *das*.

indebted [ɪnˈdetɪd] *adj* **- 1.** [grateful]: **to be ~ to sb** jm zu Dank verpflichtet sein **- 2.** [owing money]: **to be ~ to sb** bei jm Schulden haben.

indecency [ɪnˈdiːsnsɪ] *n* Unanständigkeit *die*.

indecent [ɪnˈdiːsnt] *adj* unanständig; **~ haste** ungebührliche Eile.

indecent assault *n* Notzucht *die*.

indecent exposure *n* exhibitionistische Handlung.

indecipherable [ˌɪndɪˈsaɪfərəbl] *adj* nicht entzifferbar.

indecision [ˌɪndɪˈsɪʒn] *n* Unentschlossenheit *die*.

indecisive [ˌɪndɪˈsaɪsɪv] *adj* **- 1.** [person] unentschlossen **- 2.** [result] unklar.

indeed [ɪnˈdiːd] *adv* wirklich, tatsächlich; [certainly] natürlich; **very big ~** wirklich sehr groß; **thank you very much ~** vielen herzlichen Dank; **~?** [in surprise] wirklich?, so?

indefatigable [ˌɪndɪˈfætɪgəbl] *adj* unermüdlich.

indefensible [ˌɪndɪˈfensəbl] *adj* [behaviour] unentschuldbar; [argument] unhaltbar.

indefinable [ˌɪndɪˈfaɪnəbl] *adj* undefinierbar.

indefinite [ɪnˈdefɪnɪt] *adj* **- 1.** [period, number] unbestimmt **- 2.** [answer] unklar.

indefinitely [ɪnˈdefɪnətlɪ] *adv* [wait] unbegrenzt lange; [closed] bis auf weiteres; [postpone] auf unbestimmte Zeit.

indelible [ɪnˈdeləbl] *adj* **- 1.** [mark, stain] nicht zu entfernen **- 2.** [ink] wasserunlöslich; **~ pencil** Kopierstift *der* **- 3.** [memory] unauslöschlich.

indelicate [ɪn'delɪkət] *adj* [behaviour, remark] ungehörig.

indemnify [ɪn'demnɪfaɪ] (*pt* & *pp* **-ied**) *vt* **- 1.** [insure]: **to ~ sb for** OR **against sthg** jn gegen etw versichern **- 2.** [compensate]: **to ~ sb for sthg** jn für etw entschädigen.

indemnity [ɪn'demnətɪ] *n* **- 1.** [insurance] Versicherung *die* **- 2.** [compensation] Entschädigung *die*.

indent [ɪn'dent] *vt* **- 1.** [text] ein|rücken **- 2.** [edge, surface] ein|kerben.

indentation [ˌɪnden'teɪʃn] *n* **- 1.** [in text] Einrückung *die* **- 2.** [in edge, surface] Einkerbung *die*.

independence [ˌɪndɪ'pendəns] *n* **- 1.** [gen] Unabhängigkeit *die* **- 2.** [in character] Selbstständigkeit *die*.

Independence Day *n* (amerikanischer) Unabhängigkeitstag *(4. Juli)*.

independent [ˌɪndɪ'pendənt] *adj* **- 1.** [gen]: **~ (of)** unabhängig (von) **- 2.** [person - in character] selbstständig.

independently [ˌɪndɪ'pendəntlɪ] *adv* **- 1.** [gen]: **~ (of)** unabhängig (von) **- 2.** [live, think, act] selbstständig.

independent school *n Br* nichtstaatliche Schule.

in-depth *adj* eingehend.

indescribable [ˌɪndɪ'skraɪbəbl] *adj* unbeschreiblich.

indestructible [ˌɪndɪ'strʌktəbl] *adj* unzerstörbar.

indeterminate [ˌɪndɪ'tɜːmɪnət] *adj* unbestimmt.

index ['ɪndeks] (*pl senses 1 and 2* **-es;** *pl sense 3* **-es** OR **indices**) *n* **- 1.** [of book] Register *das*, Index *der* **- 2.** [in library] Kartei *die* **- 3.** ECON Index *der* ◇ *vt* [book] mit einem Register OR Index versehen.

index card *n* Karteikarte *die*.

index finger *n* Zeigefinger *der*.

index-linked [-ˌlɪŋkt] *adj* der Inflationsrate angepasst.

India ['ɪndɪə] *n* Indien *nt*.

India ink *n Am* = **Indian ink.**

Indian ['ɪndɪən] *adj* **- 1.** [from India] indisch **- 2.** [from the Americas] indianisch, Indianer- ◇ *n* **- 1.** [from India] Inder *der*, -in *die* **- 2.** [from the Americas] Indianer *der*, -in *die*.

Indian ink *Br*, **India ink** *Am n (U)* Tusche *die*.

Indian Ocean *n*: **the ~** der Indische Ozean.

Indian summer *n* Altweibersommer *der*.

india rubber *n (U)* Gummi *das* OR *der*.

indicate ['ɪndɪkeɪt] *vt* **- 1.** [with finger, pointer] zeigen auf *(+ A);* [subj: dial, arrow, gauge] an|zeigen **- 2.** [intention, fact] an|deuten **- 3.** [mention - desire, preference] zum Ausdruck bringen **- 4.** [suggest] hin|deuten auf *(+ A);* **the symptoms ~ thrombosis** die Symptome deuten auf eine Thrombose hin ◇ *vi* [when driving] blinken.

indication [ˌɪndɪ'keɪʃn] *n* **- 1.** [suggestion]: **can you give me an ~ of when you will arrive?** können Sie mir ungefähr sagen, wann Sie ankommen? **- 2.** [sign] (An)zeichen *das;* [hint] Hinweis *der*.

indicative [ɪn'dɪkətɪv] *adj:* **to be ~ of sthg** auf etw *(A)* hin|deuten, auf etw *(A)* schließen lassen ◇ *n* GRAMM Indikativ *der*.

indicator ['ɪndɪkeɪtəʳ] *n* **- 1.** [sign] Indikator *der* **- 2.** [on car] Blinker *der*.

indices ['ɪndɪsiːz] *pl* ▷ **index.**

indict [ɪn'daɪt] *vt:* **to ~ sb (for)** jn an|klagen (wegen *(+ G)*).

indictable [ɪn'daɪtəbl] *adj* [offence] strafbar.

indictment [ɪn'daɪtmənt] *n* **- 1.** LAW Anklageerhebung *die* **- 2.** [criticism]: **an ~ of** ein Armutszeugnis für.

indie ['ɪndɪ] *adj inf:* **an ~ band** eine Independent-Band.

indifference [ɪn'dɪfrəns] *n* Gleichgültigkeit *die*.

indifferent [ɪn'dɪfrənt] *adj* **- 1.** [uninterested] gleichgültig; **to be ~ to sthg** sich für etw nicht interessieren **- 2.** [mediocre] mittelmäßig.

indigenous [ɪn'dɪdʒɪnəs] *adj* [culture, traditions] einheimisch, landeseigen.

indigestible [ˌɪndɪ'dʒestəbl] *adj lit* & *fig* schwer verdaulich.

indigestion [ˌɪndɪ'dʒestʃn] *n (U)* Magenverstimmung *die;* **to have ~** eine Magenverstimmung haben.

indignant [ɪn'dɪgnənt] *adj:* **to be ~ (at)** empört sein (über *(+ A)*).

indignantly [ɪn'dɪgnəntlɪ] *adv* empört.

indignation [ˌɪndɪg'neɪʃn] *n* Empörung *die*.

indignity [ɪn'dɪgnətɪ] (*pl* **-ies**) *n* Demütigung *die*.

indigo ['ɪndɪgəʊ] *adj* indigoblau ◇ *n* Indigo *das* OR *der*.

indirect [ˌɪndɪ'rekt] *adj* indirekt; **an ~ route** ein Umweg; **to make an ~ reference to sb** auf jn an|spielen.

indirect costs *npl* Betriebskosten *pl*.

indirectly [ˌɪndɪ'rektlɪ] *adv* indirekt.

indirect speech *n* indirekte Rede.

indiscreet [ˌɪndɪ'skriːt] *adj* indiskret; [tactless] taktlos.

indiscretion [ˌɪndɪ'skreʃn] *n* Indiskretion *die;* [tactless behaviour] Taktlosigkeit *die*.

indiscriminate [ˌɪndɪ'skrɪmɪnət] *adj* wahllos; [treatment] willkürlich; [person] unkritisch.

indiscriminately [ˌɪndɪˈskrɪmɪnətlɪ] *adv* wahllos; [treat] willkürlich.

indispensable [ˌɪndɪˈspensəbl] *adj* unentbehrlich.

indisposed [ˌɪndɪˈspəʊzd] *adj* ***fml*** [unwell] unpässlich.

indisputable [ˌɪndɪˈspjuːtəbl] *adj* unbestreitbar; [evidence] unanfechtbar.

indistinct [ˌɪndɪˈstɪŋkt] *adj* undeutlich; [picture, photo] verschwommen.

indistinguishable [ˌɪndɪˈstɪŋgwɪʃəbl] *adj:* **to be ~ (from sb/sthg)** (von jm/etw) nicht zu unterscheiden sein.

individual [ˌɪndɪˈvɪdʒʊəl] *adj* **- 1.** [single] einzeln; [tuition] Einzel-; **~ case** Einzelfall *der* **- 2.** [distinctive] individuell <> *n* Einzelne *der, die*, Individuum *das;* **who's that strange ~?** wer ist dieses komische Individuum?

individualistic [ˈɪndɪˌvɪdʒʊəˈlɪstɪk] *adj* individualistisch.

individuality [ˈɪndɪˌvɪdʒʊˈælətɪ] *n* Individualität *die.*

individually [ˌɪndɪˈvɪdʒʊəlɪ] *adv* einzeln.

indivisible [ˌɪndɪˈvɪzəbl] *adj* unteilbar.

Indochina [ˌɪndəʊˈtʃaɪnə] *n* Indochina *nt.*

indoctrinate [ɪnˈdɒktrɪneɪt] *vt* indoktrinieren.

indolent [ˈɪndələnt] *adj* ***fml*** träge.

indomitable [ɪnˈdɒmɪtəbl] *adj* [will] unbeugsam; [spirit, person] unbezwingbar.

Indonesia [ˌɪndəˈniːzɪə] *n* Indonesien *nt.*

Indonesian [ˌɪndəˈniːzɪən] *adj* indonesisch <> *n* **- 1.** [person] Indonesier *der*, -in *die* **- 2.** [language] Indonesisch(e) *das.*

indoor [ˈɪndɔːʳ] *adj* [swimming pool, sports] Hallen-; [plant] Zimmer-.

indoors [ˌɪnˈdɔːz] *adv* [stay] drinnen; [go] nach drinnen.

indubitably [ɪnˈdjuːbɪtəblɪ] *adv* zweifellos.

induce [ɪnˈdjuːs] *vt* **- 1.** [persuade]: **to ~ sb to do sthg** jn dazu bringen, etw zu tun **- 2.** MED [labour] ein|leiten **- 3.** [cause - sleep] herbei|führen.

inducement [ɪnˈdjuːsmənt] *n* [incentive] Anreiz *der.*

induction [ɪnˈdʌkʃn] *n* **- 1.** [of leader, bishop] Amtseinführung *die* **- 2.** *(U)* MED [of labour] Einleitung *die* **- 3.** [introduction to job] Einführung *die* **- 4.** ELEC Induktion *die.*

induction course *n* Einführungskurs *der.*

indulge [ɪnˈdʌldʒ] *vt* **- 1.** [whim] nach|geben *(+ D);* [passion] frönen *(+ D)* **- 2.** [child, person] verwöhnen; **to ~ o.s.** sich verwöhnen <> *vi:* **to ~ in sthg** etw *(D)* frönen.

indulgence [ɪnˈdʌldʒəns] *n* **- 1.** *(U)* [tolerance, kindness] Nachsicht *die* **- 2.** [special treat] Luxus *der.*

indulgent [ɪnˈdʌldʒənt] *adj* nachsichtig; [giving way] nachgiebig.

industrial [ɪnˈdʌstrɪəl] *adj* industriell; [city, area, society] Industrie-.

industrial action *n:* **to take ~** in den Ausstand treten.

industrial estate *Br*, **industrial park** *Am* *n* Industriegebiet *das.*

industrialist [ɪnˈdʌstrɪəlɪst] *n* Industrielle *der, die.*

industrialization [ɪnˌdʌstrɪəlaɪˈzeɪʃn] *n* Industrialisierung *die.*

industrialize, -ise [ɪnˈdʌstrɪəlaɪz] *vt & vi* industrialisieren.

industrial park *n Am* = **industrial estate.**

industrial relations *npl* Beziehungen *pl* zwischen Arbeitgebern und Gewerkschaften.

industrial revolution *n* Industrielle Revolution.

industrial tribunal *n* Arbeitsgericht *das.*

industrious [ɪnˈdʌstrɪəs] *adj* fleißig, arbeitsam.

industry [ˈɪndəstrɪ] *(pl* **-ies)** *n* **- 1.** [gen] Industrie *die;* **the tourist ~** die Tourismusbranche **- 2.** [hard work] Fleiß *der.*

inebriated [ɪˈniːbrɪeɪtɪd] *adj* ***fml*** betrunken.

inedible [ɪnˈedɪbl] *adj* **- 1.** [unpleasant to eat] ungenießbar **- 2.** [poisonous] nicht essbar.

ineffective [ˌɪnɪˈfektɪv] *adj* unwirksam, ineffektiv.

ineffectual [ˌɪnɪˈfektʃʊəl] *adj* [person] unfähig; [plan] ineffizient.

inefficiency [ˌɪnɪˈfɪʃnsɪ] *n* [of person] Unfähigkeit *die;* [of process] Unproduktivität *die;* [of machine] Unwirtschaftlichkeit *die.*

inefficient [ˌɪnɪˈfɪʃnt] *adj* [person] unfähig, ineffizient; [process] unproduktiv; [machine] unwirtschaftlich.

inelegant [ɪnˈelɪgənt] *adj* nicht elegant.

ineligible [ɪnˈelɪdʒəbl] *adj:* **to be ~ for sthg** [promotion] für etw nicht in Frage kommen; [benefits] auf etw *(A)* keinen Anspruch haben.

inept [ɪˈnept] *adj* [person] unfähig; [comment] unpassend; [performance, attempt] ungeschickt.

ineptitude [ɪˈneptɪtjuːd] *n (U)* [incompetence] Unfähigkeit *die.*

inequality [ˌɪnɪˈkwɒlətɪ] *(pl* **-ies)** *n* **- 1.** [gen] Ungleichheit *die* **- 2.** [difference] Unterschied *der.*

inequitable [ɪnˈekwɪtəbl] *adj* ***fml*** ungerecht.

inert [ɪ'nɜːt] *adj* [person] reglos; **~ gas** Edelgas *das.*

inertia [ɪ'nɜːʃə] *n* - **1.** [gen] Trägheit *die* - **2.** [of process] Stillstand *der.*

inertia-reel seat belt *n* Automatikgurt *der.*

inescapable [ˌɪnɪ'skeɪpəbl] *adj* unausweichlich.

inessential [ˌɪnɪ'senʃl] *adj:* **~ (to sthg)** (für etw) unwesentlich.

inestimable [ɪn'estɪməbl] *adj* ***fml*** unschätzbar.

inevitable [ɪn'evɪtəbl] *adj* unvermeidlich ◇ *n:* **the ~** das Unvermeidliche.

inevitably [ɪn'evɪtəblɪ] *adv* zwangsläufig.

inexact [ˌɪnɪg'zækt] *adj* ungenau.

inexcusable [ˌɪnɪk'skjuːzəbl] *adj* unverzeihlich, unentschuldbar.

inexhaustible [ˌɪnɪg'zɔːstəbl] *adj* unerschöpflich.

inexorable [ɪn'eksərəbl] *adj* ***fml*** unaufhaltsam.

inexorably [ɪn'eksərəblɪ] *adv* unaufhaltsam.

inexpensive [ˌɪnɪk'spensɪv] *adj* preiswert.

inexperience [ˌɪnɪk'spɪərɪəns] *n* Unerfahrenheit *die*, Mangel *der* an Erfahrung.

inexperienced [ˌɪnɪk'spɪərɪənst] *adj* unerfahren; **to be ~ in sthg** mit etw wenig vertraut sein.

inexpert [ɪn'ekspɜːt] *adj* [attempt] unfachmännisch; [person] ungeschult.

inexplicable [ˌɪnɪk'splɪkəbl] *adj* unerklärlich.

inexplicably [ˌɪnɪk'splɪkəblɪ] *adv* unerklärlicherweise.

inextricably [ɪnek'strɪkəblɪ] *adv* untrennbar.

infallible [ɪn'fæləbl] *adj* unfehlbar.

infamous ['ɪnfəməs] *adj* berüchtigt.

infamy ['ɪnfəmɪ] *n* ***fml*** Verrufenheit *die.*

infancy ['ɪnfənsɪ] *n* frühe Kindheit; **to be in its ~ *fig*** (noch) in den Kinderschuhen stecken.

infant ['ɪnfənt] *n* - **1.** [baby] Säugling *der* - **2.** [young child] Kleinkind *das.*

infantile ['ɪnfəntaɪl] *adj* - **1.** [of, for infants] Kinder- - **2.** ***pej*** [childish] kindisch, infantil.

infant mortality *n* Säuglingssterblichkeit *die.*

infantry ['ɪnfəntrɪ] *n* Infanterie *die.*

infantryman ['ɪnfəntrɪmən] (*pl* **-men** [-mən]) *n* Infanterist *der.*

infant school *n* ***Br*** Vorschule *die (für 5- bis 7-jährige).*

infatuated [ɪn'fætjʊeɪtɪd] *adj:* **to be ~ (with sb/sthg)** (in jn/etw) vernarrt sein.

infatuation [ɪnˌfætjʊ'eɪʃn] *n:* **~ (with sb/sthg)** Vernarrtheit *die* (in jn/etw).

infect [ɪn'fekt] *vt* **MED** infizieren; **to ~ sb with sthg** jn mit etw infizieren.

infected [ɪn'fektɪd] *adj* **MED:** **~ (with sthg)** (mit etw) infiziert.

infection [ɪn'fekʃn] *n* **MED** Infektion *die;* **ear ~** Ohrenentzündung *die.*

infectious [ɪn'fekʃəs] *adj* ***lit*** & ***fig*** ansteckend.

infer [ɪn'fɜːʳ] (*pt* & *pp* **-red;** *cont* **-ring**) *vt* - **1.** [deduce]: **to ~ that** folgern, dass; **to ~ sthg (from sthg)** etw (aus etw) folgern - **2.** ***inf*** [imply] andeuten.

inference ['ɪnfrəns] *n* - **1.** [conclusion] Schluss *der*, Schlussfolgerung *die* - **2.** [deduction]: **by ~** somit; **the film was shorter and by ~ more bearable** der Film war kürzer und somit leichter erträglich.

inferior [ɪn'fɪərɪəʳ] *adj* - **1.** [lower in status] untergeordnet; **to be ~ (to sb/sthg)** (jm/etw) untergeordnet sein - **2.** [lower in quality] minderwertig; **to feel ~** sich unterlegen fühlen; **to be ~ to sthg** von geringerer Qualität als etw sein ◇ *n* [in status] Untergebene *der, die.*

inferiority [ɪnˌfɪərɪ'ɒrətɪ] *n* - **1.** [in status] untergeordnete Stellung - **2.** [in quality] Minderwertigkeit *die.*

inferiority complex *n* Minderwertigkeitskomplex *der.*

infernal [ɪn'fɜːnl] *adj* ***inf dated*** grässlich; [noise] höllisch.

inferno [ɪn'fɜːnəʊ] (*pl* **-s**) *n* Flammenmeer *das.*

infertile [ɪn'fɜːtaɪl] *adj* unfruchtbar.

infertility [ˌɪnfə'tɪlətɪ] *n* Unfruchtbarkeit *die.*

infestation [ˌɪnfe'steɪʃn] *n* Plage *die.*

infested [ɪn'festɪd] *adj:* **~ with sthg** [vermin, insects] von etw befallen; [weeds] von etw überwuchert.

infidelity [ˌɪnfɪ'delətɪ] *n* [of partner] Untreue *die.*

infighting ['ɪnˌfaɪtɪŋ] *n (U)* [rivalry] interne Machtkämpfe *pl;* [quarrelling] interne Querelen *pl.*

infiltrate ['ɪnfɪltreɪt] *vt* [territory] infiltrieren; [party, organization] unterwandern; **to ~ sb into sthg** jn in etw *(A)* einlschleusen ◇ *vi:* **to ~ into sthg** [enter secretly] sich in etw *(A)* einlschleusen.

infinite ['ɪnfɪnət] *adj* unendlich.

infinitely ['ɪnfɪnətlɪ] *adv* [large, wide] unendlich; [more, better] unendlich viel.

infinitesimal [ˌɪnfɪnɪ'tesɪml] *adj* äußerst gering.

infinitive [ɪnˈfɪnɪtɪv] *n* Infinitiv *der*.

infinity [ɪnˈfɪnətɪ] *n* - **1.** [unreachable point] Unendlichkeit *die* - **2.** MATH Unendliche *das*.

infirm [ɪnˈfɜːm] *adj* gebrechlich <> *npl*: **the ~** die Gebrechlichen.

infirmary [ɪnˈfɜːmərɪ] (*pl* **-ies**) *n* - **1.** [hospital] Krankenhaus *das* - **2.** [room] Krankenzimmer *das*.

infirmity [ɪnˈfɜːmətɪ] (*pl* **-ies**) *n* - **1.** [individual weakness or illness] Gebrechen *das* - **2.** [state of being weak or ill] Gebrechlichkeit *die*.

inflamed [ɪnˈfleɪmd] *adj* MED entzündet; **to become ~** sich entzünden.

inflammable [ɪnˈflæməbl] *adj* leicht entzündlich.

inflammation [ˌɪnfləˈmeɪʃn] *n* MED Entzündung *die*.

inflammatory [ɪnˈflæmətrɪ] *adj* aufrührerisch.

inflatable [ɪnˈfleɪtəbl] *adj* aufblasbar; **~ mattress** Luftmatratze *die*.

inflate [ɪnˈfleɪt] *vt* - **1.** [fill with air - tyre] auf|pumpen; [- life jacket, balloon] auf|blasen - **2.** ECON [increase] in die Höhe treiben.

inflated [ɪnˈfleɪtɪd] *adj* - **1.** [filled with air - tyre] aufgepumpt; [- life jacket, balloon] aufgeblasen - **2.** *pej* [exaggerated]: **to have an ~ opinion of oneself** eine zu hohe Meinung von sich haben - **3.** ECON [unreasonably high] überhöht.

inflation [ɪnˈfleɪʃn] *n* ECON Inflation *die*.

inflationary [ɪnˈfleɪʃnrɪ] *adj* [ECON - policy, spiral] Inflations-; [- trend, wage rise] inflationär.

inflationary spiral *n* Inflationsspirale *die*.

inflation-proof *adj* inflationssicher.

inflation rate *n* ECON Inflationsrate *die*.

inflection [ɪnˈflekʃn] *n* GRAMM Flexion *die*.

inflexible [ɪnˈfleksəbl] *adj* - **1.** [unbendable] unbiegsam - **2.** *pej* [unyielding - person, attitude] unflexibel; [- will] unbeugsam - **3.** [fixed - decision, arrangement] unabänderlich; [- working hours] festgelegt.

inflict [ɪnˈflɪkt] *vt*: **to ~ sthg on sb** [pain] jm etw zufügen; [responsibility] jm etw übertragen; [problem] jn mit etw belasten; [punishment] jn mit etw belegen.

in-flight *adj* [magazine] Bord-.

inflow [ˈɪnfləʊ] *n* [of information] Zufluss *der*; [of immigrants, capital] Zustrom *der*.

influence [ˈɪnflʊəns] *n*: **~ (on sb/sthg), ~ (over sb/sthg)** Einfluss *der* (auf jn/etw); **he is a bad ~ on her** er hat einen schlechten Einfluss auf sie; **under the ~ of** unter dem Einfluss von <> *vt* beeinflussen.

influential [ˌɪnflʊˈenʃl] *adj* einflussreich.

influenza [ˌɪnflʊˈenzə] *n fml* Grippe *die*.

influx [ˈɪnflʌks] *n* Zustrom *der*.

info [ˈɪnfəʊ] (*abbr of* **information**) *n (U) inf* Info *die*.

inform [ɪnˈfɔːm] *vt* benachrichtigen, informieren; [police] verständigen; **to ~ sb of/about sthg** jm etw mitteilen, jn über etw *(A)* informieren.

◆ **inform on** *vt fus* an|zeigen.

informal [ɪnˈfɔːml] *adj* - **1.** [casual, relaxed - party, clothes] zwanglos; [- language] informell - **2.** [non-official] inoffiziell.

informally [ɪnˈfɔːməlɪ] *adv* - **1.** [casually - dress] zwanglos; [- talk] ungezwungen - **2.** [non-officially] inoffiziell.

informant [ɪnˈfɔːmənt] *n* Informant *der*, -in *die*.

information [ˌɪnfəˈmeɪʃn] *n (U)*: **~ (on** *OR* **about sthg)** Informationen *pl* (über etw *(A)*); **to get ~** sich informieren; **a piece of ~** eine Auskunft, eine Information; '**Information**' 'Information', 'Auskunft'; **for your ~** COMM zu Ihrer Kenntnisnahme *OR* Information.

information desk *n* Auskunftsschalter *der*.

information office *n* Auskunftsbüro *das*.

information retrieval *n* Informationsbeschaffung *die*.

information technology *n* Informationstechnologie *die*.

informative [ɪnˈfɔːmətɪv] *adj* [person] auskunftsfreudig; [book, film] informativ.

informed [ɪnˈfɔːmd] *adj* - **1.** [having information] informiert - **2.** [based on information] kundig.

informer [ɪnˈfɔːməʳ] *n* [denouncer] Informant *der*, -in *die*.

infrared [ˌɪnfrəˈred] *adj* Infrarot-.

infrastructure [ˈɪnfrəˌstrʌktʃəʳ] *n* Infrastruktur *die*.

infrequent [ɪnˈfriːkwənt] *adj* selten; **he's an ~ visitor** er kommt ab und zu zu Besuch; **the buses are ~** die Busse verkehren nur selten.

infringe [ɪnˈfrɪndʒ] (*cont* **infringing**) *vt* - **1.** [right] verletzen - **2.** [law, agreement] verstoßen gegen <> *vi* - **1.**: **to ~ on sb's rights** js Rechte verletzen - **2.** [on law, agreement]: **to ~ on sthg** gegen etw verstoßen.

infringement [ɪnˈfrɪndʒmənt] *n* - **1.** [of right] Verletzung *die* - **2.** [of law, agreement] Verstoß *der*.

infuriate [ɪnˈfjʊərɪeɪt] *vt* sehr wütend *OR* rasend machen.

infuriating [ɪnˈfjʊərɪeɪtɪŋ] *adj*: **he/his behaviour is ~!** er/sein Benehmen macht mich rasend!

infuse [ɪnˈfjuːz] *vt*: **to ~ sb with sthg** [courage,

ideas] jm etw ein|flößen ◇ *vi* [tea, herbs] ziehen.

infusion [ɪnˈfjuːʒn] *n* **- 1.** *(U)* [of courage, ideas] Einflößen *das* **- 2.** [of tea, herbs] Aufguss *der*.

ingenious [ɪnˈdʒiːnjəs] *adj* genial; [device, method] raffiniert; [person] einfallsreich, erfinderisch.

ingenuity [ˌɪndʒɪˈnjuːətɪ] *n* [of person] Genialität *die*, Einfallsreichtum *der;* [of device, method] Raffiniertheit *die*.

ingenuous [ɪnˈdʒenjʊəs] *adj* ***fml*** naiv.

ingest [ɪnˈdʒest] *vt* ***fml*** auf|nehmen.

ingot [ˈɪŋgət] *n* [of gold, silver] Barren *der;* [of metal] Block *der*.

ingrained [ˌɪnˈgreɪnd] *adj* **- 1.** [dirt] tief sitzend **- 2.** [belief] unerschütterlich; [hatred] tief.

ingratiate [ɪnˈgreɪʃɪeɪt] *vt:* **to ~ o.s. with sb** sich bei jm ein|schmeicheln.

ingratiating [ɪnˈgreɪʃɪeɪtɪŋ] *adj* [smile] zuckersüß; [person, manner] schmeichlerisch.

ingratitude [ɪnˈgrætɪtjuːd] *n* Undankbarkeit *die*.

ingredient [ɪnˈgriːdɪənt] *n* **- 1.** [in cooking] Zutat *die* **- 2.** [element] Element *das*.

ingrowing [ˈɪnˌgrəʊɪŋ], **ingrown** [ˈɪnˌgrəʊn] *adj* eingewachsen.

inhabit [ɪnˈhæbɪt] *vt* bewohnen.

inhabitant [ɪnˈhæbɪtənt] *n* [of country, city] Einwohner *der*, -in *die;* [of house] Bewohner *der*, -in *die*.

inhalation [ˌɪnhəˈleɪʃn] *n* Inhalation *die*.

inhale [ɪnˈheɪl] *vt* einlatmen ◇ *vi* [breathe in] einlatmen; [smoker] Lungenzüge machen.

inhaler [ɪnˈheɪləʳ] *n* MED Inhalationsapparat *der*.

inherent [ɪnˈhɪərənt, ɪnˈherənt] *adj* **her ~ laziness** die ihr eigene Faulheit; **the dangers ~ in this sport** die mit diesem Sport verbundenen Gefahren.

inherently [ɪnˈhɪərəntlɪ, ɪnˈherəntlɪ] *adv* von Natur aus.

inherit [ɪnˈherɪt] *vt:* **to ~ sthg (from sb)** etw (von jm) erben ◇ *vi* erben.

inheritance [ɪnˈherɪtəns] *n* Erbe *das*.

inheritor [ɪnˈherɪtəʳ] *n* Erbe *der*, Erbin *die*.

inhibit [ɪnˈhɪbɪt] *vt* hemmen.

inhibited [ɪnˈhɪbɪtɪd] *adj* gehemmt.

inhibition [ˌɪnhɪˈbɪʃn] *n* Hemmung *die*.

inhospitable [ˌɪnhɒˈspɪtəbl] *adj* **- 1.** [person] ungastlich **- 2.** [climate, area] unwirtlich.

in-house *adj* hausintern; **~ staff** festangestellte Mitarbeiter ◇ *adv* im Hause.

inhuman [ɪnˈhjuːmən] *adj* **- 1.** [cruel] unmenschlich **- 2.** [not human] nicht menschlich.

inhumane [ˌɪnhjuːˈmeɪn] *adj* unmenschlich.

inimitable [ɪˈnɪmɪtəbl] *adj* unnachahmlich.

iniquitous [ɪˈnɪkwɪtəs] *adj* ***fml*** ungerecht.

iniquity [ɪˈnɪkwətɪ] (*pl* **-ies**) *n* **- 1.** *(U)* ***fml*** Ungerechtigkeit *die;* **a den of ~** eine Lästerhöhle **- 2.** [wicked act] Missetat *die;* [unjust act] Ungerechtigkeit *die*.

initial [ɪˈnɪʃl] (***Br*** *pt* & *pp* **-led;** *cont* **-ling**, ***Am*** *pt* & *pp* **-ed;** *cont* **-ing**) *adj* **- 1.** [early] anfänglich **- 2.:** **~ letter** Initiale *die* ◇ *vt* mit seinen Initialen unterschreiben; [as authorization] ab|zeichnen.

◆ **initials** *npl* Initialen *pl*.

initialize, -ise [ɪˈnɪʃəlaɪz] *vt* COMPUT initialisieren.

initially [ɪˈnɪʃəlɪ] *adv* anfangs, am OR zu Anfang.

initiate [*vb* ɪˈnɪʃɪeɪt, *n* ɪˈnɪʃɪət] *vt* **- 1.** [start] initiieren; [talks, scheme] in die Wege leiten **- 2.** [teach]: **to ~ sb (into sthg)** [into skill] jn (in etw *(A)*) ein|führen; [into mystery, secret] jn (in etw *(A)*) ein|weihen; [into group] jn (in etw *(A)*) feierlich auf|nehmen ◇ *n* eingeweihtes neues Mitglied.

initiation [ɪˌnɪʃɪˈeɪʃn] *n (U)* **- 1.** [start] Initiierung *die* **- 2.** [introduction, teaching - into skill] Einführung *die;* [- into mystery, secret] Einweihung *die;* [- into group] feierliche Aufnahme; **~ ceremony** Aufnahmezeremonie *die*.

initiative [ɪˈnɪʃətɪv] *n* Initiative *die;* **to take the ~** die Initiative ergreifen; **to use one's ~** selber Initiative entfalten; **on one's own ~** aus eigener Initiative.

inject [ɪnˈdʒekt] *vt* **- 1.** MED: **to ~ sb with sthg, to ~ sthg into sb** jm etw spritzen OR injizieren **- 2.** ***fig*** [add]: **to ~ sthg into sthg** [fun, excitement] etw in etw *(A)* bringen; [money, funds] etw in etw *(A)* pumpen; [resources] etw zu etw beilsteuern.

injection [ɪnˈdʒekʃn] *n* **- 1.** MED Spritze *die*, Injektion *die* **- 2.** [of funds] Zuschuss *der*.

injudicious [ˌɪndʒuːˈdɪʃəs] *adj* ***fml*** unklug.

injunction [ɪnˈdʒʌŋkʃn] *n* LAW gerichtliche Verfügung.

injure [ˈɪndʒəʳ] *vt* **- 1.** [hurt physically, offend] verletzen; **to ~ o.s.** sich verletzen **- 2.** [reputation] schaden *(+ D);* [chances] beeinträchtigen.

injured [ɪnˈdʒəd] *adj* **- 1.** [physically hurt, offended] verletzt **- 2.** [reputation] geschädigt; [chances] beeinträchtigt ◇ *npl:* **the ~** die Verletzten.

injurious [ɪnˈdʒʊərɪəs] *adj* ***fml*** schädlich; **to be ~ to sb/sthg** jm/etw schaden.

injury [ˈɪndʒərɪ] (*pl* **-ies**) *n* **- 1.** *(U)* [physical harm] Verletzungen *pl* **- 2.** [wound, to one's feelings] Verletzung *die;* **to do o.s. an ~** sich verletzen **- 3.** *(U)* [to one's reputation] Schädigung *die*.

injury time *n (U)* Nachspielzeit *die*.

injustice [ɪn'dʒʌstɪs] *n* Ungerechtigkeit *die;* **to do sb an ~** jm unrecht tun.

ink [ɪŋk] *n (U)* [for writing] Tinte *die;* [for drawing] Tusche *die;* [for printing] Druckfarbe *die* <> *comp* Tinten-.

ink-jet printer *n* Tintenstrahldrucker *der.*

inkling ['ɪŋklɪŋ] *n:* **to have an ~ of sthg** etw ahnen; **he had no ~ of what was going on** er hatte nicht die leiseste Ahnung, was vorging; **to have an ~ that ...** ahnen, dass ...

inkpad ['ɪŋkpæd] *n* Stempelkissen *das.*

INLA (*abbr of* **Irish National Liberation Army**) *n paramilitärische, pro-irische Organisation.*

inlaid [ˌɪn'leɪd] *adj:* **~ (with sthg)** (mit etw) eingelegt.

inland [*adj* 'ɪnlənd, *adv* ɪn'lænd] *adj* Binnen-; **it's far ~** es liegt weit im Landesinneren <> *adv* landeinwärts

Inland Revenue *n Br:* **the ~** ≃ das Finanzamt.

in-laws *npl inf* angeheiratete Verwandte *pl;* [parents-in-law] Schwiegereltern *pl.*

inlet ['ɪnlet] *n* **- 1.** [stretch of water - from lake] (schmale) Bucht; [- from sea] Meeresarm *der* **- 2.** [way in] Zuleitung *die.*

inmate ['ɪnmeɪt] *n* Insasse *der,* -sin *die.*

inmost ['ɪnməʊst] *adj* ***literary*** [feelings, secrets] tiefst; [thoughts] innerst.

inn [ɪn] *n* Wirtshaus *das.*

innards ['ɪnədz] *npl* **- 1.** [internal organs] Eingeweide *pl* **- 2.** [of engine, machine] Innereien *pl.*

innate [ɪ'neɪt] *adj* angeboren.

inner ['ɪnəʳ] *adj* **- 1.** [most central] innere, -r, -s; [room] innen liegend; [courtyard] Innen-; **~ ear** Innenohr *das;* **Inner London** Innenstadt *die* Londons **- 2.** [unexpressed, secret] innere.

inner city *n:* **the ~** die Innenstadt, *die Innenberzirke einer Stadt, in denen es oft soziale Probleme gibt* <> *comp:* **~ problems** Probleme der Innenstadt/der Innenstädte.

innermost ['ɪnəməʊst] *adj* = **inmost.**

inner tube *n* Schlauch *der.*

inning ['ɪnɪŋ] *n* [in baseball] Inning *das*

innings ['ɪnɪŋz] (*pl inv*) *n* ***Br*** [in cricket] Durchgang *der;* **to have had a good ~ *fig*** ein langes, erfülltes Leben gehabt haben.

innocence ['ɪnəsəns] *n (U)* Unschuld *die.*

innocent ['ɪnəsənt] *adj* unschuldig; **to be ~ of sthg** an etw *(D)* unschuldig sein <> *n* [naive person] Unschuld *die.*

innocuous [ɪ'nɒkjʊəs] *adj* harmlos.

innovation [ˌɪnə'veɪʃn] *n* Innovation *die.*

innovative ['ɪnəvətɪv] *adj* innovativ.

innovator ['ɪnəveɪtəʳ] *n* Neuerer *der,* -rin *die.*

innuendo [ˌɪnjuː'endəʊ] (*pl* **-es** OR **-s**) *n* **- 1.** [individual remark] versteckte Andeutung, Anspielung *die* **- 2.** *(U)* [style of speaking] Anspielungen *pl.*

innumerable [ɪ'njuːmərəbl] *adj* unzählig, zahllos.

inoculate [ɪ'nɒkjʊleɪt] *vt* impfen; **to ~ sb with/against sthg** jn mit/gegen etw impfen.

inoculation [ɪˌnɒkjʊ'leɪʃn] *n* Impfung *die.*

inoffensive [ˌɪnə'fensɪv] *adj* [person, remark] harmlos; [manner] nicht verletzend; [smell] unaufdringlich.

inoperable [ɪn'ɒprəbl] *adj* **- 1.** MED inoperabel **- 2. *fml*** [unworkable - plan, reforms] undurchführbar; [- method] nicht verwendbar.

inoperative [ɪn'ɒprətɪv] *adj* **- 1.** [unworkable - rule, tax] ungültig, außer Kraft; [- principle, method, plan] nicht anwendbar **- 2.** [not working] außer Betrieb.

inopportune [ɪn'ɒpətjuːn] *adj* ***fml*** [moment, visit] ungelegen; [remark] unpassend.

inordinate [ɪ'nɔːdɪnət] *adj* ***fml*** ungeheuer.

inordinately [ɪ'nɔːdɪnətlɪ] *adv* ***fml*** außerordentlich.

inorganic [ˌɪnɔː'gænɪk] *adj* anorganisch.

in-patient *n* stationärer Patient, stationäre Patientin.

input ['ɪnpʊt] (*pt & pp* **input** OR **-ted;** *cont* **-ting**) *n (U)* **- 1.** [contribution - money, resources] Investition *die;* [- labour, effort] Beitrag *der* **- 2.** COMPUT Eingabe *die* **- 3.** ELEC Energiezufuhr *die* <> *vt* COMPUT ein|geben.

input/output *n* COMPUT Eingabe/Ausgabe.

inquest ['ɪnkwest] *n* LAW gerichtliche Untersuchung der Todesursache.

inquire [ɪn'kwaɪəʳ] *vt:* **to ~ when/whether** OR **if/how ...** sich erkundigen wann/ob/wie ... <> *vi* [ask for information] sich erkundigen; **to ~ about sthg** sich nach etw erkundigen, nach etw fragen.

◆ **inquire after** *vt fus* sich erkundigen nach.

◆ **inquire into** *vt fus* untersuchen.

inquiring [ɪn'kwaɪərɪŋ] *adj* [mind] forschend; [look, tone] fragend.

inquiry [ɪn'kwaɪərɪ] (*pl* **-ies**) *n* **- 1.** [question] Anfrage *die;* **to make inquiries** Erkundigungen ein|ziehen; [police] Nachforschungen an|stellen; '**Inquiries**' 'Auskunft', 'Information' **- 2.** [investigation] Untersuchung *die.*

inquiry desk *n* Auskunftsschalter *der.*

inquisition [ˌɪnkwɪ'zɪʃn] *n* ***pej*** Verhör *das.*

◆ **Inquisition** *n:* **the Inquisition** die Inquisition.

inquisitive [ɪn'kwɪzətɪv] *adj* [curious] neugierig; [for knowledge] wissbegierig.

inroads ['ɪnrəʊdz] *npl:* **to make ~ into sthg** [savings, supplies] etw an|greifen; [field of knowledge] in etw *(A)* vor|dringen.

insane [ɪn'seɪn] *adj* - **1.** MED [mad] geisteskrank - **2.** *fig* [person, idea, jealousy] verrückt, irrsinnig ◇ *npl:* **the ~** die Geisteskranken.

insanitary [ɪn'sænɪtrɪ] *adj* unhygienisch.

insanity [ɪn'sænətɪ] *n (U)* - **1.** MED [madness] Geisteskrankheit *die* - **2.** *fig* [of person, idea] Irrsinn *der*, Wahnsinn *der*.

insatiable [ɪn'seɪʃəbl] *adj* unersättlich.

inscribe [ɪn'skraɪb] *vt* - **1.** [on wall, headstone] ein|meißeln; [on plaque] ein|gravieren; **to ~ sthg (on sthg)** [on wall, headstone] etw (in etw *(A)*) ein|meißeln; [on plaque] etw (in etw *(A)*) ein|gravieren - **2.** [in book]: **to ~ sthg (in sthg)** etw (als Widmung) (in etw *(A)*) schreiben.

inscription [ɪn'skrɪpʃn] *n* - **1.** [on wall, headstone, plaque - written] Aufschrift *die;* [- cut] Inschrift *die* - **2.** [in book] Widmung *die*.

inscrutable [ɪn'skru:təbl] *adj* unergründlich; [smile] geheimnisvoll; [look] undurchdringlich.

insect ['ɪnsekt] *n* Insekt *das*.

insect bite *n* Insektenstich *der*.

insecticide [ɪn'sektɪsaɪd] *n (U)* Insektizid *das*.

insect repellent *n (U)* Insektenschutzmittel *das*.

insecure [ˌɪnsɪ'kjʊəʳ] *adj* unsicher.

insecurity [ˌɪnsɪ'kjʊərətɪ] *n* Unsicherheit *die*.

insensible [ɪn'sensəbl] *adj* - **1.** [unconscious] bewusstlos - **2.** [unaware]: **to be ~ of sthg** sich etw *(G)* nicht bewusst sein - **3.** [to pain, cold]: **to be ~ to sthg** gegen etw unempfindlich sein.

insensitive [ɪn'sensətɪv] *adj* - **1.** [unkind, thoughtless] unsensibel - **2.** [unresponsive]: **~ to sthg** unempfänglich für etw - **3.** [to pain, cold]: **~ to sthg** unempfindlich gegen etw.

insensitivity [ɪnˌsensə'tɪvətɪ] *n (U)* - **1.** [unkindness, thoughtlessness] mangelnde Sensibilität - **2.** [lack of sensation]: **~ to cold/pain** Kälte-/Schmerzunempfindlichkeit *die*.

inseparable [ɪn'seprəbl] *adj* - **1.** [subjects, facts]: **to be ~ (from sthg)** (mit etw) untrennbar verbunden sein - **2.** [people] unzertrennlich.

insert [*vb* ɪn'sɜ:t, *n* 'ɪnsɜ:t] *vt* - **1.** [put inside]: **to ~ sthg (in** OR **into sthg)** etw (in etw *(A)*) ein|führen - **2.** [include, add]: **to ~ sthg (in** OR **into sthg)** etw (in etw *(A)*) ein|fügen ◇ *n* Einlage *die*.

insertion [ɪn'sɜ:ʃn] *n* - **1.** [act of inserting] Einführen *das* - **2.** [thing inserted - in text] Einfügung *die*.

in-service training *n* **Br** (berufsbegleitende) Fortbildung.

inset ['ɪnset] *n* [picture, diagram] Nebenbild *das;* [map] Nebenkarte *die*.

inshore [*adj* 'ɪnʃɔ:ʳ, *adv* ɪn'ʃɔ:ʳ] *adj* Küsten- ◇ *adv* [be situated] in Küstennähe; [sail, swim] auf die Küste zu.

inside [ɪn'saɪd] *prep* - **1.** [indicating place, position] in *(+ D); (with verbs of motion)* in *(+ A);* **it's ~ the box** es ist in der Schachtel; **put it ~ the box** leg es in die Schachtel; **come ~ the house!** komm ins Haus!; **the baby moved ~ her** das Baby bewegte sich in ihr; **despair was growing ~ him** Verzweiflung wuchs in ihm - **2.** [indicating time, limit]: **~ three weeks** in weniger als drei Wochen; **he was just ~ the record** er lag knapp unter der Rekordzeit ◇ *adv* - **1.** [referring to place, object, building] innen; **to be ~** drinnen sein; **to come ~** herein|kommen; **to go ~** hinein|gehen; **there was something ~** es war etwas drin - **2.** [referring to body, mind] innerlich - **3.** *prison sl inf* im Kitchen OR Knast; **to be ~** sitzen ◇ *adj* Innen-; **an ~ toilet** eine Toilette im Haus; **~ information** vertrauliche Information ◇ *n* - **1.** [interior, inner part]: **the ~** das Innere; **lock the door from the ~** schließ die Tür von innen ab; **on the ~** innen; **~ out** [clothes] links (herum); **to turn sthg ~ out** etw auf links drehen; **to know sthg ~ out** *fig* etw in- und auswendig kennen - **2.** AUT: **the ~ lane** [in UK] die linke Fahrspur; [in Europe, US etc] die rechte Fahrspur.

◆ **insides** *npl inf* [intestines] Eingeweide *pl*.

◆ **inside of** *prep* **Am** [building, object] in.

inside information *n (U)* Insider-Informationen *pl*.

inside job *n inf* Werk *das* von Insidern.

inside lane *n* AUT [in UK] linke Fahrspur; [in Europe, US etc] rechte Fahrspur.

insider [ˌɪn'saɪdəʳ] *n* Insider *der*.

insider dealing, insider trading *n* Insiderhandel *der*.

inside story *n* wahre Geschichte.

insidious [ɪn'sɪdɪəs] *adj* heimtückisch.

insight ['ɪnsaɪt] *n* - **1.** *(U)* [wisdom]: **~ (into sthg)** Verständnis *das* (für etw) - **2.** [glimpse]: **~ (into sthg)** Einblick *das* (in etw *(A)*).

insignia [ɪn'sɪgnɪə] *(pl inv) n* Abzeichen *das;* [royal] Insignien *pl*.

insignificance [ˌɪnsɪg'nɪfɪkəns] *n (U)* Bedeutungslosigkeit *die*.

insignificant [ˌɪnsɪg'nɪfɪkənt] *adj* unbedeutend.

insincere [ˌɪnsɪn'sɪəʳ] *adj* [person, remark] unaufrichtig; [smile] falsch.

insincerity [ˌɪnsɪn'serətɪ] *n* [of person, remark] Unaufrichtigkeit *die;* [of smile, person] Falschheit *die*.

insinuate [ɪn'sɪnjʊeɪt] *vt* **pej** [imply]: **to ~ (that)** an|deuten (dass).

insinuation [ɪnˌsɪnjʊ'eɪʃn] *n* **pej** Anspielung *die*.

insipid [ɪn'sɪpɪd] *adj pej* - **1.** [taste, colour, music] fade; [person, character] geistlos - **2.** [food, drink] fade, geschmacklos.

insist [ɪn'sɪst] *vt* - **1.** [state firmly]: **to ~ that** darauf beharren, dass - **2.** [demand]: **to ~ that** darauf bestehen, dass ◇ *vi:* **to ~ on sthg** auf etw *(D)* bestehen; **to ~ on doing sthg** darauf bestehen, etw zu tun.

insistence [ɪn'sɪstəns] *n:* **~ (on sthg/on doing sthg)** Bestehen *das* (auf etw *(D)*/darauf, etw zu tun); **I came at his ~** ich kam, weil er darauf bestand.

insistent [ɪn'sɪstənt] *adj* - **1.** [determined] beharrlich, hartnäckig; **to be ~ on sthg** auf etw *(D)* beharren *OR* bestehen - **2.** [continual] anhaltend.

in situ [ˌɪn'sɪtjuː] *adv* an Ort und Stelle.

insofar [ˌɪnsəʊ'fɑːʳ] ◆ **insofar as** *conj* insofern als.

insole ['ɪnsəʊl] *n* Einlegesohle *die*.

insolence ['ɪnsələns] *n* Frechheit *die*, Unverschämtheit *die*.

insolent ['ɪnsələnt] *adj* frech, unverschämt.

insoluble *Br* [ɪn'sɒljʊbl], **insolvable** *Am* [ɪn'sɒlvəbl] *adj* - **1.** [which cannot be solved] unlösbar - **2.** [which cannot be dissolved] unauflösbar.

insolvency [ɪn'sɒlvənsɪ] *n* Zahlungsunfähigkeit *die*, Insolvenz *die*.

insolvent [ɪn'sɒlvənt] *adj* zahlungsunfähig, insolvent.

insomnia [ɪn'sɒmnɪə] *n* Schlaflosigkeit *die*.

insomniac [ɪn'sɒmnɪæk] *n:* **to be an ~** an Schlaflosigkeit leiden.

insomuch [ˌɪnsəʊ'mʌtʃ] ◆ **insomuch as** *conj* insofern als.

inspect [ɪn'spekt] *vt* - **1.** [letter, person] genau betrachten - **2.** [factory, troops, premises] inspizieren; [machine] prüfen.

inspection [ɪn'spekʃn] *n* - **1.** [examination] Prüfung *die;* **on closer ~** bei näherer Betrachtung - **2.** [of factory, troops, premises] Inspektion *die;* [of machine] Prüfung *die*.

inspector [ɪn'spektəʳ] *n* - **1.** [official] Inspektor *der*, -in *die;* [on bus, train] Kontrolleur *der*, -in *die* - **2.** [of police] ≃ Kommissar *der*, -in *die*.

inspector of taxes *n* Steuerinspektor *der*, -in *die*.

inspiration [ˌɪnspə'reɪʃn] *n* - **1.** *(U)* [source of ideas] Inspiration *die;* **to get ~ from sthg** sich von etw inspirieren lassen; **to be the ~ for sthg** die Inspiration für etw sein - **2.** [brilliant idea] Eingebung *die*.

inspire [ɪn'spaɪəʳ] *vt* inspirieren; **to ~ sb with sthg, to ~ sthg in sb** [confidence, passion, enthusiasm] in jm etw wecken; [respect] jm etw ein|flößen.

inspired [ɪn'spaɪəd] *adj* genial; **that was an ~ guess** das war toll erraten.

inspiring [ɪn'spaɪərɪŋ] *adj* inspirierend.

instability [ˌɪnstə'bɪlətɪ] *n* [political] Instabilität *die;* [mental] Labilität *die*.

install *Br*, **instal** *Am* [ɪn'stɔːl] *vt* - **1.** [machinery, equipment] installieren - **2.** [appoint]: **to ~ sb in a post** jn in ein Amt ein|setzen; **to ~ sb as managing director** jn in das Amt des Geschäfsführers/der Geschäftsführerin ein|setzen - **3.** [settle] unter|bringen; **to ~ o.s. in front of the fire** sich vor dem Kaminfeuer nieder|lassen.

installation [ˌɪnstə'leɪʃn] *n* - **1.** [base, site] Anlage *die* - **2.** *(U)* [act of fitting] Installation *die*.

installment *n Am* = **instalment.**

installment plan *n Am* Ratenzahlung *die;* **to buy sthg on the ~** etw auf Raten kaufen.

instalment *Br*, **installment** *Am* [ɪn'stɔːlmənt] *n* - **1.** [payment] Rate *die;* **to pay in ~s** in Raten zahlen - **2.** [episode - of story] Fortsetzung *die;* [- of TV, radio programme] Folge *die*.

instance ['ɪnstəns] *n* Fall *der;* **for ~** zum Beispiel; **in the first ~** *fml* zunächst.

instant ['ɪnstənt] *adj* - **1.** [immediate] sofort, unmittelbar - **2.** [food]: **~ coffee** Instant- *OR* Pulverkaffee *der;* **~ mashed potato** fertiger Kartoffelpüree ◇ *n* [moment] Augenblick *der*, Moment *der;* **the ~ (that) ...** in dem Augenblick, in dem ...; **at that** *OR* **the same ~** im selben Augenblick; **this ~** sofort, auf der Stelle.

instantaneous [ˌɪnstən'teɪnɪəs] *adj* unmittelbar; **her reaction was ~** sie reagierte sofort.

instantly ['ɪnstəntlɪ] *adv* sofort.

instead [ɪn'sted] *adv* stattdessen; **~ of** statt *(+ G)*, anstelle *(+ G);* **~ of him** an seiner Stelle.

instep ['ɪnstep] *n* Spann *der*, Fußrücken *der*.

instigate ['ɪnstɪgeɪt] *vt* [discussions] den Anstoß geben zu; [meeting] in die Wege leiten; [investigation] ein|leiten; [strike, revolt] an|stiften zu.

instigation [ˌɪnstɪ'geɪʃn] *n:* **at sb's ~** auf js Betreiben.

instigator ['ɪnstɪgeɪtəʳ] *n* [of discussions, meeting, investigation] Initiator *der*, -in *die;* [of strike, revolt] Anstifter *der*, -in *die*.

instil *Br* (*pt* & *pp* **-led;** *cont* **-ling**), **instill** *Am* [ɪn'stɪl] *vt:* **to ~ sthg in(to) sb** jm etw bei|bringen.

instinct ['ɪnstɪŋkt] *n* - **1.** *(U)* [natural ability] Instinkt *der;* **by ~** instinktiv - **2.** [impulse] Impuls *der;* **the survival ~** der Überlebenstrieb; **my first ~ was to run away** meine spontane Reaktion war, wegrennen zu wollen.

instinctive [ɪn'stɪŋktɪv] *adj* instinktiv.

instinctively [ɪn'stɪŋktɪvlɪ] *adv* instinktiv.

institute ['ɪnstɪtjuːt] *n* Institut *das* <> *vt* - **1.** [establish] ein|führen - **2.** [proceedings] an|strengen.

institution [ˌɪnstɪ'tjuːʃn] *n* - **1.** [tradition, system, organization] Institution *die* - **2.** [home] Heim *das*, Anstalt *die*.

institutional [ˌɪnstɪ'tjuːʃənl] *adj* - **1.** [of organization] institutionell - **2.: to be in ~ care** [in psychiatric hospital] in der Psychiatrie sein; [in old folk's home] im Altenheim sein.

institutionalized, -ised [ˌɪnstɪ'tjuːʃnəˌlaɪzd] *adj* [established] institutionalisiert.

instruct [ɪn'strʌkt] *vt* - **1.** [tell, order]: **to ~ sb to do sthg** jn an|weisen, etw zu tun - **2.** [teach] unterrichten; **to ~ sb in sthg** jn in etw *(D)* unterrichten.

instruction [ɪn'strʌkʃn] *n* - **1.** [order] Anweisung *die* - **2.** *(U)* [teaching] Unterricht *der*.
◆ **instructions** *npl* [for use] Gebrauchsanleitung *die*.

instruction manual *n* Bedienungsanleitung *die*.

instructive [ɪn'strʌktɪv] *adj* lehrreich; [talk] aufschlussreich.

instructor [ɪn'strʌktəʳ] *n* Lehrer *der*, -in *die*.

instrument ['ɪnstrʊmənt] *n* - **1.** [gen] Instrument *das* - **2.** ***literary*** [means] Mittel *das*.

instrumental [ˌɪnstrʊ'mentl] *adj* - **1.** [important, helpful]: **to be ~ in sthg** eine entscheidende Rolle bei etw spielen - **2.** [music] Instrumental- <> *n* MUS Instrumentalstück *das*.

instrumentalist [ˌɪnstrʊ'mentəlɪst] *n* MUS Instrumentalist *der*, -in *die*.

instrument panel *n* Armaturenbrett *das*.

insubordinate [ˌɪnsə'bɔːdɪnət] *adj* ***fml*** aufsässig; MIL ungehorsam.

insubordination ['ɪnsəˌbɔːdɪ'neɪʃn] *n* ***fml*** Aufsässigkeit *die;* MIL Gehorsamsverweigerung *die*.

insubstantial [ˌɪnsəb'stænʃl] *adj* - **1.** [fragile] zerbrechlich - **2.** [unsatisfying - meal] dürftig; [- book] ohne Substanz.

insufferable [ɪn'sʌfərəbl] *adj* unerträglich.

insufficient [ˌɪnsə'fɪʃnt] *adj* ***fml***: **~ (for sthg)** unzureichend (für etw); **to be ~ to do sthg** nicht dafür aus|reichen, um etw zu tun.

insular ['ɪnsjʊləʳ] *adj* - **1.** [narrow-minded] engstirnig - **2.** [isolated] isoliert.

insulate ['ɪnsjʊleɪt] *vt* - **1.** [house, tank & ELEC] isolieren - **2.** [protect] schützen; **to ~ sb against** *OR* **from sthg** jn gegen etw ab|schirmen.

insulating tape ['ɪnsjʊleɪtɪŋ-] *n (U)* ***Br*** Isolierband *das*.

insulation [ˌɪnsjʊ'leɪʃn] *n (U)* [material] Isolierung *die*.

insulin ['ɪnsjʊlɪn] *n* Insulin *das*.

insult [*vb* ɪn'sʌlt, *n* 'ɪnsʌlt] *vt* beleidigen <> *n* Beleidigung *die;* **and to add ~ to injury** und um das Ganze noch schlimmer zu machen.

insulting [ɪn'sʌltɪŋ] *adj* beleidigend.

insuperable [ɪn'suːprəbl] *adj* ***fml*** unüberwindlich.

insurance [ɪn'ʃʊərəns] *n* ***lit*** & ***fig***: **~ (against sthg)** Versicherung (gegen etw) <> *comp* Versicherungs-.

insurance broker *n* Versicherungsmakler *der*, -in *die*.

insurance policy *n* Versicherungspolice *die*.

insurance premium *n* Versicherungsprämie *die*.

insure [ɪn'ʃʊəʳ] *vt* - **1.** [against fire, accident, theft]: **to ~ sb/sthg against sthg** jn/etw gegen etw versichern - **2.** ***Am*** [make certain] sicher stellen <> *vi* [protect]: **to ~ against sthg** sich gegen etw ab|sichern.

insured [ɪn'ʃʊəd] *adj* - **1.** [against fire, accident, theft]: **~ (against** *OR* **for sthg)** versichert (gegen etw) - **2.** ***Am*** [certain] sicher <> *n*: **the ~** der Versicherungsnehmer, die Versicherungsgeberin.

insurer [ɪn'ʃʊərəʳ] *n* Versicherungsgeber *der*, -in *die*.

insurgent [ɪn'sɜːdʒənt] *n* Aufständische *der*, *die*.

insurmountable [ˌɪnsə'maʊntəbl] *adj* unüberwindlich.

insurrection [ˌɪnsə'rekʃn] *n* Aufstand *der*.

intact [ɪn'tækt] *adj* unversehrt, intakt.

intake ['ɪnteɪk] *n* - **1.** [amount consumed] Aufnahme *die* - **2.** [people recruited]: **this year's ~ includes several overseas students** dieses Jahr wurden einige ausländische Studenten aufgenommen - **3.** [inlet] Einlass *der*.

intangible [ɪn'tændʒəbl] *adj* [quality] unbestimmbar; [ideas] nicht greifbar.

integral ['ɪntɪgrəl] *adj* [part, feature] wesentlich; **to be ~ to sthg** für etw wesentlich sein.

integrate ['ɪntɪgreɪt] *vi*: **to ~ (with** *OR* **into sthg)** sich (in etw *(A)*) integrieren <> *vt* - **1.** [include in a larger unit, combine] integrieren; **to ~ sb/sthg with** *OR* **into sthg** jn/etw in etw *(A)* integrieren - **2.** [end segregation of] für Vertreter aller Rassen zugänglich machen.

integrated ['ɪntɪgreɪtɪd] *adj* [multiracial] für Vertreter aller Rassen zugänglich.

integrated circuit *n* integrierter Schaltkreis.

integration [ˌɪntɪˈgreɪʃn] *n:* ~ **(with** *OR* **into sthg)** Integration (in etw *(A)*).

integrity [ɪnˈtegrətɪ] *n* - **1.** [honour] Integrität *die* - **2.** *fml* [wholeness] Einheit *die*.

intellect [ˈɪntəlekt] *n* - **1.** [ability to reason] Verstand *der* - **2.** [mind, intelligence] Intellekt *der*.

intellectual [ˌɪntəˈlektjʊəl] *adj* intellektuell ◇ *n* Intellektuelle *der, die*.

intelligence [ɪnˈtelɪdʒəns] *n (U)* - **1.** [ability to reason] Intelligenz *die* - **2.** [information service] Nachrichtendienst *der* - **3.** [information] Information *die*.

intelligence quotient *n* Intelligenzquotient *der*.

intelligence test *n* Intelligenztest *der*.

intelligent [ɪnˈtelɪdʒənt] *adj* intelligent; **~ life** vernunftbegabte Lebewesen *pl*.

intelligently [ɪnˈtelɪdʒəntlɪ] *adv* intelligent.

intelligentsia [ɪnˌtelɪˈdʒentsɪə] *n:* **the ~** die Intelligenz.

intelligible [ɪnˈtelɪdʒəbl] *adj* verständlich.

intemperate [ɪnˈtempərət] *adj fml* - **1.** [drinking] übermäßig - **2.** [behaviour] zügellos - **3.** [climate] extrem.

intend [ɪnˈtend] *vt* beabsichtigen; **to be ~ed as sthg** als etw gemeint sein; **it was ~ed to be a surprise** es sollte eine Überraschung sein; **to ~ doing** *OR* **to do sthg** beabsichtigen, etw zu tun.

intended [ɪnˈtendɪd] *adj* [result] beabsichtigt.

intense [ɪnˈtens] *adj* - **1.** [competition, pain, emotion] heftig; [concentration] äußerst; [colour, light] intensiv; [heat] stark - **2.** [person - serious] ernsthaft; [- emotional] heftig.

intensely [ɪnˈtenslɪ] *adv* äußerst.

intensify [ɪnˈtensɪfaɪ] (*pt* & *pp* **-ied**) *vt* intensivieren ◇ *vi* [cold, heat] zu|nehmen; [pressure, problem] sich verschärfen.

intensity [ɪnˈtensətɪ] *n* - **1.** [of competition, pain, emotion] Heftigkeit *die;* [of colour, light, concentration] Intensität *die;* [of heat] Stärke *die* - **2.** [of person - seriousness] Ernsthaftigkeit *die;* [- of emotional nature] Heftigkeit *die*.

intensive [ɪnˈtensɪv] *adj* intensiv; **an ~ course in German** ein Intensivkurs in Deutsch.

intensive care *n:* **to be in ~** auf der Intensivstation sein.

intensive care unit *n* Intensivstation *die*.

intent [ɪnˈtent] *adj* - **1.** [expression] gespannt - **2.** [determined]: **to be ~ (up)on doing sthg** fest entschlossen sein, etw zu tun ◇ *n fml* Absicht *die;* **to all ~s and purposes** im Grunde, so gut wie.

intention [ɪnˈtenʃn] *n* Absicht *die*.

intentional [ɪnˈtenʃənl] *adj* absichtlich.

intentionally [ɪnˈtenʃənəlɪ] *adv* absichtlich.

intently [ɪnˈtentlɪ] *adv* konzentriert.

inter [ɪnˈtɜːʳ] (*pt* & *pp* **-red;** *cont* **-ring)** *vt fml* bestatten.

interact [ˌɪntərˈækt] *vi* - **1.** [people]: **to ~ (with sb)** (mit jm) Kontakt haben - **2.** [forces, ideas]: **to ~ (with sthg)** (mit etw) in Wechselwirkung stehen.

interaction [ˌɪntərˈækʃn] *n* - **1.** [of people]: **there needs to be more ~ between them** sie müssen engeren Kontakt haben - **2.** [of forces, ideas] Wechselwirkung *die*.

interactive [ˌɪntərˈæktɪv] *adj* COMPUT interaktiv.

intercede [ˌɪntəˈsiːd] *vi fml:* **to ~ (with sb)** sich ein|setzen (bei jm).

intercept [ˌɪntəˈsept] *vt* ab|fangen.

interception [ˌɪntəˈsepʃn] *n* Abfangen *das*.

interchange [*n* ˈɪntətʃeɪndʒ, *vb* ˌɪntəˈtʃeɪndʒ] *n* - **1.** [exchange] Austausch *der* - **2.** [road junction] Kreuzung *die* ◇ *vt* aus|tauschen; **to ~ sthg with sb/sthg** etw mit jm/gegen etw aus|tauschen.

interchangeable [ˌɪntəˈtʃeɪndʒəbl] *adj:* **~ (with sb/ sthg)** austauschbar (mit jm/etw).

intercity [ˌɪntəˈsɪtɪ] *adj Br* Intercity- ◇ *n:* **Intercity 125®** Intercity 125® *der*.

intercom [ˈɪntəkɒm] *n* Gegensprechanlage *die*.

interconnect [ˌɪntəkəˈnekt] *vi* sich miteinander verbinden; **to ~ with sthg** mit etw verbinden.

interconnecting [ˌɪntəkəˈnektɪŋ] *adj* miteinander verbunden.

intercontinental [ˈɪntəˌkɒntɪˈnentl] *adj* Interkontinental-.

intercontinental ballistic missile *n* Interkontinentalrakete *die*.

intercourse [ˈɪntəkɔːs] *n:* **(sexual) ~** (Geschlechts)verkehr *der*.

interdenominational [ˈɪntədɪˌnɒmɪˈneɪʃənl] *adj* interkonfessionell.

interdepartmental [ˈɪntəˌdiːpɑːtˈmentl] *adj* abteilungsübergreifend.

interdependent [ˌɪntədɪˈpendənt] *adj* wechselseitig voneinander abhängig.

interdict [ˈɪntədɪkt] *n* - **1.** LAW Verbot *das* - **2.** RELIG Interdikt *das*.

interest [ˈɪntrəst] *n* - **1.** [enthusiasm, appeal, advantage] Interesse *das;* **~ in sb/sthg** Interesse an jm/etw; **in the ~s of** im Interesse (+ *G*) - **2.** [hobby] Hobby *das* - **3.** *(U)* [financial charge] Zinsen *pl* - **4.** [share in company] Anteil *der* ◇ *vt* interessieren; **to ~ sb in sthg** jn für etw interessieren; **can I ~ you in buying my car?** wären Sie interessiert, mein Auto zu kaufen?

interested [ˈɪntrəstɪd] *adj* - **1.** [enthusiastic, curious] interessiert; **to be ~ in sthg** [in job] Interesse haben an etw *(+ D);* [in butterflies, films] sich für etw *(A)* interessieren; **to be ~ in doing sthg** interessiert sein, etw zu tun **- 2.** [concerned] beteiligt; **I'm only ~ in your money** mir ist nur an deinem Geld gelegen.

interest-free *adj* zinslos.

interesting ['ɪntrəstɪŋ] *adj* interessant.

interest rate *n* Zinssatz *der.*

interface [*n* 'ɪntəfeɪs, *vb* ˌɪntə'feɪs] *n* COMPUT Schnittstelle *die* <> *vt* COMPUT koppeln.

interfere [ˌɪntə'fɪəʳ] *vi* **- 1.** [meddle]: **to ~ (in sthg)** sich (in etw *(A)*) ein|mischen **- 2.** [cause disruption]: **to ~ with sthg** etw stören.

interference [ˌɪntə'fɪərəns] *n (U)* **- 1.** [meddling]: **~ (with** OR **in sthg)** Einmischung *die* (in etw *(A)*) **- 2.** RADIO & TV Störung *die.*

interfering [ˌɪntə'fɪərɪŋ] *adj pej:* **he's an ~ busybody** er mischt sich ständig ein.

intergalactic [ˌɪntəgə'læktɪk] *adj* intergalaktisch.

interim ['ɪntərɪm] *adj* [measure] Übergangs-; [report] Zwischen- <> *n:* **in the ~** in der Zwischenzeit.

interior [ɪn'tɪərɪəʳ] *adj* Innen- <> *n* **- 1.** [inside] Innere *das* **- 2.** [of country]: **the ~** das Landesinnere.

interior decorator *n* Innenausstatter *der,* -in *die.*

interior designer *n* Innenarchitekt *der,* -in *die.*

interject [ˌɪntə'dʒekt] *fml vt* **- 1.** [add] ein|werfen **- 2.** [interrupt]: **"I don't understand," he ~ed** „Ich verstehe nicht", rief er dazwischen <> *vi* dazwischen|rufen.

interjection [ˌɪntə'dʒekʃn] *n* **- 1.** [remark] Einwurf *der* **- 2.** GRAMM Ausruf *der.*

interlock [ˌɪntə'lɒk] *vi* **- 1.** TECH ineinander greifen; **to ~ with sthg** in etw *(A)* greifen **- 2.** [fingers] einander umschließen <> *vt* **- 1.** TECH ineinander|stecken; **to ~ sthg with sthg** etw in etw *(A)* stecken **- 2.** [fingers] verschränken.

interloper ['ɪntələʊpəʳ] *n* Eindringling *der.*

interlude ['ɪntəlu:d] *n* **- 1.** [period of time] Zwischenzeit *die* **- 2.** CINEMA & THEATRE Pause *die* **- 3.** MUS Interludium *das.*

intermarry [ˌɪntə'mærɪ] (*pt* & *pp* **-ied**) *vi:* **to ~** [races] Mischehen ein|gehen; [tribes, family members] untereinander heiraten.

intermediary [ˌɪntə'mi:djərɪ] (*pl* **-ies**) *n* Mittelsmann *der,* -person *die.*

intermediate [ˌɪntə'mi:djət] *adj* **- 1.** [transitional] Zwischen- **- 2.** [post-beginner] fortgeschritten.

interminable [ɪn'tɜ:mɪnəbl] *adj* endlos.

intermingle [ˌɪntə'mɪŋgl] *vi:* **to ~ (with sb/sthg)** sich (mit jm/etw) vermischen.

intermission [ˌɪntə'mɪʃn] *n* Pause *die.*

intermittent [ˌɪntə'mɪtənt] *adj* in Abständen auftretend.

intern [*vb* ɪn'tɜ:n, *n* 'ɪntɜ:n] *vt* internieren <> *n* **esp Am** [trainee - teacher] Assistent *der,* -in *die;* [- doctor] Assistenzarzt *der,* -ärztin *die.*

internal [ɪn'tɜ:nl] *adj* **- 1.** [within the body] innere, -r, -s **- 2.** [within a country - flight] Inlands-; [- trade] Binnen-; **~ affairs** innere Angelegenheiten **- 3.** [within an organization] intern.

internal-combustion engine *n* Verbrennungsmotor *der.*

internally [ɪn'tɜ:nəlɪ] *adv* **- 1.** [within the body] innerlich **- 2.** [within a country] landesintern **- 3.** [within an organization] intern.

Internal Revenue *n* **Am: the ~** das Finanzamt.

international [ˌɪntə'næʃənl] *adj* international <> *n* **Br** SPORT **- 1.** [match] Länderspiel *das* **- 2.** [player] Nationalspieler *der,* -in *die.*

international date line *n:* **the ~** die Datumsgrenze.

internationally [ˌɪntə'næʃnəlɪ] *adv* international.

International Monetary Fund *n:* **the ~** der Internationale Währungsfond.

international relations *npl* international Beziehungen *pl.*

internee [ˌɪntɜ:'ni:] *n* Internierte *der, die.*

Internet ['ɪntənet] *n:* **the ~** das Internet.

Internet service provider *n* COMPUT Internetprovider *der.*

internment [ɪn'tɜ:nmənt] *n* Internierung *die.*

interpersonal [ˌɪntə'pɜ:sənl] *adj* zwischenmenschlich.

interplay ['ɪntəpleɪ] *n (U):* **~ (of/between)** Zusammenspiel (von/zwischen *(+D)*).

Interpol ['ɪntəpɒl] *n* Interpol *die.*

interpolate [ɪn'tɜ:pəleɪt] *vt* **fml - 1.** [add]: **to ~ sthg (into sthg)** etw (in etw *(A)*) ein|fügen **- 2.** [interrupt]: **"just a moment," she ~d** „Moment mal," warf sie ein.

interpose [ˌɪntə'pəʊz] *vt* **fml - 1.** [add] ein|werfen **- 2.** [interrupt]: **"just a moment," he ~d** „Moment mal", rief er dazwischen.

interpret [ɪn'tɜ:prɪt] *vt* **- 1.** [understand] aus|legen, interpretieren; **to ~ sthg as** etw interpretieren als **- 2.** [translate] dolmetschen **- 3.** *fml* [perform] interpretieren <> *vi* dolmetschen.

interpretation [ɪnˌtɜ:prɪ'teɪʃn] *n* Interpretation *die.*

interpreter [ɪn'tɜ:prɪtəʳ] *n* [person] Dolmetscher *der,* -in *die.*

interpreting [ɪn'tɜːprɪtɪŋ] *n* [occupation] Dolmetschen *das.*

interracial [ˌɪntə'reɪʃl] *adj* zwischen den Rassen.

interrelate [ˌɪntərɪ'leɪt] *vt* in Beziehung bringen <> *vi:* **to ~ (with sthg)** (mit etw) in Beziehung stehen.

interrogate [ɪn'terəgeɪt] *vt* - **1.** [question] verhören - **2.** COMPUT befragen.

interrogation [ɪnˌterə'geɪʃn] *n* Verhör *das.*

interrogation mark *n* **Am** Fragezeichen *das.*

interrogative [ˌɪntə'rɒgətɪv] GRAMM *adj* Frage- <> *n* - **1.** [form]: **the ~** die Frageform - **2.** [word] Fragefürwort *das.*

interrogator [ɪn'terəgeɪtəʳ] *n* Vernehmungsbeamte *der, die.*

interrupt [ˌɪntə'rʌpt] *vt* & *vi* unterbrechen.

interrupter *n* ELEC Unterbrecher *der.*

interruption [ˌɪntə'rʌpʃn] *n* Unterbrechung *die.*

intersect [ˌɪntə'sekt] *vi* sich kreuzen <> *vt* kreuzen.

intersection [ˌɪntə'sekʃn] *n* [junction] Kreuzung *die.*

intersperse [ˌɪntə'spɜːs] *vt:* **to be ~d with sthg** von etw unterbrochen OR durchsetzt sein.

interstate (highway) ['ɪntərsteɪt-] *n* **Am** Interstate Highway *der, Autobahn zwischen den US-Bundesstaaten.*

interval ['ɪntəvl] *n* - **1.** [period of time]: **~ (between)** Abstand (zwischen *(+ D)*); **at ~s of** in Abständen von; **at monthly/yearly ~s** in monatlichen/jährlichen Abständen - **2.** *Br* [at play, concert] Pause *die* - **3.** MUS Intervall *der.*

intervene [ˌɪntə'viːn] *vt:* **"that's enough!" she ~d** „das reicht!", rief sie dazwischen <> *vi* - **1.** [person, government] ein|greifen, ein|schreiten; **to ~ in sthg** in etw *(A)* ein|greifen - **2.** [event] dazwischen|kommen.

intervening [ˌɪntə'viːnɪŋ] *adj* [period of time] dazwischenliegend.

intervention [ˌɪntə'venʃn] *n* Eingreifen *das.*

interventionist [ˌɪntə'venʃənɪst] *adj* interventionistisch <> *n* Interventionist *der,* -in *die.*

interview ['ɪntəvjuː] *n* - **1.** [for job] Vorstellungsgespräch *das* - **2.** PRESS Interview *das* <> *vt* - **1.** [for job] ein Vorstellungsgespräch führen mit - **2.** PRESS interviewen.

interviewee [ˌɪntəvjuː'iː] *n* - **1.** [for job] Kandidat *der,* -in *die* - **2.** PRESS Interviewte *der, die.*

interviewer ['ɪntəvjuːəʳ] *n* - **1.** [for job] Leiter *der,* -in *die* des Vorstellungsgesprächs - **2.** PRESS Interviewer *der,* -in *die.*

interweave [ˌɪntə'wiːv] (*pt.* **-wove;** *pp* **-woven**) *fig vt* verweben <> *vi* sich verweben.

intestate [ɪn'testeɪt] *adj:* **to die ~** ohne Testament sterben.

intestine [ɪn'testɪn] *n* Darm *der.*
◆ **intestines** *npl* Gedärm *das.*

intimacy ['ɪntɪməsɪ] (*pl* **-ies**) *n* [closeness]: **~ (between/with)** Vertrautheit *die* (zwischen *(+D)*/mit).
◆ **intimacies** *npl* Vertraulichkeiten *pl.*

intimate [*adj* & *n* 'ɪntɪmət, *vb* 'ɪntɪmeɪt] *adj* - **1.** [friend, relationship] vertraut; **to be on ~ terms with sb** mit jm auf vertrautem Fuße stehen - **2.** [place, atmosphere, dinner] intim - **3.** *fml* [sexually]: **to be ~ with sb** intim mit jm sein - **4.** [thoughts, details] persönlich - **5.** [thorough - knowledge] gründlich - **6.** [direct - link] direkt <> *n fml* Vertraute *der, die* <> *vt fml* an|deuten; **to ~ that** an|deuten, dass.

intimately ['ɪntɪmətlɪ] *adv* - **1.** [directly] direkt - **2.** [as close friends] vertraulich; **to know sb ~** jn gut kennen - **3.** [thoroughly] gründlich.

intimation [ˌɪntɪ'meɪʃn] *n fml* Andeutung *die.*

intimidate [ɪn'tɪmɪdeɪt] *vt* ein|schüchtern.

intimidation [ɪnˌtɪmɪ'deɪʃn] *n* Einschüchterung *die.*

into ['ɪntʊ] *prep* - **1.** [inside] in *(+ A);* **to put sthg ~ sthg** [lying down] etw in etw *(A)* legen; [upright] etw in etw *(A)* stellen; **to put sthg ~ one's pocket** etw in die Tasche stecken; **to go ~ the house** ins Haus hinein|gehen - **2.** [against]: **to bump/crash into sthg** gegen etw stoßen/knallen - **3.** [indicating transformation, change] in *(+ A);* **to change ~ sthg** [become] zu etw werden; [clothes] sich *(D)* etw an|ziehen; **to translate ~ German** ins Deutsche übersetzen - **4.** [concerning, about] über *(+ A);* **research ~ the causes of the First World War** Forschung *die* über die Ursachen des Ersten Weltkriegs - **5.** MATH: **4 ~ 20 goes 5 (times)** 20 (geteilt) durch 4 ist 5 - **6.** [indicating elapsed time]: **I was a week ~ my holiday when ...** in meiner zweiten Urlaubswoche ...; **late ~ the night** bis tief in die Nacht hinein - **7.** *inf* [interested in]: **to be ~ sthg** etw mögen; **she's ~ jazz** sie ist ein Jazzfan.

intolerable [ɪn'tɒlrəbl] *adj* unerträglich.

intolerance [ɪn'tɒlərəns] *n* Intoleranz *die.*

intolerant [ɪn'tɒlərənt] *adj* intolerant; **to be ~ of sb/sthg** jm/etw gegenüber intolerant sein.

intonation [ˌɪntə'neɪʃn] *n* Intonation *die.*

intone [ɪn'təʊn] *vt literary* intonieren.

intoxicated [ɪn'tɒksɪkeɪtɪd] *adj* - **1.** [drunk]: **to be ~** berauscht sein - **2.** *fig* [excited]: **to be ~ by** OR **with sthg** von etw berauscht sein.

intoxicating [ɪn'tɒksɪkeɪtɪŋ] *adj* - **1.** [alcoholic] alkoholisch - **2.** *fig* [exciting] berauschend.

intoxication [ɪnˌtɒksɪ'keɪʃn] *n fml* - **1.** [drunkenness] Trunkenheit *die* - **2.** [excitement] Rausch *der*.

intractable [ɪn'træktəbl] *adj fml* - **1.** [stubborn] unnachgiebig - **2.** [insoluble] hartnäckig.

intramural [ˌɪntrə'mjʊərəl] *adj* innerhalb der Universität.

intranet ['ɪntrənet] *n* COMPUT Intranet *das*.

intransigent [ɪn'trænzɪdʒənt] *adj* **fml** unnachgiebig.

intransitive [ɪn'trænzətɪv] *adj* intransitiv.

intrauterine device [ˌɪntrə'juːtəraɪn-] *n* Intrauterinpessar *das*.

intravenous [ˌɪntrə'viːnəs] *adj* intravenös.

in-tray *n* Eingangsablage *die*.

intrepid [ɪn'trepɪd] *adj* **literary** kühn

intricacy ['ɪntrɪkəsɪ] (*pl* **-ies**) *n* - **1.** *(U)* [complexity] Kniffligkeit *die* - **2.** [detail]: **intricacies** feine Details.

intricate ['ɪntrɪkət] *adj* knifflig.

intrigue [*n* 'ɪntriːg, *vb* ɪn'triːg] *n* Intrige *die* ◇ *vt* faszinieren ◇ *vi*: **to ~ against sb** gegen jn intrigieren.

intriguing [ɪn'triːgɪŋ] *adj* faszinierend.

intrinsic [ɪn'trɪnsɪk] *adj* immanent.

intro ['ɪntrəʊ] (*pl* **-s**) (*abbr of* **introduction**) *n* **inf** MUS Intro *das*, Einleitung *die*.

introduce [ˌɪntrə'djuːs] *vt* - **1.** [one person to another] vor|stellen; **to ~ sb to sb** jm jn vor|stellen - **2.** RADIO & TV [programme] vor|stellen - **3.** [animal, plant, method]: **to ~ sthg (to** *OR* **into)** etw (in *(+ D)*) ein|führen - **4.** [to new experience]: **to ~ sb to sthg** jn in etw *(A)* ein|führen - **5.** [signal start of] ein|leiten.

introduction [ˌɪntrə'dʌkʃn] *n* - **1.** [of method, technology] Einführung *die* - **2.** [first experience]: **~ to sthg** Bekanntschaft mit etw - **3.** [preface]: **~ to sthg** Einleitung zu etw - **4.** [book] Einführung *die*.

introductory [ˌɪntrə'dʌktrɪ] *adj* einleitend; **an ~ offer** ein Eröffnungsangebot.

introspective [ˌɪntrə'spektɪv] *adj* introspektiv.

introvert ['ɪntrəvɜːt] *n* introvertierter Mensch.

introverted ['ɪntrəvɜːtɪd] *adj* introvertiert.

intrude [ɪn'truːd] *vi* stören; **to ~ (up)on sb/sthg** jn/etw stören.

intruder [ɪn'truːdəʳ] *n* Eindringling *der*.

intrusion [ɪn'truːʒn] *n* Störung *die*; [into private life] Eindringen *das*.

intrusive [ɪn'truːsɪv] *adj* aufdringlich.

intuition [ˌɪntjuː'ɪʃn] *n* - **1.** *(U)* [sense] Intuition *die* - **2.** [hunch] Vorahnung *die*.

intuitive [ɪn'tjuːɪtɪv] *adj* [feeling, understanding] instinktiv; [person] intuitiv.

Inuit ['ɪnʊɪt] *adj* eskimoisch ◇ *n* Eskimo *der, die*.

inundate ['ɪnʌndeɪt] *vt* - **1.** **fml** [flood] überschwemmen - **2.** [overwhelm]: **to be ~d with sthg** von etw überschwemmt werden.

inured [ɪ'njʊəd] *adj* **fml**: **to become ~ to sthg** sich an etw *(A)* gewöhnen.

invade [ɪn'veɪd] *vt* - **1.** MIL ein|marschieren in *(+ A)* - **2.** [subj: shoppers, fans] ein|fallen - **3.** [privacy, calm] stören; **the village was ~d by tourists** das Dorf war von Touristen überlaufen.

invader [ɪn'veɪdəʳ] *n* MIL Invasor *der*.

invading [ɪn'veɪdɪŋ] *adj* - **1.** MIL Invasions- - **2.** [tourists, insects, fans] einfallend.

invalid [*adj* ɪn'vælɪd, *n* & *vb* 'ɪnvəlɪd] *adj* - **1.** [ticket, contract, vote] ungültig - **2.** [argument, theory] nicht schlüssig ◇ *n* Invalide *der*, -din *die*.

◆ **invalid out** *vt sep*: **to be ~ed out (of)** wegen Dienstuntauglichkeit entlassen werden (aus *(+ D)*).

invalidate [ɪn'vælɪdeɪt] *vt* - **1.** [claim, theory] entkräften - **2.** [contract, agreement] ungültig machen.

invalid chair ['ɪnvəlɪd-] *n* Rollstuhl *der*.

invaluable [ɪn'væljʊəbl] *adj*: **~ (to sb/sthg)** unschätzbar (für jn/etw).

invariable [ɪn'veərɪəbl] *adj* unveränderlich.

invariably [ɪn'veərɪəblɪ] *adv* stets.

invasion [ɪn'veɪʒn] *n* - **1.** MIL Invasion *die* - **2.** **fig** [intrusion] Eingriff *der*.

invective [ɪn'vektɪv] *n (U)* **fml** Schmähung *die*.

inveigle [ɪn'veɪgl] *vt*: **to ~ sb into doing sthg** jn dazu verleiten, etw zu tun.

invent [ɪn'vent] *vt* erfinden.

invention [ɪn'venʃn] *n* - **1.** [creation, untruth] Erfindung *die* - **2.** *(U)* [inventiveness] Vorstellungsgabe *die*.

inventive [ɪn'ventɪv] *adj* einfallsreich.

inventor [ɪn'ventəʳ] *n* Erfinder *der*, -in *die*.

inventory ['ɪnvəntrɪ] (*pl* **-ies**) *n* - **1.** [list] Inventar *das* - **2.** **Am** [goods] Bestand *der*.

inverse [ɪn'vɜːs] *adj* umgekehrt ◇ *n* **fml** Gegenteil *das*.

invert [ɪn'vɜːt] *vt* **fml** um|drehen.

invertebrate [ɪn'vɜːtɪbreɪt] *n* wirbelloses Tier.

inverted commas [ɪnˌvɜːtɪd-] *npl* **Br** Anführungszeichen *die*.

invest [ɪn'vest] *vt* - **1.** [money]: **to ~ sthg (in sthg)** etw (in etw *(A)*) investieren - **2.** [time, energy]: **to ~ sthg in sthg** etw in etw *(A)* investieren - **3.** **fml** [endow]: **to ~ sb with sthg** jm etw verleihen ◇ *vi* - **1.** [financially]: **to ~ (in sthg)** (in etw

(A)) investieren - **2.** ***fig*** [in sthg useful]: **to ~ in sthg** in etw *(A)* investieren.

investigate [ɪn'vestɪgeɪt] *vt* untersuchen ◇ *vi* ermitteln.

investigation [ɪn͵vestɪ'geɪʃn] *n* Untersuchung *die;* **an ~ into sthg** eine Untersuchung von etw.

investigative [ɪn'vestɪgətɪv] *adj* Enthüllungs-.

investigator [ɪn'vestɪgeɪtəʳ] *n* Ermittler *der*, -in *die;* **private ~** (Privat)detektiv *der*, -in *die.*

investiture [ɪn'vestɪtʃəʳ] *n* Amtseinführung *die.*

investment [ɪn'vestmənt] *n* - **1.** [gen] Investition *die* - **2.** [financial product, purchase] Anlage *die.*

investment analyst *n* Investitionsanalytiker *der*, -in *die.*

investment trust *n* Investmenttrust *der.*

investor [ɪn'vestəʳ] *n* Anleger *der*, -in *die.*

inveterate [ɪn'vetərət] *adj* - **1.** [dislike, hatred] abgrundtief - **2.** [liar, gambler] unverbesserlich.

invidious [ɪn'vɪdɪəs] *adj* - **1.** [unfair] ungerecht - **2.** [unpleasant] unangenehm.

invigilate [ɪn'vɪdʒɪleɪt] ***Br*** *vt* Aufsicht führen bei ◇ *vi* Aufsicht führen.

invigilator [ɪn'vɪdʒɪleɪtəʳ] *n* ***Br*** Aufsichtführende *der, die.*

invigorating [ɪn'vɪgəreɪtɪŋ] *adj* erfrischend, belebend.

invincible [ɪn'vɪnsɪbl] *adj* unschlagbar.

inviolate [ɪn'vaɪələt] *adj* unbeschadet.

invisible [ɪn'vɪzɪbl] *adj* unsichtbar.

invisible assets *npl* unsichtbares Vermögen.

invisible earnings *npl* unsichtbare Einkünfte *pl.*

invisible ink *n (U)* unsichtbare Tinte.

invitation [͵ɪnvɪ'teɪʃn] *n* - **1.** [request to attend] Einladung *die* - **2.** [encouragement]: **an ~ to do sthg** eine Aufforderung, etw zu tun; **that's an ~ to thieves** das ist eine Aufforderung zum Diebstahl.

invite [ɪn'vaɪt] *vt* - **1.** [request to attend] ein|laden; **to ~ sb to sthg** jn zu etw ein|laden - **2.** [ask politely]: **to ~ sb to do sthg** jn ersuchen, etw zu tun - **3.** [questions, suggestions, donations] bitten um - **4.** [trouble, criticism] heraus|fordern.

inviting [ɪn'vaɪtɪŋ] *adj* einladend.

in vitro fertilization [͵ɪn'viːtrəʊ-] *n* künstliche Befruchtung.

invoice ['ɪnvɔɪs] *n* Rechnung *die* ◇ *vt* - **1.** [customer] eine Rechnung schicken an *(+A)* - **2.** [goods] in Rechnung stellen.

invoke [ɪn'vəʊk] *vt* - **1.** ***fml*** [quote as justification] sich berufen auf - **2.** [feeling] hervor|rufen.

involuntary [ɪn'vɒləntrɪ] *adj* [movement] unwillkürlich.

involve [ɪn'vɒlv] *vt* - **1.** [entail, require - work, travelling] mit sich bringen; [- special equipment, knowledge] erfordern; **the job ~s working late** der Job bringt es mit sich, lange arbeiten zu müssen - **2.** [concern, affect] betreffen - **3.** [make part of sthg]: **to ~ sb in sthg** jn in etw *(A)* hinein|ziehen; **to ~ o.s. in sthg** sich an etw *(D)* aktiv beteiligen.

involved [ɪn'vɒlvd] *adj* - **1.** [complex] kompliziert - **2.** [participating]: **to be ~ in sthg** an etw *(D)* beteiligt sein - **3.** [in a relationship]: **to be/get ~ with sb** mit jm eine enge Beziehung haben/ein|gehen - **4.** [entailed]: **what is ~ (in it)?** worum geht es (dabei)?

involvement [ɪn'vɒlvmənt] *n* - **1.** [participation]: **~ (in sthg)** Beteiligung (an etw *(D)*) - **2.** [commitment]: **~ (in sthg)** Engagement (für etw).

invulnerable [ɪn'vʌlnərəbl] *adj:* **to be ~ to sthg** [disease, criticism] immun sein gegen etw; **the fortress is ~ to attack** die Festung ist uneinnehmbar.

inward ['ɪnwəd] *adj* - **1.** [feelings, satisfaction] innerlich - **2.** [flow, movement] nach innen gehend ◇ *adv* ***Am*** = **inwards.**

inward investment *n (U)* Investitionen *pl* aus dem Ausland.

inwardly ['ɪnwədlɪ] *adv* innerlich.

inwards ['ɪnwədz], **inward** ***Am*** *adv* nach innen.

I/O (*abbr of* **input/output**) Ein-/Ausgabe *die.*

IOC (*abbr of* **International Olympic Committee**) *n* IOC *das.*

iodine [***Br*** 'aɪədiːn, ***Am*** 'aɪədaɪn] *n (U)* Jod *das.*

IOM *abk für Isle of Man, in Postanschrift verwendet.*

ion ['aɪən] *n* Ion *das.*

Ionian Sea [aɪ͵əʊnɪən-] *n:* **the ~** das Ionische Meer.

iota [aɪ'əʊtə] *n* Jota *das.*

IOU (*abbr of* **I owe you**) *n* Schuldschein *der.*

IOW *abk für Isle of Wight, in Postanschrift verwendet.*

IPA (*abbr of* **International Phonetic Alphabet**) *n* IPA *das.*

IQ (*abbr of* **intelligence quotient**) *n* IQ *der.*

IRA *n* - **1.** (*abbr of* **Irish Republican Army**) IRA *die* - **2.** (*abbr of* **individual retirement account**) *Rentenprogramm in den USA.*

Iran [ɪ'rɑːn] *n* Iran *der.*

Iranian [ɪ'reɪnɪən] *adj* iranisch <> *n* [person] Iraner *der*, -in *die*.

Iraq [ɪ'rɑːk] *n* Irak *der*.

Iraqi [ɪ'rɑːkɪ] *adj* irakisch <> *n* [person] Iraker *der*, -in *die*.

irascible [ɪ'ræsəbl] *adj* reizbar.

irate [aɪ'reɪt] *adj* zornig.

Ireland ['aɪələnd] *n* Irland *nt*; **the Republic of ~** die Republik Irland.

iris ['aɪərɪs] (*pl* **-es**) *n* **- 1.** [flower] Schwertlilie *die*, Iris *die* **- 2.** [of eye] Iris *die*.

Irish ['aɪrɪʃ] *adj* irisch <> *n* [language] Irisch(e) *das* <> *npl*: **the ~** die Iren.

Irish coffee *n* Irish Coffee *der*.

Irishman ['aɪrɪʃmən] (*pl* **-men** [-mən]) *n* Ire *der*.

Irish Sea *n*: **the ~** die Irische See.

Irish setter [-'setəʳ] *n* Irish Setter *der*.

Irish stew *n Eintopf aus verschiedenen Gemüsesorten, Kartoffeln und Lammfleisch.*

Irish wolfhound *n* irischer Wolfshund.

Irishwoman ['aɪrɪʃˌwʊmən] (*pl* **-women** [-ˌwɪmɪn]) *n* Irin *die*.

irk [ɜːk] *vt* ärgern.

irksome ['ɜːksəm] *adj* lästig.

IRN (*abbr of* **Independent Radio News**) *n britische Nachrichtenagentur für private Radiosender.*

iron ['aɪən] *adj* **- 1.** [made of iron] eisern, aus Eisen; **~ bar** Eisenstange *die* **- 2.** *fig* [very strict] eisern <> *n* **- 1.** [metal, golf club] Eisen *das* **- 2.** [for clothes] Bügeleisen *das* <> *vt* bügeln.
◆ **iron out** *vt sep* [problems] aus|bügeln.

Iron Age *n*: **the ~** die Eisenzeit <> *comp* Eisenzeit-.

Iron Curtain *n*: **the ~** der Eiserne Vorhang.

ironic(al) [aɪ'rɒnɪk(l)] *adj* **- 1.** [using irony] ironisch **- 2.** [paradoxical] paradox.

ironically [aɪ'rɒnɪklɪ] *adv* **- 1.** [in an ironic way] ironisch **- 2.** [paradoxically] paradoxerweise.

ironing ['aɪənɪŋ] *n* **- 1.** [work] Bügeln *das*; **to do the ~** bügeln **- 2.** [clothes] Bügelwäsche *die*.

ironing board *n* Bügelbrett *das*.

iron lung *n* eiserne Lunge.

ironmonger ['aɪənˌmʌŋgəʳ] *n* **Br** Eisenwarenhändler *der*, -in *die*; **~'s (shop)** Eisenwarenhandlung *die*.

ironworks ['aɪənwɜːks] (*pl inv*) *n* Eisenhütte *die*.

irony ['aɪrənɪ] (*pl* **-ies**) *n* Ironie *die*.

irradiate [ɪ'reɪdɪeɪt] *vt* bestrahlen.

irrational [ɪ'ræʃənl] *adj* irrational.

irreconcilable [ɪˌrekən'saɪləbl] *adj* [views, differences] unvereinbar.

irredeemable [ˌɪrɪ'diːməbl] *adj* **fml - 1.** [loss] unwiederbringlich **- 2.** [situation] hoffnungslos.

irrefutable [ɪ'refjʊtəbl] *adj* **fml** unwiderlegbar.

irregular [ɪ'regjʊləʳ] *adj* **- 1.** [gen & GRAMM] unregelmäßig; [surface] uneben **- 2.** **fml** [unorthodox] ungehörig.

irregularity [ɪˌregjʊ'lærətɪ] (*pl* **-ies**) *n* **- 1.** [gen] Unregelmäßigkeit *die*; [of surface] Unebenheit *die* **- 2.** [anomaly] Ungesetzlichkeit *die*.

irregularly [ɪ'regjʊləlɪ] *adv* unregelmäßig.

irrelevance [ɪ'reləvəns], **irrelevancy** [ɪ'reləvənsɪ] (*pl* **-ies**) *n* **- 1.** *(U)* [state of being irrelevant] Unwichtigkeit *die* **- 2.** [irrelevant thing] Nichtigkeit *die*.

irrelevant [ɪ'reləvənt] *adj* unwichtig.

irreligious [ˌɪrɪ'lɪdʒəs] *adj* unreligiös.

irremediable [ˌɪrɪ'miːdɪəbl] *adj* **fml** [damage] nicht behebbar; [loss] nicht ersetzbar; **the situation is ~** die Situation ist nicht zu retten.

irreparable [ɪ'repərəbl] *adj* irreparabel.

irreplaceable [ˌɪrɪ'pleɪsəbl] *adj* unersetzlich.

irrepressible [ˌɪrɪ'presəbl] *adj* unerschütterlich; **he's ~** er ist nicht unterzukriegen.

irreproachable [ˌɪrɪ'prəʊtʃəbl] *adj* einwandfrei.

irresistible [ˌɪrɪ'zɪstəbl] *adj* unwiderstehlich.

irresolute [ɪ'rezəluːt] *adj* **fml** unentschlossen.

irrespective [ˌɪrɪ'spektɪv] ◆ **irrespective of** *prep* ungeachtet *(+ G)*.

irresponsible [ˌɪrɪ'spɒnsəbl] *adj* unverantwortlich.

irretrievable [ˌɪrɪ'triːvəbl] *adj* [loss] unwiederbringlich; [computer data] nicht abrufbar; **the situation is ~** die Situation ist nicht zu retten.

irreverent [ɪ'revərənt] *adj* respektlos.

irreversible [ˌɪrɪ'vɜːsəbl] *adj* [judgement, decision] unwiderruflich; [damage] bleibend.

irrevocable [ɪ'revəkəbl] *adj* unwiderruflich.

irrigate ['ɪrɪgeɪt] *vt* [land] bewässern.

irrigation [ˌɪrɪ'geɪʃn] *n* [of land] Bewässerung *die* <> *comp* Bewässerungs-.

irritable ['ɪrɪtəbl] *adj* [person, mood] reizbar; [voice, reply] gereizt.

irritant ['ɪrɪtənt] *n* **- 1.** [irritating situation, person] Ärgernis *das* **- 2.** [substance] Reizerreger *der*.

irritate ['ɪrɪteɪt] *vt* **- 1.** [make angry] ärgern **- 2.** [make sore] reizen.

irritated ['ɪrɪteɪtɪd] *adj* [angry, sore] gereizt.

irritating ['ɪrɪteɪtɪŋ] *adj* **- 1.** [person, noise] ärgerlich **- 2.** [substance, material] reizend.

irritation [ɪrɪ'teɪʃn] *n* **- 1.** [anger] Ärger *der* **- 2.** [cause of anger] Ärgernis *das* **- 3.** [soreness] Reizung *die*.

IRS (*abbr of* **Internal Revenue Service**) *n Am:* **the ~** das Finanzamt.

is [ɪz] *vb* ▷ **be.**

ISBN (*abbr of* **International Standard Book Number**) *n* ISBN *die*.

Islam ['ɪzlɑːm] *n* [religion] Islam *der*.

Islamic [ɪz'læmɪk] *adj* islamisch.

island ['aɪlənd] *n* ***lit*** & ***fig*** Insel *die*.

islander ['aɪləndəʳ] *n* Inselbewohner *der*, -in *die*.

isle [aɪl] *n* Insel *die*.

Isle of Man *n:* **the ~** die Insel Man.

Isle of Wight [-'waɪt] *n:* **the ~** Wight.

Isles of Scilly *npl* = **Scilly Isles.**

isn't ['ɪznt] = **is not.**

isobar ['aɪsəbɑːʳ] *n* METEOR Isobare *die*.

isolate ['aɪsəleɪt] *vt* isolieren; **to ~ sb/sthg from sb/sthg** jn/etw von jm/etw isolieren.

isolated ['aɪsəleɪtɪd] *adj* **- 1.** [place] abgelegen **- 2.** [person] isoliert **- 3.** [example, incident] einzeln.

isolation [ˌaɪsə'leɪʃn] *n* [solitariness] Isolation *die;* **in ~** [live, happen, consider] isoliert.

isolationism [ˌaɪsə'leɪʃənɪzm] *n* Isolationismus *der*.

isosceles triangle [aɪˌsɒsɪliːz-] *n* gleichschenkliges Dreieck.

isotope ['aɪsətəʊp] *n* Isotop *das*.

ISP (*abbr of* **Internet service provider**) *n* ISP *der*.

Israel ['ɪzreɪəl] *n* Israel *nt*.

Israeli [ɪz'reɪlɪ] *adj* israelisch ◇ *n* Israeli *der, die*.

Israelite ['ɪzˌrɪəlaɪt] *adj* israelitisch ◇ *n* Israelit *der*, -in *die*.

issue ['ɪʃuː] *n* **- 1.** [important subject] Frage *die;* **the point at ~** der zur Debatte stehende Punkt; **to make an ~ of sthg** ein Problem aus etw machen **- 2.** [edition] Ausgabe *die* **- 3.** [of stamps, bank notes, shares] Ausgabe *die* ◇ *vt* **- 1.** [statement] ab|geben; [decree] erlassen; [warning] aus|sprechen **- 2.** [stamps, bank notes, shares] aus|geben **- 3.** [passport, documents] aus|stellen; [uniforms] aus|geben; **to ~ sthg to sb, to ~ sb with sthg** jm etw aus|stellen, jm mit etw aus|statten ◇ *vi* ***fml*** [come out, go out]: **to ~ from** strömen aus.

isthmus ['ɪsməs] *n* Landenge *die*.

it [ɪt] *pron* **- 1.** [referring to specific person or thing] *(subj)* er/sie/es; *(direct object)* ihn/sie/es; *(indirect object)* ihm/ihr; **~'s big** er/sie/es ist groß; **she hit ~** sie hat ihn/sie/es getroffen; **get the cat/dog and give ~ a drink** hole die Katze/den Hund und gib ihr/ihm etwas zu trinken; **if the jar won't open, give ~ a shake** wenn das Glas nicht aufgeht, schüttel es **- 2.** *(with prepositions):* **tell me about ~** erzähl mir davon; **you're good at ~** du kannst das gut; **a table with a chair beside ~** ein Tisch mit einem Stuhl daneben; **what did you learn from ~?** was hast du daraus gelernt?; **put your hand in ~** steck deine Hand hinein; **stand on top of ~** stell dich darauf; **put the books on ~** leg die Bücher darauf; **it had a sheet over ~** darüber lag ein Tuch; **shall we go to ~?** sollen wir hin|gehen?; **put the box under ~** stell die Schachtel darunter; **a free book came with ~** es war ein kostenloses Buch dabei **- 3.** *(impersonal use)* es; **~'s hot** es ist heiß; **~'s raining** es regnet; **~'s Sunday** es ist Sonntag; **~'s six o'clock** es ist sechs Uhr; **~'s the children that worry me most** am meisten mache ich mir um die Kinder sorgen; **~'s said that ...** man sagt, dass ... **- 4.** *(nonspecific)* es; **~'s easy** es ist einfach; **~'s a difficult question** das ist eine schwierige Frage; **who is ~? – ~'s Mary/me** wer ist da? – Mary/ich bins.

IT *abbr of* **information technology.**

Italian [ɪ'tæljən] *adj* italienisch ◇ *n* **- 1.** [person] Italiener *der*, -in *die* **- 2.** [language] Italienisch(e) *das*.

italic [ɪ'tælɪk] *adj* kursiv.
◆ **italics** *npl* Kursivschrift *die*.

Italy ['ɪtəlɪ] *n* Italien *nt*.

ITC (*abbr of* **Independent Television Commission**) *n britischer Rundfunkrat für die privaten Fernsehanstalten.*

itch [ɪtʃ] *n* Juckreiz *der* ◇ *vi* [part of body] jucken; **I'm ~ing** es juckt mich; **I'm ~ing to do it** es juckt mich, das zu tun.

itchy ['ɪtʃɪ] (*compar* **-ier;** *superl* **-iest**) *adj* juckend; **to be ~** [part of body] jucken; **I feel ~** es juckt mich.

it'd ['ɪtəd] = **it would, it had.**

item ['aɪtəm] *n* **- 1.** [object] Gegenstand *der;* [in shop] Artikel *der;* [on agenda] Punkt *der;* COMM Posten *der;* **~ of clothing** Kleidungsstück *das* **- 2.** [of news] Meldung *die*.

itemize, -ise ['aɪtəmaɪz] *vt* auf einer Liste einzeln auf|führen.

itemized bill [ˌaɪtəmaɪzd-] *n* Rechnung *die* mit Einzelaufstellung der Posten.

itinerant [ɪ'tɪnərənt] *adj* umherziehend; **~ preacher** Wanderprediger *der*.

itinerary [aɪ'tɪnərərɪ] (*pl* **-ies**) *n* Reiseroute *die*.

it'll [ɪtl] = **it will.**

ITN (*abbr of* **Independent Television News**) *n britische Nachrichtenagentur für private Fernsehsender.*

its [ɪts] *poss adj* [masculine, neuter subject] sein; [feminine subject] ihr; **the dog wagged ~ tail** der Hund wedelte mit dem Schwanz.

it's [ɪts] = **it is, it has.**

itself [ɪt'self] *pron* **- 1.** *(reflexive)* sich **- 2.** *(after prep)* sich selbst; **by ~** allein; **in ~** an sich **- 3.** *(stressed)* selbst; **the house ~ is fine** das Haus selbst ist in Ordnung.

ITV (*abbr of* **Independent Television**) *n britischer Fernsehsender.*

IUCD (*abbr of* **intrauterine contraceptive device**) *n* Intrauterinpessar *das.*

IUD (*abbr of* **intrauterine device**) *n* Intrauterinpessar *das.*

I've [aɪv] = **I have.**

IVF (*abbr of* **in vitro fertilization**) *n* IVF *die.*

ivory ['aɪvərɪ] *adj* [colour] elfenbeinfarben ◇ *n* Elfenbein *das* ◇ *comp* [made of ivory] Elfenbein-.

Ivory Coast *n:* **the ~** die Elfenbeinküste.

ivory tower *n* ***fig*** Elfenbeinturm *der.*

ivy ['aɪvɪ] *n* Efeu *der.*

Ivy League *n* ***Am*** *Gruppe von alten, angesehenen Universitäten im Osten der USA.*

J

j (*pl* **j's** *OR* **js**), **J** (*pl* **J's** *OR* **Js**) [dʒeɪ] *n* [letter] j *das,* J *das.*

J/A (*abbr of* **joint account**) Gemeinschaftskonto *das.*

jab [dʒæb] (*pt & pp* **-bed;** *cont* **-bing**) *n* **- 1.** [push] Stoß *der;* [with needle, knife] Stich *der* **- 2.** ***Br inf*** [injection] Spritze *die* ◇ *vt* [with sthg] stechen; **to ~ one's finger at sb/sthg** mit dem Finger auf jn/etw zeigen; **to ~ sthg into sb/sthg** etw in jn/etw (hinein|)stoßen ◇ *vi:* **to ~ (at)** stoßen (nach *(+ D)*).

jabber ['dʒæbəʳ] *vt* brabbeln ◇ *vi* plappern.

jack [dʒæk] *n* **- 1.** [for car] Wagenheber *der* **- 2.** [playing card] Bube *der.*

◆ **jack in** *vt sep* ***Br inf*** (auf)stecken.

◆ **jack up** *vt sep* **- 1.** [car] auf|bocken **- 2.** [price] in die Höhe treiben.

jackal ['dʒækəl] *n* Schakal *der.*

jackdaw ['dʒækdɔː] *n* Dohle *die.*

jacket ['dʒækɪt] *n* **- 1.** [garment] Jacke *die;* [of suit] Jacket *das* **- 2.** [of potato] Schale *die* **- 3.** [of book] Schutzumschlag *der* **- 4.** ***Am*** [of record] Plattenhülle *die* **- 5.** [of boiler] Mantel *der.*

jacket potato *n in der Schale gebackene Kartoffel.*

jackhammer ['dʒæk,hæmər] *n* ***Am*** Pressluftbohrer *der.*

jack-in-the-box *n* Kastenteufel *der.*

jack knife *n* Klappmesser *das.*

◆ **jack-knife** *vi* [lorry] sich quer|stellen.

jack-of-all-trades (*pl* **jacks-of-all-trades**) *n* Alleskönner *der.*

jack plug *n* Bananenstecker *der.*

jackpot ['dʒækpɒt] *n* Jackpot *der.*

Jacobean [,dʒækə'bɪən] *adj* aus der Zeit Jakobs I. (von England).

Jacuzzi® [dʒə'kuːzɪ] *n* Whirlpool *der.*

jade [dʒeɪd] *n* **- 1.** [stone] Jade *der OR die* **- 2.** [colour] Jadegrün *das* ◇ *comp* [made of jade] Jade-.

jaded ['dʒeɪdɪd] *adj* abgestumpft.

jagged ['dʒægɪd] *adj* [metal] schartig; [edge] ausgezackt; [rocks] zerklüftet.

jaguar ['dʒægjʊəʳ] *n* Jaguar *der.*

jail [dʒeɪl] *n* Gefängnis *das;* **in ~** im Gefängnis; **to go to ~** ins Gefängnis kommen ◇ *vt* ein|sperren.

jailbird ['dʒeɪlbɜːd] *n* ***inf*** Knastbruder *der.*

jailbreak ['dʒeɪlbreɪk] *n* Ausbruch *der* (aus dem Gefängnis).

jailer ['dʒeɪləʳ] *n* Gefängniswärter *der,* -in *die.*

jam [dʒæm] (*pt & pp* **-med;** *cont* **-ming**) *n* **- 1.** [preserve] Marmelade *die* **- 2.** [of traffic] Stau *der* **- 3.** ***inf*** [difficult situation] Klemme *die,* Patsche *die;* **to get into a ~** in eine Patsche geraten ◇ *vt* **- 1.** [cause to stick]: **to ~ shut** [window, door] fest zulmachen; [mechanism, brakes] blockieren; **to get one's finger ~med** sich *(D)* den Finger ein|quetschen **- 2.** [cram]: **to ~ sthg into sthg** etw in etw *(A)* stopfen **- 3.** [streets, town] verstopfen **- 4.** TELEC: **thousands of callers ~med the switchboard** Tausende von Anrufern blockierten die Leitungen der (Telefon)zentrale **- 5.** RADIO stören ◇ *vi* [stick - window, door] klemmen; [- brakes, lever] sich verklemmen.

◆ **jam on** *vt sep:* **to ~ the brakes on** eine Vollbremsung machen.

Jamaica [dʒə'meɪkə] *n* Jamaika *nt;* **in ~** auf Jamaika.

Jamaican [dʒəˈmeɪkn] *adj* jamaikanisch ◇ *n* Jamaikaner *der*, -in *die*.

jamb [dʒæm] *n* (Fenster-/Tür)pfosten *der*.

jamming [ˈdʒæmɪŋ] *n (U)* RADIO Störung *die*.

jam-packed [-ˈpækt] *adj* ***inf*** proppenvoll.

jam session *n* Jamsession *die*.

Jan. (*abbr of* **January**) Jan.

jangle [ˈdʒæŋgl] *n* [of bells] Bimmeln *das*; [of keys] Klimpern *das* ◇ *vt* [bells] bimmeln lassen; [keys] klimpern mit ◇ *vi* [bells] bimmeln; [keys] klimpern.

janitor [ˈdʒænɪtəʳ] *n* ***Am*** & ***Scot*** [caretaker] Hausmeister *der*.

January [ˈdʒænjʊərɪ] *n* Januar *der*; *see also* **September**.

Japan [dʒəˈpæn] *n* Japan *nt*.

Japanese [ˌdʒæpəˈniːz] (*pl inv*) *adj* japanisch ◇ *n* [language] Japanisch(e) *das* ◇ *npl* [people]: **the ~** die Japaner *pl*.

jape [dʒeɪp] *n* ***dated*** Streich *der*.

jar [dʒɑːʳ] (*pt* & *pp* **-red;** *cont* **-ring**) *n* Glas *das* ◇ *vt* [shake] durchlschütteln ◇ *vi* - **1.** [noise, voice]: **to ~ (on sb)** unangenehm sein (für jn) - **2.** [colours] sich beißen.

jargon [ˈdʒɑːgən] *n* Fachsprache *die*.

jarring [ˈdʒɑːrɪŋ] *adj* - **1.** [noise, voice] unangenehm - **2.** [colours] sich beißend.

jasmine [ˈdʒæzmɪn] *n* Jasmin *der*.

jaundice [ˈdʒɔːndɪs] *n* Gelbsucht *die*.

jaundiced [ˈdʒɔːndɪst] *adj* ***fig*** [attitude, view] verbittert.

jaunt [dʒɔːnt] *n* Ausflug *der*.

jaunty [ˈdʒɔːntɪ] (*compar* **-ier;** *superl* **-iest**) *adj* [hat, wave] flott; [person] munter.

Java [ˈdʒɑːvə] *n* Java *nt*; **in ~** auf Java.

javelin [ˈdʒævlɪn] *n* Speer *der*.

jaw [dʒɔː] *n* - **1.** [of person, animal] Kiefer *der* - **2.** [of vice] Klemmbacke *die* ◇ *vi* ***inf*** quatschen.

jawbone [ˈdʒɔːbəʊn] *n* Kieferknochen *der*.

jay [dʒeɪ] *n* Eichelhäher *der*.

jaywalk [ˈdʒeɪwɔːk] *vi als Fußgänger im Straßenverkehr unachtsam sein.*

jaywalker [ˈdʒeɪwɔːkəʳ] *n im Straßenverkehr unachtsamer Fußgänger.*

jazz [dʒæz] *n* - **1.** MUS Jazz *der* - **2.** ***Am inf*** [insincere talk] Geschwätz *das*.
◆ **jazz up** *vt sep* ***inf*** auf|peppen.

jazzy [ˈdʒæzɪ] (*compar* **-ier;** *superl* **-iest**) *adj* - **1.** [colour, clothes] poppig - **2.** [music] jazzig.

JCR (*abbr of* **junior common room**) *n Aufenthaltsraum für Studenten.*

jealous [ˈdʒeləs] *adj* - **1.** [envious]: **to be ~ (of)** neidisch sein (auf (+ *A*)) - **2.** [possessive]: **to be ~ (of)** eifersüchtig sein (auf (+ *A*)).

jealously [ˈdʒeləslɪ] *adv* - **1.** [enviously] neidisch - **2.** [possessively] eifersüchtig.

jealousy [ˈdʒeləsɪ] *n* - **1.** [envy] Neid *der* - **2.** [possessiveness] Eifersucht *die*.

jeans [dʒiːnz] *npl* Jeans *pl*.

Jeep® [dʒiːp] *n* Jeep® *der*.

jeer [dʒɪəʳ] *vt* verhöhnen ◇ *vi* [crowd, fans] höhnisch johlen; **to ~ at sb** jn verhöhnen.
◆ **jeers** *npl* höhnisches Johlen.

jeering [ˈdʒɪərɪŋ] *adj* [crowd] höhnisch johlend ◇ *n (U)* höhnisches Johlen.

Jello® [ˈdʒeləʊ] *n* ***Am*** Wackelpudding *der*.

jelly [ˈdʒelɪ] (*pl* **-ies**) *n* - **1.** [dessert] Wackelpudding *der* - **2.** [jam] Gelee *das*.

jelly baby *n* ***Br*** *in verschiedenen Farben erhältliches kleines Gummibonbon in der Form eines Babys.*

jelly bean *n bohnenförmiges Gummibonbon, das in vielen verschiedenen Farben und Geschmacksrichtungen angeboten wird.*

jellyfish [ˈdʒelɪfɪʃ] (*pl inv* OR **-es**) *n* Qualle *die*.

jemmy ***Br*** [ˈdʒemɪ], **jimmy** ***Am*** [ˈdʒɪmɪ] (*pl* **-ies**) *n* Stemmeisen *das*.

jeopardize, -ise [ˈdʒepədaɪz] *vt* gefährden.

jeopardy [ˈdʒepədɪ] *n*: **in ~** in Gefahr.

jerk [dʒɜːk] *n* - **1.** [movement] Ruck *der* - **2.** ***inf pej*** [fool] Trottel *der* ◇ *vt* reißen ◇ *vi* einen Satz machen; **to ~ to a stop** ruckweise zum Stehen kommen.

jerkily [ˈdʒɜːkɪlɪ] *adv* ruckartig.

jerkin [ˈdʒɜːkɪn] *n* Wams *das*.

jerky [ˈdʒɜːkɪ] (*compar* **-ier;** *superl* **-iest**) *adj* ruckartig.

jerry-built [ˈdʒerɪ-] *adj* schlampig gebaut.

jerry can [ˈdʒerɪ-] *n* großer Blechkanister.

jersey [ˈdʒɜːzɪ] (*pl* **-s**) *n* - **1.** [sweater] Pullover *der* - **2.** *(U)* [cloth] Jersey *der*.

Jersey [ˈdʒɜːzɪ] *n* Jersey *nt*; **in ~** auf Jersey.

Jerusalem [dʒəˈruːsələm] *n* Jerusalem *nt*.

Jerusalem artichoke *n* Topinambur *der*.

jest [dʒest] *n* Scherz *der*; **in ~** im Spaß.

jester [ˈdʒesteʳ] *n* Narr *der*.

Jesuit [ˈdʒezjʊɪt] *n* Jesuit *der*.

Jesus (Christ) [ˈdʒiːzəs-] *n* Jesus (Christus) ◇ *interj* ***inf*** Menschenskind!

jet [dʒet] (*pt* & *pp* **-ted;** *cont* **-ting**) *n* - **1.** [aircraft] Jet *der*, Düsenflugzeug *das* - **2.** [of liquid, gas, steam] Strahl *der* - **3.** [nozzle] Düse *die* ◇ *vi* [travel by jet] jetten.

jet-black *adj* pechschwarz.

jet engine *n* Düsentriebwerk *das*.

jetfoil [ˈdʒetfɔɪl] *n* Tragflügelboot *das*.

jet lag *n* Jetlag *der*.

jet-propelled [-prə'peld] *adj* mit Düsenantrieb.

jetsam ['dʒetsəm] *n* ▷ **flotsam.**

jet set *n*: **the ~** der Jetset.

jettison ['dʒetɪsən] *vt* **- 1.** [cargo, bombs - from plane] ab|werfen; [- from ship] über Bord werfen **- 2.** *fig* [discard - ideas, hope] über Bord werfen; [- unwanted possession] weg|werfen.

jetty ['dʒetɪ] (*pl* **-ies**) *n* Landungssteg *der*.

Jew [dʒu:] *n* Jude *der*, Jüdin *die*.

jewel ['dʒu:əl] *n* Edelstein *der;* [in watch] Stein *der;* **~s** [jewellery] Schmuck *der* ◇ *comp* Juwelen-.

jeweller *Br*, **jeweler** *Am* ['dʒu:ələʳ] *n* Juwelier *der;* **~'s (shop)** Juweliergeschäft *das*.

jewellery *Br*, **jewelry** *Am* ['dʒu:əlrɪ] *n* Schmuck *der;* **piece of ~** Schmuckstück *das*.

Jewish ['dʒu:ɪʃ] *adj* jüdisch.

JFK (*abbr of* **John Fitzgerald Kennedy International Airport**) *n Flughafen in New York*.

jib [dʒɪb] (*pt* & *pp* **-bed;** *cont* **-bing**) *n* **- 1.** [NAUT - beam] Klüver *der;* [- sail] Fock *die* **- 2.** [of crane] Ausleger *der* ◇ *vi:* **to ~ at sthg** sich gegen etw sträuben.

jibe [dʒaɪb] *n* spöttische Bemerkung.

jiffy ['dʒɪfɪ] *n inf:* **in a ~** sofort.

Jiffy bag® *n* Versandtasche *die*.

jig [dʒɪg] (*pt* & *pp* **-ged;** *cont* **-ging**) *n* [dance] *lebhafter Schreittanz, vor allem auf dem Land früher beliebt* ◇ *vi* [jump] springen.

jiggle ['dʒɪgl] *vt* [door handle, key in door] rütteln an *(+ D);* [bunch of keys] klappern mit; [pencil] wackeln mit.

jigsaw (puzzle) ['dʒɪgsɔ:-] *n* Puzzle(spiel) *das*.

jilt [dʒɪlt] *vt* sitzen lassen.

jimmy *n Am* = **jemmy.**

jingle ['dʒɪŋgl] *n* **- 1.** [of bells] Bimmeln *das;* [of keys] Klimpern *das* **- 2.** [in advertising] Jingle *der* ◇ *vi* [bells] bimmeln; [keys] klimpern.

jingoism ['dʒɪŋgəʊɪzm] *n* Chauvinismus *der*.

jinx [dʒɪŋks] *n:* **there's a ~ on it** es ist verhext.

jinxed [dʒɪŋkst] *adj* verhext.

jitters ['dʒɪtəz] *npl* *inf:* **the ~** das große Zittern.

jittery ['dʒɪtərɪ] *adj inf* rappelig.

jive [dʒaɪv] *n* **- 1.** [dance] Jive *der* **- 2.** *Am inf* [glib talk] Schmalz *der* ◇ *vi* Jive tanzen.

job [dʒɒb] *n* **- 1.** [paid work] Stelle *die;* **to lose one's ~** entlassen werden **- 2.** [task] Arbeit *die*, Aufgabe *die;* **on the ~** bei der Arbeit; **to do a good ~** gute Arbeit leisten; **to make a good ~ of sthg** etw gut machen **- 3.** [difficult time]: **to have a ~ doing sthg** (große) Mühe haben, etw zu tun **- 4.** [function] Aufgabe *die* **- 5.** *inf* [plastic surgery]: **to have a nose ~** sich die Nase operieren lassen **- 6.** *inf* [crime] Ding *das* **- 7.** *phr:* **that's just the ~** *Br inf* das ist genau das Richtige; **it's a good ~ you came** ich hatte/wir hatten Glück, dass du gekommen bist.

jobbing ['dʒɒbɪŋ] *adj Br* Gelegenheits-.

job centre *n Br* Arbeitsamt *das*.

job creation scheme *n* Arbeitsbeschaffungsprogramm *das*.

job description *n* Tätigkeitsbeschreibung *die*.

jobless ['dʒɒblɪs] *adj* arbeitslos ◇ *npl:* **the ~** die Arbeitslosen *pl*.

job lot *n mehrere Waren geringer Qualität, die billig zusammen verkauft werden*.

job satisfaction *n* Zufriedenheit *die* mit seiner Arbeit.

job security *n* Sicherheit *die* des Arbeitsplatzes.

jobsharing ['dʒɒbʃeərɪŋ] *n* Jobsharing *das*

Joburg, Jo'burg ['dʒəʊbɜ:g] *n inf* Johannesburg *nt*.

jockey ['dʒɒkɪ] (*pl* **-s**) *n* Jockey *der* ◇ *vi:* **to ~ for position** um eine gute Position kämpfen.

jockstrap ['dʒɒkstræp] *n* Suspensorium *das*.

jocular ['dʒɒkjʊləʳ] *adj* witzig, lustig.

jodhpurs ['dʒɒdpəz] *npl* Reithose *die*.

Joe Public [ˌdʒəʊ-] *n* Otto Normalverbraucher *der*.

jog [dʒɒg] (*pt* & *pp* **-ged;** *cont* **-ging**) *n* [run]: **to go for a ~** joggen gehen ◇ *vt* [nudge - person] an|stoßen; [- table, sb's arm, elbow] stoßen gegen; **to ~ sb's memory** js Gedächtnis nach|helfen ◇ *vi* [run] joggen.

jogger ['dʒɒgəʳ] *n* Jogger *der*, -in *die*.

jogging ['dʒɒgɪŋ] *n* Joggen *das;* **to go ~** joggen gehen.

joggle ['dʒɒgl] *vt* [baby] hin- und herwiegen.

Johannesburg [dʒə'hænɪsbɜ:g] *n* Johannesburg *nt*.

john [dʒɒn] *n Am inf* [toilet] Klo *das*.

John Hancock [-ˌhæŋkɒk] *n Am inf* Unterschrift *die*.

join [dʒɔɪn] *n* Naht(stelle) *die* ◇ *vt* **- 1.** [connect] verbinden; **to ~ sthg to sthg** etw mit etw verbinden **- 2.** [other people] sich an|schließen *(+ D);* **do ~ us for lunch** iss doch mit uns zusammen zu Mittag; **I'll ~ you in a moment** [follow you] ich komme gleich nach **- 3.** [club, organization] bei|treten *(+ D);* [company] an|fangen bei; [army] gehen zu **- 4.** [take part in] teil|nehmen an *(+ D);* **to ~ the queue** *Br*, **to ~ the line** *Am* sich in die Schlange ein|reihen

◇ *vi* - **1.** [connect - rivers] ineinander|fließen; [- edges, pieces] miteinander verbunden sein - **2.** [become a member] Mitglied werden.

◆ **join in** *vt fus* mit|machen bei ◇ *vi* mit|machen.

◆ **join up** *vi* MIL zum Militär gehen.

joiner [ˈdʒɔɪnəʳ] *n* Tischler *der*, -in *die*.

joinery [ˈdʒɔɪnərɪ] *n (U)* Tischlerei *die*.

joint [dʒɔɪnt] *adj* [effort] vereint; [responsibility] gemeinsam; [owner] Mit- ◇ *n* - **1.** ANAT Gelenk *das* - **2.** [in structure] Verbindungsstelle *die;* [in carpentry] Fuge *die* - **3.** *Br* [of meat] Braten *der* - **4.** *inf pej* [place] Laden *der* - **5.** *drugs sl* [cannabis cigarette] Joint *der*.

joint account *n* gemeinsames Konto.

Joint Chiefs of Staff *npl:* **the ~** *die Stabschefs der vier Hauptdivisionen der US-Armee.*

jointly [ˈdʒɔɪntlɪ] *adv* gemeinsam.

joint ownership *n* Miteigentum *das*.

joint-stock company *n* Aktiengesellschaft *die*.

joint venture *n* Jointventure *das*.

joist [dʒɔɪst] *n* Balken *der*.

joke [dʒəʊk] *n* Witz *der;* **it's gone beyond a ~** da hört der Spaß auf; **to play a ~ on sb** jm einen Streich spielen; **it's no ~** [not easy] das ist keine Kleinigkeit; **to be a ~** [person] eine Witzfigur sein ◇ *vi* Witze machen; **to ~ about sthg** über etw *(A)* Witze machen; **to ~ with sb** mit jm scherzen; **you must be joking!** das meinst du doch nicht im Ernst!

joker [ˈdʒəʊkəʳ] *n* - **1.** [person] Spaßvogel *der* - **2.** [playing card] Joker *der*.

jollity [ˈdʒɒlətɪ] *n* Fröhlichkeit *die*.

jolly [ˈdʒɒlɪ] (*compar* **-ier;** *superl* **-iest**) *adj* lustig, fröhlich ◇ *adv Br* [very] super.

jolt [dʒəʊlt] *n* - **1.** [jerk] Ruck *der* - **2.** [shock]: **to give sb a ~** jm einen Schock versetzen ◇ *vt* - **1.** [jerk] durch|schütteln - **2.** [shock]: **to ~ sb into doing sthg** jn so auf|rütteln, dass er etw tut ◇ *vi* holpern.

Joneses [ˈdʒəʊnzɪz] *npl:* **to keep up with the ~** mit den Nachbarn mit|halten.

Jordan [ˈdʒɔːdn] *n* Jordanien *nt;* **the (River) ~** der Jordan.

Jordanian [dʒɔːˈdeɪnɪən] *adj* jordanisch ◇ *n* Jordanier *der*, -in *die*.

joss stick [ˈdʒɒs-] *n* Räucherstäbchen *das*.

jostle [ˈdʒɒsl] *vt* an|rempeln ◇ *vi* drängeln.

jot [dʒɒt] (*pt* & *pp* **-ted;** *cont* **-ting**) *n:* **there isn't a ~ of truth in it** es ist kein Funken Wahrheit darin; **I don't care a ~ what the rest of you think** es interessiert mich kein bisschen was ihr anderen denkt.

◆ **jot down** *vt sep* sich *(D)* notieren.

jotter [ˈdʒɒtəʳ] *n* Notizheft *das*.

jottings [ˈdʒɒtɪŋz] *npl* Notizen *pl*.

journal [ˈdʒɜːnl] *n* - **1.** [magazine] Zeitschrift *die* - **2.** [diary] Tagebuch *das*.

journalese [ˌdʒɜːnəˈliːz] *n* **pej** Zeitungsjargon *der*.

journalism [ˈdʒɜːnəlɪzm] *n* Journalismus *der*.

journalist [ˈdʒɜːnəlɪst] *n* Journalist *der*, -in *die*.

journey [ˈdʒɜːnɪ] (*pl* **-s**) *n* Reise *die;* **to go on a ~** verreisen; **an hour's ~** eine Stunde Fahrt.

joust [dʒaʊst] *n* Turnierkampf *der* ◇ *vi* (im) Turnier kämpfen.

jovial [ˈdʒəʊvɪəl] *adj* fröhlich.

jowls [dʒaʊlz] *npl* Kinnbacken *pl*.

joy [dʒɔɪ] *n* Freude *die*.

joyful [ˈdʒɔɪfʊl] *adj* [person] froh; [news, shout] freudig; [scene] erfreulich.

joyfully [ˈdʒɔɪfʊlɪ] *adv* freudig.

joyous [ˈdʒɔɪəs] *adj* **literary** [song] fröhlich; [occasion] freudig.

joyously [ˈdʒɔɪəslɪ] *adv* **literary** fröhlich.

joypad [ˈdʒɔɪpæd] *n* COMPUT Joypad *der*.

joyride [ˈdʒɔɪraɪd] *n* Spritztour *die (mit einem gestohlenen Auto).*

joyrider [ˈdʒɔɪraɪdəʳ] *n Person, die mit einem (gestohlenen) Auto eine Spritztour macht.*

joystick [ˈdʒɔɪstɪk] *n* - **1.** [in aircraft] Steuerknüppel *der* - **2.** [for computers] Joystick *der*.

JP *n abbr of* **Justice of the Peace.**

Jr. (*abbr of* **Junior**) jun.

jubilant [ˈdʒuːbɪlənt] *adj* [person, fans] überglücklich; [shout] Jubel-.

jubilation [ˌdʒuːbɪˈleɪʃn] *n* Jubel *der*.

jubilee [ˈdʒuːbɪliː] *n* Jubiläum *das*.

Judaism [dʒuːˈdeɪɪzm] *n* Judaismus *der*.

judder [ˈdʒʌdəʳ] *vi Br* rucken.

judge [dʒʌdʒ] *n* - **1.** LAW Richter *der*, -in *die* - **2.** SPORT Schiedsrichter *der*, -in *die;* [of competition] Preisrichter *der*, -in *die* ◇ *vt* - **1.** LAW [case] verhandeln - **2.** [competition] beurteilen - **3.** [estimate] (ein|)schätzen ◇ *vi* [decide] (be)urteilen; **to ~ from** OR **by sthg, judging from** OR **by sthg** nach etw zu urteilen.

judg(e)ment [ˈdʒʌdʒmənt] *n* - **1.** LAW Urteil *das;* **to pass ~ (on sb)** das Urteil sprechen (über jn) - **2.** [opinion] Urteil *das*, Beurteilung *die;* **to pass ~ (on sb/sthg)** ein Urteil (über jn/etw) ab|geben; **to reserve ~** mit einem Urteil zurück|halten - **3.** [ability to form opinion] Urteilsvermögen *das;* **against my better ~** gegen mein besseres Wissen - **4.** [punishment] Strafe *die*.

judg(e)mental [dʒʌdʒˈmentl] *adj* **pej** zu vorschneller Kritik neigend.

judicial [dʒuːˈdɪʃl] *adj* Gerichts-.

judiciary [dʒuːˈdɪʃərɪ] *n:* **the ~** das Gerichtswesen.

judicious [dʒuːˈdɪʃəs] *adj* klug.

judo [ˈdʒuːdəʊ] *n* Judo *das.*

jug [dʒʌg] *n* Krug *der.*

juggernaut [ˈdʒʌgənɔːt] *n* [truck] Laster *der.*

juggle [ˈdʒʌgl] *vt* & *vi* **- 1.** [throw] jonglieren **- 2.: to ~ (with) figures** die Zahlen so hin|drehen, wie man sie haben will.

juggler [ˈdʒʌgləʳ] *n* Jongleur *der*, -in *die.*

jugular (vein) [ˈdʒʌgjʊləʳ-] *n* Jugularvene *die.*

juice [dʒuːs] *n* Saft *der.*

◆ **juices** *npl* [in stomach] (Magen)säfte *pl.*

juicy [ˈdʒuːsɪ] (*compar* **-ier;** *superl* **-iest**) *adj* **- 1.** [fruit] saftig **- 2.** ***inf*** [story, details] pikant **- 3.** ***inf*** [role] toll; [contract] fett.

jukebox [ˈdʒuːkbɒks] *n* Musikbox *die.*

Jul. (*abbr of* **July**) Jul.

July [dʒuːˈlaɪ] *n* Juli *der; see also* **September.**

jumble [ˈdʒʌmbl] *n* [mixture] Durcheinander *das* <> *vt:* **to ~ (up)** [objects] durcheinander werfen; [words] durcheinander bringen.

jumble sale *n* ***Br*** *in Pfarrsälen oder Gemeinde- und Stadthallen abgehaltene Trödelmärkte, deren Erlös wohltätigen Vereinen zugute kommt.*

jumbo jet [ˈdʒʌmbəʊ-] *n* Jumbo-Jet *der.*

jumbo-sized [-saɪzd] *adj* Riesen-.

jump [dʒʌmp] *n* **- 1.** [leap] Sprung *der* **- 2.** [fence in horse-jumping] Hindernis *das* **- 3.** [rapid increase] Sprung *der* **- 4.** ***phr:*** **to keep one ~ ahead of sb** jm einen Schritt voraus sein <> *vt* **- 1.** [fence, stream] über|springen; **to ~ the rails** [train] entgleisen; **to ~ the queue** sich vor|drängen **- 2.** ***inf*** [attack] überfallen **- 3.** ***Am*** [train, bus] schwarz|fahren in (*+D*) <> *vi* **- 1.** [gen] springen; **to ~ over sthg** über etw *(A)* springen; **- 2.** [with fright, surprise] einen Satz machen; **you made me ~!** du hast mich erschreckt! **- 3.** [increase] sprunghaft an|steigen.

◆ **jump at** *vt fus* ***fig*** [opportunity] ergreifen.

◆ **jump in** *vi* herein|springen; **~ in!** [get in car] spring rein!

◆ **jump out** *vi* heraus|springen; **to ~ out (of) the window** aus dem Fenster springen.

◆ **jump up** *vi* [get up quickly] auf|springen.

jumped-up [ˈdʒʌmpt-] *adj* ***Br inf pej*** aufgeblasen.

jumper [ˈdʒʌmpəʳ] *n* **- 1.** ***Br*** [pullover] Pullover *der* **- 2.** ***Am*** [dress] Trägerkleid *das.*

jump jet *n* Senkrechtstarter *der.*

jump leads *npl* Starthilfekabel *pl.*

jump-start *vt* mit Starthilfe zünden.

jumpsuit [ˈdʒʌmpsuːt] *n* Overall *der.*

jumpy [ˈdʒʌmpɪ] (*compar* **-ier;** *superl* **-iest**) *adj* nervös.

Jun. - 1. (*abbr of* **June**) Jun. **- 2. = Junr.**

junction [ˈdʒʌŋkʃn] *n* [of roads] Kreuzung *die;* [of railway lines, pipes] Knotenpunkt *der;* [on motorway] Anschlussstelle *die.*

junction box *n* Verteilerkasten *der.*

juncture [ˈdʒʌŋktʃəʳ] *n* ***fml:*** **at this ~** zu diesem Zeitpunkt.

June [dʒuːn] *n* Juni *der; see also* **September.**

jungle [ˈdʒʌŋgl] *n* ***lit*** & ***fig*** Dschungel *der.*

jungle gym *n* ***Am*** Klettergerüst *das.*

junior [ˈdʒuːnɪəʳ] *adj* **- 1.** [younger] jünger **- 2.** [lower in rank] untergeordnet; **~ partner** Juniorpartner *der* **- 3.** ***Am*** [after name] junior <> *n* **- 1.** [person of lower rank] *Person niedrigen Ranges* **- 2.** [younger person] Jüngere *der, die;* **he is two years my ~** er ist zwei Jahre jünger als ich **- 3.** ***Am*** SCH & UNIV *Schüler/Student im vorletzten Jahr.*

junior doctor *n* Assistenzarzt *der*, -ärztin *die.*

junior high school *n* ***Am*** *Schule zwischen Grund- und Oberschule.*

junior school *n* ***Br*** Grundschule *die* (für 7- bis 11-jährige).

juniper [ˈdʒuːnɪpəʳ] *n* Wacholder *der.*

junk [dʒʌŋk] *n* **- 1.** ***inf*** [unwanted things] Ramsch *der* **- 2.** [boat] Dschunke *die* <> *vt* ***inf*** [car, appliance] verschrotten.

junket [ˈdʒʌŋkɪt] *n* **- 1.** [pudding] *süße Nachspeise aus Dickmilch* **- 2.** ***inf pej*** [trip] *Vergnügungsreise auf Staatskosten.*

junk food *n* ***pej*** *ungesundes Essen wie z. B. Fast Food, Chips, Süßigkeiten.*

junkie [ˈdʒʌŋkɪ] *n* ***drugs sl*** Junkie *der*, Fixer *der*, -in *die.*

junk mail *n (U)* ***pej*** Reklamemüll *der (der mit der Post kommt).*

junk shop *n* Trödelladen *der.*

Junr (*abbr of* **Junior**) jun.

Jupiter [ˈdʒuːpɪtəʳ] *n* [planet] Jupiter *der.*

jurisdiction [ˌdʒʊərɪsˈdɪkʃn] *n* [of court] Zuständigkeitsbereich *der.*

juror [ˈdʒʊərəʳ] *n* Geschworene *der, die.*

jury [ˈdʒʊərɪ] (*pl* **-ies**) *n* **- 1.** [in court of law]: **the ~** die Geschworenen *pl* **- 2.** [in contest] Jury *die.*

jury box *n* Geschworenenbank *die.*

jury service *n:* **to do ~** das Amt eines/einer Geschworenen aus|üben.

just [dʒʌst] *adv* **- 1.** [recently] gerade; **to have ~ done sthg** gerade etw getan haben; **he has ~ left** [gen] er ist gerade weggegangen; [in car] er ist gerade losgefahren **- 2.** [at this or that moment] gerade; **I was ~ about to pick up the**

phone, when ... ich wollte gerade den Hörer abnehmen, als ...; **we were ~ leaving, when ...** wir wollten gerade gehen, als ...; **~ as he was leaving** gerade als er wegging; **I'm ~ coming** ich komme schon **- 3.** [exactly] genau; **~ what I need** genau was ich brauche; **it's ~ as good** es ist genauso gut **- 4.** [only] nur; **~ a bit** nur ein bisschen; **~ over an hour** etwas über eine Stunde; **~ a minute!** einen Moment! **- 5.** [simply] einfach; '**~ add water**' 'nur Wasser zugeben' **- 6.** [almost not]: **(only) ~** gerade (noch) **- 7.** [for emphasis]: **~ look what you've done!** seh nur, was du gemacht hast!; **that's ~ marvellous** das ist einfach großartig **- 8.** [in requests]: **could you ~ open your mouth?** können Sie mal den Mund auf|machen? ◇ *adj* [fair] gerecht; **it's only ~** es ist nur recht und billig.

◆ **just about** *adv* [almost] fast.

◆ **just now** *adv* **- 1.** [a short time ago] gerade; **I was speaking to her ~ now** ich habe gerade mit ihr gesprochen **- 2.** [at this moment] im Moment.

justice ['dʒʌstɪs] *n (U)* **- 1.** [fairness] Gerechtigkeit *die* **- 2.** LAW [power of law] Justiz *die;* **to bring sb to ~** jn vor Gericht bringen **- 3.** [of cause, claim] Rechtmäßigkeit *die* **- 4.** [judge] Richter *der*, -in *die* **- 5.** *phr:* **to do ~ to sthg** [to job] etw *(D)* gerecht werden; [to meal] etw *(D)* gebührend zu|sprechen; **to do ~ to sb** jm gerecht werden; **to do o.s. ~** zeigen, was man kann.

Justice of the Peace (*pl* **Justices of the Peace**) *n* Friedensrichter *der*, -in *die*.

justifiable ['dʒʌstɪfaɪəbl] *adj* berechtigt.

justifiably ['dʒʌstɪfaɪəblɪ] *adv* zu Recht.

justification [ˌdʒʌstɪfɪ'keɪʃn] *n* Rechtfertigung *die*.

justify ['dʒʌstɪfaɪ] (*pt* & *pp* **-ied**) *vt* **- 1.** [gen] rechtfertigen; **how can you ~ spending so much money?** wie kannst du es rechtfertigen, so viel Geld ausgegeben zu haben? **- 2.** TYPO justieren; COMPUT aus|richten; **right/left justified** rechts-/linksbündig.

justly ['dʒʌstlɪ] *adv* zu Recht, mit Recht.

justness ['dʒʌstnɪs] *n* Gerechtigkeit *die*.

jut [dʒʌt] (*pt* & *pp* **-ted;** *cont* **-ting**) *vi:* **to ~ (out)** (her)vor|ragen.

juvenile ['dʒuːvənaɪl] *adj* **- 1.** LAW jugendlich; **~ crime** die Jugendkriminalität **- 2.** *pej* [childish] infantil ◇ *n* LAW Jugendliche *der, die*.

juvenile court *n* Jugendgericht *das*.

juvenile delinquent *n* jugendlicher Straftäter, jugendliche Straftäterin.

juxtapose [ˌdʒʌkstə'pəʊz] *vt:* **to ~ sthg with sthg** etw neben etw *(A)* stellen.

juxtaposition [ˌdʒʌkstəpə'zɪʃn] *n* Nebeneinanderstellung *die*.

K

k (*pl* **k's** *OR* **ks**), **K** (*pl* **K's** *OR* **Ks**) [keɪ] *n* [letter] k *das*, K *das*.

◆ **K** *n* **- 1.** (*abbr of* **kilobyte**) Kb *das* **- 2.** (*abbr of* **thousand**) Tsd.

kaftan ['kæftæn] *n* Kaftan *der*.

Kalahari Desert [ˌkælə'hɑːrɪ-] *n:* **the ~** die Kalahari-Wüste.

kale [keɪl] *n* Grünkohl *der*.

kaleidoscope [kə'laɪdəskəʊp] *n* Kaleidoskop *das*.

Kampuchea [ˌkæmpuː'tʃɪə] *n* Kamputschea *nt*.

kangaroo [ˌkæŋgə'ruː] *n* Känguruh *das*.

kaolin ['keɪəlɪn] *n* Kaolin *das*.

kaput [kə'pʊt] *adj inf* kaputt.

karaoke [kærɪ'əʊkiː] *n* Karaoke *das*.

karat ['kærət] *n Am* Karat *das*.

karate [kə'rɑːtɪ] *n* Karate *das*.

Kashmir [kæʃ'mɪə^r] *n* Kaschmir *nt*.

kayak ['kaɪæk] *n* Kajak *der*.

KB (*abbr of* **kilobyte(s)**) *n* COMPUT Kb *das*.

KC (*abbr of* **King's Counsel**) *n* Anwalt *der*, -wältin *die* der Krone.

kcal (*abbr of* **kilocalorie**) kcal.

kebab [kɪ'bæb] *n:* **(shish) ~** Kebab *der;* **(doner) ~** Gyros *der*.

kedgeree [ˌkedʒə'riː] *n Br Gericht aus Reis, Fisch und Eiern.*

keel [kiːl] *n* Kiel *der;* **to get sthg back on an even ~** etw wieder auf die Beine bringen.

◆ **keel over** *vi* [ship] kentern; [person] um|kippen.

keen [kiːn] *adj* **- 1.** [enthusiastic] begeistert; **to be ~ on sthg** etw sehr mögen; **to be ~ to do** *OR* **on doing sthg** etw unbedingt tun wollen; **she wasn't ~ on the idea** sie war von der Sache nicht angetan **- 2.** [interest, desire, competition] stark **- 3.** [edge] scharf; [eyesight, hearing] gut **- 4.** [wind] scharf.

keenly ['kiːnlɪ] *adv* **- 1.** [interested] stark; **~ contested** hart umkämpft **- 2.** [watch, listen] scharf.

keenness ['kiːnnɪs] *n* **- 1.** [enthusiasm] Begeisterung *die* **- 2.** [of interest, competition] Stärke *die* **- 3.** [of wind, blade] Schärfe *die;* **the ~ of his eyesight** sein gutes Sehvermögen.

keep [ki:p] (*pt* & *pp* **kept**) *vt* - **1.** [retain] behalten; **please ~ the change** bitte behalten Sie das Wechselgeld; **to ~ a seat for sb** einen Platz für jn freilhalten - **2.** [store] auf|-bewahren - **3.** [maintain] halten; **to ~ sb waiting** jn warten lassen; **to ~ sb awake** jn wach halten - **4.** [promise, appointment] einlhalten - **5.** [secret] für sich behalten; **to ~ sthg from sb** etw vor jm geheim halten - **6.** [delay]: **what kept you?** wo bist du denn so lang gewesen? - **7.** [record, diary] führen; **to ~ a note of sthg** etw auf|schreiben - **8.** [prevent]: **to ~ sb from doing sthg** jn davon abhalten, etw zu tun; **the noise kept me from sleeping** der Lärm ließ mich nicht schlafen - **9.** [own - farm animals] halten - **10.** *phr:* **they ~ themselves to themselves** sie bleiben für sich <> *vi* - **1.** [remain] bleiben; **to ~ fit** fit bleiben; **to ~ silent** schweigen; **to ~ warm** sich warm halten; **to ~ clear of sthg** etw freilhalten - **2.** [continue]: **to ~ doing sthg** [continuously] etw weiter tun; [repeatedly] etw dauernd tun; **to ~ going** [walking] weiterlgehen; [driving] weiterlfahren; [working] weiterlmachen; '**~ left**' 'links fahren'; **~ straight on** [walking] gehen Sie immer geradeaus; [driving] fahren Sie immer geradeaus - **3.** [food] sich halten - **4.** *Br* [in health]: **how are you ~ing?** wie geht es dir? <> *n* [food, lodging] Unterhalt *der;* **to earn one's ~** sein eigenes Brot verdienen.

◆ **for keeps** *adv* für immer.

◆ **keep at** *vt fus:* **to ~ at it** am Ball bleiben; **~ at it!** mach weiter!

◆ **keep back** *vt sep* - **1.** [information] verschweigen - **2.** [money] zurücklbehalten <> *vi* [stand back] zurücklbleiben.

◆ **keep down** *vt sep* - **1.** [prices] niedrig halten - **2.** [food] bei sich behalten.

◆ **keep off** *vt fus* [subject, food, drink] vermeiden; '**~ off the grass**' 'Rasen betreten verboten'.

◆ **keep on** *vi* - **1.** [continue]: **to ~ on doing sthg** [continuously] etw weiter tun; [repeatedly] etw dauernd tun - **2.** [talk incessantly]: **to ~ on (about sthg)** dauernd (über etw *(A)*) reden.

◆ **keep on at** *vt fus Br:* **to ~ on at sb** dauernd an jm herumlnörgeln.

◆ **keep out** *vt sep* nicht hereinllassen <> *vi:* '**~ out!**' 'Betreten verboten!'; **~ out of this!** misch dich nicht ein!

◆ **keep to** *vt fus* - **1.** [rule, promise, plan]: **to ~ to sthg** sich an etw *(A)* halten - **2.** [not deviate from]: **to ~ to the point** bei der Sache bleiben; **~ to the path!** auf dem Weg bleiben!

◆ **keep up** *vt sep* - **1.** [prevent from falling] halten; **a belt to ~ my trousers up** ein Gürtel, damit meine Hose nicht herunterlrutscht - **2.** [maintain - standards, friendship] aufrechtl-erhalten; [- house, garden] instand halten; **~ it up!** weiter so! - **3.** [prevent from going to bed]: **to ~ sb up** jn vom Schlafen ablhalten <> *vi* - **1.** [maintain pace, level] mitlhalten; **to ~ up with sb/sthg** mit jm/etw mithalten können; **to ~ up with the news** sich auf dem Laufenden halten - **2.** [stay in contact]: **to ~ up with sb** mit jm in Kontakt bleiben.

keeper ['ki:pə^r] *n* - **1.** [in zoo] Wärter *der*, -in *die* - **2.** [of museum] Kustos *der*.

keep-fit *Br n* Fitness *die* <> *comp* Fitness-.

keeping ['ki:pɪŋ] *n* - **1.** [care]: **in safe ~** sicher verwahrt; **for safe ~** zur Verwahrung - **2.** [conformity]: **to be in ~ with sthg** [regulations, decision] etw *(D)* entsprechen; [clothes, furniture, style] zu etw passen.

keepsake ['ki:pseɪk] *n* Andenken *das*.

keg [keg] *n* kleines Fass.

ken [ken] *n:* **it's beyond our ~** es entzieht sich unserer Kenntnis.

kennel ['kenl] *n* - **1.** [for dog] Hundehütte *die;* [for many dogs] Zwinger *der* - **2.** *Am* = **kennels**.

◆ **kennels** *npl Br* [for boarding pets] Tierpension *die*.

Kenya ['kenjə] *n* Kenia *nt*.

kept [kept] *pt* & *pp* ▷ **keep**.

kerb [kɜ:b] *n Br* Bordsteinkante *die*.

kerb crawler [-ˌkrɔ:lə^r] *n Br Freier, der langsam an der Straßenseite entlangfährt, um sich eine Prostituierte auszusuchen.*

kerbstone ['kɜ:bstəʊn] *n Br* Bordstein *der*.

kerfuffle [kə'fʌfl] *n Br inf* [noise] Lärm *der;* [fight] Rangelei *die*.

kernel ['kɜ:nl] *n* [of nut] Kern *der*.

kerosene ['kerəsi:n] *n* Petroleum *das*.

kestrel ['kestrəl] *n* Turmfalke *der*.

ketchup ['ketʃəp] *n* Ketschup *das* OR *der*.

kettle ['ketl] *n* Kessel *der;* **to put the ~ on** Wasser auf|setzen.

kettledrum ['ketldrʌm] *n* (Kessel)pauke *die*.

key [ki:] *n* - **1.** [gen] Schlüssel *der* - **2.** [of typewriter, computer, piano] Taste *die* - **3.** MUS Tonart *die* <> *adj* [main] Schlüssel-, wichtigste, -r, -s.

◆ **key in** *vt sep* einlgeben.

keyboard ['ki:bɔ:d] *n* - **1.** [of typewriter, computer] Tastatur *die*, Keyboard *das* - **2.** [of piano] Klaviatur *die*, Tastatur *die;* [of organ] Manual *das;* [of electric organ] Keyboard *das* <> *vt* einlgeben.

keyed up [ˌki:d-] *adj* aufgeregt, nervös.

keyhole ['ki:həʊl] *n* Schlüsselloch *das*.

keynote ['ki:nəʊt] *n* [main point] Hauptgedanke *der*.

keypad ['ki:pæd] *n* COMPUT Tastenfeld *das*.

key ring *n* Schlüsselring *der*.

keystone ['ki:stəʊn] *n* - **1.** [stone] Schlussstein *der* - **2.** [essential idea] Grundprinzip *das*.

keystroke ['ki:strəʊk] *n* COMPUT Drücken *das* (einer Taste).

kg (*abbr of* **kilogram**) kg.

KGB *n* KGB *der*.

khaki [ˈkɑːkɪ] *adj* kakifarben ◇ *n* - **1.** [colour] Kaki *das* - **2.** [cloth] Kaki *der*.

kHz (*abbr of* **kilohertz**) *n* kHz.

kibbutz [kɪˈbʊts] (*pl* **kibbutzim** [kɪbʊˈtsiːm] *OR* **-es**) *n* Kibbuz *der*.

kick [kɪk] *n* - **1.** [with foot] (Fuß)tritt *der* - **2.** *inf* [excitement]: **to do sthg for ~s** etw aus Spaß tun; **to get a ~ from sthg** an etw *(D)* Spaß haben - **3.** [of gun] Rückstoß *der;* **a drink that's got a ~** ein Drink, der es in sich hat ◇ *vt* - **1.** [with foot - gen] treten; [- ball] kicken; **I could have ~ed myself!** ich hätte mich ohrfeigen können! - **2.** *inf* [habit] auf|geben ◇ *vi* [person] treten; [baby] strampeln; [animal] aus|schlagen, treten.

◆ **kick about, kick around** *vi Br inf* [lie around] herum|hängen.

◆ **kick off** *vi* - **1.** FTBL an|stoßen - **2.** *inf fig* [start] an|fangen.

◆ **kick out** *vt sep inf* raus|schmeißen.

◆ **kick up** *vt fus inf:* **to ~ up a fuss** Ärger *OR* Theater machen.

kickoff [ˈkɪkɒf] *n* [in soccer] Anstoß *der;* [in American football] Kick-off *der*.

kick-start *vt* [motorbike] (mit dem Kickstarter) an|treten.

kid [kɪd] (*pt* & *pp* **-ded;** *cont* **-ding**) *n* - **1.** *inf* [child] Kind *das* - **2.** [young goat] Zicklein *das* - **3.** [leather] Glacéleder *das* ◇ *comp inf* [brother, sister] klein, jünger ◇ *vt inf* - **1.** [tease] veralbern - **2.** [delude]: **to ~ o.s.** sich *(D)* etwas vor|machen ◇ *vi inf:* **to be ~ding** Spaß machen; **you're ~ding!** das ist nicht dein Ernst!; **no ~ding!** im Ernst!, wirklich!

kiddie, kiddy [ˈkɪdɪ] (*pl* **-ies**) *n inf* Kleine *der, die*.

kid gloves *npl:* **to treat** *OR* **handle sb with ~** jn mit Samthandschuhen an|fassen.

kidnap [ˈkɪdnæp] (*Br pt* & *pp* **-ped;** *cont* **-ping,** *Am pt* & *pp* **-ed;** *cont* **-ing**) *vt* entführen, kidnappen.

kidnapper *Br,* **kidnaper** *Am* [ˈkɪdnæpəʳ] *n* Kidnapper *der*, -in *die*, Entführer *der*, -in *die*.

kidnapping *Br,* **kidnaping** *Am* [ˈkɪdnæpɪŋ] *n* Kidnapping *das*, Entführung *die*.

kidney [ˈkɪdnɪ] (*pl* **kidneys**) *n* Niere *die*.

kidney bean *n* Kidneybohne *die*.

kidney machine *n* künstliche Niere.

Kilimanjaro [ˌkɪlɪmənˈdʒɑːrəʊ] *n* Kilimandscharo *der*.

kill [kɪl] *vt* - **1.** [person, animal] töten; [murder] um|bringen; [plant] eingehen lassen; **to ~ o.s.** sich um|bringen; **my feet are ~ing me** *inf* meine Füße bringen mich um - **2.** *fig* [hope] zerstören; [conversation, desire] zum Erliegen bringen; [pain] ab|töten, betäuben; **to ~ time** Zeit tot|schlagen ◇ *vi* töten ◇ *n* - **1.** [killing]: **the lion made its ~** der Löwe erlegte sein Opfer; **to move in for the ~** *fig* zum entscheidenden Schlag aus|holen - **2.** [dead animal] Beute *die*.

◆ **kill off** *vt sep* - **1.** [cause death of] vernichten - **2.** *fig* [chances, hope] zunichte machen.

killer [ˈkɪləʳ] *n* - **1.** [person] Mörder *der*, -in *die* - **2.** [disease] tödliche Krankheit.

killer whale *n* Schwertwal *der*.

killing [ˈkɪlɪŋ] *adj* **inf** [very funny] urkomisch ◇ *n* - **1.** [murder] Tötung *die* - **2.** *inf* [profit]: **to make a ~** ein Riesengeschäft machen.

killjoy [ˈkɪldʒɔɪ] *n* Spielverderber *der*.

kiln [kɪln] *n* [for bricks, pottery] Brennofen *der;* [for hops] Darrofen *der*.

kilo [ˈkiːləʊ] (*pl* **-s**) (*abbr of* **kilogram**) *n* Kilo *das*.

kilo- [ˈkɪlə] *prefix* Kilo-.

kilobyte [ˈkɪləbaɪt] *n* Kilobyte *das*.

kilocalorie [ˈkɪləˌkælərɪ] *n* Kilokalorie *die*.

kilogram(me) [ˈkɪləgræm] *n* Kilogramm *das*.

kilohertz [ˈkɪləhɜːts] (*pl inv*) *n* Kilohertz *das*.

kilojoule [ˈkɪlədʒuːl] *n* Kilojoule *das*.

kilometre *Br* [ˈkɪləˌmiːtəʳ], **kilometer** *Am* [kɪˈlɒmɪtər] *n* Kilometer *der*.

kilowatt [ˈkɪləwɒt] *n* Kilowatt *das*.

kilt [kɪlt] *n* Kilt *der*, Schottenrock *der*.

kimono [kɪˈməʊnəʊ] (*pl* **-s**) *n* Kimono *der*.

kin [kɪn] *n* ▷ **kith.**

kind [kaɪnd] *adj* nett; **it's very ~ of you** es ist sehr nett von dir; **would you be so ~ as to ...?** könnten Sie bitte ...? ◇ *n* Art *die;* [of cheese, wine *etc*] Sorte *die;* **what ~ of music do you like?** welche Musik magst du?; **what ~ of car do you drive?** was für ein Auto hast du?; **~ of** *inf* irgendwie; **they're two of a ~** sie sind vom gleichen Schlag; **all ~s of animals** allerlei Tiere; **in ~** [payment] in Naturalien.

kindergarten [ˈkɪndəˌgɑːtn] *n* Kindergarten *der*.

kind-hearted [-ˈhɑːtɪd] *adj* gutherzig.

kindle [ˈkɪndl] *vt* - **1.** [fire] an|zünden - **2.** *fig* [idea, feeling] entflammen.

kindling [ˈkɪndlɪŋ] *n* Anmachholz *das*.

kindly [ˈkaɪndlɪ] (*compar* **-ier;** *superl* **-iest**) *adj* gütig, wohltätig ◇ *adv* - **1.** [speak, smile] freundlich; **to look ~ on sb/sthg** auf jn/etw freundlich blicken - **2.** [please] freundlicherweise - **3.** *phr:* **not to take ~ to sthg** etw nicht gut auf|nehmen.

kindness [ˈkaɪndnɪs] *n* - **1.** [gentleness] Freundlichkeit *die* - **2.** [helpful act] Gefälligkeit *die*.

kindred [ˈkɪndrɪd] *adj* ähnlich; **~ spirit** verwandte Seele.

kinetic [kɪˈnetɪk] *adj* kinetisch.

kinfolk(s) [ˈkɪnfəʊk(s)] *npl Am* = **kinsfolk.**

king [kɪŋ] *n* König *der*.

kingdom [ˈkɪŋdəm] *n* - **1.** [country] Königreich *das* - **2.** [of animals, plants] Reich *das*.

kingfisher [ˈkɪŋˌfɪʃəʳ] *n* Eisvogel *der*.

kingpin [ˈkɪŋpɪn] *n* - **1.** TECH Achsschenkelbolzen *der* - **2.** *fig* [person] Hauptperson *die*.

king prawn *n* Riesengarnele *die*.

king-size(d) [-saɪz(d)] *adj* King-size-.

kink [kɪŋk] *n* [in rope] Knick *der*.

kinky [ˈkɪŋkɪ] (*compar* **-ier**; *superl* **-iest**) *adj* **inf** abartig.

kinsfolk [ˈkɪnzfəʊk], **kinfolk(s)** *Am* *npl* (Bluts)verwandte *pl*.

kinship [ˈkɪnʃɪp] *n* Verwandtschaft *die*.

kiosk [ˈkiːɒsk] *n* - **1.** [small shop] Kiosk *der* - **2.** *Br* [telephone box] Telefonzelle *die*.

kip [kɪp] (*pt* & *pp* **-ped**; *cont* **-ping**) *Br inf* *n*: **to have a ~** eine Runde schlafen ◇ *vi* eine Runde schlafen.

kipper [ˈkɪpəʳ] *n* Räucherhering *der*.

kiss [kɪs] *n* Kuss *der*; **to give sb a ~** jm einen Kuss geben ◇ *vt* küssen; **to ~ sb goodbye** jn zum Abschied küssen ◇ *vi* sich küssen.

kiss of death *n* **fig: to be the ~ for sthg** etw *(D)* den Todesstoß versetzen.

kiss of life *n*: **the ~** die Mund-zu-Mund Beatmung.

kit [kɪt] (*pt* & *pp* **-ted**; *cont* **-ting**) *n* - **1.** [set] Ausrüstung *die*, Satz *der*; **repair ~** Flickzeug *das* - **2.** *(U)* [sports clothes] Sportsachen *pl* - **3.** [to be assembled] (Modell)baukasten *der*.

◆ **kit out** *vt sep* *Br* komplett OR vollständig aus|rüsten.

kit bag *n* [of soldier] Sturmgepäck *das*; [of seaman] Seesack *der*.

kitchen [ˈkɪtʃɪn] *n* Küche *die*.

kitchenette [ˌkɪtʃɪˈnet] *n* Kochnische *die*.

kitchen garden *n* Gemüsegarten *der*.

kitchen roll *n* Küchenkrepp *der*.

kitchen sink *n* Spülbecken *das*.

kitchen unit *n* Küchenelement *das*.

kite [kaɪt] *n* - **1.** [toy] Drachen *der* - **2.** [bird] Milan *der*.

Kite-mark *n* *Br* ≃ GS-Siegel *das*, *Prüfsiegel des Britischen Instituts für Normung auf Waren, welches deren Konformität mit Sicherheits- und Qualitätsstandards zertifiziert.*

kith [kɪθ] *n*: **~ and kin** Kind und Kegel.

kitten [ˈkɪtn] *n* Kätzchen *das*.

kitty [ˈkɪtɪ] (*pl* **-ies**) *n* - **1.** [for bills, drinks] Gemeinschaftskasse *die*; [in card games] Bank *die* - **2.** *inf* [cat] Kätzchen *das*.

kiwi [ˈkiːwiː] *n* - **1.** [bird] Kiwi *der* - **2.** *inf* [New Zealander] Neuseeländer *der*, -in *die*.

kiwi fruit *n* Kiwi *die*.

KKK *n abbr of* **Ku Klux Klan.**

klaxon [ˈklæksn] *n* Mehrklanghorn *das*.

Kleenex® [ˈkliːneks] *n* Tempo® *das*.

kleptomaniac [ˌkleptəˈmeɪnɪæk] *n* Kleptomane *der*, -nin *die*.

km (*abbr of* **kilometre**) km.

km/h (*abbr of* **kilometres per hour**) km/h.

knack [næk] *n* Trick *der*; **to have a** OR **the ~ of doing sthg** [ability] den Dreh raus|haben, etw zu tun; **he has a** OR **the ~ of turning up late** er hat das Talent, (immer) zu spät zu kommen.

knacker [ˈnækəʳ] *Br* *n* [horse slaughterer] Pferdeschlächter *der*, Abdecker *der* ◇ *vt* **inf** kaputt machen.

knackered [ˈnækəd] *adj* *Br inf* kaputt.

knapsack [ˈnæpsæk] *n* Rucksack *der*; MIL Tornister *der*.

knave [neɪv] *n* [playing card] Bube *der*.

knead [niːd] *vt* [dough, clay] kneten.

knee [niː] *n* Knie *das*; **to be on one's ~s** knien; **to go down on one's ~s** nieder|knien; **to bring sb to their ~s** jn in die Knie zwingen.

kneecap [ˈniːkæp] *n* Kniescheibe *die*.

knee-deep *adj* knietief.

knee-high *adj* kniehoch.

kneel [niːl] (*Br pt* & *pp* **knelt**, *Am pt* & *pp* **knelt** OR **-ed**) *vi* knien.

◆ **kneel down** *vi* nieder|knien.

knee-length *adj* knielang.

knees-up *n* *Br inf* [party] wilde Party.

knell [nel] *n* Totengeläute *das*; **to sound the ~ of sthg** *fig* das Ende einer Sache *(G)* ein|läuten.

knelt [nelt] *pt* & *pp* ▷ **kneel.**

knew [njuː] *pt* ▷ **know.**

knickers [ˈnɪkəz] *npl* - **1.** *Br* [underwear] Schlüpfer *der* - **2.** *Am* [knickerbockers] Knickerbockers *pl*.

knick-knacks [ˈnɪknæks] *npl* Nippsachen *pl*.

knife [naɪf] (*pl* **knives**) *n* Messer *das* ◇ *vt* ein|stechen auf *(+ A)*.

knight [naɪt] *n* - **1.** [gen] Ritter *der* - **2.** [in chess] Springer *der* ◇ *vt* in den Adelsstand erheben.

knighthood [ˈnaɪthʊd] *n*: **to get** OR **be given a ~** in den Adelsstand erhoben werden.

knit [nɪt] (*pt* & *pp* **knit** OR **-ted**; *cont* **-ting**) *adj*: **closely** OR **tightly ~** *fig* eng verbunden ◇ *vt* stricken ◇ *vi* - **1.** [with wool] stricken - **2.** [join] zusammen|wachsen.

knitted [ˈnɪtɪd] *adj* [scarf, hat] gestrickt.

knitting [ˈnɪtɪŋ] *n* *(U)* - **1.** [activity] Stricken *das* - **2.** [thing being knitted] Strickzeug *das*.

knitting needle *n* Stricknadel *die*.

knitting pattern *n* Strickmuster *das.*

knitwear ['nɪtweə^r] *n (U)* Strickwaren *pl.*

knives [naɪvz] *pl* ▷ **knife.**

knob [nɒb] *n* - **1.** [handle] Griff *der*, Knauf *der* - **2.** [on TV, radio] Knopf *der.*

knobbly *Br* ['nɒblɪ] (*compar* **-ier;** *superl* **-iest**), **knobby** *Am* ['nɒbɪ] (*compar* **-ier;** *superl* **-iest**) *adj* [surface] knorrig; [knees] knochig

knock [nɒk] *n* - **1.** [hit - on body] Schlag *der;* [- on door] Klopfen *das* - **2.** *inf* [piece of bad luck] Schlag *der* ◇ *vt* - **1.** [hit] (an|)schlagen, (an|)stoßen - **2.** *inf* [criticize] stark kritisieren ◇ *vi* - **1.** [on door]: **to ~ (at** *OR* **on)** klopfen (auf *OR* an *(+ A)*) - **2.** [car engine] klopfen.

◆ **knock about, knock around** *inf vt sep* [beat up] verprügeln ◇ *vi* - **1.** [wander about] sich herum|treiben - **2.** [spend time]: **to ~ about with sb** mit jm herum|hängen.

◆ **knock back** *vt sep inf* [drink] trinken; [drink quickly] herunter|stürzen.

◆ **knock down** *vt sep* - **1.** [pedestrian] an|fahren - **2.** [building] nieder|reißen - **3.** [price] herunter|handeln.

◆ **knock off** *vt sep* - **1.** [lower price by]: **he ~ed £5 off (the price)** er ließ 5 Pfund (vom Preis) nach - **2.** *Br inf* [steal] klauen ◇ *vi inf* [stop working] Feierabend machen.

◆ **knock out** *vt sep* - **1.** [make unconscious - subj: person, punch] k.o. schlagen; [- subj: drug] bewusstlos werden lassen - **2.** [from competition] aus|scheiden.

◆ **knock over** *vt sep* - **1.** [push over] um|stoßen; [person] um|werfen - **2.** [pedestrian] überfahren.

◆ **knock up** *vt sep* [produce hurriedly] schnell zusammen|schustern ◇ *vi* TENNIS sich *(D)* ein|spielen.

knocker ['nɒkə^r] *n* [on door] Türklopfer *der.*

knocking ['nɒkɪŋ] *n* - **1.** *(U)* [noise] Klopfen *das* - **2.** *inf* [criticism]: **to get** *OR* **take a ~** stark kritisiert werden.

knock-kneed [-'ni:d] *adj* X-beinig.

knock-on effect *n Br* Auswirkung *die.*

knockout ['nɒkaʊt] *n* - **1.** [in boxing] Knockout *der*, K.O. *der* - **2.** *inf* [sensation]: **she's a ~** sie ist toll.

knockout competition *n Br* Ausscheidungs(wett)kampf *der.*

knot [nɒt] (*pt* & *pp* **-ted;** *cont* **-ting**) *n* - **1.** [in rope, string] Knoten *der;* **to tie/untie a ~** einen Knoten machen/lösen - **2.** [of people] (Menschen)knäuel *das* - **3.** [in wood] Ast *der* - **4.** [ship's speed] Knoten *der* ◇ *vt* [rope, string] knoten.

knotted ['nɒtɪd] *adj* - **1.** [rope, handkerchief] geknotet - **2.** *phr:* **get ~!** *inf* vergiss es!

knotty ['nɒtɪ] (*compar* **-ier;** *superl* **-iest**) *adj* [difficult] verzwickt, knifflig.

know [nəʊ] (*pt* **knew;** *pp* **known**) *vt* - **1.** [fact, information] wissen; **as far as I ~** so viel ich weiß; **to let sb ~ sthg** jn etw wissen lassen - **2.** [person, place] kennen; **to get to ~ sb** jn kennen lernen - **3.** [language, skill] können; **to ~ how to do sthg** etw tun können - **4.** [recognize] erkennen - **5.** [call]: **to be ~n as** bekannt sein als - **6.** [distinguish] unterscheiden können; **to ~ right from wrong** Gut und Böse unterscheiden können ◇ *vi:* **I ~** das weiß ich; **to ~ about sthg** [understand] sich mit etw aus|kennen; [have heard about] etw wissen; **to ~ of** kennen von; **you ~** [for emphasis] weißt du; **there is no ~ing ...** niemand kann sagen ...; **you should have ~n better** das hättest du wissen müssen ◇ *n:* **to be in the ~** im Bilde sein.

know-all *n Br* Besserwisser *der*, -in *die.*

know-how *n* Know-how *das.*

knowing ['nəʊɪŋ] *adj* [look, smile] wissend.

knowingly ['nəʊɪŋlɪ] *adv* - **1.** [look, smile] wissend - **2.** [act] wissentlich.

know-it-all *n* = **know-all.**

knowledge ['nɒlɪdʒ] *n (U)* - **1.** [learning] Kenntnisse *pl*, Wissen *das;* **it's common ~ that ...** es ist allgemein bekannt, dass ... - **2.** [awareness] Wissen *das;* **I had no ~ of it** ich wusste nichts davon; **not to my ~** nicht, dass ich wüsste; **to the best of my ~** soweit *OR* soviel ich weiß.

knowledgeable ['nɒlɪdʒəbl] *adj* sachkundig; **to be ~ about sthg** in etw *(D)* bewandert sein.

known [nəʊn] *pp* ▷ **know** ◇ *adj* bekannt.

knuckle ['nʌkl] *n* - **1.** ANAT (Finger)knöchel *der* - **2.** [of meat] Haxe *die.*

◆ **knuckle down** *vi* sich dahinter klemmen; **to ~ down to sthg** sich hinter *(A)* etw klemmen.

◆ **knuckle under** *vi* sich unterwerfen.

knuckle-duster *n* Schlagring *der.*

KO (*abbr of* **knockout**) *n* K.O. *der.*

koala (bear) [kəʊ'ɑ:lə-] *n* Koala(bär) *der.*

kooky ['ku:kɪ] (*compar* **-ier;** *superl* **-iest**) *adj Am inf* verrückt.

Koran [kɒ'rɑ:n] *n:* **the ~** der Koran.

Korea [kə'rɪə] *n* Korea *nt.*

Korean [kə'rɪən] *adj* koreanisch ◇ *n* - **1.** [person] Koreaner *der*, -in *die* - **2.** [language] Koreanisch(e) *das.*

kosher ['kəʊʃə^r] *adj* koscher.

kowtow [ˌkaʊ'taʊ] *vi:* **to ~ (to sb)** [behave humbly] (vor jm) kriechen.

Kremlin ['kremlɪn] *n:* **the ~** der Kreml.

KS *abk für Kansas, in Postanschrift verwendet.*

Kuala Lumpur [ˌkwɑ:lə'lʊmpʊə^r] *n* Kuala Lumpur *nt.*

kudos ['kju:dɒs] *n* Prestige *das.*

Ku Klux Klan [ˌku:klʌks'klæn] *n:* **the ~** der Ku-Klux-Klan.

kung fu [ˌkʌŋ'fu:] *n* Kung-Fu *das.*

Kurd [kɜ:d] *n* Kurde *der,* -din *die.*

Kurdish ['kɜ:dɪʃ] *adj* kurdisch.

Kurdistan [ˌkɜ:dɪ'stɑ:n] *n* Kurdistan *nt.*

Kuwait [kʊ'weɪt] *n* **- 1.** [country] Kuwait *nt* **- 2.** [city] Kuwait-City *nt.*

Kuwaiti [kʊ'weɪtɪ] *adj* kuwaitisch ◇ *n* Kuwaiter *der,* -in *die.*

kW (*abbr of* **kilowatt**) kW.

kWh (*abbr of* **kilowatt-hour**) kWh.

KY *abk für Kentucky, in Postanschrift verwendet.*

L

l¹ (*pl* **l's** *OR* **ls**), **L** (*pl* **L's** *OR* **Ls**) [el] *n* [letter] l *das,* L *das.*

◆ **L - 1.** *abbr of* **lake - 2.** *abbr of* **large - 3.** *abbr of* **left - 4.** *abbr of* **learner.**

L

> Im Vereinigten Königreich zeigt ein rotes „L" am Kraftfahrzeug an, dass der Fahrer oder die Fahrerin die Fahrprüfung noch nicht absolviert hat und daher nur in Begleitung einer Person mit Führerschein ans Steuer darf.

l² (*abbr of* **litre**)l.

LA *n* (*abbr of* **Los Angeles**) Los Angeles *nt,* LA *nt* ◇ *abk für Louisiana, in Postanschrift verwendet.*

lab [læb] *n* ***inf*** Labor *das.*

label ['leɪbl] (*Br pt* & *pp* **-led;** *cont* **-ling,** ***Am*** *pt* & *pp* **-ed;** *cont* **-ing**) *n* **- 1.** [on bottle, clothing] Etikett *das;* [tied on] Anhänger *der;* [stuck on] Aufkleber *der* **- 2.** [of record] Label *das* ◇ *vt* **- 1.** [fix label to - bottle, clothing] etikettieren; [- with tied-on label] mit Anhänger versehen; [- with stuck-on label] mit Aufkleber versehen **- 2.** [describe]: **to ~ sb (as) sthg** jn als etw einlstufen.

labor *etc n* ***Am*** = **labour** *etc.*

laboratory [*Br* lə'bɒrətrɪ, ***Am*** 'læbrəˌtɔ:rɪ] (*pl* **-ies**) *n* Labor(atorium) *das* ◇ *comp* Labor-.

Labor Day *n* ***Am*** Tag der Arbeit *der (am ersten Montag im September).*

laborious [lə'bɔ:rɪəs] *adj* mühsam.

labor union *n* ***Am*** (Arbeiter)gewerkschaft *die.*

labour ***Br,*** **labor** ***Am*** ['leɪbəʳ] *n* **- 1.** [work] Arbeit *die* **- 2.** *(U)* [workers] Arbeiterschaft *die,* Arbeiter *pl* **- 3.** MED (Geburts)wehen *pl;* **to go into ~** in den Wehen liegen ◇ *vt:* **to ~ the point** darauf herumlreiten ◇ *vi* **- 1.** [work] arbeiten **- 2.** [struggle]: **to ~ at** *OR* **over sthg** sich mit etw plagen; **to ~ under a delusion** sich einer Täuschung hinlgeben.

◆ **Labour** ***Br*** POL *adj* Labour- ◇ *n* Labour Party *die.*

labour camp *n* Arbeitslager *das.*

labour costs *npl* Arbeitskosten *pl.*

laboured ***Br,*** **labored** ***Am*** ['leɪbəd] *adj* [breathing] schwer; [style] schwerfällig.

labourer ***Br,*** **laborer** ***Am*** ['leɪbərəʳ] *n* Arbeiter *der.*

labour force *n* Arbeiterschaft *die.*

labour-intensive *adj* arbeitsintensiv.

labour market *n* Arbeitsmarkt *der.*

labour of love *n:* **it was a ~** das habe ich aus Liebe zur Sache gemacht.

labour pains *npl* (Geburts)wehen *pl.*

Labour Party *n* ***Br:*** **the ~** die Labour Party.

labour relations *npl* Arbeitsbeziehungen *pl.*

laboursaving ***Br,*** **laborsaving** ***Am*** ['leɪbəˌseɪvɪŋ] *adj:* **~ device** arbeitssparende Vorrichtung.

Labrador ['læbrədɔ:ʳ] *n* [dog] Labrador *der.*

laburnum [lə'bɜ:nəm] *n* Goldregen *der.*

labyrinth ['læbərɪnθ] *n* Labyrinth *das.*

lace [leɪs] *n* **- 1.** *(U)* [material] Spitze *die* **- 2.** [for shoe] Schnürsenkel *der* ◇ *comp* Spitzen- ◇ *vt* **- 1.** [shoe, boot] (zu)schnüren **- 2.** [drink] mit einem Schuss Alkohol versetzen.

◆ **lace up** *vt sep* zulschnüren.

laceration [ˌlæsə'reɪʃn] *n* ***fml*** & MED Fleischwunde *die.*

lace-up *adj* [shoes] Schnür-, zum Schnüren ◇ *n* ***Br*** Schnürschuh *der.*

lack [læk] *n:* **~ (of)** Mangel *der* (an *(+ D)*); **for ~ of money** aus Geldmangel; **there is no ~ of** es mangelt nicht an *(+ D)* ◇ *vt:* **he ~s confidence/intelligence** es mangelt ihm an Selbstvertrauen/Intelligenz ◇ *vi:* **to be ~ing** fehlen; **he is ~ing in confidence/intelligence** es mangelt ihm an Selbstvertrauen/Intelligenz.

lackadaisical [ˌlækə'deɪzɪkl] *adj* ***pej*** lustlos.

lackey ['lækɪ] (*pl* **lackeys**) *n pej* Lakai *der*.

lacklustre *Br*, **lackluster** *Am* ['læk,lʌstəʳ] *adj* [performance] glanzlos; [person, party] langweilig.

laconic [lə'kɒnɪk] *adj* lakonisch.

lacquer ['lækəʳ] *n* - **1.** [for wood, metal] Lack *der* - **2.** [for hair] Haarspray *das* ◇ *vt* - **1.** [wood, metal] lackieren - **2.** [hair] mit Haarspray ein|sprühen.

lacrosse [lə'krɒs] *n* Lacrosse *das*.

lacy ['leɪsɪ] (*compar* **-ier;** *superl* **-iest**) *adj* Spitzen-.

lad [læd] *n inf* - **1.** [young boy] Junge *der* - **2.** [male friend] Kumpel *der*.

ladder ['lædəʳ] *n* - **1.** [for climbing] Leiter *die* - **2.** *Br* [in tights] Laufmasche *die* ◇ *vt Br*: **I've ~ed my tights** ich habe eine Laufmasche ◇ *vi Br* [tights] eine Laufmasche bekommen.

laden ['leɪdn] *adj*: **~ (with)** beladen (mit).

la-di-da [,lɑːdɪ'dɑː] *adj inf pej* affektiert.

ladies *Br* ['leɪdɪz], **ladies room** *Am n* Damentoilette *die*.

ladle ['leɪdl] *n* (Schöpf)kelle *die* ◇ *vt* (aus|)schöpfen.

lady ['leɪdɪ] (*pl* **-ies**) *n* - **1.** [woman] Dame *die* - **2.** [by birth or upbringing] Lady *die* - **3.** *Am inf* [to address woman]: **watch out, ~!** passen Sie auf! ◇ *comp*: **~ doctor** Ärztin; **~ dentist** Zahnärztin.

◆ **Lady** *n* - **1.** [member of nobility] Lady *die* - **2.** RELIG: **Our Lady** Unsere Liebe Frau.

ladybird *Br* ['leɪdɪbɜːd], **ladybug** *Am* ['leɪdɪbʌg] *n* Marienkäfer *der*.

lady-in-waiting [-'weɪtɪŋ] (*pl* **ladies-in-waiting**) *n* Hofdame *die*.

lady-killer *n inf* Frauenheld *der*.

ladylike ['leɪdɪlaɪk] *adj* damenhaft.

Ladyship ['leɪdɪʃɪp] *n*: **Her/Your ~** Ihre Ladyschaft.

lag [læg] (*pt* & *pp* **-ged;** *cont* **-ging**) *vi*: **to ~ (behind)** zurück|bleiben ◇ *vt* isolieren ◇ *n* [time lag] zeitliche Verzögerung.

lager ['lɑːgəʳ] *n* helles Bier.

lagging ['lægɪŋ] *n (U)* [material] Isoliermaterial *das*.

lagoon [lə'guːn] *n* Lagune *die*.

lah-di-dah *adj* = **la-di-da**.

laid [leɪd] *pt* & *pp* ▷ **lay**.

laid-back *adj inf* gelassen.

lain [leɪn] *pp* ▷ **lie**.

lair [leəʳ] *n* Lager *das*.

laissez-faire [,leɪseɪ'feəʳ] *adj* Laissez-faire-.

laity ['leɪətɪ] *n* RELIG: **the ~** der Laienstand.

lake [leɪk] *n* See *der*.

Lake Constance [-'kɒnstəns] *n* Bodensee *der*.

Lake District *n*: **the ~** der Lake District, *Seenlandschaft in Nordwestengland*.

Lake Geneva *n* Genfer See.

lama ['lɑːmə] (*pl* **-s**) *n* [animal] Lama *das*.

lamb [læm] *n* Lamm *das*.

lambast [læm'bæst], **lambaste** [læm'beɪst] *vt* scharf kritisieren.

lamb chop *n* Lammkotelett *das*.

lambing ['læmɪŋ] *n* Lammen *das*.

lambskin ['læmskɪn] *n* Lammfell *das*.

lambswool ['læmzwʊl] *n* Lammwolle *die*.

lame [leɪm] *adj* **lit** & **fig** lahm.

lame duck *n* - **1.** *fig* [person] lahme Ente; [business] unrentables Unternehmen - **2.** *Am* [president] *US-Präsident, der nicht wiedergewählt werden kann bzw. die Wahlen verloren hat und bis zur Wahl eines Nachfolgers im Amt bleibt.*

lamely ['leɪmlɪ] *adv* [unconvincingly] nicht überzeugend.

lament [lə'ment] *n* Klage *die*; [song] Klagelied *das* ◇ *vt* beklagen.

lamentable ['læməntəbl] *adj* beklagenswert.

laminated ['læmɪneɪtɪd] *adj* geschichtet; **~ glass** Verbundglas *das*.

lamp [læmp] *n* Lampe *die*; [on street] Laterne *die*.

lamplight ['læmplaɪt] *n (U)*: **by ~** [read] bei Lampenlicht; **in the ~** [in street] im Schein der Laterne.

lampoon [læm'puːn] *n* Spottschrift *die* ◇ *vt* verspotten.

lamppost ['læmppəʊst] *n* Laternenpfahl *der*.

lampshade ['læmpʃeɪd] *n* Lampenschirm *der*.

lance [lɑːns] *n* [spear] Lanze *die* ◇ *vt* MED auf|schneiden.

lance corporal *n* Hauptgefreite *der*, *die*.

lancet ['lɑːnsɪt] *n* MED Lanzette *die*.

Lancs [læŋks] *abk für Lancashire, in Postanschrift verwendet.*

land [lænd] *n* - **1.** [gen] Land *das* - **2.** [property] Land *das*, Boden *der* ◇ *vt* - **1.** [plane] landen - **2.** [cargo] löschen; [passengers] ab|setzen - **3.** [fish] an Land ziehen - **4.** *inf* [job, contract] kriegen - **5.** *inf* [put]: **to ~ sb in trouble/jail** jn in Schwierigkeiten/ins Gefängnis bringen - **6.** *inf* [encumber]: **to ~ sb with sb/sthg** jm jn/etw auf|halsen ◇ *vi* - **1.** [plane, passenger] landen; [from ship] an Land gehen - **2.** [fall] fallen.

◆ **land up** *vi inf* [in place] landen; [in situation] enden.

landed gentry [,lændɪd-] *npl* Landadel *der*.

landing ['lændɪŋ] *n* - **1.** [between stairs] Treppenabsatz *der;* [at top of stairs] Flur *der* **- 2.** [of aeroplane] Landung *die* **- 3.** [of goods from ship] Löschung *die.*

landing card *n* Einreisekarte *die.*

landing craft *n* Landungsboot *das.*

landing gear *n (U)* Fahrgestell *das.*

landing stage *n* Landungsbrücke *die.*

landing strip *n* Landebahn *die.*

landlady ['lænd,leɪdɪ] (*pl* **-ies**) *n* **- 1.** [of pub] Wirtin *die* **- 2.** [of lodgings] Vermieterin *die.*

landlocked ['lændlɒkt] *adj:* **~ country** Binnenstaat *der;* **to be ~** vom Land umschlossen sein.

landlord ['lændlɔːd] *n* **- 1.** [of pub] Wirt *der* **- 2.** [of lodgings] Vermieter *der.*

landmark ['lændmɑːk] *n* **- 1.** [prominent feature] Wahrzeichen *das* **- 2.** ***fig*** [in history] Meilenstein *der.*

landmine ['lændmaɪn] *n* Landmine *die.*

landowner ['lænd,əʊnəʳ] *n* Grundbesitzer *der.*

Land Rover® [-,rəʊvəʳ] *n* Land Rover® *der.*

landscape ['lændskeɪp] *n* **- 1.** [scenery] Landschaft *die* **- 2.** [painting] Landschaftsbild *das* ◇ *vt* gärtnerisch gestalten.

landscape gardener *n* Landschaftsgärtner *der,* -in *die.*

landslide ['lændslaɪd] *n* ***lit*** & ***fig*** Erdrutsch *der* ◇ *comp* POL [victory] Erdrutsch-.

landslip ['lændslɪp] *n* Erdrutsch *der.*

lane [leɪn] *n* **- 1.** [country road] (enge) Landstraße **- 2.** [division of road] Fahrspur *die,* Fahrstreifen *der;* '**get in ~**' 'Bitte einordnen'; '**keep in ~**' 'Auf der Fahrspur bleiben' **- 3.** [in swimming pool, on racetrack] Bahn *die* **- 4.** [for shipping] Schifffahrtsweg *der;* [for aircraft] Flugroute *die.*

language ['læŋgwɪdʒ] *n* Sprache *die;* **bad ~** Kraftausdrücke *pl.*

language laboratory *n* Sprachlabor *das.*

languid ['læŋgwɪd] *adj* [gesture] lässig; [person] träge.

languish ['læŋgwɪʃ] *vi* **- 1.** [suffer] schmachten **- 2.** [become weak - person, plant] verkümmern.

languorous ['læŋgərəs] *adj* ***literary*** [feeling] wohlig; [person] träge.

lank [læŋk] *adj* [hair] strähnig.

lanky ['læŋkɪ] (*compar* **-ier;** *superl* **-iest**) *adj* schlaksig.

lanolin(e) ['lænəlɪn] *n (U)* Lanolin(fett) *das.*

lantern ['læntən] *n* Laterne *die.*

Laos [laʊs] *n* Laos *nt.*

lap [læp] (*pt* & *pp* **-ped;** *cont* **-ping**) *n* **- 1.** [knees] Schoß *der* **- 2.** SPORT Runde *die* ◇ *vt* **- 1.** [subj: animal] (aufl)schlecken **- 2.** SPORT [runner, car] überrunden ◇ *vi* [water, waves] plätschern.

◆ **lap up** *vt sep* **- 1.** [subj: animal] (aufl)schlecken **- 2.** ***fig*** [compliments] genießen.

laparoscopy [,læpə'rɒskəpɪ] (*pl* **-ies**) *n* Laparoskopie *die.*

lapdog ['læpdɒg] *n* [dog] Schoßhündchen *das.*

lapel [lə'pel] *n* Revers *das.*

Lapland ['læplænd] *n* Lappland *nt.*

Lapp [læp] *adj* lappländisch ◇ *n* **- 1.** [person] Lappe *der,* Läppin *die* **- 2.** [language] Lappländisch(e) *das.*

lapse [læps] *n* **- 1.** [failing]: **~ of concentration** Konzentrationsschwäche *die;* **memory ~** Gedächtnislücke *die* **- 2.** [in behaviour] Lapsus *der* **- 3.** [of time]: **after a ~ of three years** nach drei Jahren ◇ *vi* **- 1.** [licence, passport] ablaufen; [law] nicht mehr gelten; [custom] auslsterben **- 2.** [standards] verfallen; [quality] sich verschlechtern **- 3.** [subj: person]: **to ~ into sthg** in etw *(A)* verfallen; [coma] in etw *(A)* fallen.

lapsed [læpst] *adj* [Catholic, Jew] (vom Glauben) abgefallen.

lap-top (computer) *n* Laptop *der.*

larceny ['lɑːsənɪ] *n (U)* Diebstahl *der.*

larch [lɑːtʃ] *n* Lärche *die.*

lard [lɑːd] *n* Schweineschmalz *das.*

larder ['lɑːdəʳ] *n* [room] Vorratsraum *der;* [cupboard] Vorratsschrank *der.*

large [lɑːdʒ] *adj* groß; [person] korpulent.

◆ **at large** *adj:* **to be at ~** [prisoner] auf freiem Fuß sein; [animal] frei herumllaufen ◇ *adv* [as a whole]: **society/the world at ~** die ganze Gesellschaft/Welt.

largely ['lɑːdʒlɪ] *adv* zum größten Teil.

larger-than-life ['lɑːdʒəʳ-] *adj:* **a ~ character** eine auffallende Persönlichkeit.

large-scale *adj* **- 1.** [wide-ranging - operation] großangelegt; [- investment] in großem Rahmen **- 2.** [map, diagram] in großem Maßstab.

largesse, largess *Am* [lɑː'dʒes] *n (U)* Großzügigkeit *die.*

lark [lɑːk] *n* **- 1.** [bird] Lerche *die* **- 2.** ***inf*** [joke] Jux *der;* **for a ~** (nur) aus Jux.

◆ **lark about** *vi* herumlalbern.

larva ['lɑːvə] (*pl* **-vae** [-viː]) *n* Larve *die.*

laryngitis [,lærɪn'dʒaɪtɪs] *n (U)* Kehlkopfentzündung *die.*

larynx ['lærɪŋks] (*pl* **-es**) *n* Kehlkopf *der.*

lasagna, lasagne [lə'zænjə] *n (U)* Lasagne *pl.*

lascivious [lə'sɪvɪəs] *adj* lüstern.

laser ['leɪzəʳ] *n* Laser *der.*

laser beam *n* Laserstrahl *der.*

laser printer *n* Laserdrucker *der.*

laser show *n* Lasershow *die.*

lash [læʃ] *n* - **1.** [eyelash] Wimper *die* - **2.** [part of whip] Peitschenriemen *der* - **3.** [blow with whip] Peitschenhieb *der* <> *vt* - **1.** [whip as punishment] auslpeitschen - **2.** [subj: wind, rain, waves] peitschen gegen - **3.** [tie]: **to ~ sthg to sthg** etw an etw *(D)* festlbinden.

◆ **lash out** *vi* - **1.** [physically] um sich schlagen; **to ~ out at** *OR* **against sb** auf jn einlschlagen *OR* loslschlagen - **2.** [verbally]: **to ~ out at** *OR* **against sb** Schimpftiraden auf jn losllassen, jn beschimpfen - **3.** *Br inf* [spend money]: **to ~ out (on sthg)** sich (wegen etw) in Unkosten stürzen.

lass [læs] *n* Mädel *das*.

lasso [læ'suː] (*pl* **-s;** *pt* & *pp* **-ed;** *cont* **-ing**) *n* Lasso *das* <> *vt* mit dem Lasso einlfangen.

last [lɑːst] *adj* letzte, -r, -s; **~ Tuesday** letzten Dienstag; **~ but one** vorletzte, -r, -s; **you're the ~ person I expected to see** du bist der Letzte, den ich hier zu sehen erwartet habe; **that's the ~ thing I want** das ist das Letzte, was ich will <> *adv* zuletzt <> *pron:* **to be the ~ to arrive/sit down/***etc* als Letzte(r) anlkommen/sich hinlsetzen/*etc;* **I'm always the ~ to be told** ich bin immer der Letzter, der etwas erfährt; **to leave sthg till ~** etw bis zuletzt auflschieben; **the Saturday before ~** vorletzten Samstag; **the ~ but one** der/die/das Vorletzte <> *n* [final thing]: **the ~ I saw/heard of him** das Letzte, was ich von ihm sah/hörte <> *vi* - **1.** [continue to exist or function] dauern; [shoes] halten; [luck, feeling] anlhalten - **2.** [keep fresh] sich halten - **3.** [be enough for]: **this will ~ a week** das wird für eine Woche reichen <> *vt* - **1.** [be enough for]: **this will ~ us till Friday** das wird bis Freitag reichen - **2.** [survive]: **she won't ~ the week** [dying person] sie wird die Woche nicht überleben; [incompetent worker] sie wird sich nicht länger als eine Woche halten können.

◆ **at (long) last** *adv* endlich.

last-ditch *adj* allerletzte, -r, -s.

lasting ['lɑːstɪŋ] *adj* [peace] dauerhaft; [effect, mistrust] anhaltend.

lastly ['lɑːstlɪ] *adv* zum Schluss.

last-minute *adj* in letzter Minute; [flight, ticket] Last-Minute-.

last name *n* Familienname *der*.

last post *n* - **1.** [postal collection] letzte Leerung - **2.** MIL Zapfenstreich *der*.

last rites *npl* Sterbesakramente *pl*.

last straw *n:* **it was the ~** das brachte das Fass zum Überlaufen.

Last Supper *n:* **the ~** das letzte Abendmahl.

last word *n:* **to have the ~** das letzte Wort haben.

latch [lætʃ] *n* Riegel *der;* **on the ~** (nur) eingeklinkt, nicht verschlossen.

◆ **latch onto** *vt fus inf* [idea] ablfahren auf; [person] sich hängen an.

latchkey ['lætʃkiː] (*pl* **-s**) *n* [of house] Hausschlüssel *der;* [of apartment] Wohnungsschlüssel *der*.

late [leɪt] *adj* - **1.** [not on time]: **to be ~** [person] zu spät dran sein; [train, bus] Verspätung haben; **to be ~ for sthg** zu etw zu spät kommen - **2.** [near end of]: **in the ~ evening/afternoon/morning** am späten Abend/Nachmittag/Vormittag; **he arrived in ~ December** er kam Ende Dezember - **3.** [later than normal] spät - **4.** [dead] verstorben - **5.** [former] vorige <> *adv* - **1.** [not on time]: **to arrive (20 minutes) ~** [bus, train] (20 Minuten) Verspätung haben; [person] (20 Minuten) zu spät kommen - **2.** [later than normal, near end of period] spät; **~ in the afternoon** am späten Nachmittag; **~ in August** Ende August; **I worked ~** ich habe lange gearbeitet.

◆ **of late** *adv* in letzter Zeit.

latecomer ['leɪtˌkʌməʳ] *n* Zuspätkommende *der, die*.

lately ['leɪtlɪ] *adv* in letzter Zeit.

lateness ['leɪtnɪs] *n (U)* - **1.** [of person] Zuspätkommen *das;* [of train] Verspätung *die* - **2.** [advanced hour]: **the ~ of the meeting** der späte Beginn des Treffens.

late-night *adj* nächtlich; [television programme] Nacht-; **~ chemist** Nachtapotheke *die;* **Thursday is ~ opening** donnerstags haben die Geschäfte länger geöffnet.

latent ['leɪtənt] *adj* latent vorhanden.

later ['leɪtəʳ] *adj* später <> *adv:* **~ (on)** später.

lateral ['lætərəl] *adj* seitlich.

latest ['leɪtɪst] *adj* [most recent] neueste, -r, -s <> *n:* **at the ~** spätestens.

latex ['leɪteks] *n (U)* Latex *der* <> *comp* Latex-.

lath [lɑːθ] *n* Latte *die*.

lathe [leɪð] *n* Drehbank *die*.

lather ['lɑːðəʳ] *n* (Seifen)schaum *der* <> *vt* einlseifen <> *vi* schäumen.

Latin ['lætɪn] *adj* - **1.** [temperament] südländisch - **2.** [studies, student] Latein- <> *n* [language] Latein(isch) *das*.

Latin America *n* Lateinamerika *nt*.

Latin American *adj* lateinamerikanisch <> *n* [person] Lateinamerikaner *der*, -in *die*.

latitude ['lætɪtjuːd] *n* - **1.** GEOGR Breite *die* - **2.** *fml* [freedom] Freiheit *die*.

latrine [lə'triːn] *n* Latrine *die*.

latter ['lætəʳ] *adj* - **1.** [later - years] spätere; **in the ~ part of the century** in der zweiten Hälfte des Jahrhunderts - **2.** [second] zweite, -r, -s; [opposed to former] letzte, -r, -s <> *n:* **the ~** der/die/das Letztere.

latter-day *adj* modern.

latterly [ˈlætəlɪ] *adv* in letzter Zeit.

lattice [ˈlætɪs] *n* Gitter *das*.

lattice window *n* Gitterfenster *das*.

Latvia [ˈlætvɪə] *n* Lettland *nt*.

Latvian [ˈlætvɪən] *adj* lettisch <> *n* - **1.** [person] Lette *der*, -tin *die* - **2.** [language] Lettisch(e) *das*.

laudable [ˈlɔːdəbl] *adj* lobenswert.

laugh [lɑːf] *n* - **1.** [sound] Lachen *das*; **to have the last ~** der sein, der zuletzt lacht - **2.** *inf* [fun, joke] Spaß *der*; **to do sthg for ~s** *OR* **a ~** etw aus *OR* zum Spaß machen <> *vi* lachen.

◆ **laugh at** *vt fus* [mock] sich lustig machen über *(+ A)*.

◆ **laugh off** *vt sep* [dismiss] mit einem Lachen ab|tun.

laughable [ˈlɑːfəbl] *adj* ***pej*** lächerlich.

laughing gas [ˈlɑːfɪŋ-] *n (U)* Lachgas *das*.

laughingstock [ˈlɑːfɪŋstɒk] *n* Zielscheibe *die* des Spotts.

laughter [ˈlɑːftəʳ] *n* Gelächter *das*.

launch [lɔːntʃ] *n* - **1.** [of new ship] Stapellauf *der* - **2.** [into air - of missile] Abschuss *der*; **when is the (rocket) ~?** wann wird die Rakete in den Weltraum geschossen? - **3.** [start] Beginn *der* - **4.** COMM [of new book, product] Lancieren *das* - **5.** [boat] Barkasse *die* <> *vt* - **1.** [into water - boat] zu Wasser lassen; [- new ship] vom Stapel lassen - **2.** [into air - space rocket, satellite] in den Weltraum schießen; [- missile] ab|schießen - **3.** [start - campaign] beginnen; **to ~ an attack** an|fangen anzugreifen - **4.** COMM [new book, product] lancieren.

◆ **launch into** *vt fus*: **to ~ into an explanation** plötzlich Erklärungen ab|geben; **to ~ into an argument** plötzlich an|fangen, sich zu streiten.

launch(ing) pad [ˈlɔːntʃ(ɪŋ)-] *n* [for rocket, missile, satellite] Abschussrampe *die*.

launder [ˈlɔːndəʳ] *vt* - **1.** [clothes] waschen und bügeln - **2.** *inf* [money] waschen.

laund(e)rette [lɔːnˈdret], **Laundromat**® *Am* [ˈlɔːndrəmæt] *n* Waschsalon *der*.

laundry [ˈlɔːndrɪ] (*pl* **-ies**) *n* - **1.** *(U)* [clothes] Wäsche *die* - **2.** [business] Wäscherei *die*.

laundry basket *n* Wäschekorb *der*.

laureate [ˈlɔːrɪət] *n* ▷ **poet laureate**.

laurel [ˈlɒrəl] *n* Lorbeer *der*.

◆ **laurels** *npl*: **to rest on one's ~s** sich auf seinen Lorbeeren aus|ruhen.

lava [ˈlɑːvəl] *n* Lava *die*.

lavatory [ˈlævətrɪ] (*pl* **-ies**) *n* Toilette *die*.

lavatory paper *n* ***Br*** Toilettenpapier *das*.

lavender [ˈlævəndəʳ] *adj* [colour] lavendelblau <> *n* - **1.** [plant] Lavendel *der* - **2.** [colour] Lavendelblau *das*.

lavish [ˈlævɪʃ] *adj* - **1.** [generous] großzügig; **to be ~ with sthg** [with money, time] mit etw großzügig sein; **she's ~ with her praise** sie spart nicht mit ihrem Lob - **2.** [sumptuous - decoration] aufwendig; [- banquet] üppig <> *vt*: **to ~ sthg on sb/sthg** [praise, attention, money] jn mit etw förmlich überhäufen.

lavishly [ˈlævɪʃlɪ] *adv* - **1.** [generously - praise] überschwenglich; [- entertain] üppig - **2.** [sumptuously] aufwendig.

law [lɔː] *n* - **1.** [legislation, rule, natural or scientific principle] Gesetz *das*; **to become ~** rechtskräftig werden; **to break the ~** das Gesetz brechen; **against the ~** gesetzeswidrig; **~ and order** Recht und Ordnung; **the ~ of the jungle** das Gesetz des Dschungels - **2.** *(U)* [legal system]: **(the) ~** das Recht - **3.** [subject studied] Jura - **4.** *(U)* ***inf*** [police]: **the ~** die Polente - **5.** ***phr***: **he's been laying down the ~ again** er musste uns mal wieder sagen, was wir zu tun haben <> *comp* Jura-; **a ~ firm** eine Anwaltskanzlei.

law-abiding [-əˈbaɪdɪŋ] *adj* gesetzestreu.

law-breaker [-ˌbreɪkəʳ] *n* Rechtsbrecher *der*, -in *die*.

law court *n* Gericht *das*.

lawful [ˈlɔːfʊl] *adj* ***fml*** rechtmäßig.

lawfully [ˈlɔːfʊlɪ] *adv* ***fml*** auf legalem Wege.

lawless [ˈlɔːlɪs] *adj* - **1.** ***fml*** [illegal] gesetzeswidrig - **2.** [without laws] gesetzlos.

Law Lords *npl* ***Br*** LAW: **the ~** *Mitglieder des britischen Oberhauses, die den Obersten Gerichtshof repräsentieren, ähnlich dem Deutschen Bundesgerichtshof.*

lawmaker [ˈlɔːˌmeɪkəʳ] *n* Gesetzgeber *der*.

lawn [lɔːn] *n* Rasen *der*.

lawnmower [ˈlɔːnˌməʊəʳ] *n* Rasenmäher *der*.

lawn party *n* ***Am*** Gartenparty *die*.

lawn tennis *n* Rasentennis *das*.

law school *n* juristische Fakultät.

lawsuit [ˈlɔːsuːt] *n* Klage *die*.

lawyer [ˈlɔːjəʳ] *n* (Rechts)anwalt *der*, -anwältin *die*.

lax [læks] *adj* lax; [discipline] lasch; [behaviour] locker.

laxative [ˈlæksətɪv] *n* Abführmittel *das*.

laxity [ˈlæksɪtɪ], **laxness** [ˈlæksnɪs] *n (U)* Laxheit *die*; [in work] Nachlässigkeit *die*.

lay [leɪ] (*pt* & *pp* **laid**) *pt* ▷ **lie** <> *vt* - **1.** [in specified position] legen - **2.** [prepare - trap, snare] auf|stellen; [- plans] schmieden; **to ~ the table** den Tisch decken - **3.** [carpet, cable, pipes] verlegen; [bricks, foundations] legen - **4.** [egg] legen - **5.**: **to ~ the blame (for sthg) on sb** jm die Schuld (für etw) geben; **to ~ emphasis on sthg** Wert auf etw *(A)* legen <> *adj* - **1.** RELIG Laien-

- 2. [untrained, unqualified] laienhaft; **~ person** Laie *der.*

◆ **lay aside** *vt sep* **- 1.** [save - food, money] zur Seite legen **- 2.** [knitting, book] weg|legen; [plans] auf Eis legen.

◆ **lay before** *vt sep* [present]: **to ~ sthg before sb** jm etw vor|legen.

◆ **lay down** *vt sep* **- 1.** [regulations] auf|stellen, fest|setzen; **the guidelines lay down that ...** die Richtlinien schrieben vor, dass ... **- 2.** [arms, tools] nieder|legen.

◆ **lay into** *vt fus* ***inf*** [attack - physically] los|gehen auf *(+ A)*; [- verbally] herunter|putzen.

◆ **lay off** *vt sep* [workers] entlassen ◇ *vt fus* ***inf*** **- 1.** [leave alone] in Ruhe lassen **- 2.** [stop, give up]: **to ~ off alcohol/cigarettes** mit dem Trinken/Rauchen auf|hören; **~ off kicking that chair!** hör auf, gegen den Stuhl zu treten!

◆ **lay on** *vt sep* ***Br*** [provide, supply] sorgen für.

◆ **lay out** *vt sep* **- 1.** [clothes, tools, ingredients] bereit|legen **- 2.** [garden, house, town] planen.

◆ **lay over** *vi* ***Am*** einen Zwischenstopp ein|legen.

layabout ['leɪəbaʊt] *n* ***Br inf*** Faulenzer *der.*

lay-by (*pl* **-s**) *n* ***Br*** [small] Parkbucht *die;* [large] Rastplatz *der.*

layer ['leɪə^r] *n* **- 1.** [of substance, material] Schicht *die;* **she wore several ~s of clothes** sie trug mehrere Kleider übereinander **- 2.** ***fig*** [level] Ebene *die.*

layette [leɪ'et] *n* Babyausstattung *die.*

layman ['leɪmən] (*pl* **-men** [-mən]) *n* RELIG & ***fig*** Laie *der.*

lay-off *n:* **there will be ~s at the factory** es wird in den Fabrik zu Entlassungen kommen.

layout ['leɪaʊt] *n* [of house] Raumaufteilung *die;* [of garden] Anlage *die;* [of text] Layout *das.*

layover ['leɪəʊvə^r] *n* ***Am*** Zwischenstopp *der.*

laze [leɪz] *vi:* **to ~ (about** *OR* **around)** (herum|)-faulenzen.

lazily ['leɪzɪlɪ] *adv* [sit] faul; [yawn, speak, stroll] träge.

laziness ['leɪzɪnɪs] *n (U)* Faulheit *die.*

lazy ['leɪzɪ] (*compar* **-ier;** *superl* **-iest**) *adj* **- 1.** [person] faul **- 2.** [action] träge.

lazybones ['leɪzɪbəʊnz] (*pl inv*) *n* Faulpelz *der.*

lb *abbr of* **pound.**

L/C (*abbr of* **letter of credit**) Kreditbrief *der.*

LCD (*abbr of* **liquid crystal display**) *n* LCD; **~ display** LCD-Anzeige.

L-driver *n* ***Br*** *abbr of* **learner driver.**

LEA (*abbr of* **local education authority**) *n* ≃ Schulamt *das.*

lead[1] [li:d] (*pt* & *pp* **led**) *n* **- 1.** *(U)* [winning position] Führung *die;* **to be in** *OR* **have the ~** in Führung liegen **- 2.** [amount ahead] Vorsprung *der* **- 3.** *(U)* [initiative, example]: **to take the ~** [do sthg first] mit gutem Beispiel voran|gehen; **I followed his ~** ich folgte seinem Beispiel **- 4.** *(U)* [stage or film role]: **the ~** die Hauptrolle **- 5.** [clue] Anhaltspunkt *der* **- 6.** [for dog] Leine *die* **- 7.** [wire, cable] Kabel *das* ◇ *adj* [most important]: **~ singer** Leadsänger *der,* -in *die;* **~ actor** Hauptdarsteller *der;* **~ story** Leitartikel *der* ◇ *vt* **- 1.** [procession, parade] an|führen **- 2.** [person, existence] führen; **to ~ the way** ***lit*** voran|gehen; **America ~s the way in space technology** Amerika ist führend im Bereich der Weltraumtechnologie **- 3.** [team, investigation] leiten; [political party] führen **- 4.** [strike, campaign] organisieren **- 5.** [cause, influence]: **to ~ sb to do sthg** jn veranlassen, etw zu tun ◇ *vi* **- 1.** [go] führen **- 2.** [give access to]: **to ~ to/into sthg** zu etw/in etw *(A)* führen **- 3.** [be winning] führen **- 4.** [result in]: **to ~ to sthg** zu etw führen.

◆ **lead off** *vi* **- 1.** [diverge]: **several streets ~ off (from) the main road** mehrere Straßen gehen von der Hauptstraße ab; **three bedrooms ~ off (from) the corridor** der Korridor führt' zu drei Zimmern **- 2.** [begin] an|fangen.

◆ **lead up to** *vt fus* **- 1.** [precede]: **the events that led up to the disaster** die Ereignisse, die der Katastrophe vorausgingen **- 2.** [in conversation - topic] zulsteuern auf *(+ A)*; **what are you ~ing up to?** worauf willst du hinaus?

lead[2] [led] *n* **- 1.** [metal] Blei *das* **- 2.** [in pencil] Mine *die* ◇ *comp* Blei-

leaded ['ledɪd] *adj* **- 1.** [petrol] verbleit **- 2.** [window] Bleiglas-.

leaden ['ledn] *adj* **- 1.** ***literary*** [sky] bleiern; [step, heart] schwer **- 2.** [very dull - conversation] schleppend.

leader ['li:də^r] *n* **- 1.** [head - of organization] Leiter *der,* -in *die;* [- of political party] Vorsitzende *der, die;* [- of gang] Anführer *der,* -in *die* **- 2.** [in race, competition] Führende *der, die;* **to be the ~** in Führung liegen **- 3.** ***Br*** [in newspaper] Leitartikel *der.*

leadership ['li:dəʃɪp] *n* [position, people in charge] Führung *die;* [quality] Führungsqualitäten *pl.*

lead-free [led-] *adj* bleifrei.

leading ['li:dɪŋ] *adj* **- 1.** [prominent] führend **- 2.** [main]: **~ part** *OR* **role** THEATRE & ***fig*** Hauptrolle *die,* führende Rolle **- 3.** SPORT [at front]: **the ~ runner** der Läufer, der in Führung liegt.

leading article *n* ***Br*** Leitartikel *der.*

leading lady *n* Hauptdarstellerin *die.*

leading light *n* herausragende Persönlichkeit.

leading man *n* Hauptdarsteller *der.*

leading question *n* Suggestivfrage *die.*

lead pencil [led-] *n* Bleistift *der.*

lead poisoning [led-] *n (U)* Bleivergiftung *die.*

lead time ['li:d-] *n* COMM [for delivery] Lieferzeit *die.*

leaf [li:f] (*pl* **leaves**) *n* **- 1.** [of tree, plant, book] Blatt *das* **- 2.** [of table] Platte *die (zur Vergrößerung eines Tisches).*

◆ **leaf through** *vt fus* durch|blättern.

leaflet ['li:flɪt] *n* Broschüre *die;* [commercial] Prospekt *der* OR *das;* [political] Flugblatt *das* <> *vt* Broschüren/Prospekte/Flugblätter verteilen in *(+ D).*

leafy ['li:fɪ] (*compar* **-ier;** *superl* **-iest**) *adj* **- 1.** [tree, branch] belaubt; [vegetable] Blatt- **- 2.** [lane] von Bäumen gesäumt; [suburb] mit viel Grün.

league [li:g] *n* **- 1.** [group - of people, countries] Bündnis *das;* **to be in ~ with sb** mit jm verbündet sein **- 2.** SPORT Liga *die.*

league table *n* Tabelle *die.*

leak [li:k] *n* **- 1.** [in pipe, tank, roof] undichte Stelle; [in boat] Leck *das* **- 2.** [disclosure]: **there has been a ~** es ist etwas durchgesickert <> *vt* [make known] durch|sickern lassen <> *vi* [pipe, tank, roof, shoe] undicht sein; [boat] lecken; [gas] entströmen; [liquid] durch|sickern; **to ~ (out) from sthg** aus etw aus|laufen OR aus|strömen.

◆ **leak out** *vi* **- 1.** [liquid] durch|sickern; [gas] entströmen **- 2.** [news, secret] durch|sickern.

leakage ['li:kɪdʒ] *n* [of water, oil] Auslaufen *das;* [of gas] Ausströmen *das.*

leaky ['li:kɪ] (*compar* **-ier;** *superl* **-iest**) *adj* [bucket, roof] undicht; [boat] leck.

lean [li:n] (*pt* & *pp* **leant** OR **-ed**) *adj* **- 1.** [person - thin] dünn; [- slim] schlank **- 2.** [meat, harvest, year] mager <> *vt:* **to ~ sthg against sthg** etw gegen OR an etw *(A)* lehnen <> *vi* **- 1.** [bend, slope - person] sich beugen; [- wall] sich neigen; **to ~ forward** sich vor|beugen **- 2.** [rest]: **to ~ on/against sthg** sich an etw *(A)*/gegen etw *(A)* lehnen.

◆ **lean back** *vi* sich zurück|lehnen.

leaning ['li:nɪŋ] *n:* **~ (towards sthg)** Neigung *die* (zu etw); **to have Communist ~s** zum Kommunismus tendieren.

leant [lent] *pt* & *pp* ▻ **lean.**

lean-to (*pl* **-s**) *n* angebauter Schuppen.

leap [li:p] (*pt* & *pp* **leapt** OR **-ed**) *n* **- 1.** [jump] Sprung *der* **- 2.** [increase] sprunghafter Anstieg <> *vi* **- 1.** [jump] springen **- 2.** [increase] sprunghaft an|steigen.

◆ **leap at** *vt fus* ***fig*** [invitation] sich förmlich stürzen auf *(+ A);* **to ~ at the chance** OR **opportunity** die Gelegenheit beim Schopf packen.

leapfrog ['li:pfrɒg] (*pt* & *pp* **-ged;** *cont* **-ging**) *n (U)* Bockspringen *das* <> *vt* ***fig*** über|springen <> *vi* [jump]: **to ~ over sthg** über etw *(A)* einen Bocksprung machen.

leapt [lept] *pt* & *pp* ▻ **leap.**

leap year *n* Schaltjahr *das.*

learn [lɜ:n] (*pt* & *pp* **-ed** OR **learnt**) *vt* **- 1.** [acquire knowledge, skill of] (er)lernen; **to ~ (how) to cook/read/***etc* kochen/lesen/*etc* lernen **- 2.** [memorize] (auswendig) lernen **- 3.** [hear] erfahren; **to ~ that** erfahren, dass <> *vi* **- 1.** [acquire knowledge, skill] lernen **- 2.** [hear]: **to ~ of** OR **about sthg** von etw erfahren.

learned ['lɜ:nɪd] *adj* **- 1.** [person] gelehrt **- 2.** [journal, paper, book] wissenschaftlich.

learner ['lɜ:nəʳ] *n:* **she's a quick ~** sie lernt schnell; **~s of English** Englischlerner *pl.*

learner (driver) *n* Fahrschüler *der,* -in *die.*

learning ['lɜ:nɪŋ] *n (U)* [process] Lernen *das;* [knowledge] Wissen *das;* [result] Gelehrsamkeit *die.*

learning curve *n* Lernkurve *die.*

learnt [lɜ:nt] *pt* & *pp* ▻ **learn.**

lease [li:s] *n* LAW [of premises] Pacht *die;* [contract] Pachtvertrag *der;* [of car] Leasing *das;* [contract] Leasing-Vertrag *der;* **a new ~ of life** ***Br,*** **a new ~ on life** ***Am*** [for person] neue Lebenskraft; [for thing] eine neue Lebensspanne <> *vt* [premises - to sb] verpachten; [- from sb] pachten; [- car] leasen.

leaseback ['li:sbæk] *n der Verkauf von Dingen mit weiterbestehendem Mietrecht durch den früheren Eigentümer.*

leasehold ['li:shəʊld] *adj* [property] Pacht-.

leaseholder ['li:sˌhəʊldəʳ] *n* Pächter *der,* -in *die.*

leash [li:ʃ] *n* (Hunde)leine *die.*

least [li:st] (*superl of* **little**) *adj* wenigste, -r, -s; **he earns the ~ money** er verdient am wenigsten; **that's the ~ of my worries** das soll meine geringste Sorge sein <> *pron:* **(the) ~** das wenigste; **it's the ~ I can do** das ist das mindeste, was ich tun kann; **not in the ~** nicht im Geringsten; **to say the ~** gelinde gesagt <> *adv* am wenigsten.

◆ **at least** *adv* wenigstens.

◆ **least of all** *adv* am allerwenigsten.

leather ['leðəʳ] *n* Leder *das* <> *comp* Leder-.

◆ **leathers** *npl* [of motorbike rider] Motorradkleidung *die (aus Leder).*

leatherette [ˌleðə'ret] *n* Kunstleder *das.*

leave [li:v] (*pt* & *pp* **left**) *vt* **- 1.** [gen] verlassen; **~ the door open** lass die Tür offen; **it ~s me cold** es lässt mich kalt; **let's ~ it at that** lassen wir es dabei **- 2.** [not take away] lassen **- 3.** [not use, not eat] übrig lassen **- 4.** [a mark, scar, message, in will] hinterlassen; **to ~ one's money to sb** jm sein Geld hinterlassen **- 5.** [space, gap] lassen **- 6.** [entrust] überlassen; **he left it to her**

to decide er hat ihr die Entscheidung überlassen; ▭ **left** <> *vi* gehen; [train, bus] ablfahren <> *n (U)* - **1.** [time off work] Urlaub *der;* **on ~** auf Urlaub - **2.** *fml* [permission] Erlaubnis *die.*

◆ **leave behind** *vt sep* zurückllassen.

◆ **leave off** *vt sep* [omit]: **to ~ sb's name off a list** js Namen nicht in eine Liste einltragen <> *vt fus* [stop]: **to ~ off doing sthg** auflhören, etw zu tun <> *vi* auflhören.

◆ **leave out** *vt sep* ausllassen; **to feel left out** sich ausgeschlossen fühlen.

leave of absence *n* Urlaub *der.*

leaves [liːvz] *pl* ▭ **leaf.**

Lebanese [ˌlebəˈniːz] (*pl inv*) *adj* libanesisch <> *n* [person] Libanese *der,* -sin *die.*

Lebanon [ˈlebənən] *n* Libanon *der;* **in (the) ~** im Libanon.

lecherous [ˈletʃərəs] *adj* lüstern.

lechery [ˈletʃərɪ] *n (U)* Lüsternheit *die.*

lectern [ˈlektən] *n* Lesepult *das.*

lecture [ˈlektʃəʳ] *n* - **1.** [talk - at university] Vorlesung *die;* [- at conference] Vortrag *der;* **to give a ~ (on sthg)** eine Vorlesung/einen Vortrag (über etw *(A)*) halten - **2.** [criticism, reprimand] Strafpredigt *die;* **to give sb a ~** jm eine Strafpredigt halten <> *vt* [scold]: **to ~ sb** jm eine Strafpredigt halten <> *vi* [give talk]: **to ~ (on/in sthg)** eine Vorlesung/einen Vortrag (über etw *(A)*) halten.

lecture hall *n* Hörsaal *der.*

lecturer [ˈlektʃərəʳ] *n* - **1.** [teacher] Dozent *der,* -in *die* - **2.** [speaker] Redner *der,* -in *die.*

lecture theatre *n* Hörsaal *der.*

led [led] *pt* & *pp* ▭ **lead[1].**

LED (*abbr of* **light-emitting diode**) *n* LED *die.*

ledge [ledʒ] *n* - **1.** [of window - outside] Fenstersims *der;* [- inside] Fensterbrett *das* - **2.** [of mountain] Felsvorsprung *der.*

ledger [ˈledʒəʳ] *n* Hauptbuch *das.*

lee [liː] *n:* **in the ~ of sthg** im Windschatten von etw.

leech [liːtʃ] *n* - **1.** [creature] Blutegel *der* - **2.** *fig* & *pej* [person] Schmarotzer *der.*

leek [liːk] *n:* **a ~** eine Stange Lauch; **a pound of ~s** ≃ 500 g Lauch.

leer [lɪəʳ] *n* lüsterner Blick <> *vi:* **to ~ at sb** nach jm lüstern schielen.

leeway [ˈliːweɪ] *n* - **1.** [room to manoeuvre] Spielraum *der* - **2.** [time lost]: **to make up ~** Versäumtes nachlholen.

left [left] *pt* & *pp* ▭ **leave** <> *adj* - **1.** [remaining] übrig; **to be ~** übrig geblieben sein - **2.** [side, hand, foot] linke, -r, -s <> *adv* links <> *n* [direction]: **on the ~** auf der linken Seite; **to the ~** [position] auf der linken Seite; [movement] auf die linke Seite; **keep to the ~!** sich links halten!

◆ **Left** *n* POL: **the Left** die Linke; **parties of the Left** politisch links orientierte Parteien.

left-hand *adj* linke, -r, -s; **the ~ side** die linke Seite.

left-hand drive *adj* linksseitig gesteuert <> *n* [steering] Linkssteuerung *die;* [car] Auto *das* mit Linkssteuerung.

left-handed [-ˈhændɪd] *adj* - **1.** [person] linkshändig - **2.** [implement] für Linkshänder - **3.** *Am* [compliment] zweifelhaft <> *adv* mit der linken Hand.

left-hander [-ˈhændəʳ] *n* Linkshänder *der,* -in *die.*

Leftist [ˈleftɪst] POL *adj* linksgerichtet <> *n* Linke *der, die.*

left luggage (office) *n Br* Gepäckaufbewahrung *die.*

leftover [ˈleftəʊvəʳ] *adj* übriggeblieben.

◆ **leftovers** *npl* Reste *pl.*

left wing *n* POL linker Flügel.

◆ **left-wing** *adj* POL linke, -r, -s.

left-winger *n* POL Linke *der, die.*

lefty [ˈleftɪ] (*pl* **-ies**) *n* - **1.** *Br inf pej* POL Linke *der, die* - **2.** *Am* [left-handed person] Linkshänder *der,* -in *die.*

leg [leg] *n* - **1.** [gen] Bein *das;* **to be on one's last ~s** in den letzten Zügen liegen; **you don't have a ~ to stand on** du hast keine Beweise mehr; **to pull sb's ~** jn auf den Arm nehmen - **2.** CULIN [of chicken] Schenkel *der;* [of lamb, pork] Keule *die* - **3.** [of journey] Etappe *die;* [of tournament] Runde *die.*

legacy [ˈlegəsɪ] (*pl* **-ies**) *n* - **1.** [gift of money] Erbschaft *die* - **2.** *fig* [consequence] Erbe *das.*

legal [ˈliːgl] *adj* - **1.** [concerning the law - system] Rechts-; [- advice] juristisch; **the ~ profession** die Juristenschaft - **2.** [lawful] legal, gesetzlich erlaubt.

legal action *n:* **to take ~ against sb** gegen jn gerichtlich vorlgehen.

legal aid *n* Prozesskostenhilfe *die.*

legality [liːˈgælətɪ] *n (U)* Legalität *die;* [of claim] Rechtmäßigkeit *die.*

legalize, -ise [ˈliːgəlaɪz] *vt* legalisieren.

legally [ˈliːgəlɪ] *adv* [married, adopted] rechtmäßig; **~ binding** rechtsverbindlich; **to be ~ responsible for sb** vor dem Gesetz für jn verantwortlich sein.

legal tender *n (U)* legales Zahlungsmittel.

legation [lɪˈgeɪʃn] *n* Gesandtschaft *die.*

legend [ˈledʒənd] *n* - **1.** [myth] Sage *die* - **2.** *fig* [person] Legende *die.*

legendary [ˈledʒəndrɪ] *adj* - **1.** [mythical] sagenhaft - **2.** [very famous] legendär.

leggings ['legɪŋz] *npl* Leggings *pl.*

legible ['ledʒəbl] *adj* lesbar.

legibly ['ledʒəblɪ] *adv* leserlich.

legion ['li:dʒən] *n* - **1.** MIL Legion *die* - **2.** *fig* [large number] Legion *die* <> *adj* **fml: to be ~** Legion sein.

legionnaire's disease [ˌli:dʒə'neəz-] *n (U)* Legionärskrankheit *die.*

legislate ['ledʒɪsleɪt] *vi:* **to ~ (against)** ein Gesetz/Gesetze erlassen (gegen).

legislation [ˌledʒɪs'leɪʃn] *n (U)* [laws] Gesetze *pl.*

legislative ['ledʒɪslətɪv] *adj* [body, powers] gesetzgebend; [process] gesetzgeberisch.

legislator ['ledʒɪsleɪtəʳ] *n* Gesetzgeber *der.*

legislature ['ledʒɪsleɪtʃəʳ] *n* Legislative *die.*

legitimacy [lɪ'dʒɪtɪməsɪ] *n (U)* - **1.** [of government, court judgement] Rechtmäßigkeit *die* - **2.** [of argument] Stichhaltigkeit *die;* [of complaint] Berechtigung *die* - **3.** [of child] Ehelichkeit *die.*

legitimate [lɪ'dʒɪtɪmət] *adj* - **1.** [government] rechtmäßig; [business, action] legal - **2.** [argument] stichhaltig; [complaint, question] berechtigt - **3.** [child] ehelich.

legitimately [lɪ'dʒɪtɪmətlɪ] *adv* - **1.** [lawfully] legal - **2.** [reasonably] mit Recht.

legitimize, -ise [lɪ'dʒɪtəmaɪz] *vt* [make legal] legitimieren.

legless ['leglɪs] *adj* **Br inf** [drunk] sternhagelvoll.

legroom ['legrʊm] *n* Beinfreiheit *die.*

leg-warmers [-ˌwɔ:məz] *npl* Legwarmer *pl.*

legwork ['legwɜ:k] *n (U):* **to do the ~** die Lauferei erledigen.

leisure [*Br* 'leʒəʳ, *Am* 'li:ʒər] *n* Freizeit *die;* **do it at (your) ~** machen Sie es, wenn Sie Zeit haben.

leisure centre *n* Freizeitzentrum *das.*

leisurely [*Br* 'leʒəlɪ, *Am* 'li:ʒərlɪ] *adj & adv* gemächlich.

leisure time *n* Freizeit *die.*

lemming ['lemɪŋ] *n* - **1.** [animal] Lemming *der* - **2.** *fig* [person] Schaf *das.*

lemon ['lemən] *n* - **1.** [fruit] Zitrone *die* - **2.** *(U)* [drink] Zitronensaftgetränk *das.*

lemonade [ˌlemə'neɪd] *n* - **1.** *Br* [fizzy] Limonade *die* - **2.** [made with fresh lemons] Zitronensaftgetränk *(aus Zitronen, Zucker und Wasser bestehend).*

lemon curd *n (U)* **Br** *Brotaufstrich gelblicher Farbe, der nach Zitronen schmeckt.*

lemon juice *n (U)* Zitronensaft *der.*

lemon sole *n* Seezunge *die.*

lemon squash *n (U)* **Br** Zitronengetränk *das.*

lemon squeezer [-ˌskwi:zəʳ] *n* Zitronenpresse *die.*

lemon tea *n* Zitronentee *der.*

lend [lend] (*pt & pp* **lent**) *vt* - **1.** [money, book]: **to ~ sb sthg, to ~ sthg to sb** jm etw leihen; **I don't like ~ing money** ich verleihe nicht gerne Geld - **2.** [support, assistance]: **to ~ one's support to sb** jn unterstützen; **to ~ one's assistance to sb** jm helfen - **3.** [credibility, quality]: **to ~ sthg to sb/sthg** jm/einer Sache *(D)* etw verleihen - **4.** *phr:* **the novel doesn't ~ itself to being filmed** der Roman eignet sich nicht als Vorlage für einen Film.

lender ['lendəʳ] *n* [of money] Kreditgeber *der.*

lending library ['lendɪŋ-] *n* Leihbücherei *die.*

lending rate ['lendɪŋ-] *n* Darlehenszinssatz *der.*

length [leŋθ] *n* - **1.** [gen] Länge *die;* **in ~** in der Länge, lang - **2.** [whole distance]: **we walked the ~ of the street** wir gingen die ganze Straße entlang; **the ~ and breadth of the country** das ganze Land - **3.** [of swimming pool] Länge *die,* Bahn *die* - **4.** [of string, wood, cloth] Stück *das* - **5.** *phr:* **he went to great ~s to achieve his goal** er tat alles Mögliche, um sein Ziel zu erreichen; **he would go to any ~s to meet her** er würde alles tun, um sie zu treffen.

◆ **at length** *adv* - **1.** [eventually] endlich - **2.** [in detail] ausführlich.

lengthen ['leŋθən] *vt* verlängern <> *vi* länger werden.

lengthways ['leŋθweɪz] *adv* der Länge nach, längs.

lengthy ['leŋθɪ] (*compar* **-ier;** *superl* **-iest**) *adj* lang, langwierig; [stay, visit] ausgedehnt; [discussions] langwierig.

leniency ['li:nɪənsɪ] *n* Nachsicht *die;* [of verdict, sentence] Milde *die.*

lenient ['li:nɪənt] *adj* [person] nachsichtig; [verdict, sentence] mild.

lens [lenz] *n* - **1.** PHOT & ANAT Linse *die;* [of glasses] Glas *das* - **2.** [contact lens] Kontaktlinse *die.*

lent [lent] *pt & pp* ▷ **lend.**

Lent [lent] *n* Fastenzeit *die.*

lentil ['lentɪl] *n* Linse *die.*

Leo ['li:əʊ] *n* Löwe *der.*

leopard ['lepəd] *n* Leopard *der.*

leotard ['li:ətɑ:d] *n einteiliger Anzug für Artisten und Showtänzer.*

leper ['lepəʳ] *n* Leprakranke *der, die.*

leprechaun ['leprəkɔ:n] *n* Kobold *der.*

leprosy ['leprəsɪ] *n* Lepra *die.*

lesbian ['lezbɪən] *adj* lesbisch <> *n* Lesbe *die,* Lesbierin *die.*

lesbianism ['lezbɪənɪzm] *n* lesbische Liebe.

lesion ['liːʒn] *n* MED Läsion *die.*

less [les] *(compar of* **little***) adj* weniger; **~ ... than** weniger ... als; **of ~ value** von geringerem Wert <> *pron* weniger; **~ than 20** weniger als 20 <> *adv* weniger; **~ and ~** immer weniger <> *prep* [minus] weniger; **purchase price ~ 10%** Kaufpreis abzüglich 10%.

lessee [le'siː] *n fml* Mieter *der*, -in *die.*

lessen ['lesn] *vt* [risk, chances, effect] verringern; [pain] lindern <> *vi* nachllassen.

lesser ['lesəʳ] *adj* geringer; **to a ~ extent** *OR* **degree** in geringerem Umfang.

lesson ['lesn] *n* **- 1.** [class] (Unterrichts)stunde *die;* **to give/take ~s (in sthg)** (Unterrichts)stunden (in etw *(D)*) erteilen/nehmen **- 2.** [example]: **that was a ~ to me** das war mir eine Lehre; **to teach sb a ~** jm eine Lektion erteilen.

lessor [le'sɔːʳ] *n fml* Vermieter *der*, -in *die.*

lest [lest] *conj fml* damit ... nicht; **she wrote it down, ~ she forget** sie schrieb es nieder, um es nicht zu vergessen.

let [let] *(pt & pp* **let;** *cont* **-ting***) vt* **- 1.** [allow] lassen; **to ~ sb do sthg** jn etw tun lassen; **she ~ her hair grow** sie ließ sich *(D)* die Haare wachsen; **to ~ go of sthg** etw losllassen; **to ~ sb go** [release] jn losllassen; **to ~ o.s. go** [neglect] sich gehen lassen; **to ~ sb have sthg** [permanently] jm etw überlassen; **he wouldn't ~ me have the book** er wollte mir das Buch nicht geben; **to ~ sb know sthg** jn etw wissen lassen; **~ me know as soon as possible** sagen Sie mir so bald wie möglich Bescheid **- 2.** [in verb forms]: **~'s go!** gehen wir!; **~ me see** lass mich überlegen **- 3.** [rent out] vermieten; **'to ~'** 'zu vermieten'.

◆ **let alone** *conj* geschweige denn.

◆ **let down** *vt sep* **- 1.** [let air out of]: **to ~ sb's tyres down** jm die Luft aus den Reifen lassen **- 2.** [person - disappoint] enttäuschen; [- not help] im Stich lassen.

◆ **let in** *vt sep* hereinllassen; **to ~ o.s. in for sthg** sich auf etw *(A)* einllassen; **to ~ sb in on sthg** [secret, plan] jn in etw *(A)* einlweihen.

◆ **let off** *vt sep* **- 1.** [excuse] davonkommen lassen **- 2.** [from vehicle] aussteigen lassen; **can you ~ me off at the station?** kannst du mich am Bahnhof aussteigen lassen? **- 3.** [cannon, missile] ablfeuern; [firework] losllassen.

◆ **let on** *vi:* **to ~ on about sthg** etw verraten.

◆ **let out** *vt sep* hinausllassen; **~ me out!** lass mich heraus!; **to ~ out a scream** einen Schrei auslstoßen.

◆ **let up** *vi* nachllassen.

letdown ['letdaʊn] *n inf* Enttäuschung *die.*

lethal ['liːθl] *adj* tödlich.

lethargic [lə'θɑːdʒɪk] *adj* träge, lethargisch.

lethargy ['leθədʒɪ] *n (U)* Trägheit *die*, Lethargie *die.*

let's [lets] = **let us.**

letter ['letəʳ] *n* **- 1.** [written message] Brief *der* **- 2.** [of alphabet] Buchstabe *der.*

◆ **letters** *npl fml* [literature] Literatur *die.*

letter bomb *n* Briefbombe *die.*

letterbox ['letəbɒks] *n Br* Briefkasten *der.*

letterhead ['letəhed] *n* Briefkopf *der.*

lettering ['letərɪŋ] *n* Beschriftung *die.*

letter of credit *n* Akkreditiv *das.*

letter opener *n* Brieföffner *der.*

lettuce ['letɪs] *n* Kopfsalat *der.*

letup ['letʌp] *n* Pause *die.*

leuk(a)emia [luː'kiːmɪə] *n* Leukämie *die.*

levee ['levɪ] *n Am* Uferdamm *der.*

level ['levl] *(Br pt & pp* **-led;** *cont* **-ling**, *Am pt & pp* **-ed;** *cont* **-ing***) adj* **- 1.** [equal in height]: **to be ~ (with sthg)** (mit etw) auf gleicher Höhe sein, (mit etw) bündig sein **- 2.** [equal in standard] ebenbürtig **- 3.** [flat] waagerecht; [teaspoon] gestrichen <> *adv:* **to draw ~ with sb** mit jm gleichlziehen <> *n* **- 1.** [amount - gen] Niveau *das;* [- of noise] Pegel *der;* [- of temperature] Höhe *die;* **high ~s of unemployment** hohe Arbeitslosigkeit **- 2.** [of liquid] Stand *der;* **to be on a ~ (with sthg)** (mit etw) auf gleichem Niveau sein **- 3.** [standard] Niveau *das* **- 4.** *Am* [spirit level] Wasserwaage *die* **- 5.** [storey] Geschoss *das*, Stock *der;* [of multistorey car park] Ebene *die* **- 6.** *phr:* **to be on the ~** *inf* ehrlich sein <> *vt* **- 1.** [make flat] ebnen, nivellieren **- 2.** [demolish] dem Erdboden gleichlmachen **- 3.** [aim]: **to ~ a gun at sb/sthg** ein Gewehr auf jn/etw richten; **to ~ an accusation at** *OR* **against sb** eine Anklage gegen jn richten.

◆ **level off, level out** *vi* **- 1.** [unemployment, inflation] aufhören zu steigen **- 2.** AERON [aircraft] ablfangen.

◆ **level with** *vt fus inf* ehrlich sein mit.

level crossing *n Br* ebener Bahnübergang.

level-headed [-'hedɪd] *adj* vernünftig, ausgeglichen.

level pegging [-'pegɪŋ] *adj Br:* **to be ~** gleichauf liegen.

lever [*Br* 'liːvəʳ, *Am* 'levər] *n* **- 1.** [handle, bar] Hebel *der* **- 2.** *fig* [tactic] (taktisches) Manöver.

leverage [*Br* 'liːvərɪdʒ, *Am* 'levərɪdʒ] *n (U)* **- 1.** *fig* [influence] Einfluss *der* **- 2.** [principle] Hebelwirkung *die;* [force] Hebelkraft *die.*

leviathan [lɪ'vaɪəθn] *n* [large body, organization] Gigant *der.*

levitation [ˌlevɪ'teɪʃn] *n* Levitation *die.*

levity ['levətɪ] *n* Leichtfertigkeit *die.*

levy ['levɪ] *(pl* **levies;** *pt & pp* **-ied***) n:* **~ (on sthg)** Steuer *die* (auf etw *(A)*), Abgabe *die* (auf etw *(A)*) <> *vt* erheben.

lewd [lju:d] *adj* [joke, song] unanständig; [remark] anzüglich.

lexical ['leksɪkl] *adj* lexikalisch.

LI *abk für Long Island, in Postanschrift verwendet.*

liability [ˌlaɪə'bɪlətɪ] (*pl* **-ies**) *n* **- 1.** [hindrance] Belastung *die* **- 2.** LAW [legal responsibility]: **~ (for sthg)** Haftung *die* (für etw).
◆ **liabilities** *npl* FIN Verbindlichkeiten *pl*, Schulden *pl*.

liable ['laɪəbl] *adj* **- 1.** [likely]: **to be ~ to do sthg** die Neigung haben, etw zu tun; **if you don't remind him, he's ~ to forget** wenn du ihn nicht daran erinnerst, vergisst er es wahrscheinlich **- 2.** [prone]: **to be ~ to sthg** für etw anfällig OR empfänglich sein **- 3.** LAW: **to be ~ (for sthg)** [debt, accident, damage] (für etw) verantwortlich sein; **to be ~ to sthg** [fine, arrest, imprisonment] für etw haftbar sein; **to be ~ to a fine** mit einer Geldstrafe belegt werden können.

liaise [lɪ'eɪz] *vi*: **to ~ with** Kontakt auf|nehmen mit; **to ~ between** als Verbindungsperson agieren zwischen *(+D)*.

liaison [lɪ'eɪzɒn] *n* **- 1.**: **~ (with/between)** [contact] Verbindung *die* (mit/zwischen *(+D)*); [cooperation] Zusammenarbeit *die* (mit/zwischen *(+D)*) **- 2.** [affair, relationship]: **~ (with)** Verhältnis *das* (mit).

liar ['laɪəʳ] *n* Lügner *der*, -in *die*.

Lib. [lɪb] *abbr of* **Liberal**.

libel ['laɪbl] (*Br pt* & *pp* **-led;** *cont* **-ling**, *Am pt* & *pp* **-ed;** *cont* **-ing**) *n* (schriftliche) Verleumdung ◇ *vt* (schriftlich) verleumden.

libellous *Br*, **libelous** *Am* ['laɪbələs] *adj* verleumderisch.

liberal ['lɪbərəl] *adj* **- 1.** [tolerant] liberal, aufgeschlossen **- 2.** [generous] großzügig ◇ *n* großzügiger Mensch.
◆ **Liberal** POL *adj* liberal ◇ *n* Liberale *der*, *die*.

liberal arts *npl esp Am* Geisteswissenschaften *pl*.

Liberal Democrat *adj* liberaldemokratisch ◇ *n* Liberaldemokrat *der*, -in *die*.

liberalize, -ise ['lɪbərəlaɪz] *vt* liberalisieren.

liberal-minded [-'maɪndɪd] *adj* aufgeschlossen.

liberate ['lɪbəreɪt] *vt* befreien.

liberation [ˌlɪbə'reɪʃn] *n* Befreiung *die*.

liberator ['lɪbəreɪtəʳ] *n* Befreier *der*.

Liberia [laɪ'bɪərɪə] *n* Liberia *nt*.

Liberian [laɪ'bɪərɪən] *adj* liberianisch ◇ *n* Liberianer *der*, -in *die*.

liberty ['lɪbətɪ] (*pl* **-ies**) *n* Freiheit *die;* **at ~** auf freiem Fuß; **you are at ~ to leave** es steht dir frei zu gehen; **to take liberties (with sb)** sich *(D)* (jm gegenüber) Freiheiten (heraus|)nehmen.

libido [lɪ'bi:dəʊ] (*pl* **-s**) *n* Libido *die*.

Libra ['li:brə] *n* Waage *die*.

librarian [laɪ'breərɪən] *n* Bibliothekar *der*, -in *die*.

librarianship [laɪ'breərɪənʃɪp] *n* Bibliothekswesen *das*.

library ['laɪbrərɪ] (*pl* **-ies**) *n* Bibliothek *die*, Bücherei *die*.

library book *n* Leihbuch *das*.

libretto [lɪ'bretəʊ] (*pl* **-s**) *n* Libretto *das*.

Libya ['lɪbɪə] *n* Libyen *nt*.

Libyan ['lɪbɪən] *adj* libysch ◇ *n* Libyer *der*, -in *die*.

lice [laɪs] *pl* ▷ **louse.**

licence ['laɪsəns] *n* **- 1.** [permit - for dog] Genehmigung *die;* [- for TV] Anmeldung *die;* [- for driver] Führerschein *der;* [- for marriage] Erlaubnis *die*, Lizenz *die;* [- for bar, pub] Konzession *die;* [- for pilot] Pilotenschein *der* **- 2.** COMM Lizenz *die;* **under ~** in Lizenz ◇ *vt Am* = **license.**

license ['laɪsəns] *vt* COMM: **to ~ sb to do sthg** jm eine Lizenz erteilen, etw zu tun; **to ~ sthg** eine Lizenz OR Konzession für etw erteilen ◇ *n Am* = **licence.**

licensed ['laɪsənst] *adj* **- 1.** [person]: **to be ~ to do sthg** die Genehmigung haben, etw zu tun; **to be ~ to drive** eine Fahrerlaubnis besitzen; **he is ~d to sell alchohol** er hat eine Verkaufslizenz für Alkohol **- 2.** [object] zugelassen **- 3.** *Br* [premises] mit Schankerlaubnis OR Schankkonzession.

licensee [ˌlaɪsən'si:] *n* Lizenznehmer *der*, -in *die;* [of bar] Konzessionsinhaber *der*, -in *die*.

license plate *n Am* Nummernschild *das*.

licensing hours ['laɪsənsɪŋ-] *npl Br* Ausschankzeiten *pl*.

licensing laws ['laɪsənsɪŋ-] *npl Br* Gesetze *pl* zum Ausschank von Alkohol.

licentious [laɪ'senʃəs] *adj fml* & *pej* unzüchtig.

lichen ['laɪkən] *n* Flechte *die*.

lick [lɪk] *n* **- 1.** [act of licking] Lecken *das;* **to give sthg a ~** an etw *(D)* lecken **- 2.** *inf* [small amount]: **a ~ of paint** ein bisschen Farbe ◇ *vt* **- 1.** [with tongue] lecken; **to ~ one's lips** sich *(D)* die Lippen lecken **- 2.** *fig* [subj: flames] empörzüngeln an *(+ D);* [subj: waves] (um|)spülen **- 3.** *inf* [defeat] ab|ziehen.

licorice ['lɪkərɪs] *n* = **liquorice.**

lid [lɪd] *n* **- 1.** [cover] Deckel *der* **- 2.** [eyelid] Augenlid *das*.

lido ['li:dəʊ] (*pl* **-s**) *n* **- 1.** *Br* [swimming pool] Freibad *das* **- 2.** [beach] Strandbad *das*.

lie [laɪ] (*pt sense 1* **lied;** *pt senses 2-5* **lay;** *pp sense 1*

lied; *pp senses 2-5* **lain;** *cont all senses* **lying)** *n* Lüge *die;* **to tell ~s** lügen <> *vi* - **1.** [tell lie] lügen; **to ~ to sb** jn an|lügen; **to ~ about sthg** über etw *(A)* nicht die Wahrheit sagen - **2.** [be horizontal, be situated] liegen; **to ~ in wait for sb** jn auf|lauern; **to ~ idle** [machine] still|stehen; **here ~s ...** [buried] hier ruht ... - **3.** [lie down] sich legen - **4.** [difficulty, answer, responsibility *etc*] liegen - **5.** *phr:* **to ~ low** sich versteckt halten.
◆ **lie about, lie around** *vi* herum|liegen.
◆ **lie down** *vi* sich hin|legen.
◆ **lie in** *vi Br* im Bett bleiben.

Liechtenstein ['lɪktənstaɪn] *n* Liechtenstein *nt.*

lie detector *n* Lügendetektor *der.*

lie-down *n Br* Nickerchen *das;* **to have a ~** sich (kurz) hin|legen.

lie-in *n Br:* **to have a ~** richtig aus|schlafen.

lieu [lju:, lu:] ◆ **in lieu** *adv* stattdessen; **in ~ of** anstelle *(+ G)*, anstatt *(+ G)*.

Lieut. *abbr of* **lieutenant.**

lieutenant [*Br* lef'tenənt, *Am* lu:'tenənt] *n* [in army] Oberleutnant *der;* [in navy] Kapitänleutnant *der.*

lieutenant colonel *n* Oberstleutnant *der.*

life [laɪf] *(pl* **lives)** *n* - **1.** [gen] Leben *das;* **to breathe ~ into sthg** einer Sache *(D)* Leben ein|hauchen, einer Sache *(D)* beleben; **to come to ~** zum Leben erwachen; **that's ~!** so ist das Leben!; **he was sent to prison for ~** er wurde zu einer lebenslänglichen Haftstrafe verurteilt; **marriage is a commitment for ~** die Ehe ist ein Bund fürs Leben; **for the ~ of me** *inf* beim besten Willen; **to lay down one's ~** sein Leben opfern; **to risk ~ and limb to do sthg** Kopf und Kragen riskieren, um etw zu tun; **to scare the ~ out of sb** jn zu Tode erschrecken; **to take sb's/one's own ~** jm/sich das Leben nehmen - **2.** [of product, machine] Lebensdauer *die* - **3.** *inf* [life imprisonment] lebenslängliche Freiheitsstrafe; **to get ~** *inf* lebenslänglich kriegen <> *comp* lebenslang.

life-and-death *adj* [fight] um Leben und Tod; **a ~ struggle** ein Kampf um Leben und Tod; **a ~ decision** eine lebenswichtige Entscheidung.

life annuity *n* Leibrente *die.*

life assurance *n* = **life insurance.**

life belt *n* Rettungsring *der.*

lifeblood ['laɪfblʌd] *n fig* [source of strength] Herzblut *das.*

lifeboat ['laɪfbəʊt] *n* Rettungsboot *das.*

life buoy *n* Rettungsboje *die.*

life cycle *n* Lebenszyklus *der.*

life expectancy [-ɪk'spektənsɪ] *n* Lebenserwartung *die.*

lifeguard ['laɪfgɑ:d] *n* Rettungsschwimmer *der*, -in *die.*

life imprisonment [-ɪm'prɪznmənt] *n* lebenslange Freiheitsstrafe.

life insurance *n* Lebensversicherung *die.*

life jacket *n* Schwimmweste *die*, Rettungsweste *die.*

lifeless ['laɪflɪs] *adj* leblos.

lifelike ['laɪflaɪk] *adj* lebensecht.

lifeline ['laɪflaɪn] *n* - **1.** [rope] Rettungsleine *die* - **2.** *fig* [with outside] Verbindung *die* mit der Außenwelt.

lifelong ['laɪflɒŋ] *adj* lebenslang.

life peer *n Br durch Geburtsrecht bestimmtes Mitglied des britischen Hochadels auf Lebenszeit.*

life preserver [-prɪˌzɜ:vəʳ] *n Am* - **1.** [belt] Rettungsring *der* - **2.** [jacket] Schwimmweste *die*, Rettungsweste *die.*

life raft *n* Rettungsfloß *das.*

lifesaver ['laɪfˌseɪvəʳ] *n* Lebensretter *der.*

life sentence *n* lebenslange Freiheitsstrafe.

life-size(d) [-saɪz(d)] *adj* lebensgroß.

lifespan ['laɪfspæn] *n* - **1.** [of person, animal] Lebenserwartung *die* - **2.** [of product, machine] Lebensdauer *die.*

lifestyle ['laɪfstaɪl] *n* Lebensstil *der.*

life-support system *n* lebenserhaltende Apparaturen.

lifetime ['laɪftaɪm] *n* Lebenszeit *die.*

lift [lɪft] *n* - **1.** [ride]: **to give sb a ~** jn (im Auto) mit|nehmen - **2.** *Br* [elevator] Fahrstuhl *der* <> *vt* - **1.** [hand, arm, leg] heben - **2.** [object] hoch|heben - **3.:** **to ~ sb's spirits** jn auf|muntern - **4.** [ban, embargo] auf|heben - **5.** [plagiarize - idea] stehlen; [- writing] ab|schreiben - **6.** *inf* [steal] klauen <> *vi* - **1.** [lid, top] sich heben - **2.** [mist, fog, clouds] sich lichten - **3.** [heart, spirits] neuen Auftrieb bekommen.
◆ **lift up** *vt sep* hoch|heben, hoch|nehmen <> *vi* sich heben.

lift-off *n* Abheben *das.*

ligament ['lɪgəmənt] *n* ANAT Band *das*

light [laɪt] *(pt & pp* **lit** *OR* **-ed)** *adj* - **1.** [gen] leicht - **2.** [pale, bright] hell; **~ blue** hellblau <> *n* - **1.** *(U)* [brightness] Licht *das* - **2.** [device - lamp] Lampe *die;* [- on car] Scheinwerfer *der;* [- in street] Laterne *die;* **to put** *OR* **turn the ~ on** das Licht an|schalten - **3.** [for cigarette, pipe] Feuer *das*, Streichholz *das;* **to set ~ to sthg** etw an|zünden - **4.** [perspective]: **in the ~ of** *Br*, **in ~ of** *Am* angesichts *(+ G);* **to see sb/sthg in a different ~** jn/etw in einem anderen Licht sehen - **5.** *literary* [in sb's eyes] Leuchten *das*, Glanz *der* - **6.** *phr:* **to come to ~** ans Licht kommen; **to**

see the ~ klar sehen; **to throw** OR **cast** OR **shed ~ on sthg** Licht in etw *(A)* bringen <> *vt* **- 1.** [ignite] an|zünden **- 2.** [illuminate] erleuchten <> *adv:* **to travel ~** mit wenig Gepäck reisen.

◆ **light out** *vi Am inf* ab|hauen.

◆ **light up** *vt sep* **- 1.** [sky, room, stage] erleuchten; **a smile lit up his face** ein Lächeln erhellte sein Gesicht **- 2.** [cigarette, cigar, pipe] an|zünden <> *vi* **- 1.** [face, eyes] auf|leuchten **- 2.** *inf* [start smoking] sich *(D)* eine an|zünden.

light aircraft (*pl inv*) *n* kleines Flugzeug.

light ale *n Br* leichtes Ale, *englische Biersorte.*

light bulb *n* Glühbirne *die.*

light cream *n Am* kalorienarme Sahne.

lighted ['laɪtɪd] *adj* **- 1.** [illuminated] erleuchtet **- 2.** [on fire] angezündet.

light-emitting diode [-ɪ,mɪtɪŋ-] *n* Leuchtdiode *die.*

lighten ['laɪtn] *vt* **- 1.** [make brighter - gen] heller machen; [- hair] auf|hellen **- 2.** [make less heavy - load] leichter machen; [- workload] erleichtern <> *vi* **- 1.** [sky] sich auf|hellen **- 2.** [mood, atmosphere] lockerer OR entspannter werden.

◆ **lighten up** *vi inf* lockerer werden.

lighter ['laɪtəʳ] *n* Feuerzeug *das.*

light-fingered [-'fɪŋgəd] *adj* **inf** langfing(e)rig.

light-headed [-'hedɪd] *adj* schwindlig.

light-hearted [-'hɑːtɪd] *adj* **- 1.** [cheerful] heiter, unbeschwert **- 2.** [amusing] fröhlich.

lighthouse ['laɪthaʊs, *pl* -haʊzɪz] *n* Leuchtturm *der.*

light industry *n* Leichtindustrie *die.*

lighting ['laɪtɪŋ] *n* Beleuchtung *die.*

lighting-up time *n Zeitpunkt, zu dem Fahrzeug- und Straßenbeleuchtung eingeschaltet werden müssen.*

lightly ['laɪtlɪ] *adv* **- 1.** [tap, knock] leise **- 2.** [cook, grill] leicht **- 3.** [remark, say] leichten Herzens.

light meter *n* Lichtmesser *der;* PHOT Belichtungsmesser *der.*

lightning ['laɪtnɪŋ] *n (U)* Blitz *der.*

lightning conductor *Br,* **lightning rod** *Am n* Blitzableiter *der.*

lightning strike *n Br* spontane Arbeitsniederlegung.

light opera *n* Operette *die.*

light pen *n* Lichtstift *der.*

lightship ['laɪtʃɪp] *n* Feuerschiff *das.*

lightweight ['laɪtweɪt] *adj* **- 1.** [object] leicht **- 2.** ***fig*** & ***pej*** [person] Schmalspur- <> *n* Leichtgewicht *das;* **political ~s** Schmalspurpolitiker.

light year *n* Lichtjahr *das.*

likable ['laɪkəbl] *adj* sympathisch.

like [laɪk] *prep* wie; **~ this/that** so; **what's it ~?** wie ist es?; **to look ~ sb/sthg** jm/etw ähnlich sehen; **it looks ~ rain** es sieht nach Regen aus <> *vt* mögen; **to ~ doing sthg** etw gern tun; **do you ~ it?** gefällt es dir?; **as you ~** wie Sie wollen/wie du willst; **I don't ~ to bother her** ich will sie nicht stören; **I'd ~ to sit down** ich würde mich gern hinsetzen; **I'd ~ a drink** ich würde gern etwas trinken; **I'd ~ a kilo of apples** ich hätte gern ein Kilo Äpfel; **we'd ~ you to come for dinner** wir möchten Sie zum Essen einladen <> *adj* ähnlich; **people of ~ mind** Gleichgesinnte *pl* <> *n:* **and the ~** und dergleichen.

likeable ['laɪkəbl] *adj* = **likable.**

likelihood ['laɪklɪhʊd] *n* Wahrscheinlichkeit *die;* **in all ~** aller Wahrscheinlichkeit nach.

likely ['laɪklɪ] *adj* **- 1.** [probable] wahrscheinlich; **they're ~ to win** sie werden wahrscheinlich gewinnen; **a ~ story!** ***iron*** na klar!, höchstwahrscheinlich! **- 2.** [suitable] geeignet.

like-minded [-'maɪndɪd] *adj* gleichgesinnt.

liken ['laɪkn] *vt:* **to ~ sb/sthg to** jn/etw vergleichen mit.

likeness ['laɪknɪs] *n* **- 1.** [resemblance]: **~ (to sb/sthg)** Ähnlichkeit *die* (mit jm/etw) **- 2.** [portrait] Bildnis *das,* Porträt *das.*

likewise ['laɪkwaɪz] *adv* gleichfalls, ebenfalls; **to do ~** das Gleiche tun.

liking ['laɪkɪŋ] *n:* **~ for sb/sthg** Vorliebe *die* für jn/etw; **to have a ~ for sb/sthg** für jn/etw eine Vorliebe haben; **that's not to my ~** das ist nicht nach meinem Geschmack; **too ... for ~** zu ... für Geschmack; **he's too cheeky for my ~** er ist etwas zu frech für meinen Geschmack.

lilac ['laɪlək] *adj* [colour] lila <> *n* **- 1.** [tree] Flieder *der* **- 2.** [colour] Lila *das.*

Lilo® ['laɪləʊ] (*pl* **-s**) *n Br* Luftmatratze *die.*

lilt [lɪlt] *n* [in voice] singender Tonfall.

lilting ['lɪltɪŋ] *adj* beschwingt.

lily ['lɪlɪ] (*pl* **-ies**) *n* Lilie *die.*

lily of the valley (*pl* **lilies of the valley**) *n* Maiglöckchen *das.*

limb [lɪm] *n* **- 1.** [of body] Glied *das;* **~s** Glieder *pl,* Gliedmaßen *pl* **- 2.** [of tree] Ast *der* **- 3.** ***phr:*** **to be out on a ~** völlig allein da|stehen.

limber ['lɪmbəʳ] ◆ **limber up** *vi* sich auf|lockern, Lockerungsübungen machen.

limbo ['lɪmbəʊ] (*pl* **-s**) *n* **- 1.** [uncertain state]: **to be in ~** in der Schwebe sein **- 2.** [dance]: **the ~** der Limbo.

lime [laɪm] *n* **- 1.** [fruit] Limone *die;* **~ juice** Limonensaft *der* **- 2.** [linden tree] Linde *die* **- 3.** [for making cement, fertilizer] Kalk *der* - **4.** [for painting walls] Kalkfarbe *die*.

lime cordial *n* Limonensirup *der*.

lime-green *adj* hellgrün.

limelight ['laɪmlaɪt] *n*: **the ~** das Rampenlicht.

limerick ['lɪmərɪk] *n* Limerick *der*.

limestone ['laɪmstəʊn] *n* Kalkstein *der*.

limey ['laɪmɪ] (*pl* **-s**) *n* ***Am inf pej*** Engländer *der*, -in *die*.

limit ['lɪmɪt] *n* - **1.** [restriction] Begrenzung *die* - **2.** [boundary, greatest extent] Grenze *die*; **'off ~s'** ***esp Am*** 'Zutritt verboten'; **that subject is off ~s** das Thema ist tabu; **within ~s** [to a certain extent] innerhalb bestimmter Grenzen; **he's/she's the ~!** ***inf*** er/sie ist unmöglich! ◇ *vt* begrenzen; **to ~ o.s. to sthg** sich auf etw *(A)* beschränken.

limitation [ˌlɪmɪ'teɪʃn] *n* - **1.** [restriction, control] Begrenzung *die* - **2.** [shortcoming]: **~s** Grenzen *pl*.

limited ['lɪmɪtɪd] *adj* begrenzt; **to be ~ to sthg** auf etw *(A)* beschränkt sein.

limited company *n* Gesellschaft *die* mit beschränkter Haftung.

limited edition *n* limitierte Auflage.

limited liability company *n* = **limited company**.

limitless ['lɪmɪtlɪs] *adj* grenzenlos.

limo ['lɪməʊ] (*pl* **-s**) *n* ***inf*** luxuriöse Limousine.

limousine ['lɪməziːn] *n* luxuriöse Limousine.

limp [lɪmp] *adj* schlaff; [lettuce, flowers] welk ◇ *n* Hinken *das*; **to walk with a ~** hinken ◇ *vi* hinken.

limpet ['lɪmpɪt] *n* Napfschnecke *die*.

limpid ['lɪmpɪd] *adj* ***literary*** klar.

limply ['lɪmplɪ] *adv* - **1.** [lie, hang] schlaff - **2.** [reply] schwach.

linchpin ['lɪntʃpɪn] *n* ***fig*** [person] Hauptfigur *die*; [thing] wichtigstes Element.

Lincs. [lɪŋks] *abk für Lincolnshire, in Postanschrift verwendet.*

linctus ['lɪŋktəs] *n* ***Br*** Hustensirup *der*.

line [laɪn] *n* - **1.** [mark] Linie *die*; **to draw the ~ at sthg** ***fig*** bei etw den Schlussstrich ziehen - **2.** [row] Reihe *die* - **3.** [queue] Schlange *die*; **to stand** OR **wait in ~** Schlange stehen OR anstehen; **to be in ~ for promotion** Aussicht auf Beförderung haben - **4.** [direction of movement] Gerade *die*, gerade Linie; **he can't walk in a straight ~** er kann nicht (mehr) geradeaus gehen - **5.** [alignment]: **in ~ (with)** in einer Linie (mit); **to step out of ~** [misbehave] aus der Reihe tanzen - **6.** [RAIL - railway track] Gleise *pl*; [- route] Bahnlinie *die*; **the ~ was blocked** die Strecke war blockiert - **7.** NAUT: **shipping ~** Schifffahrtslinie *die* - **8.** [of poem, song, text] Zeile *die*; **to read between the ~s** zwischen den Zeilen lesen - **9.** [wrinkle] Falte *die* - **10.** [outline] Konturen *pl*, Linienführung *die* - **11.** [rope] Leine *die*; [wire] Kabel *das*; [string] Schnur *die* - **12.** TELEC [telephone connection] Leitung *die*; **hold the ~** bleiben Sie am Apparat - **13.** ***inf*** [short letter] kurze Nachricht; **to drop sb a ~** jm ein paar Zeilen schreiben - **14.**: **~ of argument** Argumentation *die*; **we are pursuing several ~s of enquiry** wir ermitteln in verschiedenen Richtungen; **along the same ~s** in gleicher Weise; **to be on the right ~s** auf dem richtigen Weg sein - **15.** ***inf*** [field of activity] Branche *die* - **16.** MIL: **enemy ~s** feindliche Linien - **17.** [lineage, ancestry] Linie *die* - **18.** [limit, borderline] Grenze *die* - **19.** COMM [type of product] Modell *das*; [group of products] Kollektion *die* ◇ *vt* - **1.** [form rows along] säumen - **2.** [cover inside surface of - drawer] aus|schlagen; [- garment, curtains] füttern.

◆ **lines** *npl* - **1.** SCH Strafarbeit *die*; **to get fifty ~s** etwas fünfzigmal aufschreiben müssen - **2.** [actor's words] Text *der*.

◆ **on the line** *adv*: **he's put his career on the ~** er hat seine Karriere aufs Spiel gesetzt.

◆ **out of line** *adj* fehl am Platz.

◆ **line up** *vt sep* - **1.** [in rows] auf|stellen - **2.** ***inf*** [organize] arrangieren ◇ *vi* - **1.** [in a row] sich auf|stellen - **2.** [in a queue] sich an|stellen.

lineage ['lɪnɪɪdʒ] *n* ***fml*** Abstammung *die*.

linear ['lɪnɪəʳ] *adj* - **1.** [made of lines] linear - **2.** [in a straight line] geradlinig.

lined [laɪnd] *adj* - **1.** [paper] liniert - **2.** [face] faltig.

line drawing *n* Strichzeichnung *die*.

line feed *n* COMPUT zeilenweiser Blatteinzug.

linen ['lɪnɪn] *n (U)* - **1.** [cloth] Leinen *das* - **2.** [tablecloths] Wäsche *die* ◇ *comp* - **1.** [suit, napkins] Leinen- - **2.** [cupboard, drawer] Wäsche-.

linen basket *n* Wäschekorb *der*.

lineout ['laɪnaʊt] *n* RUGBY Gasse *die*.

line printer *n* Zeilendrucker *der*.

liner ['laɪnəʳ] *n* [ship] Linienschiff *das*.

linesman ['laɪnzmən] (*pl* **-men** [-mən]) *n* SPORT Linienrichter *der*.

lineup ['laɪnʌp] *n* - **1.** [of players, competitors] Aufstellung *die* - **2.** ***Am*** [identification parade] *Aufstellung von Verdächtigen zur Identifizierung durch Zeugen bei der Polizei.*

linger ['lɪŋgəʳ] *vi* - **1.** [dawdle]: **we ~ed over our meal** wir aßen in aller Gemütlichkeit; **she ~ed behind after school** sie blieb nach Schulschluss noch da - **2.** [persist] zurück|bleiben.

lingerie ['lænʒərɪ] *n* Damenunterwäsche *die*.

lingering ['lɪŋgrɪŋ] *adj* - **1.** [feeling, hope, doubt] zurückbleibend - **2.** [death] langsam - **3.** [kiss, look, farewell, illness] lang.

lingo ['lɪŋgəʊ] (*pl* **-es**) *n* ***inf*** - **1.** [language] Sprache *die* - **2.** [specialist jargon] (Fach)jargon *der*.

linguist ['lɪŋgwɪst] *n* - **1.** [person good at languages] Sprachkundige *der, die* - **2.** [student or teacher of linguistics] Linguist *der*, -in *die*.

linguistic [lɪŋ'gwɪstɪk] *adj* [of language] sprachlich; [of linguistics] sprachwissenschaftlich, linguistisch.

◆ **linguistics** *n* Sprachwissenschaft *die*, Linguistik *die*.

liniment ['lɪnɪmənt] *n* Einreibemittel *das*.

lining ['laɪnɪŋ] *n* - **1.** [of garment, curtains, box] Futter *das* - **2.** [of stomach, nose] Schleimhaut *die* - **3.** *(U)* AUT [of brakes] Belag *der*.

link [lɪŋk] *n* - **1.** [of chain] Glied *das* - **2.** [connection]: **~ (between/with)** Verbindung *die* (zwischen *(+ D)*/mit *OR* zu) <> *vt* verbinden; **to ~ arms with sb** sich bei jm unterhaken.

◆ **link up** *vt sep* verbinden, anǀschließen; **to ~ sthg up with sthg** etw mit etw verbinden, etw an etw *(A)* anǀschließen <> *vi*: **to ~ up (with sb/sthg)** TV & TELEC schalten (zu jm/etw).

linkage ['lɪŋkɪdʒ] *n* [connection] Verbindung *die;* [system of bars] Gestänge *das*.

linked [lɪŋkt] *adj* verbunden; **the crimes seem to be ~** die Verbrechen scheinen miteinander in Verbindung zu stehen.

links [lɪŋks] (*pl inv*) *n* SPORT Golfplatz *der*.

linkup ['lɪŋkʌp] *n* Anschluss *der*.

lino ['laɪnəʊ], **linoleum** [lɪ'nəʊlɪəm] *n* Linoleum *das*.

linseed oil [ˌlɪnsiːd-] *n* Leinöl *das*.

lint [lɪnt] *n (U)* - **1.** [dressing] Mull *der* - **2.** ***Am*** [fluff] Fussel *die*.

lintel ['lɪntl] *n* Fenstersturz *der*.

lion ['laɪən] *n* Löwe *der*.

lion cub *n* Löwenjunge *das*.

lip [lɪp] *n* - **1.** [of mouth] Lippe *die;* **to keep a stiff upper ~** die Ohren steifǀhalten; **my ~s are sealed** ich sage kein Wort - **2.** [of container] Rand *der*.

liposuction ['lɪpəʊˌsʌkʃən] *n* Fettabsaugen *das*.

lip-read *vi* von den Lippen lesen.

lip-reading *n* Ablesen *das* von den Lippen.

lip salve [-sælv] *n* ***Br*** Lippenbalsam *der*.

lip service *n*: **to pay ~ to sthg** ein Lippenbekenntnis zu etw abǀlegen.

lipstick ['lɪpstɪk] *n* Lippenstift *der*.

liquefy ['lɪkwɪfaɪ] (*pt* & *pp* **-ied**) *vt* verflüssigen <> *vi* sich verflüssigen.

liqueur [lɪ'kjʊəʳ] *n* Likör *der*.

liquid ['lɪkwɪd] *adj* flüssig <> *n* Flüssigkeit *die*.

liquid assets *npl* verfügbare Vermögenswerte *pl*.

liquidate ['lɪkwɪdeɪt] *vt* liquidieren.

liquidation [ˌlɪkwɪ'deɪʃn] *n* Liquidation *die*.

liquidator ['lɪkwɪdeɪtəʳ] *n* Liquidator *der*.

liquid crystal display *n* Flüssigkristallanzeige *die*.

liquidity [lɪ'kwɪdətɪ] *n* - **1.** [having money] Liquidität *die* - **2.** [being liquid] Flüssigkeit *die*.

liquidize, -ise ['lɪkwɪdaɪz] *vt* ***Br*** CULIN mit dem Mixer pürieren.

liquidizer, -iser ['lɪkwɪdaɪzəʳ] *n* ***Br*** (elektrischer) Mixer.

liquor ['lɪkəʳ] *n* ***esp Am*** [alcoholic drink] Alkohol *der;* [spirits] Spirituosen *pl*.

liquorice ['lɪkərɪʃ, 'lɪkərɪs] *n* Lakritze *die*.

liquor store *n* ***Am*** Wein- und Spirituosenhandlung *die*.

lira ['lɪərə] *n* Lira *die*.

Lisbon ['lɪzbən] *n* Lissabon *nt*.

lisp [lɪsp] *n* Lispeln *das* <> *vi* lispeln.

lissom(e) ['lɪsəm] *adj* ***literary*** geschmeidig.

list [lɪst] *n* Liste *die* <> *vt* - **1.** [in writing] aufǀlisten, (in eine Liste) einǀtragen - **2.** [in speech] aufǀführen, aufǀzählen <> *vi* NAUT Schlagseite haben.

listed building [ˌlɪstɪd-] *n* ***Br*** *unter Denkmalschutz stehendes Gebäude*.

listed company [ˌlɪstɪd-] *n* ***Br*** eingetragene Firma *OR* Gesellschaft.

listen ['lɪsn] *vi* - **1.** [give attention] zuǀhören, hinǀhören; **to ~ to sb/sthg** jm/etw zuǀhören; **to ~ for sthg** auf etw *(A)* horchen - **2.** [heed advice] hören; **to ~ to sb/sthg** auf jn/etw hören.

◆ **listen in** *vi* - **1.** RADIO: **I ~ in to his show every afternoon** ich höre jeden Nachmittag seine Sendung - **2.** [eavesdrop] mitǀhören; **to ~ in on sthg** bei etw mitǀhören.

◆ **listen up** *vi* ***Am inf*** aufǀpassen.

listener ['lɪsnəʳ] *n* Zuhörer *der*, -in *die;* [of radio] Hörer *der*, -in *die*.

listing ['lɪstɪŋ] *n* [COMPUT - result] *Ausdruck eines Listing-Protokolls*.

◆ **listings** *npl* [of events] Veranstaltungskalender *der*.

listless ['lɪstlɪs] *adj* apathisch.

list price *n* Listenpreis *der*.

lit [lɪt] *pt* & *pp* ▷ **light.**

litany ['lɪtənɪ] (*pl* **-ies**) *n* Litanei *die*.

liter *n* ***Am*** = **litre.**

literacy ['lɪtərəsɪ] *n (U)* Lese- und Schreibfähigkeit *die*.

literal ['lɪtərəl] *adj* wörtlich.

literally ['lɪtərəlɪ] *adv* - **1.** [for emphasis] im

wahrsten Sinne des Wortes, buchstäblich - **2.** [not figuratively] wörtlich; **to take sthg ~** etw wörtlich nehmen.

literary ['lɪtərərɪ] *adj* literarisch; **a ~ critic** ein Literaturkritiker.

literate ['lɪtərət] *adj* - **1.** [able to read and write] des Lesens und Schreibens kundig - **2.** [well-read] gebildet.

literature ['lɪtrətʃə^r] *n* - **1.** [novels, plays, poetry] Literatur *die* - **2.** [printed information] Informationsmaterial *das.*

lithe [laɪð] *adj* geschmeidig.

lithium ['lɪθɪəm] *n* Lithium *das.*

lithograph ['lɪθəgrɑːf] *n* Lithografie *die.*

lithography [lɪ'θɒgrəfɪ] *n (U)* Lithografie *die.*

Lithuania [ˌlɪθjʊ'eɪnɪə] *n* Litauen *nt.*

Lithuanian [ˌlɪθjʊ'eɪnɪən] *adj* litauisch <> *n* - **1.** [person] Litauer *der*, -in *die* - **2.** [language] Litauisch(e) *das.*

litigant ['lɪtɪgənt] *n* ***fml*** Prozesspartei *die.*

litigate ['lɪtɪgeɪt] *vi* ***fml*** prozessieren.

litigation [ˌlɪtɪ'geɪʃn] *n (U)* ***fml*** Prozess *der*, Rechtsstreit *der.*

litmus paper ['lɪtməs-] *n* Lackmuspapier *das.*

litre *Br*, **liter** *Am* ['liːtə^r] *n* Liter *der.*

litter ['lɪtə^r] *n* - **1.** [waste material] Abfall *der*, Müll *der* - **2.** [newborn animals] Wurf *der* - **3.** [for litter tray]: **(cat) ~** (Katzen)streu *die* <> *vt:* **to be ~ed with sthg** mit etw übersät sein.

litterbin ['lɪtəˌbɪn] *n* ***Br*** Mülleimer *der.*

litterlout *Br* ['lɪtəlaʊt], **litterbug** ['lɪtəbʌg] *n* ***inf*** Schmutzfink *der.*

litter tray *n* Katzenklo *das.*

little ['lɪtl] (*compar sense 3* **less;** *superl sense 3* **least**) *adj* - **1.** [small, younger] klein; **the ~ ones** die Kleinen *pl* - **2.** [in distance, time] kurz - **3.** [not much] wenig; **he speaks ~ English** er spricht wenig Englisch; **he speaks a ~ English** er spricht ein bisschen Englisch <> *pron* wenig; **a ~** ein bisschen <> *adv* wenig; **~ by ~** nach und nach; **as ~ as possible** so wenig wie möglich.

little finger *n* kleiner Finger.

little-known *adj* kaum bekannt.

liturgy ['lɪtədʒɪ] (*pl* **-ies**) *n* Liturgie *die.*

live[1] [lɪv] *vi* - **1.** [have home] wohnen - **2.** [be alive] leben; **long ~ the queen!** es lebe die Königin!; **to ~ to a great age** ein hohes Alter erreichen - **3.** [survive] überleben <> *vt* führen; **to ~ a happy life** ein glückliches Leben führen; **to ~ it up** ***inf*** in Saus und Braus leben.

◆ **live down** *vt sep:* **she'll never ~ this down** das wird ihr auf ewig anhängen.

◆ **live for** *vt fus* leben für.

◆ **live in** *vi* [nanny, servant] im Hause wohnen; [student] im Studentenheim wohnen.

◆ **live off** *vt fus* [savings, land] leben von.

◆ **live on** *vt fus* [savings] leben von; [food] sich ernähren von; **I have enough to ~ on** ich habe genug zum Leben <> *vi* [continue] weiter|leben.

◆ **live out** *vt sep* [life] verbringen <> *vi* [student] außerhalb (des Studentenheims) wohnen.

◆ **live together** *vi* zusammen|wohnen.

◆ **live up to** *vt fus* [reputation] gerecht werden *(+ D);* [expectations] entsprechen *(+ D).*

◆ **live with** *vt fus* - **1.** [in same house] zusammen|wohnen mit - **2.** ***inf*** [problem, situation] sich ab|finden mit.

live[2] [laɪv] *adj* - **1.** [alive] lebendig - **2.** [programme, performance] Live-; ELEC [wire] geladen - **3.** [burning] glühend - **4.** [ammunition] scharf <> *adv* [broadcast] live.

live-in [lɪv-] *adj* im Haus wohnend.

livelihood ['laɪvlɪhʊd] *n* Lebensunterhalt *der.*

liveliness ['laɪvlɪnɪs] *n* Lebhaftigkeit *die*, Lebendigkeit *die.*

lively ['laɪvlɪ] (*compar* **-ier;** *superl* **-iest**) *adj* lebhaft.

liven ['laɪvn] ◆ **liven up** *vt sep* beleben, in Stimmung bringen <> *vi* [person] auf|leben, in Stimmung kommen.

liver ['lɪvə^r] *n* Leber *die.*

Liverpudlian [ˌlɪvə'pʌdlɪən] *adj* Liverpooler <> *n* Liverpooler *der*, -in *die.*

liver sausage *Br*, **liverwurst** *Am* ['lɪvəwɜːst] *n (U)* Leberwurst *die.*

livery ['lɪvərɪ] (*pl* **-ies**) *n* Livree *die.*

lives [laɪvz] *pl* ▻ **life.**

livestock ['laɪvstɒk] *n* Nutzvieh *das.*

live wire [laɪv-] *n* - **1.** [wire] stromführendes Kabel - **2.** ***inf*** [person] Energiebündel *das.*

livid ['lɪvɪd] *adj* - **1.** ***inf*** [angry] wütend, stinksauer - **2.** [bruise] blau.

living ['lɪvɪŋ] *adj* - **1.** [person] lebend - **2.** [language] lebendig <> *n* - **1.** [means of earning money] Lebensunterhalt *der;* **what do you do for a ~?** was machen Sie beruflich? - **2.** [lifestyle] Leben *das.*

living conditions *npl* Lebensbedingungen *pl.*

living expenses *npl* Lebenshaltungskosten *pl.*

living room *n* Wohnzimmer *das.*

living standards *npl* Lebensstandard *der.*

living wage *n zum Leben ausreichender Lohn.*

lizard ['lɪzəd] *n* Eidechse *die.*

llama [ˈlɑːmə] (*pl inv* OR **-s**) *n* Lama *das.*

lo [ləʊ] *excl:* **~ and behold!** siehe da!

load [ləʊd] *n* **- 1.** [something carried] Ladung *die* **- 2.** [burden] Last *die* **- 3.** [large amount]: **~s of, a ~ of** *inf* eine Menge, eine ganze Menge; **what a ~ of rubbish!** *inf* was für ein Blödsinn! ◇ *vt* **- 1.** [container, vehicle, person] beladen; **to ~ sthg with sthg** etw mit etw beladen; **she was ~ed with shopping bags** sie war mit Einkaufstüten beladen **- 2.** [gun, cannon]: **to ~ sthg (with sthg)** etw (mit etw) laden **- 3.** [camera]: **to ~ a camera with a film** einen Film in eine Kamera ein|legen **- 4.** COMPUT [program] laden.

◆ **load up** *vt sep* beladen ◇ *vi* auf|laden.

loaded [ˈləʊdɪd] *adj* **- 1.** [question, statement] gewichtig **- 2.** [gun] geladen; [camera] mit eingelegtem Film **- 3.** *inf* [rich] stinkreich.

loading bay [ˈləʊdɪŋ-] *n* Ladeplatz *der.*

loaf [ləʊf] (*pl* **loaves**) *n* Laib *der.*

◆ **loaf about** *vi* herum|lungern, herum|hängen.

loafer [ˈləʊfəʳ] *n* [shoe] *mokassinartiger Freizeitschuh;* [lazy person] Faulenzer *der,* -in *die.*

loan [ləʊn] *n* **- 1.** [something lent] Leihgabe *die;* [money lent] Darlehen *das,* Kredit *der* **- 2.** [act of lending] Ausleihen *das;* **on ~** ausgeliehen ◇ *vt:* **to ~ sthg (to sb), to ~ (sb) sthg** etw (an jn) verleihen, (jm) etw leihen.

loan account *n* Darlehenskonto *das.*

loan capital *n* Darlehenskapital *das.*

loan shark *n inf pej* Kredithai *der.*

loath [ləʊθ] *adj:* **to be ~ to do sthg** etw nur ungern tun.

loathe [ləʊð] *vt* verabscheuen, nicht aus|stehen können; **to ~ doing sthg** es verabscheuen, etw zu tun.

loathing [ˈləʊðɪŋ] *n* Abscheu *der.*

loathsome [ˈləʊðsəm] *adj* abscheulich.

loaves [ləʊvz] *pl* ▷ **loaf.**

lob [lɒb] (*pt* & *pp* **-bed;** *cont* **-bing**) *n* TENNIS Lob *der* ◇ *vt* **- 1.** [throw] (in hohem Bogen) werfen **- 2.** TENNIS lobben.

lobby [ˈlɒbɪ] (*pl* **-ies;** *pt* & *pp* **-ied**) *n* **- 1.** [anteroom] Vorraum *der;* [in hotel] Empfangshalle *die,* Lobby *die;* [in theatre] Foyer *das* **- 2.** [pressure group] Lobby *die,* Interessengruppe *die* ◇ *vt* Einfluss nehmen auf *(A).*

lobbyist [ˈlɒbɪɪst] *n* Lobbyist *der,* -in *die.*

lobe [ləʊb] *n* ANAT [of brain] Lappen *der;* [of ear] Ohrläppchen *das.*

lobotomy [ləˈbɒtəmɪ] (*pl* **-ies**) *n* Lobotomie *die.*

lobster [ˈlɒbstəʳ] *n* Hummer *der.*

lobster pot *n* Hummerkorb *der.*

local [ˈləʊkl] *adj* **- 1.** [of the immediate area - tradition] örtlich, einheimisch; [- phone call] Orts-; [- hospital, shop, inhabitants] örtlich **- 2.** ADMIN & POL [services, council] Kommunal-, kommunal ◇ *n inf* **- 1.** [person]: **the ~s** die Einheimischen *pl* **- 2.** *Br* [pub] Stammkneipe *die* **- 3.** *Am* [bus] Nahverkehrsbus *der;* [train] Nahverkehrszug *der.*

local anaesthetic *n* örtliche Betäubung.

local area network *n* COMPUT lokales Netzwerk.

local authority *n Br* Kommunalverwaltung *die.*

local call *n* Ortsgespräch *das.*

local colour *n* Lokalkolorit *das.*

local derby *n Br* Lokalderby *das.*

locale [ləʊˈkɑːl] *n fml* Ort *der;* [of film, crime] Schauplatz *der.*

local government *n* Kommunalverwaltung *die.*

locality [ləʊˈkælətɪ] (*pl* **-ies**) *n* Gegend *die.*

localized, -ised [ˈləʊkəlaɪzd] *adj* örtlich begrenzt.

locally [ˈləʊkəlɪ] *adv* [in region] am Ort; [in neighbourhood] in der Nachbarschaft.

local time *n* Ortszeit *die.*

locate [*Br* ləʊˈkeɪt, *Am* ˈləʊkeɪt] *vt* **- 1.** [find] ausfindig machen, lokalisieren **- 2.** [situate]: **to be ~d** sich befinden ◇ *vi Am* [settle] sich an|siedeln.

location [ləʊˈkeɪʃn] *n* **- 1.** [place] Ort *der* **- 2.** CINEMA: **the film was shot on ~ in China** die Außenaufnahmen zu diesem Film wurden in China gemacht.

loc. cit. [lɒkˈsɪt] (*abbr of* **loco citato**) l.c.

loch [lɒk, lɒx] *n Scot* See *der;* **Loch Lomond** Loch Lomond.

lock [lɒk] *n* **- 1.** [of door, window, box] Schloss *das;* **under ~ and key** [money, object] unter Verschluss; [person] hinter Schloss und Riegel **- 2.** [on canal] Schleuse *die* **- 3.** AUT [steering lock] Einschlag *der* **- 4.** [of hair] Locke *die* **- 5.** *phr:* **~, stock and barrel** mit allem, was dazugehört; **we have to sell the company ~, stock and barrel** wir müssen die gesamte Firma verkaufen ◇ *vt* **- 1.** [fasten securely] ab|schließen; [bicycle] an|schließen **- 2.** [keep safely]: **to ~ sthg in sthg** etw in etw *(A)* ein|schließen **- 3.** [immobilize] sperren, blockieren **- 4.** [hold firmly]: **to be ~ed in an embrace** sich eng umschlungen halten; **to be ~ed in combat** *lit* (miteinander) im Kampf verschlungen sein; *fig* (miteinander) im Kampf stehen ◇ *vi* **- 1.** [fasten securely] verschließen **- 2.** [become immobilized] blockieren.

◆ **locks** *npl literary* [hair] Locken *pl.*

◆ **lock away** *vt sep* weg|schließen.

◆ **lock in** *vt sep* ein|schließen.

◆ **lock out** *vt sep* aus|sperren.

◆ **lock up** *vt sep* **- 1.** [person] ein|sperren **- 2.** [house] ab|schließen **- 3.** [valuables] weg|schließen ◇ *vi* ab|schließen.

lockable [ˈlɒkəbl] *adj* abschließbar.

locker [ˈlɒkəʳ] *n* [at gym, work] Spind *der;* [at station] Schließfach *das.*

locker room *n* **Am** Umkleideraum *der.*

locket [ˈlɒkɪt] *n* Medaillon *das.*

lockjaw [ˈlɒkdʒɔː] *n (U)* Wundstarrkrampf *der.*

lockout [ˈlɒkaʊt] *n* Aussperrung *die.*

locksmith [ˈlɒksmɪθ] *n* Schlosser *der,* -in *die.*

lockup [ˈlɒkʌp] *n* **- 1.** [prison] Zelle *die* **- 2.** ***Br*** [garage] *Mietgarage, die zum Abstellen eines Autos oder verschiedener Gegenstände verwendet wird.*

loco [ˈləʊkəʊ] *adj* **Am inf** verrückt, bekloppt.

locomotive [ˌləʊkəˈməʊtɪv] *n* Lokomotive *die.*

locum [ˈləʊkəm] (*pl* **-s**) *n* Stellvertreter *der,* -in *die.*

locust [ˈləʊkəst] *n* Heuschrecke *die,* Wanderheuschrecke *die.*

lodge [lɒdʒ] *n* **- 1.** [caretaker's room, of Freemasons] Loge *die* **- 2.** [of manor house] Pförtnerhaus *das* **- 3.** [for hunting] Jagdhütte *die* ◇ *vi* **- 1.** [stay, live]: **to ~ with sb** bei jm (zur Untermiete) wohnen **- 2.** [become stuck] stecken|bleiben, fest|sitzen **- 3.** ***fig*** [in mind] sich fest|setzen ◇ *vt* ***fml*** [register] ein|reichen.

lodger [ˈlɒdʒəʳ] *n* Untermieter *der,* -in *die.*

lodging [ˈlɒdʒɪŋ] *n* ▷ **board.**

◆ **lodgings** *npl* möblierte Zimmer *pl.*

loft [lɒft] *n* Dachboden *der.*

lofty [ˈlɒftɪ] (*compar* **-ier;** *superl* **-iest**) *adj* **- 1.** [noble] hoch; [feelings] erhaben; [aims] hoch gesteckt **- 2.** ***pej*** [haughty] hochmütig **- 3.** ***literary*** [high] hoch.

log [lɒg] (*pt* & *pp* **-ged;** *cont* **-ging**) *n* **- 1.** [of wood] Holzscheit *das* **- 2.** [written record - of ship] Logbuch *das;* [- of plane] Bordbuch *das* ◇ *vt* **- 1.** [information - on paper] ein|tragen; [- in computer] ein|geben **- 2.** [speed, distance, time] zurück|legen.

◆ **log in** *vi* COMPUT (sich) ein|loggen.

◆ **log out** *vi* COMPUT (sich) aus|loggen.

loganberry [ˈləʊgənbərɪ] (*pl* **-ies**) *n* Loganbeere *die.*

logarithm [ˈlɒgərɪðm] *n* Logarithmus *der.*

logbook [ˈlɒgbʊk] *n* **- 1.** [ship] Logbuch *das;* [plane] Bordbuch *das* **- 2.** [of car] Fahrtenbuch *das.*

log cabin *n* Holzhütte *die,* Blockhütte *die.*

log fire *n* Kaminfeuer *das.*

loggerheads [ˈlɒgəhedz] *n:* **to be at ~** sich *(D)* in den Haaren liegen.

logic [ˈlɒdʒɪk] *n* Logik *die.*

logical [ˈlɒdʒɪkl] *adj* logisch.

logically [ˈlɒdʒɪklɪ] *adv* logisch.

logistical [ləˈdʒɪstɪkl] *adj* logistisch.

logistics [ləˈdʒɪstɪks] *n (U)* Logistik *die.*

logjam [ˈlɒgdʒæm] *n* ***esp Am*** [impasse] toter Punkt.

logo [ˈləʊgəʊ] (*pl* **-s**) *n* Logo *das,* Firmenzeichen *das.*

logrolling [ˈlɒgrəʊlɪŋ] *n* **Am** gegenseitige Hilfe ODER Unterstützung; POL *gegenseitige Unterstützung zwischen Politikern im Wahlkampf und bei der Wahl.*

logy [ˈləʊgɪ] *adj* **Am inf** faul, träge *(nach üppiger Mahlzeit).*

loin [lɔɪn] *n* Lende *die.*

◆ **loins** *npl* ANAT Lenden *pl;* **to gird one's ~s** ***fig*** sich bereit|machen.

loincloth [ˈlɔɪnklɒθ] *n* Lendenschurz *der.*

loiter [ˈlɔɪtəʳ] *vi* **- 1.** [hang about] herum|lungern **- 2.** [dawdle] trödeln, bummeln.

loll [lɒl] *vi* **- 1.** [sit, lie about] (sich) lümmeln, herum|lümmeln **- 2.** [hang down - tongue] heraus|hängen; [- head] herunter|hängen.

lollipop [ˈlɒlɪpɒp] *n* Lutscher *der,* Lolli *der.*

lollipop lady *n* ***Br*** *meist ältere Dame in der Funktion eines Schülerlotsen.*

lollipop man *n* ***Br*** *meist älterer Herr in der Funktion eines Schülerlotsen.*

lolly [ˈlɒlɪ] (*pl* **-ies**) *n* **- 1.** [lollipop] Lutscher *der,* Lolli *der* **- 2.** *(U)* ***Br inf*** [money] Piepen *pl.*

London [ˈlʌndən] *n* London *nt.*

Londoner [ˈlʌndənəʳ] *n* Londoner *der,* -in *die.*

lone [ləʊn] *adj* [lonely] einsam; [only] einzig.

loneliness [ˈləʊnlɪnɪs] *n* Einsamkeit *die.*

lonely [ˈləʊnlɪ] (*compar* **-ier;** *superl* **-iest**) *adj* einsam.

lone parent *n* ***Br*** alleinerziehende Mutter, alleinerziehender Vater.

loner [ˈləʊnəʳ] *n* Einzelgänger *der,* -in *die.*

lonesome [ˈləʊnsəm] *adj* **Am inf** einsam.

long [lɒŋ] *adj* lang; **it's 2 metres ~** es ist 2 Meter lang; **it's two hours ~** es dauert zwei Stunden; **the book is 500 pages ~** das Buch hat 500 Seiten; **how ~ is it?** [in distance] wie lang ist es?; [in time] wie lange dauert es?; **a ~ time** lange ◇ *adv* lange; **I won't be ~** ich komme gleich wieder; **how ~ will it take?** wie lange dauert es?; **all day ~** den ganzen Tag; **for ~** lange; **before ~** bald; **no ~er** nicht mehr; **so ~!** ***inf*** tschüs! ◇ *n:* **the ~ and the short of it is that ...** kurzum ..., mit einem Wort ... ◇ *vt:* **to ~ to do sthg** sich danach sehnen, etw zu tun.

◆ **as long as, so long as** *conj* [if] solange.

◆ **long for** *vt fus* sich sehnen nach.

long. *abbr of* **longitude.**

long-awaited [-ə'weɪtɪd] *adj* lang erwartet.

long-distance *adj:* **a ~ race** ein Langstreckenrennen; **he's a ~ lorry driver** er ist Fernfahrer.

long-distance call *n* Ferngespräch *das.*

long division *n längere, schriftlich durchgeführte Division.*

long-drawn-out *adj* in die Länge gezogen.

long drink *n* Longdrink *der.*

longevity [lɒn'dʒevətɪ] *n* Langlebigkeit *die.*

longhaired [ˌlɒŋ'heəd] *adj* [person] langhaarig; [animal] Langhaar-.

longhand ['lɒŋhænd] *n* Langschrift *die.*

long-haul *adj:* **~ flight** Langstreckenflug *der.*

longing ['lɒŋɪŋ] *adj* sehnsüchtig, sehnsuchtsvoll <> *n:* **~ (for sthg)** Sehnsucht *die* (nach etw), Verlangen *das* (nach etw).

longingly ['lɒŋɪŋlɪ] *adv* sehnsüchtig, sehnsuchtsvoll.

Long Island *n* Long Island *nt.*

longitude ['lɒndʒɪtjuːd] *n* GEOGR (geografische) Länge.

long johns *npl* lange Unterhosen *pl.*

long jump *n* Weitsprung *der.*

long-lasting *adj* [effect] lang anhaltend; [material] haltbar.

long-life *adj* [battery] mit langer Lebensdauer; **~ milk** H-Milch.

long-lost *adj* lang(e) verschollen.

long-playing record [-ˌpleɪɪŋ-] *n* Langspielplatte *die*, LP *die.*

long-range *adj* **- 1.** [missile, bomber] Langstrecken- **- 2.** [plan, forecast] langfristig.

long-running *adj* (schon) lange laufend.

longshoreman ['lɒŋʃɔːmən] (*pl* **-men** [-mən]) *n* **Am** Hafenarbeiter *der*

long shot *n fig:* **it's a ~, but it might work** es ist ein gewagtes Unternehmen, aber es könnte klappen.

longsighted [ˌlɒŋ'saɪtɪd] *adj* weitsichtig.

long-standing *adj* (schon) lange bestehend.

longsuffering [ˌlɒŋ'sʌfərɪŋ] *adj* geduldig, langmütig.

long term *n:* **in the ~** auf lange Sicht, langfristig gesehen.

◆ **long-term** *adj* langfristig.

long vacation *n* **Br** UNIV Sommerferien *pl.*

long wave *n* Langwelle *die.*

longways ['lɒŋweɪz] *adv* der Länge nach.

longwearing [ˌlɒŋ'weərɪŋ] *adj* **Am** langanhaltend, dauerhaft.

long weekend *n* langes Wochenende.

longwinded [ˌlɒŋ'wɪndɪd] *adj* langatmig, langwierig.

loo [luː] (*pl* **-s**) *n* **Br inf** Klo *das.*

loofa(h) ['luːfə] *n* Luffaschwamm *der.*

look [lʊk] *n* **- 1.** [with eyes] Blick *der;* **to give sb a ~** jm einen Blick zu|werfen; **to have a ~ at sthg** sich (D) etw an|sehen; **let me have a ~!** lass mich mal sehen!; **come and have a ~!** schau dir das mal an! **- 2.** [search]: **to have a ~ (for sthg)** (etw) suchen **- 3.** [appearance] Aussehen *das;* **by the ~** OR **~s of sthg** allem Anschein nach <> *vi* **- 1.** [with eyes] sehen, schauen; **to ~ at sb/sthg** jn/etw an|sehen; **I'm just ~ing** [in shop] ich wollte mich nur umsehen; **~ here!** *inf* na hör mal! **- 2.** [search] suchen **- 3.** [building, room]: **to ~ onto** gehen auf (+ A) **- 4.** [seem] aus|sehen; **he ~s as if he hasn't slept** er sieht aus, als hätte er nicht geschlafen; **it ~s like rain** es sieht nach Regen aus; **she ~s like her mother** sie sieht wie ihre Mutter aus, sie sieht ihrer Mutter ähnlich <> *vt* **- 1.** [look at] sehen; **~ what you've done!** schau, was du gemacht hast!; **~ where you're going!** pass auf, wohin du trittst!; **to ~ sb in the face** jm in die Auge sehen **- 2.** [appear]: **she ~s her age** man sieht ihr ihr Alter an; **to ~ one's best** fabelhaft aus|sehen.

◆ **looks** *npl:* **(good) ~s** gutes Aussehen.

◆ **look after** *vt fus* [take care of] sich kümmern um.

◆ **look at** *vt fus* an|sehen; **he ~ed at his watch** er sah OR schaute auf seine Uhr.

◆ **look back** *vi* [reminisce] zurück|blicken; **she's never ~ed back** sie hat es nie bereut.

◆ **look down on** *vt fus* [condescend to] herab|sehen auf (+ A).

◆ **look for** *vt fus* suchen.

◆ **look forward to** *vt fus* sich freuen auf (+ A).

◆ **look into** *vt fus* [examine] untersuchen; **I'll ~ into it** ich werde der Sache nach|gehen.

◆ **look on** *vt fus* = **look upon** <> *vi* [watch] zu|sehen, zu|schauen.

◆ **look out** *vi* auf |passen; **~ out!** Vorsicht!

◆ **look out for** *vt fus* [person, place] Ausschau halten nach; [opportunity] suchen nach.

◆ **look round** *vt fus* [city, museum] besichtigen; **to ~ round the shops** einen Einkaufsbummel machen <> *vi* **- 1.** [look at surroundings] sich um|sehen **- 2.** [turn] sich um|drehen.

◆ **look through** *vt fus* [report, document] durch|sehen; [examine] überprüfen.

◆ **look to** *vt fus* **- 1.** [depend on] sich verlassen auf (+ A); **they ~ed to her for help** sie verließen sich darauf, dass sie ihnen helfen würde **- 2.** [think about] planen.

◆ **look up** *vt sep* **- 1.** [in dictionary] nach|schlagen; [in phone book] heraus|suchen **- 2.** [visit]: **to ~ sb up** jn auf |suchen <> *vi* sich bessern.

◆ **look upon** *vt fus* [consider]: **to ~ upon sb/sthg as sthg** jn/etw als etw betrachten.
◆ **look up to** *vt fus* [admire]: **to ~ up to sb** zu jm auf|sehen.

look-alike *n* Doppelgänger *der*, -in *die*.

look-in *n* **Br:** **to get a ~** eine Chance (auf Erfolg) haben.

lookout [ˈlʊkaʊt] *n* **- 1.** [place] Ausguck *der*, Beobachtungsposten *der* **- 2.** [person] Wachposten *der*, Wache *die* **- 3.** [search]: **to be on the ~ for sthg** nach etw Ausschau halten.

loom [luːm] *n* Webstuhl *der* ◇ *vi* **- 1.** [rise up] (plötzlich) auf|tauchen **- 2.** ***fig*** [be imminent - date] bevor|stehen; [- threat, difficulties] sich ab|zeichnen; **to ~ large** drohend bevor|stehen.
◆ **loom up** *vi* (plötzlich) auf|tauchen.

looming [ˈluːmɪŋ] *adj* bevorstehend.

loony [ˈluːnɪ] (*compar* **-ier;** *superl* **-iest;** *pl* **-ies)** ***inf*** *adj* bekloppt, verrückt ◇ *n* Bekloppte *der*, *die*, Verrückte *der*, *die*.

loop [luːp] *n* **- 1.** [shape] Schleife *die*, Schlinge *die* **- 2.** [contraceptive] Spirale *die* **- 3.** COMPUT Loop *der*, Schleife *die* ◇ *vt* [rope, string] (um)schlingen; **to ~ sthg around sthg** etw um etw schlingen ◇ *vi* [road, river] sich krümmen.

loophole [ˈluːphəʊl] *n* ***fig*** Schlupfloch *das*.

loo roll *n* **Br inf** [one roll] Rolle *die* Klopapier; [paper] Klopapier *das*.

loose [luːs] *adj* **- 1.** [not firmly fixed - joint, tooth, handle] lose, locker **- 2.** [unpackaged - sweets, nails, paper] lose **- 3.** [not tight-fitting - clothes, fit] locker sitzend, leger **- 4.** [animal - free, not restrained] frei laufend; [- which has escaped] entlaufen; [hair] offen **- 5.** ***pej*** & ***dated*** [promiscuous] freizügig **- 6.** [translation, definition] frei **- 7.** [association, structure] locker **- 8.** ***Am inf*** [relaxed]: **to stay ~** locker bleiben ◇ *n:* **on the ~** [prisoner] auf freiem Fuß; [animal] entlaufen.

loose change *n* Kleingeld *das*.

loose end *n:* **to tie up ~s** noch ausstehende Probleme lösen; **to be at a ~ *Br*, to be at ~s *Am*** nichts zu tun haben.

loose-fitting *adj* locker sitzend, locker fallend.

loose-leaf binder *n* Ringbuch *das*.

loosely [ˈluːslɪ] *adv* **- 1.** [hold, connect, tie] locker **- 2.** [translate, define] frei.

loosen [ˈluːsn] *vt* lockern ◇ *vi* sich lockern.
◆ **loosen up** *vi* **- 1.** [before game, race] sich auf|wärmen **- 2.** ***inf*** [relax] sich entspannen, locker werden.

loot [luːt] *n* Beute *die* ◇ *vt* aus|plündern, aus|rauben.

looter [ˈluːtəʳ] *n* Plünderer *der*, -in *die*.

looting [ˈluːtɪŋ] *n* Plündern *das*.

lop [lɒp] (*pt* & *pp* **-ped;** *cont* **-ping)** *vt* stutzen, beschneiden.
◆ **lop off** *vt sep* ab|schneiden, ab|sägen.

lope [ləʊp] *vi* (in großen Sprüngen) rennen.

lop-sided [-ˈsaɪdɪd] *adj* **- 1.** [uneven] schief **- 2.** ***fig*** [biased] voreingenommen, parteiisch.

lord [lɔːd] *n* ***Br*** Lord *der* ◇ *vt:* **to ~ it (over sb)** sich (gegenüber jm) auf|spielen.
◆ **Lord** *n* **- 1.** RELIG: **the Lord** [God] der Herr; **good Lord! *Br*** Grundgütiger!, oh mein Gott! **- 2.** [in titles] Lord *der;* [as form of address]: **my Lord** Mylord.
◆ **Lords** *npl* ***Br*** POL: **the (House of) Lords** das Oberhaus.

Lord Chancellor *n* ***Br*** Lordkanzler *der*, *Vorsitzender des Oberhauses.*

lordly [ˈlɔːdlɪ] (*compar* **-ier;** *superl* **-iest)** *adj* **- 1.** [noble] vornehm, herrschaftlich **- 2.** ***pej*** [arrogant] überheblich, arrogant.

Lord Mayor *n* ***Br*** Oberbürgermeister *der*.

Lordship [ˈlɔːdʃɪp] *n:* **your/his ~** Eure/Seine Lordschaft, Eure/Seine Gnaden.

Lord's Prayer *n:* **the ~** das Vaterunser.

lore [lɔːʳ] *n* Wissen *das*, Lehre *die*.

lorry [ˈlɒrɪ] (*pl* **-ies)** *n* ***Br*** Lastkraftwagen *der*, LKW *der*.

lorry driver *n* ***Br*** Lastkraftwagenfahrer *der*, LKW-Fahrer *der*.

lose [luːz] (*pt* & *pp* **lost)** *vt* **- 1.** [gen] verlieren; **to ~ sight of sb/sthg** jn/etw aus den Augen verlieren; **to ~ one's way** sich verirren **- 2.** [waste - time] verschwenden, vergeuden; [- opportunity] versäumen, verpassen **- 3.** [subj: clock, watch] nach|gehen; **my watch ~s five minutes every day** meine Uhr geht jeden Tag fünf Minuten nach **- 4.** [pursuers] ab|schütteln, ab|hängen ◇ *vi* verlieren.
◆ **lose out** *vi:* **to ~ out (on sthg)** (bei etw) den Kürzeren ziehen, (bei etw) verlieren.

loser [ˈluːzəʳ] *n* **- 1.** [of competition] Verlierer *der*, -in *die;* **a good/bad ~** ein guter/schlechter Verlierer **- 2.** ***pej*** [unsuccessful person] Loser *der*.

losing [ˈluːzɪŋ] *adj* Verlierer-.

loss [lɒs] *n* **- 1.** [gen] Verlust *der;* **to make a ~** Verlust machen **- 2.** [of match, competition] Niederlage *die* **- 3.** ***phr:*** **I'm at a ~ to explain it** ich weiß nicht, wie ich es erklären soll; **he was at a ~ for words** ihm fehlten die Worte; **to cut one's ~es** Schlimmeres verhindern.

loss adjuster [-əˌdʒʌstəʳ] *n* [of insurance company] Schadensregulierer *der*, -in *die*.

loss leader *n* COMM Lockangebot *das*.

lost [lɒst] *pt* & *pp* ▻ **lose** ◇ *adj* **- 1.** [unable to find way] verirrt; **to get ~** sich verirren, sich verlieren; **get ~!** ***inf*** verschwinde!, hau ab! **- 2.** [keys, wallet] verloren **- 3.** [wasted] verschwendet, versäumt; **my advice was ~ on**

him er wusste meinen Rat überhaupt nicht zu würdigen.

lost-and-found office *n* **Am** Fundbüro *das*.

lost cause *n* verlorene Sache.

lost property *n* Fundsache *die*.

lost property office *n* **Br** Fundbüro *das*.

lot [lɒt] *n* - **1.** [large amount]: **a ~ of, ~s of** eine Menge - **2.** *inf* [group of things]: **put this ~ in my office** bring das hier in mein Büro - **3.** *inf* [group of people] Gesellschaft *die*, Truppe *die* - **4.** [destiny] Los *das* - **5.** [at auction] Posten *der* - **6.** [entire amount]: **the ~** alles, das Ganze - **7.** **Am** [of land] Parzelle *die;* [car park] Stellfläche *die*, Parkplatz *der* - **8.** *phr:* **to draw ~s** losen.

◆ **a lot** *adv* (sehr) viel.

loth [ləʊθ] *adj* = **loath.**

lotion [ˈləʊʃn] *n* Lotion *die*.

lottery [ˈlɒtərɪ] (*pl* **-ies**) *n* - **1.** [raffle] Lotterie *die* - **2.** [risky venture] Glücksspiel *das*, Glückssache *die*.

lotus position [ˈləʊtəs-] *n* Lotussitz *der*.

loud [laʊd] *adj* - **1.** [not quiet, noisy] laut - **2.** [emphatic]: **to be ~ in one's criticism of sthg** etw lautstark kritisieren - **3.** [garish] grell, auffallend <> *adv* laut, lautstark; **out ~** laut.

loudhailer [ˌlaʊdˈheɪləʳ] *n* **Br** Megafon *das*.

loudly [ˈlaʊdlɪ] *adv* - **1.** [noisily] laut - **2.** [garishly] grell.

loudmouth [ˈlaʊdmaʊθ, *pl* -maʊðz] *n* *inf* Großmaul *das*, Angeber *der*.

loudness [ˈlaʊdnɪs] *n* Lautstärke *die*.

loudspeaker [ˌlaʊdˈspiːkəʳ] *n* Lautsprecher *der*.

lough [lɒk, lɒx] *n* **Irish** See *der*.

lounge [laʊndʒ] (*cont* **lounging**) *n* - **1.** [in house] Wohnzimmer *das* - **2.** [in airport, hotel] Lounge *die* - **3.** **Br** = **lounge bar** <> *vi* sich lümmeln, sich rekeln.

◆ **lounge about, lounge around** *vi* herumlümmeln.

lounge bar *n* **Br** *abgetrennter, meist gemütlicherer Teil eines Pubs, in dem die Getränke teurer sind.*

lounge lizard *n* Salonlöwe *der*.

lounge suit *n* **Br** Straßenanzug *der*.

louse [laʊs] (*pl sense 1* **lice;** *pl sense 2* **-s**) *n* - **1.** [insect] Laus *die* - **2.** *fig* [person] Laus *die*.

◆ **louse up** *vt sep* **Am** *vinf* verpfuschen, versauen.

lousy [ˈlaʊzɪ] (*compar* **-ier;** *superl* **-iest**) *adj* *inf* - **1.** [poor-quality] lausig, miserabel - **2.** [ill]: **to feel ~** sich miserabel fühlen.

lout [laʊt] *n* Flegel *der*, Lümmel *der*.

louvre **Br**, **louver** **Am** [ˈluːvəʳ] *n:* **a ~ window** ein Jalousiefenster; **a ~ door** eine Jalousietür.

lovable [ˈlʌvəbl] *adj* liebenswert.

love [lʌv] *n* - **1.** [gen] Liebe *die;* **a ~ of** OR **for sthg** eine Liebe zu OR für etw; **give her my ~** grüße sie herzlich von mir; **a ~-hate relationship** eine Hassliebe; **~ from** [at end of letter] alles Liebe von, liebe Grüße von; **to be in ~** verliebt sein; **to fall in ~ (with sb)** sich (in jn) verlieben; **to make ~** miteinander schlafen - **2.** *inf* [term of address] Schatz *der*, Liebste *der*, *die* - **3.** TENNIS Null <> *vt* lieben; **to ~ to do sthg** OR **doing sthg** etw sehr OR wahnsinnig gern tun.

love affair *n* Affaire *die*.

lovebite [ˈlʌvbaɪt] *n* Knutschfleck *der*.

loveless [ˈlʌvlɪs] *adj* [marriage] ohne Liebe.

love letter *n* Liebesbrief *der*.

love life *n* Liebesleben *das*.

lovely [ˈlʌvlɪ] (*compar* **-ier;** *superl* **-iest**) *adj* - **1.** [in looks - child] reizend; [- person] sehr hübsch; [in character] reizend - **2.** [good, nice] wunderschön; **it was ~ to meet you** es war sehr nett, Sie kennen zu lernen.

lovemaking [ˈlʌvˌmeɪkɪŋ] *n* Miteinanderschlafen *das*.

lover [ˈlʌvəʳ] *n* - **1.** [sexual partner] Geliebte *der*, *die* - **2.** [enthusiast]: **a ~ of** ein Liebhaber, eine Liebhaberin *(+ G);* **a ~ of literature/art** ein Literatur-/Kunstliebhaber.

lovesick [ˈlʌvsɪk] *adj* liebeskrank.

love song *n* Liebeslied *das*.

love story *n* Liebesgeschichte *die*.

loving [ˈlʌvɪŋ] *adj* liebevoll.

lovingly [ˈlʌvɪŋlɪ] *adv* liebevoll.

low [ləʊ] *adj* - **1.** [gen] niedrig; **a ~ trick** eine Gemeinheit; **to keep a ~ profile** sich unauffällig benehmen - **2.** [standard, quality, opinion] schlecht - **3.** [level, sound, note, neckline] tief - **4.** [light, heat] schwach - **5.** [supplies] knapp; **we're ~ on petrol** wir haben nicht mehr viel Benzin - **6.** [voice] leise - **7.** [depressed] niedergeschlagen; **in ~ spirits** in gedrückter Stimmung <> *adv* [fly, bend, sink] tief <> *n* - **1.** [low point] Tiefstand *der* - **2.** [area of low pressure] Tief *das*.

low-alcohol *adj* mit geringem Alkoholgehalt.

lowbrow [ˈləʊbraʊ] *adj* geistig anspruchslos.

low-calorie *adj* kalorienarm.

Low Church *n* *Teilgruppe der Anglikanischen Kirche, die Einfachheit bei der Pflege christlicher Traditionen predigt.*

Low Countries *npl:* **the ~** die Beneluxstaaten.

low-cut *adj* tief ausgeschnitten.

low-down *adj inf* gemein.
◆ **lowdown** *n inf:* **to give sb the lowdown (on sthg)** jn (über etw *(A)*) auf|klären.

lower¹ ['ləʊəʳ] *adj* untere, -r, -s; [lip] Unter-; **~ leg** Unterschenkel *der* ◇ *vt* **- 1.** [move downwards - drawbridge, car window] herunter|lassen; [- flag] ein|holen; [- head, eyes] senken **- 2.** [reduce] senken; [resistance] schwächen **- 3.** [voice]: **to ~ one's voice** leiser sprechen.

lower² ['laʊəʳ] *vi* **- 1.** [sky] dunkel sein **- 2.** [frown]: **to ~ at sb** jn finster an|blicken.

Lower Chamber [ˌləʊəʳ-] *n* POL Unterhaus *das.*

lower class [ˌləʊəʳ-] *n:* **the ~(es)** die unteren Klassen *OR* Schichten *pl.*

Lower House [ˌləʊəʳ-] *n* POL Unterhaus *das.*

lowest common denominator [ˌləʊɪst-] *n:* **the ~** der kleinste gemeinsame Nenner.

low-fat *adj* fettarm.

low-flying *adj:* **~ plane** Tiefflieger *der.*

low frequency *n* Niederfrequenz *die.*

low gear *n* niedriger Gang.

low-key *adj* [negotiations] informell; [approach] zurückhaltend.

Lowlands ['ləʊləndz] *npl:* **the ~** [of Scotland] das schottische Tiefland.

low-level language *n* COMPUT einfache Programmiersprache.

low-loader [-'ləʊdəʳ] *n* Tieflader *der.*

lowly ['ləʊlɪ] *(compar* **-ier;** *superl* **-iest)** *adj* [status] niedrig; [person] einfach.

low-lying *adj* tief gelegen.

Low Mass *n* stille Messe.

low-necked [-'nekt] *adj* tief ausgeschnitten.

low-paid *adj* schlecht bezahlt.

low-rise *adj* niedrig.

low season *n* Nebensaison *die.*

low tide *n* Ebbe *die.*

loyal ['lɔɪəl] *adj:* **to be ~ to sb** [friend, supporter] jm treu sein; [king, boss] gegenüber jm loyal sein.

loyalist ['lɔɪəlɪst] *n* Loyalist *der,* -in *die.*
◆ **Loyalist** *n* POL [in Northern Ireland] *Anhänger der britischen Regierung in Nordirland.*

loyalty ['lɔɪəltɪ] *(pl* **-ies)** *n* [of friend, supporter] Treue *die;* [to government] Loyalität *die.*

lozenge ['lɒzɪndʒ] *n* **- 1.** [tablet] Pastille *die* **- 2.** [shape] Raute *die.*

LP *(abbr of* **long-playing record)** *n* LP *die.*

L-plate *n Br Schild mit einem L, welches anzeigt, das der Fahrer des Wagens Fahrschüler ist.*

LSD *n* **- 1.** *(abbr of* **lysergic acid diethylamide)** LSD *das* **- 2.** *(abbr of* **pounds, shillings and pence - librae, solidi, denarii)** *britisches Währungssysten vor der Einführung der Dezimaleinteilung 1971.*

LSE *(abbr of* **London School of Economics)** *n renomierte Wirtschaftshochschule in London.*

LSO *(abbr of* **London Symphony Orchestra)** *n* Londoner Sinfonieorchester *das.*

Lt. *abbr of* **lieutenant.**

Ltd, ltd *(abbr of* **limited)** GmbH.

lubricant ['lu:brɪkənt] *n* Schmiermittel *das.*

lubricate ['lu:brɪkeɪt] *vt* schmieren.

lubrication [ˌlu:brɪ'keɪʃn] *n* Schmieren *das.*

Lucerne [lu:'sɜ:n] *n* Luzern *nt.*

lucid ['lu:sɪd] *adj* **- 1.** [easily understood] klar **- 2.** [clear-headed]: **~ moments** lichte Augenblicke; **the patient isn't ~** der Patient ist nicht bei klarem Verstand.

lucidly ['lu:sɪdlɪ] *adv* klar und verständlich.

luck [lʌk] *n:* **(good) ~** Glück *das;* **good ~!** viel Glück!; **bad ~** Pech *das;* **bad ~!, hard ~!** so ein Pech!; **to be in ~** Glück haben; **to try one's ~ at sthg** sein Glück mit etw versuchen; **with (any) ~** mit (ein bisschen) Glück.
◆ **luck out** *vi Am inf* Schwein haben.

luckily ['lʌkɪlɪ] *adv* glücklicherweise.

luckless ['lʌklɪs] *adj* glücklos.

lucky ['lʌkɪ] *(compar* **-ier;** *superl* **-iest)** *adj* **- 1.** [fortunate] glücklich; **to be ~** Glück haben; **it was a ~ guess** das war gut geraten; **she had a ~ escape** sie ist noch einmal davongekommen **- 2.** [bringing good luck] Glück bringend; [number] Glücks-.

lucky charm *n* Glücksbringer *der.*

lucky dip *n Br Spiel, bei dem man mit der Hand einen Preis aus einem Behälter herausgreift ohne hinzuschauen.*

lucrative ['lu:krətɪv] *adj* lukrativ.

ludicrous ['lu:dɪkrəs] *adj* lächerlich.

ludo ['lu:dəʊ] *n Br* Mensch ärgere dich nicht *das.*

lug [lʌg] *(pt & pp* **-ged;** *cont* **-ging)** *vt inf* schleppen.

luggage ['lʌgɪdʒ] *n Br* Gepäck *das.*

luggage rack *n Br* [in train] Gepäckablage *die;* [on car] Dachgepäckträger *der.*

luggage van *n Br* Gepäckwagen *der.*

lugubrious [lu:'gu:brɪəs] *adj fml* [person] trübselig; [music, look] düster.

lukewarm ['lu:kwɔ:m] *adj* **- 1.** [tepid] lauwarm **- 2.** [unenthusiastic] lau.

lull [lʌl] *n* Pause *die;* **a ~ in the fighting** eine Kampfpause; **the ~ before the storm** *fig* die Ruhe vor dem Sturm ◇ *vt* **- 1.** [make sleepy]: **to ~ sb to sleep** jn in den Schlaf lullen **- 2.** [reassure]: **to ~ sb into a false sense of security** jn in Sicherheit wiegen.

lullaby [ˈlʌləbaɪ] (*pl* **-ies**) *n* Schlaflied *das*, Wiegenlied *das*.

lumbago [lʌmˈbeɪgəʊ] *n* Hexenschuss *der*.

lumber [ˈlʌmbəʳ] *n (U)* **- 1.** ***Am*** [timber] Bauholz *das* **- 2.** ***Br*** [bric-a-brac] Gerümpel *das* ◇ *vi* [person, animal] schwerfällig gehen; [vehicle] sich schwerfällig voranbewegen.

◆ **lumber with** *vt sep* ***Br inf*****: to ~ sb with sthg** jm etw auf|halsen.

lumbering [ˈlʌmbərɪŋ] *adj* [gait] schwerfällig.

lumberjack [ˈlʌmbədʒæk] *n* Holzfäller *der*.

lumbermill [ˈlʌmbəˌmɪl] *n* ***Am*** Sägemühle *die*.

lumber-room *n* ***Br*** Abstellkammer *die*.

lumberyard [ˈlʌmbəjɑːd] *n* Holzlager *das*.

luminous [ˈluːmɪnəs] *adj* [armband] leuchtend; [dial, paint] Leucht-.

lump [lʌmp] *n* **- 1.** [piece - of earth, in sauce] Klumpen *der;* [- of coal, cheese] Stück *das* **- 2.** [MED - bump] Beule *die;* [- tumour] Knoten *der* **- 3.** [of sugar] Stück *das* ◇ *vt:* **to ~ together** [not differentiate between] in einen Topf werfen; **you'll just have to ~ it** ***inf*** du musst dich damit abfinden.

lump sum *n* Pauschalbetrag *der*.

lumpy [ˈlʌmpɪ] (*compar* **-ier;** *superl* **-iest**) *adj* [sauce] klumpig; [mattress] mit klumpiger Füllung.

lunacy [ˈluːnəsɪ] *n* Wahnsinn *der*.

lunar [ˈluːnəʳ] *adj* Mond-.

lunatic [ˈluːnətɪk] *adj* ***pej*** wahnwitzig ◇ *n* Wahnsinnige *der, die*, Irre *der, die*.

lunatic asylum *n* Irrenanstalt *die*.

lunatic fringe *n* Extremisten *pl*.

lunch [lʌntʃ] *n* Mittagessen *das;* **to have ~** zu Mittag essen ◇ *vi* zu Mittag essen.

luncheon [ˈlʌntʃən] *n* ***fml*** Mittagessen *das*.

luncheonette [ˌlʌntʃəˈnet] *n* ***Am*** Imbissstube *die*.

luncheon meat *n in Büchsen verkaufte gewürzte Fleischmischung, die in Scheiben geschnitten als Brotbelag gegessen wird.*

luncheon voucher *n* ***Br*** Essensbon *der*.

lunch hour *n* Mittagspause *die*.

lunchtime [ˈlʌntʃtaɪm] *n* Mittagszeit *die*.

lung [lʌŋ] *n* Lunge *die*.

lung cancer *n* Lungenkrebs *der*.

lunge [lʌndʒ] *vi:* **to ~ forward** nach vorn springen; **to ~ at sb** sich auf jn stürzen.

lupin ***Br*** [ˈluːpɪn], **lupine** ***Am*** [ˈluːpaɪn] *n* Lupine *die*.

lurch [lɜːtʃ] *n:* **to give a ~** [person] taumeln; [ship] schlingern; [car] rucken; **to leave sb in the ~** jn im Stich lassen ◇ *vi* [person] taumeln; [drunkard] torkeln; [ship] schlingern; [car] sich ruckartig bewegen.

lure [ljʊəʳ] *n* [attraction] Reiz *der* ◇ *vt* [tempt] locken.

lurid [ˈljʊərɪd] *adj* **- 1.** [brightly coloured] grell; [clothes] in grellen Farben **- 2.** [shockingly unpleasant] sensationslüstern.

lurk [lɜːk] *vi* [person, danger] lauern.

lurking [ˈlɜːkɪŋ] *adj* [doubts] heimlich.

luscious [ˈlʌʃəs] *adj* **- 1.** [fruit] saftig; [colour] satt **- 2.** ***fig*** [woman] üppig.

lush [lʌʃ] *adj* **- 1.** [grass] saftig; [vegetation] üppig **- 2.** ***inf*** [decorations] üppig; [apartment] luxuriös ◇ *n* ***Am inf*** [drunkard] Säufer *der*, -in *die*.

lust [lʌst] *n* **- 1.** *(U)* [sexual desire] (sexuelle) Begierde **- 2.** [greed]: **~ for sthg** Gier *die* nach etw; **~ for power** Machtgier *die*.

◆ **lust after, lust for** *vt fus* **- 1.** [money, power] gieren nach **- 2.** [person] begehren.

luster *n* ***Am*** = **lustre.**

lustful [ˈlʌstfʊl] *adj* lüstern.

lustre ***Br***, **luster** ***Am*** [ˈlʌstəʳ] *n* [brightness] schimmernder Glanz.

lusty [ˈlʌstɪ] (*compar* **-ier;** *superl* **-iest**) *adj* [blow, cry] kräftig; [person] gesund und munter.

lute [luːt] *n* Laute *die*.

Luxembourg [ˈlʌksəmbɜːg] *n* Luxemburg *nt*.

luxuriant [lʌgˈʒʊərɪənt] *adj* [vegetation] üppig; [hair, beard] dicht.

luxuriate [lʌgˈʒʊərɪeɪt] *vi:* **to ~ in sthg** [in the sun] sich in etw *(D)* aalen; [in bath] sich genüsslich in etw *(D)* rekeln.

luxurious [lʌgˈʒʊərɪəs] *adj* **- 1.** [expensive] luxuriös **- 2.** [voluptuous] genussvoll.

luxury [ˈlʌkʃərɪ] (*pl* **-ies**) *n* Luxus *der;* [expensive item] Luxusartikel *der* ◇ *comp* Luxus-.

luxury goods *npl* Luxusartikel *pl*.

LV *n abbr of* **luncheon voucher.**

LW (*abbr of* **long wave**) LW.

lychee [ˌlaɪˈtʃiː] *n* Litschi *die*.

Lycra® [ˈlaɪkrə] *n (U)* Lycra® *das* ◇ *comp* aus Lycra®.

lying [ˈlaɪɪŋ] *adj* lügnerisch, verlogen ◇ *n* [dishonesty] Lügen *das*.

lymph gland [ˈlɪmf-] *n* Lymphknoten *der*.

lynch [lɪntʃ] *vt* lynchen.

lynx [lɪŋks] (*pl inv* OR **-es**) *n* Luchs *der*.

lyre [ˈlaɪəʳ] *n* Leier *die*.

lyric [ˈlɪrɪk] *adj:* **~ poetry** Lyrik *die;* **~ poet** Lyriker *der*, -in *die*.

◆ **lyrics** *npl* [of song] Text *der*.

lyrical [ˈlɪrɪkl] *adj* **- 1.** [poetic] lyrisch **- 2.** [enthusiastic]: **to wax ~ about sthg** von etw schwärmen.

M

m¹ (*pl* **m's** *OR* **ms**), **M** (*pl* **M's** *OR* **Ms**) [em] *n* [letter] m *das*, M *das*.
◆ **M - 1.** *Br abbr of* **motorway - 2.** *abbr of* **medium.**

m² - 1. *abbr of* **metre - 2.** *abbr of* **million - 3.** *abbr of* **mile.**

ma [mɑː] *n* ***esp Am inf*** Mutti *die*, Mama *die*.

MA *n abbr of* **Master of Arts** ◇ *abk. für Massachusetts, in Postanschrift verwendet.*

ma'am [mɑːm] *n* gnä' Frau *die*.

mac [mæk] *n* ***Br inf*** *abbr of* **mackintosh.**

macabre [məˈkɑːbrəl] *adj* makaber.

macaroni [ˌmækəˈrəʊnɪ] *n (U)* Makkaroni *pl*.

macaroni cheese *n (U)* Makkaroni *pl* mit Käsesauce.

macaroon [ˌmækəˈruːn] *n* Makrone *die*.

mace [meɪs] *n* **- 1.** [ornamental rod] Amtsstab *der* **- 2.** *(U)* [spice] Muskatblüte *die*.

Macedonia [ˌmæsɪˈdəʊnɪəl] *n* Mazedonien *nt*.

Macedonian [ˌmæsɪˈdəʊnɪən] *adj* mazedonisch ◇ *n* Mazedonier *der*, -in *die*.

machete [məˈʃetɪ] *n* Machete *die*.

Machiavellian [ˌmækɪəˈvelɪən] *adj* machiavellistisch.

machinations [ˌmækɪˈneɪʃnz] *npl* Machenschaften *pl*.

machine [məˈʃiːn] *n* **- 1.** [device] Maschine *die* **- 2.** [organization] Apparat *der* ◇ *vt* **- 1.** SEWING mit der Maschine nähen **- 2.** [TECH - make] maschinell herstellen; [- work on] maschinell bearbeiten.

machine code *n* COMPUT Maschinencode *der*.

machinegun [məˈʃiːngʌn] (*pt* & *pp* **-ned;** *cont* **-ning**) *n* Maschinengewehr *das* ◇ *vt* mit dem Maschinengewehr schießen auf *(+ A)*.

machine language *n* COMPUT Maschinensprache *die*.

machine-readable *adj* COMPUT maschinenlesbar.

machinery [məˈʃiːnərɪ] *n (U)* **- 1.** [machines] Maschinen *pl* **- 2.** ***fig*** [system] Maschinerie *die*.

machine shop *n* Maschinenhalle *die*.

machine tool *n* Werkzeugmaschine *die*.

machine-washable *adj* waschmaschinenfest.

machinist [məˈʃiːnɪst] *n* **- 1.** SEWING (Maschinen)näherin *die* **- 2.** TECH [operator] Maschinist *der*, -in *die*.

machismo [məˈtʃɪzməʊ] *n* Machismo *der*.

macho [ˈmætʃəʊ] *adj* ***inf*** machohaft; **~ man** Macho *der*.

mackerel [ˈmækrəl] (*pl inv OR* **-s**) *n* Makrele *die*.

mackintosh [ˈmækɪntɒʃ] *n* ***Br*** Regenmantel *der*.

macramé [məˈkrɑːmɪ] *n* Makramee *das*.

macro [ˈmækrəʊ] *n* COMPUT Makro *das*.

macrobiotic [ˌmækrəʊbaɪˈɒtɪk] *adj* makrobiotisch.

macrocosm [ˈmækrəʊkɒzm] *n* Makrokosmos *der*.

macroeconomics [ˈmækrəʊˌiːkəˈnɒmɪks] *n (U)* Makroökonomie *die*.

mad [mæd] (*compar* **-der;** *superl* **-dest**) *adj* **- 1.** [insane, foolish] verrückt; **to go ~** verrückt werden **- 2.** [furious] wütend; **to go ~ at sb** auf jn sehr wütend werden **- 3.** [hectic]: **there was a ~ rush for the door** alle stürzten zur Tür; **like ~** wie verrückt **- 4.** [very enthusiastic]: **to be ~ about sb/sthg** nach jm/auf etw *(A)* ganz verrückt sein.

Madagascar [ˌmædəˈgæskəʳ] *n* Madagaskar *nt*.

madam [ˈmædəm] *n* ***fml*** [form of address] gnädige Frau; **Dear Madam** [in letter] Sehr geehrte gnädige Frau.

madcap [ˈmædkæp] *adj* verrückt.

madden [ˈmædn] *vt* wahnsinnig machen.

maddening [ˈmædnɪŋ] *adj* [noise, pain] unerträglich; [problem] äußerst ärgerlich; **she's ~** sie macht mich wahnsinnig.

made [meɪd] *pt* & *pp* ▷ **make.**

-made [meɪd] *suffix:* **factory~** maschinell hergestellt; **French~** in Frankreich hergestellt; **hand~** handgefertigt.

Madeira [məˈdɪərə] *n* **- 1.** *(U)* [wine] Madeira *der* **- 2.** GEOGR Madeira *nt;* **in ~** auf Madeira.

made-to-measure *adj* maßgeschneidert.

made-up *adj* **- 1.** [face, eyes] geschminkt **- 2.** [mixture, solution] fertig **- 3.** [story, excuse] erfunden.

madhouse [ˈmædhaʊs] *n* ***fig*** Tollhaus *das*.

madly [ˈmædlɪ] *adv* [frantically] wie verrückt; **to be ~ in love (with sb)** bis über beide Ohren (in jn) verliebt sein.

madman [ˈmædmən] (*pl* **-men** [-mən]) *n* Verrückte *der*, Irre *der*.

madness [ˈmædnɪs] *n* Wahnsinn *der*.

Madonna [mə'dɒnə] *n* - **1.** RELIG: **the ~** die Muttergottes - **2.** ART Madonna *die*.

Madrid [mə'drɪd] *n* Madrid *nt*.

madrigal ['mædrɪgl] *n* Madrigal *das*.

madwoman ['mæd,wʊmən] (*pl* **-women** [-,wɪmɪn]) *n* Verrückte *die*, Irre *die*.

maestro ['maɪstrəʊ] (*pl* **-tros** OR **-tri** [-triː]) *n* MUS Maestro *der; fig* Meister *der*.

Mafia ['mæfɪə] *n*: **the ~** die Mafia.

mag [mæg] *n inf abbr of* **magazine.**

magazine [,mægə'ziːn] *n* - **1.** [periodical] Zeitschrift *die*, Magazin *das* - **2.** [news programme, of gun] Magazin *das*.

magenta [mə'dʒentə] *adj* purpurrot.

maggot ['mægət] *n* Made *die*.

magic ['mædʒɪk] *adj* - **1.** [potion, spell, trick] Zauber- - **2.** *inf* [moment, feeling] wundervoll ◇ *n* - **1.** [sorcery] Magie *die* - **2.** [conjuring] Zauberei *die* - **3.** [special quality] Zauber *der*.

magical ['mædʒɪkl] *adj* magisch.

magic carpet *n* fliegender Teppich.

magician [mə'dʒɪʃn] *n* Zauberer *der*, Magier *der*.

magic wand *n* Zauberstab *der*.

magisterial [,mædʒɪ'stɪərɪəl] *adj* - **1.** *fml* [authoritative] gebieterisch - **2.** LAW eines Friedensrichters.

magistrate ['mædʒɪstreɪt] *n* Friedensrichter *der*, -in *die*.

magistrates' court *n* **Br** *Gerichtshof in England und Wales, der sich mit kleineren Vergehen und Straftaten beschäftigt.*

Magna Carta [,mægnə'kɑːtə] *n*: **the ~** die Magna Charta.

magnanimous [mæg'nænɪməs] *adj* großmütig.

magnate ['mægneɪt] *n* Magnat *der*.

magnesium [mæg'niːzɪəm] *n* Magnesium *das*.

magnet ['mægnɪt] *n* **lit** & **fig** Magnet *der*.

magnetic [mæg'netɪk] *adj* - **1.** [force, object] magnetisch - **2.** *fig*: **to have a ~ personality** ein sehr anziehendes Wesen haben.

magnetic disk *n* Magnetscheibe *die*.

magnetic field *n* Magnetfeld *das*.

magnetic tape *n (U)* Magnetband *das*.

magnetism ['mægnɪtɪzm] *n* - **1.** PHYSICS Magnetismus *der* - **2.** [of person] Anziehungskraft *die*.

magnification [,mægnɪfɪ'keɪʃn] *n (U)* Vergrößerung *die*.

magnificence [mæg'nɪfɪsəns] *n (U)* Herrlichkeit *die*, Pracht *die*.

magnificent [mæg'nɪfɪsənt] *adj* [building, gown] prächtig; [idea, book] großartig.

magnify ['mægnɪfaɪ] (*pt* & *pp* **-ied**) *vt* - **1.** [TECH - image] vergrößern; [- sound] verstärken - **2.** *fig* [exaggerate] überbewerten.

magnifying glass ['mægnɪfaɪɪŋ-] *n* Lupe *die*.

magnitude ['mægnɪtjuːd] *n (U)* - **1.** [size] Größe *die* - **2.** [importance] Bedeutung *die*; **a problem of this ~** ein Problem dieser Größenordnung.

magnolia [mæg'nəʊlɪə] *n* Magnolie *die*.

magnum ['mægnəm] (*pl* **-s**) *n* ≃ Eineinhalbliterflasche *die*.

magpie ['mægpaɪ] *n* Elster *die*.

maharaja(h) [,mɑːhə'rɑːdʒə] *n* Maharadscha *der*.

mahogany [mə'hɒgənɪ] *n* [wood] Mahagoni *das*.

maid [meɪd] *n* [servant] Dienstmädchen *das*; [in hotel] Zimmermädchen *das*.

maiden ['meɪdn] *adj* [voyage, flight] Jungfern- ◇ *n* **literary** [young girl] Maid *die*; [virgin] Jungfrau *die*.

maiden aunt *n* unverheiratete Tante.

maiden name *n* Mädchenname *der*.

maiden speech *n* POL Jungfernrede *die*.

mail [meɪl] *n (U)* Post *die*; **by ~** mit der Post ◇ *vt* **esp Am** (mit der Post) (ver)schicken OR senden.

mailbag ['meɪlbæg] *n* Postsack *der*.

mailbox ['meɪlbɒks] *n* - **1.** **Am** [for letters] Briefkasten *der* - **2.** COMPUT Mailbox *die*.

mailing list ['meɪlɪŋ-] *n* Adressenliste *die*.

mailman ['meɪlmən] (*pl* **-men** [-mən]) *n* **Am** Postbote *der*, Briefträger *der*.

mail order *n* Versandhandel *der*.

mailshot ['meɪlʃɒt] *n* - **1.** [material] Postwurfsendung *die* - **2.** [activity]: **to do a ~** Postwurfsendungen verschicken.

mail train *n* Postzug *der*.

mail truck *n* **Am** Postauto *das*.

mail van *n* [using road] Postauto *das*; [using rail] Postwagen *der*.

maim [meɪm] *vt* verstümmeln.

main [meɪn] *adj* Haupt- ◇ *n* Hauptleitung *die*; **a gas ~** eine Hauptgasleitung.

◆ **mains** *npl*: **to turn the water/gas off at the ~s** den Haupthahn für das Wasser/Gas abdrehen; **to turn the electricity off at the ~s** den Strom am Hauptschalter abschalten.

◆ **in the main** *adv* im Allgemeinen.

main course *n* Hauptgericht *das*.

mainframe (computer) ['meɪnfreɪm-] *n* Großrechner *der*.

mainland ['meɪnlənd] *adj:* **~ Britain** das britische Festland <> *n:* **the ~** das Festland

main line *n* RAIL Hauptstrecke *die.*

◆ **mainline** *adj* [train] Schnell-; [station] an der Hauptstrecke liegend <> *vt* **drugs sl** spritzen <> *vi* **drugs sl** fixen.

mainly ['meɪnlɪ] *adv* hauptsächlich.

main road *n* Hauptstraße *die.*

mainsail ['meɪnseɪl, 'meɪnsəl] *n* Großsegel *das.*

mainstay ['meɪnsteɪ] *n* [person] wichtigste Stütze; **tourism is the ~ of the economy** der Tourismus ist der Hauptpfeiler der Wirtschaft.

mainstream ['meɪnstriːm] *adj* vorherrschend; [music] Mainstream- <> *n:* **the ~** die Hauptrichtung; **the ~ of public opinion** die allgemeine öffentliche Meinung.

maintain [meɪn'teɪn] *vt* **- 1.** [friendship, order, image] aufrecht erhalten **- 2.** [speed, temperature] bei|behalten **- 3.** [family, children] unterhalten **- 4.** [vehicle, building] instand halten **- 5.** [assert - one's innocence] beteuern; **to ~ (that) ...** behaupten, dass ...

maintenance ['meɪntənəns] *n (U)* **- 1.** [of vehicle, building] Instandhaltung *die* **- 2.** [paid to ex-wife] Unterhalt *der* **- 3.** [of law and order] Aufrechterhaltung *die.*

maisonette [ˌmeɪzə'net] *n* Maisonette *die.*

maize [meɪz] *n* Mais *der.*

Maj. *abbr of* **Major.**

majestic [mə'dʒestɪk] *adj* majestätisch.

majestically [mə'dʒestɪklɪ] *adv* majestätisch.

majesty ['mædʒəstɪ] (*pl* **-ies**) *n* Erhabenheit *die.*

◆ **Majesty** *n:* **His/Her/Your Majesty** Seine/Ihre/Eure Majestät.

major ['meɪdʒər] *adj* **- 1.** [important] bedeutend; [problem] groß; **a ~ operation** eine größere Operation **- 2.** [main] Haupt- **- 3.** MUS [key, scale] Dur-; **C ~** C-Dur <> *n* Major *der* <> *vi* **Am** UNIV: **to ~ in sthg** etw als Hauptfach studieren.

Majorca [mə'dʒɔːkə, mə'jɔːkə] *n* Mallorca *nt;* **in ~** auf Mallorca.

majorette [ˌmeɪdʒə'ret] *n* Tambourmajorette *die.*

major general *n* Generalmajor *der.*

majority [mə'dʒɒrətɪ] (*pl* **-ies**) *n* Mehrheit *die;* **in a** *OR* **the ~** in der Mehrzahl.

majority shareholder *n* Hauptaktionär *der,* -in *die.*

make [meɪk] (*pt* & *pp* **made**) *vt* **- 1.** [produce] machen; [manufacture] her|stellen; **to ~ a lot of noise** eine Menge Lärm machen; **to be made of sthg** aus etw (gemacht) sein; **it's made of wood** es ist aus Holz; **made in Taiwan** in Taiwan hergestellt **- 2.** [prepare] machen; **to ~ lunch** das Mittagessen machen; **to ~ some tea** Tee kochen **- 3.** [perform, do] machen; **to ~ a decision** eine Entscheidung treffen; **to ~ an effort** sich an|strengen; **to ~ a mistake** einen Fehler machen; **to ~ a phone call** telefonieren; **to ~ a request** eine Bitte vor|bringen; **to ~ a speech** eine Rede halten **- 4.** [bed] machen **- 5.** [cause to be] machen; **to ~ sb happy/sad** jn glücklich/traurig machen; **she made him a manager** sie machte ihn zum Geschäftsführer; **to ~ sthg into sthg** etw zu etw machen; **he made the house into a museum** er machte aus dem Haus ein Museum; **to ~ o.s. heard** sich *(D)* Gehör verschaffen; **to ~ sthg known** etw bekannt geben **- 6.** [cause to do]: **to ~ sb/sthg do sthg** jn/etw dazu|bringen *OR* veranlassen, etw zu tun; **it made her laugh/cry** das brachte sie zum Lachen/Weinen; **you made me jump!** du hast mich vielleicht erschreckt!; **what made him do it?** was hat ihn dazu veranlasst? **- 7.** [force] zwingen; **to ~ sb do sthg** jn zwingen, etw zu tun; **we were made to wait in the hall** wir mussten in der Halle warten **- 8.** [add up to] machen; **two and two ~** *OR* **~s four** zwei and zwei macht vier; **that ~s £5** das macht 5 Pfund **- 9.** [calculate]: **I ~ it 50** ich komme auf 50; **what time do you ~ it?** wie spät hast du?; **I ~ it six o'clock** nach meiner Uhr ist es sechs Uhr **- 10.** [earn] verdienen; **to ~ a profit/loss** einen Gewinn/Verlust machen **- 11.** [have the right qualities for] ab|geben; **he ~s a good doctor** er gibt einen guten Arzt ab; **books ~ excellent presents** Bücher sind gute Geschenke; **this would ~ a lovely bedroom** das wäre ein hübsches Schlafzimmer **- 12.** [reach, be able to attend]: **we didn't ~ the train** wir haben den Zug nicht geschafft; **can you ~ lunch tomorrow?** schaffen Sie es morgen zum Mittagessen? **- 13.** [cause to be a success] erfolgreich machen; **she really ~s the film** der Film lebt praktisch von ihr; **that's made my day!** das hat meinen Tag gerettet!; **it will ~ or break him** es wird sein Glück oder Verderben sein **- 14.** [gain - friend, enemy] machen; **to ~ friends with sb** mit jm Freundschaft schließen **- 15.** *phr:* **to ~ it** es schaffen; **I won't be able to ~ it tonight** ich schaffe es heute abend nicht; **to have it made** es geschafft haben; **to ~ do with sthg** mit etw aus|kommen <> *n* **- 1.** [brand] Marke *die;* **what ~ is your car?** was fahren Sie? **- 2.** *inf pej:* **to be on the ~** [act selfishly] profitieren wollen.

◆ **make for** *vt fus* **- 1.** [move towards] zu|halten auf *(+ A)* **- 2.** [contribute to, enable] fördern.

◆ **make of** *vt sep* halten von; **I can't ~ anything of his latest book** ich kann mit seinem neuesten Buch nichts anfangen.

◆ **make off** *vi* sich davon|machen.

◆ **make off with** *vt fus inf:* **he made off with the**

money er ist mit dem Geld durchgebrannt.

◆ **make out** *vt sep* **- 1.** ***inf*** [see] aus|machen; [hear, understand] verstehen **- 2.** [cheque, receipt] aus|stellen; [application form] aus|füllen; [list] auf|stellen ◇ *vt fus* [pretend, claim]: **to ~ out (that)** ... vor|geben, dass ...

◆ **make up** *vt sep* **- 1.** [compose, constitute] bilden; **to be made up of sthg** aus etw bestehen **- 2.** [invent] erfinden, sich *(D)* aus|denken; **she made it up** sie hat es erfunden **- 3.** [face] schminken; **to ~ o.s. up** sich schminken **- 4.** [prepare - parcel] packen; [- prescription] zu|bereiten; [- bed] her|richten **- 5.** [make complete]: **they made up the amount to £50** sie rundeten den Betrag auf £50 auf; **to ~ up the difference** den Unterschied aus|gleichen **- 6.** [quarrel]: **to ~ it up with sb** sich mit jm versöhnen ◇ *vi* [become friends again]: **to ~ up with sb** sich mit jm versöhnen.

◆ **make up for** *vt fus* wett|machen; **to ~ up for lost time** verlorene Zeit auf|holen.

◆ **make up to** *vt sep*: **I'll try to ~ it up to you** ich werde versuchen, es wieder gutzumachen.

make-believe *n (U)* Fantasie *die*.

maker ['meɪkəʳ] *n* [of product] Hersteller *der*, -in *die*; [producer - of film] Produzent *der*, -in *die*.

makeshift ['meɪkʃɪft] *adj* behelfsmäßig.

make-up *n* **- 1.** [cosmetics] Make-up *das*; **~ bag** Schminktäschen *das*; **~ remover** Make-up-Entferner *der* **- 2.** [person's character] Charakter *der* **- 3.** [composition] Beschaffenheit *die*; [of team] Zusammensetzung *die*.

making ['meɪkɪŋ] *n* [of product] Herstellung *die*; [of cake] Backen *das*; **during the ~ of the film** während des Dreharbeiten; **she's a pianist in the ~** sie ist eine angehende Pianistin; **his problems are of his own ~** seine Probleme hat er sich selbst zuzuschreiben; **going to America was the ~ of him** dank seiner Auswanderung nach Amerika wurde er zu dem, was er heute ist; **to have the ~s of** das Zeug OR das Talent haben zu.

maladjusted [ˌmælə'dʒʌstɪd] *adj* verhaltensgestört.

malaise [mə'leɪz] *n* ***fml*** [unease] Unbehagen *das*.

malaria [mə'leərɪə] *n* Malaria *die*.

Malay [mə'leɪ] *n* Malaiisch(e) *das*.

Malaysia [mə'leɪzɪə] *n* Malaysia *nt*.

Malaysian [mə'leɪzɪən] *adj* malayisch ◇ *n* Malaysier *der*, -in *die*.

malcontent ['mælkənˌtent] *n* ***fml*** Unzufriedene *der*, *die*.

Maldives ['mɔːldaɪvz] *npl*: **the ~** die Malediven *pl*; **in the ~** auf den Malediven.

male [meɪl] *adj* **- 1.** [staff, members] männlich; **~ monkey/hamster** Affen-/Hamstermännchen *das*; **~ cat** Kater *der* **- 2.** [concerning men - problems] Männer-; [- hormone] männlich; **~ unemployment** Arbeitslosigkeit *die* unter Männern ◇ *n* **- 1.** [animal] Männchen *das* **- 2.** [human] Mann *der*.

male chauvinist *n* ***pej*** Chauvinist *der*; **~ pig** Chauvinistenschwein *das*.

male nurse *n* (Kranken)pfleger *der*.

malevolent [mə'levələnt] *adj* boshaft; [intention, action] böswillig.

malformed [mæl'fɔːmd] *adj* missgebildet.

malfunction [mæl'fʌŋkʃn] *n* Fehlfunktion *die* ◇ *vi* nicht richtig funktionieren.

malice ['mælɪs] *n* Boshaftigkeit *die*; **without ~** ohne Groll.

malicious [mə'lɪʃəs] *adj* boshaft; [act, intention] böswillig.

malign [mə'laɪn] *adj* [influence] schädlich; [behaviour] Unheil bringend ◇ *vt* verleumden.

malignant [mə'lɪgnənt] *adj* **- 1.** [full of hate] boshaft; [plan, behaviour] böswillig **- 2.** MED bösartig.

malinger [mə'lɪŋgəʳ] *vi* ***pej*** sich krank stellen.

malingerer [mə'lɪŋgərəʳ] *n* ***pej*** Simulant *der*, -in *die (einer Krankheit)*.

mall [mɔːl] *n* ***esp Am***: **(shopping) ~** Einkaufszentrum *das*.

mallard ['mæləd] *n* Stockente *die*.

malleable ['mælɪəbl] *adj* ***lit*** & ***fig*** formbar.

mallet ['mælɪt] *n* [tool] Holzhammer *der*.

malnourished [ˌmæl'nʌrɪʃt] *adj* unterernährt.

malnutrition [ˌmælnjuː'trɪʃn] *n* Unterernährung *die*.

malpractice [ˌmæl'præktɪs] *n* LAW Amtsmissbrauch *der*.

malt [mɔːlt] *n* **- 1.** [grain] Malz *das* **- 2.** [whisky] Malt Whisky *der*.

Malta ['mɔːltə] *n* Malta *nt*; **in ~** auf Malta.

Maltese [ˌmɔːl'tiːz] *(pl inv) adj* maltesisch ◇ *n* **- 1.** [person] Malteser *der*, -in *die* **- 2.** [language] Maltesisch(e) *das*.

maltreat [ˌmæl'triːt] *vt* schlecht behandeln; [violently] misshandeln.

maltreatment [ˌmæl'triːtmənt] *n (U)* schlechte Behandlung; [violent] Misshandlung *die*.

malt whisky *n* Malt Whisky *der*.

mammal ['mæml] *n* Säugetier *das*.

Mammon ['mæmən] *n* Mammon *der*.

mammoth ['mæməθ] *adj* ungeheuer groß ◇ *n* Mammut *das*.

man [mæn] *(pl* **men** [men], *pt* & *pp* **-ned;** *cont* **-ning)** *n* **- 1.** [gen] Mann *der*; **the ~ in the street** der Mann auf der Straße; **to talk ~ to ~** sich von Mann zu Mann unterhalten; **to be ~ enough to do sthg** Manns genug sein, etw zu tun - **2.** [type]: **he's not a betting ~** er macht sich nicht viel aus Wetten; **he's not a ~ to give up easily** er ist nicht der Typ, der leicht aufgibt - **3.** *(U)* [human beings] Mensch *der* ◇ *vt* [ship, spaceship] bemannen; [machine] bedienen; [switchboard] besetzen; **to ~ the telephone(s)** Telefondienst machen.

manacles ['mænəklz] *npl* Handschellen *pl.*

manage ['mænɪdʒ] *vi* zurecht|kommen; **thanks, I can ~!** danke, ich komme schon zurecht! ◇ *vt* - **1.** [succeed]: **to ~ to do sthg** es schaffen, etw zu tun - **2.** [control - company, organization] leiten; [- popstar, boxer, football team] managen; [- one's money, time] ein|teilen - **3.** [be available for]: **I can ~ an hour on Friday** ich könnte am Freitag für eine Stunde; **I can't ~ four o'clock** vier Uhr kann ich nicht schaffen.

manageable ['mænɪdʒəbl] *adj* [task] zu bewältigen; [child] fügsam; [hair] leicht frisierbar.

management ['mænɪdʒmənt] *n* - **1.** *(U)* [control - of company, organization] Leitung *die;* [- of popstar, boxer, football team] Managen *das;* [- of one's money, time] Einteilung *die;* **bad ~** schlechtes Management - **2.** [people in control - of business] Geschäftsführung *die;* [- of operation] Leitung *die;* [- of theatre] Direktion *die.*

management consultant *n* Unternehmensberater *der*, -in *die.*

manager ['mænɪdʒəʳ] *n* [of company, shop] Geschäftsführer *der*, -in *die;* [of organization] Leiter *der*, -in *die;* [of popstar, boxer, football team] Manager *der*, -in *die.*

manageress [ˌmænɪdʒə'res] *n* ***Br*** Geschäftsführerin *die.*

managerial [ˌmænɪ'dʒɪərɪəl] *adj* [post] leitend; **~ skills** Führungsqualitäten *pl.*

managing director [ˌmænɪdʒɪŋ-] *n* Geschäftsführer *der*, -in *die.*

Mancunian [mæŋ'kjuːnɪən] *adj* [people] aus Manchester ◇ *n* [person] Einwohner *der*, -in *die* von Manchester.

mandarin ['mændərɪn] *n* - **1.** [fruit] Mandarine *die* - **2.** [civil servant] hoher Staatsbeamte, hohe Staatsbeamtin.

mandate ['mændeɪt] *n* - **1.** [elected right or authority] Mandat *das* - **2.** [task] Auftrag *der.*

mandatory ['mændətrɪ] *adj* obligatorisch; **to be ~** Pflicht sein.

mandolin [ˌmændə'lɪn] *n* Mandoline *die.*

mane [meɪn] *n* Mähne *die.*

man-eating [-ˌiːtɪŋ] *adj* Menschenfressend.

maneuver *n, vt* & *vi* ***Am*** = **manoeuvre.**

manfully ['mænfʊlɪ] *adv* tapfer.

manganese ['mæŋgəniːz] *n* Mangan *das.*

mange [meɪndʒ] *n* Räude *die.*

manger ['meɪndʒəʳ] *n* Krippe *die.*

mangetout (pea) [ˌmɒnːʒ'tuː-] *n* ***Br*** Zuckererbse *die.*

mangle ['mæŋgl] *n* Mangel *die* ◇ *vt* - **1.** [body, car] (übel) zu|richten - **2.** ***fig*** [text] entstellen.

mango ['mæŋgəʊ] (*pl* **-es** OR **-s**) *n* Mango *die.*

mangrove ['mæŋgrəʊv] *n* Mangrovenbaum *der.*

mangy ['meɪndʒɪ] (*compar* **-ier;** *superl* **-iest**) *adj* [animal] räudig.

manhandle ['mænˌhændl] *vt* [person] grob behandeln.

Manhattan [mæn'hætən] *n* Manhattan *nt.*

manhole ['mænhəʊl] *n* Kanalschacht *der.*

manhood ['mænhʊd] *n (U)* - **1.** [age] Mannesalter *das* - **2.** [virility] Männlichkeit *die.*

manhour ['mænˌaʊəʳ] *n* Arbeitsstunde *die.*

manhunt ['mænhʌnt] *n* Fahndung *die.*

mania ['meɪnɪə] *n* - **1.** [excessive liking]: **~ (for)** Leidenschaft *die* (für) - **2.** PSYCH Manie *die.*

maniac ['meɪnɪæk] *n* - **1.** [madman] Wahnsinnige *der, die* - **2.** [fanatic]: **a football ~** ein Fußballfanatiker, eine Fußballfanatikerin; **a TV/sex ~** ein Fernseh-/Sexbesessener, eine Fernseh-/Sexbesessene.

manic ['mænɪk] *adj* - **1.** [overexcited - person] aufgedreht - **2.** PSYCH manisch.

manic-depressive *adj* manisch-depressiv ◇ *n* Manisch-Depressive *der, die.*

manicure ['mænɪˌkjʊəʳ] *n* Maniküre *die;* **to have a ~** zur Maniküre gehen ◇ *vt* maniküren.

manifest ['mænɪfest] ***fml*** *adj* offenkundig ◇ *vt* bekunden, zum Ausdruck bringen; **to ~ itself** sich zeigen.

manifestation [ˌmænɪfes'teɪʃn] *n* ***fml*** [of doubt, revolt] Ausdruck *der;* [of change] Zeichen *das.*

manifestly ['mænɪfestlɪ] *adv* ***fml*** [obvious, irrelevant] völlig; [stupid, vital] offensichtlich.

manifesto [ˌmænɪ'festəʊ] (*pl* **-s** OR **-es**) *n* Manifest *das.*

manifold ['mænɪfəʊld] *adj* ***literary*** mannigfaltig ◇ *n* AUT: **inlet ~** Ansaugrohr *das;* **exhaust ~** Auspuffrohr *das.*

manila [mə'nɪlə] *adj* [envelope] aus braunem festen Papier.

Manila [mə'nɪlə] *n* Manila *nt.*

manilla [mə'nɪlə] *adj* = **manila.**

manipulate [mə'nɪpjʊleɪt] *vt* - **1.** [people] manipulieren - **2.** [machine, controls] bedienen.

manipulation [məˌnɪpjʊ'leɪʃn] *n* - **1.** [of people] Manipulation *die* - **2.** [of machine, controls] Bedienung *die.*

manipulative [mə'nɪpjʊlətɪv] *adj* manipulativ.

mankind [mæn'kaɪnd] *n* Menschheit *die*.

manly ['mænlɪ] (*compar* **-ier;** *superl* **-iest**) *adj* [voice, bearing] männlich; [behaviour] mannhaft.

man-made *adj* [fibre] Kunst-; [environment] von Menschen geschaffen; [problem, disaster] von Menschen verursacht.

manned [mænd] *adj* bemannt.

mannequin ['mænɪkɪn] *n* **- 1.** *dated* [woman] Mannequin *das* **- 2.** [dummy] Schaufensterpuppe *die*.

manner ['mænəʳ] *n* **- 1.** [method] Art *die*, Weise *die;* **in this ~** auf diese Art und Weise; **in a ~ of speaking** sozusagen, gewissermaßen **- 2.** [attitude] Auftreten *das;* **I don't like your ~!** mir gefällt nicht, wie Sie mit mir reden! **- 3.** *literary* [type]: **all ~ of** alle möglichen.
◆ **manners** *npl* Manieren *pl;* **it's bad ~s to point at people** es gehört sich nicht, auf Leute zu zeigen.

mannered ['mænəd] *adj fml* manieriert, gekünstelt.

mannerism ['mænərɪzm] *n* [of behaviour, speech] Angewohnheit *die*.

mannish ['mænɪʃ] *adj* [woman] maskulin.

manoeuvrable *Br*, **maneuverable** *Am* [mə'nuːvrəbl] *adj* [vehicle] wendig.

manoeuvre *Br*, **maneuver** *Am* [mə'nuːvəʳ] *n* **- 1.** [movement] Manöver *das* **- 2.** *fig* [clever move] Manöver *das* ◇ *vt* [car, ship] manövrieren ◇ *vi* [move]: **he ~d into the parking space** er manövrierte das Auto in die Parklücke.
◆ **manoeuvres** *npl* MIL Manöver *das;* **to be on ~s** im Manöver sein.

manor ['mænəʳ] *n* Herrenhaus *das*.

manpower ['mæn,paʊəʳ] *n (U)* Arbeitskräfte *pl*.

manservant ['mænsɜːvənt] (*pl* **menservants**) *n* **dated** Diener *der*.

mansion ['mænʃn] *n* Villa *die*.

man-size(d) [-saɪz(d)] *adj* groß.

manslaughter ['mæn,slɔːtəʳ] *n (U)* Totschlag *der*.

mantelpiece ['mæntlpiːs] *n* Kaminsims *der*.

mantle ['mæntl] *n:* **~ of snow** Schneedecke *die;* **the ~ of leadership** die Führungsrolle.

man-to-man *adj* von Mann zu Mann.

manual ['mænjʊəl] *adj* [work, system] manuell; [device] manuell zu bedienen ◇ *n* [handbook] Handbuch *das*.

manually ['mænjʊəlɪ] *adv* manuell, von Hand.

manual worker *n* Handarbeiter *der*, -in *die*.

manufacture [,mænjʊ'fæktʃəʳ] *n (U)* Herstellung *die* ◇ *vt* **- 1.** [make] her|stellen; **~d goods** Fertigprodukte *pl* **- 2.** [invent] erfinden.

manufacturer [,mænjʊ'fæktʃərəʳ] *n* Hersteller *der*.

manufacturing [,mænjʊ'fæktʃərɪŋ] *n (U)* industrielle Produktion.

manufacturing industries *npl* verarbeitende Industrie.

manure [mə'njʊəʳ] *n* Dung *der*.

manuscript ['mænjʊskrɪpt] *n* **- 1.** [untyped copy] Manuskript *das* **- 2.** [old document] Handschrift *die*.

Manx [mæŋks] *adj* der Insel Man ◇ *n* [language] Manx *das*.

many ['menɪ] (*compar* **more;** *superl* **most**) *adj* viele; **~ people** viele Leute; **(a good) ~ times** (sehr) oft ◇ *pron* viele; **how ~?** wie viele?; **a good** OR **great ~** eine ganze Reihe; **~ a time** oft; **as ~ again** doppelt so viele; **one too ~** eine, -r, -s zu viel.

Maori ['maʊrɪ] *adj* maorisch ◇ *n* Maori *der, die*.

map [mæp] (*pt* & *pp* **-ped;** *cont* **-ping**) *n* (Land)karte *die;* [of town] Stadtplan *der*.
◆ **map out** *vt sep* [project, plan] genau aus|arbeiten.

maple ['meɪpl] *n* Ahorn *der*.

maple syrup *n* Ahornsirup *der*.

mar [mɑːʳ] (*pt* & *pp* **-red;** *cont* **-ring**) *vt* [performance, victory] verderben; [appearance, chances, success] beeinträchtigen; [beauty] mindern.

Mar. *abbr of* **March.**

marathon ['mærəθn] *adj* [speech] endlos lang; [task] ungeheuer langwierig ◇ *n* Marathon(lauf) *der*.

marathon runner *n* Marathonläufer *der*, -in *die*.

marauder [mə'rɔːdəʳ] *n* Plünderer *der*.

marauding [mə'rɔːdɪŋ] *adj* **- 1.** [human] plündernd **- 2.** [animal] Beute suchend.

marble ['mɑːbl] *n* **- 1.** [stone] Marmor *der* **- 2.** [glass ball] Murmel *die*.
◆ **marbles** *n (U)* [game] Murmelspiel *das*.

march [mɑːtʃ] *n* **- 1.** MIL Marsch *der* **- 2.** [of demonstrators] Protestmarsch *der* ◇ *vi* **- 1.** [soldiers, protesters] marschieren **- 2.** [walk briskly]: **to ~ up to sb** schnurstracks auf jn zu|marschieren ◇ *vt:* **to ~ sb out of the door** jn zur Tür hinaus|befördern.

March [mɑːtʃ] *n* März *der; see also* **September.**

marcher ['mɑːtʃəʳ] *n* [protester] Demonstrant *der*, -in *die*.

marching orders ['mɑːtʃɪŋ-] *npl:* **to give sb his/her ~** [employee] jn feuern; [lover] jm den Laufpass geben.

marchioness ['mɑːʃənes] *n* Marquise *die*.

march-past *n* Defilee *das*.

Mardi Gras [ˌmɑːdɪˈgrɑː] *n* [carnival] Karneval *der*.

mare [meəʳ] *n* Stute *die*.

margarine [ˌmɑːdʒəˈriːn, ˌmɑːgəˈriːn] *n* Margarine *die*.

marge [mɑːdʒ] *n inf* Margarine *die*.

margin [ˈmɑːdʒɪn] *n* - **1.** [in contest] Spielraum *der;* **by a narrow ~** mit knappem Vorsprung; **~ of error** Spielraum für Fehler - **2.** COMM: **profit ~** Gewinnspanne *die* - **3.** [edge - of page, wood] Rand *der*.

marginal [ˈmɑːdʒɪnl] *adj* - **1.** [unimportant] von geringer Bedeutung; [effect, adjustment] geringfügig - **2.** *Br* POL: **~ seat** nur mit knapper Mehrheit gewonnener Sitz.

marginally [ˈmɑːdʒɪnəlɪ] *adv* geringfügig.

marigold [ˈmærɪgəʊld] *n* Ringelblume *die*.

marihuana, marijuana [ˌmærɪˈwɑːnə] *n* Marihuana *das*.

marina [məˈriːnə] *n* Jachthafen *der*.

marinade [ˌmærɪˈneɪd] *n* Marinade *die* ◇ *vt* & *vi* = **marinate.**

marinate [ˈmærɪneɪt] *vt* marinieren ◇ *vi:* **leave it to ~** weichen Sie es in Marinade ein.

marine [məˈriːn] *adj* [plant] im Meer lebend; **~ life** Meeresflora und -fauna *die* ◇ *n* Marineinfanterist *der*.

marionette [ˌmærɪəˈnet] *n* Marionette *die*.

marital [ˈmærɪtl] *adj* [happiness, crisis] Ehe-; [sex, rights] ehelich.

marital status *n* Familienstand *der*.

maritime [ˈmærɪtaɪm] *adj* See-.

marjoram [ˈmɑːdʒərəm] *n* Majoran *der*.

mark [mɑːk] *n* - **1.** [stain] Fleck *der;* [scratch] Kratzer *der;* [on person's skin] Mal *das* - **2.** [sign] Zeichen *das;* **as a ~ of respect** als Zeichen des Respekts - **3.** SCH & UNIV Note *die;* **nine ~s out of ten** neun Punkte von zehn - **4.** [stage, level]: **we've reached the halfway ~** wir haben die Hälfte hinter uns; **debts beyond the billion ~** Schulden, die über die Milliardenmarke hinausgehen - **5.** [currency] Mark *die* - **6.** CULIN: **(gas) ~ 6** Stufe 6 - **7.** *phr:* **to make one's ~** sich *(D)* einen Namen machen; **to be quick/slow off the ~** fix/langsam sein; **you are wide of the ~** du liegst mit deiner Schätzung völlig daneben ◇ *vt* - **1.** [stain] fleckig machen; [scratch] zerkratzen - **2.** [label] kennzeichnen - **3.** SCH & UNIV korrigieren - **4.** [identify] markieren - **5.** [commemorate] begehen - **6.** SPORT [player] decken.

◆ **mark down** *vt sep* - **1.** COMM herab|setzen - **2.** [student]: **to ~ sb down** js Note herunter|setzen.

◆ **mark off** *vt sep* [cross off] ab|haken.

◆ **mark up** *vt sep* COMM herauf|setzen.

marked [mɑːkt] *adj* [noticeable] merklich.

markedly [ˈmɑːkɪdlɪ] *adv* [noticeably] merklich.

marker [ˈmɑːkəʳ] *n* - **1.** [sign] Markierung *die* - **2.** SPORT [player] Manndecker *der* - **3.** [of exam] Korrektor *der*, -in *die*.

marker pen *n* Markierstift *der*, Marker *der*.

market [ˈmɑːkɪt] *n* Markt *der;* **to put on the ~** [product] auf den Markt bringen; [house] zum Verkauf an|bieten ◇ *vt* vermarkten; [distribute] vertreiben ◇ *vi Am* [shop]: **to go ~ing** einkaufen gehen.

marketable [ˈmɑːkɪtəbl] *adj* vermarktbar.

market day *n* Markttag *der*.

market forces *npl* COMM Kräfte *pl* des Marktes.

market garden *n esp Br* Obst- und Gemüseanbaubetrieb *der*.

marketing [ˈmɑːkɪtɪŋ] *n* COMM Marketing *das*.

marketplace [ˈmɑːkɪtpleɪs] *n* - **1.** [in a town] Marktplatz *der* - **2.** COMM Markt *der*.

market price *n* COMM Marktpreis *der*.

market research *n* Marktforschung *die*.

market town *n kleine Stadt, in der regelmäßig Markt abgehalten wird.*

market value *n* COMM Marktwert *der*.

marking [ˈmɑːkɪŋ] *n* SCH & UNIV Korrigieren *das*.

◆ **markings** *npl* [of animal] Zeichnung *die;* [on road] Markierungen *pl*.

marksman [ˈmɑːksmən] (*pl* **-men** [-mən]) *n* Scharfschütze *der*.

marksmanship [ˈmɑːksmənʃɪp] *n* Treffsicherheit *die*.

markup [ˈmɑːkʌp] *n* Handelsspanne *die*.

marmalade [ˈmɑːməleɪd] *n (U):* **(orange) ~** Orangenmarmelade *die*.

maroon [məˈruːn] *adj* kastanienbraun.

marooned [məˈruːnd] *adj:* **to be ~** fest|sitzen.

marquee [mɑːˈkiː] *n* Festzelt *das*.

marquess [ˈmɑːkwɪs] *n* = **marquis.**

marquis [ˈmɑːkwɪs] *n* Marquis *der*.

marriage [ˈmærɪdʒ] *n* - **1.** [wedding] Hochzeit *die*, Heirat *die;* [ceremony] Trauung *die* - **2.** [state] Ehe *die*.

marriage bureau *n Br* Ehevermittlungsinstitut *das*.

marriage certificate *n* Heiratsurkunde *die*.

marriage guidance *n* Eheberatung *die*.

marriage guidance counsellor *n* Eheberater *der*, -in *die*.

married [ˈmærɪd] *adj* - **1.** [man, woman] verheiratet; **to be ~ to sb** mit jm verheiratet sein - **2.** [life, name] Ehe-.

marrow [ˈmærəʊ] *n* - **1.** *Br* [vegetable] Speisekürbis *der* - **2.** *(U)* [in bones] (Knochen)mark *das*.

marry [ˈmærɪ] (*pt* & *pp* **-ied**) *vt* - **1.** [become spouse of] heiraten; **to get married** heiraten - **2.** [subj: priest, minister, registrar] trauen <> *vi* heiraten.

Mars [mɑːz] *n* [planet] Mars *der*.

marsh [mɑːʃ] *n* Sumpf *der*.

marshal [ˈmɑːʃl] (*Br pt* & *pp* **-led;** *cont* **-ling**, *Am pt* & *pp* **-ed;** *cont* **-ing**) *n* - **1.** MIL Marschall *der* - **2.** [at march, concert, race] Ordner *der* - **3.** *Am* [law officer] Sheriff *der* <> *vt* - **1.** [people] für Ordnung sorgen unter *(+ D)* - **2.** [thoughts] ordnen; [support] sichern.

marshalling yard [ˈmɑːʃlɪŋ-] *n* Rangierbahnhof *der*.

marshland [ˈmɑːʃlænd] *n* *(U)* Sumpfgebiet *das*.

marshmallow [*Br* ˌmɑːʃˈmæləʊ, *Am* ˈmɑːrʃˌmeləʊ] *n* Marshmallow *das*.

marshy [ˈmɑːʃɪ] (*compar* **-ier;** *superl* **-iest**) *adj* sumpfig.

marsupial [mɑːˈsuːpɪəl] *n* Beuteltier *das*.

martial [ˈmɑːʃl] *adj* [music] kriegerisch.

martial arts [ˌmɑːʃl-] *npl* Kampfsportarten *pl*.

martial law [ˌmɑːʃl-] *n* Kriegsrecht *das*.

Martian [ˈmɑːʃn] *n* Marsmensch *der*.

martini [mɑːˈtiːnɪ] *n* Martini *der*.

martyr [ˈmɑːtəʳ] *n* Märtyrer *der*, -in *die*.

martyrdom [ˈmɑːtədəm] *n* [suffering] Martyrium *das;* [death] Märtyrertod *der*.

martyred [ˈmɑːtəd] *adj:* **a ~ expression** eine Duldermiene.

marvel [ˈmɑːvl] (*Br pt* & *pp* **-led;** *cont* **-ling**, *Am pt* & *pp* **-ed;** *cont* **-ing**) *n* Wunder *das;* **you're a ~!** du bist ja unglaublich! <> *vt:* **to ~ that** sich wundern, dass <> *vi:* **to ~ (at sthg)** staunen (über etw *(A)*).

marvellous *Br*, **marvelous** *Am* [ˈmɑːvələs] *adj* wunderbar.

Marxism [ˈmɑːksɪzm] *n* Marxismus *der*.

Marxist [ˈmɑːksɪst] *adj* marxistisch <> *n* Marxist *der*, -in *die*.

marzipan [ˈmɑːzɪpæn] *n* Marzipan *das*.

mascara [mæsˈkɑːrə] *n* Wimperntusche *die*.

mascot [ˈmæskət] *n* Maskottchen *das*.

masculine [ˈmæskjʊlɪn] *adj* - **1.** [typically male] männlich - **2.** GRAMM [woman] maskulin.

masculinity [ˌmæskjʊˈlɪnətɪ] *n* Männlichkeit *die*.

mash [mæʃ] *vt* (zu Brei) zerdrücken.

MASH [mæʃ] (*abbr of* **mobile army surgical hospital**) *n Am* mobiles Lazarett.

mashed potatoes [mæʃt-] *npl* Kartoffelbrei *der*.

mask [mɑːsk] *n* - **1.** [covering face] Maske *die* - **2.** *fig:* **behind a ~ of** hinter der Maske *(+ G)* <> *vt* - **1.** [truth, feelings] verbergen - **2.** [smell, flavour] überdecken.

masked [mɑːskt] *adj* [face, man] maskiert.

masking tape [ˈmɑːskɪŋ-] *n* *(U)* Abklebeband *das*.

masochism [ˈmæsəkɪzm] *n* Masochismus *der*.

masochist [ˈmæsəkɪst] *n* Masochist *der*, -in *die*.

masochistic [ˌmæsəˈkɪstɪk] *adj* masochistisch.

mason [ˈmeɪsn] *n* - **1.** [stonemason] Steinmetz *der* - **2.** [Freemason] Freimaurer *der*.

masonic [məˈsɒnɪk] *adj* [lodge] Freimaurer-.

masonry [ˈmeɪsnrɪ] *n* Mauerwerk *das*.

masquerade [ˌmæskəˈreɪd] *vi:* **to ~ as** sich auslgeben als.

mass [mæs] *n* - **1.** [gen & PHYS] Masse *die* - **2.** [large quantity] Unmenge *die;* **a ~ of people** eine große Menschenmenge; **a ~ of hair** eine Fülle von Haaren; **he was a ~ of bruises** er hatte überall blaue Flecken <> *adj* [unemployment, protest etc] Massen- <> *vt* [troops] zusammenlziehen <> *vi* [troops, clouds] sich zusammenlziehen; [protesters] sich versammeln.

◆ **Mass** *n* RELIG Messe *die*.

◆ **masses** *npl* - **1.** *inf* [lots] eine Masse; **~es of money/people** eine Masse Geld/von Leuten - **2.** [ordinary people]: **the ~es** die (breite) Masse.

massacre [ˈmæsəkəʳ] *n* Massaker *das* <> *vt* niederlmetzeln.

massage [*Br* ˈmæsɑːʒ, *Am* məˈsɑːʒ] *n* Massage *die* <> *vt* massieren.

massage parlour *n* Massageinstitut *das*.

masseur [mæˈsɜːʳ] *n* Masseur *der*.

masseuse [mæˈsɜːz] *n* Masseurin *die*.

massive [ˈmæsɪv] *adj* riesig; [dose] sehr groß.

massively [ˈmæsɪvlɪ] *adv* enorm.

mass-market *adj* [product] für die (breite) Masse.

mass media *n* OR *npl:* **the ~** die Massenmedien.

mass-produce *vt* in Massenproduktion herlstellen.

mass production *n* Massenproduktion *die*.

mast [mɑːst] *n* - **1.** [on boat] Mast *der* - **2.** RADIO & TV Sendemast *der*.

mastectomy [mæsˈtektəmɪ] (*pl* **-ies**) *n* Mastektomie *die*.

master [ˈmɑːstəʳ] *n* - **1.** [gen] Herr *der;* **to be**

one's own ~ sein eigener Herr sein; **he is ~ of the situation** er ist Herr der Lage - **2.** *Br* [teacher] Lehrer *der* - **3.** [of ship] Kapitän *der* - **4.** [original copy] Original *das* <> *adj* - **1.** [in trade]: **~ builder** Baumeister *der* - **2.** [copy, tape] Original- <> *vt* - **1.** [control - situation] meistern; [- temper] zügeln - **2.** [job, skill, language] beherrschen.

master bedroom *n größtes Schlafzimmer in einem Haus.*

masterful ['mɑːstəful] *adj* [person] herrisch.

master key *n* Generalschlüssel *der*.

masterly ['mɑːstəlɪ] *adj* meisterhaft.

mastermind ['mɑːstəmaɪnd] *n* führender Kopf <> *vt* der führende Kopf sein bei.

Master of Arts (*pl* **Masters of Arts**) *n* - **1.** [degree] ≃ Magister Artium *der* - **2.** [person] *Inhaber des Magister Artium.*

master of ceremonies (*pl* **masters of ceremonies**) *n* [at formal occasion] Zeremonienmeister *der;* [in variety show] Conférencier *der*.

Master of Science (*pl* **Masters of Science**) *n* - **1.** [degree] ≃ Magister rerum naturalium *der* - **2.** [person] *Inhaber des Magister rerum naturalium.*

masterpiece ['mɑːstəpiːs] *n* **lit** & **fig** Meisterwerk *das*.

master plan *n* Gesamtplan *der*.

master's degree *n* Magister(titel) *der*.

masterstroke ['mɑːstəstrəuk] *n* Geniestreich *der*.

masterwork ['mɑːstəwɜːk] *n* Meisterwerk *das*.

mastery ['mɑːstərɪ] *n (U)* - **1.** [thorough grasp] Beherrschung *die* - **2.** [control - of country] Herrschaft *die;* [- of feelings] Kontrolle *die*.

mastic ['mæstɪk] *n* Mastix *der*.

masticate ['mæstɪkeɪt] **fml** *vt* & *vi* kauen.

mastiff ['mæstɪf] *n* Mastiff *der*.

masturbate ['mæstəbeɪt] *vi* masturbieren.

masturbation [ˌmæstə'beɪʃn] *n* Masturbation *die*.

mat [mæt] *n* [on table] Untersetzer *der;* [on floor] (Fuß)matte *die;* [in sport] Matte *die*.

match [mætʃ] *n* - **1.** [game] Spiel *das;* [in boxing, wrestling] Kampf *der* - **2.** [for lighting] Streichholz *das* - **3.** [equal]: **to be no ~ for sb** jm nicht gewachsen sein; **to meet one's ~** seinen Meister finden <> *vt* - **1.** [views, feelings, ideas] übereinǀstimmen mit - **2.** [in colour, design] passen zu *(+ D)* - **3.** [be as good as] gleichǀkommen *(+ D);* **they can't be ~ed for quality** in puncto Qualität kann es keiner mit ihnen aufǀnehmen <> *vi* - **1.** [views, ideas] übereinǀstimmen - **2.** [in colour, design] zusammenǀpassen.

matchbox ['mætʃbɒks] *n* Streichholzschachtel *die*.

matched [mætʃt] *adj:* **to be well ~** [well suited] gut zueinander passen; [equal in strength] sich *(D)* ebenbürtig sein.

matching ['mætʃɪŋ] *adj* (dazu) passend; **three ~ armchairs** drei zueinander passende Sessel.

matchless ['mætʃlɪs] *adj* **literary** unvergleichlich.

matchmaker ['mætʃˌmeɪkəʳ] *n* Ehestifter *der*, -in *die*.

match point *n* TENNIS Matchball *der*.

matchstick ['mætʃstɪk] *n* Streichholz *das*.

mate [meɪt] *n* - **1.** **inf** [friend] Kumpel *der* - **2.** *Br* **inf** [term of address] Kumpel *der* - **3.** [of animal - male] Männchen *das;* [- female] Weibchen *das* - **4.** NAUT: **(first) ~** Maat *der* <> *vi* [animals]: **to ~ (with)** sich paaren (mit)

material [mə'tɪərɪəl] *adj* - **1.** [physical] materiell - **2.** [important] wesentlich <> *n* - **1.** [substance] Material *das* - **2.** [fabric] Stoff *der* - **3.** *(U)* [ideas, information] Stoff *der*, Material *das*.

◆ **materials** *npl:* **building ~s** Baumaterialien *pl;* **writing ~s** Schreibzeug *das;* **cleaning ~s** Putzzeug *das*.

materialism [mə'tɪərɪəlɪzm] *n* Materialismus *der*.

materialistic [məˌtɪərɪə'lɪstɪk] *adj* materialistisch.

materialize, -ise [mə'tɪərɪəlaɪz] *vi* - **1.** [happen - crisis] einǀtreten; [- threat] in die Tat umgesetzt werden; **the promised funds failed to ~** aus den versprochenen Geldern ist nichts geworden - **2.** [appear] aufǀtauchen.

materially [mə'tɪərɪəlɪ] *adv* - **1.** [physically] materiell - **2.** [importantly] grundlegend.

maternal [mə'tɜːnl] *adj* - **1.** [instinct] Mutter-; [person] mütterlich - **2.** [on mother's side]: **~ grandparents** Großeltern mütterlicherseits.

maternity [mə'tɜːnətɪ] *n* Mutterschaft *die*.

maternity benefit *n* Mutterschaftsgeld *das*.

maternity dress *n* Umstandskleid *das*.

maternity leave *n (U)* Mutterschaftsurlaub *der*.

maternity ward *n* Entbindungsstation *die*.

math *n Am* = **maths.**

mathematical [ˌmæθə'mætɪkl] *adj* mathematisch.

mathematician [ˌmæθəmə'tɪʃn] *n* Mathematiker *der*, -in *die*.

mathematics [ˌmæθə'mætɪks] *n (U)* Mathematik *die*.

maths *Br* [mæθs], **math** *Am* [mæθ] (*abbr of*

mathematics) *inf n (U)* Mathe *die* <> *comp* Mathe-.

maths coprocessor [-ˌkəʊ'prəʊsesəʳ] *n* COMPUT Arithmetikprozessor *der.*

matinée ['mætɪneɪ] *n* Nachmittagsvorstellung *die.*

mating call ['meɪtɪŋ-] *n* Paarungsruf *der.*

mating season ['meɪtɪŋ-] *n* Paarungszeit *die.*

matriarch ['meɪtrɪɑːk] *n* ***literary*** [of a family] weibliches Familienoberhaupt.

matrices ['meɪtrɪsiːz] *pl* ▻ **matrix.**

matriculate [mə'trɪkjʊleɪt] *vi* UNIV sich immatrikulieren.

matriculation [məˌtrɪkjʊ'leɪʃn] *n* UNIV Immatrikulation *die.*

matrimonial [ˌmætrɪ'məʊnɪəl] *adj* [problems, dispute] Ehe-; [harmony] ehelich.

matrimony ['mætrɪmənɪ] *n* Ehestand *der.*

matrix ['meɪtrɪks] (*pl* **matrices** *OR* **-es**) *n* **- 1.** [context] Kontext *der* **- 2.** TECH [mould] Matrize *die* **- 3.** MATH Matrix *die.*

matron ['meɪtrən] *n* **- 1.** ***Br*** [in hospital] Oberschwester *die* **- 2.** [in school] Schwester *die.*

matronly ['meɪtrənlɪ] *adj* ***euphemism*** matronenhaft.

matt ***Br***, **matte** ***Am*** [mæt] *adj* matt.

matted ['mætɪd] *adj* verfilzt.

matter ['mætəʳ] *n* **- 1.** [question, situation] Angelegenheit *die;* **it's a ~ of life and death** es geht um Leben und Tod; **the fact** *OR* **truth of the ~ is ...** die Sache ist die dass ...; **that's quite another** *OR* **a different ~** das ist etwas ganz anderes; **that's a ~ of opinion** das ist Ansichtssache; **a ~ of time** eine Frage der Zeit; **to make ~s worse** die Sache noch schlimmer machen; **and to make ~s worse, ...** zu allem Unglück ..., und obendrein ...; **as a ~ of course** selbstverständlich; **as a ~ of principle** aus Prinzip; **within a ~ of hours** innerhalb von wenigen Stunden **- 2.** [trouble]: **there's something the ~ with my radio** etwas stimmt nicht mit dem Radio; **what's the ~?** was ist (denn) los?; **what's the ~ with it/her?** was ist (los) damit/mit ihr? **- 3.** [substance] Materie *die* **- 4.** *(U)* [material] Stoff *der;* **reading ~** Lesestoff *der* <> *vi* von Bedeutung sein; **it doesn't ~!** das macht nichts!; **it doesn't ~ what I do, ...** ganz gleich was ich tue, ...; **nothing else ~s** alles andere ist unwichtig.
- **as a matter of fact** *adv* sogar.
- **for that matter** *adv* eigentlich.
- **no matter** *adv:* **no ~ how ...** ganz gleich wie ...; **no ~ what** ganz egal was.

matter-of-fact *adj* sachlich, nüchtern.

matting ['mætɪŋ] *n (U)* Matten *pl.*

mattress ['mætrɪs] *n* Matratze *die.*

mature [mə'tjʊəʳ] *adj* **- 1.** [person] reif **- 2.** [cheese] reif; [wine] ausgereift <> *vi* **- 1.** [child] erwachsen werden; [animal] zur vollen Größe heran|wachsen; [plant] die volle Größe erreichen **- 2.** ***fig*** [grow up] reifer werden **- 3.** [cheese] reifen; [wine] aus|reifen **- 4.** [insurance policy] fällig werden.

mature student *n* ***Br*** UNIV *Person, die erst einige Zeit nach dem Schulabschluss ein Studium aufnimmt.*

maturity [mə'tjʊərətɪ] *n* Reife *die;* **to reach ~** [person] erwachsen werden; [animal] ausgewachsen sein.

maudlin ['mɔːdlɪn] *adj* sentimental.

maul [mɔːl] *vt* übel zu|richten.

Mauritius [mə'rɪʃəs] *n* Mauritius *nt;* **in ~** auf Mauritius.

mausoleum [ˌmɔːsə'lɪəm] (*pl* **-s**) *n* Mausoleum *das.*

mauve [məʊv] *adj* mauve <> *n* Mauvein *das.*

maverick ['mævərɪk] *n* Alleingänger *der,* -in *die.*

mawkish ['mɔːkɪʃ] *adj* [sentimentality, poetry] rührselig; [person, behaviour] sentimental.

max. *abbr of* **maximum.**

maxim ['mæksɪm] (*pl* **-s**) *n* Maxime *die.*

maxima ['mæksɪmə] *pl* ▻ **maximum.**

maximize, -ise ['mæksɪmaɪz] *vt* maximieren.

maximum ['mæksɪməm] (*pl* **maxima** *OR* **-s**) *adj* maximal; [speed, weight, temperature] Höchst- <> *n* Maximum *das.*

may [meɪ] *aux vb* **- 1.** [expressing possibility] können; **it ~ be done as follows** man kann wie folgt vorgehen; **it ~ rain** es könnte regnen; **they ~ have got lost** sie haben sich vielleicht verirrt; **be that as it ~** wie dem auch sei; **come what ~** komme, was wolle **- 2.** [expressing permission] können; **~ I smoke?** darf ich rauchen?; **you ~ sit, if you wish** Sie können sich hinsetzen, wenn Sie wollen **- 3.** [when conceding a point]: **it ~ be a long walk, but it's worth it** es ist vielleicht ein langer Weg, aber es lohnt sich **- 4.** ***fml*** [expressing wish, hope]: **~ you be very happy!** ich wünsche dir, dass du glücklich wirst!; ▻ **might.**

May [meɪ] *n* Mai *der; see also* **September.**

Maya ['maɪə] *n:* **the ~** die Mayas.

maybe ['meɪbiː] *adv* vielleicht.

mayday ['meɪdeɪ] *n* [SOS] Mayday *das.*

May Day *n* der 1. Mai.

mayfly ['meɪflaɪ] (*pl* **-flies**) *n* Eintagsfliege *die.*

mayhem ['meɪhem] *n* Chaos *das.*

mayn't [meɪənt] = **may not.**

mayonnaise [ˌmeɪə'neɪz] *n* Majonäse *die.*

mayor [meəʳ] *n* Bürgermeister *der.*

mayoress ['meərɪs] *n* [female mayor] Bürgermeisterin *die;* [mayor's wife] Frau *die* des Bürgermeisters.

maypole ['meɪpəʊl] *n* Maibaum *der.*

may've ['meɪəv] = **may have.**

maze [meɪz] *n* - **1.** [system of paths] Irrgarten *der* - **2.** *fig* [of ideas] Wirrwarr *der;* [of streets] Labyrinth *das.*

MB - **1.** (*abbr of* **megabyte**) Mb *das* - **2.** *abk für Manitoba, in Postanschrift verwendet.*

MBA (*abbr of* **Master of Business Administration**) *n akademischer Grad in Betriebswirtschaft oder dessen Inhaber.*

MBE (*abbr of* **Member of the Order of the British Empire**) *n Auszeichnung des britischen Königreichs oder deren Inhaber.*

MC *abbr of* **master of ceremonies.**

McCoy [mə'kɔɪ] *n inf:* **it's the real ~** es ist eine Echte/ein Echter/ein Echtes.

MCP *n inf abbr of* **male chauvinist pig.**

MD *n* - **1.** (*abbr of* **Doctor of Medicine**) Dr. med. - **2.** *abbr of* **managing director** <> *abk für Maryland, in Postanschrift verwendet.*

MDT (*abbr of* **Mountain Daylight Time**) *n Sommerzeit in der Gebirgszeitzone der USA.*

me [miː] *pers pron (accusative)* mich; *(dative)* mir; **she knows ~** sie kennt mich; **it's ~** ich bins; **send it to ~** schick es mir; **tell ~** sagen Sie mal, sag mal; **he's worse than ~** er ist schlechter als ich.

ME *n* (*abbr of* **myalgic encephalomyelitis**) myalgische Enzephalomyelitis <> *abk für Maine, in Postanschrift verwendet.*

meadow ['medəʊ] *n* Wiese *die.*

meagre *Br*, **meager** *Am* ['miːgəʳ] *adj* dürftig.

meal [miːl] *n* - **1.** [occasion] Mahlzeit *die;* **to go out for a ~** essen gehen - **2.** [food] Essen *das,* Gericht *das;* **to make a ~ of sthg** *Br fig & pej* viel Umstände mit etw machen.

meals on wheels *npl Br* Essen *das* auf Rädern.

mealtime ['miːltaɪm] *n* Essenszeit *die;* **at ~s** während des Essens.

mealy-mouthed ['miːlɪ'maʊðd] *adj pej* unaufrichtig.

mean [miːn] (*pt & pp* **meant**) *vt* - **1.** [signify] bedeuten; **the name ~s nothing to me** der Name sagt mir nichts - **2.** [intend] beabsichtigen; **to ~ to do sthg** vorhaben, etw zu tun; **the bus was meant to leave at eight** der Bus hätte eigentlich um acht Uhr abfahren sollen; **it's meant to be good** das soll gut sein; **he ~s well** er meint es gut - **3.** [with remark] meinen; **what do you ~ by that?** was meinst du damit? - **4.** [be serious about] ernst meinen; **I didn't ~ it!** ich habe es nicht so gemeint!; **I ~ it!** es ist mein Ernst!, ich meine es ernst! - **5.** *phr:* **Paul, I ~ Peter** [when correcting o.s.] Paul, ich meine (natürlich) Peter <> *adj* - **1.** [miserly] geizig - **2.** [unkind] gemein; **to be ~ to sb** gemein zu jm sein - **3.** [average] durchschnittlich - **4.** *iron:* **she's no ~ singer** [excellent] sie singt wirklich gut; **that's no ~ feat** [difficult] das ist keine geringe Leistung <> *n* [average] Durchschnitt *der;* ▷ **means.**

meander [mɪ'ændəʳ] *vi* - **1.** [river, road] sich schlängeln - **2.** [person] schlendern.

meaning ['miːnɪŋ] *n* Bedeutung *die;* [of film, work of art, life] Sinn *der;* **what's the ~ of this?** was soll denn das?

meaningful ['miːnɪŋfʊl] *adj* - **1.** [look, comment] vielsagend - **2.** [discussion, relationship] ernsthaft.

meaningless ['miːnɪŋlɪs] *adj* - **1.** [word, lyrics] ohne Sinn - **2.** [futile] sinnlos.

meanness ['miːnnɪs] *n* - **1.** [stinginess - of person] Geiz *der;* [- of gift] Schäbigkeit *die* - **2.** [unkindness] Gemeinheit *die.*

means [miːnz] (*pl inv*) *n* [method] Mittel *das;* **~ of transport** Verkehrsmittel *das;* **we have no ~ of contacting her** wir haben keine Möglichkeit, sie zu erreichen; **a ~ to an end** ein Mittel zum Zweck; **by ~ of** mittels *(+ G)*, durch <> *npl* [money] Mittel *pl;* **it is beyond my ~** das kann ich mir nicht leisten; **can I have one? – by all ~!** darf ich eins haben? – (aber) selbstverständlich!; **by all ~ try it out, but ...** probiere es ruhig aus, aber ...

◆ **by no means** *adv* keineswegs.

means test *n esp Br* Überprüfung *die* der Bedürftigkeit.

meant [ment] *pt & pp* ▷ **mean.**

meantime ['miːnˌtaɪm] *n:* **in the ~** in der Zwischenzeit.

meanwhile ['miːnˌwaɪl] *adv* inzwischen.

measles ['miːzlz] *n:* **(the) ~** Masern *pl.*

measly ['miːzlɪ] (*compar* **-ier;** *superl* **-iest**) *adj inf* mick(e)rig.

measurable ['meʒərəbl] *adj* merklich.

measurably ['meʒərəblɪ] *adv* merklich.

measure ['meʒəʳ] *n* - **1.** [step, action] Maßnahme *die* - **2.** *(U)* [amount]: **a ~ of success/responsibility** ein gewisses Maß an Erfolg/Verantwortung; **for good ~** sicherheitshalber; [as an additional item] zusätzlich noch; **to get the ~ of sb** jn (richtig) ein|schätzen - **3.** [of alcohol] ausgeschenkte Menge - **4.** [indication]: **to be a ~ of sthg** ein Zeichen für etw sein - **5.** [device] Maß *das* <> *vt* messen; [room] aus|messen; [damage, harm] ab|schätzen <> *vi:* **it ~s three metres by two** das misst drei mal zwei Meter.

◆ **measure up** *vi* [be good enough] gut genug sein; **to ~ up to sthg** etw *(D)* entsprechen.

measured [ˈmeʒəd] *adj literary* [voice, steps] bedächtig.

measurement [ˈmeʒəmənt] *n* - **1.** [figure] Maß *das* - **2.** *(U)* [act of measuring] Messung *die*.
◆ **measurements** *npl* [of sb's body] Maße *pl*; **to take sb's ~s** bei jm Maß nehmen.

measuring jug [ˈmeʒərɪŋ] *n* Messbecher *der*.

measuring tape [ˈmeʒərɪŋ-] *n* Maßband *das*.

meat [miːt] *n* Fleisch *das*.

meatball [ˈmiːtbɔːl] *n* Fleischklößchen *das*.

meat pie *n Br* Fleischpastete *die*.

meaty [ˈmiːtɪ] (*compar* **-ier**; *superl* **-iest**) *adj* ***fig*** [full of ideas] aussagehaltig.

Mecca [ˈmekə] *n* - **1.** GEOGR Mekka *nt* - **2.** ***fig*** [paradise]: **a ~ for** ein Mekka für.

mechanic [mɪˈkænɪk] *n* Mechaniker *der*, -in *die*.
◆ **mechanics** *n (U)* [study] Mechanik *die* <> *npl* [way sthg works] Funktionsweise *die*.

mechanical [mɪˈkænɪkl] *adj* - **1.** [device, action, smile] mechanisch - **2.** [good at mechanics - person] technisch begabt; [- skills] technisch.

mechanical engineering *n* Maschinenbau *der*.

mechanism [ˈmekənɪzm] *n* - **1.** [of machine, behaviour] Mechanismus *der* - **2.** [procedure] Verfahren *das*.

mechanization [ˌmekənaɪˈzeɪʃn] *n* Mechanisierung *die*.

mechanize, -ise [ˈmekənaɪz] *vt* & *vi* mechanisieren.

MEd [ˌemˈed] (*abbr of* **Master of Education**) *n akademischer Grad in Erziehungswissenschaft oder dessen Inhaber*.

medal [ˈmedl] *n* Medaille *die*.

medallion [mɪˈdæljən] *n* Medaillon *das*.

medallist *Br*, **medalist** *Am* [ˈmedəlɪst] *n* Medaillengewinner *der*, -in *die*.

meddle [ˈmedl] *vi*: **to ~ (in/with sthg)** sich (in etw *(A)*) ein|mischen; **to ~ with sb** sich mit jm ein|lassen.

meddlesome [ˈmedlsəm] *adj*: **don't be so ~** misch dich nicht in alles ein.

media [ˈmiːdɪə] *pl* ▷ **medium** <> *n* OR *npl*: **the ~** die Medien *pl*.

mediaeval [ˌmedɪˈiːvl] *adj* = **medieval.**

media event *n* Medienereignis *das*.

median [ˈmiːdɪən] *adj* MATH Mittel-, mittlere, -r, -s; **~ value** Zentralwert *der* <> *n* ***Am*** [of road] Mittelstreifen *der*.

mediate [ˈmiːdɪeɪt] *vt* aus|handeln, herbei|führen <> *vi*: **to ~ (for/between)** vermitteln (für/zwischen).

mediation [ˌmiːdɪˈeɪʃn] *n (U)* Vermittlung *die*.

mediator [ˈmiːdɪeɪtəʳ] *n* Vermittler *der*, -in *die*.

medic [ˈmedɪk] *n* ***inf*** - **1.** [medical student] Medizinstudent *der*, -in *die* - **2.** [doctor] Mediziner *der*, -in *die*.

Medicaid [ˈmedɪkeɪd] *n* ***Am*** *staatliche Gesundheitsfürsorge für einkommensschwache US-Bürger*.

medical [ˈmedɪkl] *adj* medizinisch <> *n* ärztliche Untersuchung.

medical certificate *n* - **1.** [result of medical exam] Gesundheitszeugnis *das* - **2.** [for sickness] ärztliches Attest.

medical insurance *n (U)* Krankenversicherung *die*.

medical student *n* Medizinstudent *der*, -in *die*.

Medicare [ˈmedɪkeəʳ] *n* ***Am*** *staatliche Gesundheitsfürsorge für ältere US-Bürger*.

medicated [ˈmedɪkeɪtɪd] *adj* medizinisch.

medication [ˌmedɪˈkeɪʃn] *n* - **1.** *(U)* [use of medicines] medikamentöse Behandlung - **2.** [medicine] Medikamente *pl*; **to be on ~** Medikamente ein|nehmen.

medicinal [meˈdɪsɪnl] *adj* [tea] Heilkräuter-; **~ herbs** Heilkräuter.

medicine [ˈmedsɪn] *n* - **1.** [treatment of illness] Medizin *die* - **2.** [substance] Medikament *das*.

medicine man *n* Medizinmann *der*.

medieval [ˌmedɪˈiːvl] *adj* mittelalterlich.

mediocre [ˌmiːdɪˈəʊkəʳ] *adj* mittelmäßig.

mediocrity [ˌmiːdɪˈɒkrətɪ] *n* [poor quality] Mittelmäßigkeit *die*.

meditate [ˈmedɪteɪt] *vi* - **1.** [reflect, ponder]: **to ~ (on** OR **upon)** nach|denken (über *(+ A)*) - **2.** [practise meditation] meditieren.

meditation [ˌmedɪˈteɪʃn] *n* Meditation *die*.

Mediterranean [ˌmedɪtəˈreɪnɪən] *n* - **1.** [sea]: **the ~ (Sea)** das Mittelmeer - **2.** [area around sea]: **the ~** der Mittelmeerraum <> *adj* Mittelmeer-, mediterran.

medium [ˈmiːdɪəm] *adj* mittlere, -r, -s <> *n* Medium *das*.

medium-dry *adj* halbtrocken.

medium-size(d) [-saɪz(d)] *adj* mittelgroß, von mittlerer Größe.

medium wave *n* Mittelwelle *die*.

medley [ˈmedlɪ] (*pl* **medleys**) *n* - **1.** [mixture] Gemisch *das* - **2.** [selection of music] Medley *das*, Potpourri *das*.

meek [miːk] *adj* sanftmütig; [voice] sanft.

meekly [ˈmiːklɪ] *adv* sanftmütig.

meet [miːt] (*pt* & *pp* **met**) *vt* - **1.** [by arrangement] sich treffen mit; [by chance] treffen; [get to know] kennen|lernen; **to arrange to ~ sb** sich mit jm verabreden; **pleased to ~ you!** sehr erfreut! - **2.** [go to collect] ab|holen - **3.** [need, requirement] erfüllen - **4.** [cost, expense] begleichen - **5.** [experience, deal with - difficulty *etc*] begegnen *(+ D)* - **6.** [hit] treffen; **to ~ sb's eye** jm in die Augen blicken - **7.** [join - subj: road, river] treffen auf *(+ A)* ◇ *vi* - **1.** [by arrangement, by chance] sich treffen; [committee *etc*] zusammen|kommen; **their eyes met** ihre Blicke trafen sich - **2.** [get to know each other] sich kennen|lernen - **3.** [intersect] aufeinander treffen - **4.** [join] zusammen|kommen ◇ *n* *Am* [sports meeting] Sportfest *das.*

◆ **meet up** *vi:* **to ~ up (with sb)** sich (mit jm) treffen.

◆ **meet with** *vt fus* - **1.** [problems, resistance] stoßen auf *(+ A)*; **to ~ with success** Erfolg haben - **2.** [by arrangement] sich treffen mit.

meeting ['mi:tɪŋ] *n* - **1.** [for discussions, business] Meeting *das*, Sitzung *die* - **2.** *(U)* [people attending meeting] Versammlung *die* - **3.** [coming together - by chance] Begegnung *die;* [- by arrangement] Treffen *das.*

meeting place *n* Treffpunkt *der.*

mega- ['megə] *prefix* Mega-.

megabit ['megəbɪt] *n* COMPUT Megabit *das.*

megabyte ['megəbaɪt] *n* COMPUT Megabyte *das.*

megahertz ['megəhɜ:ts] *n* RADIO Megahertz *das.*

megalomania [ˌmegələ'meɪnɪəl *n* Größenwahn *der*, Megalomanie *die.*

megalomaniac [ˌmegələ'meɪnɪæk] *n* Größenwahnsinnige *der, die.*

megaphone ['megəfəʊn] *n* Megafon *das.*

megaton ['megətʌn] *n* Megatonne *die.*

megawatt ['megəwɒt] *n* Megawatt *das.*

melamine ['meləmi:n] *n* Melamin *das.*

melancholy ['melənkəlɪ] *adj* melancholisch; [facts, news] traurig ◇ *n* Melancholie *die.*

mellow ['meləʊ] *adj* - **1.** [a light] warm - **2.** [smooth, pleasant] angenehm; [sound, tones] lieblich, sanft; [wine] ausgereift; [whisky] mild - **3.** [gentle, relaxed] milde, sanft ◇ *vt:* **to be ~ed by sthg** [by age, experience] gereift sein durch etw ◇ *vi* [person] abgeklärt werden.

melodic [mɪ'lɒdɪk] *adj* melodisch.

melodious [mɪ'ləʊdɪəs] *adj* melodiös.

melodrama ['melədrɑ:mə] *n* Melodrama *das.*

melodramatic [ˌmelədrə'mætɪk] *adj* melodramatisch.

melody ['melədɪ] (*pl* **-ies**) *n* Melodie *die.*

melon ['melən] *n* Melone *die.*

melt [melt] *vt* - **1.** [make liquid - chocolate, snow] schmelzen; [butter] zerlassen - **2.** *fig:* **to ~ sb's heart** js Herz übergehen lassen ◇ *vi* - **1.** [become liquid] schmelzen - **2.** *fig* [soften - person] dahin|schmelzen; [- heart] über|gehen - **3.** *fig* [disappear]: **to ~ into the crowd** in der Menge unter|tauchen; **to ~ away** [savings, anger] dahin|schmelzen, weg|schmelzen.

◆ **melt down** *vt sep* ein|schmelzen.

meltdown ['meltdaʊn] *n* Kernschmelze *die.*

melting point ['meltɪŋ-] *n* Schmelzpunkt *der.*

melting pot ['meltɪŋ-] *n* *fig* Schmelztiegel *der.*

member ['membəʳ] *adj* Mitglieds- ◇ *n* Mitglied *das;* **a ~ of staff** ein Firmenangehöriger, eine Firmenangehörige.

Member of Congress (*pl* **Members of Congress**) *n* *Am* Kongressmitglied *das.*

Member of Parliament (*pl* **Members of Parliament**) *n* Parlamentsabgeordnete *der, die.*

membership ['membəʃɪp] *n* *(U)* - **1.** [fact of belonging] Mitgliedschaft *die* - **2.** [number of members] Mitgliederzahl *die* - **3.** [people]: **the ~** die Mitglieder.

membership card *n* Mitgliedskarte *die*, Mitgliedsausweis *der.*

membrane ['membreɪn] *n* ANAT Membran *die.*

memento [mɪ'mentəʊ] (*pl* **-s**) *n* Andenken *das.*

memo ['meməʊ] (*pl* **-s**) *n* Mitteilung *die*, Notiz *die.*

memoirs ['memwɑ:z] *npl* Memoiren *pl.*

memo pad *n* Notizblock *der.*

memorabilia [ˌmemərə'bɪlɪə] *npl* Memorabilien *pl.*

memorable ['memərəbl] *adj* [occasion, lecture, day] denkwürdig; [journey] unvergesslich.

memorandum [ˌmemə'rændəm] (*pl* **-da** [-də] OR **-dums**) *n* *fml* Memorandum *das*, Mitteilung *die.*

memorial [mɪ'mɔ:rɪəl] *adj* Gedenk- ◇ *n* Denkmal *das.*

memorize, -ise ['meməraɪz] *vt* auswendig lernen.

memory ['memərɪ] (*pl* **-ies**) *n* - **1.** [ability to remember] Gedächtnis *das* - **2.** *(U)* [things remembered] Erinnerung *die;* **I have no ~ of it** ich kann mich nicht daran erinnern; **to lose one's ~** sein Gedächtnis verlieren; **from ~** auswendig; **within living ~** seit Menschengedenken - **3.** [event, experience remembered] Erinnerung *die* - **4.** *(U)* [of dead person] Andenken *das;* **in ~ of** zum Andenken OR zur Erinnerung an *(+ A)* - **5.** COMPUT Speicher *der*, Memory *das.*

memory card *n* COMPUT Speicherkarte *die.*

men [men] *pl* ▷ **man.**

menace ['menəs] *n* - **1.** [threat] Drohung *die;* [danger] drohende Gefahr - **2.** *(U)* [threatening quality] Bedrohung *die* - **3.** ***inf*** [nuisance, pest] Plage *die* ◇ *vt* bedrohen.

menacing [ˈmenəsɪŋ] *adj* bedrohlich.

menacingly [ˈmenəsɪŋlɪ] *adv* bedrohlich.

menagerie [mɪˈnædʒərɪ] *n* Menagerie *die*.

mend [mend] *n* ***inf*:** **to be on the ~** auf dem Weg zur Besserung sein ◇ *vt* [repair] reparieren; [clothes] flicken; **to ~ one's ways** sich bessern.

mending [ˈmendɪŋ] *n (U)* - **1.** [repairing of clothes]: **to do the ~** die Flickarbeit erledigen - **2.** [clothes] Flickarbeit *die*.

menfolk [ˈmenfəʊk] *npl* Männer *pl*.

menial [ˈmiːnɪəl] *adj* niedrig.

meningitis [ˌmenɪnˈdʒaɪtɪs] *n* MED Hirnhautentzündung *die*, Meningitis *die*.

menopause [ˈmenəpɔːz] *n (U)*: **the ~** die Wechseljahre, die Menopause.

menservants [ˈmensɜːvənts] *pl* ▷ **manservant.**

men's room *n* ***Am*:** **the ~** die Herrentoilette.

menstrual [ˈmenstrʊəl] *adj* Menstruations-.

menstruate [ˈmenstrʊeɪt] *vi* menstruieren.

menstruation [ˌmenstrʊˈeɪʃn] *n (U)* Menstruation *die*, Periode *die*.

menswear [ˈmenzweəʳ] *n (U)* Herrenbekleidung *die*.

mental [ˈmentl] *adj* - **1.** [intellectual] geistig - **2.** [psychiatric] psychiatrisch; **~ illness** Geisteskrankheit *die*; **her ~ health** ihr Geisteszustand - **3.** [performed in the mind] im Kopf; **~ arithmetic** Kopfrechnen *das*.

mental age *n*: **to have a ~ of eight** auf dem geistigen Entwicklungsstand eines Achtjährigen sein.

mental block *n*: **I have a ~ about it** ich habe da eine geistige Blockade.

mental hospital *n* Nervenklinik *die*, psychiatrische Klinik.

mentality [menˈtælətɪ] *n (U)* Mentalität *die*.

mentally [ˈmentəlɪ] *adv* geistig.

mentally handicapped *npl*: **the ~** die geistig Behinderten.

◆ **mentally-handicapped** *adj* geistig behindert.

mental note *n*: **I must make a ~ to tell him** ich darf nicht vergessen, es ihm zu sagen.

menthol [ˈmenθɒl] *n* Menthol *das*.

mentholated [ˈmenθəleɪtɪd] *adj* Menthol-.

mention [ˈmenʃn] *vt* erwähnen; **to ~ sthg to sb** etw gegenüber jm erwähnen; **not to ~ ...** ganz zu schweigen von ...; **don't ~ it!** gern geschehen! ◇ *n* Erwähnung *die*; **to get a ~** erwähnt werden; **to make no ~ of sthg** etw nicht erwähnen.

mentor [ˈmentɔːʳ] *n* ***fml*** Mentor *der*.

menu [ˈmenjuː] *n* - **1.** [in restaurant - card] Speisekarte *die*; [- dishes] Menü *das* - **2.** COMPUT Menü *das*.

menu-driven *adj* COMPUT menügesteuert.

meow *n* & *vi* ***Am*** = **miaow.**

MEP (*abbr of* **Member of the European Parliament**) *n* MdEP *das*.

mercantile [ˈmɜːkəntaɪl] *adj* Handels-.

mercenary [ˈmɜːsɪnrɪ] (*pl* **-ies**) *adj* - **1.** [only interested in money] gewinnsüchtig, geldgierig - **2.** MIL Söldner- ◇ *n* [soldier] Söldner *der*.

merchandise [ˈmɜːtʃəndaɪz] *n (U)* Ware *die*.

merchant [ˈmɜːtʃənt] *adj* Handels- ◇ *n* Händler *der*, -in *die*.

merchant bank *n* ***Br*** Handelsbank *die*.

merchant navy ***Br*****, merchant marine** ***Am*** *n* Handelsmarine *die*.

merciful [ˈmɜːsɪfʊl] *adj* [person] barmherzig; **her death was a ~ release** ihr Tod war eine Erlösung.

mercifully [ˈmɜːsɪfʊlɪ] *adv* - **1.** [fortunately] glücklicherweise, zum Glück - **2.** [with clemency] barmherzig.

merciless [ˈmɜːsɪlɪs] *adj* gnadenlos.

mercilessly [ˈmɜːsɪlɪslɪ] *adv* gnadenlos.

mercury [ˈmɜːkjʊrɪ] *n* Quecksilber *das*.

Mercury [ˈmɜːkjʊrɪ] *n* [planet] Merkur *der*.

mercy [ˈmɜːsɪ] (*pl* **-ies**) *n* - **1.** [kindness, pity] Gnade *die*, Erbarmen *das*; **to be at the ~ of sb/sthg** ***fig*** jm/etw ausgeliefert sein - **2.** [blessing] Segen *der*, Glück *das*.

mercy killing *n* Euthanasie *die*.

mere [mɪəʳ] *adj*: **a ~ £10 is all it costs** es kostet bloß OR nur 10 Pfund; **it took him a ~ two hours** er brauchte bloß OR nur zwei Stunden; **she's a ~ child!** sie ist ja noch ein Kind!; **the ~ mention of her name infuriates him** das bloße Erwähnen ihres Namens macht ihn rasend.

merely [ˈmɪəlɪ] *adv* bloß, nur.

merge [mɜːdʒ] *vt* - **1.** COMM fusionieren - **2.** COMPUT mischen ◇ *vi* - **1.** COMM: **to ~ (with)** fusionieren (mit) - **2.** [roads, lines] zusammen|laufen - **3.** [blend] ineinander über|gehen; **to ~ into the landscape/background** mit der Landschaft/dem Hintergrund verschmelzen ◇ *n* COMPUT: **to do a ~** Dateien mischen.

merger [ˈmɜːdʒəʳ] *n* COMM Fusion *die*.

meridian [məˈrɪdɪən] *n* GEOGR Meridian *der*.

meringue [məˈræŋ] *n* Baiser *das*.

merino [məˈriːnəʊ] *adj* Merino-.

merit [ˈmerɪt] *n (U)* [value] Wert *der*; **she was chosen for the post on ~** sie bekam die Stelle aufgrund ihrer guten Leistungen ◇ *vt* verdienen.

◆ **merits** *npl* Vorteile *pl*, Vorzüge *pl*; **to judge**

sthg on its ~s etw nach seinen Vorzügen *OR* Vorteilen beurteilen.

meritocracy [ˌmerɪ'tɒkrəsɪ] (*pl* **-ies**) *n* Leistungsgesellschaft *die*.

mermaid ['mɜːmeɪd] *n* Meerjungfrau *die*.

merrily ['merɪlɪ] *adv* **- 1.** ***iron*** [unwittingly, blithely] vergnügt, munter **- 2.** ***literary*** [laugh, twinkle] vergnügt.

merriment ['merɪmənt] *n (U)* ***literary*** [laughter] Gelächter *das*.

merry ['merɪ] (*compar* **-ier;** *superl* **-iest**) *adj* **- 1.** ***literary*** [laugh, joke, person] lustig **- 2.** [party] fröhlich, munter; **Merry Christmas!** frohe *OR* fröhliche Weihnachten! **- 3.** ***inf*** [tipsy] angeheitert, beschwipst.

merry-go-round *n* Karussell *das*.

merrymaking ['merɪˌmeɪkɪŋ] *n (U)* ***literary*** Feiern *das*.

mesh [meʃ] *n (U)* [netting]: **(wire) ~** Maschendraht *der* <> *vi* [gears] ineinander greifen; [ideas] sich vereinbaren lassen.

mesmerize, -ise ['mezməraɪz] *vt:* **to be ~d by sb/sthg** fasziniert *OR* gebannt sein von jm/ etw.

mess [mes] *n* **- 1.** [untidy state] Durcheinander *das*, Unordnung *die;* **to be (in) a ~** unordentlich sein, durcheinander sein **- 2.** [sthg spilt, knocked over] Schweinerei *die* **- 3.** [muddle] Durcheinander *das;* [problematic situation] Schlamassel *der* **- 4.** MIL Messe *die*.

◈ **mess about, mess around** ***inf vt sep*** an der Nase herum|führen <> *vi* **- 1.** [fool around, waste time] herum|gammeln **- 2.** [interfere]: **to ~ about with** [machine] herum|basteln an *(+ D);* [sb's papers] durcheinander bringen.

◈ **mess up** *vt sep* ***inf*** **- 1.** [make dirty] verdrecken, schmutzig machen; [make untidy] in Unordnung bringen **- 2.** [plan, evening] verderben, ruinieren.

◈ **mess with** *vt fus* ***inf:*** **to ~ with sb** sich mit jm ein|lassen *OR* ab|geben.

message ['mesɪdʒ] *n* **- 1.** [piece of information] Nachricht *die;* **I get the ~** ***inf*** ich kapiere **- 2.** [idea, moral] Botschaft *die*.

message switching [-ˌswɪtʃɪŋ] *n (U)* COMPUT Speichervermittlung *die*.

messenger ['mesɪndʒə^r] *n* Bote *der;* **by ~** per Bote.

Messiah [mɪ'saɪə] *n:* **the ~** der Messias.

Messrs, Messrs. ['mesəz] (*abbr of* **messieurs**): **~ Wilson and Williams** die Herren Wilson und Williams.

messy ['mesɪ] (*compar* **-ier;** *superl* **-iest**) *adj* **- 1.** [untidy] unordentlich; [dirty] dreckig **- 2.** ***inf*** [complicated, confused] kompliziert.

met [met] *pt & pp* ▷ **meet.**

Met [met] (*abbr of* **Metropolitan Opera**) *n:* **the ~** die Met.

metabolism [mɪ'tæbəlɪzm] *n* BIOL Stoffwechsel *der*, Metabolismus *der*.

metal ['metl] *n* Metall *das* <> *adj* Metall-, metallen.

metallic [mɪ'tælɪk] *adj* **- 1.** [sound] metallisch **- 2.** [shiny]: **~ paint** Metalliclackierung *die;* **~ blue** metallicblau **- 3.** TECH [ore, alloy] Metall-.

metallurgist [me'tælədʒɪst] *n* Metallurg *der*, -in *die*.

metallurgy [me'tælədʒɪ] *n* Metallurgie *die*.

metalwork ['metəlwɜːk] *n (U)* [craft] Metallarbeit *die*.

metalworker ['metəlˌwɜːkə^r] *n* Metallarbeiter *der*, -in *die*.

metamorphose [ˌmetə'mɔːfəʊz] *vi:* **to ~ (into sthg)** sich verwandeln *OR* um|wandeln (in etw *(A)*).

metamorphosis [ˌmetə'mɔːfəsɪs, ˌmetəmɔː'fəʊsɪs] (*pl* **-phoses** [-'fəʊsiːz]) *n* Metamorphose *die*.

metaphor ['metəfə^r] *n* **- 1.** [symbolism, imagery] Metaphorik *die* **- 2.** [symbol, image] Metapher *die*.

metaphorical [ˌmetə'fɒrɪkl] *adj* metaphorisch.

metaphysical [ˌmetə'fɪzɪkl] *adj* metaphysisch.

metaphysics [ˌmetə'fɪzɪks] *n (U)* Metaphysik *die*.

mete [miːt] ◈ **mete out** *vt sep:* **to ~ sthg out to sb** jm etw zu|messen.

meteor ['miːtɪə^r] *n* Meteor *der*.

meteoric [miːtɪ'ɒrɪk] *adj* [rapid] kometenhaft.

meteorite ['miːtɪəraɪt] *n* Meteorit *der*.

meteorological [ˌmiːtɪərə'lɒdʒɪkl] *adj* meteorologisch, Wetter-.

meteorologist [miːtɪə'rɒlədʒɪst] *n* Meteorologe *der*, -gin *die*.

meteorology [miːtɪə'rɒlədʒɪ] *n* Meteorologie *die*.

meter ['miːtə^r] *n* **- 1.** [device - for gas, electricity] Zähler *der;* [- in taxi] Uhr *die;* [- for parking] Parkuhr *die* **- 2.** ***Am*** **= metre** <> *vt* messen.

methadone ['meθədəʊn] *n* Methadon *das*.

methane ['miːθeɪn] *n* Methan *das*.

method ['meθəd] *n* Methode *die*.

methodical [mɪ'θɒdɪkl] *adj* methodisch.

methodically [mɪ'θɒdɪklɪ] *adv* methodisch.

Methodist ['meθədɪst] *adj* Methodisten- <> *n* Methodist *der*, -in *die*.

methodology [ˌmeθə'dɒlədʒɪ] (*pl* **-ies**) *n* ***fml*** Methodologie *die*.

meths [meθs] *n (U)* ***Br inf*** Brennspiritus *der*.

methylated spirits [ˌmeθɪleɪtɪd-] *n (U)* Brennspiritus *der.*

meticulous [mɪ'tɪkjʊləs] *adj* genau, sorgfältig.

meticulously [mɪ'tɪkjʊləslɪ] *adv* sorgfältig.

Met Office (*abbr of* **Meteorological Office**) *n britischer Wetterdienst.*

metre ***Br,*** **meter** ***Am*** ['mi:təʳ] *n* - **1.** [unit of measurement] Meter *der* - **2.** [in poetry] Versmaß *das.*

metric ['metrɪk] *adj* metrisch.

metrication [ˌmetrɪ'keɪʃn] *n (U)* ***Br*** Übergang *der* zum Dezimalsystem.

metric system *n:* **the ~** das metrische System.

metric ton *n* metrische Tonne.

metro ['metrəʊ] (*pl* **-s**) *n* U-Bahn *die.*

metronome ['metrənəʊm] *n* Metronom *das.*

metropolis [mɪ'trɒpəlɪs] (*pl* **-es**) *n* [large city] Metropole *die.*

metropolitan [ˌmetrə'pɒlɪtn] *adj* Stadt-.

Metropolitan Police *npl:* **the ~** *die Stadtpolizei von London.*

mettle ['metl] *n (U):* **to be on one's ~** sein Bestes geben; **to show one's ~** zeigen, was man kann.

mew [mju:] *n* & *vi* = **miaow.**

mews [mju:z] (*pl inv*) *n* ***Br*** [stables] Stallungen *pl;* [street] *Gasse mit ehemaligen Stallungen.*

Mexican ['meksɪkn] *adj* mexikanisch ◇ *n* Mexikaner *der,* -in *die.*

Mexico ['meksɪkəʊ] *n* Mexiko *nt*

mezzanine ['metsəni:n] *n* - **1.** [floor] Mezzanin *das,* Zwischengeschoss *das* - **2.** ***Am*** [in theatre] Balkon *der.*

mfr *abbr of* **manufacturer.**

mg (*abbr of* **milligram**) mg.

MHz (*abbr of* **megahertz**) MHz.

MI *abk für Michigan, in Postanschrift verwendet.*

MI5 (*abbr of* **Military Intelligence 5**) *n* MI5 *der, britische Spionageabwehr.*

MI6 (*abbr of* **Military Intelligence 6**) *n* MI6 *der, britischer Nachrichtendienst.*

MIA (*abbr of* **missing in action**) vermißt im Kampf.

miaow ***Br*** [mi:'aʊ], **meow** ***Am*** [mɪ'aʊ] *n* Miau *das* ◇ *vi* miauen.

mice [maɪs] *pl* ▷ **mouse.**

Mich. *abk für Michigan, in Postanschrift verwendet.*

mickey ['mɪkɪ] *n:* **to take the ~ out of sb** ***Br inf*** jn auf den Arm nehmen.

micro- ['maɪkrəʊ] *prefix* [in noun] Mikro-; [in adjective] mikro-.

microbe ['maɪkrəʊb] *n* Mikrobe *die.*

microbiologist [ˌmaɪkrəʊbaɪ'ɒlədʒɪst] *n* Mikrobiologe *der,* -gin *die.*

microbiology [ˌmaɪkrəʊbaɪ'ɒlədʒɪ] *n* Mikrobiologie *die.*

microchip ['maɪkrəʊtʃɪp] *n* Mikrochip *der.*

microcircuit ['maɪkrəʊˌsɜ:kɪt] *n* Mikroschaltkreis *der.*

microclimate ['maɪkrəʊˌklaɪmət] *n* Mikroklima *das.*

microcomputer [ˌmaɪkrəʊkəm'pju:təʳ] *n* Mikrocomputer *der.*

microcosm ['maɪkrəkɒzm] *n* Mikrokosmos *der.*

microfiche ['maɪkrəʊfi:ʃ] (*pl inv* OR **-s**) *n* Mikrofiche *der* OR *das.*

microfilm ['maɪkrəʊfɪlm] *n* Mikrofilm *der.*

microlight ['maɪkrəlaɪt] *n* Ultraleichtflugzeug *das.*

micron ['maɪkrɒn] *n* Mikron *das.*

microorganism [ˌmaɪkrəʊ'ɔ:gənɪzm] *n* Mikroorganismus *der.*

microphone ['maɪkrəfəʊn] *n* Mikrofon *das.*

microprocessor [ˌmaɪkrəʊ'prəʊsesəʳ] *n* Mikroprozessor *der.*

microscope ['maɪkrəskəʊp] *n* Mikroskop *das.*

microscopic [ˌmaɪkrə'skɒpɪk] *adj* - **1.** [very small] mikroskopisch - **2.** [detailed] detailliert.

microsecond ['maɪkrəʊˌsekənd] *n* Mikrosekunde *die.*

microsurgery [ˌmaɪkrə'sɜ:dʒərɪ] *n* Mikrochirurgie *die.*

microwave (oven) [ˌmaɪkrəweɪv-] *n* Mikrowellenherd *der.*

mid- [mɪd] *prefix:* **in ~June** Mitte Juni; **a ~morning snack** ein zweites Frühstück; **he is in his ~fifties** er ist Mitte fünfzig; **in the ~20th century** Mitte des 20. Jahrhunderts.

midair [ˌmɪd'eəʳ] *adj:* **~ collision** Zusammenstoß in der Luft ◇ *n:* **in ~** in der Luft.

midday [ˌmɪd'deɪ] *n* Mittag *der;* **at ~** mittags.

middle ['mɪdl] *adj* - **1.** [central] Mittel-, mittlere, -r, -s - **2.** [in time]: **he's in his ~ forties** er ist Mitte vierzig ◇ *n* - **1.** [gen] Mitte *die;* **in the ~ (of sthg)** in der Mitte (von etw); **in the ~ of nowhere** am Ende der Welt; **in the ~ of the night** mitten in der Nacht; **to be in the ~ of doing sthg** gerade dabei sein, etw zu tun - **2.** [waist] Taille *die.*

middle age *n* mittleres Alter.

middle-aged [-'eɪdʒd] *adj* im mittleren Alter, mittleren Alters.

Middle Ages *npl:* **the ~** das Mittelalter.

middle-class *adj* Mittelklasse-.

middle classes *npl:* **the ~** die Mittelklasse.

middle distance *n:* **in the ~** in mittlerer Entfernung.

Middle East *n:* **the ~** der Nahe Osten.

Middle Eastern *adj* nahöstlich.

middle finger *n* Mittelfinger *der.*

middleman ['mɪdlmæn] (*pl* **-men** [-men]) *n* **- 1.** COMM Zwischenhändler *der* **- 2.** [in negotiations] Vermittler *der.*

middle management *n (U)* mittleres Management.

middle name *n* zweiter Vorname.

middle-of-the-road *adj* **- 1.** [politics] gemäßigt **- 2.** [music, tastes] herkömmlich.

middle school *n* Br *Schule für Kinder im Alter zwischen 8 und 12 Jahren.*

middleweight ['mɪdlweɪt] *n* [boxer] Mittelgewicht *das,* Mittelgewichtler *der.*

middling ['mɪdlɪŋ] *adj* mittelmäßig; **how are you? – oh, ~** wie gehts? – so einigermaßen.

midfield [ˌmɪd'fi:ld] *n* FTBL Mittelfeld *das.*

midge [mɪdʒ] *n* Mücke *die.*

midget ['mɪdʒɪt] *n* Zwerg *der.*

Midlands ['mɪdləndz] *npl:* **the ~** *Region im Zentrum von England.*

midnight ['mɪdnaɪt] *n* Mitternacht *die;* **at ~** um Mitternacht <> *comp* Mitternachts-.

midriff ['mɪdrɪf] *n* Bauch *der.*

midst [mɪdst] *n:* **in the ~ of** mitten in *(+ D);* **to be in the ~ of doing sthg** gerade dabei sein, etw zu tun; **in our ~** in unserer Mitte.

midstream [ˌmɪd'stri:m] *n* [of river]: **in ~** in der Mitte des Flusses OR Stromes; [when talking] mitten im Redefluss.

midsummer ['mɪdˌsʌməʳ] *n (U)* Hochsommer *der.*

Midsummer Day *n* Johannistag *der.*

midway [ˌmɪd'weɪ] *adv* **- 1.** [in space]: **~ (between)** auf halbem Wege (zwischen) **- 2.** [in time] in der Mitte; **~ through** mitten in *(+ D).*

midweek [*adj* 'mɪdwi:k, *adv* ˌmɪd'wi:k] *adj:* **a ~ meeting/match** ein Mitte der Woche stattfindendes Treffen/Spiel <> *adv* Mitte der Woche.

Midwest [ˌmɪd'west] *n:* **the ~** der Mittelwesten (von Amerika).

midwife ['mɪdwaɪf] (*pl* **-wives** [-waɪvz]) *n* Hebamme *die.*

midwifery ['mɪdˌwɪfərɪ] *n* Geburtshilfe *die.*

miffed [mɪft] *adj* **inf** eingeschnappt.

might [maɪt] *modal vb* **- 1.** [expressing possibility] können; **they ~ still come** sie könnten noch kommen; **they ~ have been killed** sie sind vielleicht umgekommen **- 2.** [expressing suggestion]: **you ~ have told me!** das hättest du mir doch sagen können!; **it ~ be better to wait** sie sollten vielleicht lieber warten **- 3.** *fml* [asking permission]: **~ I have a few words?** könnte ich Sie mal sprechen?; **he asked if he ~ leave the room** er fragte, ob er das Zimmer verlassen dürfte **- 4.** [when conceding a point]: **it ~ be expensive, but it's good quality** es ist zwar teuer, aber es ist eine gute Qualität **- 5.** [would]: **I'd hoped you ~ come too** ich hatte gehofft, du würdest auch mitkommen **- 6.** *phr:* **I ~ have known** OR **guessed** das hätte ich eigentlich wissen/mir eigentlich denken können <> *n (U)* Macht *die;* **with all one's ~** mit aller Macht/Kraft.

mightn't ['maɪtənt] = **might not.**

might've ['maɪtəv] = **might have.**

mighty ['maɪtɪ] (*compar* **-ier;** *superl* **-iest**) *adj* **- 1.** [powerful] mächtig **- 2.** [very large] gewaltig <> *adv* **Am inf** mächtig.

migraine ['mi:greɪn, 'maɪgreɪn] *n* Migräne *die.*

migrant ['maɪgrənt] *adj* **- 1.** [bird] Zug- **- 2.** [worker] Wander- <> *n* **- 1.** [bird] Zugvogel *der* **- 2.** [worker] Wanderarbeiter *der,* -in *die.*

migrate [*Br* maɪ'greɪt, *Am* 'maɪgreɪt] *vi* **- 1.** [bird] in den Süden ziehen **- 2.** [person] abwandern.

migration [maɪ'greɪʃn] *n* **- 1.** [of birds] Zug *der* **- 2.** [of people] Abwanderung *die.*

migratory ['maɪgrətrɪ] *adj* [bird] Zug-.

mike [maɪk] (*abbr of* **microphone**) *n* **inf** Mikro *das.*

Milan [mɪ'læn] *n* Mailand *nt.*

Milanese [ˌmɪlə'ni:z] *n* Mailänder *der,* -in *die.*

mild [maɪld] *adj* **- 1.** [gen] mild; [sedative, illness] leicht **- 2.** [person, manner] sanft <> *n leichtes, dunkles Bier.*

mildew ['mɪldju:] *n* [on books, walls] Schimmel *der.*

mildly ['maɪldlɪ] *adv* milde; **to put it ~** gelinde gesagt.

mild-mannered *adj* sanftmütig.

mildness ['maɪldnɪs] *n (U)* **- 1.** [gen] Milde *die* **- 2.** [of person, manner] Sanftheit *die,* Sanftmütigkeit *die.*

mile [maɪl] *n* Meile *die;* **for ~s** meilenweit; **to be ~s away** [distracted] (mit seinen Gedanken) ganz woanders sein.

◆ **miles** *adv (in comparisons)* weit; **~s better** weit besser.

mileage ['maɪlɪdʒ] *n* **- 1.** [recorded] Meilenzahl *die,* Meilenstand *der;* **unlimited ~** [allowed on hire car] unbegrenzte Kilometerzahl; **what is your weekly ~?** wie viele Kilometer fahren Sie pro Woche? **- 2.** *(U)* **inf** [advantage] Vorteil *der.*

mileage allowance *n* ≃ Kilometerpauschale *die.*

mileometer [maɪ'lɒmɪtəʳ] *n* ≃ Kilometerzähler *der*.

milestone ['maɪlstəʊn] *n lit* & *fig* Meilenstein *der*.

milieu [*Br* 'miːljɜː, *Am* miːl'juː] (*pl* **-s** *OR* **-x** [*Br* -jɜː *OR* -jɜːz, *Am* -'juː *OR* -'juːz]) *n* Milieu *das*.

militant ['mɪlɪtənt] *adj* militant <> *n* militanter Student/Arbeiter/*etc.*

militarism ['mɪlɪtərɪzm] *n* Militarismus *der*.

militarist ['mɪlɪtərɪst] *n* Militarist *der*, -in *die*.

militarized zone, militarised zone ['mɪlɪtəraɪzd-] *n* militarisierte Zone.

military ['mɪlɪtrɪ] *adj* Militär-, militärisch <> *n:* **the ~** das Militär.

military police *npl* Militärpolizei *die*.

militate ['mɪlɪteɪt] *vi fml:* **to ~ against sthg** gegen etw wirken.

militia [mɪ'lɪʃə] *n* Miliz *die*.

milk [mɪlk] *n* Milch *die* <> *vt* **- 1.** [cow, goat] melken **- 2.** [company] schröpfen; *fig* [situation, scandal] auslnutzen.

milk chocolate *n* Milchschokolade *die* <> *comp* Milchschokoladen-.

milk float *Br*, **milk truck** *Am n* elektrischer Milchwagen.

milking ['mɪlkɪŋ] *n* Melken *das*.

milkman ['mɪlkmən] (*pl* **-men** [-mən]) *n* Milchmann *der*.

milk round *n Br* **- 1.** [by milkman] *Runde des Milchmanns* **- 2.** UNIV [recruitment drive] *Reihe von Besuchen, die große Firmen alljährlich den Universitäten abstatten, um potentielle Arbeitskräfte zu finden.*

milk shake *n* Milchshake *der*.

milk tooth *n* Milchzahn *der*.

milk truck *n Am* = **milk float.**

milky ['mɪlkɪ] (*compar* **-ier;** *superl* **-iest**) *adj* **- 1.** *Br* [coffee] Milch-, mit Milch; [tea] mit Milch **- 2.** [complexion] milchig.

Milky Way *n:* **the ~** die Milchstraße.

mill [mɪl] *n* **- 1.** [flour mill, grinder] Mühle *die* **- 2.** [cloth factory] Weberei *die* <> *vt* [grain] mahlen.

◆ **mill about, mill around** *vi* umherllaufen.

millennium [mɪ'lenɪəm] (*pl* **-nnia** [-nɪə]) *n* Millennium *das;* **the ~ bug** das Jahr-2000-Computerproblem.

miller ['mɪləʳ] *n* Müller *der*.

millet ['mɪlɪt] *n (U)* Hirse *die*.

milli- ['mɪlɪ] *prefix* Milli-.

millibar ['mɪlɪbɑːʳ] *n* Millibar *das*.

milligram(me) ['mɪlɪgræm] *n* Milligramm *das*.

millilitre *Br*, **milliliter** *Am* ['mɪlɪˌliːtəʳ] *n* Milliliter *der*.

millimetre *Br*, **millimeter** *Am* ['mɪlɪˌmiːtəʳ] *n* Millimeter *der*.

millinery ['mɪlɪnrɪ] *n (U)* Damenhüte *pl*.

million ['mɪljən] *n* **- 1.** [1,000,000] Million *die* **- 2.** [enormous number]: **a ~, ~s of** zig, tausende von.

millionaire [ˌmɪljə'neəʳ] *n* Millionär *der*, -in *die*.

millionairess [ˌmɪljə'neərɪs] *n* Millionärin *die*.

millipede ['mɪlɪpiːd] *n* Tausendfüßler *der*.

millisecond ['mɪlɪˌsekənd] *n* Millisekunde *die*.

millstone ['mɪlstəʊn] *n* [for grinding] Mühlstein *der;* **he's (like) a ~ round my neck** *fig* er hängt mir wie ein Klotz am Bein.

millwheel ['mɪlwiːl] *n* Mühlrad *das*.

milometer [maɪ'lɒmɪtəʳ] *n* = **mileometer.**

mime [maɪm] *n* **- 1.** [acting, act] Pantomime *die* **- 2.** [actor]: **~ (artist)** Pantomime *der*, -min *die* <> *vt* mimen.

mimic ['mɪmɪk] (*pt* & *pp* **-ked;** *cont* **-king**) *n* Imitator *der*, -in *die* <> *vt* nachlahmen.

mimicry ['mɪmɪkrɪ] *n (U)* Nachahmung *die*.

mimosa [mɪ'məʊzə] *n* Mimose *die*.

min. **- 1.** *abbr of* **minute** **- 2.** *abbr of* **minimum.**

Min. (*abbr of* **ministry**) Min.

mince [mɪns] *n (U) Br* Hackfleisch *das* <> *vt* **- 1.** [meat] durchldrehen **- 2.: not to ~ one's words** kein Blatt vor den Mund nehmen <> *vi* [walk] trippeln.

mincemeat ['mɪnsmiːt] *n (U)* **- 1.** [fruit] *Mischung aus Äpfeln, Rosinen, Fett und Gewürzen, die im Teigmantel gebacken wird* **- 2.** *Am* [minced meat] Hackfleisch *das*.

mince pie *n mit Mincemeat gefüllte Pastete.*

mincer ['mɪnsəʳ] *n* Fleischwolf *der*.

mind [maɪnd] *n* **- 1.** [reason] Verstand *der;* **to be out of one's ~** nicht bei Sinnen *OR* verrückt sein; **no one in their right ~ would do that** kein vernünftiger Mensch würde das tun; **state of ~** Geisteszustand *der* **- 2.** [thoughts] Gedanken *pl;* **I can't get her out of my ~** sie geht mir nicht aus dem Kopf; **to come into/cross sb's ~** in js Sinn kommen; **to have sthg on one's ~** etw auf dem Herzen haben; **to take sb's ~ off sthg** jn von etw abllenken; **to take a load** *OR* **weight off one's ~** eine Last von den Schultern nehmen; **to put** *OR* **set sb's ~ at rest** jn beruhigen **- 3.** [intellect] Geist *der;* **to broaden one's ~** seinen geistigen Horizont erweitern **- 4.** [attention]: **to keep one's ~ on sthg** sich auf etw *(A)* konzentrieren; **if you put your ~ to it** wenn du dich anstrengst; **to slip one's ~** jm entfallen **- 5.** [opinion]: **to my ~** meiner Ansicht *OR* Meinung nach; **to change one's ~** seine Meinung ändern; **to**

keep an open ~ sich nicht festllegen; **to make one's ~ up** sich entschließen; **to speak one's ~** seine Meinung frei äußern; **to be in two ~s about sthg** unentschlossen sein hinsichtlich einer Sache *(G)* **- 6.** [memory] Gedächtnis *das;* **to bear sthg in ~** etw nicht vergessen; **to call sthg to ~** sich an etw *(A)* erinnern; **to cast one's ~ back** zurückldenken **- 7.** [intention]: **to have sthg in ~** an etw *(A)* denken; **to have a ~ to do sthg** die Absicht haben, etw zu tun **- 8.** [intelligent person, thinker] Geist *der;* **he is one of the greatest ~s of the 19th century** er ist einer der größten Köpfe des 19. Jahrhunderts <> *vi* **- 1.** [object]: **I don't ~** ich habe nichts dagegen; **do you ~ if ...?** macht es Ihnen etwas aus, wenn ...?, stört es Sie, wenn ...? **- 2.** [care, worry]: **I don't ~ if ...** es macht mir nichts aus, wenn ...; **never ~** [don't worry] mach dir nichts draus; [it's not important] es macht nichts **- 3.** [be careful]: **~ out!** ***Br*** pass auf! <> *vt* **- 1.** [object to]: **I don't ~ it/him** ich habe nichts dagegen/gegen ihn; **do you ~ waiting?** macht es dir etwas aus, zu warten?; **I wouldn't ~ a beer** ich hätte nichts gegen ein Bier **- 2.** [bother about]: **I don't ~ what he says** es ist mir gleichgültig, was er sagt **- 3.** [pay attention to] achten auf *(+ A)* **- 4.** [take care of] sich kümmern um.

◆ **mind you** *adv* allerdings.

minder ['maındəʳ] *n* **- 1.** [of child] Kindermädchen *das*, Babysitter *der* **- 2.** ***Br*** [bodyguard] Leibwächter *der*, -in *die*.

mindful ['maındful] *adj:* **to be ~ of sthg** sich *(D)* einer Sache *(G)* bewusst sein.

mindless ['maındlıs] *adj* **- 1.** [stupid] sinnlos **- 2.** [not requiring thought] geistlos, anspruchslos.

mind reader *n* Gedankenleser *der*, -in *die;* **I'm not a ~!** ich kann keine Gedanken lesen!

mindset ['maındset] *n* Einstellung *die*.

mind's eye *n:* **in one's ~** vor seinem geistigen Auge.

mine¹ [maın] *n* **- 1.** [for excavating minerals] Bergwerk *das;* [for gold, diamond] Mine *die* **- 2.** [bomb] Mine *die* **- 3.** [source]: **a ~ of information** eine unerschöpfliche Informationsquelle <> *vt* **- 1.** [coal, gold] fördern, ablbauen **- 2.** [lay mines in] verminen.

mine² [maın] *poss pron* meine, -r, -s; **it's ~** es gehört mir; **a friend of ~** ein Freund von mir; **she ate her portion and ~** sie aß ihre Portion und meine.

mine detector *n* Minensuchgerät *das*.

minefield ['maınfi:ld] *n* ***lit*** & ***fig*** Minenfeld *das*.

minelayer ['maın,leıəʳ] *n* Minenleger *der*.

miner ['maınəʳ] *n* Bergarbeiter *der*, -in *die*.

mineral ['mınərəl] GEOL *adj* mineralisch <> *n* Mineral *das*.

mineralogy [,mınə'rælədʒı] *n* Mineralogie *die*.

mineral water *n (U)* Mineralwasser *das*.

minestrone [,mını'strəunı] *n (U)* Minestrone *die*.

minesweeper ['maın,swi:pəʳ] *n* Minensuchboot *das*.

mingle ['mıŋgl] *vt:* **to ~ sthg with sthg** etw mit etw vermischen <> *vi* **- 1.** [combine]: **to ~ (with)** sich mischen (mit) **- 2.** [at party]: **to ~ (with the guests)** sich unter die Gäste mischen.

mini ['mını] *n* [skirt] Minirock *der;* [dress] Minikleid *das*.

miniature ['mınətʃəʳ] *adj* Miniatur- <> *n* **- 1.** [painting] Miniatur *die* **- 2.** [of alcohol] Miniflasche *die* **- 3.** [small scale]: **in ~** im Kleinen, Miniatur-.

minibus ['mınıbʌs] *(pl* **-es)** *n* Kleinbus *der*.

minicab ['mınıkæb] *n* ***Br*** Kleintaxi *das*.

minicomputer [,mınıkəm'pju:təʳ] *n* Minicomputer *der*.

minim ['mınım] *n* MUS halbe Note.

minima ['mınımə] *pl* ▻ **minimum.**

minimal ['mınıml] *adj* minimal.

minimize, -ise ['mını,maız] *vt* [reduce] minimieren, reduzieren.

minimum ['mınıməm] *(pl* **-mums** OR **-ma)** *adj* Mindest- <> *n* Minimum *das*.

minimum wage *n* Mindestlohn *der*.

mining ['maınıŋ] *n* Bergbau *der* <> *adj* Bergbau-; [accident] Gruben-.

minion ['mınjən] *n* ***hum*** OR ***pej*** Untergebene *der, die*.

miniseries ['mını,sıəri:z] *(pl inv) n* Miniserie *die*.

miniskirt ['mınıskɜ:t] *n* Minirock *der*.

minister ['mınıstəʳ] *n* **- 1.** POL: **~ (of** OR **for sthg)** Minister *der*, -in *die* (für etw) **- 2.** RELIG Pastor *der*, -in *die*.

◆ **minister to** *vt fus* sich kümmern um; **to ~ to sb's needs** js Bedürfnisse befriedigen.

ministerial [,mını'stıərıəl] *adj* POL Ministerial-, ministerial.

minister of state *n:* **~ (for sthg)** Staatsminister *der*, -in *die* (für etw).

ministry ['mınıstrı] *(pl* **-ies)** *n* **- 1.** POL Ministerium *das;* **Ministry of Defence** Verteidigungsministerium *das* **- 2.** RELIG: **the ~** das geistliche Amt.

mink [mıŋk] *(pl inv) n* [fur, animal] Nerz *der*.

mink coat *n* Nerzmantel *der*.

minnow ['mınəu] *n* [fish] Elritze *die*.

minor ['maınəʳ] *adj* **- 1.** [unimportant] unbedeutend, klein(er) - **2.** MUS [key] Moll-; **in B ~** in H-Moll <> *n* [in age] Minderjährige *der, die.*

Minorca [mɪ'nɔːkə] *n* Menorca *nt.*

minority [maɪ'nɒrətɪ] (*pl* **-ies**) *n* Minderheit *die;* **to be in a** *OR* **the ~** in der Minderheit sein.

minority government *n* Minderheitsregierung *die.*

minor road *n* Nebenstraße *die.*

minster ['mɪnstəʳ] *n* Münster *das.*

minstrel ['mɪnstrəl] *n* Spielmann *der.*

mint [mɪnt] *n* - **1.** *(U)* [herb] Minze *die* - **2.** [sweet] Pfefferminzbonbon *das* - **3.** [for coins]: **the Mint** die Münze; **in ~ condition** in neuwertigem *OR* tadellosem Zustand <> *vt* [coins] prägen.

mint sauce *n (U)* Mintsoße *die.*

minuet [ˌmɪnjʊ'et] *n* Menuett *das.*

minus ['maɪnəs] (*pl* **-es**) *prep* - **1.** MATH minus, weniger - **2.** [in temperatures] minus <> *adj* - **1.** MATH negativ - **2.** SCH [in grades] minus <> *n* - **1.** MATH Minus *das* - **2.** [disadvantage] Nachteil *der.*

minuscule ['mɪnəskjuːl] *adj* winzig.

minus sign *n* Minuszeichen *das.*

minute[1] [mɪnɪt] *n* - **1.** [period of 60 seconds] Minute *die* - **2.** [moment] Moment *der,* Augenblick *der;* **at any ~** jederzeit; **at the last ~** in letzter Minute; **this ~** sofort, auf der Stelle; **up to the ~** allerneueste, -r, -s; **wait a ~!** Moment mal!

◆ **minutes** *npl* [of meeting] Protokoll *das.*

minute[2] [maɪ'njuːt] *adj* [tiny] winzig.

minutiae [maɪ'njuːʃɪaɪ] *npl* genaue Einzelheiten *pl.*

miracle ['mɪrəkl] *n* Wunder *das.*

miraculous [mɪ'rækjʊləs] *adj* - **1.** RELIG wundersam - **2.** *fig* [recovery, escape] wunderbar.

miraculously [mɪ'rækjʊləslɪ] *adv:* **~, no one was hurt** wie durch ein Wunder wurde niemand verletzt.

mirage [mɪ'rɑːʒ] *n* - **1.** [in desert] Fata Morgana *die* - **2.** *fig* [unrealizable hope] Illusion *die.*

mire [maɪəʳ] *n* Morast *der,* Schlamm *der.*

mirror ['mɪrəʳ] *n* Spiegel *der* <> *vt* - **1.** [copy] wider|spiegeln - **2.** *literary* [reflect] spiegeln.

mirror image *n* Spiegelbild *das.*

mirth [mɜːθ] *n* Heiterkeit *die.*

misadventure [ˌmɪsəd'ventʃəʳ] *n* [unfortunate accident] Missgeschick *das;* **death by ~** LAW Tod durch Unglücksfall.

misanthropist [mɪ'sænθrəpɪst] *n* Menschenfeind *der,* -in *die.*

misapplication [ˌmɪsæplɪ'keɪʃn] *n* falsche Anwendung.

misapprehension [ˌmɪsæprɪ'henʃn] *n* Missverständnis *das;* **they were under the ~ that ...** sie hatten fälschlicherweise angenommen, dass ...

misappropriate [ˌmɪsə'prəʊprɪeɪt] *vt* veruntreuen.

misappropriation [ˌmɪsəprəʊprɪ'eɪʃn] *n* Veruntreuung *die.*

misbehave [ˌmɪsbɪ'heɪv] *vi* sich schlecht benehmen.

misbehaviour *Br,* **misbehavior** *Am* [ˌmɪsbɪ'heɪvjəʳ] *n* schlechtes Benehmen.

misc (*abbr of* **miscellaneous**) Verschiedenes.

miscalculate [ˌmɪs'kælkjʊleɪt] *vt* - **1.** [amount, time, distance] falsch berechnen - **2.** *fig* [misjudge] falsch einschätzen <> *vi* - **1.** MATH sich verrechnen - **2.** *fig* [misjudge] sich verschätzen.

miscalculation [ˌmɪskælkjʊ'leɪʃn] *n* - **1.** *(U)* MATH Rechenfehler *der* - **2.** *fig* [mistake] Fehlkalkulation *die,* Fehleinschätzung *die.*

miscarriage [ˌmɪs'kærɪdʒ] *n* Fehlgeburt *die.*

miscarriage of justice *n* Justizirrtum *der.*

miscarry [ˌmɪs'kærɪ] (*pt* & *pp* **-ied**) *vi* - **1.** [woman] eine Fehlgeburt haben - **2.** [plan] fehl|schlagen.

miscellaneous [ˌmɪsə'leɪnɪəs] *adj* verschieden.

miscellany [*Br* mɪ'selənɪ, *Am* 'mɪsəleɪnɪ] (*pl* **-ies**) *n* Sammlung *die.*

mischance [ˌmɪs'tʃɑːns] *n:* **by ~** durch einen unglücklichen Zufall.

mischief ['mɪstʃɪf] *n (U)* - **1.** [playfulness] Schalkhaftigkeit *die* - **2.** [naughty behaviour] Unfug *der,* Unartigkeit *die* - **3.** [harm] Schaden *der.*

mischievous ['mɪstʃɪvəs] *adj* - **1.** [playful] schelmisch, verschmitzt - **2.** [naughty] unartig.

misconceived [ˌmɪskən'siːvd] *adj* [plan, idea] falsch aufgefasst.

misconception [ˌmɪskən'sepʃn] *n* falsche Vorstellung, falsche Auffassung.

misconduct [ˌmɪs'kɒndʌkt] *n* [bad behaviour] schlechtes Benehmen.

misconstrue [ˌmɪskən'struː] *vt fml* falsch aus|legen.

miscount [ˌmɪs'kaʊnt] *vt* falsch zählen <> *vi* sich verzählen.

misdeed [ˌmɪs'diːd] *n literary* Missetat *die.*

misdemeanour *Br,* **misdemeanor** *Am* [ˌmɪsdɪ'miːnəʳ] *n* LAW Vergehen *das.*

misdirected [ˌmɪsdɪ'rektɪd] *adj* - **1.** [letter] falsch zugestellt - **2.** [efforts, energy] falsch eingesetzt, vergeudet.

miser ['maɪzəʳ] *n* Geizhals *der.*

miserable ['mɪzrəbl] *adj* - **1.** [person, life] elend; **don't look so ~** guck nicht so jämmerlich

- 2. [conditions, pay, weather] miserabel; [evening, holiday] schrecklich **- 3.** [failure] kläglich.

miserably ['mɪzrəblɪ] *adv* **- 1.** [die] elend **- 2.** [paid] miserabel **- 3.** [fail] kläglich.

miserly ['maɪzəlɪ] *adj* geizig.

misery ['mɪzərɪ] (*pl* **-ies**) *n* **- 1.** [unhappiness] Kummer *der* **- 2.** [poverty] Elend *das*, Armut *die* **- 3.** [gloomy person] Miesepeter *der*.

misfire [ˌmɪs'faɪəʳ] *vi* **- 1.** [gun, car engine] fehl|zünden **- 2.** [plan] fehl|schlagen.

misfit ['mɪsfɪt] *n* Außenseiter *der*, -in *die*.

misfortune [mɪs'fɔːtʃuːn] *n* **- 1.** [bad luck] Pech *das* **- 2.** [piece of bad luck] Unglück *das*.

misgivings [mɪs'gɪvɪŋz] *npl* Bedenken *pl*.

misguided [ˌmɪs'gaɪdɪd] *adj* [opinion] töricht.

mishandle [ˌmɪs'hændl] *vt* **- 1.** [person, animal] schlecht behandeln **- 2.** [negotiations, business] falsch handhaben.

mishap ['mɪshæp] *n* **- 1.** [accident]: **without ~** ohne Zwischenfall **- 2.** [unfortunate event] Missgeschick *das*.

mishear [ˌmɪs'hɪəʳ] (*pt* & *pp* **-heard** [-'hɜːd]) *vt* falsch hören ◇ *vi* sich verhören.

mishmash ['mɪʃmæʃ] *n* ***inf*** Mischmasch *der*.

misinform [ˌmɪsɪn'fɔːm] *vt* falsch informieren OR unterrichten.

misinformation [ˌmɪsɪnfə'meɪʃn] *n (U)* falsche Informationen *pl*.

misinterpret [ˌmɪsɪn'tɜːprɪt] *vt* falsch aus|legen OR deuten.

misjudge [ˌmɪs'dʒʌdʒ] *vt* **- 1.** [calculate wrongly] falsch ein|schätzen **- 2.** [appraise wrongly] falsch beurteilen.

misjudg(e)ment [ˌmɪs'dʒʌdʒmənt] *n* Fehleinschätzung *die;* [of person] falsche Beurteilung.

mislay [ˌmɪs'leɪ] (*pt* & *pp* **-laid** [-'leɪd]) *vt* verlegen.

mislead [ˌmɪs'liːd] (*pt* & *pp* **-led**) *vt* irre|führen.

misleading [ˌmɪs'liːdɪŋ] *adj* irreführend.

misled [ˌmɪs'led] *pt* & *pp* ▻ **mislead.**

mismanage [ˌmɪs'mænɪdʒ] *vt* [affairs] schlecht ab|wickeln; [finances, budget] schlecht verwalten; [project] schlecht organisieren.

mismanagement [ˌmɪs'mænɪdʒmənt] *n (U)* Missmanagement *das*.

mismatch [ˌmɪs'mætʃ] *vt:* **to be ~ed** [colours, two people] nicht zusammen|passen.

misnomer [ˌmɪs'nəʊməʳ] *n* unzutreffende Bezeichnung.

misogynist [mɪ'sɒdʒɪnɪst] *n* Frauenfeind *der*.

misplace [ˌmɪs'pleɪs] *vt* verlegen.

misplaced [ˌmɪs'pleɪst] *adj* [trust, confidence] unangebracht.

misprint ['mɪsprɪnt] *n* Druckfehler *der*.

mispronounce [ˌmɪsprə'naʊns] *vt* falsch aus|sprechen.

misquote [ˌmɪs'kwəʊt] *vt* falsch zitieren.

misread [ˌmɪs'riːd] (*pt* & *pp* **-read** [-'red]) *vt* **- 1.** [read wrongly] falsch lesen **- 2.** [misinterpret] falsch verstehen.

misrepresent [ˌmɪsreprɪ'zent] *vt* falsch dar|stellen.

misrepresentation [ˌmɪsreprɪzen'teɪʃn] *n* falsche Darstellung.

misrule [ˌmɪs'ruːl] *n (U)* [misgovernment] schlechte Regierung.

miss [mɪs] *vt* **- 1.** [person in crowd, film, turning, opportunity, train, flight] verpassen **- 2.** [subj: bullet, ball, footballer] verfehlen **- 3.** [wife, family, home] vermissen; **I ~ reading English newspapers** ich vermisse es, englische Zeitungen zu lesen **- 4.** [meeting, appointment, school] versäumen **- 5.** [disaster] entkommen *(+ D);* **I just ~ed being run over** ich wäre beinahe überfahren worden ◇ *vi* [fail to hit] nicht treffen ◇ *n:* **to give sthg a ~ *inf*** sich *(D)* etw verkneifen.
➡ **miss out** *vt sep* [omit - by accident] übersehen; [- deliberately] aus|lassen ◇ *vi:* **to ~ out on sthg** etw verpassen.

Miss [mɪs] *n* Fräulein *nt*.

misshapen [ˌmɪs'ʃeɪpn] *adj* [hands, fingers, toes] missgebildet; [biscuits, cake] missraten.

missile [*Br* 'mɪsaɪl, *Am* 'mɪsəl] *n* **- 1.** [weapon] Rakete *die*, Flugkörper *der* **- 2.** [thrown object] Wurfgeschoss *das*.

missile launcher [-ˌlɔːntʃər] *n* Abschussrampe *die*, Startrampe *die*.

missing ['mɪsɪŋ] *adj* **- 1.** [lost] verschwunden; **~ in action** vermisst; **sixty people are still ~** sechzig Personen werden immer noch vermisst; **to go ~** verschwinden, verloren gehen **- 2.** [not present] fehlend; **who's ~?** wer fehlt?

missing link *n* fehlendes Glied.

missing person *n* Vermisste *der*, *die*.

mission ['mɪʃn] *n* **- 1.** [task, duty] Auftrag *der* **- 2.** [delegation] Delegation *die*, Gesandtschaft *die* **- 3.** ASTRON & MIL Mission *die* **- 4.** [RELIG - building, teaching] Mission *die*.

missionary ['mɪʃənrɪ] (*pl* **-ies**) *n* Missionar *der*, -in *die*.

Mississippi [ˌmɪsɪ'sɪpɪ] *n* [river]: **the ~** der Mississippi.

missive ['mɪsɪv] *n* Schreiben *das*.

misspell [ˌmɪs'spel] (*pt* & *pp* **-spelt** OR **-spelled**) *vt* falsch schreiben.

misspelling [ˌmɪs'spelɪŋ] *n:* **to be a ~** falsch geschrieben sein.

misspelt [ˌmɪs'spelt] *pt* & *pp* ▻ **misspell.**

misspend [ˌmɪsˈspend] (*pt* & *pp* **-spent** [-ˈspent]) *vt* [money, talent, youth] vergeuden.

mist [mɪst] *n* Nebel *der*.

◈ **mist over, mist up** *vi* beschlagen; **her eyes ~ed over** ihre Augen füllten sich mit Tränen.

mistake [mɪˈsteɪk] (*pt* **-took;** *pp* **-taken**) *n* Fehler *der;* **to make a ~** [in writing, work] einen Fehler machen; [be mistaken] sich irren; **by ~** irrtümlich ◇ *vt* **- 1.** [misunderstand] falsch verstehen, missverstehen **- 2.** [fail to distinguish]: **to ~ sb/sthg for** jn/etw verwechseln mit.

mistaken [mɪˈsteɪkn] *pp* ▷ **mistake** ◇ *adj* **- 1.** [person]: **to be ~** sich irren; **to be ~ about sb/sthg** sich in jm/etw irren **- 2.** [belief, idea] irrig, falsch.

mistaken identity *n:* **a case of ~** eine Personenverwechslung.

mistakenly [mɪsˈteɪknlɪ] *adv* fälschlicherweise, irrtümlicherweise.

mister [ˈmɪstəʳ] *n* ***inf:*** **what time is it, ~?** wie spät ist es?

mistime [ˌmɪsˈtaɪm] *vt* [shot in tennis] falsch timen; [announcement] den falschen Zeitpunkt wählen für.

mistletoe [ˈmɪsltəʊ] *n (U)* Mistel *die*.

mistook [mɪˈstʊk] *pt* ▷ **mistake.**

mistranslation [ˌmɪstrænsˈleɪʃn] *n* falsche Übersetzung.

mistreat [ˌmɪsˈtriːt] *vt* schlecht behandeln.

mistreatment [ˌmɪsˈtriːtmənt] *n (U)* schlechte Behandlung.

mistress [ˈmɪstrɪs] *n* **- 1.** [of house, situation] Herrin *die* **- 2.** [female lover] Geliebte *die* **- 3.** [schoolteacher] Lehrerin *die*.

mistrial [ˈmɪstraɪəl] *n* Prozess mit Verfahrensmängeln.

mistrust [ˌmɪsˈtrʌst] *n* Misstrauen *das* ◇ *vt* misstrauen *(+ D)*.

mistrustful [ˌmɪsˈtrʌstfʊl] *adj* misstrauisch; **to be ~ of sb/sthg** jm/etw gegenüber misstrauisch sein.

misty [ˈmɪstɪ] (*compar* **-ier;** *superl* **-iest**) *adj* neblig.

misunderstand [ˌmɪsʌndəˈstænd] (*pt* & *pp* **-stood**) *vt* missverstehen ◇ *vi* falsch verstehen.

misunderstanding [ˌmɪsʌndəˈstændɪŋ] *n* **- 1.** [lack of understanding, wrong interpretation] Missverständnis *das* **- 2.** [disagreement] Meinungsverschiedenheit *die*.

misunderstood [ˌmɪsʌndəˈstʊd] *pt* & *pp* ▷ **misunderstand.**

misuse [*n* ˌmɪsˈjuːs, *vb* ˌmɪsˈjuːz] *n* Missbrauch *der;* [of funds] Zweckentfremdung *die* ◇ *vt* **- 1.** [abuse] missbrauchen; [funds] zweckentfremden **- 2.** [waste] vergeuden.

MIT (*abbr of* **Massachusetts Institute of Technology**) *n* MIT *das*.

mite [maɪt] *n* **- 1.** [insect] Milbe *die* **- 2.** ***inf*** [small amount]: **a ~** ein bisschen **- 3.** ***inf*** [small child] Würmchen *das*.

miter *n* ***Am*** = **mitre.**

mitigate [ˈmɪtɪgeɪt] *vt* ***fml*** lindern.

mitigating [ˈmɪtɪgeɪtɪŋ] *adj* ***fml:*** **~ circumstances** mildernde Umstände.

mitigation [ˌmɪtɪˈgeɪʃn] *n (U)* ***fml:*** **he pleaded in ~ that ...** er sagte zu seiner Verteidigung, dass ...

mitre ***Br,*** **miter** ***Am*** [ˈmaɪtəʳ] *n* **- 1.** [hat] Mitra *die* **- 2.** [joint]: **~ (joint)** Gehrfuge *die*.

mitt [mɪt] *n* **- 1.** = **mitten - 2.** [in baseball] Handschuh *der*.

mitten [ˈmɪtn] *n* Fausthandschuh *der*.

mix [mɪks] *vt* **- 1.** [substances] mischen; [activities] miteinander verbinden; **to ~ sthg with sthg** etw mit etw vermischen **- 2.** [drink, song] mixen; [cement] mischen ◇ *vi* **- 1.** [substances] sich vermischen; **business and pleasure don't ~** Geschäft und Vergnügen gehen nicht zusammen OR sollte man trennen **- 2.** [socially]: **to ~ with sb** mit jm verkehren, Umgang pflegen mit jm ◇ *n* **- 1.** [combination] Mischung *die* **- 2.** MUS Mix *der*.

◈ **mix up** *vt sep* **- 1.** [confuse] verwechseln **- 2.** [disorder] durcheinander bringen.

mixed [mɪkst] *adj* gemischt.

mixed-ability *adj* ***Br:*** **a ~ class** *eine Schulklasse, in der Schüler mit unterschiedlichen Fähigkeiten zusammen unterrichtet werden.*

mixed blessing *n* zweischneidiges Schwert.

mixed doubles *n (U)* gemischtes Doppel.

mixed economy *n* gemischte Wirtschaftsform.

mixed grill *n* gemischter Grillteller.

mixed marriage *n* Mischehe *die*.

mixed up *adj* **- 1.** [confused] verwirrt **- 2.** [involved]: **to be ~ in sthg** in etw *(A)* verwickelt sein.

mixer [ˈmɪksəʳ] *n* **- 1.** [device] Mixer *der;* [cement] Mischer *der* **- 2.** [soft drink] *alkoholfreies Getränk, wie z. B. Fruchtsaft, das zum Mischen mit Spirituosen verwendet wird.*

mixer tap *n* ***Br*** Mischbatterie *die*.

mixing bowl [ˈmɪksɪŋ-] *n* Rührschüssel *die*.

mixture [ˈmɪkstʃəʳ] *n* Mischung *die*.

mix-up *n* ***inf*** Verwechslung *die*.

mk, MK *abbr of* **mark.**

mkt *abbr of* **market.**

ml (*abbr of* **millilitre**) *n* ml.

MLitt [em'lɪt] (*abbr of* **Master of Literature, Master of Letters**) *n akademischer Grad in Literaturwissenschaft oder dessen Inhaber.*

MLR *abbr of* **minimum lending rate.**

mm (*abbr of* **millimetre**) mm.

MMR (*abbr of* **measles, mumps, rubella**) *n* Masern, Mumps und Röteln.

MN *abk für Minnesota, in Postanschrift verwendet.*

mnemonic [nɪ'mɒnɪk] *n* Eselsbrücke *die*, Gedächtnisstütze *die*.

m.o. *abbr of* **money order.**

MO *n* (*abbr of* **medical officer**) *Amts- oder Betriebsarzt* ◇ *abk für Missouri, in Postanschrift verwendet.*

moan [məʊn] *n* - **1.** [of pain] Stöhnen *das;* [of sadness] Seufzer *der* - **2.** *inf* [complaint] Gejammer *das* ◇ *vi* - **1.** [in pain] stöhnen; [in sadness] seufzen - **2.** *inf* [complain] jammern; **to ~ about sb/sthg** jammern *OR* sich beklagen über jn/etw.

moaning ['məʊnɪŋ] *n (U)* [complaining] Gejammer *das*.

moat [məʊt] *n* [around castle] Burggraben *der;* [in zoo] Wassergraben *der*.

mob [mɒb] (*pt* & *pp* **-bed;** *cont* **-bing**) *n* Mob *der* ◇ *vt* belagern

mobile ['məʊbaɪl] *adj* - **1.** [able to move] beweglich - **2.** *inf* [having transport] motorisiert ◇ *n* - **1.** [phone] Handy *das* - **2.** [decoration] Mobile *das*.

mobile home *n* Wohnmobil *das*.

mobile library *n* Fahrbücherei *die*.

mobile phone *n* Mobiltelefon *das*, Handy *das*.

mobile shop *n* Verkaufswagen *der*.

mobility [mə'bɪlətɪ] *n* - **1.** [physical - of person] Beweglichkeit *die;* [- of troops] Mobilität *die* - **2.** [social] Mobilität *die*.

mobility allowance *n Br* Mobilitätsbeihilfe *die*.

mobilization [ˌməʊbɪlaɪ'zeɪʃn] *n* - **1.** [of support, workforce] Mobilisierung *die* - **2.** MIL Mobilmachung *die*.

mobilize, -ise ['məʊbɪlaɪz] *vt* - **1.** [support, workforce] mobilisieren - **2.** MIL mobil machen ◇ *vi* MIL mobil machen.

moccasin ['mɒkəsɪn] *n* Mokassin *der*.

mock [mɒk] *adj* [surprise] gespielt; [Georgian house] Pseudo-; [exam] Übungs- ◇ *vt* [deride] verspotten ◇ *vi* sich mokieren.

mockery ['mɒkərɪ] *n* - **1.** [scorn] Spott *der* - **2.** [travesty] Farce *die;* **to make a ~ of sthg** etw zur Farce machen.

mocking ['mɒkɪŋ] *adj* spöttisch.

mockingbird ['mɒkɪŋbɜːd] *n* Spottdrossel *die*.

mock-up *n Modell in Originalgröße.*

MoD (*abbr of* **Ministry of Defence**) *n das Verteidigungsministerium.*

mode [məʊd] *n* [manner] Art (und Weise) *die;* **~ of life** Lebensweise *die;* **~ of transport** Transportmittel *das*.

model ['mɒdl] (*Br pt* & *pp* **-led;** *cont* **-ling,** *Am pt* & *pp* **-ed;** *cont* **-ing**) *n* - **1.** [gen] Modell *das* - **2.** [basis for imitation] Vorlage *die;* [person, society] Vorbild *das* - **3.** [best example] Musterbeispiel *das* ◇ *adj* - **1.** [miniature] Modell- - **2.** [exemplary] Muster-, musterhaft ◇ *vt* - **1.** [shape] modellieren - **2.** [in fashion show] vorlführen - **3.** [copy]: **to ~ o.s. on sb** sich *(D)* jn zum Vorbild nehmen ◇ *vi* [in fashion show] als Modell arbeiten, modeln.

modem ['məʊdem] *n* COMPUT Modem *das*.

moderate [*adj & n* 'mɒdərət, *vb* 'mɒdəreɪt] *adj* - **1.** [views, habits] gemäßigt; [demands] bescheiden - **2.** [heat] mäßig; [quantity] angemessen; **of ~ height/size** mittelgroß - **3.** [success, ability] mittelmäßig, bescheiden ◇ *n* POL Gemäßigte *der, die* ◇ *vt* mäßigen ◇ *vi* sich mäßigen; [views] gemäßigter werden.

moderately ['mɒdərətlɪ] *adv* mäßig; **~ expensive** etwas teuer.

moderation [ˌmɒdə'reɪʃn] *n* Mäßigung *die;* **in ~** in Maßen.

moderator ['mɒdəreɪtə[r]] *n* [of exam] Prüfungsvorsitzende *der, die*.

modern ['mɒdən] *adj* modern.

modern-day *adj* modern.

modernism ['mɒdənɪzm] *n* Modernismus *der*.

modernization [ˌmɒdənaɪ'zeɪʃn] *n* Modernisierung *die*.

modernize, -ise ['mɒdənaɪz] *vt* & *vi* modernisieren.

modern languages *npl* neue Sprachen *pl*, moderne Sprachen *pl*.

modest ['mɒdɪst] *adj* bescheiden.

modestly ['mɒdɪstlɪ] *adv* bescheiden.

modesty ['mɒdɪstɪ] *n* Bescheidenheit *die*.

modicum ['mɒdɪkəm] *n* **fml: a ~ of** ein bisschen; **a ~ of truth** ein Körnchen Wahrheit; **a ~ of intelligence** ein Minimum an Intelligenz.

modification [ˌmɒdɪfɪ'keɪʃn] *n* Änderung *die*.

modify ['mɒdɪfaɪ] (*pt* & *pp* **-ied**) *vt* - **1.** [alter] ändern, abländern - **2.** [tone down] mäßigen.

modular ['mɒdjʊlə[r]] *adj* - **1.** [furniture] Baustein- - **2.** SCH & UNIV [course] *aus verschiedenen Unterrichtseinheiten bestehend.*

modulated ['mɒdjʊleɪtɪd] *adj* [voice] moduliert.

modulation [ˌmɒdjʊ'leɪʃn] *n* RADIO Modulation *die*.

module ['mɒdjuːl] *n* - **1.** [unit] Modul *das*, Bauteil *das;* SCH & UNIV *zu einem Kurs gehörende Unterrichtseinheit* - **2.** [of spacecraft] Raumkapsel *die*.

moggy ['mɒgɪ] (*pl* **-ies**) *n* **Br inf** Mieze *die*.

mogul ['məʊgl] *n* [magnate] Mogul *der*.

mohair ['məʊheəʳ] *n (U)* Mohair *der* <> *comp* Mohair-.

Mohammedan [mə'hæmɪdn] *adj* mohammedanisch <> *n* Mohammedaner *der*, -in *die*.

Mohican [məʊ'hiːkən, 'məʊɪkən] *n* [haircut] Irokesenschnitt *der*.

moist [mɔɪst] *adj* feucht.

moisten ['mɔɪsn] *vt* befeuchten, anfeuchten.

moisture ['mɔɪstʃəʳ] *n* Feuchtigkeit *die*.

moisturize, -ise ['mɔɪstʃəraɪz] *vt* Feuchtigkeitscreme auftragen auf *(+ A)*.

moisturizer, -iser ['mɔɪstʃəraɪzəʳ] *n* Feuchtigkeitscreme *die*.

molar ['məʊləʳ] *n* Backenzahn *der*.

molasses [mə'læsɪz] *n (U)* Melasse *die*.

mold *etc n* & *vt* **Am** = **mould.**

Moldavia [mɒl'deɪvɪə] *n* Moldawien *nt*.

mole [məʊl] *n* - **1.** [animal] Maulwurf *der* - **2.** [on skin] Muttermal *das*, Leberfleck *der* - **3.** [spy] Spion *der*.

molecular [mə'lekjʊləʳ] *adj* molekular.

molecule ['mɒlɪkjuːl] *n* Molekül *das*.

molehill ['məʊlhɪl] *n* Maulwurfshügel *der*.

molest [mə'lest] *vt* - **1.** [attack sexually] sexuell belästigen - **2.** [bother] belästigen.

molester [mə'lestəʳ] *n:* **child ~** Kinderschänder *der*, -in *die*.

mollify ['mɒlɪfaɪ] (*pt* & *pp* **-ied**) *vt* **fml** besänftigen.

mollusc, mollusk **Am** ['mɒləsk] *n* Weichtier *das*.

mollycoddle ['mɒlɪˌkɒdl] *vt* **inf** verhätscheln, verzärteln.

Molotov cocktail [ˌmɒlətɒf-] *n* Molotowcocktail *der*.

molt *vt* & *vi* **Am** = **moult.**

molten ['məʊltn] *adj* geschmolzen.

mom [mɒm] *n* **Am inf** Mutter *die;* [within speaker's family] Mutti *die*.

moment ['məʊmənt] *n* - **1.** [very short period of time] Moment *der*, Augenblick *der;* **for one ~** einen Moment lang - **2.** [particular point in time] Zeitpunkt *der;* **the ~ of truth** die Stunde der Wahrheit; **at any ~** jeden Moment; **at the ~** im Moment; **at the last ~** im letzten Moment; **for the ~** vorerst - **3.** [importance] Bedeutung *die*.

momentarily ['məʊməntərɪlɪ] *adv* - **1.** [for a short time] momentan, für einen Moment - **2.** **Am** [immediately] jeden Moment OR Augenblick.

momentary ['məʊməntrɪ] *adj* kurz.

momentous [mə'mentəs] *adj* bedeutsam, wichtig.

momentum [mə'mentəm] *n* [speed] Schwung *der;* **to gain** OR **gather ~** [object, campaign] in Fahrt kommen.

momma ['mɒmə], **mommy** ['mɒmɪ] *n* **Am** Mama *die*, Mami *die*.

Mon. (*abbr of* **Monday**) Mo.

Monaco ['mɒnəkəʊ] *n* Monaco *nt*.

monarch ['mɒnək] *n* Monarch *der*, -in *die*.

monarchist ['mɒnəkɪst] *n* Monarchist *der*, -in *die*.

monarchy ['mɒnəkɪ] (*pl* **-ies**) *n* Monarchie *die*.

monastery ['mɒnəstrɪ] (*pl* **-ies**) *n* Kloster *das*.

monastic [mə'næstɪk] *adj* klösterlich.

Monday ['mʌndɪ] *n* Montag *der; see also* **Saturday.**

monetarism ['mʌnɪtərɪzm] *n* Monetarismus *der*.

monetarist ['mʌnɪtərɪst] *n* Monetarist *der*, -in *die*.

monetary ['mʌnɪtrɪ] *adj* Währungs-.

money ['mʌnɪ] *n (U)* Geld *das;* **to make ~** Geld machen; **to get one's ~'s worth** etw für sein Geld geboten bekommen.

moneybox ['mʌnɪbɒks] *n* Sparbüchse *die*.

moneyed ['mʌnɪd] *adj* **fml** begütert, wohlhabend.

moneylender ['mʌnɪˌlendəʳ] *n* Geld(ver)leiher *der*, -in *die*.

moneymaker ['mʌnɪˌmeɪkəʳ] *n* [product] Kassenschlager *der*.

moneymaking ['mʌnɪˌmeɪkɪŋ] *adj* profitabel, einträglich.

money market *n* Geldmarkt *der*.

money order *n* Zahlungsanweisung *die*.

money-spinner [-ˌspɪnəʳ] *n* **esp Br inf** Kassenschlager *der*.

money supply *n* Geldvolumen *das*.

mongol ['mɒŋgəl] **dated** & **offensive** *adj* mongoloid <> *n* Mongoloide *der*, *die*.

◆ **Mongol** *adj* & *n* = **Mongolian.**

Mongolia [mɒŋ'gəʊlɪə] *n* Mongolei *die*.

Mongolian [mɒŋ'gəʊlɪən] *adj* mongolisch

◇ *n* - **1.** [person] Mongole *der*, -lin *die* - **2.** [language] Mongolisch(e) *das*.

mongoose [ˈmɒŋguːs] (*pl* **-s**) *n* Mungo *der*.

mongrel [ˈmʌŋgrəl] *n* [dog] Mischling *der*.

monitor [ˈmɒnɪtəʳ] *n* Monitor *der* ◇ *vt* - **1.** [check] überwachen, kontrollieren - **2.** [listen in to] ab|hören, mit|hören.

monk [mʌŋk] *n* Mönch *der*.

monkey [ˈmʌŋkɪ] (*pl* **monkeys**) *n* [animal] Affe *der*.

monkey nut *n* Erdnuss *die*.

monkey wrench *n* Engländer *der*.

monkfish (*pl inv* OR **-es**) *n* Seeteufel *der*.

mono [ˈmɒnəʊ] *adj* [with noun] Mono-; [with adj] mono- ◇ *n* ***inf*** - **1.** [sound] Mono *das* - **2.** ***Am*** [glandular fever] Drüsenfieber *das*.

monochrome [ˈmɒnəkrəʊm] *adj* monochrom, schwarzweiß.

monocle [ˈmɒnəkl] *n* Monokel *das*.

monogamous [mɒˈnɒgəməs] *adj* monogam.

monogamy [mɒˈnɒgəmɪ] *n* Monogamie *die*.

monogrammed [ˈmɒnəgræmd] *adj* mit Monogramm (bestickt).

monolingual [ˌmɒnəˈlɪŋgwəl] *adj* einsprachig.

monolithic [ˌmɒnəˈlɪθɪk] *adj* - **1.** ***pej*** [organization] starr; [building] riesig - **2.** [rock] monolithisch.

monologue, monolog ***Am*** [ˈmɒnəlɒg] *n* Monolog *der*.

mononucleosis [ˈmɒnəʊˌnjuːklɪˈəʊsɪs] *n* ***Am*** Drüsenfieber *das*.

monoplane [ˈmɒnəpleɪn] *n* Eindecker *der*.

monopolize, -ise [məˈnɒpəlaɪz] *vt* monopolisieren; [conversation] beherrschen, an sich *(A)* reißen; [person] in Beschlag nehmen.

monopoly [məˈnɒpəlɪ] (*pl* **-ies**) *n*: **~ (on** OR **of)** Monopol *das* (auf *(+ A)*); **the Monopolies and Mergers Commission** ***Br*** *britisches Kartellamt*.

monorail [ˈmɒnəreɪl] *n* Einschienenbahn *die*.

monosodium glutamate [ˌmɒnəˌsəʊdɪəmˈgluːtəmeɪt] *n* Mononatriumglutamat *das*.

monosyllabic [ˌmɒnəsɪˈlæbɪk] *adj* einsilbig.

monosyllable [ˈmɒnəˌsɪləbl] *n* Einsilber *der*, einsilbiges Wort.

monotone [ˈmɒnətəʊn] *n* monotoner Klang; **he speaks in a ~** er spricht mit monotoner Stimme.

monotonous [məˈnɒtənəs] *adj* monoton.

monotonously [məˈnɒtənəslɪ] *adv* monoton.

monotony [məˈnɒtənɪ] *n* Monotonie *die*.

monoxide [mɒˈnɒksaɪd] *n* Monoxyd *das*.

Monsignor [ˌmɒnˈsiːnjəʳ] *n* Monsignore *der*.

monsoon [mɒnˈsuːn] *n* Monsun *der*.

monster [ˈmɒnstəʳ] *n* Monster *das* ◇ *adj* Monster-, Riesen-.

monstrosity [mɒnˈstrɒsətɪ] (*pl* **-ies**) *n* Monstrosität *die*, Ungeheuerlichkeit *die*.

monstrous [ˈmɒnstrəs] *adj* - **1.** [appalling] abscheulich - **2.** [hideous] scheußlich - **3.** [very large] riesig.

montage [ˈmɒntɑːʒ] *n* Montage *die*.

Mont Blanc [ˌmɔ̃ˈblɑ̃] *n* Montblanc *der*.

Montenegro [ˌmɒntɪˈniːgrəʊ] *n* Montenegro *nt*.

month [mʌnθ] *n* Monat *der*.

monthly [ˈmʌnθlɪ] (*pl* **-ies**) *adj* monatlich; [magazine] Monats- ◇ *adv* monatlich ◇ *n* [magazine] Monatsmagazin *das*.

monument [ˈmɒnjʊmənt] *n* - **1.** [memorial] Monument *das* - **2.** [historic building] Denkmal *das*.

monumental [ˌmɒnjʊˈmentl] *adj* - **1.** [very large] monumental - **2.** [important] bedeutend - **3.** [extremely bad] ungeheuerlich.

moo [muː] (*pl* **-s**) *n* Muhen *das* ◇ *vi* muhen.

mooch [muːtʃ] ◆ **mooch about, mooch around** *vi* ***inf*** herum|lungern, herum|gammeln.

mood [muːd] *n* Stimmung *die;* [of person] Laune *die;* **to be in a (bad) ~** schlechte Laune haben, schlecht gelaunt sein; **to be in a good ~** gute Laune haben, gut gelaunt sein.

moody [ˈmuːdɪ] (*compar* **-ier**; *superl* **-iest**) *adj* ***pej*** - **1.** [changeable] launisch - **2.** [bad-tempered] schlecht gelaunt.

moon [muːn] *n* Mond *der;* **to be over the ~** ***inf*** überglücklich sein.

moonbeam [ˈmuːnbiːm] *n* Mondstrahl *der*.

moonlight [ˈmuːnlaɪt] (*pt* & *pp* **-ed**) *n* Mondlicht *das* ◇ *vi* ***inf*** [have second job - legally] einen Nebenjob haben; [- illegally] schwarz|arbeiten.

moonlighting [ˈmuːnlaɪtɪŋ] *n* [illegal work] Schwarzarbeit *die*.

moonlit [ˈmuːnlɪt] *adj* [place] mondbeschienen; [night] mondhell.

moon shot *n* Mondflug *der*.

moonstone [ˈmuːnstəʊn] *n* Mondstein *der*.

moonstruck [ˈmuːnstrʌk] *adj* ***inf*** mondsüchtig.

moor [mɔːʳ] *n* ***esp Br*** Heide *die* ◇ *vt* vertäuen ◇ *vi* anlegen.

Moor [mɔːʳ] *n* Maure *der*, -rin *die*.

moorhen [ˈmɔːhen] *n* Teichhuhn *das*.

moorings [ˈmɔːrɪŋz] *npl* [ropes, chains] Vertäuung *die;* [place] Anlegestelle *die*.

Moorish [ˈmɔːrɪʃ] *adj* maurisch.

moorland [ˈmɔːlənd] *n* ***esp Br*** Heideland *das*.

moose [muːs] (*pl inv*) *n* Elch *der*.

moot [muːt] *vt* zur Debatte stellen.

moot point *n*: **it's a ~** darüber lässt sich streiten.

mop [mɒp] (*pt* & *pp* **-ped;** *cont* **-ping**) *n* **- 1.** [for cleaning] Mopp *der* **- 2.** *inf* [of hair]: **~ of curls** Wuschelkopf *der;* **~ of hair** (Haar)mähne *die* ◇ *vt* wischen; **to ~ the sweat from one's brow** sich den Schweiß von der Stirn wischen.
◆ **mop up** *vt sep* [liquid, dirt] auf|wischen.

mope [məʊp] *vi pej* Trübsal blasen.
◆ **mope about, mope around** *vi pej* Trübsal blasen.

moped ['məʊped] *n* Moped *das.*

moral ['mɒrəl] *adj* **- 1.** [relating to morals] moralisch **- 2.** [behaving correctly] moralisch einwandfrei; **~ support** moralische Unterstützung ◇ *n* [lesson] Moral *die.*
◆ **morals** *npl* [principles] Moral *die.*

morale [məˈrɑːl] *n* Moral *die.*

moralistic [ˌmɒrəˈlɪstɪk] *adj pej* moralistisch.

morality [məˈrælətɪ] (*pl* **-ies**) *n* Moralität *die.*

moralize, -ise ['mɒrəlaɪz] *vi pej* moralisieren.

morally ['mɒrəlɪ] *adv* **- 1.** [with regard to morals] moralisch **- 2.** [correctly] moralisch einwandfrei.

Moral Majority *n* moralische Mehrheit.

morass [məˈræs] *n*: **a ~ of detail** ein Wust von Details.

moratorium [ˌmɒrəˈtɔːrɪəm] (*pl* **-ria** [-rɪəl]) *n fml:* **~ (on sthg)** Moratorium *das* (für etw).

morbid ['mɔːbɪd] *adj* morbid.

more [mɔːʳ] *adv* **- 1.** *(in comparatives):* **~ difficult (than)** schwieriger (als); **speak ~ clearly** sprich deutlicher; **much ~ quickly** viel schneller **- 2.** [to a greater degree] mehr; **we ought to go to the cinema ~** wir sollten öfters ins Kino gehen; **I couldn't agree ~** ich stimme dem völlig zu; **she's ~ like a mother to me than a sister** sie ist mehr wie eine Mutter als eine Schwester; **we were ~ hurt than angry** wir waren eher verletzt als zornig; **we'd be ~ than happy to help** wir würden sehr gerne helfen; **he's little ~ than a child** er ist fast noch ein Kind; **~ than ever** mehr denn je **- 3.** [referring to time]: **once/twice ~** noch einmal/zweimal; **I don't go there any ~** ich gehe da nicht mehr hin ◇ *adj* **- 1.** [larger number, amount of] mehr; **there are ~ tourists than usual** es sind mehr Touristen als gewöhnlich da; **~ than ten men** mehr als zehn Männer; **I got many ~ presents than last time** ich bekam viel mehr Geschenke als letztes Mal; **the ~ money he has, the ~ he wants** je mehr Geld er hat, desto mehr will er haben **- 2.** [additional] mehr; **we need ~ money/time** wir brauchen mehr Geld/Zeit; **two ~ bottles** noch zwei Flaschen; **is there any ~ cake?** ist noch mehr Kuchen da?; **there's no ~ wine** es ist kein Wein mehr da; **have some ~ tea** nehmen Sie noch etwas Tee ◇ *pron* **- 1.** [larger number, amount] mehr; **I've got ~ than you** ich habe mehr als du; **~ than 20** mehr als 20 **- 2.** [additional amount] mehr; **we need ~** wir brauchen mehr; **I'd like two ~** ich möchte noch zwei; **to see ~ of sb** jn öfter sehen; **is there any ~?** ist noch mehr da?; **there's no ~** es ist nichts mehr da; **I have no ~ (of them)** ich habe keine mehr; **have some ~** nimm dir noch; **(and) what's ~** außerdem; **the ~ he has, the ~ he wants** je mehr er hat, desto mehr will er haben; **what ~ do you want?** was wollen Sie noch mehr?
◆ **more and more** *adv* **- 1.** [increasingly] immer mehr; **~ and ~ depressed/difficult** immer deprimierter/schwieriger **- 2.** [increasingly often] immer mehr ᴏʀ öfter ◇ *adj* immer mehr; **there are ~ and ~ cars on the roads** es gibt immer mehr Autos auf den Straßen ◇ *pron* immer mehr; **we are spending ~ and ~ on petrol** wir geben immer mehr für Benzin aus.
◆ **more or less** *adv* [almost] mehr oder weniger; **she ~ or less suggested I had stolen it** sie sagte mehr oder weniger, dass ich es gestohlen hätte; **it cost $500, ~ or less** es kostete um die $500.

moreover [mɔːˈrəʊvəʳ] *adv fml* außerdem, überdies.

morgue [mɔːg] *n* Leichenhalle *die.*

MORI ['mɒrɪ] (*abbr of* **Market and Opinion Research Institute**) *n britisches Meinungsforschungsinstitut.*

moribund ['mɒrɪbʌnd] *adj fml* [business, magazine] zum Scheitern verurteilt; [tradition] aussterbend.

Mormon ['mɔːmən] *n* Mormone *der*, -nin *die.*

morning ['mɔːnɪŋ] *n* **- 1.** [first part of day] Morgen *der*, Vormittag *der;* **in the ~** [before lunch] morgens, vormittags; [tomorrow morning] morgen **- 2.** [between midnight and noon] Morgen *der.*
◆ **mornings** *adv Am* morgens.

morning-after pill *n* Pille danach *die.*

morning dress *n (U)* **esp Br** Cutaway *der.*

morning sickness *n (U)* morgendliche Übelkeit.

Moroccan [məˈrɒkən] *adj* marokkanisch ◇ *n* Marokkaner *der*, -in *die.*

Morocco [məˈrɒkəʊ] *n* Marokko *nt.*

moron ['mɔːrɒn] *n* **inf** Bekloppte *der, die.*

moronic [məˈrɒnɪk] *adj* idiotisch.

morose [məˈrəʊs] *adj* griesgrämig, mürrisch.

morphine ['mɔːfiːn] *n* Morphium *das.*

morris dancing ['mɒrɪs-] *n (U) traditioneller*

englischer Tanz, bei dem mit Glöckchen versehene Kostüme getragen werden.

Morse (code) [mɔːs-] *n (U)* Morsezeichen *pl.*

morsel ['mɔːsl] *n* Bissen *der*, Happen *der.*

mortal ['mɔːtl] *adj* **- 1.** [not eternal] sterblich **- 2.** [causing death] tödlich **- 3.** [danger, fear] Todes-; **~ enemy** Todfeind *der;* **~ combat** Kampf *der* um Leben und Tod ◇ *n* Sterbliche *der, die.*

mortality [mɔː'tælətɪ] *n* Sterblichkeit *die.*

mortality rate *n* Sterblichkeitsrate *die.*

mortally ['mɔːtəlɪ] *adv* tödlich.

mortar ['mɔːtə^r] *n* **- 1.** [cement mixture] Mörtel *der* **- 2.** [gun, bowl] Mörser *der.*

mortarboard ['mɔːtəbɔːd] *n* **- 1.** CONSTR Mörtelbrett *das* **- 2.** UNIV Doktorhut *der.*

mortgage ['mɔːgɪdʒ] *n* Hypothek *die* ◇ *comp* Hypotheken- ◇ *vt* mit einer Hypothek belasten.

mortgagee [ˌmɔːgɪ'dʒiː] *n* Hypothekengläubiger *der.*

mortgagor [ˌmɔːgɪ'dʒɔː^r] *n* Hypothekenschuldner *der.*

mortician [mɔːr'tɪʃn] *n* ***Am*** Leichenbestatter *der*, -in *die.*

mortified ['mɔːtɪfaɪd] *adj* beschämt.

mortise lock ['mɔːtɪs-] *n* Einsteckschloss *das.*

mortuary ['mɔːtʃuərɪ] (*pl* **-ies**) *n* Leichenhalle *die.*

mosaic [mə'zeɪɪk] *n* Mosaik *das.*

Moscow ['mɒskəʊ] *n* Moskau *nt.*

Moslem ['mɒzləm] *adj* & *n* = **Muslim.**

mosque [mɒsk] *n* Moschee *die.*

mosquito [mə'skiːtəʊ] (*pl* **-es** OR **-s**) *n* Moskito *der.*

mosquito net *n* Moskitonetz *das.*

moss [mɒs] *n (U)* Moos *das.*

mossy ['mɒsɪ] (*compar* **-ier;** *superl* **-iest**) *adj* moosbewachsen.

most [məʊst] (*superl of* **many** & **much**) *adj* **- 1.** [the majority of] die meisten; **~ people agree** die meisten Leute sind dieser Meinung **- 2.** [the largest amount of] der/die/das meiste; **I drank (the) ~ beer** ich habe das meiste Bier getrunken ◇ *adv* **- 1.** [in superlatives]: **she spoke (the) ~ clearly** sie sprach am deutlichsten; **the ~ expensive hotel in town** das teuerste Hotel in der Stadt **- 2.** [to the greatest degree] am meisten; **I like this one ~** mir gefällt dieses am besten **- 3.** ***fml*** [very] äußerst, höchst; **it was a ~ pleasant evening** es war ein äußerst angenehmer Abend ◇ *pron* **- 1.** [the majority] die meisten *pl;* **~ of the villages** die meisten Dörfer; **~ of the time** die meiste Zeit; **~ of the work** der größte Teil der Arbeit **- 2.** [the largest amount] das meiste; **she earns (the) ~** sie verdient am meisten **- 3.** ***phr:* at ~** höchstens; **to make the ~ of sthg** das Beste aus etw machen; **to make the ~ of an opportunity** eine Gelegenheit voll ausnutzen.

mostly ['məʊstlɪ] *adv* hauptsächlich, meistens.

MOT *n* (*abbr of* **Ministry of Transport (test)**) ≃ TÜV *der* ◇ *vt:* **to have one's car ~'d** sein Auto durch den TÜV bringen.

motel [məʊ'tel] *n* Motel *das.*

moth [mɒθ] *n* Nachtfalter *der;* [eating clothes] Motte *die.*

mothball ['mɒθbɔːl] *n* Mottenkugel *die.*

moth-eaten *adj* mottenzerfressen.

mother ['mʌðə^r] *n* Mutter *die* ◇ *vt* ***pej*** [spoil] bemuttern.

motherboard ['mʌðəbɔːd] *n* COMPUT Hauptplatine *die*, Motherboard *das.*

motherhood ['mʌðəhʊd] *n* Mutterschaft *die.*

Mothering Sunday ['mʌðərɪŋ-] *n* Muttertag *der.*

mother-in-law (*pl* **mothers-in-law** OR **mother-in-laws**) *n* Schwiegermutter *die.*

motherland ['mʌðəlænd] *n* Vaterland *das*, Heimat *die.*

motherless ['mʌðəlɪs] *adj* mutterlos.

motherly ['mʌðəlɪ] *adj* mütterlich.

Mother Nature *n* Mutter Natur *die.*

mother-of-pearl *n* Perlmutt *das* ◇ *comp* Perlmutt-.

Mother's Day *n* Muttertag *der.*

mother ship *n* Mutterschiff *das.*

mother superior *n* Mutter Oberin *die.*

mother-to-be (*pl* **mothers-to-be**) *n* werdende Mutter.

mother tongue *n* Muttersprache *die.*

motif [məʊ'tiːf] *n* **- 1.** [pattern] Muster *das* **- 2.** MUS Motiv *das.*

motion ['məʊʃn] *n* **- 1.** [movement] Bewegung *die;* **to set sthg in ~** etw in Bewegung setzen; **I went through the ~s** [acted insincerely] ich habe es der Form halber getan **- 2.** [proposal] Antrag *der* ◇ *vt* & *vi:* **to ~ (to) sb to do sthg** jm durch Zeichen zu verstehen geben, etw zu tun.

motionless ['məʊʃənlɪs] *adj* bewegungslos.

motion picture *n* ***Am*** Film *der.*

motivate ['məʊtɪveɪt] *vt* motivieren; **to ~ sb to do sthg** jn dazu motivieren, etw zu tun.

motivated ['məʊtɪveɪtɪd] *adj* motiviert.

motivation [ˌməʊtɪ'veɪʃn] *n* Motivation *die.*

motive ['məʊtɪv] *n* Motiv *das.*

motley [ˈmɒtlɪ] *adj pej* bunt gemischt, bunt zusammengewürfelt.

motocross [ˈməʊtəkrɒs] *n* Motocross *das*.

motor [ˈməʊtəʳ] *adj* ***Br*** [relating to cars] Auto- ◇ *n* [engine] Motor *der* ◇ *vi* ***dated*** (mit dem Auto) fahren.

Motorail® [ˈməʊtəreɪl] *n* ***Br*** *britischer Autoreisezug.*

motorbike [ˈməʊtəbaɪk] *n* ***inf*** Motorrad *das*.

motorboat [ˈməʊtəbəʊt] *n* Motorboot *das*.

motorcade [ˈməʊtəkeɪd] *n* Fahrzeugkolonne *die*.

motorcar [ˈməʊtəkɑːʳ] *n* ***Br fml*** Automobil *das*.

motorcycle [ˈməʊtəˌsaɪkl] *n* Motorrad *das*.

motorcyclist [ˈməʊtəˌsaɪklɪst] *n* Motorradfahrer *der*, -in *die*.

motoring [ˈməʊtərɪŋ] *adj* ***Br*** [offence] Verkehrs-; [magazine] Auto- ◇ *n* ***dated*** Autofahren *das*.

motorist [ˈməʊtərɪst] *n* Autofahrer *der*, -in *die*.

motorize, -ise [ˈməʊtəraɪz] *vt* motorisieren.

motor lodge *n* ***Am*** Motel *das*.

motor racing *n* Autorennen *das*.

motor scooter *n* Motorroller *der*.

motor vehicle *n* Kraftfahrzeug *das*.

motorway [ˈməʊtəweɪ] *n* ***Br*** Autobahn *die* ◇ *comp* Autobahn-.

mottled [ˈmɒtld] *adj* [leaf] gesprenkelt; [skin, face] fleckig.

motto [ˈmɒtəʊ] (*pl* **-s** ***OR*** **-es**) *n* [maxim] Motto *das*.

mould, mold ***Am*** [məʊld] *n* **- 1.** [growth] Schimmel *der* **- 2.** [shape] Form *die* ◇ *vt* formen.

moulding, molding ***Am*** [ˈməʊldɪŋ] *n* [decoration] Fries *das*.

mouldy, moldy ***Am*** [ˈməʊldɪ] (*compar* **-ier;** *superl* **-iest**) *adj* schimmelig.

moult, molt ***Am*** [məʊlt] *vi* [bird] sich mausern; [animal] im Fellwechsel ***OR*** Haarwechsel sein.

mound [maʊnd] *n* **- 1.** [small hill] Hügel *der* **- 2.** [untidy pile] Haufen *der;* [of papers, blankets] Stapel *der*.

mount [maʊnt] *n* **- 1.** [support, frame - for photograph] Rahmen *der;* [- for jewel] Fassung *die;* [- for machine] Sockel *der* **- 2.** [horse, pony] Reittier *das* **- 3.** [mountain]: **Mount Everest** Mount Everest; **Mount Etna** Etna ◇ *vt* **- 1.** [climb onto] besteigen **- 2.** ***fml*** [climb up - stairs] hoch|steigen; [- hill] besteigen **- 3.** [organize] organisieren, vor|bereiten; **to ~ guard over sb/sthg** eine Wache für jn/etw auf|stellen **- 4.** [fix in place - jewel] ein|fassen; [- photographic slide] rahmen; **to ~ sthg on the wall** etw an die Wand hängen ◇ *vi* **- 1.** [increase] sich erhöhen **- 2.** [climb on horse] auf|sitzen.

◆ **mount up** *vi* sich häufen, sich an|sammeln.

mountain [ˈmaʊntɪn] *n* ***lit*** & ***fig*** Berg *der;* **to make a ~ out of a molehill** aus einer Mücke einen Elefanten machen.

mountain bike *n* Mountainbike *das*.

mountaineer [ˌmaʊntɪˈnɪəʳ] *n* Bergsteiger *der*, -in *die*.

mountaineering [ˌmaʊntɪˈnɪərɪŋ] *n* Bergsteigen *das*.

mountainous [ˈmaʊntɪnəs] *adj* [full of mountains] bergig.

mountain range *n* Gebirgszug *der*, Gebirgskette *die*.

mountain rescue *n* Bergwacht *die*.

mounted [ˈmaʊntɪd] *adj* [on horseback] beritten.

Mountie [ˈmaʊntɪ] *n* ***inf*** *Abkürzung für ein Mitglied der kanadischen berittenen Polizei (Royal Canadian Mounted Police).*

mourn [mɔːn] *vt* trauern um ◇ *vi* trauern; **to ~ for sb** um jn trauern.

mourner [ˈmɔːnəʳ] *n* Trauernde *der*, *die*.

mournful [ˈmɔːnfʊl] *adj* traurig.

mourning [ˈmɔːnɪŋ] *n* [period] Trauerzeit *die;* **to be in ~** [mourn] trauern; [wear mourning clothes] Trauerkleidung tragen.

mouse [maʊs] (*pl* **mice**) *n* [animal & COMPUT] Maus *die*.

mouse mat, mouse pad *n* COMPUT Mousepad *das*.

mousetrap [ˈmaʊstræp] *n* Mausefalle *die*.

moussaka [muːˈsɑːkə] *n* Moussaka *die*.

mousse [muːs] *n* **- 1.** [food] Mousse *die* **- 2.** [for hair] Schaumfestiger *der*.

moustache ***Br*** [məˈstɑːʃ], **mustache** ***Am*** [ˈmʌstæʃ] *n* Schnurrbart *der*.

mouth [*n* maʊθ, *vt* maʊð] *n* **- 1.** [of person] Mund *der;* **to keep one's ~ shut** ***inf*** den Mund ***OR*** die Klappe halten **- 2.** [entrance - of cave, tunnel] Eingang *der;* [- of river] Mündung *die* ◇ *vt* **- 1.** [silently] lautlos mit Lippensprache aus|drücken **- 2.** [platitudes, insults] von sich geben.

mouthful [ˈmaʊθfʊl] *n* **- 1.** [amount - of food] Bissen *der*, Happen *der;* [- of drink] Schluck *der* **- 2.** ***inf*** [difficult word] Zungenbrecher *der*.

mouthorgan [ˈmaʊθˌɔːgən] *n* Mundharmonika *die*.

mouthpiece [ˈmaʊθpiːs] *n* **- 1.** [of telephone] Sprechmuschel *die* **- 2.** [of musical instrument] Mundstück *das* **- 3.** [spokesperson] Sprachrohr *das*.

mouth-to-mouth *adj:* **~ resuscitation** Mund-zu-Mund-Beatmung *die*.

mouthwash ['maʊθwɒʃ] *n (U)* Mundwasser *das.*

mouth-watering [-ˌwɔːtərɪŋ] *adj* appetitlich, appetitanregend.

movable ['muːvəbl] *adj* beweglich.

move [muːv] *n* - **1.** [movement] Bewegung *die;* **to be on the ~** [travelling around] unterwegs sein; [beginning to move] sich in Bewegung setzen; **to get a ~ on *inf*** sich beeilen - **2.** [to new house] Umzug *der;* [to higher position in company] Aufstieg *der* - **3.** [in board game] Zug *der;* **it's your ~** du bist am Zug - **4.** [course of action]: **it would be a good ~** es wäre klug ◇ *vt* - **1.** [arm, head] bewegen; [piece of furniture] rücken; [car] weg|fahren; [piece in board game] einen Zug machen mit - **2.** [change]: **to ~ house** um|ziehen; **to ~ sb to another job** jn versetzen - **3.** [affect emotionally] bewegen, rühren - **4.** [in debate]: **to ~ that ...** beantragen, dass ... - **5.** *fml* [cause]: **to ~ sb to do sthg** jn dazu bewegen, etw zu tun ◇ *vi* - **1.** [shift] sich bewegen - **2.** [act] handeln - **3.** [to new house] um|ziehen.

◆ **move about** *vi* - **1.** [fidget] sich unruhig (hin und her) bewegen - **2.** [travel] unterwegs sein.

◆ **move along** *vt sep* [person, crowds] zum Weitergehen veranlassen ◇ *vi* weiter|gehen; [in car] weiter|fahren.

◆ **move around** *vi* = **move about.**

◆ **move away** *vi* [go in opposite direction] weg|gehen; [car] weg|fahren.

◆ **move in** *vt sep* [troops] einrücken lassen ◇ *vi* - **1.** [to new house] um|ziehen - **2.** [troops] ein|rücken; [competitors] auf den Plan treten.

◆ **move off** *vi* [train, bus, car] ab|fahren, los|fahren.

◆ **move on** *vt sep* [person, crowds] zum Weitergehen veranlassen ◇ *vi* - **1.** [after stopping] weiter|gehen; [in car] weiter|fahren - **2.** [in discussion] fort|fahren.

◆ **move out** *vt sep* [troops] ab|ziehen ◇ *vi* [from house] aus|ziehen.

◆ **move over** *vi* zur Seite rutschen OR rücken.

◆ **move up** *vi* [on seat] auf|rutschen, auf|rücken.

moveable ['muːvəbl] *adj* = **movable.**

movement ['muːvmənt] *n* - **1.** [motion, gesture, group] Bewegung *die* - **2.** [transportation] Beförderung *die* - **3.** [trend] Trend *der* - **4.** MUS Satz *der.*

movie ['muːvɪ] *n* **esp Am** Film *der.*

movie camera *n* Filmkamera *die.*

moviegoer ['muːvɪˌgəʊər] *n* **Am** Kinogänger *der,* -in *die.*

movie star *n* **Am** Filmstar *der.*

movie theater *n* **Am** Kino *das.*

moving ['muːvɪŋ] *adj* - **1.** [touching] bewegend - **2.** [not fixed] beweglich.

moving staircase *n* Rolltreppe *die.*

mow [məʊ] (*pt* **-ed;** *pp* **-ed** OR **mown**) *vt* mähen.

◆ **mow down** *vt sep* nieder|mähen.

mower ['məʊəʳ] *n* [lawnmower] Rasenmäher *der.*

mown [məʊn] *pp* ▷ **mow.**

Mozambique [ˌməʊzæm'biːk] *n* Mosambik *nt,* Mosambique *nt.*

MP *n* - **1.** *abbr of* **Military Police** - **2.** ***Br*** *abbr of* **Member of Parliament** - **3.** ***Can*** (*abbr of* **Mounted Police**) *kanadische Polizei.*

mpg (*abbr of* **miles per gallon**) *n*: **31 ~** ≃ 9,1 l auf 100 km.

mph (*abbr of* **miles per hour**) *n*: **he was doing 50 ~** ≃ er fuhr 80 km/h (schnell).

MPhil [ˌem'fɪl] (*abbr of* **Master of Philosophy**) *n akademischer Grad in Philosophie oder dessen Inhaber.*

Mr ['mɪstəʳ] *n* - **1.** [before man's name] Herr - **2.** [before title] Hr.

MRC (*abbr of* **Medical Research Council**) *n medizinische Forschungsrat in Großbritannien.*

MRCP (*abbr of* **Member of the Royal College of Physicians**) *n Mitglied einer britischen Ärztevereinigung.*

MRCS (*abbr of* **Member of the Royal College of Surgeons**) *n Mitglied des britischen Chirurgenverbandes.*

MRCVS (*abbr of* **Member of the Royal College of Veterinary Surgeons**) *n Mitglied einer britischen Vereinigung der Veterinärmediziner.*

Mrs ['mɪsɪz] *n* Frau, Fr.

ms. (*abbr of* **manuscript**) *n* Mskr.

Ms [mɪz] *n* Frau, Fr.

MS

Titel und Anrede für Frauen („Ms Smith"), der nicht angibt, ob die Betreffende verheiratet ist oder nicht. Vor allem in Briefen und Dokumenten wird „Ms" zunehmend an Stelle des traditionellen „Mrs" (verheiratet) und „Miss" (unverheiratet) gebraucht.

MS *n* - **1.** (*abbr of* **manuscript**) = **ms.** - **2.** (*abbr of* **multiple sclerosis**) MS ◇ *abk für Mississippi, in Postanschrift verwendet.*

MSc *n abbr of* **Master of Science.**

MSF (*abbr of* **Manufacturing Science and Finance**) *n bedeutende britische Gewerkschaft.*

MSG (*abbr of* **monosodium glutamate**) *n* Natriumglutamat *das, Geschmacksverstärker.*

MSP (*abbr of* **Member of the Scottish Parliament**) *n Mitglied des schottischen Parlaments.*

MST (*abbr of* **Mountain Standard Time**) *n Winterzeit in der Gebirgszeitzone der USA*

Mt *abbr of* **mount.**

MT *abk für Montana, in Postanschrift verwendet.*

much [mʌtʃ] (*compar* **more;** *superl* **most**) *adj* viel; **I haven't got ~ money** ich habe nicht viel Geld; **as ~ food as you can eat** so viel du essen kannst/Sie essen können; **how ~ time is left?** wie viel Zeit bleibt noch?; **we have too ~ work** wir haben zu viel Arbeit ◇ *adv* **- 1.** [to a great extent] viel; **it's ~ better** es ist viel besser; **I like it very ~** es gefällt mir sehr gut; **it's not so ~ good** *inf* es ist nicht besonders; **nothing ~** nichts besonderes; **thank you very ~** vielen Dank; **~ as I like him** so gern ich ihn auch mag; **~ to my surprise** sehr zu meiner Überraschung; **~ the same** ziemlich das Gleiche; **he's not so ~ stupid as lazy** er ist weniger dumm als faul; **he left without so ~ as a goodbye** er hat sich nicht einmal verabschiedet **- 2.** [often] oft; **we don't go there ~** wir gehen da nicht oft hin ◇ *pron* viel; **I haven't got ~** ich habe nicht viel; **as ~ as you like** so viel Sie wollen/du willst; **how ~ is it?** wie viel kostet es?; **you've got too ~** du hast zu viel; **I don't think ~ of him** ich halte nicht viel von ihm; **I thought as ~** das habe ich mir gedacht; **it's not up to ~** *inf* es ist nicht besonders; **I'm not ~ of a cook** ich bin kein großer Koch; **so ~ for his friendship!** und das nennt sich Freundschaft!

muchness ['mʌtʃnɪs] *n:* **to be much of a ~** so ziemlich das Gleiche sein.

muck [mʌk] *n inf* **- 1.** [dirt] Dreck *der* **- 2.** [manure] Mist *der.*

◆ **muck about, muck around** *Br inf vt sep* an der Nase herum|führen ◇ *vi* herum|albern.

◆ **muck in** *vi Br inf* mit an|packen.

◆ **muck out** *vt sep* aus|misten.

◆ **muck up** *vt sep Br inf* vermasseln.

muckraking ['mʌkreɪkɪŋ] *n* Sensationsmache *die.*

mucky ['mʌkɪ] (*compar* **-ier;** *superl* **-iest**) *adj inf* dreckig.

mucus ['mju:kəs] *n (U)* Schleim *der.*

mud [mʌd] *n* Schlamm *der.*

muddle ['mʌdl] *n* **- 1.** [disorder] Durcheinander *das;* **to be in a ~** durcheinander sein **- 2.** [confusion]: **to be in a ~** [person] verwirrt *OR* durcheinander sein ◇ *vt* **- 1.** [put into disorder] durcheinander bringen **- 2.** [confuse - person] verwirren, durcheinander bringen.

◆ **muddle along** *vi* vor sich *(A)* hin|wursteln.

◆ **muddle through** *vi* sich durch|wursteln *OR* durchschlagen.

◆ **muddle up** *vt sep* durcheinander bringen.

muddle-headed [-'hedɪd] *adj* verwirrt.

muddy ['mʌdɪ] (*compar* **-ier;** *superl* **-iest;** *pt & pp* **-ied**) *adj* [floor, boots] schmutzig; [river] schlammig ◇ *vt fig* [issue, situation] verworren machen.

mudflap ['mʌdflæp] *n* Schmutzfänger *der.*

mudflat ['mʌdflæt] *n* Wattenmeer *das,* Watt *das.*

mudguard ['mʌdgɑ:d] *n* [on car] Kotflügel *der;* [on motorcycle] Schutzblech *das.*

mudpack ['mʌdpæk] *n* Schlammpackung *die.*

mudslinging ['mʌd,slɪŋɪŋ] *n (U)* Verleumdung *die.*

muesli ['mju:zlɪ] *n Br* Müsli *das.*

muff [mʌf] *n* [for hands] Muff *der;* [for ears] Ohrenwärmer *der* ◇ *vt inf* verpatzen.

muffin ['mʌfɪn] *n* **- 1.** *Br* [bread roll] *kleines flaches Milchbrötchen, das warm und mit Butter gegessen wird* **- 2.** *Am* [cake] *kleiner Kuchen.*

muffle ['mʌfl] *vt* [quieten] dämpfen.

muffled ['mʌfld] *adj* **- 1.** [sound] gedämpft **- 2.** [wrapped up warmly]: **~ (up)** eingemummelt.

muffler ['mʌflər] *n Am* [for car] Auspuff *der.*

mug [mʌg] (*pt & pp* **-ged;** *cont* **-ging**) *n* **- 1.** [cup, mugful] Tasse *die* **- 2.** *inf* [fool] Trottel *der* ◇ *vt* [attack and rob] überfallen und berauben.

mugger ['mʌgər] *n* Straßenräuber *der,* -in *die.*

mugging ['mʌgɪŋ] *n* Straßenraub *der.*

muggy ['mʌgɪ] (*compar* **-ier;** *superl* **-iest**) *adj* schwül.

mugshot ['mʌgʃɒt] *n inf* Verbrecherfoto *das.*

mujaheddin [,mu:dʒəhə'di:n] *npl* Mudschaheddin *pl.*

mulatto [mju:'lætəʊ] (*pl* **-s** *OR* **-es**) *n* Mulatte *der,* -tin *die.*

mule [mju:l] *n* **- 1.** [animal] Maultier *das* **- 2.** [slipper] Schlappen *der.*

mull [mʌl] ◆ **mull over** *vt sep* gründlich durch|denken.

mullah ['mʌlə] *n* Mullah *der.*

mulled [mʌld] *adj:* **~ wine** Glühwein *der.*

mullet ['mʌlɪt] (*pl inv OR* **-s**) *n* [fish] Meeräsche *die.*

mulligatawny [,mʌlɪgə'tɔ:nɪ] *n* Currysuppe *die.*

mullioned ['mʌlɪənd] *adj* längs unterteilt.

multicoloured *Br,* **multicolored** *Am* ['mʌltɪ,kʌləd] *adj* bunt, mehrfarbig.

multicultural [,mʌltɪ'kʌltʃərəl] *adj* multikulturell.

multifarious [,mʌltɪ'feərɪəs] *adj* vielfältig.

multilateral [,mʌltɪ'lætərəl] *adj* multilateral.

multilingual [ˌmʌltɪ'lɪŋgwəl] *adj* mehrsprachig.

multimedia [ˌmʌltɪ'miːdɪəl] *adj* - **1.** [involving different media] multimedial - **2.** COMPUT Multimedia-.

multimillionaire ['mʌltɪˌmɪljə'neəʳ] *n* Multimillionär *der*, -in *die*.

multinational [ˌmʌltɪ'næʃənl] *adj* multinational <> *n* multinationales Unternehmen.

multiple ['mʌltɪpl] *adj* vielfach; **~ birth** Mehrlingsgeburt *die* <> *n* MATH Vielfache *das*.

multiple-choice *adj* Multiple-Choice-.

multiple injuries *npl* zahlreiche Verletzungen *pl*.

multiple pileup *n* Massenkarambolage *die*.

multiple sclerosis [-sklɪ'rəʊsɪs] *n (U)* multiple Sklerose.

multiplex (cinema) ['mʌltɪpleks-] *n großes Kino mit mehreren Vorführsälen*.

multiplication [ˌmʌltɪplɪ'keɪʃn] *n (U)* - **1.** MATH Multiplikation *die* - **2.** [increase] Vervielfachung *die*, Vermehrung *die*.

multiplication sign *n* Multiplikationszeichen *das*, Malzeichen *das*.

multiplication table *n* Multiplikationstabelle *die*; **to say one's ~s** das Einmaleins auf|-
sagen.

multiplicity [ˌmʌltɪ'plɪsətɪ] *n* Vielzahl *die*.

multiply ['mʌltɪplaɪ] (*pt* & *pp* **-ied**) *vt* - **1.** MATH multiplizieren, mal|nehmen - **2.** [increase] vermehren, vervielfachen <> *vi* - **1.** MATH multiplizieren - **2.** [increase] sich vervielfältigen, zu|nehmen - **3.** [breed] sich vermehren.

multipurpose [ˌmʌltɪ'pɜːpəs] *adj* Mehrzweck-.

multiracial [ˌmʌltɪ'reɪʃl] *adj* gemischtrassig.

multiscreen cinema [ˌmʌltɪskriːn-] *n großes Kino mit mehreren Vorführsälen*.

multistorey *Br*, **multistory** *Am* [ˌmʌltɪ'stɔːrɪ] *adj* mehrstöckig; **~ car park** Parkhaus *das* <> *n* [car park] Parkhaus *das*.

multitude ['mʌltɪtjuːd] *n* - **1.** [large number] Vielzahl *die* - **2.** [crowd] Menschenmenge *die*.

mum [mʌm] *Br inf n* Mutter *die*; [within speaker's family] Mutti *die* <> *adj*: **to keep ~** den Mund halten.

mumble ['mʌmbl] *vt* [response] murmeln; [words] nuscheln <> *vi* vor sich *(A)* hin murmeln; **stop mumbling** hör auf zu nuscheln.

mumbo jumbo ['mʌmbəʊ'dʒʌmbəʊ] *n pej* Hokuspokus *der*.

mummify ['mʌmɪfaɪ] (*pt* & *pp* **-ied**) *vt* mumifizieren.

mummy ['mʌmɪ] (*pl* **-ies**) *n* - **1.** *Br inf* [mother] Mami *die*, Mama *die* - **2.** [preserved body] Mumie *die*.

mumps [mʌmps] *n (U)* Mumps *der*, Ziegenpeter *der*.

munch [mʌntʃ] *vt* & *vi* mampfen.

mundane [mʌn'deɪn] *adj* [ordinary] alltäglich.

mung bean [mʌŋ-] *n* Mungobohne *die*.

Munich ['mjuːnɪk] *n* München *nt*.

municipal [mjuː'nɪsɪpl] *adj* städtisch; [park, administration] Stadt-.

municipality [mjuːˌnɪsɪ'pælətɪ] (*pl* **-ies**) *n* Stadt *die*, Gemeinde *die*.

munificent [mjuː'nɪfɪsənt] *adj fml* großzügig.

munitions [mjuː'nɪʃnz] *npl* Kriegsmaterial *das*.

mural ['mjuːərəl] *n* Wandgemälde *das*.

murder ['mɜːdəʳ] *n* Mord *der*; **to get away with ~** *fig* sich *(D)* alles erlauben können <> *vt* ermorden.

murderer ['mɜːdərəʳ] *n* Mörder *der*, -in *die*.

murderess ['mɜːdərɪs] *n* Mörderin *die*.

murderous ['mɜːdərəs] *adj* [thugs] mordgierig; [attack] mörderisch.

murky ['mɜːkɪ] (*compar* **-ier**; *superl* **-iest**) *adj* - **1.** [dark - place] düster; [- water] trüb - **2.** [shameful] dunkel, finster.

murmur ['mɜːməʳ] *n* - **1.** [low sound - of voices] Gemurmel *das*; [- of disapproving voices] Murmeln *das* - **2.** MED [of heart] Herzgeräusch *das* <> *vt* & *vi* murmeln.

MusB [mjuːz'biː], **MusBac** [mjuːz'bæk] (*abbr of* **Bachelor of Music**) *n akademischer Grad in Musikwissenschaft oder dessen Inhaber*.

muscle ['mʌsl] *n* - **1.** [organ] Muskel *der* - **2.** *(U)* MED [tissue] Muskelgewebe *das* - **3.** *(U) fig* [power] Macht *die*.

◆ **muscle in** *vi* mit|mischen.

muscleman ['mʌslmən] (*pl* **-men** [-men]) *n* Muskelmann *der*.

Muscovite ['mʌskəvaɪt] *adj* Moskauer <> *n* Moskauer *der*, -in *die*.

muscular ['mʌskjʊləʳ] *adj* - **1.** [of muscles] Muskel- - **2.** [strong] muskulös.

muscular dystrophy [-'dɪstrəfɪ] *n* Muskeldystrophie *die*.

MusD [mjuːz'diː], **MusDoc** [mjuːz'dɒk] (*abbr of* **Doctor of Music**) *n Doktorgrad in Musikwissenschaft oder dessen Inhaber*.

muse [mjuːz] *n* Muse *die* <> *vi* sinnieren.

museum [mjuː'zɪəm] *n* Museum *das*.

mush [mʌʃ] *n inf* - **1.** [substance] Brei *der* - **2.** [sentimental] Schmalz *der*.

mushroom ['mʌʃrʊm] *n* [cultivated] Pilz *der*, Champignon *der* <> *vi* [grow quickly - organization, movement] sehr schnell wachsen; [- houses] wie Pilze aus dem Boden schießen; **the peace movement ~ed all over Europe** die Friedensbewegung breitete sich sehr schnell über ganz Europa aus.

mushroom cloud *n* Atompilz *der*.

mushy ['mʌʃɪ] (*compar* **-ier;** *superl* **-iest)** *adj* **- 1.** [very soft] breiig **- 2.** [over-sentimental] schmalzig.

music ['mju:zɪk] *n* **- 1.** [gen] Musik *die;* **a piece of ~** ein Musikstück **- 2.** [subject studied] Musik *die* **- 3.** [written] Noten *pl;* **to read ~** Noten lesen.

musical ['mju:zɪkl] *adj* **- 1.** [education, director] Musik-; **~ career** Laufbahn als Musiker **- 2.** [talented in music] musikalisch **- 3.** [voice, sound] melodiös <> *n* Musical *das*.

musical box *Br*, **music box** *Am* *n* Spieldose *die*.

musical chairs *n* Reise *die* nach Jerusalem.

musical instrument *n* Musikinstrument *das*.

music box *n* *Am* = **musical box.**

music centre *n* Kompaktanlage *die*.

music hall *n* *Br* Varieté *das*.

musician [mju:'zɪʃn] *n* Musiker *der*, -in *die*.

music stand *n* Notenständer *der*.

musk [mʌsk] *n* Moschus *der*.

musket ['mʌskɪt] *n* Muskete *die*.

muskrat ['mʌskræt] *n* Bisamratte *die*.

Muslim ['mʊzlɪm] *adj* moslemisch <> *n* Moslem *der*, Moslime *die*.

muslin ['mʌzlɪn] *n* Musselin *der*.

musquash ['mʌskwɒʃ] *n* **- 1.** [animal] Bisamratte *die* **- 2.** [fur] Bisam *der*.

muss [mʌs] *vt* *Am:* **to ~ sthg (up)** etw in Unordnung bringen.

mussel ['mʌsl] *n* Miesmuschel *die*.

must [mʌst] *aux vb* müssen; [with negative] dürfen; **I ~ go** ich muss gehen; **you ~n't be late** du darfst nicht zu spät kommen; **do it, if you ~** tu es, wenn es sein muss; **the room ~ be vacated by ten** das Zimmer ist bis zehn Uhr zu räumen; **you ~ have seen it** du musst es doch gesehen haben; **you ~ see that film** du musst dir diesen Film ansehen; **you ~ be joking!** das kann doch nicht dein Ernst sein! <> *n:* **it's a ~** *inf* das ist ein Muss.

mustache *n* *Am* = **moustache.**

mustard ['mʌstəd] *n* Senf *der*.

muster ['mʌstə^r] *vt* **- 1.** [summon - strength, courage] zusammen|nehmen; [- support] zusammen|bekommen **- 2.** [assemble - volunteers, helpers] versammeln; [- troops] zusammen|ziehen <> *vi* [volunteers] sich versammeln; [troops] sich sammeln.

◈ **muster up** *vt fus* [courage, strength] zusammen|nehmen; [support] zusammen|bekommen.

mustn't [mʌsnt] = **must not.**

must've ['mʌstəv] = **must have.**

musty ['mʌstɪ] (*compar* **-ier;** *superl* **-iest)** *adj* [smell, room, air] muffig; [books] moderig.

mutant ['mju:tənt] *adj* mutiert <> *n* Mutante *die*.

mutate [mju:'teɪt] *vi* mutieren; **to ~ into sthg** zu etw mutieren.

mutation [mju:'teɪʃn] *n* Mutation *die*.

mute [mju:t] *adj* **- 1.** [person] stumm **- 2.** [amazement] sprachlos; [admiration] stumm <> *n* [person] Stumme *der*, *die* <> *vt* [sound] dämpfen.

muted ['mju:tɪd] *adj* **- 1.** [sound, colour] gedämpft **- 2.** [protest] schwach.

mutilate ['mju:tɪleɪt] *vt* **- 1.** [maim] verstümmeln **- 2.** [damage, spoil] ruinieren.

mutilation [ˌmju:tɪ'leɪʃn] *n* **- 1.** [maiming] Verstümmelung *die* **- 2.** [damaging, spoiling]: **he was fined for the ~ of a book** er musste eine Strafe dafür bezahlen, dass er ein Buch ruiniert hatte.

mutineer [ˌmju:tɪ'nɪə^r] *n* Meuterer *der*.

mutinous ['mju:tɪnəs] *adj* rebellisch; [ship's crew] meuternd.

mutiny ['mju:tɪnɪ] (*pl* **-ies;** *pt* & *pp* **-ied)** *n* Meuterei *die* <> *vi* meutern.

mutt [mʌt] *n* *inf* **- 1.** [fool] Dussel *der* **- 2.** *Am* [dog] Mischling *der*.

mutter ['mʌtə^r] *vt* murmeln <> *vi* murmeln; [grumble] murren; **to ~ to o.s.** vor sich hin murmeln.

muttering ['mʌtərɪŋ] *n* **- 1.** [remark] Gemurre *das* **- 2.** *(U)* [sound] Gemurmel *das*.

mutton ['mʌtn] *n* Hammelfleisch *das;* **she's ~ dressed as lamb** *Br* sie ist wie eine junge Frau aufgetakelt.

mutual ['mju:tʃʊəl] *adj* **- 1.** [aid] gegenseitig; **the feeling was ~** das Gefühl beruhte auf Gegenseitigkeit; **by ~ consent** in gegenseitigem Einverständnis **- 2.** [friend, interest] gemeinsam.

mutual fund *n* *Am* Investmentfonds *der*.

mutually ['mju:tʃʊəlɪ] *adv* [reciprocally - beneficial, convenient] für beide Seiten; [- agreed] von beiden Seiten; **to be ~ exclusive** einander ausl|schließen.

Muzak® ['mju:zæk] *n* Hintergrundmusik *die*.

muzzle ['mʌzl] *n* **- 1.** [dog's nose and jaws] Schnauze *die* **- 2.** [for dog] Maulkorb *der* **- 3.** [of gun] Mündung *die* <> *vt* **- 1.** [dog] einen

Maulkorb anlegen *(+ D)* **- 2.** ***fig*** [press, opposition] knebeln.

MVP (*abbr of* **most valuable player**) *n* ***Am*** *in den USA die Bezeichnung für den besten Spieler oder die beste Spielerin einer Mannschaft.*

MW (*abbr of* **medium wave**) MW.

my [maɪ] *poss adj* mein; **~ friend** mein Freund, meine Freundin; **~ children** meine Kinder; **I washed ~ hair** ich habe mir die Haare gewaschen ◇ *excl:* **(oh) ~!** meine Güte!

Myanmar [ˌmaɪæn'mɑːʳ] *n* Myanmar *nt.*

mynah bird ['maɪnə-] *n* Beo *der.*

myopic [maɪ'ɒpɪk] *adj* kurzsichtig.

myriad ['mɪrɪəd] ***literary*** *adj* unzählig ◇ *n* Myriade *die.*

myrrh [mɜːʳ] *n* Myrrhe *die.*

myrtle ['mɜːtl] *n* Myrte *die.*

myself [maɪ'self] *pron* **- 1.** *(reflexive: accusative)* mich; *(reflexive: dative)* mir; **I have hurt ~** ich habe mich verletzt; **I bought ~ some new clothes** ich habe mir neue Kleider gekauft **- 2.** *(after prep: accusative)* mich selbst; *(after prep: dative)* mir selbst; **I did it ~** ich habe es selbst gemacht; **by ~** allein.

mysterious [mɪ'stɪərɪəs] *adj* **- 1.** [puzzling - illness, sound] rätselhaft; [- disappearance] mysteriös **- 2.** [secretive] geheimnisvoll; **to be ~ about sthg** ein Geheimnis aus etw machen.

mysteriously [mɪ'stɪərɪəslɪ] *adv* **- 1.** [inexplicably - change] auf rätselhafte Weise; [- disappear] auf mysteriöse Weise **- 2.** [secretively] geheimnisvoll.

mystery ['mɪstərɪ] (*pl* **-ies**) *adj* unbekannt ◇ *n* **- 1.** [puzzle] Rätsel *das* **- 2.** [secret] Geheimnis *das.*

mystery story *n* Kriminalgeschichte *die.*

mystery tour *n* Fahrt *die* ins Blaue.

mystic ['mɪstɪk] *adj* mystisch ◇ *n* Mystiker *der*, -in *die.*

mystical ['mɪstɪkl] *adj* mystisch.

mysticism ['mɪstɪsɪzm] *n* Mystik *die.*

mystified ['mɪstɪfaɪd] *adj* verwirrt; **I was ~ by the case** der Fall stellte mich vor ein Rätsel.

mystifying ['mɪstɪfaɪɪŋ] *adj* [action] rätselhaft; [decision] unerklärlich.

mystique [mɪ'stiːk] *n (U)* geheimnisvoller Nimbus.

myth [mɪθ] *n* **- 1.** [legend] Mythos *der* **- 2.** [false belief] Irrglauben *der;* **it's a ~ that Elvis is still alive** es ist ein Märchen, dass Elvis noch am Leben ist.

mythic ['mɪθɪk] *adj* mythisch.

mythical ['mɪθɪkl] *adj* **- 1.** [legendary] mythisch **- 2.** [imaginary - place, time] fiktiv; [- beliefs] irrig.

mythological [ˌmɪθə'lɒdʒɪkl] *adj* mythologisch.

mythology [mɪ'θɒlədʒɪ] (*pl* **-ies**) *n* Mythologie *die.*

myxomatosis [ˌmɪksəmə'təʊsɪs] *n* Myxomatose *die.*

N

n (*pl* **n's** *or* **ns**), **N** (*pl* **N's** *or* **Ns**) [en] *n* [letter] n *das*, N *das.*

⇔ **N** (*abbr of* **north**) N.

n/a, N/A - 1. (*abbr of* **not applicable**) entf. **- 2.** (*abbr of* **not available**) n. bez.

NAACP (*abbr of* **National Association for the Advancement of Colored People**) *n Vereinigung zur Unterstützung und Förderung Farbiger.*

NAAFI ['næfɪ] (*abbr of* **Navy, Army & Air Force Institute**) *n Betreiberorganisation der Kantinen und Geschäfte für die britischen Truppen.*

nab [næb] (*pt & pp* **-bed;** *cont* **-bing**) *vt* ***inf*** **- 1.** [arrest] schnappen **- 2.** [claim quickly] sich *(D)* schnappen.

NACU (*abbr of* **National Association of Colleges and Universities**) *n Vereinigung US-amerikanischer Colleges und Universitäten.*

nadir ['neɪdɪəʳ] *n* **- 1.** ASTRON Nadir *der* **- 2.** ***fig*** [low point] Tiefpunkt *der.*

naff [næf] *adj* ***Br inf*** **- 1.** [untrendy] uncool **- 2.** [mediocre] platt **- 3.** [stupid] blöd.

NAFTA (*abbr of* **North American Free Trade Agreement**) *n* Nordamerikanisches Freihandelsabkommen *das*, NAFTA *das.*

nag [næg] (*pt & pp* **-ged;** *cont* **-ging**) *vt* [pester] keine Ruhe lassen *(+ D);* [find fault with] herum|nörgeln an *(+ D);* **to ~ sb to do sthg** jm zu|setzen, damit er etw tut ◇ *vi* **- 1.** [person]: **to ~** [pester] keine Ruhe geben; [find fault with] herum|nörgeln; **to ~ at sb** [pester] jm keine Ruhe lassen; [find fault with] an jm herum|nörgeln **- 2.** [thought, doubt]: **to ~ at sb** jn quälen ◇ *n* ***inf*** **- 1.** [sb who pesters] Quälgeist *der;* [sb who finds fault] Nörgler *der*, -in *die* **- 2.** ***Br*** [horse] Klepper *der.*

nagging ['nægɪŋ] *adj* **- 1.** [thought, doubt, pain] quälend **- 2.** [person - pestering] ständig drängend; [- finding fault] nörglerisch.

nail [neɪl] *n* - **1.** [for fastening] Nagel *der;* **to hit the ~ on the head** den Nagel auf den Kopf treffen - **2.** [of finger, toe] Nagel *der* ◇ *vt:* **to ~ sthg to sthg** etw an etw *(A)* nageln.
◆ **nail down** *vt sep* **lit** & **fig** fest|nageln.
◆ **nail up** *vt sep* - **1.** [picture, notice] an|nageln - **2.** [box] zu|nageln.

nail-biting [-ˌbaɪtɪŋ] *adj* [conclusion] spannend; [match, contest] nervenaufpeitschend.

nailbrush [ˈneɪlbrʌʃ] *n* Nagelbürste *die.*

nail clippers [-ˌklɪpəz] *npl* Nagelknipser *der.*

nail file *n* Nagelfeile *die.*

nail polish *n* Nagellack *der.*

nail scissors *npl* Nagelschere *die.*

nail varnish *n* Nagellack *der.*

nail varnish remover [-rɪˈmuːvəʳ] *n* Nagellackentferner *der.*

Nairobi [naɪˈrəʊbɪ] *n* Nairobi *nt.*

naive, naïve [naɪˈiːv] *adj* naiv.

naivety, naïvety [naɪˈiːvtɪ] *n* Naivität *die.*

naked [ˈneɪkɪd] *adj* - **1.** [nude] nackt - **2.** [flame] offen; [light bulb] nackt; **with the ~ eye** mit bloßem Auge - **3.** [truth, aggression] nackt.

Nam [næm] *n* **Am** *abbr of* **Vietnam.**

name [neɪm] *n* - **1.** [gen] Name *der;* **what's your ~?** wie heißen Sie/heißt du?; **my ~ is ...** ich heiße ...; **to know sb by ~** jn mit Namen kennen; **to know sb only by ~** jn nur dem Namen nach kennen; **by the ~ of** namens; **in the ~ of** im Namen *(+ G);* **the account is in her ~** das Konto läuft auf ihren Namen; **in ~ only** nur auf dem Papier; **to call sb ~s** jn beschimpfen - **2.** [reputation] Name *der,* Ruf *der;* **to clear one's ~** seine Unschuld beweisen; **to make a ~ for o.s.** sich *(D)* einen Namen machen ◇ *vt* - **1.** [baby, place, ship] einen Namen geben *(+ D);* **they ~d their daughter Kate** sie nannten ihre Tochter Kate; **I ~ this ship "Bounty"** ich taufe das Schiff auf den Namen „Bounty"; **to ~ sb after sb** ***Br***, **to ~ sb for sb** ***Am*** jn nach jm nennen; **to ~ sthg after sthg** ***Br***, **to ~ sthg for sthg** ***Am*** etw nach etw benennen - **2.** [reveal identity of]: **to ~ sb** js Namen nennen - **3.** [choose - price, date] nennen; [- successor] ernennen.

namedropping [ˈneɪmdrɒpɪŋ] *n (U) geschicktes Einflechten der Namen berühmter Persönlichkeiten in eine Unterhaltung, um Eindruck zu machen.*

nameless [ˈneɪmlɪs] *adj* - **1.** [unknown] unbekannt; [having no name] namenlos; **one candidate, who shall remain ~ ...** ein Kandidat, der ungenannt bleiben soll, ... - **2.** [indescribable] unbeschreiblich.

namely [ˈneɪmlɪ] *adv* nämlich.

nameplate [ˈneɪmpleɪt] *n* Namensschild *das;* [of company] Firmenschild *das.*

namesake [ˈneɪmseɪk] *n* Namensvetter *der,* -in *die.*

Namibia [nəˈmɪbɪə] *n* Namibia *nt.*

nan(a) [næn(ə)] *n* **Br inf** Omi *die.*

nan bread [nɑːn-] *n fladenförmiges Brot, das zu indischem Curry serviert wird.*

nanny [ˈnænɪ] (*pl* **-ies**) *n* [childminder] Kindermädchen *das.*

nanny goat *n* Ziege *die.*

nap [næp] (*pt* & *pp* **-ped;** *cont* **-ping**) *n* [sleep] Nickerchen *das;* **to take OR have a ~** ein Nickerchen machen ◇ *vi* [sleep] ein Nickerchen machen; **to be caught ~ping inf** überrumpelt werden.

nape [neɪp] *n:* **~ (of the neck)** Nacken *der.*

napkin [ˈnæpkɪn] *n* [serviette] Serviette *die.*

nappy [ˈnæpɪ] (*pl* **-ies**) *n* **Br** Windel *die.*

narcissi [nɑːˈsɪsaɪ] *pl* ▷ **narcissus.**

narcissism [ˈnɑːsɪsɪzm] *n* Narzissmus *der.*

narcissistic [ˌnɑːsɪˈsɪstɪk] *adj* narzisstisch.

narcissus [nɑːˈsɪsəs] (*pl* **-cissuses** OR **-cissi**) *n* Narzisse *die.*

narcotic [nɑːˈkɒtɪk] *n* Betäubungsmittel *das.*
◆ **narcotics** *npl* Rauschgift *das.*

nark [nɑːk] **Br inf** *n* [police informer] Spitzel *der* ◇ *vt* ärgern; **to be ~ed** sauer sein.

narky [ˈnɑːkɪ] (*compar* **-ier;** *superl* **-iest**) *adj* **Br inf** gereizt.

narrate [**Br** nəˈreɪt, **Am** ˈnæreɪt] *vt* [story] erzählen; [documentary] kommentieren.

narration [**Br** nəˈreɪʃn, **Am** næˈreɪʃn] *n* [product - of story] Erzählung *die;* [- of documentary] Kommentierung *die;* [action - of story] Erzählen *das;* [- of documentary] Kommentieren *das.*

narrative [ˈnærətɪv] *adj* [ability, skill] erzählerisch; [poem] narrativ ◇ *n* - **1.** [account] Schilderung *die* - **2.** *(U)* [art of narrating] Erzählkunst *die.*

narrator [**Br** nəˈreɪtəʳ, **Am** ˈnæreɪtər] *n* [in book] Erzähler *der,* -in *die;* [of documentary] Kommentator *der,* -in *die.*

narrow [ˈnærəʊ] *adj* - **1.** [not wide] schmal; [valley, lane] eng - **2.** [attitude, beliefs] engstirnig - **3.** [victory, defeat, majority] knapp ◇ *vt* - **1.** [almost shut]: **to ~ one's eyes** die Augen zu Schlitzen verengen - **2.** [difference, gap] verringern ◇ *vi* - **1.** [become less wide] sich verengen - **2.** [eyes] zu Schlitzen werden - **3.** [difference, gap] sich verringern.
◆ **narrow down** *vt sep* [restrict - choice] ein|schränken; [- possibilities] beschränken.

narrow-gauge *adj* RAIL Schmalspur-.

narrowly [ˈnærəʊlɪ] *adv* [just] knapp; [escape] mit knapper Not.

narrow-minded [-ˈmaɪndɪd] *adj* engstirnig.

NASA [ˈnæsə] (*abbr of* **National Aeronautics and Space Administration**) *n* NASA *die*.

nasal [ˈneɪzl] *adj* **- 1.** [sound] näselnd **- 2.** ANAT Nasen-.

nastily [ˈnɑːstɪlɪ] *adv* **- 1.** [unkindly - act] gemein; [- say] gehässig **- 2.** [painfully - injure oneself] schlimm.

nastiness [ˈnɑːstɪnɪs] *n* [unkindness - of person, behaviour] Gemeinheit *die;* [- of remark] Gehässigkeit *die*.

nasturtium [nəˈstɜːʃəm] (*pl* **-s**) *n* Kapuzinerkresse *die*.

nasty [ˈnɑːstɪ] (*compar* **-ier;** *superl* **-iest**) *adj* **- 1.** [unkind - person, behaviour] gemein; [- remark] gehässig **- 2.** [smell, taste, weather] scheußlich **- 3.** [problem, question] schwierig **- 4.** [injury, accident, fall] schlimm.

NAS/UWT (*abbr of* **National Association of Schoolmasters/Union of Women Teachers**) *n Lehrer- und Lehrerinnengewerkschaft in England und Wales.*

Natal [nəˈtæl] *n* Natal *nt*.

nation [ˈneɪʃn] *n* Nation *die;* [people] Volk *das*.

national [ˈnæʃənl] *adj* **- 1.** [nationwide - strike] national, landesweit; [- newspaper] überregional; [- library, debt] Staats- **- 2.** [typical of nation] landestypisch; [custom] Volks- <> *n* Staatsbürger *der*, -in *die*.

national anthem *n* Nationalhymne *die*.

national curriculum *n Programm, das die Fächer und zu erreichenden Standards in den staatlichen Schulen in England und Wales festlegt.*

national debt *n* Staatsverschuldung *die*.

national dress *n* Landestracht *die*.

National Front *n rechtsradikale Partei in Großbritannien.*

national grid *n* **Br** nationales Verbundnetz *(für Elektrizität).*

National Guard *n* **Am: the ~** die Nationalgarde.

National Health Service *n staatlicher britischer Gesundheitsdienst.*

National Insurance *n (U)* **Br - 1.** [system] Sozialversicherung *die* **- 2.** [payments] Sozialversicherungsbeiträge *pl*.

nationalism [ˈnæʃnəlɪzm] *n* Nationalismus *der*.

nationalist [ˈnæʃnəlɪst] *adj* nationalistisch <> *n* Nationalist *der*, -in *die*.

nationality [ˌnæʃəˈnælətɪ] (*pl* **-ies**) *n* Nationalität *die;* **dual ~** doppelte Staatsbürgerschaft.

nationalization, -isation [ˌnæʃnəlaɪˈzeɪʃn] *n* Verstaatlichung *die*.

nationalize, -ise [ˈnæʃnəlaɪz] *vt* verstaatlichen.

nationalized, -ised [ˈnæʃnəlaɪzd] *adj* verstaatlicht.

National Lottery *n* ≃ Lotto *das, Lotto, das von einem britischen Privatunternehmen veranstaltet wird, dessen Gewinne teilweise einem guten Zweck zugeführt werden.*

national park *n* Nationalpark *der*.

national service *n* Wehrdienst *der*.

National Trust *n britische Organisation, die im Besitz historischer Bauwerke ist und diese unterhält.*

nation state *n* Nationalstaat *der*.

nationwide [ˈneɪʃənwaɪd] *adj* & *adv* landesweit.

native [ˈneɪtɪv] *adj* [customs, population, plant] einheimisch; **~ country** Heimatland *das;* **a ~ Italian** ein gebürtiger Italiener; **~ speaker** Muttersprachler *der;* **~ language** Muttersprache *die;* **~ to** [plant, animal] beheimatet in *(+ D)* <> *n* [person] Einheimische *der, die;* ***offensive*** [of colony] Eingeborene *der, die*.

Native American *adj* indianisch <> *n* Indianer *der*, -in *die*.

Nativity [nəˈtɪvətɪ] *n:* **the ~** die Geburt Christi.

nativity play *n* Krippenspiel *das*.

NATO [ˈneɪtəʊ] (*abbr of* **North Atlantic Treaty Organization**) *n* NATO *die*.

natter [ˈnætəʳ] **Br inf** *n:* **to have a ~** ein Schwätzchen halten <> *vi* quasseln.

natty [ˈnætɪ] (*compar* **-ier;** *superl* **-iest**) *adj* **inf** [smart] schick.

natural [ˈnætʃrəl] *adj* **- 1.** [gen] natürlich **- 2.** [inborn - instinct, skill] angeboren; [- footballer, musician *etc*] geboren **- 3.** [disaster, phenomenon] Natur-; **to die of ~ causes** eines natürlichen Todes sterben **- 4.** [mother, father] leiblich <> *n:* **she's a ~** sie ist ein Naturtalent.

natural childbirth *n* natürliche Geburt.

natural gas *n* Erdgas *das*.

natural history *n (U)* Naturkunde *die*.

naturalist [ˈnætʃrəlɪst] *n* Naturforscher *der*, -in *die*.

naturalize, -ise [ˈnætʃrəlaɪz] *vt* [make citizen] einbürgern; **to be ~d** eingebürgert werden.

naturally [ˈnætʃrəlɪ] *adv* **- 1.** [of course] natürlich **- 2.** [behave, speak] natürlich **- 3.** [cheerful, talented] von Natur aus; **to come ~ to sb** jm leicht fallen.

naturalness [ˈnætʃrəlnɪs] *n* Natürlichkeit *die*.

natural resources *npl* natürliche Ressourcen *pl*.

natural science *n* Naturwissenschaft *die*.

natural yoghurt *n* Naturjoghurt *der* OR *das*.

nature ['neɪtʃəʳ] *n* - **1.** [gen] Natur *die*; **matters of a serious ~** ernste Angelegenheiten - **2.** [temperament] Wesen *das*; **by ~** von Natur aus - **3.** [type] Art *die*.

nature reserve *n* Naturschutzgebiet *das*.

nature trail *n* Naturlehrpfad *der*.

naturist ['neɪtʃərɪst] *n* Anhänger *der*, -in *die* der Freikörperkultur; **~ beach** FKK-Strand *der*.

naughty ['nɔːtɪ] (*compar* **-ier**; *superl* **-iest**) *adj* - **1.** [child] ungezogen; [animal] schlecht erzogen - **2.** [word, story] unanständig.

nausea ['nɔːsɪə] *n* Übelkeit *die*.

nauseam ['nɔːzɪæm] ⊳ **ad nauseam.**

nauseate ['nɔːzɪeɪt] *vt*: **to ~ sb** in jm Übelkeit erregen; *fig* jn an|widern.

nauseating ['nɔːzɪeɪtɪŋ] *adj* - **1.** [sickening] Übelkeit erregend - **2.** *fig* [disgusting] abscheulich.

nauseous ['nɔːʒəs] *adj* - **1.** [sick] übel; **I feel ~** mir ist übel - **2.** *fig* [revolting] scheußlich.

nautical ['nɔːtɪkl] *adj* nautisch; [map] See-; [term] seemännisch.

nautical mile *n* Seemeile *die*.

naval ['neɪvl] *adj* Marine-; [battle, forces] See-.

naval officer *n* Marineoffizier *der*.

nave [neɪv] *n* Kirchenschiff *das*.

navel ['neɪvl] *n* Nabel *der*.

navigate ['nævɪgeɪt] *vt* - **1.** [steer - plane, ship] navigieren - **2.** [sea] befahren ◇ *vi* [in plane, ship] navigieren; **I'll drive, and you ~** ich fahre, und du dirigierst mich.

navigation [ˌnævɪ'geɪʃn] *n* Navigation *die*.

navigator ['nævɪgeɪtəʳ] *n* Navigator *der*.

navvy ['nævɪ] (*pl* **-ies**) *n* ***Br inf*** Bauarbeiter *der*.

navy ['neɪvɪ] (*pl* **-ies**) *n* - **1.** [armed force] (Kriegs)marine *die* - **2.** [colour] Marineblau *das* ◇ *adj* [in colour] marineblau.

navy blue *adj* marineblau ◇ *n* Marineblau *das*.

Nazareth ['næzərɪθ] *n* Nazareth *nt*.

Nazi ['nɑːtsɪ] (*pl* **-s**) *adj* [supporter] Nazi-; [ideas, beliefs] nazistisch ◇ *n* Nazi *der*.

NB - **1.** (*abbr of* **nota bene**) NB - **2.** *abbr of* **New Brunswick.**

NBA *n* - **1.** (*abbr of* **National Basketball Association**) NBA *die* - **2.** (*abbr of* **National Boxing Association**) NBA *die*.

NBC (*abbr of* **National Broadcasting Company**) *n* NBC *die*.

NC - **1.** (*abbr of* **no charge**) gebührenfrei - **2.** *abk für North Carolina, in Postanschrift verwendet.*

NCO (*abbr of* **non-commissioned officer**) *n* Uffz. *der*.

ND *abk für North Dakota, in Postanschrift verwendet.*

NE - **1.** *abk für Nebraska, in Postanschrift verwendet* - **2.** *abk für New England, in Postanschrift verwendet* - **3.** (*abbr of* **northeast**) NO.

Neanderthal [nɪ'ændətɑːl] *n* Neandertaler *der*.

neap tide [niːp-] *n* Nippflut *die*

near [nɪəʳ] *adj* nahe; **in the ~ future** demnächst; **the ~est hospital** das nächste Krankenhaus; **a ~ disaster** beinahe ein Unglück; **it was a ~ thing (for us)** wir sind gerade noch davongekommen ◇ *adv* nahe; **~ at hand** (ganz) in der Nähe; **to come** OR **draw ~ to sb/sthg** sich jm/etw nähern; **a ~ impossible task** eine nahezu unmögliche Aufgabe ◇ *prep*: **~ (to)** nahe an (+ *D*); **~ the door** bei der Tür; **bring your chair ~er to the fire** rück deinen Stuhl näher ans Feuer; **~ to death/despair** dem Tode/der Verzweiflung nahe; **that's nowhere ~ enough** das ist bei weitem nicht genug; **to be ~ (to) the truth** an die Wahrheit heran|kommen ◇ *vt* sich nähern (+ *D*); **they ~ed their destination** sie kamen ihren Ziel näher; **the road is ~ing completion** die Straße ist fast fertig ◇ *vi* sich nähern.

nearby [nɪə'baɪ] *adj* nahe gelegen ◇ *adv* in der Nähe.

Near East *n*: **the ~** der Nahe Osten.

nearly ['nɪəlɪ] *adv* [almost] fast, beinahe; **I ~ fell** ich bin fast OR beinahe gefallen; **not ~** bei weitem nicht; **not ~ enough** bei weitem nicht genug.

near miss *n* [between aircraft] Beinahezusammenstoß *der*.

nearness ['nɪənɪs] *n* Nähe *die*.

nearside ['nɪəsaɪd] *adj* auf der Beifahrerseite ◇ *n* Beifahrerseite *die*.

nearsighted [ˌnɪə'saɪtɪd] *adj* ***Am*** kurzsichtig.

neat [niːt] *adj* - **1.** [tidy] ordentlich; [sb's appearance] adrett - **2.** [skilful - solution] elegant; [- manoeuvre] geschickt - **3.** [whisky, vodka *etc*] pur - **4.** ***Am inf*** [very good] super.

neatly ['niːtlɪ] *adv* - **1.** [tidily] ordentlich; [dress] adrett - **2.** [skilfully] geschickt.

neatness ['niːtnɪs] *n* (*U*) [tidiness] Ordentlichkeit *die*; [of appearance] Adrettheit *die*.

NEC (*abbr of* **National Exhibition Centre**) *n* *Messe- und Veranstaltungszentrum in Birmingham.*

necessarily [ˌnesə'serɪlɪ, ***Br*** 'nesəsrəlɪ] *adv* notwendigerweise; **not ~** nicht unbedingt.

necessary ['nesəsrɪ] *adj* - **1.** [required] notwendig, nötig; **to make it ~ for sb to do sthg** es erforderlich machen, dass jd etw tut - **2.** [inevitable] unausweichlich.

necessitate [nɪ'sesɪteɪt] *vt fml* erforderlich machen.

necessity [nɪ'sesətɪ] (*pl* **-ies**) *n* - **1.** [need] Notwendigkeit *die;* **the basic necessities of life** das Lebensnotwendige; **of ~** notwendigerweise - **2.** [necessary thing] Notwendigkeit *die.*

neck [nek] *n* - **1.** [gen] Hals *der;* **to be up to one's ~ in sthg** bis zum Hals in etw *(D)* stecken; **to breathe down sb's ~** [subj: boss] jm dauernd auf die Finger sehen; [subj: competitors] jm im Nacken sitzen; **she didn't want to stick her ~ out** sie hatte Angst, etwas zu riskieren - **2.** [of shirt] Kragen *der;* [of dress] Ausschnitt *der* <> *vi inf* knutschen.
◆ **neck and neck** *adj* gleichauf; **the two horses are ~ and ~** zwischen den beiden Pferden gibt es ein Kopf-an-Kopf-Rennen.

neckerchief ['nekətʃɪf] (*pl* **-chiefs** OR **-chieves** [-tʃiːvz]) *n* Halstuch *das.*

necklace ['neklɪs] *n* (Hals)kette *die.*

neckline ['neklaɪn] *n* Ausschnitt *der.*

necktie ['nektaɪ] *n* **Am** Krawatte *die.*

nectar ['nektəʳ] *n* Nektar *der.*

nectarine ['nektərɪn] *n* Nektarine *die.*

née [neɪ] *adj* geborene.

need [niːd] *n* - **1.** [requirement, necessity] Bedürfnis *das;* **to be in** OR **have ~ of sthg** etw brauchen; **in ~ of repair** reparaturbedürftig; **there is no ~ (for you) to cry** du brauchst nicht zu weinen; **if ~ be** notfalls - **2.** [distress, poverty] Not *die* <> *vt* brauchen; **to ~ to do sthg** etw tun müssen; **you don't ~ to wait for me** du brauchst nicht auf mich zu warten; **that's all I ~!** *fig* das hat mir gerade noch gefehlt! <> *aux vb:* **~ we go?** müssen wir gehen?; **it ~ not happen** es muss nicht dazu kommen.
◆ **needs** *adv:* **if ~s must** wenn unbedingt notwendig.

needle ['niːdl] *n* Nadel *die;* **it's like looking for a ~ in a haystack** es ist, als ob man eine Stecknadel im Heuhafen suchen würde <> *vt inf* ärgern.

needless ['niːdlɪs] *adj* unnötig; **~ to say ...** selbstverständlich ...

needlessly ['niːdlɪslɪ] *adv* unnötigerweise.

needlework ['niːdlwɜːk] *n (U)* Handarbeit *die.*

needn't ['niːdnt] = **need not.**

needy ['niːdɪ] (*compar* **-ier;** *superl* **-iest**) *adj* bedürftig <> *npl:* **the ~** die Bedürftigen *pl.*

nefarious [nɪ'feərɪəs] *adj fml* ruchlos.

negate [nɪ'geɪt] *vt fml* [cancel out] zunichte machen.

negative ['negətɪv] *adj* - **1.** [not affirmative] negativ - **2.** [pessimistic] pessimistisch <> *n* - **1.** PHOT Negativ *das* - **2.** LING Verneinung *die;* [word] Verneinungswort *das;* **to answer in the ~** mit „Nein" antworten.

neglect [nɪ'glekt] *n* Vernachlässigung *die* <> *vt* - **1.** [not take care of] vernachlässigen - **2.** [not do - duty] versäumen; [- task, work] unerledigt lassen; **to ~ to do sthg** es versäumen, etw zu tun.

neglected [nɪ'glektɪd] *adj* [child] vernachlässigt; [garden] verwahrlost.

neglectful [nɪ'glektfʊl] *adj:* **~ parents** ihr(e) Kind(er) vernachlässigende Eltern; **to be ~ of sb/sthg** jn/etw vernachlässigen.

negligee ['neglɪʒeɪ] *n* Negligee *das.*

negligence ['neglɪdʒəns] *n* Nachlässigkeit *die;* [causing danger & LAW] Fahrlässigkeit *die.*

negligent ['neglɪdʒənt] *adj* nachlässig; [causing danger & LAW] fahrlässig.

negligently ['neglɪdʒəntlɪ] *adv* nachlässig; [causing danger & LAW] fahrlässig.

negligible ['neglɪdʒəbl] *adj* unerheblich.

negotiable [nɪ'gəʊʃjəbl] *adj* verhandlungsfähig; **the salary is ~** über das Gehalt kann verhandelt werden.

negotiate [nɪ'gəʊʃɪeɪt] *vt* - **1.** [agreement, deal] aus|handeln - **2.** [obstacle] überwinden; [bend] nehmen; [hill, rapids] passieren <> *vi* verhandeln; **to ~ with sb for sthg** mit jm über etw *(A)* verhandeln.

negotiation [nɪˌgəʊʃɪ'eɪʃn] *n* Verhandlung *die.*

negotiator [nɪ'gəʊʃɪeɪtəʳ] *n* Unterhändler *der*, -in *die.*

Negress ['niːgrɪs] *n* Negerin *die.*

Negro ['niːgrəʊ] (*pl* **-es**) *n* Neger *der.*

neigh [neɪ] *vi* wiehern.

neighbor *etc n* **Am** = **neighbour** *etc.*

neighbour *Br,* **neighbor** *Am* ['neɪbəʳ] *n* Nachbar *der*, -in *die;* [at table] Tischnachbar *der*, -in *die;* [country] Nachbarland *das.*

neighbourhood *Br,* **neighborhood** *Am* ['neɪbəhʊd] *n* [small area of town] Gegend *die;* [people] Nachbarschaft *die;* **in the ~** in der Nachbarschaft; [approximately]: **it costs in the ~ of £3,000** es kostet so um die 3000 Pfund.

neighbourhood watch *n* **Br** *Programm zur Verbrechensbekämpfung, bei dem die Bewohner einer Gegend die Nachbarschaft überwachen und Vorfälle der Polizei melden.*

neighbouring *Br,* **neighboring** *Am* ['neɪbərɪŋ] *adj* angrenzend.

neighbourly *Br,* **neighborly** *Am* ['neɪbəlɪ] *adj* [relations, deed] gutnachbarlich; **a ~ person** ein guter Nachbar.

neither ['naɪðəʳ, 'niːðəʳ] *adj:* **~ bag is big enough** keine der beiden Taschen ist groß genug

<> *pron:* **~ of us** keiner von uns beiden <> *conj:* **~ do I** ich auch nicht; **~ ... nor ...** weder ... noch ...; **that's ~ here nor there** ***fig*** das hat nichts mit der Sache zu tun.

neo- ['niːəʊ] *prefix* Neo-, neo-.

neoclassical [ˌniːəʊ'klæsɪkl] *adj* klassizistisch.

neolithic [ˌniːə'lɪθɪk] *adj* neolithisch.

neologism [niː'ɒlədʒɪzm] *n* Neologismus *der*.

neon ['niːɒn] *n* Neon *das*.

neon light *n* Neonlicht *das*.

neon sign *n* [name] Neonschild *das;* [advertisement] Neonreklame *die*.

Nepal [nɪ'pɔːl] *n* Nepal *nt*.

Nepalese [ˌnepə'liːz] (*pl inv*) *adj* nepalesisch <> *n* [person] Nepalese *der*, -sin *die*.

Nepali [nɪ'pɔːlɪ] *n* Nepali *das*.

nephew ['nefjuː] *n* Neffe *der*.

nepotism ['nepətɪzm] *n* Vetternwirtschaft *die*.

Neptune ['neptjuːn] *n* [planet] Neptun *der*.

nerd [nɜːd] *n* ***inf:*** **computer ~** Computerfreak *der*.

nerve [nɜːv] *n* **- 1.** ANAT Nerv *der* **- 2.** [courage] Mut *der;* **to lose/keep one's ~** seine Nerven verlieren/behalten **- 3.** [cheek] Frechheit *die*.

◆ **nerves** *npl* Nerven *pl;* **to get on sb's ~s** jm auf die Nerven gehen.

nerve centre *n* **- 1.** ANAT Nervenzentrum *das* **- 2.** ***fig*** [headquarters] Schaltstelle *die*.

nerve-racking [-ˌrækɪŋ] *adj* nervenaufreibend.

nervous ['nɜːvəs] *adj* [condition, twitch] nervös; [tissue, illness] Nerven-; **to be ~ of** Angst haben vor; **to be ~ about sthg** nervös wegen etw *(D)* sein.

nervous breakdown *n* Nervenzusammenbruch *der*.

nervously ['nɜːvəslɪ] *adv* nervös.

nervousness ['nɜːvəsnɪs] *n* **- 1.** [apprehension] Nervosität *die* **- 2.** [tension] Angespanntheit *die*.

nervous system *n* Nervensystem *das*.

nervous wreck *n:* **to be a ~** mit den Nerven völlig am Ende sein.

nervy ['nɜːvɪ] (*compar* **-ier;** *superl* **-iest**) *adj* ***inf*** **- 1.** [nervous] nervös **- 2.** ***Am*** [cheeky] frech.

nest [nest] *n* **- 1.** [gen] Nest *das* **- 2.** [of tables] Satz *der* <> *vi* [bird] nisten.

nest egg *n* [money] Notgroschen *der*.

nestle ['nesl] *vi* [make o.s. comfortable] es sich bequem machen; **to ~ (down) among the cushions** sich in die Kissen kuscheln.

nestling ['neslɪŋ] *n* Nestling *der*.

net [net] (*pt* & *pp* **-ted;** *cont* **-ting**) *adj* **- 1.** [profit, weight] Netto-, netto **- 2.** [final] End- <> *n* **- 1.** [gen] Netz *das* **- 2.** *(U)* [type of fabric] Tüll *der* <> *vt* **- 1.** [catch] mit dem Netz fangen **- 2.** ***fig*** [husband] sich *(D)* angeln; [criminal] fangen; [fortune] verdienen **- 3.** [profit, sum - subj: deal] netto ein|bringen; [- subj: person] netto ein|nehmen.

◆ **Net** *n* COMPUT: **the Net** das Internet.

netball ['netbɔːl] *n* Korbball *der*.

net curtains *npl* Tüllgardinen *pl*.

Netherlands ['neðələndz] *npl:* **the ~** die Niederlande *pl*.

net profit *n* Nettogewinn *der*.

nett [net] *adj* = **net**.

netting ['netɪŋ] *n (U)* **- 1.** [gen] Netz *das;* [metal] Maschendraht *der* **- 2.** [fabric] Tüll *der*.

nettle ['netl] *n* Nessel *die* <> *vt* [irritate] ärgern.

network ['netwɜːk] *n* **- 1.** [gen] Netz *das* **- 2.** RADIO & TV [station] Sendenetz *das* **- 3.** COMPUT Netzwerk *das* <> *vt* **- 1.** RADIO & TV [broadcast] aus|strahlen **- 2.** COMPUT vernetzen <> *vi* COMM Kontakte knüpfen.

networking ['netwɜːkɪŋ] *n (U)* COMM Kontaktpflege *die*.

neuralgia [njʊ'rældʒə] *n* Neuralgie *die*.

neurological [ˌnjʊərə'lɒdʒɪkl] *adj* neurologisch.

neurologist [ˌnjʊə'rɒlədʒɪst] *n* Neurologe *der*, -gin *die*.

neurology [ˌnjʊə'rɒlədʒɪ] *n* Neurologie *die*.

neurosis [ˌnjʊə'rəʊsɪs] (*pl* **-ses** [siːz]) *n* Neurose *die*.

neurosurgery [ˌnjʊərəʊ'sɜːdʒərɪ] *n* Neurochirurgie *die*.

neurotic [ˌnjʊə'rɒtɪk] *adj* neurotisch <> *n* Neurotiker *der*, -in *die*.

neuter ['njuːtəʳ] *adj* GRAMM sächlich <> *vt* [animal] kastrieren.

neutral ['njuːtrəl] *adj* **- 1.** POL & ELEC neutral **- 2.** [inexpressive] ausdruckslos **- 3.** [pale grey-brown] naturfarben **- 4.** [colourless] farblos <> *n* **- 1.** *(U)* AUT Leerlauf *der;* **in ~** im Leerlauf **- 2.** POL [country] neutrales Land; [person] Neutrale *der, die*.

neutrality [njuː'trælətɪ] *n* POL Neutralität *die*.

neutralize, -ise ['njuːtrəlaɪz] *vt* [effects] neutralisieren.

neutron ['njuːtrɒn] *n* Neutron *das*.

neutron bomb *n* Neutronenbombe *die*.

never ['nevəʳ] *adv* nie; *(simple negative)* nicht; **she's ~ late** sie kommt nie zu spät; **he ~ said a word about it** er hat gar nichts davon gesagt; **~ mind!** macht nichts!; **you've ~ asked him to dinner!** [in disbelief] hast du ihn wirklich zum Essen eingeladen?; **well I ~!** na so was!

never-ending *adj* endlos.

never-never *n Br inf:* **on the ~** auf Pump, auf Raten.

nevertheless [ˌnevəðəˈles] *adv* trotzdem, nichtsdestoweniger.

new [*adj* njuː, *n* njuːz] *adj* neu; **as good as ~** so gut wie neu; **to be ~ to sthg** neu in etw *(D)* sein.
◈ **news** *n (U)* **- 1.** [information] Nachricht *die,* Neuigkeit *die;* **that's ~s to me** das ist mir neu; **who will break the ~s to him?** wer wird es ihm beibringen? **- 2.** RADIO & TV Nachrichten *pl.*

New Age *n* New Age *das.*

new blood *n (U)* **fig** junges Blut.

newborn [ˈnjuːbɔːn] *adj* neugeboren.

newcomer [ˈnjuːˌkʌməʳ] *n:* **~ (to sthg)** Neuling *der* (in etw *(D)*).

New England *n* Neuengland *nt.*

newfangled [ˌnjuːˈfæŋgld] *adj* **inf pej** neumodisch.

new-found *adj* [confidence, strength] neu gefunden.

Newfoundland [ˈnjuːfəndlənd] *n* Neufundland *nt.*

newly [ˈnjuːlɪ] *adv* neu; **~ painted** frisch gestrichen.

newlyweds [ˈnjuːlɪwedz] *npl* Frischvermählte *pl.*

new moon *n* Neumond *der.*

news agency *n* Nachrichtenagentur *die.*

newsagent *Br* [ˈnjuːzeɪdʒənt], **newsdealer** *Am* [ˈnjuːzdiːlər] *n* Zeitungshändler *der,* -in *die;* **~'s (shop)** Zeitungshändler *der.*

news bulletin *n* Bulletin *das.*

newscast [ˈnjuːzkɑːst] *n* Nachrichtensendung *die.*

newscaster [ˈnjuːzkɑːstəʳ] *n* Nachrichtensprecher *der,* -in *die.*

news conference *n* Pressekonferenz *die.*

newsdealer *n Am* = **newsagent.**

newsflash [ˈnjuːzflæʃ] *n* Kurzmeldung *die.*

newsletter [ˈnjuːzˌletəʳ] *n* Rundschreiben *das,* Mitteilungsblatt *das.*

newsman [ˈnjuːzmæn] (*pl* **-men** [-mən]) *n* Reporter *der.*

newspaper [ˈnjuːzˌpeɪpəʳ] *n* **- 1.** [publication, company] Zeitung *die* **- 2.** [paper] Zeitungspapier *das.*

newspaperman [ˈnjuːzˌpeɪpəmæn] (*pl* **-men** [-men]) *n* **- 1.** [journalist] Journalist *der* **- 2.** [seller] Zeitungsverkäufer *der.*

newsprint [ˈnjuːzprɪnt] *n* Zeitungspapier *das.*

newsreader [ˈnjuːzˌriːdəʳ] *n* Nachrichtensprecher *der,* -in *die.*

newsroom [ˈnjuːzruːm] *n* Nachrichtenredaktion *die.*

newssheet [ˈnjuːzʃiːt] *n* Informationsblatt *das.*

newsstand [ˈnjuːzstænd] *n* Zeitungskiosk *der.*

newsworthy [ˈnjuːzˌwɜːðɪ] *adj* berichtenswert.

newt [njuːt] *n* Wassermolch *der.*

New Testament *n:* **the ~** das Neue Testament.

new town *n Br vollständig neu erbaute Stadt.*

new wave *n* **- 1.** CINEMA neue Welle **- 2.** [in pop music] New Wave *die.*

New World *n:* **the ~** die Neue Welt.

New Year *n* Neujahr *das;* **Happy ~!** frohes neues Jahr!

New Year's Day *n* Neujahrstag *der.*

New Year's Eve *n* Silvester *der* OR *das.*

New York [-ˈjɔːk] *n* New York *nt.*

New Yorker [-ˈjɔːkəʳ] *n* New Yorker *der,* -in *die.*

New Zealand [-ˈziːlənd] *n* Neuseeland *nt.*

New Zealander [-ˈziːləndəʳ] *n* Neuseeländer *der,* -in *die.*

next [nekst] *adj* nächste, -r, -s; **when does the ~ bus leave?** wann fährt der nächste Bus ab? ◇ *adv* **- 1.** [afterwards] als nächstes, danach **- 2.** [on next occasion] das nächste Mal; **the week after ~** übernächste Woche **- 3.** *(with superlatives):* **the ~ most expensive** der/die/das nächstteuerste; **the ~ best thing to do would be to ...** das nächstbeste wäre, zu ... ◇ *pron:* **~ please!** der Nächste bitte!
◈ **next to** *prep* **- 1.** [near] neben **- 2.** [in comparisons]: **~ to music I like the theatre best** nach Musik mag ich Theater am liebsten **- 3.** [almost] fast; **~ to nothing** fast nichts; **I got it for ~ to nothing** ich habe es fast umsonst bekommen.

next door *adv* nebenan.
◈ **next-door** *adj:* **next-door neighbour** direkter Nachbar, direkte Nachbarin.

next of kin *n* nächste Angehörige *der,* nächste Angehörige *die.*

NF *n abbr of* **National Front** ◇ *abk für Newfoundland, in Postanschrift verwendet.*

NFL (*abbr of* **National Football League**) *n höchste American Football-Liga in den USA.*

NFU (*abbr of* **National Farmers' Union**) *n britische Bauerngewerkschaft.*

NG *n abbr of* **National Guard.**

NGO (*abbr of* **non-governmental organization**) *n* NRO *die, Nichtregierungsorganisation.*

NH *abk für New Hampshire, in Postanschrift verwendet.*

NHL (*abbr of* **National Hockey League**) *n Nationale Eishockeyliga in den USA.*

NHS *n abbr of* **National Health Service.**

NI *n abbr of* **National Insurance** <> *abk für Northern Ireland, in Postanschrift verwendet.*

Niagara [naɪ'ægrəl] *n:* **~ Falls** Niagarafälle *pl.*

nib [nɪb] *n* Feder *die.*

nibble ['nɪbl] *vt* knabbern <> *vi:* **to ~ at sthg** an etw *(D)* knabbern.

Nicaragua [ˌnɪkə'rægjʊə] *n* Nicaragua *nt.*

Nicaraguan [ˌnɪkə'rægjʊən] *adj* nicaraguanisch <> *n* Nicaraguaner *der*, -in *die.*

nice [naɪs] *adj* **- 1.** [car, picture, weather] schön; [dress] hübsch; [food] gut; **to have a ~ time** Spaß haben; **it's ~ and warm** es ist schön warm **- 2.** [kind, pleasant] nett, sympathisch; **to be ~ to sb** nett zu jm sein.

nice-looking [-'lʊkɪŋ] *adj* [person] gut aussehend; [car, house] schön.

nicely ['naɪslɪ] *adv* **- 1.** [well, attractively - dressed, decorated] hübsch; [- made] schön **- 2.** [politely - ask] höflich; [- behave] gut **- 3.** [satisfactorily] gut; **that will do ~** das ist genau richtig.

niceties ['naɪsətɪz] *npl* Feinheiten *pl.*

niche [niːʃ] *n* **- 1.** [in wall] Nische *die* **- 2.** [in life]: **she's found her ~ in life** sie hat ihren Platz gefunden.

nick [nɪk] *n* **- 1.** [cut] Kerbe *die*, Einkerbung *die* **- 2.** ***Br inf*** [jail]: **the ~** der Knast **- 3.** ***Br inf*** [condition]: **to be in good/bad ~** [object] gut/schlecht erhalten sein; [person] in guter/schlechter Verfassung sein **- 4.** ***phr:*** **in the ~ of time** in letzter Minute <> *vt* **- 1.** [cut - wood] einlkerben; **to ~ one's chin** sich am Kinn schneiden **- 2.** ***Br inf*** [steal] klauen **- 3.** ***Br inf*** [arrest] schnappen.

nickel ['nɪkl] *n* **- 1.** [metal] Nickel *das* **- 2.** ***Am*** [coin] Fünfcentstück *das.*

nickname ['nɪkneɪm] *n* Spitzname *der* <> *vt:* **they ~d him One Eye** sie gaben ihm den Spitznamen Einäugiger.

nicotine ['nɪkətiːn] *n* Nikotin *das.*

niece [niːs] *n* Nichte *die.*

nifty ['nɪftɪ] (*compar* **-ier;** *superl* **-iest)** *adj* ***inf*** [gadget] raffiniert, ausgeklügelt; [car] klasse, prima.

Niger ['naɪdʒəʳ] *n* **- 1.** [country] Niger *nt* **- 2.** [river]: **the ~** der Niger.

Nigeria [naɪ'dʒɪərɪə] *n* Nigeria *nt.*

Nigerian [naɪ'dʒɪərɪən] *adj* nigerianisch <> *n* Nigerianer *der*, -in *die.*

niggardly ['nɪgədlɪ] *adj* [person] knauserig; [amount] spärlich.

niggle ['nɪgl] *n* Besorgnis *die* <> *vt* **- 1.** [worry] zu schaffen machen *(+D)* **- 2.** [criticize] herumlkritisieren an *(+ D)* <> *vi* **- 1.** [worry]: **to ~ at sb** nagen an jm **- 2.** [criticize] herumlkritisieren.

nigh [naɪ] *adv* **- 1.** ***literary*** [near] nah **- 2.: well ~** [almost] nahezu.

night [naɪt] *n* **- 1.** [not day] Nacht *die;* **at ~** nachts; **~ and day, day and ~** tagein tagaus **- 2.** [evening] Abend *der;* **at ~** abends **- 3.** ***phr:*** **to have an early/a late ~** früh/spät ins Bett gehen.

◆ nights *adv* **- 1.** ***Am*** [at night] nachts **- 2.** ***Br*** [night shift]: **to work ~s** Nachtschicht arbeiten.

nightcap ['naɪtkæp] *n* **- 1.** [drink] Schlummertrunk *der* **- 2.** [hat] Nachtmütze *die.*

nightclub ['naɪtklʌb] *n* Nightclub *der.*

nightdress ['naɪtdres] *n* Nachthemd *das.*

nightfall ['naɪtfɔːl] *n:* **at ~** bei Einbruch der Dunkelheit.

nightgown ['naɪtgaʊn] *n* Nachthemd *das.*

nightie ['naɪtɪ] *n* ***inf*** Nachthemd *das.*

nightingale ['naɪtɪŋgeɪl] *n* Nachtigall *die.*

nightlife ['naɪtlaɪf] *n* Nachtleben *das.*

nightlight ['naɪtlaɪt] *n* Nachtlicht *das.*

nightly ['naɪtlɪ] *adj* nächtlich <> *adv* [every evening] jeden Abend; [every night] jede Nacht.

nightmare ['naɪtmeəʳ] *n* ***lit*** **&** ***fig*** Albtraum *der.*

nightmarish ['naɪtmeərɪʃ] *adj* grauenhaft.

night owl *n* ***fig*** Nachteule *die.*

night porter *n* Nachtportier *der.*

night safe *n* Nachttresor *der.*

night school *n (U)* Abendschule *die.*

night shift *n* Nachtschicht *die.*

nightshirt ['naɪtʃɜːt] *n* Nachthemd *das (für Herren).*

nightstick ['naɪtˌstɪk] *n* ***Am*** Schlagstock *der.*

nighttime ['naɪttaɪm] *n (U)* Nacht *die.*

night watchman *n* Nachtwächter *der.*

nihilism ['naɪəlɪzm] *n* Nihilismus *der.*

nil [nɪl] *n* **- 1.** [nothing] null **- 2.** ***Br*** SPORT: **two ~** zwei zu null.

Nile [naɪl] *n:* **the ~** der Nil.

nimble ['nɪmbl] *adj* **- 1.** [person] wendig, beweglich; [fingers] geschickt **- 2.** [mind] beweglich, wach.

nimbly ['nɪmblɪ] *adv* flink.

nine [naɪn] *num* neun; *see also* **six.**

nineteen [ˌnaɪn'tiːn] *num* neunzehn; *see also* **six.**

nineteenth [naɪn'tiːnθ] *num* neunzehnte, -r, -s; *see also* **sixth.**

ninetieth [ˈnaɪntɪəθ] *num* neunzigste, -r, -s; *see also* **sixth.**

ninety [ˈnaɪntɪ] *num* neunzig; *see also* **sixty.**

ninny [ˈnɪnɪ] (*pl* **-ies**) *n* ***inf*** Trottel *der.*

ninth [naɪnθ] *num* neunte, -r, -s; *see also* **sixth.**

nip [nɪp] (*pt* & *pp* **-ped;** *cont* **-ping**) *n* **- 1.** [bite] leichter Biss; [pinch] Kniff *der* **- 2.** [of drink] Schluck *der* ◇ *vt* [bite] beißen; [pinch] kneifen ◇ *vi* ***Br inf*:** **I'm just ~ping to the shops/pub** ich gehe mal kurz einkaufen/in die Kneipe.

nipper [ˈnɪpəʳ] *n* ***Br inf*** Kleine *der, die.*

nipple [ˈnɪpl] *n* **- 1.** [of breast] Brustwarze *die* **- 2.** [of baby's bottle] Schnuller *der*, Sauger *der.*

nippy [ˈnɪpɪ] (*compar* **-ier;** *superl* **-iest**) *adj* **- 1.** [cold] frisch **- 2.** [quick - car] flott; [- person] flink.

Nissen hut [ˈnɪsn-] *n* Nissenhütte *die.*

nit [nɪt] *n* **- 1.** [in hair] Nisse *die* **- 2.** ***Br inf*** [idiot] Blödmann *der.*

nitpicking [ˈnɪtpɪkɪŋ] ***inf*** *adj* spitzfindig ◇ *n* *(U)* Spitzfindigkeit *die.*

nitrate [ˈnaɪtreɪt] *n* Nitrat *das.*

nitric acid [ˌnaɪtrɪk-] *n* Salpetersäure *die.*

nitrogen [ˈnaɪtrədʒən] *n* Stickstoff *der.*

nitroglycerin(e) [ˌnaɪtrəʊˈglɪsəriːn] *n* Nitroglyzerin *das.*

nitty-gritty [ˌnɪtɪˈgrɪtɪ] *n* ***inf*:** **to get down to the ~** zur Sache kommen.

nitwit [ˈnɪtwɪt] *n* ***inf*** Trottel *der.*

nix [nɪks] ***Am inf*** *n* [nothing] nix ◇ *adv* [no] nein ◇ *vt* [say no to] über den Haufen werfen.

NJ *abk für New Jersey, in Postanschrift verwendet.*

NLRB (*abbr of* **National Labor Relations Board**) *n US-Vermittlungsstelle zur Beilegung von Konflikten in der Industrie.*

NM *abk für New Mexico, in Postanschrift verwendet.*

no [nəʊ] (*pl* **-es**) *adv* nein; **to answer ~** mit einem Nein antworten; **I am ~ richer than he is** ich bin nicht reicher als er ◇ *adj* kein; **I have ~ money left** ich habe kein Geld übrig; **it's ~ easy job** es ist keine leichte Aufgabe; **it's ~ good** OR **use** es nützt nichts; **in ~ time** im Nu; '**~ smoking**' 'Rauchen verboten'; **~ way!** ***inf*** auf keinen Fall!, nie im Leben! ◇ *n* Nein *das;* **she won't take ~ for an answer** sie lässt sich nicht davon ab|bringen.

No., no. (*abbr of* **number**) Nr.

Noah's ark [ˌnəʊəz-] *n* Arche Noah *die.*

nobble [ˈnɒbl] *vt* ***Br inf*** **- 1.** [racehorse] lahm legen **- 2.** [bribe] bestechen **- 3.** [grab, catch] sich *(D)* schnappen.

Nobel prize [nəʊˌbel-] *n* Nobelpreis *der.*

nobility [nəˈbɪlətɪ] *n* **- 1.** [aristocracy]: **the ~** der Adel **- 2.** [nobleness] Vornehmheit *die.*

noble [ˈnəʊbl] *adj* **- 1.** [aristocratic] adlig **- 2.** [fine, distinguished] edel, nobel **- 3.** [brave] heldenhaft ◇ *n* Adlige *der, die.*

nobleman [ˈnəʊblmən] (*pl* **-men** [-mən]) *n* Edelmann *der.*

noblewoman [ˈnəʊblˌwʊmən] (*pl* **-women** [-ˌwɪmɪn]) *n* Edelfrau *die.*

nobly [ˈnəʊblɪ] *adv* [generously] großmütig.

nobody [ˈnəʊbədɪ] (*pl* **-ies**) *pron* niemand; **~ else can do it** das kann sonst keiner ◇ *n* ***pej*** Niemand *der.*

no-claim(s) bonus *n* Schadenfreiheitsrabatt *der.*

nocturnal [nɒkˈtɜːnl] *adj* **- 1.** [at night] nächtlich **- 2.** [animal] Nacht-.

nod [nɒd] (*pt* & *pp* **-ded;** *cont* **-ding**) *n* Nicken *das;* **to give a ~** nicken ◇ *vt:* **to ~ one's head** mit dem Kopf nicken ◇ *vi* nicken; **to ~ to sb** jm zu|nicken.

◆ **nod off** *vi* ein|nicken.

node [nəʊd] *n* Knoten *der.*

nodule [ˈnɒdjuːl] *n* Knötchen *das.*

no-go area *n* ***Br*** Sperrgebiet *das.*

noise [nɔɪz] *n* **- 1.** [sound] Geräusch *das* **- 2.** *(U)* [unpleasant sound] Krach *der*, Lärm *der.*

noiseless [ˈnɔɪzlɪs] *adj* geräuschlos, lautlos.

noiselessly [ˈnɔɪzlɪslɪ] *adv* geräuschlos, lautlos.

noisily [ˈnɔɪzɪlɪ] *adv* laut.

noisy [ˈnɔɪzɪ] (*compar* **-ier;** *superl* **-iest**) *adj* laut.

nomad [ˈnəʊmæd] *n* Nomade *der*, -din *die.*

nomadic [nəˈmædɪk] *adj* nomadisch, Nomaden-.

no-man's-land *n* Niemandsland *das.*

nominal [ˈnɒmɪnl] *adj* **- 1.** [in name only] nominell **- 2.** [very small] gering.

nominally [ˈnɒmɪnəlɪ] *adv* nominell.

nominate [ˈnɒmɪneɪt] *vt* **- 1.** [propose]: **to ~ sb (for/as sthg)** jn (für/als etw) nominieren **- 2.** [appoint]: **to ~ sb to sthg** jn zu etw ernennen.

nomination [ˌnɒmɪˈneɪʃn] *n* **- 1.** [proposal] Nominierung *die* **- 2.** *(U)* [appointment]: **~ to sthg** Ernennung *die.*

nominee [ˌnɒmɪˈniː] *n* Kandidat *der*, -in *die.*

non- [nɒn] *prefix* [with noun] Nicht-; [with adj] nicht-.

nonaddictive [ˌnɒnəˈdɪktɪv] *adj* nicht abhängig machend.

nonaggression [ˌnɒnəˈgreʃn] *n (U)* Nichtangriff *der.*

nonalcoholic [ˌnɒnælkəˈhɒlɪk] *adj* nichtalkoholisch, ohne Alkohol.

nonaligned [ˌnɒnəˈlaɪnd] *adj* blockfrei.

nonbeliever [ˌnɒnbɪˈliːvəʳ] *n* Ungläubige *der, die*.

nonchalant [*Br* ˈnɒnʃələnt, *Am* ˌnɒnʃəˈlɑːnt] *adj* nonchalant, lässig.

nonchalantly [*Br* ˈnɒnʃələntlɪ, *Am* ˌnɒnʃəˈlɑːntlɪ] *adv* nonchalant, lässig.

noncommissioned officer [ˌnɒnkəˈmɪʃənd-] *n* Unteroffizier *der*, -in *die*.

noncommittal [ˌnɒnkəˈmɪtl] *adj* [reply, attitude] unverbindlich; **he was ~** er legte sich nicht fest.

noncompetitive [ˌnɒnkəmˈpetɪtɪv] *adj* wettbewerbsfrei.

nonconformist [ˌnɒnkənˈfɔːmɪst] *adj* nonkonformistisch ◇ *n* Nonkonformist *der*, -in *die*.

noncontributory [ˌnɒnkənˈtrɪbjʊtərɪ] *adj* beitragsfrei.

noncooperation [ˈnɒnkəʊˌɒpəˈreɪʃn] *n (U)* unkooperative Haltung.

nondescript [*Br* ˈnɒndɪskrɪpt, *Am* ˌnɒndɪˈskrɪpt] *adj* unscheinbar.

nondrinker [ˌnɒnˈdrɪŋkəʳ] *n* Nichttrinker *der*, -in *die*.

nondrip [ˌnɒnˈdrɪp] *adj* nicht tropfend.

nondriver [ˌnɒnˈdraɪvəʳ] *n* Nichtfahrer *der*, -in *die*.

none [nʌn] *pron* [not any] keine, -r, -s; **~ of us** keiner von uns; **~ of the money** nichts von dem Geld; **I'll have ~ of your nonsense** ich will nichts von dem Unsinn hören; **it is ~ of his business** es geht ihn gar nichts an ◇ *adv*: **I'm ~ the wiser** ich bin um nichts schlauer geworden; **I like him ~ the worse for it** ich mag ihn deshalb nicht weniger.

◆ **none too** *adv*: **~ too soon** keine Minute zu früh.

nonentity [nɒˈnentətɪ] (*pl* **-ies**) *n* Null *die*.

nonessential [ˌnɒnɪˈsenʃl] *adj* unnötig.

nonetheless [ˌnʌnðəˈles] *adv* nichtsdestoweniger.

non-event *n* Reinfall *der*.

nonexecutive director [nɒnɪgˌzekjʊtɪv-] *n* *Direktor, der eine beratende Funktion, jedoch keine Entscheidungsbefugnis hat.*

nonexistent [ˌnɒnɪgˈzɪstənt] *adj* nicht existierend; **to be ~** nicht existieren.

nonfattening [ˌnɒnˈfætnɪŋ] *adj* fettreduziert, fettarm.

nonfiction [ˌnɒnˈfɪkʃn] *n (U)* Sachliteratur *die*.

nonflammable [ˌnɒnˈflæməbl] *adj* nicht brennbar.

noninfectious [ˌnɒnɪnˈfekʃəs] *adj* nicht ansteckend.

noninflammable [ˌnɒnɪnˈflæməbl] *adj* nicht brennbar

noninterference [ˌnɒnɪntəˈfɪərəns], **nonintervention** [ˌnɒnɪntəˈvenʃn] *n* Nichteinmischung *die*.

non-iron *adj* bügelfrei.

nonmalignant [ˌnɒnməˈlɪgnənt] *adj* gutartig.

nonmember [ˌnɒnˈmembəʳ] *n* Nichtmitglied *das*.

nonnegotiable [ˌnɒnnɪˈgəʊʃjəbl] *adj* nicht verhandelbar.

no-no *n inf*: **it's a ~** das macht man nicht.

no-nonsense *adj* sachlich.

nonoperational [ˌnɒnɒpəˈreɪʃənl] *adj* [machine, factory] nicht in Betrieb; [troops] nicht im Einsatz.

nonparticipation [ˌnɒnpɑːtɪsɪˈpeɪʃən] *n* Nichtteilnahme *die*.

nonpayment [ˌnɒnˈpeɪmənt] *n (U)* Nichtzahlung *die*.

nonplussed, nonplused *Am* [ˌnɒnˈplʌst] *adj* verblüfft.

non-profit-making *Br*, **non-profit** *Am* *adj* gemeinnützig.

nonproliferation [ˈnɒnprəˌlɪfəˈreɪʃn] *n* Nichtverbreitung *die*.

nonrenewable [ˌnɒnrɪˈnjuːəbl] *adj* **- 1.** [contract, agreement] nicht verlängerbar **- 2.** [natural resources, fossil fuels] nicht erneuerbar.

nonresident [ˌnɒnˈrezɪdənt] *n* **- 1.** [of country] Nichtansässige *der, die* **- 2.** [of hotel]: **the restaurant is open to ~s** das Restaurant ist für Nichthotelgäste offen.

nonreturnable [ˌnɒnrɪˈtɜːnəbl] *adj* [bottle] Einweg-.

nonsense [ˈnɒnsəns] *n (U)* **- 1.** [meaningless words, foolish idea] Unsinn *der* **- 2.** [foolish behaviour] Dummheiten *pl*; **to make (a) ~ of sthg** etw unsinnig *OR* sinnlos machen ◇ *excl* Unsinn!

nonsensical [nɒnˈsensɪkl] *adj* unsinnig.

non sequitur [-ˈsekwɪtəʳ] *n* unlogische Schlussfolgerung.

nonshrink [ˌnɒnˈʃrɪŋk] *adj* nicht einlaufend.

nonskid [ˌnɒnˈskɪd] *adj* rutschfest.

nonslip [ˌnɒnˈslɪp] *adj* rutschfest.

nonsmoker [ˌnɒnˈsməʊkəʳ] *n* Nichtraucher *der*, -in *die*.

nonstarter [ˌnɒnˈstɑːtəʳ] *n* ***Br inf*** [plan] Blindgänger *der*.

nonstick [ˌnɒnˈstɪk] *adj* antihaftbeschichtet.

nonstop [ˌnɒnˈstɒp] *adj* [flight, race] Nonstop-; [activity, rain] ohne Unterbrechung ◇ *adv* ununterbrochen.

nontaxable [ˌnɒnˈtæksəbl] *adj* nicht steuerpflichtig.

nontoxic [ˌnɒnˈtɒksɪk] *adj* ungiftig.

nontransferable [ˌnɒntrænsˈfɜːrəbl] *adj* nicht übertragbar.

non-U [nɒnˈjuː] *adj* **Br dated** unfein.

nonviolence [ˌnɒnˈvaɪələns] *n* Gewaltlosigkeit *die*.

nonvoter [ˌnɒnˈvəʊtəʳ] *n* Nichtwähler *der*, -in *die*.

nonvoting [ˌnɒnˈvəʊtɪŋ] *adj* **- 1.** [member] nicht wählend **- 2.** FIN [shares] nicht stimmberechtigt.

nonwhite [ˌnɒnˈwaɪt] *adj* farbig <> *n* Farbige *der, die*.

noodles [ˈnuːdlz] *npl* Nudeln *pl*.

nook [nʊk] *n* [of room] Winkel *der*, Ecke *die;* **in every ~ and cranny** in allen Ecken *OR* Winkeln.

noon [nuːn] *n* Mittag *der* <> *comp* Mittags-.

noonday [ˈnuːndeɪ] *comp* Mittags-.

no one *pron* = **nobody.**

noose [nuːs] *n* Schlinge *die*.

no-place *adv* **Am** = **nowhere.**

nor [nɔːʳ] *conj* auch nicht; **~ do I** ich auch nicht; **I don't know, ~ do I care** das weiß ich nicht, und es ist mir auch egal.

Nordic [ˈnɔːdɪk] *adj* nordisch.

Norf *abk für Norfolk, in Postanschrift verwendet.*

Norfolk Broads [ˌnɔːfək-] *npl:* **the ~** die Norfolk Broads, *sumpfreiche Seenlandschaft in Norfolk, ein beliebtes Feriengebiet und Seglerparadies.*

norm [nɔːm] *n* Norm *die*.

normal [ˈnɔːml] *adj* normal.

normality [nɔːˈmælɪtɪ] *n* Normalität *die*.

normalize, -ise [ˈnɔːməlaɪz] *vt* normalisieren <> *vi* sich normalisieren.

normally [ˈnɔːməlɪ] *adv* **- 1.** [usually] normalerweise **- 2.** [in a normal way] normal.

Norman [ˈnɔːmən] *adj* normannisch <> *n* Normanne *der*, -nin *die*.

Norse [nɔːs] *adj* altnordisch.

north [nɔːθ] *adj* Nord-, nördlich <> *adv* nach Norden, nordwärts; **~ of** nördlich von <> *n* Norden *der*.

North Africa *n* Nordafrika *nt*.

North America *n* Nordamerika *nt*.

North American *adj* nordamerikanisch <> *n* Nordamerikaner *der*, -in *die*.

northbound [ˈnɔːθbaʊnd] *adj* in nördlicher Richtung, in Richtung Norden.

North Country *n:* **the ~ Br** Nordengland *nt*.

northeast [ˌnɔːθˈiːst] *n* Nordosten *der* <> *adj* nordöstlich, Nordost- <> *adv* nordostwärts, nach Nordosten; **~ of** nordöstlich von.

northeasterly [ˌnɔːθˈiːstəlɪ] *adj* [direction] nordöstlich; [area] im Nordosten; [wind] Nordost-.

northerly [ˈnɔːðəlɪ] *adj* [direction] nördlich; [area] im Norden; [wind] Nord-.

northern [ˈnɔːðən] *adj* [region, dialect] nördlich; [Europe] Nord-.

Northerner [ˈnɔːðənəʳ] *n* [from North England] Nordengländer *der*, -in *die*.

Northern Ireland *n* Nordirland *nt*.

Northern Lights *npl:* **the ~** das Nordlicht.

northernmost [ˈnɔːðənməʊst] *adj* nördlichste, -r, -s.

North Korea *n* Nordkorea *nt*.

North Pole *n:* **the ~** der Nordpol.

North Sea *n:* **the ~** die Nordsee <> *comp* Nordsee-.

North Star *n:* **the ~** der Nordstern.

northward [ˈnɔːθwəd] *adj* [migration] nördlich, nach Norden <> *adv* = **northwards.**

northwards [ˈnɔːθwədz] *adv* nach Norden.

northwest [ˌnɔːθˈwest] *n* Nordwesten *der* <> *adj* nordwestlich, Nordwest- <> *adv* nordwestwärts, nach Nordwesten; **~ of** nordwestlich von.

northwesterly [ˌnɔːθˈwestəlɪ] *adj* [direction] nordwestlich; [area] im Nordwesten; [wind] Nordwest-.

Norway [ˈnɔːweɪ] *n* Norwegen *nt*.

Norwegian [nɔːˈwiːdʒən] *adj* norwegisch <> *n* **- 1.** [person] Norweger *der*, -in *die* **- 2.** [language] Norwegisch(e) *das*.

Nos., nos. (*abbr of* **numbers**) Nm.

nose [nəʊz] *n* **- 1.** [of person] Nase *die;* **it's under your ~** es ist vor deiner Nase; **to cut one's ~ off to spite one's face** sich ins eigene Fleisch schneiden; **to have a ~ for sthg** eine Nase *OR* ein Gespür für etw haben; **he gets up my ~ *inf*** er geht mir auf die Nerven; **to keep one's ~ out of sthg** sich aus etw heraushalten; **to look down one's ~ at sb/sthg *fig*** von oben herabschauen auf jn/etw; **to pay through the ~** viel zu viel zahlen; **to poke *OR* stick one's ~ into sthg *inf*** seine Nase in etw *(A)* stecken; **to turn up one's ~ at sthg** seine Nase über etw *(A)* rümpfen **- 2.** [of plane] Nase *die;* [of car] Schnauze *die*.

◆ **nose about, nose around** *vi* herumschnüffeln.

nosebag [ˈnəʊzbæg] *n* Futtersack *der*.

nosebleed [ˈnəʊzbliːd] *n* Nasenbluten *das*.

nosecone [ˈnəʊzkəʊn] *n* Spitze *die*.

nosedive [ˈnəʊzdaɪv] *n* [of plane] Sturzflug *der* ◇ *vi* **- 1.** [plane] in den Sturzflug gehen **- 2.** *fig* [prices, popularity] rapide ab|sinken.

nosey [ˈnəʊzɪ] *adj* = **nosy.**

nosh [nɒʃ] *n Br inf* [food] Futter *das.*

nosh-up *n Br inf* Schlemmergelage *das.*

nostalgia [nɒˈstældʒə] *n (U)* Nostalgie *die;* **~ for sthg** Sehnsucht *die* nach etw.

nostalgic [nɒˈstældʒɪk] *adj* [feeling, film] nostalgisch; **to feel ~** wehmütig sein.

nostril [ˈnɒstrəl] *n* Nasenloch *das.*

nosy [ˈnəʊzɪ] (*compar* **-ier;** *superl* **-iest**) *adj* neugierig.

not [nɒt] *adv* nicht; **she's ~ there** sie ist nicht da; **~ any** kein; **~ yet** noch nicht; **~ at all** [pleased, interested] überhaupt nicht; [in reply to thanks] gern geschehen; **~ that I'm afraid of him** nicht etwa, dass ich Angst vor ihm habe; **~ to worry!** keine Sorge!, das macht nichts!

notable [ˈnəʊtəbl] *adj* [person] bedeutend; [success] bemerkenswert; [improvement] beachtlich, beträchtlich; **to be ~ for sthg** durch etw auf|fallen; **with the ~ exception of** mit Ausnahme von ◇ *n* bedeutende Persönlichkeit.

notably [ˈnəʊtəblɪ] *adv* **- 1.** [in particular] vor allem **- 2.** [noticeably] deutlich.

notary [ˈnəʊtərɪ] (*pl* **-ies**) *n:* **~ (public)** Notar *der,* -in *die.*

notation [nəʊˈteɪʃn] *n* MUS Notenschrift *die;* MATH Zeichensystem *das.*

notch [nɒtʃ] *n* **- 1.** [cut] Kerbe *die* **- 2.** *fig:* **she's gone up a ~ in my estimation** sie ist in meiner Achtung gestiegen.

◆ **notch up** *vt fus* erzielen.

note [nəʊt] *n* **- 1.** [short letter] Zettel *der* **- 2.** [written reminder, record] Notiz *die;* **to take ~ of sthg** etw bemerken, Notiz von etw nehmen; **to compare ~s** sich aus|tauschen **- 3.** [paper money] Geldschein *der,* Banknote *die;* **a £5 note** eine Fünfpfundnote, ein Fünfpfundschein **- 4.** [MUS - symbol] Note *die;* [- sound] Klang *der* **- 5.** [tone] Ton *der* **- 6.** [importance]: **of ~** von Bedeutung ◇ *vt* **- 1.** [observe] bemerken **- 2.** [mention] erwähnen.

◆ **notes** *npl* [in book] Anmerkungen *pl.*

◆ **note down** *vt sep* auf|schreiben.

notebook [ˈnəʊtbʊk] *n* **- 1.** [for writing in] Notizbuch *das* **- 2.** COMPUT Notebook *das.*

noted [ˈnəʊtɪd] *adj:* **~ (for sthg)** bekannt (für etw).

notepad [ˈnəʊtpæd] *n* Notizblock *der.*

notepaper [ˈnəʊtpeɪpəʳ] *n* Briefpapier *das.*

noteworthy [ˈnəʊtˌwɜːðɪ] (*compar* **-ier;** *superl* **-iest**) *adj* bemerkenswert.

nothing [ˈnʌθɪŋ] *pron* nichts; **~ new/interesting** nichts Neues/Interessantes; **there's ~ to it** es ist ganz einfach; **for ~** [for free] umsonst; [in vain] vergeblich; **she is ~ if not discreet** diskret ist sie auf jeden Fall; **~ but** nichts als; **he does ~ but complain** er beschwert sich dauernd; **he thinks ~ of walking ten miles** es macht ihm nichts aus, zehn Meilen zu gehen ◇ *adv:* **~ like** [very unlike] ganz anders als; **~ like enough** lange nicht genug; **~ like as good** längst nicht so gut.

nothingness [ˈnʌθɪŋnɪs] *n (U)* Nichts *das.*

notice [ˈnəʊtɪs] *n* **- 1.** [piece of paper - announcing sthg] Ankündigung *die;* [- informing of sthg] Mitteilung *die* **- 2.** [attention]: **to come to one's ~** jm auf|fallen; **it escaped her ~** es entging ihrer Aufmerksamkeit; **to take ~/no ~ of sb/sthg** jn/etw beachten/nicht beachten; **he/she didn't take a blind bit of ~** er/sie nahm nicht die geringste Notiz **- 3.** *(U)* [warning] Bescheid *der;* **at short ~** kurzfristig; **until further ~** bis auf weiteres **- 4.** [at work]: **to be given one's ~** gekündigt werden; **to hand in one's ~** seine Kündigung ein|reichen ◇ *vt* bemerken ◇ *vi:* **I've never ~d** es ist mir nie aufgefallen.

noticeable [ˈnəʊtɪsəbl] *adj* deutlich.

noticeably [ˈnəʊtɪsəblɪ] *adv* deutlich.

notice board *n* Anschlagbrett *das.*

notification [ˌnəʊtɪfɪˈkeɪʃn] *n (U)* Benachrichtigung *die,* Mitteilung *die.*

notify [ˈnəʊtɪfaɪ] (*pt* & *pp* **-ied**) *vt:* **to ~ sb (of sthg)** jn benachrichtigen (über etw *(A)*).

notion [ˈnəʊʃn] *n* [concept, idea] Idee *die,* Vorstellung *die.*

◆ **notions** *npl Am* [haberdashery] Kurzwaren *pl.*

notional [ˈnəʊʃənl] *adj* [hypothetical] fiktiv.

notoriety [ˌnəʊtəˈraɪətɪ] *n* traurige Berühmtheit, schlechter Ruf.

notorious [nəʊˈtɔːrɪəs] *adj* [person] berühmt; [criminal, event] berühmt-berüchtigt; [place] verrufen; **~ (for sthg)** berüchtigt (für etw).

notoriously [nəʊˈtɔːrɪəslɪ] *adv* notorisch.

Notts [nɒts] *abk für Nottinghamshire, in Postanschrift verwendet.*

notwithstanding [ˌnɒtwɪθˈstændɪŋ] *fml prep* trotz *(+ G),* ungeachtet *(+ G)* ◇ *adv* trotzdem, dennoch.

nougat [ˈnuːgɑː] *n* Nugat *der* OR *das.*

nought [nɔːt] *num* Null *die;* **~s and crosses** Kreuzchen- und Kringelspiel *das.*

noun [naʊn] *n* Substantiv *das.*

nourish [ˈnʌrɪʃ] *vt* **- 1.** [feed] ernähren **- 2.** [entertain, foster] nähren, hegen.

nourishing [ˈnʌrɪʃɪŋ] *adj* nahrhaft.

nourishment [ˈnʌrɪʃmənt] *n* Nahrung *die.*

nouveau riche [ˌnuːvəʊ'riːʃ] *adj* neureich <> *n* Neureiche *der, die.*

Nov. (*abbr of* **November**) Nov.

novel ['nɒvl] *adj* neuartig <> *n* Roman *der.*

novelist ['nɒvəlɪst] *n* Romanschriftsteller *der,* -in *die.*

novelty ['nɒvltɪ] (*pl* **-ies**) *n* **- 1.** [quality] Neuartigkeit *die* **- 2.** [unusual object, event] Neuheit *die* **- 3.** [cheap object] Krimskrams *der.*

November [nə'vembəʳ] *n* November *der; see also* **September.**

novice ['nɒvɪs] *n* **- 1.** [inexperienced person] Neuling *der* **- 2.** RELIG Novize *der,* -zin *die.*

now [naʊ] *adv* **- 1.** [gen] jetzt; **just ~** gerade eben; **right ~** [at the moment] im Moment; [immediately] sofort; **by ~** inszwischen; **they should be here by ~** sie sollten inzwischen hier sein; **from ~ on** von jetzt an; **three days from ~** heute in drei Tagen; **any day/time ~** jeden Tag/Moment; **(every) ~ and then** OR **again** hin und wieder; **for ~** erst einmal **- 2.** [introducing statement]: **~ (then), ...** also ... <> *conj:* **~ (that) ...** jetzt, wo ...

NOW [naʊ] (*abbr of* **National Organization for Women**) *n feministische Vereinigung in den USA.*

nowadays ['naʊədeɪz] *adv* heutzutage, heute.

nowhere *Br* ['nəʊweəʳ], **no-place** *Am adv* nirgendwo, nirgends; **to appear out of** OR **from ~** aus heiterem Himmel auf|tauchen; **~ near** nicht annähernd; **dinner is ~ near ready** das Abendessen ist noch lange nicht fertig; **to be getting ~** zu nichts kommen; **this is getting us ~** das bringt uns nicht weiter.

no-win situation *n* ausweglose Situation.

noxious ['nɒkʃəs] *adj* schädlich.

nozzle ['nɒzl] *n* Düse *die.*

NS *abk für Nova Scotia, in Postanschrift verwendet.*

NSC (*abbr of* **National Security Council**) *n Nationaler Sicherheitsrat der USA.*

NSPCC (*abbr of* **National Society for the Prevention of Cruelty to Children**) *n* ≃ Kinderschutzbund *der.*

NSU (*abbr of* **nonspecific urethritis**) *n* nichtspezifische Harnleiterentzündung.

NSW *abk für New South Wales, in Postanschrift verwendet.*

NT *n* **- 1.** (*abbr of* **New Testament**) NT *das* **- 2.** *abbr of* **National Trust.**

nth [enθ] *adj* ***inf*** [umpteenth]: **for the ~ time** zum x-ten Mal.

nuance [njuː'ɑːns] *n* Nuance *die.*

nub [nʌb] *n* Kernpunkt *der.*

nubile [*Br* 'njuːbaɪl, *Am* 'nuːbəl] *adj* ***fml*** OR ***hum*** heiratsfähig.

nubuck ['njuːbʌk] *n* Nubuk *das.*

nuclear ['njuːklɪəʳ] *adj* nuklear, Nuklear-.

nuclear bomb *n* Atombombe *die.*

nuclear disarmament *n* nukleare Abrüstung.

nuclear energy *n* Atomenergie *die,* Kernenergie *die.*

nuclear family *n* Kernfamilie *die.*

nuclear fission *n* Kernspaltung *die.*

nuclear-free zone *n* atomwaffenfreie Zone.

nuclear fusion *n* Kernfusion *die.*

nuclear physics *n* Kernphysik *die.*

nuclear power *n* Atomkraft *die,* Kernkraft *die;* **~ station** Atomkraftwerk *das.*

nuclear reactor *n* Atomreaktor *der,* Kernreaktor *der.*

nuclear war *n* Atomkrieg *der.*

nuclear winter *n* nuklearer Winter.

nucleus ['njuːklɪəs] (*pl* **-lei** [-lɪaɪ]) *n* Kern *der;* **atomic ~** Atomkern *der.*

nude [njuːd] *adj* nackt <> *n* [figure, painting] Akt *der;* **in the ~** nackt.

nudge [nʌdʒ] *n* **- 1.** [with elbow] Stups *der* **- 2.** ***fig*** [to encourage] Ermunterung *die* <> *vt* **- 1.** [with elbow] an|stupsen **- 2.** ***fig*** [to encourage] ermuntern.

nudist ['njuːdɪst] *adj* Nudisten-; **~ beach** Nacktbadestrand *der* <> *n* Nudist *der,* -in *die.*

nudity ['njuːdətɪ] *n* Nacktheit *die.*

nugget ['nʌgɪt] *n* **- 1.** [of gold] Nugget *das,* Goldklümpchen *das* **- 2.** ***fig:*** **a ~ of information** ein wertvolles Stück Information.

nuisance ['njuːsns] *n* **- 1.** [annoying thing, situation] Ärgernis *das;* **what a ~!** wie ärgerlich!, wie lästig! **- 2.** [annoying person] Nervensäge *die;* **to make a ~ of o.s.** lästig werden.

NUJ (*abbr of* **National Union of Journalists**) *n britische Journalistengewerkschaft.*

nuke [njuːk] ***inf*** *n* Kernwaffe *die* <> *vt* mit Kernwaffen an|greifen.

null [nʌl] *adj:* **~ and void** null und nichtig.

nullify ['nʌlɪfaɪ] (*pt* & *pp* **-ied**) *vt* **- 1.** LAW [declare null] für nichtig erklären **- 2.** [negate] nichtig machen.

NUM (*abbr of* **National Union of Mineworkers**) *n britische Bergarbeitergewerkschaft.*

numb [nʌm] *adj* [shoulder, hand] taub, gefühllos; [person] benommen; **to be ~ with sthg** [with cold, fear, shock] starr vor etw *(D)* sein; [with grief] benommen vor etw *(D)* sein <> *vt* [subj: cold, anaesthetic] betäuben.

number ['nʌmbəʳ] *n* - **1.** [numeral] Zahl *die*, Ziffer *die* - **2.** [of telephone, house, car] Nummer *die* - **3.** [quantity] Anzahl *die*, Zahl *die;* **a ~ of** mehrere; **any ~ of** unzählig - **4.** [song] Nummer *die* <> *vt* - **1.** [amount to] zählen - **2.** [give a number to] nummerieren - **3.** [include]: **to ~ sb/sthg among** jn/etw zählen zu; **he is ~ed among the greatest politicians of this century** er zählt zu den größten Politikern dieses Jahrhunderts.

numberless ['nʌmbəlɪs] *adj* unzählig.

number one *adj* [main] vorrangig <> *n* - **1.** [priority] Vorrang *der* - **2.** *inf* [oneself] Nummer eins.

numberplate ['nʌmbəpleɪt] *n* Nummernschild *das*.

Number Ten *n:* **~ (Downing Street)** *Sitz des britischen Premierministers.*

numbness ['nʌmnɪs] *n (U)* - **1.** [with cold] Taubheit *die*, Gefühllosigkeit *die;* [with anaesthetic] Betäubtheit *die* - **2.** *fig* [with shock, fear] Starrheit *die*, Benommenheit *die*.

numbskull ['nʌmskʌl] *n* = **numskull.**

numeracy ['nju:mərəsɪ] *n (U) Br* rechnerische Fähigkeiten *pl*.

numeral ['nju:mərəl] *n* Ziffer *die*.

numerate ['nju:mərət] *adj Br* rechenkundig.

numerical [nju:'merɪkl] *adj* numerisch.

numerous ['nju:mərəs] *adj* zahlreich.

numskull ['nʌmskʌl] *n inf* Schwachkopf *der*.

nun [nʌn] *n* Nonne *die*.

nuptial ['nʌpʃl] *adj fml* ehelich, Ehe-.

NURMTW (*abbr of* **National Union of Rail, Maritime and Transport Workers**) *n britische Gewerkschaft der Eisenbahner und Seeleute.*

nurse [nɜ:s] *n* Krankenschwester *die;* [male] Krankenpfleger *der* <> *vt* - **1.** MED [person] pflegen - **2.** [desire, dream, hope] hegen, nähren - **3.** [breast-feed] stillen.

nursemaid ['nɜ:smeɪd] *n* Kindermädchen *das*.

nursery ['nɜ:sərɪ] (*pl* **-ies**) *adj* Kindergarten-, Vorschul- <> *n* - **1.** [for children] Kinderzimmer *das* - **2.** [for plants] Gärtnerei *die*.

nursery nurse *n Br* Kinderschwester *die*, Kinderpflegerin *die*.

nursery rhyme *n* Kinderreim *der*, Kinderlied *das*.

nursery school *n* Kindergarten *der*, Vorschule *die*.

nursery slope *n* Idiotenhügel *der*.

nursing ['nɜ:sɪŋ] *n (U)* - **1.** [profession] Krankenpflege *die* - **2.** [care] Pflege *die*.

nursing auxiliary *n* Schwesternhelferin *die;* [male] Hilfspfleger *der*.

nursing home *n* - **1.** [for old people] Pflegeheim *das* - **2.** [for childbirth] Entbindungsklinik *die*.

nurture ['nɜ:tʃəʳ] *vt* - **1.** [children] nähren; [plants] hegen - **2.** [hope, desire, plan] hegen, nähren.

NUS (*abbr of* **National Union of Students**) *n britischer Verband der Studierenden.*

nut [nʌt] *n* - **1.** [to eat] Nuss *die* - **2.** TECH Schraubenmutter *die;* **~s and bolts** *fig* [basics] Grundlagen *pl* - **3.** *inf* [mad person] Spinner *der*, -in *die* - **4.** *inf* [enthusiast] Fan *der* - **5.** *inf* [head] Birne *die*.

◆ **nuts** *inf adj:* **to be ~s** verrückt sein, eine Schraube locker haben <> *excl* **Am** verdammt!

NUT (*abbr of* **National Union of Teachers**) *n britische Lehrer- und Lehrerinnengewerkschaft.*

nutcase ['nʌtkeɪs] *n inf* Spinner *der*, -in *die*.

nutcrackers ['nʌt,krækəz] *npl* Nussknacker *der*.

nutmeg ['nʌtmeg] *n* Muskatnuss *die*.

nutrient ['nju:trɪənt] *n* Nährstoff *der*.

nutrition [nju:'trɪʃn] *n* Ernährung *die*.

nutritional [nju:'trɪʃənl] *adj* Nähr-.

nutritionist [nju:'trɪʃənɪst] *n* Ernährungswissenschaftler *der*, -in *die*.

nutritious [nju:'trɪʃəs] *adj* nahrhaft.

nutshell ['nʌtʃel] *n:* **in a ~** kurz gefasst, kurz und bündig.

nutter ['nʌtəʳ] *n Br inf* Spinner *der*, -in *die*.

nuzzle ['nʌzl] *vt* beschnüffeln, beschnuppern <> *vi:* **to ~ (up) against sb/sthg** sich an jn/etw anlschmiegen OR drücken.

NV *abk für Nevada, in Postanschrift verwendet.*

NW (*abbr of* **northwest**) NW.

NWT *abbr of* **Northwest Territories.**

NY *abbr of* **New York.**

Nyasaland [naɪ'æsəlænd] *n* Njassaland *nt.*

NYC (*abbr of* **New York City**) *New York City.*

nylon ['naɪlɒn] *n* [fabric] Nylon *das* <> *comp* Nylon-.

◆ **nylons** *npl* **dated** [stockings] Nylonstrümpfe *pl*.

nymph [nɪmf] *n* Nymphe *die*.

nymphomaniac [,nɪmfə'meɪnɪæk] *n* Nymphomanin *die*.

NYSE (*abbr of* **New York Stock Exchange**) *n Börse in New York.*

NZ *abbr of* **New Zealand.**

O

o (*pl* **o's** *OR* **os**), **O** (*pl* **O's** *OR* **Os**) [əʊ] *n* - **1.** [letter] o *das*, O *das* - **2.** [zero] Null *die*.

oaf [əʊf] *n* Tölpel *der*.

oak [əʊk] *n* - **1.** [tree] Eiche *die* - **2.** *(U)* [wood] Eichenholz *das* <> *comp* Eichenholz-.

OAP *n abbr of* **old age pensioner.**

oar [ɔːʳ] *n* Ruder *das*; **to put** *OR* **stick one's ~ in** *fig* sich ein|mischen.

oarsman ['ɔːzmən] (*pl* **-men** [-mən]) *n* Ruderer *der*.

oarswoman ['ɔːzˌwʊmən] (*pl* **-women** [-ˌwɪmɪn]) *n* Ruderin *die*.

OAS (*abbr of* **Organization of American States**) *n* OAS *die*.

oasis [əʊ'eɪsɪs] (*pl* **oases** [əʊ'eɪsiːz]) *n* **lit** & **fig** Oase *die*.

oatcake ['əʊtkeɪk] *n* Haferplätzchen *das*.

oath [əʊθ] *n* - **1.** [promise] Eid *der*, Schwur *der*; **on** *OR* **under ~** unter Eid - **2.** [swearword] Fluch *der*.

oatmeal ['əʊtmiːl] *n* [food] Hafermehl *das* <> *comp* Hafer-.

oats [əʊts] *npl* Hafer *der*.

OAU (*abbr of* **Organization of African Unity**) *n* OAE *die*.

OB (*abbr of* **outside broadcast**) *n* Außenübertragung *die*.

obdurate ['ɒbdjʊrət] *adj* **fml** starrköpfig.

OBE (*abbr of* **Order of the British Empire**) *n* *Auszeichnung des britischen Königreichs oder deren Inhaber*.

obedience [ə'biːdɪəns] *n*: **~ (to sb)** Gehorsam *der* (gegenüber jm).

obedient [ə'biːdɪənt] *adj* gehorsam.

obediently [ə'biːdɪəntlɪ] *adv* gehorsam.

obelisk ['ɒbəlɪsk] *n* Obelisk *der*.

obese [əʊ'biːs] *adj* fettleibig.

obesity [əʊ'biːsətɪ] *n* Fettleibigkeit *die*.

obey [ə'beɪ] *vt* [person] gehorchen *(+ D)*; [orders, command, law] befolgen <> *vi* gehorchen.

obituary [ə'bɪtʃʊərɪ] (*pl* **-ies**) *n* Nachruf *der*.

object [*n* 'ɒbdʒɪkt, *vb* ɒb'dʒekt] *n* - **1.** [thing] Gegenstand *der* - **2.** [aim] Ziel *das*; **the ~ of the exercise** der Zweck der Übung - **3.** [focus] & GRAMM Objekt *das* <> *vt*: **to ~ that ...** ein|wenden, dass ... <> *vi* dagegen sein; **to ~ to sthg** gegen etw sein; **to ~ to doing sthg** etwas dagegen haben, etw zu tun.

objection [əb'dʒekʃn] *n* Einwand *der*; **to have no ~ to sthg** keinen Einwand gegen etw haben; **to have no ~ to doing sthg** nichts dagegen haben, etw zu tun.

objectionable [əb'dʒekʃənəbl] *adj* [behaviour, language] anstößig; [person] unausstehlich, widerwärtig.

objective [əb'dʒektɪv] *adj* objektiv <> *n* Ziel *das*.

objectively [əb'dʒektɪvlɪ] *adv* objektiv.

objectivity [ˌɒbdʒek'tɪvətɪ] *n* Objektivität *die*.

object lesson ['ɒbdʒɪkt-] *n*: **an ~ in sthg** ein Musterbeispiel für etw.

objector [əb'dʒektəʳ] *n* Gegner *der*, -in *die*.

obligate ['ɒblɪgeɪt] *vt* **fml** verpflichten; **to ~ sb to do sthg** jn verpflichten, etw zu tun.

obligation [ˌɒblɪ'geɪʃn] *n* - **1.** [compulsion] Zwang *der* - **2.** [duty] Verpflichtung *die*, Pflicht *die*.

obligatory [ə'blɪgətrɪ] *adj* obligatorisch; **to be ~** Pflicht sein.

oblige [ə'blaɪdʒ] *vt* - **1.** [force]: **to ~ sb to do sthg** jn zwingen, etw zu tun - **2.** **fml** [do a favour for]: **to ~ sb** jm einen Gefallen tun <> *vi* gefällig sein.

obliging [ə'blaɪdʒɪŋ] *adj* zuvorkommend.

oblique [ə'bliːk] *adj* - **1.** [look, compliment] indirekt; [hint] versteckt - **2.** [line] Schräg-, schräg <> *n* TYPO Schrägstrich *der*.

obliquely [ə'bliːklɪ] *adv* [indirectly] indirekt.

obliterate [ə'blɪtəreɪt] *vt* aus|löschen.

obliteration [əˌblɪtə'reɪʃn] *n* Auslöschung *die*.

oblivion [ə'blɪvɪən] *n* - **1.** [unconsciousness] Bewusstlosigkeit *die* - **2.** [state of being forgotten] Vergessenheit *die*, Vergessen *das*.

oblivious [ə'blɪvɪəs] *adj*: **to be ~ to sthg** sich *(D)* einer Sache *(G)* nicht bewusst sein.

oblong ['ɒblɒŋ] *adj* rechteckig <> *n* Rechteck *das*.

obnoxious [əb'nɒkʃəs] *adj* [smell] widerlich; [remark] gemein; [person] unausstehlich.

o.b.o. (*abbr of* **or best offer**) ▻ **o. n. o.**

oboe ['əʊbəʊ] *n* Oboe *die*.

oboist ['əʊbəʊɪst] *n* Oboist *der*, -in *die*.

obscene [əb'siːn] *adj* obszön.

obscenity [əb'senətɪ] (*pl* **-ies**) *n* - **1.** *(U)* [obscene behaviour] Obszönität *die* - **2.** [swearword] Fluch *der*.

obscure [əb'skjʊəʳ] *adj* - **1.** [not well-known] unbekannt - **2.** [difficult to understand, see] unklar ◇ *vt* - **1.** [make difficult to understand] unklar machen - **2.** [hide] verdecken.

obscurity [əb'skjʊərətɪ] *n* - **1.** [state of being unknown] Unbekanntheit *die* - **2.** [difficulty] Unklarheit *die*, Verworrenheit *die* - **3.** [darkness] Dunkelheit *die*, Finsternis *die*.

obsequious [əb'siːkwɪəs] *adj* ***fml*** & ***pej*** unterwürfig.

observance [əb'zɜːvəns] *n (U)* Einhaltung *die*.

observant [əb'zɜːvnt] *adj* aufmerksam.

observation [ˌɒbzə'veɪʃn] *n* - **1.** *(U)* [action of watching] Beobachtung *die* - **2.** [remark] Bemerkung *die*, Äußerung *die*.

observation post *n* Beobachtungsposten *der*.

observatory [əb'zɜːvətrɪ] (*pl* **-ies**) *n* Observatorium *das*, Sternwarte *die*.

observe [əb'zɜːv] *vt* - **1.** ***fml*** [notice] bemerken - **2.** [watch carefully] beobachten - **3.** [obey] einlhalten - **4.** [remark] bemerken, äußern.

observer [əb'zɜːvəʳ] *n* - **1.** [watcher] Zuschauer *der*, -in *die* - **2.** [commentator] Beobachter *der*, -in *die*.

obsess [əb'ses] *vt*: **to be ~ed by sb/sthg, to be ~ed with sb/sthg** von jm/etw besessen sein.

obsession [əb'seʃn] *n* Besessenheit *die*.

obsessional [əb'seʃənl] *adj* obsessiv, zwanghaft.

obsessive [əb'sesɪv] *adj* obsessiv, zwanghaft.

obsolescence [ˌɒbsə'lesns] *n* Veralten *das*, Überholtsein *das*.

obsolescent [ˌɒbsə'lesnt] *adj* veraltend.

obsolete ['ɒbsəliːt] *adj* veraltet, überholt.

obstacle ['ɒbstəkl] *n* Hindernis *das*.

obstacle race *n* Hindernisrennen *das*.

obstetrician [ˌɒbstə'trɪʃn] *n* Geburtshelfer *der*, -in *die*.

obstetrics [ɒb'stetrɪks] *n* Geburtshilfe *die*.

obstinacy ['ɒbstɪnəsɪ] *n* Verbohrtheit *die*, Störrigkeit *die*.

obstinate ['ɒbstənət] *adj* - **1.** [person] verbohrt - **2.** [cough, resistance] hartnäckig.

obstinately ['ɒbstənətlɪ] *adv* hartnäckig.

obstreperous [əb'strepərəs] *adj* ***fml*** OR ***hum*** aufsässig.

obstruct [əb'strʌkt] *vt* - **1.** [road, path] blockieren, versperren - **2.** [progress, justice, traffic] behindern.

obstruction [əb'strʌkʃn] *n* - **1.** [in road, pipe] Blockierung *die* - **2.** [of justice] Behinderung *die* - **3.** SPORT Behinderung *die*, Sperren *das*.

obstructive [əb'strʌktɪv] *adj* obstruktiv, hinderlich.

obtain [əb'teɪn] *vt* erhalten.

obtainable [əb'teɪnəbl] *adj* erhältlich.

obtrusive [əb'truːsɪv] *adj* [person, behaviour] aufdringlich; [colour] auffällig; [smell] penetrant.

obtrusively [əb'truːsɪvlɪ] *adv* aufdringlich.

obtuse [əb'tjuːs] *adj* - **1.** ***fml*** [person] begriffsstutzig - **2.** GEOM [angle] stumpf.

obverse ['ɒbvɜːs] *n* - **1.** [front side] Vorderseite *die* - **2.** [opposite] andere Seite, Kehrseite *die*.

obviate ['ɒbvɪeɪt] *vt* ***fml*** beseitigen; **to ~ the need to do sthg** es unnötig machen, etw zu tun.

obvious ['ɒbvɪəs] *adj* offensichtlich ◇ *n*: **to state the ~** längst Bekanntes sagen.

obviously ['ɒbvɪəslɪ] *adv* - **1.** [of course] selbstverständlich - **2.** [clearly] eindeutig, offensichtlich.

obviousness ['ɒbvɪəsnɪs] *n* Offensichtlichkeit *die*, Eindeutigkeit *die*.

occasion [ə'keɪʒn] *n* - **1.** [circumstance, time] Gelegenheit *die*; **on one ~** einmal; **on ~** ***fml*** bei Gelegenheit, gelegentlich - **2.** [important event] Anlass *der*; **special ~** besonderer Anlass; **to rise to the ~** sich der Lage gewachsen zeigen - **3.** ***fml*** [reason, motive] Grund *der* ◇ *vt* ***fml*** [cause] hervorlrufen, verursachen.

occasional [ə'keɪʒənl] *adj* gelegentlich.

occasionally [ə'keɪʒnəlɪ] *adv* gelegentlich.

occasional table *n* Beistelltisch *der*.

occult [ɒ'kʌlt] *adj* okkult ◇ *n*: **the ~** das Okkulte.

occupancy ['ɒkjʊpənsɪ] *n (U)* ***fml*** [of land] Nutzung *die*; [of house, flat] Bewohnen *das*.

occupant ['ɒkjʊpənt] *n* - **1.** [of building, room] Bewohner *der*, -in *die* - **2.** [of chair] Inhaber *der*, -in *die*; [of vehicle] Insasse *der*, -sin *die*.

occupation [ˌɒkjʊ'peɪʃn] *n* - **1.** [job] Beruf *der* - **2.** [pastime] Beschäftigung *die* - **3.** MIL Besetzung *die*, Okkupation *die*.

occupational [ˌɒkjʊ'peɪʃənl] *adj* berufsbedingt, beruflich; [pension scheme] betrieblich.

occupational disease *n* Berufskrankheit *die*.

occupational hazard *n* Berufsrisiko *das*.

occupational therapist *n* Beschäftigungstherapeut *der*, -in *die*.

occupational therapy *n* Beschäftigungstherapie *die*.

occupied ['ɒkjʊpaɪd] *adj* - **1.** [taken] belegt - **2.** MIL besetzt, okkupiert.

occupier ['ɒkjʊpaɪəʳ] *n* Bewohner *der*, -in *die*.

occupy ['ɒkjʊpaɪ] (*pt* & *pp* **-ied**) *vt* - **1.** [house, room] bewohnen; [seat] belegen - **2.** MIL besetzen, okkupieren - **3.** [role, rank] innehaben - **4.** [keep busy]: **to ~ o.s.** sich beschäftigen - **5.** [time, space] in Anspruch nehmen; **how do**

you ~ your evenings? wie füllst du deine Abende aus?

occur [ə'kɜːʳ] (*pt* & *pp* **-red;** *cont* **-ring**) *vi* **- 1.** [happen] sich ereignen; [change] stattǀfinden; [difficulty] aufǀtreten **- 2.** [exist, be found] vorǀkommen **- 3.** [come to mind]: **to ~ to sb** jm in den Sinn kommen.

occurrence [ə'kʌrəns] *n* **- 1.** [event] Vorkommnis *das*, Ereignis *das* **- 2.** [fact or instance of occurring] Vorkommen *das*, Auftreten *das*

ocean ['əʊʃn] *n* **- 1.** [in names] Ozean *der* **- 2.** *Am* [sea] Meer *das*.

oceangoing ['əʊʃnˌgəʊɪŋ] *adj* Hochsee-, hochseetauglich.

Oceania [ˌəʊʃɪ'eɪnɪəl *n* Ozeanien *nt*.

Oceanian [ˌəʊʃɪ'eɪnɪən] *adj* ozeanisch <> *n* Ozeanier *der*, -in *die*.

ochre *Br*, **ocher** *Am* ['əʊkəʳ] *adj* ockerfarben.

o'clock [ə'klɒk] *adv* Uhr; **five ~** fünf Uhr.

OCR *n abbr of* **optical character reader.**

Oct. (*abbr of* **October**) Okt.

octagon ['ɒktəgən] *n* Achteck *das*, Oktagon *das*.

octagonal [ɒk'tægənl] *adj* achteckig, oktagonal.

octane ['ɒkteɪn] *n* Oktan *das*.

octane number, octane rating *n* Oktanzahl *die*.

octave ['ɒktɪv] *n* MUS Oktave *die*.

octet [ɒk'tet] *n* MUS Oktett *das*.

October [ɒk'təʊbəʳ] *n* Oktober *der; see also* **September.**

octogenarian [ˌɒktəʊdʒɪ'neərɪən] *n* Achtziger *der*, -in *die*.

octopus ['ɒktəpəs] (*pl* **-puses** OR **-pi** [-paɪ]) *n* Tintenfisch *der*.

OD - 1. *abbr of* **overdose - 2.** *abbr of* **overdrawn.**

odd [ɒd] *adj* **- 1.** [strange] seltsam, eigenartig **- 2.** [not part of pair] einzeln **- 3.** [number] ungerade **- 4.** [leftover] überzählig, übrig **- 5.** [occasional] gelegentlich **- 6.** *inf* [approximately] ungefähr, etwa; **twenty ~ years** mehr als zwanzig Jahre.

◆ **odds** *npl* **- 1.** [probability] Wahrscheinlichkeit *die*, Chancen *pl;* **the ~s are that ...** aller Wahrscheinlichkeit nach ..., es ist wahrscheinlich, dass ...; **against all** OR **the ~s** wider Erwarten **- 2.** [bits]: **~s and ends** Krimskrams *der* **- 3.** *phr:* **to be at ~s with sb/sthg** sich uneinig mit jm/etw sein.

oddball ['ɒdbɔːl] *n inf* seltsamer Kauz.

oddity ['ɒdɪtɪ] (*pl* **-ies**) *n* **- 1.** [strange person] Sonderling *der;* [strange thing] Kuriosität *die* **- 2.** [strangeness] Eigenartigkeit *die*.

odd-job man *Br*, **odd-jobber** *Am* [-'dʒɒbər] *n* Gelegenheitsarbeiter *der*.

odd jobs *npl* Gelegenheitsarbeiten *pl*.

oddly ['ɒdlɪ] *adv* seltsam.

oddments ['ɒdmənts] *npl* Einzelstücke *pl*.

odds-on ['ɒdz-] *adj* ***inf:*** **the ~ favourite** der klare Favorit; **it's ~ that ...** es ist sehr wahrscheinlich, dass ...

ode [əʊd] *n* Ode *die*.

odious ['əʊdɪəs] *adj* [person] abstoßend; [action] abscheulich.

odometer [əʊ'dɒmɪtəʳ] *n* Kilometerzähler *der*.

odor *n Am* = **odour.**

odorless *adj Am* = **odourless.**

odour *Br*, **odor** *Am* ['əʊdəʳ] *n* Geruch *der*.

odourless *Br*, **odorless** *Am* ['əʊdəlɪs] *adj* geruchlos.

odyssey ['ɒdɪsɪ] (*pl* **odysseys**) *n* ***literary*** Odyssee *die*.

OECD (*abbr of* **Organization for Economic Cooperation and Development**) *n* OECD *die*.

oesophagus *Br*, **esophagus** *Am* [ɪ'sɒfəgəs] *n* Ösophagus *der*.

oestrogen *Br*, **estrogen** *Am* ['iːstrədʒən] *n* Östrogen *das*.

of [*unstressed* əv, *stressed* ɒv] *prep* **- 1.** [gen] von (*the genitive case is often used instead of "von");* **the cover ~ the book** der Umschlag des Buches; **the colour ~ the car** die Farbe des Autos; **the handle ~ the door** der Türgriff; **a friend ~ mine** ein Freund von mir; **the works ~ Shakespeare** die Werke Shakespeares OR von Shakespeare; **the Queen ~ England** die Königin von England; **the University ~ Leeds** die Universität Leeds; **south ~ Boston/the river** südlich von Boston/des Flusses **- 2.** [expressing quantity, contents, age]: **a pound ~ sweets** ein Pfund Bonbons; **a piece ~ cake** ein Stück Kuchen; **a cup ~ coffee** eine Tasse Kaffee; **a group ~ women** eine Gruppe Frauen; **a rise ~ 20%** ein Anstieg um 20%; **a town ~ 50,000 people** eine Stadt mit 50.000 Einwohnern; **thousands ~ people** Tausende von Leuten; **a girl ~ six** ein sechsjähriges Mädchen; **both/one ~ us** beide/einer von uns; **a man ~ courage** ein mutiger Mann **- 3.** [made from] aus; **a house ~ stone** ein Haus aus Stein; **it's made ~ wood** es ist aus Holz **- 4.** [with emotions]: **a love ~ France** eine Liebe zu Frankreich; **a fear ~ flying** Angst vor dem Fliegen **- 5.** [on the part of] von; **that was very kind ~ you** das war sehr nett von Ihnen **- 6.** [referring to place names]: **the city ~ Birmingham** die Stadt Birmingham **- 7.** [indicating resemblance] von; **it was the size ~ a pea** es war so groß wie eine Erbse; es hatte die Größe einer Erbse **- 8.** [with dates, periods of time]: **the 26th ~ April** der

26. April; **the night ~ the murder** die Mordnacht; **the summer ~ 1969** der Sommer 1969; **in September ~ last year** im September letzten Jahres **- 9.** [indicating cause of death]: **to die ~ sthg** an etw *(D)* sterben **- 10.** ***Am*** [in telling the time] vor; **it's ten ~ four** es ist zehn vor vier.

off [ɒf] *adv* **- 1.** [away] weg; **to get ~** [from bus, train, plane] aus|steigen; **we're ~ to Austria next week** wir fahren nächste Woche nach Österreich; **I must be ~** ich muss gehen; **to go** *OR* **drop ~ to sleep** ein|schlafen **- 2.** [expressing removal] ab; **to take sthg ~** [clothes, shoes] etw aus|ziehen; [lid, wrapper] etw ab|nehmen; **with his shoes ~** ohne Schuhe **- 3.** [not working]: **to turn sthg ~** [TV, radio, engine] etw aus|schalten; [tap] etw zu|drehen **- 4.** [expressing distance or time away]: **it's 10 miles ~** es sind noch 10 Meilen bis dahin; **it's two months ~ yet** es sind noch zwei Monate bis dahin; **it's a long way ~** [in distance] es ist noch ein weiter Weg bis dahin; [in time] bis dahin ist es noch lange hin **- 5.** [not at work]: **I'm taking a week ~** ich nehme mir eine Woche frei **- 6.** [financially]: **well/badly ~** gut/schlecht daran ◇ *prep* **- 1.** [away from] von; **to get ~ sthg** aus etw aus|steigen; **~ the coast** vor der Küste; **it's just ~ the main road** es ist gleich in der Nähe der Hauptstraße **- 2.** [indicating removal] von ... ab; **take the lid ~ the jar** mach den Deckel von dem Glas ab; **they've taken £20 ~ the price** sie haben es um 20 Pfund billiger gemacht; **to take sthg ~ the table** etw vom Tisch nehmen; **take your hands ~ me!** nimm die Hände weg! **- 3.** [absent from]: **to be ~ work** frei haben **- 4.** ***inf*** [from] von; **I bought it ~ her** ich habe es von ihr gekauft **- 5.** ***inf*** [no longer liking or needing]: **I'm ~ my food at the moment** ich habe zur Zeit keinen Appetit; **she's ~ drugs now** sie nimmt keine Drogen mehr ◇ *adj* **- 1.** [meat, cheese, milk, beer] schlecht **- 2.** [not working] aus; [tap] zu **- 3.** [cancelled] abgesagt; **the deal is ~** die Sache ist abgeblasen **- 4.** [not available]: **the soup's ~** es ist keine Suppe mehr da **- 5.** ***inf*** [offhand] schroff.

offal [ˈɒfl] *n* Innereien *pl.*

off-balance *adv* **- 1.** [not standing firmly]: **he pushed me ~** er brachte mich aus dem Gleichgewicht **- 2.** [unprepared] unvorbereitet.

offbeat [ˈɒfbiːt] *adj* ***inf*** [person] unkonventionell; [sense of humour] merkwürdig.

off-centre *adj* & *adv* nicht mittig.

off-chance *n*: **on the ~** auf gut Glück.

off colour *adj* kränklich.

offcut [ˈɒfkʌt] *n* Verschnitt *der.*

off-day *n* ***inf*** schlechter Tag.

off duty *adv* außer Dienst, dienstfrei. ◆ **off-duty** *adj* außer Dienst.

offence ***Br,*** **offense** ***Am*** [əˈfens] *n* **- 1.** [crime] Verbrechen *das* **- 2.** [displeasure, hurt] Beleidigung *die*, Kränkung *die;* **to take ~** beleidigt sein, gekränkt sein.

offend [əˈfend] *vt* beleidigen ◇ *vi* **- 1.** [contravene]: **to ~ against sthg** gegen etw verstoßen **- 2.** [commit a crime] ein Verbrechen begehen.

offended [əˈfendɪd] *adj* beleidigt, gekränkt.

offender [əˈfendəʳ] *n* **- 1.** [criminal] Straftäter *der*, -in *die* **- 2.** [culprit] Schuldige *der, die.*

offending [əˈfendɪŋ] *adj* [newspaper article, word, statement] beleidigend; [object] anstößig.

offense [*sense 2* ˈɒfens] *n* ***Am*** **- 1.** = **offence** **- 2.** SPORT Angriff *der.*

offensive [əˈfensɪv] *adj* **- 1.** [causing offence] beleidigend, kränkend; [behaviour] anstößig **- 2.** [aggressive] Angriffs-, aggressiv ◇ *n* **- 1.** MIL Offensive *die*, Angriff *der* **- 2.** ***fig*** [attack]: **to go on** *OR* **take the ~** in die Offensive gehen.

offensiveness [əˈfensɪvnɪs] *n* Anstößigkeit *die.*

offer [ˈɒfəʳ] *n* Angebot *das;* **on ~** [available] verkäuflich; [at a special price] im Angebot ◇ *vt* an|bieten; **to ~ sthg to sb, to ~ sb sthg** jm etw an|bieten; **to ~ to do sthg** an|bieten, etw zu tun ◇ *vi* sich an|bieten.

OFFER [ˈɒfəʳ] (*abbr of* **Office of Electricity Regulation**) *n Regulierungsbehörde für den britischen Elektrizitätsmarkt.*

offering [ˈɒfərɪŋ] *n* **- 1.** [something offered] Gabe *die* **- 2.** RELIG [sacrifice] Opfer *das*, Opfergabe *die.*

off guard *adv* unvorbereitet.

offhand [ˌɒfˈhænd] *adj* lässig ◇ *adv* auf Anhieb.

office [ˈɒfɪs] *n* **- 1.** [gen] Büro *das* **- 2.** [government department] Behörde *die* **- 3.** [position of authority] Amt *das;* **in ~** im Amt; **to take ~** sein Amt an|treten.

office automation *n* Büroautomation *die.*

office block *n* Bürogebäude *das.*

office boy *n* Laufbursche *der.*

officeholder [ˈɒfɪsˌhəʊldəʳ] *n* Amtsinhaber *der*, -in *die.*

office hours *npl* Bürostunden *pl.*

office junior *n* ***Br*** Bürogehilfe *der*, -fin *die.*

Office of Fair Trading *n staatliche Verbraucherschutzorganisation in Großbritannien.*

officer [ˈɒfɪsəʳ] *n* **- 1.** MIL Offizier *der* **- 2.** [in organization] Vertreter *der*, -in *die* **- 3.** [in police force] Polizeibeamte *der*, -tin *die.*

office work *n (U)* Büroarbeit *die.*

office worker *n* Büroangestellte *der, die.*

official [əˈfɪʃl] *adj* offiziell ◇ *n* Beamte *der*, -tin *die;* SPORT Funktionär *der*, -in *die.*

officialdom [əˈfɪʃəldəm] *n* Beamtentum *das*, Bürokratie *die.*

officially [ə'fɪʃəlɪ] *adv* offiziell.
official receiver *n* Konkursverwalter *der*.
officiate [ə'fɪʃɪeɪt] *vi* amtieren; **to ~ at sthg** bei etw fungieren.
officious [ə'fɪʃəs] *adj* ***pej*** übereifrig.
offing ['ɒfɪŋ] *n*: **in the ~** in Sicht.
off-key *adj* & *adv* MUS falsch.
off-licence *n* ***Br*** Wein- und Spirituosenhandlung *die*.
off limits *adj* ***esp Am*** verboten.
off-line *adj* COMPUT offline.
offload [ɒf'ləʊd] *vt* ***inf***: **to ~ sthg (on to sb)** etw (auf jn) ab|schieben *OR* ab|wälzen.
off-peak *adj*: **~ electricity** Nachtstrom *der*; **~ fares** verbilligter Tarif; **during ~ hours** außerhalb der Stoßzeiten ◇ *adv* [travel] außerhalb der Hauptreisezeit.
off-putting [-ˌpʊtɪŋ] *adj* abstoßend.
off sales *npl* ***Br*** *Verkauf von Spirituosen zum Mitnehmen in einem Pub.*
off season *n*: **the ~** die Nebensaison.
◆ **off-season** *adj* außerhalb der Saison.
offset ['ɒfset] (*pt* & *pp* **offset**; *cont* **-ting**) *vt* aus|gleichen.
offshoot ['ɒfʃu:t] *n* Ableger *der*; **to be an ~ of sthg** ein Ableger von etw sein.
offshore [ˌɒf'ʃɔ:ʳ] *adj* **- 1.** [in or on the sea] Offshore- **- 2.** [near coast] in Küstennähe; **~ waters** Küstengewässer *pl* ◇ *adv* **- 1.** [out at sea] offshore, im offenen Meer **- 2.** [near coast] in Küstennähe.
offside [*adj & adv* ˌɒf'saɪd, *n* 'ɒfsaɪd] *adj* **- 1.** [part of vehicle] auf der Fahrerseite **- 2.** SPORT Abseits- ◇ *adv* SPORT im Abseits ◇ *n* [of vehicle] Fahrerseite *die*.
offspring ['ɒfsprɪŋ] (*pl inv*) *n* **- 1.** ***fml*** *OR* ***hum*** [of people] Nachwuchs *der* **- 2.** [of animals] Junge(s) *das*.
offstage [ˌɒf'steɪdʒ] *adj* & *adv* hinter der Bühne, hinter den Kulissen.
off-the-cuff *adj* & *adv* unüberlegt, spontan.
off-the-peg *adj* ***Br***: **~ suit** Anzug *der* von der Stange.
off-the-record *adj* & *adv* inoffiziell.
off-the-wall *adj* verrückt.
off-white *adj* gebrochen weiß.
OFGAS ['ɒfgæs] (*abbr of* **Office of Gas Supply**) *n Regulierungsbehörde für den britischen Gasmarkt.*
OFSTED ['ɒfsted] (*abbr of* **Office for Standards in Education**) *n britische Schulaufsichtsbehörde.*
OFT *n abbr of* **Office of Fair Trading.**
OFTEL ['ɒftel] (*abbr of* **Office of Telecommunications**) *n Regulierungsbehörde für den britischen Telefonmarkt.*
often ['ɒfn, 'ɒftn] *adv* oft; **how ~ do the buses run?** wie oft fährt der Bus?; **every so ~** gelegentlich; **as ~ as not, more ~ than not** meistens.
OFWAT ['ɒfwɒt] (*abbr of* **Office of Water Services**) *n Regulierungsbehörde für den britischen Wassermarkt.*
ogle ['əʊgl] *vt* ***pej*** begaffen.
ogre ['əʊgəʳ] *n* Menschenfresser *der*.
oh [əʊ] *excl* **- 1.** [to introduce comment] ach! **- 2.** [expressing hesitation, joy, surprise, fear] oh!; **~ no!** oh nein!
OH *abk für Ohio, in Postanschrift verwendet.*
ohm [əʊm] *n* Ohm *das*.
OHMS (*abbr of* **On His (or Her) Majesty's Service**) *Aufdruck auf amtlichen Briefsachen.*
oil [ɔɪl] *n* Öl *das* ◇ *vt* ölen, schmieren.
◆ **oils** *npl* ART Ölmalerei *die*.
oilcan ['ɔɪlkæn] *n* Ölkanne *die*.
oil change *n* Ölwechsel *der*.
oilcloth ['ɔɪlklɒθ] *n* Wachstuch *das*.
oilfield ['ɔɪlfi:ld] *n* Ölfeld *das*.
oil filter *n* Ölfilter *der*.
oil-fired [-ˌfaɪəd] *adj* ölbefeuert; **~ central heating** Ölheizung *die*.
oil industry *n*: **the ~** die Erdölindustrie.
oil paint *n* Ölfarbe *die*.
oil painting *n* **- 1.** [picture] Ölgemälde *das* **- 2.** [art] Ölmalerei *die*.
oilrig ['ɔɪlrɪg] *n* Ölbohrinsel *die*.
oilskins ['ɔɪlskɪnz] *npl* Ölzeug *das*.
oil slick *n* Ölteppich *der*.
oil tanker *n* **- 1.** [ship] Öltanker *der* **- 2.** [lorry] Tankwagen *der*.
oil well *n* Ölquelle *die*.
oily ['ɔɪlɪ] (*compar* **-ier**; *superl* **-iest**) *adj* **- 1.** [rag, clothes] ölig; [food] fettig **- 2.** ***pej*** [smarmy] schleimig.
ointment ['ɔɪntmənt] *n* Salbe *die*.
oiro (*abbr of* **offers in the region of**) ≃ VB.
OK[1] (*pl* **OKs**, *pt* & *pp* **OKed**; *cont* **OKing**), **okay** [ˌəʊ'keɪ] ***inf*** *adj* in Ordnung; **are you ~?** ist alles in Ordnung?; **is that ~ with you?** ist dir das recht? ◇ *adv* [well] gut ◇ *n*: **to give (sb) the ~** (jm) sein Okay geben ◇ *excl* **- 1.** [expressing agreement] okay!, in Ordnung! **- 2.** [to introduce new topic]: **~, let's get started** Okay, fangen wir an ◇ *vt* sein Okay geben zu.
OK[2] *abk für Oklahoma, in Postanschrift verwendet.*
okra ['əʊkrə] *n (U)* Okra *die*.
old [əʊld] *adj* **- 1.** [gen] alt; **how ~ are you?** wie

alt bist du?; **I'm 36 years ~** ich bin 36 (Jahre alt); **to get ~** alt werden; **in the ~ days** früher **- 2.** [for emphasis]: **any ~ thing** das erste beste, das Erstbeste; **good ~ George!** der gute alte Georg! ◇ *npl:* **the ~** ältere Leute.

old age *n (U)* Alter *das.*

old age pension *n Br* Rente *die.*

old age pensioner *n Br* Rentner *der,* -in *die.*

Old Bailey [-'beɪlɪ] *n:* **the ~** *oberster Strafgerichtshof in London.*

olden ['əʊldn] *adj:* **in the ~ days** früher.

old-fashioned [-'fæʃnd] *adj* [person, clothes] altmodisch; [ideas] überholt.

old flame *n* alte Flamme.

old maid *n pej* [spinster] alte Jungfer.

old master *n* alter Meister.

old people's home *n* Altersheim *das.*

Old Testament *n:* **the ~** das Alte Testament.

old-time *adj* im alten Stil.

old-timer *n* [old man] Alte *der.*

old wives' tale *n* Ammenmärchen *das.*

Old World *n:* **the ~** die Alte Welt.

O level (*abbr of* **ordinary level**) *n Br* ≈ mittlere Reife, *früherer Schulabschluss in England und Wales, 1988 durch das GCSE ersetzt.*

oligarchy ['ɒlɪgɑːkɪ] (*pl* **-ies**) *n* Oligarchie *die.*

olive ['ɒlɪv] *adj* oliv ◇ *n* Olive *die;* **~ (tree)** Olivenbaum *der.*

olive green *adj* olivgrün.

olive oil *n* Olivenöl *das.*

Olympic [ə'lɪmpɪk] *adj* olympisch.

◆ **Olympics** *npl:* **the ~s** die Olympischen Spiele.

Olympic Games *npl:* **the ~** die Olympischen Spiele.

Oman [əʊ'mɑːn] *n* Oman *nt.*

ombudsman ['ɒmbʊdzmən] (*pl* **-men** [-mən]) *n* Ombudsmann *der.*

omelet(te) ['ɒmlɪt] *n* Omelett *das.*

omen ['əʊmən] *n* Omen *das.*

ominous ['ɒmɪnəs] *adj* ominös.

ominously ['ɒmɪnəslɪ] *adv* bedrohlich; [speak] in einem unheilverkündenden Ton.

omission [ə'mɪʃn] *n* Auslassung *die.*

omit [ə'mɪt] (*pt* & *pp* **-ted;** *cont* **-ting**) *vt* auslassen; **to ~ to do sthg** es unterlassen, etw zu tun; [unintentionally] es versäumen, etw zu tun.

omnibus ['ɒmnɪbəs] *n* **- 1.** [book] Sammelband *der* **- 2.** *Br* RADIO & TV *erneute Ausstrahlung mehrerer Folgen einer Serie zusammen in einer Sendung.*

omnipotent [ɒm'nɪpətənt] *adj fml* allmächtig.

omnipresent [ˌɒmnɪ'prezənt] *adj fml* allgegenwärtig.

omniscient [ɒm'nɪsɪənt] *adj fml* allwissend.

omnivorous [ɒm'nɪvərəs] *adj:* **~ animal** Allesfresser *der.*

on [ɒn] *prep* **- 1.** [indicating position, location] auf *(+ D); (with verbs of motion)* auf *(+ A);* **it's ~ the table** es ist auf dem Tisch; **put it ~ the table** leg es auf den Tisch; **~ the wall/ceiling** an der Wand/der Decke; **~ page four** auf Seite vier; **~ my left/right** zu meiner Linken/Rechten; **~ the left/right** auf der linken/rechten Seite, links/rechts; **we stayed ~ a farm** wir übernachteten auf einem Bauernhof; **~ the Rhine** am Rhein; **~ the main road** an der Hauptstraße; **he had a scar ~ his face** er hatte eine Narbe im Gesicht; **do you have any money ~ you?** hast du Geld bei dir? **- 2.** [indicating means] auf *(+ D);* **recorded ~ tape** auf Band; **~ TV/the radio** im Radio/Fernsehen; **it runs ~ unleaded petrol** es fährt mit bleifreiem Benzin; **he lives ~ fruit and yoghurt** er lebt von Obst und Joghurt; **to cut o.s. ~ sthg** sich an etw *(D)* schneiden **- 3.** [indicating mode of transport]: **to be ~ the train/plane** im Zug/Flugzeug sein; **to travel ~ the bus/train** mit dem Bus/Zug fahren; **to get ~ a bus** in einen Bus ein|steigen; **~ foot** zu Fuß **- 4.** [using, supported by]: **to stand ~ one leg** auf einem Bein stehen; **he was lying ~ his back** er lag auf dem Rücken; **he's ~ medication** er muss Medikamente nehmen; **to be ~ drugs** [addicted] drogensüchtig sein, Drogen nehmen; **to be ~ social security** Sozialhilfe bekommen **- 5.** [about] über *(+ A);* **a book ~ Germany** ein Buch über Deutschland **- 6.** [indicating time] an *(+ D);* **~ Tuesday** am Dienstag; **~ Tuesdays** dienstags; **~ 25 August** am 25. August; **~ my birthday** an meinem Geburtstag; **~ arrival** bei Ankunft; **~ my return, ~ returning** bei meiner Rückkehr, als ich zurückkam **- 7.** [indicating activity]: **to work ~ sthg** an etw *(D)* arbeiten; **he's here ~ business** er ist geschäftlich hier; **~ holiday** im Urlaub, in Ferien; **she's ~ the telephone** [talking] sie telefoniert gerade; **to be ~ night shift** Nachtschicht haben; **to be ~ fire** brennen **- 8.** [according to]: **~ good authority** aus guter Quelle; **~ this evidence ...** aufgrund dieser Beweise ... **- 9.** [indicating influence, effect] auf *(+ A);* **the effect ~ Britain** die Auswirkungen auf Großbritannien; **a tax ~ imports** eine Steuer auf Importe **- 10.** [indicating membership] in *(+ D);* **to be ~ a committee** Mitglied eines Ausschusses sein **- 11.** [earning]: **she's ~ £25,000 a year** sie verdient £25.000 pro Jahr; **to be ~ a low income** ein niedriges Einkommen haben **- 12.** [obtained from]: **interest ~ investments** Zinsen aus Investitionen **- 13.** [referring to musical instrument] auf *(+ D);* **~ the violin/flute** auf der Geige/Flöte **- 14.:** **~ the cheap** billig; **~ the sly**

hintenherum - **15.** *inf* [paid by]: **the drinks are ~ me** die Drinks gehen auf mich ◇ *adv* - **1.** [in place, covering]: **to have sthg ~** [clothes, hat] etw an|haben; **put the lid ~** mach den Deckel drauf; **to put one's clothes ~** sich *(D)* (seine Kleider) an|ziehen - **2.** [taking place]: **to be ~** statt|finden; **how long is the festival ~?** wie lange geht das Festival?; **when the war was ~** während des Krieges; **to have sthg ~** [planned] etw vor|haben - **3.** [film, play, programme]: **the news is ~** die Nachrichten laufen; **what's ~ at the cinema?** was läuft im Kino?; **there's nothing ~ tonight** heute abend kommt nichts - **4.** [working] an; **you left the heater ~** du hast den Heizer angelassen; **to turn sthg ~** [TV, radio, engine] etw ein|schalten; [tap] etw auf |drehen - **5.** [indicating continuing action] weiter; **to work ~** weiter|arbeiten; **we talked ~ into the night** wir redeten noch bis in die Nacht hinein; **he kept ~ walking** er ging immer weiter - **6.** [forward]: **send my mail ~ (to me)** senden Sie mir die Post nach - **7.** [with transport]: **to get ~** ein|steigen; **is everyone ~?** sind alle eingestiegen? - **8.** *phr:* **earlier ~** früher; **later ~** später; **it's just not ~!** *inf* das geht einfach nicht!; **to be** *OR* **go ~ at sb (to do sthg)** [pester] jm zu|setzen(, etw zu tun).

◆ **from ... on** *adv:* **from that moment ~** von dem Moment an; **from now ~** von jetzt an, ab jetzt; **from then ~** von da an.

◆ **on and off** *adv* ab und zu.

◆ **on and on** *adv:* **to go ~ and ~ (about sthg)** (über etw *(A)*) unaufhörlich sprechen.

◆ **on to, onto** *prep (only written as onto for senses 4 and 5)* - **1.** [to a position on top of] auf *(+ A)*; **she jumped ~ to the chair** sie sprang auf den Stuhl - **2.** [into a vehicle] in *(+ A)*; **she got ~ to the bus** sie stieg in den Bus ein - **3.** [wall, door] an *(+ A)*; **stick the photo ~ to the page** kleb das Foto auf die Seite - **4.** [aware of]: **to be ~to sb** [subj: police] jm auf der Spur sein; **she's ~to something** sie hat etwas entdeckt - **5.** [into contact with]: **to get ~to sb** sich an jn wenden.

ON *abk für Ontario, in Postanschrift verwendet.*

once [wʌns] *adv* einmal; **not ~** kein einziges Mal; **for ~** ausnahmsweise; **~ more** [one more time] noch einmal; [again] wieder; **~ and for all** ein für allemal; **this ~** dieses eine Mal; **~ (upon a time) there was ...** es war einmal ... ◇ *conj* wenn.

◆ **at once** *adv* - **1.** [immediately] sofort - **2.** [at the same time] gleichzeitig; **all at ~** auf einmal.

once-over *n inf:* **to give sb/sthg the ~** jn/etw kurz in Augenschein nehmen.

oncoming [ˈɒn,kʌmɪŋ] *adj:* **~ traffic** Gegenverkehr *der.*

one [wʌn] *num* - **1.** [the number 1] eins; **~, two, three** eins, zwei, drei; **a ~ followed by three twos** eine eins und drei zweien; **thirty-~** einunddreißig; **at ~/~ thirty** [time] um eins/halb zwei; **in ~s and twos** vereinzelt - **2.** *(with masculine and neuter nouns)* ein; *(with feminine nouns)* eine; **~ brother and ~ sister** ein Bruder und eine Schwester; **~ hundred/thousand** (ein)hundert/(ein)tausend; **page ~** Seite eins; **~-fifth** ein Fünftel; **~ or two** einige ◇ *adj* - **1.** [only] einzige, -r, -s; **it's her ~ ambition** das ist ihr einziger Ehrgeiz - **2.** [indefinite]: **~ day** [in past, future] eines Tages; **~ of these days** irgendwann einmal; **~ afternoon/night** an einem Nachmittag/Abend - **3.** *fml* [a certain] ein gewisser, eine gewisse; **~ James Smith** ein gewisser James Smith - **4.** *inf* [a]: **~ awful hangover** ein Mordskater; **~ hell of a bang** ein Mordsknall ◇ *pron* - **1.** [referring to a particular thing or person]: **the red/blue ~** der/die/das Rote/Blaue; **the best ~s** die besten; **the ~ on the table** der/die/das auf dem Tisch; **the ~ I told you about** der/die/das, von dem/der/dem ich dir erzählt habe; **the ~s you want** die *OR* diejenigen, die du willst; **I like that ~** ich mag den/die/das (da); **which ~?** welche, -r, -s?; **a red dot and a blue ~** ein roter Punkt und ein blauer; **I'm not** *OR* **I've never been ~ to ...** ich bin nicht einer, der ... - **2.** [indefinite] eine/einer/eins; **there's only ~ left** es ist nur eine/einer/eins übrig; **have you got ~?** hast du eine/einen/eins?; **~ of my friends** einer meiner Freunde; **not ~ (of them)** keiner (von ihnen); **~ by ~** einer nach dem anderen - **3.** [referring to money]: **~ fifty, please** ein Pfund/Dollar fünfzig, bitte - **4.** *fml* [you, anyone] man; **~ never knows** man weiß nie; **to give ~'s opinion** seine Meinung sagen; **to cut ~'s finger** sich *(D)* in den Finger schneiden - **5.** *inf* [blow]: **she thumped him ~** sie hat ihm eine geschmiert.

◆ **at one** *adj:* **to be at ~ with sb** sich *(D)* mit jm einig sein; **to be at ~ with sthg** mit etw im Einklang sein.

◆ **for one** *adv:* **I for ~ will come** ich jedenfalls werde kommen.

◆ **one up on** *adj:* **to be** *OR* **have ~ up on sb** [have advantage] jm etwas voraus|haben.

one-armed bandit [-ɑːmd-] *n* einarmiger Bandit.

one-liner *n* witziger Einzeiler.

one-man *adj* Einmann-.

one-man band *n* - **1.** [musician] Einmannband *die* - **2.** [business] Einmannbetrieb *der.*

one-night stand *n* - **1.** [performance] einmaliges Gastspiel - **2.** *inf* [sexual relationship] One-Night-Stand *der.*

one-off *inf adj* [event, offer, concert] einmalig; **~ object/product** Einzelstück *das* ◇ *n* - **1.** [unique event] einmalige Sache; [person] Original *das* - **2.** [unique object, product] Einzelstück *das.*

one-on-one *adj* **Am** = **one-to-one.**

one-parent family *n* Einelternfamilie *die.*

one-piece swimsuit *n* Einteiler *der*.

onerous ['əʊnərəs] *adj* [task] mühevoll; [responsibility] schwer.

oneself [wʌn'self] *pron* ***fml*** **- 1.** *(reflexive)* sich; **to make ~ comfortable** es sich *(D)* bequem machen **- 2.** *(after prep)* sich selbst; **to look at ~ in the mirror** sich (selbst) im Spiegel betrachten **- 3.** *(stressed)* selbst; **to do sthg ~** etw selbst tun.

one-sided [-'saɪdɪd] *adj* einseitig.

onetime ['wʌntaɪm] *adj* [former] ehemalig.

one-to-one ***Br***, **one-on-one** ***Am*** *adj*: **~ discussion** Diskussion *die* unter vier Augen; **~ tuition** Einzelunterricht *der*.

one-way *adj*: **~ street** Einbahnstraße *die*; **~ traffic** Einbahnverkehr *der*; **~ ticket** einfache Fahrkarte.

ongoing ['ɒn,gəʊɪŋ] *adj* [situation] andauernd; [project] laufend; [discussions] im Gang befindlich.

onion ['ʌnjən] *n* Zwiebel *die*.

online [*adj* 'ɒnlaɪn, *adv* ,ɒn'laɪn,] COMPUT *adj* Online- <> *adv* online.

onlooker ['ɒn,lʊkəʳ] *n* Zuschauer *der*, -in *die*; [at accident scene] Schaulustige *der*, *die*.

only ['əʊnlɪ] *adj* einzige, -r, -s; **an ~ child** ein Einzelkind <> *adv* nur; **I ~ want one** ich möchte nur einen/eine/eines; **I ~ wish I could** ich würde es wirklich gern tun; **~ yesterday** erst gestern; **we've ~ just arrived** wir sind gerade erst angekommen; **there's ~ just enough** es ist gerade noch genug da; **not ~** nicht nur <> *conj* aber; **I would go, ~ I'm too tired** ich würde gehen, aber ich bin zu müde.

o.n.o., ono (*abbr of* **or near(est) offer**) ≃ VB oder gegen Verbot.

onrush ['ɒnrʌʃ] *n* [of feeling] Ansturm *der*.

on-screen COMPUT *adj* & *adv* auf dem Bildschirm.

onset ['ɒnset] *n* Beginn *der*; [of war, illness] Ausbruch *der*.

onshore [,ɒn'ʃɔːʳ] *adj* [oil production] an Land stattfindend; **~ wind** Seewind *der* <> *adv* an Land; [blow] landwärts.

onside [ɒn'saɪd] *adj* SPORT: **to be ~** nicht im Abseits sein.

onslaught ['ɒnslɔːt] *n* **- 1.** [physical] (heftiger) Angriff **- 2.** [verbal] (verbale) Attacke.

Ont. *abk für Ontario, in Postanschrift verwendet.*

on-the-job *adj* [training] innerbetrieblich.

on-the-spot *adj*: **~ interview/reporter** Interview *das*/Reporter *der*, -in *die* vor Ort.

onto [*unstressed before consonant* 'ɒntə, *unstressed before vowel* 'ɒntʊ, *stressed* 'ɒntuː] *prep* ▷ **on.**

onus ['əʊnəs] *n*: **the ~ is on him to convince us** es liegt an ihm, uns zu überzeugen.

onward ['ɒnwəd] *adj*: **~ journey** Weiterreise *die* <> *adv* = **onwards.**

onwards ['ɒnwədz] *adv* [forwards] vorwärts; **to travel ~** weiter|reisen; **from now ~** von jetzt an; **from October ~** ab Oktober.

onyx ['ɒnɪks] *n* Onyx *der*.

oodles ['uːdlz] *npl* ***inf***: **~ of money/chocolate/***etc* jede Menge Geld/Schokolade/*etc*.

ooh [uː] *excl* ***inf*** oh!

oops [ʊps, uːps] *excl* ***inf*** huch!; [after mistake] oh!

ooze [uːz] *vt* ***fig*** [charm] aus|strahlen; [confidence] strotzen vor *(+ D)* <> *vi* [liquid, blood] triefen; [mud] (heraus|)quellen <> *n* [mud] Schlamm *der*.

opal ['əʊpl] *n* Opal *der*.

opaque [əʊ'peɪk] *adj* **- 1.** [not transparent] undurchsichtig **- 2.** ***fig*** [text, meaning] unverständlich.

OPEC ['əʊpek] (*abbr of* **Organization of Petroleum-Exporting Countries**) *n* OPEC *die*.

open ['əʊpn] *adj* **- 1.** [gen] offen; **wide ~** weit offen **- 2.** [receptive - mind, person]: **to be ~ to sthg** [ready to accept] für etw offen sein; **~ to question** fraglich; **to lay o.s. ~ to criticism** sich der Kritik aus|setzen; **two options are ~ to us** zwei Möglichkeiten stehen uns offen **- 3.** [shop, office, library] geöffnet; **are you ~ at the weekend?** haben Sie am Wochenende geöffnet?; **~ to the public** der Öffentlichkeit zugänglich **- 4.** [inaugurated] eröffnet **- 5.** [unobstructed - road, passage] frei; [- view] weit **- 6.** [not enclosed]: **~ country** freies Land; **in the ~ air** im Freien <> *n*: **in the ~** [in the fresh air] im Freien; **to bring sthg out into the ~** etw ans Licht bringen <> *vt* **- 1.** [gen] öffnen, auf|machen; **to ~ fire** das Feuer eröffnen **- 2.** [bank account, meeting, event, new building] eröffnen <> *vi* **- 1.** [door, window, eyes, flower] sich öffnen, auf|gehen **- 2.** [begin business] öffnen, auf|machen **- 3.** [commence] beginnen, an|fangen.

◆ **open on to** *vt fus* [subj: door] führen auf *(+ A)*.

◆ **open out** *vi* **- 1.** [bud, petals] sich öffnen, auf|gehen **- 2.** [road, path, river] breiter werden **- 3.** [valley] sich öffnen; [view] sich erstrecken.

◆ **open up** *vt sep* **- 1.** [gen] öffnen, auf|machen **- 2.** [for development - country, market] erschließen <> *vi* **- 1.** [unlock door] auf|schließen **- 2.** [for business] öffnen, auf|machen **- 3.** [become available - possibilities, chances] sich eröffnen, sich auf|tun **- 4.** [become less reserved] offener werden.

open-air *adj* [concert] Openair-; **~ swimming pool** Freibad *das*.

open-and-shut *adj:* **an ~ case** ein klarer Fall.

open day *n* Tag *der* der offenen Tür.

open-ended [-'endɪd] *adj* [without time limitation] ohne Zeitbeschränkung.

opener ['əʊpnəʳ] *n* Öffner *der.*

open-handed [-'hændɪd] *adj* großzügig.

open-heart surgery *n (U)* Eingriff *der* am offenen Herzen.

opening ['əʊpnɪŋ] *adj* [speech, scene] Eröffnungs- ◇ *n* **- 1.** [beginning] Anfang *der* **- 2.** [gap] Öffnung *die* **- 3.** [opportunity, business possibility] Möglichkeit *die* **- 4.** [job vacancy] freie Stelle.

opening hours *npl* Öffnungszeiten *pl.*

opening night *n* Premiere *die.*

opening time *n* ***Br*** [of pub] Ausschankzeit *die.*

open letter *n* offener Brief.

openly ['əʊpənlɪ] *adv* [frankly] offen; [publicly] öffentlich; **to be ~ gay** offen zeigen, dass man schwul ist.

open market *n* freier Markt.

open-minded [-'maɪndɪd] *adj* aufgeschlossen.

open-mouthed [-'maʊðd] *adv* mit offenem Mund.

open-necked [-'nekt] *adj* mit offenem Kragen.

openness ['əʊpənnɪs] *n* [frankness] Offenheit *die.*

open-plan *adj* [office] Großraum-.

open prison *n* offene Anstalt.

open sandwich *n* belegtes Brot.

open season *n* [for hunting] Jagdzeit *die;* [for fishing] Fangzeit *die.*

Open University *n* ***Br:*** **the ~** *britische Fernuniversität.*

OPEN UNIVERSITY

Die britische „OU", wie sie auch abgekürzt wird, ist eine Fernuniversität, deren Vorlesungen in Radio und Fernsehen ausgestrahlt werden und die es Erwachsenen ermöglicht, von zu Hause aus Studienabschlüsse zu erwerben. Zur Vertiefung dienen schriftliche Hausaufgaben, die korrigiert zurückgeschickt werden, monatliche Seminartreffen und jährliche „summer schools", die meist etwa eine Woche dauern. Die OU steht allen offen und ist an keine Qualifikationen gebunden. Für die Kurse wird eine Gebühr erhoben.

opera ['ɒpərə] *n* Oper *die.*

opera glasses *npl* Opernglas *das.*

opera house *n* Opernhaus *das.*

opera singer *n* Opernsänger *der*, -in *die*

operate ['ɒpəreɪt] *vt* **- 1.** [machine] bedienen **- 2.** COMM [business] leiten, führen ◇ *vi* **- 1.** [law] sich auswirken; [system] funktionieren; [machine - function] funktionieren; [- be in operation] in Betrieb sein **- 2.** COMM [business] arbeiten; **where do you ~ from?** wo haben Sie Ihren Geschäftssitz? **- 3.** MED: **to ~ (on sb/sthg)** (jn/etw) operieren.

operatic [ˌɒpə'rætɪk] *adj* Opern-.

operating room ['ɒpəreɪtɪŋ-] *n* ***Am*** = **operating theatre.**

operating system ['ɒpəreɪtɪŋ-] *n* COMPUT Betriebssystem *das.*

operating theatre ***Br*****, operating room** ***Am*** ['ɒpəreɪtɪŋ-] *n* Operationssaal *der.*

operation [ˌɒpə'reɪʃn] *n* **- 1.** [planned activity - MIL] Operation *die;* [- of police force] Einsatz *der;* **rescue ~** Rettungsaktion *die;* **relief ~** Hilfsaktion *die* **- 2.** *(U)* [COMM - management] Leitung *die;* [- company, business] Unternehmen *das* **- 3.** *(U)* [of machine - running] Betrieb *der;* [- control] Bedienung *die;* **to be in ~** [machine] in Betrieb sein; [law] in Kraft sein; [system] angewendet werden **- 4.** MED Operation *die;* **to have an ~** operiert werden.

operational [ˌɒpə'reɪʃənl] *adj* **- 1.** [machine]: **to be ~** [ready for use] betriebsbereit sein; [in use] in Betrieb sein **- 2.** [costs, problem] Betriebs-.

operative ['ɒprətɪv] *adj:* **to become ~** [law] in Kraft treten; [system] eingeführt werden ◇ *n* [in factory] Maschinenarbeiter *der*, -in *die.*

operator ['ɒpəreɪtəʳ] *n* **- 1.** [TELEC - at telephone exchange] Vermittlung *die;* [- at switchboard] Telefonist *der*, -in *die* **- 2.** [of machine] Maschinenarbeiter *der*, -in *die;* [of computer] Operator *der*, -in *die* **- 3.** COMM [person in charge] Unternehmer *der*, -in *die.*

operetta [ˌɒpə'retə] *n* Operette *die.*

ophthalmic optician [ɒf'θælmɪk-] *n* Augenoptiker *der*, -in *die.*

ophthalmologist [ˌɒfθæl'mɒlədʒɪst] *n* Augenarzt *der*, -ärztin *die.*

opinion [ə'pɪnjən] *n* Meinung *die*, Ansicht *die;* MED Gutachten *das;* **what's your ~ of him?** was halten Sie von ihm?; **to be of the ~ that ...** der Meinung *OR* Ansicht sein, dass ...; **to have a high/low ~ of sb** eine hohe/schlechte Meinung von jm haben; **in my ~** meiner Meinung *OR* Ansicht nach; **public ~** die öffentliche Meinung.

opinionated [ə'pɪnjəneɪtɪd] *adj* ***pej*** rechthaberisch.

opinion poll *n* Meinungsumfrage *die.*

opium ['əʊpɪəm] *n* Opium *das.*

opponent [ə'pəʊnənt] *n* Gegner *der*, -in *die.*

opportune ['ɒpətju:n] *adj* [moment] günstig.

opportunist [ˌɒpə'tju:nɪst] *n* Opportunist *der*, -in *die*.

opportunity [ˌɒpə'tju:nətɪ] (*pl* **-ies**) *n* Gelegenheit *die;* **to get the ~ (to do sthg)** die Chance bekommen(, etw zu tun); **to take the ~ to do** *OR* **of doing sthg** die Gelegenheit ergreifen, um etw zu tun.

oppose [ə'pəʊz] *vt* [resist] sich widersetzen *(+ D);* [ideas, views] ab|lehnen.

opposed [ə'pəʊzd] *adj:* **to be ~ to sthg** gegen etw sein; **as ~ to** im Gegensatz zu.

opposing [ə'pəʊzɪŋ] *adj* [points of view] entgegengesetzt; [teams] gegnerisch.

opposite ['ɒpəzɪt] *adj* **- 1.** [facing] gegenüberliegend; **the houses ~** die Häuser gegenüber **- 2.** [very different] entgegengesetzt ◇ *adv* gegenüber ◇ *prep* [facing] gegenüber *(+ D)* ◇ *n* Gegenteil *das*.

opposite number *n* Pendant *das*.

opposite sex *n:* **the ~** das andere Geschlecht.

opposition [ˌɒpə'zɪʃn] *n* **- 1.** [disapproval] Widerstand *der*, Opposition *die* **- 2.** [opposing team] Gegner *pl*.

◆ **Opposition** *n Br* POL: **the Opposition** die Opposition.

oppress [ə'pres] *vt* **- 1.** [persecute] unterdrücken **- 2.** [subj: anxiety, atmosphere] bedrücken.

oppressed [ə'prest] *adj* unterdrückt ◇ *npl:* **the ~** die Unterdrückten *pl*.

oppression [ə'preʃn] *n* **- 1.** [persecution] Unterdrückung *die* **- 2.** [despondency] Bedrücktheit *die*.

oppressive [ə'presɪv] *adj* **- 1.** [regime, government, society] repressiv **- 2.** [heat, weather] drückend **- 3.** [situation, silence] bedrückend.

oppressor [ə'presəʳ] *n* Unterdrücker *der*, -in *die*.

opt [ɒpt] *vt:* **to ~ to do sthg** sich dafür entscheiden, etw zu tun ◇ *vi:* **to ~ for sthg** sich für etw entscheiden.

◆ **opt in** *vi:* **to ~ in to sthg** etw *(D)* bei|treten.

◆ **opt out** *vi:* **to ~ out (of)** [scheme, system] aus|treten (aus).

optic ['ɒptɪk] *adj* optisch; **~ nerve** Sehnerv *die*.

◆ **optics** *n (U)* Optik *die*.

optical ['ɒptɪkl] *adj* optisch.

optical character reader *n* COMPUT Klarschriftleser *der*.

optical fibre *n* TELEC Glasfaserkabel *das*.

optical illusion *n* optische Täuschung.

optician [ɒp'tɪʃn] *n* Optiker *der*, -in *die;* **to go to the ~'s** zum Optiker gehen.

optimism ['ɒptɪmɪzm] *n* Optimismus *der*.

optimist ['ɒptɪmɪst] *n* Optimist *der*, -in *die*.

optimistic [ˌɒptɪ'mɪstɪk] *adj:* **~ (about)** optimistisch (in Bezug auf *(+ A)*); **she's ~ about passing her driving test** sie ist optimistisch, dass sie die Fahrprüfung bestehen wird.

optimize, -ise ['ɒptɪmaɪz] *vt* optimieren.

optimum ['ɒptɪməm] *adj* optimal.

option ['ɒpʃn] *n* [choice] Wahl *die;* [alternative to be chosen] (Wahl)möglichkeit *die;* **she had no ~ but to go** ihr blieb nichts anderes übrig, als zu gehen; **to have the ~ to do** *OR* **of doing sthg** die Möglichkeit haben, etw zu tun.

optional ['ɒpʃənl] *adj* [subject] Wahl-; [course] fakultativ; **~ extra** Extra *das*.

opulence ['ɒpjʊləns] *n* **- 1.** [wealth] Reichtum *der* **- 2.** [of decor] Üppigkeit *die*.

opulent ['ɒpjʊlənt] *adj* **- 1.** [wealthy] reich **- 2.** [decor] üppig.

or [ɔ:ʳ] *conj* **- 1.** [linking alternatives] oder; **either one ~ the other** entweder das eine oder das andere; **~ (else)** [otherwise] sonst; **ten kilometres ~ so** [approximately] ungefähr zehn Kilometer **- 2.** *(after negatives)* noch; **he cannot read ~ write** er kann weder lesen noch schreiben.

OR *abk für Oregon, in Postanschrift verwendet.*

oral ['ɔ:rəl] *adj* **- 1.** [exam] mündlich **- 2.** MED [medicine] zum Einnehmen; [hygiene] Mund-; **~ vaccine** Schluckimpfung *die* ◇ *n* mündliche Prüfung.

orally ['ɔ:rəlɪ] *adv* MED oral; **to take sthg ~** etw ein|nehmen.

orange ['ɒrɪndʒ] *adj* [colour] orange ◇ *n* **- 1.** [fruit] Orange *die*, Apfelsine *die* **- 2.** *(U)* [colour] Orange *das*.

orange juice *n* Orangensaft *der*.

orangutang [ɔ:ˌræŋu:'tæŋ] *n* Orang-Utan *der*.

oration [ɔ:'reɪʃn] *n fml* Rede *die*.

orator ['ɒrətəʳ] *n* Redner *der*, -in *die*.

oratorio [ˌɒrə'tɔ:rɪəʊ] (*pl* **-s**) *n* Oratorium *das*.

orb [ɔ:b] *n* **- 1.** [sphere] Kugel *die* **- 2.** [of ruler] Reichsapfel *der*.

orbit ['ɔ:bɪt] *n* **- 1.** [in space] Umlaufbahn *die;* **to go into ~** in die Umlaufbahn ein|treten **- 2.** [sphere of influence] Einflusssphäre *die* ◇ *vt* umkreisen.

orbital motorway [ˌɔ:bɪtl-] *n Br* Ringautobahn *die*.

orchard ['ɔ:tʃəd] *n* Obstgarten *der*.

orchestra ['ɔ:kɪstrə] *n* Orchester *das*.

orchestral [ɔ:'kestrəl] *adj* Orchester-.

orchestra pit *n* Orchestergraben *der*.

orchestrate ['ɔ:kɪstreɪt] *vt* **- 1.** MUS orchestrieren **- 2.** *fig* [organize] sorgfältig organisieren.

orchestration [ˌɔːke'streɪʃn] *n* **- 1.** MUS Orchestrierung *die* **- 2.** *fig* [organization] sorgfältige Organisation.

orchid ['ɔːkɪd] *n* Orchidee *die*.

ordain [ɔː'deɪn] *vt* **- 1.** *fml* [decree - subj: ruler] verfügen; [- subj: God, law] bestimmen **- 2.** RELIG: **to be ~ed** (zum Priester) geweiht werden.

ordeal [ɔː'diːl] *n* Tortur *die*.

order ['ɔːdəʳ] *n* **- 1.** [instruction] Anweisung *die;* MIL Befehl *der;* **until further ~s** bis auf weiteren Befehl; **to be under ~s to do sthg** MIL den Befehl haben, etw zu tun **- 2.** COMM [request, in restaurant] Bestellung *die;* [contract to manufacture or supply goods] Auftrag *der;* **to place an ~ with sb for sthg** eine Bestellung für etw bei jm auf|geben, jm für etw einen Auftrag erteilen; **to ~** auf Bestellung **- 3.** *(U)* [sequence] Reihenfolge *die;* **arranged in ~ of importance** nach Wichtigkeit geordnet; **in the right ~** in der richtigen Reihenfolge; **out of ~, in the wrong ~** in der falschen Reihenfolge; **in alphabetical ~** in alphabetischer Reihenfolge **- 4.** *(U)* [neatness, discipline, system] Ordnung *die* **- 5.** [fitness for use]: **in ~** [valid] in Ordnung; **in working ~** funktionstüchtig; **out of ~** [machine, lift] außer Betrieb; **you're out of ~!** *inf* pass auf, was du sagst/machst!; **to keep ~** die Disziplin aufrecht|erhalten **- 6.** RELIG Orden *der* **- 7.** *Am* [portion] Portion *die* <> *vt* **- 1.** [command] an|ordnen; MIL befehlen *(+ D);* [subj: court] verfügen; **to ~ sb to do sthg** jn an|weisen, etw zu tun; MIL jm befehlen, etw zu tun; **to ~ that** an|ordnen, dass; MIL befehlen, dass **- 2.** COMM [request] bestellen; [to be manufactured: suit, aircraft, ship] in Auftrag geben <> *vi* [in restaurant] bestellen.

◆ **orders** *npl* RELIG: **(holy) ~s** (Priester)weihe *die;* **to take holy ~s** die Weihen empfangen.

◆ **in the order of** *Br*, **on the order of** *Am prep* etwa.

◆ **in order that** *conj* damit.

◆ **in order to** *conj* um ... zu; **in ~ to get a better view** um eine bessere Sicht zu bekommen.

◆ **order about, order around** *vt sep* herum|kommandieren.

order book *n* Auftragsbuch *das*.

order form *n* Bestellschein *der*.

orderly ['ɔːdəlɪ] (*pl* **-ies**) *adj* ordentlich <> *n* [in hospital] Pfleger *der*, -in *die*.

order number *n* Auftragsnummer *die*.

ordinal ['ɔːdɪnl] *n* Ordnungszahl *die*.

ordinarily ['ɔːdənrəlɪ] *adv* [normally] gewöhnlich, normalerweise.

ordinary ['ɔːdənrɪ] *adj* **- 1.** [normal] gewöhnlich, normal; **~ people** einfache Leute **- 2.** *pej* [unexceptional] gewöhnlich <> *n:* **out of the ~** außergewöhnlich.

ordinary seaman *n Br* Leichtmatrose *der*.

ordinary shares *npl Br* FIN Stammaktien *pl*.

ordination [ˌɔːdɪ'neɪʃn] *n (U)* Ordination *die*.

ordnance ['ɔːdnəns] *n* MIL [artillery] Artillerie *die*.

Ordnance Survey *n britisches Landesvermessungsamt.*

ore [ɔːʳ] *n* Erz *das*.

oregano [ˌɒrɪ'gɑːnəʊ] *n* Oregano *der*.

organ ['ɔːgən] *n* **- 1.** ANAT Organ *das* **- 2.** MUS Orgel *die* **- 3.** *fig* [newspaper, magazine] Organ *das*.

organic [ɔː'gænɪk] *adj* **- 1.** [of animals, plants] organisch **- 2.** [food] biodynamisch.

organically [ɔː'gænɪklɪ] *adv* [grown] biodynamisch.

organism ['ɔːgənɪzm] *n* Organismus *der*.

organist ['ɔːgənɪst] *n* Organist *der*, -in *die*.

organization [ˌɔːgənaɪ'zeɪʃn] *n* **- 1.** [gen] Organisation *die* **- 2.** *(U)* [arrangement] Ordnung *die*.

organizational [ˌɔːgənaɪ'zeɪʃnl] *adj* [structure] Organisations-; [skills] organisatorisch.

organize, -ise ['ɔːgənaɪz] *vt* organisieren; [affairs, thoughts] ordnen <> *vi* sich organisieren.

organized, -ised ['ɔːgənaɪzd] *adj* organisiert; **she's not very ~** bei ihr geht alles durcheinander.

organized crime *n (U)* organisiertes Verbrechen.

organizer, -iser ['ɔːgənaɪzəʳ] *n* [person] Organisator *der*, -in *die*.

orgasm ['ɔːgæzm] *n* Orgasmus *der*.

orgy ['ɔːdʒɪ] (*pl* **-ies**) *n* Orgie *die*.

orient ['ɔːrɪənt] *vt esp Am* = **orientate.**

Orient ['ɔːrɪənt] *n:* **the ~** der Orient.

oriental [ˌɔːrɪ'entl] *adj* orientalisch <> *n* Orientale *der*, -lin *die*.

orientate ['ɔːrɪenteɪt] *vt:* **to be ~d towards** ausgerichtet sein auf *(+ A);* **to ~ o.s.** sich orientieren.

orientation [ˌɔːrɪen'teɪʃn] *n* [of organization, system] Ausrichtung *die*.

orienteering [ˌɔːrɪən'tɪərɪŋ] *n* Orientierungslauf *der*.

orifice ['ɒrɪfɪs] *n* Öffnung *die*.

origami [ˌɒrɪ'gɑːmɪ] *n* Origami *das*.

origin ['ɒrɪdʒɪn] *n* **- 1.** [starting point] Ursprung *der* **- 2.** *(U)* [birth] Herkunft *die;* **country of ~** Herkunftsland *das*.

◆ **origins** *npl* Herkunft *die*.

original [ɒ'rɪdʒənl] *adj* **- 1.** [first] ursprünglich **- 2.** [document] Original-; **~ painting** Original *das* **- 3.** [new, unusual] originell <> *n* Original *das*.

originality [əˌrɪdʒə'nælətɪ] *n* Originalität *die*.

originally [ə'rɪdʒənəlɪ] *adv* [initially] ursprünglich.

original sin *n* Erbsünde *die.*

originate [ə'rɪdʒəneɪt] *vt* [scheme, policy] ins Leben rufen; [new style] begründen <> *vi:* **to ~ in/from** seinen Ursprung haben in *(+ D);* **how did this belief ~?** wie ist dieser Glaube entstanden?

originator [ə'rɪdʒəneɪtə^r] *n* [of idea] Urheber *der*, -in *die;* [of new style] Begründer *der*, -in *die.*

Orkney Islands ['ɔːknɪ-], **Orkneys** ['ɔːknɪz] *npl:* **the ~** die Orkney Inseln; **in the ~** auf den Orkney Inseln.

ornament ['ɔːnəmənt] *n* **- 1.** [object] Ziergegenstand *der* **- 2.** *(U)* [decoration] Verzierungen *pl.*

ornamental [ˌɔːnə'mentl] *adj* dekorativ; **~ garden** Ziergarten *der.*

ornate [ɔː'neɪt] *adj* reich verziert; [language] blumig.

ornately [ɔː'neɪtlɪ] *adv* kunstvoll; [written] blumig.

ornery ['ɔːnərɪ] *adj* ***Am inf*** übellaunig.

ornithologist [ˌɔːnɪ'θɒlədʒɪst] *n* Ornithologe *der*, -gin *die.*

ornithology [ˌɔːnɪ'θɒlədʒɪ] *n* Ornithologie *die.*

orphan ['ɔːfn] *n* Waise *die*, Waisenkind *das* <> *vt:* **to be ~ed** (zur) Waise werden.

orphanage ['ɔːfənɪdʒ] *n* Waisenhaus *das.*

orthodontist [ˌɔːθə'dɒntɪst] *n* Kieferorthopäde *der*, -din *die.*

orthodox ['ɔːθədɒks] *adj* **- 1.** [conventional] konventionell **- 2.** RELIG orthodox.

Orthodox Church *n:* **the ~** die Orthodoxe Kirche.

orthodoxy ['ɔːθədɒksɪ] *n* Orthodoxie *die.*

orthopaedic [ˌɔːθə'piːdɪk] *adj* orthopädisch.

orthopaedics [ˌɔːθə'piːdɪks] *n (U)* Orthopädie *die.*

orthopedic *etc* [ˌɔːθə'piːdɪk] *adj* = **orthopaedic** *etc.*

OS *n abbr of* **Ordnance Survey** <> *(abbr of* **outsize**) *in Übergröße.*

O/S *(abbr of* **out of stock**) nicht vorrätig.

oscillate ['ɒsɪleɪt] *vi* [pendulum] schwingen; [needle on dial] sich hin und her bewegen; **to ~ between *fig*** schwanken zwischen.

oscilloscope [ɒ'sɪləskəʊp] *n* Oszilloskop *das.*

Oslo ['ɒzləʊ] *n* Oslo *nt.*

osmosis [ɒz'məʊsɪs] *n* Osmose *die.*

osprey ['ɒsprɪ] *(pl* **ospreys**) *n* Fischadler *der.*

ostensible [ɒ'stensəbl] *adj* angeblich.

ostensibly [ɒ'stensəblɪ] *adv* angeblich.

ostentation [ˌɒstən'teɪʃn] *n* [display of knowledge, skill] Prahlerei *die;* [display of wealth] Pomp *der.*

ostentatious [ˌɒstən'teɪʃəs] *adj* [person] protzenhaft; [behaviour] betont auffällig.

osteopath ['ɒstɪəpæθ] *n* Osteopath *der*, -in *die.*

ostracize, -ise ['ɒstrəsaɪz] *vt* ächten.

ostrich ['ɒstrɪtʃ] *n* Strauß *der.*

OT *n* **- 1.** *(abbr of* **Old Testament**) AT *das* **- 2.** *abbr of* **occupational therapy.**

OTC *(abbr of* **Officers' Training Corps**) *n Militärschule für die Offiziersausbildung.*

other ['ʌðə^r] *adj* andere, -r, -s; **the ~ one** der/die/das andere; **the ~ day** neulich; **every ~ day** jeden zweiten Tag; **any ~ questions?** sonst noch Fragen? <> *pron* andere, -r, -s; **one or ~ (of us)** der eine oder andere (von uns); **one after the ~** hintereinander <> *adv:* **~ than** außer; **it was none ~ than the king** es war kein anderer als der König.

otherwise ['ʌðəwaɪz] *adv* **- 1.** [apart from that] ansonsten, sonst **- 2.** [differently] anders; **to be ~ engaged** anderweitig beschäftigt sein; **~ known as** auch bekannt als <> *conj* [or else] sonst, andernfalls.

other world *n:* **the ~** das Jenseits.

otherworldly [ˌʌðə'wɜːldlɪ] *adj* [person] vergeistigt; [attitude] weltfern.

OTT *(abbr of* **over the top**) *adj* ***Br inf*** übertrieben.

otter ['ɒtə^r] *n* Otter *der.*

OU *abbr of* **Open University.**

ouch [aʊtʃ] *excl* au!, aua!

ought [ɔːt] *aux vb:* **I ~ to go now** ich sollte jetzt gehen; **you ~ not to have said that** du hättest das nicht sagen sollen; **you ~ to see a doctor** du solltest zum Arzt gehen; **the car ~ to be ready by Friday** das Auto sollte Freitag fertig sein; **that ~ to be enough for three** das dürfte für drei Personen genügen.

oughtn't ['ɔːtnt] = **ought not.**

ounce [aʊns] *n* **- 1.** [unit of measurement] Unze *die*, *= 28,35 g* **- 2.** ***fig*** [of truth, intelligence] Funken *der.*

our ['aʊə^r] *poss adj* unser; **~ children** unsere Kinder; **we washed ~ hair** wir haben uns die Haare gewaschen; **a home of ~ own** ein eigenes Haus.

ours ['aʊəz] *poss pron* unsere, -r, -s; **this suitcase is ~** dieser Koffer gehört uns; **a friend of ~** ein Freund von uns.

ourselves [aʊə'selvz] *pron (reflexive, after prep)* uns; **we did it ~** wir haben es selbst gemacht; **(all) by ~** (ganz) allein.

oust [aʊst] *vt fml:* **to ~ sb from sthg** [position, job] jn aus etw verdrängen.

ouster ['aʊstəʳ] *n Am* - **1.** [from country] Ausweisung *die* - **2.** [from office] Verdrängung *die*.

out [aʊt] *adj* [light, cigarette] aus <> *adv* - **1.** [outside] draußen; **to come ~ (of)** herauslkommen (aus); **to get ~ (of)** auslsteigen (aus); **it's cold ~ today** es ist heute kalt draußen; **~ you go!** raus mit dir!; **~ here/there** hier/dort draußen - **2.** [not at home, work]: **she's ~** sie ist nicht da; **to go ~** auslgehen; **to go ~ for a walk** einen Spaziergang machen - **3.** [so as to be extinguished] aus; **put your cigarette ~!** mach deine Zigarette aus! - **4.** [of tides]: **the tide is ~** es ist Ebbe - **5.** [expressing removal]: **to take sthg ~ (of)** etw herauslnehmen (aus); [money] etw ablheben (von); **he poured the water ~** er schüttete das Wasser aus - **6.** [outwards]: **to stick ~** herauslstehen - **7.** [expressing distribution]: **to hand sthg ~** etw auslteilen - **8.** [wrong]: **the bill's £10 ~** die Rechnung stimmt um 10 Pfund nicht - **9.** [published, known]: **the book is just ~** das Buch ist soeben erschienen; **the secret is ~** das Geheimnis ist gelüftet - **10.** [in flower] aufgeblüht; **the roses are ~** die Rosen blühen - **11.** [visible]: **the moon is ~** der Mond scheint - **12.** [out of fashion] aus der Mode - **13.** *inf* [on strike]: **they've been ~ for months now** sie streiken schon seit Monaten - **14.** [not possible] ausgeschlossen; **sorry, that's ~** tut mir leid, das ist nicht drin - **15.** [determined]: **to be ~ for revenge** auf Rache aus sein; **I'm not ~ to make money** ich bin nicht darauf aus, Geld zu verdienen.

◆ **out of** *prep* - **1.** [away from, outside]: **stay ~ of the sun** bleib aus der Sonne; **I was ~ of the country** ich war im Ausland - **2.** [indicating cause, origin] aus *(+ D)*; **~ of respect/curiosity** aus Respekt/Neugierde; **made ~ of wood** aus Holz (gemacht) - **3.** [without]: **I'm ~ of** *OR* **I've run ~ of cigarettes** ich habe keine Zigaretten mehr - **4.** [to indicate proportion]: **five ~ of ten** fünf von zehn - **5.** *phr:* **~ of danger/control** außer Gefahr/Kontrolle.

◆ **out of doors** *adv* im Freien.

out-and-out *adj* [liar, fool, crook] ausgemacht; **an ~ disgrace** ein bodenlose Schande.

outback ['aʊtbæk] *n:* **the ~** *weit abseits der Städte gelegener Teil Australiens.*

outbid [aʊt'bɪd] (*pt* & *pp* **outbid;** *cont* **-ding**) *vt:* **to ~ sb (for sthg)** mehr bieten als jd (für etw).

outboard (motor) ['aʊtbɔːd-] *n* Außenbordmotor *der*.

outbound ['aʊtbaʊnd] *adj* [flight, journey] Hin-.

outbreak ['aʊtbreɪk] *n* [of war, disease] Ausbruch *der;* **~ of crime** plötzliches Auftreten von Verbrechen.

outbuildings ['aʊtbɪldɪŋz] *npl* Nebengebäude *pl*.

outburst ['aʊtbɜːst] *n* [of emotion, violence] Ausbruch *der;* **~ of anger** Wutanfall *der*.

outcast ['aʊtkɑːst] *n* [socially] Außenseiter *der*, -in *die;* [from family, group] Verstoßene *der, die*.

outclass [ˌaʊt'klɑːs] *vt* in den Schatten stellen.

outcome ['aʊtkʌm] *n* Ergebnis *das*.

outcrop ['aʊtkrɒp] *n aus dem Boden hoch ragende Felsmasse.*

outcry ['aʊtkraɪ] (*pl* **-ies**) *n* Aufschrei *der* der Empörung.

outdated [ˌaʊt'deɪtɪd] *adj* [belief, concept, method] überholt; [language] antiquiert.

outdid [ˌaʊt'dɪd] *pt* ▭> **outdo.**

outdistance [ˌaʊt'dɪstəns] *vt* - **1.** [in race] weit hinter sich *(D)* lassen - **2.** *fig* [in business, development] überflügeln.

outdo [ˌaʊt'duː] (*pt* **-did;** *pp* **-done** [-'dʌn]) *vt* übertreffen.

outdoor ['aʊtdɔːʳ] *adj* [life, activity] im Freien; **~ swimming pool** Freibad *das;* **~ clothes** Straßenkleidung *die*.

outdoors [aʊt'dɔːz] *adv* draußen, im Freien; [go] nach draußen.

outer ['aʊtəʳ] *adj* [wall] Außen-; [layer] äußere, -r, -s; **~ suburbs** Außenbezirke *pl;* **Outer London** die Peripherie Londons.

outermost ['aʊtəməʊst] *adj* äußerste, -r, -s.

outer space *n* Weltraum *der*.

outfit ['aʊtfɪt] *n* - **1.** [clothes] Kleider *pl;* [fancy dress] Kostüm *das* - **2.** *inf* [organization] Laden *der*, Verein *der*.

outfitters ['aʊtˌfɪtəz] *n Br dated:* **gents' ~** Herrenausstatter *der*.

outflank [ˌaʊt'flæŋk] *vt* - **1.** MIL von der Flanke *OR* den Flanken anlgreifen - **2.** *fig* [in argument, business] auslmanövrieren.

outgoing ['aʊtˌgəʊɪŋ] *adj* - **1.** [from job] (aus dem Amt) scheidend - **2.** [from place - trains] abgehend; [- mail] ausgehend - **3.** [friendly, sociable] kontaktfreudig.

◆ **outgoings** *npl Br* Ausgaben *pl*.

outgrow [ˌaʊt'grəʊ] (*pt* **-grew** [-'gruː]; *pp* **-grown** [-'grəʊn]) *vt* - **1.** [grow too big for] herauslwachsen aus - **2.** [habit] ablegen.

outhouse ['aʊthaʊs, *pl* -haʊzɪz] *n* Nebengebäude *das*.

outing ['aʊtɪŋ] *n* - **1.** [trip] Ausflug *der* - **2.** *(U)* [of homosexuals] Outing *das*.

outlandish [aʊt'lændɪʃ] *adj* sonderbar.

outlast [ˌaʊt'lɑːst] *vt* [subj: person] überdauern, überleben.

outlaw ['aʊtlɔː] *n* Geächtete *der, die;* [in the Wild West] Bandit *der* <> *vt* - **1.** [make illegal] verbieten - **2.** [declare an outlaw] ächten.

outlay ['aʊtleɪ] *n* Kostenaufwand *der*.

outlet ['aʊtlet] *n* - **1.** [for feelings] Ventil *das* - **2.** [hole, pipe] Auslass *der* - **3.** [shop] Verkaufsstelle *die* - **4.** *Am* ELEC Steckdose *die*.

outline ['aʊtlaɪn] *n* - **1.** [brief description] Abriss *der;* **in ~** in Grundzügen - **2.** [silhouette] Umriss *der* <> *vt* - **1.** [describe briefly] umreißen, skizzieren - **2.** [silhouette]: **the figure was ~d against the setting sun** die Umrisse der Gestalt zeichneten sich gegen die untergehende Sonne ab.

outlive [ˌaʊt'lɪv] *vt* - **1.** [subj: person] überleben - **2.** *fig* [subj: idea, object] überdauern; **it has ~d its usefulness** es hat ausgedient.

outlook ['aʊtlʊk] *n* - **1.** [attitude, disposition] Einstellung *die;* **~ on life** Lebensauffassung *die* - **2.** [prospect] Aussichten *pl.*

outlying ['aʊtˌlaɪɪŋ] *adj* [villages] abgelegen; **~ district** Außenbezirk *der.*

outmanoeuvre *Br,* **outmaneuver** *Am* [ˌaʊtmə'nu:vər] *vt* auslmanövrieren.

outmoded [ˌaʊt'məʊdɪd] *adj* überholt.

outnumber [ˌaʊt'nʌmbər] *vt* zahlenmäßig überlegen sein *(+ D).*

out-of-date *adj* [passport, season ticket] abgelaufen; [clothes] altmodisch; [belief] überholt.

out of doors *adv* draußen, im Freien; [go] nach draußen.

out-of-the-way *adj* [isolated] abgelegen.

outpatient ['aʊtˌpeɪʃnt] *n* ambulanter Patient, ambulante Patientin; **~s (department)** Ambulanz *die.*

outplay [ˌaʊt'pleɪ] *vt* SPORT besser spielen als.

outpost ['aʊtpəʊst] *n* *fig* [bastion] Vorposten *der.*

output ['aʊtpʊt] *n (U)* - **1.** [production - of factory, writer] Produktion *die;* [- in agriculture] Ertrag *der* - **2.** [COMPUT - printing out] Ausdrucken *das;* [- printout] Ausdruck *der* <> *vt* COMPUT ausldrucken.

outrage ['aʊtreɪdʒ] *n* - **1.** *(U)* [anger, shock] Empörung *die* - **2.** [atrocity] Verbrechen *das* <> *vt* empören; [sense of morality] zuwiderllaufen *(+ D).*

outraged ['aʊtreɪdʒd] *adj* empört.

outrageous [aʊt'reɪdʒəs] *adj* - **1.** [offensive, shocking - crime] verabscheuungswürdig; [- language] unflätig; [- behaviour] unerhört - **2.** [extravagant, wild - outfit, idea] exzentrisch.

outran [ˌaʊt'ræn] *pt* ▻ **outrun.**

outrank [aʊt'ræŋk] *vt* rangmäßig stehen über *(+ D).*

outright [*adj* 'aʊtraɪt, *adv* ˌaʊt'raɪt] *adj* [refusal, denial] kategorisch; [disaster] total; [winner, victory] klar; [lie] glatt <> *adv* [ask] ohne Umschweife; [deny] kategorisch; [win, fail] klar; **to be killed ~** sofort tot sein.

outrun [ˌaʊt'rʌn] (*pt* **-ran;** *pp* **-run;** *cont* **-ning**) *vt* [runners] schneller laufen als; [attackers] davonllaufen *(+ D).*

outsell [ˌaʊt'sel] (*pt* & *pp* **-sold**) *vt* [product] sich besser verkaufen als.

outset ['aʊtset] *n:* **at the ~** zu *OR* am Anfang; **from the ~** von Anfang an.

outshine [ˌaʊt'ʃaɪn] (*pt* & *pp* **-shone** [-'ʃɒn]) *vt* [do better than] in den Schatten stellen.

outside [*adv* ˌaʊt'saɪd, *adj, prep* & *n* 'aʊtsaɪd] *adv* draußen; **to go ~** nach draußen gehen <> *prep* - **1.** [gen] außerhalb *(+ G);* **we live just ~ London** wir wohnen gleich außerhalb Londons; **~ (office) hours** außerhalb der Dienststunden - **2.** [in front of] vor *(+ A, D);* **~ the door** vor der Tür <> *adj* - **1.** [exterior] Außen- - **2.** [help, advice] von außen; **~ influence** äußere Einflüsse - **3.** [unlikely]: **there's an ~ chance** es besteht eine geringe Chance <> *n* - **1.** [of building, car, container] Außenseite *die;* **to open the door from the ~** die Tür von außen öffnen - **2.** AUT: **the ~** [in UK] rechts; [in Europe, US] links - **3.** *fig* [limit]: **at the ~** höchstens.

◆ **outside of** *prep* - **1.** *Am* [on the outside of] außerhalb *(+ G)* - **2.** [apart from] außer.

outside broadcast *n* **Br** RADIO & TV *nicht im Studio produzierte Sendung.*

outside lane *n* Überholspur *die.*

outside line *n* Amtsleitung *die.*

outsider [ˌaʊt'saɪdər] *n* Außenseiter *der,* -in *die.*

outsize ['aʊtsaɪz] *adj* - **1.** [book, portion] überdimensional - **2.**: **~ clothes** Kleidung *die* in Übergröße.

outsized ['aʊtsaɪzd] *adj* überdimensional.

outskirts ['aʊtskɜ:ts] *npl:* **the ~** die Außenbezirke *pl;* **on the ~** am Stadtrand.

outsmart [ˌaʊt'smɑ:t] *vt* überlisten.

outsold [ˌaʊt'səʊld] *pt* & *pp* ▻ **outsell.**

outspoken [ˌaʊt'spəʊkn] *adj* freimütig.

outspread [ˌaʊt'spred] *adj* ausgebreitet.

outstanding [ˌaʊt'stændɪŋ] *adj* - **1.** [excellent - person] außergewöhnlich; [- performance, achievement] hervorragend - **2.** [very obvious, important] bemerkenswert - **3.** [not paid - money] ausstehend; [- bill] unbezahlt - **4.** [still to be done - work] unerledigt; [- problem] ungeklärt.

outstay [ˌaʊt'steɪ] *vt:* **to ~ one's welcome** länger bleiben als erwünscht.

outstretched [ˌaʊt'stretʃt] *adj* ausgestreckt.

outstrip [ˌaʊt'strɪp] (*pt* & *pp* **-ped;** *cont* **-ping**) *vt* - **1.** [do better than] übertreffen - **2.** [run faster than] überholen.

out-take *n* CINEMA & TV *Filmsequenz, die in der fertigen Sendung bzw. im fertigen Film nicht verwendet wird.*

out-tray *n* Ablage *die* für Ausgänge.

outvote [ˌaʊtˈvəʊt] *vt:* **to be ~d** überstimmt werden.

outward [ˈaʊtwəd] *adj* - **1.** [going away]: **~ journey** Hinreise *die* - **2.** [external, visible]: **she maintained her ~ composure** sie blieb äußerlich ruhig; **he shows no ~ sign of his grief** nach außen hin zeigt er nichts von seinem Kummer ◇ *adv* ***Am*** = **outwards.**

outwardly [ˈaʊtwədlɪ] *adv* nach außen hin.

outwards ***Br*** [ˈaʊtwədz], **outward** ***Am*** *adv* nach außen.

outweigh [ˌaʊtˈweɪ] *vt* überwiegen.

outwit [ˌaʊtˈwɪt] (*pt* & *pp* **-ted;** *cont* **-ting**) *vt* überlisten.

outworker [ˈaʊtˌwɜːkəʳ] *n* Heimarbeiter *der*, -in *die*.

oval [ˈəʊvl] *adj* oval ◇ *n* Oval *das*.

Oval Office *n:* **the ~** *Büro des US-Präsidenten im Weißen Haus.*

ovarian [əʊˈveərɪən] *adj* der Eierstöcke; **~ cancer** Eierstockkrebs *der*.

ovary [ˈəʊvərɪ] (*pl* **-ies**) *n* ANAT Eierstock *der*.

ovation [əʊˈveɪʃn] *n* Ovation *die*, begeisterter Beifall; **to give a standing ~** jm stehende Ovationen darǀbringen.

oven [ˈʌvn] *n* [for cooking] Backofen *der*.

oven glove *n* Topfhandschuh *der*.

ovenproof [ˈʌvnpruːf] *adj* feuerfest, hitzebeständig.

oven-ready *adj* backfertig; [chicken] bratfertig.

ovenware [ˈʌvnweəʳ] *n* feuerfestes Geschirr.

over [ˈəʊvəʳ] *prep* - **1.** [directly above] über (+ *D*); **a bridge ~ the road** eine Brücke über der Straße - **2.** [on top of, covering] über (+ *D*); *(with verbs of motion)* über (+ *A*); **she wore a veil ~ her face** sie trug einen Schleier vor dem Gesicht; **put your coat ~ the chair** leg deinen Mantel über den Stuhl; **put a plaster ~ the cut** klebe ein Pflaster auf die Wunde - **3.** [across] über (+ *A*); **to walk ~ sthg** über etw laufen; **he threw it ~ the wall** er warf es über die Mauer; **it's just ~ the road** es ist gleich gegenüber; **it's ~ the river** es ist auf der anderen Seite des Flusses; **with a view ~ the gardens** mit Blick auf die Gärten - **4.** [more than] über (+ *A*); **it cost ~ $1,000** es hat über 1000 Dollar gekostet; **~ and above this amount** über den Betrag hinaus - **5.** [indicating control] über (+ *A*); **to rule ~ a country** über ein Land herrschen - **6.** [about] über (+ *A*); **an argument ~ the price** ein Streit über den Preis - **7.** [during]: **~ New Year** über Neujahr; **~ the weekend** übers Wochenende; **~ the past two years** in den letzten zwei Jahren; **to discuss sthg ~ lunch/a cup of coffee** etw beim Essen/bei einer Tasse Kaffee besprechen - **8.** [to do]: **he took a long time ~ it** er hat lange dazu gebraucht - **9.** [recovered from] über (+ *A*); **to be ~ sthg** über etw (*A*) hinweg sein - **10.** [by means of] über (+ *A*); **~ the phone** am Telefon; **~ the radio** im Radio ◇ *adv* - **1.** [referring to distance away]: **~ by the gate** drüben beimTor; **~ here/there** hier/da drüben - **2.** [across] herüber/hinüber; **to drive ~** herüberǀfahren/hinüberǀfahren - **3.** [downwards]: **to fall ~** umǀfallen; **to lean ~** sich vornüber lehnen; **to knock sthg ~** etw umǀwerfen - **4.** [round to other side]: **to turn sthg ~** etw umǀdrehen; **to roll ~** sich umǀdrehen - **5.** [more]: **children aged 12 and ~** Kinder ab 12; **sums of £100 and ~** Summen von 100 Pfund und mehr - **6.** [remaining] übrig; **to be (left) ~** übrig bleiben - **7.** [at/to sb's house]: **to invite sb ~ for dinner** jn zu sich zum Essen einǀladen; **I was ~ at my mum's yesterday** ich war gestern bei meiner Mutter - **8.** RADIO over; **~ and out!** over and out! - **9.** [involving repetitions]: **(all) ~ again** wieder von vorne; **~ and ~ (again)** immer wieder ◇ *adj* [finished]: **to be ~** zu Ende sein.

◆ **all over** *prep:* **all ~ his/her face** im ganzen Gesicht; **all ~ the floor** auf dem ganzen Boden; **all ~ the world** in der ganzen Welt ◇ *adv* [everywhere] überall ◇ *adj* [finished] zu Ende.

over- [ˈəʊvəʳ] *prefix* [with adjective, verb] überǀ-; [with noun] Über-.

overabundance [ˌəʊvərəˈbʌndəns] *n (U);* **~ (of)** Überschuss *der* (an (+ *D*)).

overact [ˌəʊvərˈækt] *vi* ***pej*** [in play] übertreiben.

overactive [ˌəʊvərˈæktɪv] *adj* [child] hyperaktiv; [imagination] zu lebhaft.

overall [*adj* & *n* ˈəʊvərɔːl, *adv* ˌəʊvərˈɔːl] *adj* - **1.** [total] Gesamt- - **2.** [general] allgemein ◇ *adv* - **1.** [in total] insgesamt - **2.** [in general] im Großen und Ganzen ◇ *n* - **1.** [coat] Kittel *der* - **2.** ***Am*** [with trousers] Overall *der*.

◆ **overalls** *npl* - **1.** [with long sleeves] Overall *der* - **2.** ***Am*** [with bib] Latzhose *die*.

overambitious [ˌəʊvəræmˈbɪʃəs] *adj* zu ehrgeizig.

overanxious [ˌəʊvərˈæŋkʃəs] *adj* übertrieben besorgt.

overarm [ˈəʊvərɑːm] *adj* & *adv* mit erhobenem Arm, über Kopf.

overate [ˌəʊvərˈet] *pt* ▷ **overeat.**

overawe [ˌəʊvərˈɔː] *vt* [subj: person - make feel fear] einǀschüchtern; [- make feel respect] Ehrfurcht einǀflößen (+ *D*); [subj: surroundings] überwältigen.

overbalance [ˌəʊvəˈbæləns] *vi* das Gleichgewicht verlieren.

overbearing [ˌəʊvəˈbeərɪŋ] *adj* ***pej*** herrisch.

overblown [ˌəʊvəˈbləʊn] *adj* ***pej*** übertrieben.

overboard [ˈəʊvəbɔːd] *adv* - **1.** NAUT: **to fall ~**

über Bord gehen **- 2.: to go ~ (about sthg)** *inf* [be overenthusiastic about] (bei etw) vollkommen aus dem Häuschen geraten.

overbook [ˌəʊvəˈbʊk] *vi* überbuchen.

overburden [ˌəʊvəˈbɜːdn] *vt:* **to be ~ed with work** mit Arbeit überlastet sein

overcame [ˌəʊvəˈkeɪm] *pt* ▻ **overcome.**

overcast [ˌəʊvəˈkɑːst] *adj* bedeckt.

overcharge [ˌəʊvəˈtʃɑːdʒ] *vt:* **to ~ sb (for sthg)** jm zu viel berechnen (für etw) ◇ *vi:* **to ~ (for sthg)** zu viel verlangen (für etw).

overcoat [ˈəʊvəkəʊt] *n* Mantel *der.*

overcome [ˌəʊvəˈkʌm] (*pt* **-came;** *pp* **-come**) *vt* **- 1.** [control, deal with] überwinden **- 2.** [overwhelm]: **to be ~ with emotion** gerührt sein; **to be ~ by fear** von Furcht ergriffen werden; **he was ~ by the fumes** die Dämpfe machten ihn bewusstlos.

overconfident [ˌəʊvəˈkɒnfɪdənt] *adj* übertrieben selbstsicher.

overcooked [ˌəʊvəˈkʊkt] *adj* [meat] verbraten; [vegetables] verkocht.

overcrowded [ˌəʊvəˈkraʊdɪd] *adj* [room, pub, prison] überfüllt; [town] übervölkert.

overcrowding [ˌəʊvəˈkraʊdɪŋ] *n* [of room, pub, prison] Überfüllung *die;* [of town] Übervölkerung *die.*

overdeveloped [ˌəʊvədɪˈveləpt] *adj* PHOT überentwickelt.

overdo [ˌəʊvəˈduː] (*pt* **-did** [-ˈdɪd]; *pp* **-done** [-ˈdʌn]) *vt* **- 1.** [exaggerate, do too much] es übertreiben mit; **to ~ it** es übertreiben; [work too hard] sich übernehmen **- 2.** [overcook - vegetables] verkochen; [- steak] verbraten.

overdose [*n* ˈəʊvədəʊs, *vb* ˌəʊvəˈdəʊs] *n* Überdosis *die* ◇ *vi:* **to ~ on sleeping pills** eine Überdosis Schlaftabletten nehmen.

overdraft [ˈəʊvədrɑːft] *n* Kontoüberziehung *die;* **I've got a £200 ~** ich habe mein Konto um 200 Pfund überzogen.

overdrawn [ˌəʊvəˈdrɔːn] *adj* [account] überzogen; **I'm (£200) ~** mein Konto ist (um 200 Pfund) überzogen.

overdress [ˌəʊvəˈdres] *vi* sich zu fein an|ziehen.

overdrive [ˈəʊvədraɪv] *n:* **to go into ~** [work intensely] sich in die Arbeit stürzen.

overdue [ˌəʊvəˈdjuː] *adj* **- 1.** [late - library, book] überfällig; **the train is 20 minutes ~** der Zug hat 20 Minuten Verspätung; **I'm ~ for a dental checkup** ich hätte schon längst zum Zahnarzt gemusst **- 2.** [reform, rent, bill] überfällig.

overeager [ˌəʊvərˈiːgəʳ] *adj* übereifrig.

overeat [ˌəʊvərˈiːt] (*pt* **-ate;** *pp* **-eaten** [-ˈiːtn]) *vi* zu viel essen.

overemphasize, -ise [ˌəʊvərˈemfəsaɪz] *vt:* **its significance cannot be ~d** man kann nicht genug betonen, wie wichtig das ist.

overenthusiastic [ˈəʊvərɪnˌθjuːzɪˈæstɪk] *adj* übertrieben begeistert.

overestimate [ˌəʊvərˈestɪmeɪt] *vt* **- 1.** [guess too high a value for] zu hoch (ein|)schätzen **- 2.** [overrate] überschätzen.

overexcited [ˌəʊvərɪkˈsaɪtɪd] *adj* zu aufgedreht.

overexpose [ˌəʊvərɪkˈspəʊz] *vt* PHOT überbelichten.

overfeed [ˌəʊvəˈfiːd] (*pt* & *pp* **-fed** [-ˈfed]) *vt* überfüttern.

overfill [ˌəʊvəˈfɪl] *vt* zu voll machen.

overflow [*vb* ˌəʊvəˈfləʊ, *n* ˈəʊvəfləʊ] *vi* **- 1.** [bath] überlaufen; [river] über die Ufer treten **- 2.** [people]: **there were so many people at the party that some ~ed into the kitchen** es waren so viele Leute auf der Party, dass einige in die Küche ausweichen mussten **- 3.** [place, container]: **to be ~ing (with sthg)** [room] überfüllt sein (mit etw); [drawer, box] überquellen (vor etw); **full to ~ing** [place] vollkommen überfüllt ◇ *vt* [spill over]: **the river ~ed its banks** der Fluss trat über die Ufer ◇ *n* [pipe, hole] Überlauf *der.*

overgrown [ˌəʊvəˈgrəʊn] *adj* [garden, path] überwuchert.

overhang [*n* ˈəʊvəhæŋ, *vb* ˌəʊvəˈhæŋ] (*pt* & *pp* **-hung**) *n* Überhang *der* ◇ *vt* hinaus|ragen über (+ *A*).

overhaul [*n* ˈəʊvəhɔːl, *vb* ˌəʊvəˈhɔːl] *n* **- 1.** [service] Überholung *die* **- 2.** [revision] Überarbeitung *die* ◇ *vt* **- 1.** [service] überholen **- 2.** [revise] überarbeiten.

overhead [*adv* ˌəʊvəˈhed, *adj* & *n* ˈəʊvəhed] *adj:* **~ cable** ELEC Hochspannungsleitung *die;* **~ lighting** Deckenbeleuchtung *die* ◇ *adv* über uns/ihm/*etc;* **the clouds ~** die Wolken am Himmel ◇ *n (U) Am* Gemeinkosten *pl.*
◆ **overheads** *npl Br* Gemeinkosten *pl.*

overhead projector *n* Overheadprojektor *der.*

overhear [ˌəʊvəˈhɪəʳ] (*pt* & *pp* **-heard** [-ˈhɜːd]) *vt* [remark] zufällig hören; [conversation] zufällig mit|hören; **I overheard them talking about me** ich hörte zufällig, wie sie über mich redeten.

overheat [ˌəʊvəˈhiːt] *vt* [engine] überhitzen; [room] überheizen ◇ *vi* [engine, car] heiß|laufen; [photocopier, toaster] zu heiß werden.

overhung [ˌəʊvəˈhʌŋ] *pt* & *pp* ▻ **overhang.**

overindulge [ˌəʊvərɪnˈdʌldʒ] *vt* zu nachsichtig sein mit ◇ *vi* es sich (*D*) zu gut gehen lassen; **to ~ in sthg** etw übermäßig genießen.

overjoyed [ˌəʊvəˈdʒɔɪd] *adj:* **to be ~ (at sthg)** (über etw *(A)*) überglücklich sein.

overkill [ˈəʊvəkɪl] *n* [excess]: **to be ~** zu viel des Guten sein.

overladen [ˌəʊvəˈleɪdn] *pp* ▻ **overload** ◇ *adj* zu schwer beladen.

overlaid [ˌəʊvəˈleɪd] *pt* & *pp* ▻ **overlay.**

overland [ˈəʊvəlænd] *adj* & *adv* auf dem Landweg.

overlap [*n* ˈəʊvəlæp, *vb* ˌəʊvəˈlæp] (*pt* & *pp* **-ped;** *cont* **-ping**) *n* - **1.** *(U)* [similarity - of ideas, systems] teilweise Deckung; [- of timetable, holidays] Überschneidung *die* - **2.** [overlapping part, amount] Überlappung *die* ◇ *vt* [cover] teilweise liegen über *(+ D)* ◇ *vi* - **1.** [cover each other] einander teilweise überdecken - **2.** [be similar]: **to ~ (with sthg)** [ideas, systems] sich teilweise decken (mit etw); [timetable, holiday] sich überschneiden (mit etw).

overlay [ˌəʊvəˈleɪ] (*pt* & *pp* **-laid**) *vt:* **to be overlaid with sthg** mit etw überzogen sein.

overleaf [ˌəʊvəˈliːf] *adv* auf der Rückseite.

overload [ˌəʊvəˈləʊd] (*pp* **-loaded** OR **-laden**) *vt* - **1.** [put too much in] überladen - **2.** ELEC überlasten - **3.** [with work, problems]: **to be ~ed (with sthg)** überlastet sein (mit etw).

overlook [ˌəʊvəˈlʊk] *vt* - **1.** [look over] eine Aussicht haben auf *(+ A)*; **a room ~ing the square** ein Zimmer mit Blick auf den Platz - **2.** [disregard, miss] übersehen - **3.** [excuse] hinwegsehen über *(+ A)*.

overly [ˈəʊvəlɪ] *adv* übermäßig.

overmanning [ˌəʊvəˈmænɪŋ] *n (U)* personelle Übersetzung.

overnight [*adj* ˈəʊvənaɪt, *adv* ˌəʊvəˈnaɪt] *adj:* **~ stay** Übernachtung *die;* **~ bag** kleine Reisetasche; **to be an ~ success** [person] über Nacht großen Erfolg haben; [play] über Nacht ein großer Erfolg sein ◇ *adv* über Nacht.

overpaid [ˌəʊvəˈpeɪd] *pt* & *pp* ▻ **overpay** ◇ *adj* überbezahlt.

overpass [ˈəʊvəpɑːs] *n* **Am** Überführung *die*.

overpay [ˌəʊvəˈpeɪ] (*pt* & *pp* **-paid**) *vt* überbezahlen.

overplay [ˌəʊvəˈpleɪ] *vt* hochspielen; **to ~ one's hand** den Bogen überspannen.

overpopulated [ˌəʊvəˈpɒpjʊleɪtɪd] *adj* überbevölkert.

overpower [ˌəʊvəˈpaʊəʳ] *vt* überwältigen.

overpowering [ˌəʊvəˈpaʊərɪŋ] *adj* [feeling] überwältigend; [heat] unerträglich; [smell] penetrant; [person] einschüchternd.

overpriced [ˌəʊvəˈpraɪst] *adj* zu teuer.

overproduction [ˌəʊvəprəˈdʌkʃn] *n* Überproduktion *die*.

overprotective [ˌəʊvəprəˈtektɪv] *adj* zu fürsorglich.

overran [ˌəʊvəˈræn] *pt* ▻ **overrun.**

overrated [ˌəʊvəˈreɪtɪd] *adj:* **to be ~** überschätzt werden.

overreach [ˌəʊvəˈriːtʃ] *vt:* **to ~ o.s.** sich übernehmen.

overreact [ˌəʊvərɪˈækt] *vi:* **to ~ (to sthg)** übertrieben reagieren (auf etw *(A)*).

override [ˌəʊvəˈraɪd] (*pt* **-rode;** *pp* **-ridden** [-ˈrɪdn]) *vt* - **1.** [be more important than] den Vorrang haben vor *(+ D)* - **2.** [overrule - decision] auf|heben.

overriding [ˌəʊvəˈraɪdɪŋ] *adj* vorrangig.

overripe [ˌəʊvəˈraɪp] *adj* überreif.

overrode [ˌəʊvəˈrəʊd] *pt* ▻ **override.**

overrule [ˌəʊvəˈruːl] *vt* [person] überstimmen; [decision] auf|heben; [objection] ab|weisen.

overrun [ˌəʊvəˈrʌn] (*pt* **-ran;** *pp* **-run;** *cont* **-running**) *vt* - **1.** MIL [occupy] ein|fallen in *(+ A)* - **2.** *fig:* **to be ~ with** [insects, rats] wimmeln von; [weeds] überwuchert sein von; [tourists] überlaufen sein von ◇ *vi* [last too long] länger als vorgesehen dauern.

oversaw [ˌəʊvəˈsɔː] *pt* ▻ **oversee.**

overseas [*adj* ˈəʊvəsiːz, *adv* ˌəʊvəˈsiːz] *adj* - **1.** [in or to foreign countries] Auslands-; **~ aid** Entwicklungshilfe *die* - **2.** [from abroad] aus dem Ausland ◇ *adv* [travel] nach Übersee, ins Ausland; [study, live] in Übersee, im Ausland.

oversee [ˌəʊvəˈsiː] (*pt* **-saw;** *pp* **-seen** [-ˈsiːn]) *vt* beaufsichtigen.

overseer [ˈəʊvəˌsɪəʳ] *n* [foreman] Vorarbeiter *der*, -in *die*.

overshadow [ˌəʊvəˈʃædəʊ] *vt* - **1.** [make darker] überschatten - **2.** *fig* [outweigh, eclipse]: **to be ~ed by sb/sthg** von jm/etw in den Schatten gestellt werden - **3.** *fig* [mar, cloud]: **to be ~ed by sthg** [subj: party, victory] von etw überschattet werden; [subj: happiness, peace of mind] durch etw stark beeinträchtigt werden.

overshoot [ˌəʊvəˈʃuːt] (*pt* & *pp* **-shot** [-ˈʃɒt]) *vt* [go past - turning] vorbei|fahren an *(+ D)*; [- runway] hinausrollen über *(+ A)*.

oversight [ˈəʊvəsaɪt] *n* Versehen *das;* **through an ~** aus Versehen.

oversimplification [ˈəʊvəˌsɪmplɪfɪˈkeɪʃn] *n* (zu) starke Vereinfachung.

oversimplify [ˌəʊvəˈsɪmplɪfaɪ] (*pt* & *pp* **-ied**) *vt* (zu) stark vereinfachen ◇ *vi* die Dinge (zu) stark vereinfachen.

oversleep [ˌəʊvəˈsliːp] (*pt* & *pp* **-slept** [-ˈslept]) *vi* verschlafen.

overspend [ˌəʊvəˈspend] (*pt* & *pp* **-spent** [-ˈspent]) *vi* zu viel aus|geben.

overstaffed [ˌəʊvəˈstɑːft] *adj* überbesetzt; **to be ~** zu viel Personal haben.

overstate [ˌəʊvəˈsteɪt] *vt* [case] übertrieben darlstellen; [importance] zu stark betonen.

overstay [ˌəʊvəˈsteɪ] *vt:* **to ~ one's welcome** länger bleiben als erwünscht.

overstep [ˌəʊvəˈstep] (*pt* & *pp* **-ped;** *cont* **-ping**) *vt* überschreiten; **to ~ the mark** zu weit gehen.

oversubscribed [ˌəʊvəsʌbˈskraɪbd] *adj* [share offer] überzeichnet.

overt [ˈəʊvɜːt] *adj* unverhohlen.

overtake [ˌəʊvəˈteɪk] (*pt* **-took;** *pp* **-taken** [-ˈteɪkn]) *vt* **- 1.** AUT überholen **- 2.** [subj: disaster, misfortune] ereilen ◇ *vi* überholen.

overtaking [ˌəʊvəˈteɪkɪŋ] *n (U)* Überholen *das;* 'no ~' 'Überholen verboten'.

overthrow [*n* ˈəʊvəθrəʊ, *vb* ˌəʊvəˈθrəʊ] (*pt* **-threw** [-ˈθruː]; *pp* **-thrown** [-ˈθrəʊn]) *n* [of government] Sturz *der* ◇ *vt* **- 1.** [government, president] stürzen **- 2.** [concept, idea] zunichte machen.

overtime [ˈəʊvətaɪm] *n (U)* **- 1.** [extra time worked] Überstunden *pl* **- 2.** *Am* SPORT Verlängerung *die* ◇ *adv:* **to work ~** Überstunden machen.

overtly [əʊˈvɜːtlɪ] *adv:* **to be ~ jealous/hostile** seine Eifersucht/Feindseligkeit offen zeigen.

overtones [ˈəʊvətəʊnz] *npl* Untertöne *pl;* **there were ~ of anger in her voice** Ärger schwang in ihrer Stimme mit.

overtook [ˌəʊvəˈtʊk] *pt* ▻ **overtake.**

overture [ˈəʊvəˌtjʊəʳ] *n* MUS Ouvertüre *die.*

◆ **overtures** *npl:* **to make ~s to sb** Kontakt zu jm aufzunehmen versuchen.

overturn [ˌəʊvəˈtɜːn] *vt* **- 1.** [turn over] umlwerfen **- 2.** [overrule] auf lheben **- 3.** [overthrow] stürzen ◇ *vi* [boat] kentern; [lorry] umlstürzen.

overuse [ˌəʊvəˈjuːz] *vt* zu oft verwenden.

overview [ˈəʊvəvjuː] *n:* **~ (of)** Überblick *der* (über *(+ A)*).

overweening [ˌəʊvəˈwiːnɪŋ] *adj* maßlos.

overweight [ˌəʊvəˈweɪt] *adj* [person] übergewichtig; **to be three kilos ~** drei Kilo zu viel wiegen.

overwhelm [ˌəʊvəˈwelm] *vt* überwältigen.

overwhelming [ˌəʊvəˈwelmɪŋ] *adj* **- 1.** [feeling, quality] überwältigend **- 2.** [victory, majority] überwältigend; [defeat] vernichtend.

overwhelmingly [ˌəʊvəˈwelmɪŋlɪ] *adv* [vote] mit überwältigender Mehrheit.

overwork [ˌəʊvəˈwɜːk] *n (U)* Überlastung *die* ◇ *vt* **- 1.** [give too much work to] mit Arbeit überlasten **- 2.** *fig* [overuse] überstrapazieren ◇ *vi* sich überarbeiten.

overwrought [ˌəʊvəˈrɔːt] *adj* überreizt.

ovulate [ˈɒvjʊleɪt] *vi* ovulieren.

ovulation [ˌɒvjʊˈleɪʃn] *n (U)* Eisprung *der.*

ow [aʊ] *excl* au!

owe [əʊ] *vt:* **to ~ sthg to sb, to ~ sb sthg** [money, respect, gratitude] jm etw schulden; [good looks, success] jm etw verdanken.

owing [ˈəʊɪŋ] *adj:* **the amount ~** der ausstehende Betrag; **to be ~** auslstehen.

◆ **owing to** *prep* wegen *(+ G).*

owl [aʊl] *n* Eule *die.*

own [əʊn] *adj* eigen; **I have my ~ bedroom** ich habe ein eigenes Zimmer; **she makes her ~ clothes** sie näht ihre Kleider selbst ◇ *pron:* **it has a taste all of its ~** es hat einen ganz eigenen Geschmack; **on my ~** allein; **to get one's ~ back** *inf* sich revanchieren; **he can hold his ~** er kann sich behaupten ◇ *vt* [possess] besitzen; **who ~s this car?** wem gehört dieses Auto?

◆ **own up** *vi:* **to ~ up (to sthg)** (etw) zulgeben.

own brand *n* COMM Hausmarke *die.*

owner [ˈəʊnəʳ] *n* Besitzer *der,* -in *die;* [of firm, shop] Inhaber *der,* -in *die.*

owner-occupier *n esp Br* Eigenheimbesitzer *der,* -in *die.*

ownership [ˈəʊnəʃɪp] *n* Besitz *der.*

own goal *n esp Br lit* & *fig* Eigentor *das;* **to score an ~** ein Eigentor schießen.

ox [ɒks] (*pl* **oxen**) *n* Ochse *der.*

Oxbridge [ˈɒksbrɪdʒ] *n die Universitäten Oxford und Cambridge.*

oxen [ˈɒksn] *pl* ▻ **ox.**

Oxfam [ˈɒksfæm] *n britischer karitativer Verein zur Unterstützung von Projekten in der Dritten Welt.*

oxide [ˈɒksaɪd] *n* Oxid *das.*

oxidize, -ise [ˈɒksɪdaɪz] *vi* oxidieren.

Oxon. (*abbr of* **Oxoniensis**) *(von) der Universität Oxford.*

oxtail soup [ˌɒksteɪl-] *n* Ochsenschwanzsuppe *die.*

oxyacetylene [ˌɒksɪəˈsetɪliːn] *comp:* **~ torch** Schweißbrenner *der;* **~ welding** Autogenschweißen *das.*

oxygen [ˈɒksɪdʒən] *n* Sauerstoff *der.*

oxygenate [ˈɒksɪdʒəneɪt] *vt* oxygenieren.

oxygen mask *n* Sauerstoffmaske *die.*

oxygen tent *n* Sauerstoffzelt *das.*

oyster [ˈɔɪstəʳ] *n* Auster *die.*

oz. *abbr of* **ounce.**

ozone [ˈəʊzəʊn] *n* Ozon *das.*

ozone-friendly *adj* FCKW-frei.

ozone layer *n* Ozonschicht *die.*

P

p¹ (*pl* **p's** *OR* **ps**), **P** (*pl* **P's** *OR* **Ps**) [piː] *n* [letter] p *das*, P *das*.

◆ **P** - **1.** (*abbr of* **president**) Präs. - **2.** (*abbr of* **prince**) Prz.

p² [piː] - **1.** *abbr of* **page** - **2.** *abbr of* **penny, pence.**

P45 [ˌpiːfɔːtɪˈfaɪv] *n* ***Br*** *Steuerbescheinigung, die bei einem Arbeitsplatzwechsel dem neuen Arbeitgeber vorgelegt werden muss,* ≃ Lohnsteuerkarte *die.*

P60 [ˌpiːˈsɪkstɪ] *n* ***Br*** *Bescheinigung des Arbeitgebers über die Einkünfte des Arbeitnehmers innerhalb eines Steuerjahres.*

pa [pɑː] *n* ***inf esp Am*** Papa *der*, Vati *der*.

p.a. (*abbr of* **per annum**) p. a.

PA *n* - **1.** ***Br*** *abbr of* **personal assistant** - **2.** (*abbr of* **public address system**) Lautsprecheranlage *die* - **3.** (*abbr of* **Press Association**) *britische Presseagentur* ◇ *abk für Pennsylvania, in Postanschrift verwendet.*

PAC (*abbr of* **political action committee**) *n US-Organisation, die Spenden für politische Zwecke sammelt.*

pace [peɪs] *n* - **1.** [speed, rate] Tempo *das;* **at one's own ~** in seinem eigenen Tempo; **to keep ~ (with sb/sthg)** (mit jm/etw) Schritt halten - **2.** [step] Schritt *der* ◇ *vt* [walk up and down in] auf und ab gehen in *(+ D)* ◇ *vi* [walk up and down] auf und ab gehen.

pacemaker [ˈpeɪsˌmeɪkəʳ] *n* - **1.** MED Herzschrittmacher *der* - **2.** [in race] Schrittmacher *der*, -in *die*.

pacesetter [ˈpeɪsˌsetəʳ] *n* ***Am*** SPORT Schrittmacher *der*, -in *die*.

Pacific [pəˈsɪfɪk] *adj* pazifisch; [coast] Pazifik- ◇ *n:* **the ~ (Ocean)** der Pazifik, der Pazifische Ozean.

Pacific Rim *n:* **the ~** die pazifischen Anrainerstaaten.

pacifier [ˈpæsɪfaɪər] *n* ***Am*** [for child] Schnuller *der*.

pacifism [ˈpæsɪfɪzm] *n* Pazifismus *der*.

pacifist [ˈpæsɪfɪst] *n* Pazifist *der*, -in *die*.

pacify [ˈpæsɪfaɪ] (*pt* & *pp* **-ied**) *vt* - **1.** [person] beruhigen - **2.** [country, region] befriedigen.

pack [pæk] *n* - **1.** [bag - on back] Rucksack *der;* [- carried by animal] Last *die* - **2.** [packet of cigarettes, tissues] Packung *die;* [- of washing powder] Paket *das* - **3.** [of cards] (Karten)spiel *das* - **4.** [group - of wolves] Rudel *das;* [- of hounds] Meute *die;* [- of thieves] Bande *die* - **5.** RUGBY Stürmer *pl* - **6.** ***phr:* that's a ~ of lies!** das ist alles erstunken und erlogen! ◇ *vt* - **1.** [for journey, holiday - bag, suitcase] packen; [- clothes, toothbrush] ein|packen - **2.** [put in container, parcel] ein|packen; [product] verpacken - **3.** [crowd into] füllen; **to be ~ed into sthg** in etw *(A)* gezwängt sein ◇ *vi* - **1.** [for journey, holiday] packen - **2.** [crowd] sich drängen.

◆ **pack in** *vt sep* ***Br inf*** [job] hin|schmeißen; [boyfriend] sausen lassen; [smoking] auf|hören mit; **~ it in!** [stop annoying me, shut up] hör (doch) auf damit! ◇ *vi* ***inf*** [break down] den Geist auf|geben.

◆ **pack off** *vt sep* ***inf*** fort|schicken.

◆ **pack up** *vt sep* zusammen|packen ◇ *vi* - **1.** [pack one's suitcase] packen - **2.** ***inf*** [finish work] Feierabend machen - **3.** ***Br inf*** [break down] den Geist auf|geben.

package [ˈpækɪdʒ] *n* - **1.** [gen & COMPUT] Paket *das* - **2.** ***esp Am*** [packet - of cigarettes, tissues] Packung *die;* [- of washing powder] Paket *das* ◇ *vt* [wrap up, pack up] verpacken.

package deal *n* Paket *das*.

package holiday *n* Pauschalreise *die*.

package tour *n* Pauschalreise *die*.

packaging [ˈpækɪdʒɪŋ] *n (U)* [wrapping] Verpackung *die*.

packed [pækt] *adj* - **1.** [place]: **~ (with)** (über)voll (mit) - **2.** [magazine, information pack]: **~ with** voll mit.

packed lunch *n* ***Br*** Lunchpaket *das*.

packed out *adj* ***Br inf:* to be ~** gerammelt voll sein.

packet [ˈpækɪt] *n* - **1.** [box, bag, contents - of biscuits, cigarettes] Packung *die;* [- of washing powder] Paket *das* - **2.** [parcel] Päckchen *das* - **3.** ***Br inf*** [lot of money] **a ~** ein Haufen Geld.

packhorse [ˈpækhɔːs] *n* Packpferd *das*.

pack ice *n* Packeis *das*.

packing [ˈpækɪŋ] *n (U)* - **1.** [protective material] Verpackungsmaterial *das* - **2.** [for journey, holiday] Packen *das*.

packing case *n* Kiste *die*.

pact [pækt] *n* Pakt *der*.

pad [pæd] (*pt* & *pp* **-ded;** *cont* **-ding**) *n* - **1.** [for garment] Polster *das* - **2.** [for protection] Schützer *der* - **3.** [notepad] Block *der* - **4.** [for absorbing liquid]: **~ of cotton wool** Wattebausch *der;* **sanitary ~** Damenbinde *die* - **5.** SPACE: **(launch) ~** Abschussrampe *die* - **6.** ***inf dated*** [home] Bude *die* ◇ *vt* - **1.** [furniture] polstern; [clothing] wattieren - **2.** [wound] eine Kompresse auflegen auf *(+ A)* - **3.** ***fig*** [letter, essay] länger machen; [speech] ausldehnen <> *vi* [walk softly] tappen.

◆ **pad out** *vt sep* **- 1.** [furniture] polstern; [clothing] wattieren **- 2.** [letter, essay] länger machen; [speech] ausldehnen.

padded ['pædɪd] *adj* [chair] gepolstert; [jacket, shoulders] wattiert.

padded cell *n* Gummizelle *die*.

padding ['pædɪŋ] *n (U)* **- 1.** [protective material] Polsterung *die* **- 2.** [in speech, essay, letter] Füllwerk *das*.

paddle ['pædl] *n* **- 1.** [for canoe, dinghy] Paddel *das* **- 2.** [wade]: **to have a ~** durchs Wasser waten <> *vt* paddeln mit <> *vi* **- 1.** [in canoe, dinghy] paddeln **- 2.** [wade] waten.

paddle boat, paddle steamer *n* Raddampfer *der*.

paddling pool ['pædlɪŋ-] *n* **- 1.** [in park] Plantschbad *das* **- 2.** [inflatable] Plantschbecken *das*.

paddock ['pædək] *n* **- 1.** [small field] Koppel *die* **- 2.** [at racecourse] Sattelplatz *der*.

paddy field ['pædɪ-] *n* Reisfeld *das*.

paddy wagon ['pædɪ-] *n* **Am** [police vehicle] grüne Minna.

padlock ['pædlɒk] *n* Vorhängeschloss *das* <> *vt* (mit einem Vorhängeschloss) verschließen.

paederast ['pedəræst] *n* = **pederast.**

paediatric [ˌpi:dɪ'ætrɪk] *adj* = **pediatric.**

paediatrician [ˌpi:dɪə'trɪʃn] *n* = **pediatrician.**

paediatrics [ˌpi:dɪ'ætrɪks] *n* = **pediatrics.**

paedophile ['pi:dəfaɪl] *n* = **pedophile.**

paella [paɪ'elə] *n* Paella *die*.

paeony ['pi:ənɪ] (*pl* **-ies**) *n* = **peony.**

pagan ['peɪgən] *adj* heidnisch <> *n* Heide *der*, -din *die*.

paganism ['peɪgənɪzm] *n* Heidentum *das*.

page [peɪdʒ] *n* **- 1.** [side of paper] Seite *die* **- 2.** [leaf, sheet of paper] Blatt *das* <> *vt* [call out name of] ausrufen lassen; **paging Miss Smith!** Miss Smith, bitte!

pageant ['pædʒənt] *n* [show] historisches Schauspiel; [parade] Festumzug *der*.

pageantry ['pædʒəntrɪ] *n* Prunk *der*, Pomp *der*.

page boy *n* **- 1. Br** [at wedding] *kleiner Junge, der bei der Hochzeitszeremonie hilft* **- 2.** [hairstyle] Pagenkopf *der*.

page break *n* COMPUT Seitenumbruch *der*.

pager ['peɪdʒə^r] *n* Piepser *der*.

pagination [ˌpædʒɪ'neɪʃn] *n (U)* Paginierung *die*.

pagoda [pə'gəʊdə] *n* Pagode *die*.

paid [peɪd] *pt & pp* ▷ **pay** <> *adj* bezahlt; **badly/well ~** schlecht/gut bezahlt.

paid-up *adj* **Br: a fully ~ member** ein Mitglied, das alle Beiträge bezahlt hat.

pail [peɪl] *n* Eimer *der*.

pain [peɪn] *n* **- 1.** [ache] Schmerz *der;* **he's a real ~ (in the neck) *inf*** er ist eine richtige Nervensäge; **it's a ~ in the neck *inf*** es geht mir auf den Geist **- 2.** *(U)* [physical suffering] Schmerzen *pl;* **to be in ~** Schmerzen haben **- 3.** *(U)* [mental suffering] Qualen *pl* <> *vt* ***fml*** schmerzen, wehtun *(+ D)*.

◆ **pains** *npl* [effort] Mühe *die;* **to be at ~s to do sthg** sich *(D)* große Mühe geben, etw zu tun; **to take ~s to do sthg** sich *(D)* Mühe geben, etw zu tun; **she got nothing for her ~s** ihre Mühe war umsonst.

pained [peɪnd] *adj* [expression] gequält.

painful ['peɪnful] *adj* **- 1.** [physically] schmerzhaft; **to be ~** wehtun, schmerzen **- 2.** [distressing] schmerzlich.

painfully ['peɪnfulɪ] *adv* **- 1.** [physically] unter Schmerzen **- 2.** [distressingly] schmerzlich **- 3.** [for emphasis]: **~ boring** schrecklich OR furchtbar langweilig; **she made it ~ obvious that ...** sie machte klar deutlich, dass ...

painkiller ['peɪnˌkɪlə^r] *n* schmerzstillendes Mittel.

painless ['peɪnlɪs] *adj* **- 1.** [physically] schmerzlos **- 2.** [unproblematic] unproblematisch; [exam, decision] leicht.

painlessly ['peɪnlɪslɪ] *adv* **- 1.** [without hurting] schmerzlos **- 2.** [unproblematically] problemlos.

painstaking ['peɪnzˌteɪkɪŋ] *adj* sorgfältig.

painstakingly ['peɪnzˌteɪkɪŋlɪ] *adv* sorgfältig.

paint [peɪnt] *n* Farbe *die;* [on car, furniture] Lack *der* <> *vt* **- 1.** [picture, portrait] malen; **he ~ed a gloomy picture of the holiday *fig*** er schilderte den Urlaub in düsteren Farben **- 2.** [wall, room] streichen; [car, fingernails] lackieren; [lips, face] schminken <> *vi* **- 1.** ART malen **- 2.** [decorate] streichen.

paintbox ['peɪntbɒks] *n* Farbkasten *der*.

paintbrush ['peɪntbrʌʃ] *n* Pinsel *der*.

painted ['peɪntɪd] *adj* bemalt.

painter ['peɪntə^r] *n* Maler *der*, -in *die*.

painting ['peɪntɪŋ] *n* **- 1.** [picture] Gemälde *das*, Bild *das* **- 2.** [artistic] Malen *das;* [activity] Malerei *die* **- 3.** [by decorator] Anstreichen *das*.

paintwork ['peɪntwɜ:k] *n (U)* [on wall] Anstrich *der;* [on car] Lack *der*.

pair [peə^r] *n* Paar *das;* **in ~s** paarweise; **a ~ of pliers** eine Zange; **a ~ of scissors** eine Schere; **a ~ of shorts** Shorts *pl;* **a ~ of spectacles** eine

Brille; **a ~ of tights** eine Strumpfhose; **a ~ of trousers** eine Hose.

◆ **pair off** *vt sep* zu Paaren OR paarweise zusammen|stellen <> *vi* Zweiergruppen bilden.

paisley (pattern) ['peɪzlɪ-] *n* Paisleymuster *das* <> *comp* Paisley-.

pajamas [pə'dʒɑːməz] *npl* **Am** = **pyjamas.**

Paki ['pækɪ] *n* **Br vinf** *abwertende und rassistische Bezeichnung für einen Pakistaner oder eine Pakistanerin.*

Pakistan [**Br** ˌpɑːkɪ'stɑːn, **Am** ˌpækɪ'stæn] *n* Pakistan *nt.*

Pakistani [**Br** ˌpɑːkɪ'stɑːnɪ, **Am** 'pækɪstænɪ] *adj* pakistanisch <> *n* Pakistaner *der*, -in *die.*

pal [pæl] *n* **inf** Kumpel *der;* **be a ~!** sei so nett!

PAL (*abbr of* **phase alternation line**) *n* PAL.

palace ['pælɪs] *n* Palast *der;* [of bishop, aristocracy] Palais *das;* [grand house] Schloss *das.*

palaeontology **Br**, **paleontology** **Am** [ˌpælɪɒn'tɒlədʒɪ] *n* Paläontologie *die.*

palatable ['pælətəbl] *adj* **- 1.** [food] wohlschmeckend **- 2.** [suggestion, idea] annehmbar.

palate ['pælət] *n* Gaumen *der.*

palatial [pə'leɪʃl] *adj* palastartig.

palaver [pə'lɑːvəʳ] *n* **inf - 1.** [talk] Palaver *das* **- 2.** [fuss] Theater *das.*

pale [peɪl] *adj* [colour, face] blass; [clothes] hell; [light] fahl <> *vi* bleich OR blass werden; **to ~ into insignificance (beside)** völlig bedeutungslos werden (neben).

pale ale *n* **Br** *helleres Dunkelbier.*

paleness ['peɪlnɪs] *n* [of colour, face] Blässe *die;* [of clothes] Bleichheit *die;* [of light] Fahlheit *die.*

paleontology *n* **Am** = **palaeontology.**

Palestine ['pæləˌstaɪn] *n* Palästina *nt.*

Palestinian [ˌpælə'stɪnɪən] *adj* palästinensisch <> *n* [person] Palästinenser *der*, -in *die.*

palette ['pælət] *n* ART Palette *die.*

palette knife *n* Palettenmesser *das.*

palimony ['pælɪmənɪ] *n* *Unterhaltszahlung von ehemaligen Lebensgefährten.*

palings ['peɪlɪŋz] *npl* Lattenzaun *der.*

pall [pɔːl] *n* **- 1.** : **a ~ of smoke** eine Rauchglocke **- 2.** **Am** [over coffin] Sargtuch *das* <> *vi* an Reiz verlieren.

pallbearer ['pɔːlˌbeərəʳ] *n* Sargträger *der*, -in *die.*

pallet ['pælɪt] *n* Palette *die.*

palliative ['pælɪətɪv] *adj* **fml** lindernd.

pallid ['pælɪd] *adj* **literary** blass.

pallor ['pæləʳ] *n* **literary** Blässe *die.*

palm [pɑːm] *n* **- 1.** [tree] Palme *die* **- 2.** [of hand] Handfläche *die;* **to read sb's ~** jm aus der Hand lesen.

◆ **palm off** *vt sep* **inf: to ~ sthg off on sb** jm etw an|drehen; **to ~ sb off with sthg** jn mit etw ab|speisen.

palmistry ['pɑːmɪstrɪ] *n* Handlesekunst *die.*

Palm Sunday *n* Palmsonntag *der.*

palmtop ['pɑːmtɒp] *n* COMPUT Palmtopcomputer *der.*

palm tree *n* Palme *die.*

palomino [ˌpælə'miːnəʊ] (*pl* **-s**) *n* Palomino *das.*

palpable ['pælpəbl] *adj* [obvious] offensichtlich.

palpably ['pælpəblɪ] *adv* eindeutig.

palpitate ['pælpɪteɪt] *vi* [heart] heftig klopfen.

palpitations [ˌpælpɪ'teɪʃənz] *npl* Herzklopfen *das.*

palsy ['pɔːlzɪ] *n* Lähmung *die.*

paltry ['pɔːltrɪ] (*compar* **-ier;** *superl* **-iest**) *adj* armselig.

pamper ['pæmpəʳ] *vt* verhätscheln.

pamphlet ['pæmflɪt] *n* [for information] Broschüre *die;* [for publicity] (Werbe)prospekt *der;* [political] Pamphlet *das.*

pan [pæn] (*pt* & *pp* **-ned;** *cont* **-ning**) *n* **- 1.** [for frying] Pfanne *die;* [saucepan] Topf *der* **- 2.** **Am** [for baking] Backform *die* **- 3.** [of scales] Schale *die* **- 4.** [of toilet] Becken *das* <> *vt* **inf** [criticize] verreißen <> *vi* **- 1. to ~ for gold** Gold waschen **- 2.** CINEMA schwenken.

panacea [ˌpænə'sɪə] *n* Allheilmittel *das.*

panache [pə'næʃ] *n* (*U*) Schwung *der.*

panama [ˌpænə'mɑː] *n:* **~ (hat)** Panamahut *der.*

Panama ['pænəmɑː] *n* Panama *nt.*

Panama Canal *n:* **the ~** der Panamakanal.

pan-American *adj* panamerikanisch.

pancake ['pænkeɪk] *n* Pfannkuchen *der.*

Pancake Day *n* **Br** Fastnachtsdienstag *der.*

pancake roll *n* Frühlingsrolle *die.*

Pancake Tuesday *n* Fastnachtsdienstag *der.*

pancreas ['pæŋkrɪəs] *n* Bauchspeicheldrüse *die.*

panda ['pændə] (*pl inv* OR **-s**) *n* Panda *der.*

pandemonium [ˌpændɪ'məʊnɪəm] *n* Chaos *das.*

pander ['pændəʳ] *vi:* **to ~ to sb/sthg** jm/etw nach|geben.

pane [peɪn] *n* Scheibe *die.*

panel ['pænl] *n* **- 1.** [of experts, interviewers] Gremium *das;* [on TV and radio programmes] Diskussionsrunde *die;* **a ~ of experts** ein

Sachverständigengremium **- 2.** [of wood] Platte *die* **- 3.** [of machine] Schalttafel *die*.

panel game *n Br* Quizsendung *die*.

panelling *Br*, **paneling** *Am* ['pænəlɪŋ] *n* Täfelung *die*.

panellist *Br*, **panelist** *Am* ['pænəlɪst] *n* Diskussionsteilnehmer *der*, -in *die*.

panel pin *n Br* Stift *der*.

pang [pæŋ] *n* [of guilt, fear, regret] Anfall *der*; **~s of conscience** Gewissensbisse *pl*.

panic ['pænɪk] (*pt* & *pp* **-ked;** *cont* **-king**) *n* Panik *die* <> *vi* in Panik geraten; **don't ~!** keine Panik!

panicky ['pænɪkɪ] *adj* [feeling] panisch; **to feel ~** Angst bekommen.

panic stations *n* **inf: it was ~** alles war am Rotieren.

panic-stricken *adj* von Panik erfasst OR ergriffen.

pannier ['pænɪəʳ] *n* Satteltasche *die*.

panoply ['pænəplɪ] *n (U)* **fml** Palette *die*.

panorama [,pænə'rɑːmə] *n* Panorama *das*.

panoramic [,pænə'ræmɪk] *adj* Panorama-.

pansy ['pænzɪ] (*pl* **-ies**) *n* **- 1.** [flower] Stiefmütterchen *das* **- 2. inf pej** [man] Tunte *die*.

pant [pænt] *vi* keuchen; [dog] hecheln.

◆ **pants** *npl* **- 1.** **Br** [underpants - for men] Unterhose *die;* [- for women] Schlüpfer *der* **- 2.** **Am** [trousers] Hose *die*.

panther ['pænθəʳ] (*pl inv* OR **-s**) *n* Panther *der*.

panties ['pæntɪz] *npl* **inf** Schlüpfer *der*.

pantihose ['pæntɪhəʊz] *npl* **Am** = **panty hose.**

panto ['pæntəʊ] (*pl* **-s**) *n* **Br inf** = **pantomime.**

pantomime ['pæntəmaɪm] *n* **Br** *meist um die Weihnachtszeit aufgeführtes Märchenspiel;* **~ dame** *von einem Mann gespielte Figur einer alten Dame in einer „pantomime".*

pantry ['pæntrɪ] (*pl* **-ies**) *n* Speisekammer *die*.

panty hose ['pæntɪhəʊz] *npl* **Am** Strumpfhose *die*.

papa [**Br** pə'pɑː, **Am** 'pæpə] *n* **dated** [father] Papa *der*.

papacy ['peɪpəsɪ] (*pl* **-ies**) *n* **- 1.** [period] Amtszeit *die* als Papst **- 2.** [institution]: **the ~** das Papsttum.

papadum ['pæpədəm] *n* = **popadum.**

papal ['peɪpl] *adj* päpstlich.

paparazzi [,pæpə'rætsɪ] *npl* **pej** Paparazzi *pl*.

papaya [pə'paɪə] *n* [fruit] Papaya *die;* [tree] Papayabaum *der*.

paper ['peɪpəʳ] *n* **- 1.** [for writing on] Papier *das;* **a piece of ~** [scrap] ein Stück Papier; [sheet] ein Blatt Papier; **on ~** [written down] schriftlich; [in theory] auf dem Papier **- 2.** [newspaper] Zeitung *die* **- 3.** [exam] Klausur *die* **- 4.** [essay] Arbeit *die* **- 5.** [at conference] Referat *das* <> *adj* **- 1.** [cup, napkin, hat] Papier-, aus Papier **- 2.** [qualifications] auf dem Papier; [profits] nominell <> *vt* [with wallpaper] tapezieren.

◆ **papers** *npl* **- 1.** [identity papers] Papiere *pl* **- 2.** [documents] Dokumente *pl*, Unterlagen *pl*.

◆ **paper over** *vt fus* **fig** übertünchen.

paperback ['peɪpəbæk] *n:* **~ (book)** Taschenbuch *das*.

paper bag *n* Papiertüte *die*.

paperboy ['peɪpəbɔɪ] *n* Zeitungsjunge *der*.

paper clip *n* Büroklammer *die*.

papergirl ['peɪpəgɜːl] *n* Zeitungsausträgerin *die*.

paper handkerchief *n* Papiertaschentuch *das*.

paper knife *n* Brieföffner *der*.

paper mill *n* Papierfabrik *die*

paper shop *n* **Br** Zeitungsgeschäft *das*.

paperweight ['peɪpəweɪt] *n* Briefbeschwerer *der*.

paperwork ['peɪpəwɜːk] *n (U)* Schreibarbeit *die*.

papier-mâché [,pæpjeɪ'mæʃeɪ] *n (U)* Pappmaschee *das* <> *comp* auf Pappmaschee.

paprika ['pæprɪkə] *n* Paprika *der*.

Papua New Guinea [,pæpʊə] *n* Papua-Neuguinea *nt*.

par [pɑːʳ] *n* **- 1.: to be on a ~ with sb/sthg** [person] sich mit jm/etw messen können; [company, country] mit jm/etw vergleichbar sein **- 2.** [in golf] Par *das;* **under/over ~** unter/über Par; **above/below ~ fig** über/unter dem Durchschnitt **- 3.** [good health]: **to feel below** OR **under ~** nicht ganz auf dem Posten OR Damm sein **- 4.** FIN Nennwert *der;* **to be above/below ~** über/unter Pari stehen.

para ['pærə] *n* **Br inf** Fallschirmjäger *der*.

parable ['pærəbl] *n* REL Gleichnis *das;* [moral story] Parabel *die*.

parabola [pə'ræbələ] *n* Parabel *die*.

paracetamol [,pærə'siːtəmɒl] *n* **- 1.** *(U)* [substance] Paracetamol *das* **- 2.** [pill] Paracetamoltablette *die*.

parachute ['pærəʃuːt] *n* Fallschirm *der* <> *vi* mit dem Fallschirm ablspringen.

parade [pə'reɪd] *n* **- 1.** [procession] Umzug *der* **- 2.** MIL Parade *die;* **to be on ~** eine Parade ablhalten **- 3. Br: a shopping ~** eine Reihe von Läden OR Geschäften **- 4.** [street, path] Promenade *die* <> *vt* **- 1.** [people - soldiers] marschieren lassen; [- captives] zur Schau stellen **- 2.** [object] vor sich hertragen **- 3. fig** [flaunt] zur Schau stellen <> *vi* paradieren; [soldiers] marschieren.

parade ground *n* Exerzierplatz *der.*

paradigm ['pærədaɪm] *n* [example] Musterbeispiel *das.*

paradigmatic [ˌpærədɪg'mætɪk] *adj* beispielhaft.

paradise ['pærədaɪs] *n* Paradies *das.*

paradox ['pærədɒks] *n* Paradox(on) *das.*

paradoxical [ˌpærə'dɒksɪkl] *adj* paradox.

paradoxically [ˌpærə'dɒksɪklɪ] *adv* paradoxerweise.

paraffin ['pærəfɪn] *n* Paraffin *das.*

paragon ['pærəgən] *n* Muster *das;* **a ~ of virtue** ein Muster an Tugendhaftigkeit; **a ~ of beauty** der Inbegriff der Schönheit.

paragraph ['pærəgrɑːf] *n* Absatz *der.*

Paraguay ['pærəgwaɪ] *n* Paraguay *nt.*

parakeet ['pærəkiːt] *n* Sittich *der.*

paralegal [ˌpærə'liːgəl] *n* Rechtsassistent *der*, -in *die.*

parallel ['pærəlel] (*Br pt* & *pp* **-ed** *OR* **-led;** *cont* **-ing** *OR* **-ling**, *Am pt* & *pp* **-ed;** *cont* **-ing**) *adj lit* & *fig:* **~ (to** *OR* **with)** parallel (zu) <> *n* **- 1.** [gen] Parallele *die;* **to have no ~** keine Parallele haben *OR* auf|weisen **- 2.** GEOGR Breitenkreis *der;* **the 38th ~** der 38. Breitengrad <> *vt* gleichen *(+ D).*

parallel bars *npl* Barren *der.*

paralyse *Br*, **paralyze** *Am* ['pærəlaɪz] *vt* **- 1.** MED lähmen **- 2.** *fig* [immobilize] lahm legen.

paralysed *Br*, **paralyzed** *Am* ['pærəlaɪzd] *adj* **- 1.** MED gelähmt **- 2.** *fig* [immobilized] lahm gelegt.

paralysis [pə'rælɪsɪs] (*pl* **-lyses** [-lɪsiːz]) *n* **- 1.** MED Lähmung *die* **- 2.** [of industry, traffic] Lahmlegung *die.*

paralytic [ˌpærə'lɪtɪk] *adj* **- 1.** MED gelähmt **- 2.** *Br inf* [drunk] sternhagelvoll <> *n* Gelähmte *der, die.*

paralyze *vt Am* = **paralyse.**

paralyzed *adj Am* = **paralysed.**

paramedic [ˌpærə'medɪk] *n* Sanitäter *der*, -in *die.*

parameter [pə'ræmɪtəʳ] *n* Parameter *der.*

paramilitary [ˌpærə'mɪlɪtrɪ] *adj* paramilitärisch.

paramount ['pærəmaʊnt] *adj:* **to be ~** Vorrang *OR* Priorität haben; **of ~ importance** von äußerster Wichtigkeit.

paranoia [ˌpærə'nɔɪə] *n* Paranoia *die.*

paranoiac [ˌpærə'nɔɪæk] MED *adj* paranoisch <> *n* Paranoiker *der*, -in *die.*

paranoid ['pærənɔɪd] *adj* **- 1.** MED paranoid **- 2.** [worried, suspicious]: **she's ~ about being on time** sie hat ständig Angst, zu spät zu kommen; **you're getting ~!** dein Misstrauen ist ja krankhaft!

paranormal [ˌpærə'nɔːml] *adj* paranormal.

parapet ['pærəpɪt] *n* Brüstung *die.*

paraphernalia [ˌpærəfə'neɪlɪə] *n* Drum und Dran *das.*

paraphrase ['pærəfreɪz] *n* Paraphrase *die* <> *vt* paraphrasieren.

paraplegic [ˌpærə'pliːdʒɪk] *adj* doppelseitig gelähmt <> *n* Paraplegiker *der*, -in *die.*

parapsychology [ˌpærəsaɪ'kɒlədʒɪ] *n* Parapsychologie *die.*

parasite ['pærəsaɪt] *n lit* & *fig* Schmarotzer *der*, Parasit *der.*

parasitic [ˌpærə'sɪtɪk] *adj* parasitär.

parasol ['pærəsɒl] *n* Sonnenschirm *der.*

paratrooper ['pærətruːpəʳ] *n* Fallschirmjäger *der.*

parboil ['pɑːbɔɪl] *vt* ankochen.

parcel ['pɑːsl] (*Br pt* & *pp* **-led;** *cont* **-ling**, *Am pt* & *pp* **-ed;** *cont* **-ing**) *n* Paket *das.*

◆ **parcel up** *vt sep* als Paket verpacken.

parcel post *n* Paketpost *die.*

parched [pɑːtʃt] *adj* **- 1.** [very dry - grass, plain] ausgetrocknet, verdorrt; [- throat, lips] trocken **- 2.** *inf* [very thirsty]: **I'm ~** ich habe riesigen Durst.

parchment ['pɑːtʃmənt] *n* Pergament *das.*

pardon ['pɑːdn] *n* **- 1.** LAW Begnadigung *die* **- 2.** [forgiveness] Vergebung *die;* **I beg your ~?** [showing surprise or offence] erlauben Sie mal!; [what did you say?] (wie) bitte?; **I beg your ~!** [apologizing] Entschuldigung!, Verzeihung! <> *vt* **- 1.** LAW begnadigen **- 2.** [forgive] verzeihen, vergeben; **to ~ sb for sthg** jm etw verzeihen; **pardon?** [what did you say?] wie bitte?; **~ me!** Entschuldigung!, Verzeihung!

pardonable ['pɑːdnəbl] *adj* entschuldbar.

pare [peəʳ] *vt* [apple, potato, stick] schälen; [fingernail] schneiden.

◆ **pare down** *vt sep* [costs, spending] kürzen; [personnel] ein|sparen.

parent ['peərənt] *n* [father] Vater *der;* [mother] Mutter *die;* **~s** Eltern *pl.*

parentage ['peərəntɪdʒ] *n* Herkunft *die.*

parental [pə'rentl] *adj* elterlich; **~ approval** Zustimmung *die* der Eltern.

parent company *n* Muttergesellschaft *die.*

parenthesis [pə'renθɪsɪs] (*pl* **-theses** [-θɪsiːz]) *n:* **in parentheses** in Klammern.

parenthood ['peərənthʊd] *n* Elternschaft *die.*

parenting ['peərəntɪŋ] *n* elterliche Sorgepflicht.

parent-teacher association *n* Eltern-Lehrer-Vertretung *die.*

pariah [pəˈraɪəl] *n pej* Paria *der.*

Paris [ˈpærɪs] *n* Paris *nt.*

parish [ˈpærɪʃ] *n* Gemeinde *die.*

parish council *n Br* Gemeinderat *der.*

parishioner [pəˈrɪʃənəʳ] *n* Gemeindemitglied *das.*

parish priest *n* Gemeindepfarrer *der.*

Parisian [pəˈrɪzɪən] *adj* Pariser <> *n* Pariser *der,* -in *die.*

parity [ˈpærətɪ] *n* [state] Gleichheit *die;* [action] Gleichstellung *die.*

park [pɑːk] *n* Park *der* <> *vt* parken; [bicycle] ab|stellen <> *vi* parken.

parka [ˈpɑːkə] *n* Parka *der.*

parking [ˈpɑːkɪŋ] *n (U)* **- 1.** [act] Parken *das;* **'no ~'** 'Parken verboten' **- 2.** [space] Parkplätze *pl.*

parking garage *n Am* Parkhaus *das.*

parking light *n Am* Parkleuchte *die.*

parking lot *n Am* Parkplatz *der.*

parking meter *n* Parkuhr *die.*

parking place *n* Parkplatz *der.*

parking ticket *n* Strafzettel *der.*

Parkinson's (disease) [ˈpɑːkɪnsnz-] *n (U)* Parkinsonkrankheit *die.*

park keeper *n Br* Parkwächter *der,* -in *die.*

parkland [ˈpɑːklænd] *n (U)* Parklandschaft *die.*

parkway [ˈpɑːkweɪ] *n Am* Allee *die.*

parky [ˈpɑːkɪ] (*compar* **-ier;** *superl* **-iest**) *adj* ***Br inf*** kühl, frisch.

parlance [ˈpɑːləns] *n:* **in common/legal ~** im allgemeinen/juristischen Sprachgebrauch.

parliament [ˈpɑːləmənt] *n* Parlament *das.*

parliamentarian [ˌpɑːləmenˈteərɪən] *n* Parlamentarier *der,* -in *die.*

parliamentary [ˌpɑːləˈmentərɪ] *adj* Parlaments-, parlamentarisch; [monarchy, system] parlamentarisch.

parlour *Br,* **parlor** *Am* [ˈpɑːləʳ] *n* **- 1.** ***dated*** [in house] Salon *der* **- 2.** [cafe]: **ice cream ~** Eisdiele *die.*

parlour game *n* Gesellschaftsspiel *das.*

parlous [ˈpɑːləs] *adj* ***fml*** kritisch.

Parmesan (cheese) [ˌpɑːmɪˈzæn-] *n* Parmesan(käse) *der.*

parochial [pəˈrəʊkɪəl] *adj* ***pej*** [person] engstirnig; [view, approach] eng, beschränkt.

parochial school *n Am* Konfessionsschule *die.*

parody [ˈpærədɪ] (*pl* **-ies;** *pt* & *pp* **-ied**) *n* Parodie *die;* **a ~ of** eine Parodie auf *(+ A)* <> *vt* parodieren.

parole [pəˈrəʊl] *n (U)* Bewährung *die;* **on ~** auf Bewährung <> *vt* auf Bewährung entlassen.

paroxysm [ˈpærəksɪzm] *n* Anfall *der;* **~s of laughter** ein Lachkrampf.

parquet [ˈpɑːkeɪ] *n* Parkett *das.*

parrot [ˈpærət] *n* Papagei *der.*

parrot fashion *adv* [repeat] wie ein Papagei, papageienhaft; [learn] stur auswendig.

parry [ˈpærɪ] (*pt* & *pp* **-ied**) *vt* ***lit*** & ***fig*** ab|wehren.

parsimonious [ˌpɑːsɪˈməʊnɪəs] *adj* ***fml*** & ***pej*** geizig.

parsley [ˈpɑːslɪ] *n* Petersilie *die.*

parsnip [ˈpɑːsnɪp] *n* Pastinak *der,* Pastinake *die.*

parson [ˈpɑːsn] *n* Pfarrer *der,* -in *die.*

parson's nose *n Br* Bürzel *der.*

part [pɑːt] *n* **- 1.** [gen] Teil *der;* **in this ~ of Germany** in dieser Gegend Deutschlands; **in ~** teilweise, zum Teil; **to be ~ and parcel of sthg** fester Bestandteil einer Sache *(G)* sein; **that's only ~ of the story** das ist noch nicht alles; **for the better ~ of two hours** fast zwei Stunden; **for the most ~** zum größten Teil **- 2.** [of TV serial] Fortsetzung *die* **- 3.** [component] Teil *das;* **spare ~s** Ersatzteile; **to form ~ of sthg** Teil von etw sein **- 4.** [acting role] Rolle *die,* Part *der;* ***fig*** [involvement] Anteil *der,* Rolle *die;* **his ~ in the crime** seine Rolle bei dem Verbrechen; **to play an important ~ in sthg** eine wichtige Rolle bei etw spielen; **to want no ~ in sthg** mit etw nichts zu tun haben wollen; **to take ~ in sthg** an etw *(D)* teil|nehmen, sich an etw *(D)* beteiligen; **for my/his/*etc* ~** was mich/ihn/*etc* anbetrifft; **on my ~** meinerseits; **on the ~ of** vonseiten *(+ G),* seitens *(+ G)* **- 5.** ***Am*** [hair parting] Scheitel *der* **- 6.** MUS Stimme *die* <> *adv* teils <> *vt* **- 1.** [separate] trennen **- 2.** [curtains] öffnen, zur Seite schieben; [branches] zur Seite schieben; [legs] auf|machen; [hair] scheiteln <> *vi* **- 1.** [people] sich trennen **- 2.** [curtains, lips, legs] sich öffnen; [crowd, branches] sich teilen.
◆ **parts** *npl:* **in these ~s** in dieser Gegend; **in foreign ~s** in fremden Ländern.
◆ **part with** *vt fus* sich trennen von.

partake [pɑːˈteɪk] (*pt* **-took;** *pp* **-taken** [pɑːˈteɪkn]) *vi* ***fml:*** **to ~ of sthg** etw zu sich nehmen.

part exchange *n:* **in ~ (for)** in Zahlung (für).

partial [ˈpɑːʃl] *adj* **- 1.** [incomplete] Teil-, teilweise **- 2.** [biased] parteiisch **- 3.** [fond]: **to be ~ to sthg** eine Schwäche für etw haben.

partiality [ˌpɑːʃɪ'ælətɪ] *n* - **1.** [bias] Parteilichkeit *die* - **2.** [fondness]: ~ **(for)** Schwäche *die* (für).

partially ['pɑːʃəlɪ] *adv* [partly] zum Teil, teilweise.

partially sighted [-'saɪtɪd] *adj* eingeschränkt sehfähig.

participant [pɑː'tɪsɪpənt] *n* Teilnehmer *der*, -in *die*.

participate [pɑː'tɪsɪpeɪt] *vi*: **to ~ (in)** teil|nehmen (an *(+ D)*).

participation [pɑːˌtɪsɪ'peɪʃən] *n* Teilnahme *die*.

participle ['pɑːtɪsɪpl] *n* Partizip *das*.

particle ['pɑːtɪkl] *n* - **1.** [tiny piece] Teilchen *das* - **2.** GRAMM Partikel *die*.

particular [pə'tɪkjʊlə^r] *adj* - **1.** [specific] bestimmt, speziell; **for no ~ reason** aus keinem bestimmten Grund - **2.** [special] besondere, -r, -s - **3.** [fussy] eigen.
◆ **particulars** *npl* Einzelheiten *pl*.
◆ **in particular** *adv* besonders, vor allem; **nothing in ~** nichts Besonderes.

particularly [pə'tɪkjʊləlɪ] *adv* - **1.** [in particular] besonders, vor allem - **2.** [very] besonders.

parting ['pɑːtɪŋ] *n* - **1.** [farewell] Abschied *der* - **2.** *Br* [in hair] Scheitel *der*.

parting shot *n* Schlussbemerkung *die*.

partisan [ˌpɑːtɪ'zæn] *adj* parteiisch ◇ *n* [freedom fighter] Partisan *der*, -in *die*.

partition [pɑː'tɪʃn] *n* - **1.** [wall, screen] Trennwand *die* - **2.** *(U)* [of country] Teilung *die* ◇ *vt* teilen.

partly ['pɑːtlɪ] *adv* zum Teil, teilweise.

partner ['pɑːtnə^r] *n* - **1.** [gen] Partner *der*, -in *die* - **2.** [in a business] Geschäftspartner *der*, -in *die* - **3.** [in crime] Komplize *der*, -zin *die* ◇ *vt*: **to ~ sb** js Partner sein; **to ~ sb with sb** jn mit jm zusammen|bringen.

partnership ['pɑːtnəʃɪp] *n* - **1.** [relationship] Partnerschaft *die* - **2.** [business] (Personen)gesellschaft *die*.

partook [pɑː'tʊk] *pt* ▻ **partake**.

partridge ['pɑːtrɪdʒ] (*pl inv* OR **-s**) *n* Rebhuhn *das*.

part-time *adj* Teilzeit- ◇ *adv*: **to work ~** Teilzeit arbeiten.

part-timer *n* Teilzeitbeschäftigte *der*, *die*.

party ['pɑːtɪ] (*pl* **-ies**; *pt* & *pp* **-ied**) *n* - **1.** POL & LAW Partei *die* - **2.** [social gathering] Party *die*; **to have a ~** eine Party geben - **3.** [group of people] Gruppe *die* - **4.** [involved person]: **to be a ~ to sthg** beteiligt sein an etw *(D)* ◇ *vi* ***inf*** feiern.

party line *n* - **1.** POL Parteilinie *die* - **2.** TELEC Gemeinschaftsanschluss *der*.

party political broadcast *n* ***Br*** parteipolitische Sendung.

party politics *n* Parteipolitik *die*.

pass [pɑːs] *vt* - **1.** [walk past] vorbei|gehen an *(+ D)*; [drive past] vorbei|fahren an *(+ D)* - **2.** AUT [overtake] überholen - **3.** [hand over] reichen; **to ~ sthg to sb, to ~ sb sthg** jm etw reichen - **4.** [in football, hockey *etc*]: **to ~ sb the ball, to ~ the ball to sb** jm den Ball zulspielen OR passen - **5.** [exam, test] bestehen - **6.** [candidate] bestehen lassen - **7.** [approve - law] verabschieden; [- motion] an|nehmen; **this product has been ~ed as fit for sale** dieses Produkt ist für den Verkauf freigegeben worden - **8.** [life, time] verbringen - **9.** [exceed] überschreiten - **10.** [judgement] fällen; [sentence] verhängen ◇ *vi* - **1.** [walk past] vorbei|gehen; [drive past] vorbei|fahren; **to let sb ~** jn vorbei|lassen; **if you're ~ing this way** falls Sie hier vorbeikommen - **2.** AUT [overtake] überholen - **3.** [road, river, path] führen; [pipe, cable] verlaufen - **4.** [time, holiday, lesson] vergehen - **5.** [in test, exam] bestehen - **6.** [in football, hockey *etc*] einen Pass spielen - **7.** [occur] verlaufen; **to ~ unnoticed** unbemerkt bleiben ◇ *n* - **1.** [document] Ausweis *der* - **2.** ***Br*** [in exam] Bestehen *das*; **to get a ~** bestehen - **3.** [between mountains] Pass *der* - **4.** [in football, hockey *etc*] Pass *der*; [in tennis] Passierschlag *der* - **5.** ***phr*: to make a ~ at sb *inf*** bei jm Annäherungsversuche machen.
◆ **pass around** *vt sep* = **pass round.**
◆ **pass as** *vt fus* durch|gehen.
◆ **pass away** *vi* entschlafen.
◆ **pass by** *vt fus* [walk past] vorbei|gehen an *(+ D)*; [drive past] vorbei|fahren an *(+ D)* ◇ *vt sep* ***fig*** [subj: news, events] vorbei|gehen an *(+ D)* ◇ *vi* [walk past] vorbei|gehen; [drive past] vorbei|fahren.
◆ **pass for** *vt fus* = **pass as.**
◆ **pass off** *vt sep*: **to ~ o.s./sb/sthg off as sthg** sich/jn/etw als etw aus|geben ◇ *vi* [occur] verlaufen.
◆ **pass on** *vt sep* ***lit*** & ***fig*: to ~ sthg on (to sb)** etw (an jn) weiter|geben ◇ *vi* - **1.** [move on] weiter|machen; **let's ~ on to the next question** gehen wir zur nächsten Frage über - **2.** = **pass away.**
◆ **pass out** *vi* - **1.** [faint] ohnmächtig werden - **2.** ***Br*** MIL ernannt werden.
◆ **pass over** *vt fus* [subject, problem] übergehen; **to be ~ed over for promotion** bei der Beförderung übergangen werden.
◆ **pass round** *vt sep* herum|reichen.
◆ **pass through** *vi* durch|kommen; **we're just ~ing through** wir sind nur auf der Durchreise.
◆ **pass to** *vt fus* [as part of inheritance] über|gehen auf *(+ A)*.
◆ **pass up** *vt sep* [opportunity] vorübergehen lassen; [invitation, offer] ab|lehnen.

passable ['pɑːsəbl] *adj* - **1.** [satisfactory] passabel - **2.** [road, path] passierbar.

passably [ˈpɑːsəblɪ] *adv* [satisfactorily] ganz passabel.

passage [ˈpæsɪdʒ] *n* - **1.** [corridor] Gang *der;* [between houses] Durchgang *der* - **2.** [through crowd] Weg *der* - **3.** ANAT Gang *der* - **4.** [in book, music] Passage *die* - **5.** *(U) fml* [transition] Übergang *der;* **the ~ of time** der Strom der Zeit - **6.** [sea journey] Überfahrt *die.*

passageway [ˈpæsɪdʒweɪ] *n* Gang *der;* [between houses] Durchgang *der.*

passbook [ˈpɑːsbʊk] *n* Sparbuch *das.*

passé [ˈpæseɪ] *adj pej* überholt, passé.

passenger [ˈpæsɪndʒəʳ] *n* [gen] Passagier *der;* [in taxi] Fahrgast *der;* [in car] Insasse *der,* -sin *die.*

passerby [ˌpɑːsəˈbaɪ] (*pl* **passersby** [ˌpɑːsəzˈbaɪ]) *n* Passant *der,* -in *die.*

passing [ˈpɑːsɪŋ] *adj* [remark] beiläufig; [fashion, mood] vorübergehend ◇ *n* - **1.** [of time] Lauf *der;* **with the ~ of the years** im Lauf(e) der Jahre - **2.** [death] Hinscheiden *das.*
◆ **in passing** *adv* [mention] beiläufig.

passion [ˈpæʃn] *n* Leidenschaft *die.*
◆ **Passion** *n:* **the Passion** die Passion.

passionate [ˈpæʃənət] *adj* leidenschaftlich.

passionately [ˈpæʃənətlɪ] *adv* - **1.** [kiss, embrace] leidenschaftlich - **2.** [care, speak, write] voller Leidenschaft.

passionfruit [ˈpæʃənfruːt] *n* Passionsfrucht *die.*

passive [ˈpæsɪv] *adj* - **1.** [person] passiv - **2.** GRAMM passivisch, Passiv- ◇ *n:* **the ~** das Passiv.

passively [ˈpæsɪvlɪ] *adv* [accept] widerspruchslos; [watch] tatenlos.

passive resistance *n* passiver Widerstand.

passive smoking *n* passives Rauchen.

passivity [pæˈsɪvətɪ] *n* Passivität *die.*

passkey [ˈpɑːskiː] *n* Hausschlüssel *der.*

Passover [ˈpɑːsˌəʊvəʳ] *n* Passah *das.*

passport [ˈpɑːspɔːt] *n* (Reise)pass *der;* **a ~ to power/success** *fig* ein Schlüssel zur Macht/zum Erfolg.

passport control *n* Passkontrolle *die.*

password [ˈpɑːswɜːd] *n* Passwort *das.*

past [pɑːst] *adj* - **1.** [former] ehemalig - **2.** [earlier] vergangene, -r, -s; **in ~ times** in früheren Zeiten - **3.** [most recent, last] letzte, -r, -s; **the ~ month** der letzte Monat - **4.** [finished] vorbei ◇ *n* - **1.** [time]: **the ~** die Vergangenheit; **in the ~** früher - **2.** [personal history] Vergangenheit *die* - **3.** GRAMM Vergangenheit *die* ◇ *adv* - **1.** [telling the time] nach; **it's ten/a quarter ~** es ist zehn/viertel nach - **2.** [by] vorbei; **to run ~** vorbeilaufen ◇ *prep* - **1.** [telling the time] nach; **twenty ~ four** zwanzig nach vier; **at half/a quarter ~ eight** um halb/viertel neun - **2.** [by] an *(+ D)* ... vorbei; **he drove ~ the house** er fuhr am Haus vorbei - **3.** [beyond] hinter *(+ D);* **to be ~ it** *inf* zu alt sein; **I wouldn't put it ~ him** *inf* ich würde es ihm zutrauen.

pasta [ˈpæstə] *n (U)* Nudeln *pl,* Teigwaren *pl.*

paste [peɪst] *n* - **1.** [smooth mixture] Brei *der,* Teig *der* - **2.** *(U)* CULIN Brotaufstrich *der,* Paste *die* - **3.** [glue] Kleister *der* - **4.** [jewellery] Strass *der* ◇ *vt* kleben; COMPUT ein|fügen.

pastel [ˈpæstl] *adj* pastellfarben ◇ *n* - **1.** [colour] Pastell *das* - **2.** ART [drawing] Pastellmalerei *die.*

pasteurize, -ise [ˈpɑːstʃəraɪz] *vt* pasteurisieren.

pastiche [pæˈstiːʃ] *n* - **1.** [imitation] Persiflage *die* - **2.** [mixture of styles] Pastiche *der.*

pastille [ˈpæstɪl] *n* Pastille *die.*

pastime [ˈpɑːstaɪm] *n* Hobby *das.*

pasting [ˈpeɪstɪŋ] *n inf:* **to give sb a ~** [beat up] jm eins überbraten; [defeat] jn fertig|machen.

pastor [ˈpɑːstəʳ] *n* Pfarrer *der,* -in *die.*

pastoral [ˈpɑːstərəl] *adj* - **1.** RELIG pastoral; **~ care** Seelsorge *die* - **2.** [scene, life] ländlich; [in literature, art, music] pastoral.

past participle *n* Partizip Perfekt *das.*

pastrami [pəˈstrɑːmɪ] *n (U) geräuchertes, stark gewürztes Rindfleisch.*

pastry [ˈpeɪstrɪ] (*pl* **-ies**) *n* - **1.** [mixture] Teig *der* - **2.** [cake] Teilchen *das.*

past tense *n* Vergangenheit *die.*

pasture [ˈpɑːstʃəʳ] *n* [field] Weide *die.*

pastureland [ˈpɑːstʃəlænd] *n* Weideland *das.*

pasty¹ [ˈpeɪstɪ] (*compar* **-ier;** *superl* **-iest**) *adj* [face] bleich.

pasty² [ˈpæstɪ] (*pl* **-ies**) *n* ***Br*** CULIN Pastete *die.*

pasty-faced [ˈpeɪstɪˌfeɪst] *adj* bleichgesichtig.

pat [pæt] (*compar* **-ter;** *superl* **-test;** *pt* & *pp* **-ted;** *cont* **-ting**) *adj* präpariert ◇ *adv:* **to have sthg off ~** etw parat haben ◇ *n* - **1.** [light stroke] Klaps *der* - **2.** [of butter] Portion *die* ◇ *vt* [dog, hand] tätscheln; [back, shoulder] (leicht) klopfen auf *(+ A).*

Patagonia [ˌpætəˈgəʊnɪə] *n* Patagonien *nt.*

patch [pætʃ] *n* - **1.** [piece of material] Flicken *der* - **2.** [over eye] Augenklappe *die* - **3.** [small area] Fleck *der;* **there were still ~es of snow** es lag vereinzelt OR stellenweise noch Schnee; **a bald ~** eine kahle Stelle - **4.** [of land] Stück (Land) *das;* **vegetable ~** Gemüsebeet *das* - **5.** [period of time]: **to be going through a difficult ~** eine schwierige Zeit durch|machen - **6.** *phr:* **not to be a ~ on sb/sthg** ***inf*** nichts gegen jn/etw sein ◇ *vt* flicken.

◆ **patch together** *vt sep* [agreement] zusammen|schustern; [government] (in aller Eile) zusammen|stellen.

◆ **patch up** *vt sep* **- 1.** [mend] zusammen|flicken **- 2.** *fig* [quarrel] beilegen; [marriage] kitten.

patchwork ['pætʃwɜːk] *adj* Patchwork- <> *n*: **a ~ of fields** ein bunter Teppich von Feldern.

patchy ['pætʃɪ] (*compar* **-ier;** *superl* **-iest**) *adj* **- 1.** [fog, sunshine] vereinzelt; [colour] fleckig **- 2.** [knowledge] lückenhaft **- 3.** [performance, game] unterschiedlich (in der Qualität).

pâté ['pæteɪ] *n (U)* Pastete *die*.

patent [*Br* 'peɪtənt, *Am* 'pætənt] *adj* [obvious] offensichtlich <> *n* Patent *das* <> *vt* patentieren lassen.

patented [*Br* 'peɪtəntɪd, *Am* 'pætəntɪd] *adj* patentiert.

patentee [*Br* ˌpeɪtən'tiː, *Am* ˌpætən'tiː] *n* Patentinhaber *der*, -in *die*.

patent leather *n* Lackleder *das*.

patently [*Br* 'peɪtəntlɪ, *Am* 'pætəntlɪ] *adv* offensichtlich; **~ obvious** ganz offensichtlich.

Patent Office *n*: **the ~** das Patentamt.

paternal [pə'tɜːnl] *adj* **- 1.** [love, attitude] väterlich **- 2.** [on father's side]: **~ grandmother/grandfather** Großmutter *die*/Großvater *der* väterlicherseits.

paternalistic [pəˌtɜːnə'lɪstɪk] *adj* *pej* patriarchalisch.

paternity [pə'tɜːnətɪ] *n* [fatherhood] Vaterschaft *die*.

paternity leave *n* Vaterschaftsurlaub *der*.

paternity suit *n* Vaterschaftsprozess *der*.

path [pɑːθ, *pl* pɑːðz] *n* **- 1.** [track] Weg *der;* [narrower] Pfad *der* **- 2.** [way ahead, course of action] Weg *der;* **our ~s had crossed before** unsere Wege hatten sich schon vorher gekreuzt **- 3.** [trajectory] Bahn *die*.

pathetic [pə'θetɪk] *adj* **- 1.** [causing pity] Mitleid erregend; **to be a ~ sight** ein Bild des Jammers bieten **- 2.** [useless - attempt, effort] erbärmlich; **she's ~** sie ist ein hoffnungsloser Fall.

pathetically [pə'θetɪklɪ] *adv* **- 1.** [causing pity] Mitleid erregend **- 2.** [uselessly] erbärmlich.

pathological [ˌpæθə'lɒdʒɪkl] *adj* **- 1.** MED pathologisch **- 2.** [uncontrollable] krankhaft.

pathologist [pə'θɒlədʒɪst] *n* Pathologe *der*, -gin *die*.

pathology [pə'θɒlədʒɪ] *n* Pathologie *die*.

pathos ['peɪθɒs] *n* Pathos *das*.

pathway ['pɑːθweɪ] *n* Weg *der;* [narrower] Pfad *der*.

patience ['peɪʃns] *n* **- 1.** [quality] Geduld *die;* **to try sb's ~** js Geduld auf die Probe stellen **- 2.** [card game] Patience *die*.

patient ['peɪʃnt] *adj* geduldig <> *n* Patient *der*, -in *die*.

patiently ['peɪʃntlɪ] *adv* geduldig.

patina ['pætɪnə] *n* Patina *die*.

patio ['pætɪəʊ] (*pl* **-s**) *n* Terrasse *die*.

patisserie [pə'tiːsərɪ] *n* Konditorei *die*.

Patna rice ['pætnə-] *n* Patnareis *der*.

patriarch ['peɪtrɪɑːk] *n* Patriarch *der*.

patriarchy ['peɪtrɪɑːkɪ] (*pl* **-ies**) *n* Patriarchat *das*.

patrimony [*Br* 'pætrɪmənɪ, *Am* 'pætrɪməʊnɪ] *n (U)* *fml* Patrimonium *das*.

patriot [*Br* 'pætrɪət, *Am* 'peɪtrɪət] *n* Patriot *der*, -in *die*.

patriotic [*Br* ˌpætrɪ'ɒtɪk, *Am* ˌpeɪtrɪ'ɒtɪk] *adj* patriotisch.

patriotism [*Br* 'pætrɪətɪzm, *Am* 'peɪtrɪətɪzm] *n* Patriotismus *der*.

patrol [pə'trəʊl] (*pt* & *pp* **-led;** *cont* **-ling**) *n* [of police] Streife *die;* [of soldiers] Patrouille *die;* **on ~** auf Streife/Patrouille <> *vt* [subj: police - in vehicle] Streife fahren in *(+ D);* [- on foot] seine Runden machen in *(+ D);* [subj: soldiers] patrouillieren.

patrol car *n* Streifenwagen *der*.

patrolman [pə'trəʊlmən] (*pl* **-men** [-mən]) *n* *Am* (Streifen)polizist *der*.

patrol wagon *n* *Am* Gefangenenwagen *der*.

patrolwoman [pə'trəʊlˌwʊmən] (*pl* **-women** [-ˌwɪmɪn]) *n* *Am* (Streifen)polizistin *die*.

patron ['peɪtrən] *n* **- 1.** [sponsor] Förderer *der*, -derin *die* **- 2.** *Br* [of charity, campaign] Schirmherr *der*, -in *die* **- 3.** *fml* [of shop] Kunde *der*, -din *die;* [of cinema] Besucher *der*, -in *die;* [of pub, hotel] Gast *der;* **for ~s only** nur für Kunden/Gäste.

patronage ['peɪtrənɪdʒ] *n* [sponsorship - of organization] Schirmherrschaft *die;* [- of activity] (finanzielle) Förderung.

patronize, -ise ['pætrənaɪz] *vt* **- 1.** *pej* [talk down to] von oben herab behandeln **- 2.** *fml* [be a customer of - shop] ein|kaufen bei; [- business] Kunde/Kundin sein von **- 3.** *fml* [back financially] fördern.

patronizing, -ising ['pætrənaɪzɪŋ] *adj* *pej* gönnerhaft.

patron saint *n* Schutzpatron *der*, -in *die*.

patter ['pætəʳ] *n* **- 1.** [of feet] Getrappel *das;* [of raindrops] Platschen *das* **- 2.** [talk] Sprüche *pl* <> *vi* [dog, feet] trappeln; [rain] platschen.

pattern ['pætən] *n* **- 1.** [design] Muster *das* **- 2.** [of life, work] Ablauf *der;* **behaviour ~** Verhaltensmuster *das* **- 3.** [of distribution] Schema *das* - **4.** [for sewing] Schnittmuster *das;* [for knitting] Strickanleitung *die* - **5.** [model] Vorbild *das.*

patterned ['pætənd] *adj* gemustert.

patty ['pætɪ] (*pl* **-ies**) *n* - **1.** [pasty] Pastete *die* - **2.** [savoury meat cake] Frikadelle *die.*

paucity ['pɔːsətɪ] *n* **fml:** **~ of sthg** Mangel *der* an etw *(D).*

paunch [pɔːntʃ] *n* Bauch *der.*

pauper ['pɔːpəʳ] *n* Arme *der, die.*

pause [pɔːz] *n* Pause *die;* **without a ~** ohne Unterbrechung <> *vi* - **1.** [stop speaking] innelhalten - **2.** [stop doing sthg] eine Pause machen *OR* einllegen.

pave [peɪv] *vt* pflastern; **to ~ the way for sb/sthg** jm/etw den Weg ebnen.

paved [peɪvd] *adj* gepflastert.

pavement ['peɪvmənt] *n* - **1.** ***Br*** [at side of road] Bürgersteig *der* - **2.** ***Am*** [road surface] Fahrbahnbelag *der.*

pavement artist *n* ***Br*** Pflastermaler *der,* -in *die.*

pavilion [pə'vɪljən] *n* - **1.** [at sports field] Klubhaus *das* - **2.** [at exhibition] Pavillon *der.*

paving ['peɪvɪŋ] *n (U)* - **1.** [material] Belag *der* - **2.** [paved surface] Pflaster *das.*

paving stone *n* Pflasterstein *der.*

paw [pɔː] *n* Pfote *die;* [of lion, bear] Tatze *die* <> *vt* - **1.** [subj: animal]: **to ~ the ground** am Boden scharren - **2.** ***pej*** [subj: person] betatschen.

pawn [pɔːn] *n* - **1.** [chesspiece] Bauer *der* - **2.** [unimportant person] Schachfigur *die* <> *vt* verpfänden.

pawnbroker ['pɔːn,brəʊkəʳ] *n* Pfandleiher *der,* -in *die.*

pawnshop ['pɔːnʃɒp] *n* Pfandhaus *das.*

pay [peɪ] (*pt* & *pp* **paid**) *vt* - **1.** [bill, debt, person] bezahlen; [fine, taxes, fare, sum of money] zahlen; **to ~ sb for sthg** jm das Geld für etw geben; **how much did you ~ for it?** wie viel hast du dafür gezahlt?; **to ~ money into an account** ***Br*** Geld auf ein Konto einlzahlen; **to ~ one's way** für alles selber auflkommen - **2.** [be profitable, advantageous to]: **it won't ~ you to sell the house just now** es wird sich für dich nicht lohnen, das Haus jetzt zu verkaufen; **it will ~ you to keep quiet** es wird für dich von Vorteil sein, wenn du schweigst - **3.: to ~ sb a compliment** jm ein Kompliment machen; **to ~ a visit to sb/a place** jn/einen Ort besuchen <> *vi* - **1.** [for services, work, goods] (be)zahlen; **to ~ for sthg** etw bezahlen - **2.** [be profitable - crime] sich lohnen; [- work] sich rentieren - **3.** ***fig*** [suffer] bezahlen; **to ~ dearly for sthg** teuer für etw bezahlen <> *n* [wages] Lohn *der;* [salary] Gehalt *das.*

◆ **pay back** *vt sep* - **1.** [return money to]: **I'll ~ you back (the money) tomorrow** ich zahle dir morgen das Geld zurück - **2.** [revenge o.s. on]: **I'll ~ you back for that!** das werde ich dir heimlzahlen!

◆ **pay off** *vt sep* - **1.** [debt] ablbezahlen; [loan] tilgen - **2.** [employee] auslzahlen - **3.** [informer, blackmailer] Schweigegeld zahlen *(+ D)* <> *vi* [be successful] sich auslzahlen.

◆ **pay out** *vt sep* - **1.** [money] auslgeben - **2.** [rope] ablaufen lassen <> *vi* bezahlen.

◆ **pay up** *vi* zahlen.

payable ['peɪəbl] *adj* - **1.** [debt, loan]: **to be ~** fällig sein - **2.** [cheque]: **to be ~ to sb** an jn zu zahlen sein; **to make a cheque ~ to sb** einen Scheck auf jn auslstellen.

pay as you earn *n* ***Br*** *britisches Steuersystem, bei dem die Lohnsteuer direkt vom Gehalt abgezogen wird.*

paybed ['peɪbed] *n* ***Br*** Privatbett *das.*

paycheck ['peɪtʃek] *n* ***Am*** [cheque] Lohnscheck *der;* [money] Lohn *der.*

payday ['peɪdeɪ] *n* Zahltag *der.*

PAYE *abbr of* **pay as you earn**

payee [peɪ'iː] *n* Zahlungsempfänger *der,* -in *die.*

pay envelope *n* ***Am*** Lohntüte *die.*

payer ['peɪəʳ] *n* Zahler *der,* -in *die.*

paying guest [,peɪɪŋ-] *n* zahlender Gast.

paying-in book [,peɪɪŋ-] *n* ***Br*** *Heft mit Einzahlungsformularen.*

payload ['peɪləʊd] *n* - **1.** [load] Nutzlast *die* - **2.** [explosive in missile] Sprengstoffmenge *die.*

paymaster general [,peɪmɑːstəʳ] *n* ***Br*** *britisches Kabinettsmitglied, zuständig für Lohn- und Gehaltszahlungen im öffentlichen Dienst in Großbritannien.*

payment ['peɪmənt] *n* - **1.** [act of paying] Bezahlung *die* - **2.** [amount of money] Zahlung *die.*

payoff ['peɪɒf] *n* - **1.** [result] Lohn *der* - **2.** ***Br*** [redundancy payment] Abfindung *die.*

payola [peɪ'əʊlə] *n* ***esp Am inf*** - **1.** [bribing] Bestechung *die* - **2.** [bribe] Bestechungsgeld *das.*

pay packet *n* ***Br*** - **1.** [envelope] Lohntüte *die* - **2.** [wages] Lohn *der.*

pay-per-view *adj* Pay-per-View-.

pay phone, pay station ***Am*** *n* Münzfernsprecher *der.*

payroll ['peɪrəʊl] *n:* **to be on the ~** angestellt sein.

payslip ***Br*** ['peɪslɪp], **paystub** ***Am*** ['peɪstʌb] *n* [for wages] Lohnstreifen *der;* [for salary] Gehaltsstreifen *der.*

pay station *n* ***Am*** = **pay phone.**

paystub *n* ***Am*** = **payslip.**

PBS (*abbr of* **Public Broadcasting Service**) *n* ***Am***

alle öffentlich-rechtlichen Fernsehstationen umfassende Rundfunkgesellschaft.

pc *n abbr of* **postcard** <> *abbr of* **per cent.**

p/c *abbr of* **petty cash.**

PC *n* - **1.** (*abbr of* **personal computer**) PC *der* - **2.** *abbr of* **police constable** <> *adj abbr of* **politically correct.**

pcm (*abbr of* **per calendar month**) p. M.

pd (*abbr of* **paid**) bez.

PD (*abbr of* **police department**) *Polizeiwache in den USA.*

pdq (*abbr of* **pretty damn quick**) *adv inf* verdammt schnell.

PDSA (*abbr of* **People's Dispensary for Sick Animals**) *n kostenlose Behandlungseinrichtung für Haustiere in Großbritannien.*

PDT (*abbr of* **Pacific Daylight Time**) *n Sommerzeit in der pazifischen Zeitzone der USA.*

PE *n abbr of* **physical education.**

pea [piː] *n* Erbse *die*

peace [piːs] *n* - **1.** [tranquillity] Ruhe *die;* **~ of mind** Seelenfrieden *der;* **to be at ~ with sb/sthg** mit jm/etw in Frieden leben; **to be at ~ with o.s.** mit sich selbst im Reinen sein - **2.** [no war] Frieden *der;* **to make (one's) ~ with sb/sthg** mit jm/etw Frieden schließen - **3.** [law and order] Ruhe *die* und Ordnung.

peaceable [ˈpiːsəbl] *adj* [people] friedfertig.

peaceably [ˈpiːsəblɪ] *adv* friedlich.

Peace Corps *n* Friedenskorps *das.*

peaceful [ˈpiːsfʊl] *adj* friedlich.

peacefully [ˈpiːsfʊlɪ] *adv* friedlich.

peacefulness [ˈpiːsfʊlnɪs] *n* [tranquillity] Ruhe *die.*

peacekeeping force [ˈpiːsˌkiːpɪŋ-] *n* Friedenstruppe *die.*

peacemaker [ˈpiːsˌmeɪkəʳ] *n* Friedensstifter *der,* -in *die.*

peace offering *n inf* Friedensangebot *das.*

peacetime [ˈpiːstaɪm] *n (U)* Friedenszeiten *pl.*

peach [piːtʃ] *adj* [in colour] pfirsichfarben <> *n* - **1.** [fruit] Pfirsich *der* - **2.** [colour] Pfirsichton *der* <> *comp* Pfirsich-.

Peach Melba [-ˈmelbə] *n* Pfirsich Melba *der.*

peacock [ˈpiːkɒk] *n* Pfau *der.*

peahen [ˈpiːhen] *n* Pfauenhenne *die.*

peak [piːk] *n* - **1.** [mountain top] Gipfel *der* - **2.** [highest point] Höhepunkt *der;* **to be at one's ~** auf dem Höhepunkt seiner Leistungen sein - **3.** [of cap] Schirm *der* <> *adj:* **in ~ condition** in Höchstform <> *vi* den Höchststand erreichen.

peaked [piːkt] *adj:* **~ cap** Schirmmütze *die.*

peak hour *n* TELEC & ELEC Hauptbelastungszeit *die;* [for traffic] Hauptverkehrszeit *die.*

peak period *n* Hochsaison *die.*

peak rate *n* Höchsttarif *der.*

peaky [ˈpiːkɪ] (*compar* **-ier;** *superl* **-iest**) *adj* **Br inf: to look ~** schlecht auslsehen; **to feel ~** sich nicht gut fühlen.

peal [piːl] *n* - **1.** [of bells] Glockenläuten *das* - **2.: ~s of laughter** schallendes Gelächter; **~ of thunder** Donnerschlag *der* <> *vi* [bells] läuten.

peanut [ˈpiːnʌt] *n* Erdnuss *die.*

peanut butter *n* Erdnussbutter *die.*

pear [peəʳ] *n* Birne *die.*

pearl [pɜːl] *n* Perle *die.*

peasant [ˈpeznt] *n* - **1.** [in countryside] (armer) Bauer, (arme) Bäuerin - **2.** *pej* [ignorant person] Banause *der,* -sin *die.*

peasantry [ˈpezntrɪ] *n:* **the ~** die Bauernschaft.

peashooter [ˈpiːˌʃuːtəʳ] *n* Blasrohr *das.*

peat [piːt] *n* Torf *der.*

peaty [ˈpiːtɪ] (*compar* **-ier;** *superl* **-iest**) *adj* torfig.

pebble [ˈpebl] *n* Kiesel(stein) *der.*

pebbledash [ˌpeblˈdæʃ] *n* **Br** Kieselrauputz *der.*

pecan (nut) [pɪˈkæn-] *n* Pekannuss *die.*

pecan pie *n* Pekannusstorte *die.*

peck [pek] *n* [kiss] Küsschen *das* <> *vt* - **1.** [with beak - hand] picken nach - **2.** [kiss] ein Küsschen geben *(+ D)* <> *vi* picken; **to ~ at corn** Maiskörner picken.

pecking order [ˈpekɪŋ-] *n* Hackordnung *die.*

peckish [ˈpekɪʃ] *adj* **Br inf** (etwas) hungrig.

pectin [ˈpektɪn] *n* Pektin *das.*

pectoral [ˈpektərəl] *adj* pektoral.

peculiar [pɪˈkjuːlɪəʳ] *adj* - **1.** [odd] seltsam, eigenartig - **2.** [slightly ill]: **to feel ~** sich komisch fühlen - **3.** [characteristic]: **to be ~ to sb/sthg** jm/etw eigentümlich sein.

peculiarity [pɪˌkjuːlɪˈærətɪ] (*pl* **-ies**) *n* - **1.** [strange habit] Eigenheit *die* - **2.** [individual characteristic] Charakteristikum *das* - **3.** [oddness] Eigenartigkeit *die.*

peculiarly [pɪˈkjuːlɪəlɪ] *adv* - **1.** [especially] besonders - **2.** [oddly] seltsam, eigenartig - **3.** [characteristically] typisch.

pecuniary [pɪˈkjuːnɪərɪ] *adj* finanziell.

pedagogical [ˌpedəˈgɒdʒɪkl] *adj* pädagogisch.

pedagogy [ˈpedəgɒdʒɪ] *n* Pädagogik *die.*

pedal [ˈpedl] (**Br** *pt* & *pp* **-led;** *cont* **-ling, Am** *pt* & *pp* **-ed;** *cont* **-ing**) *n* Pedal *das* <> *vi* - **1.** [turn pedals] in die Pedale treten **- 2.** [cycle] mit dem Fahrrad fahren.

pedal bin *n* Treteimer *der.*

pedalo ['pedələʊ] (*pl* **-s** OR **-es**) *n* **Br** Tretboot *das.*

pedant ['pedənt] *n* **pej** Pedant *der*, -in *die.*

pedantic [pɪ'dæntɪk] *adj* **pej** pedantisch.

pedantry ['pedəntrɪ] *n* **pej** Pedanterie *die.*

peddle ['pedl] *vt* **- 1.** [drugs] handeln mit **- 2.** [rumour, gossip] verbreiten.

peddler ['pedlə^r] *n* **- 1.** [drug dealer] Drogenhändler *der*, -in *die* **- 2.** **Am** = **pedlar.**

pederast ['pedəræst] *n* Päderast *der.*

pedestal ['pedɪstl] *n* Sockel *der;* **to put sb on a ~** jn in den Himmel heben.

pedestrian [pɪ'destrɪən] *adj* **pej** langweilig ◇ *n* Fußgänger *der*, -in *die.*

pedestrian crossing *n* **Br** Fußgängerüberweg *der.*

pedestrianize, -ise [pɪ'destrɪənaɪz] *vt* in eine Fußgängerzone um|wandeln.

pedestrian precinct **Br**, **pedestrian zone** **Am** *n* Fußgängerzone *die.*

pediatric [ˌpi:dɪ'ætrɪk] *adj* Kinder-, pädiatrisch.

pediatrician [ˌpi:dɪə'trɪʃn] *n* Kinderarzt *der*, -ärztin *die.*

pediatrics [ˌpi:dɪ'ætrɪks] *n* Kinderheilkunde *die*, Pädiatrie *die.*

pedicure ['pedɪˌkjʊə^r] *n* Pediküre *die.*

pedigree ['pedɪgri:] *adj* mit einem Stammbaum ◇ *n* Stammbaum *der.*

pedlar **Br**, **peddler** **Am** ['pedlə^r] *n:* **(drug) ~** Drogenhändler *der*, -in *die.*

pedophile ['pi:dəfaɪl] *n* Pädophile *der, die.*

pee [pi:] **inf** *n* **- 1.** [act of urinating]: **to have a ~** pinkeln; **to go for a ~** pinkeln gehen **- 2.** [urine] Urin *der* ◇ *vi* pinkeln.

peek [pi:k] **inf** *n* kurzer Blick; **to have** OR **take a ~ at sthg** einen kurzen Blick auf etw *(A)* werfen ◇ *vi* gucken.

peel [pi:l] *n (U)* Schale *die* ◇ *vt* schälen ◇ *vi* [walls, paint] ab|blättern; [wallpaper] sich lösen; [skin, nose, back] sich schälen.

◆ **peel off** *vt sep* **- 1.** [label] ab|ziehen **- 2.** [sweater] ab|streifen.

peeler ['pi:lə^r] *n* [implement] Schälmesser *das.*

peelings ['pi:lɪŋz] *npl* Schalen *pl.*

peep [pi:p] *n* **- 1.** [look] kurzer Blick; **to have** OR **take a ~ at sthg** einen kurzen Blick auf etw *(A)* werfen **- 2.** **inf** [sound] Piep(s) *der;* **I haven't heard a ~ from them** ich habe keinen Pieps von ihnen gehört ◇ *vi* [look] gucken.

◆ **peep out** *vi* [person] heraus|gucken.

peephole ['pi:phəʊl] *n* [in door] Spion *der.*

peeping Tom [ˌpi:pɪŋ'tɒm] *n* Spanner *der.*

peep show *n* Peepshow *die.*

peer [pɪə^r] *n* **- 1.** [noble] *Angehöriger des hohen Adels in Großbritannien* **- 2.** [equal]: **he is respected by his ~s** er ist sehr anerkannt bei seinesgleichen ◇ *vi* angestrengt schauen.

peerage ['pɪərɪdʒ] *n* **- 1.** [rank]: **to give sb a ~** jn in den Adelsstand erheben **- 2.** [group]: **the ~** *Angehörige des hohen Adels in Großbritannien.*

peer group *n* Peergroup *die.*

peer pressure *n* Gruppenzwang *der.*

peeved [pi:vd] *adj* **inf** eingeschnappt.

peevish ['pi:vɪʃ] *adj* [remark, mood] gereizt; [person - as characteristic] reizbar; [- temporarily] gereizt.

peg [peg] (*pt* & *pp* **-ged;** *cont* **-ging**) *n* **- 1.** [hook] Haken *der* **- 2.** [for washing line] (Wäsche)klammer *die* **- 3.** [for tent] Hering *der* ◇ *vt* [price] fest|setzen.

◆ **peg out** *vt sep* [washing] (draußen) auf|hängen ◇ *vi* **Br inf** [die] den Löffel ab|geben.

PEI *n abk für Prince Edward Island, in Postanschrift verwendet.*

pejorative [pɪ'dʒɒrətɪv] *adj* abwertend, pejorativ.

pekinese [ˌpi:kə'ni:z] (*pl inv* OR **-s**) *n* Pekinese *der.*

Peking [pi:'kɪŋ] *n* Peking *nt.*

pekingese [ˌpi:kɪŋ'i:z] (*pl inv* OR **-s**) *n* = **pekinese.**

pelican ['pelɪkən] (*pl inv* OR **-s**) *n* Pelikan *der.*

pelican crossing *n* **Br** Ampelübergang *der.*

pellet ['pelɪt] *n* **- 1.** [of mud, food, paper] Kügelchen *das* **- 2.** [for gun] Schrotkugel *die.*

pell-mell [ˌpel'mel] *adv* durcheinander.

pelmet ['pelmɪt] *n* **Br** Blende *die;* [of cloth] Schabracke *die.*

Peloponnese [ˌpeləpə'ni:z] *npl:* **the ~** der Peloponnes.

pelt [pelt] *n* **- 1.** [of sheep, hare *etc*] Fell *das;* [of bear] Pelz *der* **- 2.** [speed]: **(at) full ~** mit Karacho ◇ *vt:* **to ~ sb (with sthg)** jn (mit etw) bewerfen ◇ *vi* **- 1.** [rain]: **it's ~ing (with rain)** es schüttet **- 2.** [run very fast] rasen.

pelves ['pelvi:z] *pl* ▷ **pelvis.**

pelvic ['pelvɪk] *adj* Becken-.

pelvis ['pelvɪs] (*pl* **-vises** OR **-ves** *n* Becken *das.*

pen [pen] (*pt* & *pp* **-ned;** *cont* **-ning**) *n* **- 1.** [for writing]: **(ballpoint) ~** Kugelschreiber *der;* **(fountain) ~** Füllfederhalter *der;* **(felt-tipped) ~** Filzstift *der* **- 2.** [enclosure] Pferch *der* ◇ *vt* **- 1.** **literary** [letter] verfassen; [reply, note] schreiben **- 2.** [enclose] ein|pferchen.

penal ['piːnl] *adj* LAW: **~ system** Strafrecht *das;* **~ reform** Strafrechtsreform *die.*

penalize, -ise ['piːnəlaɪz] *vt* **- 1.** [punish & SPORT] bestrafen **- 2.** [put at a disadvantage] benachteiligen.

penalty ['penltɪ] (*pl* **-ies**) *n* **- 1.** [punishment] Strafe *die;* **to pay the ~ (for sthg)** *fig* (für etw) büßen müssen **- 2.** [fine] Geldstrafe *die* **- 3.** SPORT: **~ (kick)** FTBL Strafstoß *der*, Elfmeter *der;* RUGBY Straftritt *der.*

penalty area, penalty box *n* **Br** FTBL Strafraum *der.*

penalty clause *n* Strafklausel *die.*

penalty goal *n* RUGBY Straftor *das.*

penalty kick *n* ▷ **penalty.**

penance ['penəns] *n (U)* **- 1.** RELIG Buße *die* **- 2.** *fig* [punishment] Strafe *die.*

pen-and-ink drawing *n* Federzeichnung *die.*

pence [pens] *Br pl* ▷ **penny.**

penchant [*Br* pɑ̃ʃɑ̃, *Am* 'pentʃənt] *n:* **to have a ~ for sthg** eine Schwäche OR Vorliebe für etw haben.

pencil ['pensl] (*Br pt* & *pp* **-led;** *cont* **-ling,** *Am pt* & *pp* **-ed;** *cont* **-ing**) *n* Bleistift *der;* **in ~** mit Bleistift.

◆ **pencil in** *vt sep* [person] vor|merken; [date] vorläufig fest|halten.

pencil case *n* Federmäppchen *das.*

pencil sharpener [-ˌʃɑːpnəʳ] *n* (Bleistift)spitzer *der.*

pendant ['pendənt] *n* [jewel on chain] Anhänger *der.*

pending ['pendɪŋ] *fml adj:* **to be ~** [about to happen] bevor|stehen; LAW [waiting to be dealt with] noch anhängig sein ◇ *prep* bis zu; **~ further inquiries** bis weitere Untersuchungen durchgeführt worden sind.

pending tray *n* **Br** *Ablage für noch unerledigte Dinge.*

pendulum ['pendjʊləm] (*pl* **-s**) *n* Pendel *das.*

penetrate ['penɪtreɪt] *vt* **- 1.** [get into - subj: person] vor|dringen in *(+ A);* [- subj: wind, rain, light] durch|dringen; [- subj: sharp object, bullet] ein|dringen in *(+ A)* **- 2.** [infiltrate] sich ein|schleusen in *(+ A)* ◇ *vi* **inf** [be understood]: **it didn't ~** er/sie hat es nicht kapiert.

penetrating ['penɪtreɪtɪŋ] *adj* durchdringend.

penetration [ˌpenɪ'treɪʃn] *n* **- 1.** [in sex] Penetration *die* **- 2.** *fml* [insight] Scharfsinn *der.*

pen friend *n* Brieffreund *der*, -in *die.*

penguin ['peŋgwɪn] *n* Pinguin *der.*

penicillin [ˌpenɪ'sɪlɪn] *n* Penizillin *das.*

peninsula [pə'nɪnsjʊlə] (*pl* **-s**) *n* Halbinsel *die.*

penis ['piːnɪs] (*pl* **penises** ['piːnɪsɪz]) *n* Penis *der.*

penitent ['penɪtənt] *adj* **fml** reuig.

penitentiary [ˌpenɪ'tenʃərɪ] (*pl* **-ies**) *n* **Am** Gefängnis *das.*

penknife ['pennaɪf] (*pl* **-knives** [-naɪvz]) *n* Taschenmesser *das.*

pen name *n* Pseudonym *das.*

pennant ['penənt] *n* Wimpel *der.*

penniless ['penɪlɪs] *adj* mittellos.

Pennines ['penaɪnz] *npl:* **the ~** *Gebirgszug in Nordengland.*

penny ['penɪ] (*pl senses 1* & *2* **-ies;** *pl sense 3* **pence**) *n* **- 1. Br** [coin] Penny *der* **- 2. Am** [coin] Centstück *das* **- 3. Br** [value]: **30 pence** 30 Pence **- 4.** *phr:* **a ~ for your thoughts** was denkst du gerade?; **the ~ dropped Br inf** der Groschen ist gefallen; **to spend a ~ Br inf** mal eben verschwinden; **two** OR **ten a ~ Br inf** wie Sand am Meer.

penny-pinching [-ˌpɪntʃɪŋ] *adj* knaus(e)rig ◇ *n* Knauserei *die.*

pen pal *n* **inf** Brieffreund *der*, -in *die.*

pension ['penʃn] *n* **- 1.** Rente *die* **- 2.** [disability pension] Erwerbsunfähigkeitsrente *die.*

◆ **pension off** *vt sep* vorzeitig pensionieren.

pensionable ['penʃənəbl] *adj:* **of ~ age** im Rentenalter.

pension book *n* **Br** Rentenausweis *der.*

pensioner ['penʃənəʳ] *n* **Br: (old-age) ~** Rentner *der*, -in *die.*

pension fund *n* Rentenfonds *der.*

pension plan, pension scheme *n* Rentenversicherung *die.*

pensive ['pensɪv] *adj* nachdenklich.

pentagon ['pentəgən] *n* Fünfeck *das.*

◆ **Pentagon** *n* **Am: the Pentagon** das Pentagon.

PENTAGON

Das Pentagon in Washington D.C. ist ein riesiges fünfeckiges Gebäude, das das Verteidigungsministerium (Defense Department) der USA beherbergt. Im weiteren Sinne bezeichnet „Pentagon" auch das US-Militär allgemein.

pentathlon [pen'tæθlən] (*pl* **-s**) *n* Fünfkampf *der.*

Pentecost ['pentɪkɒst] *n* **- 1.** [Christian] Pfingsten *das* **- 2.** [Jewish] Ernte(dank)fest *das.*

penthouse ['penthaʊs, *pl* -haʊzɪz] *n* Penthouse *das.*

pent up ['pent-] *adj* [emotions] unterdrückt; [energy] angestaut.

penultimate [pe'nʌltɪmət] *adj* vorletzte, -r, -s.

penury ['penjʊrɪ] *n fml* Armut *die*.

peony ['piːənɪ] (*pl* **-ies**) *n* Pfingstrose *die*.

people ['piːpl] *n* [nation, race] Volk *das* ◇ *npl* **- 1.** [persons] Menschen *pl*, Leute *pl*; **a lot of ~** viele Menschen *OR* Leute; **five ~** fünf Personen *OR* Leute **- 2.** [in indefinite uses] Leute *die*; **~ say that ...** man sagt *OR* es heißt, dass ... **- 3.** [inhabitants - of country] Bevölkerung *die*; [- of town, city] Einwohner *pl* **- 4.** POL: **the ~** das Volk ◇ *vt*: **to be ~d by** *OR* **with** bevölkert sein von.

pep [pep] (*pt* & *pp* **-ped**; *cont* **-ping**) *n inf* Schwung *der*.

→ **pep up** *vt sep inf* **- 1.** [person] munter machen **- 2.** [party, event] in Schwung bringen.

PEP [pep] (*abbr of* **personal equity plan**) *n britischer Sparvertrag mit Steuervorteilen.*

pepper ['pepəʳ] *n* **- 1.** [spice] Pfeffer *der*; **black/white ~** schwarzer/weißer Pfeffer **- 2.** [vegetable] Paprika *der*; **red/green ~** roter/grüner Paprika.

pepperbox *n Am* = **pepper pot.**

peppercorn ['pepəkɔːn] *n* Pfefferkorn *das*.

peppered ['pepəd] *adj*: **to be ~ with mistakes/holes** voller Fehler/Löcher sein.

pepper mill *n* Pfeffermühle *die*.

peppermint ['pepəmɪnt] *n* **- 1.** [sweet] Pfefferminz(bonbon) *das* **- 2.** [herb] Pfefferminze *die*.

pepper pot *Br*, **pepperbox** *Am* ['pepəbɒks] *n* Pfefferstreuer *der*.

peppery ['pepərɪ] *adj* [food] nach Pfeffer schmeckend.

pep talk *n inf*: **to give sb a ~** jm ein paar aufmunternde Worte sagen.

peptic ulcer [ˌpeptɪk-] *n* Magengeschwür *das*.

per [pɜːʳ] *prep* [expressing rate, ratio] pro; **as ~ instructions** gemäß Anweisung.

per annum [pər'ænəm] *adv* pro Jahr.

P-E ratio (*abbr of* **price-earnings ratio**) *n* Preis-Einkommen-Verhältnis *das*.

per capita [pə'kæpɪtə] *adv* pro Kopf.

perceive [pə'siːv] *vt* **- 1.** [see] wahr|nehmen **- 2.** [notice, realize] erkennen **- 3.** [conceive, consider]: **to ~ sb/sthg as** jn/etw betrachten als.

per cent [pə'sent] *n* Prozent *das*.

percentage [pə'sentɪdʒ] *n* Prozentsatz *der*.

perceptible [pə'septəbl] *adj* [sound] wahrnehmbar; [change, difference, improvement] spürbar.

perception [pə'sepʃn] *n* **- 1.** [of colour, sound, time] Wahrnehmung *die* **- 2.** [insight] Auffassungsvermögen *das* **- 3.** [opinion] Einschätzung *die*.

perceptive [pə'septɪv] *adj* scharfsinnig.

perceptively [pə'septɪvlɪ] *adv* scharfsinnig.

perch [pɜːtʃ] (*pl sense 3 only inv OR* **-es**) *n* **- 1.** [for bird] (Sitz)stange *die* **- 2.** [high position] Sitzplatz *der* hoch oben **- 3.** [fish] Flussbarsch *der* ◇ *vi* **- 1.** [bird]: **to ~ (on sthg)** sich (auf etw *(D)*) nieder|lassen **- 2.** [person]: **to ~ on (the edge of) a desk** sich auf die Kante eines Schreibtisches setzen.

percolate ['pɜːkəleɪt] *vi* **- 1.** [coffee] durch|laufen **- 2.** [water, news] durch|sickern.

percolator ['pɜːkəleɪtəʳ] *n* Kaffeemaschine *die*.

percussion [pə'kʌʃn] *n* MUS: **the ~ (section)** das Schlagzeug; **~ instrument** Schlaginstrument *das*.

percussionist [pə'kʌʃənɪst] *n* Schlagzeuger *der*, -in *die*.

peremptory [pə'remptərɪ] *adj* gebieterisch.

perennial [pə'renɪəl] *adj* **- 1.** [continual] immer wieder auftretend **- 2.** BOT perennierend ◇ *n* BOT perennierende Pflanze.

perfect [*adj & n* 'pɜːfɪkt, *vb* pə'fekt] *adj* **- 1.** [ideal, faultless] perfekt, vollkommen; **that would be ~!** das wäre ideal! **- 2.** [for emphasis - nuisance] ausgesprochen; **~ strangers** wildfremde Leute ◇ *n* GRAMM: **~ (tense)** Perfekt *das* ◇ *vt* vervollkommnen, perfektionieren.

perfection [pə'fekʃn] *n* **- 1.** [making perfect] Perfektionierung *die* **- 2.** [faultlessness] Perfektion *die*; **to do sthg to ~** etw perfekt machen.

perfectionist [pə'fekʃənɪst] *n* Perfektionist *der*, -in *die*.

perfectly ['pɜːfɪktlɪ] *adv* **- 1.** [for emphasis - honest, frank, ridiculous] absolut; **you know ~ well ...** du weißt ganz genau ... **- 2.** [to perfection] exakt, genau; **to speak English ~** perfekt Englisch sprechen.

perforate ['pɜːfəreɪt] *vt* [paper - with one hole] lochen; [- with row of holes] perforieren; [lung, eardrum] durchstechen.

perform [pə'fɔːm] *vt* **- 1.** [carry out - operation] durch|führen; [- miracle] vollbringen; [- service, function] erfüllen **- 2.** [play, concert] auf|führen; [part] spielen; [dance] vor|tanzen ◇ *vi* **- 1.** [car, machine] laufen; [in exam] ab|schneiden; **he is ~ing well** [employee] er leistet gute Arbeit; [sportsman] er ist in Hochform **- 2.** [actor, singer] auf|treten.

performance [pə'fɔːməns] *n* **- 1.** [of task, duty] Erfüllung *die*; [of operation] Durchführung *die* **- 2.** [at cinema] Vorstellung *die*; [of play, concert] Aufführung *die* **- 3.** [by actor, singer, of car, engine] Leistung *die*.

performance car *n* leistungsstarkes Auto.

performer [pə'fɔːməʳ] *n* Künstler *der*, -in *die*.

performing arts [pə,fɔːmɪŋ-] *npl*: **the ~** die darstellenden Künste.

perfume ['pɜːfjuːm], *n* - **1.** [for woman] Parfüm *das* - **2.** [pleasant smell] Duft *der*.

perfumed [*Br* 'pɜːfjuːmd, *Am* pər'fjuːmd] *adj* [air, skin] parfümiert; [flowers] duftend.

perfunctory [pə'fʌŋktərɪ] *adj* [search, read] oberflächlich; [kiss, glance] flüchtig; [explanation, apology] der Form halber.

perhaps [pə'hæps] *adv* vielleicht; **~ so** (das) mag sein; **~ not** vielleicht nicht.

peril ['perɪl] *n (U)* ***literary*** Gefahr *die;* **at one's ~** auf eigene Gefahr.

perilous ['perələs] *adj* ***literary*** gefährlich.

perilously ['perələslɪ] *adv* gefährlich.

perimeter [pə'rɪmɪtəʳ] *n* Begrenzung *die;* **around the ~ of the field** um das Feld herum; **~ fence** Umzäunung *die*.

period ['pɪərɪəd] *n* - **1.** [of time] Zeit *die;* **over a ~ of several years** über einen Zeitraum von mehreren Jahren - **2.** HIST Zeitalter *das*, Epoche *die;* **the Elizabethan ~** die elisabethanische Zeit - **3.** SCH (Schul)stunde *die;* **free ~** Freistunde *die* - **4.** [menstruation] Periode *die* - **5.** ***Am*** [full stop] Punkt *der* <> *comp* [dress, furniture] zeitgenössisch.

periodic [,pɪərɪ'ɒdɪk] *adj* [events] regelmäßig wiederkehrend; [visits] regelmäßig.

periodical [,pɪərɪ'ɒdɪkl] *adj* = **periodic** <> *n* [magazine] Zeitschrift *die*.

periodic table *n* Periodensystem *das*.

period pains *npl* Regelschmerzen *pl*.

period piece *n* zeitgenössisches Stück.

peripatetic [,perɪpə'tetɪk] *adj* umherreisend.

peripheral [pə'rɪfərəl] *adj* - **1.** [of little importance] nebensächlich - **2.** [vision] peripher; [region, group] Rand- <> *n* COMPUT Peripheriegerät *das*.

periphery [pə'rɪfərɪ] (*pl* **-ies**) *n* - **1.** [edge - of vision] Peripherie *die;* [- of area, crowd] Rand *der* - **2.** [unimportant area] Randgebiet *das*.

periscope ['perɪskəʊp] *n* Periskop *das*.

perish ['perɪʃ] *vi* - **1.** [die] um|kommen - **2.** [food] verderben; [rubber] verschleißen.

perishable ['perɪʃəbl] *adj* verderblich.
◆ **perishables** *npl* verderbliche Waren *pl*.

perishing ['perɪʃɪŋ] *adj* ***Br inf*** - **1.** [cold] eiskalt, saukalt - **2.** [for emphasis] verflixt.

peritonitis [,perɪtə'naɪtɪs] *n (U)* Bauchfellentzündung *die*.

perjure ['pɜːdʒəʳ] *vt* LAW: **to ~ o.s.** einen Meineid leisten.

perjury ['pɜːdʒərɪ] *n (U)* LAW Meineid *der*.

perk [pɜːk] *n* ***inf*** Vergünstigung *die*.

◆ **perk up** *vi* [become more energetic] munter werden; [become more cheerful] auf|leben.

perky ['pɜːkɪ] (*compar* **-ier;** *superl* **-iest**) *adj* ***inf*** munter.

perm [pɜːm] *n* Dauerwelle *die* <> *vt:* **to have one's hair ~ed** sich *(D)* eine Dauerwelle machen lassen.

permanence ['pɜːmənəns] *n* Dauerhaftigkeit *die*.

permanent ['pɜːmənənt] *adj* - **1.** [not temporary] dauerhaft; [job] fest - **2.** [continuous] ständig; [constant] konstant <> *n* ***Am*** [perm] Dauerwelle *die*.

permanently ['pɜːmənəntlɪ] adv - **1.** [forever] auf Dauer - **2.** [constantly] ständig.

permeable ['pɜːmɪəbl] *adj* durchlässig.

permeate ['pɜːmɪeɪt] *vt* ***lit*** & ***fig*** durch|dringen.

permissible [pə'mɪsəbl] *adj* erlaubt, zulässig.

permission [pə'mɪʃn] *n (U)* Erlaubnis *die;* [official] Genehmigung *die*.

permissive [pə'mɪsɪv] *adj* nachgiebig; **~ society** permissive Gesellschaft.

permissiveness [pə'mɪsɪvnɪs] *n* Nachgiebigkeit *die*.

permit [*vb* pə'mɪt, *n* 'pɜːmɪt] (*pt* & *pp* **-ted;** *cont* **-ting**) *vt* - **1.** [allow] erlauben, gestatten; **to ~ sb to do sthg** jm erlauben, etw zu tun; **to ~ sb sthg** jm etw gestatten - **2.** [enable] zul|lassen <> *vi* [allow] zullassen; **weather ~ting** wenn es das Wetter zulässt <> *n* Genehmigung *die*.

permutation [,pɜːmjuː'teɪʃn] *n* Permutation *die*.

pernicious [pə'nɪʃəs] *adj* ***fml*** [harmful] schädlich.

pernickety [pə'nɪkətɪ] *adj* ***inf*** [fussy] pingelig.

peroxide [pə'rɒksaɪd] *n* Peroxid *das*.

peroxide blonde *n* Wasserstoffblondine *die*.

perpendicular [,pɜːpən'dɪkjʊləʳ] *adj:* **~ (to)** senkrecht (zu) <> *n* MATH Senkrechte *die*.

perpetrate ['pɜːpɪtreɪt] *vt* ***fml*** [crime, murder] begehen.

perpetration [,pɜːpɪ'treɪʃn] *n* ***fml*** Begehen *das*.

perpetrator ['pɜːpɪtreɪtəʳ] *n* ***fml*** Täter *der*, -in *die*.

perpetual [pə'petʃʊəl] *adj* - **1.** ***pej*** [continuous] ständig - **2.** [everlasting] ewig.

perpetually [pə'petʃʊəlɪ] *adv* - **1.** ***pej*** [continuously] ständig - **2.** [forever] ewig.

perpetual motion *n (U)* unaufhörliche Bewegung.

perpetuate [pə'petʃʊeɪt] *vt* [myth] aufrecht|erhalten; [practice] bei|behalten.

perpetuation [pə,petʃʊ'eɪʃn] *n* [of myth] Aufrechterhaltung *die;* [of practice] Beibehaltung *die.*

perpetuity [,pɜːpɪ'tjuːətɪ] *n:* **in ~** ***fml*** auf ewig.

perplex [pə'pleks] *vt* verblüffen.

perplexed [pə'plekst] *adj* verblüfft, perplex.

perplexing [pə'pleksɪŋ] *adj* verblüffend.

perplexity [pə'pleksətɪ] *n* Verblüffung *die.*

perquisite ['pɜːkwɪzɪt] *n* ***fml*** Vergünstigung *die.*

per se [pɜː'seɪ] *adv* an sich.

persecute ['pɜːsɪkjuːt] *vt* verfolgen.

persecution [,pɜːsɪ'kjuːʃn] *n* Verfolgung *die.*

persecutor ['pɜːsɪkjuːtəʳ] *n* Verfolger *der,* -in *die.*

perseverance [,pɜːsɪ'vɪərəns] *n* Beharrlichkeit *die.*

persevere [,pɜːsɪ'vɪəʳ] *vi* **- 1.** [with difficulty] durch|halten; **to ~ with sthg** [studies, job] mit etw weiter|machen; [search] etw nicht auf|geben **- 2.** [with determination]: **to ~ in doing sthg** darauf beharren, etw zu tun.

Persia ['pɜːʃə] *n* Persien *nt.*

Persian ['pɜːʃn] *adj* persisch ◇ *n* **- 1.** [person] Perser *der,* -in *die* **- 2.** [language] Persisch(e) *das.*

Persian cat *n* Perserkatze *die.*

Persian Gulf *n:* **the ~** der Persische Golf.

persist [pə'sɪst] *vi* **- 1.** [problem, situation, rain] an|halten, fort|dauern **- 2.** [person]: **to ~ in doing sthg** etw unaufhörlich tun.

persistence [pə'sɪstəns] *n* **- 1.** [continuation] Fortdauer *die,* Anhalten *das* **- 2.** [determination] Beharrlichkeit *die.*

persistent [pə'sɪstənt] *adj* **- 1.** [constant] fortdauernd, anhaltend **- 2.** [determined] hartnäckig.

persistently [pə'sɪstəntlɪ] *adv* **- 1.** [constantly] fortdauernd **- 2.** [determinedly] hartnäckig.

persnickety [pə'snɪkɪtɪ] *adj* ***Am*** pingelig.

person ['pɜːsn] (*pl* **people** *OR* **persons** ***fml***) *n* **- 1.** [man or woman] Mensch *der;* **in ~** persönlich; **in the ~ of** in Gestalt von **- 2.** [body]: **about my ~** bei mir **- 3.** GRAMM Person *die.*

persona [pə'səʊnə] (*pl* **-s** *OR* **-nae**) *n* Rolle *die.*

personable ['pɜːsnəbl] *adj* von angenehmem Äußeren.

personae [pə'səʊniː] *pl* ▷ **persona.**

personage ['pɜːsənɪdʒ] *n* ***fml*** Persönlichkeit *die.*

personal ['pɜːsənl] *adj* **- 1.** [gen] persönlich **- 2.** [letter, message] privat ◇ *n* ***Am*** [advert] Privatanzeige *die.*

personal account *n* [at bank] Privatkonto *das.*

personal allowance *n* FIN persönlicher Steuerfreibetrag.

personal assistant *n* persönlicher Assistent, persönliche Assistentin.

personal call *n* Privatgespräch *das.*

personal column *n* Privatanzeigen *pl.*

personal computer *n* Personalcomputer *der.*

personal hygiene *n (U)* Körperpflege *die.*

personality [,pɜːsə'nælətɪ] (*pl* **-ies**) *n* Persönlichkeit *die.*

personalize, -ise ['pɜːsənəlaɪz] *vt* **- 1.** [stationery, clothes] mit Namen versehen **- 2.** ***pej*** [issue, argument] in etw *(D)* persönlich werden.

personalized, -ised ['pɜːsənəlaɪzd] *adj* **- 1.** [stationery, clothes] mit Namen versehen **- 2.** [for one person] individuell.

personally ['pɜːsnəlɪ] *adv* persönlich.

personal organizer, -iser *n* Terminplaner *der.*

personal pension plan *n* private Altersversorgung.

personal pronoun *n* Personalpronomen *das.*

personal property *n (U)* LAW Privateigentum *das.*

personal stereo *n* Walkman® *der.*

personify [pə'sɒnɪfaɪ] (*pt* & *pp* **-ied**) *vt* [represent] verkörpern; **she's evil personified** sie ist das Böse in Person.

personnel [,pɜːsə'nel] *n (U)* [department] Personalabteilung *die* ◇ *npl* [staff] Personal *das.*

personnel department *n* Personalabteilung *die.*

perspective [pə'spektɪv] *n* Perspektive *die;* **to get sthg in ~** ***fig*** etw sachlich betrachten.

Perspex® ['pɜːspeks] *n* ***Br*** Plexiglas® *das.*

perspicacious [,pɜːspɪ'keɪʃəs] *adj* ***fml*** scharfsinnig.

perspiration [,pɜːspə'reɪʃn] *n* **- 1.** [sweat] Schweiß *der* **- 2.** [sweating] Schwitzen *das.*

perspire [pə'spaɪəʳ] *vi* schwitzen.

persuade [pə'sweɪd] *vt* [convince] überzeugen; **to ~ sb to do sthg** jn überreden, etw zu tun; **to ~ sb that ...** jn davon überzeugen, dass ...; **to ~ sb of sthg** jn von etw überzeugen.

persuasion [pə'sweɪʒn] *n* **- 1.** *(U)* [act of persuading] Überredung *die* **- 2.** [belief] Überzeugung *die.*

persuasive [pə'sweɪsɪv] *adj* überzeugend.

persuasively [pə'sweɪsɪvlɪ] *adv* überzeugend.

pert [pɜːt] *adj* kess, keck.

pertain [pəˈteɪn] *vi fml*: **to ~ to** gehören zu.

pertinence [ˈpɜːtɪnəns] *n* Relevanz *die*.

pertinent [ˈpɜːtɪnənt] *adj* relevant.

perturb [pəˈtɜːb] *vt fml* beunruhigen.

perturbed [pəˈtɜːbd] *adj fml* beunruhigt.

Peru [pəˈruː] *n* Peru *nt*.

perusal [pəˈruːzl] *n* [reading - thorough] Durchlesen *das*; [- quick] Überfliegen *das*; **to give sthg a brief ~** etw kurz überfliegen.

peruse [pəˈruːz] *vt* [read - thoroughly] sorgfältig durchllesen; [- quickly] überfliegen.

Peruvian [pəˈruːvɪən] *adj* peruanisch <> *n* Peruaner *der*, -in *die*.

pervade [pəˈveɪd] *vt* durchdringen.

pervasive [pəˈveɪsɪv] *adj* durchdringend.

perverse [pəˈvɜːs] *adj* pervers.

perversely [pəˈvɜːslɪ] *adv* pervers.

perversion [*Br* pəˈvɜːʃn, *Am* pərˈvɜːrʒn] *n* **- 1.** [sexual deviation] Perversion *die* **- 2.** *(U)* [distortion - of truth] Verzerrung *die*.

perversity [pəˈvɜːsətɪ] *n (U)* [contrariness] Böswilligkeit *die*.

pervert [*n* ˈpɜːvɜːt, *vb* pəˈvɜːt] *n* Perverse *der*, *die* <> *vt* **- 1.** [distort - truth] verzerren; [- course of justice] behindern **- 2.** [corrupt morally - person, mind] verderben.

perverted [pəˈvɜːtɪd] *adj* **- 1.** [sexually] pervers **- 2.** [distorted] verzerrt.

peseta [pəˈseɪtə] *n* Peseta *die*.

peso [ˈpeɪsəʊ] (*pl* **-s**) *n* Peso *der*.

pessary [ˈpesərɪ] (*pl* **-ies**) *n* [device] Pessar *das*; [substance] Vaginalzäpfchen *das*.

pessimism [ˈpesɪmɪzm] *n* Pessimismus *der*.

pessimist [ˈpesɪmɪst] *n* Pessimist *der*, -in *die*.

pessimistic [ˌpesɪˈmɪstɪk] *adj* pessimistisch.

pest [pest] *n* **- 1.** [in garden, on farm] Schädling *der* **- 2.** *inf* [annoying person, thing] Pest *die*, Plage *die*.

pester [ˈpestəʳ] *vt* belästigen; **to ~ sb** jm keine Ruhe lassen.

pesticide [ˈpestɪsaɪd] *n* Schädlingsbekämpfungsmittel *das*.

pestle [ˈpesl] *n* Stößel *der*.

pet [pet] (*pt* & *pp* **-ted**; *cont* **-ting**) *adj* [favourite] Lieblings- <> *n* **- 1.** [animal] Haustier *das* **- 2.** [favourite person] Liebling *der* <> *vt* [stroke] streicheln <> *vi* [sexually] Petting machen.

petal [ˈpetl] *n* Blütenblatt *das*.

peter [ˈpiːtəʳ] ◆ **peter out** *vi* [supply] versiegen; [interest] schwinden; [path] ausllaufen.

petit bourgeois [pəˌtiːˈbʊəʒwɑː] *adj* kleinbürgerlich.

petite [pəˈtiːt] *adj* zierlich.

petit four [ˌpetiˈfɔːʳ] (*pl* **petits fours** [ˌpetɪˈfɔːz]) *n* Petit Four *das*.

petition [pɪˈtɪʃn] *n* **- 1.** [supporting campaign] Petition *die* **- 2.** LAW: **~ for divorce** Scheidungsantrag *der* <> *vt* [lobby]: **to ~ sb** eine Petition bei jm einlreichen <> *vi* **- 1.** [campaign]: **to ~ for/against sthg** eine Petition für/gegen etw einlreichen **- 2.** LAW: **to ~ for divorce** die Scheidung einlreichen.

petitioner [pɪˈtɪʃənəʳ] *n* **- 1.** LAW Kläger *der*, -in *die* **- 2.** [on petition] Bittsteller *der*, -in *die*.

pet name *n* Kosename *der*.

petrified [ˈpetrɪfaɪd] *adj* [terrified] verängstigt, gelähmt vor Angst.

petrify [ˈpetrɪfaɪ] (*pt* & *pp* **-ied**) *vt* [terrify] verängstigen.

petrochemical [ˌpetrəʊˈkemɪkl] *adj* petrochemisch.

petrodollar [ˈpetrəʊˌdɒləʳ] *n* FIN Petrodollar *der*.

petrol [ˈpetrəl] *n Br* Benzin *das*

petrolatum [ˌpetrəˈleɪtəm] *n Am* Vaseline *die*.

petrol bomb *n Br* Benzinbombe *die*.

petrol can *n Br* Benzinkanister *der*.

petrol cap *n* Tankverschluss *der*.

petroleum [pɪˈtrəʊlɪəm] *n* Petroleum *das*.

petroleum jelly *n Br* Vaseline *die*.

petrol pump *n Br* Zapfsäule *die*.

petrol pump attendant *n Br* Tankwart *der*.

petrol station *n Br* Tankstelle *die*.

petrol tank *n Br* Benzintank *der*.

pet shop *n* Tierhandlung *die*.

petticoat [ˈpetɪkəʊt] *n* Unterrock *der*.

pettiness [ˈpetɪnɪs] *n* [small-mindedness] Kleinlichkeit *die*.

petty [ˈpetɪ] (*compar* **-ier**; *superl* **-iest**) *adj* **- 1.** [small-minded] kleinlich **- 2.** [trivial] geringfügig.

petty cash *n* Portokasse *die*.

petty officer *n* Fähnrich *der* zur See.

petulant [ˈpetjʊlənt] *adj* mürrisch; [child] bockig.

petunia [pɪˈtjuːnɪə] *n* Petunie *die*.

pew [pjuː] *n* Kirchenbank *die*.

pewter [ˈpjuːtəʳ] *n* Zinn *das*.

PG (*abbr of* **parental guidance**) *britische Einstufung von Kinofilmen als bedingt jugendfrei.*

PGA (*abbr of* **Professional Golfers' Association**) *n* PGA *die*.

pH (*abbr of* **potential of hydrogen**) *n* CHEM pH-Wert *der*.

PHA (*abbr of* **Public Housing Administration**) *n* *US-Baugesellschaft für sozialen Wohnungsbau.*

phalli [ˈfælaɪ] *pl* ▷ **phallus.**

phallic [ˈfælɪk] *adj* phallisch; **~ symbol** Phallussymbol *das.*

phallus [ˈfæləs] (*pl* **-es** OR **phalli** *n* Phallus *der.*

phantom [ˈfæntəm] *adj* [imaginary] Phantom- ◇ *n* [ghost] Phantom *das,* Geist *der.*

phantom pregnancy *n* Scheinschwangerschaft *die.*

pharaoh [ˈfeərəʊ] *n* Pharao *der.*

pharmaceutical [ˌfɑːməˈsjuːtɪkl] *adj* pharmazeutisch; **~ industry** Pharmaindustrie *die.*
◆ **pharmaceuticals** *npl* Arzneimittel *pl.*

pharmacist [ˈfɑːməsɪst] *n* [in shop] Apotheker *der,* -in *die.*

pharmacology [ˌfɑːməˈkɒlədʒɪ] *n* Pharmakologie *die.*

pharmacy [ˈfɑːməsɪ] (*pl* **-ies**) *n* [shop] Apotheke *die.*

phase [feɪz] *n* Phase *die* ◇ *vt* [introduce gradually] schrittweise durch|führen.
◆ **phase in** *vt sep* schrittweise OR allmählich ein|führen.
◆ **phase out** *vt sep* aus|laufen lassen.

PhD (*abbr of* **Doctor of Philosophy**) *n* Dr. Phil.

pheasant [ˈfeznt] (*pl inv* OR **-s**) *n* Fasan *der.*

phenomena [fɪˈnɒmɪnə] *pl* ▷ **phenomenon.**

phenomenal [fɪˈnɒmɪnl] *adj* [remarkable] phänomenal.

phenomenon [fɪˈnɒmɪnən] (*pl* **-mena**) *n* Phänomen *das.*

phew [fjuː] *excl* puh!

phial [ˈfaɪəl] *n* Fläschchen *das.*

philanderer [fɪˈlændərəʳ] *n* Schürzenjäger *der.*

philanthropic [ˌfɪlənˈθrɒpɪk] *adj* menschenfreundlich.

philanthropist [fɪˈlænθrəpɪst] *n* Philanthrop *der,* Menschenfreund *der.*

philately [fɪˈlætəlɪ] *n* Briefmarkenkunde *die.*

philharmonic [ˌfɪlɑːˈmɒnɪk] *adj* philharmonisch.

Philippine [ˈfɪlɪpiːn] *adj* philippinisch.
◆ **Philippines** *npl:* **the ~s** die Philippinen *pl.*

philistine [*Br* ˈfɪlɪstaɪn, *Am* ˈfɪlɪstiːn] *n* Kulturbanause *der.*

Phillips® [ˈfɪlɪps] *comp:* **~ screw** Kreuzschraube *die;* **~ screwdriver** Kreuzschraubenzieher *der.*

philosopher [fɪˈlɒsəfəʳ] *n* Philosoph *der,* -in *die.*

philosophical [ˌfɪləˈsɒfɪkl] *adj* **- 1.** [gen] philosophisch **- 2.** [stoical] gelassen.

philosophize, -ise [fɪˈlɒsəfaɪz] *vi* philosophieren.

philosophy [fɪˈlɒsəfɪ] (*pl* **-ies**) *n* Philosophie *die.*

phlegm [flem] *n* (*U*) [mucus] Schleim *der.*

phlegmatic [flegˈmætɪk] *adj* phlegmatisch.

phobia [ˈfəʊbɪə] *n* Phobie *die;* **to have a ~ about sthg** eine Phobie vor etw (*D*) haben.

phoenix [ˈfiːnɪks] *n* Phönix *der.*

phone [fəʊn] *n* Telefon *das;* **to be on the ~** [speaking] telefonieren, am Telefon sein; *Br* [connected to network] Telefon haben ◇ *comp* Telefon- ◇ *vt* & *vi* an|rufen.
◆ **phone back** *vt sep* & *vi* zurück|rufen.
◆ **phone up** *vt sep* & *vi* an|rufen.

phone book *n* Telefonbuch *das.*

phone booth *n Br* Telefonkabine *die.*

phone box *n Br* Telefonzelle *die.*

phone call *n* Telefonanruf *der,* Telefongespräch *das;* **to make a ~** telefonieren.

phonecard [ˈfəʊnkɑːd] *n* Telefonkarte *die.*

phone-in *n* RADIO & TV *Radio- oder TV-Programm, bei dem Zuhörer bzw. Zuschauer anrufen können, um ihre Meinung zu äußern.*

phone line *n* Telefonleitung *die.*

phone number *n* Telefonnummer *die.*

phone-tapping [-ˌtæpɪŋ] *n* Anzapfen *das* von Telefonleitungen.

phonetics [fəˈnetɪks] *n* (*U*) Fonetik *die.*

phoney *Br,* **phony** *Am* [ˈfəʊnɪ] (*compar* **-ier;** *superl* **-iest;** *pl* **-ies**) *inf adj* **- 1.** [false] falsch **- 2.** [insincere] unaufrichtig ◇ *n* [person] Hochstapler *der,* -in *die;* [doctor] Scharlatan *der.*

phoney war *n* Scheinkrieg *der.*

phony *adj* & *n Am* = **phoney.**

phosphate [ˈfɒsfeɪt] *n* CHEM Phosphat *das;* AGRIC Phosphatdünger *der.*

phosphorus [ˈfɒsfərəs] *n* Phosphor *der.*

photo [ˈfəʊtəʊ] *n* Foto *das;* **to take a ~ (of)** ein Foto machen (von).

photo booth *n* Fotoautomat *der.*

photocall [ˈfəʊtəʊkɔːl] *n* Fototermin *der.*

photocopier [ˈfəʊtəʊˌkɒpɪəʳ] *n* Fotokopierer *der.*

photocopy [ˈfəʊtəʊˌkɒpɪ] (*pl* **-ies;** *pt* & *pp* **-ied**) *n* Fotokopie *die* ◇ *vt* fotokopieren.

photo finish *n* SPORT Fotofinish *das.*

photogenic [ˌfəʊtəʊˈdʒenɪk] *adj* fotogen.

photograph [ˈfəʊtəgrɑːf] *n* Fotografie *die,*

Aufnahme *die;* **to take a ~ (of sb/sthg)** jn/etw fotografieren <> *vt* fotografieren.

photographer [fə'tɒgrəfəʳ] *n* Fotograf *der*, -in *die*.

photographic [ˌfəʊtə'græfɪk] *adj* Foto-.

photographic memory *n* fotografisches Gedächtnis.

photography [fə'tɒgrəfɪ] *n (U)* Fotografie *die*.

photojournalism [ˌfəʊtəʊ'dʒɜːnəlɪzm] *n (U)* Bildjournalismus *der*.

photon ['fəʊtɒn] *n* Photon *das*.

photosensitive [ˌfəʊtəʊ'sensɪtɪv] *adj* lichtempfindlich.

Photostat® ['fəʊtəstæt] (*pt* & *pp* **-ted;** *cont* **-ting**) *n* Fotokopie *die*.

◆ **photostat** *vt* fotokopieren.

photosynthesis [ˌfəʊtəʊ'sɪnθəsɪs] *n* Fotosynthese *die*.

phrasal verb [ˌfreɪzl-] *n* Verb *das* mit Präposition.

phrase [freɪz] *n* - **1.** [part of sentence] Satzglied *das* - **2.** [expression] Wendung *die* <> *vt* [express] ausldrücken.

phrasebook ['freɪzbʊk] *n* Sprachführer *der*.

physical ['fɪzɪkl] *adj* - **1.** [relating to the body] körperlich - **2.** [world, object] fassbar, materiell - **3.** [relating to physics] physikalisch <> *n* ärztliche Untersuchung.

physical chemistry *n* physikalische Chemie.

physical education *n* Sportunterricht *der*.

physical examination *n* ärztliche Untersuchung.

physically ['fɪzɪklɪ] *adv* - **1.** [bodily] körperlich - **2.** [materially] materiell, physisch.

physically handicapped *adj* körperbehindert <> *npl:* **the ~** die Körperbehinderten *pl*.

physical science *n (U) Physik, Chemie und Geologie.*

physical training *n* Sportunterricht *der*.

physician [fɪ'zɪʃn] *n* Arzt *der*, Ärztin *die*.

physicist ['fɪzɪsɪst] *n* Physiker *der*, -in *die*.

physics ['fɪzɪks] *n (U)* Physik *die*.

physio ['fɪzɪəʊ] (*pl* **-s**) *n* ***inf*** - **1.** [physiotherapist] Physiotherapeut *der*, -in *die* - **2.** [physiotherapy] Physiotherapie *die*.

physiognomy [ˌfɪzɪ'ɒnəmɪ] (*pl* **-ies**) *n* ***fml*** Physiognomie *die*.

physiology [ˌfɪzɪ'ɒlədʒɪ] *n* Physiologie *die*.

physiotherapist [ˌfɪzɪəʊ'θerəpɪst] *n* Physiotherapeut *der*, -in *die*.

physiotherapy [ˌfɪzɪəʊ'θerəpɪ] *n* Physiotherapie *die*.

physique [fɪ'ziːk] *n* Körperbau *der*.

pianist ['pɪənɪst] *n* Pianist *der*, -in *die*.

piano [pɪ'ænəʊ] (*pl* **-s**) *n* Klavier *das*.

piccalilli [ˌpɪkə'lɪlɪ] *n (U)* Piccalilli *pl*.

piccolo ['pɪkələʊ] (*pl* **-s**) *n* Pikkoloflöte *die*.

pick [pɪk] *n* - **1.** [tool] Spitzhacke *die* - **2.** [selection]: **take your ~** such dir eine/einen/eins aus - **3.** [best]: **the ~ of** das Beste von <> *vt* - **1.** [choose] auslsuchen; [winner] auslwählen; [team] auf lstellen; **to ~ one's way across/through sthg** vorsichtig seinen Weg über/durch etw *(A)* suchen - **2.** [fruit, flowers] pflücken - **3.** [remove] entfernen - **4.** [nose, teeth]: **to ~ one's nose** in der Nase bohren; **to ~ one's teeth** in seinen Zähnen stochern - **5.** [provoke]: **to ~ a fight (with sb)** (mit jm) einen Streit anlfangen - **6.** [lock] knacken <> *vi* [choose] auslsuchen; **to ~ and choose** wählerisch sein.

◆ **pick at** *vt fus* [food] herumlstochern in *(+ D)*.

◆ **pick on** *vt fus* auf dem Kieker haben.

◆ **pick out** *vt sep* - **1.** [recognize] erkennen - **2.** [select] auslsuchen; [winner] auslwählen; [team] auf lstellen.

◆ **pick up** *vt sep* - **1.** [lift up] hochlheben; [after dropping] auf lheben; **to ~ up the pieces** ***fig*** wieder neu anlfangen - **2.** [collect - gen] ablholen; [- hitchhiker] mitlnehmen - **3.** [acquire - habit] anlnehmen; [- tips] bekommen; [- skill, language] lernen; **to ~ up speed** schneller werden - **4.** [subj: police]: **to ~ sb up for sthg** jn wegen etw *(D)* hochnehmen - **5.** ***inf*** [man, woman] anlmachen - **6.** RADIO & TELEC [signal] empfangen - **7.** [conversation, work] wieder auf lnehmen <> *vi* - **1.** [improve] sich verbessern - **2.** [resume] weiterlmachen.

pickaxe ***Br***, **pickax** ***Am*** ['pɪkæks] *n* Spitzhacke *die*.

picker ['pɪkəʳ] *n* [of fruit] Pflücker *der*, -in *die*.

picket ['pɪkɪt] *n* [at place of work] Streikposten *der* <> *vt* [place of work] Streikposten auf lstellen vor *(+ D)*.

picketing ['pɪkətɪŋ] *n* Aufstellen *das* von Streikposten.

picket line *n* Streikpostenkette *die*.

pickings ['pɪkɪŋz] *npl:* **easy/rich ~** leichte/reiche Ausbeute.

pickle ['pɪkl] *n* - **1.** *(U)* [food] Pickles *pl* - **2.** ***inf*** [difficult situation]: **to be in a ~** in der Tinte sitzen <> *vt* einllegen.

pickled ['pɪkld] *adj* [food] eingelegt.

pick-me-up *n* ***inf*** Muntermacher *der*.

pickpocket ['pɪkˌpɒkɪt] *n* Taschendieb *der*, -in *die*.

pick-up *n* - **1.** [of record player] Tonabnehmer *der* - **2.** [truck] Pick-up *der*.

pick-up truck *n* Pick-up *der*.

picky ['pɪkɪ] (*compar* **-ier;** *superl* **-iest**) *adj* [about food] wählerisch; [finding fault] pingelig.

picnic ['pɪknɪk] (*pt* & *pp* **-ked;** *cont* **-king**) *n* Picknick *das* <> *vi* picknicken.

pictorial [pɪk'tɔːrɪəl] *adj* [illustrated] bebildert.

picture ['pɪktʃəʳ] *n* **- 1.** [gen] Bild *das;* [painting] Gemälde *das;* **as pretty as a ~** bildhübsch **- 2.** [movie] Film *der* **- 3.** [in one's mind] Vorstellung *die* **- 4.** [prospect] Aussicht *die* **- 5.** [epitome]: **he was the ~ of misery** er war ein Bild des Jammers **- 6.** *phr:* **to get the ~** *inf* kapieren; **to put sb in the ~** jn ins Bild setzen; **to be in the ~** im Bilde sein <> *vt* **- 1.** [in mind] sich *(D)* vorlstellen **- 2.** [in photo] fotografieren; [in painting, drawing] darlstellen.
◆ **pictures** *npl* **Br:** **the ~s** [cinema] das Kino.

picture book *n* Bilderbuch *das.*

picture rail *n* Bilderleiste *die.*

picturesque [ˌpɪktʃə'resk] *adj* malerisch.

picture window *n* Aussichtsfenster *das.*

piddling ['pɪdlɪŋ] *adj* **inf pej** lächerlich.

pidgin ['pɪdʒɪn] *n* Mischsprache *die* <> *comp:* **~ English** Pidgin-Englisch.

pie [paɪ] *n* **- 1.** [sweet] Obstkuchen *der* **- 2.** [savoury] Pastete *die;* **it's just ~ in the sky** das sind nur Luftschlösser.

piebald ['paɪbɔːld] *adj* gescheckt.

piece [piːs] *n* **- 1.** [gen] Stück *das;* [component] Teil *das;* **a ~ of news** eine Neuigkeit; **a ~ of advice** ein Rat; **a ~ of furniture** ein Möbelstück; **a fifty pence ~** ein Fünfzigpencestück; **to be smashed to ~s** [car, aeroplane] zerschmettert werden; [mirror, vase] in tausend Stücke zerspringen; **to fall to ~s** auseinanderlfallen; **to pull sb to ~s** [criticize] jn in Stücke reißen; **to pull sthg to ~s** etw scharf kritisieren; **to take sthg to ~s** etw auseinander nehmen; **in one ~** [intact, unharmed] heil; **to go to ~s** *fig* zerbrechen **- 2.** [in chess] Figur *die;* [in backgammon, draughts] Stein *der* **- 3.** [of journalism] Artikel *der.*
◆ **piece together** *vt sep* [facts] zusammenlfügen.

pièce de résistance [piːˌesdərezɪː'stɑːns] (*pl* **pièces de résistance** [piːˌesdərezɪː'stɑːns]) *n* Krönung *die.*

piecemeal ['piːsmiːl] *adj* & *adv* stückweise.

piecework ['piːswɜːk] *n (U)* Akkordarbeit *die.*

pie chart *n* Kreisdiagramm *das.*

pied-à-terre [ˌpjeɪdæ'teəʳ] (*pl* **pieds-à-terre** [ˌpjeɪdæ'teəʳ]) *n* Zweitwohnung *die.*

pie-eyed [-'aɪd] *adj* **inf** sternhagelvoll.

pier [pɪəʳ] *n* [at seaside] Pier *der.*

pierce [pɪəs] *vt* [subj: bullet, noise, light] durchldringen; [subj: needle] durchlstechen; **to have one's ears ~d** sich *(D)* Ohrlöcher stechen lassen.

pierced [pɪəst] *adj* [ears, navel] durchstochen.

piercing ['pɪəsɪŋ] *adj* [sound, voice] durchdringend; [wind] schneidend; [look, eyes] stechend <> *n* Piercing *das.*

piety ['paɪətɪ] *n* Pietät *die*, Frömmigkeit *die.*

piffle ['pɪfl] *n* **inf** Quatsch *der.*

piffling ['pɪflɪŋ] *adj* **inf** lächerlich.

pig [pɪg] (*pt* & *pp* **-ged;** *cont* **-ging**) *n* **- 1.** [animal] Schwein *das* **- 2.** *inf pej* [greedy eater] Vielfraß *der;* **to make a ~ of o.s.** sich voll fressen **- 3.** *inf pej* [unkind person] Schwein *das.*
◆ **pig out** *vi* **inf** sich *(D)* den Bauch voll schlagen.

pigeon ['pɪdʒɪn] (*pl inv* OR **-s**) *n* Taube *die.*

pigeon-chested [-'tʃestɪd] *adj* hühnerbrüstig.

pigeonhole ['pɪdʒɪnhəʊl] *n* [compartment] Fach *das* <> *vt* **fig** [classify] in eine Kategorie einlordnen.

pigeon-toed [-ˌtəʊd] *adj* mit einwärts gerichteten Füßen.

piggy ['pɪgɪ] (*compar* **-ier;** *superl* **-iest;** *pl* **-ies**) *adj* Schweins- <> *n* **inf** [piglet] Ferkel *das.*

piggyback ['pɪgɪbæk] *n:* **to give sb a ~** jn huckepack nehmen.

piggybank ['pɪgɪbæŋk] *n* Sparschwein *das.*

pigheaded [ˌpɪg'hedɪd] *adj* stur, starrköpfig.

piglet ['pɪglɪt] *n* Ferkel *das.*

pigment ['pɪgmənt] *n* Pigment *das.*

pigmentation [ˌpɪgmən'teɪʃn] *n* Pigmentation *die.*

pigmy ['pɪgmɪ] (*pl* **-ies**) *n* = **pygmy.**

pigpen *n* **Am** = **pigsty.**

pigskin ['pɪgskɪn] *n* Schweinsleder *das* <> *comp* Schweinsleder-.

pigsty ['pɪgstaɪ] (*pl* **-ies**), **pigpen** **Am** ['pɪgpen] *n* **lit** & **fig** Schweinestall *der.*

pigswill ['pɪgswɪl] *n* **- 1.** [pig food] Schweinefutter *das* **- 2.** **fig** [tasteless food] Schweinefraß *der.*

pigtail ['pɪgteɪl] *n* Zopf *der.*

pike [paɪk] (*pl sense 1 only inv* OR **-s**) *n* **- 1.** [fish] Hecht *der* **- 2.** [spear] Pike *die.*

pikestaff ['paɪkstɑːf] *n:* **as plain as a ~** glasklar.

pilchard ['pɪltʃəd] *n* Sardine *die.*

pile [paɪl] *n* **- 1.** [heap] Haufen *der;* **a ~** OR **~s of money/work** *inf* ein Haufen Geld/Arbeit **- 2.** [neat stack] Stapel *der*, Stoß *der* **- 3.** [of carpet, fabric] Flor *der* <> *vt* stapeln; **to be ~d high with sthg** mit etw voll gestapelt sein.
◆ **piles** *npl* MED Hämorrhoiden *pl.*
◆ **pile in** *vi* **inf** hineinldrängen.
◆ **pile into** *vt fus* **inf** [car] sich zwängen in *(+ A);* [room] drängen in *(+ A).*

◆ **pile out** *vi inf:* **to ~ out (of)** [room, car] drängen aus (+ *A*).
◆ **pile up** *vt sep* [books, boxes] auf|stapeln; [snow] auf|häufen ◇ *vi* [accumulate] sich an|häufen.

pile driver *n* Ramme *die*.

pileup [ˈpaɪlʌp] *n* Massenkarambolage *die*.

pilfer [ˈpɪlfəʳ] *vt* & *vi* stehlen.

pilgrim [ˈpɪlgrɪm] *n* Pilger *der*, -in *die*.

PILGRIM FATHERS

Bezeichnung für eine Gruppe puritanischer Siedler, die 1620 auf der „Mayflower" von England nach Amerika segelten, um dort eine Gesellschaft zu gründen, in der sie frei von Verfolgung ihren Glauben praktizieren konnten. Die Pilgerväter landeten bei dem heutigen Plymouth (Massachusetts), wo die meisten von ihnen sich niederließen.

pilgrimage [ˈpɪlgrɪmɪdʒ] *n* Pilgerfahrt *die*.

pill [pɪl] *n* Pille *die*, Tablette *die;* [contraceptive]: **the ~** die Pille; **to be on the ~** die Pille nehmen.

pillage [ˈpɪlɪdʒ] *n* Plünderung *die* ◇ *vt* plündern.

pillar [ˈpɪləʳ] *n* Pfeiler *der*, Säule *die;* **a ~ of the community** *fig* eine Stütze der Gesellschaft.

pillar box *n Br* Briefkasten *der*.

pillbox [ˈpɪlbɒks] *n* - **1.** [box for pills] Pillendose *die* - **2.** MIL MG-Unterstand *der*.

pillion [ˈpɪljən] *n* Soziussitz *der;* **to ride ~** auf dem Soziussitz mit|fahren.

pillock [ˈpɪlək] *n Br inf* Schwachkopf *der*.

pillory [ˈpɪlərɪ] (*pt* & *pp* **-ied**) *vt* **fig: to be pilloried** an den Pranger gestellt werden.

pillow [ˈpɪləʊ] *n* - **1.** [for bed] Kopfkissen *das* - **2.** *Am* [on sofa, chair] Kissen *das*.

pillowcase [ˈpɪləʊkeɪs], **pillowslip** [ˈpɪləʊslɪp] *n* Kopfkissenbezug *der*.

pilot [ˈpaɪlət] *n* - **1.** [of plane] Pilot *der*, -in *die* - **2.** NAUT Lotse *der* - **3.** TV Pilotfilm *der* ◇ *comp* [trial] Pilot- ◇ *vt* - **1.** [plane] führen, fliegen - **2.** NAUT lotsen - **3.** [scheme] testen.

pilot light *n* Zündflamme *die*.

pilot scheme *n* Pilotprojekt *das*.

pilot study *n* Pilotstudie *die*.

pimento [pɪˈmentəʊ] (*pl inv* OR **-s**) *n* - **1.** Piment *der* OR *das* - **2.** Paprikaschote *die*.

pimp [pɪmp] *n inf* Zuhälter *der*.

pimple [ˈpɪmpl] *n* Pickel *der*.

pimply [ˈpɪmplɪ] (*compar* **-ier;** *superl* **-iest**) *adj* pickelig.

pin [pɪn] (*pt* & *pp* **-ned;** *cont* **-ning**) *n* - **1.** [for sewing] Nadel *die;* **I've got ~s and needles in my feet** *fig* meine Füße sind eingeschlafen; **to be on ~s and needles** *Am* (wie) auf glühenden Kohlen sitzen - **2.** [drawing pin] Reißzwecke *die;* [safety pin] Sicherheitsnadel *die* - **3.** [of plug] Kontaktstift *der* - **4.** TECH Bolzen *der*, Stift *der* - **5.** *Am* [brooch] Brosche *die;* [badge] Anstecknadel *die* - **6.** [in grenade] Sicherungsstift *der* - **7.** GOLF: **the ~** der Flaggenstock ◇ *vt:* **to ~ sthg to** OR **on** etw (*A*) heften an (+ *A*); **to ~ sb to the wall/ground** jn gegen die Wand/auf den Boden drücken; **to ~ the blame for sthg on sb** jm die Schuld an etw zu|schieben.
◆ **pin down** *vt sep* - **1.** [identify] bestimmen - **2.** [force to make a decision] fest|legen.
◆ **pin up** *vt sep* [with drawing pin] auf|hängen; [hem, hair] hoch|stecken.

PIN [pɪn] (*abbr of* **personal identification number**) *n* PIN(-Nummer) *die*.

pinafore [ˈpɪnəfɔːʳ] *n* - **1.** [apron] Schürze *die* - **2.** *Br* [dress] Trägerkleid *das*.

pinball [ˈpɪnbɔːl] *n* (*U*) Flipper *der*.

pinball machine *n* Flipper(automat) *der*.

pincers [ˈpɪnsəz] *npl* - **1.** [tool] Kneifzange *die* - **2.** [of crab, lobster] Schere *die*.

pinch [pɪntʃ] *n* - **1.** [nip] Kneifen *das;* **to feel the ~** die schlechte Lage zu spüren bekommen - **2.** [of salt, herbs *etc*] Prise *die* ◇ *vt* - **1.** [nip] kneifen - **2.** *inf* [steal] klauen.
◆ **at a pinch** *Br*, **in a pinch** *Am adv* zur Not.

pinched [pɪntʃt] *adj* - **1.** [face] verhärmt - **2.** [short of]: **to be ~ for time** keine Zeit haben; **to be ~ for money** knapp bei Kasse sein.

pincushion [ˈpɪnˌkʊʃn] *n* Nadelkissen *das*.

pine [paɪn] *n* - **1.** [tree] Kiefer *die* - **2.** [wood] Kiefernholz *das* ◇ *comp* [furniture] Kiefernholz- ◇ *vi:* **to ~ for** sich sehnen nach.
◆ **pine away** *vi* vergehen (vor Grauen).

pineapple [ˈpaɪnæpl] *n* Ananas *die*.

pinecone [ˈpaɪnkəʊn] *n* Kiefernzapfen *der*.

pine needle *n* Kiefernnadel *die*.

pinetree [ˈpaɪntriː] *n* Kiefer *die*.

ping [pɪŋ] *n* [sound] Ping *das* ◇ *vi* ping machen.

Ping-Pong® [ˈpɪŋpɒŋ] *n* Pingpong *das*.

pinhole [ˈpɪnhəʊl] *n* Loch *das*.

pinion [ˈpɪnjən] *n* TECH Ritzel *das* ◇ *vt* fest|halten.

pink [pɪŋk] *adj* rosa; **to go ~** erröten ◇ *n* - **1.** [colour] Rosa *das* - **2.** [flower] Nelke *die*.

pinkie [ˈpɪŋkɪ] *n Am* & *Scot* kleiner Finger.

pinking [ˈpɪŋkɪŋ] *n Br* AUT Klopfen *das*.

pin money *n* Taschengeld *das*.

pinnacle [ˈpɪnəkl] *n* - **1.** *fig* [of career, success] Höhepunkt *der* - **2.** [mountain peak] Gipfel *der* - **3.** ARCHIT [spire] Spitzturm *der*.

pinny [ˈpɪnɪ] (*pl* **-ies**) *n inf* Schürze *die*.

pinpoint [ˈpɪnpɔɪnt] *vt* bestimmen.

pinprick [ˈpɪnprɪk] *n fig* Kleinigkeit *die;* **a ~ of light** ein Lichtpunkt.

pin-striped [-ˌstraɪpt] *adj* Nadelstreifen-.

pint [paɪnt] *n* - **1.** ***Br*** [unit of measurement] Pint *das,* = *0,568 l.* - **2.** ***Am*** [unit of measurement] Pint *das,* = *0,473 l.* - **3.** ***Br*** [beer]: **let's go for a ~** lass uns ein Bier trinken gehen; **a ~ of Guinness** ein großes (Glas) Guinness.

pint-size(d) [saɪz(d)] *adj* ***inf*** winzig.

pin-up [ˈpɪnʌp] *n* Pinup-Foto *das.*

pioneer [ˌpaɪəˈnɪəʳ] *n* Pionier *der* <> *vt:* **the company have ~ed a new type of engine** die Firma hat ein bahnbrechendes Motorkonzept entwickelt.

pioneering [ˌpaɪəˈnɪərɪŋ] *adj* Pionier-.

pious [ˈpaɪəs] *adj* - **1.** [religious] fromm - **2.** ***pej*** [sanctimonious] scheinheilig.

piously [ˈpaɪəslɪ] *adv* - **1.** [religiously] fromm - **2.** ***pej*** [sanctimoniously] scheinheilig.

pip [pɪp] *n* - **1.** [seed] Kern *der* - **2.** ***Br:*** **the ~s** [on radio] Zeitzeichen *das;* [on public telephone] *Warnton, der ertönt, wenn Geld nachgeworfen werden muss.*

pipe [paɪp] *n* - **1.** [for gas, water] Rohr *das,* Leitung *die* - **2.** [for smoking] Pfeife *die* - **3.** MUS Flöte *die;* [of organ] Pfeife *die* <> *vt* [liquid, gas] leiten.

◆ **pipes** *npl* MUS [bagpipes] Dudelsack *der.*

◆ **pipe down** *vi* ***inf*** still sein.

◆ **pipe up** *vi* ***inf*** sich (spontan) zu Wort melden.

pipe cleaner *n* Pfeifenreiniger *der.*

piped music [paɪpt-] *n* ***Br*** Hintergrundmusik *die.*

pipe dream *n* Wunschtraum *der.*

pipeline [ˈpaɪplaɪn] *n* Pipeline *die;* **to be in the ~ *fig*** in Vorbereitung sein.

piper [ˈpaɪpəʳ] *n* MUS Flötenspieler *der,* -in *die;* [on bagpipes] Dudelsackspieler *der,* -in *die.*

piping hot [ˌpaɪpɪŋ-] *adj* siedend heiß.

pipsqueak [ˈpɪpskwiːk] *n* ***pej*** Niemand *der.*

piquant [ˈpiːkənt] *adj* ***lit*** & ***fig*** pikant.

pique [piːk] *n:* **a fit of ~** ein Anfall von Wut.

piracy [ˈpaɪrəsɪ] *n* Piraterie *die.*

piranha [pɪˈrɑːnə] *n* Piranha *der.*

pirate [ˈpaɪrət] *adj* [video, copy *etc*] Piraten-, Raub- <> *n* - **1.** [sailor] Pirat *der* - **2.** [illegal copy] Raubkopie *die* <> *vt* [copy illegally] Raubkopien machen von.

pirate radio *n* ***Br*** Piratensender *der.*

pirouette [ˌpɪrʊˈet] *n* Pirouette *die* <> *vi* Pirouetten drehen.

Pisces [ˈpaɪsiːz] *n* Fische *pl;* **I'm (a) ~** ich bin Fisch.

piss [pɪs] ***vinf*** *n* [urine] Pisse *die;* **to have a ~** pissen gehen; **to take the ~ out of sb** jn verarschen; **to take the ~ out of sthg** sich über etw (A) lustig machen <> *vi* pissen; **it's ~ ing with rain** es schifft.

◆ **piss down** *vi* ***Br vinf*** [rain] schiffen.

◆ **piss off** ***vinf*** *vt sep:* **to be ~ed off with sb/sthg** stocksauer auf jn über/etw sein; **you really ~ me off sometimes!** du gehst mir manchmal furchtbar auf den Keks! <> *vi* ***Br*** sich verpissen; **~ off!** verpiss dich!

pissed [pɪst] *adj* ***vinf*** - **1.** ***Br*** [drunk] voll, besoffen - **2.** ***Am*** [annoyed] stocksauer.

pissed off *adj* ***vinf*** stocksauer.

pistachio [pɪˈstɑːʃɪəʊ] (*pl* **-s**) *n* Pistazie *die.*

piste [piːst] *n* SKIING Piste *die.*

pistol [ˈpɪstl] *n* Pistole *die.*

piston [ˈpɪstən] *n* Kolben *der.*

pit [pɪt] (*pt* & *pp* **-ted;** *cont* **-ting**) *n* - **1.** [large hole, coalmine] Grube *die* - **2.** [small hole - in glass] Vertiefung *die;* [- on skin, metal] Narbe *die* - **3.** [for orchestra] Orchestergraben *der* - **4.** [quarry] Steinbruch *der* - **5.** ***Am*** [of fruit] Kern *der* - **6.** ***phr:*** **in the ~ of one's stomach** in der Magengrube <> *vt:* **to be ~ted against sb** [in game] gegen jn spielen (müssen); [in fight] gegen jn kämpfen (müssen); **to ~ one's wits against sb/sthg** sich intellektuell mit jm/etw messen.

◆ **pits** *npl* - **1.** [in motor racing]: **the ~s** die Boxen *pl* - **2.** ***inf*** [awful]: **the ~s** die Höhe, das Letzte.

pit bull (terrier) *n* Pitbull(terrier) *der.*

pitch [pɪtʃ] *n* - **1.** SPORT Feld *das,* Platz *der* - **2.** MUS Tonhöhe *die;* [of voice] Stimmlage *die;* [of instrument] Tonlage *die* - **3.** [level, degree] Ausmaß *das* - **4.** [in market, on street] Standplatz *der* - **5.** ***inf*** [sales talk] Verkaufsvortrag *der* - **6.** [of ship, aircraft] Absacken *das* - **7.** [of slope] Gefälle *das;* [of roof] Neigung *die* - **8.** [throw] Wurf *der* - **9.** [tar] Pech *das* <> *vt* - **1.** [throw] werfen - **2.** [set level of] an|setzen - **3.** [camp, tent] auf|schlagen <> *vi* - **1.** [fall] fallen; **to ~ forward** nach vorne fallen - **2.** [ship] stampfen; [plane] ab|sacken.

◆ **pitch in** *vi* ***inf*** [lend a hand] helfen.

pitch-black *adj* stockfinster.

pitched [pɪtʃt] *adj:* **~ roof** Giebeldach *das.*

pitcher [ˈpɪtʃəʳ] *n* ***Am*** - **1.** [jug] Krug *der* - **2.** [in baseball] Pitcher *der.*

pitchfork [ˈpɪtʃfɔːk] *n* Mistgabel *die,* Heugabel *die.*

piteous [ˈpɪtɪəs] *adj* Mitleid erregend.

piteously [ˈpɪtɪəslɪ] *adv* Mitleid erregend.

pitfall [ˈpɪtfɔːl] *n* [hazard] Falle *die.*

pith [pɪθ] *n* [of fruit] weiße Haut.

pithead [ˈpɪthed] *n* Grubeneingang *der.*

pith helmet *n* Tropenhelm *der.*

pithy [ˈpɪθɪ] (*compar* **-ier;** *superl* **-iest**) *adj* prägnant.

pitiable ['pɪtɪəbl] *adj* - **1.** [arousing pity] Mitleid erregend - **2.** [arousing contempt] jämmerlich.

pitiful ['pɪtɪfʊl] *adj* - **1.** [arousing pity] Mitleid erregend - **2.** [arousing contempt] jämmerlich.

pitifully ['pɪtɪfʊlɪ] *adv* - **1.** [arousing pity] Mitleid erregend - **2.** [arousing contempt] jämmerlich.

pitiless ['pɪtɪlɪs] *adj* erbarmungslos.

pit stop *n* Boxenstopp *der.*

pitta bread ['pɪtə-] *n* Fladenbrot *das.*

pittance ['pɪtəns] *n* Hungerlohn *der.*

pitted ['pɪtɪd] *adj* - **1.** [olives] entsteint - **2.** [skin] narbig.

pituitary [pɪ'tjuːɪtrɪ] (*pl* **-ies**) *n*: **~ (gland)** Hirnanhangdrüse *die.*

pity ['pɪtɪ] (*pt* & *pp* **-ied**) *n* - **1.** [compassion] Mitleid *das;* **to take** *OR* **have ~ on sb** Mitleid mit jm haben - **2.** [shame]: **it's a ~ (that) ...** (es ist) schade(, dass) ...; **what a ~!** wie schade! ◇ *vt* bemitleiden.

pitying ['pɪtɪɪŋ] *adj* mitleidig.

pivot ['pɪvət] *n* - **1.** TECH [joint] Drehgelenk *das* - **2.** *fig* [crux] Dreh- und Angelpunkt *der* ◇ *vi* sich drehen.

pixel ['pɪksl] *n* COMPUT Pixel *das.*

pixie, pixy ['pɪksɪ] (*pl* **-ies**) *n* Kobold *der.*

pizza ['piːtsə] *n* Pizza *die.*

pizzazz [pɪ'zæz] *n inf* Schwung *der.*

Pk *abbr of* **park.**

Pl. *abbr of* **Place.**

P & L (*abbr of* **profit and loss**) *n Gewinn und Verlust.*

placard ['plækɑːd] *n* Plakat *das.*

placate [plə'keɪt] *vt* beschwichtigen.

placatory [plə'keɪtərɪ] *adj* beschwichtigend

place [pleɪs] *n* - **1.** [location] Ort *der;* [spot, place in text & MATH] Stelle *die;* **~ of birth** Geburtsort; **to two decimal ~s** bis auf zwei Stellen nach dem Komma - **2.** [proper position, seat, rank]: **to fall into ~** klar werden; **to put sb in their ~** jn zurecht|weisen - **3.** [home] Zuhause *das;* **let's go to my ~** gehen wir zu mir - **4.** [post, vacancy] Stelle *die* - **5.** [role, function] Rolle *die* - **6.** [table setting] Gedeck *das* - **7.** [instance]: **in the first ~** am Anfang; **why didn't you say so in the first ~?** warum hast du das nicht gleich *OR* direkt gesagt?; **in the first ~ ..., and in the second ~ ...** erstens ..., zweitens ... - **8.** *phr:* **to take ~** statt|finden; **to take sb's ~** js Platz ein|nehmen ◇ *vt* - **1.** [put] stellen; [put flat] legen; **to ~ the blame on sb** jm die Schuld zu|schieben; **to ~ emphasis on sthg** Betonung auf etw legen; **to ~ an ad in the paper** eine Anzeige in die Zeitung setzen - **2.** [identify] ein|ordnen - **3.** [make]: **to ~ an order** COMM eine Bestellung auf|geben; **to ~ a bet on sthg** auf etw *(D)* wetten - **4.** [be situated]: **the house is well ~d for the tube** das Haus liegt ganz in der Nähe der U-Bahn; **how are we ~d for money/time?** wie viel Geld/Zeit haben wir? - **5.** [in race]: **to be ~d** sich platzieren.

◆ **all over the place** *adv* überall.

◆ **in place** *adv* - **1.** [in proper position] an seinem Platz - **2.** [established, set up] eingerichtet.

◆ **in place of** *prep* anstatt *(+ G).*

◆ **out of place** *adv* - **1.** [in wrong position] nicht an seinem Platz - **2.** [unsuitable] unpassend.

placebo [plə'siːbəʊ] (*pl* **-s** *OR* **-es**) *n* Plazebo *das.*

place card *n* Platzkarte *die.*

place mat *n* Platzset *das.*

placement ['pleɪsmənt] *n* - **1.** [positioning] Platzierung *die* - **2.** [work experience] Praktikum *das.*

placenta [plə'sentə] (*pl* **-s** *OR* **-tae** [-tiː]) *n* Plazenta *die.*

place setting *n* Gedeck *das.*

placid ['plæsɪd] *adj* - **1.** [person, child, animal] ausgeglichen - **2.** [place] ruhig.

placidly ['plæsɪdlɪ] *adv* ruhig.

plagiarism ['pleɪdʒərɪzm] *n* Plagiarismus *der.*

plagiarist ['pleɪdʒərɪst] *n* Plagiarist *der.*

plagiarize, -ise ['pleɪdʒəraɪz] *vt* plagiieren.

plague [pleɪg] *n* - **1.** MED Seuche *die;* *(U)* [specific disease] Pest *die;* **to avoid sb/sthg like the ~** jn/etw wie die Pest meiden - **2.** [nuisance] Plage *die* ◇ *vt* plagen; **to be ~d by bad luck** vom Pech verfolgt sein.

plaice [pleɪs] (*pl inv*) *n* Scholle *die.*

Plaid Cymru [,plaɪd'kʌmrɪ] *n Br* POL *walisische nationalistische Partei.*

plain [pleɪn] *adj* - **1.** [simple] einfach, schlicht; [paper] unliniert; [in colour] einfarbig; [unpatterned] uni; [yoghurt] Natur-; **in ~ clothes** in Zivil - **2.** [clear] klar; **to make sthg ~ to sb** jm etw klar machen - **3.** [blunt - statement, answer] unverblümt; **the ~ truth** die reine Wahrheit - **4.** [absolute - madness, stupidity] absolut, schier - **5.** [not pretty] unattraktiv ◇ *adv inf* [completely] einfach ◇ *n* GEOGR Ebene *die.*

plain chocolate *n Br* Bitterschokolade *die.*

plain-clothes *adj* in Zivil.

plainly ['pleɪnlɪ] *adv* - **1.** [upset, angry] sichtlich; [remember, hear] deutlich - **2.** [frankly] offen, geradeheraus - **3.** [simply] einfach, schlicht.

plain sailing *n*: **it should be ~ from here** ab jetzt müsste (eigentlich) alles glatt gehen.

plainspoken [,pleɪn'spəʊkən] *adj* geradeheraus.

plaintiff ['pleɪntɪf] *n* Kläger *der*, -in *die.*

plaintive ['pleɪntɪv] *adj* klagend.

plait [plæt] *n* Zopf *der* ◇ *vt* flechten.

plan [plæn] (*pt* & *pp* **-ned;** *cont* **-ning**) *n* - **1.** [gen]

Plan *der;* **to make ~s** Pläne machen; **have you got any ~s for tonight?** hast du heute Abend etwas vor?; **to go according to ~** nach Plan verlaufen **- 2.** [of story, project] Konzept *das*, Entwurf *der* ◇ *vt* **- 1.** [organize] planen **- 2.** [intend]: **to ~ to do sthg** vor|haben, etw zu tun **- 3.** [design] entwerfen ◇ *vi* planen; **to ~ for sthg** Pläne für etw machen.

◆ **plan on** *vt fus:* **to ~ on doing sthg** vor|haben, etw zu tun.

◆ **plan out** *vt sep* vor|bereiten.

plane [pleɪn] *adj* GEOM eben ◇ *n* **- 1.** [aircraft] Flugzeug *das* **- 2.** GEOM Ebene *die* **- 3.** *fig* [level] Niveau *das*, Ebene *die* **- 4.** [tool] Hobel *der* **- 5.** [tree] Platane *die* ◇ *vt* [wood] hobeln.

planet [ˈplænɪt] *n* Planet *der*.

planetarium [ˌplænɪˈteərɪəm] (*pl* **-riums** OR **-ria** [-rɪəl]) *n* Planetarium *das*.

planetary [ˈplænɪtrɪ] *adj* planetar.

plane tree *n* Platane *die*.

plank [plæŋk] *n* **- 1.** [piece of wood] (langes) Brett **- 2.** POL [main policy] Programmpunkt *der*.

plankton [ˈplæŋktən] *n* Plankton *das*.

planner [ˈplænəʳ] *n* Planer *der*, -in *die*.

planning [ˈplænɪŋ] *n* Planung *die*.

planning permission *n (U)* Baugenehmigung *die*.

plan of action *n* Vorgehensplan *der*.

plant [plɑːnt] *n* **- 1.** BOT Pflanze *die* **- 2.** [factory] Werk *das*, Fabrik *die* **- 3.** *(U)* [heavy machinery] Maschinen *pl* ◇ *vt* **- 1.** [tree, vegetable] pflanzen, an|pflanzen; [seed] säen, aus|säen; [field, garden] bepflanzen **- 2.** [place firmly] auf|stellen; **she ~ed a blow on his chin** sie versetzte ihm einen Kinnhaken; **he ~ed a kiss on her cheek** er gab ihr einen Kuss auf die Wange **- 3.** [bomb, microphone, spy] platzieren, an|bringen; [thought, idea] pflanzen, setzen; **to ~ sthg on sb** jm etw unter|schieben.

◆ **plant out** *vt sep* aus|pflanzen.

plantain [ˈplæntɪn] *n* [fruit] Kochbanane *die*.

plantation [plænˈteɪʃn] *n* **- 1.** [piece of land] Plantage *die* **- 2.** [of trees] Anpflanzung *die*.

planter [ˈplɑːntəʳ] *n* **- 1.** [farmer] Pflanzer *der*, -in *die* **- 2.** [container] Blumenkübel *der*.

plant pot *n* Blumentopf *der*.

plaque [plɑːk] *n* **- 1.** [plate] Gedenktafel *die* **- 2.** *(U)* [on teeth] Zahnbelag *der*.

plasma [ˈplæzməl] *n* Plasma *das*.

plaster [ˈplɑːstəʳ] *n* **- 1.** [for wall, ceiling] Putz *der* **- 2.** [for broken bones] Gips *der;* **in ~** in Gips **- 3.** *Br* [for cut]: **(sticking) ~** Pflaster *das* ◇ *vt* **- 1.** [wall, ceiling] verputzen **- 2.** [cover] pflastern; **she's always ~ed with make-up** sie kleistert sich immer mit Make-up zu.

plasterboard [ˈplɑːstəbɔːd] *n (U)* Gipskartonplatte *die*.

plaster cast *n* **- 1.** [for broken bones] Gipsverband *der* **- 2.** [model, statue] Gipsform *die*.

plastered [ˈplɑːstəd] *adj inf* [drunk] besoffen.

plasterer [ˈplɑːstərəʳ] *n* Putzer *der*, -in *die*.

plaster of paris *n* Gips *der*.

plastic [ˈplæstɪk] *adj* Plastik-, Kunststoff- ◇ *n* **- 1.** [material] Plastik *das*, Kunststoff *der* **- 2.** *(U) inf* [credit cards] Kreditkarten *pl;* **to pay with ~** mit (der) Kreditkarte bezahlen.

plastic bullet *n* Kunststoffgeschoss *das*.

plastic explosive *n* Plastiksprengstoff *der*.

Plasticine® *Br* [ˈplæstɪsiːn], **play dough** *Am* *n* Plastilin *das*.

plastic surgeon *n* plastischer Chirurg.

plastic surgery *n* plastische Chirurgie.

plate [pleɪt] *n* **- 1.** [dish] Teller *der;* **to have a lot on one's ~** *fig* viel um die Ohren haben; **to be handed sthg on a ~** *fig* etw auf einem silbernen Tablett präsentiert bekommen **- 2.** [of metal, glass] Platte *die* **- 3.** [plaque] Schild *das* **- 4.** [silverware] Tafelsilber *das;* [goldware] Tafelgold *das* **- 5.** [illustration] Tafel *die* **- 6.** [in dentistry] Gaumenplatte *die* **- 7.** [in baseball] Schlagmal *das* ◇ *vt:* **to be ~d with silver/gold** versilbert/vergoldet sein.

Plate [pleɪt] *n:* **the River ~** Rio de la Plata.

plateau [ˈplætəʊ] (*pl* **-s** OR **-x** [-z]) *n* **- 1.** GEOGR Plateau *das* **- 2.** *fig* [steady level]: **prices have reached a ~** die Preise haben sich stabilisiert.

plateful [ˈpleɪtfʊl] *n:* **a ~ of chips** ein Teller (voll) Pommes frites.

plate-glass *adj* Spiegelglas-.

platelet [ˈpleɪtlɪt] *n* Plättchen *das*.

plate rack *n* Geschirrständer *der*.

platform [ˈplætfɔːm] *n* **- 1.** [gen & COMPUT] Plattform *die;* [for speaker, performer] Podium *das* **- 2.** [at railway station] Bahnsteig *der;* **~ 12** Gleis 12 **- 3.** [of bus] Trittfläche *die*.

platinum [ˈplætɪnəm] *adj* Platin- ◇ *n* Platin *das*.

platinum blonde *n* Platinblonde *die*.

platitude [ˈplætɪtjuːd] *n* Plattitüde *die*.

platonic [pləˈtɒnɪk] *adj* platonisch.

platoon [pləˈtuːn] *n* Zug *der*.

platter [ˈplætəʳ] *n* [dish] Platte *die*.

platypus [ˈplætɪpəs] (*pl* **-es**) *n* Schnabeltier *das*.

plaudits [ˈplɔːdɪts] *npl* Beifall *der*.

plausible [ˈplɔːzəbl] *adj* [reason, excuse] plausibel; [person] überzeugend.

plausibly [ˈplɔːzəblɪ] *adv* [lie, argue] plausibel.

play [pleɪ] *n* **- 1.** [gen] Spiel *das;* **in ~** SPORT im Spiel; **out of ~** SPORT im Aus; **to come into ~** *fig* eine Rolle spielen; **~ on words** Wortspiel *das*

- 2. [in theatre] Schauspiel *das*, Stück *das;* [on radio] Hörspiel *das;* [on television] Fernsehspiel *das* <> *vt* spielen; [opposing player or team] spielen gegen; **to ~ the piano** Klavier spielen; **to ~ a trick on sb** jm einen Streich spielen; **to ~ a part** *OR* **role in sthg** *fig* eine Rolle in etw *(D)* spielen; **to ~ it cool** so tun, als sei nichts gewesen <> *vi* spielen; **to ~ for time** versuchen, Zeit zu gewinnen; **to ~ safe** auf Nummer Sicher gehen.

◆ **play along** *vi:* **to ~ along (with sb)** sich (jm) vorübergehend fügen.

◆ **play at** *vt fus:* **what do you think you're ~ing at?** *inf* was soll denn das?

◆ **play back** *vt sep* ablspielen.

◆ **play down** *vt sep* herunterlspielen.

◆ **play off** *vt sep:* **to ~ sb/sthg off (against)** jn/etw auslspielen (gegen) <> *vi* SPORT um die Entscheidung spielen.

◆ **play on** *vt fus* [fears, weaknesses] auslnutzen.

◆ **play up** *vt sep* [emphasize] betonen <> *vi* [machine, part of body] Schwierigkeiten machen; [children] sich wie wild gebärden.

◆ **play upon** *vt fus:* **play on.**

playable ['pleɪəbl] *adj* [pitch] bespielbar.

play-act *vi* schauspielern.

playboy ['pleɪbɔɪ] *n* Playboy *der*.

play dough *n Am* = **Plasticine®.**

player ['pleɪəʳ] *n* **- 1.** [gen] Spieler *der*, -in *die* **- 2.** *dated* THEATRE Schauspieler *der*, -in *die*.

playful ['pleɪfʊl] *adj* [comment] neckisch; [person, animal] verspielt.

playfully ['pleɪfʊlɪ] *adv* [teasingly] neckisch; [enthusiastically] spielerisch, ausgelassen.

playground ['pleɪgraʊnd] *n* [at school] Schulhof *der;* [in park] Spielplatz *der*.

playgroup ['pleɪgruːp] *n* Krabbelgruppe *die*.

playhouse ['pleɪhaʊs, *pl* -haʊzɪz] *n* **- 1.** *Am* [toy house] Spielhaus *das* **- 2.** *dated* [theatre] Schauspielhaus *das*.

playing card ['pleɪɪŋ-] *n* Spielkarte *die*.

playing field ['pleɪɪŋ-] *n* Sportplatz *der*.

playmate ['pleɪmeɪt] *n* Spielkamerad *der*, -in *die*.

play-off *n* Entscheidungsspiel *das*.

playpen ['pleɪpen] *n* Laufstall *der*.

playroom ['pleɪrʊm] *n* Spielzimmer *das*.

playschool ['pleɪskuːl] *n* Krabbelgruppe *die*.

plaything ['pleɪθɪŋ] *n lit* & *fig* Spielzeug *das*.

playtime ['pleɪtaɪm] *n (U)* [at school]: **at ~** in der großen Pause.

playwright ['pleɪraɪt] *n* Dramatiker *der*, -in *die*.

plaza ['plɑːzə] *n* **- 1.** [public square] Platz *der* **- 2.** [shopping centre] Einkaufszentrum *das*.

plc (*abbr of* **public limited company**) AG *die*.

plea [pliː] *n* **- 1.** [appeal] Appell *der* **- 2.** LAW Plädoyer *das;* **what's your ~?** wie plädieren Sie?

plea bargain *n Verhandlung zwischen Anklage und Verteidigung über die Möglichkeit, im Falle eines Teilgeständnisses eine Strafminderung zu erreichen.*

plead [pliːd] (*pt* & *pp* **-ed** *OR* **pled**) *vt* **- 1.** LAW plädieren; **to ~ guilty/not guilty** sich schuldig/nicht schuldig bekennen **- 2.** sich berufen auf *(+ A)* <> *vi* **- 1.** [beg] flehen; **to ~ with sb to do sthg** jn anlflehen, etw zu tun; **to ~ for sthg** um etw flehen **- 2.** LAW: **to ~ sb's case** jn in einer Sache vertreten.

pleading ['pliːdɪŋ] *adj* flehend <> *n* Flehen *das*.

pleasant ['pleznt] *adj* angenehm; [smile] freundlich; [day] schön.

pleasantly ['plezntlɪ] *adv* angenehm; [smile, reply] freundlich.

pleasantry ['plezntrɪ] (*pl* **-ies**) *n:* **to exchange pleasantries** Nettigkeiten ausltauschen.

please [pliːz] *vt* gefallen *(+ D);* **there's no pleasing him** man kann ihm nichts recht machen; **he's hard to ~** er ist nicht leicht zufrieden zu stellen; **~ yourself!** wie du willst! <> *vi* gefallen; **may I? – ~ do!** darf ich? – bitte sehr!; **he does as he ~s** er macht, was ihm gefällt; **if you ~** [making request] bitte; [expressing disgust] erlauben Sie mal! <> *adv* bitte; **yes, ~!** ja, bitte!

pleased [pliːzd] *adj* [happy] erfreut; [satisfied] zufrieden; **to be ~ about sthg** sich über etw *(A)* freuen; **to be ~ with sb/sthg** mit jm/etw zufrieden sein; **~ to meet you!** angenehm!

pleasing ['pliːzɪŋ] *adj* erfreulich.

pleasingly ['pliːzɪŋlɪ] *adv* erfreulich.

pleasurable ['pleʒərəbl] *adj* angenehm.

pleasure ['pleʒəʳ] *n* **- 1.** [gen] Freude *die;* **with ~** gern(e); **it's a ~!, my ~!** gern geschehen! **- 2.** *(U)* [enjoyment] Vergnügen *das*.

pleat [pliːt] *n* Falte *die* <> *vt* fälteln.

pleated ['pliːtɪd] *adj* gefältelt.

plebiscite ['plebɪsaɪt] *n* Volksentscheid *der*.

plectrum ['plektrəm] (*pl* **-s**) *n* Plektrum *das*.

pled [pled] *pt* & *pp* ▻ **plead.**

pledge [pledʒ] *n* **- 1.** [promise] Versprechen *das* **- 2.** [token] Pfand *das* <> *vt* **- 1.** [promise] versprechen **- 2.** [commit]: **to be ~d to sthg** zu etw verpflichtet werden; **to ~ o.s. to sthg** sich zu etw verpflichten **- 3.** [pawn] verpfänden.

plenary session ['pliːnərɪ-] *n* Plenarsitzung *die*.

plentiful ['plentɪfʊl] *adj* reichlich.

plenty ['plentɪ] *n (U)* Überfluss *der* <> *pron:* **we've got ~** wir haben mehr als genug; **five**

will be ~ fünf sind mehr als genug; **~ of** viel, eine Menge <> *adv* **Am** [very] sehr.

plethora ['pleθərəl] *n* Übermaß *das*.

pleurisy ['plʊərəsɪ] *n (U)* Rippenfellentzündung *die*.

Plexiglas® ['pleksɪglɑːs] *n* **Am** Plexiglas® *das*.

pliable ['plaɪəbl], **pliant** ['plaɪənt] *adj* - **1.** [metal] biegsam; [material] geschmeidig - **2.** [person] anpassungsfähig.

pliers ['plaɪəz] *npl* Zange *die*.

plight [plaɪt] *n* Elend *das*.

plimsoll ['plɪmsəl] *n* **Br** Turnschuh *der*.

Plimsoll line ['plɪmsəl-] *n* Höchstlademarkierung *die (an der Außenwand von Schiffen)*.

plinth [plɪnθ] *n* Plinthe *die*.

PLO (*abbr of* **Palestine Liberation Organization**) *n* PLO *die*.

plod [plɒd] (*pt* & *pp* **-ded;** *cont* **-ding**) *vi* - **1.** [walk slowly] schwerfällig gehen - **2.** [work slowly] sich ab|mühen.

plodder ['plɒdəʳ] *n* **pej: he's a bit of a ~** er arbeitet eher langsam und ohne Begeisterung.

plonk [plɒŋk] *n (U)* **Br inf** [wine] billiger Wein.

◆ **plonk down** *vt sep* **inf** hin|knallen; **she ~ed herself down on the sofa** sie warf sich aufs Sofa.

plop [plɒp] (*pt* & *pp* **-ped;** *cont* **-ping**) *n* Platsch *der* <> *vi* [liquid] platschen; [land heavily] plumpsen.

plot [plɒt] (*pt* & *pp* **-ted;** *cont* **-ting**) *n* - **1.** [conspiracy] Komplott *das;* **the ~ thickens** die Geschichte wird immer undurchsichtiger - **2.** [of story, film, play] Handlung *die* - **3.** [of land] Stück *das* Land; [allotment] Parzelle *die* - **4.** **Am** [house plan] Grundriss *der* <> *vt* - **1.** [conspire] planen; **to ~ to do sthg** gemeinsam planen, etw zu tun - **2.** [chart] ein|zeichnen; MATH auf|zeichnen <> *vi:* **to ~ (against)** sich verschwören (gegen).

plotter ['plɒtəʳ] *n* Verschwörer *der*, -in *die*.

plough Br, plow Am [plaʊ] *n* Pflug *der* <> *vt* pflügen; **to ~ money into sthg** Geld in etw *(A)* stecken <> *vi* [crash]: **to ~ into sthg** in etw *(A)* rasen.

◆ **plough on** *vi* [on journey] sich voran|kämpfen; [in work] weiter|machen.

◆ **plough up** *vt sep* auf|wühlen; [field] um|pflügen.

ploughman's ['plaʊmənz] (*pl inv*) *n* **Br: ~ (lunch)** *Pubmahlzeit aus Käse, Brot und Pickles.*

ploughshare Br, plowshare Am ['plaʊʃeəʳ] *n* Pflugschar *die*.

plow *etc n* & *vb* **Am** = **plough** *etc.*

ploy [plɔɪ] *n* Trick *der*.

pls *abbr of* **please.**

pluck [plʌk] *vt* - **1.** [flower, fruit] pflücken - **2.** [pull] ziehen; **to be ~ed to safety** geborgen werden - **3.** [chicken] rupfen - **4.** [eyebrows, guitar, harp] zupfen <> *n (U)* **dated** Mut *der*.

◆ **pluck up** *vt sep:* **to ~ up the courage to do sthg** den Mut auf|bringen, etw zu tun.

plucky ['plʌkɪ] (*compar* **-ier;** *superl* **-iest**) *adj* **dated** mutig.

plug [plʌg] (*pt* & *pp* **-ged;** *cont* **-ging**) *n* - **1.** ELEC Stecker *der;* [socket] Steckdose *die* - **2.** [for bath, sink] Stöpsel *der* - **3.** **inf** [publicity] Schleichwerbung *die;* **to give sthg a ~** Schleichwerbung für etw machen <> *vt* - **1.** [hole, ears] verstopfen, zu|stopfen - **2.** **inf** [advertise] Schleichwerbung für etw machen.

◆ **plug in** *vt sep* ELEC ein|stecken, an|schließen.

plughole ['plʌghəʊl] *n* Abfluss *der*.

plum [plʌm] *adj* - **1.** [colour] pflaumenfarben - **2.** [choice]: **a ~ job** ein Traumjob <> *n* - **1.** [fruit] Pflaume *die* - **2.** [colour] Pflaumenblau *das*.

plumage ['pluːmɪdʒ] *n* Gefieder *das*.

plumb [plʌm] *adv* - **1.** **Br** [exactly] genau; **~ in the middle** genau in der/die Mitte - **2.** **Am** [completely] völlig, komplett <> *vt:* **to ~ the depths of sthg** den Tiefpunkt von etw erreichen.

◆ **plumb in** *vt sep* **Br** an|schließen.

plumber ['plʌməʳ] *n* Klempner *der*, Installateur *der*.

plumbing ['plʌmɪŋ] *n (U)* - **1.** [fittings] Leitungen *pl* - **2.** [work] Installieren *das* von Sanitäranlagen.

plumb line *n* Lot *das*.

plume [pluːm] *n* - **1.** [on bird, hat] Feder *die;* [on helmet] Federbusch *der* - **2.** [column]: **a ~ of smoke** eine Rauchfahne.

plummet ['plʌmɪt] *vi* - **1.** [plane, bird] (senkrecht) hinunter|stürzen - **2.** [prices, value, shares] rapide fallen.

plummy ['plʌmɪ] (*compar* **-ier;** *superl* **-iest**) *adj* **Br inf pej** [accent] affektiert.

plump [plʌmp] *adj* rundlich, mollig <> *vi:* **to ~ for sthg** sich für etw entscheiden.

◆ **plump up** *vt sep* auf|schütteln.

plum tree *n* Pflaumenbaum *der*.

plunder ['plʌndəʳ] *n (U)* - **1.** [pillaging] Plündern *das* - **2.** [booty] Beute *die* <> *vt* plündern.

plunge [plʌndʒ] *n* - **1.** [rapid decrease] Sturz *der* - **2.** [dive] Sprung *der;* [head-on] Kopfsprung *der;* **to take the ~** den Schritt wagen <> *vt* - **1.** [immerse]: **to ~ sthg into sthg** etw in etw *(A)* werfen - **2.** [thrust]: **to ~ sthg into sthg** etw in etw *(A)* treiben; **~d into darkness** in Dunkelheit getaucht ◇ *vi* - **1.** [dive] springen; [out of control] stürzen - **2.** [prices, value] fallen.

plunger [ˈplʌndʒəʳ] *n* [for sinks, drains] Saugglocke *die*.

plunging [ˈplʌndʒɪŋ] *adj* [neckline] tief ausgeschnitten.

pluperfect [ˌpluːˈpɜːfɪkt] *n*: **~ (tense)** Plusquamperfekt *das*.

plural [ˈplʊərəl] *adj* - **1.** GRAMM im Plural - **2.** [society] pluralistisch ◇ *n* Plural *der*, Mehrzahl *die;* **in the ~** im Plural.

pluralistic [ˌplʊərəˈlɪstɪk] *adj* pluralistisch.

plurality [plʊˈrælətɪ] *n* - **1.** [large number]: **a ~ of** eine Vielzahl von - **2.** *Am* [majority] Mehrheit *die*.

plus [plʌs] (*pl* **-es** OR **-ses**) *adj* - **1.** [over, more than]: **30 ~** mehr als 30, über 30 - **2.** [in school marks] plus ◇ *n* - **1.** MATH [sign] Pluszeichen *das* - **2.** *inf* [bonus] Plus *das* ◇ *prep* - **1.** MATH plus, und - **2.** [as well as] und ◇ *conj* [moreover] und (außerdem).

plus fours *npl* Knickerbocker *pl*.

plush [plʌʃ] *adj* luxuriös.

plus sign *n* Pluszeichen *das*.

Pluto [ˈpluːtəʊ] *n* [planet] Pluto *der*.

plutonium [pluːˈtəʊnɪəm] *n* Plutonium *das*.

ply [plaɪ] (*pt* & *pp* **plied**) *vt* - **1.** [work at]: **to ~ a trade** ein Gewerbe betreiben - **2.**: **to ~ sb with drink** jm Alkohol auf|drängen; **to ~ sb with questions** jn mit Fragen bedrängen ◇ *vi* [boat]: **to ~ between** verkehren zwischen.

-ply [plaɪ] *adj*: **four~** [wood] vierschichtig; [wool] vierfädig.

plywood [ˈplaɪwʊd] *n* Sperrholz *das*.

p.m., pm (*abbr of* **post meridiem**) nachmittags; **at 9 ~** um 21 Uhr OR 9 Uhr abends.

PM *n abbr of* **prime minister.**

PMS *n abbr of* **premenstrual syndrome.**

PMT *n abbr of* **premenstrual tension.**

pneumatic [njuːˈmætɪk] *adj* pneumatisch.

pneumatic drill *n* Pressluftbohrer *der*.

pneumonia [njuːˈməʊnɪə] *n (U)* Lungenentzündung *die*.

po *n abbr of* **postal order.**

PO *n* - **1.** *abbr of* **Post Office** - **2.** *abbr of* **postal order.**

POA (*abbr of* **Prison Officers' Association**) *n* *Gewerkschaft der Arbeitnehmer im britischen Strafvollzug.*

poach [pəʊtʃ] *vt* - **1.** [hunt illegally] wildern - **2.** [idea] kopieren - **3.** [egg] pochieren ◇ *vi* wildern.

poacher [ˈpəʊtʃəʳ] *n* - **1.** [person] Wilderer *der* - **2.** [for eggs] Pochierpfanne *die*.

poaching [ˈpəʊtʃɪŋ] *n* Wildern *das*.

PO Box *n abbr of* **Post Office Box.**

pocket [ˈpɒkɪt] *n* - **1.** [in clothes] Tasche *die;* **to live in each other's ~s** ständig zusammen sein; **to be out of ~** drauf|zahlen; **to pick sb's ~** jm etwas (aus der Tasche) stehlen - **2.** [of warm air, mineral] Einschluss *der;* **~ of resistance** Widerstandsnest *das* - **3.** [of snooker, pool table] Loch *das* ◇ *adj* Taschen- ◇ *vt* ein|stecken.

pocketbook [ˈpɒkɪtbʊk] *n* - **1.** [notebook] Notizbuch *das* - **2.** *Am* [handbag] Handtasche *die*.

pocket calculator *n* Taschenrechner *der*.

pocketful [ˈpɒkɪtfʊl] *n*: **a ~ of sweets** eine Tasche voller Süßigkeiten.

pocket-handkerchief *n* Taschentuch *das*.

pocketknife [ˈpɒkɪtnaɪf] (*pl* **-knives** [-naɪvz]) *n* Taschenmesser *das*.

pocket money *n* Taschengeld *das*.

pocket-size(d) [saɪz(d)] *adj* im Taschenformat.

pockmark [ˈpɒkmɑːk] *n* Pockennarbe *die*.

pod [pɒd] *n* - **1.** [of plants] Hülse *die*, Schote *die* - **2.** [of spacecraft] Kapsel *die*.

podgy [ˈpɒdʒɪ] (*compar* **-ier;** *superl* **-iest**) *adj* *inf* pummelig.

podia [ˈpəʊdɪə] *pl* ▻ **podium.**

podiatrist [pəˈdaɪətrɪst] *n* *Am* Fußpfleger *der*, -in *die*.

podium [ˈpəʊdɪəm] (*pl* **-diums** OR **-dia** *n* Podium *das*.

poem [ˈpəʊɪm] *n* Gedicht *das*.

poet [ˈpəʊɪt] *n* Dichter *der*, -in *die*.

poetic [pəʊˈetɪk] *adj* poetisch.

poetic justice *n* ausgleichende Gerechtigkeit.

poet laureate *n* Hofdichter *der*.

poetry [ˈpəʊɪtrɪ] *n (U)* - **1.** [poems] Dichtung *die* - **2.** *fig* [beauty] Poesie *die*.

pogo stick [ˈpəʊgəʊ-] *n* Springstock *der*.

poignancy [ˈpɔɪnjənsɪ] *n* [of moving nature] Ergriffenheit *die*.

poignant [ˈpɔɪnjənt] *adj* [moving] ergreifend.

poinsettia [pɔɪnˈsetɪə] *n* Weihnachtsstern *der*, Poinsettie *die*.

point [pɔɪnt] *n* - **1.** [tip] Spitze *die* - **2.** [place, dot, moment] Punkt *der;* **the ~s of the compass** die Himmelsrichtungen; **at this ~ in time** zum jetzigen Zeitpunkt; **~ of no return** Zeitpunkt, ab dem es kein Zurück mehr gibt - **3.** [in discussion, debate] Punkt *der;* **you may have a ~ there** da hast du vielleicht Recht; **to make a ~** eine Anmerkung machen; **to make one's ~** seinen Standpunkt deutlich machen; **a sore ~** ein wunder Punkt - **4.** [meaning] Sinn *der;* **you've missed the ~ of what he is**

trying to say du hast nicht verstanden, worauf er hinauswill; **to get** *OR* **come to the ~** zur Sache kommen; **that's beside the ~** das tut hier nichts zur Sache; **to the ~** präzise **- 5.** [feature]: **good** *OR* **strong ~** Stärke *die;* **bad** *OR* **weak ~** Schwäche *die* **- 6.** [purpose] Zweck *der;* **there's no ~** es hat keinen Sinn **- 7.** MATH Komma *das;* **five ~ seven** fünf Komma sieben **- 8.** [in scores] Punkt *der* **- 9.** *Br* ELEC Steckdose *die* **- 10.** *Am* [full stop] Punkt *der* **- 11.** *phr:* **to make a ~ of doing sthg** etw bewusst tun <> *vt:* **to ~ sthg (at)** etw richten (auf *(+ A)*); **to ~ the way (to sthg)** den Weg (zu etw) zeigen <> *vi* **- 1.** [person]: **to ~ at** *OR* **to** zeigen auf *(+ A)* **- 2.** [needle on dial]: **to ~ to sthg** etw an|zeigen; **the sign is ~ing to the stadium** [road sign] das Schild zeigt in Richtung Stadion **- 3.** [gun, camera, light] gerichtet sein; **to ~ at sthg** auf etw gerichtet sein **- 4.** *fig* [evidence, facts]: **to ~ to sb/sthg** auf jn/etw hin|weisen.

◆ **points** *npl Br* RAIL Weiche *die.*

◆ **on the point of** *prep:* **to be on the ~ of doing sthg** im Begriff sein, etw zu tun; **I was on the ~ of going** ich wollte gerade gehen.

◆ **up to a point** *adv* bis zu einem gewissen Punkt.

◆ **point out** *vt sep* **- 1.** [indicate] zeigen **- 2.** [call attention to] hin|weisen auf *(+ A).*

point-blank *adj* **- 1.** [refusal] glatt **- 2.: at ~ range** aus nächster Nähe <> *adv* **- 1.** [directly] direkt; [ask] geradeheraus; [refuse] rundweg **- 2.** [shoot] aus nächster Nähe.

point duty *n Br* Verkehrsdienst *der.*

pointed ['pɔɪntɪd] *adj* **- 1.** [sharp] spitz **- 2.** [meaningful] betont; [remark] spitz.

pointedly ['pɔɪntɪdlɪ] *adv* [meaningfully] betont; [remark] spitz.

pointer ['pɔɪntəʳ] *n* **- 1.** [tip] Hinweis *der* **- 2.** [needle on dial] Zeiger *der* **- 3.** [stick] Zeigestock *der* **- 4.** [dog] Vorstehhund *der* **- 5.** COMPUT Mauszeiger *der.*

pointing ['pɔɪntɪŋ] *n* [of wall] Ausfugung *die.*

pointless ['pɔɪntlɪs] *adj* zwecklos, sinnlos.

point of sale (*pl* **points of sale**) *n* COMM Verkaufsstelle *die.*

point of view (*pl* **points of view**) *n* [attitude] Standpunkt *der;* [visual angle] Blickwinkel *der.*

poise [pɔɪz] *n (U)* [composure] Selbstsicherheit *die.*

poised [pɔɪzd] *adj* **- 1.** [ready] bereit; **to be ~ to do sthg** bereit sein, etw zu tun; **to be ~ for sthg** bereit sein für etw *OR* zu etw **- 2.** [composed] gefasst.

poison ['pɔɪzn] *n* Gift *das* <> *vt* **- 1.** [gen] vergiften **- 2.** *fig* [corrupt] verschmutzen **- 3.** [atmosphere, water] verderben.

poisoning ['pɔɪznɪŋ] *n* Vergiftung *die.*

poisonous ['pɔɪznəs] *adj* **- 1.** [gen] giftig **- 2.** *fig* [corrupting] zersetzend.

poison-pen letter *n* anonymer Brief.

poke [pəʊk] *n* [with finger, stick] Stoß *der* <> *vt* **- 1.** [with finger, stick] stoßen; **to ~ sb in the ribs** jm einen Stoß in die Rippen geben **- 2.** [thrust] stecken; **to ~ a hole in sthg** ein Loch in etw stechen *OR* bohren; **he ~d his head round the door** er steckte den Kopf zur Tür herein **- 3.** [fire] schüren <> *vi:* **to ~ out of** hervor|schauen aus *(+ D).*

◆ **poke about, poke around** *vi inf* herum|stochern.

◆ **poke at** *vt fus* an|stoßen.

poker ['pəʊkəʳ] *n* **- 1.** [game] Poker *das* **- 2.** [for fire] Schürhaken *der.*

poker-faced [-ˌfeɪst] *adj* mit einem Pokerface.

poky ['pəʊkɪ] (*compar* **-ier;** *superl* **-iest**) *adj* **pej** eng; **a ~ flat** eine winzige Wohnung.

Poland ['pəʊlənd] *n* Polen *nt.*

polar ['pəʊləʳ] *adj* GEOGR polar.

polar bear *n* Eisbär *der.*

polarity [pəʊ'lærətɪ] *n* Polarität *die.*

polarization, -isation [ˌpəʊləraɪ'zeɪʃn] *n* Polarisierung *die.*

polarize, -ise ['pəʊləraɪz] *vt* polarisieren.

Polaroid® ['pəʊlərɔɪd] *n* **- 1.** [camera] Polaroidkamera® *die* **- 2.** [photograph] Polaroidfoto *das.*

Polaroids® ['pəʊlərɔɪdz] *npl* [sunglasses] *mit Polaroidmaterial beschichtete Sonnenbrille.*

pole [pəʊl] *n* **- 1.** Stange *die;* [for electricity] Pfahl *der;* [for flag] Mast *der;* [for skiing] Stock *der* **- 2.** GEOGR & ELEC Pol *der;* **~s apart** völlig entgegengesetzt.

Pole [pəʊl] *n* Pole *der,* -lin *die.*

poleaxe ['pəʊlæks] *vt:* **I was ~d to hear that ...** es hat mich umgehauen, als ich hörte, dass ...

polecat ['pəʊlkæt] *n* Iltis *der.*

polemic [pə'lemɪk] *n fml* Polemik *die.*

pole position *n* SPORT erste Startposition.

Pole Star *n:* **the ~** der Polarstern.

pole vault *n:* **the ~** der Stabhochsprung.

◆ **pole-vault** *vi* stabhochspringen.

pole-vaulter [-ˌvɔːltəʳ] *n* Stabhochspringer *der,* -in *die.*

police [pə'liːs] *npl* **- 1.** [police force]: **the ~** die Polizei **- 2.** [policemen] Polizisten *pl* <> *vt* [area] kontrollieren.

police car *n* Streifenwagen *der.*

police constable *n Br* Wachtmeister *der,* -in *die.*

police department *n Am* Polizei *die.*

police dog *n* Polizeihund *der.*

police force *n* Polizei *die.*

policeman [pə'liːsmən] (*pl* **-men** [-mən]) *n* Polizist *der.*

police officer *n* Polizeibeamte *der,* -tin *die*

police record *n:* **to have a ~** vorbestraft sein.

police state *n* Polizeistaat *der.*

police station *n* ***Br*** Polizeiwache *die.*

policewoman [pə'liːsˌwʊmən] (*pl* **-women** [-ˌwɪmɪn]) *n* Polizistin *die.*

policy ['pɒləsɪ] (*pl* **-ies**) *n* **- 1.** [plan] Politik *die;* **what's your ~ on refunds?** wie lauten Ihre Umtauschbedingungen? **- 2.** [for insurance] Police *die.*

policy-holder [-ˌhəʊldəʳ] *n* Versicherungsnehmer *der,* -in *die.*

polio ['pəʊlɪəʊ] *n (U)* Kinderlähmung *die.*

polish ['pɒlɪʃ] *n* **- 1.** [cleaning material] Politur *die;* **window ~** Glasreiniger *der* **- 2.** [shine] Glanz *der;* [of furniture] Politur *die* **- 3.** ***fig*** [of performance] Brillianz *die;* [of style, manners] Schliff *der* <> *vt* **- 1.** [shine] polieren **- 2.** ***fig*** [perfect]: **to ~ sthg (up)** etw verfeinern.

◆ **polish off** *vt sep* ***inf*** **- 1.** [meal] verputzen **- 2.** [job] schnell erledigen; [book] verschlingen.

Polish ['pəʊlɪʃ] *adj* polnisch <> *n* [language] Polnisch(e) *das* <> *npl:* **the ~** die Polen *pl.*

polished ['pɒlɪʃt] *adj* **- 1.** [surface] poliert **- 2.** [person, manners] geschliffen **- 3.** [performance] brilliant.

polite [pə'laɪt] *adj* höflich.

politely [pə'laɪtlɪ] *adv* höflich.

politeness [pə'laɪtnɪs] *n* Höflichkeit *die.*

politic ['pɒlətɪk] *adj* ***fml*** klug.

political [pə'lɪtɪkl] *adj* politisch.

political asylum *n* politisches Asyl.

political geography *n* politische Geografie.

politically [pə'lɪtɪklɪ] *adv* politisch.

politically correct *adj* politisch korrekt.

POLITICALLY CORRECT

„Political correctness" ist ein intellektueller Sprachregelungstrend (am stärksten in den USA), der beansprucht, durch das Ausmerzen von als diskriminierend empfundenen Bezeichnungen für mehr gesellschaftliche Gerechtigkeit zu sorgen. Typische „PC"-Ausdrücke sind z. B. „Native American" (an Stelle von „American Indian") oder „differently abled" (für „disabled").

political prisoner *n* politischer Gefangener, politische Gefangene.

political science *n* Politikwissenschaft *die.*

politician [ˌpɒlɪ'tɪʃn] *n* Politiker *der,* -in *die.*

politicize, -ise [pə'lɪtɪsaɪz] *vt* politisieren.

politics ['pɒlətɪks] *n (U)* Politik *die* <> *npl* **- 1.** [personal beliefs] politische Ansichten **- 2.** [of a group, area] Politik *die.*

polka ['pɒlkə] *n* Polka *die.*

polka dot *n* Tupfen *der.*

poll [pəʊl] *n* **- 1.** [election] Wahl *die* **- 2.** [survey] Umfrage *die* <> *vt* **- 1.** [people] befragen **- 2.** [votes] erhalten.

◆ **polls** *npl:* **to go to the ~s** wählen gehen.

pollen ['pɒlən] *n* Blütenstaub *der.*

pollen count *n* Pollenzahl *die.*

pollinate ['pɒləneɪt] *vt* bestäuben.

pollination [ˌpɒlɪ'neɪʃn] *n* Bestäubung *die.*

polling ['pəʊlɪŋ] *n (U)* Stimmabgabe *die.*

polling booth *n* Wahlkabine *die.*

polling day *n* ***Br*** Wahltag *der.*

polling station *n* Wahllokal *das.*

poll tax *n* Kopfsteuer *die.*

◆ **Poll Tax** *n* ***Br*** Gemeindesteuer *die.*

pollutant [pə'luːtnt] *n* Schadstoff *der.*

pollute [pə'luːt] *vt* verschmutzen.

pollution [pə'luːʃn] *n* Verschmutzung *die.*

polo ['pəʊləʊ] *n* Polo *das.*

polo neck *n* ***Br*** **- 1.** [collar] Rollkragen *der* **- 2.** [jumper] Rollkragenpullover *der.*

◆ **polo-neck** *adj* ***Br*** Rollkragen-.

polo shirt *n* Polohemd *das.*

poltergeist ['pɒltəgaɪst] *n* Poltergeist *der.*

poly ['pɒlɪ] (*pl* **polys**) *n* ***inf*** *abbr of* **polytechnic.**

polyanthus ['pɒləsɪ] ['pɒləsɪ] (*pl* **-thuses** OR **-thi** [-θaɪ]) *n* Gartenprimel *die.*

polyester [ˌpɒlɪ'estəʳ] *n* Polyester *der.*

polyethylene *n* ***Am*** = **polythene.**

polygamist [pə'lɪgəmɪst] *n* Polygamist *der.*

polygamy [pə'lɪgəmɪ] *n* Polygamie *die.*

polygon ['pɒlɪgɒn] *n* Polygon *das.*

polymer ['pɒlɪməʳ] *n* Polymer *das.*

polyp ['pɒlɪp] *n* Polyp *der.*

polystyrene [ˌpɒlɪ'staɪriːn] *n* Styropor® *das.*

polytechnic [ˌpɒlɪ'teknɪk] *n* ***Br*** Polytechnikum *das,* ≃ technische Hochschule.

polythene ***Br*** ['pɒlɪθiːn], **polyethylene** ***Am*** [ˌpɒlɪ'eθɪliːn] *n* Polyethylen *das.*

polythene bag *n* ***Br*** Plastiktüte *die.*

polyunsaturated [ˌpɒlɪʌn'sætʃəreɪtɪd] *adj* mehrfach ungesättigt.

polyurethane [ˌpɒlɪ'jʊərəθeɪn] *n* Polyurethan *das.*

pom [pɒm] *n* ***Austr offensive*** *beleidigender,*

manchmal auch liebevoll-belustigter Ausdruck für „Engländer".

pomander [pə'mændəʳ] *n* Duftkugel *die.*

pomegranate ['pɒmɪˌgrænɪt] *n* Granatapfel *der.*

pommel ['pɒml] *n* **- 1.** [on saddle] Sattelknauf *der* **- 2.** [on sword] Schwertknauf *der.*

pomp [pɒmp] *n* Pomp *der.*

pompom ['pɒmpɒm] *n* Pompon *der.*

pompous ['pɒmpəs] *adj* [pretentious] aufgeblasen; [speech] geschwollen.

ponce [pɒns] *n* ***Br vinf pej*** **- 1.** [effeminate man] Weichei *das* **- 2.** [pimp] Zuhälter *der.*

poncho ['pɒntʃəʊ] (*pl* **-s**) *n* Poncho *der.*

pond [pɒnd] *n* Teich *der.*

ponder ['pɒndəʳ] *vt* & *vi* nachǀdenken; **to ~ on** *OR* **over sthg** über etw *(A)* nachǀdenken.

ponderous ['pɒndərəs] *adj* schwerfällig.

pong [pɒŋ] ***Br inf*** *n* Gestank *der*, Mief *der* <> *vi* stinken, miefen.

pontiff ['pɒntɪf] *n* Pontifex *der.*

pontificate [pɒn'tɪfɪkeɪt] *vi pej* dozieren.

pontoon [pɒn'tuːn] *n* **- 1.** [bridge] Ponton *der* **- 2.** ***Br*** [game] Siebzehnundvier *das.*

pony ['pəʊnɪ] (*pl* **-ies**) *n* Pony *das.*

ponytail ['pəʊnɪteɪl] *n* Pferdeschwanz *der.*

pony-trekking [-ˌtrekɪŋ] *n* Ponyreiten *das.*

poodle ['puːdl] *n* Pudel *der.*

poof [pʊf] *n* ***Br vinf pej*** Schwuchtel *die.*

pooh [puː] *excl* puh!

pooh-pooh *vt* ***inf*** verächtlich abǀlehnen.

pool [puːl] *n* **- 1.** [of water, blood] Lache *die;* [of light] Lichtkegel *der;* [of rain] Pfütze *die* **- 2.** [swimming pool] Swimmingpool *der;* [small pond] Teich *der* **- 3.** [game] Poolbillard *das* <> *vt* zusammenǀlegen.

◆ **pools** *npl* ***Br*:** **the ~s** das Fußballtoto.

pooped [puːpt] *adj* ***inf*** völlig fertig.

poor [pɔːʳ] *adj* **- 1.** [impoverished, unfortunate] arm **- 2.** [not very good] schlecht <> *npl:* **the ~** die Armen *pl.*

poorhouse ['pɔːhaʊs, *pl* -haʊzɪz] *n* Armenhaus *das.*

poorly ['pɔːlɪ] *adj* ***Br inf*** krank <> *adv* [badly] schlecht.

poor relation *n* ***fig*** Stiefkind *das.*

pop [pɒp] (*pt* & *pp* **-ped;** *cont* **-ping**) *n* **- 1.** [music] Pop *der* **- 2.** ***inf*** [fizzy drink] Brause *die* **- 3.** ***esp Am inf*** [father] Papa *der* **- 4.** [noise] Knall *der* <> *vt* **- 1.** [balloon, bubble] platzen, zerplatzen **- 2.** [put] stecken <> *vi* **- 1.** [balloon] platzen; [cork] knallen; **my ears are ~ping** ich habe Druck auf den Ohren; **her eyes were ~ping** sie machte große Augen **- 2.** [go quickly]: **I'm just ~ping to the shops** ich gehe (nur) schnell einkaufen.

◆ **pop in** *vi* [visit] vorbeiǀschauen.

◆ **pop up** *vi* aufǀtauchen.

popadum ['pɒpədəm] *n Indisches Fladenbrot mit dünnem knusprigem Teig.*

pop concert *n* Popkonzert *das.*

popcorn ['pɒpkɔːn] *n* Popcorn *das.*

pope [pəʊp] *n* Papst *der.*

pop group *n* Popgruppe *die.*

poplar ['pɒpləʳ] *n* Pappel *die.*

poplin ['pɒplɪn] *n* Popelin *der.*

popper ['pɒpəʳ] *n* ***Br*** Druckknopf *der.*

poppy ['pɒpɪ] (*pl* **-ies**) *n* Mohn *der.*

poppycock ['pɒpɪkɒk] *n* ***inf pej*** Quatsch *der.*

Poppy Day *n* ***Br*** ≃ Volkstrauertag *der.*

Popsicle® ['pɒpsɪkl] *n* ***Am*** Eis *das* am Stiel.

pop singer *n* Popsänger *der*, -in *die.*

populace ['pɒpjʊləs] *n:* **the ~** die breite Bevölkerung.

popular ['pɒpjʊləʳ] *adj* **- 1.** [well-liked] populär, beliebt **- 2.** [common] weit verbreitet **- 3.** [newspaper, politics] volksnah; [entertainment] volkstümlich; [debate] öffentlich.

popularity [ˌpɒpjʊ'lærətɪ] *n* Popularität *die*, Beliebtheit *die.*

popularize, -ise ['pɒpjʊləraɪz] *vt* **- 1.** [make popular] popularisieren **- 2.** [simplify] vereinfachen.

popularly ['pɒpjʊləlɪ] *adv* [commonly] gemeinhin, allgemein.

populate ['pɒpjʊleɪt] *vt* bevölkern.

populated ['pɒpjʊleɪtɪd] *adj* bevölkert.

population [ˌpɒpjʊ'leɪʃn] *n* **- 1.** [gen] Bevölkerung *die* **- 2.** [particular group] Bevölkerungsgruppe *die.*

population explosion *n* Bevölkerungsexplosion *die.*

populist ['pɒpjʊlɪst] *n* Populist *der*, -in *die.*

pop-up *adj* **- 1.** [toaster] automatisch **- 2.:** **~ book** Hochklappbuch *das.*

porcelain ['pɔːsəlɪn] *n* Porzellan *das.*

porch [pɔːtʃ] *n* **- 1.** [entrance] Windfang *der* **- 2.** ***Am*** [veranda] Veranda *die.*

porcupine ['pɔːkjʊpaɪn] *n* Stachelschwein *das.*

pore [pɔːʳ] *n* Pore *die.*

◆ **pore over** *vt fus* brüten über.

pork [pɔːk] *n* Schweinefleisch *das.*

pork chop *n* Schweinekotelett *das.*

pork pie *n* Schweinefleischpastete *die.*

porn [pɔːn] *n* ***inf*** Porno *der;* **hard ~** Hardcoreporno *der;* **soft ~** Softporno *der.*

pornographic [ˌpɔːnəˈɡræfɪk] *adj* pornografisch.

pornography [pɔːˈnɒɡrəfɪ] *n* Pornografie *die*.

porous [ˈpɔːrəs] *adj* porös.

porpoise [ˈpɔːpəs] *n* Tümmler *der*.

porridge [ˈpɒrɪdʒ] *n* Haferbrei *der*.

port [pɔːt] *n* - **1.** [coastal town] Hafenstadt *die;* [harbour] Hafen *der* - **2.** NAUT Backbord *das;* **to ~** nach Backbord - **3.** [drink] Portwein *der* - **4.** COMPUT Anschluss *der* <> *comp* - **1.** [relating to a harbour] Hafen- - **2.** NAUT Backbord-.

portable [ˈpɔːtəbl] *adj* tragbar.

Portacrib® [ˈpɔːtəˌkrɪb] *n* **Am** Babytragetasche *die*.

portal [ˈpɔːtl] *n* ***literary*** & COMPUT Portal *das*.

portcullis [ˌpɔːtˈkʌlɪs] *n* Fallgitter *das*.

portend [pɔːˈtend] *vt* ***literary*** vorher|sagen.

portent [ˈpɔːtənt] *n* ***literary*** Vorzeichen *das*.

porter [ˈpɔːtəʳ] *n* - **1.** ***Br*** [at hotel, museum] Pförtner *der*, Portier *der* - **2.** [at station, airport] Gepäckträger *der* - **3.** ***Am*** [on train] Schlafwagenschaffner *der*.

portfolio [ˌpɔːtˈfəʊlɪəʊ] (*pl* **-s**) *n* - **1.** [case] Aktentasche *die* - **2.** [sample of work] Mappe *die* - **3.** FIN Portefeuille *das*.

porthole [ˈpɔːthəʊl] *n* Bullauge *das*.

portion [ˈpɔːʃn] *n* - **1.** [part, share] Teil *der* - **2.** [of food] Portion *die*.

portly [ˈpɔːtlɪ] (*compar* **-ier;** *superl* **-iest**) *adj* beleibt.

port of call *n* - **1.** NAUT Anlaufhafen *der* - **2.** ***fig*** [on journey] Ziel *das*.

portrait [ˈpɔːtreɪt] *n* ***lit*** & ***fig*** Portrait *das*.

portraitist [ˈpɔːtreɪtɪst] *n* Portraitmaler *der*, -in *die*.

portray [pɔːˈtreɪ] *vt* - **1.** [gen] dar|stellen - **2.** [subj: artist] portraitieren.

portrayal [pɔːˈtreɪəl] *n* Darstellung *die*.

Portugal [ˈpɔːtʃʊɡl] *n* Portugal *nt*.

Portuguese [ˌpɔːtʃʊˈɡiːz] (*pl inv*) *adj* portugiesisch <> *n* - **1.** [person] Portugiese *der*, -sin *die* - **2.** [language] Portugiesisch(e) *das* <> *npl:* **the ~** die Portugiesen *pl*.

pose [pəʊz] *n* - **1.** [position] Haltung *die* - **2.** ***pej*** [pretence] Pose *die* <> *vt* - **1.** [problem, danger, threat] dar|stellen - **2.** [a question] stellen <> *vi* - **1.** [for photo] posieren; [for painting] Modell stehen - **2.** ***pej*** [behave affectedly] posieren - **3.** [pretend to be]: **to ~ as a tourist** sich als Tourist aus|geben.

poser [ˈpəʊzəʳ] *n* - **1.** ***pej*** [person] Angeber *der*, -in *die* - **2.** ***inf*** [question] knifflige Frage.

poseur [pəʊˈzɜːʳ] *n* ***pej*** Angeber *der*, -in *die*.

posh [pɒʃ] *adj* ***inf*** nobel.

posit [ˈpɒzɪt] *vt* ***fml*** auf|stellen.

position [pəˈzɪʃn] *n* - **1.** [place, situation] Lage *die* - **2.** [of plane, ship] Position *die* - **3.** [of body] Haltung *die* - **4.** [setting, rank] Stellung *die* - **5.** [in race, combat] Platz *der* - **6.** [job] Stelle *die;* **to be in a/no ~ to do sthg** in der Lage/nicht in der Lage sein, etw zu tun - **7.** [stance, opinion]: **~ on sthg** Haltung gegenüber etw *(D)* <> *vt* positionieren; **to ~ o.s.** sich stellen.

positive [ˈpɒzətɪv] *adj* - **1.** [gen] positiv - **2.** [sure, certain] sicher; **to be ~ about sthg** sich einer Sache *(G)* sicher sein - **3.** [evidence, fact] definitiv, eindeutig - **4.** [for emphasis] total.

positive discrimination *n* Bevorzugung *die* von Minderheiten.

positively [ˈpɒzətɪvlɪ] *adv* - **1.** [gen] positiv - **2.** [prove, identify] definitiv - **3.** [for emphasis] wirklich.

posse [ˈpɒsɪ] *n* - **1.** ***Am*** [of sheriff] Hilfstrupp *der* - **2.** ***inf*** [gang] Clique *die*.

possess [pəˈzes] *vt* besitzen; **what ~ed you to do that?** was ist in Sie gefahren, dass Sie das gemacht haben?

possessed [pəˈzest] *adj* [mad] besessen.

possession [pəˈzeʃn] *n* Besitz *der;* **to have sthg in one's ~, to be in ~ of sthg** im Besitz von etw sein.

◆ **possessions** *npl* Habe *die;* **his personal ~s** all seine Sachen.

possessive [pəˈzesɪv] *adj* - **1.** ***pej*** [person] besitzergreifend - **2.** GRAMM Possessiv- <> *n* GRAMM Possessivfunktion *die*.

possessively [pəˈzesɪvlɪ] *adv* besitzergreifend.

possessor [pəˈzesəʳ] *n* ***fml*** Besitzer *der*, -in *die*.

possibility [ˌpɒsəˈbɪlətɪ] (*pl* **-ies**) *n* Möglichkeit *die;* **there's a ~ that I'll be a little late** ich komme vielleicht etwas später.

possible [ˈpɒsəbl] *adj* möglich; **would it be ~ for me to ...?** könnte ich vielleicht ...?; **as soon as ~** so bald wie möglich; **as much as ~** so viel wie möglich; **if ~** wenn möglich.

possibly [ˈpɒsəblɪ] *adv* - **1.** [perhaps] möglicherweise - **2.** [conceivably] möglich; **I'll do all I ~ can** ich werde mein Möglichstes tun; **I can't ~ do that** das kann ich unmöglich tun.

possum [ˈpɒsəm] (*pl inv* OR **-s**) *n* ***Am*** Opossum *das*.

post [pəʊst] *n* - **1.** [service, letters, delivery] Post *die;* **by ~** per Post; **in the ~** in der Post - **2.** [pole] Pfosten *der;* **to pip sb at the ~** [in race] jn knapp schlagen; ***fig*** jm etw vor der Nase weg|schnappen - **3.** [job & MIL] Posten *der* <> *vt* - **1.** [by mail] per OR mit der Post schicken - **2.** [employee] versetzen - **3.** *phr:* **to keep sb ~ed** jn auf dem Laufenden halten.

post- [pəʊst] *prefix* post-, Nach-.

postage ['pəʊstɪdʒ] *n* Porto *das;* **~ and packing** Porto und Verpackung.

postage stamp *n fml* Briefmarke *die.*

postal ['pəʊstl] *adj* Post-, postalisch.

postal order *n* Postanweisung *die.*

postbag ['pəʊstbæg] *n* Postsack *der;* **the programme makers received a large ~** die Programmverantwortlichen erhielten viel Zuschauerpost.

postbox ['pəʊstbɒks] *n Br* Briefkasten *der.*

postcard ['pəʊstkɑːd] *n* Postkarte *die.*

postcode ['pəʊstkəʊd] *n Br* Postleitzahl *die.*

postdate [ˌpəʊst'deɪt] *vt* vor|datieren.

poster ['pəʊstəʳ] *n* Poster *das,* Plakat *das.*

poste restante [ˌpəʊst'restɑːnt] *n (U) esp Br:* **to send sthg ~** etw postlagernd schicken.

posterior [pɒ'stɪərɪəʳ] *adj* [rear] hintere, -r, -s <> *n hum* Hinterteil *das.*

posterity [pɒ'sterətɪ] *n* Nachwelt *die.*

poster paint *n* Plakatmalfarbe *die.*

post-free *adj esp Br* portofrei.

postgraduate [ˌpəʊst'grædjʊət] *adj* [studies, course] Aufbau- <> *n:* **~ (student)** *Student, der ein Aufbaustudium absolviert.*

posthaste [ˌpəʊst'heɪst] *adv* ***dated*** schnellstens.

posthumous ['pɒstjʊməs] *adj* postum.

posthumously ['pɒstjʊməslɪ] *adv* postum.

post-industrial *adj* postindustriell.

posting ['pəʊstɪŋ] *n* [assignment] Versetzung *die.*

postman ['pəʊstmən] (*pl* **-men** [-mən]) *n* Briefträger *der,* Postbote *der.*

postmark ['pəʊstmɑːk] *n* Poststempel *der* <> *vt* stempeln; **the letter is ~ed Berlin** der Brief ist in Berlin abgestempelt.

postmaster ['pəʊstˌmɑːstəʳ] *n* Postamtsleiter *der.*

Postmaster General (*pl* **Postmasters General**) *n* Postminister *der,* -in *die.*

postmistress ['pəʊstˌmɪstrɪs] *n* Postamtsleiterin *die.*

postmortem [ˌpəʊst'mɔːtəm] *n* **- 1.** [autopsy]: **~ (examination)** Obduktion *die,* Autopsie *die* **- 2.** ***fig*** [analysis] Analyse *die,* Untersuchung *die.*

postnatal [ˌpəʊst'neɪtl] *adj* [care, depression] postnatal, nach der Geburt.

post office *n* Post *die.*

post office box *n* Postfach *das.*

postoperative [ˌpəʊst'ɒpərətɪv] *adj* postoperativ, nach der Operation.

postpaid [ˌpəʊst'peɪd] *adj* portofrei.

postpone [ˌpəʊst'pəʊn] *vt* verschieben; [decision] auf|schieben; **the meeting was ~d until Friday** das Treffen wurde auf Freitag verschoben.

postponement [ˌpəʊst'pəʊnmənt] *n* Verschiebung *die;* [decision] Aufschub *der.*

postscript ['pəʊstskrɪpt] *n* **- 1.** [to letter] Postskriptum *das* **- 2.** ***fig*** [additional information] (zusätzlicher) Kommentar.

postulate ['pɒstjʊleɪt] *vt* ***fml*** [theory] auf|stellen.

posture ['pɒstʃəʳ] *n* ***lit*** & ***fig*** Haltung *die;* **his ~ on the issue** seine Haltung zu der Frage <> *vi:* sich in Szene *(A)* setzen; ***pej*** scheinheilig übertreiben.

posturing ['pɒstʃərɪŋ] *n (U)* ***pej*** scheinheilige Übertreibung.

postwar [ˌpəʊst'wɔːʳ] *adj* Nachkriegs-.

posy ['pəʊzɪ] (*pl* **-ies**) *n* Blumensträußchen *das.*

pot [pɒt] (*pt* & *pp* **-ted;** *cont* **-ting**) *n* **- 1.** [for cooking, flowers] Topf *der* **- 2.** [for tea, coffee] Kanne *die* **- 3.** [for paint] Büchse *die;* [for jam] Glas *das* **- 4.** *(U)* ***drugs sl*** [cannabis] Hasch *das* <> *vt* [plant] ein|topfen.

potash ['pɒtæʃ] *n* Pottasche *die,* Kaliumkarbonat *das.*

potassium [pə'tæsɪəm] *n* Kalium *das.*

potato [pə'teɪtəʊ] (*pl* **-es**) *n* Kartoffel *die.*

potato crisps *Br,* **potato chips** *Am npl* Kartoffelchips *pl.*

potato peeler [-ˌpiːləʳ] *n* Kartoffelschäler *der.*

potbellied [pɒt'belɪd] *adj* **- 1.** [from overeating, overdrinking] dickbäuchig **- 2.** [from malnutrition] mit aufgeblähtem Bauch.

potboiler ['pɒtˌbɔɪləʳ] *n* ***pej*** *künstlerische Arbeit, die nur dem Gelderwerb dient und daher oft sehr einfach und billig in der Ausführung ist.*

potency ['pəʊtənsɪ] *n (U)* **- 1.** [of argument] Stichhaltigkeit *die* **- 2.** [of drink, drug] Stärke *die* **- 3.** [of man] Potenz *die.*

potent ['pəʊtənt] *adj* **- 1.** [argument] stichhaltig **- 2.** [drink, drug] stark **- 3.** [male] potent.

potentate ['pəʊtənteɪt] *n* Potentat *der.*

potential [pə'tenʃl] *adj* potenziell <> *n (U)* [of person] Potenzial *das;* **to have ~** [person] das Potenzial haben; [scheme, plan, company, business] entwicklungsfähig sein.

potentially [pə'tenʃəlɪ] *adv* potenziell.

pothole ['pɒthəʊl] *n* **- 1.** [in road] Schlagloch *das* **- 2.** [underground] Höhle *die.*

potholer ['pɒt,həʊləʳ] *n* ***Br*** Höhlenforscher *der*, -in *die*.

potholing ['pɒt,həʊlɪŋ] *n* ***Br*** Höhlenforschung *die*; **to go ~** eine Höhle erforschen (gehen).

potion ['pəʊʃn] *n* Trunk *der*.

potluck [,pɒt'lʌk] *n*: **to take ~** aufs Geratewohl aus|wählen; [at meal] mit dem vorlieb nehmen, was gerade da ist.

pot plant *n* Topfpflanze *die*.

potpourri [,pəʊ'pʊərɪ] *n (U)* [dried flowers] Potpourri *das*.

pot roast *n* Schmorbraten *der*.

potshot ['pɒt,ʃɒt] *n*: **to take a ~ at sthg** aufs Geratewohl auf etw *(A)* schießen.

potted ['pɒtɪd] *adj* **- 1.** [grown in pot] Topf- **- 2.** [meat] eingemacht **- 3.** ***Br fig*** [condensed] (stark) gekürzt.

potter ['pɒtəʳ] *n* [craftsperson] Töpfer *der*, -in *die*.
◆ **potter about, potter around** *vi* ***Br*** [do minor work] herum|werkeln; [work slowly] herum|trödeln.

Potteries ['pɒtərɪz] *npl*: **the ~** *Region im Westen Mittelenglands, in der die Keramik- und Porzellanproduktion konzentriert ist.*

potter's wheel *n* Töpferscheibe *die*.

pottery ['pɒtərɪ] (*pl* **-ies**) *n* **- 1.** *(U)* [clay objects] Töpferwaren *pl* **- 2.** [craft] Töpfern *das* **- 3.** [factory] Töpferei *die*.

potting compost ['pɒtɪŋ-] *n (U)* Blumenerde *die*.

potty ['pɒtɪ] (*compar* **-ier;** *superl* **-iest;** *pl* **-ies**) ***Br inf*** *adj* verrückt; **to be ~ about sb/sthg** nach jm/etw verrückt sein <> *n* Töpfchen *das*.

potty-trained [-,treɪnd] *adj*: **is he ~ yet?** geht er schon aufs Töpfchen?

pouch [paʊtʃ] *n* Beutel *der*.

pouffe [puːf] *n* ***Br*** [seat] Polstersitz *der*, Puff *der*.

poultice ['pəʊltɪs] *n* Breipackung *die*.

poultry ['pəʊltrɪ] *n* [meat] Geflügel *das* <> *npl* [birds] Geflügel *das*.

pounce [paʊns] *vi*: **to ~ on** OR **upon** sich stürzen auf *(+ A)*.

pound [paʊnd] *n* **- 1.** ***Br*** [unit of money, currency system] Pfund *das* **- 2.** [unit of weight] ≃ Pfund *das* (= *454 g)* **- 3.** [for cars] Abstellplatz *der (für abgeschleppte Fahrzeuge)*; [for dogs] Asyl *das* <> *vt* **- 1.** [strike loudly - on door] hämmern an OR gegen *(+ A)*; [- on table] hämmern auf *(+ A)* **- 2.** [pulverize] pulverisieren <> *vi* **- 1.** [strike loudly]: **to ~ on sthg** [wall, door] an OR gegen etw *(A)* hämmern; [table] auf etw *(A)* hämmern **- 2.** [beat, throb - heart] pochen, klopfen; [- head] brummen, dröhnen.

pound coin *n* Einpfundmünze *die*.

pounding ['paʊndɪŋ] *n (U)* **- 1.** [of drums] Schlagen *das* **- 2.** [of heart] Pochen *das*, Klopfen *das* **- 3.** *phr*: **to get** OR **take a ~** [be severely damaged] schwer zerstört werden; [be heavily defeated] schwer einstecken müssen.

pound sterling *n* Pfund *das* Sterling.

pour [pɔːʳ] *vt* **- 1.** [cause to flow]: **to ~ sthg (into sthg)** [liquid] etw (in etw *(A)*) gießen; [grain, sugar] etw (in etw *(A)*) schütten; **to ~ sb a drink, to ~ a drink for sb** jm einen Drink ein|gießen **- 2.** *fig* [invest]: **to ~ money into sthg** Geld in etw *(A)* fließen lassen <> *vi* ***lit*** & ***fig*** strömen; **sweat was ~ing off him** ihm lief der Schweiß herunter <> *v impers* [rain hard] (wie aus Eimern) gießen.
◆ **pour in** *vi* (in großen Mengen) ein|treffen.
◆ **pour out** *vt sep* **- 1.** [from container] aus|schütten **- 2.** [drink] ein|schenken **- 3.** ***fig*** [emotions]: **she ~ed out her heart to me** sie hat mir ihr Herz ausgeschüttet.

pouring ['pɔːrɪŋ] *adj* [rain] strömend.

pout [paʊt] *n* Schmollmund *der* <> *vi* schmollen.

poverty ['pɒvətɪ] *n (U)* **- 1.** [hardship] Armut *die* **- 2.** [lack]: **~ of sthg** Mangel an etw *(D)*.

poverty line *n* Armutsgrenze *die*.

poverty-stricken [-,strɪkən] *adj* verarmt.

poverty trap *n* ***Br*** *Situation eines Empfängers von staatlichen Sozialleistungen, dessen Einkünfte sich durch Aufnahme einer Erwerbstätigkeit verringern würden.*

pow [paʊ] *excl* ***inf*** peng!

POW *n abbr of* **prisoner of war.**

powder ['paʊdəʳ] *n* [for baking, washing] Pulver *das*; [for face, body] Puder *der* <> *vt* [face, body] pudern.

powder compact *n* Puderdose *die*.

powdered ['paʊdəd] *adj* **- 1.** [in powder form]: **~ milk** Trockenmilch *die*; **~ sugar** Puderzucker *der*; **~ eggs** Trockenei *das* **- 2.** [covered in powder] gepudert.

powder puff *n* Puderquaste *die*.

powder room *n* Damentoilette *die*.

powdery ['paʊdərɪ] *adj* [like powder] pulvrig; **~ snow** Pulverschnee *der*.

power ['paʊəʳ] *n* **- 1.** *(U)* [control, influence] Macht *die*; **to be in ~** an der Macht sein; **to come to ~** an die Macht kommen; **to have ~ over sb** Macht über jn haben; **to take ~** die Macht übernehmen **- 2.** [ability, capacity] Vermögen *das*, Fähigkeit *die*; **mental ~s** geistige Fähigkeiten; **to have great ~s of persuasion** ein Überredungskünstler sein; **to be (with)in one's ~ to do sthg** in js Macht liegen, etw zu tun **- 3.** [legal authority] Macht *die*; **to have the ~ to do sthg** das Recht haben, etw zu tun **- 4.** *(U)* [strength] Stärke *die* **- 5.** *(U)* TECH [energy]

Energie *die* **- 6.** *(U)* [electricity] Strom *der* **- 7.** [powerful person, group] Macht *die;* **the ~s that be** die Obrigkeit ◇ *vt* [machine] an|treiben; **~ed by solar energy** mit Solarenergie betrieben.

power base *n* Machtgrundlage *die.*

powerboat ['paʊəbəʊt] *n* Rennboot *das.*

power cut *n* Stromsperre *die.*

power failure *n* Stromausfall *der.*

powerful ['paʊəfʊl] *adj* **- 1.** [influential] mächtig **- 2.** [strong] kräftig; [drug, smell] stark; [blow, kick] kraftvoll; [machine] leistungsstark **- 3.** [very convincing, very moving - piece of writing, speech] überzeugend; [- work of art] überwältigend.

powerhouse ['paʊəhaʊs, *pl* -haʊzɪz] *n* [energetic person] Energiebündel *das.*

powerless ['paʊəlɪs] *adj* machtlos; **he was ~ to help** es stand nicht in seiner Macht zu helfen.

power line *n* Starkstromkabel *das.*

power of attorney *n* Vollmacht *die.*

power plant *n* [generator] Generator *der.*

power point *n* *Br* Steckdose *die.*

power-sharing [-ˌʃeərɪŋ] *n (U)* POL Koalition *die.*

power station *n* Kraftwerk *das.*

power steering *n* Servolenkung *die.*

pp (*abbr of* **per procurationem**) pp.

p & p (*abbr of* **postage and packing**) *n Post- und Verpackungsgebühr.*

PPE (*abbr of* **philosophy, politics and economics**) *n Universitätsstudiengang mit der Fächerkombination Philosophie, Politik und Wirtschaftswissenschaft.*

ppm (*abbr of* **parts per million**) ppm.

PQ *abk für Province of Quebec, in Postanschrift verwendet.*

Pr. *abbr of* **prince.**

PR *n* **- 1.** *abbr of* **proportional representation - 2.** *abbr of* **public relations** ◇ *abk für Puerto Rico, in Postanschrift verwendet.*

practicable ['præktɪkəbl] *adj* durchführbar, umsetzbar.

practical ['præktɪkl] *adj* **- 1.** [gen] praktisch **- 2.** [practicable] durchführbar, umsetzbar ◇ *n* Praktikum *das.*

practicality [ˌpræktɪ'kælətɪ] *n* Praxisbezogenheit *die.*
◆ **practicalities** *npl:* **the practicalities of the plan** die praktische Seite des Plans.

practical joke *n* Streich *der.*

practically ['præktɪklɪ] *adv* **- 1.** [sensibly] praktisch **- 2.** [almost] fast.

practice, practise *Am* ['præktɪs] *n* **- 1.** *(U)* [training] Übung *die;* [for sport] Training *das;* [for music] Üben *das;* **~ makes perfect** Übung macht den Meister; **to be out of ~** aus der Übung sein **- 2.** [training session - of choir] Probe *die;* [- of sport] Training *das* **- 3.** [implementation]: **to put sthg into ~** etw in die Praxis um|setzen; **in ~** [in fact] in Wirklichkeit, tatsächlich **- 4.** [habit, regular activity - of group] Brauch *der;* [- of person] Gewohnheit *die* **- 5.** [carrying out of profession] Praktizieren *das* **- 6.** [business] Praxis *die.*

practiced *adj Am* = **practised.**

practicing *adj Am* = **practising.**

practise, practice *Am* ['præktɪs] *vt* **- 1.** [musical instrument, movement in sport] üben; [foreign language] sprechen **- 2.** [safe sex, magic] praktizieren; **to ~ what one preaches** selbst tun, was man anderen predigt **- 3.** [customs, beliefs] aus|üben **- 4.** [do as profession] praktizieren ◇ *vi* **- 1.** [train] üben **- 2.** [doctor, lawyer] praktizieren.

practised, practiced *Am* ['præktɪst] *adj* geübt; **to be ~ at doing sthg** geübt sein, etw zu tun.

practising, practicing *Am* ['præktɪsɪŋ] *adj* praktizierend.

practitioner [præk'tɪʃnə^{r}] *n* MED praktischer Arzt, praktische Ärztin.

pragmatic [præg'mætɪk] *adj* pragmatisch.

pragmatism ['prægmətɪzm] *n* Pragmatismus *der.*

pragmatist ['prægmətɪst] *n* Pragmatiker *der,* -in *die.*

Prague [prɑːg] *n* Prag *nt.*

prairie ['preərɪ] *n* Prärie *die.*

praise [preɪz] *n* Lob *das;* **~ be to God!** gepriesen OR gelobt sei Gott!; **to sing sb's ~s** ein Loblied auf jn singen ◇ *vt* loben.

praiseworthy ['preɪzˌwɜːðɪ] *adj* lobenswert.

pram [præm] *n Br* Kinderwagen *der.*

prance [prɑːns] *vi* **- 1.** [vain person] (herum|)stolzieren; [child] herum|hüpfen **- 2.** [horse] tänzeln.

prang [præŋ] *Br inf dated n* [of car] Unfall *der* ◇ *vt* [car] einen Unfall bauen mit.

prank [præŋk] *n* Streich *der.*

prat [præt] *n Br vinf* Arsch *der.*

prattle ['prætl] *pej n (U)* Gequassel *das* ◇ *vi* quasseln; **to ~ on about sthg** über etw *(A)* quasseln.

prawn [prɔːn] *n* Garnele *die.*

prawn cocktail *n* Krabbencocktail *der.*

prawn crackers *npl* Krabbenchips *pl.*

pray [preɪ] *vi* **- 1.** RELIG beten; **to ~ to God** zu Gott beten - **2.** *fig* [hope]: **to ~ for sthg** auf etw *(A)* hoffen.

prayer [preəʳ] *n* - **1.** *(U)* [act of praying] Beten *das*, Gebet *das* - **2.** [set of words] Gebet *das;* **to say one's ~s** sein Gebet sprechen - **3.** *fig* [strong hope] starke Hoffnung.

◆ **prayers** *npl* [service] Andacht *die*.

prayer book *n* Gebetsbuch *das*.

prayer meeting *n* Gebetsstunde *die*.

pre- [priː] *prefix* vor-, prä-.

preach [priːtʃ] *vt* ***lit*** & ***fig*** predigen <> *vi* - **1.** RELIG predigen - **2.** ***pej*** [pontificate]: **to ~ (at sb)** (jm) eine Predigt halten.

preacher [ˈpriːtʃəʳ] *n* Prediger *der*, -in *die*.

preamble [priːˈæmbl] *n* Einleitung *die*.

prearranged [ˌpriːəˈreɪndʒd] *adj* vorher vereinbart.

precarious [prɪˈkeərɪəs] *adj* wackelig; [situation] prekär.

precariously [prɪˈkeərɪəslɪ] *adv* unsicher.

precast [ˌpriːˈkɑːst] *adj:* **~ concrete** Fertigbeton *der*.

precaution [prɪˈkɔːʃn] *n* Vorsichtsmaßnahme *die;* **as a ~ against sthg** als eine Vorsichtsmaßnahme gegen etw.

precautionary [prɪˈkɔːʃənərɪ] *adj* [measure] Vorsichts-

precede [prɪˈsiːd] *vt* voraus|gehen *(+ D)*.

precedence [ˈpresɪdəns] *n:* **to take ~ over sb/sthg** den Vorrang vor jm/gegenüber etw haben.

precedent [ˈpresɪdənt] *n* Präzedenzfall *der*.

preceding [prɪˈsiːdɪŋ] *adj* - **1.** [month] vorige, -r, -s; [day] Vor- - **2.** [chapter, paragraph] vorhergehend.

precept [ˈpriːsept] *n* Gebot *das*.

precinct [ˈpriːsɪŋkt] *n* - **1.** ***Br*** [for pedestrians] Fußgängerzone *die;* [for shopping] verkehrsfreies Einkaufsviertel - **2.** ***Am*** [district] Bezirk *der;* **police ~** Polizeirevier *das*.

◆ **precincts** *npl* [around building] Umgebung *die*, Bereich *der*.

precious [ˈpreʃəs] *adj* - **1.** [gen] kostbar - **2.** ***inf iron*** [damned] verflixt, verdammt; **~ little** herzlich wenig - **3.** [affected] affektiert.

precious metal *n* Edelmetall *das*.

precious stone *n* Edelstein *der*.

precipice [ˈpresɪpɪs] *n* Steilwand *die*, Abgrund *der*.

precipitate [*adj* prɪˈsɪpɪtət, *vb* prɪˈsɪpɪteɪt] ***fml*** *adj* übereilt, voreilig <> *vt* [provoke] (plötzlich) verursachen.

precipitation [prɪˌsɪpɪˈteɪʃn] *n (U)* - **1.** CHEM & METEOR Niederschlag *der* - **2.** ***fml*** [extreme haste] Übereile *die*, Überstürztheit *die*.

precipitous [prɪˈsɪpɪtəs] *adj* - **1.** [very steep] abschüssig - **2.** [hasty] jäh, übereilt.

précis [ˈpreɪsiː] (*pl inv* [ˈpreɪsiːz]) *n* Zusammenfassung *die*.

precise [prɪˈsaɪs] *adj* genau; **or, to be ~, ...** oder, um genau zu sein, ...

precisely [prɪˈsaɪslɪ] *adv* genau.

precision [prɪˈsɪʒn] *n (U)* Genauigkeit *die*, Präzision *die* <> *comp* [instrument] Präzisions-; **~ bombing** Punktzielbombardement *das*.

preclude [prɪˈkluːd] *vt* ***fml*** [possibility, misunderstanding] aus|schließen; [event, action] unmöglich machen; **to ~ sb from doing sthg** es jm unmöglich machen, etw zu tun.

precocious [prɪˈkəʊʃəs] *adj* frühreif.

precocity [prɪˈkɒsətɪ] *n (U)* Frühreife *die*.

preconceived [ˌpriːkənˈsiːvd] *adj* vorgefasst.

preconception [ˌpriːkənˈsepʃn] *n* vorgefasste Meinung.

precondition [ˌpriːkənˈdɪʃn] *n* ***fml*** (Vor)bedingung *die;* **to be a ~ for** *OR* **of sthg** eine (Vor)bedingung für etw sein.

precooked [ˌpriːˈkʊkt] *adj* Fertig-.

precursor [ˌpriːˈkɜːsəʳ] *n* ***fml*** Vorläufer *der;* **to be a ~ of sthg** ein Vorläufer von etw sein.

predate [ˌpriːˈdeɪt] *vt* voraus|gehen *(+ D)*.

predator [ˈpredətəʳ] *n* [animal] Raubtier *das;* [bird] Raubvogel *der*.

predatory [ˈpredətrɪ] *adj* räuberisch.

predecease [ˌpriːdɪˈsiːs] *vt* ***fml:*** **to ~ sb** vor jm sterben.

predecessor [ˈpriːdɪsesəʳ] *n* - **1.** [person] Vorgänger *der*, -in *die* - **2.** [thing] Vorläufer *der*.

predestination [priːˌdestɪˈneɪʃn] *n (U)* RELIG Vorbestimmung *die*, Prädestination *die*.

predestine [ˌpriːˈdestɪn] *vt:* **to be ~d to fail** zum Scheitern verurteilt sein; **they were ~d to meet** es war Schicksal, dass sie sich getroffen haben.

predetermine [ˌpriːdɪˈtɜːmɪn] *vt* [predestine] vorher|bestimmen.

predetermined [ˌpriːdɪˈtɜːmɪnd] *adj* im Voraus festgelegt.

predicament [prɪˈdɪkəmənt] *n* missliche Lage; **to be in a ~** in einer misslichen Lage sein.

predicate [ˈpredɪkət] *n* GRAMM Prädikat *das*.

predict [prɪˈdɪkt] *vt* vorher|sagen.

predictable [prɪˈdɪktəbl] *adj* [result, reaction] vorhersehbar; [person, behaviour] berechenbar.

predictably [prɪˈdɪktəblɪ] *adv* - **1.** [in an expected way]: **she reacted ~** sie reagierte, wie es vorauszusehen war - **2.** [as was expected] wie es vorauszusehen war.

prediction [prɪ'dɪkʃn] *n* - **1.** [something foretold] Voraussage *die* - **2.** [foretelling] Voraussagen *das.*

predictor [prɪ'dɪktəʳ] *n* [indication] Anzeichen *das.*

predigest [ˌpriːdaɪ'dʒest] *vt* ***fig*** vorverdauen.

predilection [ˌpriːdɪ'lekʃn] *n:* **~ for sthg** Vorliebe *die* für etw.

predispose [ˌpriːdɪs'pəʊz] *vt:* **to be ~d to do sthg** dazu neigen, etw zu tun; **to be ~d to sthg** zu etw neigen.

predisposition ['priːˌdɪspə'zɪʃn] *n:* **~ to sthg** Neigung *die* zu etw.

predominance [prɪ'dɒmɪnəns] *n* - **1.** [preponderance]: **there is a ~ of old people in this area** in dieser Gegend wohnen überwiegend alte Leute - **2.** [control] Vorherrschaft *die.*

predominant [prɪ'dɒmɪnənt] *adj* vorherrschend.

predominantly [prɪ'dɒmɪnəntlɪ] *adv* überwiegend.

predominate [prɪ'dɒmɪneɪt] *vi* - **1.** [be greater in number] überwiegen - **2.** [prevail] vor|herrschen.

preeminent [priː'emɪnənt] *adj* herausragend.

preempt [ˌpriː'empt] *vt* zuvor|kommen *(+ D).*

preemptive strike [priːˌemptɪv-] *n* Präventivschlag *der.*

preen [priːn] *vt* - **1.** [subj: bird] putzen - **2.** ***fig*** [subj: person]: **to ~ o.s.** sich zurecht|machen.

preexist [ˌpriːɪg'zɪst] *vi* vorher existieren.

prefab ['priːfæb] *n* ***inf*** Fertighaus *das.*

prefabricate [ˌpriː'fæbrɪkeɪt] *vt* [part] vor|fertigen; [house, ship] aus Fertigteilen bauen OR her|stellen.

preface ['prefɪs] *n* [in book] Vorwort *das;* **~ to sthg** [to text] Vorwort einer Sache *(G);* [to speech] Einleitung *die* einer Sache *(G)* ◇ *vt:* **to ~ sthg (with sthg)** etw (mit etw) ein|leiten.

prefect ['priːfekt] *n* ***Br*** [pupil] Aufsichtsschüler *der*, -in *die.*

prefer [prɪ'fɜːʳ] (*pt* & *pp* **-red;** *cont* **-ring**) *vt* vor|ziehen, bevorzugen; **to ~ sthg to sthg** etw etw *(D)* vor|ziehen; **to ~ to do sthg** es vor|ziehen, etw zu tun.

preferable ['prefrəbl] *adj:* **to be ~ (to sthg)** (etw *(D)*) vorzuziehen sein.

preferably ['prefrəblɪ] *adv* vorzugsweise, am besten.

preference ['prefərəns] *n* - **1.** [liking]: **~ (for sthg)** Vorliebe *die* (für etw) - **2.** [precedence]: **to give sb/sthg ~, to give ~ to sb/sthg** jm/etw den Vorzug geben.

preference shares ***Br*** *npl,* **preferred stock** ***Am*** *n (U)* Vorzugsaktien *pl.*

preferential [ˌprefə'renʃl] *adj* [treatment] bevorzugt; **~ terms** Sonderkonditionen.

preferred [prɪ'fɜːd] *adj* bevorzugt.

preferred stock *n (U)* ***Am*** = **preference shares.**

prefigure [ˌpriː'fɪgəʳ] *vt* ***fml*** an|deuten.

prefix ['priːfɪks] *n* GRAMM Präfix *das.*

pregnancy ['pregnənsɪ] (*pl* **-ies**) *n* Schwangerschaft *die.*

pregnancy test *n* Schwangerschaftstest *der.*

pregnant ['pregnənt] *adj* - **1.** [woman] schwanger; [animal] trächtig - **2.** ***fig*** [significant] bedeutungsschwer.

preheated [ˌpriː'hiːtɪd] *adj* vorgeheizt.

prehistoric [ˌpriːhɪ'stɒrɪk] *adj* prähistorisch, vorgeschichtlich.

prehistory [ˌpriː'hɪstərɪ] *n (U)* Prähistorie *die*, Vorgeschichte *die.*

pre-industrial *adj* vorindustriell.

prejudge [ˌpriː'dʒʌdʒ] *vt* vorschnell urteilen über *(+ A).*

prejudice ['predʒʊdɪs] *n* - **1.** [bias]: **~ (against)** Vorurteil *das* (gegen) - **2.** *(U)* [harm]: **to be to the ~ of sthg** etw *(D)* schaden ◇ *vt* - **1.** [bias]: **to ~ sb in favour of/against sthg** jn für/gegen etw ein|nehmen - **2.** [jeopardize] schaden *(+ D).*

prejudiced ['predʒʊdɪst] *adj* voreingenommen; **to be ~ in favour of/against sb/sthg** für/gegen jn/etw voreingenommen sein.

prejudicial [ˌpredʒʊ'dɪʃl] *adj:* **to be ~ to sb** für jn schädlich sein; **to be ~ to sthg** einer Sache *(D)* abträglich sein.

prelate ['prelɪt] *n* RELIG Prälat *der.*

preliminary [prɪ'lɪmɪnərɪ] (*pl* **-ies**) *adj* [activity] vorbereitend; [talks, investigation] Vor-; [report, results] vorläufig.

◆ **preliminaries** *npl* - **1.** [at start of meeting] Präliminarien *pl* - **2.** [eliminating contests] Vorausscheidungen *pl.*

prelims ['priːlɪmz] *npl* ***Br*** [exams] Vorprüfungen *pl*, Zwischenprüfungen *pl.*

prelude ['preljuːd] *n* [event]: **~ to sthg** Auftakt *der* zu etw.

premarital [ˌpriː'mærɪtl] *adj* vor der Ehe.

premature ['preməˌtjʊəʳ] *adj* - **1.** [death, baldness] vorzeitig - **2.:** **~ birth/child** Frühgeburt *die* - **3.** ***pej*** [decision, action] übereilt, verfrüht.

prematurely ['preməˌtjʊəlɪ] *adv* - **1.** [die] vorzeitig; [be born] zu früh **- 2.** *pej* [decide, act] übereilt, verfrüht.

premeditated [ˌpriːˈmedɪteɪtɪd] *adj* vorsätzlich.

premenstrual syndrome, premenstrual tension [priːˌmenstrʊəl-] *n* prämenstruelles Syndrom *das*.

premier [ˈpremjəʳ] *adj* führend; **of ~ importance** von äußerster Wichtigkeit ◇ *n* Premierminister *der*, -in *die*.

premiere [ˈpremɪeəʳ] *n* Premiere *die*, Uraufführung *die*.

premiership [ˈpremɪəʃɪp] *n* [office] Amt *das* des Premierministers; [term] Amtszeit *die* des Premierministers.

◆ **Premiership** *n* FTBL *Liga der führenden britischen Fußballvereine, entspricht in etwa der deutschen 1. Bundesliga.*

premise [ˈpremɪs] *n* Voraussetzung *die;* **on the ~ that** unter der Voraussetzung, dass.

◆ **premises** *npl* Räumlichkeiten *pl;* **on the ~s** im Hause.

premium [ˈpriːmɪəm] *n* **- 1.: to sell sthg at a ~** [above usual value] etw über Wert verkaufen; **to be at a ~** [in great demand] sehr gefragt sein **- 2.** [insurance payment] Prämie *die* **- 3.** *phr:* **to put** OR **place a high ~ on sthg** etw für sehr wichtig erachten.

premium bond *n* *Br* Prämienanleihe *die*, *britische Staatsanleihe, die eine monatliche Verlosungsteilnahme beinhaltet.*

premonition [ˌpreməˈnɪʃn] *n* Vorahnung *die*.

prenatal [ˌpriːˈneɪtl] *adj* *Am* Schwangerschafts-.

preoccupation [priːˌɒkjʊˈpeɪʃn] *n* Hauptbeschäftigung *die*.

preoccupied [priːˈɒkjʊpaɪd] *adj* in Gedanken vertieft OR versunken; **to be ~ with sthg** mit etw beschäftigt sein.

preoccupy [priːˈɒkjʊpaɪ] (*pt* & *pp* **-ied**) *vt* beschäftigen.

preordain [ˌpriːɔːˈdeɪn] *vt* vorher|bestimmen; **he was ~ed to fail** es war ihm vorherbestimmt zu scheitern.

prep [prep] *n (U) Br inf* [homework]: **to do one's ~** seine Hausaufgaben machen.

prepacked [ˌpriːˈpækt] *adj* abgepackt.

prepaid [ˈpriːpeɪd] *adj* [envelope] portofrei; [items] im Voraus bezahlt.

preparation [ˌprepəˈreɪʃn] *n* **- 1.** *(U)* [act of preparing] Vorbereitung *die;* **in ~ for sthg** in Vorbereitung auf etw *(A)* **- 2.** [prepared mixture - food] Fertigmischung *die;* [- medicine, cosmetics] Präparat *das*.

◆ **preparations** *npl* [plans] Vorbereitungen *pl;* **to make ~s for sthg** Vorbereitungen für etw treffen.

preparatory [prɪˈpærətrɪ] *adj* vorbereitend.

preparatory school *n* **- 1.** [in UK] *private Grundschule, die auf die Aufnahme in eine Public School vorbereitet* **- 2.** [in US] *private höhere Schule, die auf die Aufnahme in eine Hochschule vorbereitet.*

prepare [prɪˈpeəʳ] *vt* **- 1.** [make ready] vor|bereiten; **to ~ to do sthg** sich an|schicken, etw zu tun **- 2.** [make, assemble] zu|bereiten ◇ *vi:* **to ~ for sthg** sich auf etw *(A)* vor|bereiten.

prepared [prɪˈpeəd] *adj* **- 1.** [organized, done beforehand] vorbereitet **- 2.** [willing]: **to be ~ to do sthg** bereit sein, etw zu tun **- 3.** [ready]: **to be ~ for sthg** auf etw *(A)* vorbereitet sein.

preponderance [prɪˈpɒndərəns] *n* (überwiegende) Mehrheit.

preponderantly [prɪˈpɒndərəntlɪ] *adv* überwiegend.

preposition [ˌprepəˈzɪʃn] *n* Präposition *die*.

prepossessing [ˌpriːpəˈzesɪŋ] *adj* *fml* anziehend.

preposterous [prɪˈpɒstərəs] *adj* absurd, grotesk.

preppy [ˈprepɪ] (*pl* **-ies**) *adj* *Am inf bezeichnet den konservativen Kleidungsstil eines wohlhabenden Schülers einer privaten höheren Schule.*

prep school *n abbr of* **preparatory school**.

Pre-Raphaelite [ˌpriːˈræfəlaɪt] *adj* präraffaelitisch ◇ *n* Präraffaelit *der*.

prerecorded [ˌpriːrɪˈkɔːdɪd] *adj* vorher aufgezeichnet.

prerequisite [ˌpriːˈrekwɪzɪt] *n:* **~ (of** OR **for)** Voraussetzung *die* (für).

prerogative [prɪˈrɒgətɪv] *n* Vorrecht *das*.

presage [ˈpresɪdʒ] *vt fml* an|kündigen.

Presbyterian [ˌprezbɪˈtɪərɪən] *adj* presbyterianisch ◇ *n* Presbyterianer *der*, -in *die*.

presbytery [ˈprezbɪtrɪ] *n* [residence] (katholische) Pfarrei.

preschool [ˌpriːˈskuːl] *adj* Vorschul-.

prescient [ˈpresɪənt] *adj* *fml* voraussehend, weitsichtig.

prescribe [prɪˈskraɪb] *vt* **- 1.** MED verschreiben **- 2.** [order] vor|schreiben.

prescription [prɪˈskrɪpʃn] *n* MED Rezept *das;* **on ~** auf Rezept.

prescription charge *n* *Br* Rezeptgebühr *die*.

prescriptive [prɪˈskrɪptɪv] *adj* GRAMM normativ.

presence [ˈprezns] *n* **- 1.** [being present] Anwesenheit *die*, Gegenwart *die;* **in his ~** in seiner Gegenwart **- 2.** *(U)* [personality, charisma] Ausstrahlung *die;* **to have ~** Ausstrahlung haben - **3.** [entity]: **I felt a ghostly ~ around me** ich spürte, dass etwas Geisterhaftes im Zimmer war.

presence of mind *n* Geistesgegenwart *die*.

present [*adj & n* 'preznt, *vb* prɪ'zent] *adj* - **1.** [current] gegenwärtig, derzeitig - **2.** [in attendance] anwesend; **to be ~ at sthg** bei etw anwesend sein ◇ *n* - **1.** [current time]: **the ~** die Gegenwart; **at ~** zur Zeit; **for the ~** zur Zeit - **2.** [gift] Geschenk *das* - **3.** GRAMM: **~ (tense)** Präsens *das*, Gegenwart *die* ◇ *vt* - **1.** [gift, award] überreichen; **to ~ sb with sthg, to ~ sthg to sb** jm etw überreichen, etw an jn überreichen - **2.** [opportunity] bieten; [problem] auf|werfen; **this job will ~ her with a challenge** diese Arbeit wird eine Herausforderung für sie sein - **3.** [introduce - person] vor|stellen; **to ~ sb to sb** jm jn vor|stellen - **4.** [TV, radio programme] moderieren - **5.** [facts, figures, report] vor|legen - **6.** [portray] dar|stellen; **the article ~s her as a liar** der Artikel stellt sie als Lügnerin hin - **7.** [arrive, go]: **to ~ o.s.** [at reception] sich melden; [for interview] erscheinen - **8.** [perform] dar|bieten.

presentable [prɪ'zentəbl] *adj* präsentabel, vorzeigbar.

presentation [ˌprezn'teɪʃn] *n* - **1.** *(U)* [publication, broadcasting] Präsentation *die* - **2.** *(U)* [of product] Aufmachung *die;* [of policy, text] Präsentation *die* - **3.** [ceremony] Verleihung *die* - **4.** [talk] Präsentation *die* - **5.** [performance] Darbietung *die*.

presentation copy *n* Widmungsexemplar *das*.

present day *n:* **the ~** der heutige Tag, jetzt.
◆ **present-day** *adj* heutig.

presenter [prɪ'zentər] *n* **Br** Moderator *der*, -in *die*.

presentiment [prɪ'zentɪmənt] *n* **fml** (böse) Vorahnung.

presently ['prezəntlɪ] *adv* - **1.** [soon] bald - **2.** [now] gegenwärtig, jetzt.

preservation [ˌprezə'veɪʃn] *n (U)* - **1.** [of democracy, law and order] Aufrechterhaltung *die;* [of building, wildlife, countryside] Erhaltung *die* - **2.** [of food] Konservierung *die*.

preservation order *n* ***esp Br:*** **to be under a ~** [building] unter Denkmalschutz stehen.

preservative [prɪ'zɜːvətɪv] *n* [in food] Konservierungsmittel *das;* [for wood] Schutzmittel *das*.

preserve [prɪ'zɜːv] *vt* - **1.** [democracy, peace, situation] aufrecht|erhalten; [building, wildlife, way of life] erhalten - **2.** [food] konservieren; [fruit] ein|wecken ◇ *n* [jam] Konfitüre *die*.

preserved [prɪ'zɜːvd] *adj* [food] konserviert; [fruit] eingeweckt.

preset [ˌpriː'set] (*pt* & *pp* **preset;** *cont* **-ting**) *vt* [oven] vor|heizen; [VCR] programmieren.

preshrunk [ˌpriː'ʃrʌŋk] *adj* vorgewaschen.

preside [prɪ'zaɪd] *vi* den Vorsitz haben OR führen; **to ~ over** OR **at sthg** den Vorsitz bei etw haben OR führen.

presidency ['prezɪdənsɪ] (*pl* **-ies**) *n* - **1.** [position] Präsidentschaft *die* - **2.** [period of time] Präsidentschaftszeit *die*, Amtszeit *die*.

president ['prezɪdənt] *n* Präsident *der*, -in *die*.

President-elect *n* (neu) gewählter Präsident, *Titel des US-Präsidenten zwischen seiner Wahl im November und der Amtseinführung im Januar*.

presidential [ˌprezɪ'denʃl] *adj* [decision] des Präsidenten; [campaign, election] Präsidentschafts-; [staff, limousine] Präsidenten-.

press [pres] *n* - **1.** [push]: **to give sthg a ~** etw drücken; **at the ~ of a button** auf Knopfdruck - **2.** [journalism]: **the ~** die Presse; **to get a good/bad ~** eine gute/schlechte Presse bekommen - **3.** [printing machine, pressing machine] Presse *die* ◇ *vt* - **1.** [push firmly] drücken; **to ~ sthg against sthg** etw gegen etw pressen - **2.** [squeeze] drücken; [grapes] keltern; [flowers] pressen - **3.** [iron] bügeln - **4.** [urge, force] drängen; **to ~ sb for sthg** jn zu etw drängen; **to ~ sb to do sthg** OR **into doing sthg** jn drängen OR zwingen, etw zu tun; **to ~ sthg (up)on sb** jm etw auf|drängen - **5.** [pursue - claim, point] beharren auf - **6.** LAW: **to ~ charges (against sb)** (gegen jn) Anklage erheben ◇ *vi* - **1.** [push hard]: **to ~ (on)** drücken (auf *(+ A)*) - **2.** [surge] drängen.
◆ **press on** *vi* [continue]: **to ~ on with** weiter|machen (mit).

press agency *n* Presseagentur *die*.

press agent *n* Presseagent *der*, -in *die*.

press baron *n* **Br** Zeitungsbaron *der*, Zeitungsmagnat *der*.

press box *n* Reporterkabine *die*.

press conference *n* Pressekonferenz *die*.

press corps *n* **Am** Berichterstatter *pl*, Korrespondenten *pl*.

press cutting [-ˌkʌtɪŋ] *n* **Br** Zeitungsausschnitt *der*.

pressed [prest] *adj:* **to be ~ for time/money** unter Zeitdruck/finanziellem Druck stehen.

press fastener *n* **Br** Druckknopf *der*.

press gallery *n* Pressetribüne *die*.

pressgang ['presgæŋ] *n* Anwerbetrupp *der* ◇ *vt* **Br: to ~ sb into doing sthg** jn drängen OR zwingen, etw zu tun.

pressing ['presɪŋ] *adj* [urgent] dringend, drängend.

pressman ['presmæn] (*pl* **-men** [-men]) *n* ***Br*** [journalist] Journalist *der*.

press officer *n* Pressesprecher *der*, -in *die*.

press release *n* Pressemitteilung *die*.

press-stud *n* ***Br*** Druckknopf *der*.

press-up *n* ***Br*** Liegestütz *der*.

pressure ['preʃəʳ] *n (U)* ***lit*** & ***fig*** Druck *der;* **to put ~ on sb (to do sthg)** auf jn Druck auslüben(, etw zu tun) <> *vt:* **to ~ sb to do** *OR* **into doing sthg** jn (dazu) drängen, etw zu tun.

pressure cooker *n* Schnellkochtopf *der*.

pressure gauge *n* Druckmesser *der*.

pressure group *n* Interessengruppe *die*.

pressurize, -ise ['preʃəraɪz] *vt* **- 1.** TECH unter Druck setzen **- 2.** ***Br*** [force]: **to ~ sb to do** *OR* **into doing sthg** jn (dazu) drängen, etw zu tun.

prestige [pre'stiːʒ] *n* Prestige *das* <> *comp* Prestige-.

prestigious [pre'stɪdʒəs] *adj* angesehen.

presumably [prɪ'zjuːməblɪ] *adv* vermutlich.

presume [prɪ'zjuːm] *vt* [assume] anlnehmen; **to ~ (that)** anlnehmen, dass; **he is ~d dead** es wird davon ausgegangen, dass er tot ist.

presumption [prɪ'zʌmpʃn] *n* **- 1.** [assumption] Annahme *die* **- 2.** *(U)* [audacity] Vermessenheit *die*.

presumptuous [prɪ'zʌmptʃʊəs] *adj* anmaßend.

presuppose [ˌpriːsə'pəʊz] *vt* vorauslsetzen.

pretax [ˌpriː'tæks] *adj* vor Steuern.

pretence, pretense ***Am*** [prɪ'tens] *n:* **he made no ~ of being interested** er gab nicht vor, interessiert zu sein; **under false ~s** unter Vortäuschung falscher Tatsachen.

pretend [prɪ'tend] *vt* **- 1.** [make believe]: **to ~ to do sthg** vorgeben, etw zu tun; **to ~ (that)** so tun, als ob **- 2.** [claim]: **to ~ to do sthg** behaupten, dass man etw tut <> *vi* [feign] nur so tun.

pretense *n* ***Am*** = **pretence.**

pretension [prɪ'tenʃn] *n* [claim] Anspruch *der;* **she has** *OR* **makes no ~s to being a musician** sie hat nicht den Anspruch, eine Musikerin zu sein.

pretentious [prɪ'tenʃəs] *adj* [person] wichtigtuerisch; [film, book] prätentiös.

pretentiously [prɪ'tenʃəslɪ] *adv* [behave] wichtigtuerisch; [talk, write] hochtrabend.

pretentiousness [prɪ'tenʃəsnɪs] *n (U)* [of person] Wichtigtuerei *die*.

preterite ['pretərət] *n* Präteritum *das*.

pretext ['priːtekst] *n* Vorwand *der;* **on** *OR* **under the ~ that** unter dem Vorwand, dass; **on** *OR* **under the ~ of doing sthg** unter dem Vorwand, etw zu tun.

prettily ['prɪtɪlɪ] *adv* [dress] hübsch; [smile] nett.

pretty ['prɪtɪ] (*compar* **-ier;** *superl* **-iest)** *adj* hübsch <> *adv* [quite, rather] ziemlich; **~ much** *OR* **well** so ziemlich.

pretzel ['pretsl] *n* (Laugen)brezel *die*.

prevail [prɪ'veɪl] *vi* **- 1.** [be widespread] vorlherrschen; [custom] weit verbreitet sein **- 2.** [triumph] sich durchlsetzen; **to ~ over sb/sthg** sich gegen jn/etw durchlsetzen **- 3.** [persuade]: **to ~ (up)on sb to do sthg** jn dazu bringen, etw zu tun.

prevailing [prɪ'veɪlɪŋ] *adj* **- 1.** [belief, opinion] vorherrschend; [fashion] aktuell **- 2.** [wind] vorherrschend.

prevalence ['prevələns] *n* Vorherrschen *das;* [of illness] weite Verbreitung.

prevalent ['prevələnt] *adj* vorherrschend; [illness] weit verbreitet.

prevaricate [prɪ'værɪkeɪt] *vi* Ausflüchte machen.

prevent [prɪ'vent] *vt* verhindern; [illness] vorlbeugen *(+ D);* **to ~ sb (from) doing sthg** jn daran hindern, etw zu tun; **they couldn't ~ the fire from spreading** sie konnten die Ausbreitung des Feuers nicht verhindern.

preventable [prɪ'ventəbl] *adj:* **to be ~** verhindert werden können.

preventative [prɪ'ventətɪv] *adj* = **preventive.**

prevention [prɪ'venʃn] *n (U)* [of disease] Vorbeugung *die;* **accident/crime ~** Unfall-/Verbrechensverhütung *die*.

preventive [prɪ'ventɪv] *adj* vorbeugend; [measures, medicine] Präventiv-.

preview ['priːvjuː] *n* **- 1.** [early showing - of film, play] Voraufführung *die;* [- of exhibition] Vorbesichtigung *die* **- 2.** [trailer for films] Vorschau *die*.

previous ['priːvɪəs] *adj* **- 1.** [earlier, prior] früher; **~ conviction** Vorstrafe *die;* **do you have any ~ experience?** haben Sie schon Berufserfahrung? **- 2.** [with days and dates] vorhergehend; **in ~ years** in früheren Jahren **- 3.** [former] vorherig, früher.

previously ['priːvɪəslɪ] *adv* **- 1.** [formerly] vorher **- 2.** [with days and dates] zuvor.

prewar [ˌpriː'wɔːʳ] *adj* Vorkriegs-.

prewash ['priːwɒʃ] *n* Vorwäsche *die*.

prey [preɪ] *n (U)* Beute *die;* **to fall ~ to sb/sthg** jm/etw zum Opfer fallen.

◆ **prey on** *vt fus* **- 1.** [subj: animal, bird] Beute machen auf *(+ A)* **- 2.** [trouble]: **to ~ on sb's mind** jn bedrücken.

price [praɪs] *n* **- 1.** [cost] Preis *der* **- 2.** [value] Wert *der;* **to be without ~** (mit Geld) nicht zu bezahlen sein **- 3.** ***fig:*** **they reached an agreement, but at a ~** sie sind zu einer Einigung gekommen, aber für einen hohen Preis; **at any ~** um jeden Preis; **to pay the ~ for sthg** den Preis für etw bezahlen ◇ *vt* [set cost of] den Preis fest|setzen von; **it was ~d at £100** es sollte 100 Pfund kosten.

price-cutting [-ˌkʌtɪŋ] *n (U)* Preissenkungen *pl.*

price-fixing [-ˌfɪksɪŋ] *n (U)* Preisabsprachen *pl.*

priceless [ˈpraɪslɪs] *adj* **- 1.** [very valuable] von unschätzbarem Wert **- 2.** ***inf*** [funny] wahnsinnig komisch.

price list *n* Preisliste *die.*

price tag *n* [label] Preisschild *das.*

price war *n* Preiskrieg *der.*

pricey [ˈpraɪsɪ] (*compar* **-ier;** *superl* **-iest**) *adj* ***inf*** teuer.

prick [prɪk] *n* **- 1.** [scratch, wound] Stich *der* **- 2. *vulg*** [penis] Schwanz *der* **- 3. *vulg*** [stupid person] Arschloch *das* ◇ *vt* [jab, pierce] stechen in (+ *A*); **to ~ one's finger** sich *(D)* in den Finger stechen.

◆ **prick up** *vt sep:* **to ~ up one's ears *lit* & *fig*** seine Ohren spitzen.

prickle [ˈprɪkl] *n* **- 1.** [thorn] Stachel *der* **- 2.** [sensation] Prickeln *das* ◇ *vi* prickeln.

prickly [ˈprɪklɪ] (*compar* **-ier;** *superl* **-iest**) *adj* **- 1.** [thorny] stachelig **- 2. *fig*** [touchy] reizbar.

prickly heat *n* Hitzeausschlag *der.*

pride [praɪd] *n* Stolz *der;* **to take ~ in sthg** auf etw *(A)* stolz sein; **his ~ and joy** sein ganzer Stolz; **to have ~ of place** einen Ehrenplatz haben; **to swallow one's ~** seinen Stolz überwinden ◇ *vt:* **to ~ o.s. on sthg** auf etw *(A)* stolz sein.

priest [priːst] *n* Priester *der.*

priestess [ˈpriːstɪs] *n* Priesterin *die.*

priesthood [ˈpriːsthʊd] *n (U)* **- 1.** [position, office]: **the ~** das Priesteramt **- 2.** [priests collectively]: **the ~** die Priesterschaft.

prig [prɪg] *n* Tugendbold *der.*

prim [prɪm] (*compar* **-mer;** *superl* **-mest**) *adj* [person, behaviour] sittsam.

primacy [ˈpraɪməsɪ] *n* [preeminence] Vorrang *der.*

prima donna [ˌpriːməˈdɒnə] (*pl* **-s**) *n* ***lit* & *fig*** Primadonna *die.*

primaeval [praɪˈmiːvəl] *adj* = **primeval.**

prima facie [ˌpraɪməˈfeɪʃiː] *adj* LAW: **~ evidence** Anscheinsbeweis *der;* **we have ~ evidence that ...** wir haben glaubhafte Beweise, dass ...

primal [ˈpraɪml] *adj* **- 1.** [original] Ur- **- 2.** [most important - need] Grund-; [- concern] Haupt-.

primarily [ˈpraɪmərɪlɪ] *adv* in erster Linie.

primary [ˈpraɪmərɪ] (*pl* **-ies**) *adj* **- 1.** [main - concern, aim, reason] Haupt- **- 2.** SCH Grundschul- ◇ *n* ***Am*** POL Vorwahl *die (zur Bestimmung der Präsidentschaftskandidaten einer Partei).*

PRIMARIES

Die amerikanischen „Primaries" sind Wahlen (je nach Einzelstaat direkt oder indirekt), bei denen die Kandidaten einer Partei für öffentliche Ämter und Parlamentssitze gewählt werden. Sie fungieren auch als Vorwahlen zur Bestimmung der Delegierten, die den Präsidentschaftskandidaten nominieren werden.

primary colour *n* Grundfarbe *die.*

primary election *n* ***Am*** Vorwahl *die (zur Bestimmung der Präsidentschaftskandidaten einer Partei).*

primary school *n* Grundschule *die.*

primary teacher *n* [in UK] Grundschullehrer *der,* -in *die.*

primate [ˈpraɪmeɪt] *n* **- 1.** ZOOL Primat *der* **- 2.** RELIG Primas *der.*

prime [praɪm] *adj* **- 1.** [main - concern, aim, reason] Haupt- **- 2.** [excellent] erstklassig ◇ *n* [peak]: **to be in one's ~** in den besten Jahren sein ◇ *vt* **- 1.** [inform]: **to ~ sb about sthg** jn über etw *(A)* instruieren **- 2.** [paint] grundieren **- 3.** [make ready - gun] laden; [- bomb] scharf machen.

prime minister *n* Premierminister *der,* -in *die.*

prime mover [-ˈmuːvəʳ] *n* ***fig*** [person] treibende Kraft.

prime number *n* Primzahl *die.*

primer [ˈpraɪməʳ] *n* **- 1.** [paint] Grundierung *die* **- 2.** [textbook] Fibel *die.*

prime time *n (U)* Hauptsendezeit *die.*

◆ **prime-time** *adj:* **~ television** Hauptsendezeit *die* im Fernsehen.

primeval [praɪˈmiːvl] *adj* [ancestor] Ur-; **~ forest** Urwald *der.*

primitive [ˈprɪmɪtɪv] *adj* primitiv.

primordial [praɪˈmɔːdɪəl] *adj* ***fml*** ursprünglich.

primrose [ˈprɪmrəʊz] *n* Himmelschlüssel *der.*

Primus stove® [ˈpraɪməs-] *n* Campingkocher *der.*

prince [prɪns] *n* **- 1.** [son of king, queen] Prinz *der;* **Prince of Wales** Prince of Wales **- 2.** [ruler] Fürst *der.*

Prince Charming [-ˈtʃɑːmɪŋ] *n* ***hum*** Märchenprinz *der.*

princely [ˈprɪnslɪ] (*compar* **-ier;** *superl* **-iest**) *adj* ***lit* & *fig*** fürstlich.

princess [prɪnˈses] *n* Prinzessin *die;* **Princess**

Royal *(Titel für die) älteste Tochter eines Monarchen.*

principal ['prɪnsəpl] *adj* Haupt-; **the ~ rivers** die wichtigsten Flüsse <> *n* [of school, college] Direktor *der*, -in *die*.

principality [ˌprɪnsɪ'pæləti] (*pl* **-ies**) *n* Fürstentum *das;* **the Principality** [Wales] das Fürstentum Wales, *Fürstentum, das dem britischen Thronfolger untersteht.*

principally ['prɪnsəplɪ] *adv* hauptsächlich.

principle ['prɪnsəpl] *n* **- 1.** [gen] Prinzip *das* **- 2.** [integrity] Prinzipien *pl;* **to do sthg on ~** *OR* **as a matter of ~** etw aus Prinzip tun.
◆ **in principle** *adv* im Prinzip.

principled ['prɪnsəpld] *adj* [person] mit Prinzipien; [behaviour] von Prinzipien geleitet.

print [prɪnt] *n* **- 1.** *(U)* [printed characters] Schrift *die;* [printed matter] Gedruckte *das;* **in large/small ~** groß/klein gedruckt; **in ~** [available] erhältlich; [in newspaper] gedruckt; **to be out of ~** vergriffen sein **- 2.** ART Druck *der* **- 3.** [photograph] Abzug *der* **- 4.** [fabric] bedruckter Stoff **- 5.** [footprint, fingerprint] Abdruck *der* <> *vt* **- 1.** [gen] drucken **- 2.** [write clearly] in Druckschrift schreiben <> *vi* **- 1.** [in handwriting] in Druckschrift schreiben **- 2.** [printer] drucken.
◆ **print out** *vt sep* COMPUT aus|drucken.

printed circuit [ˌprɪntɪd-] *n* gedruckte Schaltung.

printed matter ['prɪntɪd-] *n (U)* Drucksache *die.*

printer ['prɪntəʳ] *n* [person & COMPUT] Drucker *der;* [firm] Druckerei *die.*

printing ['prɪntɪŋ] *n (U)* **- 1.** [act] Drucken *das* **- 2.** [trade] Druckereigewerbe *das.*

printing press *n* Druckerpresse *die.*

printout ['prɪntaʊt] *n* Ausdruck *der.*

prior ['praɪəʳ] *adj* **- 1.** [previous - agreement] vorherig; [- warning] Vor-; **a ~ engagement** eine anderweitige Verpflichtung **- 2.** [more important] vorrangig <> *n* [monk] Prior *der.*
◆ **prior to** *prep* vor *(+ D);* **~ to leaving** bevor ich/er/*etc* ging.

prioritize, -ise [praɪ'ɒrɪtaɪz] *vt* [give priority to] den Vorrang geben *(+ D);* [put in order of importance] nach Dringlichkeit ordnen.

priority [praɪ'ɒrətɪ] (*pl* **-ies**) *adj* vorrangig <> *n* **- 1.** Vorrang *der* **- 2.: to have** *OR* **take ~ (over sthg)** (vor etw *(D)*) den Vorrang haben; **to have top ~** absolute Priorität haben.
◆ **priorities** *npl* Prioritäten *pl;* **we must get our priorities right** wir müssen Prioritäten setzen.

priory ['praɪərɪ] (*pl* **-ies**) *n* Priorat *das.*

prise [praɪz] *vt:* **to ~ sthg open** etw auf|brechen.

prism ['prɪzm] *n* Prisma *das.*

prison ['prɪzn] *n* Gefängnis *das.*

prison camp *n* Gefangenenlager *das.*

prisoner ['prɪznəʳ] *n* Gefangene *der, die;* **to be taken ~** gefangen genommen werden.

prisoner of wår (*pl* **prisoners of war**) *n* Kriegsgefangene *der, die.*

prissy ['prɪsɪ] (*compar* **-ier;** *superl* **-iest**) *adj* spießig.

pristine ['prɪstiːn] *adj* makellos.

privacy [*Br* 'prɪvəsɪ, *Am* 'praɪvəsɪ] *n (U)* Privatsphäre *die;* **in the ~ of one's own home** in den eigenen vier Wänden.

private ['praɪvɪt] *adj* **- 1.** [gen] privat; [hospital, house, industry, life] Privat- **- 2.** [confidential] vertraulich **- 3.** [personal - belongings, plans] persönlich **- 4.** [secluded] abgelegen **- 5.** [reserved] in sich zurückgezogen <> *n* **- 1.** [soldier] einfacher Soldat; **Private Smith** Soldat Smith **- 2.** [secrecy]: **in ~** [of conversation between two people] unter vier Augen; [of meeting] hinter geschlossenen Türen.
◆ **privates** *npl inf* ANAT Geschlechtsteile *pl.*

private company *n* Privatunternehmen *das.*

private detective *n* Privatdetektiv *der*, -in *die.*

private enterprise *n (U)* freies Unternehmertum.

private eye *n* Privatdetektiv *der*, -in *die.*

private income *n Br* private Einkünfte *pl.*

private investigator *n* Privatdetektiv *der*, -in *die.*

private limited company *n* COMM Gesellschaft *die* mit beschränkter Haftung.

privately ['praɪvɪtlɪ] *adv* **- 1.** [not by the state] privat; **~ owned** in Privatbesitz **- 2.** [confidentially - discuss between two people] unter vier Augen; [- discuss in meeting] hinter verschlossenen Türen; [- meet, agree] insgeheim **- 3.** [personally] persönlich.

private member's bill *n Br Gesetzentwurf eines Abgeordneten, der kein Ministeramt hat.*

private parts *npl inf* Geschlechtsteile *pl.*

private practice *n (U) Br:* **to be in ~** eine Privatpraxis haben.

private property *n (U)* Privatgrundstück *das.*

private school *n* Privatschule *die.*

private sector *n (U):* **the ~** der private Sektor.

privation [praɪ'veɪʃn] *n:* **a life of ~** ein Leben voller Entbehrungen.

privatization, -isation [ˌpraɪvɪtaɪ'zeɪʃn] *n (U)* Privatisierung *die.*

privatize, -ise ['praɪvɪtaɪz] *vt* privatisieren.

privet ['prɪvɪt] *n (U)* Liguster *der.*

privilege [ˈprɪvɪlɪdʒ] *n* **- 1.** [special advantage] Privileg *das* **- 2.** [honour] Ehre *die*.

privileged [ˈprɪvɪlɪdʒd] *adj* [person, position] privilegiert.

privy [ˈprɪvɪ] *adj*: **to be ~ to sthg** *fml* in etw *(A)* eingeweiht sein.

Privy Council *n Br*: **the ~** der Geheime Staatsrat.

PRIVY COUNCIL

Der „Privy Council", zu dem alle Minister des britischen Kabinetts, hochrangige Persönlichkeiten der Opposition und andere Commonwealth-Würdenträger gehören, wurde im Mittelalter zur Beratung der Krone geschaffen. Die ca. 300 Mitglieder haben heute nur noch geringe Befugnisse und treten nur bei besonderem Bedarf zusammen. Ihr offizieller Titel lautet „Right Honourable". Zu den Pflichten der Ratsmitglieder gehören die Genehmigung von Terminen der Krone und die förmliche Verabschiedung von Regierungserlassen („Orders in Council"), die z. B. UN- oder EU-Resolutionen für das Vereinigte Königreich modifizieren.

Privy Purse *n*: **the ~** *von der britischen Regierung zur Verfügung gestelltes Geld für die persönlichen Ausgaben des Monarchen*

prize [praɪz] *adj* **- 1.** [prizewinning] preisgekrönt **- 2.** [perfect] perfekt; **~ idiot** Vollidiot *der* **- 3.** [valued] wertvoll ◇ *n* Preis *der* ◇ *vt* [value] (hoch|)schätzen.

prize day *n Br Tag, an dem an britischen Schulen Preise für besondere Leistungen vergeben werden.*

prizefight [ˈpraɪzfaɪt] *n* Preisboxkampf *der*.

prize-giving [-ˌgɪvɪŋ] *n Br* Preisverleihung *die*.

prize money *n (U)* Preisgeld *das*.

prizewinner [ˈpraɪzˌwɪnəʳ] *n* Preisträger *der*, -in *die*.

pro [prəʊ] (*pl* **-s**) *n* **- 1.** *inf* [professional] Profi *der* **- 2.** [advantage]: **the ~s and cons** das Für und Wider.

pro- [prəʊ] *prefix* pro-; **~government** für die Regierung.

pro-am [ˌprəʊˈæm] *adj* für Profis und Amateure ◇ *n* Wettkampf/Turnier für Profis und Amateure.

probability [ˌprɒbəˈbɪlətɪ] (*pl* **-ies**) *n* **- 1.** [gen] Wahrscheinlichkeit *die*; **in all ~** aller Wahrscheinlichkeit nach **- 2.** [probable thing, event]: **war is a real ~** es ist sehr wahrscheinlich, dass Krieg ausbrechen wird.

probable [ˈprɒbəbl] *adj* wahrscheinlich.

probably [ˈprɒbəblɪ] *adv* wahrscheinlich.

probate [ˈprəʊbeɪt] LAW *n (U)* gerichtliche Testamentsbestätigung ◇ *vt Am*: **to ~ a will** die Echtheit eines Testaments bestätigen.

probation [prəˈbeɪʃn] *n (U)* **- 1.** [of prisoner] Bewährung *die*; **to put sb on ~** jm Bewährung geben **- 2.** [trial period] Probezeit *die*; **I'm on ~** ich bin in der Probezeit; **to be on ~ for two years** zwei Jahre Probezeit haben.

probationary [prəˈbeɪʃnrɪ] *adj* [teacher, nurse] in der Probezeit; [year] Probe-; **~ period** Probezeit *die*.

probationer [prəˈbeɪʃnəʳ] *n* **- 1.** [employee] Angestellte *der*, *die* auf Probe **- 2.** [offender] auf Bewährung Freigelassener *der*, auf Bewährung Freigelassene *die*.

probation officer *n* Bewährungshelfer *der*, -in *die*.

probe [prəʊb] *n* **- 1.** [investigation]: **~ (into)** Untersuchung *die (+ G)* **- 2.** MED & TECH Sonde *die* ◇ *vt* **- 1.** [investigate] sondieren; [mystery] erforschen **- 2.** [prod - with stick] suchend herum|stochern in *(+ D)* ◇ *vi*: **to ~ for evidence** nach Beweisen suchen; **to ~ into sb's affairs** in js Angelegenheiten herum|schnüffeln.

probing [ˈprəʊbɪŋ] *adj* [question] bohrend; [look] forschend.

probity [ˈprəʊbətɪ] *n fml* Redlichkeit *die*.

problem [ˈprɒbləm] *n* Problem *das*; **no ~!** *inf* kein Problem! ◇ *comp* Problem-.

problematic(al) [ˌprɒbləˈmætɪk(l)] *adj* problematisch.

problem page *n* Kummerkasten-Seite *die*.

procedural [prəˈsiːdʒərəl] *adj* verfahrenstechnisch.

procedure [prəˈsiːdʒəʳ] *n* Verfahren *das*.

proceed [*vb* prəˈsiːd, *npl* ˈprəʊsiːdz] *vt*: **to ~ to do sthg** dazu übergehen, etw zu tun ◇ *vi* **- 1.** [continue] fort|fahren; [activity] fortgesetzt werden; [event] weiter|gehen; **to ~ with sthg** mit etw fort|fahren **- 2.** *fml* [go, advance - on foot] gehen; [- in vehicle] fahren; **to ~ somewhere** sich irgendwohin begeben.

◆ **proceeds** *npl* Erlös *der*.

proceedings [prəˈsiːdɪŋz] *npl* **- 1.** [series of actions] Vorgänge *pl*; [event] Veranstaltung *die* **- 2.** [legal action] Verfahren *das*.

process [ˈprəʊses] *n* **- 1.** [series of actions] Prozess *der*; **electoral ~** Wahlverfahren *das*; **in the ~** dabei; **to be in the ~ of doing sthg** dabei sein, etw zu tun **- 2.** [method] Verfahren *das* ◇ *vt* **- 1.** [treat - materials] verarbeiten; [- food] behandeln **- 2.** [examine, deal with - application] bearbeiten; [- information, data] verarbeiten.

processed cheese [ˌprəʊsest-] *n* Schmelzkäse *der*.

processing [ˈprəʊsesɪŋ] *n (U)* **- 1.** [treating - of materials] Verarbeitung *die*; [- of food] Behandeln *das* **- 2.** [examining - of applications] Bearbeitung *die*; [- of information, data] Verarbeitung *die*.

procession [prəˈseʃn] *n* Zug *der*; **funeral ~** Trauerzug *der*; **in ~** in einem langen Zug.

processor [ˈprəʊsesəʳ] *n* - **1.** COMPUT Prozessor *der* - **2.** CULIN Küchenmaschine *die*.

pro-choice *adj*: **~ group** *Gruppe, die für die Entscheidungsfreiheit bei Abtreibungen eintritt.*

proclaim [prəˈkleɪm] *vt* [independence] proklamieren; [innocence, loyalty] beteuern; **to ~ sb king** jn zum König ernennen.

proclamation [ˌprɒkləˈmeɪʃn] *n* [of independence, ruler] Proklamation *die;* [of innocence, loyalty] Beteuerung *die*.

proclivity [prəˈklɪvətɪ] (*pl* **-ies**) *n fml*: **~ (to** OR **towards)** Neigung *die* (zu).

procrastinate [prəˈkræstɪneɪt] *vi*: **I should stop procrastinating** ich darf es nicht länger hinauslschieben.

procrastination [prəˌkræstɪˈneɪʃn] *n* Hinausschieben *das*.

procreate [ˈprəʊkrɪeɪt] *vi* sich fortlpflanzen.

procreation [ˌprəʊkrɪˈeɪʃn] *n* Fortpflanzung *die*.

procurator fiscal [ˌprɒkjʊreɪtəʳ-] *n* **Scot** ≃ Staatsanwalt *der*, -anwältin *die*.

procure [prəˈkjʊəʳ] *vt* [tickets, supplies] beschaffen; [somebody's release] bewirken.

procurement [prəˈkjʊəmənt] *n* [of tickets, supplies] Beschaffung *die;* [of release] Bewirkung *die*.

prod [prɒd] (*pt* & *pp* **-ded;** *cont* **-ding**) *n* - **1.** [push, poke] Stupser *der* - **2.** *fig* [reminder]: **you'll need to give him a ~** du musst ihn noch mal daran erinnern ◇ *vt* - **1.** [push, poke - person] anlstupsen; [- ground, food] herumlstochern in *(+ D)* - **2.** [remind, prompt]: **to ~ sb (into doing sthg)** jn dazu bringen(, etw zu tun).

prodigal [ˈprɒdɪgl] *adj* verschwenderisch; **the ~ son** der verlorene Sohn.

prodigious [prəˈdɪdʒəs] *adj* unglaublich.

prodigy [ˈprɒdɪdʒɪ] (*pl* **-ies**) *n* Wunderkind *das*.

produce [*n* ˈprɒdjuːs, *vb* prəˈdjuːs] *n (U)* - **1.** [goods] Erzeugnisse *pl* - **2.** [fruit and vegetables] Obst und Gemüse *das* ◇ *vt* - **1.** [manufacture, make] produzieren, herlstellen; [work of art] schaffen - **2.** [yield - raw materials] liefern; [- heat, crop, gas] erzeugen; [- interest, profit] einlbringen - **3.** [cause - results, agreements] erzielen; [- disaster] hervorlrufen - **4.** [give birth to - subj: woman] gebären; [- subj: animal] werfen - **5.** [leaves, flowers] hervorlbringen - **6.** [present, show - evidence, argument] liefern; [- passport, letter] vorlzeigen - **7.** [film, TV programme] produzieren; [play] inszenieren.

producer [prəˈdjuːsəʳ] *n* - **1.** [of film, TV programme] Produzent *der*, -in *die;* [of play] Regisseur *der*, -in *die* - **2.** [manufacturer] Hersteller *der*, -in *die*.

product [ˈprɒdʌkt] *n* - **1.** [thing manufactured or grown] Produkt *das* - **2.** [result]: **to be a ~ of sthg** [of situation, process] das Ergebnis einer Sache sein; [subj: person] das Produkt einer Sache sein.

production [prəˈdʌkʃn] *n* - **1.** *(U)* [process - of goods] Produktion *die*, Herstellung *die;* [- of electricity, heat] Erzeugung *die;* [- of blood cells] Bildung *die;* **to put sthg into ~** die Produktion von etw auf lnehmen; **to go into ~** in Produktion gehen - **2.** *(U)* [output] Produktion *die* - **3.** CINEMA, THEATRE & TV Produktion *die*.

production line *n* Fertigungsstraße *die*.

production manager *n* Produktionsleiter *der*, -in *die*.

productive [prəˈdʌktɪv] *adj* - **1.** [worker] produktiv; [land] ertragreich; [business] leistungsfähig - **2.** [meeting, relationship, experience] Gewinn bringend.

productively [prəˈdʌktɪvlɪ] *adv* - **1.** [work, use land] produktiv - **2.** [spend time] Gewinn bringend.

productivity [ˌprɒdʌkˈtɪvətɪ] *n* Produktivität *die*.

productivity deal *n* Produktivitätsvereinbarung *die*.

Prof. *abbr of* **Professor**.

profane [prəˈfeɪn] *adj* [vulgar] gotteslästerlich.

profanity [prəˈfænətɪ] (*pl* **-ies**) *n* - **1.** *(U)* [of language, behaviour] Gotteslästerlichkeit *die* - **2.** [word] Fluch *der;* [invoking God] Gotteslästerung *die*.

profess [prəˈfes] *vt* - **1.** [claim - innocence] beteuern; [- support] kundtun; **to ~ to do sthg** behaupten, etw zu tun - **2.** [declare] bekunden.

professed [prəˈfest] *adj* - **1.** [avowed] erklärt; **a ~ Christian** ein bekennender Christ - **2.** [alleged] angeblich.

profession [prəˈfeʃn] *n* - **1.** [career] Beruf *der;* **by ~** von Beruf - **2.** [body of people] Berufsstand *der;* **the medical/teaching ~** die Ärzteschaft/Lehrerschaft.

professional [prəˈfeʃənl] *adj* - **1.** [relating to a profession - qualifications] beruflich; [- advice, help, opinion] fachmännisch; **in his ~ capacity as a lawyer** in seiner Eigenschaft als Anwalt; **~ people** hochqualifizierte Personen - **2.** [full-time, of high standard] professionell; [army, actor] Berufs-; [footballer] Profi- ◇ *n* - **1.** [full-time sportsperson] Profi *der;* [full-time actor] Berufsschauspieler *der* - **2.** [skilled person]: **he's a real ~** er ist ein echter Profi.

professional foul *n* absichtliches Foul.

professionalism [prəˈfeʃnəlɪzm] *n* [high quality] Professionalität *die*.

professionally [prəˈfeʃnəlɪ] *adv* - **1.** [as profession]: **to be ~ qualified/trained** eine (abgeschlossene) Berufsausbildung haben; **he**

acts/plays ~ er ist Berufsschauspieler/ Profispieler - **2.** [skilfully] professionell.

professor [prə'fesəʳ] *n* - **1.** ***Br*** [head of department] Professor *der*, -in *die* - **2.** ***Am*** & ***Can*** [teacher, lecturer] Dozent *der*, -in *die*.

professorship [prə'fesəʃɪp] *n* ***Br*** Professur *die;* ***Am*** Dozentur *die*.

proffer ['prɒfəʳ] *vt:* **to ~ sthg (to sb)** (jm) etw an|bieten.

proficiency [prə'fɪʃənsɪ] *n (U):* **~ (in)** Kompetenz *die* (in *(+ D)*).

proficient [prə'fɪʃənt] *adj* kompetent; **to be ~ in** *OR* **at sthg** in etw *(D)* kompetent sein.

profile ['prəʊfaɪl] *n* - **1.** [outline of face] Profil *das;* **in ~** im Profil; **to keep a low ~** ***fig*** sich unauffällig verhalten - **2.** [biography] Porträt *das*.

profit ['prɒfɪt] *n* - **1.** [financial gain] Gewinn *der*, Profit *der;* **to make a ~** einen Gewinn machen; **to sell sthg at a ~** etw mit Gewinn verkaufen - **2.** [advantage]: **you may learn something to your ~** du könntest etwas lernen, was nützlich für dich ist <> *vi:* **to ~ (from** *OR* **by sthg)** (von etw) profitieren.

profitability [ˌprɒfɪtə'bɪlətɪ] *n* Rentabilität *die*.

profitable ['prɒfɪtəbl] *adj* Gewinn bringend.

profitably ['prɒfɪtəblɪ] *adv* - **1.** [at a profit] Gewinn bringend - **2.** [usefully]: **to use one's time ~** seine Zeit gut nutzen.

profiteering [ˌprɒfɪ'tɪərɪŋ] *n (U)* Wucher *der*.

profit-making [-ˌmeɪkɪŋ] *adj* Gewinn bringend <> *n* Einbringen *das* von Gewinnen *OR* Profit.

profit margin *n* Gewinnspanne *die*.

profit sharing [-ˌʃeərɪŋ] *n (U)* Gewinnbeteiligung *die*.

profligate ['prɒflɪgɪt] *adj* - **1.** [extravagant] verschwenderisch - **2.** [immoral] lasterhaft.

pro forma [-'fɔːmə] *adj:* **~ invoice** Pro-Forma-Rechnung *die*.

profound [prə'faʊnd] *adj* - **1.** [intense - feeling, silence] tief; [- change] tief greifend; [- effect] nachhaltig - **2.** [penetrating, wise - idea, book] tiefgründig.

profoundly [prə'faʊndlɪ] *adv* - **1.** [intensely]: **~ significant** äußerst bedeutsam; **~ sad** tieftraurig - **2.** [wisely - say, remark] tiefsinnig.

profuse [prə'fjuːs] *adj* - **1.** [bleeding] sehr stark - **2.** [praise] überschwenglich; **to offer ~ apologies** sich vielmals entschuldigen.

profusely [prə'fjuːslɪ] *adv* - **1.** [bleed, sweat] sehr stark - **2.** [thank] überschwenglich; **to apologize ~** sich vielmals entschuldigen.

profusion [prə'fjuːʒn] *n:* **~ (of)** (Über)fülle *die* (von).

progeny ['prɒdʒənɪ] *n (U)* ***fml*** Nachkommen *pl*.

progesterone [prə'dʒestərəʊn] *n* Progesteron *das*.

prognosis [prɒg'nəʊsɪs] (*pl* **-noses** [-'nəʊsiːz]) *n* Prognose *die*.

prognostication [prɒgˌnɒstɪ'keɪʃn] *n* Voraussage *die*.

program ['prəʊgræm] (*pt* & *pp* **-med** *OR* **-ed;** *cont* **-ming** *OR* **-ing**) *n* - **1.** COMPUT Programm *das* - **2.** *Am* = **programme** <> *vt* - **1.** COMPUT programmieren - **2.** *Am* = **programme.**

programer *n Am* = **programmer.**

programmable [prəʊ'græməbl] *adj* programmierbar.

programme ***Br***, **program** ***Am*** ['prəʊgræm] *n* - **1.** [gen] Programm *das* - **2.** RADIO & TV Sendung *die* <> *vt* programmieren.

programmer ***Br***, **programer** ***Am*** ['prəʊgræməʳ] *n* COMPUT Programmierer *der*, -in *die*.

programming ['prəʊgræmɪŋ] *n* COMPUT Programmieren *das*.

programming language *n* Programmiersprache *die*.

progress [*n* 'prəʊgres, *vb* prə'gres] *n* - **1.** [physical movement] Vorwärtskommen *das* - **2.** [headway] Voranschreiten *das;* **to make ~ (in sthg)** (bei etw) Fortschritte machen; **in ~** im Gange - **3.** [evolution] Fortschritt *der* <> *vi* - **1.** [improve - science, technology, work] voran|kommen; [- patient, student] Fortschritte machen - **2.** [continue]: **as the journey/meeting ~ed** im Laufe der Reise/des Treffens - **3.** [move forward]: vor|dringen; **to ~ to sthg** zu etw vordringen.

progression [prə'greʃn] *n* - **1.** [advance] Übergang *der* - **2.** [series] Folge *die*.

progressive [prə'gresɪv] *adj* - **1.** [forward-looking] fortschrittlich - **2.** [gradual] fortschreitend.

progressively [prə'gresɪvlɪ] *adv* [gradually] zunehmend.

progress report *n* [on pupil, student] Bericht *der* über die Lernerfolge; [on patient] Bericht *der* über den Krankheitsverlauf; [on project] Tätigkeitsbericht *der*.

prohibit [prə'hɪbɪt] *vt* verbieten; **to ~ sb from doing sthg** jm verbieten, etw zu tun.

prohibition [ˌprəʊɪ'bɪʃn] *n* Verbot *das*.

prohibitive [prə'hɪbətɪv] *adj* [cost] untragbar; [tax, laws] prohibitiv.

project [*n* 'prɒdʒekt, *vb* prə'dʒekt] *n* - **1.** [plan, idea] Vorhaben *das*, Projekt *das* - **2.** SCH [study] Projekt *das;* **~ (on)** Projekt *das* (über *(+ A)*) <> *vt* - **1.** [plan] planen - **2.** [estimate] voraus|sagen; [costs] überschlagen - **3.** [film, light] projizieren; **to ~ sthg on to sthg** etw auf etw *(A)* projizieren - **4.** [present] dar|stellen; [image] vermitteln <> *vi* [jut out] hervor|ragen.

projectile [prə'dʒektaɪl] *n* Geschoss *das*.

projection [prə'dʒekʃn] *n* - **1.** [estimate] Voraussage *die;* [of costs] Überschlagen *das* **- 2.** [protrusion] Vorsprung *der* **- 3.** *(U)* [of film, light] Projektion *die*.

projectionist [prə'dʒekʃənɪst] *n* Filmvorführer *der*, -in *die*.

projection room *n* Vorführraum *der*.

projector [prə'dʒektəʳ] *n* Projektor *der*.

proletarian [ˌprəʊlɪ'teərɪən] *adj* proletarisch; [class, party] Arbeiter-.

proletariat [ˌprəʊlɪ'teərɪət] *n* Proletariat *das*.

pro-life *adj* gegen Abtreibung eingestellt.

proliferate [prə'lɪfəreɪt] *vi* [animals] sich vermehren; [vegetation] sich rasch auslbreiten; [ideas] um sich greifen.

prolific [prə'lɪfɪk] *adj* sehr produktiv.

prologue, prolog *Am* ['prəʊlɒg] *n* **- 1.** [introduction] Prolog *der* **- 2.** *fig* [preceding event]: **to be the ~ to sthg** die Vorstufe für etw sein.

prolong [prə'lɒŋ] *vt* verlängern.

prom [prɒm] *n* **- 1.** (*abbr of* **promenade**) *Br inf* [at seaside] Strandpromenade *die* **- 2.** *Am* [ball - at high school] Schulball *der;* [- at college] Studentenball *der*.

PROMS

Eine Tradition seit 1871, sind die „Proms" (Abkürzung für „Promenade Concerts") eine Serie von Sommerkonzerten, die einem größeren Publikum vorwiegend klassische Musik zugänglich machen sollen und über mehrere Wochen in der Royal Albert Hall in London stattfinden. Für Besucher mit schmalem Geldbeutel gibt es sehr preiswerte Stehplätze (ursprünglich stand man nicht, sondern lief während des Konzerts umher; daher der Name „Proms"). Die Proms werden vom BBC gesponsort und über Radio 3 ausgestrahlt, einige, vor allem die berühmte „last night of the proms", auch über BBC 2 (Fernsehen).

promenade [ˌprɒmə'nɑːd] *n* *Br* [at seaside] Strandpromenade *die*.

prominence ['prɒmɪnəns] *n (U)* **- 1.** [importance - person] Berühmtheit *die;* [- of ideas, issues] Bedeutung *die* **- 2.** [conspicuousness] exponierte Lage.

prominent ['prɒmɪnənt] *adj* **- 1.** [important - person] prominent; [- ideas, issues] wichtig **- 2.** [noticeable - building, landmark] exponiert; [- features] markant.

prominently ['prɒmɪnəntlɪ] *adv* [display, place] deutlich sichtbar.

promiscuity [ˌprɒmɪs'kjuːətɪ] *n* Promiskuität *die*.

promiscuous [prɒ'mɪskjʊəs] *adj* promiskuitiv.

promise ['prɒmɪs] *n* **- 1.** [vow] Versprechen *das;* **to make (sb) a ~** (jm) ein Versprechen geben **- 2.** *(U)* [hope, prospect]: **~ (of)** Aussicht *die* (auf *(+ A)*); **to show ~** zu großen Hoffnungen Anlass geben ◇ *vt* versprechen; **to ~ sb sthg** jm etw versprechen; **to ~ (sb) to do sthg** (jm) versprechen, etw zu tun ◇ *vi* versprechen.

promising ['prɒmɪsɪŋ] *adj* vielversprechend.

promissory note ['prɒmɪsərɪ-] *n* Schuldschein *der*.

promo ['prəʊməʊ] (*pl* **-s**) *n* ***inf*** Werbeaktion *die*.

promontory ['prɒməntrɪ] (*pl* **-ies**) *n* Kap *das*.

promote [prə'məʊt] *vt* **- 1.** [foster] fördern **- 2.** [push, advertise] Werbung machen für **- 3.** [in job] befördern; **she was ~d to Head of Department** sie wurde zur Abteilungsleiterin befördert **- 4.** SPORT: **to be ~d** auf lsteigen.

promoter [prə'məʊtəʳ] *n* **- 1.** [of event, concert] Veranstalter *der*, -in *die* **- 2.** [of cause, idea] Förderer *der*.

promotion [prə'məʊʃn] *n* **- 1.** [in job] Beförderung *die;* **to get** OR **be given ~** befördert werden **- 2.** [advertising] Werbung *die* **- 3.** [campaign] Werbekampagne *die*.

prompt [prɒmpt] *adj* **- 1.** [quick] prompt; [action] sofortig **- 2.** [punctual] pünktlich ◇ *adv:* **at nine o'clock ~** Punkt 9 Uhr ◇ *vt* **- 1.** [provoke, persuade]: **to ~ sb to do sthg** jn dazu veranlassen, etw zu tun **- 2.** THEATRE soufflieren *(+ D)* ◇ *n* [THEATRE - person] Souffleur *der*, -euse *die;* [- line]: **to give sb a ~** jm soufflieren.

prompter ['prɒmptəʳ] *n* Souffleur *der*, -euse *die*.

promptly ['prɒmptlɪ] *adv* **- 1.** [quickly] prompt **- 2.** [punctually] pünktlich.

promptness ['prɒmptnɪs] *n* **- 1.** [quickness] Promptheit *die* **- 2.** [punctuality] Pünktlichkeit *die*.

promulgate ['prɒmlgeɪt] *vt* **- 1.** [law, decree] verkünden **- 2.** [belief, idea] verbreiten.

prone [prəʊn] *adj* **- 1.** [susceptible]: **to be ~ to sthg** zu etw neigen; **to be ~ to do sthg** dazu neigen, etw zu tun **- 2.** [lying flat]: **to lie/be ~** auf dem Bauch liegen.

prong [prɒŋ] *n* Zinke *die*.

pronoun ['prəʊnaʊn] *n* Pronomen *das*.

pronounce [prə'naʊns] *vt* **- 1.** [say aloud] auslsprechen **- 2.** [declare, state - verdict, opinion] verkünden; **to ~ sb fit for work/dead** jn für arbeitsfähig/tot erklären ◇ *vi:* **to ~ on sthg** eine Meinung zu etw ablgeben.

pronounced [prə'naʊnst] *adj* [accent] stark; [improvement, deterioration] deutlich.

pronouncement [prə'naʊnsmənt] *n* Erklärung *die*.

pronto ['prɒntəʊ] *adv* ***inf*** ganz fix.

pronunciation [prəˌnʌnsɪ'eɪʃn] *n* Aussprache *die*.

proof [pruːf] *n* - **1.** [evidence] Beweis *der* - **2.** PRESS [first copy] Korrekturfahne *die* - **3.** [of alcohol] Alkoholgehalt *der*.

proofread [ˈpruːfriːd] (*pt* & *pp* **-read** [-red]) *vt* Korrektur lesen.

proofreader [ˈpruːfˌriːdəʳ] *n* Korrektor *der*, -in *die*.

prop [prɒp] (*pt* & *pp* **-ped;** *cont* **-ping**) *n* **lit** & **fig** Stütze *die* <> *vt*: **to ~ sthg against sthg** etw gegen etw lehnen.

◆ **props** *npl* [in film, play] Requisiten *pl*.

◆ **prop up** *vt sep* - **1.** [support physically - wall] ab|stützen; [- ladder] an|lehnen - **2.** *fig* [sustain - regime] stützen; [- organization] unterstützen; [- company] vor dem Konkurs bewahren.

Prop. *abbr of* **proprietor**.

propagate [ˈprɒpəgeɪt] *vt* - **1.** BOT züchten - **2.** [spread] verbreiten <> *vi* sich vermehren.

propagation [ˌprɒpəˈgeɪʃn] *n (U)* - **1.** BOT Vermehrung *die* - **2.** [dissemination] Verbreitung *die*.

propane [ˈprəʊpeɪn] *n* Propan *das*.

propel [prəˈpel] (*pt* & *pp* **-led;** *cont* **-ling**) *vt* an|treiben.

propeller [prəˈpeləʳ] *n* [of plane] Propeller *der;* [of ship] Schraube *die*.

propelling pencil [prəˈpelɪŋ-] *n Br* Drehbleistift *der*.

propensity [prəˈpensətɪ] (*pl* **-ies**) *n* **fml**: **~ for** *OR* **to sthg** Hang *der* zu etw; **to have a ~ to do sthg** dazu neigen, etw zu tun.

proper [ˈprɒpəʳ] *adj* - **1.** [real] richtig - **2.** [correct] korrekt - **3.** [decent] anständig - **4.** [specifically]: **I live in the city ~** ich lebe direkt in der Stadt - **5.** *inf* [for emphasis] richtig; **he's a ~ idiot** er ist ein Vollidiot.

properly [ˈprɒpəlɪ] *adv* - **1.** [satisfactorily, correctly] richtig - **2.** [decently] anständig.

proper noun *n* Eigenname *der*.

property [ˈprɒpətɪ] (*pl* **-ies**) *n* - **1.** [possession] Eigentum *das* - **2.** [specific building] Haus *das;* [piece of land] Grundstück *das* - **3.** *(U)* [buildings, land] Immobilien *pl* - **4.** [quality] Eigenschaft *die*.

property developer [-ˌdɪveləpəʳ] *n Bauunternehmer, der Gebäude bzw. Land zum Bebauen kauft, um das erschlossene Gebiet oder die Gebäude anschließend Gewinn bringend zu verkaufen oder zu verpachten.*

property owner *n* [of house] Hausbesitzer *der*, -in *die;* [of land] Grundbesitzer *der*, -in *die*.

property tax *n* Vermögenssteuer *die*.

prophecy [ˈprɒfɪsɪ] (*pl* **-ies**) *n* Prophezeiung *die*.

prophesy [ˈprɒfɪsaɪ] (*pt* & *pp* **-ied**) *vt* prophezeien.

prophet [ˈprɒfɪt] *n* - **1.** RELIG Prophet *der* - **2.** [predictor] Prophet *der*, -in *die*.

prophetic [prəˈfetɪk] *adj* prophetisch.

propitious [prəˈpɪʃəs] *adj* **fml** günstig.

proponent [prəˈpəʊnənt] *n* Befürworter *der*, -in *die*.

proportion [prəˈpɔːʃn] *n* - **1.** [part] Teil *der*, Anteil *der* - **2.** [ratio, comparison] Verhältnis *das;* **in ~ to** im Verhältnis zu; **out of all ~ to** in keinem Verhältnis zu - **3.** *(U)* ART: **in ~** in den richtigen Proportionen; **out of ~** mit verschobenen Proportionen; **a sense of ~** *fig* ein vernünftiger Maßstab; **to get sthg out of ~** *fig* bei etw den vernünftigen Maßstab verlieren.

proportional [prəˈpɔːʃənl] *adj* im Verhältnis stehend; MATH proportional; **to be ~ to sthg** zu etw im Verhältnis stehen; MATH zu etw proportional sein.

proportional representation *n (U)* Verhältniswahlsystem *das*.

proportionate [prəˈpɔːʃnət] *adj*: **~ (to sthg)** im Verhältnis (zu etw).

proposal [prəˈpəʊzl] *n* - **1.** [plan, suggestion] Vorschlag *der* - **2.** [offer of marriage] Heiratsantrag *der*.

propose [prəˈpəʊz] *vt* - **1.** [plan, solution, person] vor|schlagen; [toast] aus|bringen; **to ~ marriage** einen Heiratsantrag machen - **2.** [motion] ein|bringen, stellen - **3.** [intend]: **to ~ doing** *OR* **to do sthg** vor|haben *OR* beabsichtigen, etw zu tun <> *vi*: **to ~ (to sb)** (jm) einen Heiratsantrag machen.

proposed [prəˈpəʊzd] *adj* beabsichtigt, geplant.

proposition [ˌprɒpəˈzɪʃn] *n* - **1.** [statement of theory] These *die* - **2.** [suggestion] Vorschlag *der;* **to make sb a ~** jm einen Vorschlag machen <> *vt* **fml**: **he ~ed her** er fragte sie, ob sie mit ihm schlafen würde.

propound [prəˈpaʊnd] *vt* **fml** dar|legen.

proprietary [prəˈpraɪətrɪ] *adj* COMM: **~ name** Markenbezeichnung *die;* **~ product** Markenartikel *der*.

proprietor [prəˈpraɪətəʳ] *n* Besitzer *der*, -in *die*.

proprietorial [prəˌpraɪəˈtɔːrɪəl] *adj* [possessive] besitzergreifend.

propriety [prəˈpraɪətɪ] *n* **fml** [moral correctness] Anstand *der*.

propulsion [prəˈpʌlʃn] *n* Antrieb *der*.

pro rata [-ˈrɑːtə] *adj* & *adv* anteilig.

prosaic [prəʊˈzeɪɪk] *adj* prosaisch.

proscenium [prəˈsiːnɪəm] (*pl* **-niums** *OR* **-nia** [-nɪə]) *n*: **~ (arch)** Proszenium *das*.

proscribe [prəʊˈskraɪb] *vt* **fml** verbieten.

prose [prəʊz] *n* Prosa *die* <> *comp* Prosa-.

prosecute [ˈprɒsɪkjuːt] *vt* LAW strafrechtlich verfolgen; **to be ~d for sthg** wegen etw strafrechtlich verfolgt werden <> *vi* - **1.** [bring a charge] vor Gericht gehen - **2.** [represent in court] die Anklage vertreten.

prosecution [ˌprɒsɪ'kjuːʃn] *n* - **1.** [criminal charge] strafrechtliche Verfolgung - **2.** [lawyers]: **the ~** die Anklage(vertretung).

prosecutor ['prɒsɪkjuːtəʳ] *n* ***esp Am*** Ankläger *der*, -in *die*.

prospect [*n* 'prɒspekt, *vb* prə'spekt] *n* Aussicht *die* ◇ *vi:* **to ~ (for sthg)** [gold] schürfen (nach etw); [oil] bohren (nach etw).

◆ **prospects** *npl:* **~s (for sthg)** Aussichten *pl* (auf etw *(A)*); **he has good ~s** er hat gute Erfolgschancen.

prospecting [prə'spektɪŋ] *n* [for gold] Schürfen *das;* [for oil] Bohren *das.*

prospective [prə'spektɪv] *adj* voraussichtlich.

prospector [prə'spektəʳ] *n* [for gold] Goldschürfer *der.*

prospectus [prə'spektəs] (*pl* **-es**) *n* (Werbe)prospekt *der.*

prosper ['prɒspəʳ] *vi* [business, country] blühen; [person] Erfolg haben.

prosperity [prɒ'sperətɪ] *n* Wohlstand *der.*

prosperous ['prɒspərəs] *adj* [person] wohlhabend; [business, place] blühend.

prostate (gland) ['prɒsteɪt-] *n* Prostata *die.*

prosthesis [prɒs'θiːsɪs] (*pl* **-theses** [-'θiːsiːz]) *n* Prothese *die.*

prostitute ['prɒstɪtjuːt] *n* Prostituierte *die;* **(male) ~** Stricher *der*, Strichjunge *der.*

prostitution [ˌprɒstɪ'tjuːʃn] *n* Prostitution *die.*

prostrate [*adj* 'prɒstreɪt, *vb* prɒ'streɪt] *adj* - **1.** [lying flat] (auf dem Bauch) ausgestreckt - **2.** ***fig*** [with grief] gebrochen, niedergeschmettert ◇ *vt:* **to ~ o.s. (before sb)** sich (vor jm) in den Staub werfen, sich (vor jm) auf den Boden werfen.

protagonist [prə'tægənɪst] *n* Hauptfigur *die*, Protagonist *der*, -in *die.*

protect [prə'tekt] *vt* schützen; **to ~ sb/sthg from/against** jn/etw schützen vor *(+ D)* /gegen.

protection [prə'tekʃn] *n:* **~ (from/against)** Schutz *der* (vor *(+ D)* /gegen).

protectionism [prə'tekʃənɪzm] *n (U)* Protektionismus *der.*

protectionist [prə'tekʃənɪst] *adj* protektionistisch.

protection money *n* Schutzgeld *das.*

protective [prə'tektɪv] *adj* - **1.** [layer, clothing] Schutz-, schützend - **2.** [feelings, instinct] Beschützer-; **to be ~ towards sb** fürsorglich gegenüber jm sein.

protective custody *n* Schutzhaft *die.*

protector [prə'tektəʳ] *n* - **1.** [person] Beschützer *der*, -in *die* - **2.** [on machine] Schutzvorrichtung *die.*

protectorate [prə'tektərət] *n* Protektorat *das.*

protégé ['prəʊtəʒeɪ] *n* Protégé *der*, Schützling *der.*

protein ['prəʊtiːn] *n* Protein *das*, Eiweiß *das.*

protest [*n* 'prəʊtest, *vb* prə'test] *n* - **1.** [complaint] Protest *der* - **2.** [demonstration] Protestkundgebung *die* ◇ *vt* - **1.** [one's innocence] beteuern - **2.** ***Am*** [protest against] protestieren gegen ◇ *vi* [complain]: **to ~ (about/against sthg)** protestieren (gegen etw).

Protestant ['prɒtɪstənt] *adj* protestantisch ◇ *n* Protestant *der*, -in *die.*

Protestantism ['prɒtɪstəntɪzm] *n* Protestantismus *der.*

protestation [ˌprɒte'steɪʃn] *n* ***fml*** - **1.** [declaration] Beteuerung *die* - **2.** [protest] Protest *der.*

protester [prə'testəʳ] *n* [demonstrator] Protestierende *der*, *die.*

protest march *n* Protestmarsch *der.*

protocol ['prəʊtəkɒl] *n (U)* Protokol *das.*

proton ['prəʊtɒn] *n* Proton *das.*

prototype ['prəʊtətaɪp] *n* Prototyp *der.*

protracted [prə'træktɪd] *adj* langwierig.

protractor [prə'træktəʳ] *n* Winkelmesser *der.*

protrude [prə'truːd] *vi:* **to ~ (from sthg)** (aus etw) hervor|stehen.

protrusion [prə'truːʒn] *n* [protruding part] hervorstehender Teil.

protuberance [prə'tjuːbərəns] *n* Auswuchs *der.*

proud [praʊd] *adj* stolz; **to be ~ of sb/sthg** auf jn/etw stolz sein; **to be ~ to do sthg** stolz (darauf) sein, etw zu tun.

proudly ['praʊdlɪ] *adv* stolz.

provable ['pruːvəbl] *adj* beweisbar.

prove [pruːv] (*pp* **-d** OR **proven**) *vt* - **1.** [show to be true] beweisen - **2.** [show o.s. to be]: **to ~ (to be) sthg** sich als etw erweisen; **to ~ o.s. to be sthg** sich als etw erweisen.

proven ['pruːvn, 'prəʊvn] *pp* ▷ **prove** ◇ *adj* [fact] erwiesen, bewiesen; [liar] ausgewiesen; **he is a businessman of ~ ability** er hat sich als Geschäftsmann bewährt.

proverb ['prɒvɜːb] *n* Sprichwort *das.*

proverbial [prə'vɜːbɪəl] *adj* ***lit*** & ***fig*** sprichwörtlich.

provide [prə'vaɪd] *vt* [food, money, information] zur Verfügung stellen; [opportunity] bieten; **to ~ sb with sthg, to ~ sthg for sb** jm etw zur Verfügung stellen, jn mit etw versorgen.

◆ **provide for** *vt fus* - **1.** [support] sorgen für - **2.** ***fml*** [make arrangements for] vor|sorgen für.

provided [prə'vaɪdɪd] ◆ **provided (that)** *conj* vorausgesetzt, dass.

providence [ˈprɒvɪdəns] *n* Vorsehung *die*.

providential [ˌprɒvɪˈdenʃl] *adj* **fml: it was ~ (that)** es war ein Glück(, dass).

provider [prəˈvaɪdəʳ] *n* Versorger *der*, -in *die*.

providing [prəˈvaɪdɪŋ] ◆ **providing (that)** *conj* vorausgesetzt, dass.

province [ˈprɒvɪns] *n* - **1.** [part of country] Provinz *die* - **2.** [specialist subject] Fachgebiet *das*; [area of responsibility] Aufgabenbereich *der*.
◆ **provinces** *npl*: **the ~s** die Provinz.

provincial [prəˈvɪnʃl] *adj* - **1.** [of a province] Provinz- - **2.** *pej* [narrow-minded] provinziell.

provision [prəˈvɪʒn] *n* - **1.** [act of supplying] Bereitstellung *die* - **2.** *(U)* [arrangement] Vorkehrung *die*; **to make ~ for sb/sthg** Vorkehrungen für jn/etw treffen - **3.** [in agreement, law] Bestimmung *die*.
◆ **provisions** *npl* [supplies] Vorräte *pl*.

provisional [prəˈvɪʒənl] *adj* provisorisch.

Provisional IRA *n*: **the ~** die IRA.

provisional licence *n* **Br** vorläufiger Führerschein.

provisionally [prəˈvɪʒnəlɪ] *adv* provisorisch.

proviso [prəˈvaɪzəʊ] (*pl* **-s**) *n* Vorbehalt *der*; **with the ~ that** unter dem Vorbehalt, dass.

provocation [ˌprɒvəˈkeɪʃn] *n* Provokation *die*.

provocative [prəˈvɒkətɪv] *adj* - **1.** [controversial] provokativ - **2.** [sexy] aufreizend.

provocatively [prəˈvɒkətɪvlɪ] *adv* - **1.** [controversially] provokativ - **2.** [sexily] aufreizend.

provoke [prəˈvəʊk] *vt* - **1.** [annoy] provozieren - **2.** [cause - criticism, reaction] hervor|rufen, erregen; [- argument] provozieren.

provoking [prəˈvəʊkɪŋ] *adj* provokant.

provost [ˈprɒvəst] *n* - **1.** **Br** [head of college] Rektor *der*, -in *die* - **2.** **Scot** [head of town council] Bürgermeister *der*, -in *die*.

prow [praʊ] *n* Bug *der*.

prowess [ˈpraʊɪs] *n (U)* **fml** Erfahrenheit *die*, Tüchtigkeit *die*.

prowl [praʊl] *n*: **to be on the ~** (auf Beutezug) herum|streifen ◇ *vt* durchstreifen ◇ *vi* herum|streifen, umher|streifen.

prowl car *n* **Am** Streifenwagen *der*.

prowler [ˈpraʊləʳ] *n* Herumtreiber *der*, -in *die*.

proximity [prɒkˈsɪmətɪ] *n (U)* **fml: ~ (to sthg)** Nähe *die* (zu etw); **in the ~ of** in der Nähe *(+ G)*.

proxy [ˈprɒksɪ] (*pl* **-ies**) *n*: **by ~** in Vertretung.

prude [pruːd] *n* Prüde *der, die*; **to be a ~** prüde sein.

prudence [ˈpruːdns] *n* **fml** Umsicht *die*, Vorsicht *die*.

prudent [ˈpruːdnt] *adj* [person] umsichtig; [action] überlegt; **it would be ~ not to mention her name** es wäre unklug, ihren Namen zu erwähnen.

prudently [ˈpruːdntlɪ] *adv* umsichtig, überlegt.

prudish [ˈpruːdɪʃ] *adj* prüde.

prune [pruːn] *n* [fruit] Backpflaume *die*, Dörrpflaume *die* ◇ *vt* [hedge, tree] beschneiden, stutzen.

prurient [ˈprʊərɪənt] *adj* **fml** lüstern.

Prussian [ˈprʌʃn] *adj* preußisch ◇ *n* Preuße *der*, -ßin *die*.

pry [praɪ] (*pt* & *pp* **pried**) *vi* neugierig sein; **to ~ into sthg** seine Nase in etw stecken, in etw herum|schnüffeln.

PS (*abbr of* **postscript**) *n* PS *das*.

psalm [sɑːm] *n* Psalm *der*.

pseud [sjuːd] *n* **Br inf** Pseudointellektuelle *der, die*.

pseudo- [ˌsjuːdəʊ] *prefix* [with adj] pseudo-; [with noun] Pseudo-.

pseudonym [ˈsjuːdənɪm] *n* Pseudonym *das*.

psi (*abbr of* **pounds per square inch**) psi, *veraltete britische Druckeinheit*.

psoriasis [sɒˈraɪəsɪs] *n* Schuppenflechte *die*.

psst [pst] *excl* st!

PST (*abbr of* **Pacific Standard Time**) *n Standardzeit in der pazifischen Zeitzone der USA*.

psych [saɪk] ◆ **psych up** *vt sep* **inf** motivieren; **to ~ o.s. up** sich motivieren.

psyche [ˈsaɪkɪ] *n* Psyche *die*.

psychedelic [ˌsaɪkɪˈdelɪk] *adj* psychedelisch.

psychiatric [ˌsaɪkɪˈætrɪk] *adj* [hospital, department] psychiatrisch; [illness, problem] psychisch.

psychiatric nurse *n* psychiatrische Krankenschwester, psychiatrischer Krankenpfleger.

psychiatrist [saɪˈkaɪətrɪst] *n* Psychiater *der*, -in *die*.

psychiatry [saɪˈkaɪətrɪ] *n (U)* Psychiatrie *die*.

psychic [ˈsaɪkɪk] *adj* - **1.** [clairvoyant - powers] übersinnlich; **she is ~** sie hat übersinnliche Kräfte - **2.** [mental] psychisch ◇ *n* Person *die* mit übersinnlichen Kräften.

psychoanalyse, psychoanalyze **Am** [ˌsaɪkəʊˈænəlaɪz] *vt* psychoanalytisch behandeln.

psychoanalysis [ˌsaɪkəʊəˈnæləsɪs] *n* Psychoanalyse *die*.

psychoanalyst [ˌsaɪkəʊˈænəlɪst] *n* Psychoanalytiker *der*, -in *die*.

psychoanalyze *vt* **Am** = **psychoanalyse**.

psychological [ˌsaɪkəˈlɒdʒɪkl] *adj* psychologisch.

psychological warfare *n* psychologische Kriegführung.

psychologist [saɪˈkɒlədʒɪst] *n* Psychologe *der*, -gin *die*.

psychology [saɪˈkɒlədʒɪ] *n* Psychologie *die*.

psychopath [ˈsaɪkəpæθ] *n* Psychopath *der*, -in *die*.

psychosis [saɪˈkəʊsɪs] (*pl* **-choses** [-ˈkəʊsiːz]) *n* Psychose *die*.

psychosomatic [ˌsaɪkəʊsəˈmætɪk] *adj* psychosomatisch.

psychotherapy [ˌsaɪkəʊˈθerəpɪ] *n* Psychotherapie *die*.

psychotic [saɪˈkɒtɪk] *adj* psychotisch ◇ *n* Psychotiker *der*, -in *die*.

pt - 1. *abbr of* **pint - 2.** (*abbr of* **point**) Pkt.

Pt. (*abbr of* **Point**) [on map] *Landzunge*.

PT *n abbr of* **physical training**.

PTA *n abbr of* **parent-teacher association**.

Pte. *abbr of* **Private**.

PTO *n* (*abbr of* **parent-teacher organization**) = **PTA** ◇ (*abbr of* **please turn over**) b.w.

pub [pʌb] *n* Pub *der*, Bierlokal *das*.

PUB

In Großbritannien spielt sich ein großer Teil des sozialen Lebens, ganz besonders in den ländlichen Gegenden, in den „Pubs" ab, einer Mischung aus Gasthaus und Kneipe. Bis vor wenigen Jahren waren die Öffnungszeiten streng reguliert, doch heute sind „Pubs" meist von 11 bis 23 Uhr durchgehend geöffnet. Auch das Pubverbot für Kinder unter 16 gilt heute generell nicht mehr. Dies wird jedoch von Gegend zu Gegend und von Pub zu Pub unterschiedlich gehandhabt. Außer Getränken wird in den meisten Pubs auch eine Auswahl an leichten Mahlzeiten angeboten.

pub. *abbr of* **published**.

pub-crawl *n* ***Br*** Kneipentour *die;* **to go on a ~** eine Kneipentour machen.

puberty [ˈpjuːbətɪ] *n* Pubertät *die*.

pubescent [pjuːˈbesnt] *adj* pubertierend.

pubic [ˈpjuːbɪk] *adj* Scham-

public [ˈpʌblɪk] *adj* **- 1.** [of people in general, open to all] öffentlich **- 2.** [of, by the state] staatlich, Staats- **- 3.** [known to everyone]: **~ figure** bekannte Persönlichkeit; **to retire from ~ life** sich aus der Öffentlichkeit zurück|ziehen; **it's ~ knowledge that ...** es ist allgemein bekannt, dass ...; **to go ~ about sthg** ***inf*** etw heraus|posaunen; **to make sthg ~** etw öffentlich bekannt|geben, mit etw an die Öffentlichkeit gehen **- 4.** COMM: **to go ~** an die Börse gehen ◇ *n:* **the ~** die Öffentlichkeit; **in ~** in der Öffentlichkeit.

public-address system *n* Lautsprecheranlage *die*.

publican [ˈpʌblɪkən] *n* ***Br*** Wirt *der*, -in *die*.

publication [ˌpʌblɪˈkeɪʃn] *n* **- 1.** *(U)* [act of publishing] Veröffentlichung *die* **- 2.** [book, article] Publikation *die;* **this magazine is a monthly ~** diese Zeitschrift erscheint monatlich.

public bar *n* ***Br*** *schlicht eingerichteter Teil eines Pubs, in dem die Getränke billiger als in der „Lounge-Bar" sind.*

public company *n* Aktiengesellschaft *die*.

public convenience *n* ***Br*** öffentliche Toilette.

public domain *n:* **to be in the ~** [information] öffentlich zugänglich sein.

public holiday *n* gesetzlicher Feiertag.

public house *n* ***Br fml*** Gaststätte *die*.

publicist [ˈpʌblɪsɪst] *n* [publicity agent] PR-Agent *der*, -in *die*.

publicity [pʌbˈlɪsɪtɪ] *n (U)* **- 1.** [media attention] Publicity *die* **- 2.** [information] Werbung *die*, Reklame *die* ◇ *comp* Werbe-.

publicity stunt *n:* **it's only a ~** es ist nur ein Werbetrick.

publicize, -ise [ˈpʌblɪsaɪz] *vt* bekannt machen.

public limited company *n* ≃ Aktiengesellschaft *die*.

publicly [ˈpʌblɪklɪ] *adv* öffentlich.

public office *n:* **to stand for ~** für ein öffentliches Amt kandidieren.

public opinion *n (U)* öffentliche Meinung.

public ownership *n* Staatsbesitz *der*.

public prosecutor *n* Staatsanwalt *der*, -anwältin *die*.

public relations *n (U)* [work] Öffentlichkeitsarbeit *die*, Public Relations *pl* ◇ *npl:* **it would be good for ~** es wäre gut für unser öffentliches Ansehen.

public relations officer *n* PR-Manager *der*, -in *die*.

public school *n* **- 1.** ***Br*** [private school] höhere Privatschule **- 2.** ***Am*** & ***Scot*** [state school] staatliche Schule.

PUBLIC SCHOOL

In England und Wales ist eine Public School eine traditionelle Privatschule (meist Internat). Einige Public Schools (z. B. Eton und Harrow) sind sehr bekannt und gelten als begehrte Eliteschmieden. In den USA dagegen und zum Teil auch in Schottland bezeichnet der Ausdruck „public school" eine staatliche Schule.

public sector *n* öffentliches Sektor.

public servant *n* Staatsbeamte *der*, *die*.

public-spirited [ˈspɪrɪtɪd] *adj:* **to be ~** Gemeinschaftssinn haben.

public transport *n (U)* öffentliche Verkehrsmittel *pl.*

public utility *n* öffentlicher Versorgungsbetrieb.

public works *npl* staatliche Bauvorhaben.

publish [ˈpʌblɪʃ] *vt* veröffentlichen.

publisher [ˈpʌblɪʃəʳ] *n* - **1.** [company] Verlag *der* - **2.** [person] Verleger *der*, -in *die.*

publishing [ˈpʌblɪʃɪŋ] *n* Verlagswesen *das.*

publishing company, publishing house *n* Verlag *der.*

pub lunch *n* Mittagessen *das* im Pub.

puck [pʌk] *n* ICE HOCKEY Puck *der.*

pucker [ˈpʌkəʳ] *vt* [lips for kissing] spitzen ◇ *vi* [material] Falten werfen.

pudding [ˈpʊdɪŋ] *n* - **1.** [sweet food] Nachspeise *die;* **milk ~** Pudding *der* - **2.** *(U) Br* [part of meal] Nachtisch *der*, Dessert *das.*

puddle [ˈpʌdl] *n* Pfütze *die.*

pudgy [ˈpʌdʒɪ] *adj* = **podgy.**

puerile [ˈpjʊəraɪl] *adj fml* kindisch, infantil.

Puerto Rican [ˌpwɜːtəʊˈriːkən] *adj* puertoricanisch ◇ *n* Puertoricaner *der*, -in *die.*

Puerto Rico [ˌpwɜːtəʊˈriːkəʊ] *n* Puerto Rico *nt.*

puff [pʌf] *n* - **1.** [of cigarette, pipe] Zug *der* - **2.**: **~ of wind** Windhauch *der;* **~ of smoke** Rauchwölkchen *das* ◇ *vt* paffen ◇ *vi* - **1.** [smoke]: **to ~ at** OR **on sthg** an etw *(D)* paffen - **2.** [pant] keuchen, schnaufen.

◆ **puff out** *vt sep* [cheeks] auf|blasen; [chest] anschwellen lassen; [feathers] auf|plustern.

◆ **puff up** *vi* [eyes, skin] an|schwellen.

puffed [pʌft] *adj* - **1.** [swollen]: **~ up** angeschwollen - **2.** *Br inf* [out of breath]: **~ (out)** außer Atem.

puffed sleeve *n* Puffärmel *der.*

puffin [ˈpʌfɪn] *n* Papageientaucher *der.*

puff pastry, puff paste *Am n (U)* Blätterteig *der.*

puffy [ˈpʌfɪ] (*compar* **-ier;** *superl* **-iest**) *adj* aufgedunsen, angeschwollen.

pug [pʌg] *n* Mops *der.*

pugnacious [pʌgˈneɪʃəs] *adj fml* kampflustig.

puke [pjuːk] *vi vinf* kotzen.

pull [pʊl] *vt* - **1.** [rope, hair] ziehen an *(+ D);* [cart] ziehen; **to ~ sthg to pieces** etw in Stücke reißen; *fig* etw scharf kritisieren - **2.** [curtains - open] auf|ziehen; [- close] zu|ziehen - **3.** [trigger] drücken; [lever] ziehen - **4.** [take out - cork] heraus|ziehen; [- gun, tooth] ziehen; **she ~ed herself out of the water** sie rettete sich aus dem Wasser - **5.** [muscle, hamstring] sich *(D)* zerren - **6.** [crowd, voters] an|ziehen ◇ *vi* [tug with hand] ziehen ◇ *n* - **1.** [tug with hand] Ziehen *das*, Zug *der;* **to give the rope a ~** am Seil ziehen - **2.** *(U)* [influence] Einfluss *der.*

◆ **pull ahead** *vi:* **to ~ ahead (of sb/sthg)** (jm/etw) davon|ziehen.

◆ **pull apart** *vt sep* [separate] auseinander ziehen.

◆ **pull at** *vt fus* ziehen an *(+ D).*

◆ **pull away** *vi* - **1.** [from roadside]: **to ~ away (from)** weg|ziehen (von) - **2.** [in race]: **to ~ away (from)** sich ab|setzen (von).

◆ **pull back** *vi* [step backwards] (nach hinten) aus|weichen, zurück|treten.

◆ **pull down** *vt sep* [demolish] ab|reißen.

◆ **pull in** *vi* [car, bus] an|halten; [train] ein|fahren.

◆ **pull off** *vt sep* - **1.** [take off] aus|ziehen - **2.** [succeed in - coup, robbery] landen; [- deal] an Land ziehen.

◆ **pull on** *vt sep* [clothes, shoes] an|ziehen.

◆ **pull out** *vt sep* [withdraw] zurück|ziehen ◇ *vi* - **1.** [train] ab|fahren - **2.** [vehicle - from kerb] ab|fahren; [- from lane] aus|scheren - **3.** [withdraw] sich zurück|ziehen.

◆ **pull over** *vi* [vehicle, driver] an den Straßenrand fahren.

◆ **pull through** *vi* [patient] durch|kommen ◇ *vt sep* [subj: doctor] durch|bringen, durch|bekommen.

◆ **pull together** *vt sep:* **to ~ o.s. together** sich zusammen|reißen, sich zusammen|nehmen ◇ *vi* [combine efforts] am gleichen Strang ziehen.

◆ **pull up** *vt sep* - **1.** [raise] hoch|ziehen, herauf|ziehen - **2.** [move closer] heran|ziehen - **3.** [stop]: **to ~ sb up short** jn zum Nachdenken bringen ◇ *vi* an|halten.

pull-down menu *n* COMPUT Pull-down-Menü *das.*

pulley [ˈpʊlɪ] (*pl* **pulleys**) *n* [wheel] Rolle *die;* [whole system] Flaschenzug *der.*

pullout [ˈpʊlaʊt] *n* - **1.** [of troops] Abzug *der* - **2.** [in magazine]: **~ (section)** herausnehmbarer Teil.

pullover [ˈpʊlˌəʊvəʳ] *n* Pullover *der.*

pulp [pʌlp] *adj:* **~ novel** Schundroman *der;* **~ fiction** Schundliteratur *die* ◇ *n* - **1.** [soft mass] Brei *der* - **2.** [of fruit] Fruchtfleisch *das* - **3.** [for paper] Papierbrei *der* ◇ *vt* [books] ein|stampfen.

pulpit [ˈpʊlpɪt] *n* Kanzel *die.*

pulsar [ˈpʌlsɑːʳ] *n* Pulsar *der.*

pulsate [pʌlˈseɪt] *vi* pulsieren; [air, sound] vibrieren.

pulse [pʌls] *n* - **1.** [in body] Puls *der;* **to take sb's ~** jm den Puls messen - **2.** TECH Impuls *der* ◇ *vi* [blood, music] pulsieren.

◆ **pulses** *npl* [food] Hülsenfrüchte *pl.*

pulverize, -ise [ˈpʌlvəraɪz] *vt* - **1.** [crush] pulverisieren, zermahlen - **2.** *fig* [person] fertig machen; [argument] vom Tisch wischen.

puma [ˈpjuːmə] (*pl inv* OR **-s**) *n* Puma *der.*

pumice (stone) [ˈpʌmɪs-] *n (U)* Bimsstein *der*.

pummel [ˈpʌml] (*Br pt* & *pp* **-led;** *cont* **-ling,** ***Am*** *pt* & *pp* **-ed;** *cont* **-ing**) *vt* mit den Fäusten bearbeiten, einschlagen auf *(+ A)*.

pump [pʌmp] *n* - **1.** [machine] Pumpe *die* - **2.** [for petrol] Zapfsäule *die*, Tanksäule *die* ◇ *vt* - **1.** [convey by pumping] pumpen - **2.** ***inf*** [invest]: **to ~ money into sthg** Geld in etw fließen lassen *OR* stecken - **3.** ***inf*** [interrogate]: **to ~ sb for information** aus jm Informationen heraus|holen ◇ *vi* [machine, person, heart] pumpen.

◆ **pumps** *npl* [shoes] Pumps *pl*.

pumpernickel [ˈpʌmpənɪkl] *n* Pumpernickel *das*.

pumpkin [ˈpʌmpkɪn] *n* Kürbis *der*.

pumpkin pie *n* Kürbiskuchen *der*.

pun [pʌn] *n* Wortspiel *das*.

punch [pʌntʃ] *n* - **1.** [blow] (Faust)schlag *der* - **2.** [for making holes in paper] Locher *der* - **3.** *(U)* [drink - cold] Bowle *die;* [- hot] Punsch *der* ◇ *vt* - **1.** [hit] (mit der Faust) schlagen - **2.** [perforate - ticket] lochen; **to ~ a hole in sthg** ein Loch in etw machen.

◆ **punch in** *vi* ***Am*** stechen, stempeln *(bei Arbeitsbeginn)*.

◆ **punch out** *vi* ***Am*** stechen, stempeln *(bei Arbeitsende)*.

Punch-and-Judy show [ˌpʌntʃənˈdʒuːdɪ-] *n* Kasperletheater *das*.

PUNCH-AND-JUDY SHOW

Die Punch and Judy show, die oft im Sommer am Strand aufgeführt wird, ist das britische Kasperletheater, komplett mit Krokodilen, gestohlenen Würstchen, lustigen Prügeleien (mit dem „Slapstick", der zum Markennamen für das Genre des komischen Klamaukstücks wurde), schreienden Babys, nörgelnden Ehefrauen (Judy) und schlagkräftigen Ehemännern (Mr Punch). Nach wie vor ein Renner bei Kindern, ähnlich wie Cartoons wie „Tom and Jerry".

punch-bag, punching bag ***Am*** [ˈpʌntʃɪŋ-] *n* Sandsack *der*.

punch ball *n* Punchingball *der*.

punch bowl *n* Bowlegefäß *das*.

punch-drunk *adj* [groggy] benommen.

punch(ed) card [pʌntʃ(t)-] *n* Lochkarte *die*.

punching bag *n* ***Am*** = **punch-bag.**

punch line *n* Pointe *die*.

punch-up *n* ***Br inf*** Schlägerei *die*.

punchy [ˈpʌntʃɪ] (*compar* **-ier;** *superl* **-iest**) *adj* ***inf*** [style] prägnant; [slogan] durchschlagend.

punctilious [pʌŋkˈtɪlɪəs] *adj* ***fml*** äußerst korrekt.

punctual [ˈpʌŋktʃʊəl] *adj* pünktlich.

punctually [ˈpʌŋktʃʊəlɪ] *adv* pünktlich.

punctuate [ˈpʌŋktʃʊeɪt] *vt* - **1.** [add punctuation to] Satzzeichen setzen in *(+ D)* - **2.** [interrupt]: **to be ~d by** *OR* **with sthg** von *OR* mit etw unterbrochen werden.

punctuation [ˌpʌŋktʃʊˈeɪʃn] *n* Zeichensetzung *die*, Interpunktion *die*.

punctuation mark *n* Satzzeichen *das*.

puncture [ˈpʌŋktʃəʳ] *n* [in tyre, ball] (kleines) Loch; **I had a ~** ich hatte einen Platten ◇ *vt* - **1.** [tyre, ball] ein Loch machen in *(+ A)* - **2.** [lung, skin] punktieren.

pundit [ˈpʌndɪt] *n* Experte *der*, -tin *die*.

pungent [ˈpʌndʒənt] *adj* - **1.** [smell] stechend, beißend; [taste] scharf - **2.** ***fig*** [criticism, remark] scharf.

punish [ˈpʌnɪʃ] *vt* bestrafen; **to ~ sb for sthg** jn für etw bestrafen.

punishable [ˈpʌnɪʃəbl] *adj* strafbar; **to be ~ by life imprisonment** mit lebenslänglicher Haft bestraft werden.

punishing [ˈpʌnɪʃɪŋ] *adj* [work, schedule] strapaziös.

punishment [ˈpʌnɪʃmənt] *n* - **1.** *(U)* [act of punishing] Bestrafung *die* - **2.** [means of punishment] Strafe *die* - **3.** [heavy use]: **the car takes a lot of ~** das Auto wird ganz schön strapaziert.

punitive [ˈpjuːnətɪv] *adj* [measures] Straf-; [taxes] sehr hoch.

Punjab [ˌpʌnˈdʒɑːb] *n:* **the ~** das Pandschab.

Punjabi [ˌpʌnˈdʒɑːbɪ] *adj* Pandschabi- ◇ *n* - **1.** [person] Pandschabi *der*, *die* - **2.** [language] Pandschabi *das*.

punk [pʌŋk] *adj* Punker- ◇ *n* - **1.** [music]: **~ (rock)** Punk(rock) *der* - **2.** [person]: **~ (rocker)** Punker *der*, -in *die* - **3.** ***Am inf*** [lout] Rowdy *der*, Randalierer *der*.

punnet [ˈpʌnɪt] *n* ***Br*** Schale *die*, Körbchen *das*.

punt [pʌnt] *n* - **1.** [boat] Stechkahn *der* - **2.** [Irish currency] Punt *das* ◇ *vi* [in boat] staken.

punter [ˈpʌntəʳ] *n* - **1.** [someone who bets] Wetter *der*, -in *die* - **2.** ***Br inf*** [customer] Kunde *der*, -din *die*.

puny [ˈpjuːnɪ] (*compar* **-ier;** *superl* **-iest**) *adj* [person] kümmerlich; [limbs] schwächlich; [effort] erbärmlich.

pup [pʌp] *n* - **1.** [young dog] Hundejunge *das*, Welpe *der* - **2.: seal ~** Robbenjunge *das*.

pupil [ˈpjuːpl] *n* - **1.** [student, follower] Schüler *der*, -in *die* - **2.** [of eye] Pupille *die*.

puppet [ˈpʌpɪt] *n* - **1.** [string puppet] & ***fig*** Marionette *die* - **2.** [glove puppet] Handpuppe *die*.

puppet government *n* Marionettenregierung *die*.

puppet show *n* [with string puppets] Marionettentheater *das;* [with glove puppets] Puppenspiel *das*.

puppy ['pʌpɪ] (*pl* **-ies**) *n* Hundejunge *das*, Welpe *der*.

puppy fat *n (U)* ***inf*** Babyspeck *der*.

purchase ['pɜːtʃəs] ***fml*** *n* - **1.** *(U)* [act of buying] Kauf *der* - **2.** [thing bought]: **~s** Einkäufe *pl;* **this was a good ~** das war ein guter Kauf - **3.** *(U)* [grip] Halt *der* <> *vt* kaufen.

purchase order *n* Auftragsbestätigung *die*.

purchase price *n* Kaufpreis *der*.

purchaser ['pɜːtʃəsəʳ] *n* Käufer *der*, -in *die*.

purchasing power ['pɜːtʃəsɪŋ-] *n (U)* Kaufkraft *die*.

purdah ['pɜːdəl *n (U)* RELIG *moslemischer Brauch, nach dem sich Frauen in abgeteilten Räumen aufhalten oder einen Schleier tragen müssen, um den Blicken fremder Männer zu entgehen.*

pure [pjʊəʳ] *adj* - **1.** [unadulterated, untainted] rein - **2.** [voice, sound] klar - **3.** ***literary*** [chaste] rein - **4.** [science, maths] theoretisch - **5.** [for emphasis] pur.

purebred ['pjʊəbred] *adj* reinrassig.

puree ['pjʊəreɪ] *n* Püree *das* <> *vt* pürieren.

purely ['pjʊəlɪ] *adv* rein.

pureness ['pjʊənɪs] *n* Reinheit *die;* [of sound, voice] Klarheit *die*.

purgative ['pɜːgətɪv] *n* Abführmittel *das*.

purgatory ['pɜːgətrɪ] *n (U)* ***hum*** [suffering] Quälerei *die*.

◆ **Purgatory** *n* [place] Fegefeuer *das*.

purge [pɜːdʒ] *n* POL Säuberungsaktion *die* <> *vt* - **1.** POL säubern - **2.** [rid]: **to ~ sthg/o.s. of sthg** etw/sich von etw befreien.

purification [ˌpjʊərɪfɪ'keɪʃn] *n (U)* [of air, water] Reinigung *die*.

purifier ['pjʊərɪfaɪəʳ] *n* [for air] Luftreiniger *der;* [for water] Wasserreiniger *der*.

purify ['pjʊərɪfaɪ] (*pt* & *pp* **-ied**) *vt* [air, water] reinigen.

purist ['pjʊərɪst] *n* Purist *der*, -in *die*.

puritan ['pjʊərɪtən] *adj* puritanisch <> *n* Puritaner *der*, -in *die*.

puritanical [ˌpjʊərɪ'tænɪkl] *adj* ***pej*** puritanisch.

purity ['pjʊərətɪ] *n (U)* - **1.** [of air, water] Reinheit *die* - **2.** [of sound, voice] Klarheit *die* - **3.** ***literary*** [chastity] Reinheit *die*.

purl [pɜːl] *n:* **~ (stitch)** linke Masche <> *vt* [stitch] links stricken.

purloin [pɜː'lɔɪn] *vt* ***fml*** OR ***hum*** entwenden.

purple ['pɜːpl] *adj* violett, lila <> *n* Violett *das*, Lila *das*.

purport [pə'pɔːt] *vi* ***fml:*** **to ~ to do/be sthg** vor|geben, etw zu tun/sein.

purpose ['pɜːpəs] *n* - **1.** [objective, reason] Zweck *der* - **2.** [use]: **to no ~** umsonst - **3.** [determination] Entschlossenheit *die*.

◆ **on purpose** *adv* absichtlich, mit Absicht.

purpose-built *adj* zu diesem Zweck gebaut.

purposeful ['pɜːpəsfʊl] *adj* zielbewusst, entschlossen.

purposely ['pɜːpəslɪ] *adv* absichtlich, mit Absicht.

purr [pɜːʳ] *n* - **1.** [of cat] Schnurren *das* - **2.** [of engine] Summen *das* <> *vi* - **1.** [cat, person] schnurren - **2.** [engine, machine] summen.

purse [pɜːs] *n* - **1.** [for money] Portmonee *das* - **2.** ***Am*** [handbag] Handtasche *die* <> *vt* [lips] auf|werfen, schürzen.

purser ['pɜːsəʳ] *n* Zahlmeister *der*, -in *die*.

purse snatcher [-ˌsnætʃər] *n* ***Am*** (Hand)taschendieb *der*, -in *die*.

purse strings *npl:* **to hold the ~** über das Geld bestimmen.

pursue [pə'sjuː] *vt* - **1.** [criminal, car] verfolgen - **2.** [hobby, interest] nach|gehen *(+ D);* [aim] verfolgen - **3.** [matter] weiter|verfolgen.

pursuer [pə'sjuːəʳ] *n* Verfolger *der*, -in *die*.

pursuit [pə'sjuːt] *n* - **1.** *(U)* ***fml*** [attempt to obtain, achieve]: **the ~ of sthg** das Streben nach etw - **2.** [chase] Verfolgung *die;* **to set off in ~ of sb** jm nach|jagen; **in hot ~** dicht auf den Fersen - **3.** SPORT Verfolgung *die* - **4.** [occupation, activity] Beschäftigung *die*, Betätigung *die*.

purveyor [pə'veɪəʳ] *n* ***fml*** Lieferant *der*.

pus [pʌs] *n* Eiter *der*.

push [pʊʃ] *vt* - **1.** [press, move - button] drücken; [- bicycle, person] schieben; **to ~ the door open/to** die Tür auf|-/zu|machen - **2.** [encourage] (nachdrücklich) ermutigen; **to ~ sb to do sthg** jn (nachdrücklich) ermutigen, etw zu tun - **3.** [force] drängen; **to ~ sb into doing sthg** jn drängen, etw zu tun - **4.** ***inf*** [promote] Werbung machen für - **5.** ***drugs sl*** [sell illegally] handeln mit, dealen mit - **6.** ***inf*** [approach]: **he's ~ing forty** er geht auf die vierzig zu; **we were ~ing ninety miles an hour** wir fuhren fast neunzig Meilen pro Stunde <> *vi* - **1.** [shove] schieben; [in crowd] drängen - **2.** [on button, bell] drücken - **3.** [campaign]: **to ~ for sthg** auf etw *(A)* drängen, es auf etw *(A)* anlegen <> *n* - **1.** [shove] Stoß *der*, Schubs *der* - **2.** [on button, bell]: **to give sthg a ~** etw drücken - **3.** [campaign] (großangelegte) Aktion - **4.** ***phr:*** **to give sb the ~** ***Br inf*** [end relationship] mit jm Schluss machen; [dismiss] jn raus|schmeißen.

◆ **push ahead** *vi:* **to ~ ahead (with sthg)** (mit etw) weiter|machen .

◆ **push around** *vt sep* ***inf fig*** [bully] herum|schubsen.

◆ **push in** *vi* [in queue] (sich) vor|drängen, sich rein|drängen.

◆ **push off** *vi inf* [go away] verschwinden, ab|hauen.
◆ **push on** *vi* [continue] weiter|machen.
◆ **push over** *vt sep* um|stürzen, um|schmeißen.
◆ **push through** *vt sep* [new law, reform] durch|bringen, durch|setzen.

pushbike ['pʊʃbaɪk] *n* ***Br*** Fahrrad *das*.

push-button *adj* [phone] Tasten-.

pushcart ['pʊʃkɑːt] *n* Schubwagen *der*, Karren *der*.

pushchair ['pʊʃtʃeəʳ] *n* ***Br*** Sportwagen *der*.

pushed [pʊʃt] *adj* ***inf***: **to be ~ for time** unter Zeitdruck stehen; **to be ~ for money** in Geldnöten sein; **to be hard ~ to do sthg** es schwer finden, etw zu tun.

pusher ['pʊʃəʳ] *n* ***drugs sl*** Dealer *der*, -in *die*.

pushover ['pʊʃˌəʊvəʳ] *n* ***inf*** [sucker]: **he's a ~** er lässt sich leicht reinlegen.

push-start *vt* an|schieben.

push-up *n* ***esp Am*** Liegestütz *der*.

pushy ['pʊʃɪ] (*compar* **-ier**; *superl* **-iest**) *adj* ***pej*** aufdringlich, aggressiv.

puss [pʊs], **pussy (cat)** ['pʊsɪ-] *n* ***inf*** Mieze(katze) *die*.

put [pʊt] (*pt & pp* **put**; *cont* **-ting**) *vt* - **1.** [place] tun; [place upright] stellen; [lay flat] legen; **to ~ sthg into sthg** etw in etw *(A)* hinein|tun/hinein|stellen/hinein|legen; **he ~ his arm round her shoulder** er legte ihr den Arm um die Schulter; **I ~ the children first** bei mir kommen die Kinder zuerst; **he ~ his hand in his pocket** er steckte die Hand in die Tasche; **that ~s me in a difficult position** das bringt mich in eine schwierige Lage - **2.** [send]: **to ~ sb in prison/hospital** jn ins Gefängnis stecken/ins Krankenhaus schicken; **to ~ a child to bed** ein Kind ins Bett bringen - **3.** [express] sagen; **I ~ it to you that ...** bedenken Sie, dass ... - **4.** [ask]: **to ~ a question (to sb)** (jm) eine Frage stellen - **5.** [make]: **to ~ a proposal to sb** jm einen Vorschlag machen - **6.** [write] schreiben - **7.** [cause]: **to ~ sb to a lot of trouble** jm viel Mühe machen - **8.** [estimate]: **to ~ sthg at** etw schätzen auf *(+ A)* - **9.** [invest - money, time, energy]: **to ~ sthg into sthg** etw in etw *(A)* investieren, etw für etw auf|wenden - **10.** [apply]: **to ~ pressure on sb, to ~ sb under pressure** jn unter Druck setzen; **to ~ the blame on sb** jm die Schuld geben.
◆ **put across** *vt sep* [ideas] verständlich machen.
◆ **put aside** *vt sep* - **1.** [gen] beiseite legen - **2.** [money] zur Seite legen.
◆ **put away** *vt sep* - **1.** [tidy away] weg|räumen - **2.** ***inf*** [lock up] ein|sperren - **3.** ***inf*** [eat] verdrücken; [drink] schlucken; **he can really ~ it away** der kann wirklich was wegstecken.
◆ **put back** *vt sep* - **1.** [replace] zurück|legen; [upright] zurück|stellen; **~ it back in the bag** stecke es wieder in die Tasche - **2.** [postpone] verschieben - **3.** [clock, watch] zurück|stellen.
◆ **put by** *vt sep* [money] zurück|legen.
◆ **put down** *vt sep* - **1.** [place] setzen; [place upright] (hin|)stellen; [lay flat] (hin|)legen - **2.** [passenger] ab|setzen - **3.** [deposit] an|zahlen - **4.** [riot, rebellion] nieder|schlagen - **5.** ***inf*** [criticize] schlecht machen - **6.** [write down] auf|schreiben; **to ~ sthg down in writing** etw schriftlich nieder|legen - **7.** ***Br*** [animal] ein|schläfern.
◆ **put down to** *vt sep*: **to ~ sthg down to sthg** etw einer Sache *(D)* zulschreiben.
◆ **put forward** *vt sep* - **1.** [plan, theory, name] vor|schlagen; [proposal] machen - **2.** [meeting, date] vor|verlegen - **3.** [clock, watch] vor|stellen.
◆ **put in** *vt sep* - **1.** [spend - time] verwenden auf *(+ A)* - **2.** [submit] ein|reichen - **3.** [install] ein|bauen.
◆ **put in for** *vt fus* [request] sich bewerben um.
◆ **put off** *vt sep* - **1.** [postpone] verschieben; **to ~ off doing sthg** es verschieben, etw zu tun - **2.** [switch off] aus|schalten, aus|machen - **3.** [cause to wait] hin|halten - **4.** [discourage]: **to ~ sb off doing sthg** jn davon ab|bringen, etw zu tun - **5.** [distract] ab|lenken - **6.** [cause to dislike]: **to ~ sb off doing sthg** es jm verleiden, etw zu tun - **7.** [passenger] ab|setzen.
◆ **put on** *vt sep* - **1.** [clothes] an|ziehen; [hat, glasses] auf|setzen; [make-up] auf|legen; **~ your clothes on!** zieh dich an! - **2.** [play, show] auf|führen; [exhibition] veranstalten - **3.** [gain in weight]: **to ~ on weight** zu|nehmen; **I've ~ on two kilos** ich habe zwei Kilo zugenommen - **4.** [TV, radio, light] an|schalten; [handbrake] an|ziehen - **5.** [CD, record] auf|legen; [tape] ein|legen; [music] an|stellen - **6.** [start cooking] auf|stellen; **to ~ the kettle on** Wasser auf|setzen - **7.** [feign] vor|täuschen - **8.** [bet]: **to ~ money on a horse** Geld auf ein Pferd setzen - **9.** [add] auf|schlagen - **10.** [provide - bus, train] ein|setzen - **11.** ***inf*** [tease] auf|ziehen.
◆ **put onto** *vt sep*: **to ~ sb onto sb/sthg** jn mit jm/etw in Verbindung setzen.
◆ **put out** *vt sep* - **1.** [place outside - milk bottles] hinaus|stellen; [- rubbish] hinaus|bringen; [- cat] hinaus|setzen - **2.** [issue - book, record] veröffentlichen; [- statement] ab|geben - **3.** [cigarette, fire, light] aus|machen - **4.** [hand, arm, leg] aus|strecken - **5.** ***inf*** [injure]: **to ~ one's back out** sich *(D)* den Rücken verrenken - **6.** [annoy]: **to be ~ out** verärgert sein, sich ärgern - **7.** [inconvenience]: **to ~ sb out** jm Umstände machen; **to ~ o.s. out for sb** sich *(D)* wegen jm viel Mühe machen.
◆ **put over** *vt sep* = **put across.**
◆ **put through** *vt sep* [phonecall] durch|stellen; **to ~ sb through to sb** jn mit jm verbinden.
◆ **put together** *vt sep* - **1.** [assemble - machine, tool] zusammen|setzen; [- team, report]

zusammen|stellen - **2.** [combine] zusammen|stellen; **she's better than all the others ~ together** sie ist besser als alle anderen zusammen - **3.** [organize - exhibition] zusammen|stellen; [- campaign, event] auf die Beine stellen.

◆ **put up** *vt sep* - **1.** [tent, statue, building] auf|stellen, errichten - **2.** [umbrella] auf|spannen; [flag] hoch|ziehen - **3.** [notice] an|schlagen; [sign] an|bringen; [curtains] auf|hängen - **4.** [provide - money] stellen - **5.** [propose - candidate] auf|stellen - **6.** [increase - price, cost] hoch|treiben - **7.** [provide accommodation for] unter|bringen <> *vt fus* [resistance] leisten; **to ~ up a fight** sich wehren <> *vi* **Br** [in hotel] unter|kommen.

◆ **put upon** *vt fus* **Br: to be ~ upon** ausgenutzt werden.

◆ **put up to** *vt sep:* **to ~ sb up to sthg** jn zu etw an|stiften.

◆ **put up with** *vt fus* dulden.

putative ['pju:tətɪv] *adj* ***fml*** mutmaßlich.

put-down *n* ***inf*** Abfuhr *die*.

putrefaction [,pju:trɪ'fækʃn] *n* Verwesung *die*.

putrefy ['pju:trɪfaɪ] (*pt & pp* **-ied**) *vi* ***fml*** verwesen.

putrid ['pju:trɪd] *adj* ***fml*** [decayed] faulig.

putsch [pʊtʃ] *n* Putsch *der*.

putt [pʌt] *n* Schlag *der* <> *vt & vi* putten, ein|lochen.

putter ['pʌtəʳ] *n* [club] Putter *der*.

◆ **putter about, putter around** ***Am*** *vi* = **potter about.**

putting green ['pʌtɪŋ-] *n* [for practising] *Rasenfläche zum Putten*.

putty ['pʌtɪ] *n* Kitt *der*.

put-up job *n* ***inf*** abgekartetes Spiel.

put-upon *adj* ***inf*** ausgenutzt.

puzzle ['pʌzl] *n* - **1.** [game] Rätsel *das;* [toy] Geduldsspiel *das;* **(jigsaw) ~** Puzzle *das* - **2.** [mystery] Rätsel *das* <> *vt* verblüffen <> *vi:* **to ~ over sthg** sich *(D)* über etw *(A)* den Kopf zerbrechen.

◆ **puzzle out** *vt sep* heraus|finden.

puzzled ['pʌzld] *adj* verblüfft.

puzzling ['pʌzlɪŋ] *adj* verblüffend.

PVC *n* PVC *das*.

Pvt. *abbr of* **Private.**

Pygmy ['pɪgmɪ] (*pl* **-ies**) *n* [in Africa] Pygmäe *der*, -äin *die*.

pyjama [pə'dʒɑ:məl] *comp* Schlafanzug-, Pyjama-.

pyjamas [pə'dʒɑ:məz] *npl* Schlafanzug *der*, Pyjama *der*.

pylon ['paɪlən] *n* ELEC Mast *der*.

PYO (*abbr of* **pick your own**) *auf Schildern verwendeter Hinweis, dass man bei diesen Bauern Früchte und Gemüse selbst pflücken und kaufen kann.*

pyramid ['pɪrəmɪd] *n* Pyramide *die*.

pyramid selling [-,selɪŋ] *n (U)* Schneeballsystem *das*.

pyre ['paɪəʳ] *n* Scheiterhaufen *der*.

Pyrenean [,pɪrə'ni:ən] *adj* pyrenäisch.

Pyrenees [,pɪrə'ni:z] *npl:* **the ~** die Pyrenäen.

Pyrex® ['paɪreks] *n (U)* ≃ Jenaer Glas® *das* <> *comp* ≃ aus Jenaer Glas®.

pyromaniac [,paɪrə'meɪnɪæk] *n* Pyromane *der*, -nin *die*.

pyrotechnics [,paɪrəʊ'teknɪks] *n (U)* [science] Pyrotechnik *die* <> *npl* ***fig*** [show of brilliance] Feuerwerk *das*.

python ['paɪθn] (*pl inv* OR **-s**) *n* Pythonschlange *die*.

Q

q (*pl* **q's** OR **qs**), **Q** (*pl* **Q's** OR **Qs**) [kju:] *n* q *das*, Q *das*.

QC *n abbr of* **Queen's Counsel.**

QED (*abbr of* **quod erat demonstrandum**) q. e. d.

QM *n abbr of* **quartermaster.**

q.t., QT (*abbr of* **quiet**) ***inf:*** **on the ~** heimlich.

Q-tip® *n* ***esp Am*** Wattestäbchen *das*.

qty *abbr of* **quantity.**

quack [kwæk] *n* - **1.** [noise] Quaken *das* - **2.** ***inf pej*** [doctor] Quacksalber *der*, Kurpfuscher *der* <> *vi* quaken.

quad [kwɒd] *n* - **1.** *abbr of* **quadruplet** - **2.** *abbr of* **quadrangle.**

quadrangle ['kwɒdræŋgl] *n* - **1.** [figure] Viereck *das* - **2.** [courtyard] (viereckiger) Hof.

quadrant ['kwɒdrənt] *n* [instrument] Quadrant *der*.

quadraphonic [,kwɒdrə'fɒnɪk] *adj* quadrofonisch.

quadrilateral [,kwɒdrɪ'lætərəl] *adj* vierseitig <> *n* Viereck *das*.

quadruped [ˈkwɒdrʊped] *n* Vierfüßler *der*.

quadruple [kwɒˈdruːpl] *adj* vierfach; **sales are ~ last year's figures** die Verkaufszahlen haben sich im Vergleich zum Vorjahr vervierfacht <> *vt* vervierfachen <> *vi* sich vervierfachen.

quadruplets [ˈkwɒdrʊplɪts] *npl* Vierlinge *pl*.

quads [kwɒdz] *npl inf* Vierlinge *pl*.

quaff [kwɒf] *vt dated* trinken.

quagmire [ˈkwægmaɪəʳ] *n* Sumpf *der*.

quail [kweɪl] (*pl inv* OR **-s**) *n* Wachtel *die* <> *vi literary* beben, zittern.

quaint [kweɪnt] *adj* [cottage] urig; [tradition] kurios.

quake [kweɪk] *n inf* (*abbr of* **earthquake**) Beben *das* <> *vi* beben, zittern.

Quaker [ˈkweɪkəʳ] *n* Quäker *der*, -in *die*.

qualification [ˌkwɒlɪfɪˈkeɪʃn] *n* **- 1.** [examination, certificate, skill] Qualifikation *die* **- 2.** [qualifying statement] Einschränkung *die*.

qualified [ˈkwɒlɪfaɪd] *adj* **- 1.** [trained] ausgebildet **- 2.** [able]: **to be ~ to do sthg** qualifiziert sein, etw zu tun **- 3.** [limited] eingeschränkt.

qualify [ˈkwɒlɪfaɪ] (*pt* & *pp* **-ied**) *vt* **- 1.** [statement] ein|schränken **- 2.** [entitle]: **to ~ sb to do sthg** jn berechtigen, etw zu tun <> *vi* **- 1.** [pass exams & SPORT] sich qualifizieren **- 2.** [be entitled]: **to ~ for sthg** zu etw berechtigt sein.

qualifying [ˈkwɒlɪfaɪɪŋ] *adj* **- 1.** [statement] ein|schränkend **- 2.** [entitling]: **~ exam** Zulassungsprüfung *die* **- 3.** SPORT Qualifikations-; **~ round** Qualifikationsrunde *die*.

qualitative [ˈkwɒlɪtətɪv] *adj* qualitativ.

quality [ˈkwɒlətɪ] (*pl* **-ies**) *n* **- 1.** [gen] Qualität *die* **- 2.** [characteristic] Eigenschaft *die* <> *comp* Qualitäts-.

quality control *n* Qualitätskontrolle *die*.

quality press *n* **Br**: **the ~** die seriöse Presse.

qualms [kwɑːmz] *npl* Skrupel *pl*.

quandary [ˈkwɒndərɪ] (*pl* **-ies**) *n* Zwickmühle *die*; **to be in a ~ about** OR **over sthg** in einer Zwickmühle stecken wegen etw OR in Bezug auf etw *(A)*.

quango [ˈkwæŋgəʊ] (*pl* **-s**) (*abbr of* **quasi-autonomous non-governmental organization**) *n* **Br usu pej** *in Großbritannien ein vom Staat eingesetzte Behörde zum Betrieb eines öffentlichen Dienstes.*

quantifiable [kwɒntɪˈfaɪəbl] *adj* quantifizierbar.

quantify [ˈkwɒntɪfaɪ] (*pt* & *pp* **-ied**) *vt* in Zahlen aus|drücken.

quantitative [ˈkwɒntɪtətɪv] *adj* quantitativ.

quantity [ˈkwɒntətɪ] (*pl* **-ies**) *n* Menge *die*; **in ~** in großer Menge; **to be an unknown ~** eine unbekannte Größe sein.

quantity surveyor *n* Baukostenkalkulator *der*, -in *die*.

quantum leap [ˌkwɒntəm-] *n* **fig** Riesenschritt *der*.

quantum theory [ˈkwɒntəm-] *n* Quantentheorie *die*.

quarantine [ˈkwɒrəntiːn] *n* Quarantäne *die*; **to be in ~** in Quarantäne sein; **to put in ~** unter Quarantäne stellen <> *vt* unter Quarantäne stellen.

quark [kwɑːk] *n* **- 1.** PHYS Quarks *pl* **- 2.** CULIN Quark *der*.

quarrel [ˈkwɒrəl] (**Br** *pt* & *pp* **-led**; *cont* **-ling**, **Am** *pt* & *pp* **-ed**; *cont* **-ing**) *n* Streit *der*; **to have no ~ with sb/sthg** nichts gegen jn/etw haben <> *vi* sich streiten; **to ~ with sb** sich mit jm streiten; **to ~ with sthg** an etw *(D)* etwas auszusetzen haben.

quarrelsome [ˈkwɒrəlsəm] *adj* streitsüchtig.

quarry [ˈkwɒrɪ] (*pl* **-ies**; *pt* & *pp* **-ied**) *n* **- 1.** [place] Steinbruch *der* **- 2.** [prey] Beute *die* <> *vt* [stone] brechen.

quart [kwɔːt] *n* [unit of measurement] **Br** Quart *das* (= 1,14 *l*); **Am** Quart *das* (= 0,95 *l*).

quarter [ˈkwɔːtəʳ] *n* **- 1.** [fraction, area in town] Viertel *das* **- 2.** [in telling time]: **a ~ past (two) Br**, **a ~ after (two) Am** Viertel nach (zwei); **a ~ to (two) Br**, **a ~ of (two) Am** Viertel vor (zwei) **- 3.** [of year] Vierteljahr *das*, Quartal *das* **- 4. Am** [coin] Vierteldollar *der* **- 5.** [four ounces] ≃ Viertelpfund *das* **- 6.** [direction] Richtung *die*; **from all ~s of the globe** aus allen Himmelsrichtungen; **from an unexpected ~** von unerwarteter Seite.

◆ **quarters** *npl* [rooms] Quartier *das*.

◆ **at close quarters** *adv* aus der Nähe.

quarterback [ˈkwɔːtəbæk] *n* **Am** Quarterback *der*.

quarterdeck [ˈkwɔːtədek] *n* Achterdeck *das*.

quarterfinal [ˌkwɔːtəˈfaɪnl] *n* Viertelfinalspiel *das*.

quarter-hour *adj* viertelstündlich.

quarter light *n* **Br** *kleines dreieckiges ausstellbares Seitenfenster.*

quarterly [ˈkwɔːtəlɪ] (*pl* **-ies**) *adj* & *adv* vierteljährlich <> *n* Vierteljahresschrift *die*.

quartermaster [ˈkwɔːtəˌmɑːstəʳ] *n* MIL Quartiermeister *der*.

quarter note *n* **Am** MUS Viertelnote *die*.

quartet [kwɔːˈtet] *n* Quartett *das*.

quarto [ˈkwɔːtəʊ] (*pl* **-s**) *n* Quartformat *das*.

quartz [kwɔːts] *n* *(U)* Quarz *der*.

quartz watch *n* Quarzuhr *die*.

quasar [ˈkweɪzɑːʳ] *n* Quasar *der*.

quash [kwɒʃ] *vt* - **1.** [decision, sentence] auf|heben, widerrufen - **2.** [rebellion] unterdrücken, nieder|schlagen.

quasi- ['kweɪzaɪ] *prefix* quasi-.

quaver ['kweɪvəʳ] *n* - **1.** MUS Achtelnote *die* - **2.** [in voice] Zittern *das* <> *vi* zittern.

quavering ['kweɪvərɪŋ] *adj* zitternd.

quay [ki:] *n* Kai *der*.

quayside ['ki:saɪd] *n* Kai *der*.

queasy ['kwi:zɪ] (*compar* **-ier;** *superl* **-iest**) *adj* unwohl.

queen [kwi:n] *n* - **1.** [royalty, bee] Königin *die* - **2.** [in chess, playing card] Dame *die*.

queen bee *n* Bienenkönigin *die*.

queen mother *n*: **the ~** die Königinmutter.

Queen's Counsel *n* **Br** Anwalt *der*, -wältin *die* der Krone.

Queen's English *n* **Br**: **the ~** die englische Hochsprache.

queen's evidence *n* **Br**: **to turn ~** als Kronzeuge auf|treten.

queer [kwɪəʳ] *adj* [odd] seltsam, eigenartig; **I'm feeling a bit ~** mir ist nicht ganz wohl <> *n* **inf pej** [homosexual] Schwule *der*.

quell [kwel] *vt* unterdrücken.

quench [kwentʃ] *vt* stillen.

querulous ['kwerʊləs] *adj* **fml** nörglerisch.

query ['kwɪərɪ] (*pl* **-ies;** *pt* & *pp* **-ied**) *n* Frage *die* <> *vt* [decision] in Frage stellen; [invoice] beanstanden.

quest [kwest] *n* **literary**: **~ (for sthg)** Suche *die* (nach etw).

question ['kwestʃn] *n* Frage *die*; **to ask (sb) a ~** (jm) eine Frage stellen; **to bring** OR **call sthg into ~** etw in Frage stellen; **to be beyond ~** außer Zweifel OR Frage stehen; **it's open to ~ whether ...** es ist zweifelhaft, ob ...; **without ~** ohne Zweifel, ohne Frage; **there's no ~ of doing it** es kommt nicht in Frage, es zu tun <> *vt* - **1.** [interrogate] befragen - **2.** [express doubt about] bezweifeln.

◆ **in question** *adv*: **the ... in ~** der/die/das betreffende ...

◆ **out of the question** *adj* ausgeschlossen.

questionable ['kwestʃənəbl] *adj* - **1.** [uncertain] fraglich - **2.** [not right, not honest] fragwürdig.

questioner ['kwestʃənəʳ] *n* Fragesteller *der*, -in *die*.

questioning ['kwestʃənɪŋ] *adj* [look] fragend <> *n* (U) Befragung *die*.

question mark *n* Fragezeichen *das*.

question master *esp* **Br**, **quizmaster** *esp* **Am** ['kwɪz,mɑ:stəʳ] *n* Quizmaster *der*.

questionnaire [,kwestʃə'neəʳ] *n* Fragebogen *der*.

question time *n* (U) **Br** POL Fragestunde *die*.

queue [kju:] **Br** *n* Schlange *die*; **to jump the ~** sich vor|drängeln <> *vi* Schlange stehen; **to ~ (up) for sthg** für etw an|stehen.

queue-jump *vi* **Br** sich vor|drängeln.

quibble ['kwɪbl] **pej** *n* Spitzfindigkeit *die* <> *vi* spitzfindig sein; **to ~ over** OR **about sthg** über etw (A) streiten.

quiche [ki:ʃ] *n* Quiche *die*

quick [kwɪk] *adj* & *adv* schnell.

quicken ['kwɪkn] *vt* [make faster] beschleunigen <> *vi* [get faster] schneller werden.

quickly ['kwɪklɪ] *adv* schnell.

quickness ['kwɪknɪs] *n* Schnelligkeit *die*.

quicksand ['kwɪksænd] *n* Treibsand *der*.

quicksilver ['kwɪk,sɪlvəʳ] *n* **dated** Quecksilber *das*.

quickstep ['kwɪkstep] *n* Quickstepp *der*.

quick-tempered [-'tempəd] *adj* aufbrausend.

quick-witted [-'wɪtɪd] *adj* [person] geistesgegenwärtig; [response] schlagkräftig.

quid [kwɪd] (*pl inv*) *n* **Br inf** Pfund *das*.

quid pro quo [-'kwəʊ] (*pl* **quid pro quos**) *n* Gegenleistung *die*.

quiescent [kwaɪ'esnt] *adj* **fml** still, ruhig.

quiet ['kwaɪət] *adj* - **1.** [not noisy, calm] ruhig - **2.** [not talkative, silent] still; **to keep ~ about sthg** über etw (A) nichts sagen; **be ~!** sei/seid still! - **3.** [discreet - clothes, colours] dezent; **to have a ~ word with sb** mit jm unter vier Augen reden; **to use ~ diplomacy** diplomatisch vor|gehen - **4.** [wedding] im kleinen Kreis <> *n* Ruhe *die*; **on the ~ inf** heimlich <> *vt* **Am** zum Schweigen bringen.

◆ **quiet down Am** *vt sep* beruhigen <> *vi* sich beruhigen.

quieten ['kwaɪətn] *vt* beruhigen.

◆ **quieten down** *vt sep* beruhigen <> *vi* sich beruhigen.

quietly ['kwaɪətlɪ] *adv* - **1.** [without noise] leise - **2.** [without excitement] ruhig - **3.** [without fuss] in aller Stille.

quietness ['kwaɪətnɪs] *n* - **1.** [silence] Stille *die* - **2.** [peacefulness] Ruhe *die*.

quiff [kwɪf] *n* **Br** Tolle *die*.

quill (pen) [kwɪl-] *n* Feder *die*.

quilt [kwɪlt] *n* Steppdecke *die*.

quilted ['kwɪltɪd] *adj* gesteppt.

quince [kwɪns] *n* Quitte *die*.

quinine [kwɪ'ni:n] *n* Chinin *das*.

quins Br [kwɪnz], **quints Am** [kwɪnts] *npl* **inf** Fünflinge *pl*.

quintessential [kwɪntə'senʃl] *adj* typisch.

quintet [kwɪn'tet] *n* Quintett *das*.

quints *npl Am* = **quins.**

quintuplets [kwɪn'tjuːplɪts] *npl* Fünflinge *pl.*

quip [kwɪp] (*pt* & *pp* **-ped;** *cont* **-ping**) *n* geistreiche Bemerkung ◇ *vt* witzeln.

quirk [kwɜːk] *n* **- 1.** [habit] Marotte *die* **- 2.** [strange event]: **a ~ of fate** eine Laune des Schicksals.

quirky ['kwɜːkɪ] (*compar* **-ier;** *superl* **-iest**) *adj* schrullig.

quit [kwɪt] (*Br pt* & *pp* **quit** OR **-ted;** *cont* **-ting,** *Am pt* & *pp* **quit;** *cont* **-ting**) *vt* **- 1.** [resign from - job] auf|geben, kündigen; [- army] verlassen **- 2.** [stop] auf|hören mit ◇ *vi* **- 1.** [resign] kündigen **- 2.** [stop] auf|hören.

quite [kwaɪt] *adv* **- 1.** [fairly] ziemlich; **~ a lot** ziemlich viel; **~ a few** ziemlich viele **- 2.** [completely] ganz; **I ~ agree** das finde ich auch **- 3.** [after negative]: **not ~ big enough** nicht groß genug; **I don't ~ understand** ich verstehe nicht ganz **- 4.** [for emphasis]: **it was ~ a surprise** es war eine ziemliche Überraschung; **she's ~ a singer** sie singt ganz gut **- 5.** [to express agreement]: **~ (so)!** richtig!, genau!

quits [kwɪts] *adj inf:* **to be ~ (with sb)** (mit jm) quitt sein; **we'll call it ~** [forget the debt] es ist schon in Ordnung; [stop doing sthg] lassen Sie uns jetzt auf|hören.

quitter ['kwɪtəʳ] *n inf pej:* **he's a ~** er gibt leicht auf.

quiver ['kwɪvəʳ] *n* **- 1.** [shiver] Zittern *das* **- 2.** [for arrows] Köcher *der* ◇ *vi* zittern.

quivering ['kwɪvərɪŋ] *adj* zitternd.

quixotic [kwɪk'sɒtɪk] *adj literary* idealistisch.

quiz [kwɪz] (*pl* **-zes;** *pt* & *pp* **-zed;** *cont* **-zing**) *n* **- 1.** [competition, game] Quiz *das* **- 2.** *Am* SCH Prüfung *die* ◇ *vt:* **to ~ sb (about sthg)** jn (über etw *(A)*) aus|fragen.

quizmaster *n esp Am* = **question master.**

quizzical ['kwɪzɪkl] *adj* fragend.

quoits [kwɔɪts] *n* Wurfringspiel *das.*

Quonset hut® [,kwɒnset-] *n Am* Nissenhütte *die.*

quorate ['kwɔːreɪt] *adj Br:* **to be ~** beschlussfähig sein.

quorum ['kwɔːrəm] *n* Quorum *das.*

quota ['kwəʊtə] *n* Quote *die.*

quotation [kwəʊ'teɪʃn] *n* **- 1.** [citation] Zitat *das* **- 2.** COMM Kostenvoranschlag *der.*

quotation marks *npl* Anführungszeichen *pl;* **in ~** in Anführungszeichen.

quote [kwəʊt] *n* **- 1.** [citation] Zitat *das* **- 2.** COMM Kostenvoranschlag *der* ◇ *vt* **- 1.** [cite] zitieren **- 2.** COMM: **to ~ sb a price for sthg** jm einen Preis für etw nennen ◇ *vi* **- 1.** [cite] zitieren; **to ~ from sthg** zitieren aus etw **- 2.** COMM: **to ~ for sthg** einen Kostenvoranschlag für etw machen.

◆ **quotes** *npl inf* Anführungszeichen *pl;* **single/double ~s** einfache/doppelte Anführungszeichen; **in ~s** in Anführungszeichen.

quoted company [,kwəʊtɪd-] *n Br* börsennotiertes Unternehmen.

quotient ['kwəʊʃnt] *n* Quotient *der.*

qv (*abbr of* **quod vide**) siehe.

qwerty keyboard [,kwɜːtɪ-] *n Br* Qwerty-Tastatur *die.*

R

r (*pl* **r's** OR **rs**), **R** (*pl* **R's** OR **Rs**) [ɑːʳ] *n* r *das*, R *das.*

◆ **R - 1.** *abbr of* **right - 2.** *abbr of* **River - 3.** (*abbr of* **Réaumur**) R. **- 4.** *abbr of* **restricted - 5.** *Am abbr of* **Republican - 6.** *Br* (*abbr of* **Rex**) König *der* **- 7.** *Br* (*abbr of* **Regina**) Königin *die.*

RA (*abbr of* **Royal Academy**) *n königliche Akademie der Künste oder eines ihrer Mitglieder.*

rabbi ['ræbaɪ] *n* Rabbiner *der.*

rabbit ['ræbɪt] *n* Kaninchen *das.*

rabbit hole *n* Kaninchenbau *der.*

rabbit hutch *n* Kaninchenstall *der.*

rabbit warren *n* **- 1.** [for rabbits] Kaninchenbau *der* **- 2.** *fig* [building] Labyrinth *das.*

rabble ['ræbl] *n* **- 1.** [disorderly crowd] aufwieglerische Menge **- 2.** [riffraff]: **the ~** der Pöbel.

rabble-rousing [-,raʊzɪŋ] *adj* aufwieglerisch.

rabid ['ræbɪd, 'reɪbɪd] *adj* **- 1.** [infected with rabies] tollwütig **- 2.** *pej* [fanatical] fanatisch.

rabies ['reɪbiːz] *n* Tollwut *die.*

RAC (*abbr of* **Royal Automobile Club**) *n königlicher Britischer Automobilklub.*

raccoon [rə'kuːn] *n* Waschbär *der.*

race [reɪs] *n* **- 1.** [competition] Rennen *das* **- 2.** *fig* [for power, control] Wettlauf *der;* **arms ~** Wettrüsten *das* **- 3.** [people, ethnic background] Rasse *die* ◇ *vt* **- 1.** [compete against]: **to ~ sb** mit jm um die Wette laufen/fahren/*etc* **- 2.** [animal, vehicle] antreten lassen ◇ *vi* **- 1.** [compete]: **to ~ against sb** gegen jn an|treten **- 2.** [rush] rennen - **3.** [heart, pulse] rasen - **4.** [engine] durchldrehen.

race car *n* **Am = racing car.**

racecourse ['reɪskɔːs] *n* Rennbahn *die*.

race driver *n* **Am = racing driver.**

racehorse ['reɪshɔːs] *n* Rennpferd *das*.

race meeting *n* Rennveranstaltung *die*.

race relations *npl* Beziehungen *pl* zwischen den Rassen.

race riots *npl* Rassenunruhen *pl*.

racetrack ['reɪstræk] *n* Rennbahn *die*.

racial ['reɪʃəl] *adj* Rassen-.

racial discrimination *n* Rassendiskriminierung *die*.

racialism *etc* ['reɪʃəlɪzm] *n* = **racism** *etc*.

racing ['reɪsɪŋ] *n* [motor racing] Rennsport *der;* [horse racing] Pferderennsport *der*.

racing car *Br*, **race car** *Am n* Rennwagen *der*.

racing driver *Br*, **race driver** *Am n* Rennfahrer *der*, -in *die*.

racism ['reɪsɪzm] *n* Rassismus *der*.

racist ['reɪsɪst] *adj* rassistisch <> *n* Rassist *der*, -in *die*.

rack [ræk] *n* - **1.** [frame] Ständer *der* - **2.** [for luggage] Ablage *die* <> *vt* ***literary:* to be ~ed by** *OR* **with sthg** von etw gequält werden.

racket ['rækɪt] *n* - **1.** [noise] Krach *der* - **2.** [illegal activity] Gaunerei *die* - **3.** SPORT Schläger *der*.

racketeering [ˌrækəˈtɪərɪŋ] *n (U) pej* Gaunereien *pl*.

raconteur [ˌrækɒnˈtɜːʳ] *n:* **he is a well-known ~** er ist ein bekannter Geschichtenerzähler.

racoon [rəˈkuːn] *n* = **raccoon.**

racquet ['rækɪt] *n* Schläger *der*.

racy ['reɪsɪ] (*compar* **-ier;** *superl* **-iest**) *adj* feurig.

RADA ['rɑːdə] (*abbr of* **Royal Academy of Dramatic Art**) *n königliche Schauspielakademie*.

radar ['reɪdɑːʳ] *n* Radar *der*.

radar trap *n* Radarfalle *die*.

radial (tyre) ['reɪdɪəl-] *n* Radialreifen *der*.

radiance ['reɪdɪəns] *n* Strahlen *das*.

radiant ['reɪdɪənt] *adj* strahlend; **~ heat** Strahlungswärme *die*.

radiate ['reɪdɪeɪt] *vt* auslstrahlen <> *vi* - **1.** [heat, light] ausgestrahlt werden - **2.** [roads, lines] strahlenförmig auslgehen.

radiation [ˌreɪdɪˈeɪʃn] *n (U)* [radioactive] radioaktive Strahlung.

radiation sickness *n* Strahlenkrankheit *die*.

radiator ['reɪdɪeɪtəʳ] *n* - **1.** [in house] Heizkörper *der* - **2.** AUT Kühler *der*.

radiator grille *n* Kühlergrill *der*.

radical ['rædɪkl] *adj* - **1.** POL radikal - **2.** [fundamental] fundamental <> *n* POL Radikale *der*, *die*.

radically ['rædɪklɪ] *adv* radikal.

radii ['reɪdɪaɪ] *pl* ▻ **radius.**

radio ['reɪdɪəʊ] (*pl* **-s**) *n* - **1.** [system of communication] Rundfunk *der* - **2.** [broadcasting, equipment] Radio *das* <> *comp* Radio- <> *vt* [message] funken; [person] anlfunken.

radioactive [ˌreɪdɪəʊˈæktɪv] *adj* radioaktiv.

radioactive waste *n* radioaktiver Müll.

radioactivity [ˌreɪdɪəʊækˈtɪvətɪ] *n* Radioaktivität *die*.

radio alarm *n* Radiowecker *der*.

radio-controlled [-kənˈtrəʊld] *adj* ferngesteuert.

radio frequency *n* Radiofrequenz *die*.

radiogram ['reɪdɪəʊˌgræm] *n* [message] Funkspruch *der*.

radiographer [ˌreɪdɪˈɒgrəfəʳ] *n* Röntgenassistent *der*, -in *die*.

radiography [ˌreɪdɪˈɒgrəfɪ] *n* Röntgenografie *die*.

radiology [ˌreɪdɪˈɒlədʒɪ] *n* Radiologie *die*.

radiopaging ['reɪdɪəʊˌpeɪdʒɪŋ] *n (U)* Funkruf *der*.

radiotelephone [ˌreɪdɪəʊˈtelɪfəʊn] *n* Funksprechgerät *das*.

radiotherapist [ˌreɪdɪəʊˈθerəpɪst] *n* Strahlentherapeut *der*, -in *die*.

radiotherapy [ˌreɪdɪəʊˈθerəpɪ] *n* Strahlentherapie *die*.

radish ['rædɪʃ] *n* Radieschen *das*.

radium ['reɪdɪəm] *n* Radium *das*.

radius ['reɪdɪəs] (*pl* **radii**) *n* - **1.** MATH Radius *der* - **2.** ANAT Speiche *die*.

radon ['reɪdɒn] *n* Radon *das*.

RAF [ɑːreɪˈef, ræf] *n abbr of* **Royal Air Force.**

raffia ['ræfɪə] *n* Bast *der*.

raffish ['ræfɪʃ] *adj* verwegen.

raffle ['ræfl] *n* Tombola *die* <> *vt* verlosen.

raffle ticket *n* Los *das*.

raft [rɑːft] *n* Floß *das;* **a whole ~ of policies** POL eine ganze Reihe von politischen Maßnahmen.

rafter ['rɑːftəʳ] *n* Dachsparren *der*.

rag [ræg] *n* - **1.** [piece of cloth] Lumpen *der;* **to be like a red ~ to a bull to sb** ein rotes Tuch für jn sein - **2.** *pej* [newspaper] Käseblatt *das*.

◆ **rags** *npl* [clothes] Lumpen *pl;* **he went from ~s to riches** er hat es vom Tellerwäscher zum Millionär gebracht.

ragamuffin [ˈrægəˌmʌfɪn] *n* [rascal] Frechdachs *der*.

rag-and-bone man *n* Lumpensammler *der*.

ragbag [ˈrægbæg] *n* **fig** Sammelsurium *das*.

rag doll *n* Flickenpuppe *die*.

rage [reɪdʒ] *n* - **1.** [fury] Wut *die;* **to fly into a ~** in Rage geraten - **2.** *inf* [fashion]: **to be all the ~** der letzte Schrei sein ◇ *vi* toben; [disease] wüten.

ragged [ˈrægɪd] *adj* - **1.** [person, clothes] zerlumpt - **2.** [coastline] zerklüftet - **3.** [performance] stümperhaft.

raging [ˈreɪdʒɪŋ] *adj* [headache] rasend; [storm] tobend; [thirst] schrecklich.

ragout [ˈrægu:] *n* Ragout *das*.

rag trade *n* **inf: the ~** die Modebranche.

rag week *n* **Br** *Woche, in der Studenten durch originelle Aktionen Geld für Wohltätigkeitsorganisationen eintreiben.*

raid [reɪd] *n* - **1.** MIL [attack] Angriff *der* - **2.** [forced entry - by thieves] Überfall *der;* [- by police] Razzia *die* ◇ *vt* - **1.** MIL [attack] an|greifen - **2.** [enter by force - subj: thieves] ein|brechen in *(+ A);* [- subj: police] eine Razzia machen in *(+ D)*.

raider [ˈreɪdəʳ] *n* - **1.** [attacker] Angreifer *der*, -in *die* - **2.** [thief] Einbrecher *der*, -in *die*.

rail [reɪl] *n* - **1.** [fence] Geländer *das;* [on ship] Reling *die* - **2.** [bar, of railway] Schiene *die* - **3.** *(U)* [form of transport] (Eisen)bahn *die* ◇ *comp* Eisenbahn-, Bahn-.

railcard [ˈreɪlkɑ:d] *n* **Br** ≃ Bahncard *die*.

railing [ˈreɪlɪŋ] *n* Geländer *das;* [on ship] Reling *die*.

railway **Br** [ˈreɪlweɪ], **railroad** **Am** [ˈreɪlrəʊd] *n* - **1.** [track] Gleis *das* - **2.** [company, system] (Eisen)bahn *die*.

railway engine *n* Lokomotive *die*.

railway line *n* - **1.** [route] (Eisen)bahnlinie *die* - **2.** [track] Gleis *das*.

railwayman [ˈreɪlweɪmən] (*pl* **-men** [-mən]) *n* **Br** Eisenbahner *der*.

railway station *n* Bahnhof *der*.

railway track *n* Gleis *das*.

rain [reɪn] *n* Regen *der* ◇ *v impers* & *vi* regnen; **it's ~ing** es regnet.

◆ **rain down** *vi* regnen.

◆ **rain off** **Br**, **rain out** **Am** *vt sep:* **to be ~ed off** **Br** OR **out** **Am** wegen Regen abgesagt werden.

rainbow [ˈreɪnbəʊ] *n* Regenbogen *der*.

rainbow trout *n* Regenbogenforelle *die*.

rain check *n* **Am: to take a ~ on sthg** etw auf ein andermal verschieben.

raincoat [ˈreɪnkəʊt] *n* Regenmantel *der*.

raindrop [ˈreɪndrɒp] *n* Regentropfen *der*.

rainfall [ˈreɪnfɔ:l] *n (U)* Niederschlag *der*.

rain forest *n* Regenwald *der*.

rain gauge *n* Regenmesser *der*.

rainproof [ˈreɪnpru:f] *adj* wasserdicht.

rainstorm [ˈreɪnstɔ:m] *n* strömender Regen.

rainwater [ˈreɪnˌwɔ:təʳ] *n* Regenwasser *das*.

rainy [ˈreɪnɪ] (*compar* **-ier;** *superl* **-iest**) *adj* regnerisch.

raise [reɪz] *vt* - **1.** [lift up] heben; [window] hoch|ziehen; **to ~ o.s.** sich auf|richten - **2.** [increase, improve] an|heben; **to ~ one's voice** [make louder] seine Stimme heben; [in protest] seine Stimme erheben - **3.** [obtain - from donations] auf|bringen; [- by selling, borrowing] auf|treiben - **4.** [evoke] (herauf|)beschwören - **5.** [child, animal] auf|ziehen - **6.** [crop] an|bauen - **7.** [mention] auf|werfen - **8.** [build] errichten ◇ *n* **Am** Erhöhung *die*.

raisin [ˈreɪzn] *n* Rosine *die*.

Raj [rɑ:dʒ] *n:* **the (British) ~** *britische Herrschaft in Indien bis 1947.*

rajah [ˈrɑ:dʒə] *n* Radscha *der*.

rake [reɪk] *n* - **1.** [implement] Harke *die*, Rechen *der* - **2.** *dated* & *literary* [immoral man] Lebemann *der* ◇ *vt* - **1.** [smooth] harken, rechen - **2.** [gather] zusammen|rechen.

◆ **rake in** *vt sep* **inf** scheffeln.

◆ **rake up** *vt sep* [past] auf|wärmen.

rake-off *n* **inf** Anteil *der*.

rakish [ˈreɪkɪʃ] *adj* - **1.** [dissolute] ausschweifend - **2.** [jaunty] flott, verwegen.

rally [ˈrælɪ] (*pl* **-ies;** *pt* & *pp* **-ied**) *n* - **1.** [meeting] Versammlung *die* - **2.** [car race] Rallye *die* - **3.** SPORT [exchange of shots] Ballwechsel *der* ◇ *vt* sammeln ◇ *vi* - **1.** [come together] sich sammeln - **2.** [recover] sich erholen.

◆ **rally round** *vt fus* sich scharen um ◇ *vi* sich seiner/ihrer/*etc* an|nehmen.

rallying [ˈrælɪɪŋ] *n* [rally driving] Rallyefahren *das*.

rallying cry *n* anspornender Ruf.

rallying point *n* Sammelpunkt *der*, Sammelstelle *die*.

ram [ræm] (*pt* & *pp* **-med;** *cont* **-ming**) *n* [animal] Widder *der* ◇ *vt* rammen; **we'll have to ~ the message home to them** wir müssen es ihnen klar machen.

RAM [ræm] (*abbr of* **random access memory**) *n* RAM.

Ramadan [ˌræməˈdæn] *n* Ramadan *der*.

ramble [ˈræmbl] *n* Wanderung *die* ◇ *vi* - **1.** [walk] wandern - **2.** [talk] schwafeln.

rambler [ˈræmbləʳ] *n* [walker] Spaziergänger *der*, -in *die*.

rambling [ˈræmblɪŋ] *adj* - **1.** [building] weitläufig - **2.** [conversation, book] weitschweifig.

RAMC (*abbr of* **Royal Army Medical Corps**) *n* *Sanitätsdienst der britischen Armee.*

ramekin [ˈræmɪkɪn] *n* Auflaufförmchen *das.*

ramification [ˌræmɪfɪˈkeɪʃn] *n* [implication] Implikation *die.*

ramp [ræmp] *n* Rampe *die.*

rampage [ræmˈpeɪdʒ] *n:* **to go on the ~** randalieren ◇ *vi* wüten.

rampant [ˈræmpənt] *adj* **- 1.** [unrestrained] wuchernd; **to be ~** wüten **- 2.** [widespread] weit verbreitet.

ramparts [ˈræmpɑːts] *npl* Schutzwall *der.*

ramshackle [ˈræmˌʃækl] *adj* heruntergekommen.

ran [ræn] *pt* ▷ **run.**

ranch [rɑːntʃ] *n* Ranch *die.*

rancher [ˈrɑːntʃəʳ] *n* Viehzüchter *der*, -in *die.*

ranch house *n* ***Am*** **- 1.** [house on ranch] Farmhaus *das* **- 2.** [ranch-style house] Bungalow *der.*

rancid [ˈrænsɪd] *adj* ranzig.

rancour ***Br,*** **rancor** ***Am*** [ˈræŋkəʳ] *n* Bitterkeit *die.*

random [ˈrændəm] *adj* willkürlich; **~ sample** Stichprobe *die* ◇ *n:* **at ~** [choose, sample] willkürlich; [fire, hit out] ziellos.

random access memory *n (U)* COMPUT Arbeitsspeicher *der.*

randomly [ˈrændəmlɪ] *adv* [choose] willkürlich; [shoot, hit out] ziellos.

R and R (*abbr of* **rest and recreation**) *n* ***Am*** *Urlaub vom Militärdienst.*

randy [ˈrændɪ] (*compar* **-ier;** *superl* **-iest**) *adj* ***inf*** scharf.

rang [ræŋ] *pt* ▷ **ring.**

range [reɪndʒ] *n* **- 1.** [distance covered] Reichweite *die;* **to be out of ~** außer Reichweite sein; **to be within ~ of sthg** innerhalb der Reichweite von etw sein; **at close ~** auf kurze Entfernung **- 2.** [variety] Auswahl *die;* **there was a wide ~ of people there** es waren ganz unterschiedliche Leute da **- 3.** [bracket] Klasse *die* **- 4.** [of mountains, hills] Kette *die* **- 5.** [shooting area] Platz *der* **- 6.** MUS [of voice] Stimmumfang *der* ◇ *vt* [place in row] aufǀstellen ◇ *vi* **- 1.** [vary]: **to ~ from ... to ...** reichen von ... bis ...; **to ~ between ... and ...** liegen zwischen ... und ... **- 2.** [deal with, include]: **to ~ over sthg** sich erstrecken auf etw *(A).*

ranger [ˈreɪndʒəʳ] *n* [of park] Aufseher *der*, -in *die;* [of forest] Förster *der*, -in *die.*

rank [ræŋk] *adj* **- 1.** [utter, absolute] ausgesprochen **- 2.** [offensive] übel ◇ *n* **- 1.** [in army, police] Rang *der;* **the ~ and file** MIL die Mannschaft; [of political party, organization] die Basis; **to pull ~** seinen Rang hervorǀkehren; **to close ~s** ***fig*** die Reihen schließen **- 2.** [social class] Stand *der* **- 3.** [row, line] Reihe *die;* **taxi ~** Taxistand *der* ◇ *vt* **- 1.** [classify]: **to ~ sb among the great writers** jn zu den großen Schriftstellern zählen; **he is ~ed fourth in the world** er steht an vierter Stelle in der Weltrangliste **- 2.** ***Am:*** **out~** rangüberlegen *(+ D)* sein ◇ *vi:* **to ~ as** gelten als; **to ~ among** zählen zu.
◆ **ranks** *npl* **- 1.** MIL: **the ~s** die einfachen Soldaten **- 2.** ***fig*** [members] Reihen *pl.*

ranking [ˈræŋkɪŋ] *n* [rating] Rang *der* ◇ *adj* ***Am*** [highest-ranking]: **~ officer** ranghöchster Offizier, ranghöchste Offizierin.

rankle [ˈræŋkl] *vi:* **it still ~s with me** es wurmt mich noch immer.

ransack [ˈrænsæk] *vt* **- 1.** [plunder] plündern **- 2.** [search] durchǀwühlen.

ransom [ˈrænsəm] *n* Lösegeld *das;* **to hold sb to ~** [keep prisoner] jn als Geisel halten; ***fig*** [put in impossible position] jn erpressen.

rant [rænt] *vi* schwadronieren.

ranting [ˈræntɪŋ] *n* Schwadronieren *das.*

rap [ræp] (*pt* & *pp* **-ped;** *cont* **-ping**) *n* **- 1.** [knock] Klopfen *das* **- 2.** MUS Rap *der* **- 3.** ***phr:*** **to take the ~** den Kopf hinǀhalten ◇ *vt* [on table] klopfen auf *(+ A);* **to ~ sb on the knuckles** jm auf die Finger klopfen ◇ *vi* **- 1.** [knock]: **to ~ on sthg** [on door] an etw *(A)* klopfen; [on table] auf etw *(A)* klopfen **- 2.** MUS rappen.

rapacious [rəˈpeɪʃəs] *adj* ***fml*** habgierig.

rape [reɪp] *n* **- 1.** [crime, attack] Vergewaltigung *die* **- 2.** ***fig*** [destruction]: **the ~ of the countryside** der Raubbau an der Landschaft **- 3.** [plant] Raps *der* ◇ *vt* vergewaltigen.

rapeseed [ˈreɪpsiːd] *n* Rapssamen *der.*

rapid [ˈræpɪd] *adj* rapide, schnell.
◆ **rapids** *npl* Stromschnelle *die.*

rapid-fire *adj* **- 1.** MIL Schnellfeuer- **- 2.** ***fig:*** **he was subjected to ~ questioning** eine Unzahl von Fragen stürmte auf ihn ein.

rapidity [rəˈpɪdətɪ] *n* Schnelligkeit *die.*

rapidly [ˈræpɪdlɪ] *adv* schnell.

rapidness [ˈræpɪdnɪs] *n* = **rapidity.**

rapist [ˈreɪpɪst] *n* Vergewaltiger *der.*

rapper [ˈræpəʳ] *n* MUS Rapper *der*, -in *die.*

rapport [ræˈpɔːʳ] *n:* **a (good) ~ with/between** ein gutes Verhältnis mit/zwischen *(+ D).*

rapprochement [ræˈprɒʃmɑ̃] *n* Annäherung *die.*

rapt [ræpt] *adj* gespannt.

rapture [ˈræptʃəʳ] *n:* **to go into ~s over** *OR* **about sb/sthg** über jn/etw in Verzückung geraten.

rapturous [ˈræptʃərəs] *adj* begeistert.

rare [reəʳ] *adj* **- 1.** [scarce, infrequent] selten **- 2.** [exceptional] rar **- 3.** CULIN [underdone] blutig.

rarefied [ˈreərɪfaɪd] *adj* **- 1.** [air, atmosphere] dünn **- 2.** [refined] exklusiv.

rarely [ˈreəlɪ] *adv* selten.

rareness [ˈreənɪs] *n* [scarcity, infrequency] Seltenheit *die.*

raring [ˈreərɪŋ] *adj:* **to be ~ to go** in den Startlöchern sein.

rarity [ˈreərətɪ] (*pl* **-ies**) *n* **- 1.** [unusual object, person] Rarität *die* **- 2.** *(U)* [scarcity] Seltenheit *die.*

rascal [ˈrɑːskl] *n* [mischievous child] Frechdachs *der.*

rash [ræʃ] *adj* [person] unbesonnen; [action, decision, promise] voreilig <> *n* **- 1.** MED Ausschlag *der* **- 2.** [spate] Serie *die.*

rasher [ˈræʃəʳ] *n* Streifen *der.*

rashly [ˈræʃlɪ] *adv* [behave] unbesonnen; [promise, decide] voreilig.

rashness [ˈræʃnɪs] *n* [of behaviour] Unbesonnenheit *die;* [of promise, decision] Voreiligkeit *die.*

rasp [rɑːsp] *n* [of tool] Kratzen *das* <> *vi* [person, voice] krächzen.

raspberry [ˈrɑːzbərɪ] (*pl* **-ies**) *n* **- 1.** [fruit] Himbeere *die* **- 2.** [rude noise]: **to blow a ~** *einen abfälligen Ton erzeugen, der dadurch verursacht wird, dass man die Zunge zwischen die Lippen steckt und Luft hindurch bläst.*

rasping [ˈrɑːspɪŋ] *adj* [voice, cough] krächzend.

rasta [ˈræstə] *n* **inf** Rasta *der, die.*

rastafarian [ˌræstəˈfeərɪən] *n* Rastafarier *der,* -in *die.*

rat [ræt] *n* **- 1.** [animal] Ratte *die;* **to smell a ~** ***fig*** Verdacht schöpfen **- 2.** ***pej*** [person] Schwein *das.*

ratbag [ˈrætbæg] *n* ***Br inf pej*** [man] Blödmann *der;* [woman] dumme Kuh.

ratchet [ˈrætʃɪt] *n* Ratsche *die.*

rate [reɪt] *n* **- 1.** [speed] Tempo *das;* **at this ~** bei diesem Tempo **- 2.** [ratio, proportion] Rate *die* **- 3.** [of taxation, interest] Satz *der;* **what's the (going) ~ for it?** wie viel kostet es? <> *vt* **- 1.** [consider]: **to ~ sb/sthg (as)** jn/etw ein|schätzen (als); **to ~ sb/sthg among** jn/etw zählen zu **- 2.** [deserve] verdienen.

◆ **rates** *npl* ***Br dated*** Gemeindesteuern *pl.*

◆ **at any rate** *adv* auf jeden Fall.

rateable value [ˌreɪtəbl-] *n* ***Br*** steuerbarer Wert.

rate of exchange *n* Wechselkurs *der.*

ratepayer [ˈreɪtˌpeɪəʳ] *n* ***Br*** Steuerzahler *der,* -in *die.*

rather [ˈrɑːðəʳ] *adv* **- 1.** [slightly, a bit] ziemlich; **he's had ~ too much to drink** er hat ziemlich viel getrunken **- 2.** [for emphasis] recht; **I ~ thought so** das habe ich mir fast gedacht; **I ~ like him** ich mag ihn recht gern **- 3.** [expressing a preference] lieber; **would you ~ ...?** möchtest du lieber ...?; **I'd ~ not** lieber nicht **- 4.** [more exactly]: **or ~ ...** vielmehr **- 5.** [on the contrary]: **(but) ~ ...** vielmehr.

◆ **rather than** *conj* statt.

ratification [ˌrætɪfɪˈkeɪʃn] *n* Ratifizierung *die.*

ratify [ˈrætɪfaɪ] (*pt* & *pp* **-ied**) *vt* ratifizieren.

rating [ˈreɪtɪŋ] *n* **- 1.** [standing]: **popularity ~** Beliebtheitsgrad *der;* **what is her ~ in the polls?** wie hoch ist ihr Beliebtheitsgrad? **- 2.** ***Br*** [sailor] Matrose *der.*

◆ **ratings** *npl* TV Einschaltquoten *pl.*

ratio [ˈreɪʃɪəʊ] (*pl* **-s**) *n* Verhältnis *das.*

ration [ˈræʃn] *n* Ration *die* <> *vt* [goods] rationieren.

◆ **rations** *npl* Rationen *pl.*

rational [ˈræʃənl] *adj* **- 1.** [reasonable] rational **- 2.** [capable of reason] vernünftig.

rationale [ˌræʃəˈnɑːl] *n* Gründe *pl.*

rationalization [ˌræʃənəlaɪˈzeɪʃn] *n* Rationalisierung *die.*

rationalize, -ise [ˈræʃənəlaɪz] *vt* rationalisieren.

rationing [ˈræʃənɪŋ] *n* Rationierung *die.*

rat race *n* ständiger Konkurrenzkampf.

rattle [ˈrætl] *n* **- 1.** [noise] Klappern *das;* [of machine-gun] Knattern *das;* [of bottles] Klirren *das* **- 2.** [toy] Klapper *die,* Rassel *die* <> *vt* **- 1.** [make rattling noise with - keys] klimpern mit; [subj: wind - windows] rütteln an *(+ D)* **- 2.** [unsettle] durcheinander|bringen <> *vi* [make rattling noise] klappern; [gunfire] knattern; [bottles] klirren.

◆ **rattle off** *vt sep* herunter|rasseln.

◆ **rattle on** *vi:* **to ~ on (about sthg)** quasseln (über etw *(A)*).

◆ **rattle through** *vt fus* [speech, list] herunter|rasseln; [work] schnell hinter sich *(A)* bringen.

rattlesnake [ˈrætlsneɪk], **rattler** ***Am*** [ˈrætləʳ] *n* Klapperschlange *die.*

ratty [ˈrætɪ] (*compar* **-ier;** *superl* **-iest**) *adj* ***inf*** **- 1.** ***Br*** [in bad mood] gereizt **- 2.** ***Am*** [in bad condition] verlottert.

raucous [ˈrɔːkəs] *adj* [voice, laughter] rau; [behaviour] wüst.

raunchy [ˈrɔːntʃɪ] (*compar* **-ier;** *superl* **-iest**) *adj* sexy.

ravage [ˈrævɪdʒ] *vt* verheeren, verwüsten.

◆ **ravages** *npl* Verheerung *die.*

rave [reɪv] *adj* glänzend <> *n* ***Br inf*** [event] Rave *der* OR *das* <> *vi* **- 1.** [talk angrily]: **to ~ at sb** jn an|brüllen; **to ~ about/against sthg** über etw *(A)*/gegen etw wettern **- 2.** [talk enthusiastically]: **to ~ about sthg** von etw schwärmen.

raven [ˈreɪvn] *n* Rabe *der.*

ravenous [ˈrævənəs] *adj* ausgehungert; [appetite] gewaltig; **I'm ~!** ich habe einen Bärenhunger!

raver [ˈreɪvəʳ] *n* ***Br inf*** [partygoer] Raver *der*, -in *die*.

rave-up *n* ***Br inf*** wilde Party.

ravine [rəˈviːn] *n* Schlucht *die*.

raving [ˈreɪvɪŋ] *adj*: **he's a ~ lunatic** er ist total verrückt.
◆ **ravings** *npl* Fantasterei *die*.

ravioli [ˌrævɪˈəʊlɪ] *n (U)* Ravioli *pl*.

ravish [ˈrævɪʃ] *vt* - **1.** ***literary*** [rape] schänden - **2.** [delight] hin|reißen.

ravishing [ˈrævɪʃɪŋ] *adj* hinreißend.

raw [rɔː] *adj* - **1.** [uncooked] roh - **2.** [untreated] roh, Roh- - **3.** [painful - wound] offen; [- skin] wund - **4.** [inexperienced] unerfahren - **5.** [cold] rau.

raw deal *n*: **to get a ~** schlecht weg|kommen.

Rawlplug® [ˈrɔːlplʌg] *n* Dübel *der*.

raw material *n* - **1.** [natural substance] Rohstoff *der* - **2.** *(U)* ***fig*** [basis] Grundlage *die*.

ray [reɪ] *n* - **1.** [beam] Strahl *der* - **2.** ***fig*** [glimmer] Schimmer *der*.

rayon [ˈreɪɒn] *n* Reyon *das*.

raze [reɪz] *vt* zerstören; **the house was ~d to the ground** das Haus wurde dem Erdboden gleichgemacht.

razor [ˈreɪzəʳ] *n* Rasierapparat *der*.

razor blade *n* Rasierklinge *die*.

razor-sharp *adj* - **1.** [very sharp] (messer)scharf - **2.** ***fig*** [person] scharfsinnig; [mind, wit] messerscharf.

razzle [ˈræzl] *n* ***Br inf***: **to go on the ~** einen drauf|machen.

razzmatazz [ˈræzmətæzl] *n (U)* ***inf*** Rummel *der*.

R & B (*abbr of* **rhythm and blues**) *n* R & B *der*.

RC (*abbr of* **Roman Catholic**) *adj* röm.-kath.

RCMP (*abbr of* **Royal Canadian Mounted Police**) *n kanadische Polizei.*

Rd (*abbr of* **Road**) Str.

R & D (*abbr of* **research and development**) *n* F & E.

re [riː] *prep* betreffs *(+ G)*.

RE *n* - **1.** (*abbr of* **religious education**) Religionsunterricht *der* - **2.** (*abbr of* **Royal Engineers**) *Einheit der britischen Armee.*

reach [riːtʃ] *vt* - **1.** [arrive at] an|kommen in *(+ D)* - **2.** [be able to touch] heran|kommen an *(+ A)* - **3.** [contact, extend as far as, attain, achieve] erreichen ◇ *vi* - **1.** [person, arm, hand] greifen; **to ~ (out) for sthg** nach etw greifen - **2.** [land] reichen ◇ *n* [of boxer] Reichweite *die;* **within sb's ~** [easily touched] innerhalb js Reichweite; **within easy ~ of the station** vom Bahnhof leicht zu erreichen; **out of** OR **beyond sb's ~** [not easily touched] außerhalb js Reichweite; **they were beyond the ~ of the rescue team** die Rettungsmannschaften konnten sie nicht erreichen.
◆ **reaches** *npl* [area] Gebiet *das;* **upper/lower ~es** [of river] Ober-/Unterlauf *der*.

reachable [ˈriːtʃəbl] *adj* erreichbar.

react [rɪˈækt] *vi* - **1.** [respond]: **to ~ (to sthg)** (auf etw *(A)*) reagieren - **2.** [rebel]: **to ~ against sthg** sich gegen etw auf|lehnen - **3.** CHEM: **to ~ with sthg** auf etw *(A)* reagieren - **4.** MED: **to ~ to sthg** auf etw *(A)* reagieren.

reaction [rɪˈækʃn] *n* - **1.** [response & MED]: **~ (to sthg)** Reaktion *die* (auf etw *(A)*) - **2.** [rebellion]: **~ (against sthg)** Gegenreaktion *die* (auf etw *(A)*) - **3.** [reflex] Reaktionsfähigkeit *die;* **she's got very quick ~s** sie hat gute Reflexe - **4.** POL & CHEM Reaktion *die*.

reactionary [rɪˈækʃənrɪ] *adj* reaktionär ◇ *n* Reaktionär *der*, -in *die*.

reactivate [rɪˈæktɪveɪt] *vt* reaktivieren.

reactor [rɪˈæktəʳ] *n* [nuclear reactor] Reaktor *der*.

read [riːd] (*pt* & *pp* **read** [red]) *vt* - **1.** [book, magazine, music] lesen; **to ~ music** Noten lesen - **2.** [say aloud]: **to ~ sb sthg** jm etw vor|lesen - **3.** [subj: sign, notice] besagen; [subj: gauge, meter, barometer] an|zeigen - **4.** [take reading from - meter, gauge] ab|lesen - **5.** [interpret] verstehen; [sb's thoughts] lesen - **6.** ***Br*** UNIV studieren ◇ *vi* - **1.** [in book, magazine] lesen; **to ~ about sthg** von etw lesen - **2.** [out loud]: **to ~ to sb (from)** jn vor|lesen (aus) - **3.** [text]: **to ~ well/badly** sich gut/schlecht lesen ◇ *n*: **to be a good ~** guter Lesestoff sein.
◆ **read into** *vt sep*: **I wouldn't ~ too much into it** ich würde nicht zu viel hinein|lesen.
◆ **read out** *vt sep* vor|lesen.
◆ **read over, read through** *vt sep* durch|lesen.
◆ **read up on** *vt fus* nach|lesen über *(+ A)*.

readable [ˈriːdəbl] *adj* - **1.** [book] lesenswert - **2.** COMPUT [disk] lesbar.

readdress [ˌriːəˈdres] *vt* umadressieren.

reader [ˈriːdəʳ] *n* [person who reads] Leser *der*, -in *die*.

readership [ˈriːdəʃɪp] *n* [total number of readers] Leser *pl*.

readily [ˈredɪlɪ] *adv* - **1.** [willingly] bereitwillig - **2.** [easily] leicht.

readiness [ˈredɪnɪs] *n* - **1.** [preparedness] Bereitschaft *die* - **2.** [willingness]: **~ (to do sthg)** Bereitwilligkeit *die* (, etw zu tun).

reading [ˈriːdɪŋ] *n* - **1.** [act of reading] Lesen *das* - **2.** [reading material] Lektüre *die;* **her autobiography makes good ~** ihre Autobiografie liest sich gut - **3.** [recital] Lesung *die* - **4.** [taken from meter] Zählerstand *der;* [taken from thermometer]

Thermometerstand *der* - **5.** [POL - of bill] Lesung *die*.

reading lamp *n* Leselampe *die*.

reading room *n* Lesesaal *der*.

readjust [ˌriːəˈdʒʌst] *vt* [mechanism, instrument] nachǀstellen; [mirror] einǀstellen; [policy] neu anǀpassen <> *vi:* **to ~ to sthg** sich wieder an etw *(A)* gewöhnen.

readmit [ˌriːədˈmɪt] *vt* [to hospital] wieder einǀweisen; [to club] wieder aufǀnehmen.

readout [ˈriːdaʊt] *n* COMPUT Anzeige *die*.

read-through [riːd-] *n:* **to give sthg a quick ~** etw rasch durchǀlesen.

ready [ˈredɪ] (*pt* & *pp* **-ied**) *adj* - **1.** [prepared] fertig; **to be ~ to do sthg** bereit sein, etw zu tun; **to be ~ for sthg** für etw bereit sein; **to get ~** sich fertig machen; **to get sthg ~** etw fertig machen - **2.** [willing]: **to be ~ to do sthg** bereit sein, etw zu tun - **3.** [in need of]: **to be ~ for sthg** etw gebrauchen können; **I'm ~ for bed** ich bin bettreif - **4.** [likely]: **to be ~ to collapse** zum Umfallen müde sein; **she was ~ to cry** sie war den Tränen nahe <> *vt* vorǀbereiten.

ready cash *n* Bargeld *das*.

ready-made *adj* - **1.** [product] Fertig-; **~ clothes** Konfektionskleidung *die*, Kleidung *die* von der Stange - **2.** *fig* [reply, excuse] vorgefertigt.

ready money *n* Bargeld *das*.

ready-to-wear *adj:* **~ clothes** Konfektionskleidung *die*, Kleidung *die* von der Stange.

reaffirm [ˌriːəˈfɜːm] *vt* bekräftigen.

reafforest [ˌriːəˈfɒrɪst] *vt* wiederǀaufforsten.

reafforestation [ˈriːəˌfɒrɪˈsteɪʃn] *n* Wiederaufforstung *die*.

real [ˈrɪəl] *adj* - **1.** [authentic, for emphasis] echt; **this is the ~ thing!** [marvellous] das ist unglaublich toll!; **this time it's for ~** diesmal ist es echt - **2.** [actually existing] real - **3.** [cost, value] tatsächlich; **in ~ terms** real <> *adv* **Am** wirklich.

real ale *n* **Br** *nach traditioneller Weise gebrautes Ale.*

real estate *n (U)* Immobilien *pl*.

realign [ˌriːəˈlaɪn] *vt* [brakes] nachǀstellen.

realignment [ˌriːəˈlaɪnmənt] *n* - **1.** POL Neuordnung *die* - **2.** [of brakes] Nachstellen *das*.

realism [ˈrɪəlɪzm] *n* Realismus *der*.

realist [ˈrɪəlɪst] *n* Realist *der*, -in *die*.

realistic [ˌrɪəˈlɪstɪk] *adj* realistisch; **to be ~ about sthg** in Bezug auf etw *(A)* realistisch sein.

realistically [ˌrɪəˈlɪstɪklɪ] *adv* realistisch.

reality [rɪˈælətɪ] (*pl* **-ies**) *n* Realität *die;* **in ~** [in fact] in Wirklichkeit; [in real life] wirklich.

realization [ˌrɪəlaɪˈzeɪʃn] *n (U)* - **1.** [awareness, recognition] Realisation *die* - **2.** [achievement] Realisierung *die*.

realize, -ise [ˈrɪəlaɪz] *vt* - **1.** [become aware of, understand] begreifen, realisieren - **2.** [achieve] verwirklichen - **3.** COMM erzielen.

reallocate [ˌriːˈæləkeɪt] *vt* umǀverteilen.

really [ˈrɪəlɪ] *adv* - **1.** [for emphasis] wirklich; **~ good/bad** wirklich gut/schlecht; **you ~ ought to see this film** du solltest dir den Film unbedingt ansehen - **2.** [actually] eigentlich; **not ~** eigentlich nicht - **3.** [honestly] wirklich - **4.** [to sound less negative] eigentlich <> *excl* - **1.** [expressing doubt, surprise]: **really?** wirklich? - **2.** [expressing disapproval]: **really!** also, wirklich!

realm [relm] *n* - **1.** [field] Bereich *der* - **2.** [kingdom] Reich *das*.

real-time *adj* COMPUT Echtzeit-.

realtor [ˈrɪəltər] *n* **Am** Grundstücksmakler *der*, -in *die*.

ream [riːm] *n* *500 Blatt.*

◆ **reams** *npl* **fig** [a lot]: **he's written ~s on the subject** er hat ganze Bände zu diesem Thema geschrieben.

reap [riːp] *vt* **lit** & **fig** ernten.

reappear [ˌriːəˈpɪər] *vi* wieder erscheinen.

reappearance [ˌriːəˈpɪərəns] *n* Wiedererscheinen *das*.

reapply [ˌriːəˈplaɪ] (*pt* & *pp* **-ied**) *vi:* **to ~ (for sthg)** sich von neuem (um etw) bewerben.

reappraisal [ˌriːəˈpreɪzl] *n* Neueinschätzung *die*.

reappraise [ˌriːəˈpreɪz] *vt* neu einǀschätzen.

rear [rɪər] *adj* [wheel] Hinter-; **~ window** [of car] Heckscheibe *die* <> *n* - **1.** [back] Rückseite *die;* **to be at the ~** [of queue, line of traffic] am hinteren Ende sein; **to bring up the ~** die Nachhut bilden - **2.** *inf* [buttocks] Hintern *der* <> *vt* - **1.** [children, animals, plants] aufǀziehen - **2.** *fig:* **racism has ~ed its head again** der Rassismus ist wieder zum Leben erwacht <> *vi:* **to ~ (up)** sich aufǀbäumen.

rear admiral *n* Konteradmiral *der*.

rearguard action [ˈrɪəgɑːd-] *n* **lit** & **fig** Nachhutgefecht *das*.

rear light *n* Rücklicht *das*.

rearm [riːˈɑːm] *vt* wieder bewaffnen <> *vi* wieder aufǀrüsten.

rearmament [rɪˈɑːməmənt] *n* Wiederaufrüstung *die*.

rearmost [ˈrɪəməʊst] *adj* hinterste, -r, -s.

rearrange [ˌriːəˈreɪndʒ] *vt* - **1.** [arrange differently] umǀstellen - **2.** [reschedule] verlegen.

rearview mirror [ˈrɪəvjuː-] *n* Rückspiegel *der*.

reason [ˈriːzn] *n* - **1.** [cause]: **~ (for sthg)** Grund

der (für etw); **by ~ of *fml*** aufgrund *(+ G)*; **for some ~** aus irgendeinem Grund **- 2.** [justification]: **to have ~ to do sthg** Grund haben, etw zu tun **- 3.** [common sense] Vernunft *die*; **to listen to ~** auf die Stimme der Vernunft hören; **it stands to ~** es ist logisch <> *vt* [conclude]: **to ~ that** folgern, dass <> *vi* vernünftig denken.
◆ **reason with** *vt fus* vernünftig reden mit.

reasonable ['ri:znəbl] *adj* **- 1.** [sensible] vernünftig **- 2.** [acceptable - decision, explanation] angemessen; [- work] ganz gut; [- offer] akzeptabel; [- price] vernünftig **- 3.** [fairly large]: **a ~ amount/number** ziemlich viel/viele.

reasonably ['ri:znəblɪ] *adv* **- 1.** [quite] ziemlich **- 2.** [sensibly] vernünftig.

reasoned ['ri:znd] *adj* durchdacht.

reasoning ['ri:znɪŋ] *n (U)* Argumentation *die*.

reassemble [ˌri:ə'sembl] *vt* **- 1.** [machinery] wieder zusammen|bauen **- 2.** [people] wieder versammeln <> *vi* sich wieder versammeln.

reassess [ˌri:ə'ses] *vt* [position, opinion] neu ein|schätzen.

reassessment [ˌri:ə'sesmənt] *n* [of position, opinion] Neueinschätzung *die*.

reassurance [ˌri:ə'ʃʊərəns] *n* **- 1.** [comfort] Beruhigung *die* **- 2.** [promise] Versicherung *die*.

reassure [ˌri:ə'ʃʊəʳ] *vt* beruhigen; **he ~d me that ...** er versicherte mir, dass ...

reassuring [ˌri:ə'ʃʊərɪŋ] *adj* beruhigend.

reawaken [ˌri:ə'weɪkn] *vt* wieder erwecken.

rebate ['ri:beɪt] *n* Nachlass *der*.

rebel [*n* 'rebl, *vb* rɪ'bel] (*pt* & *pp* **-led;** *cont* **-ling**) *n* Rebell *der*, -in *die* <> *vi*: **to ~ (against)** rebellieren (gegen).

rebellion [rɪ'beljən] *n* Rebellion *die*.

rebellious [rɪ'beljəs] *adj* rebellisch.

rebirth [ˌri:'bɜ:θ] *n* Wiedergeburt *die*.

rebound [*n* 'ri:baʊnd, *vb* rɪ'baʊnd] *n*: **to catch a ball on the ~** einen abgeprallten Ball fangen; **she married him on the ~** sie hat ihn geheiratet, nachdem ihre vorige Beziehung in die Brüche gegangen ist <> *vi* **- 1.** [ball] ab|prallen **- 2.** [harm]: **to ~ (up)on sb** auf jn zurück|fallen.

rebuff [rɪ'bʌf] *n* Abfuhr *die* <> *vt* ab|weisen.

rebuild [ˌri:'bɪld] (*pt* & *pp* **-built** [ˌri:'bɪlt]) *vt* wieder auf|bauen.

rebuke [rɪ'bju:k] *n* Tadel *der* <> *vt*: **to ~ sb (for sthg)** jn (für etw) tadeln.

rebut [ri:'bʌt] (*pt* & *pp* **-ted;** *cont* **-ting**) *vt* widerlegen.

rebuttal [ri:'bʌtl] *n* Widerlegung *die*.

rec. *abbr of* **received.**

recalcitrant [rɪ'kælsɪtrənt] *adj* aufsässig.

recall [rɪ'kɔ:l] *n* **- 1.** *(U)* [memory] Erinnerung *die* **- 2.** [change]: **to be beyond ~** nicht umkehrbar sein <> *vt* **- 1.** [remember] sich erinnern an *(+ A)* **- 2.** [summon back] zurück|rufen.

recant [rɪ'kænt] *vt* & *vi* widerrufen.

recap [*n* 'ri:kæp, *vb* ˌri:'kæp] (*pt* & *pp* **-ped;** *cont* **-ping**) *inf* *n* Zusammenfassung *die* <> *vt* **- 1.** [summarize] zusammen|fassen **- 2.** *Am:* **to ~ a tire** die Laufflächen eines Reifens erneuern <> *vi* [summarize] zusammen|fassen.

recapitulate [ˌri:kə'pɪtjʊleɪt] *vt* & *vi* zusammen|fassen.

recapture [ˌri:'kæptʃəʳ] *n* [of animal] Wiedereinfangen *das*; [of prisoner] Wiederergreifen *das*; [of territory, town] Wiedereroberung *die* <> *vt* **- 1.** [animal] wieder ein|fangen; [prisoner] wieder ergreifen; [territory, town] wieder|erobern **- 2.** [mood, feeling] auferstehen lassen.

recd, rec'd *abbr of* **received.**

recede [rɪ'si:d] *vi* **- 1.** [move away] zurück|weichen; **his hair is receding** er bekommt eine leichte Stirnglatze **- 2.** ***fig*** [disappear, fade] schwinden.

receding [rɪ'si:dɪŋ] *adj* [chin] fliehend; [hairline] zurückweichend.

receipt [rɪ'si:t] *n* **- 1.** [piece of paper] Quittung *die* **- 2.** *(U)* [act of receiving] Empfang *der*.
◆ **receipts** *npl* [money taken] Einnahmen *pl*.

receivable [rɪ'si:vəbl] *adj* [liable for payment] ausstehend.

receive [rɪ'si:v] *vt* **- 1.** [gift, letter] erhalten, bekommen **- 2.** [news] erfahren, hören **- 3.** [setback] erfahren; **to ~ criticism** kritisiert werden; **to ~ an injury** verletzt werden **- 4.** [visitor, guest] empfangen **- 5.** [greet]: **to be well/badly ~d** gut/schlecht aufgenommen werden <> *vi* [in tennis *etc*] rück|schlagen.

receiver [rɪ'si:vəʳ] *n* **- 1.** [of telephone] Hörer *der* **- 2.** [radio, TV set] Empfänger *der* **- 3.** [criminal] Hehler *der*, -in *die* **- 4.** FIN [official] Konkursverwalter *der*, -in *die*.

receivership [rɪ'si:vəʃɪp] *n*: **to go into ~** Konkurs an|melden.

receiving end [rɪ'si:vɪŋ-] *n*: **to be on the ~ of sthg** etw ab|kriegen.

recent ['ri:snt] *adj* neueste, -r, -s.

recently ['ri:sntlɪ] *adv* kürzlich, vor kurzem.

receptacle [rɪ'septəkl] *n* Behälter *der*.

reception [rɪ'sepʃn] *n* Empfang *der*.

reception centre *n* ***Br*** [for refugees] Aufnahmelager *das*.

reception class *n* Anfängerklasse *die*.

reception desk *n* Empfang *der*, Rezeption *die*.

receptionist [rɪ'sepʃənɪst] *n* Empfangschef *der*, Empfangsdame *die*.

reception room *n* [in house] Wohnzimmer *das.*

receptive [rɪ'septɪv] *adj* aufnahmefähig, empfänglich; **to be ~ to sthg** für etw empfänglich sein.

receptiveness [rɪ'septɪvnɪs] *n* Empfänglichkeit *die.*

recess ['riːses, *Br* rɪ'ses] *n* - **1.** [vacation] Ferien *pl;* **to be in/go into ~** eine Sitzungspause haben/beginnen - **2.** [alcove] Nische *die* - **3.** [of mind, memory] Winkel *der* - **4.** *Am* SCH Pause *die.*

recessed ['riːsest, *Br* rɪ'sest] *adj* versenkt.

recession [rɪ'seʃn] *n* Rezession *die.*

recessive [rɪ'sesɪv] *adj* BIOL rezessiv.

recharge [ˌriː'tʃɑːdʒ] *vt* (aufl)laden.

rechargeable [ˌriː'tʃɑːdʒəbl] *adj* wieder aufladbar.

recipe ['resɪpɪ] *n lit* & *fig* Rezept *das.*

recipient [rɪ'sɪpɪənt] *n* Empfänger *der*, -in *die.*

reciprocal [rɪ'sɪprəkl] *adj* wechselseitig.

reciprocate [rɪ'sɪprəkeɪt] *vt* erwidern <> *vi:* **she smiled at me and I ~d** sie lächelte mich an und ich lächelte zurück.

recital [rɪ'saɪtl] *n* [of poetry] Vortrag *der;* [of music] Konzert *das.*

recitation [ˌresɪ'teɪʃn] *n* Vortrag *der.*

recite [rɪ'saɪt] *vt* - **1.** [perform aloud] vorltragen - **2.** [list] auf lzählen.

reckless ['reklɪs] *adj* leichtsinnig.

recklessness ['reklɪsnɪs] *n* Leichtsinnigkeit *die.*

reckon ['rekn] *vt* - **1.** *inf* [think]: **to ~ (that) ...** schätzen, dass ... - **2.** [consider, judge]: **to be ~ed to be sthg** als etw eingeschätzt werden - **3.** [expect]: **to ~ to do sthg** erwarten, etw zu tun - **4.** [calculate] schätzen.

◆ **reckon on** *vt fus* zählen auf *(+ A).*

◆ **reckon with** *vt fus* - **1.** [expect] rechnen mit - **2.** [deal with]: **he is a force to be ~ed with** er ist jemand, mit dem man rechnen muss.

◆ **reckon without** *vt fus* nicht rechnen mit.

reckoning ['rekənɪŋ] *n (U)* [calculation] Schätzung *die;* **the day of ~** der Tag der Abrechnung.

reclaim [rɪ'kleɪm] *vt* - **1.** [claim back - lost item, luggage] ablholen; [- tax, expenses] zurückl-erlangen - **2.** [make fit for use] gewinnen.

reclamation [ˌreklə'meɪʃn] *n* [of land] Gewinnung *die.*

recline [rɪ'klaɪn] *vi* [lie back] sich zurückl-lehnen.

reclining [rɪ'klaɪnɪŋ] *adj* verstellbar.

recluse [rɪ'kluːs] *n* Einsiedler *der*, -in *die.*

reclusive [rɪ'kluːsɪv] *adj* zurückgezogen.

recognition [ˌrekəg'nɪʃn] *n (U)* - **1.** [identification] Erkennen *das;* **to have changed beyond** OR **out of all ~** nicht wiederzuerkennen sein - **2.** [acknowledgement] Anerkennung *die;* **in ~ of** in Anerkennung *(+ G).*

recognizable ['rekəgnaɪzəbl] *adj* erkennbar.

recognize, -ise ['rekəgnaɪz] *vt* - **1.** [gen] erkennen; **I ~ that I was wrong** ich gebe zu, dass ich im Unrecht war - **2.** [officially accept, approve] anlerkennen.

recoil [*vb* rɪ'kɔɪl, *n* 'riːkɔɪl] *vi* - **1.** [draw back] zurücklweichen - **2.** *fig* [shrink from]: **to ~ from/ at sthg** vor etw *(D)* zurücklschrecken <> *n* [of gun] Rückstoß *der.*

recollect [ˌrekə'lekt] *vt* sich erinnern an *(+ A).*

recollection [ˌrekə'lekʃn] *n* Erinnerung *die.*

recommence [ˌriːkə'mens] *vt* wieder auf l-nehmen <> *vi* von neuem beginnen.

recommend [ˌrekə'mend] *vt* - **1.** [commend, speak in favour of]: **to ~ sb/sthg (to sb)** (jm) jn/etw empfehlen - **2.** [advise] raten zu.

recommendation [ˌrekəmen'deɪʃn] *n* - **1.** [personal commendation] Empfehlung *die* - **2.** [advice] Rat *der.*

recommended retail price [ˌrekə'mendɪd-] *n* unverbindliche Preisempfehlung.

recompense ['rekəmpens] *n:* **~ (for sthg)** Entschädigung *die* (für etw) <> *vt:* **to ~ sb (for sthg)** jn (für etw) entschädigen.

reconcile ['rekənsaɪl] *vt* - **1.** [beliefs, ideas] (miteinander) vereinbaren; **to ~ sthg with sthg** etw mit etw vereinbaren - **2.** [people] versöhnen; **to be ~d with sb** mit jm ausgesöhnt OR versöhnt sein - **3.** [resign]: **to ~ o.s. to sthg** sich mit etw auslsöhnen.

reconciliation [ˌrekənsɪlɪ'eɪʃn] *n* - **1.** [of beliefs, ideas] Vereinbarung *die* - **2.** [of people] Versöhnung *die.*

recondite ['rekəndaɪt] *adj fml* abstrus.

reconditioned [ˌriːkən'dɪʃnd] *adj* überholt.

reconnaissance [rɪ'kɒnɪsəns] *n (U)* Erkundung *die.*

reconnect [ˌriːkə'nekt] *vt* wieder anl-schließen.

reconnoitre *Br,* **reconnoiter** *Am* [ˌrekə'nɔɪtə^r] *vt* auslkundschaften <> *vi* das Gelände erkunden.

reconsider [ˌriːkən'sɪdə^r] *vt* neu überdenken <> *vi:* **it's not too late to ~** Sie können es sich noch einmal überlegen.

reconstitute [ˌriː'kɒnstɪtjuːt] *vt* - **1.** [organization, group] neu bilden - **2.** [dried food] zulbereiten *(durch Zufügen von Wasser).*

reconstruct [ˌriːkən'strʌkt] *vt* - **1.** [building, bridge, country] wieder auf lbauen - **2.** [event, crime] rekonstruieren.

reconstruction [ˌriːkən'strʌkʃn] *n* - **1.** [of building, bridge, country] Wiederaufbau *der* - **2.** [of event, crime] Rekonstruktion *die*.

reconvene [ˌriːkən'viːn] *vt* von neuem ein|berufen.

record [*n & adj* 'rekɔːd, *vb* rɪ'kɔːd] *n* - **1.** [written account] Aufzeichnung *die;* **off the ~** inoffiziell; **on ~** [on file] im Archiv; **these are the worst sales figures on ~** das sind die schlechtesten Verkaufszahlen, die je erzielt wurden; **he was on ~ as saying ...** es ist belegt, dass er sagte ... - **2.** [vinyl disc] (Schall)platte *die* - **3.** [best achievement] Rekord *der* - **4.** [history]: **to have a good ~** gute Leistungen aufweisen können; **to have a criminal ~** vorbestraft sein - **5.** *phr:* **to set** *OR* **put the ~ straight** für klare Verhältnisse sorgen ◇ *adj* Rekord- ◇ *vt* - **1.** [write down] auf|zeichnen - **2.** [put on tape *etc*] auf|nehmen.

record-breaker *n* Rekordbrecher *der*, -in *die*.

record-breaking *adj* rekordebrechend.

recorded delivery [rɪ'kɔːdɪd-] *n:* **to send sthg by ~** etw per Einschreiben schicken.

recorder [rɪ'kɔːdəʳ] *n* - **1.** [machine]: **(tape) ~** Tonbandgerät *das;* **(cassette) ~** Kassettenrekorder *der;* **(video) ~** Videorekorder *der* - **2.** [musical instrument] Blockflöte *die*.

record holder *n* Rekordinhaber *der*, -in *die*.

recording [rɪ'kɔːdɪŋ] *n* - **1.** [individual recording] Aufnahme *die* - **2.** *(U)* [process of recording] Aufzeichnung *die*.

recording studio *n* Aufnahmestudio *das*.

record library *n* (Schall)plattenverleih *der*.

record player *n* Plattenspieler *der*.

recount [*n* 'riːkaʊnt, *vt sense 1* rɪ'kaʊnt, *sense 2* ˌriː'kaʊnt] *n* Nachzählung *die* ◇ *vt* - **1.** [narrate] erzählen - **2.** [count again] nach|zählen.

recoup [rɪ'kuːp] *vt* [recover] wieder ein|bringen.

recourse [rɪ'kɔːs] *n* *fml:* **to have ~ to sthg** Zuflucht zu etw nehmen.

recover [rɪ'kʌvəʳ] *vt* - **1.** [stolen goods, money] zurück|bekommen; **to ~ sthg from sb/somewhere** etw von jm/irgendwo zurück|bekommen - **2.** [one's strength, balance, senses] wieder|gewinnen; **to ~ consciousness** wieder zu Bewusstsein kommen; **to ~ one's breath** wieder zu Atem kommen; **to ~ o.s.** sich erholen ◇ *vi* [from illness]: **to ~ (from)** genesen (von).

recoverable [riː'kʌvrəbl] *adj* FIN rückerstattbar.

recovery [rɪ'kʌvərɪ] (*pl* **-ies**) *n* - **1.** [from illness]: **~ (from)** Genesung *die* (von) - **2.** *fig* [of currency, economy] Erholung *die* - **3.** [of stolen goods, money] Wiedererlangung *die*.

recovery vehicle *n* *Br* Abschleppwagen *der*.

recreate [ˌriːkrɪ'eɪt] *vt* [reproduce] wieder auf|leben lassen.

recreation [ˌrekrɪ'eɪʃn] *n* [leisure] Erholung *die*.

recreational [ˌrekrɪ'eɪʃənl] *adj* Freizeit-.

recreation room *n* - **1.** [in public building] Aufenthaltsraum *der* - **2.** *Am* [in house] Freizeitraum *der*.

recrimination [rɪˌkrɪmɪ'neɪʃn] *n* *(U)* Gegenbeschuldigung *die*.

◆ **recriminations** *npl* gegenseitige Beschuldigungen *pl*.

recruit [rɪ'kruːt] *n* [in armed forces] Rekrut *der*, -in *die;* [in company, organization] neues Mitglied ◇ *vt* - **1.** [find, employ - in armed forces] rekrutieren; [- in company, organization] ein|stellen - **2.** [persuade to join] werben; **they ~ed her to help out** sie haben sie zur Hilfe herangezogen ◇ *vi* [look for new staff] ein|stellen.

recruitment [rɪ'kruːtmənt] *n* *(U)* [of staff] Einstellung *die;* [of soldiers] Rekrutierung *die*.

rectangle ['rekˌtæŋgl] *n* Rechteck *das*.

rectangular [rek'tæŋgjʊləʳ] *adj* rechteckig.

rectify ['rektɪfaɪ] (*pt* & *pp* **-ied**) *vt* *fml* berichtigen.

rectitude ['rektɪtjuːd] *n* *fml* Rechtschaffenheit *die*.

rector ['rektəʳ] *n* - **1.** [priest] Pfarrer *der* - **2.** *Scot* [head - of school] Direktor *der*, -in *die;* [- of college, university] Rektor *der*, -in *die*.

rectory ['rektərɪ] (*pl* **-ies**) *n* Pfarrhaus *das*.

rectum ['rektəm] (*pl* **-s**) *n* Rektum *das*.

recuperate [rɪ'kuːpəreɪt] *vi* *fml:* **to ~ (from)** genesen (von).

recuperation [rɪˌkuːpə'reɪʃn] *n* Genesung *die*.

recur [rɪ'kɜːʳ] (*pt* & *pp* **-red;** *cont* **-ring**) *vi* wieder|kehren; [problem, error] wieder auf|treten.

recurrence [rɪ'kʌrəns] *n* *fml* Wiederkehr *die;* [of problem, error] Wiederauftreten *das*.

recurrent [rɪ'kʌrənt] *adj* immer wiederkehrend; [problem, error] immer wieder auftretend.

recurring [rɪ'kɜːrɪŋ] *adj* - **1.** = **recurrent** - **2.** MATH: **3.3 ~** 3,3 Periode.

recyclable [ˌriː'saɪkləbl] *adj* recycelbar, wieder verwertbar.

recycle [ˌriː'saɪkl] *vt* recyceln, wieder verwerten.

recycling [ˌriː'saɪklɪŋ] *n* Recycling *das*.

red [red] (*compar* **-der;** *superl* **-dest**) *adj* rot ◇ *n* [colour] Rot *das;* **to be in the ~** *inf* in den roten Zahlen sein; **to see ~** rot|sehen.

◆ **Red** *pej* *adj* [left-wing, communist] rot ◇ *n* [left-winger, communist] Rote *der, die*.

red alert *n* **- 1.** [state of readiness]: **to be on ~** in höchster Alarmbereitschaft sein **- 2.** [order to be ready] Alarmstufe *die* rot.

red blood cell *n* rotes Blutkörperchen.

red-blooded [-'blʌdɪd] *adj* ***hum*** heißblütig.

red-brick *adj* ***Br*** [building] Backstein-.
◆ **redbrick** *adj* ***Br*** UNIV: **redbrick university** *Ende des 19. Jahrhunderts in Opposition zu den Traditionsuniversitäten gegründete moderne Universität.*

red card *n* FTBL: **to be shown the ~, to get a ~** die rote Karte gezeigt bekommen, die rote Karte kriegen.

red carpet *n*: **to roll out the ~ for sb** für jn den roten Teppich auslrollen.
◆ **red-carpet** *adj*: **to give sb the red-carpet treatment** für jn den roten Teppich auslrollen.

Red Crescent *n*: **the ~** der Rote Halbmond.

Red Cross *n*: **the ~** das Rote Kreuz.

redcurrant ['redkʌrənt] *n* (rote) Johannisbeere.

red deer *n* [one] Rothirsch *der;* [many] Rotwild *das.*

redden ['redn] *vt* rot färben ◇ *vi* [person, face] erröten.

redecorate [ˌriː'dekəreɪt] *vt* & *vi* renovieren.

redeem [rɪ'diːm] *vt* **- 1.** [save, rescue] retten; **she tried to ~ herself for her faux pas** sie versuchte, ihren Fehltritt wettzumachen **- 2.** [from pawnbroker] einllösen.

redeeming [rɪ'diːmɪŋ] *adj*: **her one ~ feature is ...** ihre einzige positive Eigenschaft ist ...

redefine [ˌriːdɪ'faɪn] *vt* neu definieren.

redemption [rɪ'dempʃn] *n* RELIG Erlösung *die;* **to be beyond** *OR* **past ~** ***fig*** nicht mehr zu retten sein.

redeploy [ˌriːdɪ'plɔɪ] *vt* [troops] umverlegen; [workers, staff] an anderer Stelle einlsetzen.

redeployment [ˌriːdɪ'plɔɪmənt] *n (U)* [of troops] Umverlegung *die;* [of workers, staff] Einzatz *der* an anderer Stelle.

redesign [ˌriːdɪ'zaɪn] *vt* **- 1.** [replan, redraw] neu entwerfen **- 2.** [reorganize, rethink] neu strukturieren.

redevelop [ˌriːdɪ'veləp] *vt* sanieren.

redevelopment [ˌriːdɪ'veləpmənt] *n (U)* Sanierung *die.*

red-faced [-'feɪst] *adj* **- 1.** [after exercise, with heat] gerötet **- 2.** [with embarrassment] mit rotem Kopf.

red-haired [-'heəd] *adj* rothaarig.

red-handed [-'hændɪd] *adj*: **to catch sb ~** jn auf frischer Tat ertappen.

redhead ['redhed] *n* Rotkopf *der.*

red herring *n* ***fig*** falsche Spur.

red-hot *adj* **- 1.** [extremely hot] rot glühend **- 2.** [very enthusiastic] glühend **- 3.** ***inf*** [very good] klasse, super.

redid [ˌriː'dɪd] *pt* ▷ **redo.**

Red Indian *n* Indianer *der,* -in *die.*

redirect [ˌriːdɪ'rekt] *vt* **- 1.** [mail] nachlsenden **- 2.** [aircraft, aid] umlleiten; [one's energies] anders einlsetzen.

rediscover [ˌriːdɪ'skʌvə^r] *vt* **- 1.** [re-experience] wieder entdecken **- 2.** [make popular, famous again]: **to be ~ed** wieder entdeckt werden.

redistribute [ˌriːdɪ'strɪbjuːt] *vt* umlverteilen.

red-letter day *n Tag, an dem etwas sehr Positives passiert.*

red light *n* [traffic signal] rote Ampel.

red-light district *n* Rotlichtviertel *das.*

red meat *n Fleisch vom Rind, vom Lamm, und vom Reh.*

red mullet *n* Rote Meeräsche.

redness ['rednɪs] *n* Röte *die.*

redo [ˌriː'duː] (*pt* **-did;** *pp* **-done**) *vt* **- 1.** [do again] noch einmal machen; [letter, essay] noch einmal schreiben **- 2.** ***inf*** [redecorate] renovieren.

redolent ['redələnt] *adj*: **to be ~ of sthg** ***literary*** [reminiscent] an etw *(A)* erinnern; [smelling] nach etw duften.

redone [ˌriː'dʌn] *pp* ▷ **redo.**

redouble [ˌriː'dʌbl] *vt*: **to ~ one's efforts (to do sthg)** seine Anstrengungen (etw zu tun) verdoppeln.

redoubtable [rɪ'daʊtəbl] *adj* ***fml*** Ehrfurcht gebietend.

redraft [ˌriː'drɑːft] *vt* neu abfassen.

redraw [ˌriː'drɔː] (*pt* **-drew;** *pp* **-drawn**) *vt* neu zeichnen.

redress [rɪ'dres] ***fml*** *n*: **to have no ~ against sb** keinen Rechtsanspruch gegenüber jm haben ◇ *vt*: **to ~ the balance** das Gleichgewicht wiederherlstellen.

redrew [ˌriː'druː] *pt* ▷ **redraw.**

Red Sea *n*: **the ~** das Rote Meer.

red setter *n* (Roter) Setter.

Red Square *n* Roter Platz.

red squirrel *n* Eichhörnchen *das.*

red tape *n* ***fig*** Bürokratie *die.*

reduce [rɪ'djuːs] *vt* **- 1.** [make smaller, less] reduzieren; **to ~ sthg to a pulp** etw zu Brei schlagen **- 2.** CULIN einlkochen **- 3.** [force, bring]: **to be ~d to doing sthg** dazu gezwungen sein, etw zu tun; **to be ~d to tears** zum Weinen gebracht werden; **to be ~d to a nervous wreck** zu einem Nervenbündel gemacht werden ◇ *vi* ***Am*** [lose weight] ablnehmen.

reduced [rɪ'djuːst] *adj* [size] verkleinert; [risk] reduziert; [price] herabgesetzt; **in ~ circum-**

stances in finanziell eingeschränkten Verhältnissen.

reduction [rɪ'dʌkʃn] *n* **- 1.** [decrease]: **~ (in sthg)** Reduzierung *die* (einer Sache *(G)*) **- 2.** [amount of decrease]: **~ (of)** Ermäßigung *die* (um).

redundancy [rɪ'dʌndənsɪ] (*pl* **-ies**) *n* ***Br*** **- 1.** [job loss]: **redundancies** Entlassungen *pl* **- 2.** [jobless state] Arbeitslosigkeit *die*.

redundancy payment *n* ***Br*** Abfindung *die*.

redundant [rɪ'dʌndənt] *adj* **- 1.** ***Br*** [jobless]: **to be made ~** den Arbeitsplatz verlieren **- 2.** [superfluous] überflüssig.

redwood ['redwʊd] *n*: **~ (tree)** Redwoodbaum *der*.

reecho [ˌriː'ekəʊ] *vt* wiederholen.

reed [riːd] *n* **- 1.** [plant] Schilfrohr *das* **- 2.** [of musical instrument] Rohrblatt *das* ◇ *comp* [made of reeds] aus Schilfrohr.

reeducate [ˌriː'edjʊkeɪt] *vt* umlerziehen.

reedy ['riːdɪ] (*compar* **-ier;** *superl* **-iest**) *adj* [voice] durchdringend.

reef [riːf] *n* [in sea] Riff *das*.

reek [riːk] *n* Gestank *der* ◇ *vi*: **to ~ (of sthg)** (nach etw) stinken.

reel [riːl] *n* **- 1.** [roll] Spule *die* **- 2.** [on fishing rod] Rolle *die* ◇ *vi* [stagger] torkeln; **my head ~ed** mir schwirrte der Kopf; **to ~ from sthg** von etw schwindlig sein.

◆ **reel in** *vt sep* [fishing line] einlrollen; [fish] einlholen.

◆ **reel off** *vt sep* [list] ablspulen.

reelect [ˌriːɪ'lekt] *vt*: **to ~ sb (as) sthg** jn als etw wiederlwählen.

reelection [ˌriːɪ'lekʃn] *n* Wiederwahl *die*.

reemphasize [ˌriː'emfəsaɪz] *vt* von neuem unterstreichen.

reenact [ˌriːɪ'nækt] *vt* nachlspielen.

reenter [ˌriː'entəʳ] *vt* **- 1.** [room] wieder hineinlgehen/hereinlkommen in *(+ A)*; [country] wieder einlreisen in *(+ A)* **- 2.** COMPUT [data] von neuem einlgeben.

reentry [ˌriː'entrɪ] *n* **- 1.** [into country] Wiedereinreise *die* **- 2.** COMPUT [of data] Neueingabe *die*.

reexamine [ˌriːɪg'zæmɪn] *vt* **- 1.** [question, case] nochmals prüfen **- 2.** [witness] nochmals vernehmen.

reexport [ˌriː'ekspɔːt] COMM *n* Wiederausfuhr *die* ◇ *vt* wieder auslführen.

ref *n* **- 1.** ***inf*** (*abbr of* **referee**) SPORT Schiri *der* **- 2.** ADMIN *abbr of* **reference.**

refectory [rɪ'fektərɪ] (*pl* **-ies**) *n* **- 1.** [in school, college] Speisesaal *der* **- 2.** [in monastery] Refektorium *das*.

refer [rɪ'fɜːʳ] (*pt* & *pp* **-red;** *cont* **-ring**) *vt* **- 1.** [person]: **to ~ sb to sb** jn an jn verweisen; **to ~ sb to sthg** [document, article] jn auf etw *(A)* verweisen **- 2.** [report, case, decision]: **to ~ sthg to sb/sthg** etw an jn/etw weiterlleiten.

◆ **refer to** *vt fus* **- 1.** [mention] erwähnen; [as support for argument] sich beziehen auf *(+ A)*; **Charles II is often ~red to as the Merry Monarch** Charles II. wird oft als der lustige Monarch bezeichnet **- 2.** [apply to, concern] betreffen; **to which noun does the adjective ~?** auf welches Substantiv bezieht sich das Adjektiv? **- 3.** [consult] zu Rate ziehen.

referee [ˌrefə'riː] *n* **- 1.** SPORT Schiedsrichter *der*, -in *die* **- 2.** ***Br*** [for job application] Referenz *die* ◇ *vt* SPORT leiten ◇ *vi* SPORT Schiedsrichter sein.

reference ['refrəns] *n* **- 1.** [act of mentioning]: **to make ~ to sb/sthg** jn/etw erwähnen; **with ~ to** ***fml*** mit Bezug auf *(+ A)* **- 2.** [mention]: **~ (to)** Anspielung *die* (auf *(+ A)*) **- 3.** [for information]: **for future ~** für späteren Gebrauch **- 4.** [in catalogue, on map] Verweis *der* **- 5.** COMM [in letter, for job application] Referenz *die*.

reference book *n* Nachschlagewerk *das*.

reference library *n* Präsenzbibliothek *die*.

reference number *n* [for customer] Kundennummer *die;* [for member] Mitgliedsnummer *die;* [on file] Aktenzeichen *das*.

referendum [ˌrefə'rendəm] (*pl* **-s** OR **-da** [-də]) *n* POL Referendum *das*.

referral [rɪ'fɜːrəl] *n* ***fml*** **- 1.** [act of referring] Weiterleitung *die* **- 2.** [case referred] Überweisung *die*.

refill [*n* 'riːfɪl, *vb* ˌriː'fɪl] *n* **- 1.** [for pen, lighter] Nachfüllpatrone *die* **- 2.** ***inf*** [drink]: **would you like a ~?** möchten Sie nachgeschenkt haben? ◇ *vt* nachlfüllen.

refillable [ˌriː'fɪləbl] *adj* nachfüllbar.

refine [rɪ'faɪn] *vt* **- 1.** [oil, food] raffinieren **- 2.** [details, speech] verfeinern.

refined [rɪ'faɪnd] *adj* **- 1.** [genteel] fein **- 2.** [highly developed, purified] raffiniert.

refinement [rɪ'faɪnmənt] *n* **- 1.** [improvement]: **~ (on sthg)** Verfeinerung *die* (von etw) **- 2.** *(U)* [gentility] Feinheit *die*.

refinery [rɪ'faɪnərɪ] (*pl* **-ies**) *n* Raffinerie *die*.

refit [*n* 'riːfɪt, *vb* ˌriː'fɪt] (*pt* & *pp* **-ted;** *cont* **-ting**) *n* [of ship] Überholung *die* ◇ *vt* [ship] überholen.

reflate [ˌriː'fleɪt] *vt* ECON anlkurbeln

reflation [ˌriː'fleɪʃn] *n (U)* ECON Ankurbelung *die* der Konjunktur.

reflationary [riː'fleɪʃənrɪ] *adj* ECON reflationär.

reflect [rɪ'flekt] *vt* **- 1.** [show, be a sign of] widerlspiegeln **- 2.** [throw back - light, heat] reflektieren; [- image] spiegeln, reflektieren; **to be ~ed in sthg** in etw reflektiert werden **- 3.** [think, consider]: **to ~ that ...** daran denken, dass ... <> *vi* [think, consider]: **to ~ (on** *OR* **upon sthg)** reflektieren (über etw *(A)*), nachldenken (über etw *(A)*).

reflection [rɪ'flekʃn] *n* - **1.** [sign, consequence] Widerspiegelung *die* - **2.** [criticism]: **this is no ~ on your judgement** das ist keine Kritik an ihrem Urteil - **3.** [image] Spiegelung *die* - **4.** *(U)* [of light, heat] Reflexion *die* - **5.** *(U) **literary*** [thinking] Reflexion *die;* **on ~** bei näherer Überlegung - **6.** ***literary*** [thought]: **~s (on sthg)** Reflexionen *pl* (über etw *(A)*).

reflective [rɪ'flektɪv] *adj* - **1.** [thoughtful] nachdenklich - **2.** [shiny] reflektierend.

reflector [rɪ'flektəʳ] *n* Rückstrahler *der.*

reflex ['riːfleks] *n:* **~ (action)** Reflex *der.*
◈ **reflexes** *npl* Reflexe *pl.*

reflex camera *n* Spiegelreflexkamera *die.*

reflexive [rɪ'fleksɪv] *adj* GRAMM reflexiv.

reflexology [ˌriːflek'sɒlədʒɪ] *n* Reflexzonenmassage *die.*

reforest [ˌriː'fɒrɪst] *vt* ***esp Am*** = **reafforest.**

reforestation [riːˌfɒrɪ'steɪʃn] *n* ***esp Am*** = **reafforestation.**

reform [rɪ'fɔːm] *n* Reform *die* <> *vt* - **1.** [change] reformieren - **2.** [improve behaviour of] bessern <> *vi* [behave better] sich bessern.

reformat [ˌriː'fɔːmæt] (*pt* & *pp* **-ted;** *cont* **-ting**) *vt* COMPUT neu formatieren.

Reformation [ˌrefə'meɪʃn] *n:* **the ~** die Reformation.

reformatory [rɪ'fɔːmətrɪ] (*pl* **-ies**) *n* ***Am*** Besserungsanstalt *die.*

reformed [rɪ'fɔːmd] *adj* [drug addict, alcoholic] ehemalig; **he is a ~ character** er hat sich gebessert.

reformer [rɪ'fɔːməʳ] *n* Reformer *der,* -in *die.*

reformist [rɪ'fɔːmɪst] *adj* reformistisch <> *n* Reformist *der,* -in *die.*

refract [rɪ'frækt] *vt* brechen <> *vi* sich brechen.

refrain [rɪ'freɪn] *n* Refrain *der* <> *vi* ***fml:*** **to ~ from doing sthg** es unterlassen, etw zu tun.

refresh [rɪ'freʃ] *vt* erfrischen; **to ~ sb's memory** js Gedächtnis auflfrischen.

refresher course [rɪ'freʃəʳ-] *n* Auffrischungskurs *der.*

refreshing [rɪ'freʃɪŋ] *adj* erfrischend.

refreshments [rɪ'freʃmənts] *npl* Erfrischungen *pl.*

refrigerate [rɪ'frɪdʒəreɪt] *vt* kühlen.

refrigeration [rɪˌfrɪdʒə'reɪʃn] *n (U)* Kühlung *die.*

refrigerator [rɪ'frɪdʒəreɪtəʳ] *n* Kühlschrank *der.*

refuel [ˌriː'fjʊəl] (***Br*** *pt* & *pp* **-led;** *cont* **-ling,** ***Am*** *pt* & *pp* **-ed;** *cont* **-ing**) *vt* & *vi* auf|tanken.

refuge ['refjuːdʒ] *n* - **1.** [place of safety] Zuflucht *die* - **2.** [safety]: **to seek** *OR* **take ~** [hide] Zuflucht suchen; **to seek** *OR* **take ~ in sthg *fig*** in etw *(D)* Zuflucht suchen.

refugee [ˌrefjʊ'dʒiː] *n* Flüchtling *der.*

refugee camp *n* Flüchtlingslager *das.*

refund [*n* 'riːfʌnd, *vb* rɪ'fʌnd] *n* Rückzahlung *die* <> *vt:* **to ~ sthg to sb, to ~ sb sthg** etw an jn zurück|zahlen, jm etw zurück|zahlen.

refurbish [ˌriː'fɜːbɪʃ] *vt* renovieren.

refurbishment [ˌriː'fɜːbɪʃmənt] *n* Renovierung *die.*

refurnish [ˌriː'fɜːnɪʃ] *vt* neu ein|richten.

refusal [rɪ'fjuːzl] *n:* **~ (to do sthg)** Weigerung *die* (etw zu tun); **she met with a ~** sie erhielt eine Absage; **to give sb first ~** jm das Vorkaufsrecht ein|räumen.

refuse[1] [rə'fjuːz] *vt* - **1.** [withhold, deny]: **to ~ sb sthg, to ~ sthg to sb** jm etw verweigern - **2.** [decline] ab|lehnen; **to ~ to do sthg** sich weigern, etw zu tun <> *vi* sich weigern.

refuse[2] ['refjuːs] *n* Müll *der.*

refuse collection ['refjuːs-] *n* Müllabfuhr *die.*

refuse collector ['refjuːs-] *n* Müllmann *der.*

refuse dump ['refjuːs-] *n* Müllabladeplatz *der.*

refute [rɪ'fjuːt] *vt* ***fml*** widerlegen.

reg. (*abbr of* **registered**): **~ trademark** eingetr. Warenzeichen.

regain [rɪ'geɪn] *vt* [recover] wieder|gewinnen; **to ~ consciousness** wieder zu Bewusstsein kommen; **to ~ one's health** wieder gesund werden.

regal ['riːgl] *adj* majestätisch.

regale [rɪ'geɪl] *vt:* **to ~ sb with sthg** jn mit etw unterhalten.

regalia [rɪ'geɪljə] *n (U)* Insignien *pl.*

regard [rɪ'gɑːd] *n* - **1.** *(U)* ***fml*** [respect, esteem]: **~ (for sb/sthg)** Achtung *die* (vor jm/etw); **to have the greatest ~ for sb/sthg** vor jm/etw Hochachtung haben; **to hold sb/sthg in high/low ~** jn/etw hoch/gering achten - **2.** [aspect]: **in this/that ~** in dieser/jener Hinsicht <> *vt:* **to ~ o.s./sb/sthg as** sich/jn/etw halten für; **he ~ed her with admiration/suspicion** er bewunderte sie/misstraute ihr; **to be highly ~ed** hoch geachtet sein.
◈ **regards** *npl* [in greetings] Grüße *pl;* **send her my ~s** grüße sie von mir.
◈ **as regards** *prep* in Bezug auf *(+ A).*
◈ **in regard to, with regard to** *prep* bezüglich *(+ G).*

regarding [rɪ'gɑːdɪŋ] *prep* in Bezug auf *(+ A).*

regardless [rɪ'gɑːdlɪs] *adv* trotzdem. ◆ **regardless of** *prep* ohne Rücksicht auf *(+ A)*.

regatta [rɪ'gætə] *n* Regatta *die*.

regd. = **reg.**

Regency ['riːdʒənsɪ] *adj* Regency-.

regenerate [rɪ'dʒenəreɪt] *vt* [economy, area] wieder beleben.

regeneration [rɪˌdʒenə'reɪʃn] *n* [of economy, area] Wiederbelebung *die*.

regent ['riːdʒənt] *adj*: **prince ~** Prinzregent *der* <> *n* Regent *der*, -in *die*.

reggae ['regeɪ] *n* Reggae *der*.

regime [reɪ'ʒiːm] *n* **pej** Regime *das*.

regiment ['redʒɪmənt] *n* MIL Regiment *das*.

regimental [ˌredʒɪ'mentl] *adj* MIL Regiments-.

regimented ['redʒɪmentɪd] *adj* **pej** [workforce, system] reglementiert.

region ['riːdʒən] *n* - **1.** [of country] Gebiet *das*, Region *die* - **2.** [of body] Bereich *der* - **3.** [range]: **in the ~ of** ungefähr.

regional ['riːdʒənl] *adj* regional.

register ['redʒɪstəʳ] *n* [of school class] Klassenbuch *das*; **electoral ~** Wählerverzeichnis *das*; **~ of companies** Handelsregister *das* <> *vt* - **1.** [record officially, show, measure] registrieren - **2.** [express] zeigen <> *vi* - **1.** [enrol]: **to ~ as/for sthg** sich als/für etw (an|)melden - **2.** [book in] sich ein|tragen - **3.** **inf** [be properly understood]: **it didn't ~ (with her)** sie registrierte es gar nicht.

registered ['redʒɪstəd] *adj* - **1.** [officially listed - company, charity] eingetragen; **are you ~ disabled?** haben Sie einen Schwerbehindertenausweis? - **2.** [letter, parcel] eingeschrieben.

registered nurse *n* staatlich geprüfter Krankenpfleger, staatlich geprüfte Krankenschwester.

registered post *Br*, **registered mail** *Am* *n*: **to send sthg by ~** etw per Einschreiben schicken.

registered trademark *n* eingetragenes Warenzeichen.

registrar [ˌredʒɪ'strɑːʳ] *n* - **1.** [keeper of records] Standesbeamter *der*, -tin *die* - **2.** UNIV [administrator] Kanzler *der*, -in *die* - **3.** *Br* [doctor] Krankenhausarzt *der*, -ärztin *die*.

registration [ˌredʒɪ'streɪʃn] *n* - **1.** [in records] Eintragung *die* - **2.** [on course] Anmeldung *die* - **3.** AUT = **registration number.**

registration document *n* Kraftfahrzeugbrief *der*.

registration number *n* AUT Kennzeichen *das*.

registry ['redʒɪstrɪ] (*pl* **-ies**) *n* Registratur *die*.

registry office *n* Standesamt *das*.

regress [rɪ'gres] *vi* **fml**: **to ~ (to sthg)** sich (zu etw) zurück|entwickeln.

regression [rɪ'greʃn] *n (U)* **fml** rückläufige Entwicklung.

regressive [rɪ'gresɪv] *adj* **fml** rückschrittlich.

regret [rɪ'gret] (*pt* & *pp* **-ted;** *cont* **-ting**) *n* Bedauern *das*; **I have no ~s about it** ich bedauere es nicht <> *vt* bedauern; **to ~ doing sthg** bedauern, etw getan zu haben; **we ~ to announce that ...** wir bedauern, Ihnen mitteilen zu müssen, dass ...

regretful [rɪ'gretfʊl] *adj* [look] bedauernd.

regretfully [rɪ'gretfʊlɪ] *adv* mit Bedauern.

regrettable [rɪ'gretəbl] *adj* bedauerlich.

regrettably [rɪ'gretəblɪ] *adv* [unfortunately] bedauerlicherweise, leider.

regroup [ˌriː'gruːp] *vi* sich neu gruppieren; [soldiers] sich neu formieren.

regt (*abbr of* **regiment**).

regular ['regjʊləʳ] *adj* - **1.** [gen & GRAMM] regelmäßig - **2.** [usual] üblich - **3.** *Am* [in size] klein - **4.** *Am* [pleasant]: **he's a ~ guy** er ist O.K. - **5.** *Am* [normal] normal, gewöhnlich <> *n* [customer, client] Stammkunde *der*, -din *die*.

regular army *n* Berufsarmee *die*.

regularity [ˌregjʊ'lærətɪ] *n* Regelmäßigkeit *die*.

regularly ['regjʊləlɪ] *adv* regelmäßig.

regulate ['regjʊleɪt] *vt* - **1.** [control] regulieren - **2.** [adjust] regeln.

regulation [ˌregjʊ'leɪʃn] *adj* [standard] vorgeschrieben <> *n* - **1.** [rule] Vorschrift *die* - **2.** *(U)* [control] Regulierung *die*.

regurgitate [rɪ'gɜːdʒɪteɪt] *vt* - **1.** [bring up] wieder hoch|bringen - **2.** **fig** & **pej** [repeat] wieder|käuen.

rehabilitate [ˌriːə'bɪlɪteɪt] *vt* rehabilitieren.

rehabilitation ['riːəˌbɪlɪ'teɪʃn] *n* Rehabilitation *die*.

rehash [*vb* ˌriː'hæʃ, *n* 'riːhæʃ] **pej inf** *vt* auf|wärmen <> *n* Aufguss *der*.

rehearsal [rɪ'hɜːsl] *n* Probe *die*.

rehearse [rɪ'hɜːs] *vt* & *vi* proben.

reheat [ˌriː'hiːt] *vt* auf|wärmen.

rehouse [ˌriː'haʊz] *vt*: **to be ~d** umquartiert werden.

reign [reɪn] *n* **lit** & **fig** Herrschaft *die* <> *vi* - **1.** [rule]: **to ~ (over)** herrschen (über *(+ A)*) - **2.** [prevail]: **to ~ over** sich aus|breiten über *(+ D)*.

reigning ['reɪnɪŋ] *adj* [champion] amtierend.

reimburse [ˌriːɪm'bɜːs] *vt* [person] entschädigen; [expenses] zurück|erstatten; **to ~ sb for sthg** jm etw zurück|erstatten.

reimbursement [ˌriːɪm'bɜːsmənt] *n (U) **fml*** [of expenses] Rückerstattung *die;* [of person] Entschädigung *die.*

rein [reɪn] *n **fig:*** **to give sb (a) free ~** jm freie Hand lassen; **to keep a tight ~ on sb/sthg** bei jm/etw die Zügel kurz halten.
◆ **reins** *npl* - **1.** [for horse] Zügel *pl* - **2.** [for child] Laufgurt *der.*
◆ **rein in** *vt sep* [horse] zügeln.

reincarnation [ˌriːɪnkɑː'neɪʃn] *n* - **1.** [life after death] Wiedergeburt *die* - **2.** [reborn person, animal] Reinkarnation *die.*

reindeer ['reɪnˌdɪəʳ] *(pl inv) n* Rentier *das.*

reinforce [ˌriːɪn'fɔːs] *vt* - **1.** [ceiling, frame, cover]: **to ~ sthg (with sthg)** etw (mit etw) verstärken - **2.** [dislike, prejudice] bestärken - **3.** [argument, claim] stützen.

reinforced concrete [ˌriːɪn'fɔːst-] *n* Stahlbeton *der.*

reinforcement [ˌriːɪn'fɔːsmənt] *n* [in construction] Verstärkung *die.*
◆ **reinforcements** *npl* MIL Verstärkung *die.*

reinstate [ˌriːɪn'steɪt] *vt* - **1.** [employee] wieder ein|stellen - **2.** [payment, policy] wieder auf|nehmen.

reinstatement [ˌriːɪn'steɪtmənt] *n* - **1.** [of employee] Wiedereinstellung *die* - **2.** [of payment, policy] Wiederaufnahme *die.*

reinterpret [ˌriːɪn'tɜːprɪt] *vt* neu interpretieren.

reintroduce ['riːˌɪntrə'djuːs] *vt* wieder ein|führen.

reintroduction [ˌriːɪntrə'dʌkʃn] *n* Wiedereinführung *die.*

reissue [riː'ɪʃuː] *n* Neuausgabe *die;* [of book] Neuauflage *die* ◇ *vt* neu heraus|geben; [book] neu auf|legen.

reiterate [riː'ɪtəreɪt] *vt **fml*** wiederholen.

reiteration [riːˌɪtə'reɪʃn] *n **fml*** Wiederholung *die.*

reject [*n* 'riːdʒekt, *vb* rɪ'dʒekt] *n:* **~s** [from factory] Ausschuss *der;* **it's a ~** [in shop] es ist zweite Wahl ◇ *vt* ab|lehnen; **the machine keeps on ~ing the coin** die Maschine nimmt die Münze nicht an.

rejection [rɪ'dʒekʃn] *n* - **1.** [of offer, values, religion] Ablehnung *die* - **2.** [for job] Absage *die.*

rejig [ˌriː'dʒɪg] *(pt & pp* **-ged;** *cont* **-ging**) *vt **Br inf*** um|krempeln.

rejoice [rɪ'dʒɔɪs] *vi:* **to ~ (at** OR **in sthg)** sich freuen (über etw *(A)*).

rejoicing [rɪ'dʒɔɪsɪŋ] *n:* **~ (at** OR **over sthg)** Freude *die* (über etw *(A)*).

rejoin [rɪ'dʒɔɪn] *vt* - **1.** [group, regiment, club] sich wieder an|schließen *(+ D);* [motorway] wieder auf|fahren auf *(+ A)* - **2.** [reply] erwidern.

rejoinder [rɪ'dʒɔɪndəʳ] *n* Erwiderung *die.*

rejuvenate [rɪ'dʒuːvəneɪt] *vt* verjüngen.

rekindle [ˌriː'kɪndl] *vt **fig*** wieder entflammen.

relapse [rɪ'læps] *n* Rückfall *der;* **to have a ~** einen Rückfall haben ◇ *vi:* **to ~ into sthg** in etw *(A)* zurück|fallen.

relate [rɪ'leɪt] *vt* - **1.** [connect]: **to ~ sthg to sthg** etw zu etw in Beziehung bringen OR setzen - **2.** [tell] erzählen ◇ *vi* - **1.** [connect]: **to ~ to sthg** mit etw zusammen|hängen - **2.** [concern]: **to ~ to sb/sthg** jn/etw betreffen - **3.** [empathize]: **to ~ to sb/sthg** einen Bezug zu jm/etw haben.
◆ **relating to** *prep* im Zusammenhang mit.

related [rɪ'leɪtɪd] *adj* - **1.** [in same family] verwandt; **to be ~ to sb** mit jm verwandt sein - **2.** [connected] zusammenhängend; **to be ~ to sthg** mit etw zusammen|hängen.

relation [rɪ'leɪʃn] *n* - **1.** *(U)* [connection]: **~ to/between** Beziehung *die* zu/zwischen *(+ D)*; **in ~ to** [state, size] im Verhältnis zu; [position] im Vergleich zu - **2.** [family member] Verwandte *der, die.*
◆ **relations** *npl* [relationship]: **~s (between/with)** Beziehungen *pl* (zwischen *(+ D)*/mit).

relational [rɪ'leɪʃənl] *adj* COMPUT relational.

relationship [rɪ'leɪʃnʃɪp] *n* Beziehung *die.*

relative ['relətɪv] *adj* - **1.** [gen] relativ; **he is a ~ newcomer to the firm** er ist noch relativ neu in der Firma - **2.** [respective] jeweilig ◇ *n* Verwandte *der, die.*
◆ **relative to** *prep **fml*** - **1.** [compared to] im Vergleich zu - **2.** [connected with] sich beziehend auf *(+ A).*

relatively ['relətɪvlɪ] *adv* relativ.

relativity [ˌrelə'tɪvətɪ] *n* Relativität *die.*

relax [rɪ'læks] *vt* - **1.** [mind, muscle, person] entspannen - **2.** [grip, discipline, regulation] lockern ◇ *vi* - **1.** [person, body, muscle] sich entspannen - **2.** [grip] sich lockern.

relaxation [ˌriːlæk'seɪʃn] *n (U)* - **1.** [rest] Entspannung *die* - **2.** [of regulation, discipline] Lockerung *die.*

relaxed [rɪ'lækst] *adj* entspannt.

relaxing [rɪ'læksɪŋ] *adj* entspannend.

relay [*n & vb senses 1 & 2* 'riːleɪ, *vb sense 3* ˌriː'leɪ] *(pt & pp senses 1 & 2* **-ed;** *pt & pp sense 3* **relaid**) *n* - **1.** SPORT: **~ (race)** Staffellauf *der;* **to work in ~s *fig*** sich (bei der Arbeit) ab|lösen - **2.** RADIO & TV Relais *das* ◇ *vt* - **1.** RADIO & TV [broadcast] übertragen - **2.** [message, news]: **to ~ sthg (to sb)** (jm) etw aus|richten - **3.** [cable, carpet, tiles] neu verlegen.

release [rɪ'liːs] *n* - **1.** *(U)* [from captivity] Freilassung *die* - **2.** *(U)* [from pain, suffering] Erlösung *die* - **3.** [statement] Verlautbarung *die* - **4.** [of gas, fumes] Freisetzen *das* - **5.** [of film, video, CD] Freigabe *die;* **the movie is on ~ from Friday** der

Film ist von Freitag an im Kino (zu sehen) **- 6.** [video, CD]: **new ~** Neuerscheinung *die;* [film] neuer Film <> *vt* **- 1.** [set free] freilassen; **to ~ sb from prison/captivity** jm aus dem Gefängnis/der Gefangenschaft entlassen; **to ~ sb from sthg** [promise, contract] jn von etw befreien **- 2.** [make available] freilsetzen **- 3.** [from control, grasp] losllassen **- 4.** [brake, lever, handle] lösen **- 5.** [let out, emit]: **to be ~d (from/into sthg)** freigesetzt werden (aus etw/in etw *(A)*) **- 6.** [film, video, CD] herauslbringen; [statement, news story] veröffentlichen.

relegate ['relɪgeɪt] *vt* **- 1.** [lower status of]: **to ~ sb/sthg (to)** jn/etw verbannen (in *(+ A)*) **- 2.** *Br* SPORT: **to be ~d** ablsteigen.

relegation [ˌrelɪ'geɪʃn] *n (U)* **- 1.** [lowering of status]: **~ (to)** Verbannung *die* (in *(+ A)*) **- 2.** *Br* SPORT: **~ (to)** Abstieg *der* (in *(+ A)*).

relent [rɪ'lent] *vi* [person] nachlgeben; [wind, storm] nachllassen.

relentless [rɪ'lentlɪs] *adj* erbarmungslos.

relentlessly [rɪ'lentlɪslɪ] *adv* erbarmungslos.

relevance ['reləvəns] *n (U)* **- 1.** [connection]: **~ (to)** Relevanz *die* (für) **- 2.** [significance]: **~ (to/for)** Bedeutung *die* (für).

relevant ['reləvənt] *adj* **- 1.** [connected]: **~ (to)** relevant (für) **- 2.** [important]: **~ (to)** wichtig (für) **- 3.** [appropriate] entsprechend.

reliability [rɪˌlaɪə'bɪlətɪ] *n* Zuverlässigkeit *die.*

reliable [rɪ'laɪəbl] *adj* zuverlässig.

reliably [rɪ'laɪəblɪ] *adv* zuverlässig.

reliance [rɪ'laɪəns] *n (U)*: **~ (on)** Abhängigkeit *die* (von).

reliant [rɪ'laɪənt] *adj*: **~ on** abhängig von *(+ D).*

relic ['relɪk] *n* **- 1.** [old object, custom - still in use] Überbleibsel *das;* [- no longer in use] Relikt *das* **- 2.** RELIG Reliquie *die.*

relief [rɪ'li:f] *n* **- 1.** [comfort] Erleichterung *die* **- 2.** *(U)* [for poor, refugees] Hilfe *die* **- 3.** *Am* [social security] Fürsorge *die.*

relief map *n* Reliefkarte *die.*

relief road *n Br* Ausweichstraße *die.*

relieve [rɪ'li:v] *vt* **- 1.** [ease, lessen] lindern; **to ~ sb of sthg** jn von etw befreien **- 2.** [take over from]: **to ~ sb of sthg** jn einer Sache *(G)* entheben **- 3.** [give help to] hilfen *(+ D).*

relieved [rɪ'li:vd] *adj* erleichtert.

religion [rɪ'lɪdʒn] *n* **- 1.** [belief in a god] Glaube *der* **- 2.** [system of belief] Religion *die.*

religious [rɪ'lɪdʒəs] *adj* religiös.

reline [ˌri:'laɪn] *vt* [skirt] neu füttern; [brakes] neu belegen.

relinquish [rɪ'lɪŋkwɪʃ] *vt* auf lgeben.

relish ['relɪʃ] *n* **- 1.** [enjoyment]: **with (great) ~** genüsslich **- 2.** [pickle] Soße *die* <> *vt* [enjoy] genießen; **to ~ the idea** OR **thought of doing sthg** sich darauf freuen, etw zu tun.

relive [ˌri:'lɪv] *vt* noch einmal durchleben.

relocate [ˌri:ləʊ'keɪt] *vt* verlegen <> *vi* den Standort wechseln.

relocation [ˌrɪləʊ'keɪʃn] *n* [of business, staff] Standortwechsel *der.*

relocation expenses *npl* Umzugskosten *pl.*

reluctance [rɪ'lʌktəns] *n* Widerwille *der;* **with ~** widerwillig.

reluctant [rɪ'lʌktənt] *adj* widerwillig; **to be ~ to do sthg** abgeneigt sein, etw zu tun.

reluctantly [rɪ'lʌktəntlɪ] *adv* widerwillig.

rely [rɪ'laɪ] *(pt & pp* **-ied)** ◆ **rely on** *vt fus* **- 1.** [count on] sich verlassen auf *(+ A);* **I'm ~ing on you to do this work** ich verlasse mich darauf, dass du diese Arbeit erledigst **- 2.** [be dependent on]: **to ~ on sb/sthg for sthg** wegen etw auf jn/etw angewiesen sein.

REM *(abbr of* **rapid eye movement)** *n:* **~ sleep** REM-Phase *die.*

remain [rɪ'meɪn] *vt:* **that ~s to be done** das bleibt (noch) zu tun; **it ~s to be seen ...** es wird sich zeigen ... <> *vi* bleiben.
◆ **remains** *npl* **- 1.** [of meal, fortune, building] Überreste *pl* **- 2.** [corpse] menschliche Überreste *pl* **- 3.** [of ancient civilization] Überreste *pl.*

remainder [rɪ'meɪndə^r] *n* Rest *der.*

remaining [rɪ'meɪnɪŋ] *adj* verbleibend; **last ~** letzte, -r, -s.

remake [*n* 'ri:meɪk, *vb* ˌri:'meɪk] CINEMA *n* Remake *das,* Neuverfilmung *die* <> *vt* neu verfilmen.

remand [rɪ'mɑ:nd] LAW *n:* **on ~** in Untersuchungshaft <> *vt* in Untersuchungshaft behalten; **to be ~ed in custody** in Untersuchungshaft verbleiben.

remand centre *n Br Untersuchungsgefängnis, in dem jugendliche Straftäter zwischen 14 und 21 Jahren inhaftiert sind.*

remark [rɪ'mɑ:k] *n* Bemerkung *die* <> *vt:* **to ~ that ...** bemerken, dass ... <> *vi:* **to ~ on sthg** über etw *(A)* eine Bemerkung machen.

remarkable [rɪ'mɑ:kəbl] *adj* bemerkenswert.

remarkably [rɪ'mɑ:kəblɪ] *adv* bemerkenswert.

remarry [ˌri:'mærɪ] *(pt & pp* **-ied)** *vi* wieder heiraten.

remedial [rɪ'mi:djəl] *adj* **- 1.** SCH Förder- **- 2.** [corrective - action] abhelfend; **~ therapy** Rehabilitationsbehandlung *die.*

remedy ['remədɪ] *(pl* **-ies;** *pt & pp* **-ied)** *n:* **~ (for sthg)** [for ill health] Heilmittel *das* (für OR gegen etw); [solution] Lösung *die* (für etw) ◇ *vt* ab|helfen *(+ D)*.

remember [rɪ'membəʳ] *vt* - **1.** [recollect] sich erinnern an *(+ A)*; **to ~ doing sthg** sich daran erinnern, etw getan zu haben - **2.** [not forget] denken an *(+ A)*; **to ~ to do sthg** daran denken, etw zu tun - **3.** [as greeting]: **~ me to your wife** grüßen Sie Ihre Frau von mir ◇ *vi* sich erinnern.

remembrance [rɪ'membrəns] *n fml*: **in ~ of** zur Erinnerung an *(+ A)*.

Remembrance Day *n nationaler britischer Trauertag zum Gedenken an die in den beiden Weltkriegen gefallenen Soldaten. Er wird am dem 11. November nächstliegenden Sonntag begangen.*

remind [rɪ'maɪnd] *vt* - **1.** [tell]: **to ~ sb about sthg** jn an etw *(A)* erinnern; **to ~ sb to do sthg** jn daran erinnern, etw zu tun - **2.** [be reminiscent of]: **to ~ sb of sb/sthg** jn an jn/etw erinnern.

reminder [rɪ'maɪndəʳ] *n* - **1.** [to jog memory]: **to give sb a ~ to do sthg** jn daran erinnern, etw zu tun - **2.** [for bill, membership, licence] Mahnung *die*.

reminisce [ˌremɪ'nɪs] *vi*: **to ~ (about sthg)** in Erinnerungen (an etw *(A)*) schwelgen.

reminiscences [ˌremɪ'nɪsənsɪz] *npl* (nostalgische) Erinnerungen *pl*.

reminiscent [ˌremɪ'nɪsnt] *adj*: **to be ~ of sb/sthg** an jn/etw erinnern.

remiss [rɪ'mɪs] *adj* nachlässig.

remission [rɪ'mɪʃn] *n (U)* - **1.** LAW Straferlass *der* - **2.** MED: **to be in ~** [disease] vorübergehend zum Stillstand gekommen sein.

remit [*n* 'riːmɪt, *vb* rɪ'mɪt] (*pt* & *pp* **-ted;** *cont* **-ting**) *n* **Br** Aufgabenbereich *der* ◇ *vt* [send] überweisen.

remittance [rɪ'mɪtns] *n* Überweisung *die*.

remnant ['remnənt] *n* Rest *der*.

remodel [ˌriː'mɒdl] (**Br** *pt* & *pp* **-led;** *cont* **-ling, Am** *pt* & *pp* **-ed;** *cont* **-ing**) *vt* um|gestalten.

remold *n* **Am** = **remould.**

remonstrate ['remənstreɪt] *vi fml*: **to ~ with sb (about sthg)** jm (wegen etw) Vorhaltungen machen.

remorse [rɪ'mɔːs] *n* Reue *die*.

remorseful [rɪ'mɔːsfʊl] *adj* reuig, reumütig.

remorseless [rɪ'mɔːslɪs] *adj* - **1.** [pitiless] unbarmherzig - **2.** [unstoppable] unaufhaltsam.

remorselessly [rɪ'mɔːslɪslɪ] *adv* - **1.** [pitilessly] unbarmherzig - **2.** [unstoppably] unaufhaltsam.

remote [rɪ'məʊt] *adj* - **1.** [distant - place] abgelegen; [- time] entfernt - **2.** [aloof] unnahbar; **~ from reality** realitätsfern - **3.** [unconnected, irrelevant]: **~ from** entfernt von - **4.** [slight - resemblance] entfernt; [- chance, possibility] gering.

remote control *n* - **1.** *(U)* [system] Fernsteuerung *die* - **2.** [machine, device] Fernbedienung *die*.

remote-controlled [-kən'trəʊld] *adj* ferngesteuert.

remotely [rɪ'məʊtlɪ] *adv* - **1.** [slightly]: **not ~** nicht im Entferntesten, nicht im Geringsten - **2.** [distantly] entfernt.

remoteness [rɪ'məʊtnɪs] *n (U)* - **1.** [in space, time] Ferne *die* - **2.** [aloofness] Unnahbarkeit *die*.

remoulds Br, remolds Am ['riːməʊldz] *npl* runderneuerte Reifen *pl*.

removable [rɪ'muːvəbl] *adj* [detachable] abnehmbar.

removal [rɪ'muːvl] *n* - **1. Br** [change of house] Umzug *der* - **2.** [act of removing] Entfernen *das*.

removal man *n* **Br** Möbelpacker *der*.

removal van *n* **Br** Möbelwagen *der*.

remove [rɪ'muːv] *vt* - **1.** [take away, clean]: **to ~ sthg (from)** etw entfernen (aus/von) - **2.** [clothes, hat] ab|legen - **3.** [from a job]: **to ~ sb (from)** jn entfernen (von) - **4.** [problem] beseitigen; [suspicion] zerstreuen.

removed [rɪ'muːvd] *adj*: **to be far ~ from** weit entfernt sein von.

remover [rɪ'muːvəʳ] *n* Entferner *der*.

remuneration [rɪˌmjuːnə'reɪʃn] *n* **fml** - **1.** [pay] Bezahlung *die* - **2.** [amount of money] Vergütung *die*.

Renaissance [rə'neɪsəns] *n*: **the ~** die Renaissance ◇ *comp* Renaissance-.

rename [ˌriː'neɪm] *vt* um|benennen.

rend [rend] (*pt* & *pp* **rent**) *vt* zerreißen.

render ['rendəʳ] *vt* - **1.** [make] machen - **2.** [give - help, service] leisten.

rendering ['rendərɪŋ] *n* - **1.** [performance] Interpretation *die* - **2.** [translation] Übersetzung *die*.

rendezvous ['rɒndɪvuː] (*pl inv*) *n* - **1.** [meeting] Rendezvous *das* - **2.** [place] Treffpunkt *der*.

rendition [ren'dɪʃn] *n* [of poem, piece of music] Vortrag *der*.

renegade ['renɪgeɪd] *adj* abtrünnig ◇ *n* Abtrünnige *der, die*.

renege [rɪ'neɪg] *vi* **fml**: **to ~ on sthg** etw brechen.

renegotiate [ˌriːnɪ'gəʊʃɪeɪt] *vt* & *vi* von neuem verhandeln.

renew [rɪ'njuː] *vt* - **1.** [repeat, restart] wieder auf|nehmen - **2.** [extend validity of] verlängern - **3.** [increase]: **with ~ed enthusiasm/interest** mit neuem Enthusiasmus/Interesse.

renewable [rɪ'njuːəbl] *adj* - **1.** [resources] erneuerbar - **2.** [contract, licence, membership] verlängerbar.

renewal [rɪ'njuːəl] *n* - **1.** [of activity] Wiederaufnahme *die* - **2.** *(U)* [of contract, licence, membership] Verlängerung *die.*

rennet ['renɪt] *n (U)* Lab *das.*

renounce [rɪ'naʊns] *vt* - **1.** [reject] ab|schwören *(+ D)* - **2.** ***fml*** [relinquish] verzichten auf *(+ A).*

renovate ['renəveɪt] *vt* renovieren.

renovation [ˌrenə'veɪʃn] *n (U)* Renovierung *die.*

◆ **renovations** *npl* Renovierung *die.*

renown [rɪ'naʊn] *n* Ruf *der.*

renowned [rɪ'naʊnd] *adj:* **~ (for sthg)** berühmt (für etw).

rent [rent] *pt & pp* ▻ **rend** ◇ *n* Miete *die* ◇ *vt* - **1.** [subj: tenant, hirer] mieten - **2.** [subj: owner] vermieten.

◆ **rent out** *vt sep* vermieten.

rental ['rentl] *adj* Miet- ◇ *n* [money] Leihgebühr *die;* [for house] Miete *die.*

rent book *n* Mietbuch *das.*

rent boy *n* ***Br inf*** Strichjunge *der.*

rent-free *adj & adv* mietfrei.

renumber [ˌriː'nʌmbəʳ] *vt* um|nummerieren.

renunciation [rɪˌnʌnsɪ'eɪʃn] *n (U)* - **1.** [rejection]: **~ of sthg** Abschwörung *die* von etw - **2.** [relinquishing]: **~ of sthg** Verzicht *der* auf etw *(A).*

reoccurrence [ˌriːə'kʌrəns] *n* Wiederauftreten *das.*

reopen [ˌriː'əʊpn] *vt* - **1.** [shop, theatre] wieder eröffnen; [border, route] wieder öffnen - **2.** [case, talks] wieder auf|nehmen ◇ *vi* - **1.** [shop, theatre] wieder eröffnen - **2.** [case, talks] von neuem beginnen - **3.** [wound] sich wieder öffnen.

reorganization ['riːˌɔːgənaɪ'zeɪʃn] *n (U)* Neuorganisation *die.*

reorganize, -ise [ˌriː'ɔːgənaɪz] *vt* neu organisieren ◇ *vi* sich neu organisieren.

rep [rep] *n* - **1.** *abbr of* **representative** - **2.** *abbr of* **repertory company.**

Rep. *Am* - **1.** *abbr of* **Representative** - **2.** *abbr of* **Republican.**

repaid [ˌriː'peɪd] *pt & pp* ▻ **repay.**

repaint [ˌriː'peɪnt] *vt* neu streichen.

repair [rɪ'peəʳ] *n* Reparatur *die;* **in good/bad ~** in gutem/schlechtem Zustand ◇ *vt* - **1.** [fix, mend] reparieren; [puncture, crack] aus|bessern - **2.** [make amends for] wieder gut|machen.

repair kit *n* Flickzeug *das.*

repaper [ˌriː'peɪpəʳ] *vt* neu tapezieren.

reparations [ˌrepə'reɪʃnz] *npl* Reparationen *pl.*

repartee [ˌrepɑː'tiː] *n (U)* Schlagabtausch *der.*

repatriate [ˌriː'pætrɪeɪt] *vt* repatriieren.

repay [ˌriː'peɪ] *(pt & pp* **repaid***) vt* - **1.** [money] zurück|zahlen; **to ~ sb sthg, to ~ sthg to sb** jm etw zurück|zahlen - **2.** [kindness] vergelten; **to ~ sb for sthg** jm etw vergelten.

repayment [riː'peɪmənt] *n* Rückzahlung *die.*

repeal [rɪ'piːl] *n* Aufhebung *die* ◇ *vt* auf|heben.

repeat [rɪ'piːt] *vt* wiederholen; **to ~ o.s.** sich wiederholen ◇ *n* [broadcast] Wiederholung *die.*

repeated [rɪ'piːtɪd] *adj* wiederholt.

repeatedly [rɪ'piːtɪdlɪ] *adv* wiederholt.

repel [rɪ'pel] *(pt & pp* **-led;** *cont* **-ling***) vt* - **1.** [disgust] ab|stoßen - **2.** [drive away] ab|wehren.

repellent [rɪ'pelənt] *adj* abstoßend ◇ *n:* **(insect) ~** Insektenabwehrmittel *das.*

repent [rɪ'pent] *vt* bereuen ◇ *vi:* **to ~ of sthg** über etw *(A)* Reue empfinden.

repentance [rɪ'pentəns] *n* Reue *die.*

repentant [rɪ'pentənt] *adj* reuevoll.

repercussions [ˌriːpə'kʌʃnz] *npl* Auswirkungen *pl.*

repertoire ['repətwɑːʳ] *n* Repertoire *das.*

repertory ['repətrɪ] *n* [repertoire] Repertoire *das.*

repertory company *n* Repertoire-ensemble *das.*

repetition [ˌrepɪ'tɪʃn] *n* Wiederholung *die.*

repetitious [ˌrepɪ'tɪʃəs], **repetitive** [rɪ'petɪtɪv] *adj* monoton.

rephrase [ˌriː'freɪz] *vt* anders formulieren.

replace [rɪ'pleɪs] *vt* - **1.** [gen] ersetzen; **to ~ sb/sthg with sb/sthg** jn/etw durch jn/etw ersetzen - **2.** [put back - upright] zurück|stellen; [- lying flat] zurück|legen.

replacement [rɪ'pleɪsmənt] *n* - **1.** [act of replacing] Ersetzen *das* - **2.** [new person, object]: **~ (for sthg)** Ersatz *der* (für etw); **~ (for sb)** [in job – temporary] Vertretung *die* (von jm); [– permanent] Nachfolger *der,* -in *die* (von jm); **he came on as a ~ for the injured player** er wurde gegen den verletzten Spieler ausgewechselt.

replacement part *n* Ersatzteil *das.*

replay [*n* 'riːpleɪ, *vb* ˌriː'pleɪ] *n* - **1.** [recording]: **(action) ~** Wiederholung *die* - **2.** [game] Wiederholungsspiel *das* ◇ *vt* - **1.** [match, game] wiederholen - **2.** [film, tape] nochmals ab|spielen.

replenish [rɪ'plenɪʃ] *vt* ***fml:*** **to ~ sthg (with sthg)** etw (mit etw) wieder auf|füllen.

replete [rɪ'pliːt] *adj* ***fml*** [person] gesättigt.

replica ['replɪkə] *n* Kopie *die.*

replicate ['replɪkeɪt] *vt* ***fml*** reproduzieren

reply [rɪ'plaɪ] *(pl* **-ies;** *pt & pp* **-ied***) n:* **~ (to sthg)** Antwort *die* (auf etw *(A)*); **in ~ (to sthg)** als Antwort (auf etw *(A)*) ◇ *vt* antworten ◇ *vi* antworten; **to ~ to sb/sthg** jm/auf etw *(A)* antworten.

reply coupon *n* Antwortschein *der*.

reply-paid *adj* [postcard, envelope] Frei-.

report [rɪ'pɔːt] *n* - **1.** [description, account] Bericht *der* - **2.** PRESS Reportage *die* - **3.** *Br* SCH Zeugnis *das* ◇ *vt* - **1.** [news, crime] melden - **2.** [make known]: **to ~ that ...** berichten, dass ...; **to ~ sthg (to sb)** (jm) etw berichten - **3.** [complain about]: **to ~ sb (to sb)** jn (bei jm) an|zeigen ; **to ~ sb for sthg** jn wegen etw an|zeigen ◇ *vi* - **1.** [give account]: **to ~ (on sthg)** (über etw) berichten - **2.** PRESS: **this is John Smith, ~ing from Moscow** John Smith (mit einem Bericht) aus Moskau; **to ~ on sthg** über etw *(A)* berichten - **3.** [present o.s.]: **to ~ to** sich melden bei; **to ~ for duty** sich zum Dienst melden.

◆ **report back** *vi*: **to ~ back (to sb)** (jm) Bericht erstatten.

reportage [ˌrepɔː'tɑːʒ] *n (U)* Berichterstattung *die*.

report card *n Am* SCH Zeugnis *das*.

reportedly [rɪ'pɔːtɪdlɪ] *adv* angeblich.

reported speech [rɪ'pɔːtɪd-] *n (U)* indirekte Rede.

reporter [rɪ'pɔːtə^r] *n* Berichter *der*, -in *die*.

repose [rɪ'pəʊz] *n* ***literary*** Ruhe *die*.

repository [rɪ'pɒzɪtrɪ] (*pl* **-ies**) *n* [store] Lager *das*.

repossess [ˌriːpə'zes] *vt* wieder in Besitz nehmen.

repossession [ˌriːpə'zeʃn] *n* Wiederinbesitznahme *die*.

repossession order *n gerichtliche Anweisung zur Wiederinbesitznahme*.

reprehensible [ˌreprɪ'hensəbl] *adj* ***fml*** verwerflich.

represent [ˌreprɪ'zent] *vt* - **1.** [act for] vertreten - **2.** [constitute, symbolize] dar|stellen - **3.** [describe]: **to ~ sb/sthg as** jn/etw dar|stellen als - **4.** *phr*: **to be well** *OR* **strongly ~ed** gut *OR* stark vertreten sein.

representation [ˌreprɪzen'teɪʃn] *n* - **1.** *(U)* POL [having a say] Repräsentation *die* - **2.** [depiction] Darstellung *die*.

◆ **representations** *npl* ***fml***: **to make ~s to sb** sich mit einem Anliegen an jn wenden.

representative [ˌreprɪ'zentətɪv] *adj* - **1.** [acting for main group] stellvertretend - **2.** [typical]: **~ (of)** repräsentativ (für) ◇ *n* - **1.** [of company, organization, group] Vertreter *der*, -in *die* - **2.** *Am* POL Abgeordnete *der, die*.

repress [rɪ'pres] *vt* unterdrücken.

repressed [rɪ'prest] *adj* unterdrückt.

repression [rɪ'preʃn] *n (U)* Unterdrückung *die*.

repressive [rɪ'presɪv] *adj* repressiv.

reprieve [rɪ'priːv] *n* - **1.** [of death sentence] Begnadigung *die* - **2.** [respite] Gnadenfrist *die* ◇ *vt* begnadigen.

reprimand ['reprɪmɑːnd] *n* Tadel *der* ◇ *vt* tadeln.

reprint [*n* 'riːprɪnt, *vb* ˌriː'prɪnt] *n* Neuauflage *die* ◇ *vt* neu auf|legen.

reprisal [rɪ'praɪzl] *n* - **1.** [counterblow] Vergeltungsmaßnahme *die* - **2.** [revenge]: **in ~ (for)** als Vergeltung (für).

reproach [rɪ'prəʊtʃ] *n* Vorwurf *der*; **to be beyond ~** über jeden Vorwurf erhaben sein ◇ *vt*: **to ~ sb (for** *OR* **with sthg)** jm (wegen etw) Vorwürfe machen.

reproachful [rɪ'prəʊtʃfʊl] *adj* vorwurfsvoll.

reprobate ['reprəbeɪt] *n* ***hum*** Schuft *der*.

reproduce [ˌriːprə'djuːs] *vt* [copy] reproduzieren ◇ *vi* BIOL sich fort|pflanzen.

reproduction [ˌriːprə'dʌkʃn] *n* - **1.** [replica] Reproduktion *die*; **~ furniture** Stilmöbel *pl* - **2.** *(U)* [copying, simulation] Reproduktion *die*; **sound ~** Tonwiedergabe *die* - **3.** BIOL Fortpflanzung *die*.

reproductive [ˌriːprə'dʌktɪv] *adj* BIOL Fortpflanzungs-.

reprogram [ˌriː'prəʊgræm] (*pt* & *pp* **-ed** *OR* **-med**; *cont* **-ing** *OR* **-ming**) *vt* neu programmieren.

reproof [rɪ'pruːf] *n* Tadel *der*.

reprove [rɪ'pruːv] *vt*: **to ~ sb (for sthg)** jn (wegen etw) tadeln.

reptile ['reptaɪl] *n* Reptil *das*.

Repub. *n Am abbr of* **Republican.**

republic [rɪ'pʌblɪk] *n* Republik *die*.

republican [rɪ'pʌblɪkən] *adj* republikanisch ◇ *n* Republikaner *der*, -in *die*.

◆ **Republican** *adj* - **1.** [in USA] republikanisch; **the Republican Party** die Republikanische Partei - **2.** [in Northern Ireland] *bezeichnet einen Befürworter einer vereinten unabhängigen Republik Irland bzw. dessen Ideen* ◇ *n* - **1.** [in USA] Republikaner *der*, -in *die* - **2.** [in Northern Ireland] *Befürworter einer vereinten unabhängigen Republik Irland.*

repudiate [rɪ'pjuːdɪeɪt] *vt* ***fml*** zurück|weisen; [person] verstoßen.

repudiation [rɪˌpjuːdɪ'eɪʃn] *n (U)* ***fml*** Zurückweisung *die*; [of person] Verstoßung *die*.

repugnant [rɪ'pʌgnənt] *adj* ***fml*** abstoßend.

repulse [rɪ'pʌls] *vt* - **1.** [refuse] zurück|weisen; [person] verstoßen - **2.** MIL [drive back] ab|wehren.

repulsion [rɪ'pʌlʃn] *n* Widerwille *der*.

repulsive [rɪ'pʌlsɪv] *adj* abstoßend.

reputable ['repjʊtəbl] *adj* seriös.

reputation [ˌrepjʊ'teɪʃn] *n* Ruf *der;* **to have a ~ for being sthg** den Ruf haben, etw zu sein.

repute [rɪ'pjuːt] *n* ***fml*** **- 1.** [reputation]: **of good/ill ~** von gutem/schlechtem Ruf **- 2.** [distinction]: **of ~** von Ruf.

reputed [rɪ'pjuːtɪd] *adj:* **he is a ~ expert/ millionaire** er soll ein Fachmann/Millionär sein; **to be ~ to be sthg** als etw gelten.

reputedly [rɪ'pjuːtɪdlɪ] *adv:* **he is ~ the best surgeon** er gilt als der beste Chirurg.

reqd *abbr of* **required.**

request [rɪ'kwest] *n:* **~ (for sthg)** Bitte *die* (um etw); **on ~** auf Wunsch; **at her ~** auf ihren Wunsch ◇ *vt* bitten um; **to ~ sb to do sthg** jn bitten, etw zu tun.

request stop *n* ***Br*** Bedarfshaltestelle *die.*

requiem (mass) ['rekwɪəm-] *n* Requiem *das.*

require [rɪ'kwaɪəʳ] *vt* erfordern; **to be ~d to do sthg** aufgefordert werden, etw zu tun.

required [rɪ'kwaɪəd] *adj* erforderlich.

requirement [rɪ'kwaɪəmənt] *n* **- 1.** [condition] Erfordernis *das* **- 2.** [need] Bedarf *der.*

requisite ['rekwɪzɪt] *adj* ***fml*** erforderlich.

requisition [ˌrekwɪ'zɪʃn] *vt* beschlagnahmen.

reran [ˌriː'ræn] *pt* ▻ **rerun.**

reread [ˌriː'riːd] (*pt & pp* **reread** [ˌriː'red]) *vt* wieder lesen.

rerecord [ˌriːrɪ'kɔːd] *vt* neu auf|nehmen.

reroute [ˌriː'ruːt] *vt* um|leiten.

rerun [*n* 'riːrʌn, *vb* ˌriː'rʌn] (*pt* **reran;** *pp* **rerun;** *cont* **-ning**) *n* Wiederholung *die* ◇ *vt* **- 1.** [gen] wiederholen **- 2.** [tape] wieder ab|spielen.

resale price maintenance ['riːseɪl-] *n (U)* ***Br*** FIN Preisbindung *die.*

resat [ˌriː'sæt] *pt & pp* ▻ **resit.**

reschedule [***Br*** ˌriː'ʃedjʊl, ***Am*** ˌriː'skedʒʊl] *vt* FIN [loan] um|schulden.

rescind [rɪ'sɪnd] *vt* LAW annulieren.

rescue ['reskjuː] *n* Rettung *die;* **to go/come to sb's ~** jm zur Hilfe eilen/kommen ◇ *vt* retten; **to ~ sb/sthg from sb/sthg** jn/etw vor jm/ aus etw retten.

rescue operation *n* Rettungsaktion *die.*

rescuer ['reskjʊəʳ] *n* Retter *der,* -in *die.*

reseal [ˌriː'siːl] *vt* wiederverschließen.

resealable [ˌriː'siːləbl] *adj* wiederverschließbar.

research [ˌrɪ'sɜːtʃ] *n (U):* **~ (on** *OR* **into sthg)** Forschung *die* (über etw *(A)*); **~ and development** Forschung und Entwicklung ◇ *vt* erforschen; [article, book] recherchieren ◇ *vi:* **to ~ into sthg** etw erforschen.

researcher [rɪ'sɜːtʃəʳ] *n* Forscher *der,* -in *die.*

research work *n (U)* Forschungsarbeit *die.*

resell [ˌriː'sel] (*pt & pp* **resold**) *vt* weiter|verkaufen.

resemblance [rɪ'zembləns] *n:* **~ (to/between)** Ähnlichkeit *die* (mit/zwischen *(+ D)*).

resemble [rɪ'zembl] *vt* ähneln.

resent [rɪ'zent] *vt* sich ärgern über *(+ A);* **I ~ that!** das ärgert mich!

resentful [rɪ'zentfʊl] *adj* verärgert.

resentfully [rɪ'zentfʊlɪ] *adv* ärgerlich.

resentment [rɪ'zentmənt] *n* Groll *der.*

reservation [ˌrezə'veɪʃn] *n* **- 1.** [booking] Reservierung *die* **- 2.** [doubt]: **without ~** ohne Vorbehalt **- 3.** ***Am*** [for Native Americans] Reservat *das.*

◆ **reservations** *npl* [doubts] Vorbehalte *pl.*

reserve [rɪ'zɜːv] *n* **- 1.** [supply] Reserve *die;* **in ~** in Reserve **- 2.** SPORT [substitute] Reservespieler *der,* -in *die* **- 3.** [sanctuary] Reservat *das* **- 4.** *(U)* [restraint, shyness] Reserve *die* ◇ *vt* **- 1.** [keep for particular purpose]: **to ~ sthg for sb/ sthg** etw für jn/etw reservieren **- 2.** [book] reservieren **- 3.** [retain]: **to ~ the right to do sthg** sich das Recht vorbehalten, etw zu tun.

reserve bank *n* ***Am*** Reservenbank *die.*

reserve currency *n* Leitwährung *die.*

reserved [rɪ'zɜːvd] *adj* reserviert.

reserve price *n* ***Br*** Mindestpreis *der.*

reserve team *n* ***Br*** Reservemannschaft *die.*

reservist [rɪ'zɜːvɪst] *n* Reservist *der,* -in *die.*

reservoir ['rezəvwɑːʳ] *n* **- 1.** [lake] Reservoir *das* **- 2.** [large supply] Vorrat *der.*

reset [ˌriː'set] (*pt & pp* **reset;** *cont* **-ting**) *vt* **- 1.** [clock] neu stellen; [meter] zurück|stellen **- 2.** [bone] wieder ein|richten **- 3.** COMPUT rücksetzen ◇ *vi* COMPUT rücksetzen.

resettle [ˌriː'setl] *vt* **- 1.** [land] neu besiedeln **- 2.** [people] um|siedeln ◇ *vi* [people] um|siedeln.

resettlement [ˌriː'setlmənt] *n (U)* **- 1.** [of land] Neubesiedlung *die* **- 2.** [of people] Umsiedlung *die.*

reshape [ˌriː'ʃeɪp] *vt* [policy, thinking] um|formen.

reshuffle [ˌriː'ʃʌfl] POL *n* Umbildung *die;* **cabinet ~** Kabinettsumbildung *die* ◇ *vt* um|bilden.

reside [rɪ'zaɪd] *vi* ***fml*** **- 1.** [live] seinen Wohnsitz haben **- 2.** [be located, found]: **to ~ in sthg** in etw *(D)* liegen.

residence ['rezɪdəns] *n* **- 1.** [house] Wohnsitz *der* **- 2.** [state of residing]: **to be in ~** anwesend sein; **to take up ~** sich nieder|lassen.

residence permit *n* Aufenthaltserlaubnis *die.*

resident ['rezɪdənt] *adj* **- 1.** [settled, living] wohnhaft - **2.** [on-site, live-in] Haus- <> *n* [of town, street] Bewohner *der*, -in *die;* [in hotel] Gast *der*.

residential [ˌrezɪ'denʃl] *adj:* **~ course** *Kurs, bei dem die Teilnehmer auf dem Schulgelände untergebracht werden;* **~ care** Pflege *die* im Haus.

residential area *n* Wohngebiet *das*.

residents' association *n* Bürgerinitiative *die*.

residual [rɪ'zɪdjʊəl] *adj* restlich.

residue ['rezɪdjuː] *n* CHEM Rückstand *der*.

resign [rɪ'zaɪn] *vt* - **1.** [give up - job] kündigen; [- post] zurück|treten von - **2.** [accept calmly]: **to ~ o.s. to sthg** sich mit etw ab|finden <> *vi* [from job] kündigen; [from post] zurück|treten; **to ~ from one's job** seine Stelle kündigen.

resignation [ˌrezɪg'neɪʃn] *n* - **1.** [from job] Kündigung *die;* [from post] Rücktritt *der* - **2.** [calm acceptance] Resignation *die*.

resigned [rɪ'zaɪnd] *adj:* **to be ~ to sthg** sich mit etw abgefunden haben.

resilience [rɪ'zɪlɪəns] *n* [of person] Unverwüstlichkeit *die*.

resilient [rɪ'zɪlɪənt] *adj* - **1.** [material] elastisch - **2.** [person] unverwüstlich.

resin ['rezɪn] *n (U)* Harz *das*.

resist [rɪ'zɪst] *vt* Widerstand leisten gegen; [temptation, offer] widerstehen *(+ D)*.

resistance [rɪ'zɪstəns] *n (U):* **~ (to sthg)** Widerstand *der* (gegen etw).

resistant [rɪ'zɪstənt] *adj* - **1.** [opposed]: **to be ~ to sthg** sich einer Sache *(D)* widersetzen - **2.** MED [immune]: **~ to sthg** immun gegen etw.

resistor [rɪ'zɪstəʳ] *n* ELEC Widerstand *der*.

resit [*n* 'riːsɪt, *vb* ˌriː'sɪt] (*pt* & *pp* **resat;** *cont* **-ting**) *Br n* Wiederholungsprüfung *die* <> *vt* wiederholen.

resold [ˌriː'səʊld] *pt* & *pp* ▻ **resell.**

resolute ['rezəluːt] *adj* energisch.

resolutely ['rezəluːtlɪ] *adv* entschlossen.

resolution [ˌrezə'luːʃn] *n* - **1.** [motion, decision] Resolution *die* - **2.** [vow, promise] Vorsatz *der* - **3.** [determination] Entschlossenheit *die* - **4.** *(U)* [solution - of problem] Lösung *die;* [- of dispute, argument] Beilegung *die*.

resolve [rɪ'zɒlv] *n* [determination] Entschlossenheit *die* <> *vt* - **1.** [vow, promise]: **to ~ that ...** beschließen, dass ...; **to ~ to do sthg** sich entschließen, etw zu tun - **2.** [solve - problem] lösen; [- dispute, argument] bei|legen.

resonance ['rezənəns] *n (U)* [of voice, sound] Resonanz *die*.

resonant ['rezənənt] *adj* [voice, sound] voll.

resonate ['rezəneɪt] *vi* wider|hallen.

resort [rɪ'zɔːt] *n* - **1.** [for holidays] Urlaubsort *der* - **2.** [solution]: **as a last ~** als letzte Möglichkeit; **in the last ~** im schlimmsten Fall.

◆ **resort to** *vt fus* [lying, begging] sich verlegen auf *(+ A);* [violence] an|wenden.

resound [rɪ'zaʊnd] *vi* - **1.** [noise] schallen - **2.** [place]: **to ~ with** wider|hallen von.

resounding [rɪ'zaʊndɪŋ] *adj* - **1.** [noise, voice] schallend - **2.** [success, victory] gewaltig.

resource [rɪ'zɔːs] *n* [asset] Resourcen *pl;* **natural ~s** Naturschätze *pl*.

resourceful [rɪ'zɔːsfʊl] *adj* einfallsreich.

resourcefulness [rɪ'zɔːsfʊlnɪs] *n* Einfallsreichtum *der*.

respect [rɪ'spekt] *n* - **1.** *(U)* [admiration]: **~ (for)** Respekt *der* (vor); **with ~, ...** bei allem Respekt, ... - **2.** *(U)* [observance]: **~ for sthg** Achtung *die* vor etw - **3.** [aspect] Hinsicht *die;* **in this/that ~** in dieser/jener Hinsicht <> *vt* - **1.** [admire] an|erkennen; **to ~ sb for sthg** jn für etw respektieren - **2.** [observe] achten.

◆ **respects** *npl* Grüße *pl;* **give my ~s to your wife** grüßen Sie Ihre Frau von mir; **to pay one's last ~s to sb** jm die letzte Ehre erweisen.

◆ **with respect to** *prep* in Bezug auf *(+ A)*.

respectability [rɪˌspektə'bɪlətɪ] *n* Ehrbarkeit *die*.

respectable [rɪ'spektəbl] *adj* - **1.** [morally correct] ehrbar - **2.** [adequate, quite good] ansehnlich.

respectably [rɪ'spektəblɪ] *adv* [correctly] anständig.

respected [rɪ'spektɪd] *adj* angesehen.

respectful [rɪ'spektfʊl] *adj* respektvoll.

respectfully [rɪ'spektfʊlɪ] *adv* respektvoll.

respective [rɪ'spektɪv] *adj* jeweilig.

respectively [rɪ'spektɪvlɪ] *adv* beziehungsweise; **Jill and John are four and six years old ~** Jill and John sind vier beziehungsweise sechs Jahre alt.

respiration [ˌrespə'reɪʃn] *n* Atmung *die*.

respirator ['respəreɪtəʳ] *n* - **1.** [gas mask] Atemschutzmaske *die* - **2.** [machine] Respirator *der*.

respiratory [*Br* rɪ'spɪrətrɪ, *Am* 'respərətɔːrɪ] *adj* [system, function] Atmungs-; [disease] Atemweg(s)-.

respite ['respaɪt] *n* - **1.** [pause] Atempause *die;* **without ~** ohne Unterbrechung - **2.** [delay] Aufschub *der*.

resplendent [rɪ'splendənt] *adj* **literary** prachtvoll.

respond [rɪ'spɒnd] *vt* antworten <> *vi:* **to ~ (to sthg)** antworten (auf etw *(A)*); **they ~ed by ignoring us completely** ihre Reaktion war, uns völlig zu ignorieren.

response [rɪ'spɒns] *n* Antwort *die;* **in ~ (to)** als Antwort (auf *(+ A)*).

responsibility [rɪˌspɒnsəˈbɪlətɪ] (*pl* **-ies**) *n* **- 1.** [charge, blame]: **~ (for sthg)** Verantwortung *die* (für etw) **- 2.** [duty - of job, position] Aufgabe *die;* [- to sb else]: **~ (to sb)** Verantwortung *die* (jm gegenüber).

responsible [rɪˈspɒnsəbl] *adj* **- 1.** [in charge, to blame]: **~ (for sthg)** verantwortlich (für etw) **- 2.** [answerable]: **~ to sb** jm (gegenüber) verantwortlich **- 3.** [sensible] vernünftig **- 4.** [position, task] verantwortungsvoll.

responsibly [rɪˈspɒnsəblɪ] *adv* verantwortungsbewusst.

responsive [rɪˈspɒnsɪv] *adj:* **to be ~** [audience] mit|gehen; [class] mit|machen; **to be ~ to sthg** [to criticism, praise] für etw empfänglich sein; [to sb's needs] gegenüber etw aufmerksam sein.

respray [*n* ˈriːspreɪ, *vb* ˌriːˈspreɪ] *n* Umspritzen *das* ◇ *vt* umspritzen.

rest [rest] *n* **- 1.** [remainder]: **the ~** der Rest; **the ~ of the cake/customers** der Rest des Kuchens/der Kunden **- 2.** [relaxation] Ruhe *die* **- 3.** [break] Pause *die* **- 4.** [support] Stütze *die* **- 5.** *phr:* **to come to ~** zum Stillstand kommen ◇ *vt* **- 1.** [relax] aus|ruhen **- 2.** [support, lean]: **to ~ sthg on/against sthg** etw auf *(+ A)*/ gegen etw lehnen **- 3.** *phr:* **~ assured (that) ...** seien Sie versichert, dass ... ◇ *vi* **- 1.** [relax, be still] sich aus|ruhen **- 2.** [depend]: **to ~ (up)on sb/sthg** von jm/etw ab|hängen **- 3.** [duty, responsibility, decision]: **to ~ with sb** bei jm liegen **- 4.** [be supported]: **to ~ on sthg** auf etw *(D)* ruhen; **to ~ against sthg** an etw *(D)* lehnen.

rest area *n* **Am** & **Austr** Rastplatz *der.*

restart [*n* ˈriːstɑːt, *vb* ˌriːˈstɑːt] *n* COMPUT Neustart *der* ◇ *vt* **- 1.** [vehicle, engine] wieder an|lassen **- 2.** [work] wieder auf|nehmen ◇ *vi* **- 1.** [play, film] weiter|gehen **- 2.** [vehicle, engine] wieder an|springen.

restate [ˌriːˈsteɪt] *vt* [one's position] erneut vor|tragen; [problem] neu dar|stellen.

restaurant [ˈrestərɒnt] *n* Restaurant *das.*

restaurant car *n* **Br** Speisewagen *der.*

rest cure *n* Liegekur *die.*

rested [ˈrestɪd] *adj* ausgeruht.

restful [ˈrestfʊl] *adj* ruhig.

rest home *n* Pflegeheim *das.*

resting place [ˈrestɪŋ-] *n:* **(final) ~** (letzte) Ruhestätte.

restitution [ˌrestɪˈtjuːʃn] *n* **fml** Rückgabe *die.*

restive [ˈrestɪv] *adj* unruhig.

restless [ˈrestlɪs] *adj* **- 1.** [bored, fidgety] rastlos **- 2.** [sleepless] schlaflos.

restlessly [ˈrestlɪslɪ] *adv* **- 1.** [impatiently] rastlos **- 2.** [sleeplessly] schlaflos.

restock [ˌriːˈstɒk] *vt* wieder auf|füllen ◇ *vi* [in shop] die Bestände erneuen.

restoration [ˌrestəˈreɪʃn] *n (U)* **- 1.** [reestablishment] Wiederherstellung *die* **- 2.** [renovation] Restaurierung *die.*

restorative [rɪˈstɒrətɪv] *adj* **fml** stärkend.

restore [rɪˈstɔːʳ] *vt* **- 1.** [reestablish] wieder her|stellen; **I feel completely ~d to health** ich fühle mich komplett wiederhergestellt; **the palace has been ~d to its former glory** dem Palast ist seine alte Pracht wiedergegeben worden **- 2.** [renovate] restaurieren **- 3.** [give back] zurück|geben.

restorer [rɪˈstɔːrəʳ] *n* **- 1.** [person] Restaurator *der,* -in *die* **- 2.** [substance]: **hair ~** Haarwuchsmittel *das.*

restrain [rɪˈstreɪn] *vt* **- 1.** [hold back] zurück|halten; **to ~ o.s. from doing sthg** sich zurück|halten (davon), etw zu tun **- 2.** [dog, attacker] bändigen **- 3.** [repress] unterdrücken.

restrained [rɪˈstreɪnd] *adj* **- 1.** [person] beherrscht **- 2.** [tone] verhalten.

restraint [rɪˈstreɪnt] *n* **- 1.** [rule, check] Beschränkung *die* **- 2.** [self-control] Selbstbeherrschung *die.*

restrict [rɪˈstrɪkt] *vt* [limit] ein|schränken; **to ~ sb/sthg to sb/sthg** jn/etw auf jn/etw beschränken; **to ~ o.s. to sthg** sich auf etw *(A)* beschränken.

restricted [rɪˈstrɪktɪd] *adj* **- 1.** [limited, small] eingeschränkt **- 2.** [classified, not public] geheim; **~ area** Sperrgebiet *das.*

restriction [rɪˈstrɪkʃn] *n* [limitation, regulation] Einschränkung *die;* **import ~s** Importbeschränkungen; **to place ~s on sthg** etw ein|schränken.

restrictive [rɪˈstrɪktɪv] *adj* einschränkend.

restrictive practices *npl* wettbewerbsbeschränkende Geschäftspraktiken *pl.*

rest room *n* **Am** Toilette *die.*

restructure [ˌriːˈstrʌktʃəʳ] *vt* um|strukturieren.

result [rɪˈzʌlt] *n* **- 1.** [gen] Ergebnis *das* **- 2.** [consequence] Folge *die;* **as a ~** folglich; **as a ~ of sthg** als Folge von etw ◇ *vi:* **to ~ in sthg** zu etw führen; **to ~ from sthg** aus etw folgen.

resultant [rɪˈzʌltənt] *adj* **fml** resultierend.

resume [rɪˈzjuːm] *vt* **- 1.** [activity] wieder auf|nehmen **- 2.** **fml:** **to ~ one's seat** seinen Platz ein|nehmen ◇ *vi* wieder beginnen.

résumé [ˈrezjuːmeɪ] *n* **- 1.** [summary] Resümee *das,* Zusammenfassung *die* **- 2.** **Am** [of career, qualifications] Lebenslauf *der.*

resumption [rɪˈzʌmpʃn] *n* Wiederaufnahme *die.*

resurface [ˌriːˈsɜːfɪs] *vt* neu belegen ◇ *vi* wieder auf|tauchen.

resurgence [rɪˈsɜːdʒəns] *n* Wiederaufleben *das.*

resurrect [ˌrezə'rekt] *vt* [policy, festival, legal case] wieder beleben.

resurrection [ˌrezə'rekʃn] *n* [of policy, festival, legal case] Wiederbelebung *die*.
◆ **Resurrection** *n* RELIG: **the Resurrection** die Auferstehung.

resuscitate [rɪ'sʌsɪteɪt] *vt* wieder beleben.

resuscitation [rɪˌsʌsɪ'teɪʃn] *n* Wiederbelebung *die*.

retail ['riːteɪl] *n* Einzelhandel *der* <> *adv* im Einzelhandel <> *vi:* **it ~s at £10** es kostet im Einzelhandel 10 Pfund.

retailer ['riːteɪlə^r] *n* Einzelhändler *der*, -in *die*.

retail outlet *n* Einzelhandelsgeschäft *das*.

retail price *n* Einzelhandelspreis *der*.

retail price index *n Br* Einzelhandelspreisindex *der*.

retain [rɪ'teɪn] *vt* - **1.** [pride, power, independence] behalten - **2.** [heat] speichern.

retainer [rɪ'teɪnə^r] *n* - **1.** [fee] Vorschuss *der* - **2.** [servant] Faktotum *das*.

retaining wall [rɪ'teɪnɪŋ-] *n* Stützmauer *die*.

retaliate [rɪ'tælɪeɪt] *vi* zurück|schlagen.

retaliation [rɪˌtælɪ'eɪʃn] *n* Vergeltung *die*.

retarded [rɪ'tɑːdɪd] *adj* ***offensive*** [child] zurückgeblieben.

retch [retʃ] *vi* würgen.

retention [rɪ'tenʃn] *n* - **1.** [of pride, power, independence] Beibehaltung *die* - **2.** [of heat] Speicherung *die*.

retentive [rɪ'tentɪv] *adj* [memory] aufnahmefähig.

rethink [*n* 'riːθɪŋk, *vb* ˌriː'θɪŋk] (*pt* & *pp* **-thought** [-'θɔːt]) *n:* **to have a ~ about sthg** etw noch einmal überdenken <> *vt* überdenken <> *vi* um|denken.

reticence ['retɪsəns] *n* Zurückhaltung *die*.

reticent ['retɪsənt] *adj* zurückhaltend.

retina ['retɪnə] (*pl* **-nas** OR **-nae** [-niː]) *n* Netzhaut *die*, Retina *die*.

retinue ['retɪnjuː] *n* Gefolge *das*.

retire [rɪ'taɪə^r] *vi* - **1.** [from work] in den Ruhestand treten - **2.** ***fml*** [to another place, to bed] sich zurück|ziehen.

retired [rɪ'taɪəd] *adj* pensioniert; **to be ~** im Ruhestand sein.

retirement [rɪ'taɪəmənt] *n (U)* - **1.** [act of retiring] Pensionierung *die* - **2.** [life after work] Ruhestand *der*.

retirement age *n* Rentenalter *das*.

retirement pension *n* Altersruhegeld *das*.

retiring [rɪ'taɪərɪŋ] *adj* [shy] zurückhaltend.

retort [rɪ'tɔːt] *n* [sharp reply] (scharfe) Erwiderung <> *vt:* **to ~ that ...** erwidern, dass ...

retouch [ˌriː'tʌtʃ] *vt* retuschieren.

retrace [rɪ'treɪs] *vt:* **to ~ one's steps** denselben Weg zurück|gehen.

retract [rɪ'trækt] *vt* - **1.** [take back] zurück|nehmen - **2.** [draw in] ein|ziehen <> *vi* - **1.** [recant] einen Rückzieher machen - **2.** [be drawn in] eingezogen werden.

retractable [rɪ'træktəbl] *adj* einziehbar.

retraction [rɪ'trækʃn] *n* [written apology] Zurücknahme *die*.

retrain [ˌriː'treɪn] *vt* um|schulen <> *vi* sich umschulen lassen.

retraining [ˌriː'treɪnɪŋ] *n* Umschulung *die*.

retread ['riːtred] *n* runderneuerter Reifen.

retreat [rɪ'triːt] *n* - **1.** MIL [withdrawal]: **~ (from)** Rückzug *der* (aus) - **2.** ***fig*** [departure]: **to beat a (hasty) ~** sich (hastig) zurück|ziehen - **3.** [refuge] Zuflucht *die* <> *vi* - **1.** [withdraw]: **to ~ (to)** sich zurück|ziehen (in (+ *A*)); **she ~ed hastily** sie wich hastig zurück - **2.** MIL: **to ~ (from)** den Rückzug an|treten (aus) - **3.** [from principle, policy, lifestyle]: **to ~ from sthg** etw auf|geben; **to ~ from public life** sich aus der Öffentlichkeit zurück|ziehen.

retrenchment [riː'trentʃmənt] *n* ***fml*** [of spending] Einsparung *die*.

retrial ['riːtraɪəl] *n* Wiederaufnahmeverfahren *das*.

retribution [ˌretrɪ'bjuːʃn] *n* Vergeltung *die*.

retrieval [rɪ'triːvl] *n* COMPUT Wiederauffinden *das*.

retrieve [rɪ'triːv] *vt* - **1.** [get back] zurück|bekommen - **2.** COMPUT wiederauffinden - **3.** [situation] retten.

retriever [rɪ'triːvə^r] *n* [dog] Apportierhund *der;* [of specific breed] Retriever *der*.

retroactive [ˌretrəʊ'æktɪv] *adj* ***fml*** rückwirkend.

retrograde ['retrəgreɪd] *adj* ***fml:*** **~ step** Rückschritt *der*.

retrogressive [ˌretrə'gresɪv] *adj* ***fml:*** **~ step** Rückschritt *der*.

retrospect ['retrəspekt] *n:* **in ~** im Nachhinein.

retrospective [ˌretrə'spektɪv] *adj* - **1.** [mood] (zu)rückblickend; **~ look** Blick *der* zurück - **2.** [law, pay rise] rückwirkend <> *n* Retrospektive *die*.

retrospectively [ˌretrə'spektɪvlɪ] *adv* - **1.** [describe, feel] rückblickend - **2.** [come into force, pay] rückwirkend.

return [rɪ'tɜːn] *n* - **1.** [arrival back]: **~ (to)** Rückkehr *die* (nach); **~ to sthg *fig*** Rückkehr *die* zu etw - **2.** [giving back] Rückgabe *die* - **3.** TENNIS Return *der* - **4.** ***Br*** [ticket] Rückfahrkarte *die;* [for plane] Rückflugticket *das* - **5.** [profit] Ertrag *der* - **6.** COMPUT [on keyboard] Eingabetaste *die*

◇ *comp* [journey] Rück- ◇ *vt* **- 1.** [give back] zurück|geben; [loan] zurück|zahlen **- 2.** [visit, compliment, love] erwidern **- 3.** [replace] zurück|stellen **- 4.** LAW [verdict] fällen **- 5.** POL [candidate] wählen ◇ *vi* [come back] zurück|kommen; [go back] zurück|gehen; [pain] wieder|kehren; **to ~ from Germany** aus Deutschland zurück|kehren *OR* zurück|kommen; **to ~ to London** nach London zurück|kehren *OR* zurück|kommen; **to ~ to work** wieder arbeiten; **to ~ to a subject** auf ein Thema zurück|kommen.

◆ **returns** *npl* **- 1.** COMM Gewinn *der* **- 2.** [on birthday]: **many happy ~s (of the day)!** herzlichen Glückwunsch (zum Geburtstag)!

◆ **in return** *adv* dafür.

◆ **in return for** *prep* für.

returnable [rɪˈtɜːnəbl] *adj* [reusable] Mehrweg-.

returning officer [rɪˈtɜːnɪŋ-] *n* **Br** Wahlleiter *der*, -in *die*.

return key *n* COMPUT Eingabetaste *die*.

return match *n* Rückspiel *das*.

return ticket *n* **Br** Rückfahrkarte *die*.

reunification [ˌriːjuːnɪfɪˈkeɪʃn] *n* Wiedervereinigung *die*.

reunion [ˌriːˈjuːnjən] *n* **- 1.** [party] Treffen *das* **- 2.** *(U)* [meeting again] Wiedersehen *das*.

reunite [ˌriːjuːˈnaɪt] *vt* wieder vereinigen; **to be ~d with sb/sthg** mit jm/etw wieder vereint sein.

reusable [riːˈjuːzəbl] *adj* wieder verwendbar.

reuse [*n* ˌriːˈjuːs, *vb* ˌriːˈjuːz] *n* Wiederverwendung *die* ◇ *vt* wieder verwenden.

rev [rev] (*pt* & *pp* **-ved;** *cont* **-ving**) ***inf*** *n* (*abbr of* **revolution**) Umdrehung *die* ◇ *vt:* **to ~ the engine (up)** den Motor hoch drehen lassen ◇ *vi:* **to ~ (up)** [driver] den Motor aufheulen lassen; [engine] hoch drehen.

revalue [ˌriːˈvæljuː] *vt* **- 1.** [house, painting] neu schätzen **- 2.** FIN [currency] auf|werten.

revamp [ˌriːˈvæmp] *vt* ***inf*** **- 1.** [reorganize] auf Vordermann bringen **- 2.** [redecorate] auf|möbeln.

rev counter *n* Drehzahlmesser *der*.

reveal [rɪˈviːl] *vt* enthüllen.

revealing [rɪˈviːlɪŋ] *adj* **- 1.** [dress, blouse] offenherzig **- 2.** [comment] aufschlussreich.

reveille [**Br** rɪˈvælɪ, **Am** ˈrevəlɪ] *n* Wecksignal *das*, Reveille *die*.

revel [ˈrevl] (**Br** *pt* & *pp* **-led;** *cont* **-ling, Am** *pt* & *pp* **-ed;** *cont* **-ing**) *vi:* **to ~ in sthg** [freedom, success] etw in vollen Zügen genießen; [gossip] in etw *(D)* schwelgen.

revelation [ˌrevəˈleɪʃn] *n* **- 1.** [surprising fact] Enthüllung *die* **- 2.** [surprising experience] Offenbarung *die;* **to be a ~ to sb** jm die Augen öffnen.

reveller Br, reveler Am [ˈrevələʳ] *n* Feiernde *der, die*.

revelry [ˈrevəlrɪ] *n* Feiern *das*.

revenge [rɪˈvendʒ] *n* Rache *die;* [in game] Revanche *die;* **to take ~ (on sb)** sich (an jm) rächen ◇ *comp* Rache-; **~ match** Revanche *die* ◇ *vt* rächen; **to ~ o.s. on sb/sthg** sich an jm/etw rächen.

revenue [ˈrevənjuː] *n* [income] Einnahmen *pl;* [of State] Staatseinnahmen *pl*.

reverberate [rɪˈvɜːbəreɪt] *vi* **- 1.** [re-echo] wider|hallen; [shock wave] sich fort|setzen **- 2.** [have repercussions] Auswirkungen haben.

reverberations [rɪˌvɜːbəˈreɪʃnz] *npl* **- 1.** [echoes] Widerhall *der* **- 2.** [repercussions] Auswirkungen *pl*.

revere [rɪˈvɪəʳ] *vt* ***fml*** verehren.

reverence [ˈrevərəns] *n* ***fml*** Ehrfurcht *die*.

Reverend [ˈrevərənd] *n:* **(the) ~ Peter James** Pfarrer Peter James.

Reverend Mother *n* Mutter Oberin *die*.

reverent [ˈrevərənt] *adj* ehrfürchtig.

reverential [ˌrevəˈrenʃl] *adj* ***fml*** ehrerbietig.

reverie [ˈrevərɪ] *n* ***fml*** Träumerei *die*.

reversal [rɪˈvɜːsl] *n* **- 1.** [of order, position, trend] Umkehrung *die;* [of decision] Umstoßung *die;* [of roles] Vertauschung *die;* **~ of policy** Umschwung *der* in der Politik **- 2.** [piece of ill luck] Rückschlag *der*.

reverse [rɪˈvɜːs] *adj* umgekehrt; [side] Rück- ◇ *n* **- 1.** AUT: **~ (gear)** Rückwärtsgang *der;* **to be in ~** im Rückwärtsgang sein; **to go into ~** den Rückwärtsgang einlegen **- 2.** [opposite]: **the ~** das Gegenteil **- 3.** [back]: **the ~** die Rückseite; [of coin] die Kehrseite ◇ *vt* **- 1.** AUT rückwärts fahren mit **- 2.** [order, position, trend] um|kehren; [decision] um|stoßen; [roles] tauschen; **to ~ one's policy** eine entgegengesetzte Politik ein|schlagen **- 3.** [turn over] um|drehen **- 4. Br** TELEC: **to ~ the charges** ein R-Gespräch führen ◇ *vi* AUT rückwärts fahren.

reverse-charge call *n* **Br** R-Gespräch *das*.

reversible [rɪˈvɜːsəbl] *adj* **- 1.** [jacket, coat] Wende- **- 2.** [process] umkehrbar; [decision] umstoßbar.

reversing light [rɪˈvɜːsɪŋ-] *n* **Br** Rückfahrscheinwerfer *der*.

revert [rɪˈvɜːt] *vi:* **to ~ to sthg** zu etw zurück|kehren; **to ~ to type** in der Art zurück|schlagen.

review [rɪˈvjuː] *n* **- 1.** [examination] Überprüfung *die;* **it comes up for ~ next month** es soll nächsten Monat überprüft werden; **to be under ~** überprüft werden **- 2.** [critique] Besprechung *die*, Rezension *die* <> *vt* - **1.** [reassess] überprüfen - **2.** [write critique of] besprechen - **3.** [troops] inspizieren, mustern - **4.** *Am* [study] wieder|holen.

reviewer [rɪ'vjuːəʳ] *n* Rezensent *der*, -in *die*.

revile [rɪ'vaɪl] *vt literary* schmähen.

revise [rɪ'vaɪz] *vt* - **1.** [alter] revidieren - **2.** [rewrite] überarbeiten - **3.** *Br* [study] wiederholen <> *vi Br*: **to ~ (for sthg)** den Stoff (für etw) wiederholen.

revised [rɪ'vaɪzd] *adj* [estimate, figures] revidiert; [version] überarbeitet.

revision [rɪ'vɪʒn] *n* - **1.** [alteration] Revision *die* - **2.** *Br* [study]: **to do some ~** den Stoff wiederholen.

revisionist [rɪ'vɪʒnɪst] *adj* revisionistisch <> *n* Revisionist *der*, -in *die*.

revisit [ˌriː'vɪzɪt] *vt* wieder *OR* nochmals besuchen.

revitalize, -ise [ˌriː'vaɪtəlaɪz] *vt* wieder beleben.

revival [rɪ'vaɪvl] *n* [of economy, interest] Wiederbelebung *die*.

revive [rɪ'vaɪv] *vt* wieder beleben; [tradition, memories] wieder aufleben lassen; [play] wieder auf|führen <> *vi* - **1.** [regain consciousness] wieder zu sich kommen - **2.** [plant, economy, interest] wieder auf|leben, wieder erblühen.

revoke [rɪ'vəʊk] *vt fml* widerrufen.

revolt [rɪ'vəʊlt] *n* Aufstand *der*, Revolte *die* <> *vt* an|widern <> *vi*: **to ~ (against)** revoltieren (gegen).

revolting [rɪ'vəʊltɪŋ] *adj* widerlich.

revolution [ˌrevə'luːʃn] *n* - **1.** POL & *fig* Revolution *die* - **2.** TECH [circular movement] Umdrehung *die*.

revolutionary [ˌrevə'luːʃnərɪ] (*pl* **-ies**) *adj lit* & *fig* revolutionär <> *n* POL Revolutionär *der*, -in *die*.

revolutionize, -ise [ˌrevə'luːʃənaɪz] *vt* revolutionieren.

revolve [rɪ'vɒlv] *vi* sich drehen; **to ~ (a)round** *lit* & *fig* sich drehen um.

revolver [rɪ'vɒlvəʳ] *n* Revolver *der*.

revolving [rɪ'vɒlvɪŋ] *adj* Dreh-.

revolving door *n* Drehtür *die*.

revue [rɪ'vjuːl] *n* Revue *die*.

revulsion [rɪ'vʌlʃn] *n* Ekel *der*.

reward [rɪ'wɔːd] *n* Belohnung *die* <> *vt* belohnen; **to ~ sb for/with sthg** jn für/mit etw belohnen.

rewarding [rɪ'wɔːdɪŋ] *adj* lohnend; **it is a ~ book** es lohnt sich, das Buch zu lesen.

rewind [ˌriː'waɪnd] (*pt* & *pp* **rewound**) *vt* [tape] zurück|spulen.

rewire [ˌriː'waɪəʳ] *vt* [house] neu verkabeln; [plug] neu an|schließen.

reword [ˌriː'wɜːd] *vt* neu formulieren.

rework [ˌriː'wɜːk] *vt* überarbeiten.

rewound [ˌriː'waʊnd] *pt* & *pp* ▷ **rewind.**

rewrite [ˌriː'raɪt] (*pt* **rewrote** [ˌriː'rəʊt]; *pp* **rewritten** [ˌriː'rɪtn]) *vt* neu schreiben.

Reykjavik ['rekjəvɪk] *n* Reykjavik *nt*.

RFC (*abbr of* **Rugby Football Club**) *n Kürzel von Rugbyvereinen.*

RGN (*abbr of* **registered general nurse**) *n examinierte Krankenschwester oder examinierter Krankenpfleger in Großbritannien.*

Rh *abbr of* **rhesus.**

rhapsody ['ræpsədɪ] (*pl* **-ies**) *n* - **1.** MUS Rhapsodie *die* - **2.** [strong approval]: **to go into rhapsodies over sthg** von etw zu schwärmen beginnen.

Rhesus ['riːsəs] *n*: **~ positive/negative** Rhesus positiv/negativ.

rhetoric ['retərɪk] *n (U)* [effective speech, writing] Rhetorik *die*.

rhetorical question [rɪ'tɒrɪkl-] *n* rhetorische Frage.

rheumatic [ruː'mætɪk] *adj* rheumatisch.

rheumatism ['ruːmətɪzm] *n* Rheuma *das*.

rheumatoid arthritis ['ruːmətɔɪd-] *n* chronischer Gelenkrheumatismus.

Rhine [raɪn] *n*: **the ~** der Rhein.

rhinestone ['raɪnstəʊn] *n* Rheinkiesel *der*.

rhino ['raɪnəʊ] (*pl inv OR* **-s**) *n inf* Nashorn *das*, Rhinozeros *das*.

rhinoceros, rhinoceros [raɪ'nɒsərəs] (*pl inv OR* **-es**) *n* Nashorn *das*, Rhinozeros *das*.

Rhodes [rəʊdz] *n* Rhodos *nt*.

rhododendron [ˌrəʊdə'dendrən] *n* Rhododendron *der OR das*.

rhubarb ['ruːbɑːb] *n* Rhabarber *der*.

rhyme [raɪm] *n* Reim *der*; **to be in ~** gereimt sein <> *vi*: **to ~ (with sthg)** sich (mit etw) reimen.

rhyming slang ['raɪmɪŋ-] *n Br Slang, der vorwiegend von den Sprechern des Cockney-Englisch verwendet wird, bei dem ein Wort durch ein sich darauf reimendes ersetzt wird.*

RHYMING SLANG

Bei dem für den Londoner Cockney-Dialekt typischen Rhyming Slang, ursprünglich eine Art Geheimsprache unter Straßenhändlern, werden an Stelle des gemeinten Wortes Worte oder Wortgruppen benutzt, die sich damit reimen (z. B. „pork pie" für „lie"/Lüge). Oft wird der Reim auf das erste Wort verkürzt („porkie" für „lie").

rhythm ['rɪðm] *n* Rhythmus *der*.

rhythm and blues *n* Rhythm and Blues *der*.

rhythmic(al) [ˈrɪðmɪk(l)] *adj* rhythmisch.

RI *n* (*abbr of* **religious instruction**) Religionsunterricht *der* ◇ *abk für Rhode Island, in Postanschrift verwendet.*

rib [rɪb] *n* [of body, framework] Rippe *die*.

ribald [ˈrɪbəld] *adj* [remark] zotig; [humour, laughter] derb.

ribbed [rɪbd] *adj* gerippt.

ribbon [ˈrɪbən] *n* - **1.** [for decoration] Band *das* - **2.** [for typewriter] Farbband *das*.

rib cage *n* Brustkorb *der*.

rice [raɪs] *n* Reis *der*.

rice field *n* Reisfeld *das*.

rice paper *n (U)* Reispapier *das*.

rice pudding *n* Milchreis *der*.

rich [rɪtʃ] *adj* - **1.** [gen] reich; **to be ~ in sthg** reich an etw *(D)* sein - **2.** [soil] fruchtbar - **3.** [food, cake] schwer - **4.** [colour] satt; [sound] voll, satt - **5.** [fabric, clothes] prächtig ◇ *npl:* **the ~** die Reichen *pl*.

◆ **riches** *npl* Reichtümer *pl*.

richly [ˈrɪtʃlɪ] *adv* - **1.** [well-rewarded] reich; **~ deserved** reichlich verdient - **2.** [abundantly] reichlich - **3.** [sumptuously, expensively] reich.

richness [ˈrɪtʃnɪs] *n (U)* - **1.** [of deposit] Reichtum *der* - **2.** [of soil] Fruchtbarkeit *die* - **3.** [of food] Schwere *die* - **4.** [of colour, sound] Sattheit *die* - **5.** [of fabric, clothes] Pracht *die*.

Richter scale [ˈrɪktəʳ-] *n:* **the ~** die Richterskala.

rickets [ˈrɪkɪts] *n (U)* Rachitis *die*.

rickety [ˈrɪkətɪ] *adj* wackelig.

rickshaw [ˈrɪkʃɔː] *n* Rikscha *die*.

ricochet [ˈrɪkəʃeɪ] (*pt* & *pp* **-ed** OR **-ted;** *cont* **-ing** OR **-ting**) *n* Abprall *der* ◇ *vi:* **to ~ (off sthg)** (von etw) ab|prallen.

rid [rɪd] (*pt* **rid** OR **-ded;** *pp* **rid;** *cont* **-ding**) *adj:* **to be/get ~ of sb/sthg** jn/etw los sein/los|werden ◇ *vt:* **to ~ sb/sthg of sthg** jn/etw von etw befreien; **to ~ o.s. of sthg** sich von etw befreien.

riddance [ˈrɪdəns] *n* **inf: good ~!** den/die/das sind wir glücklich los!

ridden [ˈrɪdn] *pp* ▷ **ride.**

riddle [ˈrɪdl] *n* Rätsel *das*.

riddled [ˈrɪdld] *adj:* **to be ~ with holes** ganz durchlöchert sein; **to be ~ with errors** voller Fehler sein.

ride [raɪd] (*pt* **rode;** *pp* **ridden**) *n* - **1.** [on horseback] Ritt *der;* **to go for a ~** reiten gehen - **2.** [on bicycle, motorbike, in car] Fahrt *die;* **to go for a ~** eine Fahrt/Tour machen - **3.** ***phr:*** **to take sb for a ~** ***inf*** [trick] jn rein|legen ◇ *vt* - **1.** [horse] reiten - **2.** [bicycle, motorbike] fahren; **to ~ a bicycle/motorbike** Rad/Motorrad fahren - **3.** [distance - on horse] reiten; [- on bicycle, motorbike] fahren - **4.** ***Am*** [train, bus, elevator] fahren mit ◇ *vi* - **1.** [on horseback] reiten - **2.** [on bicycle, motorbike] fahren - **3.** [in car, bus]: **to ~ in sthg** mit etw fahren.

◆ **ride up** *vi* [skirt] hoch rutschen.

rider [ˈraɪdəʳ] *n* - **1.** [on horseback] Reiter *der*, -in *die* - **2.** [on bicycle, motorbike] Fahrer *der*, -in *die*.

ridge [rɪdʒ] *n* - **1.** [on mountain] Kamm *der*, Rücken *der* - **2.** [on flat surface] Riffel *die*.

ridicule [ˈrɪdɪkjuːl] *n* Spott *der* ◇ *vt* lächerlich machen, verspotten.

ridiculous [rɪˈdɪkjʊləs] *adj* lächerlich.

ridiculously [rɪˈdɪkjʊləslɪ] *adv* lächerlich.

riding [ˈraɪdɪŋ] *n* Reiten *das* ◇ *comp* Reit-.

riding crop *n* Reitgerte *die*.

riding habit *n* Reitkostüm *das*.

riding school *n* Reitschule *die*.

rife [raɪf] *adj:* **to be ~** grassieren; **to be ~ with sthg** von etw voll sein, voller einer Sache *(G)* sein.

riffraff [ˈrɪfræf] *n* Gesindel *das*.

rifle [ˈraɪfl] *n* Gewehr *das*.

◆ **rifle through** *vt fus* durchwühlen.

rifle range *n* Schießstand *der*.

rift [rɪft] *n* - **1.** GEOL Spalt *der* - **2.** [quarrel]: **a ~ between** eine Kluft zwischen *(+ D);* **a ~ in their friendship** ein Riss in ihrer Freundschaft.

rig [rɪg] (*pt* & *pp* **-ged;** *cont* **-ging**) *n:* **(oil) ~** Bohrinsel *die* ◇ *vt* [fix outcome of] manipulieren.

◆ **rig up** *vt sep* auf|stellen, montieren.

rigging [ˈrɪgɪŋ] *n (U)* [on ship] Takelung *die*.

right [raɪt] *adj* - **1.** [gen] richtig; **have you got the ~ time?** haben Sie die genaue Zeit?; **to be ~ (about sthg)** (bezüglich etw) Recht haben; **to be ~ to do sthg** Recht haben, etw zu tun; **to get the answer ~** die richtige Antwort geben - **2.** [going well]: **things aren't ~ between them** sie kommen nicht gut miteinander aus; **a cup of tea will soon put you ~** eine Tasse Tee wird dir gut tun - **3.** [not left] rechte, -r, -s - **4.** ***Br inf*** [idiot, mess] richtig, total ◇ *n* - **1.** [moral correctness, entitlement] Recht *das;* **to be in the ~** im Recht sein; **human ~s** Menschenrechte *pl;* **by ~s** rechtmäßig, von Rechts wegen; **in one's own ~** selbst - **2.** [right-hand side] rechte Seite; **on your ~** zu Ihrer Rechten; **on the ~** rechts ◇ *adv* - **1.** [correctly] richtig - **2.** [not left] rechts - **3.** [emphatic use] ganz; **stay ~ here** bleib hier; **to turn ~ round** sich ganz herum|drehen - **4.** [immediately] gleich; **~ now** [immediately] (jetzt) gleich; [at this very moment] (jetzt) gerade; **~ away** sofort ◇ *vt* - **1.** [correct] wieder gut|machen - **2.** [make upright] auf|richten ◇ *excl* gut!, O. K.!

◆ **Right** *n* POL: **the Right** die Rechte.

right angle *n* rechter Winkel; **at ~s to sthg** im rechten Winkel zu etw.

righteous ['raɪtʃəs] *adj* [person] rechtschaffen; [anger] selbstgerecht.

righteousness ['raɪtʃəsnɪs] *n* Rechtschaffenheit *die.*

rightful ['raɪtfʊl] *adj* rechtmäßig.

rightfully ['raɪtfʊlɪ] *adv* rechtmäßig; **the house is ~ mine** ich bin der rechtmäßige Eigentümer des Hauses.

right-hand *adj* [on the right] rechte, -r, -s.

right-hand drive *adj* rechts gesteuert.

right-handed [-'hændɪd] *adj* rechtshändig.

right-hand man *n* rechte Hand.

rightly ['raɪtlɪ] *adv* - **1.** [correctly, without error] ganz richtig - **2.** [appropriately, aptly] korrekt, richtig - **3.** [justifiably] mit Recht.

right-minded [-'maɪndɪd] *adj* vernünftig.

rightness ['raɪtnɪs] *n* Richtigkeit *die.*

righto ['raɪtəʊ] *excl* ***inf*** O. K.!

right of way *n* - **1.** AUT Vorfahrt *die* - **2.** [access] Durchgangsrecht *das.*

right-thinking [-'θɪŋkɪŋ] *adj* vernünftig.

right wing *n*: **the ~** der rechte Flügel.
◆ **right-wing** *adj* rechtsgerichtet.

right-winger *n* POL Rechte *der, die.*

rigid ['rɪdʒɪd] *adj* - **1.** [hard, stiff, inflexible] starr - **2.** [strict] strikt.

rigidity [rɪ'dʒɪdətɪ] *n* - **1.** [hardness, stiffness] Starrheit *die* - **2.** [strictness] Striktheit *die.*

rigidly ['rɪdʒɪdlɪ] *adv* - **1.** [fixedly] starr - **2.** [strictly] strikt.

rigmarole ['rɪgmərəʊl] *n (U)* ***inf pej*** Zirkus *der.*

rigor *n* ***Am*** = **rigour.**

rigor mortis [-'mɔːtɪs] *n* Totenstarre *die.*

rigorous ['rɪgərəs] *adj* streng.

rigorously ['rɪgərəslɪ] *adv* streng.

rigour ***Br,*** **rigor** ***Am*** ['rɪgəʳ] *n* Strenge *die.*
◆ **rigours** *npl* Unbilden *pl.*

rig-out *n* ***Br inf*** Aufmachung *die.*

rile [raɪl] *vt* ärgern.

rim [rɪm] *n* Rand *der;* [of spectacles] Fassung *die;* [of wheel] Felge *die.*

rind [raɪnd] *n* [of fruit] Schale *die;* [of cheese] Rinde *die;* [of bacon] Schwarte *die.*

ring [rɪŋ] (*pt* **rang;** *pp vt senses 1* & *2* & *vi* **rung;** *pt* & *pp vt senses 3* & *4 only* **-ed**) *n* - **1.** [telephone call]: **to give sb a ~** jn an|rufen - **2.** [sound of bell] Klingeln *das* - **3.** [quality, tone]: **her excuse had a familiar ~ (about it)** ihre Ausrede kam mir bekannt vor; **there's a ~ of truth about it** es klingt sehr wahrscheinlich - **4.** [object, jewellery, for boxing] Ring *der* - **5.** [of people, trees] Kreis *der* - **6.** [people working together] Ring *der;* **crime ~** Verbrecherring *der* - **7.** ***phr:*** **to run ~s round sb** ***fig*** jn in die Tasche stecken <> *vt* - **1.** ***Br*** [phone] an|rufen - **2.** [bell] läuten; **to ~ the doorbell** (an der Tür) klingeln *OR* läuten - **3.** [draw a circle round] ein|kreisen - **4.** [surround] umringen; **to be ~ed with sthg** von etw umringt sein <> *vi* - **1.** ***Br*** [phone] klingeln - **2.** [doorbell, person at door] klingeln, läuten - **3.** [to attract attention]: **to ~ (for sb)** (nach jm) läuten - **4.** [resound]: **the hall rang with their laughter** der Saal hallte von ihrem Lachen wider - **5.** ***phr:*** **to ~ true** wahr klingen.
◆ **ring back** *vt sep* & *vi* ***Br*** zurück|rufen.
◆ **ring off** *vi* ***Br*** auf|hängen.
◆ **ring out** *vi* [sound] ertönen, erklingen; [bells] läuten.
◆ **ring up** *vt sep* ***Br*** an|rufen.

ring binder *n* Ringbuch *das.*

ringer ['rɪŋəʳ] *n*: **to be a dead ~ for sb** jm zum Verwechseln ähnlich sehen.

ring finger *n* Ringfinger *der.*

ringing ['rɪŋɪŋ] *adj* [clear, loud] schallend; **in ~ tones** mit tönender *OR* schallender Stimme <> *n* [of bell] Läuten *das;* [of telephone] Klingeln *das;* [in ears] Klingen *das.*

ringing tone *n* ***Br*** TELEC Freizeichen *das.*

ringleader ['rɪŋˌliːdəʳ] *n* Anführer *der,* -in *die.*

ringlet ['rɪŋlɪt] *n* Ringellocke *die.*

ringmaster ['rɪŋˌmɑːstəʳ] *n* Zirkusdirektor *der.*

ring road *n* ***Br*** Umgehungsstraße *die.*

ringside ['rɪŋsaɪd] *n*: **at the ~** am Ring; **~ seat** Ringplatz *der.*

ringworm ['rɪŋwɜːm] *n (U)* Haarpilzflechte *die.*

rink [rɪŋk] *n* [for ice-skating] Eisbahn *die;* [for roller-skating] Rollschuhbahn *die.*

rinse [rɪns] *n*: **to give sthg a ~** [clothes] etw spülen; [vegetables] etw waschen; **to give one's hands a ~** die Hände abspülen <> *vt* [clothes] spülen; [vegetables] waschen; **to ~ one's hands** die Hände abspülen; **to ~ one's mouth out** sich *(D)* den Mund aus|spülen.

Rio (de Janeiro) [ˌriːəʊ(dədʒə'nɪərəʊ)] *n* Rio (de Janeiro) *nt.*

riot ['raɪət] *n* Aufruhr *der;* **to run ~** [hooligans] randalieren; [children] außer Rand und Band sein; [plants] wuchern <> *vi* einen Aufruhr machen.

rioter ['raɪətəʳ] *n* Aufrührer *der,* -in *die.*

rioting ['raɪətɪŋ] *n (U)* Unruhen *pl,* Krawalle *pl.*

riotous ['raɪətəs] *adj* [mob] randalierend; [party, behaviour] ausgelassen, wild.

riot police *npl* Bereitschaftspolizei *die.*

riot shield *n* Schutzschild *der.*

rip [rɪp] (*pt* & *pp* **-ped;** *cont* **-ping**) *n* Riss *der*

◇ *vt* - **1.** [tear, shred] zerreißen - **2.** [remove]: **to ~ sthg from** OR **off sthg** etw von etw ab|reißen ◇ *vi* reißen.

◆ **rip off** *vt sep* **inf** - **1.** [cheat] übers Ohr hauen - **2.** [steal] klauen, mitgehen lassen.

◆ **rip up** *vt sep* zerreißen.

RIP (*abbr of* **rest in peace**) R. I. P.

ripcord [ˈrɪpkɔːd] *n* Reißleine *die*.

ripe [raɪp] *adj* [ready to eat] reif; **to be ~ for sthg** ***fig*** für etw reif sein.

ripen [ˈraɪpn] *vt* reifen lassen ◇ *vi* reifen.

ripeness [ˈraɪpnɪs] *n* Reife *die*.

rip-off *n* **inf** [excessive charge] Wucher *der*.

ripple [ˈrɪpl] *n* - **1.** [in water] kleine Welle - **2.** [sound]: **a ~ of laughter** sanftes Gelächter; **a ~ of applause** kurzer Applaus ◇ *vt* kräuseln.

rise [raɪz] (*pt* **rose;** *pp* **risen** [ˈrɪzn]) *n* - **1.** ***Br*** [increase in amount]: **~ (in sthg)** Anstieg *der* (einer Sache *(G)*) - **2.** ***Br*** [increase in salary] Gehaltserhöhung *die* - **3.** [to power, fame] Aufstieg *der* - **4.** [slope] Steigung *die* - **5.** ***phr:*** **to give ~ to sthg** zu etw führen ◇ *vi* - **1.** [go upwards, become higher, increase] steigen - **2.** [sun, bread] auf|gehen - **3.** [stand up, get out of bed] auf|stehen - **4.** [slope upwards] (an|)steigen - **5.** [become louder - voice] lauter werden - **6.** [become higher in pitch] höher werden - **7.** [prove o.s.]: **to ~ to the occasion** der Lage gewachsen sein; **to ~ to the challenge** die Herausforderung an|nehmen - **8.** [rebel] sich erheben - **9.** [in status] auf|steigen; **to ~ to power** an die Macht kommen.

◆ **rise above** *vt fus* [difficulty, problem] stehen über *(+ D)*.

riser [ˈraɪzəʳ] *n:* **she is an early ~** sie ist eine Frühaufsteherin; **he is a late ~** er ist ein Langschläfer.

risible [ˈrɪzəbl] *adj* **fml** lächerlich.

rising [ˈraɪzɪŋ] *adj* - **1.** [sloping upwards] (an)steigend - **2.** [increasing, tide] steigend - **3.** [increasingly successful] aufsteigend ◇ *n* [rebellion] Aufstand *der*, Erhebung *die*.

rising damp *n* Bodenfeuchtigkeit *die*.

risk [rɪsk] *n* Risiko *das;* **to run the ~ of doing sthg** Gefahr laufen, etw zu tun; **to take a ~** ein Risiko ein|gehen; **at one's own ~** auf eigenes Risiko; **at ~** in Gefahr; **to put at ~** gefährden; **at the ~ of sounding rude ...** auf die Gefahr hin, unhöflich zu sein ... ◇ *vt* - **1.** [put in danger] riskieren - **2.** [take the chance of]: **to ~ doing sthg** riskieren, etw zu tun; **to ~ it** es riskieren.

risk capital *n (U)* Risikokapital *das*.

risk-taking *n (U)* Risiko *das*.

risky [ˈrɪskɪ] (*compar* **-ier;** *superl* **-iest**) *adj* riskant.

risotto [rɪˈzɒtəʊ] (*pl* **-s**) *n* Risotto *der* OR *das*.

risqué [rɪˈskeɪ] *adj* gewagt, schlüpfrig.

rissole [ˈrɪsəʊl] *n* ***Br*** Frikadelle *die*.

rite [raɪt] *n* Ritus *der*.

ritual [ˈrɪtʃʊəl] *adj* rituell ◇ *n* Ritual *das*.

rival [ˈraɪvl] (***Br*** *pt* & *pp* **-led;** *cont* **-ling, *Am*** *pt* & *pp* **-ed;** *cont* **-ing**) *adj* Konkurrenz-, konkurrierend ◇ *n* Rivale *der*, -lin *die;* COMM Konkurrent *der*, -in *die* ◇ *vt* sich messen mit, konkurrieren mit.

rivalry [ˈraɪvlrɪ] *n* Rivalität *die*.

river [ˈrɪvəʳ] *n* Fluss *der;* **the River Thames *Br*, the Thames River *Am*** die Themse.

river bank *n* Flussufer *das*.

riverbed [ˈrɪvəbed] *n* Flussbett *das*.

riverside [ˈrɪvəsaɪd] *n:* **the ~** das Flussufer.

rivet [ˈrɪvɪt] *n* Niete *die* ◇ *vt* - **1.** [fasten with rivets] nieten - **2.** ***fig*** [fascinate]: **to be ~ed by sthg** von etw gefesselt sein.

riveting [ˈrɪvɪtɪŋ] *adj* fesselnd.

Riviera [ˌrɪvɪˈeərə] *n:* **the French/Italian ~** die französische/italienische Riviera.

RN *n* - **1.** *abbr of* **Royal Navy** - **2.** (*abbr of* **registered nurse**) = **RGN.**

RNA (*abbr of* **ribonucleic acid**) *n* RNS *die*.

RNLI (*abbr of* **Royal National Lifeboat Institution**) *n freiwilliger Seerettungsdienst in Großbritannien und Irland.*

roach [rəʊtʃ] (*pl sense 1 inv* OR **-es;** *pl sense 2* **-es**) *n* - **1.** [fish] Plötze *die* - **2.** ***Am*** [cockroach] Schabe *die*.

road [rəʊd] *n* Straße *die;* **by ~** [send] per Spedition; [travel] mit dem Auto/Bus/*etc;* **on the ~** [on the way] unterwegs; **on the ~ to victory/success/recovery** auf dem Weg zum Sieg/zum Erfolg/der Besserung.

road atlas *n* Autoatlas *der*.

roadblock [ˈrəʊdblɒk] *n* Straßensperre *die*.

road haulage *n (U)* Spedition *die*.

road hog *n* **inf pej** Verkehrsrowdy *der*.

roadholding [ˈrəʊdˌhəʊldɪŋ] *n* Straßenlage *die*.

roadie [ˈrəʊdɪ] *n* **inf** Roadie *der*.

road map *n* Straßenkarte *die*.

road roller [-ˌrəʊləʳ] *n* Straßenwalze *die*.

road safety *n* Verkehrssicherheit *die*.

roadside [ˈrəʊdsaɪd] *n:* **by the ~** am Straßenrand ◇ *comp* Straßen-.

road sign *n* Verkehrszeichen *das*.

roadsweeper [ˈrəʊdˌswiːpəʳ] *n* [vehicle] (Straßen)kehrmaschine *die;* [person] Straßenfeger *der*, -in *die*.

road tax *n* Kraftfahrzeugsteuer *die*.

road test *n* Straßentest *der*.

◆ **road-test** *vt* einen Straßentest machen mit.

roadway ['rəʊdweɪ] *n* Fahrbahn *die*.

road works *npl* (Straßen)bauarbeiten *pl*.

roadworthy ['rəʊd,wɜːðɪ] *adj* fahrtüchtig.

roam [rəʊm] *vt* [countryside] durchstreifen; [streets] herum|ziehen in *(+ D)* ◇ *vi* [in countryside] wandern; [in streets] herum|ziehen.

roar [rɔːʳ] *vi* - **1.** [lion, person] brüllen; **to ~ with laughter** vor Lachen brüllen - **2.** [wind, engine] heulen ◇ *vt* brüllen ◇ *n* - **1.** [of lion, person] Brüllen *das* - **2.** [of wind, engine] Heulen *das*; [of traffic] Lärm *der*.

roaring ['rɔːrɪŋ] *adj* - **1.** [traffic] lärmend; [wind, engine] heulend - **2.** [fire] prasselnd - **3.** [for emphasis]: **a ~ success** ein Riesenerfolg; **to do a ~ trade** ein Riesengeschäft machen ◇ *adv*: **~ drunk** sternhagelvoll.

roast [rəʊst] *adj*: **~ beef** Rinderbraten *der*, Roastbeef *das*; **~ chicken** Brathähnchen *das*; **~ pork** Schweinebraten *der*; **~ potatoes** *im Ofen in Fett gebackene Kartoffeln* ◇ *n* Braten *der* ◇ *vt* - **1.** [meat] braten; [potatoes] *im Ofen in Fett backen* - **2.** [coffee beans, nuts] rösten.

roasting ['rəʊstɪŋ] *adj & adv* **inf: I'm/it's ~ (hot)!** mir/es ist fürchterlich heiß!

roasting tin *n Blech zum Braten von Fleisch oder Kartoffeln im Ofen*.

rob [rɒb] (*pt & pp* **-bed**; *cont* **-bing**) *vt* [person] bestehlen; [bank, house] aus|rauben; **to ~ sb of sthg** [of money, goods] jm etw stehlen; ***fig*** [of opportunity, glory] jn einer Sache *(G)* berauben.

robber ['rɒbəʳ] *n* Räuber *der*, -in *die*.

robbery ['rɒbərɪ] (*pl* **-ies**) *n* Raub *der*.

robe [rəʊb] *n* - **1.** [of priest, judge, monarch] Robe *die* - **2.** ***Am*** [dressing gown] Morgenrock *der*.

robin ['rɒbɪn] *n* Rotkehlchen *das*.

robot ['rəʊbɒt] *n* Roboter *der*.

robotics [rəʊ'bɒtɪks] *n (U)* Robotertechnik *die*.

robust [rəʊ'bʌst] *adj* [person, health] robust; [economy] stabil; [criticism, defence] stark.

robustly [rəʊ'bʌstlɪ] *adv* robust; [defend] stark.

rock [rɒk] *n* - **1.** *(U)* [substance] Stein *der* - **2.** [boulder] Fels(en) *der* - **3.** ***Am*** [pebble] Stein *der* - **4.** [music] Rock *der* - **5.** ***Br*** [sweet]: **stick of ~** Zuckerstange *die* ◇ *comp* [band, concert, singer] Rock- ◇ *vt* - **1.** [cause to move] schaukeln; [baby] wiegen - **2.** [shock] erschüttern ◇ *vi* [boat, cradle, in chair] schaukeln.

◆ **on the rocks** *adv* - **1.** [drink] mit Eis - **2.** [marriage, relationship] kaputt.

rock and roll *n* Rock and Roll *der*.

rock bottom *n*: **to be at ~** auf dem Tiefpunkt sein; **to hit ~** den Tiefpunkt erreichen.

◆ **rock-bottom** *adj* [prices] Schleuder-.

rock cake *n* ***Br*** *kleiner Rosinenkuchen*.

rock climber *n* Kletterer *der*, -in *die*.

rock-climbing *n* Klettern *das*.

rocker ['rɒkəʳ] *n* [chair] Schaukelstuhl *der*; **to be off one's ~ *inf*** übergeschnappt sein.

rockery ['rɒkərɪ] (*pl* **-ies**) *n* Steingarten *der*.

rocket ['rɒkɪt] *n* Rakete *die* ◇ *vi* hoch schießen.

rocket launcher [-,lɔːntʃəʳ] *n* Raketenwerfer *der*.

rock face *n* Felswand *die*.

rockfall ['rɒkfɔːl] *n* Steinschlag *der*.

rock-hard *adj* steinhart.

Rockies ['rɒkɪz] *npl*: **the ~** die Rocky Mountains.

rocking chair ['rɒkɪŋ-] *n* Schaukelstuhl *der*.

rocking horse ['rɒkɪŋ-] *n* Schaukelpferd *das*.

rock music *n* Rockmusik *die*.

rock 'n' roll *n* = **rock and roll.**

rock pool *n* Felstümpel *der*.

rock salt *n* Steinsalz *das*.

rocky ['rɒkɪ] (*compar* **-ier**; *superl* **-iest**) *adj* - **1.** [full of rocks] steinig - **2.** [unsteady] wackelig.

Rocky Mountains *npl*: **the ~** die Rocky Mountains.

rococo [rə'kəʊkəʊ] *adj* Rokoko-.

rod [rɒd] *n* Stange *die*; [for fishing] Angel *die*.

rode [rəʊd] *pt* ▻ **ride.**

rodent ['rəʊdənt] *n* Nagetier *das*.

rodeo ['rəʊdɪəʊ] (*pl* **-s**) *n* Rodeo *das*.

roe [rəʊ] *n* [of fish] Rogen *der*.

roe deer *n* Reh *das*.

rogue [rəʊg] *adj* [elephant] Einzelgänger- ◇ *n* - **1.** [likable rascal] Frechdachs *der* - **2.** ***dated*** [dishonest person] Schurke *der*.

roguish ['rəʊgɪʃ] *adj* schelmisch.

role [rəʊl] *n* Rolle *die*.

roll [rəʊl] *n* - **1.** [of material, paper, film] Rolle *die* - **2.** [of bread] Brötchen *das*; **a cheese ~** ein Käsebrötchen - **3.** [list] Liste *die*; **electoral ~** Wählerverzeichnis *das* - **4.** [sound - of thunder] Rollen *das*; [- of drums] Wirbel *der* ◇ *vt* - **1.** [turn over] rollen; **to ~ one's eyes** die Augen verdrehen - **2.** [make into cylinder] auf|rollen; [umbrella] zusammen|rollen; **~ed into one *fig*** in einem - **3.** [cigarette] drehen ◇ *vi* - **1.** [gen] rollen - **2.** [ship] schlingern - **3.** [make loud noise - thunder] rollen; [- drums] wirbeln.

◆ **roll about, roll around** *vi* herum|rollen; [person] sich wälzen.

◆ **roll back** *vt sep* ***Am*** [prices] reduzieren.

◆ **roll in** *vi inf* **- 1.** [money] hereinlströmen **- 2.** [person] einltrudeln.
◆ **roll over** *vi* [person] sich umldrehen.
◆ **roll up** *vt sep* **- 1.** [make into cylinder] aufl-rollen, zusammenlrollen **- 2.** [sleeves] hochl-krempeln ◇ *vi* **- 1.** [vehicle] vorlfahren **- 2.** *inf* [person] auflkreuzen.

roll bar *n* [in car] Überrollbügel *der.*

roll call *n* Namensaufruf *der;* MIL Appell *der;* **to take a ~** die Namen auflrufen; MIL einen Appell ablhalten.

rolled gold [rəʊld-] *n (U)* Dubleegold *das.*

roller [ˈrəʊləʳ] *n* **- 1.** [cylinder] Walze *die* **- 2.** [curler] (Locken)wickler *der.*

roller blades *npl* Rollerblades *pl.*

roller blind *n* Rollo *das.*

roller coaster *n* Achterbahn *die.*

roller skate *n* Rollschuh *der.*
◆ **roller-skate** *vi* Rollschuh laufen.

roller towel *n* Rollhandtuch *das.*

rollicking [ˈrɒlɪkɪŋ] *adj:* **we had a ~ (good) time** wir hatten einen Mordsspaß.

rolling [ˈrəʊlɪŋ] *adj* **- 1.** [hills] wellig **- 2.** [gait] schaukelnd **- 3.** *phr:* **to be ~ in it** *inf* im Geld schwimmen.

rolling pin *n* Nudelholz *das.*

rolling stock *n (U)* rollendes Material, Schienenfahrzeuge *pl.*

rollneck [ˈrəʊlnek] *adj* Rollkragen-.

roll of honour *n* Ehrenliste *die (der Gefallenen).*

roll-on *adj* & *n:* **~ (deodorant)** Deoroller *der.*

roll-on roll-off *adj Br* Roll-on-roll-off-.

roly-poly [ˌrəʊlɪˈpəʊlɪ] *(pl* **-ies***) n Br:* **~ (pudding)** *mit Rindertalg hergestellter und mit Marmelade gefüllter Strudel.*

ROM [rɒm] *(abbr of* **read only memory***) n* ROM.

romaine lettuce [rəʊˈmeɪn-] *n Am* römischer Salat.

Roman [ˈrəʊmən] *adj* römisch ◇ *n* Römer *der,* -in *die.*

Roman Catholic *adj* römisch-katholisch ◇ *n* Katholik *der,* -in *die.*

romance [rəʊˈmæns] *n* **- 1.** [romantic quality] Romantik *die* **- 2.** [love affair] Romanze *die* **- 3.** [novel] Liebesroman *der.*

Romanesque [ˌrəʊməˈnesk] *adj* romanisch.

Romani [ˈrəʊmənɪ] *adj* & *n* = **Romany.**

Romania [ruːˈmeɪnjə] *n* Rumänien *nt.*

Romanian [ruːˈmeɪnjən] *adj* rumänisch ◇ *n* **- 1.** [person] Rumäne *der,* -nin *die* **- 2.** [language] Rumänisch(e) *das.*

Roman numerals *npl* römische Ziffern *pl.*

romantic [rəʊˈmæntɪk] *adj* **- 1.** [gen] romantisch **- 2.** [novel, film, play] Liebes-.

romanticism [rəʊˈmæntɪsɪzm] *n* Romantik *die.*

romanticize, -ise [rəʊˈmæntɪsaɪz] *vt* romantisieren ◇ *vi* fantasieren.

Romany [ˈrəʊmənɪ] *(pl* **-ies***) adj* Roma-; **the ~ people** die Roma *pl* ◇ *n* **- 1.** [person] Rom *der;* **Romanies** Roma *pl* **- 2.** [language] Romani *das.*

Rome [rəʊm] *n* Rom *nt.*

romp [rɒmp] *n:* **to have a ~** herumltoben, herumltollen ◇ *vi* [play noisily] herumltoben, herumltollen.

rompers [ˈrɒmpəz] *npl,* **romper suit** [ˈrɒmpəʳ-] *n* Strampelhose *die.*

roof [ruːf] *n* **- 1.** [of building, vehicle] Dach *das;* **under the same ~** unter einem Dach; **to have a ~ over one's head** ein Dach über dem Kopf haben; **to go through** OR **hit the ~** an die Decke gehen **- 2.** [upper part - of cave] Gewölbe *das;* **~ of the mouth** Gaumen *der.*

roof garden *n* Dachgarten *der.*

roofing [ˈruːfɪŋ] *n (U)* [material] Dachdeckungsmaterial *das.*

roof rack *n* Dachträger *der.*

rooftop [ˈruːftɒp] *n* Dach *das.*

rook [rʊk] *n* **- 1.** [bird] Krähe *die* **- 2.** [chess piece] Turm *der.*

rookie [ˈrʊkɪ] *n Am inf* Grünschnabel *der.*

room [ruːm, rʊm] *n* **- 1.** [in house, hotel] Zimmer *das;* [in office, public building etc] Raum *der* **- 2.** *(U)* [space] Platz *der;* **to make ~ for sb/sthg** für jn/etw Platz machen **- 3.** *(U)* [opportunity, possibility]: **there is ~ for improvement** es könnte besser sein; **there is no ~ for sentimentality in politics** Sentimentalität hat in der Politik nichts zu suchen; **~ to** OR **for manoeuvre** Spielraum *der.*

rooming house [ˈruːmɪŋ-] *n Am* Logierhaus *das.*

roommate [ˈruːmmeɪt] *n* Zimmergenosse *der,* -sin *die.*

room service *n (U)* Zimmerservice *der.*

room temperature *n* Zimmertemperatur *die.*

roomy [ˈruːmɪ] *(compar* **-ier;** *superl* **-iest***) adj* [house, car] geräumig; [garment] weit.

roost [ruːst] *n* Hühnerstange *die;* **to rule the ~** Herr im Haus sein ◇ *vi* [hens] auf der Stange sitzen.

rooster [ˈruːstəʳ] *n* Hahn *der.*

root [ruːt] *adj* [cause] eigentlich ◇ *n lit* & *fig* Wurzel *die;* **to put down ~s** [person] Wurzeln schlagen; **to take ~** [plant] Wurzel fassen; [idea] Fuß fassen; **the ~ of the problem** die Ursache des Problems ◇ *vi* [search] wühlen.
◆ **roots** *npl* [origins] Wurzeln *pl.*
◆ **root for** *vt fus esp Am inf* anlfeuern.
◆ **root out** *vt sep* [eradicate] auslrotten.

root beer *n Am leicht würzig schmeckende Limonade.*

root crop *n* Wurzelgemüse *das.*

rooted ['ru:tɪd] *adj:* **to be ~ to the spot** wie angewurzelt dalstehen.

rootless ['ru:tlɪs] *adj* wurzellos.

root vegetable *n* Wurzelgemüse *das.*

rope [rəʊp] *n* Seil *das;* **to know the ~s** sich auslkennen ◇ *vt:* **to ~ together** zusammenlbinden; [climbers] anlseilen.

◆ **rope in** *vt sep* ***inf*** [involve] ranlkriegen.

◆ **rope off** *vt sep* mit einem Seil ablsperren.

rop(e)y ['rəʊpɪ] (*compar* **-ier;** *superl* **-iest**) *adj* ***Br inf*** **- 1.** [poor-quality] mies; **these shoes are ~** diese Schuhe taugen nichts **- 2.** [unwell - feel] mies; [- look] mitgenommen.

rosary ['rəʊzərɪ] (*pl* **-ies**) *n* Rosenkranz *der.*

rose [rəʊz] *pt* ▻ **rise** ◇ *adj* [pink] rosa ◇ *n* [flower] Rose *die.*

rosé ['rəʊzeɪ] *n* Rosé *der.*

rosebed ['rəʊzbed] *n* Rosenbeet *das.*

rosebud ['rəʊzbʌd] *n* Rosenknospe *die.*

rose bush *n* Rosenstrauch *der.*

rose hip *n* Hagebutte *die.*

rosemary ['rəʊzmərɪ] *n* Rosmarin *der.*

rosette [rəʊ'zet] *n* Rosette *die.*

rosewater ['rəʊz,wɔ:tə^r] *n* Rosenwasser *das.*

rosewood ['rəʊzwʊd] *n* Rosenholz *das.*

ROSPA ['rɒspə] (*abbr of* **Royal Society for the Prevention of Accidents**) *n britischer Gesellschaft zur Unfallverhütung.*

roster ['rɒstə^r] *n* Dienstplan *der.*

rostrum ['rɒstrəm] (*pl* **-trums** OR **-tra** [-trə]) *n* [for speaker, conductor] Pult *das*

rosy ['rəʊzɪ] (*compar* **-ier;** *superl* **-iest**) *adj* ***lit*** & ***fig*** rosig.

rot [rɒt] (*pt* & *pp* **-ted;** *cont* **-ting**) *n* **- 1.** *(U)* [decay - of wood, food] Fäulnis *die;* [- in society, organization] Verfall *der;* **dry ~** Trockenfäule *die;* **to stop the ~** den Verfall auflhalten; **the ~ set in** es ging abwärts **- 2.** ***Br dated*** [nonsense] Quatsch *der* ◇ *vt* faulen lassen ◇ *vi* faulen.

rota ['rəʊtə] *n* Dienstplan *der.*

rotary ['rəʊtərɪ] *adj* rotierend, Rotations- ◇ *n* ***Am*** [roundabout] Kreisverkehr *der.*

Rotary Club *n:* **the ~** der Rotary Club.

rotate [rəʊ'teɪt] *vt* **- 1.** [turn] drehen **- 2.** [in sequence - crops] in Wechsel anlbauen; **to ~ the presidency** turnusmäßig die Präsidentschaft übernehmen ◇ *vi* **- 1.** [turn] sich drehen, rotieren **- 2.** [in sequence - job] turnusmäßig wechseln; [- crops] im Wechsel angebaut werden.

rotation [rəʊ'teɪʃn] *n* **- 1.** [turning movement] Drehung *die*, Rotation *die* **- 2.** *(U)* [sequence]: **~ of crops** Fruchtwechsel *der;* **in ~** turnusmäßig.

rote [rəʊt] *n:* **by ~** auswendig.

rote learning *n* Auswendiglernen *das.*

rotor ['rəʊtə^r] *n* Rotor *der.*

rotten ['rɒtn] *adj* **- 1.** [decayed] verfault **- 2.** ***inf*** [poor-quality, unskilled] lausig **- 3.** ***inf*** [mean] gemein **- 4.** ***inf*** [unpleasant, unenjoyable] mies **- 5.** ***inf*** [unwell]: **to feel ~** sich mies fühlen **- 6.** [unhappy, bad]: **I feel ~ about sending him away** ich habe ein schlechtes Gewissen, weil ich ihn weggeschickt habe.

rotund [rəʊ'tʌnd] *adj* ***fml*** rundlich.

rouble ['ru:bl] *n* Rubel *der.*

rouge [ru:ʒ] *n* Rouge *das.*

rough [rʌf] *adj* **- 1.** [not smooth - surface] rau; [- road] uneben, holprig **- 2.** [violent] grob, rau **- 3.** [crude, basic - shelter, conditions] primitiv; [- people, manners] rau **- 4.** [not detailed, not exact] grob; **~ draft** Rohentwurf *der;* **at a ~ guess** grob geschätzt; **can you give me a ~ idea of the cost?** haben Sie eine ungefähre Preisvorstellung? **- 5.** [unpleasant, tough - life, time] hart; [- journey] anstrengend; [- area] rau; **to be ~ on sb** hart für jn sein **- 6.** [stormy] stürmisch **- 7.** [harsh - voice] rau; [- wine] sauer **- 8.** [tired, ill - feel] mies; [- look] mitgenommen ◇ *adv:* **to sleep ~** im Freien übernachten ◇ *n* **- 1.** GOLF: **the ~** das Rough **- 2.** [draft]: **to write sthg in ~** ein Konzept für etw machen ◇ *vt* ***phr:*** **to ~ it** primitiv leben.

◆ **rough out** *vt sep* grob entwerfen.

◆ **rough up** *vt sep* verprügeln.

roughage ['rʌfɪdʒ] *n (U)* Ballaststoffe *pl.*

rough and ready *adj* primitiv; [person] rau(beinig).

rough-and-tumble *n (U)* [playing] Balgerei *die;* **the ~ of politics** das bewegte Leben in der Politik.

roughcast ['rʌfkɑ:st] *n* Rauputz *der.*

rough diamond *n* ***Br fig:*** **he is a ~** bei ihm gilt auch: raue Schale, weicher Kern.

roughen ['rʌfn] *vt* [surface] auf lrauen.

rough justice *n (U):* **that's ~!** das ist ein unangemessen hartes Urteil!

roughly ['rʌflɪ] *adv* **- 1.** [gen] grob **- 2.** [approximately] etwa.

roughneck ['rʌfnek] *n* **- 1.** [oilrig worker] *Arbeiter auf einer Ölbohrinsel* **- 2.** ***Am inf*** [ruffian] Rowdy *der.*

roughness ['rʌfnɪs] *n (U)* **- 1.** [lack of smoothness] Rauheit *die* **- 2.** [lack of gentleness] Grobheit *die.*

roughshod ['rʌfʃɒd] *adv:* **to ride ~ over sb/sthg** jn/etw rücksichtslos übergehen.

roulette [ru:'let] *n* Roulette *das.*

round [raʊnd] *adj* rund ◇ *prep* **- 1.** [surrounding] um ... herum; **there were soldiers all ~ the building** rund um das Gebäude waren Soldaten **- 2.** [near]: **~ here/there** hier/dort in der Nähe; **is there a bank anywhere ~ here?** gibt es hier irgendwo eine Bank? **- 3.** [all over]: **150 offices ~ the world** 150 Büros in der ganzen Welt; **all ~ the country** im ganzen Land; **to go ~ a museum** ein Museum besuchen; **to go ~ a town** sich *(D)* eine Stadt an|sehen; **to show sb ~ sthg** jn in etw *(D)* herum|führen **- 4.** [in a circle]: **we walked ~ the lake** wir gingen um den See herum; **to go/drive ~ sthg** um etw herum|gehen/herum|fahren; **~ the clock** ***fig*** rund um die Uhr **- 5.** [in circumference]: **she measures 30 inches ~ the waist** um die Taille misst sie 75 cm **- 6.** [on or to the other side of]: **to be/go ~ the corner** um die Ecke sein/gehen **- 7.** [so as to avoid] um ... herum; **to get ~ an obstacle** um ein Hindernis herum|gehen; **to find a way ~ a problem** einen Ausweg für ein Problem finden <> *adv* **- 1.** [on all sides] herum; **all ~** auf allen Seiten, rundherum **- 2.** [near]: **~ about** [in distance] in der Nähe; [approximately] rund; **~ about ten o'clock** gegen zehn Uhr **- 3.** [here and there] herum; **to travel ~** herum|reisen **- 4.** [in a circle]: **to go ~** sich drehen; **to spin ~ (and ~)** sich im Kreis drehen **- 5.** [to the other side]: **to go ~** herum|gehen; **to turn ~** sich um|drehen; **to look ~** sich um|sehen; **it's a long way ~** das ist ein Umweg **- 6.** [on a visit]: **why don't you come ~?** warum kommst du nicht vorbei?; **to ask some friends ~** ein paar Freunde zu sich ein|laden; **I spent the day ~ at her house** ich war den ganzen Tag bei ihr (zu Hause) **- 7.** [when sharing]: **to hand sthg ~** etw herum|reichen **- 8.** [continuously]: **all year ~** das ganze Jahr über <> *n* **- 1.** [gen & SPORT] Runde *die;* **a ~ of applause** eine Runde Applaus **- 2.** [of ammunition] Schuss *der* **- 3.** [of drinks] Runde *die;* **it's my ~** es ist meine Runde **- 4. : a ~ of sandwiches** ein Sandwich **- 5.** [of toast] Scheibe *die* <> *vt* [turn]: **to ~ a bend** um eine Kurve fahren.

◆ **rounds** *npl* [of doctor, milkman, postman]: **to do one's ~s** ***fig*** seine Runde machen; **to do** OR **go the ~s** [joke, rumour, illness] um|gehen.

◆ **round off** *vt sep* ab|runden.

◆ **round up** *vt sep* **- 1.** [animals] zusammen|treiben **- 2.** [number] auf|runden.

roundabout ['raʊndəbaʊt] *adj* umständlich <> *n* ***Br*** **- 1.** [on road] Kreisverkehr *der* **- 2.** [at fairground, playground] Karussell *das.*

rounded ['raʊndɪd] *adj* [in shape] abgerundet.

rounders ['raʊndəz] *n (U)* ***Br*** Schlagball *der.*

Roundhead ['raʊndhed] *n* HIST Rundkopf *der.*

roundly ['raʊndlɪ] *adv* [criticize] scharf; [defeated] vernichtend.

round-neck *adj* [jumper] mit rundem Ausschnitt.

round-shouldered [-'ʃəʊldəd] *adj* mit hängenden Schultern.

round-table *adj:* **~ talks/negotiations** Gespräche/Verhandlungen am runden Tisch.

round the clock *adv* rund um die Uhr.

◆ **round-the-clock** *adj:* **round-the-clock surveillance/activity** Überwachung/Aktivität rund um die Uhr.

round trip *adj* ***Am:*** **~ ticket** Rückfahrkarte *die;* [for plane] Rückflugticket *das* <> *n* Rundreise *die.*

roundup ['raʊndʌp] *n* [summary] Zusammenfassung *die.*

rouse [raʊz] *vt* **- 1.** [wake up] wecken **- 2.** [impel]: **to ~ o.s. to do sthg** sich dazu auf|raffen, etw zu tun; **to ~ sb to action** jn zum Handeln bewegen **- 3.** [subj: orator] in Erregung versetzen **- 4.** [give rise to] hervor|rufen; [emotions, interest] wecken, wach|rufen.

rousing ['raʊzɪŋ] *adj* [speech] mitreißend; [cheer] stürmisch.

rout [raʊt] *n* Niederlage *die* <> *vt* in die Flucht schlagen.

route [ru:t] *n* **- 1.** [line of travel] Strecke *die*, Route *die* **- 2.** [fixed itinerary]: **air/bus/shipping ~** Flug-/Bus-/Schifffahrtslinie *die* **- 3.** ***fig*** [to achievement] Weg *der* <> *vt* [flight, traffic] legen; [goods] schicken.

route map *n* [for public transport] Streckenkarte *die;* [for holiday route] Tourenplan *der.*

route march *n* Übungsmarsch *der.*

routine [ru:'ti:n] *adj* routinemäßig, Routine- <> *n* Routine *die.*

routinely [ru:'ti:nlɪ] *adv* routinemäßig.

rove [rəʊv] ***literary*** *vt* durch|ziehen, streifen durch <> *vi:* **to ~ around** umher|ziehen, umher|streifen.

roving ['rəʊvɪŋ] *adj:* **to have a ~ eye** ständig auf der Suche nach Abenteuern mit anderen Frauen/Männern sein; **"our ~ reporter"** „unser rasender Reporter".

row¹ [rəʊ] *n* Reihe *die;* **in a ~** nacheinander <> *vt & vi* rudern.

row² [raʊ] *n* **- 1.** [quarrel] Streit *der*, Krach *der* **- 2.** ***inf*** [noise] Krach *der*, Krawall *der* <> *vi* [quarrel] sich streiten.

rowboat ['rəʊbəʊt] *n* ***Am*** Ruderboot *das.*

rowdy ['raʊdɪ] (*compar* **-ier;** *superl* **-iest**) *adj* [person] wild, randalierend; [party, atmosphere] laut.

rower ['rəʊə^r] *n* Ruderer *der*, -in *die.*

row house [rəʊ-] *n* ***Am*** Reihenhaus *das.*

rowing ['rəʊɪŋ] *n* Rudern *das.*

rowing boat *n* ***Br*** Ruderboot *das.*

rowing machine *n* Rudermaschine *die.*

royal ['rɔɪəl] *adj* [regal] königlich <> *n* **inf** Angehörige *der, die* der königlichen Familie.

Royal Air Force *n:* **the ~** die Königliche Luftwaffe.

royal blue *adj* königsblau.

royal family *n* königliche Familie.

royalist ['rɔɪəlɪst] *n* Royalist *der*, -in *die*.

royal jelly *n* Gelée royale *das*.

Royal Mail *n* **Br: the ~** die Königliche Post.

Royal Marines *n* **Br: the ~** die Königliche Marineinfanterie.

Royal Navy *n:* **the ~** die Königliche Marine.

royalty ['rɔɪəltɪ] *n (U)* [persons] Königshaus *das*; **she is ~** sie gehört zum Königshaus.
◆ **royalties** *npl* Tantiemen *pl*.

RP (*abbr of* **received pronunciation**) *n englische Standardaussprache.*

RPI (*abbr of* **retail price index**) *n* Verbraucherpreisindex *der*.

rpm (*abbr of* **revolutions per minute**) *npl* U/min.

RRP (*abbr of* **recommended retail price**) *n* VVP *die, unverbindliche Preisempfehlung.*

RSC (*abbr of* **Royal Shakespeare Company**) *n britisches Theaterensemble.*

RSI (*abbr of* **repetitive strain injury**) *n* RSI, *chronisches Überlastungssyndrom.*

RSPB (*abbr of* **Royal Society for the Protection of Birds**) *n britischer Vogelschutzbund.*

RSPCA (*abbr of* **Royal Society for the Prevention of Cruelty to Animals**) *n britischer Tierschutzverein.*

RSVP (*abbr of* **répondez s'il vous plaît**) u. A.w.g.

Rt Hon (*abbr of* **Right Honourable**) *Anrede für Parlamentsabgeordnete.*

Rt Rev (*abbr of* **Right Reverend**) *Anrede für Bischöfe der anglikanischen Kirche.*

rub [rʌb] (*pt & pp* **-bed;** *cont* **-bing**) *vt* reiben; **to ~ one's hands together** sich *(D)* die Hände reiben; **to ~ sthg against** OR **on sthg** etw an etw *(D)* /auf etw *(A)* reiben; **he ~bed sun cream into her back** er rieb ihren Rücken mit Sonnencreme ein; **don't ~ it in** *inf fig* du brauchst es mir nicht unter die Nase zu reiben; **to ~ sb up the wrong way** *Br*, **to ~ sb the wrong way** *Am* *fig* jn verstimmen <> *vi:* **to ~ against** OR **on sthg** an etw *(D)* reiben; [person, animal] sich an etw *(D)* reiben; **to ~ together** sich reiben.
◆ **rub off on** *vt fus* [subj: quality] ablfärben auf *(+ A)*.
◆ **rub out** *vt sep* [erase] auslradieren.

rubber ['rʌbəʳ] *adj* [made of rubber] Gummi- <> *n* **- 1.** [substance] Gummi *der* **- 2.** *Br* [eraser] Radiergummi *der* **- 3.** [in bridge] Robber *der* **- 4.** *Am inf* [condom] Gummi *der* **- 5.** *Am* [overshoe] Gummiüberschuh *der*.

rubber band *n* Gummiband *das*.

rubber boot *n* **Am** Gummistiefel *der*.

rubber dinghy *n* Schlauchboot *das*.

rubberize, -ise ['rʌbəraɪz] *vt* gummieren.

rubberneck ['rʌbənek] *vi* **Am inf** [stare] gaffen.

rubber plant *n* Gummibaum *der*.

rubber stamp *n* Stempel *der*.
◆ **rubber-stamp** *vt* stempeln.

rubber tree *n* Kautschukbaum *der*.

rubbery ['rʌbərɪ] *adj* wie Gummi; [meat] zäh.

rubbing ['rʌbɪŋ] *n:* **brass ~** *(Anfertigung einer) Pauszeichnung, die durch Auflegen von Papier auf eine Messingtafel und Durchrubbeln des Bildmotivs entsteht.*

rubbish ['rʌbɪʃ] *n (U)* **- 1.** [refuse] Abfall *der*, Müll *der* **- 2.** *inf fig* [worthless thing] Mist *der* **- 3.** *inf* [nonsense] Quatsch *der*, Blödsinn *der* <> *vt* **inf** [person, opinion] lächerlich machen; [play, book] verreißen <> *excl* **inf** Quatsch!

rubbish bag *n* **Br** Müllsack *der*.

rubbish bin *n* **Br** Mülleimer *der*.

rubbish dump, rubbish tip *n* **Br** Müllabladeplatz *der*.

rubbishy ['rʌbɪʃɪ] *adj* **inf** mies; [idea] blödsinnig; **these shoes are ~** diese Schuhe taugen nichts.

rubble ['rʌbl] *n* Schutt *der*.

rubella [ruː'belə] *n (U)* Röteln *pl*.

ruby ['ruːbɪ] (*pl* **-ies**) *n* [gem] Rubin *der*.

RUC (*abbr of* **Royal Ulster Constabulary**) *n Polizei in Nordirland.*

ruck [rʌk] *n* RUGBY offenes Gedränge.

rucksack ['rʌksæk] *n* Rucksack *der*.

ructions ['rʌkʃnz] *npl* **inf** Krach *der*.

rudder ['rʌdəʳ] *n* Ruder *das*.

ruddy ['rʌdɪ] (*compar* **-ier;** *superl* **-iest**) *adj* **- 1.** [reddish] rot; [complexion] gesund **- 2.** *Br dated* [for emphasis] verdammt.

rude [ruːd] *adj* **- 1.** [impolite] unhöflich **- 2.** [dirty, naughty] unanständig **- 3.** [unexpected]: **~ awakening** böses Erwachen **- 4.** *literary* [primitive] einfach.

rudely ['ruːdlɪ] *adv* **- 1.** [impolitely] unhöflich **- 2.** [dirtily, naughtily] unanständig **- 3.** [unexpectedly] jäh.

rudeness ['ruːdnɪs] *n* **- 1.** [impoliteness] Unhöflichkeit *die* **- 2.** [dirtiness, naughtiness] Unanständigkeit *die*.

rudimentary [ˌruːdɪ'mentərɪ] *adj* [basic] elementar.

rudiments ['ruːdɪmənts] *npl* Grundlagen *pl*.

rue [ruː] *vt* bereuen; **to ~ the day when ...** den Tag verwünschen, an dem ...

rueful [ˈruːfʊl] *adj* reumütig; [smile] wehmütig.

ruff [rʌf] *n* [collar] Halskrause *die*.

ruffian [ˈrʌfjən] *n* Grobian *der*.

ruffle [ˈrʌfl] *n* [frill] Rüsche *die* <> *vt* - **1.** [hair, fur] zersausen; [water] kräuseln - **2.** [pride] verletzen; **to ~ sb's composure** jn aus der Ruhe bringen.

rug [rʌg] *n* - **1.** [carpet] kleiner Teppich; [by bed] Bettvorleger *der* - **2.** [blanket] Decke *die*.

rugby [ˈrʌgbɪ] *n* Rugby *das*.

Rugby League *n Rugby mit dreizehn Spielern je Mannschaft.*

Rugby Union *n Rugby mit fünfzehn Spielern je Mannschaft.*

rugged [ˈrʌgɪd] *adj* - **1.** [rocky, uneven - landscape] wild; [- cliffs] zerklüftet - **2.** [sturdy] stabil - **3.** [roughly handsome]: **his ~ good looks** seine markanten Gesichtszüge.

ruggedness [ˈrʌgɪdnɪs] *n* [of landscape] Wildheit *die*.

rugger [ˈrʌgəʳ] *n* **Br inf** Rugby *das*.

ruin [ˈruːɪn] *n* - **1.** [financial downfall] Ruin *der* - **2.** [ruined building] Ruine *die* <> *vt* ruinieren; [chances, atmosphere] verderben.

◆ **in ruins** *adv*: **to be in ~s** [town, country] in Ruinen liegen; [building] eine Ruine sein; [marriage, career, plans] ruiniert sein.

ruinous [ˈruːɪnəs] *adj* [expensive] ruinös.

rule [ruːl] *n* - **1.** [regulation, guideline] Regel *die*; **to bend the ~s** die Regeln frei ausllegen; [by turning a blind eye] ein Auge zuldrücken - **2.** [norm]: **the ~** die Regel; **as a ~** in der Regel - **3.** *(U)* [control] Herrschaft *die* - **4.** [ruler] Lineal *das* <> *vt* - **1.** [control, guide] beherrschen - **2.** [govern] regieren - **3.** [decide]: **to ~ that ...** entscheiden, dass ... <> *vi* - **1.** [give decision] entscheiden - **2.** ***fml*** [be paramount] herrschen - **3.** [govern] regieren.

◆ **rule out** *vt sep* auslschließen.

rulebook [ˈruːlbʊk] *n*: **the ~** das Regelheft.

ruled [ruːld] *adj* [lined] liniert.

ruler [ˈruːləʳ] *n* - **1.** [for measurement] Lineal *das* - **2.** [leader] Herrscher *der*, -in *die*.

ruling [ˈruːlɪŋ] *adj* [in control] herrschend <> *n* [decision] Entscheidung *die*.

rum [rʌm] (*compar* **-mer;** *superl* **-mest**) *n* Rum *der* <> *adj* **Br dated** komisch; [person] kauzig.

Rumania [ruːˈmeɪnjə] *n* = **Romania.**

Rumanian [ruːˈmeɪnjən] *adj* & *n* = **Romanian.**

rumba [ˈrʌmbə] *n* Rumba *der* OR *die*.

rumble [ˈrʌmbl] *n* - **1.** [of thunder] Grollen *das;* [of lorry, train] Rumpeln *das;* [of stomach] Knurren *das* - **2.** ***Am inf*** [fight] Keilerei *die* <> *vt* ***Br inf*** [discover] auf|decken <> *vi* [thunder] grollen; [train] rumpeln; [stomach] knurren.

rumbustious [rʌmˈbʌstʃəs] *adj* **Br** wild und ausgelassen.

ruminate [ˈruːmɪneɪt] *vi* ***fml*** [think]: **to ~ (about** OR **on sthg)** (über etw *(A)*) grübeln.

rummage [ˈrʌmɪdʒ] *vi* wühlen, stöbern.

rummage sale *n* **Am** Ramschverkauf *der*.

rummy [ˈrʌmɪ] *n* Rommé *das*.

rumour **Br**, **rumor** **Am** [ˈruːməʳ] *n* Gerücht *das*.

rumoured **Br**, **rumored** **Am** [ˈruːməd] *adj*: **he is ~ to be married already** er soll angeblich schon verheiratet sein.

rump [rʌmp] *n* - **1.** [of animal] Hinterteil *das* - **2.** ***inf*** [of person] Hinterteil *das* - **3.** POL Rumpf *der*.

rumple [ˈrʌmpl] *vt* [clothes] zerknittern; [hair] zerzausen.

rump steak *n* Rumpsteak *das*.

rumpus [ˈrʌmpəs] *n* ***inf*** Spektakel *der*, Krach *der*.

rumpus room *n* **Am** Spielzimmer *das*.

run [rʌn] (*pt* **ran;** *pp* **run;** *cont* **-ning**) *n* - **1.** [on foot] Lauf *der;* **to go for a ~** laufen gehen; **at a ~** im Lauf; **on the ~** auf der Flucht; **to make a ~ for it** rennen - **2.** [in car] Fahrt *die;* **to go for a ~** eine Fahrt machen - **3.** [series] Reihe *die;* **a ~ of successes** eine Erfolgsserie; **a ~ of bad luck** eine Pechsträhne - **4.** THEATRE: **it had an eight-week ~ on Broadway** es wurde für acht Wochen am Broadway gespielt - **5.** [great demand]: **a ~ on sthg** ein Ansturm auf etw *(A)* - **6.** [in tights] Laufmasche *die* - **7.** [in cricket, baseball] Lauf *der* - **8.** [for skiing] Abfahrt *die;* [for bobsleigh] Bahn *die* - **9.** [term, period]: **in the long/short ~** auf lange/kurze Sicht (gesehen) - **10.** [free use]: **to have the ~ of the house** das Haus für sich haben <> *vt* - **1.** [on foot] rennen, laufen; **to ~ a race** ein Rennen laufen - **2.** [business, hotel] führen; [course, event] leiten - **3.** [operate - machine, film, computer program] laufen lassen; [- experiment] durchlführen - **4.** [have and use - car] halten - **5.** [water, tap] laufen lassen; **to ~ a bath** ein Bad einllassen - **6.** [article, headline] veröffentlichen - **7.** ***inf*** [drive] fahren; **I'll ~ you home** ich fahre dich nach Hause - **8.** [move, pass]: **to ~ one's hand along sthg/over sthg** mit der Hand an etw *(D)* entlang/über etw *(A)* fahren - **9.** [put on - bus, train]: **we're ~ning a special bus to the airport** wir setzen einen Sonderbus zum Flughafen ein <> *vi* - **1.** [on foot, in race] laufen; [fast] rennen; **we had to ~ for the bus** wir mussten rennen, um den Bus zu erwischen; **to ~ for it** rennen - **2.** [road, track] führen, verlaufen; [river] fließen; [pipe, cable] verlaufen; **the path ~s along the coast** der Weg verläuft entlang der Küste - **3.** [in election]: **to ~ (for)** kandidieren (für) **- 4.** [progress, develop] laufen; **to ~ smoothly** gut laufen **- 5.** [operate - machine, engine] laufen; [- factory] arbeiten; **to ~ on unleaded petrol** mit bleifreiem Benzin fahren; **to ~ off mains electricity** mit Netzstrom laufen **- 6.** [bus, train] fahren; **the bus ~s every hour** der Bus fährt jede Stunde; **to be ~ning (an hour) late** (eine Stunde) Verspätung haben **- 7.** [liquid, tears, tap] laufen **- 8.** [eyes] tränen; **my nose is ~ning** mir läuft die Nase **- 9.** [colour] auslaufen; [clothes] ablfärben **- 10.** [continue - contract] gültig sein, laufen; [- play] laufen; **the offer ~s until July** das Angebot gilt bis Juli **- 11.** *phr:* **to ~ dry** [river, well] ausltrocknen; [tank] leer werden; **to ~ low** knapp werden; **feelings are ~ning high** es herrscht große Aufregung.

◆ **run about** *vi* herumllaufen.

◆ **run across** *vt fus* [meet] zufällig treffen.

◆ **run along** *vi* ***dated:*** **~ along now!** fort mit dir/euch!

◆ **run around** *vi* = **run about.**

◆ **run away** *vi* [flee]: **to ~ away (from)** weglaufen (von); [fast] weglrennen (von).

◆ **run away with** *vt fus* [subj: enthusiasm, emotions] durchlgehen mit; **he tends to let his enthusiasm ~ away with him** sein Enthusiasmus geht gern mit ihm durch.

◆ **run down** *vt sep* **- 1.** [in vehicle] überfahren **- 2.** [criticize] herunterlmachen **- 3.** [allow to decline] ablbauen ◇ *vi* [battery] leer werden; [clock] ablaufen.

◆ **run in** *vt sep* [car] einlfahren.

◆ **run into** *vt fus* **- 1.** [meet - person] zufällig treffen **- 2.** [encounter - problem] stoßen auf *(+ A)*; **to ~ into debt** in Schulden geraten **- 3.** [in vehicle] laufen ᴏʀ fahren gegen **- 4.** [amount to] sich belaufen auf *(+ A)*.

◆ **run off** *vt sep* [copy] drucken ◇ *vi:* **to ~ off (with sthg)** sich (mit etw) davonlmachen; **to ~ off with sb** mit jm durchlbrennen.

◆ **run on** *vi* [continue for longer than planned - story, meeting] sich hinlziehen; **time is ~ning on** die Zeit läuft.

◆ **run out** *vi* **- 1.** [supply, fuel] auslgehen; **time is ~ning out** die Zeit wird knapp **- 2.** [licence, contract] ablaufen.

◆ **run out of** *vt fus:* **we've ~ out of petrol/money** wir haben kein Benzin/Geld mehr.

◆ **run over** *vt sep* [knock down] überfahren.

◆ **run through** *vt fus* **- 1.** [be present throughout] durchllaufen **- 2.** [practise] durchlgehen **- 3.** [read through] schnell durchllesen.

◆ **run to** *vt fus* **- 1.** [amount to] sich belaufen auf *(+ A)* **- 2.** [subj: budget] reichen für; **I can't ~ to that** das kann ich mir nicht leisten.

◆ **run up** *vt sep* [debt] machen; [bill] zusammenkommen lassen.

◆ **run up against** *vt fus* stoßen auf *(+ A)*.

run-around *n* ***inf:*** **to give sb the ~** jn an der Nase herumlführen.

runaway [ˈrʌnəweɪ] *adj* [child] ausgerissen; [horse] durchgegangen; [inflation] galoppierend; [victory] sehr überzeugend ◇ *n* [escapee] Ausreißer *der*, -in *die*.

rundown [ˈrʌndaʊn] *n* **- 1.** [report] Bericht *der* **- 2.** [decline] Abbau *der*.

◆ **run-down** *adj* **- 1.** [dilapidated] heruntergekommen **- 2.** [tired] erschöpft.

rung [rʌŋ] *pp* ▻ **ring** ◇ *n* ***lit*** & ***fig*** Sprosse *die*.

run-in *n* ***inf:*** **to have a ~ with sb** mit jm aneinander geraten; **to have a ~ with the law** mit dem Gesetz in Konflikt geraten.

runner [ˈrʌnəʳ] *n* **- 1.** [athlete] Läufer *der*, -in *die* **- 2.** [smuggler] Schmuggler *der*, -in *die;* **gun ~** Waffenschmuggler *der*, -in *die* **- 3.** [of sledge, skate] Kufe *die;* [of drawer] Schiene *die*.

runner bean *n* ***Br*** Stangenbohne *die*.

runner-up (*pl* **runners-up**) *n* Zweite *der*, *die*.

running [ˈrʌnɪŋ] *adj* **- 1.** [continuous] ständig **- 2.** [consecutive] hintereinander; **three weeks ~** drei Wochen hintereinander **- 3.** [water] fließend ◇ *n* **- 1.** ꜱᴘᴏʀᴛ Laufen *das* **- 2.** [management, control] Leitung *die* **- 3.** [of machine] Betrieb *der* **- 4.** *phr:* **to make the ~** das Rennen machen; **to be in the ~ (for sthg)** im Rennen (für etw) liegen; **to be out of the ~ (for sthg)** aus dem Rennen (für etw) sein ◇ *comp* ꜱᴘᴏʀᴛ [shoes, shorts] Lauf-; **~ track** Aschenbahn *die*.

running commentary *n* laufender Kommentar.

running costs *npl* Betriebskosten *pl*.

running mate *n* ***Am*** *Kandidat für die Vizepräsidentschaft*.

running repairs *npl* laufende Reparaturen *pl*.

runny [ˈrʌnɪ] (*compar* **-ier;** *superl* **-iest**) *adj* **- 1.** [food] flüssig **- 2.** [nose] laufend; [eyes] wässerig; **he had a ~ nose** ihm lief die Nase.

run-of-the-mill *adj* durchschnittlich, nullachtfünfzehn.

runt [rʌnt] *n* **- 1.** [animal] *kleinstes Tier eines Wurfs* **- 2.** ***pej*** [person] mickriger Kerl.

run-through *n* Probe *die*.

run-up *n* **- 1.** [preceding time]: **in the ~ to** in der Zeit vor *(+ D)* **- 2.** ꜱᴘᴏʀᴛ Anlauf *der*.

runway [ˈrʌnweɪ] *n* Start- und Landebahn *die;* [for takeoff] Startbahn *die;* [for landing] Landebahn *die*.

rupture [ˈrʌptʃəʳ] *n* **- 1.** ᴍᴇᴅ Bruch *der* **- 2.** [of relationship] (Ab)bruch *der*.

rural [ˈrʊərəl] *adj* ländlich.

ruse [ruːz] *n* List *die*.

rush [rʌʃ] *n* **- 1.** [hurry] Eile *die;* **to be in a ~** es sehr eilig haben; **there's no ~** es eilt nicht; **to make a ~ for sthg** auf etw *(A)* zulstürzen ᴏʀ zuleilen **- 2.** [demand]: **~ (for ᴏʀ on sthg)** Ansturm *der* (auf etw *(A)*) **- 3.** [busiest period]

Stoßzeit *die* - **4.** [surge - of blood] Andrang *der;* [- of water] Schwall *der* <> *vt* - **1.** [hurry - work] hastig erledigen; [- meal] hastig essen; [- person] drängen; **to ~ sb into sthg/into doing sthg** jn zu etw drängen/dazu drängen, etw zu tun - **2.** [send quickly - people] schnell bringen; [- supplies, troops] schnell schicken; **to ~ sb to hospital** jn schnell ins Krankenhaus bringen - **3.** [attack suddenly] zulstürmen auf *(+ A);* [enemy, position] stürmen <> *vi* - **1.** [hurry] sich beeilen; **don't ~ into it!** [don't be hasty] handle nicht überstürzt! - **2.** [crowd] stürzen; [air, blood, water] schießen.

◆ **rushes** *npl* - **1.** BOT Binsen *pl* - **2.** CINEMA Musterkopie *die.*

rushed [rʌʃt] *adj* [person] unter Zeitdruck; [piece of work] schludrig.

rush hour *n* Hauptverkehrszeit *die,* Stoßzeit *die.*

rush job *n* - **1.** [urgent job] eilige Arbeit - **2.** [bad work] schludrige Arbeit.

rusk [rʌsk] *n* Zwieback *der.*

russet ['rʌsɪt] *adj* rostbraun.

Russia ['rʌʃə] *n* Russland *nt.*

Russian ['rʌʃn] *adj* russisch <> *n* - **1.** [person] Russe *der,* -sin *die* - **2.** [language] Russisch(e) *das.*

Russian roulette *n* russisches Roulett.

rust [rʌst] *n* [on metal] Rost *der* <> *vi* rosten.

rustic ['rʌstɪk] *adj* ländlich; [furniture, person] rustikal.

rustle ['rʌsl] *n* Rascheln *das* <> *vt* - **1.** [paper] rascheln mit; [subj: wind - leaves] rascheln lassen - **2.** *Am* [cattle] stehlen <> *vi* [paper, leaves] rascheln.

rustproof ['rʌstpruːf] *adj* rostfrei.

rusty ['rʌstɪ] (*compar* **-ier;** *superl* **-iest**) *adj* - **1.** [metal] rostig - **2.** *fig* [skill] eingerostet; **I'm ~** ich bin aus der Übung.

rut [rʌt] *n* [furrow] Furche *die;* **to get into a ~** in einen Trott geraten.

rutabaga [ˌruːtə'beɪgə] *n Am* Steckrübe *die.*

ruthless ['ruːθlɪs] *adj* [person] rücksichtslos; [investigation, destruction] schonungslos; [murder] brutal.

ruthlessly ['ruːθlɪslɪ] *adv* rücksichtslos; [investigate] schonungslos.

ruthlessness ['ruːθlɪsnɪs] *n* Rücksichtslosigkeit *die;* [of investigation] Schonungslosigkeit *die.*

RV *n* - **1.** (*abbr of* **revised version**) *englische Bibelübersetzung aus dem 19. Jahrhundert* - **2.** *Am* (*abbr of* **recreational vehicle**) Wohnmobil *das.*

Rwanda [rʊ'ændə] *n* Ruanda *nt.*

Rwandan [rʊ'ændən] *adj* ruandisch <> *n* Ruander *der,* -in *die.*

rye [raɪ] *n* [grain] Roggen *der.*

rye bread *n (U)* Roggenbrot *das.*

rye whiskey *n* Ryewhiskey *der.*

S

s (*pl* **ss** OR **s's**), **S** (*pl* **Ss** OR **S's**) [es] *n* [letter] s *das,* S *das.*

◆ **S** (*abbr of* **south**) S.

SA - **1.** *abbr of* **South Africa** - **2.** *abbr of* **South America.**

Sabbath ['sæbəθ] *n:* **the ~** der Sabbat.

sabbatical [sə'bætɪkl] *n* akademischer Urlaub; **to be on ~** akademischen Urlaub haben.

saber *n Am* = **sabre.**

sable *n* - **1.** *(U)* [fur] Zabel *der* - **2.** [coat] Zabelpelz *der.*

sabotage ['sæbətɑːʒ] *n* Sabotage *die* <> *vt* sabotieren.

saboteur [ˌsæbə'tɜːʳ] *n* Saboteur *der,* -in *die.*

sabre *Br,* **saber** *Am* ['seɪbəʳ] *n* Säbel *der.*

saccharin(e) ['sækərɪn] *n* Saccharin *das.*

sachet ['sæʃeɪ] *n* [of shampoo, cream] Einzelpackung *die;* [of sugar, coffee] Portionspackung *die.*

sack [sæk] *n* - **1.** [bag] Sack *der* - **2.** *Br inf* [dismissal]: **to get** OR **be given the ~** rausgeschmissen werden <> *vt Br inf* [dismiss] rauslschmeißen.

sackful ['sækfʊl] *n* Sack *der.*

sacking ['sækɪŋ] *n* [fabric] Sackleinen *das.*

sacrament ['sækrəmənt] *n* Sakrament *das.*

sacred ['seɪkrɪd] *adj* **lit** & **fig** heilig.

sacrifice ['sækrɪfaɪs] *n* **lit** & **fig** Opfer *das* <> *vt* **lit** & **fig** opfern.

sacrilege ['sækrɪlɪdʒ] *n* **lit** & **fig** Sakrileg *das.*

sacrilegious [ˌsækrɪ'lɪdʒəs] *adj* sakrilegisch; *fig* frevelhaft.

sacrosanct ['sækrəʊsæŋkt] *adj* **lit** & **fig** sakrosankt.

sad [sæd] (*compar* **-der;** *superl* **-dest**) *adj* traurig.

SAD (*abbr of* **seasonal affective disorder**) *n* *saisonabhängige Depressionen.*

sadden ['sædn] *vt* traurig machen; **I was ~ed to hear of her death** die Nachricht von ihrem Tod machte mich sehr traurig.

saddle ['sædl] *n* Sattel *der* ◇ *vt* - **1.** [put saddle on] satteln - **2.** *fig* [burden]: **to ~ sb with sthg** jm etw auf|halsen; **to be ~d with sthg** etw am Hals haben.

◆ **saddle up** *vt sep* & *vi* auf|satteln.

saddlebag ['sædlbæg] *n* Satteltasche *die*.

saddler ['sædləʳ] *n* Sattler *der*, -in *die*.

sadism ['seɪdɪzm] *n* Sadismus *der*.

sadist ['seɪdɪst] *n* Sadist *der*, -in *die*.

sadistic [sə'dɪstɪk] *adj* sadistisch.

sadly ['sædlɪ] *adv* - **1.** [sorrowfully] traurig - **2.** [regrettably] leider; **~ neglected** stark vernachlässigt.

sadness ['sædnɪs] *n* - **1.** [sorrow] Trauer *die* - **2.** [distressing nature] Traurigkeit *die*.

sadomasochistic [ˌseɪdəʊmæsə'kɪstɪk] *adj* sadomasochistisch.

s.a.e., sae *n abbr of* **stamped addressed envelope.**

safari [sə'fɑːrɪ] *n* Safari *die*; **to go on ~** auf Safari gehen.

safari park *n* Safaripark *der*.

safe [seɪf] *adj* sicher; [product] ungefährlich; **it's not ~ for young children** es ist gefährlich für kleine Kinder; **have a ~ journey!** gute Reise!; **in ~ hands** in guten Händen; **~ and sound** wohlbehalten; **it's ~ to say that ...** man kann mit Sicherheit sagen, dass ...; **to be on the ~ side** um sicher zu gehen ◇ *n* Safe *der*.

safebreaker ['seɪfˌbreɪkəʳ] *n* Safeknacker *der*, -in *die*.

safe-conduct *n* - **1.** [document giving protection] Geleitbrief *der* - **2.** [protection] sicheres Geleit.

safe-deposit box *n* Banksafe *der*.

safeguard ['seɪfgɑːd] *n*: **~ (against sthg)** Schutz *der* (gegen etw) ◇ *vt*: **to ~ sb/sthg (against sthg)** jn/etw (vor etw *(D)*) schützen.

safe haven *n* sicherer Ort OR Hafen.

safe house *n* Unterschlupf *der*.

safekeeping [ˌseɪf'kiːpɪŋ] *n* (sichere) Aufbewahrung.

safely ['seɪflɪ] *adv* sicher; [arrive] wohlbehalten; **I can ~ say (that) ...** ich kann mit Sicherheit sagen, dass ...

safe sex *n* Safersex *der*.

safety ['seɪftɪ] *n* Sicherheit *die* ◇ *comp* Sicherheits-.

safety belt *n* Sicherheitsgurt *der*.

safety catch *n* [on door] Sicherheitsverschluss *der*; [on gun] Abzugssicherung *die*.

safety curtain *n* eiserner Vorhang.

safety-deposit box *n* = **safe-deposit box.**

safety island *n* **Am** Verkehrsinsel *die*.

safety match *n* Sicherheitszündholz *das*.

safety net *n* ***lit*** & ***fig*** Sicherheitsnetz *das*.

safety pin *n* Sicherheitsnadel *die*.

safety valve *n* - **1.** TECH Sicherheitsventil *das* - **2.** *fig* [for emotions] Ventil *das*.

saffron ['sæfrən] *n* - **1.** [spice] Safran *der* - **2.** [colour] Safrangelb *das*.

sag [sæg] (*pt* & *pp* **-ged;** *cont* **-ging**) *vi* - **1.** [sink downwards] durch|hängen - **2.** *fig* [demand, interest] ab|flauen.

saga ['sɑːgə] *n* - **1.** LITERATURE Sage *die*; [novel] Familienroman *der* - **2.** *pej* [drawn-out account] Roman *der*, Story *die*.

sage [seɪdʒ] *adj* [wise] weise ◇ *n* - **1.** [herb] Salbei *der* - **2.** [wise man] Weise *der*.

Sagittarius [ˌsædʒɪ'teərɪəs] *n* Schütze *der*.

Sahara [sə'hɑːrə] *n*: **the ~ (Desert)** die (Wüste) Sahara.

said [sed] *pt* & *pp* ▷ **say.**

sail [seɪl] *n* - **1.** [of boat] Segel *das*; **to set ~** los|fahren - **2.** [journey by boat]: **to go for a ~** segeln gehen ◇ *vt* - **1.** [ship] steuern; [sailing boat] segeln mit - **2.** [sea] befahren ◇ *vi* - **1.** [person - travel] mit dem Schiff fahren; [- leave] ab|fahren; SPORT segeln - **2.** [ship - move] fahren; [- leave] ab|fahren - **3.** [sailing boat] segeln - **4.** *fig* [through air] segeln.

◆ **sail through** *vt fus* [exam] spielend bestehen.

sailboard ['seɪlbɔːd] *n* Surfbrett *das*.

sailboat *n* **Am** = **sailing boat.**

sailcloth ['seɪlklɒθ] *n* Segeltuch *das*.

sailing ['seɪlɪŋ] *n* - **1.** SPORT Segeln *das*; **plain ~** ganz einfach - **2.** [trip by ship]: **there are ten ~s a day** das Schiff fährt zehnmal am Tag.

sailing boat ***Br***, **sailboat** ***Am*** ['seɪlbəʊt] *n* Segelboot *das*.

sailing dinghy *n* (kleines) Segelboot.

sailing ship *n* Segelschiff *das*.

sailor ['seɪləʳ] *n* Seemann *der*; [in navy] Matrose *der*; SPORT Segler *der*, -in *die*; **to be a good ~** [not seasick] seefest sein.

saint [seɪnt] *n* - **1.** RELIG Heilige *der*, *die* - **2.** *inf* [very good person]: **you'd need to be a ~ to put up with him** du müsstest eine Engelsgeduld haben, um mit ihm auszukommen.

saintly ['seɪntlɪ] (*compar* **-ier;** *superl* **-iest**) *adj* [person] gütig.

sake [seɪk] *n* - **1.** [benefit, advantage]: **for the ~ of sb** jm zuliebe; **for my/your ~** mir/dir zuliebe - **2.** [purpose]: **for the ~ of peace/your health** um des Friedens/deiner Gesundheit willen; **let us say, for the ~ of argument, that ...** sagen wir spaßeshalber, dass ...; **for the ~ of a few pounds** wegen ein paar Pfund **- 3.** *phr:* **he likes to argue for its own ~** er streitet einfach gern; **for God's** *OR* **Heaven's ~!** um Gottes willen!

salad ['sæləd] *n* Salat *der.*

salad bowl *n* Salatschüssel *die.*

salad cream *n Br majonäseartige Salatsoße.*

salad dressing *n* Salatsoße *die*, Dressing *das.*

salad oil *n* Salatöl *das.*

salamander ['sælə,mændəʳ] *n* Salamander *der.*

salami [sə'lɑːmɪ] *n* Salami *die.*

salaried ['sælərɪd] *adj:* **~ employee** Gehaltsempfänger *der*, -in *die;* **~ job** Angestelltenposten *der.*

salary ['sælərɪ] (*pl* **-ies**) *n* Gehalt *das.*

salary scale *n* Gehaltsskala *die.*

sale [seɪl] *n* **- 1.** [instance of selling] Verkauf *der;* **to make a ~** etwas verkaufen **- 2.** *(U)* [selling] Verkauf *der;* **to be on ~** verkauft werden; **to be for ~** zu verkaufen sein **- 3.** [at reduced prices] Ausverkauf *der* **- 4.** [auction] Auktion *die.*

◆ **sales** *npl* **- 1.** [quantity sold] Absatz *der* **- 2.** [at reduced prices]: **the ~s** der Schlussverkauf; **the January/summer ~s** der Winter-/Sommerschlussverkauf ◇ *comp* Verkaufs-.

saleroom *Br* ['seɪlrʊm], **salesroom** *Am* ['seɪlzrʊm] *n* [for auction] Auktionsraum *der.*

sales assistant ['seɪlz-], **salesclerk** ['seɪlzklɜːrk] *Am n* Verkäufer *der*, -in *die.*

sales drive *n* verstärkter Werbeeinsatz.

salesman ['seɪlzmən] (*pl* **-men** [-mən]) *n* Verkäufer *der;* [representative] Vertreter *der.*

sales pitch *n* Verkaufstechnik *die.*

sales rep *n inf* Vertreter *der*, -in *die.*

sales representative *n* Vertreter *der*, -in *die.*

salesroom *n Am* = **saleroom.**

sales slip *n Am* [receipt] Kassenzettel *der*, Kassenbon *der.*

sales tax *n* Umsatzsteuer *die.*

sales team *n* Verkaufsteam *das.*

saleswoman ['seɪlz,wʊmən] (*pl* **-women** [-,wɪmɪn]) *n* Verkäuferin *die;* [representative] Vertreterin *die.*

salient ['seɪljənt] *adj fml* Haupt-.

saline ['seɪlaɪn] *adj* salzig; **to be on a ~ drip** MED eine Tropfinfusion bekommen.

saliva [sə'laɪvəl] *n* Speichel *der.*

salivate ['sælɪveɪt] *vi* Speichel produzieren.

sallow ['sæləʊ] *adj* fahl.

sally ['sælɪ] (*pl* **-ies;** *pt* & *pp* **-ied**) *n* [clever remark] geistreiche Bemerkung.

◆ **sally forth** *vi hum OR literary* loslziehen.

salmon ['sæmən] (*pl inv OR* **-s**) *n* Lachs *der.*

salmonella [,sælmə'nelə] *n (U):* **~ (poisoning)** Salmonellenvergiftung *die.*

salmon pink *adj* lachsfarben.

salon ['sælɒn] *n* Salon *der.*

saloon [sə'luːn] *n* **- 1.** *Br* [car] Limousine *die* **- 2.** *Am* [bar] Wirtschaft *die;* [in the Wild West] Saloon *der* **- 3.** *Br* [in pub]: **~ (bar)** *vornehmerer Teil eines Pubs, in dem die Getränke teurer sind* **- 4.** [on ship] Salon *der.*

salopettes [,sælə'pets] *npl* Skihose *die.*

salt [sɔːlt, sɒlt] *n* Salz *das;* **the ~ of the earth** das Salz der Erde; **to rub ~ into sb's wounds** jm Salz in die Wunde streuen; **to take sthg with a pinch of ~** etw nicht wörtlich nehmen ◇ *comp* Salz- ◇ *vt* **- 1.** [food] salzen **- 2.** [roads] streuen.

◆ **salt away** *vt sep inf* [money] auf die hohe Kante legen.

SALT [sɔːlt] (*abbr of* **Strategic Arms Limitation Talks/Treaty**) *n* SALT.

saltcellar *Br*, ['sɔːlt,seləʳ] **salt shaker** *Am*, [-,ʃeɪkəʳ] *n* Salzstreuer *der.*

salted ['sɔːltɪd] *adj* gesalzen; [water, herring] Salz-.

saltpetre *Br*, **saltpeter** *Am* [,sɔːlt'piːtəʳ] *n* Salpeter *der.*

salt shaker *n Am* = **saltcellar.**

saltwater ['sɔːlt,wɔːtəʳ] *n* Salzwasser *das* ◇ *adj* Meeres-.

salty ['sɔːltɪ] (*compar* **-ier;** *superl* **-iest**) *adj* [tasting of salt] salzig.

salubrious [sə'luːbrɪəs] *adj:* **a not very ~ area** eine ziemlich heruntergekommene Gegend.

salutary ['sæljʊtrɪ] *adj* [warning] nützlich; [experience] heilsam.

salute [sə'luːt] *n* **- 1.** MIL [with hand] Gruß *der;* **to give a ~** salutieren **- 2.** MIL [firing of guns] Salut *der* **- 3.** [formal acknowledgement]: **~ (to sthg)** Würdigung *die* (von etw) ◇ *vt* **- 1.** MIL salutieren vor *(+ D)* **- 2.** [acknowledge formally, honour] würdigen; [person] ehren ◇ *vi* MIL salutieren.

salvage ['sælvɪdʒ] *n (U)* **- 1.** [rescue of ship] Bergung *die* **- 2.** [property rescued] Bergungsgut *das* ◇ *vt* **- 1.** [rescue]: **to ~ sthg (from)** etw bergen (aus) **- 2.** *fig:* **to ~ one's reputation** seinen Ruf retten.

salvage vessel *n* Bergungsschiff *das.*

salvation [sæl'veɪʃn] *n (U)* **- 1.** [saviour] Rettung *die* **- 2.** RELIG Erlösung *die.*

Salvation Army *n:* **the ~** die Heilsarmee.

salve [sælv] *vt:* **to ~ one's conscience** sein Gewissen beruhigen.

salver ['sælvəʳ] *n* Tablett *das.*

salvo ['sælvəʊ] (*pl* **-s** *OR* **-es**) *n* Salve *die*.

Samaritan [sə'mærɪtn] *n*: **good ~** barmherziger Samariter.

samba ['sæmbə] *n* Samba *die*.

same [seɪm] *adj* **- 1.** [identical]: **the ~** derselbe/dieselbe/dasselbe, dieselben *pl*; **you've got the ~ book as me** du hast das gleiche Buch wie ich; **the ~ thing** dasselbe; **the ~ ones** dieselben; **at the ~ time** [simultaneously] zur gleichen Zeit; [nevertheless] andererseits; **one and the ~** ein und derselbe/dieselbe/dasselbe **- 2.** [unchanged]: **the ~** der/die/das gleiche, die gleichen *pl*; **the ~ ones** die gleichen ◇ *pron* **- 1.** [identical]: **the ~** derselbe/dieselbe/dasselbe, dieselben *pl*; **I'll have the ~ as her** ich möchte das Gleiche wie sie; **all** *OR* **just the ~** [nevertheless] trotzdem; **it's all the ~ to me** es ist mir gleich; **they are all the ~** sie sind alle gleich; **the ~ to you** gleichfalls; **(the) ~ again, please** noch einen/eine/eins, bitte; **it's not the ~** es ist nicht dasselbe **- 2.** [unchanged]: **the ~** der/die/das Gleiche, die Gleichen *pl*; **her views are still the ~** sie hat immer noch die gleichen Ansichten ◇ *adv* [identically]: **to dress/feel the ~** sich gleich anlziehen/fühlen; **they look the ~** sie sehen gleich aus.

sameness ['seɪmnɪs] *n* [similarity] Gleichheit *die*.

samosa [sə'məʊsə] *n* *indische dreieckige Teigtasche mit würziger Gemüse- oder Fleischfüllung*.

sample ['sɑːmpl] *n* **- 1.** [of product] Probe *die*; [of fabric] Muster *das* **- 2.** [for analysis] Probe *die* **- 3.** [representative portion - of work] Musterbeispiel *das*; [- of people in survey] Auswahl *die* ◇ *vt* **- 1.** [taste] kosten **- 2.** [try out, test] auslprobieren **- 3.** MUS sampeln.

sampler ['sɑːmplə^r] *n* SEWING Stickmustertuch *das*.

sanatorium, sanitorium *Am* [ˌsænə'tɔːrɪəm] (*pl* **-riums** *OR* **-ria** [-rɪə]) *n* Sanatorium *das*.

sanctify ['sæŋktɪfaɪ] (*pt* & *pp* **-ied**) *vt* **- 1.** RELIG heiligen **- 2.** [approve] sanktionieren.

sanctimonious [ˌsæŋktɪ'məʊnjəs] *adj* *pej* frömmlerisch.

sanction ['sæŋkʃn] *n* **- 1.** [formal approval] Billigung *die* **- 2.** [punishment] Strafe *die* ◇ *vt* [authorize] billigen.

◆ **sanctions** *npl* POL Sanktionen *pl*.

sanctity ['sæŋktətɪ] *n* [holiness] Heiligkeit *die*.

sanctuary ['sæŋktʃʊərɪ] (*pl* **-ies**) *n* **- 1.** [for birds, wildlife] Schutzgebiet *das* **- 2.** [safety, place of safety] Zufluchtsort *der* **- 3.** [holy place] Heiligtum *das*.

sanctum ['sæŋktəm] (*pl* **-s**) *n* *inf* [private place]: **inner ~** Allerheiligste *das*.

sand [sænd] *n* Sand *der* ◇ *vt* [make smooth] schmirgeln.

◆ **sands** *npl* [beach] Sandstrand *der*.

◆ **sand down** *vt sep* ablschmirgeln.

sandal ['sændl] *n* Sandale *die*.

sandalwood ['sændlwʊd] *n* Sandelholz *das*.

sandbag ['sændbæg] *n* Sandsack *der*.

sandbank ['sændbæŋk] *n* Sandbank *die*.

sandblast ['sændblɑːst] *vt* sandstrahlen.

sandbox *n* *Am* = **sandpit**.

sandcastle ['sændˌkɑːsl] *n* Sandburg *die*.

sand dune *n* Sanddüne *die*.

sander ['sændə^r] *n* [device] Abschleifgerät *das*.

sandpaper ['sændˌpeɪpə^r] *n* Sandpapier *das* ◇ *vt* mit Sandpapier ablschmirgeln.

sandpit *Br* ['sændpɪt], **sandbox** *Am* ['sændbɒks] *n* Sandkasten *der*.

sandstone ['sændstəʊn] *n* Sandstein *der*.

sandstorm ['sændstɔːm] *n* Sandsturm *der*.

sand trap *n* *Am* GOLF Bunker *der*.

sandwich ['sænwɪdʒ] *n* Sandwich *das*; **ham/cheese ~** Schinken-/Käsebrot *das* ◇ *vt* **fig**: **to be ~ed between** eingeklemmt sein zwischen (+ *D*).

sandwich board *n* *zweiteilige Reklametafel zum Umhängen*.

sandwich course *n* *Br* *Kurs, bei dem sich Studium und Praktikum abwechseln*.

sandy ['sændɪ] (*compar* **-ier**; *superl* **-iest**) *adj* **- 1.** [beach] sandig **- 2.** [sand-coloured] sandfarben.

sane [seɪn] *adj* **- 1.** [not mad] normal, bei Verstand **- 2.** [sensible] vernünftig.

sang [sæŋ] *pt* ▷ **sing**.

sanguine ['sæŋgwɪn] *adj*: **to be ~ about sthg** zuversichtlich hinsichtlich einer Sache *(G)* sein.

sanitary ['sænɪtrɪ] *adj* **- 1.** [connected with health - officer, system] Gesundheits-; [- procedures] sanitär **- 2.** [clean, hygienic] hygienisch.

sanitary towel, sanitary napkin *Am* *n* Damenbinde *die*.

sanitation [ˌsænɪ'teɪʃn] *n* *(U)* sanitäre Einrichtungen *pl*.

sanitation worker *n* *Am* Stadtreiniger *der*, -in *die*.

sanitize, -ise ['sænɪtaɪz] *vt*: **a ~d version of sthg** eine von den kompromittierenden Stellen gesäuberte Version einer Sache *(G)*.

sanitorium *n* *Am* = **sanatorium**.

sanity ['sænətɪ] *n* *(U)* **- 1.** [saneness] Verstand *der* **- 2.** [good sense] Vernunft *die*.

sank [sæŋk] *pt* ▷ **sink**.

Sanskrit ['sænskrɪt] *n* Sanskrit *das*.

Santa (Claus) ['sæntə(ˌklɔːz)] *n* der Weihnachtsmann.

sap [sæp] (*pt* & *pp* **-ped;** *cont* **-ping**) *n* - **1.** *(U)* [of plant] Saft *der* - **2.** ***Am inf*** [gullible person] Trottel *der* ◇ *vt* [weaken] schwächen.

sapling ['sæplɪŋ] *n* junger Baum.

sapphire ['sæfaɪəʳ] *n* Saphir *der*.

Sarajevo [ˌsærə'jeɪvəʊ] *n* Sarajevo *nt*.

sarcasm ['sɑːkæzm] *n* Sarkasmus *der*.

sarcastic [sɑː'kæstɪk] *adj* sarkastisch.

sarcophagus [sɑː'kɒfəgəs] (*pl* **-gi** [-gaɪ] OR **-guses**) *n* Sarkophag *der*.

sardine [sɑː'diːn] *n* Sardine *die*.

Sardinia [sɑː'dɪnjə] *n* Sardinien *nt*.

sardonic [sɑː'dɒnɪk] *adj* [smile, look] hämisch.

sari ['sɑːrɪ] *n* Sari *der*.

sarong [sə'rɒŋ] *n* Sarong *der*.

sarsaparilla [ˌsɑːspə'rɪlə] *n* - **1.** [plant] Sarsaparille *die* - **2.** [drink] *nichtalkoholisches kohlensäurehaltiges Getränk aus Sarsaparillenwurzeln.*

sartorial [sɑː'tɔːrɪəl] *adj* ***fml:*** **his ~ elegance** die Eleganz seiner Kleidung.

SAS (*abbr of* **Special Air Service**) *n Spezialeinheit der britischen Armee.*

SASE *n* ***Am*** *abbr of* **self-addressed stamped envelope.**

sash [sæʃ] *n* [strip of cloth] Schärpe *die*.

sash window *n* Schiebefenster *das*.

sassy ['sæsɪ] *adj* ***Am inf*** frech.

sat [sæt] *pt* & *pp* ▷ **sit.**

Sat. (*abbr of* **Saturday**) Sa.

SAT [sæt] *n* - **1.** (*abbr of* **Standard Assessment Test**) *Eignungstest für Schulkinder in England und Wales* - **2.** (*abbr of* **Scholastic Aptitude Test**) *Zulassungsprüfung an US-Universitäten.*

SAT

Der SAT („Scholastic Aptitude Test") ist eine in den USA übliche, aus zwei Teilen bestehende Aufnahmeprüfung für die Universität, die die sprachlichen (Lesen und Schreiben) und mathematischen Fertigkeiten der Schüler im letzten Jahr der High School testet. Anders als die englischen „A-level"-Prüfungen ist sie nicht auf bestimmte Leistungskurse bezogen.

Satan ['seɪtn] *n* Satan *der*.

satanic [sə'tænɪk] *adj* satanisch.

satchel ['sætʃəl] *n* Schultasche *die*.

sated ['seɪtɪd] *adj* ***fml:*** **to be ~ with sthg** von etw übersättigt sein.

satellite ['sætəlaɪt] *n* ***lit*** & ***fig*** Satellit *der* ◇ *comp* Satelliten-.

satellite TV *n* Satellitenfernsehen *das*.

satiate ['seɪʃɪeɪt] *vt* ***fml*** sättigen.

satin ['sætɪn] *n* Satin *der* ◇ *comp* - **1.** [made of satin] Satin- - **2.** [wallpaper, paint, finish] seidenmatt.

satire ['sætaɪəʳ] *n* Satire *die*.

satirical [sə'tɪrɪkl] *adj* satirisch.

satirist ['sætərɪst] *n* Satiriker *der*, -in *die*.

satirize, -ise ['sætəraɪz] *vt* satirisch darstellen.

satisfaction [ˌsætɪs'fækʃn] *n* - **1.** [pleasure] Befriedigung *die;* **to do sthg to sb's ~** etw zu js Zufriedenheit tun - **2.** [something that pleases]: **the job has few ~s** die Arbeit ist nicht sehr befriedigend - **3.** [fulfilment - of need, demand] Befriedigung *die;* [- of criteria] Erfüllung *die;* **to get ~ from sb** Genugtuung von jm erhalten.

satisfactory [ˌsætɪs'fæktərɪ] *adj* befriedigend.

satisfied ['sætɪsfaɪd] *adj* - **1.** [happy] zufrieden; **to be ~ with sthg** mit etw zufrieden sein - **2.** [convinced] überzeugt; **to be ~ that ...** überzeugt sein, dass ...

satisfy ['sætɪsfaɪ] (*pt* & *pp* **-ied**) *vt* - **1.** [make happy] zufrieden stellen - **2.** [convince] überzeugen; **to ~ sb/o.s. that ...** jn/sich davon überzeugen, dass ... - **3.** [fulfil - need, demand] befriedigen; [- requirements] genügen *(+ D)*.

satisfying ['sætɪsfaɪɪŋ] *adj* befriedigend.

satsuma [ˌsæt'suːmə] *n* Satsuma *die*.

saturate ['sætʃəreɪt] *vt* - **1.** [drench] tränken; [subj: rain] durchnässen - **2.** [fill completely, swamp - area, town] überschwemmen; [- market] sättigen.

saturated *adj* - **1.** [drenched] getränkt; [with rain] durchnässt - **2.** [fat] gesättigt.

saturation [ˌsætʃə'reɪʃn] *comp:* **~ bombing** Bombenteppich *der;* **~ (television) coverage** erschöpfende Berichterstattung im Fernsehen.

saturation point *n:* **to reach ~** den Sättigungspunkt erreichen.

Saturday ['sætədɪ] *n* Samstag *der;* **what day is it? – it's ~** was ist heute? – es ist Samstag; **are you going ~?** ***inf*** gehst du (am) Samstag?; **see you ~!** ***inf*** bis Samstag!; **on ~** am Samstag; **on ~s** samstags; **to work ~s** samstags arbeiten; **last/this/next ~** letzten/diesen/nächsten Samstag; **every ~** jeden Samstag; **every other ~** jeden zweiten Samstag; **the ~ before** den Samstag davor, am vorhergehenden Samstag; **the ~ before last** vorletzten Samstag; **the ~ after next, ~ week, a week on ~** übernächsten Samstag, Samstag in einer Woche ◇ *comp* Samstags-; **~ morning/afternoon/evening/night** Samstagmorgen *der*/-nachmittag *der*/-abend *der*/-nacht *die;* **a ~ job** ein Samstagsjob.

Saturn ['sætən] *n* [planet] Saturn *der.*

sauce [sɔːs] *n* - **1.** CULIN Soße *die*, Sauce *die;* **apple ~** Apfelmus *das* - **2.** *Br inf* [cheek] Frechheit *die;* **none of your ~!** sei nicht so frech!

sauce boat *n* Sauciere *die.*

saucepan ['sɔːspən] *n* Kochtopf *der.*

saucer ['sɔːsəʳ] *n* Untertasse *die.*

saucy ['sɔːsɪ] (*compar* **-ier;** *superl* **-iest**) *adj inf* frech.

Saudi Arabia ['saʊdɪ-] *n* Saudi-Arabien *nt.*

sauna ['sɔːnə] *n* Sauna *die;* **to have a ~** in die Sauna gehen.

saunter ['sɔːntəʳ] *vi* schlendern.

sausage ['sɒsɪdʒ] *n* Wurst *die.*

sausage roll *n Br Würstchen in Blätterteig.*

sauté (*pt & pp* **sautéed** OR **sautéd**) *adj* [potatoes] Röst-, Brat- ◇ *vt* [potatoes] rösten, braten; [meat] sautieren.

savage ['sævɪdʒ] *adj* [attack, criticism, person] brutal; [dog] bissig ◇ *n* Wilde *der, die* ◇ *vt* - **1.** [attack physically] anlfallen - **2.** [criticize] verreißen.

savageness ['sævɪdʒnɪs], **savagery** ['sævɪdʒrɪ] *n* [of attack, criticism] Brutalität *die.*

savanna(h) [sə'vænə] *n* Savanne *die.*

save [seɪv] *vt* - **1.** [rescue] retten; **to ~ sb from sthg** jn vor etw *(D)* retten; **to ~ sb's life** jm das Leben retten - **2.** [money, time, space] sparen - **3.** [reserve] auflheben; **to ~ a seat for sb** jm einen Platz freilhalten; **to ~ one's strength/voice** seine Kräfte/Stimme schonen - **4.** [make unnecessary - trouble, work] ersparen; [- expense] vermeiden; **to ~ sb from doing sthg** es jm ersparen, etw zu tun - **5.** SPORT ablwehren - **6.** COMPUT speichern ◇ *vi* [save money] sparen; **to ~ with a bank** ein Sparkonto bei einer Bank haben ◇ *n* SPORT Parade *die* ◇ *prep fml:* **~ (for)** außer *(+ D).*

◆ **save on** *vt fus* sparen.

◆ **save up** *vi:* **to ~ up (for sthg)** (auf etw *(A)*) sparen.

save as you earn *n Br Sparförderungsprogramm, bei dem monatlich direkt vom Einkommen abgezogene Beiträge steuerfreie Zinsen erbringen.*

saveloy ['sævəlɔɪ] *n Br* Zervelatwurst *die.*

saver ['seɪvəʳ] *n* - **1.** [object]: **to be a time/money ~** Zeit/Geld sparen - **2.** [at bank, building society] Sparer *der*, -in *die.*

saving grace ['seɪvɪŋ-] *n* [of person] positiver Zug; **the book's (one) ~** das einzig Positive an dem Buch.

savings ['seɪvɪŋz] *npl* Ersparnisse *pl.*

savings account *n Am* Sparkonto *das.*

savings and loan association *n Am* Bausparkasse *die.*

savings bank *n* Sparkasse *die.*

saviour *Br*, **savior** *Am* ['seɪvjəʳ] *n* Retter *der*, -in *die.*

◆ **Saviour** *n:* **the Saviour** der Erlöser OR Heiland.

savoir-faire [ˌsævwɑː'feəʳ] *n* Gewandtheit *die.*

savour *Br*, **savor** *Am* ['seɪvəʳ] *vt* genießen.

savoury *Br*, **savory** *Am* ['seɪvərɪ] (*pl* **-ies**) *adj* - **1.** [not sweet] pikant - **2.** [respectable, pleasant] angenehm ◇ *n* (pikantes) Häppchen.

savoy (cabbage) [sə'vɔɪ-] *n* Wirsing *der.*

saw [sɔː] (*Br pt* **-ed;** *pp* **sawn**, *Am pt & pp* **-ed**) *pt* ▷ **see** ◇ *n* Säge *die* ◇ *vt* sägen.

◆ **saw up** *vt sep* zersägen.

sawdust ['sɔːdʌst] *n* Sägemehl *das.*

sawed-off shotgun *n Am* = **sawn-off shotgun.**

sawmill ['sɔːmɪl] *n* Sägewerk *das.*

sawn [sɔːn] *pp Br* ▷ **saw.**

sawn-off shotgun *Br*, **sawed-off shotgun** ['sɔːd-] *Am n Gewehr mit abgesägtem Lauf.*

sax [sæks] *n inf* Saxofon *das.*

Saxon ['sæksn] *adj* sächsisch ◇ *n* Sachse *der*, Sächsin *die.*

saxophone ['sæksəfəʊn] *n* Saxofon *das.*

saxophonist [*Br* sæk'sɒfənɪst, *Am* 'sæksəˌfəʊnɪst] *n* Saxofonist *der*, -in *die.*

say [seɪ] (*pt & pp* **said**) *vt* - **1.** [gen] sagen; **to ~ sthg again** etw nochmal sagen, etw wiederholen; **to ~ sthg to o.s.** sich *(D)* etw sagen; **who should I ~ it is?** wen darf ich melden?; **to ~ nothing of ...** von ... ganz zu schweigen; **he's said to be good** er soll gut sein - **2.** [subj: clock, meter] anlzeigen; [subj: sign] besagen; **the letter ~s ...** in dem Brief steht ...; **it ~s here that ...** hier heißt es, dass ... - **3.** [assume]: **I'd ~ he's lying** meiner Meinung nach lügt er; **(let's) ~ you were to lose** nehmen wir an, du verlierst; **shall we ~ nine (o'clock)?** sagen wir um neun? - **4.** *phr:* **that goes without ~ing** das versteht sich von selbst; **that's not ~ing much** das will nicht viel heißen; **I'll ~ this for him/her ...** das muss ich aber doch zu seinen/ihren Gunsten sagen ...; **it has a lot to be said for it** es spricht vieles dafür; **she doesn't have much to ~ for herself** *inf* sie sagt nicht viel ◇ *n:* **to have a/no ~ (in sthg)** etw/nichts (bei etw) zu sagen haben; **to have one's ~** seine Meinung äußern.

◆ **that is to say** *adv* das heißt.

SAYE *abbr of* **save as you earn.**

saying ['seɪɪŋ] *n* Redensart *die;* **as the ~ goes** wie man so sagt.

say-so *n inf* - **1.** [unproven statement]: **don't believe it just on her ~** glaube es nicht einfach, nur weil sie es sagt **- 2.** [permission] Zustimmung *die*.

s/c *abbr of* **self-contained.**

scab [skæb] *n* **- 1.** [of wound] Schorf *der* **- 2.** ***pej*** [non-striker] Streikbrecher *der*, -in *die*.

scabby [ˈskæbɪ] (*compar* **-ier;** *superl* **-iest**) *adj* schorfig.

scabies [ˈskeɪbiːz] *n* Krätze *die*, Skabies *die*.

scaffold [ˈskæfəʊld] *n* **- 1.** [frame] Gerüst *das* **- 2.** [for executions] Schafott *das*.

scaffolding [ˈskæfəldɪŋ] *n (U)* Gerüst *das*.

scalawag *n* ***Am*** = **scallywag.**

scald [skɔːld] *n* Verbrühung *die* ◇ *vt* [burn] verbrühen.

scalding [ˈskɔːldɪŋ] *adj:* **~ (hot)** siedend (heiß).

scale [skeɪl] *n* **- 1.** [set of numbers] Skala *die;* [of pay] Tarif *der* **- 2.** [of ruler, thermometer] Einteilung *die* **- 3.** [size] Größe *die;* [extent] Ausmaß *das;* **on a small/large ~** im Kleinen/Großen; **the project is on a large ~** das Projekt ist groß angelegt **- 4.** [size ratio] Maßstab *der;* **to ~** maßstabgetreu **- 5.** MUS Tonleiter *die* **- 6.** [of fish, snake] Schuppe *die* **- 7.** ***Am*** = **scales** ◇ *vt* **- 1.** [climb] erklimmen **- 2.** [remove scales from] schuppen.

◆ **scales** *npl* Waage *die*.

◆ **scale down** *vt sep* [industry] ab|bauen; [investment] reduzieren; [production] drosseln.

scale diagram *n* maßstabgetreues Diagramm.

scale model *n* maßstabgetreues Modell.

scallion [ˈskæljən] *n* ***Am*** & ***Irish*** [spring onion] Frühlingszwiebel *die*.

scallop [ˈskɒləp] *n* [shellfish] Kammmuschel *die;* CULIN Jakobsmuschel *die* ◇ *vt* [decorate] mit einem Bogenrand verzieren.

scallywag ***Br*** [ˈskælɪwæg], **scalawag** ***Am*** [ˈskæləwæg] *n* ***inf*** Frechdachs *der*.

scalp [skælp] *n* **- 1.** ANAT Kopfhaut *die* **- 2.** [removed from head] Skalp *der* ◇ *vt* skalpieren.

scalpel [ˈskælpəl] *n* Skalpell *das*.

scalper [ˈskælpər] *n* ***Am*** Kartenschwarzhändler *der*, -in *die*.

scam [skæm] *n* ***inf*** Betrug *der*.

scamp [skæmp] *n* ***inf*** Frechdachs *der*.

scamper [ˈskæmpəʳ] *vi* [children, dog] flitzen; [mouse] huschen; **to ~ around** [children] herum|tollen.

scampi [ˈskæmpɪ] *n (U)* Scampi *pl*.

scan [skæn] (*pt* & *pp* **-ned;** *cont* **-ning**) *n* MED & TECH Scan *der;* [on pregnant woman] Ultraschalluntersuchung *die* ◇ *vt* **- 1.** [examine carefully - map] studieren; [- area] ab|suchen; [- crowd] mit den Augen ab|suchen **- 2.** [glance at] überfliegen **- 3.** MED computertomografisch untersuchen **- 4.** COMPUT & TECH scannen ◇ *vi* **- 1.** LITERATURE dem Versmaß entsprechen **- 2.** COMPUT scannen.

scandal [ˈskændl] *n* **- 1.** [scandalous event, outrage] Skandal *der* **- 2.** *(U)* [rumours] Skandalgeschichten *pl*.

scandalize, -ise [ˈskændəlaɪz] *vt* schockieren.

scandalous [ˈskændələs] *adj* skandalös.

Scandinavia [ˌskændɪˈneɪvjə] *n* Skandinavien *nt*.

Scandinavian [ˌskændɪˈneɪvjən] *adj* skandinavisch ◇ *n* [person] Skandinavier *der*, -in *die*.

scanner [ˈskænəʳ] *n* Scanner *der*.

scant [skænt] *adj* wenig.

scanty [ˈskæntɪ] (*compar* **-ier;** *superl* **-iest**) *adj* [amount, resources] dürftig, spärlich; [dress] knapp.

scapegoat [ˈskeɪpgəʊt] *n* Sündenbock *der*.

scar [skɑːʳ] (*pt* & *pp* **-red;** *cont* **-ring**) *n* ***lit*** & ***fig*** Narbe *die* ◇ *vt* **- 1.** [physically - skin, face] Narben/eine Narbe hinterlassen auf *(+ D);* [- landscape] Spuren hinterlassen in *(+ D)* **- 2.** ***fig*** [mentally] zeichnen.

scarce [ˈskeəs] *adj* knapp; **to make o.s. ~** sich davon|schleichen.

scarcely [ˈskeəslɪ] *adv* kaum; **the prospects were ~ promising** ***iron*** die Aussichten waren nicht gerade vielversprechend.

scarcity [ˈskeəsətɪ] *n* Knappheit *die*.

scare [skeəʳ] *n* **- 1.** [sudden fright] Schreck(en) *der;* **to give sb a ~** jn erschrecken **- 2.** [public panic] Panik *die;* **a bomb ~** ein Bombenalarm ◇ *vt* [frighten] erschrecken.

◆ **scare away, scare off** *vt sep* verscheuchen.

scarecrow [ˈskeəkrəʊ] *n* Vogelscheuche *die*.

scared [ˈskeəd] *adj* **- 1.** [very frightened] verängstigt; **to be ~** Angst haben; **to be ~ stiff** OR **to death** fürchterliche Angst haben **- 2.** [nervous, worried]: **to be ~ that ...** befürchten, dass ...

scaremonger [ˈskeəmʌŋgəʳ] *n* Panikmacher *der*, -in *die*.

scarey [ˈskeərɪ] *adj* = **scary.**

scarf [skɑːf] (*pl* **-s** OR **scarves**) *n* Schal *der;* [headscarf] Kopftuch *das*.

scarlet [ˈskɑːlət] *adj* scharlachrot.

scarlet fever *n* Scharlach *der*.

scarper [ˈskɑːpəʳ] *vi* ***Br inf*** ab|hauen.

scarves [skɑːvz] *pl* ▷ **scarf.**

scary [skeərɪ] (*compar* **-ier;** *superl* **-iest**) *adj* ***inf*** [story, film] gruselig.

scathing [ˈskeɪðɪŋ] *adj* [remark, criticism] scharf; **to be ~ about sb/sthg** scharfe Bemerkungen über jn/etw machen.

scatter ['skætəʳ] *vt* [spread out] verstreuen; [seed] streuen <> *vi* [crowd] sich zerstreuen; [birds] auf|fliegen.
◆ **scatter about, scatter around** *vt sep* verstreuen.

scatterbrained ['skætəbreɪnd] *adj* ***inf*** zerstreut.

scattered ['skætəd] *adj* verstreut; [showers] vereinzelt.

scattering ['skætərɪŋ] *n*: **a ~ of houses** vereinzelte Häuser; **a ~ of snow** eine dünne Schneedecke.

scatty ['skætɪ] (*compar* **-ier**; *superl* **-iest**) *adj* ***Br inf*** schusselig.

scavenge ['skævɪndʒ] *vt* ergattern <> *vi*: **to ~ for sthg** nach etw suchen.

scavenger ['skævɪndʒəʳ] *n* **- 1.** [animal] Aasfresser *der* **- 2.** ***fig*** [person]: **he's a ~** er lebt von dem, was andere weg|werfen.

scenario [sɪ'nɑːrɪəʊ] (*pl* **-s**) *n* Szenario *das*.

scene [siːn] *n* Szene *die;* [location] Ort *der;* **behind the ~s** hinter den Kulissen; **the police were quickly on the ~** die Polizei war schnell zur Stelle; **to need a change of ~** einen Tapetenwechsel brauchen; **it's not my ~** das ist nicht mein Fall; **to set the ~** [give background information] Hintergrundinformationen geben; **to set the ~ for sthg** den Nährboden für etw bilden.

scenery ['siːnərɪ] *n (U)* **- 1.** [of countryside] Landschaft *die* **- 2.** [in theatre] Kulissen *pl*.

scenic ['siːnɪk] *adj* [view] schön; **a ~ tour of the Highlands** eine Tour durch die schöne Landschaft der Highlands.

scenic route *n* landschaftlich schöne Strecke.

scent [sent] *n* **- 1.** [smell - of flowers] Duft *der;* [- of animal] Witterung *die* **- 2.** ***fig*** [track] Fährte *die;* **to throw sb off the ~** jn von der Fährte ab|bringen **- 3.** [perfume] Parfüm *das* <> *vt* [subj: animal, person] wittern.

scented ['sentɪd] *adj* parfümiert; [flower] duftend.

scepter *n* ***Am*** = **sceptre**.

sceptic ***Br***, **skeptic** ***Am*** ['skeptɪk] *n* Skeptiker *der*, -in *die*.

sceptical ***Br***, **skeptical** ***Am*** ['skeptɪkl] *adj* skeptisch; **to be ~ about sthg** bezüglich etw *(G)* skeptisch sein.

scepticism ***Br***, **skepticism** ***Am*** ['skeptɪsɪzm] *n* Skepsis *die*.

sceptre ***Br***, **scepter** ***Am*** ['septəʳ] *n* Zepter *das*.

schedule [***Br*** 'ʃedjuːl, ***Am*** 'skedʒʊl] *n* **- 1.** [plan] Plan *der*, Programm *das;* **(according) to ~** planmäßig; **ahead of/behind ~** früher/später als geplant; **on ~** pünktlich, planmäßig **- 2.** [written list] Verzeichnis *das* <> *vt*: **to ~ sthg (for)** etw planen ᴏʀ an|setzen (für).

scheduled flight [***Br*** 'ʃedjuːld-, ***Am*** 'skedjʊld-] *n* Linienflug *der*.

schematic [skɪ'mætɪk] *adj* schematisch.

scheme [skiːm] *n* **- 1.** [plan] Programm *das;* **pension ~** Altersversorgung *die* **- 2.** ***pej*** [dishonest plan] raffinierter Plan **- 3.** [arrangement, decoration - of room] Einrichtung *die;* **colour ~** Farbzusammenstellung *die* **- 4.** ***phr***: **in the (grand) ~ of things** gesamt betrachtet <> *vt* ***pej***: **to ~ to do sthg** planen, etw zu tun <> *vi* ***pej*** Pläne schmieden.

scheming ['skiːmɪŋ] *adj* raffiniert; [politician] intrigant.

schism ['sɪzm, 'skɪzm] *n* Spaltung *die*.

schizophrenia [ˌskɪtsə'friːnjə] *n* Schizophrenie *die*.

schizophrenic [ˌskɪtsə'frenɪk] *adj* schizophren <> *n* Schizophrene *der, die*.

schlepp [ʃlep] ***Am inf*** *vt* schleppen <> *vi* sich schleppen.

schmal(t)z [ʃmɔːlts] *n* ***inf*** Schmalz *der*.

schmuck [ʃmʌk] *n* ***Am inf*** Dussel *der*.

scholar ['skɒləʳ] *n* **- 1.** [expert] Gelehrte *der, die* **- 2.** ***dated*** [school student] Schüler *der*, -in *die* **- 3.** [holder of scholarship] Stipendiat *der*, -in *die*.

scholarship ['skɒləʃɪp] *n* **- 1.** [grant] Stipendium *das* **- 2.** [learning] Gelehrsamkeit *die*.

scholastic [skə'læstɪk] *adj* ***fml*** [educational] schulisch.

school [skuːl] *n* **- 1.** [gen] Schule *die;* **to go to ~** in die Schule gehen; **at ~** in der Schule **- 2.** ᴜɴɪᴠ [department] Fachbereich *der;* **~ of medicine/law** medizinische/juristische Fakultät **- 3.** ***Am*** [university] Universität *die* **- 4.** [group of fish, dolphins] Schule *die*.

school age *n* Schulalter *das*, schulpflichtiges Alter.

schoolbook ['skuːlbʊk] *n* Schulbuch *das*.

schoolboy ['skuːlbɔɪ] *n* Schuljunge *der*, Schüler *der*.

schoolchild ['skuːltʃaɪld] (*pl* **-children** [-tʃɪldrən]) *n* Schulkind *das*.

schooldays ['skuːldeɪz] *npl* Schulzeit *die*.

school dinner *n* Schulessen *das*.

school district *n* ***Am*** Schulbezirk *der*.

school friend *n* Schulfreund *der*, -in *die*.

schoolgirl ['skuːlgɜːl] *n* Schulmädchen *das*, Schülerin *die*.

schooling ['skuːlɪŋ] *n* [education] Ausbildung *die*.

schoolkid ['skuːlkɪd] *n* ***inf*** Schulkind *das*.

school-leaver [-ˌliːvəʳ] *n* ***Br*** Schulabgänger *der*, -in *die*.

school-leaving age [-'li:vɪŋ-] *n* ***Br*** Schulabgangsalter *das*.

schoolmarm ['sku:lmɑ:m] *n* ***Am*** Schulmeisterin *die*.

schoolmaster ['sku:lˌmɑ:stəʳ] *n* ***dated*** Schulmeister *der*.

schoolmistress ['sku:lˌmɪstrɪs] *n* ***dated*** Schulmeisterin *die*.

school of thought *n* Denkart *die*.

school report *n* (Schul)zeugnis *das*.

schoolroom ['sku:lrʊm] *n* ***dated*** Klassenzimmer *das*.

schoolteacher ['sku:lˌti:tʃəʳ] *n* Lehrer *der*, -in *die*.

school uniform *n* Schuluniform *die*.

schoolwork ['sku:lwɜ:k] *n (U)* Schularbeiten *pl*.

school year *n* Schuljahr *das*.

schooner ['sku:nəʳ] *n* - **1.** [ship] Schoner *der* - **2.** ***Br*** [sherry glass] großes Sherryglas.

sciatica [saɪ'ætɪkəl] *n* Ischias *der*.

science ['saɪəns] *n* - **1.** *(U)* [system of knowledge] Wissenschaft *die* - **2.** [branch of knowledge] Naturwissenschaft *die* ◇ *comp* [course, book] naturwissenschaftlich; [degree] in Naturwissenschaften.

science fiction *n* Sciencefiction *die*.

science park *n* Wissenschaftspark *der*.

scientific [ˌsaɪən'tɪfɪk] *adj* wissenschaftlich.

scientist ['saɪəntɪst] *n* Wissenschaftler *der*, -in *die*; [of physical or natural sciences] Naturwissenschaftler *der*, -in *die*.

sci-fi [ˌsaɪ'faɪ] *n* ***inf abbr of*** **science fiction.**

Scilly Isles ['sɪlɪ-], **Scillies** ['sɪlɪz] *npl*: **the ~** die Scilly-Inseln; **in the ~** auf den Scilly-Inseln.

scintillating ['sɪntɪleɪtɪŋ] *adj* [conversation, speaker] vor Geist sprühend.

scissors ['sɪzəz] *npl* Schere *die*; **a pair of ~** eine Schere.

sclerosis [sklɪ'rəʊsɪs] *n* ▷ **multiple sclerosis.**

scoff [skɒf] *vt* ***Br inf*** verputzen ◇ *vi* [mock] spotten; **to ~ at sb/sthg** über jn/etw spotten.

scold [skəʊld] *vt* aus|schimpfen.

scone [skɒn, skəʊn] *n kleiner brötchenartiger Kuchen, der mit Butter oder Marmelade und Schlagsahne bestrichen gegessen wird.*

scoop [sku:p] *n* - **1.** [kitchen implement] Schaufel *die*; [for potato, ice-cream] Portionierer *der* - **2.** [scoopful] Kugel *die* - **3.** [news report] Exklusivbericht *der* ◇ *vt* schaufeln; [liquid] schöpfen.

◆ **scoop out** *vt sep* [remove] heraus|löffeln.

scoot [sku:t] *vi* ***inf*** sausen.

scooter ['sku:təʳ] *n* - **1.** [toy] (Tret)roller *der* - **2.** [motorcycle] (Motor)roller *der*.

scope [skəʊp] *n (U)* - **1.** [opportunity] Möglichkeit *die* - **2.** [range] Umfang *der*.

scorch [skɔ:tʃ] *vt* - **1.** [clothes] versengen; [food] an|brennen; [skin] verbrennen - **2.** [grass, fields] versengen.

scorched earth policy [skɔ:tʃt-] *n* Politik *die* der verbrannten Erde.

scorcher ['skɔ:tʃəʳ] *n* ***inf*** [very hot day] knallheißer Tag.

scorching ['skɔ:tʃɪŋ] *adj* ***inf***: **~ (hot)** [day, weather] knallheiß; [sun] sengend.

score [skɔ:ʳ] *n* - **1.** SPORT Spielstand *der*; [at end of game] Ergebnis *das*; **the ~ is 4–3** es steht 4 zu 3 - **2.** [in test, competition] Punkte *pl* - **3.** ***dated*** [twenty] zwanzig; **three ~ years and ten** siebzig Jahre - **4.** MUS Noten *pl* - **5.** [subject]: **on that ~** in dieser Hinsicht ◇ *vt* - **1.** SPORT erzielen; [goal] schießen - **2.** [achieve - success] erzielen; [- victory] erringen; [- hit] landen - **3.** [win in an argument]: **to ~ a point over sb** jn aus|stechen - **4.** [cut - surface] ein|kerben; [- line] ein|ritzen ◇ *vi* - **1.** SPORT Punkte erzielen; **to ~ a goal** [in football] ein Tor schießen; [in handball] ein Tor werfen - **2.** [in an argument]: **to ~ over sb** jn aus|stechen.

◆ **scores** *npl* [lots]: **~s of letters/phone calls/***etc* jede Menge Briefe/Anrufe/*etc*.

◆ **score out** *vt sep* ***Br*** durch|streichen.

scoreboard ['skɔ:bɔ:d] *n* Anzeigetafel *die*.

scorecard ['skɔ:kɑ:d] *n* Punktkarte *die*.

score-draw *n* FTBL *Erzielen von Punkten beim Toto, von mindestens 1:1.*

scorer ['skɔ:rəʳ] *n* - **1.** [official] Anschreiber *der*, -in *die* - **2.** [player]: **(goal) ~** Torschütze *der*, -zin *die*.

scorn [skɔ:n] *n (U)* Verachtung *die*; **to pour ~ on sb/sthg** jn/etw verhöhnen ◇ *vt* - **1.** [despise] verachten - **2.** ***fml*** [refuse to accept] verschmähen.

scornful ['skɔ:nfʊl] *adj* [laugh, remark] verächtlich; **he's always very ~ about my work** er betrachtet meine Arbeit mit Verachtung; **to be ~ of sthg** etw verachten.

Scorpio ['skɔ:pɪəʊ] (*pl* **-s**) *n* Skorpion *der*.

scorpion ['skɔ:pjən] *n* Skorpion *der*.

Scot [skɒt] *n* Schotte *der*, -tin *die*.

scotch [skɒtʃ] *vt* [idea, rumour] ein Ende setzen *(+ D)*.

Scotch [skɒtʃ] *adj* schottisch ◇ *n* [whisky] Scotch *der*.

Scotch egg *n* ***Br*** *hartgekochtes Ei, das mit einer Mischung aus Wurst- und Brotstückchen paniert wird.*

Scotch (tape)® *n* ***Am*** Tesafilm® *der*.

scot-free *adj* ***inf:*** **to get off ~** ungeschoren davon|kommen.

Scotland [ˈskɒtlənd] *n* Schottland *nt.*

Scotland Yard *n* Scotland Yard *der, Sitz der Londoner Polizei.*

Scots [skɒts] *adj* schottisch ◇ *n* [dialect] Schottisch *das.*

Scotsman [ˈskɒtsmən] (*pl* **-men** [-mən]) *n* Schotte *der.*

Scotswoman [ˈskɒtsˌwʊmən] (*pl* **-women** [-ˌwɪmɪn]) *n* Schottin *die.*

Scottish [ˈskɒtɪʃ] *adj* schottisch.

Scottish National Party *n:* **the ~** die Schottische Nationale Partei.

scoundrel [ˈskaʊndrəl] *n* ***dated*** Schurke *der.*

scour [skaʊəʳ] *vt* **- 1.** [clean] scheuern **- 2.** [search] durchkämmen.

scourer [ˈskaʊrəʳ] *n* Topfkratzer *der.*

scourge [skɜːdʒ] *n* Geißel *die.*

Scouse [skaʊs] *n* ***inf*** **- 1.** [person] Liverpooler *der,* -in *die* **- 2.** [accent] Liverpooler Dialekt.

scout [skaʊt] *n* MIL Kundschafter *der,* -in *die.*

◆ **Scout** *n* [boy scout] Pfadfinder *der.*

◆ **scout around** *vi:* **to ~ around (for sthg)** (nach etw) herum|suchen.

scoutmaster [ˈskaʊtˌmɑːstəʳ] *n* Gruppenführer *der.*

scowl [skaʊl] *n* finsterer *OR* böser Blick ◇ *vi* ein finsteres *OR* böses Gesicht machen; **to ~ at sb** jn finster *OR* böse an|sehen.

SCR (*abbr of* **senior common room**) *n* ***Br*** *Aufenthaltsraum für Lehrkräfte an Universitäten.*

scrabble [ˈskræbl] *vi* **- 1.** [scramble] klettern **- 2.** [feel around] herum|wühlen; **to ~ around for sthg** nach etw wühlen.

scraggy [ˈskrægɪ] (*compar* **-ier;** *superl* **-iest**) *adj* ***inf*** [animal] mager; [neck, meat] sehnig.

scram [skræm] (*pt & pp* **-med;** *cont* **-ming**) *vi* ***inf*** verduften.

scramble [ˈskræmbl] *n* [rush] Gedrängel *das* ◇ *vi* **- 1.** [climb] klettern **- 2.** [struggle]: **to ~ for sthg** um etw kämpfen.

scrambled eggs [ˈskræmbld-] *npl* Rührei *das.*

scrambler [ˈskræmbləʳ] *n* COMPUT Scrambler *der.*

scrap [skræp] (*pt & pp* **-ped;** *cont* **-ping**) *n* **- 1.** [small piece] Stückchen *das;* [of paper, material, conversation] Fetzen *der;* **not a ~ of evidence** kein einziger Beweis; **it won't make a ~ of difference** das macht überhaupt keinen Unterschied **- 2.** [metal] Schrott *der* **- 3.** ***inf*** [fight] Rauferei *die;* [quarrel] Streit *der* ◇ *vt* [plan, system] auf|geben; [car, ship] verschrotten.

◆ **scraps** *npl* [food] (Essens)reste *pl.*

scrapbook [ˈskræpbʊk] *n* Erinnerungsalbum *das.*

scrap dealer *n* Schrotthändler *der,* -in *die.*

scrape [skreɪp] *n* **- 1.** [scraping noise] Kratzen *das* **- 2.** ***dated*** [difficult situation]: **to get into a ~** in die Klemme geraten ◇ *vt* **- 1.** [remove]: **to ~ sthg off sthg** etw von etw ab|schaben **- 2.** [peel] schaben **- 3.** [rub against - car, bumper] schrammen; [- glass] verkratzen; [- knee, skin] auf|schürfen ◇ *vi* [rub]: **to ~ against sthg** etw streifen.

◆ **scrape through** *vt fus* [exam, test] mit knapper Not bestehen.

◆ **scrape together** *vt sep* [money] zusammen|kratzen; [sponsors, team] zusammen|bekommen.

scraper [ˈskreɪpəʳ] *n* [for paint] Spachtel *der.*

scrap heap *n* **- 1.** [of waste metal] Schrotthaufen *der* **- 2.** ***fig:*** **to be thrown on the ~** [people] zum alten Eisen geworfen werden; [ideas] ausrangiert werden.

scrapings [ˈskreɪpɪŋz] *npl* [bits] Reste *pl;* [peelings] Schalen *pl.*

scrap merchant *n* ***Br*** Schrotthändler *der,* -in *die.*

scrap metal *n* Schrott *der.*

scrap paper ***Br,*** **scratch paper** ***Am*** *n* Schmierpapier *das.*

scrappy [ˈskræpɪ] (*compar* **-ier;** *superl* **-iest**) *adj* ***pej*** [piece of work] zusammengestückelt; [knowledge] lückenhaft.

scrapyard [ˈskræpjɑːd] *n* Schrottplatz *der.*

scratch [skrætʃ] *n* **- 1.** [on skin, surface] Kratzer *der* **- 2.** ***phr:*** **to start sthg from ~** etw ganz von vorne an|fangen; **to be up to ~** den Erwartungen entsprechen ◇ *vt* **- 1.** [skin] kratzen; **to ~ o.s.** sich kratzen **- 2.** [surface] verkratzen ◇ *vi* **- 1.** [branch, knife, thorn]: **to ~ at/against sthg** an etw *(D)*/gegen etw kratzen **- 2.** [person, animal] sich kratzen.

scratch card *n* Rubbellos *das.*

scratchpad [ˈskrætʃpæd] *n* ***Am*** Notizblock *der.*

scratch paper *n* ***Am*** = **scrap paper.**

scratchy [ˈskrætʃɪ] (*compar* **-ier;** *superl* **-iest**) *adj* **- 1.** [sound] kratzend; [record] verkratzt **- 2.** [material, garment] kratzig.

scrawl [skrɔːl] *n* [scribble] Kritzelei *die* ◇ *vt* [scribble] hin|kritzeln.

scrawny [ˈskrɔːnɪ] (*compar* **-ier;** *superl* **-iest**) *adj* [person, legs, arms] dürr; [animal] mager.

scream [skriːm] *n* **- 1.** [of person] Schrei *der* **- 2.** [of tyres] Quietschen *das;* [of siren, machine] Heulen *das* **- 3.** ***inf*** [funny person]: **to be a ~** zum Schreien sein ◇ *vt* schreien ◇ *vi* **- 1.** [person] schreien **- 2.** [tyres] quietschen; [machine, jet] heulen.

scree [skriː] *n* Geröll *das.*

screech [skriːtʃ] *n* **- 1.** [of person, bird] Kreischen *das* **- 2.** [of tyres, brakes] Quietschen *das* ◇ *vt* kreischen ◇ *vi* **- 1.** [person, bird] kreischen

- 2. [tyres] quietschen; **to ~ to a halt** mit quietschenden Bremsen anǀhalten.

screen [skri:n] *n* **- 1.** [viewing surface] Bildschirm *der;* [in cinema] Leinwand *die* **- 2.** [films]: **the (big) ~** der Film **- 3.** [protective panel] Wandschirm *der* <> *vt* **- 1.** [in cinema] zeigen **- 2.** [on TV] ausǀstrahlen **- 3.** [hide] abǀschirmen; **~ed from view** vor Blicken geschützt **- 4.** [shield]: **to ~ sthg (from sb/sthg)** etw (gegen jn/etw) abǀschirmen **- 5.** [candidate, luggage] überprüfen **- 6.** MED [examine] untersuchen; **to ~ sb for sthg** jn auf etw *(A)* untersuchen.
◆ **screen off** *vt sep* abǀtrennen.

screening ['skri:nɪŋ] *n* **- 1.** [in cinema] Vorführung *die* **- 2.** [on TV] Ausstrahlung *die* **- 3.** *(U)* [for security] Überprüfung *die* **- 4.** *(U)* MED [examination] Untersuchung *die.*

screenplay ['skri:npleɪ] *n* Drehbuch *das.*

screen print *n* Siebdruck *der.*

screen saver *n* COMPUT Bildschirmschoner *der.*

screen test *n* Probeaufnahmen *pl.*

screenwriter ['skri:nˌraɪtəʳ] *n* Filmautor *der,* -in *die.*

screw [skru:] *n* [nail] Schraube *die* <> *vt* **- 1.** [fix with screws]: **to ~ sthg to sthg** etw an etw *(A)* schrauben **- 2.** [lid]: **to ~ sthg on/off** etw zu-/auf ǀschrauben **- 3.** *vulg* [have sex with] bumsen, vögeln <> *vi* **- 1.** [lid]: **to ~ on/off** sich zu-/auf ǀschrauben lassen; **to ~ together** sich zusammenschrauben lassen **- 2.** *vulg* [have sex] bumsen, vögeln.
◆ **screw up** *vt sep* **- 1.** [crumple up] zusammenǀknüllen **- 2.** [contort, twist - eyes] zusammenǀkneifen; [- face] verziehen **- 3.** *vinf* [ruin] vermasseln.

screwball ['skru:bɔ:l] *n* **Am inf** [person] Spinner *der,* -in *die.*

screwdriver ['skru:ˌdraɪvəʳ] *n* [tool] Schraubenzieher *der.*

screwtop jar ['skru:tɒp-] *n* Glas *das* mit Schraubverschluss.

screwy ['skru:ɪ] *adj* **Am inf** verrückt.

scribble ['skrɪbl] *n* Gekritzel *das* <> *vt* hinǀkritzeln <> *vi* [write] vor sich hinǀschreiben; [messily] kritzeln.

scribe [skraɪb] *n* **fml** Schreiber *der,* -in *die.*

scrimp [skrɪmp] *vi:* **to ~ and save** geizen und sparen.

script [skrɪpt] *n* **- 1.** [of film] Skript *das* **- 2.** [system of writing] Schrift *die* **- 3.** [handwriting] Handschrift *die.*

scripted ['skrɪptɪd] *adj* schriftlich ausgearbeitet.

Scriptures ['skrɪptʃəz] *npl:* **the ~** die (Heilige) Schrift.

scriptwriter ['skrɪptˌraɪtəʳ] *n* Textautor *der,* -in *die;* [of film] Filmautor *der,* -in *die.*

scroll [skrəʊl] *n* [roll of paper] Schriftrolle *die.*
◆ **scroll down** *vi* COMPUT hinunterǀscrollen.
◆ **scroll up** *vi* COMPUT hinauf ǀscrollen.

scroll bar *n* COMPUT Scrollbar *die.*

scrooge [skru:dʒ] *n* **inf pej** Geizhals *der.*

scrotum ['skrəʊtəm] (*pl* **-ta** [-tə] OR **-tums**) *n* Hodensack *der,* Skrotum *das.*

scrounge [skraʊndʒ] **inf** *vt:* **to ~ sthg (off sb)** etw (bei jm) abǀstauben OR schnorren <> *vi* schnorren; **to ~ off sb** **Br** jm auf der Tasche liegen.

scrounger ['skraʊndʒəʳ] *n* **inf** Schnorrer *der,* -in *die.*

scrub [skrʌb] (*pt* & *pp* **-bed;** *cont* **-bing**) *n* **- 1.** [rub]: **to give sthg a (good) ~** etw (gründlich) schrubben **- 2.** [undergrowth] Gestrüpp *das* <> *vt* schrubben.

scrubbing brush **Br** ['skrʌbɪŋ-], **scrub brush** **Am** *n* Schrubbbürste *die.*

scruff [skrʌf] *n:* **by the ~ of the neck** am Genick.

scruffy ['skrʌfɪ] (*compar* **-ier;** *superl* **-iest**) *adj* [person, clothes] ungepflegt; [part of town] heruntergekommen.

scrum(mage) ['skrʌm(ɪdʒ)] *n* RUGBY Gedränge *das.*

scrumptious ['skrʌmpʃəs] *adj* **inf** lecker.

scrumpy ['skrʌmpɪ] *n* *(U)* **Br** starker Apfelmost.

scrunch [skrʌntʃ] **inf** *vt* [paper] zusammenǀknüllen; [can] zusammenǀquetschen <> *vi* knirschen.

scrunchy ['skrʌntʃɪ] (*pl* **-ies**) *n* Haargummi *der.*

scruples ['skru:plz] *npl* Skrupel *pl.*

scrupulous ['skru:pjʊləs] *adj* **- 1.** [fair] gewissenhaft **- 2.** [thorough] peinlich genau.

scrupulously ['skru:pjʊləslɪ] *adv* **- 1.** [fairly] gewissenhaft **- 2.** [thoroughly - honest, fair] äußerst; [- clean] peinlich.

scrutinize, -ise ['skru:tɪnaɪz] *vt* genau untersuchen; [face] prüfend anǀsehen.

scrutiny ['skru:tɪnɪ] *n* *(U)* (genaue) Untersuchung OR Prüfung.

scuba diving ['sku:bə-] *n* (Sport)tauchen *das.*

scud [skʌd] (*pt* & *pp* **-ded;** *cont* **-ding**) *vi* **literary** jagen.

scuff [skʌf] *vt* **- 1.** [drag]: **to ~ one's feet** schlurfen **- 2.** [damage - shoes, floor] abǀwetzen; [- furniture] abǀnutzen.

scuffle ['skʌfl] *n* Rauferei *die* <> *vi* sich raufen; **to ~ with sb** mit jm raufen.

scull [skʌl] *n* [oar] Skull *das* <> *vi* skullen.

scullery [ˈskʌlərɪ] (*pl* **-ies**) *n* Spülküche *die.*

sculpt [skʌlpt] *vt:* **to ~ a figure in wood/marble** eine Figur in Holz schnitzen/in Marmor meißeln.

sculptor [ˈskʌlptəʳ] *n* Bildhauer *der*, -in *die.*

sculpture [ˈskʌlptʃəʳ] *n* - **1.** [work of art] Skulptur *die*, Plastik *die* - **2.** *(U)* [art] Bildhauerei *die*, Skulptur *die* ◇ *vt* formen; [in stone, wood] hauen.

scum [skʌm] *n* - **1.** [froth] Schaum *der* - **2.** ***vinf pej*** [worthless people] Abschaum *der.*

scupper [ˈskʌpəʳ] *vt* - **1.** NAUT [sink] versenken - **2.** ***Br fig*** [plan] zerschlagen; [chance] ruinieren.

scurf [skɜːf] *n (U)* Schuppen *pl.*

scurrilous [ˈskʌrələs] *adj* ***fml*** verleumderisch.

scurry [ˈskʌrɪ] (*pt* & *pp* **-ied**) *vi* hasten; [mouse] huschen.

scurvy [ˈskɜːvɪ] *n* Skarbut *der.*

scuttle [ˈskʌtl] *n:* **(coal) ~** Kohleneimer *der* ◇ *vi* [rush] hasten; [mouse] huschen.

scuzzy [ˈskʌzɪ] (*compar* **-ier;** *superl* **-iest**) *adj* ***inf*** schmutzig.

scythe [saɪð] *n* Sense *die* ◇ *vt* (mit der Sense) mähen.

SD *abk für South Dakota, in Postanschrift verwendet.*

SDLP (*abbr of* **Social Democratic and Labour Party**) *n gemäßigte pro-irische Partei Nordirlands.*

SDP (*abbr of* **Social Democratic Party**) *n Sozialdemokratische Partei in Großbritannien.*

SE (*abbr of* **southeast**) SO.

sea [siː] *n* - **1.** [ocean] Meer *das*, See *die;* **to be at ~** [ship, sailor] auf See sein; **to be all at ~ *fig*** [person] verwirrt sein; **by ~** [send] auf dem Seeweg; [travel] mit dem Schiff fahren; **by the ~** am Meer; **out to ~** aufs Meer hinaus - **2.** ***fig*** [large number] Meer *das* ◇ *comp* See-.
◆ **seas** *npl:* **the ~s** die Meere.

sea air *n* Seeluft *die.*

sea anemone *n* Seeanemone *die.*

seabed [ˈsiːbed] *n:* **the ~** der Meeresgrund.

seabird [ˈsiːbɜːd] *n* Seevogel *der.*

seaboard [ˈsiːbɔːd] *n* ***fml*** Küste *die.*

sea breeze *n* Seewind *der.*

seafaring [ˈsiːˌfeərɪŋ] *adj:* **a ~ man** ein Seefahrer; **a ~ nation** eine Seefahrernation.

seafood [ˈsiːfuːd] *n (U)* Meeresfrüchte *pl;* **~ restaurant** Fischrestaurant *das.*

seafront [ˈsiːfrʌnt] *n* Strandpromenade *die.*

seagoing [ˈsiːˌɡəʊɪŋ] *adj* seetüchtig.

seagull [ˈsiːɡʌl] *n* Möwe *die.*

seahorse [ˈsiːhɔːs] *n* Seepferdchen *das.*

seal [siːl] (*pl sense 1 only inv* OR **-s**) *n* - **1.** [animal] Robbe *die* - **2.** [official mark] Siegel *das;* **~ of approval** offizielle Zustimmung; **to put** OR **set the ~ on sthg** etw besiegeln - **3.** [official fastening] Versiegelung *die;* [on letter] Siegel *das;* [of metal] Plombe *die* - **4.** TECH Verschluss *der;* [washer] Dichtung *die* ◇ *vt* - **1.** [stick down] zu|kleben - **2.** [block up] ab|dichten.
◆ **seal off** *vt sep* ab|riegeln.

sealable [ˈsiːlɪbl] *adj* [container] (luftdicht) verschließbar.

sea lane *n* Schifffahrtsstraße *die.*

sealant [ˈsiːlənt] *n* Versiegeler *der.*

sea level *n* Meeresspiegel *der.*

sealing wax [ˈsiːlɪŋ-] *n* Siegelwachs *das.*

sea lion (*pl inv* OR **-s**) *n* Seelöwe *der.*

sealskin [ˈsiːlskɪn] *n (U)* Robben *das.*

seam [siːm] *n* - **1.** SEWING Naht *die;* **to be bursting at the ~s** aus allen Nähten platzen - **2.** [of coal] Flöz *das.*

seaman [ˈsiːmən] (*pl* **-men** [-mən]) *n* Seemann *der.*

seamanship [ˈsiːmənʃɪp] *n* Seemannschaft *die.*

sea mist *n* Seenebel *der.*

seamless [ˈsiːmlɪs] *adj* - **1.** [stockings] nahtlos - **2.** ***fig*** [logic, story] kohärent.

seamstress [ˈsemstrɪs] *n* Näherin *die.*

seamy [ˈsiːmɪ] (*compar* **-ier;** *superl* **-iest**) *adj* anrüchig; **the ~ side of life** die Schattenseite des Lebens.

séance [ˈseɪɒns] *n* spiritistische Sitzung.

seaplane [ˈsiːpleɪn] *n* Wasserflugzeug *das.*

seaport [ˈsiːpɔːt] *n* Seehafen *der.*

search [sɜːtʃ] *n* - **1.** [for lost person, object]: **~ (for)** Suche *die* (nach); **in ~ of** auf der Suche nach - **2.** [of person, luggage, house] Durchsuchung *die* ◇ *vt* durchsuchen; [city] ab|suchen; [one's mind, memory] durch|forschen; **to ~ sthg for sthg** in etw *(D)* nach etw suchen ◇ *vi:* **to ~ (for)** suchen (nach).
◆ **search out** *vt sep* [facts, weakness] heraus|finden; [books] heraus|suchen; [person] ausfindig machen.

search engine *n* COMPUT Suchmaschine *die.*

searcher [ˈsɜːtʃəʳ] *n* Suchende *der, die.*

searching [ˈsɜːtʃɪŋ] *adj* [look] prüfend, forschend; [question] tiefschürfend; [examination] gründlich.

searchlight [ˈsɜːtʃlaɪt] *n* Suchscheinwerfer *der.*

search party *n* Suchmannschaft *die.*

search warrant *n* Durchsuchungsbefehl *der.*

searing [ˈsɪərɪŋ] *adj* - **1.** [intense] stechend, brennend - **2.** [highly critical] scharf.

sea salt *n* Meersalz *das*.

seashell ['si:ʃel] *n* Muschel *die*.

seashore ['si:ʃɔ:ʳ] *n*: **the ~** der Strand.

seasick ['si:sɪk] *adj* seekrank.

seaside ['si:saɪd] *n*: **the ~** das Meer.

seaside resort *n* Seebad *das*.

season ['si:zn] *n* - **1.** [time of year] Jahreszeit *die* - **2.** [for particular activity] Zeit *die* - **3.** [of holiday] Saison *die*; **out of ~** außerhalb der Saison - **4.** [of food]: **strawberries are out of ~** zu dieser Jahreszeit gibt es keine Erdbeeren; **the strawberry ~** die Erdbeerzeit - **5.** [series - of films] Saison *die*; [- of lectures] Reihe *die* ◇ *vt* [food] würzen.

seasonal ['si:zənl] *adj* [change] saisonal; [work] Saison-.

seasoned ['si:znd] *adj* [experienced] erfahren.

seasoning ['si:znɪŋ] *n* [for food] Gewürz *das*.

season ticket *n* Dauerkarte *die*; [for train] Zeitkarte *die*; [for theatre] Abonnement *das*.

seat [si:t] *n* - **1.** [chair, part of chair, in parliament] Sitz *der* - **2.** [place to sit] (Sitz)platz *der*; **take** *OR* **have a ~** nehmen Sie Platz - **3.** [of skirt] Sitz *der*; [of trousers] Hosenboden *der* ◇ *vt* - **1.** [person, guests] setzen; **to ~ o.s.** sich setzen - **2.** [subj: building, vehicle] Sitzplätze haben für.

seat belt *n* Sicherheitsgurt *der*.

seated ['si:tɪd] *adj*: **to be ~** [sitting] sitzen; **please be ~** bitte, setzen Sie sich.

-seater ['si:təʳ] *suffix* -sitzer *der*; **a two~ (car)** ein Zweisitzer.

seating ['si:tɪŋ] *n (U)* [capacity] Sitzgelegenheiten *pl* ◇ *comp* Sitz-.

sea urchin *n* Seeigel *der*.

seawall [ˌsi:'wɔ:l] *n* Deich *der*.

seawater ['si:ˌwɔ:təʳ] *n* Meerwasser *das*, Seewasser *das*.

seaweed ['si:wi:d] *n* Seetang *der*.

seaworthy ['si:ˌwɜ:ðɪ] *adj* seetüchtig.

sebaceous gland [sɪ'beɪʃəs -] *n* Talgdrüse *die*.

sec. (*abbr of* **second**) *n* sek.

secateurs [ˌsekə'tɜ:z] *npl* ***Br*** Gartenschere *die*.

secede [sɪ'si:d] *vi* ***fml***: **to ~ (from sthg)** sich (von etw) ablspalten.

secession [sɪ'seʃn] *n (U)* ***fml*** Abspaltung *die*.

secluded [sɪ'klu:dɪd] *adj* abgelegen, versteckt.

seclusion [sɪ'klu:ʒn] *n* Abgeschiedenheit *die*.

second¹ ['sekənd] *n* - **1.** [of time, of angle] Sekunde *die* - **2.** ***Br*** UNIV *Note an britischen Universitäten, die dem deutschen „Gut" entspricht* - **3.** [moment] Moment *der*; **can I see you for a ~?** kann ich Sie kurz sprechen?; **wait a ~!** einen Moment! - **4.** AUT: **~ (gear)** zweiter Gang ◇ *num* zweite, -r, -s; **the ~** der/die/das Zweite; **on the ~ (of March)** am zweiten (März); **she's ~ only to him** nur er ist besser als sie; **to come ~** den zweiten Platz belegen; *see also* **sixth** ◇ *vt* [support] befürworten.
◆ **seconds** *npl* - **1.** COMM Waren *pl* zweiter Wahl - **2.** [of food] zweite Portion.

second² [sɪ'kɒnd] *vt* ***Br*** [send] einstweilig versetzen.

secondary ['sekəndrɪ] *adj* - **1.** SCH: **~ education** höhere Schulbildung; **~ teacher** Lehrer *der*, -in *die* an einer höheren Schule - **2.** [less important - road, cause] Neben-; [- issue] nebensächlich; **to be ~ to sthg** weniger wichtig als etw sein.

secondary modern *n* ***Br*** ≃ Realschule *die*.

secondary picketing *n solidarisches Aufstellen von Streikposten vor einem Unternehmen, dem die Streikposten selbst nicht angehören.*

secondary school *n* höhere Schule.

second best ['sekənd-] *adj* zweitbeste, -r, -s; **to come off ~** das Nachsehen haben.

second-class ['sekənd-] *adj* - **1.** ***pej*** [less important] zweitklassig; [citizen] zweiter Klasse - **2.** [ticket, seat] Zweite-Klasse- - **3.** [postage]: **~ stamp** *billigere Briefmarke für Post, die weniger schnell befördert wird* - **4.** ***Br*** UNIV *Note an britischen Universitäten, die dem deutschen „Gut" entspricht.*

second cousin ['sekənd-] *n* Cousin *der*, -e *die* zweiten Grades.

second-degree burn ['sekənd-] *n* Verbrennung *die* zweiten Grades.

seconder ['sekəndəʳ] *n* [in meeting] Befürworter *der*, -in *die*.

second floor ['sekənd-] *n* - **1.** ***Br*** [third storey] zweiter Stock - **2.** ***Am*** [second storey] erster Stock.

second-guess ['sekənd-] *vt* - **1.** [predict] vorauslsagen; **to ~ sb** vorauslsagen, was jd tun/sagen wird - **2.** ***Am*** [with hindsight] im Nachhinein kritisieren.

second-hand ['sekənd-] *adj* - **1.** [goods] gebraucht; [clothes] Secondhand- - **2.** [shop] Gebrauchtwaren-; [selling clothes] Secondhand- - **3.** ***fig*** [indirect] aus zweiter Hand ◇ *adv* - **1.** [not new] gebraucht - **2.** ***fig*** [indirectly]: **to hear sthg ~** etw aus zweiter Hand hören.

second hand ['sekənd-] *n* [of clock] Sekundenzeiger *der*.

second-in-command ['sekənd-] *n* MIL stellvertretender Kommandeur, stellvertretende Kommandeurin; ***fig*** Stellvertreter *der*, -in *die*.

secondly ['sekəndlɪ] *adv* zweitens.

secondment [sɪ'kɒndmənt] *n* ***Br*** einstweilige Versetzung.

second nature ['sekənd-] *n* zweite Natur.

second-rate ['sekənd-] *adj* ***pej*** zweitklassig, zweitrangig.

second thought ['sekənd-] *n:* **to have ~s about sthg** sich *(D)* etw anders überlegen; **on ~s** ***Br,*** **on ~** ***Am*** nach nochmaligem Überlegen.

secrecy ['siːkrəsɪ] *n (U)* **- 1.** [being kept secret] Geheimhaltung *die* **- 2.** [secretiveness] Heimlichtuerei *die.*

secret ['siːkrɪt] *adj* geheim; [admirer] heimlich ◇ *n* Geheimnis *das;* **in ~** im Geheimen.

secret agent *n* Geheimagent *der,* -in *die.*

secretarial [ˌsekrə'teərɪəl] *adj:* **~ staff** Büroangestellte *pl;* **~ training** Sekretärinnenausbildung *die.*

secretariat [ˌsekrə'teərɪət] *n* Sekretariat *das.*

secretary [***Br*** 'sekrətrɪ, ***Am*** 'sekrəˌterɪ] (*pl* **-ies**) *n* **- 1.** [clerical worker] Sekretär *der,* -in *die* **- 2.** [head of organization] Geschäftsführer *der,* -in *die* **- 3.** POL [minister] Minister *der,* -in *die.*

secretary-general (*pl* **secretaries-general**) *n* Generalsekretär *der,* -in *die.*

Secretary of State *n* **- 1.** ***Br*** [minister]: **~ (for sthg)** Minister *der,* -in *die* (für etw) **- 2.** ***Am*** [in charge of foreign affairs] Außenminister *der,* -in *die.*

secrete [sɪ'kriːt] *vt* **- 1.** [produce] ab|sondern **- 2.** ***fml*** [hide] verbergen.

secretion [sɪ'kriːʃn] *n* [liquid secreted] Sekret *das.*

secretive ['siːkrətɪv] *adj* [person] heimlichtuerisch; **the organization is very ~ about their members** die Organisation hält Informationen über ihre Mitglieder geheim.

secretly ['siːkrɪtlɪ] *adv* [privately] heimlich.

secret police *n* Geheimpolizei *die.*

secret service *n* Geheimdienst *der.*

sect [sekt] *n* Sekte *die.*

sectarian [sek'teərɪən] *adj* konfessionsbedingt; [war, quarrel] Konfessions-.

section ['sekʃn] *n* **- 1.** [portion] Teil *der;* [of book, road] Abschnitt *der;* [of law] Absatz *der;* [of community] Gruppe *die;* [of fruit] Stück *das;* **the sports ~ of the newspaper** der Sportsteil der Zeitung **- 2.** GEOM Schnitt *der.*

sector ['sektəʳ] *n* Sektor *der.*

secular ['sekjʊləʳ] *adj* säkular, weltlich; [music] profan.

secure [sɪ'kjʊəʳ] *adj* **- 1.** [gen] sicher **- 2.** [building] einbruchssicher, sicher OR fest verschlossen ◇ *vt* **- 1.** [obtain] sich *(D)* sichern; [agreement] erzielen **- 2.** [make safe] sichern **- 3.** [fasten] fest|machen; [door, window, lid] sicher verschließen.

securely [sɪ'kjʊəlɪ] *adv* [firmly] sicher.

security [sɪ'kjʊərətɪ] (*pl* **-ies**) *n* Sicherheit *die;* **~ of tenure** Kündigungsschutz *der* ◇ *comp* Sicherheits-.

◆ **securities** *npl* FIN Wertpapiere *pl.*

security blanket *n* [of child] Schmusedecke *die.*

Security Council *n:* **the ~** der Sicherheitsrat.

security forces *npl* Sicherheitstruppen *pl.*

security guard *n* Wache *die.*

security risk *n* Sicherheitsrisiko *das.*

sedan [sɪ'dæn] *n* ***Am*** Limousine *die.*

sedan chair *n* Sänfte *die.*

sedate [sɪ'deɪt] *adj* ruhig ◇ *vt* Beruhigungsmittel geben *(+ D).*

sedation [sɪ'deɪʃn] *n:* **they've got him under ~** er hat Beruhigungsmittel bekommen.

sedative ['sedətɪv] *adj* beruhigend ◇ *n* Beruhigungsmittel *das.*

sedentary ['sedntrɪ] *adj* [job] sitzend.

sediment ['sedɪmənt] *n* (Boden)satz *der;* CHEM & GEOL Sediment *das.*

sedition [sɪ'dɪʃn] *n* Aufwiegelung *die.*

seditious [sɪ'dɪʃəs] *adj* aufwiegelnd.

seduce [sɪ'djuːs] *vt* verführen; **to ~ sb into doing sthg** jn dazu verleiten, etw zu tun.

seduction [sɪ'dʌkʃn] *n* Verführung *die.*

seductive [sɪ'dʌktɪv] *adj* verführerisch.

see [siː] (*pt* **saw;** *pp* **seen**) *vt* **- 1.** [gen] sehen; **as I ~ it** wie ich es sehe; **what do you ~ in him?** was findest du bloß an ihm?; **I'll ~ what I can do** ich will sehen, was ich tun kann; **~ p. 10** siehe S. 10; **do you ~ what I mean?** verstehst du, was ich meine? **- 2.** [visit] besuchen; [doctor, solicitor] gehen zu; **to ~ sb about sthg** jn wegen etw sprechen; **~ you!** tschüs!; **~ you soon/later!** bis bald!; **~ you tomorrow/on Thursday!** bis morgen/Donnerstag! **- 3.** [accompany] begleiten **- 4.** [make sure]: **to ~ that ...** dafür sorgen, dass ... **- 5.** [subj: day, date]: **today saw the release of his new film/the end of an era** heute kam sein neuer Film heraus/ging eine Ära zu Ende ◇ *vi* **- 1.** [with eyes] sehen; **let me ~** [have a look] lass mich mal sehen **- 2.** [understand] verstehen; **I ~** ich verstehe; **you ~, it's not that far at all** du siehst ja, es ist gar nicht weit; **I had a deprived childhood, you ~** ich war nämlich als Kind benachteiligt **- 3.** [find out]: **to ~ if one can do sthg** sehen, ob man was tun kann; **I'll go and ~** ich sehe mal nach; **~ for yourself** überzeugen Sie sich selbst; **let's ~, let me ~** [when thinking] warten Sie mal, also **- 4.** [decide]: **I'll (have to) ~** ich muss es mir überlegen.

◆ **seeing as, seeing that** *conj inf* da.
◆ **see about** *vt fus* - **1.** [organize] sich kümmern um - **2.** [expressing doubt]: **we'll ~ about that** das werden wir sehen.
◆ **see off** *vt sep* - **1.** [say goodbye to] verabschieden - **2.** *Br* [chase away] verjagen.
◆ **see through** *vt fus* [person, scheme] durchschauen ◇ *vt sep* - **1.** [not abandon - deal, project] zu Ende bringen - **2.** [help to survive] durch|bringen.
◆ **see to** *vt fus* [deal with] sich kümmern um; [repair] reparieren; **I'll ~ to it that he gets it** ich sorge dafür, dass er es bekommt.

seed [siːd] *n* - **1.** [of plant] Samen *der;* [pip] Kern *der* - **2.** SPORT: **to be the top/fourth ~** als Nummer eins/vier gesetzt sein ◇ *vt:* **to be ~ed** gesetzt *OR* plaziert sein; **to be ~ed third** als Nummer drei gesetzt sein.
◆ **seeds** *npl fig* [beginnings] Keim *der.*

seedless [ˈsiːdlɪs] *adj* kernlos.

seedling [ˈsiːdlɪŋ] *n* Sämling *der.*

seedy [ˈsiːdɪ] (*compar* **-ier;** *superl* **-iest**) *adj* [shabby] schäbig; [disreputable] zwielichtig.

seek [siːk] (*pt* & *pp* **sought**) *vt fml* suchen; **to ~ sb's advice/help** jn um Rat fragen/Hilfe bitten; **to ~ to do sthg** danach streben, etw zu tun.
◆ **seek out** *vt sep* ausfindig machen.

seem [siːm] *vi* scheinen; **he ~s better** es scheint ihm besser zu gehen; **I can't ~ to shake off this cold** ich kann die Erkältung einfach nicht loswerden; **they ~ to believe that ...** sie glauben anscheinend, dass ...; **I ~ to remember his name was John** ich glaube, er hieß John ◇ *v impers* scheinen; **it ~s (that) ...** anscheinend ...; **it ~s to me (that) you're right** mir scheint, du hast Recht; **so it would ~** so scheint es wenigstens.

seeming [ˈsiːmɪŋ] *adj fml* scheinbar.

seemingly [ˈsiːmɪŋlɪ] *adv* scheinbar.

seemly [ˈsiːmlɪ] (*compar* **-ier;** *superl* **-iest**) *adj dated* & *literary* schicklich.

seen [siːn] *pp* ▷ **see.**

seep [siːp] *vi* sickern.

seesaw [ˈsiːsɔː] *n* Wippe *die.*

seethe [siːð] *vi* - **1.** [person] vor Wut schäumen - **2.** [place]: **to be seething with sthg** von etw wimmeln.

seething [ˈsiːðɪŋ] *adj* [mass of people] wimmelnd.

see-through *adj* durchsichtig.

segment [ˈsegmənt] *n* - **1.** [of report, audience] Teil *der;* [of market] Segment *das* - **2.** [of fruit] Stück *das.*

segregate [ˈsegrɪgeɪt] *vt* trennen.

segregation [ˌsegrɪˈgeɪʃn] *n* Segregation *die;* [of races] Rassentrennung *die.*

seismic [ˈsaɪzmɪk] *adj* seismisch; **~ activity** Erdbebentätigkeit *die.*

seize [siːz] *vt* - **1.** [grab] packen, greifen - **2.** [win - control, power] übernehmen; [- town] ein|nehmen - **3.** [arrest] fest|nehmen - **4.** [chance, opportunity] ergreifen.
◆ **seize (up)on** *vt fus* [suggestion, idea] sich stützen auf *(+ A).*
◆ **seize up** *vi* - **1.** [body] versagen - **2.** [engine] sich fest|fressen.

seizure [ˈsiːʒəʳ] *n* - **1.** MED Anfall *der* - **2.** *(U)* [taking - of town] Einnahme *die;* [- of control, power] Übernahme *die;* [- of goods by customs] Beschlagnahme *die.*

seldom [ˈseldəm] *adv* selten.

select [sɪˈlekt] *adj* - **1.** [carefully chosen] auserlesen - **2.** [exclusive] exklusiv ◇ *vt* aus|wählen.

select committee *n* Sonderausschuss *der.*

selected [sɪˈlektɪd] *adj* ausgewählt.

selection [sɪˈlekʃn] *n* [choice, assortment, range] Auswahl *die.*

selective [sɪˈlektɪv] *adj* - **1.** [not general, limited] selektiv - **2.** [choosy] wählerisch.

selector [sɪˈlektəʳ] *n* SPORT *Angehöriger eines Kommitees, das die Mannschaftsaufstellung vornimmt.*

self [self] (*pl* **selves**) *n* Selbst *das;* **she's her old ~ again** sie ist wieder ganz die Alte.

self- [self] *prefix* [in adjectives] selbst-; [in nouns] Selbst-.

self-addressed envelope [-əˈdrest-] *n* adressierter Rückumschlag.

self-addressed stamped envelope [-əˈdrest-] *n Am* adressierter und frankierter Rückumschlag.

self-adhesive *adj* selbstklebend.

self-appointed [-əˈpɔɪntɪd] *adj pej* selbst ernannt.

self-assembly *adj Br* zum Zusammenbauen.

self-assertive *adj* selbstbewusst.

self-assurance *n* Selbstbewusstsein *das.*

self-assured *adj* selbstbewusst.

self-catering *adj* mit Selbstversorgung.

self-centred [-ˈsentəd] *adj* egozentrisch.

self-cleaning *adj* selbstreinigend.

self-coloured *adj Br* einfarbig.

self-confessed [-kənˈfest] *adj* erklärt.

self-confidence *n* Selbstbewusstsein *das.*

self-confident *adj* selbstbewusst.

self-conscious *adj* verlegen, befangen.

self-contained [-kənˈteɪnd] *adj* - **1.** [person - independent] unabhängig; [- reserved] reserviert - **2.** [flat] abgeschlossen.

self-control *n* Selbstbeherrschung *die.*

self-controlled *adj* beherrscht.
self-defence *n* Selbstverteidigung *die;* **in ~** in Notwehr.
self-denial *n (U)* Entsagung *die.*
self-destruct [-dɪsˈtrʌkt] *adj* Selbstzerstörungs- <> *vi* sich selbst zerstören.
self-determination *n* Selbstbestimmung *die.*
self-discipline *n* Selbstdisziplin *die.*
self-doubt *n (U)* Selbstzweifel *pl.*
self-drive *adj* **Br** für Selbstfahrer.
self-educated *adj* autodidaktisch; **he's ~** er ist Autodidakt.
self-effacing [-ɪˈfeɪsɪŋ] *adj* zurückhaltend.
self-employed [-ɪmˈplɔɪd] *adj* selbstständig.
self-esteem *n* Selbstachtung *die.*
self-evident *adj* offensichtlich.
self-explanatory *adj* aus sich heraus verständlich.
self-focusing [-ˈfəʊkəsɪŋ] *adj* mit Autofokus.
self-government *n* Selbstverwaltung *die.*
self-help *n* Selbsthilfe *die.*
self-important *adj* **pej** überheblich.
self-imposed [-ɪmˈpəʊzd] *adj* selbst auferlegt.
self-indulgent *adj* **pej** [person] genusssüchtig.
self-inflicted [-ɪnˈflɪktɪd] *adj* [problem, pain] selbst verursacht; [wound] selbst beigebracht.
self-interest *n* **pej** Eigennutz *der.*
selfish [ˈselfɪʃ] *adj* selbstsüchtig, egoistisch.
selfishness [ˈselfɪʃnɪs] *n* Selbstsucht *die,* Egoismus *der.*
selfless [ˈselflɪs] *adj* selbstlos.
self-locking [-ˈlɒkɪŋ] *adj* selbstschließend.
self-made *adj* [man] Selfmade-; **she's a ~ millionaire** sie hat es aus eigener Kraft bis zur Millionärin geschafft.
self-opinionated *adj* **pej** rechthaberisch.
self-perpetuating [-pəˈpetʃʊeɪtɪŋ] *adj* sich selbst erhaltend.
self-pity *n* **pej** Selbstmitleid *das.*
self-portrait *n* Selbstporträt *das.*
self-possessed *adj* beherrscht.
self-preservation *n* Selbsterhaltung *die;* **instinct for ~** Selbsterhaltungstrieb *der.*
self-proclaimed [-prəˈkleɪmd] *adj* **pej** selbst ernannt.
self-raising flour **Br** [-ˌreɪzɪŋ-], **self-rising flour** **Am** *n (U)* Mehl *das* mit Backpulverzusatz.
self-regulating [-ˈregjʊleɪtɪŋ] *adj* sich selbst verwaltend.
self-reliant *adj* selbstständig.
self-respect *n* Selbstachtung *die.*
self-respecting [-rɪsˈpektɪŋ] *adj:* **no ~ parent would dress their child so badly** Eltern, die etwas auf sich halten, würden ihr Kind nicht so furchtbar anziehen.
self-restraint *n* Selbstbeherrschung *die.*
self-righteous *adj* **pej** selbstgerecht.
self-rising flour *n* **Am** = **self-raising flour.**
self-rule *n* Selbstverwaltung *die.*
self-sacrifice *n* Selbstaufopferung *die,* Selbstlosigkeit *die.*
selfsame [ˈselfseɪm] *adj:* **the ~** genau derselbe/dieselbe/dasselbe.
self-satisfied *adj* **pej** selbstzufrieden.
self-sealing [-ˈsiːlɪŋ] *adj* [envelope] selbstklebend.
self-seeking [-ˈsiːkɪŋ] **pej** *adj* selbstsüchtig.
self-service *n* Selbstbedienung *die* <> *comp* Selbstbedienungs-.
self-starter *n* **- 1.** AUT Anlasser *der* **- 2.** [in job advert]: **you should be an ambitious ~** Sie sollten ambitioniert sein und selbstständig arbeiten können.
self-styled [-ˈstaɪld] *adj* **pej** selbst ernannt.
self-sufficient *adj* [person, community]: **to be ~ (in sthg)** sich selbst (mit etw) versorgend; **Great Britain is ~ in coal** Großbritannien deckt seinen Kohlebedarf selbst.
self-supporting [-səˈpɔːtɪŋ] *adj* [business, industry] unabhängig.
self-tanning *adj* (Selbst)bräunungs-.
self-taught *adj* autodidaktisch; **where did you learn Gaelic? – I'm ~** wo hast du Gälisch gelernt? – ich habe es mir selbst beigebracht.
self-test *vi* COMPUT einen Selbsttest durchlführen.
self-willed *adj* **pej** eigensinnig.
sell [sel] (*pt* & *pp* **sold**) *vt* **- 1.** [goods] verkaufen; **to ~ sthg to sb, to ~ sb sthg** etw an jn verkaufen, jm etw verkaufen; **I sold it for fifty pounds** ich habe es für fünfzig Pfund verkauft **- 2.** [promote sale of]: **such a cover will ~ the magazine** mit so einem Titelbild verkauft sich die Zeitschrift garantiert gut; **to ~ o.s.** **fig** sich verkaufen **- 3.** **fig** [make enthusiastic about]: **to ~ sthg to sb, to ~ sb sthg** jm etw Schmackhaft machen; **I'm not sold on the idea** ich bin von der Idee nicht begeistert <> *vi* **- 1.** [person] verkaufen **- 2.** [product] sich verkaufen; **to ~ for** OR **at** verkauft werden für OR zu.
◆ **sell off** *vt sep* verkaufen.

◆ **sell out** *vt sep* [performance]: **to be sold out** ausverkauft sein ◇ *vi* - **1.** [shop, ticket office]: **we've sold out** wir sind ausverkauft; **we've sold out of bread** wir haben kein Brot mehr - **2.** [betray one's principles] sich verkaufen.
◆ **sell up** *vi* seine ganze Habe verkaufen, alles verkaufen.

sell-by date *n* ***Br*** Verfallsdatum *das.*

seller ['selər] *n* [vendor] Verkäufer *der,* -in *die.*

seller's market *n* Verkäufermarkt *der.*

selling ['selɪŋ] *n* Verkaufen *das.*

selling price *n* Verkaufspreis *der.*

Sellotape® ['seləteɪp] *n* ***Br*** Tesafilm® *der,* Klebeband *das.*
◆ **sellotape** *vt* mit Klebeband OR Tesafilm® kleben.

sell-out *n* [performance, match]: **to be a ~** ausverkauft sein.

seltzer ['seltsər] *n* ***Am*** Selterswasser *das.*

selves [selvz] *pl* ▷ **self.**

semantic [sɪ'mæntɪk] *adj* semantisch.
◆ **semantics** *n (U)* Semantik *die.*

semaphore ['seməfɔːr] *n (U)* Flaggenzeichen *pl.*

semblance ['sembləns] *n* ***fml*** Anschein *der.*

semen ['siːmen] *n (U)* Samen *der.*

semester [sɪ'mestər] *n* Semester *das.*

semi ['semɪ] *n* - **1.** ***Br inf*** [house] Doppelhaushälfte *die* - **2.** ***Am*** [truck] Sattelzug *der.*

semi- [ˌsemɪ] *prefix* [in adjectives] halb-; [in nouns] Halb-.

semiautomatic [ˌsemɪˌɔːtə'mætɪk] *adj* halbautomatisch.

semicircle ['semɪˌsɜːkl] *n* Halbkreis *der.*

semicircular [ˌsemɪ'sɜːkjʊlər] *adj* halbkreisförmig.

semicolon [ˌsemɪ'kəʊlən] *n* Semikolon *das.*

semiconscious [ˌsemɪ'kɒnʃəs] *adj* halb bei Bewusstsein.

semidetached [ˌsemɪdɪ'tætʃt] *adj* & *n* ***Br:*** **~ (house)** Doppelhaushälfte *die.*

semifinal [ˌsemɪ'faɪnl] *n* Halbfinale *das.*

semifinalist [ˌsemɪ'faɪnəlɪst] *n* Halbfinalist *der,* -in *die.*

seminal ['semɪnl] *adj* - **1.** [important] wegweisend - **2.** [of semen] Samen-.

seminar ['semɪnɑːr] *n* Seminar *das.*

seminary ['semɪnərɪ] (*pl* **-ies**) *n* RELIG Priesterseminar *das.*

semiotics [ˌsemɪ'ɒtɪks] *n (U)* Semiotik *die.*

semiprecious ['semɪˌpreʃəs] *adj:* **~ stone** Halbedelstein *der.*

semiskilled [ˌsemɪ'skɪld] *adj* angelernt.

semiskimmed [ˌsemɪ'skɪmd] *adj:* **~ milk** Halbfettmilch *die.*

semitrailer [ˌsemɪ'treɪlər] *n* - **1.** [trailer] Sattelanhänger *der* - **2.** ***Am*** [truck] Sattelzug *der.*

semolina [ˌsemə'liːnə] *n* Grieß *der.*

Sen. - **1.** *abbr of* **senator** - **2.** *abbr of* **Senior.**

SEN (*abbr of* **State Enrolled Nurse**) *n frühere Bezeichnung für eine geprüfte Krankenschwester/einen geprüften Krankenpfleger.*

Senate ['senɪt] *n* POL: **the ~** der Senat; **the United States ~** der Senat der Vereinigten Staaten.

SENATE

Der Senat bildet zusammen mit dem „House of Representatives" den Kongress, das oberste Gesetzgebungsorgan der USA. Seine 100 Mitglieder werden in unmittelbarer, geheimer Wahl in den Einzelstaaten gewählt; jeder Staat entsendet zwei Abgeordnete. Zur Ernennung von Kabinettsmitgliedern und sonstigen Regierungsmitarbeitern benötigt der Präsident die Zustimmung des Senats.

senator ['senətər] *n* Senator *der,* -in *die.*

send [send] (*pt* & *pp* **sent**) *vt* - **1.** [letter, message, money] schicken; [signal] senden; **to ~ sb sthg, to ~ sthg to sb** jm etw schicken, etw an jn schicken - **2.** [tell to go]: **to ~ sb (to)** jn schicken (zu); **to ~ sb for sthg** jn nach etw schicken - **3.** [propel, to cause to move]: **the fire sent sparks into the night** das Feuer warf Funken in die Nacht; **to ~ sthg crashing to the ground** etw zusammenstürzen lassen; **the explosion sent glass flying everywhere** durch die Explosion flogen Glassplitter in alle Richtungen - **4.** [into a specific state]: **to ~ sb to sleep** jn zum Einschlafen bringen; **to ~ sb into a rage** jn wütend machen.
◆ **send back** *vt sep* zurück|schicken.
◆ **send down** *vt sep* ***inf*** [send to prison] ins Gefängnis stecken.
◆ **send for** *vt fus* - **1.** [person] holen lassen - **2.** [by post] an|fordern.
◆ **send in** *vt sep* - **1.** [visitor] herein|schicken - **2.** [troops, police] entsenden, schicken - **3.** [submit] ein|reichen.
◆ **send off** *vt sep* - **1.** [by post] ab|schicken - **2.** SPORT [player] vom Platz verweisen.
◆ **send off for** *vt fus* [by post] schriftlich an|fordern.
◆ **send up** *vt sep* ***inf*** - **1.** ***Br*** [imitate] parodieren - **2.** ***Am*** [send to prison] ins Gefängnis stecken.

sender ['sendər] *n* Absender *der,* -in *die.*

send-off *n* Verabschiedung *die.*

send-up *n* ***Br inf*** Parodie *die.*

Senegal [ˌsenɪ'gɔːl] *n* Senegal *nt.*

senile ['siːnaɪl] *adj* senil.

senile dementia *n* Altersschwachsinn *der.*

senility [sɪ'nɪlətɪ] *n* Senilität *die.*

senior ['siːnjəʳ] *adj* **- 1.** [high-ranking - position, manager] leitend; [- official] höher; [- nurse, doctor] Ober-; [- police officer] ranghoch **- 2.** [higher-ranking]: **to be ~ to sb** höher gestellt als jn sein **- 3.** SCH [classes] höher; [pupils] älter; **~ year** ***Am*** *letztes Jahr an einer Highschool, einem College oder einer Universität* ◇ *n* **- 1.** [older person]: **I'm five years his ~, I'm his ~ by five years** ich bin fünf Jahre älter als er **- 2.** SCH *Schüler/Student im letzten Schul-/Studienjahr.*

senior citizen *n* Senior *der*, -in *die.*

senior high school *n* ***Am*** ≃ Oberstufe *die.*

seniority [ˌsiːnɪ'ɒrətɪ] *n (U)* [in rank] höhere Position.

sensation [sen'seɪʃn] *n* **- 1.** [feeling] Gefühl *das* **- 2.** [cause of excitement] Sensation *die.*

sensational [sen'seɪʃənl] *adj* **- 1.** [news, victory, show] sensationell; [person, appearance] toll **- 2.** [sensationalist] Sensations-.

sensationalist [sen'seɪʃnəlɪst] *adj* ***pej*** Sensations-.

sense [sens] *n* **- 1.** [faculty] Sinn *der* **- 2.** [feeling, sensation] Gefühl *das;* **~ of guilt** Schuldgefühl *das;* **~ of justice** Gerechtigkeitssinn *der* **- 3.** [natural ability] Gefühl *das;* **business ~** Geschäftssinn *der;* **a ~ of humour** Humor *der* **- 4.** [wisdom, reason] Vernunft *die;* **she had the ~ to warn us beforehand** sie war so vernünftig, uns vorher zu warnen; **to talk ~** vernünftig sein; **there's no ~ in arguing/fighting/***etc* es hat keinen Sinn zu streiten/kämpfen/*etc* **- 5.** [meaning] Bedeutung *die;* **to make ~** [have clear meaning] Sinn haben; [be logical] sinnvoll sein; **to make no ~** keinen Sinn machen; **to make ~ of sthg** etw verstehen **- 6.** ***phr:*** **to come to one's ~s** [be sensible again] (wieder) zur Vernunft kommen; [regain consciousness] (wieder) zu Bewusstsein kommen ◇ *vt* [feel] spüren; **to ~ (that) ...** spüren, dass ...

◈ **in a sense** *adv* in gewissem Sinne.

senseless ['senslɪs] *adj* **- 1.** [stupid] sinnlos **- 2.** [unconscious] bewusstlos.

sensibilities [ˌsensɪ'bɪlətɪz] *npl* [delicate feelings] Empfindlichkeit *die.*

sensible ['sensəbl] *adj* vernünftig.

sensibly ['sensəblɪ] *adv* vernünftig.

sensitive ['sensɪtɪv] *adj* **- 1.** [eyes, skin] empfindlich; **~ to heat/light** hitze-/lichtempfindlich **- 2.** [understanding, aware]: **to be ~ (to sthg)** (gegenüber etw) aufmerksam sein **- 3.** [easily hurt, touchy]: **to be ~ to sthg** gegenüber etw empfindlich sein; **to be ~ about sthg** wegen etw empfindlich sein **- 4.** [controversial] heikel **- 5.** [instrument] empfindlich.

sensitivity [ˌsensɪ'tɪvətɪ] *n (U)* **- 1.** [gen] Empfindlichkeit *die* **- 2.** [understanding] Aufmerksamkeit *die.*

sensor ['sensəʳ] *n* Sensor *der.*

sensual ['sensjʊəl] *adj* sinnlich.

sensuous ['sensjʊəs] *adj* sinnlich.

sent [sent] *pt & pp* ▻ **send.**

sentence ['sentəns] *n* **- 1.** [group of words] Satz *der* **- 2.** LAW [decision] Urteil *das;* **a ~ of five years** eine fünfjährige Haftstrafe ◇ *vt:* **to ~ sb (to sthg)** jn (zu etw) verurteilen.

sententious [sen'tenʃəs] *adj* ***pej*** schulmeisterlich.

sentiment ['sentɪmənt] *n* **- 1.** [feeling] Gefühl *das;* [opinion] Meinung *die* **- 2.** ***pej*** [sentimentality] Sentimentalität *die.*

sentimental [ˌsentɪ'mentl] *adj* sentimental.

sentimentality [ˌsentɪmen'tælətɪ] *n* Sentimentalität *die.*

sentinel ['sentɪnl] *n* Wache *die.*

sentry ['sentrɪ] (*pl* **-ies**) *n* Wache *die.*

Seoul [səʊl] *n* Seoul *nt.*

separable ['seprəbl] *adj:* **~ (from sthg)** trennbar (von etw).

separate [*adj & n* 'seprət, *vb* 'sepəreɪt] *adj* **- 1.** [not joined, apart]: **~ (from sthg)** getrennt (von etw) **- 2.** [individual, distinct] verschieden; **write on a ~ piece of paper** schreiben Sie auf ein Extrablatt ◇ *vt* **- 1.** [keep or set apart]: **to ~ (from)** trennen (von); **to ~ sb/sthg into** jn/etw einlteilen in *(+ A)* **- 2.** [distinguish] unterscheiden; **to ~ sb/sthg from** jn/etw unterscheiden von ◇ *vi* **- 1.** [go different ways]: **to ~ (from)** sich trennen (von) **- 2.** [come apart, divide] auseinander gehen; **to ~ (into sthg)** sich teilen (in etw *(A)*) **- 3.** [couple] sich trennen.

◈ **separates** *npl* ***Br*** Kombinationskleidung *die.*

separated ['sepəreɪtɪd] *adj* [not living together] getrennt.

separately ['seprətlɪ] *adv* getrennt.

separation [ˌsepə'reɪʃn] *n* Trennung *die;* [division] Einteilung *die.*

separatism ['seprətɪzm] *n* Separatismus *der.*

separatist ['seprətɪst] *n* Separatist *der*, -in *die.*

sepia ['siːpɪə] *adj* Sepia-.

Sept. (*abbr of* **September**) Sept.

September [sep'tembəʳ] *n* September *der;* **in ~** im September; **last/this/next ~** letzten/diesen/nächsten September; **by ~** bis September; **every ~** jeden September, jedes Jahr im September; **during ~** im September; **at the beginning/end of ~** Anfang/Ende

September; **in the middle of ~** Mitte September ◇ *comp* September-.

septet [sep'tet] *n* Septett *das.*

septic ['septɪk] *adj* eitrig; MED septisch.

septicaemia *Br,* **septicemia** *Am* [ˌseptɪ'siːmɪə] *n (U)* Blutvergiftung *die.*

septic tank *n* Klärgrube *die.*

sequel ['siːkwəl] *n* - **1.** [book, film]: **~ (to sthg)** Fortsetzung *die* (von etw) - **2.** [consequence]: **~ to sthg** Folge *die* von etw.

sequence ['siːkwəns] *n* - **1.** [series] Reihe *die* - **2.** *(U)* [order] Reihenfolge *die;* **in ~** der Reihenfolge nach - **3.** [of film] Sequenz *die.*

sequester [sɪ'kwestəʳ], **sequestrate** [sɪ'kwestreɪt] *vt* LAW zwangsverwalten.

sequin ['siːkwɪn] *n* Paillette *die.*

sera *pl* ▷ **serum.**

Serb [sɜːb] *adj* & *n* = **Serbian.**

Serbia ['sɜːbjə] *n* Serbien *nt.*

Serbian ['sɜːbjən] *adj* serbisch ◇ *n* [person] Serbe *der,* -bin *die.*

Serbo-Croat [ˌsɜːbəʊ'krəʊæt], **Serbo-Croatian** [ˌsɜːbəʊkrəʊ'eɪʃn] *adj* serbokroatisch ◇ *n* [language] Serbokroatisch(e) *das.*

serenade [ˌserə'neɪd] *n* - **1.** [to lover] Ständchen *das* - **2.** [orchestral] Serenade *die* ◇ *vt* ein Ständchen bringen *(+ D).*

serene [sɪ'riːn] *adj* [person] gelassen.

serenely [sɪ'riːnlɪ] *adv* gelassen.

serenity [sɪ'renətɪ] *n* Gelassenheit *die.*

serf [sɜːf] *n* HIST Leibeigene *der, die.*

serge [sɜːdʒ] *n (U)* Serge *die,* Sersche *die.*

sergeant ['sɑːdʒənt] *n* - **1.** [in the army] Feldwebel *der* - **2.** [in the police] Wachtmeister *der,* -in *die.*

sergeant major *n* Hauptfeldwebel *der.*

serial ['sɪərɪəl] *n* [on TV] Serie *die;* [on radio] Sendereihe *die;* [in newspaper] Fortsetzungsroman *der.*

serialize, -ise ['sɪərɪəlaɪz] *vt* [book] in Fortsetzungen veröffentlichen.

serial killer *n* Serienmörder *der,* -in *die.*

serial number *n* Seriennummer *die.*

series ['sɪəriːz] *(pl inv) n* - **1.** [sequence] Reihe *die* - **2.** RADIO & TV Serie *die.*

serious ['sɪərɪəs] *adj* - **1.** [gen] ernst; [situation, problem, illness, loss] schwer; [shortage] groß - **2.** [newspaper] seriös; **are you ~?** ist das dein Ernst?

serious crime *n (U)* schwere Straftaten *pl.*

seriously ['sɪərɪəslɪ] *adv* - **1.** [earnestly] ernsthaft; **to take sb/sthg ~** jn/etw ernst nehmen - **2.** [very badly - ill] schwer; [- lacking] sehr.

seriousness ['sɪərɪəsnɪs] *n* - **1.** [of person, expression, situation] Ernst *der;* **in all ~** allen Ernstes - **2.** [of illness, loss] Schwere *die.*

sermon ['sɜːmən] *n* - **1.** [in church] Predigt *die* - **2.** *fig* & *pej* [lecture] Moralpredigt *die.*

serpent ['sɜːpənt] *n literary* Schlange *die.*

serrated [sɪ'reɪtɪd] *adj* gezackt.

serum ['sɪərəm] *(pl* **serums** OR **sera)** *n* Serum *das.*

servant ['sɜːvənt] *n* [in household] Diener *der,* -in *die.*

serve [sɜːv] *vt* - **1.** [work for] dienen *(+ D)* - **2.** [have effect]: **this only ~d to make him more angry** das führte nur dazu, dass er noch ärgerlicher wurde; **to ~ a purpose** einem Zweck dienen - **3.** [provide - with gas, electricity, water] versorgen; **which motorways ~ Birmingham?** welche Autobahnen führen nach Birmingham? - **4.** [food or drink]: **to ~ sthg to sb, to ~ sb sthg** jm etw servieren; **this recipe ~s four** das Rezept ergibt vier Portionen - **5.** [customer] bedienen - **6.** LAW: **to ~ sb with a writ** jn vor Gericht laden - **7.** [complete, carry out - prison sentence] verbüßen; [- apprenticeship] absolvieren; **to ~ a term of office** im Amt sein - **8.** SPORT auf|schlagen - **9.** *phr:* **it ~s you right** das geschieht dir recht ◇ *vi* - **1.** [be employed - as soldier] dienen; [- in profession] arbeiten; **to ~ on** [committee] an|gehören *(+ D)* - **2.** [function]: **to ~ as sthg** als etw dienen - **3.** [with food, drink] servieren - **4.** [in shop, bar *etc*] bedienen - **5.** SPORT auf|schlagen ◇ *n* SPORT Aufschlag *der.*

◆ **serve out, serve up** *vt sep* [food] servieren.

server ['sɜːvəʳ] *n* COMPUT Server *der.*

service ['sɜːvɪs] *n* - **1.** [organization, system] Dienst *der;* **bus/train ~** Bus-/Zugverbindung *die* - **2.** [amenity] Dienstleistung *die,* Service *der* - **3.** [employment - length of time] Dienstzeit *die* - **4.** *(U)* [in shop, bar *etc*] Bedienung *die,* Service *der;* '**~ not included**' 'Trinkgeld nicht inbegriffen' - **5.** MIL Militärdienst *der* - **6.** [mechanical check - of car] Durchsicht *die;* [- of machine] Wartung *die* - **7.** RELIG Gottesdienst *der* - **8.** [set of tableware] Service *das* - **9.** [operation] Betrieb *der;* **in/out of ~** in/außer Betrieb - **10.** SPORT Aufschlag *der* - **11.** [help]: **to be of ~ to sb** [person] jm behilflich sein; [thing] jm von Nutzen sein ◇ *vt* - **1.** [car, machine] warten - **2.** FIN [debt, loan] bedienen.

◆ **services** *npl* - **1.** [on motorway] Raststätte *die (mit Tankstelle)* - **2.** [armed forces]: **the ~s** das Militär - **3.** [help] Hilfe *die,* Dienste *pl.*

serviceable ['sɜːvɪsəbl] *adj* praktisch.

service area *n* Raststätte *die (mit Tankstelle).*

service charge *n* Bedienungszuschlag *der,* Service *der.*

service industries *npl* Dienstleistungssektor *der.*

serviceman ['sɜːvɪsmən] (*pl* **-men** [-mən]) *n* MIL Militärangehörige *der*.

service provider *n* COMPUT Internetprovider *der*.

service station *n* Raststätte *die (mit Tankstelle)*.

servicewoman ['sɜːvɪs,wʊmən] (*pl* **-women** [-,wɪmɪn]) *n* MIL Militärangehörige *die*.

serviette [,sɜːvɪ'et] *n* Serviette *die*.

servile ['sɜːvaɪl] *adj* unterwürfig.

servility [sɜː'vɪlətɪ] *n* Unterwürfigkeit *die*.

serving ['sɜːvɪŋ] *adj* - **1.** [spoon, dish, fork] Servier- - **2.** [member, chairman] amtierend ◇ *n* [portion] Portion *die*.

sesame ['sesəmɪ] *n (U)* Sesam *der;* **open ~!** Sesam öffne dich!

session ['seʃn] *n* - **1.** [of court, parliament] Sitzung *die;* **to be in ~** tagen - **2.** [meeting] Treffen *das;* **we had a ~ to discuss the problem** wir sind zusammengekommen, um das Problem zu diskutieren; **recording ~** Aufnahme *die* - **3.** *Am* [school term] Semester *das*.

set [set] (*pt* & *pp* **set;** *cont* **-ting**) *adj* - **1.** [specified, prescribed] festgelegt, festgesetzt; [book, text] vorgeschrieben - **2.** [fixed - phrase, expression] fest; [- ideas, routine] starr; **to be ~ in one's ways** ein Gewohnheitsmensch sein - **3.** [ready]: **to be (all) ~ (to do sthg)** startbereit sein(, etw zu tun) - **4.** [determined]: **to be ~ on doing sthg** entschlossen sein, etw zu tun; **to be dead ~ against sthg** völlig gegen etw sein ◇ *n* - **1.** [collection, group] Satz *der;* **~ of teeth** Gebiss *das;* **chess ~** Schachspiel *das* - **2.** [television, radio] Apparat *der* - **3.** [of film] Filmkulisse *die;* [of play] Kulisse *die* - **4.** TENNIS Satz *der* ◇ *vt* - **1.** [put in specified position, place] stellen; [lying down] legen - **2.** [fix, insert]: **to ~ sthg in(to) sthg** etw in etw *(A)* einlassen - **3.** [indicating change of state or activity]: **to ~ sb free** jn befreien; **to ~ sb's mind at rest** jn beruhigen; **to ~ sthg on fire** etw anlzünden; **her remark ~ me thinking** ihre Bemerkung brachte mich zum Nachdenken - **4.** [prepare in advance - trap] auflstellen; [- table] decken - **5.** [clock, meter] stellen - **6.** [time, deadline, minimum wage] festlsetzen, festllegen - **7.** [create - trend] setzen; [- example] geben; [- precedent] schaffen; [- record] auflstellen - **8.** [assign - target] setzen; [- essay, homework] auflgeben; [- exam] auslarbeiten - **9.** MED [bone, broken leg] richten - **10.** MUS: **to ~ sthg to music** etw vertonen - **11.** [story, film] spielen - **12.** [hair] legen ◇ *vi* - **1.** [sun] unterlgehen - **2.** [jelly, cement] fest werden.

◆ **set about** *vt fus* [start]: **to ~ about sthg** etw in Angriff nehmen; **to ~ about doing sthg** sich daranmachen, etw zu tun.

◆ **set against** *vt sep* - **1.** [compare] gegenüberlstellen *(+ D)* - **2.** [put in opposition] gegeneinanderlstellen - **3.** FIN: **to ~ sthg against tax** etw von der Steuer ablsetzen.

◆ **set ahead** *vt sep Am* [clock] vorlstellen.

◆ **set apart** *vt sep* [distinguish]: **to ~ sb/sthg apart from** jn/etw unterscheiden von.

◆ **set aside** *vt sep* - **1.** [keep, save - food] auflheben; [- money] beiseite legen; [- time] einlplanen - **2.** [not consider] außer Acht lassen.

◆ **set back** *vt sep* - **1.** [delay] zurücklwerfen - **2.** *inf* [cost]: **it ~ me back £300** es hat mich 300 Pfund gekostet.

◆ **set down** *vt sep* - **1.** [write down] niederlschreiben - **2.** [put down] ablsetzen.

◆ **set in** *vi* [cold, rain] einlsetzen; [infection] kommen zu; [winter] Einzug halten; **he walked for twenty miles before exhaustion ~ in** nachdem er zwanzig Meilen gewandert war, kamen seine Kräfte zum Erliegen.

◆ **set off** *vt sep* - **1.** [initiate, cause] auslösen - **2.** [trigger - bomb] zünden; [- alarm] auslösen ◇ *vi* [on journey] auflbrechen.

◆ **set on** *vt sep* [dog] hetzen auf *(+ A);* **to ~ the police on sb** jm die Polizei auf den Hals hetzen.

◆ **set out** *vt sep* - **1.** [arrange, spread out] zurechtl legen; [chairs] auflstellen; [food] anlrichten - **2.** [clarify, explain] darllegen ◇ *vt fus* [intend]: **to ~ out to do sthg** sich *(D)* vorlnehmen, etw zu tun ◇ *vi* [on journey] auflbrechen.

◆ **set up** *vt sep* - **1.** [establish, arrange - fund, organization] gründen; [- interview, meeting] anlsetzen; **to ~ o.s. up** sich etablieren; **to ~ up house** OR **home** einen (eigenen) Haushalt gründen - **2.** [erect - roadblock] errichten; **to ~ up camp** Zelte auflschlagen - **3.** [install] auflstellen - **4.** *inf* [incriminate] als Schuldigen hinlstellen ◇ *vi* [in business] sich selbstständig machen.

setback ['setbæk] *n* Rückschlag *der*.

set menu *n* Menü *das*.

setsquare ['setskweəʳ] *n Br* Zeichendreieck *das*.

settee [se'tiː] *n* Sofa *das*, Couch *die*.

setter ['setəʳ] *n* [dog] Setter *der*.

setting ['setɪŋ] *n* - **1.** [surroundings] Umgebung *die* - **2.** [of dial, control] Einstellung *die*.

settle ['setl] *vt* - **1.** [argument, differences] beillegen - **2.** [pay - bill, debt] begleichen; [- account] auslgleichen - **3.** [make comfortable]: **she ~d herself in an armchair** sie machte es sich in einem Sessel bequem - **4.** [nerves, stomach] beruhigen ◇ *vi* - **1.** [go to live] sich niederllassen - **2.** [make o.s. comfortable] es sich *(D)* bequem machen - **3.** [come to rest - dust] sich legen; [- sediment] sich setzen; **to ~ on sthg** [bird, butterfly] sich auf etw *(D)* niederllassen.

◆ **settle down** *vi* - **1.** [give one's attention]: **to ~ down to work** sich an die Arbeit machen; **to ~ down to doing sthg** sich daranlmachen, etw zu tun - **2.** [assume stable lifestyle] sesshaft werden - **3.** [make o.s. comfortable] es sich *(D)* bequem machen - **4.** [become calm] sich beruhigen.

◆ **settle for** *vt fus* sich zufrieden|geben mit.

◆ **settle in** *vi* [in house] sich ein|leben; [in job] sich ein|gewöhnen.

◆ **settle on** *vt fus* [choose] sich entscheiden für.

◆ **settle up** *vi* [financially]: **to ~ up (with sb)** ab|rechnen (mit jm).

settled ['setld] *adj* [weather] beständig.

settlement ['setlmənt] *n* - **1.** [agreement] Übereinkunft *die*, Einigung *die* - **2.** [village] (An)siedlung *die* - **3.** [payment] Begleichung *die*, Bezahlung *die*.

settler ['setlə^r] *n* Siedler *der*, -in *die*.

set-to *n* **inf** [fight] Schlägerei *die;* [quarrel] Streit *der*.

set-up *n* **inf** - **1.** [system] System *das;* [organization] Organisation *die* - **2.** [deception to incriminate] Falle *die*.

seven ['sevn] *num* sieben; *see also* **six**.

seventeen [,sevn'ti:n] *num* siebzehn; *see also* **six**.

seventeenth [,sevn'ti:nθ] *num* siebzehnte, -r, -s; *see also* **sixth**.

seventh ['sevnθ] *num* siebte, -r, -s; *see also* **sixth**.

seventh heaven *n*: **to be in ~** im siebenten Himmel sein.

seventieth ['sevntjəθ] *num* siebzigste, -r, -s; *see also* **sixth**.

seventy ['sevntɪ] *num* siebzig; *see also* **sixty**.

sever ['sevə^r] *vt* - **1.** [limb] ab|trennen; [rope] durch|schneiden; [ligament] reißen - **2.** [relationship, ties] ab|brechen; [agreement] brechen.

several ['sevrəl] *adj* [some] mehrere, einige ◇ *pron* mehrere, einige.

severance pay *n (U)* Abfindung *die*.

severe [sɪ'vɪə^r] *adj* - **1.** [shock, pain, gale] stark; [illness, injury] schwer; [problem] ernst - **2.** [stern - person] streng; [- criticism] heftig.

severely [sɪ'vɪəlɪ] *adv* - **1.** [extremely, badly] stark; [injured] schwer - **2.** [sternly] streng.

severity [sɪ'verətɪ] *n (U)* - **1.** [of storm] Stärke *die;* [of illness] Schwere *die;* [of problem] Ernst *der* - **2.** [sternness - of person] Strenge *die;* [- of criticism] Heftigkeit *die*.

sew [səʊ] (*Br pp* **sewn**, *Am pp* **sewed** OR **sewn**) *vt* & *vi* nähen.

◆ **sew up** *vt sep* - **1.** [join] zusammen|nähen - **2.** **inf** [arrange, fix] in der Hand haben.

sewage ['su:ɪdʒ] *n* Abwasser *das*.

sewage works *n* Klärwerk *das*.

sewer ['sʊə^r] *n* Abwasserkanal *der*.

sewerage ['sʊərɪdʒ] *n (U)* [sewers] Kanalisation *die*.

sewing ['səʊɪŋ] *n (U)* - **1.** [activity] Nähen *das* - **2.** [items] Näharbeit *die*.

sewing machine *n* Nähmaschine *die*.

sewn [səʊn] *pp* ▷ **sew**.

sex [seks] *n* - **1.** [gender] Geschlecht *das* - **2.** [sexual intercourse] Sex *der;* **to have ~ (with sb)** (mit jm) Sex haben.

sex appeal *n* Sexappeal *der*.

sex education *n* Sexualerziehung *die*.

sexism ['seksɪzm] *n* Sexismus *der*.

sexist ['seksɪst] *adj* sexistisch ◇ *n* Sexist *der*, -in *die*.

sex life *n* Sex(ual)leben *das*.

sex object *n* Sexobjekt *das*, Lustobjekt *das*.

sex shop *n* Sexshop *der*.

sextet [seks'tet] *n* Sextett *das*.

sextuplet [seks'tju:plɪt] *n* Sechsling *der*.

sexual ['sekʃʊəl] *adj* - **1.** [of sexuality, sexual intercourse] sexuell; [disease, organ] Geschlechts- - **2.** [of gender]: **~ equality/rivalry** Gleichheit/Rivalität zwischen den Geschlechtern.

sexual assault *n* Notzucht *die*.

sexual discrimination *n* Diskriminierung *die* aufgrund des Geschlechts.

sexual harassment *n (U)* sexuelle Belästigung.

sexual intercourse *n (U)* Geschlechtsverkehr *der*.

sexuality [,sekʃʊ'ælətɪ] *n* Sexualität *die*.

sexually transmitted disease *n* sexuell übertragbare Krankheit.

sexy ['seksɪ] (*compar* **-ier;** *superl* **-iest**) *adj* **inf** sexy.

Seychelles [seɪ'ʃelz] *npl:* **the ~** die Seychellen *pl;* **in the ~** auf den Seychellen.

sf, SF *n abbr of* **science fiction**.

SFO (*abbr of* **Serious Fraud Office**) *n britisches Betrugsdezernat*.

Sgt *abbr of* **sergeant**.

sh [ʃ] *excl* pst!

shabby ['ʃæbɪ] (*compar* **-ier;** *superl* **-iest**) *adj* schäbig; [street] heruntergekommen.

shack [ʃæk] *n* Hütte *die*.

shackle ['ʃækl] *vt* - **1.** [chain] fesseln - **2.** **literary** [restrict] (be)hindern.

◆ **shackles** *npl* - **1.** [metal restraints] Ketten *pl* - **2.** **literary** [restrictions] Behinderungen *pl*.

shade [ʃeɪd] *n* - **1.** *(U)* [shadow] Schatten *der* - **2.** [lampshade] Lampenschirm *der* - **3.** [colour] Farbton *der* - **4.** [nuance] Schattierung *die* ◇ *vt* - **1.** [from light] beschatten; **to ~ one's eyes** seine Augen ab|schirmen - **2.** [in drawing] schattieren ◇ *vi* [merge]: **to ~ into sthg** in etw *(A)* über|gehen.

◆ **shades** *npl* ***inf*** [sunglasses] Sonnenbrille *die*.

shading [ˈʃeɪdɪŋ] *n* [darker area] Schattierung *die*.

shadow [ˈʃædəʊ] *n* Schatten *der;* **to be a ~ of one's former self** (nur noch) ein Schatten seiner selbst sein; **there's not a** *OR* **the ~ of a doubt** es gibt nicht den geringsten Zweifel ◇ *adj* ***Br*** POL Schatten-.

shadow cabinet *n* Schattenkabinett *das*.

shadowy [ˈʃædəʊɪ] *adj* **- 1.** [dark] dunkel **- 2.** [hard to see] schattenhaft **- 3.** [unknown, sinister] mysteriös.

shady [ˈʃeɪdɪ] (*compar* **-ier;** *superl* **-iest**) *adj* **- 1.** [place] schattig **- 2.** [tree] schatten spendend **- 3.** ***inf*** [dishonest, sinister] zweifelhaft.

shaft [ʃɑːft] *n* **- 1.** [vertical passage] Schacht *der* **- 2.** [rod - of tool] Stiel *der;* [- of column] Schaft *der;* [- of propeller] Welle *die* **- 3.** [of light] Strahl *der* ◇ *vt* ***vinf*** **- 1.** [dupe] an|schmieren **- 2. *Am*** [treat unfairly] mies behandeln.

shaggy [ˈʃægɪ] (*compar* **-ier;** *superl* **-iest**) *adj* [hair, beard, dog] struppig; [carpet] verfilzt.

shaggy-dog story *n langatmige Anekdote ohne Höhepunkt*.

shake [ʃeɪk] (*pt* **shook;** *pp* **shaken**) *vt* **- 1.** [move vigorously] schütteln; **to ~ hands** sich *(D)* die Hände schütteln; **to ~ sb's hand, to ~ hands with sb** jm die Hand schütteln, js Hand schütteln; **to ~ one's head** den Kopf schütteln **- 2.** [upset, undermine] erschüttern ◇ *vi* zittern ◇ *n:* **to give sthg a ~** etw schütteln.

◆ **shake down** *vt sep* ***Am inf*** **- 1.** [extort] erpressen **- 2.** [search] gründlich durchsuchen.

◆ **shake off** *vt sep* [police, pursuer] ab|schütteln; [illness] los|werden.

◆ **shake up** *vt sep* [upset] stark mit|nehmen.

shakedown [ˈʃeɪkdaʊn] *n* ***Am inf*** **- 1.** [extortion] Erpressung *die* **- 2.** [search] gründliche Durchsuchung.

shaken [ˈʃeɪkn] *pp* ▷ **shake.**

shakeout [ˈʃeɪkaʊt] *n* [shake-up] radikale Umstrukturierung.

Shakespearean [ʃeɪkˈspɪərɪən] *adj* Shakespearisch; **in ~ times** zu Zeiten Shakespeares.

shake-up *n* ***inf*** radikale Umstrukturierung.

shaky [ˈʃeɪkɪ] (*compar* **-ier;** *superl* **-iest**) *adj* **- 1.** [unsteady - chair, table] wackelig; [- hand, writing, voice] zitternd; [- person] zitterig **- 2.** [weak, uncertain] schwach; [finances] unsicher.

shall [*weak form* ʃəl, *strong form* ʃæl] *aux vb* **- 1.** *(1st person sg & 1st person pl)* [to express future tense] werden; **I ~ be late tomorrow** morgen werde ich später kommen; **I ~ be ready soon** ich bin bald fertig; **will you be there? – we ~** werdet ihr dort sein? - ja **- 2.** *(esp 1st person sg & 1st person pl)* [in questions] sollen; **~ I buy some wine?** soll ich Wein kaufen?; **where ~ we go?** wo gehen wir hin?; **I'll tell her too, ~ I?** ich sag es ihr auch, OK? **- 3.** [will definitely] werden; **we ~ overcome!** wir werden siegen! **- 4.** [in orders] sollen; **you ~ tell me what happened!** du wirst mir erzählen, was passiert ist!; **the committee ~ decide on this** der Ausschuss entscheidet hierüber; **payment ~ be made within a week** die Zahlung muss innerhalb einer Woche erfolgen.

shallot [ʃəˈlɒt] *n* Schalotte *die*

shallow [ˈʃæləʊ] *adj* **- 1.** [in size] flach **- 2. *pej*** [superficial] seicht **- 3.** [breathing] flach.

◆ **shallows** *npl* Untiefe *die*.

sham [ʃæm] (*pt* & *pp* **-med;** *cont* **-ming**) *adj* [feeling] vorgetäuscht ◇ *n* [piece of deceit] Schein *der* ◇ *vi* [pretend to be ill] simulieren; [pretend to feel sthg] heucheln.

shambles [ˈʃæmblz] *n* **- 1.** [disorder] Chaos *das* **- 2.** [fiasco] Disaster *das*.

shame [ʃeɪm] *n* **- 1.** [remorse] Scham *die* **- 2.** [dishonour]: **to bring ~ (up)on sb** über jn Schande bringen **- 3.** [pity]: **it's a ~ (that) ...** schade, dass ...; **what a ~!** (wie) schade! ◇ *vt* beschämen; **to ~ sb into doing sthg** jn moralisch zwingen, etw zu tun.

shamefaced [ˌʃeɪmˈfeɪst] *adj* beschämt.

shameful [ˈʃeɪmfʊl] *adj* schändlich.

shameless [ˈʃeɪmlɪs] *adj* schamlos.

shammy [ˈʃæmɪ] (*pl* **-ies**) *n* ***inf:*** **~ (leather)** Fensterleder *das*.

shampoo [ʃæmˈpuː] (*pl* **-s;** *pt* & *pp* **-ed;** *cont* **-ing**) *n* **- 1.** [liquid] Shampoo *das;* **carpet ~** Teppichreiniger *der* **- 2.** [act of shampooing]: **to give one's hair a ~** sich *(D)* das Haar schampunieren ◇ *vt* [hair] schampunieren; [carpet] reinigen.

shamrock [ˈʃæmrɒk] *n* Klee *der*.

shandy [ˈʃændɪ] (*pl* **-ies**) *n* [in Northern Germany] Alsterwasser *das;* [in Southern Germany] Radler *das*.

shan't [ʃɑːnt] = **shall not.**

shantytown [ˈʃæntɪtaʊn] *n* Slum *der*.

shape [ʃeɪp] *n* **- 1.** [outer form] Form *die* **- 2.** [figure, abstract structure] Gestalt *die;* **to take ~** Gestalt an|nehmen **- 3.** [guise]: **in the ~ of** in Form von; **not in any ~ or form** in keiner Weise **- 4.** [form, health]: **to be in good/bad ~** [person] in guter/schlechter Form sein; **his business is in bad ~** seine Geschäfte laufen schlecht; **to lick** *OR* **knock sb into ~** jn in Form bringen ◇ *vt* **- 1.** [mould physically]: **to ~ sthg (into)** etw formen (in *(+ A)*); **~d like a star** sternenförmig **- 2.** [influence - person, character] formen; [- ideas, life, future] beeinflussen.

◆ **shape up** *vi* [develop] sich entwickeln.

-shaped [ˈʃeɪpt] *suffix* -förmig; **egg~** eiförmig.

shapeless [ˈʃeɪplɪs] *adj* formlos.

shapely [ˈʃeɪplɪ] (*compar* **-ier;** *superl* **-iest**) *adj* [legs] wohlproportioniert; [woman] wohlgeformt.

shard [ʃɑːd] *n* Scherbe *die*.

share [ʃeəʳ] *n*: **~ (of/in sthg)** Anteil *der* (von/an etw *(D)*); **to have one's ~ of sthg** seinen Anteil an etw *(D)* haben; **to do one's ~ of sthg** seinen Beitrag zu etw leisten ◇ *vt* teilen; **to ~ sthg (with sb)** etw (mit jm) teilen ◇ *vi* [share book] zusammen hineinǀschauen; **there's only one room left – we'll have to ~** es gibt nur noch ein Zimmer – wir müssen es teilen; **to ~ in sthg** sich an etw *(D)* beteiligen.
◆ **shares** *npl* FIN Aktien *pl*.
◆ **share out** *vt sep* verteilen.

share capital *n (U)* Aktienkapital *das*.

share certificate *n* Aktienzertifikat *das*.

shareholder [ˈʃeəˌhəʊldəʳ] *n* Aktionär *der*, -in *die*.

share index *n* Aktienindex *der*.

share-out *n* Verteilung *die*.

shareware [ˈʃeəweəʳ] *n* COMPUT Shareware *die*.

shark [ʃɑːk] (*pl inv* OR **-s**) *n* - **1.** [fish] Hai *der* - **2.** *fig* [dishonest person] Gauner *der*.

sharp [ʃɑːp] *adj* - **1.** [not blunt] scharf; [needle, pencil] spitz - **2.** [well-defined] scharf - **3.** [intelligent, keen - person, mind] scharfsinnig; [- eyesight, hearing] scharf - **4.** [sudden - increase, fall] abrupt; [- turn] scharf; [- slope] steil - **5.** [angry, severe] scharf; **she was rather ~ with me** sie war recht schroff zu mir - **6.** [piercing, loud] schrill - **7.** [painful] schneidend - **8.** [bitter] herb - **9.** [MUS - raised a semitone] um einen Halbton erhöht; **C ~** Cis *das;* **D ~** Dis *das;* **A ~** Ais *das* ◇ *adv* - **1.** [punctually] pünktlich; **at eight o'clock ~** Punkt acht Uhr - **2.** [quickly, suddenly]: **to turn ~ right/left** scharf nach rechts/links abǀbiegen ◇ *n* [MUS - note] erhöhter Ton; [- symbol] Kreuz *das*.

sharpen [ˈʃɑːpn] *vt* - **1.** [make sharp] schärfen; [pencil] (anǀ)spitzen - **2.** [heighten - sense, mind] anǀstrengen; [- conflict, contrast] verschärfen ◇ *vi* [pain, wind, conflict] sich verschärfen.

sharp end *n Br fig:* **to be at the ~** an vorderster Front stehen.

sharpener [ˈʃɑːpnəʳ] *n* [for pencil] Spitzer *der;* [for knife] Messerschärfer *der*.

sharp-eyed [-ˈaɪd] *adj* scharfsichtig.

sharply [ˈʃɑːplɪ] *adv* - **1.** [distinctly] scharf - **2.** [suddenly - increase, fall] abrupt; [- turn] scharf; [- slope] steil - **3.** [harshly] scharf.

sharpness [ˈʃɑːpnɪs] *n* Schärfe *die;* [of point, pencil] Spitzheit *die;* [of pain] Heftigkeit *die;* [of voice] Schrillheit *die;* [of wine] herber Geschmack.

sharpshooter [ˈʃɑːpˌʃuːtəʳ] *n* Scharfschütze *der*.

sharp-tongued [-ˈtʌŋd] *adj* scharfzüngig.

sharp-witted [-ˈwɪtɪd] *adj* scharfsinnig.

shat [ʃæt] *pt* & *pp* ▻ **shit.**

shatter [ˈʃætəʳ] *vt* - **1.** [glass, window] zerschmettern - **2.** *fig* [beliefs, hopes, dreams] zerschlagen; **to be ~ed (by sthg)** (wegen etw) niedergeschmettert sein ◇ *vi* [glass, window] zerspringen.

shattered [ˈʃætəd] *adj* - **1.** [shocked, upset] niedergeschmettert - **2.** *Br inf* [very tired] völlig fertig.

shattering [ˈʃætərɪŋ] *adj* - **1.** [shocking, upsetting] niederschmetternd - **2.** *Br inf* [very tiring] ermüdend.

shatterproof [ˈʃætəpruːf] *adj* bruchsicher.

shave [ʃeɪv] *n* [with razor] Rasur *die;* **to have a ~** sich rasieren; **that was a close ~!** *fig* das war knapp! ◇ *vt* - **1.** [with razor] rasieren - **2.** [wood] abǀhobeln ◇ *vi* sich rasieren.
◆ **shave off** *vt sep* [with razor] abǀrasieren.

shaven [ˈʃeɪvn] *adj* rasiert.

shaver [ˈʃeɪvəʳ] *n* Rasierapparat *der*.

shaving brush [ˈʃeɪvɪŋ-] *n* Rasierpinsel *der*.

shaving cream [ˈʃeɪvɪŋ-] *n* Rasiercreme *die*.

shaving foam [ˈʃeɪvɪŋ-] *n* Rasierschaum *der*.

shavings [ˈʃeɪvɪŋz] *npl* Späne *pl*.

shaving soap [ˈʃeɪvɪŋ-] *n* Rasierseife *die*.

shawl [ʃɔːl] *n* Schultertuch *das*.

she [ʃiː] *pers pron* - **1.** [referring to woman, girl, animal] sie; **~'s tall** sie ist groß; **there ~ is** da ist sie; **SHE can't do it** SIE kann es nicht tun; **if I were** OR **was ~** *fml* wenn ich sie wäre - **2.** [referring to boat, car, country] es; **~ sails tomorrow** es fährt morgen ab ◇ *n* **inf: it's a ~** es ist eine Sie ◇ *comp:* **~-bear** Bärin *die*.

sheaf [ʃiːf] (*pl* **sheaves**) *n* - **1.** [of papers, letters] Bündel *das* - **2.** [of corn, grain] Garbe *die*.

shear [ʃɪəʳ] (*pt* **-ed;** *pp* **-ed** OR **shorn**) *vt* scheren.
◆ **shears** *npl* - **1.** [for garden] Heckenschere *die* - **2.** [for dressmaking] große Schere.
◆ **shear off** *vt sep* abǀschneiden ◇ *vi* abǀbrechen.

sheath [ʃiːθ] (*pl* **-s** [ʃiːðz]) *n* - **1.** [for knife] Scheide *die* - **2.** [for cable] Umhüllung *die*, Ummantelung *die* - **3.** *Br* [condom] Kondom *das*.

sheathe *vt* - **1.** [sword, dagger] in die Scheide stecken - **2.** [cable, pipe]: **~d in sthg** mit etw umǀmantelt.

sheath knife *n* Fahrtenmesser *das*.

sheaves [ʃiːvz] *pl* ▻ **sheaf.**

shed [ʃed] (*pt* & *pp* **shed;** *cont* **-ding**) *n* Schuppen *der* ◇ *vt* - **1.** [gen] verlieren - **2.** [employees] entlassen; [inhibitions] überwinden - **3.** [tears, blood] vergießen.

she'd [*weak form* ʃɪd, *strong form* ʃiːd] = **she had, she would.**

sheen [ʃiːn] *n* Glanz *der.*

sheep [ʃiːp] (*pl inv*) *n* Schaf *das.*

sheepdog ['ʃiːpdɒg] *n* Hütehund *der.*

sheepfold ['ʃiːpfəʊld] *n* Schafhürde *die.*

sheepish ['ʃiːpɪʃ] *adj* verlegen.

sheepishly ['ʃiːpɪʃlɪ] *adv* verlegen.

sheepskin ['ʃiːpskɪn] *n* Schaffell *das.*

sheepskin jacket *n* Schaffelljacke *die.*

sheepskin rug *n* Schaffellteppich *der.*

sheer [ʃɪəʳ] *adj* - **1.** [absolute] rein - **2.** [very steep] senkrecht - **3.** [delicate] hauchdünn.

sheet [ʃiːt] *n* - **1.** [for bed] Bettuch *das*, Laken *das;* **as white as a ~** totenbleich - **2.** [of paper] Blatt *das* - **3.** [of glass] Scheibe *die;* [of metal] Blech *das;* [of wood] Platte *die.*

sheet feed *n* COMPUT Einzelblatteinzug *der.*

sheet ice *n* Eisschicht *die.*

sheeting ['ʃiːtɪŋ] *n* Abdeckung *die.*

sheet lightning *n* Wetterleuchten *das.*

sheet metal *n (U)* Blech *das.*

sheet music *n (U)* Notenblätter *pl.*

sheik(h) [ʃeɪk] *n* Scheich *der.*

shelf [ʃelf] (*pl* **shelves**) *n* Regal *das.*

shelf life *n* Haltbarkeit *die.*

shell [ʃel] *n* - **1.** [of egg, nut] Schale *die* - **2.** [of tortoise] Panzer *der;* [of snail] Haus *das* - **3.** [on beach] Muschel *die* - **4.** [of building] Rohbau *der;* [of car] Karosserie *die;* [of boat] Rumpf *der* - **5.** MIL Granate *die* ◇ *vt* - **1.** [remove covering from] schälen; [peas] enthülsen - **2.** MIL beschießen.

◆ **shell out** *inf vt sep* blechen ◇ *vi:* **to ~ out for sthg** für etw blechen müssen.

she'll [ʃiːl] = **she will, she shall.**

shellfish ['ʃelfɪʃ] (*pl inv*) *n* - **1.** [creature] Schalentier *das* - **2.** *(U)* [food] Meeresfrüchte *pl.*

shelling ['ʃelɪŋ] *n* MIL Beschuss *der.*

shellshock ['ʃelʃɒk] *n (U)* Kriegstrauma *das.*

shell suit *n* **Br** Jogginganzug *der (aus Nylon).*

shelter ['ʃeltəʳ] *n* - **1.** [building, structure] Unterstand *der;* [against air raids] (Luftschutz)bunker *der;* [in mountains] Berghütte *die* - **2.** [cover, protection] Schutz *der* - **3.** [accommodation] Obdach *das* ◇ *vt* - **1.** [from rain, sun, bombs]: **to be ~ed by/from sthg** von/vor etw *(D)* geschützt sein - **2.** [give asylum to - refugee] Obdach geben *(+ D);* [- fugitive, criminal] Unterschlupf gewähren *(+ D)* ◇ *vi:* **to ~ from/in sthg** vor/in etw *(D)* Schutz suchen.

sheltered ['ʃeltəd] *adj* - **1.** [place] geschützt - **2.** [life, childhood] behütet - **3.** [accommodation, housing] betreut.

shelve [ʃelv] *vt* [plan] auf|schieben ◇ *vi* [ground, beach] sich (sanft) neigen.

shelves [ʃelvz] *pl* ▷ **shelf.**

shelving ['ʃelvɪŋ] *n (U)* [shelves] Regale *pl.*

shenanigans [ʃɪ'nænɪgənz] *npl* **inf** - **1.** [trickery] Tricks *pl* - **2.** [mischief] Dummheiten *pl.*

shepherd ['ʃepəd] *n* Schäfer *der* ◇ *vt* **fig** führen.

shepherd's pie ['ʃepədz-] *n mit Kartoffelbrei überbackenes Hackfleisch.*

sherbet ['ʃɜːbət] *n* - **1.** *(U)* **Br** [sweet powder] Brausepulver *das* - **2.** **Am** [sorbet] Sorbet *das.*

sheriff ['ʃerɪf] *n* - **1.** **Am** [law officer] Sheriff *der* - **2.** **Scot** [judge] *(oberster) Richter einer Grafschaft.*

sherry ['ʃerɪ] (*pl* **-ies**) *n* Sherry *der.*

she's [ʃiːz] = **she is, she has.**

Shetland ['ʃetlənd] *n:* **~, the ~ Islands** die Shetlandinseln *pl;* **in ~, in the ~ Islands** auf den Shetlandinseln.

shh [ʃ] *excl* = **sh.**

shield [ʃiːld] *n* - **1.** [armour] Schild *der* - **2.** **Br** [sports trophy] Trophäe *die* - **3.** [protection]: **~ against sthg** Schutz *der* gegen etw ◇ *vt:* **to ~ sb/o.s. (from sthg)** jn/sich (vor etw *(D)*) schützen.

shift [ʃɪft] *n* - **1.** [slight change] Veränderung *die* - **2.** [period of work, workers] Schicht *die* ◇ *vt* - **1.** [move, put elsewhere] verschieben - **2.** [change slightly] ändern - **3.** **fig** [blame, responsibility]: **to ~ sthg onto sb** jm etw in die Schuhe schieben - **4.** **Am** AUT: **to ~ gear** schalten - **5.** [stain] entfernen ◇ *vi* - **1.** [move] sich bewegen; [move up - person] rutschen; [- thing] verrutschen; **he ~ed about in his chair** er rutschte auf seinem Stuhl herum - **2.** [change slightly - attitude, opinion] sich ändern; [- wind] umlschlagen - **3.** **Am** AUT schalten - **4.** [stain] sich entfernen lassen.

shift key *n* Umschalttaste *die*, Shift-Taste *die.*

shiftless ['ʃɪftlɪs] *adj* träge.

shift stick *n* **Am** Schaltknüppel *der.*

shifty ['ʃɪftɪ] (*compar* **-ier;** *superl* **-iest**) *adj* **inf** verschlagen.

Shiite ['ʃiːaɪt] *adj* schiitisch ◇ *n* Schiite *der*, -tin *die.*

shilling ['ʃɪlɪŋ] *n* **Br** Shilling *der.*

shilly-shally ['ʃɪlɪˌʃælɪ] (*pt & pp* **-ied**) *vi* unentschlossen sein.

shimmer ['ʃɪməʳ] *n* Schimmer *der;* [in heat] Flimmern *das* ◇ *vi* schimmern; [in heat] flimmern.

shin [ʃɪn] (*pt & pp* **-ned;** *cont* **-ning**) *n* Schienbein *das.*

◆ **shin up** **Br**, **shinny up** **Am** *vt fus* hinauf|klettern.

shinbone ['ʃɪnbəʊn] *n* Schienbein *das.*

shine [ʃaɪn] (*pt & pp* **shone**) *n* Glanz *der* ◇ *vt*

- **1.** [torch, lamp]: **to ~ sthg on sthg** mit etw auf etw leuchten **- 2.** [polish] polieren ◇ *vi* **- 1.** [moon, sun] scheinen; [stars, light] leuchten; [eyes, metal, shoes] glänzen **- 2.** [excel]: **to ~ at sthg** in etw glänzen.

shingle [ˈʃɪŋgl] *n* [on beach] Strandkies *der*.
◆ **shingles** *(U) n* MED Gürtelrose *die*.

shining [ˈʃaɪnɪŋ] *adj* **- 1.** [gleaming] glänzend **- 2.** [outstanding] hervorragend.

shinny ◆ **shinny up** *vt fus* **Am = shin up.**

shin pads *npl* Schienbeinschoner *pl*.

shiny [ˈʃaɪnɪ] (*compar* **-ier;** *superl* **-iest**) *adj* glänzend.

ship [ʃɪp] (*pt* & *pp* **-ped;** *cont* **-ping**) *n* Schiff *das* ◇ *vt* [send] versenden; [send by ship - people] befördern; [- goods] verschiffen.

shipbuilder [ˈʃɪpˌbɪldəʳ] *n* Schiffbauer *der*.

shipbuilding [ˈʃɪpˌbɪldɪŋ] *n* Schiffbau *der*.

ship canal *n* Seekanal *der*.

shipment [ˈʃɪpmənt] *n* **- 1.** [cargo] Sendung *die;* [in ship] Ladung *die* **- 2.** [act of shipping] Versand *der;* [by ship] Verschiffung *die*.

shipper [ˈʃɪpəʳ] *n* Spediteur *der*.

shipping [ˈʃɪpɪŋ] *n (U)* **- 1.** [transport] Versand *der;* [by ship] Verschiffung *die* **- 2.** [ships] Schiffe *pl*.

shipping agent *n* Schiffsmakler *der*.

shipping company *n* Reederei *die*.

shipping forecast *n* Seewetterbericht *der*.

shipping lane *n* Schifffahrtsstraße *die*.

shipshape [ˈʃɪpʃeɪp] *adj* tipptopp in Ordnung.

shipwreck [ˈʃɪprek] *n* **- 1.** [destruction of ship] Schiffbruch *der* **- 2.** [wrecked ship] Schiffswrack *das* ◇ *vt:* **to be ~ed** Schiffbruch erleiden.

shipwrecked [ˈʃɪprekt] *adj* schiffbrüchig.

shipyard [ˈʃɪpjɑːd] *n* (Schiffs)werft *die*.

shire [ʃaɪəʳ] *n* [county] Grafschaft *die*.
◆ **Shire** *n:* **the Shires** *Sammelbegriff für die Grafschaften in Mittelengland.*

shire horse *n* Zugpferd *das*.

shirk [ʃɜːk] *vt* sich drücken vor *(+ D)*.

shirker [ˈʃɜːkəʳ] *n* Drückeberger *der*, -in *die*.

shirt [ʃɜːt] *n* Hemd *das*.

shirtsleeves [ˈʃɜːtsliːvz] *npl:* **to be in (one's) ~** in Hemdsärmeln sein.

shirttail [ˈʃɜːtteɪl] *n* Hemdschoß *der*.

shirty [ˈʃɜːtɪ] (*compar* **-ier;** *superl* **-iest**) *adj* ***Br inf*** sauer.

shit [ʃɪt] (*pt* & *pp* **shit** OR **-ted** OR **shat;** *cont* **-ting**) ***vulg*** *n* **- 1.** [excrement, nonsense] Scheiße *die* **- 2.** [person] Scheißkerl *der* ◇ *vi* scheißen ◇ *excl* Scheiße!

shiver [ˈʃɪvəʳ] *n* Schauder *der;* **to give sb the ~s** jn schaudern lassen ◇ *vi:* **to ~ (with sthg)** (vor etw *(D)*) zittern.

shoal [ʃəʊl] *n* [of fish] Schwarm *der*.

shock [ʃɒk] *n* **- 1.** [surprise, reaction] Schock *der* **- 2.** MED: **to be suffering from ~, to be in (a state of) ~** unter Schock stehen **- 3.** [impact] Wucht *die* **- 4.** ELEC Schlag *der* **- 5.** [thick mass]: **~ of hair** Haarschopf ◇ *vt* & *vi* [upset] schockieren.

shock absorber [-əbˌzɔːbəʳ] *n* Stoßdämpfer *der*.

shocked [ʃɒkt] *adj* schockiert.

shocking [ˈʃɒkɪŋ] *adj* **- 1.** [very bad] miserabel **- 2.** [scandalous, horrifying] schockierend.

shockproof [ˈʃɒkpruːf] *adj* stoßfest.

shock tactics *npl* **- 1.** MIL Überraschungsschlag *der* **- 2.** ***fig*** [surprising manoeuvre] Schocktherapie *die*.

shock therapy, shock treatment *n (U)* MED Schocktherapie *die*.

shock troops *npl* Stoßtruppen *pl*.

shock wave *n* **- 1.** [intense pressure] Druckwelle *die* **- 2.** ***fig*** [strong reaction] Welle *die* des Entsetzens.

shod [ʃɒd] *pt* & *pp* ▷ **shoe** ◇ *adj:* **well/poorly ~** gut/schlecht beschuht.

shoddy [ˈʃɒdɪ] (*compar* **-ier;** *superl* **-iest**) *adj* schäbig.

shoe [ʃuː] (*pt* & *pp* **-d** OR **shod;** *cont* **-ing**) *n* **- 1.** [for person] Schuh *der* **- 2.** [for horse] Hufeisen *das* **- 3.** [for brake] Bremsbacke *die* ◇ *vt* [horse] beschlagen.

shoebrush [ˈʃuːbrʌʃ] *n* Schuhbürste *die*.

shoehorn [ˈʃuːhɔːn] *n* Schuhanzieher *der*.

shoelace [ˈʃuːleɪs] *n* Schnürsenkel *der*.

shoemaker [ˈʃuːˌmeɪkəʳ] *n* Schuhmacher *der*, -in *die*.

shoe polish *n (U)* Schuh(putz)creme *die*.

shoe repairer [-rɪˌpeərəʳ] *n* Schuster *der*, -in *die*.

shoe shop *n* Schuhgeschäft *das*.

shoestring [ˈʃuːstrɪŋ] *adj* [budget] knapp ◇ *n* ***fig:*** **on a ~** mit minimalen (finanziellen) Mitteln.

shoetree [ˈʃuːtriː] *n* Schuhspanner *der*.

shone [ʃɒn] *pt* & *pp* ▷ **shine.**

shoo [ʃuː] *vt* verscheuchen ◇ *excl* husch!

shook [ʃʊk] *pt* ▷ **shake.**

shoot [ʃuːt] (*pt* & *pp* **shot**) *vt* **- 1.** [fire gun at - killing] erschießen; [- wounding] anschießen; **to ~ o.s.** [kill o.s.] sich erschießen **- 2.** ***Br*** [hunt] jagen **- 3.** [arrow] abschießen **- 4.** [direct]: **to ~ sb a look** jm einen Blick zuwerfen; **to ~ questions at sb** jn mit Fragen bombardieren **- 5.** CINEMA drehen **- 6.** ***Am:*** **to ~ pool** Billiard spielen ◇ *vi* **- 1.** [fire gun]: **to ~ (at sb/sthg)** (auf jn/etw) schießen - **2.** *Br* [hunt] jagen - **3.** [move quickly]: **to ~ in/out/past** herein-/heraus-/vorbeischießen - **4.** CINEMA drehen - **5.** SPORT schießen ◇ *n* - **1.** *Br* [hunting expedition] Jagd *die* - **2.** [of plant] Trieb *der* ◇ *excl* **Am** *inf* - **1.** [go ahead] schieß los! - **2.** [damn] Mist!

◆ **shoot down** *vt sep* - **1.** [plane, helicopter] ablschießen; [person] niederlschießen - **2.** *fig* [reject] neiderlmachen.

◆ **shoot up** *vi* - **1.** [grow quickly] schnell wachsen - **2.** [increase quickly] in die Höhe schießen - **3.** *drugs sl* [take drugs] sich *(D)* Drogen spritzen.

shooting [ˈʃuːtɪŋ] *n* - **1.** [killing] Schießerei *die* - **2.** [hunting] Jagd *die*.

shooting range *n* Schießplatz *der*.

shooting star *n* Sternschnuppe *die*.

shooting stick *n* Sitzstock *der*.

shoot-out *n* Schießerei *die*.

shop [ʃɒp] (*pt & pp* **-ped;** *cont* **-ping**) *n* - **1.** [store] Geschäft *das*, Laden *der;* **to talk ~** fachsimpeln - **2.** [workshop] Werkstatt *die* ◇ *vi* einlkaufen; **to go ~ping** einkaufen gehen.

◆ **shop around** *vi* Preisvergleich machen.

shop assistant *n* **Br** Verkäufer *der*, -in *die*.

shop floor *n*: **the ~** [workers] die Arbeiter *pl;* **on the ~** bei den Arbeitern.

shopkeeper [ˈʃɒpˌkiːpəʳ] *n* Ladenbesitzer *der*, -in *die*.

shoplifter [ˈʃɒpˌlɪftəʳ] *n* Ladendieb *der*, -in *die*.

shoplifting [ˈʃɒpˌlɪftɪŋ] *n (U)* Ladendiebstahl *der*.

shopper [ˈʃɒpəʳ] *n* Käufer *der*, -in *die*.

shopping [ˈʃɒpɪŋ] *n (U)* - **1.** [purchases] Einkäufe *pl* - **2.** [act of shopping] Einkaufen *das;* **to do the ~** einkaufen (gehen).

shopping bag *n* Einkaufstasche *die*.

shopping centre *Br*, **shopping mall** *Am*, **shopping plaza** *Am* [-ˌplɑːzəl] *n* Einkaufszentrum *das*.

shopping list *n* Einkaufsliste *die*.

shopping mall, shopping plaza *n* **Am** = **shopping centre.**

shopsoiled *Br* [ˈʃɒpsɔɪld], **shopworn** *Am* [ˈʃɒpwɔːn] *adj* angestaubt.

shop steward *n* gewerkschaftliche Vertrauensperson.

shopwalker [ˈʃɒpˌwɔːkəʳ] *n* **Br** Aufsicht *die*.

shopwindow [ˌʃɒpˈwɪndəʊ] *n* Schaufenster *das*.

shopworn *adj* **Am** = **shopsoiled.**

shore [ʃɔːʳ] *n* Ufer *das;* **on ~** [not at sea] an Land.

◆ **shore up** *vt sep* - **1.** [prop up] ablstützen - **2.** *fig* [sustain] stützen.

shore leave *n* Landurlaub *der*.

shoreline [ˈʃɔːlaɪn] *n* Uferlinie *die*.

shorn [ʃɔːn] *pp* ▷ **shear** ◇ *adj* [head, sheep] geschoren; [hair] kurz geschoren.

short [ʃɔːt] *adj* - **1.** [gen] kurz - **2.** [in height] klein - **3.** [curt]: **to be ~ (with sb)** (zu jm) schroff OR barsch sein - **4.** [lacking] knapp; **we're £10 ~** uns fehlen 10 Pfund; **he is ~ on intelligence/money** es mangelt ihm an Intelligenz/Geld; **to be ~ of breath** [permanently] kurzatmig sein; [temporarily] außer Atem sein - **5.** [abbreviated]: **to be ~ for sthg** die Kurzform von etw sein ◇ *adv* - **1.** [lacking]: **we're running ~ of food** unsere Lebensmittelvorräte gehen langsam zur Neige - **2.** [suddenly, abruptly]: **to cut sthg ~** etw vorzeitig ablbrechen; **to stop ~** plötzlich stehenlbleiben; **to bring** OR **pull sb up ~** jn zum Nachdenken bringen ◇ *n* - **1.** *Br* [alcoholic drink] Schnaps *der* - **2.** CINEMA Kurzfilm *der*.

◆ **shorts** *npl* - **1.** [short trousers] Shorts *pl* - **2.** *Am* [underwear] Boxershorts *pl*.

◆ **for short** *adv:* **he's called Bob for ~** er wird kurz Bob genannt.

◆ **in short** *adv* kurz gesagt.

◆ **nothing short of** *prep* nichts anderes als.

◆ **short of** *prep* [apart from]: **~ of ringing up, I don't see how I can find out** ich kann es nur herausfinden, wenn ich anrufe.

shortage [ˈʃɔːtɪdʒ] *n* Mangel *der*, Knappheit *die*.

short back and sides *n* **Br** Fassonschnitt *der*.

shortbread [ˈʃɔːtbred] *n (U)* Buttergebäck *das*.

short-change *vt* - **1.** [in shop, restaurant] zu wenig herauslgeben *(+ D)* - **2.** *fig* [reward unfairly] übers Ohr gehauen werden.

short circuit *n* Kurzschluss *der*.

◆ **short-circuit** *vt* kurzlschließen ◇ *vi* einen Kurzschluss haben.

shortcomings [ˈʃɔːtˌkʌmɪŋz] *npl* Unzulänglichkeiten *pl*.

shortcrust pastry [ˈʃɔːtkrʌst-] *n (U)* Mürbeteig *der*.

short cut *n* - **1.** [quick route] Abkürzung *die* - **2.** [quick method] schneller Weg.

shorten [ˈʃɔːtn] *vt* - **1.** [in time] verkürzen - **2.** [in length] kürzen ◇ *vi* [days, nights] kürzer werden.

shortening [ˈʃɔːtnɪŋ] *n (U)* CULIN Backfett *das*.

shortfall [ˈʃɔːtfɔːl] *n:* **~ (in/of sthg)** Defizit *das* (bei/von etw).

shorthand [ˈʃɔːthænd] *n (U)* - **1.** [writing system] Stenografie *die*, Kurzschrift *die* - **2.** [euphemism]: **to be ~ for sthg** etw im Klartext heißen.

shorthanded [ˌʃɔːtˈhændɪd] *adj:* **to be ~** an Personalmangel leiden.

shorthand typist *n Br* Stenotypist *der*, -in *die*.

short-haul *adj* Kurzstrecken-.

short list *n Br* engere Wahl.
◆ **short-list** *vt Br*: **to be short-listed (for sthg)** (für etw) in die engere Wahl gezogen werden.

short-lived [-'lɪvd] *adj* kurzlebig.

shortly ['ʃɔːtlɪ] *adv* - **1.** [soon] bald; **~ before/after our arrival** kurz vor/nach unserer Ankunft - **2.** [curtly, abruptly] schroff, barsch.

shortness ['ʃɔːtnɪs] *n (U)* Kürze *die;* [in height] (geringe) Größe.

short-range *adj* - **1.** [missile, weapon] Kurzstrecken- - **2.** [forecast - economic] kurzfristig; [- weather] für die nächsten Tage.

short shrift [-'ʃrɪft] *n*: **to give sb ~** jn kurz ab|fertigen.

shortsighted [ˌʃɔːt'saɪtɪd] *adj lit & fig* kurzsichtig.

short-staffed [-'stɑːft] *adj*: **to be ~** an Personalmangel leiden.

short-stay car park *n* Kurzzeitparkplatz *der*.

short story *n* Kurzgeschichte *die*.

short-tempered [-'tempəd] *adj* reizbar.

short-term *adj* kurzfristig.

short time *n Br*: **on ~** auf Kurzarbeit.

short wave *n* Kurzwelle *die*.

shot [ʃɒt] *pt & pp* ▷ **shoot** ◇ *n* - **1.** [gunshot, injection, drink] Schuss *der;* **like a ~** [quickly] wie der Blitz - **2.** [marksman] Schütze *der*, -zin *die* - **3.** [SPORT - in football] Schuss *der;* [- in golf, tennis] Schlag *der* - **4.** [photograph] Aufnahme *die* - **5.** CINEMA Einstellung *die* - **6.** *inf* [try, go] Versuch *der*.

shotgun ['ʃɒtgʌn] *n* Schrotflinte *die*.

shot put *n*: **the ~** das Kugelstoßen.

should [ʃʊd] *aux vb* - **1.** [expressing desirability]: **we ~ leave now** wir sollten jetzt gehen; **you ~ have seen her!** du hättest sie sehen sollen! - **2.** [asking for advice, permission]: **~ I go too?** soll ich auch gehen?; **~ I do it now?** soll ich es jetzt tun? - **3.** [as suggestion]: **I ~ deny everything** ich würde alles abstreiten; **I ~n't take too much notice** kümmern Sie sich nicht zu sehr darum - **4.** [expressing probability]: **she ~ be home soon** sie müsste bald zu Hause sein - **5.** [ought to]: **they ~ have won the match** sie hätten das Spiel gewinnen sollen; **that ~ do** das dürfte genügen - **6.** *fml* [expressing wish]: **I ~ like to come with you** ich würde gerne mit dir mitkommen - **7.** *(as conditional)*: **~ you need anything, call reception** *fml* sollten Sie irgendetwas brauchen, rufen Sie die Rezeption an; **how ~ I know?** wie soll ich das wissen? - **8.** *(in subordinate clauses)*: **we decided that you ~ meet him** wir beschlossen, dass du ihn kennenlernen solltest - **9.** [expressing uncertain opinion]: **I ~ imagine he's about 50** meiner Meinung nach ist er etwa 50 - **10.** *(after "who" or "what")* [expressing surprise]: **and who ~ I run into but Ann!** ausgerechnet Ann ist mir über den Weg gelaufen!

shoulder ['ʃəʊldəʳ] *n* Schulter *die;* **to look over one's ~** über seine Schulter sehen; **a ~ to cry on** jemand zum Ausweinen; **to rub ~s with sb** mit jm zusammen|kommen ◇ *vt* - **1.** [load] auf die Schulter(n) nehmen - **2.** [responsibility] übernehmen.

shoulder bag *n* Umhängetasche *die*.

shoulder blade *n* Schulterblatt *das*.

shoulder-length *adj* schulterlang.

shoulder pad *n* Schulterpolster *das*.

shoulder strap *n* - **1.** [on dress] Träger *der* - **2.** [on bag] Schulterriemen *der*.

shouldn't ['ʃʊdnt] = **should not.**

should've ['ʃʊdəv] = **should have.**

shout [ʃaʊt] *n* Schrei *der* ◇ *vt* schreien ◇ *vi* schreien; **to ~ at sb** jn an|schreien.
◆ **shout down** *vt sep* nieder|schreien.
◆ **shout out** *vt sep* heraus|schreien.

shouting ['ʃaʊtɪŋ] *n* Geschrei *das*.

shove [ʃʌv] *inf n*: **to give sb a ~** jm einen Schubs geben; **to give sthg a ~** etw rücken; [car] etw an|schieben ◇ *vt* [push - person] schubsen; [- thing] schieben; [stuff] stopfen.
◆ **shove off** *vi* - **1.** [in boat] (vom Ufer) ab|stoßen - **2.** *inf* [go away] verschwinden.

shovel ['ʃʌvl] (*Br pt & pp* **-led;** *cont* **-ling**, *Am pt & pp* **-ed;** *cont* **-ing**) *n* Schaufel *die* ◇ *vt* - **1.** [with a shovel] schaufeln - **2.** *fig*: **to ~ ice cream into one's mouth** Eis in sich hinein|schaufeln.

show [ʃəʊ] (*pt* **-ed;** *pp* **shown** OR **-ed**) *n* - **1.** [entertainment] Show *die* - **2.** CINEMA Vorstellung *die* - **3.** [exhibition] Ausstellung *die;* **on ~** ausgestellt - **4.** [display - of strength] Zurschaustellen *das;* [- of temper] Anfall *der*, Ausbruch *der;* **for ~** nur fürs Auge - **5.** [pretence]: **~ of indifference** vorgetäuschte Gleichgültigkeit; **it's all ~** es ist alles Show ◇ *vt* zeigen; [subj: thermometer, dial] an|zeigen; [profit, loss] auf|weisen; [work of art] aus|stellen; **to ~ sb sthg, to ~ sthg to sb** jm etw zeigen; **he has nothing to ~ for his hard work** man sieht nichts von der Arbeit, die er hineingesteckt hat; **to ~ o.s.** sich zeigen; **it just goes to ~ (that) ...** das zeigt OR beweist mal wieder, dass ...; **to ~ sb how to do sthg** jm zeigen, wie man etw tut; **to ~ sb to the door/his table** jn zur Tür bringen/zu seinem Tisch führen ◇ *vi* - **1.** [indicate, make clear] zeigen - **2.** [be visible] zu sehen sein - **3.** CINEMA: **what's ~ing tonight?** welcher Film läuft heute Abend?
◆ **show around** *vt sep* = **show round.**
◆ **show in** *vt sep* herein|führen.

◆ **show off** *vt sep* vor|führen ◇ *vi* an|geben.
◆ **show out** *vt sep* heraus|führen.
◆ **show round** *vt sep* herum|führen.
◆ **show up** *vt sep* [embarrass] blamieren ◇ *vi* - **1.** [stand out] hervor|stehen, hervor|treten - **2.** [arrive] auf |tauchen.

showbiz [ˈʃəʊbɪz] *n* ***inf*** Showbusiness *das*, Showgeschäft *das*.

show business *n* Showbusiness *das*, Showgeschäft *das*.

showcase [ˈʃəʊkeɪs] *n* - **1.** [glass case] Vitrine *die*, Schaukasten *der* - **2.** ***fig*** [advantageous setting] Schaufenster *das*.

showdown [ˈʃəʊdaʊn] *n:* **to have a ~ with sb** mit jm eine klärende Auseinandersetzung haben.

shower [ˈʃaʊəʳ] *n* - **1.** [device] Dusche *die* - **2.** [wash]: **to have** *OR* **take a ~** duschen - **3.** [of rain] Schauer *der* - **4.** [of confetti, sparks] Regen *der;* [of insults, abuse] Flut *der* - **5.** ***Am*** [party] *Party für eine Frau, die bald heiraten oder ein Kind bekommen wird, zu der jeder Gast ein Geschenk mitbringt* ◇ *vt:* **to ~ sb with sthg** jn mit etw überschütten; **the police were ~ed with stones** Steine hagelten auf die Polizisten nieder; **they ~ed insults upon him** sie überschütteten ihn mit Beleidigungen ◇ *vi* [wash] duschen.

shower cap *n* Duschhaube *die*.

showerproof [ˈʃaʊəpruːf] *adj* wasserfest.

showery [ˈʃaʊərɪ] *adj* regnerisch.

showing [ˈʃəʊɪŋ] *n* CINEMA Vorstellung *die*.

show jumping [-ˌdʒʌmpɪŋ] *n* Springreiten *das*.

showman [ˈʃəʊmən] (*pl* **-men** [-mən]) *n* - **1.** [at fair; circus] Schausteller *der* - **2.** ***fig*** [publicity-seeker] Showman *der*.

showmanship [ˈʃəʊmənʃɪp] *n (U)* Unterhaltungstalent *das*.

shown [ʃəʊn] *pp* ▷ **show.**

show-off *n* ***inf*** Angeber *der*, -in *die*.

show of hands *n* Handzeichen *das*.

showpiece [ˈʃəʊpiːs] *n* [main attraction] Paradestück *das*.

showroom [ˈʃəʊrʊm] *n* Ausstellungsraum *der*.

showy [ˈʃəʊɪ] (*compar* **-ier;** *superl* **-iest**) *adj* auffällig.

shrank [ʃræŋk] *pt* ▷ **shrink.**

shrapnel [ˈʃræpnl] *n (U)* Granatsplitter *pl*.

shred [ʃred] (*pt* & *pp* **-ded;** *cont* **-ding**) *n* - **1.** [of paper] Schnitzel *der;* [of fabric] Fetzen *der* - **2.** ***fig*** [of truth] Funken *der;* [of evidence] Hauch *der* ◇ *vt* - **1.** CULIN [cabbage, lettuce] in Streifen schneiden - **2.** [paper in shredder] in den Reißwolf stecken.

shredder [ˈʃredəʳ] *n* - **1.** CULIN [in food processor] Zerkleinerer *der* - **2.** [for documents] Aktenvernichter *der*.

shrew [ʃruː] *n* [animal] Spitzmaus *die*.

shrewd [ʃruːd] *adj* scharfsinnig; [person] klug; [action, judgement, move] klug.

shrewdness [ˈʃruːdnɪs] *n* Scharfsinnigkeit *die*.

shriek [ʃriːk] *n* Schrei *der* ◇ *vt* schreien ◇ *vi:* **to ~ (with/in)** auf |schreien (vor *(+ D)*).

shrill [ʃrɪl] *adj* [high-pitched] schrill.

shrimp [ʃrɪmp] *n* Garnele *die*.

shrine [ʃraɪn] *n* Schrein *der*.

shrink [ʃrɪŋk] (*pt* **shrank;** *pp* **shrunk**) *vt* eingehen lassen ◇ *vi* - **1.** [become smaller] schrumpfen; [person] kleiner werden; [clothing] ein|gehen - **2.** ***fig*** [contract, diminish] zusammen|schrumpfen; [of trade] zurück|gehen - **3.** [recoil]: **to ~ away from sb/sthg** vor jm/etw zurück|weichen - **4.** [be reluctant]: **to ~ from a task** sich vor einer Aufgabe scheuen ◇ *n* ***inf*** [psychoanalyst] Nervenklempner *der*.

shrinkage [ˈʃrɪŋkɪdʒ] *n (U)* - **1.** [of clothing] Eingehen *das* - **2.** ***fig*** [contraction] Zusammenschrumpfen *das;* [of trade] Zurückgehen *das*.

shrink-wrap *vt* ein|schweißen.

shrivel [ˈʃrɪvl] (***Br*** *pt* & *pp* **-led;** *cont* **-ling, *Am*** *pt* & *pp* **-ed;** *cont* **-ing**) *vt:* **to ~ (up)** [plant] welken lassen; [skin] runzelig werden lassen ◇ *vi:* **to ~ (up)** [plant] welken; [skin] runzelig werden.

shroud [ʃraʊd] *n* [cloth] Leichentuch *das* ◇ *vt:* **to be ~ed in sthg** in etw *(A)* eingehüllt sein.

Shrove Tuesday [ˈʃrəʊv-] *n* Faschingsdienstag *der*, Fastnachtsdienstag *der*.

shrub [ʃrʌb] *n* Strauch *der*, Busch *der*.

shrubbery [ˈʃrʌbərɪ] (*pl* **-ies**) *n* Gebüsch *das*.

shrug [ʃrʌg] (*pt* & *pp* **-ged;** *cont* **-ging**) *n* Achselzucken *das;* **to give a ~** mit den Achseln zucken ◇ *vt:* **to ~ one's shoulders** mit den Achseln zucken ◇ *vi* mit den Achseln zucken.
◆ **shrug off** *vt sep* beiseite schieben.

shrunk [ʃrʌŋk] *pp* ▷ **shrink.**

shrunken [ˈʃrʌŋkn] *adj* [fruit] verschrumpelt; [old person] zusammengeschrumpft.

shucks [ʃʌks] *excl* ***Am inf*** - **1.** [it was nothing] schon gut! - **2.** [damn] Mist!

shudder [ˈʃʌdəʳ] *n* [of fear, horror] Schauer *der*, Schauder *der* ◇ *vi* - **1.** [person]: **to ~ (with sthg)** (vor etw *(D)*) schauern *OR* schaudern; **I ~ to think what might have happened** ich denke mit Schaudern daran, was hätte passieren können - **2.** [machine, vehicle] beben.

shuffle [ˈʃʌfl] *n* - **1.** [of feet] Schlurfen *das* - **2.** [of cards]: **to give the cards a ~** die Karten mischen ◇ *vt* - **1.: to ~ one's feet** mit den

Füßen scharren; [when walking] schlurfen - **2.** [cards] mischen - **3.** [papers] durchl-sortieren <> *vi* - **1.** [walk]: **to ~ in/out/along** herein-/heraus-/entlangschlurfen - **2.** [fidget] herum|rutschen.

shun [ʃʌn] (*pt & pp* **-ned;** *cont* **-ning**) *vt* meiden (+ *D*).

shunt [ʃʌnt] *vt* - **1.** RAIL rangieren - **2.** *fig* [move] herum|schieben.

shush [ʃʊʃ] *excl* pst!

shut [ʃʌt] (*pt & pp* **shut;** *cont* **-ting**) *adj* geschlossen <> *vt* schließen, zu|machen; **~ your mouth** OR **face!** *vinf* halt den Mund! <> *vi* schließen; [eyes] zu|fallen.

◆ **shut away** *vt sep* - **1.** [criminal] ein|sperren; **to ~ o.s. away** sich ein|schließen - **2.** [valuables] ein|schließen.

◆ **shut down** *vt sep & vi* [factory, business] schließen.

◆ **shut in** *vt sep* ein|schließen; **to ~ o.s. in** sich ein|schließen.

◆ **shut out** *vt sep* - **1.** [person, cat] aus|sperren; [light, noise] am Eindringen hindern - **2.** [thought, feeling] verbannen.

◆ **shut up** *vt sep* - **1.** [lock up] ab|schließen - **2.** [silence] zum Schweigen bringen <> *vi* - **1.** *inf* [be quiet] den Mund halten; **~ up!** halt den Mund! - **2.** [close] schließen.

shutter [ˈʃʌtəʳ] *n* - **1.** [on window] Fensterladen *der* - **2.** [in camera] Blende *die*.

shuttle [ˈʃʌtl] *adj*: **~ service** Shuttle-Service *der*, Pendelverkehr *der* <> *n* [service] Shuttle-Service *der*, Pendelverkehr *der;* [plane] Pendelflugzeug *das;* [train] Pendelzug *der;* [bus] Pendelbus *der* <> *vi* [vehicle] hin- und her|fahren; [commuter] pendeln <> *vt* hin- und her|bringen.

shuttlecock [ˈʃʌtlkɒk] *n* Federball *der*.

shy [ʃaɪ] (*pt & pp* **shied**) *adj* [timid] schüchtern; **he was too ~ to ask her** er getraute sich nicht, sie zu fragen <> *vi* scheuen.

◆ **shy away from** *vt fus*: **to ~ away from doing sthg** sich scheuen, etw zu tun.

shyly [ˈʃaɪlɪ] *adv* schüchtern.

shyness [ˈʃaɪnɪs] *n* Schüchternheit *die*.

Siamese [ˌsaɪəˈmiːz] (*pl inv*) *adj* siamesisch <> *n* - **1.** [person] Siamese *der*, -sin *die* - **2.**: **~ (cat)** Siamkatze *die*.

Siamese twins *npl* siamesische Zwillinge *pl*.

SIB (*abbr of* **Securities and Investment Board**) *n Regulierungsstelle für den Finanzplatz London.*

Siberia [saɪˈbɪərɪə] *n* Siberien *nt*.

siblings [ˈsɪblɪŋs] *npl* Geschwister *pl*.

Sicily [ˈsɪsɪlɪ] *n* Sizilien *nt*.

sick [sɪk] *adj* - **1.** [unwell] krank; **she's off ~ this week** sie fehlt diese Woche wegen Krankheit - **2.** [nauseous]: **she felt ~** ihr war schlecht OR übel - **3.** [vomiting]: **to be ~** *Br* sich übergeben (müssen) - **4.** [fed up]: **to be ~ of sthg** etw satt haben; **to be ~ of doing sthg** es satt haben, etw zu tun - **5.** [angry, disgusted]: **to make sb ~** *fig* jn krank machen - **6.** [offensive - joke] makaber; [- humour] schwarz.

sickbay [ˈsɪkbeɪ] *n* Krankenstation *die*.

sickbed [ˈsɪkbed] *n* Krankenbett *das*.

sicken [ˈsɪkn] *vt* [disgust] krank machen <> *vi* *Br:* **to be ~ing for sthg** etw aus|brüten.

sickening [ˈsɪknɪŋ] *adj* - **1.** [disgusting] widerlich - **2.** *hum* [infuriating] unerträglich.

sickle [ˈsɪkl] *n* Sichel *die*.

sick leave *n:* **to be on ~** krankgeschrieben sein.

sickly [ˈsɪklɪ] (*compar* **-ier;** *superl* **-iest**) *adj* - **1.** [unhealthy] kränklich - **2.** [nauseating] widerlich.

sickness [ˈsɪknɪs] *n* - **1.** [illness] Krankheit *die* - **2.** *Br* [nausea] Übelkeit *die;* [vomiting] Erbrechen *das*.

sickness benefit *n* Krankengeld *das*.

sick pay *n (U)* Lohnfortzahlung *die* im Krankheitsfall.

sickroom [ˈsɪkrum] *n* Krankenzimmer *das*.

side [saɪd] *n* - **1.** [gen] Seite *die;* **on every ~, on all ~s** auf allen Seiten; **from ~ to ~** von einer Seite auf die andere, hin und her; **to put sthg to** OR **on one ~** etw beiseite legen; [money] etw auf die hohe Kante legen; **at** OR **by sb's ~** an js Seite; **~ by ~** Seite an Seite; **on one's mother's** mütterlicherseits; **on one's father's ~** väterlicherseits - **2.** [inner surface - of cave, crate, bathtub] Wand *die* - **3.** [of river, lake] Ufer *das;* [of road] Rand *der* - **4.** [team] Mannschaft *die* - **5.** [of argument] Standpunkt *der;* **to take sb's ~** für jn Partei ergreifen; **to be on sb's ~** auf js Seite stehen - **6.** [aspect - of character, personality] Seite *die;* [- of situation] Aspekt *der;* **to be on the safe ~** um sicherzugehen - **7.** *phr:* **on the large/small ~** zu groß/klein; **to do sthg on the ~** etw nebenbei tun; **to keep** OR **stay on the right ~ of sb** sich mit jm gut stellen <> *adj* [situated on side] Seiten-.

◆ **side with** *vt fus* Partei ergreifen für.

sideboard [ˈsaɪdbɔːd] *n* Anrichte *die*, Büfett *das*.

sideboards *Br* [ˈsaɪdbɔːdz], **sideburns** *Am* [ˈsaɪdbɜːnz] *npl* Koteletten *pl*.

sidecar [ˈsaɪdkɑːʳ] *n* Beiwagen *der*.

side dish *n* Beilage *die*.

side effect *n* - **1.** MED [secondary effect] Nebenwirkung *die* - **2.** [unplanned result] Nebeneffekt *der*.

sidekick [ˈsaɪdkɪk] *n inf* Handlanger *der*.

sidelight [ˈsaɪdlaɪt] *n* Seitenlicht *das*.

sideline ['saɪdlaɪn] *n* - **1.** [extra business] Nebenbeschäftigung *die* - **2.** SPORT [painted line] Seitenlinie *die* - **3.** [periphery]: **on the ~s** im Hintergrund.

sidelong ['saɪdlɒŋ] *adj* Seiten- <> *adv*: **to look ~ at sb/sthg** jn/etw aus dem Augenwinkel an|schauen.

side-on *adj* & *adv* seitlich.

side plate *n* kleiner Teller.

side road *n* Nebenstraße *die*, Seitenstraße *die*.

sidesaddle ['saɪd,sædl] *adv*: **to ride ~** im Damensitz reiten.

sideshow ['saɪdʃəʊ] *n* Nebenattraktion *die*.

sidestep ['saɪdstep] (*pt* & *pp* **-ped**; *cont* **-ping**) *vt lit* & *fig* aus|weichen *(+ D)*.

side street *n* Nebenstraße *die*, Seitenstraße *die*.

sidetrack ['saɪdtræk] *vt*: **to be ~ed** abgelenkt werden.

sidewalk ['saɪdwɔːk] *n Am* Bürgersteig *der*.

sideways ['saɪdweɪz] *adj* [movement] zur Seite; [look] Seiten- <> *adv* seitwärts.

siding ['saɪdɪŋ] *n* Abstellgleis *das*.

sidle ['saɪdl] ◆ **sidle up** *vi*: **to ~ up to sb** sich an jn heran|schleichen.

SIDS (*abbr of* **sudden infant death syndrome**) *n* plötzlicher Kindstod.

siege [siːdʒ] *n* - **1.** [by army] Belagerung *die* - **2.** [by police] Umstellen *das*.

Sierra Leone [sɪ'erəlɪ'əʊn] *n* Sierra Leone *nt*.

siesta [sɪ'estə] *n* Siesta *die*, Mittagsschläfchen *das*.

sieve [sɪv] *n* Sieb *das*; **to have a head** *OR* **memory like a ~** ein Gedächtnis wie ein Sieb haben <> *vt* sieben.

sift [sɪft] *vt* - **1.** [sieve] sieben - **2.** *fig* [examine carefully] sichten, durch|sehen <> *vi*: **to ~ through sthg** etw durch|sehen *OR* durch|gehen.

sigh [saɪ] *n* Seufzer *der*; **to heave a ~ of relief** erleichtert auf|atmen <> *vi* seufzen.

sight [saɪt] *n* - **1.** [vision] Sehvermögen *das*; **he has good/poor ~** er sieht gut/schlecht - **2.** [act of seeing]: **it was their first ~ of their grandchild** sie haben ihr Enkelkind zum ersten Mal gesehen; **in ~** in Sicht; **out of ~** außer Sicht; **to catch ~ of sb/sthg** jn/etw erspähen; **to know sb by ~** jn vom Sehen kennen; **to lose ~ of sb/sthg** jn/etw aus den Augen verlieren; **to shoot on ~** ohne Vorwarnung schießen; **at first ~** auf den ersten Blick - **3.** [spectacle] Anblick *der* - **4.** [on gun] Visier *das*; **to set one's ~s on doing sthg** sich *(D)* vor|nehmen, etw zu tun - **5.** [a lot]: **a ~ better/worse** wesentlich besser/schlechter <> *vt* [see] erspähen; [land] sichten.
◆ **sights** *npl* [on tour] Sehenswürdigkeiten *pl*.

sighting ['saɪtɪŋ] *n*: **there has been a ~ of the escaped prisoner** der entflohene Gefangene ist gesichtet worden.

sightseeing ['saɪt,siːɪŋ] *n* Sightseeing *das*; **to do some** *OR* **go ~** Sehenswürdigkeiten besichtigen.

sightseer ['saɪt,siːəʳ] *n* Tourist *der*, -in *die*.

sign [saɪn] *n* - **1.** [written symbol, gesture] Zeichen *das* - **2.** [notice] Schild *das* - **3.** [indication] Anzeichen *das*; **there's no ~ of him yet** von ihm ist noch nichts zu sehen <> *vt* - **1.** [letter] unterschreiben; [document] unterzeichnen; [painting] signieren; **to ~ one's name** unterschreiben - **2.** SPORT [player] verpflichten.
◆ **sign away** *vt sep* übertragen.
◆ **sign for** *vt fus* - **1.** [sign receipt for] quittieren - **2.** [subj: sportsman] (einen Vertrag) unterschreiben bei.
◆ **sign in** *vi* [at hotel, club] sich ein|tragen.
◆ **sign on** *vi* - **1.** [enrol - for course] sich ein|schreiben; MIL sich verpflichten - **2.** [register as unemployed] sich beim Arbeitsamt melden.
◆ **sign out** *vi* [at hotel] sich ab|melden; [at club] sich aus|tragen.
◆ **sign up** *vt sep* [employee] ein|stellen; [recruit] verpflichten <> *vi* [enrol]: [for course] sich ein|schreiben; MIL sich verpflichten.

signal ['sɪgnl] (*Br pt* & *pp* **-led**; *cont* **-ling**, *Am pt* & *pp* **-ed**; *cont* **-ing**) *n* Signal *das* <> *vt*: **to ~ sb to do sthg** jm ein Zeichen geben, etw zu tun <> *adj fml* [failure] schwerwiegend; [success] außerordentlich <> *vi* - **1.** AUT blinken - **2.** [indicate]: **to ~ to sb to do sthg** jm ein Zeichen geben, etw zu tun.

signal box *Br*, **signal tower** *Am n* Stellwerk *das*.

signalman ['sɪgnlmən] (*pl* **-men** [-mən]) *n* RAIL Stellwerkswärter *der*.

signal tower *n Am* = **signal box.**

signatory ['sɪgnətrɪ] (*pl* **-ies**) *n* Unterzeichnende *der, die*; [country] Unterzeichnerstaat *der*.

signature ['sɪgnətʃəʳ] *n* [name] Unterschrift *die*.

signature tune *n* Erkennungsmelodie *die*.

signet ring ['sɪgnɪt-] *n* Siegelring *der*.

significance [sɪg'nɪfɪkəns] *n (U)* Bedeutung *die*.

significant [sɪg'nɪfɪkənt] *adj* - **1.** [large, important] bedeutend - **2.** [full of hidden meaning] bedeutsam.

significantly [sɪg'nɪfɪkəntlɪ] *adv* - **1.** [improve, increase, change] bedeutend - **2.** [smile, nod, wink] bedeutungsvoll.

signify ['sɪgnɪfaɪ] (*pt* & *pp* **-ied**) *vt* bedeuten.

signing ['saɪnɪŋ] *n Br* SPORT [player] Einkauf *der*.

sign language *n* Zeichensprache *die*.

signpost ['saɪnpəʊst] *n* Wegweiser *der*.

Sikh [siːk] *adj* Sikh- ◇ *n* Sikh *der, die*.

silage [ˈsaɪlɪdʒ] *n* Silage *die*, Gärfutter *das*.

silence [ˈsaɪləns] *n* **- 1.** [of person, on topic] Schweigen *das*; **in ~** schweigend **- 2.** [of place] Stille *die*, Ruhe *die* ◇ *vt* zum Schweigen bringen.

silencer [ˈsaɪlənsəʳ] *n* Schalldämpfer *der*.

silent [ˈsaɪlənt] *adj* **- 1.** [speechless] still **- 2.** [taciturn] schweigsam **- 3.** [not revealing anything]: **to be ~ about sthg** über etw *(A)* schweigen **- 4.** [noiseless] ruhig, leise **- 5.** CINEMA Stumm- **- 6.** LING stumm.

silently [ˈsaɪləntlɪ] *adv* **- 1.** [without speaking] schweigend **- 2.** [noiselessly] ruhig, leise.

silent partner *n* **Am** stiller Teilhaber, stille Teilhaberin.

silhouette [ˌsɪluːˈet] *n* Silhouette *die* ◇ *vt*: **to be ~d against sthg** sich gegen etw abl- zeichnen.

silicon [ˈsɪlɪkən] *n* Silizium *das*.

silicon chip *n* Siliziumchip *der*.

silicone [ˈsɪlɪkəʊn] *n* Silikon *das*.

Silicon Valley *n* Silicon Valley *das*.

silk [sɪlk] *n* Seide *die* ◇ *comp* Seiden-.

silk screen printing *n (U)* Siebdruck *der*.

silkworm [ˈsɪlkwɜːm] *n* Seidenraupe *die*.

silky [ˈsɪlkɪ] (*compar* **-ier;** *superl* **-iest**) *adj* seidig; [voice] samtig.

sill [sɪl] *n* [of window] (Fenster)sims *der*.

silliness [ˈsɪlɪnɪs] *n* Dummheit *die*.

silly [ˈsɪlɪ] (*compar* **-ier;** *superl* **-iest**) *adj* **- 1.** [foolish] dumm **- 2.** [comical] komisch **- 3.** [childish, ridiculous]: **don't be so ~!** sei nicht so albern!

silo [ˈsaɪləʊ] (*pl* **-s**) *n* Silo *das*.

silt [sɪlt] *n* Schlick *der*, Schlamm *der*.

➜ **silt up** *vi* verschlammen.

silver [ˈsɪlvəʳ] *adj* [greyish-white] silbern ◇ *n (U)* **- 1.** [metal, silverware] Silber *das* **- 2.** [coins] Silbermünzen *pl* ◇ *comp* [made of silver] Silber-.

silver foil, silver paper *n (U)* Alufolie *die*.

silver-plated [-ˈpleɪtɪd] *adj* versilbert.

silver screen *n* ***inf***: **the ~** die Leinwand.

silversmith [ˈsɪlvəsmɪθ] *n* Silberschmied *der*, -in *die*.

silverware [ˈsɪlvəweəʳ] *n* **- 1.** [objects made of silver] Silber *das* **- 2. Am** [cutlery] Besteck *das*.

silver wedding *n* silberne Hochzeit, Silberhochzeit *die*.

silvery [ˈsɪlvərɪ] *adj* [colour, sheen] silbrig.

similar [ˈsɪmɪləʳ] *adj* ähnlich; **to be ~ to sthg** so ähnlich wie etw sein.

similarity [ˌsɪmɪˈlærətɪ] (*pl* **-ies**) *n*: **~ (between/to)** [person, place] Ähnlichkeit *die* (zwischen *(+ D)*/mit); **there's no ~ between my experience and yours** unsere Erfahrungen sind völlig verschieden.

similarly [ˈsɪmɪləlɪ] *adv* ebenso.

simile [ˈsɪmɪlɪ] *n* Gleichnis *das*, Vergleich *der*.

simmer [ˈsɪməʳ] *vt* & *vi* auf kleiner Flamme kochen.

➜ **simmer down** *vi* ***inf*** sich beruhigen.

simper [ˈsɪmpəʳ] *n* albernes Lächeln ◇ *vi* albern lächeln.

simpering [ˈsɪmpərɪŋ] *adj* [person] albern lächelnd; [smile] albern.

simple [ˈsɪmpl] *adj* **- 1.** [easy] einfach **- 2.** [plain - clothing, furniture, style] schlicht; [- fact, truth] rein; [- way of life] einfach **- 3.** [mentally retarded] einfältig.

simple-minded [-ˈmaɪndɪd] *adj* [person] einfältig; [view] vereinfacht.

simpleton [ˈsɪmpltən] *n* ***dated*** Einfaltspinsel *der*.

simplicity [sɪmˈplɪsətɪ] *n* Einfachheit *die*; [plainness - of clothing, furniture, style] Schlichtheit *die*.

simplification [ˌsɪmplɪfɪˈkeɪʃn] *n* Vereinfachung *die*.

simplify [ˈsɪmplɪfaɪ] (*pt* & *pp* **-ied**) *vt* vereinfachen.

simplistic [sɪmˈplɪstɪk] *adj* stark vereinfacht.

simply [ˈsɪmplɪ] *adv* **- 1.** [merely] einfach **- 2.** [for emphasis]: **you ~ must go** du musst unbedingt gehen; **the weather is ~ dreadful** das Wetter ist einfach scheußlich **- 3.** [in an uncomplicated way - live] einfach; [- dress] schlicht.

simulate [ˈsɪmjʊleɪt] *vt* **- 1.** [feign - gen] vortäuschen; [- illness] simulieren **- 2.** [produce effect, appearance of] simulieren.

simulation [ˌsɪmjʊˈleɪʃn] *n* **- 1.** [feigning] Vortäuschung *die* **- 2.** [simulated appearance, effect & COMPUT] Simulation *die*.

simulator [ˈsɪmjʊleɪtəʳ] *n* Simulator *der*.

simultaneous [*Br* ˌsɪmʊlˈteɪnjəs, *Am* ˌsaɪməlˈteɪnjəs] *adj* gleichzeitig; [broadcast] direkt; [interpreting] Simultan-.

simultaneously [*Br* ˌsɪmʊlˈteɪnjəslɪ, *Am* ˌsaɪməlˈteɪnjəslɪ] *adv* gleichzeitig.

sin [sɪn] (*pt* & *pp* **-ned;** *cont* **-ning**) *n* Sünde *die*; **to live in ~** in wilder Ehe leben ◇ *vi*: **to ~ (against)** sündigen (gegen).

sin bin *n* ***inf*** SPORT Strafbank *die*.

since [sɪns] *adv* seitdem; **I haven't seen them ~** ich habe sie seitdem nicht mehr gesehen; **she has ~ moved to London** inzwischen ist sie nach London umgezogen; **~ then** seitdem; **long ~** (schon) längst ◇ *prep* seit; **I've been here ~ six o'clock** ich bin hier seit sechs Uhr; **~ when do you give the orders?** seit wann bestimmst du hier? ◇ *conj* **- 1.** [in time] seit; **it's ages ~ I saw her** ich habe sie schon seit langem nicht mehr gesehen; **it's a week ~ he**

came er ist vor einer Woche gekommen - **2.** [because] da.

sincere [sɪn'sɪəʳ] *adj* aufrichtig.

sincerely [sɪn'sɪəlɪ] *adv* aufrichtig; **Yours ~** [at end of letter] mit freundlichen Grüßen.

sincerity [sɪn'serətɪ] *n* Aufrichtigkeit *die*.

sinecure ['saɪnɪˌkjʊəʳ] *n* [easy job] Ruheposten *der*.

sinew ['sɪnju:] *n* Sehne *die*.

sinewy ['sɪnju:ɪ] *adj* sehnig.

sinful ['sɪnfʊl] *adj* sündig.

sing [sɪŋ] (*pt* **sang**; *pp* **sung**) *vt* singen; **to ~ sb a song, to ~ a song to sb** jm ein Lied vor|singen <> *vi* singen.

Singapore [ˌsɪŋə'pɔ:ʳ] *n* Singapur *nt*.

singe [sɪndʒ] (*cont* **-ing**) *vt* versengen.

singer ['sɪŋəʳ] *n* Sänger *der*, -in *die*.

Singhalese [ˌsɪŋhə'li:z] *adj* singhalesisch <> *n* - **1.** [person] Singhalese *der*, -sin *die* - **2.** [language] Singhalesisch(e) *das*.

singing ['sɪŋɪŋ] *adj* [voice] Sing-; [lesson] Gesangs- <> *n (U)* Gesang *der*.

single ['sɪŋgl] *adj* - **1.** [sole] einzig; **every ~** jede/jeder/jedes einzelne - **2.** [unmarried] ledig - **3.** *Br* [one-way] einfach <> *n* - **1.** *Br* [one-way ticket] einfache Fahrkarte - **2.** MUS Single *die*.

◆ **singles** *npl* TENNIS Einzel *das*.

◆ **single out** *vt sep*: **to ~ sb out (for sthg)** jn (für etw) aus|suchen OR aus|wählen.

single bed *n* Einzelbett *das*.

single-breasted [-'brestɪd] *adj* einreihig.

single cream *n (U)* *Br* *Sahne mit niedrigem Fettgehalt.*

single-decker (bus) [-'dekəʳ-] *n* *Br* Eindeckerbus *der*.

Single European Market *n*: **the ~** der europäische Binnenmarkt.

single file *n*: **in ~** im Gänsermarsch.

single-handed [-'hændɪd] *adv* eigenhändig.

single-minded [-'maɪndɪd] *adj* zielstrebig; **to be ~ about sthg** in etw *(D)* zielstrebig sein.

single parent *n* [mother] alleinerziehende Mutter; [father] alleinerziehender Vater.

single-parent family *n* Familie *die* mit nur einem Elternteil.

single room *n* Einzelzimmer *das*.

singles bar *n* Singlebar *die*.

singlet ['sɪŋglɪt] *n* - **1.** *Br* [underwear] Unterhemd *das* - **2.** SPORT ärmelloses Trikot.

single ticket *n* *Br* einfache Fahrkarte.

singsong ['sɪŋsɒŋ] *adj*: **he has a ~ voice** er hat einen Singsang in der Stimme <> *n* *Br* gemeinsames Singen.

singular ['sɪŋgjʊləʳ] *adj* - **1.** GRAMM im Singular, in der Einzahl - **2.** [unusual] eigentümlich; [unique] einzigartig <> *n* Singular *der*, Einzahl *die*.

singularly ['sɪŋgjʊləlɪ] *adv* [remarkably] außerordentlich.

Sinhalese ['sɪnəli:z] *adj* & *n* = **Singhalese.**

sinister ['sɪnɪstəʳ] *adj* finster, unheimlich.

sink [sɪŋk] (*pt* **sank**; *pp* **sunk**) *n* - **1.** [in kitchen] Spülbecken *das* - **2.** [in bathroom] Waschbecken *das* <> *vt* - **1.** [in water] versenken - **2.** [teeth, claws]: **to ~ sthg into sthg** etw in etw *(A)* graben <> *vi* - **1.** [gen] sinken; [person - in water] unter|gehen; **to ~ to one's knees** auf die Knie sinken - **2.** *fig* [heart, spirits]: **my heart sank when I heard the news** meine Stimmung sank, als ich die Nachricht hörte - **3.** [building, ground] sich senken - **4.** *fig* [slip]: **to ~ into sthg** [despair, depression] in etw *(A)* versinken; [coma, sleep] in etw *(A)* fallen.

◆ **sink in** *vi*: **it hasn't sunk in yet** ich habe/er hat/*etc* es noch nicht realisiert.

sinking ['sɪŋkɪŋ] *n* [of ship] Versenken *das*.

sink unit *n* Spüle *die*.

sinner ['sɪnəʳ] *n* Sünder *der*, -in *die*.

Sinn Fein [ʃɪn'feɪn] *n* Sinn Fein *die*, *der politische Flügel der IRA*.

sinuous ['sɪnjʊəs] *adj* gewunden; [movement, dancing] schlängelnd.

sinus ['saɪnəs] (*pl* **-es**) *n* Stirnhöhle *die*.

sinusitis [saɪnə'saɪtəs] *n (U)* Nebenhöhlenentzündung *die*.

sip [sɪp] (*pt* & *pp* **-ped**; *cont* **-ping**) *n* kleiner Schluck <> *vt* nippen an *(+ D)*, in kleinen Schlucken trinken.

siphon ['saɪfn] *n*: **(soda) ~** Siphon *der* <> *vt* - **1.**: **to ~ (off)** ab|saugen - **2.** *fig* [transfer] verlagern.

sir [sɜ:ʳ] *n* - **1.** [form of address] mein Herr - **2.** [in titles] Sir *der*.

siren ['saɪərən] *n* Sirene *die*.

sirloin (steak) ['sɜ:lɔɪn-] *n* Lendensteak *das*.

sissy ['sɪsɪ] (*pl* **-ies**) *n* *inf* Waschlappen *der*.

sister ['sɪstəʳ] *adj* Schwester- <> *n* - **1.** [gen] Schwester *die* - **2.** *Br* [senior nurse] Oberschwester *die*.

sister-in-law (*pl* **sisters-in-law** OR **sister-in-laws**) *n* Schwägerin *die*.

sisterly ['sɪstəlɪ] *adj* schwesterlich.

sit [sɪt] (*pt* & *pp* **sat**; *cont* **-ting**) *vt* - **1.** [place] setzen - **2.** *Br* [examination] ab|legen <> *vi* - **1.** [be in seated position] sitzen - **2.** [sit down] sich hin|setzen - **3.** [be member]: **to ~ on sthg** in etw *(D)* sitzen - **4.** [be in session] tagen - **5.** [be situated] sich befinden; [building] stehen; **the letter sat unopened on the desk** der Brief lag ungeöffnet auf dem Schreibtisch - **6.** *phr*: **to ~ tight** geduldig ab|warten.

◆ **sit about, sit around** *vi* herum|sitzen.

◆ **sit back** *vi lit & fig* sich zurück|lehnen.
◆ **sit down** *vt sep* setzen ◇ *vi* sich setzen.
◆ **sit in on** *vt fus* bei|wohnen *(+ D)*.
◆ **sit out** *vt sep* - **1.** [tolerate] bis zum Ende durch|halten - **2.** [a dance] aus|lassen.
◆ **sit through** *vt fus* bis zum Ende durch|halten.
◆ **sit up** *vi* - **1.** [be sitting upright] aufrecht sitzen; [move into upright position] sich auf|setzen - **2.** [stay up] auf|bleiben.

sitcom ['sɪtkɒm] *n inf* Situationskomödie *die*.

sit-down *adj* [protest, strike] Sitz- ◇ *n Br*: **to have a ~** sich aus|ruhen.

site [saɪt] *n* - **1.**: **archaeological ~** Ausgrabungsstätte *die*; **building ~** Baustelle *die*; **camping ~** Campingplatz *der*; **missile ~** Raketenstellung *die* - **2.** [location, place] Ort *der*, Stelle *die* ◇ *vt*: **to be ~d** gelegen sein.

sit-in *n* Sit-in *das*.

sitter ['sɪtəʳ] *n* - **1.** ART Modell *das* - **2.** [baby-sitter] Babysitter *der*, -in *die*.

sitting ['sɪtɪŋ] *n* - **1.**: **dinner is served in two ~s** das Abendessen wird in zwei Schichten serviert - **2.** [session] Sitzung *die*.

sitting duck *n inf* leichte Beute.

sitting room *n* Wohnzimmer *das*.

sitting tenant *n Br* Mieter *der*, -in *die (mit bleibendem Mietrecht, wenn der Eigentümer wechselt)*.

situate ['sɪtjʊeɪt] *vt* - **1.** [building] hin|stellen - **2.** [put in context] ein|ordnen.

situated ['sɪtjʊeɪtɪd] *adj* [located]: **to be ~** sich befinden.

situation [ˌsɪtjʊ'eɪʃn] *n* - **1.** [circumstances] Lage *die*, Situation *die* - **2.** [location] Lage *die* - **3.** [job] Stelle *die*; **'Situations Vacant'** *Br* 'Stellenangebote'.

situation comedy *n* Situationskomödie *die*.

sit-up *n* Rumpfbeuge *die*.

six [sɪks] *num adj* - **1.** [numbering six] sechs - **2.** [referring to age]: **she's ~ (years old)** sie ist sechs (Jahre alt) ◇ *num pron* sechs; **I want ~** ich möchte sechs (Stück); **there were ~ of us** wir waren zu sechst; **groups of ~** [people] Sechsergruppen; [objects] Gruppen von jeweils sechs ◇ *num n* - **1.** [the number six] Sechs *die*; **two hundred and ~** zweihundertsechs - **2.** [six o'clock]: **at ~** um sechs (Uhr) - **3.** [six degrees]: **it's ~ below (zero)** es sind minus sechs Grad - **4.** [in addresses]: **~ Peyton Place** Peyton Place sechs - **5.** [group of six]: **the batteries come in ~es** die Batterien werden im Sechserpack verkauft; **we need one more person to make a ~** wir brauchen noch eine Person, um eine Sechsergruppe zu bilden - **6.** [in scores] sechs; **~-zero** sechs zu null - **7.** [in cards] Sechs *die*; **the ~ of hearts** die Herz Sechs.

six-shooter [-'ʃuːtəʳ] *n Am* sechsschüssiger Revolver.

sixteen [sɪks'tiːn] *num* sechzehn; *see also* **six.**

sixteenth [sɪks'tiːnθ] *num* sechzehnte, -r, -s; *see also* **sixth.**

sixth [sɪksθ] *num adj* sechste, -r, -s ◇ *num adv* [on list] an sechster Stelle; **he came ~** er wurde Sechster ◇ *num pron* [in series] Sechste, -r, -s ◇ *n* - **1.** [fraction] Sechstel *das* - **2.** [in dates] Sechste *der*; **the ~ of March** der sechste März.

sixth form *n Br* SCH ≃ Oberstufe *die*.

sixth form college *n Br zu den A-Levels führende Schule für Schüler ab 16 Jahren.*

sixth sense *n* sechster Sinn.

sixtieth ['sɪkstɪəθ] *num* sechzigste, -r, -s; *see also* **sixth.**

sixty ['sɪkstɪ] *(pl* **-ies***) num* sechzig; *see also* **six.**
◆ **sixties** *npl* - **1.** [decade]: **the sixties** die Sechzigerjahre - **2.** [in ages]: **to be in one's sixties** in den Sechzigern sein - **3.** [in temperatures]: **in the sixties** über sechzig Grad Fahrenheit.

size [saɪz] *n* Größe *die*; **to cut sb down to ~** jn zurecht|stutzen.
◆ **size up** *vt sep* sich *(D)* eine Meinung bilden über *(+ A)*.

sizeable ['saɪzəbl] *adj* ziemlich groß.

-sized [-saɪzd] *suffix* -groß; **medium~** mittelgroß.

sizzle ['sɪzl] *vi* brutzeln.

SK *abk für Saskatchewan, in Postanschrift verwendet.*

skate [skeɪt] *(pl sense 3 only inv* OR **-s***) n* - **1.** [ice skate] Schlittschuh *der* - **2.** [roller skate] Rollschuh *der* - **3.** [fish] Rochen *der* ◇ *vi* - **1.** [on ice skates] Schlittschuh laufen - **2.** [on roller skates] Rollschuh laufen.
◆ **skate over, skate round** *vt fus* [avoid] hinweg|gehen über *(+ A)*.

skateboard ['skeɪtbɔːd] *n* Skateboard *das*.

skateboarder ['skeɪtbɔːdəʳ] *n* Skateboarder *der*, -in *die*.

skater ['skeɪtəʳ] *n* - **1.** [on ice] Schlittschuhläufer *der*, -in *die* - **2.** [on roller skates] Rollschuhläufer *der*, -in *die*.

skating ['skeɪtɪŋ] *n* - **1.** [on ice] Schlittschuhlaufen *das* - **2.** [on roller skates] Rollschuhlaufen *das*.

skating rink *n* - **1.** [for ice skating] Eis(lauf)bahn *die* - **2.** [for roller skating] Rollschuhbahn *die*.

skein [skeɪn] *n* [length of thread] Strang *der*.

skeletal ['skelɪtl] *adj* [emaciated] ausgemergelt.

skeleton ['skelɪtn] *n* Skelett *das*; **to have a ~ in the cupboard** *Br* OR **closet** *Am fig* eine Leiche im Keller haben.

skeleton key *n* Dietrich *der*.

skeleton staff *n* Minimalbelegschaft *die*.

skeptic *etc n* **Am** = **sceptic** *etc*.

sketch [sketʃ] *n* **- 1.** [drawing] Skizze *die* **- 2.** [brief description] kurze Darstellung **- 3.** [on TV, radio, stage] Sketch *der* ◇ *vt* **- 1.** [draw] skizzieren **- 2.** [describe] kurz dar|legen ◇ *vi* Skizzen machen.
- **sketch in** *vt sep* [facts] kurz dar|legen.
- **sketch out** *vt sep* [situation] um|reißen.

sketchbook ['sketʃbʊk] *n* Skizzenbuch *das*.

sketchpad ['sketʃpæd] *n* Skizzenblock *der*.

sketchy ['sketʃɪ] (*compar* **-ier**; *superl* **-iest**) *adj* oberflächlich.

skew [skjuː] *n* **Br**: **on the ~** schief ◇ *vt* verfälschen ◇ *vi* [vehicle] schräg rutschen.

skewer ['skjʊəʳ] *n* Spieß *der* ◇ *vt* auf|-spießen.

skew-whiff [ˌskjuː'wɪf] *adj* **Br inf** schief.

ski [skiː] (*pt* & *pp* **skied**; *cont* **skiing**) *n* Ski *der* ◇ *comp* Ski- ◇ *vi* Ski fahren.

ski boots *npl* Skistiefel *pl*.

skid [skɪd] (*pt* & *pp* **-ded**; *cont* **-ding**) *n* Schleudern *das*; **to go into a ~** ins Schleudern geraten ◇ *vi* schleudern.

skid mark *n* Bremsspur *die*.

skid row *n* **Am inf**: **to be on ~** heruntergekommen sein.

skier ['skiːəʳ] *n* Skiläufer *der*, -in *die*.

skiing ['skiːɪŋ] *n* Skifahren *das* ◇ *comp* Ski-.

ski instructor *n* Skilehrer *der*, -in *die*.

ski jump *n* **- 1.** [slope] Sprungschanze *die* **- 2.** [sporting event] Skispringen *das*.

skilful, skillful **Am** ['skɪlfʊl] *adj* geschickt.

skilfully, skillfully **Am** ['skɪlfʊlɪ] *adv* geschickt.

ski lift *n* Skilift *der*.

skill [skɪl] *n* **- 1.** [expertise] Geschicklichkeit *die* **- 2.** [craft, technique] Fertigkeit *die*.

skilled [skɪld] *adj* **- 1.** [skilful] geschickt; **~ in** OR **at doing sthg** darin geschickt sein, etw zu tun **- 2.** [trained - worker] ausgebildet; [- work, labour] fachmännisch.

skillet ['skɪlɪt] *n* **Am** Bratpfanne *die*.

skillful *etc* **Am** = **skilful** *etc*.

skim [skɪm] (*pt* & *pp* **-med**; *cont* **-ming**) *vt* **- 1.** [remove] ab|schöpfen **- 2.** [glide over] hinweg|gleiten über (+ *A*) **- 3.** [glance through] überfliegen ◇ *vi* **- 1.** [bird]: **to ~ over sthg** hinweg|gleiten über (+ *A*) **- 2.** [read]: **to ~ through sthg** etw überfliegen.

skim(med) milk [skɪm(d)-] *n* Magermilch *die*.

skimp [skɪmp] *vt* sparen an (+ *D*) ◇ *vi*: **to ~ on sthg** an etw (*D*) sparen.

skimpy ['skɪmpɪ] (*compar* **-ier**; *superl* **-iest**) *adj* dürftig; [clothes] knapp.

skin [skɪn] (*pt* & *pp* **-ned**; *cont* **-ning**) *n* **- 1.** [of person, on liquid] Haut *die*; **to do sthg by the ~ of one's teeth** etw mit knapper Not tun; **to jump out of one's ~** **Br** zusammen|zucken; **he/it makes my ~ crawl** er/es ist abstoßend; **to save one's own ~** seine Haut retten **- 2.** [of animal] Fell *das* **- 3.** [of fruit, vegetable] Schale *die* ◇ *vt* **- 1.** [animal] häuten **- 2.** [graze] auf|schürfen.

skin-deep *adj* oberflächlich.

skin diver *n* Sporttaucher *der*, -in *die*.

skin diving *n* Sporttauchen *das*.

skinflint ['skɪnflɪnt] *n* Geizkragen *der*.

skin graft *n* Hauttransplantation *die*.

skinhead ['skɪnhed] *n* **Br** Skinhead *der*.

skinny ['skɪnɪ] (*compar* **-ier**; *superl* **-iest**) *adj* **inf** dürr.

skint [skɪnt] *adj* **Br vinf** pleite.

skin test *n* Hauttest *der*.

skin-tight *adj* hauteng.

skip [skɪp] (*pt* & *pp* **-ped**; *cont* **-ping**) *n* **- 1.** [little jump] Hüpfer *der* **- 2.** **Br** [large container] Sperrmüllcontainer *der* ◇ *vt* [miss - page] überspringen; [- meal] aus|lassen; **to ~ school** die Schule schwänzen ◇ *vi* **- 1.** [move in little jumps] hüpfen **- 2.** **Br** [jump over rope] seil|springen.

ski pants *npl* Skihosen *pl*.

ski pole *n* Skistock *der*.

skipper ['skɪpəʳ] *n* Kapitän *der*.

skipping ['skɪpɪŋ] *n* **Br** [game] Seilspringen *das*.

skipping rope *n* **Br** Springseil *das*.

ski resort *n* Skiort *der*.

skirmish ['skɜːmɪʃ] *n* **- 1.** MIL Gefecht *das* **- 2.** **fig** [disagreement] Auseinandersetzung *die* ◇ *vi* **- 1.** MIL sich (*D*) ein Gefecht liefern **- 2.** **fig** [argue] eine Auseinandersetzung haben.

skirt [skɜːt] *n* [garment] Rock *der* ◇ *vt* **lit** & **fig** um|gehen.
- **skirt round** *vt fus* **lit** & **fig** um|gehen.

skirting board ['skɜːtɪŋ-] *n* **Br** Fußleiste *die*.

ski stick *n* Skistock *der*.

skit [skɪt] *n*: **a ~ on sthg** eine Parodie auf etw (*A*).

ski tow *n* Skilift *der*.

skittish ['skɪtɪʃ] *adj* **- 1.** [person - playful] ausgelassen **- 2.** [animal] scheu.

skittle ['skɪtl] *n* **Br** Kegel *der*; **to have a game of ~s** kegeln (gehen).

skive [skaɪv] *vi* **Br inf**: **to ~ (off)** [from school] schwänzen; [from work] blau machen.

skivvy ['skɪvɪ] (*pl* **-ies**; *pt* & *pp* **-ied**) **Br inf** *n*

Dienstmädchen *das* <> *vi*: **to ~ (for sb)** (für jn) Dienstmädchen spielen.

skulduggery [skʌl'dʌgərɪ] *n (U)* Machenschaften *pl*.

skulk [skʌlk] *vi* - **1.** [hide] sich verstecken - **2.** [prowl] herum|schleichen.

skull [skʌl] *n* Schädel *der*.

skullcap ['skʌlkæp] *n* Scheitelkäppchen *das*.

skunk [skʌŋk] *n* Stinktier *das*.

sky [skaɪ] (*pl* **skies**) *n* Himmel *der*.

skycap ['skaɪkæp] *n* ***Am*** Gepäckträger *der*, -in *die (auf Flugplätzen)*.

skydiver ['skaɪˌdaɪvəʳ] *n* Skydiver *der*, -in *die*.

skydiving ['skaɪˌdaɪvɪŋ] *n* Skydiving *das*.

sky-high ***inf*** *adj* sehr hoch <> *adv*: **to blow sthg ~** [bridge, building] etw in die Luft jagen; ***fig*** [argument, theory] etw völlig über den Haufen werfen; **to go ~** in die Höhe schießen.

skylark ['skaɪlɑːk] *n* Feldlerche *die*.

skylight ['skaɪlaɪt] *n* Dachfenster *das*.

skyline ['skaɪlaɪn] *n* [horizon] Horizont *der*; [of city, buildings] Skyline *die*.

skyscraper ['skaɪˌskreɪpəʳ] *n* Wolkenkratzer *der*.

slab [slæb] *n* - **1.** [of concrete, stone] Platte *die*; [of wood] Tafel *die* - **2.** [of meat, chocolate, cake] großes Stück.

slack [slæk] *adj* - **1.** [not taut] locker - **2.** [not busy] flau - **3.** [careless] nachlässig <> *n*: **there is too much ~ in the rope** das Seil ist nicht straff genug.

◆ **slacks** *npl* ***dated*** Hose *die*.

slacken ['slækn] *vt* - **1.** [make slower] verlangsamen - **2.** [make looser] lockern <> *vi* [become slower] langsamer werden.

◆ **slacken off** *vi* - **1.** [rain, storm] nach|lassen - **2.** [work] ab|nehmen.

slag [slæg] *n (U)* [waste material] Schlacke *die*.

slagheap ['slæghiːp] *n* Halde *die*.

slain [sleɪn] *pp* ▻ **slay**.

slalom ['slɑːləm] *n* Slalom *der*.

slam [slæm] (*pt* & *pp* **-med**; *cont* **-ming**) *vt* - **1.** [shut] zu|knallen - **2.** [criticize] scharf kritisieren - **3.** [place roughly]: **to ~ sthg on(to) sthg** etw auf etw *(A)* knallen <> *vi* [shut] zu|knallen.

slander ['slɑːndəʳ] *n (U)* Verleumdung *die* <> *vt* verleumden.

slanderous ['slɑːndrəs] *adj* verleumderisch.

slang [slæŋ] *adj* Slang- <> *n* Slang *der*.

slant [slɑːnt] *n* - **1.** [diagonal angle] Schräge *die*; **on** *OR* **at a ~** schräg - **2.** [point of view] Blickwinkel *der* <> *vt* [bias] zurecht|biegen <> *vi* schräg sein.

slanting ['slɑːntɪŋ] *adj* schräg.

slap [slæp] (*pt* & *pp* **-ped**; *cont* **-ping**) *n* Schlag *der*; [in face] Ohrfeige *die*; [on back] Klaps *der*; **a ~ in the face** ***fig*** ein Schlag ins Gesicht <> *vt* - **1.** [person] schlagen; **to ~ sb's face** jm eine Ohrfeige geben; **to ~ sb on the back** jm auf den Rücken klopfen - **2.** [put]: **to ~ sthg on(to) sthg** etw auf etw *(A)* knallen <> *adv* ***inf*** [directly] direkt.

slapdash ['slæpˌdæʃ], **slaphappy** ['slæpˌhæpɪ] *adj* ***inf*** schlampig.

slapstick ['slæpstɪk] *n* Slapstick *der*.

slap-up *adj* ***Br inf*** Super-.

slash [slæʃ] *n* - **1.** [long cut] Schnitt *der* - **2.** ***esp Am*** [oblique stroke] Schrägstrich *der* <> *vt* - **1.** [cut - material] (zer)schneiden; [- tyres] zerschlitzen, auf|schlitzen; **to ~ one's wrists** sich die Pulsadern auf|schneiden - **2.** ***inf*** [reduce drastically] stark reduzieren.

slat [slæt] *n* [in blind] Lamelle *die*; [in bench] Latte *die*.

slate [sleɪt] *n* - **1.** *(U)* [rock] Schiefer *der* - **2.** [on roof] Schieferplatte *die* <> *vt* [criticize] verreißen.

slatted ['slætɪd] *adj* [blind] Lamellen-.

slaughter ['slɔːtəʳ] *n* - **1.** [of animals] Schlachten *das* - **2.** [of people] Abschlachten *das* <> *vt* - **1.** [animals] schlachten - **2.** [people] ab|schlachten.

slaughterhouse ['slɔːtəhaus, *pl* -hauzɪz] *n* Schlachthof *der*.

Slav [slɑːv] *adj* slawisch <> *n* Slawe *der*, -win *die*.

slave [sleɪv] *n* - **1.** [servant] Sklave *der*, -vin *die* - **2.** ***fig*** [captive]: **to be a ~ to sthg** Sklave einer Sache *(G)* sein <> *vi*: **to ~ (over sthg)** sich (mit etw) ab|plagen.

slaver ['sleɪvəʳ] *vi* sabbern.

slavery ['sleɪvərɪ] *n* Sklaverei *die*.

slave trade *n*: **the ~** der Sklavenhandel.

Slavic ['slɑːvɪk] *adj* slawisch <> *n* [language] Slawisch(e) *das*.

slavish ['sleɪvɪʃ] *adj* ***pej*** sklavisch.

Slavonic [slə'vɒnɪk] *adj* & *n* = **Slavic.**

slay [sleɪ] (*pt* **slew**; *pp* **slain**) *vt* ***literary*** töten.

sleaze ['sliːz] *n* Korruption *die*.

sleazy ['sliːzɪ] (*compar* **-ier**; *superl* **-iest**) *adj* [area, bar] schäbig; [behaviour] korrupt.

sledge [sledʒ], **sled** ***Am*** [sled] *n* Schlitten *der*.

sledgehammer ['sledʒˌhæməʳ] *n* Vorschlaghammer *der*.

sleek [sliːk] *adj* - **1.** [hair, fur] seidig glänzend - **2.** [car, plane] schnittig.

sleep [sliːp] (*pt* & *pp* **slept**) *n* Schlaf *der*; **to go to ~** [doze off, go numb] ein|schlafen; **to put to ~** [patient] ein Schlafmittel geben *(+ D)*; [animal] ein|schläfern <> *vi* schlafen.

◆ **sleep around** *vi inf pej* mit jedem ins Bett gehen.
◆ **sleep in** *vi* [oversleep] verschlafen.
◆ **sleep off** *vt sep* auslschlafen.
◆ **sleep through** *vt fus* verschlafen.
◆ **sleep together** *vi* ***euphemism*** miteinander schlafen.
◆ **sleep with** *vt fus* ***euphemism*** schlafen mit.

sleeper ['sli:pəʳ] *n* - **1.** [person]: **to be a heavy/light ~** einen tiefen/leichten Schlaf haben - **2.** [sleeping compartment] Schlafwagenabteil *das* - **3.** [train] Schlafwagenzug *der* - **4.** ***Br*** [on railway track] Schwelle *die*.

sleepily ['sli:pɪlɪ] *adv* schläfrig.

sleeping bag ['sli:pɪŋ-] *n* Schlafsack *der*.

sleeping car ['sli:pɪŋ-] *n* Schlafwagen *der*.

sleeping partner ['sli:pɪŋ-] *n* ***Br*** stiller Teilhaber, stille Teilhaberin.

sleeping pill ['sli:pɪŋ-] *n* Schlaftablette *die*.

sleeping policeman ['sli:pɪŋ-] *n* ***Br inf*** Geschwindigkeitsschwelle *die*.

sleeping tablet ['sli:pɪŋ-] *n* Schlaftablette *die*.

sleepless ['sli:plɪs] *adj* schlaflos.

sleeplessness ['sli:plɪsnɪs] *n* Schlaflosigkeit *die*.

sleepwalk ['sli:pwɔ:k] *vi* schlaflwandeln.

sleepy ['sli:pɪ] (*compar* **-ier;** *superl* **-iest**) *adj* - **1.** [person] schläfrig - **2.** [place] verschlafen.

sleet [sli:t] *n* Schneeregen *der* ◇ *v impers:* **it's ~ing** es fällt Schneeregen.

sleeve [sli:v] *n* - **1.** [of garment] Ärmel *der;* **to have sthg up one's ~** noch etw in der Hinterhand haben - **2.** [for record] Hülle *die*.

sleeveless ['sli:vlɪs] *adj* ärmellos.

sleigh [sleɪ] *n* Schlitten *der*.

sleight of hand [ˌslaɪt-] *n (U)* - **1.** [skill with hands] Fingerfertigkeit *die* - **2.** ***fig*** [deception] Trick *der*.

slender ['slendəʳ] *adj* - **1.** [thin] schlank - **2.** [scarce - resources] knapp; [- hope, chance] gering.

slept [slept] *pt* & *pp* ▷ **sleep.**

sleuth [slu:θ] *n* ***inf hum*** Spürhund *der*.

slew [slu:] *pt* ▷ **slay** ◇ *vi* [vehicle] schleudern.

slice [slaɪs] *n* - **1.** [thin piece] Scheibe *die;* [of pizza] Stück *das* - **2.** [proportion] Teil *der* - **3.** SPORT [in tennis] angeschnittener Ball; [in golf] Slice *der* ◇ *vt* - **1.** [cut into slices] in Scheiben schneiden - **2.** SPORT [in tennis] anlschneiden; [in golf] slicen ◇ *vi* [move]: **to ~ through sthg** etw durchlschneiden.
◆ **slice off** *vt sep* [sever] abltrennen.
◆ **slice up** *vt sep* [food] auf lschneiden.

sliced bread [slaɪst-] *n (U)* Brot *das* in Scheiben.

slick [slɪk] *adj* - **1.** [smoothly efficient] geschickt gemacht - **2.** ***pej*** [person] aalglatt; [answer, argument] glatt ◇ *n:* **(oil) ~** Ölteppich *der*.

slicker ['slɪkəʳ] *n* ***Am*** [raincoat] Regenmantel *der*.

slide [slaɪd] (*pt* & *pp* **slid** [slɪd]) *n* - **1.** PHOT Dia(positiv) *das* - **2.** [in playground] Rutsche *die* - **3.** [for microscope] Objektträger *der* - **4.** ***Br*** [for hair] Haarspange *die* - **5.** [decline - of person] Abrutschen *das;* [- in prices, standards] Absinken *das* ◇ *vt* gleiten lassen ◇ *vi* - **1.** [on ice, slippery surface] schlittern - **2.** [move quietly] gleiten - **3.** [decline - person] ablrutschen; [- prices, standards] ablsinken; **to let things ~** die Dinge schleifen lassen.

slide projector *n* Diaprojektor *der*.

slide rule *n* Rechenschieber *der*.

sliding door [ˌslaɪdɪŋ-] *n* Schiebetür *die*.

sliding scale [ˌslaɪdɪŋ-] *n* gleitende Skala.

slight [slaɪt] *adj* - **1.** [minor] leicht; **not the ~est interest** nicht das geringste Interesse; **not in the ~est** nicht im Geringsten - **2.** [slender] schmal ◇ *n* [insult] Kränkung *die* ◇ *vt* [offend] kränken.

slightly ['slaɪtlɪ] *adv* - **1.** [to small extent] etwas - **2.** [slenderly]: **~ built** schmal.

slim [slɪm] (*compar* **-mer;** *superl* **-mest;** *pt* & *pp* **-med;** *cont* **-ming**) *adj* - **1.** [person] schlank - **2.** [object] schmal - **3.** [chance, possibility] gering ◇ *vi* [lose weight] ablnehmen; [diet] eine Diät machen.

slime [slaɪm] *n* Schleim *der*.

slimline ['slɪmlaɪn] *adj* [drink] kalorienarm.

slimmer ['slɪməʳ] *n Person, die abnehmen will;* [on diet] *Person, die eine Diät macht.*

slimming ['slɪmɪŋ] *n* Abnehmen *das* ◇ *adj* [club, magazine] Diät-; [product] Schlankheits-.

slimness ['slɪmnɪs] *n* Schlankheit *die*.

slimy ['slaɪmɪ] (*compar* **-ier;** *superl* **-iest**) *adj* ***lit*** & ***fig*** schleimig.

sling [slɪŋ] (*pt* & *pp* **slung**) *n* - **1.** [for injured arm] Armschlinge *die* - **2.** [for carrying things] Trageriemen *der* ◇ *vt* - **1.** [hang roughly]: **she slung the bag over her shoulder** sie hängte sich die Tasche über die Schulter - **2.** ***inf*** [throw] schleudern - **3.** [hang by both ends] spannen.

slingback ['slɪŋbæk] *n* Slingpumps *der*.

slingshot ['slɪŋʃɒt] *n* ***Am*** Schleuder *die*.

slink [slɪŋk] (*pt* & *pp* **slunk**) *vi:* **to ~ away** OR **off** davonlschleichen.

slip [slɪp] (*pt* & *pp* **-ped;** *cont* **-ping**) *n* - **1.** [mistake] Versehen *das;* **a ~ of the pen** ein Schreibfehler; **a ~ of the tongue** ein Versprecher - **2.** [form] Abschnitt *der* - **3.** [of paper]: **~ (of paper)** Zettel *der* - **4.** [underwear] Unterrock *der* - **5.** ***phr:*** **to give sb the ~** ***inf*** jm entkommen ◇ *vt* - **1.** [put, slide] stecken

- 2. [clothes]: **to ~ sthg on/off** etw über|ziehen/aus|ziehen **- 3.** [escape]: **it ~ped my mind** ich habe es vergessen <> *vi* **- 1.** [lose balance] aus|rutschen **- 2.** [move unexpectedly - hand, foot] rutschen; **it ~ped out of my hand** es rutschte mir aus der Hand; **to ~ into a coma** ins Koma fallen; **I let it ~** [revealed it] es ist mir herausgerutscht **- 3.** [decline] sinken; **to let things ~** die Dinge schleifen lassen **- 4.** [move discreetly] schlüpfen; **to ~ into/out of sthg** [clothes] in etw *(A)*/aus etw schlüpfen **- 5.** AUT [clutch] schleifen.

◆ **slip away** *vi* [leave] sich davon|schleichen.

◆ **slip on** *vt sep* [clothes] über|ziehen; [shoes] an|ziehen.

◆ **slip up** *vi* sich vertun.

slip-on *adj*: **~ shoes** Slipper *pl*.

◆ **slip-ons** *npl* [shoes] Slipper *pl*.

slipped disc [ˌslɪpt-] *n* Bandscheibenvorfall *der*.

slipper [ˈslɪpəʳ] *n* Hausschuh *der*.

slippery [ˈslɪpərɪ] *adj* **- 1.** [surface, soap] rutschig **- 2.** [person] windig.

slip road *n Br* [onto motorway] Auffahrt *die*; [leaving motorway] Ausfahrt *die*.

slipshod [ˈslɪpʃɒd] *adj* schlampig.

slipstream [ˈslɪpstriːm] *n* [of car] Windschatten *der*; [of plane] Sog *der*.

slip-up *n inf* Versehen *das*.

slipway [ˈslɪpweɪ] *n* Helling *die*.

slit [slɪt] (*pt* & *pp* **slit**; *cont* **-ting**) *n* Schlitz *der* <> *vt* auf|schlitzen.

slither [ˈslɪðəʳ] *vi* **- 1.** [car, person] rutschen **- 2.** [snake] gleiten.

sliver [ˈslɪvəʳ] *n* **- 1.** [splinter] Splitter *der* **- 2.** [slice] hauchdünne Scheibe.

slob [slɒb] *n inf* Dreckschwein *das*.

slobber [ˈslɒbəʳ] *vi* [dribble] sabbern.

slog [slɒg] (*pt* & *pp* **-ged**; *cont* **-ging**) *inf n* **- 1.** [tiring work] Schinderei *die* **- 2.** [tiring walk] Quälerei *die* <> *vi* **- 1.** [work]: **to ~ (away) at sthg** sich mit etw ab|plagen **- 2.** [walk, move] sich quälen.

slogan [ˈsləʊgən] *n* Slogan *der*.

slop [slɒp] (*pt* & *pp* **-ped**; *cont* **-ping**) *vt* verschütten <> *vi* über|schwappen.

slope [sləʊp] *n* **- 1.** [of roof, ground] Neigung *die* **- 2.** [hill] Hang *der* **- 3.** *phr*: **to be on a slippery ~** auf die schiefe Bahn geraten sein <> *vi* [shelf, table] schräg sein; **the garden ~s down to the river** der Garten fällt zum Fluss hin ab.

sloping [ˈsləʊpɪŋ] *adj* schräg; [land] abfallend.

sloppy [ˈslɒpɪ] (*compar* **-ier**; *superl* **-iest**) *adj* **- 1.** [careless] schlampig **- 2.** *inf* [sentimental] rührselig.

slosh [slɒʃ] *vt* **- 1.** [spill] verschütten **- 2.** [pour] schütten **- 3.** [apply] schmieren <> *vi* **- 1.** [liquid] herum|schwappen **- 2.** [through liquid, mud] patschen.

sloshed [slɒʃt] *adj Br inf* besoffen.

slot [slɒt] (*pt* & *pp* **-ted**; *cont* **-ting**) *n* **- 1.** [opening] Schlitz *der* **- 2.** [groove] Nut *die* **- 3.** [place in broadcasting schedule] Sendezeit *die*.

◆ **slot in** *vt sep* ein|fügen <> *vi* hinein|passen.

sloth [sləʊθ] *n* **- 1.** [animal] Faultier *das* **- 2.** *literary* [laziness] Faulheit *die*.

slot machine *n* **- 1.** [vending machine] Münzautomat *der* **- 2.** [arcade machine] Spielautomat *der*.

slot meter *n Br* Münzzähler *der*.

slouch [slaʊtʃ] *n*: **to be no ~ at sthg** in etw *(D)* gut sein <> *vi* [when sitting] sich hin|lümmeln; [when standing] schlaff da|stehen.

slough [slʌf] *vt sep* [skin] ab|streifen.

◆ **slough off** *vt sep* [get rid of] ab|werfen.

Slovak [ˈsləʊvæk] *adj* slowakisch <> *n* **- 1.** [person] Slowake *der*, -kin *die* **- 2.** [language] Slowakisch(e) *das*.

Slovakia [sləˈvækɪə] *n* Slowakei *die*; **in ~** in der Slowakei.

Slovakian [sləˈvækɪən] *adj* slowakisch <> *n* Slowake *der*, -kin *die*.

Slovenia [sləˈviːnjə] *n* Slowenien *das*.

Slovenian [sləˈviːnjən] *adj* slowenisch <> *n* Slowene *der*, -nin *die*.

slovenly [ˈslʌvnlɪ] *adj* schlampig.

slow [sləʊ] *adj* **- 1.** [not fast] langsam **- 2.** [clock, watch]: **to be ~** nach|gehen **- 3.** [not busy - business] flau; [- place] ruhig **- 4.** [not intelligent] langsam <> *adv*: **to go ~** [driver] langsam fahren; [workers] Bummelstreik machen <> *vt* verlangsamen <> *vi* [person] langsam werden; [car] langsamer fahren; [increase, progress] sich verlangsamen.

◆ **slow down, slow up** <> *vt sep* verlangsamen <> *vi* langsamer werden; [car] langsamer fahren; [walker] langsamer gehen.

slow-acting *adj* langsam wirkend.

slowcoach [ˈsləʊkəʊtʃ], **slowpoke** *Am* [ˈsləʊpəʊk] *n inf* Trantüte *die*.

slowdown [ˈsləʊdaʊn] *n* Verlangsamung *die*.

slow handclap *n langsames rhythmisches Klatschen zum Ausdruck des Missfallens*.

slowly [ˈsləʊlɪ] *adv* langsam; **~ but surely** langsam, aber sicher.

slow motion *n* Zeitlupe *die*.

◆ **slow-motion** *adj* Zeitlupen-.

slowpoke *n Am* = **slowcoach**.

SLR (*abbr of* **single-lens reflex**) *n* Spiegelreflexkamera *die*.

sludge [slʌdʒ] *n* Schlamm *der*.

slug [slʌg] (*pt* & *pp* **-ged**; *cont* **-ging**) *n* **- 1.** ZOOL Nacktschnecke *die* **- 2.** *inf* [of alcohol] Schluck *der* - **3.** ***Am inf*** [bullet] Kugel *die* ◇ *vt* ***inf*** [hit] einen Faustschlag versetzen *(+ D)*.

sluggish [ˈslʌgɪʃ] *adj* träge; [business] flau.

sluice [sluːs] *n* Schleuse *die* ◇ *vt* [rinse]: **to ~ sthg down/out** etw ab-/auslspülen.

slum [slʌm] (*pt* & *pp* **-med;** *cont* **-ming**) *n* [area] Slum *der* ◇ *vt*: **to ~ it** ***inf*** wie die einfachen Leute leben/essen/*etc*.

slumber [ˈslʌmbəʳ] ***literary*** *n* Schlummer *der* ◇ *vi* schlummern.

slump [slʌmp] *n* - **1.** [decline]: **~ (in sthg)** Abfall *der* (einer Sache *(G)*) - **2.** [period of economic depression] Konjunkturabschwung *der* ◇ *vi* - **1.** [business, market] plötzlich zurücklgehen; [prices] stürzen - **2.** [person] sich fallen lassen.

slung [slʌŋ] *pt* & *pp* ▷ **sling.**

slunk [slʌŋk] *pt* & *pp* ▷ **slink.**

slur [slɜːʳ] (*pt* & *pp* **-red;** *cont* **-ring**) *n* - **1.** [in voice]: **to speak with a ~** mit schwerer Zunge sprechen - **2.** [insult]: **~ (on sb/sthg)** Schande *die* (für jn/etw) ◇ *vt* [speech]: **to ~ one's words** mit schwerer Zunge sprechen.

slurp [slɜːp] *vt* schlürfen.

slurred [slɜːd] *adj* [voice] undeutlich.

slurry [ˈslʌrɪ] *n* [liquid manure] Gülle *die*.

slush [slʌʃ] *n* Schneematsch *der*.

slush fund, slush money ***Am*** *n* Schmiergelder *pl*.

slut [slʌt] *n* ***inf*** Schlampe *die*.

sly [slaɪ] (*compar* **slyer** OR **slier;** *superl* **slyest** OR **sliest**) *adj* - **1.** [look, smile, grin] wissend - **2.** [cunning] listig - **3.** [secretive] heimlich ◇ *n*: **on the ~** heimlich.

slyness [ˈslaɪnɪs] *n* [deceitfulness] Hinterlistigkeit *die*.

S & M (*abbr of* **sadism and masochism**) *n* S/M.

smack [smæk] *n* [slap] Klaps *der;* [on face] Ohrfeige *die* ◇ *vt* - **1.** [slap] einen Klaps geben *(+ D);* [in the face] ohrfeigen; **to ~ one's lips** mit den Lippen schmatzen - **2.** [put] knallen ◇ *vi*: **to ~ of sthg** [actions] nach etw auslsehen; [words] nach etw klingen ◇ *adv* ***inf*** [directly] direkt.

small [smɔːl] *adj* klein; **a ~ number** eine geringe Anzahl; **a ~ matter** eine Kleinigkeit; **a ~ business** ein Kleinbetrieb; **in a ~ way** in bescheidenem Maße; **to feel ~** sich schämen ◇ *adv*: **to chop sthg up ~** etw kleinlschneiden ◇ *n*: **the ~ of the back** das Kreuz.

◆ **smalls** *npl* ***Br inf*** Unterwäsche *die*.

small ads [-ædz] *npl* ***Br*** Kleinanzeigen *pl*.

small arms *npl* Handfeuerwaffen *pl*.

small change *n* Kleingeld *das*.

small fry *n (U)* kleine Fische *pl*.

smallholder [ˈsmɔːlˌhəʊldəʳ] *n* ***Br*** Kleinbauer *der*, -bäuerin *die*.

smallholding [ˈsmɔːlˌhəʊldɪŋ] *n* ***Br*** landwirtschaftlicher Kleinbetrieb.

small hours *npl* frühe Morgenstunden *pl*.

small letters *npl*: **in ~** in Kleinbuchstaben.

smallness [ˈsmɔːlnɪs] *n (U)* geringe Größe; [of amount, income] Bescheidenheit *die*.

smallpox [ˈsmɔːlpɒks] *n (U)* Pocken *pl*.

small print *n*: **the ~** das Kleingedruckte.

small-scale *adj* [map] in verkleinertem Maßstab; [venture] Klein-.

small talk *n* Smalltalk *der*.

small-time *adj*: **~ criminal** Kleinkriminelle *der, die*.

smarmy [ˈsmɑːmɪ] (*compar* **-ier;** *superl* **-iest**) *adj* schleimig.

smart [smɑːt] *adj* - **1.** [elegant] elegant - **2.** ***esp Am*** [clever] klug - **3.** [fashionable, exclusive] exklusiv - **4.** [rapid] flott - **5.** [impertinent] frech ◇ *vi* - **1.** [sting] brennen - **2.** [feel anger and humiliation] verletzt sein.

smart card *n* Chipkarte *die*.

smarten [ˈsmɑːtn] ◆ **smarten up** *vt sep* [room] auflräumen; **to ~ up one's appearance** sich herlrichten.

smash [smæʃ] *n* - **1.** [sound] Krach *der* - **2.** ***inf*** [car crash] Unfall *der* - **3.** ***inf*** [success] Bombenerfolg *der* - **4.** TENNIS Schmetterball *der* ◇ *vt* - **1.** [break into pieces] zerschlagen - **2.** [hit]: **she ~ed her fist into his face** sie schmetterte ihm ihre Faust ins Gesicht - **3.** ***fig*** [defeat] zerschlagen ◇ *vi* - **1.** [break into pieces] zerbrechen - **2.** [crash, collide]: **to ~ through sthg** durch etw rasen; **the car ~ed into the tree** das Auto krachte gegen den Baum.

◆ **smash up** *vt sep* zertrümmern; [car] zu Schrott fahren.

smash-and-grab (raid) *n* ***Br*** Schaufenstereinbruch *der*.

smashed [smæʃt] *adj* ***inf*** stockbesoffen.

smash hit *n* Superhit *der*.

smashing [ˈsmæʃɪŋ] *adj* ***inf*** klasse, toll.

smash-up *n* Zusammenstoß *der*.

smattering [ˈsmætərɪŋ] *n*: **to have a ~ of sthg** Grundkenntnisse in etw *(D)* haben; **I have a ~ of German** ich kann ein bisschen Deutsch.

SME (*abbr of* **small and medium-sized enterprise**) *n* KMU *das*.

smear [smɪəʳ] *n* - **1.** [dirty mark] Fleck *der* - **2.** MED Abstrich *der* - **3.** [slander] Verleumdung *die* ◇ *vt* - **1.** [smudge - page, painting] verschmieren; [- paint, ink] verwischen - **2.** [spread]: **to ~ sthg onto sthg** etw auf etw *(A)* schmieren; **she ~ed her skin with suncream** sie schmierte ihre Haut mit Sonnencreme ein - **3.** [slander] verleumden.

smear campaign *n* Verleumdungskampagne *die*.

smear test *n* Abstrich *der*.

smell [smel] (*pt* & *pp* **-ed** OR **smelt**) *n* - **1.** [odour] Geruch *der;* [unpleasant] Gestank *der* - **2.** *(U)* [sense of smell] Geruchssinn *der* - **3.** [sniff]: **to have a ~ of sthg** an atw *(D)* riechen <> *vt* - **1.** [notice an odour of, sense] riechen - **2.** [sniff at] riechen an *(+ D);* [subj: dog] schnuppern an *(+ D)* <> *vi* - **1.** [have sense of smell] riechen - **2.** [have particular smell]: **to ~ of sthg** nach etw riechen; **to ~ like sthg** wie etw riechen; **to ~ good/bad** gut/schlecht riechen - **3.** [smell unpleasantly] übel riechen.

smelling salts ['smelıŋ-] *npl* Riechsalz *das*.

smelly ['smelı] (*compar* **-ier;** *superl* **-iest**) *adj* übel riechend.

smelt [smelt] *pt* & *pp* ▷ **smell** <> *vt* TECH [ore] verhütten; [metal] erschmelzen.

smile [smaıl] *n* Lächeln *das* <> *vi* lächeln.

smiley ['smaılı] *n* COMPUT Smiley *der*.

smiling ['smaılıŋ] *adj* lächelnd.

smirk [smɜːk] *n* Grinsen *das* <> *vi* grinsen.

smithereens [ˌsmıðə'riːnz] *npl* *inf*: **to be smashed to ~** in tausend Stücke zerspringen.

smitten ['smıtn] *adj* *inf hum*: **to be ~ with sb/sthg** in jn/etw (ganz) verliebt sein.

smock [smɒk] *n* Kittel *der*.

smog [smɒg] *n* Smog *der*.

smoke [sməʊk] *n* - **1.** [from fire] Rauch *der* - **2.** [act of smoking] Rauchen *das;* **to have a ~** eine rauchen <> *vt* - **1.** [cigarette, cigar] rauchen - **2.** [fish, meat, cheese] räuchern <> *vi* rauchen.

smoked [sməʊkt] *adj* [food] geräuchert.

smokeless fuel ['sməʊklıs-] *n* rauchloser Brennstoff.

smokeless zone ['sməʊklıs-] *n* *Gebiet, in dem die Verwendung von umweltschädigenden Brennstoffen verboten ist.*

smoker ['sməʊkəʳ] *n* - **1.** [person who smokes] Raucher *der* - **2.** RAIL [compartment] Raucherabteil *das*.

smokescreen ['sməʊkskriːn] *n* *fig*: **to be a ~ for sthg** etw verschleiern.

smoke shop *n* **Am** Tabakladen *der*.

smokestack ['sməʊkstæk] *n* Schornstein *der*.

smokestack industries *npl* **Am** traditionelle Industriezweige *pl*.

smoking ['sməʊkıŋ] *n* Rauchen *das;* **'no ~'** 'Rauchen verboten'.

smoking compartment *Br*, **smoking car** *Am* *n* Raucherabteil *das*.

smoky ['sməʊkı] (*compar* **-ier;** *superl* **-iest**) *adj* rauchig.

smolder *vi* **Am** = **smoulder.**

smooch [smuːtʃ] *vi* *inf* knutschen.

smooth [smuːð] *adj* - **1.** [surface] glatt - **2.** [sauce, paste] sämig - **3.** [flow, pace, supply] gleichmäßig - **4.** [taste] weich - **5.** [flight, ride] ruhig; [takeoff, landing] weich; [engine] ruhig laufend - **6.** *pej* [person, manner] aalglatt - **7.** [trouble-free] glatt verlaufend; [transition] reibungslos <> *vt* - **1.** [hair, skirt, tablecloth] glatt streichen; **to ~ the way for sthg** etw *(D)* den Weg ebnen - **2.** [rub]: **~ the oil into your skin** reiben Sie ihre Haut mit dem Öl ein.

◆ **smooth out** *vt sep* - **1.** [skirt, sheet, crease] glatt streichen - **2.** [difficulties] aus dem Weg räumen.

◆ **smooth over** *vt fus* ein|renken.

smoothly ['smuːðlı] *adv* - **1.** [easily, steadily] ruhig - **2.** [without problems] reibungslos.

smoothness ['smuːðnıs] *n* - **1.** [of surface] Glätte *die* - **2.** CULIN [of texture] Sämigkeit *die* - **3.** [of flow, pace, supply] Gleichmäßigkeit *die* - **4.** [of flight, ride] ruhiger Verlauf.

smooth-talking [-ˌtɔːkıŋ] *adj* schönrednerisch.

smother ['smʌðəʳ] *vt* - **1.** [cover thickly]: **to ~ sthg in** OR **with sthg** etw mit etw bedecken - **2.** [suffocate, extinguish] ersticken - **3.** *fig* [repress] unterdrücken - **4.** [suffocate with love] (mit Liebe) erdrücken.

smoulder *Br*, **smolder** *Am* ['sməʊldəʳ] *vi* *lit* & *fig* schwelen.

smudge [smʌdʒ] *n* [dirty mark] Fleck *der;* [of ink] verwischte Stelle <> *vt* [spoil - by blurring] verschmieren; [- outline, ink] verwischen; [- by dirtying] beschmutzen.

smug [smʌg] (*compar* **-ger;** *superl* **-gest**) *adj* *pej* selbstzufrieden.

smuggle ['smʌgl] *vt* schmuggeln; **to ~ sthg in/out** etw herein-/heraus|schmuggeln.

smuggler ['smʌgləʳ] *n* Schmuggler *der*, -in *die*.

smuggling ['smʌglıŋ] *n* Schmuggel *der*.

smugness ['smʌgnıs] *n* *pej* Selbstzufriedenheit *die*.

smut [smʌt] *n* - **1.** [piece of soot] Rußflocke *die* - **2.** *inf pej* [lewd matter] Schund *der*.

smutty ['smʌtı] (*compar* **-ier;** *superl* **-iest**) *adj inf pej* [lewd] schmutzig.

snack [snæk] *n* Snack *der*, Imbiss *der* <> *vi* **Am** zwischendurch essen.

snack bar *n* Snackbar *die*, Imbissstube *die*.

snag [snæg] (*pt* & *pp* **-ged;** *cont* **-ging**) *n* [problem] Haken *der* <> *vt* [garment] zerreißen <> *vi*: **to ~ on sthg** an etw *(D)* hängen|bleiben.

snail [sneıl] *n* Schnecke *die*.

snake [sneık] *n* Schlange *die* <> *vi* sich schlängeln

snap [snæp] (*pt* & *pp* **-ped;** *cont* **-ping**) *adj* spontan; [election] Spontan- <> *n* - **1.** [of twig, branch] Knacken *das;* [of whip] Knallen *das* - **2.** *inf* [photograph] Schnappschuss *der* - **3.** [card game]

Schnippschnappschnurr *das* <> *vt* **- 1.** [break - rope] zerreißen; **to ~ one's fingers** mit den Fingern schnippen **- 2.** [say sharply] hervor|stoßen **- 3.** ***inf*** [photograph] knipsen <> *vi* **- 1.** [break] (zer)brechen; [rope] (zer)reißen **- 2.** [make cracking sound - whip] knallen; [- twig, branch] knacken; **the part ~s into place** das Teil schnappt ein **- 3.** [attempt to bite]: **to ~ (at sb/sthg)** (nach jm/etw) schnappen **- 4.** [speak sharply]: **to ~ at sb** jn an|fahren **- 5.** ***phr:*** **to ~ out of it** sich zusammen|reißen.

◆ **snap up** *vt sep* zulschlagen bei *(+ D)*.

snap fastener *n* Druckknopf *der*.

snappy ['snæpɪ] (*compar* **-ier;** *superl* **-iest**) *adj* ***inf*** [stylish, quick] flott; **make it ~!** mach hin!

snapshot ['snæpʃɒt] *n* Schnappschuss *der*.

snare [sneəʳ] *n* Falle *die* <> *vt* in einer Falle fangen.

snarl [snɑːl] *n* Knurren *das* <> *vi* knurren.

snarl-up *n* [in traffic] Stau *der*.

snatch [snætʃ] *n* [of song, conversation] Bruchstück *das* <> *vt* **- 1.** [grab] schnappen **- 2.** ***fig*** [sleep] kriegen; [opportunity] ergreifen; [look] erhaschen <> *vi:* **to ~ (at sthg)** (nach etw) schnappen.

snazzy ['snæzɪ] (*compar* **-ier;** *superl* **-iest**) *adj* ***inf*** schick.

sneak [sniːk] (***Am*** *pt* **snuck**) *n* ***Br inf*** Petze *die* <> *vt* [bring secretly] schmuggeln; **to ~ a look at sb/sthg** jn/etw heimlich an|sehen <> *vi* [move quietly] schleichen; **to ~ up on sb** sich an jn heran|schleichen.

sneakers ['sniːkəz] *npl* ***Am*** Sportschuhe *pl*.

sneaking ['sniːkɪŋ] *adj* [feeling, suspicion] heimlich.

sneak preview *n* [of film, play] Voraufführung *die*.

sneaky ['sniːkɪ] (*compar* **-ier;** *superl* **-iest**) *adj* ***inf*** hinterhältig.

sneer [snɪəʳ] *n* spöttisches Lächeln <> *vi* **- 1.** [smile unpleasantly] spöttisch lächeln **- 2.** [ridicule]: **to ~ (at sthg)** (über etw *(A)*) spotten.

sneeze [sniːz] *n* Niesen *das* <> *vi* niesen; **it's not to be ~d at** ***inf*** es ist nicht zu verachten.

snicker ['snɪkəʳ] *vi* ***Am*** hämisch kichern.

snide [snaɪd] *adj* abfällig.

sniff [snɪf] *n:* **to have a ~ of sthg** an etw *(D)* schnuppern <> *vt* **- 1.** [smell] riechen an *(+ D)* **- 2.** [drug] schnüffeln <> *vi* schniefen.

◆ **sniff out** *vt sep* **- 1.** [detect by sniffing] auf|spüren **- 2.** ***inf*** [seek out] heraus|kriegen.

sniffer dog ['snɪfəʳ-] *n* Spürhund *der*.

sniffle ['snɪfl] *vi* schniefen.

snigger ['snɪgəʳ] *n* hämisches Kichern <> *vi* hämisch kichern.

snip [snɪp] (*pt* & *pp* **-ped;** *cont* **-ping**) *n* ***inf*** [bargain] Schnäppchen *das* <> *vt* [cut] schnippeln.

snipe [snaɪp] *vi* **- 1.** [shoot]: **to ~ (at sb/sthg)** aus dem Hinterhalt (auf jn/etw) schießen **- 2.** [criticize]: **to ~ at sb** jn attackieren.

sniper ['snaɪpəʳ] *n* Heckenschütze *der*.

snippet ['snɪpɪt] *n* Bruchstück *das*.

snivel ['snɪvl] (***Br*** *pt* & *pp* **-led;** *cont* **-ling,** ***Am*** *pt* & *pp* **-ed;** *cont* **-ing**) *vi* jammern.

snob [snɒb] *n* Snob *der*.

snobbery ['snɒbərɪ] *n* Snobismus *der*.

snobbish ['snɒbɪʃ], **snobby** ['snɒbɪ] (*compar* **-ier;** *superl* **-iest**) *adj* snobistisch.

snog (*pt* & *pp* **-ged;** *cont* **-ging**) *vi* ***Br inf*** knutschen.

snooker ['snuːkəʳ] *n* Snooker *das* <> *vt* ***Br inf*** [thwart - plan] vereiteln; **we're ~ed!** wir sitzen in der Klemme!

snoop [snuːp] *vi* ***inf*** (herum|)schnüffeln.

snooper ['snuːpəʳ] *n* ***inf*** Schnüffler *der*, -in *die*.

snooty ['snuːtɪ] (*compar* **-ier;** *superl* **-iest**) *adj* hochnäsig.

snooze [snuːz] *n* Nickerchen *das;* **to have a ~** ein Nickerchen machen <> *vi* ein Nickerchen machen.

snore [snɔːʳ] *n* Schnarchen *das* <> *vi* schnarchen.

snoring ['snɔːrɪŋ] *n* Schnarchen *das*.

snorkel ['snɔːkl] *n* Schnorchel *der*.

snorkelling ***Br*,** **snorkeling** ***Am*** ['snɔːklɪŋ] *n* Schnorcheln *das*.

snort [snɔːt] *n* Schnauben *das* <> *vi* schnauben <> *vt* ***drugs sl*** schnüffeln.

snotty ['snɒtɪ] (*compar* **-ier;** *superl* **-iest**) *adj* ***inf*** [snooty] hochnäsig.

snout [snaʊt] *n* Schnauze *die*.

snow [snəʊ] *n* Schnee *der* <> *v impers:* **it's ~ing** es schneit.

◆ **snow in** *vt sep:* **to be ~ed in** eingeschneit sein.

◆ **snow under** *vt sep:* **to be ~ed under with sthg** ***fig*** mit etw überhäuft sein.

snowball ['snəʊbɔːl] *n* Schneeball *der* <> *vi* ***fig*** lawinenartig an|wachsen.

snow blindness *n* Schneeblindheit *die*.

snowbound ['snəʊbaʊnd] *adj* eingeschneit.

snow-capped [-kæpt] *adj* schneebedeckt.

snowdrift ['snəʊdrɪft] *n* Schneewehe *die*.

snowdrop ['snəʊdrɒp] *n* Schneeglöckchen *das*.

snowfall ['snəʊfɔːl] *n* Schneefall *der*.

snowflake ['snəʊfleɪk] *n* Schneeflocke *die*.

snowman ['snəʊmæn] (*pl* **-men** [-men]) *n* Schneemann *der*.

snow pea *n Am* Zuckererbse *die*.

snowplough *Br*, **snowplow** *Am* ['snəʊplaʊ] *n* [vehicle] Schneepflug *der*.

snowshoe ['snəʊʃuː] *n* Schneeschuh *der*.

snowstorm ['snəʊstɔːm] *n* Schneesturm *der*.

snowy ['snəʊɪ] (*compar* **-ier;** *superl* **-iest**) *adj* [peak, road] schneebedeckt.

SNP (*abbr of* **Scottish National Party**) *n nationalistische Partei in Schottland*.

Snr, snr (*abbr of* **senior**) sen.

snub [snʌb] (*pt* & *pp* **-bed;** *cont* **-bing**) *n* Abfuhr *die* ◇ *vt:* **to ~ sb** jm eine Abfuhr erteilen.

snuck [snʌk] *pt Am* ▷ **sneak.**

snuff [snʌf] *n* Schnupftabak *der* ◇ *vt:* **to ~ it** ***inf*** ab|kratzen.

snuffle ['snʌfl] *vi* schniefen.

snug [snʌg] (*compar* **-ger;** *superl* **-gest**) *adj* **- 1.** [person, feeling, place] gemütlich **- 2.** [close-fitting] gut sitzend.

snuggle ['snʌgl] *vi:* **to ~ up to sb** sich an jm kuscheln; **to ~ down in bed** sich ins Bett kuscheln.

so [səʊ] *adv* **- 1.** [to such a degree] so; **it's ~ difficult that ...** es ist so schwierig, dass ...; **don't be ~ stupid!** sei nicht so dumm!; **I (do) ~ hope you can come** ich hoffe so sehr, dass du kommen kannst; **~ much money/many cars** so viel Geld/viele Autos; **I liked it ~ much that ...** es gefiel mir so sehr OR gut, dass ...; **~ much ~ that ...** dermaßen, dass ... **- 2.** [referring back]: **~ what's the point then?** was soll das also?; **~ you knew already?** du hast es also schon gewusst?; **I think ~** ich glaube (schon); **I don't think ~** ich glaube nicht; **I'm afraid ~** leider ja; **I told you ~** das habe ich dir gleich gesagt; **if ~** falls ja; **is that ~?** tatsächlich? **- 3.** [also] auch; **~ can I** ich auch; **~ do I** ich auch; **he is clever and ~ is she** er ist intelligent und sie auch; **as with children, ~ with adults** bei Kindern wie bei Erwachsenen; **just as some people like family holidays, ~ others prefer to holiday alone** während manche Leute Familienurlaub mögen, ziehen andere es vor, alleine Ferien zu machen **- 4.** [in this way] so; **hold your arm out, (like) ~** strecken Sie Ihren Arm so aus; **~ be it!** na gut! **- 5.** [in expressing agreement]: **~ there is** ja, stimmt; **that's her car - ~ it is!** das ist ihr Auto - tatsächlich!; **~ I see** das sehe ich **- 6.** [referring to unspecified amount, limit]: **there's only ~ much incompetence you can put up with** man kann nur ein bestimmtes Maß an Inkompetenz ertragen; **they pay us ~ much a week** sie zahlen uns so viel die Woche; **it's not ~ much the money as the time involved** es ist weniger das Geld als die Zeit; **or ~** oder so; **a week or ~ ago** vor ungefähr einer Woche ◇ *conj* **- 1.** [consequently] also; **he said yes and ~ we got married** er sagte ja, also heirateten wir; **I'm away next week ~ I won't be there** ich bin nächste Woche weg, also werde ich nicht kommen **- 2.** [to introduce a statement] also; **~ what have you been up to?** na, was treibst du so?; **~ that's who she is!** das ist sie also!; **~ what?** ***inf*** na und?; **~ there!** *inf* das wars!
◆ **and so on, and so forth** *adv* und so weiter.
◆ **so as** *conj* um; **we didn't knock ~ as not to disturb them** wir klopften nicht an, um sie nicht zu stören.
◆ **so that** *conj* damit.

SO *abbr of* **standing order.**

soak [səʊk] *vt* **- 1.** [leave immersed] ein|weichen **- 2.** [wet thoroughly] durchnässen; **to be ~ed with sthg** mit etw durchtränkt sein ◇ *vi* **- 1.** [become thoroughly wet]: **to leave sthg to ~, to let sthg ~** etw ein|weichen **- 2.** [spread]: **to ~ into sthg** in etw *(A)* einsickern; **to ~ through sthg** durch etw (hindurch|)sickern.
◆ **soak up** *vt sep* [liquid] auf|saugen.

soaked [səʊkt] *adj* durchnässt; **to be ~ through** völlig durchnässt sein.

soaking ['səʊkɪŋ] *adj:* **~ (wet)** durchnässt sein.

so-and-so *n* ***inf*** **- 1.** [to replace a name]: **Mr So-and-so** Herr Soundso **- 2.** [annoying person]: **you little ~!** du Biest!

soap [səʊp] *n* **- 1.** *(U)* [for washing] Seife *die* **- 2.** TV Seifenoper *die* ◇ *vt* ein|seifen.

soap bubble *n* Seifenblase *die*.

soap dish *n* Seifenschale *die*.

soap flakes *npl* Seifenflocken *pl*.

soap opera *n* Seifenoper *die*.

> **SOAP OPERA**
>
> Diese groß angelegten Fernseh- und Radiosendungen mit ihren oft melodramatischen Beschreibungen des Alltagslebens werden heute in aller Welt ausgestrahlt. Der Name ist dem Umstand zu verdanken, dass solche Serien früher oft von der Waschmittelindustrie gesponsort wurden. „Seifenopern" haben ein erstaunlich langes Leben: die in Manchester spielende britische Serie „Coronation Street" gibt es seit mehr als 40 Jahren.

soap powder *n* Seifenpulver *das*.

soapsuds ['səʊpsʌdz] *npl* Seifenschaum *der*.

soapy ['səʊpɪ] (*compar* **-ier;** *superl* **-iest**) *adj* seifig.

soar [sɔːʳ] *vi* **- 1.** [bird, kite, rocket] auf|steigen **- 2.** [increase rapidly] rapide an|steigen **- 3.** ***literary*** [be impressively high] hoch auf|ragen **- 4.** [rise in volume] lauter werden; [rise in pitch] höher werden.

soaring ['sɔːrɪŋ] *adj* **- 1.** [rapidly increasing] rapide ansteigend **- 2.** [spire, tower] hoch aufragend - **3.** [rising in volume] lauter werdend; [rising in pitch] höher werdend.

sob [sɒb] (*pt* & *pp* **-bed;** *cont* **-bing**) *n* Schluchzer *der* ◇ *vt* & *vi* schluchzen.

sobbing ['sɒbɪŋ] *n* Schluchzen *das.*

sober ['səʊbəʳ] *adj* - **1.** [not drunk] nüchtern - **2.** [serious] ernsthaft - **3.** [plain] einfach.
◆ **sober up** *vi* nüchtern werden.

sobering ['səʊbərɪŋ] *adj* ernüchternd.

Soc. *abbr of* **Society.**

so-called [-kɔːld] *adj* so genannt.

soccer ['sɒkəʳ] *n (U)* Fußball *der.*

sociable ['səʊʃəbl] *adj* gesellig.

social ['səʊʃl] *adj* - **1.** [behaviour, background, conditions] sozial, gesellschaftlich - **2.** [gathering, drinking] gesellig - **3.** ZOOL [animals, insects] in einer Gemeinschaft lebend.

social climber *n pej* Emporkömmling *der.*

social conscience *n* soziales Bewusstsein.

social democracy *n* Sozialdemokratie *die.*

social event *n* - **1.** [at work *etc*] geselliges Treffen - **2.** [in village *etc*] gesellschaftliches Ereignis.

social fund *n* Sozialfond *der.*

socialism ['səʊʃəlɪzm] *n* Sozialismus *der.*

socialist ['səʊʃəlɪst] *adj* sozialistisch ◇ *n* Sozialist *der*, -in *die.*

socialite ['səʊʃəlaɪt] *n* Prominente *der, die.*

socialize, -ise ['səʊʃəlaɪz] *vi:* **to ~ with sb** mit jm gesellschaftlich verkehren; **she ~s a lot** sie geht viel aus.

socialized medicine ['səʊʃəlaɪzd-] *n* **Am** *kostenlose staatliche Gesundheitsfürsorge.*

social life *n* gesellschaftliches Leben; **he hasn't much of a ~** er geht nicht viel aus.

socially ['səʊʃəlɪ] *adv* - **1.** [towards society] sozial, gesellschaftlich - **2.** [outside business] privat.

social order *n* Gesellschaftsordnung *die.*

social science *n* - **1.** [in general] Sozialwissenschaften *pl* - **2.** [individual science] Sozialwissenschaft *die.*

social security *n (U)* Sozialversicherung *die.*

social services *npl* Sozialeinrichtungen *pl.*

social studies *n* Gemeinschaftskunde *die.*

social work *n* Sozialarbeit *die.*

social worker *n* Sozialarbeiter *der*, -in *die.*

society [sə'saɪətɪ] (*pl* **-ies**) *n* - **1.** [mankind, community] Gesellschaft *die* - **2.** [club, organization] Verein *der*, Klub *der.*

socioeconomic ['səʊsɪəʊˌiːkə'nɒmɪk] *adj* POL sozioökonomisch.

sociological [ˌsəʊsjə'lɒdʒɪkl] *adj* soziologisch.

sociologist [ˌsəʊsɪ'ɒlədʒɪst] *n* Soziologe *der*, -gin *die.*

sociology [ˌsəʊsɪ'ɒlədʒɪ] *n* Soziologie *die.*

sock [sɒk] *n* Socke *die*, Socken *der;* **to pull one's ~s up** *inf fig* sich am Riemen reißen.

socket ['sɒkɪt] *n* - **1.** ELEC Steckdose *die* - **2.** ANAT [of joint] Gelenkpfanne *die;* [of eye] Augenhöhle *die.*

sod [sɒd] *n* - **1.** [of turf] Sode *die* - **2.** *vinf* [man] Scheißkerl *der;* [woman] Miststück *die.*

soda ['səʊdə] *n* - **1.** CHEM Soda *das*, Natron *das* - **2.** [soda water] Soda *das* - **3.** *Am* [fizzy drink] Limonade *die.*

soda syphon *n* Siphon *der.*

soda water *n* Sodawasser *das.*

sodden ['sɒdn] *adj* durchnässt.

sodium ['səʊdɪəm] *n* Natrium *das.*

sofa ['səʊfə] *n* Sofa *das.*

sofabed ['səʊfəbed] *n* Schlafcouch *die.*

Sofia ['səʊfjə] *n* Sofia *nt.*

soft [sɒft] *adj* - **1.** [gen] weich - **2.** [breeze, sound, knock, nature] sanft - **3.** [light, colour, music] gedämpft - **4.** [not strict] mild.

softball ['sɒftbɔːl] *n* SPORT Softball *der.*

soft-boiled *adj* weich gekocht.

soft drink *n* alkoholfreies Getränk.

soft drugs *npl* weiche Drogen *pl.*

soften ['sɒfn] *vt* - **1.** [substance] weich machen; [water] enthärten - **2.** [punch, impact, effect, light] dämpfen; [blow, attitude] mildern ◇ *vi* - **1.** [substance] weich werden - **2.** [attitude]: **his attitude towards foreigners has ~ed** er ist Ausländern gegenüber toleranter geworden - **3.** [eyes, voice, expression] sanft werden.
◆ **soften up** *vt sep inf* [make amenable] weich klopfen.

soft focus *n* Weichzeichner *der;* **in ~** mit Weichzeichner.

soft furnishings *npl* ***Br*** Raumtextilien *pl.*

softhearted [ˌsɒft'hɑːtɪd] *adj* weichherzig.

softly ['sɒftlɪ] *adv* - **1.** [move, touch] sanft - **2.** [speak, sing, shine] leise - **3.** [smile, look] sanft.

softness ['sɒftnɪs] *n* - **1.** [gen] Weichheit *die* - **2.** [gentleness] Sanftheit *die;* [voice, music, light, colour] Gedämpftheit *die.*

soft return *n* COMPUT weicher Zeilenumbruch.

soft sell *n* ***inf*** Verkauf *der* durch sanfte Überredung.

soft-spoken *adj* [person] mit sanfter Stimme.

soft toy *n* Stofftier *das.*

software ['sɒftweəʳ] *n* COMPUT Software *die.*

software package *n* COMPUT Softwarepaket *das.*

softwood ['sɒftwʊd] *n* Weichholz *das*.

softy ['sɒftɪ] (*pl* **-ies**) *n* **inf** - **1.** **pej** [weak person] Weichling *der* - **2.** [sensitive person] Softie *der*.

soggy ['sɒgɪ] (*compar* **-ier;** *superl* **-iest**) *adj* durchnässt; [ground] matschig.

soil [sɔɪl] *n* - **1.** [earth] Erde *die;* [ground & GEOGR] Boden *der* - **2.** **fig** [territory] Boden *der* ◇ *vt* [dirty] beschmutzen.

soiled [sɔɪld] *adj* schmutzig.

solace ['sɒləs] *n* Trost *der*.

solar ['səʊləʳ] *adj* Sonnen-.

solar energy *n* Solarenergie *die*.

solarium [sə'leərɪəm] (*pl* **-riums** OR **-ria** [-rɪə]) *n* Solarium *das*.

solar panel *n* [on roof] Sonnenkollektor *der;* [of satellite] Sonnensegel *das*.

solar plexus [-'pleksəs] *n* Solarplexus *der*.

solar system *n* Sonnensystem *das*.

sold [səʊld] *pt* & *pp* ▷ **sell.**

solder ['səʊldəʳ] *n (U)* TECH Lot *das* ◇ *vt* löten.

soldering iron ['səʊldərɪŋ-] *n* Lötkolben *der*.

soldier ['səʊldʒəʳ] *n* Soldat *der*.

◆ **soldier on** *vi* **Br** verbissen weiter|machen.

sold out *adj* ausverkauft.

sole [səʊl] (*pl sense 2 only inv* OR **-s**) *adj* - **1.** [only] einzig - **2.** [exclusive] alleinig ◇ *n* - **1.** [of foot] Sohle *die* - **2.** [fish] Seezunge *die*.

solely ['səʊllɪ] *adv* (einzig und) allein.

solemn ['sɒləm] *adj* - **1.** [person, face, voice] ernst - **2.** [agreement, promise, occasion, music] feierlich.

solemnly ['sɒləmlɪ] *adv* - **1.** [speak, behave] ernsthaft - **2.** [agree, promise] feierlich.

sole trader *n* **Br** COMM selbstständiger Händler.

solicit [sə'lɪsɪt] *vt* **fml** [request] werben um ◇ *vi* [prostitute] sich an|bieten.

solicitor [sə'lɪsɪtəʳ] *n* **Br** Rechtsanwalt *der*, -anwältin *die*.

solicitous [sə'lɪsɪtəs] *adj* - **1.** [caring] besorgt - **2.** [anxious]: **~ of** OR **for sthg** um etw bemüht.

solid ['sɒlɪd] *adj* - **1.** [not liquid or gas] fest - **2.** [gold, silver, wood] massiv; **~ tyre** Vollgummireifen *der* - **3.** [building, base, relationship, person] solide - **4.** [support] einmütig; [evidence] handfest; [majority] solide - **5.** [line] ununterbrochen, durchgängig; **two hours ~, two ~ hours** zwei volle Stunden ◇ *adv:* **to be packed ~** brechend voll sein ◇ *n* [not liquid or gas] fester Stoff.

◆ **solids** *npl* [food] feste Nahrung.

solidarity [ˌsɒlɪ'dærətɪ] *n* Solidarität *die*.

solid fuel *n* fester Brennstoff.

solidify [sə'lɪdɪfaɪ] (*pt* & *pp* **-ied**) *vi* fest werden.

solidly ['sɒlɪdlɪ] *adv* - **1.** [sturdily] massiv, solide - **2.** [completely, definitely] einmütig - **3.** [without interruption] durchgängig.

soliloquy [sə'lɪləkwɪ] (*pl* **-ies**) *n* LITERATURE Monolog *der*.

solitaire [ˌsɒlɪ'teəʳ] *n* - **1.** [jewel] Solitär *der* - **2.** [board game] Solitaire *das* - **3.** **Am** [card game] Patience *die*.

solitary ['sɒlɪtrɪ] *adj* - **1.** [involving one person, single] einzeln - **2.** [enjoying solitude] einsam; **I've always been rather ~** ich war immer schon eher ein Einzelgänger.

solitary confinement *n* Einzelhaft *die*.

solitude ['sɒlɪtjuːd] *n* Einsamkeit *die*.

solo ['səʊləʊ] (*pl* **-s**) *adj* - **1.** MUS Solo- - **2.** [attempt, flight] Allein- ◇ *n* MUS Solo *das* ◇ *adv* - **1.** MUS solo - **2.** [fly, climb] allein.

soloist ['səʊləʊɪst] *n* Solist *der*, -in *die*.

solstice ['sɒlstɪs] *n* Sonnenwende *die*.

soluble ['sɒljʊbl] *adj* - **1.** [substance] löslich - **2.** [problem] lösbar.

solution [sə'luːʃn] *n* Lösung *die;* **a ~ to sthg** eine Lösung für etw.

solve [sɒlv] *vt* lösen.

solvency ['sɒlvənsɪ] *n* FIN Solvenz *die*.

solvent ['sɒlvənt] *adj* FIN solvent ◇ *n* [substance] Lösungsmittel *das*.

solvent abuse *n* Schnüffeln *das* (von Lösungsmitteln).

Somali [sə'mɑːlɪ] *adj* somalisch ◇ *n* - **1.** [person] Somali *der, die* - **2.** [language] Somali *das*.

Somalia [sə'mɑːlɪə] *n* Somalia *nt*.

sombre **Br**, **somber** **Am** ['sɒmbəʳ] *adj* düster.

some [sʌm] *adj* - **1.** [a certain amount of] etwas; **~ money** etwas Geld; **~ meat** ein bisschen Fleisch; **I bought ~ coffee** ich habe Kaffee gekauft; **would you like ~ (more) tea?** möchtest du (noch) Tee?; **I had ~ difficulty getting here** es war ziemlich schwierig für mich, hierher zu kommen; **for ~ time** seit einiger Zeit; [in future] für einige Zeit - **2.** [a certain number of] einige; **~ people** einige Leute; **I bought ~ sweets** ich habe Bonbons gekauft; **can I have ~ sweets?** kann ich Bonbons haben?; **I've known her for ~ years** ich kenne sie schon seit einigen Jahren - **3.** (*contrastive use*) [certain] manche; **~ jobs are better paid than others** manche Jobs sind besser bezahlt als andere - **4.** [in imprecise statements] irgendein, -e; **she married ~ Italian (or other)** sie hat irgend so einen Italiener geheiratet; **there must be ~ mistake** das muss ein Irrtum sein - **5.** **inf** [very good]: **that was ~ welcome** das war vielleicht ein toller Empfang - **6.** **inf iron** [not very good]: **~ welcome that was!** das war vielleicht ein enttäuschender Empfang; **~ friend you are!** du bist mir vielleicht ein Freund! ◇ *pron* - **1.** [a certain amount] etwas;

I've read ~ of the article ich habe einen Teil des Artikels gelesen; **~ of it is mine** ein Teil davon gehört mir; **can I have ~?** [milk] kann ich ein bisschen haben?; [coffee] kann ich einen haben?; [money] kann ich welches haben?; **take ~ bread - I've already got ~** nimm dir Brot - ich habe schon **- 2.** [a certain number] einige; **can I have ~?** [books, pens, potatoes *etc*] kann ich welche haben?; **have ~ strawberries - I've already got ~** nimm dir Erdbeeren - ich habe schon welche; **~ (of them) left early** einige (von ihnen) gingen vorher **- 3.** [some people] manche; **~ say he lied** manche sagen, dass er gelogen hat ◇ *adv* ungefähr; **there were ~ 7,000 people there** es waren ungefähr *OR* um die 7 000 Leute da.

somebody ['sʌmbədɪ] *pron* jemand; **ask ~ else** frag jemand anderes; **~ or other** irgend jemand; **he really thinks he's ~** [important person] er glaubt wirklich, er ist wer.

someday ['sʌmdeɪ] *adv* eines Tages.

somehow ['sʌmhaʊ], **someway** *Am* ['sʌmweɪ] *adv* irgendwie.

someone ['sʌmwʌn] *pron* = **somebody.**

someplace *adv Am* = **somewhere.**

somersault ['sʌməsɔːlt] *n* Purzelbaum *der;* SPORT Salto *der* ◇ *vi* einen Purzelbaum schlagen; SPORT einen Salto machen.

something ['sʌmθɪŋ] *pron* etwas; **I saw ~ moving** ich sah, wie sich etwas bewegte; **~ nice** etwas Schönes; **there's ~ about him I don't like** er hat etwas an sich, das mir nicht gefällt; **~ else** sonst etwas; **~ or other** irgend etwas; **or ~ *inf*** oder so etwas; **well, at least that's ~** nun, das ist immerhin etwas; **there's ~ in what you say** es ist schon etwas Wahres an dem, was du sagst; **it's really ~!** es ist ganz toll!; **it came as ~ of a surprise to me** es war ein bisschen eine Überraschung für mich ◇ *adv* [in approximations]: **~ like/in the region of** ungefähr; **it looks ~ like a rose** es sieht so ähnlich wie eine Rose aus.

sometime ['sʌmtaɪm] *adj* ehemalig ◇ *adv* irgendwann.

sometimes ['sʌmtaɪmz] *adv* manchmal.

someway *adv Am* = **somehow.**

somewhat ['sʌmwɒt] *adv* ziemlich.

somewhere *Br* ['sʌmweəʳ], **someplace** *Am* ['sʌmpleɪs] *adv* **- 1.** [gen - with verbs of position] irgendwo; [- with verbs of motion] irgendwohin; **~ else** irgendwo anders/irgendwo andershin; **~ or other** irgendwo/irgendwohin **- 2.** [in approximations] ungefähr; **~ around *OR* in the region of 50** ungefähr 50 **- 3.** *phr:* **to be getting ~** Fortschritte machen.

son [sʌn] *n* Sohn *der.*

sonar ['səʊnɑːʳ] *n* Sonar *das.*

sonata [sə'nɑːtəl] *n* Sonate *die.*

song [sɒŋ] *n* Lied *das;* [of bird] Gesang *der;* **to burst into ~** ein Lied anlstimmen; **for a ~** [cheaply] für einen Apfel und ein Ei; **to make a ~ and dance about sthg *inf*** ein Theater um etw machen.

songbook ['sɒŋbʊk] *n* Liederbuch *das.*

sonic ['sɒnɪk] *adj* Schall-.

sonic boom *n* Überschallknall *der.*

son-in-law (*pl* **sons-in-law** *OR* **son-in-laws**) *n* Schwiegersohn *der.*

sonnet ['sɒnɪt] *n* Sonett *das.*

soon [suːn] *adv* **- 1.** [in a short time] bald; **~ after** *OR* **afterwards** kurz danach **- 2.** [early]: **how ~ can you be ready?** wie schnell kannst du fertig sein?; **too ~** zu früh; **not a minute too ~** keine Minute zu früh; **as ~ as** sobald; **as ~ as possible** so bald wie möglich **- 3.** *phr:* **I'd just as ~ ...** ich würde ebenso gern ...

sooner ['suːnəʳ] *adv* **- 1.** [earlier] früher; **no ~ ... than ...** kaum ... als (auch schon) ...; **~ or later** früher oder später; **the ~ the better** je früher, desto besser **- 2.** [expressing preference] lieber.

soot [sʊt] *n* Ruß *der.*

soothe [suːð] *vt* **- 1.** [pain] lindern **- 2.** [person, fear] beruhigen.

soothing ['suːðɪŋ] *adj* **- 1.** [pain-relieving] schmerzlindernd **- 2.** [calming] beruhigend.

sooty ['sʊtɪ] (*compar* **-ier;** *superl* **-iest**) *adj* rußig.

sop [sɒp] *n pej:* **~ (to sb/sthg)** Zugeständnis *das* (an jn/etw).

sophisticated [sə'fɪstɪkeɪtɪd] *adj* **- 1.** [stylish] hochelegant **- 2.** [intelligent] kultiviert **- 3.** [complicated] hoch entwickelt.

sophistication [sə,fɪstɪ'keɪʃn] *n (U)* **- 1.** [stylishness] große Eleganz **- 2.** [intelligence] Kultiviertheit *die* **- 3.** [complexity] hoher Entwicklungsgrad.

sophomore ['sɒfəmɔːʳ] *n Am* Student *der*, -in *die* im zweiten Studienjahr.

soporific [,sɒpə'rɪfɪk] *adj* einschläfernd.

sopping ['sɒpɪŋ] *adj:* **~ (wet)** klatschnass.

soppy ['sɒpɪ] (*compar* **-ier;** *superl* **-iest**) *adj inf pej* rührselig.

soprano [sə'prɑːnəʊ] (*pl* **-s**) *n* **- 1.** [person] Sopranistin *die* **- 2.** [voice] Sopran *der.*

sorbet ['sɔːbeɪ] *n* Sorbet *das.*

sorcerer ['sɔːsərəʳ] *n* Zauberer *der.*

sordid ['sɔːdɪd] *adj* [desires, thoughts, past] schmutzig.

sore [sɔːʳ] *adj* **- 1.** [painful] wund, entzündet; **to have a ~ throat/head** Halsschmerzen/Kopfschmerzen haben **- 2.** *Am inf* [angry] sauer ◇ *n* MED wunde *OR* entzündete Stelle.

sorority [sə'rɒrətɪ] (*pl* **-ies**) *n Am* Studentinnenverbindung *die.*

sorrel ['sɒrəl] *n* Sauerampfer *der.*

sorrow ['sɒrəʊ] *n* - **1.** [feeling of sadness] Kummer *der* - **2.** [cause of sadness] Leid *das.*

sorrowful ['sɒrəʊfʊl] *adj* bekümmert, sorgenvoll.

sorry ['sɒrɪ] (*compar* **-ier;** *superl* **-iest**) *adj* - **1.** [expressing apology]: **I'm ~** es tut mir leid; **I'm ~ about the mess** entschuldige bitte die Unordnung; **I'm ~ for what I did** was ich getan habe, tut mir leid; **I'm ~ to bother you, but could you ...** Verzeihung, könnten Sie ... - **2.** [expressing disappointment]: **I'm ~ you couldn't come** schade, dass du nicht kommen konntest; **we were ~ about his resignation** wir bedauern seinen Rücktritt; **we're ~ to see you go** wir finden es schade, dass du gehst - **3.** [expressing regret]: **I'm ~ I ever came here** ich bereue, jemals hierhergekommen zu sein; **I'm ~ to have to announce ...** ich muss Ihnen leider mitteilen ... - **4.** [expressing sympathy]: **to be** OR **feel ~ for sb** jn bedauern OR bemitleiden; **to be** OR **feel ~ for o.s.** sich selbst bedauern OR bemitleiden - **5.** [expressing polite disagreement]: **I'm ~, but ...** Entschuldigung OR Verzeihung, aber ... - **6.** [poor, pitiable] bedauernswert; **in a ~ state** in einem erbärmlichen Zustand ◇ *excl* - **1.** [expressing apology] Entschuldigung!, Verzeihung! - **2.** [asking for repetition] wie bitte? - **3.** [to correct o.s.] ich meine (natürlich).

sort [sɔːt] *n* - **1.** [kind, type] Sorte *die;* **what ~ of car have you got?** was für ein Auto hast du?; **a ~ of** eine Art (von) - **2.** [person]: **a good ~** ein feiner Kerl ◇ *vt* [classify, separate] sortieren.

◆ **sorts** *npl:* **she's a singer of ~s** sie hält sich für eine Sängerin; **to be out of ~s** [in health] nicht ganz fit sein; [in mood] schlecht gelaunt sein.

◆ **sort of** *adv* [rather] irgendwie.

◆ **sort out** *vt sep* - **1.** [into groups] sortieren - **2.** [tidy up - papers, clothes] weg|räumen; [- room] auf|räumen; [- affairs, finances] regeln; **she needs to ~ out her life** sie muss ihr Leben in Ordnung bringen - **3.** [work out, arrange] sich *(D)* überlegen.

sortie ['sɔːtiː] *n* [MIL - by troops] Ausfall *der;* [- by aircraft] Feindflug *der* eines einzelnen Flugzeugs.

sorting office ['sɔːtɪŋ-] *n* Verteilerpostamt *das.*

SOS (*abbr of* **save our souls**) *n* SOS *das.*

so-so *adj* & *adv inf* so la la.

soufflé ['suːfleɪ] *n* Soufflee *das.*

sought [sɔːt] *pt* & *pp* ▷ **seek.**

sought-after *adj* gesucht.

soul [səʊl] *n* - **1.** [gen] Seele *die* - **2.** [perfect example] Inbegriff *der;* **I'm the ~ of discretion** ich bin die Verschwiegenheit in Person - **3.** [music] Soul *der.*

soul-destroying [-dɪˌstrɔɪɪŋ] *adj* [boring] geisttötend; [discouraging] sehr entmutigend.

soul food *n* **Am** Soul Food *das, die traditionelle Küche der Afroamerikaner.*

soulful ['səʊlfʊl] *adj* gefühlvoll.

soulless ['səʊllɪs] *adj* seelenlos.

soul mate *n* Seelenverwandte *der, die.*

soul music *n* Soulmusik *die.*

soul-searching *n* Selbstreflektion *die.*

sound [saʊnd] *adj* - **1.** [mind, body] gesund - **2.** [building, structure] intakt - **3.** [advice, investment] vernünftig - **4.** [thorough] ordentlich ◇ *adv:* **to be ~ asleep** tief OR fest schlafen ◇ *n* - **1.** [noise] Geräusch *das;* [of music, voice, instrument] Klang *der;* [of person, animal] Laut *der* - **2.** *(U)* PHYS Schall *der;* **the speed of ~** die Schallgeschwindigkeit - **3.** [volume] Lautstärke *die* - **4.** [impression, idea] Gedanke *der;* **I don't like the ~ of this new plan** der neue Plan behagt mir nicht; **by the ~ of it** allem Anschein nach ◇ *vt* ertönen lassen; [alarm] aus|lösen; [bell] läuten; [horn] hupen ◇ *vi* - **1.** [make a noise] ertönen; **to ~ like sthg** wie etw klingen - **2.** [seem] klingen, zu sein scheinen; **she ~s nice** sie scheint nett zu sein; **it ~s like a good investment** das hört sich nach einer guten Investition an.

◆ **sound out** *vt sep:* **to ~ sb out** bei jm vor|fühlen; [furtively] jn aus|horchen.

sound barrier *n* Schallmauer *die.*

sound bite *n* prägnantes Zitat.

sound card *n* COMPUT Soundkarte *die.*

sound effects *npl* Klangeffekte *pl.*

sounding ['saʊndɪŋ] *n* - **1.** NAUT [measurement] Loten *das* - **2.** *fig* [investigation] Sondierung *die.*

sounding board *n fig* [person] Sprachrohr *das.*

soundly ['saʊndlɪ] *adv* - **1.** [beat, defeat] vernichtend - **2.** [sleep] tief, fest.

soundness ['saʊndnɪs] *n* [reliability - of argument] Stichhaltigkeit *die;* [- of method] Zuverlässigkeit *die.*

soundproof ['saʊndpruːf] *adj* schalldicht.

soundtrack ['saʊndtræk] *n* Soundtrack *der.*

sound wave *n* Schallwelle *die.*

soup [suːp] *n* Suppe *die.*

◆ **soup up** *vt sep inf* [car] frisieren, tunen.

soup kitchen *n* Volksküche *die.*

soup plate *n* Suppenteller *der.*

soup spoon *n* Suppenlöffel *der.*

sour ['saʊəʳ] *adj* sauer; **to go** OR **turn ~** [milk] sauer werden; [relationship] erkalten ◇ *vt* [person] verbittern; [relationship] erkalten lassen ◇ *vi* [person] verbittern; [relationship] erkalten.

source [sɔːs] *n* Quelle *die.*

soured cream ['saʊəd-] *n* saure Sahne.

sour grapes *n etwas, dessen Wert man heruntespielt, weil man es nicht haben kann.*

sourness ['saʊənɪs] *n (U)* **- 1.** [gen] Säure *die* **- 2.** [ill humour] Bitterkeit *die* **- 3.** [of relations] ruinierter Zustand.

south [saʊθ] *adj* Süd-, südlich <> *adv* nach Süden, südwärts; **~ of** südlich von; **in the ~ of England** im Süden Englands <> *n* **- 1.** [direction] Süden *der* **- 2.** [region]: **the ~** der Süden.

South Africa *n* Südafrika *nt;* **the Republic of ~** die Republik Südafrika.

South America *n* Südamerika *nt.*

southbound ['saʊθbaʊnd] *adj* in südlicher Richtung, in Richtung Süden.

southeast [ˌsaʊθ'iːst] *adj* südöstlich, Südost- <> *adv* südostwärts, nach Südosten; **~ of** südöstlich von <> *n* [direction] Südosten *der.*

Southeast Asia *n* Südostasien *das.*

southeasterly [ˌsaʊθ'iːstəlɪ] *adj* [direction, area] südöstlich; [wind] Südost-.

southerly ['sʌðəlɪ] *adj* **- 1.** [direction] südlich; [area] im Süden **- 2.** [wind] Süd-.

southern ['sʌðən] *adj* [region, dialect] südlich; [Europe] Süd-.

Southern Africa *n* südliches Afrika.

Southerner ['sʌðənəʳ] *n* Bewohner *der,* -in *die* des Südens

South Korea *n* Südkorea *nt.*

South Korean *adj* südkoreanisch <> *n* Südkoreaner *der,* -in *die.*

South Pole *n:* **the ~** der Südpol.

southward ['saʊθwəd] *adj* südlich, nach Süden <> *adv* = **southwards.**

southwards ['saʊθwədz] *adv* nach Süden.

southwest [ˌsaʊθ'west] *adj* südwestlich, Südwest- <> *adv* südwestwärts, nach Südwesten; **~ of** südwestlich von <> *n* Südwesten *der.*

southwesterly [ˌsaʊθ'westəlɪ] *adj* [direction] südwestlich; [area] im Südwesten; [wind] Südwest-.

southwestern [ˌsaʊθ'westən] *adj* südwestlich; **~ Scotland** Südwestschottland.

souvenir [ˌsuːvə'nɪəʳ] *n* Souvenir *das,* Andenken *das.*

sou'wester [saʊ'westəʳ] *n* [hat] Südwester *der.*

sovereign ['sɒvrɪn] *adj* [state, territory] souverän <> *n* **- 1.** [ruler] Herrscher *der,* -in *die* **- 2.** [coin] Sovereign *der.*

sovereignty ['sɒvrɪntɪ] *n* [supreme power] Staatshoheit *die.*

soviet ['səʊvɪət] *n* Sowjet *der.*

◆ **Soviet** *adj* sowjetisch <> *n* [person] Sowjetbürger *der,* -in *die.*

Soviet Union *n:* **the (former) ~** die (frühere) Sowjetunion.

sow¹ [səʊ] (*pt* **-ed;** *pp* **sown** *OR* **-ed**) *vt* **- 1.** [seeds] säen, auslsäen **- 2.** *fig* [doubt] säen.

sow² [saʊ] *n* [pig] Sau *die.*

sown [səʊn] *pp* ▷ **sow¹.**

sox [sɒks] *npl* **Am = socks.**

soya ['sɔɪə] *n* Soja *das.*

soy(a) bean ['sɔɪ(ə)-] *n* Sojabohne *die.*

soy sauce [sɔɪ-] *n* Sojasoße *die.*

sozzled ['sɒzld] *adj* **Br inf** besoffen.

spa [spɑː] *n* [spring] Mineralquelle *die;* [place] Bad *das.*

space [speɪs] *n* **- 1.** *(U)* [room] Raum *der;* **there isn't enough ~ in here** hier ist nicht genug Platz; **I need more ~, I feel too confined** ich brauche mehr Raum, ich fühle mich zu beengt **- 2.** [outer space] Weltraum *der;* **to stare into ~** ins Leere starren *OR* blicken **- 3.** [gap] Zwischenraum *der* **- 4.** [area] Fläche *die,* Raum *der* **- 5.** TYPO Leerzeichen *das* **- 6.** [period of time] Zeitraum *der;* **within the ~ of ten minutes** innerhalb von zehn Minuten; **in a short ~ of time** [in future] in Kürze; [in past] nach kurzer Zeit **- 7.** [seat, place] Platz *der* <> *comp* Weltraum- <> *vt* in regelmäßigen Abständen anlordnen.

◆ **space out** *vt sep* [arrange] in regelmäßigen Abständen anlordnen.

space age *n:* **the ~** das Raumfahrtzeitalter.

◆ **space-age** *adj* **inf** futuristisch.

space bar *n* Leertaste *die.*

space capsule *n* Raumkapsel *die.*

spacecraft ['speɪskrɑːft] (*pl inv*) *n* Raumschiff *das.*

spaceman ['speɪsmæn] (*pl* **-men** [-men]) *n* [astronaut] Raumfahrer *der.*

space probe *n* Raumsonde *die.*

spaceship ['speɪsʃɪp] *n* Raumschiff *das.*

space shuttle *n* Spaceshuttle *das.*

space station *n* Raumstation *die.*

spacesuit ['speɪssuːt] *n* Raumanzug *der.*

spacewoman ['speɪsˌwʊmən] (*pl* **-women** [-ˌwɪmɪn]) *n* Raumfahrerin *die.*

spacing ['speɪsɪŋ] *n* TYPO Zeilenabstand *der.*

spacious ['speɪʃəs] *adj* geräumig.

spade [speɪd] *n* **- 1.** [tool] Spaten *der* **- 2.** [playing card] Pik *das.*

◆ **spades** *npl* Pik *das;* **the jack of ~ s** Pik Bube.

spadework ['speɪdwɜːk] *n (U)* **inf** (mühsame) Vorarbeit, Kleinarbeit *die.*

spaghetti [spə'getɪ] *n (U)* Spaghetti *pl.*

Spain [speɪn] *n* Spanien *nt.*

spam *n (U)* COMPUT Reklame-E-Mails *pl* <> *vt* Reklame-E-Mails verschicken *(+ D).*

span [spæn] (*pt* & *pp* **-ned;** *cont* **-ning**) *pt* ▷ **spin** ◇ *n* **- 1.** [in time] Zeitraum *der*, Zeitspanne *die* **- 2.** [range] Reihe *die* **- 3.** [of hands, arms, wings, bridge] Spannweite *die* ◇ *vt* **- 1.** [encompass] umfassen **- 2.** [cross] überspannen.

spandex ['spændeks] *n* Spandex *das*.

spangled ['spæŋgld] *adj* ***literary:*** **~ with sthg** mit etw übersät.

Spaniard ['spænjəd] *n* Spanier *der*, -in *die*.

spaniel ['spænjəl] *n* Spaniel *der*.

Spanish ['spænɪʃ] *adj* spanisch ◇ *n* [language] Spanisch(e) *das* ◇ *npl:* **the ~** die Spanier *pl*.

spank [spæŋk] *n* Klaps *der* auf den Hintern ◇ *vt:* **to ~ sb** [once] jm einen Klaps auf den Hintern geben; [several times] jm den Hintern versohlen.

spanner ['spænəʳ] *n* Schraubenschlüssel *der*.

spar [spɑːʳ] (*pt* & *pp* **-red;** *cont* **-ring**) *vi* **- 1.** BOXING sparren **- 2.** [verbally]: **to ~ (with sb)** sich (mit jm) ein Wortgefecht liefern.

spare [speəʳ] *adj* **- 1.** [surplus] zusätzlich, Ersatz-; **have you got a ~ pencil?** hast du einem Bleistift übrig? **- 2.** [free] frei ◇ *n* ***inf*** **- 1.** [wheel] Ersatzrad *das* **- 2.** [part] Ersatzteil *das* ◇ *vt* **- 1.** [make available] entbehren können, übrig haben; **can you ~ five minutes?** hast du (mal) fünf Minuten Zeit?; **to ~** [extra] übrig, zur Verfügung; **we had an hour to ~** wir hatten (noch) eine Stunde Zeit **- 2.** [not harm] verschonen **- 3.** [effort, trouble] scheuen; **to ~ no expense** keine Kosten scheuen **- 4.** [save, protect from]: **to ~ sb sthg** jm etw ersparen.

spare part *n* AUT Ersatzteil *das*.

spare room *n* Gästezimmer *das*.

spare time *n* Freizeit *die*.

spare tyre *n* **- 1.** AUT Ersatzreifen *der* **- 2.** ***hum*** [roll of fat] Rettungsring *der*, Speckrolle *die*.

spare wheel *n* Ersatzrad *das*.

sparing ['speərɪŋ] *adj:* **to be ~ with sthg** mit etw sparsam sein.

sparingly ['speərɪŋlɪ] *adv* sparsam.

spark [spɑːk] *n* **- 1.** [from fire, electricity] Funke *der* **- 2.** ***fig*** [of understanding, interest, humour] Funken *der* ◇ *vt* [trigger] ausllösen.

sparkle ['spɑːkl] *n* [of jewel, frost, stars, sea] Glitzern *das;* [of eyes] Funkeln *das* ◇ *vi* **- 1.** [jewel, frost, stars, sea] glitzern; [eyes] funkeln **- 2.** [person, in performance] glänzen.

sparkler ['spɑːkləʳ] *n* [firework] Wunderkerze *die*.

sparkling ['spɑːklɪŋ] *adj* **- 1.** [mineral water] sprudelnd **- 2.** [wit] sprühend.

sparkling wine *n* Schaumwein *der*, Sekt *der*.

spark plug *n* Zündkerze *die*.

sparrow ['spærəʊ] *n* Spatz *der*, Sperling *der*.

sparse ['spɑːs] *adj* spärlich; [hair] schütter, dünn.

spartan ['spɑːtn] *adj* spartanisch.

spasm ['spæzm] *n* **- 1.** MED [muscular contraction] Krampf *der* **- 2.** [fit] Anfall *der*.

spasmodic [spæz'mɒdɪk] *adj* unregelmäßig, schubweise.

spastic ['spæstɪk] MED *adj* spastisch ◇ *n* Spastiker *der*, -in *die*.

spat [spæt] *pt* & *pp* ▷ **spit.**

spate [speɪt] *n* Flut *die*.

spatial ['speɪʃl] *adj* ***fml*** räumlich.

spatter ['spætəʳ] *vt* bespritzen ◇ *vi* spritzen.

spatula ['spætjʊlə] *n* **- 1.** CULIN Spachtel *der* **- 2.** MED Spatel *der*.

spawn [spɔːn] *n* Laich *der* ◇ *vt* ***fig*** [produce] erzeugen ◇ *vi* ZOOL laichen.

spay [speɪ] *vt* sterilisieren.

SPCA (*abbr of* **Society for the Prevention of Cruelty to Animals**) *n britischer Tierschutzverein.*

SPCC (*abbr of* **Society for the Prevention of Cruelty to Children**) *n britischer Kinderschutzbund.*

speak [spiːk] (*pt* **spoke;** *pp* **spoken**) *vt* sprechen; **to ~ ill of sb** schlecht von jm *OR* über jn sprechen ◇ *vi* **- 1.** [say words] sprechen; **to ~ to** *OR* **with sb** mit jm sprechen *OR* reden; **to ~ to sb about sthg** mit jm über etw *(A)* sprechen *OR* reden; **to ~ about sb/sthg** über jn/etw sprechen *OR* reden; **nobody to ~ of** niemand Besonderes **- 2.** [make a speech] sprechen, reden; **to ~ on sthg** über etw *(A)* sprechen **- 3.** [in giving an opinion]: **generally ~ing** im allgemeinen, im Großen und Ganzen; **personally ~ing** meiner Ansicht nach; **~ing as a foreigner I doubt ...** ich als Ausländer bezweifle ...; **~ing of** [on the subject of] apropos.

◆ **so to speak** *adv* sozusagen.

◆ **speak for** *vt fus* [represent] sprechen für; **it ~s for itself** es spricht für sich selbst; **~ for yourself!** du vielleicht – ich nicht!

◆ **speak out** *vi* offen seine Meinung sagen; **to ~ out against sb/sthg** sich gegen jn/etw auslsprechen.

◆ **speak up** *vi* **- 1.** [say something] sprechen; **to ~ up for sb/sthg** für jn/etw einltreten **- 2.** [speak louder] lauter sprechen.

speaker ['spiːkəʳ] *n* **- 1.** [person talking] Sprecher *der*, -in *die* **- 2.** [in lecture] Redner *der*, -in *die* **- 3.** [of a language]: **a German ~** ein Sprecher, eine Sprecherin des Deutschen **- 4.** [loudspeaker, in hi-fi] Lautsprecher *der*.

◆ **Speaker** *n* ***Br*** [in House of Commons] Präsident *der*, -in *die* des Unterhauses.

speaking ['spiːkɪŋ] *n* Sprechen *das*, Reden *das*.

speaking clock *n Br* Zeitansage *die.*

spear [spɪəʳ] *n* Speer *der* ◇ *vt* (mit dem Speer) durch|bohren.

spearhead ['spɪəhed] *n* Speerspitze *die;* MIL Angriffsspitze *die* ◇ *vt* an|führen.

spec [spek] *n Br inf:* **on ~** aufs Geratewohl.

special ['speʃl] *adj* - **1.** [specific, out of the ordinary] besondere, -r, -s, spezielle, -r, -s - **2.** [valued]: **to be ~ to sb** jm viel bedeuten ◇ *n* - **1.** [on menu] Spezialität *die* des Tages - **2.** [on TV] Sondersendung *die*, Special *das* - **3.** [train] Sonderzug *der.*

special agent *n* Spezialagent *der*, -in *die.*

special constable *n Br* Hilfspolizist *der*, -in *die.*

special correspondent *n* Sonderkorrespondent *der*, -in *die.*

special delivery *n* Eilzustellung *die.*

special effects *npl* Spezialeffekte *pl;* [in film] Special Effects *pl.*

specialist ['speʃəlɪst] *adj* Fach- ◇ *n* [expert] Spezialist *der*, -in *die;* [doctor] Facharzt *der*, -ärztin *die.*

speciality [ˌspeʃɪ'ælətɪ] (*pl* **-ies**), **specialty** *Am* ['speʃltɪ] (*pl* **-ies**) *n* - **1.** [field of knowledge] Spezialgebiet *das* - **2.** [service, product] Spezialität *die.*

specialize, -ise ['speʃəlaɪz] *vi:* **to ~ (in sthg)** sich (auf etw *(A)*) spezialisieren; [have special qualifications] (auf etw *(A)*) spezialisiert sein.

specially ['speʃəlɪ] *adv* - **1.** [on purpose, specifically] speziell - **2.** [really] besonders; **do you want to buy it? – not ~** möchtest du es kaufen? – nicht unbedingt.

special offer *n* Sonderangebot *das.*

special school *n* Sonderschule *die.*

specialty *n Am* = **speciality.**

species ['spiːʃiːz] (*pl inv*) *n* Spezies *die*, Art *die.*

specific [spə'sɪfɪk] *adj* bestimmt, spezifisch; **to be ~ to sb/sthg** jn/etw eigen sein.
◆ **specifics** *npl* [details] Einzelheiten *die.*

specifically [spə'sɪfɪklɪ] *adv* - **1.** [explicitly] ausdrücklich - **2.** [particularly, precisely] im Besonderen.

specification [ˌspesɪfɪ'keɪʃn] ◆ **specifications** *npl* TECH technische Daten *pl.*

specify ['spesɪfaɪ] (*pt* & *pp* **-ied**) *vt* spezifizieren, heraus|stellen; **to ~ that ...** deutlich machen, dass ..., heraus|stellen, dass....

specimen ['spesɪmən] *n* - **1.** [example] Exemplar *das* - **2.** [sample] Probe *die.*

specimen copy *n* Probeexemplar *das;* [of book] Probedruck *der.*

specimen signature *n* Vergleichsunterschrift *die.*

speck [spek] *n* - **1.** [small stain] Fleck *der;* [of paint, mud] Spritzer *der* - **2.** [small particle - of dust] Körnchen *das;* [- of soot] Flocke *die.*

speckled ['spekld] *adj:* **~ (with sthg)** gesprenkelt (mit etw).

specs [speks] *npl inf* Brille *die.*

spectacle ['spektəkl] *n* - **1.** [sight] Anblick *der;* **to make a ~ of o.s.** sich unmöglich benehmen - **2.** [event] Spektakel *das.*
◆ **spectacles** *npl Br* [glasses] Brille *die.*

spectacular [spek'tækjʊləʳ] *adj* spektakulär ◇ *n* Spektakel *das.*

spectate [spek'teɪt] *vi* zu|schauen.

spectator [spek'teɪtəʳ] *n* Zuschauer *der*, -in *die.*

spectator sport *n* Publikumssport *der.*

spectre *Br*, **specter** *Am* ['spektəʳ] *n* - **1.** *fml* [ghost] Gespenst *das* - **2.** *fig* [frightening prospect] Schreckgespenst *das.*

spectrum ['spektrəm] (*pl* **-tra** [-trə]) *n* PHYSICS & *fig* Spektrum *das.*

speculate ['spekjʊleɪt] *vt:* **to ~ that ...** vermuten, dass ... ◇ *vi* spekulieren.

speculation [ˌspekjʊ'leɪʃn] *n* Spekulation *die.*

speculative ['spekjʊlətɪv] *adj* - **1.** [based on guesswork] spekulativ - **2.** [contemplative] grüblerisch - **3.** FIN Spekulations-.

speculator ['spekjʊleɪtəʳ] *n* FIN Spekulant *der*, -in *die.*

sped [sped] *pt* & *pp* ▷ **speed.**

speech [spiːtʃ] *n* - **1.** *(U)* [ability to speak, dialect] Sprache *die* - **2.** [formal talk] Rede *die;* **to give** OR **make a ~ (on sthg)** eine Rede (über etw *(A)*) halten; **to give** OR **make a ~ to sb** eine Rede vor jm halten - **3.** THEATRE Text *der* - **4.** [manner of speaking] Sprechweise *die;* **his ~ is clear and precise** er spricht klar und deutlich - **5.** GRAMM: **direct/indirect ~** direkte/indirekte Rede.

speech day *n Br* jährliche Schulfeier.

speech impediment *n* Sprachstörung *die.*

speechless ['spiːtʃlɪs] *adj:* **to be ~ (with sthg)** (vor etw *(D)*) sprachlos sein.

speech processing *n* COMPUT Sprachverarbeitung *die.*

speech therapist *n* Sprachtherapeut *der*, -in *die.*

speech therapy *n (U)* Sprachtherapie *die.*

speed [spiːd] (*pt* & *pp* **-ed** OR **sped**) *n* - **1.** [pace, rapid rate] Geschwindigkeit *die*, Tempo *das;* **~ of light/sound** Licht-/Schallgeschwindigkeit *die;* **at high/low ~** mit hoher/niedriger Geschwindigkeit; **at top** OR **full ~** mit Höchstgeschwindigkeit - **2.** [gear] Gang *der;* **five-~ bike** Fahrrad *das* mit Fünfgangschaltung - **3.** PHOT [of film] Lichtempfindlichkeit *die;* **shutter ~** Belichtungszeit *die* ◇ *vi*

- 1. [move fast]: **to ~ along/away/by** entlang-/davon-/vorbeiljagen **- 2.** AUT [go too fast] zu schnell fahren.

◆ **speed up** *vt sep* beschleunigen; [person] auf Trab bringen ◇ *vi* [worker] sich beeilen; [driver, vehicle] beschleunigen; [production] sich erhöhen.

speedboat ['spi:dbəʊt] *n* Rennboot *das.*

speeding ['spi:dɪŋ] *n* zu schnelles Fahren; LAW Geschwindigkeitsüberschreitung *die.*

speed limit *n* Geschwindigkeitsbeschränkung *die;* **what's the ~ here?** wie schnell darf man hier fahren?

speedo ['spi:dəʊ] (*pl* **-s**) *n* **Br inf** Tacho *der.*

speedometer [spɪ'dɒmɪtə^r] *n* Tachometer *der* OR *das.*

speed trap *n* Geschwindigkeitskontrolle *die.*

speedway ['spi:dweɪ] *n* **- 1.** SPORT Speedwayrennen *das* **- 2. Am** [road] Schnellstraße *die.*

speedy ['spi:dɪ] (*compar* **-ier;** *superl* **-iest**) *adj* schnell.

spell [spel] (**Br** *pt* & *pp* **spelt** OR **-ed**, **Am** *pt* & *pp* **-ed**) *n* **- 1.** [period of time] Weile *die;* **with some sunny ~s** mit sonnigen Abschnitten; **for a ~** eine Weile **- 2.** [enchantment] Zauber *der;* **to cast** OR **put a ~ on sb** jn verzaubern **- 3.** [magic word] Zauberspruch *der* ◇ *vt* **- 1.** [word, name] schreiben; [aloud] buchstabieren **- 2.** *fig* [signify] bedeuten; [aloud] buchstabieren; **it ~s disaster** das bedeutet Unglück ◇ *vi:* **to be able to ~** fehlerfrei schreiben können.

◆ **spell out** *vt sep* **- 1.** [read aloud] buchstabieren **- 2.** [explain]: **to ~ sthg out (for** OR **to sb)** (jm) etw klarlmachen.

spellbound ['spelbaʊnd] *adj* gebannt; **she can hold her readers ~** sie kann ihre Leser fesseln.

spelling ['spelɪŋ] *n* **- 1.** [of a particular word] Schreibweise *die* **- 2.** [ability to spell] Rechtschreibung *die.*

spelt [spelt] *pt* & *pp* **Br** ▻ **spell.**

spend [spend] (*pt* & *pp* **spent**) *vt* **- 1.** [pay out] auslgeben; **she ~s a lot of money on clothes** sie gibt viel Geld für Kleidung aus **- 2.** [time, life] verbringen; **he spent two hours shopping** er ist zwei Stunden lang einkaufen gewesen.

spender ['spendə^r] *n:* **she is a big ~** bei ihr sitzt das Geld locker.

spending ['spendɪŋ] *n (U)* Ausgaben *pl.*

spending money *n* Taschengeld *das.*

spending power *n* Kaufkraft *die.*

spendthrift ['spendθrɪft] *n* Verschwender *der,* -in *die.*

spent [spent] *pt* & *pp* ▻ **spend** ◇ *adj* [fuel, matches] verbraucht; [ammunition] verschossen; [patience, energy] erschöpft.

sperm [spɜ:m] (*pl inv* OR **-s**) *n* **- 1.** [cell] Spermium *das* **- 2.** *(U)* [fluid] Sperma *das.*

spermicidal cream [ˌspɜ:mɪ'saɪdl-] *n* Spermizid *das.*

sperm whale *n* Pottwal *der.*

spew [spju:] *vt* [flames, lava] speien ◇ *vi:* **to ~ (out) from sthg** aus etw hervorlschießen.

sphere [sfɪə^r] *n* **- 1.** [globe] Kugel *die* **- 2.** [of interest, activity] Bereich *der;* **~ of influence** Einflussbereich *der.*

spherical ['sferɪkl] *adj* kugelförmig.

sphinx [sfɪŋks] (*pl* **-es**) *n* Sphinx *die.*

spice [spaɪs] *n* **- 1.** CULIN Gewürz *das* **- 2.** *(U) fig* [excitement] Würze *die* ◇ *vt* **- 1.** CULIN: **to ~ sthg (with sthg)** etw (mit etw) würzen **- 2.** *fig* [add excitement to]: **to ~ sthg (up)** etw auf lpeppen.

spick-and-span [ˌspɪkən'spæn] *adj* blitzblank.

spicy ['spaɪsɪ] (*compar* **-ier;** *superl* **-iest**) *adj* pikant.

spider ['spaɪdə^r] *n* Spinne *die.*

spider's web, spiderweb **Am** ['spaɪdəweb] *n* Spinnennetz *das.*

spidery ['spaɪdərɪ] *adj* [handwriting] krakelig.

spiel [ʃpi:l] *n* Gerede *das.*

spike [spaɪk] *n* **- 1.** [on railings] Spitze *die;* [on shoe] Spike *der* **- 2.** [on plant] Stachel *der* ◇ *vt* [drink] einen Schuss (Alkohol) zulgeben; **~d with whisky** mit einem Schuss Whisky.

◆ **spikes** *npl* **Br** Spikes *pl.*

spiky ['spaɪkɪ] (*compar* **-ier;** *superl* **-iest**) *adj* [plant, hair] stach(e)lig.

spill [spɪl] (**Br** *pt* & *pp* **spilt** OR **-ed**, **Am** *pt* & *pp* **-ed**) *vt* **- 1.** [liquid, salt] verschütten **- 2.** [blood] vergießen ◇ *vi* **- 1.** [liquid, salt] sich ergießen **- 2.** [crowd]: **to ~ out of/into sthg** aus etw/in etw *(A)* strömen.

spillage ['spɪlɪdʒ] *n:* **(oil) ~** ausgelaufenes Öl; **measures to prevent (oil) ~s** Maßnahmen, um das Auslaufen von Öl zu verhindern.

spilt [spɪlt] *pt* & *pp* **Br** ▻ **spill.**

spin [spɪn] (*pt* **span** OR **spun;** *pp* **spun;** *cont* **-ning**) *n* **- 1.** [turn] Drehung *die* **- 2.** AERON Trudeln *das;* **the plane went into a ~** das Flugzeug begann zu trudeln **- 3.** *inf* [in car] Spritztour *die;* **to go for a ~** eine Spritztour machen **- 4.** SPORT [on ball] Effet *der* ◇ *vt* **- 1.** [gen] schnell drehen **- 2.** [in spin-dryer] schleudern; [coin in the air] hochlwerfen **- 3.** [thread, cloth, wool] spinnen **- 4.** SPORT [ball] einen Effet geben *(+ D)* ◇ *vi* **- 1.** [gen] sich schnell drehen; [plane] trudeln **- 2.** [feel dizzy]: **my head is ~ning** mir dreht sich alles **- 3.** [spinner of thread] spinnen **- 4.** [in spin-dryer] schleudern.

◆ **spin out** *vt sep* [story, explanation] in die Länge ziehen; [money, food] strecken.

spina bifida [ˌspaɪnə'bɪfɪdə] *n* Wirbelsäulenspaltbildung *die*.

spinach ['spɪnɪdʒ] *n* Spinat *der*.

spinal column ['spaɪnl-] *n* Wirbelsäule *die*.

spinal cord ['spaɪnl-] *n* Rückenmark *das*.

spindle ['spɪndl] *n* - **1.** [machine rod] Achse *die* - **2.** [for spinning] Spindel *die*.

spindly ['spɪndlɪ] (*compar* **-ier;** *superl* **-iest**) *adj* [arms, legs] spindeldürr; [plant] zierlich.

spin doctor *n* ***pej*** *Pressebeauftragter eines Politikers oder einer Partei, der Informationen an die Öffentlichkeit weitergibt, die die jeweiligen Handlungen in ein positives Licht rücken.*

spin-dry *vt* ***Br*** schleudern.

spin-dryer *n* ***Br*** Wäscheschleuder *die*.

spine [spaɪn] *n* - **1.** ANAT Wirbelsäule *die* - **2.** [of book] Rücken *der* - **3.** [of hedgehog, plant] Stachel *der*.

spine-chilling *adj* gruselig, schaurig.

spineless ['spaɪnlɪs] *adj* [feeble] ohne Rückgrat.

spinner ['spɪnə^r] *n* [of thread] Spinner *der*, -in *die*.

spinning ['spɪnɪŋ] *n* [of thread] Spinnen *das*.

spinning top *n* Kreisel *der*.

spin-off *n* [by-product] Nebenprodukt *das*.

spinster ['spɪnstə^r] *n* Unverheiratete *die*.

spiral ['spaɪərəl] (***Br*** *pt* & *pp* **-led;** *cont* **-ling, *Am*** *pt* & *pp* **-ed;** *cont* **-ing**) *adj* spiralförmig <> *n* ***lit*** & ***fig*** Spirale *die* <> *vi* - **1.** [move in spiral curve - staircase, path] sich (hoch) winden; [- smoke] spiralförmig auf|steigen - **2.** [increase rapidly] stark steigen - **3.** [decrease rapidly]: **to ~ downwards** stark fallen.

spiral staircase *n* Wendeltreppe *die*.

spire ['spaɪə^r] *n* Turmspitze *die*.

spirit ['spɪrɪt] *n* - **1.** [soul, ghost] Geist *der;* **to be with sb in ~** in Gedanken bei jm sein - **2.** *(U)* [courage] Mut *der* - **3.** *(U)* [attitude] Geist *der;* [mood] Stimmung *die;* **fighting ~** Kampfgeist *der;* **~ of optimism** optimistische Stimmung; **to enter into the ~ of sthg** sich mit ganzem Herzen an etw *(D)* beteiligen - **4.** [essence] Geist *der*, Sinn *der* <> *vt:* **to ~ sb into/out of sthg** jn in etw *(A)* /aus etw schleusen.

◆ **spirits** *npl* - **1.** [mood] Stimmung *die*, Laune *die;* **to be in high/low ~s** guter/schlechter Laune sein - **2.** [alcohol] Spirituosen *pl*.

spirited ['spɪrɪtɪd] *adj* [action, defence] beherzt; [performance] lebendig; [debate] lebhaft.

spirit level *n* Wasserwaage *die*.

spiritual ['spɪrɪtʃʊəl] *adj* - **1.** [of the spirit] geistig, spirituell; **~ life** Seelenleben *das* - **2.** [religious] geistlich.

spiritualism ['spɪrɪtʃʊəlɪzm] *n* Spiritismus *der*.

spiritualist ['spɪrɪtʃʊəlɪst] *n* Spiritist *der*, -in *die*.

spit [spɪt] (***Br*** *pt* & *pp* **spat;** *cont* **-ting, *Am*** *pt* & *pp* **spit;** *cont* **-ting**) *n* - **1.** [saliva] Spucke *die* - **2.** [skewer] Spieß *der* <> *vi* [from mouth] spucken <> *v impers* ***Br*** [rain lightly] tröpfeln.

◆ **spit out** *vt sep* - **1.** [food, liquid] aus|spucken - **2.** [say angrily] aus|stoßen; **~ it out!** spucks aus!

spite [spaɪt] *n (U)* Bosheit *die;* **to do sthg out of** OR **from ~** etw aus reiner Bosheit tun <> *vt* ärgern.

◆ **in spite of** *prep* trotz *(+ G);* **to do sthg in ~ of o.s.** [unintentionally] etw tun, ohne es zu wollen.

spiteful ['spaɪtfʊl] *adj* boshaft.

spitting image ['spɪtɪŋ-] *n:* **to be the ~ of sb** jm wie aus dem Gesicht geschnitten sein.

spittle ['spɪtl] *n* Spucke *die*.

splash [splæʃ] *n* - **1.** [sound] Platschen *das;* **it fell into the water with a ~** es platschte ins Wasser - **2.** [small quantity - of drink] Schuss *der;* [- of paint, mud] Spritzer *der* - **3.** [patch - of colour] Tupfen *der;* [- of light] Fleck *der* <> *vt* - **1.** [subj: person] bespritzen - **2.** [subj: water] spritzen auf *(+ A)* - **3.** [apply haphazardly] klatschen <> *vi* - **1.** [person]: **to ~ about** OR **around** herum|spritzen - **2.** [water, liquid]: **to ~ on/against sthg** klatschen an etw *(A)*/gegen etw.

◆ **splash down** *vi* [space shuttle] wassern.

◆ **splash out** *inf vt sep* & *vi:* **I ~ed out (£500) on a suit** ich habe mir (für 500 Pfund) einen Anzug geleistet.

splash guard *n* ***Am*** Schmutzfänger *der*.

splay [spleɪ] *vt* spreizen.

spleen [spliːn] *n* - **1.** ANAT Milz *die* - **2.** *(U)* ***fig*** [anger]: **to vent one's ~ on sb** seine Wut OR schlechte Laune an jm aus|lassen.

splendid ['splendɪd] *adj* - **1.** [very good] großartig - **2.** [magnificent, beautiful] prachtvoll.

splendidly ['splendɪdlɪ] *adv* - **1.** [perform, write, behave] großartig - **2.** [design, dress, entertain] prächtig.

splendour ***Br*****, splendor *Am*** ['splendə^r] *n* - **1.** [beauty, magnificence] Pracht *die* - **2.** [magnificent feature]: **~s** Herrlichkeiten *pl*.

splice [splaɪs] *vt* [ropes] spleißen; [film, tape] zusammen|kleben.

splint [splɪnt] *n* Schiene *die*.

splinter ['splɪntə^r] *n* Splitter *der* <> *vt:* **to be ~ed** zersplittert sein <> *vi* [glass, bone, wood] splittern.

splinter group *n* Splittergruppe *die*.

split [splɪt] (*pt* & *pp* **split;** *cont* **-ting**) *n* - **1.** [crack] Spalt *der* - **2.** [tear] Riss *der* - **3.** [division, schism]

Spaltung *die*, Riss *der* <> *vt* - **1.** [crack, divide] spalten; **the collision ~ the ship in two** bei dem Zusammenstoß zerbrach das Schiff in zwei Teile - **2.** [tear] zerreißen - **3.** [share] teilen; **we'll ~ the costs** wir werden uns die Kosten teilen; **to ~ the difference** sich in der Mitte treffen <> *vi* - **1.** [crack - wood, stone] sich spalten; [- ship] auseinanderlbrechen - **2.** [tear - fabric] reißen; [- seam, trousers] platzen; **the bag ~ open** die Tasche platzte auf - **3.** [divide] sich teilen - **4.** ***Am inf*** [leave] abl-hauen.

◆ **splits** *npl:* **to do the ~s** einen Spagat machen.

◆ **split off** *vt sep* [snap off]: **to ~ sthg off (from sthg)** etw (von etw) ablbrechen <> *vi* - **1.** [snap off]: **to ~ off (from sthg)** ablbrechen (von etw) - **2.** [separate]: **to ~ off (from sb)** sich (von jm) trennen.

◆ **split up** *vt sep:* **to ~ sthg up (into sthg)** etw (in etw *(A)*) (auf l)teilen; **he intervened and ~ the boys up** er griff ein und trennte die Jungen <> *vi* sich trennen; **to ~ up with sb** sich von jm trennen.

split ends *npl* Spliss *der*.

split-level *adj* [building, room] mit verschiedenen Wohnebenen.

split peas *npl getrocknete halbe Erbsen.*

split personality *n* gespaltene Persönlichkeit.

split screen *n* geteilter Bildschirm.

split second *n* Bruchteil *der* einer Sekunde.

splitting ['splɪtɪŋ] *adj:* **~ headache** rasende Kopfschmerzen *pl*.

splutter ['splʌtəʳ] *vi* - **1.** [person speaking, engine] stottern - **2.** [fire, flames] zischen.

spoil [spɔɪl] (*pt* & *pp* **-ed** *OR* **spoilt**) *vt* - **1.** [ruin] verderben; **to ~ sb's fun** jm den Spaß verderben - **2.** [pamper] verwöhnen; **to be ~t for choice** die Qual der Wahl haben; **to ~ o.s.** sich verwöhnen.

◆ **spoils** *npl* Beute *die*.

spoiled [spɔɪld] *adj* = **spoilt.**

spoiler ['spɔɪləʳ] *n* AUT Spoiler *der*.

spoilsport ['spɔɪlspɔːt] *n* Spielverderber *der*, -in *die*.

spoilt [spɔɪlt] *pt* & *pp* ▻ **spoil** <> *adj* - **1.** [child] verzogen - **2.** [food, dinner] verdorben.

spoke [spəʊk] *pt* ▻ **speak** <> *n* Speiche *die*.

spoken ['spəʊkn] *pp* ▻ **speak.**

spokesman ['spəʊksmən] (*pl* **-men** [-mən]) *n* Sprecher *der*.

spokesperson ['spəʊks,pɜːsn] (*pl* **spokespeople**) *n* Sprecher *der*, -in *die*.

spokeswoman ['spəʊks,wʊmən] (*pl* **-women** [-,wɪmɪn]) *n* Sprecherin *die*.

sponge [spʌndʒ] (***Br*** *cont* **spongeing**, ***Am*** *cont* **sponging**) *n* - **1.** [for cleaning, washing] Schwamm *der* - **2.** [cake] Biskuitkuchen *der* <> *vt* [face] ablwischen; [wall, car] mit einem Schwamm ablwaschen <> *vi* ***inf:*** **to ~ off sb** jm auf der Tasche liegen.

sponge bag *n* ***Br*** Kulturbeutel *der*.

sponge cake *n* Biskuitkuchen *der*.

sponger ['spʌndʒəʳ] *n* ***inf pej*** Schmarotzer *der*, -in *die*.

spongy ['spʌndʒɪ] (*compar* **-ier;** *superl* **-iest**) *adj* [head, ground] locker; [material] schwammig.

sponsor ['spɒnsəʳ] *n* - **1.** [of team, film, TV programme] Sponsor *der* - **2.** [of student, museum, for charity] Förderer *der*, -in *die* <> *vt* - **1.** [team, film, TV programme] sponsern - **2.** [student, museum, for charity] finanziell unterstützen - **3.** [bill, appeal, proposal] unterstützen.

sponsored walk [,spɒnsəd-] *n* Wohltätigkeitsmarsch *der*.

sponsorship ['spɒnsəʃɪp] *n (U)* finanzielle Unterstützung.

spontaneity [,spɒntə'neɪətɪ] *n* Sponta-n(e)ität *die*.

spontaneous [spɒn'teɪnjəs] *adj* spontan.

spontaneously [spɒn'teɪnjəslɪ] *adv* spontan.

spoof [spuːf] *n:* **~ (of** *OR* **on sthg)** Parodie *die* (auf etw *(A)*).

spook [spuːk] *vt* ***Am:*** **to ~ sb** jm einen Schreck einljagen.

spooky ['spuːkɪ] (*compar* **-ier;** *superl* **-iest**) *adj* ***inf*** unheimlich.

spool [spuːl] *n* Spule *die* <> *vi* spulen.

spoon [spuːn] *n* Löffel *der* <> *vt* löffeln.

spoon-feed *vt* - **1.** [feed with spoon] füttern - **2.** ***fig*** [students, pupils] gängeln.

spoonful ['spuːnfʊl] (*pl* **-s** *OR* **spoonsful**) *n* Löffel *der;* **a ~ of salt** ein Löffel Salz.

sporadic [spə'rædɪk] *adj* sporadisch; [showers, shooting] vereinzelt.

sport [spɔːt] *n* - **1.** [games] Sport *der;* [type of sport] Sportart *die;* **she's good at ~** sie ist sportlich - **2.** ***dated*** [cheerful person]: **he's a (good) ~!** er ist in Ordnung <> *vt* [wear] tragen.

◆ **sports** *npl* ***Br*** [sports day] Sportfest *das* <> *comp* Sport-.

sporting ['spɔːtɪŋ] *adj* - **1.** [relating to sport] sportlich; **~ event** Wettkampf *der* - **2.** [generous, fair] anständig, fair.

sports car ['spɔːts-] *n* Sportwagen *der*.

sports day ['spɔːts-] *n* ***Br*** Sportfest *das*.

sports jacket ['spɔːts-] *n* sportliches Sakko.

sportsman ['spɔːtsmən] (*pl* **-men** [-mən]) *n* Sportler *der*.

sportsmanship ['spɔːtsmənʃɪp] *n* sportliche Fairness.

sports pages ['spɔːts-] *npl* Sportseiten *pl.*

sportswear ['spɔːtsweəʳ] *n (U)* [in sport] Sportbekleidung *die;* [for leisure] Freizeitkleidung *die.*

sportswoman ['spɔːts,wʊmən] (*pl* **-women** [-,wɪmɪn]) *n* Sportlerin *die.*

sporty ['spɔːtɪ] (*compar* **-ier;** *superl* **-iest**) *adj* ***inf*** sportlich.

spot [spɒt] (*pt* & *pp* **-ted;** *cont* **-ting**) *n* - **1.** [of blood, ink, paint] Fleck *der;* **a white blouse with blue ~s** eine weiße Bluse mit blauen Punkten - **2.** [pimple] Pickel *der* - **3.** ***inf*** [small amount]: **a few ~s of rain** ein paar Regentropfen; **a ~ of** ein bisschen, etwas; **to have a ~ of lunch** eine Kleinigkeit zu Mittag essen; **to do a ~ of work** ein bisschen arbeiten - **4.** [place] Stelle *die;* **what a lovely ~!** was für ein schönes Plätzchen!; **to do sthg on the ~** etw auf der Stelle tun - **5.** RADIO & TV: **to have a (regular) ~ on a show** regelmäßiger Gast in einer Fernsehshow sein - **6.** ***phr:*** **to have a soft ~ for sb** eine Schwäche für jn haben; **to put sb on the ~** jn in Verlegenheit bringen ◇ *vt* [notice] sehen; [mistake] finden.

spot check *n* Stichprobe *die.*

spotless ['spɒtlɪs] *adj* [clean] blitzsauber.

spotlight ['spɒtlaɪt] *n* [in theatre, TV] Scheinwerfer *der;* [at home] Spot *der;* **to be in the ~** ***fig*** im Rampenlicht stehen.

spot-on *adj* ***Br inf*** [guess, answer] exakt; **he was ~** er lag genau richtig.

spot price *n* Kassakurs *der.*

spotted ['spɒtɪd] *adj* [material, garment] gepunktet.

spotty ['spɒtɪ] (*compar* **-ier;** *superl* **-iest**) *adj* - **1.** ***Br*** [skin] pick(e)lig - **2.** ***Am*** [patchy] von wechselnder Qualität.

spouse [spaʊs] *n* Gatte *der,* -tin *die.*

spout [spaʊt] *n* - **1.** [of kettle, watering can] Schnabel *der* - **2.** [of water - from fountain, geyser] Strahl *der* ◇ *vt* ***pej*** [nonsense] von sich geben; [statistics] herunter|rasseln ◇ *vi:* **to ~ from** OR **out of sthg** [liquid] aus etw hervor|spritzen; [flames] aus etw hervor|schießen.

sprain [spreɪn] *n* Verstauchung *die* ◇ *vt:* **to ~ one's ankle/wrist** sich *(D)* den Knöchel/das Handgelenk verstauchen.

sprang [spræŋ] *pt* ▷ **spring.**

sprawl [sprɔːl] *n:* **urban ~** *unkontrollierte Ausdehnung des städtischen Raumes* ◇ *vi* - **1.** [person] sich aus|strecken - **2.** [city, suburbs] sich unkontrolliert aus|breiten.

sprawling ['sprɔːlɪŋ] *adj* [city, suburbs] wuchernd

spray [spreɪ] *n* - **1.** [droplets] Sprühnebel *der;* [of sea] Gischt *die* - **2.** [pressurized liquid] Spray *das* - **3.** [can, container] Sprühdose *die* - **4.** [of flowers] Strauß *der* ◇ *vt* - **1.** [plant, field] besprühen; [crops] spritzen; **to ~ one's hair** sich das Haar mit Haarspray stylen - **2.** [paint, perfume] sprühen ◇ *vi* spritzen.

spray can *n* Sprühdose *die.*

spray paint *n* Sprühfarbe *die.*

spread [spred] (*pt* & *pp* **spread**) *n* - **1.** CULIN [paste] Brotaufstrich *der;* **cheese ~** Streichkäse *der* - **2.** [diffusion, growth] Ausbreitung *die* - **3.** [range] Umfang *der* - **4.** PRESS: **a two-page ~** ein zweiseitiger Bericht - **5.** [buffet] Festessen *das* - **6.** ***Am*** [bedspread] Decke *die* ◇ *vt* - **1.** [open out - map, tablecloth, arms] aus|breiten; [- fingers, legs] spreizen - **2.** [apply]: **to ~ sthg with butter** etw mit Butter bestreichen; **to ~ butter/jam on one's bread** Butter/Marmelade aufs Brot streichen - **3.** [diffuse, disseminate] verbreiten - **4.** [over a period of time]: **to be ~ over sthg** sich über etw *(A)* erstrecken - **5.** [over a surface, share evenly] verteilen ◇ *vi* - **1.** [disease, fire, rumour, news] sich aus|breiten - **2.** [water, cloud] sich aus|dehnen.

➤ **spread out** *vt sep* - **1.:** **to be ~ out** [far apart] verteilt sein; [sprawling] sich aus|dehnen - **2.** [open out, unfold - map, tablecloth, arms] aus|breiten; [- fingers, legs] spreizen ◇ *vi* [disperse] sich verteilen; **the searchers ~ out** die Suchmannschaft schwärmte aus.

spread-eagled [-,iːgld] *adj:* **to be** OR **lie ~** ausgestreckt da|liegen.

spreadsheet ['spredʃiːt] *n* COMPUT Tabelle *die;* **~ program** Tabellenkalkulationsprogramm *das.*

spree [spriː] *n:* **to go on a spending/shopping ~** groß einkaufen gehen.

sprig [sprɪg] *n* Zweig *der.*

sprightly ['spraɪtlɪ] (*compar* **-ier;** *superl* **-iest**) *adj* [old person] rüstig.

spring [sprɪŋ] (*pt* **sprang;** *pp* **sprung**) *n* - **1.** [season] Frühling *der,* Frühjahr *das;* **in (the) ~** im Frühling, im Frühjahr - **2.** [coil] Feder *die* - **3.** [leap] Satz *der* - **4.** [water source] Quelle *die* ◇ *comp* - **1.** [rain, weather, colours] Frühlings- - **2.** [mattress] Federkern- - **3.** [water] Quell- ◇ *vt* - **1.** [make known suddenly]: **to ~ sthg on sb** jm mit etw konfrontieren; **to ~ a surprise on sb** jn vollig überraschen - **2.** [develop]: **to ~ a leak** [ship] plötzlich lecken; [container] undicht werden ◇ *vi* - **1.** [leap] springen; **to ~ to one's feet** auf|springen; **to ~ into action** in Aktion treten; **the engine sprang to life** der Motor sprang an - **2.** [be released]: **the branch sprang back** der Zweig schnellte zurück; **to ~ shut** zu|fallen; **to ~ open** auf|springen - **3.** [originate]: **to ~ from sthg** aus etw entstehen.

➤ **spring up** *vi* - **1.** [get up] auf|springen - **2.** [grow in size, height] wachsen - **3.** [appear - building] aus dem Boden schießen;

[- wind] auf|kommen; [- problem] auf|tauchen.

springboard ['sprɪŋbɔːd] *n lit & fig* Sprungbrett *das.*

spring-clean *vt:* **to ~ the house** Frühjahrsputz machen <> *vi* Frühjahrsputz machen.

spring-loaded *adj* mit einer Sprungfeder.

spring onion *n Br* Frühlingszwiebel *die.*

spring roll *n Br* Frühlingsrolle *die.*

spring tide *n* Springflut *die.*

springtime ['sprɪŋtaɪm] *n:* **in (the) ~** im Frühling.

springy ['sprɪŋɪ] (*compar* **-ier;** *superl* **-iest**) *adj* [carpet, mattress, step] federnd; [ground, rubber] elastisch.

sprinkle ['sprɪŋkl] *vt* [liquid] sprenkeln, sprengen; [powder, salt] streuen; **to ~ sthg with sthg** [liquid] etw mit etw (be)sprengen; [powder, salt] etw mit etw bestreuen.

sprinkler ['sprɪŋklə^r] *n* **- 1.** [for gardens] Rasensprenger *der* **- 2.** [for extinguishing fires]: **a ~ system** Sprinkleranlage *die.*

sprinkling ['sprɪŋklɪŋ] *n:* **we had only a ~ of snow** bei uns fiel nur ganz wenig Schnee; **there was only a ~ of people on the beach** es waren nur ein paar vereinzelte Menschen am Strand.

sprint [sprɪnt] *n* SPORT [race] Lauf *der,* Sprint *der;* **to break into** OR **put on a ~** los|spurten <> *vi* rennen; SPORT sprinten.

sprinter ['sprɪntə^r] *n* Sprinter *der,* -in *die.*

sprite [spraɪt] *n* Geist *der.*

spritzer ['sprɪtsə^r] *n:* **(white wine) ~** Weißweinschorle *die.*

sprocket ['sprɒkɪt] *n* [wheel] Zahnrad *das.*

sprout [spraʊt] *n* **- 1.** CULIN: **(brussels) ~s** Rosenkohl *der* **- 2.** [shoot] Trieb *der* <> *vt* **- 1.** [germinate] keimen lassen **- 2.** [grow - leaves, shoots] (aus|)treiben; [- beard, moustache] sich *(D)* wachsen lassen <> *vi* **- 1.** [germinate] keimen **- 2.** [grow] wachsen, sprießen **- 3.** [appear]: **to ~ (up)** wie Pilze aus dem Boden schießen.

spruce [spruːs] *adj* gepflegt <> *n* [tree] Fichte *die.*

◆ **spruce up** *vt sep* [room, house] auf Vordermann bringen; **to ~ o.s. up** sich zurecht|machen.

sprung [sprʌŋ] *pp* ▻ **spring.**

spry [spraɪ] (*compar* **-ier;** *superl* **-iest**) *adj* rüstig.

SPUC (*abbr of* **Society for the Protection of the Unborn Child**) *n britische Anti-Abtreibungsvereinigung.*

spud [spʌd] *n inf* Kartoffel *die.*

spun [spʌn] *pt & pp* ▻ **spin.**

spur [spɜː^r] (*pt & pp* **-red;** *cont* **-ring**) *n* **- 1.** [incentive]: **~ (to sthg)** Ansporn *der* OR Antrieb *der* (für etw) **- 2.** [on rider's boot] Sporn *der* <> *vt* **- 1.** [horse] die Sporen geben *(+ D)* **- 2.** [encourage]: **to ~ sb to do sthg** jn an|spornen, etw zu tun.

◆ **on the spur of the moment** *adv* ganz spontan.

◆ **spur on** *vt sep* [encourage] an|spornen.

spurious ['spjʊərɪəs] *adj* **- 1.** [not genuinely felt] gespielt **- 2.** [based on false reasoning - argument] fadenscheinig; [- claim] unberechtigt.

spurn [spɜːn] *vt* verschmähen.

spurt [spɜːt] *n* **- 1.** [of water, steam] Strahl *der* **- 2.** [of energy] Anfall *der* **- 3.** [burst of speed] Spurt *der;* **to put on a ~** [while running, cycling] einen Spurt ein|legen; [while working] sich sehr beeilen <> *vi* **- 1.: to ~ (out of** OR **from sthg)** [water, steam, flames] (heraus|)schießen (aus etw) **- 2.** [run] spurten.

sputter ['spʌtə^r] *vi* **- 1.** [engine] stottern **- 2.** [person] stammeln **- 3.** [oil in pan] spritzen.

spy [spaɪ] (*pl* **spies;** *pt & pp* **spied**) *n* Spion *der,* -in *die* <> *vt* sichten <> *vi* **- 1.** [work as spy] spionieren **- 2.** [watch secretly]: **to ~ on sb** jm nach|spionieren.

spying ['spaɪɪŋ] *n* Spionage *die.*

spy satellite *n* Spionagesatellit *der.*

Sq., sq. *abbr of* **square.**

squabble ['skwɒbl] *n* Zank *der* <> *vi:* **to ~ (about** OR **over sthg)** sich (wegen etw) zanken.

squad [skwɒd] *n* **- 1.** [police department] Dezernat *das* **- 2.** MIL Trupp *der* **- 3.** SPORT Mannschaft *die.*

squad car *n* Streifenwagen *der.*

squadron ['skwɒdrən] *n* [of fighter planes] Staffel *die;* [of warships] Geschwader *das.*

squadron leader *n Br* Major *der* der Luftwaffe.

squalid ['skwɒlɪd] *adj* **- 1.** [filthy - place] dreckig und verkommen; [- conditions] erbärmlich **- 2.** [base, dishonest] schmutzig.

squall [skwɔːl] *n* [storm] Bö(e) *die.*

squalor ['skwɒlə^r] *n* Schmutz *der.*

squander ['skwɒndə^r] *vt* [money] verschwenden; [opportunity] vertun.

square [skweə^r] *adj* **- 1.** [in shape] quadratisch; [face, brackets] eckig **- 2.** *Br* [MATH - referring to area] Quadrat-; [- when each side is of same length] im Quadrat **- 3.** [not owing money]: **to be ~** quitt sein **- 4.** *inf* [unfashionable]: **he's ~** er ist von (vor)gestern <> *n* **- 1.** [shape] Quadrat *das* **- 2.** [in town, city] Platz *der* **- 3.** *inf* [unfashionable person] Spießer *der,* -in *die* **- 4.** *phr:* **they were back to ~ one** sie waren wieder da, wo sie angefangen hatten <> *vt* **- 1.** MATH [multiply by itself] quadrieren; **4 ~d is 16** 4 hoch 2 ist 16, 4 (zum) Quadrat ist 16 **- 2.** [balance, reconcile]: **to**

~ sthg with sthg etw mit etw in Einklang bringen.

◆ **square up** *vi* - **1.** [settle up]: **to ~ up with sb** mit jm ab|rechnen - **2.** [confront]: **to ~ up to sb/sthg** sich jm/etw stellen.

squared ['skweəd] *adj* [paper] kariert.

square dance *n* Squaredance *der.*

square deal *n* faires Geschäft.

squarely ['skweəlɪ] *adv* - **1.** [directly] genau - **2.** [honestly] offen und ehrlich.

square meal *n* anständige Mahlzeit.

square root *n* Quadratswurzel *die.*

squash [skwɒʃ] *n* - **1.** SPORT Squash *das* - **2.** *Br* [drink]: **lemon/orange ~** *Fruchtsaftgetränk mit Zitronen-/Orangengeschmack* - **3.** *Am* [vegetable] Kürbis *der* <> *vt* [hat] zerdrücken; [box] zusammen|drücken; [fruit] zerquetschen.

squat [skwɒt] (*compar* **-ter;** *superl* **-test;** *pt* & *pp* **-ted;** *cont* **-ting**) *adj* gedrungen <> *n* *Br* [building] besetztes Haus <> *vi* - **1.** [crouch]: **to ~ (down)** sich (hin|)hocken; **he was ~ting** er hockte - **2.** *Br* [be a squatter] in einem besetzten Haus leben.

squatter ['skwɒtəʳ] *n* *Br* [in empty building] Hausbesetzer *der*, -in *die.*

squawk [skwɔːk] *n* [of bird] Kreischen *das* <> *vi* [bird] kreischen.

squeak [skwiːk] *n* - **1.** [of animal] Quieken *das* - **2.** [of door, hinge] Quietschen *das* <> *vi* - **1.** [animal] quieken - **2.** [floorboard, bed, hinge] quietschen.

squeaky ['skwiːkɪ] (*compar* **-ier;** *superl* **-iest**) *adj* - **1.** [floorboard, bed, hinge] quietschend - **2.** [voice] piepsig.

squeal [skwiːl] *n* - **1.** [of person] Kreischen *das;* [of animal] Quieken *das* - **2.** [of brakes, tyres] Quietschen *das* <> *vi* - **1.** [person] kreischen; [animal] quieken - **2.** [brakes, tyres] quietschen.

squeamish ['skwiːmɪʃ] *adj* zart besaitet; **I'm ~ about the sight of blood** ich kann kein Blut sehen.

squeeze [skwiːz] *n* - **1.** [pressure]: **to give sthg a ~** etw drücken - **2.** *inf* [crush of people] Gedränge *das* <> *vt* - **1.** [press firmly] drücken; [orange, lemon] aus|pressen - **2.** [extract, press out - juice] heraus|pressen; **to ~ sthg out of sthg** etw aus etw drücken - **3.** [cram]: **to ~ sthg into sthg** etw in etw *(A)* hinein|pressen OR zwängen - **4.** *fig* [information]: **to ~ sthg out of sb** etw aus jm heraus|pressen <> *vi:* **to ~ into/past/through sthg** sich in etw *(A)* /vorbei an etw *(D)* /durch etw zwängen.

squeezer ['skwiːzəʳ] *n* Presse *die.*

squelch [skweltʃ] *vi* [through mud] patschen.

squib [skwɪb] *n:* **damp ~** Reinfall *der.*

squid [skwɪd] (*pl inv* OR **-s**) *n* Tintenfisch *der.*

squiggle ['skwɪgl] *n* Schnörkel *der.*

squint [skwɪnt] *n* MED: **to have a ~** schielen <> *vi* - **1.** MED schielen - **2.** [half-close one's eyes]: **to ~ at sthg** etw blinzelnd an|sehen.

squire ['skwaɪəʳ] *n* [landowner] Gutsherr *der.*

squirm [skwɜːm] *vi* *lit* & *fig* sich winden.

squirrel [*Br* 'skwɪrəl, *Am* 'skwɜːrəl] *n* Eichhörnchen *das.*

squirt [skwɜːt] *vt* - **1.** [force out] spritzen - **2.** [cover with liquid]: **to ~ sb/sthg with sthg** jn/etw mit etw bespritzen <> *vi:* **to ~ (out of sthg)** (heraus|)spritzen (aus etw).

Sr - **1.** *abbr of* **senior** - **2.** *abbr of* **sister.**

SRC *n* (*abbr of* **Science Research Council**) *wissenschaftlicher Forschungsrat in Großbritannien.*

Sri Lanka [ˌsriː'læŋkə] *n* Sri Lanka *nt;* **in ~** auf Sri Lanka.

Sri Lankan [ˌsriː'læŋkn] *adj* sri-lankisch <> *n* Sri-Lanker *der*, -in *die.*

SRN (*abbr of* **State Registered Nurse**) *n examinierte Krankenschwester/examinierter Krankenpfleger in Großbritannien.*

SS (*abbr of* **steamship**) MS.

SSSI (*abbr of* **Site of Special Scientific Interest**) *n unter Natur- oder Denkmalschutz stehendes Areal in Großbritannien.*

St - **1.** *abbr of* **saint** - **2.** *abbr of* **street.**

stab [stæb] (*pt* & *pp* **-bed;** *cont* **-bing**) *n* - **1.** [with knife] Stich *der* - **2.** *inf* [attempt]: **to have a ~ at sthg** etw probieren - **3.** [twinge]: **a ~ of pain** ein stechender Schmerz <> *vt* - **1.** [with knife] ein|stechen (auf *(+ A)*); **to ~ sb to death** jn erstechen; **to ~ sb in the back** *fig* jm in den Rücken fallen - **2.** [with fork] auf|spießen <> *vi:* **to ~ at sthg** [with knife] auf etw *(A)* ein|stechen.

stabbing ['stæbɪŋ] *adj* [pain] stechend <> *n* Messerstecherei *die.*

stability [stə'bɪlətɪ] *n* Stabilität *die.*

stabilize, -ise ['steɪbəlaɪz] *vt* stabilisieren <> *vi* sich stabilisieren.

stabilizer ['steɪbəlaɪzəʳ] *n* Stabilisator *der;* [on bicycle] Stützrad *das.*

stable ['steɪbl] *adj* - **1.** [steady, unchanging] stabil; [job] sicher - **2.** [solid, anchored - ladder, shelf] stabil; [- ship, aircraft] sicher - **3.** [person, personality]: **(mentally) ~** innerlich gefestigt <> *n* [building] Reitstall *der;* [horses] Rennstall *der.*

stable lad *n* Stallbursche *der.*

staccato [stə'kɑːtəʊ] *adj* & *adv* staccato.

stack [stæk] *n* - **1.** [pile] Stoß *der*, Stapel *der* - **2.** *inf* [a lot, lots]: **~s** OR **a ~ of** ein Haufen *(+ G)* <> *vt* - **1.** [pile up] stapeln - **2.** [fill]: **to be ~ed with sthg** mit etw vollgestapelt sein.

stadium ['steɪdjəm] (*pl* **-diums** OR **-dia** [-djə]) *n* Stadion *das.*

staff [stɑːf] *n* [employees] Personal *das;* **(teach-**

ing) ~ Lehrkräfte *pl* <> *vt* mit Personal ausǀstatten.

staffing ['stɑ:fɪŋ] *n* Stellenbesetzung *die*.

staff nurse *n* ***Br*** ≃ stellvertretende Oberschwester.

staff room *n* Lehrerzimmer *das*.

stag [stæg] (*pl inv* OR **-s**) *n* [deer] Hirsch *der*.

stage [steɪdʒ] *n* **- 1.** [period, phase] Stadium *das*, Phase *die*; **at this ~** zu diesem Zeitpunkt **- 2.** [platform] Bühne *die*; **on ~** auf der Bühne; **to set the ~ for sthg** den Weg für etw bereiten **- 3.** [acting profession]: **the ~** die Bühne <> *vt* **- 1.** THEATRE aufǀführen, inszenieren **- 2.** [organize] veranstalten.

stagecoach ['steɪdʒkəʊtʃ] *n* Postkutsche *die*.

stage door *n* Bühneneingang *der*.

stage fright *n* Lampenfieber *das*.

stagehand ['steɪdʒhænd] *n* Bühnenarbeiter *der*, -in *die*.

stage-manage *vt* **- 1.** THEATRE Inspizient/Inspizientin sein bei **- 2.** ***fig*** [orchestrate] inszenieren.

stage manager *n* Inspizient *der*, -in *die*.

stage name *n* Künstlername *der*.

stagflation [stæg'fleɪʃn] *n* POL Stagflation *die*.

stagger ['stægəʳ] *vt* **- 1.** [astound] die Sprache verschlagen *(+ D)*; **he ~ed me with his revelations** seine Enthüllungen haben mir die Sprache verschlagen **- 2.** [arrange at different times] staffeln <> *vi* [totter] schwanken.

staggering ['stægərɪŋ] *adj* [news] erschütternd; [amount] Schwindel erregend.

staging ['steɪdʒɪŋ] *n* **- 1.** THEATRE Inszenierung *die* **- 2.** [organizing] Inszenieren *das*.

stagnant ['stægnənt] *adj* **- 1.** [water] stehend; [air] verbraucht **- 2.** [business, career, economy] stagnierend.

stagnate [stæg'neɪt] *vi* **- 1.** [water] stehen; [air] verbraucht werden **- 2.** [business, career, economy] stagnieren.

stag night, stag party *n feucht-fröhlicher Männerabend, mit dem ein Bräutigam am Abend vor der Hochzeit sein Jungesellendasein beschließt.*

staid [steɪd] *adj* [person] seriös, gesetzt; [appearance, attitude] bieder.

stain [steɪn] *n* [mark] Fleck *der* <> *vt* [discolour] Flecken hinterlassen auf *(+ D)*.

stained [steɪnd] *adj* **- 1.** [soiled, marked] fleckig **- 2.** [wood] gebeizt.

stained glass *n* farbiges Glas.

stained-glass window *n* farbiges Glasfenster.

stainless steel ['steɪnlɪs-] *n* Edelstahl *der*.

stain remover [-ˌrɪmu:vəʳ] *n* Fleckenentferner *der*.

stair [steəʳ] *n* [step] Stufe *die*.
◆ **stairs** *npl* Treppe *die*.

staircase ['steəkeɪs] *n* Treppe *die*.

stairway ['steəweɪ] *n* Treppenaufgang *der*, Treppe *die*.

stairwell ['steəwel] *n* Treppenhaus *das*.

stake [steɪk] *n* **- 1.** [share]: **to have a ~ in sthg** einen Anteil an etw *(D)* haben **- 2.** [wooden post] Pfahl *der* **- 3.** [in gambling] Einsatz *der* <> *vt* **- 1.** [risk]: **to ~ sthg on sthg** etw auf etw *(A)* setzen **- 2.** [in gambling] setzen **- 3.** [state]: **to ~ a claim to sthg** Ansprüche auf etw *(A)* anǀmelden.
◆ **stakes** *npl* **- 1.** [prize] Gewinn *der* **- 2.** [contest] Preis *der*.
◆ **to be at stake** *adv* auf dem Spiel stehen.

stakeout ['steɪkaʊt] *n* ***esp Am*** [police surveillance] Überwachung *die*.

stalactite ['stæləktaɪt] *n* Stalaktit *der*.

stalagmite ['stæləgmaɪt] *n* Stalagmit *der*.

stale [steɪl] *adj* **- 1.** [bread] altbacken; [cake] trocken; [water, beer, air] abgestanden **- 2.** [news, ideas] überholt; [joke] abgedroschen.

stalemate ['steɪlmeɪt] *n* **- 1.** [deadlock] Sackgasse *die* **- 2.** CHESS Patt *das*.

stalk [stɔ:k] *n* Stiel *der*; [of cabbage] Strunk *der* <> *vt* [animal] sich heranǀpirschen an *(+ A)*; [person] nachǀstellen *(+ D)* <> *vi* [walk] stolzieren.

stall [stɔ:l] *n* **- 1.** [table] Stand *der* **- 2.** [in stable] Box *die* <> *vt* **- 1.** AUT abǀwürgen **- 2.** [delay - person] hinǀhalten; [- event] verzögern <> *vi* **- 1.** AUT abǀsterben **- 2.** [delay]: **to ~ for time** versuchen, Zeit zu schinden.
◆ **stalls** *npl* ***Br*** [in theatre, cinema] Parkett *das*.

stallholder ['stɔ:lˌhəʊldəʳ] *n* ***Br*** Standinhaber *der*, -in *die*.

stallion ['stæljən] *n* Hengst *der*.

stalwart ['stɔ:lwət] *adj* [loyal] treu <> *n* treuer Anhänger, treue Anhängerin.

stamen ['steɪmən] *n* Staubgefäß *das*.

stamina ['stæmɪnə] *n* Ausdauer *die*.

stammer ['stæməʳ] *n* Stottern *das*; **to have a ~** stottern <> *vi* stottern.

stamp [stæmp] *n* **- 1.** [postage stamp] Briefmarke *die* **- 2.** [rubber stamp] Stempel *der* **- 3.** ***fig*** [hallmark]: **to have the ~ of authenticity** den Echtheitsstempel tragen <> *vt* **- 1.** [produce by stamping] aufǀstempeln **- 2.** [stomp]: **to ~ one's foot** aufǀstampfen (mit dem Fuß) **- 3.** [stick stamp on] frankieren, freiǀmachen **- 4.** ***fig*** [with characteristic quality]: **the project had failure ~ed all over it** es war klar, dass das Projekt nicht erfolgreich sein würde <> *vi* **- 1.** [walk]

stampfen, trampeln - **2.** [with one foot]: **to ~ on sthg** auf etw *(A)* treten.

◆ **stamp out** *vt sep* [fire] aus|treten; [crime, disease] aus|rotten; [opposition] zunichte machen.

stamp album *n* Briefmarkenalbum *das.*

stamp-collecting [-kəˌlektɪŋ] *n* Briefmarkensammeln *das.*

stamp collector *n* Briefmarkensammler *der,* -in *die.*

stamp duty *n (U)* ***Br*** Stempelgebühr *die.*

stamped addressed envelope [ˈstæmptəˌdrest-] *n* ***Br*** frankierter Rückumschlag.

stampede [stæmˈpiːd] *n* - **1.** [of animals] panische Flucht - **2.** [of people] Massenandrang *der* ◇ *vi* [animals] panisch die Flucht ergreifen.

stamp machine *n* Briefmarkenautomat *der.*

stance [stɑːns] *n* - **1.** [posture] Haltung *die* - **2.** [attitude]: **~ (on)** Einstellung *die* (zu).

stand [stænd] (*pt* & *pp* **stood**) *n* - **1.** [stall] Stand *der* - **2.** [for umbrellas, coats, bicycle] Ständer *der* - **3.** [at sports stadium] Tribüne *die* - **4.** MIL & ***fig:*** **to make a ~** Widerstand leisten - **5.** [position] Standpunkt *der;* **to take a ~ on sthg** Stellung zu etw beziehen - **6.** ***Am*** LAW Zeugenstand *der;* **to take the ~** in den Zeugenstand treten ◇ *vt* - **1.** [place] stellen - **2.** [withstand - pressure, heat] ertragen; **I can't ~ him** ich kann ihn nicht ausstehen - **3.** [put up with] aus|halten - **4.** [treat]: **to ~ sb a drink/meal** jm ein Getränk/Essen spendieren - **5.** LAW: **to ~ trial** angeklagt sein ◇ *vi* - **1.** [gen] stehen; **to be ~ing** stehen - **2.** [rise to one's feet] auf|stehen - **3.** [on issue]: **where do you ~ on ...?** wie stehen Sie zu ...? - **4.** ***Br*** POL [be a candidate] kandidieren - **5.** [be likely]: **we ~ to gain £200 on the deal** wir können bei dem Geschäft 200 Pfund gewinnen - **6.** ***Am*** [stop]: **'no ~ing'** 'Halten verboten'.

◆ **stand aside** *vi* [move aside] zur Seite treten.

◆ **stand back** *vi* zurück|treten.

◆ **stand by** *vt fus* - **1.** [person] halten zu - **2.** [promise] halten; [decision, offer] bleiben bei ◇ *vi* - **1.** [in readiness] sich bereit|halten - **2.** [not intervene] daneben stehen.

◆ **stand down** *vi* [resign] zurück|treten.

◆ **stand for** *vt fus* - **1.** [signify] stehen für - **2.** [tolerate] hin|nehmen.

◆ **stand in** *vi:* **to ~ in for sb** für jn ein|springen.

◆ **stand out** *vi* - **1.** [be clearly visible] heraus|stechen - **2.** [be superior] sich ab|heben.

◆ **stand up** *vt sep* ***inf*** [boyfriend, girlfriend *etc*] versetzen ◇ *vi* - **1.** [be on one's feet] stehen - **2.** [rise to one's feet] auf|stehen - **3.** [be upright] aufrecht stehen - **4.** [claim, evidence] bestehen.

◆ **stand up for** *vt fus* ein|treten für.

◆ **stand up to** *vt fus* - **1.** [bad treatment] sich wehren gegen; [weather, heat] trotzen *(+ D)* - **2.** [person, boss] sich behaupten gegenüber.

standard [ˈstændəd] *adj* Standard-; [spelling, pronunciation] korrekt ◇ *n* - **1.** [level] Niveau *das;* **up to ~** der Norm entsprechend - **2.** [point of reference] Maßstab *der* - **3.** [flag] Fahne *die.*

◆ **standards** *npl* [principles] Wertvorstellungen *pl.*

standard-bearer *n* ***fig*** führender Kopf.

standardize, -ise [ˈstændədaɪz] *vt* vereinheitlichen.

standard lamp *n* ***Br*** Stehlampe *die.*

standard of living (*pl* **standards of living**) *n* Lebensstandard *der.*

standby [ˈstændbaɪ] (*pl* **standbys**) *n* [substitute] Ersatz *der;* **on ~** in Bereitschaft ◇ *comp* [ticket] Standby-.

stand-in *n* - **1.** [replacement] Vertretung *die* - **2.** [stunt person] Double *das.*

standing [ˈstændɪŋ] *adj* [permanent] ständig; [army] stehend ◇ *n* - **1.** [reputation] Ruf *der* - **2.** [duration] Dauer *die.*

standing charge *n* Grundgebühr *die.*

standing order *n* Dauerauftrag *der.*

standing ovation *n* stehende Ovation.

standing room *n (U)* Stehplätze *pl.*

standoffish [ˌstændˈɒfɪʃ] *adj* kühl.

standpipe [ˈstændpaɪp] *n* Steigrohr *das.*

standpoint [ˈstændpɔɪnt] *n* Standpunkt *der.*

standstill [ˈstændstɪl] *n:* **to be at a ~** [car, train] stehen; [traffic] still|stehen; ***fig*** ruhen; **to come to a ~** [stop moving] stehen bleiben; ***fig*** zum Erliegen kommen.

stand-up *adj:* **~ comedian** Komiker *der,* -in *die;* **~ comedy** Comedyshow *die.*

stank [stæŋk] *pt* ▻ **stink.**

Stanley knife® [ˈstænlɪ-] *n* Teppichmesser *das.*

stanza [ˈstænzə] *n* Strophe *die.*

staple [ˈsteɪpl] *adj* [principal] Haupt- ◇ *n* - **1.** [for paper] (Heft)klammer *die* - **2.** [principal commodity] Grundnahrungsmittel *das* ◇ *vt* zusammen|heften.

staple diet *n* Hauptnahrung *die.*

staple gun *n* Tacker *der.*

stapler [ˈsteɪpləʳ] *n* Hefter *der.*

star [stɑːʳ] (*pt* & *pp* **-red;** *cont* **-ring**) *n* - **1.** [gen] Stern *der* - **2.** [celebrity] Star *der* - **3.** [asterisk] Sternchen *das* ◇ *comp* [performer] Star-; **~ attraction** Spitzenattraktion *die* ◇ *vt* [subj: film, play]: **the film ~s Kevin Costner** in diesem Film spielt Kevin Costner die Hauptrolle ◇ *vi* [actor]: **to ~ (in)** die Hauptrolle spielen (in *(+ D)*).

◆ **stars** *npl* [horoscope] Sterne *pl*.

starboard ['stɑːbəd] *adj* Steuerbord- ◇ *n*: **to ~** nach Steuerbord.

starch [stɑːtʃ] *n* Stärke *die*.

starched [stɑːtʃt] *adj* gestärkt.

starchy ['stɑːtʃɪ] (*compar* **-ier;** *superl* **-iest**) *adj* [food] stärkehaltig.

stardom ['stɑːdəm] *n* Ruhm *der*.

stare [steəʳ] *n* starrer Blick ◇ *vi* starren; **to ~ at sb/sthg** jn/etw anlstarren.

starfish ['stɑːfɪʃ] (*pl inv* OR **-es**) *n* Seestern *der*.

stark [stɑːk] *adj* **- 1.** [landscape, room] kahl **- 2.** [fact, truth] nackt; [contrast] scharf ◇ *adv*: **~ naked** splitternackt.

starlet ['stɑːlət] *n* **pej** Starlet *das*.

starlight ['stɑːlaɪt] *n* Sternenlicht *das*.

starling ['stɑːlɪŋ] *n* Star *der*.

starlit ['stɑːlɪt] *adj* [night] sternenklar.

starry ['stɑːrɪ] (*compar* **-ier;** *superl* **-iest**) *adj* sternenklar.

starry-eyed [-'aɪd] *adj* [naive] naiv.

Stars and Stripes *n*: **the ~** das Sternenbanner.

star sign *n* Sternzeichen *das*.

star-studded *adj*: **~ cast** Starbesetzung *die*.

start [stɑːt] *n* **- 1.** [beginning] Anfang *der*, Beginn *der;* **for a ~** erstens **- 2.** [jump] Schreck(en) *der* **- 3.** SPORT Start *der* **- 4.** [lead, advantage] Vorsprung *der* ◇ *vt* **- 1.** [begin] anlfangen, beginnen; **to ~ work** anfangen zu arbeiten; **to ~ a race** ein Rennen starten; **to ~ doing** OR **to do sthg** anlfangen, etw zu tun; **it ~ed me thinking** es gab mir zu denken **- 2.** [engine, car] starten; [cassette player] einlschalten; **to ~ a fire** [arson] Feuer legen; [for warmth] Feuer machen **- 3.** [business] gründen; [shop] auf lmachen; [society] ins Leben rufen ◇ *vi* **- 1.** [begin] beginnen, anlfangen; **to ~ with sb/sthg** mit jm/etw beginnen; **~ing from next week** ab nächster Woche; **to ~ in business** ins Geschäftsleben eintreten; **to ~ with** [at first] zuerst; [in the first place] erstens; [when ordering meal] als Vorspeise **- 2.** [car, engine] starten; [tape] laufen **- 3.** [on journey] auf lbrechen **- 4.** [jump] zusammenlschrecken.

◆ **start off** *vt sep* [meeting, discussion] beginnen; [rumour] in Umlauf bringen; **this should be enough to ~ you off** das sollte für den Anfang reichen ◇ *vi* **- 1.** [begin] beginnen, anlfangen **- 2.** [on journey] auf lbrechen.

◆ **start on** *vt fus* [begin] beginnen mit.

◆ **start out** *vi* **- 1.** [in life, career] anlfangen; **to ~ out as sthg** ursprünglich etw sein **- 2.** [on journey] auf lbrechen.

◆ **start up** *vt sep* **- 1.** [business] gründen; [shop] auf lmachen; [society] ins Leben rufen **- 2.** [car, engine] starten ◇ *vi* **- 1.** [guns, music, noise] loslgehen **- 2.** [car, engine] starten **- 3.** [set up business] anlfangen.

starter ['stɑːtəʳ] *n* **- 1.** *Br* [of meal] Vorspeise *die* **- 2.** AUT Anlasser *der* **- 3.** SPORT [official] Starter *der*, -in *die;* [competitor] Teilnehmer *der*, -in *die*.

starter motor *n* Anlasser *der*.

starting block ['stɑːtɪŋ-] *n* Startblock *der*.

starting point ['stɑːtɪŋ-] *n* Ausgangspunkt *der*.

startle ['stɑːtl] *vt* erschrecken.

startling ['stɑːtlɪŋ] *adj* überraschend.

starvation [stɑː'veɪʃn] *n* Hunger *der;* **to die of ~** verhungern.

starve [stɑːv] *vt* **- 1.** [deprive of food] auslhungern **- 2.** [deprive]: **to ~ sb of sthg** jm etw vorenthalten ◇ *vi* [have no food] hungern; [die of hunger] verhungern; **I'm starving!** ich habe einen Mordshunger.

starving ['stɑːvɪŋ] *adj* [without food] hungernd.

state [steɪt] *n* **- 1.** [condition] Zustand *der;* **not to be in a fit ~ to do sthg** nicht im Stande sein, etw zu tun **- 2.: to get into a ~** sich auf lregen **- 3.** [country, region] Staat *der* ◇ *comp* Staats- ◇ *vt* [declare] erklären; [specify] anlgeben.

◆ **State** *n* [government]: **the State** der Staat.

◆ **States** *npl* [USA]: **the States** die Vereinigten Staaten.

state-controlled *adj* staatlich kontrolliert.

State Department *n* **Am** Außenministerium *das*.

state education *n* **Br** staatliches Bildungswesen.

stateless ['steɪtlɪs] *adj* staatenlos.

stately ['steɪtlɪ] (*compar* **-ier;** *superl* **-iest**) *adj* [building] stattlich; [person] würdevoll.

stately home *n* **Br** herrschaftliches Anwesen.

statement ['steɪtmənt] *n* **- 1.** [declaration & LAW] Aussage *die* **- 2.** [from bank] Kontoauszug *der*.

state of affairs *n* Lage *die* der Dinge.

state of emergency *n* Notstand *der*.

state of mind (*pl* **states of mind**) *n* [mood] Verfassung *die*.

state-of-the-art *adj* hochmodern.

state-owned [-'əʊnd] *adj* staatseigen.

state school *n* staatliche Schule.

STATE SCHOOL

Die meisten Schulen in Großbritannien sind staatlich; sie stehen allen offen, und ihr Besuch ist kostenlos. In den USA werden staatliche Schulen „public schools" genannt. In beiden Ländern haben Eltern auch die Möglichkeit, ihre Kinder auf Privatschulen zu schicken.

state secret *n* Staatsgeheimnis *das.*

state's evidence *n* **Am: to turn ~** als Kronzeuge auf|treten.

stateside ['steɪtsaɪd] *adj* & *adv* in den (Vereinigten) Staaten.

statesman ['steɪtsmən] (*pl* **-men** [-mən]) *n* Staatsmann *der.*

static ['stætɪk] *adj* [unchanging] konstant <> *n* [on TV, radio] Empfangsstörung *die.*

static electricity *n* Reibungselektrizität *die.*

station ['steɪʃn] *n* **- 1.** [for trains] Bahnhof *der;* [for buses] Busbahnhof *der* **- 2.** RADIO Sender *der* **- 3.** [police or fire station] Wache *die* **- 4.** [position] Platz *der* **- 5.** *fml* [rank] Stand *der* <> *vt* **- 1.** [position] auf|stellen **- 2.** MIL stationieren.

stationary ['steɪʃnərɪ] *adj* stehend.

stationer ['steɪʃnəʳ] *n* Schreibwarenhändler *der,* -in *die;* **~'s (shop)** Schreibwarenhandlung *die.*

stationery ['steɪʃnərɪ] *n (U)* Schreibwaren *pl.*

station house *n* **Am** Polizeiwache *die.*

stationmaster ['steɪʃnˌmɑːstəʳ] *n* Bahnhofsvorsteher *der,* -in *die.*

station wagon *n* **Am** Kombiwagen *der.*

statistic [stə'tɪstɪk] *n* [number] statistisches Ergebnis; **~s** Statistik *die.*

◆ **statistics** *n (U)* [science] Statistik *die.*

statistical [stə'tɪstɪkl] *adj* statistisch.

statistician [ˌstætɪ'stɪʃn] *n* Statistiker *der,* -in *die.*

statue ['stætʃuː] *n* Statue *die.*

statuesque [ˌstætjʊ'esk] *adj* wie eine Statue.

statuette [ˌstætjʊ'et] *n* Statuette *die.*

stature ['stætʃəʳ] *n* **- 1.** [height, size] Statur *die* **- 2.** [importance] Format *das.*

status ['steɪtəs] *n* **- 1.** [legal or social position] Status *der* **- 2.** [prestige] Prestige *das.*

status quo [-'kwəʊ] *n:* **the ~** der Status quo.

status symbol *n* Statussymbol *das.*

statute ['stætjuːt] *n* **- 1.** [law] Gesetz *das* **- 2.** [of organization] Statut *das.*

statute book *n:* **the ~** das Gesetzbuch.

statutory ['stætjʊtrɪ] *adj* gesetzlich.

staunch [stɔːntʃ] *adj* treu <> *vt* [blood] stillen; [flow] stauen.

stave [steɪv] (*pt* & *pp* **-d** OR **stove**) *n* MUS Notenlinien *pl.*

◆ **stave off** *vt sep* [danger, disaster] ab|wenden; [hunger] lindern.

stay [steɪ] *vi* **- 1.** [gen] bleiben; [as guest] übernachten; **I'm ~ing at the hotel/with friends** ich wohne im Hotel/bei Freunden; **to ~ for dinner** zum Abendessen bleiben; **to ~ the night** übernachten; **to ~ put** liegen-/stehen-/sitzen bleiben **- 2.** *Scot* [reside] wohnen <> *n* [visit] Aufenthalt *der.*

◆ **stay away** *vi* fern|halten.

◆ **stay in** *vi* [stay at home] zu Hause bleiben.

◆ **stay on** *vi* bleiben.

◆ **stay out** *vi* **- 1.** [not come home]: **he ~ed out last night** er ist letzte Nacht nicht nach Hause gekommen **- 2.** [strikers] weiter|streiken **- 3.** [not get involved]: **to ~ out of sthg** sich aus etw raus|halten.

◆ **stay up** *vi* **- 1.** [not go to bed] auf|bleiben **- 2.** [shelf, picture] hängen bleiben; [socks] oben bleiben.

staying power ['steɪɪŋ-] *n* Stehvermögen *das.*

St Bernard [*Br* -'bɜːnəd, *Am* -bər'nɑːrd] *n* [dog] Bernhardiner *der.*

STD *n* (*abbr of* **sexually transmitted disease**) Geschlechtskrankheit *die.*

stead [sted] *n:* **to stand sb in good ~** jm zustatten kommen.

steadfast ['stedfɑːst] *adj* **- 1.** [supporter] treu **- 2.** [resolve] unerschütterlich **- 3.** [gaze] unverwandt.

steadily ['stedɪlɪ] *adv* **- 1.** [improve, increase] stetig **- 2.** [breathe, move] gleichmäßig **- 3.** [look, say] ruhig.

steady ['stedɪ] (*compar* **-ier;** *superl* **-iest;** *pt* & *pp* **-ied**) *adj* **- 1.** [gradual] stetig **- 2.** [regular, constant] konstant **- 3.** [not shaking, calm] ruhig **- 4.** [boyfriend, job] fest **- 5.** [worker] zuverlässig <> *vt* **- 1.** [boat, camera] ins Gleichgewicht bringen; **to ~ o.s.** Halt finden **- 2.** [voice, nerves] beruhigen; **to ~ o.s.** sich beruhigen.

steak [steɪk] *n* **- 1.** [meat] Steak *das* **- 2.** [fish] Fischsteak *das.*

steakhouse ['steɪkhaʊs, *pl* -haʊzɪz] *n* Steakhaus *das.*

steal [stiːl] (*pt* **stole;** *pp* **stolen**) *vt lit* & *fig* stehlen; **to ~ sthg from sb** jm etw stehlen <> *vi* **- 1.** [take illegally] stehlen **- 2.** [move stealthily] schleichen.

stealing ['stiːlɪŋ] *n* Stehlen *das.*

stealth [stelθ] *n* List *die.*

stealthy ['stelθɪ] (*compar* **-ier;** *superl* **-iest**) *adj* verstohlen.

steam [stiːm] *n* Dampf *der;* **to let off ~** Dampf ab|lassen; **to run out of ~** Schwung verlieren <> *comp* Dampf- <> *vt* CULIN dämpfen <> *vi* dampfen.

◆ **steam up** *vt sep* **- 1.** [window] beschlagen lassen **- 2.** *fig* [get angry]: **to get ~ed up about sthg** sich über etw *(A)* auf|regen <> *vi* [window, glasses] beschlagen.

steamboat ['stiːmbəʊt] *n* Dampfer *der.*

steam engine *n* Dampflok *die.*

steamer ['stiːməʳ] *n* **- 1.** [ship] Dampfer *der* **- 2.** CULIN Dampfkochtopf *der.*

steam iron *n* Dampfbügeleisen *das*.

steamroller ['stiːm,rəʊlə^r] *n* Dampfwalze *die*.

steam shovel *n Am* Bagger *der*.

steamy ['stiːmɪ] (*compar* **-ier;** *superl* **-iest**) *adj* **- 1.** [room] voll Dampf **- 2.** *inf* [erotic] heiß.

steel [stiːl] *n* Stahl *der* <> *comp* Stahl- <> *vt:* **to ~ o.s. (for sthg)** sich (für etw) stählen.

steel industry *n* Stahlindustrie *die*.

steel wool *n* Stahlwolle *die*.

steelworker ['stiːl,wɜːkə^r] *n* Stahlarbeiter *der*, -in *die*.

steelworks ['stiːlwɜːks] (*pl inv*) *n* Stahlwerk *das*.

steely ['stiːlɪ] (*compar* **-ier;** *superl* **-iest**) *adj* [determination, look] stählern.

steep [stiːp] *adj* **- 1.** [gen] steil **- 2.** *inf* [expensive] gesalzen **- 3.** *inf* [unreasonable]: **it's a bit ~ expecting us to do that!** es ist ganz schön unverschämt, das von uns zu erwarten! <> *vt* [soak] einǀweichen.

steeped [stiːpt] *adj* **fig: ~ in tradition/history** traditionsreich/geschichtsträchtig.

steeple ['stiːpl] *n* Kirchturm *der*.

steeplechase ['stiːpltʃeɪs] *n* **- 1.** [horse race] Hindernisrennen *das* **- 2.** [athletics race] Hindernislauf *der*.

steeply ['stiːplɪ] *adv* steil.

steer ['stɪə^r] *n* [bullock] junger Ochse <> *vt* **- 1.** [boat] steuern; [car] lenken **- 2.** [person] lotsen; **he ~ed the conversation round to ...** er lenkte das Gespräch auf *(+ A)* ... <> *vi* steuern; **to ~ clear of sb/sthg** ***fig*** einen großen Bogen um jn/etw machen.

steering ['stɪərɪŋ] *n* Lenkung *die*.

steering column *n* Lenksäule *die*.

steering committee *n* Lenkungsausschuss *der*.

steering lock *n* Lenkradschloss *das*.

steering wheel *n* Lenkrad *das*.

stem [stem] (*pt* & *pp* **-med;** *cont* **-ming**) *n* **- 1.** [of plant, glass] Stiel *der* **- 2.** [of pipe] Hals *der* **- 3.** GRAMM Stamm *der* <> *vt* [stop] einǀdämmen.
◆ **stem from** *vt fus* herǀrühren von.

stench [stentʃ] *n* Gestank *der*.

stencil ['stensl] (*Br pt* & *pp* **-led;** *cont* **-ling**, *Am pt* & *pp* **-ed;** *cont* **-ing**) *n* Schablone *die* <> *vt* [design, pattern] mit einer Schablone zeichnen; [words] mit einer Schablone schreiben.

stenographer [stə'nɒgrəfə^r] *n* Stenograf *der*, -in *die*.

stenography [stə'nɒgrəfɪ] *n* Stenografie *die*.

step [step] (*pt* & *pp* **-ped;** *cont* **-ping**) *n* **- 1.** [pace, stage] Schritt *der;* **to be in ~/out of ~ with public opinion** ***fig*** im Einklang/nicht im Einklang mit der öffentlichen Meinung sein; **to keep in ~ with sthg** mit etw Schritt halten; **to watch one's ~** ***lit*** & ***fig*** sich vorǀsehen; **~ by ~** Schritt für Schritt **- 2.** [measure] Maßnahme *die;* **it's a ~ in the right direction** das ist immerhin ein Anfang **- 3.** [of staircase, ladder] Stufe *die* **- 4.** *Am* MUS Tonschritt *der* <> *vi* treten; **~ this way** folgen Sie mir bitte; **she ~ped off the bus** sie stieg aus dem Bus; **to ~ on/in sthg** auf/in etw *(A)* treten; **to ~ on it** ***inf*** [drive fast] aufs Gas drücken; [hurry up] hinǀmachen.
◆ **steps** *npl* **- 1.** [stairs] Stufen *pl* **- 2.** *Br* [stepladder] Trittleiter *die*.
◆ **step aside** *vi* **- 1.** [move to one side] zur Seite treten **- 2.** [resign] zurückǀtreten.
◆ **step back** *vi* zurückǀtreten.
◆ **step down** *vi* [resign] zurückǀtreten.
◆ **step in** *vi* [intervene] einǀschreiten.
◆ **step up** *vt sep* [increase] steigern.

step aerobics *n* Stepaerobic *das*.

stepbrother ['step,brʌðə^r] *n* Stiefbruder *der*.

stepchild ['steptʃaɪld] (*pl* **-children** [-,tʃɪldrənl]) *n* Stiefkind *das*.

stepdaughter ['step,dɔːtə^r] *n* Stieftochter *die*.

stepfather ['step,fɑːðə^r] *n* Stiefvater *der*.

stepladder ['step,lædə^r] *n* Trittleiter *die*.

stepmother ['step,mʌðə^r] *n* Stiefmutter *die*.

stepping-stone ['stepɪŋ-] *n* **- 1.** [in river] Trittstein *der* **- 2.** **fig** [way to success] Sprungbrett *das*.

stepsister ['step,sɪstə^r] *n* Stiefschwester *die*.

stepson ['stepsʌn] *n* Stiefsohn *der*.

stereo ['sterɪəʊ] (*pl* **-s**) *adj* Stereo- <> *n* **- 1.** [stereo system] Stereoanlage *die* **- 2.** [stereo sound] Stereo *das*.

stereophonic [,sterɪə'fɒnɪk] *adj* stereofon.

stereotype ['sterɪətaɪp] *n* Klischee *das* <> *vt* in ein Klischee einǀordnen.

sterile ['steraɪl] *adj* **- 1.** [germ-free] steril **- 2.** [man, woman, animal] unfruchtbar **- 3.** ***pej*** [discussion] fruchtlos; [ideas] abgenutzt.

sterility [ste'rɪlətɪ] *n* **- 1.** [lack of germs] Sterilität *die* **- 2.** [of man, woman, animal] Unfruchtbarkeit *die*.

sterilization [,sterəlaɪ'zeɪʃn] *n* Sterilisierung *die*.

sterilize, -ise ['sterəlaɪz] *vt* sterilisieren.

sterilized milk ['sterəlaɪzd-] *n* sterilisierte Milch.

sterling ['stɜːlɪŋ] *adj* **- 1.** [pound]: **£100 ~** 100 Pfund Sterling **- 2.** [excellent] gediegen <> *n* *(U)* Pfund *das* Sterling.

sterling silver *n* Sterlingsilber *das*.

stern [stɜːn] *adj* streng <> *n* Heck *das*.

sternly ['stɜːnlɪ] *adv* streng.

steroid ['stɪərɔɪd] *n* Steroid *das*.

stethoscope ['steθəskəʊp] *n* Stethoskop *das.*

stetson ['stetsn] *n* Cowboyhut *der.*

stew [stjuː] *n* Eintopf *der* <> *vt* schmoren <> *vi:* **to let sb ~ *fig*** jn schmoren lassen.

steward ['stjʊəd] *n* - **1.** ***Br*** [on plane, ship] Steward *der* - **2.** ***Br*** [at public event] Ordner *der*, -in *die.*

stewardess ['stjʊədɪs] *n* Stewardess *die.*

stewing steak ***Br*** ['stjuːɪŋ-], **stewbeef** ***Am*** ['stjuːbiːf] *n* Rinderschmorfleisch *das.*

St. Ex. (*abbr of* **stock exchange**) Börse *die.*

stick [stɪk] (*pt* & *pp* **stuck**) *n* - **1.** [piece of wood] Stock *der* - **2.** [of dynamite, celery, cinnamon, rhubarb] Stange *die;* [of chewing gum, chalk] Stück *das* - **3.** SPORT Schläger *der* - **4.** ***phr:*** **to get the wrong end of the ~** es falsch verstehen <> *vt* - **1.** [with adhesive] kleben; **to ~ sthg on** *OR* **to sthg** etw an etw *(A)* kleben - **2.** [push, insert] stecken; **to ~ sthg in(to) sthg** etw in etw *(A)* stechen - **3.** ***inf*** [put] tun - **4.** ***Br inf*** [tolerate] ertragen; **to ~ it** es aus|halten <> *vi* - **1.** [arrow, dart, spear] stecken - **2.** [adhere]: **to ~ (to)** kleben (an *OR* auf *(+ D)*) - **3.** [become jammed] klemmen - **4.** [remain]: **to ~ in sb's mind** jm im Gedächtnis bleiben.

◆ **sticks** *npl* ***pej:*** **in the ~s** in der Provinz.

◆ **stick around** *vi* ***inf*** da|bleiben.

◆ **stick at** *vt fus* weiter|machen mit; **to ~ at it** dran|bleiben.

◆ **stick by** *vt fus* - **1.** [person] halten zu - **2.** [decision] stehen zu.

◆ **stick out** *vt sep* - **1.** [extend - tongue, head] heraus|strecken; [- hand] aus|strecken - **2.** ***inf*** [endure]: **to ~ it out** es durch|halten <> *vi* - **1.** [protrude] vor|stehen; [ears] ab|stehen - **2.** ***inf*** [be noticeable] auf|fallen.

◆ **stick out for** *vt fus* ***Br*** sich ein|setzen für.

◆ **stick to** *vt fus* [person, decision] bleiben bei; [path] bleiben auf *(+ D);* [promise] halten.

◆ **stick together** *vi* zusammen|kleben; [people] zusammen|halten.

◆ **stick up** *vt sep* - **1.** [sign, notice, postcard] auf|hängen - **2.** [with gun]: **~ 'em up!** Hände hoch! <> *vi* vor|stehen; [hair] hoch|stehen.

◆ **stick up for** *vt fus* ein|treten für.

◆ **stick with** *vt fus* bleiben bei.

sticker ['stɪkəʳ] *n* Aufkleber *der.*

sticking plaster ['stɪkɪŋ-] *n* Heftpflaster *das.*

stick insect *n* Stabheuschrecke *die.*

stick-in-the-mud *n* ***inf*** Spießer *der*, -in *die.*

stickleback ['stɪklbæk] *n* Stichling *der.*

stickler ['stɪkləʳ] *n:* **to be a ~ for sthg** ein Pedant in Bezug auf etw *(A)* sein.

stick-on *adj* Klebe-.

stickpin ['stɪkpɪn] *n* ***Am*** Krawattennadel *die.*

stick shift *n* ***Am*** - **1.** [gear lever] Schalthebel *der* - **2.** [car] Auto *das* mit Handschaltung.

sticky ['stɪkɪ] (*compar* **-ier;** *superl* **-iest**) *adj* - **1.** [hands] klebrig; **~ tape** Klebeband *das;* **~ label** Aufkleber *der* - **2.** ***inf*** [awkward] heikel - **3.** [weather, day] schwül.

stiff [stɪf] *adj* - **1.** [gen] steif; [rod, brush] hart; [shoes] fest; [drawer, door] widerspenstig - **2.** [resistance, drink] stark; [penalty] hart - **3.** [difficult] schwer <> *adv* ***inf:*** **to be bored ~** sich zu Tode langweilen; **to be scared ~** starr vor Angst sein.

stiffen ['stɪfn] *vt* - **1.** [material] steif machen - **2.** [resistance, resolve] verstärken <> *vi* - **1.** [gen] steif werden; [with horror] erstarren - **2.** [resistance, resolve] sich verstärken - **3.** [breeze] auf|frischen.

stiffener ['stɪfnəʳ] *n* [in collar] Kragenstäbchen *das.*

stiffness ['stɪfnɪs] *n* - **1.** [gen] Steifheit *die* - **2.** [of hinge, handle, door] Widerstand *der* - **3.** [of sentence, punishment] Härte *die;* [of resistance, resolve] Stärke *die* - **4.** [of exam] Schwierigkeit *die.*

stifle ['staɪfl] *vt* - **1.** [suffocate] ersticken - **2.** [suppress] unterdrücken <> *vi* [suffocate] ersticken.

stifling ['staɪflɪŋ] *adj* drückend.

stigma ['stɪgmə] *n* - **1.** [social disgrace] Schande *die* - **2.** BOT Stigma *das.*

stigmatize, -ise ['stɪgmətaɪz] *vt* brandmarken.

stile [staɪl] *n* Zaunübertritt *der.*

stiletto [stɪ'letəʊ] *n* ***Br*** [shoe] Stöckelschuh *der.*

still [stɪl] *adv* - **1.** [gen] noch; **we've ~ got ten minutes** wir haben noch zehn Minuten; **I ~ haven't seen it** ich habe es noch nicht gesehen; **~ bigger/more important** noch größer/wichtiger; **~ more money** noch mehr Geld - **2.** [even now] immer noch; **she could ~ change her mind** sie könnte es sich immer noch anders überlegen - **3.** [nevertheless] trotzdem; **you ~ have to pay** Sie müssen trotzdem zahlen; **the train was half an hour late – ~, what do you expect?** der Zug hatte eine halbe Stunde Verspätung – na ja, was haben Sie erwartet? - **4.** [motionless]: **to stand ~** still|stehen; **sit ~!** sitz still! <> *adj* - **1.** [motionless] bewegungslos; **please be ~!** sitz/steh bitte still! - **2.** [calm, quiet] ruhig - **3.** [not windy] windstill - **4.** [not fizzy] ohne Kohlensäure <> *n* - **1.** PHOT Standfoto *das* - **2.** [for making alcohol] Destillierapparat *der.*

stillborn ['stɪlbɔːn] *adj* tot geboren.

still life (*pl* **-s**) *n* Stillleben *das.*

stillness ['stɪlnɪs] *n* - **1.** [lack of motion] Bewegungslosigkeit *die* - **2.** [calm] Stille *die.*

stilted ['stɪltɪd] *adj* gespreizt.

stilts ['stɪlts] *npl* - **1.** [for person] Stelzen *pl* - **2.** [for building] Pfähle *pl.*

stimulant ['stɪmjʊlənt] *n* **- 1.** [drug] Aufputschmittel *das* **- 2.** [incentive] Anreiz *der*.

stimulate ['stɪmjʊleɪt] *vt* **- 1.** [interest] an|regen; [growth, economy] an|kurbeln **- 2.** [person - physically] erregen; [- mentally] stimulieren.

stimulating ['stɪmjʊleɪtɪŋ] *adj* **- 1.** [physically] belebend **- 2.** [mentally] stimulierend.

stimulation [ˌstɪmjʊ'leɪʃn] *n (U)* **- 1.** [of growth, economy] Ankurbeln *das* **- 2.** [mental] Stimulierung *die*.

stimulus ['stɪmjʊləs] (*pl* **-li** [-laɪ]) *n* **- 1.** [gen] Anreiz *der* **- 2.** BIOL Reiz *der*.

sting [stɪŋ] (*pt* & *pp* **stung**) *n* **- 1.** [wound, pain, mark] Stich *der;* **to take the ~ out of sthg** *fig* etw entschärfen **- 2.** [part of bee, wasp, scorpion] Stachel *der* <> *vt* **- 1.** [subj: bee, wasp, scorpion] stechen; **smoke stung her eyes** Rauch brannte in ihren Augen; **I was stung by the nettles** ich habe mich an den Brennnesseln gebrannt **- 2.** *fig* [subj: remark, criticism] schmerzen <> *vi* [bee, wasp, scorpion] stechen; [nettle, smoke, eyes, skin] brennen.

stinging nettle ['stɪŋɪŋ-] *n* ***Br*** Brennnessel *die*.

stingy ['stɪndʒɪ] (*compar* **-ier;** *superl* **-iest**) *adj* ***inf*** geizig.

stink [stɪŋk] (*pt* **stank** OR **stunk;** *pp* **stunk**) *n* Gestank *der* <> *vi* **- 1.** [smell] stinken **- 2.** ***inf fig*** [be worthless] echt Scheiße sein.

stink-bomb *n* Stinkbombe *die*.

stinking ['stɪŋkɪŋ] ***inf*** *adj* ***fig*** [for emphasis] Scheiß- <> *adv:* **~ rich** stinkreich.

stint [stɪnt] *n* [period of time] Zeit *die;* **he did a two-year ~ as editor** er arbeitete zwei Jahre lang als Redakteur <> *vi:* **to ~ on sthg** mit etw sparen.

stipend ['staɪpend] *n* [for priest] Gehalt *das*.

stipulate ['stɪpjʊleɪt] *vt* fest|legen.

stipulation [ˌstɪpjʊ'leɪʃn] *n* **- 1.** [stating] Festsetzung *die* **- 2.** [condition] Bedingung *die*.

stir [stɜːʳ] (*pt* & *pp* **-red;** *cont* **-ring**) *n* **- 1.** [act of mixing]: **to give sthg a ~** etw um|rühren **- 2.** [excitement] Aufsehen *das* <> *vt* **- 1.** [mix] um|rühren **- 2.** [subj: wind] spielen mit; **to ~ o.s.** sich bewegen **- 3.** [excite] bewegen <> *vi* **- 1.** [move] sich bewegen **- 2.** [emotion] wach werden.

◆ **stir up** *vt sep* **- 1.** [dust, mud] auf|wühlen **- 2.** [trouble, feelings, memories] wachrufen.

stir-fry *vt* kurz an|braten.

stirring ['stɜːrɪŋ] *adj* bewegend <> *n* [of emotion, interest] Erwachen *das*.

stirrup ['stɪrəp] *n* Steigbügel *der*.

stitch [stɪtʃ] *n* **- 1.** [in sewing, for wound] Stich *der;* [in knitting] Masche *die* **- 2.** [pain]: **to have a ~** Seitenstechen haben **- 3.** ***phr:*** **to be in ~es** sich halb totlachen <> *vt* nähen.

stitching ['stɪtʃɪŋ] *n (U)* Naht *die*.

stoat [stəʊt] *n* Hermelin *das*.

stock [stɒk] *n* **- 1.** [supply] Vorrat *der* **- 2.** *(U)* COMM [of shop] Lagerbestand *der;* **in ~** vorrätig; **out of ~** nicht vorrätig **- 3.** FIN: **~s and shares** Wertpapiere und Aktien **- 4.** *(U)* [ancestry] Herkunft *die* **- 5.** CULIN Brühe *die* **- 6.** [livestock] Nutzvieh *das* **- 7.** [of gun] Schaft *der* **- 8.** ***phr:*** **to take ~ (of)** Bilanz ziehen (über *(+ A)*) <> *adj* [typical] stereotyp <> *vt* **- 1.** [have in stock] auf Lager haben **- 2.** [shelves] auf|füllen; [lake with fish] bestücken.

◆ **stock up** *vi:* **to ~ up (on** OR **with)** sich ein|decken (mit).

stockade [stɒ'keɪd] *n* Palisade *die*.

stockbroker ['stɒkˌbrəʊkəʳ] *n* Börsenmakler *der*, -in *die*.

stockcar ['stɒkkɑːʳ] *n* Stockcar *der*.

stock company *n* ***Am*** Aktiengesellschaft *die*.

stock control *n* Lagerbestandskontrolle *die*.

stock cube *n* ***Br*** Brühwürfel *der*.

stock exchange *n* Börse *die*.

stockholder ['stɒkˌhəʊldəʳ] *n* ***Am*** Aktionär *der*, -in *die*.

Stockholm ['stɒkhəʊm] *n* Stockholm *nt*.

stocking ['stɒkɪŋ] *n* Strumpf *der*.

stock-in-trade *n* Repertoire *das*.

stockist ['stɒkɪst] *n* ***Br*** Fachhändler *der*.

stock market *n* Börse *die*.

stock phrase *n* Floskel *die*.

stockpile ['stɒkpaɪl] *n* Lager *das* <> *vt* horten; **to ~ weapons** ein Waffenlager an|legen.

stockroom ['stɒkrʊm] *n* Lager *das*.

stock-still *adv* stocksteif.

stocktaking ['stɒkˌteɪkɪŋ] *n (U)* Inventur *die*.

stocky ['stɒkɪ] (*compar* **-ier;** *superl* **-iest**) *adj* stämmig.

stodgy ['stɒdʒɪ] (*compar* **-ier;** *superl* **-iest**) *adj* **- 1.** [food] schwer **- 2.** ***pej*** [uninteresting] fade.

stoic ['stəʊɪk] *adj* stoisch <> *n* Stoiker *der*, -in *die*.

stoical ['stəʊɪkl] *adj* stoisch.

stoicism ['stəʊɪsɪzm] *n* Gleichmut *der*.

stoke [stəʊk] *vt* [fire] schüren.

stole [stəʊl] *pt* ▻ **steal** <> *n* [shawl] Stola *die*.

stolen ['stəʊln] *pp* ▻ **steal.**

stolid ['stɒlɪd] *adj* stur.

stomach ['stʌmək] *n* **- 1.** [organ] Magen *der;* **on a full/an empty ~** auf vollen/leeren Magen **- 2.** [belly] Bauch *der* <> *vt* [tolerate] ertragen.

stomachache ['stʌməkeɪk] *n* Magenschmerzen *pl*.

stomach pump *n* Magenpumpe *die.*

stomach ulcer *n* Magengeschwür *das.*

stomach upset *n* Magenverstimmung *die.*

stomp [stɒmp] *vi* stampfen.

stone [stəʊn] (*pl sense 3 only inv* OR **-s**) *n* **- 1.** [gen] Stein *der;* **a ~'s throw from** einen Steinwurf von **- 2.** [jewel] Edelstein *der* **- 3.** [unit of measurement] = *6,35 kg* ◇ *comp* aus Stein; [bridge, wall] Stein- ◇ *vt* mit Steinen bewerfen.

Stone Age *n:* **the ~** die Steinzeit.

stone-cold *adj* eiskalt.

stoned [stəʊnd] *adj* **inf - 1.** [drunk] stockbesoffen **- 2.** [on drugs] stoned.

stonemason [ˈstəʊnˌmeɪsn] *n* Steinmetz *der,* -in *die.*

stonewall [ˌstəʊnˈwɔːl] *vi* ausǀweichen.

stoneware [ˈstəʊnweəʳ] *n* Steingut *das.*

stonework [ˈstəʊnwɜːk] *n* Mauerwerk *das.*

stony [ˈstəʊnɪ] (*compar* **-ier;** *superl* **-iest**) *adj* **- 1.** [ground, soil] steinig **- 2.** [expression] steinern; [silence] eisig.

stood [stʊd] *pt* & *pp* ▻ **stand.**

stooge [stuːdʒ] *n* **inf** Marionette *die;* [in comedy act] Stichwortgeber *der,* -in *die.*

stool [stuːl] *n* [seat] Hocker *der.*

stoop [stuːp] *n* **- 1.** [bent back]: **to walk with a ~** gebeugt gehen **- 2. Am** [of house] Treppe *die* ◇ *vi* **- 1.** [bend forwards] sich bücken **- 2.** [have a stoop] gebeugt gehen **- 3. fig** [debase o.s.]: **to ~ to sthg** sich zu etw herabǀlassen; **to ~ to doing sthg** sich dazu erniedrigen, etw zu tun.

stop [stɒp] (*pt* & *pp* **-ped;** *cont* **-ping**) *n* **- 1.** [of bus] Haltestelle *die;* [of train] Station *die* **- 2.** [in journey] Halt *der;* [longer] Aufenthalt *der* **- 3.** [standstill]: **to come to a ~** anǀhalten; **to put a ~ to sthg** einer Sache *(D)* ein Ende machen **- 4.** [in punctuation] Punkt *der* **- 5.** TECH Anschlag *der* **- 6. phr: to pull out all the ~s fig** alle Register ziehen ◇ *vt* **- 1.** [halt - person, car] anǀhalten; [- machine, engine] abǀstellen; [- ball] stoppen; **to ~ doing sthg** aufǀhören, etw zu tun; **to ~ smoking** mit dem Rauchen aufǀhören **- 2.** [prevent] verhindern; **to ~ sb from doing sthg** jn daran hindern, etw zu tun; **to ~ sthg from happening** verhindern, dass etw geschieht **- 3.** [payment] einǀstellen; [cheque] sperren; [game - finish] abǀbrechen **- 4.** [hole, gap] stopfen ◇ *vi* **- 1.** [come to an end] aufǀhören **- 2.** [halt] anǀhalten; [walker, machine, watch] stehen bleiben; [on journey] Halt machen; **to ~ at nothing (to do sthg)** vor nichts Halt machen(, um etw zu tun) **- 3.** [stay] bleiben.

◆ **stop off** *vi* Halt machen.

◆ **stop over** *vi* Zwischenstation machen.

◆ **stop up** *vt sep* [block] zuǀstopfen.

stopcock [ˈstɒpkɒk] *n* Absperrhahn *der.*

stopgap [ˈstɒpgæp] *n* Notlösung *die.*

stopover [ˈstɒpˌəʊvəʳ] *n* Zwischenstation *die.*

stoppage [ˈstɒpɪdʒ] *n* **- 1.** [strike] Streik *der* **- 2. Br** [deduction] Abzug *der.*

stopper [ˈstɒpəʳ] *n* Pfropfen *der,* Stöpsel *der.*

stopping [ˈstɒpɪŋ] *adj* **Br: ~ train** Nahverkehrszug *der.*

stop press *n* letzte Meldungen *pl.*

stop sign *n* AUT Stoppschild *das.*

stopwatch [ˈstɒpwɒtʃ] *n* Stoppuhr *die.*

storage [ˈstɔːrɪdʒ] *n* **- 1.** [act of storing] Lagerung *die* **- 2.** COMPUT Speichern *das.*

storage heater *n* **Br** Nachtspeicherofen *der.*

store [stɔːʳ] *n* **- 1. esp Am** [shop] Laden *der,* Geschäft *das;* [department store] Kaufhaus *das* **- 2.** [supply]: **~ of sthg** Vorrat *der* an etw *(D)* **- 3.** [storage place] Lager *das* **- 4. phr: to set great ~ by** OR **on sthg** großen Wert auf etw *(A)* legen ◇ *vt* **- 1.** [keep, save - address, details] aufǀbewahren; [- goods, provisions] lagern; [- furniture] einǀstellen **- 2.** COMPUT speichern.

◆ **in store** *adv* [imminent]: **who knows what the future has in ~ for us?** wer weiß, was die Zukunft bringt?

◆ **store up** *vt sep* [information] anǀsammeln; **to ~ food** Lebensmittelvorräte anlegen.

store detective *n* Kaufhausdetektiv *der,* -in *die.*

storehouse [ˈstɔːhaʊs, *pl* -haʊzɪz] *n* **- 1. esp Am** [warehouse] Lagerhaus *das* **- 2. fig** [treasury] Fundgrube *die.*

storekeeper [ˈstɔːˌkiːpəʳ] *n* **Am** Ladenbesitzer *der,* -in *die.*

storeroom [ˈstɔːrʊm] *n* Lagerraum *der.*

storey Br (*pl* **-s**), **story Am** (*pl* **-ies**) [ˈstɔːrɪ] *n* Stockwerk *das.*

stork [stɔːk] *n* Storch *der.*

storm [stɔːm] *n* **- 1.** [bad weather] Sturm *der;* **a ~ in a teacup** ein Sturm im Wasserglas **- 2.** [violent reaction - of abuse, tears] Flut *die;* [- of protest] Sturm *der;* **a ~ of applause** stürmischer Applaus ◇ *vt* **- 1.** MIL stürmen **- 2.** [say angrily] toben ◇ *vi* [go angrily] stürmen.

storm cloud *n* Gewitterwolke *die.*

storming [ˈstɔːmɪŋ] *n:* **the ~ of a fortress** der Sturm einer Festung.

stormy [ˈstɔːmɪ] (*compar* **-ier;** *superl* **-iest**) *adj* **lit** & **fig** stürmisch.

story [ˈstɔːrɪ] (*pl* **-ies**) *n* **- 1.** [tale, history] Geschichte *die;* **it's the (same) old ~** es ist das alte Lied; **to cut a long ~ short ...** um es kurz zu machen ... **- 2.** [article - in newspaper] Artikel *der;* [- on TV/radio news] Bericht *der* **- 3. euphemism** [lie] Märchen *das* **- 4. Am = storey.**

storybook [ˈstɔːrɪbʊk] *adj* wie im Märchen.

storyteller ['stɔːrɪˌteləʳ] *n* - **1.** [teller of story] Geschichtenerzähler *der*, -in *die* - **2.** *euphemism* [liar] Lügner *der*, -in *die*.

stout [staʊt] *adj* - **1.** [corpulent] korpulent - **2.** [strong] kräftig; [boots] fest - **3.** [brave] tapfer <> *n* Starkbier *das*.

stoutness ['staʊtnɪs] *n* [corpulence] Korpulenz *die*.

stove [stəʊv] *pt* & *pp* ▷ **stave** <> *n* - **1.** [for cooking] Herd *der* - **2.** [for heating] Ofen *der*.

stow [stəʊ] *vt*: **to ~ sthg (away)** etw verstauen.
◆ **stow away** *vi* [on ship, plane] blinder Passagier sein.

stowaway ['stəʊəweɪ] *n* blinder Passagier.

straddle ['strædl] *vt* - **1.** [subj: person - chair] rittlings sitzen auf *(+ D)*; [- gap] breitbeinig stehen über *(+ D)* - **2.** [subj: bridge] überspannen; **the town ~s the border** der Ort erstreckt sich zu beiden Seiten der Grenze.

strafe [strɑːf] *vt* MIL unter Beschuss nehmen.

straggle ['strægl] *vi* - **1.** [buildings] verstreut liegen; [plant] wuchern - **2.** [person, group] zurück|bleiben.

straggler ['strægləʳ] *n* Nachzügler *der*, -in *die*.

straggly ['stræglɪ] (*compar* **-ier**; *superl* **-iest**) *adj* [hair] zottelig; [shrub] wuchernd.

straight [streɪt] *adj* - **1.** [not curved, level, upright] gerade - **2.** [not curly] glatt - **3.** [honest, frank] ehrlich, offen - **4.** [tidy] ordentlich; **to put a room ~** ein Zimmer auf|räumen - **5.** [simple - exchange] einfach; [- choice] klar - **6.** [undiluted] pur - **7.** *inf* [conventional] konventionell - **8.** *gay sl* [heterosexual] hetero - **9.** [quits] quitt - **10.** *phr*: **to get sthg ~** etw klar|stellen <> *adv* - **1.** [in a straight line, upright] gerade - **2.** [directly, immediately] direkt - **3.** [honestly, frankly] offen - **4.** [undiluted] pur - **5.** *phr*: **to go ~** [criminal] keine krummen Sachen mehr machen <> *n* SPORT: **the ~** die Gerade.
◆ **straight off** *adv* sofort.
◆ **straight out** *adv* rundheraus.

straightaway [ˌstreɪtə'weɪ] *adv* sofort.

straighten ['streɪtn] *vt* - **1.** [tidy - dress] gerade ziehen; [- room, desk] auf|räumen - **2.** [make straight] begradigen - **3.** [make level] aus|richten <> *vi*: **to ~ (up)** sich auf|richten.
◆ **straighten out** *vt sep* [sort out] klären.

straight face *n*: **to keep a ~** ernst bleiben.

straightforward [ˌstreɪt'fɔːwəd] *adj* - **1.** [easy] einfach - **2.** [honest, frank] offen, ehrlich.

strain [streɪn] *n* - **1.** [gen] Belastung *die* - **2.** MED [of muscle] Zerrung *die*; [of back] Überanstrengung *die* - **3.** [type, variety] Art *die* <> *vt* - **1.** [work hard - eyes] überanstrengen; **don't ~ yourself!** *iron* überanstrenge dich nicht! - **2.** MED [injure]: **to ~ a muscle/one's back** sich einen Muskel zerren/seinen Rücken überanstrengen - **3.** [overtax - resources] überbeanspruchen; [- patience] auf die Probe stellen - **4.** [drain] durch ein Sieb gießen - **5.** TECH [rope, girder, ceiling] belasten <> *vi*: **to ~ to do sthg** sich an|strengen, etw zu tun.
◆ **strains** *npl literary* [of music] Klänge *pl*.

strained [streɪnd] *adj* - **1.** [forced] angestrengt - **2.** [tense] angespannt - **3.** MED [sprained] gezerrt - **4.** CULIN [liquid] durch ein Sieb gegossen.

strainer ['streɪnəʳ] *n* Sieb *das*.

strait [streɪt] *n* GEOGR Meerenge *die*.
◆ **straits** *npl*: **in dire** OR **desperate ~s** in einer Notlage.

straitened ['streɪtnd] *adj fml*: **in ~ circumstances** in beschränkten Verhältnissen.

straitjacket ['streɪtˌdʒækɪt] *n* Zwangsjacke *die*.

straitlaced [ˌstreɪt'leɪst] *adj pej* spießig.

Strait of Gibraltar *n*: **the ~** die Straße von Gibraltar.

strand [strænd] *n* Faden *der*; [of hair] Strähne *die*.

stranded ['strændɪd] *adj* [person, car] festsitzend.

strange [streɪndʒ] *adj* - **1.** [unusual, unexpected] seltsam - **2.** [unfamiliar] fremd.

strangely ['streɪndʒlɪ] *adv* seltsam; **~ (enough)** seltsamerweise.

stranger ['streɪndʒəʳ] *n* - **1.** [unknown person] Unbekannte *der*, *die*; **she's a complete ~ to me** ich kenne sie überhaupt nicht; **to be no ~ to sthg** etw gut kennen - **2.** [person from elsewhere] Fremde *der*, *die*.

strangle ['stræŋgl] *vt* - **1.** [kill] erwürgen - **2.** *fig* [stifle] ersticken.

stranglehold ['stræŋglhəʊld] *n* - **1.** [around neck] Würgegriff *der* - **2.** *fig* [strong influence]: **to have a ~ on sb** jm in der Zange haben; **to have a ~ on sthg** etw beherrschen.

strangulation [ˌstræŋgjʊ'leɪʃn] *n* [act of killing] Erwürgen *das*.

strap [stræp] (*pt* & *pp* **-ped**; *cont* **-ping**) *n* - **1.** [for carrying] Riemen *der* - **2.** [for fastening - of dress, bra] Träger *der*; [- of watch] Armband *das* <> *vt* [fasten]: **to ~ sthg (on)to sthg** etw auf etw *(A)* schnallen.

strapless ['stræplɪs] *adj* trägerlos.

strapping ['stræpɪŋ] *adj* stramm.

Strasbourg ['stræzbɜːg] *n* Straßburg *nt*.

strata ['strɑːtə] *pl* ▷ **stratum.**

stratagem ['strætədʒəm] *n* List *die*.

strategic [strə'tiːdʒɪk] *adj* strategisch.

strategist ['strætɪdʒɪst] *n* MIL Stratege *der*, -gin *die*.

strategy ['strætɪdʒɪ] (*pl* **-ies**) *n* Strategie *die*.

stratified ['strætɪfaɪd] *adj* - **1.** GEOL in Schichten gelagert, geschichtet **- 2.** *fig* [society] vielschichtig.

stratosphere ['strætə,sfɪəʳ] *n:* **the ~** die Stratosphäre.

stratum ['strɑ:təm] (*pl* **-ta**) *n* GEOL & *fig* Schicht *die*.

straw [strɔ:] *n* **- 1.** [dried corn] Stroh *das* **- 2.** [for drinking] Strohhalm *der* **- 3.** *phr:* **to clutch at ~s** sich an einen Strohhalm klammern; **that's the last ~!** das ist der Gipfel! <> *comp* Stroh-.

strawberry ['strɔ:bərɪ] (*pl* **-ies**) *n* Erdbeere *die* <> *comp* Erdbeer-.

straw poll *n* Probeabstimmung *die*.

stray [streɪ] *adj* **- 1.** [cat, dog] streunend **- 2.** [bullet] verirrt <> *n* [animal] streunendes Tier <> *vi* **- 1.** [person, animal] herum|streunen; **to ~ from the path** vom Weg ab|weichen **- 2.** [thoughts, mind] ab|schweifen.

streak [stri:k] *n* **- 1.** [mark, line] Streifen *der;* **she's had blond ~s put in her hair** sie hat sich blonde Strähnchen machen lassen; **a ~ of lightning** ein Blitz(strahl) **- 2.** [in character] Zug *der* **- 3.** [period]: **a winning/losing ~** eine Glückssträhne/Pechsträhne <> *vi* [move quickly] sausen.

streaked [stri:kt] *adj:* **~ with sthg** mit etw beschmiert; **her hair was ~ with grey** ihr Haar hatte graue Strähnen.

streaky ['stri:kɪ] (*compar* **-ier;** *superl* **-iest**) *adj* [surface] verschmiert.

streaky bacon *n* **Br** durchwachsener Speck.

stream [stri:m] *n* **- 1.** [gen] Strom *der* **- 2.** [brook] Bach *der* **- 3.** [of abuse, complaints] Flut *die* **- 4.** *Br* SCH Leistungsgruppe *die* <> *vt* *Br* SCH in Leistungsgruppen ein|teilen <> *vi* strömen.

streamer ['stri:məʳ] *n* [for party] Luftschlange *die*.

streamline ['stri:mlaɪn] *vt* **- 1.** [make aerodynamic] stromlinienförmig machen **- 2.** [make efficient] rationalisieren.

streamlined ['stri:mlaɪnd] *adj* **- 1.** [aerodynamic] stromlinienförmig **- 2.** [efficient] rationalisiert.

street [stri:t] *n* Straße *die;* **that's right up my ~** *Br inf* das ist genau mein Fall; **to be ~s ahead of sb** *Br* jm haushoch überlegen sein.

streetcar ['stri:tkɑ:ʳ] *n* **Am** Straßenbahn *die*.

street-cred(ibility) *n (U)* **inf** Image *das*.

street lamp, street light *n* Straßenlaterne *die*.

street lighting *n (U)* Straßenbeleuchtung *die*.

street map *n* Stadtplan *der*.

street market *n* Straßenmarkt *der*.

street plan *n* Stadtplan *der*.

street value *n* Verkaufswert *der*.

streetwise ['stri:twaɪz] *adj:* **to be ~** wissen, wie es läuft.

strength [streŋθ] *n* **- 1.** [gen] Stärke *die;* **on the ~ of** auf der Basis von; **to go from ~ to ~** einen Erfolg nach dem anderen erzielen **- 2.** *(U)* [confidence, courage] Kraft *die* **- 3.** [solidity] Stabilität *die* **- 4.** [number]: **at full ~** vollzählig; **below ~** nicht vollzählig; **in ~** zahlreich.

strengthen ['streŋθn] *vt* **- 1.** [gen] stärken **- 2.** [team, structure, resolve] verstärken **- 3.** [friendship, ties, bond] festigen **- 4.** [make braver, more confident] bestärken <> *vi* **- 1.** [gen] stärker werden **- 2.** [friendship, ties, bond] sich festigen.

strenuous ['strenjuəs] *adj* [exercise] anstrengend; [effort] gewaltig.

stress [stres] *n* **- 1.** [emphasis]: **to lay** *OR* **put ~ on sthg** etw besonders betonen **- 2.** [tension, anxiety] Stress *der;* **to be under ~** unter Stress stehen **- 3.** TECH [physical pressure]: **~ (on sthg)** Druck *der* (auf etw *(A)*) **- 4.** LING [on word, syllable] Betonung *die* <> *vt* [emphasize & LING] betonen.

stressed [strest] *adj* [tense, anxious] gestresst.

stressful ['stresful] *adj* stressig.

stretch [stretʃ] *n* **- 1.** [area] Stück *das* **- 2.** [period of time] Zeitspanne *die;* **for a five-year ~** für fünf Jahre **- 3.** [effort]: **by no ~ of the imagination** beim besten Willen nicht <> *vt* **- 1.** [pull longer or wider] dehnen **- 2.** [pull taut] spannen **- 3.** [extend to full length] aus|strecken **- 4.** [rules, meaning, truth]: **to ~ the rules** eine Ausnahme machen; **to ~ the truth** übertreiben **- 5.** [budget, resources] strecken **- 6.** [provide challenge for] fordern <> *vi* **- 1.** [area]: **to ~ over** sich aus|dehnen über (+ *A);* **to ~ from ... to** reichen von ... bis **- 2.** [person, animal] sich strecken **- 3.** [material, elastic] sich dehnen <> *adj* Stretch-.

◆ **at a stretch** *adv:* **for five hours at a~** fünf Stunden ohne Unterbrechung.

◆ **stretch out** *vt sep* [hold out] aus|strecken <> *vi* [lie down] sich aus|strecken.

stretcher ['stretʃəʳ] *n* Trage *die*.

stretcher party *n* Gruppe *die* von Krankenträgern.

stretchmarks ['stretʃmɑ:ks] *npl* Schwangerschaftsstreifen *pl*.

stretchy ['stretʃɪ] (*compar* **-ier;** *superl* **-iest**) *adj* elastisch.

strew [stru:] (*pt* **-ed;** *pp* **strewn** [stru:n] *OR* **-ed**) *vt* [scatter untidily]: **to be ~n on** *OR* **over sthg** auf etw *(D)* *OR* über etw *(A)* verstreut sein; **to be ~n with sthg** [freckles, confetti] mit etw übersät sein; **the streets were ~n with litter** die Straßen waren voller Müll.

stricken ['strɪkn] *adj:* **to be ~ by** *OR* **with sthg** [doubt, horror, panic] von etw erfüllt sein; [illness] an etw *(D)* leiden.

strict [strɪkt] *adj* - **1.** [severe] streng - **2.** [inflexible] strikt - **3.** [exact, precise] genau; **in the ~est sense of a word** im engsten Sinne des Wortes.

strictly ['strɪktlɪ] *adv* - **1.** [severely, rigidly, absolutely] streng - **2.** [precisely, exactly] genau; **~ speaking** genau genommen - **3.** [exclusively] ausschließlich.

strictness ['strɪktnɪs] *n* - **1.** [severity] Strenge *die* - **2.** [rigidity] Striktheit *die*.

stride [straɪd] (*pt* **strode;** *pp* **stridden** ['strɪdn]) *n* [step] Schritt *der;* **to take sthg in one's ~** *fig* mit etw leicht fertig werden ◇ *vi* schreiten.
◆ **strides** *npl* [progress]: **to make (great) ~s** (große) Fortschritte machen.

strident ['straɪdnt] *adj* - **1.** [voice, sound] durchdringend - **2.** [demand] lautstark.

strife [straɪf] *n* ***fml*** Zwietracht *die*.

strike [straɪk] (*pt* & *pp* **struck**) *n* - **1.** [refusal to work, do sthg] Streik *der;* **to be (out) on ~** streiken; **to go on ~** in Streik treten - **2.** MIL [attack] Angriff *der* - **3.** [find] Fund *der* ◇ *comp* Streik- ◇ *vt* - **1.** [hit deliberately] schlagen; [hit accidentally - car] fahren gegen; [- boat] auf|laufen auf (*+ A*) - **2.** [subj: hurricane, disaster, lightning] treffen - **3.** [subj: thought]: **it ~s me that ...** mir fällt auf, dass ...; **the thought had never struck me before** der Gedanke ist mir vorher nie gekommen; **he ~s me as very capable** er scheint mir sehr fähig zu sein - **4.** [impress]: **to be struck by** OR **with sthg** von etw beeindruckt sein - **5.** [bargain] aus|handeln - **6.** [match] an|zünden - **7.** [find] finden; **to ~ a balance (between)** die goldene Mitte finden (zwischen (*+D*)); **to ~ a serious/happy note** einen ernsten/heiteren Ton an|schlagen - **8.** [chime] schlagen - **9.** *phr:* **to be struck dumb** sprachlos sein; **to ~ fear** OR **terror into sb** jm Furcht OR Schrecken ein|jagen; **to ~ (it) lucky** einen Glückstreffer landen; **to ~ it rich** das große Los ziehen ◇ *vi* - **1.** [stop working] streiken - **2.** [happen suddenly - disaster, hurricane] los|brechen; [- lightning] ein|schlagen - **3.** [attack] an|greifen - **4.** [chime] schlagen.
◆ **strike back** *vi* zurück|schlagen.
◆ **strike down** *vt sep* nieder|schlagen.
◆ **strike off** *vt sep:* **to be struck off** [doctor, lawyer] die Zulassung entzogen bekommen.
◆ **strike out** *vt sep* durch|streichen ◇ *vi* - **1.** [head out] los|ziehen - **2.** [do sthg different]: **to ~ out on one's own** eigene Wege gehen.
◆ **strike up** *vt fus* - **1.** [friendship, conversation] an|fangen - **2.** [music] an|fangen zu spielen ◇ *vi* [band] an|fangen zu spielen.

strikebound ['straɪkbaʊnd] *adj* durch einen Streik gelähmt.

strikebreaker ['straɪkˌbreɪkəʳ] *n* Streikbrecher *der*, -in *die*.

strike pay *n* Streikgeld *das*.

striker ['straɪkəʳ] *n* - **1.** [person on strike] Streikende *der*, *die* - **2.** FTBL Stürmer *der*, -in *die*.

striking ['straɪkɪŋ] *adj* - **1.** [noticeable, unusual] auffallend - **2.** [attractive] umwerfend.

striking distance *n:* **within ~ (of sthg)** [close] ganz in der Nähe (von etw).

string [strɪŋ] (*pt* & *pp* **strung**) *n* - **1.** [gen] Schnur *die;* **(with) no ~s attached** ohne Bedingungen; **to pull ~s** Beziehungen spielen lassen - **2.** [of onions] Zopf *der;* **~ of pearls** [necklace] Perlenkette *die* - **3.** [series] Reihe *die;* **she owns a ~ of racehorses** sie besitzt mehrere Rennpferde - **4.** [for musical instrument, tennis racket] Saite *die;* [for bow] Sehne *die* ◇ *comp* [vest] Netz-; **~ bag** Einkaufsnetz *das*.
◆ **strings** *npl* MUS: **the ~s** die Streicher *pl*.
◆ **string along** *vt sep* ***inf*** [deceive] zum Narren halten.
◆ **string out** *vt sep* [disperse]: **to be strung out** verteilt sein.
◆ **string together** *vt sep* ***fig*** [words, sentences] aneinander fügen.
◆ **string up** *vt sep* ***inf*** [kill by hanging] auf|hängen.

string bean *n* Stangenbohne *die*.

stringed instrument [ˌstrɪŋd-] *n* Saiteninstrument *das*.

stringent ['strɪndʒənt] *adj* streng.

string quartet *n* Streichquartett *das*.

stringy ['strɪŋɪ] (*compar* **-ier;** *superl* **-iest**) *adj* [beans, meat] faserig.

strip [strɪp] (*pt* & *pp* **-ped;** *cont* **-ping**) *n* - **1.** [of fabric, paper, land, water] Streifen *der;* **to tear a ~ off sb** ***Br*** jn zusammen|stauchen - **2.** ***Br*** SPORT [clothes] Trikot *das* ◇ *vt* - **1.** [undress] aus|ziehen; **~ped to the waist** mit freiem Oberkörper - **2.** [remove - paint] ab|kratzen; [- wallpaper] ab|ziehen - **3.** [take away from]: **to ~ sb of sthg** jm etw ab|erkennen ◇ *vi* - **1.** [undress] sich aus|ziehen - **2.** [do a striptease] strippen.
◆ **strip off** *vt sep* [clothes] aus|ziehen ◇ *vi* sich aus|ziehen.

strip cartoon *n* ***Br*** Comic *der*.

stripe [straɪp] *n* - **1.** [band of colour] Streifen *der* - **2.** [sign of rank] Ärmelstreifen *der*.

striped [straɪpt] *adj* gestreift.

strip lighting *n (U)* Neonbeleuchtung *die*.

stripper ['strɪpəʳ] *n* - **1.** [performer of striptease] Stripper *der*, -in *die* - **2.** [liquid] Entferner *der;* [tool] Spachtel *der*.

strip-search *n* Leibesvisitation *die* ◇ *vt* einer Leibesvisitation unter|ziehen.

strip show *n* Stripteaseshow *die*.

striptease ['stripti:z] *n* Striptease *der*.

stripy ['straɪpɪ] (*compar* **-ier;** *superl* **-iest**) *adj* gestreift.

strive [straɪv] (*pt* **strove;** *pp* **striven** ['strɪvn]) *vi* *fml:* **to ~ for sthg** nach etw streben; **to ~ to do sthg** bemüht sein, etw zu tun.

strobe (light) [ˈstrəub-] *n* Stroboskoplicht *das.*

strode [strəud] *pt* ▷ **stride.**

stroke [strəuk] *n* **- 1.** MED Schlaganfall *der* **- 2.** [of pen, brush] Strich *der* **- 3.** [in swimming - movement] Zug *der;* [- style] Stil *der* **- 4.** [in rowing, in ball game, of clock] Schlag *der* **- 5.** *Br* TYPO [oblique] Schrägstrich *der* **- 6.** [piece]: **a ~ of genius** ein Geniestreich; **a ~ of luck** ein Glücksfall; **not to do a ~ of work** keinen Finger rühren; **at a ~** mit einem Streich ◇ *vt* streicheln.

stroll [strəul] *n* Spaziergang *der* ◇ *vi* spazieren gehen.

stroller [ˈstrəuləʳ] *n* ***Am*** [for baby] Sportwagen *der.*

strong [strɒŋ] *adj* **- 1.** [gen] stark; **to be ~ in sthg** gut in etw *(D)* sein; **~ point** Stärke *die* **- 2.** [physically powerful, healthy] kräftig **- 3.** [solid, sturdy] stabil; [measures] energisch **- 4.** [argument, case, evidence] überzeugend ◇ *adv:* **to be still going ~** [person, group] immer noch gut dabei sein; [machine] immer noch funktionieren.

strongarm [ˈstrɒŋɑːm] *adj:* **~ tactics** brutale Taktiken *pl.*

strongbox [ˈstrɒŋbɒks] *n* Tresor *der.*

stronghold [ˈstrɒŋhəuld] *n* ***fig*** Hochburg *die.*

strong language *n (U)* Kraftausdrücke *pl.*

strongly [ˈstrɒŋlɪ] *adv* **- 1.** [sturdily, solidly] solide **- 2.** [in degree or intensity] stark **- 3.** [support] energisch; **do you feel ~ about it?** ist es Ihnen wichtig?

strong man *n* [in circus] starker Mann.

strong-minded [-ˈmaɪndɪd] *adj* willensstark.

strong room *n* Tresorraum *der.*

strong-willed [-ˈwɪld] *adj* willensstark.

stroppy [ˈstrɒpɪ] (*compar* **-ier;** *superl* **-iest**) *adj* ***Br inf*** [uncooperative] widerspenstig; **don't get ~ with me!** werd nicht pampig!

strove [strəuv] *pt* ▷ **strive.**

struck [strʌk] *pt* & *pp* ▷ **strike.**

structural [ˈstrʌktʃərəl] *adj* strukturell.

structurally [ˈstrʌktʃərəlɪ] *adv* strukturell.

structure [ˈstrʌktʃəʳ] *n* **- 1.** [organization, arrangement] Struktur *die* **- 2.** [building, construction] Konstruktion *die* ◇ *vt* strukturieren.

struggle [ˈstrʌgl] *n* Kampf *der;* **a ~ for sthg** ein Kampf um etw; **it will be a ~ to finish on time** wir werden uns sehr anstrengen müssen, um rechtzeitig fertig zu werden ◇ *vi* **- 1.** [try hard, strive] kämpfen; **to ~ for sthg** um etw kämpfen; **she ~d to reach the switch** sie hatte Mühe, an den Schalter zu kommen **- 2.** [fight]: **to ~ (with sb)** (mit jm) kämpfen **- 3.** [move with difficulty]: **he ~d up the stairs/into the lift** er kämpfte sich die Treppe hinauf/in den Fahrstuhl.

◆ **struggle on** *vi:* **to ~ on (with sthg)** sich weiter|kämpfen (durch etw).

struggling [ˈstrʌglɪŋ] *adj* [business] in Schwierigkeiten; **a ~ writer** ein noch nicht anerkannter Schriftsteller.

strum [strʌm] (*pt* & *pp* **-med;** *cont* **-ming**) *vt* klimpern; [guitar] klimpern auf *(+ D)* ◇ *vi:* **to ~ (on sthg)** (auf etw *(D)*) klimpern.

strung [strʌŋ] *pt* & *pp* ▷ **string.**

strut [strʌt] (*pt* & *pp* **-ted;** *cont* **-ting**) *n* CONSTR Strebe *die* ◇ *vi* stolzieren.

strychnine [ˈstrɪkniːn] *n* Strychnin *das.*

stub [stʌb] (*pt* & *pp* **-bed;** *cont* **-bing**) *n* **- 1.** [of cigarette, pencil] Stummel *der* **- 2.** [of ticket, cheque] Abschnitt *der* ◇ *vt:* **to ~ one's toe** sich den Zeh stoßen.

◆ **stub out** *vt sep* aus|drücken.

stubble [ˈstʌbl] *n (U)* Stoppeln *pl.*

stubborn [ˈstʌbən] *adj* **- 1.** [person - resolute] hartnäckig; [- unreasonable] dickköpfig, stur **- 2.** [stain] hartnäckig.

stubbornly [ˈstʌbənlɪ] *adv* [resolutely] hartnäckig; [unreasonably] störrisch, stur.

stubby [ˈstʌbɪ] (*compar* **-ier;** *superl* **-iest**) *adj* [fingers] kurz und dick.

stucco [ˈstʌkəu] *n* Stuck *der.*

stuck [stʌk] *pt* & *pp* ▷ **stick** ◇ *adj* **- 1.** [fixed tightly, jammed - window, lid] verklemmt; [- finger, toe, garment] eingeklemmt **- 2.** [stumped]: **I'm ~** ich komme nicht weiter **- 3.** [stranded]: **he got ~ in Birmingham** er saß in Birmingham fest **- 4.** [in an unpleasant situation, trapped]: **to be ~** fest|sitzen.

stuck-up *adj* ***inf pej*** hochnäsig.

stud [stʌd] *n* **- 1.** [metal decoration] Niete *die* **- 2.** [earring] Ohrstecker *der* **- 3.** ***Br*** [on boot, shoe] Stollen *der* **- 4.** [place for breeding horses] Gestüt *das;* **to be put out to ~** zu Zuchtzwecken verwendet werden.

studded [ˈstʌdɪd] *adj:* **~ with sthg** mit etw besetzt.

student [ˈstjuːdnt] *n* **- 1.** [at college, university] Student *der,* -in *die* **- 2.** [scholar]: **to be a ~ of history/human nature** sich für Geschichte/die menschliche Natur interessieren ◇ *comp* Studenten-.

student loan *n* ***Br*** Studentendarlehen *das.*

students' union *n* **- 1.** [organization] Studentenvereinigung *die* **- 2.** [building] *Gebäude der Studentenvereinigung, in dem sich Verwaltungsbüros, Geschäfte und Cafés befinden.*

stud farm *n* Gestüt *das.*

studied ['stʌdɪd] *adj* künstlich; [answer] einstudiert.

studio ['stjuːdɪəʊ] (*pl* **-s**) *n* **- 1.** [artist's workroom] Atelier *das* **- 2.** CINEMA, RADIO & TV Studio *das*.

studio apartment *n Am* = **studio flat.**

studio audience *n* Publikum *das* im Studio.

studio flat *Br*, **studio apartment** *Am n* Atelierwohnung *die*.

studious ['stjuːdjəs] *adj* fleißig.

studiously ['stjuːdjəslɪ] *adv* fleißig.

study ['stʌdɪ] (*pl* **-ies**; *pt* & *pp* **-ied**) *n* **- 1.** *(U)* [learning] Studium *das* **- 2.** [piece of research] Untersuchung *die* **- 3.** [room] Arbeitszimmer *das* **- 4.** ART & PHOT Studie *die* ◇ *vt* & *vi* studieren.
◆ **studies** *npl*: **how are your studies going?** [at school] wie läuft es in der Schule?; [at university] was macht das Studium?

stuff [stʌf] *n (U) inf* **- 1.** [matter, things, substance] Zeug *das*; **to know one's ~** sich auskennen; **and all that ~** und so weiter **- 2.** [belongings] Sachen *pl* ◇ *vt* **- 1.** [push, put] stopfen **- 2.** [fill, cram]: **to ~ sthg (with sthg)** etw (mit etw) voll stopfen **- 3.** [with food]: **to ~ o.s. (with sthg)** *inf* sich (mit etw) voll stopfen **- 4.** CULIN füllen.

stuffed [stʌft] *adj* **- 1.** [filled, crammed]: **~ with sthg** mit etw voll gestopft **- 2.** *inf* [with food] voll **- 3.** CULIN gefüllt **- 4.** [animal] ausgestopft **- 5.** *phr*: **get ~!** *Br vinf* du kannst mich mal!

stuffing ['stʌfɪŋ] *n (U)* **- 1.** [for furniture] Polsterung *die* **- 2.** [for toys & CULIN] Füllung *die*.

stuffy ['stʌfɪ] (*compar* **-ier**; *superl* **-iest**) *adj* **- 1.** [room] stickig **- 2.** [formal, old-fashioned] spießig.

stumble ['stʌmbl] *vi* **- 1.** [trip] stolpern **- 2.** [hesitate, make mistake] stocken.
◆ **stumble across, stumble on** *vt fus* stoßen auf *(+ A)*; [person] stolpern über *(+ A)*.

stumbling block ['stʌmblɪŋ-] *n* Hindernis *das*.

stump [stʌmp] *n* [remaining part] Stumpf *der* ◇ *vt* [subj: question, problem]: **to be ~ed by a problem/question** keine Lösung/Antwort wissen ◇ *vi* stampfen.
◆ **stumps** *npl* CRICKET Stäbe *pl*.
◆ **stump up** *vt fus inf Br* springen lassen.

stun [stʌn] (*pt* & *pp* **-ned**; *cont* **-ning**) *vt* **- 1.** [knock unconscious] bewusstlos schlagen **- 2.** [shock, surprise] verblüffen.

stung [stʌŋ] *pt* & *pp* ▷ **sting.**

stunk [stʌŋk] *pt* & *pp* ▷ **stink.**

stunned *adj* **- 1.** [unconscious] bewusstlos **- 2.** [shocked, surprised] verblüfft.

stunning ['stʌnɪŋ] *adj* **- 1.** [beautiful] atemberaubend **- 2.** [shocking] schrecklich; [surprising] sensationell.

stunt [stʌnt] *n* **- 1.** [for publicity] Werbetrick *der* **- 2.** CINEMA Stunt *der* ◇ *vt* hemmen.

stunt man *n* Stuntman *der*.

stunt woman *n* Stuntfrau *die*.

stupefy ['stjuːpɪfaɪ] (*pt* & *pp* **-ied**) *vt* **- 1.** [tire, bore] abstumpfen lassen **- 2.** [surprise] verblüffen.

stupendous [stjuː'pendəs] *adj inf* **- 1.** [wonderful] toll **- 2.** [very large] enorm.

stupid ['stjuːpɪd] *adj* **- 1.** [foolish] dumm **- 2.** *inf* [wretched, damned] blöd.

stupidity [stjuː'pɪdətɪ] *n* Dummheit *die*.

stupidly ['stjuːpɪdlɪ] *adv*: **~ I had forgotten my ticket** dummerweise hatte ich mein Ticket vergessen.

stupor ['stjuːpə^r] *n* Betäubung *die*; **in a drunken ~** volltrunken.

sturdy ['stɜːdɪ] (*compar* **-ier**; *superl* **-iest**) *adj* kräftig; [furniture, bridge] stabil.

sturgeon ['stɜːdʒən] (*pl inv*) *n* Stör *der*.

stutter ['stʌtə^r] *n* [speech impediment] Stottern *das* ◇ *vi* [in speaking] stottern.

sty [staɪ] (*pl* **sties**) *n* Schweinestall *der*.

stye [staɪ] *n* Gerstenkorn *das*.

style [staɪl] *n* **- 1.** [gen] Stil *der*; **in ~** im großen Stil; **that's not my ~** das ist nicht meine Art **- 2.** [fashion, design] Mode *die* ◇ *vt* [hair] stylen.

styling mousse ['staɪlɪŋ-] *n (U)* Schaumfestiger *der*.

stylish ['staɪlɪʃ] *adj* elegant.

stylist ['staɪlɪst] *n* [hairdresser] Stylist *der*, -in *die*.

stylized, -ised ['staɪlaɪzd] *adj* stilisiert.

stylus ['staɪləs] (*pl* **-es**) *n* **- 1.** [on record player] Nadel *der* **- 2.** COMPUT Stift *der*.

stymie ['staɪmɪ] *vt inf*: **to be ~d** [person] in der Klemme sitzen.

Styrofoam® ['staɪrəfəʊm] *n* Styropor® *das*.

suave [swɑːv] *adj* gewandt; *pej* glatt.

sub [sʌb] *n inf* **- 1.** SPORT (*abbr of* **substitute**) Ersatz *der* **- 2.** *abbr of* **submarine - 3.** *Br abbr of* **subscription - 4.** *Am* [sandwich] belegtes Baguette.

sub- [sʌb] *prefix* [with nouns] Unter-, Sub-; [with adjectives] unter-, sub-.

subcommittee ['sʌbkə,mɪtɪ] *n* Unterausschuss *der*.

subconscious [,sʌb'kɒnʃəs] *adj* unterbewusst ◇ *n*: **the ~** das Unterbewusstsein.

subconsciously [,sʌb'kɒnʃəslɪ] *adj* unterbewusst.

subcontinent [,sʌb'kɒntɪnənt] *n* Subkontinent *der*.

subcontract [,sʌbkən'trækt] *vt* an Subunternehmen vergeben.

subculture ['sʌbˌkʌltʃəʳ] *n* Subkultur *die*.

subdivide [ˌsʌbdɪ'vaɪd] *vt* unterteilen.

subdue [səb'djuː] *vt* - **1.** [enemy, rioters, crowds] unterwerfen - **2.** [feelings, passions] unter|drücken.

subdued [səb'djuːd] *adj* - **1.** [person] ruhig - **2.** [sound, feelings, lighting, colour] gedämpft.

subeditor [ˌsʌb'edɪtəʳ] *n* Redaktionsassistent *der*, -in *die*.

subheading ['sʌbˌhedɪŋ] *n* Untertitel *der*.

subhuman [ˌsʌb'hjuːmən] *adj pej* unmenschlich.

subject [*adj, n & prep* 'sʌbdʒekt, *vt* səb'dʒekt] *adj* - **1.** [subordinate]: **~ to sthg** etw *(D)* unterworfen - **2.** [liable]: **~ to sthg** [disease] anfällig für etw; **~ to tax** steuerpflichtig; **prices ~ to change** COMM Preisänderungen vorbehalten; **trains are ~ to delay** es kann zu Verspätungen im Zugverkehr kommen ◇ *n* - **1.** [topic under consideration] Thema *das*; **he is the ~ of an inquiry** es wird eine Untersuchung über ihn durchgeführt - **2.** GRAMM Subjekt *das* - **3.** SCH & UNIV Fach *das* - **4.** [citizen] Staatsbürger *der*, -in *die* ◇ *vt* - **1.** [subjugate] unterwerfen - **2.** [force to experience]: **to ~ sb to sthg** [punishment, inquiry] jn einer Sache *(D)* unterziehen; **he was ~ed to harsh criticism** er war starker Kritik ausgesetzt.

◆ **subject to** *prep* [depending on] abhängig von.

subjective [səb'dʒektɪv] *adj* subjektiv.

subjectively [səb'dʒektɪvlɪ] *adv* subjektiv.

subject matter *n* Stoff *der*.

sub judice [-'dʒuːdɪsɪ] *adj* LAW: **to be ~** verhandelt werden.

subjugate ['sʌbdʒʊgeɪt] *vt fml* - **1.** [people, tribe, country] unterwerfen - **2.** [feelings, desires] unter|drücken.

subjunctive [səb'dʒʌŋktɪv] *n* GRAMM: **~ (mood)** Konjunktiv *der*.

sublet [ˌsʌb'let] (*pt & pp* **sublet;** *cont* **-ting**) *vt* unter|vermieten.

sublime [sə'blaɪm] *adj* [wonderful] erhaben.

sublimely [sə'blaɪmlɪ] *adv* [completely] vollkommen.

subliminal [ˌsʌb'lɪmɪnl] *adj*: **~ advertising** Schleichwerbung *die*.

submachine gun [ˌsʌbmə'ʃiːn-] *n* Maschinenpistole *die*.

submarine [ˌsʌbmə'riːn] *n* U-Boot *das*.

submerge [səb'mɜːdʒ] *vt* - **1.** [flood] überschwemmen - **2.** [plunge into liquid] ein|tauchen - **3.** *fig* [in activity]: **to ~ o.s. in sthg** sich in etw *(A)* vertiefen ◇ *vi* tauchen.

submission [səb'mɪʃn] *n* - **1.** [obedience, capitulation] Unterwerfung *die* - **2.** [presentation] Einreichen *das*.

submissive [səb'mɪsɪv] *adj* unterwürfig.

submit [səb'mɪt] (*pt & pp* **-ted;** *cont* **-ting**) *vt* [present] ein|reichen ◇ *vi* [admit defeat] sich ergeben ; **to ~ to sb/sthg** sich jm/etw unterwerfen.

subnormal [ˌsʌb'nɔːml] *adj*: **(educationally) ~** minderbegabt.

subordinate [*adj & n* sə'bɔːdɪnət, *vt* sə'bɔːdɪneɪt] *adj fml* [less important]: **~ (to sthg)** (einer Sache *(D)*) untergeordnet ◇ *n* Untergebene *der, die* ◇ *vt fml* unter|ordnen.

subordinate clause [sə'bɔːdɪnət-] *n* Nebensatz *der*.

subordination [səˌbɔːdɪ'neɪʃn] *n (U)*: **~ (to sthg)** Unterordnung *die* (unter etw *(A)*).

subpoena [sə'piːnə] (*pt & pp* **-ed**) LAW *n* Vorladung *die* ◇ *vt* vorladen.

sub-post office *n Br* Poststelle *die*.

subroutine ['sʌbruːˌtiːn] *n* COMPUT Unterprogramm *das*.

subscribe [səb'skraɪb] *vi* - **1.** [to magazine, newspaper]: **to ~ to sthg** etw abonnieren - **2.** [to view, belief]: **to ~ to sthg** sich etw *(D)* an|schließen ◇ *vt* spenden.

subscriber [səb'skraɪbəʳ] *n* - **1.** [to magazine, newspaper] Abonnent *der*, -in *die* - **2.** [to service] Teilnehmer *der*, -in *die* - **3.** [to charity, campaign] Spender *der*, -in *die*.

subscription [səb'skrɪpʃn] *n* [to newspaper, magazine] Abonnement *das*; [to club, organization] Mitgliedsbeitrag *der*.

subsection ['sʌbˌsekʃn] *n* Unterabteilung *die*.

subsequent ['sʌbsɪkwənt] *adj* nachfolgend.

subsequently ['sʌbsɪkwəntlɪ] *adv* anschließend.

subservient [səb'sɜːvjənt] *adj* - **1.** [servile]: **~ (to sb)** (jm gegenüber) unterwürfig - **2.** [less important]: **~ (to sthg)** (einer Sache *(D)* gegenüber) zweitrangig .

subset ['sʌbset] *n* MATH Teilmenge *die*.

subside [səb'saɪd] *vi* - **1.** [grow less intense] nach|lassen - **2.** [grow quieter] leiser werden - **3.** [sink - building, ground] sich senken; [- river] sinken.

subsidence [səb'saɪdns, 'sʌbsɪdns] *n (U)* CONSTR Bodensenkung *die*.

subsidiarity [səbsɪdɪ'ærɪtɪ] *n* Subsidiarität *die*.

subsidiary [səb'sɪdjərɪ] (*pl* **-ies**) *adj* untergeordnet ◇ *n*: **~ (company)** Tochter(gesellschaft) *die*.

subsidize, -ise ['sʌbsɪdaɪz] *vt* subventionieren.

subsidy ['sʌbsɪdɪ] (*pl* **-ies**) *n* Subvention *die*.

subsist [səb'sɪst] *vi:* **to ~ (on sthg)** leben (von etw).

subsistence allowance [səb'sɪstəns-] *n* ***Br*** Unterhaltsbeihilfe *die*.

subsistence farming [səb'sɪstəns-] *n* Subsistenzwirtschaft *die*.

subsistence level [səb'sɪstəns-] *n* Existenzminimum *das*.

substance ['sʌbstəns] *n* - **1.** [material, tangibility] Substanz *die* - **2.** [essence, gist] Kern *der* - **3.** *(U)* [importance] Gewicht *das*.

substandard [ˌsʌb'stændəd] *adj* minderwertig.

substantial [səb'stænʃl] *adj* - **1.** [large, considerable] beträchtlich - **2.** [solid, well-built] solide.

substantially [səb'stænʃəlɪ] *adv* - **1.** [quite a lot] beträchtlich - **2.** [mainly] im Wesentlichen.

substantiate [səb'stænʃɪeɪt] *vt* ***fml*** untermauern.

substantive [sʌb'stæntɪv] *adj* ***fml*** bedeutend.

substitute ['sʌbstɪtjuːt] *n* - **1.** [replacement]: **~ (für)** Ersatz *der* (für); **to be no ~ (for sthg)** kein Ersatz (für etw) sein - **2.** SPORT Ersatzspieler *der*, -in *die* ◇ *vt:* **to ~ sb/sthg for sb/sthg** jn/etw durch jn/etw ersetzen ◇ *vi:* **to ~ for sb** jn vertreten.

substitute teacher *n* ***Am*** Aushilfslehrer *der*, -in *die*.

substitution [ˌsʌbstɪ'tjuːʃn] *n* - **1.** [act of replacing] Ersetzen *das* - **2.** [replacement] Ersatz *der*.

subterfuge ['sʌbtəfjuːdʒ] *n* - **1.** *(U)* [deception] List *die* - **2.** [trick] Trick *der*.

subterranean [ˌsʌbtə'reɪnjən] *adj* unterirdisch.

subtitle ['sʌbˌtaɪtl] *n* [of book] Untertitel *der*.
◆ **subtitles** *npl* CINEMA Untertitel *pl*.

subtle ['sʌtl] *adj* - **1.** [nuance, difference] fein; [colour, music] zart - **2.** [comment, method] subtil; **that wasn't very ~ of you** das war nicht sehr feinfühlig von dir.

subtlety ['sʌtltɪ] *n* - **1.** [of difference] Feinheit *die;* [of colour, music] Zartheit *die* - **2.** [of comment, method] Subtilität *die*.

subtly ['sʌtlɪ] *adv* - **1.** [different] leicht - **2.** [indirectly, cleverly] auf subtile Weise.

subtotal ['sʌbˌtəʊtl] *n* Zwischensumme *die*.

subtract [səb'trækt] *vt:* **to ~ sthg (from sthg)** etw (von etw) subtrahieren OR abziehen.

subtraction [səb'trækʃn] *n* Subtraktion *die*.

subtropical [ˌsʌb'trɒpɪkl] *adj* subtropisch.

suburb ['sʌbɜːb] *n* Vorort *der*.
◆ **suburbs** *npl* Vororte *pl;* **he lives in the ~s** er wohnt in einem Vorort.

suburban [sə'bɜːbn] *adj* - **1.** [of suburbs] Vorort- - **2.** ***pej*** [boring] spießig.

suburbia [sə'bɜːbɪə] *n (U)* die Vororte *pl*.

subversion [səb'vɜːʃn] *n* Subversion *die*.

subversive [səb'vɜːsɪv] *adj* subversiv ◇ *n* subversives Element.

subvert [səb'vɜːt] *vt* untergraben.

subway ['sʌbweɪ] *n* - **1.** ***Br*** [underground walkway] Unterführung *die* - **2.** ***Am*** [underground railway] U-Bahn *die*.

sub-zero *adj* unter null.

succeed [sək'siːd] *vt* nachǀfolgen *(+ D);* [thing, event] folgen *(+ D)* ◇ *vi* [be successful] erfolgreich sein; **he ~ed in persuading her** es gelang ihm, sie zu überreden.

succeeding [sək'siːdɪŋ] *adj* ***fml*** nachfolgend.

success [sək'ses] *n* Erfolg *der*.

successful [sək'sesfʊl] *adj* erfolgreich.

successfully [sək'sesfʊlɪ] *adv* erfolgreich.

succession [sək'seʃn] *n* - **1.** [series] Folge *die;* **in (quick) ~** (rasch) hintereinander - **2.** ***fml*** [to high position] Nachfolge *die;* **~ (to the throne)** Thronfolge *die*.

successive [sək'sesɪv] *adj* aufeinander folgend.

successor [sək'sesəʳ] *n* Nachfolger *der*, -in *die*.

success story *n* Erfolgsstory *die*.

succinct [sək'sɪŋkt] *adj* prägnant.

succinctly [sək'sɪŋktlɪ] *adv* prägnant.

succulent ['sʌkjʊlənt] *adj* saftig.

succumb [sə'kʌm] *vi* [to a bad influence]: **to ~ to sthg** einer Sache *(D)* erliegen.

such [sʌtʃ] *adj* - **1.** [gen] solche, -r, -s; **~ people** solche Leute; **I've never heard ~ nonsense** ich habe noch nie so einen Unsinn gehört!; **shoplifting and ~ crimes** Ladendiebstahl und derartige Delikte; **there's no ~ thing** so etwas gibt es nicht; **~ words as "duty" and "honour"** Worte wie „Pflicht" und „Ehre"; **countries ~ as Spain and France** Länder wie Spanien und Frankreich - **2.** [whatever]: **I've spent ~ money as I had** ich habe mein bisschen Geld ausgegeben - **3.** [so great]: **there are ~ differences that ...** die Unterschiede sind so groß, dass ...; **~ was their skill that ...** sie waren so geschickt, dass ... ◇ *adv:* **~ big houses** so große Häuser, solche großen Häuser; **~ a man** ein solcher Mann, so ein Mann; **it's ~ a lovely day** es ist so ein schöner Tag; **~ a thing should never have happened** so etwas hätte nie passieren dürfen; **would you happen to have ~ a thing as a tin opener?** haben Sie zufällig einen Dosenöffner?; **~ a lot** so viel; **~ a long time** so lange; **in ~ a way that ...** auf solche Weise, dass ... ◇ *pron:* **and ~ (like)** und dergleichen; **this is my car, ~ as it is** das ist mein Auto, wenn man es so nen-

nen will; **have some wine, ~ as there is** nimm dir Wein, was noch da ist.
◆ **as such** *adv* als solche, -r, -s.
◆ **such and such** *adj* das und das; **on ~ and ~ a day** an dem und dem Tag.

suchlike ['sʌtʃlaɪk] *adj* solche <> *pron* dergleichen.

suck [sʌk] *vt* - **1.** [by mouth] saugen; [lollipop, thumb] lutschen - **2.** [draw in] ein|saugen - **3.** *fig* [involve]: **to be ~ed into sthg** in etw *(A)* hineingezogen werden.
◆ **suck up** *vi inf*: **to ~ up to sb** jm um den Bart gehen.

sucker ['sʌkəʳ] *n* - **1.** [suction pad] Saugnapf *der* - **2.** *inf* [gullible person] Depp *der*.

suckle ['sʌkl] *vt* säugen <> *vi* saugen.

sucrose ['suːkrəʊz] *n* Saccharose *die*.

suction ['sʌkʃn] *n* - **1.** [drawing in] Sogwirkung *die* - **2.** [adhesion] Saugwirkung *die*.

suction pump *n* Saugpumpe *die*.

Sudan [suː'dɑːn] *n* Sudan *der*; **in (the) ~** im Sudan.

sudden ['sʌdn] *adj* plötzlich; **all of a ~** plötzlich.

sudden death *n* FTBL Suddendeath *der*.

suddenly ['sʌdnlɪ] *adv* plötzlich.

suddenness ['sʌdnnɪs] *n* Plötzlichkeit *die*.

suds [sʌdz] *npl* Seifenlauge *die*.

sue [suː] *vt* verklagen; **to ~ sb for sthg** [libel *etc*] jn wegen etw verklagen; [sum of money] jn auf etw *(A)* verklagen.

suede [sweɪd] *n* Wildleder *das* <> *comp* Wildleder-.

suet ['sʊɪt] *n* Nierenfett *das*.

Suez ['sʊɪz] *n* Suez *nt*.

Suez Canal *n*: **the ~** der Suezkanal.

suffer ['sʌfəʳ] *vt* erleiden <> *vi* leiden; **to ~ from sthg** MED an etw *(D)* leiden.

sufferance ['sʌfrəns] *n*: **you are only here on ~** Sie werden hier nur geduldet.

sufferer ['sʌfrəʳ] *n*: **rheumatism ~** Rheumakranke *der, die*; **hay fever ~** an Heuschnupfen Leidende *der, die*.

suffering ['sʌfrɪŋ] *n* Leiden *das*.

suffice [sə'faɪs] *vi fml* genügen.

sufficient [sə'fɪʃnt] *adj* genügend.

sufficiently [sə'fɪʃntlɪ] *adv* genug.

suffix ['sʌfɪks] *n* Suffix *das*, Nachsilbe *die*.

suffocate ['sʌfəkeɪt] *vt* & *vi* ersticken.

suffocation [ˌsʌfə'keɪʃn] *n* Ersticken *das*.

suffrage ['sʌfrɪdʒ] *n* Wahlrecht *das*.

suffuse [sə'fjuːz] *vt*: **~d with sthg** von etw durchdrungen.

sugar ['ʃʊgəʳ] *n* Zucker *der* <> *vt* zuckern

sugar beet *n (U)* Zuckerrübe *die*.

sugar bowl *n* Zuckerdose *die*.

sugarcane ['ʃʊgəkeɪn] *n* Zuckerrohr *das*.

sugar-coated [-'kəʊtɪd] *adj* mit Zucker überzogen.

sugared ['ʃʊgəd] *adj* [tea, coffee] gesüßt.

sugar lump *n* Stück *das* Zucker.

sugary ['ʃʊgərɪ] *adj* - **1.** [high in sugar] süß - **2.** *pej* [sentimental] zuckersüß.

suggest [sə'dʒest] *vt* - **1.** [propose] vor|schlagen - **2.** [imply] an|deuten.

suggestion [sə'dʒestʃn] *n* - **1.** [proposal, idea] Vorschlag *der* - **2.** *(U)* [implication]: **there was no ~ of corruption** nichts deutete auf Korruption hin - **3.** PSYCH Suggestion *die*.

suggestive [sə'dʒestɪv] *adj* - **1.** [implying sexual connotation] anzüglich - **2.** [implying a certain conclusion]: **to be ~ of sthg** auf etw *(A)* hin|deuten - **3.** [reminiscent]: **to be ~ of sthg** an etw *(A)* denken lassen.

suicidal [sʊɪ'saɪdl] *adj*: **to have ~ tendencies** selbstmordgefährdet sein; **he felt ~** er war dem Selbstmord nahe; **that would be ~** das wäre reiner Selbstmord.

suicide ['sʊɪsaɪd] *n lit* & *fig* Selbstmord *der*; **to commit ~** Selbstmord begehen.

suicide attempt *n* Selbstmordversuch *der*.

suit [suːt] *n* - **1.** [matching clothes] Anzug *der*; [for woman] Kostüm *das* - **2.** [in cards] Farbe *die* - **3.** LAW Prozess *der* - **4.** *phr*: **to follow ~** *fig* dasselbe tun <> *vt* - **1.** [look attractive on] stehen *(+ D)* - **2.** [be convenient or appropriate to] passen *(+ D)*; **~ yourself!** mach, was du willst! <> *vi*: **does that ~?** passt dir das?

suitability [ˌsuːtə'bɪlətɪ] *n* [for job] Eignung *die*.

suitable ['suːtəbl] *adj*: **~ (for)** geeignet (für).

suitably ['suːtəblɪ] *adv* [dressed] passend; [impressed] gehörig.

suitcase ['suːtkeɪs] *n* Koffer *der*.

suite [swiːt] *n* - **1.** [of rooms] Suite *die* - **2.** [of furniture] Garnitur *die*.

suited ['suːtɪd] *adj* - **1.** [suitable]: **to be ~ to/for sthg** für etw geeignet sein - **2.** [compatible]: **to be well/ideally ~** gut/ideal zusammen|passen.

suitor ['suːtəʳ] *n dated* Verehrer *der*.

sulfate *n Am* = **sulphate.**

sulfur *n Am* = **sulphur.**

sulfuric acid *n Am* = **sulphuric acid.**

sulk [sʌlk] *n* Schmollen *das* <> *vi* schmollen.

sulky ['sʌlkɪ] (*compar* **-ier;** *superl* **-iest**) *adj* [remark] beleidigt; [child] schmollend; **to be in a ~ mood** schmollen.

sullen ['sʌlən] *adj* missmutig.

sulphate *Br*, **sulfate** *Am* ['sʌlfeɪt] *n* Sulfat *das*.

sulphur *Br*, **sulfur** *Am* ['sʌlfəʳ] *n* Schwefel *der*.

sulphuric acid *Br*, **sulfuric acid** *Am* [sʌl'fjʊərɪk-] *n* Schwefelsäure *die*.

sultan ['sʌltən] *n* Sultan *der*.

sultana [səl'tɑːnə] *n* **Br** [dried grape] Sultanine *die*.

sultry ['sʌltrɪ] (*compar* **-ier**; *superl* **-iest**) *adj* **- 1.** [weather, day] schwül **- 2.** [woman] sinnlich.

sum [sʌm] (*pt* & *pp* **-med**; *cont* **-ming**) *n* Summe *die*.

◆ **sum up** *vt sep* & *vi* [summarize] zusammen|fassen.

summarily ['sʌmərəlɪ] *adv* [dismissed] fristlos.

summarize, -ise ['sʌməraɪz] *vt* & *vi* zusammen|fassen.

summary ['sʌmərɪ] (*pl* **-ies**) *adj* **fml** [dismissal] fristlos; [execution] standrechtlich ◇ *n* Zusammenfassung *die*.

summer ['sʌməʳ] *n* Sommer *der*; **in (the) ~** im Sommer ◇ *comp* Sommer-.

summer camp *n* **Am** Ferienlager *das*.

summerhouse ['sʌməhaʊs, *pl* -haʊzɪz] *n* Gartenhaus *das*.

summer school *n* Ferienkurs *der*.

summertime ['sʌmətaɪm] *n*: **in (the) ~** im Sommer.

Summer Time *n* **Br** Sommerzeit *die*.

summery ['sʌmərɪ] *adj* sommerlich.

summing-up [ˌsʌmɪŋ-] (*pl* **summings-up**) *n* LAW Zusammenfassung *die*.

summit ['sʌmɪt] *n* [mountain top, meeting] Gipfel *der*.

summon ['sʌmən] *vt* [to sb's office] herbei|zitieren; [doctor, fire brigade] rufen.

◆ **summon up** *vt sep* [courage, energy] auf|bringen.

summons ['sʌmənz] (*pl* **summonses**) LAW *n* Vorladung *die* ◇ *vt* vorladen.

sumo (wrestling) ['suːməʊ-] *n* Sumo *das*.

sump [sʌmp] *n* Ölwanne *die*.

sumptuous ['sʌmptʃʊəs] *adj* [decor, fittings] prächtig; [meal] üppig; [hotel] luxuriös.

sum total *n* Gesamtheit *die*.

sun [sʌn] (*pt* & *pp* **-ned**; *cont* **-ning**) *n* Sonne *die* ◇ *vt*: **to ~ o.s.** sich sonnen.

Sun. (*abbr of* **Sunday**) So.

sunbathe ['sʌnbeɪð] *vi* sich sonnen.

sunbather ['sʌnbeɪðəʳ] *n*: **the beach was full of ~s** der Strand war voll von Leuten, die sich sonnten.

sunbeam ['sʌnbiːm] *n* Sonnenstrahl *der*.

sunbed ['sʌnbed] *n* Sonnenbank *die*.

sunburn ['sʌnbɜːn] *n (U)* Sonnenbrand *der*.

sunburned ['sʌnbɜːnd], **sunburnt** ['sʌnbɜːnt] *adj* sonnengebräunt; [excessively] sonnenverbrannt.

sun cream *n (U)* Sonnencreme *die*.

sundae ['sʌndeɪ] *n* Eisbecher *der*.

Sunday ['sʌndɪ] *n* Sonntag *der*; **~ lunch** Sonntagsessen *das*; *see also* **Saturday**.

Sunday paper *n* **Br** Sonntagszeitung *die*.

Sunday school *n* Sonntagsschule *die*.

sundial ['sʌndaɪəl] *n* Sonnenuhr *die*.

sundown ['sʌndaʊn] *n* Sonnenuntergang *der*.

sun-dried *adj* sonnengetrocknet.

sundry ['sʌndrɪ] *adj* **fml** verschiedene; **all and ~** jedermann.

◆ **sundries** *npl* **fml** Verschiedenes *nt*.

sunflower ['sʌnˌflaʊəʳ] *n* Sonnenblume *die*.

sung [sʌŋ] *pp* ▷ **sing**.

sunglasses ['sʌnˌglɑːsɪz] *npl* Sonnenbrille *die*.

sunhat ['sʌnhæt] *n* Sonnenhut *der*.

sunk [sʌŋk] *pp* ▷ **sink**.

sunken ['sʌŋkən] *adj* **- 1.** [in water - treasure] versunken; [- ship] gesunken **- 2.** [low-level - garden] tiefer liegend; [- bath] eingelassen **- 3.** [cheeks] eingefallen; [eyes] tief liegend.

sunlamp ['sʌnlæmp] *n* Höhensonne *die*.

sunlight ['sʌnlaɪt] *n* Sonnenlicht *das*.

sunlit ['sʌnlɪt] *adj* sonnenbeschienen.

Sunni ['sʊnɪ] (*pl* **-s**) *adj* sunnitisch ◇ *n* Sunnite *der*, -tin *die*.

sunny ['sʌnɪ] (*compar* **-ier**; *superl* **-iest**) *adj* **lit** & **fig** sonnig; **~ side up** **Am** [fried egg] einseitig gebraten.

sunray lamp ['sʌnreɪ-] *n* Höhensonne *die*.

sunrise ['sʌnraɪz] *n* Sonnenaufgang *der*.

sunroof ['sʌnruːf] *n* [of car] Schiebedach *das*.

sunset ['sʌnset] *n* Sonnenuntergang *der*.

sunshade ['sʌnʃeɪd] *n* Sonnenschirm *der*.

sunshine ['sʌnʃaɪn] *n* Sonnenschein *der*.

sunspot ['sʌnspɒt] *n* **- 1.** ASTRON Sonnenfleck *der* **- 2.** [holiday resort] Ferienparadies *das*.

sunstroke ['sʌnstrəʊk] *n* Sonnenstich *der*.

suntan ['sʌntæn] *n* Sonnenbräune *die* ◇ *comp* Sonnen-.

suntanned ['sʌntænd] *adj* gebräunt.

suntrap ['sʌntræp] *n* sonnige Stelle.

sun-up *n* **Am** **inf** Sonnenaufgang *der*.

super ['suːpəʳ] *adj* **inf** toll.

superabundance [ˌsuːpərəˈbʌndəns] *n* Überfülle *die.*

superannuation [ˈsuːpəˌrænjʊˈeɪʃn] *n (U)* [pension] Rente *die.*

superb [suːˈpɜːb] *adj* erstklassig.

superbly [suːˈpɜːblɪ] *adv* erstklassig; [built, designed] meisterhaft.

Super Bowl *n Am:* **the ~** der Superbowl, *das jährlich zwischen den führenden US-amerikanischen Mannschaften ausgetragene Endspiel im American Football.*

supercilious [ˌsuːpəˈsɪlɪəs] *adj* hochnäsig.

superficial [ˌsuːpəˈfɪʃl] *adj* oberflächlich.

superfluous [suːˈpɜːflʊəs] *adj* überflüssig.

superglue [ˈsuːpəgluː] *n* Sekundenkleber *der.*

superhuman [ˌsuːpəˈhjuːmən] *adj* übermenschlich.

superimpose [ˌsuːpərɪmˈpəʊz] *vt:* **to ~ sthg on sthg** etw mit etw überlagern.

superintend [ˌsuːpərɪnˈtend] *vt* beaufsichtigen.

superintendent [ˌsuːpərɪnˈtendənt] *n* **- 1.** *Br* [of police] Polizeikomissar *der,* -in *die* **- 2.** *fml* [of department] Direktor *der,* -in *die.*

superior [suːˈpɪərɪəʳ] *adj* **- 1.** [better]: **~ (to)** besser (als) **- 2.** [of high quality - goods] besonders hochwertig; **a person of ~ intelligence** ein Mensch von überragender Intelligenz **- 3.** [of higher rank]: **~ (to sb)** höher (als jd) **- 4.** *pej* [arrogant] überheblich ◇ *n* [senior] Vorgesetzte *der, die.*

superiority [suːˌpɪərɪˈɒrətɪ] *n* Überlegenheit *die; pej* [arrogance] Überheblichkeit *die.*

superlative [suːˈpɜːlətɪv] *adj* [of the highest quality - performance] unübertrefflich; [- player] überragend ◇ *n* GRAMM Superlativ *der.*

superman *n:* **you'd need to be a ~ to finish all that in one day!** um das alles an einem Tag zu schaffen, bräuchtest du übermenschliche Kräfte!

supermarket [ˈsuːpəˌmɑːkɪt] *n* Supermarkt *der.*

supernatural [ˌsuːpəˈnætʃrəl] *adj* übernatürlich ◇ *n:* **the ~** das Übernatürliche.

superpower [ˈsuːpəˌpaʊəʳ] *n* Supermacht *die.*

superscript [ˈsuːpəskrɪpt] *adj* hochgestellt.

supersede [ˌsuːpəˈsiːd] *vt* ablösen.

supersonic [ˌsuːpəˈsɒnɪk] *adj* Überschall-.

superstar [ˈsuːpəstɑːʳ] *n* Superstar *der.*

superstition [ˌsuːpəˈstɪʃn] *n* Aberglaube *der.*

superstitious [ˌsuːpəˈstɪʃəs] *adj* abergläubisch.

superstore [ˈsuːpəstɔːʳ] *n* Verbrauchermarkt *der;* **DIY ~** Heimwerkermarkt *der.*

superstructure [ˈsuːpəˌstrʌktʃəʳ] *n* **lit & fig** Überbau *der;* [of ship] Aufbauten *pl.*

supertanker [ˈsuːpəˌtæŋkəʳ] *n* Riesentanker *der.*

supertax [ˈsuːpətæks] *n* Höchststeuer *die.*

supervise [ˈsuːpəvaɪz] *vt* beaufsichtigen.

supervision [ˌsuːpəˈvɪʒn] *n* Aufsicht *die.*

supervisor [ˈsuːpəvaɪzəʳ] *n* Aufsicht *die;* [of university students] Tutor *der,* -in *die.*

supper [ˈsʌpəʳ] *n* **- 1.** [main evening meal] Abendessen *das* **- 2.** [snack before bedtime] Imbiss *der.*

supplant [səˈplɑːnt] *vt fml* ersetzen.

supple [ˈsʌpl] *adj* **- 1.** [person] beweglich **- 2.** [material] geschmeidig.

supplement [*n* ˈsʌplɪmənt, *vb* ˈsʌplɪment] *n* **- 1.** [addition - to charge] Zuschlag *der;* [- to diet] Ergänzung *die* **- 2.** [of newspaper] Beilage *die;* [in book] Nachtrag *der* ◇ *vt* ergänzen.

supplementary [ˌsʌplɪˈmentərɪ] *adj* [additional] zusätzlich.

supplier [səˈplaɪəʳ] *n* Lieferant *der,* -in *die.*

supply [səˈplaɪ] (*pl* **-ies;** *pt & pp* **-ied**) *n* **- 1.** [store, reserve] Vorrat *der;* **in short ~** knapp **- 2.** [network]: **the water/electricity ~** die Wasser-/Stromversorgung **- 3.** *(U)* ECON Angebot *das* ◇ *vt:* **to ~ sthg (to sb)** [deliver] etw liefern (an jn); **if you ~ the food, I'll bring the drink** wenn du dich um das Essen kümmerst, sorge ich für die Getränke; **to ~ sb (with sthg)** [deliver] jn (mit etw) beliefern; **he supplied the police with the necessary information** er lieferte der Polizei die nötigen Informationen; **to ~ sthg with sthg** etw mit etw versorgen.

◆ **supplies** *npl* Vorräte *pl;* [for office] Bürobedarf *der;* [for army] Nachschub *der.*

supply teacher *n Br* Aushilfslehrer *der,* -in *die.*

support [səˈpɔːt] *n* **- 1.** [gen] Unterstützung *die* **- 2.** [object, person] Stütze *die;* **he can't walk without ~** er kann nicht gehen, ohne gestützt zu werden **- 3.** [of theory] Untermauerung *die* ◇ *vt* **- 1.** [gen] unterstützen **- 2.** [physically] stützen **- 3.** [theory] untermauern.

supporter [səˈpɔːtəʳ] *n* **- 1.** [of person, plan] Anhänger *der,* -in *die* **- 2.** SPORT Fan *der.*

supportive [səˈpɔːtɪv] *adj* unterstützend; **to be ~ of** unterstützen.

suppose [səˈpəʊz] *vt* [assume] annehmen; **I don't ~ you could give me a lift?** Sie könnten mich nicht vielleicht mitnehmen?; **you don't ~ she's ill?** sie wird doch wohl nicht krank sein? ◇ *vi* **- 1.** [assume]: **I ~ (so)** das nehme ich an; **I ~ not** wahrscheinlich nicht

- 2. [agree]: **I ~ so** ja, gut; **I ~ not** wahrscheinlich nicht <> *conj* ▷ **supposing.**

supposed [sə'pəʊzd] *adj* - **1.** [doubtful] angeblich - **2.** [intended]: **to be ~ to do sthg** etw tun sollen - **3.** [reputed]: **it is ~ to be good** es soll gut sein.

supposedly [sə'pəʊzɪdlɪ] *adv* angeblich.

supposing [sə'pəʊzɪŋ] *conj*: **~ you are right ...** angenommen, dass Sie Recht haben ...; **~ he came back?** wenn er nun zurückkäme?

supposition [ˌsʌpə'zɪʃn] *n* Annahme *die*.

suppository [sə'pɒzɪtrɪ] (*pl* **-ies**) *n* Zäpfchen *das*.

suppress [sə'pres] *vt* unterdrücken.

suppression [sə'preʃn] *n* Unterdrückung *die*.

suppressor [sə'presəʳ] *n* ELEC Entstörer *der*.

supranational [ˌsu:prə'næʃənl] *adj* übernational.

supremacy [sʊ'preməsɪ] *n* (*U*) Vormachtstellung *die*.

supreme [sʊ'pri:m] *adj* - **1.** [highest in rank] Ober- - **2.** [great] größte, -r, -s.

Supreme Court *n* [in US]: **the ~** der Oberste Gerichtshof.

supremely [sʊ'pri:mlɪ] *adv* höchst.

supremo [sʊ'pri:məʊ] (*pl* **-s**) *n* **Br inf** Oberboss *der*, -in *die*.

Supt. *abbr of* **superintendent.**

surcharge ['sɜ:tʃɑ:dʒ] *n*: **~ (on sthg)** Zuschlag *der* (auf etw *(A)*) <> *vt*: **to ~ sb** jn mit einem Zuschlag belegen.

sure [ʃʊəʳ] *adj* sicher; **to be ~ of sthg** sich einer Sache *(G)* sicher sein; **with such qualifications she can be ~ of getting a job** mit so einer Qualifikation findet sie mit Sicherheit eine Stelle; **the dollar is ~ to fall soon** der Dollar wird bestimmt bald fallen; **be ~ to lock the door** denke daran, die Tür abzuschließen; **to make ~ (that) ...** sicherstellen, dass ...; **I'm ~ (that) ...** ich bin (mir) sicher, dass ...; **to be ~ of o.s.** selbstsicher sein; [about specific matter] sich *(D)* seiner Sache sicher sein <> *adv* - **1.** *esp Am inf* [yes] sicher - **2.** *Am* [really] wirklich.

◆ **for sure** *adv*: **I don't know for ~** da bin ich nicht ganz sicher; **she'll come for ~** sie kommt bestimmt.

◆ **sure enough** *adv* tatsächlich.

surefire ['ʃʊəfaɪəʳ] *adj inf* todsicher.

surefooted ['ʃʊəˌfʊtɪd] *adj* [steady on one's feet] sicher.

surely ['ʃʊəlɪ] *adv* [expressing surprise] sicherlich; **~ you can't be serious?** das ist doch nicht dein Ernst?

sure thing *excl Am inf* [expressing assent] klar!

surety ['ʃʊərətɪ] *n* [guarantee] Sicherheit *die*.

surf [sɜ:f] *n* Brandung *die* <> *vi* surfen <> *vt*: **to ~ the Internet** im Internet surfen.

surface ['sɜ:fɪs] *n* **lit** & **fig** Oberfläche *die*; **on the ~** [of person] äußerlich; **below** OR **beneath the ~** [of person] innerlich; **to scratch the ~ of sthg** *fig* etw oberflächlich behandeln <> *vi* **lit** & **fig** auf|tauchen.

surface mail *n Post, die auf dem Land-/Seeweg befördert wird.*

surface-to-air *adj* Boden-Luft-.

surfboard ['sɜ:fbɔ:d] *n* Surfbrett *das*.

surfeit ['sɜ:fɪt] *n* **fml**: **~ of sthg** Übermaß *das* an etw *(D)*.

surfer ['sɜ:fəʳ] *n* Surfer *der*, -in *die*.

surfing ['sɜ:fɪŋ] *n* Surfen *das*.

surge [sɜ:dʒ] *n* [of water] Schwall *der*; [of electricity] Stoß *der*; [of interest, support] Woge *die* <> *vi* strömen; [interest, support] an|schwellen; [sales, applications] in die Höhe schießen.

surgeon ['sɜ:dʒən] *n* Chirurg *der*, -in *die*.

surgery ['sɜ:dʒərɪ] (*pl* **-ies**) *n* - **1.** MED [performing operations] Chirurgie *die*; **to have ~** operiert werden - **2.** *Br* MED [place] Praxis *die* - **3.** *Br* MED & POL [consulting period] Sprechstunde *die*.

surgical ['sɜ:dʒɪkl] *adj* - **1.** [connected with surgery] chirurgisch - **2.** [worn as treatment] orthopädisch.

surgical spirit *n* **Br** Wunddesinfektionsmittel *das*.

surly ['sɜ:lɪ] (*compar* **-ier**; *superl* **-iest**) *adj* mürrisch.

surmise [sɜ:'maɪz] *vt fml* vermuten.

surmount [sɜ:'maʊnt] *vt* [overcome] überwinden.

surname ['sɜ:neɪm] *n* Nachname *der*.

surpass [sə'pɑ:s] *vt fml* [exceed] übertreffen.

surplus ['sɜ:pləs] *adj* überschüssig <> *n*: **~ (of sthg)** Überschuss *der* (an etw *(D)*).

surprise [sə'praɪz] *n* Überraschung *die*; **to take sb by ~** jn überraschen <> *vt* überraschen.

surprised [sə'praɪzd] *adj* überrascht; **I wouldn't be ~ (if ...)** es würde mich (gar) nicht überraschen(, wenn ...).

surprising [sə'praɪzɪŋ] *adj* überraschend.

surprisingly [sə'praɪzɪŋlɪ] *adv* überraschenderweise.

surreal [sə'rɪəl] *adj* unwirklich.

surrealism [sə'rɪəlɪzm] *n* Surrealismus *der*.

surrealist [sə'rɪəlɪst] *adj* surrealistisch <> *n* Surrealist *der*, -in *die*.

surrender [sə'rendəʳ] *n* Kapitulation *die* <> *vt* [claim, right] auf|geben; [weapon, passport] ablgeben <> *vi* - **1.** [stop fighting]: **to ~ (to sb)** sich (jm) ergeben - **2.** ***fig*** [give in]: **to ~ (to sthg)** (etw *(D)*) nach|geben.

surreptitious [ˌsʌrəpˈtɪʃəs] *adj* heimlich.

surrogate [ˈsʌrəgeɪt] *adj* Ersatz- <> *n* Ersatz *der*.

surrogate mother *n* Leihmutter *die*.

surround [səˈraʊnd] *n* Umrandung *die* <> *vt* - **1.** [gen] um|geben - **2.** [trap] umzingeln.

surrounding [səˈraʊndɪŋ] *adj* [area, countryside] umliegend.

◆ **surroundings** *npl* Umgebung *die*.

surtax [ˈsɜːtæks] *n (U)* Zusatzsteuer *die*.

surveillance [sɜːˈveɪləns] *n (U)* Überwachung *die;* **to keep sb under ~** jn überwachen.

survey [*n* ˈsɜːveɪ, *vb* səˈveɪ] *n* - **1.** [statistical investigation] Untersuchung *die;* [of public opinion] Umfrage *die* - **2.** [physical examination - of land] Vermessung *die;* [- of building] Begutachtung *die* <> *vt* - **1.** [contemplate] betrachten - **2.** [investigate statistically] untersuchen - **3.** [examine, assess - land] vermessen; [- building] begutachten.

surveyor [səˈveɪəʳ] *n* [of land] Landvermesser *der*, -in *die;* [of building] Baugutachter *der*, -in *die*.

survival [səˈvaɪvl] *n* - **1.** [continuing to live] Überleben *das* - **2.** [relic] Überbleibsel *das*.

survive [səˈvaɪv] *vt* überleben <> *vi* - **1.** [continue to exist] überleben - **2.** ***inf*** [cope successfully] es aus|halten.

◆ **survive on** *vt fus* [subsist on] leben von.

survivor [səˈvaɪvəʳ] *n* - **1.** [person who escapes death] Überlebende *der, die* - **2.** ***fig*** [fighter] Kämpfernatur *die*.

susceptible [səˈseptəbl] *adj* - **1.** [likely to be influenced]: **~ to sthg** empfänglich für etw - **2.** MED: **~ to sthg** anfällig für etw.

suspect [*adj & n* ˈsʌspekt, *vb* səˈspekt] *adj* verdächtig <> *n* Verdächtige *der, die* <> *vt* - **1.** [distrust] zweifeln an *(+ D)* - **2.** [think likely] vermuten - **3.** [consider guilty]: **to ~ sb (of sthg)** jn (einer Sache *(G)*) verdächtigen.

suspend [səˈspend] *vt* - **1.** [hang] auf|hängen - **2.** [temporarily discontinue] zeitweilig ein|stellen - **3.** [temporarily remove - from job] suspendieren; [- from school] zeitweilig von der Schule verweisen.

suspended sentence [səˈspendɪd-] *n* zur Bewährung ausgesetzte Strafe.

suspender belt [səˈspendəʳ-] *n* ***Br*** Strumpfhaltergürtel *der*.

suspenders [səˈspendəz] *npl* - **1.** ***Br*** [for stockings] Strumpfhalter *pl*, Strapse *pl* - **2.** ***Am*** [for trousers] Hosenträger *pl*.

suspense [səˈspens] *n (U)* Spannung *die;* **to keep sb in ~** jn auf die Folter spannen.

suspension [səˈspenʃn] *n* - **1.** [temporary discontinuation] Einstellung *die* - **2.** [removal - from job] Suspendierung *die;* [- from school] zeitweiliger Schulverweis - **3.** AUT Federung *die*.

suspension bridge *n* Hängebrücke *die*.

suspicion [səˈspɪʃn] *n* - **1.** *(U)* [distrust] Misstrauen *das;* **to be under ~** unter Verdacht stehen, verdächtigt werden - **2.** [idea, theory] Verdacht *der*.

suspicious [səˈspɪʃəs] *adj* - **1.** [having suspicions] misstrauisch - **2.** [causing suspicion] verdächtig.

suspiciously [səˈspɪʃəslɪ] *adv* - **1.** [showing a suspicious attitude] misstrauisch - **2.** [causing suspicion] verdächtig.

suss [sʌs] ◆ **suss out** ***Br inf*** *vt sep* [person] durchschauen; **to ~ out how to work sthg** rauskriegen, wie etw funktioniert.

sustain [səˈsteɪn] *vt* - **1.** [maintain - interest, opposition, activity] aufrecht|erhalten; [- hope] bewahren; [- rate, speed] bei|behalten - **2.** [nourish - physically] ernähren; **he is ~ed by his faith** er wird von seinem Glauben getragen - **3.** [injury, damage] davon|tragen - **4.** [withstand - weight] aus|halten.

sustenance [ˈsʌstɪnəns] *n (U)* ***fml*** Nahrung *die*.

suture [ˈsuːtʃəʳ] *n* Naht *die*.

svelte [svelt] *adj* grazil.

SW - **1.** (*abbr of* **short wave**) UW - **2.** (*abbr of* **southwest**) SO.

swab [swɒb] *n* [cotton wool] Tupfer *der*.

swagger [ˈswægəʳ] *n* Stolzieren *das* <> *vi* stolzieren.

Swahili [swɑːˈhiːlɪ] *n* [language] Suaheli *das*.

swallow [ˈswɒləʊ] *n* - **1.** [bird] Schwalbe *die* - **2.** [of food, drink] Schluck *der* <> *vt* - **1.** [food, drink] schlucken - **2.** ***fig*** [accept] schlucken - **3.** ***fig*** [anger, tears] hinunter|schlucken <> *vi* schlucken.

swam [swæm] *pt* ▻ **swim**.

swamp [swɒmp] *n* Sumpf *der* <> *vt* - **1.** [flood] unter Wasser setzen - **2.** [overwhelm]: **to ~ sb/sthg (with sthg)** jn/etw (mit etw) überfluten.

swan [swɒn] *n* [bird] Schwan *der*.

swap [swɒp] (*pt* & *pp* **-ped;** *cont* **-ping**) *n* [exchange] Tausch *der* <> *vt* - **1.** [exchange]: **to ~ sthg (with sb)** etw (mit jm) tauschen; **to ~ sthg (over** OR **round)** etw (aus|)tauschen - **2.** [replace]: **to ~ sthg for sthg** etw gegen etw ein|tauschen <> *vi* tauschen.

swap meet *n* ***Am*** *Treffen, bei dem Gebrauchtes zum Kauf angeboten oder getauscht wird.*

swarm [swɔːm] *n* Schwarm *der* <> *vi* schwärmen; **spectators were ~ing into the stadium** die Zuschauer strömten ins Stadion; **to be ~ing with** [place] wimmeln von.

swarthy ['swɔːðɪ] (*compar* **-ier;** *superl* **-iest**) *adj* dunkel.

swashbuckling ['swɒʃˌbʌklɪŋ] *adj* verwegen.

swastika ['swɒstɪkə] *n* Hakenkreuz *das.*

swat [swɒt] (*pt* & *pp* **-ted;** *cont* **-ting**) *vt* totl-schlagen.

swatch [swɒtʃ] *n* Muster *das.*

swathe [sweɪð] *n* [large area] große Fläche.

swathed [sweɪðd] *adj* ***literary*** [wrapped]: **~ in sthg** in etw *(A)* eingewickelt.

swatter ['swɒtəʳ] *n* Fliegenklatsche *die.*

sway [sweɪ] *vt* **- 1.** [body, head] wiegen **- 2.** [influence] beeinflussen <> *vi* sich wiegen; [drunk person] schwanken <> *n (U)* ***fml:*** **to come under the ~ of sb/sthg** unter den Einfluss von jm/etw geraten; **to hold ~ over sb/sthg** Einfluss haben auf jn/etw.

Swaziland ['swɑːzɪlænd] *n* Swasiland *nt.*

swear [sweəʳ] (*pt* **swore;** *pp* **sworn**) *vt* schwören; **to ~ to do sthg** schwören, etw zu tun <> *vi* **- 1.** [state emphatically] schwören **- 2.** [use swearwords] fluchen.

◆ **swear by** *vt fus* ***inf*** [have confidence in] schwören auf *(+ A).*

◆ **swear in** *vt sep* LAW vereidigen.

swearword ['sweəwɜːd] *n* Kraftausdruck *der.*

sweat [swet] *n* **- 1.** [perspiration] Schweiß *der* **- 2.** ***inf*** [hard work] Heidenarbeit *die* **- 3.** ***inf*** [state of anxiety]: **to get into a ~ about sthg** wegen etw ins Schwitzen kommen; **he was in a cold ~** ihm brach der kalte Schweiß aus <> *vi* ***lit*** & ***fig*** schwitzen.

sweatband ['swetbænd] *n* Schweißband *das.*

sweater ['swetəʳ] *n* Pullover *der.*

sweatshirt ['swetʃɜːt] *n* Sweatshirt *das.*

sweatshop ['swetʃɒp] *n* Ausbeuterbetrieb *der.*

sweaty ['swetɪ] (*compar* **-ier;** *superl* **-iest**) *adj* **- 1.** [clothes] verschwitzt; [skin] schweißnass **- 2.** [place, activity] schweißtreibend.

swede [swiːd] *n* ***Br*** Steckrübe *die.*

Swede [swiːd] *n* Schwede *der,* -din *die.*

Sweden ['swiːdn] *n* Schweden *nt.*

Swedish ['swiːdɪʃ] *adj* schwedisch <> *n* [language] Schwedisch(e) *das* <> *npl:* **the ~** die Schweden *pl.*

sweep [swiːp] (*pt* & *pp* **swept**) *n* **- 1.** [of arm, hand] Schwung *der* **- 2.** [with brush]: **to give sthg a ~** etw kehren *OR* fegen **- 3.** [chimneysweep] Schornsteinfeger *der,* -in *die* <> *vt* **- 1.** [with brush] fegen, kehren **- 2.** [scan] ablsuchen **- 3.** [spread through] überlrollen **- 4.** [subj: waves] schwemmen **- 5.** [push with hand] fegen <> *vi* **- 1.** [wind, rain] fegen **- 2.** [rumour] sich ausl-breiten; **fear swept through the crowd** die Menge wurde von Angst ergriffen **- 3.** [walk quickly] rauschen.

◆ **sweep aside** *vt sep* beiseite fegen.

◆ **sweep away** *vt sep* [destroy] weglreißen.

◆ **sweep up** *vt sep* & *vi* [with brush] zusammenl-kehren *OR* l-fegen.

sweeper ['swiːpəʳ] *n* FTBL Libero *der.*

sweeping ['swiːpɪŋ] *adj* **- 1.** [effect, change] tief greifend **- 2.** [statement] pauschal **- 3.** [curve] weit ausholend.

sweepstake ['swiːpsteɪk] *n* Sweepstake *das OR der.*

sweet [swiːt] *adj* **- 1.** [gen] süß **- 2.** [gentle, kind] lieb <> *n* ***Br*** **- 1.** [candy] Bonbon *das* **- 2.** [dessert] Nachtisch *der,* Dessert *das;* **what's for ~?** was gibt es als *OR* zum Nachtisch *OR* Dessert?

sweet-and-sour *adj* süßsauer.

sweet corn *n* Mais *der.*

sweeten ['swiːtn] *vt* [add sugar to] süßen.

sweetener ['swiːtnəʳ] *n* **- 1.** [substance] Süßstoff *der* **- 2.** ***inf*** [bribe] Schmiergeld *das.*

sweetheart ['swiːthɑːt] *n* **- 1.** [term of endearment] Liebling *der* **- 2.** [boyfriend or girlfriend] Freund *der,* -in *die.*

sweetness ['swiːtnɪs] *n* **- 1.** [gen] Süße *die* **- 2.** [of character, voice] Liebenswürdigkeit *die.*

sweet pea *n* Wicke *die.*

sweet potato *n* Süßkartoffel *die,* Batate *die.*

sweet shop *n* ***Br*** Süßwarenladen *der,* Süßwarengeschäft *das.*

sweet-talk *vt:* **to ~ sb (into doing sthg)** jn beschwatzen(, etw zu tun).

sweet tooth *n* ***inf:*** **to have a ~** gern Süßes mögen.

swell [swel] (*pt* **-ed;** *pp* **swollen** *OR* **-ed**) *vi* **- 1.** [become larger]: **to ~ (up)** anlschwellen **- 2.** [fill with air - lungs, balloons] sich füllen; [- sails] sich blähen **- 3.** [increase in number] anlwachsen **- 4.** [become louder] anlschwellen <> *vt* [increase] steigern <> *n* [of sea]: **there is a heavy ~** es herrscht starker Seegang <> *adj* ***Am inf*** klasse, prima.

swelling ['swelɪŋ] *n* [on body] Schwellung *die.*

sweltering ['sweltərɪŋ] *adj* [heat] drückend; [weather, day] drückend heiß; **it's ~ in here** hier ist es ja wie in der Sauna.

swept [swept] *pt* & *pp* ▷ **sweep.**

swerve [swɜːv] *vi* [vehicle, driver] ausl-schwenken.

swift [swɪft] *adj* **- 1.** [fast] schnell **- 2.** [prompt] prompt <> *n* [bird] Mauersegler *der.*

swiftly ['swɪftlɪ] *adj* **- 1.** [rapidly] schnell **- 2.** [promptly] prompt.

swig [swɪg] (*pt* & *pp* **-ged;** *cont* **-ging**) *inf vt* herunter|kippen <> *n* Schluck *der*.

swill [swɪl] *n (U)* [pig food] Schweinefutter *das* <> *vt* ***Br*** [wash] waschen; [glass, cup] aus|spülen; **~ (down) the floor** den Fußboden ab|schwemmen.

swim [swɪm] (*pt* **swam;** *pp* **swum;** *cont* **-ming**) *n:* **to have a ~** schwimmen; **to go for a ~** schwimmen gehen <> *vi* **- 1.** [move through water] schwimmen **- 2.** [feel dizzy]: **my head was ~ming** mir war ganz schwindlig.

swimmer ['swɪmə^r] *n* Schwimmer *der*, -in *die*.

swimming ['swɪmɪŋ] *n* Schwimmen *das;* **to go ~** schwimmen gehen.

swimming baths *npl* ***Br*** Hallenbad *das*.

swimming cap *n* Badekappe *die*.

swimming costume *n* ***Br*** Badeanzug *der*.

swimming pool *n* Schwimmbad *das*.

swimming trunks *npl* Badehose *die*.

swimsuit ['swɪmsu:t] *n* Badeanzug *der*.

swindle ['swɪndl] *n* Betrug *der* <> *vt* betrügen; **to ~ sb out of sthg** jn um etw betrügen.

swine [swaɪn] *n* ***inf pej*** [person] Schwein *das*.

swing [swɪŋ] (*pt* & *pp* **swung**) *n* **- 1.** [child's toy] Schaukel *die* **- 2.** [change - in opinion, mood] Umschwung *der;* **~ to the right** POL Rechtsruck *der* **- 3.** [swaying movement] Schwingen *das* **- 4.** ***inf*** [blow]: **to take a ~ at sb** nach jm schlagen **- 5.** ***phr:*** **to be in full ~** in vollem Gange sein; **to get into the ~ of sthg** sich an etw *(A)* gewöhnen <> *vt* **- 1.** [move back and forth] hin und her schwingen; [arms] schwingen mit; **to ~ one's legs** [dangle] seine Beine baumeln lassen **- 2.** [turn] schwenken <> *vi* **- 1.** [move back and forth] hin und her schwingen; [dangle - legs] baumeln **- 2.** [turn]: **the car swung into the drive** das Auto schwenkte in die Einfahrt ein; **the door swung open** die Tür schwang auf; **he swung round** er drehte sich um **- 3.** [hit out]: **to ~ at sb** nach jm schlagen **- 4.** [change] um|schwenken; **the party has swung to the left** die Partei hat einen Linksschwenk gemacht.

swing bridge *n* Drehbrücke *die*.

swing door *n* Pendeltür *die*.

swingeing ['swɪndʒɪŋ] *adj* ***esp Br*** [cuts] drastisch; [criticism] scharf.

swinging ['swɪŋɪŋ] *adj* ***inf*** **- 1.** [lively, full of fun] schwungvoll **- 2.** [uninhibited, free] locker

swipe [swaɪp] *n:* **to take a ~ at sb** nach jm schlagen <> *vt* **- 1.** ***inf*** [steal] klauen **- 2.** [plastic card] durch|ziehen <> *vi:* **to ~ at sb** nach jm schlagen.

swirl [swɜ:l] *n* Wirbel *der* <> *vt* [drink] herum|schwenken <> *vi* wirbeln.

swish [swɪʃ] *adj* ***inf*** [posh] schick <> *n* [of dress] Rascheln *das;* [of tail] Schlagen *das;* [of whip] Zischen *das* <> *vt* [tail] schlagen mit <> *vi* [whip] zischen; [dress] rascheln.

Swiss [swɪs] *adj* Schweizer, schweizerisch <> *n* Schweizer *der*, -in *die* <> *npl:* **the ~** die Schweizer *pl*.

swiss roll *n* ***Br*** Biskuitrolle *die*.

switch [swɪtʃ] *n* **- 1.** [control device] Schalter *der* **- 2.** [change - of policy] Änderung *die;* **the ~ to a different system** die Umstellung auf ein anderes System **- 3.** ***Am*** RAIL Weiche *die* <> *vt* **- 1.** [transfer] wechseln; **to ~ sthg to sthg** [conversation, attention] etw auf etw *(A)* lenken; [allegiance] etw auf etw *(A)* übertragen **- 2.** [swap, exchange] vertauschen; **to ~ jobs** den Arbeitsplatz wechseln <> *vi* [transfer]: **to ~ (from sthg to sthg)** (von etw auf etw *(A)*) (über|)wechseln; **to ~ to oil** auf Öl umstellen; **to ~ to another channel** auf einen anderen Sender umschalten.

◆ **switch off** *vt sep* [device] aus|schalten <> *vi* ***inf*** [lose concentration] ab|schalten.

◆ **switch on** *vt sep* [device] an|schalten.

switchblade ['swɪtʃbleɪd] *n* ***Am*** Schnappmesser *das*.

switchboard ['swɪtʃbɔ:d] *n* Zentrale *die*.

switchboard operator *n* Telefonist *der*, -in *die*.

switched-on [ˌswɪtʃt-] *adj* ***inf*** [modern]: **he's really ~** er weiß, was in ist.

Switzerland ['swɪtsələnd] *n* Schweiz *die;* **in ~** in der Schweiz.

swivel ['swɪvl] (***Br*** *pt* & *pp* **-led;** *cont* **-ling,** ***Am*** *pt* & *pp* **-ed;** *cont* **-ing**) *vt* drehen <> *vi* sich drehen.

swivel chair *n* Drehstuhl *der*.

swollen ['swəʊln] *pp* ▷ **swell** <> *adj* [part of body] geschwollen; [river] angeschwollen; **~ with pride** stolzgeschwellt.

swoon [swu:n] *vi* ***literary*** OR ***hum*** ohnmächtig werden.

swoop [swu:p] *n* **- 1.** [downward flight] Sturzflug *der;* **in one fell ~** auf einen Schlag **- 2.** [raid] Razzia *die* <> *vi* **- 1.** [plane] einen Sturzflug machen; [bird] herab|stoßen **- 2.** [police] eine Razzia machen; [troops] einen Überraschungsangriff machen.

swop [swɒp] *n, vt* & *vi* = **swap.**

sword [sɔ:d] *n* Schwert *das;* **to cross ~s (with sb)** (mit jm) die Klingen kreuzen.

swordfish ['sɔ:dfɪʃ] (*pl inv* OR **-es**) *n* Schwertfisch *der*.

swordsman ['sɔ:dzmən] (*pl* **-men** [-mən]) *n* Fechter *der*.

swore [swɔ:^r] *pt* ▷ **swear.**

sworn [swɔ:n] *pp* ▷ **swear** <> *adj* **- 1.** [committed]: **to be ~ enemies** Todfeinde sein **- 2.** LAW: **a ~ statement** eine Aussage unter Eid.

swot [swɒt] (*pt* & *pp* **-ted;** *cont* **-ting**) *Br inf n pej* Streber *der*, -in *die* ◇ *vi:* **to ~ (for sthg)** büffeln (für etw).

◆ **swot up** *inf vt sep* büffeln ◇ *vi:* **to ~ up (on sthg)** (etw) büffeln.

swum [swʌm] *pp* ▷ **swim.**

swung [swʌŋ] *pt* & *pp* ▷ **swing.**

sycamore [ˈsɪkəmɔːʳ] *n* Bergahorn *der*.

sycophant [ˈsɪkəfænt] *n* Kriecher *der*, -in *die*.

syllable [ˈsɪləbl] *n* Silbe *die*.

syllabub [ˈsɪləbʌb] *n Süßspeise aus Sahne und Wein oder Brandy.*

syllabus [ˈsɪləbəs] (*pl* **-buses** OR **-bi** [-baɪ]) *n* Lehrplan *der*.

symbol [ˈsɪmbl] *n* Symbol *das*.

symbolic [sɪmˈbɒlɪk] *adj* symbolisch; **to be ~ of sthg** etw symbolisieren.

symbolism [ˈsɪmbəlɪzm] *n* Symbolik *die*.

symbolize, -ise [ˈsɪmbəlaɪz] *vt* symbolisieren.

symmetrical [sɪˈmetrɪkl] *adj* symmetrisch.

symmetry [ˈsɪmətrɪ] *n (U)* Symmetrie *die*.

sympathetic [ˌsɪmpəˈθetɪk] *adj* **- 1.** [understanding] verständnisvoll **- 2.** [willing to support] wohlgesinnt; **to be ~ to sthg** einer Sache *(D)* wohlwollend gegenüberstehen; [new ideas] für etw zugänglich sein **- 3.** [likable] sympathisch.

sympathize, -ise [ˈsɪmpəθaɪz] *vi* **- 1.** [feel sorry] mit|fühlen, Mitleid haben; **to ~ with sb** mit jm mit|fühlen **- 2.** [understand]: **to ~ with sthg** für etw Verständnis haben **- 3.** [support]: **to ~ with sthg** mit etw sympathisieren.

sympathizer, -iser [ˈsɪmpəθaɪzəʳ] *n* [supporter] Sympathisant *der*, -in *die*.

sympathy [ˈsɪmpəθɪ] *n* **- 1.** [compassion] Mitgefühl *das*, Mitleid *das;* **to have ~ for sb** Mitleid mit jm haben; **my deepest ~** mein aufrichtiges OR herzliches Beileid **- 2.** [agreement]: **to be in ~ with sthg** mit etw sympathisieren **- 3.** [support]: **to come out** OR **strike in ~ with sb** mit jm in einen Sympathiestreik treten.

◆ **sympathies** *npl:* **my sympathies are** OR **lie with the left** ich bin auf der Seite der Linken.

symphonic [sɪmˈfɒnɪk] *adj* sinfonisch.

symphony [ˈsɪmfənɪ] (*pl* **-ies**) *n* Sinfonie *die*.

symphony orchestra *n* Sinfonieorchester *das*.

symposium [sɪmˈpəʊzjəm] (*pl* **-siums** OR **-sia** [-zjə]) *n fml* Symposium *das*.

symptom [ˈsɪmptəm] *n lit* & *fig* Symptom *das*.

symptomatic [ˌsɪmptəˈmætɪk] *adj:* **~ (of sthg)** symptomatisch (für etw).

synagogue [ˈsɪnəgɒg] *n* Synagoge *die*.

sync [sɪŋk] *n inf:* **out of ~** nicht synchron; **in ~** synchron.

synchronize, -ise [ˈsɪŋkrənaɪz] *vt* **- 1.** [soundtrack] synchronisieren; [movements] aufeinander ab|stimmen **- 2.** [watches] gleich|stellen ◇ *vi* synchron sein.

synchronized swimming [ˈsɪŋkrənaɪzd-] *n* Synchronschwimmen *das*.

syncopated [ˈsɪŋkəpeɪtɪd] *adj* synkopiert.

syncopation [ˌsɪŋkəˈpeɪʃn] *n (U)* Synkope *die*.

syndicate [*n* ˈsɪndɪkət, *vb* ˈsɪndɪkeɪt] *n* Syndikat *das* ◇ *vt* PRESS in mehreren Zeitungen veröffentlichen.

syndrome [ˈsɪndrəʊm] *n* **- 1.** MED [set of symptoms] Syndrom *das* **- 2.** [set of characteristics] Phänomen *das*.

synergy [ˈsɪnədʒɪ] (*pl* **-ies**) *n* Synergie *die*.

synod [ˈsɪnəd] *n* Synode *die*.

synonym [ˈsɪnənɪm] *n:* **~ (for** OR **of sthg)** Synonym *das* (für OR von etw).

synonymous [sɪˈnɒnɪməs] *adj* **- 1.** [having the same meaning] synonym **- 2.** [associated]: **to be ~ with sthg** gleichbedeutend mit etw sein.

synopsis [sɪˈnɒpsɪs] (*pl* **-ses** [-siːz]) *n* Zusammenfassung *die*.

syntax [ˈsɪntæks] *n* LING Syntax *die*.

synthesis [ˈsɪnθəsɪs] (*pl* **-ses** [-siːz]) *n* Synthese *die*.

synthesize, -ise [ˈsɪnθəsaɪz] *vt* **- 1.** BIOL & CHEM synthetisieren **- 2.** [blend] eine Synthese bilden aus.

synthesizer [ˈsɪnθəsaɪzəʳ] *n* MUS Synthesizer *der*.

synthetic [sɪnˈθetɪk] *adj* **- 1.** [man-made] synthetisch; **~ fibre** Kunstfaser *die* **- 2.** *pej* [insincere] künstlich.

syphilis [ˈsɪfɪlɪs] *n* Syphilis *die*.

syphon [ˈsaɪfn] *n* & *vt* = **siphon.**

Syria [ˈsɪrɪə] *n* Syrien *nt*.

Syrian [ˈsɪrɪən] *adj* syrisch ◇ *n* Syrer *der*, -in *die*.

syringe [sɪˈrɪndʒ] (*cont* **syringeing** OR **syringing**) *n* Spritze *die* ◇ *vt* aus|spülen.

syrup [ˈsɪrəp] *n (U)* **- 1.** [sugar and water] Sirup *der* **- 2.** *Br:* **(golden) ~** Sirup *der (Brotaufstrich)* **- 3.** [medicine]: **cough ~** Hustensaft *der*.

system [ˈsɪstəm] *n* System *das;* **the ~** *inf* [authority] das System; **road/railway/transport ~** Straßen-/Bahn-/Transportnetz *das;* **stereo ~** Stereoanlage *die;* **to get sthg out of one's ~** *inf* etw los|werden.

systematic [ˌsɪstəˈmætɪk] *adj* systematisch.

systematize, -ise [ˈsɪstəmətaɪz] *vt Br* systematisieren.

system disk *n* COMPUT Systemdiskette *die*.

systems analyst ['sɪstəmz-] *n* COMPUT Systemanalytiker *der*, -in *die*.

systems engineer ['sɪstəmz-] *n* COMPUT Systemtechniker *der*, -in *die*.

system software *n* COMPUT Systemsoftware *die*.

T

t (*pl* **t's** *OR* **ts**), **T** (*pl* **T's** *OR* **Ts**) [tiː] *n* t *das*, T *das*.

ta [tɑː] *excl Br inf* danke.

TA *n abbr of* **Territorial Army.**

tab [tæb] *n* - **1.** [of maker] Etikett *das;* [bearing owner's name] Namensschild *das* - **2.** [for opening can] Verschluss *der* - **3.** *Am* [bill] Rechnung *die;* **to pick up the ~** die Rechnung übernehmen - **4.** (*abbr of* **tabulator**) [on keyboard] Tab *der* - **5.** *phr:* **to keep ~s on sb** jn genau beobachten.

Tabasco sauce® [tə'bæskəʊ-] *n* Tabascosoße® *die*.

tabby ['tæbɪ] (*pl* **-ies**) *n:* **~ (cat)** getigerte Katze.

tabernacle ['tæbənækl] *n* [for Communion] Tabernakel *der OR das*.

tab key *n* Tabulatortaste *die*.

table ['teɪbl] *n* - **1.** [piece of furniture] Tisch *der* - **2.** [diagram] Tabelle *die* - **3.** *phr:* **to turn the ~s on sb** jm gegenüber den Spieß um|drehen <> *vt* - **1.** *Br* [propose] ein|bringen - **2.** *Am* [postpone] auf Eis legen.

tableau ['tæbləʊ] (*pl* **-x** *OR* **-s** [-z]) *n* Tableau *das*.

tablecloth ['teɪblklɒθ] *n* Tischdecke *die*, Tischtuch *das*.

table d'hôte ['tɑːbl,dəʊt] *n:* **the ~** das Tagesmenü *OR* Tagesgericht.

table football *n* Tischfußball *der*.

table lamp *n* Tischlampe *die*.

table linen *n* Tischwäsche *pl*.

table manners *npl* Tischmanieren *pl*.

tablemat ['teɪblmæt] *n* Set *das*.

table of contents *n* Inhaltsverzeichnis *das*.

table salt *n* Tafelsalz *das*.

tablespoon ['teɪblspuːn] *n* Servierlöffel *der*.

tablet ['tæblɪt] *n* - **1.** [pill] Tablette *die* - **2.** [piece of stone] Tafel *die* - **3.** [of soap] Stück *das*.

table tennis *n* Tischtennis *das*.

tableware ['teɪblweəʳ] *n* Tafelgeschirr *das*.

table wine *n* Tischwein *der*.

tabloid ['tæblɔɪd] *n:* **~ (newspaper)** Boulevardzeitung *die;* **the ~ press** die Boulevardpresse.

taboo [tə'buː] (*pl* **-s**) *adj* Tabu-; **to be ~** tabu sein <> *n* Tabu *das*.

tabulate ['tæbjʊleɪt] *vt* tabellarisch dar|stellen.

tachograph ['tækəgrɑːf] *n* Fahrtenschreiber *der*.

tachometer [tæ'kɒmɪtəʳ] *n* Tachometer *der OR das*.

tacit ['tæsɪt] *adj* stillschweigend.

taciturn ['tæsɪtɜːn] *adj* schweigsam.

tack [tæk] *n* - **1.** [nail] kleiner Nagel - **2.** NAUT Kurs *der* - **3.** *fig* [course of action] Weg *der;* **to change ~** einen anderen Kurs einschlagen <> *vt* - **1.** [fasten with nail]: **to ~ sthg to sthg** etw an etw *(A)* nageln - **2.** [in sewing] heften <> *vi* NAUT kreuzen.

◆ **tack on** *vt sep inf* [add as afterthought] an|hängen.

tackle ['tækl] *n* - **1.** FTBL Tackling *das* - **2.** RUGBY Fassen *das* - **3.** [equipment, gear] Ausrüstung *die* - **4.** [for lifting] Flaschenzug *der* <> *vt* - **1.** [deal with] an|gehen - **2.** [attack & FTBL] an|greifen - **3.** RUGBY fassen - **4.** [talk to]: **to ~ sb about sthg** jn auf etw *(A)* an|sprechen.

tacky ['tækɪ] (*compar* **-ier;** *superl* **-iest**) *adj* - **1.** *inf* [cheap] billig; [tasteless] geschmacklos - **2.** [sticky] klebrig.

taco ['tækəʊ] (*pl* **-s**) *n* Taco *das*.

tact [tækt] *n* Takt *der;* **he has no ~** er hat kein Taktgefühl.

tactful ['tæktfʊl] *adj* taktvoll.

tactfully ['tæktfʊlɪ] *adv* taktvoll.

tactic ['tæktɪk] *n* Taktik *die*.

◆ **tactics** *n (U)* MIL Taktik *die*.

tactical ['tæktɪkl] *adj* taktisch.

tactical voting *n Br* taktisches Wahlverhalten.

tactile *adj:* **a ~ person** eine Person, die Körperkontakt mag.

tactless ['tæktlɪs] *adj* taktlos.

tactlessly ['tæktlɪslɪ] *adv* taktlos.

tadpole ['tædpəʊl] *n* Kaulquappe *die*.

taffeta ['tæfɪtə] *n* Taft *der*.

taffy ['tæfɪ] (*pl* **-ies**) *n Am* Toffee *das*.

tag [tæg] (*pt* & *pp* **-ged;** *cont* **-ging**) *n* - **1.** [on clothing - of maker] Etikett *das;* [- bearing owner's name] Namensschild *das* **- 2.** [of paper] Schild *das;* **price ~** Preisschild *das;* **luggage ~** Gepäckanhänger *der* **- 3.** [game] Fangen *das* **- 4.** COMPUT Markierung *die* ◇ *vt* [label] mit einem Schild versehen; [luggage] mit Anhänger versehen.

◆ **tag along** *vi inf* mit|kommen.

Tahiti [tɑːˈhiːtɪ] *n* Tahiti *nt;* **in ~** auf Tahiti.

tail [teɪl] *n* **- 1.** [of animal, bird, fish] Schwanz *der;* **with one's ~ between one's legs** [person] wie ein begossener Pudel **- 2.** [of coat] Schoß *der;* [of shirt] Zipfel *der* **- 3.** [of comet] Schweif *der;* [of plane] Schwanz *der* ◇ *vt* ***inf*** [follow - person] beschatten; [- car] folgen *(+ D).*

◆ **tails** ◇ *adv* [side of coin] Zahl *die;* **heads or ~s?** Kopf oder Zahl? ◇ *npl* [formal dress] Frack *der.*

◆ **tail off** *vi* **- 1.** [decrease in volume] leiser werden **- 2.** [decrease in amount] zurück|gehen.

tailback [ˈteɪlbæk] *n* ***Br*** Rückstau *der.*

tailcoat [ˈteɪlkəʊt] *n* Frack *der.*

tail end *n* Ende *das.*

tailgate [ˈteɪlgeɪt] *n* [of hatchback car] Heckklappe *die.*

taillight [ˈteɪllaɪt] *n* Rücklicht *das.*

tailor [ˈteɪləʳ] *n* Schneider *der*, -in *die* ◇ *vt* [adjust]: **to ~ sthg to sthg** [plans, policy] etw auf etw *(A)* zulschneiden; [product] etw auf etw *(A)* ab|stimmen.

tailored [ˈteɪləd] *adj* tailliert.

tailor-made *adj* ***fig:*** **to be ~ for sb** [role, job] genau auf jn zugeschnitten sein.

tail pipe *n* ***Am*** Auspuffrohr *das.*

tailplane [ˈteɪlpleɪn] *n* Höhenleitwerk *das.*

tailwind [ˈteɪlwɪnd] *n* Rückenwind *der.*

taint [teɪnt] *n* [of scandal, corruption] Makel *der* ◇ *vt* [reputation] beschmutzen.

tainted [ˈteɪntɪd] *adj* **- 1.** [reputation] beschmutzt; [money] schmutzig **- 2.** ***Am*** [food] verdorben.

Taiwan [ˌtaɪˈwɑːn] *n* Taiwan *nt.*

Taiwanese [ˌtaɪwəˈniːz] *adj* taiwanisch ◇ *n* Taiwaner *der*, -in *die.*

take [teɪk] (*pt* **took;** *pp* **taken**) *vt* **- 1.** [gen] nehmen; **she took my arm** sie nahm mich beim Arm; **to ~ the train/bus** den Zug/Bus nehmen; **to ~ a bath** ein Bad nehmen; **to ~ an exam/a photo/a walk** eine Prüfung/ein Foto/einen Spaziergang machen; **to ~ risks** Risiken ein|gehen; **to ~ a decision** eine Entscheidung treffen; **to ~ an interest in sthg** sich für etw interessieren; **to ~ pity on sb** Mitleid mit jm haben; **I ~ the view that ...** ich bin der Meinung, dass ...; **to ~ a seat** Platz nehmen; **to be ~n ill** krank werden **- 2.** [bring, accompany] bringen; [take along] mit|nehmen; **to ~ sthg to sb** jm etw bringen; **to ~ sb to the station** jn zum Bahnhof bringen; **he took her to the theatre** er ging mit ihr ins Theater; **I took it home** ich habe es mit nach Hause genommen **- 3.** [remove, steal] (mit|)nehmen; **to ~ sthg from sb** jm etw (ab|)nehmen; [steal] jm etw weg|nehmen **- 4.** [capture - city] ein|nehmen, erobern; [- prisoner] machen **- 5.** [control, power] übernehmen; **to ~ charge** die Leitung übernehmen **- 6.** [accept] an|nehmen; [subj: machine] nehmen; [opportunity] wahr|nehmen; [responsibility] übernehmen; **do you ~ travellers' cheques?** nehmen Sie Travellerschecks?; **to ~ sb's advice** js Rat *(D)* folgen; **that's my final offer, you can ~ it or leave it** das ist mein letztes Angebot, es liegt an Ihnen **- 7.** [receive - prize, praise] bekommen; **to ~ criticism** kritisiert werden **- 8.** [contain] fassen; **the car can ~ six people** in dem Auto haben sechs Leute Platz **- 9.** [size in clothes, shoes] haben; **what size do you ~?** welche Größe haben Sie?; **I ~ a (size) 34** ich habe Größe 34 **- 10.** [bear] ertragen; **I can't ~ any more** mir reichts **- 11.** [require] erfordern; **how long will it ~?** wie lange wird es dauern?, wie lange braucht es? **- 12.** [react to] auf|nehmen; **to ~ sthg seriously** etw ernst nehmen; **to ~ sthg badly** etw schlecht auf|nehmen; **to ~ sthg the wrong way** etw falsch auf|fassen **- 13.** [temperature, pulse] messen **- 14.** [rent] mieten **- 15.** [make - sum of money] ein|nehmen **- 16.** GRAMM: **this verb ~s the dative** dieses Verb wird mit dem Dativ konstruiert **- 17.** [assume]: **I ~ it (that) ...** ich gehe davon aus, dass ... ◇ *vi* [vaccination] auf|gehen; [dye] angenommen werden; [plant] Wurzel fassen; [fire] an|gehen ◇ *n* CINEMA Einstellung *die.*

◆ **take after** *vt fus* nach|schlagen *(+ D);* **he ~s after his mother/father** er schlägt nach seiner Mutter/seinem Vater.

◆ **take apart** *vt sep* [dismantle] auseinander|nehmen.

◆ **take away** *vt sep* **- 1.** [remove]: **to ~ sthg away (from sb)** (jm) etw weg|nehmen; **is it to ~ away?** zum Mitnehmen? **- 2.** [deduct] ab|ziehen.

◆ **take back** *vt sep* **- 1.** [return] zurück|bringen **- 2.** [faulty goods, statement] zurück|nehmen.

◆ **take down** *vt sep* **- 1.** [pictures, curtains] ab|nehmen; [scaffolding, tent] ab|bauen **- 2.** [from shelf] herunter|nehmen **- 3.** [write down] auf|schreiben **- 4.** [lower] herunter|lassen.

◆ **take in** *vt sep* **- 1.** [bring inside - washing] herein|bringen **- 2.** [deceive] herein|legen; **to be ~n in (by sb/sthg)** (auf jn/etw) herein|fallen **- 3.** [understand] auf|nehmen **- 4.** [include] ein|schließen **- 5.** [provide accommodation for] auf|nehmen **- 6.** [clothes] enger machen.

◆ **take off** *vt sep* **- 1.** [remove] ab|nehmen; [clothing] aus|ziehen; **to ~ one's clothes off** sich aus|ziehen **- 2.** [have as holiday]: **to ~ time off** sich *(D)* frei|nehmen; **to ~ a week off** sich *(D)* eine Woche frei|nehmen **- 3.** ***Br inf*** [imitate] nach|äffen **- 4.** ***inf*** [go away suddenly]: **to ~ o.s. off** verschwinden <> *vi* **- 1.** [plane] ab|heben **- 2.** [go away suddenly] verschwinden **- 3.** [be successful]: **it took off when ...** der Erfolg kam, als ...

take on *vt sep* **- 1.** [job, responsibility] an|nehmen **- 2.** [employ] an|stellen, ein|stellen **- 3.** [confront] sich an|legen mit; [competitor, sports team] an|treten gegen <> *vt fus* [colour, tone] an|nehmen; **to ~ on a new light** neue Aspekte gewinnen.

take out *vt sep* **- 1.** [remove - from container] heraus|nehmen; [- tooth] ziehen; [- money from bank] ab|heben **- 2.** [library book] aus|leihen **- 3.** [loan] auf|nehmen; [insurance policy] ab|schließen; [patent] an|melden **- 4.** [delete] heraus|nehmen **- 5.** [go out with] aus|gehen mit **- 6.** ***phr:*** **this job really ~s it** *OR* **a lot out of you *inf*** diese Arbeit nimmt einen wirklich *OR* schwer mit.

take out on *vt sep* **to ~ sthg out on sb** etw an jm aus|lassen; **don't ~ it out on me!** lass deine Wut nicht an mir aus!

take over *vt sep* [company, job] übernehmen <> *vi* **- 1.** [take control] die Kontrolle übernehmen **- 2.** [in job]: **to ~ over from sb** jn ab|lösen.

take to *vt fus* **- 1.** [come to like] mögen **- 2.** [begin]: **to ~ to doing sthg** an|fangen, etw zu tun; **she's ~n to getting up earlier** sie steht nun früher auf; **to ~ to drink** zu trinken an|fangen.

take up *vt sep* **- 1.** [begin - post] an|treten; [- job] auf|nehmen; **to ~ up the clarinet** anfangen, Klarinette zu spielen **- 2.** [continue - story] fort|setzen **- 3.** [idea, question] auf|greifen **- 4.** [time, effort, space] in Anspruch nehmen **- 5.** [trousers, dress] kürzen.

take up on *vt sep* **- 1.** [accept]: **to ~ sb up on an offer** js Angebot an|nehmen **- 2.** [ask to explain]: **to ~ sb up on sthg** jn auf etw *(A)* hin an|sprechen.

take upon *vt sep:* **to ~ it upon o.s. to do sthg** es auf sich *(A)* nehmen, etw zu tun.

takeaway ***Br*** [ˈteɪkəˌweɪ], **takeout** ***Am*** [ˈteɪkaʊt] *n* **- 1.** [shop] *Laden, in dem warme Gerichte zum Mitnehmen angeboten werden* **- 2.** [food] Essen *das* zum Mitnehmen <> *comp* [food] zum Mitnehmen.

take-home pay *n (U)* Nettolohn *der*.

taken [ˈteɪkn] *pp* ▻ **take** <> *adj* [pleased]: **to be ~ with sb/sthg** von jm/etw angetan sein.

takeoff [ˈteɪkɒf] *n* [of plane] Start *der*.

takeout *n* ***Am*** = **takeaway**.

takeover [ˈteɪkˌəʊvəʳ] *n* Übernahme *die*.

takeover bid *n* Übernahmeangebot *das*.

taker [ˈteɪkəʳ] *n* [participant] Interessent *der*, -in *die*.

takeup [ˈteɪkʌp] *n:* **~ is very poor** [of offer] es gibt kaum Interessenten; **~ of housing benefit is low** Wohngeld wird nur von wenigen Leuten in Anspruch genommen.

takings [ˈteɪkɪŋz] *npl* Einnahmen *pl*.

talc [tælk], **talcum (powder)** [ˈtælkəm-] *n* Talk *der*.

tale [teɪl] *n* Geschichte *die*.

talent [ˈtælənt] *n* Talent *das;* **a ~ for painting/music** ein Talent zum Malen/für Musik.

talented [ˈtæləntɪd] *adj* talentiert.

talent scout *n* Talentsucher *der*, -in *die*.

talisman [ˈtælɪzmən] *(pl* **-s***)* *n* Talisman *der*.

talk [tɔːk] *n* **- 1.** [conversation] Gespräch *das*, Unterhaltung *die;* **to have a ~** sich unterhalten; [more formal] ein Gespräch führen **- 2.** [gossip] Gerede *das* **- 3.** [lecture] Vortrag *der* <> *vi* **- 1.** [speak] sprechen, reden; **to ~ to sb** mit jm reden *OR* sprechen; **to ~ to o.s.** Selbstgespräche führen; **to ~ about sb/sthg** über jn/etw sprechen *OR* reden; **~ing of him/that, ...** da wir gerade von ihm/davon sprechen ...; **he's ~ing of buying a car** er redet davon, dass er sich ein neues Auto kaufen will; **to ~ big** an|geben; **look who's ~ing!, you can ~!** ausgerechnet du musst das sagen! **- 2.** [gossip] klatschen **- 3.** [make a speech] eine Rede halten; **to ~ on** *OR* **about sthg** über etw *(A)* sprechen **- 4.** [betray a secret] reden <> *vt* **- 1.** [politics, sport, business] reden über *(+ A) OR* von **- 2.** [nonsense] reden.

talks *npl* Gespräche *pl*.

talk down to *vt fus* von oben herab sprechen mit.

talk into *vt sep:* **to ~ sb into doing sthg** jn dazu überreden, etw zu tun.

talk out of *vt sep:* **to ~ sb out of doing sthg** jm aus|reden, etw zu tun.

talk over *vt sep* [discuss] bereden, besprechen.

talkative [ˈtɔːkətɪv] *adj* gesprächig.

talker [ˈtɔːkəʳ] *n* Redner *der*, -in *die*.

talking point [ˈtɔːkɪŋ-] *n* Gesprächsthema *das*.

talking-to [ˈtɔːkɪŋ-] *n* ***inf*** Standpauke *die;* **to give sb a (good) ~** jm eine Standpauke halten.

talk show *n* ***Am*** Talkshow *die*.

tall [tɔːl] *adj* **- 1.** [person] groß; **I'm 5 feet ~** ich bin 1,50 m groß; **how ~ are you?** wie groß bist du? **- 2.** [building, tree] hoch.

tall order *n:* **that's (a bit of) a ~** das ist ein bisschen viel verlangt.

tall story *n* unglaubliche Geschichte.

tally [ˈtælɪ] *(pl* **-ies;** *pt* & *pp* **-ied***)* *n* [record]: **to keep a ~ of sthg** über etw *(A)* Buch führen <> *vi* überein|stimmen.

talon [ˈtælən] *n* Kralle *die*.

tambourine [ˌtæmbəˈriːn] *n* Tamburin *das*.

tame [teɪm] *adj* - **1.** [animal, bird] zahm - **2.** *pej* [dull] lahm <> *vt* - **1.** [animal, bird] zähmen; [lion] bändigen - **2.** [person] bändigen.

tamely [ˈteɪmlɪ] *adv* widerstandslos.

tamer [ˈteɪməʳ] *n* Dompteur *der*, -teuse *die*.

Tamil [ˈtæmɪl] *adj* tamilisch <> *n* - **1.** [person] Tamile *der*, -lin *die* - **2.** [language] Tamil *das*.

tamper [ˈtæmpəʳ] ◆ **tamper with** *vt fus* sich *(D)* zu schaffen machen an *(+ D)*.

tampon [ˈtæmpɒn] *n* Tampon *der*.

tan [tæn] (*pt* & *pp* **-ned;** *cont* **-ning**) *adj* [light brown] hellbraun <> *n* [from sun] Bräune *die*; **to get a ~** braun werden <> *vi* braun werden.

tandem [ˈtændəm] *n* [bicycle] Tandem *das*; **in ~ (with)** zusammen (mit).

tang [tæŋ] *n* [taste] scharfer Geschmack; [smell] scharfer Geruch.

tangent [ˈtændʒənt] *n* GEOM Tangente *die*; **to go off at a ~** *fig* plötzlich vom Thema ab|schweifen.

tangerine [ˌtændʒəˈriːn] *n* Mandarine *die*.

tangible [ˈtændʒəbl] *adj* [difference, benefit] merklich; [results] greifbar.

tangle [ˈtæŋgl] *n* - **1.** [mass] Gewirr *das*; **to get into a ~** [hair] durcheinander geraten; [string] sich verheddern - **2.** *fig* [mess] Durcheinander *das*; **to get (o.s.) into a ~** sich verstricken <> *vt*: **to get ~d (up)** durcheinander geraten; [wool, string] sich verheddern <> *vi* [hair] durcheinander geraten; [wool, string] sich verheddern.
◆ **tangle with** *vt fus inf* sich an|legen mit.

tangled [ˈtæŋgld] *adj* - **1.** [mixed together - wires] verheddert; [- hair] durcheinander - **2.** *fig* [disordered] verworren.

tango [ˈtæŋgəʊ] (*pl* **-s;** *pt* & *pp* **-ed;** *cont* **-ing**) *n* Tango *der* <> *vi* Tango tanzen.

tangy [ˈtæŋɪ] (*compar* **-ier;** *superl* **-iest**) *adj* scharf; [salty] salzig.

tank [tæŋk] *n* - **1.** [container] Tank *der*; **(fish) ~** Aquarium *das* - **2.** MIL Panzer *der*.

tankard [ˈtæŋkəd] *n* Humpen *der*.

tanker [ˈtæŋkəʳ] *n* - **1.** [ship] Tanker *der* - **2.** [truck] Tankwagen *der*.

tanned [tænd] *adj* [suntanned] braun (gebrannt).

tannin [ˈtænɪn] *n* Tannin *das*.

Tannoy® [ˈtænɔɪ] *n* Lautsprecheranlage *die*.

tantalize, -ise [ˈtæntəlaɪz] *vt* zappeln lassen.

tantalizing [ˈtæntəlaɪzɪŋ] *adj* verlockend.

tantamount [ˈtæntəmaʊnt] *adj*: **to be ~ to sthg** einer Sache *(D)* gleich|kommen.

tantrum [ˈtæntrəm] (*pl* **-s**) *n* Wutanfall *der*.

Tanzania [ˌtænzəˈnɪə] *n* Tansania *nt*.

Taoiseach [ˈtiːʃək] *n* Premierminister *der*, -in *die* der Republik Irland.

tap [tæp] (*pt* & *pp* **-ped;** *cont* **-ping**) *n* - **1.** [device] Hahn *der*; **the hot(-water)/cold(-water) ~** der Warmwasser-/Kaltwasserhahn - **2.** [light blow] Klaps *der*; [on door] Klopfen *das*; **she gave him a ~ on the shoulder** sie klopfte ihm auf die Schulter <> *vt* - **1.** [knock] klopfen - **2.** [make use of] erschließen - **3.** [listen secretly to] ab|hören <> *vi* [knock] klopfen.

tap dance *n* Stepptanz *der*.

tap dancer *n* Stepptänzer *der*, -in *die*.

tape [teɪp] *n* - **1.** [magnetic tape] Magnetband *das* - **2.** [cassette] Kassette *die* - **3.** SPORT [at finishing line] Zielband *das* - **4.** [adhesive material] Klebeband *das* <> *vt* - **1.** [record] auf|nehmen - **2.** [fasten with adhesive tape] (mit Klebeband) verkleben OR zu|kleben; **to ~ together** zusammen|kleben - **3.** *Am* [bandage] verbinden.

tape deck *n* Tapedeck *das*.

tape measure *n* Maßband *das*.

taper [ˈteɪpəʳ] *n* [candle] (dünne) Kerze <> *vi* [corridor] sich verengen; [trousers] nach unten enger werden; [fingers] spitz zu|laufen.
◆ **taper off** *vi* langsam zurück|gehen.

tape-record [-rɪˌkɔːd] *vt* auf Band auf|nehmen.

tape recorder *n* Tonbandgerät *das*; [cassette recorder] Kassettenrekorder *der*.

tape recording *n* Bandaufnahme *die*.

tapered [ˈteɪpəd] *adj* [trousers] nach unten enger werdend; [fingers] spitz zulaufend.

tapestry [ˈtæpɪstrɪ] (*pl* **-ies**) *n* - **1.** [piece of work] Wandteppich *der* - **2.** *(U)* [craft] Tapisserie *die* - **3.** *literary*: **the rich ~ of life** die Vielfalt des Lebens.

tapeworm [ˈteɪpwɜːm] *n* Bandwurm *der*.

tapioca [ˌtæpɪˈəʊkə] *n* Tapioka *die*.

tapir [ˈteɪpəʳ] (*pl inv* OR **-s**) *n* Tapir *der*.

tar [tɑːʳ] *n* Teer *der*.

tarantula [təˈræntjʊlə] *n* Tarantel *die*.

target [ˈtɑːgɪt] *n* - **1.** [of missile, bomb] Ziel *das* - **2.** [for archery, shooting] Zielscheibe *die* - **3.** *fig* [butt of criticism] Zielscheibe *die* - **4.** *fig* [goal] Ziel *das*; **we're on ~ to achieve our objective** wir sind auf dem besten Weg, unser Ziel zu erreichen <> *vt* - **1.** [aim weapon at] zielen auf *(+ A)* - **2.** [channel resources towards] sich *(D)* zum Ziel setzen; **to ~ the young** die Jugendlichen als Zielgruppe haben.

tariff [ˈtærɪf] *n* - **1.** [tax] Zoll *der* - **2.** *Br* [price list] Preisliste *die*.

Tarmac® [ˈtɑːmæk] *n* [material] Makadam *der*.
◆ **tarmac** *n* AERON: **the tarmac** die Rollbahn.

tarnish [ˈtɑːnɪʃ] *vt* - **1.** [make dull] stumpf werden lassen - **2.** *fig* [reputation] beflecken ◇ *vi* [become dull] stumpf werden.

tarnished [ˈtɑːnɪʃt] *adj* - **1.** [dull] stumpf - **2.** *fig* [reputation] befleckt.

tarot [ˈtærəʊ] *n*: **the ~** das *OR* der Tarock.

tarot card *n* Tarockkarte *die*.

tarpaulin [tɑːˈpɔːlɪn] *n* [sheet] Plane *die*.

tarragon [ˈtærəgən] *n* Estragon *der*.

tart [tɑːt] *adj* - **1.** [bitter-tasting] herb; [fruit] sauer - **2.** [sarcastic] scharf ◇ *n* - **1.** [sweet pastry] Kuchen *der;* [small] Törtchen *das;* **fruit ~** Obstkuchen-/törtchen - **2.** *Br vinf* [prostitute] Nutte *die*.

◆ **tart up** *vt sep Br inf pej* [building, room] auf|motzen; **to ~ o.s. up** sich auf|takeln.

tartan [ˈtɑːtn] *n* - **1.** *(U)* [cloth] Schottenstoff *der* - **2.** [pattern] Schottenkaro *das* ◇ *comp* im Schottenkaro.

tartar [ˈtɑːtəʳ-] *n* Zahnstein *der*.

tartar(e) sauce *n (U)* Tatarensoße *die*.

task [tɑːsk] *n* Aufgabe *die*.

task force *n* - **1.** MIL Spezialeinheit *die* - **2.** [group of helpers] Kommando *das*.

taskmaster [ˈtɑːskˌmɑːstəʳ] *n*: **to be a hard ~** ein strenger Vorgesetzter sein.

Tasmania [tæzˈmeɪnjə] *n* Tasmanien *nt*.

tassel [ˈtæsl] *n* Quaste *die*.

taste [teɪst] *n* - **1.** [sense of taste] Geschmackssinn *der* - **2.** [flavour] Geschmack *der;* **to have a funny ~** komisch schmecken - **3.** [try] Kostprobe *die;* **to have a ~** probieren - **4.** *fig* [liking, preference]: **~ (for sthg)** Vorliebe *die* (für etw) - **5.** *fig* [experience]: **his first ~ of success** sein erstes Erfolgserlebnis; **I've had a ~ of power** ich habe erfahren, wie es ist, Macht zu haben - **6.** *(U)* [discernment] Geschmack *der;* **she has (good) ~** sie hat (guten) Geschmack; **in bad ~** geschmacklos; **in good ~** geschmackvoll ◇ *vt* - **1.** [food - experience flavour of] schmecken; [- test, try] probieren, kosten - **2.** *fig:* **to ~ success** ein Erfolgserlebnis haben ◇ *vi* schmecken; **it ~s wonderful** es schmeckt wunderbar; **to ~ of/like sthg** nach/wie etw schmecken.

taste bud *n* Geschmacksknospe *die*.

tasteful [ˈteɪstfʊl] *adj* geschmackvoll.

tastefully [ˈteɪstfʊlɪ] *adv* geschmackvoll.

tasteless [ˈteɪstlɪs] *adj lit & fig* geschmacklos.

taster [ˈteɪstəʳ] *n* [person] Prüfer *der*, -in *die;* **wine ~** Weinverkoster *der*, -in *die*.

tasty [ˈteɪstɪ] (*compar* **-ier;** *superl* **-iest**) *adj* schmackhaft; **a ~ morsel** ein Leckerbissen.

tat [tæt] *n Br inf pej* Schrott *der*.

tattered [ˈtætəd] *adj* [clothes] zerrissen; [paper] zerfleddert.

tatters [ˈtætəz] *npl:* **to be in ~** [clothes] in Fetzen sein; *fig* [confidence, reputation] sehr angeschlagen sein.

tattle-tale [ˈtætl-] *n Am* = **telltale.**

tattoo [təˈtuː] (*pl* **-s**) *n* - **1.** [design] Tätowierung *die* - **2.** [rhythmic beating] Trommeln *das* - **3.** *Br* [military display] Zapfenstreich *der* ◇ *vt* tätowieren.

tattooist [təˈtuːɪst] *n* Tätowierer *der*, -in *die*.

tatty [ˈtætɪ] (*compar* **-ier;** *superl* **-iest**) *adj Br inf pej* schäbig.

taught [tɔːt] *pt & pp* ▷ **teach.**

taunt [tɔːnt] *vt* verspotten ◇ *n* spöttische Bemerkung.

Taurus [ˈtɔːrəs] *n* Stier *der;* **I'm a ~** ich bin Stier.

taut [tɔːt] *adj* straff.

tauten [ˈtɔːtn] *vt* spannen; [muscles] an|spannen ◇ *vi* sich spannen.

tautology [tɔːˈtɒlədʒɪ] *n* Tautologie *die*.

tavern [ˈtævn] *n dated* Taverne *die*.

tawdry [ˈtɔːdrɪ] (*compar* **-ier;** *superl* **-iest**) *adj pej* geschmacklos.

tawny [ˈtɔːnɪ] *adj* goldbraun.

tax [tæks] *n* [money paid to government] Steuer *die* ◇ *vt* - **1.** [gen] besteuern - **2.** [patience, ingenuity] strapazieren.

taxable [ˈtæksəbl] *adj* steuerpflichtig.

tax allowance *n* Steuerfreibetrag *der*.

taxation [tækˈseɪʃn] *n* - **1.** [system] Besteuerung *die* - **2.** [amount] Steuer *die*.

tax avoidance [-əˈvɔɪdəns] *n* Steuerumgehung *die*.

tax collector *n* Finanzbeamter *der*, -tin *die*.

tax cut *n* Steuersenkung *die*.

tax-deductible [-dɪˈdʌktəbl] *adj* von der Steuer absetzbar.

tax disc *n Br* Steuermarke *die*.

tax evasion *n* Steuerhinterziehung *die*.

tax-exempt *adj Am* = **tax-free.**

tax exemption *n* Steuerbefreiung *die*

tax exile *n Br* Steuerflüchtling *der*.

tax-free *Br*, **tax-exempt** *Am adj* steuerfrei.

tax haven *n* Steuerparadies *das*.

taxi [ˈtæksɪ] *n* Taxi *das* ◇ *vi* [plane] rollen.

taxicab [ˈtæksɪkæb] *n* Taxi *das*.

taxi driver *n* Taxifahrer *der*, -in *die*.

taximeter [ˈtæksɪˌmiːtəʳ] *n* Taxameter *der*.

taxing [ˈtæksɪŋ] *adj* strapaziös.

tax inspector *n* Steuerprüfer *der*, -in *die*.

taxi rank *Br*, **taxi stand** *n* Taxistand *der*.

taxman ['tæksmæn] (*pl* **-men** [-men]) *n* - **1.** [tax collector] Finanzbeamter *der*, -tin *die* - **2.** *inf* [tax office]: **the ~** das Finanzamt.

taxpayer ['tæks,peɪəʳ] *n* Steuerzahler *der*, -in *die*.

tax relief *n* Steuernachlass *der*.

tax return *n* Steuererklärung *die*.

tax year *n* Steuerjahr *das*.

TB (*abbr of* **tuberculosis**) *n* TB *die*.

T-bone steak *n* T-Bone-Steak *das*.

tbs., tbsp. (*abbr of* **tablespoon(ful)**) El.

TD *n* - **1.** (*abbr of* **Treasury Department**) *Wirtschafts- und Finanzministerium der USA* - **2.** *abbr of* **touchdown.**

tea [tiː] *n* - **1.** [drink] Tee *der* - **2.** *Br* [afternoon meal] Nachmittagstee *der* - **3.** *Br* [evening meal] Abendessen *das*.

TEA

Das britische Nationalgetränk ist nicht nur eine beliebte Erfrischung, sondern gilt auch als probates Mittel gegen Müdigkeit, Schock und alles mögliche Andere. Angestellte haben „tea breaks", Damen pflegen ihren „afternoon tea" (inklusive Sandwiches, Scones und Gebäck), und Schulkinder „have their tea" (leichte Abendmahlzeit nach der Schule). Für die Briten ist „tea" mit Essen und Behaglichkeit verbunden.

teabag ['tiːbæg] *n* Teebeutel *der*.

tea ball *n Am* Tee-Ei *das*.

tea break *n Br* Teepause *die*.

tea caddy [-,kædɪ] *n* Teedose *die*.

teach [tiːtʃ] (*pt* & *pp* **taught**) *vt* - **1.** [gen] unterrichten; **to ~ sb sthg** jm Unterricht geben in etw (*D*), jn in etw (*D*) unterrichten; **to ~ sb to swim** jm Schwimmen beilbringen; **to ~ (sb) that** (jn) (be)lehren, dass - **2.** [advocate] lehren; **to ~ sb sthg, to ~ sthg to sb** jn etw lehren; **to ~ sb to do sthg** jn lehren, etw zu tun ◇ *vi* unterrichten.

teacher ['tiːtʃəʳ] *n* Lehrer *der*, -in *die*.

teachers college *n Am* = **teacher training college.**

teacher's pet *n pej* Lieblingsschüler *der*, -in *die*.

teacher training college *Br*, **teachers college** *Am n* ≃ pädagogische Hochschule.

teaching ['tiːtʃɪŋ] *n* - **1.** [profession, work] Unterrichten *das* - **2.** [thing taught] Lehre *die*.

teaching aid *n* Unterrichtsmittel *das*.

teaching hospital *n Br* Ausbildungskrankenhaus *das*.

teaching practice *n (U)* Unterrichtspraktikum *das*.

teaching staff *n* Lehrkörper *der*.

tea cloth *n* - **1.** [tablecloth] (kleine) Tischdecke *die* - **2.** [tea towel] Geschirrtuch *das*.

tea cosy *Br*, **tea cozy** *Am n* Teewärmer *der*.

teacup ['tiːkʌp] *n* Teetasse *die*.

teak [tiːk] *n* Teakholz *das* ◇ *comp* Teak-.

tealeaves ['tiːliːvz] *npl* Teeblätter *pl*.

team [tiːm] *n* - **1.** SPORT Team *das*, Mannschaft *die* - **2.** [group] Team *das*.

◆ **team up** *vi* sich zusammenlschließen; **to ~ up with sb** sich mit jm zusammenltun.

team games *n* Mannschaftsspiele *pl*.

teammate ['tiːmmeɪt] *n* Mannschaftsmitglied *das*.

team spirit *n* Teamgeist *der*.

teamster ['tiːmstəʳ] *n Am* Lastwagenfahrer *der*.

teamwork ['tiːmwɜːk] *n (U)* Teamarbeit *die*.

teapot ['tiːpɒt] *n* Teekanne *die*.

tear¹ [tɪəʳ] *n* [when crying] Träne *die*; **in ~s** tränenüberströmt.

tear² [teəʳ] (*pt* **tore**; *pp* **torn**) *vt* - **1.** [rip] zerreißen; **to ~ sthg open** etw auflreißen; **to ~ sb/sthg to pieces** *fig* [criticize] jn/etw in Stücke reißen; **to be torn between** *fig* hin- und hergerissen sein zwischen (+ *D*) - **2.** [remove roughly] reißen ◇ *vi* - **1.** [rip] (zer)reißen - **2.** *inf* [move quickly] rasen; **she tore into the office** sie kam ins Büro hineingerast - **3.** *phr:* **to ~ loose** [get free] sich loslreißen ◇ *n* [rip] Riss *der*.

◆ **tear apart** *vt sep* - **1.** [rip up] zerreißen - **2.** [upset greatly] fertig machen.

◆ **tear at** *vt fus* zerren an (+ *D*).

◆ **tear away** *vt sep:* **to ~ o.s. away (from sthg)** sich (von etw) loslreißen.

◆ **tear down** *vt sep* [building, poster] ablreißen.

◆ **tear off** *vt sep* [clothes] herunterlreißen.

◆ **tear out** *vt sep* [coupon, page] herauslreißen.

◆ **tear up** *vt sep* zerreißen.

tearaway ['teərə,weɪ] *n Br inf* Krawallmacher *der*, -in *die*.

teardrop ['tɪədrɒp] *n* Träne *die*.

tearful ['tɪəfʊl] *adj* - **1.** [person] tränenüberströmt - **2.** [event] tränenreich.

tear gas [tɪəʳ-] *n* Tränengas *das*.

tearing ['teərɪŋ] *adj inf* [pace, hurry] rasend.

tearjerker ['tɪə,dʒɜːkəʳ] *n hum* Schnulze *die*.

tearoom ['tiːrʊm] *n* Teestube *die*.

tease [tiːz] *n inf* - **1.** [joker] Witzbold *der* - **2.** [sexually] Schäker *der*, -in *die* ◇ *vt:* **to ~ sb (about sthg)** jn (wegen etw) auflziehen.

tea service, tea set *n* Teeservice *das*.

tea shop *n* Teestube *die*.

teasing ['ti:zɪŋ] *adj* neckend.

Teasmade® ['ti:zmeɪd] *n* ***Br*** *automatische Teemaschine.*

teaspoon ['ti:spu:n] *n* Teelöffel *der.*

tea strainer *n* Teesieb *das.*

teat [ti:t] *n* - **1.** [of animal] Zitze *die* - **2.** [of bottle] Sauger *der.*

teatime ['ti:taɪm] *n (U)* ***Br*** [in evening] Abendessenszeit *die;* [in afternoon] Teezeit *die.*

tea towel *n* Geschirrtuch *das.*

technical ['teknɪkl] *adj* [gen] technisch; **~ term** Fachbegriff *der.*

technical college *n* ***Br*** ≃ Fachhochschule *die.*

technical drawing *n* technische Zeichnung.

technicality [ˌteknɪ'kælətɪ] (*pl* **-ies**) *n* - **1.** [intricacy] technische Einzelheit - **2.** [petty rule] Formsache *die.*

technically ['teknɪklɪ] *adv* - **1.** [theoretically] theoretisch - **2.** [scientifically] technisch.

technician [tek'nɪʃn] *n* - **1.** [worker] Techniker *der,* -in *die* - **2.** [artist] Handwerker *der,* -in *die.*

Technicolor® ['teknɪˌkʌlə^r] *n* Technicolor® *das.*

technique [tek'ni:k] *n* Technik *die.*

technocrat ['teknəkræt] *n* Technokrat *der,* -in *die.*

technological [ˌteknə'lɒdʒɪkl] *adj* technologisch.

technologist [tek'nɒlədʒɪst] *n* Technologe *der,* -gin *die.*

technology [tek'nɒlədʒɪ] (*pl* **-ies**) *n* Technologie *die.*

teddy ['tedɪ] (*pl* **-ies**) *n:* **~ (bear)** Teddy(bär) *der.*

tedious ['ti:djəs] *adj* langweilig.

tedium ['ti:djəm] *n* ***fml*** Langweiligkeit *die.*

tee [ti:] *n* GOLF Tee *das,* Abschlag *der.*
◆ **tee off** *vi* GOLF den Ball vom Abschlag spielen.

teem [ti:m] *vi* - **1.** [rain] gießen - **2.** [be busy]: **to be ~ing with** wimmeln von.

teen [ti:n] *adj* ***inf*** Teenager-.

teenage ['ti:neɪdʒ] *adj* Teenager-; [children] halbwüchsig.

teenager ['ti:nˌeɪdʒə^r] *n* Teenager *der.*

teens [ti:nz] *npl:* **to be in one's ~** im Teenageralter sein.

teeny (weeny) [ˌti:nɪ('wi:nɪ)], **teensy (weensy)** [ˌti:nzɪ('wi:nzɪ)] *adj* ***inf*** klitzeklein.

tee shirt *n* T-Shirt *das.*

teeter ['ti:tə^r] *vi* - **1.** [wobble] schwanken - **2.** ***fig*** [be in danger]: **to be ~ing on the brink of disaster** am Rande einer Katastrophe stehen.

teeter-totter *n* ***Am*** Wippe *die.*

teeth [ti:θ] *pl* ▻ **tooth.**

teethe [ti:ð] *vi* [baby] zahnen.

teething ring ['ti:ðɪŋ-] *n* Beißring *der.*

teething troubles *npl* ***fig*** Anfangsschwierigkeiten *pl.*

teetotal [ti:'təʊtl] *adj* abstinent.

teetotaller ***Br,*** **teetotaler** ***Am*** [ti:'təʊtlə^r] *n* Abstinenzler *der,* -in *die.*

TEFL ['tefl] (*abbr of* **teaching of English as a foreign language**) *n* TEFL, *Unterrichten des Englischen als Fremdsprache.*

Teflon® ['teflɒn] *n* Teflon® das ◇ *comp* Teflon-.

Teh(e)ran [teə'rɑ:n] *n* Teheran *nt.*

tel. (*abbr of* **telephone**) Tel.

Tel-Aviv [ˌtelə'vi:v] *n:* **~ (-Jaffa)** Tel Aviv(-Jaffa) *nt.*

tele- ['telɪ] *prefix* Tele-, tele-.

telecast ['telɪkɑ:st] *n* Fernsehsendung *die.*

telecom ['telɪkɒm] *n,* **telecoms** ['telɪkɒmz] *npl* ***Br inf*** Telekommunikationswesen *das.*

telecommunications ['telɪkəˌmju:nɪ'keɪʃnz] *npl* Telekommunikationswesen *das.*

telegram ['telɪgræm] *n* Telegramm *das.*

telegraph ['telɪgrɑ:f] *n* Telegraf *der* ◇ *vt* telegrafieren.

telegraph pole, telegraph post ***Br*** *n* Telegrafenmast *der.*

telepathic [ˌtelɪ'pæθɪk] *adj* telepathisch.

telepathy [tɪ'lepəθɪ] *n* Telepathie *die.*

telephone ['telɪfəʊn] *n* Telefon *das;* **to be on the ~** ***Br*** [connected] Telefon haben; [speaking] am Telefon sein ◇ *vt* an|rufen ◇ *vi* telefonieren.

telephone book *n* Telefonbuch *das.*

telephone booth *n* ***Br*** Telefonkabine *die.*

telephone box *n* ***Br*** Telefonzelle *die.*

telephone call *n* Telefonanruf *der,* Telefongespräch *das;* **to make a ~** telefonieren.

telephone directory *n* Telefonbuch *das.*

telephone exchange *n* Fernsprechamt *das.*

telephone kiosk *n* ***Br*** Telefonzelle *die.*

telephone number *n* Telefonnummer *die.*

telephone operator *n* Telefonist *der,* -in *die.*

telephone tapping [-'tæpɪŋ] *n* Abhören *das* von Telefongesprächen.

telephonist [tɪ'lefənɪst] *n* ***Br*** Telefonist *der,* -in *die.*

telephoto lens [ˌtelɪ'fəʊtəʊ-] *n* Teleobjektiv *das.*

teleprinter ['telɪˌprɪntə^{r}], **teletypewriter** *Am* [ˌtelɪ'taɪpˌraɪtə^{r}] *n* Fernschreiber *der.*

Teleprompter® ['telɪˌprɒmptə^{r}] *n* Teleprompter *der.*

telesales ['telɪseɪlz] *npl* Verkauf *der* per Telefon.

telescope ['telɪskəʊp] *n* Teleskop *das.*

telescopic [ˌtelɪ'skɒpɪk] *adj* **- 1.** [magnifying] teleskopisch **- 2.** [contracting] ausziehbar.

teleshopping ['telɪʃɒpɪŋ] *n* Teleshopping *das.*

teletext ['telɪtekst] *n* Videotext *der.*

telethon ['telɪθɒn] *n langes Fernsehprogramm im Zusammenhang mit einer Spendenaktion.*

teletypewriter *n Am* = **teleprinter.**

televise ['telɪvaɪz] *vt* im Fernsehen übertragen.

television ['telɪˌvɪʒn] *n* **- 1.** [medium, industry] Fernsehen *das;* **on ~** im Fernsehen **- 2.** [apparatus] Fernseher *der.*

television licence *n Br* [document] Fernsehgenehmigung *die;* [fee] Fernsehgebühr *die.*

television programme *n* Fernsehsendung *die.*

television set *n* Fernseher *der.*

teleworking ['telɪˌwɜːkɪŋ] *n* Telearbeit *die.*

telex ['teleks] *n* Telex *das* <> *vt* (ein) Telex schicken *(+ D);* [message] telexen.

tell [tell] (*pt* & *pp* **told**) *vt* **- 1.** [fact] sagen; [story, joke, lie] erzählen; **to ~ sb (that)** jm sagen, dass; **to ~ sb sthg, to ~ sthg to sb** jm etw erzählen; **to ~ the truth** die Wahrheit sagen; **to ~ sb the time** jm sagen, wie spät es ist; **I told you so!** das habe ich dir ja gleich gesagt! **- 2.** [instruct, reveal] sagen; **to ~ sb to do sthg** jm sagen, dass er/sie etw tun soll; **to ~ sb (that)** jm sagen, dass **- 3.** [judge, recognize] wissen; **to ~ the time** die Uhr lesen können; **there's no ~ing ...** man weiß nie ... <> *vi* **- 1.** [reveal secret]: **he won't ~** er wird nichts sagen **- 2.** [judge] beurteilen **- 3.** [have effect] sich zeigen.
- **tell apart** *vt sep* unterscheiden.
- **tell off** *vt sep* ausIschimpfen.

teller ['telə^{r}] *n* **- 1.** [of votes] Stimmenauszähler *der,* -in *die* **- 2.** [in bank] Kassierer *der,* -in *die.*

telling ['telɪŋ] *adj* **- 1.** [effective] wirkungsvoll **- 2.** [revealing] aufschlussreich.

telling-off (*pl* **tellings-off**) *n* Standpauke *die;* **to give sb a ~** jn ausIschimpfen.

telltale ['telteɪl] *adj* verräterisch <> *n* Petzer *der,* Petze *die.*

telly ['telɪ] (*pl* **-ies**) *n Br inf* **- 1.** [medium] Fernsehen *das;* **on ~** im Fernsehen **- 2.** [apparatus] Flimmerkiste *die.*

temerity [tɪ'merətɪ] *n fml* Verwegenheit *die.*

temp [temp] *Br inf n* (*abbr of* **temporary (employee)**) Zeitarbeitskraft *die* <> *vi* als Zeitarbeitskraft arbeiten.

temp. *abbr of* **temperature.**

temper ['tempə^{r}] *n* **- 1.** [state of mind, mood] Laune *die;* **to lose one's ~** die Beherrschung verlieren; **to have a short ~** leicht aufbrausend sein **- 2.** [angry state]: **to be in a ~** wütend sein **- 3.** [temperament] Temperament *das* <> *vt fml* [moderate] mäßigen.

temperament ['temprəmənt] *n* Temperament *das.*

temperamental [ˌtemprə'mentl] *adj* launenhaft.

temperance ['temprəns] *n* **- 1.** *fml* [moderation] Mäßigung *die* **- 2.** [not drinking alcohol] Abstinenz *die.*

temperate ['temprət] *adj* gemäßigt.

temperature ['temprətʃə^{r}] *n* Temperatur *die;* **to have a ~** Fieber haben; **to take sb's ~** js Temperatur messen.

tempered ['tempəd] *adj* gemäßigt.

tempest ['tempɪst] *n literary* Sturm *der.*

tempestuous [tem'pestjʊəs] *adj lit* & *fig* stürmisch.

tempi ['tempiː] *pl* ▷ **tempo.**

template ['templɪt] *n* [of shape, pattern] Schablone *die.*

temple ['templ] *n* **- 1.** RELIG Tempel *der* **- 2.** ANAT Schläfe *die.*

templet ['templɪt] *n* = **template.**

tempo ['tempəʊ] (*pl* **-s** *OR* **-pi** [-piː]) *n* Tempo *das.*

temporarily [ˌtempə'rerəlɪ] *adv* vorübergehend.

temporary ['tempərərɪ] *adj* vorübergehend; [job] befristet.

tempt [tempt] *vt* [entice]: **to ~ sb to do sthg** jn dazu verlocken, etw zu tun; **to be** *OR* **feel ~ed to do sthg** geneigt sein, etw zu tun.

temptation [temp'teɪʃn] *n* **- 1.** [state] Versuchung *die* **- 2.** [tempting thing] Verlockung *die.*

tempting ['temptɪŋ] *adj* verlockend.

ten [ten] *num* zehn; *see also* **six.**

tenable ['tenəbl] *adj* **- 1.** [reasonable, credible] haltbar **- 2.** [job, post]: **~ for** befristet auf *(+ A).*

tenacious [tɪ'neɪʃəs] *adj* hartnäckig.

tenacity [tɪ'næsətɪ] *n* Hartnäckigkeit *die.*

tenancy ['tenənsɪ] (*pl* **-ies**) *n* **- 1.** [period - of building] Mietdauer *die;* [- of land] Pachtzeit *die* **- 2.** [possession - of building] Mieten *das;* [- of land] Pachten *das.*

tenant ['tenənt] *n* Mieter *der*, -in *die*.

Ten Commandments *npl*: **the ~** die Zehn Gebote.

tend [tend] *vt* - **1.** [have tendency]: **to ~ to do sthg** [person] dazu neigen, etw zu tun; **it ~s to snow in February** es schneit oft im Februar; **I ~ to think (that) ...** ich neige zu der Ansicht, dass ... - **2.** [look after] sich kümmern um.

tendency ['tendənsɪ] (*pl* **-ies**) *n* - **1.** [trend]: **~ towards sthg** Tendenz *die* zu etw - **2.** [leaning, habit] Neigung *die*; **to have the ~ to do sthg** die Neigung haben, etw zu tun.

tender ['tendəʳ] *adj* - **1.** [caring, gentle] zärtlich - **2.** [meat] zart - **3.** [sore] empfindlich - **4.** [young, innocent]: **at the ~ age of ...** im zarten Alter von ... ◇ *n* COMM Angebot *das* ◇ *vt fml* [offer - money] an|bieten; [- resignation] ein|reichen.

tenderize, -ise ['tendəraɪz] *vt* klopfen.

tenderly ['tendəlɪ] *adv* zärtlich.

tenderness ['tendənɪs] *n* - **1.** [care, compassion] Zärtlichkeit *die* - **2.** [soreness] Empfindlichkeit *die*.

tendon ['tendən] *n* Sehne *die*.

tendril ['tendrəl] *n* Ranke *die*.

tenement ['tenəmənt] *n* Mietshaus *das*.

Tenerife [ˌtenə'riːf] *n* Teneriffa *nt*.

tenet ['tenɪt] *n fml* Grundsatz *der*.

tenner ['tenəʳ] *n Br inf* - **1.** [amount] zehn Pfund - **2.** [note] Zehnpfundschein *der*.

tennis ['tenɪs] *n* Tennis *das* ◇ *comp* Tennis-.

tennis ball *n* Tennisball *der*.

tennis court *n* Tennisplatz *der*.

tennis player *n* Tennisspieler *der*, -in *die*.

tennis racket *n* Tennisschläger *der*.

tenor ['tenəʳ] *adj* Tenor- ◇ *n* Tenor *der*.

tenpin bowling *Br* ['tenpɪn-], **tenpins** *Am* ['tenpɪnz] *n* Bowling *das*.

tense [tens] *adj* angespannt ◇ *n* GRAMM Zeit(form) *die* ◇ *vt* [muscles] an|spannen ◇ *vi* [stiffen - muscles] sich spannen; [- person] sich verkrampfen.

tensed up [tenst-] *adj* angespannt.

tension ['tenʃn] *n (U)* - **1.** [anxiety] Anspannung *die*; [between people] Spannung *die* - **2.** TECH [tightness] Spannung *die*.

◆ **tensions** *npl* Spannungen *pl*.

ten-spot *n Am* Zehndollarschein *der*.

tent [tent] *n* Zelt *das*.

tentacle ['tentəkl] *n* Fangarm *der*, Tentakel *der* OR *das*.

tentative ['tentətɪv] *adj* - **1.** [person, step, smile] zögernd - **2.** [agreement, plan] vorläufig.

tentatively ['tentətɪvlɪ] *adv* - **1.** [smile, move, speak] zögernd - **2.** [agree, plan] vorläufig.

tenterhooks ['tentəhʊks] *npl*: **to be on ~** auf glühenden Kohlen sitzen.

tenth [tenθ] *num* zehnte, -r, -s; *see also* **sixth.**

tent peg *n* Hering *der*, Zeltpflock *der*.

tent pole *n* Zeltstange *die*.

tenuous ['tenjʊəs] *adj* schwach.

tenuously ['tenjʊəslɪ] *adv* schwach.

tenure ['tenjəʳ] *n (U) fml* - **1.** [of property]: **security of ~** Mietsicherheit *die* - **2.** [of job] Festanstellung *die*.

tepee ['tiːpiː] *n* Tipi *das*.

tepid ['tepɪd] *adj* **lit** & **fig** lauwarm.

tequila [tɪ'kiːlə] *n* Tequila *der*.

term [tɜːm] *n* - **1.** [word, expression] Begriff *der*, Ausdruck *der* - **2.** SCH & UNIV Trimester *das* - **3.** POL: **~ (of office)** Amtszeit *die* - **4.** [period of time]: **a prison ~** eine Haftstrafe; **in the long/short ~** auf lange/kurze Sicht ◇ *vt* bezeichnen; **to ~ sb/sthg sthg** jn/etw als etw bezeichnen.

◆ **terms** *npl* - **1.** [of contract, agreement] Konditionen *pl* - **2.** [conditions]: **in international ~s** im internationalen Vergleich; **in real ~s** effektiv - **3.** [of relationship]: **on equal** OR **the same ~s** von Gleich zu Gleich; **to be on good ~s (with sb)** (mit jm) gut aus|kommen; **we're no longer on speaking ~s** wir reden nicht mehr miteinander - **4.** *phr*: **to come to ~s with sthg** sich mit etw ab|finden.

◆ **in terms of** *prep* in Bezug auf *(+ A)*; **to think in ~s of doing sthg** daran denken, etw zu tun.

terminal ['tɜːmɪnl] *adj* MED unheilbar ◇ *n* - **1.** RAIL Endbahnhof *der*; AERON Terminal *der* - **2.** COMPUT Terminal *das* - **3.** ELEC Pol *der*.

terminally ['tɜːmɪnəlɪ] *adv* unheilbar.

terminate ['tɜːmɪneɪt] *vt fml* beenden; [contract] auf|lösen; [pregnancy] ab|brechen ◇ *vi* [bus, train] enden.

termination [ˌtɜːmɪ'neɪʃn] *n* - **1.** *(U) fml* [ending] Beendigung *die*; [of contract] Auflösung *die* - **2.** [abortion] Schwangerschaftsabbruch *der*.

termini ['tɜːmɪnaɪ] *pl* ⊳ **terminus.**

terminology [ˌtɜːmɪ'nɒlədʒɪ] *n* Terminologie *die*.

terminus ['tɜːmɪnəs] (*pl* **-ni** OR **-nuses**) *n* Endstation *die*.

termite ['tɜːmaɪt] *n* Termite *die*.

Ter(r) *abbr of* **terrace.**

terrace ['terəs] *n* - **1.** *Br* [of houses] Häuserreihe *die* - **2.** [patio] Terrasse *die*.

◆ **terraces** *npl* FTBL: **the ~s** die Ränge *pl*.

terraced ['terəst] *adj* [hillside] terrassenförmig angelegt.

terraced house *n Br* Reihenhaus *das*.

terracotta [ˌterə'kɒtə] *n* Terrakotta *die*.

terrain [te'reɪn] *n* Gelände *das.*

terrapin ['terəpɪn] (*pl inv* OR **-s**) *n* Sumpfschildkröte *die.*

terrestrial [tə'restrɪəl] *adj* ***fml*** **- 1.** [of the Earth] Erd-; [life, things] irdisch **- 2.** [of the land] Land- **- 3.** RADIO & TV terrestrisch.

terrible ['terəbl] *adj* furchtbar, schrecklich.

terribly ['terəblɪ] *adv* **- 1.** [very badly] schrecklich schlecht **- 2.** [extremely] furchtbar, schrecklich.

terrier ['terɪə^r] *n* Terrier *der.*

terrific [tə'rɪfɪk] *adj* **- 1.** [wonderful] großartig **- 2.** [enormous] enorm.

terrified ['terɪfaɪd] *adj:* **to be ~ (of sb/sthg)** wahnsinnige Angst haben (vor jm/etw).

terrify ['terɪfaɪ] (*pt* & *pp* **-ied**) *vt* in Angst und Schrecken versetzen.

terrifying ['terɪfaɪɪŋ] *adj* fürchterlich.

terrine [te'ri:n] *n* Pastete *die.*

territorial [ˌterɪ'tɔ:rɪəl] *adj* territorial.

Territorial Army *n* ***Br:*** **the ~** das Territorialheer.

territorial waters *npl* Hoheitsgewässer *pl.*

territory ['terətrɪ] (*pl* **-ies**) *n* **- 1.** [political area] Territorium *das* **- 2.** [terrain] Gelände *das.*

terror ['terə^r] *n* **- 1.** [fear] panische Angst **- 2.** [something feared]: **the ~s of war** der Schrecken des Krieges **- 3.** ***inf*** [rascal] Teufel *der.*

terrorism ['terərɪzm] *n* Terrorismus *der.*

terrorist ['terərɪst] *n* Terrorist *der*, -in *die.*

terrorize, -ise ['terəraɪz] *vt* terrorisieren.

terror-stricken *adj* starr vor Schreck.

terry(cloth) ['terɪ(klɒθ)] *n* Frottee *der* OR *das.*

terse [tɜ:s] *adj* **- 1.** [reply, remark] knapp **- 2.** [person] kurz angebunden.

tersely ['tɜ:slɪ] *adv* knapp, kurz.

tertiary ['tɜ:ʃərɪ] *adj* ***fml*** Tertiär-, tertiär.

tertiary education *n* Hochschulwesen *das.*

Terylene® ['terəli:n] *n* Trevira® *das.*

TESL ['tesl] (*abbr of* **teaching of English as a second language**) *n Unterrichten des Englischen als Zweitsprache.*

TESSA ['tesə] (*abbr of* **tax-exempt special savings account**) *n steuerbefreites Sparkonto in Großbritannien.*

test [test] *n* **- 1.** [trial] Test *der;* [of friendship, courage] Probe *die;* **to put sb/sthg to the ~** jn/etw auf die Probe stellen **- 2.** [examination of knowledge, skill] SCH Klassenarbeit *die;* UNIV Klausur *die;* **driving ~** Fahrprüfung *die* **- 3.** MED [medical check] Test *der* ◇ *vt* **- 1.** [car, method] testen; [friendship, courage] auf die Probe stellen; **to have one's eyes ~ed** seine Augen testen lassen **- 2.** [pupil] prüfen; **to ~ sb on sthg** jn in etw *(D)* prüfen.

testament ['testəmənt] *n* **- 1.** [gen] Testament *das* **- 2.** [proof]: **~ to sthg** Beweis *der* für etw.

test ban *n* Teststopp *der.*

test card *n* ***Br*** Testbild *das.*

test case *n* LAW Musterfall *der.*

test-drive *vt* Probe fahren.

tester ['testə^r] *n* **- 1.** [person] Prüfer *der*, -in *die* **- 2.** [sample] Muster *das.*

test flight *n* Testflug *der.*

testicles ['testɪklz] *npl* Hoden *pl.*

testify ['testɪfaɪ] (*pt* & *pp* **-ied**) *vt:* **to ~ that** bezeugen, dass ◇ *vi* **- 1.** LAW aus|sagen **- 2.** [be proof]: **to ~ to sthg** von etw zeugen.

testimonial [ˌtestɪ'məʊnjəl] *n* [reference] Referenz *die.*

testimony [***Br*** 'testɪmənɪ, ***Am*** 'testəməʊnɪ] *n (U)* **- 1.** LAW Aussage *die* **- 2.** [proof, demonstration]: **~ to sthg** Zeichen *das* für etw.

testing ['testɪŋ] *adj* [difficult] schwer.

testing ground *n* Versuchsgelände *das.*

test match *n* ***Br*** *internationales Cricket- oder Rugbyspiel.*

testosterone [tes'tɒstərəʊn] *n* Testosteron *das.*

test paper *n* **- 1.** SCH Klassenarbeit *die* **- 2.** CHEM Reagenzpapier *das.*

test pattern *n* ***Am*** Testbild *das.*

test pilot *n* Testpilot *der*, -in *die.*

test tube *n* Reagenzglas *das.*

test-tube baby *n* Retortenbaby *das.*

testy ['testɪ] (*compar* **-ier;** *superl* **-iest**) *adj* gereizt.

tetanus ['tetənəs] *n* Tetanus *der*, Wundstarrkrampf *der.*

tetchy ['tetʃɪ] (*compar* **-ier;** *superl* **-iest**) *adj* reizbar.

tête-à-tête ['tetɑ:tet] *n* Treffen *das* unter vier Augen.

tether ['teðə^r] *vt* an|binden ◇ *n:* **to be at the end of one's ~** am Ende sein.

Tex-Mex [ˌteks'meks] *adj* Tex-Mex-.

text [tekst] *n* **- 1.** [gen] Text *der* **- 2.** [of speech, interview] Wortlaut *der.*

textbook ['tekstbʊk] *n* Lehrbuch *das.*

textile ['tekstaɪl] *n* Textilie *die;* **~s** Textilien *pl* ◇ *comp* Textil-.

texture ['tekstʃə^r] *n* Beschaffenheit *die.*

TGWU (*abbr of* **Transport and General Workers' Union**) *n britische Gewerkschaft.*

Thai [taɪ] *adj* thailändisch ◇ *n* **- 1.** [person] Thailänder *der*, -in *die* **- 2.** [language] Thai *das.*

Thailand ['taɪlænd] *n* Thailand *nt.*

Thames [temz] *n:* **the ~** die Themse.

than [*weak form* ðən, *strong form* ðæn] *prep* als; **you're better ~ me** du bist besser als ich; **move ~ ten** mehr als zehn ◇ *conj* als; **I'd rather stay in ~ go out** ich bleibe lieber zu Hause als auszugehen; **she would do anything rather ~ let him suffer** sie würde alles tun, um ihn nicht leiden zu lassen; **no sooner had we arrived ~ the music began** kaum waren wir angekommen, da begann die Musik zu spielen.

thank [θæŋk] *vt:* **to ~ sb (for sthg)** jm (für etw) danken; **~ God** *OR* **goodness** *OR* **heavens!** Gott sei Dank!

◆ **thanks** *npl* Dank *der* ◇ *excl* danke.

◆ **thanks to** *prep* dank *(+ D).*

thankful [ˈθæŋkfʊl] *adj* **- 1.** [grateful]: **~ (for sthg)** dankbar (für etw) **- 2.** [relieved] erleichtert.

thankfully [ˈθæŋkfʊlɪ] *adv* **- 1.** [with gratitude] dankbar **- 2.** [thank goodness] glücklicherweise.

thankless [ˈθæŋklɪs] *adj* undankbar.

thanksgiving [ˈθæŋksˌgɪvɪŋ] *n* Danksagung *die.*

◆ **Thanksgiving (Day)** *n amerikanisches Erntedankfest.*

THANKSGIVING

In den USA ist „Thanksgiving" (Erntedankfest) ein Feiertag, der an jedem vierten Donnerstag im November zum Dank für die Ernte, aber auch für alle anderen Segnungen des vergangenen Jahres gefeiert wird. Das Fest geht auf das Jahr 1621 zurück, als die ersten Siedler aus Großbritannien, die „Pilgrims", ihre erste Ernte einbrachten. Das traditionelle Thanksgiving-Essen besteht aus Truthahnbraten und „pumpkin pie", einem Kürbisgericht.

thank you *excl* danke schön!; **~ for** danke für.

◆ **thankyou** *n* Dankeschön *das.*

that [ðæt, *weak form of pron senses 3–5 & conj* ðət] (*pl* **those**) *pron* **- 1.** *(demonstrative use)* das, die *pl;* **who's/what's ~?** wer/was ist das?; **~'s interesting** das ist interessant; **is ~ Lucy?** [on phone] bist du das, Lucy?; [pointing] ist das Lucy?; **how much are those?** wieviel kosten die (da)?; **all those I saw** all die, die ich sah; **after ~** danach; **what do you mean by ~?** was willst du damit sagen? **- 2.** *(referring to thing or person further away)* jene, -r, -s, jene *pl;* **this is new, ~ is old** dies ist neu, jenes ist alt; **I want those there** ich möchte die da **- 3.** *(introducing relative clause: subject)* der/die/das, die *pl;* **a shop ~ sells antiques** ein Geschäft, das Antiquitäten verkauft **- 4.** *(introducing relative clause: object)* den/die/das, die *pl;* **the film ~ I saw** der Film, den ich gesehen habe; **everything ~ I have done** alles, was ich gemacht habe; **the best ~ he could do** das Beste, was er machen könnte **- 5.** *(introducing relative clause: after prep + D)* dem/der/dem, denen *pl; (introducing relative clause: after prep + A)* den/die/das, die *pl;* **the place ~ I'm looking for** der Ort, nach dem ich suche; **the envelope ~ I put it in** der Umschlag, in den ich es steckte; **the night ~ we went to the theatre** der Abend, an dem wir ins Theater gingen ◇ *adj* **- 1.** *(demonstrative use)* der/die/das, die *pl;* **~ film was good** der Film war gut; **who's ~ man?** wer ist der Mann?; **what's ~ noise?** was ist das für ein Lärm?; **those chocolates are delicious** die Pralinen da schmecken köstlich **- 2.** *(referring to thing or person further away)* jene, -r, -s, jene *pl;* **I prefer ~ book** ich bevorzuge das Buch da; **I'll have ~ one** ich nehme das da ◇ *adv* so; **it wasn't ~ bad/good** es war nicht so schlecht/gut ◇ *conj* dass; **he recommended ~ I phone you** er empfahl, dass ich dich anrufen sollte; **tell him ~ I'm going to be late** sag ihm, dass ich später komme.

◆ **at that** *adv:* **she's a photographer, and a good one at ~** sie ist Fotografin, und dazu *OR* sogar eine gute.

◆ **that is (to say)** *adv* das heißt.

◆ **that's it** *adv* [that's all] das ist alles; **~'s it, I'm leaving** jetzt reichts, ich gehe.

◆ **that's that** *adv* damit hat sichs.

thatched [θætʃt] *adj:* **~ roof** Reetdach *das.*

that's [ðæts] = **that is.**

thaw [θɔː] *vt* auf|tauen ◇ *vi* **- 1.** [ice, frozen food] tauen **- 2.** *fig* [atmosphere] sich entspannen ◇ *n* Tauwetter *das.*

the [*weak form* ðə, *before vowel* ðɪ, *strong form* ðiː] *def art* **- 1.** [gen] der/die/das, die *pl;* **~ man** der Mann; **~ woman** die Frau; **~ book** das Buch; **~ girls** die Mädchen; **~ Wilsons** die Wilsons; **~ highest mountain in ~ world** der höchste Berg der Welt; **to play ~ piano** Klavier spielen; **ten pence in ~ pound** zehn Pence pro Pfund; **you're not THE Jack Straw, are you?** Sie sind nicht DER Jack Straw, oder?; **it's THE place to go to in Paris** da geht man in Paris hin **- 2.** *(with an adj to form a noun)*: **~ British/poor** die Briten/Armen; **~ impossible** das Unmögliche **- 3.** [in dates] der; **~ twelfth (of May)** der Zwölfte (Mai); **~ forties** die Vierziger **- 4.** [in comparisons]: **~ more I see of her, ~ less I like her** je mehr ich sie sehe, desto weniger mag ich sie; **~ sooner ~ better** je eher, desto besser **- 5.** [in titles]: **Elizabeth ~ Second** Elisabeth die Zweite **- 6.** [in exclamations]: **~ impudence of it!** was für eine Unverschämtheit!

theatre *Br,* **theater** *Am* [ˈθɪətəʳ] *n* **- 1.** [building] Theater *das* **- 2.** [art, industry]: **the ~** das Theater **- 3.** [in hospital] Operationssaal *der* **- 4.** *Am* [cinema] Kino *das.*

theatregoer *Br,* **theatergoer** *Am* [ˈθɪətəˌgəʊəʳ] *n* Theaterbesucher *der,* -in *die.*

theatrical [θɪ'ætrɪkl] *adj* **- 1.** [of the theatre] Theater- **- 2.** *fig* [for effect] theatralisch.

theft [θeft] *n* Diebstahl *der*.

their [ðeəʳ] *poss adj* ihr; **~ house** ihr Haus; **~ children** ihre Kinder; **they brushed ~ teeth** sie putzten sich *(D)* die Zähne; **it wasn't THEIR fault** das war nicht IHRE Schuld.

theirs [ðeəz] *poss pron* ihre, -r, -s; **that is ~** das ist ihres; **this house is ~** dieses Haus gehört ihnen; **a friend of ~** ein Freund von ihnen; **it wasn't our fault, it was THEIRS** das war nicht unsere Schuld, es war IHRE.

them [*weak form* ðəm, *strong form* ðem] *pers pron pl (accusative)* sie; *(dative)* ihnen; **I know ~** ich kenne sie; **I like ~** sie gefallen mir; **it's ~** sie sind es; **send it to ~** schicke es ihnen; **tell ~** sage ihnen; **he's worse than ~** er ist schlimmer als sie; **if I were** *OR* **was ~** wenn ich sie wäre; **you can't expect THEM to do it** du kannst nicht erwarten, dass SIE das tun; **all of ~** sie alle; **none of ~** keiner von ihnen; **some/a few of ~** einige von ihnen; **most of ~** die meisten; **both of ~** alle beide; **there are three of ~** es gibt drei davon; [people] sie sind zu dritt; **neither of ~** keiner/keine/keines von beiden; **lay the tables and put some flowers on ~** decken Sie die Tische und stellen Sie Blumen darauf.

thematic [θɪ'mætɪk] *adj* thematisch.

theme [θi:m] *n* **- 1.** [gen] Thema *das* **- 2.** [theme tune - of film] Titelmusik *die;* [- of TV, radio programme] Erkennungsmelodie *die*.

theme park *n Freizeitpark, dessen Gestaltung einem bestimmten Thema folgt.*

theme song *n* [of film] Titelsong *der;* [of TV programme] Erkennungssong *der*

theme tune *n* [of film] Titelmelodie *die;* [of TV, radio programme] Erkennungsmelodie *die*.

themselves [ðem'selvz] *pron* sich; **they washed ~** sie wuschen sich; **by ~** [alone] allein; **they did it (by) ~** sie machten es selbst; **they work for ~** sie arbeiten für sich selbst.

then [ðen] *adv* **- 1.** [not now, next, afterwards] dann; [in the past] damals; **the film starts at eight – I'll see you ~** der Film fängt um acht an – bis dann; **I had breakfast, ~ I went to work** ich frühstückte und ging dann zur Arbeit; **we were much younger ~** wir waren damals viel jünger; **before ~** vorher; **by/until ~** bis dahin; **from ~ on** von da an; **since ~** seitdem **- 2.** [in that case] also; **go on, ~** machs also!; **you knew all along, ~?** du hast es also die ganze Zeit gewusst? **- 3.** [therefore] also; **these, ~, were the reasons for our failure** das waren also die Gründe für unser Versagen **- 4.** [with "if" clauses] dann; **if you help me now, ~ I'll help you later** wenn Sie mir jetzt helfen, dann helfe ich Ihnen später **- 5.** [furthermore, also] außerdem; **... (and) ~ there are the children to consider ...** und dann müssen wir an die Kinder denken ◇ *adj* damalig; **the ~ president** der damalige Präsident.

thence [ðens] *adv fml* & *literary* [from that place] von dort.

theologian [θɪə'ləʊdʒən] *n* Theologe *der*, -gin *die*.

theology [θɪ'ɒlədʒɪ] *n* Theologie *die*.

theorem ['θɪərəm] *n* Theorem *das*.

theoretical [θɪə'retɪkl] *adj* theoretisch.

theoretically [θɪə'retɪklɪ] *adv* theoretisch.

theorist ['θɪərɪst] *n* Theoretiker *der*, -in *die*.

theorize, -ise ['θɪəraɪz] *vi:* **to ~ (about sthg)** theoretisieren (über etw *(A)*).

theory ['θɪərɪ] (*pl* **-ies**) *n* Theorie *die;* **in ~** theoretisch, in der Theorie.

therapeutic [ˌθerə'pju:tɪk] *adj* therapeutisch.

therapist ['θerəpɪst] *n* Therapeut *der*, -in *die*.

therapy ['θerəpɪ] *n* Therapie *die*.

there [ðeəʳ] *pron* **- 1.** [indicating existence]: **~ is/are** es gibt; **are ~ any left?** sind noch welche übrig?; **~ are three of us** wir sind zu dritt; **~'s a page missing** es fehlt eine Seite; **~ must be some mistake** das muss ein Irrtum sein **- 2.** *(with vb) fml:* **~ comes a time when ...** es kommt eine Zeit, wo ... ◇ *adv* **- 1.** [in existence, present] da; **is anyone ~?** ist da jemand?; **is John ~, please?** [on phone] ist John da? **- 2.** [at/in that place] dort; [to that place] dorthin; **that man ~** der Mann dort; **I'm going ~ next week** ich gehe nächste Woche hin; **we're ~ at last!** endlich sind wir da!; **it's 6 kilometres ~ and back** es sind 6 Kilometer hin und zurück; **~ it/he is** da ist es/er; **in/over ~** da drinnen/drüben; **up ~** dort oben **- 3.** [point in conversation] da; **you're wrong ~** da irrst du dich **- 4.** [particular stage]: **they will take it from ~** sie werden es ab da übernehmen; **I'm nearly ~** ich bin bald soweit; **we're getting ~** wir sind fast soweit **- 5.** *phr:* **he's not all ~** *inf* er hat nicht alle Tassen im Schrank ◇ *excl:* **~, I told you so!** ich habe es dir doch gleich gesagt!; **~, ~ (don't cry)** na, na (weine nicht).

◆ **there and then, then and there** *adv* auf der Stelle.

◆ **there you are** *adv* **- 1.** [handing sthg to sb] bitte schön **- 2.** [emphasizing that one is right]: **~ you are, what did I tell you!** ich habe es dir doch gleich gesagt! **- 3.** [expressing reluctant acceptance]: **it's not ideal, but ~ you are!** es ist nicht ideal, aber was will man machen.

thereabouts [ðeərə'baʊts], **thereabout** *Am* [ðeərə'baʊt] *adv:* **at eight o'clock or ~** so um acht Uhr herum; **fifty or ~** so ungefähr fünfzig; **somewhere ~** da irgendwo.

thereafter [ˌðeər'ɑ:ftəʳ] *adv fml* danach.

thereby [ˌðeər'baɪ] *adv fml* damit.

therefore [ˈðeəfɔːʳ] *adv* deshalb, deswegen.

therein [ˌðeərˈɪn] *adv fml* darin.

there's [ðeəz] = **there is.**

thereupon [ˌðeərəˈpɒn] *adv fml* [then] daraufhin.

thermal [ˈθɜːml] *adj* - **1.** TECH [thermisch]: **~ insulation** Wärmedämmung *die* - **2.** [clothes] Thermo-.

thermal reactor *n* Wärmekraftwerk *das.*

thermal underwear *n* Thermounterwäsche *die.*

thermodynamics [ˌθɜːməʊdaɪˈnæmɪks] *n (U)* Thermodynamik *die.*

thermoelectric [ˌθɜːməʊɪˈlektrɪk] *adj* thermoelektrisch.

thermometer [θəˈmɒmɪtəʳ] *n* Thermometer *das.*

thermonuclear [ˌθɜːməʊˈnjuːklɪəʳ] *adj* thermonuklear; **~ weapon** Thermonuklearwaffe *die.*

thermoplastic [ˌθɜːməʊˈplæstɪk] *adj* thermoplastisch ◇ *n* Thermoplast *der.*

Thermos (flask)® [ˈθɜːməs-] *n* Thermosflasche® *die.*

thermostat [ˈθɜːməstæt] *n* Thermostat *der.*

thesaurus [θɪˈsɔːrəs] (*pl* **-es**) *n* Thesaurus *der.*

these [ðiːz] *pl* ▷ **this.**

thesis [ˈθiːsɪs] (*pl* **theses** [ˈθiːsiːz]) *n* - **1.** [argument] These *die* - **2.** [doctoral dissertation] Dissertation *die*, Doktorarbeit *die.*

they [ðeɪ] *pers pron pl* - **1.** [gen] sie; **~'re happy** sie sind glücklich; **~'re pretty earrings** das sind hübsche Ohrringe; **it is ~ who are responsible** sie sind es, die verantwortlich sind; **THEY can't do it** SIE können es nicht tun - **2.** [unspecified people] man; **~ still haven't repaired the road** sie haben immer noch nicht die Straße repariert; **~ say that ...** man sagt, dass ...

they'd [ðeɪd] = **they had, they would.**

they'll [ðeɪl] = **they shall, they will.**

they're [ðeəʳ] = **they are.**

they've [ðeɪv] = **they have.**

thick [θɪk] *adj* - **1.** [gen] dick; **it is one metre ~** es ist einen Meter dick; **the table was ~ with dust** auf dem Tisch lag eine dicke Staubschicht - **2.** [dense] dicht; **~ with smoke** voller Rauch - **3.** *inf* [stupid] dumm - **4.** [accent] stark ◇ *n:* **to be in the ~ of it** mittendrin sein.

◆ **thick and fast** *adv:* **the questions came ~ and fast** es kam eine Flut von Fragen.

◆ **through thick and thin** *adv* durch dick und dünn.

thicken [ˈθɪkn] *vt* [soup, sauce] ein|dicken ◇ *vi* [forest, crowd, fog] dichter werden; [soup, sauce] dicker werden.

thickener, thickening [ˈθɪknɪŋ] *n* Bindemittel *das.*

thicket [ˈθɪkɪt] *n* Dickicht *das.*

thickly [ˈθɪklɪ] *adv* - **1.** [cut, spread] dick - **2.** [grow, populated, wooded] dicht.

thickness [ˈθɪknɪs] *n* - **1.** [width, depth] Dicke *die* - **2.** [density] Dichte *die* - **3.** [viscosity] Dickflüssigkeit *die.*

thickset [ˌθɪkˈset] *adj* gedrungen.

thick-skinned [-ˈskɪnd] *adj* dickfellig.

thief [θiːf] (*pl* **thieves**) *n* Dieb *der*, -in *die.*

thieve [θiːv] *vt & vi* stehlen.

thieves [θiːvz] *pl* ▷ **thief.**

thieving [ˈθiːvɪŋ] *adj* diebisch; **keep your ~ hands off ...!** Finger weg von ...! ◇ *n (U)* Diebstähle *pl.*

thigh [θaɪ] *n* Oberschenkel *der.*

thighbone [ˈθaɪbəʊn] *n* Oberschenkelknochen *der.*

thimble [ˈθɪmbl] *n* Fingerhut *der.*

thin [θɪn] (*compar* **-ner;** *superl* **-nest;** *pt & pp* **-ned;** *cont* **-ning**) *adj* - **1.** [gen] dünn - **2.** [sparse] gering; [mist] leicht; [hair] dünn, schütter; **there was a ~ crowd there** es waren nur wenige Leute da; **he is a bit ~ on top** er hat eine leichte Glatze - **3.** [poor - excuse] fadenscheinig ◇ *adv:* **his jokes are beginning to wear ~** seine Witze klingen reichlich abgedroschen; **my patience is wearing ~** meine Geduld geht zu Ende ◇ *vi:* **to be ~ning** [hair] schütter werden.

◆ **thin down** *vt sep* verdünnen.

thin air *n (U):* **to appear out of ~** aus dem Nichts auf|tauchen; **to disappear into ~** sich in Luft auf|lösen.

thing [θɪŋ] *n* - **1.** [affair, item, subject] Sache *die*, Ding *das;* **the (best) ~ to do would be ...** das Beste wäre (es) ...; **for one ~** erst einmal; **I just couldn't get it finished, (what) with one ~ and another** ich bin einfach nicht damit fertig geworden, weil so viel dazwischengekommen ist; **the ~ is ...** die Sache ist die, dass ...; **it's just one of those ~s** *inf* so was kommt schon mal vor; **to have a ~ about sb/sthg** *inf* [like] auf jn/etw ab|fahren; [dislike] einen Horror vor jm/etw haben; **to make a ~ (out) of sthg** *inf* eine große Sache aus etw machen - **2.** [anything]: **not a ~** gar nichts - **3.** [object, creature] Ding *das;* **the lucky ~!** der/die Glückliche!; **you poor ~!** du Armer/Arme! - **4.** *inf* [fashion]: **concern for the environment is the ~ these days** Umweltschutz ist zur Zeit in; **the latest ~ in sports cars** das Neueste auf dem Sportwagenmarkt.

◆ **things** *npl* - **1.** [clothes, possessions] Sachen *pl* - **2.** *inf* [life] Dinge *pl.*

thingamabob [ˈθɪŋəməˌbɒb], **thingummy(jig)** *Br* [ˈθɪŋəmɪ(dʒɪg)], **thingie** *Br*, **thingy**

Br ['θɪŋɪ] (*pl* **-ies**) *n* Dings(bums) *der, die, das,* Dingsda *der, die, das.*

think [θɪŋk] (*pt* & *pp* **thought**) *vt* **- 1.** [believe]: **to ~ (that)** denken(, dass), glauben(, dass); **I ~ so** ich glaube schon; **I don't ~ so** ich glaube nicht **- 2.** [have in mind]: **to ~ (that)** denken(, dass); **what are you ~ing?** woran denkst du? **- 3.** [imagine] sich *(D)* denken, sich *(D)* vor|stellen **- 4.** [remember]: **did you ~ to bring any money?** hast du daran gedacht, etwas Geld mitzubringen?; **try and ~ what you were doing on that date** versuche dich zu erinnern, was du an dem Tag gemacht hast **- 5.** [in polite requests]: **do you ~ you could help me?** könnten Sie mir vielleicht helfen? ◇ *vi* **- 1.** [use mind] denken; **I thought for a long time** ich dachte lange nach **- 2.** [have stated opinion]: **what do you ~ of** *OR* **about his new film?** was hältst du von seinem neuen Film?; **I don't ~ much of them/it** ich halte nicht viel von ihnen/davon; **to ~ a lot of sb/sthg** viel von jm/etw halten **- 3.** *phr:* **he was going to complain, but thought better of it** er wollte sich beschweren, überlegte es sich dann aber anders; **to ~ nothing of doing sthg** nichts dabei finden, etw zu tun; **to ~ twice before doing sthg** es sich *(D)* genau überlegen, bevor man etw tut ◇ *n* *inf:* **to have a ~ (about sthg)** sich *(D)* etw überlegen; **let me have a ~** lass mich überlegen.

◆ **think about** *vt fus* [consider] nach|denken über *(+ A);* **to ~ about doing sthg** daran denken, etw zu tun.

◆ **think back** *vi:* **to ~ back (to sthg)** zurück|denken (an etw *(A)*).

◆ **think of** *vt fus* **- 1.** [consider, remember, show consideration for] denken an *(+ A);* **to ~ of doing sthg** daran denken, etw zu tun; **I can't ~ of her name** ich kann mich nicht an ihren Namen erinnern, ich komme nicht auf ihren Namen **- 2.** [conceive] sich *(D)* aus|denken; **to ~ of doing sthg** die Idee haben, etw zu tun; **we'll ~ of sthg** wir werden uns *(D)* etw einfallen lassen.

◆ **think out, think through** *vt sep* (gründlich) durchdenken.

◆ **think over** *vt sep* überdenken.

◆ **think up** *vt sep* sich *(D)* aus|denken.

thinker ['θɪŋkəʳ] *n* Denker *der,* -in *die.*

thinking ['θɪŋkɪŋ] *adj* [person] denkend ◇ *n (U)* **- 1.** [opinion] Meinung *die;* **to my way of ~** meiner Meinung nach **- 2.** [reflection]: **to do a lot of hard ~ about sthg** gründlich über etw *(A)* nach|denken **- 3.** [theory] Überlegungen *pl.*

think tank *n* Expertenkommission *die.*

thinly ['θɪnlɪ] *adv* **- 1.** [cut, spread] dünn **- 2.** [forested] spärlich; [populated] dünn; [clad] leicht **- 3.** [disguised] kaum.

thinner ['θɪnəʳ] *n (U)* Verdünner *der.*

thinness ['θɪnnɪs] *n* **- 1.** [in width, depth] Dünne *die* **- 2.** [slim build] Magerkeit *die.*

thin-skinned [-'skɪnd] *adj* dünnhäutig.

third [θɜːd] *num* dritte, -r, -s ◇ *n* **- 1.** [fraction] Drittel *das* **- 2.** *Br* UNIV *Abschluss mit „Befriedigend"; see also* **sixth.**

third-class *adj Br* UNIV: **~ degree** *Abschluss mit „Befriedigend".*

third-degree burns *npl* Verbrennungen *pl* dritten Grades.

thirdly ['θɜːdlɪ] *adv* drittens.

third party *n* Dritte *der, die.*

third party insurance *n* Haftpflichtversicherung *die.*

third-rate *adj pej* drittklassig.

Third World *n:* **the ~** die Dritte Welt.

thirst [θɜːst] *n* Durst *der;* **a ~ for sthg** *fig* ein Durst nach etw; **~ for adventure** Abenteuerlust *die.*

thirsty ['θɜːstɪ] (*compar* **-ier;** *superl* **-iest**) *adj:* **to be** *OR* **feel ~** Durst haben, durstig sein; **this is ~ work** diese Arbeit macht durstig.

thirteen [ˌθɜː'tiːn] *num* dreizehn; *see also* **six.**

thirteenth [ˌθɜː'tiːnθ] *num* dreizehnte, -r, -s; *see also* **sixth.**

thirtieth ['θɜːtɪəθ] *num* dreißigste, -r, -s; *see also* **sixth.**

thirty ['θɜːtɪ] (*pl* **-ies**) *num* dreißig; *see also* **sixty.**

thirty-something *adj:* **to be ~** in den Dreißigern sein.

this [ðɪs] (*pl* **these**) *pron* **- 1.** *(referring to thing, person mentioned)* das; **~ is for you** das ist für dich; **who's/what's ~?** wer/was ist das?; **what are these?** was ist das?; **~ is Daphne Logan** [introducing someone] das ist Daphne Logan; [introducing o.s. on phone] hier ist Daphne Logan; **before ~** früher; **we talked about ~ and that** wir sprachen von diesem und jenem **- 2.** *(referring to thing, person nearer speaker)* diese, -r, -s, diese *pl;* **which shoes do you want, these or those?** welche Schuhe wollen Sie, die hier oder die da?; **I want these here** ich möchte die hier ◇ *adj* **- 1.** *(referring to thing, person)* diese, -r, -s, diese *pl;* **I prefer ~ book** ich bevorzuge dieses Buch; **these chocolates are delicious** diese Pralinen schmecken köstlich; **I'll have ~ one/these ones** ich nehme dieses/diese; **~ morning/evening** heute Morgen/Abend; **~ week** diese Woche; **~ Sunday/summer** diesen Sonntag/Sommer **- 2.** *inf* [a certain]: **there was ~ man ...** da war dieser Mann ...; **~ woman came over to my table** diese Frau kam an meinen Tisch ◇ *adv* so; **it was ~ big** es war so groß; **~ far** hierher.

thistle ['θɪsl] *n* Distel *die.*

thither ['ðɪðəʳ] *adv* ▻ **hither.**

tho' [ðəʊ] *conj* & *adv* = **though.**

thong [θɒŋ] *n* - **1.** [piece of leather] Lederriemen *der* - **2.** ***Am*** [sandal] Sandale *die.*

thorn [θɔːn] *n* [prickle] Dorn *der;* **to be a ~ in sb's flesh** *OR* **side** jm ein Dorn im Auge sein.

thorny ['θɔːnɪ] (*compar* **-ier;** *superl* **-iest**) *adj* - **1.** [prickly] dornig - **2.** ***fig*** [tricky, complicated] heikel.

thorough ['θʌrə] *adj* - **1.** [exhaustive, meticulous] gründlich; [worker] sorgfältig, gewissenhaft - **2.** [complete, utter] völlig; **that's a ~ nuisance** das ist wirklich lästig.

thoroughbred ['θʌrəbred] *n* [horse] Vollblut *das.*

thoroughfare ['θʌrəfeəʳ] *n* ***fml*** Durchgangsstraße *die.*

thoroughly ['θʌrəlɪ] *adv* - **1.** [fully, in detail] gründlich - **2.** [completely, utterly] durch und durch.

thoroughness ['θʌrənɪs] *n* *(U)* Gründlichkeit *die;* [of worker] Sorgfältigkeit *die*, Gewissenhaftigkeit *die.*

those [ðəʊz] *pl* ▷ **that.**

though [ðəʊ] *conj* - **1.** [in spite of the fact that] obwohl, obgleich - **2.** [even if] wenn auch ◇ *adv* [nevertheless] aber; **he's quite intelligent, ~** er ist aber ziemlich intelligent.

thought [θɔːt] *pt* & *pp* ▷ **think** ◇ *n* - **1.** [notion] Gedanke *der;* **he hasn't a ~ in his head** er hat nichts im Kopf - **2.** *(U)* [act of thinking] Nachdenken *das;* **to give some ~ to sthg** über etw *(A)* nach|denken; **after much ~** nach langem Überlegen - **3.** [philosophy] Denken *das* - **4.** [gesture]: **it's the ~ that counts** der gute Wille zählt.

◆ **thoughts** *npl* Gedanken *pl;* **to collect one's ~s** seine Gedanken sammeln.

thoughtful ['θɔːtfʊl] *adj* - **1.** [pensive - person, mood] nachdenklich - **2.** [considerate - person] rücksichtsvoll; [- action, remark] wohl überlegt.

thoughtfulness ['θɔːtfʊlnɪs] *n (U)* - **1.** [pensiveness] Nachdenklichkeit *die* - **2.** [considerateness] Rücksichtnahme *die.*

thoughtless ['θɔːtlɪs] *adj* [person, behaviour] rücksichtslos; [remark] unüberlegt.

thoughtlessness ['θɔːtlɪsnɪs] *n (U)* [of person, behaviour] Rücksichtslosigkeit *die;* [of remark] Unüberlegtheit *die.*

thousand ['θaʊznd] *num* - **1.** [number] tausend; **a/one ~** (ein)tausend; **five ~ and forty-two** fünftausend(und)zweiundvierzig; **~s of** Tausende von - **2.** ***fig*** [umpteen]: **a ~** tausend; **I have a ~ things to do** ich habe tausend Dinge zu tun; *see also* **six.**

thousandth ['θaʊzntθ] *num* tausendste, -r, -s; *see also* **sixth** ◇ *n* [fraction] Tausendstel *das.*

thrash [θræʃ] *vt* - **1.** [beat, hit] prügeln - **2.** ***inf*** [trounce] fertig machen.

◆ **thrash about, thrash around** *vi* sich hin und her werfen.

◆ **thrash out** *vt sep* durch|diskutieren.

thrashing ['θræʃɪŋ] *n* - **1.** [beating, hitting] Prügel *pl;* **to give sb a ~** jm eine Tracht Prügel verpassen - **2.** ***inf*** [trouncing] Schlappe *die;* **to give sb a ~** jn fertig machen.

thread [θred] *n* - **1.** [of cotton, wool] Faden *der* - **2.** [of screw] Gewinde *das* - **3.** ***fig*** [theme]: **to follow the ~ of sb's argument** js Gedankengang *(D)* folgen; **she lost the ~ (of what she was saying)** sie hat den Faden verloren ◇ *vt* - **1.** [needle] ein|fädeln; [beads] auf|ziehen - **2.** [move]: **to ~ one's way through the crowd** sich durch die Menge schlängeln.

threadbare ['θredbeəʳ] *adj* [garment] abgetragen; [carpet] abgewetzt; [argument] fadenscheinig.

threat [θret] *n* - **1.** [warning] Drohung *die* - **2.** [menace]: **~ (to sb/sthg)** Bedrohung *die OR* Gefahr *die* (für jn/etw) - **3.** [risk]: **the ~ of war/inflation** die Gefahr eines Krieges/einer Inflation; **there is a ~ of storms** es kann Stürme geben.

threaten ['θretn] *vt* - **1.** [issue threat]: **to ~ sb (with sthg)** jm (mit etw) drohen; **to ~ to do sthg** drohen, etw zu tun - **2.** [be likely]: **to ~ to do sthg** drohen, etw zu tun - **3.** [endanger] bedrohen, gefährden ◇ *vi* drohen.

threatening ['θretnɪŋ] *adj* [person, behaviour] drohend; [situation, weather] bedrohlich; **~ letter** Drohbrief *der.*

three [θriː] *num* drei; *see also* **six.**

three-D *adj* 3-D-.

three-dimensional [-dɪ'menʃənl] *adj* dreidimensional.

threefold ['θriːfəʊld] *adj* & *adv* dreifach; **a ~ increase** ein Anstieg auf das Dreifache.

three-legged race [-'legɪd-] *n* *Wettlauf, bei dem die beiden Läufer jeder Mannschaft an einem Bein zusammengebunden sind.*

three-piece *adj* dreiteilig.

three-ply *adj* [wool] dreifädig; [wood] dreischichtig.

three-point turn *n* ***Br*** Wenden *das* in drei Zügen.

three-quarters *npl* drei Viertel *pl;* **~ of an hour** eine Dreiviertelstunde.

threesome ['θriːsəm] *n* Dreiergruppe *die*, Trio *das.*

three-star *adj* Dreisterne-.

three-wheeler [-'wiːləʳ] *n* [car] dreirädriges Auto.

thresh [θreʃ] *vt* dreschen.

threshing machine ['θreʃɪŋ-] *n* Dreschmaschine *die*.

threshold ['θreʃhəʊld] *n* **- 1.** [doorway] Türschwelle *die* **- 2.** [level] Schwelle *die* **- 3.** *fig* [verge]: **to be on the ~ of sthg** an der Schwelle zu etw stehen.

threshold agreement *n Abkommen, das bei unerwarteter Erhöhung der Inflationsrate eine Lohnerhöhung vorsieht.*

threw [θru:] *pt* ▻ **throw.**

thrift [θrɪft] *n* **- 1.** [prudent expenditure] Sparsamkeit *die* **- 2.** *Am* = **thrift institution.**

thrift institution *n Am* [savings bank] Sparkasse *die;* [savings and loan association] Bausparkasse *die*.

thrift shop *n Am Secondhandladen, dessen Erlöse einem wohltätigen Zweck zugute kommen.*

thrifty ['θrɪftɪ] (*compar* **-ier;** *superl* **-iest**) *adj* [person] sparsam; [management] wirtschaftlich.

thrill [θrɪl] *n* **- 1.** [sudden feeling] Erregung *die;* **a ~ of horror** ein Schauder des Entsetzens; **I felt a ~ of joy** ich war freudig erregt **- 2.** [exciting experience] (aufregendes) Erlebnis ◇ *vt* begeistern, mit|reißen ◇ *vi:* **she ~ed to the story** sie war von der Geschichte gefesselt; **he ~ed to the music** er wurde von der Musik mitgerissen.

thrilled [θrɪld] *adj:* **to be ~ (with sthg)** (von etw) begeistert sein; **I was ~ to meet her** ich fand es sehr aufregend, sie zu treffen.

thriller ['θrɪləʳ] *n* Thriller *der*.

thrilling ['θrɪlɪŋ] *adj* [match, book, film] spannend; [news] umwerfend; [music] mitreißend.

thrive [θraɪv] (*pt* **-d** *OR* **throve;** *pp* **-d**) *vi* [person - be successful] erfolgreich sein; [plant] prächtig gedeihen; [business] blühen.

thriving ['θraɪvɪŋ] *adj* [person - successful] erfolgreich; [plant] prächtig gedeihend; [business] blühend.

throat [θrəʊt] *n* **- 1.** [inside mouth] Hals *der;* **to ram** *OR* **force sthg down sb's ~** *fig* jm etw auf|zwingen; **the words stuck in his ~** *fig* ihm blieben die Worte im Halse stecken **- 2.** [front of neck] Kehle *die;* **to be at each other's ~s** sich in den Haaren liegen; **to cut sb's ~** [kill] jm die Kehle durch|schneiden.

throaty ['θrəʊtɪ] (*compar* **-ier;** *superl* **-iest**) *adj* kehlig.

throb [θrɒb] (*pt* & *pp* **-bed;** *cont* **-bing**) *n* [of pulse, heart] Pochen *das;* [of engine, machine] Klopfen *das*, Hämmern *das;* [of music, drums] Dröhnen *das* ◇ *vi* **- 1.** [beat - pulse, heart] pochen; [- blood] pulsieren; [- engine, machine, music] dröhnen **- 2.** [be painful]: **my head is ~bing** ich habe pochende Kopfschmerzen.

throes [θrəʊz] *npl:* **death ~** Todesqualen *pl;* **to be in the ~ of sthg** mitten in etw *(D)* stecken.

thrombosis [θrɒm'bəʊsɪs] (*pl* **-boses** [-'bəʊsi:z]) *n* Thrombose *die*.

throne [θrəʊn] *n* Thron *der*.

throng [θrɒŋ] *n* [crowd] Menschenmenge *die;* **a ~ of** Scharen *pl* von ◇ *vt* [place] belagern; [streets] sich drängen in *(+ D)* ◇ *vi:* **to ~ round sb/sthg** sich um jn/etw drängen.

throttle ['θrɒtl] *n* **- 1.** [valve] Drosselklappe *die* **- 2.** [lever] Gashebel *der;* [Pedal] Gaspedal *das;* **at full ~** mit Vollgas ◇ *vt* [strangle] erwürgen.

through [θru:] *adj* **- 1.** [finished]: **to be ~ (with sthg)** (mit etw) fertig sein **- 2.** [referring to transport]: **~ traffic** Durchgangsverkehr *der;* **a ~ train** ein durchgehender Zug **- 3.** [on phone]: **you're ~** Sie sind durch ◇ *adv* **- 1.** [from one end to another] durch; **to let sb ~** jn durch|lassen; **wet ~** völlig durchnässt **- 2.** [until]: **I slept ~ till ten** ich schlief bis zehn durch; **we stayed ~ till Friday** wir blieben bis Freitag ◇ *prep* **- 1.** [from one side to another] durch; **he went ~ the park** er ging durch den Park; **to drill ~ sthg** etw durch|bohren; **I'm halfway ~ this book** ich habe das halbe Buch schon gelesen **- 2.** [during, throughout] während *(+ G);* **all ~ his life** sein ganzes Leben hindurch **- 3.** [because of] wegen *(+ G);* **absent ~ illness** wegen Krankheit abwesend; **~ fear** aus Furcht; **it happened ~ no fault of his own** es geschah ohne sein Zutun **- 4.** [by means of] durch; **I got the job ~ a friend** ich bekam die Stelle durch einen Freund **- 5.** *Am* [up until and including]: **Monday ~ Thursday** Montag bis Donnerstag.

◆ **through and through** *adv* **- 1.** [completely] durch und durch **- 2.** [thoroughly - know] gründlich.

throughout [θru:'aʊt] *prep* **- 1.** [during]: **~ the day/morning** den ganzen Tag/Morgen (über); **~ the year** das ganze Jahr (hindurch); **~ her life** ihr ganzes Leben lang **- 2.** [everywhere in] überall in *(+ D);* **~ the country** im ganzen Land ◇ *adv* **- 1.** [all the time] die ganze Zeit (über) **- 2.** [everywhere] überall; [completely] ganz.

throughput ['θru:pʊt] *n Br* Durchsatz *der*.

throve [θrəʊv] *pt* ▻ **thrive.**

throw [θrəʊ] (*pt* **threw;** *pp* **thrown**) *vt* **- 1.** [propel, put] werfen; **to ~ one's arms around sb/sthg** die Arme um jn/etw schlingen **- 2.** [move suddenly]: **he threw himself to the floor/onto the bed** er warf sich auf den Boden/das Bett; **to ~ o.s. into sthg** *fig* sich in etw *(A)* stürzen **- 3.** [rider] ab|werfen **- 4.** *fig* [force]: **to ~ sb into confusion** jn durcheinander bringen; **he was ~n into the job at short notice** er musste die Stelle sehr kurzfristig an|treten **- 5.: to ~ light on sthg** etw auf|klären; **to ~ doubt on sthg** etw in Zweifel ziehen **- 6.: to ~ a tantrum** einen Wutanfall bekommen **- 7.** *fig* [confuse] aus dem Konzept bringen <> *n* [toss, pitch] Wurf *der*.

◆ **throw away** *vt sep* **- 1.** [discard] weg|werfen **- 2.** ***fig*** [money, time] vergeuden; [opportunity] nicht nutzen.

◆ **throw in** *vt sep* [include] dazu|geben.

◆ **throw out** *vt sep* **- 1.** [discard] weg|werfen **- 2.** ***fig*** [reject] ab|lehnen **- 3.** [force to leave] hinaus|werfen.

◆ **throw up** *vt sep* **- 1.** [ball] hochwerfen; [dust] auf|wirbeln **- 2.** [problems] auf|werfen <> *vi* ***inf*** [vomit] sich übergeben.

throwaway ['θrəʊə,weɪ] *adj* **- 1.** [product, bottle] Wegwerf- **- 2.** [remark] beiläufig.

throwback ['θrəʊbæk] *n:* **~ (to sthg)** Rückkehr *die* (zu etw).

throw-in *n* ***Br*** FTBL Einwurf *der*.

thrown [θrəʊn] *pp* ▭> **throw.**

thru [θru:] *adj, adv* & *prep* ***Am inf*** = **through.**

thrush [θrʌʃ] *n* **- 1.** [bird] Drossel *die* **- 2.** MED Soor *der*.

thrust [θrʌst] (*pt* & *pp* **thrust**) *n* **- 1.** [forward movement - of knife, sword] Stoß *der;* [- MIL] Vorstoß *der* **- 2.** *(U)* [forward force] Schubkraft *die* **- 3.** [main aspect] Tenor *der* <> *vt* **- 1.** [jab, shove]: **to ~ sthg into sthg** [knife, stick] etw in etw *(A)* stoßen; **he ~ the knife at me** er stieß mit dem Messer nach mir; **she ~ the money into her pocket** sie stopfte das Geld in ihre Tasche **- 2.** [jostle]: **to ~ one's way through the crowd** sich *(D)* seinen Weg durch die Menge bahnen.

◆ **thrust upon** *vt sep:* **to ~ sthg upon sb** jm etw auf|bürden.

thrusting ['θrʌstɪŋ] *adj* energisch.

thruway ['θru:weɪ] *n* ***Am*** Schnellstraße *die*.

thud [θʌd] (*pt* & *pp* **-ded;** *cont* **-ding**) *n* dumpfer Aufschlag <> *vi* dumpf auf|schlagen; [feet] stampfen.

thug [θʌg] *n* Schläger *der*.

thumb [θʌm] *n* [of hand] Daumen *der;* **to twiddle one's ~s** Däumchen drehen <> *vt* ***inf*** [hitch]: **to ~ a lift** per Anhalter fahren.

◆ **thumb through** *vt fus* durch|blättern.

thumb index *n* Daumenregister *das*.

thumbnail ['θʌmneɪl] *n* Daumennagel *der*.

thumbnail sketch *n* [description] knappe Beschreibung.

thumbs down [,θʌmz-] *n:* **to get** *OR* **be given the ~** abgelehnt werden.

thumbs up *n* [go-ahead]: **to get** *OR* **be given the ~** grünes Licht bekommen.

thumbtack ['θʌmtæk] *n* ***Am*** Reißzwecke *die*.

thump [θʌmp] *n* **- 1.** [blow] Schlag *der* **- 2.** [thud] Bums *der* <> *vt* **- 1.** [punch] schlagen **- 2.** [place heavily] knallen <> *vi* **- 1.** [move heavily] poltern **- 2.** [heart] heftig pochen.

thunder ['θʌndə^r] *n (U)* **- 1.** METEOR Donner *der* **- 2.** ***fig*** [loud sound] Donnern *das* <> *vt* [say angrily] brüllen <> *vi* donnern <> *v impers* METEOR: **it is ~ing** es donnert.

thunderbolt ['θʌndəbəʊlt] *n* **- 1.** METEOR Blitz *der* **- 2.** ***fig*** [shock]: **the news was a ~** die Nachricht schlug wie ein Blitz ein.

thunderclap ['θʌndəklæp] *n* Donnerschlag *der*.

thundercloud ['θʌndəklaʊd] *n* Gewitterwolke *die*.

thundering ['θʌndərɪŋ] *adj:* **a ~ success** ein Bombenerfolg.

thunderous ['θʌndərəs] *adj* [deafening] donnernd.

thunderstorm ['θʌndəstɔ:m] *n* Gewitter *das*.

thunderstruck ['θʌndəstrʌk] *adj* ***fig*** [shocked] wie vom Donner gerührt.

thundery ['θʌndərɪ] *adj* gewittrig.

Thur, Thurs (*abbr of* **Thursday**) Do.

Thursday ['θɜ:zdɪ] *n* Donnerstag *der; see also* **Saturday.**

thus [ðʌs] *adv* ***fml*** **- 1.** [as a consequence] daher **- 2.** [in this way] auf diese Weise **- 3.** [as follows] folgendermaßen.

thwart [θwɔ:t] *vt* vereiteln; [person] einen Strich durch die Rechnung machen *(+ D)*.

thyme [taɪm] *n* Thymian *der*.

thyroid ['θaɪrɔɪd] *n:* **~ (gland)** Schilddrüse *die*.

tiara [tɪ'ɑ:rə] *n* [piece of jewellery] Diadem *das*.

Tibet [tɪ'bet] *n* Tibet *nt*.

Tibetan [tɪ'betn] *adj* tibetisch <> *n* **- 1.** [person] Tibeter *der*, -in *die* **- 2.** [language] Tibetisch(e) *das*.

tibia ['tɪbɪə] (*pl* **-s** *OR* **-biae** [-bɪi:]) *n* Schienbein *das*.

tic [tɪk] *n* Zucken *das*.

tick [tɪk] *n* **- 1.** [written mark] Häkchen *das* **- 2.** [sound] Ticken *das* **- 3.** [insect] Zecke *die* <> *vt* [name] ab|haken; [answer, box on form] an|kreuzen <> *vi* **- 1.** [make ticking sound] ticken **- 2.** ***fig*** [behave in a certain way]: **no one really understands what makes him ~** keiner weiß genau, was in seinem Kopf vorgeht.

◆ **tick away, tick by** *vi* verstreichen.

◆ **tick off** *vt sep* **- 1.** [mark off] ab|haken **- 2.** [tell off] ***inf:*** **to ~ sb off (for sthg)** jn (wegen etw) rüffeln.

◆ **tick over** *vi* **- 1.** [engine] im Leerlauf sein **- 2.** [business, organization] ganz gut laufen.

ticked [tɪkt] *adj* ***Am inf*** [annoyed] sauer.

tickertape ['tɪkəteɪp] *n (U)* Fernschreiberpapierstreifen *der*.

ticket ['tɪkɪt] *n* **- 1.** [for match, concert] Eintrittskarte *die;* [for bus, train, tram] Fahrkarte *die*, Fahrschein *der;* [for plane] Ticket *das;* [for lottery, raffle] Los *das;* [for library] Ausweis *der;* [for car park] Parkschein *der* **- 2.** [on product]: **(price) ~** Preisschild *das* **- 3.** [notice of traffic offence] Strafzettel *der* **- 4.** POL: **he is running** *OR* **standing on a Socialist ~** er kandidiert für die Sozialisten.

ticket agency *n* [for air, rail travel] Verkaufsstelle *die;* [for theatre tickets] Kartenvorverkaufsstelle *die.*

ticket collector *n* ***Br*** [on train] Schaffner *der,* -in *die;* [in station] Fahrkartenkontrolleur *der,* -in *die.*

ticket holder *n:* **'entry only for ~s'** 'Eintritt nur mit Eintrittskarte'.

ticket inspector *n* ***Br*** [on bus, tram] Fahrkartenkontrolleur *der,* -in *die;* [on train] Schaffner *der,* -in *die.*

ticket machine *n* [for public transport] Fahrscheinautomat *der;* [in car park] Parkscheinautomat *der.*

ticket office *n* [at railway station] Fahrkartenschalter *der;* [at theatre] Theaterkasse *die.*

ticking off ['tɪkɪŋ-] (*pl* **tickings off**) *n:* **to get a ~** einen Rüffel bekommen; **to give sb a ~** jm einen Rüffel erteilen.

tickle ['tɪkl] *vt* **- 1.** [touch lightly] kitzeln; [subj: beard, wool] kratzen **- 2.** ***fig*** [amuse]: **that story really ~d me!** die Geschichte war wirklich amüsant ◇ *vi* [foot, back] jucken; [beard, wool] kratzen.

ticklish ['tɪklɪʃ] *adj* **- 1.** [sensitive to touch] kitzlig **- 2.** ***fig*** [delicate] heikel.

tick-tack-toe *n (U)* ***Am*** [game] *Kinderspiel, bei dem Dreierreihen von Nullen und Kreuzen zu erzielen sind.*

tidal ['taɪdl] *adj* Gezeiten-.

tidal wave *n* Flutwelle *die.*

tidbit ['tɪdbɪt] *n* ***Am*** = **titbit.**

tiddler ['tɪdləʳ] *n* ***Br*** [fish] winziger Fisch.

tiddly ['tɪdlɪ] (*compar* **-ier;** *superl* **-iest**) *adj* ***inf*** **- 1.** [tipsy] beschwipst **- 2.** [tiny] klitzeklein.

tiddlywinks ['tɪdlɪwɪŋks], **tiddledywinks** ***Am*** ['tɪdldɪwɪŋks] *n (U)* [game] Flohhüpfspiel *das.*

tide [taɪd] *n* **- 1.** [of sea] Gezeiten *pl;* **high ~** Flut *die;* **low ~** Ebbe *die;* **the ~ is in/out** es ist Flut/Ebbe **- 2.** ***fig*** [trend]: **the ~ of (public) opinion** der Trend der öffentlichen Meinung; **to swim with/against the ~** mit dem/gegen den Strom schwimmen **- 3.** ***fig*** [large quantity]: **a ~ of protest** eine Flut von Protesten.

◆ **tide over** *vt sep:* **to ~ sb over** jm über die Runden helfen; **I have enough to ~ me over** ich habe genug, um mich über Wasser zu halten.

tidemark ['taɪdmɑːk] *n* **- 1.** [of sea] Flutmarke *die* **- 2.** ***Br*** [round bath, neck] Schmutzrand *der.*

tidily ['taɪdɪlɪ] *adv* ordentlich.

tidiness ['taɪdɪnɪs] *n (U)* [of appearance] Gepflegtheit *die;* **the ~ of his room/desk** die Ordnung in seinem Zimmer/auf seinem Schreibtisch.

tidings ['taɪdɪŋz] *npl* ***literary*** Kunde *die.*

tidy ['taɪdɪ] (*compar* **-ier;** *superl* **-iest;** *pt* & *pp* **-ied**) *adj* **- 1.** [gen] ordentlich; [appearance] gepflegt **- 2.** ***inf*** [sizeable]: **a ~ sum** ein ganz schönes Sümmchen; **a ~ profit** ein ordentlicher Gewinn ◇ *vt* auf|räumen.

◆ **tidy away** *vt sep* weg|räumen.

◆ **tidy up** *vt sep* & *vi* auf|räumen.

tie [taɪ] (*pt* & *pp* **tied;** *cont* **tying**) *n* **- 1.** [necktie] Krawatte *die* **- 2.** [string, cord] Band *das* **- 3.** [bond, link] Verbindung *die;* **family ~s** Familienbande **- 4.** [in game, competition] Unentschieden *das* **- 5.** ***Am*** RAIL Schwelle *die* ◇ *vt* **- 1.** [attach]: **to ~ sthg (on)to sthg** etw an etw *(A)* binden; **to ~ sthg round sthg** etw um etw binden; **my hands are ~d** ***fig*** mir sind die Hände gebunden; **to ~ sthg with sthg** etw mit etw zusammen|binden **- 2.** [do up, fasten] binden; [knot] machen **- 3.** ***fig*** [link]: **to be ~d to sb/sthg** an jn/etw gebunden sein **- 4.** ***fig*** [restricted]: **to be ~d to sthg** [house, office] an etw *(A)* gebunden sein ◇ *vi* [in sport] unentschieden spielen.

◆ **tie down** *vt sep* ***fig*** [restrict]: **to be ~d down by sthg** durch etw eingeschränkt sein.

◆ **tie in with** *vt fus* passen zu.

◆ **tie up** *vt sep* **- 1.** [parcel, papers] verschnüren; [person] fesseln; [animal] an|binden **- 2.** [shoelaces] binden **- 3.** ***fig*** [savings] fest anlegen **- 4.** ***fig*** [link]: **to be ~d up with sthg** mit etw zusammen|hängen.

tiebreak(er) ['taɪbreɪk(əʳ)] *n* **- 1.** TENNIS Tiebreak *das* **- 2.** [extra question] Entscheidungsfrage *die.*

tied [taɪd] *adj* SPORT [drawn] unentschieden.

tied cottage *n* ***Br*** *vom Arbeitgeber an einen Arbeitnehmer vermietete Unterkunft.*

tied up *adj* [busy] beschäftigt.

tie-dye *vt* mittels Bindebatikverfahren färben.

tie-in *n* **- 1.** [link]: **~ (between)** Zusammenhang *der* (zwischen *(+ D)*) **- 2.** [promotional product]: **this book is a ~ with the TV series** dies ist das Begleitbuch zur Fernsehserie.

tiepin ['taɪpɪn] *n* Krawattennadel *die.*

tier [tɪəʳ] *n* [of seats] Rang *der;* [of cake] Etage *die.*

tie-up *n* **- 1.** [link]: **~ (between)** Verbindung *die* (zwischen *(+ D)*) **- 2.** ***Am*** [interruption] Stillstand *der.*

tiff [tɪf] *n* Krach *der;* **to have a ~ with sb (over sthg)** mit jm (wegen etw) Krach haben.

tiger ['taɪgəʳ] *n* Tiger *der.*

tiger cub *n* Tigerjunge *das.*

tight [taɪt] *adj* - **1.** [close-fitting] eng; **it was a ~ fit to get everyone into my car** wir haben uns alle in mein Auto gezwängt; **the dress was a very ~ fit** das Kleid war sehr eng - **2.** [secure - lid] fest sitzend; [- screw] fest angezogen; [- knot] fest - **3.** [taut] straff - **4.** [close together - bundle] fest zusammengebunden; **they stood in a ~ group** sie standen eng zusammen - **5.** [painful - chest, stomach] zusammengeschnürt - **6.** [schedule] eng; [money, match, finish] knapp - **7.** [rule, control] streng - **8.** [bend] scharf, eng - **9.** *inf* [drunk] voll - **10.** *inf* [miserly] knauserig <> *adv* - **1.** [firmly, securely] fest; **to hold ~** fest|halten; **to shut** *OR* **close sthg ~** [eyes] etw fest schließen; [lid] etw fest verschließen - **2.** [tautly] straff.

◆ **tights** *npl* Strumpfhose *die*.

tighten ['taɪtn] *vt* - **1.** [knot, belt, screw] an|ziehen - **2.** [make tauter] straffen, spannen - **3.** [strengthen]: **to ~ one's hold** *OR* **grip on sthg** etw fester halten; *fig* [on party, country] seine Macht in etw *(D)* aus|bauen - **4.** [rule, control, security] verschärfen <> *vi* [grip, hold] fester werden; [rope, chain] sich spannen.

◆ **tighten up** *vt sep* - **1.** [belt, screw] an|ziehen - **2.** [rule, security] verschärfen.

tightfisted [ˌtaɪt'fɪstɪd] *adj inf pej* knauserig.

tightknit [ˌtaɪt'nɪt] *adj* [closely integrated] eng.

tight-lipped [-'lɪpt] *adj* - **1.** [with lips pressed together] mit zusammengepressten Lippen - **2.** [silent]: **to be ~ about sthg** sich zu etw nicht äußern.

tightly ['taɪtlɪ] *adv* - **1.** [closely]: **~ packed** [train, bus] voll gestopft; [crowd] dicht gedrängt; **~ fitting** eng - **2.** [firmly, securely] fest - **3.** [tautly] straff.

tightness ['taɪtnɪs] *n (U)* - **1.** [of clothes, shoes] enges Anliegen - **2.** [pain - of chest, stomach] Druck *der* - **3.** [of rule, control] Strenge *die* - **4.** [of schedule] Enge *die*.

tightrope ['taɪtrəʊp] *n* Drahtseil *das;* **to be on** *OR* **walking a ~** *fig* einen Balanceakt vollführen.

tightrope walker *n* Seiltänzer *der*, -in *die*.

tigress ['taɪgrɪs] *n* Tigerin *die*.

tilde ['tɪldə] *n* Tilde *die*.

tile [taɪl] *n* - **1.** [on roof] Dachziegel *der* - **2.** [on floor, wall] Fliese *die*, Kachel *die;* **carpet ~** Teppichfliese *die*.

tiled [taɪld] *adj* [floor, wall, bath] gefliest; **~ roof** Ziegeldach *das*.

tiling ['taɪlɪŋ] *n (U)* - **1.** [act of tiling - of roof] Dachdecken *das;* [- of floor, wall] Fliesenlegen *das* - **2.** [tiled surface - on roof] Ziegel *pl;* [- on floor, wall] Fliesen *pl*, Kacheln *pl*

till [tɪl] *prep & conj* bis <> *n* Kasse *die*.

tiller ['tɪləʳ] *n* NAUT Pinne *die*.

tilt [tɪlt] *n* Neigung *die* <> *vt* [object, chair] kippen; [head] neigen <> *vi* [person, chair] kippen; [head] sich neigen.

timber ['tɪmbəʳ] *n* - **1.** *(U)* [wood] Holz *das* - **2.** [beam] Balken *der*.

time [taɪm] *n* - **1.** [gen] Zeit *die;* **at that ~** zu der Zeit, damals; **now is the ~ to do it** jetzt ist der richtige Zeitpunkt *OR* die richtige Zeit, es zu tun; **to get the ~ to do sthg** die Zeit finden, etw zu tun; **it will take ~** es wird einige Zeit dauern; **to take ~ out to do sthg** sich *(D)* die Zeit nehmen, etw zu tun; **it's high ~ ...** es ist höchste Zeit ...; **to get paid ~ and a half** 50 % Zuschlag bezahlt bekommen; **to have no ~ for sb/sthg** keine Zeit für jn/etw haben; **to make good ~** gut *OR* schnell voran|kommen; **to pass the ~** sich *(D)* die Zeit vertreiben; **to play for ~** versuchen, Zeit zu gewinnen; **to take one's ~ (over sthg)** sich *(D)* (bei etw) Zeit lassen - **2.** [as measured by clock]: **what ~ is it?, what's the ~?** wie spät ist es?, wie viel Uhr ist es?; **at this ~ of the day** zu dieser Tageszeit; **in a week's/year's ~** in einer Woche/einem Jahr; **this clock keeps good ~** dies Uhr geht genau; **could you tell me the ~?** können Sie mir sagen, wie spät es ist?; **can she tell the ~?** kann sie schon die Uhr lesen? - **3.** [while, spell]: **it was a long ~ before ...** es dauerte lange, bevor ...; **in a short ~** bald; **for a ~** einige Zeit(lang) - **4.** [era] Zeit *die;* **in ancient ~s** zur Zeit der Antike; **in modern ~s** heutzutage; **to be ahead of one's ~** seiner Zeit voraus sein; **it happened before my ~** das war vor meiner Zeit; **to be behind the ~s** hinter dem Mond leben - **5.** [occasion] Mal *das;* **this ~** diesmal, dieses Mal; **(the) last ~** letztes Mal, das letzte Mal; **three ~s a week** dreimal pro *OR* in der Woche; **from ~ to ~** von Zeit zu Zeit; **~ after ~, ~ and again** immer wieder; **this work is exhausting even at the best of ~s** diese Arbeit ist sowieso ermüdend - **6.** [experience]: **we had a good ~** es war schön; **to have a hard ~** viel durch|machen; **to have a hard ~ doing sthg** Schwierigkeiten haben, etw zu tun - **7.** [degree of lateness]: **to be in good ~** *OR* **ahead of ~** früh dran sein; **on ~** pünktlich; **did you get there on ~?** warst du rechtzeitig dort? - **8.** MUS Takt *der;* **to beat ~** den Takt an|geben; **in 4/4 ~** im Viervierteltakt <> *vt* - **1.** [schedule]: **the meeting was ~d to start at nine o'clock** der Beginn der Sitzung war auf neun Uhr angesetzt - **2.** [measure - race, runner] die Zeit stoppen von; **I ~d how long it took him** ich habe gestoppt, wie lange er gebraucht hat - **3.** [choose appropriate moment for] zeitlich ab|stimmen.

◆ **times** *npl:* **four ~s as much/many** viermal so viel/viele; **three ~s as big** dreimal so groß <> *prep* MATH mal; **10 ~s 4 is 40** 10 mal 4 ist 40.

◆ **about time** *adv:* **it's about ~ (that) ...** es wird (langsam) Zeit, dass ...

◆ **at a time** *adv:* **three/four at a ~** drei/vier auf einmal; **one at a ~** eines nach dem anderen; **for months at a ~** monatelang.

◆ **at (any) one time** *adv* jederzeit.

◆ **at times** *adv* manchmal.
◆ **at the same time** *adv* - **1.** [simultaneously] gleichzeitig, zur gleichen Zeit - **2.** [equally] trotzdem, dennoch.
◆ **for the time being** *adv* vorläufig.
◆ **in time** *adv* - **1.** [not late] rechtzeitig; **to be in ~ for sthg** rechtzeitig für etw kommen - **2.** [eventually] schließlich; [over a long period] mit der Zeit.

time-and-motion study *n* Bewegungs-Zeit-Studie *die*.

time bomb *n lit & fig* Zeitbombe *die*.

time-consuming [-kən,sju:mɪŋ] *adj* zeitraubend.

timed [taɪmd] *adj* - **1.** [race, test] gestoppt - **2.** [opportune]: **to be well/badly ~** zum richtigen/falschen Zeitpunkt kommen.

time difference *n* Zeitunterschied *der*.

time-honoured [-,ɒnəd] *adj* althergebracht.

timekeeping ['taɪm,ki:pɪŋ] *n (U)* [of employee]: **bad ~** ständiges Zuspätkommen.

time lag *n* Zeitabstand *der*.

time-lapse *adj* PHOT Zeitraffer-.

timeless ['taɪmlɪs] *adj* zeitlos.

time limit *n* Frist *die*.

timely ['taɪmlɪ] (*compar* **-ier**; *superl* **-iest**) *adj* rechtzeitig.

time machine *n* Zeitmaschine *die*.

time off *n (U)* freie Zeit; **to take ~ (from sthg)** sich *(D)* frei|nehmen (von etw).

time-out (*pl* **time-outs**) *n* SPORT Auszeit *die*.

timepiece ['taɪmpi:s] *n dated* Uhr *die*.

timer ['taɪmə'] *n* [time switch] Schaltuhr *die*.

timesaving ['taɪm,seɪvɪŋ] *adj* Zeit sparend.

time scale *n* [for project] Zeitspanne *die*.

time-share *n Br Ferienwohnung, an der man einen Besitzanteil hat.*

time sheet *n* Stundenzettel *der*.

time signal *n* Zeitzeichen *das*.

time switch *n* Schaltuhr *die*.

timetable ['taɪm,teɪbl] *n* - **1.** SCH Stundenplan *der* - **2.** [of buses, trains] Fahrplan *der* - **3.** [schedule] Programm *das*.

time zone *n* Zeitzone *die*.

timid ['tɪmɪd] *adj* schüchtern.

timidly ['tɪmɪdlɪ] *adv* schüchtern.

timing ['taɪmɪŋ] *n (U)* - **1.** [of actor, musician, tennis player] Timing *das* - **2.** [chosen moment]: **the ~ of the remark/election was unfortunate** der Zeitpunkt der Bemerkung/Wahlen war unglücklich gewählt - **3.** SPORT [measuring] Stoppen *das*.

timpani ['tɪmpənɪ] *npl* Kesselpauken *pl*.

tin [tɪn] *n* - **1.** *(U)* [metal] Blech *das* - **2.** *Br* [can] Dose *die* - **3.** [for storing] Dose *die* - **4.** [for cake] Kuchenform *die*; [for roasting] Bratform *die*.

tin can *n* Blechdose *die*.

tinder ['tɪndə'] *n* Zunder *der*.

tinfoil ['tɪnfɔɪl] *n (U)* Alufolie *die*.

tinge [tɪndʒ] *n* Spur *die*.

tinged [tɪndʒd] *adj*: **~ with sthg** mit einer Spur von etw.

tingle ['tɪŋgl] *vi* kribbeln; **to ~ with excitement** vor Aufregung ganz kribbelig sein.

tingling ['tɪŋglɪŋ] *n* Kribbeln *das*.

tinker ['tɪŋkə'] *n* Frechdachs *der* ◇ *vi*: **to ~ (with sthg)** (an etw *(D)*) herum|basteln.

tinkle ['tɪŋkl] *n* - **1.** [of bell] Klingeln *das* - **2.** *Br inf* [phone call]: **to give sb a ~** jn an|klingeln ◇ *vi* [bell] klingeln.

tin mine *n* Zinnmine *die*.

tinned [tɪnd] *adj Br* Dosen-.

tinny ['tɪnɪ] (*compar* **-ier**; *superl* **-iest**) *adj* - **1.** [sound] blechern - **2.** *inf pej* [badly made] billig.

tin opener *n Br* Dosenöffner *der*.

tin-pot *adj Br pej* im Westentaschenformat.

tinsel ['tɪnsl] *n* ≃ Lametta *das*.

tint [tɪnt] *n* Ton *der* ◇ *vt* tönen.

tinted ['tɪntɪd] *adj* getönt.

tiny ['taɪnɪ] (*compar* **-ier**; *superl* **-iest**) *adj* winzig.

tip [tɪp] (*pt & pp* **-ped**; *cont* **-ping**) *n* - **1.** [end] Spitze *die*; **it's on the ~ of my tongue** es liegt mir auf der Zunge - **2.** *Br* [dump] Müllkippe *die* - **3.** [gratuity] Trinkgeld *das* - **4.** [piece of advice] Tipp *der* ◇ *vt* - **1.** [tilt] kippen - **2.** [spill] schütten - **3.** [give a gratuity to] Trinkgeld geben (+ *D*) ◇ *vi* - **1.** [tilt] kippen - **2.** [spill] heraus|fallen; [liquid] sich ergießen - **3.** [give a gratuity] Trinkgeld geben.
◆ **tip off** *vt sep* [warn] einen Tipp geben (+ *D*).
◆ **tip over** *vt sep & vi* um|kippen.
◆ **tip up** *vi* [chair, table] kippen.

tip-off *n* Tipp *der*.

tipped ['tɪpt] *adj* [cigarette] mit Filter.

Tipp-Ex® ['tɪpeks] *n Br* Tipp-Ex® *das*.
◆ **tipp-ex** *vt Br* mit Tipp-Ex® korrigieren.

tipple ['tɪpl] *n inf*: **what's your ~?** was trinkst du am liebsten?

tipsy ['tɪpsɪ] (*compar* **-ier**; *superl* **-iest**) *adj inf* beschwipst.

tiptoe ['tɪptəʊ] *n*: **on ~** auf Zehenspitzen ◇ *vi* auf Zehenspitzen gehen.

tip-top *adj inf dated* tipptopp.

tirade [taɪ'reɪd] *n* Tirade *die*.

tire ['taɪə'] *n Am* = **tyre** ◇ *vt* ermüden ◇ *vi* - **1.** [get tired] müde werden - **2.** [get fed up]: **to ~ of sb/sthg** von jm/etw genug haben.

◆ **tire out** *vt sep* erschöpfen.

tired ['taɪəd] *adj* - **1.** [sleepy] müde - **2.** [fed up]: **to be ~ of sthg** etw leid sein; **to be ~ of doing sthg** es leid sein, etw zu tun.

tiredness ['taɪədnɪs] *n* Müdigkeit *die*.

tireless ['taɪəlɪs] *adj* unermüdlich.

tiresome ['taɪəsəm] *adj* lästig.

tiring ['taɪərɪŋ] *adj* ermüdend.

Tirol *n* = **Tyrol.**

tissue ['tɪʃuː] *n* - **1.** [paper handkerchief] Tempo® *das*, Papiertaschentuch *das* - **2.** *(U)* BIOL Gewebe *das* - **3.** *phr:* **~ of lies** Lügengespinst *das*.

tissue paper *n (U)* Seidenpapier *das*.

tit [tɪt] *n* - **1.** [bird] Meise *die* - **2.** *vulg* [breast] Titte *die*.

titbit *Br* ['tɪtbɪt], **tidbit** *Am* ['tɪdbɪt] *n lit* & *fig* Leckerbissen *der*.

tit for tat [-'tæt] *n* wie du mir, so ich dir.

titillate ['tɪtɪleɪt] *vt* [person] an|regen.

titivate ['tɪtɪveɪt] *vt* zurecht|machen.

title ['taɪtl] *n* Titel *der*.

titled ['taɪtld] *adj* adelig.

title deed *n* Eigentumsurkunde *die*.

titleholder ['taɪtl,həʊldəʳ] *n* SPORT Titelinhaber *der*, -in *die*.

title page *n* Titelseite *die*.

title role *n* Titelrolle *die*.

titter ['tɪtəʳ] *vi* kichern.

tittle-tattle ['tɪtl,tætl] *n (U) inf pej* Klatsch *der*.

titular ['tɪtjʊləʳ] *adj* nominell.

T-junction *n* T-Kreuzung *die*.

TM *n abbr of* **transcendental meditation** ◇ *abbr of* **trademark.**

TN *abk für Tennessee, in Postanschrift verwendet.*

TNT (*abbr of* **trinitrotoluene**) *n* TNT *das*.

to [*unstressed before consonant* tə, *unstressed before vowel* tʊ, *stressed* tuː] *prep* - **1.** [indicating direction] nach; **to go ~ Liverpool/Spain** nach Liverpool/Spanien fahren; **to go ~ the USA** in die USA fahren; **to go ~ school/the cinema** in die Schule/ins Kino gehen; **to go ~ university** auf die Universität gehen; **to go ~ work/the doctor's** zur Arbeit/zum Arzt gehen; **the road ~ Bakersfield** die Straße nach Bakersfield - **2.** [indicating position]: **I nailed it ~ the wall** ich habe es an die Wand genagelt; **~ the left** links; **~ the right** rechts; **~ the east/west (of the river)** östlich/westlich (des Flusses) - **3.** *(to express indirect object):* **to give sthg ~ sb** jm etw geben; **to talk ~ sb** mit jm sprechen; **to listen ~ the radio** Radio hören; **to give an answer ~ a question** eine Antwort auf eine Frage geben; **we added milk ~ the mixture** wir fügten Milch zu der Mischung hinzu - **4.** [as far as] bis; **from here ~ London** von hier bis London; **to count ~ ten** bis zehn zählen; **we work from nine ~ five** wir arbeiten von 9 bis 5; **a year ~ the day** ein Jahr auf den Tag genau - **5.** *Br* [in telling the time] vor; **it's ten ~ three** es ist zehn vor drei - **6.** [per] pro; **10 kilometres ~ the litre** 10 Kilometer pro Liter - **7.** [in ratios]: **six votes ~ four** sechs Stimmen gegen vier; **he's ten ~ one to win** es steht zehn zu eins, dass er gewinnt - **8.** [of, for]: **the key ~ the car** der Schlüssel für das Auto; **a letter ~ my daughter** ein Brief an meine Tochter - **9.** [indicating reaction, effect] zu; **~ my surprise** zu meiner Überraschung; **it would be ~ your advantage** es wäre zu Ihrem Vorteil; **what did she say ~ my suggestion?** was hat sie zu meinem Vorschlag gesagt? - **10.** [in stating opinion]: **~ me, he's lying** meiner Meinung nach, lügt er; **it seemed quite unnecessary ~ me/him/***etc* mir/ihm/*etc* erschien dies recht unnötig - **11.** [indicating process, change of state]: **to turn ~ ice** zu Eis werden; **to shoot ~ fame** plötzlich berühmt werden; **it could lead ~ trouble** das könnte Ärger geben - **12.** [accompanied by] zu; **we danced ~ the sound of guitars** wir tanzten zum Klang der Gitarren ◇ *with infinitive* - **1.** *(forming simple infinitive):* **~ walk** gehen; **~ laugh** lachen - **2.** *(following another vb):* **to begin/try ~ do sthg** anfangen/versuchen, etw zu tun; **to want ~ do sthg** etw tun wollen - **3.** *(following an adj)* zu; **difficult ~ do** schwer zu tun; **ready ~ go** bereit zu gehen - **4.** *(indicating purpose)* um zu; **we came here ~ look at the castle** wir sind hierher gekommen, um das Schloss anzuschauen - **5.** *(replacing a relative clause):* **he is the first ~ complain** er ist der erste, der sich beschwert; **to have a lot ~ do** viel zu tun haben; **he told me ~ leave** er sagte, ich sollte gehen - **6.** *(to avoid repetition of infinitive):* **I meant to call him, but I forgot ~** ich wollte ihn eigentlich anrufen, vergaß es aber; **you ought ~** du solltest es tun - **7.** [in comments]: **~ be honest ...** um ehrlich zu sein ...; **~ sum up ...** um zusammenzufassen ... ◇ *adv* [shut]: **push the door ~** drück die Tür zu.

◆ **to and fro** *adv* hin und her; **to go ~ and fro** kommen und gehen.

toad [təʊd] *n* Kröte *die*.

toadstool ['təʊdstuːl] *n* Giftpilz *der*.

toady ['təʊdɪ] (*pl* **-ies**; *pt* & *pp* **-ied**) *pej n* Kriecher *der*, -in *die* ◇ *vi:* **to ~ (to sb)** (vor jm) kriechen.

toast [təʊst] *n* - **1.** *(U)* [bread, drink] Toast *der;* **to drink a ~ to sb/sthg** einen Toast auf jn/etw aus|bringen - **2.** [person]: **to be the ~ of the town** der Star der Stadt sein ◇ *vt* - **1.** [bread] toasten - **2.** [person] trinken auf *(+ A)*.

toasted sandwich [,təʊstɪd-] *n* getoastetes Sandwich.

toaster ['təʊstəʳ] *n* Toaster *der*.

toast rack *n* Toastständer *der*.

tobacco [tə'bækəʊ] *n* Tabak *der*.

tobacconist [tə'bækənɪst] *n* Tabakwarenhändler *der*, -in *die*; **~'s (shop)** Tabakwarenhandlung *die*.

toboggan [tə'bɒgən] *n* Schlitten *der* <> *vi* Schlitten fahren.

today [tə'deɪ] *n* & *adv (U)* heute.

toddle ['tɒdl] *vi* **- 1.** [walk unsteadily] wackeln **- 2.** *inf* [go]: **to ~ off** *OR* **along** los|ziehen.

toddler ['tɒdləʳ] *n* Kleinkind *das*.

toddy ['tɒdɪ] (*pl* **-ies**) *n* Toddy *der*, *grogähnliches Getränk*.

to-do (*pl* **-s**) *n* ***inf dated*** Getue *das*.

toe [təʊ] *n* **- 1.** [of foot] Zeh *der*, Zehe *die* **- 2.** [of sock, shoe] Spitze *die* <> *vt*: **to ~ the line** sich an die Regeln halten; [in political party] sich an die Parteilinie halten.

toehold ['təʊhəʊld] *n* **- 1.** [in rock] Halt *der (für die Zehen)* **- 2.** *fig*: **they've got a ~ in the market** sie sind auf diesem Markt vertreten.

toenail ['təʊneɪl] *n* Zehennagel *der*.

toffee ['tɒfɪ] *n* **- 1.** [sweet] Karamellbonbon *das* **- 2.** [substance] Karamell *das*.

toffee apple *n* ***Br*** kandierter Apfel.

tofu ['təʊfu:] *n (U)* Tofu *der*.

toga ['təʊgə] *n* Toga *die*.

together [tə'geðəʳ] *adv* **- 1.** [gen] zusammen; **to go ~** [belong together] zusammen|gehören **- 2.** [at the same time] zur gleichen Zeit <> *adj* ***inf***: **she's very ~** sie hat den Durchblick.

◆ **together with** *prep* zusammen mit.

togetherness [tə'geðənɪs] *n*: **feeling of ~** Zusammengehörigkeitsgefühl *das*.

toggle ['tɒgl] *n* [fastener] Knebelverschluss *der*.

toggle switch *n* **- 1.** ELECTRON Kippschalter *der* **- 2.** COMPUT Umschalttaste *die*.

Togo ['təʊgəʊ] *n* Togo *nt*.

togs [tɒgz] *npl* ***inf*** Sachen *pl*.

toil [tɔɪl] ***fml*** *n* Mühe *die* <> *vi* sich ab|mühen.

◆ **toil away** *vi*: **to ~ away (at sthg)** sich (mit etw) ab|mühen.

toilet ['tɔɪlɪt] *n* Toilette *die*; **to go to the ~** zur Toilette gehen.

toilet bag *n* Kulturbeutel *der*.

toilet paper *n* Toilettenpapier *das*.

toiletries ['tɔɪlɪtrɪz] *npl* Toilettenartikel *pl*.

toilet roll *n* Rolle *die* Toilettenpapier.

toilet soap *n (U)* Toilettenseife *die*.

toilet tissue *n* Toilettenpapier *das*.

toilet-trained [-ˌtreɪnd] *adj*: **to be ~** aus den Windeln sein.

toilet water *n (U)* Eau de Toilette *das*.

to-ing and fro-ing [ˌtu:ɪŋən'frəʊɪŋ] *n (U)* Hin und Her *das*.

token ['təʊkn] *adj* symbolisch <> *n* **- 1.** [voucher, disc] Gutschein *der* **- 2.** [symbol] Zeichen *das*.

◆ **by the same token** *adv* ebenso.

Tokyo ['təʊkjəʊ] *n* Tokio *nt*.

told [təʊld] *pt* & *pp* ▷ **tell.**

tolerable ['tɒlərəbl] *adj* [reasonable] annehmbar.

tolerably ['tɒlərəblɪ] *adv* einigermaßen.

tolerance ['tɒlərəns] *n* Toleranz *die*.

tolerant ['tɒlərənt] *adj* **- 1.** [not bigoted]: **~ of sb/sthg** tolerant gegenüber jm/etw **- 2.** [resistant]: **~ to sthg** unempfindlich gegen etw.

tolerate ['tɒləreɪt] *vt* **- 1.** [put up with - noise, heat, behaviour] ertragen; **I didn't like him much, but I ~d him** ich mochte ihn nicht besonders, aber ich habe ihn so hingenommen, wie er ist **- 2.** [permit] dulden, tolerieren.

toleration [ˌtɒlə'reɪʃn] *n (U)* Tolerierung *die*, Duldung *die*.

toll [təʊl] *n* **- 1.** [number] Zahl *die*; **the death ~** die Zahl der Toten **- 2.** [fee] Gebühr *die* **- 3.** *phr*: **to take its ~** seinen Tribut fordern; **smoking has taken its ~ on his health** das Rauchen ging auf Kosten seiner Gesundheit <> *vt* & *vi* [bell] läuten.

tollbooth ['təʊlbu:θ] *n* Zahlstelle *die*.

toll bridge *n* gebührenpflichtige Brücke.

toll-free ***Am*** *adj* & *adv* gebührenfrei.

tomato [***Br*** tə'mɑ:təʊ, ***Am*** tə'meɪtəʊ] (*pl* **-es**) *n* Tomate *die*.

tomb [tu:m] *n* Grab *das*.

tombola [tɒm'bəʊlə] *n* ***esp Br*** Tombola *die*.

tomboy ['tɒmbɔɪ] *n*: **she was a bit of a ~** sie war wie ein Junge.

tombstone ['tu:mstəʊn] *n* Grabstein *der*.

tomcat ['tɒmkæt] *n* Kater *der*.

tomfoolery [tɒm'fu:lərɪ] *n* Unfug *der*.

tomorrow [tə'mɒrəʊ] *n* & *adv* [day after today] morgen.

ton [tʌn] (*pl inv OR* **-s**) *n* **- 1.** ***Br*** [imperial unit of measurement] ≃ Tonne *die*, *1016 kg* **- 2.** ***Am*** [unit of measurement] ≃ Tonne *die*, *907 kg* **- 3.** [metric unit of measurement] Tonne *die*, *1000 kg* **- 4.** *phr*: **to weigh a ~** ***inf*** eine Tonne wiegen; **to come down on sb like a ~ of bricks** jn zur Schnecke machen.

◆ **tons** *npl* ***Br inf***: **~s of** ein Haufen *(+ G)*.

tonal ['təʊnl] *adj* klanglich.

tone [təʊn] *n* [gen] Ton *der*; **to lower the ~** das Niveau senken.

◆ **tone down** *vt sep* mäßigen.

◆ **tone in** *vi:* **to ~ in (with sthg)** (mit etw) harmonieren.
◆ **tone up** *vt sep* in Form bringen.
tone-deaf *adj:* **to be ~** kein musikalisches Gehör haben.
toner ['təʊnəʳ] *n* - **1.** [for photocopier, printer] Toner *der* - **2.** [cosmetic] Gesichtswasser *das.*
tongs [tɒŋz] *npl* - **1.** [for sugar] Zange *die* - **2.** [for hair] Lockenstab *der.*
tongue [tʌŋ] *n* - **1.** [gen] Zunge *die;* **I think he had his ~ in his cheek when he said it** *inf* ich glaube, er hat es ironisch gemeint; **to hold one's ~** *fig* den Mund halten; **to have a sharp ~** eine scharfe Zunge haben; **that set ~s wagging** das hat Gerede gegeben - **2.** *fml* [language] Sprache *die.*
tongue-in-cheek *adj* ironisch.
tongue-tied *adj:* **to be ~** kein Wort herausǀbringen.
tongue twister *n* Zungenbrecher *der.*
tonic ['tɒnɪk] *n* - **1.** [tonic water] Tonic *das* - **2.** [medicine] Tonikum *das* - **3.** *fig* [beneficial thing] Wohltat *die.*
tonic water *n* Tonic *das.*
tonight [tə'naɪt] *n* & *adv* heute Abend; [during night] heute Nacht.
tonnage ['tʌnɪdʒ] *n (U)* NAUT Tonnage *die.*
tonne [tʌn] (*pl inv* OR **-s**) *n* Tonne *die.*
tonsil ['tɒnsl] *n* Mandel *die.*
tonsil(l)itis [ˌtɒnsɪ'laɪtɪs] *n (U)* Mandelentzündung *die.*
too [tu:] *adv* - **1.** [also] auch - **2.** [excessively] zu; **~ many** zu viel; **it's ~ late to go out** es ist zu spät zum Ausgehen; **I know her all** OR **only ~ well** ich kenne sie nur zu gut; **it was none ~ comfortable** es war nicht gerade bequem; **not ~ good** nicht besonders gut; **how do you feel? – not ~ bad** wie fühlst du dich? – ganz gut; **I'd be only ~ happy to help** ich würde wirklich OR nur zu gerne helfen.
took [tʊk] *pt* ▷ **take.**
tool [tu:l] *n* - **1.** [implement] Werkzeug *das;* **to down ~s** *Br* die Arbeit niederǀlegen - **2.** *fig* [means] Hilfsmittel *das;* **words are the ~s of the writer's trade** das Handwerkzeug eines Schriftstellers sind Wörter.
◆ **tool around** *vi Am inf* herumǀfahren.
tool box *n* Werkzeugkasten *der.*
tool kit *n* Werkzeugsatz *der.*
toot [tu:t] *n:* **to give a ~** hupen ◇ *vt:* **to ~ one's horn** hupen ◇ *vi* hupen.
tooth [tu:θ] (*pl* **teeth**) *n* Zahn *der;* **to be long in the ~** *Br pej* nicht mehr der/die Jüngste sein; **to be fed up to the back teeth with sthg** *Br inf* die Nase voll von etw haben; **to grit one's teeth** die Zähne zusammenǀbeißen; **to have no teeth** *fig* [be powerless] keine Macht haben; **to lie through one's teeth** das Blaue vom Himmel herunterǀlügen.
toothache ['tu:θeɪk] *n (U)* Zahnschmerzen *pl.*
toothbrush ['tu:θbrʌʃ] *n* Zahnbürste *die.*
toothless ['tu:θlɪs] *adj* zahnlos.
toothpaste ['tu:θpeɪst] *n* Zahnpasta *die.*
toothpick ['tu:θpɪk] *n* Zahnstocher *der.*
tooth powder *n* Zahnpulver *das.*
tootle ['tu:tl] *vi inf* [move unhurriedly] zotteln.
top [tɒp] (*pt* & *pp* **-ped;** *cont* **-ping**) *adj* - **1.** [highest] oberste, -r, -s - **2.** [most important, successful] Spitzen-; **she was ~ in the exam** sie war die Beste in der Prüfung - **3.** [maximum] Höchst- ◇ *n* - **1.** [highest point - of road] Ende *das;* [- of stairs] oberste Stufe; [- of hill] Gipfel *der;* [- of tree] Krone *die;* **at the ~ of the page** oben auf der Seite; **from ~ to bottom** von oben bis unten; **on ~** oben; **over the ~** *Br* übertrieben; **at the ~ of one's voice** aus vollem Halse - **2.** [lid, cap - of bottle, jar] Deckel *der;* [- of pen, tube] Kappe *die* - **3.** [upper side - of table] Platte *die;* [- of box] Oberseite *die* - **4.** [clothing] Oberteil *das* - **5.** [toy] Kreisel *der* - **6.** [in organization, league, table] Spitze *die;* **to be ~ of the class** Klassenbeste, -r sein ◇ *vt* - **1.** [be first in - table, chart] anǀführen; [- poll, league] an erster Stelle liegen in (+ *D*) - **2.** [better] übertreffen; [offer] überbieten - **3.** [exceed] übersteigen - **4.** [cover]: **to ~ with cream** Sahne geben auf (+ *A*); **to ~ with grated cheese** mit geriebenem Käse bestreuen; **~ped with** mit.
◆ **on top of** *prep* - **1.** [indicating position] auf (+ *D*); [indicating direction] auf (+ *A*) - **2.** [in addition to] zusätzlich zu - **3.** [in control of]: **to be on ~ of sthg** etw unter Kontrolle haben - **4.** *phr:* **to get on ~ of sb** jm über den Kopf wachsen.
◆ **top up** *Br*, **top off** *Am vt sep* nachǀfüllen.
topaz ['təʊpæz] *n* Topas *der.*
top brass *n (U) inf:* **the ~** die hohen Tiere *pl.*
topcoat ['tɒpkəʊt] *n* - **1.** [item of clothing] Mantel *der* - **2.** [paint] Deckanstrich *der.*
top dog *n inf* Boss *der.*
top-flight *adj* erstklassig; [politician, journalist] Spitzen-.
top floor *n* oberstes Stockwerk.
top gear *n* höchster Gang.
top hat *n* Zylinder *der.*
top-heavy *adj* kopflastig.
topic ['tɒpɪk] *n* Thema *das.*
topical ['tɒpɪkl] *adj* aktuell.
topknot ['tɒpnɒt] *n* [in hair] Haarknoten *der.*
topless ['tɒplɪs] *adj* [barebreasted] oben ohne.
top-level *adj* [meeting] Gipfel-; [talks] Spitzen-.
topmost ['tɒpməʊst] *adj* oberste, -r, -s.
top-notch *adj inf* hervorragend.

topographer [tə'pɒgrəfəʳ] *n* Vermessungsingenieur *der*, -in *die*.

topography [tə'pɒgrəfɪ] *n (U)* Topografie *die*.

topping ['tɒpɪŋ] *n* Garnierung *die;* **with a ~ of cheese/cream** mit Käse/Sahne.

topple ['tɒpl] *vt* [government, leader] stürzen ◇ *vi* fallen.

◆ **topple over** *vi* um|fallen.

top-ranking [-'ræŋkɪŋ] *adj* hochrangig.

top-secret *adj* streng geheim.

top-security *adj* [prison] Hochsicherheits-; **a ~ operation** eine Operation mit höchster Sicherheitsstufe.

topsoil ['tɒpsɔɪl] *n (U)* oberste Erdschicht.

topspin ['tɒpspɪn] *n (U)* Topspin *der*.

topsy-turvy [ˌtɒpsɪ'tɜːvɪ] *adj* - **1.** [messy] durcheinander - **2.** [haywire] verkehrt ◇ *adv* [upside down]: **to turn sthg ~** etw auf den Kopf stellen.

tor [tɔːʳ] *n* **esp Br** [hill] Felsenhügel *der*.

torch [tɔːtʃ] *n* - **1.** **Br** [electric] Taschenlampe *die* - **2.** [flaming stick] Fackel *die*.

tore [tɔːʳ] *pt* ▷ **tear²**.

torment [*n* 'tɔːment, *vb* tɔː'ment] *n* Qual *die* ◇ *vt* [worry, annoy] quälen.

tormentor [tɔː'mentəʳ] *n* Peiniger *der*, -in *die*.

torn [tɔːn] *pp* ▷ **tear²**.

tornado [tɔː'neɪdəʊ] (*pl* **-es** OR **-s**) *n* Tornado *das*.

Toronto [tə'rɒntəʊ] *n* Toronto *nt*.

torpedo [tɔː'piːdəʊ] (*pl* **-es**) *n* Torpedo *der* ◇ *vt* torpedieren.

torpedo boat *n* Torpedoboot *das*.

torpor ['tɔːpəʳ] *n* Trägheit *die*.

torque [tɔːk] *n* TECH Drehmoment *das*.

torrent ['tɒrənt] *n* - **1.** [rushing water] reißender Strom - **2.** [of words] Schwall *der*.

torrential [tə'renʃl] *adj* sintflutartig.

torrid ['tɒrɪd] *adj* **lit** & **fig** heiß.

torso ['tɔːsəʊ] (*pl* **-s**) *n* - **1.** [of person] Rumpf *der;* **bare ~** nackter Oberkörper - **2.** [sculpture] Torso *der*.

tortoise ['tɔːtəs] *n* Schildkröte *die*.

tortoiseshell ['tɔːtəʃel] *adj* [cat] Schildpatt- ◇ *n* [material] Schildpatt *das* ◇ *comp* Schildpatt-.

tortuous ['tɔːtʃʊəs] *adj* - **1.** [twisty] gewunden - **2.** [over-complicated] verwickelt.

torture ['tɔːtʃəʳ] *n* - **1.** *(U)* [punishment] Folter *die* - **2.** **fig** [cruel treatment] Qual *die* ◇ *vt* foltern.

torturer ['tɔːtʃərəʳ] *n* Folterer *der*, -in *die*.

Tory ['tɔːrɪ] (*pl* **-ies**) *adj* Tory-, konservativ ◇ *n* Tory *der, die*, Konservative *der, die*.

toss [tɒs] *vt* - **1.** [throw carelessly] werfen; **she ~ed back her head** sie warf ihren Kopf zurück - **2.** [food] schwenken; [salad] mischen; [pancake] wenden - **3.** [coin] werfen; **I'll ~ you for it** lass uns eine Münze werfen - **4.** [boat, passengers] hin und her werfen ◇ *vi* - **1.** [with coin] eine Münze werfen - **2.** [move about]: **to ~ and turn** sich hin und her werfen ◇ *n* - **1.** [of coin] Wurf *der* - **2.** [of head]: **with a ~ of his head he left the room** er warf den Kopf nach hinten und verließ den Raum.

◆ **toss up** *vi* eine Münze werfen.

toss-up *n* **inf**: **it's a ~** es steht auf der Kippe.

tot [tɒt] (*pt* & *pp* **-ted;** *cont* **-ting**) *n* - **1.** **inf** [small child] kleines Kind - **2.** [of drink] Schluck *der*.

◆ **tot up** *vt sep* **inf** zusammen|zählen.

total ['təʊtl] (**Br** *pt* & *pp* **-led;** *cont* **-ling**, **Am** *pt* & *pp* **-ed;** *cont* **-ing**) *adj* - **1.** [complete - dedication, despair, darkness] völlig; [- eclipse, failure] total; **~ fool** Vollidiot *der* - **2.** [amount, number] Gesamt- ◇ *n* Gesamtsumme *die;* **a ~ of 50 people** insgesamt 50 Leute; **in ~** insgesamt ◇ *vt* - **1.** [add up] zusammen|zählen - **2.** [amount to] sich belaufen auf *(+ A)* - **3.** **Am inf** [wreck] zu Schrott fahren.

totalitarian [ˌtəʊtælɪ'teərɪən] *adj* totalitär.

totality [təʊ'tælətɪ] *n* [whole] Gesamtheit *die*.

totally ['təʊtəlɪ] *adv* völlig.

tote bag [təʊt-] *n* **Am** Einkaufstasche *die*.

totem pole ['təʊtəm-] *n* Totempfahl *der*.

totter ['tɒtəʳ] *vi* - **1.** [walk unsteadily] taumeln - **2.** **fig** [government] schwanken.

toucan ['tuːkən] *n* Tukan *der*.

touch [tʌtʃ] *n* - **1.** *(U)* [act of touching] Berührung *die;* **to be soft to the ~** sich weich an|fühlen - **2.** [detail] Detail *das;* **to put the finishing ~es to sthg** einer Sache *(D)* den letzten Schliff geben - **3.** *(U)* [style] Note *die* - **4.** [contact]: **to get in ~ with sb** sich mit jm in Verbindung setzen; **to keep in ~ (with sb)** (mit jm) in Kontakt bleiben; **to lose ~ with sb** jn aus den Augen verlieren; **to be out of ~ with sthg** in Bezug auf etw *(A)* nicht auf dem Laufenden sein - **5.** [small amount]: **a ~ (of sthg)** eine Spur (von etw) - **6.** SPORT: **in ~** im Aus - **7.** **phr**: **it was ~ and go** es stand auf Messers Schneide; **to be a soft ~** [for money] leicht anzupumpen sein ◇ *vt* - **1.** [make contact with] an|fassen - **2.** [move emotionally] rühren - **3.** [eat, drink] an|rühren ◇ *vi* - **1.** [make contact - people, things] sich berühren; **don't ~!** nicht anfassen! - **2.** [be in contact] aneinander stoßen.

◆ **a touch** *adv*: **a ~ loud/bright** eine Spur zu laut/hell.

◆ **touch down** *vi* [plane] auf|setzen.

◆ **touch on** *vt fus* rühren an *(+ A)*.

◆ **touch up** *vt sep* [paintwork] auf|frischen.

touch-and-go *adj* ungewiss.

touchdown ['tʌtʃdaʊn] *n* - **1.** [of plane] Aufsetzen *das* - **2.** [in American football] Touchdown *der*.

touched [tʌtʃt] *adj* - **1.** [moved] bewegt - **2.** *inf* [slightly mad] nicht ganz richtig im Kopf.

touching [ˈtʌtʃɪŋ] *adj* rührend.

touch judge *n* RUGBY Linienrichter *der*.

touchline [ˈtʌtʃlaɪn] *n* Auslinie *die*.

touchpaper [ˈtʌtʃˌpeɪpəʳ] *n* Zündschnur *die (aus Papier)*.

touch-type *vi* blind schreiben.

touchy [ˈtʌtʃɪ] (*compar* **-ier;** *superl* **-iest**) *adj* - **1.** [person] empfindlich; **to be ~ about sthg** in Bezug auf etw *(A)* empfindlich sein - **2.** [subject, question] heikel.

tough [tʌf] *adj* - **1.** [gen] hart - **2.** [meat] zäh - **3.** [decision, life] schwer - **4.** [criminal, neighbourhood] rau - **5.** *inf* [unfortunate] hart.

toughen [ˈtʌfn] *vt* - **1.** [character] hart machen - **2.** [material] härten.

toughened [ˈtʌfnd] *adj* [glass, steel] gehärtet.

toughness [ˈtʌfnɪs] *n (U)* - **1.** [of character - strength] Stärke *die;* [- hardness] Härte *die* - **2.** [of material] Härte *die* - **3.** [of meat] Zähigkeit *die*.

toupee [ˈtu:peɪ] *n* Toupet *das*.

tour [tʊəʳ] *n* - **1.** [trip] Tour *die* - **2.** [of building, town, museum] Rundgang *der* - **3.** [of pop group etc] Tournee *die;* **to be on ~** auf Tournee sein <> *vt* - **1.** [visit - city, museum] besichtigen; [- country] reisen durch - **2.** SPORT & THEATRE eine Tournee machen durch <> *vi* [go on trip] eine Tour machen; **we ~ed round Germany** wir haben eine Deutschlandtour gemacht.

touring [ˈtʊərɪŋ] *adj:* **~ exhibition** Wanderausstellung *die;* **~ theatre group** Gastspieltruppe *die* <> *n* Herumreisen *das;* **to go ~** herum|reisen.

tourism [ˈtʊərɪzm] *n* Tourismus *der*, Fremdenverkehr *der*.

tourist [ˈtʊərɪst] *n* Tourist *der*, -in *die*.

tourist class *n* Touristenklasse *die*.

tourist (information) office *n* Touristeninformation *die*, Fremdenverkehrsbüro *das*.

touristy [ˈtʊərɪstɪ] *adj* *pej:* **it's a very ~ pub** in der Kneipe sind nur Touristen.

tournament [ˈtɔ:nəmənt] *n* Turnier *das*.

tourniquet [ˈtʊənɪkeɪ] *n* Aderpresse *die*.

tour operator *n* Reiseveranstalter *der*.

tousle [ˈtaʊzl] *vt* zerzausen.

tout [taʊt] *n* Schwarzhändler *der*, -in *die* <> *vt* [tickets, goods] an|bieten <> *vi:* **to ~ for custom** auf Kundenfang sein

tow [təʊ] *n:* **to give sb a ~** jn ab|schleppen; **to be on ~** *Br* abgeschleppt werden; **with sb in ~** mit jm im Schlepptau <> *vt* ab|schleppen.

towards *Br* [təˈwɔ:dz], **toward** *Am* [təˈwɔ:d] *prep* - **1.** [in the direction of] zu; **a move ~ self-government** eine Bewegung in Richtung Selbstregierung; **to run ~ sb** auf jn zu|laufen; **efforts ~ his release** Bemühungen um seine Freilassung - **2.** [facing] nach - **3.** [with regard to] gegenüber; **his feelings ~ me** seine Gefühle mir gegenüber OR für mich - **4.** [in time] gegen; **~ nine o'clock** gegen neun Uhr - **5.** [in space]: **to sit ~ the back/front** hinten/vorne sitzen - **6.** [as contribution] für; **he gave £20 ~ animal research** er spendete £20 für Tierforschung; **can I pay something ~ the cost?** kann ich etwas zu den Kosten beisteuern?

towaway zone [ˈtəʊəweɪ-] *n* *Am* absolutes Halteverbot.

towbar [ˈtəʊbɑ:] *n* Anhängerkupplung *die*.

towel [ˈtaʊəl] *n* Handtuch *das*.

towelling *Br*, **toweling** *Am* [ˈtaʊəlɪŋ] *n (U)* Frotteestoff *der* <> *comp* Frottee-.

towel rail *n* Handtuchhalter *der*.

tower [ˈtaʊəʳ] *n* Turm *der;* **a ~ of strength** *Br* eine große Stütze <> *vi* hoch|ragen; **to ~ over sb/sthg** jn/etw überragen.

tower block *n* *Br* Hochhaus *das*.

towering [ˈtaʊərɪŋ] *adj* [very tall] hoch aufragend.

town [taʊn] *n* Stadt *die;* **to go out on the ~** einen drauf|machen; **to go to ~** *fig* [spend a lot] es sich *(D)* was kosten lassen; [take trouble] sich ins Zeug legen.

town centre *n* Stadtmitte *die*.

town clerk *n* Stadtdirektor *der*, -in *die*.

town council *n* Stadtrat *der*.

town hall *n* - **1.** [building] Rathaus *das* - **2.** *(U)* *fig* [council] Stadtrat *der*.

town house *n* [fashionable house] Villa *die*.

town plan *n* Stadtplan *der*.

town planner *n* Stadtplaner *der*, -in *die*.

town planning *n (U)* Stadtplanung *die*.

townsfolk [ˈtaʊnzfəʊk], **townspeople** [ˈtaʊnzˌpi:pl] *npl:* **the ~** die Bürger *pl*.

township [ˈtaʊnʃɪp] *n* - **1.** [in South Africa] Township *die* - **2.** [in US] Verwaltungsbezirk *der*.

towpath [ˈtəʊpɑ:θ, *pl* -pɑ:ðz] *n* Leinpfad *der*.

towrope [ˈtəʊrəʊp] *n* Abschleppseil *das*.

tow truck *n* *Am* Abschleppwagen *der*.

toxic [ˈtɒksɪk] *adj* giftig.

toxin [ˈtɒksɪn] *n* Giftstoff *der*.

toy [tɔɪ] *n* Spielzeug *das*.
➡ **toy with** *vt fus* spielen mit.

toyboy [ˈtɔɪbɔɪ] *n* *inf* junger Liebhaber.

toy shop *n* Spielwarenladen *der*.

trace [treɪs] *n* Spur *die;* **to disappear without ~**

spurlos verschwinden ◇ *vt* - **1.** [find] auf|spüren - **2.** [follow progress of] verfolgen - **3.** [mark outline of] nach|zeichnen; [with tracing paper] durch|pausen.

trace element *n* CHEM Spurenelement *das*.

tracer bullet ['treɪsəʳ-] *n* Leuchtspurgeschoss *das*.

tracing ['treɪsɪŋ] *n* [on paper - act] Durchpausen *das*; [- result] Pause *die*.

tracing paper *n (U)* Transparentpapier *das*.

track [træk] *n* - **1.** [path] Pfad *der*; **it's off the beaten ~** es liegt abseits - **2.** SPORT Bahn *die* - **3.** RAIL Gleis *das* - **4.** [mark, trace] Spur *die*; **to hide** OR **cover one's ~s** seine Spuren verwischen; **to stop dead in one's ~s** wie angewurzelt stehen bleiben - **5.** [on record, tape, CD] Stück *das* - **6.** *phr:* **to keep ~ of sb/sthg** jn/etw im Auge behalten; **to lose ~ of sb/sthg** jn/etw aus den Augen verlieren; **to be on the right/wrong ~** auf der richtigen/falschen Spur sein ◇ *vt* [follow] nach|spüren *(+ D)* ◇ *vi* [camera] fahren.

◆ **track down** *vt sep* [person, animal] auf|spüren; [book, address] auf|stöbern.

tracker dog ['trækəʳ-] *n* Spürhund *der*.

track event *n* Laufwettbewerb *der*.

tracking station ['trækɪŋ-] *n* Bodenstation *die*.

track record *n:* **to have a good ~** gute Erfolge aufzuweisen haben.

track shoes *npl* Laufschuhe *pl*.

tracksuit ['træksuːt] *n* Trainingsanzug *der*.

tract [trækt] *n* - **1.** [pamphlet] Traktat *das* - **2.** [area]: **~ of land** Gebiet *das* - **3.** MED Trakt *der*.

traction ['trækʃn] *n (U)* PHYSICS Zugkraft *die*; **in ~** im Streckverband.

traction engine *n* Zugmaschine *die*.

tractor ['træktəʳ] *n* Traktor *der*.

tractor-trailer *n Am* Sattelschlepper *der*.

trade [treɪd] *n* - **1.** [commerce] Handel *der* - **2.** [job] Handwerk *das*; **by ~** von Beruf ◇ *vt* [exchange] tauschen; **to ~ sthg for sthg** etw gegen etw ein|tauschen ◇ *vi* - **1.** COMM [do business]: **to ~ (with sb)** (mit jm) Handel treiben - **2.** *Am* [shop]: **to ~ at** OR **with** einkaufen bei.

◆ **trade in** *vt sep* [exchange] in Zahlung geben.

trade barrier *n* Handelsschranke *die*.

trade deficit *n* Handelsdefizit *das*.

trade discount *n (U)* Händlerrabatt *der*.

trade fair *n* Messe *die*.

trade gap *n* Handelsdefizit *das*.

trade-in *n:* **they gave her a ~ on her old cooker** sie nahmen ihren alten Herd in Zahlung.

trademark ['treɪdmɑːk] *n* - **1.** COMM Warenzeichen *das* - **2.** *fig* [characteristic]: **honesty is his ~** er ist für seine Ehrlichkeit bekannt.

trade name *n* COMM Handelsname *der*.

trade-off *n* Kompromiss *der*.

trade price *n* Großhandelspreis *der*.

trader ['treɪdəʳ] *n* Händler *der*, -in *die*.

trade route *n* Handelsweg *der*.

trade secret *n* Geschäftsgeheimnis *das*.

tradesman ['treɪdzmən] (*pl* **-men** [-mən]) *n* [shopkeeper, trader] Händler *der*.

tradespeople ['treɪdz,piːpl] *npl* Händler *pl*.

trades union *n Br* = **trade union.**

Trades Union Congress *n Br:* **the ~** der Gewerkschaftsbund.

trades unionist *n Br* = **trade unionist.**

trade union *n* Gewerkschaft *die*.

trade unionist *n* Gewerkschaftler *der*, -in *die*.

trading ['treɪdɪŋ] *n* Handel *der*.

trading estate *n Br* Industriegebiet *das*.

tradition [trə'dɪʃn] *n* - **1.** *(U)* [system of customs] Tradition *die* - **2.** [established practice] Brauch *der*.

traditional [trə'dɪʃənl] *adj* traditionell.

traditionally [trə'dɪʃnəlɪ] *adv* traditionsgemäß.

traffic ['træfɪk] (*pt & pp* **-ked;** *cont* **-king**) *n* - **1.** [vehicles] Verkehr *der* - **2.** [illegal trade] Handel *der*; **the ~ in drugs/arms** der Drogen-/Waffenhandel ◇ *vi:* **to ~ in sthg** mit etw handeln.

traffic circle *n Am* Kreisverkehr *der*.

traffic island *n* Verkehrsinsel *die*.

traffic jam *n* Stau *der*.

trafficker ['træfɪkəʳ] *n* Händler *der*, -in *die*.

traffic lights *npl* Ampel *die*.

traffic offence *Br*, **traffic violation** *Am n* Verstoß *der* gegen die Straßenverkehrsordnung.

traffic sign *n* Verkehrsschild *das*.

traffic violation *n Am* = **traffic offence.**

traffic warden *n Br* Hilfspolizist *der*, Politesse *die*.

tragedy ['trædʒədɪ] (*pl* **-ies**) *n* Tragödie *die*.

tragic ['trædʒɪk] *adj* tragisch.

tragically ['trædʒɪklɪ] *adv* [sadly] tragischerweise; [in tragic way] auf tragische Weise.

trail [treɪl] *n* - **1.** [path] Weg *der*; **to blaze a ~** *fig* Pionierarbeit leisten - **2.** [traces] Spur *die*; **to be on the ~ of sb/sthg** jm/etw auf der Spur sein ◇ *vt* - **1.** [drag behind, tow] hinter sich *(D)* her schleifen - **2.** [lag behind] zurückliegen hinter *(+ D)* ◇ *vi* - **1.** [drag behind] schleifen

- 2. [move slowly] trotten **- 3.** SPORT [lose] zurück|liegen.

◆ **trail away, trail off** *vi:* **his voice ~ed away** seine Stimme wurde leiser und verstummte schließlich.

trailblazing [ˈtreɪlˌbleɪzɪŋ] *adj* bahnbrechend.

trailer [ˈtreɪləʳ] *n* **- 1.** [vehicle for luggage] Anhänger *der* **- 2.** *esp Am* [for living in] Wohnwagen *der* **- 3.** CINEMA Trailer *der.*

trailer court, trailer park *n Am* Platz *der* für Wohnwagen.

train [treɪn] *n* **- 1.** RAIL Zug *der;* **by ~** mit dem Zug **- 2.** [of dress] Schleppe *die* **- 3.** [connected sequence]: **~ of thought** Gedankengang *der* ◇ *vt* **- 1.** [teach - animal] dressieren; **to ~ sb to do sthg** jm bei|bringen, etw zu tun **- 2.** [for job] aus|bilden; **to ~ sb as sthg** jn zu etw ausbilden **- 3.** SPORT trainieren **- 4.** [plant] über ein Spalier wachsen lassen **- 5.** [gun, camera]: **to ~ sthg on sb/sthg** etw auf jn/etw richten ◇ *vi* **- 1.** [for job]: **to ~ (as)** eine Ausbildung machen (als) **- 2.** SPORT: **to ~ (for sthg)** (für etw) trainieren.

train driver *n* Zugführer *der,* -in *die.*

trained [treɪnd] *adj* ausgebildet.

trainee [treɪˈniː] *adj* in der Ausbildung; **~ manager** Trainee *der;* **~ nurse** Krankenpflegeschüler *der,* Schwesternschülerin *die* ◇ *n* Auszubildende *der, die;* [academic, technical] Praktikant *der,* -in *die.*

trainer [ˈtreɪnəʳ] *n* **- 1.** [of dogs] Dresseur *der,* -euse *die;* [of horses] Trainer *der,* -in *die* **- 2.** SPORT Trainer *der,* -in *die.*

◆ **trainers** *npl Br* [shoes] Turnschuhe *pl.*

training [ˈtreɪnɪŋ] *n* **- 1.** [for job] Ausbildung *die* **- 2.** SPORT Training *das.*

training college *n Br* [for teachers] ≃ pädagogische Hochschule.

training course *n* Kurs *der.*

training shoes *npl Br* Turnschuhe *pl.*

train set *n* Modelleisenbahn *die.*

train spotter [-ˌspɒtəʳ] *n Eisenbahnfan, der als Hobby Zugnummern notiert.*

train station *n* Bahnhof *der.*

traipse [treɪps] *vi* latschen.

trait [treɪt] *n* Charakterzug *der.*

traitor [ˈtreɪtəʳ] *n:* **~ (to sthg)** Verräter *der,* -in *die* (an etw *(D)*).

trajectory [trəˈdʒektərɪ] (*pl* **-ies**) *n* TECH Flugbahn *die.*

tram [træm] *n Br* Straßenbahn *die.*

tramlines [ˈtræmlaɪnz] *npl* **- 1.** [for trams] Straßenbahnschienen *pl* **- 2.** TENNIS Gasse *die.*

tramp [træmp] *n* **- 1.** [homeless person] Landstreicher *der,* -in *die* **- 2.** *Am inf* [loose woman] Flittchen *das* ◇ *vt* trotten durch ◇ *vi* [trudge] trotten.

trample [ˈtræmpl] *vt* nieder|trampeln ◇ *vi:* **to ~ on** *lit* & *fig* herum|trampeln auf *(+ D).*

trampoline [ˈtræmpəliːn] *n* Trampolin *das.*

trance [trɑːns] *n* [hypnotic state] Trance *die;* **in a ~** in Trance.

tranquil [ˈtræŋkwɪl] *adj* ***literary*** friedlich.

tranquility *n Am* = **tranquillity.**

tranquilize *vt Am* = **tranquillize.**

tranquilizer *n Am* = **tranquillizer.**

tranquillity *Br,* **tranquility** *Am* [træŋˈkwɪlətɪ] *n* Friedlichkeit *die.*

tranquillize, -ise *Br,* **tranquilize** *Am* [ˈtræŋkwɪlaɪz] *vt* beruhigen.

tranquillizer *Br,* **tranquilizer** *Am* [ˈtræŋkwɪlaɪzəʳ] *n* Beruhigungsmittel *das.*

transact [trænˈzækt] *vt* ***fml*** ab|schließen.

transaction [trænˈzækʃn] *n* [piece of business] Transaktion *die.*

transatlantic [ˌtrænzətˈlæntɪk] *adj* transatlantisch.

transceiver [trænˈsiːvəʳ] *n* Sende-Empfangsgerät *das.*

transcend [trænˈsend] *vt* ***fml*** [go beyond] hinaus|gehen über *(+ A).*

transcendental meditation [ˌtrænsenˈdentl-] *n* transzendentale Meditation.

transcribe [trænˈskraɪb] *vt* **- 1.** [write down - recording, speech] mit|schreiben; [- manuscript] ab|schreiben **- 2.** [transliterate] übertragen.

transcript [ˈtrænskrɪpt] *n* [of speech, conversation] Mitschrift *die.*

transept [ˈtrænsept] *n* Querschiff *das.*

transfer [*n* ˈtrænsfɜːʳ, *vb* trænsˈfɜːʳ] (*pt* & *pp* **-red;** *cont* **-ring**) *n* **- 1.** *(U)* [from one place to another - of money] Überweisung *die;* [- of prisoner] Überführung *die;* [- of patient] Verlegung *die* **- 2.** *(U)* [from one person to another] Übertragung *die* **- 3.** [for job] Versetzung *die* **- 4.** SPORT Wechsel *der,* Transfer *der* **- 5.** [design] Abziehbild *das* **- 6.** *Am* [ticket] Umsteigefahrkarte *die* ◇ *vt* **- 1.** *(U)* [from one place to another - money] überweisen; [- prisoner] überführen; [- patient] verlegen **- 2.** [from one person to another]: **to ~ sthg to sb** jm etw übertragen **- 3.** [for job] versetzen **- 4.** SPORT transferieren ◇ *vi* [to different job *etc* & SPORT] wechseln.

transferable [trænsˈfɜːrəbl] *adj* übertragbar.

transfer fee *n Br* SPORT Transfersumme *die.*

transfix [trænsˈfɪks] *vt* [immobilize] erstarren lassen.

transform [trænsˈfɔːm] *vt:* **to ~ sb/sthg (into)** jn/etw verwandeln (in *(+ A)*).

transformation [ˌtrænsfəˈmeɪʃn] *n* Umwandlung *die.*

transformer [træns'fɔːməʳ] *n* ELEC Transformator *der*.

transfusion [træns'fjuːʒn] *n* Transfusion *die*.

transgress [træns'gres] *fml vi* gegen die Regeln verstoßen.

transient ['trænzɪənt] *adj fml* [fleeting] kurzlebig <> *n* ***Am*** [person] Durchreisende *der, die*.

transistor [træn'zɪstəʳ] *n* - **1.** ELECTRON Transistor *der* - **2.** ***dated*** [portable radio] Transistorradio *das*.

transit ['trænsɪt] *n*: **in ~** [goods] auf dem Transport.

transit camp *n* Durchgangslager *das*.

transition [træn'zɪʃn] *n*: **~ from sthg to sthg** Übergang *der* von etw zu etw; **in ~** im Wandel.

transitional [træn'zɪʃənl] *adj* Übergangs-.

transitive ['trænzɪtɪv] *adj* GRAMM transitiv.

transit lounge *n* Warteraum *der*.

transitory ['trænzɪtrɪ] *adj* vergänglich.

translate [træns'leɪt] *vt* - **1.** [languages] übersetzen - **2.** ***fig*** [transform]: **to ~ a plan into action** einen Plan in die Tat umlsetzen <> *vi* - **1.** [words] sich übersetzen lassen - **2.** [person] übersetzen; **she ~s from English into German** sie übersetzt aus dem Englischen ins Deutsche.

translation [træns'leɪʃn] *n* Übersetzung *die*.

translator [træns'leɪtəʳ] *n* Übersetzer *der*, -in *die*.

translucent [trænz'luːsnt] *adj* lichtdurchlässig.

transmission [trænz'mɪʃn] *n* - **1.** [passing on & ELECTRON] Übertragung *die* - **2.** RADIO & TV [programme] Sendung *die*.

transmit [trænz'mɪt] (*pt* & *pp* **-ted;** *cont* **-ting**) *vt* übertragen.

transmitter [trænz'mɪtəʳ] *n* ELECTRON Sender *der*.

transparency [trans'pærənsɪ] (*pl* **-ies**) *n* - **1.** PHOT Dia(positiv) *das* - **2.** [for overhead projector] Folie *die* - **3.** [quality of being transparent] Durchsichtigkeit *die*.

transparent [træns'pærənt] *adj* - **1.** [see-through] durchsichtig - **2.** [obvious] offensichtlich.

transpire [træn'spaɪəʳ] *fml vt*: **it ~s that ...** es stellt sich heraus, dass ... <> *vi* [happen] passieren.

transplant [*n* 'trænsplɑːnt, *vb* træns'plɑːnt] *n* [MED - operation] Transplantation *die;* [- organ, tissue] Transplantat *das* <> *vt* - **1.** MED transplantieren - **2.** BOT [seedlings] umlpflanzen - **3.** [population] umlsiedeln.

transport [*n* 'trænspɔːt, *vb* træn'spɔːt] *n* - **1.** [system] Verkehrsmittel *pl;* **do you have your own ~?** sind Sie motorisiert? - **2.** [of goods, people] Beförderung *die*, Transport *der* <> *vt* [goods, people] befördern, transportieren.

transportable [træn'spɔːtəbl] *adj* transportierbar.

transportation [ˌtrænspɔː'teɪʃn] *n (U)* ***esp Am*** = **transport.**

transport cafe *n* ***Br*** Fernfahrerlokal *das*.

transporter [træn'spɔːtəʳ] *n* [vehicle] Autotransporter *der*.

transpose [træns'pəʊz] *vt* [change round] umlstellen.

transsexual [træns'sekʃʊəl] *n* Transsexuelle *der, die*.

transvestite [trænz'vestaɪt] *n* Transvestit *der*.

trap [træp] (*pt* & *pp* **-ped;** *cont* **-ping**) *n* Falle *die* <> *vt* - **1.** [animal, bird] fangen - **2.** ***fig*** [trick] eine Falle stellen *(+ D)* - **3.** [immobilize, catch]: **to be ~ped in sthg** in etw *(D)* festlsitzen; **to be ~ped in a relationship** in einer Beziehung gefangen sein - **4.** [energy] speichern.

trapdoor ['træpdɔːʳ] *n* Falltür *die*.

trapeze [trə'piːz] *n* Trapez *das*.

trapper ['træpəʳ] *n* Fallensteller *der*, -in *die*.

trappings ['træpɪŋz] *npl* äußere Zeichen *pl*.

trash [træʃ] *n* - **1.** ***Am*** [refuse] Abfall *der* - **2.** ***inf pej*** [sthg of poor quality] Ramsch *der;* [book, film] Schund *der* <> *vt* ***Am*** - **1.** [criticize] zerreißen - **2.** [damage] in ein Schlachtfeld verwandeln.

trashcan ['træʃkæn] *n* ***Am*** Abfalleimer *der*.

trashy ['træʃɪ] (*compar* **-ier;** *superl* **-iest**) *adj* ***inf*** wertlos; [film] schlecht und billig; **~ novel** Schundroman *der*.

trauma ['trɔːmə] *n* Trauma *das*.

traumatic [trɔː'mætɪk] *adj* traumatisch.

traumatize, -ise ['trɔːmətaɪz] *vt* [shock] traumatisieren.

travel ['trævl] (***Br*** *pt* & *pp* **-led;** *cont* **-ling, *Am*** *pt* & *pp* **-ed;** *cont* **-ing**) *n (U)* Reisen *das* <> *vt* [distance] fahren; **to ~ the world/country** durch die Welt/das Land reisen <> *vi* - **1.** [journey] reisen - **2.** [go, move - train] fahren; [- light] sich fortlbewegen; [- current] fließen; [- news] sich verbreiten.

◆ **travels** *npl* Reisen *pl*.

travel agency *n* Reisebüro *das*.

travel agent *n* Reiseveranstalter *der*, -in *die;* **~'s** Reisebüro *das*.

travel brochure *n* Urlaubsprospekt *der*.

travelcard ['trævlkɑːd] *n* Zeitkarte *die*.

traveler *etc n* ***Am*** = **traveller** *etc*.

travelled *Br*, traveled *Am* ['trævld] *adj* - **1.** [person]: **widely ~** weit gereist - **2.** [road, route]: **much-~** viel befahren.

traveller *Br*, **traveler** *Am* ['trævləʳ] *n* - **1.** [person on journey] Reisende *der, die* - **2.** [itinerant] Herumreisende *der, die*.

traveller's cheque *n* Travellerscheck *der*.

travelling *Br*, **traveling** *Am* ['trævlɪŋ] *adj* - **1.** [itinerant] Wander- - **2.** [for taking on journeys, of travel] Reise-.

travelling expenses *npl* Reisekosten *pl*.

travelling salesman *n* Vertreter *der*, -in *die*.

travelogue, travelog *Am* ['trævəlɒg] *n* Reisebericht *der*.

travelsick ['trævəlsɪk] *adj* reisekrank.

traverse ['trævəs, ˌtrə'vɜːs] *vt* ***fml*** durchqueren.

travesty ['trævəstɪ] (*pl* **-ies**) *n*: **it was a ~ of justice** es war eine Verhöhnung der Gerechtigkeit.

trawl [trɔːl] *n* - **1.** [fishing net] Schleppnetz *das* - **2.** [search] Suche *die* <> *vt* - **1.** [fish]: **to ~ sthg (for sthg)** in etw *(D)* mit Schleppnetzen (nach etw) fischen - **2.** [search]: **to ~ sthg for sthg** etw nach etw ab|suchen <> *vi* - **1.** [fish]: **to ~ for sthg** nach etw fischen - **2.** [search]: **to ~ for sthg** nach etw suchen.

trawler ['trɔːləʳ] *n* Trawler *der*.

tray [treɪ] *n* - **1.** [for carrying] Tablett *das* - **2.** [for papers, mail] Korb *der*.

treacherous ['tretʃərəs] *adj* - **1.** [person, behaviour] verräterisch - **2.** [rock, tides] tückisch.

treachery ['tretʃərɪ] *n* Verrat *der*.

treacle ['triːkl] *n* ***Br*** Sirup *der*.

tread [tred] (*pt* **trod**; *pp* **trodden**) *n* - **1.** [on tyre, shoe] Profil *das* - **2.** [sound or way of walking] Schritt *der*, Tritt *der* <> *vt* [grapes] stampfen; **to ~ sthg into sthg** etw in etw *(A)* treten <> *vi* - **1.** [place foot]: **to ~ on sthg** auf etw *(A)* treten - **2.** [walk, progress] trotten; **to ~ carefully *fig*** vorsichtig vor|gehen.

treadle ['tredl] *n* Fußhebel *der*.

treadmill ['tredmɪl] *n* - **1.** [wheel] Tretrad *das* - **2.** ***fig*** [dull routine] Tretmühle *die*.

treason ['triːzn] *n* Verrat *der*.

treasure ['treʒəʳ] *n* Schatz *der* <> *vt* [memory] bewahren; [object] sorgfältig auf|bewahren.

treasure hunt *n* Schatzsuche *die*.

treasurer ['treʒərəʳ] *n* Schatzmeister *der*, -in *die*.

treasure trove *n (U)* LAW Schatzfund *der*.

treasury ['treʒərɪ] (*pl* **-ies**) *n* [room] Schatzkammer *die*.

◆ **Treasury** *n*: **the Treasury** das Finanzministerium.

treasury bill *n* kurzfristiger Schatzwechsel.

treat [triːt] *vt* - **1.** [gen] behandeln; **to ~ sb as/like sthg** jn wie etw behandeln; **to ~ sth as confidential** etw vertraulich behandeln; **to ~ sthg as a joke** etw als Witz an|sehen - **2.** [give sthg special]: **to ~ sb (to sthg)** jn (zu etw) ein|laden; **to ~ o.s. to sthg** sich *(D)* etw leisten <> *n* [sthg special]: **what a ~!** was für ein Genuss!; **to give sb a ~** jm eine Freude bereiten; **this is my ~** ich lade dich ein.

treatise ['triːtɪz] *n* ***fml***: **~ (on sthg)** Abhandlung *die* (über etw *(A)*).

treatment ['triːtmənt] *n* [gen] Behandlung *die*; [specific method of medical care] Behandlungsmethode *die*.

treaty ['triːtɪ] (*pl* **-ies**) *n* Vertrag *der*.

treble ['trebl] *adj* - **1.** MUS: **~ voice** Knabensopranstimme *die* - **2.** [with numbers]: **~ 4** dreimal 4 <> *n* MUS - **1.** *(U)* [musical range] Oberstimme *die* - **2.** [boy singer] Knabensopran *der* <> *vt* verdreifachen <> *vi* sich verdreifachen.

treble clef *n* Violinschlüssel *der*.

tree [triː] *n* [plant & COMPUT] Baum *der*; **to be barking up the wrong ~** auf dem Holzweg sein.

tree-lined *adj* von Bäumen gesäumt.

treetop ['triːtɒp] *n* Baumkrone *die*.

tree-trunk *n* Baumstamm *der*.

trek [trek] (*pt* & *pp* **-ked**; *cont* **-king**) *n* anstrengender Marsch <> *vi* - **1.** [go on long journey]: **to ~ through the jungle** durch den Urwald ziehen - **2.** ***inf*** [walk laboriously]: **I had to ~ all the way home** ich musste den ganzen Weg nach Hause laufen.

trellis ['trelɪs] *n* Spalier *das*.

tremble ['trembl] *vi* zittern.

tremendous [trɪ'mendəs] *adj* - **1.** [impressive, large] enorm - **2.** ***inf*** [really good] sagenhaft.

tremendously [trɪ'mendəslɪ] *adv* [impressively, hugely] enorm.

tremor ['treməʳ] *n* - **1.** [of body, voice] Zittern *das* - **2.** [small earthquake] Beben *das*.

tremulous ['tremjʊləs] *adj* ***literary*** [voice] zitternd; [smile] zaghaft.

trench [trentʃ] *n* - **1.** [channel] Graben *der* - **2.** MIL Schützengraben *der*.

trenchant ['trentʃənt] *adj* ***fml*** scharf.

trench coat *n* Trenchcoat *der*.

trench warfare *n (U)* Stellungskrieg *der*.

trend [trend] *n* [tendency] Trend *der*, Tendenz *die*.

trendsetter ['trendˌsetəʳ] *n* Trendsetter *der*, -in *die*.

trendy [trendɪ] (*compar* **-ier**; *superl* **-iest**) *adj* ***inf*** in, angesagt.

trepidation [ˌtrepɪ'deɪʃn] *n (U)* ***fml***: **in** OR **with ~** mit einem beklommenen Gefühl; **I waited in ~** ich wartete angsterfüllt.

trespass ['trespəs] *vi*: **to ~ (on sb's land)** ein

Grundstück unbefugt betreten; **'no ~ing'** 'Betreten verboten'.

trespasser ['trespəsə^r] *n* Unbefugte *der, die;* **'~s will be prosecuted'** 'widerrechtliches Betreten wird strafrechtlich verfolgt'.

trestle ['tresl] *n* Bock *der.*

trestle table *n* Tapeziertisch *der.*

trial ['traɪəl] *n* - **1.** LAW Prozess *der;* **to be on ~ (for sthg)** (wegen etw) vor Gericht stehen - **2.** [test, experiment] Versuch *der;* **on ~** zur Probe; **by ~ and error** durch Ausprobieren - **3.** [unpleasant experience] Qual *die;* **~s and tribulations** Kummer und Sorgen.

trial basis *n:* **on a ~** versuchsweise.

trial period *n* Probezeit *die.*

trial run *n* [of car] Probefahrt *die;* [of machine] Probelauf *der.*

triangle ['traɪæŋgl] *n* - **1.** [shape] Dreieck *das* - **2.** MUS Triangel *der* - **3.** *Am* [set square] Zeichendreieck *das.*

triangular [traɪ'æŋgjʊlə^r] *adj* [in triangle shape] dreieckig.

triathlon [traɪ'æθlɒn] (*pl* **-s**) *n* Triathlon *das* OR *der.*

tribal ['traɪbl] *adj* Stammes-.

tribe [traɪb] *n* [social group] Stamm *der.*

tribulation [ˌtrɪbjʊ'leɪʃn] *n* ▷ **trial.**

tribunal [traɪ'bju:nl] *n* Tribunal *das.*

tributary ['trɪbjʊtrɪ] (*pl* **-ies**) *n* GEOGR Nebenfluss *der.*

tribute ['trɪbju:t] *n* - **1.** [respect] Tribut *der;* **to pay ~ to sb/sthg** jm/etw Tribut zollen - **2.** [evidence]: **it's a ~ to his strength of character that ...** es ist ein Beweis für seine Charakterstärke, dass ...

trice [traɪs] *n:* **in a ~** im Nu.

triceps ['traɪseps] (*pl inv* OR **-cepses**) *n* Trizeps *der.*

trick [trɪk] *n* - **1.** [to deceive] Streich *der;* **to play a ~ on sb** jm einen Streich spielen - **2.** [to entertain] Trick *der* - **3.** [ability, knack] Trick *der;* **that will do the ~** damit ist das Problem gelöst ◇ *adj* [knife, moustache *etc*] falsch ◇ *vt* auslǀtricksen; **to ~ sb into doing sthg** jn durch List dazu bringen, etw zu tun.

trickery ['trɪkərɪ] *n* Betrug *der.*

trickle ['trɪkl] *n* - **1.** [of liquid] Rinnsal *das;* [drip] Tröpfeln *das* - **2.: a ~ of people/letters** einige wenige Leute/Briefe ◇ *vi* - **1.** [liquid] rinnen - **2.** [people]: **to ~ in/out** nach und nach herein-/herausǀkommen.

trick or treat *n (U) Spruch, in dem verkleidete Kinder am Vorabend von Halloween bei ihrem Zug von Haus zu Haus einen Streich androhen, falls man ihnen keine Leckereien schenkt.*

trick question *n* Fangfrage *die.*

tricky ['trɪkɪ] (*compar* **-ier;** *superl* **-iest**) *adj* [difficult] verzwickt.

tricycle ['traɪsɪkl] *n* Dreirad *das.*

tried [traɪd] *pt* & *pp* ▷ **try** ◇ *adj:* **~ and tested** erprobt, bewährt.

trier ['traɪə^r] *n:* **he's a real ~** er gibt sich große Mühe.

trifle ['traɪfl] *n* - **1.** CULIN *Dessert aus Biskuit, Früchten, Vanillecreme und Sahne in Schichten* - **2.** [unimportant thing] Kleinigkeit *die.*

◆ **a trifle** *adv fml* eine Spur.

◆ **trifle with** *vt fus:* **he's not to be ~d with** mit ihm ist nicht zu spaßen.

trifling ['traɪflɪŋ] *adj pej* unbedeutend.

trigger ['trɪgə^r] *n* [on gun] Abzug *der* ◇ *vt* auslǀlösen.

◆ **trigger off** *vt sep* = **trigger.**

trigger-happy *adj* schießwütig.

trigonometry [ˌtrɪgə'nɒmətrɪ] *n* Trigonometrie *die.*

trill [trɪl] *n* - **1.** MUS Triller *der* - **2.** [of birds] Trällern *das* ◇ *vi* [bird, woman] trällern.

trillions ['trɪljənz] *npl inf:* **~ (of)** Tausende *pl* (von).

trilogy ['trɪlədʒɪ] (*pl* **-ies**) *n* Trilogie *die.*

trim [trɪm] (*compar* **-mer;** *superl* **-mest;** *pt* & *pp* **-med;** *cont* **-ming**) *adj* - **1.** [neat and tidy] gepflegt - **2.** [slim] schlank ◇ *n* - **1.** [cut]: **to give sb** OR **sb's hair a ~** jm die Haare nachǀschneiden - **2.** [decoration] Borte *die* ◇ *vt* - **1.** [cut - hedge] zurückǀschneiden; [- hair] nachǀschneiden; [- lawn] mähen; [- nails] schneiden - **2.** [decorate]: **to ~ sthg (with sthg)** etw (mit etw) verzieren.

◆ **trim away, trim off** *vt sep* abǀschneiden.

trimming ['trɪmɪŋ] *n* [on clothing] Besatz *der.*

◆ **trimmings** *npl* - **1.** CULIN Beilagen *pl* - **2.: a white wedding with all the ~** eine Hochzeit in Weiß mit allem, was dazugehört.

Trinity ['trɪnətɪ] *n* RELIG: **the ~** die Dreifaltigkeit.

trinket ['trɪŋkɪt] *n* Schmuckstück *das.*

trio ['tri:əʊ] (*pl* **-s**) *n* Trio *das.*

trip [trɪp] (*pt* & *pp* **-ped;** *cont* **-ping**) *n* - **1.** [journey] Ausflug *der* - **2.** *drugs sl* [experience] Trip *der* ◇ *vt* [make stumble] ein Bein stellen *(+ D)* ◇ *vi* [stumble]: **to ~ (over sthg)** (über etw *(A)*) stolpern.

◆ **trip up** *vt sep* - **1.** [make stumble] ein Bein stellen *(+ D)* - **2.** [catch out] eine Falle stellen *(+ D).*

tripartite [ˌtraɪ'pɑ:taɪt] *adj fml* [agreement, talks] dreiseitig.

tripe [traɪp] *n (U)* - **1.** CULIN Kaldaunen *pl* - **2.** *inf* [nonsense] Quatsch *der.*

triple ['trɪpl] *adj* dreifach ◇ *vt* verdreifachen ◇ *vi* sich verdreifachen.

triple jump *n*: **the ~** der Dreisprung.

triplets ['trɪplɪts] *npl* Drillinge *pl*.

triplicate ['trɪplɪkət] *n*: **in ~** in dreifacher Ausfertigung.

tripod ['traɪpɒd] *n* Stativ *das*.

tripper ['trɪpəʳ] *n* **esp Br** Ausflügler *der*, -in *die*.

tripwire ['trɪpwaɪəʳ] *n* Stolperdraht *der*.

trite [traɪt] *adj* **pej** banal.

triumph ['traɪəmf] *n* Triumph *der* ◇ *vi*: **to ~ (over)** triumphieren (über *(+ A)*).

triumphal [traɪ'ʌmfl] *adj* **fml** Triumph-.

triumphant [traɪ'ʌmfənt] *adj* [exultant] triumphierend; [shout] Triumph-.

triumphantly [traɪ'ʌmfəntlɪ] *adv* triumphierend.

trivet ['trɪvɪt] *n* [to protect table] Topfuntersetzer *der*.

trivia ['trɪvɪə] *n (U)* Belanglosigkeiten *pl*.

trivial ['trɪvɪəl] *adj* **pej** trivial.

triviality [ˌtrɪvɪ'ælətɪ] (*pl* **-ies**) *n* Belanglosigkeit *die*.

trivialize, -ise ['trɪvɪəlaɪz] *vt* trivialisieren.

trod [trɒd] *pt* ▷ **tread.**

Trojan ['trəʊdʒən] *adj* HISTORY trojanisch ◇ *n* **- 1.** HISTORY Trojaner *der*, -in *die* **- 2. fig** [hard worker]: **to work like a ~** wie ein Pferd schuften.

troll [trəʊl] *n* Troll *der*.

trolley ['trɒlɪ] (*pl* **trolleys**) *n* **- 1. Br** [for shopping] Einkaufswagen *der;* [for luggage] Gepäckwagen *der* **- 2. Br** [for food, drinks] Servierwagen *der* **- 3. Am** [vehicle] Straßenbahn *die*.

trolleybus ['trɒlɪbʌs] *n* Oberleitungsbus *der*.

trombone [trɒm'bəʊn] *n* Posaune *die*.

troop [tru:p] *n* [large group] Schar *die* ◇ *vi* strömen.

◆ **troops** *npl* MIL Truppen *pl*.

trooper ['tru:pəʳ] *n* **- 1.** MIL [in cavalry] Kavallerist *der*, -in *die* **- 2. Am** [policeman] Polizist *der*, -in *die*.

troopship ['tru:pʃɪp] *n* Truppentransportschiff *das*.

trophy ['trəʊfɪ] (*pl* **-ies**) *n* SPORT Trophäe *die*.

tropical ['trɒpɪkl] *adj* tropisch.

Tropic of Cancer ['trɒpɪk-] *n*: **the ~** der Wendekreis des Krebses.

Tropic of Capricorn *n*: **the ~** der Wendekreis des Steinbocks.

tropics ['trɒpɪks] *npl*: **the ~** die Tropen.

trot [trɒt] (*pt* & *pp* **-ted;** *cont* **-ting**) *n* Trab *der* ◇ *vi* traben.

◆ **on the trot** *adv* **inf** hintereinander.

◆ **trot out** *vt sep* **pej** auf|warten mit

trotter ['trɒtəʳ] *n* [pig's foot] Schweinsfuß *der*.

trouble ['trʌbl] *n* **- 1.** *(U)* [difficulty] Problem *das;* **to be in ~** [having problems] in Schwierigkeiten stecken; **to get into ~** [with sb in authority] Ärger bekommen; **the ~ with him/it is ...** das Problem mit ihm/damit ist ... **- 2.** [bother]: **it's no ~** es macht mir keine Mühe; **to take the ~ to do sthg** sich *(D)* die Mühe machen, etw zu tun; **he's asking for ~** er wird dafür bezahlen müssen **- 3.** *(U)* [pain, illness] Beschwerden *pl;* **to have heart/kidney ~** es mit dem Herzen/den Nieren haben **- 4.** [fighting & POL] Unruhen *pl* ◇ *vt* **- 1.** [worry, upset] beunruhigen **- 2.** [interrupt, disturb] stören **- 3.** [cause pain to] zu schaffen machen *(+ D)*.

◆ **troubles** *npl* **- 1.** [worries] Sorgen *pl* **- 2.** POL [unrest] Unruhen *pl*.

troubled ['trʌbld] *adj* **- 1.** [worried, upset] besorgt **- 2.** [disturbed - sleep] unruhig; [- place] von Unruhen geschüttelt; **~ times** turbulente Zeiten.

trouble-free *adj* [existence] sorgenfrei; [journey, operation] problemlos.

troublemaker ['trʌblˌmeɪkəʳ] *n* Unruhestifter *der*, -in *die*.

troubleshooter ['trʌblˌʃu:təʳ] *n* Störungssucher *der*, -in *die*.

troublesome ['trʌblsəm] *adj* lästig.

trouble spot *n* Unruheherd *der*.

trough [trɒf] *n* **- 1.** [for animals] Trog *der* **- 2.** [low point] Tal *das*.

trounce [traʊns] *vt* **inf** haushoch schlagen.

troupe [tru:p] *n* Truppe *die*.

trouser press ['traʊzəʳ-] *n* Hosenpresse *die*.

trousers ['traʊzəz] *npl* Hose *die;* **a pair of ~** eine Hose.

trouser suit *n* **Br** Hosenanzug *der*.

trousseau ['tru:səʊ] (*pl* **-x** OR **-s** [-z]) *n* Aussteuer *die*.

trout [traʊt] (*pl inv* OR **-s**) *n* Forelle *die*.

trove [trəʊv] ▷ **treasure trove.**

trowel ['traʊəl] *n* **- 1.** [for the garden] Pflanzkelle *die* **- 2.** [for cement, plaster] Kelle *die*.

truancy ['tru:ənsɪ] *n (U)* unentschuldigtes Fernbleiben (von der Schule).

truant ['tru:ənt] *n* [child] Schwänzer *der*, -in *die;* **to play ~** (die Schule) schwänzen.

truce [tru:s] *n* **~ (between)** Waffenstillstand *der* (zwischen *(+ D)*).

truck [trʌk] *n* **- 1. esp Am** [lorry] Lastwagen *der* **- 2.** RAIL Güterwaggon *der* ◇ *vt* **Am** transportieren.

truck driver *n* **esp Am** Lastwagenfahrer *der*, -in *die*.

trucker ['trʌkəʳ] *n* **Am** Lastwagenfahrer *der*, -in *die*.

truck farm *n* **Am** Gemüsegärtnerei *die*.

trucking [ˈtrʌkɪŋ] *n (U)* **Am** Lastwagentransport *der.*

truck stop *n* **Am** Fernfahrerlokal *das.*

truculent [ˈtrʌkjʊlənt] *adj* aufbrausend.

trudge [trʌdʒ] *n* mühsamer Marsch ◇ *vi* sich schleppen; [through snow, mud] stapfen.

true [ˈtruː] *adj* - **1.** [factual] wahr; **to come ~** wahr werden - **2.** [genuine] echt, wahr - **3.** [faithful] getreu - **4.** [precise, exact] gerade.

true-life *adj* lebensecht.

truffle [ˈtrʌfl] *n* Trüffel *die.*

truism [ˈtruːɪzm] *n* Binsenweisheit *die.*

truly [ˈtruːlɪ] *adv* - **1.** wirklich - **2.** *phr:* **yours ~** [at end of letter] mit freundlichen Grüßen; [me] ich.

trump [trʌmp] *n* [card] Trumpf *der* ◇ *vt* übertrumpfen.

trump card *n* **fig** Trumpfkarte *die.*

trumped-up [ˈtrʌmpt-] *adj* **pej** konstruiert.

trumpet [ˈtrʌmpɪt] *n* MUS Trompete *die* ◇ *vi* [elephant] trompeten.

trumpeter [ˈtrʌmpɪtəʳ] *n* Trompeter *der,* -in *die.*

truncate [trʌŋˈkeɪt] *vt* **fml** kürzen.

truncheon [ˈtrʌntʃən] *n* Knüppel *der.*

trundle [ˈtrʌndl] *vt* rollen ◇ *vi* entlang|zockeln; [downhill] hinunter|zockeln.

trunk [trʌŋk] *n* - **1.** [of tree] Stamm *der* - **2.** ANAT Rumpf *der* - **3.** [of elephant] Rüssel *der* - **4.** [luggage] Schrankkoffer *der* - **5.** **Am** [of car] Kofferraum *der.*

◆ **trunks** *npl* [for swimming] Badehose *die.*

trunk call *n* **Br** Ferngespräch *das.*

trunk road *n* **Br** Fernstraße *die.*

truss [trʌs] *n* - **1.** MED Bruchband *das* - **2.** CONSTR Fachwerk *das.*

trust [trʌst] *vt* - **1.** [have confidence in] trauen *(+ D),* vertrauen *(+ D);* **to ~ sb to do sthg** jm zu|trauen, etw zu tun; **~ you!** ***iron*** typisch für dich! - **2.** [entrust]: **to ~ sb with sthg** jm mit etw vertrauen - **3.** ***fml*** [hope]: **I ~ (that)** ich hoffe (, dass) ◇ *n* - **1.** *(U)* [faith] Vertrauen *das;* **~ in sb/sthg** Vertrauen zu jm/etw; **to put** OR **place one's ~ in sb/sthg** Vertrauen in jn/etw setzen; **to take sthg on ~** etw (einfach) glauben - **2.** *(U)* [responsibility] Verantwortung *die* - **3.** FIN Treuhandschaft *die;* **to hold in ~** treuhänderisch verwalten - **4.** COMM Trust *der.*

trust company *n* Treuhandgesellschaft *die.*

trusted [ˈtrʌstɪd] *adj* bewährt.

trustee [trʌsˈtiː] *n* - **1.** FIN & LAW Treuhänder *der,* -in *die* - **2.** [manager of institution] Verwalter *der,* -in *die.*

trusteeship [ˌtrʌsˈtiːʃɪp] *n (U)* Treuhandschaft *die.*

trust fund *n* Treuhandvermögen *das.*

trusting [ˈtrʌstɪŋ] *adj* vertrauensvoll.

trustworthy [ˈtrʌstˌwɜːðɪ] *adj* vertrauenswürdig.

trusty [ˈtrʌstɪ] *(compar* **-ier;** *superl* **-iest)** *adj* **hum** treu.

truth [truːθ] *n* Wahrheit *die;* **to tell the ~** die Wahrheit sagen; **to tell the ~, ...** um die Wahrheit zu sagen, ...; **in (all) ~** in aller Aufrichtigkeit.

truth drug *n* Wahrheitsdroge *die.*

truthful [ˈtruːθfʊl] *n* ehrlich.

try [traɪ] *(pt & pp* **-ied;** *pl* **-ies)** *vt* - **1.** [attempt] versuchen; **to ~ to do sthg** versuchen, etw zu tun - **2.** [sample] probieren; [test] aus|probieren - **3.** LAW [case] gerichtlich verhandeln; [criminal] vor Gericht stellen - **4.** [tax, strain] auf die Probe stellen ◇ *vi* versuchen; **to ~ for sthg** sich um etw bemühen ◇ *n* [attempt & SPORT] Versuch *der;* **to give sthg a ~** etw mal versuchen; **to have a ~ at sthg** etw mal aus|probieren.

◆ **try on** *vt sep* [clothes] an|probieren.

◆ **try out** *vt sep* aus|probieren.

trying [ˈtraɪɪŋ] *adj* schwierig.

try-out *n* **inf** Erprobung *die;* [of vehicle] Probefahrt *die.*

tsar [zɑːʳ] *n* Zar *der.*

T-shirt *n* T-Shirt *das.*

tsp. *(abbr of* **teaspoon)** Tl.

T-square *n* Reißschiene *die.*

TT *abbr of* **teetotal.**

tub [tʌb] *n* - **1.** [of margarine, ice cream] Becher *der* - **2.** **inf** [bath] Wanne *die.*

tuba [ˈtjuːbə] *n* Tuba *die.*

tubby [ˈtʌbɪ] *(compar* **-ier;** *superl* **-iest)** *adj* **inf** rundlich.

tube [tjuːb] *n* - **1.** [hollow cylinder - inflexible] Röhrchen *das,* Rohr *das;* [- flexible] Schlauch *der* - **2.** ANAT **(bronchial) ~s** Bronchien *pl* - **3.** [of toothpaste, glue] Tube *die* - **4.** **Br** [underground train] U-Bahn *die;* **the ~** [underground system] die U-Bahn; **by ~** mit der U-Bahn.

tubeless [ˈtjuːblɪs] *adj* schlauchlos.

tuber [ˈtjuːbəʳ] *n* Knolle *die.*

tuberculosis [tjuːˌbɜːkjʊˈləʊsɪs] *n* Tuberkulose *die.*

tube station *n* **Br** U-Bahnstation *die.*

tubing [ˈtjuːbɪŋ] *n (U)* [flexible] Schläuche *pl;* [inflexible] Rohre *pl.*

tubular [ˈtjuːbjʊləʳ] *adj* Röhren-.

TUC *n abbr of* **Trades Union Congress.**

tuck [tʌk] *n* SEWING Abnäher *der* ◇ *vt* [place neatly] stecken.

◆ **tuck away** *vt sep* [store] verstecken; **to be ~ed away** [hidden] abseits liegen.
◆ **tuck in** *vt sep* - **1.** [child, patient] zuldecken - **2.** [clothes] hineinlstecken ◇ *vi* ***inf*** zullangen.
◆ **tuck up** *vt sep* zuldecken.

tuck shop *n* ***Br*** Schulkiosk *der*.

Tudor ['tju:dəʳ] *adj* Tudor- ◇ *n*: **the ~s** das Geschlecht der Tudor.

Tue., Tues. (*abbr of* **Tuesday**) Di.

Tuesday ['tju:zdɪ] *n* Dienstag *der; see also* **Saturday.**

tuft [tʌft] *n* Büschel *das*.

tug [tʌg] (*pt* & *pp* **-ged;** *cont* **-ging**) *n* - **1.** [pull] Ruck *der* - **2.** [boat] Schleppkahn *der* ◇ *vt* (ruckartig) ziehen; **she ~ged his sleeve** sie zupfte ihn am Ärmel ◇ *vi*: **to ~ at sthg** (ruckartig) an etw *(D)* ziehen.

tugboat ['tʌgbəʊt] *n* Schleppkahn *der*.

tug-of-love *n* ***Br inf*** Tauziehen *das* um das Sorgerecht für die Kinder.

tug-of-war *n* Tauziehen *das*.

tuition [tju:'ɪʃn] *n (U)* Unterricht *der*.

tulip ['tju:lɪp] *n* Tulpe *die*.

tulle [tju:l] *n* Tüll *der*.

tumble ['tʌmbl] *vi* - **1.** [person, prices] fallen - **2.** [water] stürzen ◇ *n* Sturz *der*.
◆ **tumble down** *vi* [building] einlstürzen.
◆ **tumble to** *vt fus* ***Br inf*** kapieren.

tumbledown ['tʌmbldaʊn] *adj* baufällig.

tumble-dry *vt* im Wäschetrockner trocknen.

tumble-dryer [-ˌdraɪəʳ] *n* Wäschetrockner *der*.

tumbler ['tʌmbləʳ] *n* [glass - short] Whiskyglas *das;* [- tall] Becherglas *das*.

tummy ['tʌmɪ] (*pl* **-ies**) *n* ***inf*** - **1.** [outside of stomach] Bauch *der* - **2.** [inside of stomach] Magen *der*.

tumour ***Br*****, tumor** ***Am*** ['tju:məʳ] *n* Tumor *der*.

tumult ['tju:mʌlt] *n* ***fml*** Tumult *der*.

tumultuous ['tju:mʌltjʊəs] *adj* ***fml*** stürmisch.

tuna [***Br*** 'tju:nə, ***Am*** 'tu:nə] (*pl inv* OR **-s**), **tuna fish** (*pl* **tuna fish**) *n* Thunfisch *der*.

tundra ['tʌndrə] *n* Tundra *die*.

tune [tju:n] *n* [song, melody] Melodie *die;* **to the ~ of** ***fig*** in Höhe von; **to change one's ~** ***inf*** seine Meinung ändern ◇ *vt* - **1.** MUS stimmen - **2.** [engine, RADIO & TV] einlstellen; **to ~ sthg to sthg** etw auf etw *(A)* einlstellen ◇ *vi* RADIO & TV: **to ~ to sthg** etw einlstellen.
◆ **tune in** *vi* RADIO & TV einlschalten; **to ~ in to sthg** etw einlschalten.
◆ **tune up** *vi* MUS stimmen.
◆ **in tune** ◇ *adj* MUS (richtig) gestimmt ◇ *adv* - **1.** MUS richtig - **2.** [in agreement]: **to be in ~ with sb/sthg** mit jm/etw im Einklang stehen.
◆ **out of tune** ◇ *adj* MUS verstimmt ◇ *adv* - **1.** MUS falsch - **2.** [not in agreement]: **out of ~ with sb/sthg** mit jm/etw nicht im Einklang stehen; **the government are out of ~ with the wishes of the population** die Regierung registriert die Wünsche der Bevölkerung nicht mehr.

tuneful ['tju:nfʊl] *adj* melodisch.

tuneless ['tju:nlɪs] *adj* unmelodisch.

tuner ['tju:nəʳ] *n* - **1.** RADIO & TV Tuner *der* - **2.** MUS Stimmer *der*, -in *die*.

tuner amplifier *n* Receiver *der*.

tungsten ['tʌŋstən] *n (U)* Wolfram *das* ◇ *comp* Wolfram-.

tunic ['tju:nɪk] *n* [clothing] Hemdbluse *die;* [of uniform] Uniformjacke *die*.

tuning fork ['tju:nɪŋ-] *n* Stimmgabel *die*.

Tunisia [tju:'nɪzɪə] *n* Tunesien *das;* **in ~** in Tunesien.

tunnel ['tʌnl] (***Br*** *pt* & *pp* **-led;** *cont* **-ling**, ***Am*** *pt* & *pp* **-ed;** *cont* **-ing**) *n* Tunnel *der* ◇ *vi* graben; **they tunnelled through the mountain** sie trieben OR gruben einen Tunnel durch den Berg.

tunnel vision *n (U)* - **1.** MED Gesichtsfeldeinengung *die* - **2.** ***fig*** & ***pej*** [narrow-mindedness] Engstirnigkeit *die*.

tunny ['tʌnɪ] (*pl inv* OR **-ies**) *n* [fish] Thunfisch *der*.

tuppence ['tʌpəns] *n* ***Br dated*** zwei Pence *pl*.

turban ['tɜ:bən] *n* [man's headdress] Turban *der*.

turbid ['tɜ:bɪd] *adj* [mucky] trübe.

turbine ['tɜ:baɪn] *n* Turbine *die*.

turbo ['tɜ:bəʊ] (*pl* **-s**) *n* Turbo *der*.

turbocharged ['tɜ:bəʊtʃɑ:dʒd] *adj* mit Turboaufladung.

turbojet [ˌtɜ:bəʊ'dʒet] *n* - **1.** [engine] Turbinenluftstrahltriebwerk *das* - **2.** [plane] Düsenflugzeug *das*.

turboprop [ˌtɜ:bəʊ'prɒp] *n* - **1.** [engine] Turbo-Prop-Triebwerk *das* - **2.** [plane] Turbo-Prop-Flugzeug *das*.

turbot ['tɜ:bət] (*pl inv* OR **-s**) *n* Steinbutt *der*.

turbulence ['tɜ:bjʊləns] *n (U)* ***lit*** & ***fig*** Turbulenz *die*.

turbulent ['tɜ:bjʊlənt] *adj* - **1.** [period of time & PHYS] turbulent - **2.** [winds, weather] stürmisch - **3.** [crowd] ungestüm.

tureen [tə'ri:n] *n* Suppenterrine *die*.

turf [tɜ:f] (*pl* **-s** OR **turves**) *n* - **1.** *(U)* [grass surface] Rasen *der* - **2.** [clod] Grassode *die* ◇ *vt* [with grass] mit Rollrasen bedecken.
◆ **turf out** *vt sep* ***Br inf*** [evict] rauslschmeißen.

turf accountant *n* ***Br fml*** Buchmacher *der*.

turgid [ˈtɜːdʒɪd] *adj* ***fml*** [style, prose] geschwollen.

Turk [tɜːk] *n* Türke *der*, -kin *die*.

turkey [ˈtɜːkɪ] (*pl* **turkeys**) *n* Truthahn *der*.

Turkey [ˈtɜːkɪ] *n* Türkei *die;* **in ~** in der Türkei.

Turkish [ˈtɜːkɪʃ] *adj* türkisch ◇ *n* [language] Türkisch(e) *das* ◇ *npl:* **the ~** die Türken *pl*.

Turkish bath *n* türkisches Bad.

Turkish delight *n (U)* türkischer Honig.

Turkmenian [ˌtɜːkˈmenɪən] *adj* turkmenisch.

Turkmenistan [ˌtɜːkmenɪˈstɑːn] *n* Turkmenistan *nt*.

turmeric [ˈtɜːmərɪk] *n (U)* [spice] Gelbwurz *die*.

turmoil [ˈtɜːmɔɪl] *n (U)* Aufruhr *der*.

turn [tɜːn] *n* - **1.** [in road, river] Kurve *die* - **2.** [of knob, key, switch] Drehung *die* - **3.** [change] Wendung *die;* **to take a ~ for the better/worse** sich zum Guten/Schlechten wenden - **4.** [in game, order]: **it's my ~** ich bin an der Reihe, ich bin dran; **in ~** der Reihe nach; **to take (it in) ~s to do sthg** etw abwechselnd tun - **5.** [of year, decade] Wende *die;* **the ~ of the century** die Jahrhundertwende - **6.** [performance] Nummer *die* - **7.** MED Anfall *der* - **8.** *phr:* **to do sb a good ~** jm etwas Gutes tun ◇ *vt* - **1.** [key, head, wheel, chair] drehen - **2.** [corner] biegen um - **3.** [page, omelette] wenden - **4.** [direct]: **to ~ one's attention to sb/sthg** jm/etw seine Aufmerksamkeit zu|wenden - **5.** [transform]: **to ~ sthg into sthg** etw in etw *(A)* verwandeln - **6.** [make]: **to ~ sthg red** etw rot werden lassen; **to ~ sthg inside out** das Innere von etw nach außen drehen ◇ *vi* - **1.** [change direction] wenden; **his thoughts ~ed to his family** er dachte an seine Familie - **2.** [wheel, knob, head, person] sich drehen - **3.** [in book]: **to ~ to sthg** etw auf|schlagen - **4.** [for consolation, advice]: **to ~ to sb/sthg** sich an jn/etw wenden - **5.** [become] werden; **to ~ into sthg** sich in etw *(A)* verwandeln.

◆ **turn against** *vt fus* sich wenden gegen.

◆ **turn around** *vt sep* & *vi* = **turn round.**

◆ **turn away** *vt sep* [refuse entry to] ab|weisen ◇ *vi* sich ab|wenden.

◆ **turn back** *vt sep* - **1.** [force to return] zurück|schicken - **2.** [fold back] auf|schlagen ◇ *vi* [return] um|kehren.

◆ **turn down** *vt sep* - **1.** [reject] ab|weisen, ab|lehnen - **2.** [heating, lighting, sound] herunter|drehen.

◆ **turn in** *vi* ***inf*** [go to bed] sich aufs Ohr legen.

◆ **turn off** *vt fus* [leave - road, path] ab|biegen von ◇ *vt sep* [switch off] ab|schalten ◇ *vi* [leave path, road] ab|biegen.

◆ **turn on** *vt sep* - **1.** [make work] ein|schalten - **2.** ***inf*** [excite sexually] an|machen ◇ *vt fus* [attack] los|gehen auf *(+ A)*.

◆ **turn out** *vt sep* - **1.** [switch off] aus|schalten - **2.** ***inf*** [produce] produzieren - **3.** [eject] hinaus|werfen - **4.** [empty] leeren ◇ *vt fus:* **to ~ out to be sthg** sich als etw erweisen; **it ~s out that ...** es stellt sich heraus, dass ... ◇ *vi* - **1.** [end up]: **it will ~ out all right** es wird (schon) alles in Ordnung kommen - **2.** [attend]: **to ~ out (for sthg)** (zu etw) erscheinen.

◆ **turn over** *vt sep* - **1.** [playing card, stone, page] um|drehen - **2.** [consider] überdenken - **3.** [hand over]: **to ~ sb/sthg over to sb** jm jn/etw über|geben ◇ *vi* - **1.** [roll over] sich um|drehen - **2.** ***Br*** TV um|schalten.

◆ **turn round** *vt sep* - **1.** [rotate] um|drehen - **2.** [words, sentence] um|drehen - **3.** [quantity of work] bearbeiten - **4.** [company]: **the new boss managed to ~ things round** der neue Chef schaffte es, das Steuer herumzureißen ◇ *vi* [person] sich um|drehen.

◆ **turn up** *vt sep* [heat, lighting, radio, TV] auf|drehen ◇ *vi* ***inf*** - **1.** [appear, arrive, be found] auf|tauchen - **2.** [happen] sich ergeben.

turnabout [ˈtɜːnəbaʊt] *n* Kehrtwendung *die*.

turnaround *n* ***Am*** = **turnround.**

turncoat [ˈtɜːnkəʊt] *n* ***pej*** Überläufer *der*, -in *die*.

turning [ˈtɜːnɪŋ] *n* [side road] Abzweigung *die*.

turning circle *n* Wendekreis *der*.

turning point *n* Wendepunkt *der*.

turnip [ˈtɜːnɪp] *n* Rübe *die*.

turnout [ˈtɜːnaʊt] *n* [attendance] Teilnahme *die*.

turnover [ˈtɜːnˌəʊvəʳ] *n (U)* - **1.** [of personnel] Fluktuation *die* - **2.** FIN Umsatz *der*.

turnpike [ˈtɜːnpaɪk] *n* ***Am*** gebührenpflichtige Autobahn.

turnround ***Br*** [ˈtɜːnraʊnd], **turnaround** ***Am*** [ˈtɜːnəraʊnd] *n* - **1.** COMM Bearbeitungszeit *die* - **2.** [change] Umschwung *der*.

turn signal lever *n* ***Am*** Blinkerhebel *der*.

turnstile [ˈtɜːnstaɪl] *n* Drehkreuz *das*.

turntable [ˈtɜːnˌteɪbl] *n* [on record player] Plattenteller *der*.

turn-up *n* ***Br*** - **1.** [on trousers] Aufschlag *der* - **2.** ***inf*** [surprise]: **a ~ for the books** eine echte Überraschung.

turpentine [ˈtɜːpəntaɪn] *n (U)* Terpentin *das*.

turps [tɜːps] *n* ***Br inf*** Terpentin *das*.

turquoise [ˈtɜːkwɔɪz] *adj* türkis ◇ *n* - **1.** [mineral, gem] Türkis *der* - **2.** [colour] Türkis *das*.

turret [ˈtʌrɪt] *n* [on castle] Eckturm *der*.

turtle [ˈtɜːtl] (*pl inv* OR **-s**) *n* Schildkröte *die*.

turtledove [ˈtɜːtldʌv] *n* Turteltaube *die*.

turtleneck [ˈtɜːtlnek] *n* - **1.** [garment] Rollkragenpullover *der* - **2.** [neck] Rollkragen *der*.

turves [tɜːvz] *pl* ▷ **turf.**

tusk [tʌsk] *n* Stoßzahn *der*.

tussle [ˈtʌsl] *n* Gerangel *das* <> *vi*: **to ~ over sthg** *lit* (sich) um etw *(A)* raufen; *fig* eine Auseinandersetzung wegen etw haben.

tut [tʌt] *excl* na!

tutor [ˈtjuːtəʳ] *n* - **1.** [private] Privatlehrer *der*, -in *die* - **2.** UNIV Tutor *der*, -in *die* <> *vt*: **to ~ sb in sthg** jn in etw *(D)* unterrichten <> *vi* unterrichten.

tutorial [tjuːˈtɔːrɪəl] *adj* Tutoren- <> *n* Tutorium *das*.

tutu [ˈtuːtuː] *n* Balletttröckchen *das*.

tux [ˈtʌks] *n inf* Smoking *der*.

tuxedo [tʌkˈsiːdəʊ] (*pl* **-s**) *n Am* Smoking *der*.

TV (*abbr of* **television**) *n* - **1.** *(U)* [medium, industry] Fernsehen *das*; **on ~** im Fernsehen - **2.** [apparatus] Fernseher *der* <> *comp* Fernseh-.

TV dinner *n* Fertiggericht *das*.

twaddle [ˈtwɒdl] *n inf pej* Quatsch *der*.

twang [twæŋ] *n* - **1.** [of spring, guitar string] vibrierender Ton; [of rubber band] schnappender Ton - **2.** [accent] Tonfall *der* <> *vt* zupfen <> *vi* vibrieren.

tweak [twiːk] *vt inf*: **to ~ sb's ear** jn am Ohr ziehen.

twee [twiː] *adj Br pej* kitschig.

tweed [twiːd] Tweed *der* <> *comp* Tweed-.

tweet [twiːt] *vi inf* piepsen.

tweezers [ˈtwiːzəz] *npl* Pinzette *die*.

twelfth [twelfθ] *num* zwölfte, -r, -s; *see also* **sixth**.

Twelfth Night *n* Heiligedreikönigstag *der*.

twelve [twelv] *num* zwölf; *see also* **six**.

twentieth [ˈtwentɪəθ] *num* zwanzigste, -r, -s; *see also* **sixth**.

twenty [ˈtwentɪ] (*pl* **-ies**) *num* zwanzig; *see also* **sixty**.

twenty-twenty vision *n (U)* hundertprozentige Sehschärfe.

twerp [twɜːp] *n Br inf* Depp *der*.

twice [twaɪs] *adv* zweimal.

twiddle [ˈtwɪdl] *vt* [knob, button] herum|drehen an *(+ D)* <> *vi*: **to ~ with sthg** an etw *(D)* herum|spielen.

twig [twɪg] *n* Zweig *der*.

twilight [ˈtwaɪlaɪt] *n* - **1.** [in evening] Dämmerung *die* - **2.** *fig* [last stages, end] Abend *der*.

twin [twɪn] *adj* - **1.** [child, sibling] Zwillings-; **~ girls** Zwillingsschwestern - **2.** [towns] Partner-; [towers] Doppel-; **~ beds** zwei Einzelbetten <> *n* [sibling] Zwilling *der*.

twin-bedded [-ˈbedɪd] *adj* Zweibett-.

twin carburettor *n* Doppelvergaser *der*.

twine [twaɪn] *n (U)* Schnur *die* <> *vt*: **to ~ sthg round sthg** etw um etw wickeln.

twin-engined [-ˈendʒɪnd] *adj* zweimotorig.

twinge [twɪndʒ] *n* Stich *der*.

twinkie [ˈtwɪŋkɪ] *n Am* [cake] *mit Schlagsahne gefülltes längliches Törtchen aus Biskuitteig.*

twinkle [ˈtwɪŋkl] *n* Funkeln *das* <> *vi* funkeln.

twin room *n* Zweibettzimmer *das*.

twin set *n Br* Twinset *das*.

twin town *n* Partnerstadt *die*.

twin tub *n* Waschmaschine *die* mit zwei separaten Trommeln.

twirl [twɜːl] *vt* - **1.** [spin] herum|wirbeln; **he ~ed his partner** er wirbelte seine Partnerin herum - **2.** [twist, moustache] zwirbeln <> *vi* wirbeln.

twist [twɪst] *n* - **1.** [in road, staircase, river] Biegung *die* - **2.** [in rope]: **there's a ~ in the rope** das Seil ist verdreht - **3.** [turn, twirl] Drehung *die*; **to give sthg a ~** etw drehen - **4.** *fig* [in plot] Wendung *die* <> *vt* - **1.** [gen] verdrehen - **2.** [lid, knob, dial] drehen - **3.** MED [sprain]: **to ~ one's ankle** sich *(D)* den Fuß verrenken <> *vi* - **1.** [road, river] sich schlängeln - **2.** [body] sich winden; [face] sich verziehen.

twisted [ˈtwɪstɪd] *adj pej* [person, sense of humour] krank; [logic] verdreht.

twister [ˈtwɪstəʳ] *n Am* Tornado *der*.

twisty [ˈtwɪstɪ] (*compar* **-ier**; *superl* **-iest**) *adj inf* gewunden.

twit [twɪt] *n Br inf* Trottel *der*.

twitch [twɪtʃ] *n* Zucken *das* <> *vt* [ears, nose] zucken mit <> *vi* zucken.

twitter [ˈtwɪtəʳ] *vi* - **1.** [bird] zwitschern - **2.** *pej* [person] schnattern.

two [tuː] *num* zwei; **in ~** in zwei Teile; *see also* **six**.

two-bit *adj Am pej*: **a ~ gangster** ein mieser kleiner Gangster.

two-dimensional [-dɪˈmenʃnl] *adj* - **1.** [picture] zweidimensional - **2.** *pej* [report, description] oberflächlich.

two-door *adj* [car] zweitürig.

twofaced [ˌtuːˈfeɪst] *adj pej* falsch.

twofold [ˈtuːfəʊld] *adj* & *adv* zweifach.

two-handed [-ˈhændɪd] *adj* [sword, backhand] beidhändig.

two-piece *adj* [suit, swimsuit] zweiteilig.

two-ply *adj* zweilagig.

two-seater *n* Zweisitzer *der*.

twosome [ˈtuːsəm] *n inf* Paar *das*.

two-stroke *adj* Zweitakt- <> *n* Zweitakter *der*.

two-time *vt inf* betrügen.

two-tone *adj* zweifarbig.

two-way *adj* - **1.** [in both directions] in beiden

Richtungen - **2.** TELEC: **~ radio** Funksprechgerät *das.*

TX *abk für Texas, in Postanschrift verwendet.*

tycoon [taɪ'kuːn] *n* Magnat *der.*

Tyne and Wear [ˌtaɪnən'wɪəʳ] *n Gebiet um Newcastle.*

type [taɪp] *n* - **1.** [sort, kind] Art *die;* **what ~ of car are you looking for?** was für ein Auto suchen Sie denn? - **2.** [in classification] Gruppe *die* - **3.** [referring to person] Typ *der;* **he's/she's not my ~** *inf* er/sie ist nicht mein Typ - **4.** *(U)* TYPO Schrift *die* ◇ *vt & vi* tippen.

◆ **type up** *vt sep* ab|tippen.

typecast ['taɪpkɑːst] (*pt & pp* **typecast**) *vt* festlegen (auf eine bestimmte Rolle); **to be ~ as sthg** auf etw *(A)* festgelegt werden.

typeface ['taɪpfeɪs] *n* TYPO Schrift *die.*

typescript ['taɪpskrɪpt] *n* Manuskript *das.*

typeset ['taɪpset] (*pt & pp* **typeset;** *cont* **-ting**) *vt* TYPO setzen.

typesetter ['taɪpsetəʳ] *n* [company] Schriftsetzer *der.*

typesetting ['taɪpsetɪŋ] *n* Schriftsatz *der.*

typewriter ['taɪpˌraɪtəʳ] *n* Schreibmaschine *die.*

typhoid (fever) ['taɪfɔɪd-] *n (U)* Typhus *der.*

typhoon [taɪ'fuːn] *n* Taifun *der.*

typhus ['taɪfəs] *n (U)* Flecktyphus *der.*

typical ['tɪpɪkl] *adj* typisch; **~ of sb/sthg** typisch für jn/etw.

typically ['tɪpɪklɪ] *adv* - **1.** [usually] typischerweise - **2.** [characteristically]: **~ German!** typisch Deutsch!

typify ['tɪpɪfaɪ] (*pt & pp* **-ied**) *vt* - **1.** [be characteristic of] bezeichnend sein für - **2.** [embody, symbolize] verkörpern.

typing ['taɪpɪŋ] *n* Tippen *das,* Maschineschreiben *das.*

typing error *n* Tippfehler *der.*

typing pool *n* Schreibzentrale *die.*

typist ['taɪpɪst] *n* Schreibkraft *die.*

typo ['taɪpəʊ] *n* **inf** Druckfehler *der.*

typographic(al) error [ˌtaɪpə'græfɪk(l)-] *n* Druckfehler *der.*

typography [taɪ'pɒgrəfɪ] *n* Typografie *die.*

tyrannical [tɪ'rænɪkl] *adj* tyrannisch.

tyranny ['tɪrənɪ] *n (U)* [of person, government] Tyrannei *die.*

tyrant ['taɪrənt] *n* Tyrann *der,* -in *die.*

tyre *Br,* **tire** *Am* ['taɪəʳ] *n* Reifen *der.*

tyre pressure *n (U)* Reifendruck *der.*

Tyrol, Tirol ['tɪrɒl] *n:* **in the ~** in Tirol.

Tyrolean [tɪrə'liːən], **Tyrolese** [ˌtɪrə'liːz] *adj* Tiroler- ◇ *n* Tiroler *der,* -in *die.*

tzar [zɑːʳ] *n* = **tsar.**

U

u (*pl* **u's** *OR* **us**), **U** (*pl* **U's** *OR* **Us**) [juː] *n* [letter] u *das,* U *das.*

UAE *n abbr of* **United Arab Emirates.**

UB40 (*abbr of* **unemployment benefit form 40**) *n Arbeitslosenbescheinigung in Großbritannien.*

U-bend *n* U-Bogen *der.*

ubiquitous [juː'bɪkwɪtəs] *adj* **fml** allgegenwärtig.

UCAS ['juːkæs] (*abbr of* **Universities and Colleges Admissions Service**) *n* ≃ ZVS *die.*

UDA (*abbr of* **Ulster Defence Association**) *n protestantische paramilitärische Organisation in Nordirland.*

udder ['ʌdəʳ] *n* Euter *der.*

UDI (*abbr of* **unilateral declaration of independence**) *n* einseitige Unabhängigkeitserklärung.

UEFA [juː'eɪfə] (*abbr of* **Union of European Football Associations**) *n* UEFA *die.*

UFO (*abbr of* **unidentified flying object**) *n* UFO *das.*

Uganda [juː'gændə] *n* Uganda *nt.*

Ugandan [juː'gændən] *adj* ugandisch ◇ *n* [person] Ugander *der,* -in *die.*

ugh [ʌg] *excl* bah!

ugliness ['ʌglɪnɪs] *n (U)* - **1.** [unattractiveness] Hässlichkeit *die* - **2.** ***fig*** [unpleasantness] Unerfreulichkeit *die.*

ugly ['ʌglɪ] (*compar* **-ier;** *superl* **-iest**) *adj* - **1.** [unattractive] hässlich - **2.** ***fig*** [unpleasant] unerfreulich.

UHF (*abbr of* **ultra-high frequency**) *n* UHF.

UHT (*abbr of* **ultra-heat treated**) *adj* ultrahoch erhitzt; **~ milk** H-Milch *die.*

UK *n abbr of* **United Kingdom.**

Ukraine [juː'kreɪn] *n:* **the ~** die Ukraine; **in the ~** in der Ukraine.

Ukrainian [juː'kreɪnjən] *adj* ukrainisch ◇ *n* - **1.** [person] Ukrainer *der,* -in *die* - **2.** [language] Ukrainisch(e) *das.*

ukulele [ˌjuːkə'leɪlɪ] *n* Ukulele *die.*

ulcer ['ʌlsəʳ] *n* - **1.** [in stomach] Geschwür *das* - **2.** [in mouth, stomach] Aphthe *die.*

ulcerated [ˈʌlsəreɪtɪd] *adj* geschwürig.

Ulster [ˈʌlstəʳ] *n* Ulster *nt*.

Ulsterman [ˈʌlstəmən] (*pl* **-men** [-mən]) *n* Mann *der* aus Ulster.

Ulster Unionist Party *n nordirische, hauptsächlich protestantische Partei, die sich für den Verbleib von Ulster in Großbritannien einsetzt.*

Ulsterwoman [ˈʌlstəwʊmən] (*pl* **-women** [-wɪmɪn]) *n* Frau *die* aus Ulster.

ulterior [ʌlˈtɪərɪəʳ] *adj*: **an ~ motive** Hintergedanke *der*.

ultimata [ˌʌltɪˈmeɪtə] *pl* ▻ **ultimatum.**

ultimate [ˈʌltɪmət] *adj* **- 1.** [final, long-term] letzte, -r, -s **- 2.** [most powerful] absolut ◇ *n*: **the ~ in sthg** das Höchste an etw *(D)*.

ultimately [ˈʌltɪmətlɪ] *adv* [finally, in the long term] letztlich.

ultimatum [ˌʌltɪˈmeɪtəm] (*pl* **-tums** OR **-ta** [-tə]) *n* Ultimatum *das*.

ultra- [ˈʌltrə] *prefix* ultra-.

ultramarine [ˌʌltrəməˈriːn] *adj* Ultramarin-.

ultrasonic [ˌʌltrəˈsɒnɪk] *adj* Ultraschall-.

ultrasound [ˈʌltrəsaʊnd] *n* Ultraschall *der*.

ultraviolet [ˌʌltrəˈvaɪələt] *adj* ultraviolett.

um [ʌm] *excl* äh.

umbilical cord [ʌmˈbɪlɪkl-] *n* Nabelschnur *die*.

umbrage [ˈʌmbrɪdʒ] *n*: **to take ~ (at sthg)** (an etw *(D)*) Anstoß nehmen.

umbrella [ʌmˈbrelə] *n* **- 1.** [portable] Regenschirm *der* **- 2.** [fixed] Sonnenschirm *der* ◇ *adj* Schirm-.

umpire [ˈʌmpaɪəʳ] *n* Schiedsrichter *der*, -in *die* ◇ *vt* Schiedsrichter sein bei ◇ *vi* Schiedsrichter sein

umpteen [ˌʌmpˈtiːn] *num adj* ***inf*** zigmal.

umpteenth [ˌʌmpˈtiːnθ] *num adj* ***inf***: **for the ~ time** zum x-ten Mal.

UN (*abbr of* **United Nations**) *n* UNO *die*, UN *die*.

unabashed [ˌʌnəˈbæʃt] *adj* unbeeindruckt.

unabated [ˌʌnəˈbeɪtɪd] *adj* unvermindert.

unable [ʌnˈeɪbl] *adj*: **to be ~ to do sthg** außer Stande sein, etw zu tun.

unabridged [ˌʌnəˈbrɪdʒd] *adj* ungekürzt.

unacceptable [ˌʌnəkˈseptəbl] *adj* unannehmbar.

unaccompanied [ˌʌnəˈkʌmpənɪd] *adj* [luggage] aufgegeben; [child, song] ohne Begleitung.

unaccountable [ˌʌnəˈkaʊntəbl] *adj* **- 1.** [inexplicable] unerklärlich **- 2.** [not responsible]: **~ for sthg** nicht verantwortlich für etw; **to be ~ to sb** sich jm gegenüber nicht verantworten müssen.

unaccountably [ˌʌnəˈkaʊntəblɪ] *adv* [inexplicably] unerklärlicherweise; **she felt ~ weak** sie fühlte sich unerklärlich schwach.

unaccounted [ˌʌnəˈkaʊntɪd] *adj*: **~ for** unauffindbar.

unaccustomed [ˌʌnəˈkʌstəmd] *adj* **- 1.** [unused]: **to be ~ to sthg** an etw *(A)* nicht gewöhnt sein; **to be ~ to doing sthg** nicht daran gewöhnt sein, etw zu tun **- 2.** ***fml*** [not usual] ungewohnt.

unacquainted [ˌʌnəˈkweɪntɪd] *adj*: **to be ~ with sb/sthg** jn/etw nicht kennen.

unadulterated [ˌʌnəˈdʌltəreɪtɪd] *adj* rein.

unadventurous [ˌʌnədˈventʃərəs] *adj* einfallslos.

unaffected [ˌʌnəˈfektɪd] *adj* **- 1.** [unchanged] unbeeinflusst; **~ by sthg** von etw unbeeinflusst; **the city remains ~ by the flooding** die Stadt ist von der Überschwemmung nicht betroffen; **the children were ~ by their experience of war** die Kriegserfahrung hinterließ bei den Kindern keinen seelischen Schaden **- 2.** [natural] natürlich.

unafraid [ˌʌnəˈfreɪd] *adj* unerschrocken.

unaided [ˌʌnˈeɪdɪd] *adj* & *adv* ohne fremde Hilfe.

unambiguous [ˌʌnæmˈbɪgjʊəs] *adj* unzweideutig.

un-American [ˈʌn-] *adj* unamerikanisch.

unanimity [ˌjuːnəˈnɪmətɪ] *n* ***fml*** Einstimmigkeit *die*.

unanimous [juːˈnænɪməs] *adj* einstimmig.

unanimously [juːˈnænɪməslɪ] *adv* einstimmig.

unannounced [ˌʌnəˈnaʊnst] *adj* & *adv* unangemeldet.

unanswered [ˌʌnˈɑːnsəd] *adj* unbeantwortet.

unappealing [ˌʌnəˈpiːlɪŋ] *adj* nicht reizvoll.

unappetizing, -ising [ˌʌnˈæpɪtaɪzɪŋ] *adj* unappetitlich.

unappreciated [ˌʌnəˈpriːʃɪeɪtɪd] *adj* ungewürdigt.

unappreciative [ˌʌnəˈpriːʃɪətɪv] *adj*: **to be ~ of sthg** etw nicht zu schätzen wissen.

unapproachable [ˌʌnəˈprəʊtʃəbl] *adj* [person] unnahbar.

unarmed [ˌʌnˈɑːmd] *adj* unbewaffnet.

unarmed combat *n (U)* Nahkampf *der* ohne Waffe.

unashamed [ˌʌnəˈʃeɪmd] *adj* schamlos.

unassisted [ˌʌnəˈsɪstɪd] *adj* ohne fremde Hilfe.

unassuming [ˌʌnəˈsjuːmɪŋ] *adj* bescheiden.

unattached [ˌʌnəˈtætʃt] *adj* **- 1.** [not fastened,

linked]: **~ to sthg** unabhängig von etw **- 2.** [without partner] ungebunden.

unattainable [ˌʌnəˈteɪnəbl] *adj* unerreichbar.

unattended [ˌʌnəˈtendɪd] *adj* unbeaufsichtigt.

unattractive [ˌʌnəˈtræktɪv] *adj* unattraktiv.

unauthorized, -ised [ˌʌnˈɔːθəraɪzd] *adj* unrechtmäßig; [biography] nicht autorisiert.

unavailable [ˌʌnəˈveɪləbl] *adj* nicht verfügbar; [person] nicht zu erreichen.

unavoidable [ˌʌnəˈvɔɪdəbl] *adj* unvermeidlich.

unavoidably [ˌʌnəˈvɔɪdəblɪ] *adj:* **he was ~ detained** er wurde leider aufgehalten.

unaware [ˌʌnəˈweəʳ] *adj:* **to be ~ of sthg** sich *(D)* einer Sache *(G)* nicht bewusst sein; **she was ~ of my presence** sie bemerkte mich nicht.

unawares [ˌʌnəˈweəz] *adv:* **to catch** *OR* **take sb ~** jn überraschen.

unbalanced [ˌʌnˈbælənst] *adj* **- 1.** [biased] unausgewogen **- 2.** [deranged] psychisch labil.

unbearable [ʌnˈbeərəbl] *adj* unerträglich.

unbearably [ʌnˈbeərəblɪ] *adv* unerträglich.

unbeatable [ˌʌnˈbiːtəbl] *adj* unschlagbar.

unbecoming [ˌʌnbɪˈkʌmɪŋ] *adj* ***fml*** [unattractive] unvorteilhaft.

unbeknown(st) [ˌʌnbɪˈnəʊn(st)] *adv:* **~ to him** ohne sein Wissen; **~ to her mother** ohne Wissen ihrer Mutter.

unbelievable [ˌʌnbɪˈliːvəbl] *adj* unglaublich.

unbelievably [ˌʌnbɪˈliːvəblɪ] *adv* [extremely] unglaublich.

unbend [ˌʌnˈbend] (*pt* & *pp* **unbent**) *vi* [relax] sich auslstrecken.

unbending [ˌʌnˈbendɪŋ] *adj* [intransigent] unbeugsam.

unbent [ˌʌnˈbent] *pt* & *pp* ▻ **unbend.**

unbia(s)sed [ˌʌnˈbaɪəst] *adj* unvoreingenommen.

unblemished [ˌʌnˈblemɪʃt] *adj* ***fig*** makellos.

unblock [ˌʌnˈblɒk] *vt* frei machen.

unbolt [ˌʌnˈbəʊlt] *vt* [door] entriegeln.

unborn [ˌʌnˈbɔːn] *adj* [child] ungeboren.

unbreakable [ˌʌnˈbreɪkəbl] *adj* unzerbrechlich.

unbridled [ˌʌnˈbraɪdld] *adj* ungezügelt.

unbuckle [ˌʌnˈbʌkl] *vt* auf Ischnallen.

unbutton [ˌʌnˈbʌtn] *vt* auf Iknöpfen.

uncalled-for [ˌʌnˈkɔːld-] *adj* unnötig.

uncanny [ʌnˈkænɪ] (*compar* **-ier;** *superl* **-iest**) *adj* unheimlich.

uncared-for [ˌʌnˈkeəd-] *adj* vernachlässigt.

uncaring [ˌʌnˈkeərɪŋ] *adj* gleichgültig; [parent] lieblos.

unceasing [ˌʌnˈsiːsɪŋ] *adj* ***fml*** beständig.

unceremonious [ˈʌnˌserɪˈməʊnjəs] *adj* [abrupt] brüsk.

unceremoniously [ˈʌnˌserɪˈməʊnjəslɪ] *adj* [abruptly] brüsk.

uncertain [ʌnˈsɜːtn] *adj* **- 1.** [person, plans] unsicher; **in no ~ terms** unmissverständlich **- 2.** [weather] unvorhersehbar; [future] ungewiss **- 3.** [cause, motive] unklar.

unchain [ˌʌnˈtʃeɪn] *vt* [bicycle] auf Ischliessen; [prisoner] die Ketten ablnehmen *(+ D).*

unchallenged [ˌʌnˈtʃælɪndʒd] *adj* [authority, leadership, version] unangefochten.

unchanged [ˌʌnˈtʃeɪndʒd] *adj* unverändert.

unchanging [ˌʌnˈtʃeɪndʒɪŋ] *adj* unveränderlich.

uncharacteristic [ˈʌnˌkærəktəˈrɪstɪk] *adj* untypisch.

uncharitable [ˌʌnˈtʃærɪtəbl] *adj* unfreundlich.

uncharted [ˌʌnˈtʃɑːtɪd] *adj* **- 1.** [not recorded on maps] nicht kartiert **- 2.** ***fig*** [unfamiliar] unerforscht.

unchecked [ˌʌnˈtʃekt] *adj* & *adv* [unrestrained] uneingeschränkt.

uncivilized, -ised [ˌʌnˈsɪvɪlaɪzd] *adj* [barbaric] unzivilisiert.

unclassified [ˌʌnˈklæsɪfaɪd] *adj* [not to be kept secret] nicht geheim.

uncle [ˈʌŋkl] *n* Onkel *der.*

unclean [ˌʌnˈkliːn] *adj* **- 1.** [dirty] schmutzig **- 2.** RELIG unrein.

unclear [ˌʌnˈklɪəʳ] *adj* **- 1.** [meaning, instructions] unklar **- 2.** [future, person] unsicher **- 3.** [motives, details] undurchsichtig.

Uncle Sam [-sæm] *n* ***inf*** *die (Regierung der) Vereinigten Staaten, manchmal als Mann mit weißem Bart und Zylinder dargestellt.*

unclothed [ˌʌnˈkləʊðd] *adj* ***fml*** unbekleidet.

uncomfortable [ˌʌnˈkʌmftəbl] *adj* **- 1.** [shoes, chair, clothes] unbequem **- 2.** ***fig*** [fact, truth] unbequem **- 3.** [person]: **to feel ~** [in physical discomfort] sich nicht wohl fühlen; [ill at ease] sich unbehaglich fühlen.

uncomfortably [ˌʌnˈkʌmftəblɪ] *adv* **- 1.** [in physical discomfort] unbequem **- 2.** ***fig*** [uneasily] verlegen **- 3.** [unpleasantly] unangenehm.

uncommitted [ˌʌnkəˈmɪtɪd] *adj* unbeteiligt.

uncommon [ʌnˈkɒmən] *adj* **- 1.** [rare] selten **- 2.** ***fml*** [extreme] außergewöhnlich.

uncommonly [ʌnˈkɒmənlɪ] *adv* ***fml*** außergewöhnlich.

uncommunicative [ˌʌnkəˈmjuːnɪkətɪv] *adj* verschlossen.

uncomplicated [ˌʌnˈkɒmplɪkeɪtɪd] *adj* unkompliziert.

uncomprehending [ˈʌnˌkɒmprɪˈhendɪŋ] *adj* verständnislos.

uncompromising [ˌʌnˈkɒmprəmaɪzɪŋ] *adj* unnachgiebig.

unconcerned [ˌʌnkənˈsɜːnd] *adj* [not anxious] unbesorgt.

unconditional [ˌʌnkənˈdɪʃənl] *adj* bedingungslos.

uncongenial [ˌʌnkənˈdʒiːnjəl] *adj* ***fml*** unangenehm.

unconnected [ˌʌnkəˈnektɪd] *adj* ohne Zusammenhang.

unconquered [ˌʌnˈkɒŋkəd] *adj* [territory] noch nie erobert; [people] unbesiegt.

unconscious [ʌnˈkɒnʃəs] *adj* - **1.** [having lost consciousness] bewusstlos - **2.** ***fig*** [unaware]: **to be ~ of sthg** sich *(D)* einer Sache *(G)* nicht bewusst sein - **3.** PSYCH unbewusst <> *n* PSYCH: **the ~** das Unbewusste.

unconsciously [ʌnˈkɒnʃəslɪ] *adv* unbewusst.

unconstitutional [ˈʌnˌkɒnstɪˈtjuːʃənl] *adj* verfassungswidrig.

uncontested [ˌʌnkənˈtestɪd] *adj* unangefochten.

uncontrollable [ˌʌnkənˈtrəʊləbl] *adj* - **1.** [irrepressible] unbezwingbar - **2.** [inflation, growth, epidemic] unkontrollierbar - **3.** [child, animal] nicht zu bändigen.

uncontrolled [ˌʌnkənˈtrəʊld] *adj* unkontrolliert.

unconventional [ˌʌnkənˈvenʃənl] *adj* unkonventionell.

unconvinced [ˌʌnkənˈvɪnst] *adj* nicht überzeugt.

unconvincing [ˌʌnkənˈvɪnsɪŋ] *adj* nicht überzeugend.

uncooked [ˌʌnˈkʊkt] *adj* roh.

uncooperative [ˌʌnkəʊˈɒpərətɪv] *adj* unkooperativ.

uncork [ˌʌnˈkɔːk] *vt* entkorken.

uncorroborated [ˌʌnkəˈrɒbəreɪtɪd] *adj* unbestätigt.

uncouth [ʌnˈkuːθ] *adj* ungehobelt.

uncover [ʌnˈkʌvəʳ] *vt* ***lit*** & ***fig*** auf|decken.

uncurl [ˌʌnˈkɜːl] *vi* - **1.** [hair, wire] sich glätten - **2.** [animal] sich strecken.

uncut [ˌʌnˈkʌt] *adj* - **1.** [film] ungekürzt - **2.** [jewel] ungeschliffen.

undamaged [ˌʌnˈdæmɪdʒd] *adj* unbeschädigt.

undaunted [ˌʌnˈdɔːntɪd] *adj* unverzagt.

undecided [ˌʌndɪˈsaɪdɪd] *adj* - **1.** [person] unentschlossen - **2.** [issue] unentschieden.

undemanding [ˌʌndɪˈmɑːndɪŋ] *adj* anspruchslos.

undemonstrative [ˌʌndɪˈmɒnstrətɪv] *adj* zurückhaltend.

undeniable [ˌʌndɪˈnaɪəbl] *adj* unbestreitbar.

under [ˈʌndəʳ] *prep* - **1.** [beneath, below] unter *(+ D); (with verbs of motion)* unter *(+ A);* **it's ~ the table** es ist unter dem Tisch; **put it ~ the table** leg es unter den Tisch - **2.** [less than] unter *(+ D);* **children ~ ten** Kinder unter zehn; **in ~ two hours** in weniger als zwei Stunden - **3.** [indicating conditions or circumstances]: **~ the circumstances** unter diesen Umständen; **to be ~ pressure** unter Druck sein - **4.** [undergoing]: **to be ~ review/discussion** revidiert/diskutiert werden; **~ construction** im Bau - **5.** [directed, governed by] unter *(+ D);* **Britain ~ Blair** Großbritannien unter Blair - **6.** [according to] nach; **~ the terms of the will** nach dem Testament - **7.** [in classification, name, title] unter *(+ D)* <> *adv* - **1.** [beneath] unten; **how long can you stay ~?** [underwater] wie lange kannst du unter Wasser bleiben?; **she lifted the blanket and crawled ~** sie hob die Decke hoch und kroch darunter - **2.** [less]: **children of 12 and ~** Kinder bis zu 12 Jahren.

under- [ˈʌndəʳ] *prefix* [with nouns] Unter-; [with adjectives] unter-.

underachiever [ˌʌndərəˈtʃiːvəʳ] *n Person, die trotz der vorhandenen Fähigkeiten enttäuschende Leistungen zeigt.*

underage [ʌndərˈeɪdʒ] *adj* minderjährig.

underarm [ˈʌndərɑːm] *adj* - **1.** [deodorant, hair] Achsel- - **2.** SPORT [bowling] von unten <> *adv* [throw, bowl] von unten.

underbrush [ˈʌndəbrʌʃ] *n* ***Am*** Unterholz *das.*

undercarriage [ˈʌndəˌkærɪdʒ] *n* Fahrgestell *das.*

undercharge [ˌʌndəˈtʃɑːdʒ] *vt* zu wenig berechnen *(+ D).*

underclothes [ˈʌndəkləʊðz] *npl* Unterwäsche *die.*

undercoat [ˈʌndəkəʊt] *n* [of paint] Grundierung *die.*

undercook [ˌʌndəˈkʊk] *vt* nicht lange genug garen.

undercover [ˈʌndəˌkʌvəʳ] *adj* [agent] Geheim- <> *adv* verdeckt.

undercurrent [ˈʌndəˌkʌrənt] *n* ***fig*** [tendency] Unterton *der.*

undercut [ˌʌndəˈkʌt] (*pt* & *pp* **undercut;** *cont* **-ting**) *vt* [in price] unterbieten.

underdeveloped [ˌʌndədɪˈveləpt] *adj* unterentwickelt.

underdog [ˈʌndədɒg] *n*: **the ~** der/die Schwächere.

underdone [ˌʌndəˈdʌn] *adj* nicht gar.

underemployment [ˌʌndərɪmˈplɔɪmənt] *n* *(U)* Unterbeschäftigung *die*.

underestimate [*n* ʌndərˈestɪmət, *vb* ˌʌndərˈestɪmeɪt] *n* Unterschätzung *die* ◇ *vt* **- 1.** [time, money, amount] zu niedrig schätzen **- 2.** [strength, abilities] unterschätzen.

underexposed [ˌʌndərɪkˈspəʊzd] *adj* PHOT unterbelichtet.

underfinanced [ˌʌndəˈfaɪnænst] *adj* unterfinanziert.

underfoot [ˌʌndəˈfʊt] *adv* unter den Füßen.

undergo [ˌʌndəˈgəʊ] (*pt* **-went**; *pp* **-gone** [-ˈgɒn]) *vt* [operation, examination] sich unterziehen *(+ D)*; [training] teilnehmen an *(+ D)*; [difficulties] durch|machen; **to ~ modification** verändert werden.

undergraduate [ˌʌndəˈgrædjʊət] *adj für Studierende ohne bereits erworbenen Hochschulabschluss* ◇ *n* Student *der*, -in *die*.

underground [*adj & n* ˈʌndəgraʊnd, *adv* ˌʌndəˈgraʊnd] *adj* **- 1.** [below ground] unterirdisch **- 2.** *fig* [secret, illegal] Untergrund- ◇ *adv*: **to go/be forced ~** in den Untergrund gehen/gedrängt werden ◇ *n* **- 1.** *Br* [transport system] U-Bahn *die* **- 2.** [activist movement] Untergrund *der*.

undergrowth [ˈʌndəgrəʊθ] *n (U)* Unterholz *das*.

underhand [ˌʌndəˈhænd] *adj* hinterhältig.

underinsured [ˌʌndərɪnˈʃʊəd] *adj* unterversichert.

underlay [ˈʌndəleɪ] *n* [for carpet] Unterlage *die*.

underline [ˌʌndəˈlaɪn] *vt lit & fig* unterstreichen.

underling [ˈʌndəlɪŋ] *n* Untergebene *der, die*.

underlying [ˌʌndəˈlaɪɪŋ] *adj* zugrunde liegend.

undermanned [ˌʌndəˈmænd] *adj* unterbesetzt.

undermentioned [ˌʌndəˈmenʃnd] *adj fml* unten genannt.

undermine [ˌʌndəˈmaɪn] *vt fig* [weaken] untergraben.

underneath [ˌʌndəˈniːθ] *prep* [indicating location] unter *(+ D)*; [indicating movement] unter *(+ A)*; **from ~ sthg** unter etw *(D)* hervor ◇ *adv* darunter ◇ *n* [underside]: **the ~** die Unterseite.

undernourished [ˌʌndəˈnʌrɪʃt] *adj* unterernährt.

underpaid [*pt & pp* ˌʌndəˈpeɪd, *adj* ˈʌndəpeɪd] *pt & pp* ▷ **underpay** ◇ *adj* unterbezahlt.

underpants [ˈʌndəpænts] *npl* Unterhose *die*.

underpass [ˈʌndəpɑːs] *n* Unterführung *die*.

underpay [ˌʌndəˈpeɪ] (*pt & pp* **-paid**) *vt* unterbezahlen.

underpin [ˌʌndəˈpɪn] (*pt & pp* **-ned**; *cont* **-ning**) *vt fig* [back up] untermauern.

underplay [ˌʌndəˈpleɪ] *vt* [minimize the importance of] herunter|spielen.

underprice [ˌʌndəˈpraɪs] *vt* unter Preis anbieten.

underprivileged [ˌʌndəˈprɪvɪlɪdʒd] *adj* unterprivilegiert.

underproduction [ˌʌndəprəˈdʌkʃn] *n (U)* Unterproduktion *die*.

underrated [ˌʌndəˈreɪtɪd] *adj* unterschätzt.

underscore [ˌʌndəˈskɔːˈ] *vt lit & fig* unterstreichen.

undersea [ˈʌndəsiː] *adj* Unterwasser-.

undersell [ˌʌndəˈsel] (*pt & pp* **-sold**) *vt* **- 1.** COMM [sell at lower prices than] unterbieten **- 2.** *fig* [underemphasize]: **to ~ o.s.** sich nicht gut genug verkaufen.

undershirt [ˈʌndəʃɜːt] *n Am* Unterhemd *das*.

underside [ˈʌndəsaɪd] *n*: **the ~** die Unterseite.

undersigned [ˈʌndəsaɪnd] *n fml*: **the ~** der/die Unterzeichnete.

undersize(d) [ˌʌndəˈsaɪz(d)] *adj* [smaller than average] unterdurchschnittlich groß; [too small] zu klein.

underskirt [ˈʌndəskɜːt] *n* Unterrock *der*.

undersold [ˌʌndəˈsəʊld] *pt & pp* ▷ **undersell**.

understaffed [ˌʌndəˈstɑːft] *adj* unterbesetzt.

understand [ˌʌndəˈstænd] (*pt & pp* **-stood**) *vt* **- 1.** [gen] verstehen; **to make o.s. understood** sich verständlich machen **- 2.** *fml* [have heard]: **to ~ that** glauben, dass; **I ~ you are looking for staff** ich habe gehört, dass Sie Mitarbeiter suchen ◇ *vi* verstehen.

understandable [ˌʌndəˈstændəbl] *adj* verständlich.

understandably [ˌʌndəˈstændəblɪ] *adv* verständlicherweise.

understanding [ˌʌndəˈstændɪŋ] *n* **- 1.** [knowledge, insight] Kenntnis *die* **- 2.** *(U)* [sympathy] Verständnis *das* **- 3.** [interpretation, conception] Auffassung *die*; **it was my ~ that ...** ich dachte, dass ... **- 4.** [informal agreement] Übereinkunft *die*; **on the ~ that ...** unter der Voraussetzung, dass ... ◇ *adj* [sympathetic] verständnisvoll.

understate [ˌʌndəˈsteɪt] *vt* [minimize] herunter|spielen.

understated [ˌʌndəˈsteɪtɪd] *adj* untertrieben.

understatement [ˌʌndəˈsteɪtmənt] *n* **- 1.** [inadequate statement] Untertreibung *die* - **2.** *(U)* [quality of understating] Understatement *das.*

understood [ˌʌndəˈstʊd] *pt & pp* ▻ **understand.**

understudy [ˈʌndəˌstʌdɪ] (*pl* **-ies;** *pt & pp* **-ied**) *n* zweite Besetzung ◇ *vt* zweite Besetzung sein für.

undertake [ˌʌndəˈteɪk] (*pt* **-took;** *pp* **-taken** [-ˈteɪkn]) *vt* - **1.** [take on] auf sich *(A)* nehmen - **2.** [promise]: **to ~ to do sthg** sich verpflichten, etw zu tun.

undertaker [ˈʌndəˌteɪkəʳ] *n* Leichenbestatter *der*, -in *die;* **~'s** [place] Bestattungsinstitut *das.*

undertaking [ˌʌndəˈteɪkɪŋ] *n* - **1.** [task] Aufgabe *die* - **2.** [promise] Versprechen *das.*

undertone [ˈʌndətəʊn] *n* - **1.** [quiet voice] leise Stimme - **2.** [underlying feeling] Unterton *der.*

undertook [ˌʌndəˈtʊk] *pt* ▻ **undertake.**

undertow [ˈʌndətəʊ] *n* Sog *der.*

undervalue [ˌʌndəˈvæljuː] *vt* unterbewerten.

underwater [ˌʌndəˈwɔːtəʳ] *adj* Unterwasser- ◇ *adv* unter Wasser.

underwear [ˈʌndəweəʳ] *n* Unterwäsche *die.*

underweight [ˌʌndəˈweɪt] *adj* untergewichtig.

underwent [ˌʌndəˈwent] *pt* ▻ **undergo.**

underwired *adj* [bra] mit Drahtbügel.

underworld [ˈʌndəˌwɜːld] *n* [criminal society]: **the ~** die Unterwelt.

underwrite [ˈʌndəraɪt] (*pt* **-wrote;** *pp* **-written**) *vt* - **1.** *fml* [guarantee] garantieren - **2.** [in insurance business] versichern.

underwriter [ˈʌndəˌraɪtəʳ] *n* Versicherer *der.*

underwritten [ˈʌndəˌrɪtn] *pp* ▻ **underwrite.**

underwrote [ˈʌndərəʊt] *pt* ▻ **underwrite.**

undeserved [ˌʌndɪˈzɜːvd] *adj* unverdient.

undesirable [ˌʌndɪˈzaɪərəbl] *adj* unerwünscht.

undeveloped [ˌʌndɪˈveləpt] *adj* [land] unbebaut.

undid [ˌʌnˈdɪd] *pt* ▻ **undo.**

undies [ˈʌndɪz] *npl inf* Unterwäsche *die.*

undignified [ʌnˈdɪgnɪfaɪd] *adj* würdelos.

undiluted [ˌʌndaɪˈljuːtɪd] *adj* - **1.** [quality, emotion] ungetrübt - **2.** [liquid] unverdünnt.

undiplomatic [ˌʌndɪpləˈmæṭɪk] *adj* undiplomatisch.

undischarged [ˌʌndɪsˈtʃɑːdʒd] *adj* - **1.** [debt] unbezahlt - **2.** [person]: **~ bankrupt** nicht entlasteter Gemeinschuldner.

undisciplined [ʌnˈdɪsɪplɪnd] *adj* undiszipliniert.

undiscovered [ˌʌndɪˈskʌvəd] *adj* [unknown] unentdeckt.

undisputed [ˌʌndɪˈspjuːtɪd] *adj* unbestritten.

undistinguished [ˌʌndɪˈstɪŋgwɪʃt] *adj* mittelmäßig.

undivided [ˌʌndɪˈvaɪdɪd] *adj* [whole] ungeteilt.

undo [ˌʌnˈduː] (*pt* **-did;** *pp* **-done**) *vt* - **1.** [unfasten] auf|machen - **2.** [nullify] zunichte machen.

undoing [ˌʌnˈduːɪŋ] *n (U) fml* Verderben *das.*

undone [ˌʌnˈdʌn] *pp* ▻ **undo** ◇ *adj* - **1.** [unfastened] offen - **2.** *fml* [not done] ungetan.

undoubted [ʌnˈdaʊtɪd] *adj* unbestritten.

undoubtedly [ʌnˈdaʊtɪdlɪ] *adv fml* zweifellos.

undreamed-of [ʌnˈdriːmdɒv], **undreamt-of** [ʌnˈdremtɒv] *adj* [unimaginable] ungeahnt.

undress [ˌʌnˈdres] *vt* aus|ziehen ◇ *vi* sich aus|ziehen.

undressed [ˌʌnˈdrest] *adj* [person] nicht angezogen; **to get ~** sich aus|ziehen.

undrinkable [ˌʌnˈdrɪŋkəbl] *adj* - **1.** [dangerous to drink] nicht trinkbar - **2.** [bad-tasting] ungenießbar.

undue [ˌʌnˈdjuː] *adj fml* unangemessen.

undulate [ˈʌndjʊleɪt] *vi fml* - **1.** [in movement - snake, road] sich schlängeln - **2.** [in shape - landscape] sich wellenförmig erstrecken.

unduly [ˌʌnˈdjuːlɪ] *adv fml* unnötig.

undying [ʌnˈdaɪɪŋ] *adj literary* unsterblich.

unearned income [ˌʌnɜːnd-] *n (U)* Kapitalertrag *der.*

unearth [ˌʌnˈɜːθ] *vt* - **1.** [dig up] aus|graben - **2.** *fig* [discover] auf|stöbern.

unearthly [ʌnˈɜːθlɪ] *adj* - **1.** [ghostly] gespenstisch - **2.** *inf* [time of day]: **at an ~ hour** zu nächtlicher Stunde.

unease [ʌnˈiːz] *n (U)* Unbehagen *das.*

uneasy [ʌnˈiːzɪ] (*compar* **-ier;** *superl* **-iest**) *adj* - **1.** [person, feeling] unbehaglich - **2.** [silence] verlegen - **3.** [peace] unsicher.

uneatable [ˌʌnˈiːtəbl] *adj* - **1.** [dangerous to eat] nicht essbar - **2.** [bad-tasting] ungenießbar.

uneaten [ˌʌnˈiːtn] *adj* übrig geblieben.

uneconomic [ˈʌnˌiːkəˈnɒmɪk] *adj* unökonomisch.

uneducated [ˌʌnˈedjʊkeɪtɪd] *adj* - **1.** [person] ungebildet - **2.** [behaviour, manners, speech] unkultiviert.

unemotional [ˌʌnɪˈməʊʃənl] *adj* nüchtern.

unemployable [ˌʌnɪmˈplɔɪəbl] *adj* als Arbeitskraft ungeeignet.

unemployed [ˌʌnɪm'plɔɪd] *adj* [out-of-work] arbeitslos ◇ *npl:* **the ~** die Arbeitslosen *pl.*

unemployment [ˌʌnɪm'plɔɪmənt] *n* Arbeitslosigkeit *die.*

unemployment benefit *Br,* **unemployment compensation** *Am n (U)* Arbeitslosenunterstützung *die.*

unenviable [ˌʌn'envɪəbl] *adj* nicht beneidenswert.

unequal [ˌʌn'iːkwəl] *adj* **- 1.** [unfair] ungleich **- 2.** [different] unterschiedlich.

unequalled *Br,* **unequaled** *Am* [ˌʌn'iːkwəld] *adj* unerreicht.

unequivocal [ˌʌnɪ'kwɪvəkl] *adj fml* eindeutig.

unerring [ˌʌn'ɜːrɪŋ] *adj* untrüglich.

UNESCO [juː'neskəʊ] (*abbr of* **United Nations Educational, Scientific and Cultural Organization**) *n* UNESCO *die.*

unethical [ʌn'eθɪkl] *adj* unmoralisch.

uneven [ˌʌn'iːvn] *adj* **- 1.** [not flat] uneben **- 2.** [inconsistent] ungleichmäßig **- 3.** [unfair] ungleich.

uneventful [ˌʌnɪ'ventfʊl] *adj* ereignisarm.

unexceptional [ˌʌnɪk'sepʃənl] *adj* untadelig.

unexpected [ˌʌnɪk'spektɪd] *adj* unerwartet.

unexpectedly [ˌʌnɪk'spektɪdlɪ] *adv* unerwartet.

unexplained [ˌʌnɪk'spleɪnd] *adj* ungeklärt.

unexploded [ˌʌnɪk'spləʊdɪd] *adj* [bomb] nicht detoniert.

unexpurgated [ˌʌn'ekspəgeɪtɪd] *adj* ungekürzt.

unfailing [ʌn'feɪlɪŋ] *adj* [loyalty, support, good humour] unerschöpflich.

unfair [ˌʌn'feə^r] *adj* ungerecht.

unfair dismissal *n (U)* ungerechtfertigte Entlassung.

unfairly [ˌʌn'feəlɪ] *adv* zu Unrecht.

unfairness [ˌʌn'feənɪs] *n* Ungerechtigkeit *die.*

unfaithful [ˌʌn'feɪθfʊl] *adj* [sexually] untreu.

unfamiliar [ˌʌnfə'mɪljə^r] *adj* **- 1.** [not well-known] unbekannt **- 2.** [not acquainted]: **to be ~ with sb/sthg** jn/etw nicht kennen.

unfashionable [ˌʌn'fæʃnəbl] *adj* unmodisch.

unfasten [ˌʌn'fɑːsn] *vt* auf|machen; [rope] auf|knoten.

unfavourable *Br,* **unfavorable** *Am* [ˌʌn'feɪvrəbl] *adj* **- 1.** [not conducive] ungünstig **- 2.** [negative] unvorteilhaft.

unfeeling [ʌn'fiːlɪŋ] *adj* herzlos.

unfinished [ˌʌn'fɪnɪʃt] *adj* unerledigt.

unfit [ˌʌn'fɪt] *adj* **- 1.** [not in good shape] nicht fit **- 2.** [not suitable]: **~ (for sthg)** ungeeignet (für etw).

unflagging [ˌʌn'flægɪŋ] *adj* unermüdlich.

unflappable [ˌʌn'flæpəbl] *adj* **esp Br** nicht aus der Ruhe zu bringen.

unflattering [ˌʌn'flætərɪŋ] *adj* [garment] unvorteilhaft; [remark, portrait] wenig schmeichelhaft.

unflinching [ʌn'flɪntʃɪŋ] *adj* [courage, determination] unerschütterlich; [gaze] starr.

unfold [ʌn'fəʊld] *vt* **- 1.** [open out] auseinander|falten **- 2.** [explain] entfalten ◇ *vi* [story, truth] an den Tag kommen; **as the plot ~s** im weiteren Verlauf der Handlung.

unforeseeable [ˌʌnfɔː'siːəbl] *adj* unvorhersehbar.

unforeseen [ˌʌnfɔː'siːn] *adj* unvorhergesehen.

unforgettable [ˌʌnfə'getəbl] *adj* unvergesslich.

unforgivable [ˌʌnfə'gɪvəbl] *adj* unverzeihlich.

unformatted [ˌʌn'fɔːmætɪd] *adj* COMPUT nicht formatiert.

unfortunate [ʌn'fɔːtʃnət] *adj* **- 1.** [unlucky] unglücklich **- 2.** [regrettable] bedauernswert.

unfortunately [ʌn'fɔːtʃnətlɪ] *adv* leider.

unfounded [ˌʌn'faʊndɪd] *adj* unbegründet.

unfriendly [ˌʌn'frendlɪ] (*compar* **-ier;** *superl* **-iest**) *adj* unfreundlich.

unfulfilled [ˌʌnfʊl'fɪld] *adj* **- 1.** [ambition, promise, prophecy] unerfüllt **- 2.** [person] unausgefüllt.

unfurl [ˌʌn'fɜːl] *vt* entrollen; [sail] los|machen.

unfurnished [ˌʌn'fɜːnɪʃt] *adj* unmöbliert.

ungainly [ʌn'geɪnlɪ] *adj* unbeholfen.

ungenerous [ˌʌn'dʒenərəs] *adj* **- 1.** [mean - person] kleinlich; [- amount] bescheiden **- 2.** [unkind] ungnädig.

ungodly [ˌʌn'gɒdlɪ] *adj* **- 1.** [irreligious] gottlos **- 2.** *inf* [unreasonable] unchristlich.

ungrateful [ʌn'greɪtfʊl] *adj* undankbar.

ungratefulness [ʌn'greɪtfʊlnɪs] *n (U)* Undankbarkeit *die.*

unguarded [ˌʌn'gɑːdɪd] *adj* **- 1.** [not guarded] unbewacht **- 2.** [careless]: **in an ~ moment** in einem unachtsamen Augenblick.

unhappily [ʌn'hæpɪlɪ] *adv* **- 1.** [sadly] unglücklich **- 2.** *fml* [unfortunately] leider.

unhappiness [ʌn'hæpɪnɪs] *n (U)* Traurigkeit *die.*

unhappy [ʌn'hæpɪ] (*compar* **-ier;** *superl* **-iest**) *adj* **- 1.** [sad] unglücklich **- 2.** [not pleased]: **to be ~ (about** OR **with sthg)** nicht glücklich (über etw *(A)* *or* mit etw) sein **- 3.** ***fml*** [unfortunate] unglückselig.

unharmed [ˌʌn'hɑːmd] *adj* unverletzt.

UNHCR (*abbr of* **United Nations High Commission for Refugees**) *n* UNHCR *die*.

unhealthy [ʌn'helθɪ] (*compar* **-ier;** *superl* **-iest**) *adj* ungesund.

unheard [ˌʌn'hɜːd] *adj:* **to be** *or* **go ~** nicht gehört werden.

unheard-of [ʌn'hɜːdɒv] *adj* **- 1.** [unknown] unbekannt **- 2.** [unprecedented] unerhört.

unheeded [ˌʌn'hiːdɪd] *adj:* **to go ~** nicht beachtet werden.

unhelpful [ˌʌn'helpfʊl] *adj* **- 1.** [unwilling to help] nicht hilfsbereit **- 2.** [not useful] nicht hilfreich.

unhindered [ʌn'hɪndəd] *adj* unbehindert.

unhook [ˌʌn'hʊk] *vt* **- 1.** [unfasten hooks of] auf|haken **- 2.** [remove from hook] ab|haken, vom Haken nehmen.

unhurt [ˌʌn'hɜːt] *adj* unverletzt.

unhygienic [ˌʌnhaɪ'dʒiːnɪk] *adj* unhygienisch.

Uni ['juːnɪ] *n* ***inf*** Uni *die*.

UNICEF ['juːnɪˌsef] (*abbr of* **United Nations International Children's Emergency Fund**) *n* UNICEF *die*.

unicorn ['juːnɪkɔːn] *n* Einhorn *das*.

unicycle ['juːnɪsaɪkl] *n* Einrad *das*.

unidentified [ˌʌnaɪ'dentɪfaɪd] *adj* nicht identifiziert.

unidentified flying object *n* unbekanntes Flugobjekt.

unification [ˌjuːnɪfɪ'keɪʃn] *n (U)* Vereinigung *die*.

uniform ['juːnɪfɔːm] *adj* gleichförmig ◇ *n* Uniform *die*.

uniformity [ˌjuːnɪ'fɔːmətɪ] *n (U)* Einheitlichkeit *die*.

uniformly ['juːnɪfɔːmlɪ] *adv* einheitlich.

unify ['juːnɪfaɪ] (*pt* & *pp* **-ied**) *vt* vereinen.

unifying ['juːnɪfaɪɪŋ] *adj* vereinigend.

unilateral [ˌjuːnɪ'lætərəl] *adj* einseitig.

unimaginable [ˌʌnɪ'mædʒɪnəbl] *adj* unvorstellbar.

unimaginative [ˌʌnɪ'mædʒɪnətɪv] *adj* fantasielos.

unimpaired [ˌʌnɪm'peəd] *adj* unbeeinträchtigt.

unimpeded [ˌʌnɪm'piːdɪd] *adj* ungehindert.

unimportant [ˌʌnɪm'pɔːtənt] *adj* unwichtig.

unimpressed [ˌʌnɪm'prest] *adj* unbeeindruckt.

uninhabited [ˌʌnɪn'hæbɪtɪd] *adj* unbewohnt.

uninhibited [ˌʌnɪn'hɪbɪtɪd] *adj* ungehemmt.

uninitiated [ˌʌnɪ'nɪʃɪeɪtɪd] *npl:* **the ~** Außenstehende *pl*.

uninjured [ˌʌn'ɪndʒəd] *adj* unverletzt.

uninspiring [ˌʌnɪn'spaɪrɪŋ] *adj* langweilig.

unintelligent [ˌʌnɪn'telɪdʒənt] *adj* nicht intelligent.

unintentional [ˌʌnɪn'tenʃənl] *adj* unabsichtlich.

uninterested [ˌʌn'ɪntrəstɪd] *adj* uninteressiert.

uninterrupted ['ʌnˌɪntə'rʌptɪd] *adj* ununterbrochen.

uninvited [ˌʌnɪn'vaɪtɪd] *adj* ungebeten.

union ['juːnjən] *n* **- 1.** [trade union] Gewerkschaft *die* **- 2.** [alliance] Union *die* ◇ *comp* Gewerkschafts-.

Unionist ['juːnjənɪst] *n* ***Br pol*** *Person, die für die Erhaltung der Union Nordirlands mit Großbritannien eintritt.*

unionize, -ise ['juːnjənaɪz] *vt* gewerkschaftlich organisieren.

unionized, -ised ['juːnjənaɪzd] *adj* gewerkschaftlich organisiert.

Union Jack *n:* **the ~** der Union Jack, *britische Nationalflagge.*

union shop *n* ***Am*** gewerkschaftspflichtiger Betrieb.

unique [juː'niːk] *adj* **- 1.** [unparalleled] einzigartig **- 2.** ***fml*** [peculiar, exclusive]: **this custom is ~ to our country** diesen Brauch gibt es nur in unserem Land.

uniquely [juː'niːklɪ] *adv* **- 1.** ***fml*** [exclusively] ausschließlich **- 2.** [exceptionally] außergewöhnlich.

unisex ['juːnɪseks] *adj* Unisex-, unisex.

unison ['juːnɪzn] *n (U)* [agreement] Einklang *der;* **in ~** [simultaneously] unisono.

UNISON ['juːnɪzn] *n aus kleineren britischen Gewerkschaften gebildete Großgewerkschaft des öffentlichen Dienstes.*

unit ['juːnɪt] *n* **- 1.** [gen] Einheit *die* **- 2.** [part of machine or system, piece of furniture] Element *das* **- 3.** [department] Abteilung *die* **- 4.** [chapter] Kapitel *das*.

unit cost *n* Kosten *pl* pro Einheit.

unite [juː'naɪt] *vt* vereinigen ◇ *vi* sich vereinigen.

united [juː'naɪtɪd] *adj* **- 1.** [in harmony] vereint; **to be ~ in sthg** in etw *(D)* vereint sein **- 2.** [unified] vereinigt.

United Arab Emirates *npl:* **the ~** die Vereinigten Arabischen Emirate *pl*.

united front *n:* **to present a ~** eine geschlossene Front bilden.

United Kingdom *n:* **the ~** das Vereinigte Königreich.

United Nations *n:* **the ~** die Vereinten Nationen *pl.*

United States *n:* **the ~ (of America)** die Vereinigten Staaten (von Amerika); **in the ~** in den Vereinigten Staaten.

unit price *n* Preis *der* pro Einheit.

unit trust *n* ***Br*** Investmentfonds *der*.

unity ['ju:nətɪ] *n* **- 1.** [union] Einheit *die* **- 2.** [harmony] Einigkeit *die*.

Univ. (*abbr of* **University**) Univ.

universal [ˌju:nɪ'vɜ:sl] *adj* [belief, truth] universal.

universal joint *n* Kardangelenk *das*.

universe ['ju:nɪvɜ:s] *n* ASTRON Universum *das*.

university [ˌju:nɪ'vɜ:sətɪ] (*pl* **-ies**) *n* Universität *die* <> *comp* Universitäts-; **~ student** Student *der*, -in *die*.

unjust [ˌʌn'dʒʌst] *adj* ungerecht.

unjustifiable [ʌn'dʒʌstɪfaɪəbl] *adj* nicht zu rechtfertigen.

unjustified [ʌn'dʒʌstɪfaɪd] *adj* ungerechtfertigt.

unkempt [ˌʌn'kempt] *adj* [hair, beard, appearance] ungepflegt.

unkind [ʌn'kaɪnd] *adj* **- 1.** [uncharitable] gemein **- 2.** ***fig*** [climate] rau.

unkindly [ʌn'kaɪndlɪ] *adv* gemein; **to speak ~ of sb** schlecht über jn reden.

unknown [ˌʌn'nəʊn] *adj* unbekannt <> *n* **- 1.** [unknown thing]: **the ~** das Unbekannte **- 2.** [unknown person] Unbekannte *der, die*.

unlace [ˌʌn'leɪs] *vt* aufschnüren.

unladen [ˌʌn'leɪdn] *adj* leer.

unlawful [ˌʌn'lɔ:fʊl] *adj* ungesetzlich.

unleaded [ˌʌn'ledɪd] *adj* bleifrei.

unleash [ˌʌn'li:ʃ] *vt* ***literary*** entfesseln.

unleavened [ˌʌn'levnd] *adj* ungesäuert.

unless [ən'les] *conj* es sei denn, wenn ... nicht; **~ you know more** es sei denn, Sie wissen mehr; **you'll be late ~ you set off at once** wenn du dich nicht gleich auf den Weg machst, wirst du zu spät kommen; **~ I'm mistaken** wenn ich mich nicht irre; **~ there's a miracle** falls nicht ein Wunder geschieht; **~ otherwise indicated** wenn nicht anders angegeben

unlicensed, unlicenced ***Am*** [ˌʌn'laɪsənst] *adj* ohne Lizenz.

unlike [ˌʌn'laɪk] *prep* **- 1.** [different from] nicht ähnlich *(+ D)* **- 2.** [in contrast to] im Gegensatz zu **- 3.** [not typical of]: **it's very ~ you to complain** es sieht dir gar nicht ähnlich, dich zu beschweren.

unlikely [ʌn'laɪklɪ] *adj* **- 1.** [not probable] unwahrscheinlich **- 2.** [bizarre] merkwürdig.

unlimited [ʌn'lɪmɪtɪd] *adj* unbegrenzt.

unlisted [ʌn'lɪstɪd] *adj* ***Am*** [phone number]: **to be ~** nicht im Telefonbuch stehen.

unlit [ˌʌn'lɪt] *adj* **- 1.** [not burning] nicht angezündet **- 2.** [dark] unbeleuchtet.

unload [ˌʌn'ləʊd] *vt* **- 1.** [remove] ausǀladen **- 2.** [remove load from] entladen **- 3.** ***fig*** [unburden]: **to ~ one's problems on(to) sb** seine Probleme bei jm abǀladen.

unlock [ˌʌn'lɒk] *vt* aufǀschließen.

unloved [ˌʌn'lʌvd] *adj* ungeliebt.

unluckily [ʌn'lʌkɪlɪ] *adv* unglücklicherweise; **~ for us** zu unserem Pech.

unlucky [ʌn'lʌkɪ] (*compar* **-ier**; *superl* **-iest**) *adj* **- 1.** [unfortunate] unglücklich; [person] unglückselig **- 2.** [bringing bad luck] Unglücks-.

unmanageable [ʌn'mænɪdʒəbl] *adj* [vehicle] schwer manövrierbar; [size] unhandlich; [situation] unkontrollierbar.

unmanly [ˌʌn'mænlɪ] (*compar* **-ier**; *superl* **-iest**) *adj* unmännlich.

unmanned [ˌʌn'mænd] *adj* unbemannt.

unmarked [ˌʌn'mɑ:kt] *adj* **- 1.** [uninjured] unverletzt **- 2.** [envelope] unbeschriftet; [grave] anonym; **~ police car** ziviles Polizeifahrzeug.

unmarried [ˌʌn'mærɪd] *adj* unverheiratet.

unmask [ˌʌn'mɑ:sk] *vt* **- 1.** [remove mask from] demaskieren **- 2.** ***fig*** [expose - hypocrisy] aufǀdecken; [- truth] an den Tag bringen; [- criminal] entlarven.

unmatched [ˌʌn'mætʃt] *adj* [performance, intelligence] unübertroffen; [view] unvergleichlich.

unmentionable [ʌn'menʃnəbl] *adj* [word] unaussprechlich; **an ~ topic** ein Tabuthema.

unmistakable [ˌʌnmɪ'steɪkəbl] *adj* unverwechselbar.

unmitigated [ʌn'mɪtɪgeɪtɪd] *adj* vollkommen.

unmoved [ˌʌn'mu:vd] *adj:* **to be ~ by sthg** von etw ungerührt sein.

unnamed [ˌʌn'neɪmd] *adj* [anonymous] anonym.

unnatural [ʌn'nætʃrəl] *adj* **- 1.** [unusual, strange] unnatürlich **- 2.** [affected] aufgesetzt.

unnecessary [ʌn'nesəsərɪ] *adj* unnötig.

unnerving [ˌʌn'nɜ:vɪŋ] *adj* [experience] verunsichernd; [silence] beunruhigend.

unnoticed [ˌʌn'nəʊtɪst] *adj:* **to go** OR **pass ~** nicht bemerkt werden.

UNO (*abbr of* **United Nations Organization**) *n* UNO *die*.

unobserved [ˌʌnəb'zɜ:vd] *adj* unbeobachtet.

unobtainable [ˌʌnəb'teɪnəbl] *adj* nicht erhältlich.

unobtrusive [ˌʌnəb'tru:sɪv] *adj* unauffällig.

unoccupied [ˌʌn'ɒkjʊpaɪd] *adj* - **1.** [person] unbeschäftigt - **2.** [house] unbewohnt; [seat] unbesetzt - **3.** MIL [territory, zone] nicht besetzt.

unofficial [ˌʌnə'fɪʃl] *adj* inoffiziell.

unopened [ˌʌn'əʊpənd] *adj* ungeöffnet.

unorthodox [ˌʌn'ɔ:θədɒks] *adj* unorthodox.

unpack [ˌʌn'pæk] *vt* & *vi* aus|packen.

unpaid [ˌʌn'peɪd] *adj* unbezahlt; ~ **volunteer** ehrenamtlicher Mitarbeiter.

unpalatable [ʌn'pælətəbl] *adj* - **1.** [unpleasant to taste] ungenießbar - **2.** *fig* [difficult to accept] unangenehm.

unparalleled [ʌn'pærəleld] *adj* einmalig.

unpatriotic ['ʌnˌpætrɪ'ɒtɪk] *adj* unpatriotisch.

unpick [ˌʌn'pɪk] *vt* auf|trennen.

unpin [ˌʌn'pɪn] (*pt* & *pp* **-ned;** *cont* **-ning**) *vt* [sewing, dress] die Nadeln entfernen aus; [hair] lösen.

unplanned [ˌʌn'plænd] *adj* ungeplant.

unpleasant [ʌn'pleznt] *adj* unangenehm.

unpleasantness [ʌn'plezntnɪs] *n (U)* - **1.** [of person] Unfreundlichkeit *die* - **2.** [discord] Unstimmigkeit *die*.

unplug [ʌn'plʌg] (*pt* & *pp* **-ged;** *cont* **-ging**) *vt* ELEC: **to ~ sthg** den Stecker von etw heraus|ziehen.

unpolished [ˌʌn'pɒlɪʃt] *adj* - **1.** [furniture, brass, shoes] unpoliert - **2.** [person, manner] ungeschliffen.

unpolluted [ˌʌnpə'lu:tɪd] *adj* sauber.

unpopular [ˌʌn'pɒpjʊlə^r] *adj* unpopulär.

unprecedented [ʌn'presɪdəntɪd] *adj* beispiellos.

unpredictable [ˌʌnprɪ'dɪktəbl] *adj* unvorhersehbar; [person] unberechenbar.

unprejudiced [ˌʌn'predʒʊdɪst] *adj* unvoreingenommen.

unprepared [ˌʌnprɪ'peəd] *adj*: **to be ~ (for sthg)** (auf etw *(A)*) nicht vorbereitet sein.

unprepossessing ['ʌnˌpri:pə'zesɪŋ] *adj* wenig anziehend.

unpretentious [ˌʌnprɪ'tenʃəs] *adj* [manner] natürlich; [meal, dress, building] einfach; [person] bescheiden.

unprincipled [ʌn'prɪnsəpld] *adj* skrupellos.

unprintable [ˌʌn'prɪntəbl] *adj* nicht druckfähig.

unproductive [ˌʌnprə'dʌktɪv] *adj* unproduktiv; **~ land** unfruchtbarer Boden.

unprofessional [ˌʌnprə'feʃənl] *adj* unprofessionell.

unprofitable [ˌʌn'prɒfɪtəbl] *adj* unrentabel.

unprompted [ˌʌn'prɒmptɪd] *adj* unaufgefordert.

unpronounceable [ˌʌnprə'naʊnsəbl] *adj* unaussprechlich.

unprotected [ˌʌnprə'tektɪd] *adj* [person, skin, sex] ungeschützt.

unprovoked [ˌʌnprə'vəʊkt] *adj* grundlos.

unpublished [ˌʌn'pʌblɪʃt] *adj* unveröffentlicht.

unpunished [ˌʌn'pʌnɪʃt] *adj*: **to go ~** [person] ungestraft davon|kommen; [crime, behaviour] ungestraft bleiben.

unqualified [ˌʌn'kwɒlɪfaɪd] *adj* - **1.** [not qualified] unqualifiziert; [teacher, nurse] nicht ausgebildet - **2.** [total, complete - success, support] uneingeschränkt; [- denial] vollständig.

unquestionable [ʌn'kwestʃənəbl] *adj* unbestreitbar.

unquestioning [ʌn'kwestʃənɪŋ] *adj* bedingungslos.

unravel [ʌn'rævl] (*Br pt* & *pp* **-led;** *cont* **-ling,** *Am pt* & *pp* **-ed;** *cont* **-ing**) *vt* - **1.** [undo - knitting] auf|trennen; [- threads] entwirren - **2.** *fig* [solve] lösen <> *vi* [become undone - threads] sich lösen; [- knitting] sich auf|trennen.

unreadable [ˌʌn'ri:dəbl] *adj* - **1.** [difficult, tedious to read] unlesbar - **2.** [illegible] unleserlich.

unreal [ˌʌn'rɪəl] *adj* [strange] unwirklich.

unrealistic [ˌʌnrɪə'lɪstɪk] *adj* unrealistisch.

unreasonable [ʌn'ri:znəbl] *adj* - **1.** [person]: **he's so ~** mit ihm kann man überhaupt nicht vernünftig reden - **2.** [demand, decision] unangemessen; **is that so ~?** ist das so viel verlangt?

unrecognizable [ˌʌn'rekəgnaɪzəbl] *adj*: **to be ~** nicht wiederzuerkennen sein.

unrecognized [ˌʌn'rekəgnaɪzd] *adj* - **1.** [not known, noticed] unerkannt - **2.** [unacknowledged] nicht anerkannt.

unrecorded [ˌʌnrɪ'kɔ:dɪd] *adj* - **1.** [remark, fact, event] nicht aufgezeichnet - **2.** [music, voice] nicht aufgenommen.

unrefined [ˌʌnrɪ'faɪnd] *adj* - **1.** [petrol, sugar] Roh-; [flour] ungebleicht - **2.** [person] unkultiviert.

unrehearsed [ˌʌnrɪ'hɜ:st] *adj* [answer] spontan; [performance] nicht geprobt.

unrelated [ˌʌnrɪ'leɪtɪd] *adj*: **to be ~ (to sthg)** in keinem Zusammenhang (mit etw) stehen.

unrelenting [ˌʌnrɪ'lentɪŋ] *adj* [struggle, questions] unerbittlich; [pressure] unablässig.

unreliable [ˌʌnrɪ'laɪəbl] *adj* unzuverlässig.

unrelieved [ˌʌnrɪ'li:vd] *adj* unvermindert.

unremarkable [ˌʌnrɪˈmɑːkəbl] *adj* nicht bemerkenswert; [person] unauffällig.

unremitting [ˌʌnrɪˈmɪtɪŋ] *adj* [effort, activity] unablässig, unaufhörlich; [generosity] unvermindert.

unrepeatable [ˌʌnrɪˈpiːtəbl] *adj* **- 1.** [not fit to be repeated] nicht wiederholbar **- 2.** [exceptional] einmalig.

unrepentant [ˌʌnrɪˈpentənt] *adj* reuelos; **to be ~** keine Reue zeigen.

unrepresentative [ˌʌnreprɪˈzentətɪv] *adj:* **~ (of sthg)** nicht repräsentativ (für etw).

unrequited [ˌʌnrɪˈkwaɪtɪd] *adj* unerwidert.

unreserved [ˌʌnrɪˈzɜːvd] *adj* **- 1.** [admiration, support, approval] uneingeschränkt **- 2.** [seat, place] nicht reserviert.

unresolved [ˌʌnrɪˈzɒlvd] *adj* ungelöst.

unresponsive [ˌʌnrɪˈspɒnsɪv] *adj:* **to be ~ to sthg** [situation] gegenüber etw gleichgültig sein; [requests] unempfänglich für etw sein; [treatment] auf etw *(A)* nicht reagieren.

unrest [ˌʌnˈrest] *n (U)* Unruhen *pl.*

unrestrained [ˌʌnrɪˈstreɪnd] *adj* [growth] ungehemmt; [violence, joy] ungezügelt.

unrestricted [ˌʌnrɪˈstrɪktɪd] *adj* uneingeschränkt, unbeschränkt.

unrewarding [ˌʌnrɪˈwɔːdɪŋ] *adj* undankbar.

unripe [ˌʌnˈraɪp] *adj* unreif.

unrivalled *Br*, **unrivaled** *Am* [ʌnˈraɪvld] *adj* unübertroffen.

unroll [ˌʌnˈrəʊl] *vt* auf|rollen.

unruffled [ˌʌnˈrʌfld] *adj* [calm] gelassen.

unruly [ʌnˈruːlɪ] (*compar* **-ier;** *superl* **-iest**) *adj* **- 1.** [person, group] undiszipliniert; [child] unartig; [behaviour] ungezügelt **- 2.** [hair] widerspenstig.

unsafe [ˌʌnˈseɪf] *adj* **- 1.** [dangerous] gefährlich **- 2.** [in danger] nicht sicher.

unsaid [ˌʌnˈsed] *adj:* **to leave sthg ~** etw unausgesprochen lassen.

unsaleable, unsalable *Am* [ˌʌnˈseɪləbl] *adj* unverkäuflich.

unsatisfactory [ˈʌnˌsætɪsˈfæktərɪ] *adj* unbefriedigend.

unsavoury, unsavory *Am* [ˌʌnˈseɪvərɪ] *adj* **- 1.** [person] zwielichtig; [appearance] abstoßend; [reputation, behaviour, area] zweifelhaft **- 2.** [smell] widerwärtig.

unscathed [ˌʌnˈskeɪðd] *adj* unversehrt.

unscheduled [*Br* ˌʌnˈʃedjuːld, *Am* ˌʌnˈskedʒʊld] *adj* außerplanmäßig.

unscientific [ˈʌnˌsaɪənˈtɪfɪk] *adj* unwissenschaftlich.

unscrew [ˌʌnˈskruː] *vt* **- 1.** [lid, bottle top] los|drehen **- 2.** [sign, mirror] ab|schrauben.

unscripted [ˌʌnˈskrɪptɪd] *adj* [talk, speech] frei gehalten.

unscrupulous [ʌnˈskruːpjʊləs] *adj* skrupellos.

unseat [ˌʌnˈsiːt] *vt* **- 1.** [rider] ab|werfen **- 2.** ***fig*** [depose] ab|setzen.

unseeded [ˌʌnˈsiːdɪd] *adj* unplatziert.

unseemly [ʌnˈsiːmlɪ] (*compar* **-ier;** *superl* **-iest**) *adj* unpassend, unschicklich.

unseen [ˌʌnˈsiːn] *adj* [not observed] unbemerkt; [not visible] unsichtbar ◇ *adv* unbemerkt.

unselfish [ˌʌnˈselfɪʃ] *adj* selbstlos.

unselfishly [ˌʌnˈselfɪʃlɪ] *adv* selbstlos.

unsettle [ˌʌnˈsetl] *vt* beunruhigen.

unsettled [ˌʌnˈsetld] *adj* **- 1.** [disturbed - person] beunruhigt; [- weather] unbeständig **- 2.** [unfinished, unresolved - argument] nicht beigelegt; [- issue] ungeklärt **- 3.** [account, bill] ausstehend **- 4.** [area, region] unbesiedelt.

unsettling [ˌʌnˈsetlɪŋ] *adj* beunruhigend.

unshak(e)able [ʌnˈʃeɪkəbl] *adj* [faith, belief] unerschütterlich; [decision] unumstößlich.

unshaven [ˌʌnˈʃeɪvn] *adj* unrasiert.

unsheathe [ˌʌnˈʃiːð] *vt* ziehen, zücken.

unsightly [ʌnˈsaɪtlɪ] *adj* unansehnlich.

unskilled [ˌʌnˈskɪld] *adj* [worker] ungelernt; [work] einfach.

unsociable [ʌnˈsəʊʃəbl] *adj* ungesellig.

unsocial [ˌʌnˈsəʊʃl] *adj:* **to work ~ hours** früh/morgens/nachts/am Wochenende arbeiten.

unsold [ˌʌnˈsəʊld] *adj* unverkauft.

unsolicited [ˌʌnsəˈlɪsɪtɪd] *adj* [goods] nicht angefordert; [advice] ungebeten.

unsolved [ˌʌnˈsɒlvd] *adj* ungelöst.

unsophisticated [ˌʌnsəˈfɪstɪkeɪtɪd] *adj* **- 1.** [person] einfach; [dress, style] schlicht **- 2.** [device, machine, approach] simpel.

unsound [ˌʌnˈsaʊnd] *adj* **- 1.** [conclusion, theory, decision] zweifelhaft **- 2.** [building, structure] instabil; **to be of ~ mind** unzurechnungsfähig sein.

unspeakable [ʌnˈspiːkəbl] *adj* fürchterlich.

unspeakably [ʌnˈspiːkəblɪ] *adv* fürchterlich.

unspecified [ˌʌnˈspesɪfaɪd] *adj* [amount] nicht festgelegt; [reason] unbestimmt.

unspoiled [ˌʌnˈspɔɪld], **unspoilt** [ˌʌnˈspɔɪlt] *adj* **- 1.** [gen] unverdorben; [countryside, beach] unberührt **- 2.** [goods] unbeschädigt.

unspoken [ˌʌnˈspəʊkən] *adj* **- 1.** [not expressed openly] unausgesprochen **- 2.** [tacit] stillschweigend.

unsporting [ˌʌnˈspɔːtɪŋ] *adj* unsportlich, unfair.

unstable [ˌʌn'steɪbl] *adj* **- 1.** [structure, government] instabil; [weather] wechselhaft **- 2.** [mentally, emotionally] labil.

unstated [ˌʌn'steɪtɪd] *adj* unerwähnt.

unsteady [ˌʌn'stedɪ] (*compar* **-ier;** *superl* **-iest**) *adj* wackelig.

unstinting [ˌʌn'stɪntɪŋ] *adj* uneingeschränkt; **~ support** volle Unterstützung.

unstoppable [ˌʌn'stɒpəbl] *adj* unaufhaltsam.

unstrap [ˌʌn'stræp] (*pt* & *pp* **-ped;** *cont* **-ping**) *vt* [bag] auf|schnallen; [baby] los|schnallen.

unstructured [ˌʌn'strʌktʃəd] *adj* unstrukturiert.

unstuck [ˌʌn'stʌk] *adj*: **to come ~** [notice, stamp, label] sich ab|lösen; *fig* [plan, system] schief gehen; [person] auf die Nase fallen.

unsubstantiated [ˌʌnsəb'stænʃɪeɪtɪd] *adj* unbegründet.

unsuccessful [ˌʌnsək'sesfʊl] *adj* erfolglos; [attempt] vergeblich.

unsuccessfully [ˌʌnsək'sesfʊlɪ] *adv* erfolglos, vergeblich.

unsuitable [ˌʌn'suːtəbl] *adj* unpassend; **to be ~ for sthg** für etw ungeeignet sein.

unsuited [ˌʌn'suːtɪd] *adj* **- 1.** [not appropriate]: **to be ~ to** *OR* **for sthg** für etw ungeeignet sein **- 2.** [not compatible]: **to be ~ to each other** nicht zueinander passen.

unsung [ˌʌn'sʌŋ] *adj* [deed, hero] unbesungen.

unsure [ˌʌn'ʃɔːʳ] *adj* **- 1.** [not confident]: **to be ~ of o.s.** unsicher sein **- 2.** [not certain]: **to be ~ (about/of sthg)** sich *(D)* (einer Sache *(G)*) nicht sicher sein.

unsurpassed [ˌʌnsə'pɑːst] *adj* unübertroffen.

unsuspecting [ˌʌnsə'spektɪŋ] *adj* nichts ahnend.

unsweetened [ˌʌn'swiːtnd] *adj* ungesüßt.

unswerving [ʌn'swɜːvɪŋ] *adj* unerschütterlich.

unsympathetic ['ʌnˌsɪmpə'θetɪk] *adj* [unfeeling] nicht mitfühlend.

untamed [ˌʌn'teɪmd] *adj* **- 1.** [animal] wild **- 2.** [land] nicht kultiviert **- 3.** [person] ungebändigt.

untangle [ˌʌn'tæŋgl] *vt* entwirren.

untapped [ˌʌn'tæpt] *adj* ungenutzt; [mineral resources] unerschlossen.

untaxed [ˌʌn'tækst] *adj* unversteuert.

untenable [ˌʌn'tenəbl] *adj* unhaltbar.

unthinkable [ʌn'θɪŋkəbl] *adj* undenkbar, unvorstellbar.

unthinkingly [ʌn'θɪŋkɪŋlɪ] *adv* bedenkenlos.

untidy [ʌn'taɪdɪ] (*compar* **-ier;** *superl* **-iest**) *adj* unordentlich.

untie [ˌʌn'taɪ] (*cont* **untying**) *vt* [string, knot, bonds] lösen; [package] auf|binden; [prisoner] los|binden.

until [ən'tɪl] *prep* bis; **~ the evening/end** bis zum Abend/Ende; **not ~ ...** erst ...; **she won't come ~ two o'clock** sie kommt erst um zwei Uhr ◇ *conj* bis; **wait ~ he comes** warte, bis er kommt; **she won't come ~ she is invited** sie kommt erst, wenn sie eingeladen wird; **he would not rest ~ they had all been saved** er ruhte nicht eher, als bis alle gerettet waren.

untimely [ʌn'taɪmlɪ] *adj* **- 1.** [premature] vorzeitig **- 2.** [inopportune] ungelegen, unpassend.

untiring [ʌn'taɪərɪŋ] *adj* unermüdlich.

untold [ˌʌn'təʊld] *adj* [amount] ungezählt; [wealth] unermesslich; [suffering, joy] unsäglich.

untouched [ˌʌn'tʌtʃt] *adj* **- 1.** [unchanged] unberührt, unverändert; [undamaged] unbeschädigt **- 2.** [uneaten] unberührt.

untoward [ˌʌntə'wɔːd] *adj* [event] unglücklich; [behaviour] ungebührlich.

untrained [ˌʌn'treɪnd] *adj* **- 1.** [person] ungelernt **- 2.** [voice, mind, eye] ungeübt.

untrammelled *Br*, **untrammeled** *Am* [ʌn'træməld] *adj* ***fml*** uneingeschränkt.

untranslatable [ˌʌntræns'leɪtəbl] *adj* unübersetzbar.

untreated [ˌʌn'triːtɪd] *adj* unbehandelt.

untried [ˌʌn'traɪd] *adj* [method, product] ungetestet.

untroubled [ˌʌn'trʌbld] *adj* [not worried]: **to be ~ by sthg** etw gelassen hin|nehmen.

untrue [ˌʌn'truː] *adj* **- 1.** [inaccurate] unwahr, falsch **- 2.** [unfaithful, disloyal]: **to be ~ to sb** jm untreu sein.

untrustworthy [ˌʌn'trʌstˌwɜːðɪ] *adj* nicht vertrauenswürdig.

untruth [ˌʌn'truːθ] *n* Unwahrheit *die*.

untruthful [ˌʌn'truːθfʊl] *adj* unehrlich, unaufrichtig.

unusable [ˌʌn'juːzəbl] *adj* unbrauchbar.

unused [*sense 1* ˌʌn'juːzd, *sense 2* ʌn'juːst] *adj* **- 1.** [new] unbenutzt **- 2.** [unaccustomed]: **to be ~ to sthg** an etw *(A)* nicht gewöhnt sein; **to be ~ to doing sthg** nicht daran gewöhnt sein, etw zu tun.

unusual [ʌn'juːʒl] *adj* ungewöhnlich.

unusually [ʌn'juːʒəlɪ] *adv* außergewöhnlich.

unvarnished [ʌn'vɑːnɪʃt] *adj* ***fig*** [truth] ungeschminkt, unverhüllt; [account] ungeschönt.

unveil [ˌʌn'veɪl] *vt* ***lit*** & ***fig*** enthüllen.

unwaged [ˌʌn'weɪdʒd] *adj* ***Br*** ohne Einkommen.

unwanted [ˌʌn'wɒntɪd] *adj* [clothes, furniture] ausrangiert; [child, pregnancy] ungewollt; **to feel ~** das Gefühl haben, unerwünscht zu sein.

unwarranted [ʌn'wɒrəntɪd] *adj* ungerechtfertigt.

unwavering [ʌn'weɪvərɪŋ] *adj* unerschütterlich.

unwelcome [ʌn'welkəm] *adj* **- 1.** [news, experience] unerfreulich **- 2.** [visitor] unwillkommen.

unwell [ˌʌn'wel] *adj:* **to be/feel ~** sich unwohl fühlen.

unwholesome [ˌʌn'həʊlsəm] *adj* [food, drink] ungesund; [desire, thought] unanständig.

unwieldy [ʌn'wiːldɪ] (*compar* **-ier;** *superl* **-iest**) *adj* **- 1.** [tool] unhandlich; [piece of furniture] sperrig **- 2.** ***fig*** [system, method] umständlich; [organization] schwerfällig.

unwilling [ˌʌn'wɪlɪŋ] *adj* unwillig.

unwind [ˌʌn'waɪnd] (*pt* & *pp* **-wound**) *vt* ab|wickeln ◇ *vi* ***fig*** [person] sich entspannen.

unwise [ˌʌn'waɪz] *adj* unklug.

unwitting [ʌn'wɪtɪŋ] *adj* ***fml*** [accomplice, victim] ahnungslos; [action] unbeabsichtigt.

unwittingly [ʌn'wɪtɪŋlɪ] *adv* ***fml*** unwissentlich.

unworkable [ˌʌn'wɜːkəbl] *adj* undurchführbar.

unworldly [ˌʌn'wɜːldlɪ] *adj* weltfremd.

unworthy [ʌn'wɜːðɪ] (*compar* **-ier;** *superl* **-iest**) *adj:* **to be ~ of sthg** einer Sache *(G)* unwürdig sein.

unwound [ˌʌn'waʊnd] *pt* & *pp* ▷ **unwind.**

unwrap [ˌʌn'ræp] (*pt* & *pp* **-ped;** *cont* **-ping**) *vt* aus|packen.

unwritten law [ˌʌnrɪtn-] *n* ungeschriebenes Gesetz.

unyielding [ʌn'jiːldɪŋ] *adj* unnachgiebig.

unzip [ˌʌn'zɪp] (*pt* & *pp* **-ped;** *cont* **-ping**) *vt* öffnen; **to ~ a bag** den Reißverschluss einer Tasche öffnen.

up [ʌp] (*pt* & *pp* **-ped;** *cont* **-ping**) *adv* **- 1.** [towards higher position, level] hoch; **we walked ~ to the top** wir sind zum Gipfel gelaufen; **to pick sthg ~** etw auf|heben; **to throw sthg ~** etw in die Höhe werfen; **prices are going ~** die Preise steigen; **~ and ~** immer höher **- 2.** [in higher position] oben; **she's ~ in her room** sie ist oben in ihrem Zimmer; **a house ~ in the mountains** ein Haus oben in den Bergen; **~ here/there** hier/da OR dort oben **- 3.** [into an upright position]: **to stand ~** auf|stehen; **to sit ~** [from lying position] sich auf|setzen; [sit straight] sich gerade hin|setzen; **help me ~** hilf mir auf; **~ you get!** komm, steh auf! **- 4.** [northwards]: **to live ~ north** oben im Norden wohnen; **I'm going ~ to York** ich fahre hoch nach York **- 5.** [facing upwards] nach oben gerichtet; **he was lying face ~** er lag mit dem Gesicht nach oben **- 6.** [along river] oben; **their house is a little further ~** ihr Haus liegt ein bisschen weiter in dieser Richtung **- 7.** [close up, towards]: **to go ~ to sb** auf jn zulgehen **- 8.** [ahead]: **to be two goals ~** mit zwei Toren führen ◇ *prep* **- 1.** [towards higher position]: **to walk ~ a hill** einen Hügel hinauf|gehen; **I went ~ the stairs** ich ging die Treppe hinauf **- 2.** [in higher position]: **to be ~ a hill** oben auf einem Hügel sein **- 3.** [towards far end of]: **they live ~ the road from us** sie wohnen weiter oben in unserer Straße ◇ *adj* **- 1.** [out of bed] auf; **I was ~ at six today** ich war heute um sechs auf; **is she ~ yet?** ist sie schon auf?; **to be ~ all night** die ganze Nacht auf|bleiben **- 2.** [at an end] um, zu Ende; **time's ~** die Zeit ist um **- 3.** [under repair]: **the road is ~** die Straße ist aufgerissen **- 4.** ***inf*** [wrong]: **there's something ~** es liegt etwas in der Luft; **there's something ~ with my computer** es ist etwas mit meinem Computer; **what's ~ (with you)?** was ist (mit dir) los? ◇ *n:* **~s and downs** Höhen und Tiefen *pl* ◇ *vt* ***inf*** [price, cost] erhöhen; **we've ~ped our offer** wir haben unser Angebot erhöht.

◆ **up against** *prep* [confronting]: **we came ~ against a lot of opposition** wir stießen auf starken Widerstand; **she's ~ against a very strong opponent** sie hat es mit einem sehr starken Gegner zu tun; **to be ~ against it** schwer zu kämpfen haben.

◆ **up and down** *adv:* **to walk/jump ~ and down** auf und ab gehen/springen ◇ *prep* **- 1.** [higher and lower]: **she's ~ and down the stairs all day** sie läuft den ganzen Tag die Treppe rauf und runter **- 2.** [backwards and forwards]: **she looked ~ and down the ranks of soldiers** sie blickte die Reihen der Soldaten entlang; **we walked ~ and down the avenue** wir gingen die Allee auf und ab.

◆ **up to** *prep* **- 1.** [indicating position, level] bis zu; **the water came ~ to my knees** das Wasser reichte mir bis an die Knie; **~ to this point** bis zu diesem Punkt; **~ to six weeks/ten people** bis zu sechs Wochen/zehn Personen; **it's not ~ to standard** es ist nicht gut genug **- 2.** [in time] bis; **I felt fine ~ to last month** bis letzten Monat ging es mir gut **- 3.** [well or able enough for]: **my French isn't ~ to much** ***inf*** mein Französisch ist nicht besonders gut; **to be ~ to a task** einer Aufgabe gewachsen sein; **are you ~ to travelling?** bist du reisefähig?; **I'm not ~ to going out tonight** ich schaffe es heute abend nicht auszugehen **- 4.** ***phr:*** **what are you ~ to?** ***inf*** [doing] was machst du da?; [planning] was hast du vor?; **they're ~ to**

something sie haben etwas vor; **it's ~ to you** das liegt bei dir.
◆ **up until** *prep* bis; **~ until ten o'clock** bis um zehn Uhr.

up-and-coming *adj* [athlete, actor] kommend; [business] aufstrebend.

up-and-up *n* - **1.** *Br* [improving]: **at last his business seems to be on the ~** endlich geht es mit seiner Firma aufwärts - **2.** *Am* [honest]: **to be on the ~** vertrauenswürdig sein.

upbeat [ˈʌpbiːt] *adj* optimistisch.

upbraid [ʌpˈbreɪd] *vt fml:* **to ~ sb (for sthg)** jn (für etw) tadeln.

upbringing [ˈʌpˌbrɪŋɪŋ] *n* Erziehung *die.*

update [ˌʌpˈdeɪt] *vt* aktualisieren.

upend [ʌpˈend] *vt* [stand on end] hochkant stellen; [turn upside down] um|drehen.

upfront [ˌʌpˈfrʌnt] *adj:* **to be ~ (about sthg)** (bezüglich einer Sache *(G)*) offen sein <> *adv* [in advance] im Voraus.

upgrade [ˌʌpˈgreɪd] *vt* - **1.** [improve] verbessern; [computer system] auf|rüsten - **2.** [promote] befördern.

upheaval [ʌpˈhiːvl] *n* Aufruhr *der.*

upheld [ʌpˈheld] *pt* & *pp* ⊳ **uphold.**

uphill [ˌʌpˈhɪl] *adj* - **1.** [rising] ansteigend - **2.** *fig* [difficult] mühsam <> *adv* bergauf.

uphold [ʌpˈhəʊld] (*pt* & *pp* **-held**) *vt* - **1.** [law] bei|behalten - **2.** [decision, system] unterstützen.

upholster [ʌpˈhəʊlstəʳ] *vt* polstern.

upholstery [ʌpˈhəʊlstərɪ] *n (U)* Polsterung *die.*

upkeep [ˈʌpkiːp] *n* Instandhaltung *die;* [of garden] Pflege *die.*

upland [ˈʌplənd] *adj* Hochland-.
◆ **uplands** *npl* Hochland *das.*

uplift [ʌpˈlɪft] *vt* [cheer] erfreuen.

uplifting [ʌpˈlɪftɪŋ] *adj* [cheering] erhebend.

uplighter [ˈʌplaɪtəʳ] *n* ELEC Deckenfluter *der.*

up-market *adj* [hotel, restaurant, area] vornehm; [goods] edel; **we're looking for something more ~** wir suchen etwas Luxuriöseres.

upon [əˈpɒn] *prep fml* - **1.** [on, on top of - indicating place, position] auf *(+ D);* [- indicating direction] auf *(+ A);* **summer/the weekend is ~ us** es ist beinahe Sommer/Wochenende - **2.** [when] als; **~ hearing the news, I rushed to the telephone** als ich die Neuigkeiten hörte, rannte ich sofort zum Telefon - **3.** [one after another]: **they asked me question ~ question** sie stellten mir eine Frage nach der anderen.

upper [ˈʌpəʳ] *adj* - **1.** [physically higher & GEOGR] obere, -r, -s; **~ lip** Oberlippe *die;* **the Upper Rhine** der Oberrhein - **2.** [higher in order, rank] höher <> *n* [of shoe] Obermaterial *das.*

upper class *n:* **the ~** die Oberschicht.
◆ **upper-class** *adj* vornehm.

upper-crust *adj* vornehm.

uppercut [ˈʌpəkʌt] *n* Aufwärtshaken *der.*

upper hand *n:* **to have the ~** die Oberhand haben; **to gain** OR **get the ~** die Oberhand gewinnen.

Upper House *n* POL Oberhaus *das.*

uppermost [ˈʌpəməʊst] *adj* - **1.** [highest] oberste, -r, -s - **2.** [most important]: **my father's illness is ~ in my mind at the moment** die Krankheit meines Vaters beschäftigt mich momentan am meisten.

uppity [ˈʌpətɪ] *adj inf* hochnäsig.

upright [ˈʌpraɪt] *adj lit* & *fig* aufrecht <> *adv* aufrecht <> *n* [of goal] Pfosten *der;* [of bookshelf] Seitenteil *das;* [of door] Türpfosten *der.*

upright piano *n* Klavier *das.*

uprising [ˈʌpˌraɪzɪŋ] *n* Aufstand *der.*

uproar [ˈʌprɔːʳ] *n* Aufruhr *der.*

uproarious [ʌpˈrɔːrɪəs] *adj* [crowd] lärmend; [meeting] chaotisch; [laughter] schallend.

uproot [ʌpˈruːt] *vt* entwurzeln; **to ~ o.s.** seine Heimat verlassen.

upset [ʌpˈset] (*pt* & *pp* **upset;** *cont* **-ting**) *adj* - **1.** [distressed] aufgeregt; [shocked] bestürzt; [offended] beleidigt - **2.** MED: **to have an ~ stomach** eine Magenverstimmung haben <> *n* - **1.** MED: **to have a stomach ~** eine Magenverstimmung haben - **2.** [surprise result] Überraschungsergebnis *das* <> *vt* - **1.** [distress] auf|regen; **the news ~ him** die Nachricht bestürzte ihn - **2.** [mess up] durcheinander bringen - **3.** [overturn, knock over] um|kippen, um|stoßen; [boat] zum Kentern bringen.

upsetting [ʌpˈsetɪŋ] *adj* [news] bestürzend; [experience] erschütternd.

upshot [ˈʌpʃɒt] *n* Ergebnis *das.*

upside down [ˌʌpsaɪd-] *adj* [inverted] verkehrt herum <> *adv* verkehrt herum; **to turn sthg ~** *fig* [disorder] etw auf den Kopf stellen.

upstage [ˌʌpˈsteɪdʒ] *vt fig:* **to ~ sb** jm die Schau stehlen.

upstairs [ˌʌpˈsteəz] *adj* oben, im oberen Stockwerk <> *adv* - **1.** [not downstairs] oben; [with motion] nach oben - **2.** [on the floor above] oben, im oberen Stockwerk <> *n* oberes Stockwerk.

upstanding [ˌʌpˈstændɪŋ] *adj* [honest] aufrecht.

upstart [ˈʌpstɑːt] *n* Emporkömmling *der.*

upstate [ˌʌpˈsteɪt] *Am adj:* **in ~ New York** im Norden des Bundesstaates New York <> *adv* im Norden des Bundesstaates; [indicating direction] in den Norden des Bundesstaates.

upstream [ˌʌp'striːm] *adj:* **~ (from sthg)** stromaufwärts (von etw) <> *adv* stromaufwärts.

upsurge ['ʌpsɜːdʒ] *n:* **~ of/in sthg** Zunahme *die* an etw *(D)*.

upswing ['ʌpswɪŋ] *n:* **~ (in sthg)** Aufschwung *der* (in etw *(D)*).

uptake ['ʌpteɪk] *n:* **to be quick on the ~** schnell verstehen; **to be slow on the ~** schwer von Begriff sein.

uptight [ʌp'taɪt] *adj inf* verkrampft.

up-to-date *adj* **- 1.** [machinery, methods] modern **- 2.** [news, information] neueste, -r, -s, aktuell; **to keep ~ with sthg** über etw *(A)* auf dem Laufenden bleiben.

up-to-the-minute *adj* allerneueste, -r, -s, aktuellste, -r, -s.

uptown [ˌʌp'taʊn] *Am adj:* **an ~ district** eine schicke Wohngegend <> *adv:* **to move ~** in eine schicke Wohngegend ziehen.

upturn ['ʌptɜːn] *n:* **~ (in sthg)** Aufschwung *der* (in etw *(D)*).

upturned [ʌp'tɜːnd] *adj* **- 1.** [face] nach oben gewandt; **~ nose** Stupsnase *die* **- 2.** [upside down] umgedreht.

upward ['ʌpwəd] *adj* [movement, trend] Aufwärts- <> *adv* **Am = upwards.**

upwardly-mobile ['ʌpwədlɪ-] *adj* sozial aufsteigend.

upwards ['ʌpwədz] *adv* **- 1.** [to a higher place] nach oben **- 2.** [to a higher number, degree, rate]: **to climb** OR **move ~** an|steigen.

◆ **upwards of** *prep* über *(+ A)*, mehr als.

upwind [ˌʌp'wɪnd] *adj:* **he stood ~ from the fire to avoid the smoke** er stand so zum Feuer, dass der Wind den Rauch in die entgegengesetzte Richtung blies.

Urals ['jʊərəlz] *npl:* **the ~** der Ural.

uranium [jʊ'reɪnjəm] *n* Uran *das*.

Uranus ['jʊərənəs] *n* [planet] Uranus *der*.

urban ['ɜːbən] *adj* städtisch; **~ development** Stadtentwicklung *die;* **~ sprawl** Städtewachstum *das*.

urbane [ɜː'beɪn] *adj* gewandt.

urbanize, -ise ['ɜːbənaɪz] *vt* urbanisieren.

urban renewal *n* Stadterneuerung *die*.

urchin ['ɜːtʃɪn] *n* **dated** Straßenkind *das*.

Urdu ['ʊəduː] *n* Urdu *das*.

urge [ɜːdʒ] *n* Drang *der;* **to have an ~ to do sthg** den Drang verspüren, etw zu tun <> *vt* **- 1.** [try to persuade]: **to ~ sb to do sthg** jn drängen, etw zu tun **- 2.** [advocate] eindringlich raten zu.

urgency ['ɜːdʒənsɪ] *n* Dringlichkeit *die*.

urgent ['ɜːdʒənt] *adj* **- 1.** [pressing] dringend **- 2.** [desperate] verzweifelt.

urgently ['ɜːdʒəntlɪ] *adv* dringend.

urinal [ˌjʊə'raɪnl] *n* [receptacle] Urinal *das;* [room] Pissoir *das*.

urinary ['jʊərɪnərɪ] *adj* Harn-.

urinate ['jʊərɪneɪt] *vi* urinieren.

urine ['jʊərɪn] *n* Urin *der*.

urn [ɜːn] *n* **- 1.** [for ashes] Urne *die* **- 2.** [for tea, coffee] *Heißwasserbehälter mit Zapfhahn*.

Uruguay ['jʊərəgwaɪ] *n* Uruguay *nt*.

us [ʌs] *pers pron* uns; **they know ~** sie kennen uns; **they like ~** wir gefallen ihnen; **it's ~** wir sinds; **send it to ~** schicke es uns; **tell ~** sag uns; **they're worse than ~** sie sind schlimmer als wir; **you can't expect US to do it** du kannst nicht erwarten, dass WIR das tun; **all of ~** wir alle; **none of ~** keiner von uns; **some/a few of ~** einige von uns; **most of ~** die meisten von uns; **both of ~** wir beide; **there are three of ~** wir sind zu dritt; **neither of ~** keiner von uns.

US (*abbr of* **United States**) *n:* **the ~** die USA *pl;* **in the ~** in den USA.

USA *n* **- 1.** (*abbr of* **United States of America**): **the ~** die USA *pl;* **in the ~** in den USA **- 2.** (*abbr of* **United States Army**) *Armee der Vereinigten Staaten*.

usable ['juːzəbl] *adj* brauchbar.

USAF (*abbr of* **United States Air Force**) *n Luftwaffe der Vereinigten Staaten*.

usage ['juːzɪdʒ] *n* **- 1.** *(U)* [use of language] Gebrauch *der* **- 2.** [meaning] Bedeutung *die* **- 3.** *(U)* [treatment] Behandlung *die;* [handling] Gebrauch *der*.

use [*n & aux vb* juːs, *vt* juːz] *n* **- 1.** [act of using] Gebrauch *der*, Benutzung *die;* [for specific purpose] Verwendung *die;* [of method] Anwendung *die;* **to be in/out of ~** im/außer Gebrauch sein; **to make ~ of sthg** von etw Gebrauch machen **- 2.** [ability or right to use]: **she no longer has the ~ of her legs** sie kann ihre Beine nicht mehr gebrauchen **- 3.** [purpose, usefulness] Nutzen *der;* **can you find a ~ for this?** kannst du damit etwas anfangen?; **to be of ~** nützlich sein; **you're no ~ at all!** du bist zu nichts nütze!; **it's no ~!** es hat keinen Zweck!; **what's the ~ (of doing that)?** was hat es für einen Zweck (, das zu tun)? <> *aux vb:* **I ~d to go for a run every day** ich bin früher jeden Tag laufen gegangen; **he didn't ~ to be so fat** er war früher nicht so dick <> *vt* **- 1.** [utilize] gebrauchen, benutzen; [for specific purpose] verwenden; [method] an|wenden **- 2.** *pej* [exploit] benutzen.

◆ **use up** *vt sep* auf|brauchen.

used [*senses 1 and 2* juːzd, *sense 3* juːst] *adj* **- 1.** [dirty] benutzt, schmutzig **- 2.** [second-hand] gebraucht, Gebraucht- **- 3.** [accustomed]: **to be ~ to sthg** an etw *(A)* gewöhnt sein; **to be**

~ to doing sthg daran gewöhnt sein *OR* es gewöhnt sein, etw zu tun; **to get ~ to sthg** sich an etw *(A)* gewöhnen.

useful ['ju:sfʊl] *adj* [handy] nützlich; **to come in ~** nützlich sein, von Nutzen sein.

usefulness ['ju:sfʊlnɪs] *n* Nützlichkeit *die*.

useless ['ju:slɪs] *adj* **- 1.** [unusable] nutzlos **- 2.** [pointless] zwecklos, unnütz **- 3.** *inf* [hopeless]: **to be ~** zu nichts zu gebrauchen sein.

uselessness ['ju:slɪsnɪs] *n* Nutzlosigkeit *die*.

user ['ju:zəʳ] *n* Benutzer *der*, -in *die;* **drug ~** Drogenkonsument *der*, -in *die*.

user-friendly *adj* benutzerfreundlich.

usher ['ʌʃəʳ] *n* Platzanweiser *der*, -in *die* <> *vt* führen.

usherette [ˌʌʃə'ret] *n* Platzanweiserin *die*.

USM *n* **- 1.** (*abbr of* **United States Mail**) *Post der Vereinigten Staaten* **- 2.** (*abbr of* **United States Mint**) *Münzanstalt der Vereinigten Staaten*.

USN (*abbr of* **United States Navy**) *n Marine der Vereinigten Staaten*.

USS (*abbr of* **United States Ship**) *Kürzel vor den Namen von US-Kriegsschiffen*.

USSR (*abbr of* **Union of Soviet Socialist Republics**) *n* UdSSR *die*.

usu. *abbr of* **usually**.

usual ['ju:ʒəl] *adj* üblich; **as ~** wie üblich.

usually ['ju:ʒəlɪ] *adv* normalerweise; **more than ~ polite/careful** höflicher/vorsichtiger als sonst.

usurp [ju:'zɜ:p] *vt fml* usurpieren.

usury ['ju:ʒʊrɪ] *n (U) fml* Wucher *der*.

UT *abk für Utah, in Postanschrift verwendet*.

utensil [ju:'tensl] *n* Utensil *das*.

uterus ['ju:tərəs] (*pl* **-ri** [-raɪ] *OR* **-ruses**) *n* Uterus *der*, Gebärmutter *die*

utilitarian [ˌju:tɪlɪ'teərɪən] *adj* [functional] funktionell.

utility [ju:'tɪlətɪ] (*pl* **-ies**) *n* **- 1.** [usefulness] Nützlichkeit *die* **- 2.** [company]: **(public) ~** (öffentlicher) Versorgungsbetrieb **- 3.** COMPUT Dienstprogramm *das*.

utility room *n* ≃ Waschküche *die*.

utilize, -ise ['ju:təlaɪz] *vt* nutzen.

utmost ['ʌtməʊst] *adj* äußerste, -r, -s <> *n* **- 1.** [best effort]: **to do one's ~ (to achieve sthg)** sein Möglichstes tun(, um etw zu erreichen) **- 2.** [maximum] Äußerste *das;* **to the ~** bis zum Äußersten.

utopia [ju:'təʊpjə] *n* Utopie *die*.

utter ['ʌtəʳ] *adj* völlig, komplett <> *vt* [sound, cry] aus|stoßen; [word] sagen.

utterly ['ʌtəlɪ] *adv* völlig.

U-turn *n* **- 1.** [turning movement] Wende *die* **- 2.** *fig* [complete change] Kehrtwendung *die*.

UV (*abbr of* **ultraviolet**) *adj* UV-.

Uzbekistan [ʊzˌbekɪ'stɑ:n] *n* Usbekistan *nt*.

V

v¹ (*pl* **v's** *OR* **vs**), **V** (*pl* **V's** *OR* **Vs**) [vi:] *n* [letter] v *das*, V *das*.

v² **- 1.** *abbr of* **verse** **- 2.** *abbr of* **versus** **- 3.** *abbr of* **volt**.

VA *abk für Virginia, in Postanschrift verwendet*.

vac [væk] (*abbr of* **vacation**) *n* **Br inf** Sommerferien *pl*.

vacancy ['veɪkənsɪ] (*pl* **-ies**) *n* **- 1.** [job, position] offene Stelle, freie Position **- 2.** [room available] freies Zimmer; '**vacancies**' 'frei'; '**no vacancies**' 'belegt'.

vacant ['veɪkənt] *adj* **- 1.** [house] leer stehend; [chair] unbesetzt; [toilet] nicht besetzt; [room] frei **- 2.** [post, job] offen, frei **- 3.** [look] leer.

vacant lot *n* Baugrundstück *das*.

vacantly ['veɪkəntlɪ] *adv:* **to look at sb ~** jn mit leerem Blick ansehen.

vacate [və'keɪt] *vt* **- 1.** [post, job] auf|geben **- 2.** [seat] frei machen **- 3.** [hotel, room] aus|ziehen aus.

vacation [və'keɪʃn] *n* **- 1.** UNIV [period when closed] Ferien *pl* **- 2.** **Am** [holiday] Ferien *pl*, Urlaub *der*.

vacationer [və'keɪʃənəʳ] *n* **Am** Urlauber *der*, -in *die*.

vacation resort *n* **Am** Urlaubsort *der*.

vaccinate ['væksɪneɪt] *vt:* **to ~ sb (against sthg)** jn (gegen etw) impfen.

vaccination [ˌvæksɪ'neɪʃn] *n* Impfung *die*.

vaccine [*Br* 'væksi:n, *Am* væk'si:n] *n* Impfstoff *der*.

vacillate ['væsəleɪt] *vi:* **to ~ (between)** schwanken (zwischen *(+ D)*).

vacuum ['vækjʊəm] *n* **- 1.** TECH Vakuum *das* **- 2.** *fig* [void] Leere *die* **- 3.** [cleaning machine] Staubsauger *der;* **he gave the room a quick ~**

er saugte kurz durch das Zimmer <> *vt* & *vi* staubsaugen.

vacuum cleaner *n* Staubsauger *der*.

vacuum-packed *adj* vakuumverpackt.

vagabond ['vægəbɒnd] *n* **literary** Vagabund *der*, -in *die*.

vagina [və'dʒaɪnə] *n* Scheide *die*, Vagina *die*.

vaginal [və'dʒaɪnl] *adj* Scheiden-, vaginal.

vagrant ['veɪgrənt] *n* Landstreicher *der*, -in *die*.

vague [veɪg] *adj* **- 1.** [imprecise, evasive] vage **- 2.** [feeling] leicht **- 3.** [absent-minded] zerstreut **- 4.** [shape, outline] schemenhaft.

vaguely ['veɪglɪ] *adv* **- 1.** [imprecisely] vage **- 2.** [slightly, not very] leicht **- 3.** [absent-mindedly] zerstreut **- 4.** [indistinctly] undeutlich.

vain [veɪn] *adj* **- 1.** ***pej*** [conceited] eitel **- 2.** [attempt, hope] vergeblich.
◆ **in vain** *adv* vergeblich, vergebens.

vainly ['veɪnlɪ] *adv* **- 1.** [in vain] vergeblich, vergebens **- 2.** [conceitedly] angeberisch.

valance ['væləns] *n* **- 1.** [on bed] Volant *der* **- 2.** ***Am*** [on curtains] Blende *die*.

valedictory [ˌvælɪ'dɪktərɪ] *adj* ***fml*** Abschieds-.

valentine card ['væləntaɪn-] *n* Grußkarte *die* zum Valentinstag.

Valentine's Day ['væləntaɪnz-] *n*: **(St)** ~ Valentinstag *der*.

valet ['væleɪ, 'vælɪt] *n* Kammerdiener *der*.

valet parking *n*: '~' 'Parkservice'.

valet service *n* Reinigungsservice *der*.

valiant ['væljənt] *adj* kühn.

valid ['vælɪd] *adj* **- 1.** [argument] stichhaltig; [explanation] einleuchtend; [decision] begründet; [claim] berechtigt **- 2.** [ticket, passport, driving licence] gültig; [contract] rechtsgültig.

validate ['vælɪdeɪt] *vt* **- 1.** [argument, claim] bestätigen **- 2.** [document] rechtskräftig machen.

validity [və'lɪdətɪ] *n* **- 1.** [of argument] Stichhaltigkeit *die*; [of claim] Berechtigung *die* **- 2.** [of document] Gültigkeit *die*, Rechtsgültigkeit *die*.

Valium® ['vælɪəm] *n (U)* Valium® *das*.

valley ['vælɪ] (*pl* **valleys**) *n* Tal *das*.

valour ***Br***, **valor** ***Am*** ['vælə^r] *n* ***fml*** & ***literary*** Heldenmut *der*.

valuable ['væljʊəbl] *adj* wertvoll.
◆ **valuables** *npl* Wertsachen *pl*.

valuation [ˌvæljʊ'eɪʃn] *n* **- 1.** *(U)* [pricing] Schätzung *die* **- 2.** [estimated price] Schätzwert *der* **- 3.** [opinion] Einschätzung *die*.

value ['vælju:] *n* Wert *der*; **to place a high ~ on sthg** einer Sache *(D)* hohen Wert beimessen, auf etw *(A)* großen Wert legen; **to be good ~** preisgünstig sein; **to be ~ for money** ein gutes Preis-Leistungs-Verhältnis haben; **to take sthg at face ~** etw für bare Münze nehmen <> *vt* schätzen.
◆ **values** *npl* [morals] Werte *pl*, Wertvorstellungen *pl*.

value-added tax [-ædɪd-] *n* Mehrwertsteuer *die*.

valued ['vælju:d] *adj* geschätzt.

value judg(e)ment *n* Werturteil *das*.

valuer ['væljʊə^r] *n* Schätzer *der*, -in *die*.

valve [vælv] *n* **- 1.** [in pipe, tube] Absperrhahn *der* **- 2.** [on tyre] Ventil *das*.

vampire ['væmpaɪə^r] *n* Vampir *der*.

van [væn] *n* **- 1.** AUT Transporter *der*, Lieferwagen *der* **- 2.** ***Br*** RAIL Wagon *der*, Wagen *der*.

V and A (*abbr of* **Victoria and Albert Museum**) *n Museum für Kunsthandwerk in London*.

vandal ['vændl] *n* Vandale *der*, -lin *die*.

vandalism ['vændəlɪzm] *n* Vandalismus *der*.

vandalize, -ise ['vændəlaɪz] *vt* mutwillig beschädigen.

vanguard ['vængɑ:d] *n*: **in the ~ of sthg** an der Spitze einer Sache *(G)*.

vanilla [və'nɪlə] *n* Vanille *die* <> *comp* Vanille-.

vanish ['vænɪʃ] *vi* **- 1.** [no longer be visible] verschwinden **- 2.** [no longer exist - race, species] aussterben; [- hopes, chances] schwinden.

vanity ['vænətɪ] *n (U)* ***pej*** [of person] Eitelkeit *die*.

vanquish ['væŋkwɪʃ] *vt* ***literary*** bezwingen.

vantagepoint ['vɑ:ntɪdʒˌpɔɪnt] *n* **- 1.** [for view] Aussichtspunkt *der* **- 2.** ***fig*** [advantageous position]: **from this ~** aus dieser Sicht.

vapour ***Br***, **vapor** ***Am*** ['veɪpə^r] *n (U)* Dampf *der*.

vapour trail *n* Kondensstreifen *der*.

variable ['veərɪəbl] *adj* **- 1.** [changeable] unbeständig **- 2.** [uneven - quality] unterschiedlich; [- performance] unbeständig <> *n* Variable *die*.

variance ['veərɪəns] *n* ***fml***: **to be at ~ with sthg** mit etw nicht übereinlstimmen.

variant ['veərɪənt] *adj* [alternative] andere, -r, -s; **three ~ forms** drei verschiedene Formen <> *n* [different form, spelling] Variante *die*.

variation [ˌveərɪ'eɪʃn] *n* **- 1.** *(U)* [fact of difference] Unterschied *der* **- 2.** [change in level or quantity] Schwankung *die* **- 3.** [different version & MUS] Variation *die*; **~s on a theme** Variationen zu einem OR über ein Thema.

varicose veins ['værɪkəʊs-] *npl* Krampfadern *pl*.

varied ['veərɪd] *adj* [life] bewegt; [group] gemischt; [work, diet] abwechslungsreich.

variety [və'raɪətɪ] (*pl* **-ies**) *n* **- 1.** *(U)* [difference in type] Abwechslung *die* **- 2.** [selection] Auswahl *die* **- 3.** [type] Art *die*, Sorte *die* **- 4.** *(U)* THEATRE Varietee *das*.

variety show *n* Varieteevorstellung *die;* TV Unterhaltungsshow *die*.

various [ˈveərɪəs] *adj* verschieden.

varnish [ˈvɑːnɪʃ] *n* [for wood, fingernails] Lack *der;* [for pottery] Glasur *die* ◇ *vt* [wood, nails] lackieren; [pottery] glasieren.

vary [ˈveərɪ] (*pt* & *pp* **-ied**) *vt* verändern, variieren ◇ *vi* [differ] sich unterscheiden; [fluctuate] sich ändern; [prices] schwanken; **it varies** das ist verschieden.

varying [ˈveərɪɪŋ] *adj* [different] unterschiedlich; [fluctuating] veränderlich.

vase [*Br* vɑːz, *Am* veɪz] *n* Vase *die*.

vasectomy [vəˈsektəmɪ] (*pl* **-ies**) *n* Vasektomie *die*.

Vaseline® [ˈvæsəliːn] *n* Vaseline *die*.

vast [vɑːst] *adj* riesig; [expense, difference] enorm.

vastly [ˈvɑːstlɪ] *adv* [different] völlig; [popular] äußerst; [superior] weit; [improve] gewaltig.

vastness [ˈvɑːstnɪs] *n (U)* [of building] enorme Größe; [area] immense Weite.

vat [væt] *n* [open] Bottich *der;* [closed] Fass *das*.

VAT [væt, viːeɪˈtiː] (*abbr of* **value added tax**) *n* Mehrwertsteuer *die*, MwSt.

Vatican [ˈvætɪkən] *n:* **the ~** der Vatikan.

Vatican City *n* Vatikanstadt *die;* **in ~** in der Vatikanstadt.

vault [vɔːlt] *n* **- 1.** [in bank] Tresorraum *der* **- 2.** [under church] Gruft *die* **- 3.** [roof] Gewölbe *das* **- 4.** [jump] Sprung *der* ◇ *vt* springen über *(+ A)* ◇ *vi:* **to ~ over sthg** über etw *(A)* springen.

vaulted [ˈvɔːltɪd] *adj* ARCHIT gewölbt.

vaulting horse [ˈvɔːltɪŋ-] *n* SPORT Pferd *das*.

vaunted [ˈvɔːntɪd] *adj* ***fml*:** **much ~** viel gepriesen.

VC *n* **- 1.** *abbr of* **vice-chairman - 2.** *abbr of* **Victoria Cross.**

VCR (*abbr of* **video cassette recorder**) *n* Videorekorder *der*.

VD *n abbr of* **venereal disease.**

VDU (*abbr of* **visual display unit**) *n* Bildschirm *der*.

veal [viːl] *n* Kalbfleisch *das*.

veer [vɪəʳ] *vi* **- 1.** [vehicle] auslscheren; [road] eine Kurve machen; [wind] (sich) drehen; **the car ~ed off the road** das Auto kam von der Straße ab **- 2.** ***fig*** [conversation, mood] schwanken.

veg [vedʒ] (*abbr of* **vegetables**) *n* ***inf*** *(U)* **meat and two ~** Fleisch mit Kartoffeln und Gemüse.

vegan [ˈviːgən] *adj* veganisch ◇ *n* Veganer *der*, -in *die*.

vegetable [ˈvedʒtəbl] *n* Gemüse *das* ◇ *adj* Gemüse-.

vegetable garden *n* Gemüsegarten *der*.

vegetable knife *n* Küchenmesser *das*.

vegetable oil *n* Pflanzenöl *das*.

vegetarian [ˌvedʒɪˈteərɪən] *adj* vegetarisch ◇ *n* Vegetarier *der*, -in *die*.

vegetarianism [ˌvedʒɪˈteərɪənɪzm] *n* Vegetarismus *der*.

vegetate [ˈvedʒɪteɪt] *vi* ***pej*** dahinlvegetieren.

vegetation [ˌvedʒɪˈteɪʃn] *n* Vegetation *die*.

veggie [ˈvedʒɪ] ***Br inf*** *adj* vegetarisch ◇ *n* Vegetarier *der*, -in *die*.

vehement [ˈviːəmənt] *adj* heftig; [denial, protest, defence] vehement; [debate] hitzig.

vehemently [ˈviːəməntlɪ] *adv* vehement.

vehicle [ˈviːəkl] *n* **- 1.** [for transport] Fahrzeug *das* **- 2.** ***fig*** [medium]: **to be a ~ for sthg** ein Mittel zu etw sein.

vehicular [vɪˈhɪkjʊləʳ] *adj* ***fml*** Fahrzeug-.

veil [veɪl] *n* Schleier *der;* **to draw a ~ over sthg *fig*** etw verschweigen.

veiled [veɪld] *adj* [hidden] versteckt, verborgen.

vein [veɪn] *n* **- 1.** [gen] Ader *die* **- 2.** [mood] Stimmung *die;* [style] Art *die;* **in the same ~** in derselben Art.

Velcro® [ˈvelkrəʊ] *n (U)* Klettband *das*.

vellum [ˈveləm] *n (U)* Pergament *das*.

velocity [vɪˈlɒsətɪ] (*pl* **-ies**) *n* PHYSICS Geschwindigkeit *die*.

velour [vəˈlʊəʳ] *n (U)* Verlours *der*.

velvet [ˈvelvɪt] *n* Samt *der* ◇ *comp* Samt-.

vend [vend] *vt* ***fml*** verkaufen.

vendetta [venˈdetə] *n* Blutrache *die;* [in the press] Hetzkampagne *die*.

vending machine [ˈvendɪŋ-] *n* Automat *der*.

vendor [ˈvendəʳ] *n* Verkäufer *der*, -in *die;* **street ~** Straßenhändler *der*, -in *die*.

veneer [vəˈnɪəʳ] *n* **- 1.** [of wood] Furnier *das* **- 2.** ***fig*** [appearance]: **beneath the ~ of politeness** hinter der höflichen Fassade; **to give sthg a ~ of respectability** einer Sache *(D)* einen seriösen Anstrich geben.

venerable [ˈvenərəbl] *adj* ***fml*** ehrwürdig.

venerate [ˈvenəreɪt] *vt* ***fml*** & RELIG verehren.

venereal disease [vɪˈnɪərɪəl-] *n (U)* Geschlechtskrankheit *die*.

Venetian [vɪˈniːʃn] *adj* venezianisch ◇ *n* Venezianer *der*, -in *die*.

venetian blind [vɪˌniːʃn-] *n* Jalousie *die*.

Venezuela [ˌvenɪzˈweɪlə] *n* Venezuela *nt*.

vengeance ['vendʒəns] *n (U)* Vergeltung *die*, Rachung *die;* **with a ~** gewaltig; **to work with a ~** hart arbeiten.

vengeful ['vendʒful] *adj literary* rachsüchtig.

Venice ['venɪs] *n* Venedig *nt*.

venison ['venɪzn] *n (U)* Wild *das (Damwild)*.

venom ['venəm] *n* - **1.** [poison] Gift *das* - **2.** *fig* [spite, bitterness] Gehässigkeit *die*.

venomous ['venəməs] *adj* - **1.** [poisonous] giftig - **2.** *fig* [bitter, spiteful] gehässig.

vent [vent] *n* Öffnung *die;* [in chimney, for ventilation] Abzug *der;* **to give ~ to sthg** [feelings] etw *(D)* freien Lauf lassen; [anger] etw *(D)* Luft machen ◇ *vt* [express - feelings] freien Lauf lassen *(+ D);* [- anger] Luft machen *(+ D);* **to ~ one's anger on sb** seinen Ärger an jm aus|lassen.

ventilate ['ventɪleɪt] *vt* (be)lüften.

ventilation [ˌventɪ'leɪʃn] *n* Belüftung *die*.

ventilator ['ventɪleɪtəʳ] *n* - **1.** [in room, building] Ventilator *der* - **2.** MED Beatmungsgerät *das*.

ventriloquist [ven'trɪləkwɪst] *n* Bauchredner *der*, -in *die*.

venture ['ventʃəʳ] *n* Unternehmen *das* ◇ *vt* [proffer - opinion, advice] zu äußern wagen; [- guess] wagen; [- suggestion, remark] sich *(D)* erlauben; **to ~ to do sthg** sich *(D)* erlauben, etw zu tun ◇ *vi* - **1.** [go somewhere dangerous] sich wagen - **2.** [embark]: **to ~ into politics** den Schritt in die Politik wagen.

venture capital *n (U)* Risikokapital *das*.

venue ['venju:] *n* [for concert, conference] Veranstaltungsort *der;* [for match] Austragungsort *der*.

Venus ['vi:nəs] *n* Venus *die*.

veracity [və'ræsətɪ] *n fml* [of person] Aufrichtigkeit *die;* [of account, statement] Richtigkeit *die*.

veranda (h) [və'rændə] *n* Veranda *die*.

verb [vɜ:b] *n* Verb *das*.

verbal ['vɜ:bl] *adj* - **1.** [spoken - agreement] mündlich; [- skills] sprachlich; **~ abuse** Beschimpfung *die* - **2.** GRAMM Verb-, verbal.

verbally ['vɜ:bəlɪ] *adv* [communicate] mündlich; **to ~ abuse sb** jn beschimpfen.

verbatim [vɜ:'beɪtɪm] *adj* & *adv* (wort)wörtlich.

verbose [vɜ:'bəus] *adj fml* langatmig.

verdict ['vɜ:dɪkt] *n* Urteil *das;* **what's your ~ on his new film?** was hälst du von seinem neuen Film?

verge [vɜ:dʒ] *n* - **1.** [edge, side] Rand *der;* [of road] Bankett *das* - **2.** [brink]: **to be on the ~ of sthg** [ruin, mental breakdown] am Rand einer Sache *(G)* stehen; [success] kurz vor etw *(D)* stehen; **to be on the ~ of doing sthg** kurz davor stehen, etw zu tun.

◆ **verge (up)on** *vt fus* grenzen an *(+ A)*.

verger ['vɜ:dʒəʳ] *n* Küster *der*, -in *die*.

verification [ˌverɪfɪ'keɪʃn] *n* - **1.** *(U)* [check] Prüfung *die*, Überprüfung *die* - **2.** [confirmation] Bestätigung *die*.

verify ['verɪfaɪ] (*pt* & *pp* **-ied**) *vt* - **1.** [check] prüfen, überprüfen - **2.** [confirm] bestätigen.

veritable ['verɪtəbl] *adj fml or hum* wahr.

vermilion [və'mɪljən] *adj* zinnoberrot.

vermin ['vɜ:mɪn] *npl* - **1.** ZOOL [insects] Ungeziefer *das;* [rodents] Schädlinge *pl* - **2.** *pej* [people] Abschaum *der*.

vermouth [vɜ:'mu:θ] *n* Wermut *der*.

vernacular [və'nækjʊləʳ] *adj:* **~ language** [national] Landessprache *die;* [regional] Mundart *die* ◇ *n:* **the ~** [of country] die Landessprache; [of region] die Mundart.

verruca [və'ru:kə] (*pl* **-cas** OR **-cae** [-kaɪ]) *n* Warze *die*.

versa ▷ **vice versa**.

versatile ['vɜ:sətaɪl] *adj* - **1.** [person] vielseitig - **2.** [machine, tool] vielseitig verwendbar.

versatility [ˌvɜ:sə'tɪlətɪ] *n* - **1.** [of person] Vielseitigkeit *die* - **2.** [of machine, tool] vielseitige Verwendbarkeit.

verse [vɜ:s] *n* - **1.** *(U)* [poetry] Lyrik *die* - **2.** [stanza] Strophe *die* - **3.** [in Bible] Vers *der*.

versed [vɜ:st] *adj:* **to be well ~ in sthg** sich in etw *(D)* gut aus|kennen.

version ['vɜ:ʃn] *n* - **1.** [form, account of events] Version *die* - **2.** [translation] Übersetzung *die*.

versus ['vɜ:səs] *prep* - **1.** SPORT gegen - **2.** [as opposed to] im Gegensatz zu.

vertebra ['vɜ:tɪbrə] (*pl* **-brae** [-bri:]) *n* Rückenwirbel *der*.

vertebrate ['vɜ:tɪbreɪt] *n* Wirbeltier *das*.

vertical ['vɜ:tɪkl] *adj* senkrecht, vertikal.

vertically ['vɜ:tɪklɪ] *adv* senkrecht, vertikal.

vertigo ['vɜ:tɪgəu] *n (U)* Gleichgewichtsstörungen *pl*.

verve [vɜ:v] *n* Schwung *der*.

very ['verɪ] *adv* sehr; **~ much** sehr; **not ~** nicht sehr ◇ *adj* genau; **the ~ opposite** genau das Gegenteil; **the ~ person I was looking for!** nach Ihnen habe ich gerade gesucht!; **that ~ afternoon** am selben Nachmittag; **the ~ next day** gleich am nächsten Tag; **my ~ own room** mein eigenes Zimmer; **the ~ best** das allerbeste; **for the ~ first/last time** zum allerersten/allerletzten Mal; **at the ~ beginning** ganz am Anfang; **at the ~ least you should have phoned** du hättest doch zumindest anrufen können; **the ~ thought makes me shudder** mich schauderts beim bloßem Gedanken.

◆ **very well** *adv* - **1.** [all right] schön, also gut

- 2. *phr:* **I/you/***etc* **can't ~ well say no** ich kann/du kannst/*etc* wohl kaum nein sagen.

vespers ['vespəz] *n (U)* Vesper *die.*

vessel ['vesl] *n* ***fml*** **- 1.** [boat] Schiff *das* **- 2.** [container] Gefäß *das.*

vest [vest] *n* **- 1.** ***Br*** [undershirt] Unterhemd *das* **- 2.** ***Am*** [waistcoat] Weste *die.*

vested interest ['vestɪd-] *n:* **to have a ~ in sthg** [subj: individual] ein persönliches Interesse an etw *(D)* haben; [subj: party, organization] ein ganz besonderes Interesse an etw *(D)* haben.

vestibule ['vestɪbju:l] *n* **- 1.** ***fml*** [entrance hall] Eingangshalle *die* **- 2.** ***Am*** [on train] Vorraum *der.*

vestige ['vestɪdʒ] *n* ***fml*** Spur *die.*

vestry ['vestrɪ] *(pl* **-ies***)* *n* Sakristei *die.*

Vesuvius [vɪ'su:vjəs] *n* der Vesuv.

vet [vet] *(pt & pp* **-ted;** *cont* **-ting***)* *n* **- 1.** ***Br*** *abbr of* **veterinary surgeon - 2.** ***Am*** *abbr of* **veteran** <> *vt* ***Br*** [check] überprüfen.

veteran ['vetrən] *adj* [experienced] mit langjähriger Erfahrung <> *n* Veteran *der,* -in *die.*

veteran car *n* ***Br*** *Oldtimer der Baujahre vor 1905.*

Veterans Day *n amerikanischer Gedenktag anlässlich der Beendigung der beiden Weltkriege.*

veterinarian [ˌvetərɪ'neərɪən] *n* ***Am*** Tierarzt *der,* -ärztin *die.*

veterinary science ['vetərɪnrɪ-] *n* Veterinärmedizin *die,* Tiermedizin *die.*

veterinary surgeon ['vetərɪnrɪ-] *n* ***Br fml*** Tierarzt *der,* -ärztin *die.*

veto ['vi:təʊ] *(pl* **-es;** *pt & pp* **-ed;** *cont* **-ing***)* *n* Veto *das* <> *vt* sein Veto ein|legen gegen.

vetting ['vetɪŋ] *n* Überprüfung *die.*

vex [veks] *vt* ***fml*** [annoy] (ver)ärgern.

vexed question [ˌvekst-] *n* viel diskutierte Frage.

vg *abbr of* **very good.**

VHF *(abbr of* **very high frequency***)* *n* UKW.

VHS *(abbr of* **video home system***)* *n* VHS.

VI *abbr of* **Virgin Islands.**

via ['vaɪə] *prep* **- 1.** [travelling through] über *(+ A),* via *(+ A)* **- 2.** [by means of]: **~ a friend** durch einen Freund; **~ satellite** via *OR* per Satellit.

viability [ˌvaɪə'bɪlətɪ] *n* **- 1.** [of plan, programme, scheme] Durchführbarkeit *die* **- 2.** ECON Lebensfähigkeit *die.*

viable ['vaɪəbl] *adj* **- 1.** [plan, programme, scheme] durchführbar **- 2.** ECON lebensfähig.

viaduct ['vaɪədʌkt] *n* Viadukt *der.*

Viagra® [vaɪ'ægrə] *n* Viagra® *das.*

vibrant ['vaɪbrənt] *adj* **- 1.** [colour, light] leuchtend **- 2.** [person] dynamisch; [city] pulsierend, voller Leben; [atmosphere] angeregt.

vibrate [vaɪ'breɪt] *vi* vibrieren; PHYS schwingen.

vibration [vaɪ'breɪʃn] *n* Vibration *die;* PHYS Schwingung *die.*

vicar ['vɪkəʳ] *n* Pfarrer *der,* -in *die.*

vicarage ['vɪkərɪdʒ] *n* Pfarrhaus *das.*

vicarious [vɪ'keərɪəs] *adj* [enjoyment, pleasure] indirekt.

vice [vaɪs] *n* **- 1.** [immorality, fault] Laster *das* **- 2.** [tool] Schraubstock *der.*

vice- [vaɪs] *prefix* Vize-.

vice-admiral *n* Vizeadmiral *der.*

vice-chairman *n* stellvertretender Vorsitzender.

vice-chancellor *n* UNIV *Leiter der Universitätsverwaltung und Vorsitzender des Senats.*

vice-president *n* Vizepräsident *der,* -in *die.*

vice squad *n* Sittenpolizei *die.*

vice versa [ˌvaɪsɪ'vɜ:sə] *adv* umgekehrt.

vicinity [vɪ'sɪnətɪ] *n* **- 1.** [neighbourhood] Umgebung *die;* **in the ~ (of)** in der Nähe (von *OR* + *G*) **- 2.** [approximate figures]: **in the ~ of £80,000 a year** um die £80.000 pro Jahr.

vicious ['vɪʃəs] *adj* **- 1.** [attack, blow, killer] brutal **- 2.** [person, gossip] boshaft, gehässig **- 3.** [dog] bösartig.

vicious circle *n* Teufelskreis *der.*

viciousness ['vɪʃəsnɪs] *n* **- 1.** [of attack, killer] Brutalität *die* **- 2.** [of person, gossip] Boshaftigkeit *die,* Gehässigkeit *die* **- 3.** [of dog] Bösartigkeit *die.*

vicissitudes [vɪ'sɪsɪtju:dz] *npl* ***fml*** Wandel *der.*

victim ['vɪktɪm] *n* Opfer *das;* **to fall ~ to sb/sthg** jm/etw zum Opfer fallen.

victimize, -ise ['vɪktɪmaɪz] *vt* schikanieren.

victor ['vɪktəʳ] *n* Sieger *der,* -in *die.*

Victoria Cross [vɪk'tɔ:rɪə-] *n* Viktoriakreuz *das, höchste britische Tapferkeitsauszeichnung.*

Victoria Falls [vɪk'tɔ:rɪə-] *npl:* **the ~** die Viktoriafälle.

Victorian [vɪk'tɔ:rɪən] *adj* **- 1.** [from Victorian era] viktorianisch **- 2.** ***usu pej*** [overstrict] sittenstreng.

victorious [vɪk'tɔ:rɪəs] *adj* [winning] siegreich.

victory ['vɪktərɪ] *(pl* **-ies***)* *n* Sieg *der;* **to win a ~ over sb/sthg** jn/etw bezwingen.

video ['vɪdɪəʊ] *(pl* **-s;** *pt & pp* **-ed;** *cont* **-ing***)* *n* **- 1.** [gen] Video *das;* **I've got it on ~** ich habe es auf Video **- 2.** [machine] Videorekorder *der* <> *comp* Video- <> *vt* **- 1.** [using videorecorder] (auf Video) auf|nehmen **- 2.** [using camera] filmen.

video camera *n* Videokamera *die.*

video cassette *n* Videokassette *die.*

videodisc *Br,* **videodisk** *Am* ['vɪdɪəʊdɪsk] *n* Bildplatte *die.*

video game *n* Videospiel *das.*

video machine *n* Videorekorder *der.*

videophone ['vɪdɪəʊfəʊn] *n* Bildtelefon *das.*

videorecorder ['vɪdɪəʊrɪˌkɔːdəʳ] *n* Videorekorder *der.*

video recording *n* Videoaufnahme *die.*

video shop *n* Videothek *die.*

videotape ['vɪdɪəʊteɪp] *n* Videoband *das.*

vie [vaɪ] (*pt* & *pp* **vied;** *cont* **vying**) *vi:* **to ~ (with sb) for sthg** (mit jm) um etw wetteifern; **to ~ with sb to do sthg** mit jm darum wetteifern, etw zu tun.

Vienna [vɪ'enə] *n* Wien *nt.*

Viennese [ˌvɪə'niːz] *adj* wienerisch <> *n* Wiener *der,* -in *die.*

Vietnam [*Br* ˌvjet'næm, *Am* ˌvjet'nɑːm] *n* Vietnam *nt.*

Vietnamese [ˌvjetnə'miːz] *adj* vietnamesisch <> *n* - **1.** [person] Vietnamese *der,* -sin *die* - **2.** [language] Vietnamesisch(e) *das* <> *npl:* **the ~** die Vietnamesen.

view [vjuː] *n* - **1.** [opinion] Ansicht *die,* Meinung *die;* **what are your ~s on contraception?** wie stehen Sie zur Empfängnisverhütung?; **in my ~** meiner Ansicht OR Meinung nach; **to take the ~ that** die Ansicht vertreten, dass - **2.** [vista] Aussicht *die,* Blick *der* - **3.** [ability to see] Sicht *die;* **to come into ~** in Sicht kommen <> *vt* - **1.** [consider] sehen; **he ~ed her with suspicion** er betrachtete sie mit Argwohn - **2.** *fml* [house] besichtigen.
- **in view of** *prep* angesichts (+ *G*).
- **with a view to** *conj:* **with a ~ to doing sthg** mit der Absicht, etw zu tun.

Viewdata® ['vjuːdeɪtə] *n* Bildschirmtext *der.*

viewer ['vjuːəʳ] *n* - **1.** [person] Zuschauer *der,* -in *die* - **2.** [for slides] Diabetrachter *der.*

viewfinder ['vjuːˌfaɪndəʳ] *n* Sucher *der.*

viewpoint ['vjuːpɔɪnt] *n* - **1.** [opinion] Standpunkt *der* - **2.** [place] Aussichtspunkt *der.*

vigil ['vɪdʒɪl] *n* Nachtwache *die.*

vigilance ['vɪdʒɪləns] *n* Wachsamkeit *die.*

vigilant ['vɪdʒɪlənt] *adj* wachsam.

vigilante [ˌvɪdʒɪ'læntɪ] *n* (militante) Bürgerwehr.

vigor *n Am* = **vigour.**

vigorous ['vɪgərəs] *adj* - **1.** [walk] flott; [shake, scrub] kräftig - **2.** [protest, denial, attempt] energisch - **3.** [person, animal, plant] kräftig.

vigour *Br,* **vigor** *Am* ['vɪgəʳ] *n (U)* Kraft *die,* Energie *die.*

Viking ['vaɪkɪŋ] *adj* Wikinger- <> *n* Wikinger *der,* -in *die.*

vile [vaɪl] *adj* [act, person] abscheulich; [food] scheußlich.

vilify ['vɪlɪfaɪ] (*pt* & *pp* **-ied**) *vt fml* diffamieren.

villa ['vɪlə] *n* Villa *die.*

village ['vɪlɪdʒ] *n* Dorf *das.*

villager ['vɪlɪdʒəʳ] *n* Dorfbewohner *der,* -in *die.*

villain ['vɪlən] *n* - **1.** [of film, book, play] Bösewicht *der* - **2.** *dated* [criminal] Schurke *der.*

vinaigrette [ˌvɪnɪ'gret] *n* Vinaigrette *die.*

vindicate ['vɪndɪkeɪt] *vt* [confirm] bestätigen; [justify] rechtfertigen; **to ~ o.s.** seine Unschuld beweisen.

vindication [ˌvɪndɪ'keɪʃn] *n* [confirmation] Bestätigung *die;* [justification] Rechtfertigung *die.*

vindictive [vɪn'dɪktɪv] *adj* rachsüchtig.

vine [vaɪn] *n* [grapevine] Weinrebe *die.*

vinegar ['vɪnɪgəʳ] *n* Essig *der.*

vine leaf *n* Weinblatt *das.*

vineyard ['vɪnjəd] *n* Weinberg *der.*

vintage ['vɪntɪdʒ] *adj* - **1.** [wine] erlesen - **2.** *fig* [classic]: **this film is ~ Spielberg** dieser Film ist Spielberg vom Feinsten <> *n* [wine] Jahrgang *der.*

vintage car *n Br Oldtimer der Baujahre 1919 bis 1930.*

vintner ['vɪntnəʳ] *n* Weinhändler *der,* -in *die.*

vinyl ['vaɪnɪl] *n* Vinyl *das* <> *comp* Vinyl-.

viola [vɪ'əʊlə] *n* - **1.** MUS Bratsche *die* - **2.** BOT Veilchen *das.*

violate ['vaɪəleɪt] *vt* - **1.** [human rights, law, treaty] verstoßen gegen - **2.** [peace, privacy] stören - **3.** [grave] schänden.

violation [ˌvaɪə'leɪʃn] *n* - **1.** *(U)* [of human rights, law, treaty] Verstoß *der* gegen - **2.** [of peace, privacy] Störung *die* - **3.** [of grave] Schändung *die.*

violence ['vaɪələns] *n (U)* - **1.** [physical force] Gewalt *die;* [of people] Gewalttätigkeit *die;* [of actions] Brutalität *die* - **2.** [of words, reaction] Heftigkeit *die.*

violent ['vaɪələnt] *adj* - **1.** [person] gewalttätig; [attack] heftig; [crime] Gewalt-; [death] gewaltsam - **2.** [intense] heftig - **3.** [colour] grell.

violently ['vaɪələntlɪ] *adv* - **1.** [attack, behave] brutal; **to die ~** eines gewaltsamen Todes sterben - **2.** [react, argue, defend] heftig.

violet ['vaɪələt] *adj* violett <> *n* - **1.** [flower] Veilchen *das* - **2.** [colour] Violett *das.*

violin [ˌvaɪə'lɪn] *n* Violine *die,* Geige *die.*

violinist [ˌvaɪə'lɪnɪst] *n* Violinist *der,* -in *die,* Geiger *der,* -in *die.*

VIP (*abbr of* **very important person**) *n* Prominente *der, die*, VIP *der*.

viper ['vaɪpəʳ] *n* Viper *die*.

viral ['vaɪrəl] *adj* Virus-.

virgin ['vɜːdʒɪn] *adj* - **1.** [gen] jungfräulich - **2.** [forest, soil] unberührt ◇ *n* Jungfrau *die*.

Virgin Islands *n*: **the ~** die Jungferninseln; **in the ~** auf den Jungferninseln.

virginity [və'dʒɪnətɪ] *n* Jungfräulichkeit *die*.

Virgo ['vɜːgəʊ] (*pl* **-s**) *n* Jungfrau *die*.

virile ['vɪraɪl] *adj* männlich.

virility [vɪ'rɪlətɪ] *n* Männlichkeit *die*.

virtual ['vɜːtʃʊəl] *adj*: **it is a ~ certainty** das steht so gut wie fest; **the traffic came to a ~ standstill** der Verkehr kam praktisch zum Erliegen.

virtually ['vɜːtʃʊəlɪ] *adv* [almost] so gut wie, praktisch.

virtual memory *n* COMPUT virtueller Speicher.

virtual reality *n* virtuelle Realität.

virtue ['vɜːtjuː] *n* - **1.** [goodness] Tugendhaftigkeit *die* - **2.** [merit, quality] Tugend *die* - **3.** [benefit] Vorteil *der*.

◆ **by virtue of** *prep fml* aufgrund (+ *G*).

virtuoso [ˌvɜːtjʊ'əʊzəʊ] (*pl* **-sos** OR **-si** [-siː]) *n* Virtuose *der*, -sin *die*.

virtuous ['vɜːtʃʊəs] *adj* tugendhaft.

virulent ['vɪrʊlənt] *adj* - **1.** *fml* [bitter and hostile] scharf, heftig - **2.** MED [very powerful] bösartig.

virus ['vaɪrəs] *n* MED & COMPUT Virus *der*.

visa ['viːzəl] *n* Visum *das*; **entry/exit ~** Einreise-/Ausreisevisum *das*.

vis-à-vis *prep fml* [in comparison to] gegenüber (+ *D*); [regarding] bezüglich (+ *D*).

viscose ['vɪskəʊs] *n* Viskose *die*.

viscosity [vɪ'skɒsətɪ] *n* CHEM Viskosität *die*.

viscount ['vaɪkaʊnt] *n* Viscount *der*.

vise [vaɪz] *n* **Am** Schraubstock *der*.

visibility [ˌvɪzɪ'bɪlətɪ] *n* - **1.** [being visible] Sichtbarkeit *die* - **2.** [range of vision] Sichtweite *die*; **good/poor ~** gute/schlechte Sicht.

visible ['vɪzəbl] *adj* - **1.** [which can be physically seen] sichtbar - **2.** [evident] sichtlich.

visibly ['vɪzəblɪ] *adv* [clearly] sichtlich.

vision ['vɪʒn] *n* - **1.** [ability to see] Sehvermögen *das* - **2.** *fig* [foresight] Weitblick *der*; **a man of ~** ein Mann mit Weitblick - **3.** [impression, dream] Vision *die*.

visionary ['vɪʒənrɪ] (*pl* **-ies**) *adj* visionär ◇ *n* Visionär *der*, -in *die*.

visit ['vɪzɪt] *n* Besuch *der*; [stay] Aufenthalt *der*; **we saw it on a ~ to the States** wir haben es gesehen, als wir in Amerika waren ◇ *vt* besuchen.

◆ **visit with** *vt fus* **Am** - **1.** [talk with] plaudern mit - **2.** [go and see] besuchen.

visiting card ['vɪzɪtɪŋ-] *n* Visitenkarte *die*.

visiting hours ['vɪzɪtɪŋ-] *npl* Besuchszeiten *pl*.

visitor ['vɪzɪtəʳ] *n* Besucher *der*, -in *die*; **she has ~s** sie hat Besuch.

visitors' book *n* Gästebuch *das*.

visor ['vaɪzəʳ] *n* [on helmet] Visier *das*.

vista ['vɪstə] *n* - **1.** [view] Ausblick *der* - **2.** *fig* [perspective] Perspektive *die*.

visual ['vɪʒʊəl] *adj* Seh-; [joke, memory, image] visuell.

visual aids *npl* Anschauungsmaterial *das*.

visual display unit *n* Bildschirm *der*.

visualize, -ise ['vɪʒʊəlaɪz] *vt* sich (*D*) vorl-stellen.

visually ['vɪʒʊəlɪ] *adv*: **~ handicapped/impaired** sehbehindert

vital ['vaɪtl] *adj* - **1.** [essential] unerlässlich, unbedingt notwendig; [essential to life] lebenswichtig; **it is of ~ importance** es ist von entscheidender Bedeutung - **2.** [full of life - person] vital.

vitality [vaɪ'tælətɪ] *n* Vitalität *die*.

vitally ['vaɪtəlɪ] *adv*: **~ important** von entscheidender Bedeutung.

vital statistics *npl inf* [of woman] Maße *pl*.

vitamin [*Br* 'vɪtəmɪn, *Am* 'vaɪtəmɪn] *n* Vitamin *das*.

vitreous *adj* Glas-; **~ china** Halbporzellan *das*.

vitriolic [ˌvɪtrɪ'ɒlɪk] *adj fml* hasserfüllt.

viva ['vaɪvə] *n* UNIV mündliche Prüfung.

vivacious [vɪ'veɪʃəs] *adj* lebhaft, lebendig.

vivacity [vɪ'væsətɪ] *n* Lebhaftigkeit *die*, Lebendigkeit *die*.

vivid ['vɪvɪd] *adj* - **1.** [colour] kräftig - **2.** [memory] lebhaft; [description] lebendig.

vividly ['vɪvɪdlɪ] *adv* - **1.** [painted] in kräftigen Farben - **2.** [remember] lebhaft; [describe] lebendig.

vivisection [ˌvɪvɪ'sekʃn] *n* Vivisektion *die*.

vixen ['vɪksn] *n* Füchsin *die*.

viz [vɪz] (*abbr of* **videlicet**) d. h.

VLF (*abbr of* **very low frequency**) *n* VLF, *niederfrequente Radiowellen*.

V-neck *n* - **1.** [sweater, dress] Pullover *der*/Kleid *das* mit V-Ausschnitt - **2.** [neck] V-Ausschnitt *der*.

VOA *n abbr of* **Voice of America.**

vocabulary [və'kæbjʊlərɪ] (*pl* **-ies**) *n* - **1.** [gen] Wortschatz *der*, Vokabular *das* - **2.** [list of words] Wörterverzeichnis *das*.

vocal ['vəʊkl] *adj* **- 1.** [outspoken] lautstark **- 2.** [of the voice] stimmlich; **~ range** Stimmumfang *der.*
◆ **vocals** *npl:* **featuring Paul Jones on ~s** mit Paul Jones als Sänger.

vocal cords *npl* Stimmbänder *pl.*

vocalist ['vəʊkəlɪst] *n* Sänger *der*, -in *die.*

vocation [vəʊ'keɪʃn] *n* [calling] Berufung *die.*

vocational [vəʊ'keɪʃənl] *adj* berufsbezogen.

vociferous [və'sɪfərəs] *adj* ***fml*** lautstark.

vodka ['vɒdkə] *n* Wodka *der.*

vogue [vəʊg] *adj* Mode- <> *n* Mode *die;* **there is a ~ for high-heeled shoes** hochnackige Schuhe sind groß in Mode; **to be in ~** in Mode sein.

voice [vɔɪs] *n* **- 1.** [gen] Stimme *die;* **to raise/lower one's ~** lauter/leiser sprechen; **to keep one's ~ down** leise OR nicht laut sprechen **- 2.** [influence] Mitspracherecht *das* **- 3.** GRAMM Genus Verbi *das;* **the active/passive voice** das Aktiv/Passiv <> *vt* [opinion, emotion] zum Ausdruck bringen.

voice box *n* Kehlkopf *der.*

Voice of America *n:* **the ~** die Stimme Amerikas.

voice-over *n* Begleitkommentar *der (in Film, Fernsehbericht).*

void [vɔɪd] *adj* **- 1.** [contract, result] ungültig, nichtig ▻ **null - 2.** ***fml*** [empty]: **~ of interest** ohne jegliches Interesse <> *n* **- 1.** ***literary*** [feeling of emptiness]: **the ~ left by his death** die Lücke, die sein Tod hinterlassen hat **- 2.** [chasm] Nichts *das.*

voile [vwɑːl] *n* Voile *der.*

vol. (*abbr of* **volume**) Bd.

volatile [*Br* 'vɒlətaɪl, *Am* 'vɒlətl] *adj* [situation] brisant; [person] aufbrausend; [market] unbeständig.

vol-au-vent ['vɒləʊvɑ̃] *n* Königinpastete *die.*

volcanic [vɒl'kænɪk] *adj* [eruption, landscape] Vulkan-; [activity, rock] vulkanisch.

volcano [vɒl'keɪnəʊ] (*pl* **-es** OR **-s**) *n* Vulkan *der.*

vole [vəʊl] *n* [water vole] Wühlmaus *die;* [common vole] Feldmaus *die.*

Volga ['vɒlgə] *n:* **the (River) ~** die Wolga.

volition [və'lɪʃn] *n* ***fml:*** **of one's own ~** aus freiem Willen.

volley ['vɒlɪ] (*pl* **volleys**) *n* **- 1.** [of gunfire] Salve *die* **- 2.** [of insults] Flut *die;* **a ~ of abuse** eine Schimpfkanonade **- 3.** [in tennis] Volley *der;* [in football] Volleyschuss *der* <> *vt* [in tennis] volley spielen; [in football] volley nehmen.

volleyball ['vɒlɪbɔːl] *n* SPORT Volleyball *das.*

volt [vɒlt] *n* Volt *das.*

Volta ['vɒltə] *n* **- 1.** [river]: **the (River) ~** der Volta **- 2.** [lake]: **Lake ~** der Voltasee.

voltage ['vɒltɪdʒ] *n* Spannung *die.*

voluble ['vɒljʊbl] *adj* ***fml*** redselig.

volume ['vɒljuːm] *n* **- 1.** [of sound] Lautstärke *die;* **to turn the ~ up/down** lauter/leiser stellen **- 2.** [of container, object] Volumen *das*, Rauminhalt *der* **- 3.** [of work] Umfang *der;* **~ of traffic** Verkehrsaufkommen *das;* **the ~ of letters** die Zahl der Zuschriften **- 4.** [book] Band *der.*

volume control *n* Lautstärkeregler *der.*

voluminous [və'luːmɪnəs] *adj* ***fml*** **- 1.** [garment] weit **- 2.** [container] groß.

voluntarily [*Br* 'vɒləntrɪlɪ, *Am* ˌvɒlən'terəlɪ] *adv* freiwillig; [work] ehrenamtlich.

voluntary ['vɒləntrɪ] *adj* **- 1.** [not obligatory] freiwillig **- 2.** [unpaid] ehrenamtlich.

voluntary liquidation *n* freiwillige Liquidation.

voluntary redundancy *n* ***Br:*** **to take ~** sich abfinden lassen.

voluntary work *n* freiwillige OR ehrenamtliche Tätigkeit.

volunteer [ˌvɒlən'tɪə^r] *n* **- 1.** [gen & MIL] Freiwillige *der*, *die* **- 2.** [unpaid worker] freiwillige Helfer *der*, -in *die* <> *vt* **- 1.** [of one's free will]: **to ~ to do sthg** sich bereit erklären, etw zu tun **- 2.** [information] geben; **to ~ advice** Ratschläge erteilen <> *vi* sich freiwillig melden.

voluptuous [və'lʌptʃʊəs] *adj* [woman, mouth] sinnlich; [body] üppig.

vomit ['vɒmɪt] *n* Erbrochene *das* <> *vi* sich übergeben.

voodoo ['vuːduː] *n* Wodu *der.*

voracious [və'reɪʃəs] *adj:* **to be a ~ eater** Unmengen vertilgen; **to be a ~ reader** Bücher geradezu verschlingen.

vortex ['vɔːteks] (*pl* **-texes** OR **-tices** [-tɪsiːz]) *n* **- 1.** [whirlpool, whirlwind] Wirbel *der* **- 2.** [of events] Strudel *der.*

vote [vəʊt] *n* **- 1.** [individual decision] Stimme *die;* **a ~ for/against sb/sthg** eine Stimme für/gegen jn/etw **- 2.** [session, ballot] Abstimmung *die;* **to put sthg to the ~** über etw *(A)* abstimmen lassen **- 3.** [result of ballot]: **the ~** das Abstimmungsergebnis **- 4.** [section of voters]: **the nationalist ~ is growing** die Nationalisten gewinnen immer mehr Anhänger **- 5.** [suffrage] Stimmrecht *das* <> *vt* **- 1.** [gen] wählen; **he was ~ed leader** er wurde zum Führer gewählt; **to ~ to do sthg** (per Abstimmung) beschließen, etw zu tun **- 2.** [suggest] vorlschlagen <> *vi* wählen; **to ~ for/against sb/sthg** für/gegen jn/etw stimmen; **to ~ on an issue** über eine Frage ablstimmen; **every responsible citizen should ~** jeder verantwortungsbewusste Bürger sollte wählen gehen.
◆ **vote in** *vt sep* wählen.

◆ **vote out** *vt sep* ab|wählen.

vote of confidence (*pl* **votes of confidence**) *n* Vertrauensvotum *das;* **to ask for a ~** die Vertrauensfrage stellen; **to give sb a ~** jm sein Vertrauen aus|sprechen.

vote of no confidence (*pl* **votes of no confidence**) *n* Misstrauensvotum *das.*

vote of thanks (*pl* **votes of thanks**) *n:* **to propose a ~** jm seinen Dank aus|sprechen.

voter [ˈvəʊtəʳ] *n* Wähler *die,* -in *die.*

voting [ˈvəʊtɪŋ] *n* Wahl *die,* Abstimmung *die.*

vouch [vaʊtʃ] ◆ **vouch for** *vt fus* **- 1.** [person] bürgen für **- 2.** [character, accuracy] sich verbürgen für.

voucher [ˈvaʊtʃəʳ] *n* Gutschein *der.*

vow [vaʊ] *n* Gelöbnis *das;* RELIG Gelübde *das* ◇ *vt:* **to ~ to do sthg** geloben, etw zu tun; **to ~ (that)** schwören(, dass).

vowel [ˈvaʊəl] *n* Vokal *der.*

voyage [ˈvɔɪɪdʒ] *n* Reise *die;* [by sea] Seereise *die;* [through space] Flug *der.*

voyeur [vwɑːˈjɜːʳ] *n* Voyeur *der,* -in *die.*

voyeurism [vwɑːˈjɜːrɪzm] *n* Voyeurismus *der.*

VP *n* (*abbr of* **vice-president**) VP.

vs *abbr of* **versus.**

VSO (*abbr of* **Voluntary Service Overseas**) *n britische Hilfsorganisation, die Freiwillige mit Berufsausbildung in Entwicklungsländern einsetzt.*

VT *abk für Vermont, in Postanschrift verwendet.*

VTOL [ˈviːtɒl] (*abbr of* **vertical takeoff and landing**) *n* Senkrechtstart und -landung.

vulgar [ˈvʌlgəʳ] *adj* **- 1.** [tasteless - décor] geschmacklos; [- person] ordinär **- 2.** [rude] vulgär.

vulgarity [vʌlˈgærətɪ] *n* **- 1.** [tastelessness - of décor, remark, joke] Geschmacklosigkeit *die;* [- of person] Vulgarität *die* **- 2.** [rudeness] Vulgarität *die.*

vulnerability [ˌvʌlnərəˈbɪlətɪ] *n* **- 1.** [to emotional harm] Verletzlichkeit *die;* [to criticism, attack] Angreifbarkeit *die* **- 2.** [to influence, disease] Anfälligkeit *die;* [to bodily harm] Verwundbarkeit *die.*

vulnerable [ˈvʌlnərəbl] *adj* **- 1.** [easily hurt - emotionally] verletzlich; [- physically] verwundbar; **to be ~ to the cold** gegenüber Kälte empfindlich sein; **to be ~ to attack/criticism** leicht angreifbar sein; **the most ~ people in society** die Schwächsten in der Gesellschaft **- 2.** [easily influenced]: **~ (to sthg)** anfällig (für etw).

vulture [ˈvʌltʃəʳ] *n* **lit** & **fig** Geier *der.*

W

w (*pl* **w's** OR **ws**), **W** (*pl* **W's** OR **Ws**) [ˈdʌbljuː] *n* w *das,* W *das.*

◆ **W** (*abbr of* **west, watt**) W.

WA *abk für Washington (State), in Postanschrift verwendet.*

wacky [ˈwækɪ] (*compar* **-ier;** *superl* **-iest**) *adj inf* verrückt.

wad [wɒd] *n* **- 1.** [of cotton wool] Bausch *der* **- 2.** [of bank notes, documents] Bündel *das.*

wadding [ˈwɒdɪŋ] *n* [for packing] Material *das* zum Ausstopfen; [for clothes] Wattierung *die.*

waddle [ˈwɒdl] *vi* watscheln.

wade [weɪd] *vi* waten.

◆ **wade through** *vt fus fig* durchackern.

wadge [wɒdʒ] *n* ***Br inf*** [of food] ordentliches Stück; [of cotton wool] Bausch *der;* [of papers, banknotes] Bündel *das.*

wading pool [ˈweɪdɪŋ-] *n* ***Am*** Plantschbecken *das.*

wafer [ˈweɪfəʳ] *n* [thin biscuit] Waffel *die.*

wafer-thin *adj* hauchdünn.

waffle [ˈwɒfl] *n* **- 1.** CULIN Waffel *die* **- 2.** ***Br inf*** [vague talk] Geschwafel *das* ◇ *vi* schwafeln.

waft [wɑːft, wɒft] *vi* ziehen; [breeze] wehen.

wag [wæg] (*pt* & *pp* **-ged;** *cont* **-ging**) *vt* [tail] wedeln mit; **to ~ one's finger at sb** jm mit dem Finger drohen ◇ *vi* [tail] wedeln.

wage [weɪdʒ] *n* Lohn *der* ◇ *vt:* **to ~ war against sb/sthg** einen Kampf gegen jn/etw führen.

◆ **wages** *npl* Lohn *der.*

wage claim *n* Lohnforderung *die.*

wage differential *n* Lohnunterschied *der.*

wage earner [-ˌɜːnəʳ] *n* Lohnempfänger *der,* -in *die.*

wage freeze *n* Lohnstopp *der.*

wage packet *n* **- 1.** [envelope] Lohntüte *die* **- 2.** [pay] Lohn *der.*

wager [ˈweɪdʒəʳ] *n* Wette *die.*

wage rise *n* ***Br*** Lohnerhöhung *die.*

waggish [ˈwægɪʃ] *adj* ***inf*** schelmisch.

waggle [ˈwægl] ***inf*** *vt* [tail] wedeln mit; [ears] wackeln mit ◇ *vi* [tail] wedeln; [ears] wackeln.

wagon, waggon ***Br*** [ˈwægən] *n* **- 1.** [horsedrawn vehicle] Fuhrwerk *das* - **2.** *Br* RAIL Waggon *der*.

wagtail *n* Bachstelze *die*.

wail [weɪl] *n* - **1.** [of baby] Geschrei *das;* [of mourner] Klagen *das* - **2.** [of wind, siren] Heulen *das* <> *vi* - **1.** [baby] schreien; [mourner] klagen - **2.** [wind, siren] heulen.

wailing ['weɪlɪŋ] *n* - **1.** [of baby] Geschrei *das;* [mourner] Klagen *das* - **2.** [of wind, siren] Heulen *das*.

waist [weɪst] *n* Taille *die*.

waistband ['weɪstbænd] *n* [of skirt] Rockbund *der;* [of trousers] Hosenbund *der*.

waistcoat ['weɪskəʊt] *n Br* Weste *die*.

waistline ['weɪstlaɪn] *n* Taille *die*.

wait [weɪt] *n* Wartezeit *die;* **to lie in ~ for sb** jm auflauern <> *vi* warten; **to ~ and see** abwarten(, was passiert); **~ a minute** OR **second** OR **moment** Augenblick OR Moment (mal); **(just) you ~!** warte nur!; **the washing-up can ~** der Abwasch kann warten OR hat Zeit <> *vt* - **1.** [person]: **I/he/she can't ~ to do it** ich/er/sie kann es kaum erwarten, es zu tun - **2.** *Am* [delay]: **to ~ dinner for sb** mit dem Abendessen auf jn warten - **3.**: **to ~ tables** kellnern.

◆ **wait about, wait around** *vi* warten.

◆ **wait for** *vt fus* warten auf *(+ A);* **to ~ for sthg to happen** darauf warten, dass etw geschieht; **to ~ for sb to do sthg** darauf warten, dass jd etw tut.

◆ **wait on** *vt fus* [serve food to] bedienen.

◆ **wait up** *vi* auf|bleiben.

waiter ['weɪtəʳ] *n* Kellner *der;* **waiter!** Herr Ober!

waiting game ['weɪtɪŋ-] *n:* **to play a ~** erst einmal abwarten, wie sich die Dinge entwickeln.

waiting list ['weɪtɪŋ-] *n* Warteliste *die*.

waiting room ['weɪtɪŋ-] *n* Warteraum *der;* [at doctor's] Wartezimmer *das;* [at railway station] Wartesaal *der*.

waitress ['weɪtrɪs] *n* Kellnerin *die*, Serviererin *die*.

waive [weɪv] *vt fml* [entrance fee] verzichten auf *(+ A);* [rule] nicht anwenden.

waiver ['weɪvəʳ] *n* Verzichtserklärung *die*.

wake [weɪk] (*pt* **woke** OR **-d;** *pp* **woken** OR **-d**) *n* - **1.** [of ship, boat] Kielwasser *das;* **to leave sthg in one's/its ~** etw hinter|lassen; **in the ~ of** im Gefolge *(+ G)* - **2.** [after funeral] Totenwache *die* <> *vt* wecken <> *vi* auf|wachen.

◆ **wake up** *vt sep* auf|wecken <> *vi* - **1.** [wake] auf|wachen - **2.** [become aware]: **to ~ up to sthg** sich *(D)* einer Sache *(G)* bewusst werden.

waken ['weɪkən] *fml vt* wecken <> *vi* erwachen.

waking hours ['weɪkɪŋ-] *npl:* **to spend all one's ~ doing sthg** von früh bis spät etw tun.

Wales [weɪlz] *n* Wales *nt*.

walk [wɔːk] *n* - **1.** [stroll] Spaziergang *der;* **to go for a ~** einen Spaziergang machen; **to take the dog for a ~** mit dem Hund spazieren gehen; **it's quite a long ~ to the station** zu Fuß ist es ganz schön weit bis zum Bahnhof; **a five-mile ~** eine Wanderung von fünf Meilen - **2.** [path] Fußweg *der* - **3.** [gait] Gang *der* <> *vt* - **1.** [escort]: **I'll ~ you back to the car park** ich gehe mit dir bis zum Parkplatz; **to ~ sb home** jn (zu Fuß) nach Hause begleiten - **2.** [dog] spazieren führen - **3.** [cover on foot] laufen, (zu Fuß) gehen; **to ~ the streets** [be homeless] obdachlos sein; [in search of sthg] durch die Straßen irren; [prostitute] auf den Strich gehen <> *vi* gehen, laufen; [hike] wandern; **he ~s to work** er geht zu Fuß zur Arbeit.

◆ **walk away with** *vt fus inf fig* [medal] mit Leichtigkeit gewinnen; [prize] kassieren, ein|sacken.

◆ **walk in on** *vt fus* [interrupt]: **to ~ in on sb/sthg** bei jm/etw hereinplatzen.

◆ **walk off** *vt sep* [headache, cramp] durch Spazierengehen vertreiben; **to ~ off a meal** einen Verdauungsspaziergang machen.

◆ **walk off with** *vt fus inf* - **1.** [steal] sich davon|machen mit - **2.** [win easily] kassieren, ein|sacken.

◆ **walk out** *vi* - **1.** [leave suddenly] hinaus|gehen; **to ~ out of a room** einen Raum verlassen - **2.** [go on strike] in Streik treten.

◆ **walk out on** *vt fus* sitzen lassen.

walkabout ['wɔːkəˌbaʊt] *n Br* [by politician]: **to go on a ~** sich unters Volk mischen.

walker ['wɔːkəʳ] *n* [for pleasure] Spaziergänger *der*, -in *die;* [when hiking] Wanderer *der*, -derin *die;* SPORT Geher *der*, -in *die*.

walkie-talkie [ˌwɔːkɪ'tɔːkɪ] *n* Walkie-Talkie *das*.

walk-in *adj* - **1.**: **a ~ cupboard** ein begehbarer Einbauschrank OR Wandschrank - **2.** *Am* [victory] spielend.

walking ['wɔːkɪŋ] *n* [for pleasure] Spazierengehen *das;* [hiking] Wandern *das;* SPORT Gehen *das*.

walking shoes *npl* Wanderschuhe *pl*.

walking stick *n* Spazierstock *der*.

Walkman® ['wɔːkmən] *n* Walkman® *der*.

walk of life (*pl* **walks of life**) *n:* **people from all walks of life** Leute aus den verschiedensten gesellschaftlichen Gruppierungen.

walk-on *adj:* **~ part** Statistenrolle *die*.

walkout ['wɔːkaʊt] *n* [of workers] Arbeitsniederlegung *die;* [in negotiations]: **to stage a ~** demonstrativ den Verhandlungstisch verlassen.

walkover ['wɔːkˌəʊvəʳ] *n Br inf* [victory] spielender Sieg.

walkway ['wɔːkweɪ] *n* Fußweg *der.*

wall [wɔːl] *n* - **1.** [inside building, of stomach, cell] Wand *die* - **2.** [outside] Mauer *die;* **to come up against a brick ~** nicht mehr weiter|kommen; **to drive sb up the ~** jn auf die Palme bringen; **to go up the ~** die Wände hoch|gehen.

wallaby (*pl* **-ies**) *n* Wallaby *das.*

wallchart ['wɔːltʃɑːt] *n* Schautafel *die.*

wall cupboard *n* Hängeschrank *der.*

walled [wɔːld] *adj* von Mauern umgeben.

wallet ['wɒlɪt] *n* [for money] Brieftasche *die;* [for documents] Etui *das.*

wallflower ['wɔːlˌflaʊəʳ] *n* - **1.** [plant] Goldlack *der* - **2.** *inf fig* [person] Mauerblümchen *das.*

wallop ['wɒləp] *inf n* Schlag *der;* **to give sthg a ~** auf etw *(A)* hauen <> *vt* [person] versohlen, verdreschen; [ball] dreschen.

wallow ['wɒləʊ] *vi* - **1.** [in mud] sich wälzen, sich suhlen - **2.** [in emotion]: **to ~ in sthg** in etw *(D)* schwelgen.

wall painting *n* Wandmalerei *die.*

wallpaper ['wɔːlˌpeɪpəʳ] *n (U)* Tapete *die* <> *vt* tapezieren.

Wall Street *n* Wall Street *die.*

WALL STREET

Die Wall Street ist das Finanzviertel von New York City. Hier befindet sich u. a. die New Yorker Börse. Der Ausdruck bezeichnet oft auch die amerikanische Finanzwelt im Allgemeinen.

wall-to-wall *adj:* **~ carpeting** Teppichboden *der.*

wally ['wɒlɪ] (*pl* **-ies**) *n Br inf* Dussel *der.*

walnut ['wɔːlnʌt] *n* - **1.** [nut] Walnuss *die* - **2.** [tree] Walnussbaum *der,* Nussbaum *der* - **3.** [wood] Nussbaumholz *das.*

walrus ['wɔːlrəs] (*pl inv* OR **-es**) *n* Walross *das.*

waltz [wɔːls] *n* Walzer *der* <> *vi* - **1.** [dance] Walzer tanzen - **2.** *inf* [walk confidently]: **to ~ in** (einfach) herein|spazieren.

wan [wɒn] (*compar* **-ner;** *superl* **-nest**) *adj* [person, complexion] bleich; [smile] matt.

wand [wɒnd] *n* Zauberstab *der.*

wander ['wɒndəʳ] *vi* - **1.** [person] herum|laufen, umher|wandern - **2.** [thoughts] schweifen, wandern; **his mind ~ed during the talk** während des Vortrags schweiften seine Gedanken ab.

wanderer ['wɒndərəʳ] *n* Wandervogel *der.*

wandering ['wɒndərɪŋ] *adj* fahrend.

wane [weɪn] *n:* **to be on the ~** schwinden <> *vi* - **1.** [popularity, enthusiasm] schwinden - **2.** [moon] abnehmen.

wangle ['wæŋgl] *vt inf* organisieren; **to ~ sthg out of sb** jm etw aus dem Kreuz leiern.

wanna ['wɒnə] *esp Am* = **want a, want to.**

wannabe *adj inf:* **a ~ film-maker** ein Möchtegern-Filmemacher.

want [wɒnt] *vt* - **1.** [desire] wollen; **to ~ to do sthg** etw tun wollen; **to ~ sb to do sthg** wollen, dass jd etw tut; **what do you ~ to eat?** was möchtest du (zu) essen?; **you're ~ed on the phone** Sie werden am Telefon verlangt - **2.** [need] brauchen; **you ~ to be more careful** du solltest vorsichtiger sein; **the house ~s cleaning** das Haus muss gereinigt werden - **3.** [seek] suchen; **he is ~ed by the police** er wird von der Polizei gesucht <> *n* - **1.** [need] Bedürfnis *das* - **2.** [lack] Mangel *der;* **his ~ of understanding** seine mangelnde Einsicht; **for ~ of** aus Mangel an *(+ D)* - **3.** [poverty] Not *die;* **to be in ~** Not leiden.

want ad *n Am inf* Kleinanzeige *die.*

wanted ['wɒntɪd] *adj:* **to be ~ (by the police)** (polizeilich) gesucht werden.

wanting ['wɒntɪŋ] *adj fml* [inadequate]: **the play is ~ in humour** dem Stück fehlt es an Humor; **to be found ~** für nicht gut genug gehalten werden.

wanton ['wɒntən] *adj* - **1.** *fml* [destruction] mutwillig; [neglect] sträflich - **2.** [immoral - behaviour, woman] schamlos.

war [wɔːʳ] (*pt* & *pp* **-red;** *cont* **-ring**) *n* Krieg *der;* **to be at ~** sich im Kriegszustand befinden; **to go to ~** [country] den Krieg erklären; **the ~ against cancer** der Kampf gegen Krebs; **you look like you've been in the ~s** *Br* du siehst ziemlich ramponiert aus.

War., Warks. *abk für Warwickshire, in Postanschrift verwendet.*

warble ['wɔːbl] *vi literary* [bird] trällern.

war crime *n* Kriegsverbrechen *das.*

war criminal *n* Kriegsverbrecher *der,* -in *die.*

war cry *n* [in battle] Kriegsruf *der.*

ward [wɔːd] *n* - **1.** [part of hospital] Station *die;* [room in hospital] Krankensaal *der;* **maternity ~** Entbindungsstation *der* - **2.** *Br* POL Wahlbezirk *die* - **3.** LAW Mündel *das.*

◆ **ward off** *vt fus* [blow, evil spirits] ab|wehren; [danger] ab|wenden; [disease] schützen vor *(+ D).*

war dance *n* Kriegstanz *der.*

warden ['wɔːdn] *n* - **1.** [of park] Aufseher *der,* -in *die;* [of game reserve] Wildhüter *der,* -in *die* - **2.** *Br* [of youth hostel] Herbergsvater *der,* -mutter *die;* [of hall of residence] Heimleiter *der,*

-in *die* **- 3.** ***Am*** [prison governor] Gefängnisdirektor *der*, -in *die*.

warder ['wɔːdəʳ] *n* [in prison] Wärter *der*, -in *die*.

ward of court *n* Mündel *das* unter Amtsvormundschaft.

wardrobe ['wɔːdrəʊb] *n* **- 1.** [piece of furniture] Kleiderschrank *der*, Schrank *der* **- 2.** [collection of clothes] Garderobe *die*.

wardrobe mistress *n* ***Br*** Gewandmeisterin *die*.

warehouse ['weəhaʊs, *pl* -haʊzɪz] *n* Lagerhaus *das*.

wares [weəz] *npl* ***literary*** Waren *pl*.

warfare ['wɔːfeəʳ] *n (U)* [war] Krieg *der;* [technique] Kriegsführung *die*.

war game *n* Kriegsspiel *das*.

warhead ['wɔːhed] *n* Sprengkopf *der*.

warily ['weərəlɪ] *adv* [carefully] vorsichtig; [suspiciously] misstrauisch.

warlike ['wɔːlaɪk] *adj* kriegerisch.

warm [wɔːm] *adj* **- 1.** [gen] warm; **are you ~ enough?** ist dir warm genug? **- 2.** [friendly - person, feelings, welcome] herzlich; [- atmosphere] freundlich <> *vt* [food, milk] warm machen; **to ~ one's hands** sich *(D)* die Hände wärmen.

◆ **warm over** *vt sep* ***Am*** [food, ideas] auf|wärmen.

◆ **warm to** *vt fus* [idea, place] Gefallen finden an *(+ D);* [person]: **my heart ~ed to her** sie wurde mir sympathischer.

◆ **warm up** *vt sep* **- 1.** [heat - food] warm machen; [- room] heizen **- 2.** [reheat] auf|wärmen <> *vi* **- 1.** [get warmer] wärmer werden **- 2.** [machine, engine] warm laufen; [audience] in Stimmung kommen **- 3.** [athlete, footballer] sich auf|wärmen; [orchestra, musician] sich ein|spielen; [singer] sich ein|singen.

warm-blooded [-'blʌdɪd] *adj* warmblütig.

war memorial *n* Kriegerdenkmal *das*.

warm front *n* Warmfront *die*.

warm-hearted [-'hɑːtɪd] *adj* [person] warmherzig; [action, gesture] herzlich.

warmly ['wɔːmlɪ] *adv* **- 1.** [in warm clothes]: **to dress ~** sich warm anziehen **- 2.** [in a friendly way] herzlich.

warmness ['wɔːmnɪs] *n* Herzlichkeit *die*.

warmonger ['wɔːˌmʌŋgəʳ] *n* Kriegshetzer *der*, -in *die*.

warmth [wɔːmθ] *n* **- 1.** [of temperature, clothes] Wärme *die* **- 2.** [of welcome, smile, support] Herzlichkeit *die*.

warm-up *n* [preparation] Aufwärmen *das*.

warn [wɔːn] *vt* **- 1.** [advise] warnen; **to ~ sb of** *OR* **about sthg** jn vor etw *(D)* warnen; **to ~ sb against doing sthg, to ~ sb not to do sthg** jn davor warnen, etw zu tun **- 2.** [inform] Bescheid geben *(+ D);* **to ~ sb that ...** jn darauf hin|weisen, dass ... <> *vi* [forecast]: **to ~ of sthg** vor etw *(D)* warnen.

warning ['wɔːnɪŋ] *adj* [sign, message] Warn-; [look, message] warnend <> *n* **- 1.** [cautionary advice] Warnung *die;* [from police, judge] Verwarnung *die* **- 2.** [notice]: **to give sb ~** jm rechtzeitig Bescheid sagen; **without ~** ohne Vorwarnung.

warning light *n* Warnleuchte *die*.

warning triangle *n* ***Br*** Warndreieck *das*.

warp [wɔːp] *n* [of cloth] Kette *die* <> *vt* **- 1.** [wood]: **the sun will ~ the wood** in der Sonne wird sich das Holz verziehen **- 2.** [mind] psychisch schwer schädigen <> *vi* [wood] sich verziehen.

warpath ['wɔːpɑːθ] *n*: **to go on the ~** auf dem Kriegspfad sein.

warped [wɔːpt] *adj* **- 1.** [wood] verzogen **- 2.** [person, mind] gestört; [sense of humour] abartig.

warrant ['wɒrənt] *n* LAW [written order] Befehl *der;* [for arrest] Haftbefehl *der;* [for search] Durchsuchungsbefehl *der* <> *vt* ***fml*** [justify] rechtfertigen.

warrant officer *n Dienstgrad zwischen Unteroffizier und Leutnant*.

warranty ['wɒrəntɪ] (*pl* **-ies**) *n* [guarantee] Garantie *die;* **it is still under ~** die Garantie ist noch nicht abgelaufen.

warren ['wɒrən] *n* Kaninchenbau *der*.

warring ['wɔːrɪŋ] *adj* [nations] Krieg führend; [factions] sich bekämpfend.

warrior ['wɒrɪəʳ] *n* ***literary*** Krieger *der*.

Warsaw ['wɔːsɔː] *n* Warschau *nt;* **the ~ Pact** der Warschauer Pakt.

warship ['wɔːʃɪp] *n* Kriegsschiff *das*.

wart [wɔːt] *n* Warze *die*.

wartime ['wɔːtaɪm] *adj* Kriegs- <> *n* Kriegszeit *die;* **in ~** in Kriegszeiten.

war widow *n* Kriegerwitwe *die*.

wary ['weərɪ] (*compar* **-ier;** *superl* **-iest**) *adj* [careful] vorsichtig; [suspicious] misstrauisch; **to be ~ of sthg** sich vor etw *(D)* in Acht nehmen.

was [*weak form* wəz, *strong form* wɒz] *pt* ▷ **be.**

wash [wɒʃ] *n* **- 1.** [act of washing]: **she/it needs a ~** sie/es muss gewaschen werden; **to have a ~** sich waschen; **to give sthg a ~** etw waschen **- 2.** [clothes to be washed] Wäsche *die* **- 3.** [from boat] Kielwasser *das* <> *vt* **- 1.** [clean] waschen; [dishes] spülen, ab|waschen; **to ~ one's hands** sich *(D)* die Hände waschen **- 2.** [subj: current, sea, rain] spülen; **to be ~ed ashore** an Land geschwemmt werden <> *vi* [clean o.s.] sich waschen.

◆ **wash away** *vt sep* weg|spülen.

◆ **wash down** *vt sep* **- 1.** [food] hinunter|spülen **- 2.** [clean] (mit Wasser) ab|spritzen.
◆ **wash out** *vt sep* heraus|waschen; [mouth] aus|spülen.
◆ **wash up** *vt sep* **- 1.** ***Br*** [dishes] ab|waschen, spülen **- 2.** [subj: sea, river] an|schwemmen ◇ *vi* **- 1.** ***Br*** [wash the dishes] ab|waschen, spülen **- 2.** ***Am*** [wash o.s.] sich waschen.

Wash *n*: **The ~** *seichter Gebiet an der englischen Ostküste.*

washable ['wɒʃəbl] *adj* waschbar.

wash-and-wear *adj* bügelfrei.

washbasin ***Br*** ['wɒʃ,beɪsn], **washbowl** ***Am*** ['wɒʃbəʊl] *n* Waschbecken *das.*

washcloth ['wɒʃ,klɒθ] *n* ***Am*** Waschlappen *der.*

washed-out [,wɒʃt-] *adj* **- 1.** [pale] mitgenommen **- 2.** [exhausted] ausgelaugt.

washer ['wɒʃəʳ] *n* **- 1.** TECH Dichtungsring *der* **- 2.** [washing machine] Waschmaschine *die.*

washer-dryer *n* Waschtrockner *der.*

washing ['wɒʃɪŋ] *n* **- 1.** [act] Waschen *das* **- 2.** [clothes] Wäsche *die.*

washing line *n* Wäscheleine *die.*

washing machine *n* Waschmaschine *die.*

washing powder *n* ***Br*** Waschpulver *das.*

Washington ['wɒʃɪŋtən] *n* **- 1.** [state]: **~ State** Washington *nt* **- 2.** [city]: **~ D.C.** Washington *nt, Hauptstadt der USA.*

washing-up *n* **- 1.** ***Br*** [crockery, pans *etc*] Abwasch *der* **- 2.** [act]: **to do the ~** spülen, den Abwasch machen.

washing-up liquid *n* ***Br*** Spülmittel *das.*

washout ['wɒʃaʊt] *n* ***inf*** Reinfall *der.*

washroom ['wɒʃrʊm] *n* ***Am*** Toilette *die.*

wasn't [wɒznt] = **was not.**

wasp [wɒsp] *n* Wespe *die.*

Wasp, WASP [wɒsp] (*abbr of* **White Anglo-Saxon Protestant**) *n* ***inf*** *weißer Angehörige des amerikanischen Bürgertums.*

waspish ['wɒspɪʃ] *adj* giftig.

wastage ['weɪstɪdʒ] *n (U)* [process] Verschwendung *die;* [amount] Verlust *der.*

waste [weɪst] *adj* [fuel] ungenutzt; **~ material** Abfallstoffe *pl;* **~ water** Abwasser *das* ◇ *n* **- 1.** [misuse] Verschwendung *die;* **to go to ~** [talent] verkümmern; [food] verkommen; **that's a ~ of money** das ist Geldverschwendung; **a ~ of time** eine Zeitverschwendung **- 2.** [refuse] Abfall *der* ◇ *vt* verschwenden; [opportunity] vertun; **such subtle distinctions are ~d on him** solch feine Anspielungen versteht er sowieso nicht; **an expensive wine would be ~d on me** mir einen teuren Wein zu servieren wäre reine Verschwendung.
◆ **wastes** *npl* ***literary*** [wastelands] Wildnis *die,* Einöde *die;* **the frozen ~s of Antarctica** die Eiswüsten der Antarktis.
◆ **waste away** *vi* dahin|schwinden.

wastebasket ['weɪst,bɑːskɪt] *n* ***Am*** Papierkorb *der.*

wasted ['weɪstɪd] *adj* [time] verschwendet; [effort] vergeblich.

waste disposal unit *n* Müllschlucker *der.*

wasteful ['weɪstfʊl] *adj* verschwenderisch.

waste ground *n* Ödland *das.*

wasteland ['weɪst,lænd] *n* ***lit*** Ödland *das;* ***fig*** Einöde *die.*

waste paper *n* Altpapier *das.*

wastepaper basket, wastepaper bin [,weɪst'peɪpəʳ-], **wastebasket** ***Am*** ['weɪst,bɑːskɪt] *n* Papierkorb *der.*

watch [wɒtʃ] *n* **- 1.** [timepiece] Uhr *die,* Armbanduhr *die* **- 2.** [act of guarding]: **to keep ~** Wache halten; **to keep (a) ~ on sb/sthg** auf jn/etw auf|passen **- 3.** [guard - person] Wachmann *der;* [- group] Wache *die* ◇ *vt* **- 1.** [look at] beobachten; [game, event] zulsehen OR zu|schauen bei; [film, play] sich *(D)* an|sehen; **to ~ television** fern|sehen; **to ~ sb playing** jm beim Spielen zu|sehen OR zu|schauen; **~ this closely** sehen OR schauen Sie jetzt genau her! **- 2.** [spy on] beobachten **- 3.** [be careful about] auf|passen auf *(+ A);* **~ it!** ***inf*** [as threat] pass (bloß) auf! ◇ *vi* [observe] zu|sehen, zu|schauen.
◆ **watch for** *vt fus* [person, thing] Ausschau halten nach; [opportunity] warten auf *(+ A).*
◆ **watch out** *vi* **- 1.** [be careful]: **to ~ out (for sthg)** auf|passen (auf etw *(A)*), Acht geben (auf etw *(A)*); **~ out!** Achtung!, Vorsicht! **- 2.** [keep a lookout]: **to ~ out for sthg** nach etw Ausschau halten.
◆ **watch over** *vt fus* [look after] wachen über *(+ A).*

watchdog ['wɒtʃdɒg] *n* **- 1.** [dog] Wachhund *der* **- 2.** [organization] Aufsichtsbehörde *die.*

watchful ['wɒtʃfʊl] *adj* [vigilant] wachsam; **to keep a ~ eye on sb/sthg** ein wachsames Auge auf jn/etw haben.

watchmaker ['wɒtʃ,meɪkəʳ] *n* Uhrmacher *der,* -in *die.*

watchman ['wɒtʃmən] (*pl* **-men** [-mən]) *n* Wächter *der.*

watchword ['wɒtʃwɜːd] *n* Parole *die.*

water ['wɔːtəʳ] *n* **- 1.** [gen] Wasser *das;* **to pour** OR **throw cold ~ on sthg** ***fig*** etw mies machen; **to tread ~** Wasser treten; **that's all ~ under the bridge** das ist (doch) Schnee von gestern **- 2.** [urine]: **to pass ~** Wasser lassen ◇ *vt* [plants] gießen; [garden, lawn] sprengen; [land, field] bewässern ◇ *vi* **- 1.** [eyes] tränen

- 2. [mouth]: **my mouth was ~ing** mir lief das Wasser im Munde zusammen.
◆ **waters** *npl* **- 1.** [territory at sea] Gewässer *pl* **- 2.** *literary* [of river, lake, sea] Wasser *pl.*
◆ **water down** *vt sep* **- 1.** [drink] verdünnen **- 2.** *usu pej* [plan, criticism, novel] verwässern.

water bed *n* Wasserbett *das.*

water bird *n* Wasservogel *der.*

water biscuit *n* Kräcker *der.*

waterborne [ˈwɔːtəbɔːn] *adj* [disease] durch Wasser übertragen.

water bottle *n* Wasserflasche *die.*

water buffalo *n* Wasserbüffel *der.*

water cannon *n* Wasserwerfer *der.*

water chestnut *n* Wasserkastanie *die.*

water closet *n dated* Wasserklosett *das.*

watercolour [ˈwɔːtəˌkʌləʳ] *n* **- 1.** [picture] Aquarell *das* **- 2.** [paint] Aquarellfarbe *die.*

water-cooled [-ˌkuːld] *adj* wassergekühlt.

watercourse [ˈwɔːtəkɔːs] *n* [stream, river] Wasserlauf *der;* [river channel] Flussbett *das;* [artificial] Kanal *der.*

watercress [ˈwɔːtəkres] *n* Brunnenkresse *die.*

watered-down [ˌwɔːtəd-] *adj usu pej* verwässert.

waterfall [ˈwɔːtəfɔːl] *n* Wasserfall *der.*

waterfront [ˈwɔːtəfrʌnt] *n* Häuserzeile *die* am Wasser; **I live on the ~** ich wohne direkt am Wasser.

water heater *n* Heißwassergerät *das,* Boiler *der.*

waterhole [ˈwɔːtəhəʊl] *n* Wasserstelle *die.*

watering can [ˈwɔːtərɪŋ-] *n* Gießkanne *die.*

water jump *n* Wassergraben *der.*

water level *n* Wasserstand *der.*

water lily *n* Seerose *die.*

waterline [ˈwɔːtəlaɪn] *n* NAUT Wasserlinie *die.*

waterlogged [ˈwɔːtəlɒgd] *adj* **- 1.** [land, sports pitch] (völlig) aufgeweicht **- 2.** [vessel] voll Wasser.

water main *n* Hauptwasserleitung *die.*

watermark [ˈwɔːtəmɑːk] *n* **- 1.** [in paper] Wasserzeichen *das* **- 2.** [showing water level] Wasserstandsmarke *die.*

watermelon [ˈwɔːtəˌmelən] *n* Wassermelone *die.*

water pipe *n* [in building] Wasserrohr *das.*

water pistol *n* Wasserpistole *die.*

water polo *n* Wasserball *der.*

waterproof [ˈwɔːtəpruːf] *adj* [watch] wasserdicht; [anorak, shoes] wasserundurchlässig ◇ *n:* **~s** Regenkleidung *die* ◇ *vt* [material] imprägnieren, wasserundurchlässig machen.

water rates *npl Br* Wassergebühren *pl.*

water-resistant *adj* wasserundurchlässig.

watershed [ˈwɔːtəʃed] *n* [turning point] Wendepunkt *der.*

waterside [ˈwɔːtəsaɪd] *adj* am Wasser ◇ *n:* **the ~** das Ufer.

water skiing *n* Wasserskilaufen *das.*

water softener *n* Wasserenthärter *der.*

water-soluble *adj* wasserlöslich.

watersports [ˈwɔːtəspɔːts] *npl* Wassersport *der.*

waterspout [ˈwɔːtəspaʊt] *n* Wasserhose *die.*

water supply *n* Wasserversorgung *die.*

water table *n* Grundwasserspiegel *der.*

water tank *n* Wassertank *der.*

watertight [ˈwɔːtətaɪt] *adj* **- 1.** [waterproof] wasserdicht **- 2.** [faultless] hieb- und stichfest.

water tower *n* Wasserturm *der.*

waterway [ˈwɔːtəweɪ] *n* Wasserstraße *die.*

waterworks [ˈwɔːtəwɜːks] (*pl inv*) *n* [building] Wasserwerk *das.*

watery [ˈwɔːtərɪ] *adj* **- 1.** [food, juice] wässrig; [coffee, tea] dünn **- 2.** [light, sun] blass.

watt [wɒt] *n* Watt *das.*

wattage [ˈwɒtɪdʒ] *n* Wattleistung *die*

wave [weɪv] *n* **- 1.** [gen] Welle *die;* **a ~ of immigrants** eine Einwanderungswelle **- 2.** [gesture]: **to give sb a ~** jm zulwinken ◇ *vt* **- 1.** [flag, handkerchief] schwenken; [baton] schwingen; [gun, stick] fuchteln; **to ~ one's hand at sb** jm winken **- 2.** [gesture to]: **to ~ sb on/over** jn weiter-/herüberlwinken **- 3.** [hair] wellen ◇ *vi* **- 1.** [with hand] winken; **to ~ at** OR **to sb** jm zulwinken **- 2.** [flag] wehen; [branches] sich hin und her bewegen, sich wiegen.
◆ **wave aside** *vt sep* [dismiss] zurücklweisen.
◆ **wave down** *vt sep* anlhalten; [subj: police] herauslwinken.

wave band *n* Wellenbereich *der.*

wavelength [ˈweɪvleŋθ] *n* Wellenlänge *die;* **to be on the same ~ (as sb)** *fig* auf der gleichen Wellenlänge (wie jd) funken.

waver [ˈweɪvəʳ] *vi* **- 1.** [person, resolve, confidence] wanken; **she never ~ed in her determination** sie schwankte nie in ihrer Entschlossenheit **- 2.** [voice] zittern **- 3.** [flame, light] flackern.

wavy [ˈweɪvɪ] (*compar* **-ier;** *superl* **-iest**) *adj* **- 1.** [hair] wellig **- 2.** [line] Schlangen-.

wax [wæks] *n* **- 1.** [in candles, polish, for skis] Wachs *das* **- 2.** [in ears] Ohrenschmalz *das* ◇ *vt* **- 1.** [floor, table, skis] wachsen **- 2.** [legs] mit

Wachs enthaaren ◇ *vi* - **1.** ***dated*** *or* ***hum*** [become] werden; **to ~ and wane** zu-und ab|nehmen - **2.** [moon] zu|nehmen.

waxen ['wæksən] *adj* [face, complexion] wächsern.

wax paper *n* ***Am*** Wachspapier *das*.

waxworks ['wæksw3:ks] (*pl inv*) *n* [museum] Wachsfigurenkabinett *das*.

way [weɪ] *n* - **1.** [means, method] Art und Weise *die*; **this/that ~** so; **this is the best ~ to do it** man macht es am besten so; **~s and means** Mittel und Wege; **to get** *OR* **have one's ~** seinen Willen durch|setzen; **she wants to have everything her own ~** sie will in nichts nachgeben - **2.** [manner, style] Art *die*; **I feel the same ~ as you** mir geht es wie Ihnen; **she's behaving in a very odd ~** sie benimmt sich sehr seltsam; **if that's the ~ you feel ...** wenn du so denkst ...; **in the same ~** auf die gleiche Weise; **in a ~** in gewisser Hinsicht, irgendeine schon; **he's in a bad ~** es steht schlecht mit ihm; **I in no ~ wish to criticize you** ich will dich auf keinerlei Weise kritisieren - **3.** [skill]: **she has a ~ with children** sie kann gut mit Kindern umgehen; **she has a ~ with words** sie ist sehr wortgewandt; **to have a ~ of doing sthg** ein Geschick haben, etw zu tun - **4.** [thoroughfare, path] Weg *der*; **across** *OR* **over the ~** gegenüber; '**give ~**' ***Br*** AUT 'Vorfahrt beachten' - **5.** [route] Weg *der*; **which ~ is the station?** wie kommt man zum Bahnhof?; **what's the best ~ to the station?** wie kommt man am besten zum Bahnhof?; **to be in the ~** im Weg sein; **to be in sb's ~** jm im Wege stehen; **their house is on the ~** ihr Haus ist auf dem Weg; **on the ~ (to the station)** auf dem Weg (zum Bahnhof); **on the ~ home/to school** auf dem Heimweg/Schulweg; **on the ~ back/there** auf dem Rückweg/Hinweg; **the town is out of our ~** die Stadt liegt nicht auf unserem Weg; **out of the ~** [place] abgelegen; **to be out of the ~** [finished] erledigt sein; [not blocking] nicht mehr im Weg sein; **get out of the** *OR* **my ~!** geh mir aus dem Weg!; **to go out of one's ~ to do sthg** sich *(D)* besondere Mühe geben, etw zu tun; **to keep out of sb's ~** jm aus dem Wege gehen; **to be under ~** [ship] in Fahrt sein; [project, meeting] im Gange sein; **to get under ~** [ship] in Fahrt kommen; [project, meeting] in Gang kommen; **to lose one's ~** sich verlaufen; [in car] sich verfahren; **to make one's ~ through the crowd** sich *(D)* einen Weg durch die Menge bahnen; **make your ~ to the exit** begeben Sie sich zum Ausgang; **to make ~ for sb/sthg** jm/einer Sache Platz machen; **to stand in sb's ~ *fig*** jn im Wege stehen - **6.** [direction] Richtung *die*; **which ~ are you going?** in welche Richtung gehst du?; **this/that ~** hier/dort entlang; **look this ~, please** sehen Sie bitte hierher; **~ in** Eingang *der*; **~ out** Ausgang *der* - **7.** [side]: **the right ~ round** richtig herum; **the wrong ~ round** verkehrt herum; **the right/wrong ~ up** richtig/verkehrt herum; **the other ~ round** anders herum - **8.** [distance] Weg *der*; **all the ~** den ganzen Weg; **we're with you all the ~ *fig*** wir stehen voll und ganz hinter dir; **most of the ~** fast den ganzen Weg; **it's a long ~ (away) from here** es liegt weit weg *OR* entfernt; **I have a long ~ to go** ich habe einen weiten Weg vor mir; **he's not as clever as her by a long ~** er ist bei weitem nicht so klug wie sie; **the takings went a long ~ towards covering expenses** die Einnahmen haben die Kosten weitgehend gedeckt - **9.** *phr:* **to give ~** [under weight, pressure] nach|geben; **in many ~s** in vieler Hinsicht; **no ~!** auf keinen Fall! ◇ *adv* ***inf*** [far] viel; **~ ahead** weit voraus; **~ off** weit entfernt; **~ back in 1930** damals 1930.

◆ **ways** *npl* [customs, habits] Art *die*.

◆ **by the way** *adv* übrigens.

◆ **by way of** *prep* - **1.** [via] über *(+ A)* - **2.** [as a sort of] als; **by ~ of an apology** als Entschuldigung.

◆ **in the way of** *prep* [in the form of]: **what have you got in the ~ of drinks?** was haben Sie an Getränken?

waylay [,weɪ'leɪ] (*pt* & *pp* **-laid** [-'leɪd]) *vt* ab|fangen.

way of life *n* [lifestyle] Lebensstil *der*; [of nation, tribe] Lebensweise *die*.

way-out *adj* ***inf*** verrückt.

wayside ['weɪsaɪd] *n*: **to fall by the ~ *fig*** auf der Strecke bleiben.

wayward ['weɪwəd] *adj* eigenwillig.

WC (*abbr of* **water closet**) *n* WC *das*.

we [wi:] *pers pron pl* wir; **~ British** wir Briten.

weak [wi:k] *adj* - **1.** [gen] schwach - **2.** [lacking knowledge, skill]: **to be ~ on sthg** in etw *(D)* schwach sein.

weaken ['wi:kn] *vt* schwächen; [argument] entkräften ◇ *vi* - **1.** [person] schwach werden - **2.** [influence, power & FIN] schwächer werden.

weak-kneed [-ni:d] *adj* ***inf pej*** charakterschwach.

weakling ['wi:klɪŋ] *n* ***pej*** Schwächling *der*.

weakly ['wɪ:klɪ] *adv* [get up, move] kraftlos; [smile] schwach.

weak-minded [-'maɪndɪd] *adj* [weak-willed] willensschwach.

weakness ['wi:knɪs] *n* - **1.** [gen] Schwäche *die*; **to have a ~ for sthg** eine Schwäche für etw haben - **2.** [in plan, argument] Schwachpunkt *der*.

weal [wi:l] *n* Striemen *der*.

wealth [welθ] *n* - **1.** *(U)* [riches] Reichtum *der* - **2.** [abundance]: **a ~ of sthg** ein Reichtum an etw *(D)*.

wealth tax *n* ***Br*** Vermögenssteuer *die*.

wealthy ['welθɪ] (*compar* **-ier;** *superl* **-iest**) *adj* reich.

wean [wiːn] *vt* **- 1.** [from mother's milk] entwöhnen **- 2.** [from habit]: **to ~ sb from** OR **off sthg** jn von etw ab|bringen.

weapon ['wepən] *n* Waffe *die*.

weaponry ['wepənrɪ] *n (U)* Waffen *pl*.

wear [weəʳ] (*pt* **wore;** *pp* **worn**) *n* **- 1.** [type of clothes] Kleidung *die* **- 2.** [damage]: **~ (and tear)** Abnutzung *die* **- 3.** [use]: **these shoes have had a lot of ~** diese Schuhe sind viel getragen worden; **to be the worse for ~** [tired] sehr müde sein; [drunk] betrunken sein ◇ *vt* **- 1.** [clothes, shoes, jewellery, spectacles] tragen **- 2.** [damage] ab|nutzen ◇ *vi* **- 1.** [deteriorate] sich ab|nutzen **- 2.** [last]: **to ~ well/badly** gut/nicht gut halten **- 3.** *phr:* **my patience is ~ing thin** meine Geduld ist langsam erschöpft; **that excuse is starting to ~ a bit thin** diese Ausrede ist inzwischen ganz schön abgedroschen.

◆ **wear away** *vt sep* [steps] aus|treten; [inscription] verwittern; [grass] ab|nutzen ◇ *vi* [steps] ausgetreten werden; [inscription] verwittern; [grass] abgenutzt werden.

◆ **wear down** *vt sep* **- 1.** [reduce size of] ab|nutzen; [heel] ab|laufen **- 2.** [weaken] aus|zehren; [resistance] zermürben ◇ *vi* sich ab|nutzen; [heel] sich ab|laufen.

◆ **wear off** *vi* nach|lassen.

◆ **wear on** *vi* sich hin|ziehen.

◆ **wear out** *vt sep* **- 1.** [clothing, machinery] ab|nutzen **- 2.** [person, patience, strength] erschöpfen ◇ *vi* [clothing, shoes] sich ab|nutzen.

wearable ['weərəbl] *adj* tragbar.

wearily ['wɪərɪlɪ] *adv* müde.

weariness ['wɪərɪnɪs] *n* Müdigkeit *die*.

wearing ['weərɪŋ] *adj* [exhausting] anstrengend.

weary ['wɪərɪ] (*compar* **-ier;** *superl* **-iest**) *adj* **- 1.** [exhausted] müde **- 2.** [fed up]: **to be ~ of sthg** etw satt haben; **to be ~ of doing sthg** es satt haben, etw zu tun.

weasel ['wiːzl] *n* Wiesel *das*.

weather ['weðəʳ] *n* Wetter *das;* **to make heavy ~ of sthg** sich *(D)* etw unnötig schwer machen; **to be under the ~** nicht ganz auf der Höhe sein ◇ *vt* [survive] überstehen ◇ *vi* verwittern.

weather-beaten [-ˌbiːtn] *adj* **- 1.** [face, skin] wettergegerbt **- 2.** [stone, rocks] verwittert.

weathercock ['weðəkɒk] *n* Wetterhahn *der*.

weathered ['weðəd] *adj* **- 1.** [face] wettergegerbt **- 2.** [wood, building, stone] verwittert.

weather forecast *n* Wettervorhersage *die*.

weatherman ['weðəmæn] (*pl* **-men** [-men]) *n* Meterologe *der*.

weather map *n* Wetterkarte *die*.

weatherproof ['weðəpruːf] *adj* wetterfest.

weather report *n* Wetterbericht *der*.

weather ship *n* Wetterschiff *das*.

weather vane [-veɪn] *n* Wetterfahne *die*.

weave [wiːv] (*pt* **wove;** *pp* **woven**) *n* Webart *die* ◇ *vt* **- 1.** [using loom] weben **- 2.** [move along]: **to ~ one's way through the crowd/the traffic** sich durch die Menge/den Verkehr schlängeln ◇ *vi* [move] sich durch|schlängeln.

weaver ['wiːvəʳ] *n* Weber *der*, -in *die*.

web [web] *n* **- 1.** [cobweb] Spinnennetz *das* **- 2.** *fig* [of lies, intrigue] Netz *das*.

◆ **Web** *n:* **the Web** COMPUT das Netz, das Web.

webbed [webd] *adj* mit Schwimmhäuten.

webbing ['webɪŋ] *n* [material] Gurtband *das*.

web-footed [-'fʊtɪd] *adj* mit Schwimmfüßen.

website ['webˌsaɪt] *n* COMPUT Website *die*.

wed [wed] (*pt* & *pp* **wed** OR **-ded**) *literary vt* **- 1.** [marry] heiraten **- 2.** [subj: priest] trauen ◇ *vi* heiraten.

we'd [wiːd] = **we had, we would.**

Wed. (*abbr of* **Wednesday**) Mi.

wedded ['wedɪd] *adj* [committed]: **to be ~ to sthg** sich einer Sache *(D)* verschrieben haben.

wedding ['wedɪŋ] *n* Hochzeit *die*.

wedding anniversary *n* Hochzeitstag *der*.

wedding cake *n* Hochzeitskuchen *der*.

wedding dress *n* Hochzeitskleid *das*.

wedding reception *n* Hochzeitsfeier *die*.

wedding ring *n* Ehering *der*.

wedge [wedʒ] *n* **- 1.** [gen] Keil *der;* **to drive a ~ between** einen Keil treiben zwischen; **this is the thin end of the ~** das ist erst der Anfang **- 2.** [of cheese, cake, pie] Stück *das* ◇ *vt* **- 1.** [secure] fest|klemmen **- 2.** [squeeze, push] zwängen; **she sat ~d between us** sie saß zwischen uns eingezwängt.

wedlock ['wedlɒk] *n (U) literary* Ehe *die;* **a child born out of ~** ein uneheliches Kind.

Wednesday ['wenzdɪ] *n* Mittwoch *der; see also* **Saturday.**

wee [wiː] *adj Scot* klein ◇ *n vinf:* **to do/have a ~** Pipi machen ◇ *vi vinf* Pipi machen.

weed [wiːd] *n* **- 1.** [wild plant] Unkraut *das* **- 2.** *Br inf* [feeble person] Schwächling *der* ◇ *vt:* **to ~ the garden** im Garten Unkraut jäten.

◆ **weed out** *vt sep* aus|sondern.

weeding ['wiːdɪŋ] *n:* **to do the ~** Unkraut jäten.

weedkiller ['wiːdˌkɪləʳ] *n* Unkrautvertilgungsmittel *das*.

weedy [ˈwiːdɪ] (*compar* **-ier;** *superl* **-iest**) *adj* **- 1.** [overgrown with weeds] mit Unkraut bewachsen **- 2.** *Br inf* [feeble] schwächlich.

week [wiːk] *n* Woche *die;* **in three ~s' time** in drei Wochen; **a ~ on Saturday, Saturday ~** Samstag in einer Woche; **a ~ last Saturday** Samstag vor einer Woche.

weekday [ˈwiːkdeɪ] *n* Wochentag *der.*

weekend [ˌwiːkˈend] *n* Wochenende *das;* **at the ~** am Wochenende.

weekend bag *n kleine Reisetasche.*

weekly [ˈwiːklɪ] (*pl* **-ies**) *adj* wöchentlich; [newspaper] Wochen- <> *adv* wöchentlich <> *n* Wochenzeitung *die.*

weeny [ˈwiːnɪ] *adj Br inf* winzig.

weep [wiːp] (*pt* & *pp* **wept**) *n:* **to have a ~** weinen <> *vt* & *vi* weinen.

weeping willow [ˌwiːpɪŋ-] *n* Trauerweide *die.*

weepy [ˈwiːpɪ] (*compar* **-ier;** *superl* **-iest**) *adj* weinerlich <> *n* [sentimental film] Schmachtfetzen *der.*

wee-wee *n* & *vi* = **wee.**

weft [weft] *n* Schussfaden *der.*

weigh [weɪ] *vt* **- 1.** [find weight of] wiegen **- 2.** [consider carefully] ab|wägen **- 3.** [raise]: **to ~ anchor** den Anker lichten <> *vi* [have specific weight] wiegen.

◆ **weigh down** *vt sep* **- 1.** [physically]: **to be ~ed down with sthg** mit etw beladen sein **- 2.** [mentally]: **to be ~ed down by** *OR* **with sthg** mit etw belastet sein.

◆ **weigh (up)on** *vt fus* lasten auf *(+ D).*

◆ **weigh out** *vt sep* ab|wiegen.

◆ **weigh up** *vt sep* [situation, pros and cons] ab|wägen; [person, opposition] ein|schätzen.

weighbridge [ˈweɪbrɪdʒ] *n Br* Brückenwaage *die.*

weighing machine [ˈweɪɪŋ-] *n* Waage *die.*

weight [weɪt] *n* **- 1.** [of person, package, goods & SPORT] Gewicht *das;* **to put on** *OR* **gain ~** zu|nehmen; **to lose ~** ab|nehmen; **to take the ~ off one's feet** sich hin|setzen **- 2.** *fig* [power, influence]: **the ~ of public opinion** die Übermacht der öffentlichen Meinung; **~ of evidence** Beweislast *die;* **to carry ~** von Gewicht sein; **to throw one's ~ about** sich auf|spielen **- 3.** *lit* & *fig* [burden] Last *die;* **it took a ~ off my mind** damit ist mir ein Stein vom Herzen gefallen **- 4.** *phr:* **to pull one's ~** seinen Beitrag leisten <> *vt:* **to ~ sthg (down)** etw beschweren.

weighted [ˈweɪtɪd] *adj:* **to be ~ in favour of/against sb/sthg** jn/etw bevorteilen/benachteiligen.

weighting [ˈweɪtɪŋ] *n (U)* Zulage *die.*

weightlessness [ˈweɪtlɪsnɪs] *n* Schwerelosigkeit *die.*

weight lifter *n* Gewichtheber *der,* -in *die.*

weight lifting *n* Gewichtheben *das.*

weight training *n* Krafttraining *das.*

weighty [ˈweɪtɪ] (*compar* **-ier;** *superl* **-iest**) *adj* [serious, important] schwerwiegend.

weir [wɪəʳ] *n* Wehr *das.*

weird [wɪəd] *adj* seltsam.

weirdo [ˈwɪədəʊ] (*pl* **-s**) *n inf* seltsame Gestalt.

welcome [ˈwelkəm] *adj* **- 1.** [guest] willkommen; **to make sb ~** jn freundlich auf|nehmen **- 2.** [free]: **to be ~ to do sthg** etw gerne tun können **- 3.** [pleasant, desirable] angenehm **- 4.** [in reply to thanks]: **you're ~** bitte, gern geschehen <> *n* Willkommen *das;* **to get/receive a warm ~** herzlich aufgenommen werden <> *vt* **- 1.** [receive] empfangen **- 2.** [approve, support] willkommen heißen <> *excl* willkommen!

welcoming [ˈwelkəmɪŋ] *adj* einladend.

weld [weld] *n* Schweißnaht *die* <> *vt* schweißen.

welder [weldəʳ] *n* Schweißer *der,* -in *die.*

welfare [ˈwelfeəʳ] *adj* sozial; [work, worker] Sozial- <> *n* **- 1.** [state of wellbeing] Wohl *das* **- 2.** *Am* [income support] Sozialhilfe *die.*

welfare state *n* Wohlfahrtsstaat *der.*

well [wel] (*compar* **better;** *superl* **best**) *adj* **- 1.** [in health] gesund; **how are you? – (I'm) very ~, thanks** wie geht es Ihnen? – sehr gut, danke; **to feel ~** sich wohl fühlen; **to get ~** gesund werden; **get ~ soon!** gute Besserung! **- 2.** [good]: **all's ~** alles ist in Ordnung; **(all) ~ and good** schön und gut; **it's just as ~ you stayed** nur gut, dass du geblieben bist <> *adv* **- 1.** [gen] gut; **the patient is doing ~** der Patient macht gute Fortschritte; **to do ~ out of sthg** von etw profitieren; **you did ~ to come immediately** gut, dass du sofort gekommen bist; **~ done!** gut gemacht!; **to speak ~ of sb** jn lobend erwähnen; **~ beaten** restlos geschlagen; **'shake ~ before use'** 'vor Gebrauch gut schütteln'; **to go ~** gut gehen; **you're ~ out of it** *inf* du kannst froh sein, nichts mehr damit zu tun haben **- 2.** [definitely, certainly]: **~ within one's rights** voll im Recht; **you know perfectly ~ that ...** du weißt ganz genau, dass ...; **it's ~ worth it** es lohnt sich unbedingt; **~ after six o'clock** viel später als sechs Uhr; **~ over 50** weit über 50 **- 3.** [easily, possibly]: **it may ~ happen** es kann durchaus passieren; **you may ~ laugh** lachen Sie nur!; **that may ~ be true** das mag wahr sein <> *n* **- 1.** [for water] Brunnen *der* **- 2.** [oil well] Ölquelle *die* <> *excl* **- 1.** [expressing hesitation]: **~, I don't really know** tja, das weiß ich nicht so recht

- 2. [expressing resignation]: **oh ~!** na ja! **- 3.** [expressing surprise]: **~, I didn't expect to see you here!** na so was, ich habe nicht erwartet, Sie hier zu sehen!; **~ I never!** na, so was! **- 4.** [after interruption]: **~, as I was saying ...** also, wie gesagt ...

◆ **as well** *adv* [in addition] auch; **I might as ~ go home** ich könnte genauso gut nach Hause gehen.

◆ **as well as** *conj* sowohl ... als auch; **children as ~ as adults** sowohl Kinder als auch Erwachsene; **she's clever as ~ as beautiful** sie ist zugleich intelligent und schön.

◆ **well up** *vi* hochlquellen.

we'll [wiːl] = **we shall, we will.**

well-adjusted *adj* [psychologically] ausgeglichen.

well-advised [-əd'vaɪzd] *adj* klug; **he/you would be ~ to do sthg** er täte/du tätest gut daran, etw zu tun.

well-appointed [-ə'pɔɪntɪd] *adj* gut ausgestattet.

well-balanced *adj* **- 1.** [mentally] ausgeglichen **- 2.** [nutritious] ausgewogen.

well-behaved [-bɪ'heɪvd] *adj* artig.

wellbeing [ˌwel'biːɪŋ] *n* Wohl *das.*

well-bred [-'bred] *adj* wohlerzogen.

well-built *adj* [person] gut gebaut.

well-chosen *adj* gut gewählt.

well-disposed *adj:* **to be ~ to(wards) sb** jm wohlgesinnt sein; **to be ~ to(wards) sthg** etw befürworten.

well-done *adj* [thoroughly cooked] durchgebraten.

well-dressed [-'drest] *adj* gut gekleidet.

well-earned [-ɜːnd] *adj* wohlverdient.

well-established *adj* [company] etabliert.

well-fed *adj* wohlgenährt.

well-groomed [-'gruːmd] *adj* gepflegt.

well-heeled [-'hiːld] *adj* ***inf*** betucht.

wellies ['welɪz] *npl* ***Br inf*** Gummistiefel *pl.*

well-informed *adj:* **to be ~ (about/on sthg)** gut informiert sein (über etw *(A)*).

wellington (boot) ['welɪŋtən-] *n* Gummistiefel *der.*

well-intentioned [-ɪn'tenʃnd] *adj* [action, suggestion] gut gemeint.

well-kept *adj* **- 1.** [garden, village] gepflegt **- 2.** [secret] wohl gehütet.

well-known *adj* bekannt.

well-mannered [-'mænəd] *adj:* **to be ~** gute Manieren haben.

well-meaning *adj* [action, suggestion] gut gemeint; **she's very ~** sie meint es gut.

well-nigh [-naɪ] *adv* nahezu.

well-off *adj* **- 1.** [financially] wohlhabend **- 2.** [in a good position]: **to be ~ for sthg** mit etw gut versorgt sein; **not to know when one is ~** ***inf*** nicht wissen, wie gut es einem geht.

well-paid *adj* gut bezahlt.

well-preserved *adj* ***fig*** [person] gut erhalten.

well-proportioned [-prə'pɔːʃnd] *adj* wohlproportioniert.

well-read [-'red] *adj* belesen.

well-rounded [-'raʊndɪd] *adj* [varied] vielseitig.

well-spoken *adj:* **he's very ~** er drückt sich sehr gewählt aus.

well-thought-of *adj* gut angesehen.

well-thought-out *adj* gut durchdacht.

well-timed [-'taɪmd] *adj* gut abgepasst; **his intervention was ~** er griff zur rechten Zeit ein.

well-to-do *adj* wohlhabend.

well-wisher [-ˌwɪʃə^r] *n* Symphatisant *der,* -in *die.*

well-woman clinic *n* ***Br*** *regelmäßig beim Allgemeinarzt abgehaltene Gesundheitsvorsorgesprechstunde für Frauen.*

welly ['welɪ] (*pl* **-ies**) (*abbr of* **wellington**) *n* ***inf*** Gummistiefel *der.*

Welsh [welʃ] *adj* walisisch ◇ *n* [language] Walisisch(e) *das* ◇ *npl:* **the ~** die Waliser *pl.*

Welshman ['welʃmən] (*pl* **-men** [-mən]) *n* Waliser *der.*

Welsh rarebit [-'reəbɪt] *n überbackenes Käsebrot.*

Welshwoman ['welʃˌwʊmən] (*pl* **-women** [-ˌwɪmɪn]) *n* Waliserin *die.*

welter ['weltə^r] *n* Flut *die.*

welterweight ['weltəweɪt] *n* Weltergewicht *das.*

wend [wend] *vt* ***literary:*** **to ~ one's way home** langsam nach Hause ziehen.

wendy house ['wendɪ-] *n* ***Br*** Spielhaus *das.*

went [went] *pt* ▷ **go.**

wept [wept] *pt* & *pp* ▷ **weep.**

were [wɜː^r] *vb* ▷ **be.**

we're [wɪə^r] = **we are.**

weren't [wɜːnt] = **were not.**

werewolf ['wɪəwʊlf] (*pl* **-wolves** [-wʊlvz]) *n* Werwolf *der.*

west [west] *n* Westen *der;* **the ~** der Westen ◇ *adj* **- 1.** [area] West-, westlich **- 2.** [wind] West- ◇ *adv* nach Westen, westwärts; **~ of** westlich von.

◆ **West** *n* POL: **the West** der Westen.

West Bank *n:* **the ~** das Westjordanland; **on the ~** im Westjordanland.

westbound ['westbaʊnd] *adj* (in) Richtung Westen.

West Country *n:* **the ~** *der Südwesten Englands.*

West End *n:* **the ~** das Westend.

WEST END

„West End" ist der Name des vornehmen und relativ reichen Viertels im Westen der Londoner Innenstadt mit großen Kaufhäusern, Geschäften, Theatern und Restaurants. Eine „West End Show" ist ein Theaterstück, Musical, Ballett oder Ähnliches an einem dieser Theater. Das Londoner East End gilt dagegen als die ärmere Hälfte der Innenstadt; es hat mehr Straßenmärkte und kleinere Geschäfte.

westerly ['westəlɪ] *adj* **- 1.** [direction] westlich **- 2.** [area] im Westen **- 3.** [wind] West-.

western ['westən] *adj* **- 1.** [part of country, continent] West- **- 2.** POL [relating to the West] westlich <> *n* [film] Western *der.*

Westerner ['westənəʳ] *n* **- 1.** POL [inhabitant of the West] Abendländer *der*, -in *die* **- 2.** [inhabitant of west of country] Bewohner *der*, -in *die* des Westens.

Western Isles *npl:* **the ~** die Hebriden.

westernize, -ise ['westənaɪz] *vt* verwestlichen.

Western Seaboard *n* Westküste *die (der USA).*

West German *adj* westdeutsch <> *n* [person] Westdeutsche *der, die.*

West Germany *n:* **(former) ~** (ehemaliges) Westdeutschland *nt;* **in ~** in Westdeutschland.

West Indies [-'ɪndiːz] *npl:* **the ~** die Westindischen Inseln; **in the ~** auf den Westindischen Inseln.

Westminster ['westmɪnstəʳ] *n* **- 1.** [area] Westminster *nt* **- 2.** *fig* [British parliament] *britisches Parlament.*

WESTMINSTER

Mit „Westminster" bezeichnet man das an der Themse gelegene Viertel in London in dem sich die Parlamentsgebäude („Houses of Parliament") sowie Westminster Abbey befinden. Oft wird der Ausdruck auch als Umschreibung für das britische Parlament verwendet.

westward ['westwəd] *adj* nach Westen <> *adv* = **westwards.**

westwards ['westwədz] *adv* nach Westen, westwärts.

wet [wet] (*compar* **-ter;** *superl* **-test;** *pt* & *pp* **wet** OR **-ted;** *cont* **-ting**) *adj* **- 1.** [damp, soaked] nass **- 2.** [rainy] regnerisch; [climate] feucht; **it's always ~ in Glasgow!** es regnet immer in Glasgow! **- 3.** [ink, concrete] feucht; '**~ paint**' 'frisch gestrichen' **- 4.** ***Br inf pej*** [weak, feeble] lasch; **he's a ~** er ist ein Weichei <> *n* ***inf Br*** POL Gemäßigte *der, die* <> *vt* nass machen; **to ~ the bed** ins Bett machen; **to ~ o.s.** sich in die Hosen machen.

wet blanket *n* ***inf pej*** Spielverderber *der.*

wet-look *adj* Glanz-.

wetness ['wetnɪs] *n* **- 1.** [dampness] Nässe *die* **- 2.** ***Br inf pej*** [feebleness] Laschheit *die.*

wet nurse *n* Amme *die.*

wet rot *n* [decay] Nassfäule *die.*

wet suit *n* Taucheranzug *der.*

we've [wiːv] = **we have.**

whack [wæk] ***inf*** *n* **- 1.** [share] Teil *der* **- 2.** [hit] Schlag *der* <> *vt* einen Schlag geben *(+ D).*

whacked [wækt] *adj* ***Br inf*** [exhausted] erschlagen.

whacky ['wækɪ] *adj* = **wacky.**

whale [weɪl] *n* [animal] Wal *der;* **to have a ~ of a time *inf*** sich mordsmäßig amüsieren.

whaling ['weɪlɪŋ] *n (U)* Walfang *der.*

wham [wæm] *excl* ***inf*** wumm!

wharf [wɔːf] (*pl* **-s** OR **wharves** [wɔːvz]) *n* Kai *der.*

what [wɒt] *adj* **- 1.** *(in questions)* welche, -r, -s; **~ colour is it?** welche Farbe hat es?; **he asked me ~ colour it was** er fragte mich, welche Farbe es hatte; **~ time is it?** wie viel Uhr OR wie spät ist es?; **~ sort of (an) animal is that?** was ist das für ein Tier? **- 2.** *(in exclamations)* was für; **~ a surprise!** was für eine Überraschung!; **~ a beautiful day!** was für ein schöner Tag! <> *pron* **- 1.** *(in questions)* was; **~ is going on?** was ist los?; **~ are they doing?** was tun sie da?; **~'s your name?** wie heißt du?; **she asked me ~ happened** sie fragte mich, was passiert war; **~ is it for?** wofür ist das?; **~ are they talking about?** worüber reden Sie?; **~ if it rains?** was geschieht, wenn es regnet?; **~ did you say?** wie bitte? **- 2.** *(introducing relative clause)* was; **I didn't see ~ happened** ich habe nicht gesehen, was passiert ist; **you can't have ~ you want** du kannst nicht haben, was du willst **- 3.** ***phr:*** **~ for?** wozu?; **~ about going for a meal?** wie wäre es mit Essen gehen?; **so ~? *inf*** na und? <> *excl* was!

whatever [wɒt'evəʳ] *adj:* **at ~ time you want** wann immer du willst; **they have no chance ~** sie haben überhaupt keine Chance <> *pron* **- 1.** [no matter what]: **take ~ you want** nimm, was du willst; **~ I do, I'll lose** was ich auch tue, ich verliere; **don't let go ~ happens**

du darfst auf keinen Fall loslassen - **2.** [indicating vagueness]: **~ that may be** was auch immer das sein mag - **3.** [indicating surprise]: **~ did he say?** was hat er denn bloß gesagt? ◇ *excl Am inf* von mir aus!

whatnot ['wɒtnɒt] *n* ***inf*** [other things]: **and ~** und anderes.

what's-his-name *n* ***inf*** Dingsda *der, die.*

whatsit ['wɒtsɪt] *n* ***inf*** Dingsbums *das.*

whatsoever [ˌwɒtsəʊ'evəʳ] *adj:* **I had no interest ~** ich hatte keinerlei Interesse; **nothing ~** überhaupt nichts.

wheat [wiːt] *n* Weizen *der.*

wheat germ *n (U)* Weizenkeim *der.*

wheatmeal ['wiːtmiːl] *n* Weizenvollkornmehl *das.*

wheedle ['wiːdl] *vt:* **to ~ sb into doing sthg** jn dazu kriegen, etw zu tun; **to ~ sthg out of sb** jm etw ab|schwatzen.

wheel [wiːl] *n* - **1.** [of bicycle, car, train] Rad *das* - **2.** AUT [steering wheel] Lenkrad *das* ◇ *vt* schieben ◇ *vi* - **1.** [move in circle] kreisen - **2.** [turn round]: **to ~ round** sich jäh um|drehen.

wheelbarrow ['wiːlˌbærəʊ] *n* Schubkarre *die.*

wheelbase ['wiːlbeɪs] *n* Radstand *der.*

wheelchair ['wiːlˌtʃeəʳ] *n* Rollstuhl *der.*

wheel clamp *n* Parkkralle *die.*
◆ **wheel-clamp** *vt:* **my car was ~ed** an meinem Auto war eine Parkkralle.

wheeler-dealer ['wiːləʳ-] *n* ***pej*** Geschäftemacher *der*, -in *die.*

wheelie bin ['wiːlɪ-] *n* ***Br*** Mülltonne *die* mit Rädern.

wheeling and dealing ['wiːlɪŋ-] *n (U)* ***pej*** Machenschaften *pl.*

wheeze [wiːz] *n* [sound] pfeifender Atem ◇ *vi* pfeifend atmen.

wheezy ['wiːzɪ] (*compar* **-ier;** *superl* **-iest**) *adj* pfeifend.

whelk [welk] *n* Wellhornschnecke *die.*

when [wen] *adv (in questions)* wann; **~ does the plane arrive?** wann kommt das Flugzeug an?; **he asked me ~ I would be in London** er fragte mich, wann ich in London wäre ◇ *conj* - **1.** [specifying time] wenn; [in the past] als; **on the day ~ it happened** an dem Tag, als es geschah - **2.** [although, seeing as] wo ... doch; **you said it was black ~ in fact it was white** du hast gesagt, es wäre schwarz, wo es doch weiß war.

whenever [wen'evəʳ] *conj* [every time] (immer) wenn; **~ you like** [no matter when] wann immer du willst ◇ *adv:* **~ did you find time to do it?** wann hast du bloß die Zeit dafür gefunden?; **next week or ~** nächste Woche oder wann auch immer.

where [weəʳ] *adv (in questions)* wo; **~ do you come from?** woher kommst du?; **~ are you going?** wohin gehst du? ◇ *conj* - **1.** [referring to place, situation] wo; **at the place ~ it happened** dort, wo es passiert ist; **the house ~ I was born** das Haus, in dem ich geboren wurde; **that's (just) ~ you're wrong** (genau) da irren Sie sich - **2.** [whereas] während.

whereabouts [*adv* ˌweərə'baʊts, *n* 'weərəbaʊts] *adv* wo ◇ *npl* Aufenthaltsort *der.*

whereas [weər'æz] *conj* während.

whereby [weə'baɪ] *conj* ***fml*** wodurch.

wheresoever [ˌweəsəʊ'evəʳ] *conj & adv* = **wherever.**

whereupon [ˌweərə'pɒn] *conj* ***fml*** woraufhin.

wherever [weər'evəʳ] *conj* wo immer; [from any place] woher auch immer; [to any place] wohin auch immer; [everywhere] überall wo; **~ that may be** wo immer das sein mag ◇ *adv:* **~ did you hear that?** wo hast du das bloß gehört?

wherewithal ['weəwɪðɔːl] *n* ***fml:*** **to have the ~ to do sthg** das nötige Kleingeld haben, um etw zu tun.

whet [wet] (*pt & pp* **-ted;** *cont* **-ting**) *vt:* **to ~ sb's appetite (for doing sthg)** jn auf den Geschmack bringen(, etw zu tun).

whether ['weðəʳ] *conj* ob; **he didn't know ~ to go or not** er wusste nicht, ob er gehen sollte oder nicht; **~ I want to or not** ob ich nun will oder nicht.

whew [hwjuː] *excl* [when too hot] puh!; [when relieved] uff!

whey [weɪ] *n (U)* Molke *die.*

which [wɪtʃ] *adj (in questions)* welche, -r, -s; **~ room do you want?** welches Zimmer willst du?; **~ one?** welches?; **she asked me ~ room I wanted** sie fragte mich, welches Zimmer ich wollte ◇ *pron* - **1.** *(in questions – subject)* welche, -r, -s; **~ is the cheapest?** welches ist das billigste?; **he asked me ~ was the best** er fragte mich, welche der Beste war - **2.** *(in questions – object)* welche, -n, -s; **~ do you prefer?** welches gefällt dir besser?; **he asked me ~ I preferred** er fragte mich, welchen ich bevorzugte - **3.** *(in questions – after prep + A)* welche, -n, -s; **~ should I put the vase on?** auf welchen soll ich die Vase stellen? - **4.** *(in questions – after prep + D)* welcher/welchem/welchem; **he asked me ~ I was talking about** er fragte mich, von welchem ich gesprochen hatte - **5.** *(introducing relative clause – after subject)* der/die/das, die *(pl)*; **the house ~ is on corner** das Haus, das an der Ecke steht - **6.** *(introducing relative clause – object, after prep + A)* den/die/das, die *(pl)*; **the television ~ I bought** der Fernseher, den ich gekauft habe; **the**

book through ~ he became famous das Buch, durch das er berühmt wurde **- 7.** *(introducing relative clause – object, after prep + D)* dem/der/dem, denen *(pl)*; **the settee on ~ I'm sitting** das Sofa, auf dem ich sitze; **ten apples, of ~ six are bad** zehn Äpfel, von denen *OR* wovon sechs faul sind **- 8.** *(introducing relative clause – object, after prep + G)* dessen/deren/dessen, deren *(pl)* **- 9.** *(referring back)* was; **he's late, ~ annoys me** er ist spät dran, was mich ärgert; **he's always late, ~ I don't like** er verspätet sich immer, was ich nicht leiden kann.

whichever [wɪtʃ'evəʳ] *adj* **- 1.** [any] welche, -r, -s; **take ~ book you like** nehmen Sie welches Buch Sie (auch immer) wollen **- 2.** [no matter which] egal welche; **~ way you look** wo man auch hinsieht <> *pron* [the one which] welche, -r, -s; **take ~ you like** nimm welches du (auch) willst.

whiff [wɪf] *n* **- 1.** [smell] Hauch *der* **- 2.** *fig* [sign] Anzeichen *das*.

while [waɪl] *n*: **a ~** eine Weile; **for a ~** eine Weile, eine Zeit lang; **in a ~** bald; **a short ~ ago** vor kurzem; **once in a ~** hin und wieder; **it's not worth your ~** es ist nicht der Mühe wert <> *conj* **- 1.** [gen] während; **he fell asleep ~ (he was) reading** er schlief beim Lesen ein **- 2.** [although] obgleich, während.

◆ **while away** *vt sep*: **to ~ away the time** sich *(D)* die Zeit vertreiben.

whilst [waɪlst] *conj* = **while.**

whim [wɪm] *n* Laune *die*.

whimper ['wɪmpəʳ] *n* [of child] Wimmern *das*; [of animal] Winseln *das* <> *vt* wimmern <> *vi* [child] wimmern; [animal] winseln.

whimsical ['wɪmzɪkl] *adj* wunderlich.

whine [waɪn] *n* Heulen *das*; [of dog] Jaulen *das* <> *vi* **- 1.** [make sound] heulen; [dog] jaulen **- 2.** [complain]: **to ~ (about sb/sthg)** (über jn/etw) jammern.

whinge [wɪndʒ] (*cont* **whingeing**) *vi* ***Br***: **to ~ (about sb/sthg)** (über jn/etw) jammern

whip [wɪp] (*pt* & *pp* **-ped;** *cont* **-ping**) *n* **- 1.** [for hitting] Peitsche *die* **- 2.** ***Br*** POL Einpeitscher *der* <> *vt* **- 1.** [beat with whip] aus|peitschen **- 2.** *fig* [subj: rain, wind] peitschen **- 3.** [take quickly]: **to ~ sthg out** etw zücken; **to ~ sthg off** etw herunter|reißen **- 4.** CULIN [whisk] schlagen.

◆ **whip up** *vt sep* [provoke] entfachen; [hatred] schüren.

whiplash (injury) ['wɪplæʃ-] *n* Schleudertrauma *das*.

whipped cream [wɪpt-] *n* Schlagsahne *die*.

whippet ['wɪpɪt] *n* Whippet *der*.

whip-round *n* ***Br inf***: **to have a ~** eine Sammlung machen.

whirl [wɜːl] *n* **- 1.** [rotating movement] Wirbel *der*; **my mind was in a complete ~** mir schwirrte der Kopf **- 2.** *fig* [of activity] Trubel *der* **- 3.** ***phr***: **let's give it a ~** ***inf*** lasst es uns aus|probieren <> *vt*: **to ~ sb/sthg round** jn etw herum|wirbeln <> *vi* **- 1.** [move around] wirbeln **- 2.** *fig* [be confused, excited]: **his head was ~ing** ihm schwirrte der Kopf.

whirlpool ['wɜːlpuːl] *n* Strudel *der*.

whirlwind ['wɜːlwɪnd] *adj* ***fig*** [rapid] stürmisch <> *n* Wirbelsturm *der*.

whirr [wɜːʳ] *n* [of wings] Schwirren *das*; [of engine] Surren *das* <> *vi* [of wings] schwirren; [machinery, camera] surren.

whisk [wɪsk] *n* CULIN Schneebesen *der* <> *vt* **- 1.** [put or take quickly]: **he ~ed it into his pocket** er ließ es schnell in seiner Tasche verschwinden; **she was ~ed into hospital** sie wurde schnellstens ins Krankenhaus gebracht **- 2.** CULIN (mit dem Schneebesen) schlagen.

whisker ['wɪskəʳ] *n* [of animal] Schnurrhaar *das*.

◆ **whiskers** *npl* [of man] Backenbart *der*.

whisky ***Br*** (*pl* **-ies**), **whiskey** ***Am*** & ***Irish*** (*pl* **whiskeys**) ['wɪskɪ] *n* Whisky *der*.

whisper ['wɪspəʳ] *n* Flüstern *das*; **they spoke in a ~** sie sprachen im Flüsterton <> *vt* flüstern; **to ~ sthg to sb** jm etw zu|flüstern <> *vi* flüstern.

whispering ['wɪspərɪŋ] *n* Geflüster *das*.

whist [wɪst] *n* Whist *das*.

whistle ['wɪsl] *n* **- 1.** [through lips, from whistle] Pfiff *der* **- 2.** [of kettle, train] Pfeifen *das* **- 3.** [object] Pfeife *die* <> *vt* pfeifen <> *vi*: **to ~ at sb** jm nach|pfeifen.

whistle-stop tour *n* *Touristenreise oder Wahlkampftour mit kurzem Stopps in vielen verschiedenen Orten.*

whit [wɪt] *n*: **not a ~** keine Spur.

Whit [wɪt] *n* ***Br*** Pfingsten *das*.

white [waɪt] *adj* **- 1.** [gen] weiß; **to go** *OR* **turn ~** [hair] weiß werden; [face] erbleichen **- 2.** [coffee, tea] mit Milch **- 3.** [wine] Weiß- <> *n* **- 1.** [colour] Weiß *das* **- 2.** [person] Weiße *der, die* **- 3.** [of egg] Eiweiß *das* **- 4.** [of eye] Weiße *das*.

◆ **whites** *npl* **- 1.** SPORT weiße Sportkleidung **- 2.** [washing] weiße Wäsche.

white blood cell *n* weißes Blutkörperchen.

whiteboard ['waɪtbɔːd] *n* weiße Tafel.

white Christmas *n* weiße Weihnachten.

white-collar *adj*: **~ worker** Büroangestellte *der, die*; **~ job** Schreibtischarbeit *die*.

white elephant *n* ***fig*** Fehlinvestition *die*.

white goods *npl* [household machines] weiße Ware.

white-haired [-ˈheəd] *adj* weißhaarig.

Whitehall [ˈwaɪthɔːl] *n* Whitehall *nt*.

WHITEHALL

Whitehall ist das Zentrum des britischen Verwaltungsapparats und Sitz zahlreicher Regierungsbüros und Behörden. Der Ausdruck bezeichnet nicht nur die Straße selber, sondern auch die britische Regierung allgemein.

white horses *npl* ***Br*** [on sea] schaumgekrönte Wellen *pl*.

white-hot *adj* weißglühend.

White House *n* [residence of president, US government]: **the ~** das Weiße Haus.

white lie *n* Notlüge *die*.

white light *n* weißes Licht.

white magic *n* weiße Magie.

white meat *n* weißes Fleisch.

whiten [ˈwaɪtn] *vt* weiß machen; [clothes] bleichen; [walls] weißen <> *vi* weiß werden.

whitener [ˈwaɪtnəʳ] *n* [for clothes] Bleichmittel *das*; [for shoes] Weißmacher *der*.

whiteness [ˈwaɪtnɪs] *n* Weiße *die*.

white noise *n* weißes Rauschen.

whiteout [ˈwaɪtaʊt] *n* Schneegestöber *das*.

white paper *n* POL Weißbuch *das*.

white sauce *n* Béchamelsoße *die*.

white spirit *n (U)* ***Br*** Terpentinersatz *der*.

white-tie *adj* mit Frackzwang.

whitewash [ˈwaɪtwɒʃ] *n* - **1.** *(U)* [paint] Tünche *die* - **2.** ***pej*** [cover-up] Verschleierung *die* <> *vt* - **1.** [paint] tünchen - **2.** ***pej*** [cover up] verschleiern.

whitewater rafting [ˈwaɪtˌwɔːtəʳ-] *n* Whitewaterrafting *das*.

white wedding *n* weiße Hochzeit.

whiting [ˈwaɪtɪŋ] *(pl inv* OR **-s**) *n* Wittling *der*.

Whit Monday *n* Pfingstmontag *der*.

Whitsun [ˈwɪtsn] *n* [day] Pfingstsonntag *der*.

whittle [ˈwɪtl] *vt* [reduce]: **to ~ sthg away** OR **down** etw allmählich reduzieren; **his rights have gradually been ~d away** seine Rechte sind allmählich eingeschränkt worden.

whiz (*pt* & *pp* **-zed;** *cont* **-zing)**, **whizz** [wɪz] *n* ***inf*****: to be a ~ at sthg** ein Genie in etw *(D)* sein <> *vi* sausen.

whiz(z) kid *n* ***inf*** Senkrechtstarter *der*, -in *die*.

who [huː] *pron* - **1.** *(in questions)* wer; *(accusative)* wen; *(dative)* wem; **~ are you?** wer bist du/sind Sie?; **~ does he think he is?** was bildet er sich eigentlich ein? - **2.** *(in relative clauses)* der/die/das, die *pl*; **the friend ~ came yesterday** der Freund, der gestern kam.

WHO (*abbr of* **World Health Organization**) *n* WHO *die*.

who'd [huːd] = **who had, who would.**

whodu(n)nit [ˌhuːˈdʌnɪt] *n* ***inf*** Krimi *der*.

whoever [huːˈevəʳ] *pron* [whichever person] wer immer; **~ it is** wer es auch ist; **~ could that be?** wer könnte das bloß sein?

whole [həʊl] *adj* - **1.** [entire, complete] ganz - **2.** ***esp Am*** [for emphasis]: **a ~ lot of questions** eine ganze Reihe von Fragen; **a ~ lot bigger** viel größer <> *adv* ***esp Am*** [for emphasis] völlig <> *n* - **1.** [all, entirety]: **the ~ of the school** die ganze Schule; **the ~ of the summer** den ganzen Sommer - **2.** [unit, complete thing] Ganze *das*.

◆ **as a whole** *adv* als Ganzes.

◆ **on the whole** *adv* im Großen und Ganzen.

wholefood [ˈhəʊlfuːd] *n* ***Br*** Vollwertkost *die*.

whole-hearted [-ˈhɑːtɪd] *adj* [support, agreement] voll; **to make a ~ effort** größte Anstrengungen unternehmen.

wholemeal ***Br*** [ˈhəʊlmiːl], **whole wheat** ***Am*** *adj* Vollkorn-.

wholemeal bread *n* ***Br*** Vollkornbrot *das*.

whole note *n* ***Am*** ganze Note.

wholesale [ˈhəʊlseɪl] *adj* - **1.** [bulk] Großhandels- - **2.** ***pej*** [excessive] Massen- <> *adv* - **1.** [in bulk] im Großhandel - **2.** ***pej*** [excessively] massenhaft.

wholesaler [ˈhəʊlˌseɪləʳ] *n* Großhändler *der*, -in *die*.

wholesome [ˈhəʊlsəm] *adj* gesund.

whole wheat *adj* ***Am*** = **wholemeal.**

who'll [huːl] = **who will.**

wholly [ˈhəʊlɪ] *adv* völlig.

whom [huːm] *pron* ***fml*** - **1.** *(in direct, indirect questions)* wen; *(dative)* wem; **~ did you phone?** wen hast du angerufen?; **for/of/to ~?** nach/von/mit wem? - **2.** *(in relative clauses)* den/die/das, die *(pl)*; *(dative)* dem/der/dem, denen *(pl)*; **the girl ~ he married** das Mädchen, das er geheiratet hat; **the man of ~ you speak** der Mann, von dem du sprichst; **the man to ~ you were speaking** der Mann, mit dem du gesprochen hast; **several people came, none of ~ I knew** es kamen verschiedene Leute, von denen ich keinen kannte.

whoop [wuːp] *n* Freudenschrei *der* <> *vi* einen Freudenschrei auslstoßen.

whoopee [wʊˈpiː] *excl* juchu!, hurra!

whooping cough [ˈhuːpɪŋ-] *n (U)* Keuchhusten *der*.

whoops [wʊps] *excl* huch!

whoosh [wʊʃ] ***inf*** *n* Zischen *das* <> *vi* zischen.

whop [wɒp] (*pt* & *pp* **-ped;** *cont* **-ping)** *vt* ***inf*** [defeat] schlagen.

whopper [ˈwɒpəʳ] *n* ***inf*** - **1.** [something big] Brocken *der* - **2.** [lie] faustdicke Lüge.

whopping ['wɒpɪŋ] *adj inf* Mords-; [lie] faustdick.

whore [hɔːʳ] *n pej* Hure *die*.

who're ['huːəʳ] = **who are.**

whose [huːz] *pron (in direct, indirect questions)* wessen; **~ is this?** wem gehört das?; **tell me ~ this is** sag mir, wem das gehört ◇ *adj* **- 1.** *(in questions)* wessen; **~ car is that?** wessen Auto ist das? **- 2.** *(in relative clauses)* dessen/deren/dessen, deren *(pl)*; **that's the boy ~ father's an MP** das ist der Junge, dessen Vater Abgeordneter ist.

whosoever [ˌhuːsəʊ'evəʳ] *pron* **literary** wer auch immer.

who's who [huːz-] *n* [book] Who's who *das, Titel eines biografischen Lexikons.*

who've [huːv] = **who have.**

why [waɪ] *adv* warum; **~ not?** warum nicht?; **I didn't ask ~** ich habe nicht gefragt, weshalb ◇ *conj* warum; **there are several reasons ~ he left** es gibt mehrere Gründe dafür, dass er wegging ◇ *excl:* **~, it's David!** sieh da, (da kommt) David!

◆ **why ever** *adv:* **~ ever did you do that?** warum hast du das bloß getan?

WI *n abbr of* **Women's Institute** ◇ **- 1.** *abbr of* **West Indies - 2.** *abk für Wisconsin, in Postanschrift verwendet.*

wick [wɪk] *n* **- 1.** [of candle] Docht *der* **- 2.** ***phr:*** **to get on sb's ~ *Br inf*** jm auf die Nerven gehen.

wicked ['wɪkɪd] *adj* **- 1.** [evil] böse, schlecht **- 2.** [mischievous] schelmisch **- 3.** ***inf*** [fantastic] geil.

wickedness *n* [evil] Bösartigkeit *die*.

wicker ['wɪkəʳ] *adj:* **~ chair** Korbstuhl *der*.

wickerwork ['wɪkəwɜːk] *n (U)* Korbgeflecht *das* ◇ *comp* Korb-; **~ basket** Weidenkorb *der*.

wicket ['wɪkɪt] *n* CRICKET **- 1.** [stumps] Mal *das*, Wicket *das* **- 2.** [pitch] Spielbahn *die* **- 3.** [dismissal] Wicket *das;* **to take a ~** einen Schlagmann zum Ausscheiden bringen.

wicket keeper *n* Torhüter *der*, -in *die*.

wide [waɪd] *adj* **- 1.** [broad] breit **- 2.** [variety, selection, gap, difference] groß **- 3.** [coverage, knowledge] umfassend **- 4.** [far-reaching] weit reichend **- 5.** [shot, punch, ball] weit **- 6.** [eyes] weit aufgerissen ◇ *adv* **- 1.** [as far as possible] weit **- 2.** [off-target] daneben.

wide-angle lens *n* PHOT Weitwinkelobjektiv *das*.

wide-awake *adj* hellwach.

wide boy *n* ***Br inf pej*** Gauner *der*.

wide-eyed [-'aɪd] *adj* **- 1.** [surprised, frightened] mit weit aufgerissenen Augen **- 2.** [innocent, gullible]: **the child looked at her in ~ innocence** das Kind sah sie mit großen unschuldigen Augen an.

widely ['waɪdlɪ] *adv* **- 1.** [broadly] breit **- 2.** [extensively] weit; **~ read** belesen; **to be ~ experienced** viel Erfahrung haben; **~ known** allgemein bekannt **- 3.** [considerably] beträchtlich.

widen ['waɪdn] *vt* **- 1.** [road, hole] verbreitern **- 2.** [search, activity, range] auslweiten; [choice] erweitern **- 3.** [gap, difference] vergrößern ◇ *vi* **- 1.** [become broader] sich verbreitern **- 2.** [search, activity, range] sich auslweiten **- 3.** [gap, difference, eyes] größer werden.

wide open *adj* **- 1.** [window, door] weit offen **- 2.** [eyes] weit aufgerissen **- 3.** [spaces] weit.

wide-ranging [-'reɪndʒɪŋ] *adj* umfassend.

widespread ['waɪdspred] *adj* weit verbreitet.

widow ['wɪdəʊ] *n* Witwe *die*.

widowed ['wɪdəʊd] *adj* verwitwet.

widower ['wɪdəʊəʳ] *n* Witwer *der*.

width [wɪdθ] *n* Breite *die;* **3 metres in ~** 3 Meter breit.

widthways ['wɪdθweɪz] *adv* der Breite nach.

wield [wiːld] *vt* **- 1.** [weapon] schwingen **- 2.** [power] auslüben.

wife [waɪf] (*pl* **wives**) *n* Ehefrau *die*.

wig [wɪg] *n* Perücke *die*.

wiggle ['wɪgl] ***inf*** *n* **- 1.** [movement] Wackeln *das* **- 2.** [wavy line] Schlangenlinie *die* ◇ *vt:* **to ~ one's ears/toes** mit seinen Ohren/Zehen wackeln ◇ *vi* wackeln.

wiggly ['wɪglɪ] (*compar* **-ier;** *superl* **-iest**) *adj* ***inf*** **- 1.** [wavy] Schlangen- **- 2.** [movable] wackelig.

wigwam ['wɪgwæm] *n* Wigwam *der*.

wild [waɪld] *adj* **- 1.** [gen] wild; **to run ~** frei herumllaufen **- 2.** [violent, dangerous] gewalttätig **- 3.** [weather, sea] stürmisch **- 4.** [hair, look] wirr **- 5.** [dream, plan] verrückt **- 6.** ***inf*** [very enthusiastic]: **to be ~ about sthg** auf etw *(A)* verrückt sein ◇ *n:* **in the ~** in freier Wildbahn.

◆ **wilds** *npl:* **the ~s** die Wildnis; **he lives in the ~s somewhere** er wohnt irgendwo weit abgelegen.

wild card *n* COMPUT Platzhalter *der*, Stellvertretersymbol *das*.

wildcat ['waɪldkæt] *n* [animal] Wildkatze *die*.

wildcat strike *n* wilder Streik.

wildebeest ['wɪldɪbiːst] (*pl inv* OR **-s**) *n* Gnu *das*.

wilderness ['wɪldənɪs] *n* Wildnis *die;* **to be in the ~ *fig*** außerhalb des Geschehens sein.

wildfire ['waɪldˌfaɪəʳ] *n:* **to spread like ~** sich wie ein Lauffeuer verbreiten.

wild flower *n* wilde Blume.

wildfowl ['waɪldfaʊl] *n* Federwild *das*.

wild-goose chase *n* ***inf*** hoffnungslose Suche.

wildlife ['waɪldlaɪf] *n* Pflanzen- und Tierwelt *die*.

wildly [ˈwaɪldlɪ] *adv* - **1.** [gen] wild - **2.** [talk, throw] aufs Geratewohl - **3.** [very] äußerst.

wild rice *n* Wildreis *der.*

wild west *n inf:* **the ~** der Wilde Westen.

wiles [waɪlz] *npl* List *die.*

wilful *Br,* **willful** *Am* [ˈwɪlfʊl] *adj* - **1.** [determined] stur - **2.** [deliberate] beabsichtigt.

will¹ [wɪl] *n* - **1.** [gen] Wille *der;* **against his ~** gegen seinen Willen; **at ~** nach Belieben; **~ to live** Lebenswille *der* - **2.** [document] Testament *das* ◇ *vt:* **to ~ sb to do sthg** (sich *(D)*) mit aller Kraft wünschen, dass jd etw tut; **they were ~ing him to win** sie wünschten seinen Sieg herbei.

will² [wɪl] *aux vb* - **1.** [expressing future tense] werden; **I ~ see you next week** wir sehen uns nächste Woche; **~ you be here next Friday?** bist du nächsten Freitag hier?; **~ you do that for me? – no I won't/yes I ~** wirst du das für mich tun? – nein(, werde ich nicht)/ja(, werde ich); **when ~ you have finished it?** wann seid ihr damit fertig?; **I think he WILL come** ich glaube schon, dass er kommt - **2.** [expressing willingness] wollen, werden; **I won't do it** ich werde das nicht tun; **no one ~ do it** niemand will das machen - **3.** [expressing polite question]: **~ you have some more tea?** möchten Sie noch mehr Tee? - **4.** [in commands, requests]: **~ you please be quiet!** sei bitte ruhig!; **close that window, ~ you?** mach doch das Fenster zu, bitte - **5.** [expressing possibility]: **the hall ~ hold up to 1,000 people** die Halle fasst bis zu 1000 Leute; **pensions ~ be paid monthly** Pensionen werden monatlich ausgezahlt - **6.** [expressing an assumption]: **that'll be your father** das wird dein Vater sein; **as you ~ have gathered, ...** wie Sie sich wohl gedacht haben, ... - **7.** [indicating irritation]: **well, if you WILL leave your toys everywhere** na ja, wenn ihr auch dauernd eure Spielsachen überall herumliegen lasst; **she WILL keep phoning me** sie ruft mich aber auch dauernd an.

willful *adj Am* = **wilful.**

willing [ˈwɪlɪŋ] *adj* - **1.** [prepared]: **to be ~ (to do sthg)** bereit sein(, etw zu tun) - **2.** [eager] bereitwillig.

willingly [ˈwɪlɪŋlɪ] *adv* bereitwillig, gerne.

willingness [ˈwɪlɪŋnɪs] *n* Bereitwilligkeit *die;* **~ to do sthg** die Bereitwilligkeit, etw zu tun.

willow (tree) [ˈwɪləʊ-] *n* Weide *die.*

willowy [ˈwɪləʊɪ] *adj* gertenschlank.

willpower [ˈwɪlˌpaʊəʳ] *n* Willenskraft *die.*

willy [ˈwɪlɪ] (*pl* **-ies**) *n Br inf* Pimmel *der.*

willy-nilly [ˌwɪlɪˈnɪlɪ] *adv* - **1.** [at random] aufs Geratewohl - **2.** [wanting to or not] wohl oder übel.

wilt [wɪlt] *vi* - **1.** [plant] verwelken - **2.** *fig* [person] schlapp werden.

wily [ˈwaɪlɪ] (*compar* **-ier;** *superl* **-iest**) *adj* listig.

wimp [wɪmp] *n inf pej* Waschlappen *der.*

win [wɪn] (*pt* & *pp* **won;** *cont* **-ning**) *n* Sieg *der* ◇ *vt* gewinnen ◇ *vi* gewinnen; [in battle] siegen; **you/I/*etc* can't ~** da ist nichts zu machen.

◆ **win over, win round** *vt sep* für sich gewinnen.

wince [wɪns] *vi:* **to ~ at/with sthg** bei/vor etw *(D)* zusammen|zucken ◇ *n* Zusammenzucken *das.*

winch [wɪntʃ] *n* Winde *die* ◇ *vt* mit einer Winde hoch|ziehen.

wind¹ [wɪnd] *n* - **1.** METEOR Wind *der* - **2.** *(U)* [breath] Atem *der* - **3.** *(U)* [in stomach] Blähungen *pl;* **to break ~** *euphemism* Winde abgehen lassen - **4.** [in orchestra]: **the ~** die Bläser - **5.** *phr:* **to get ~ of sthg** *inf* von einer Sache Wind bekommen ◇ *vt* - **1.** [knock breath out of]: **I was ~ed by the fall** durch den Sturz wurde mir der Atem genommen - **2.** *Br* [baby]: **to ~ the baby** das Baby ein Bäuerchen machen lassen.

wind² [waɪnd] (*pt* & *pp* **wound**) *vt* - **1.** [string, thread] wickeln - **2.** [clock] auf|ziehen - **3.** *phr:* **to ~ one's way** [river, road] sich schlängeln ◇ *vi* [river, road] sich schlängeln.

◆ **wind back** *vt sep* [tape] zurück|spulen.

◆ **wind down** *vt sep* - **1.** [car window] herunter|kurbeln - **2.** [production] allmählich ein|stellen ◇ *vi* - **1.** [clock] ab|laufen - **2.** [relax] entspannen.

◆ **wind forward** *vt sep* [tape] vor|spulen.

◆ **wind on** *vt sep* weiter|spulen.

◆ **wind up** *vt sep* - **1.** [finish - meeting] ab|schließen; [- business] auf|lösen - **2.** [clock] auf|ziehen - **3.** [car window] herauf|kurbeln - **4.** *Br inf* [deliberately annoy] auf|ziehen ◇ *vi inf* [end up] enden; **we wound up going to the pub** schließlich gingen wir in die Kneipe.

windbreak [ˈwɪndbreɪk] *n* Windschutz *der.*

windcheater *Br* [ˈwɪndˌtʃiːtəʳ], **windbreaker** *Am* [ˈwɪndˌbreɪkəʳ] *n dated* Windjacke *die.*

windchill [ˈwɪndˌtʃɪl] *n* Windauskühlung *die.*

winded [ˈwɪndɪd] *adj* außer Atem.

windfall [ˈwɪndfɔːl] *n* - **1.** [fruit] Fallobst *das* - **2.** [unexpected gift] unerhoffter Gewinn.

winding [ˈwaɪndɪŋ] *adj* kurvenreich; [river] gewunden.

wind instrument [wɪnd-] *n* Blasinstrument *das.*

windmill [ˈwɪndmɪl] *n* Windmühle *die.*

window [ˈwɪndəʊ] *n* - **1.** [gen & COMPUT] Fenster *das* - **2.** [of shop] Schaufenster *das* - **3.** [free time] freie Zeit.

window box *n* Blumenkasten *der.*

window cleaner *n* Fensterputzer *der*, -in *die*.

window display *n* Schaufensterdekoration *die*.

window dressing *n* - **1.** [in shop] Schaufensterdekoration *die* - **2.** *fig* [non-essentials] Mache *die*.

window envelope *n* Fensterbriefumschlag *der*.

window frame *n* Fensterrahmen *der*.

window ledge *n* [outside] Fenstersims *das;* [inside] Fensterbrett *das*.

windowpane ['wɪndəʊˌpeɪn] *n* Fensterscheibe *die*.

window shade *n Am* Rollo *das*.

window-shopping *n* Schaufensterbummel *der;* **to go ~** einen Schaufensterbummel machen.

windowsill ['wɪndəʊsɪl] *n* [outside] Fenstersims *das;* [inside] Fensterbrett *das*.

windpipe ['wɪndpaɪp] *n* Luftröhre *die*.

windscreen *Br* ['wɪndskriːn], **windshield** *Am* ['wɪndʃiːld] *n* Windschutzscheibe *die*.

windscreen washer *n* Scheibenwaschanlage *die*.

windscreen wiper *n* Scheibenwischer *der*.

windshield *n Am* = **windscreen.**

windsock ['wɪndsɒk] *n* Windsack *der*.

windsurfer ['wɪndˌsɜːfəʳ] *n* - **1.** [person] Windsurfer *der*, -in *die* - **2.** [board] Surfbrett *das*.

windsurfing ['wɪndˌsɜːfɪŋ] *n* Windsurfen *das*.

windswept ['wɪndswept] *adj* - **1.** [landscape] windgepeitscht - **2.** [person, hair] zerzaust.

wind tunnel [wɪnd-] *n* Windkanal *der*.

windy ['wɪndɪ] (*compar* **-ier;** *superl* **-iest**) *adj* windig.

wine [waɪn] *n* Wein *der*.

wine bar *n Br* Weinbar *die*.

wine bottle *n* Weinflasche *die*.

wine box *n* Weinkiste *die*.

wine cellar *n* - **1.** [stock of wine] Weinvorrat *der* - **2.** [place] Weinkeller *der*.

wineglass ['waɪnglɑːs] *n* Weinglas *das*.

wine list *n* Weinkarte *die*.

wine merchant *n Br* Weinhändler *der*.

winepress ['waɪnpres] *n* Weinpresse *die*.

wine rack *n* Weinregal *das*.

wine tasting [-ˌteɪstɪŋ] *n* - **1.** [practice] Weinverkosten *das* - **2.** [event] Weinprobe *die*.

wine waiter *n* Weinkellner *der*.

wing [wɪŋ] *n* - **1.** [gen] Flügel *der* - **2.** [of plane] Tragfläche *die* - **3.** [of car] Kotflügel *der*.

◆ **wings** *npl* THEATRE: **the ~s** die Kulissen.

wing commander *n Br* Oberstleutnant *der* der Luftwaffe.

winger ['wɪŋəʳ] *n* SPORT Außenstürmer *der*, -in *die*.

wing nut *n* Flügelmutter *die*.

wingspan ['wɪŋspæn] *n* Flügelspannweite *die*.

wink [wɪŋk] *n* [of eye] Zwinkern *das;* **to have forty ~s** *inf* ein Nickerchen machen; **not to sleep a ~, not to get a ~ of sleep** *inf* kein Auge zu|machen ◇ *vi* - **1.** [eye] zwinkern; **to ~ at sb** jm zu|zwinkern - **2.** *literary* [lights] blinken.

winkle ['wɪŋkl] *n* Strandschnecke *die*.

◆ **winkle out** *vt sep* heraus|bekommen; **to ~ sthg out of sb** *fig* etw aus jm heraus|bekommen.

winner ['wɪnəʳ] *n* - **1.** [person] Gewinner *der*, -in *die;* [in sport] Sieger *der*, -in *die* - **2.** *inf* [success] Renner *der;* **he's onto a ~ with his new book** sein neues Buch wird garantiert ein Renner.

winning ['wɪnɪŋ] *adj* - **1.** [victorious] siegreich; [successful] erfolgreich - **2.** [pleasing] gewinnend.

◆ **winnings** *npl* Gewinn *der*.

winning post *n* Zielpfosten *der*.

winsome ['wɪnsəm] *adj literary* gewinnend.

winter ['wɪntəʳ] *n* Winter *der;* **in ~** im Winter ◇ *comp* Winter-.

winter sports *npl* Wintersport *der*.

wintertime ['wɪntətaɪm] *n* Winterzeit *die;* **in ~** im Winter.

wint(e)ry ['wɪntrɪ] *adj* winterlich.

wipe [waɪp] *n* [clean]: **he gave his face/the table a ~** er wischte sein Gesicht/den Tisch ab ◇ *vt* - **1.** [rub to clean - floor] wischen; [- face, table] ab|wischen - **2.** [rub to dry] ab|trocknen.

◆ **wipe away** *vt sep* [tears] ab|wischen.

◆ **wipe out** *vt sep* - **1.** [erase] weg|wischen - **2.** [eradicate - gen] vernichten; [- race] aus|rotten.

◆ **wipe up** *vt sep* auf|wischen ◇ *vi* [dry dishes] ab|trocknen.

wiper ['waɪpəʳ] *n* [windscreen wiper] Scheibenwischer *der*.

wire ['waɪəʳ] *n* - **1.** [gen] Draht *der;* [electrical] Leitung *die* - **2.** *esp Am* [telegram] Telegramm *das* ◇ *comp* Draht- ◇ *vt* - **1.** [fasten]: **to ~ sthg to sthg** etw mit Draht an etw *(D)* befestigen - **2.** ELEC [plug] an|schließen; **to ~ a house** die elektrischen Leitungen in einem Haus verlegen - **3.** *esp Am* [send telegram to] ein Telegramm schicken.

◆ **wire up** *vt sep:* **to ~ up a house** die elektrischen Leitungen in einem Haus verlegen.

wire brush *n* Drahtbürste *die*.

wire cutters *npl* Drahtschere *die*.

wireless ['waɪəlɪs] *n dated* Radio *das*.

wire netting *n* Maschendraht *der*.

wire-tapping [-ˌtæpɪŋ] *n* Abhören *das*.

wire wool *n Br* Stahlwolle *die*.

wiring ['waɪərɪŋ] *n (U)* elektrische Leitungen *pl*.

wiry ['waɪərɪ] (*compar* **-ier;** *superl* **-iest**) *adj* **- 1.** [hair] borstig **- 2.** [body, man] drahtig.

wisdom ['wɪzdəm] *n* Weisheit *die*.

wisdom tooth *n* Weisheitszahn *der*.

wise [waɪz] *adj* [prudent] weise; **to get ~ to sthg** *inf* etw spitz|bekommen; **to be no ~r** *OR* **none the ~r** kein bisschen schlauer sein.
◆ **wise up** *vi esp Am:* **he finally ~d up to her little game** er durchblickte schließlich ihr Spielchen.

wisecrack ['waɪzkræk] *n pej* böser Witz.

wisely ['waɪzlɪ] *adv* [intelligently] weise; [sensibly] klugerweise.

wish [wɪʃ] *n* Wunsch *der;* **~ to do sthg** der Wunsch, etw zu tun; **~ for sthg** der Wunsch nach etw *(D)* ◇ *vt* **- 1.** [want]: **to ~ to do sthg** *fml* etw zu tun wünschen; **I ~ed (that) he'd come** wenn er nur käme **- 2.** [desire, request by magic]: **I ~ (that) I had a million pounds** ich wünschte, ich hätte eine Million Pfund **- 3.** [in greeting]: **to ~ sb sthg** jm etw wünschen ◇ *vi* [by magic]: **to ~ for sthg** sich etw herbei|wünschen.
◆ **wishes** *npl:* **best ~es** alles Gute; **(with) best ~es** [at end of letter] herzliche Grüße.
◆ **wish on** *vt sep:* **to ~ sthg on sb** jm etw wünschen.

wishbone ['wɪʃbəʊn] *n* Gabelbein *das*.

wishful thinking [ˌwɪʃful-] *n* Wunschdenken *das*.

wishy-washy ['wɪʃɪˌwɒʃɪ] *adj* **inf pej** [person] kraftlos; [ideas] vage; **don't be so ~!** sage doch mal konkret, was du meinst!

wisp [wɪsp] *n* **- 1.** [tuft] Büschel *das* **- 2.** [small cloud]: **~ of smoke** Rauchfahne *die*.

wispy ['wɪspɪ] (*compar* **-ier;** *superl* **-iest**) *adj* [hair] dünn.

wisteria [wɪs'tɪərɪə] *n* Glyzinie *die*.

wistful ['wɪstful] *adj* wehmütig.

wit [wɪt] *n* **- 1.** [humour] Witz *der;* **a conversation full of ~** eine witzige und geistreiche Unterhaltung **- 2.** [funny person]: **she's a real ~** sie ist sehr witzig **- 3.** [intelligence]: **to have the ~ to do sthg** klug genug sein, etw zu tun.
◆ **wits** *npl* [intelligence, mind]: **to have** *OR* **keep one's ~s about one** geistesgegenwärtig sein; **to be scared out of one's ~s** *inf* sich zu Tode erschrecken; **to be at one's ~s' end** mit seinem Latein am Ende sein.

witch [wɪtʃ] *n* Hexe *die*.

witchcraft ['wɪtʃkrɑːft] *n (U)* Hexerei *die*.

witchdoctor ['wɪtʃˌdɒktəʳ] *n* Medizinmann *der*.

witch-hazel *n* **- 1.** *(U)* [liquid] Hamamelisgesichtswasser *das* **- 2.** [tree] Zaubernuss *die*.

witch-hunt *n pej* Hexenjagd *die*.

with [wɪð] *prep* **- 1.** [gen] mit; **come ~ me** komm mit mir; **a man ~ a beard** ein Mann mit Bart; **a room ~ a bathroom** ein Zimmer mit Bad; **he hit me ~ a stick** er hat mich mit einem Stock geschlagen; **be careful ~ that!** sei vorsichtig damit!; **bring it ~ you** bringen Sie es mit; **to argue ~ sb** (sich) mit jm streiten; **the war ~ Germany** der Krieg gegen Deutschland; **I can't do it ~ you watching me** ich kann es nicht tun, wenn du mir zuschaust **- 2.** [at house of, in the hands of] bei; **we stayed ~ friends** wir haben bei Freunden übernachtet; **the decision rests ~ you** die Entscheidung liegt bei dir **- 3.** [indicating emotion] vor *(+ D);* **to tremble ~ fear** vor Angst zittern **- 4.** [because of] bei; **~ the weather as it is, we decided to stay at home** angesichts des Wetters beschlossen wir zu Hause zu bleiben; **~ my luck, I'll probably lose** bei meinem Glück werde ich wahrscheinlich verlieren **- 5.** *phr:* **I'll be ~ you in a moment** ich komme gleich; **I'm not quite ~ you** [I don't understand] ich komme nicht ganz mit; **I'm ~ you there** [I'm on your side] da bin ich ganz deiner Ansicht.
◆ **with it** *adj* **inf:** **she's very ~ it** sie weiß, was in ist.

withdraw [wɪð'drɔː] (*pt* **-drew;** *pp* **-drawn**) *vt* **- 1.** *fml* [remove] weg|nehmen; **to ~ sthg from sthg** etw von etw weg|nehmen **- 2.** FIN ab|heben **- 3.** MIL [troops] zurück|ziehen **- 4.** [retract] zurück|nehmen ◇ *vi* **- 1.: to ~ (from)** sich zurück|ziehen (aus); **we withdrew to a quieter spot/a neighbouring village** wir zogen uns an einen ruhigeren Ort/in ein benachbartes Dorf zurück **- 2.** [quit, give up] auf|geben; **to ~ from sthg** aus etw aus|scheiden.

withdrawal [wɪð'drɔːəl] *n* **- 1.** [removal] Zurückziehen *das* **- 2.** MIL Rückzug *der* **- 3.** [retraction] Zurücknahme *die* **- 4.** [leaving, quitting] **~ (from sthg)** Ausscheiden *das* (aus etw) **- 5.** MED Entzug *der* **- 6.** FIN Abheben *das*.

withdrawal symptoms *npl* Entzugserscheinungen *pl*.

withdrawn [wɪð'drɔːn] *pp* ▷ **withdraw** ◇ *adj* [shy, quiet] verschlossen.

withdrew [wɪð'druː] *pt* ▷ **withdraw.**

wither ['wɪðəʳ] *vt* verdorren lassen ◇ *vi* **- 1.** [dry up] verwelken **- 2.** [become weak] schwinden.

withered ['wɪðəd] *adj* **- 1.** [plant] verwelkt **- 2.** [skin] ausgetrocknet.

withering ['wɪðərɪŋ] *adj* vernichtend.

withhold [wɪð'həʊld] (*pt* & *pp* **-held** [-'held]) *vt* [information] zurück|halten.

within [wɪ'ðɪn] *prep* innerhalb *(+ G)*; **~ walking distance** zu Fuß erreichbar; **~ sight** in Sichtweite; **~ the next week** innerhalb der nächsten Woche; **~ 10 miles** im Umkreis von 10 Meilen ◇ *adv* innen.

without [wɪð'aʊt] *prep* ohne; **~ doing sthg** ohne etw zu tun; **I left ~ him seeing me** ich ging (weg), ohne dass er mich sah.

withstand [wɪð'stænd] (*pt* & *pp* **-stood** [-'stʊd]) *vt* stand|halten *(+ D)*.

witness ['wɪtnɪs] *n* **- 1.** [gen] Zeuge *der*, -gin *die*; **to be ~ to sthg** Zeuge einer Sache *(G)* sein **- 2. : to bear ~ to sthg** [be proof of] von etw zeugen; **she bore ~ to the fact that ...** sie bezeugte, dass ... ◇ *vt* **- 1.: to ~ sthg** [murder, accident] Zeuge einer Sache *(G)* sein; [changes] etw erleben **- 2.** [countersign] als Zeuge unterschreiben.

witness box *Br*, **witness stand** *Am n* Zeugenstand *der*.

witter ['wɪtəʳ] *vi* ***Br inf pej*** quasseln.

witticism ['wɪtɪsɪzm] *n* geistreiche Bemerkung.

witty ['wɪtɪ] (*compar* **-ier;** *superl* **-iest**) *adj* geistreich und witzig.

wives [waɪvz] *pl* ▷ **wife.**

wizard ['wɪzəd] *n* **- 1.** [man with magic powers] Zauberer *der* **- 2.** [skilled person] Genie *das*.

wizened ['wɪzndl] *adj* runzelig.

wk *abbr of* **week.**

WO *n abbr of* **warrant officer.**

wobble ['wɒbl] *vi* wackeln.

wobbly ['wɒblɪ] (*compar* **-ier;** *superl* **-iest**) *adj* ***inf*** wackelig.

woe [wəʊ] *n* ***literary*** Leid *das*.

wok [wɒk] *n* Wok *der*.

woke [wəʊk] *pt* ▷ **wake.**

woken ['wəʊkn] *pp* ▷ **wake.**

wolf [wʊlf] (*pl* **wolves**) *n* [animal] Wolf *der* ◇ *vt* ***inf*:** **to ~ sthg (down)** etw hinunter|schlingen.

wolf whistle *n* bewundernder Pfiff.

wolves ['wʊlvz] *pl* ▷ **wolf**

woman ['wʊmən] (*pl* **women** ['wɪmɪn]) *n* Frau *die* ◇ *comp:* **~ doctor** Ärztin *die;* **~ teacher** Lehrerin *die*.

womanhood ['wʊmənhʊd] *n* **- 1.** [adult life]: **to reach ~** zur Frau werden **- 2.** [all women] Frauen *pl*.

womanizer, -iser ['wʊmənaɪzəʳ] *n* ***pej*** Frauenheld *der*.

womanly ['wʊmənlɪ] *adj* fraulich.

womb [wu:m] *n* Gebärmutter *die*.

wombat ['wɒmbæt] *n* Wombat *der*.

women ['wɪmɪn] *pl* ▷ **woman.**

women's group *n* Frauengruppe *die*.

Women's Institute *n* ***Br*:** **the ~** *britische Frauenvereinigung, in deren örtlichen Zentren sich Frauen treffen und an Kursen teilnehmen können.*

women's liberation *n* **- 1.** [aim] Gleichstellung *die* der Frau **- 2.** [movement] Frauenrechtsbewegung *die*.

won [wʌn] *pt* & *pp* ▷ **win.**

wonder ['wʌndəʳ] *n* **- 1.** [amazement] Staunen *das* **- 2.** [cause for surprise]: **it's a ~ that ...** es ist ein Wunder, dass ...; **no** *OR* **little** *OR* **small ~** kein Wunder; **no ~ she left!** kein Wunder, dass sie gegangen ist! **- 3.** [amazing thing] Wunder *das;* **to work** *OR* **do ~s** Wunder wirken ◇ *vt* **- 1.** [speculate] sich fragen; **to ~ if** *OR* **whether** sich fragen, ob **- 2.** [in polite requests]: **I ~ whether you would mind shutting the window?** könnten sie wohl bitte das Fenster schließen? ◇ *vi* **- 1.** [speculate] sich fragen; **to ~ about sthg** sich über etw *(A)* Fragen stellen **- 2.** ***literary*** [be amazed]: **to ~ at sthg** sich über etw *(A)* wundern.

wonderful ['wʌndəfʊl] *adj* wundervoll, wunderbar.

wonderfully ['wʌndəfʊlɪ] *adv* **- 1.** [very well] wunderbar **- 2.** [for emphasis] sehr.

wonderland ['wʌndəlænd] *n* [fairyland] Wunderland *das*.

wonky ['wɒŋkɪ] (*compar* **-ier;** *superl* **-iest**) *adj* ***Br inf*** [wobbly] wackelig; [crooked] schief.

won't [wəʊnt] = **will not.**

woo [wu:] *vt* **- 1.** ***literary*** [court - woman] den Hof machen *(+ D)* **- 2.** ***fig*** [try to win over] um|werben.

wood [wʊd] *n* **- 1.** *(U)* [timber] Holz *das* **- 2.** [group of trees] Wald *der* **- 3.** GOLF Holzschläger *der* **- 4.** ***phr*:** **not to see the ~ for the trees** ***Br*** den Wald vor lauter Bäumen nicht sehen; **touch ~!** klopf auf Holz! ◇ *comp* Holz-.

◆ **woods** *npl* [forest] Wald *der*.

wooded ['wʊdɪd] *adj* [forested] bewaldet.

wooden ['wʊdn] *adj* **- 1.** [of wood] Holz- **- 2.** ***pej*** [actor] hölzern.

wooden spoon *n* Holzlöffel *der;* **to win** *OR* **get the ~** ***Br fig*** den Trostpreis gewinnen.

woodland ['wʊdlənd] *n* Waldland *das*.

woodlouse ['wʊdlaʊs] (*pl* **-lice**) *n* Kellerassel *die*.

woodpecker ['wʊd,pekəʳ] *n* Specht *der*.

wood pigeon *n* Ringeltaube *die*.

woodshed ['wʊdʃed] *n* Holzschuppen *der*.

woodwind ['wʊdwɪnd] *adj* Holzblas- ◇ *n:* **the ~** die Holzbläser *pl*.

woodwork ['wʊdwɜ:k] *n* **- 1.** [wooden objects]

Holzarbeiten *pl;* [part of house or room] Holzteile *pl* **- 2.** [craft] Tischlerei *die.*

woodworm ['wʊdwɜːm] *n* [beetle] Holzwurm *der;* **this cupboard's got ~** in diesem Schrank ist der Holzwurm.

woof [wʊf] *n* [bark] Bellen *das* ◇ *excl:* **~, ~!** wau, wau!

wool [wʊl] *n* **- 1.** [gen] Wolle *die* **- 2.** ***phr:* to pull the ~ over sb's eyes *inf*** jn hinters Licht führen.

woollen *Br*, **woolen** *Am* ['wʊlən] *adj* [garment] Woll-.

◆ **woollens** *npl* Wollwaren *pl.*

woolly ['wʊlɪ] (*compar* **-ier;** *superl* **-iest;** *pl* **-ies**) *adj* [woollen] Woll- ◇ *n* ***inf*** warmer Pulli.

woolly-headed [-'hedɪd] *adj* ***inf pej*** verwirrt.

woozy ['wuːzɪ] (*compar* **-ier;** *superl* **-iest**) *adj* ***inf*** [dizzy] schwindelig.

Worcester sauce ['wʊstəʳ-] *n (U)* Worcestersoße *die.*

word [wɜːd] *n* **- 1.** LING Wort *das;* **~ for ~** Wort für Wort; **in other ~s** mit anderen Worten; **in your own ~s** mit deinen eigenen Worten; **not in so many ~s** nicht direkt; **in a ~** kurz gesagt; **he is too stupid for ~s** er ist unglaublich dumm; **by ~ of mouth** von Mund zu Mund; **to put in a (good) ~ for sb** ein gutes Wort für jn ein|legen; **just say the ~** du musst es nur sagen; **can I have a ~ (with you)?** kann ich Sie mal sprechen?; **to have ~s with sb *inf*** mit jm eine Auseinandersetzung haben; **to have the last ~** das letzte Wort haben; **she doesn't mince her ~s** sie nimmt kein Blatt vor den Mund; **to weigh one's ~s** seine Worte sorgfältig ab|wägen; **I/you/*etc* couldn't get a ~ in edgeways** ich bin/du bist/*etc* nicht zu Wort gekommen **- 2.** *(U)* [news] Nachricht *die;* **have you had ~ of John recently?** hast du in letzter Zeit etwas von John gehört? **- 3.** [promise] Wort *das;* **to give sb one's ~** jm sein Wort geben; **to be as good as one's ~, to be true to one's ~** zu seinem Wort stehen ◇ *vt* formulieren.

word game *n* Buchstabenspiel *das.*

wording ['wɜːdɪŋ] *n* Wortlaut *der.*

word-perfect *adj:* **to be ~ at one's part** seinen Rollentext perfekt beherrschen.

wordplay ['wɜːdpleɪ] *n (U)* Wortspiel *das.*

word processing *n* Textverarbeitung *die.*

word processor [-ˌprəʊsesəʳ] *n* Textverarbeitungssystem *das.*

wordy ['wɜːdɪ] (*compar* **-ier;** *superl* **-iest**) *adj* ***pej*** weitschweifig.

wore [wɔːʳ] *pt* ▷ **wear.**

work [wɜːk] *n* **- 1.** *(U)* [gen] Arbeit *die;* **casual ~** Gelegenheitsarbeit *die;* **temporary ~** Zeitarbeit *die;* **to be in ~** Arbeit haben; **to be out of ~** arbeitslos sein; **at ~** [not at home] auf der Arbeit; [working] bei der Arbeit **- 2.** ART & LITERATURE [created product] Werk *das* **- 3.** ***phr:* he's a nasty piece of ~ *inf*** er ist ein Scheusal; **you've got your ~ cut out bringing up five children** es ist bestimmt schwer, fünf Kinder großzuziehen; **you'll have your ~ cut out to get there on time** du wirst Schwierigkeiten haben, pünktlich dort zu sein ◇ *vt* **- 1.** [person, staff]: **he ~s his staff too hard** er verlangt zu viel von seinen Angestellten **- 2.** [machine] bedienen **- 3.** [wood, clay, land] bearbeiten **- 4.** [cause to become]: **to ~ o.s. into sthg** sich in etw *(A)* hinein|steigern **- 5.** [make]: **she ~ed her way through the crowd** sie bahnte sich *(D)* ihren Weg durch die Menge; **the painter ~ed his way along the wall** der Maler arbeitete sich Schritt für Schritt an der Wand entlang; **to ~ one's way to the top** [in career] sich hoch|arbeiten ◇ *vi* **- 1.** [do a job] arbeiten **- 2.** [function, be successful] funktionieren **- 3.** [have effect]: **to ~ against sb/sthg** sich auf jn/etw negativ aus|wirken **- 4.** [gradually become]: **to ~ loose** sich lockern.

◆ **works** *n* [factory] Werk *das* ◇ *npl* **- 1.** [mechanism] Innere *das* **- 2.** [digging, building] Bauarbeiten *pl* **- 3.** ***inf*** [everything]: **the ~s** das ganze Drumherum.

◆ **work at** *vt fus* [try to improve] arbeiten an *(+ D).*

◆ **work off** *vt sep* [anger, frustration] los|werden.

◆ **work on** *vt fus* **- 1.** [concentrate on] arbeiten an *(+ D)* **- 2.** [principle, assumption, belief] aus|gehen von **- 3.** [try to persuade] bearbeiten.

◆ **work out** *vt sep* **- 1.** [formulate] aus|arbeiten **- 2.** [calculate] aus|rechnen ◇ *vi* **- 1.** [figure, total]: **that ~s out at £10 each** das macht 10 Pfund pro Person **- 2.** [turn out]: **to ~ out in sb's favour** für jn vorteilhaft sein **- 3.** [be successful] gut aus|gehen **- 4.** [train, exercise] trainieren.

◆ **work up** *vt sep* **- 1.** [excite]: **to ~ o.s. up into** sich hinein|steigern in *(+ A)* **- 2.** [generate - enthusiasm, courage] auf|bringen; [- appetite] entwickeln.

workable ['wɜːkəbl] *adj* [practicable] durchführbar.

workaday ['wɜːkədeɪ] *adj* ***pej*** alltäglich, Alltags-.

workaholic [ˌwɜːkə'hɒlɪk] *n* Workaholic *der.*

workbasket ['wɜːkˌbɑːskɪt] *n* Nähkorb *der.*

workbench ['wɜːkbentʃ] *n* Werkbank *die.*

workbook ['wɜːkbʊk] *n* Arbeitsheft *das.*

workday ['wɜːkdeɪ] *n* Arbeitstag *der.*

worked up [ˌwɜːkt-] *adj* aufgeregt.

worker ['wɜːkəʳ] *n* [employee] Arbeiter *der,* -in *die;* **a hard/fast/good ~** ein fleißiger/schneller/guter Arbeiter.

workforce ['wɜːkfɔːs] *n* Belegschaft *die.*

workhouse ['wɜːkhaʊs] *n* **- 1.** ***Br*** [poorhouse]

Armenhaus *das (in dem man für seine Unterbringung arbeiten musste)* - **2.** **Am** [prison] Arbeitshaus *das*.

working ['wɜːkɪŋ] *adj* - **1.** [in operation] in Betrieb; **the lift isn't ~** der Fahrstuhl ist außer Betrieb - **2.** [having employment] erwerbstätig - **3.** [relating to work] Arbeits-.

◆ **workings** *npl* - **1.** [of system, machine] Funktionsweise *die* - **2.** *fig* [of mind]: **the ~ s of his mind** seine Denkweise.

working capital *n* Betriebskapital *das*.

working class *n*: **the ~** die Arbeiterklasse.

◆ **working-class** *adj* Arbeiter-.

working day *n* = **workday**.

working group *n* Arbeitsgruppe *die*.

working knowledge *n* Grundkenntnisse *pl*.

working man *n* Arbeiter *der*.

working model *n* Versuchsmodell *das*.

working order *n*: **in ~** funktionstüchtig.

working party *n* Arbeitsgruppe *die*.

working week *n* Arbeitswoche *die*.

work-in-progress *n* laufende Arbeiten *pl*.

workload ['wɜːkləʊd] *n* Arbeitsvolumen *das*.

workman ['wɜːkmən] (*pl* **-men** [-mən]) *n* [craftsman] Handwerker *der*; [worker] Arbeiter *der*.

workmanship ['wɜːkmənʃɪp] *n (U)* handwerkliches Können *das*.

workmate ['wɜːkmeɪt] *n* Kollege *der*, -gin *die*.

work of art *n* **lit** & **fig** Kunstwerk *das*.

workout ['wɜːkaʊt] *n* Training *das*.

work permit *n* Arbeitserlaubnis *die*.

workplace ['wɜːkpleɪs] *n* Arbeitsplatz *der*.

work placement *n* Praktikum *das*.

workroom ['wɜːkrʊm] *n* Arbeitszimmer *das*.

works council *n* Betriebsrat *der*.

workshop ['wɜːkʃɒp] *n* - **1.** [room, building] Werkstatt *die* - **2.** [discussion] Workshop *der*.

workshy ['wɜːkʃaɪ] *adj* **Br** arbeitsscheu.

workstation ['wɜːkˌsteɪʃn] *n* COMPUT Workstation *die*.

work surface *n* Arbeitsfläche *die*.

worktable ['wɜːkˌteɪbl] *n* Arbeitstisch *der*.

worktop ['wɜːktɒp] *n* **Br** Arbeitsfläche *die*.

work-to-rule *n* **Br** Dienst *der* nach Vorschrift.

world [wɜːld] *n* - **1.** [gen]: **the ~** die Welt; **how/what/where/why in the ~ ...?** wie/was/wo/warum in aller Welt ...?; **the ~ over** überall; **to be dead to the ~** schlafen wie ein Toter; **to have the best of both ~s** die Vorteile beider Seiten genießen; **the next ~** das Jenseits - **2.** [great deal]: **to think the ~ of sb** große Stücke auf jn halten; **to do sb the ~ of good** jm unwahrscheinlich gut tun; **a ~ of difference** ein himmelweiter Unterschied <> *comp* Welt-.

World Bank *n*: **the ~** die Weltbank.

world-class *adj* Weltklasse-.

World Cup FTBL *n*: **the ~** die Weltmeisterschaft <> *comp* Weltmeisterschafts-.

world-famous *adj* weltberühmt.

worldly ['wɜːldlɪ] *adj* [not spiritual] weltlich; **~ goods** irdische Güter.

world music *n* Weltmusik *die*.

world power *n* Weltmacht *die*.

World Series *n*: **the ~** *im amerikanischen Baseballsport die sieben Spiele umfassende Endausscheidung zwischen den Gewinnern der beiden bedeutendsten Baseballligen*.

World Service *n* Worldservice *der*.

World War I *n* Erster Weltkrieg.

World War II *n* Zweiter Weltkrieg.

world-weary *adj* daseinsmüde.

worldwide ['wɜːldwaɪd] *adj* & *adv* weltweit.

World Wide Web *n*: **the ~** COMPUT das World Wide Web.

worm [wɜːm] *n* [animal] Wurm *der* <> *vt*: **to ~ one's way** [move] sich hindurch|schlängeln; [wheedle] sich ein|schleichen.

◆ **worms** *npl* [parasites] Würmer *pl*.

◆ **worm out** *vt sep*: **to ~ sthg out of sb** jm etw aus der Nase ziehen.

worn [wɔːn] *pp* ▷ **wear** <> *adj* - **1.** [threadbare - carpet] abgenutzt; [- clothes] abgetragen; [- tyre] abgefahren - **2.** [tired] erschöpft.

worn-out *adj* - **1.** [old, threadbare] ganz abgenutzt; [clothes, shoes] ganz abgetragen - **2.** [tired] ausgelaugt.

worried ['wʌrɪd] *adj* besorgt; **I was ~ he'd be angry** ich hatte Angst, er würde böse sein; **you really had me ~** du hast mich wirklich beunruhigt; **to be ~ about sb/sthg** sich *(D)* wegen jm/etw Sorgen machen; **to be ~ sick** ganz krank sein vor Sorge.

worrier ['wʌrɪəʳ] *n*: **she's a terrible ~** sie macht sich immer Sorgen.

worry ['wʌrɪ] (*pl* **-ies**; *pt* & *pp* **-ied**) *n* Sorge *die*; **she's a real ~** sie macht uns wirklich Sorgen <> *vt* [cause to be troubled] Sorgen machen *(+ D)* <> *vi*: **to ~ about sb/sthg** sich um jn/etw sorgen OR Sorgen machen; **not to ~!** keine Sorge!

worrying ['wʌrɪɪŋ] *adj* beunruhigend.

worse [wɜːs] *adj* - **1.** [not as good] schlechter; [situation] schlimmer; **to get ~** sich verschlechtern; [situation] sich verschlimmern - **2.** [sicker]: **he's ~** es geht ihm schlechter; **she seemed to get ~** ihr Zustand schien sich zu verschlechtern <> *adv* [more badly] schlechter; **~ off** [having less money] schlechter dran; [in a more unpleasant situation] schlimmer dran <> *n*

Schlimmeres *das;* **a change for the ~** eine Verschlimmerung; [of health, weather] eine Verschlechterung.

worsen ['wɜːsn] *vt* [situation, crisis] verschlimmern ◇ *vi* [situation, crisis] sich verschlimmern; [weather, work] sich verschlechtern.

worsening ['wɜːsnɪŋ] *adj* [situation, crisis] sich verschlimmernd; [weather] sich verschlechternd.

worship ['wɜːʃɪp] (*Br pt & pp* **-ped;** *cont* **-ping,** *Am pt & pp* **-ed;** *cont* **-ing**) *vt* - **1.** RELIG an|beten - **2.** [admire, adore] vergöttern ◇ *n* - **1.** *(U)* RELIG Verehrung *die;* [service] Gottesdienst *der;* **place of ~** Andachtstätte *die;* [of cult] Kultstätte *die* - **2.** *(U)* [adoration] Vergötterung *die.*
◆ **Worship** *n:* **Your Worship** Euer Ehren; **Her/His Worship (the Mayoress/Mayor)** die sehr verehrte Frau Bürgermeister/der sehr verehrte Herr Bürgermeister.

worshipper *Br,* **worshiper** *Am* ['wɜːʃɪpəʳ] *n* - **1.** RELIG Gläubige *der, die;* [of cult] Anbeter *der,* -in *die* - **2.** [admirer] Verehrer *der,* -in *die.*

worst [wɜːst] *adj* schlimmste, -r, -s, schlechteste, -r, -s ◇ adv am schlimmsten, am schlechtesten ◇ *n:* **the ~** das Schlimmste; **if the ~ comes to the ~** wenn alle Stricke reißen; **to get the ~ of it** am meisten ab|bekommen.
◆ **at (the) worst** *adv* schlimmstenfalls.

worsted ['wʊstɪd] *n (U)* Kammgarn *das.*

worth [wɜːθ] *prep:* **how much is it ~?** wie viel ist das wert?; **it's ~ £50** es ist 50 Pfund wert; **it's ~ seeing** es ist sehenswert; **a book ~ reading** ein lesenwertes Buch; **it's not ~ it** es lohnt sich nicht; **he's ~ millions** er besitzt Millionen; **to run for all one is ~** *fig* rennen, was man nur rennen kann ◇ *n* - **1.** [amount]: **£50 ~ of traveller's cheques** Reiseschecks im Wert von 50 Pfund; **a week's ~ of groceries** Lebensmittel *pl* für eine Woche - **2.** [value] Wert *der;* **he proved his ~** er hat sich bewährt.

worthless ['wɜːθlɪs] *adj* - **1.** [object] wertlos - **2.** [person] nichtsnutzig.

worthwhile [ˌwɜːθ'waɪl] *adj* lohnend; **it was a ~ visit** der Besuch hat sich gelohnt; **to be ~** sich lohnen.

worthy ['wɜːðɪ] (*compar* **-ier;** *superl* **-iest**) *adj* - **1.** [deserving of respect] würdig; **for a ~ cause** für einen guten Zweck - **2.** [deserving]: **to be ~ of sthg** etw verdienen - **3.** *pej* [good but unexciting] ehrbar.

would [wʊd] *modal vb* - **1.** [in reported speech]: **she said she ~ come** sie sagte, sie würde kommen - **2.** [indicating condition]: **what ~ you do?** was würdest du tun?; **what ~ you have done?** was hättest du getan?; **I ~ be most grateful** ich wäre äußerst dankbar - **3.** [indicating willingness]: **she ~n't go** sie wollte einfach nicht gehen; **he ~ do anything for her** er würde alles für sie tun - **4.** [in polite questions]: **~ you like a drink?** möchtest du etwas trinken?; **~ you mind closing the window?** könntest du das Fenster zumachen? - **5.** [indicating inevitability]: **he ~ say that** er musste das sagen; **I quite forgot! – you ~!** das habe ich ganz vergessen! – das sieht dir ähnlich! - **6.** [giving advice]: **I ~ report it if I were you** an deiner Stelle würde ich es melden - **7.** [expressing opinions]: **I ~ prefer coffee** ich hätte lieber Kaffee; **I ~ prefer to go by bus** ich würde lieber mit dem Bus fahren; **I ~ have thought (that) ...** ich hätte gedacht, dass ... - **8.** [describing habitual past actions]: **she ~ often come home tired out** oft kam sie total erschöpft nach Hause.

would-be *adj* angehend.

wouldn't ['wʊdnt] = **would not.**

would've ['wʊdəv] = **would have.**

wound[1] [wuːnd] *n* Wunde *die;* **to lick one's ~s** seine Wunden lecken ◇ *vt* - **1.** [physically] verwunden - **2.** [emotionally] verletzen.

wound[2] [waʊnd] *pt & pp* ▷ **wind**[2].

wounded ['wuːndɪd] *adj* - **1.** [physically] verwundet - **2.** [emotionally] verletzt ◇ *npl:* **the ~** die Verwundeten *pl.*

wounding ['wuːndɪŋ] *adj* [hurtful] verletzend.

wove [wəʊv] *pt* ▷ **weave.**

woven ['wəʊvn] *pp* ▷ **weave.**

wow [waʊ] *inf n:* **she's a real ~** sie ist echt toll! ◇ *vt* begeistern ◇ *excl* Mensch!

WP *n* - **1.** *abbr of* **word processing** - **2.** *abbr of* **word processor.**

WPC (*abbr of* **woman police constable**) *n Br* Polizeibeamtin *die.*

wpm (*abbr of* **words per minute**) WpM.

wrangle ['ræŋgl] *n* Streitigkeiten *pl* ◇ *vi* sich streiten; **to ~ with sb (over sthg)** mit jm (über etw *(A)*) streiten.

wrap [ræp] (*pt & pp* **-ped;** *cont* **-ping**) *vt* - **1.** [cover in paper or cloth] ein|wickeln; **to ~ sthg in sthg** etw in etw *(A)* ein|wickeln; **to ~ sthg (a)round sthg** etw um etw wickeln - **2.** [encircle]: **to ~ sthg (a)round sthg** etw um etw legen; **to ~ one's arms round sb** seine Arme um jn schlingen ◇ *n* [garment] Schultertuch *das.*
◆ **wrap up** *vt sep* - **1.** [cover in paper or cloth] ein|wickeln - **2.** *inf* [complete] unter Dach und Fach bringen ◇ *vi* [put warm clothes on]: **~ up well** OR **warmly!** zieh dich warm an!

wrapped up [ræpt-] *adj inf* [immersed]: **to be ~ in sb/sthg** nur (noch) jn/etw im Kopf haben; **she's ~ in her thoughts** sie ist in Gedanken versunken.

wrapper ['ræpəʳ] *n* Hülle *die;* [of sweets] Papier *das.*

wrapping ['ræpɪŋ] *n* Verpackung *die.*

wrapping paper *n (U)* Geschenkpapier *das.*

wrath [rɒθ] *n* ***literary*** Zorn *der.*

wreak [riːk] *vt* [destruction, havoc] an|richten; [revenge] üben.

wreath [riːθ] *n* [circle of flowers] Kranz *der.*

wreathe [riːð] *vt* ***literary*** hüllen.

wreck [rek] *n* Wrack *das;* **I look a ~** ich sehe furchtbar aus; **a nervous ~** ein Nervenbündel; **a car ~** ***Am*** ein Autounfall ◇ *vt* **- 1.** [break, destroy] demolieren; [car] zu Schrott fahren **- 2.** NAUT [cause to run aground] versenken; **to be ~ed** [person] Schiffbruch erleiden; **the ship was ~ed on the rocks** das Schiff zerschellte an den Klippen **- 3.** [spoil, ruin] ruinieren.

wreckage [ˈrekɪdʒ] *n* [of plane, building] Trümmer *pl;* [of car] Wrack *das.*

wrecker [ˈrekəʳ] *n* ***Am*** Abschleppwagen *der.*

wren [ren] *n* Zaunkönig *der.*

wrench [rentʃ] *n* **- 1.** [tool] Schraubenschlüssel *der* **- 2.** [injury, twist] Verrenkung *die* **- 3.** [cause of sadness] schmerzhafter Schritt ◇ *vt* **- 1.** [pull violently] reißen **- 2.** [twist and injure]: **to ~ one's arm/leg** sich den Arm/das Bein verrenken **- 3.** [force away - eyes, gaze] los|reißen.

wrest [rest] *vt* ***literary:*** **to ~ sthg from sb** jm etw entwinden.

wrestle [ˈresl] *vt* ringen mit; **to ~ sb to the ground** jn zu Boden zwingen ◇ *vi* **- 1.** [fight]: **to ~ with sb** mit jm ringen **- 2.** ***fig*** [struggle]: **to ~ with sthg** mit etw kämpfen.

wrestler [ˈresləʳ] *n* Ringer *der*, -in *die;* [as entertainer] Wrestler *der*, -in *die.*

wrestling [ˈreslɪŋ] *n* Ringen *das;* [as entertainment] Wrestling *das.*

wretch [retʃ] *n* [unhappy person]: **poor ~!** armer Tropf!

wretched [ˈretʃɪd] *adj* **- 1.** [miserable] elend; [conditions] erbärmlich **- 2.** ***inf*** [damned] verflixt.

wriggle [ˈrɪgl] *vt* [toes, shoulders] wackeln mit; **to ~ one's body** sich winden ◇ *vi* **- 1.** [move about - person] zappeln; [- worm] sich winden **- 2.** [twist]: **he ~d under the fence** er wand sich unter dem Zaun hindurch; **to ~ free** sich los|winden.

◆ **wriggle out of** *vt fus:* **to ~ out of sthg** sich vor etw *(D)* drücken; **to ~ out of doing sthg** sich davor drücken, etw zu tun.

wring [rɪŋ] (*pt* & *pp* **wrung**) *vt* **- 1.** [squeeze out water from] aus|wringen **- 2.** ***literary:*** **to ~ one's hands** die Hände ringen **- 3.** [neck]: **to ~ a chicken's neck** einem Huhn den Hals um|drehen.

◆ **wring out** *vt sep* aus|wringen.

wringing [ˈrɪŋɪŋ] *adj:* **~ (wet)** tropfnass.

wrinkle [ˈrɪŋkl] *n* **- 1.** [on skin] Falte *die* **- 2.** [in cloth] Knitterfalte *die* ◇ *vt* [screw up - nose] rümpfen; [- forehead] runzeln ◇ *vi* [crease] knittern.

wrinkled [ˈrɪŋkld], **wrinkly** [ˈrɪŋklɪ] *adj* **- 1.** [skin] faltig **- 2.** [cloth] zerknittert.

wrist [rɪst] *n* Handgelenk *das.*

wristband [ˈrɪstbænd] *n* [of watch] Armband *das.*

wristwatch [ˈrɪstwɒtʃ] *n* Armbanduhr *die.*

writ [rɪt] *n* Verfügung *die.*

write [raɪt] (*pt* **wrote;** *pp* **written**) *vt* **- 1.** [gen] schreiben; **to ~ sb a letter** jm einen Brief schreiben **- 2.** [cheque, prescription] aus|stellen **- 3.** COMPUT speichern ◇ *vi* **- 1.** [gen] schreiben; **to ~ to sb** ***Br*** jm schreiben **- 2.** COMPUT ab|speichern.

◆ **write back** *vt sep* & *vi* zurück|schreiben.

◆ **write down** *vt sep* auf|schreiben.

◆ **write in** *vi* [to radio or TV station, shop] schreiben.

◆ **write into** *vt sep:* **to ~ sthg into a contract** etw in einen Vertrag auf|nehmen.

◆ **write off** *vt sep* **- 1.** [project] auf|geben **- 2.** [debt, investment, person] ab|schreiben **- 3.** ***Br inf*** [vehicle] zu Schrott fahren ◇ *vi:* **to ~ off to sb** jn an|schreiben; **to ~ off for sthg** etw an|fordern.

◆ **write out** *vt sep* [names] auf|schreiben; [list] auf|stellen.

◆ **write up** *vt sep* [notes] aus|arbeiten.

write-off *n* [car] Totalschaden *der.*

write-protect *vt* COMPUT schreibschützen.

writer [ˈraɪtəʳ] *n* **- 1.** [as profession] Schriftsteller *der*, -in *die* **- 2.** [of letter, article, story] Verfasser *der*, -in *die.*

write-up *n* ***inf*** Bericht *der.*

writhe [raɪð] *vi* sich winden; [with pain] sich krümmen.

writing [ˈraɪtɪŋ] *n* **- 1.** [gen] Schrift *die;* **in ~** schriftlich **- 2.** [activity] Schreiben *das.*

◆ **writings** *npl* Werke *pl;* **scientific ~s** wissenschaftliche Schriften.

writing case *n* ***Br*** Schreibmappe *die.*

writing desk *n* Schreibtisch *der.*

writing paper *n (U)* Briefpapier *das.*

written [ˈrɪtn] *pp* ▷ **write** ◇ *adj* schriftlich.

wrong [rɒŋ] *adj* **- 1.** [amiss]: **there's nothing ~ with me** mir fehlt nichts; **is something ~?** stimmt etwas nicht?; **what's ~?** was ist los?; **there's something ~ with the car** mit dem Auto stimmt etwas nicht **- 2.** [not suitable] falsch **- 3.** [not correct - answer, decision, turning] falsch, verkehrt; **to be ~** [person] Unrecht haben; **I was ~ to ask** ich hätte nicht fragen sollen **- 4.** [morally bad] unrecht ◇ *adv* [incorrectly] falsch, verkehrt; **to get sthg ~** sich mit etw vertun; **to go ~** [make a mistake] einen Fehler machen; **the printer keeps going ~** der Drucker spielt ständig verrückt; **don't get me ~** *inf* versteh mich nicht falsch <> *n* Unrecht *das;* **to be in the ~** Unrecht haben <> *vt literary* Unrecht tun *(+ D).*

wrong-foot *vt Br* - **1.** SPORT auf dem falschen Fuß erwischen - **2.** *fig* [surprise] aus dem Konzept bringen.

wrongful ['rɒŋfʊl] *adj* [unjust] ungerecht.

wrongly ['rɒŋlɪ] *adv* - **1.** [unsuitably] falsch - **2.** [mistakenly] zu Unrecht.

wrong number *n* falsche Nummer; **you've got the ~** Sie haben sich verwählt.

wrote [rəʊt] *pt* ▻ **write.**

wrought iron [rɔːt-] *n* Schmiedeeisen *das.*

wrung [rʌŋ] *pt & pp* ▻ **wring.**

WRVS (*abbr of* **Women's Royal Voluntary Service**) *n britische Hilfsorganisation für notleidende Menschen.*

wry [raɪ] *adj* - **1.** [amused] ironisch; [humour, remark] trocken - **2.** [displeased]: **to pull a ~ face** das Gesicht verziehen.

wt. *abbr of* **weight.**

WV *abk für West Virginia, in Postanschrift verwendet.*

WW (*abbr of* **world war**) WK.

WWW (*abbr of* **world wide web**) WWW.

WY *abk für Wyoming, in Postanschrift verwendet.*

WYSIWYG ['wɪzɪwɪg] (*abbr of* **what you see is what you get**) *n* WYSIWYG.

X

x (*pl* **x's** *OR* **xs**), **X** (*pl* **X's** *OR* **Xs**) [eks] *n* - **1.** [letter] x *das*, X *das* - **2.** [unknown name] X - **3.** [quantity, in algebra] x - **4.** [to mark place]: **X marks the spot** ein Kreuzchen markiert die Stelle - **5.** [at end of letter] *ein Kreuzchen am Ende eines Briefes, das einen Kuss bedeutet.*

xenophobia [ˌzenə'fəʊbjəl] *n* Fremdenfeindlichkeit *die*, Xenophobie *die.*

xenophobic [ˌzenə'fəʊbɪk] *adj* fremdenfeindlich, xenophob.

Xerox® ['zɪərɒks] *n* - **1.** [machine] Xerokopiergerät *das* - **2.** [copy] Xerokopie *die.*

◆ **xerox** *vt* xerokopieren.

Xmas ['eksməs] *n* Weihnachten *das* <> *comp* Weihnachts-.

X-ray *n* - **1.** [ray] Röntgenstrahl *der* - **2.** [picture] Röntgenbild *das* <> *vt* röntgen.

xylophone ['zaɪləfəʊn] *n* Xylofon *das.*

Y

y (*pl* **y's** *OR* **ys**), **Y** (*pl* **Y's** *OR* **Ys**) [waɪ] *n* - **1.** [letter] y *das*, Y *das* - **2.** [in algebra] y.

Y2K (*abbr of* **year two thousand**) Jahr 2000 *das.*

yacht [jɒt] *n* Jacht *die.*

yachting ['jɒtɪŋ] *n* Segeln *das.*

yachtsman ['jɒtsmən] (*pl* **-men** [-mən]) *n* Segler *der.*

yachtswoman ['jɒtsˌwʊmən] (*pl* **-women** [-ˌwɪmɪn]) *n* Seglerin *die.*

yahoo [jɑː'huː] *n* Rüpel *der.*

yak [jæk] *n* [animal] Jak *der.*

Yale lock® [jeɪl-] *n* Sicherheitsschloss *das.*

yam [jæm] *n* [vegetable] Süßkartoffel *die.*

Yangtze ['jæŋtsɪ] *n*: **the ~ (River)** der Jangtse.

yank [jæŋk] *vt* ruckartig ziehen an *(+ D).*

Yank [jæŋk] *n* **Br inf pej** Ami *der.*

Yankee ['jæŋkɪ] *n* - **1.** **Br inf pej** [American] Ami *der* - **2.** **Am** [northerner] Nordstaatler *der.*

yap [jæp] (*pt & pp* **-ped;** *cont* **-ping**) *vi* - **1.** [dog] kläffen - **2.** *pej* [person] quatschen.

yard [jɑːd] *n* - **1.** [unit of measurement] Yard *das*, = *91,44 cm* - **2.** [enclosed area] Hof *der* - **3.** [place of work]: **ship ~** Schiffswerft *die;* **builder's ~** Bauhof *der* - **4.** **Am** [attached to house] Garten *der.*

yardstick ['jɑːdstɪk] *n* Maßstab *der.*

yarn [jɑːn] *n* - **1.** *(U)* [thread] Garn *das* - **2.** *inf* [story] Seemannsgarn *das;* **he can tell a good ~** er kann gut Geschichten erzählen; **to spin sb a ~** jm ein Märchen erzählen.

yashmak ['jæʃmæk] *n* Jaschmak *der.*

yawn [jɔːn] *n* - **1.** [when tired] Gähnen *das* - **2.** **Br inf** [boring event]: **to be a ~** zum Gähnen sein <> *vi* gähnen.

yd *abbr of* **yard.**

yeah [jeə] *adv inf* ja.

year [jɪəʳ] *n* Jahr *das;* **all (the) ~ round** das ganze Jahr über; **for seven ~s** sieben Jahre (lang); **~ in ~ out** jahrein, jahraus.
◆ **years** *npl* [ages] Jahre *pl;* **for ~s** jahrelang.

yearbook [ˈjɪəbʊk] *n* Jahrbuch *das.*

yearling [ˈjɪəlɪŋ] *n* Jährling *der.*

yearly [ˈjɪəlɪ] *adj* **- 1.** [event, inspection, report] jährlich **- 2.** [income, wage] Jahres- ◇ *adv* jährlich.

yearn [jɜːn] *vi:* **to ~ for sthg** sich nach etw sehnen; **to ~ to do sthg** sich danach sehnen, etw zu tun.

yearning [ˈjɜːnɪŋ] *n:* **~ (for sb/sthg)** Sehnsucht *die* (nach jm/etw); **~ for power** Machthunger *der.*

yeast [jiːst] *n (U)* Hefe *die.*

yell [jel] *n* Schrei *der* ◇ *vt* & *vi* schreien.

yellow [ˈjeləʊ] *adj* **- 1.** [in colour] gelb **- 2.** *inf* [cowardly] feige ◇ *n* Gelb *das* ◇ *vi* vergilben.

yellow card *n* FTBL gelbe Karte.

yellow fever *n* Gelbfieber *das.*

yellow lines *npl* gelbe Halteverbotslinien *pl.*

YELLOW LINES

In Großbritannien wird Parkverbot mit einer einfachen bzw. doppelten Linie am Straßenrand angezeigt. Eine einfache Linie bedeutet, daß zwischen 8 Uhr und 16 Uhr 30 an Werktagen Parkverbot besteht; außerhalb dieser Zeiten ist das Parken erlaubt. Eine doppelte Linie bedeutet, daß zu keiner Zeit geparkt werden darf.

yellowness [ˈjeləʊnɪs] *n (U)* gelbliche Färbung.

Yellow Pages® *n Br:* **the ~** die gelben Seiten *pl.*

Yellow River *n:* **the ~** der Gelbe Fluss.

yelp [jelp] *n* Aufjaulen *das;* [of person] Aufschrei *der* ◇ *vi* auf|jaulen; [of person] auf|schreien.

Yemen [ˈjemən] *n:* **(the) ~** (der) Jemen; **in (the) ~** im Jemen.

Yemeni [ˈjemənɪ] *adj* jemenitisch ◇ *n* Jemenit *der,* -in *die.*

yen [jen] *(pl sense 1 inv) n* **- 1.** [Japanese currency] Yen *der* **- 2.** [longing]: **to have a ~ to do sthg** den Drang verspüren, etw zu tun; **I have a sudden ~ for chocolate** ich verspüre eine plötzliche Lust auf Schokolade.

yeoman of the guard [ˈjəʊmən-] *(pl* **yeomen of the guard** [ˈjəʊmən-]) *n* königlicher Leibgardist.

yep [jep] *adv inf* ja.

yes [jes] *adv* **- 1.** [gen] ja; **~, please** ja, bitte; **to say ~ to sthg** einer Sache *(D)* zustimmen **- 2.** [to encourage further speech] so **- 3.** [expressing disagreement] doch ◇ *n* [vote in favour] Ja *das.*

yes-man *n pej* Jasager *der.*

yesterday [ˈjestədɪ] *n* Gestern *das* ◇ *adv* gestern.

yet [jet] *adv* noch; *(in questions)* schon; **have you read the book ~?** hast du das Buch schon gelesen?; **not ~** noch nicht; **aren't you ready ~?** bist du bald fertig?; **as ~** bisher, bis jetzt; **I've ~ to do it** ich muss es noch tun; **~ another delay** noch eine Verspätung; **~ again** schon wieder; **he'll win ~** er wird schon noch gewinnen ◇ *conj* doch; **simple ~ effective** einfach, aber wirksam; **and ~ I like him** und doch OR dennoch mag ich ihn.

yeti [ˈjetɪ] *n* Yeti *der.*

yew [juː] *n* Eibe *die.*

Y-fronts *npl Br* Herrenunterhose *die (mit y-förmigem Saum an der Vorderseite).*

YHA (*abbr of* **Youth Hostels Association**) *n* ≃ DJH *das.*

Yiddish [ˈjɪdɪʃ] *adj* jiddisch ◇ *n* [language] Jiddisch(e) *das.*

yield [jiːld] *n* Ertrag *der* ◇ *vt* **- 1.** [produce] hervor|bringen; [fruit] tragen; [profits] ab|werfen; [result, answer, clue] ergeben **- 2.** [give up] ab|geben ◇ *vi* **- 1.** [open, give way, break] nach|geben **- 2.** *fml* [give up, surrender] sich ergeben; **to ~ to demands** Forderungen nach|geben **- 3.** *Am* AUT [give way]: '~' 'Vorfahrt beachten'.

yippee [*Br* jɪˈpiː, *Am* ˈjɪpɪ] *excl* hurra!, juchhu!

YMCA (*abbr of* **Young Men's Christian Association**) *n* CVJM *der.*

yo [jəʊ] *excl inf* hi!

yob(bo) [ˈjɒb(əʊ)] *n Br inf* Rowdy *der.*

yodel [ˈjəʊdl] (*Br pt* & *pp* **-led;** *cont* **-ling,** *Am pt* & *pp* **-ed;** *cont* **-ing**) *vi* jodeln.

yoga [ˈjəʊgə] *n* Yoga *der* OR *das.*

yoghourt, yoghurt, yogurt [*Br* ˈjɒgət, *Am* ˈjəʊgərt] *n* Joghurt *der* OR *das.*

yoke [jəʊk] *n* Joch *das.*

yokel [ˈjəʊkl] *n pej* Bauerntölpel *der.*

yolk [jəʊk] *n* Dotter *der* OR *das,* Eigelb *das.*

yonder [ˈjɒndəʳ] *adv literary* dort drüben.

Yorkshire pudding [ˈjɔːkʃəʳ-] *n aus Pfannkuchenteig bereitete Beilage zu Rinderbraten.*

Yorkshire terrier *n* Yorkshire-Terrier *der.*

you [juː] *pers pron* **- 1.** *(subject - singular)* du; *(- plural)* ihr; *(- polite form)* Sie; **~ Germans** ihr Deutschen; **I'm shorter than ~** ich bin kleiner als du/Sie/ihr **- 2.** *(direct object, after prep + A - singular)* dich; *(- plural)* euch; *(- polite form)* Sie; **I hate ~!** ich hasse dich/Sie/euch!; **I did**

it for ~ ich habe es für dich/Sie/euch getan **- 3.** *(direct object, after prep + D - singular)* dir; *(- plural)* euch; *(- polite form)* Ihnen; **I told ~!** ich habe es dir/Ihnen/euch gesagt; **after ~!** nach Ihnen! **- 4.** *(indefinite use - subject)* man; *(- object)* einen; *(- indirect object)* einem; **~ never know** man kann nie wissen; **it does ~ good** es tut einem gut.

you'd [juːd] = **you had, you would.**

you'll [juːl] = **you will.**

young [jʌŋ] *adj* [not old] jung <> *npl* **- 1.** [young people]: **the ~** die Jugend **- 2.** [baby animals] Junge *pl.*

younger [ˈjʌŋgəʳ] *adj* jünger.

youngish [ˈjʌŋɪʃ] *adj* ziemlich jung.

young man *n* junger Mann.

youngster [ˈjʌŋstəʳ] *n* **- 1.** [child] Kind *das* **- 2.** [young person] Jugendliche *der, die.*

young woman *n* junge Frau.

your [jɔːʳ] *poss adj* **- 1.** *(singular subject)* dein, -e, deine *pl; (plural subject)* euer/eure, eure *pl; (polite form)* Ihr, -e, Ihre *pl;* **~ dog** dein/euer/Ihr Hund; **~ house** dein/euer/Ihr Haus; **~ children** deine/eure/Ihre Kinder **- 2.** *(indefinite subject):* **it's good for ~ teeth** es ist gut für die Zähne; **~ average Englishman** der durchschnittliche Engländer.

you're [jɔːʳ] = **you are.**

yours [jɔːz] *poss pron (singular subject)* deiner/deine/deins, deine *pl; (plural subject)* eurer/eure/eures, eure *pl; (polite form)* Ihrer/Ihre/Ihres, Ihre *pl;* **a friend of ~** ein Freund von dir/euch/Ihnen; **that money is ~** dieses Geld gehört dir/euch/Ihnen.

◆ **Yours** *adv* [in letter - gen] Dein/Deine; [- polite form] Ihr/Ihre; ▷ **faithfully, sincerely** *etc.*

yourself [jɔːˈself] (*pl* **-selves** [-ˈselvz]) *pron* **- 1.** *(reflexive, after prep + A - singular)* dich; *(- plural)* euch; *(- polite form)* sich **- 2.** *(reflexive, after prep + D - singular)* dir; *(- plural)* euch; *(- polite form)* sich; **did you do it ~?** hast du/haben Sie das selbst gemacht?; **did you do it yourselves?** habt ihr/haben Sie das selbst gemacht?; **by ~/yourselves** allein.

youth [juːθ] *n* **- 1.** [period of life, young people] Jugend *die* **- 2.** [quality] Jugendlichkeit *die* **- 3.** [boy] Junge *der;* [young man] junger Mann.

youth club *n* Jugendklub *der.*

youthful [ˈjuːθfʊl] *adj* jugendlich.

youthfulness [ˈjuːθfʊlnɪs] *n* Jugendlichkeit *die.*

youth hostel *n* Jugendherberge *die.*

youth hostelling [-ˈhɒstəlɪŋ] *n* **Br: to go ~ in Scotland** eine Schottlandtour machen und in Jugendherbergen übernachten.

you've [juːv] = **you have.**

yowl [jaʊl] *n* [of dog] Jaulen *das;* [of cat] Miauen *das* <> *vi* [dog] jaulen; [cat] miauen.

yo-yo [ˈjəʊjəʊ] *n* Jo-Jo *das.*

yr *abbr of* **year.**

YT *n abk für Yukon Territory, in Postanschrift verwendet.*

yucca [ˈjʌkə] *n* Yucca *die.*

yuck [jʌk] *excl* ***inf*** bäh!

Yugoslav [ˌjuːgəˈslɑːv] *adj* & *n* = **Yugoslavian.**

Yugoslavia [ˌjuːgəˈslɑːvɪə] *n* Jugoslawien *das;* **in ~** in Jugoslawien.

Yugoslavian [ˌjuːgəˈslɑːvɪən] *adj* jugoslawisch <> *n* Jugoslawe *der,* -win *die.*

yule log [juːl-] *n* **- 1.** [piece of wood] Julscheit *der* **- 2.** [cake] *Schokoladenkuchen in Form eines Baumstammes, der zu Weihnachten serviert wird.*

yuletide [ˈjuːltaɪd] *n (U)* ***literary*** Weihnachtszeit *die.*

yummy [ˈjʌmɪ] (*compar* **-ier;** *superl* **-iest**) *adj* ***inf*** lecker.

yuppie, yuppy [ˈjʌpɪ] (*pl* **-ies**) *n* Yuppie *der.*

YWCA (*abbr of* **Young Women's Christian Association**) *n* CVJF *der.*

Z

z (*pl* **z's** *OR* **zs**), **Z** (*pl* **Z's** *OR* **Zs**) [***Br*** zed, ***Am*** ziː] *n* [letter] z *das,* Z *das.*

Zagreb [ˈzɑːgreb] *n* Zagreb *nt.*

Zaïre [zaɪˈɪəʳ] *n* Zaire *nt.*

Zambesi, Zambezi [zæmˈbiːzɪ] *n:* **the ~** die Sambesi.

Zambia [ˈzæmbɪə] *n* Sambia *nt.*

Zambian [ˈzæmbɪən] *adj* sambisch <> *n* Sambier *der,* -in *die.*

zany [ˈzeɪnɪ] (*compar* **-ier;** *superl* **-iest**) *adj* ***inf*** verrückt.

Zanzibar [ˈzænzɪbɑːʳ] *n* Sansibar *nt.*

zap [zæp] (*pt* & *pp* **-ped;** *cont* **-ping**) ***inf*** *vt* abknallen <> *vi* **- 1.** [rush] sausen **- 2.** TV zappen.

zeal [ziːl] *n* ***fml*** Eifer *der.*

zealot [ˈzelət] *n* ***fml*** Eiferer *der,* -in *die.*

zealous ['zeləs] *adj fml* eifrig.

zebra [*Br* 'zebrə, *Am* 'zi:brə] (*pl inv* OR **-s**) *n* Zebra *das.*

zebra crossing *n Br* Zebrastreifen *der.*

zenith [*Br* 'zenɪθ, *Am* 'zi:nəθ] *n lit & fig* Zenit *der.*

zeppelin ['zepəlɪn] *n* Zeppelin *der.*

zero [*Br* 'zɪərəʊ, *Am* 'zi:rəʊ] (*pl* **-s** OR **-es;** *pt & pp* **-ed;** *cont* **-ing**) *adj* keinerlei; **~ growth** Nullwachstum *das;* **~ gravity** Schwerelosigkeit *die* <> *n* Null *die.*

◆ **zero in on** *vt fus* **- 1.** [subj: weapon] sich ausrichten auf *(+ A)* **- 2.** [subj: person - physically] sich stürzen auf *(+ A);* [- attention] sich konzentrieren auf *(+ A).*

zero-rated [-ˌreɪtɪd] *adj Br* nicht mehrwertsteuerpflichtig.

zest [zest] *n* **- 1.** [excitement] Schwung *der* **- 2.** *(U)* [eagerness] Begeisterung *die* **- 3.** *(U)* [of orange, lemon] Schale *die.*

zigzag ['zɪgzæg] (*pt & pp* **-ged;** *cont* **-ging**) *n* Zickzack *der* <> *vi* [person, vehicle] im Zickzack laufen/fahren; [path] im Zickzack verlaufen.

zilch [zɪltʃ] *n esp Am inf* [nothing] nichts; [none] null.

Zimbabwe [zɪm'bɑ:bwɪ] *n* Simbabwe *nt.*

Zimbabwean [zɪm'bɑ:bwɪən] *adj* simbabwisch <> *n* Simbabwer *der,* -in *die.*

Zimmer frame® ['zɪmə^r-] *n* Gehbock *der.*

zinc [zɪŋk] *n* Zink *das.*

Zionism ['zaɪənɪzm] *n* Zionismus *der.*

Zionist ['zaɪənɪst] *adj* zionistisch <> *n* Zionist *der,* -in *die.*

zip [zɪp] (*pt & pp* **-ped;** *cont* **-ping**) *n Br* [fastener] Reißverschluss *der.*

◆ **zip up** *vt sep* den Reißverschluss zulmachen an *(+ D).*

zip code *n Am* Postleitzahl *die.*

zip fastener *n Br* = **zip.**

zipper ['zɪpə^r] *n Am* = **zip.**

zippy (*compar* **-ier;** *superl* **-iest**) *adj inf* [car] flott.

zit [zɪt] *n inf* Pickel *der.*

zither ['zɪðə^r] *n* Zither *die.*

zodiac ['zəʊdɪæk] *n:* **the ~** Tierkreis *der;* **sign of the ~** Tierkreiszeichen *das.*

zombie ['zɒmbɪ] *n* Zombie *der.*

zone [zəʊn] *n* [district] Zone *die.*

zoo [zu:] *n* Zoo *der.*

zoological [ˌzəʊə'lɒdʒɪkl] *adj* zoologisch.

zoologist [zəʊ'ɒlədʒɪst] *n* Zoologe *der,* -gin *die.*

zoology [zəʊ'ɒlədʒɪ] *n* Zoologie *die.*

zoom [zu:m] *vi inf* **- 1.** [move quickly] sausen **- 2.** [rise rapidly] hochlschnellen.

◆ **zoom in** *vi* zoomen; **the camera ~ed in on his face** die Kamera holte sein Gesicht heran.

◆ **zoom off** *vi inf* ablrauschen.

zoom lens *n* Zoomobjektiv *das.*

zucchini [zu:'ki:nɪ] (*pl inv* OR **-s**) *n Am* Zucchini *die.*

Zulu ['zu:lu:] *adj* Zulu- <> *n* **- 1.** [person] Zulu *der, die* **- 2.** [language] Zulu *nt.*

Zürich ['zjʊərɪk] *n* Zürich *nt*

LIVING IN Germany, Switzerland and Austria

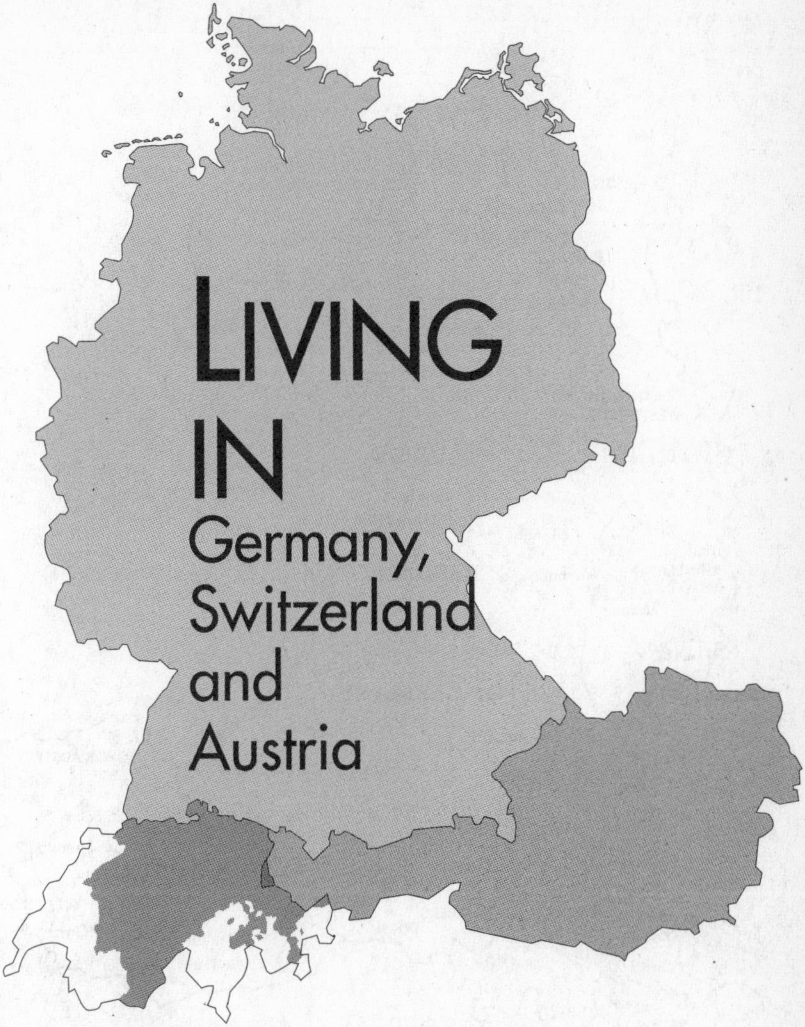

CONTENTS

Swiss Cantons

1 APPENZELL
2 AARGAU
3 BASEL
4 FRIBOURG
5 GENEVA
6 GLARUS
7 LUCERNE
8 NEUCHÂTEL
9 ST GALL
10 SCHAFFHAUSEN
11 SCHWYZ
12 SOLOTHURN
13 THURGAU
14 UNTERWALDEN
15 URI
16 ZUG
17 ZÜRICH

■ State capital

0 100 km

Germany's largest cities	
Berlin	3,417,000 inhabitants
Hamburg	1,705,000 inhabitants
Munich	1,256,000 inhabitants
Cologne	966,000 inhabitants

GERMANY The Federal Republic of Germany was founded in 1949. Reunification with the former GDR boosted its population to 82.04 million (1998), and its surface area to 356,970 km^2. Germany has borders with the Netherlands, Belgium, Luxembourg and France to the west, Switzerland and Austria to the south, the Czech Republic and Poland to the east and Denmark to the north. It has a population density of 230 inhabitants per km^2. Berlin (population 3.42 million) became Germany's capital city again in 1991. The constitution, or *Grundgesetz* (Basic Law), states that the Federal Republic of Germany is a parliamentary democracy and a federal state. There are 16 states *(Bundesländer)*, each with its own parliament and government. Germany is a member of the European Union, NATO, the Council of Europe and the United Nations.

Federal government The 656 members of the German parliament *(Bundestag)* are directly elected every four years. The number of seats held by each party is determined by the percentage of the vote that it wins (proportional representation). In order to get into parliament, a party must win at least 5% of the vote or have three directly-elected candidates.

► **Chancellor** The German federal chancellor *(Bundeskanzler)* is elected by parliament after being proposed by the President. He and his ministers form the German government *(Bundesregierung)*.

► ***Bundesrat*** The *Bundesrat* is the upper house of the German parliament and it is here that the representatives of the state governments (of whom there are between three and six per state) represent their states. The *Bundesrat* participates in the legislative process.

► **President** The *Bundespräsident* is the German head of state. He is not directly elected, but is elected for a five-year term by parliament and the *Bundesrat*. He represents Germany abroad and his role is mainly of a constitutional and representative nature.

► **Constitutional court** The Constitutional Court *(Bundesverfassungsgericht)* is responsible for ensuring that legislation is constitutional and for resolving disputes involving federal bodies or the states. Citizens who feel that their basic rights have been violated can appeal directly to the Constitutional Court. The Court also has the power to ban undemocratic political parties.

► **National security** The federal government is responsible for the border police *(Bundesgrenzschutz)*, and the army *(Bundeswehr)*. All men are obliged to do either nine months' military service or thirteen months' civil service.

German Political Parties

- *SPD* (German Social Democratic Party: centre-left)
- *CDU* (Christian Democratic Union: centre-right)
- *CSU* (Christian Social Union: conservative)
- *FDP* (Free Democratic Party: liberal)
- *Bündnis 90/die Grünen* (Alliance 90/the Greens: East German reform group/Green coalition)
- *PDS* (Democratic Socialist Party: former East German communists)

States, districts and municipalities German federalism has its historical roots in the large number of sovereign feudal states that existed right into the 19th century. However, the current state borders were drawn up after the Second World War and no longer correspond to the historical boundaries. A consequence of Germany's federal structure is that there are several economic, political and cultural centres in the country.

▶ **States** The 16 states *(Bundesländer)* have their own constitutions, democratically elected parliaments and governments led by the *Ministerpräsident*. The states and central government are jointly responsible for legislation, and they share administrative duties. The states have sole responsibility for education and the police.

▶ **Districts** Districts *(Landkreise)* and municipalities *(Gemeinden)* constitute the lowest level of the federal structure. They have elected representative bodies known as *Kreistage* (district councils) and *Stadträte* or *Gemeinderäte* (town or municipal councils) and have independent control over their affairs.

SWITZERLAND Switzerland has a population of 7.2 million and a surface area of 41,293 km^2. It has borders with Germany to the north, France to the west, Italy to the south and Austria and Liechtenstein to the east. Its capital city is Bern. The "Swiss Confederation", as it is formally known, was founded in 1291 and is today a parliamentary federal state composed of 26 cantons. Six of these cantons are so-called sub-cantons (Halbkantone) which were created when a larger canton was split up (Unterwalden nid/ob dem Wald, Basel-Stadt/Land, Appenzell Außerrhoden/Innerrhoden). The constitution dates back to 1874. Federalism and direct democracy have a long tradition in Switzerland, indeed some of the 26 cantons still retain the unusual system of pure direct democracy whereby decisions are taken at public meetings in which all citizens participate. It was as far back as 1815 that the country decided to adopt complete neutrality as its most fundamental principle.

Referenda Referenda can be held at all levels of the political system and can be used to prevent laws from being passed or to change the constitution. An optional referendum is when the people request an amendment to either a law or the constitution. A compulsory referendum is necessary before the constitution can actually be changed. It was by referendum that the Swiss people voted not to join the European Community, for example.

Parliament The Swiss parliament is known as the Federal Assembly *(Bundesversammlung)* and has two houses, the directly elected National Council *(Nationalrat)* and the upper house or *Ständerat*, where the cantons are represented. It is parliament that decides whether or not laws are constitutional, since there is no constitutional court.

Swiss political parties

- *FDP* (Free Democratic Party: liberal)
- *SPS* (Swiss Social Democratic Party: centre-left)
- *CVP* (Popular Christian Democratic Party: centre-right)
- *SVP* (Swiss Popular Party: nationalist)

▶ **Government** The government is known as the Federal Council *(Bundesrat)* and is elected every four years by the Federal Assembly. It has seven members, each from a different canton, who are responsible for running their respective ministries and who collectively form the country's highest executive body.

▶ **President** The Federal Assembly elects one of the members of the Federal Council as President *(Bundespräsident)* on a yearly basis. The President should not be thought of as a head of state; his role is to chair the Federal Council and to represent Switzerland at home and abroad.

Major cities

Zürich	365,043 inhabitants
Basel	178,428 inhabitants
Geneva	171,042 inhabitants
Bern	136,338 inhabitants
Lausanne	128,112 inhabitants

▶ **National security** All men between the ages of 19 and 50 are responsible for the defence of the realm and must do at least 331 days' military service. They keep arms and equipment at home and participate in regular training exercises. Since 1992, conscientious objectors have been allowed to do community service, and are no longer imprisoned for refusing to do military service.

AUSTRIA

Austria has a population of approximately 7.8 million and a surface area of 83,855 km^2. It has borders with Germany and the Czech Republic to the north, Slovakia and Hungary to the east, Slovenia and Italy to the south and Switzerland and Liechtenstein to the west. Its capital city is Vienna. It is a parliamentary federal state composed of nine states and its current constitution dates back to 1920. Austria is a member of the European Union and declared its *perpetual neutrality* in 1955.

Parliament The Austrian parliament is known as the Federal Assembly *(Bundesversammlung)* and is composed of two houses: the directly elected National Assembly *(Nationalrat)* and the upper house *(Bundesrat)*, where the states are represented.

Austrian Political Parties

- *SPÖ* (Austrian Social Democratic Party: centre-left)
- *ÖVP* (Austrian Popular Party: centre-right)
- *FPÖ* (Austrian Liberal Party)
- *Grüne Alternative* (Green Party)

▶ **Chancellor** The Austrian premier is known as the Federal Chancellor *(Bundeskanzler)* and is appointed by the President. The government is made up of the Chancellor, Vice-chancellor and the 14 Federal Ministers.

▶ **President** The *Bundespräsident* is the head of state and is directly elected by the people for a term of six years. He appoints the Chancellor and is also the supreme commander of the armed forces *(Bundesheer)*. His position is more powerful than that of the German president.

▶ **Federal states** The Austrian federal states *(Bundesländer)* have their own parliaments and governments which are run by the head of the state government *(Landeshauptmann)* and the regional authorities.

▶ **Referenda** Austrian citizens can institute legislation through a referendum, for example Austrians voted in a referendum to ban the construction of nuclear power stations.

Major cities

Vienna	1,533,176 inhabitants
Graz	232,145 inhabitants
Linz	202,855 inhabitants
Salzburg	144,000 inhabitants
Innsbruck	115,000 inhabitants

▶ **National security** Austrians must do six months' basic military service, supplemented by field exercises totalling an additional 60 days.

GERMANY Germany is a member of the European Union and is also one of the G-7 group of leading industrialized nations. In 1998, per capita GNP was $22,000 (DM 45,500).

Market economy Germany has a social market economy. In keeping with the European trend towards deregulation, the postal service, railways and national airline have all been privatized and there are now very few state-owned enterprises.

Industry Apart from coal (anthracite and lignite), Germany has few mineral resources and most raw materials, especially oil, are imported. The coal and steel industries have lost much of their former economic importance.

Major companies	Industry
Daimler-Chrysler *(Stuttgart)*	Automotive
Volkswagen *(Wolfsburg)*	Automotive
Veba AG + VIAG AG *(Düsseldorf)*	Energy, Chemical, Telecommunications
RWE AG *(Essen)*	Energy
Hoechst AG *(Frankfurt)*	Chemical
BASF AG *(Ludwigshafen)*	Chemical
Bayer AG *(Leverkusen)*	Chemical
Siemens *(Munich)*	Electronics
Thyssen *(Duisburg)*	Steel
Bosch *(Stuttgart)*	Electronics
BMW *(Munich)*	Automotive

▶ **Manufacturing industry** Germany manufactures a wide variety of high-quality goods for domestic consumption and for export. Its largest automotive and engineering companies are world leaders.

Imports/exports Germany is the world's second largest exporter after the United States. This means that, in general, the German economy enjoys a high balance of trade surplus.

Services sector The services sector (e.g. banks and insurance companies) has become increasingly important in recent decades and now accounts for 60% of the total economy, employing more people than industry.

Agriculture Agriculture now accounts for only 1.2% of the total economy. The European Union subsidizes the price of agricultural produce and pays farmers to set aside agricultural land and to reduce the size of their livestock herds. These subsidies are greater than the total value of agricultural production.

Industrial relations About 35% of the workforce belongs to a trade union. The unions are not divided along party-political lines.

▶ **Works councils** German workers have a legal right to codetermination. The company works council *(Betriebsrat)* is a body in which their interests are represented and through which they can participate in many of the company's business decisions.

▶ **Collective agreements** Unions and employers are together responsible for drawing up collective agreements governing wages and working conditions for different industries and regions, without interference from the State. These agreements are only valid for a given period of time. It is usual for the two sides to reach a compromise, and strikes are rare, only occurring if the negotiations fail and 75% of the affected workers vote in favour of strike action.

▶ **Working hours** Working hours are normally at least 38.5 hours a week. There is no legal limit on the amount of overtime that can be worked. On average, workers are entitled to 30 days' annual holiday.

▶ **Pay** Civil servants usually receive an extra month's salary at Christmas, whereas people who work for large companies receive voluntary benefits such as Christmas or holiday bonuses. Social security and pension contributions are shared 50-50 between employers and employees.

Unemployment In 1999, unemployment across the whole of Germany stood at 10.3%, whereas in the former East German states the figure was approximately 17.6%. The high level of unemployment in the East can be mainly attributed to the changeover from a planned economy to a social market economy. Unemployment benefit is paid for up to a year by the Federal Employment Institute *(Bundesanstalt für Arbeit)* and amounts to 60-67% of the claimant's last net wage. Older people can claim for up to 32 months. After this period, income support *(Arbeitslosenhilfe)* can be claimed (53-57% of the claimant's last net wage).

▶ **Social welfare** The social welfare provided by local authorities is aimed at covering basic needs. In 1997 the number of people on social welfare had risen to 2.89 million, and the high level has stimulated discussions in public and politics about the viability of the welfare state.

Banking Germany's financial centre is Frankfurt am Main. It is here that the German Stock Exchange *(Deutsche Börse)* is situated along with the head offices of several financial institutions. The German stock market index, known as the *DAX (Deutsche Aktienindex)*, quotes the 30 most important German companies. Since 1998 Frankfurt is also the headquarters of the Central European Bank.

❑ **Currency: Deutschmark (DM** or **DEM)**. 1 DM = 100 *Pfennig (Pf)* = 0.5 euro.

German money

Notes	Coins
1,000 DM	5 DM
500 DM	2 DM
200 DM	1 DM
100 DM	50 Pfennig
50 DM	10 Pfennig
20 DM	5 Pfennig
10 DM	2 Pfennig
5 DM	1 Pfennig

Bundesbank The *Bundesbank*, based in Frankfurt am Main, is Germany's central issuing bank. Like all national central banks in the EU, it has lost its independence to the European Central Bank in the course of the European Monetary Union. .

Methods of payment Sums under 100 DM are usually paid in cash, although cashless transactions are increasingly common.

▶ **Cashless payment methods** Wages and salaries are generally paid straight into people's current accounts. One-off bills may be settled by money transfer *(Überweisung)*, whereas regular payments are often made by standing order or direct debit.

▶ **Eurocheques** Eurocheques and Eurocheque cards are more commonly used in Germany than in Great Britain, and the latter can also be used instead of cash in shops that accept electronic payment.

SWITZERLAND With a per capita GNP of about $40,000 in 1996, Switzerland is one of the wealthiest countries in the world. Its economic success is largely based on the finance and insurance sectors, as well as industry.

Major companies A number of multinationals such as *Nestlé* (food and drink) and *ABB* (electrical engineering) have their head office in Switzerland but make most of their profits abroad. The chemical and pharmaceutical industry, which is concentrated in Basel, is also important, with firms such as *Ciba-Geigy*, *Sandoz* and *Hoffmann-La Roche*. The turnover of the country's top ten firms accounts for three-quarters of the total economy.

Imports/exports The main export markets for Switzerland's high-quality goods are Germany, France and Italy. Despite a high level of imports, income from tourism prevents the country from having a balance of trade deficit.

Banking Switzerland, particularly Zürich, is one of the most important financial centres in the world.The country's wealth is in no small measure due to the strength of its currency and the financial astuteness of its banks. Switzerland's central bank is the *Schweizerische Nationalbank*.

❑ **Currency: Swiss franc (SF** or **CHF)**. 1 SF = 100 *centimes (Rappen* or *Rp)* = 0.6 euro.

▶ **Banking confidentiality** The confidentiality rule *(Bankgeheimnis)* of Swiss banks which prevents them from revealing the identity of their customers means that wealthy people from around the world have their money safely tucked away in Swiss bank accounts. However, the confidentiality rule may be broken in the case of illicitly obtained funds.

AUSTRIA Per capita GNP was $25,000 in 1996. Industry, which is concentrated in the states of Vorarlberg, Upper Austria and Vienna, accounts for a fifth of the working population and a third of the total economy. Austria has a large number of small and medium-sized enterprises.

Major companies A large number of primary sector and heavy industry firms (e.g. *Voest-Alpine*) are nationalized and form part of the state holding company *Österreichische Industrieholding AG* (ÖIAG).

Imports/exports Germany is Austria's most important trading partner, accounting for some 40% of imports and exports. Tourism is also an important source of income for Austria. 65% of tourists who visit Austria are Germans.

Banking Austria's central issuing bank is known as the *Österreichische Nationalbank*. According to the *Nationalbank*, Austria has more bank branches per capita than any other country in the world. There are seven main national financial institutions, the most important of which is the *Creditanstalt-Bankverein* in which the State has a majority shareholding.

❑ **Currency: Austrian Schilling (öS** or **ATS)**. 1 öS = 100 *Groschen (Gr)* = 0.07 euro.

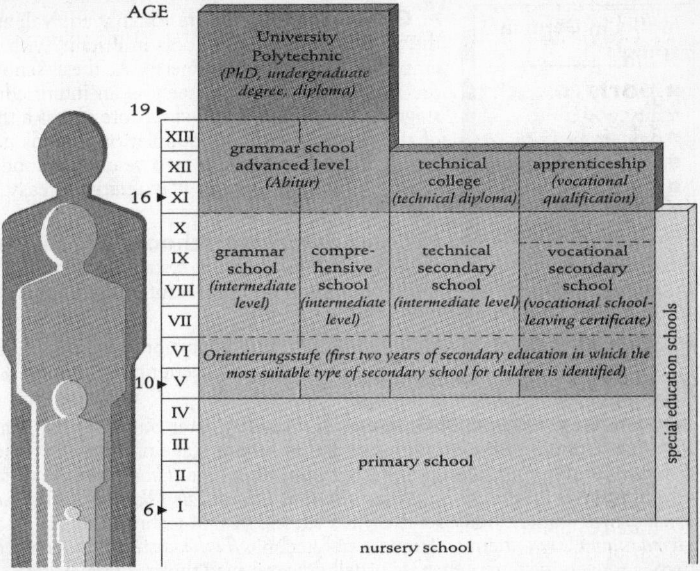

GERMANY One of the basic tenets of German federalism is the *Kulturhoheit der Bundesländer* whereby the 16 state ministers for education and arts have sole responsibility for all levels of education in their state.

Compulsory education All children must attend school between the ages of 6 and 15. Education is free, schools are normally mixed and classes usually take place in the morning and last 45 minutes each.

School holidays These vary from one state to another. School summer holidays are six weeks long.

Pre-school education (up to age 6) Parents are responsible for their children's pre-school education and there is little State provision for infants. 90% of children attend nursery school *(Kindergarten)* from age three, although attendance is not compulsory, and must be paid for by their parents. Nursery schools are run by the local authorities, the church, or charitable organizations, and the shortage of places means that waiting lists are common.

Primary education (6–9) All children attend primary school *(Grundschule)* for four years, where they receive a basic preparatory education.

Secondary education level I (10–15) During the first stage of secondary education, pupils may attend three different types of school, geared towards children of different abilities:

▶ ***Hauptschule*** This is a vocational secondary school which pupils leave after five or six years and at which they may obtain a vocational school-leaving certificate *(Hauptschulabschluss)*, which they need if they wish to go on to learn a trade.

▶ ***Realschule*** This is a technical secondary school attended for 6 years, at which pupils may obtain the intermediate-level secondary school exam *(mittlere Reife)* which is required by those pupils wishing to enter certain professions or continue their education.

Marks in German schools

- 1 – very good
- 2 – good
- 3 – fair
- 4 – adequate (pass)
- 5 – poor
- 6 – very poor

▶ ***Gymnasium*** These are roughly equivalent to the old state grammar schools in Britain, with the emphasis on academic subjects. At these schools, the *mittlere Reife* exam is seen as an intermediate stage on the way to the *Abitur*. More or less a third of the secondary school population attends each type of school. In the first two years of secondary school *(Orientierungsstufe)* it is relatively easy for pupils to change schools.

▶ **Comprehensive schools** In some states, comprehensive schools *(Gesamtschulen)* coexist with the system described above. Children of all abilities are able to obtain any of the relevant qualifications up to *Abitur* level under one roof.

▶ **Special schools** These provide a general education for children with learning difficulties or behavioural problems and account for about 4% of the school population.

Secondary education level II (16–19) After obtaining the *mittlere Reife* exam, pupils can opt to move on to the second stage of secondary education, where they may attend either a technical college *(Fachoberschule)* or take advanced-level classes at a grammar school *(gymnasiale Oberstufe)*. The *Fachabitur* which students may do after their second year at technical college or at a *Gymnasium* allows them to attend a polytechnic *(Fachhochschule)*, which offers higher education courses that are usually shorter than those at universities.

▶ ***Abitur*** Pupils wishing to go on to higher education must obtain the *Abitur* at the end of their two or three years in the second stage of secondary education. In the final two years of the *gymnasiale Oberstufe* rather than all being taught together in one class, pupils choose optional general and specialist subjects. The marks for each subject are averaged out to give a final mark for the *Abitur*. About 35% of pupils do the *Abitur* and the number is rising.

14% of pupils who do the *Abitur* go on to do a business or civil service apprenticeship.

The dual system After obtaining the *Hauptschulabschluss* or the *mittlere Reife* exam, most people go on to do a three-year apprenticeship in a trade, with a company or in the civil service. The trainee *(Auszubildende* or *Azubi)* has a traineeship contract with the firm for which he or she is working and receives a wage. Trainees learn the practical side of their trade on the job, whilst theoretical knowledge is obtained at a vocational school *(Berufsschule)* which they attend part-time. The local chamber of commerce is responsible for setting standards and testing trainees' skills.

Higher education There are 243 state or state-recognized higher education institutions. They decide independently which study courses they offer, and how they allocate places. Rising student numbers and the limited number of places available have led to a minimum *Abitur* mark *(Numerus clausus)* being required to study certain subjects, and those wishing to study medicine also have to sit an additional test. There is no tuition fee as such. In 1998 there were 1.81 million people in higher education.

▶ **Polytechnics** These are known as *Fachhochschulen* and concentrate on practical subjects aimed at careers in business, the caring professions and science and technology.

▶ **Qualifications** Polytechnics award diplomas, as do universities in some cases. Universities also award master's degrees in arts subjects (requiring five to six years of study), whilst student teachers and medicine and law students must study for about seven years before sitting their finals *(Staatsexamen)*. The average age at which people leave higher education is 28.

Grants Trainees and students are entitled to financial assistance *(Bafög)*, the amount depending on their parents' income. Half of the grant comes in the form of an interest-free loan.

Further and adult education Local chambers of commerce and colleges of further education *(Berufsakademien)* offer specialized further education courses for working adults. In Germany, employees have a legal right to receive further education in their professional field.

Adult education centres These are known as *Volkshochschulen* and offer a wide range of courses for adults, mostly in the form of evening classes. Courses available include hobbies, languages and preparatory courses for recognized qualifications.

SWITZERLAND The education system is broadly similar to the German one, particularly as regards the responsibility of the 26 cantons for education and the three types of school in the first stage of secondary education.

School education Primary school lasts for six years, whereas the first stage of secondary education is only three or four years long. The intermediate-level school exams and vocational training (three to four years) are of particular importance in Switzerland, whilst the number of pupils who do the *Abitur* is relatively low (11%).

Vocational education Although Switzerland also has grammar schools which prepare pupils for the *Abitur*, technical colleges *(Fachschulen)* are extremely common. These train pupils for a wide range of professions, including primary school teachers. The education system is in general very diverse and there are some significant differences between the different cantons.

Higher education The country's 11 higher education institutions (which had a total of 70,000 students in 1994) are jointly financed by central government and the cantons.

AUSTRIA In Austria, the education system is run partly by the states and partly by central government, which is responsible for secondary schools and universities.

School education Austrians distinguish between more practical schools *(Pflichtschulen)* such as *Volksschulen*, *Hauptschulen* and special schools, and the more academic grammar schools *(Gymnasien* and *Realgymnasien)*.

Vocational education After five years of secondary education, people may opt to do vocational training which can take the form of an apprenticeship based on the dual system described above or studying at a vocational training college for four to five years.

Higher education The *Matura* exam sat at the end of secondary school is required by those people who wish to join the approximately 200,000 students who study at one of the country's 18 universities and higher education institutions.

GERMANY The constitution guarantees the right to information and freedom of expression and there are no quotas regarding the number of domestically-produced films.

Public broadcasting services The main TV channels and radio stations are independent, non-commercial public services, financed by licence fees. A Broadcasting Standards Committee *(Rundfunkrat)* composed of representatives of the political parties, trade unions, church and other important social groups acts as a watchdog. Advertising is restricted by law to no more than 20 minutes before 8 p.m. The two main TV channels are *ARD* (*Arbeitsgemeinschaft der Rundfunkanstalten Deutschlands* – Channel 1) and *ZDF* (*Zweites Deutsches Fernsehen* – Channel 2).

German Regional Broadcasting Corporations

- *RB (Radio Bremen)*
- *NDR* (*Norddeutscher Rundfunk*, Hamburg)
- *SFB* (*Sender Freies Berlin*)
- *ORB* (*Ostdeutscher Rundfunk Brandenburg*, Potsdam)
- *WDR* (*Westdeutscher Rundfunk*, Cologne)
- *MDR* (*Mitteldeutscher Rundfunk*, Leipzig)
- *HR* (*Hessischer Rundfunk*, Frankfurt)
- *WR* (*Südwest-Rundfunk*, Stuttgart)
- *SR* (*Saarländischer Rundfunk*, Saarbrücken)
- *BR* (*Bayrischer Rundfunk*, Munich)

▶ **The regional broadcasting corporations**, that can cover one or more states, have their own regional TV channels and also broadcast on Channel 3 (specially set aside for regional programmes), besides having a number of regional radio stations. *Deutsche Welle* broadcasts German language programmes worldwide.

▶ **Private radio and TV** There are about 200 private radio stations, most of them local. Privately-owned TV channels such as *RTL, SAT 1, Pro 7* and *Tele 5* compete with the public broadcasting services for the nationwide audience.

▶ **Cable TV** Approximately 40 further regional, national or foreign channels can be received by people with cable or satellite TV. More than 70% of households have cable TV.

❑ *ARTE*: *ARTE* is a Franco-German cable venture that broadcasts quality programmes about culture. It has laid the foundations for the creation of a European public TV channel.

The press Three-quarters of Germans read a newspaper every day, and most households subscribe to a daily. It is less common for people to buy a newspaper from a kiosk, except in the case of the popular or gutter press. The most important dailies are *Bildzeitung*, the *Westdeutsche Allgemeine Zeitung (WAZ)*, the *Süddeutsche Zeitung (SZ)* and the *Frankfurter Allgemeine Zeitung (FAZ)*. The most important weekly newspaper is *Die Zeit* (circulation 500,000).

News agencies

The main news agencies are the *Deutsche Presseagentur (DPA)* and the *Deutsche Depeschendienst (DPD)*.

The main news magazines are *Der Spiegel* (1 million) and *Focus* (560,000). 600 different magazines cater to every conceivable interest. There has been considerable growth in the number of local advertisers and there are now 1,000 such papers across Germany with a total circulation of over 40 million. More recently, some 140 "What's on" magazines have sprung up in different cities, with information on local cultural events and local politics.

Daily Newspapers	Circulation
Bildzeitung	4.3 million
WAZ	1.2 million
SZ	400,000
FAZ	400,000
Die Welt	200,000
Frankfurter Rundschau	190,000
Handelsblatt	130,000

Media groups Newspapers, magazines and private TV channels and radio stations are increasingly concentrated in the hands of a few media empires, of which *Bertelsmann AG* is the second largest in the world. Other influential media groups are *CLT (Compagnie Luxembourgeoise de Télévision)*, the *Kirch-Gruppe* and *Springer-Verlag*. The 386 daily newspapers are now written by just 137 independent editorial teams. More than 80% of papers sold in the former East German states are published by a handful of West German publishers.

SWITZERLAND The fact that several languages are spoken in Switzerland has led to a diverse media landscape. The *Schweizerische Radio- und Fernsehgesellschaft (SRG)* has three German-language and three French-language TV and radio stations, and one in Italian. Some programmes are also broadcast in Rhaeto-Romanic. *SRG* also has an interest in the satellite channels *3 SAT* and *TV5*.

The press 80 of the 103 daily newspapers are published in German, 18 in French and 5 in Italian. The main national papers are the *Neue Zürcher Zeitung* (circulation 152,000), the *Berner Zeitung* (124,000) and the *Tages Anzeiger* (272,000).

AUSTRIA *Österreichische Rundfunk (ORF)* broadcasts the two national channels *FS 1* and *FS 2* as well as a third local news and sport channel. It produces 60% of TV broadcasts itself and cooperates with other German-language channels on larger productions, besides running several radio stations. It cooperates with the German *ZDF* and the Swiss *SRG* to produce the German-language satellite channel *3 SAT*.

The press Some 350 newspapers are sold per 1,000 people, making Austria one of the countries with the highest newspaper readership. The major national dailies include the *Neue Kronen-Zeitung* (circulation 1.3 million), the *Kurier* (340,000) and the *Kleine Zeitung* (300,000). Including their various regional editions, these three account for 65% of the entire newspaper market. Other national dailies include *Die Presse* (100,000) and *Der Standard* (90,000), and there are also a number of regional dailies, mostly published in the state capitals of Linz, Salzburg, Innsbruck and Bregenz. The monthly economics magazine *Trend*, the news magazines *Profil* and *Wochenpresse* and the newspaper *Kurier* all belong to the *Kurier Zeitungsverlag und Druckerei AG* media group.

News magazines	
News	270,000
Profil	100,000
Wochenpresse	50,000

**all circulation figures are for 1994*

GERMANY The working week has been getting shorter and shorter in Germany for some time now, and is currently around 38.5 hours, and in some cases even less. After deducting 30 days annual holiday and public holidays, Germans work an average of about 1,730 hours a year, less than any other country in the world.

Public Holidays

1 January	New Year's Day
	Good Friday
	Easter Monday
1 May	May Day
	Ascension Day
	Whit Monday
3 October	German Reunification Day
31 October	Reformation Day
1 November	All Saints' Day
25 December	Christmas Day
26 December	Boxing Day

Leisure Surveys indicate that the average household spends about a fifth of its income on leisure activities. Economic change has promoted this trend, with the leisure industry becoming a booming sector of the economy.

Clubs Germans are very sociable and enjoy doing things together, so clubs feature heavily in their social lives. One in five Germans belongs to a sports club and two million people are a member of a choir. There are rifle clubs, stamp-collecting clubs, clubs for animal breeders, nature lovers, people interested in local history, carnival revellers, amateur radio enthusiasts and people who have allotments.

Sport Sport is a very popular activity in Germany. Because school hours give them the afternoon off, children often spend this time doing all sorts of different sports. Universities also offer a wide range of cheap sports facilities to students. Fitness clubs offer aerobics classes and weight training to the young adults who comprise most of their clientele. Cycling has always been very popular, but with the advent of a new generation of mountain bike enthusiasts it has almost become a national sport.

▶ **Football** Football is still Germany's most popular sport. The German Football Association *(DFB)* has 5.2 million members, and even the smallest village usually has a team. The country's top professional league is the *Bundesliga*, in which 18 teams compete for the German Championship.

Hobbies Adult education centres and private institutes offer a wide range of hobby and leisure courses and seminars, such as language courses, yoga or relaxation therapy classes.

Music Musicianship has a long tradition in Germany and almost one in two young Germans plays a musical instrument. The most popular instruments are the piano, the recorder and the violin. Many people learn music in music schools run by the local authorities. There are some 15,000 local, school and university choirs and several amateur orchestras.

Holidays Good weather is not guaranteed during the summer months in Germany, so many Germans prefer to spend their holidays somewhere sunny. People usually go away for two to three weeks during the six-week-long school holidays. It is common for Germans to spend their two-week Christmas holidays at winter sport resorts.

▶ **Package holidays** Particularly popular package destinations for Germans include Spain (especially Mallorca), Turkey, Greece, Tunisia and the Canaries.

Food and drink A wide range of international cuisine is available. Although its cuisine has been influenced by its French neighbour, traditional German dishes still remain popular. Germans are partial to hearty fare served in large portions. The country's regional diversity is reflected in its cuisine, with the Rhineland being famous for its dumplings and braised beef marinated in vinegar *(Knödel mit Sauerbraten)*, the southwest for its sauerkraut and sausages or smoked pork ribs *(Rippchen)* and Bavaria for its fried knuckle of pork *(Schweinshaxe)*.

> **German Beers**
>
> *Pils* (lager), *Export, Kölsch* (lager from Cologne), *Weißbier* (wheat beer), *Alt* (dark beer, bottom-fermented), *Bockbier* (strong dark beer), *Rauchbier* (smoky beer)

▶ **Beer purity regulations** The German *Reinheitsgebot* states that beer may be made only from barley malt, hops, yeast and water. Enacted in 1516 by Wilhelm IV, Duke of Bavaria, these purity regulations are followed by all German breweries.

▶ **Pubs** In Germany, a pub is known as a *Gastwirtschaft, Wirtschaft* or *Kneipe* and is usually rather dimly lit and furnished in a rustic style. Traditional hot and cold food is served throughout the day, though it is now rare for there to be a separate room for people wishing to have a meal. The regulars can usually be found at the bar or at the *Stammtisch*, a table reserved for groups of people who regularly meet there for a glass of beer or wine, a game of cards and a chat.

▶ **Coffee and cake** This traditional afternoon snack comprises coffee and any of a wide range of typical German cakes such as Black Forest gâteau, cream gâteau, cheesecake, apple cake or walnut gâteau.

▶ **Snack bars** The many international restaurants, pizzerias and fast food restaurants are complemented by the *Imbissbude*, a stall usually found in city centres or at the roadside where one can buy a drink and a quick snack, usually a regional speciality such as frankfurters, fried sausage *(Bratwurst)*, sausage with curry sauce *(Currywurst)*, rissoles or potato fritters (*Kartoffelpuffer* or *Reibekuchen*). Customers often eat their snack standing up at the tall tables provided in front of the stall.

▶ **Wine** As well as beer, German wine is also very popular, much of which is produced in the Rhine valley. The best-known wines include Rheinhessenwein, Rheinpfalzwein and Mosel.

▶ **Bread** A wide variety of breads and bread rolls is available from German bakeries. In addition to black bread made from sour dough and *Mischbrot* made from a mixture of rye and wheat flour, there are several different types of wholemeal bread. The darker breads are made from rye flour, whereas white bread and the traditional white breakfast rolls are made from wheat flour. Other typical products include pretzels and the dark, strong-tasting, pumpernickel.

SWITZERLAND The country's geography means that winter sports and in the summer mountaineering are particularly popular.

Travel The fact that the Swiss speak several languages, allied to the strength of the Swiss franc, means that they are a well-travelled nation who can be found across the four corners of the globe.

Food and drink Swiss hotels and cuisine are famous the world over. The name of the Swiss hotelier *César Ritz* is synonymous with luxurious Grand Hotels, which are in many ways a Swiss invention. Swiss cuisine is very varied and has been influenced by that of several neighbouring countries. Specialities include game and *fondues*. Swiss chocolate also enjoys an international reputation.

AUSTRIA Austria is itself a major tourist destination and has tourist accommodation for 1.3 million people. The local population also likes to spend time enjoying the leisure possibilities offered all year round by the Alps and the numerous lakes. The most popular leisure activities are skiing and hiking.

Folklore Traditional music and dance are kept very much alive in the different regions, even if this is in some cases mainly for the benefit of tourists.

Travel A popular holiday destination for Austrians is neighbouring Hungary.

Coffee shops The capital city, Vienna, is famous for its delightful coffee shops *(Kaffehäuser)*. These have become real institutions with their own special charm and tranquil atmosphere. People will often just sit and read the paper or chat with friends while waiters serve them coffee on a silver tray. There is, however, usually very little food on the menu, so you will normally need to go to an ordinary café to try Austria's internationally famous cakes and pastries, such as apple strudel, *Linzer Torte* (made with cinnamon, cloves and almonds) or *Sachertorte* (chocolate cake).

Speciality Coffees

Einspänner (mocha topped with cream), *Kapuziner* (coffee with a drop of milk), *großer Brauner* (large white coffee), *Melange* (half coffee, half milk)

Food and drink Austrian cuisine is related to its southern German, Bohemian and Hungarian counterparts. Goulash and dumplings *(Knödel)* are popular, whilst typical sweets include stuffed pancakes *(Palatschinken)* and pancakes torn into strips *(Kaiserschmarren)*. A *Beisl* is the Austrian way of referring to a cosy pub.

DEUTSCH-ENGLISCH

GERMAN-ENGLISH

A

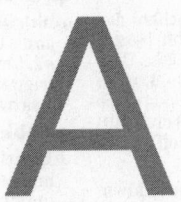

a, A [aː] (*pl* - ODER **-s**) *das* **- 1.** [Buchstabe] a, A **- 2.** MUS A **- 3.** ***RW:* das ~ und O** the be-all and end-all; **von ~ bis Z** from start to finish.
◆ **A** (*pl* -) (*abk für* **Autobahn**) *die* ≃ M ***Br***, ≃ I ***Am*** ◇ (*abk für* **Ampere**) A.

a. (*abk für* **am**): **Linz ~ Rhein** Linz on the Rhine.

AA (*abk für* **Auswärtiges Amt**) *das German Foreign Ministry.*

Aachen *nt* Aachen.

Aal (*pl* **-e**) *der* eel.

aalen ◆ **sich aalen** *ref* to bask.

aalglatt *adj* ***abw*** slippery.

a.a.O. (*abk für* **am angegebenen Ort**) loc. cit.

Aargau *der* Aargau.

Aas (*pl* **-e** ODER **Äser**) *das* **- 1.** (*pl Aase*) [Kadaver] carrion (*U*) **- 2.** (*pl Äser*) ***salopp abw*** [Luder] devil; **kein ~ *salopp*** not a damned single person.

ạb *präp* (*+ D*) **- 1.** [zeitlich] from; **~ 8 Uhr** from 8 o'clock; **~ 18 (Jahren)** over (the age of) 18 **- 2.** [räumlich] from; **~ Werk** ex works; **9.30 ~ Köln** leaving Cologne at 9.30 **- 3.** [bei einer Reihenfolge] over; **Einkünfte ~ 30.000 Mark** incomes over 30,000 marks ◇ *adv* **- 1.** [räumlich] off; **weit ~ gelegen** situated a long way away **- 2.** [auffordernd]: **~ ins Bett!** get to bed! **- 3.** [elliptisch] off; ***fig* Hut ~!** hats off! **- 4.** [im Theater] exit; **Mephisto ~** exit Mephisto; *siehe auch* **ab sein.**
◆ **ab und zu, ab und an** *adv* now and then.

ạb|arbeiten *vt* to work off.
◆ **sich abarbeiten** *ref* to work like a slave.

Ạb|art *die* variety.

ạbartig *adj* deviant.

Abb. (*abk für* **Abbildung**) fig.

Ạbbau *der* (*ohne pl*) **- 1.** [Demontage - von Bühne, Gerüst] taking down; [- von Maschine] dismantling **- 2.** [Reduzierung] reduction **- 3.** [beim Bergbau] mining **- 4.** CHEM & BIOL breaking down.

ạb|bauen *vt* **- 1.** [abbrechen - Kulissen, Bühne, Zelt] to take down; [- Maschine] to dismantle **- 2.** [reduzieren] to reduce **- 3.** CHEM & BIOL to break down **- 4.** [beim Bergbau] to mine ◇ *vi* to go downhill.

ạb|beißen *vt* (*unreg*) to bite off.

ạb|bekommen *vt* (*unreg*) **- 1.** [Anteil, Partner, Prügel] to get; **Schaden ~** to get damaged; **hast du etwas ~?** [Verletzung] did you get hurt? **- 2. *fam*** [Fleck] to get off.

ạb|berufen *vt* (*unreg*) to recall.

ạb|bestellen *vt* to cancel.

ạb|bezahlen *vt* to pay off.

ạb|biegen (*perf* **hat/ist ạbgebogen**) (*unreg*) *vi* (*ist*) to turn off; **nach links/rechts ~** to turn left/right ◇ *vt* (*hat*) [verhindern - Vorhaben] to avert; [- Thema] to change.

Ạbbiege|spur *die* filter lane.

Ạb|bild *das* picture.

ạb|bilden *vt* to depict.

Ạb|bildung *die* **- 1.** [Bild] illustration **- 2.** [Wiedergabe] depiction.

ạb|binden *vt* (*unreg*) **- 1.** [ausziehen] to undo **- 2.** MED to ligature.

ạb|blasen *vt* (*unreg*) ***fam*** to call off.

ạb|blättern (*perf* **ist ạbgeblättert**) *vi* to flake off.

ạb|bleiben (*perf* **ist ạbgeblieben**) *vi* (*unreg*) to get to; **wo ist das Buch abgeblieben?** where has the book got to?

ạb|blenden *vt* **- 1.** [Lampe] to screen **- 2.** [Scheinwerfer] to dip ***Br***, to dim ***Am*** ◇ *vi*

- **1.** FOTO to stop down - **2.** AUTO to dip *Br* ODER dim *Am* one's headlights.

Abblend|licht *das* dipped *Br* ODER dimmed *Am* headlights *(pl)*.

ab|blitzen (*perf* **ist abgeblitzt**) *vi fam:* **bei jm ~** to get short shrift from sb; **jn ~ lassen** to send sb packing.

ab|blocken *vt* to block.

ab|brechen (*perf* **hat/ist abgebrochen**) *(unreg) vt (hat)* - **1.** [Stück, Ast] to break off; [Bleistift] to break - **2.** [Vorhaben, Beziehungen, Reise, Studium] to break off; [Streik] to call off - **3.** EDV to abort - **4.** *RW:* **sich einen ~** [sich anstrengen] *salopp* to bust a gut; **brich dir mal keinen ab!** chill out! <> *vi* - **1.** *(hat)* [im Gespräch] to break off - **2.** *(ist)* [Geräusch] to stop.

ab|bremsen *vi* to brake <> *vt* to slow down.

ab|brennen (*perf* **hat/ist abgebrannt**) *(unreg) vt (hat)* - **1.** [Haus] to burn down - **2.** [Feuerwerk] to let off <> *vi (ist)* to burn down.

ab|bringen *vt (unreg):* **jn von seiner Meinung ~** to make sb change his/her mind; **jn davon ~, aus dem Fenster zu springen** to stop sb from jumping out of the window; **das bringt uns vom Thema ab** we're getting off the subject.

ab|bröckeln (*perf* **ist abgebröckelt**) *vi* to flake off.

Ab|bruch *der* - **1.** [Ende] breaking off; **einer Sache** *(D)* **keinen ~ tun** *fig* not to adversely affect sthg; **das tut der Sache keinen ~** that doesn't change anything - **2.** [Zerstörung] demolition; **auf ~** at demolition value.

abbruchreif *adj* fit only for demolition.

ab|buchen *vt* WIRTSCH: **~ (von)** to debit (to).

ab|bürsten *vt* [Mantel] to brush down; [Krümel] to brush off.

Abc [a(ː)be(ː)'tseː] *das* ABC.

ab|checken *vt* - **1.** [Motor, Flugzeug] to check - **2.** [auf einer Liste] to check off.

Abc-|Schütze *der child in first year at school.*

ab|dampfen (*perf* **ist abgedampft**) *vi fam* to hit the road.

ab|danken *vi* to abdicate.

ab|decken *vt* - **1.** [gen] to cover - **2.** [abräumen - Tisch] to clear; [- Dach] to take off.

Abdeckung (*pl* **-en**) *die* - **1.** [zum Schutz] cover - **2.** WIRTSCH covering.

ab|dichten *vt* [gegen kalte Luft] to insulate; [gegen Wasser] to waterproof; [Gefäß] to make airtight; [Fenster] to draughtproof.

Ab|dichtung *die* [gegen kalte Luft] insulation; [gegen Wasser] waterproofing; [von Fenster] draughtproofing; [von Gefäß] making airtight.

ab|drängen *vt* to push aside.

ab|drehen (*perf* **hat/ist abgedreht**) *vt (hat)* - **1.** [Wasser, Gas] to turn off - **2.** [Knopf, Schraube] to twist off - **3.** [Film, Szene] to shoot <> *vi (hat, ist)* [den Kurs ändern] to turn away.

ab|drosseln *vt* to throttle back.

Abdruck (*pl* **-drücke**) *der* - **1.** [Spur] imprint; **einen ~ nehmen** ODER **machen** to take ODER make an impression - **2.** [Druck] printing.

ab|drucken *vt* to print.

ab|drücken *vt* - **1.** [abquetschen] to constrict; **jm die Luft ~** to squeeze the breath out of sb - **2.** [umarmen] to hug <> *vi* [schießen] to pull the trigger.

◆ **sich abdrücken** *ref* to leave an impression.

ab|ebben (*perf* **ist abgeebbt**) *vi* to fade away.

Abend (*pl* **-e**) *der* evening; **am ~** in the evening; **gestern/heute/morgen ~** yesterday/this/tomorrow evening; **guten ~!** good evening!; **zu ~ essen** to have one's dinner ODER evening meal; **bunter ~** social evening.

Abend|brot *das* cold supper.

Abend|essen *das* dinner, evening meal.

Abend|kasse *die* box office *(where tickets may only be bought immediately before performance)*.

Abend|kleid *das* evening dress.

Abend|kurs *der* evening class.

Abend|land *das* West.

abendlich *adj* evening *(vor Subst)*.

Abend|mahl *das* REL (Holy) Communion.

Abend|programm *das* evening programmes *(pl)* ODER viewing *(U)*.

Abend|rot *das* sunset.

abends *adv* in the evening; **spät ~** late in the evening.

Abend|schule *die* night school.

Abend|vorstellung *die* evening performance.

Abenteuer (*pl* -) *das* - **1.** [Erlebnis] adventure - **2.** [Wagnis] venture - **3.** [Liebesverhältnis] affair.

abenteuerlich *adj* - **1.** [waghalsig] adventurous - **2.** [fantastisch] fantastic.

Abenteuerspiel|platz *der* adventure playground.

Abenteurer, in (*mpl* -; *fpl* **-nen**) *der, die* adventurer.

aber *konj* but <> *adv:* **das ist ~ nett!** how nice!; **~ gerne!** of course!; **~ bitte!** go ahead!; **~ immer!** *fam* sure!; **jetzt ist ~ Schluss!** that's enough now!; **du kommst ~ spät!** you're a bit late, aren't you?

Aber|glaube, -n *der* superstition.

abergläubisch *adj* superstitious.

aberhundert *num* hundreds (and hundreds) of.

ạb|erkennen *vt (unreg):* **jm etw ~** to strip sb of sthg.

Ạberkennung (*pl* **-en**) *die* stripping.

abermalig *adj* ***geh*** renewed.

abermals *adv* ***geh*** one more time.

ạb|ernten *vt* to harvest.

abertausend *num* thousands (and thousands) of.

aberwitzig *adj* crazy.

ạb|essen *vt (unreg):* **etw von etw ~** to eat sthg off sthg.

ạb|fahren (*perf* **hat/ist ạbgefahren**) *(unreg) vi (ist)* [losfahren] to leave; [Zug] to depart, to leave; **auf jn/etw ~ *fam fig*** to be into sb/sthg ◇ *vt (hat)* **- 1.** [Ladung] to take away **- 2.** [Strecke] to go over **- 3.** [Reifen] to wear down **- 4.** [Fahrkarte] to get full use out of **- 5.** [Gliedmaß - bei Verkehrsunfall] to sever.

Ạb|fahrt *die* **- 1.** [Start] departure; **Vorsicht bei der ~ des Zuges!** stand clear of the doors, the train is about to depart!; **planmäßige ~** scheduled time of departure **- 2.** [Autobahnabfahrt] exit **- 3.** [Skiabfahrt] descent.

ạbfahrtbereit *adj* ready to depart.

Ạbfahrts|lauf *der* SPORT downhill.

Ạbfahrts|zeit *die* departure time.

Ạb|fall *der* **- 1.** [Hausmüll] refuse; [industriell] waste **- 2.** *(ohne pl)* [Rückgang] drop, fall.

Ạbfall|beseitigung *die* waste disposal.

ạb|fallen (*perf* **ist ạbgefallen**) *vi (unreg)* **- 1.** [herunterfallen] to fall off **- 2.** [übrig bleiben] to be left over; **was fällt für mich ab?** what do I get out of it? **- 3.** ***geh*** [sich lossagen]: **von jm/etw ~** to drift away from sb/sthg **- 4.** [schlechter sein]: **gegen jn/etw ~** to suffer by comparison with sb/sthg **- 5.** [sich neigen] to slope (down) **- 6.** [sich verringern] to drop, to fall.

ạbfällig *adj* disparaging ◇ *adv* disparagingly.

Ạbfall|produkt *das* **- 1.** [nicht verwendbar] waste product; [verwendbar] by-product **- 2.** [aus Abfall] product made from recycled materials.

Ạbfallver|wertung *die* waste recycling.

ạb|fangen *vt (unreg)* **- 1.** [Brief, Anruf, Transport] to intercept **- 2.** [Person] to catch **- 3.** [Schlag] to ward off **- 4.** [Flugzeug] to regain control of.

Ạbfang|jäger *der* MIL interceptor.

ạb|färben *vi* to run; **auf jn/etw ~ *fig*** to rub off on sb/sthg.

ạb|fassen *vt* to write.

ạb|federn *vi* SPORT to push off ◇ *vt* **- 1.** TECH to spring **- 2.** [Schlag, Stoß] to cushion.

ạb|feiern *vt* [Überstunden] to take time off in lieu of.

ạb|fertigen *vt* **- 1.** [Waren] to prepare for dispatch; [Gepäck] to check in; [Schiff, Flugzeug] to prepare for departure **- 2.** [Passagier, Antragssteller] to attend to; **jn mit etw ~** to fob sb off with sthg.

Ạb|fertigung *die* **- 1.** [von Gepäck] check-in; [von Waren] preparation for dispatch; [von Schiff, Flugzeug] preparation for departure **- 2.** [von Passagier, Antragssteller] attending to.

ạb|feuern *vt* [Gewehr, Schuss] to fire; [Rakete] to launch.

ạb|finden *vt (unreg)* **- 1.** [entschädigen]: **jn mit etw ~** to give sb sthg in compensation **- 2.** [zufrieden stellen]: **jn mit etw ~** to fob sb off with sthg. ◆ **sich abfinden** *ref:* **sich mit etw ~** to come to terms with sthg.

Ạbfindung (*pl* **-en**) *die* [für einen Verlust] compensation; [für die vorzeitige Entlassung] severance pay.

ạb|flachen (*perf* **hat/ist ạbgeflacht**) *vt (hat)* to flatten ◇ *vi (ist)* to deteriorate.

ạb|flauen (*perf* **ist ạbgeflaut**) *vi* **- 1.** [Interesse, Geschäfte] to fall off **- 2.** [Wind, Spannung] to die down.

ạb|fliegen (*perf* **ist ạbgeflogen**) *vi (unreg)* to take off.

ạb|fließen (*perf* **ist ạbgeflossen**) *vi (unreg)* [Spülwasser] to drain away; [Regenwasser] to run away.

Ạb|flug *der* **- 1.** [von Flugzeug] take-off **- 2.** [Flughafenbereich] departures *(U)*.

Ạb|fluss *der* **- 1.** [Öffnung - von Waschbecken, Dusche] plughole **- 2.** [von Kapital] flight **- 3.** [von Spülwasser] draining away; [von Regenwasser] running away.

Ạbfluss|rohr *das* waste pipe.

ạb|fordern *vt:* **jm etw ~** to demand sthg from sb.

ạb|fragen *vt* to call up; **jn (etw) ~** to test sb (on sthg).

ạb|frottieren *vt* to rub down.

Ạbfuhr (*pl* **-en**) *die:* **jm eine ~ erteilen** to rebuff sb; **sich** *(D)* **eine ~ holen, eine ~ einstecken** to be rebuffed.

ạb|führen *vt* **- 1.** [festnehmen] to take away **- 2.** [vom Thema] to lead away **- 3.** [zahlen]: **etw an jn ~** to pay sthg to sb ◇ *vi* MED to act as a laxative.

Ạbführ|mittel *das* laxative.

ạb|füllen *vt* **- 1.** [Flüssigkeit]: **Wein in Flaschen ~** to bottle wine **- 2.** [Flaschen, Säcke] to fill **- 3.** ***fam*** [betrunken machen]: **jn ~** to get sb plastered.

Ạbgabe (*pl* **-n**) *die* **- 1.** [Übergabe - von Gutachten] handing over; [- von Arbeit] handing in **- 2.** [von Stimmen] casting **- 3.** [Verkauf] sale

- **4.** [von Ball] passing **- 5.** [von Wärme, Sauerstoff] giving off.
◆ **Abgaben** *pl* [Steuern] taxes.

abgabenfrei *adj* exempt from tax.

abgabenpflichtig *adj* taxable.

Abgabe|termin *der* deadline.

Ab|gang *der* **- 1.** *(ohne pl)* [Verlassen] departure; [von der Schule] leaving; **sich einen guten** ODER **glänzenden ~ verschaffen** to leave on a high note **- 2.** [Personen]: **es gab fünf vorzeitige Abgänge** five people dropped out **- 3.** [Abschicken] dispatch **- 4.** MED discharge **- 5.** SPORT dismount.

Abgangs|zeugnis *das* leaving certificate.

Abgase *pl* exhaust fumes.

Abgas|untersuchung *die* emissions test.

abgearbeitet *adj* worn-out.

ab|geben *vt (unreg)* **- 1.** [abliefern - Brief, Geschenk] to hand over; [- Arbeit] to hand in; [- an der Garderobe] to leave **- 2.** [verkaufen] to sell **- 3.** [teilen]: **jm etw ~** to give sb sthg **- 4.** [äußern - Erklärung] to make; [- Meinung] to give; [- Stimme] to cast **- 5.** [abtreten] to give up **- 6.** [darstellen - Figur] to cut; **einen guten Vater ~** to make a good father **- 7.** SPORT [werfen] to pass **- 8.** [ausströmen] to give off **- 9.** [abfeuern] to fire.
◆ **sich abgeben** *ref:* **sich mit etw (nicht) ~** (not) to concern o.s. with sthg; **sie gibt sich mit ganz obskuren Typen ab** she mixes with some really dubious types.

abgebrannt *adj* **- 1.** [verbrannt] burnt-down **- 2.** *fam* [bankrott] broke.

abgebrüht *adj fam* hard-boiled, tough.

abgedroschen *adj* well-worn, hackneyed.

abgegriffen *adj* **- 1.** [Griff] worn; [Buch] well-thumbed **- 2.** [nichts sagend] well-worn, hackneyed.

abgehackt *adj* disjointed ◇ *adv* disjointedly.

ab|gehen (*perf* **ist abgegangen**) *(unreg) vi* **- 1.** [sich lösen] to come off **- 2.** [verlassen]: **von etw ~** to leave sthg **- 3.** [abfahren] to leave, to depart **- 4.** [abgeschickt werden] to go off **- 5.** [abgerechnet werden] to be taken off ODER deducted **- 6.** [abzweigen] to branch off **- 7.** [abweichen]: **von seiner Meinung ~** to change one's mind; **von seinen Forderungen ~** to drop one's demands **- 8.** [verlaufen] to go; **es ist gut abgegangen** it went well; **es geht ab** *salopp* things are really buzzing **- 9.** [fehlen]: **ihm geht jedes Feingefühl ab** he lacks any sensitivity, he has no sensitivity; **sich** *(D)* **nichts ~ lassen** *fam* not to stint on anything ◇ *vt* [Strecke, Straße] to walk along; [Grundstück] to walk over.

abgekämpft *adj* worn-out.

abgekartet *adj:* **ein ~es Spiel** a put-up job.

abgeklärt *adj* serene ◇ *adv* serenely.

abgelegen *adj* remote.

ab|gelten *vt (unreg)* to settle.

abgemacht *adj* settled; **abgemacht!** it's a deal!

abgemagert *adj* emaciated.

abgeneigt *adj:* **einer Sache** *(D)* **(nicht) ~ sein** (not) to be opposed to sthg.

abgenutzt *adj* [Türgriff, Fußboden] worn; [Gerät] worn-out.

Abgeordnete (*pl* **-n**) *der, die* [im Bundestag] member of parliament; [im Landtag] representative.

abgeplattet *adj* flattened.

abgerissen *pp* ▷ **abreißen** ◇ *adj* **- 1.** [heruntergekommen] ragged **- 2.** [stockend] disjointed ◇ *adv* **- 1.** [heruntergekommen] raggedly **- 2.** [stockend] disjointedly.

Ab|gesandte *der, die* envoy.

abgeschieden *adj* remote.

Abgeschiedenheit *die* remoteness.

abgeschlagen *adj* well-beaten.

abgeschlossen *pp* ▷ **abschließen** ◇ *adj* **- 1.** [vollendet] completed **- 2.** [unabhängig - Wohnung] self-contained.

abgeschmackt *adj* crude.

abgesehen *adv:* **~ von jm/etw** apart from sb/sthg.
◆ **abgesehen davon, dass ...** *konj* apart from the fact that ...

abgespannt *adj* exhausted.

abgestanden *adj* [Bier] flat; [Luft] stale; [Wasser] stagnant.

abgestorben *pp* ▷ **absterben** ◇ *adj* **- 1.** [Baum, Ast] dead **- 2.** [Fuß, Bein] numb.

abgestumpft *adj* **- 1.** [gefühllos] hardened **- 2.** [apathisch] apathetic.

abgetragen *adj* worn-out.

abgewetzt *adj* [Jacke, Stoff, Bezug] threadbare; [Leder] worn smooth.

ab|gewinnen *vt (unreg):* **jm etw ~** to win sthg from sb; **einer Sache** *(D)* **Geschmack ~** to acquire a taste for sthg.

ab|gewöhnen *vt:* **jm etw ~** to get sb to give sthg up; **sich** *(D)* **etw ~** to give sthg up.

ab|gießen *vt (unreg)* **- 1.** [Wasser] to pour away; [Kartoffeln] to drain **- 2.** [Skulptur] to cast.

Abglanz *der* pale reflection.

ab|gleiten (*perf* **ist abgeglitten**) *vi (unreg)* **- 1.** [rutschen] to slip off **- 2.** [wirkungslos bleiben]: **an jm ~** to be like water off a duck's back to sb **- 3.** [abschweifen] to stray.

abgöttisch *adv:* **jn ~ lieben/verehren** to idolize sb.

ab|graben *vt (unreg)* to dig out; **jm das Wasser ~** *fig* to take away sb's livelihood.

ab|grasen *vt* **- 1.** *fam* [absuchen, erforschen] to scour **- 2.** [abweiden] to graze.

ab|greifen *vt (unreg)* [Strecke] to measure off.

ab|grenzen *vt* **- 1.** [abtrennen - mit Zaun] to fence off; [- mit Mauer] to wall off **- 2.** [unterscheiden] to differentiate.
◆ **sich abgrenzen** *ref:* **sich von jm/etw ~** to distance o.s. from sb/sthg; **sich gegen etw ~** to isolate o.s. from sthg.

Abgrenzung (*pl* **-en**) *die* **- 1.** [Grenze] boundary **- 2.** [Definition] definition.

Ab|grund *der* abyss; **vor dem ~ stehen** ***fig*** to be on the edge of the abyss.

abgrundtief *adj* profound, deep ◇ *adv* profoundly, deeply.

ab|gucken *vt* ***fam*** to copy; **etw von** *ODER* **bei jm ~** to copy sthg from sb.

Ab|guss *der* cast.

ab|haben *vt (unreg)* to have.

ab|hacken *vt* to chop off.

ab|haken *vt* to check off; **das ist längst abgehakt!** that's all ancient history *ODER* water under the bridge!

ab|halten *vt (unreg)* **- 1.** [veranstalten] to hold **- 2.** [fern halten]: **jn von etw ~** to keep sb from sthg.

Ab|haltung *die* holding.

ab|handeln *vt* [behandeln] to treat.

abhanden *adv:* **mir ist meine Brille ~ gekommen** my glasses have gone missing.

Ab|handlung *die* treatise.

Ab|hang *der* slope.

ab|hängen *vt (reg)* **- 1.** [Bild] to take down **- 2.** [Anhänger, Wagon] to uncouple **- 3.** [Konkurrenten, Verfolger] to shake off ◇ *vi (unreg)***: von jm/etw ~** to depend on sb/sthg; **davon hängt viel ab** a lot depends on it.

abhängig *adj:* **von etw ~ sein** [von Wetter, Geschmack, Zufall] to depend on sthg; [von Hilfe, Vormund] to be dependent on sthg; [von Drogen] to be addicted to sthg; **etw von etw ~ machen** to make sthg conditional on sthg.

Abhängigkeit (*pl* **-en**) *die* **- 1.** [gen] dependence; **~ von etw** dependence on sthg **- 2.** [von Drogen] addiction.

ab|härten *vt* to toughen up ◇ *vi:* **dieses Wetter härtet ab** this weather toughens you up.
◆ **sich abhärten** *ref* to toughen (o.s.) up.

Abhärtung *die* toughening up.

ab|hauen (*perf* **ist abgehauen**) *vi* ***fam*** [verschwinden] to clear off; **hau ab!** ***salopp*** get lost!

ab|heben *(unreg) vt* **- 1.** [vom Konto] to withdraw **- 2.** [am Telefon] to pick up **- 3.** [beim Kartenspiel] to cut ◇ *vi* [abfliegen] to take off.
◆ **sich abheben** *ref:* **sich von jm/etw** *ODER* **gegen jn/etw ~** to stand out against sb/sthg.

ab|heften *vt* to file away.

ab|heilen (*perf* **ist abgeheilt**) *vi* to heal (up).

ab|helfen *vi (unreg):* **einer Sache** *(D)* **~** to remedy sthg.

ab|hetzen *vt* to drive hard.
◆ **sich abhetzen** *ref* to rush one's socks off.

Abhilfe *die:* **~ schaffen** to take remedial action.

ab|holen *vt* [Paket, Ware] to collect; [Person] to pick up.

ab|holzen *vt* [Wald, Allee] to clear; [Bäume] to cut down.

ab|horchen *vt* MED to sound.

ab|hören *vt* **- 1.** [heimlich anhören - Gespräch] to listen in on; [- Telefon] to tap **- 2.** [abfragen] to test; **jm etw ~** to test sb on sthg **- 3.** [abhorchen] to sound.

Abhör|gerät *das* bugging device.

Abi (*pl* **-s**) *das abk für* **Abitur.**

Abitur (*pl* **-e**) *das* ≃ A levels *(pl)* ***Br***, ≃ SATs *(pl)* ***Am***, *final examination at a German "Gymnasium", qualifying pupils for university entrance.*

ABITUR

The German equivalent of British A-levels, the "Abitur" is the leaving examihation taken by all German pupils at the end of their school career and is a requirement if they wish to go on to university. Pupils select one main subject and a number of optional subjects. Each of the "Bundesländer" administers its own examinations.

Abiturient, in [abituri̯'ɛnt, ɪn] (*mpl* **-en;** *fpl* **-nen**) *der, die pupil who is taking/has taken the "Abitur".*

Abitur|zeugnis *das certificate awarded to a pupil who has passed the "Abitur".*

ab|jagen *vt:* **jm etw ~** to get sthg off sb.

ab|kanzeln *vt:* **jn ~** to give sb a dressing-down.

ab|kapseln ◆ **sich abkapseln** *ref* to cut o.s. off.

ab|kaufen *vt* **- 1.** [kaufen]: **jm etw ~** to buy sthg from sb **- 2.** ***fam*** [glauben]: **diese Geschichte kaufe ich dir nicht ab!** I'm not buying that story (of yours)!

ab|kehren *vt* to sweep off.
◆ **sich abkehren** *ref* ***geh*** to turn away.

ab|klappern *vt* ***fam:*** **etw (nach etw) ~** to scour sthg (for sthg).

ab|klären *vt* [Missverständnis] to clear up; [Aufgabenbereiche] to clarify.

ab|klemmen *vt* **- 1.** [abtrennen] to cut off **- 2.** [zusammenpressen] to clamp.

ab|klingen (*perf* **ist abgeklungen**) *vi (unreg)* [Fieber] to die down; [Musik] to fade away.

ạb|klopfen *vt* - **1.** [untersuchen - Vertäfelung] to tap; [- Patienten] to sound; **etw auf etw** *(A)* **hin ~** to check sthg for sthg - **2.** [entfernen] to knock off.

ạb|knallen *vt salopp* to blow away.

ạb|knicken (*perf* **hat/ist ạbgeknickt**) *vt (hat)* to break, to snap <> *vi (ist)* to bend sharply.

ạb|knöpfen *vt:* **jm etw ~** to get sthg out of sb.

ạb|kochen *vt* to sterilize *(by boiling)*.

ạb|kommandieren *vt* MIL to send, to post.

ạb|kommen (*perf* **ist ạbgekommen**) *vi (unreg):* **von etw ~** [Kurs, Weg] to deviate from sthg; [Thema] to get off sthg; [Gewohnheit, Vorhaben] to give sthg up, to abandon sthg.

Ạbkommen (*pl* -) *das* agreement.

ạbkömmlich *adj* available.

ạb|können *vt (unreg) salopp:* **ich kann ihn/es nicht ab** I can't stand ODER stick *Br* him/it.

ạb|koppeln *vt* to uncouple.

ạb|kratzen (*perf* **hat/ist ạbgekratzt**) *vi salopp (ist)* to kick the bucket <> *vt (hat)* to scrape off.

ạb|kriegen *vt fam* - **1.** [gen] to get; **das Auto hat was abgekriegt** the car got damaged; **einen/eine ~** to get a man/woman - **2.** [Deckel, Schraube, Fleck] to get off.

ạb|kühlen (*perf* **hat/ist ạbgekühlt**) *vi* - **1.** [Temperatur] to cool down - **2.** [Stimmung, Engagement] to cool.

◆ **sich abkühlen** *ref* [Person] to cool down ODER off; [Verhältnis] to cool; **es hat sich abgekühlt** it has got cooler.

Ạbkühlung *die* cooling.

ạb|kupfern *vt fam* to crib.

ạb|kürzen *vt* - **1.** [Weg]: **den Weg ~** to take a short cut - **2.** [Wort] to abbreviate - **3.** [Besuch, Reise] to cut short; [Verfahren] to shorten.

Ạb|kürzung *die* - **1.** [von Weg] short cut - **2.** [von Wörtern] abbreviation.

ạb|laden *vt (unreg)* - **1.** [abräumen] to unload - **2.** [erzählen]: **seinen Kummer bei jm ~** to unburden o.s. to sb.

Ạb|lage *die* - **1.** [für Papiere, Akten] filing cabinet - **2.** [Abheften] filing.

ạb|lagern *vt* to store <> *vi* [Holz] to season; [Wein] to mature.

◆ **sich ablagern** *ref* to form a deposit.

Ạb|lagerung *die* [Sediment] deposit.

ạb|lassen *(unreg) vt* - **1.** [ausströmen lassen] to let out - **2.** *fam* [nicht aufsetzen] to leave off <> *vi:* **von jm ~** [in Ruhe lassen] to leave sb alone; **von etw ~** [aufgeben] to give sthg up, to abandon sthg.

Ạb|lauf *der* - **1.** [Verlauf] course; **um den friedlichen ~ der Veranstaltung zu gewährleisten ...** to ensure that the event passes off peacefully ... - **2.** [Abfluss] drain; [Rinne] outlet - **3.** [Ende] expiry.

ạb|laufen (*perf* **ist ạbgelaufen**) *(unreg) vt* - **1.** [Strecke, Stadt] to scour - **2.** [Sohlen, Schuhe] to wear out <> *vi* - **1.** [verlaufen] to go - **2.** [Frist] to expire - **3.** [Wasser] to run away, - **4.** [Film, Tonband] to run; **das Tonband ~ lassen** to play the tape.

ạb|lecken *vt* to lick.

ạb|legen *vt* - **1.** [Mantel] to take off - **2.** [sich abgewöhnen] to get rid of - **3.** [Eid, Prüfung] to take - **4.** [Akten] to file <> *vi* - **1.** [Garderobe] to take one's coat/hat/*etc* off - **2.** [Schiff] to cast off.

Ạbleger (*pl* -) *der* - **1.** [von Pflanzen] cutting - **2.** [Filiale] subsidiary.

ạb|lehnen *vt* - **1.** [Angebot, Vorschlag] to reject; [Einladung] to refuse, to turn down - **2.** [Rauschgift, Schusswaffen] to disapprove of.

Ạblehnung (*pl* -en) *die* - **1.** [von Angebot] rejection; [von Einladung] refusal; **auf ~ stoßen** to be rejected - **2.** [Missbilligung] disapproval.

ạb|leisten *vt:* **den Wehrdienst ~** to do one's military service.

ạb|leiten *vt* - **1.** [Rauch, Gas] to draw off - **2.** [folgern, zurückführen]: **etw von** ODER **aus etw ~** [Wort, Recht] to derive sthg from sthg - **3.** [Gleichung] to differentiate.

Ạb|leitung *die* - **1.** [von Rauch, Gas] drawing off - **2.** [von Wort, Formel] derivation.

ạb|lenken *vt* - **1.** [zerstreuen] to distract; **jn von der Arbeit ~** to put sb off their work - **2.** [Aufmerksamkeit, Verdacht] to divert - **3.** [weglenken - Angriff] to ward off; [- Bewegung] to deflect.

Ạblenkung (*pl* -en) *die* - **1.** [Zerstreuung] distraction - **2.** [Richtungsänderung] deflection.

ạb|lesen *vt (unreg)* - **1.** [lesen] to read out - **2.** [den Stand feststellen] to read - **3.** [erraten]: **er liest ihr jeden Wunsch von den Augen ab** he can always tell what she wants from the look in her eyes.

ạb|lichten *vt* - **1.** [fotokopieren] to photocopy - **2.** [fotografieren] to photograph.

ạb|liefern *vt* to deliver.

ạb|lösen *vt* - **1.** [ersetzen] to take over from - **2.** [abmachen] to take off.

◆ **sich ablösen** *ref* - **1.** [sich abwechseln] to take turns - **2.** [abgehen] to come off.

Ạblöse|summe *die* SPORT transfer fee.

Ạblösung *die* - **1.** [Zahlung] paying off - **2.** [Ersatzperson] relief.

ạb|luchsen ['apluksn̩] *vt:* **jm etw ~** to get sthg out of sb.

ABM [aːˈbeːˈɛm] (*pl* -) (*abk für* **Arbeitsbeschaffungsmaßnahme**) *die job creation scheme.*

ạb|machen *vt* - **1.** [entfernen] to take off - **2.** [verabreden] to agree on; **einen Termin ~** to make an appointment.

Ạbmachung (*pl* **-en**) *die* agreement.

ạb|magern (*perf* **ist ạbgemagert**) *vi* to get thinner.

Ạbmagerungs|kur *die* diet.

ạb|malen *vt* to paint.

Ạbmarsch *der* departure.

ạb|marschieren (*perf* **ist ạbmarschiert**) *vi* [bei Wandern] to set off; MIL to march off.

ạb|melden *vt* - **1.** [Personen]: **ein Kind von der Schule ~** to give notice of a child's removal from school; **sie ist bei mir abgemeldet** ***fam fig*** I've had it *ODER* I'm through with her - **2.** [Gegenstände - Telefon] to have disconnected; [- Auto] to take off the road.
◆ **sich abmelden** *ref*: **sich polizeilich ~** to notify the police that one is moving away; **sich bei einem Verein ~** to cancel one's membership of a club.

Ạb|meldung *die* - **1.** [beim Einwohnermeldeamt] *notification that one is moving away* - **2.** [von der Schule] *notification of a child's removal from school.*

ạb|messen *vt (unreg)* to measure.

Ạb|messung *die* measuring.
◆ **Abmessungen** *pl* dimensions.

ạb|montieren *vt* [Reifen, Dachgepäckträger] to take off; [Verschalung, Gerüst] to take down.

ABṂ-|Stelle *die job created as part of a job creation scheme.*

ạb|mühen ◆ **sich abmühen** *ref* to struggle.

ạb|murksen *vt* ***salopp*** to bump off.

ạb|nabeln *vt* to cut the umbilical cord of.
◆ **sich abnabeln** *ref*: **sich vom Elternhaus ~** to become more independent from one's parents.

ạb|nagen *vt* to gnaw.

ạb|nähen *vt* to put darts in.

Ạbnahme *die* - **1.** [Rückgang, Verlust] decrease - **2.** [Kauf] purchase; **~ finden** to sell - **3.** [Zulassung, Kontrolle] inspection - **4.** [Entfernen] removal.

ạb|nehmen *(unreg) vt* - **1.** [herunternehmen - Vorhänge, Wäsche] to take down; [- Hut, Deckel] to take off; [- Hörer] to pick up - **2.** [wegnehmen]: **jm etw ~** to take sthg (away) from sb - **3.** [entlasten]: **jm etw ~** to relieve sb of sthg - **4.** [kontrollieren] to inspect - **5.** [kaufen]: **jm etw ~** to buy sthg from sb - **6.** [stehlen]: **jm etw ~** to take sthg from sb - **7.** [glauben]: **das nimmt dir keiner ab!** nobody will buy that! - **8.** [entgegennehmen - Prüfung] to conduct; **jm ein Versprechen ~** to make sb give a promise - **9.** [amputieren]: **jm einen Finger ~** to take sb's finger off - **10.** [entnehmen]: **jm Blut ~** to take sb's blood - **11.** [verlieren - Gewicht] to lose ◇ *vi* - **1.** [leichter werden] to lose weight - **2.** [sich verringern - Temperatur, Luftdruck, Ressourcen] to decrease; [- Mond] to wane; **seine Interviews haben an Aggressivität abgenommen** his interviews have become less aggressive.

Ạbnehmer, in (*mpl* **-**; *fpl* **-nen**) *der, die* buyer; **~ finden** to sell.

Ạb|neigung *die* aversion.

abnọrm *adj* abnormal.

ạb|nötigen *vt*: **jm Respekt/Bewunderung ~** to win sb's respect/admiration.

ạb|nutzen, ab|nützen *vt* to wear out.
◆ **sich abnutzen, sich abnützen** *ref* to wear out.

Ạb|nutzung, Ạbnützung *die* wear.

Ạbo (*pl* **-s**) *das* ***fam*** *abk für* **Abonnement.**

Abonnement [abɔnəˈmɑ̃ː] (*pl* **-s**) *das* - **1.** [einer Zeitung] subscription - **2.** [im Theater] season ticket.

abonni̲eren *vt* to subscribe to.

ạb|ordnen *vt* to send.

Ạb|ordnung *die* delegation.

ạb|packen *vt* to pre-pack.

ạb|passen *vt* - **1.** [Person] to catch - **2.** [Moment] to wait for.

ạb|perlen (*perf* **ist ạbgeperlt**) *vi* to drip off.

ạb|pflücken *vt* to pick.

ạb|prallen (*perf* **ist ạbgeprallt**) *vi* - **1.** [zurückspringen - Ball] to bounce back, to rebound; [- Kugel] to ricochet - **2.** [Vorwurf, Worte]: **an jm** *ODER* **von jm ~** to make no impression on sb.

ạb|putzen *vt* to wipe.

ạb|quälen ◆ **sich abquälen** *ref* - **1.** [sich plagen]: **sich mit etw ~** to struggle with sthg - **2.** [sich abzwingen]: **sich** *(D)* **etw ~** to force sthg out.

ạb|rackern ◆ **sich abrackern** *ref* ***fam*** to slave away.

ạb|raten *vi (unreg)*: **(jm) von etw ~** to advise (sb) against sthg.

ạb|räumen *vt* [Geschirr] to clear away; [Tisch] to clear.

ạb|reagieren *vt*: **etw an jm ~** to take sthg out on sb.
◆ **sich abreagieren** *ref*: **sich an jm ~** to take it out on sb.

ạb|rechnen *vi* [Kassiererin] to cash up; **mit jm ~** [zahlen] to settle up with sb; [sich rächen] to get even with sb ◇ *vt* [abziehen] to deduct.

Ạb|rechnung *die* - **1.** [Bilanz, Rechnung] accounts *(pl)* - **2.** [Rache] reckoning.

Ạbrede *die (ohne pl)*: **etw in ~ stellen** to deny sthg.

ạb|regen ◆ **sich abregen** *ref* ***fam*** to calm down.

ạb|reiben *vt (unreg)* - **1.** [Schmutz] to rub off

- 2. [Hände] to wipe **- 3.** [Kind, Hund] to rub down.

Abreibung (*pl* **-en**) *die* thrashing.

Ab|reise *die* departure.

ab|reisen (*perf* **ist abgereist**) *vi* to depart.

ab|reißen (*perf* **hat/ist abgerissen**) *(unreg) vt (hat)* **- 1.** [Papier] to tear off **- 2.** [Haus] to pull down <> *vi (ist)* **- 1.** [Teil, Knopf, Etikett] to come off; [Faden] to break off **- 2.** [Kontakt] to break off.

ab|richten *vt* to train.

ab|riegeln *vt* **- 1.** [verschließen] to bolt **- 2.** [Gelände] to cordon off.

ab|ringen *vt (unreg):* **jm etw ~** to force sthg out of sb; **sich etw ~** to force sthg out.

Ab|riss *der* **- 1.** [Zerstörung] demolition **- 2.** [Darstellung] outline.

ab|rollen (*perf* **hat/ist abgerollt**) *vt (hat)* [abspulen] to unwind <> *vi (ist)* **- 1.** [von einer Rolle] to unwind **- 2.** [ablaufen] to go **- 3.** SPORT to go into a roll.

ab|rücken (*perf* **hat/ist abgerückt**) *vt (hat)* to move away <> *vi (ist)* [wegrücken]: **von jm/etw ~** [sich entfernen] to move away from sb/sthg; [sich distanzieren] to distance o.s. from sb/sthg.

Ab|ruf *der* EDV retrieval.
◆ **auf Abruf** *adv:* **auf ~ bereit stehen** to be standing by.

ab|rufen *vt (unreg)* EDV to retrieve.

ab|runden *vt* **- 1.** [Zahl, Summe] to round down **- 2.** [Ecke, Küche, Programm] to round off.

abrupt *adj* abrupt <> *adv* abruptly.

ab|rüsten *vi* to disarm <> *vt* to get rid of.

Abrüstung *die* disarmament.

ab|rutschen (*perf* **ist abgerutscht**) *vi* **- 1.** [wegrutschen] to slip **- 2.** [Schüler]: **er ist in Mathematik abgerutscht** his marks in mathematics have gone down **- 3.** [abgleiten]: **in etw** *(A)* **~** to slide into sthg.

Abs. - 1. *abk für* **Absender - 2.** (*abk für* **Absatz**) para.

ABS [aːˈbeːˈɛs] (*abk für* **Antiblockiersystem**) *das* ABS.

ab|sacken (*perf* **ist abgesackt**) *vi* **- 1.** [sinken - Flugzeug, Druck] to drop; [- Gebäude] to subside **- 2.** [Leistung]: **sie ist in Chemie abgesackt** her marks in chemistry have got worse.

Ab|sage *die* **- 1.** [von Termin, Veranstaltung] cancellation **- 2.** [Zurückweisung]: **eine ~ an jn/etw** a rejection of sb/sthg; **jm/einer Sache eine ~ erteilen** to reject sb/sthg.

ab|sagen *vt* to cancel <> *vi* to cancel; **jm ~** to tell sb one can't come.

ab|sägen *vt* **- 1.** [sägen - Baum] to saw down; [- Brett] to saw off **- 2.** *fam* [entlassen] to axe.

ab|sahnen *fam vt* to cream off <> *vi* to make a killing.

Ab|satz *der* **- 1.** [von Schuhen] heel; **auf dem ~ kehrtmachen** ODER **umkehren** *fig* to turn on one's heel **- 2.** [Verkauf] sales *(pl)*; **reißenden ~ finden** to sell like hot cakes **- 3.** [im Text] paragraph.

Absatz|markt *der* market.

ab|saufen (*perf* **ist abgesoffen**) *vi (unreg)* **- 1.** *salopp* [im Wasser - Schiff] to go to the bottom; [- Person] to go to a watery grave **- 2.** *fam* [Motor] to flood.

ab|schaffen *vt* **- 1.** [Regelung] to abolish **- 2.** [aufheben] to do away with **- 3.** [weggeben] to get rid of.

Ab|schaffung *die* **- 1.** [von Regelung] abolition **- 2.** [Aufhebung] doing away with **- 3.** [Abgabe] getting rid of.

ab|schalten *vi* & *vt* [ausschalten] to switch off.

ab|schätzen *vt* **- 1.** [Menge, Zahl] to estimate **- 2.** [Menschen] to weigh up.

abschätzig *adj* disparaging <> *adv* disparagingly.

Abscheu *die* ODER *der* disgust, revulsion; **vor jm/etw ~ haben** ODER **empfinden** to find sb/sthg disgusting.

abscheulich *adj* disgusting <> *adv* disgustingly.

ab|schicken *vt* to post *Br*, to mail *Am*.

ab|schieben (*perf* **hat/ist abgeschoben**) *(unreg) vt (hat)* **- 1.** [außer Landes] to deport **- 2.** *fam abw* [versetzen] to shunt off <> *vi (ist) salopp abw* [fortgehen] to push off.

Ab|schiebung *die* deportation.

Abschied (*pl* **-e**) *der* **- 1.** [Trennung, Weggehen] parting; **zum ~ hat er alle geküsst** he kissed everyone goodbye; **von jm/etw ~ nehmen** to say goodbye to sb/sthg **- 2.** [Entlassung] resignation; **seinen ~ nehmen** to resign.

ab|schießen *vt (unreg)* **- 1.** [Flugzeug] to shoot down **- 2.** [Kugel, Gewehr] to fire; [Pfeil] to shoot; [Rakete] to launch **- 3.** [töten] to shoot **- 4.** [Körperteil]: **ihm ist ein Bein abgeschossen worden** his leg has been shot off **- 5.** *fam* [entlassen]: **jn ~** to give sb the boot, to kick sb out.

ab|schirmen *vt* to shield.

ab|schlachten *vt fam* to slaughter.

Ab|schlag *der* **- 1.** [Preisnachlass] reduction **- 2.** [Rate]: **etw auf ~ kaufen** to pay for sthg by instalments **- 3.** SPORT [Fußball] clearance *(by goalkeeper)*; [in Hockey] bully-off; [in Golf] tee-off.

ab|schlagen *vt (unreg)* **- 1.** [verweigern]: **jm etw ~** to refuse sb sthg **- 2.** [abtrennen - durch Schneiden] to chop off; [- durch Schlagen] to knock off.

abschlägig *adj* unfavourable <> *adv:* **etw ~ bescheiden** to refuse sthg.

Abschlags|zahlung *die* instalment.

ab|schleifen *vt (unreg)* **- 1.** [Ecke, Unebenheit] to smooth off **- 2.** [Holz] to sand (down).
◆ **sich abschleifen** *ref* **- 1.** [sich abnützen] to wear away **- 2.** [Benehmen] to wear off.

Abschlepp|dienst *der* (vehicle) recovery service.

ab|schleppen *vt* **- 1.** [Auto, Schiff] to tow away **- 2.** *fam* [Person] to pick up.
◆ **sich abschleppen** *ref fam:* **sich mit etw ~** to struggle along with sthg.

Abschlepp|seil *das* towrope.

ab|schließen *(unreg) vt* **- 1.** [Tür] to lock **- 2.** [Tätigkeit] to finish **- 3.** [Geschäft] to conclude; [Vertrag] to sign; [Versicherung] to take out **- 4.** WIRTSCH to balance ◇ *vi* [mit etw enden]: **mit etw ~** to finish with sthg; **mit der Vergangenheit ~** to draw a line under the past; **mit Verlust ~** to show a loss; **mit einem Diplom ~** to graduate with a diploma.

abschließend *adj* concluding ◇ *adv* in conclusion.

Ab|schluss *der* **- 1.** [Ende] end; **zum ~ der Tagung spricht Professor Schulz** Professor Schulz will bring the conference to a close; **zum ~ kommen** to draw to a close **- 2.** [von Geschäft] conclusion; [von Vertrag] signing; [von Versicherung] taking out **- 3.** [Abschlusszeugnis von Hochschule] degree; **die Schule ohne ~ verlassen** to leave school without any qualifications.

Abschluss|prüfung *die* [in Schule] *school-leaving examination;* [an Hochschule] final ODER degree examination.

Abschluss|zeugnis *das school-leaving certificate.*

ab|schmecken *vt* **- 1.** [würzen] to season **- 2.** [kosten] to taste.

ab|schmettern *vt* to throw out.

ab|schmieren *vt* **- 1.** [Motor] to lubricate; [Fahrradkette] to grease **- 2.** *fam* [abschreiben] to crib ◇ *vi fam* [Flugzeug] to nosedive; [Computer, Programm] to crash.

ab|schminken *vt:* **jn ~** to remove sb's make-up.
◆ **sich abschminken** *ref:* **sich ~** to remove one's make-up; **das kannst du dir ~** *fam fig* you can get that out of your head.

ab|schnallen *(perf* **hat/ist abgeschnallt)** *vt (hat)* to unfasten ◇ *vi (ist)*: **da schnallst du ab** *salopp fig* you'll be gobsmacked.
◆ **sich abschnallen** *ref* to unfasten one's seatbelt.

ab|schneiden *(unreg) vt* **- 1.** [Stück] to cut off **- 2.** [Weg]: **jm den Weg ~** to block sb's way **- 3.** [Wort]: **jm das Wort ~** to cut sb off ◇ *vi:* **gut/schlecht ~** to do well/badly.

Ab|schnitt *der* **- 1.** [im Text, von Strecke] section **- 2.** [von Formular, Karte] detachable portion; [von Scheck] counterfoil; [von Eintrittskarte] stub **- 3.** [Zeitraum] period **- 4.** MATH segment.

abschnittweise *adv* in sections.

ab|schnüren *vt:* **jm das Blut ~** to cut off sb's circulation; **jm die Luft ~** to strangle sb.

ab|schöpfen *vt* **- 1.** [von einer Flüssigkeit] to skim off **- 2.** [Geld] to cream off.

ab|schotten *vt:* **jn/etw gegen jn/etw ~** to keep sb/sthg away from sb/sthg.

ab|schrauben *vt* to unscrew.

ab|schrecken *vt* **- 1.** [abhalten] to deter; **er ist durch nichts davon abzuschrecken** he will let nothing stop him **- 2.** [mit kaltem Wasser - Eier] to put into cold water.

abschreckend *adj* deterrent; **eine ~e Wirkung haben** to act as a deterrent.

Abschreckung *(pl* **-en)** *die* deterrent.

ab|schreiben *vt (unreg)* **- 1.** [kopieren] to copy **- 2.** WIRTSCH [aufgeben] to write off.

Abschreibung *(pl* **-en)** *die* **- 1.** [von Unkosten] writing off **- 2.** [von Maschine, Auto] depreciation.

Ab|schrift *die* copy.

ab|schrubben *vt fam* [Boden, Rücken] to scrub; [Schmutz] to scrub off.

ab|schürfen *vt* to graze.

Ab|schuss *der* **- 1.** [von Flugzeug] shooting down **- 2.** [von Gewehr] firing; [von Rakete] launching **- 3.** [von Wild] shooting.

abschüssig *adj* sloping.

ab|schütteln *vt eigtl & fig* to shake off; **sie ließ sich nicht ~** I/we/*etc* couldn't shake her off.

ab|schwächen *vt* to lessen.
◆ **sich abschwächen** *ref* to grow weaker.

ab|schwatzen *vt:* **jm etw ~** to talk sb into giving one sthg.

ab|schweifen *(perf* **ist abgeschweift)** *vi* [Gedanken, Blick] to wander; **vom Thema ~** to digress.

ab|schwellen *(perf* **ist abgeschwollen)** *vi (unreg)* **- 1.** [Schwellung] to go down **- 2.** [Geräusch] to fade (away).

ab|schwirren *(perf* **ist abgeschwirrt)** *vi fam* to buzz off.

ab|segnen *vt fam* to sanction.

absehbar *adj* foreseeable; **in ~er Zeit** in the foreseeable future.

ab|sehen *(unreg) vt* **- 1.** [Folgen] to foresee; **das Ergebnis ist abzusehen** it's possible to tell what the result will be; **die Konsequenzen sind gar nicht abzusehen** there's no telling what the consequences will be **- 2.** [nachmachen]: **jm etw ~** to learn sthg by watching sb ◇ *vi* **- 1.** [verzichten]: **von etw ~** to refrain from sthg **- 2.** [ausnehmen]: **von etw ~** to ignore sthg; **sieht man davon ab, dass er taub ist, ist er kerngesund** if you ignore the fact that he's deaf, he's perfectly healthy **- 3.** [wollen]: **es auf etw** *(A)* **abgesehen haben** to be after sthg; **es darauf abgesehen haben, alle zu verärgern** to be intent on annoying everyone **- 4.** [ärgern]: **es auf jn abgesehen haben** to have it in for sb.

ạb|seifen *vt* [Kind] to soap down.

ạb|seilen *vt* to lower down on a rope.
◆ **sich abseilen** *ref* **- 1.** [mit einem Seil] to abseil **- 2.** ***fam*** [verschwinden] to leg it.

ạb sein (*perf* **ist ạb gewesen**) *vi (unreg)* **- 1.** [entfernt]: **dieses Dorf ist weit von allem ab** this village is far away from everything **- 2.** [abgetrennt] to have come off.

ạbseits *präp:* **~ eines Ortes** *ODER* **von einem Ort** away from a place ◇ *adv* out of the way; **sich ~ halten** to keep oneself to oneself.

Ạbseits *das* **- 1.** SPORT offside; **im ~ stehen** to be offside **- 2.** [Isolation]: **im ~ stehen** to be out in the cold; **ins ~ geraten** to be left out in the cold.

ạb|senden *vt* to send off.

Ạb|sender *der* **- 1.** [Person] sender **- 2.** [Adresse] *sender's name and address.*

Ạbsenderin (*pl* **-nen**) *die* sender.

ạb|senken *vt* to lower.

ạb|servieren ['apzɛrviːrən] *vt* **- 1.** [Tisch, Geschirr] to clear away **- 2.** ***fam*** [Person] to kick out.

ạb|setzen *vt* **- 1.** [herunternehmen - Hut, Brille] to take off **- 2.** [hinstellen, hinlegen] to put down **- 3.** [aussteigen lassen] to drop off **- 4.** [Betrag]: **etw von der Steuer ~ (können)** to (be able to) deduct sthg from one's tax **- 5.** [Ware] to sell **- 6.** [entmachten - König] to depose **- 7.** [Aufführung] to drop, to take off **- 8.** [Medikament] to come off **- 9.** [Kleidung] to trim.
◆ **sich absetzen** *ref* **- 1.** [fliehen] to take off **- 2.** [sich ablagern] to be deposited **- 3.** [sich entfernen]: **sich von etw ~** to pull away from sthg **- 4.** [sich abheben]: **sich gegen etw ~** to stand out against sthg.

ạb|sichern *vt* to make safe.
◆ **sich absichern** *ref* to cover o.s.; **sich gegen etw ~** to protect o.s. against sthg.

Ạb|sicherung *die* making safe; [durch Versicherung] cover.

Ạb|sicht *die* intention; **es war nicht meine ~, dir zu schaden** I didn't mean to harm you; **mit ~** intentionally; **ohne ~** unintentionally; **in bester ~** with the best of intentions.

ạbsichtlich *adj* deliberate, intentional ◇ *adv* deliberately, intentionally.

absolut *adj* absolute ◇ *adv* absolutely; **das gefällt mir ~ nicht** I don't like that at all.

Absolution (*pl* **-en**) *die* absolution.

Absolutịsmus *der* absolutism.

absolutịstisch *adj* absolutist; [Herrscher] absolute.

Absolvẹnt, in [apzɔl'vɛnt, ın] (*mpl* **-en;** *fpl* **-nen**) *der, die* ***geh*** graduate.

absolvieren [apzɔl'viːrən] *vt* [Kurs] to complete; [Prüfung] to pass.

absọnderlich *adj* strange ◇ *adv* strangely.

ạb|sondern *vt* **- 1.** [Sekret] to secrete **- 2.** [isolieren] to isolate.
◆ **sich absondern** *ref* to isolate o.s.

Ạbsonderung (*pl* **-en**) *die* **- 1.** [von Sekreten] secretion **- 2.** [Isolation] isolation.

absorbieren *vt* ***eigtl*** & ***fig*** to absorb.

Absorption (*pl* **-en**) *die* absorption.

ạb|spalten *vt* CHEM to separate.
◆ **sich abspalten** *ref:* **sich (von etw) ~** to break away (from sthg).

ạb|spannen *vt* [Pferdewagen] to unhitch; [Pferde] to unharness.

ạb|specken *vt* **1.** ***fam*** [abnehmen]: **er hat drei Kilo abgespeckt** he has lost three kilos **- 2.** [reduzieren] to slim down. ◇ *vi* **1.** ***fam*** [abnehmen] to lose weight **- 2.** [reduzieren] to slim down.

ạb|speichern *vt* EDV to store.

ạb|speisen *vt:* **jn mit etw ~** to fob sb off with sthg.

ạbspenstig *adj:* **jm jn/etw ~ machen** to lure sb/sthg away from sb.

ạb|sperren *vt* **- 1.** [abriegeln] to seal off **- 2.** [verschließen] to lock.

Ạb|sperrung *die* **- 1.** [Schranke, Sperre] barrier **- 2.** [Absperren] sealing off.

ạb|spielen *vt* to play.
◆ **sich abspielen** *ref* to take place.

Ạb|sprache *die* arrangement; **nach vorheriger ~** after prior consultation.

ạb|sprechen *vt (unreg)* **- 1.** [vereinbaren] to agree on **- 2.** [verweigern, aberkennen]: **jm etw ~** [Recht] to deny sb sthg; [Fähigkeit] to deny that sb has sthg.
◆ **sich absprechen** *ref* to come to an agreement; **wir hatten keine Zeit, uns abzusprechen** we had no time to agree on our story *ODER* on what to say.

ạb|springen (*perf* **ist ạbgesprungen**) *vi (unreg)* **- 1.** SPORT to jump **- 2.** [sich lösen] to come off **- 3.** ***fam*** [zurücktreten]: **von etw ~** to back out of sthg.

Ạb|sprung *der* **- 1.** [Sprung] jump **- 2.** [Loslösung]: **den ~ schaffen** to make the break.

ạb|spulen *vt* to unwind.

ạb|spülen *vt* **- 1.** [Geschirr] to wash **- 2.** [Schmutz] to wash off ◇ *vi* to wash up ***Br***, to wash the dishes ***Am***.

ab|stammen *vi:* **von jm/etw ~** to be descended from sb/sthg.

Abstammung *die* descent.

Ab|stand *der* [räumlich] distance; [zeitlich] interval; **50 Meter ~** a distance of 50 metres; **von jm/etw ~ halten** to keep one's distance from sb/sthg; **von etw ~ nehmen** to decide against sthg; **mit ~** by far.

ab|statten *vt:* **jm einen Besuch ~** to pay sb a visit; **jm Dank ~** to express one's gratitude to sb.

ab|stauben *vt* - **1.** [putzen] to dust - **2.** *fam* [mitnehmen]: **etw bei jm ~** to get sthg off sb.

ab|stechen *(unreg) vt* - **1.** [Rasen] to trim the edges of; [Torf] to cut - **2.** [töten] to slit the throat of <> *vi:* **von jm/etw ~** to stand out against sb/sthg.

Abstecher *(pl -) der* detour.

ab|stecken *vt* - **1.** [markieren] to mark out - **2.** [mit Nadeln] to pin.

ab|stehen (*perf* **hat/ist abgestanden**) *vi (unreg)*: **von etw ~** to stick out from sthg.

abstehend *adj:* **er hat ~e Ohren** his ears stick out.

Absteige *(pl* **-n**) *die* **fam abw** cheap and shabby hotel.

ab|steigen (*perf* **ist abgestiegen**) *vi (unreg)* - **1.** [hinunterklettern] to get off - **2.** SPORT to be relegated - **3.** [übernachten] to stay.

Absteiger *(pl -) der* SPORT relegated team.

ab|stellen *vt* - **1.** [Gerät, Strom, Wasser] to turn off - **2.** [Last] to put down; [Möbel] to store, to put; [Auto, Fahrrad] to park - **3.** [Missstand, Problem] to put an end to - **4.** [freistellen]: **jn zu etw ~** to assign sb to sthg - **5.** [zuschneiden]: **etw auf etw** *(A)* **~** to gear sthg towards sthg.

Abstell|gleis *das* siding; **jn aufs ~ schieben** *fig* to sideline sb.

Abstell|raum *der* storage room.

ab|stempeln *vt* - **1.** [stempeln - Dokument] to stamp; [- Briefmarke] to postmark - **2.** *abw* [anprangern]: **jn zu** *ODER* **als etw ~** to label sb sthg.

ab|sterben (*perf* **ist abgestorben**) *vi (unreg)* to die off.

Abstieg *(pl* **-e**) *der* - **1.** [vom Berg] descent - **2.** [sozial, finanziell] decline - **3.** SPORT relegation.

ab|stimmen *vi* [wählen] to vote; **über etw** *(A)* **~** to vote on sthg <> *vt* - **1.** [einstellen]: **etw auf jn/etw ~** to adapt sthg to sb/sthg; [Farben] to match sthg to sb/sthg - **2.** [absprechen]: **etw mit jm ~** to agree on sthg with sb.

◆ **sich abstimmen** *ref:* **sich mit jm (über etw** *(A)***) ~** to agree (on sthg) with sb.

Ab|stimmung *die* - **1.** [Wahl] vote - **2.** [Koordinierung] coordination - **3.** [Absprache] agreement.

abstinent [apsti'nɛnt] *adj* [vom Alkohol] teetotal; [von Genuss] abstinent.

Abstinenz [apsti'nɛnts] *die* [vom Alkohol] teetotalism, abstinence; [von Genuss] abstinence.

ab|stoßen *vt (unreg)* - **1.** [wegdrücken] to push off - **2.** [verkaufen] to sell off - **3.** [anekeln] to repel - **4.** [abnützen - Farbe] to knock off.

◆ **sich abstoßen** *ref* to push o.s. off.

abstoßend *adj* repulsive <> *adv* repulsively.

ab|stottern *vt fam* to pay for in instalments.

abstrahieren [apstra'hi:rən] *vt geh* to abstract.

abstrakt *adj* abstract <> *adv* in the abstract.

Abstraktion [apstrak'tsio:n] *(pl* **-en**) *die* abstraction.

ab|strampeln ◆ **sich abstrampeln** *ref fam* to flog o.s. to death.

ab|streichen *vt (unreg)* - **1.** [abziehen] to knock off - **2.** [säubern] to wipe.

ab|streifen *vt* - **1.** [ausziehen] to take off - **2.** [ablegen] to get rid of.

ab|streiten *vt (unreg)* to deny.

Ab|strich *der* - **1.** [Einschränkungen] reservation; **~e machen** to make concessions - **2.** MED swab; [vom Gebärmutter] smear.

ab|stufen *vt* - **1.** [Löhne, Preise, Farben] to grade - **2.** [Haare] to layer.

ab|stumpfen (*perf* **hat/ist abgestumpft**) *vt (hat)* - **1.** [Subj: Lärm, Monotonie] to dull the senses of - **2.** [Subj: Leid, Schmerz] to harden <> *vi (ist)*: **gegen etw ~** to become inured to sthg.

Ab|sturz *der* crash.

ab|stürzen (*perf* **ist abgestürzt**) *vi* [Flugzeug & EDV] to crash; [Bergsteiger] to fall.

ab|stützen *vt* to support.

◆ **sich abstützen** *ref* to support o.s.

ab|suchen *vt:* **etw (nach jm/etw) ~** to search sthg (for sb/sthg).

absurd *adj* absurd.

Absurdität *(pl* **-en**) *die* absurdity.

Abt *(pl* **Äbte**) *der* abbot.

Abt. (*abk für* **Abteilung**) dept.

ab|tasten *vt* to feel.

ab|tauen (*perf* **hat/ist abgetaut**) *vt (hat)* to defrost <> *vi (ist)* [Eis] to thaw; [Kühlschrank] to defrost.

Abtei *(pl* **-en**) *die* abbey.

Ab|teil *das* compartment.

ab|teilen *vt* to divide off.

Ab|teilung[1] *die* - **1.** [einer Firma, im Kaufhaus] department - **2.** MIL unit.

Ab|teilung[2] *die* [Trennung] dividing off.

Abteilungs|leiter, in *der, die* departmental manager.

ab|tippen *vt* to type out ODER up.

Äbtissin (*pl* **-nen**) *die* abbess.

ab|törnen *vt salopp* to turn off.

ab|tragen *vt (unreg)* **- 1.** [Erde, Steine - Subj: Wind, Wasser] to erode; [- Subj: Person] to remove *(layer by layer)* **- 2.** [Kleidung] to wear out **- 3.** [Schulden] to pay off.

abträglich *adj geh:* **jm/einer Sache ~ sein** to be detrimental to sb/sthg.

Ab|transport *der* transportation.

ab|transportieren *vt* to take away.

ab|treiben (*perf* **hat/ist abgetrieben**) *(unreg)* *vt (hat)* **- 1.** [Kind]: **sie will das Kind ~** she wants to have an abortion **- 2.** [Boot] to drive off course <> *vi* **- 1.** *(hat)* MED [Abort vornehmen] to carry out an abortion; [Abort vornehmen lassen] to have an abortion **- 2.** *(ist)* [Boot] to be driven off course.

Abtreibung (*pl* **-en**) *die* abortion.

ab|trennen *vt* **- 1.** [abschneiden - Coupon, Blatt] to detach; [- Ärmel, Saum] to cut off **- 2.** [abteilen] to divide off.

ab|treten (*perf* **hat/ist abgetreten**) *(unreg) vt (hat)* **- 1.** [Schuhe] to wear out; [Absätze] to wear down **- 2.** [Rechte] to relinquish; **etw an jn ~, jm etw ~** to let sb have sthg <> *vi (ist)* [fortgehen] to make one's exit.

Abtreter (*pl* -) *der* doormat.

Abtretung (*pl* **-en**) *die* handing over.

ab|trocknen *vt* to dry; **sich die Hände ~** to dry one's hands.
◆ **sich abtrocknen** *ref* to dry o.s.

ab|tropfen (*perf* **ist abgetropft**) *vi* to drip; **das Geschirr ~ lassen** to leave the dishes to drain.

ab|tun *vt (unreg)* to dismiss; **etw kurz ~** to brush sthg aside.

ab|tupfen *vt* [Blut] to dab away; [Stirn] to mop.

ab|verlangen *vt:* **jm etw ~** to demand sthg from sb.

ab|wägen *vt* to weigh up; **zwei Dinge gegeneinander ~** to weigh up two things against each other.

ab|wählen *vt* **- 1.** [Politiker] to vote out (of office) **- 2.** [Schulfach] to drop.

ab|wälzen *vt:* **etw auf jn ~** to shift sthg onto sb.

ab|wandeln *vt* to vary.

ab|wandern (*perf* **ist abgewandert**) *vi* **- 1.** [fortgehen] to migrate **- 2.** [Kapital] to be removed.

Ab|wanderung *die* **- 1.** [von Arbeitskräften] migration **- 2.** [von Kapital] removal.

Ab|wandlung *die* adaptation.

Abwärme *die* waste heat.

ab|warten *vt* to wait for; **ich kann es kaum ~, in Urlaub zu fahren** I can hardly wait to go on holiday <> *vi* to wait and see.

abwärts *adv* downwards; **alle, vom Assistenten ~** everyone from the assistant down.

abwärts gehen (*perf* **ist abwärts gegangen**) *vi (unreg)* to get worse; **seit er trinkt, geht es mit ihm abwärts** since he started drinking he has gone downhill.

Abwasch *der (ohne pl)* washing-up ***Br***, dishes ***Am*** *(pl)*; **das ist ein ~ *fig*** that will kill two birds with one stone.

abwaschbar *adj* washable.

ab|waschen *(unreg) vt* **- 1.** [Geschirr] to wash **- 2.** [Schmutz] to wash off <> *vi* to wash up ***Br***, to wash the dishes ***Am***.

Abwaschwasser *das* dishwater.

Ab|wasser *das* [von Haushalt] sewage *(U)*; [von Industrie] effluent *(U)*.

Abwasser|reinigung *die* [von Haushalt] sewage treatment; [von Industrie] effluent treatment.

ab|wechseln [ˈapvɛksl̩n] ◆ **sich abwechseln** *ref* to alternate; **sich mit jm ~** to take turns with sb.

abwechselnd [ˈapvɛksˈnt] *adv* alternately.

Abwechselung [ˈapvɛksəlʊŋ], **Abwechslung** [ˈapvɛkslʊŋ] (*pl* **-en**) *die* change; **zur ~** for a change.

abwechslungsreich [ˈapvɛkslʊŋsraiç] *adj* varied <> *adv:* **~ essen** to eat a varied diet.

Abwege *pl:* **auf ~ geraten** to go astray.

abwegig *adj* bizarre.

Abwehr *die* **- 1.** [Widerstand] resistance; **auf ~ stoßen** to meet with resistance **- 2.** SPORT & MIL defence.

ab|wehren *vt* **- 1.** [Schlag, Angriff] to ward off **- 2.** [Störung] to deter <> *vi* to refuse.

ab|weichen (*perf* **ist abgewichen**) *vi (unreg)*: **von etw ~** to deviate from sthg; **seine Ansichten weichen von meinen ab** his opinions differ from mine.

abweichend *adj* different.

Abweichung (*pl* **-en**) *die* deviation.

ab|weisen *vt (unreg)* **- 1.** [ablehnen] to reject **- 2.** [Person] to turn away.

abweisend *adj* unfriendly <> *adv* dismissively.

ab|wenden *vt (unreg)* **- 1.** [wegdrehen]: **den Kopf ~** to turn away; **den Blick ~** to look away **- 2.** [Unglück] to avert.
◆ **sich abwenden** *ref* to turn away; **sich von jm/etw ~** to turn one's back on sb/sthg.

ab|werben *vt (unreg)* to lure away.

ablwerfen *vt (unreg)* - **1.** [von Flugzeug] to drop - **2.** [Geld] to bring in; **Gewinn ~** to yield a profit.

ablwerten *vt* to devalue.

ablwertend *adj* pejorative.

Ablwertung *die* - **1.** [von Geld] devaluation - **2.** [Herabsetzung] debasement.

abwesend *adj* - **1.** [nicht anwesend] absent - **2.** [unkonzentriert] absent, absent-minded ◇ *adv* absently.

Abwesende (*pl* **-n**) *der, die* absentee.

Abwesenheit *die* absence; **in js ~** in sb's absence; **durch ~ glänzen** *iron* to be conspicuous by one's absence.

ablwickeln *vt* - **1.** [Schnur] to unwind - **2.** [Geschäft] to complete - **3.** [Institution] to wind up, to close down.

Abwicklung (*pl* **-en**) *die* - **1.** [Abschluss] completion - **2.** [Auflösung] winding up, closing down.

ablwiegen *vt (unreg)* to weigh out.

ablwimmeln *vt fam* to get rid of.

ablwinken *vi (unreg)*: **ich wollte alles erklären, aber er winkte ab** I wanted to explain everything but he waved me aside.

ablwirtschaften *vi* [Staat, Firma] to go to the wall.

ablwischen *vt* - **1.** [Fläche] to wipe - **2.** [Dreck] to wipe off.

Ablwurf *der* - **1.** [Werfen] dropping - **2.** [in Fußball] throw-out.

ablwürgen *vt fam* - **1.** [Motor] to stall - **2.** [beenden, unterdrücken] to stifle.

ablzahlen *vt* to pay off.

ablzählen *vt* to count ◇ *vi* to use a counting-out rhyme.

Abzähllreim *der* counting-out rhyme.

Ablzahlung *die* repayment; [Abzahlungsrate] instalment.

ablzäunen *vt* to fence off.

Ablzeichen *das* badge.

ablzeichnen *vt* to draw.

◆ **sich abzeichnen** *ref* - **1.** [sich ankündigen] to emerge - **2.** [sich zeigen] to stand out.

ablziehen (*perf* **ist/hat abgezogen**) *(unreg) vt (hat)* - **1.** [Schürze, Mütze] to take off; [Schlüssel] to take out - **2.** [subtrahieren - Nummer] to subtract; [- Betrag] to deduct - **3.** [Bett] to strip - **4.** [Soldaten] to withdraw - **5.** [veranstalten]: **eine Schau** ODER **Show ~** *salopp* to make a fuss - **6.** [Tomaten] to skin - **7.** [drucken] to print (off); [kopieren] to copy - **8.** [Haut]: **einem Kaninchen die Haut ~** to skin a rabbit ◇ *vi (ist)* - **1.** [Gas] to clear - **2.** *fam* [Person] to clear off.

ablzielen *vi*: **auf jn/etw ~** to be aimed at sb/sthg.

ablzocken *vt salopp*: **jn ~** [ausnehmen] to fleece sb; [beim Kartenspielen] to clean sb out.

Ablzug *der* - **1.** [von Kamin] flue; [Belüftung] vent - **2.** [Foto] print; [Druck] proof - **3.** [Subtraktion] deduction; **nach ~ der Unkosten** after costs - **4.** [Fortgehen] withdrawal; **jm freien ~ gewähren** to grant sb free passage - **5.** [von Wetter] moving away - **6.** [am Gewehr] trigger.

abzüglich *präp*: **~ einer Sache** *(G)* less sthg.

ablzweigen (*perf* **hat/ist abgezweigt**) *vi (ist)* to branch off ◇ *vt (hat)* to put aside.

Abzweigung (*pl* **-en**) *die* turning.

Accessoire [aksɛ'sO̯aːɐ̯] (*pl* **-s**) *das* accessory.

ach *interj* oh!; **~ deshalb!** oh, that's why!; **~ ja/nein!** oh, yes/no!; **~ so!** (oh,) I see!

Ach *das*: **~ und Weh schreien** to scream blue murder; **mit ~ und Krach** *fam* by the skin of one's teeth.

Achse ['aksə] (*pl* **-n**) *die* - **1.** [Linie & MATH] axis; **auf ~ sein** *fig* to be on the move - **2.** [von Auto] axle.

Achsel ['aksl] (*pl* **-n**) *die* shoulder; **mit den ~n zucken** to shrug one's shoulders.

Achsellhöhle *die* armpit.

achselzuckend ['aksltsʊkn̩t] *adv* with a shrug.

Achsenlbruch ['aksn̩brux] *der* broken axle.

acht *num* eight; *siehe auch* **sechs.**

Acht[1] ◆ **außer Acht** *adv*: **etw außer ~ lassen** to disregard sthg.

◆ **in Acht** *adv*: **sich in ~ nehmen** to be careful; **sich vor etw** *(D)* **in ~ nehmen** to watch out for sthg.

◆ **Acht geben** *vi (unreg)* to take care; **auf jn/etw ~ geben** to look after sb/sthg.

Acht[2] (*pl* **-en**) *die* eight; *siehe auch* **Sechs.**

achtbar *adj geh* [Leistung] worthy; [Person] respectable.

Achte (*pl* **-n**) *der, die, das* eighth; *siehe auch* **Sechste.**

achte, r, s *adj* eighth; *siehe auch* **sechste.**

Achteck (*pl* **-e**) *das* octagon.

achteckig *adj* octagonal.

achtel *adj (unver)* eighth; *siehe auch* **sechstel.**

Achtel (*pl* **-**) *das* - **1.** [der achte Teil] eighth - **2.** MUS quaver *Br*, eighth note *Am*; *siehe auch* **Sechstel.**

Achtellfinale *das* SPORT last sixteen.

achteln *vt* to divide into eight.

achten *vt* to respect ◇ *vi*: **auf etw ~** to pay attention to sthg; **auf jn ~** to look after sb.

ächten *vt* to ostracize.

Achter (*pl* **-**) *der* SPORT eight.

Achterlbahn *die* roller coaster.

achtern *adv* SCHIFF aft, astern.

achtfach *adj* eightfold ◇ *adv* eight times.

Acht geben *vi* ▻ **Acht.**

achthundert *num* eight hundred.

achtkantig *adv:* **jn ~ hinauswerfen** *fam* to throw sb out on his/her ear.

achtlos *adj* careless ◇ *adv* carelessly.

achtmal *adv* eight times.

achtsam *geh adj* **- 1.** [aufmerksam] attentive **- 2.** [vorsichtig] careful ◇ *adv* **- 1.** [aufmerksam] attentively **- 2.** [vorsichtig] carefully.

Achtstunden|tag *der* eight-hour day.

achttausend *num* eight thousand.

Achtundsechziger (*pl* -) *der person who took part in the student protests of 1968.*

Achtung *die* **- 1.** [Respekt] respect; **alle ~!** well done! **- 2.** [Vorsicht]: **Achtung!** look out!; [formell] attention, please!; **~, Stufe!** mind the step!; **~, fertig, los!** SPORT on your marks, get set, go!

achtzehn *num* eighteen; *siehe auch* **sechs.**

Achtzehn (*pl* -en) *die* eighteen; *siehe auch* **Sechs.**

achtzig *num* eighty; **auf ~ sein** *fam* to be livid; **jn auf ~ bringen** *fam* to make sb livid; *siehe auch* **sechs.**

Achtzig *die* eighty; *siehe auch* **Sechs.**

Achtziger|jahre, achtziger Jahre *pl:* **die ~** the eighties.

ächzen *vi* to groan.

Acker (*pl* **Äcker**) *der* field.

Ackerbau *der* agriculture; **~ treiben** to farm.

Action ['ɛkʃ(ə)n] *die* action.

a. d. (*abk für* **an der**): **~ Donau** on the Danube.

a. D. (*abk für* **außer Dienst**) retd.

A. D. (*abk für* **Anno Domini**) A.D.

ADAC [aːdeːˈaːˈtseː] (*abk für* **Allgemeiner Deutscher Automobilklub**) *der* ≃ AA *Br*, ≃ AAA *Am*.

Adam: **bei ~ und Eva anfangen** *fam* to begin right at the beginning.

Adams|apfel *der* Adam's apple.

Adapter (*pl* -) *der* ELEKTR adapter.

adäquat *adj* appropriate ◇ *adv* appropriately.

addieren *vt* MATH to add up.
◆ **sich addieren** *ref:* **sich auf etw** *(A)* ~ to add up to sthg.

Addition (*pl* -en) *die* MATH addition.

ade *adv* **Süddt** cheerio.

Adel *der* nobility.

adelig = **adlig.**

Ader (*pl* -n) *die* vein; **eine künstlerische ~ haben** *fig* to have an artistic streak.

Aderlass (*pl* -lässe) *der* **- 1.** [Blutentnahme] bleeding, bloodletting **- 2.** *geh* [Verlust] terrible loss.

ADFC (*abk für* **Allgemeiner Deutscher Fahrrad-Club**) *der German cycling club.*

Adj. (*abk für* **Adjektiv**) adj.

Adjektiv (*pl* -e) *das* adjective.

adjektivisch ['atjɛktiːvɪʃ] GRAM *adj* adjectival ◇ *adv* adjectivally.

Adjutant (*pl* -en) *der* MIL adjutant.

Adler (*pl* -) *der* eagle.

adlig, adelig *adj* noble.

Adlige (*pl* -n) *der, die* nobleman (*f* noblewoman).

Admiral (*pl* -e ODER **Admiräle**) *der* MIL admiral.

adoptieren *vt* to adopt.

Adoption (*pl* -en) *die* adoption.

Adoptiveltern *pl* adoptive parents.

Adoptiv|kind *das* adopted child.

Adressat (*pl* -en) *der* addressee.

Adress|buch *das* **- 1.** [privat] address book **- 2.** [von Stadt, Gemeinde] directory.

Adresse (*pl* -n) *die* address; **an die falsche ~ kommen** ODER **geraten** to go to the wrong person; **sich an die richtige ~ wenden** to turn to the right person.

adressieren *vt* to address; **etw an jn ~** to address sthg to sb.

adrett *adj* smart ◇ *adv* smartly.

Adria *die:* **die ~** the Adriatic.

A-Dur *das* MUS A major.

Adv. (*abk für* **Adverb**) adv.

Advent [at'vɛnt] *der* Advent; **erster/zweiter ~** first/second Sunday in Advent.

ADVENT

Advent, the four weeks preceding Christmas, has a special significance in Germany and many traditions are associated with this time of year. A wreath with four candles (one of which is lit each Sunday during Advent) is hung in houses, churches and even offices and is an apt symbol of the seasonal atmosphere that prevails during this period. Advent is also however a time of intense consumerism in Germany.

Advents|kranz *der* Advent wreath.

Adverb [at'vɛrp] (*pl* -ien) *das* adverb.

adverbial [atvɛr'bjaːl] GRAM *adj* adverbial ◇ *adv* adverbially.

Adverbial|bestimmung *die* GRAM adverbial qualification.

Aerobic [ɛ'roːbik] *das* aerobics *(U)*.

Aerodynamik *die* aerodynamics *(U)*.

Affäre *(pl* **-n***) die* **- 1.** [Skandal, Liebschaft] affair; **sich aus der ~ ziehen** to get out of it **- 2.** [Angelegenheit] matter.

Affe *(pl* **-n***) der* **- 1.** [Tier - klein] monkey; [- groß] ape; **(ich denke,) mich laust der ~!** *fam* well, I'll be damned! **- 2.** *salopp abw* [blöder Kerl] jerk, twit *Br.*

Affekt *(pl* **-e***) der:* **im ~ handeln** *amt* to act under emotional stress.

affektiert *abw adj* affected <> *adv* affectedly.

Affentheater *das fam abw* to-do.

affig *fam abw adj* stuck-up <> *adv* in a stuck-up way.

Afghane *(pl* **-n***) der* **- 1.** [Person] Afghan **- 2.** [Hund] Afghan hound.

Afghanin *(pl* **-nen***) die* Afghan.

afghanisch *adj* Afghan.

Afghanistan *nt* Afghanistan.

Afrika *nt* Africa.

Afrikaner, in *(mpl* **-***; fpl* **-nen***) der, die* African.

afrikanisch *adj* African.

After *(pl* **-***) der* anus.

AG [aːˈgeː] *(pl* **-s***) (abk für* **Aktiengesellschaft***) die* ≃ plc *Br*, ≃ corp. *Am.*

Ägäis *die:* **die ~** the Aegean.

Agave [aˈgaːvə] *(pl* **-n***) die* agave.

Agens *das* **- 1.** [Kraft] driving force **- 2.** GRAM agent.

Agent, in *(mpl* **-en***; fpl* **-nen***) der, die* **- 1.** [Spion] secret agent **- 2.** [Vermittler] agent.

Agentur *(pl* **-en***) die* agency.

Aggregat *(pl* **-e***) das* unit.

Aggregatzu|stand *der* CHEM state.

Aggression *(pl* **-en***) die* aggression.

aggressiv *adj* aggressive <> *adv* aggressively.

agieren *vi geh* to act.

agil *adj geh* [körperlich] agile; [geistig] sharp.

Agitator *(pl* **Agitatoren***) der* agitator.

agitieren *vi:* **für/gegen jn/etw ~** to agitate for/against sb/sthg.

Agrar|politik *die* agricultural policy.

Agreement [əˈgriːmənt] *(pl* **-s***) das* agreement.

Ägypten [ɛˈgyptn̩] *nt* Egypt.

Ägypter, in *(mpl* **-***; fpl* **-nen***) der, die* Egyptian.

ägyptisch *adj* Egyptian.

ah *interj:* **ah!** [Ausdruck der Verwunderung] oh!; [Ausdruck plötzlichen Verstehens] ah!

aha *interj* aha!

Aha-|Erlebnis *das* revelation.

ahd. *(abk für* **althochdeutsch***)* OHG.

Ahn *(pl* **-en***) der geh* forebear.

ahnden *vt geh* to punish.

ähneln *vi:* **jm/einer Sache ~** to resemble sb/sthg.

ahnen *vt* **- 1.** [im Voraus fühlen] to have a premonition of **- 2.** [vermuten] to suspect; **du ahnst es nicht!** *fam* would you believe it!

ähnlich *adj* similar; **jm/etw ~ sein** to be similar to ODER like sb/sthg <> *adv* similarly; **jm/etw ~ sehen** to look like sb/sthg; **das sieht dir/ihm ~!** that's just like you/him!

Ähnlichkeit *(pl* **-en***) die* similarity; **mit jm/etw ~ haben** to look like sb/sthg, to be similar to sb/sthg.

Ahnung *(pl* **-en***) die* **- 1.** [Vorgefühl] premonition; **ich habe so eine ~, als ob ...** I have the feeling that ... **- 2.** [Vorstellung, Vermutung] idea; **keine ~!** I've no idea!; **keine/nicht die geringste ~ haben** to have no/not the faintest idea; **hast du eine ~!** that's what you think!

ahnungslos *adj* unsuspecting <> *adv* unsuspectingly.

Ahnungslosigkeit *die* lack of suspicion.

ahoi *interj* SCHIFF ahoy!

Ahorn *(pl* **-e***) der* maple.

Ähre *(pl* **-n***) die* ear *(of corn)*.

ai *(abk für* **Amnesty International***)* AI.

Aids [ˈeidz] *(abk für* **Acquired Immune Deficiency Syndrome***) nt* Aids.

Aids|kranke *der, die* Aids sufferer.

Airbag [ˈɛːɐ̯bɛk] *(pl* **-s***) der* AUTO airbag.

Air|bus *der* airbus.

Akademie *(pl* **-n***) die* academy.

Akademiker, in *(mpl* **-***; fpl* **-nen***) der, die* university graduate.

akademisch *adj* academic.

Akazie *(pl* **-n***) die* acacia.

akklimatisieren ◆ **sich akklimatisieren** *ref geh* to acclimatize.

Akkord *(pl* **-e***) der* chord.
◆ **im Akkord** *adv* WIRTSCH: **im ~ arbeiten** to do piecework.

Akkord|arbeit *die* piecework.

Akkordeon *(pl* **-s***) das* accordion.

Akkord|lohn *der* piece rate.

Akku *(pl* **-s***) der* storage battery; [für Radio, Walkman] rechargeable battery.

Akkumulator *(pl* **-en***) der* **- 1.** ELEKTR storage battery **- 2.** EDV accumulator.

akkumulieren *vt geh* to accumulate.

akkurat *adj* **- 1.** [ordentlich] meticulous **- 2.** [genau] precise <> *adv* - **1.** [ordentlich] meticulously - **2.** [genau] precisely.

Akkusativ (*pl* **-e**) *der* accusative.

Akkusativ|objekt *das* GRAM direct object.

Akne *die* acne.

akribisch *adj* meticulous <> *adv* meticulously.

Akrobat, in (*mpl* **-en;** *fpl* **-nen**) *der, die* acrobat.

akrobatisch *adj* acrobatic <> *adv* acrobatically.

Akt (*pl* **-e**) *der* - **1.** [Handlung, Aufzug] act - **2.** [Bildnis] nude - **3.** [Zeremonie] ceremony.

Akte (*pl* **-n**) *die* file; **etw zu den ~n legen** to shelve sthg.

aktenkundig *adj:* **ein ~er Vorgang** an occurrence which is on record.

Akten|tasche *die* briefcase.

Akteur, in [ak'tøːɐ̯, rɪn] (*mpl* **-e;** *fpl* **-nen**) *der, die* player.

Aktie ['aktsi̯əl] (*pl* **-n**) *die* share; **die ~n steigen/fallen** share prices are rising/falling; **wie stehen die ~n?** ***fam fig*** how are things looking?

Aktien|gesellschaft *die* ≃ public limited company ***Br***, ≃ corporation ***Am***.

Aktien|kurs *der* share price.

Aktion (*pl* **-en**) *die* - **1.** [Tätigkeit] action; **in ~ sein/treten** to be in/go into action - **2.** [Verkauf] sale; [Werbung] promotion.

Aktionär, in [aktsi̯o'nɛːɐ̯, rɪn] (*mpl* **-e;** *fpl* **-nen**) *der, die* shareholder.

aktiv *adj* active <> *adv* actively.

Aktiv *das* GRAM active.

aktivieren [akti'viːrən] *vt* - **1.** [System, Alarm] to activate - **2.** [Person] to mobilize.

Aktivierung [akti'viːrʊŋ] (*pl* **-en**) *die* - **1.** [von System, Alarm] activation - **2.** [von Person] mobilization.

Aktivität [aktivi'tɛːt] (*pl* **-en**) *die* activity.

aktualisieren *vt* to update.

Aktualität *die* relevance; **an ~ gewinnen** to become topical.

aktuell *adj* - **1.** [Theaterstück, Buch] topical; [Thema, Problem] current - **2.** [modisch] fashionable.

Akupressur (*pl* **-en**) *die* acupressure.

Akupunktur (*pl* **-en**) *die* acupuncture.

Akustik (*ohne pl*) *die* - **1.** PHYS acoustics *(U)* - **2.** [Schallverhältnisse] acoustics *pl*.

akustisch *adj* acoustic <> *adv* acoustically.

akut *adj* - **1.** [vordringlich] urgent - **2.** MED acute <> *adv* - **1.** [vordringlich] urgently - **2.** MED acutely.

AKW [aːkaː'veː] (*pl* **-s**) (*abk für* **Atomkraftwerk**) *das nuclear power station.*

Akzent (*pl* **-e**) *der* - **1.** GRAM [Betonung] stress - **2.** [Tonfall] accent - **3.** ***RW:*** **~e setzen** to set a new trend; **den ~ auf etw** *(A)* **legen** to lay particular stress on sthg.

akzentfrei *adj:* **er hat eine ~e Aussprache** he hasn't got an accent <> *adv* without an accent.

akzeptabel *adj* acceptable <> *adv* acceptably.

Akzeptanz *die* acceptance.

akzeptieren *vt* to accept.

alaaf *interj cheer given during the Cologne carnival.*

Alabaster *der* alabaster.

Alarm (*pl* **-e**) *der* - **1.** [Notsignal] alarm; **~ schlagen** to raise the alarm; **es war blinder ~** it was a false alarm - **2.** [Alarmzustand] state of alert.

Alarm|anlage *die* [von Gebäude] burglar alarm; [von Auto] car alarm.

Alarmbereitschaft *die:* **in ~** on standby.

alarmieren *vt* - **1.** [aufschrecken] to alarm - **2.** [rufen] to alert.

Alarmzustand *der:* **im ~** on standby.

Alaska *nt* Alaska.

Albaner, in (*mpl* **-;** *fpl* **-nen**) *der, die* Albanian.

Albanien *nt* Albania.

albanisch *adj* Albanian.

Albatros (*pl* **-se**) *der* albatross.

Albdruck *der* nightmare.

albern *adj* silly <> *adv* in a silly way <> *vi* to fool around.

Albino (*pl* **-s**) *der* albino.

Alb|traum *der* nightmare.

Album (*pl* **Alben**) *das* album.

Alchemie *die* alchemy.

Aldehyd (*pl* **-e**) *der* aldehyde.

Alemanne (*pl* **-n**) *der* Alemannian.

Alemannin (*pl* **-nen**) *die* Alemannian.

alemannisch *adj* Alemannic.

Alexandriner (*pl* **-**) *der* alexandrine.

Algarve: **die ~** the Algarve.

Alge (*pl* **-n**) *die* - **1.** [Seetang] piece of seaweed; **~n** seaweed *(U)* - **2.** [Algenpest verursachend]: **~n** algae.

Algebra *die* algebra.

Algerien *nt* Algeria.

Algerier, in [al'geːriɐ, rɪn] (*mpl* **-;** *fpl* **-nen**) *der, die* Algerian.

algerisch *adj* Algerian.

Algier ['alʒiːɐ̯] *nt* Algiers.

Algorithmus (*pl* **-men**) *der* algorithm.

alias *adv* alias.

Alibi (*pl* **-s**) *das* **- 1.** RECHT alibi **- 2.** [Ausrede] excuse.

Alibifunktion *die:* **eine ~ haben** to be an excuse.

Alimente *pl* maintenance *(U)* **Br**, child support *(U)* **Am**.

Alkali *das* alkali.

alkalisch *adj* alkaline.

Alkohol (*pl* **-e** ODER **Alkoholika**) *der* **- 1.** *(pl Alkohole)* CHEM alcohol **- 2.** *(pl Alkoholika)* [Getränk] alcohol; **unter ~ stehen** ***amt*** to be under the influence (of alcohol).

alkoholabhängig *adj:* **~ sein** to be an alcoholic.

Alkoholeinfluss *der:* **unter ~** under the influence (of alcohol).

alkoholfrei *adj* alcohol-free.

Alkoholgehalt (*pl* **-e**) *der* alcohol content.

Alkoholiker, in (*mpl* **-;** *fpl* **-nen**) *der, die* alcoholic.

alkoholisch *adj* alcoholic <> *adv* alcoholically.

Alkoholismus *der* alcoholism.

Alkoholvergiftung *die* alcohol poisoning.

all *det* all (of); **~ das Warten** all this waiting.

All *das:* **das ~** space.

allabendlich *adj* regular evening *(vor Subst)* <> *adv* every evening.

alldem = **alledem.**

alle (*nt* **-s**) *det* **- 1.** [sämtliche] all; **~ Kleider** all the clothes; **~ beide** both (of them); **~ fünf überlebten** all five survived; **~ 500 Angestellten** all 500 employees; **wir ~** all of us **- 2.** [verstärkend]: **in ~r Ruhe** in peace and quiet; **in ~r Öffentlichkeit** quite openly; **~ Welt** everyone **- 3.** [allerlei]: **Getränke ~r Art** all kinds of drinks; **~s Mögliche** all kinds of things **- 4.** [im Abstand von] every; **~ 50 Meter/zwei Wochen** every 50 metres/two weeks <> *pron* **- 1.** [auf Personen bezogen] all, everyone; **~ sind gekommen** everyone came, they all came; **~ auf einmal** all at once; **~s einsteigen!** all aboard! **- 2.** [auf Sachen bezogen] all, everything; **das ist ~s** that's all ODER everything; **ich kann nicht ~s auf einmal tragen** I can't carry everything at once <> *adj* ***fam:*** **die Milch ist ~** we've run out of milk.

◆ **trotz allem** *adv* in spite of everything.

◆ **vor allem** *adv* above all.

alledem, alldem

◆ **nach alledem** *adv* after all that.

◆ **trotz alledem** *adv* in spite of everything.

◆ **wegen alledem** *adv* for all those reasons.

Allee (*pl* **-n**) *die* [Straße] avenue.

Allegorie (*pl* **-n**) *die* allegory.

allegorisch *adj* allegorical <> *adv* allegorically.

Allegretto (*pl* **-s** ODER **-gretti**) *das* allegretto.

Allegro (*pl* **-s**) *das* allegro.

allein *adj* **- 1.** [für sich] alone; **heute Abend war ich ~ zuhause** I was on my own at home this evening; **sie waren ~ im ganzen Kino** they were the only people in the whole cinema **- 2.** [einsam] lonely <> *adv* **- 1.** [für sich] alone **- 2.** [selbstständig] on one's own, by oneself **- 3.** [einsam] alone; **~ zurückbleiben** to stay behind by oneself; **~ herumstehen** to stand around on one's own; **~ dastehen** to be all alone in the world **- 4.** [nur] only; **~ das Handgepäck wiegt 50 kg** the hand luggage alone weighs 50 kg; **schon ~ vom Fischgeruch wird ihm schlecht** the smell of fish alone is enough to make him ill <> *konj* ***geh*** however.

◆ **ganz allein** <> *adj* **- 1.** [für sich] all alone **- 2.** [einsam] all on one's own, all by oneself <> *adv* **- 1.** [für sich, einsam] all alone **- 2.** [selbstständig] all on one's own, all by oneself.

◆ **von allein** *adv* by oneself/itself.

allein erziehend *adj:* **~e Mutter** single mother.

Alleingang *der* single-handed effort.

◆ **im Alleingang** *adv* single-handedly.

Alleinherrschaft *die* autocratic rule.

alleinig *adj* sole.

allein stehend *adj* **- 1.** [ledig] single **- 2.** [allein wohnend]: **eine ~e Person** a person who lives alone.

Alleinstehende (*pl* **-n**) *der, die* **- 1.** [ledig] single person **- 2.** [allein wohnend] person who lives alone.

allemal *adv* ***fam:*** **dich schlage ich ~** I could beat you no sweat ▷ **Mal.**

allenfalls *adv* at most.

allerbeste, r, s *adj* very best.

allerdings *adv* **- 1.** [als Antwort] certainly **- 2.** [einschränkend] though.

allererste, r, s *adj* very first.

Allergie (*pl* **-n**) *die* allergy.

allergisch *adj* allergic; **gegen etw ~ sein** MED to be allergic to sthg; [etw nicht ausstehen können] not to be able to stand sthg <> *adv* **- 1.** MED allergically; **auf etw ~ reagieren** to have an allergic reaction to sthg **- 2.** [ablehnend]: **auf Lügen reagiere ich wirklich ~** I really can't stand people lying.

allerhand *adj (unver)* all sorts of; **das ist ja ~!** [erbost] that really is the limit!; [anerkennend] that's not bad at all! <> *pron* all sorts of things.

Allerheiligen *nt* All Saints' Day.

allerhöchstens ['ale'hø:kstn̩s] *adv* at the very most.

allerlei *det* all sorts of.

allerletzte, r, s *adj* - **1.** [letzte] very last - **2.** [schlecht] most awful.

Allerletzte *das*: **das ist ja das ~!** that's the absolute limit!

allerliebste, r, s *adj* - **1.** [Lieblings-] very favourite - **2.** [niedlich] delightful.

allermeiste *adj*: **die ~n Leute** the vast majority of the people.

allerneuste, r, s *adj* very latest.

Allerseelen *nt (ohne Artikel)* All Souls' Day.

allerseits *adv*: **guten Tag/Abend ~** good afternoon/evening everyone.

Allerwerteste (*pl* **-n**) *der* **hum** posterior.

alles ▷ **alle.**

allesamt *adv* all together.

Alles|kleber *der* all-purpose glue.

Allgäu *das*: **das ~** the Allgäu.

allgemein *adj* - **1.** [gen] general - **2.** [Interesse, Sprachgebrauch] common; [Wehrpflicht, Wahlrecht] universal ◇ *adv* generally.
◆ **im Allgemeinen** *adv* in general.

Allgemeinbildung *die* general education.

allgemein gültig *adj* universal ◇ *adv* universally.

Allgemeinheit (*pl* **-en**) *die* - **1.** [Öffentlichkeit] general public - **2.** [Undifferenziertheit] generality.
◆ **Allgemeinheiten** *pl* [Floskel] generalities.

Allgemein|platz *der* commonplace.

allgemein verständlich *adj* readily comprehensible ◇ *adv* in a readily comprehensible way.

Allheil|mittel *das* cure-all, panacea.

Allianz (*pl* **-en**) *die* alliance.

Alligator (*pl* **-gatoren**) *der* alligator.

alliiert *adj* allied.

Alliierte *pl* allies; **die ~n** HIST the Allies.

alljährlich *adj* annual ◇ *adv* every year.

allmächtig *adj* almighty.

allmählich *adj* gradual ◇ *adv* gradually.

allmonatlich *adj* & *adv* monthly.

allmorgendlich *adj* regular morning *(vor Subst)* ◇ *adv* every morning.

Allradan|trieb *der* AUTO four-wheel drive.

allseits *adv* everywhere.

Alltag *der* everyday life; **der graue ~** the daily grind.

alltäglich *adj* - **1.** [täglich] daily - **2.** [üblich] everyday ◇ *adv* every day.

Alltagstrott *der* daily grind.

allumfassend *geh adj* comprehensive, all-embracing ◇ *adv* comprehensively.

Allüre (*pl* **-n**) *die* **abw: ~n** airs and graces.

allwissend *adj* all-knowing, omniscient.

allwöchentlich *adj* weekly ◇ *adv* every week.

allzu *adv* far too.
◆ **allzu sehr** *adv* far too much.
◆ **allzu viel** *adv* far too much.

Alm (*pl* **-en**) *die* mountain pasture.

Almanach (*pl* **-e**) *der* almanac.

Almosen (*pl* **-**) *das* alms *(pl)*.

Aloe ['a:loe] (*pl* **-n**) *die* aloe.

Alpaka (*pl* **-s**) *das* alpaca.

Alpdruck *der* = **Albdruck.**

Alpen *pl*: **die ~** the Alps.

Alpen|veilchen *das* cyclamen.

Alpen|verein *der organization which promotes study of the Alps and organizes mountain hikes etc.*

Alpen|vorland *das (ohne pl)* foothills *(pl)* of the Alps.

Alpha (*pl* **-s**) *das* alpha.

Alphabet [alfa'be:t] (*pl* **-e**) *das* alphabet.

alphabetisch *adj* alphabetical ◇ *adv* alphabetically; **~ geordnet** in alphabetical order.

alpin *adj* alpine.

Alptraum *der* = **Albtraum.**

als *konj* - **1.** [Zeitpunkt] when; **~ es dunkel wurde** when it got dark; **erst ~** only when - **2.** [Zeitspanne] as - **3.** [Vergleich]: **sie ist besser ~ ihr Bruder** she is better than her brother; **der Wein ist besser, ~ ich dachte** the wine is better than I thought it would be; **mehr ~** more than - **4.** [Vergleich vor Konjunktiv] as if, as though; **es sieht so aus, ~ würde es bald regnen** it looks like it's going to rain soon; **~ ob** as if, as though - **5.** [zur Kennzeichnung einer Eigenschaft] as; **ich verstehe es ~ Kompliment** I take it as a compliment; **~ Kind** as a child.

also *interj* well; **~ doch!** so I was right (after all)!; **~ gut** ODER **schön!** oh, all right then!; **na ~!** what did I tell you!, there you are!; **~ dann!** ***fam*** right then!; **~ bitte!** [Unmut ausdrückend] for heaven's sake!; [widerwillig nachgebend] if you must ◇ *adv* - **1.** [das heißt] that is - **2.** [demnach] so; **da lag ~ der Fehler!** so that's where the mistake was - **3.** [endlich] so; **die Sache ist ~ erledigt** so the matter is settled.

Alsterwasser (*pl* **-wässer**) *das* ***Norddt*** shandy.

alt (*kompar* **älter;** *superl* **älteste**) *adj* - **1.** [gen] old; **12 Jahre ~** 12 years old; **wie ~ bist du?** how old are you?; **zwei Jahre älter** two years older;

dieser ~e Schmarotzer! *abw* the old sponger! - **2.** [antik] antique - **3.** [historisch] ancient; **~e Sprachen** classics, classical languages; **das ~e Rom** ancient Rome - **4.** *RW:* **das wird nicht ~** *salopp* that won't stay here for long; **~ aussehen** *salopp* to be up shit creek.
◆ **Alt und Jung** *pron* old and young.

Alt (*pl* **-e** *ODER* **-**) *der (pl Alte)* MUS alto ◇ *das (pl Alt)* [Bier] *type of dark German beer.*

Altar (*pl* **Altäre**) *der* altar.

Altar|gemälde *das* altarpiece.

Altar|raum *der* chancel.

altbacken *adj* - **1.** [alt] stale - **2.** [altmodisch] old-fashioned ◇ *adv* [altmodisch]: **sich ~ kleiden** to wear old-fashioned clothes.

Altbau (*pl* **-ten**) *der* old building.

Altbau|wohnung *die* flat *Br ODER* apartment *Am* in an old building.

altbekannt *adj* [Methode] well-known.

altbewährt *adj* proven.

Alt|bier *das type of dark German beer.*

altdeutsch *adj* [Stil] German Renaissance *(vor Subst).*

Alte (*pl* **-n**) *der, die* - **1.** [alter Mensch] old man (*f* old woman) - **2.** *salopp abw* [Elternteil, Gatte] old man (*f* old girl) - **3.** *salopp abw* [Vorgesetzter] boss, guvnor *Br* - **4.** [Gleiche]: **ganz der/die ~** exactly the same ◇ *das (ohne pl)*: **am ~n hängen** to cling to the past; **~s und Neues** the old and the new; **alles beim ~n lassen** to leave everything just as it is.

altehrwürdig *adj* venerable.

alteingesessen *adj* long-established.

Alten|heim = **Altersheim.**

Alten|hilfe *die care for the elderly, provided by government, Church or other institutions.*

Alten|pfleger, in *der, die* nurse *(in old people's home).*

Altentages|stätte *die* old people's day centre.

Alten|teil *das portion of rights and property (usually farmland) retained for life by owner when handing over to his successor;* **sich aufs ~ zurückziehen** *fig* to retire.

Alter (*pl* **-**) *das* - **1.** [Lebensalter] age; **im ~ von 12 Jahren** at the age of 12; **eine Frau mittleren ~s** a middle-aged woman; **bis ins hohe ~ war er gesund** he remained healthy until a ripe old age - **2.** [Altsein] old age.

älter *adj* - **1.** ▷ **alt** - **2.** [ziemlich alt] elderly.

Ältere (*pl* **-n**) *der:* **der ~** the Elder.

altern (*perf* **hat/ist gealtert**) *vi* - **1.** [Person] to age - **2.** [Cognac, Käse] to mature.

alternativ *adj* alternative ◇ *adv* - **1.** [wahlweise] alternatively - **2.** [unkonventionell]: **~ leben** to have an alternative lifestyle.

Alternative [alterna'ti:və] (*pl* **-n**) *die* alternative.

alters *adv:* **von ~ her** *geh* from time immemorial.

Altersan|gabe *die* age.

altersbedingt *adj* age-related.

Alters|beschwerden *pl* complaints associated with old age.

Alters|genosse *der* contemporary.

Alters|genossin *die* contemporary.

Alters|grenze *die* - **1.** [Höchstalter, Mindestalter] age limit - **2.** [Rentenalter] retirement age.

Alters|gründe *pl:* **aus ~n** for reasons of age.

Alters|gruppe *die* age group.

Alters|heim, Altenheim *das* old people's home.

Alters|klasse *die* SPORT age group.

Alters|rente *die* old age pension *Br*, social security *Am.*

altersschwach *adj* - **1.** [Person] old and infirm - **2.** [Gegenstände] decrepit.

Alters|schwäche *die* old age.

Altersteil|zeit *die optional system of reduced working hours for people over the age of 55.*

Alters|unterschied *der* age difference.

Alters|versicherung *die* old-age insurance.

Alters|versorgung *die* [privat] provision for one's old age; [vom Staat] provision for the elderly.

Altertum (*pl* **-tümer**) *das* [Antike] antiquity.
◆ **Altertümer** *pl* [antike Objekte] antiquities.

altertümlich *adj* - **1.** [antik] ancient - **2.** [altmodisch] old-fashioned ◇ *adv* in an old-fashioned way.

Älteste (*pl* **-n**) *der, die* - **1.** [ältestes Kind] eldest - **2.** [älteste Person] eldest person.

altgedient *adj* long-serving.

Altglas *das* glass for recycling.

Altglas|container *der* bottle bank.

althergebracht *adj* traditional.

Althoch|deutsch *das* Old High German.

altklug *adj* precocious ◇ *adv* precociously.

ältlich *adj* oldish.

Alt|material *das* scrap *(U).*

Alt|metall *das* scrap metal.

altmodisch *adj* old-fashioned ◇ *adv* in an old-fashioned way.

Alt|öl *das* oil for recycling.

Altlpapier *das* paper for recycling; **aus ~** made from recycled paper.

Altpapierlcontainer *der* paper recycling bin.

Altruismus *der* **geh** altruism.

altruistisch **geh** *adj* altruistic <> *adv* altruistically.

altsprachlich *adj* ▷ **Gymnasium.**

Altlstadt *die* old town.

altvertraut *adj* familiar.

Altweiberlsommer *der* Indian summer.

Alu *das* **fam** aluminium **Br,** aluminum **Am.**

Alulfolie *die* tinfoil *(U).*

Aluminium *das* aluminium **Br,** aluminum **Am.**

am *präp* **- 1.** *(an + dem)* at the; **~ Flughafen** at the airport; **das Schönste ~ Urlaub ist es, lange schlafen zu können** the nicest thing about holidays is being able to sleep in; **ich möchte ~ Ausflug teilnehmen** I would like to take part in the trip **- 2.** *(nicht auflösbar)* [in geografischen Angaben]: **~ Meer** by the sea **- 3.** *(nicht auflösbar)* [im Datum] on the; **~ Abend** in the evening; **~ Montag** on Monday; **~ 4. Oktober** on 4. October; **~ Anfang des Jahres** at the start of the year **- 4.** *(nicht auflösbar)* [in Superlativen]: **~ schönsten** the most beautiful **- 5.** *(nicht auflösbar)* [vor substantivierten Infinitiven]: **ich bin ~ Arbeiten** I am working; *siehe auch* **an.**

Amalgam *(pl* **-e)** *das* amalgam.

Amateur [ama'tøːɐ̯] *(pl* **-e)** *der* amateur.

amateurhaft **abw** *adj* amateurish <> *adv* amateurishly.

Amateurin [ama'tøːrɪn] *(pl* **-nen)** *die* amateur.

Amateurlsportler *der* amateur sportsman (*f* amateur sportswoman).

Amazonas *der* **~** the Amazon.

Ambiente [am'bi̯ɛntə] *das* ambience.

Ambition [ambi'tsi̯oːn] *(pl* **-en)** *die* **geh** ambition.

ambitioniert [ambitsi̯o'niːɐ̯t] **geh** *adj* ambitious <> *adv* ambitiously.

ambivalent [ambiva'lɛnt] *adj* ambivalent <> *adv* ambivalently.

Amboss *(pl* **-e)** *der* **- 1.** [Schmiedegerät] anvil **- 2.** MED incus.

ambulant MED *adj* outpatient <> *adv* [behandeln] as an outpatient.

Ambulanz *(pl* **-en)** *die* MED outpatients' department.

Ameise *(pl* **-n)** *die* ant.

Ameisenlhaufen *der* anthill.

amen *interj* amen!

Amen *das* [Zustimmung] blessing, approval; **es ist so sicher wie das ~ in der Kirche** you can bet your bottom dollar on it.

Amerika *nt* America.

Amerikaner, in *(mpl* **-;** *fpl* **-nen)** *der, die* American.

amerikanisch *adj* American.

Amethyst *(pl* **-e)** *der* amethyst.

Ami *(pl* **-s)** *der* **fam** Yank.

Aminolsäure *die* amino acid.

Ammoniak *das* ammonia.

Amnestie *(pl* **-n)** *die* amnesty.

amnestieren *vt* to grant an amnesty to.

Amöbe *(pl* **-n)** *die* amoeba.

Amok *der:* **~ laufen** to run amok.

a-Moll *das* A minor.

amoralisch *adj* **- 1.** [unmoralisch] immoral **- 2.** [ohne Morale] amoral <> *adv* **- 1.** [unmoralisch] immorally **- 2.** [ohne Morale] amorally.

amorph *adj* amorphous.

amortisieren *vt* **- 1.** [Schulden, Hypothek] to pay off **- 2.** [Kosten, Investitionen] to recoup.
◆ **sich amortisieren** *ref* to pay for itself.

Ampel *(pl* **-n)** *die* traffic lights *(pl);* **rote ~** red light.

Ampere [am'pɛːɐ̯] *(pl* **-)** *das* amp, ampere.

Amphibie [am'fiːbi̯ə] *(pl* **-n)** *die* amphibian.

amphibisch *adj* amphibious.

Amphiltheater *das* amphitheatre.

Ampulle *(pl* **-n)** *die* ampoule.

Amputation *(pl* **-en)** *die* amputation.

amputieren *vt* to amputate; **jm das Bein ~** to amputate sb's leg.

Amsel *(pl* **-n)** *die* blackbird.

Amsterdam *nt* Amsterdam.

Amt *(pl* **Ämter)** *das* **- 1.** [Behörde] department; [Gebäude] office; **von ~s wegen** on official orders **- 2.** [Stellung] position; [wichtige politische oder kirchliche Stellung] office; **im ~ sein** to be in office; **sein ~ quittieren** to resign from one's post; **in ~ und Würden sein** **fig** to have a cushy number **- 3.** [Pflicht] duty; [Aufgabe] task; **seines ~es walten** to carry out one's duties.

amtierend *adj:* **der damals ~e Bundeskanzler** the German chancellor in office at the time.

amtlich *adj* official <> *adv* officially.

Amtmann *(pl* **-männer** ODER **-leute)** *der* senior civil servant.

Amtmännin *(pl* **-nen)** *die* senior civil servant.

Amtslarzt, ärztin *der, die* medical officer.

Amtslbereich *der* area of jurisdiction.

Amts|deutsch *das* (German) officialese.

Amts|geheimnis *das* official secret.

Amts|gericht *das* ≃ county court *Br*, ≃ district court *Am*.

Amts|geschäfte *pl* official duties.

Amts|handlung *die* official duty.

Amts|schimmel *der*: **den ~ reiten** to be very bureaucratic.

Amts|sitz *der* seat of office.

Amts|sprache *die* official language.

Amts|weg *der*: **der Antrag geht den normalen ~** the application will go through the normal official channels.

Amts|zeit *die* term of office.

Amulett (*pl* **-e**) *das* amulet.

amüsant *adj* amusing ◇ *adv* amusingly.

amüsieren *vt* to amuse.
◆ **sich amüsieren** *ref* to have fun; **sich über jn/etw ~** [auslachen] to make fun of sb/sthg; [lustig finden] to find sb/sthg funny.

an *präp* **- 1.** *(+ D)* [räumlich] at; **am Tisch sitzen** to be sitting at the table; **am See** by the lake; **~ der Wand** on the wall; **~ der Hauptstraße** on the main road; **der Ort, ~ dem wir gepicknickt haben** the place where we had a picnic; **Lehrer ~ einem Gymnasium** teacher at a grammar school **- 2.** *(+ A)* [räumlich] to; **sich ~ den Tisch setzen** to sit down at the table; **etw ~ die Wand lehnen** to lean sthg against the wall **- 3.** *(+ D)* [zeitlich] on; **am Freitag** on Friday; **~ diesem Tag** on that day; **~ Fulda 15.09** arriving at Fulda at 15.09 **- 4.** *(+ D)* [stellt Bezug her]: **~ Krebs leiden** to have cancer; **~ etw zweifeln** to doubt sthg **- 5.** *(+ D)* [aus dieser Menge]: **genug ~ Beweisen haben** to have enough proof **- 6.** *(+ A)* [stellt Bezug her]: **~ jn denken** to think about sb; **sich ~ jn/etw erinnern** to remember sb/sthg **- 7.** *(+ D)* [mit Hilfe von] with; **am Stock gehen** to walk with a stick; **jn ~ der Stimme erkennen** to recognize sb by their voice **- 8.** *(+ A)* **fam** [ungefähr]: **~ die 30 Grad** about 30 degrees **- 9.** ***RW***: **~ und für sich** generally; **es ist ~ jm, etw zu tun** it's up to sb to do sthg; **~ sich** in itself; **sie hat etwas Faszinierendes ~ sich** *(D)* there's something fascinating about her ◇ *adv* **- 1.** [elliptisch]: **Licht ~!** turn the light on!; **schnell den Schlafanzug ~!** quick, put your pyjamas on! **- 2.** [zeitlich]: **von jetzt ~** from now on; **von heute ~** from today.

Anachronismus (*pl* **-men**) *der* anachronism.

anachronistisch *adj* anachronistic ◇ *adv* anachronistically.

anal *adj* anal.

analog *adj* **- 1.** ***geh*** [ähnlich] analogous **- 2.** EDV analogue ◇ *adv* ***geh*** analogously.

Analogie (*pl* **-n**) *die* ***geh*** analogy.

Analphabet, in (*mpl* **-en**; *fpl* **-nen**) *der, die* illiterate (person).

Analyse (*pl* **-n**) *die* analysis; [von Blut] test.

analysieren *vt* to analyse; [Blut] to test.

Analytiker, in (*mpl* **-**; *fpl* **-nen**) *der, die* [Psychoanalytiker] analyst.

analytisch *adj* analytical.

Ananas (*pl* **-** ODER **-se**) *die* pineapple.

Anarchie (*pl* **-n**) *die* anarchy.

anarchisch *adj* anarchic ◇ *adv* anarchically.

Anarchist, in (*mpl* **-en**; *fpl* **-nen**) *der, die* anarchist.

anarchistisch *adj* anarchistic ◇ *adv* anarchistically.

Anästhesie (*pl* **-n**) *die* anaesthesia.

Anästhesist, in (*mpl* **-en**; *fpl* **-nen**) *der, die* anaesthetist.

Anatomie (*pl* **-n**) *die* anatomy.

anatomisch *adj* anatomical.

an|bahnen *vt* [Geschäft, Treffen] to prepare; [Gespräch] to start.
◆ **sich anbahnen** *ref* to be on the way.

Anbahnung (*pl* **-en**) *die* preparation.

an|bändeln *vi* ***fam***: **mit jm ~** to start going out with sb.

An|bau *der* **- 1.** [Gebäudeteil] extension **- 2.** [Bauen] building *(of extension)* **- 3.** [von Pflanzen] growing.

an|bauen *vt* **- 1.** [Gebäude] to add *(as an extension)* **- 2.** [Pflanze] to grow.

Anbau|möbel *das* unit.

an|behalten *vt (unreg)* to keep on.

anbei *adv* ***amt*** enclosed.

an|beißen *(unreg) vt* to take a bite of ◇ *vi* **- 1.** [Fisch] to bite **- 2.** ***fig*** [Käufer] to take the bait.

Anbeißen *das*: **zum ~ sein** ***fam*** to look good enough to eat.

an|bekommen *vt (unreg)* **- 1.** [Kleidung] to (manage to) get on **- 2.** [Feuer] to (manage to) light.

an|belangen *vt*: **was jn/etw anbelangt** as far as sb/sthg is concerned.

an|beraumen *vt* ***amt*** to arrange.

an|beten *vt* to worship.

Anbetracht ◆ **in Anbetracht** *prep* ***geh***: **in ~ einer Sache** *(G)* in view of sthg.

an|betreffen *vt (unreg)*: **was jn/etw anbetrifft** as far as sb/sthg is concerned.

Anbetung (*pl* **-en**) *die* adoration.

an|biedern ◆ **sich anbiedern** *ref* ***abw***: **sich bei jm ~** to curry favour with sb.

ạn|bieten *vt (unreg)* to offer.
◆ **sich anbieten** *ref* - **1.** [Mensch] to offer one's services; **sie bot sich an, uns die Stadt zu zeigen** she offered to show us round the city - **2.** [Sache]: **der Montag bietet sich als Termin für das Treffen an** Monday would be the best day for the meeting - **3.** [geeignet erscheinen]: **folgende Möglichkeiten bieten sich an** we have the following possibilities.

Ạnbieter, in (*mpl* **-**; *fpl* **-nen**) *der, die* supplier.

ạn|binden *vt (unreg)* to tie (up).

Ạn|blick *der* sight.

ạn|blicken *vt* to look at.

ạn|braten *vt (unreg)* to brown.

ạn|brechen (*perf* **hat/ist ạngebrochen**) *(unreg) vt (hat)* - **1.** [Verpackung] to open - **2.** [Knochen] to crack - **3.** [Geldschein] to break into <> *vi (ist)* ***geh*** [Tag] to dawn; [Morgen] to break; [Nacht] to fall.

ạn|brennen (*perf* **hat/ist ạngebrannt**) *(unreg) vt (hat)* [mit Feuer] to set fire to <> *vi (ist)* [Essen] to burn; **nichts ~ lassen** ***fam fig*** never to let a single chance go by.

ạn|bringen *vt (unreg)* - **1.** [befestigen] to put up - **2.** [Kritik] to make - **3.** ***fam abw*** [mitbringen] to bring back.

Ạnbruch *der* [von Epoche] dawning; **bei ~ der Dunkelheit** when darkness falls/fell.

ạn|brüllen *vt* ***fam*** to bawl out; **gegen etw ~** to shout above sthg.

Ạndacht (*pl* **-en**) *die* - **1.** [Meditation] reverie; **in ~ versunken** lost in contemplation - **2.** [Gottesdienst] service.

ạndächtig *adj* reverent <> *adv* reverently.

Andalusien *nt* Andalusia.

Andạnte (*pl* **-s**) *das* MUS andante.

ạn|dauern *vi* to continue.

ạndauernd *adj* continual <> *adv* continually.

Ạnden *pl*: **die ~** the Andes.

Ạndenken (*pl* **-**) *das* - **1.** [Erinnerung] memory; **zum ~ an jn/etw** in memory of sb/sthg - **2.** [Gegenstand, Souvenir] souvenir.

ạndere, r, s *adj* - **1.** [unterschiedlich] different; **wir sind ~r Meinung** we have a different opinion - **2.** [übrig, weitere] other <> *pron*: **der/die/das ~** the other (one); **ein ~r/eine ~** [bei Dingen] a different one; [bei Personen] someone else; **ich habe noch zwei ~** I've got two others; **unter ~m** among other things.

ạnderenfalls = **andernfalls.**

ạndererseits, ạndrerseits *adv* on the other hand.

ạndermal ◆ **ein andermal** *adv* another time, some other time.

ạ̈ndern *vt* to change; [Kleid] to alter; **das lässt sich nicht ~** there's nothing to be done about it; **das ändert die Sache** that changes everything.
◆ **sich ändern** *ref* to change.

ạndernfalls, ạnderenfalls *adv* otherwise.

ạnders *adv* - **1.** [andersartig, verschieden] differently; **sie sieht ganz ~ aus als ihre Schwester** she doesn't look at all like her sister; **~ ausgedrückt** put another way; **so und nicht ~!** this way only! - **2.** [sonst] else; **jemand/irgendwo ~** somebody/somewhere else; **niemand ~ als du kann uns jetzt noch helfen** only you can help us now <> *adj* different; **das muss ~ werden** this has got to change; **mir wird ganz ~** I feel weird.

ạndersartig *adj* different.

Ạndersdenkende (*pl* **-n**) *der, die* dissident.

ạndersherum *adv* the other way round.

ạnders lautend *adj*: **eine ~e Meldung** a report to the contrary.

ạnderswo *adv* elsewhere, somewhere else.

ạnderswoher *adv* from somewhere else.

ạnderswohin *adv* somewhere else.

ạnderthalb *num* one and a half.

Ạ̈nderung (*pl* **-en**) *die* [gen] change; [an Kleid] alteration.

ạnderweitig *adj* other <> *adv* - **1.** [anderswo] elsewhere - **2.** [auf andere Weise] otherwise.

ạn|deuten *vt* - **1.** [ansprechen] to hint at; **~, dass ...** to hint that ... - **2.** [umreißen, skizzieren] to outline.
◆ **sich andeuten** *ref* to become clear.

Ạn|deutung *die* hint; **eine ~ machen** to drop a hint.

ạndeutungsweise *adv*: **~ von etw sprechen** only to hint at sthg.

Ạn|drang *der* crush; **es herrscht großer ~** there is a great crush.

ạn|drehen *vt* ***fam*** [verkaufen]: **jm etw ~** to flog sb sthg.

ạndrerseits = **andererseits.**

ạn|drohen *vt*: **jm etw ~** to threaten sb with sthg.

Ạn|drohung *die*: **unter ~ von etw** under threat of sthg.

ạn|drücken *vt* to press on.

ạn|ecken (*perf* **ist ạngeeckt**) *vi* - **1.** [stoßen]: **an etw ~** to bang against sthg - **2.** [sich unbeliebt machen]: **bei jm/überall ~** to rub sb/everybody up the wrong way.

ạn|eignen *vt*: **sich** *(D)* **etw ~** [lernen] to pick sthg up; ***abw*** [nehmen] to take sthg (for o.s.).

aneinạnder *adv* [drücken, befestigen] together;

[reiben] against one another; [denken] about one another; **sich ~ gewöhnen** to get used to one another.

aneinander fügen *vt* to put together.
◆ **sich aneinander fügen** *ref* to fit together.

aneinander geraten (*perf* **ist aneinander geraten**) *vi (unreg)* to clash.

aneinander grenzen *vi* [Länder] to border on one another; [Gärten, Wohnungen] to be adjacent.

aneinander hängen[1] *vi (unreg)* [verbunden sein] to be linked to one another <> *vt (reg)* [verbinden] to link together.

aneinander hängen[2] *vi (unreg)* [einander lieben] to be attached to one another.

aneinander legen *vt* to lay down next to each other.

aneinander reihen *vt* [Stühle, Kisten] to line up; [Worte, Sätze] to string together.
◆ **sich aneinander reihen** *ref* - **1.** [zeitlich] to follow one after the other - **2.** [räumlich] to be in a row.

aneinander stoßen (*perf* **hat/sind aneinander gestoßen**) *(unreg) vi (ist)* - **1.** [stoßen] to bump into each other - **2.** [grenzen] to border on each other <> *vt (hat)* [stoßen] to clink.

Anekdote (*pl* **-n**) *die* anecdote.

an|ekeln *vt* to make sick.

Anemone (*pl* **-n**) *die* anemone.

anerkannt *adj* recognized.

an|erkennen *vt (unreg)* - **1.** [Leistung, Begabung] to acknowledge - **2.** [Meinung, Person] to accept - **3.** [Autorität, Staat, Vaterschaft] to recognize.

Anerkennung (*pl* **-en**) *die* - **1.** [von Leistung, Begabung] acknowledgement - **2.** [von Meinung, Person] acceptance - **3.** [von Autorität, Staat, Vaterschaft] recognition.

an|fachen *vt* to fan.

an|fahren (*perf* **hat/ist angefahren**) *(unreg) vt (hat)* - **1.** [bei Unfall] to run into - **2.** [Ziel] to approach - **3.** [Last] to deliver - **4.** [tadeln] to scold <> *vi (ist)* [losfahren] to start.

An|fahrt *die* journey.

Anfahrts|weg *der* way *(to a place)*.

An|fall *der* fit; **einen ~ bekommen** ODER **kriegen** to have a fit.

an|fallen (*perf* **hat/ist angefallen**) *(unreg) vi (ist)* [Kosten] to be incurred <> *vt (hat)* [angreifen] to attack.

anfällig *adj*: **für etw ~ sein** to be prone ODER susceptible to sthg.

An|fang *der* beginning, start; **~ April** at the beginning of April; **von ~ an** from the beginning ODER start; **den ~ machen** to begin, to start; **das ist der ~ vom Ende** this is the beginning of the end; **von ~ bis Ende** from start to finish.
◆ **am Anfang** *adv* at the beginning; **am ~ des Zuges** at the front end of the train.
◆ **zu Anfang** *adv* at the beginning.

an|fangen *(unreg) vi* - **1.** [gen] to begin, to start; **mit etw ~** to start sthg, to begin sthg; **wer fängt mit dem Würfeln an?** who's going to throw first?; **das fängt ja gut an!** *iron* that's a good start!; **er fängt schon wieder an!** there he goes again! - **2.** [machen]: **er weiß nichts mit sich anzufangen** he doesn't know what to do with himself; **mit etw nichts ~ können** [verstehen] not to be able to get anywhere with sthg; [gebrauchen] not to be able to use sthg <> *vt* [beginnen] to begin, to start.

Anfänger, in (*mpl* **-**; *fpl* **-nen**) *der, die* beginner; **ein blutiger ~** a total beginner.

anfänglich *adj* initial <> *adv* initially.

anfangs *adv* at first.

Anfangs|buchstabe *der* [von Wort] first letter; [von Name] initial.

Anfangs|gehalt *das* starting salary.

Anfangs|stadium *das* initial stages *(pl)*.

an|fassen *vt* - **1.** [berühren] to touch - **2.** [behandeln] to treat - **3.** [angehen] to handle <> *vi* [helfen] to lend a hand; **mit ~** to lend a hand.
◆ **sich anfassen** *ref* to feel.

an|fechten *vt (unreg)* [anzweifeln - Testament] to contest; [- Urteil] to appeal against.

Anfechtung (*pl* **-en**) *die* [von Testament] contesting; [von Urteil] appeal.

an|feinden *vt* to attack.

Anfeindung (*pl* **-en**) *die* attack.

an|fertigen *vt* [Anzug, Schrank] to make; [Bericht] to write; [Protokoll] to take down; **ein Porträt ~ lassen** to have a portrait done.

Anfertigung *die (ohne pl)* [von Anzug, Möbeln] making; [von Bericht] writing; [von Protokoll] taking down.

an|feuchten *vt* [Lippen, Briefmarke] to moisten; [Haut] to moisturize; [Lappen] to wet.

an|feuern *vt* to spur on.

an|flehen *vt* to beg.

an|fliegen (*perf* **hat/ist angeflogen**) *(unreg) vt (hat)* [Subj: Flugzeug] to approach; [Subj: Fluggesellschaft] to serve, to fly to <> *vi (ist)*: **angeflogen kommen** to come flying up.

An|flug *der* - **1.** [von Flugzeug, Hubschrauber]: **im ~ (auf etw** *(A)***) sein** to be approaching (sthg) - **2.** [Spur] hint.

an|fordern *vt* to ask for; [per Post] to send off for.

An|forderung *die* - **1.** [Bestellung] request - **2.** [Anspruch] demand; **~en stellen** to make demands; **einer ~ genügen** to meet a requirement; **den ~en eines Berufs gewachsen sein** to be up to the demands of a profession.

Ạn|frage *die amt* enquiry.

ạn|fragen *vi* to enquire.

ạnfreunden ◆ **sich anfreunden** *ref* to make friends; **sich mit jm ~** to make friends with sb; **ich freunde mich langsam mit der Idee an** the idea is growing on me.

ạn|fügen *vt* to add.

ạn|fühlen *vt* to feel.
◆ **sich anfühlen** *ref* to feel.

ạn|führen *vt* - **1.** [nennen] to quote - **2.** [täuschen] to take in - **3.** [führen] to lead.

Ạn|führer, in *der, die* leader.

Ạn|führung *die* - **1.** [Zitieren] quotation - **2.** [Leitung]: **unter js ~** under sb's leadership.

Ạnführungs|zeichen *pl* quotation marks, inverted commas.

Ạn|gabe *die* - **1.** [Hinweis] detail; **~n (über jn/etw) machen** to give details (about sb/sthg) - **2.** [Aufschneiderei] showing off.

ạn|geben *(unreg) vt* - **1.** [nennen, zitieren - Personalien, Grund] to give; [- Zeuge] to name - **2.** [bestimmen - Richtung, Kurs] to set - **3.** [behaupten] to claim, to allege ◇ *vi* [aufschneiden] to show off; **mit etw ~** to show off about sthg.

Ạngeber *(pl -) der* show-off.

Angeber<u>ei</u> *(pl -en) die* showing-off.

Ạngeberin *(pl -nen) die* show-off.

ạngeberisch *adj* [Person] boastful; [durch Gehabe, Verhalten] ostentatious ◇ *adv* [mitteilen] boastfully; [sich verhalten] ostentatiously.

ạngeblich *adj* alleged ◇ *adv* allegedly.

ạngeboren *adj* [Krankheit] congenital; [Talent, Abneigung] innate.

Ạn|gebot *das* - **1.** [Anbieten] offer; **~ und Nachfrage** supply and demand - **2.** [Sortiment] range; **etw im ~ haben** to offer sthg.

ạngebracht *pp* ▷ **anbringen** ◇ *adj* appropriate.

ạngebrochen *pp* ▷ **anbrechen** ◇ *adj* cracked.

ạngebunden *pp* ▷ **anbinden** ◇ *adj:* **kurz ~ sein** to be brusque.

ạngegossen *adj:* **wie ~ sitzen** ***fam*** to fit like a glove.

ạngegriffen *pp* ▷ **angreifen** ◇ *adj* [Gesundheit, Position] weakened.

ạngeheiratet *adj:* **eine ~e Cousine** a cousin by marriage.

ạngeheitert *adj* merry.

ạn|gehen *(perf* **hat/ist ạngegangen***) (unreg) vi (ist)* - **1.** [Licht] to go on; [Feuer] to catch - **2.** [akzeptabel sein]: **es geht nicht an, etw zu tun** it's not on to do sthg - **3.** [vorgehen]: **gegen jn/etw ~** to fight sb/sthg ◇ *vt (hat)* [betreffen] to concern; **jn etwas ~** to concern sb; **das geht dich nichts an** it's none of your business.

ạngehend *adj* future.

ạn|gehören *vi:* **einer Sache** *(D)* **~** to belong to sthg.

Ạngehörige *(pl -n) der, die* - **1.** [Verwandte] relative - **2.** [Mitglied] member.

Ạngeklagte *(pl -n) der, die* defendant.

Ạngel *(pl -n) die* - **1.** [zum Fischen] fishing rod - **2.** [Scharnier] hinge; **etw aus den ~n heben** ***fig*** to turn sthg upside down.

ạngelaufen *pp* ▷ **anlaufen** ◇ *adj* [Silber, Messing] tarnished; [Glas] steamed up.

Ạn|gelegenheit *die* matter; **kümmere dich um deine eigenen ~en!** mind your own business!

ạngeln *vi* - **1.** [fischen] to fish - **2.** [suchen]: **nach etw ~** [suchen] to fish around for sthg ◇ *vt* - **1.** [fischen] to fish for; [fangen] to catch - **2.** [erobern]: **sich** *(D)* **jn ~** to land o.s. sb.

ạngelsächsisch ['aŋlzɛksɪʃ] *adj* Anglo-Saxon.

ạngemessen *adj:* **(einer Sache** *(D)***) ~** appropriate (to sthg) ◇ *adv* appropriately.

ạngenehm *adj* pleasant ◇ *adv* pleasantly; **(sehr) ~!** pleased to meet you!

ạngenommen *pp* ▷ **annehmen** ◇ *adj* [Kind] adopted; [Name] assumed.
◆ **angenommen, dass** *adv* assuming (that).

ạngeregt *adj* lively ◇ *adv:* **sich ~ unterhalten** to have a lively conversation.

ạngesagt *adj* - **1.** ***fam*** [vorgesehen]: **was ist heute Abend ~?** what's the plan for this evening? - **2.** ***fam*** [notwendig]: **Vorsicht ist ~** we'd better be careful - **3.** ***fam*** [modern] in - **4.** [wichtig] important.

ạngeschlagen *adj* - **1.** [kaputt] chipped - **2.** [krank] groggy; **gesundheitlich ~ sein** to be in poor health.

ạngesehen *pp* ▷ **ansehen** ◇ *adj* respected.

Ạngesicht *das:* **im ~ einer Sache** *(G)* in the face of sthg; **von ~ zu ~** face to face.

ạngesichts *präp:* **~ einer Sache** *(G)* in view of sthg.

ạngespannt *adj* tense ◇ *adv* closely.

ạngestellt *adj:* **~ sein** to be employed; **fest ~ sein** to have a permanent job; **bei Siemens ~ sein** to work for Siemens.

Ạngestellte *(pl -n) der, die* employee; [im Büro] white-collar worker.

Ạngestellten|verhältnis *das:* **im ~ stehen** to be a salaried employee.

ạngestrengt *adj* [Miene] strained; [Versuch]

concerted ◇ *adv* [arbeiten, rudern, zuhören] hard.

ạngetan *pp* ▷ **antun** ◇ *adj:* **von jm/etw ~ sein** to be keen on sb/sthg.

ạngetrunken *pp* ▷ **antrinken** ◇ *adj* slightly drunk.

ạngewandt *pp* ▷ **anwenden** ◇ *adj* applied.

ạngewiesen *pp* ▷ **anweisen** ◇ *adj:* **auf jn/etw ~ sein** to be dependent on sb/sthg.

ạn|gewöhnen *vt:* **sich** *(D)* **~, etw zu tun** to get into the habit of doing sthg; **jm etw ~** to get sb used to sthg.

Ạn|gewohnheit *die* habit.

ạngewurzelt *adv:* **wie ~ stehen bleiben** to stand rooted to the spot.

Angina (*pl* **Anginen**) *die* MED tonsillitis *(U);* **~ pectoris** angina.

ạn|gleichen *vt (unreg):* **etw einer Sache** *(D)* **~** to bring sthg into line with sthg.

Ạn|gleichung *die* adjustment.

Ạngler, in (*mpl* **-**; *fpl* **-nen**) *der, die* angler.

anglikanisch *adj* Anglican ◇ *adv* [taufen] into the Anglican church.

Anglịst (*pl* **-en**) *der* English scholar.

Anglịstik *die (ohne pl)* English language and literature.

Anglịstin (*pl* **-nen**) *die* English scholar.

Angola *nt* Angola.

Angora|wolle *die* angora (wool).

ạngreifbar *adj* open to attack.

ạn|greifen *(unreg) vt* **- 1.** [gen] to attack **- 2.** [Gesundheit] to affect **- 3.** [Projekt] to tackle **- 4.** [Vorrat] to draw on **- 5.** ***Süddt*** [anfassen] to touch ◇ *vi* to attack.

Ạngreifer, in (*mpl* **-**; *fpl* **-nen**) *der, die* attacker.

ạn|grenzen *vi:* **an etw** *(A)* **~** to border on sthg.

Ạn|griff *der* attack; **etw in ~ nehmen *fig*** to set about sthg.

Ạngriffs|fläche *die:* **jm eine ~ bieten** to give sb scope for attack.

ạngriffslustig *adj* aggressive ◇ *adv* aggressively.

ạngst *adj:* **mir wird ~ und bange** I'm scared stiff.

Ạngst (*pl* **Ạ̈ngste**) *die* **- 1.** [Furcht] fear; **vor jm/etw ~ haben** to be afraid of sb/sthg; **es mit der ~ zu tun bekommen** to get scared; **jm ~ machen** to frighten sb **- 2.** [Sorge]: **~ um jn/etw haben** to be anxious about sb/sthg.

Ạngst|hase *der **fam abw*** chicken.

ạ̈ngstigen *vt* to frighten.
◆ **sich ängstigen** *ref:* **sich vor jm/etw ~** to be frightened of sb/sthg; **sich um jn/etw ~** to be anxious about sb/sthg.

ạ̈ngstlich *adj* nervous ◇ *adv* **- 1.** [furchtsam] nervously **- 2.** [genau] very carefully.

ạn|gucken *vt **fam*** to look at; [Fernsehsendung] to watch; **sich** *(D)* **etw ~** to look at sthg; [Fernsehsendung] to watch sthg.

ạn|gurten *vt:* **jn ~** to fasten sb's seat belt.
◆ **sich angurten** *ref* to fasten one's seat belt.

Anh. *abk für* **Anhang.**

ạn|haben *vt (unreg)* **- 1.** [Kleidung] to have on, to be wearing **- 2.** [Schaden]: **jm/einer Sache nichts ~ können** to be unable to harm sb/sthg.

ạn|haften *vi:* **jm/einer Sache ~ *fig*** to stick to sb/sthg.

Ạnhalt[1] *der (ohne pl)* [Grund] grounds *(pl);* [Hinweis] clue.

Ạnhalt[2] *nt* Anhalt.

ạn|halten *(unreg) vi* **- 1.** [Fahrzeug] to stop **- 2.** [Zustand] to last ◇ *vt* **- 1.** [Bewegung] to stop; [Taxi] to hail; **den Atem ~** to hold one's breath **- 2.** [Person]: **jn zur Pünktlichkeit ~** to urge sb to be punctual.

ạnhaltend *adj* lasting.

Ạnhalter (*pl* **-**) *der* **- 1.** [Mitfahrer] hitchhiker; **per ~ fahren** to hitchhike **- 2.** [Einwohner von Anhalt] native/inhabitant of Anhalt ◇ *adj (unver)* of/from Anhalt.

Ạnhalterin (*pl* **-nen**) *die* **- 1.** [Mitfahrerin] hitchhiker **- 2.** [Einwohnerin von Anhalt] native/inhabitant of Anhalt.

ạnhaltinisch *adj* of/from Anhalt.

Ạnhalts|punkt *der* clue.

anhạnd, an Hạnd *präp:* **~ einer Sache** *(G)* with the aid of sthg.

Ạnhang *der (ohne pl)* **- 1.** [Nachwort] appendix **- 2.** ***fam*** [Familie] relatives *(pl);* **mit ~ auf einem Fest erscheinen** to go to a party with someone.

ạn|hängen *vt (reg)* **- 1.** [Wagen]: **etw an etw** *(A)* **~** [Waggon] to couple sthg to sthg; [Anhänger] to hitch sthg to sthg **- 2.** [Zeit]: **etw an etw** *(A)* **~** to tag sthg onto sthg **- 3.** [angebliche Schuld]: **jm etw ~** to pin sthg on sb ◇ *vi (unreg)*: **einer Sache** *(D)* **~** to be an adherent of sthg.

Ạnhänger (*pl* **-**) *der* **- 1.** [von Fahrzeugen] trailer; [von Straßenbahn] carriage *(other than front carriage)* **- 2.** [Person - von Kandidat, Mannschaft] supporter; [- von Sekte] member **- 3.** [Schmuck] pendant.

Ạnhängerin (*pl* **-nen**) *die* [von Kandidat, Mannschaft] supporter; [von Sekte] member.

ạnhänglich *adj* [Hund, Partner] devoted.

Ạnhängsel (*pl* **-**) *das* **- 1.** [Anhänger] small pendant **- 2.** ***abw*** [störende Person] hanger-on.

anlhauchen *vt* to breathe on.

anlhauen *vt fam* - **1.** [stoßen]: **sich den Kopf an der Schranktür ~** to bang one's head on the cupboard door - **2.** [anschnorren]: **jn um etw ~** to try to scrounge sthg off sb.

anlhäufen *vt* to accumulate.
◆ **sich anhäufen** *ref* to pile up.

Anhäufung (*pl* **-en**) *die* accumulation.

anlheben *vt (unreg)* - **1.** [heben] to lift - **2.** [vergrößern] to raise.

anlheften *vt* to pin on.

anheimelnd *adj* homely.

anheim stellen *vt geh:* **jm etw ~** to leave sthg to sb's discretion.

anlheizen *vt* - **1.** [heizen] to light - **2.** [Stimmung, Diskussion] to liven up.

anlherrschen *vt* to shout at.

anlheuern *vt* - **1.** [Matrosen] to sign on - **2.** [Arbeitskräfte] to take on <> *vi* [auf einem Schiff] to sign on.

Anhieb ◆ **auf Anhieb** *adv* straight off.

anlhimmeln *vt fam* to idolize.

Anlhöhe *die* rise.

anlhören *vt* - **1.** [hören]: **sich (D) etw ~** to listen to sthg; **etw mit ~** to overhear sthg; **ich kann das nicht mehr mit ~** I can't bear to listen to it any longer - **2.** [erraten]: **jm seine Freude/Wut ~** to hear the joy/anger in sb's voice - **3.** *amt* [Zeugen] to give a hearing to.
◆ **sich anhören** *ref* to sound.

Anhörung (*pl* **-en**) *die* hearing.

Animateur, in [anima'tøːɐ̯, rɪn] (*mpl* **-e;** *fpl* **-nen**) *der, die* activity organizer.

animieren *vt:* **jn zum Trinken ~** to persuade sb to have a drink.

Anion ['anjoːn] (*pl* **-en**) *das* PHYS anion.

Anis *der* aniseed.

anlkämpfen *vi:* **gegen jn/etw ~** to fight against sb/sthg.

Ankara *nt* Ankara.

Anlkauf *der* purchase; **An- und Verkauf** buying and selling.

anlkaufen *vt* to buy.

Anker (*pl* **-**) *der* anchor; **vor ~ gehen/liegen** to drop/be at anchor.

ankern *vi* to anchor; [Anker werfen] to drop anchor; [vor Anker liegen] to be at anchor.

anlketten *vt* to chain.

Anlklage *die* - **1.** [vor Gericht] charge; **gegen jn ~ erheben** to bring a charge against sb; **unter ~ stehen** to be charged - **2.** [öffentlich] accusation - **3.** [Kläger] prosecution.

anlklagen *vt* - **1.** [vor Gericht]: **jn (wegen etw) ~** to charge sb (with sthg) - **2.** [öffentlich] to accuse.

anlklammern *vt:* **etw an etw** *(A)* **~** [mit Heftklammer] to staple sthg to sthg; [Wäsche] to hang sthg on sthg.
◆ **sich anklammern** *ref:* **sich an jn/etw ~** to cling to sb/sthg.

Anlklang *der:* **(bei jm) ~ finden** to meet with (sb's) approval.
◆ **Anklänge** *pl:* **~ an jn/etw zeigen** to have echoes of sb/sthg.

anlkleben *vt* to stick.

anlklicken *vt* to click on.

anlklingen (*perf* **ist angeklungen**) *vi (unreg)* to be evident.

anlklopfen *vi* to knock.

anlknüpfen *vt* - **1.** [Seil]: **etw an etw** *(A)* **~** to tie sthg to sthg - **2.** [Gespräch] to strike up <> *vi* [Worte, Vorlesung]: **an etw** *(A)* **~** to take sthg up.

anlkommen (*perf* **ist angekommen**) *vi (unreg)* - **1.** [am Ziel] to arrive; **sie kommt mit dem Auto an** she's coming by car - **2.** [näher kommen] to approach - **3.** [mit Idee, Vorschlag]: **mit etw ~** to come up with sthg - **4.** [erfolgreich] to go down well; **bei jm gut/schlecht** ODER **nicht ~** to go down well/badly with sb - **5.** [sich durchsetzen]: **gegen jn/etw nicht ~** to be no match for sb/sthg - **6.** [wichtig sein]: **es kommt auf jn/etw an** it depends on sb/sthg; **es kommt darauf an** it depends; **es kommt mir vor allem auf die Qualität an** what matters to me is quality - **7.** [riskieren]: **es auf etw** *(A)* **~ lassen** to run the risk of sthg; **es darauf ~ lassen** to chance it.

Ankömmling (*pl* **-e**) *der* new arrival.

anlkönnen *vi (unreg)* **fam: gegen jn/etw nicht ~** to be powerless against sb/sthg.

anlkotzen *vt salopp:* **jn ~** to make sb puke.

anlkratzen *vt* - **1.** [Oberfläche] to scratch - **2.** *fig* [Ruf] to tarnish.

anlkreiden *vt:* **jm etw ~** to hold sthg against sb.

anlkreuzen *vt* to mark with a cross.

anlkündigen *vt* to announce.
◆ **sich ankündigen** *ref:* **der Herbst kündigt sich an** autumn is on its way.

Anlkündigung *die* announcement.

Ankunft *die* arrival; **planmäßige ~** scheduled time of arrival.

anlkurbeln *vt* to boost.

Anl. (*abk für* **Anlage**) encl.

anllächeln *vt* to smile at.

anllachen *vt* - **1.** [lachen] to look smilingly at - **2.** [erobern]: **sich** *(D)* **jn ~** to land o.s. sb.

Anllage *die* - **1.** [Park - städtisch] park; [- von Schloss, Gebäude] grounds *(pl)* - **2.** [Gelände - militärisch] installation; [- für Sport] facilities *(pl)*

- **3.** [Geldanlage] investment - **4.** [Schreiben]: **in der** *ODER* **als ~ *amt*** enclosed - **5.** [Erbanlage]: **gute ~n zum Musiker haben** to be predisposed to become a musician - **6.** [Bau] construction.

Anlage|berater, in *der, die* investment consultant.

Anlass (*pl* **Anlässe**) *der* - **1.** [Grund] cause; **dazu gibt es keinen ~** there's no call for that; **etw zum ~ nehmen, etw zu tun** to use sthg as an opportunity to do sthg - **2.** [Ereignis] occasion.

an|lassen *vt (unreg)* - **1.** [eingeschaltet lassen] to leave on - **2.** [starten] to start (up) - **3.** [anbehalten] to keep on.
◆ **sich anlassen** *ref:* **sich gut/schlecht ~** to start well/badly.

Anlasser (*pl* -) *der* AUTO starter.

anlässlich *präp:* **~ einer Sache** *(G)* on the occasion of sthg.

an|lasten *vt:* **jm etw ~** [verantwortlich machen für] to blame sb for sthg; [Verbrechen, Charakterfehler] to accuse sb of sthg.

An|lauf *der* - **1.** [Schwung] run-up; **~ nehmen** to take a run-up - **2.** [Versuch] attempt.

an|laufen (*perf* **hat/ist angelaufen**) *(unreg) vi (ist)* - **1.** [beginnen] to begin, to start; [Motor, Maschine] to start; [Film] to open - **2.** [Körperteil]: **rot/blau ~** to go red/blue - **3.** [Metall] to tarnish; [Fensterscheibe, Brille] to steam up - **4.** [sich nähern]: **angelaufen kommen** to come running up ◇ *vt (hat)* [Hafen] to call at.

Anlauf|stelle *die* drop-in centre.

Anlauf|zeit *die:* **nachdem die ~ überwunden war, ...** once we were up and running, ...

an|legen *vt* - **1.** [Garten, Park, Beet] to lay out; [Straße] to plan - **2.** [Kartei, Sammlung] to start - **3.** [Vorrat] to lay in - **4.** [beabsichtigen]: **es darauf ~, etw zu tun** to be determined to do sthg - **5.** [Geld] to invest - **6.** [anlehnen]: **etw (an etw** *(A)***) ~** to lay sthg (on sthg) - **7.** [umbinden] to put on - **8.** [Subj: Tier] to lay back; **die Ohren ~** to lay back its ears - **9.** [Waffe] to raise to one's shoulder - **10.** ***geh*** [anziehen - Geschmeide] to put on; **Trauer ~** to go into mourning ◇ *vi* - **1.** [Schiff] to dock - **2.** [mit Gewehr]: **auf jn/etw ~** to aim at sb/sthg.
◆ **sich anlegen** *ref:* **sich mit jm ~** to pick a fight with sb.

Anlege|stelle *die* mooring.

an|lehnen *vt* - **1.** [Tür, Fenster] to leave ajar - **2.** [an die Wand] to lean; **etw an etw** *(A)* **~** to lean sthg against sthg.
◆ **sich anlehnen** *ref:* **sich an etw** *(A)* **~** to lean against sthg; ***fig*** to draw upon sthg.

Anlehnung (*pl* **-en**) *die:* **der Film ist in ~ an eine Novelle entstanden** the film is based on a novel.

an|leiern *vt* ***fam*** to launch.

Anleihe (*pl* **-n**) *die* - **1.** WIRTSCH loan - **2.** [Kopie]: **bei jm/etw ~n machen** to borrow ideas from sb/sthg.

an|leinen *vt* to put on a lead.

an|leiten *vt* [Lehrling] to train; [Kind] to teach; **jn zu etw ~** to teach sb sthg.

An|leitung *die* - **1.** [Hinweis] instruction; **unter js ~** under sb's guidance - **2.** [Text] instructions *(pl)*.

an|lernen *vt* to train.

an|liefern *vt* to deliver.

an|liegen *vi (unreg)* - **1.** [sitzen]: **eng ~** to be tight - **2.** ***fam*** [zu erledigen sein]: **was liegt heute an?** what do we have to do today?

Anliegen (*pl* -) *das* request.

anliegend *adj* - **1.** [angrenzend] adjoining - **2.** [sitzend]: **eng ~** tight-fitting.

Anlieger (*pl* -) *der* resident; '**~ frei**' 'residents only'.

an|locken *vt* [Kunden] to attract; [mit Köder] to lure.

an|lügen *vt (unreg)* to lie to.

Anm. *abk für* **Anmerkung.**

an|machen *vt* - **1.** [Gerät] to turn on, to switch on - **2.** [Salat] to dress - **3.** ***salopp*** [ansprechen] to chat up ***Br***, to hit on ***Am***.

an|malen *vt* [bemalen] to paint.
◆ **sich anmalen** *ref* ***fam abw*** [sich schminken] to paint one's face.

Anmarsch *der:* **im ~ sein** to be on the way.

anmaßen *vt:* **sich** *(D)* **~, etw zu tun** to presume to do sthg.

anmaßend *adj* presumptuous.

Anmelde|formular *das* application form.

an|melden *vt* - **1.** [beim Amt - Auto, Wohnsitz, Gewerbe] to register; [- Fernseher] to get a licence for; [- Patent] to apply for - **2.** [Bedenken, Einwände] to register; [Wunsch] to make known - **3.** [in Schule, Kurs] to enrol - **4.** [zu Termin] to make an appointment for; **sind Sie für heute angemeldet?** do you have an appointment for today? - **5.** [Besuch] to announce.
◆ **sich anmelden** *ref* - **1.** [für Kurs] to enrol - **2.** [zu Termin] to make an appointment.

An|meldung *die* - **1.** [beim Amt] registration; [eines Patents] application - **2.** [in Schule, Kurs] enrolment - **3.** [zu Termin] making an appointment - **4.** [Rezeption] reception.

an|merken *vt* - **1.** [spüren]: **jm etw ~** to notice sthg in sb; **sich** *(D)* **nichts ~ lassen** not to show one's feelings - **2.** [sagen] to comment.

Anmerkung (*pl* **-en**) *die* - **1.** [im Text] note - **2.** [gesprochen] comment.

an|mieten *vt* to rent.

anmutig ***geh*** *adj* graceful ◇ *adv* gracefully.

ạn|nageln *vt* to nail on.

ạn|nähen *vt* to sew on.

an|nähern *vt* to bring closer.
◈ **sich annähern** *ref:* **sich einander ~** to approach one another.

ạnnähernd *adv* nearly.

Ạnnäherung (*pl* **-en**) *die* approach; **die ~ von Wallonien an Flandern** the rapprochement between the Walloons and the Flemish.

Ạnnahme (*pl* **-n**) *die* **- 1.** [Meinung] assumption; **in der ~, dass ...** on the assumption that ... **- 2.** [von Paket, Brief] receipt; [von Geschenk] acceptance.

ạnnehmbar *adj* acceptable <> *adv* reasonably (well).

ạn|nehmen *vt (unreg)* **- 1.** [empfangen, zustimmen, akzeptieren, zulassen] to accept; [Anruf] to take **- 2.** [vermuten] to assume; **angenommen sie macht mit** assuming she helps **- 3.** [Staatsangehörigkeit, Namen, Kind] to adopt; [Dialekt, Gewohnheit] to pick up **- 4.** [Gestalt] to take on.
◈ **sich annehmen** *ref* **geh: sich js/einer Sache ~** to take care of sb/sthg.

Ạnnehmlichkeit (*pl* **-en**) *die:* **~ en** [Vorteile] advantages; [Bequemlichkeiten] comforts.

annektieren *vt* to annex.

Ạnno *adv:* **~ dazumal** *ODER* **Tobak** the year dot; **~ Domini** Anno Domini.

Annonce [a'nɔŋsə] (*pl* **-n**) *die* advertisement.

annoncieren [anɔŋ'si:rən] *vi* to place an advertisement <> *vt* to advertise.

annullieren *vt* [Ehe] to annul; [Vertrag] to cancel.

Anode (*pl* **-n**) *die* anode.

ạn|öden *vt* **fam** to bore to tears.

Anomalie (*pl* **-n**) *die* anomaly.

anonym *adj* anonymous <> *adv* anonymously.

Anonymität *die (ohne pl)* **geh** anonymity.

Ạnorak (*pl* **-s**) *der* anorak.

ạn|ordnen *vt* **- 1.** [befehlen] to order **- 2.** [Gegenstände] to arrange.

Ạn|ordnung *die* **- 1.** [Aufstellung] layout **- 2.** [Befehl] order; **auf js ~** *(A)* on sb's orders; **~en treffen** to make arrangements.

anormal *adj* abnormal <> *adv* abnormally.

ạn|packen *vt* **- 1.** [mit Händen] to grab **- 2.** [behandeln]: **jn hart ~** to treat sb harshly **- 3.** [lösen] to tackle <> *vi* [helfen]: **mit ~** to lend a hand.

ạn|passen *vt:* **etw einer Sache** *(D)* **~** to adapt sthg to sthg.
◈ **sich anpassen** *ref* to adapt.

Ạnpassung (*pl* **-en**) *die* adaptation.

ạnpassungsfähig *adj* adaptable.

ạn|peilen *vt* **- 1.** SCHIFF & FLUG to take a bearing on **- 2.** **fam** [anvisieren] to have one's sights on.

ạn|pfeifen *vt (unreg)* **- 1.** SPORT: **ein Fußballspiel ~** to blow one's whistle to start a football match **- 2.** **fam** [maßregeln] to have a go at.

Ạn|pfiff *der* **- 1.** [im Fußball] kick-off **- 2.** **fam** [Tadel] ticking-off.

ạn|pflanzen *vt* to plant.

ạn|pflaumen *vt* **fam** to have a go at.

ạn|pöbeln *vt* to shout abuse at.

ạn|prangern *vt* to denounce.

ạn|preisen *vt (unreg)* [Waren] to tout.

Ạn|probe *die* fitting.

ạn|probieren *vt* to try on.

ạn|pumpen *vt* **fam: jm um 100 Mark ~** to touch sb for 100 marks.

ạn|quatschen *vt* **fam** to chat up.

Ạnrainer (*pl* **-**) *der* neighbour.

Ạnrainer|staat *der:* **die ~en des Mittelmeers** the Mediterranean countries.

ạn|raten *vt (unreg):* **jm ~, etw zu tun** to recommend that sb do sthg.

Ạnraten *das:* **auf js ~** *(A)* on sb's advice.

ạn|rechnen *vt* **- 1.** [einbeziehen] to take into account; **jm etw hoch ~** to think highly of sb for sthg **- 2.** [berechnen] to charge for.

Ạn|recht *das* **- 1.** [Recht]: **ein ~ auf etw** *(A)* **haben** *ODER* **besitzen** to have the right to sthg **- 2.** [Abonnement] subscription.

Ạn|rede *die* form of address.

ạn|reden *vt* **- 1.** [ansprechen] to speak to **- 2.** [mit Titel]: **den Chef mit „Herr Professor" ~** to address the boss as "Professor"; **jn mit seinem Vornamen ~** to call sb by their first name.

ạn|regen *vt* **- 1.** [beleben] to stimulate **- 2.** [empfehlen] to propose **- 3.** [ermutigen]: **jn ~, etw zu tun** to encourage sb to do sthg.

ạnregend *adj* stimulating <> *adv* in a stimulating way.

Ạn|regung *die* **- 1.** [Belebung] stimulation **- 2.** [Empfehlung]: **auf ~ von jm, auf js ~** *(A)* **(hin)** at sb's suggestion **- 3.** [Anreiz] incentive.

ạn|reichern *vt* to enrich.

Ạnreicherung (*pl* **-en**) *die* enrichment.

Ạn|reise *die* journey (there).

ạn|reisen (*perf* **ist ạngereist**) *vi* to travel (there).

ạn|reißen *vt (unreg)* **- 1.** [einreißen] to tear **- 2.** [erwähnen] to touch on.

Ạn|reiz *der* incentive; **ein ~, etw zu tun** an incentive to do sthg.

ạn|reizen *vt* to stimulate; **jn ~, etw zu tun** to encourage sb to do sthg.

ạn|rempeln *vt* to barge into.

ạn|rennen (*perf* **ist ạngerannt**) *vi (unreg)*: **gegen etw ~** [rennen] to run into sthg; **angerannt kommen** to come running up; **sich** *(D)* **das Schienbein an etw** *(D)* **~** ***fam*** to bang one's shin on sthg.

ạn|richten *vt* **- 1.** [Abendessen] to prepare **- 2.** [Schaden] to cause; **da hast du was Schönes angerichtet!** you've really gone and done it now!

ạn|rücken (*perf* **ist ạngerückt**) *vi* **- 1.** [Truppen] to move in **- 2.** ***fam*** [auftauchen] to show up.

Ạn|ruf *der* call.

Ạnrufbeantworter (*pl* **-**) *der* answering machine.

ạn|rufen *(unreg) vt* [telefonieren] to call, to phone ◇ *vi* to call, to phone; **bei jm ~** to call ODER phone sb.

ạn|rühren *vt* **- 1.** [berühren - Person, Gegenstand] to touch; [- Thema] to touch on **- 2.** [rühren] to mix.

ạns *präp (an + das)*: **~ Fenster klopfen** to knock on the window; *siehe auch* **an**.

Ạn|sage *die* announcement.

ạn|sagen *vt* to announce; **jm/etw den Kampf ~** to declare war on sb/sthg.
◆ **sich ansagen** *ref* to say (that) one is coming to visit.

ạn|sammeln *vt* to collect.
◆ **sich ansammeln** *ref* **- 1.** [anhäufen, anstauen] to pile up **- 2.** [versammeln] to gather.

Ạn|sammlung *die* **- 1.** [Anhäufung] accumulation **- 2.** [Versammlung] gathering.

ạnsässig *adj* resident; **~ sein** to be resident.

Ạn|satz *der* **- 1.** [Anfang, Anzeichen] first sign; **im ~ stecken bleiben** to fall at the first hurdle; **gute Ansätze zeigen** to show promising signs; **er hat den ~ zu einem Bauch bekommen** he's started to develop a paunch; **einen ~ zu etw machen** to make a start on sthg **- 2.** [von Körperteil] base **- 3.** MATH formulation.

ạn|saugen *vt* to suck in.

ạn|schaffen *vt*: **sich** *(D)* **etw ~** to get o.s. sthg ◇ *vi* ***fam*** [Prostituierte]: **~ gehen** to be on the game.

Ạnschaffung (*pl* **-en**) *die* acquisition, purchase.

Ạnschaffungs|kosten *pl* purchase cost *(U)*.

ạn|schalten *vt* to turn on.

ạn|schauen *vt* to look at; **sich** *(D)* **etw ~** to have a look at sthg.

ạnschaulich *adj* clear ◇ *adv* clearly.

Ạnschauung (*pl* **-en**) *die* **- 1.** [Meinung] opinion **- 2.** [Erfahrung]: **etw aus eigener ~ kennen** to know sthg from experience.

Ạnschauungs|material *das* visual aids *(pl)*.

Ạnschein *der* appearance; **dem** ODER **allem ~ nach** apparently; **es hat den ~, als ob** it looks like, it appears that; **den ~ erwecken, dass** to give the impression that.

ạnscheinend *adv* apparently.

ạn|schicken ◆ **sich anschicken** *ref* ***geh:*** **sich ~, etw zu tun** to get ready to do sthg.

ạn|schieben *vt (unreg)* to push-start.

ạn|schießen (*perf* **hat/ist ạngeschossen**) *(unreg) vt (hat)* **- 1.** [treffen] to shoot *(and wound)* **- 2.** ***fam*** [kritisieren] to have a go at ◇ *vi (ist)* ***fam*** [sich nähern]: **angeschossen kommen** to come shooting up.

Ạnschiss (*pl* **-e**) *der* ***salopp*** bollocking.

Ạn|schlag *der* **- 1.** [Attentat - auf Person] assassination attempt; [- auf Botschaft] attack; **einen ~ auf jn verüben** to make an attempt on sb's life; **einen ~ auf etw** *(A)* **verüben** to attack sthg **- 2.** [Zettel, Plakat] notice **- 3.** [von Hahn, Knopf]: **etw bis zum ~ drehen** to turn sthg as far as it will go **- 4.** [auf der Schreibmaschine] keystroke; **50 Anschläge pro Zeile** 50 characters per line **- 5.** [am Klavier] touch.

ạn|schlagen (*perf* **hat/ist ạngeschlagen**) *(unreg) vt* **- 1.** [Plakat] to put up **- 2.** [Geschirr] to chip **- 3.** [wählen] to adopt **- 4.** [Taste] to strike **- 5.** [beim Stricken] to cast on **- 6.** [verletzen]: **sich** *(D)* **den Kopf an etw** *(D)* **~** to knock one's head against sthg ◇ *vi* **- 1.** [wirken] to work **- 2.** [bellen] to start barking.

ạn|schleichen (*perf* **hat/ist ạngeschlichen**) *vi (unreg) (ist)*: **angeschlichen kommen** to come with one's tail between one's legs.
◆ **sich anschleichen** *ref* to creep up.

ạn|schleppen *vt* **- 1.** [schleppen] to drag along **- 2.** ***fam*** [mitbringen] to bring along.

ạn|schließen *vt (unreg)* **- 1.** [verbinden - Telefon, Wasserhahn] to connect; [- Elektrogerät] to plug in **- 2.** [folgen lassen] to add **- 3.** [festschließen]: **etw an etw** *(A)* **~** to lock sthg to sthg.
◆ **sich anschließen** *ref* **- 1.** [mitmachen]: **sich jm/einer Sache ~** to join sb/sthg; **sich einer Meinung ~** to endorse an opinion **- 2.** [folgen]: **sich an etw** *(A)* **~** to follow sthg.

ạnschließend *adv* afterwards ◇ *adj* ensuing.

Ạn|schluss *der* **- 1.** [an Zug, Telefon] connection; **den ~ verpassen** [Zug] to miss one's connection; **den ~ verpasst haben** ***fig*** to be left behind; **kein ~ unter dieser Nummer** the number you have dialled has not been recognized **- 2.** [Telefonapparat] extension **- 3.** [zu Freunden]: **~ finden** to meet people; **~ suchen zu jm** to want to meet sb **- 4.** [Folge]: **im ~ an etw** *(A)* following sthg **- 5.** POL Anschluss.

ạn|schmiegen ◆ **sich anschmiegen** *ref:* **sich an jn/etw ~** to snuggle up to sb/sthg.

ạn|schmieren *vt fam* to fool.

ạn|schnallen *vt* [Skier, Rollschuhe] to put on; [Sicherheitsgurt] to fasten.
◆ **sich anschnallen** *ref* to fasten one's seat belt.

ạn|schnauzen *vt salopp* to have a go at.

ạn|schneiden *vt (unreg)* **- 1.** [schneiden] to cut into **- 2.** *fig* [ansprechen] to broach.

ạn|schrauben *vt* to screw on.

ạn|schreiben *(unreg) vt* **- 1.** [Schulden]: **sie ließ ihre Einkäufe ~** she asked to pay for her purchases later; **bei jm gut/schlecht angeschrieben sein** to be in sb's good/bad books **- 2.** [per Brief] to write to **- 3.** [aufschreiben] to write up ◇ *vi:* **~ lassen** to pay later.

ạn|schreien *vt (unreg)* to shout at.

Ạn|schrift *die* address.

ạn|schuldigen *vt geh* to accuse; **jn wegen einer Sache** *(G)* **~** to accuse sb of sthg.

Ạnschuldigung *(pl* **-en)** *die* accusation.

ạn|schwellen *(perf* **ist ạngeschwollen)** *vi (unreg)* **- 1.** [Körperteil] to swell **- 2.** [Gewässer] to rise **- 3.** [Geräusch] to grow louder.

ạn|schwemmen *vt* to wash up.

ạn|sehen *(unreg) vt* **- 1.** [anblicken] to look at; **sich** *(D)* **etw ~** [zur Unterhaltung] to go and see sthg; **sich** *(D)* **jn/etw ~** [zur Prüfung] to look at sb/sthg **- 2.** [erkennen]: **man sieht ihm sein Alter nicht an** he doesn't look his age; **man sieht ihr ihre Müdigkeit nicht an** her tiredness doesn't show **- 3.** [erachten]: **jn/etw als etw ~** to regard sb/sthg as sthg **- 4.** [ertragen]: **etw nicht (mit) ~ können** not to be able to stand sthg ◇ *vi:* **sieh mal an!** fancy that!

Ạnsehen *das* **- 1.** [Ruf] reputation; **in hohem ~ stehen** to be highly respected **- 2.** [Anblick]: **ich kenne ihn nur vom ~** I only know him by sight.

ạnsehnlich *adj* **- 1.** [groß] considerable **- 2.** [schön] attractive.

ạn|seilen *vt* to rope up.
◆ **sich anseilen** *ref* to rope o.s. up.

ạn sein *(perf* **ist ạn gewesen)** *vi (unreg)* to be on.

ạn|setzen *vt* **- 1.** [in Stellung bringen - Werkzeug] to place in position; [- Trinkgefäss, Blasinstrument] to raise to one's lips **- 2.** [Termin] to arrange; [Preis] to fix **- 3.** [Stück]: **etw an etw** *(A)* **~** to attach sthg to sthg **- 4.** [Person]: **jn auf etw** *(A)* **~** to put sb on sthg **- 5.** [zubereiten] to prepare **- 6.** [anlagern]: **Fett ~** to put on weight; **Rost ~** to get rusty ◇ *vi* **- 1.** [anfangen] to begin; **zum Sprung ~** to get ready to jump; **das Flugzeug setzte zur Landung an** the plane was commencing its descent **- 2.** [im Kochtopf] to stick.
◆ **sich ansetzen** *ref* [sich ablagern - Rost, Schimmel] to form; [- Wasserstein] to accumulate, to build up.

Ạnsicht *(pl* **-en)** *die* **- 1.** [Meinung] opinion, view; **der gleichen/anderer ~ sein** to be of the same/a different opinion; **meiner ~ nach** in my view ODER opinion **- 2.** [Betrachtung]: **zur ~** [zur Probe] on trial ODER approval **- 3.** [Abbildung] view.
◆ **Ansichten** *pl* opinions, views.

Ạnsichts|karte *die* postcard.

Ạnsichtssache *die:* **das ist (reine) ~** that is (purely) a matter of opinion.

ạn|siedeln *vt* **- 1.** [Siedler] to settle **- 2.** [Industrie] to establish **- 3.** [in Bereich, Epoche] to place.
◆ **sich ansiedeln** *ref* [Siedler] to settle; [Betrieb] to set up.

ansọnsten *adv* otherwise.

ạn|spannen *vt* **- 1.** [Muskel] to tense; [Seil] to tauten **- 2.** [anstrengen] to put under strain **- 3.** [Pferd] to harness.

Ạn|spannung *die* strain; **nervöse ~** nervous tension.

ạn|sparen *vt* to save.

ạn|spielen *vi:* **auf jn/etw ~** to allude to sb/sthg ◇ *vt* SPORT to play the ball to.

Ạnspielung *(pl* **-en)** *die* allusion.

ạn|spinnen *vt (unreg)* to develop.
◆ **sich anspinnen** *ref:* **da spinnt sich was an** there's sthg going on there.

ạn|spitzen *vt* [Bleistift] to sharpen.

ạn|spornen ['anʃpɔrnən] *vt* to spur on; **jn zu etw ~** to spur sb on to sthg.

Ạnsprache *(pl* **-n)** *die* speech.

ạnsprechbar *adj:* **nicht ~ sein** [wegen Krankheit, Ohnmacht, Trunkenheit] to be in no fit state to talk to anybody; [beschäftigt sein] to be unavailable to talk to anybody.

ạn|sprechen *(unreg) vt* **- 1.** [anreden] to speak to; **jn auf etw** *(A)* **~** to speak to sb about sthg **- 2.** [erwähnen] to mention **- 3.** [interessieren] to appeal to ◇ *vi* [reagieren] to respond; **auf etw** *(A)* **~** to respond to sthg.

ạnsprechend *adj* attractive ◇ *adv* attractively.

ạn|springen *(perf* **hat/ist ạngesprungen)** *(unreg) vt (hat)* [angreifen] to pounce on ◇ *vi (ist)* **- 1.** [Auto, Motor] to start **- 2.** *fam* [reagieren]: **auf etw** *(A)* **~** to jump at sthg.

Ạn|spruch *der* **- 1.** [Recht] claim; **auf etw ~ haben** to be entitled to sthg; **auf etw ~ erheben** to lay claim to sthg **- 2.** [Forderung] demand; **hohe Ansprüche an jn stellen** to demand a lot of sb; **jn/etw in ~ nehmen** to make demands on sb/sthg; **ich bin durch den Umzug sehr in**

~ genommen I'm very busy with the move; **viel Zeit in ~ nehmen** to take a lot of time; **ich nahm seine Hilfe gern in ~** I was happy to accept his help.

ạnspruchslos ['anʃpruxsloːs] *adj* **- 1.** [bescheiden] unpretentious; [Leben] simple **- 2.** [Publikum, Person, Lektüre] undemanding **- 3.** [Pflanze] easy to look after.

ạnspruchsvoll ['anʃpruxsfɔl] *adj* demanding; [Zeitung] quality *(vor Subst).*

ạn|stacheln ['anʃtaxl̩n] *vt* [Ehrgeiz] to fire; **jn zu etw ~** to goad sb into sthg.

Ạnstalt *(pl* **-en)** *die* **- 1.** [Institution] institution **- 2.** [Irrenanstalt] mental hospital, institution.
◆ **Anstalten** *pl* arrangements; **~en/keinerlei ~en machen, etw zu tun** to make/not to make a move to do sthg.

Ạnstand *der* [gutes Benehmen] decency.

ạnständig *adj* decent; **eine ~e Tracht Prügel** *fam* a real hiding <> *adv* **- 1.** [ordentlich, integer] decently **- 2.** *fam* [kräftig]: **~ bezahlen** to pay well; **~ reinhauen** to stuff one's face.

ạnstandshalber *adv* out of politeness.

ạnstandslos *adv* without hesitation.

ạn|starren *vt* to stare at.

anstạtt *präp:* **~ js/einer Sache** instead of sb/sthg.
◆ **anstatt dass** *konj:* **~ dass wir reden ...** instead of talking ...
◆ **anstatt zu** *konj* instead of.

ạn|stecken *vt* **- 1.** [infizieren, mitreißen] to infect; **jn mit etw ~** to infect sb with sthg, to give sthg to sb; **er hat uns alle mit seinem Lachen angesteckt** his laughter was infectious **- 2.** [Zigarette, Kerze] to light; [Haus] to set fire to **- 3.** [Orden, Brosche] to pin on; [einen Ring] to put on <> *vi* to be infectious.
◆ **sich anstecken** *ref:* **sich (bei jm) mit etw ~** to catch sthg (from sb).

ạnsteckend *adj* infectious.

Ạnsteck|nadel *die* **- 1.** [Schmuckstück] pin **- 2.** [Abzeichen] badge.

Ạnsteckung *(pl* **-en)** *die* infection.

ạn|stehen *vi (unreg)* **- 1.** [in Schlange] to queue *Br,* to stand in line *Am;* **nach etw ~** to queue for sthg *Br,* to stand in line for sthg *Am* **- 2.** [Problem] to be on the agenda; [Termin] to be fixed **- 3.** *geh* [passen]: **es steht mir gut/ schlecht an** it befits/ill befits me.

ạn|steigen *(perf* **ist ạngestiegen)** *vi (unreg)* to rise.

anstẹlle *präp:* **~ js/einer Sache, ~ von jm/etw** instead of sb/sthg.

ạn|stellen *vt* **- 1.** [Gerät] to turn on **- 2.** [Angestellte] to employ, to take on; **in einem Großbetrieb angestellt sein** to work in a big factory **- 3.** [zustande bringen - Beobachtung, Vergleich] to make; [- Unfug] to get up to; [- Blödsinn] to talk; **sie hat alles Mögliche angestellt** she tried everything; **wie soll ich das ~?** how am I supposed to do that?
◆ **sich anstellen** *ref* **- 1.** [Schlange stehen] to queue *Br,* to stand in line *Am* **- 2.** [sich benehmen] to act; **stell dich nicht so an!** don't be so stupid!; **sie stellte sich sehr geschickt an** she got the hang of it very quickly.

Ạn|stellung *die* position.

Ạnstich *(pl* **-e)** *der* tapping.

Ạnstieg *(pl* **-e)** *der* **- 1.** [Zunahme] rise **- 2.** [Aufstieg] ascent.

ạn|stiften *vt:* **jn zu etw ~** to incite sb to sthg.

Ạnstifter *(pl* **-)** *der* instigator.

Ạnstiftung *(pl* **-en)** *die* incitement.

ạn|stimmen *vt* to start; **ein Geschrei ~** to start screaming.

Ạn|stoß *der* **- 1.** [Anlass] impetus *(U);* **den ~ zu etw geben** to provide the impetus for sthg **- 2.** [Ärger]: **(bei jm) ~ erregen** to cause (sb) offence; **an etw** *(D)* **~ nehmen** to take offence at sthg **- 3.** [im Fußball] kick-off.

ạn|stoßen *(perf* **hat/ist ạngestoßen)** *(unreg) vt (hat)* [mit dem Fuß] to kick; [mit dem Ellenbogen - mit Gewalt] to elbow; [- heimlich] to nudge; **sich das Knie am Tisch ~** to bang one's knee on the table <> *vi* **- 1.** *(ist)* [anecken]: **mit der Schulter am Schrank ~** to bang one's shoulder on the cupboard **- 2.** *(hat)* [angrenzen]: **an etw** *(A)* **~** to adjoin sthg **- 3.** *(hat)* [mit Gläsern]: **(mit jm) auf jn/ etw ~** to drink to sb/sthg (with sb) **- 4.** *(hat)* [im Fußball] to kick off.

ạn|strahlen *vt* **- 1.** [beleuchten - Bauwerk] to floodlight; [- Schauspieler] to spotlight **- 2.** [anlächeln] to beam at.

ạn|streben *vt geh* to strive for.

ạn|streichen *vt (unreg)* **- 1.** [streichen] to paint **- 2.** [kennzeichnen] to mark.

Ạnstreicher, in *(mpl* **-;** *fpl* **-nen)** *der, die* painter and decorator.

ạn|strengen ['anʃtrɛŋən] *vt* **- 1.** [ermüden] to strain **- 2.** [Kräfte, Fantasie, Kopf] to use **- 3.** [Prozess] to start.
◆ **sich anstrengen** *ref* [sich bemühen] to make an effort, to try.

ạn|strengend *adj* strenuous.

Ạnstrengung *(pl* **-en)** *die* effort; **mit großer ~** with a lot of effort.

Ạnstrich *der* **- 1.** [Farbe] coat of paint **- 2.** [Schein] air; **einer Sache** *(D)* **einen neuen ~ geben** to breathe new life into sthg; **einer Sache** *(D)* **einen seriösen ~ geben** to lend authority to sthg.

Ạnsturm *der* **- 1.** [Angriff] assault **- 2.** [Andrang] rush.

an|stürmen (*perf* **ist angestürmt**) *vi:* **gegen etw ~** [Festung] to storm sthg.

Antagonismus (*pl* **-men**) *der* antagonism.

an|tanzen (*perf* **ist angetanzt**) *vi fam* to turn up; **jn ~ lassen** *fam* to call sb in.

Antarktis *die* Antarctic.

antarktisch *adj* Antarctic.

an|tasten *vt* **- 1.** [Ehre] to offend; [Recht] to infringe upon **- 2.** [Vermögen, Vorrat] to break into **- 3.** [Essen] to touch.

Anteil (*pl* **-e**) *der* **- 1.** [Teil] share **- 2.** [Teilnahme]: **an etw** *(D)* **~ haben** to participate in sthg; **an etw** *(D)* **~ nehmen** [bemitleiden] to share in sthg; [sich beteiligen] to participate in sthg.

Anteilnahme *die* **- 1.** [Mitleid] sympathy **- 2.** [Interesse] interest.

Antenne (*pl* **-n**) *die* **- 1.** TECH aerial **- 2.** [Gefühl]: **eine/keine ~ für etw haben** to have a/no feel for sthg.

Anthologie [antolo'giː] (*pl* **-n**) *die* anthology.

Anthrazit [antra'tsiːt] *der* anthracite.

Anthropologie [antropolo'giː] *die* anthropology.

Anti|alkoholiker, in [antialko'hoːlikɐ, rɪn] (*mpl* **-**; *fpl* **-nen**) *der, die* teetotaller.

antiautoritär [antiautori'tɛːɐ̯] *adj* permissive <> *adv* permissively.

Antibiotikum [anti'bioːtikum] (*pl* **-ka**) *das* antibiotic.

antifaschistisch *adj* antifascist.

antik [an'tiːk] *adj* **- 1.** [klassisch] classical **- 2.** [alt] antique.

Antike [an'tiːkə] *die:* **die ~** (classical) antiquity.

antikommunistisch *adj* anticommunist.

Anti|körper *der* antibody.

Antilope [anti'loːpə] (*pl* **-n**) *die* antelope.

Antipathie [antipa'tiː] (*pl* **-n**) *die* antipathy.

an|tippen *vt* **- 1.** [Gegenstand] to tap **- 2.** [Thema] to touch on.

Antiquariat [antikva'ri̯aːt] (*pl* **-e**) *das* second-hand bookshop.

antiquarisch *adj* second-hand.

Antiquität [antikvi'tɛːt] (*pl* **-en**) *die* antique.

Antisemit, in [antize'miːt, ɪn] (*mpl* **-en**; *fpl* **-nen**) *der, die* anti-Semite.

antisemitisch *adj* anti-Semitic.

Antisemitismus *der* anti-Semitism.

antiseptisch *adj* antiseptic.

antistatisch *adj* antistatic.

Anti|these ['antiteːzə] *die* antithesis.

antithetisch *adj* antithetical.

Antlitz ['antlɪts] (*pl* **-e**) *das geh* countenance.

an|törnen *vt fam* to turn on.

Antrag ['antraːk] (*pl* **Anträge**) *der* **- 1.** [Bitte] application; **einen ~ auf etw** *(A)* **stellen** to apply for sthg **- 2.** [im Parlament] motion **- 3.** [Formular] application form **- 4.** [Heiratsantrag]: **jm einen ~ machen** to propose to sb.

Antrags|formular *das* application form.

Antragsteller, in (*mpl* **-**; *fpl* **-nen**) *der, die* **amt** applicant.

an|treffen *vt (unreg)* to find.

an|treiben *vt (unreg)* **- 1.** [Wagen] to drive; [Motor, Gerät] to power **- 2.** [Person] to urge on; **jn zur Eile ~** to urge sb to hurry **- 3.** [anschwemmen] to wash up.

an|treten (*perf* **hat/ist angetreten**) *(unreg) vt (hat)* **- 1.** [beginnen] to start **- 2.** [Erbschaft] to come into <> *vi (ist)* **- 1.** [sich aufstellen] to line up **- 2.** [kämpfen]: **gegen jn ~** [in Fußball, Tennis] to play sb; [im Boxen] to fight sb; [in Wahl] to stand against sb.

Antrieb *der* **- 1.** [Kraft] drive; **ein Gerät mit elektrischem ~** an electrically-powered appliance **- 2.** [Motivation] impetus; **etw aus eigenem ~ tun** to do sthg on one's own initiative.

an|trinken *vt (unreg):* **sich** *(D)* **Mut ~** to fill o.s. with Dutch courage; **sich** *(D)* **einen Schwips ~** to get tipsy.

Antritt *der (ohne pl)* **- 1.** [Beginn] start **- 2.** SPORT: **er hat einen schnellen ~** he has a good turn of pace.

an|trocknen (*perf* **ist angetrocknet**) *vi* to dry.

an|tun *vt (unreg)* **- 1.** [Unrecht] to do; **wie konntest du mir das ~?** how could you do that to me?; **sich** *(D)* **etwas ~** to take one's own life **- 2.** [Gutes]: **jm zu viel Ehre ~** to do sb too much justice **- 3.** [lieben]: **das Bild hat es mir angetan** I really like the picture.

Antwort ['antvɔrt] (*pl* **-en**) *die* **- 1.** [Erwiderung] answer; [auf Brief] reply; **die ~ auf etw** *(A)* the answer to sthg; **~/keine ~ geben** to reply/not to reply **- 2.** [Reaktion] response; **als ~ auf** *(+ A)* in response to.

antworten *vi* **- 1.** [erwidern] to answer; **auf etw** *(A)* **~** to answer sthg, to reply to sthg **- 2.** [reagieren] to respond <> *vt* [auf Fragen] to answer, to reply.

Antwort|schein *der* reply coupon.

an|vertrauen *vt:* **jm etw ~** to entrust sb with sthg.

◆ **sich anvertrauen** *ref:* **sich jm ~** to confide in sb.

An|verwandte *der, die* **geh** relative.

an|visieren ['anviziːrən] *vt* to set one's sights on.

an|wachsen ['anvaksn̩] (*perf* **ist angewachsen**) *vi (unreg)* **- 1.** [festwachsen] to take root **- 2.** [wachsen] to increase.

anlwählen *vt* to dial.

Anwalt ['anvalt] (*pl* **Anwälte**) *der* - **1.** [Rechtsanwalt] lawyer - **2.** ***fig*** [Fürsprecher] advocate.

Anwältin ['anvɛltɪn] (*pl* **-nen**) *die* - **1.** [Rechtsanwältin] lawyer - **2.** ***fig*** [Fürsprecherin] advocate.

Anwaltslbüro *das* [Firma] firm of lawyers.

Anlwandlung *die:* **in einer ~ von Leichtsinn/Größenwahn** in a fit of madness/megalomania.

anlwärmen *vt* to warm.

Anwärter, in (*mpl* **-;** *fpl* **-nen**) *der, die:* **ein ~ (auf etw** *(A)***)** a candidate (for sthg).

anlweisen *vt (unreg)* - **1.** [zeigen] to show; **jm etw ~** to show sthg to sb - **2.** [beauftragen]: **jn ~, etw zu tun** to instruct sb to do sthg - **3.** [überweisen] to transfer.

Anlweisung *die* - **1.** [Befehl] instruction; **~ haben, etw zu tun** to have instructions to do sthg - **2.** [Zahlung - per Bank] payment; [- per Post] postal order.

anwendbar *adj:* **(auf jn/etw) ~ sein** to be applicable (to sb/sthg).

anlwenden *vt* - **1.** [Hilfsmittel, Gewalt, List] to use - **2.** [Methode, Regel]: **etw auf jn/etw ~** to apply sthg to sb/sthg.

Anwender, in (*mpl* **-;** *fpl* **-nen**) *der, die* EDV user.

Anlwendung *die* - **1.** [Verwendung, Einsatz] use - **2.** [von Methode, Regel] application; **zur ~ kommen** *ODER* **gelangen** ***amt*** to be applied.

Anwendungslprogramm *das* EDV application.

anlwerben *vt (unreg)* to recruit.

anlwerfen *vt (unreg)* to start up.

Anlwesen *das* estate.

anwesend *adj* present; **bei etw ~ sein** to be present at sthg.

Anwesende (*pl* **-n**) *der, die:* **die ~n** those present.

Anwesenheit *die* presence; **in js ~** *(D)*, **in ~ von jm** in sb's presence.

Anwesenheitslliste *die* attendance sheet.

anlwidern ['anviːdɐn] *vt* to fill with repulsion.

Anwohner, in (*mpl* **-;** *fpl* **-nen**) *der, die* resident.

Anz. - **1.** *abk für* **Anzahlung** - **2.** *abk für* **Anzeige.**

Anzahl *die* number.

anlzahlen *vt* to pay a deposit on; **100 Mark ~** to pay a deposit of 100 marks.

Anlzahlung *die* deposit, down payment.

anlzapfen *vt* [Fass, Leitung, Telefon] to tap.

Anlzeichen *das* sign.

Anzeige ['antsaigə] (*pl* **-n**) *die* - **1.** [in Zeitung] advertisement; [Brief] announcement - **2.** [Instrument] display - **3.** [Strafanzeige] charge; **gegen jn ~ erstatten** to bring a charge against sb.

anlzeigen *vt* - **1.** [melden] to report - **2.** [zeigen] to show.

Anzeigenlblatt *das* advertiser.

Anzeigenlteil *der* advertisements section.

anlzetteln ['antsɛtl̩n] *vt* to instigate.

anlziehen *(unreg) vt* - **1.** [Kleidung] to put on; **sich** *(D)* **etw ~** to put sthg on - **2.** [Person]: **jn ~** to dress sb - **3.** PHYS [anlocken] to attract - **4.** [Schraube, Tau] to tighten; [Bremse] to apply - **5.** [Körperteil] to draw up <> *vi* - **1.** [steigen] to rise - **2.** [beschleunigen] to accelerate.

◆ **sich anziehen** *ref* - **1.** [Person] to get dressed; **sich warm ~** to dress warmly - **2.** [Sachen]: **sich gegenseitig ~** to be attracted to each other.

anziehend *adj* attractive.

Anziehungslkraft *die* - **1.** PHYS (gravitational) attraction - **2.** [Reiz] attractiveness, appeal.

Anlzug *der* - **1.** [Kleidungsstück] suit - **2.** [Nähern]: **im ~ sein** to be approaching.

anzüglich ['antsyːklɪç] *adj* lewd <> *adv* lewdly.

anlzünden *vt* [Streichholz, Kerze] to light; [Haus] to set fire to.

anlzweifeln *vt* to doubt.

AOK [aː'oː'kaː] (*abk für* **Allgemeine Ortskrankenkasse**) *die health insurance company for German workers, students etc not covered by private insurance policies.*

Aorta [a'ɔrta] (*pl* **Aorten**) *die* aorta.

apart ***geh*** *adj* striking <> *adv* strikingly.

Apartheid [a'paːɐthait] *die* apartheid.

Apartment = **Appartement.**

Apathie [apa'tiː] (*pl* **-n**) *die* apathy.

apathisch [a'paːtɪʃ] *adj* apathetic <> *adv* apathetically.

Apennin *der:* **der ~** the Apennines.

Aperitif [aperi'tiːf] (*pl* **-s**) *der* aperitif.

Apfel ['apfl̩] (*pl* **Äpfel**) *der* apple; **in den sauren ~ beißen (müssen)** to (have to) bite the bullet.

Apfellbaum *der* apple tree.

Apfellkuchen *der* apple cake.

Apfellmus *das* apple sauce *(usu. eaten as dessert).*

Apfellsaft *der* apple juice.

Apfelsine [apfl̩'ziːnə] (*pl* **-n**) *die* orange.

Apfellstrudel *der* apple strudel.

Apfellwein *der* cider.

Aphorismus [afo'rɪsmʊs] (*pl* **-men**) *der* aphorism.

Apokalypse *die* apocalypse.

apokalyptisch *adj* apocalyptic.

Apostel [a'pɔstl] (*pl* -) *der* apostle.

Apostroph [apo'stroːf] (*pl* **-e**) *der* apostrophe.

Apotheke [apo'teːkə] (*pl* **-n**) *die* pharmacy, chemist's *Br*, drugstore *Am*.

Apotheker, in (*mpl* **-**; *fpl* **-nen**) *der, die* pharmacist, chemist *Br*, druggist *Am*.

App. *abk für* **Appartement.**

Apparat [apa'raːt] (*pl* **-e**) *der* - **1.** [Gerät] device - **2.** [Telefon]: **am ~!** speaking! - **3.** [von Partei, Staat] apparatus - **4.** *salopp* [Riesending] whopper.

Appartement [apartə'mɑ̃ː], **Apartment** [a'partmənt] (*pl* **-s**) *das* [Wohnung] flat *Br*, apartment *Am*.

Appell [a'pɛl] (*pl* **-e**) *der* - **1.** [Aufruf] appeal; **einen ~ an jn richten** to make an appeal to sb - **2.** MIL roll call.

appellieren *vi*: **an jn/etw ~** to appeal to sb/sthg.

Appenzell *nt* Appenzell.

Appenzeller (*pl* -) *der* - **1.** [Person] native/inhabitant of Appenzell - **2.** [Käse] *type of strong Swiss cheese* <> *adj (unver)* of/from Appenzell.

Appenzellerin (*pl* **-nen**) *die* native/inhabitant of Appenzell.

Appetit [ape'tiːt] *der* appetite; **~/keinen ~ auf etw** *(A)* **haben** to feel/not to feel like sthg; **guten ~!** enjoy your meal!

appetitanregend *adj* appetizing.

appetitlich *adj* appetizing.

Appetitlosigkeit *die (ohne pl)* lack of appetite.

Appetitzügler (*pl* -) *der* appetite suppressant.

applaudieren [aplau̯'diːrən] *vi* to applaud; **jm ~** to applaud sb.

Applaus [a'plau̯s] *der (ohne pl)* applause; **jm ~ spenden** to applaud sb.

Applikation (*pl* **-en**) *die* - **1.** [Anwendung] application - **2.** [Stickerei] appliqué motif.

Apposition (*pl* **-en**) *die* GRAM apposition.

Approbation (*pl* **-en**) *die* licence to practise *(of doctor, pharmacist)*.

Après-Ski [aprɛ'ʃiː] *das* après-ski.

Aprikose [apri'koːzə] (*pl* **-n**) *die* apricot.

April *der (ohne pl)* April; **~, ~!** April fool!; **jn in den ~ schicken** *fig* to play an April fool's trick on sb; *siehe auch* **September.**

Aprilschauer *der* April shower.

Aprilscherz *der* April fool's trick.

Aprilwetter *das* changeable weather.

apropos [apro'poː] *adv* by the way; **~ Pizza, hast du Hunger?** talking of pizza, are you hungry?

Apsis *die* ARCHIT apse.

Aquaplaning [akva'plaːnɪŋ] *das* aquaplaning.

Aquarell [akva'rɛl] (*pl* **-e**) *das* - **1.** [Bild] watercolour - **2.** [Farbe]: **in ~ malen** to paint in watercolours.

Aquarienfisch *der* aquarium fish.

Aquarium [a'kvaːri̯um] (*pl* **Aquarien**) *das* aquarium.

Äquator [ɛ'kvaːtɔr] *der (ohne pl)* equator.

Aquavit [akva'viːt] (*pl* **-e**) *der* aquavit.

Äquivalent [ɛkviva'lɛnt] (*pl* **-e**) *das* equivalent.

Ar [aːɐ̯] (*pl* **-e** ODER -) *der* ODER *das* are.

Ära ['ɛːra] (*pl* **Ären**) *die* era.

Araber, in ['arabɐ, rɪn] (*mpl* **-**; *fpl* **-nen**) *der, die* Arab.

Arabien *nt* Arabia.

arabisch *adj* [Kultur, Volk, Politik] Arab; [Sprache, Literatur] Arabic; [Halbinsel, Landschaft] Arabian.

Arabisch(e) *das (ohne pl)* Arabic; *siehe auch* **Englisch(e).**

Aralsee *der* Aral Sea, Lake Aral.

Arbeit ['arbai̯t] (*pl* **-en**) *die* - **1.** [gen] work; **die ~en am Tunnel** the work on the tunnel; **bei der ~ sein** to be working; **ihr Wagen ist in ~** your car is being worked on; **an die ~ gehen, sich an die ~ machen** to start working; **zur ~ gehen** to go to work; **ganze** ODER **gründliche ~ leisten** to do a thorough job; **nur halbe ~ machen** not to finish the job; **jm viel ~ machen** to make a lot of work for sb - **2.** [Arbeitsstelle] job; **keine ~ haben** to be out of work; **~ suchen** to be looking for work ODER a job - **3.** [Leistung, Werk] work - **4.** [Klassenarbeit] test - **5.** [wissenschaftlich] paper.

arbeiten *vi* - **1.** [Person] to work; **bei der Post ~** to work for the Post Office; **zu Hause ~** to work from home; **an etw** *(D)* **~** to work on sthg; **an sich** *(D)* **~** to work hard - **2.** [funktionieren - Maschine] to operate; [- Herz] to function <> *vt* to make; **sich** *(D)* **die Finger** ODER **Hände wund ~** to work one's fingers to the bone.

◆ **sich arbeiten** *ref*: **sich müde ~** to tire o.s. out working; **sich nach oben ~** to work one's way up; **es arbeitet sich gut/schlecht mit ihm** it is/isn't easy to work with him/it.

Arbeiter (*pl* -) *der* worker.

Arbeiterbewegung *die* labour movement.

Arbeiterin (*pl* **-nen**) *die* worker.

Arbeiterklasse *die (ohne pl)* working class ODER classes *(pl)*.

Arbeiterschaft *die (ohne pl)* work force.
Arbeiterwohlfahrt *die (ohne pl)* workers' welfare organization.
Arbeitgeber, in (*mpl* **-**; *fpl* **-nen**) *der, die* employer.
Arbeitgeber|verband *der* employers' association.
Arbeitnehmer, in (*mpl* **-**; *fpl* **-nen**) *der, die* employee.
Arbeitnehmer|organisation *die* employees' association.
Arbeits|amt *das* job centre *Br*, employment agency *Am*.
Arbeits|aufwand *der*: **der ~ ist zu hoch** it would take too much effort.
Arbeits|ausfall *der* downtime.
Arbeits|bedingungen *pl* working conditions.
Arbeits|bereich *der* **- 1.** [Zuständigkeitsbereich] area of work **- 2.** [Arbeitsort] working area.
Arbeitsbeschaffungs|maßnahme *die* job creation measure.
Arbeitsbeschaffungs|programm *das* job creation scheme.
Arbeits|eifer *der* enthusiasm for one's work.
Arbeits|erlaubnis *die* work permit.
Arbeits|erleichterung *die*: **für mich war das eine große ~** that made my job a lot easier.
Arbeits|essen *das* [mittags] working lunch; [abends] working dinner.
arbeitsfähig *adj* fit for work.
arbeitsfrei *adj*: **zwei ~e Nachmittage in der Woche** two afternoons off a week.
Arbeits|gang *der* operation.
Arbeits|gemeinschaft *die* **- 1.** [von Wissenschaftlern] working party; [von Schülern, Studenten] study group **- 2.** [von Firmen] association.
Arbeits|gericht *das* industrial tribunal *Br*, labor court *Am*.
arbeitsintensiv *adj* labour-intensive.
Arbeits|kampf *der* industrial action.
Arbeits|kleidung *die* work clothes *(pl)*.
Arbeits|klima *das (ohne pl)* working atmosphere.
Arbeits|kraft *die*: **sich** *(D)* **seine ~ erhalten** to keep o.s. fit for work.
◆ **Arbeitskräfte** *pl* workers.
Arbeits|kreis *der* [Lerngruppe] study group; [Ausschuss] working party.
Arbeits|leistung *die* [Qualität] performance; [Produktivität] productivity.
Arbeits|lohn *der* wages *(pl)*.
arbeitslos *adj* unemployed.
Arbeitslose (*pl* **-n**) *der, die* unemployed person; **die ~n** the unemployed.
Arbeitslosen|geld *das (ohne pl) unemployment benefit paid for a limited period, the amount of which is based on the recipient's last wage.*
Arbeitslosen|hilfe *die (ohne pl) lower rate of unemployment benefit paid after one's entitlement to "Arbeitslosengeld" has expired.*
Arbeitslosen|versicherung *die* ≃ National Insurance *Br*, ≃ social insurance *Am*.
Arbeitslosen|zahl *die* unemployment figures *(pl)*; **die ~ ist gestiegen** unemployment has risen.
Arbeitslosigkeit *die (ohne pl)* unemployment.
Arbeits|markt *der* labour market.
Arbeits|moral *die (ohne pl)* attitude to one's work.
Arbeits|niederlegung (*pl* **-en**) *die* walkout.
Arbeits|ort *der* place of work.
Arbeits|papier *das* [Bericht] working paper.
◆ **Arbeitspapiere** *pl* [Dokumente] cards.
Arbeits|plan *der* work schedule.
Arbeits|platz *der* **- 1.** [Stellung, Job] job **- 2.** [Ort] workplace; **dort am Fenster ist mein ~** I work over there by the window.
Arbeits|recht *das (ohne pl)* labour law.
arbeitsscheu *adj* workshy.
Arbeits|schutz *der* health and safety.
Arbeits|speicher *der* EDV RAM.
Arbeits|stelle *die* **- 1.** [Stellung] job **- 2.** [Ort, Abteilung] department.
Arbeits|suche *die*: **auf ~ sein** to be looking for work *ODER* a job.
Arbeits|tag *der* working day.
Arbeits|teilung *die* division of labour.
arbeitsunfähig *adj* unfit for work.
Arbeits|unfall *der* industrial accident.
Arbeits|verhältnis *das* (employment) contract; **ein neues ~ eingehen** to take up new employment.
Arbeits|vermittlung *die* [private Agentur] employment agency.
Arbeits|vertrag *der* employment contract.
Arbeits|weise *die* [von Person] way of working; [von Maschine] mode of operation.
Arbeits|zeit *die* working hours *(pl)*.
Arbeitszeit|konto *das record of overtime worked.*
Arbeitszeitver|kürzung *die* reduction in working hours.

Arbeits|zimmer *das* study.

archaisch [ar'ça:ɪʃ] *adj* archaic.

Archäologe [arçεo'lo:gə] (*pl* **-n**) *der* archaeologist.

Archäologin [arçεo'lo:gɪn] (*pl* **-nen**) *die* archaeologist.

archäologisch [arçεo'lo:gɪʃ] *adj* archaeological.

Arche ['arçə] (*pl* **-n**) *die*: **die ~ Noah** Noah's Ark.

Arche|typ *der* archetype.

Archipel [arçi'pe:l] (*pl* **-e**) *der* archipelago.

Architekt, in [arçi'tεkt, ɪn] (*mpl* **-en;** *fpl* **-nen**) *der, die* architect.

architektonisch [arçitεk'to:nɪʃ] *adj* architectural.

Architektur [arçitεk'tu:ɐ̯] *die (ohne pl)* architecture.

Archiv [ar'çi:f] (*pl* **-e**) *das* archive.

archivieren [arçi'vi:rən] *vt* to (store in an) archive.

ARD [a:'εr'de:] (*abk für* **Arbeitsgemeinschaft der öffentlich-rechtlichen Rundfunkanstalten der Bundesrepublik Deutschland**) *die German public broadcasting network, responsible for the Erstes Programm TV channel.*

Ardennen *pl*: **die ~** the Ardennes.

Areal [are'a:l] (*pl* **-e**) *das* area.

Arena [a're:na] (*pl* **Arenen**) *die* arena.

arg [ark] (*kompar* **ärger;** *superl* **ärgste**) *adj* [schlimm] bad; [sehr schlimm] terrible; **js ärgster Feind** sb's arch enemy; **es liegt im Argen** it is in a terrible state ◇ *adv* [schlimm] badly; [sehr schlimm] terribly; **es zu ~ treiben** to go too far.

Argentinien *nt* Argentina.

Argentinier, in (*mpl* **-;** *fpl* **-nen**) *der, die* Argentinian.

argentinisch *adj* Argentinian.

Ärger ['εrgɐ] *der (ohne pl)* **- 1.** [Verärgerung] annoyance; [Zorn] anger **- 2.** [Problem] trouble; **mit jm/etw ~ haben** to have trouble with sb/sthg; **(jm) ~ machen** to cause (sb) trouble; **mach keinen ~!** I don't want any trouble!

ärgerlich *adj* **- 1.** [verärgert] annoyed; [zornig] angry; **auf jn/über etw** *(A)* **~ sein** [verärgert] to be annoyed with sb/at sthg; [zornig] to be angry with sb/at sthg **- 2.** [unangenehm] annoying ◇ *adv* [verärgert] angrily.

ärgern *vt* to annoy.
◆ **sich ärgern** *ref* to get annoyed; **sich über jn/etw ~** to get annoyed with sb/at sthg.

Ärgernis (*pl* **-se**) *das* **- 1.** [Ärgerliches] nuisance **- 2.** RECHT: **Erregung öffentlichen ~ses** offence against public decency.

arglistig *adj* malicious.

Argument (*pl* **-e**) *das* argument.

argumentieren *vi* to argue.

Argwohn *der (ohne pl)* suspicion.

argwöhnisch *adj* suspicious ◇ *adv* suspiciously.

Arie ['a:ri̯ə] (*pl* **-n**) *die* aria.

arisch *adj* Aryan.

Aristokrat, in (*mpl* **-en;** *fpl* **-nen**) *der, die* aristocrat.

aristokratisch *adj* aristocratic.

Arithmetik *die (ohne pl)* arithmetic.

arithmetisch *adj* arithmetical.

Arkaden *pl* ARCHIT arcade *(sg)*.

Arktis *die* Arctic.

arktisch *adj* arctic.

arm (*kompar* **ärmer;** *superl* **ärmste**) *adj* poor; **~ an etw** *(D)* **sein** to lack sthg; **um etw ärmer sein** to have lost sthg; **er ist nun um 50 Mark ärmer** he's now 50 marks worse off ODER the poorer; **~ dran sein** ***fam*** to be in a bad way ◇ *adv* poorly; **jn ~ essen** to eat sb out of house and home.

Arm (*pl* **-e**) *der* **- 1.** [gen] arm; **jn/etw im ~ halten** to hold sb/sthg in one's arms **- 2.** ***RW:*** **jn auf den ~ nehmen** to pull sb's leg; **jm in den ~ fallen** to put a spoke in sb's wheel ***Br***, to thwart sb; **jm in die ~e laufen** to walk straight into sb's arms; **jm unter die ~e greifen** to help sb out; **jn mit offenen ~en aufnehmen** to welcome sb with open arms.
◆ **Arm in Arm** *adv* arm in arm.

Armatur (*pl* **-en**) *die* [von Maschine, Auto] instrument.
◆ **Armaturen** *pl* [im Badezimmer] fittings.

Armaturen|brett *das* AUTO dashboard.

Arm|band (*pl* **-bänder**) *das* [Schmuck] bracelet; [von Uhr] strap.

Armband|uhr *die* wristwatch, watch.

Arm|binde *die* armband.

Arm|brust *die* crossbow.

Arme (*pl* **-n**) *der, die* **- 1.** [Bedauernswerte] poor thing; **du ~r!** you poor thing! **- 2.** [Mittellose] poor man/woman; **die ~n** the poor.

Armee [ar'me:] (*pl* **-n**) *die* army.

Ärmel (*pl* **-**) *der* sleeve; **lange/kurze ~** long/short sleeves; **die ~ hochkrempeln** ***eigtl*** & ***fig*** to roll up one's sleeves; **etw aus dem ~ schütteln** to come up with sthg just like that.

Ärmelkanal *der*: **der ~** the (English) Channel.

ärmellos *adj* sleeveless.

Armenien *nt* Armenia.

Armenier, in (*mpl* **-;** *fpl* **-nen**) *der, die* Armenian.

armenisch *adj* Armenian.

Armlehne *die* arm, armrest.

Armleuchter *der* **- 1.** [Leuchter] candelabra **- 2.** *fam* [Idiot] cretin.

ärmlich *adj* [Wohnung, Kleidung] shabby; [Verhältnisse] miserable <> *adv* shabbily.

armselig *adj* **- 1.** [ärmlich] shabby **- 2.** [gering] meagre.

Armut *die (ohne pl)* poverty.

Arnika (*pl* **-s**) *die* arnica.

Aroma (*pl* **-s** *ODER* **Aromen**) *das* **- 1.** [Geruch] aroma **- 2.** [Würze] flavouring.

Aromatherapie *die* aromatherapy.

aromatisch *adj* [duftend] aromatic.

Arrak (*pl* **-s**) *der* arrack.

arrangieren [arɑ̃ŋ'ʒiːrən] *vt* [Treffen, Feier, Musik] to arrange.
◆ **sich arrangieren** *ref:* **sich mit jm ~** [sich verständigen] to come to an understanding with sb.

Arrest (*pl* **-e**) *der* detention; **jn unter ~ stellen** to put sb in detention.

arrogant *adj* arrogant <> *adv* arrogantly.

Arroganz *die (ohne pl)* arrogance.

Arsch (*pl* **Ärsche**) *der* ***salopp*** **- 1.** [Gesäß] arse ***Br***, ass ***Am*** **- 2.** [Blödmann] arsehole ***Br***, asshole ***Am*** **- 3.** *RW:* **am ~ der Welt** in the back of beyond; **im ~ sein** ***vulg*** to be fucked; **jm in den ~ kriechen** ***vulg*** to lick sb's arse ***Br*** *ODER* ass ***Am;*** **leck mich am ~!** ***vulg*** fuck off!

Arschkriecher (*pl* **-**) *der* ***vulg*** arselicker ***Br***, asslicker ***Am***.

Arschloch *das* ***vulg*** arsehole ***Br***, asshole ***Am***.

Arsen *das (ohne pl)* arsenic.

Art (*pl* **-en**) *die* **- 1.** [Weise] way; **eine einfache ~, etw zuzubereiten** a simple way of preparing *ODER* to prepare sthg; **etw auf eine andere ~ tun** to do sthg another way; **er hat es auf seine ~ getan** he did it his way; **auf gesunde ~** healthily; **auf diese ~ wird er nie gewinnen** he'll never win like this *ODER* this way; **in der ~ von jm, in js ~** in the manner of sb; **in der ~ einer Sache** *(G) ODER* **von etw** in the manner of sthg; **die ~ und Weise(, wie)** the way (that); **Bratkartoffeln nach ~ des Hauses** the chef's special fried potatoes **- 2.** *(ohne pl)* [Wesen] nature; [Verhalten] behaviour; **das entspricht nicht ihrer ~, sich zu beschweren** it's not like her to complain **- 3.** [Sorte] sort, kind; **eine ~ Grippe** a sort *ODER* kind of flu; **aller** *ODER* **jeder ~ Pakete** all sorts *ODER* kinds of parcels; **in dieser ~** in this form; **das Schloss ist in seiner ~ einmalig** the castle is the only one of its kind **- 4.** BIOL species; **aus der ~ schlagen** *fig* not to take after anyone else in the family.

Art. (*abk für* **Artikel**) art.

Artenschutz *der (ohne pl)* protection of endangered species.

Artensterben *das (ohne pl)* dying out of species.

Arterie (*pl* **-n**) *die* artery.

arteriell *adj* arterial.

Arteriosklerose *die* arteriosclerosis *(U)*.

Arthritis *die* arthritis.

artig *adj* good <> *adv:* **sie hat den Teller Spinat ~ aufgegessen** she ate up all her spinach like a good girl.

Artikel (*pl* **-**) *der* **- 1.** [in der Zeitung, im Gesetz] article; [im Wörterbuch] entry **- 2.** [Ware] item, article **- 3.** GRAM: **der bestimmte/unbestimmte ~** the definite/indefinite article.

artikulieren *vt* to articulate.
◆ **sich artikulieren** *ref* [Person] to express o.s.; [Protest] to manifest itself.

Artillerie (*pl* **-n**) *die* MIL artillery.

Artischocke (*pl* **-n**) *die* artichoke.

Artist, in (*mpl* **-en**; *fpl* **-nen**) *der, die* [im Zirkus] (circus) performer.

artistisch *adj* acrobatic.

Arznei (*pl* **-en**) *die* medicine.

Arzneimittel *das* medicine.

Arzt [aːɐ̯tst] (*pl* **Ärzte**) *der* doctor; **praktischer ~** general practitioner, GP.

Ärztehaus *das* medical centre.

Ärzteschaft *die (ohne pl)* medical profession.

Arzthelfer, in *der, die* doctor's receptionist.

Ärztin ['ɛːɐ̯tstɪn] (*pl* **-nen**) *die* doctor.

ärztl. (*abk für* **ärztlich**) med.

ärztlich *adj* medical.

Arztpraxis *die* doctor's practice.

as, As (*pl* **as, As**) *das* MUS A flat.

As (*pl* **-se**) *das* = **Ass.**

Asbest (*pl* **-e**) *das* asbestos.

Asche (*pl* **-n**) *die* [von Feuer] ashes *(pl);* [von Zigarre, Vulkan] ash.

Aschenbahn *die* SPORT cinder track.

Aschenbecher *der* ashtray.

Aschenputtel (*pl* **-**) *das* Cinderella.

Aschermittwoch *der* Ash Wednesday.

aschfahl *adj* ashen.

ASCII ['aski] (*abk für* **American Standards Code for Information Interchange**) *das* EDV ASCII.

ASCII-Tabelle *die* EDV ASCII table.

ASCII-Zeichen *das* EDV ASCII character.

Aserbaidschan *nt* Azerbaijan.

Asiat, in (*mpl* **-en**; *fpl* **-nen**) *der, die* Asian.

asiatisch *adj* Asian.
Asien *nt* Asia.
Askese *die (ohne pl)* asceticism.
Asket (*pl* **-en**) *der* ascetic.
asketisch *adj* ascetic.
asozial *adj* antisocial ◇ *adv* antisocially.
Aspekt (*pl* **-e**) *der* aspect; **unter diesem ~** from this angle.
Asphalt [as'falt] (*pl* **-e**) *der* asphalt.
asphaltieren *vt* to asphalt.
Aspik *der* aspic.
aß *prät* ▻ **essen.**
Ass (*pl* **-e**) *das* [Spielkarte, Person] ace.
Assel (*pl* **-n**) *die* woodlouse.
Assessmentcenter (*pl* **-**) *das* assessment centre.
Assessor (*pl* **-oren**) *der probationer for a post in the higher civil service.*
Assessorin (*pl* **-nen**) *die probationer for a post in the higher civil service.*
Assimilation (*pl* **-en**) *die* [gen] assimilation.
assimilieren *vt* [gen & BIOL] to assimilate.
◆ **sich assimilieren** *ref*: **sich an etw** *(A)* **~** [sich anpassen] to adjust to sthg.
Assistent, in (*mpl* **-en;** *fpl* **-nen**) *der, die* assistant; **wissenschaftlicher ~** research assistant.
Assistenzlarzt, ärztin *der, die* houseman *Br*, intern *Am*.
assistieren *vi* to assist; **jm bei etw ~** to assist sb with sthg.
Assoziation (*pl* **-en**) *die* ***geh*** [Gedankenverbindung] association.
assoziieren *vt* ***geh*** [Gedanken] to associate.
Ast (*pl* **Äste**) *der* branch; **auf dem absteigenden ~ sein** ***fig*** [nachlassen] to be on the way down; **den ~ absägen, auf dem man sitzt** ***fig*** [sich selbst schaden] to damage one's own interests; **sich** *(D)* **einen ~ lachen** ***fam fig*** to laugh o.s. silly.
AStA ['asta] (*pl* **ASten**) (*abk für* **Allgemeiner Studentenausschuss**) *der* students' union.
Aster (*pl* **-n**) *die* aster.
Astlgabel *die* fork in a branch.
Ästhetik [ɛs'teːtɪk] (*pl* **-en**) *die* **- 1.** *(ohne pl)* [das Schöne] aesthetic **- 2.** [Wissenschaft] aesthetics *(U)*.
ästhetisch *adj* aesthetic.
Asthma *das* asthma.
Astlloch *das* knothole.
astrein ***fam*** *adj* brilliant; **nicht ganz ~** [anrüchig] a bit dodgy ◇ *adv* brilliantly.
Astrologe (*pl* **-n**) *der* astrologer.
Astrologie *die (ohne pl)* astrology.
Astrologin (*pl* **-nen**) *die* astrologer.
astrologisch *adj* astrological.
Astronaut, in (*mpl* **-en;** *fpl* **-nen**) *der, die* astronaut.
Astronomie *die (ohne pl)* astronomy.
astronomisch *adj* ***eigtl*** & ***fig*** astronomical.
Astrophysik *die (ohne pl)* astrophysics *(U)*.
Asyl (*pl* **-e**) *das* **- 1.** *(ohne pl)* [Zuflucht] asylum; **um ~ bitten** ODER **nachsuchen** to apply for asylum **- 2.** [Obdachlosenasyl] hostel.
Asylant (*pl* **-en**) *der* asylum seeker.
Asylantenwohnlheim *das* hostel for asylum seekers.
Asylantin (*pl* **-nen**) *die* asylum seeker.
Asylbewerber, in *der, die* asylum seeker.
Asylrecht *das (ohne pl)* right of asylum.
Asymmetrie (*pl* **-n**) *die* asymmetry.
asymmetrisch *adj* asymmetrical.
Asymptote (*pl* **-n**) *die* MATH asymptote.
Aszendent (*pl* **-en**) *der* ASTROL ascendant.
AT (*abk für* **Altes Testament**) OT.
Atelier [ate'li̯eː] (*pl* **-s**) *das* **- 1.** [von Künstler, Fotograf] studio **- 2.** [von Schneider] workroom.
Atelierlwohnung *die* converted loft.
Atem *der (ohne pl)* **- 1.** [die Atmung] breathing **- 2.** [die Atemluft] breath; **außer ~ sein** to be out of breath; **~ holen** [einatmen] to breathe in; [sich ausruhen] to catch one's breath **- 3.** ***RW:*** **jn in ~ halten** [in Spannung versetzen] to keep sb on tenterhooks; **jm den ~ verschlagen** [verblüffen] to take sb's breath away.
atemberaubend *adj* breathtaking ◇ *adv* breathtakingly.
Atembeschwerden *pl* breathing problems.
atemlos *adj* breathless ◇ *adv* breathlessly.
Ateml not *die (ohne pl)* difficulty in breathing.
Atemlpause *die*: **eine ~ einlegen** ODER **machen** to take a breather.
Atemlzug *der* breath; **im selben** ODER **in einem ~** [gleichzeitig] in the same breath.
Atheismus [ate'ɪsmus] *der (ohne pl)* atheism.
Atheist, in (*mpl* **-en;** *fpl* **-nen**) *der, die* atheist.
atheistisch *adj* atheistic.
Athen *nt* Athens.
Athener (*pl* **-**) *der* & *adj (unver)* Athenian.
Athenerin (*pl* **-nen**) *die* Athenian.
Äther *der (ohne pl)* ether.
ätherisch *adj* CHEM volatile.
Äthiopien *nt* Ethiopia.
Äthiopier, in (*mpl* **-;** *fpl* **-nen**) *der, die* Ethiopian.
äthiopisch *adj* Ethiopian.

Athlet, in (*mpl* **-en;** *fpl* **-nen**) *der, die* athlete.

athletisch *adj* athletic <> *adv* athletically.

Atlantik *der:* **der ~** the Atlantic (Ocean).

atlantisch *adj* Atlantic.

Atlas (*pl* **-se** oder **Atlanten**) *der* **- 1.** [Buch] atlas **- 2.** *(pl Atlasse)* [Satin] satin.

atmen *vt* & *vi* to breathe.

Atmosphäre (*pl* **-n**) *die* ***eigtl*** & ***fig*** atmosphere.

Atmosphärenüberdruck *der (ohne pl)* pressure above atmospheric pressure.

atmosphärisch *adj* atmospheric.

Atmung *die (ohne pl)* breathing.

Ätna *der* Mount Etna.

Atoll (*pl* **-e**) *das* atoll.

Atom (*pl* **-e**) *das* atom.

atomar *adj* **- 1.** [von Atomen] atomic **- 2.** [mit Atomkraft] nuclear.

Atom|bombe *die* atom *ODER* atomic bomb.

Atom|energie *die (ohne pl)* nuclear energy.

Atom|gewicht *das* atomic weight.

Atom|kern *der* atomic nucleus.

Atom|kraft *die (ohne pl)* nuclear power.

Atom|kraftwerk *das* nuclear power station.

Atom|krieg *der* nuclear war.

Atom|macht *die* nuclear power *(country)*.

Atom|meiler *der* nuclear reactor.

Atom|müll *der (ohne pl)* nuclear waste.

Atom|physik *die (ohne pl)* nuclear physics *(U)*.

Atom|rakete *die* nuclear missile.

Atom|sprengkopf *der* nuclear warhead.

Atom|test *der* nuclear test.

Atom|waffe *die* nuclear weapon.

atonal *adj* atonal.

Atrium (*pl* **Atrien**) *das* ARCHIT atrium.

ätsch *interj* ***fam*** ha-ha.

Attaché [ata'ʃeː] (*pl* **-s**) *der* attaché.

Attacke (*pl* **-n**) *die* attack.

attackieren *vt* [angreifen] to attack.

Attentat (*pl* **-e**) *das* [erfolglos] assassination attempt; [erfolgreich] assassination; **ein ~ auf jn verüben** [erfolglos] to make an attempt on sb's life; [erfolgreich] to assassinate sb.

Attentäter, in (*mpl* **-;** *fpl* **-nen**) *der, die* [erfolglos] would-be assassin; [erfolgreich] assassin.

Attest (*pl* **-e**) *das* doctor's certificate.

attestieren *vt:* **sie attestierten ihm das nötige Fachwissen** they certified that he had obtained the necessary specialist knowledge.

Attraktion (*pl* **-en**) *die* attraction.

attraktiv *adj* attractive.

Attraktivität [atraktivi'tɛːt] *die (ohne pl)* attractiveness.

Attrappe (*pl* **-n**) *die* dummy.

Attribut (*pl* **-e**) *das* ***geh*** [Merkmal & GRAM] attribute.

attributiv *adj* GRAM attributive.

atü [at'yː] (*pl* **-**) (*abk für* **Atmosphärenüberdruck**) *pressure above atmospheric pressure.*

atypisch *adj* atypical.

ätzen *vt* [Oberfläche] to corrode; [Wunde] to cauterize; [Bild, Initialen] to etch <> *vi* [Säure, Chemikalie] to be corrosive; [Geruch] to be pungent.

ätzend *adj* **- 1.** [Säure, Chemikalie] corrosive; [Geruch] pungent **- 2.** [spöttisch] caustic **- 3.** ***fam*** **: ~ sein** [Person] to be a pain; [Fete, Auto, Job] to be crap.

au *interj* **- 1.** [Ausdruck von Schmerz] ouch!, ow! **- 2.** [Ausdruck von Begeisterung]: **~ ja!** oh yes!

AU (*pl* **-s**) (*abk für* **Abgasuntersuchung**) *die emissions test.*

Aubergine [obɛr'ʒiːnə] (*pl* **-n**) *die* aubergine ***Br***, eggplant ***Am***.

auch *adv* **- 1.** [ebenfalls] also, too; **ich ~** me too; **ich ~ nicht** me neither; **~ das noch!** that's the last thing I need! **- 2.** [sogar] even **- 3.** [bestimmt]: **das Bild schien gefälscht, und das war es ~** the picture looked like a fake and indeed it was; **sie war unkonzentriert, aber es war ja ~ schon spät** she couldn't concentrate, but it WAS late **- 4.** [verstärkend]: **dass du ~ immer kleckern musst!** do you HAVE to make such a mess!; **hast du die Tür ~ wirklich zugemacht?** are you sure you closed the door? **- 5.** [egal]: **wo ~ (immer)** wherever; **was ~ (immer)** whatever; **wer ~ (immer)** whoever; **wie dem ~ sei** be that as it may.

Audienz (*pl* **-en**) *die* audience.

Audimax (*pl* **-**) (*abk für* **Auditorium maximum**) *das* UNI main lecture hall.

audiovisuell [audiovi'zuɛl] *adj* audiovisual.

Auditorium (*pl* **Auditorien**) *das* **- 1.** [Hörsaal] lecture hall; **~ maximum** main lecture hall **- 2.** [Publikum] audience.

Aue (*pl* **-n**) *die* water meadow.

Auer|hahn *der* capercaillie.

Auer|ochse *der* aurochs.

auf *präp* **- 1.** (+ *D, A*) [räumlich] on; **~ dem/den Tisch** on the table; **~ dem Land** in the country; **~s Land** to the country; **~ einen Berg steigen** to climb a mountain; **~ der Post** at the post office; **~ eine Feier gehen** to go to a party; **~ die Uni gehen** to go to university **- 2.** *(+ D)* [zeitlich – während]: **~ der Reise** on the journey; **~ der Hochzeit/Feier** at the wedding/party **- 3.** *(+ A)* [zur Angabe der Art und Weise]: **~ diese Art** in this way; ~ **Deutsch** in German; ~ **jeden Fall** in any case - **4.** [feste Verbindungen]: ~ **Reisen gehen** to go on a tour; ~ **js Rat hin** on sb's advice; **von heute ~ morgen** overnight; **was hat es damit ~ sich, dass ...** how come ... - **5.** *(+ A)* [zur Angabe eines Wunsches]: ~ **ihr Wohl!** your good health!; ~ **dass all deine Wünsche in Erfüllung gehen** may all your wishes come true - **6.** [zur Angabe eines Verhältnisses]: ~ **ein Kilo Obst kommt ein Pfund Zucker** add a pound of sugar for every kilo of fruit <> *adv* - **1.** [offen] open; **Tür ~!** open the door! - **2.** [aufgestanden] up; **ich bin seit zehn Uhr ~** I've been up since ten o'clock - **3.** [feste Verbindungen]: ~ **einmal knallte es** suddenly there was a bang; **er aß alle Süßigkeiten ~ einmal** he ate all the sweets in one go <> *interj* [los, weg]: ~ **in die Kneipe!** (let's go) to the pub!; ~ **und davon** up and away.

◆ **auf und ab** *adv* - **1.** [herauf und herunter] up and down - **2.** [hin und her] back and forth.

auf|arbeiten *vt* - **1.** [Korrespondenz] to finish off; [Rückstand] to clear up - **2.** [Möbel] to recondition; [Sofa] to reupholster - **3.** [Erlebnisse, Eindrücke] to work through.

auf|atmen *vi* to breathe a sigh of relief; **(wieder) ~ können** to be able to breathe again.

Aufbau (*pl* **-ten**) *der* - **1.** *(ohne pl)* [Bauen - von Zelt, Gerüst] putting up; [- von Ruinen] rebuilding - **2.** *(ohne pl)* [Gründung] building up - **3.** *(ohne pl)* [Struktur] structure - **4.** [Anbau] superstructure.

auf|bauen *vt* - **1.** [bauen - Zelt, Gerüst] to put up; [- Ruinen] to rebuild - **2.** [gründen, schaffen] to build up - **3.** [zusammensetzen - Kulissen, Modelleisenbahn] to build; **aus etw aufgebaut sein** to be made up *ODER* composed of sthg - **4.** TELEC [Verbindung] to establish - **5.** [ordnen] to structure - **6.** [fördern]: **jn zu** *ODER* **als etw ~** to make *ODER* turn sb into sthg - **7.** [trösten]: **jn ~** to give sb strength - **8.** [begründen]: **etw auf etw** *(D)* **~** to base sthg on sthg.

◆ **sich aufbauen** *ref* - **1.** *fam* [sich hinstellen] to plant o.s. - **2.** [sich zusammensetzen]: **sich aus etw ~** to be made up *ODER* composed of sthg.

Aufbau|gymnasium *das school taking "Realschule" leavers up to university-entrance standard in three years.*

auf|bäumen ◆ **sich aufbäumen** *ref* - **1.** [Pferd] to rear (up) - **2.** [Person]: **sich gegen jn/etw ~** to rebel against sb/sthg.

auf|bauschen *vt* [übertreiben] to blow up.

auf|behalten *vt (unreg)* to keep on.

auf|bekommen *vt (unreg)* - **1.** [öffnen] to get open - **2.** *fam* [aufessen] to manage (to eat) - **3.** [Schulaufgabe] to get for homework.

auf|bereiten *vt* to process; [Trinkwasser] to purify.

Aufbereitung (*pl* **-en**) *die* processing; [von Trinkwasser] purification.

auf|bessern *vt* - **1.** [verbessern] to improve - **2.** [erhöhen] to increase.

Aufbesserung (*pl* **-en**) *die* - **1.** [Verbesserung] improvement - **2.** [Erhöhung] increase.

auf|bewahren *vt* [in Tresor] to keep; **etw (für jn) ~** to look after sthg (for sb); **die Milch kühl ~** to store the milk in a cool place.

Aufbewahrung *die* storage.

auf|bieten *vt (unreg)* - **1.** [Kraft] to summon up; [Einfluss] to use - **2.** [Polizei, Militär] to call out.

Aufbietung *die*: **unter ~ aller Kräfte** summoning up all his/her/*etc* strength.

auf|binden *vt (unreg)* - **1.** [lösen] to undo - **2.** [Haare] to tie up.

auf|blasen *vt (unreg)* [Ballon, Luftmatratze] to blow up, to inflate; [Backen] to puff out.

auf|bleiben (*perf* **ist aufgeblieben**) *vi (unreg)* - **1.** [wach bleiben] to stay up - **2.** [offen bleiben] to stay open.

auf|blenden *vt* to turn on full beam *Br ODER* high beam *Am* <> *vi* to put one's headlights on full beam *Br ODER* high beam *Am.*

auf|blicken *vi* - **1.** [hochsehen] to look up - **2.** [bewundern]: **zu jm ~** to look up to sb.

auf|blitzen (*perf* **aufgeblitzt**) *vi* [Licht] to flash.

auf|blühen (*perf* **ist aufgeblüht**) *vi* - **1.** [blühen] to blossom - **2.** [aufleben] to blossom (out) - **3.** [wachsen] to flourish.

auf|brauchen *vt* to use up.

auf|brausen (*perf* **ist aufgebraust**) *vi* - **1.** [erklingen] to break out - **2.** [hochfahren] to flare up.

auf|brausend *adj* fiery.

auf|brechen (*perf* **hat/ist aufgebrochen**) *(unreg) vt (hat)* [mit Gewalt öffnen - Tür] to force open; [- Schloss] to force; [- Deckel] to force off; [- Wohnung, Auto, Tresor] to break into <> *vi (ist)* - **1.** [abreisen]: ~ **(nach)** to set off (for) - **2.** [aufreißen] to open.

auf|bringen *vt (unreg)* - **1.** [beschaffen] to raise - **2.** [einsetzen] to summon up - **3.** [einführen - Gerücht] to start - **4.** [wütend machen] to make angry; **jn gegen jn/etw ~** to set sb against sb/sthg - **5.** [öffnen können] to get open.

Aufbruch *der (ohne pl)* departure.

auf|brühen *vt* to brew.

auf|brummen *vt* **fam: jm etw ~** [Strafe] to slap sthg on sb.

auf|bürden *vt*: **jm/sich etw ~** [Last, Rucksack] to load sb/o.s. down with sthg; [Verantwortung] to burden sb/o.s. with sthg.

auf|decken *vt* - **1.** [aufschlagen] to turn back - **2.** [entdecken] to uncover - **3.** [Spielkarten]: **seine**

Karten *ODER* **sein Spiel ~** to show one's hand **- 4.** [im Bett]: **jn ~** to pull the covers off sb.

auf|donnern ◆ **sich aufdonnern** *ref fam abw* to doll o.s. up.

auf|drängen *vt:* **jm etw ~** to force sthg onto sb.
◆ **sich aufdrängen** *ref* **- 1.** [Person] to impose; **er hat sich uns vor der Reise aufgedrängt** he imposed himself on us before we set off **- 2.** [Idee]: **dieser Gedanke/Verdacht drängte sich mir auf** I couldn't help thinking/suspecting that; **diese Idee drängt sich einem ja sofort auf, wenn man seinen Bericht hört** this idea comes immediately to mind on hearing his report.

auf|drehen *vt* **- 1.** [Wasserhahn, Gas] to turn on; [Deckel] to unscrew; [Flasche, Dose] to open **- 2.** *fam* [laut stellen] to turn up ◇ *vi fam* **- 1.** [schnell fahren] to put one's foot down **- 2.** [in Stimmung kommen] to get going.

aufdringlich *adj* [Person] pushy; [Farbe] loud; [Parfüm] overpowering ◇ *adv* insistently.

auf|dröseln *vt* to undo.

auf|drucken *vt:* **etw auf etw** *(A)* **~** to print sthg on sthg.

auf|drücken *vt* **- 1.** [öffnen] to push open **- 2.** [anheften, anbringen]: **etw auf etw** *(A)* **~** to stamp sthg on sthg ◇ *vi* [drücken]: **mit etw ~** to press with sthg.

aufeinander *adv* **- 1.** [einer auf dem anderen] one on top of the other; **sie liegen ~** they are lying on top of each other **- 2.** [gegenseitig] one another; **sie passen ~ auf** they look out for each other.

aufeinander folgen (*perf* **sind aufeinander gefolgt**) *vi* to come one after the other.

aufeinander legen *vt* to lay one on top of the other.

aufeinander liegen *vi (unreg)* to lie on top of each other.

aufeinander prallen (*perf* **sind aufeinander geprallt**) *vi* **- 1.** [zusammenstoßen] to crash into one another **- 2.** [sich widersprechen] to clash.

aufeinander stoßen (*perf* **sind aufeinander gestoßen**) *vi (unreg)* **- 1.** [Köpfe, Waggons] to bump into each other **- 2.** [Meinungen] to clash.

aufeinander treffen (*perf* **sind aufeinander getroffen**) *vi (unreg)* to meet.

Aufenthalt (*pl* **-e**) *der* **- 1.** [Anwesenheit] stay; **der ~ im Bereich des Krans ist gefährlich** keep well clear of the crane **- 2.** [Unterbrechung] stop; **in Köln haben wir über eine Stunde ~** we will have over an hour to wait in Cologne.

Aufenthalts|genehmigung *die* residence permit.

Aufenthalts|ort *der* place of residence.

auf|erstehen (*perf* **ist auferstanden**) *vi (unreg)*: **von den Toten ~** to rise from the dead.

Auferstehung *die (ohne pl)* resurrection.

auf|essen *vt (unreg)* to eat up.

auf|fädeln *vt* to string.

auf|fahren (*perf* **ist aufgefahren**) *(unreg) vi* **- 1.** [im Auto]: **dicht auf den Vordermann ~** to sit right on the tail of the car in front; **auf jn/etw ~** to run into sb/sthg **- 2.** [erschrecken] to start; **aus dem Schlaf ~** to awake with a start ◇ *vt* **- 1.** [heranfahren] to bring up **- 2.** *fam* [anbieten] to lay on **- 3.** [aufschütten] to put down.

Auffahrt (*pl* **-en**) *die* **- 1.** [zur Autobahn] slip road *Br*, on-ramp *Am* **- 2.** [zu einem Gebäude] drive **- 3.** [Aufstieg] climb **- 4.** *Schweiz* [Himmelfahrt] Ascension Day.

Auffahr|unfall *der* rear-end collision.

auf|fallen (*perf* **ist aufgefallen**) *vi (unreg)* to stand out; **mir ist nichts Besonderes an ihm aufgefallen** nothing in particular struck me about him; **es fällt auf, dass sie sich nie grüßen** it's noticeable how they never say hello; **er fällt durch seine laute Stimme auf** his loud voice makes him stand out; **unangenehm ~** to make a bad impression.

auffallend *adj* striking ◇ *adv* strikingly.

auffällig *adj* [Kleidung, Auto] ostentatious; [Farbe] loud; [Verhalten] odd, unusual ◇ *adv* [geschminkt] ostentatiously; [häufig] surprisingly.

auf|fangen *vt (unreg)* **- 1.** [Ball] to catch **- 2.** [Worte, Spruch, Signal] to pick up **- 3.** [Stoß, Schlag] to cushion; [Inflation, Preissteigerung] to offset **- 4.** [sammeln] to collect.

Auffang|lager *das* transit camp.

auf|fassen *vt* to understand; **etw als etw ~** to take sthg as sthg; **etw richtig ~** to understand sthg correctly; **etw falsch ~** to misunderstand sthg.

Auf|fassung *die* opinion; **zu der ~ kommen, dass ...** to come to the conclusion that ...; **nach js ~** in sb's opinion.

Auffassungs|gabe *die (ohne pl)* intelligence; **eine schnelle ~ haben** to be quick on the uptake.

auf|finden *vt (unreg)* to find, to locate.

auf|flackern (*perf* **ist aufgeflackert**) *vi* [leuchten] to flicker into life.

auf|fliegen (*perf* **ist aufgeflogen**) *vi (unreg)* **- 1.** [fliegen] to fly up **- 2.** [sich öffnen] to fly open **- 3.** *fam* [entdeckt werden - Vorhaben] to be uncovered; [- Bande] to be broken up.

auf|fordern *vt* **- 1.** [bitten]: **jn dazu ~, etw zu tun** to ask sb to do sthg; **jn zum Platznehmen ~** to ask *ODER* invite sb to be seated **- 2.** [befehlen]: **jn dazu ~, etw zu tun** to require sb to do sthg;

jn zur Rückkehr ~ to require sb to return **- 3.** [zum Tanz] to ask to dance.

Auf|forderung *die* **- 1.** [Bitte] request, invitation **- 2.** [Befehl] demand.

auf|forsten *vt* to reafforest.

auf|fressen *vt (unreg)* **- 1.** [fressen] to devour **- 2.** ***fam*** [einnehmen]: **sie lässt sich von der Sorge um ihren Sohn ~** she is consumed with worry about her son **- 3.** ***fam*** [bestrafen] to eat alive.

auf|frischen *vt* **- 1.** [erneuern - Bezug] to freshen up; [- Farbe] to brighten up; [- Möbel] to renovate **- 2.** [erweitern - Kenntnisse] to brush up on; [- Erinnerung] to refresh ◇ *vi* [Wind] to freshen.

auf|führen *vt* **- 1.** [auf der Bühne] to perform **- 2.** [nennen, auflisten] to give, to list.
◆ **sich aufführen** *ref* ***abw*** [sich benehmen] to behave.

Auf|führung *die* [Vorstellung] performance.

auf|füllen *vt* **- 1.** [nachfüllen] to top up **- 2.** [füllen] to fill up **- 3.** [ergänzen] to replenish.

Auf|gabe *die* **- 1.** [Pflicht] task; **das ist nicht meine ~** that's not my responsibility; **sich** *(D)* **etw zur ~ machen** to make sthg one's business **- 2.** [Kapitulation] surrender **- 3.** *(ohne pl)* [von Geschäften]: **die Einzelhändler wurden zur ~ genötigt** the retailers were forced to give up their businesses **- 4.** [eines Pakets] posting ***Br,*** mailing ***Am;*** [einer Anzeige] placing **- 5.** [SCHULE - in Prüfung] question; [- in Mathematik] problem; [- Übung] exercise; [- Schulaufgabe] homework *(U)*.

auf|gabeln *vt* ***fam*** [Buch, Frau] to pick up; [Schnupfen] to get.

Aufgaben|bereich *der* area of responsibility.

Aufgaben|stellung *die:* **die ~ war unklar** it wasn't clear what we were supposed to do.

Aufgang (*pl* **Aufgänge**) *der* **- 1.** [Treppe] stairs *(pl)* **- 2.** [Leuchten] rising.

auf|geben *(unreg) vt* **- 1.** [Gewohnheit, Stelle, Geschäft] to give up; **das Rauchen ~** to give up smoking **- 2.** [Person] to give up on; [Plan, Idee, Hoffnung] to give up; [Wettkampf, Spiel] to pull out of; **ich gebe es auf!** I give up! **- 3.** [auftragen] to set; **jm etw ~** to set sb sthg **- 4.** [Bestellung] to place; **eine Anzeige ~** to place an advert in the paper **- 5.** [verschicken] to send ◇ *vi* [aufhören, kapitulieren] to give up.

aufgebläht *adj* [Ballon, Verwaltungsapparat] inflated; [Bauch] swollen; [Backen] puffed-out.

Auf|gebot *das* **- 1.** [an Personen] contingent; [an Maschinen, Waren] array **- 2.** [für Hochzeit] banns *(pl);* **das ~ bestellen** to publish the banns.

aufgebracht *pp* ▻ **aufbringen** ◇ *adj* [wütend] angry.

aufgedonnert *adj* ***fam*** [übertrieben zurechtgemacht] tarted up.

aufgedreht *adj* ***fam*** [aufgeregt] in high spirits.

aufgedunsen *adj* bloated.

aufgefächert *adj* fanned-out.

auf|gehen (*perf* **ist aufgegangen**) *vi (unreg)* **- 1.** [Sonne, Mond] to rise; [Sterne] to come out **- 2.** [Knoten, Knopf] to come undone **- 3.** [sich öffnen] to open **- 4.** [Rechnung] to work out **- 5.** [verschwinden]: **in etw** *(D)* **~** to disappear into sthg; **in Flammen ~** to go up in flames **- 6.** [sich einsetzen]: **in etw** *(D)* **~** to be wrapped up in sthg **- 7.** [deutlich werden]: **jm ~** to dawn on sb **- 8.** [Teig, Kuchen] to rise.

aufgehoben *pp* ▻ **aufheben** ◇ *adj:* **(bei jm) gut/schlecht ~ sein** to be/not to be in good hands (with sb).

aufgeklärt *adj* enlightened.

aufgekratzt *adj* boisterous.

aufgelegt *adj:* **gut/schlecht ~ sein** to be in a good/bad mood; **zu etw ~ sein** to be in the mood for sthg.

aufgelöst *adj* [fassungslos] frantic.

aufgepasst *interj* be careful!

aufgeräumt *adj* **- 1.** [ordentlich] tidy **- 2.** [fröhlich] cheerful.

aufgeregt *adj* excited ◇ *adv* excitedly.

aufgeschlossen *pp* ▻ **aufschließen** ◇ *adj* open-minded; **etw gegenüber** ODER **für etw ~ sein** to be open to sthg.

aufgeschmissen *adj* ***fam:*** **~ sein** to be stuck.

aufgeschwemmt *adj* bloated.

aufgetakelt *adj* ***fam*** [übertrieben zurechtgemacht] tarted up.

aufgeweckt *adj* bright.

auf|gießen *vt (unreg)* to make.

auf|gliedern *vt:* **etw in etw** *(A)* **~** to split sthg up into sthg.

auf|greifen *vt (unreg)* **- 1.** [fangen] to pick up **- 2.** [übernehmen] to take up.

aufgrund *präp:* **~ einer Sache** *(G)* because of sthg; **~ von Zeugenaussagen** on the basis of statements made by the witnesses.

Auf|guss *der* **- 1.** [Tee] infusion **- 2.** ***abw*** [Neufassung] pale imitation.

auf|haben *(unreg) vt* **- 1.** [Hausaufgaben] to have for homework **- 2.** [tragen] to have on, to be wearing **- 3.** [offen lassen - Mantel, Tür] to have open; [- Knopf] to have undone **- 4.** ***fam*** [aufgegessen haben] to have eaten up ◇ *vi* [geöffnet sein] to be open.

auf|halsen *vt* ***fam:*** **jm/sich etw ~** to lumber sb/o.s. with sthg.

auf|halten *vt (unreg)* **- 1.** [offen halten - Tür, Tasche] to hold open; **die Hand ~** to hold out one's hand; **die Augen ~** to keep one's eyes open; **jm etw ~** to hold sthg open for sb **- 2.** [anhalten - Entwicklung, Inflation] to put a check on

- **3.** [stören] to hold up; **ich möchte Sie nicht ~** I don't want to keep you.
◆ **sich aufhalten** *ref* - **1.** [sich befinden] to stay - **2.** ***abw*** [sich aufregen]: **sich über jn/etw ~** to rant and rave about sb/sthg.

auf|hängen *vt* - **1.** [hinhängen - Mantel, Plakat] to hang up; [- Bild] to hang; [- Wäsche] to hang out - **2.** [erhängen] to hang - **3.** [mit etw begründen]: **etw an etw** *(D)* **~** to base sthg on sthg ◇ *vi* [am Telefon] to hang up.
◆ **sich aufhängen** *ref* ***fam*** [sich erhängen] to hang o.s.

Aufhänger (*pl* -) *der* - **1.** [Halterung] loop - **2.** ***fig*** [Grund, Anstoß] pretext.

auf|häufen *vt* to pile up.
◆ **sich aufhäufen** *ref* to pile up.

auf|heben *vt (unreg)* - **1.** [nehmen] to pick up - **2.** [aufbewahren] to keep; **etw gut ~** to keep sthg safe - **3.** [Gesetz, Verordnung] to repeal; [Verbot, Embargo] to lift; [Visapflicht] to end - **4.** [ausgleichen]: **etw/einander ~** to cancel sthg/each other out.
◆ **sich aufheben** *ref* to cancel each other out.

Aufheben *das*: **viel ~s von jm/etw machen** to make a great fuss about sb/sthg.

Auf|hebung *die* [von Gesetz, Verordnung] repeal; [von Verbot, Embargo] lifting; [von Visapflicht] ending.

auf|heitern *vt* [Person] to cheer up.
◆ **sich aufheitern** *ref* - **1.** [fröhlich werden] to cheer up - **2.** [sonnig werden] to clear up.

auf|heizen *vt* - **1.** [erwärmen] to heat up - **2.** ***fig*** [erregen] to whip up.
◆ **sich aufheizen** *ref* to heat up.

auf|hellen *vt* [heller machen] to lighten.
◆ **sich aufhellen** *ref* - **1.** [Gesicht, Miene] to light up - **2.** [Wetter, Himmel] to clear up.

auf|hetzen *vt* to stir up; **jn zu etw ~** to incite sb to sthg; **jn gegen jn/etw ~** to stir sb up against sb/sthg.

auf|heulen *vi* [Hund, Wolf] to howl; [Motor] to roar.

auf|holen *vt* [Verspätung] to make up ◇ *vi* [Sportler, Wirtschaft] to catch up.

auf|horchen *vi* - **1.** [horchen] to prick up one's ears - **2.** [aufmerksam werden] to sit up and take notice.

auf|hören *vi* - **1.** [nicht weitermachen] to stop; **~, etw zu tun** to stop doing sthg; **mit etw ~** to stop sthg; **mit dem Rauchen ~** to stop smoking - **2.** [kündigen] to finish - **3.** [zu Ende sein - Film, Straße, Weg] to end; [- Lärm, Regen] to stop; [- Nebel] to lift; **da hört sich doch alles auf!** ***fig*** that's the limit!

auf|kaufen *vt* to buy up.

auf|klappen *vt* to open.

auf|klaren *vi* to clear up.

auf|klären *vt* - **1.** [Missverständnis] to clear up; [Mord] to solve - **2.** [informieren]: **jn über etw** *(A)* **~** to tell sb about sthg - **3.** [über Sexualität informieren] to explain the facts of life to.
◆ **sich aufklären** *ref* - **1.** [sich auflösen] to be cleared up - **2.** [sonnig werden] to clear up.

Auf|klärung *die* - **1.** [von Irrtum] clearing up; [von Verbrechen] solving - **2.** [Information] informing - **3.** [Information über Sexualität] sex education - **4.** HIST Enlightenment.

auf|kleben *vt* to stick on.

Auf|kleber *der* sticker.

auf|knacken *vt* - **1.** [aufbrechen] to crack - **2.** ***fam*** [gewaltsam aufbrechen] to break into.

auf|knöpfen *vt* to unbutton.

auf|knoten *vt* to undo.

auf|kochen (*perf* **ist aufgekocht**) *vi* to come to the boil; **etw ~ lassen** to bring sthg to the boil.

auf|kommen (*perf* **ist aufgekommen**) *vi (unreg)* - **1.** [entstehen] to arise; [Sturm] to get up; **keine Zweifel ~ lassen** to leave no room for doubt - **2.** [übernehmen, zahlen]: **für jn/etw ~** to pay for sb/sthg - **3.** [aufstehen können] to get up - **4.** [landen] to land.

Aufkommen (*pl* -) *das* - **1.** [Anzahl] (total) number - **2.** [Einnahme] revenue.

auf|kratzen *vt* [Wunde] to scratch open; [Pickel] to pick.

auf|krempeln *vt*: **sich** *(D)* **die Ärmel ~** to roll up one's sleeves.

auf|kreuzen (*perf* **ist aufgekreuzt**) *vi* ***fam*** to show up.

auf|kriegen *vt* ***fam*** - **1.** [öffnen können - Tür, Paket] to get open; [- Knoten] to get undone - **2.** [aufessen]: **etw nicht ~** not to eat sthg up.

auf|kündigen *vt*: **jm etw ~** [Vertrag, Freundschaft] to terminate sthg with sb.

Aufl. (*abk für* **Auflage**) ed.

auf|lachen *vi* to burst out laughing.

auf|laden *vt (unreg)* - **1.** [Lasten]: **etw auf etw** *(A)* **~** to load sthg onto sthg - **2.** [aufbürden]: **jm/sich etw ~** to burden sb/o.s. with sthg - **3.** [Batterie] to charge.
◆ **sich aufladen** *ref* to charge.

Auf|lage *die* - **1.** [von Büchern] edition; [von Zeitung] circulation - **2.** [Bedingung] condition; **er hat den Betrieb gekauft mit der ~ alle Mitarbeiter zu übernehmen** he bought the company on (the) condition that all the staff remain in their jobs; **jm zur ~ machen, dass ...** to make it a condition for sb that ....

Auflagen|höhe *die* [von Buch] print-run; [von Zeitung] circulation.

auf|lassen *vt (unreg)* - **1.** [Tür, Jacke] to leave

open; [Knopf] to leave undone - **2.** [Hut, Mütze] to keep on - **3.** [Betrieb, Anwesen] to shut down.

auf|lauern *vi:* **jm ~** to lie in wait for sb.

Auf|lauf *der* - **1.** [Speise] bake - **2.** [Menschenansammlung] crowd.

auf|laufen (*perf* **ist aufgelaufen**) *vi (unreg)* - **1.** [sich festfahren]: **auf etw** *(A)* **~** to run aground on sthg - **2.** [abblocken]: **jn ~ lassen** SPORT to bodycheck sb - **3.** [steigen]: **auf etw** *(A)* **~** to mount up to sthg.

auf|leben (*perf* **ist aufgelebt**) *vi* - **1.** [Person] to liven up - **2.** [Gespräch, Erinnerung] to revive; **etw wieder ~ lassen** to bring sthg back to life.

auf|legen *vt* - **1.** [Tischtuch, Schallplatte, Schminke, Kohle] to put on; [Besteck] to put out - **2.** [Produkt, Buch] to bring out - **3.** [am Telefon] to hang up ◇ *vi* [am Telefon] to hang up.

auf|lehnen ◆ **sich auflehnen** *ref:* **sich gegen jn/etw ~** to rebel against sb/sthg.

auf|lesen *vt (unreg)* to pick up.

auf|leuchten (*perf* **hat/ist aufgeleuchtet**) *vi* to light up.

auf|listen *vt* to list.

auf|lockern *vt* - **1.** [Erde, Boden] to break up; [Muskeln] to loosen up - **2.** [Stimmung, Rede] to liven up.
◆ **sich auflockern** *ref* - **1.** [Sportler] to limber up - **2.** [Bewölkung] to break up; [Knoten] to loosen.

Auflockerung *die (ohne pl)* - **1.** [von Boden] breaking up; [von Muskeln] loosening up - **2.** [von Stimmung, Rede] livening up.

auf|lösen *vt* - **1.** [in Flüssigkeit, in Bestandteile] to dissolve; **etw in etw** *(D)* **~** to dissolve sthg in sthg - **2.** [Staatenverbund, Demonstration, Versammlung] to break up; [Vertrag] to cancel; [Verlobung] to break off; [Parlament] to dissolve - **3.** [Betrieb, Haushalt] to break up - **4.** [Missverständnis, Rätsel] to clear up.
◆ **sich auflösen** *ref* - **1.** [Tablette, Kristalle] to dissolve; [Nebel] to lift; [Bewölkung] to break up; **sich in etw** *(D)* **~** to dissolve in sthg; **er hat sich in Luft aufgelöst** he vanished into thin air - **2.** [Menge, Versammlung] to disperse - **3.** [Rätsel, Schwierigkeit] to be cleared up.

Auf|lösung *die* - **1.** [in Flüssigkeit, in Bestandteile] dissolving; **ein Bildschirm mit hoher ~** a high-resolution screen - **2.** [von Staatenverbund, Demonstration, Versammlung] breaking up; [von Vertrag] cancellation; [von Verlobung] breaking off; [von Parlament] dissolving - **3.** [von Betrieb, Haushalt] breaking up - **4.** [von Rätsel] solution.

auf|machen *vt* - **1.** [gen] to open; [Schnur, Knopf, Jacke] to undo - **2.** [gestalten] to make ◇ *vi* - **1.** [öffnen] to open the door; **jm ~** to let sb in - **2.** [Geschäft] to open.
◆ **sich aufmachen** *ref* [abreisen]: **sich ~ (nach)** to set off (for).

Aufmachung (*pl* **-en**) *die* - **1.** [Gestaltung] layout - **2.** [Kleidung] appearance.

auf|malen *vt* [zeichnen] to draw; [malen] to paint.

Auf|marsch *der* parade.

auf|marschieren (*perf* **ist aufmarschiert**) *vi* to parade.

aufmerksam *adj* - **1.** [konzentriert] attentive; **jn auf jn/etw ~ machen** to draw sb's attention to sb/sthg; **auf jn/etw ~ werden** to notice sb/sthg - **2.** [höflich] thoughtful ◇ *adv* attentively.

Aufmerksamkeit (*pl* **-en**) *die* - **1.** [Konzentration] attentiveness; **js ~ erregen** to draw sb's attention - **2.** [Mitbringsel] gift.

auf|möbeln *vt fam* - **1.** [munter machen] to cheer up - **2.** [erneuern] to do up.

auf|muntern *vt* [aufheitern] to cheer up; [ermutigen] to encourage.

aufmunternd *adj* encouraging ◇ *adv* encouragingly.

aufmüpfig *adj* rebellious.

Aufnahme (*pl* **-n**) *die* - **1.** [Empfang] reception; **~ in etw** *(A)* [Verein, Intensivstation] admission into sthg; **die Idee fand begeisterte ~** the idea was enthusiastically received; **die Kinder fanden bei Verwandten ~** the children were taken in by relatives - **2.** [Beginn - von Kontakt] establishment; [- von Arbeit, Gespräch, Verhandlungen] start - **3.** [Aufzeichnung] recording; [von Diktat] taking down - **4.** [Fotografie] photograph.

aufnahmefähig *adj* receptive.

Aufnahme|prüfung *die* entrance examination.

auf|nehmen *vt (unreg)* - **1.** [aufheben, ergreifen] to pick up - **2.** [empfangen - in Klub] to admit; [- Gast] to receive; [- Asylant] to take in; **Namen auf einer Liste ~** to include names on a list; **ein Wort im Wörterbuch ~** to include a word in the dictionary; **jn bei sich** *(D)* **~** to take sb in - **3.** [essen]: **Nahrung ~** to eat - **4.** [Informationen] to take in; [Vorschlag] to take up - **5.** [reagieren auf]: **etw mit Begeisterung ~** to receive sthg enthusiastically - **6.** [beginnen - Gespräch, Arbeit, Verhandlungen] to start; [- Thema, Tätigkeit] to take up; **mit jm Kontakt ~** to contact sb - **7.** [konkurrieren]: **es mit jm/etw ~ können** to be a match for sb/sthg - **8.** [aufschreiben] to take down - **9.** [sich leihen - Kredit, Hypothek] to get, to obtain; [- Geld, Summe] to borrow - **10.** [Foto] to take - **11.** [auf Tonband] to record.

auf|nötigen *vt:* **jm etw ~** to force sthg onto sb.

auf|opfern ◆ **sich aufopfern** *ref:* **sich für jn/etw ~** to sacrifice o.s. for sb/sthg.

aufopfernd *adj* devoted ◇ *adv* devotedly.

auf|päppeln *vt* [nach Krankheit] to nurse back to health.

auf|passen *vi* to pay attention; **auf jn/etw ~** [Kind, Tasche] to keep an eye on sb/sthg; **auf Fehler ~** to watch out for mistakes; **pass auf!** [Vorsicht!] be careful!; **pass bloß auf, wenn ich dich erwische!** just you wait until I catch you!

Aufpasser, in (*mpl* **-**; *fpl* **-nen**) *der, die* **abw** [in Gefängnis] guard.

auf|pflanzen *vt* to plant.
◆ **sich aufpflanzen** *ref* **fam** to plant o.s.

auf|platzen (*perf* **ist aufgeplatzt**) *vi* to burst (open).

auf|plustern *vt* to ruffle up.
◆ **sich aufplustern** *ref* **- 1.** [Vogel] to ruffle its feathers **- 2. *fam fig*** [Person] to puff o.s. up.

Aufprall (*pl* **-e**) *der* impact.

auf|prallen (*perf* **ist aufgeprallt**) *vi*: **auf etw** *(A)* **~** to hit sthg.

Auf|preis *der* extra charge; **gegen ~** for an extra charge.

auf|pumpen *vt* to pump up.

auf|putschen *vt* to stir up.
◆ **sich aufputschen** *ref* to pep o.s. up.

Aufputsch|mittel *das* stimulant.

auf|quellen (*perf* **ist aufgequollen**) *vi (unreg)* to swell up.

auf|raffen ◆ **sich aufraffen** *ref* [sich entschließen]: **sich dazu ~, etw zu tun** to face up to doing sthg.

auf|ragen *vi* to rise up.

auf|rauen *vt* to roughen.

auf|räumen *vt* **- 1.** [ordnen] to tidy up **- 2.** [forträumen] to tidy away <> *vi* **- 1.** [ordnen] to tidy up **- 2.** [etw beenden]: **mit etw ~** to put an end to sthg.

auf|rechnen *vt*: **etw gegen etw ~** to compare sthg with sthg.

aufrecht *adj* **- 1.** [gerade] upright **- 2.** [Demokrat, Haltung] upstanding <> *adv* **- 1.** [gerade] upright; **er kann sich kaum ~ halten** he can hardly stand, he's ready to drop **- 2. *fig*** [bestärken]: **jn ~ halten** to sustain sb, to keep sb going.

aufrecht|erhalten *vt (unreg)* to maintain.

Aufrecht|erhaltung *die* maintaining.

auf|regen *vt* [ärgern] to annoy; [beunruhigen] to upset.
◆ **sich aufregen** *ref* to get worked up; **sich über jn/etw ~** to get worked up about sb/sthg.

aufregend *adj* exciting.

Auf|regung *die* excitement; **das schlechte Wahlergebnis versetzte die Partei in ~** the bad election result caused a great stir in the party.

auf|reiben *vt (unreg)* **- 1.** [schwächen] to wear down **- 2.** [vernichten] to wipe out.
◆ **sich aufreiben** *ref* [sich überanstrengen] to wear o.s. out.

aufreibend *adj* [anstrengend] exhausting.

auf|reißen (*perf* **hat/ist aufgerissen**) *(unreg) vt (hat)* **- 1.** [öffnen - Brief, Verpackung] to tear open; [- Tür, Fenster] to fling open; [- Mund, Augen] to open wide **- 2. *salopp*** [kennen lernen] to pick up <> *vi (ist)* [Naht] to split; [Wolkendecke] to break up.

aufreizend *adj* provocative <> *adv* provocatively.

auf|richten *vt* **- 1.** [hochziehen - Kranken] to sit up; [- Rücken] to straighten (up) **- 2.** [aufstellen] to erect **- 3.** [trösten] to lift.
◆ **sich aufrichten** *ref* [sich hochziehen] to sit up.

aufrichtig *adj* sincere <> *adv* sincerely.

Auf|richtigkeit *die (ohne pl)* sincerity.

auf|rollen *vt* **- 1.** [zusammenrollen] to roll up **- 2.** [auseinander rollen] to unroll **- 3.** [besprechen, aufgreifen - Streit, Diskussion] to open up **- 4.** SPORT: **das Feld von hinten ~** to move up the field.

auf|rücken (*perf* **ist aufgerückt**) *vi* to move up; **zum Direktor ~** to be promoted to headmaster.

Auf|ruf *der* appeal.

auf|rufen *vt (unreg)* **- 1.** [nennen, rufen] to call **- 2.** [auffordern]: **jn zu etw ~** to appeal to sb for sthg.

Aufruhr (*pl* **-e**) *der* **- 1.** [Aufstand] uprising **- 2.** [Unruhe] turmoil; **in ~ sein/geraten** to be in/be thrown into turmoil.

aufrührerisch *adj* [Versammlung] seditious; [Rede] inflammatory.

auf|runden *vt*: **~ (auf** *(+ A)***)** to round up (to).

auf|rüsten *vi* to rearm; **wieder ~** to rearm.

Auf|rüstung *die* rearmament.

auf|rütteln *vt* to rouse.

aufs *präp* = **auf + das.**

auf|sagen *vt* [Text] to recite.

auf|sammeln *vt* to pick up.

aufsässig *adj* rebellious.

Auf|satz *der* **- 1.** [Schularbeit] essay ***Br***, paper ***Am*** **- 2.** [Abhandlung] paper **- 3.** [Aufbau] upper section.

auf|saugen *vt* to soak up.

auf|schauen *vi* **- 1.** [mit Bewunderung]: **zu jm ~** to look up to sb **- 2. *Süddt*** [aufblicken] to look up.

auf|scheuchen *vt* **- 1.** [verscheuchen] to startle **- 2. *fig*** [stören] to disturb.

auf|schieben *vt (unreg)* **- 1.** [verschieben] to put off **- 2.** [öffnen - Tür, Fenster] to slide open; [- Riegel] to slide back.

Auf|schlag *der* **- 1.** [Aufprall] impact **- 2.** [auf den Preis] extra charge - **3.** [am Hosenbein] turn-up *Br*, cuff *Am;* [am Ärmel] cuff - **4.** SPORT serve; **er hat ~** it's his serve.

auf|schlagen (*perf* **hat/ist aufgeschlagen**) *(unreg) vt (hat)* - **1.** [öffnen - Buch, Zeitung, Augen] to open - **2.** [Ei, Schale] to crack (open); [Eis] to break - **3.** [verletzen]: **sich das Knie ~** to cut one's knee - **4.** [aufbauen - Bett, Zelt] to put up; [- Lager] to pitch - **5.** [dazurechnen]: **etw auf etw** *(A)* **~** to add sthg onto sthg ◇ *vi* - **1.** *(ist)* [aufprallen]: **auf etw** *(A)* **~** to hit sthg - **2.** *(hat)* SPORT to serve.

auf|schließen *(unreg) vt* to unlock ◇ *vi* - **1.** [öffnen]: **jm ~** to unlock the door for sb - **2.** [nachrücken] to move up.

auf|schlitzen *vt* [mit Messer] to slit open.

Auf|schluss *der (ohne pl):* **über etw** *(A)* **~ geben** to provide information about sthg.

auf|schlüsseln *vt:* **~ (nach)** to break down (into).

aufschlussreich *adj* informative.

auf|schnappen *vt* ***fam*** to pick up.

auf|schneiden *(unreg) vt* to cut open ◇ *vi* [angeben] to boast.

Auf|schnitt *der sliced cold meat and/or cheese.*

auf|schnüren *vt* to untie.

auf|schrauben *vt* [Deckel] to unscrew; [Glas] to screw the lid off.

auf|schrecken (*perf* **hat/ist aufgeschreckt**) *vt (hat)* to startle ◇ *vi (ist)* to start.

Auf|schrei *der* ***eigtl*** & ***fig*** cry; **wenn die Benzinpreise erhöht werden, geht ein ~ durchs Volk** if petrol prices are put up, there will be a public outcry.

auf|schreiben *vt (unreg)* - **1.** [notieren] to write down; **sich** *(D)* **etw ~** to make a note of sthg - **2.** [Strafzettel geben] to book.

auf|schreien *vi (unreg)* to cry out; **vor Schmerz ~** to cry out with pain.

Auf|schrift *die* inscription.

Auf|schub *der:* **es duldet keinen ~** it must not be delayed; **jm ~ gewähren** to grant sb a period of grace.

auf|schütten *vt* - **1.** [nachfüllen] to pour on - **2.** [anhäufen - Damm, Wall] to build up.

auf|schwatzen *vt:* **jm etw ~** to talk sb into sthg.

auf|schwemmen *vt* to make bloated.

Auf|schwung *der* - **1.** [Auftrieb] upturn; **sein Optimismus gab uns ~** his optimism gave us a lift - **2.** SPORT swing-up.

auf|sehen *vi (unreg)* [hochschauen] to look up; **zu jm ~** [bewundern] to look up to sb.

Aufsehen *das:* **~ erregen** to cause a stir; **~ erregend** sensational.

Aufseher, in (*mpl* **-;** *fpl* **-nen**) *der, die* [im Gefängnis] warder.

auf sein (*perf* **ist auf gewesen**) *vi (unreg)* ***fam*** - **1.** [offen sein] to be open - **2.** [wach sein] to be up.

auf|setzen *vt* - **1.** [gen] to put on - **2.** [schreiben] to draft ◇ *vi* [landen] to touch down.
◆ **sich aufsetzen** *ref* [sich aufrichten] to sit up.

auf|seufzen *vi* to heave a sigh.

Auf|sicht *die (ohne pl)* - **1.** [Kontrolle] supervision; **die ~ über jn/etw haben** to supervise sb/sthg; **unter js ~** *(D)* under sb's supervision - **2.** [Person] supervisor.

Aufsichts|behörde *die* watchdog (organization).

Aufsichts|pflicht *die* [von Eltern] parental responsibility.

Aufsichts|rat *der* supervisory board, *company board comprising management and worker representatives with powers of co-determination.*

auf|sitzen (*perf* **hat/ist aufgesessen**) *vi (unreg)* - **1.** *(ist)* [aufsteigen - auf Motorrad] to get on; [- Pferd] to mount - **2.** *(ist)* [sich täuschen lassen]: **jm ~** to be taken in by sb - **3.** *(hat)* [wach bleiben] to sit up.

auf|spalten *vt* to split.
◆ **sich aufspalten** *ref* to split up.

auf|spannen *vt* to put up.

auf|sparen *vt:* **sich** *(D)* **etw ~** to save sthg.

auf|sperren *vt* - **1.** [aufschließen] to unlock - **2.** [offen halten] to open wide.

auf|spielen ◆ **sich aufspielen** *ref* [angeben] to give o.s. airs; **sich als Chef/Genie ~** to play the boss/genius.

auf|spießen *vt* to spear.

auf|springen (*perf* **ist aufgesprungen**) *vi (unreg)* - **1.** [aufstehen]: **~ (vor** *(+ D)***)** to jump up (with) - **2.** [sich öffnen - Blüte, Tür] to burst open; [- Haut, Hände] to chap - **3.** [springen]: **auf etw** *(A)* **~** to jump onto sthg.

auf|spüren *vt* to track down.

auf|stacheln *vt:* **jn (zu etw) ~** to spur sb on (to sthg).

auf|stampfen *vi:* **mit dem Fuß ~** to stamp one's foot.

Auf|stand *der* uprising, rebellion; **wenn der Chef von der Beschwerde erfährt, macht er einen ~** ***fam*** if the boss hears of the complaint, there will be hell to pay.

aufständisch *adj* rebellious.

Aufständische (*pl* **-n**) *der, die* rebel.

auf|stapeln *vt* to pile up.

auf|stauen *vt* to dam.
◆ **sich aufstauen** *ref* [Wasser] to collect; [Gefühle, Wut] to get bottled up.

auf|stecken *vt* **- 1.** [hochstecken] to pin up **- 2.** ***fam*** [aufgeben, abbrechen] to give up.

auf|stehen (*perf* **hat/ist aufgestanden**) *vi (unreg)* **- 1.** *(ist)* [sich erheben] to get up **- 2.** *(hat)* [offen stehen] to stand open.

auf|steigen (*perf* **ist aufgestiegen**) *vi (unreg)* **- 1.** [auf Motorrad, Fahrrad, Pferd] to get on; **auf etw** *(A)* **~** [Fahrrad, Pferd] to get on sthg **- 2.** [Bergsteiger, Hubschrauber, Ballon] to climb; [Vogel] to soar; **auf einen Berg ~** to climb a mountain **- 3.** [Rauch] to rise; [Nebel] to lift **- 4.** [Erfolg haben] to be promoted; **in etw** *(A)***/zu etw ~** to be promoted to sthg.

Aufsteiger (*pl* **-**) *der* **- 1.** [Mannschaft] promoted team **- 2.** [Person]: **sozialer ~** social climber.

Aufsteigerin (*pl* **-nen**) *die* [Person]: **soziale ~** social climber.

auf|stellen *vt* **- 1.** [hinstellen - Schachfiguren, Kegel, Lampe] to set up; [- Schild] to put up **- 2.** [aufbauen - Gerüst, Gitter] to put up **- 3.** [Liste, Plan] to draw up **- 4.** [Theorie, Behauptung] to put forward **- 5.** [auswählen] to select **- 6.** [Ohren] to prick up; [Stacheln] to raise; [Kragen] to turn up.
◆ **sich aufstellen** *ref* **- 1.** [sich hinstellen] to take up one's position **- 2.** [sich aufrichten - Haare] to stand on end.

Auf|stellung *die* **- 1.** [Hinstellen - von Schachfiguren, Kegeln, Lampe] setting up; [- von Schild] putting up; **~ nehmen** to take up one's position **- 2.** [Aufbau - von Gerüst, Gitter] putting up **- 3.** [von Liste, Plan] drawing up **- 4.** [von Theorie, Behauptung] putting forward **- 5.** [Wahl] selection.

auf|stemmen *vt* to prise open.

Aufstieg (*pl* **-e**) *der* **- 1.** [Aufsteigen] ascent **- 2.** [Erfolg] promotion.

auf|stöbern *vt* [Opfer, Sammlerstück] to track down; [Wild] to flush out.

auf|stocken *vt* **- 1.** [höher bauen] to raise the height of **- 2.** [vergrößern] to increase.

auf|stoßen (*perf* **hat/ist aufgestoßen**) *(unreg)* *vt (hat)* [öffnen] to push open ◇ *vi* **- 1.** *(ist)* [stoßen]: **mit etw auf etw** *(D)* **~** to hit sthg with sthg **- 2.** *(hat)* [rülpsen] to belch **- 3.** *(ist)* ***fam*** [unangenehm auffallen]: **sein Verhalten ist mir sauer** *ODER* **übel aufgestoßen** his behaviour left a nasty taste in my mouth.

aufstrebend *adj* up-and-coming.

auf|stützen *vt* to prop up.
◆ **sich aufstützen** *ref* to support o.s.

auf|suchen *vt* to go to.

Auf|takt *der* **- 1.** [Anfang] start **- 2.** MUS upbeat.

auf|tanken *vt* [Auto] to fill up; [Flugzeug] to refuel; **Benzin ~** to fill up with petrol ***Br*** *ODER* gas ***Am***.

auf|tauchen (*perf* **ist aufgetaucht**) *vi* **- 1.** [aus dem Wasser] to surface **- 2.** [sichtbar werden] to appear **- 3.** [aufkommen] to arise **- 4.** [gefunden werden, ankommen] to turn up.

auf|tauen (*perf* **hat/ist aufgetaut**) *vt (hat) vi (ist)* [Lebensmittel] to defrost; [Boden, Eis] to thaw.

auf|teilen *vt* **- 1.** [verteilen] to share out; **die Kollegen teilen die Aufgaben unter sich auf** the colleagues share out the tasks amongst themselves **- 2.** [einteilen] to divide up; **jn/etw in etw** *(A)* **~** to divide sb/sthg up into sthg.

Auf|teilung *die* **- 1.** [Verteilung]: **~ (unter** *(+D)***)** sharing out (amongst) **- 2.** [Einteilung]: **~ (in** *(+A)***)** division (into).

auf|tischen *vt* **- 1.** [servieren] to serve up **- 2.** ***fam fig*** [erzählen] to come out with.

Auftr. *abk für* **Auftrag.**

Auftrag (*pl* **Aufträge**) *der* **- 1.** [Befehl, Aufgabe] task; **jm einen ~ geben** *ODER* **erteilen** to give sb a task; **in js ~** *(D)* **handeln** to act on sb's behalf **- 2.** [Bestellung] order; **etw in ~ geben** [Untersuchung, Reparatur] to order sthg; [Studie, Gemälde] to commission sthg.

auf|tragen *(unreg) vt* **- 1.** [aufstreichen] to apply; **etw auf etw** *(A)* **~** to apply sthg to sthg; **etw dick/dünn ~** to apply sthg liberally/sparingly **- 2.** [bestellen]: **jm ~, etw zu tun** to tell sb to do sthg; **sie hat mir Grüße an dich aufgetragen** she asked me to pass on her regards to you **- 3.** [abtragen] to wear out ◇ *vi:* **dick ~** ***fam*** [übertreiben] to go over the top.

Auftraggeber, in (*mpl* **-**; *fpl* **-nen**) *der, die* [Kunde] client; **der ~ einer Umfrage** the person who commissioned a survey.

Auftrags|bestätigung *die* order confirmation.

Auftrags|lage *die* order situation.

auf|treffen (*perf* **ist aufgetroffen**) *vi (unreg)* to land.

auf|treiben (*perf* **hat aufgetrieben**) *vt (unreg)* *(hat)* [finden] to find.

auf|trennen *vt* to unpick.

auf|treten (*perf* **ist aufgetreten**) *vi (unreg)* **- 1.** [treten] to tread **- 2.** [sich benehmen] to behave **- 3.** [erscheinen - Person] to appear; [- Problem, Gefahr, Frage] to arise.

Auftreten *das* **- 1.** [Benehmen] behaviour **- 2.** [Erscheinen] occurrence.

Auf|trieb *der* buoyancy; **jm/einer Sache ~ geben** ***fig*** to give sb/sthg a lift.

auf|trumpfen *vi* to show one's superiority.

auf|tun *vt (unreg)* ***fam*** [finden] to come across.
◆ **sich auftun** *ref* ***eigtl*** & ***fig*** to open up.

auf|türmen *vt* to pile up.
◆ **sich auftürmen** *ref* [Masse, Probleme] to pile up; [Berge] to tower.

auf|wachen (*perf* **ist aufgewacht**) *vi* to wake up.

auf|wachsen ['aufvaksn̩] (*perf* **ist aufgewachsen**) *vi (unreg)* to grow up.

Aufwand *der* **- 1.** [Einsatz - von Geld] expenditure; **es ist mit viel ~ verbunden** it takes a lot of time/effort/*etc* **- 2.** [Luxus] extravagance; **viel** *ODER* **großen ~ treiben** to be very extravagant.

aufwändig *adj* extravagant <> *adv* extravagantly.

auf|wärmen *vt* **- 1.** [warm machen] to warm up **- 2.** *fam fig* [wieder erwähnen] to bring up again.
◆ **sich aufwärmen** *ref* to warm o.s. up.

auf|warten *vi:* **mit etw ~** to offer sthg.

aufwärts *adv* upwards; **von 50 cm³ ~** from 50 cm³ up *ODER* upwards.

aufwärts gehen (*perf* **ist aufwärts gegangen**) *vi (unreg):* **mit den Verkaufszahlen geht es aufwärts** the sales figures are looking up.

Aufwärts|trend *der* upward trend.

Aufwasch *der (ohne pl)* washing-up *Br*, dishes *(pl) Am;* **das geht in einem ~, das ist ein ~** *fig* that will kill two birds with one stone.

auf|wecken *vt* to wake up.

auf|weichen (*perf* **hat/ist aufgeweicht**) *vt (hat)* **- 1.** [weich machen - Boden] to make sodden; [- Brot, Pappe] to make soggy **- 2.** [Disziplin, System] to weaken; [Regeln] to water down <> *vi (ist)* [Boden] to become sodden; [Brot, Pappe] to get soggy.

auf|weisen *vt (unreg)* [zeigen] to show; **der Plan weist Mängel auf** the plan contains flaws; **etwas** *ODER* **allerhand aufzuweisen haben** to have something to show for o.s.

auf|wenden *vt* [Geld, Zeit] to spend; [Energie, Kraft] to use (up).

auf|wendig *adj* & *adv* = **aufwändig.**

Auf|wendung *die* [von Geld, Zeit] spending; [von Energie, Kraft] using (up).
◆ **Aufwendungen** *pl* [Kosten] expenditure *(U)*.

auf|werfen *vt (unreg)* **- 1.** [anhäufen - Erde, Kies] to pile up **- 2.** [ansprechen] to raise.

auf|werten *vt* [Währung] to revalue; [Ansehen, Status] to enhance.

Auf|wertung *die* [von Währung] revaluation; [von Ansehen, Status] enhancement.

auf|wickeln *vt* to wind up.

auf|wiegeln *vt abw* to incite; **jn gegen jn ~** to stir sb up against sb.

Auf|wind *der* upcurrent; **~ bekommen** *fig* to get a boost; **~ haben** to be going strong.

auf|wirbeln *vt* & *vi* to swirl up.

auf|wischen *vt* to mop up.

auf|wühlen *vt* **- 1.** [zerwühlen] to churn up **- 2.** [erregen] to stir up.

auf|zählen *vt* to list.

Auf|zählung *die* list.

auf|zäumen *vt* to bridle.

auf|zehren *vt* [verbrauchen] to exhaust.

auf|zeichnen *vt* **- 1.** [zeichnen] to draw **- 2.** [aufnehmen] to record.

Auf|zeichnung *die* [Aufnahme] recording.
◆ **Aufzeichnungen** *pl* [Notizen] notes; **sich** *(D)* **~en machen** to take notes.

auf|zeigen *vt* [nachweisen] to show.

auf|ziehen (*perf* **hat/ist aufgezogen**) *(unreg) vt (hat)* **- 1.** [Uhr, Spielzeugauto] to wind up **- 2.** [erziehen - Kind] to bring up; [- Tier] to raise **- 3.** [öffnen] to open **- 4.** [necken] to tease; **jn mit etw ~** to tease sb about sthg **- 5.** *fam* [organisieren - Geschäft, Arbeitsgruppe] to set up; [- Fest, Kampagne] to organize <> *vi (ist)* [Gewitter] to brew; [Wolken] to mass.

Auf|zucht *die* rearing.

Auf|zug *der* **- 1.** [Lift] lift *Br*, elevator *Am* **- 2.** *abw* [Aufmachung] get-up **- 3.** [Akt] act.

auf|zwingen *vt (unreg)*: **jm etw ~** to force sthg onto sb.
◆ **sich aufzwingen** *ref:* **der Gedanke zwingt sich regelrecht auf** the thought is unavoidable.

Aug|apfel *der* eyeball; **etw wie seinen ~ hüten** *fig* to be very careful with sthg.

Auge (*pl* **-n**) *das* **- 1.** [Sehorgan] eye; **ein blaues ~** a black eye; **mit bloßem ~** with the naked eye; **etw mit eigenen ~n gesehen haben** to have seen sthg with one's own eyes; **ihm wurde schwarz vor ~n** everything went black **- 2.** [Würfelpunkt] dot **- 3.** *RW:* **(große) ~n machen** to stare wide-eyed; **seinen ~n nicht trauen** not to believe one's eyes; **jm aus den ~n gehen** to get out of sb's sight; **jn aus den ~n verlieren** to lose touch with sb; **die ~n offen halten** *ODER* **aufhalten** to keep one's eyes open; **jm die ~n öffnen** to open sb's eyes; **ein ~ auf jn/etw geworfen haben** to have an eye on sb/sthg; **ein ~ für etw haben** to have an eye for sthg; **ein ~ zudrücken** to turn a blind eye; **ihm gingen die ~n auf** his eyes were opened; **etw im ~ haben** to have one's eye on sthg; **jn/etw im ~ behalten** to keep an eye on sb/sthg; **in meinen/seinen/***etc* **~n** as I see/he sees/*etc* it; **jn/etw mit anderen** *ODER* **neuen ~n sehen** to see sb/sthg differently; **mit einem blauen ~ davonkommen** to get away with a bloody nose; **jn/etw nicht aus den ~n lassen** not to take one's eyes off sb/sthg; **unter vier ~n** in private; **etw vor ~n haben** to have sthg in mind.

Augen|arzt, ärztin *der, die* eye specialist, ophthalmologist.

Augen|blick *der* moment; **einen ~ bitte!** just a *ODER* one moment, please!; **alle ~e** all the time, constantly; **im ~** at the moment; **jeden ~** at any moment, any time.

augenblicklich *adj* **- 1.** [sofortig] immediate

- 2. [jetzig] current <> *adv* **- 1.** [umgehend] immediately **- 2.** [jetzig] currently.

Augen|braue *die* eyebrow.

Augen|farbe *die:* **welche ~ hat sie?** what colour are her eyes?

Augen|höhe *die:* **in ~** at eye level.

Augen|höhle *die* eye socket.

Augen|licht *das (ohne pl)* ***geh:*** **das ~ verlieren** to lose one's eyesight.

Augen|maß *das* **- 1.** [visuell]: **etw nach ~ schätzen** to judge sthg by sight **- 2.** [Feingefühl] judgement.

Augen|merk *das* attention; **sein ~ auf etw** *(A)* **richten** to turn one's attention to sthg.

Augen|ränder *pl* rims of one's eyes.

Augen|schein *der (ohne pl)* ***geh*** appearances *(pl);* **dem ersten ~ zufolge ist alles in Ordnung** to judge by first appearances, everything is in order; **jn/etw in ~ nehmen** to have a close look at sb/sthg.

Augen|weide *die* feast for the eyes.

Augen|winkel *der:* **jn/etw aus den ~n beobachten** to watch sb/sthg out of the corner of one's eye.

Augen|wischerei *(pl* **-en)** *die:* **das ist doch ~!** you're kidding yourself!

Augen|zeuge, zeugin *der, die* eyewitness.

augenzwinkernd *adv* with an air of complicity.

August *der* August; *siehe auch* **September.**

Auktion [auk'tsio:n] *(pl* **-en)** *die* auction.

Auktionator [auktsio'na:tɔr] *(pl* **-natoren)** *der* auctioneer.

Aula *(pl* **-s)** *die* hall.

Aupair|mädchen, Au-pair-Mädchen [o'pɛ:rmɛ:tçən] *das* au pair.

Aura *die* ***geh*** aura.

aus *präp (+ D)* **- 1.** [heraus] out of; **~ dem Haus gehen** to go out of the house, to leave the house; **Rauch kam ~ dem Fenster** smoke was coming out of the window **- 2.** [zur Angabe der Herkunft] from; **~ Amerika** from America; **ein Lied ~ den 70er Jahren** a song from the seventies **- 3.** [zur Angabe des Materials]: **~ Plastik** made of plastic; **Möbel ~ Eschenholz** ash furniture **- 4.** [zur Angabe der Zugehörigkeit]: **einer ~ der Gruppe** a member of the group; **ein Gemälde ~ der Sammlung** a picture from the collection **- 5.** [zur Angabe der Entfernung] from; **~ 50 m Entfernung** from 50 m away **- 6.** [zur Angabe des Grundes]: **~ welchem Grund?** for what reason?, why?; **~ Spaß** for fun; **~ Habgier** from greed, out of greed; **~ Wut** in anger <> *adv* **- 1.** [elliptisch]: **Licht ~!** lights out! **- 2.** [zu Ende] over; **~ und vorbei** all over.

Aus *das* end; **ins ~ gehen** SPORT to go out (of play).

aus|arbeiten *vt* [Plan, Liste, Vertrag] to draw up; [Methode, Vorschlag] to work out.

Ausarbeitung *(pl* **-en)** *die* [von Plan, Liste, Vertrag] drawing up; [von Methode, Vorschlag] working out.

aus|arten *(perf* **ist ausgeartet)** *vi* to degenerate; **in** *(+ A)* ODER **zu etw ~** to degenerate into sthg.

aus|atmen *vt* & *vi* to breathe out.

aus|baden *vt:* **etw ~ müssen** to pay (the price) for sthg.

aus|balancieren *vt* to balance.
◆ **sich ausbalancieren** *ref* to balance.

Aus|bau *der* **- 1.** [Beseitigung] removal **- 2.** [Erweiterung - von Netz, Haus] extension; [- von Dachboden] conversion; [- von Kenntnissen] expansion; [- von Kontakten] intensification, strengthening.

aus|bauen *vt* **- 1.** [beseitigen] to remove **- 2.** [erweitern - Netz, Haus] to extend; [- Dachboden] to convert; [- Kenntnisse] to expand; [- Kontakte] to intensify, to strengthen.

ausbaufähig *adj* **- 1.** [Position, Beziehung] promising **- 2.** [Dachboden] convertible.

ausbedingen *(prät* **bedang aus;** *perf* **hat ausbedungen)** *vt:* **sich** *(D)* **etw ~** to insist on sthg.

aus|beißen *vt (unreg):* **sich** *(D)* **einen Zahn ~** to break a tooth; **sich** *(D)* **die Zähne an etw** *(D)* **~** to be getting nowhere with sthg.

aus|bessern *vt* [Schaden, Zaun] to repair; [Kleidungsstück] to mend.

Ausbesserungs|arbeit *die* repair work *(U).*

aus|beulen *vt* **- 1.** [glätten] to beat out **- 2.** [verformen] to make baggy.
◆ **sich ausbeulen** *ref* [Kleidungsstück] to go baggy.

Aus|beute *die* gain.

aus|beuten *vt* to exploit.

Ausbeutung *(pl* **-en)** *die* exploitation.

aus|bezahlen *vt* [Summe, Geld] to pay out; [Arbeiter, Erben] to pay off.

aus|bilden *vt* **- 1.** [schulen] to train; **sich zu etw ~ lassen** to train to be sthg **- 2.** [hervorbringen] to develop.

Ausbilder, in *(mpl* **-;** *fpl* **-nen)** *der, die* instructor *(f* instructress).

Aus|bildung *die* [beruflich, fachlich] training; [schulisch] education; **in der ~ sein** [beruflich, fachlich] to be a trainee; [schulisch] to be in education.

Ausbildungs|förderung *die financial sup-*

port provided by Federal Government or State for students or trainees.

Ausbildungs|platz *der* traineeship.

Ausbildungs|vertrag *der* training contract.

Ausbildungs|zeit *die* period of training, traineeship.

aus|bitten *vt (unreg)*: **sich** *(D)* **etw ~** *geh* to request sthg; **das möchte ich mir ausgebeten haben!** I should think so too!

aus|blasen *vt (unreg)* [löschen] to blow out.

aus|bleiben (*perf* **ist ausgeblieben**) *vi (unreg)* **- 1.** [Besserung, Katastrophe] to fail to materialize; [Gäste, Touristen] to fail to turn up; **bei diesem Sport bleiben Verletzungen nicht aus** people are bound to get injured doing this sport **- 2.** [nicht nach Hause kommen] to stay out.

aus|blenden *vt* TV to fade out.
◆ **sich ausblenden** *ref* TV: **wir blenden uns nun aus dieser Liveübertragung aus** we are now leaving this live broadcast.

Aus|blick *der* view; **ein ~ auf etw** *(A)* ***fig*** a look ahead to sthg.

aus|bluten (*perf* **ist ausgeblutet**) *vi* to bleed dry; **etw ~ lassen** to bleed sthg dry.

ausbooten *vt* to oust.

aus|borgen *vt*: **jm etw ~** to lend sb sthg; **sich** *(D)* **etw (von jm) ~** to borrow sthg (from sb).

aus|brechen (*perf* **hat/ist ausgebrochen**) *(unreg) vi (ist)* **- 1.** [Gefangene, Krieg, Panik, Epidemie] to break out; **aus etw ~** to break out of sthg **- 2.** [verfallen]: **in Gelächter ~** to burst out laughing; **in Tränen ~** to burst into tears; **in Zorn ~** to explode with anger **- 3.** [Auto] to spin out of control **- 4.** [Vulkan] to erupt ◇ *vt (hat)* [herausbrechen] to break off.

Ausbrecher, in (*mpl* **-**; *fpl* **-nen**) *der, die* escaped prisoner.

aus|breiten *vt* to spread out; **etw über jm/etw ~** to spread sthg out over sb/sthg.
◆ **sich ausbreiten** *ref* **- 1.** [sich verbreiten] to spread **- 2.** ***fam*** [sich breit machen] to spread o.s. out.

aus|brennen (*perf* **ist ausgebrannt**) *vi (unreg)* **- 1.** [Gebäude, Fahrzeug] to be gutted **- 2.** [Person]: **ausgebrannt sein** to be burnt out.

aus|bringen *vt (unreg)*: **einen Trinkspruch auf jn ~** to propose a toast to sb.

Aus|bruch *der* **- 1.** [Flucht] break-out **- 2.** [Beginn] outbreak; **nach einer Woche kam die Krankheit vollends zum ~** after a week the disease broke out fully **- 3.** [von Vulkan] eruption **- 4.** [Gefühlsäußerung] outburst.

Ausbruchs|versuch ['ausbruxsfɛɐ̯zuːx] *der* attempted break-out.

aus|brüten *vt* ***eigtl*** & ***fig*** to hatch.

aus|buddeln *vt* ***fam*** to dig up.

aus|bügeln *vt* **- 1.** [Falte] to iron out; [Hose, Anzug] to iron **- 2.** ***fam*** [Fehler, Mangel] to make good; [Missverständnis] to clear up, to iron out.

Aus|bund *der*: **ein ~ an** ODER **von etw** a model of sthg.

aus|bürsten *vt* [Staub, Fleck] to brush out; [Haare, Kleidungsstück] to brush.

aus|büxen (*perf* **ist ausgebüxt**) *vi* ***fam*** to scarper.

Aus|dauer *die* [Beharrungsvermögen] perseverance; SPORT stamina.

ausdauernd *adj* persevering; **ein ~er Läufer** a runner with a lot of stamina ◇ *adv* untiringly.

ausdehnbar *adj* expandable.

aus|dehnen *vt* **- 1.** [Einzugsgebiet, Einfluss] to expand; [Gummiband] to extend; [Kleidungsstück] to lengthen **- 2.** [zeitlich] to extend.
◆ **sich ausdehnen** *ref* **- 1.** [Metall, Handel] to expand; [Feuer] to spread; [Weite] to stretch out; **sich auf etw** *(A)* **~** [Brand, Hysterie, Aktivitäten] to spread to sthg **- 2.** [Besuch, Verhandlungen] to go on.

Aus|dehnung *die* **- 1.** [von Metall, Handel] expansion; [von Feuer] spreading **- 2.** [von Besuch, Verhandlungen] extension.

aus|denken *vt (unreg)*: **sich** *(D)* **etw ~** [Geschichte, Plan] to think sthg up; [Geschenk] to think of sthg; **da musst du dir schon etwas anderes ~!** ***fam*** you'll have to do better than that!; **das ist nicht auszudenken** that doesn't bear thinking about.

aus|diskutieren *vt* to discuss fully.

Aus|druck (*pl* **-drücke** ODER **-e**) *der* **- 1.** *(pl Ausdrücke)* [Formulierung] expression; **das ist gar kein ~!** that isn't the word for it! **- 2.** *(ohne pl)* [Zeichen] expression; **etw zum ~ bringen** to express sthg; **einer Sache** *(D)* **~ geben** ODER **verleihen** ***geh*** to express sthg **- 3.** *(pl Ausdrucke)* EDV printout.

aus|drucken *vt* EDV to print (out).

aus|drücken *vt* **- 1.** [Orange, Schwamm, Saft] to squeeze **- 2.** [Zigarette] to stub out **- 3.** [aussprechen] to express; **etw mit einfachen Worten ~** to put sthg simply **- 4.** [zeigen - Gefühle, Dank] to express, to show.
◆ **sich ausdrücken** *ref* **- 1.** [Person] to express o.s. **- 2.** [Freude, Gier, Intoleranz] to reveal itself.

ausdrücklich *adj* explicit ◇ *adv* explicitly.

ausdruckslos *adj* expressionless ◇ *adv* expressionlessly.

ausdrucksvoll *adj* expressive ◇ *adv* expressively.

Ausdrucks|weise *die* way of expressing o.s.

auseinander *adv* apart; **auseinander!** break

it up!; **die Schwestern sind sechs Jahre ~** there's six years between the two sisters.

auseinander brechen (*perf* **hat/ist auseinander gebrochen**) *(unreg) vt (hat) vi (ist)* to break into pieces.

auseinander bringen *vt (unreg)* [Menschen] to drive apart.

auseinander entwickeln ◆ **sich auseinander entwickeln** *ref* [Freunde] to drift apart; [Karrieren] to follow separate paths.

auseinander fallen (*perf* **ist auseinander gefallen**) *vi (unreg)* to fall apart.

auseinander fliegen (*perf* **ist auseinander geflogen**) *vi* [Vögel, Blätter] to fly in all directions; [explodieren] to be blown sky-high.

auseinander gehen (*perf* **ist auseinander gegangen**) *vi (unreg)* **- 1.** [sich trennen - Gruppe] to break up; [- Wege] to diverge; [- Personen] to part **- 2.** [Vorhang] to open **- 3.** [Meinungen] to differ **- 4.** [Ehe] to break up **- 5.** *fam* [dick werden] to get fat.

auseinander halten *vt (unreg)* to distinguish.

auseinander klamüsern *vt fam* to sort out.

auseinander laufen (*perf* **ist auseinander gelaufen**) *vi (unreg)* **- 1.** [Gruppe] to disperse **- 2.** [Eis, Käse] to melt; [Farbe] to run.

auseinander leben ◆ **sich auseinander leben** *ref* to drift apart.

auseinander nehmen *vt (unreg)* to dismantle.

auseinander reißen *vt (unreg)* [trennen] to tear apart.

auseinander rücken (*perf* **hat/sind auseinander gerückt**) *vt (hat) vi (sind)* to move apart.

auseinander setzen *vt:* **jm etw ~** to explain sthg to sb.
◆ **sich auseinander setzen** *ref* **- 1.** [sich beschäftigen]: **sich mit etw ~** to examine sthg **- 2.** [sich streiten]: **sich mit jm ~** to argue with sb.

Auseinandersetzung (*pl* **-en**) *die* **- 1.** [mit Thema]: **~ (mit)** examination (of) **- 2.** [Streit] argument; [Debatte] debate.

auserlesen *adj* ***geh*** select.

auserwählt *adj* chosen.

ausfahrbar *adj* retractable.

aus|fahren (*perf* **hat/ist ausgefahren**) *(unreg) vt (hat)* **- 1.** [spazieren fahren - im Rollstuhl, Kinderwagen] to take out for a walk **- 2.** [ausklappen - Antenne] to extend; [- Fahrwerk] to lower **- 3.** [liefern] to deliver **- 4.** [sehr schnell fahren] to drive flat out ◇ *vi (ist)* **- 1.** [spazieren fahren - im Rollstuhl, Kinderwagen] to go for a walk **- 2.** [hinausfahren - Zug] to depart.

Aus|fahrt *die* **- 1.** [Stelle] exit; '**~ freihalten!**' 'keep clear!' **- 2.** [Auslaufen] departure.

Ausfahrtsschild (*pl* **-er**) *das* exit sign.

Ausfahrts|straße *die* exit road.

Aus|fall *der* **- 1.** [von Haaren, Zähnen, Einnahmen] loss **- 2.** [Nichtstattfinden] cancellation; [von Fussballspiel] postponement **- 3.** [von Maschine] failure; [von Mitarbeiter] absence; [von Athlet] pulling out **- 4.** [Beleidigung] attack.

aus|fallen (*perf* **ist ausgefallen**) *vi (unreg)* **- 1.** [Haare, Zahn] to fall out; **ihr sind die Haare ausgefallen** her hair has fallen out **- 2.** [nicht stattfinden] to be cancelled; [Fussballspiel] to be postponed **- 3.** [Verdienst, Einnahme] to be lost **- 4.** [Maschine] to break down; [Bremse, Signal] to fail **- 5.** [Mitarbeiter] to be absent; [Athlet] to pull out **- 6.** [sich erweisen] to turn out to be; **der Sieg fiel deutlich aus** it was a clear victory; **gut/schlecht ~** to turn out well/badly.

ausfallend *adj* abusive; **~ werden** to become abusive.

Ausfalls|erscheinung *die* symptom *(of a medical problem)*.

Ausfall|straße *die* arterial road.

aus|fechten *vt (unreg)* to fight out.

aus|fegen *vt* to sweep out ◇ *vi* to sweep up.

aus|feilen *vt* **- 1.** [Rede, Aufsatz] to polish **- 2.** [Gegenstand] to file.

aus|fertigen *vt* ***amt*** [Vertrag, Testament] to draw up; [Pass, Zeugnis, Rechnung] to issue.

Ausfertigung (*pl* **-en**) *die* ***amt*** **- 1.** [Exemplar] copy; **in doppelter ~** in duplicate **- 2.** [von Vertrag, Testament] drawing up; [von Pass, Zeugnis, Rechnung] issuing.

ausfindig *adv:* **jn/etw ~ machen** to find sb/sthg.

aus|fliegen (*perf* **hat/ist ausgeflogen**) *(unreg) vi (ist)* to fly away ODER off ◇ *vt (hat)* to fly out.

aus|fließen (*perf* **ist ausgeflossen**) *vi (unreg)* to leak.

aus|flippen (*perf* **ist ausgeflippt**) *vi* ***fam*** to flip out.

Ausflucht (*pl* **Ausflüchte**) *die* excuse; **Ausflüchte machen** to make excuses.

Aus|flug *der* trip; **einen ~ machen** ODER **unternehmen** to go on a trip.

Ausflügler, in (*mpl* **-;** *fpl* **-nen**) *der, die* day-tripper.

Ausflugs|lokal *das cafe or pub in the countryside to which you can drive or walk out.*

Ausflugs|ziel *das* destination *(of a trip)*.

Aus|fluss *der* **- 1.** [im Waschbecken] plughole **- 2.** [Ausfließen] leaking **- 3.** MED discharge.

aus|formulieren *vt* to formulate.

aus|forschen *vt* **- 1.** [Geheimnis, Versteck] to find out **- 2.** [fragen]: **jn über etw ~** to pump sb for information about sthg.

aus|fragen *vt* to interrogate.

aus|fressen *vt (unreg):* **er hat mal wieder etwas ausgefressen** *fam* he's been up to his tricks again.

Ausfuhr (*pl* **-en**) *die* **- 1.** [Ware] export **- 2.** [Tätigkeit] exporting.

Ausfuhrbestimmungen *pl* export regulations.

aus|führen *vt* **- 1.** [spazieren führen - Familie, Hund] to take for a walk **- 2.** [exportieren] to export **- 3.** [realisieren - Reparatur, Befehl, Plan] to carry out; [- Freistoß, Schritte] to take **- 4.** [erklären] to explain.

Ausführende (*pl* **-n**) *der, die* performer.

Ausfuhr|land *das* exporter, exporting country.

ausführlich *adj* detailed <> *adv* in detail.

Ausfuhr|sperre *die* export ban.

Aus|führung *die* **- 1.** [Realisierung - von Reparatur, Befehl, Plan] carrying out; [- von Freistoß, Schritte] taking **- 2.** [von Ware] design; [Modell] model **- 3.** [Erklärung] explanation.

Ausfuhr|verbot *das* export ban.

aus|füllen *vt* **- 1.** [Formular, Antrag] to fill in *ODER* out; [Kreuzworträtsel] to do; [Scheck] to make out **- 2.** [füllen] to fill (up) **- 3.** [verbringen]: **seine Zeit mit etw ~** to spend one's time doing sthg **- 4.** [zufrieden stellen] to fulfil.

Ausg. (*abk für* **Ausgabe**) ed.

Aus|gabe *die* **- 1.** [Ausgeben] distribution; [von Befehl, Banknoten] issuing; [von Essen] serving **- 2.** [von Geld] expenditure; **~n** expenditure *(U)* **- 3.** [Edition] edition.

Aus|gang *der* **- 1.** [von Gebäude] exit; [von Wald] edge; [von Ort] end **- 2.** *(ohne pl)* [Ausgeherlaubnis] time off; [von Soldaten] pass; **~ bis Mitternacht haben** to be allowed out until midnight **- 3.** [Ende] outcome.

Ausgangs|basis *die* starting point, basis.

Ausgangs|lage *die* starting position.

Ausgangs|punkt *der* starting point.

Ausgangs|sperre *die* curfew.

aus|geben *vt (unreg)* **- 1.** [verteilen] [Lebensmittel, Decken] to hand out; [Befehl, Banknoten] to issue; [Essen] to serve **- 2.** [Geld] to spend **- 3.** *fam* [zu Drink einladen]: **jm einen ~** *fam* to buy sb a drink **- 4.** [bezeichnen]: **sich als jd/etw ~** to pretend to be sb/sthg; **jn/etw als** *ODER* **für jn/etw ~** to pass sb/sthg off as sb/sthg.

ausgeblichen *adj* faded.

ausgebucht *adj* fully booked.

ausgebufft *adj fam* slick.

Aus|geburt *die geh & abw* monstrous product; **sie ist eine ~ von Naivität** she is naive in the extreme.

ausgedient *adj:* **dieser Sessel hat nun ~** I/we/*etc* no longer have any use for this armchair.

ausgedörrt *adj* [Kehle, Erde] parched; [Pflanze] withered.

ausgefallen *adj* unusual <> *adv* unusually.

ausgefeilt *adj* polished.

ausgeflippt *adj fam* weird, freaky.

ausgefranst *adj* frayed.

ausgefuchst ['au̯sgəfʊkst] *adj fam* cunning.

ausgeglichen *adj* [Mensch, Persönlichkeit] balanced; [Spiel] even; [Klima] stable; [Leistung] steady.

Ausgeglichenheit *die* [von Mensch, Persönlichkeit] balanced nature; [von Spiel] evenness; [von Klima] stability, constancy; [von Leistung] steadiness.

aus|gehen (*perf* **ist ausgegangen**) *vi (unreg)* **- 1.** [ins Kino, in die Disko] to go out **- 2.** [verlöschen - Kerze, Lampe] to go out; [- Motor] to stop; [- Heizung, Computer] to go off **- 3.** [enden] to end **- 4.** [hervorgebracht werden]: **von jm ~** to come from sb **- 5.** [zugrunde legen]: **von etw ~** to assume sthg; **davon ~, dass ...** to assume (that) ... **- 6.** [ausfallen] to fall out **- 7.** [zu Ende gehen] to run out; **mir gehen die Ideen aus** my ideas are running out *ODER* drying up **- 8.** [abzielen]: **auf etw** *(A)* **~** to be looking for sthg.

ausgehend *adj:* **im ~en Zeitalter** towards the end of the age; **im ~en 20. Jahrhundert** at the end of the 20th century.

ausgehungert *adj* starved.

ausgeklügelt *adj* ingenious.

ausgekocht *adj fam abw* cunning.

ausgelassen *adj* exuberant <> *adv* exuberantly.

Aus|gelassenheit *die* exuberance.

ausgelastet *adj* [Mensch, Betrieb] at full stretch; [Maschine] at full capacity; **voll ~ sein** to have one's hands full.

ausgelaugt *adj* worn-out.

ausgemacht *adj* **- 1.** [abgemacht] settled **- 2.** [völlig] complete, total <> *adv* [ausgesprochen] completely, totally.

ausgemergelt *adj* [Körper, Mensch] emaciated.

ausgenommen *konj* **- 1.** [es sei denn] unless **- 2.** [außer] except.

ausgepowert ['au̯sgəpau̯ɐt] *adj fam* whacked, bushed.

ausgeprägt *adj* pronounced <> *adv* particularly.

ausgerechnet *adv:* **~ heute** today of all days; **~ mir muss das passieren** it had to happen to me of all people.

ausgereift *adj* perfected.

ausgeschlafen *adj* ***fam*** [gewitzt] crafty, cunning.

ausgeschlossen *adj* out of the question.

ausgespielt *adj:* **er hat bei mir ~** I'm finished with him.

ausgesprochen *adj* [Ähnlichkeit, Begabung] definite; [Abneigung, Vorliebe] marked; [Glück, Zufall] real <> *adv* extremely, really.

ausgestorben *adj:* **wie ~** dead, deserted.

ausgesucht *adj* **- 1.** [Wein, Zutaten] select, choice **- 2.** [Höflichkeit, Hässlichkeit] extreme <> *adv* [erlesen] extremely, really.

ausgetreten *adj* well-worn.

ausgewachsen ['ausgevaksn̩] *adj* **- 1.** [erwachsen] fully-grown **- 2.** ***fam*** [groß] huge; **~er Blödsinn** utter nonsense.

ausgewogen *adj* balanced.

Ausgewogenheit *die* balance.

ausgezeichnet *adj* excellent <> *adv* excellently.

ausgiebig *adj* [Beratungen, Untersuchungen] extensive; [Frühstück] large; [Spaziergang] long <> *adv* extensively; **~ frühstücken** to eat a large breakfast; **sich** *(D)* **~ über etw** *(A)* **Gedanken machen** to give sthg a great deal of thought.

aus|gießen *vt (unreg)* to pour out.

Ausgleich (*pl* **-e**) *der* **- 1.** [Gleichgewicht] balance; **er schafft sich einen ~ zu seiner Arbeit, indem er sich sportlich betätigt** he balances out his work by doing sport **- 2.** [Wiedergutmachung] compensation; **zum** *ODER* **als ~** in return **- 3.** SPORT equalizer; [in Tennis] deuce.

aus|gleichen *(unreg) vt* [Unterschiede, Unregelmäßigkeiten] to even out; [Mängel, Ungerechtigkeit] to make up for; [Gegensätze] to reconcile; [Konflikt] to settle; [Konto] to balance <> *vi* SPORT to equalize.

◆ **sich ausgleichen** *ref* [Unterschiede] to even out; [Konto] to balance.

Ausgleichs|fonds ['ausglaiçsfɔ̃:] *der* WIRTSCH equalization fund.

Ausgleichs|sport ['ausglaiçsʃpɔrt] *der* exercise.

aus|gleiten (*perf* **ist ausgeglitten**) *vi (unreg)* ***geh*** **- 1.** [ausrutschen] to slip **- 2.** [entgleiten]: **der Teller ist ihr ausgeglitten** the plate slipped out of her hand.

aus|gliedern *vt* to leave out, to exclude.

aus|graben *vt (unreg)* to dig up.

Aus|grabung *die* excavation, dig.

aus|grenzen *vt* to exclude.

Ausguck (*pl* **-e**) *der* lookout (post).

aus|gucken *vi* ***fam*** **- 1.** [Ausschau halten]: **nach jm ~** to look out for sb **- 2.** [auswählen]: **sich** *(D)* **jn ~** to pick out sb.

Aus|guss *der* drain.

aus|haben *(unreg)* ***fam*** *vt* [ausgezogen haben] to have taken off <> *vi* [Schulschluss haben] to finish school.

aus|haken *vt* to unhook; **es hakt bei ihr aus** ***fam fig*** she goes to pieces.

aus|halten *(unreg) vt* **- 1.** [ertragen] to stand; **den Blick von jm ~** to meet sb's gaze; **den Vergleich mit etw ~** to bear comparison with sthg; **es lässt sich ~** it's not at all bad; **mit ihr ist es nicht auszuhalten** she's unbearable **- 2.** ***abw*** [bezahlen] to keep; **sich von jm ~ lassen** to be kept by sb <> *vi* [durchhalten] to hold out.

aus|handeln *vt* to negotiate.

aus|händigen *vt* to hand over.

Aus|hang *der* notice.

aus|hängen *vi (unreg)* [angeschlagen sein] to be up; **die Liste hängt am schwarzen Brett aus** the list is up on the noticeboard <> *vt (reg)* **- 1.** [anschlagen] to put up **- 2.** [ausheben] to take off its hinges.

Aushängeschild (*pl* **-er**) *das* ***fig*** advertisement.

aus|harren *vi* ***geh*** to hold out.

aus|heben *vt (unreg)* **- 1.** [ausschaufeln] to dig out **- 2.** [aushängen] to take off its hinges **- 3.** [Verbrechernest] to raid.

aus|hecken *vt* to think up.

aus|heilen (*perf* **ist ausgeheilt**) *vi* [Wunde, Organ] to heal completely; [Krankheit] to be fully cured.

aus|helfen *vi (unreg)* to help out.

aus|heulen ◆ **sich ausheulen** *ref* ***fam:*** **sich bei jm ~** to have a good cry on sb's shoulder.

Aus|hilfe *die* **- 1.** [Aushelfen] assistance; **zur ~ arbeiten** to help out **- 2.** [Aushilfskraft] temporary worker; [im Büro] temp.

Aushilfs|kraft *die* temporary worker; [im Büro] temp.

aushilfsweise *adv* on a temporary basis.

aus|höhlen *vt* [Stamm] to hollow out.

aus|holen *vi* **- 1.** [mit dem Arm] to move one's arm back **- 2.** [beim Erzählen]: **weit ~** to go back a long way.

aus|horchen *vt* to sound out.

aus|hungern *vt* to starve out.

aus|kämmen *vt* to comb out.

aus|kennen ◆ **sich auskennen** *ref* to know one's way around; **sich in einer Stadt ~** to know one's way around a town; **sich mit Computers ~** to know a lot about computers.

aus|kippen *vt* to tip out.

aus|klammern *vt* [Thema] to leave aside.

Aus|klang *der* conclusion.

ausklappbar *adj* folding.

aus|klappen *vt* to open out.

aus|kleiden *vt* [innen ausstatten] to line.

aus|klingen (*perf* **hat/ist ausgeklungen**) *vi (unreg) (hat, ist)* [Musik, Tag, Fest] to come to an end.

aus|klinken (*perf* **hat/ist ausgeklinkt**) *vt (hat)* to release <> *vi (ist)* to come free.
◆ **sich ausklinken** *ref* to come free.

aus|klopfen *vt* [Teppich] to beat; [Pfeife] to knock out; [Kleidungsstück] to dust down.

aus|klügeln *vt* to work out.

aus|knipsen *vt* ***fam*** to switch off.

aus|knobeln *vt* - **1.** ***fam*** [auslosen - mit Würfeln] to throw dice to decide - **2.** [ausklügeln] to work out.

aus|kommen (*perf* **ist ausgekommen**) *vi (unreg)* - **1.** [genug haben] to get by, to manage; **mit etw ~** [Proviant] to make sthg last; [Gehalt] to get by on sthg; [Hilfe] to manage with sthg, to get by with sthg - **2.** [sich vertragen] to get on; **mit jm gut/schlecht ~** to get on well/badly with sb; **mit jm nicht ~** not to get on with sb.

Auskommen *das (ohne pl)* - **1.** [Lebensunterhalt]: **sein ~ haben (mit)** to get by (on) - **2.** [Zusammenleben]: **mit ihm ist kein ~** he's impossible to get on with.

aus|kosten *vt* ***geh*** to enjoy to the full.

aus|kratzen *vt* [Schüssel] to scrape out.

aus|kugeln *vt*: **sich** *(D)* **den rechten Arm ~** to dislocate one's right arm.

aus|kühlen (*perf* **hat/ist ausgekühlt**) *vi (ist)* [Ofen, Pudding] to cool down *ODER* off <> *vt (hat)* [Person] to chill through.

aus|kundschaften *vt* to spy out.

Auskunft (*pl* **Auskünfte**) *die* - **1.** [Information] information *(U)*; **eine ~ bekommen** to get some information; **jm eine ~ geben** *ODER* **erteilen (über** *(+ A)*) to give sb some information (about) - **2.** *(ohne pl)* [Auskunftsschalter] information desk; [Fernsprechauskunft] directory enquiries.

Auskunfts|schalter *der* information desk.

Auskunfts|stelle *die* information office.

aus|kuppeln *vi* AUTO to disengage the clutch.

aus|kurieren *vt* to cure.

aus|lachen *vt* to laugh at.

aus|laden *vt (unreg)* - **1.** [entladen] to unload - **2.** [nach einer Einladung]: **jn ~** to tell sb not to come.

ausladend *adj* overhanging; [Hinterteil] protruding; [Bewegung] sweeping.

Aus|lage *die* display.
◆ **Auslagen** *pl* expenses.

aus|lagern *vt* to remove for safe storage.

Ausland *das (ohne pl)*: **im ~** abroad; **ins ~** abroad.

Ausländer (*pl* -) *der* foreigner.

ausländerfeindlich *adj* xenophobic <> *adv*: **~ eingestellt sein** to be xenophobic.

Ausländerfeindlichkeit *die (ohne pl)* hostility to foreigners, xenophobia.

Ausländerin (*pl* **-nen**) *die* foreigner.

ausländisch *adj* foreign.

Auslands|abteilung *die* foreign operations department.

Auslands|aufenthalt *der* stay abroad.

Auslandsbeziehungen *pl* international relations; [einer Universität] foreign contacts.

Auslands|geschäft *das* international business.

Auslands|gespräch *das* international call.

Auslands|korrespondent, in *der, die* foreign correspondent.

Auslands|reise *die* trip abroad.

Auslandsschutz|brief *der* AUTO ≃ green card ***Br****, motor insurance document for travel abroad.*

Auslands|vertretung *die* international office.

aus|lassen *vt (unreg)* - **1.** [Absatz, Einzelheit] to leave out, to miss out; [Chance, Gelegenheit] to miss - **2.** [abreagieren]: **etw an jm ~** to take sthg out on sb.
◆ **sich auslassen** *ref* ***fam*** [sich äußern]: **er hat sich zu diesem Thema nicht näher ausgelassen** he didn't go on about the subject any more; **sich über jn/etw ~** ***abw*** to bitch about sb/sthg.

aus|lasten *vt* - **1.** [Betrieb, Maschine] to run at full capacity; **die Kapazität des Betriebs ist nicht ausgelastet** the factory isn't running at full capacity - **2.** [beanspruchen] to keep fully occupied; **mit etw ausgelastet sein** to be kept fully occupied by sthg.

Auslauf *der (ohne pl)* room (to run about).

aus|laufen (*perf* **ist ausgelaufen**) *vi (unreg)* - **1.** [Tank, Fass] to leak - **2.** [Flüssigkeit] to leak out - **3.** [Schiff] to set sail - **4.** [Modell, Serie] to be discontinued - **5.** [Vertrag, Amtszeit] to expire.

Aus|läufer *der* [eines Tiefdruckgebietes] edge; **die ~ der Alpen** the foothills of the Alps.

aus|laugen *vt* - **1.** [Bestandteile entziehen]: **der Boden wurde völlig ausgelaugt** the soil was completely stripped of its nutrients - **2.** [erschöpfen] to wear out.

aus|lauten *vi*: **auf etw** *(A)* **~** to end in sthg.

aus|leben *vt* [Träume, Wünsche] to live out.
◆ **sich ausleben** *ref* to enjoy life to the full.

aus|lecken *vt* to lick out.

aus|leeren *vt* to empty; [Glas, Tasse, Flasche] to drain, to empty.

aus|legen *vt* - **1.** [Waren] to display; [Köder, Gift] to put down - **2.** [auskleiden]: **ein Zimmer mit Teppich ~** to carpet a room; **einen Schrank (mit Papier) ~** to line a cupboard (with paper) - **3.** [vorstrecken]: **jm etw ~** to lend sb sthg - **4.** [interpretieren] to interpret; **sein Zögern wurde ihm als Ängstlichkeit ausgelegt** his hesitation was interpreted as fear.

Auslegung (*pl* **-en**) *die* interpretation.

aus|leiern (*perf* **hat/ist ausgeleiert**) *vt (hat) vi (ist)* [Kleidungsstück] to stretch.

Ausleihe (*pl* **-n**) *die* - **1.** *(ohne pl)* [Ausleihen] lending - **2.** [Ausleihstelle] issue desk.

aus|leihen *vt (unreg)*: **jm etw ~** to lend sb sthg; **sich** *(D)* **etw ~** to borrow sthg.

aus|lernen *vi* to finish one's training.

Auslese *die (ohne pl)* - **1.** [Selektion] selection - **2.** [Wein] *quality wine made from specially selected grapes.*

aus|lesen *vt (unreg)* - **1.** *geh* [auswählen] to select - **2.** [zu Ende lesen] to finish reading.

aus|liefern *vt* - **1.** [Verbrecher]: **jn jm ~** to hand sb over to sb - **2.** [liefern] to deliver.

Aus|lieferung *die* - **1.** [Übergabe] handover; [von Flüchtlingen an ihr Heimatland] extradition - **2.** [Lieferung] delivery.

Auslieferungs|antrag *der* application for extradition.

aus|liegen *vi (unreg)* to be on display; [Gift, Köder] to be down.

aus|löffeln *vt* to eat up; [Suppenteller, Puddingschüssel] to empty; **nun muß er ~, was er sich eingebrockt hat** *fig* now he'll have to reap what he's sown.

aus|löschen *vt* - **1.** [löschen] to extinguish, to put out - **2.** [vernichten] to erase; [Spuren] to cover; [Bevölkerung] to annihilate.

aus|losen *vt* to draw lots for.

aus|lösen *vt* - **1.** [Alarm, Mechanismus] to set off, to trigger - **2.** [Krieg, Panik, Freude] to cause.

Auslöser (*pl* **-**) *der* - **1.** FOTO (shutter release) button - **2.** [Ursache] trigger.

aus|lüften *vt* to air.

aus|machen *vt* - **1.** [Radio, Licht, Motor] to turn off; [Zigarette] to put out - **2.** [vereinbaren - Treffen] to arrange; [- Termin] to make; **wir haben ausgemacht, nichts zu verraten** we agreed not to say anything; **ich habe mit ihr ausgemacht, dass wir ins Kino gehen** I arranged to go to the cinema with her; **ich habe einen hohen Preis mit ihm ausgemacht** I agreed on a high price with him - **3.** [stören]: **macht es Ihnen etwas aus, wenn ich rauche?** do you mind if I smoke?; **das macht ihm nichts aus** it doesn't matter to him - **4.** [betragen] to come to; **der Umweg hat eine Stunde ausgemacht** the diversion took an hour - **5.** [bedeuten]: **viel ~** to make a big difference; **wenig ~** not to make much difference - **6.** *geh* [erkennen] to make out - **7.** [bilden - Reiz] to be, to constitute.

aus|malen *vt* - **1.** [ausfüllen] to colour in - **2.** [schildern] to describe vividly - **3.** [sich vorstellen]: **sich** *(D)* **etw ~** to imagine sthg.

Aus|maß *das* extent.

aus|merzen *vt* to eradicate; [Erinnerungen] to obliterate.

aus|messen *vt (unreg)* to measure.

aus|misten *vt* - **1.** [reinigen] to muck out - **2.** *fam* [Ordnung schaffen] to clear out.

aus|mustern *vt* - **1.** MIL: **wegen seines Herzfehlers wurde er ausgemustert** the army rejected him because of his bad heart - **2.** [aussondern] to take out of service; [abgetragene Kleidung] to sort out.

Ausnahme (*pl* **-n**) *die* exception; **mit ~ von** with the exception of; **eine ~ machen** to make an exception.

Ausnahme|fall *der* exception, exceptional case.

Ausnahme|situation *die* exceptional situation.

Ausnahme|zustand *der*: **den ~ verhängen** to declare a state of emergency.

ausnahmslos *adv* without exception.

ausnahmsweise *adv*: **~ dürfen die Kinder aufbleiben** the children can stay up just this once.

aus|nehmen *vt (unreg)* - **1.** [Tier] to gut - **2.** [ausschließen] to exclude - **3.** *abw* [Person] to fleece; **jn beim Kartenspiel ~** to clean sb out at cards.

ausnehmend *adv* particularly; **der Film hat mir ~ gut gefallen** I particularly liked the film.

aus|nüchtern *vi* to sober up.

aus|nutzen, aus|nützen *vt* - **1.** [nutzen] to use, to make use of; [Gelegenheit, Vorteil] to use, to make the most of - **2.** [missbrauchen] to take advantage of, to exploit.

Aus|nutzung, Ausnützung *die* - **1.** [Nutzung] use - **2.** [Missbrauch] exploitation.

aus|packen *vt* to unpack; [Paket, Geschenk] to unwrap <> *vi* *fam* to spill the beans.

aus|plaudern *vt* to give away.

aus|posaunen *vt* *fam* to tell the whole world.

aus|pressen *vt* - **1.** [Frucht] to squeeze - **2.** [ausbeuten] to squeeze dry - **3.** [ausfragen] to press for information.

aus|probieren *vt* to try out.

Auspuff (*pl* **-e**) *der* exhaust.

aus|pumpen *vt* to pump out; **jm den Magen ~** to pump sb's stomach out.

aus|pusten *vt* to blow out.

aus|quartieren *vt* to move out.

aus|quetschen *vt* - **1.** [auspressen] to squeeze - **2.** *fam* [ausfragen] to grill; **jn über etw** *(A)* **~** to grill sb about sthg.

aus|radieren *vt* - **1.** [durch Radieren] to rub out, to erase - **2.** *fig* [zerstören] to wipe out.

aus|rangieren *vt* *fam* [Kleidung, Möbel] to throw out; [Fahrzeug] to scrap.

aus|rasieren *vt*: **jm den Nacken ~** to shave sb's neck.

aus|rasten (*perf* **ist ausgerastet**) *vi* - **1.** *fam* [wütend werden] to go berserk - **2.** [sich lösen] to come out.

aus|rauben *vt* [Person] to rob; [Geschäft] to loot.

aus|räumen *vt* - **1.** [entfernen, leeren] to clear out - **2.** *fam* [ausrauben] to clean out - **3.** [Missverständnis] to clear up; [Zweifel] to dispel.

aus|rechnen *vt* to calculate, to work out; **sich** *(D)* **etw ~** to work sthg out for o.s.; **sie hatte sich gute Chancen ausgerechnet** she had fancied her chances.

Aus|rede *die* excuse; **faule ~** *fam* feeble excuse.

aus|reden *vi* to finish speaking <> *vt*: **jm etw ~** to talk sb out of sthg.

aus|reichen *vi* to be enough; **es muß bis März ~** it has to last until March.

ausreichend *adj* - **1.** [genügend] sufficient; **eine ~e Anzahl von Teilnehmern** enough participants - **2.** SCHULE *mark 4 on a scale of 1 to 6, indicating a pass, but only just* <> *adv* sufficiently; **wir haben ~ für die Party eingekauft** we bought enough for the party; **er hat sich ~ bemüht** he took enough trouble.

aus|reifen (*perf* **ist ausgereift**) *vi* - **1.** [Wein] to mature; [Obst] to ripen fully - **2.** [perfektionieren] to mature.

Aus|reise *die*: **bei der ~** on leaving the country.

Ausreise|genehmigung *die* exit visa.

aus|reisen (*perf* **ist ausgereist**) *vi*: **nach Deutschland ~** to leave for Germany; **aus einem Land ~** to leave a country.

aus|reißen (*perf* **hat/ist ausgerissen**) *(unreg) vi (ist) fam* to run away <> *vt (hat)* [Unkraut] to pull up.

Ausreißer, in (*mpl* **-;** *fpl* **-nen**) *der, die* runaway.

aus|reiten (*perf* **ist ausgeritten**) *vi (unreg)* to ride out, to go for a ride.

aus|renken *vt*: **jm/sich** *(D)* **den Arm ~** to dislocate sb's/one's arm.

aus|richten *vt* - **1.** [übermitteln]: **jm etw ~** to tell sb sthg; **ich soll Ihnen Grüße von meiner Tante ~** my aunt sends her regards; **kann ich etwas ~?** can I take a message? - **2.** [erreichen] to achieve; **ich habe bei der Behörde nichts ~ können** I didn't get anywhere with the authorities - **3.** [Text] to align - **4.** [anpassen]: **etw auf jn/etw ~, etw nach jm/etw ~** to gear sthg towards sb/sthg; **das Angebot wurde nach der Nachfrage ausgerichtet** supply was tailored to meet demand.

Aus|ritt *der* ride; **einen ~ machen** to go for a ride.

aus|rollen *vt* to roll out.

aus|rotten *vt* [Rasse, Ungeziefer] to exterminate; [Aberglauben] to eradicate.

aus|rücken (*perf* **ist ausgerückt**) *vi* - **1.** MIL to move out - **2.** *fam* [weglaufen] to run away.

Aus|ruf *der* cry, exclamation.

aus|rufen *vt (unreg)* - **1.** [rufen] to cry, to exclaim - **2.** [öffentlich] to announce; **jn ~ lassen** to page sb - **3.** [verkünden]: **einen Streik ~** to call a strike; **jn zum König ~** to proclaim sb king.

Ausrufe|zeichen, Ausrufungs|zeichen *das* exclamation mark.

aus|ruhen *vi* to rest <> *vt* to rest; **die Beine/die Arme ~** to rest one's legs/arms.
◆ **sich ausruhen** *ref* to rest, to have a rest.

aus|rupfen *vt* to pull out.

aus|rüsten *vt* [Truppe] to equip; [Schiff] to fit out; **ein Auto mit einem Katalysator ~** to fit a car with a catalytic converter.
◆ **sich ausrüsten** *ref* to equip o.s.

Aus|rüstung *die* - **1.** [das Ausstatten - von Truppe] equipping; [- von Schiff] fitting out - **2.** [Ausstattungsgegenstände] equipment *(U)*.

aus|rutschen (*perf* **ist ausgerutscht**) *vi* to slip; **das Messer ist ihr ausgerutscht** the knife slipped out of her hand.

Ausrutscher (*pl* **-**) *der* slip.

aus|säen *vt* to sow.

Aus|sage *die* - **1.** [Äußerung - vor Gericht] statement; **nach ~ eines Fachmanns** according to an expert - **2.** [Inhalt] message.

Aussagekraft *die* expressiveness.

aussagekräftig *adj* meaningful.

aus|sagen *vt* - **1.** [ausdrücken]: **etw über jn/etw ~** to say sthg about sb/sthg, to reveal sthg about sb/sthg - **2.** [vor Gericht] to state <> *vi* to testify, to give evidence.

aus|saugen *vt* to suck out.

aus|schaben *vt* [leer machen] to scrape out.

aus|schalten *vt* - **1.** [abstellen] to switch off, to turn off - **2.** [ausschließen] to eliminate.

Ausschank (*pl* **Ausschänke**) *der* - **1.** *(ohne pl)* [Ausgabe] serving; **der ~ von Alkohol an Jugend-**

liche ist verboten no sale of alcohol to under-18s - **2.** [Theke] bar.

Ausschau *die (ohne pl)*: **nach jm/etw ~ halten** to look out for sb/sthg.

aus|schauen *vi* - **1.** [ausblicken]: **nach jm/etw ~** to look out for sb/sthg, to be on the lookout for sb/sthg - **2.** ***Süddt*** & ***Österr*** [aussehen] to look; **er schaut gut aus** he looks well; **es schaut mit jm/etw gut/schlecht aus** things are looking good/bad for sb/sthg; **wie schauts aus?** ***fam*** how's things?

aus|schaufeln *vt* to dig.

aus|scheiden (*perf* **hat/ist ausgeschieden**) *(unreg) vi (ist)* - **1.** [aus Gruppe]: **aus etw ~** to leave sthg - **2.** [SPORT - verlieren] to get knocked out; [- wegen Verletzung] to pull out - **3.** [wegfallen] to be ruled out <> *vt (hat)* [Giftstoff] to reject; [Eiter] to secrete.

Aus|scheidung *die* - **1.** *(ohne pl)* [von Giftstoff] rejection; [von Eiter] secretion - **2.** [Wettkampf] qualifying round; [in der Leichtathletik] heats *(pl)*.
◆ **Ausscheidungen** *pl* excretions.

Ausscheidungs|kampf *der* SPORT qualifying rounds *(pl)*; [in der Leichtathletik] heats *(pl)*.

aus|schenken *vt* to pour out; [in Gasthaus] to serve.

aus|scheren (*perf* **ist ausgeschert**) *vi* [Auto] to pull out.

aus|schildern *vt* to signpost.

aus|schimpfen *vt* to scold, to tell off.

aus|schlachten *vt* - **1.** [ausbauen] to cannibalize - **2.** ***abw*** [ausnutzen] to exploit.

aus|schlafen *vi (unreg)* to have a lie-in; **bist du ausgeschlafen?** do you feel fully rested?

Aus|schlag *der* - **1.** [auf Haut] rash - **2.** [das Entscheidende]: **den ~ geben** to be the decisive factor.

aus|schlagen (*perf* **hat/ist ausgeschlagen**) *(unreg) vt (hat)* - **1.** [entfernen]: **er hat ihm einen Zahn ausgeschlagen** he knocked out one of his teeth - **2.** [ablehnen] to turn down <> *vi* - **1.** *(hat)* [treten] to kick out - **2.** *(hat, ist)* [Zeiger, Pendel] to swing - **3.** *(hat, ist)* [Pflanze, Baum] to produce leaves.

ausschlaggebend *adj* decisive.

aus|schließen *vt (unreg)* - **1.** [Grund, Erklärung, Möglichkeit] to rule out; [Irrtum] to prevent; [Zweifel, Unsicherheit] to remove - **2.** [ausstoßen]: **jn von etw ~** to expel sb from sthg - **3.** [aussperren] to lock out.
◆ **sich ausschließen** *ref* - **1.** [sich aussperren] to lock o.s. out - **2.** [sich fernhalten - Person] to rule o.s. out; **diese beiden Möglichkeiten schließen sich gegenseitig aus** these two possibilities rule each other out.

ausschließlich *adj* exclusive <> *adv* exclusively <> *präp (+ G)* excluding.

Aus|schluss *der* expulsion; **unter ~ der Öffentlichkeit** RECHT in camera.

aus|schmücken *vt* - **1.** [Raum] to decorate - **2.** [Geschichte] to embellish.

aus|schneiden *vt (unreg)* to cut out.

Aus|schnitt *der* - **1.** [Zeitungsausschnitt] cutting ***Br***, clipping ***Am*** - **2.** [Halsausschnitt] neckline; **ein Kleid mit tiefem ~** a low-cut dress - **3.** [Auszug] excerpt; [eines Romans] excerpt, extract; [eines Films] clip, excerpt; [eines Bilds] detail.

aus|schöpfen *vt* - **1.** [Schüssel] to scoop out; [Boot] to bail out - **2.** ***fig*** [ausnutzen] to exhaust.

aus|schreiben *vt (unreg)* - **1.** [ganz schreiben] to write out - **2.** [ausstellen] to make out - **3.** [bekannt geben] to advertise.

Aus|schreibung *die* [von Stelle, Wettbewerb] advertisement; [von Projekt] call for tenders.

Ausschreitungen *pl* violent clashes.

Aus|schuss *der* - **1.** [Gremium] committee - **2.** *(ohne pl)* [Ausschussware] rejects *(pl)*.

Ausschuss|ware *die* reject.

aus|schütteln *vt* to shake out.

aus|schütten *vt* - **1.** [Gefäß] to empty; [Flüssigkeit] to pour out - **2.** [auszahlen] to pay out, to distribute.

aus|schwärmen (*perf* **sind ausgeschwärmt**) *vi* to swarm out.

ausschweifend *adj* [Fantasie] wild; [Leben] debauched <> *adv* dissolutely; [feiern] wildly.

aus|schweigen *(unreg)* ◆ **sich ausschweigen** *ref*: **sich über etw** *(A)* **~** to remain silent about sthg.

aus|schwenken *vt* [Glas] to swill out <> *vi* [sich seitwärts bewegen] to swing out.

aus|schwitzen *vt* [Erkältung] to sweat out.

aus|sehen *vi (unreg)* to look; **sie sieht gut aus** she looks good; **es sieht nach Regen aus** it looks like rain; **es sieht danach aus, als würden wir gewinnen** it looks like we will win, it looks as if we will win; **mit dem Patienten sieht es schlecht aus** things aren't looking good for the patient; **mit dem Zuschuss sieht es gut aus** things are looking good as far as the grant is concerned; **wie siehts aus?** ***fam*** how's things?; **sehe ich danach aus, als würde ich stehlen?** do I look as if I would steal?; **dieser Sänger sieht nach nichts aus** ***fam*** this singer doesn't look anything special; **so siehst du aus!** ***fam*** & ***fig*** you can think again!, nothing doing!

Aussehen *das (ohne pl)* appearance.

aus sein (*perf* **ist aus gewesen**) *vi (unreg)* - **1.** [zu Ende sein] to be over; **mit dem Trinken ist es aus** no more drinking for me; **es ist aus mit ihm** he's had it; **es ist aus zwischen ihnen** it is over between them - **2.** [nicht an sein] to be out - **3.** SPORT to be out - **4.** [erpicht sein]: **auf etw** *(A)*

~ *fam* to be after sthg; **sie ist darauf aus, mir etw zu verkaufen** she is out to sell me sthg.

außen *adv* outside; **von ~** from (the) outside; **nach ~** outwards.
◈ **außen vor** *adv* **Norddt:** **etw ~ vor lassen** to leave sthg out.

Außen|ansicht *die* exterior view.

Außen|antenne *die* outdoor aerial.

Außen|arbeiten *pl* work *(U)* on the exterior.

Außen|bezirk *der* suburb.

Außenbord|motor *der* outboard motor.

aus|senden *vt* - **1.** [Signale] to send out - **2.** [Boten, Spion] to send.

Außen|dienst *der:* **im ~ sein** to work in the field.

Außen|handel *der (ohne pl)* foreign trade.

Außenhandels|bilanz *die* balance of trade.

außenliegend *adj* outlying.

Außen|minister, in *der, die* foreign minister.

Außen|ministerium *das* foreign ministry.

Außen|politik *die (ohne pl)* foreign policy.

außenpolitisch *adj* foreign policy *(vor Subst);* **~e Beziehungen** foreign relations.

Außen|seite *die* outside.

Außenseiter, in (*mpl* **-;** *fpl* **-nen**) *der, die* outsider.

Außen|spiegel *der* wing mirror ***Br,*** side mirror ***Am.***

Außenstände *pl* outstanding debts.

Außenstehende (*pl* **-n**) *der, die* outsider.

Außen|stelle *die* [von Firma] branch; [von Behörde] (local) office.

Außen|temperatur *die* outside temperature.

Außen|welt *die (ohne pl)* outside world.

außer *präp (+ D)* - **1.** [außerhalb] out of; **~ Haus sein** to be away from home; **~ Atem sein** to be out of breath; **~ Betrieb** out of order; **~ sich sein (vor)** to be beside o.s. (with) - **2.** [abgesehen von] except (for), apart from; **alle ~ ihm** everyone except (for) him; **nichts ~ ...** nothing but ... - **3.** [zusätzlich] in addition to, as well as ◇ *konj* except; **ich komme, ~ es regnet** I'll come, unless it rains.

außerberuflich *adj:* **sie ist vielen ~en Belastungen ausgesetzt** she's under a lot of pressure outside work.

außerdem *adv* also; **es ist viel zu spät, ~ regnet es** it's far too late and it's raining too.

außerdienstlich *adj* [Treffen] social ◇ *adv* [sich treffen] socially.

äußere *adj* - **1.** [Wand, Umstände] external; [Ähnlichkeit, Schein] outward - **2.** [auswärtig] foreign.

Äußere *das (ohne pl)* (outward) appearance.

außergewöhnlich *adj* - **1.** [ungewöhnlich] unusual - **2.** [sehr gut] exceptional ◇ *adv* exceptionally, remarkably.

außerhalb *präp (+ G)* outside; **~ der Stadt** outside town; **~ der Öffnungszeiten** outside opening hours ◇ *adv* [nicht im Stadtgebiet] out of town.

außerirdisch *adj* extraterrestrial.

äußerlich *adj* - **1.** [an der Außenseite] external - **2.** [nach außen hin] outward; [oberflächlich] superficial ◇ *adv:* **~ war sie ruhig** she was outwardly calm; **die Salbe ist ~ anzuwenden** the ointment is for external application; **~ betrachtet** on the face of it.

Äußerlichkeiten *pl* - **1.** [Umgangsform und Aussehen] appearances - **2.** [Unwesentliches] trivialities.

äußern *vt* to express.
◈ **sich äußern** *ref* - **1.** [seine Meinung sagen]: **sich über jn/etw ~** to give one's opinion on ODER about sb/sthg; **sich zu etw ~** to comment on sthg - **2.** [sich zeigen]: **sich in etw** *(D)* **~** to reveal itself in sthg.

außerordentlich *adj* extraordinary ◇ *adv* extremely, extraordinarily; **der Film hat mir ~ gut gefallen** I thought the film was extremely good.

außerplanmäßig *adj* [Besuch, Zwischenlandung] unscheduled; [Zug, Bus] extra, special; [Versammlung] extraordinary; [Ausgaben] additional.

äußerst *adv* extremely.

außerstande, außer Stande *adj:* **zu etw ~ sein** to be incapable of sthg; **ich sehe mich ~, diese Arbeit zu machen** I'm unable to do this job.

äußerste *adj* - **1.** [Ende] furthest; [Rand] outermost - **2.** [größte] extreme; **von ~r Dringlichkeit** of the utmost urgency, extremely urgent - **3.** [Termin] latest possible; [Preis, Angebot] final - **4.** [schlimmste] extreme; **falls der ~ Fall eintreten sollte** if the worst comes to the worst.

Äußerste *das (ohne pl):* **sein ~s geben** to give one's all; **bei etw bis zum ~n gehen** to put everything into sthg; **ich bin auf das ~ gefasst** I'm expecting the worst.

Äußerung (*pl* **-en**) *die* [offizielle Aussage] statement; [Bemerkung] remark.

aus|setzen *vt* - **1.** [verlassen] to abandon - **2.** [versprechen] to offer - **3.** [ausliefern] to expose; **wir waren auf See großer Gefahr ausgesetzt** we were exposed to great danger at sea - **4.** [beanstanden]: **dieser Kunde fand an allem etwas auszusetzen** this customer found fault with everything ◇ *vi* [Herz] to stop; [Motor] to

cut out; **sein Atem setzte kurzzeitig aus** he stopped breathing momentarily; **beim Spiel ~** to miss a go.
◈ **sich aussetzen** *ref:* **sich einer Sache** *(D)* **~** to expose o.s. to sthg.

Aussicht (*pl* **-en**) *die* **- 1.** [Sicht] view **- 2.** [Zukunftsperspektive] prospect; **sie hat eine Beförderung in ~** she's in line for promotion; **in ~ stehen** to be expected; **jm etw in ~ stellen** to promise sb sthg; **das sind ja schöne ~en!** *iron* what a prospect!

aussichtslos *adj* hopeless.

Aussichtslosigkeit *die (ohne pl)* hopelessness.

aussichtsreich *adj* [Vorhaben] promising; **ein ~er Kandidat** a candidate who stands a good chance of succeeding.

Aussichts|turm *der* lookout tower.

Aus|siedler, in *der, die* [aus Osteuropa] *person of German extraction especially from eastern Europe, who goes to live in Germany.*

aus|söhnen *vt* to reconcile.
◈ **sich aussöhnen** *ref:* **sich mit jm/etw ~** to become reconciled with sb/to sthg.

Aussöhnung (*pl* **-en**) *die* reconciliation.

aus|sondern *vt* to pick out.

aus|sortieren *vt* to sort out.

aus|spannen *vt* **- 1.** [ausbreiten] to spread **- 2.** *fam* [wegnehmen]: **jm die Freundin/den Freund ~** to pinch sb's girlfriend/boyfriend ◇ *vi* to relax.

aus|sparen *vt* [Zimmer, Ecke] to leave empty; [Thema] to leave out.

aus|sperren *vt* to lock out.

Aus|sperrung *die* lockout.

aus|spielen *vt* **- 1.** [einsetzen] to bring to bear **- 2.** [im Sport] to outplay **- 3.** [manipulieren]: **jn gegen jn ~** to play sb off against sb.

aus|spionieren *vt* **- 1.** [Geheimnis, Versteck] to uncover **- 2.** [Person] to spy on.

Aus|sprache *die* **- 1.** [Artikulation] pronunciation; **eine gute/schlechte ~ haben** to have a good/bad accent **- 2.** [Gespräch] discussion *(to resolve a dispute).*

aus|sprechen *vt (unreg)* **- 1.** [artikulieren] to pronounce **- 2.** [ausdrücken] to express; [Urteil, Strafe] to deliver.
◈ **sich aussprechen** *ref* **- 1.** [sich äußern]: **sich bewundernd über jn ~** to speak admiringly of sb; **sich über etw ausführlich ~** to say what's on one's mind about sthg **- 2.** [Stellung nehmen]: **sich gegen/für jn/etw ~** to come out against/in favour of sb/sthg **- 3.** [offen sprechen]: **sich mit jm ~** to talk things through with sb.

Aus|spruch *der* saying.

aus|spucken *vi* to spit ◇ *vt* **- 1.** [spucken] to spit out **- 2.** *fam* [ausgeben, bezahlen] to cough up **- 3.** *fam* [erbrechen] to puke up.

aus|spülen *vt* to rinse out.

aus|staffieren *vt* [mit Möbeln] to rig out; [mit Kleidungsstücken] to kit out.

Aus|stand *der* **- 1.** [Streik] strike; **im ~ sein** to be on strike; **in den ~ treten** to go on strike **- 2.** [Abschied]: **seinen ~ geben** to hold a leaving party.

aus|stanzen *vt* to punch out.

aus|statten *vt* [mit Geräten] to equip; [mit Lebensmitteln, Kleidung, Geld] to provide.

Ausstattung (*pl* **-en**) *die* **- 1.** [mit Möbeln] furnishing; [mit Geräten] equipping; [mit Lebensmitteln, Kleidung, Geld] provision **- 2.** [Ausrüstung] equipment; [von Küche, Auto] fittings *(pl)* **- 3.** [Einrichtung] furnishings *(pl).*

aus|stechen *vt (unreg)* **- 1.** [entfernen] to dig up **- 2.** [herstellen] to cut out **- 3.** [übertreffen] to outdo.

aus|stehen *(unreg) vt* to endure; **jn/etw nicht ~ können** *fam* not to be able to stand sb/sthg; **ausgestanden sein** to be over ◇ *vi* [Zahlung] to be outstanding; **die Antwort steht noch aus** we're still waiting for an answer.

aus|steigen (*perf* **ist ausgestiegen**) *vi (unreg)* **- 1.** [heraussteigen] to get out; **aus einem Bus/Zug ~** to get off a bus/train **- 2.** *fam* [ausscheiden]: **aus einem Geschäft ~** to pull out of a deal **- 3.** [aus Gesellschaft] to drop out (from society).

Aussteiger, in (*mpl* **-;** *fpl* **-nen**) *der, die* dropout.

aus|stellen *vt* **- 1.** [zeigen - Waren] to display; [- Kunstwerke] to exhibit **- 2.** [ausfertigen - Scheck, Rezept] to make out; [- Visum] to issue; **einen Scheck auf jn ~** to make out a cheque to sb **- 3.** [ausschalten] to turn off.

Aussteller, in (*mpl* **-;** *fpl* **-nen**) *der, die* [auf Messe] exhibitor.

Aus|stellung *die* exhibition.

Ausstellungs|katalog *der* exhibition catalogue.

Ausstellungs|stück *das* exhibit.

aus|sterben (*perf* **ist ausgestorben**) *vi (unreg)* [Tierart] to become extinct; [Tradition] to die out.

Aus|steuer *die* dowry.

Ausstieg (*pl* **-e**) *der* **- 1.** [Öffnung] exit **- 2.** *(ohne pl)* [Rückzug]: **sie haben den ~ aus der Kernenergie/dem Projekt beschlossen** they have decided to abandon nuclear energy/the project.

aus|stopfen *vt* to stuff.

Aus|stoß *der* **- 1.** [Produktion] output **- 2.** [Emission] emission.

aus|stoßen *vt (unreg)* **- 1.** [ausschließen] to expel

- 2. [hervorstoßen] [Schrei] to give; [Seufzer] to heave; [Fluch] to utter **- 3.** [produzieren] to emit.

aus|strahlen *vt* **- 1.** [verbreiten] to radiate **- 2.** [senden] to broadcast ◇ *vi* [strahlen - Licht] to shine.

Aus|strahlung *die* **- 1.** [Wirkung] charisma **- 2.** [Senden] broadcasting.

aus|strecken *vt* [Zunge] to stick out; [Fühler] to put out; **die Beine/Arme ~** to stretch one's legs/arms.
◆ **sich ausstrecken** *ref* to stretch out.

aus|streichen *vt (unreg)* [durchstreichen] to cross out, to delete.

aus|strömen (*perf* **hat/ist ausgeströmt**) *vt (hat)* to exude ◇ *vi (ist)* to escape.

aus|suchen *vt* to choose; **sich** *(D)* **etw ~** to choose sthg.

Aus|tausch *der* exchange; [von Spielern] substitution.

austauschbar *adj* interchangeable.

aus|tauschen *vt* **- 1.** [mitteilen] to exchange **- 2.** [auswechseln] to replace; **einen Spieler (gegen einen anderen) ~** to substitute a player (with another).

aus|teilen *vt* [Prospekte, Geschenke] to hand out; [Karten] to deal (out); [Essen] to dish out; [Kuchen] to share out.

Auster (*pl* **-n**) *die* oyster.

aus|toben *vt*: **seine Wut an jm ~** to vent one's fury on sb.
◆ **sich austoben** *ref* to let off steam.

aus|tragen *vt (unreg)* **- 1.** [Zeitung, Post] to deliver **- 2.** [ausfechten]: **einen Streit mit jm ~** to have it out with sb **- 3.** [Wettkampf] to hold **- 4.** [im Mutterleib] to carry to term.
◆ **sich austragen** *ref* to sign out.

Austragung (*pl* **-en**) *die* [eines Wettkampfs] holding.

Australien *nt* Australia.

Australier, in [aus'traːliɐ, rɪn] (*mpl* **-**; *fpl* **-nen**) *der, die* Australian.

australisch *adj* Australian.

aus|treiben *vt (unreg)* **- 1.** [verbannen] to exorcize **- 2.** [abgewöhnen]: **jm etw ~** to cure sb of sthg.

aus|treten (*perf* **hat/ist ausgetreten**) *(unreg) vt (hat)* **- 1.** [ersticken - Funken] to stamp out; [- Zigarette] to tread out **- 2.** [abnutzen] to wear down **- 3.** [weiten] to break in ◇ *vi (ist)* **- 1.** [ausscheiden]: **aus etw ~** to leave sthg **- 2.** [zur Toilette gehen] to answer the call of nature.

aus|tricksen *vt* to trick.

aus|trinken *(unreg) vt* [Kaffee, Bier] to drink up, to finish; [Glas] to drain, to finish ◇ *vi* to drink up.

Aus|tritt *der* [aus Partei] resignation; **die Kirche hat zahlreiche ~e zu verzeichnen** a lot of people have left the Church.

Austritts|erklärung *die* [von Parteimitglied] notice of resignation.

aus|trocknen (*perf* **hat/ist ausgetrocknet**) *vt (hat) vi (ist)* [Haut, Brot, Boden] to dry out; [See] to dry up.

aus|tüfteln *vt* to work out.

aus|üben *vt* [Beruf] to practise; [Amt] to hold; [Einfluss, Druck] to exert; [Macht] to exercise, to wield; **welchen Beruf üben Sie aus?** what do you do for a living?

Ausübung *die (ohne pl)* [von Beruf] practising; [von Einfluss, Druck] exertion; [von Macht] exercising, wielding.

aus|ufern (*perf* **ist ausgeufert**) *vi* to get out of hand.

Aus|verkauf *der* sale.

aus|verkaufen *vt* to sell off.

ausverkauft *adj* sold out.

Aus|wahl *die* **- 1.** *(ohne pl)* [Wahl] choice; **es stehen fünf Bewerber zur ~** there are five applicants to choose from **- 2.** [Auslese] selection **- 3.** [Sortiment] range.

aus|wählen *vt* to choose, to select.

aus|walzen *vt* **- 1.** [walzen] to roll out **- 2.** ***abw*** [breittreten] to drag out.

Aus|wanderer, Auswandrer *der* emigrant.

Aus|wanderin, Auswandrerin *die* emigrant.

aus|wandern (*perf* **ist ausgewandert**) *vi* to emigrate.

Auswanderung *die (ohne pl)* emigration.

Aus|wandrer = **Auswanderer.**

Aus|wandrerin = **Auswanderin.**

auswärtig *adj* **- 1.** [extern]: **ein ~es Unternehmen** an external contractor **- 2.** [aus einem anderen Ort] from another town; [Mannschaft] away *(vor Subst)* **- 3.** [außenpolitisch] foreign.

Auswärtige Amt *das* foreign ministry.

auswärts *adv* [spielen, übernachten] away from home; **~ essen** to eat out.

Auswärts|spiel *das* away match.

aus|waschen *vt (unreg)* [Fleck] to wash out; [Kleidungsstück] to wash; [Pinsel] to rinse.

aus|wechseln ['ausvɛksln] *vt* [Reifen, Batterien] to replace; [Spieler] to substitute; **wie ausgewechselt sein** to be a different person.

Aus|weg *der* way out.

ausweglos *adj* hopeless.

Ausweglosigkeit *die* hopelessness.

aus|weichen (*perf* **ist ausgewichen**) *vi (unreg)* **- 1.** *(+ D)* [Fußgänger, Hindernis] to avoid; [Schlag] to dodge; [Auto] to get out of the way of **- 2.** *(+ D)* [Frage, Entscheidung, Blick] to avoid **- 3.** [zurückgreifen]: **auf etw** *(A)* **~** to switch to sthg.

ausweichend *adj* evasive.

Ausweich|manöver *das* evasive action *(U)*.

aus|weinen ◆ **sich ausweinen** *ref*: **sich bei jm ~** to cry on sb's shoulder.

Ausweis (*pl* **-e**) *der* [Personalausweis] identity card; [von Mitglied] membership card; [Zugangsberechtigung] pass.

aus|weisen *vt (unreg)* **- 1.** [verbannen] to deport, to expel **- 2.** [erkennen lassen]: **jn als etw ~** to identify sb as sthg.
◆ **sich ausweisen** *ref* to show one's identification.

Ausweis|kontrolle *die* identity card check.

Ausweispapiere *pl* papers, identification *(U)*.

aus|weiten *vt* **- 1.** [weiter machen] to stretch **- 2.** [vergrößern] to expand.
◆ **sich ausweiten** *ref* **- 1.** [sich weiten] to stretch **- 2.** [sich vergrößern] to spread.

Ausweitung (*pl* **-en**) *die* **- 1.** [Vergrößerung] expansion **- 2.** [eines Streiks] spreading.

auswendig *adv* by heart; **etw ~ lernen** to learn sthg by heart; **etw ~ wissen** *ODER* **können** to know sthg by heart.

aus|werten *vt* to evaluate.

Aus|wertung *die* evaluation.

aus|wiegen *vt (unreg)* to weigh (out).

aus|wirken ◆ **sich auswirken** *ref* to have an effect; **sich negativ ~** to have a negative effect; **sich auf jn/etw ~** to have an effect on sb/sthg.

Aus|wirkung *die* effect, impact; **die ~ auf jn/etw** the effect *ODER* impact on sb/sthg.

aus|wischen *vt* to wipe; **jm eins ~** ***fam fig*** to get one's own back on sb.

aus|wringen (*prät* **wrang aus**; *perf* **ausgewrungen**) *vt (unreg)* to wring out.

Auswuchs ['ausvu:ks] *der*
◆ **Auswüchse** *pl* excesses.

aus|wuchten *vt* to balance.

Aus|wurf *der* MED phlegm.

aus|zahlen *vt* **- 1.** [Gehalt, Lohn] to pay **- 2.** [Teilhaber] to buy out; [Arbeiter] to pay off.
◆ **sich auszahlen** *ref* to pay off.

aus|zählen *vt* to count up.

Aus|zahlung *die* **- 1.** [von Gehalt, Lohn] payment **- 2.** [von Teilhaber] buy-out; [von Arbeiter] paying off.

aus|zeichnen *vt* **- 1.** [mit Preisschild] to price **- 2.** [ehren]: **jn mit einem Preis ~** to award a prize to sb **- 3.** [charakterisieren]: **große Biegsamkeit zeichnet diesen Werkstoff aus** this material is characterized by its great flexibility.
◆ **sich auszeichnen** *ref* [Person] to distinguish o.s.; [Produkt] to stand out.

Aus|zeichnung *die* **- 1.** [Ehrung] distinction; **mit ~** with distinction **- 2.** [Preis] award.

ausziehbar *adj* [Leiter] extendable; [Tisch] pull-out.

aus|ziehen (*perf* **hat/ist ausgezogen**) *(unreg)* *vt (hat)* **- 1.** [ablegen] to take off; **die Jacke ~** to take off one's jacket **- 2.** [entkleiden] to undress **- 3.** [vergrößern - Tisch, Antenne] to pull out **- 4.** [herausziehen] to pull out ◇ *vi (ist)* [umziehen] to move out.
◆ **sich ausziehen** *ref* to undress; **sich die Schuhe ~** to take one's shoes off.

Auszieh|tisch *der* pull-out table.

Auszubildende (*pl* **-n**) *der, die* trainee.

Aus|zug *der* **- 1.** [Ausschnitt] excerpt **- 2.** [Kontoauszug] statement **- 3.** [Umzug] move.

auszugsweise *adv*: **ein Roman ~ abdrucken** to publish a novel in instalments.

autark *adj* self-sufficient.

authentisch *adj* authentic.

Autismus *der (ohne pl)* MED autism.

Auto (*pl* **-s**) *das* car; **mit dem ~ fahren** to go by car, to drive.

Auto|atlas *der* road atlas.

Auto|bahn *die* motorway ***Br***, freeway ***Am***.

> **AUTOBAHN**
>
> At over 11,000 km, the German motorway network, construction of which began in the prewar era, is the second longest in the world after the United States. There is no speed limit on German motorways, although there is a recommended limit of 130 km/h. No toll is charged for using the motorway.

Autobahnauf|fahrt *die* motorway access (road) ***Br***, on-ramp ***Am***.

Autobahnaus|fahrt *die* motorway exit (road) ***Br***, off-ramp ***Am***.

Autobahn|gebühr *die* toll.

Autobahn|kreuz *das* interchange.

Autobahn|meisterei (*pl* **-en**) *die* motorway ***Br*** *ODER* freeway ***Am*** maintenance department.

Autobahn|polizei *die* motorway police ***Br***, freeway police ***Am***.

Autobahn|raststätte *die* motorway services *(pl)* ***Br***, freeway service area ***Am***.

Auto|biografie *die* autobiography.

autobiografisch *adj* autobiographical ◇ *adv* autobiographically.

Auto|bombe *die* car bomb.

Auto|bus *der* bus.

Autodidakt, in (*mpl* **-en**; *fpl* **-nen**) *der, die* self-taught person.

Auto|dieb *der* car thief.

Auto|fähre *die* car ferry.

Auto|fahrer, in *der, die* (car) driver.

Auto|friedhof *der* breaker's yard, scrapyard.

autogene Training *das* autogenics *(U), relaxation technique based on self-hypnosis, developed by German neurologist J.H. Schultz.*

Auto|gramm *das* autograph.

Auto|industrie *die* car ODER automotive industry.

Auto|karte *die* road map.

Automat (*pl* **-en**) *der* [für Getränke, Zigaretten] vending machine.

Automatik (*pl* **-en**) *die* automatic mechanism.

Automatik|getriebe *das* automatic transmission.

automatisch *adj* automatic ◇ *adv* automatically.

automatisieren *vt* to automate.

autonom *adj* **- 1.** [unabhängig] autonomous **- 2.** [anarchistisch] anarchist.

Autonome (*pl* **-n**) *der, die* anarchist.

Autonomie (*pl* **-n**) *die* autonomy.

Auto|nummer *die* (car) registration number *Br*, license number *Am*.

Autopsie (*pl* **-n**) *die* autopsy.

Autor (*pl* **-toren**) *der* author.

Auto|radio *das* car radio.

Auto|rennen *das* **- 1.** [Sportart] motor racing **- 2.** [Wettkampf] motor race.

Autorin (*pl* **-nen**) *die* author.

autoritär *adj* authoritarian.

Autorität (*pl* **-en**) *die* authority.

Auto|schlange *die* [auf Autobahn] tailback; [an Ampel, Kreuzung] queue *Br* ODER line *Am* of cars.

Auto|telefon *das* car phone.

Auto|unfall *der* car accident.

Auto|verkehr *der* car traffic.

Auto|wrack *das* wrecked car.

avantgardistisch [avɑ̃gar'dɪstɪʃ] *adj* avant-garde.

Aversion [avɛr'zi̯oːn] (*pl* **-en**) *die*: **eine ~ gegen jn/etw haben** to have an aversion to sb/sthg.

Avocado [avo'kaːdo] (*pl* **-s**) *die* avocado.

Axt (*pl* **Äxte**) *die* axe; **wie die ~ im Walde** boorishly.

Azalee (*pl* **-n**) *die* azalea.

Azoren *pl*: **die ~** the Azores.

Azubi (*pl* **-s**) *der, die* **fam** trainee.

azurblau *adj* azure.

B

b, B [beː] (*pl* **-** ODER **-s**) *das* **- 1.** [Buchstabe] B, b **- 2.** [MUS - Note] B flat; [- Vorzeichen] flat.
◆ **B** (*abk für* **Bundesstraße**) *die* ≃ A road *Br*, ≃ state highway *Am*.

b. *abk für* **bei.**

Baby ['beːbi] (*pl* **-s**) *das* baby.

Baby|jahr *das maternity leave lasting one year for which an extra year on one's pension scheme is granted.*

Baby|nahrung *die* baby food.

Baby|sitter, in ['beːbisɪtɐ, rɪn] (*mpl* **-**; *fpl* **-nen**) *der, die* babysitter.

Bach (*pl* **Bäche**) *der* stream; **den ~ runtergehen** *fam* to go down the tubes.

Bach|stelze ['baxʃtɛlt͜sə] *die* wagtail.

Back|blech *das* baking sheet *Br*, cookie sheet *Am*.

Backbord *das (ohne pl)* SCHIFF port.

Backe (*pl* **-n**) *die* [Wange, von Po] cheek; **au ~!** *fam* oh bother!

backen (*präs* **bäckt** ODER **backt**; *prät* **backte** ODER **buk**; *perf* **hat gebacken**) *vt* **- 1.** [im Ofen] to bake **- 2.** [braten] to fry ◇ *vi* to bake.

Backen|zahn *der* molar.

Bäcker (*pl* **-**) *der* baker.

Bäckerei (*pl* **-en**) *die* bakery.

Bäckerin (*pl* **-nen**) *die* baker.

Back|form *die* baking tin.

Background ['bɛkgraunt] (*pl* **-s**) *der* background.

Back|obst *das* dried fruit.

Back|ofen *der* oven.

Back|pflaume *die* prune.

Back|pulver *das* baking powder.

Backstein *der* brick; **ein Gebäude aus ~** a brick building.

bäckt *präs* ▷ **backen.**

Back-up, Backup ['bɛkap] (*pl* **-s**) *das* EDV back-up.

Backwaren *pl* bread, cakes and pastries.

Bad (*pl* **Bäder**) *das* **- 1.** [Badezimmer] bathroom **- 2.** [Baden - im Meer] bathing *(U)*; [- in der Wanne] bath; **ein ~ im Meer** a dip in the sea; **ein ~ nehmen** to have a bath; **ein ~ in der Menge nehmen** *fig* to press the flesh **- 3.** [Schwimmbad] (swimming) pool **- 4.** [Kurort] spa town.

Badeanzug *der* swimming costume, swimsuit.

Badehose *die* swimming trunks *(pl)*.

Badekappe *die* swimming cap.

Bademantel *der* bathrobe.

Bademeister, in *der, die* [im Schwimmbad] pool attendant; [am Strand] lifeguard.

baden *vt* [Kind] to bath **Br**, to bathe **Am**; [Wunde] to bathe ◇ *vi* **- 1.** [in der Wanne] to have a bath **- 2.** [schwimmen] to swim; **~ gehen** to go for a swim; **wenn das passiert, werde ich bei** *ODER* **mit meinen Plänen ~ gehen** *fam* if that happens, I can kiss my plans goodbye.
◆ **sich baden** *ref* to have a bath.

Baden *nt* Baden.

Badener, in (*mpl* **-**; *fpl* **-nen**) *der, die* native/inhabitant of Baden.

Baden-Württemberg *nt* Baden-Württemberg.

Baden-Württemberger, in (*mpl* **-**; *fpl* **-nen**) *der, die* native/inhabitant of Baden-Württemberg.

baden-württembergisch *adj* of/from Baden-Württemberg.

Badeort *der* [am Meer] (seaside) resort; [Kurort] spa (town).

Badesachen *pl* swimming things.

Badesaison *die summer months during which seaside resorts are at their busiest and open-air swimming pools are open.*

Badetuch *das* bath towel.

Badewanne *die* bath (tub).

Badezimmer *das* bathroom.

Badminton ['bɛtmɪntən] *das* badminton.

baff *adj*: **(ganz) ~ sein** *fam* to be gobsmacked.

Bafög ['baːfœk] (*abk für* **Bundesausbildungsförderungsgesetz**) *das* [Stipendium] *maintenance which is half grant and half loan awarded to students and trainees by the State;* **~ bekommen** to get a grant.

Bagatelle (*pl* **-n**) *die* trifle.

Bagatellschaden *der* minor damage *(U)*.

Bagdad *nt* Baghdad.

Bagger (*pl* **-**) *der* mechanical digger.

baggern *vt* [Graben] to dig; [Fahrrinne] to dredge ◇ *vi* **fam** [Mädchen anmachen]: **er baggert schon wieder** he's on the pull again.

Baggersee *der artificial lake where people go to have picnics, swim etc.*

Bahamas *pl*: **die ~** the Bahamas.

Bahn (*pl* **-en**) *die* **- 1.** [Eisenbahn] train; **jn von der ~ abholen** to pick sb up from the (train) station; **mit der ~ fahren** to travel by train *ODER* rail **- 2.** [Institution] railway **Br**, railroad **Am**; **die ~** [Deutsche Bahn] *German rail company;* **bei der ~ arbeiten** to work for the railways **- 3.** [Weg] path; **wir haben freie ~** AUTO the road is clear; *fig* the way is clear **- 4.** [von Rakete, Planet] path **- 5.** SPORT [in Schwimmbad, Stadion] lane; **40 ~en schwimmen** to swim 40 lengths **- 6.** [Straßenbahn] tram **Br**, streetcar **Am** **- 7.** [Streifen - von Stoff] length; [- von Tapete] strip **- 8.** *RW:* **auf die schiefe ~ geraten** to fall into bad ways; **jn aus der ~ werfen** to shatter sb.

Bahnbeamte *der* railway official.

Bahnbeamtin *die* railway official.

bahnbrechend *adj* pioneering.

BahnCard® ['baːnkaːd] (*pl* **-s**) *die card offering 50% discount on German rail fares.*

Bahndamm *der* railway embankment.

bahnen *vt*: **jm/sich einen Weg ~** to clear a path for sb/o.s.

Bahnhof *der* (railway) station; **ich verstehe nur ~** *fam* I haven't got a clue what you're/she's/*etc* on about.

Bahnhofshalle *die* station concourse.

Bahnhofsmission *die room at a station where charitable organizations provide care for rail travellers.*

Bahnpolizei *die* railway police **Br**, railroad police **Am**.

Bahnsteig (*pl* **-e**) *der* platform.

Bahnsteigkante *die* platform edge.

Bahnübergang *der* level crossing **Br**, grade crossing **Am**; **beschrankter/unbeschrankter ~** level **Br** *ODER* grade **Am** crossing with/without a barrier.

Bahnverbindung *die* (train *ODER* rail) connection.

Bahre (*pl* **-n**) *die* **- 1.** [für Kranke] stretcher **- 2.** [für Tote] bier.

Baiser [bɛ'zeː] (*pl* **-s**) *das* meringue.

Bakterien *pl* bacteria, germs.

Balance [ba'laŋsə] *die* balance.

balancieren [balaŋ'siːrən] (*perf* **hat/ist balanciert**) *vt (hat) vi (ist)* to balance.

bald *adv* **- 1.** [in Kürze, schnell] soon **- 2.** *fam* [fast]

almost, nearly **- 3.** *fam* [endlich]: **hältst du jetzt ~ den Mund?** just shut up, will you?
◆ **bis bald** *interj* see you soon ODER later!

baldig *adj* speedy; **auf ~es Wiedersehen!** hope to see you soon!

Baldrian (*pl* **-e**) *der* valerian.

Balearen *pl:* **die ~** the Balearic Islands, the Balearics.

balgen *vi* to tussle.
◆ **sich balgen** *ref:* **sich (mit jm um etw) ~** to tussle (with sb over sthg).

Bali *nt* Bali.

Balkan *der:* **der ~** the Balkans.

Balken (*pl* -) *der* beam.

Balkon [bal'kɔŋ, bal'koːn] (*pl* **-s** ODER **-e**) *der* balcony.

Balkonmöbel *pl* garden furniture *(U) (for patios etc).*

Balkon|tür *die* balcony door.

Ball (*pl* **Bälle**) *der* ball; **am ~ bleiben** [nicht aufhören] to stick at it; [auf dem Laufenden bleiben] to keep up to date.

Ballade (*pl* **-n**) *die* ballad.

Ballast *der* ballast.

Ballaststoffe *pl* roughage *(U).*

ballen *vt:* **die Faust ~** to clench one's fist.
◆ **sich ballen** *ref* **- 1.** [Schnee, Lehm]: **sich zu etw ~** to form into sthg **- 2.** [Fehler, Schwierigkeiten] to mount, to build up.

Ballen (*pl* -) *der* **- 1.** [Packen] bale **- 2.** [von Hand] ball of the hand; [von Fuß] ball of the foot.

ballern *fam vi* **- 1.** [schießen] to spray bullets **- 2.** [schlagen]: **gegen** ODER **an etw** *(A)* **~** to hammer on sthg ◇ *vt* **- 1.** [ohrfeigen]: **jm eine/ein paar ~** to sock sb one **- 2.** [werfen]: **etw gegen etw ~** to smash sthg against sthg.

Ballett (*pl* **-e**) *das* ballet; **ins ~ gehen** to go to the ballet.

Ballett|tänzer, in *der, die* ballet dancer (*f* ballerina).

Ballistik *die* ballistics *(U).*

Ballon [ba'lɔŋ] (*pl* **-s**) *der* balloon.

Ball|spiel *das* ball game.

Ballungs|gebiet *das,* **-raum** *der* conurbation.

Balsam *der* **eigtl** & **fig** balm.

Balsamico-|Essig *der* KÜCHE balsamic vinegar.

Balte (*pl* **-n**) *der* native/inhabitant of the Baltic.

Baltikum *das:* **das ~** the Baltic.

Baltin (*pl* **-nen**) *die* native/inhabitant of the Baltic.

baltisch *adj* Baltic.

Balz (*pl* **-en**) *die* courtship display *(of birds).*

balzen *vi* to perform a courtship display.

Bambus (*pl* **-se**) *der* bamboo.

banal *adj* banal ◇ *adv* banally.

Banane (*pl* **-n**) *die* banana.

Bananen|republik *die* **abw** banana republic.

Banause (*pl* **-n**) *der* **abw** philistine.

Banausin (*pl* **-nen**) *die* **abw** philistine.

band *prät* ▷ **binden.**

Band[1] [bɛnt] (*pl* **Bänder** ODER **Bände**) *das (pl - Bänder)* **- 1.** [aus Stoff] band; [als Zierde] ribbon **- 2.** [Tonband] tape; **etw auf ~ aufnehmen** to tape sthg **- 3.** [Fließband] conveyor belt; **am laufenden ~ fig** continuously **- 4.** [aus Bindegewebe] ligament ◇ *der (pl Bände)* [Buch] volume; **das spricht Bände fig** that speaks volumes.

Band[2] [bɛnt] (*pl* **-s**) *die* band.

Bandage [ban'daːʒə] (*pl* **-n**) *die* [Verband] bandage; **mit harten ~n (kämpfen) fig** (to fight) with no holds barred.

bandagieren [banda'ʒiːrən] *vt* to bandage.

Band|breite *die* **- 1.** ELEKTR bandwidth **- 2. fig** [Vielzahl] range.

Bande (*pl* **-n**) *die* **- 1.** [von Verbrechern, Kindern] gang **- 2.** [SPORT - von Bahn, Spielfeld] barrier; [- von Billardtisch] cushion.

Bänder|riss *der* torn ligament.

Bänder|zerrung *die* pulled ligament.

bändigen *vt* [Tier] to tame; [Kind] to control.

Bandit (*pl* **-en**) *der* bandit.

Band|maß *das* tape measure.

Band|nudeln *pl* tagliatelle *(U).*

Band|säge *die* bandsaw.

Band|scheibe *die* ANAT disc.

Band|wurm *der* **- 1.** [Wurm] tapeworm **- 2. fig** [Gebilde]: **dieser Satz ist ein ~** this sentence is never-ending.

bange *adj* anxious; **mir ist/wird ~** I am/I'm getting worried.

Bange *die:* **keine ~!** don't worry!

bangen *vi:* **um jn/etw ~ geh** to be worried about sb/sthg.

Bangkok *nt* Bangkok.

Bangladesh *nt* Bangladesh.

Banjo ['banjo] (*pl* **-s**) *das* banjo.

Bank (*pl* **Bänke** ODER **-en**) *die* **- 1.** *(pl Bänke)* [in Park, Schule] bench; [in Kirche] pew; **etw auf die lange ~ schieben fig** to put sthg off; **durch die ~** without exception **- 2.** *(pl Banken)* [Geldinstitut] bank.

Bank|angestellte *der, die* bank employee.

Bank|anweisung *die* banker's order.

Banker ['bɛŋkɐ] (*pl* -) *der* banker.

Bankett (*pl* **-e**) *das* banquet.

Bank|geheimnis *das* banking confidentiality.

Bank|guthaben *das* bank balance.

Bankier [baŋ'kie:] (*pl* **-s**) *der* banker.

Bank|kauffrau *die bank employee who has completed a three-year training period.*

Bank|kaufmann *der bank employee who has completed a three-year training period.*

Bank|konto *das* bank account.

Bankleit|zahl *die* bank sort code.

Bank|note *die* banknote.

Bank|raub *der* bank robbery; **einen ~ verüben** to rob a bank.

Bank|räuber, in *der, die* bank robber.

bankrott *adj* bankrupt.

Bankrott (*pl* **-e**) *der* bankruptcy; **~ gehen** to go bankrupt.

Bankschließ|fach *das* safe-deposit box.

Bank|überfall *der* bank raid.

Bank|verbindung *die* account details *(pl)*.

bannen *vt* **- 1.** [fesseln] to hold spellbound **- 2.** [Gefahr] to ward off; [bösen Geist] to exorcize.

Banner (*pl* -) *das* banner.

Bann|meile *die prescribed area surrounding government buildings, within which it is forbidden to hold public demonstrations.*

Baptist, in (*mpl* **-en**; *fpl* **-nen**) *der, die* Baptist.

bar *adj* **- 1.** [mit Bargeld] cash; **~es Geld** cash **- 2.** [pur - Zufall] pure; [- Unsinn] sheer ◇ *adv* [in Bargeld] (in) cash.
◆ **gegen bar** *adv* [verkaufen] for cash.
◆ **in bar** *adv* in cash.

Bar (*pl* **-s**) *die* **- 1.** [Nachtlokal] bar *(often also a brothel)* **- 2.** [Theke] bar.

Bär (*pl* **-en**) *der* bear; **jm einen ~en aufbinden** *fig* to pull sb's leg.

Baracke (*pl* **-n**) *die* hut.

Barbar, in (*mpl* **-en**; *fpl* **-nen**) *der, die* barbarian.

barbarisch *adj* barbaric ◇ *adv* barbarically.

Barcelona [bartse'lo:na] *nt* Barcelona.

Bar|dame *die* **euph** hostess *(in brothel)*.

Bären|hunger *der:* **einen ~ haben** to be ravenous.

barfuß *adv* barefoot.

barg *prät* ▷ **bergen.**

Bar|geld *das* cash.

bargeldlos *adj* cashless ◇ *adv:* **~ zahlen** to use a cashless payment method.

Bar|hocker *der* bar stool.

Bariton (*pl* **-e**) *der* baritone.

Bar|kauf *der* cash purchase.

Barke (*pl* **-n**) *die* skiff.

Barkeeper ['ba:gki:pɐ] (*pl* -) *der* barman.

barmherzig *adj* compassionate ◇ *adv* compassionately.

Bar|mixer *der* barman.

barock *adj* baroque.

Barock *der* ODER *das (ohne pl)* baroque period.

Baro|meter *das* barometer.

Baron [ba'ro:n] (*pl* **-e**) *der* baron.

Baronesse [baro'nɛs(ə)] (*pl* **-n**) *die daughter of a baron.*

Baronin [ba'ro:nɪn] (*pl* **-nen**) *die* baroness.

Bar|preis *der* cash price.

Barrel ['bɛrəl] (*pl* **-s** ODER **-**) *das* barrel.

Barren (*pl* -) *der* **- 1.** [Block] bar **- 2.** [Turngerät] parallel bars *(pl)*.

Barriere [ba'rie:rə] (*pl* **-n**) *die* barrier.

Barrikade (*pl* **-n**) *die* barricade; **sie ging auf die ~n** *fig* she was up in arms.

barsch (*superl* **barsch(e)ste**) *adj* curt ◇ *adv* curtly.

Barsch (*pl* **-e**) *der* [Fisch] perch.

Barschaft (*pl* **-en**) *die* cash; **seine ~ belief sich auf 100 DM** he only had 100 Marks (in) cash on him.

Bar|scheck *der* uncrossed cheque.

barst *prät* ▷ **bersten.**

Bart (*pl* **Bärte**) *der* **- 1.** [Gesichtshaar] beard **- 2.** [Schlüsselbart] bit **- 3.** *RW:* **jm um den ~ gehen** ODER **streichen** to butter sb up.

bärtig *adj* bearded.

bartlos *adj* [Junge] beardless; [Mann] clean-shaven.

Bar|zahlung *die* payment in cash; **Verkauf nur gegen ~** cash sales only.

Basalt (*pl* **-e**) *der* basalt.

Basar, Bazar (*pl* **-e**) *der* bazaar.

Base (*pl* **-n**) *die* **- 1.** *Süddt* [Cousine] cousin **- 2.** *Schweiz* [Tante] aunt **- 3.** CHEM base.

Baseball ['be:sbo:l] *der* baseball.

Basel *nt* Basel, Basle.

BASIC ['be:sik] (*abk für* **beginner's all-purpose symbolic instruction code**) *das* EDV BASIC.

basieren *vi:* **auf etw** *(D)* **~** to be based on sthg.

Basilika (*pl* **Basiliken**) *die* basilica.

Basilikum *das* basil.

Basis (*pl* **Basen**) *die* - **1.** [Grundlage] basis - **2.** MIL base - **3.** POL grass roots *(pl)*; **an der ~ arbeiten** to work at grass-roots level.

basisch *adj* CHEM basic.

Basis|demokratie *die* grass-roots democracy.

Baske (*pl* **-n**) *der* Basque.

Baskenland *das:* **das ~** the Basque Country.

Basken|mütze *die* beret.

Basket|ball ['baːskətbal] *der* basketball.

Baskin (*pl* **-nen**) *die* Basque.

baskisch *adj* Basque.

Baskisch(e) *das* Basque; *siehe auch* **Englisch(e)**.

Bass (*pl* **Bässe**) *der* - **1.** [Stimme, Sänger] bass - **2.** [Kontrabass] double bass; [Bassgitarre] bass (guitar).

Bassin [ba'sɛ̃ː] (*pl* **-s**) *das* pool.

Bassist, in (*mpl* **-en**; *fpl* **-nen**) *der, die* - **1.** [im Orchester] double bass player; [in Rockgruppe] bass player, bass guitarist - **2.** [Sänger] bass.

Bass|schlüssel *der* MUS bass clef.

Bast *der* raffia.

basta *interj:* **und damit ~!** and that's all there is to it!

Bastelei (*pl* **-en**) *die* - **1.** [Basteln] handicrafts *(pl)* - **2.** [Reparaturversuche]: **er hat genug von der ewigen ~** he's had enough of tinkering around all the time.

basteln *vt* to make; **Weihnachtsgeschenke ~** to make one's own Christmas presents; **ich habe es gebastelt** I made it myself <> *vi* to do handicrafts; **sie bastelt gerne** she likes making things herself; **an etw** *(D)* **~** to tinker with sthg.

Bastion (*pl* **-en**) *die* bastion.

Bastler, in (*mpl* **-**; *fpl* **-nen**) *der, die* handicrafts enthusiast.

bat *prät* ▷ **bitten**.

BAT [beː'aː'teː] (*abk für* **Bundesangestelltentarif**) *der statutory salary scale for public employees.*

Bataillon [batal'joːn] (*pl* **-e**) *das* battalion.

Batch|betrieb ['bɛtʃbətriːb] *der* EDV batch processing.

Batch|datei ['bɛtʃdatai̯] *die* EDV batch file.

Batik (*pl* **-en**) *die* batik.

Batist (*pl* **-e**) *der* cambric.

Batterie (*pl* **-n**) *die* - **1.** [Stromspeicher] battery - **2.** [große Menge] array.

batteriebetrieben *adj* battery-powered.

Batzen (*pl* **-**) *der* **fam: das hat mich einen ganz schönen ~ Geld gekostet** that cost me a packet.

Bau (*pl* **-ten** ODER **-e**) *der* - **1.** [das Bauen] construction; **in** ODER **im ~ sein** to be under construction - **2.** *(ohne plural)* [Baustelle] building site - **3.** *(pl Bauten)* [Gebäude] building - **4.** [Körperbau] build; **von zartem ~ sein** to be slightly built - **5.** *(pl Baue)* [von Kaninchen] burrow; [von Fuchs] den; [von Dachs] set.

Bau|abschnitt *der* (construction) phase.

Bau|amt *das* local planning authority.

Bau|arbeiten *pl* construction work *(U)*.

Bau|arbeiter, in *der, die* construction worker.

Bau|aufsicht *die* [Behörde] *authority responsible for the supervision of construction work.*

Bauch (*pl* **Bäuche**) *der* stomach; **sich** *(D)* **den ~ voll schlagen** ***fam*** to stuff o.s. ODER one's face; **mit etw auf den ~ fallen** ***fig*** to make a botch ODER mess of sthg.

Bauch|fell *das* peritoneum.

Bauch|höhle *die* abdominal cavity.

bauchig *adj* bulbous.

Bauch|landung *die* [von Flugzeug] belly-landing.

Bauch|nabel *der* navel.

Bauch|schmerzen ['bau̯xʃmɛrtsn̩] *pl* stomachache *(U)*.

Bauchspeichel|drüse ['bau̯xʃpai̯çl̩dryːzə] *die* pancreas.

Bauch|tanz *der* belly dance.

Bauch|weh *das* stomachache.

Bau|denkmal *das* listed building.

Bau|element *das* component.

bauen *vt* - **1.** [anlegen, errichten] to build - **2.** [herstellen] to make; [Auto, Flugzeug] to build, to make - **3.** ***fam*** [verursachen - Unfall] to cause; **Mist ~** to mess up <> *vi* - **1.** [arbeiten, bauen lassen] to build; **an etw** *(D)* **~** to be building sthg - **2.** [vertrauen]: **auf jn/etw ~** to rely on sb/sthg.

Bauer (*pl* **-n** ODER **-**) *der (pl Bauern)* - **1.** [Landwirt] farmer; HIST peasant - **2.** [Schachfigur] pawn - **3.** [Spielkarte] jack <> *das* ODER *der (pl Bauer)* [Vogelkäfig] (bird) cage.

Bäuerchen (*pl* **-**) *das:* **ein ~ machen** [rülpsen] to burp.

Bäuerin (*pl* **-nen**) *die* [Frau des Bauern] farmer's wife; [Landwirtin] farmer.

bäuerlich *adj* rural <> *adv:* **sich ~ kleiden** to wear rustic clothes.

Bauern|frühstück *das fried potatoes with scrambled egg and pieces of bacon.*

Bauern|haus *das* farmhouse.

Bauern|hof *der* farm.

Bauern|möbel *pl* rustic furniture *(U)*.

baufällig *adj* dilapidated.

Bau|firma *die* construction firm, building contractor.

Bau|genehmigung *die* planning permission *(U)*.

Bau|gerüst *das* scaffolding *(U)*.

Bau|haus *das* Bauhaus.

Bau|herr, in *der, die*: **der ~ dieses Projekts ist die Stadt** this building project is being carried out for the town council.

Bau|jahr *das* [von Haus] year of construction; [von Fahrzeug] year of manufacture.

Bau|kasten *der* construction kit; [mit Holzklötzen] box of bricks.

Bau|klotz *der* building brick; **Bauklötze staunen** ***fam*** to be gobsmacked.

Bau|kosten *pl* construction costs.

Bau|land *das (ohne pl)* development site.

baulich *adj* structural <> *adv* structurally.

Baum (*pl* **Bäume**) *der* tree; **jetzt kann ich Bäume ausreißen** ***fam*** I'm ready for anything now.

Bau|material *das* building materials *(pl)*.

baumeln *vi* to dangle; **die Beine ~ lassen** to dangle one's legs.

Baum|grenze *die* tree-line.

Baum|kuchen *der tall, cylindrical, hollow sponge cake with several layers, covered in chocolate.*

Baum|schule *die* (tree) nursery.

Baum|stamm *der* tree trunk.

Baum|sterben *das* forest dieback.

Baum|struktur *die* EDV tree structure.

Baum|stumpf *der* tree stump.

Baum|wolle *die* cotton.

Bau|plan *der* (architectural) plan.

Bau|platz *der* (development) site.

Bau|polizei *die (ohne pl)* building inspectorate.

Bau|ruine *die* unfinished building.

Bau|satz *der* kit.

Bausch (*pl* **-e** ODER **Bäusche**) *der* ball; **in ~ und Bogen** ***fig*** wholesale, completely.

bauschen *vt* [Kleidungsstück] to puff out; [Segel] to fill.
◆ **sich bauschen** *ref* [Vorhänge, Segel] to billow; [Ärmel] to puff out.

bausparen *vi* to be a member of a building society ***Br*** ODER savings and loan association ***Am***.

Bau|sparer, in *der, die* member of a building society ***Br*** ODER savings and loan association ***Am***.

Bau|sparkasse *die* building society ***Br***, savings and loan association ***Am***.

BAUSPARKASSE

A credit bank, the "Bausparkasse" offers savings accounts and loan facilities for prospective homeowners. Seen as a bastion of security, it has an important place in German life.

Bau|stein *der* **- 1.** [zum Bauen] brick **- 2.** [zum Spielen] building block **- 3.** [Bestandteil] constituent part, component.

Bau|stelle *die* building site; [auf einer Straße] roadworks *(pl)*.

Bau|stil *der* architectural style.

Bau|stoff *der* building material.

Bau|stopp *der*: **über das Kernkraftwerk wurde ein ~ verhängt** all construction work at the nuclear power station was halted.

Bauten *pl* ▻ **Bau.**

Bau|träger *der* construction firm, building contractor.

Bau|unternehmer, in *der, die* building contractor.

Bau|weise *die* construction method.

Bau|werk *das* building.

Bauxit [bau'ksiːt] (*pl* **-e**) *der* bauxite.

Bau|zaun *der* hoarding.

Bayer, in (*mpl* **-n**; *fpl* **-nen**) *der, die* Bavarian.

bayerisch = **bayrisch.**

Bayerisch = **Bayrisch.**

Bayerische = **Bayrische.**

Bayern *nt* Bavaria.

Bayreuther Festspiele *pl Wagner festival held annually in Bayreuth.*

bayrisch, bayerisch *adj* Bavarian <> *adv* like a Bavarian.

Bayrisch, Bayerisch *das* Bavarian (dialect).

Bayrische, Bayerische *das* Bavarian (dialect).

Bayrischer Wald *der* Bavarian Forest.

Bazille (*pl* **-n**) *die* MED bacillus; **~n** germs.

Bd. (*abk für* **Band**) vol.

BDI [beː'deː'iː] (*abk für* **Bundesverband der Deutschen Industrie**) *der Confederation of German Industry.*

B-Dur *das* B flat major.

BE (*abk für* **Broteinheit**) bread unit.

beabsichtigen *vt* to intend.

beachten *vt* **- 1.** [befolgen - Vorschriften, Verbot] to observe; [- Ratschläge, Anweisungen] to follow **- 2.** [berücksichtigen - Umstände, Gefahr] to take into consideration; **jn nicht ~** to take no notice of sb.

beachtlich *adj* [Leistung, Verbesserung, Erfolg] considerable; [Position] important <> *adv* considerably.

Beachtung *die* - **1.** [Befolgung - von Regeln] observing - **2.** [Berücksichtigung] consideration; **unter ~ aller Umstände** taking everything into consideration; **einer Sache** *(D)* **~ schenken** to take sthg into consideration; **jm keine ~ schenken** to take no notice of sb; **~ finden** to be taken into consideration.

Beamte (*pl* **-n**) *der* State employee *(e.g. teacher, policeman, civil servant)*.

BEAMTE

The civil service is an institution whose status is enshrined in the German constitution. Civil servants have close links with the government based on a relationship of dedication and loyalty, and they are expected to be moderate in their political views. Although they are allowed to join trade unions, they do not have the legal right to go on strike.

Beamtenschaft *die (ohne pl)* State employees *(pl)*.

Beamtin (*pl* **-nen**) *die* State employee *(e.g. teacher, policewoman, civil servant)*.

beängstigend *adj* frightening <> *adv* frighteningly.

beanspruchen *vt* - **1.** [fordern] to claim - **2.** [Material, Bremsen] to wear out - **3.** [strapazieren - Geduld, Person] to tax; **wir möchten Ihre Gastfreundschaft nicht länger ~** we don't want to impose on you any longer - **4.** [Raum, Zeit, Energie] to take up.

Beanspruchung (*pl* **-en**) *die* - **1.** [von Material, Nerven] strain - **2.** [durch Beruf] demands *(pl)*.

beanstanden *vt* to complain about.

Beanstandung (*pl* **-en**) *die* complaint.

beantragen *vt* - **1.** [verlangen] to apply for - **2.** [vorschlagen] to propose.

beantworten *vt* to answer.

Beantwortung (*pl* **-en**) *die*: **die ~ der Frage** the answer to the question.

bearbeiten *vt* - **1.** [mit Werkzeug] to work - **2.** [Text] to edit; [Musikstück] to arrange; **ein Buch für den Film ~** to adapt a book for the screen - **3.** [betreuen] to deal with - **4.** *fam* [misshandeln - Schlagzeug] to bang away at; **jn mit den Fäusten ~** to do sb over - **5.** *fam* [beeinflussen] to work on.

Bearbeitung (*pl* **-en**) *die* - **1.** [von Werkstück, Metall] working - **2.** [von Text] editing; [von Musikstück] arranging; [für Film, Fernsehen] adaptation - **3.** [von Antrag] processing.

beatmen *vt*: **jn künstlich ~** to give sb artificial respiration.

Beatmung (*pl* **-en**) *die*: **künstliche ~** artificial respiration.

beaufsichtigen *vt* to supervise.

beauftragen *vt*: **jn ~, etw zu tun** [bitten] to tell sb to do sthg; [Auftrag erteilen] to commission sb to do sthg; **beauftragt sein, etw zu tun** to be charged with doing sthg; **jn mit etw ~** to entrust sthg to sb.

Beauftragte (*pl* **-n**) *der, die* representative.

bebauen *vt* - **1.** [mit Gebäuden] to build on, to develop; **ein Gelände mit Häusern ~** to build houses on a site - **2.** [mit Pflanzen] to cultivate.

Bebauung (*pl* **-en**) *die* - **1.** [mit Gebäuden] development - **2.** [mit Pflanzung] cultivation.

beben *vi* - **1.** [durch Explosion] to shake - **2.** [Hände, Person, Lippen, Stimme] to tremble.

Beben (*pl* **-**) *das* - **1.** [von Händen, Person, Lippen, Stimme] trembling - **2.** [Erdbeben] earthquake.

Becher (*pl* **-**) *der* - **1.** [Kaffeebecher - ohne Henkel, aus Pappe, Styropor] cup; [- ohne Henkel, aus hartem Kunststoff] beaker; [- mit Henkel, aus Porzellan] mug - **2.** [Pokal] goblet - **3.** [für Joghurt] pot; [für Eis] tub.

Becken (*pl* **-**) *das* - **1.** [Waschbecken] basin; [Spülbecken] sink; [Schwimmbecken] pool - **2.** [Körperteil] pelvis - **3.** [Instrument] cymbal.

Becquerel [bɛkəˈrɛl] (*pl* **-**) *das* becquerel.

bedacht *pp* ▻ **bedenken** <> *adj* - **1.** [vorsichtig] careful - **2.** [bemüht]: **auf etw** *(A)* **~ sein** to be concerned about sthg <> *adv* [vorsichtig] carefully.

Bedacht *der*: **mit ~** with care; **ohne ~** without thinking.

bedächtig *adj* - **1.** [langsam] deliberate - **2.** [nachdenklich - Person, Miene] thoughtful; [- Worte] well-considered <> *adv* - **1.** [langsam] deliberately - **2.** [überlegt - sprechen] with well-considered words.

bedanken ◆ **sich bedanken** *ref* to say thank you; **ich möchte mich herzlich ~** thank you very much; **sich bei jm für etw ~** to thank sb for sthg.

Bedarf *der* need; **ein ~ an etw** *(D)* a need for sthg; **~ an etw** *(D)* **haben** to be in need of sthg; **mein ~ ist gedeckt!** *fam* I've had more than enough!

◆ **bei Bedarf** *adv* should the need arise.

bedauerlich *adj* regrettable.

bedauerlicherweise *adv* ***geh*** regrettably.

bedauern *vt* - **1.** [Irrtum, Unüberlegtheit] to regret - **2.** [Person] to feel sorry for; **bedaure!** I'm sorry!

Bedauern *das* - **1.** [Mitleid] sympathy - **2.** [Reue] regret; **zu meinem ~** ***geh*** to my regret.

bedauernswert *adj* - **1.** [Irrtum] regrettable - **2.** [Person] pitiable.

bedecken *vt* to cover.
◆ **sich bedecken** *ref* [Himmel] to cloud over.

bedeckt *pp* ▷ **bedecken** ◇ *adj* [Himmel] overcast; **sich ~ halten** *fig* to keep a low profile.

bedenken (*prät* **bedachte;** *perf* **hat bedacht**) *vt* **- 1.** [überlegen] to consider **- 2.** *geh* [beschenken - im Testament] to remember; **jn mit Geschenken ~** to give presents to sb; **jn mit Beifall ~** to applaud sb.

Bedenken (*pl* -) *das* **- 1.** [Nachdenken] consideration **- 2.** [Zweifel] doubt; **~ gegen etw haben** to have (one's) doubts about sthg.

bedenkenlos *adv* **- 1.** [ohne Zweifel] unhesitatingly; **~ Geld verschleudern** to throw money away recklessly **- 2.** [skrupellos] unscrupulously.

bedenklich *adj* **- 1.** [prekär] serious **- 2.** [besorgt] anxious **- 3.** [fragwürdig] dubious.

Bedenkzeit *die:* **jm ~ geben** to give sb some time to think it over.

bedeuten *vt* **- 1.** [gen] to mean; **viel/nichts ~** to mean a lot/nothing; **jm viel/wenig/nichts ~** to mean a lot/not to mean much/to mean nothing to sb; **das hat nichts zu ~** that doesn't matter **- 2.** *geh* [zu verstehen geben]: **jm etw ~** to indicate sthg to sb.

bedeutend *adj* **- 1.** [wichtig] important **- 2.** [groß] considerable ◇ *adv* [sehr] considerably.

bedeutsam *adj* **- 1.** [wichtig] momentous **- 2.** [viel sagend] meaningful ◇ *adv* [viel sagend] meaningfully.

Bedeutung (*pl* **-en**) *die* **- 1.** [Sinn] meaning **- 2.** [Wichtigkeit] importance; **einer Sache** *(D)* **große/keine ~ beimessen** to attach great/no importance to sthg; **von ausschlaggebender ~ sein** to be of decisive importance.

bedeutungslos *adj* insignificant.

Bedeutungs|wandel *der* change in meaning.

bedienen *vt* **- 1.** [Person] to serve; **mit diesem Produkt sind Sie gut bedient** this product is a good deal **- 2.** [Maschine] to operate ◇ *vi* to serve.
◆ **sich bedienen** *ref* to help o.s.; **~ Sie sich!** help yourself!

Bedienung (*pl* **-en**) *die* **- 1.** [Versorgung] service **- 2.** [Steuerung, Anwendung] operation **- 3.** [Kellner] waiter; [Kellnerin] waitress.

Bedienungs|anleitung *die* operating instructions *(pl)*.

Bedienungs|fehler *der* operating error.

bedingen *vt* **- 1.** [verursachen] to bring about; **durch etw bedingt sein** to be caused by sthg **- 2.** [verlangen] to require.

bedingt *adj* [Zustimmung] qualified ◇ *adv* partly; **die Theorie ist nur ~ anwendbar** the theory is only partly applicable.

Bedingung (*pl* **-en**) *die* [Voraussetzung] condition; **eine ~ stellen** to stipulate a condition; **unter einer ~** on one condition.
◆ **Bedingungen** *pl* [Umstände] conditions.

bedingungslos *adj* unconditional ◇ *adv* unconditionally.

bedrängen *vt* [unter Druck setzen] to pressurize; [mit Truppen] to advance on; **jn mit Fragen ~** to badger sb with questions.

Bedrängnis (*pl* **-se**) *die* *geh:* **jn in ~ bringen** to put sb in a difficult situation.

bedrohen *vt* to threaten.

bedrohlich *adj* [Situation, Aussehen] threatening; [Nähe, Intensität] dangerous ◇ *adv* [ansehen] threateningly; [nah, schnell] dangerously.

Bedrohung (*pl* **-en**) *die* threat; **eine ~ der Freiheit** a threat to freedom.

bedrucken *vt* to print.

bedrücken *vt* to depress.

bedrückend *adj* [Stimmung] oppressive; [Gedanke, Neuigkeit] depressing.

bedrückt *adj* **- 1.** [Person] depressed **- 2.** [Schweigen, Stimmung] oppressive.

bedürfen (*präs* **bedarf;** *prät* **bedurfte;** *perf* **hat bedurft**) *vi* *geh:* **js/einer Sache ~** to need sb/sthg.

Bedürfnis (*pl* **-se**) *das* need.

bedürfnislos *adj* [Leben] simple; **~ sein** [Mensch] to have few needs.

bedürftig *adj* needy.

Beef|steak ['bi:fste:k] *das* steak.

beehren [bə'e:rən] *vt:* **jn mit etw ~** *geh* & *iron* to honour sb with sthg.

beeiden [bə'aidn̩] *vt* to give under oath.

beeilen [bə'ailən] ◆ **sich beeilen** *ref* to hurry; **beeile dich!** hurry up!

Beeilung [bə'ailʊŋ] *die:* **los** *ODER* **ein bisschen ~!** *fam* get a move on!

beeindrucken [bə'aindrʊkn̩] *vt* to impress ◇ *vi* to make an impression.

beeindruckend [bə'aindrʊkənt] *adj* impressive ◇ *adv* impressively.

beeinflussbar [bə'ainflʊsba:] *adj* easily influenced.

beeinflussen [bə'ainflʊsn̩] *vt* to influence.

beeinträchtigen [bə'aintrɛçtɪgn̩] *vt* [Bewegungsfähigkeit, Sicht] to impair; [Produktion, Stimmung] to affect adversely; [Wert, Qualität] to reduce; [Gesundheit] to damage; [Konzentration] to hamper.

Beeinträchtigung [bə'aintrɛçtɪgʊŋ] (*pl* **-en**) *die* [von Bewegungsfähigkeit, Sicht] impairment; [von Produktion, Stimmung] adverse effect; [von

Wert, Qualität] reduction; [von Gesundheit] damaging; [von Konzentration] hampering.

beenden [bə'ɛndn̩] *vt* to end.

beengt [bə'ɛŋt] *adv:* **~ wohnen** to live in cramped conditions.

beerben [bə'ɛrbn̩] *vt:* **jn ~** to inherit sb's estate.

beerdigen [bə'eːɐ̯dɪgn̩] *vt* to bury.

Beerdigung [bə'eːɐ̯dɪgʊŋ] (*pl* **-en**) *die* funeral.

Beerdigungs|institut *das* funeral directors *(pl)*.

Beere (*pl* **-n**) *die* berry.

Beet (*pl* **-e**) *das* [mit Blumen] flowerbed; [mit Gemüse] vegetable patch.

Beete ◆ **rote Beete** beetroot.

Befähigung (*pl* **-en**) *die* - **1.** [Qualifikation]: **ihm fehlt die ~ zu diesem Amt** he's not qualified to do this job - **2.** [Können] ability; **die ~ für etw** *ODER* **zu etw** the ability for sthg.

befahl *prät* ▷ **befehlen.**

befahrbar *adj* [Straße, Weg] passable; [Fluss] navigable.

befahren (*präs* **befährt;** *prät* **befuhr;** *perf* **hat befahren**) *vt* to use ◇ *adj:* **eine stark ~e Straße** a busy street.

Befall *der* attack; **Schädlingsbefall** infestation.

befallen (*präs* **befällt;** *prät* **befiel;** *perf* **hat befallen**) *vt:* **von etw ~ sein** [Schädlingen] to be infested with sthg; [Mehltau] to be struck down with sthg; [Angst] to be overcome with sthg.

befangen *adj* - **1.** [schüchtern] shy - **2.** RECHT partial - **3.** *geh* [gefangen]: **in dem Glauben ~ sein, dass ...** to labour under the misconception that ... ◇ *adv* shyly.

Befangenheit *die* - **1.** [Schüchternheit] shyness - **2.** RECHT partiality.

befassen (*präs* **befasst;** *prät* **befasste;** *perf* **hat befasst**) *vt:* **jn mit etw ~** *geh* to assign sthg to sb.

◆ **sich befassen** *ref:* **sich mit einer Frage ~** to look into a question; **sich intensiv mit einem Thema ~** to study *ODER* look at a matter in great detail; **sie befasst sich viel mit diesem Thema** she deals with this subject a lot.

Befehl (*pl* **-e**) *der* - **1.** [Aufforderung] order - **2.** EDV command.

◆ **zu Befehl** *adv* MIL yes, sir!

befehlen (*präs* **befiehlt;** *prät* **befahl;** *perf* **hat befohlen**) *vt* to order; **jm ~, etw zu tun** to order sb to do sthg; **du hast mir gar nichts zu ~** I don't take orders from you ◇ *vi:* **über jn/etw ~** to command sb/sthg.

Befehls|form *die* GRAM imperative.

Befehls|haber (*pl* **-**) *der* MIL commander.

Befehls|ton *der* peremptory tone.

Befehls|verweigerung *die* MIL insubordination.

befeinden *vt geh* to be hostile towards.

◆ **sich befeinden** *ref* to be hostile towards each other.

befestigen *vt* - **1.** [anbringen]: **etw an etw** *(D)* **~** to attach sthg to sthg; **etw mit Schrauben an der Wand ~** to screw sthg to the wall - **2.** [verstärken - Stadt, Grenze] to fortify; [- Ufer, Damm] to reinforce; [- Straße] to make up.

Befestigung (*pl* **-en**) *die* - **1.** [das Anbringen] attaching - **2.** [die Verstärkung - von Stadt] fortification; [- von Ufer, Damm] reinforcement; [- von Straße] making up.

befeuchten *vt* to moisten.

befiehlt *präs* ▷ **befehlen.**

befinden (*prät* **befand;** *perf* **hat befunden**) *vt:* **etw für gut/richtig ~** *geh* to deem sthg good/right.

◆ **sich befinden** *ref* to be; **sein Büro befindet sich im ersten Stock** his office is on the first floor.

Befinden *das* (state of) health; **sich nach js ~ erkundigen** to inquire after sb's health.

befindlich *adj geh* situated.

befingern *vt fam abw* to finger.

beflecken *vt* to stain.

beflügeln *vt* [Person] to inspire; [Fantasie] to fire.

befohlen *pp* ▷ **befehlen.**

befolgen *vt* [Rat] to follow; [Befehl, Vorschrift] to obey.

Befolgung *die* [von Rat] following; [von Befehl, Vorschrift] obeying.

befördern *vt* - **1.** [transportieren] to transport - **2.** [im Beruf] to promote.

Be|förderung *die* - **1.** [Transport] transportation - **2.** [im Beruf] promotion.

Beförderungs|mittel *das* means of transport.

befrachten *vt* - **1.** [LKW, Schiff] to load (up) - **2.** [Text, Diskussion] to overburden.

befragen *vt* - **1.** [Person, Zeugen] to question - **2.** [Karten, Wahrsagerin] to consult.

Befragung (*pl* **-en**) *die* questioning.

befreien *vt* [Gefangenen] to free; [Land, Volk] to liberate; [Tier] to set free; **jn von etw ~** [von Diktatur, Schmerzen] to free sb from sthg; [vom Unterricht] to excuse sb from sthg.

Befreiung *die* [von Gefangenen, Tier] freeing; [von Land, Volk] liberation; [der Frau] emancipation; **eine ~ vom Unterricht kommt nicht in Frage** there's no question of you being excused from classes.

Befreiungs|bewegung *die* liberation movement.

Befremden *das* dismay; **zu js ~** to sb's dismay.

befremdend *adj* dismaying <> *adv* dismayingly.

befreunden ◆ **sich befreunden** *ref:* **sich mit jm ~** to make friends with sb; **sich mit etw ~** to warm to sthg.

befreundet *adj* [Länder] friendly; **ein mit uns ~er Künstler** an artist (who is a) friend of ours; **mit jm ~ sein** to be friends with sb.

befriedigen *vt* to satisfy.
◆ **sich befriedigen** *ref:* **sich selbst ~** to masturbate.

befriedigend *adj* **- 1.** [zufrieden stellend] satisfactory **- 2.** SCHULE ≃ C, *mark equivalent to 3 on scale of 1 to 6* <> *adv* satisfactorily.

Befriedigung *die* **- 1.** [Zufriedenheit] satisfaction **- 2.** [Zufriedenstellung] satisfying.

befristen *vt* to put a time limit on; **ihre Tätigkeit ist auf ein Jahr befristet** her contract only runs for one year.

befristet *adj* [Vertrag] fixed-term, temporary.

befruchten *vt* to fertilize; **eine Frau künstlich ~** to inseminate a woman artificially.

Befruchtung (*pl* **-en**) *die* fertilization; **künstliche ~** artificial insemination.

Befugnis (*pl* **-se**) *die* authority *(U)*.

befugt *adj:* **zur Unterschrift ~ sein** to be authorized to sign.

Be|fund *der* [ärztlich] results *(pl)*; [von Fachmann] findings *(pl)*; **'ohne ~'** MED 'negative'.

befürchten *vt* to fear; **es ist** *ODER* **steht zu ~, dass ...** there is a danger that ...

Befürchtung (*pl* **-en**) *die* fear.

befürworten *vt* to support.

Befürworter, in (*mpl* **-;** *fpl* **-nen**) *der, die* supporter.

begabt *adj* talented; **für etw ~ sein** to have a talent *ODER* gift for sthg.

Begabung (*pl* **-en**) *die* talent.

begann *prät* ▷ **beginnen.**

begeben (*präs* **begibt;** *prät* **begab;** *perf* **hat begeben**) ◆ **sich begeben** *ref* **- 1.** **geh** [gehen] to go; **sich in Gefahr ~** to put o.s. in danger **- 2.** [passieren] to happen; **es begab sich aber zu der Zeit ...** REL it came to pass ...

Begebenheit (*pl* **-en**) *die* occurrence; **eine wahre ~** something that really happened.

begegnen *vi* [entgegenkommen, treffen]: **jm ~** to meet sb; **etw** *(D)* **~** [Gefahr] to face sthg; **einer Person mit Freundlichkeit ~** to treat sb in a friendly manner.
◆ **sich begegnen** *ref* [treffen] to meet.

Begegnung (*pl* **-en**) *die* meeting.

begehbar *adj* passable.

begehen (*prät* **beging;** *perf* **hat begangen**) *vt* **- 1.** [verüben - Mord, Verbrechen] to commit; [- Fehler] to make; **eine Dummheit ~** to do something stupid **- 2.** **geh** [feiern] to celebrate **- 3.** [benützen] to use.

begehren *vt* to desire; **sehr begehrt sein** to be much sought after.

begehrenswert *adj* desirable.

begeistern *vt:* **sie begeisterte das Publikum** she delighted the audience; **man kann ihn für nichts ~** you can't make him enthusiastic about anything.
◆ **sich begeistern** *ref:* **sich für etw ~** [Idee] to be enthusiastic about sthg; [Film, Hobby] really to like sthg.

begeistert *adj* [Reiter, Schwimmer] enthusiastic, keen; [Publikum] delighted; **von dieser Idee bin ich gar nicht ~** I'm not very enthusiastic about *ODER* keen on that idea; **sie war von seiner Frisur ~** she was delighted with her haircut <> *adv* enthusiastically.

Begeisterung *die* [über Idee, Beschluss, für Hobby] enthusiasm; [über Leistung] delight.

Begierde (*pl* **-n**) *die* desire; **~ nach jm/etw** desire for sb/sthg.

begierig *adj* [Blicke] longing; [Lippen, Hände] eager; **nach etw** *ODER* **auf etw** *(A)* **~ sein** to be eager for sthg; **darauf ~ sein, etw zu tun** to be eager to do sthg <> *adv* eagerly.

begießen (*prät* **begoss;** *perf* **hat begossen**) *vt* **- 1.** [mit Wasser] to water **- 2.** [feiern] to celebrate with a drink.

Beginn *der* beginning, start.
◆ **zu Beginn** *adv* at the beginning *ODER* start.

beginnen (*prät* **begann;** *perf* **hat begonnen**) *vt* to begin, to start <> *vi* to begin, to start; **mit etw ~** to begin sthg, to start sthg.

beglaubigen *vt* to certify.

Beglaubigung (*pl* **-en**) *die* **- 1.** [Bescheinigung] certificate **- 2.** [Handlung] certification.

begleichen (*prät* **beglich;** *perf* **hat beglichen**) *vt* to settle.

begleiten *vt* to accompany.

Begleiter, in (*mpl* **-;** *fpl* **-nen**) *der, die* companion; [beim Musizieren] accompanist.

Begleit|erscheinung *die* side effect.

Begleit|musik *die* background music.

Begleit|person *die* escort.

Begleit|schreiben *das* covering letter.

Begleit|umstand *der* attendant circumstance.

Begleitung (*pl* **-en**) *die* **- 1.** [Begleiten]: **sie kam in ~** she came with someone; **in ~ einer Freundin** accompanied by a friend **- 2.** MUS accompaniment **- 3.** [Begleitperson] escort; [Freund] companion.

beglücken *vt* to make happy; **jn mit etw ~** *iron* to favour sb with sthg.

beglückwünschen *vt:* **jn zu etw ~** to congratulate sb on sthg.

begnadigen *vt* to pardon.

Begnadigung (*pl* **-en**) *die* pardon.

begnügen ◆ **sich begnügen** *ref:* **sich mit etw ~** to make do with sthg.

begonnen *pp* ▷ **beginnen.**

begraben (*präs* **begräbt;** *prät* **begrub;** *perf* **hat begraben**) *vt* **- 1.** [beerdigen] to bury; **jn/etw unter sich** *(D)* **~** to bury sb/sthg **- 2.** [beenden, vergessen - Streit] to bury; [- Hoffnung, Vorhaben] to abandon.

Begräbnis (*pl* **-se**) *das* funeral.

begradigen *vt* to straighten.

begreifen (*prät* **begriff;** *perf* **hat begriffen**) *vt* & *vi* to understand.

begreiflich *adj* understandable; **jm etw ~ machen** to make sb understand sthg.

begrenzen *vt* **- 1.** [Zeit, Geschwindigkeit] to limit, to restrict **- 2.** [Fläche, Raum]: **der Park wird vom Fluss begrenzt** the river forms the park's boundary.

begrenzt *adj* limited; [Zustimmung] qualified ◇ *adv* to a limited extent.

Begrenzung (*pl* **-en**) *die* **- 1.** [von Zeit, Geschwindigkeit] restriction, limit **- 2.** [von Fläche, Raum] boundary.

Be|griff *der* **- 1.** [Wort] term **- 2.** [Vorstellung] idea, concept; **im ~ sein** *ODER* **stehen, etw zu tun** to be about to do sthg; **jm ein ~ sein** to mean something to sb; **der Name war ihr kein ~** she didn't recognize the name; **sich** *(D)* **einen ~ von etw machen** to get an idea of sthg; **schwer** *ODER* **langsam von ~ sein** *fam* to be slow on the uptake.

begriffen *adj:* **in etw** *(D)* **~ sein** to be in the process of sthg.

begrifflich *adj* conceptual ◇ *adv* conceptually.

begriffsstutzig *adj abw* slow.

begründen *vt* **- 1.** [erklären] to justify; **sie begründete ihr Verhalten mit persönlichen Problemen** she gave personal problems as the reason for her behaviour **- 2.** [gründen - Firma, Stadt, Religion] to found; [- Theorie] to originate.

Begründer, in (*mpl* **-;** *fpl* **-nen**) *der, die* [von Religion, Stadt, Firma] founder; [von Theorie] originator.

Be|gründung *die* **- 1.** [Angabe von Gründen] reason **- 2.** [Gründung - von Firma, Stadt, Religion] founding; [- von Stil] establishment.

begrünen *vt* to cover with greenery.

begrüßen *vt* **- 1.** [grüßen] to greet **- 2.** [gut finden] to welcome.

begrüßenswert *adj* welcome.

Begrüßung (*pl* **-en**) *die* greeting; [von Gästen] welcome.

begucken *vt fam:* **sich** *(D)* **jn/etw ~** to have a look at sb/sthg.

◆ **sich begucken** *ref* to look at o.s.

begünstigen *vt* to favour.

begutachten *vt* **- 1.** [Subj: Fachmann] to examine and report on **- 2.** [betrachten] to have a look at.

begütert *adj* well-to-do.

begütigend *adj* soothing ◇ *adv* soothingly.

behaart *adj* hairy.

behäbig *adj* [Mensch] portly; [Ausdrucksweise, Schritte] ponderous ◇ *adv* ponderously.

behaftet *adj:* **mit etw ~ sein** [Sache] to be marred by sthg; [Person] to be afflicted with sthg.

behagen *vi:* **es behagt ihr nicht** she doesn't like it.

Behagen *das* contentment.

behaglich *adj* [Sessel] comfortable; [Wärme] cosy ◇ *adv* comfortably.

behalten (*präs* **behält;** *prät* **behielt;** *perf* **hat behalten**) *vt* **- 1.** [nicht abgeben] to keep; **etw für sich ~** [aufbewahren] to keep sthg for o.s.; [verschweigen] to keep sthg to o.s. **- 2.** [sich merken] to remember.

Behälter (*pl* **-**) *der* container.

behände *geh adj* nimble ◇ *adv* nimbly.

behandeln *vt* **- 1.** [gen] to treat; **jn gut/schlecht ~** to treat sb well/badly **- 2.** [Problem, Thema] to deal with.

Behändigkeit *die geh* nimbleness.

Be|handlung *die* treatment; **ambulante/stationäre ~** treatment as an out-patient/in-patient.

behängen *vt* to hang.

◆ **sich behängen** *ref abw:* **sich mit etw ~** to deck o.s. out with sthg.

beharren *vi* to insist; **auf etw** *(D)* **~** to insist on sthg.

beharrlich *adj* persistent ◇ *adv* persistently.

behaupten *vt* **- 1.** [versichern] to claim **- 2.** [verteidigen - Vorteil, Position] to maintain.

◆ **sich behaupten** *ref* **- 1.** [sich durchsetzen] to assert o.s. **- 2.** [gewinnen]: **sich gegen jn ~** to overcome sb.

Behauptung (*pl* **-en**) *die* **- 1.** [Aussage] claim **- 2.** [Verteidigung] maintenance.

Behausung (*pl* **-en**) *die* accommodation.

beheben (*prät* **behob;** *perf* **hat behoben**) *vt* to rectify.

beheimatet *adj:* **~ in** *(+ D)* [Pflanze, Tierart] native to; [Person] from.

beheizen *vt* to heat.

behelfen (*präs* **behilft;** *prät* **behalf;** *perf* **hat beholfen**) *vi:* **sich** *(D)* **mit/ohne etw ~** to make do with/without sthg.

behelfsmäßig *adj* [Unterkunft, Konstruktion] makeshift; [Ersatz] temporary <> *adv* temporarily.

behelligen *vt:* **jn mit etw ~** to bother sb with sthg.

behende = **behände.**

Behendigkeit *die* = **Behändigkeit.**

beherbergen *vt* to put up.

beherrschen *vt* **- 1.** [Land, Stadt] to rule **- 2.** [Leidenschaft, Markt] to control **- 3.** [dominieren] to dominate **- 4.** [meistern - Pferd, Wagen] to have control of; [- Arbeit, Sport, Instrument] to have mastered; [- Sprache] to have a command of.

◆ **sich beherrschen** *ref* to control o.s.

beherrscht *adj* self-controlled <> *adv* with self-control.

Beherrschung *die* **- 1.** [von Leidenschaft, Gedanken] control; **die ~ verlieren** to lose control **- 2.** [von Land, Volk] rule **- 3.** [von Pferd, Wagen] control; [von Instrument] mastery; [von Sprache] command.

beherzigen *vt* to take to heart.

beherzt *adj* courageous <> *adv* courageously.

behilflich *adj:* **jm bei etw ~ sein** to help sb with sthg.

behindern *vt* **- 1.** [Verkehr, Sicht] to obstruct **- 2.** [Person]: **jn bei etw ~** to hinder sb in sthg.

behindert *adj* handicapped; **geistig/körperlich ~** mentally/physically handicapped.

Behinderte (*pl* **-n**) *der, die* handicapped person; **die ~n** the handicapped.

behindertengerecht *adj* suitable for disabled people; [Aufzug, Toilette] disabled *(vor Subst)* <> *adv* with the needs of the disabled in mind.

Behinderung (*pl* **-en**) *die* **- 1.** [Behindern] obstruction **- 2.** [Handicap] handicap.

Behörde (*pl* **-n**) *die* authority.

◆ **Behörden** *pl* authorities.

behüten *vt* to look after; **jn vor etw** *(D)* **~** to protect sb from sthg.

behutsam *adj* careful <> *adv* carefully.

bei *präp (+ D)* **- 1.** [räumlich - nahe] near; [- innen] at; **das Hotel ist gleich ~m Bahnhof** the hotel is right next to the station; **Bernau ~ Berlin** Bernau near Berlin; **~m Arzt** at the doctor's; **sie arbeitet ~ einem Verlag** she works for a publishing company; **~ meiner Tante** at my aunt's; **~ mir** at my house; **die Schuld liegt allein ~ mir** *fig* I alone am to blame; **ein Kind ~ der Hand nehmen** to take a child's hand, to take a child by the hand; **die Gelegenheit ~m Schopf packen** *fig* to seize the opportunity with both hands **- 2.** [zusammen mit einer Person] with; **ich bleibe ~ dir** I'm staying with you **- 3.** [zeitlich] at; **~ Beginn** at the beginning; **~ der Arbeit** at work; **~ seiner Beerdigung** at his funeral; **Vorsicht ~m Ein- und Aussteigen** be careful when getting on and off; **~m Sport brach er sich den Arm** he broke his arm (while) playing sport **- 4.** [als Teil einer Menge] among; **einige dieser Stilelemente finden sich auch ~ Picasso** some of these stylistic touches are also found in Picasso's work **- 5.** [zur Angabe von Umständen]: **~ Regen vorsichtig fahren** drive carefully in the rain; **~ Tag/Nacht** by day/night **- 6.** [zur Angabe der Ursache]: **~ Regen fällt der Ausflug aus** if it rains the trip will be cancelled; **kannst du das Buch ~ Gelegenheit vorbeibringen?** could you bring the book round next time you get the chance?; **~ deinem Talent solltest du Maler werden** with your talent you should be an artist **- 7.** [trotz] for, in spite of; **ich konnte es ~m besten Willen nicht finden** no matter how hard I tried, I couldn't find it.

◆ **bei sich** *adv:* **hast du Geld ~ dir?** have you got any money on you?; **~ sich** *(D)* **sein** *fig* to be (feeling) o.s.

bei|behalten *vt (unreg)* [Methode] to keep to; [Gegenstände] to keep.

Bei|blatt *das* supplementary sheet.

bei|bringen *vt (unreg)* **- 1.** [lehren]: **jm etw ~** to teach sb sthg **- 2.** [mitteilen]: **jm etw ~** to break sthg to sb; **jm etw schonend ~** to break sthg gently to sb **- 3.** [zufügen]: **jm etw ~** to inflict sthg on sb **- 4.** ***amt*** [bringen] to produce.

Beichte (*pl* **-n**) *die* confession.

beichten *vt* to confess; **jm etw ~** to confess sthg to sb <> *vi* to confess.

Beicht|stuhl *der* confessional.

beide *pron* [zwei] both; **die ~n** both of them; **diese ~n** these two; **ihr ~n** you two <> *adj* **- 1.** [zwei]: **die ~n Pferde** both (of) the horses, the two horses; **diese ~n Exemplare** both (of) these copies, these two copies **- 2.** [alle zwei] both.

◆ **beides** *pron* both.

beiderlei *det* both.

beiderseitig *adj* mutual.

beiderseits *präp (+ G)* on both sides of.

beidhändig *adv* with both hands.

beidseitig *adj* mutual <> *adv* on both sides.

beieinander *adv* together.

beieinander haben *vt (unreg)* to have got together; **der hat sie nicht alle beieinander** ***fam abw*** he's not all there.

beieinander sein (*perf* **ist beieinander gewesen**) *vi (unreg) fam:* **gut/schlecht ~** to be in good/poor shape; **ich bin nicht ganz ~** I'm not quite myself.

beieinander sitzen *vi (unreg)* to sit together.

Beifahrer, in (*mpl* **-;** *fpl* **-nen**) *der, die* front-seat passenger.

Beifahrer|airbag *der* AUTO passenger airbag.

Beifahrer|sitz *der* passenger seat.

Beifall *der* applause; **~ spenden** *ODER* **klatschen** to applaud; **tosender** *ODER* **rauschender ~** thunderous applause.

beifällig *adj* approving <> *adv* approvingly.

Beifalls|sturm *der* storm of applause.

bei|fügen *vt:* **einer Sache** *(D)* **etw ~** to enclose sthg with sthg.

beige [beːʃ] *adj* beige.

Beige *das (ohne pl)* beige.

bei|geben *(unreg) vt* to add <> *vi:* **klein ~** *fig* to back down.

Beigeordnete (*pl* **-n**) *der, die* town councillor.

Beigeschmack *der* **- 1.** [von Esswaren]: **das Bier hat einen bitteren ~** the beer tastes slightly bitter **- 2.** [von Begriff] connotation; **die ganze Affäre hatte einen bitteren ~** the whole affair left a bitter taste in the mouth.

Bei|hilfe *die* **- 1.** [finanziell] financial aid **- 2.** [kriminell] aiding and abetting; **jm ~ leisten** to aid and abet sb.

bei|kommen (*perf* **ist beigekommen**) *vi (unreg):* **einer Sache** *(D)* **~** to overcome sthg; **ihm ist nicht beizukommen, er hat immer wieder neue Ausreden** he always has some excuse or other, you can never make him admit he's done something wrong.

beil. (*abk für* **beiliegend**) encl.

Beil (*pl* **-e**) *das* axe.

Bei|lage *die* **- 1.** [Speise] side dish; **mit Reis als ~** served with rice **- 2.** [zu Zeitung] supplement **- 3.** ***amt*** [Beilegen] enclosure.

beiläufig *adj* casual <> *adv* casually, in passing.

bei|legen *vt* **- 1.** [beifügen]: **einer Sache** *(D)* **etw ~** to enclose sthg with sthg **- 2.** [schlichten] to resolve.

Beilegung (*pl* **-en**) *die* resolution.

beileibe *adv:* **~ nicht!** ***geh*** certainly not!

Beileid *das (ohne pl)* condolences *(pl);* **herzliches** *ODER* **aufrichtiges ~!** my sincere condolences; **jm sein ~ aussprechen** to offer sb one's condolences.

bei|liegen *vi (unreg):* **etw** *(D)* **~** [einem Brief] to be enclosed with sthg; [einer Zeitung] to be inserted in sthg

beiliegend *adj* ***amt*** enclosed; **~ übersenden wir Ihnen ...** please find enclosed ...

beim *präp (bei + dem):* **ich bin ~ Essen** I'm eating at the moment; **~ letzten Test** in the last test; **sie war ~ Arzt** she was at the doctor's; **sie traf ihn ~ Einkaufen** she met him while she was shopping; **~ Rasenmähen helfen** to help with mowing the lawn; *siehe auch* **bei.**

bei|messen *vt (unreg):* **einer Sache** *(D)* **große/keine Bedeutung ~** to attach great/no importance to sthg.

Bein (*pl* **-e**) *das* **- 1.** leg; **in die ~e gehen** [körperliche Tätigkeit] to tire one's legs out; [Musik] to get one's legs moving; **jm ein ~ stellen** to trip sb up **- 2.** ***RW:*** **jm ~e machen** to make sb get a move on; **etw auf die ~e stellen** to get sthg up and running; **er kriegt im Chemieunterricht kein ~ auf die Erde** he just can't seem to get the hang of chemistry; **mit beiden ~en im Leben stehen** to have both feet on the ground; **sich** *(D)* **die ~e vertreten** to stretch one's legs; **sich** *(D)* **kein ~ ausreißen** not to overexert o.s.; **wieder auf die ~e kommen** to get back on one's feet.

beinah, beinahe *adv* almost, nearly.

Bei|name *der* epithet.

Bein|bruch *der* fracture of the leg; **das ist doch kein ~!** ***fig*** it's not the end of the world!

beinhalten [bəˈɪnhaltn̩] *vt* to contain.

Beipack|zettel *der* instruction leaflet.

bei|pflichten *vi:* **jm/einer Sache ~** to agree with sb/sthg.

Bei|rat *der* advisory committee.

beirren [bəˈɪrən] *vt* to disconcert; **sich durch etw nicht ~ lassen** not to let o.s. be put off by sthg.

Beirut [ˈbairuːt] *nt* Beirut.

beisammen *adv* together.

Beisammensein *das* get-together; **ein geselliges ~** a social get-together.

Beischlaf *der* ***amt*** sexual intercourse.

Beisein *das:* **im ~ von jm, in js ~** in the presence of sb, in sb's presence.

beiseite *adv* aside, to one side; **~ lassen** to leave aside *ODER* to one side; **~ legen** to put aside; **~ schaffen** ***fam*** [verstecken] to stash away; **~ treten** to move aside *ODER* to one side.

bei|setzen *vt* ***geh*** to inter.

Beisetzung (*pl* **-en**) *die* funeral.

Beisitzer, in (*mpl* **-;** *fpl* **-nen**) *der, die* **- 1.** RECHT *judge other than the main one on a panel of judges* **- 2.** [bei Prüfung] *member of an examination panel other than the chief examiner.*

Bei|spiel *das* example; **sich** *(D)* **an jm ein ~ nehmen** to follow sb's example; **sich** *(D)* **ein ~ an etw** *(D)* **nehmen** to take sthg as one's example; **mit gutem ~ vorangehen** to set a good example.
◆ **zum Beispiel** *adv* for example.

beispielhaft *adj* exemplary <> *adv* in exemplary fashion.

beispiellos *adj* unprecedented; [Unverschämtheit] unbelievable <> *adv* unprecedentedly.

beispielsweise *adv* for example.

beißen (*prät* **biss;** *perf* **hat gebissen**) *vt* to bite <> *vi* **- 1.** [mit den Zähnen] to bite; **in etw** *(A)* **~** to bite into sthg; **nichts zu ~ haben** ***fig*** to have nothing to eat **- 2.** [brennen] to sting; **Qualm beißt in den Augen** smoke makes your eyes sting.
◆ **sich beißen** *ref* **- 1.** [mit den Zähnen] to bite each other **- 2.** [Farben] to clash.

Bei|stand *der* assistance.

bei|stehen *vi (unreg)*: **jm ~** to stand by sb.

Beistell|tisch *der* occasional table.

bei|steuern *vt*: **etw (zu etw) ~** to contribute sthg (to sthg).

bei|stimmen *vi*: **jm/einer Sache ~** to agree with sb/sthg; **einem Antrag ~** to approve an application.

Beitrag (*pl* **Beiträge**) *der* **- 1.** [Geld, Mitarbeit] contribution; [als Vereinsmitglied] subscription **- 2.** [Artikel] article.

bei|tragen *(unreg) vt* to contribute <> *vi*: **zu etw ~** to contribute to sthg.

Beitrags|zahlung *die* contribution.

bei|treten (*perf* **ist beigetreten**) *vi (unreg)*: **etw** *(D)* **~** to join sthg.

Bei|tritt *der* [zur EU] entry; [zu Verein] joining.

Beitritts|erklärung *die statement accepting membership terms.*

Bei|wagen *der* sidecar.

Beiwerk *das (ohne pl)* trimmings *(pl)*.

bei|wohnen *vi* ***geh*****: einer Sache** *(D)* **~** to attend sthg.

Beize (*pl* **-n**) *die* **- 1.** [für Holz] (wood) stain **- 2.** KÜCHE marinade.

beizeiten *adv* in good time.

beizen *vt* [Holz] to stain.

bejahen *vt* [Frage] to say yes to; [Standpunkt] to approve of.

bejammern *vt* to lament.

bejubeln *vt* to acclaim.

bekämpfen *vt* [Feind, Kriminalität] to fight; [Schädlinge] to control.

Bekämpfung *die*: **die ~ von etw** the fight against sthg; [von Schädlingen] the control of sthg.

bekannt *adj* well-known; **mit jm ~ sein** to know sb; **etw als ~ voraussetzen** to assume sthg to be common knowledge; **jm ~ vorkommen** to seem familiar to sb.

Bekannte (*pl* **-n**) *der, die* acquaintance.

Bekannten|kreis *der* circle of acquaintances.

bekanntermaßen *adv* as is well known.

Bekannt|gabe *die* announcement.

bekannt geben *vt (unreg)* to announce.

Bekanntheit *die* fame; **die ~ eines Produktes** how well-known a product is.

Bekanntheitsgrad *der (ohne pl)*: **einen hohen ~ haben** to be very well-known.

bekanntlich *adv* as is well known.

bekannt machen *vt* [Beschluss, Plan] to announce; [Fremde, Gäste] to introduce; **jn mit jm ~** to introduce sb to sb; **jn/sich mit etw ~** to familiarize sb/o.s. with sthg.

Bekanntmachung (*pl* **-en**) *die* announcement.

Bekanntschaft (*pl* **-en**) *die* **- 1.** [Kennen, Bekannte] acquaintance; **mit etw ~ machen** ***iron*** to have a run-in with sthg; **mit jm ~ schließen** to make sb's acquaintance **- 2.** [Bekanntenkreis] acquaintances *(pl)*.

bekannt werden (*perf* **ist bekannt geworden**) *vi (unreg)* to become known.

bekehren *vt* to convert.
◆ **sich bekehren** *ref*: **sich (zu etw) ~** to convert (to sthg).

bekennen (*prät* **bekannte;** *perf* **hat bekannt**) *vt* [Sünde] to confess; [Fehler] to admit.
◆ **sich bekennen** *ref*: **sich zu etw ~** [Glauben] to profess sthg; [Überzeugung] to declare one's support for sthg; [Attentat] to claim responsibility for sthg.

Bekenner|schreiben *das* letter claiming responsibility.

Bekenntnis (*pl* **-se**) *das* [von Schuld] admission, confession; **~ zu einem Glauben** profession of a faith.

beklagen *vt* to mourn.
◆ **sich beklagen** *ref*: **sich (bei jm über jn/etw) ~** to complain (about sb/sthg to sb).

Beklagte (*pl* **-n**) *der, die* RECHT defendant.

bekleben *vt*: **die Wand mit etw ~** to stick sthg on the wall.

bekleckern *vt*: **etw mit etw ~** to spill sthg on sthg.
◆ **sich bekleckern** *ref*: **sich mit etw ~** to spill sthg on o.s.

bekleiden *vt* ***geh*** [Posten, Amt] to hold.

bekleidet *adj*: **mit etw ~ sein** to be wearing sthg.

Bekleidung *die (ohne pl)* - **1.** [Kleidung] clothes *(pl)* - **2.** *geh* [von Posten, Amt] tenure.

beklemmend *adj* oppressive <> *adv* oppressively.

Beklemmung (*pl* **-en**) *die* anxiety.

beklommen *adj* anxious <> *adv* anxiously.

bekloppt *adj* ***salopp abw*** crazy.

bekommen (*prät* **bekam;** *perf* **hat/ist bekommen**) *vt (hat)* to get; [Zug, Bus, Krankheit] to catch; **ich bekomme noch 100 Mark von dir** you owe me 100 marks; **was ~ Sie?** what would you like?; **was ~ Sie dafür?** how much is it?; **es sind keine Karten mehr zu ~** there are no more tickets available ODER to be had; **eine Strafe/Prügel ~** to be punished/beaten; **sie bekommt ein Kind** she's expecting (a baby); **Besuch ~** to have visitors; **etw geschenkt/geliehen ~** to be given/lent sthg; **Angst/Hunger ~** to get frightened/hungry; **seine Stimme bekam einen zärtlichen Ton** his voice took on a gentle tone <> *vi (ist):* **jm gut ~** [Essen] to agree with sb; **der Wein ist mir nicht ~** the wine disagreed with me.

bekömmlich *adj* digestible.

bekräftigen *vt* [Meinung, Kritik] to confirm, to reinforce; **jn in etw** *(D)* **~** to confirm sb in sthg.

bekreuzigen ◆ **sich bekreuzigen** *ref* to cross o.s.

bekriegen *vt* to wage war on.
◆ **sich bekriegen** *ref* [sich bekämpfen] to be at war.

bekritzeln *vt* to scribble on.

bekümmert *adj* worried <> *adv* worriedly.

bekunden *vt* ***geh*** to express.

belächeln *vt* ***abw*** to laugh at.

beladen (*präs* **belädt;** *prät* **belud;** *perf* **hat beladen**) *vt:* **etw (mit etw) ~** to load sthg (with sthg).

Belag (*pl* **Beläge**) *der* - **1.** [von Bremsen] lining; [von Straße] surface; [von Fußboden] covering - **2.** [auf Brot] topping - **3.** [auf der Zunge] fur; [auf den Zähnen] film.

Belagerer (*pl* **-**) *der* besieger.

belagern *vt* to besiege.

Belagerung (*pl* **-en**) *die* siege.

Belang (*pl* **-e**) *der* [Bedeutung]: **von/ohne ~ sein (für jn)** to be important/of no importance (to sb).
◆ **Belange** *pl* [Interessen] interests.

belangen *vt* RECHT: **jn (für etw) ~** to prosecute sb (for sthg).

belanglos *adj* [Gerede, Theorie] unimportant; [Summe, Menge] trifling.

belassen (*präs* **belässt;** *prät* **beließ;** *perf* **hat belassen**) *vt* ***geh*** to leave; **es dabei ~** to leave it at that.

belastbar *adj* - **1.** [Person] resilient - **2.** [Material] tough.

belasten *vt* - **1.** [mit Gewicht] to put a load on; **etw mit etw ~** to weight sthg down with sthg - **2.** [Umwelt] to pollute; [Leber] to put a strain on - **3.** [beanspruchen] to weigh heavily on; **jn mit etw ~** to burden sb with sthg - **4.** [besorgen]: **jn ~** to weigh on sb's mind - **5.** RECHT to incriminate - **6.** [finanziell - Konto] to debit; **ein Haus mit einer Hypothek ~** to mortgage a house.

belastend *adj* - **1.** [beanspruchend] arduous - **2.** [Besorgnis erregend] worrying - **3.** RECHT incriminating.

belästigen *vt* to bother; [sexuell] to harass.

Belästigung (*pl* **-en**) *die* annoyance; [sexuell] harassment.

Belastung (*pl* **-en**) *die* - **1.** [mit Gewicht] load - **2.** [Beeinträchtigung - von Umwelt] pollution - **3.** [psychisch] strain - **4.** [von Konto] debiting.

belauern *vt* [Person] to spy on; [Verhalten] to observe secretly.

belaufen (*präs* **beläuft;** *prät* **belief;** *perf* **hat belaufen**) ◆ **sich belaufen** *ref:* **sich auf etw** *(A)* **~** to amount to sthg.

belauschen *vt* to eavesdrop on.

beleben *vt* - **1.** [aufleben lassen] to revive - **2.** [gestalten] to brighten up.
◆ **sich beleben** *ref* - **1.** [sich füllen] to come to life - **2.** [sich erholen, sich erhellen] to brighten up - **3.** WIRTSCH to revive.

belebt *adj* busy.

Beleg (*pl* **-e**) *der* - **1.** [Quittung] receipt - **2.** [Nachweis] proof.

belegen *vt* - **1.** [mit Belag]: **etw mit etw ~** [Brot] to top sthg with sthg; [Boden] to cover sthg with sthg - **2.** [besuchen] to enrol for - **3.** [okkupieren] to occupy - **4.** [einnehmen]: **den ersten/zweiten Platz ~** to come first/second - **5.** [versehen]: **jn/etw mit etw ~** to impose sthg on sb/sthg - **6.** [nachweisen - Zahlung] to provide proof of; [- Behauptung, Argument] to back up; [- Zitat] to reference.

Belegschaft (*pl* **-en**) *die* workforce.

belegt *adj* - **1.** [mit Aufschnitt]: **~es Brot/Brötchen** open sandwich/roll; **ein ~es Brot mit Käse** a slice of bread with cheese on it - **2.** [Zunge] furred - **3.** [besetzt - Zimmer] occupied; [- Hotel, Kurs] full - **4.** [Stimme] hoarse.

belehren *vt* to instruct; **jn über etw** *(A)* **~** to instruct sb about sthg; [Rechte] to inform sb of sthg; **jn eines Besseren/anderen ~** to teach sb better/otherwise.

Belehrung (*pl* **-en**) *die* [Belehren] instruction; [Zurechtweisung] lecture.

beleibt *adj* corpulent.

beleidigen *vt* [Person] to insult; [Empfinden] to offend.

Beleidigung (*pl* **-en**) *die* insult; **~ des guten Geschmacks** offence against good taste.

belesen *adj* well-read.

beleuchten *vt* **- 1.** [Denkmal, Brunnen] to illuminate; [Straße, Raum] to light **- 2.** [Thema, Theorie] to examine.

Beleuchtung (*pl* **-en**) *die* **- 1.** [mit Licht] lighting **- 2.** [Lampen, Scheinwerfer] lights *(pl)* **- 3.** *(ohne pl)* [von Thema, Theorie] examination.

Belfast *nt* Belfast.

Belgien *nt* Belgium.

Belgier, in [ˈbɛlgiɐ, rɪn] (*mpl* **-;** *fpl* **-nen**) *der, die* Belgian.

belgisch *adj* Belgian.

Belgrad *nt* Belgrade.

belichten *vt* to expose.

Bel|ichtung *die* FOTO exposure.

Belichtungsmesser (*pl* -) *der* FOTO light meter.

Belichtungs|zeit *die* FOTO exposure time.

Belieben *das:* **nach ~** as you like; **das steht** *ODER* **liegt in deinem ~** that is up to you.

beliebig *adj* any; **eine ~e Summe** any amount ◇ *adv:* **~ viel/viele** as much/many as you like; **~ lange** as long as you like.

beliebt *adj* popular; **beim jm ~ sein** to be popular with sb; **sich bei jm ~ machen** to make o.s. popular with sb.

Beliebtheit *die* popularity.

beliefern *vt:* **jn (mit etw) ~** to supply sb (with sthg).

Bel|ieferung *die* supplying.

bellen *vi* to bark.

Belletristik *die* literature.

belletristisch *adj:* **~e Literatur** literature.

belohnen *vt* to reward.

Belohnung (*pl* **-en**) *die* **- 1.** [Belohnen] rewarding **- 2.** [Lohn, Entgelt] reward.

belüften *vt* to air.

Belüftung *die* ventilation.

belügen (*prät* **belog;** *perf* **hat belogen**) *vt* to lie to.
◆ **sich belügen** *ref:* **sich selbst ~** to deceive o.s.

belustigen *vt* to amuse.

Belustigung *die* amusement.

bemächtigen ◆ **sich bemächtigen** *ref* ***geh:*** **sich einer Sache** *(G)* **~** to seize sthg.

bemalen *vt* [anmalen] to paint.
◆ **sich bemalen** *ref* ***fam abw*** to paint one's face.

Bemalung (*pl* **-en**) *die* painting.

bemängeln *vt* to criticize.

bemannt *adj* manned.

bemerkbar *adj* noticeable; **sich ~ machen** [Person] to attract attention; [Sache] to become apparent.

bemerken *vt* **- 1.** [wahrnehmen] to notice **- 2.** [sagen] to remark; **ich möchte ~, dass ...** I'd like to mention that ...; **nebenbei bemerkt** by the way.

bemerkenswert *adj* remarkable ◇ *adv* remarkably.

Bemerkung (*pl* **-en**) *die* remark.

bemessen (*präs* **bemisst;** *prät* **bemaß;** *perf* **hat bemessen**) *vt* to calculate; **die Zeit ist knapp ~** time is limited.
◆ **sich bemessen** *ref:* **sich nach etw ~** to be calculated on the basis of sthg.

bemitleiden *vt* to feel sorry for.

bemitleidenswert *adj* pitiable.

bemühen *vt* ***geh*** [Anwalt, Gutachter] to call on.
◆ **sich bemühen** *ref* **- 1.** [sich anstrengen] to try; **sich ~, etw zu tun** to try to do sthg; **~ Sie sich nicht!** don't trouble yourself! **- 2.** [suchen]: **sich um jn/etw ~** to look for sb/sthg, to try to find sb/sthg **- 3.** [sich kümmern]: **sich um jn ~** to take care of sb.

Bemühung (*pl* **-en**) *die:* **~en** efforts.

bemüßigt *adv:* **sich ~ fühlen** *ODER* **sehen, etw zu tun** ***geh*** & ***iron*** to feel obliged to do sthg.

bemuttern *vt* to mother.

benachbart *adj* [Personen, Dörfer] neighbouring; [Disziplinen] related.

benachrichtigen *vt* to inform.

Benachrichtigung (*pl* **-en**) *die* notification.

benachteiligen *vt* to disadvantage; [Minderheiten] to discriminate against.

Benachteiligung (*pl* **-en**) *die* **- 1.** [das Benachteiligen] disadvantaging; [von Minderheiten] discrimination **- 2.** [Nachteil] disadvantage.

Benediktiner, in (*mpl* **-;** *fpl* **-nen**) *der, die* Benedictine.

Benefiz|konzert *das* charity concert.

benehmen (*präs* **benimmt;** *prät* **benahm;** *perf* **hat benommen**) ◆ **sich benehmen** *ref* to behave; **sich gut/schlecht ~** to behave well/badly; **sich zu ~ wissen** to know how to behave o.s.

Benehmen *das* behaviour.

beneiden *vt:* **jn (um etw) ~** to envy sb (sthg).

beneidenswert *adj* enviable ◇ *adv* enviably.

Benelux-Länder *pl* Benelux countries.

benennen (*prät* **benannte;** *perf* **hat benannt**) *vt* to name; RECHT to call.

Benennung (*pl* **-en**) *die* **- 1.** [Benennen] naming **- 2.** [Wort] name.

Bengel (*pl* -) *der* little rascal.

benommen *adj* groggy <> *adv* groggily.

benoten *vt* to mark.

benötigen *vt* to need.

Benotung (*pl* **-en**) *die* **- 1.** [Noten geben] marking **- 2.** [Note] mark.

benutzen, benützen *vt* to use.

Benutzer, in (*mpl* **-**; *fpl* **-nen**) *der, die* user.

benutzerfreundlich *adj* user-friendly.

Benutzer|konto *das* EDV user account.

Benutzer|name *der* EDV user name.

Benutzerober|fläche *die* EDV user interface.

Benutzer|programm *das* EDV user program.

Benutzung *die* use.

Benzin (*pl* **-e**) *das* petrol ***Br,*** gas ***Am;*** **bleifreies/verbleites ~** unleaded/leaded petrol ***Br*** ***ODER*** gas ***Am;*** **~ tanken** to fill up with petrol ***Br*** ***ODER*** gas ***Am.***

Benzin|kanister *der* petrol can ***Br,*** gas can ***Am.***

Benzin|preis *der* petrol prices *(pl)* ***Br,*** gas prices *(pl)* ***Am.***

Benzin|tank *der* petrol tank ***Br,*** gas tank ***Am.***

Benzin|verbrauch *der* fuel consumption.

beobachten *vt* **- 1.** [observieren] to observe **- 2.** [überwachen] to watch **- 3.** [bemerken] to notice.

Beobachter, in (*mpl* **-**; *fpl* **-nen**) *der, die* observer.

Beobachtung (*pl* **-en**) *die* observation.

Beobachtungs|gabe *die* powers *(pl)* of observation.

bepackt *adj* loaded up.

bepflanzen *vt* to plant.

bequem *adj* **- 1.** [gemütlich] comfortable; **es sich** *(D)* **~ machen** to make o.s. comfortable **- 2.** [faul] lazy **- 3.** [Lösung, Weg] easy <> *adv* **- 1.** [liegen, sitzen] comfortably **- 2.** [leicht] easily.

bequemen ◆ **sich bequemen** *ref:* **sich dazu ~, etw zu tun** to deign to do sthg.

Bequemlichkeit (*pl* **-en**) *die* **- 1.** [Gemütlichkeit] comfort **- 2.** [Faulheit] laziness.

beraten (*präs* **berät;** *prät* **beriet;** *perf* **hat beraten**) *vt* **- 1.** [Rat geben] to advise; **jn bei etw ~** to advise sb on sthg; **gut/schlecht ~ sein** to be well-advised/ill-advised **- 2.** [besprechen] to discuss <> *vi:* **über etw** *(A)* **~** to discuss sthg.
◆ **sich beraten** *ref:* **sich mit jm über etw** *(A)* **~** to discuss sthg with sb.

Berater, in (*mpl* **-**; *fpl* **-nen**) *der, die* adviser.

beratschlagen *vi* to discuss; **über etw** *(A)* **~** to discuss sthg.

Beratung (*pl* **-en**) *die* **- 1.** [Ratgeben] advice **- 2.** [Besprechung] discussion.

Beratungs|firma *die* consultancy.

Beratungs|stelle *die* advice centre.

berauben *vt:* **jn einer Sache** *(G)* **~** to rob sb of sthg.

berauschend *adj* intoxicating <> *adv:* **~ wirken** to have an intoxicating effect.

Berber (*pl* -) *der* **- 1.** [Volk] Berber **- 2.** [Teppich] Berber carpet.

Berberin (*pl* **-nen**) *die* Berber.

berechenbar *adj* **- 1.** [Summe, Größe] calculable **- 2.** [Person, Reaktion] predictable <> *adv* predictably.

berechnen *vt* **- 1.** [ausrechnen] to calculate **- 2.** [anrechnen] to charge; **jm für eine Leistung 100 DM ~** to charge sb 100 marks for a service.

berechnend *adj* calculating <> *adv* calculatingly.

Be|rechnung *die* calculation; **aus ~ handeln** to act in a calculating manner.

berechtigen *vt:* **jn zu etw ~** to entitle sb to sthg.

berechtigt *adj* justified.

berechtigterweise *adv* justifiably.

Berechtigung (*pl* **-en**) *die* **- 1.** [Genehmigung] right **- 2.** [Korrektheit] validity, legitimacy.

bereden *vt* **- 1.** [besprechen]: **etw (mit jm) ~** to discuss sthg (with sb) **- 2.** ***fam abw*** [überreden]: **jn ~, etw zu tun** to talk sb into doing sthg.

Bereich (*pl* **-e**) *der* **- 1.** [Gebiet] area **- 2.** [Aufgabe, Thema] field **- 3.** ***RW:*** **es liegt im ~ des Möglichen** it is within the bounds of possibility; **im grünen ~** normal; **im roten ~** below normal.

bereichern *vt* to enrich.
◆ **sich bereichern** *ref:* **sich (an jm/etw) ~** to make money (at sb's expense/from sthg).

Bereicherung (*pl* **-en**) *die* enrichment.

Bereifung (*pl* **-en**) *die* tyres *(pl).*

bereinigen *vt* to settle.

bereisen *vt* to travel around.

bereit *adj* **- 1.** [fertig]: **~ sein** to be ready **- 2.** [gewillt]: **~ sein, etw zu tun** to be willing to do sthg; **zu allem ~ sein** to be ready to try anything; **sich ~ erklären, etw zu tun** to agree to do sthg.

bereiten *vt* **- 1.** [zubereiten] to prepare **- 2.** ***geh*** [machen]: **jm Sorgen/Ärger ~** to cause sb worry/trouble; **jm Freude ~** to give sb pleasure.

bereit|haben *vt* to have ready.

bereit|halten *vt (unreg)* to have ready.
◆ **sich bereithalten** *ref:* **sich zu** *ODER* **für etw ~** to be ready for sthg.

bereit|machen *vt* to get ready.
◆ **sich bereitmachen** *ref* to get ready.

bereits *adv* already; **~ um sechs Uhr** as early as six o'clock; **wir müssen ~ in zwei Wochen zurück** we have to return in only two weeks' time.

Bereitschaft *die* **- 1.** [Wille] willingness; **in ~ sein** to be ready **- 2.** [Bereitschaftsdienst] emergency service; **~ haben** [Polizei, Feuerwehr] to be on standby; [Arzt] to be on call.

Bereitschafts|dienst *der* emergency service; **~ haben** [Polizei, Feuerwehr] to be on standby; [Arzt] to be on call.

Bereitschafts|polizei *die* riot police.

Bereitschafts|zeichen *das* EDV prompt.

bereit|stehen *vi (unreg)* [Fahrzeug, Koffer] to be ready; [Sanitäter, Polizei] to be on standby.

bereit|stellen *vt* to provide.

Bereit|stellung *die* provision.

bereitwillig *adj* willing ◇ *adv* willingly.

bereuen *vt* [Fehler, Worte, Verhalten] to regret; [Sünde] to repent of.

Berg (*pl* **-e**) *der* **- 1.** [Erhöhung, große Menge] mountain; [kleiner] hill **- 2.** *RW:* **~e versetzen (können)** (to be able) to move mountains; **über alle ~e sein** to be long gone; **über den ~ sein** to be over the worst.
◆ **Berge** *pl* mountains; **in die ~e fahren** to go to the mountains.

bergab *adv* downhill; **mit jm/etw geht es ~** sb/sthg is going downhill.

bergan = **bergauf.**

Berg|arbeiter *der* miner.

bergauf, bergan *adv* uphill; **mit jm/etw geht es ~** things are looking up for sb/sthg.

Bergbau *der* mining.

bergen (*präs* **birgt;** *prät* **barg;** *perf* **hat geborgen**) *vt* **- 1.** [Verunglückte] to rescue; [Leiche, Unfallwagen] to recover; [Boot] to salvage **- 2.** *geh* [enthalten]: **etw in sich** *(D)* **~** to involve sthg.

bergeweise *adv* by the ton.

Berg|führer, in *der, die* mountain guide.

Berg|hütte *die* mountain hut.

bergig *adj* mountainous.

Berg|land *das* mountainous area.

Berg|mann (*pl* **-leute**) *der* miner.

Berg|predigt *die* REL Sermon on the Mount.

Berg|schuh *der* climbing boot.

Berg|spitze *die* mountain peak.

Berg|station *die* summit station *(of cable car).*

Berg|steigen *das* (mountain) climbing.

Berg|steiger, in *der, die* (mountain) climber; [professionell] mountaineer.

Berg|tour *die* **- 1.** [Wandern] mountain hike **- 2.** [Klettern] mountain climb **- 3.** [mit Fahrzeug] trip into the mountains.

Bergung (*pl* **-en**) *die* [von Verletzten] rescue; [von Leiche, Unfallwagen] recovery; [von Boot] salvage.

Berg|wacht *die (ohne pl)* mountain rescue service.

Berg|wandern *das* hill walking.

Berg|werk *das* mine.

Bericht (*pl* **-e**) *der* report; **über etw** *(A)* **~ erstatten** to report on sthg.

berichten *vt* to report ◇ *vi* to report; **von jm/etw** *ODER* **über jn/etw ~** to report on sb/sthg.

Berichterstatter, in (*mpl* **-;** *fpl* **-nen**) *der, die* **- 1.** [Journalist] reporter **- 2.** [für Kommission] rapporteur.

Bericht|erstattung *die* reporting.

berichtigen *vt* to correct.
◆ **sich berichtigen** *ref* to correct o.s.

Berichtigung (*pl* **-en**) *die* correction.

berieseln *vt* **abw** [mit Reizen]: **jn mit Musik ~** to subject sb to a continuous stream of music.

Berieselung (*pl* **-en**) *die* **- 1.** [mit Wasser] sprinkling **- 2.** **abw** [mit Reizen]: **die ~ der Kunden mit Hintergrundmusik** subjecting customers to a continuous stream of background music.

Beringstraße *die* Bering Strait.

Berlin *nt* Berlin.

Berliner (*pl* **-**) *der* **- 1.** [Person] Berliner **- 2.** [Gebäck] doughnut *(filled with jam)* ◇ *adj (unver)* Berlin *(vor Subst);* **~ Weiße mit Schuss** *light beer with a dash of raspberry juice.*

Berlinerin (*pl* **-nen**) *die* Berliner.

berlinerisch *adj* Berlin *(vor Subst).*

Berliner Mauer *die* Berlin Wall.

BERLINER MAUER

Built in 1961 to halt the exodus of citizens fleeing to the West, the Berlin Wall split the city of Berlin in two, isolating West Berlin in the middle of the GDR. A powerful symbol of the partition of Germany up until 1989, and of the predicament of the German people, it was a grim reminder of the Cold War, of state repression and of the death that lay in store for any East German who tried to escape across it.

Berliner Philharmoniker *pl* Berlin Philharmonic *(sg)*.

Bern *nt* Bern, Berne.

Berner (*pl* -) *der* & *adj (unver)* Bernese.

Bernerin (*pl* **-nen**) *die* Bernese.

Berner Oberland *das* Bernese Alps *(pl)*.

Bernstein *der* amber.

bersten (*präs* **birst;** *prät* **barst;** *perf* **ist geborsten**) *vi* [Schiff, Gebäude] to break up; [Glas, Eis] to shatter.

berüchtigt *adj* notorious; **für** ODER **wegen etw ~ sein** to be notorious for sthg.

berücksichtigen *vt* **- 1.** [Vorschlag, Wunsch, Anliegen] to take into consideration; **wenn man berücksichtigt, dass ...** considering (that) ... **- 2.** [Bewerber, Antrag] to consider.

Berücksichtigung *die* consideration; **unter ~ einer Sache** *(G)* taking sthg into consideration.

Beruf (*pl* **-e**) *der* profession; **was sind Sie von ~?** what do you do (for a living)?; **ich bin Mechaniker von ~** I'm a mechanic.

berufen¹ *adj* **- 1.** [fähig] competent **- 2.** [bestimmt]: **zu etw ~ sein** to have a vocation as sthg.

berufen² (*prät* **berief;** *perf* **hat berufen**) *vt* to appoint; **jn ins Ausland ~** to post sb abroad.
◆ **sich berufen** *ref:* **sich auf jn/etw ~** to quote sb/sthg as one's authority.

beruflich *adj* professional ◇ *adv* [reisen] on business.

Berufs|anfänger, in *der, die person starting or looking for their first job.*

Berufs|armee *die* professional army.

Berufs|ausbildung *die* vocational training.

Berufs|berater, in *der, die* careers adviser.

Berufs|beratung *die* career guidance.

Berufs|krankheit *die* occupational disease.

Berufs|leben *das* working life.

Berufs|schule *die* vocational school *(attended part-time by apprentices)*.

Berufs|soldat *der* professional soldier.

berufstätig *adj:* **~ sein** to have a job, to work; **sie ist nicht ~** she doesn't work.

Berufstätige (*pl* **-n**) *der, die* working person; **die ~n** the working population.

Berufsverkehr *der* rush-hour traffic.

Berufung (*pl* **-en**) *die* **- 1.** [Ruf] appointment; [ins Ausland] posting **- 2.** RECHT [Einspruch] appeal; **~ einlegen** to appeal **- 3.** [Begabung] vocation **- 4.** [Bezug] reference; **unter ~ auf jn/etw** with reference to sb/sthg.

beruhen *vi:* **auf etw** *(D)* **~** to be based on sthg; **etw auf sich** *(D)* **~ lassen** to let sthg rest.

beruhigen *vt* to calm (down).
◆ **sich beruhigen** *ref* [Person] to calm down; [Lage] to settle down; [Meer] to become calm.

Beruhigung (*pl* **-en**) *die* [von Person, Meer] calming; [von Lage] settling down.

Beruhigungs|mittel *das* sedative.

berühmt *adj* famous; **wegen** ODER **für etw ~ sein** to be famous for sthg.

Berühmtheit (*pl* **-en**) *die* **- 1.** [Berühmtsein] fame; **~ erlangen** *geh* to become famous **- 2.** [Person] celebrity.

berühren *vt* **- 1.** [anfassen] to touch **- 2.** [beeindrucken] to move.

Berührung (*pl* **-en**) *die* **- 1.** [Anfassen] touch **- 2.** [Kontakt]: **mit jm/etw in ~ kommen** to come into contact with sb/sthg.

Berührungs|punkt *der* point of contact.

bes. (*abk für* **besonders**) esp.

besagen *vt* to say.

besagt *adj* *amt* said.

besaitet *adj:* **zart ~ sein** *fam abw* to be very sensitive.

besänftigen *vt* to soothe.

Be|satzung *die* **- 1.** [Personal] crew **- 2.** MIL occupying forces *(pl)*.

Besatzungs|macht *die* occupying power.

besaufen (*präs* **besäuft;** *prät* **besoff;** *perf* **hat besoffen**) ◆ **sich besaufen** *ref salopp* to get plastered.

beschädigen *vt* to damage.

Be|schädigung *die* **- 1.** [Beschädigen] damaging **- 2.** [Schaden] damage *(U)*

beschaffen *vt* to obtain; **jm etw ~** to get sb sthg; **sich** *(D)* **etw ~** to get sthg ◇ *adj:* **wie ist es mit seinem Sehvermögen ~?** how good is his eyesight?; **das Material ist so ~, dass es große Belastungen aushält** the nature of the material means that it can withstand heavy loads.

Beschaffenheit *die* **- 1.** [Art] nature **- 2.** [Zustand] condition.

beschäftigen *vt* **- 1.** [anstellen] to employ; **er ist bei Siemens beschäftigt** he works for Siemens **- 2.** [ablenken] to keep busy **- 3.** [beanspruchen - Frage] to preoccupy; **sie ist im Moment sehr beschäftigt** she is very busy at present.
◆ **sich beschäftigen** *ref:* **sich mit jm ~** to devote one's attention to sb; **sie beschäftigt sich intensiv mit Religion** she's heavily involved in religion; **wir ~ uns gegenwärtig mit der Frage, wie ...** we are currently considering ODER looking at the issue of how to ...

Beschäftigte (*pl* **-n**) *der, die* employee.

Beschäftigung (*pl* **-en**) *die* **- 1.** [Tätigkeit - Arbeit] occupation; [- Hobby] activity **- 2.** [Arbeitsstelle] job; **eine ~ suchen** to be looking for work; **ohne ~ sein** to be out of work **- 3.** [Anstellen] employment **- 4.** [Auseinandersetzung]: **~ mit etw** [Thema, Problem] consideration of sthg.

Beschäftigungs|therapie *die* occupational therapy.

beschämen *vt:* **jn ~** to make sb feel ashamed.

beschämend *adj* **- 1.** [peinlich] humiliating **- 2.** [schändlich] shameful <> *adv* shamefully.

beschatten *vt* **- 1.** [überwachen] to shadow **- 2.** *geh* [Schatten geben] to shade.

beschauen *vt* to contemplate.

beschaulich *adj* tranquil, peaceful <> *adv* peacefully.

Bescheid (*pl* **-e**) *der* [Entscheidung] decision; **den ~ vom Finanzamt erwarten** to be waiting for an answer from the tax office; **~ wissen** to know; **jm ~ sagen** *ODER* **geben** [benachrichtigen] to let sb know; *fam* [jm die Meinung sagen] to give sb a piece of one's mind.

bescheiden[1] *adj* **- 1.** [anspruchslos, einfach] modest; [Benehmen] unassuming **- 2.** [Essen] frugal; [Ergebnis, Leistung] mediocre <> *adv* [sich kleiden, leben] simply.

bescheiden[2] (*prät* **beschied;** *perf* **hat beschieden**) ◆ **sich bescheiden** *ref geh* [sich begnügen]: **sich mit etw ~** to make do with sthg.

Bescheidenheit *die* modesty.

bescheinigen *vt* [mit Zeugnis] to certify; **den Empfang von etw ~** to sign for sthg; **sich etw ~ lassen** to get sthg confirmed in writing.

Bescheinigung (*pl* **-en**) *die* **- 1.** [Bescheinigen] certification **- 2.** [Schein] certificate.

bescheißen (*prät* **beschiss;** *perf* **hat beschissen**) *vt salopp:* **jn (um etw) ~** to con sb (out of sthg).

beschenken *vt:* **jn ~** to give sb gifts.

bescheren *vt* [schenken] to give (for Christmas).

Bescherung (*pl* **-en**) *die* giving of Christmas presents; **das ist ja eine schöne** *ODER* **reizende ~!** *iron* that's a nice mess!; **da haben wir die ~!** *fam iron* I told you so!

bescheuert *adj salopp* stupid; **du bist ja ~!** you're off your head!

beschießen (*prät* **beschoss;** *perf* **hat beschossen**) *vt* to fire on.

Beschilderung (*pl* **-en**) *die* signposting *(U)*.

beschimpfen *vt* to insult; [mit groben Worten] to swear at; **jn als Lügner ~** to call sb a liar.

Beschimpfung (*pl* **-en**) *die* insult; **~en** abuse *(U)*.

Beschiss *der vulg:* **das ist doch reiner ~!** that's a complete bloody con!

beschissen *vulg pp* ▷ **bescheißen** <> *adj* shitty <> *adv* [sich benehmen] shittily; **es geht mir ~** things are going like shit for me.

Be|schlag *der* metal fitting; **jn/etw in ~ nehmen** *ODER* **mit ~ belegen** to monopolize sb/sthg.

beschlagen (*präs* **beschlägt;** *prät* **beschlug;** *perf* **hat/ist beschlagen**) *vt (hat)* [Pferd] to shoe; [Schuhsohlen] to stud <> *vi (ist)* to mist *ODER* steam up <> *adj* well-informed; **in etw** *(D)* **~ sein** to be well up on sthg.

beschlagnahmen *vt* to confiscate.

beschleichen (*prät* **beschlich;** *perf* **hat beschlichen**) *vt* **- 1.** [Subj: Gefühl] to come over **- 2.** [beobachten] to stalk.

beschleunigen *vt* [Tempo, Schritte] to quicken; [Abreise] to hasten; [Arbeitsprozess] to speed up <> *vi* to accelerate.
◆ **sich beschleunigen** *ref* to speed up.

Beschleunigung (*pl* **-en**) *die* [von Verfahren, Entwicklung] speeding up; [von Auto] acceleration.

beschließen (*prät* **beschloss;** *perf* **hat beschlossen**) *vt* **- 1.** [entscheiden] to decide on; [Gesetz] to pass; [Vorhaben] to approve; **~, etw zu tun** to decide to do sthg **- 2.** *geh* [beenden] to end <> *vi* [beraten]: **über etw** *(A)* **~** to decide on sthg.

Be|schluss *der* decision; **einen ~ fassen** to take a decision.

beschlussfähig *adj:* **die Versammlung ist/ist nicht ~** the meeting has/doesn't have a quorum.

beschmieren *vt* **- 1.** [beschmutzen] to smear; **die Wände mit Graffiti ~** to daub graffiti on the walls **- 2.** [bestreichen] to spread; **Brot mit Leberwurst ~** to spread pâté on bread.
◆ **sich beschmieren** *ref* to get dirty; **sich von oben bis unten mit etw ~** to get sthg all over o.s.

beschmutzen *vt* [Teppich, Kleidung] to soil; [Wand] to stain; **jm/sich das Kleid ~** to get sb's/one's dress dirty.
◆ **sich beschmutzen** *ref* to get dirty.

beschneiden (*prät* **beschnitt;** *perf* **hat beschnitten**) *vt* **- 1.** [Hecke] to cut, to trim; [Baum] to prune; [Flügel] to clip **- 2.** [einschränken] to curtail **- 3.** MED & REL to circumcise.

Beschneidung (*pl* **-en**) *die* **- 1.** [von Hecke] cutting, trimming; [von Baum] pruning; [von Flügel] clipping **- 2.** [Einschränkung] curtailment **- 3.** MED & REL circumcision.

beschnuppern *vt* **- 1.** [beriechen] to sniff (at) **- 2.** *fam* [kennen lernen] to size up.

beschönigen *vt* to gloss over.

beschränken *vt* to limit, to restrict.

◆ **sich beschränken** *ref:* **sich auf etw** *(A)* **~** [Sache] to be confined to sthg; [Person] to confine o.s. to sthg; **sich in etw** *(D)* **~** [Ausgaben] to cut down on sthg.

beschränkt *adj* **- 1.** *abw* [engstirnig] narrow-minded **- 2.** [begrenzt, dürftig] limited; **in ~en Verhältnissen leben** to live in straitened circumstances **- 3.** *abw* [dumm] slow, dim.

Beschränktheit *die* **- 1.** *abw* [Engstirnigkeit] narrow-mindedness **- 2.** [Begrenztheit] limited nature **- 3.** *abw* [Dummheit] slowness, dimness.

Beschränkung (*pl* **-en**) *die* restriction.

beschreiben (*prät* **beschrieb;** *perf* **hat beschrieben**) *vt* **- 1.** [darstellen, formen] to describe; [Weg] to tell **- 2.** [voll schreiben] to write on.

Be|schreibung *die* description; **aller** *ODER* **jeder ~ spotten** *fig* to defy description.

beschriften *vt* to label; [Brief] to address; [Etikett] to write on.

Beschriftung (*pl* **-en**) *die* **- 1.** [Schreiben] labelling; [von Brief] addressing **- 2.** [Schrift] writing.

beschuldigen *vt* to accuse; **jn einer Sache** *(G)* **~** to accuse sb of sthg.

Beschuldigung (*pl* **-en**) *die* accusation.

Beschuss *der:* **jn/etw unter ~ nehmen** to launch an attack on sb/sthg; **unter ~ geraten/stehen** to come/be under fire.

beschützen *vt* to protect; **jn vor etw** *(D)* **~** to protect sb from sthg.

Beschützer, in (*mpl* **-;** *fpl* **-nen**) *der* protector.

Beschwerde (*pl* **-n**) *die* [Klage] complaint; **~ gegen jn/etw führen** *ODER* **einlegen** to make *ODER* lodge a complaint against sb/sthg.
◆ **Beschwerden** *pl* [Schmerzen] trouble *(U)*; **~n im Kreuz haben** to have back problems *ODER* trouble with one's back; **jm ~n machen** to give sb trouble.

beschweren *vt* [belasten] to weight down.
◆ **sich beschweren** *ref:* **sich (über jn/etw) ~** to complain (about sb/sthg).

beschwerlich *adj* arduous.

beschwichtigen *vt* [Person] to placate; [Zorn] to calm.

beschwindeln *vt* to dupe.

beschwingt *adj* [Stimmung] lively; [Melodie] lilting ◇ *adv* [arbeiten] energetically; [gehen] with a spring in one's step.

beschwipst *adj* tipsy.

beschwören (*prät* **beschwor;** *perf* **hat beschworen**) *vt* **- 1.** [beeiden] to swear to **- 2.** [erscheinen lassen - Geister] to invoke; [- Bilder] to conjure up; [- Erinnerungen] to evoke **- 3.** [bitten] to entreat, to implore.

besehen (*präs* **besieht;** *prät* **besah;** *perf* **hat besehen**) *vt* to look at.

beseitigen *vt* **- 1.** [entfernen - Fleck] to remove; [- Abfall] to get rid of, to dispose of; [- Irrtümer, Schwierigkeiten, Missbrauch] to eliminate; [- Schnee] to clear away **- 2.** [ermorden] to eliminate.

Beseitigung (*pl* **-en**) *die* **- 1.** [Entfernung - von Fleck] removal; [- von Abfall] disposal; [- von Irrtümer, Schwierigkeiten, Missbrauch] elimination **- 2.** [Ermordung] elimination.

Besen (*pl* **-**) *der* broom; **mit eisernem ~ kehren** *fig* to make a clean sweep.

Besen|schrank *der* broom cupboard.

Besen|stiel *der* broom-handle.

besessen *adj* **- 1.** [verrückt]: **wie ~** like someone possessed **- 2.** [begeistert]: **von etw ~ sein** to be obsessed with sthg.

besetzen *vt* **- 1.** [Stelle, Rolle] to fill **- 2.** [Sitzplatz, Haus, Gebiet, Land] to occupy **- 3.** [verzieren]: **etw mit etw ~** to trim sthg with sthg.

besetzt *adj* occupied; [Telefon] engaged; [Sitz] taken; **nicht ~** [Büro] closed.

Besetzt|zeichen *das* TELEKOM engaged tone.

Besetzung (*pl* **-en**) *die* **- 1.** [von Posten] filling **- 2.** [Team - von Schauspielern] cast; [- von Sportlern] team **- 3.** [von Land, Gebiet, Haus] occupation.

besichtigen *vt* [Museum] to visit; [Wohnung] to view; [Stadt] to go sightseeing in.

Besichtigung (*pl* **-en**) *die* [von Museum] visit; [von einer Wohnung] viewing; [von einer Stadt] sightseeing; [Führung] tour.

besiedeln *vt* **- 1.** [kolonisieren] to colonize **- 2.** [ansiedeln] to settle; **dicht/dünn besiedelt** densely/sparsely populated.

besiegeln *vt* to seal.

besiegen *vt* **- 1.** [Feind] to defeat; [Mannschaft] to beat **- 2.** [Zweifel, Neugier] to overcome.

Besiegte (*pl* **-n**) *der, die* loser.

besinnen (*prät* **besann;** *perf* **hat besonnen**) ◆ **sich besinnen** *ref* **- 1.** [überlegen] to think, to reflect; **sich eines Besseren ~** to think better of it **- 2.** [sich erinnern]: **sich auf jn/etw ~** to remember sb/sthg.

besinnlich *adj* [Mensch] thoughtful; [Musik] contemplative.

Besinnung *die:* **die ~ verlieren** to lose consciousness; **zur ~ kommen** [zu Bewusstsein] to regain consciousness; [Nachdenken] to have time for reflection.

besinnungslos *adj* **- 1.** [bewusstlos] unconscious **- 2.** [kopflos]: **~ vor Wut/Hass sein** to be beside oneself with rage/hatred.

Besitz *der* **- 1.** [Eigentum] property **- 2.** [Besitzen] possession; **etw in ~ nehmen** [Haus] to take possession of sthg; **im ~ einer Sache** *(G)* **sein** to be in possession of sthg, to possess sthg - **3.** [Landgut] estate.

besitzen (*prät* **besaß;** *perf* **hat besessen**) *vt* to possess, to own; [Recht, Qualität] to have.

Besitzer, in (*mpl* **-;** *fpl* **-nen**) *der, die* owner.

Besitzverhältnisse *pl* distribution *(U)* of wealth.

besoffen *pp* ▷ **besaufen** ◇ *adj* ***salopp*** sloshed, plastered.

besohlen *vt* to sole.

Besoldung (*pl* **-en**) *die* [von Soldaten] pay; [von Beamten] salary.

besondere, r, s *adj* [speziell] special; [außergewöhnlich] particular; **~ Kennzeichen** distinguishing features; **im Besonderen** *(adv)* in particular, especially.

Besonderheit (*pl* **-en**) *die* special feature, peculiarity.

besonders *adv* - **1.** [vor allem, sehr] especially, particularly - **2.** [gut]: **nicht ~** not very well ◇ *adj:* **nicht ~ sein** to be not very good; **der Film ist nicht ~** the film isn't up to much.

besonnen *pp* ▷ **besinnen** ◇ *adj* prudent; [Urteil] considered ◇ *adv* prudently.

Besonnenheit *die* prudence.

besorgen *vt* - **1.** [beschaffen] to get (hold of); **jm/sich etw ~** to get sb/o.s. sthg; **hast du etw zu ~?** do you have any shopping to do? - **2.** [sich um etw kümmern] to attend to, to see to; **es jm ~** ***salopp fig*** to sort sb out.

Besorgnis (*pl* **-se**) *die* concern.
◆ **Besorgnis erregend** *adj* worrying.

besorgt *adj* worried; **um jn ~ sein** to be worried about sb; **rührend um jn ~ sein** to be concerned for sb's wellbeing ◇ *adv* anxiously; **~ aussehen** to look worried.

Besorgung (*pl* **-en**) *die* - **1.** [Einkäufe] purchase; **~en** shopping *(U)* - **2.** [Besorgen] obtaining.

bespannen *vt* [Wand] to cover; [Streichinstrument, Tennisschläger] to string.

bespielbar *adj* [Fußballplatz] playable.

bespielen *vt* to record on.

bespitzeln *vt* to spy on.

besprechen (*präs* **bespricht;** *prät* **besprach;** *perf* **hat besprochen**) *vt* - **1.** [erörtern]: **etw (mit jm) ~** to discuss sthg (with sb) - **2.** [rezensieren] to review - **3.** [aufnehmen] to record (one's voice) on.
◆ **sich besprechen** *ref:* **sich (mit jm über etw) ~** to confer (with sb about sthg).

Besprechung (*pl* **-en**) *die* - **1.** [Beratung] discussion; **in einer ~ sein** to be in a meeting - **2.** [Rezension] review.

bespritzen *vt* - **1.** [nass machen] to splash - **2.** [beschmutzen] to spatter.

besprühen *vt* to spray.

besser *adj* & *kompar* - **1.** [als Komparativ von gut] better; [ziemlich gut] good; **das hier ist schon ein ~es Gerät** this is a pretty good machine; **das Hotel ist eine ~e Absteige** the hotel is just a glorified dosshouse; **~ ist ~** better safe than sorry - **2.** [gesellschaftlich gehoben] superior ◇ *adv* better.

Bessere (*pl* **-n**) *der, die, das* better; **~s zu tun haben** to have better things to do; **sich eines ~n besinnen** to think better of it.

besser gehen (*perf* **ist besser gegangen**) *vi (unreg):* **es geht ihr besser** she is feeling better.

bessern *vt* to improve; [Verbrecher] to reform.
◆ **sich bessern** *ref* [Wetter, Zustand] to improve; [Mensch] to mend one's ways.

Besserung *die* improvement; **auf dem Weg der ~** on the road to recovery, on the mend.
◆ **gute Besserung** *interj* get well soon!

Besserwisser, in (*mpl* **-;** *fpl* **-nen**) *der, die* ***abw*** know-all, smart alec.

Be|stand *der* - **1.** [Bestehen] survival, continued existence; **(nicht) von ~ sein** (not) to last; **~ haben** to last - **2.** [Vorrat] stock.

bestanden *pp* ▷ **bestehen** ◇ *adj:* **mit etw ~ sein** to be planted with sthg.

beständig *adj* - **1.** [dauernd] constant - **2.** [gleich bleibend - Wetter] settled; [- Freund] faithful; [- Mitarbeiter] reliable - **3.** [widerstandsfähig]: **gegen etw ~ sein** to be resistant to sthg ◇ *adv* - **1.** [dauernd] constantly - **2.** [zuverlässig] steadily, reliably.

Beständigkeit *die* - **1.** [Zuverlässigkeit] reliability - **2.** [Widerstandsfähigkeit] resistance.

Bestands|aufnahme *die* stocktaking; **eine ~ machen** to take stock.

Bestand|teil *der* component; **sich in seine ~e auflösen** to disintegrate.

bestärken *vt* to confirm; **jn in seinem Vorsatz ~** to strengthen sb in his resolve; **jn in seiner Meinung ~** to reinforce sb's opinion.

bestätigen *vt* to confirm; [Urteil] to uphold; **jn in einem Amt ~** to confirm sb's appointment.
◆ **sich bestätigen** *ref* to be confirmed, to prove true.

Bestätigung (*pl* **-en**) *die* confirmation; [von Urteil] upholding.

bestatten *vt* ***geh*** to inter, to bury.

Bestattung (*pl* **-en**) *die* ***geh*** interment, burial.

bestäuben *vt* - **1.** [bestreuen] to dust, to sprinkle - **2.** BIOL to pollinate.

bestaunen *vt* to marvel at.

bestbezahlt *adj* highest-paid.

beste, r, s *adj* best; **sich ~r Gesundheit erfreuen** to enjoy the best of health ◇ *adv:* **am ~n gehe ich jetzt** I'd better go now; **sie spricht am ~n Deutsch von allen** she speaks the best German of everyone.

Beste (*pl* **-n**) *der, die, das* best (one); **das ~ aus etw machen** *fig* to make the best of sthg; **es steht nicht zum ~n mit jm/etw** things are not looking good for sb/sthg; **eine Anekdote zum ~n geben** to tell a story; **jn zum ~n halten** to pull sb's leg.

bestechen (*präs* **besticht;** *prät* **bestach;** *perf* **hat bestochen**) *vt* to bribe ◇ *vi:* **sie besticht durch ihre Schlagfertigkeit** she makes an impression with her quick-wittedness.

bestechlich *adj* open to bribery.

Bestechung (*pl* **-en**) *die* bribery.

Besteck (*pl* **-e**) *das* **- 1.** [Essbesteck] cutlery *(U);* **ein ~** a place setting **- 2.** [von Arzt] set of surgical instruments.

bestehen (*prät* **bestand;** *perf* **hat bestanden**) *vi* **- 1.** [existieren] to exist; **es besteht ...** there is ... **- 2.** [sich zusammensetzen]: **das Buch besteht aus zehn Kapiteln** the book consists of ten chapters; **der Rahmen besteht aus Kunststoff** the frame is made of plastic **- 3.** [beinhalten]: **ihre Aufgabe besteht in der Planung des Projekts** her job consists of ODER involves planning the project; **das Problem besteht darin, dass ...** the problem is that ... **- 4.** [beharren]: **auf etw** *(D)* **~** to insist on sthg **- 5.** [standhalten]: **vor jm/etw ~** to stand up to sb/sthg ◇ *vt* to pass.

Bestehen *das* existence; **hundertjähriges ~** centenary.

bestehen bleiben (*perf* **ist bestehen geblieben**) *vi (unreg)* **- 1.** [übrig bleiben] to remain **- 2.** [Vorschrift] to be upheld.

bestehlen (*präs* **bestiehlt;** *prät* **bestahl;** *perf* **hat bestohlen**) *vt:* **jn um etw ~** to steal sthg from sb.

besteigen (*prät* **bestieg;** *perf* **hat bestiegen**) *vt* **- 1.** [Berg] to climb; [Pferd] to mount; [Thron] to ascend **- 2.** [Zug, Bus, Flugzeug] to board.

Be|steigung *die* [von Berg, Thron] ascent.

bestellen *vt* **- 1.** [anfordern] to order; **sich** *(D)* **etw ~** to order sthg (for o.s.) **- 2.** [reservieren] to book, to reserve **- 3.** [kommen lassen] to summon **- 4.** [ausrichten]: **jm Grüße ~** to give ODER send one's regards to sb; **kann ich ihm etwas (von dir) ~?** can I give him a message (from you)? **- 5.** [bearbeiten] to cultivate; **es ist um jn/etw schlecht bestellt** sb/sthg is in a bad way ◇ *vi* to order.

Bestell|schein *der* order form.

Be|stellung (*pl* **-en**) *die* **- 1.** [Anforderung, Waren] order **- 2.** [Reservierung] booking, reservation **- 3.** [Bearbeitung] cultivation.

◆ **auf Bestellung** *adv* to order; **wie auf ~** as if by command.

Bestell|zettel *der* order slip.

bestenfalls *adv* at best.

bestens *adv* very well.

besteuern *vt* to tax.

Be|steuerung *die* taxation.

bestialisch *adj* **abw** [Mord, Tat] brutal ◇ *adv* **- 1. abw** [grausam] brutally **- 2. *fam*** [unerträglich] dreadfully.

Bestie (*pl* **-n**) *die* **- 1.** [Raubtier] beast **- 2. *abw*** [Unmensch] brute.

bestimmbar *adj* [wissenschaftlich] classifiable.

bestimmen *vt* **- 1.** [Preis, Termin] to fix; **jn zum Nachfolger ~** to designate sb as one's successor **- 2.** [vorsehen]: **für jn/etw bestimmt sein** to be intended for sb/sthg **- 3.** [ermitteln] to determine; [Pflanze] to classify; [Bedeutung] to define **- 4.** [Charakter] to determine; [Stadtbild, Atmosphäre] to characterize ◇ *vi* **- 1.** [entscheiden] to decide; **sie bestimmt in dieser Firma** she makes the decisions in this firm **- 2.** [verfügen]: **über jn ~** to decide what sb should do; **über etw (frei) ~ können** to be able to do what one likes with sthg.

bestimmend *adj* decisive.

bestimmt *adj* **- 1.** [gewiss] certain; [genau] particular **- 2.** [festgelegt] fixed **- 3.** GRAM definite; **der ~e Artikel** the definite article **- 4.** [entschieden] definite, firm ◇ *adv* **- 1.** [entschieden] firmly, decisively **- 2.** [sehr wahrscheinlich] no doubt; [sicher] certainly; **das ist ~ kein Problem** I'm sure that won't be a problem; **etw ~ wissen** to know sthg for sure ODER certain; **ganz ~** definitely.

Bestimmtheit *die* firmness, decisiveness; **mit ~** [entschlossen] decisively; **etw mit ~ wissen** to know sthg for sure ODER certain.

Be|stimmung *die* **- 1.** *(ohne pl)* [von Preis, Frist] fixing **- 2.** [Vorschrift] regulation; **eine gesetzliche ~** a legal provision **- 3.** [Zweck] (intended) purpose; **ein Schiff seiner ~ übergeben** to launch a ship **- 4.** [Ermitteln] determining; [von Pflanze] classification; [von Begriff, Bedeutung] definition **- 5.** GRAM modifier.

Bestimmungs|ort *der* destination.

Best|leistung *die* SPORT best performance; **ihre persönliche ~** her personal best.

Best.Nr. (*abk für* **Bestellnummer**) order no.

bestrafen *vt:* **jn (für etw) ~** to punish sb (for sthg); **jn mit Gefängnis ~** to sentence sb to imprisonment.

Bestrafung (*pl* **-en**) *die* punishment; [gerichtlich] sentence.

bestrahlen *vt* **- 1.** MED to treat with radiotherapy **- 2.** [erleuchten] to illuminate, to light up.

Bestreben *das:* **er hat das ~, immer behilflich zu sein** he is always at pains to be helpful.

bestrebt *adj:* **~ sein, etw zu tun** to be at pains to do sthg.

Bestrebung (*pl* **-en**) *die* effort.

bestreichen (*prät* **bestrich;** *perf* **hat bestrichen**) *vt:* **etw mit etw ~** to spread sthg with sthg; **Brot mit Butter ~** to butter bread.

bestreiken *vt:* **dieser Betrieb wird seit letzter Woche bestreikt** the staff of this firm have been (out) on strike since last week.

bestreiten (*prät* **bestritt;** *perf* **hat bestritten**) *vt* **- 1.** [leugnen - Meinung, Aussage] to contest; [- Beschuldigung] to deny; **es lässt sich nicht ~** it is indispensable **- 2.** [finanzieren] to pay for **- 3.** [gestalten] to carry.

bestreuen *vt* to sprinkle.

Bestseller ['bɛstsɛlɐ] (*pl* **-**) *der* best-seller.

Bestseller|liste *die* best-seller list.

bestürmen *vt* **- 1.** MIL to storm **- 2.** [bedrängen]: **jn mit Fragen ~** to bombard sb with questions.

bestürzt *adj:* **über etw** *(A)* **~ sein** to be dismayed about sthg ◇ *adv* in dismay.

Bestürzung *die* dismay.

Best|zeit *die* SPORT fastest time.

Besuch (*pl* **-e**) *der* **- 1.** [Besuchen] visit; [von Schule, Kirche] attendance; **jm einen ~ machen** to pay sb a visit; **bei jm zu ~ sein** to be staying with ODER visiting sb **- 2.** *(ohne pl)* [Gast] visitor, guest; [Gäste] visitors *(pl)*, guests *(pl)*; **wir haben ~** we have a visitor/visitors..

besuchen *vt* to visit; [Kirche, Schule, Vorlesung] to attend.

Besucher, in (*mpl* **-;** *fpl* **-nen**) *der, die* visitor.

Besucher|zahl *die* number of visitors.

Besuchs|zeit [bə'zuːxstsait] *die* 'visiting hours *(pl)*.

besucht *adj:* **gut/schlecht ~** well/poorly attended.

betagt *adj* *geh* elderly.

betasten *vt* [Gegenstand] to touch; [Patienten] to feel.

betätigen *vt* [Hebel] to operate; [Bremse] to apply.
◆ **sich betätigen** *ref:* **sich politisch/sportlich ~** to engage in politics/sport; **sich als etw ~** to be active as sthg.

Betätigung (*pl* **-en**) *die* **- 1.** [Tätigkeit] activity **- 2.** *(ohne pl)* [von Hebel] operation.

betäuben *vt* **- 1.** MED to anaesthetize; **jn örtlich ~** to give sb a local anaesthetic **- 2.** [Trauer, Schmerz] to deaden, to dull.

Betäubung (*pl* **-en**) *die* **- 1.** MED anaesthetization **- 2.** [Benommenheit] daze.

beteiligen *vt:* **jn an etw** *(D)* **~** to give sb a share in sthg.
◆ **sich beteiligen** *ref:* **sich an etw** *(D)* **~** to participate in sthg; [Kosten] to contribute to sthg.

beteiligt *adj:* **sie ist mit 10% ~** she has a 10% share; **an etw** *(D)* **~ sein** to have a share in sthg; **er war nicht daran ~** he had no part in it.

Beteiligte (*pl* **-n**) *der, die* person concerned ODER involved; [von Unternehmen] partner.

Beteiligung (*pl* **-en**) *die* **- 1.** [Mitwirkung]: **~ (an etw** *(D)***)** participation (in sthg); [an Verbrechen] involvement (in sthg) **- 2.** [an Gewinn] share.

beten *vi* to pray; **um** ODER **für etw ~** to pray for sthg; **für jn ~** to pray for sb ◇ *vt* to say.

beteuern *vt* to declare.

Be|teuerung *die* declaration.

Bethlehem *nt* Bethlehem.

betiteln *vt* **- 1.** [einen Titel geben] to entitle **- 2.** *fam* [bezeichnen]: **jn als** ODER **mit etw ~** to call sb sthg.

Beton [be'tɔŋ] (*pl* **-s**) *der* concrete.

betonen *vt* **- 1.** [aussprechen] to stress **- 2.** [hervorheben] to emphasize, to stress.

betont *adj* [Silbe] stressed; [Gleichgültigkeit, Aufmerksamkeit] studied ◇ *adv* deliberately; **sich ~ lässig geben** to behave with studied nonchalance.

Betonung (*pl* **-en**) *die* **- 1.** [Betonen] stress **- 2.** [Hervorhebung] emphasis.

betr. (*abk für* **betreffs, betreffend**) re.

Betracht *(ohne Artikel)* ◆ **in Betracht** *adv:* **jn/etw in ~ ziehen** [erwägen] to consider sb/sthg; [berücksichtigen] to take sb/sthg into account; **(nicht) in ~ kommen** (not) to be worth considering; **das kommt nicht in ~** that is out of the question.
◆ **außer Betracht** *adv:* **etw außer ~ lassen** to disregard sthg.

betrachten *vt* **- 1.** [ansehen] to look at; **sich** *(D)* **etw (näher) ~** to have a (closer) look at sthg **- 2.** [beurteilen] to regard **- 3.** [überprüfen] to examine, to consider.
◆ **sich betrachten** *ref* to look at o.s.

Betrachter, in (*mpl* **-;** *fpl* **-nen**) *der, die* observer.

beträchtlich *adj* considerable ◇ *adv* considerably.

Betrachtung (*pl* **-en**) *die* **- 1.** [Betrachten] contemplation; **bei näherer ~** on closer examination **- 2.** [Überlegung] reflection; **über etw** *(A)* **~en anstellen** to reflect on sthg.

Betrag (*pl* **Beträge**) *der* amount *(of money)*.

betragen (*präs* **beträgt;** *prät* **betrug;** *perf* **hat betragen**) *vt* [Preis, Rechnung] to amount ODER come to; **die Entfernung von A zu B beträgt 10 Kilometer** A is 10 kilometres away from B.
◆ **sich betragen** *ref:* **sich gut/schlecht ~** to behave well/badly.

Betragen *das* behaviour, conduct.

betrauen *vt*: **jn mit etw ~** to entrust sb with sthg.

betrauern *vt* to mourn.

betreffen (*präs* **betrifft;** *prät* **betraf;** *perf* **hat betroffen**) *vt* [angehen] to concern; [Auswirkungen haben auf] to affect; **was mich/diese Angelegenheit betrifft** as far as I am/this matter is concerned.

betreffend *adj* relevant; **der mich ~e Fall** the case concerning me.

Betreffende (*pl* **-n**) *der, die* person concerned.

betreffs *präp amt:* **~ einer Sache** *(G)* concerning ODER with regard to sthg.

betreiben (*prät* **betrieb;** *perf* **hat betrieben**) *vt* **- 1.** [vorantreiben] to pursue **- 2.** [führen - Gewerbe] to carry on; [- Laden] to run **- 3.** [antreiben]: **mit etw betrieben werden** to be driven by sthg; **diese Anlage wird mit Solarenergie betrieben** this system is solar-powered.

Betreiben *das:* **auf js ~ (hin)** at sb's instigation.

Betreiber, in (*mpl* **-;** *fpl* **-nen**) *der, die* operator.

betreten[1] *adj* embarrassed; **über etw** *(A)* **~ sein** to be embarrassed about sthg ◇ *adv* sheepishly.

betreten[2] (*präs* **betritt;** *prät* **betrat;** *perf* **hat betreten**) *vt* to enter; [Rasen] to walk on; [Bühne] to walk onto.

Betreten *das* entry; '**~ verboten!**' 'no entry!', 'keep out!'.

betreuen *vt* to look after, to take care of; [Sportler] to coach.

Betreuer, in (*mpl* **-;** *fpl* **-nen**) *der, die* [von Kindern] child-minder; [von Sportlern] coach; [von Touristen] guide; [von Alten] care worker.

Betreuung *die* care; [von Sportler] coaching.

Betrieb (*pl* **-e**) *der* **- 1.** [Unternehmen] company, firm; [Produktionsstätte] plant; **heute ist er nicht im ~** he is not at work today **- 2.** [Tätigkeit] operation **- 3.** [Treiben, Verkehr]: **es ist** ODER **herrscht viel ~** it is very busy.
◆ **in Betrieb** *adv* in operation; **etw in ~ setzen** [Maschine] to start (up) sthg; [Fabrik] to commission sthg.
◆ **außer Betrieb** *adv* out of order; **etw außer ~ setzen** [Maschine] to stop sthg, to shut down sthg; [Fabrik] to decommission sthg.

betrieblich *adj* company-related.

betriebsam *adj* busy.

Betriebsamkeit *die* (hustle and) bustle.

Betriebs|anleitung *die* operating instructions *(pl)*.

Betriebs|ausflug *der* company ODER staff outing.

Betriebs|ferien *pl* (annual) holidays.

Betriebs|kapital *das* working capital.

Betriebs|klima *das* atmosphere at work.

Betriebs|kosten *pl* operating costs.

Betriebs|leitung *die* management.

Betriebs|rat *der* **- 1.** [Gremium] works council **- 2.** [Mensch] works council member.

betriebssicher *adj* safe.

Betriebs|störung *die* breakdown.

Betriebs|system *das* EDV operating system.

Betriebs|unfall *der* accident at work, industrial accident.

Betriebs|wirt, in *der, die person with a business administration qualification.*

Betriebs|wirtschaft *die* business administration.

betrinken (*prät* **betrank;** *perf* **hat betrunken**) ◆ **sich betrinken** *ref* to get drunk.

betroffen *pp* ⊳ **betreffen** ◇ *adj* **- 1.** [bestürzt] shaken, upset; [Schweigen] stunned; **über etw** *(A)* **~ sein** to be upset about sthg **- 2.** [nicht verschont]: **von etw ~ sein** to be affected by sthg ◇ *adv*: **jn ~ ansehen** to look at sb in consternation.

Betroffenheit *die* consternation.

betrüben *vt* to sadden.

betrüblich *adj* [Stimmung] gloomy; [Situation, Mitteilung] sad.

betrübt *adj* [Gesicht] sad; [Stimmung] gloomy; **über etw** *(A)* **~ sein** to be sad about sthg.

Betrug *der* fraud; **das ist ja ~!** this is daylight robbery!

betrügen (*prät* **betrog;** *perf* **hat betrogen**) *vt* to cheat; [Ehepartner] to cheat on; **jn um etw ~** to cheat sb out of sthg ◇ *vi* to cheat.

Betrüger (*pl* **-**) *der* conman, con artist.

Betrügerei (*pl* **-en**) *die* swindling.

Betrügerin (*pl* **-nen**) *die* con artist.

betrügerisch *adj* [Mensch] deceitful; [Handeln] fraudulent.

betrunken *pp* ⊳ **betrinken** ◇ *adj* drunk.

Bett (*pl* **-en**) *das* **- 1.** [gen] bed; **ins** ODER **zu ~ gehen** to go to bed; **das ~ machen** to make the bed; **mit jm ins ~ gehen** ODER **steigen** *fam* to go to bed with sb **- 2.** [Federbett] duvet, quilt.

Bett|bezug *der* duvet cover.

Bett|decke *die* [aus Wolle] blanket; [gesteppt] quilt, duvet.

bettelarm *adj* desperately poor.

betteln *vi* to beg; **um etw ~** to beg for sthg.

betten *vt*: **jn auf etw** *(A)* **~** to lay sb (down) on sthg.

Bettenwechsel *der arrival of new group of tourists at holiday resorts on Saturdays.*

bettlägerig *adj* bed-ridden.

Bettler, in (*mpl* **-**; *fpl* **-nen**) *der, die* beggar.

Bettruhe *die* rest.

Bettschwere *die:* **die nötige ~ haben** to be ready for bed.

Betttuch (*pl* **-tücher**) *das* sheet.

Bett|vorleger (*pl* **-**) *der* bedside rug.

Bett|wäsche *die* bed linen.

Bett|zeug *das (ohne pl)* bedding, bedclothes *(pl).*

betucht *adj* well-to-do.

beugen *vt* **- 1.** [Körper, Finger, Gesetz] to bend **- 2.** [Willen] to break **- 3.** [Substantiv, Adjectiv] to inflect; [Verb] to conjugate.
◆ **sich beugen** *ref* **- 1.** [sich lehnen] to lean; **sich nach vorn ~** to bend over **- 2.** [sich unterwerfen]: **sich einer Sache** *(D)* **~** to submit ODER bow to sthg.

Beule (*pl* **-n**) *die* [am Kopf] lump; [am Auto] dent.

beunruhigen [bə'lʊnruːɪgn̩] *vt* to worry; **über etw** *(A)* **beunruhigt sein** to be worried about sthg.
◆ **sich beunruhigen** *ref* to worry.

beurlauben [bə'luːɐ̯glaubn̩] *vt* [suspendieren] to suspend

beurteilen [bə'uːɐ̯tailn̩] *vt* to judge; [Größe, Qualität] to assess; **jn falsch ~** to misjudge sb.

Beurteilung [bə'uːɐ̯tailʊŋ] (*pl* **-en**) *die* judgement; [von Größe, Qualität] assessment.

Beute *die* **- 1.** [von Einbrecher] loot **- 2.** [von Raubtier] prey.

Beute|kunst *die works of art stolen during World War II.*

Beutel (*pl* **-**) *der* **- 1.** [Sack] bag **- 2.** BIOL pouch.

bevölkern *vt* **- 1.** [bewohnen] to inhabit; **dicht bevölkert** densely populated **- 2.** [füllen] to fill.
◆ **sich bevölkern** *ref* to fill up (with people).

Bevölkerung (*pl* **-en**) *die* population.

Bevölkerungs|dichte *die* population density.

Bevölkerungs|explosion *die* population explosion.

Bevölkerungs|gruppe *die* section of the population.

bevollmächtigen *vt* to authorize.

Bevollmächtigte (*pl* **-n**) *der, die* authorized representative.

Bevollmächtigung (*pl* **-en**) *die* authorization.

bevor *konj* before.

bevormunden *vt* to treat like a child.

Bevormundung (*pl* **-en**) *die:* **~ durch jn** being treated like a child by sb.

bevor|stehen *vi (unreg)* to be imminent.

bevorzugen *vt* **- 1.** [vorziehen] to prefer **- 2.** [protegieren] to give preferential treatment to.

Bevorzugung (*pl* **-en**) *die* preferential treatment.

bewachen *vt* to guard.

Bewacher, in (*mpl* **-**; *fpl* **-nen**) *der, die* guard.

bewachsen [bə'vaksn̩] (*präs* **bewächst**; *prät* **bewuchs**; *perf* **hat bewachsen**) *vt* to cover *(with plants).*

Bewachung (*pl* **-en**) *die* **- 1.** [Bewachen] guarding **- 2.** [Wache] guard.

bewaffnen *vt* to arm.
◆ **sich bewaffnen** *ref* to arm o.s.

Bewaffnung (*pl* **-en**) *die* **- 1.** [Ausrüstung] armament, arming **- 2.** [Waffen] arms *(pl).*

bewahren *vt* **- 1.** [Person]: **jn vor etw** *(D)* **~** to protect sb from sthg **- 2.** [Nerven, Ruhe] to keep.

bewähren ◆ **sich bewähren** *ref* to prove one's/its worth.

bewahrheiten ◆ **sich bewahrheiten** *ref* to prove (to be) true.

bewährt *adj* [Mensch] reliable; [Methode, Mittel] proven, tried and tested.

Bewahrung *die* **- 1.** [Schutz] protection **- 2.** [von Ruhe] keeping.

Bewährung *die* **- 1.** [Profilierung] test, trial **- 2.** RECHT probation; **auf** ODER **mit ~** on probation.

Bewährungs|helfer *der* probation officer.

Bewährungs|probe *die* (crucial) test.

bewaldet *adj* wooded.

bewältigen *vt* [Arbeit, Problem] to cope with; [js Tod, die Vergangenheit] to come to terms with; [Papierberge] to get through.

bewandert *adj:* **auf einem Gebiet/in etw** *(D)* **~ sein** to be well-versed in a subject/in sthg.

Bewandtnis (*pl* **-se**) *die* ***geh:*** **damit hat es folgende ~ ...** the story behind it is (as follows) ...

bewässern *vt* to irrigate.

Bewässerung (*pl* **-en**) *die* irrigation.

bewegen[1] (*prät* **bewegte**; *perf* **hat bewegt**) *vt (reg)* **- 1.** [gen] to move **- 2.** [beschäftigen] to concern, to preoccupy.
◆ **sich bewegen** *ref* **- 1.** [körperlich] to move; [im Freien] to take ODER get some exercise **- 2.** [sich verhalten] to act **- 3.** [in Gesellschaftsschicht]: **sich in gehobenen Kreisen ~** to move in lofty circles.

bewegen[2] (*prät* **bewog;** *perf* **hat bewogen**) *vt (unreg) **geh:*** **jn zu etw ~** [veranlassen] to induce sb to do sthg; [überreden] to prevail upon sb to do sthg.

beweglich *adj* agile; [Hebel] movable.

bewegt *adj* **- 1.** [unruhig - Leben] eventful; [- See, Meer] choppy **- 2.** [Stimme, Worte] emotional.

Bewegung (*pl* **-en**) *die* **- 1.** [körperlich, politisch] movement; **etw in ~ setzen** to set sthg in motion; **sich in ~ setzen** [Person] ***fam*** to get moving; [Zug] to start to move **- 2.** [körperlich] exercise **- 3.** [innerlich] emotion.

Bewegungsfreiheit *die* freedom of movement; [Handlungsspielraum] room for manoeuvre.

bewegungslos *adj* motionless <> *adv:* **~ dastehen** to stand there motionless.

beweinen *vt* to mourn.

Beweis (*pl* **-e**) *der:* **ein ~** a piece of evidence; **~e** evidence, proof; **den ~ für etw erbringen** to supply ODER provide proof of sthg; **ein schlagender ~** convincing evidence.

Beweis|aufnahme *die* hearing of evidence.

beweisbar *adj* provable.

beweisen (*prät* **bewies;** *perf* **hat bewiesen**) *vt* **- 1.** [gen] to prove; [Unschuld] to establish **- 2.** [Mut] to show.
◆ **sich beweisen** *ref* to prove o.s./itself.

beweiskräftig *adj:* **diese Aussage ist nicht ~** this statement does not constitute conclusive proof.

Beweismaterial *das* evidence.

bewenden (*prät* **bewandte;** *perf* **hat bewandt**) *vt:* **es dabei ~ lassen** to leave it at that.

bewerben (*präs* **bewirbt;** *prät* **bewarb;** *perf* **hat beworben**) ◆ **sich bewerben** *ref* to apply; **sich bei einer Firma ~** to apply for a job with a firm; **sich um etw ~** to apply for sthg.

Bewerber, in (*mpl* **-;** *fpl* **-nen**) *der, die* applicant.

Be|werbung *die* application.

Bewerbungs|gespräch *das* interview *(for job, college place).*

Bewerbungs|schreiben *das* letter of application.

Bewerbungs|unterlagen *pl* application documents.

bewerfen (*präs* **bewirft;** *prät* **bewarf;** *perf* **hat beworfen**) *vt:* **jn/etw mit etw ~** to pelt sb/sthg with sthg.

bewerkstelligen *vt* to manage; **wie soll ich das ~?** how am I supposed to do this?

bewerten *vt* to assess, to evaluate; [Klassenarbeit] to mark; **etw zu hoch/niedrig ~** to overrate/underrate sthg.

Be|wertung *die* assessment, evaluation; [Note] mark.

bewilligen *vt* [Antrag] to approve; [Hilfe, Kredit] to grant.

Bewilligung (*pl* **-en**) *die* [von Antrag] approval; [von Hilfe, Kredit] granting.

bewirken *vt* to cause; **in dieser Sache kann momentan nichts bewirkt werden** nothing can be done about this matter at the moment; **es bewirkte das Gegenteil** it had the opposite effect; **wir haben bewirkt, dass jetzt Nachtbusse eingesetzt werden** we have managed to get them to lay on a night bus service.

bewirten *vt* to entertain; **jn mit etw ~** to give sb sthg to eat and drink.

bewirtschaften *vt* [Hof] to run; [Acker] to farm.

Bewirtung (*pl* **-en**) *die* hospitality.

bewohnen *vt* to inhabit.

Bewohner, in (*mpl* **-;** *fpl* **-nen**) *der, die* inhabitant.

bewölken ◆ **sich bewölken** *ref* to cloud over.

bewölkt *adj* cloudy, overcast.

Bewölkung *die (ohne pl)* **- 1.** clouding over **- 2.** [Wolken] clouds *(pl).*

Bewunderer (*pl* **-**) *der* admirer.

Bewunderin (*pl* **-nen**) *die* admirer.

bewundern *vt* to admire.

bewundernswert *adj* admirable <> *adv* admirably.

Bewunderung *die* admiration.

bewusst *adj* **- 1.** [absichtlich] deliberate **- 2.** [bedacht] conscious; **ihre Absichten sind mir ~** I am aware of her motives; **ihre Absichten wurden mir ~** I realized what her motives were; **sich** *(D)* **einer Sache** *(G)* **~ sein** to be aware of sthg **- 3.** [fraglich]: **an dem ~en Abend** on the evening in question <> *adv* **- 1.** [absichtlich] deliberately **- 2.** [bedacht] consciously.

bewusstlos *adj* unconscious.

Bewusstlosigkeit *die* (state of) unconsciousness.

bewusst machen *vt:* **jm etw ~** to make sb aware of sthg; **sich** *(D)* **etw ~** to realize sthg.

Bewusstsein *das* **- 1.** [Wissen] awareness **- 2.** [geistige Klarheit] consciousness; **bei ~ sein** to be conscious; **das ~ verlieren** to lose consciousness.

bez. (*abk für* **bezahlt**) paid.

Bez. - 1. *abk für* **Bezeichnung - 2.** *abk für* **Bezirk.**

bezahlen *vt* [Ware, Leistung] to pay for; [Person, Miete, Rechnung] to pay <> *vi* to pay; **wir möchten bitte ~!** may we have the bill please?

bezahlt *adj* paid; **die Mühe machte sich ~** the effort paid off.

Bezahlung *die* - **1.** [von Ware, Rechnung] payment - **2.** [Entgelt] pay.

bezaubern *vt* to captivate.

bezaubernd *adj* captivating <> *adv* captivatingly.

bezeichnen *vt* - **1.** [nennen] to call; **jn/etw als etw ~** to describe sb/sthg as sthg - **2.** [markieren] to mark, to indicate.

bezeichnend *adj* characteristic; **~ für etw sein** to be characteristic of sthg.

Be|zeichnung *die* - **1.** [Benennung] name; [Beschreibung] description - **2.** [Markierung] marking.

bezeugen *vt* to testify to; **urkundlich bezeugt** documented.

bezichtigen *vt*: **jn einer Sache** *(G)* **~** *geh* to accuse sb of sthg.

beziehbar *adj* [Haus] ready to be moved into.

beziehen (*prät* **bezog;** *perf* **hat bezogen**) *vt* - **1.** [Kissen, Sofa] to cover; **das Bett frisch ~** to change the bedclothes - **2.** [Haus, Wohnung] to move into - **3.** [Ware, Zeitung, Einkünfte] to get; [Arbeitslosenhilfe] to receive - **4.** MIL [Stellung] to take up - **5.** [anwenden]: **etw auf sich** *(A)* **/jn ~** to understand sthg to refer to o.s./to sb; **eine Aussage auf sich** *(A)* **~** to take a remark personally.
◆ **sich beziehen** *ref* - **1.** [angewendet werden]: **sich auf jn/etw ~** to refer to sb/sthg; **meine Kritik bezog sich nicht auf Sie** my criticism wasn't aimed at you - **2.** [sich berufen]: **sich auf etw** *(A)* **~** to refer to sthg - **3.** [sich bewölken]: **der Himmel bezieht sich** the sky is clouding over.

Be|ziehung *die* - **1.** [Kontakt - zu Person] relationship; **~en** [politisch] relations; **gute/schlechte ~en zu jn haben** to be on good/bad terms with sb; **er verfügt über gute ~en** he has lots of contacts - **2.** [Verhältnis] connection - **3.** [Hinsicht] respect; **in dieser/jeder ~** in this/every respect.

beziehungsweise *konj* - **1.** [genauer gesagt] or rather, that is - **2.** [oder] or; **die Kinder sind ins Kino, ~ ins Schwimmbad gegangen** the children have either gone to the cinema or gone swimming - **3.** [jeweils] and ... respectively; **die Uhren kosten 300 ~ 400 DM** the watches cost 300 DM and 400 DM respectively.

Bezirk (*pl* **-e**) *der* district; [von Kirche] diocese.

Bezug (*pl* **Bezüge**) *der* - **1.** [Überzug] cover - **2.** [von Haus, Wohnung] entry, moving in - **3.** [Kauf] purchase; [von Tageszeitung] subscription - **4.** [Beziehung]: **auf etw** *(A)* **~ nehmen** *amt* to refer to sthg; **in ~ auf etw** *(A)* with regard to sthg.
◆ **Bezüge** *pl* income *(U)*.

bezüglich *präp* **amt: ~ einer Sache** *(G)* concerning sthg <> *adj* [Fürwort] relative.

Bezugs|person *die person to whom one looks for guidance, support etc.*

bezuschussen *vt* to fund, to subsidize.

bezwecken *vt*: **etw mit etw ~** to aim to achieve sthg by sthg.

bezweifeln *vt* to doubt.

bezwingen (*prät* **bezwang;** *perf* **hat bezwungen**) *vt* [Konkurrenz, Gegner] to defeat; [Berg] to conquer; [Wille, Gefühle] to keep under control.

BfA ['be:fa] (*abk für* **Bundesversicherungsanstalt für Angestellte**) *die Federal Social Insurance Office for Salaried Employees.*

BGB [be:ge:'be:] (*abk für* **Bürgerliches Gesetzbuch**) *das German civil code.*

BGH [be:ge:'ha:] (*abk für* **Bundesgerichtshof**) *der Federal Supreme Court.*

BGS [be:ge:'ɛs] (*abk für* **Bundesgrenzschutz**) *der Federal border guard.*

BH [be:'ha:] (*pl* **-s**) (*abk für* **Büstenhalter**) *der* bra.

Bhf. *abk für* **Bahnhof.**

Bibel (*pl* **-n**) *die* bible.

Biber (*pl* **-**) *der* [Tier] beaver <> *der* ODER *das* [Stoff] flannelette.

Bibliografie, Bibliographie (*pl* **-n**) *die* bibliography.

bibliografisch, bibliographisch *adj* bibliographical.

Bibliothek (*pl* **-en**) *die* library.

Bibliothekar, in (*mpl* **-e;** *fpl* **-nen**) *der, die* librarian.

biblisch *adj* biblical.

bieder *adj* - **1.** *abw* [spießig - Person, Verhalten] bourgeois; [- Kleidung, Einrichtung] conventional - **2.** [Person - anständig] decent, upright <> *adv* ***abw*** conventionally.

Biedermeier *das* Biedermeier period.

biegen (*prät* **bog;** *perf* **hat/ist gebogen**) *vt (hat)* to bend <> *vi (ist)* [Auto, Fahrer]: **um die Ecke ~** to go round the corner.
◆ **sich biegen** *ref* to bend.

biegsam *adj* flexible, pliable.

Biegsamkeit *die* flexibility, pliability.

Biegung (*pl* **-en**) *die* bend.

Biene (*pl* **-n**) *die* bee.

Bienen|honig *der* natural honey.

Bienen|königin *die* queen bee.

Bienen|stich *der* - **1.** [Insektenstich] bee-sting - **2.** [Gebäck] *cake covered in flaked almonds and sugar, filled with cream or confectioner's custard.*

Bienen|wachs *das* beeswax.

Bier (*pl* **-e**) *das* beer; **ein großes/kleines ~** a half-litre/30 cl glass of beer; **~ vom Fass** draught beer; **das ist nicht dein ~!** ***fam fig*** that is none of your business!

BIER

Germany is renowned for the variety and for the quality of its beers. Over a thousand breweries throughout the country produce about 500 different types of beer. The "Purity law", enacted in 1516 and still strictly enforced, guarantees the quality of German beer and distinguishes it from imported varieties.

Bier|deckel *der* beer mat.

Bier|dose *die* beer can.

bierernst *fam adj* deadly serious <> *adv* with deadly seriousness.

Bier|flasche *die* beer bottle.

Bier|garten *der* beer garden.

BIERGARTEN

Beer gardens, which are to be found all over Bavaria, are traditionally associated with an atmosphere of easygoing conviviality. Light meals are served in these places, but customers can also take along their own picnic.

Bier|glas *das* beer glass.

Bier|krug *der* beer mug.

Bier|zelt *das* beer tent.

Biest (*pl* **-er**) *das* beast.

bieten (*prät* **bot;** *perf* **hat geboten**) *vt* **- 1.** [anbieten] to offer; [Schutz, Chance] to provide; **viel zu ~ haben** to have a lot to offer; **jm etw ~** to offer sb sthg; [Gelegenheit, Schutz] to provide sb with sthg **- 2.** [zeigen] to present; **einen schrecklichen Anblick ~** to look terrible **- 3.** [gefallen]: **sich** *(D)* **etw nicht ~ lassen** not to stand for sthg.
◆ **sich bieten** *ref:* **es bot sich eine Gelegenheit** an opportunity came up.

Bikini (*pl* **-s**) *der* bikini.

Bilanz (*pl* **-en**) *die* **- 1.** WIRTSCH balance; [schriftlich] balance sheet **- 2.** [Ergebnis] outcome; **~ ziehen (aus etw)** [schlussfolgernd] to draw conclusions (about sthg); [zusammenfassend] to take stock (of sthg).

bilateral *adv* bilateral.

Bild (*pl* **-er**) *das* **- 1.** [gen & TV] picture; [Gemälde] painting; [Zeichnung] drawing; [Foto] photograph **- 2.** [Anblick] sight; **ein ~ für die Götter** a sight for sore eyes **- 3.** [Vorstellung] idea, impression; **ein schwaches ~** ***fam*** a poor showing; **sich** *(D)* **ein ~ von jm/etw machen** to get an idea of sb/sthg **- 4.** [Metapher] image **- 5.** ***RW:*** **jn (über etw** *(A)***) ins ~ setzen** to put sb in the picture (about sthg); **(über etw** *(A)***) im ~e sein** to be in the picture (about sthg).

Bild|band (*pl* **-bände**) *der* coffee-table book.

bilden *vt* **- 1.** [gen] to form **- 2.** [Kapital] to build up **- 3.** [ausbilden] to educate <> *vi:* **lesen bildet** reading improves your mind.
◆ **sich bilden** *ref* **- 1.** [sich formen] to form **- 2.** [sich informieren] to educate o.s.

Bilder|buch *das* picture book.

Bilder|rahmen *der* picture frame.

Bild|fläche *die:* **auf der ~ erscheinen** to appear on the scene; **von der ~ verschwinden** to disappear from the scene.

Bild|hauer, in (*mpl* **-;** *fpl* **-nen**) *der, die* sculptor (*f* sculptress).

Bild|hauerei (*pl* **-en**) *die* sculpture.

bildhübsch *adj* lovely.

bildlich *adj* **- 1.** [Darstellung] pictorial **- 2.** [Wendung, Ausdruck] figurative <> *adv* **- 1.** [darstellen] pictorially **- 2.** [gesprochen] figuratively.

Bildnis (*pl* **-se**) *das* portrait.

Bild|schirm *der* screen.

Bildschirmschoner (*pl* **-**) *der* EDV screen saver.

Bildschirm|text *der* TV *German teletext system.*

bildschön *adj* stunning.

Bildung (*pl* **-en**) *die* **- 1.** [Ausbildung] education; **eine umfassende ~ besitzen** to be well-educated ODER cultured **- 2.** [Formung] formation.

Bildungsgrad *der* level of education.

Bildungs|politik *die* education policy.

Bildungs|urlaub *der* time off for training.

Bildungs|weg *der:* **der zweite ~** *second chance for people outside the education system to obtain educational qualifications.*

Bild|zeitung *die* Bild.

BILDZEITUNG

This is the most popular daily newspaper in Germany. While its political coverage is limited to short articles with sensationalist headlines, it gives extensive coverage to sport.

Billard ['bɪljart] *das* billiards *(U).*

billig *adj* **- 1.** [preiswert] cheap **- 2.** ***abw*** [schlecht - Anzug, Papier, Scherz, Trick] cheap; [- Ausrede] feeble; **ein ~er Trost** small comfort <> *adv* cheaply; **die Vase habe ich ~ gekauft** I got the vase cheap.

Billig|angebot *das* special offer.

billigen *vt* to approve.

Billig|flug *der* cheap flight.

Billiglohnland *das:* **Arbeiter aus Billiglohnländer wie Indonesien** cheap labour from countries like Indonesia.

Billigung (*pl* **-en**) *die* approval.

Billigware *die* cheap goods *(pl)*.

Billion (*pl* **-en**) *die* trillion, billion *Br*.

bimmeln *vi* to ring.

Bimsstein *der* pumice-stone.

bin *präs* ▷ **sein.**

Binde (*pl* **-n**) *die* **- 1.** [Verband] bandage **- 2.** [über den Augen] blindfold; [um den Arm] armband; **den Arm in einer ~ tragen** to have one's arm in a sling; **sich** *(D)* **einen hinter die ~ gießen** *fam* to have a couple of drinks **- 3.** [Damenbinde] sanitary towel.

Bindegewebe *das* connective tissue.

Bindeglied *das* link.

Bindehaut *die* conjunctiva.

Bindehautentzündung *die* conjunctivitis *(U)*.

Bindemittel *das* binding agent.

binden (*prät* **band;** *perf* **hat gebunden**) *vt* **- 1.** [zusammenbinden] to tie together **- 2.** [festbinden]: **etw an etw** *(A)* **~** to tie sthg to sthg **- 3.** [Krawatte] to knot; [Schleife, Knoten] to tie **- 4.** [Soße, Buch, durch Vertrag] to bind ◇ *vi* to bind.

◆ **sich binden** *ref* [heiraten] to get married.

bindend *adj* binding ◇ *adv:* **~ zusagen** to commit o.s.

Bindestrich *der* hyphen.

Bindfaden *der* string; **es regnet Bindfäden** *fig* it's raining cats and dogs.

Bindung (*pl* **-en**) *die* **- 1.** [Verbundenheit] bond; [Verpflichtung] commitment **- 2.** [Skibindung] binding.

binnen *präp (+G, +D)* within.

Binnenhafen *der* river port.

Binnenhandel *der* [eines Landes] domestic trade; [eines Staatenbundes] internal trade.

Binnenmarkt *der* internal market; [von EU] single market; **der europäische ~** the European single market.

Binse (*pl* **-n**) *die* rush; **in die ~n gehen** *fam* [Plan] to fall through; [Geld] to go down the drain; [Fahrrad, Gerät] to pack it in.

Binsenweisheit *die* truism.

Biochemie *die* biochemistry.

Biochemiker, in *der, die* biochemist.

biochemisch *adj* biochemical.

Biografie, Biographie (*pl* **-n**) *die* biography.

Biokost *die* health food.

Bioladen *der* health food shop.

Biologe (*pl* **-n**) *der* biologist.

Biologie *die* biology.

Biologin (*pl* **-nen**) *die* biologist.

biologisch *adj* **- 1.** [der Biologie] biological **- 2.** [natürlich - Farben] natural; [- Brot] organic.

Biomasse *die* biomass.

Biophysik *die* biophysics *(U)*.

Biophysiker, in *der, die* biophysicist.

Biorhythmus *der* biorhythm.

Biotop (*pl* **-e**) *der* ODER *das* biotope.

BIP [beːiːˈpeː] (*abk für* **Bruttoinlandsprodukt**) *das* GDP.

bipolar *adj* bipolar.

birgt *präs* ▷ **bergen.**

Birke (*pl* **-n**) *die* birch.

Birma *nt* Burma.

Birnbaum *der* pear tree.

Birne (*pl* **-n**) *die* **- 1.** [Frucht] pear **- 2.** [Glühbirne] light bulb **- 3.** *fam* [Kopf] nut.

birst *präs* ▷ **bersten.**

bis *präp (+ A)* **- 1.** [zeitlich] until; **wir bleiben ~ morgen** we're staying until tomorrow; **von Montag ~ Freitag** from Monday to Friday, Monday through Friday *Am*; **zwei ~ drei Tage** two to three days; **~ auf weiteres** until further notice; **~ bald!** see you soon!; **~ dann!** see you then!; **~ morgen/später** see you tomorrow/later **- 2.** [spätestens] by; **das muss ~ Mittwoch fertig sein** it must be ready by Wednesday **- 3.** [räumlich] to; **es sind noch 200 km ~ Berlin** there are still 200 km to Berlin; **~ auf die Haut durchnässt** soaked to the skin ◇ *konj* until; **warte, ~ ich komme** wait until I'm there.

◆ **bis auf** *präp (+ A)* except for, apart from.

◆ **bis zu** *präp* up to; **~ zu 20 Personen** up to 20 people.

Bischof (*pl* **Bischöfe**) *der* bishop.

bischöflich *adj* episcopal.

Bischofskonferenz *die* conference of bishops.

Bischofssitz *der* episcopal see.

bisexuell *adj* bisexual.

Bisexuelle (*pl* **-n**) *der, die* bisexual.

bisher *adv:* **~ hat sie nicht angerufen** she hasn't called so far; **wir haben das ~ immer so gemacht** until now we've always done it this way.

bisherig *adj* [ehemalig] former; **sein ~es Verhalten** his behaviour up to now.

Biskaya *die* Biscay.

Biskuit [bɪsˈkviːt] (*pl* **-s** ODER **-e**) *der* ODER *das* sponge.

bislang *adv:* **~ hat sie nicht angerufen** she

hasn't called so far; **wir haben das ~ immer so gemacht** until now we've always done it this way.

Bison (*pl* **-s**) *der* bison.

biss *prät* ▷ **beißen.**

Biss (*pl* **-e**) *der* ***eigtl*** & ***fig*** bite.

bisschen *adj* [wenig]: **das ~ Regen macht doch nichts** that little bit of rain won't do any harm.
◆ **das bisschen** *pron:* **das ~ kannst du jetzt auch noch essen** you can eat that little bit up.
◆ **ein bisschen** *adj* [etwas] a bit of, a little; **ein ~ Kaffee** a drop of coffee ◇ *adv* [ein wenig] a bit; **ein ~ bleiben** to stay a while.
◆ **kein bisschen** ◇ *adj:* **wir haben kein ~ Brot** we have no bread at all ◇ *adv* [nicht] not at all.
◆ **ach du liebes bisschen** *interj* oh, dear!

Bissen (*pl* **-**) *der* [Stück] bite; **er rührte keinen ~ an** he didn't touch ODER eat a thing; **mir blieb der ~ im Hals(e) stecken** I nearly fell over (with surprise).

bissig *adj* ***eigtl*** & ***fig*** vicious; '**Vorsicht, ~er Hund**' 'beware of the dog'.

Bissigkeit (*pl* **-en**) *die* ***eigtl*** & ***fig*** viciousness.

bist *präs* ▷ **sein.**

Bistum (*pl* **-tümer**) *das* diocese.

bisweilen *adv* ***geh*** [gelegentlich, manchmal] sometimes.

Bit (*pl* **-s**) *das* EDV bit.

bitte *adv* please ◇ *interj* **- 1.** [als Bitte, Aufforderung] please; **bedient euch, ~!** please help yourselves!; **~! Hier ist Ihr Kaffee!** here's your coffee for you; **~ sehr! Kommen Sie herein!** (do) come in!; **~ schön! was möchten Sie kaufen?** yes Sir/Madam, how can I help you? **- 2.** [als Antwort]: **danke! – ~!** thanks! - don't mention it!; **Entschuldigung! – ~!** sorry! – that's all right!; **kann ich nur einen Apfel nehmen? – ~!** may I have an apple? – of course!; **~ sehr** ODER **schön!** [Antwort auf einen Dank] don't mention it!, you're welcome! **- 3.** [als Nachfrage] pardon?, sorry?; **wie ~?** pardon?, sorry? **- 4.** [am Telefon]: **ja ~?** hello? **- 5.** [zur Selbstbestätigung]: **na ~!** there you are, you see!

Bitte (*pl* **-n**) *die* [Anliegen] request; **eine ~ an jn richten** [geh] to make a request to sb; **eine ~ um etw** a request for sthg.

bitten (*prät* **bat;** *perf* **hat gebeten**) *vt* **- 1.** [höflich auffordern]: **jn ~, etw zu tun** to ask sb to do sthg; **ich bitte Sie, etwas leiser zu sein!** please be a little quieter!; **jn um etw ~** to ask sb for sthg; **ich bitte Sie um Aufmerksamkeit!** may I have your attention, please! **- 2.** [einladen]: **jn zu sich ~** to ask sb to come to one; **jn zum Essen ~ *geh*** to invite sb to dinner; **(aber) ich ~ Sie!** [drückt Unverständnis aus] come on! ◇ *vi* **- 1.** [Bitte aussprechen]: **um etw ~** to ask for sthg; **ich bitte um Ruhe!** silence, please!; **~ und betteln** to beg and plead **- 2.** [einladen]: **ich bitte zu Tisch! *geh*** dinner is served! **- 3.** ***RW:* da muss ich doch sehr ~!** I really must protest!; **wenn ich ~ darf!** if you don't mind!

bitter *adj* **- 1.** [gen] bitter **- 2.** [Ironie] biting **- 3.** [Not] desperate; [Armut] abject ◇ *adv* **- 1.** [gen] bitterly; **~ schmecken** to taste bitter **- 2.** [benötigen] desperately.

bitterböse *adj* furious ◇ *adv* furiously.

Bitterkeit *die* ***eigtl*** & ***fig*** bitterness.

bitterlich *adv* bitterly; **~ frieren** to be bitterly cold.

Biwak (*pl* **-s** ODER **-e**) *das* bivouac.

bizarr *adj* bizarre.

Bizeps (*pl* **-e**) *der* biceps *(sg)*.

BKA [beːkaːˈaː] (*abk für* **Bundeskriminalamt**) *das Federal Office for criminal investigation.*

Blabla *das* ***fam abw*** waffle.

Black-out, Blackout [ˈblɛkaut] (*pl* **-s**) *der* ODER *das* [Gedächtnisausfall] blackout.

blähen *vt* [Segel] to fill; [Nüstern] to flare ◇ *vi* [Blähungen machen] to cause flatulence.
◆ **sich blähen** *ref* [Segel, Vorhang] to billow.

Blähungen *pl* wind *(U)*.

Blamage [blaˈmaːʒə] (*pl* **-n**) *die* disgrace.

blamieren *vt* [kompromittieren] to disgrace.
◆ **sich blamieren** *ref* [sich bloßstellen] to disgrace o.s.

blank *adj* **- 1.** [glänzend] shiny **- 2.** [pur] sheer, pure **- 3.** [unbedeckt] bare; **~ sein *fam*** to be broke.

Blanko|scheck *der* blank cheque.

Blase (*pl* **-n**) *die* **- 1.** [auf der Haut] blister; **sich** *(D)* **~n laufen** to get blisters on one's feet **- 2.** [Luftblase] bubble **- 3.** [Harnblase] bladder.

Blasebalg (*pl* **-bälge**) *der* bellows *(pl)*.

blasen (*präs* **bläst;** *prät* **blies;** *perf* **hat geblasen**) *vt* **- 1.** [gen] to blow; **jm was ~ *fam*** to tell sb to get lost **- 2.** [Trompete, Horn] to play **- 3. *vulg*: jm einen ~** to give sb a blow job ◇ *vi* **- 1.** [gen] to blow; **es bläst *fam*** it's windy **- 2.** [auf Trompete, Horn] to play.

Bläser, in (*mpl* **-;** *fpl* **-nen**) *der, die* [Musiker] wind (instrument) player; **die ~** the wind section.

blasiert ***abw*** *adj* blasé ◇ *adv* in a blasé manner.

Blas|instrument *das* wind instrument.

Blas|kapelle *die* brass band.

Blas|musik *die* brass band music.

blass (*kompar* **blasser** *ODER* **blässer;** *superl* **blasseste** *ODER* **blässeste**) *adj* **- 1.** [Haut] pale **- 2.** [Erinnerung, Ahnung] vague; [Hoffnung] faint.

Blässe *die* paleness.

bläst *präs* ▻ **blasen.**

Blatt (*pl* **Blätter**) *das* **- 1.** [von Pflanzen] leaf **- 2.** [Papier] sheet **- 3.** [Seite] page **- 4.** [Zeitung] paper **- 5.** *RW:* **ein unbeschriebenes ~ sein** [unbekannt] to be an unknown quantity; [unerfahren] to be inexperienced; **kein ~ vor den Mund nehmen** not to mince one's words; **das ~ hat sich gewendet** the tide has turned; **das steht auf einem anderen ~** that is another matter.

blättern (*perf* **hat/ist geblättert**) *vi* **- 1.** *(hat)* [umschlagen]: **in etw** *(D)* **~** to leaf through sthg **- 2.** *(ist)* [abblättern] to flake (off) ◇ *vt (hat)* [Geldscheine] to count out.

Blätter|teig *der* puff pastry.

Blatt|laus *die* aphid, greenfly.

Blatt|pflanze *die* green plant.

blau (*kompar* **blauer;** *superl* **blau(e)ste**) *adj* **- 1.** [Farbe] blue **- 2.** [geprellt]: **ein ~es Auge** a black eye; **ein ~er Fleck** a bruise **- 3.** [betrunken]: **~ sein** *fam* to be sloshed **- 4.** [geschwänzt] *fam:* **einen ~en Montag machen** to skip *ODER* skive off *Br* work on Monday.

Blau *das* [Farbe] blue.

blauäugig *adj* **- 1.** [Augen] blue-eyed **- 2.** [naiv] naïve.

Blau|beere *die* bilberry, blueberry.

Blaue (*pl* **-n**) *das* **- 1.** [Farbe] blue **- 2.** [Unbekannte]: **ins ~** [fahren] with no particular place to go; [reden] aimlessly **- 3.** *RW:* **das ~ vom Himmel lügen** *fam* to tell a pack of lies ◇ *der fam* [Hundertmarkschein] *a one-hundred-mark note.*

Blau|helm *der* blue beret.

bläulich *adj* bluish.

Blau|licht *das* [Signal] flashing blue light *(on ambulance etc.).*

blau|machen *vi fam* [schwänzen] to stay away from school/work.

Blausäure *die* prussic acid.

Blazer ['ble:zɐ] (*pl* **-**) *der* blazer.

Blech (*pl* **-e**) *das* **- 1.** [Metall] sheet metal **- 2.** [Backblech] baking sheet *Br*, cookie sheet *Am* **- 3.** *fam* [Unsinn] rubbish; **~ reden** to talk rubbish.

Blech|dose *die* tin, can.

blechen *fam vt* & *vi* to fork out.

blechern *adj* **- 1.** [aus Blech] tin **- 2.** [Klang] tinny.

Blech|instrument *das* brass instrument.

Blech|schaden *der* bodywork damage *(U).*

Blei *das* [Metall] lead.

Bleibe (*pl* **-n**) *die* place to stay.

bleiben (*prät* **blieb;** *perf* **ist geblieben**) *vi* **- 1.** [an einem Ort] to stay; **wo bleibst du denn so lange?** [bei Eintreffen] what kept you? **- 2.** [in einem Zustand] to remain; **sie ist ganz die Alte geblieben** she hasn't changed a bit; **wir ~ in Kontakt** we keep in touch; **bei etw ~** to stick to sthg; **es bleibt also dabei, morgen um zehn Uhr** ten o'clock tomorrow morning, like we said, then?; **das bleibt unter uns** it's strictly between ourselves **- 3.** [als Übriges] to be left; **uns ~ nur noch wenige Tage** we only have a few days left.

bleibend *adj* lasting.

bleiben lassen *vt (unreg)* **- 1.** [unterlassen] to leave be **- 2.** [aufgeben] to give up.

bleich *adj* pale.

bleichen (*perf* **hat/ist gebleicht**) *vt (hat)* to bleach ◇ *vi (ist)* to fade.

bleiern *adj* **- 1.** [aus Blei] lead **- 2.** [schwer] leaden.

bleifrei *adj* unleaded.

Bleigießen *das New Year's Eve custom of telling fortunes from shapes produced by pouring molten lead into water.*

Blei|stift *der* pencil.

Bleistiftspitzer (*pl* **-**) *der* pencil sharpener.

Blende (*pl* **-n**) *die* **- 1.** [vor Fenster] blind, screen; AUTO visor **- 2.** [FOTO - Objektivöffnung] diaphragm; [- Blendenzahl] aperture.

blenden *vt eigtl* & *fig* to dazzle ◇ *vi* [Licht] to be dazzling.

blendend *adj* dazzling ◇ *adv* marvellously; **du siehst ~ aus!** you look dazzling!

Blick (*pl* **-e**) *der* **- 1.** [der Augen] look; [kurz] glance; **den ~ heben/senken** to raise/lower one's eyes; **einen ~ auf etw** *(A)* **werfen** to glance at sthg; **auf den ersten ~** at first sight; **einen ~ riskieren** to risk a (quick) peep; **sie würdigte mich/es keines ~es** she did not deign to look at me/it **- 2.** [Ausblick] view **- 3.** [Urteil] eye **- 4.** *RW:* **einen ~ hinter die Kulissen werfen** to take a look behind the scenes; **keinen ~ für etw haben** not to appreciate sthg.

blicken *vi* to look; **sich (nicht) ~ lassen** (not) to show one's face; **das lässt tief ~** that explains a lot.

Blick|fang *der* eye-catcher.

Blick|feld *das* field of vision.

Blick|punkt *der:* **im ~ der Öffentlichkeit** in the public eye.

Blick|winkel *der* point of view.

blieb *prät* ▻ **bleiben.**

blies *prät* ▻ **blasen.**

blind *adj* - **1.** [gen] blind; **~ für etw sein** to be blind to sthg - **2.** [Spiegel] cloudy; [Metall] tarnished - **3.** [versteckt] ▻ **Passagier** - **4.** [falsch] ▻ **Alarm** <> *adv* blindly.

Blind|darm *der* appendix.

Blinddarm|entzündung *die* appendicitis *(U)*.

Blinde (*pl* **-n**) *der, die* blind man (*f* blind woman).

Blindekuh *die:* **~ spielen** to play blind man's buff.

Blinden|schrift *die* braille

Blind|gänger *der* - **1.** [Geschoss] dud - **2.** [Versager] dead loss.

Blindheit *die* **eigtl** & **fig** blindness.

blindlings *adv* blindly.

Blindschleiche (*pl* **-n**) *die* slow-worm.

blinken *vi* - **1.** [funkeln - Metall] to gleam; [- Sterne] to twinkle; [- Wasser, Edelstein] to sparkle - **2.** [signalisieren - Verkehr] to indicate; [Signal geben] to signal.

Blinker (*pl* **-**) *der* indicator ***Br***, turn signal ***Am***.

Blink|licht *das* flashing light.

Blink|zeichen *das:* **~ geben** to flash a signal.

blinzeln *vi* [mit einem Auge, als Zeichen] to wink; [mit beiden Augen] to blink.

Blitz (*pl* **-e**) *der* - **1.** [am Himmel] lightning *(U)*; **ein ~** a flash of lightning; **wie der ~** like lightning; **wie ein ~ aus heiterem Himmel** like a bolt from the blue; **wie vom ~ getroffen** thunderstruck - **2.** [Blitzlicht] flash.

Blitzableiter (*pl* **-**) *der* lightning conductor.

blitzblank *adj* [Geschirr] sparkling clean; [Wohnung] spotless <> *adv:* **die Wohnung ~ putzen** to clean the flat until it is spotless.

blitzen *vi* - **1.** [am Himmel]: **es blitzt** there is lightning - **2.** [funkeln - Schmuck, Wohnung] to sparkle; [- Metall] to gleam - **3.** [in den Augen]: **Ärger blitzte aus ihren Augen** her eyes flashed with anger <> *vt* ***fam*** [fotografieren] to take a flash photo of; **geblitzt werden** to be caught by a speed camera.

Blitz|gerät *das* - **1.** [zur Verkehrsüberwachung] speed camera - **2.** [von Fotoapparat] flash.

Blitz|krieg *der* blitzkrieg.

Blitz|licht *das* flash.

Blitz|schlag *der* flash of lightning; **vom ~ getroffen werden** to be struck by lightning.

blitzschnell *adj* lightning <> *adv* like lightning.

Block (*pl* **Blöcke** ***ODER*** **-s**) *der* - **1.** *(pl Blöcke)* [Stück] block - **2.** *(pl Blöcke)* [aus Papier] pad - **3.** *(pl Blöcke, Blocks)* [Häuserblock] block - **4.** *(pl Blocks)* [Gruppe - von Staaten] bloc; [Fraktion] faction.

Blockade (*pl* **-n**) *die* blockade.

Block|flöte *die* recorder.

Block|haus *das* log cabin.

blockieren *vt* - **1.** EDV [versperren] to block - **2.** [zum Stillstand bringen] to obstruct <> *vi* [Motor] to jam; [Räder] to lock.

Block|schrift *die* block capitals *(pl)*.

blöd, blöde ***fam*** *adj* stupid <> *adv* stupidly.

blödeln *vi* to fool around.

Blödsinn *der* **fam** rubbish.

blödsinnig ***fam*** *adj* stupid <> *adv* stupidly.

blöken *vi* to bleat.

blond *adj* blond (*f* blonde).

blondieren *vt* [Haare] to bleach.

Blondine (*pl* **-n**) *die* blonde.

bloß *adv* - **1.** ***fam*** [lediglich] only, just; **jetzt ~ noch etwas drehen** now just turn it some more - **2.** [zum Ausdruck von Ratlosigkeit]: **was sollen wir ~ machen?** what on earth shall we do? - **3.** [zum Ausdruck von Ärger]: **warum musstest du ~ den Schlüssel stecken lassen?** why did you have to go and leave the key in the lock?; **wenn du doch ~ pünktlich sein könntest!** if you could just be on time for once! - **4.** [zum Ausdruck einer Drohung]: **hau ~ ab!** just push off, all right?; **unterschreib das ~ nicht!** don't you dare sign that! - **5.** [zum Ausdruck einer Aufforderung]: **~ keine Panik!** just don't panic! - **6.** [zum Ausdruck eines Wunsches]: **hätte ich ~ nichts gesagt!** if only I hadn't said anything! <> *adj* - **1.** [nackt] bare; **mit ~en Füßen** barefoot; **mit ~em Auge** with the naked eye - **2.** [rein] sheer.

Blöße (*pl* **-n**) *die:* **jm eine ~ bieten** to reveal a weak spot to sb; **sich** *(D)* **eine/keine ~ geben** to reveal/not to reveal a weak spot.

bloß|stellen *vt* to show up; [Betrüger] to unmask.

Blouson [blu'zõ] (*pl* **-s**) *der* ***ODER*** *das* [Jacke] bomber jacket.

Bluejeans ['blu:dzi:ns] *pl* jeans.

Blues [blu:s] *der* - **1.** *(ohne pl)* [Musikrichtung] the blues *(pl)*; **er spielt ~** he plays the blues - **2.** [Musikstück] blues number.

Bluff [blœf] (*pl* **-s**) *der* **abw** bluff.

bluffen [blœfn̩] **abw** *vt* & *vi* to bluff.

blühen *vi* - **1.** [Pflanze] to bloom, to flower; [Baum] to blossom - **2.** [florieren] to flourish - **3.** ***fam*** [drohen]: **das kann dir auch noch ~!** you could still be in for it!

blühend *adj* - **1.** [Pflanze] blooming, flowering; [tree] blossoming - **2.** [frisch] radiant - **3.** [ausufernd]: **eine ~e Fantasie** a vivid imagination.

Blume (*pl* **-n**) *die* - **1.** [Pflanze] flower; **etw durch die ~ sagen** ***fig*** to say sthg in a roundabout way - **2.** [des Weins] bouquet - **3.** [des Bieres] head.

Blumenbeet *das* flowerbed.

Blumen|händler, in *der, die* florist.

Blumen|kasten *der* window box.

Blumen|kohl *der* cauliflower.

Blumen|strauß *der* bunch of flowers.

Blumen|topf *der* flowerpot; **damit kannst du keinen ~ gewinnen!** that won't get you anywhere!

blumig *adj* flowery.

Bluse (*pl* **-n**) *die* blouse.

Blut *das* blood; **~ spenden** to give blood; **venöses/arterielles ~** venous/arterial blood; **~ stillend** styptic; **~ (und Wasser) schwitzen** to have a nerve-racking time; **jn bis aufs ~ reizen** to push sb to the limit; **es liegt ihr im ~** it's in her blood; **ruhig ~ bewahren** to keep calm.

Blut|abnahme *die* blood test.

blutarm *adj* anaemic.

Blut|bad *das* bloodbath.

Blut|bank (*pl* **-en**) *die* blood bank.

Blut|bild *das* blood test results *(pl)*.

Blut|blase *die* blood blister.

Blut|druck *der* blood pressure.

blutdrucksenkend *adj* antihypertensive.

Blüte (*pl* **-n**) *die* **- 1.** [Pflanzenteil] flower, bloom; [von Baum] blossom **- 2.** [das Blühen] flowering, blooming; [von Baum] blossoming; **in voller ~ stehen** to be in full flower; [Baum] to be in full blossom **- 3.** [Aufschwung] flowering.

Blutegel (*pl* **-**) *der* leech.

bluten *vi* to bleed; **aus der Nase ~** to have a nosebleed.

Bluter, in (*mpl* **-**; *fpl* **-nen**) *der, die* haemophiliac.

Blut|erguss *der* MED haematoma; [blauer Fleck] bruise.

Bluterkrankheit *die* haemophilia.

Blüte|zeit *die* **- 1.** [von Pflanze] flowering period **- 2.** [von Kultur, Reich] heyday.

Blut|gefäß *das* blood vessel.

Blut|gruppe *die* blood group.

Bluthochdruck *der* high blood pressure.

blutig *adj* bloody ◇ *adv* **- 1.** [befleckt]: **jn ~ schlagen** to beat sb to a pulp **- 2.** [niederschlagen] bloodily.

Blut|konserve *die* unit of stored blood *(for transfusions etc.)*.

Blut|körperchen (*pl* **-**) *das* corpuscle; **weiße/rote ~** white/red blood cells.

Blut|kreislauf *der* blood circulation.

Blut|probe *die* **- 1.** [Untersuchung] blood test **- 2.** [entnommenes Blut] blood sample.

Blut|rache *die* vendetta.

blutrot *adj* blood-red.

Blut|spender, in *der, die* blood donor.

blutstillend *adj* ▷ **Blut.**

blutsverwandt *adj* related by blood.

Blut|übertragung *die* blood transfusion.

Blutung (*pl* **-en**) *die* bleeding; MED haemorrhage; [Monatsblutung] period.

blutunterlaufen *adj* bloodshot.

Blut|vergiftung *die* blood poisoning.

Blut|verlust *der* loss of blood.

Blut|wurst *die* black pudding *Br*, blood sausage *Am*.

BLZ *abk für* **Bankleitzahl.**

b-Moll *das* B flat minor.

BND [beːɛnˈdeː] (*abk für* **Bundesnachrichtendienst**) *der German national intelligence agency.*

Bö = **Böe.**

Boa (*pl* **-s**) *die* [Schlange, Schal] boa.

Bob (*pl* **-s**) *der* SPORT bobsleigh.

Bock (*pl* **Böcke**) *der* **- 1.** [Kaninchen, Reh] buck; [Ziege] billy-goat; [Schaf] ram; **stur wie ein ~** as stubborn as a mule; **steif wie ein ~** as stiff as a board; **ein geiler ~** *salopp* a randy old goat **- 2.** SPORT (vaulting) horse **- 3.** [Gerüst] trestle **- 4.** *RW:* **den ~ zum Gärtner machen** to choose the wrong person for the job; **einen ~ schießen** to slip up; **darauf hab ich keinen Bock** I can't be fagged.

Bock|bier *das* bock, *strong dark beer.*

bockig *adj* [störrisch] stubborn; [trotzig] contrary ◇ *adv* [störrisch] stubbornly; [trotzig] contrarily.

Bockshorn *das:* **jn ins ~ jagen** to put the wind up sb.

Bockspringen *das* **- 1.** SPORT vaulting **- 2.** [Spiel] leapfrog.

Bock|wurst *die type of pork sausage, usually boiled and eaten in a bread roll with mustard.*

Boden (*pl* **-**) *der* **- 1.** [Grund] ground; [Erdreich] soil; **auf deutschem ~** on German soil; **er hat den ~ unter den Füßen verloren** [beim Klettern] he lost his footing; [im Leben] his world has fallen apart **- 2.** [Fußboden] floor; **zu ~ gehen** [im Boxsport] to go down **- 3.** [von Gefäß, Koffer, Meer] bottom **- 4.** [Speicher] loft **- 5.** *RW:* **am ~ zerstört** absolutely shattered; **an ~ gewinnen/verlieren** to gain/lose ground; **auf dem ~ der Tatsachen bleiben** to keep one's feet on the ground; **auf fruchtbaren ~ fallen** to fall on fertile ground; **den ~ für jn/etw vorbereiten** to prepare the ground for sb/sthg; **festen ~ unter den Füßen haben** to be financially secure.

Boden|belastung *die* soil pollution.

bodenlos *adj* - **1.** [tief] bottomless - **2.** [unglaublich] incredible.

Bodenpersonal *das* ground staff.

Bodenschätze *pl* mineral resources.

Bodensee *der* Lake Constance.

bodenständig *adj* - **1.** [einheimisch] local - **2.** [nicht experimentierfreudig] *reluctant to look beyond one's home region.*

Bodenturnen *das (ohne pl)* floor exercises *(pl).*

Bodybuilding ['bɔdibɪldɪŋ] *das* bodybuilding.

Böe (*pl* **-n**), **Bö** (*pl* **-en**) *die* gust.

bog *prät* ▷ **biegen.**

Bogen (*pl* - ODER **Bögen**) *der* - **1.** [Biegung] curve; **dort macht die Straße einen ~ nach links** the road curves to the left there; **einen ~ um jn/etw machen** to steer clear of sb/sthg; **in hohem ~** [Wasser] in a great arc; **in hohem ~ hinausgeworfen werden** ODER **hinausfliegen** to be thrown out on one's ear; **den ~ heraushaben** to get the hang of it - **2.** [Bauwerk] arch - **3.** [Schusswaffe & MUS] bow; **den ~ überspannen** *fig* to go too far - **4.** [Blatt] sheet.

Bogenschießen *das* archery.

Bogota *nt* Bogota.

Bohle (*pl* **-n**) *die* thick plank.

Böhmen *nt* Bohemia.

Böhmerwald *der* Bohemian Forest.

Bohne (*pl* **-n**) *die* bean; **dicke/grüne ~n** broad/green beans; **das interessiert mich nicht die ~** *fam* I'm not in the slightest bit interested in that.

Bohnen|stange *die* - **1.** [für Pflanzen] cane - **2.** [Person] beanpole.

bohnern *vt* to polish.

Bohner|wachs *das* floor polish.

bohren *vt* - **1.** [Loch] to drill; [Brunnen, Schacht] to sink - **2.** [hineinstoßen] to stick, to thrust ◇ *vi* - **1.** [mit einem Bohrer] to drill; **nach Öl/Wasser ~** to drill for oil/water; **in** ODER **an einem Zahn ~** to drill a tooth; **in der Nase ~** to pick one's nose - **2.** *fam* [drängen] to keep on.
◆ **sich bohren** *ref* [eindringen]: **sich in etw** *(A)* **~** to bore one's way into sthg.

bohrend *adj* [Blick] piercing; [Schmerz] gnawing; [Fragen] probing.

Bohrer (*pl* -) *der* [Gerät] drill.

Bohr|insel *die* oil rig.

Bohr|maschine *die* drill.

Bohr|turm *der* derrick.

Bohrung (*pl* **-en**) *die* drilling.

böig *adj* gusty.

Boiler [bɔylɐ] (*pl* -) *der* boiler.

Boje (*pl* **-n**) *die* buoy.

Bolivianer, in [boli'vi̯aːnʌ, rɪn] (*mpl* **-;** *fpl* **-nen**) *der, die* Bolivian.

bolivianisch [boli'vi̯aːnɪʃ] *adj* Bolivian.

Bolivien *nt* Bolivia.

Boll|werk *das* - **1.** [Festung] bulwark - **2.** *fig* [Schutzsystem] bastion.

Bolzen (*pl* -) *der* bolt.

bombardieren *vt* to bombard; **jn mit etw ~** *eigtl* & *fig* to bombard sb with sthg.

bombastisch *adj abw* [Rede] bombastic; [Aufwand] excessive; [Gebäude] grandiose.

Bombay ['bɔmbeːl] *nt* Bombay.

Bombe (*pl* **-n**) *die* bomb, .

Bomben|anschlag *der* bomb attack.

Bomben|drohung *die* bomb threat.

Bomben|erfolg *der fam* smash hit.

Bomben|stimmung *die fam* wild atmosphere.

Bon [bɔŋ] (*pl* **-s**) *der* - **1.** [Beleg] receipt - **2.** [für Speisen und Getränke] voucher.

Bonbon [bɔŋ'bɔŋ] (*pl* **-s**) *der* ODER *das* sweet.

Bonn *nt* Bonn.

Bonner (*pl* -) *der* native/inhabitant of Bonn ◇ *adj (unver)* of/from Bonn.

Bonnerin (*pl* **-nen**) *die* native/inhabitant of Bonn.

Bonus (*pl* **-se**) *der* - **1.** [Extravergütung] bonus - **2.** [Rabatt] discount - **3.** [Vorteil] bonus, advantage.

Bonze (*pl* **-n**) *der abw* bigwig.

Boom [buːm] (*pl* **-s**) *der* boom.

Boot (*pl* **-e**) *das* boat; **mit** ODER **in einem ~ fahren** to go by boat; **~ fahren** to go boating; **wir sitzen alle in einem** ODER **im selben ~** *fig* we are all in the same boat.

Boots|verleih *der* boat hire.

Bor *das* CHEM boron.

Bord (*pl* **-e**) *das* [Brett] shelf ◇ *der* SCHIFF & FLUG side; **von ~ gehen** to disembark; **etw über ~ werfen** *eigtl* & *fig* to throw sthg overboard; **alle Vorsicht über ~ werfen** to throw caution to the winds.
◆ **an Bord** ◇ *adv* on board; **alle Mann an ~!** all aboard! ◇ *präp (+ G)* on board.
◆ **über Bord** *adv* overboard.

Bordcase ['bɔrtkeɪs] (*pl* - ODER **-s**) *der* ODER *das* flight bag.

Bordell (*pl* **-e**) *das* brothel.

Bord|karte *die* boarding card.

Bord|stein *der* kerb.

Bordstein|kante *die* kerb.

borgen *vt* - **1.** [entleihen] to borrow; **etw von**

ODER **bei jm ~** to borrow sthg from sb; **sich** *(D)* **etw ~** to borrow sthg - **2.** [verleihen]: **jm etw ~** to lend sb sthg.

Borke (*pl* **-n**) *die* bark.

Borneo *nt* Borneo.

borniert *adj* narrow-minded.

Börse (*pl* **-n**) *die* - **1.** [Geldbeutel] purse - **2.** WIRTSCH stock market; [Gebäude] stock exchange; **das Unternehmen geht an die ~** the company is being floated (on the stock market).

Börsen|bericht *der* stock market report.

Börsen|kurs *der* (stock) market price.

Börsen|makler, in *der, die* stockbroker.

Borste (*pl* **-n**) *die* [vom Schwein] bristle.

borstig *adj* - **1.** [Bart] bristly - **2.** [Wesen] surly.

Borte (*pl* **-n**) *die* edging.

bösartig *adj* - **1.** [Verhalten, Mensch, Bemerkung] malicious; [Hund] vicious - **2.** [Krankheit] malignant.

Böschung (*pl* **-en**) *die* bank.

böse *adj* - **1.** [schlecht] bad; [verwerflich] wicked, evil - **2.** [wütend]: **(über etw** *(A)***) ~ sein/werden** to be/get angry (about sthg); **auf jn ~ sein, jm ~ sein** to be angry with sb - **3.** *fam* [schlimm] bad; [Entzündung] nasty - **4.** [frech, ungezogen] naughty <> *adv* - **1.** [schlimm] badly; **sich ~ erkälten** to catch a nasty cold - **2.** [bösartig]: **es war nicht ~ gemeint** I didn't mean it nastily - **3.** [wütend] angrily.

Böse (*pl* **-n**) *der, die* villain <> *das:* **das ist das ~ an der Sache** that's the nasty thing about it; **nichts ~s tun/vorhaben** not to do/mean any harm; **etw ~s sagen** to say sthg nasty; **nichts ~s ahnen** to be unsuspecting.

Bösewicht (*pl* **-er** ODER **-e**) *der* - **1.** [Schuft] villain - **2.** [Schlingel] rascal.

boshaft *adj* - **1.** [böse] wicked, evil - **2.** [höhnisch] malicious <> *adv* [höhnisch] maliciously.

Bosheit (*pl* **-en**) *die* - **1.** [Gesinnung] malice - **2.** [Handlung] malicious thing.

Bosnien-Herzegowina *nt* Bosnia-Herzegovina.

Bosnier, in ['bɔsni̯ɐ, rın] (*mpl* **-;** *fpl* **-nen**) *der, die* Bosnian.

bosnisch *adj* Bosnian.

Bosporus *der:* **der ~** the Bosphorus.

Boss (*pl* **-**) *der* boss; [von Bande] leader.

böswillig *adj* malicious <> *adv* [handeln] maliciously.

bot *prät* ▻ **bieten.**

Botanik *die* botany.

botanisch *adj* botanical ▻ **Garten.**

Bote (*pl* **-n**) *der* - **1.** [gen] messenger; [von Kurierdienst] courier - **2.** [Vorbote] herald.

Botin (*pl* **-nen**) *die* - **1.** [gen] messenger; [von Kurierdienst] courier - **2.** [Vorbotin] herald.

Botschaft (*pl* **-en**) *die* - **1.** [Mitteilung] message - **2.** [diplomatische Vertretung] embassy.

Botschafter, in (*mpl* **-;** *fpl* **-nen**) *der, die* ambassador.

Bottich (*pl* **-e**) *der* tub.

Bouillon [bʊl'jɔŋ] (*pl* **-s**) *die* bouillon.

Boulette = **Bulette.**

Boulevard [bul(ə)'vaːɐ̯] (*pl* **-s**) *der* boulevard.

Boulevard|blatt *das* tabloid (newspaper), sensationalist newspaper.

Boulevard|presse *die* tabloid press, sensationalist press.

Boulevard|theater *das* light theatre.

Boutique, Butike [bu'tiːk] (*pl* **-n**) *die* boutique.

Bowle ['boːlə] (*pl* **-n**) *die* punch.

Bowling ['boʊːlıŋ] (*pl* **-s**) *das* bowling.

Box (*pl* **-en**) *die* - **1.** [Lautsprecherbox] speaker - **2.** [Kasten] box - **3.** [an Rennstrecke] pit; [in Pferdestall] box; [in Garage] space.

boxen *vi* to box <> *vt* - **1.** SPORT to fight - **2.** [schlagen] to punch.
◈ **sich boxen** *ref* [kämpfen] to fight.

Boxen *das* boxing.

Boxer (*pl* **-**) *der* [Hund & SPORT] boxer.

Boxerin (*pl* **-nen**) *die* SPORT boxer.

Box|kampf *der* boxing match.

Boygroup (*pl* **-s**) *die* boy band.

Boykott [bɔy'kɔt] (*pl* **-s** ODER **-e**) *der* boycott.

boykottieren [bɔykɔ'tiːrən] *vt* to boycott.

Bozen *nt* Bolzano.

BR [beː'ɛr] (*abk für* **Bayrischer Rundfunk**) *der* *Bavarian radio and TV company.*

brach *prät* ▻ **brechen.**

brach|liegen *vi (unreg)* - **1.** [unbeackert] to lie fallow - **2.** [ungenützt] to remain unused.

brachte *prät* ▻ **bringen.**

Brackwasser *das* brackish water.

Brainstorming ['breınstɔːmıŋ] *das* brainstorming; **ein ~** a brainstorming session.

Branche ['brãːʃə] (*pl* **-n**) *die* (branch of) industry; [Gewerbe] trade.

Branchen|verzeichnis *das* classified directory, ≃ Yellow Pages® *(pl).*

Brand (*pl* **Brände**) *der* - **1.** [Feuer] fire - **2.** [Brennen]: **vor dem ~ des Lagers** before the camp caught fire; **etw in ~ setzen** ODER **stecken** to set fire to sthg; **in ~ geraten** to catch fire - **3.** *fam* [Durst] raging thirst.

Brand|anschlag *der* arson attack.

Brand|blase *die* blister *(from being burned).*

Brandenburg *nt* Brandenburg.

Brandenburger, in (*mpl* **-**; *fpl* **-nen**) *der, die* Brandenburger.

Brandenburger Tor *das* Brandenburg Gate.

brandenburgisch *adj* of/from Brandenburg.

brandmarken *vt* [Verhältnisse] to denounce; **jn als Verräter ~** to brand sb a traitor.

brandneu *adj* brand-new.

Brand|stifter, in *der, die* arsonist.

Brand|stiftung *die* arson.

Brand|teig *der* KÜCHE choux pastry.

Brandung (*pl* **-en**) *die* surf.

Brand|wunde *die* burn.

brannte *prät* ▻ **brennen.**

Brannt|wein *der* spirits (*pl*); **Whisky ist ein ~** whisky is a type of spirit.

Brasilianer, in (*mpl* **-**; *fpl* **-nen**) *der, die* Brazilian.

brasilianisch *adj* Brazilian.

Brasilien *nt* Brazil.

brät *präs* ▻ **braten.**

braten (*präs* **brät**; *prät* **briet**; *perf* **hat gebraten**) *vt* & *vi* [in der Pfanne] to fry; [im Ofen mit Fett] to roast; [im Ofen ohne Fett] to bake.

Braten (*pl* **-**) *der* roast; **den ~ riechen** *fig* [etw Unangenehmes ahnen] to see it coming.

Brat|hähnchen *das* roast chicken.

Brat|hering *der* fried herring.

Bratkartoffeln *pl* fried potatoes.

Brat|pfanne *die* frying pan.

Bratsche (*pl* **-n**) *die* MUS viola.

Brat|wurst *die* (fried) sausage.

Brauch (*pl* **Bräuche**) *der* custom.

brauchbar *adj* [Vorschlag] useful; [Material, Kleidung] usable ◇ *adv* usefully; **~ arbeiten** to do acceptable work.

brauchen *vt* **- 1.** [benötigen] to need; **jn/etw für** *ODER* **zu etw ~** to need sb/sthg for sthg **- 2.** [verbrauchen] to use (up) **- 3.** [verwenden]: **jn/etw (nicht) ~ können** (not) to be able to use sb/sthg ◇ *aux* [müssen] to need; **ihr braucht nicht zu grinsen** there's no need for you to grin.

Braue (*pl* **-n**) *die* brow, eyebrow.

brauen *vt* [Bier, Tee] to brew; [Trank] to make.

Brauerei (*pl* **-en**) *die* brewery.

braun *adj* **- 1.** [Farbe] brown; **~e Butter** *butter melted in frying pan until brown* **- 2.** [nationalsozialistisch] Nazi ◇ *adv* [farbig] brown; [braten] until brown; *siehe auch* **braun gebrannt.**

Braun *das* brown.

Bräune *die* suntan.

bräunen (*perf* **hat/ist gebräunt**) *vt* (*hat*) **- 1.** [Körper, Gesicht] to tan **- 2.** [Zwiebeln] to brown; [Zucker] to caramelize ◇ *vi* **- 1.** (*hat*) [durch Sonne] to tan **- 2.** (*ist*) [Braten] to turn brown.

◆ **sich bräunen** *ref* [durch Sonne - Person] to get a tan; [- Haut] to go brown; [sonnenbaden] to sunbathe.

braun gebrannt *adj* tanned.

Braunkohle *die* brown coal, lignite.

bräunlich *adj* brownish.

Brause (*pl* **-n**) *die* **- 1.** [Getränk, Pulver] sherbet **- 2.** [Dusche] shower.

brausen (*perf* **hat/ist gebraust**) *vi* **- 1.** (*hat*) [Meer, Wind] to roar; [Beifall] to thunder **- 2.** (*ist*) [sich fortbewegen] to race.

Brause|tablette *die* effervescent tablet.

Braut (*pl* **Bräute**) *die* **- 1.** [am Hochzeitstag] bride **- 2.** [Verlobte] fiancée **- 3.** *salopp* [Mädchen] bird *Br*, chick *Am*.

Bräutigam (*pl* **-e**) *der* **- 1.** [am Hochzeitstag] bridegroom **- 2.** [Verlobter] fiancé.

Braut|paar *das* bride and groom (*pl*).

brav *adj* **- 1.** [artig] good **- 2.** [bieder] plain ◇ *adv*: **sie hat ~ aufgegessen** she ate up like a good girl.

bravo ['braːvo] *interj* bravo!

Bravour, Bravur [bra'vuːɐ̯] *die*: **mit ~** in style.

BRD [beːɛr'deː] (*abk für* **Bundesrepublik Deutschland**) *die* FRG.

Brech|eisen *das* crowbar.

brechen (*präs* **bricht**; *prät* **brach**; *perf* **hat/ist gebrochen**) *vt* **- 1.** (*hat*) [gen] to break; [Ast] to break off; [Rose, Blume] to pluck; [Trotz, Hartnäckigkeit] to overcome; [Ehe] to break up; **jm/sich den Arm ~** to break sb's/one's arm **- 2.** (*hat*) [erbrechen] to vomit (up) ◇ *vi* **- 1.** (*ist*) [durchbrechen] to break; [Leder] to crack **- 2.** (*hat*) [erbrechen] to vomit, to be sick **- 3.** (*hat*) [Kontakt abbrechen]: **mit jm ~** to break off contact with sb **- 4.** (*hat*) [Brauch aufgeben]: **mit einer Tradition ~** to break with a tradition **- 5.** (*ist*) [durchkommen] to burst out.

◆ **sich brechen** *ref* [Schall] to echo; [Licht] to be refracted; [Wellen] to break.

brechend *adv*: **~ voll** full to bursting.

Brech|mittel *das* emetic.

Brech|reiz *der* nausea (*U*).

Brech|stange *die* crowbar.

Brechung (*pl* **-en**) *die* PHYS refraction.

Bregenz *nt* Bregenz.

Brei (*pl* **-e**) *der* purée; [aus Haferflocken] porridge; [aus Kartoffeln] mashed potatoes (*pl*); [aus Gries] semolina; **um den heißen ~ herumreden** *fig* to beat about the bush.

breiig ['braiıç] *adj* mushy.

breit *adj* - **1.** [gen] wide; [Schultern, Gesicht, Hüften, Aussprache] broad; **ein ~es Lachen** a guffaw - **2.** [allgemein] general <> *adv* - **1.** [seitlich ausgedehnt]: **~ gebaut** sturdily built - **2.** [ausgedehnt - darstellen] in great detail; [- lächeln] broadly; **~ lachen** to guffaw; *siehe auch* **breit gefächert.**

breitbeinig *adv* [dastehen] with one's legs apart; **~ gehen** to walk with a rolling gait.

Breite (*pl* **-n**) *die* - **1.** [Ausdehnung] width; **in die ~ gehen** *fam* [dicker werden] to put on weight - **2.** [geografische Lage] latitude.

breiten *vt* *geh* [legen]: **etw über jn/etw ~** to spread sthg over sb/sthg.
◆ **sich breiten** *ref:* **sich über etw** *(A)* **~** to spread across sthg.

Breiten|grad *der* (degree of) latitude.

breit gefächert *adj* wide.

breit machen *vt:* **die Beine ~** *fam* to spread one's legs.
◆ **sich breit machen** *ref* *fam* - **1.** [Raum beanspruchen] to take up a lot of room - **2.** [sich einquartieren] to make o.s. at home - **3.** [sich verbreiten] to spread.

breit|schlagen *vt* *(unreg)* *fam* [überreden] to talk round; **sich zu etw ~ lassen** to let o.s. be talked into sthg.

breitschultrig, breitschulterig *adj* broad-shouldered.

Breit|seite *die* [von Häusern, Schiffen] side.

breit|treten *vt* *(unreg)* *fam* *abw* [ausgiebig erörtern] to flog to death; [weiterverbreiten] to spread.

Breit|wand *die* wide screen; **~film** film in wide screen format.

Bremen *nt* Bremen.

Brems|belag *der* brake lining.

Bremse (*pl* **-n**) *die* - **1.** [Bremsvorrichtung] brake - **2.** [Insekt] horsefly.

bremsen *vi* [halten] to brake <> *vt* - **1.** [Fahrzeug] to brake - **2.** [Entwicklung, Person] to slow down; **er ist nicht zu ~** *fam* there's no stopping him.
◆ **sich bremsen** *ref* *fam:* **ich kann mich ~!** no fear!

Brems|flüssigkeit *die* brake fluid.

Brems|leuchte *die* brake light.

Brems|licht *das* brake light.

Brems|pedal *das* brake pedal.

Brems|scheibe *die* brake disc.

Brems|spur *die* skid mark.

Brems|weg *der* braking distance.

brennbar *adj* flammable.

Brenn|element *das* fuel rods *(pl)*.

brennen (*prät* **brannte;** *perf* **hat gebrannt**) *vi* - **1.** [gen] to burn; [Haus, Wald, Gardine] to be on fire, to burn; **es brennt!** fire! - **2.** [Lampe, Birne] to be on - **3.** [Wunde, Augen] to smart; [Füße] to be sore - **4.** [erregt sein]: **vor Ungeduld ~** to be dying of impatience; **vor Ehrgeiz ~** to be burning with ambition; **auf etw** *(A)* **~** to be dying for sthg <> *vt* - **1.** [Loch] to burn - **2.** [Ziegel, Ton] to fire; [Schnaps] to distil; [Mandeln] to roast - **3.** *fam* [CD-Rom] to burn.

brennend *adj* *eigtl* & *fig* burning; [Zigarette] lighted <> *adv* [sehr]: **~ eifersüchtig sein** to be burning with jealousy; **sich ~ für etw interessieren** to be extremely interested in sthg; **ich möchte es ~ gern sehen** I would absolutely love to see it.

Brenner *der:* **der ~** the Brenner Pass.

Brennerei (*pl* **-en**) *die* - **1.** [Brennen] distilling - **2.** [Betrieb] distillery.

Brennholz *das* firewood.

Brenn|nessel, Brenn-Nessel *die* stinging nettle.

Brenn|punkt *der* - **1.** PHYS focal point - **2.** [Zentrum] focus; **im ~ des öffentlichen Interesses stehen** to be at the centre of public attention.

Brenn|stoff *der* fuel.

Brenn|weite *die* PHYS & FOTO focal length.

brenzlig *adj* - **1.** [Geschmack] burnt; **ein ~er Geruch** a smell of burning - **2.** *fam* [heikel] dicey.

Bresche (*pl* **-n**) *die* [Lücke] breach; **für jn in die ~ springen** [einspringen] to stand in for sb; **für jn/etw eine ~ schlagen** to lend one's backing to sb/sthg.

Bretagne *die* Brittany.

Brett (*pl* **-er**) *das* - **1.** [aus Holz] plank; **ein ~ vor dem Kopf haben** *fam* *fig* not to be quite with it; **schwarzes ~** noticeboard - **2.** [zum Spielen] board.
◆ **Bretter** *pl* - **1.** [Bühne] boards - **2.** [Skier] skis

Bretter|bude *die* [gen] hut; [am Markt] stand.

Brett|spiel *das* board game.

Brezel (*pl* **-n**) *die* pretzel.

bricht *präs* ▻ **brechen.**

Bridge [brɪtʃ] *das* bridge.

Brief (*pl* **-e**) *der* letter; **ein blauer ~** *official letter giving notice of dismissal or notice that a pupil may have to repeat a year at school;* **offener ~** open letter.

Brief|bogen *der* sheet of writing paper.

Brief|bombe *die* letter bomb.

Briefdruck|sache *die* *letter comprising an order form, questionnaire etc, which costs less to send than an ordinary letter.*

briefen [bri:fn̩] (*präs* **brieft;** *prät* **briefte;** *perf* **hat gebrieft**) *vt* to brief.

Brief|freund, in *der, die* pen pal, pen friend.

Brief|geheimnis *das (ohne pl)* privacy of correspondence.

Brief|karte *die* correspondence card.

Brief|kasten *der* - **1.** [bei der Post] postbox ***Br,*** mailbox ***Am*** - **2.** [am Hauseingang] letterbox ***Br,*** mailbox ***Am.***

Briefkasten|firma *die* fictitious company.

Brief|kopf *der* letterhead.

brieflich *adj:* **eine ~e Antwort bekommen** to receive an answer by letter ◇ *adv* by letter.

Brief|marke *die* stamp; **~n sammeln ist sein Hobby** his hobby is stamp collecting.

Briefmarken|sammlung *die* stamp collection.

Brief|papier *das* notepaper, writing paper.

Brief|tasche *die* wallet.

Brief|taube *die* carrier pigeon.

Brief|träger, in *der, die* postman (*f* postwoman).

Brief|umschlag *der* envelope.

Brief|wahl *die (ohne pl)* postal vote; **per ~ wählen** to use a postal vote.

Brief|wechsel *der* correspondence; **mit jm in ~ stehen** to correspond with sb.

briet *prät* ▷ **braten.**

Brikett (*pl* **-s**) *das* briquette.

brillant [brɪl'jant] *adj* brilliant ◇ *adv* brilliantly.

Brillant [brɪl'jant] (*pl* **-en**) *der* brilliant.

Brille (*pl* **-n**) *die* - **1.** [Sehhilfe, Augengläser] glasses *(pl);* **eine ~ tragen** to wear glasses; **etw durch eine rosa ~ sehen** ***fig*** to see sthg through rose-tinted spectacles - **2.** ***fam*** [Klosettbrille] toilet seat.

Brillen|etui *das* glasses case.

Brillen|träger, in *der, die* person who wears glasses.

bringen (*prät* **brachte;** *perf* **hat gebracht**) *vt* - **1.** [herbringen] to bring; **jm etw ~** to bring sb sthg; **er brachte mir Blumen** he brought me some flowers - **2.** [holen] to get, to fetch; **jm etw ~** to get *ODER* fetch sb sthg - **3.** [wegtragen] to take; **jm etw ~** to take sb sthg - **4.** [befördern] to take, to give a lift to; **ich bringe Sie zum Bahnhof** I'll take you *ODER* give you a lift to the station; **der Milchmann brachte die Milch** the milkman delivered the milk - **5.** [begleiten] to see; **jn zur Tür ~** to see sb to the door - **6.** ***fig*** [lenken]: **jn vor Gericht ~** to take sb to court; **die Rede auf etw ~** to bring the conversation round to sthg; **jn auf die Idee ~, etw zu tun** to give sb the idea of doing sthg; **jn in Gefahr ~** to put sb in danger - **7.** [Ergebnis]: **das bringt nur Ärger** that'll cause nothing but trouble; **das Projekt bringt eine Menge Arbeit mit sich** the project entails a lot of work; **jn dazu ~, dass er etw tut** to make sb do sthg, to get sb to do sthg; **jn zum Lachen ~** to make sb laugh; **jn zum Weinen/zur Verzweiflung ~** to reduce sb to tears/to despair; **Gewinn ~** to yield a profit; **das bringt nichts *fam*** that won't achieve anything - **8.** [leisten]: **es weit ~** to go far *ODER* a long way; **er brachte es bis zum Minister** he made it to minister - **9.** [veröffentlichen - in einer Zeitung] to publish; [- im Fernsehen, Radio] to broadcast; [- Film] to screen - **10.** ***RW:*** **etw hinter sich** *(A)* **~** to get sthg over and done with; **ich kann es nicht über mich ~, so etwas zu tun** I can't bring myself to do such a thing; **jn um etw ~** to do sb out of sthg; **jn um seinen guten Ruf ~** to ruin sb's reputation; **du bringst mich noch mal um den Verstand!** you're driving me mad!

brisant *adj* [heikel] explosive.

Brisanz *die* [Wichtigkeit] explosiveness.

Brise (*pl* **-n**) *die* breeze.

Brite (*pl* **-n**) *der* Briton, British person; **die ~n** the British; **ich bin ~** I'm British.

Britin (*pl* **-nen**) *die* Briton, British person.

britisch *adj* British.

Britische Inseln *pl* British Isles.

Broccoli, Brokkoli ['brɔkoli] *der* broccoli.

bröckeln (*perf* **hat/ist gebröckelt**) *vi* - **1.** *(hat)* [zerfallen] to crumble - **2.** *(ist)* [sich lösen]: **der Putz bröckelt von den Wänden** the plaster is flaking off the walls.

Brocken (*pl* -) *der* - **1.** [von Brot, Fleisch] bit, chunk; [von Lehm] lump - **2.** ***fam*** [dicker Mensch] hefty fellow - **3.** ***RW:*** **ein harter ~ *fam*** a tough nut to crack; **ein paar ~ einer Sprache sprechen** to speak a few words of a language.

brodeln *vi* [Wasser, Suppe, Lava] to bubble.

Brokat (*pl* **-e**) *der* brocade.

Brokkoli = **Broccoli.**

Brom *das* bromine.

Brom|beere *die* blackberry.

Bronchien ['brɔnçiən] *pl* bronchial tubes.

Bronchitis [brɔn'çiːtɪs] *die* bronchitis *(U).*

Bronze ['brɔŋsə] *die* bronze.

Bronze|medaille *die* bronze medal.

Bronzezeit *die* Bronze Age.

Brosche (*pl* **-n**) *die* brooch.

Broschüre (*pl* **-n**) *die* brochure.

Brot (*pl* **-e**) *das* - **1.** [als Laib] bread; **ein Laib ~** a loaf of bread - **2.** [als Scheibe] slice of bread; **ein belegtes ~** an open sandwich; **ein ~ mit Schinken** a slice of bread with ham on it - **3.** [Lebensunterhalt]: **sich sein ~ verdienen** to earn a living.

BROT

Bread has an important place in the German diet. The evening meal in most German families, known as the "Abendbrot", consists of several slices of buttered bread served with cheese or cold meats. Among the 200 or so varieties of bread, the most popular - apart from the bread rolls eaten at breakfast - are brown bread, rye bread and wholemeal bread.

Brotaufstrich (*pl* **-e**) *der* spread.

Brötchen (*pl* -) *das* (bread) roll; **kleine ~ backen (müssen)** ***fam fig*** to (have to) rein o.s. in; **seine ~ verdienen** ***fam fig*** to earn one's pennies.

Brot|erwerb *der* livelihood.

brotlos *adj* **- 1.** [arbeitslos] unemployed **- 2.** [nicht einträglich]: **die Malerei ist eine ~e Kunst** there's no money in painting.

Brot|maschine *die* bread slicing machine.

Brot|zeit *die* **Süddt** tea break; **~ machen** to have a tea break.

Browser ['brauzəʳ] (*pl* -) *der* EDV browser.

Bruch (*pl* **Brüche**) *der* **- 1.** *(ohne pl)* [Brechen] breaking; [von Damm] bursting; **zu ~ gehen** [Glas] to smash, to shatter; **in die Brüche gehen** [Ehe] to break up **- 2.** [von Versprechen, Wort] breaking; [von Vertrag] breach **- 3.** [Trennung]: **ein ~ mit der Tradition** a break with tradition; **es kam zum ~ mit seiner Familie** he broke off contact with his family **- 4.** [MED - von Knochen] fracture; [- von Eingeweide] hernia; **sich einen ~ heben** to have ODER suffer a hernia **- 5.** MATH fraction.

Bruch|bude *die* ***fam abw*** hovel.

brüchig *adj* [Material] brittle; [Teig] crumbly; [Beziehung] fragile; [Stimme] cracked.

Bruch|landung *die* crash landing.

Bruch|rechnung *die (ohne pl)* fractions *(pl)*.

Bruch|strich *der* line *(of a fraction)*.

Bruch|stück *das* [von Vase, Werk] fragment.

bruchstückhaft ['bruxʃtykhaft] *adj* fragmentary ◇ *adv* in fragments.

Bruch|teil *der* fraction.

Brücke (*pl* **-n**) *die* **- 1.** [gen] bridge; **eine ~ schlagen** [Turnübung] to make a bridge **- 2.** [Teppich] rug **- 3.** ***RW:*** **alle ~n hinter sich** *(D)* **abbrechen** to burn one's bridges; **jm goldene ~n bauen** to make it easy for sb.

Brücken|pfeiler *der* pile *(of a bridge)*.

Bruder (*pl* **Brüder**) *der* **- 1.** [Geschwister, Mönch] brother; **wir haben die Sache unter Brüdern geregelt** we settled the matter amongst ourselves **- 2.** ***fam*** [Kerl] guy.

brüderlich *adj* brotherly ◇ *adv* like brothers.

Brüderlichkeit *die* brotherliness.

Brüderschaft *die:* **mit jm ~ schließen** *to agree to use the familiar "du" form with sb;* **mit jm ~ trinken** *to agree to use the familiar "du" form with sb and celebrate with a drink.*

Brühe (*pl* **-n**) *die* **- 1.** [Suppe] broth; [zum Kochen] stock **- 2.** [Wasser] dirty water **- 3.** ***fam*** [Schweiß]: **ihm läuft die ~ herunter** he's sweating buckets **- 4.** ***abw*** [Tee, Kaffee] dishwater.

brühwarm *adj* hot off the press ◇ *adv:* **etw ~ weitererzählen** to pass sthg on straight away.

Brüh|würfel *der* stock cube.

brüllen *vt* to roar ◇ *vi* [Löwe, Person] to roar; [Stier] to bellow; [Baby, Affe] to screech; **vor Schmerz ~** to howl with pain.

brummen *vi* **- 1.** [Hummel] to buzz; [Bär] to growl **- 2.** [Person, Motor] to drone.

brummig *adj* [Person] grumpy; [Antwort] badtempered, surly ◇ *adv* grumpily.

Brunch [brantʃ] (*pl* **-(e)s** ODER **-e**) *der* brunch.

brünett *adj:* **eine ~e Frau** a brunette.

Brunnen (*pl* -) *der* **- 1.** [zum Wasserholen] well **- 2.** [Springbrunnen] fountain **- 3.** [Wasser] mineral water.

Brunst (*pl* **Brünste**) *die* [von Reh] heat; [von Hirsch] rut; **in der ~ sein** [Reh] to be on heat; [Hirsch] to be rutting.

brüsk *adj* brusque ◇ *adv* brusquely.

brüskieren *vt* to snub.

Brüssel *nt* Brussels.

Brüsseler, in (*mpl* **-;** *fpl* **-nen**) *der, die* native/inhabitant of Brussels.

Brust (*pl* **Brüste**) *die* **- 1.** *(ohne pl)* [Thorax] chest; **einen zur ~ nehmen** ***fam*** to have a few drinks **- 2.** [Busen] breast; **jm die ~ geben** to breastfeed sb.

Brust|beutel *der* wallet *(worn around the neck)*.

brüsten ◆ **sich brüsten** *ref* ***abw:*** **sich mit etw ~** to boast about sthg.

Brust|korb *der* thorax.

Brust|schwimmen *das* breaststroke.

Brust|tasche *die* breast pocket.

Brust|ton *der:* **im ~ der Überzeugung** with overriding conviction.

Brust|umfang *der* chest measurement.

Brüstung (*pl* **-en**) *die* parapet.

Brust|warze *die* nipple.

Brut (*pl* **-en**) *die* **- 1.** [von Tieren] brood **- 2.** [Brüten] incubation **- 3.** ***fam abw*** [Pack] lot, bunch.

brutal *adj* brutal ◇ *adv* brutally.

Brutalität (*pl* **-en**) *die* brutality.

brüten *vi* - **1.** [Vögel] to brood - **2.** [nachdenken]: **über etw** *(D)* **~** to ponder sthg.

Brüter (*pl* -) *der*: **schneller ~** fast-breeder reactor.

Brut|kasten *der* incubator.

brutto *adv* gross.

Brutto|einkommen *das* gross income.

Brutto|gewicht *das* gross weight.

Bruttosozial|produkt *das* gross national product, GNP.

brutzeln *vi* to sizzle <> *vt* ***fam*** to fry (up).

bsd. *abk für* **besonders.**

Btx *das abk für* **Bildschirmtext.**

Bube (*pl* **-n**) *der* - **1.** [Junge] boy - **2.** [Spielkarte] jack.

Buch (*pl* **Bücher**) *das* book; **jm ein ~ mit sieben Siegeln sein** to be a mystery *ODER* a closed book to sb; **er ist ein Hochstapler wie er im ~e steht** he is your typical con man; **die Bücher führen** to keep the books; **über etw** *(A)* **~ führen** to keep a record of sthg; **das neue Auto schlug mit 20000 Mark zu ~e** the new car accounted for 20,000 marks.

Buchbinder, in (*mpl* **-**; *fpl* **-nen**) *der, die* bookbinder.

Buche (*pl* **-n**) *die* beech.

Buchecker (*pl* **-n**) *die* beechnut.

buchen *vt* - **1.** [verbuchen] to enter - **2.** [reservieren] to book.

Bücher|bord, -brett *das* bookshelf.

Bücherei (*pl* **-en**) *die* library.

Bücher|regal *das* bookshelves *(pl)*.

Bücher|schrank *der* bookcase.

Bücher|stütze *die* bookend.

Buch|führung *die* bookkeeping.

Buchhalter, in (*mpl* **-**; *fpl* **-nen**) *der, die* accountant, bookkeeper.

Buch|haltung *die* accountancy, bookkeeping.

Buch|handel *der* bookselling.

Buch|händler, in *der, die* bookseller.

Buch|handlung *die*, **-laden** *der* bookshop.

Buchmacher, in (*mpl* **-**; *fpl* **-nen**) *der, die* bookmaker.

Buch|markt *der* book market.

Buch|messe *die* book fair.

Buchs|baum ['bʊksbaum] *der* box *(tree)*.

Buchse ['bʊksə] (*pl* **-n**) *die* socket.

Büchse ['byksə] (*pl* **-n**) *die* - **1.** [Dose] can, tin ***Br*** - **2.** [Gewehr] shotgun.

Büchsen|fleisch *das* tinned meat ***Br***, canned meat ***Am***.

Büchsen|milch *die* tinned milk ***Br***, canned milk ***Am***.

Büchsen|öffner *der* can opener, tin opener ***Br***.

Buchstabe ['buːxʃtaːbə] (*pl* **-n**) *der* letter; **grosser ~** capital (letter); **kleiner ~** lower-case letter; **in fetten ~n** in bold.

buchstabieren [buːxʃta'biːrən] *vt* to spell.

buchstäblich ['buːxʃtɛːplɪ] *adv* literally.

Bucht (*pl* **-en**) *die* bay.

Buchung (*pl* **-en**) *die* - **1.** [Verbuchung] entry - **2.** [Reservierung] booking.

Buchungs|bestätigung *die* booking confirmation.

Buchweizen *der* buckwheat.

Buckel (*pl* -) *der* [Rücken] hump; **einen ~ haben** to be a hunchback; **rutsch mir den ~ runter!** ***fam abw*** get lost *ODER* stuffed!

bücken ◆ **sich bücken** *ref* to bend down; **sich nach etw ~** to bend down to pick sthg up.

bucklig *adj* [Person] hunchbacked; [Oberfläche, Straße] bumpy.

Bucklige (*pl* **-n**) *der, die* hunchback.

Bückling (*pl* **-e**) *der* - **1.** ***hum*** [Verbeugung] bow - **2.** [Hering] smoked herring.

Budapest *nt* Budapest.

buddeln *vt* & *vi* to dig.

Buddhist, in (*mpl* **-en**; *fpl* **-nen**) *der, die* Buddhist.

buddhistisch *adj* Buddhist.

Bude (*pl* **-n**) *die* - **1.** [Verkaufsstand] stall - **2.** ***fam*** [kleine Wohnung, möbliertes Zimmer] pad; **sturmfreie ~ haben** ***fam*** to have the house to o.s.; **jm auf die ~ rücken** ***fam*** to pay sb an unwanted visit; **die Leute rennen ihr die ~ ein** ***fam*** she has people queuing on her doorstep - **3.** ***fam abw*** [Wohnung] dump.

Budget [by'dʒeː] (*pl* **-s**) *das* budget.

Buenos Aires ['bueːnɔs 'airɛs] *nt* Buenos Aires.

Büfett [by'fɛt], **buffet** [by'feː] (*pl* **-s**) *das* - **1.** [Verkaufstisch] counter - **2.** [Speisen]: **kaltes ~** cold buffet - **3.** [Geschirrschrank] sideboard.

Büffel (*pl* -) *der* buffalo.

büffeln ***fam*** *vi* to cram, to swot ***Br*** <> *vt*: **Formeln ~** to bone up on *ODER* swot up on ***Br*** formulas.

Buffet [by'feː] (*pl* **-s**) *das* ***Österr*** & ***Schweiz*** = **Büfett.**

Bug (*pl* **-e**) *der* [von Schiff] bow; [von Flugzeug] nose.

BUGA ['buːga] (*pl* **-s**) (*abk für* **Bundesgarten-**

bauausstellung) *die German horticultural exhibition.*

Bügel (*pl* -) *der* - **1.** [Kleiderbügel] (coat) hanger - **2.** [Griff] handle - **3.** [Steigbügel] stirrup - **4.** [Brillenbügel] side-piece.

Bügel|brett *das* ironing board.

Bügel|eisen *das* iron.

Bügel|falte *die* crease.

bügelfrei *adj* non-iron.

bügeln *vt* & *vi* to iron.

buhen *vi* to boo.

Bühne (*pl* **-n**) *die* - **1.** [Theaterraum] stage; **glatt über die ~ gehen** ***fam*** to go (off) smoothly - **2.** [Theater] theatre.

Bühnen|bild *das* set.

Bühnenbildner, in (*mpl* **-**; *fpl* **-nen**) *der, die* set designer.

buk *prät* ▻ **backen.**

Bukarest *nt* Bucharest.

Bulette, Boulette (*pl* **-n**) *die* rissole.

Bulgare (*pl* **-n**) *der* Bulgarian.

Bulgarien *nt* Bulgaria.

Bulgarin (*pl* **-nen**) *die* Bulgarian.

bulgarisch *adj* Bulgarian.

Bulgarisch(e) *das* Bulgarian; *siehe auch* **Englisch(e).**

Bull|auge *das* porthole.

Bull|dogge *die* bulldog.

Bulldozer ['bʊldoːzɐ] (*pl* -) *der* bulldozer.

Bulle (*pl* **-n**) *der* - **1.** [Tier] bull - **2.** ***salopp abw*** [Polizist] pig, cop.

Bumerang (*pl* **-s** ODER **-e**) *der* boomerang.

Bummel (*pl* -) *der* stroll; **einen ~ durch die Stadt machen** to go for a stroll round the town.

Bummelei (*pl* **-en**) *die* ***abw*** loafing around.

bummeln (*perf* **hat/ist gebummelt**) *vi* - **1.** *(ist)* [spazieren] to stroll - **2.** *(hat)* [langsam sein] to dawdle.

Bummel|streik *der* go-slow.

Bummel|zug *der* slow train.

bumsen (*perf* **hat/ist gebumst**) *vi* - **1.** *(hat)* ***fam*** [knallen] to bang; **es hat gebumst** [Lärm] there was a bang; [bei Unfall] there was a crash - **2.** *(ist)* ***fam*** [prallen]: **gegen** ODER **an etw** *(A)* **~** to bang into sthg - **3.** *(hat)* ***fam*** [koitieren] to get laid, to have it off ***Br*** ◇ *vt (hat)* ***fam*** to lay, to have it off with ***Br***.

Bund (*pl* **Bünde** ODER **-e**) *der* - **1.** *(pl Bünde)* [Zusammenschluss] association; **mit jm im ~ (e) (sein)** (to be) in league with sb - **2.** [Bundesrepublik] central government - **3.** ***fam*** [Bundeswehr]: **der ~** the army - **4.** *(pl Bünde)* [an Kleidung] waistband ◇ *das (pl Bunde)* [von Gemüse] bunch.

BUND [beːuːɛn'deː] (*abk für* **Bund für Umwelt und Naturschutz in Deutschland**) *der German association for the protection of the environment and the natural world.*

Bündel (*pl* -) *das* - **1.** [von Wäsche, Anträgen] bundle; [von Geldscheinen] wad; **sein ~ schnüren** ODER **packen** to pack one's bags - **2.** [aus Stroh] bale.

bündeln *vt* - **1.** [Heu, Stroh] to bale - **2.** [Kleidung, Papier, Banknoten] to tie into bundles - **3.** [Produkte] to combine.

Bundes|anleihe *die loan from German federal government.*

Bundes|bahn ▻ **Deutsche Bahn.**

Bundes|bank ▻ **Deutsche Bundesbank.**

Bundes|bürger, in *der, die* German citizen.

Bundesgarten|schau *die German horticultural exhibition.*

Bundes|gebiet *das* German territory.

Bundes|genosse *der* ally.

Bundes|genossin *die* ally.

Bundesgrenz|schutz *der (ohne pl) German border police.*

Bundeshaupt|stadt *die* federal capital.

Bundes|kanzler, in *der, die* German chancellor.

Bundes|land *das* federal state; **die fünf neuen Bundesländer** the five new federal states; **die alten/neuen Bundesländer** the old/new federal states.

BUNDESLAND

Germany is made up of 16 federal "Länder", each of which has its own constitution as well as control of various aspects of legislation. The division of responsibilities between the Federal State and each "Land" is established by law. Only certain areas (as for example foreign policy) come under the exclusive jurisdiction of the Federation. This system reflects the fundamental aim of federalism, which seeks to preserve regional diversity.

Bundes|liga *die German national league for football, ice hockey etc.*; **erste/zweite ~** first/second division.

Bundes|minister, in *der, die* federal minister; **der ~ des Inneren/der Justiz** the Federal Interior Minister/Justice Minister; **der ~ für Wirtschaft/Verkehr** the Federal Economics Minister/Transport Minister.

Bundes|post ▻ **Deutsche Bundespost.**

Bundes|präsident, in *der, die* - **1.** [in Deutschland, Österreich] president - **2.** [in der Schweiz] chair of the "Bundesrat".

Bundes|rat *der* - **1.** *(ohne pl)* [Parlament] Bundesrat, *upper house of German parliament, where federal states are represented* **- 2.** [Parlamentarier] member of the Bundesrat.

BUNDESRAT

The "Bundesrat" is one of the two houses of the German parliament. It is through this chamber that the "Länder" can intervene in government. Its assent is required for more than half of all laws that are passed, to such a degree that it effectively checks the power of the government and of the Bundestag.

Bundes|rätin *die* member of the Bundesrat.

Bundes|regierung *die* German ODER federal government.

Bundes|republik *die* **- 1.** [Föderation] federal republic **- 2.** ▻ **Bundesrepublik Deutschland.**

bundesrepublikanisch *adj:* **~e Verfassung** constitution of the Federal Republic.

Bundesrepublik Deutschland *die* Federal Republic of Germany.

Bundes|staat *der* federal state.

Bundes|straße *die* ≃ A road *Br*, ≃ state highway *Am*.

Bundes|tag ▻ **Deutsche Bundestag.**

Bundesverdienst|kreuz *das order bestowed for special services to Germany.*

Bundesverfassungs|gericht *das* Federal Constitutional Court.

BUNDESVERFASSUNGSGERICHT

The federal constitutional court which has its seat at Karlsruhe is made up of 16 judges sitting in two assemblies; they are elected for a period of twelve years, half from the Bundestag and half from the Bundesrat. Its role is to ensure that basic constitutional law is respected and it is empowered, for example, to prohibit a political party or a law which it judges to be unconstitutional.

Bundes|wehr *die* German army.

bundesweit *adj* & *adv* nationwide *(in Germany, Austria)*.

bündig *adj* [kurz] concise ◇ *adv* [kurz] concisely.

Bündnis (*pl* **-se**) *das* alliance; **mit jm ein ~ eingehen** to form an alliance with sb.

Bündnis 90/Grüne *das German political party formed by West German environmentalists and former East German political groups.*

Bungalow [ˈbuŋgalo] (*pl* **-s**) *der* bungalow.

Bungeejumping [ˈbandʒidʒampɪŋ] *der (ohne pl)* SPORT bungee-jumping.

Bunker (*pl* -) *der* **- 1.** [Schutzraum] bunker **- 2.** *salopp* [Gefängnis] clink, slammer.

bunt *adj* **- 1.** [vielfarbig] colourful **- 2.** [abwechslungsreich] [Programm] varied; **eine ~e Mischung** a motley assortment; **ein ~er Abend** a social evening **- 3.** [durcheinander] mixed-up; **jetzt wirds mir zu ~** I've had enough ◇ *adv* **- 1.** [vielfarbig] colourfully **- 2.** [abwechslungsreich]: **~ gemischt** assorted; **es zu ~ treiben** to overdo it.

Bunt|stift *der* coloured pencil.

Bürde (*pl* **-n**) *die* burden.

Burg (*pl* **-en**) *die* **- 1.** [Gebäude] castle **- 2.** [Sandburg] *circular wall of sand built on beach by holidaymakers to mark off the area where they are sitting.*

Bürge (*pl* **-n**) *der* guarantee.

bürgen *vi:* **für jn/etw ~** *fig* to vouch for sb/sthg; **für jn ~** WIRTSCH to stand surety for sb.

Burgenland *nt* Burgenland.

Burgenländer, in (*mpl* **-**; *fpl* **-nen**) *der, die* native/inhabitant of Burgenland.

burgenländisch *adj* of/from Burgenland.

Bürger, in (*mpl* **-**; *fpl* **-nen**) *der, die* **- 1.** [Einwohner] citizen **- 2.** [Mittelständler] middle-class person.

Bürger|initiative *die* [Gruppe] grass-roots pressure group.

Bürger|krieg *der* civil war.

bürgerlich *adj* **- 1.** [staatlich] civil **- 2.** [des Bürgertums - Partei, Familie] middle-class; [- Küche] traditional **- 3.** HIST & POL [spießig] bourgeois ◇ *adv* **- 1.** [wie das Bürgertum]: **Ulm ist eine ~ geprägte Stadt** Ulm is a middle-class city **- 2.** *abw* [spießig]: **~ leben** to have a bourgeois lifestyle.

Bürger|meister, in *der, die* mayor.
◆ **Regierende Bürgermeister** *der mayor and leader of local government.*

bürgernah *adj:* **~e Maßnahmen** measures which take into account the concerns of the people.

Bürger|recht *das* civil rights *(pl)*.

Bürgerrechtler, in (*mpl* **-**; *fpl* **-nen**) *der, die* civil rights activist.

Bürgerschaft (*pl* **-en**) *die* [Einwohner] citizens *(pl)*.

Bürgersteig (*pl* **-e**) *der* pavement *Br*, sidewalk *Am*.

Bürgertum *das* bourgeoisie.

Bürgschaft (*pl* **-en**) *die* surety.

Burgund *nt* Burgundy.

Burgunder (*pl* -) *der* - **1.** [Person] Burgundian - **2.** [Wein] burgundy.

Büro [by'roː] (*pl* **-s**) *das* office.

Bürolangestellte *der, die* office worker.

Bürolarbeit *die* office work.

Bürokauflfrau *die* business administrator.

Bürokauflmann *der* business administrator.

Bürolklammer *die* paper clip.

Bürokrat (*pl* **-en**) *der* bureaucrat.

Bürokratie [byrokra'tiː] (*pl* **-n**) *die* bureaucracy.

bürokratisch *adj* bureaucratic <> *adv* bureaucratically.

Bürolmaterial *das* office supplies *(pl)*.

Bürostunden *pl* office hours.

Bürolzeit *die* office hours *(pl)*.

Bursche (*pl* **-n**) *der* - **1.** [Junge] lad - **2.** ***fam abw*** [Kerl] sort, fellow - **3.** [Prachtexemplar]: **ein prächtiger ~** a magnificent specimen.

burschikos *adj* [Frau] mannish; [Mädchen] boyish <> *adv* [Frau] mannishly; [Mädchen] boyishly.

Bürste (*pl* **-n**) *die* [Gerät] brush.

bürsten *vt* to brush; **sich** *(D)* **die Haare ~** to brush one's hair.

Bus (*pl* **-se**) *der* - **1.** [Omnibus] bus - **2.** [Reisebus] coach.

Buslbahnhof *der* bus station.

Busch (*pl* **Büsche**) *der* [Strauch, Zone] bush; **bei jm auf den ~ klopfen *fam*** to sound sb out; **mit etw hinter dem ~ halten *fam*** to keep sthg under one's hat.

Büschel (*pl* -) *das* [von Gras, Haaren] tuft; [von Stroh] bundle.

buschig *adj* bushy.

Busen (*pl* -) *der* bosom.

Buslfahrer, in *der, die* - **1.** [von Omnibus] bus driver - **2.** [von Reisebus] coach driver.

Bushaltelstelle *die* bus stop.

Business Class *die (ohne pl)* business class.

Bussard (*pl* **-e**) *der* buzzard.

Buße (*pl* **-n**) *die* - **1.** REL penance - **2.** RECHT [Geldstrafe] fine.

büßen *vt* - **1.** [Sünden] to atone for - **2.** [Untat] to pay for <> *vi* - **1.** REL: **für etw ~** to atone for sthg - **2.** [bestraft werden]: **für etw ~** to pay for sthg.

Bußlgeld *das* fine.

Bußgeldlbescheid *der* notification of a fine.

Buslspur *die* bus lane.

Buß- und Betltag *der* Day of Prayer and Repentance, *German public holiday in November.*

Büste (*pl* **-n**) *die* bust.

Büstenlhalter *der* bra.

Butike = **Boutique.**

Butter *die* butter; **alles in ~ *fam fig*** everything's hunky-dory.

Butterlbrot *das* slice of bread and butter; **du brauchst es mir nicht ständig aufs ~ zu schmieren** ODER **streichen *fam fig*** there's no need to rub it in all the time.

Butterldose *die* butter dish.

Butterlfahrt *die short ferry trip outside German waters to allow passengers to buy duty-free goods.*

Butterlmilch *die* buttermilk.

BVG [beːfau̯'geː] (*abk für* **Bundesverfassungsgericht**) *das (ohne pl) Federal Constitutional Court.*

b. w. (*abk für* **bitte wenden**) PTO.

BWL [beːveː'ɛl] (*abk für* **Betriebswirtschaftslehre**) *die business studies.*

Bypass ['baipas] (*pl* **-pässe**) *der* MED & TECH bypass.

Byte [bait] (*pl* **-s**) *das* EDV byte.

byzantinisch *adj* Byzantine.

Byzanz *nt* HIST Byzantium.

bzg. (*abk für* **bezüglich**) re.

bzw. *abk für* **beziehungsweise.**

C

c, C [tseː] (*pl* - ODER **-s**) *das* - **1.** [Buchstabe] c, C - **2.** MUS C.

◆ **C** (*abk für* **Celsius**) C.

ca. (*abk für* **circa**) approx.

Cabaret [kaba'reː] (*pl* **-s**) *das* cabaret.

Cabrio ['kaːbrio] (*pl* **-s**) *das* = **Kabrio.**

CAD [tseːaː'deː] (*abk für* **Computer Aided Design**) *das* CAD.

Cadmium ['katmium] *das* = **Kadmium.**

Café [ka'feː] (*pl* **-s**) *das* cafe.

Cafeteria [kafetəˈriːa] (*pl* **-s**) *die* cafeteria.

cal. (*abk für* **Kalorie**) cal.

Callcenter ['kɔ:lsɛntɐ] (*pl* **-s**) *das* TELEKOM call centre.

Callgirl ['kɔ:lgø:ɐl] (*pl* **-s**) *das* call girl.

Calzium ['kaltsi̯ʊm] *das* = **Kalzium.**

CAM [tse:a:'ɛm] (*abk für* **Computer Aided Manufacturing**) *das* CAM.

Camembert ['kaməmbe:ɐ̯] (*pl* **-s**) *der* camembert.

campen ['kɛmpn̩] *vi* to camp.

Camper, in ['kɛmpɐ, rɪn] (*mpl* **-;** *fpl* **-nen**) *der, die* camper.

Camping ['kɛmpɪŋ] *das* camping; **zum ~ fahren** to go camping.

Camping|bus *der* camper, camper van *Br.*

Camping|platz *der* campsite.

canceln ['kɛnsəln̩] (*präs* **cancelt;** *prät* **cancelte;** *perf* **hat gecancelt**) *vt* to cancel.

Cape [ke:p] (*pl* **-s**) *das* cape.

Carsharing *das* car sharing.

Carving|ski *der* carving ski.

Cäsium ['tsɛ:zi̯ʊm] *das* caesium.

catchen ['kɛtʃn̩] *vi* to do all-in wrestling.

CB-|Funker [tse:'be:fʊŋkɐ] *der* CB ham.

ccm (*abk für* **Kubikzentimeter**) cc.

CD [tse:'de:] (*pl* **-s**) (*abk für* **Compactdisc**) *die* CD.

CD-ROM [tse:de:'rɔm] (*pl* **-**) (*abk für* **Compact Disk read only memory**) *die* EDV CD-ROM.

CD-Spieler [tse:'de:ʃpi:lɐ] (*pl* -) *der* CD player.

CDU [tse:de:'u:] (*abk für* **Christlich-Demokratische Union**) *die* Christian Democratic Union, *major German political party to the right of the political spectrum.*

C-Dur ['tse:du:ɐ̯] *das* C major.

CeBit ['tse:bɪt] *die (ohne pl) annual computing fair held in Hanover.*

Cello ['tʃɛlo] (*pl* **-s**) *das* cello.

Celsius ['tsɛlzi̯ʊs] Celsius, centigrade; **10 Grad ~** 10 degrees Celsius ODER centigrade.

Cembalo ['tʃɛmbalo] (*pl* **-s**) *das* harpsichord.

Cent [(t)sɛnt] (*pl* **-s** ODER **-**) *der* cent.

Ceylon *nt* Ceylon; **auf ~** in Ceylon.

Chamäleon [ka'mɛ:leɔn] (*pl* **-s**) *das* chameleon.

Champagner [ʃam'panjɐ] (*pl* **-**) *der* champagne.

Champignon ['ʃampɪnjɔŋ] (*pl* **-s**) *der* mushroom.

Champion ['tʃɛmpi̯ən] (*pl* **-s**) *der* champion.

Chance ['ʃɑ̃:s(ə)] (*pl* **-n**) *die* [Möglichkeit] chance; **jm eine ~ geben** to give sb a chance; **~n (bei jm) haben** to stand a chance (with sb).

Chancengleichheit *die (ohne pl)* equal opportunities *(pl).*

Chanson [ʃɑ̃'sɔ̃] (*pl* **-s**) *das* satirical song.

Chaos ['ka:ɔs] *das* chaos.

Chaot, in [ka'o:t, ɪn] (*mpl* **-en;** *fpl* **-nen**) *der, die* **- 1.** *abw* [politisch] anarchist **- 2.** *abw* [menschlich, charakterlich] chaotic person.

chaotisch [ka'o:tɪʃ] *adj* chaotic ◇ *adv* chaotically.

Charakter [ka'raktɐ] (*pl* **-tere**) *der* character.

Charakter|eigenschaft *die* character trait.

charakterfest *adj:* **er ist ein ~er Mann** he is a strong character.

charakterisieren [karakteri'zi:rən] *vt* to characterize.

Charakteristik [karakte'rɪstɪk] (*pl* **-en**) *die* characteristic.

charakteristisch [karakte'rɪstɪʃ] *adj* characteristic; **für jn/etw ~ sein** to be characteristic of sb/sthg ◇ *adv* characteristically.

charakterlich [ka'raktɐlɪç] *adj:* **~e Schwäche** weakness of character.

charakterlos [ka'raktɐlo:s] *adj* unprincipled ◇ *adv* without principle.

Charakter|zug *der* trait.

Charisma ['ça:rɪsma] (*pl* **-ismen**) *das* charisma.

charmant, scharmant [ʃar'mant] *adj* charming ◇ *adv* charmingly.

Charme, Scharm [ʃarm] *der* charm.

Charter|flug ['tʃartɐflu:k] *der* charter flight.

Charter|flugzeug *das* charter plane.

Charter|gesellschaft *die* charter company.

Charter|maschine *die* charter plane.

chartern ['tʃartɐn] *vt* to charter.

Chassis [ʃa'si:] (*pl* **-**) *das* chassis.

Chat [tʃɛt] (*pl* **-s**) *der* EDV chat.

Chatroom ['tʃɛt'ru:m] (*pl* **-s**) *der* EDV chatroom.

Chauffeur, in [ʃɔ'fø:ɐ, rɪn] (*mpl* **-e;** *fpl* **-nen**) *der, die* chauffeur.

chauffieren [ʃɔ'fi:rən] *vt* to chauffeur.

Chauvi ['ʃo:vi] (*pl* **-s**) *der* **fam abw** male chauvinist pig.

Chauvinismus [ʃovi'nɪsmʊs] *der* **abw** chauvinism.

Chauvinist, in [ʃovi'nɪst] (*mpl* **-en;** *fpl* **-nen**) *der, die* **abw** chauvinist.

chauvinistisch [ʃovi'nistɪʃ] **abw** *adj* chauvinist ◇ *adv* chauvinistically.

checken ['tʃɛkn̩] *vt* **- 1.** [untersuchen] to check

- **2.** ***salopp*** [verstehen]: **sie checkt es einfach nicht!** she just doesn't get it!

Check|liste ['tʃɛklɪstə] *die* checklist.

Cheerleaderin [tʃɪə'li:dɔrin] (*pl* **-nen**) *die* cheerleader.

Chef [ʃɛf] (*pl* **-s**) *der* [von Firma, Mafiosi] boss; [von Organisation] head.

Chef|arzt *der* senior consultant ***Br***, specialist ***Am***.

Chef|ärztin *die* senior consultant ***Br***, specialist ***Am***.

Chef|etage *die* executive floor.

Chefin (*pl* **-nen**) *die* [von Firma] boss; [von Organisation] head.

Chef|redakteur, in *der, die* editor-in-chief.

Chef|sekretär, in *der, die* personal assistant *(of the boss)*.

chem. (*abk für* **chemisch**) chem.

Chemie [çe'mi:] *die (ohne pl)* **- 1.** [Wissenschaft] chemistry; **organische/anorganische ~** organic/inorganic chemistry **- 2.** ***fam*** [Chemikalien] chemicals *(pl)*.

Chemie|faser *die* man-made fibre.

Chemikalie [çemi'ka:liə] (*pl* **-n**) *die* chemical.

Chemiker, in ['çe:mikɐ, rɪn] (*mpl* **-**; *fpl* **-nen**) *der, die* chemist

chemisch ['çe:mɪʃ] *adj* [Reaktion, Zusammensetzung] chemical; **~es Labor** chemistry lab; **~e Reinigung** dry-cleaning ◇ *adv* chemically; **~ reinigen** to dry-clean.

Chemo|therapie [çemotera'pi:] *die* chemotherapy.

Chicago *nt* Chicago.

Chicorée, Schikoree ['ʃikore] (*pl* **-s**) *die* ***ODER*** *der* chicory.

Chiemsee *der* Chiemsee.

Chiffre ['ʃifrə] (*pl* **-n**) *die* **- 1.** [Zeichen] (code) symbol **- 2.** [von Anzeigen] box number.

chiffrieren [ʃɪ'fri:rən] *vt* to encode.

Chile ['tʃi:le] *nt* Chile.

Chilene [tʃi'le:nə] (*pl* **-n**) *der* Chilean.

Chilenin [tʃi'le:nɪn] (*pl* **-nen**) *die* Chilean.

chilenisch [tʃi'le:nɪʃ] *adj* Chilean.

Chili ['tʃi:li] (*pl* **-s**) *der* **- 1.** [Schote] chilli (pepper) **- 2.** [Gewürz] chilli (powder).

China ['çi:na] *nt* China.

Chinakohl *der (ohne pl)* Chinese leaves *(pl)* ***Br***, bok choy ***Am***.

Chinese [çi'ne:zə] (*pl* **-n**) *der* Chinese (man).

Chinesin [çi'ne:zin] (*pl* **-nen**) *die* Chinese (woman).

chinesisch [çi'ne:zɪʃ] *adj* Chinese.

Chinesisch(e) *das* Chinese; *siehe auch* **Englisch(e)**.

Chinin [çi'ni:n] *das* quinine.

Chip [tʃɪp] (*pl* **-s**) *der* [beim Spiel & ELEKTR, EDV] chip.

Chips [tʃɪps] *pl* crisps ***Br***, chips ***Am***.

Chirurg [çi'rurk] (*pl* **-en**) *der* surgeon.

Chirurgie [çirur'gi:] (*pl* **-n**) *die* **- 1.** [Wissenschaft] surgery **- 2.** [Krankenhausabteilung] surgical unit; **auf der ~ liegen** to be in surgery.

Chirurgin [çi'rurgɪn] (*pl* **-nen**) *die* surgeon.

chirurgisch [çi'rurgɪʃ] *adj* surgical ◇ *adv* surgically.

Chlor [klo:ɐ] *das* chlorine.

chlorfrei *adj* chlorine-free ◇ *adv* [bleichen] without using chlorine.

Chloroform [kloro'fɔrm] *das* chloroform.

Chlorophyll [kloro'fyl] *das* chlorophyll.

Choke [tʃo:k] (*pl* **-s**) *der* choke.

Cholera ['ko:lera] *die* cholera.

cholerisch [ko'le:rɪʃ] *adj* irascible ◇ *adv* irascibly.

Cholesterin [kolɛste'ri:n] *das* cholesterol.

Chor [ko:ɐ] (*pl* **Chöre**) *der* MUS & ARCHIT choir; **im ~** in chorus.

Choral [ko'ra:l] (*pl* **Choräle**) *der* [Kirchenlied] chorale; **gregorianischer ~** Gregorian chant.

Choreograf, Choreograph [koreo'gra:f] (*pl* **-en**) *der* choreographer.

Choreografie, Choreographie [koreogra'fi:] (*pl* **-n**) *die* choreography.

Choreografin (*pl* **-nen**) *die* choreographer.

Chor|leiter, in *der, die* choirmaster.

Christ ['krɪst] (*pl* **-en**) *der* Christian.

Christ|baum *der* Christmas tree.

Christ|demokrat, in *der, die* Christian Democrat.

Christentum ['krɪstn̩tu:m] *das* Christianity.

Christi Himmelfahrt *(ohne Artikel)* [Feiertag] Ascension Day.

Christin ['krɪstɪn] (*pl* **-nen**) *die* Christian.

Christkind *das* **- 1.** [Jesuskind] baby Jesus, Christ Child **- 2.** [zu Weihnachten] ≃ Santa Claus.

christlich ['krɪstlɪç] *adj* Christian ◇ *adv*: **~ handeln** to act like a Christian.

Christmette (*pl* **-n**) *die* [katholisch] Midnight Mass; [evangelisch] Midnight Service.

Christ|stollen *der* stollen, *sweet bread loaf made with dried fruit and marzipan, eaten at Christmas*.

Christus ['krɪstʊs] *der* Christ.

Chrom [kro:m] *das* [als Überzug] chrome; CHEM chromium.

Chromosom [kromo'zo:m] (*pl* **-en**) *das* chromosome.

Chronik ['kro:nɪk] (*pl* **-en**) *die* chronicle.

chronisch ['kro:nɪʃ] *adj* chronic.

chronologisch [krono'lo:gɪʃ] *adj* chronological ◇ *adv* chronologically.

Chrysantheme [kryzan'te:mə] (*pl* **-n**) *die* chrysanthemum.

circa ['tsɪrka] *adv* = **zirka.**

cis, Cis ['tsɪs] (*pl* **Cis**) *das* MUS C sharp.

City ['sɪti] (*pl* **-s**) *die* city centre.

clever ['klɛvɐ] *adj* clever, smart ◇ *adv* cleverly, smartly.

Clinch ['klɪntʃ] *der:* **mit jm im ~ liegen** to have fallen out with sb.

Clip ['klɪp] (*pl* **-s**) *der* **- 1.** [Videoclip] (pop) video **- 2.** [Ohrring] = **Klipp.**

Clique ['klɪkə] (*pl* **-n**) *die* **- 1.** [Gruppe] group of friends **- 2.** *abw* [Interessengemeinschaft] clique; [von Verbrechern] gang.

Cliquenwirtschaft *die abw:* **die Regierung ist eine ~** the government just looks after its own interests.

Clou [klu:] (*pl* **-s**) *der:* **der ~ an der Sache ist ...** the best thing about it is ...

Clown, in [klaun, ɪn] (*mpl* **-s;** *fpl* **-nen**) *der, die* clown.

Club = **Klub.**

cm (*abk für* **Zentimeter**) cm.

c-Moll ['tse:mɔl] *das* MUS C minor.

c/o (*abk für* **care of**) c/o.

CO₂ (*abk für* **Kohlendioxid**) *das* CO_2.

Cockerspaniel ['kɔkɐspa:njəl] (*pl* **-s** *ODER* **-**) *der* cocker spaniel.

Cockpit ['kɔkpɪt] (*pl* **-s**) *das* cockpit.

Cocktail ['kɔkte:l] (*pl* **-s**) *der* cocktail.

Code ['ko:t] (*pl* **-s**) *der* = **Kode.**

codieren [ko'di:rən] *vt* = **kodieren.**

Cognac® ['kɔnjak] (*pl* **-s**) *der* cognac.

Cola ['ko:la] (*pl* **-s**) *die* ODER *das* Coke®.

Collage [kɔ'la:ʒə] (*pl* **-n**) *die* collage.

Colt® [kɔlt] (*pl* **-s**) *der* Colt®.

Come-back [kam'bɛk] (*pl* **-s**) *das* comeback.

Comer See ['ko:mɐ 'ze:] *der* Lake Como.

Comic ['kɔmɪk] (*pl* **-s**) *der* **- 1.** [Geschichte] cartoon **- 2.** [Heft] comic.

Compiler [kɔm'pailɐ] (*pl* **-**) *der* EDV compiler.

Computer [kɔm'pju:tɐ] (*pl* **-**) *der* computer.

Computer|ausdruck *der* computer printout.

computergesteuert *adj* computer-controlled.

Computer|kriminalität *die* computer crime.

Computer|spiel *das* computer game.

Computer|virus *der* computer virus.

Conférencier [kõferɑ̃'sje:] (*pl* **-s**) *der* MC, compere.

Container [kɔn'te:nɐ] (*pl* **-**) *der* [gen] container; [für Altglas, Papier] bank.

Container|schiff *das* container ship.

contra ['kɔntra] *präp* = **kontra.**

cool [ku:l] *adj* & *adv* ***salopp*** cool.

Co|pilot ['ko:pilo:t] *der* = **Kopilot.**

Co|pilotin ['ko:pilo:tɪn] *die* = **Kopilotin.**

Co|prozessor *der* coprocessor.

Copyright ['kɔpirait] (*pl* **-s**) *das* copyright.

Cord [kɔrt] *der* = **Kord.**

Cord|hose ['kɔrt|ho:zə] *die* = **Kordhose.**

Córdoba ['kɔrdoba] *nt* Cordoba.

Cornedbeef ['kɔrnət'bi:f] *das* corned beef.

Cornflakes ['ko:ɐnfle:ks] *pl* cornflakes.

Costa Rica *nt* Costa Rica.

Couch [kautʃ] (*pl* **-s** *ODER* **-en**) *die* couch.

Couch|tisch *der* coffee table.

Count-down ['kaunt'daun] (*pl* **-s**) *das* *ODER* *der* countdown.

Countrymusic ['kantrimju:zɪk] *die* country (and western) music.

Coup [ku:] (*pl* **-s**) *der* coup; **einen (großen) ~ landen** to pull off a (major) coup.

Coupé [ku'pe:] (*pl* **-s**) *das* AUTO coupé.

Coupon [ku'põ] (*pl* **-s**) *der* = **Kupon.**

Cousin [ku'zɛ̃] (*pl* **-s**) *der* cousin.

Cousine, Kusine [ku'zi:nə] (*pl* **-n**) *die* cousin.

Cover ['kavɐ] (*pl* **-s** *ODER* **-**) *das* **- 1.** [von Schallplatten] sleeve **- 2.** [von Zeitschriften] cover.

Cowboy ['kaubɔy] (*pl* **-s**) *der* cowboy.

Creme, Krem [kre:m, krɛ:m] (*pl* **-s** *ODER* **-n**) *die* **- 1.** [Hautcreme] cream **- 2.** [Speise] confectioner's custard.

cremig, kremig ['kre:mɪç] *adj* creamy ◇ *adv:* **etw ~ schlagen** to cream sthg.

Crew [kru:] (*pl* **-s**) *die* [Besatzung] crew.

CSU [tse:ɛs'u:] (*abk für* **Christlich-Soziale Union**) *die* Christian Social Union, *Bavarian political party to the right of the political spectrum, long-time alliance partners of the CDU.*

c. t. (*abk für* **cum tempore (mit akademischem Viertel)**): **fängt die Vorlesung pünktlich um 14.00 an? – nein, um 14.00 c. t.** does the lecture start at two o'clock on the dot? – no, it doesn't actually start until quarter past.

Cup [kap] (*pl* **-s**) *der* SPORT cup.

Curry ['kœri] (*pl* **-s**) *das* - **1.** [Gewürz] curry powder - **2.** [Gericht] curry.

Curry|wurst *die sausage with curry sauce.*

Cursor ['kœ:(r)zɐ] (*pl* **-s**) *der* EDV cursor.

CVJM [tse:faujɔt'ɛm] (*abk für* **Christlicher Verein Junger Menschen**) *der* [für Männer] YMCA; [für Frauen] YWCA.

CVP [tse:faupe:] (*abk für* **Christliche Volkspartei (der Schweiz)**) *die* Popular Christian Democratic Party, *right-wing political party in Switzerland.*

Cyberspace ['saibɐspeɪs] *der (ohne pl)* cyberspace.

D

d, D [de:] (*pl* - ODER **-s**) *das* - **1.** [Buchstabe] d, D - **2.** MUS D.

da *adv* - **1.** [dort] there; **guck mal ~!** look over there!; **~ kommt der Bus!** here comes the bus!; **das ~ gefällt mir am besten** I like that one best; **~ drüben** over there - **2.** *fam* [hier] here; **~ bin ich!** here I am!; **ist noch etwas Brot ~?** is there any bread left?; **ich bin gleich wieder ~** I'll be back in a minute - **3.** [zeitlich] then, at that time; **von ~ an** from then on - **4.** [in diesem Zusammenhang]: **~ fällt mir ein ...** I've just thought ...; **und ~ gibt es eine Geschichte dazu** and thereby hangs a tale - **5.** [in dieser Beziehung] there; **~ irren Sie sich** you're wrong there; **~ bist du selbst schuld** that's your own fault; **~ mach dir mal keine Sorgen!** don't worry about that! - **6.** [folglich] so; **der Chef war krank, ~ übernahm ich seinen Posten** the boss was ill so I went in his place - **7.** [unter dieser Bedingung] in that case; **~ gehe ich lieber gleich** in that case I'd rather go straight away ◇ *konj* - **1.** [weil] as, since; **~ ihr Vater krank war, musste sie zu Hause bleiben** as her father was ill, she had to stay at home - **2.** *geh* [nachdem] now (that); **jetzt, ~ Sie es erwähnen ...** now (that) you mention it ...

◆ **da und dort** *adv* here and there.

d. Ä. *abk für* **der Ältere**.

DAAD [de:a:a:'de:] (*abk für* **Deutscher Akademischer Austauschdienst**) *der* German Academic Exchange Service, *cultural body which organizes academic exchanges for students and staff.*

da|behalten *vt (unreg)* to keep (in ODER back); **jn im Betrieb ~** to keep sb on at the company.

dabei, dabei *adv* - **1.** [räumlich]: **waren Sie bei der Auktion ~?** were you at the auction?; **hast du zufällig eine Briefmarke ~?** do you happen to have a stamp on you?; **nicht ~ sein** to be missing; **ich bin ~!** *fig* count me in! - **2.** [zeitlich] at the same time; **sie waren gerade ~, das Haus zu verlassen** they were just leaving the house - **3.** [bei dieser Sache]: **~ kam heraus, dass ...** in the process it came out that ...; **mir ist nicht ganz wohl ~ (zumute)** I don't really feel happy about it; **und ~ bleibts!** and that's the end of it!; **es ist nichts ~** *fam fig* there's nothing wrong with it; **was ist schon ~!** *fam fig* so what! - **4.** [obwohl] although - **5.** [überdies]: **und ~ ist sie auch noch intelligent** and (what is more) she's clever too; *siehe auch* **dabei sein.**

dabei|bleiben (*perf* **ist dabeigeblieben**) *vi (unreg)* to stay on; **es bleibt dabei: wir treffen uns um fünf Uhr** let's stick to meeting at five o'clock.

dabei|haben *vt (unreg)* [Person] to have with one; [Gegenstand] to have on one; **sie wollten ihn nicht ~** they didn't want him there.

dabei sein (*perf* **ist dabei gewesen**) *vi (unreg)* - **1.** [anwesend sein] to be present ODER there; **ich bin dabei!** count me in! - **2.** [im Begriff sein]: **~, etw zu tun** to be just doing sthg.

da|bleiben (*perf* **ist dageblieben**) *vi (unreg)* to stay.

Dach (*pl* **Dächer**) *das* roof; **das ~ decken** to roof the house; **unterm ~ wohnen** to live in the attic; **ein ~ über dem Kopf haben** to have a roof over one's head; **unter einem ~ wohnen** ODER **leben** ODER **hausen** to live under the same roof; **jm aufs ~ steigen** *fam* to have a go at sb; **jm eins aufs ~ geben** *fam* [Ohrfeige] to clip sb round the ear; [ausschimpfen] to have a go at sb; **eins aufs ~ bekommen** ODER **kriegen** *fam* to get a clip round the ear.

◆ **unter Dach und Fach** *adv* [Vertrag] in the bag.

Dach|boden *der* attic; **auf dem ~** in the attic.

Dach|decker (*pl* -) *der* roofer.

Dach|fenster *das* [groß] dormer window; [Luke] skylight.

Dach|garten *der* roof garden.

Dach|gepäckträger *der* roof rack.

Dach|geschoss *das* top floor.

Dach|kammer *die* attic room.

Dach|luke *die* skylight.

Dachorganisation *die* umbrella organization.

Dachpfanne *die* roof tile.

Dachrinne *die* gutter.

Dachs [daks] (*pl* **-e**) *der* badger.

Dachschaden *der* roof damage *(U);* **einen ~ haben** *salopp fig* not to be right upstairs.

dachte *prät* ▷ **denken.**

Dachterrasse *die* roof terrace.

Dachverband *der* umbrella organization.

Dachwohnung *die* attic flat *Br* ODER apartment *Am.*

Dachziegel *der* roof tile.

Dackel (*pl* -) *der* dachshund.

Dadaismus [dada'ɪsmʊs] *der* Dadaism.

Dadaist, in [dada'ɪst, ɪn] (*mpl* **-en;** *fpl* **-nen**) *der, die* Dadaist.

daddeln *vi fam:* **am Dreamcast® ~** to play on one's Dreamcast®.

dadurch, dadurch *adv* **- 1.** [auf diese Art] because of this; **~, dass** because; **~, dass wir uns viel Mühe gaben ...** because we tried very hard ...; **~ kam es, dass ...** that was why ... **- 2.** [räumlich] through it.

DAF [daf] (*abk für* **Deutsch als Fremdsprache**) *das* German as a Foreign Language.

dafür, dafür *adv* **- 1.** [als Ziel] for it; **200 DM ~ bezahlen** to pay 200 marks for it **- 2.** [in Bezug darauf]: **er kann nichts ~** it's not his fault; **er hat kein Verständnis ~** he has no feeling for that; **er ist bekannt ~, dass er gern trinkt** he has a reputation for liking a drink **- 3.** [als Ausgleich]: **er arbeitet langsam, ~ aber gründlich** he works slowly yet thoroughly **- 4.** [im Tausch] in exchange; **~ mache ich für dich den Abwasch** and I'll do the washing-up for you in return **- 5.** [bejahend] for it, in favour of it; **~ spricht, dass ...** this is confirmed by the fact that ... **- 6.** [trotzdem] nevertheless.

Dafürhalten *das:* **nach js ~** in sb's opinion.

dafürkönnen *vt (unreg):* **nichts ~** not to be able to help it; **ich kann doch nichts dafür, dass der Zug zu spät kommt!** it's not my fault if the train is late!; **was kann ich dafür?** it's not my fault, I can't help it.

DAG [deːaː'geː] (*abk für* **Deutsche Angestellten-Gewerkschaft**) *die German white-collar union.*

dagegen, dagegen *adv* **- 1.** [räumlich] against it; **das Auto fuhr ~** the car drove into it **- 2.** [ablehnend] against it; **etwas ~ haben** to object; **hast du etwas ~, wenn ich rauche?** do you mind if I smoke?; **~ lässt sich nichts machen** nothing can be done about it; **es spricht nichts ~, dass wir dorthin fahren** there's no reason why we shouldn't go there **- 3.** [im Gegensatz] in comparison; **sie ist groß, er ~ ist klein** she's tall, whereas he is short; **dieser ist nichts ~!** this is nothing in comparison!

dagegenstellen ◆ **sich dagegenstellen** *ref:* **er stellt sich immer dagegen** he's never in favour of anything, he always opposes everything.

da gewesen *pp* ▷ **da sein** ◇ *adj:* **noch nie ~** unheard of.

daheim *adv* **Süddt, Österr & Schweiz** at home; **wann ist er mal wieder ~?** when will he be home?

Daheim *das* **Süddt, Österr & Schweiz** home.

daher, daher *adv* **- 1.** [aus dieser Richtung] from there; **ach, ~ weht (also) der Wind!** *fig* so that's the way the wind is blowing! **- 2.** [dadurch] that is why; **~ (auch) der Name** hence the name; **~ der ganze Ärger** that's the reason for all the hassle **- 3.** [deswegen]: **~ kommt es, dass ...** that is why/how ...

dahin, dahin *adv* **- 1.** [räumlich] there **- 2.** [zeitlich]: **bis ~** until then; **bis ~ sind wir fertig** we'll be ready by then **- 3.** [als Ziel]: **er antwortete ~ gehend, dass ...** he replied to the effect that ...; **seine Bemühungen gehen ~, sich selbstständig zu machen** he's trying to set up his own business ◇ *adj* **fam** [kaputt, beendet, weg]: **das Kleid ist ~!** the dress has had it!; **meine Träume sind ~** my dreams have been shattered.

dahingegen *adv* **geh** on the other hand.

dahingehen (*perf* **ist dahingegangen**) *vi (unreg)* **geh** [verstreichen] to pass.

dahingestellt *pp:* **etw ~ sein lassen** to leave sthg open; **es bleibt** ODER **sei ~** it remains to be seen.

dahinten *adv* back there, over there.

dahinter *adv* behind it; **ein Haus mit einem Garten ~** a house with a garden at the back.

dahinter kommen (*perf* **ist dahinter gekommen**) *vi (unreg)* **fam** to find out.

dahinter stecken *vi* to be behind it; **es steckt nichts/nicht viel dahinter** there's nothing/nothing much behind it.

dahinter stehen *vi (unreg)* to be behind it.

Dakar *nt* Dakar.

dalassen *vt (unreg)* **fam** to leave (there).

daliegen *vi (unreg)* [Mensch, Gegenstand] to lie there.

damalig *adj* [Bedingungen, Zustände] at that time; **der ~e President** the then president.

damals *adv* then, in those days; **als ich ~ krank wurde** when I got ill; **seit ~** since then.

Damaskus *nt* Damascus.

Damast (*pl* **-e**) *der* damask.

Dame (*pl* **-n**) *die* - **1.** [Frau] lady; **der Wettbewerb der ~n** the women's competition; **meine (sehr verehrten) ~n und Herren** ladies and gentlemen - **2.** [Spielkarte] queen - **3.** [Spiel] draughts *(U)*.
◆ **Damen** *pl* [Toilette] ladies *(sg)*.

Damen|bekleidung *die* ladieswear.

Damen|binde *die* sanitary towel *Br*, sanitary napkin *Am*.

Damen|fahrrad *das* lady's bicycle.

Damen|friseur *der* ladies' hairdresser.

damenhaft *adj* ladylike ◇ *adv* like a lady.

Damenmoden *pl* ladies' fashion *(U)*.

Damen|toilette *die* ladies (toilet).

Damenwahl *die* ladies' choice.

damit, damit *konj* so that ◇ *adv* - **1.** [mit dieser Sache]: **was soll ich ~?** what am I supposed to do with this?; **sie war ~ einverstanden** she agreed to it; **was meinst du ~?** what do you mean by that?; **her ~!** *fam* hand it over!; **hör auf ~!** *fam* stop it! - **2.** [zeitlich] with that; **und ~ verließ er den Raum** and with that he left the room - **3.** [somit] because of that; **und ~ war seine Unschuld bewiesen** and this proved his innocence.

dämlich *fam abw adj* stupid ◇ *adv* stupidly.

Damm (*pl* **Dämme**) *der* [Deich] dam; **wieder auf dem ~ sein** *fam fig* to be up and about again.

dämmen *vt* - **1.** [abhalten - Wasser, Fluten] to dam; [- Ausbreitung, Seuche] to check - **2.** [Wärme] to keep in; [Schall] to absorb.

dämmerig = **dämmrig**.

Dämmerlicht *das* [am Abend, Morgen] twilight; [Halbdunkel] half-light.

dämmern *vi* - **1.** [einsetzen]: **es dämmert** [am Morgen] it's getting light, day is breaking; [am Abend] it's getting dark, night is falling - **2.** [halb schlafen]: **(vor sich hin) ~** to doze - **3.** *fam* [bewusst werden]: **eine Ahnung dämmerte ihm** a suspicion dawned on him.

Dämmerung (*pl* **-en**) *die* [am Morgen] dawn; [am Abend] dusk.

Dämmer|zustand *der* [schläfrig] half-sleep; [halbbewusst] semi-conscious state.

dämmrig, dämmerig *adj* [Licht] dim; [Tag] gloomy, dull; **es wird ~** [am Morgen] it's getting light; [am Abend] it's getting dark.

Dämon (*pl* **Dämonen**) *der* demon.

dämonisch *adj* demonic.

Dampf (*pl* **Dämpfe**) *der* [Dunst] steam; **giftige Dämpfe** poisonous fumes; **~ ablassen** *fam* to let off steam; **wir müssen mehr ~ dahinter machen** *fam* we need to get a move on; **jm ~ machen** *fam* to make sb get a move on.

Dampf|bad *das* steam bath, Turkish bath.

Dampf|bügeleisen *das* steam iron.

dampfen *vi* to steam.

dämpfen *vt* - **1.** [dünsten] to steam - **2.** [Geräusch, Schritte] to muffle; [Instrument, Farbton] to mute; [Licht] to dim; [Stoß] to cushion; [Stimme] to lower - **3.** [Wut, Aufregung] to calm; [Begeisterung] to dampen - **4.** [verringern] to curb.

Dampfer (*pl* -) *der* steamship, steamer; **du bist auf dem falschen ~!** *fam* you've got another think coming!

Dämpfer (*pl* -) *der*: **jm einen ~ aufsetzen** ODER **verpassen** to dampen sb's spirits.

Dampfer|fahrt *die* trip by steamship ODER steamer.

Dampf|kochtopf *der* pressure cooker.

Dampf|lokomotive *die* steam engine ODER locomotive.

Dampf|maschine *die* steam engine.

Dampf|walze *die* steamroller.

danach, danach *adv* - **1.** [zeitlich] after, afterwards; **zwei Stunden ~** two hours later; **wir können doch erst ins Theater gehen und ~ essen** let's go to the theatre first and eat afterwards - **2.** [nach etwas]: **~ schnappen/greifen** to snap/grab at it; **sich ~ sehnen** to long for it; **ich habe ~ gefragt** I asked about it - **3.** [entsprechend]: **es sieht ganz ~ aus** it looks like it; **mir ist jetzt nicht ~ (zumute)** I don't feel like it at the moment; **das Zimmer ist billig, es ist aber auch ~!** the room is cheap, and it looks it too!

Däne (*pl* **-n**) *der* Dane.

daneben *adv* - **1.** [räumlich] next to it/him/*etc*, beside it/him/*etc*; **gleich ~** right next to it; **ihr Büro ist gleich ~** her office is just next door - **2.** [vergleichend] in comparison - **3.** [außerdem] in addition (to that).

daneben|benehmen
◆ **sich danebenbenehmen** *ref (unreg)* to make an exhibition of o.s.

daneben|gehen (*perf* **ist danebengegangen**) *vi (unreg)* - **1.** [danebenzielen] to miss (the target) - **2.** *fam* [misslingen] to fail.

daneben|greifen *vi (unreg)* - **1.** [greifen] to miss - **2.** *fam* [sich irren] to be wide of the mark.

daneben|hauen *vi* - **1.** [hauen] to miss - **2.** *fam* [sich irren] to be wide of the mark.

daneben|liegen *vi (unreg)* *fam* to be wide of the mark.

Dänemark *nt* Denmark.

Dänin (*pl* **-nen**) *die* Dane.

dänisch *adj* Danish.

Dänisch(e) *das* Danish; *siehe auch* **Englisch(e)**.

dank *präp*: **~ einer Sache** *(G)* thanks to sthg.

Dank *der (ohne pl)* thanks *(pl)*; **zum ~ dafür** as a reward, by way of saying thank you; **vielen ~!** thank you (very much)!; **schönen** *ODER* **besten ~ auch!** thank you (very much)!; **jm (für etw) ~ sagen** to thank sb (for sthg),; **jm zu ~ verpflichtet sein** to owe sb a debt of gratitude.

dankbar *adj* **- 1.** [voller Dank] grateful; **jm (für etw) ~ sein** to be grateful to sb (for sthg) **- 2.** [lohnend] rewarding ◇ *adv* [voller Dank] gratefully.

Dankbarkeit *die* gratitude.

danke *interj* thanks!, thank you!; **~, dass du gekommen bist!** thanks *ODER* thank you for coming!; **noch einen Kaffee? – ~, gern/im Moment nicht** would you like another coffee? – yes, please/no thanks *ODER* no thank you, not just now; **~ gleichfalls!** thanks, you too!; **~ sehr** *ODER* **schön!** thanks (very much)!, thank you (very much)!

danken *vi:* **jm (für etw) ~** to thank sb (for sthg); **na, ich danke!** *fam* no thanks!, no thank you!; **nichts zu ~!** don't mention it!

Dankeschön *das* thank you.

Dank|schreiben *das* letter of thanks.

dann *adv* **- 1.** [gen] then; **bis ~** see you (then) **- 2.** [außerdem] then; **und ~ (noch) ...** and, on top of that .., **- 3.** [konditional] in that case, then.

◆ **also dann** *interj* all right then.

◆ **dann und dann** *adv* at such and such time.

◆ **dann und wann** *adv* now and then.

Danzig *nt* Danzig, Gdansk.

daran, daran *adv* **- 1.** [an diese Sache]: **ich denke gerade ~** I'm just thinking about it; **er arbeitete lange ~** he worked at *ODER* on it for a long time; **es ist nichts Wahres ~** there is no truth in it; **mir liegt viel ~** it is very important to me; **er war schuld ~** it was his fault **- 2.** [räumlich]: **er klebte Papier ~** he stuck paper (on)to it; **ein Tisch mit zwei Personen ~** a table with two people (sitting) at it; **wir gingen ~ vorbei** we went past it; **nahe ~** close to it **- 3.** [deshalb]: **sie ist ~ gestorben** she died of it; **es liegt ~, dass ...** it is because ...

daran|gehen (*perf* **ist darangegangen**) *vi (unreg)* to get started; **~, das Essen vorzubereiten** to get started on preparing the meal.

daran|setzen *vt* [Energie, Kraft] to use; **alles ~** to do one's utmost.

darauf, darauf *adv* **- 1.** [räumlich] on it **- 2.** [Richtung]: **~ zielen** to aim at it; **das deutet ~ hin, dass ...** *fig* this implies that ... **- 3.** [später] after that; **am Tag ~** the day after, the next day; **Jahre ~** years later; **bald ~** soon after(wards) **- 4.** [als Reaktion] to that; **~ steht die Todesstrafe** the penalty for that is death **- 5.** [zum Ausdruck einer Intention]: **sie ist ~ aus, einen Mann zu bekommen** she's out to get a husband; **sie bestand ~** she was most particular about it; **besonders ~ achten, dass ...** to take particular care to ...

daraufhin *adv* **- 1.** [aus einem Grund] as a result **- 2.** [zu einem Zweck]: **das Produkt ~ prüfen, ob es den Normen entspricht** to test the product (in order) to see if it meets the standards.

daraus, daraus *adv* **- 1.** [räumlich] from it, out of it **- 2.** [aus dieser Sache] from it; **~ folgt, dass ...** from this it follows that ...; **mach dir nichts ~!** don't let it bother you!; **ich mache mir nichts ~** I'm not very keen on it; **~ wird nichts!** *fam* nothing doing! **- 3.** [aus einem Material] from it, out of it.

dar|bieten *vt (unreg)* ***geh*** to perform.

◆ **sich darbieten** *ref* to present itself.

Darbietung (*pl* **-en**) *die* ***geh*** [Aufführung] performance.

darf *präs* ▻ **dürfen.**

darin, darin *adv* **- 1.** [in etwas] in it, inside **- 2.** [in diesem Sachverhalt] there; **~ hat er nicht Recht** he's wrong there *ODER* about that.

dar|legen *vt* to explain.

Darlehen (*pl* **-**) *das* loan; **ein ~ aufnehmen** to take out a loan.

Darm (*pl* **Därme**) *der* **- 1.** [Organ] intestine **- 2.** [Material] gut.

Darm|flora *die* intestinal flora.

Darm|grippe *die* gastric flu.

Darm|infektion *die* bowel infection.

dar|stellen *vt* **- 1.** [Subj: Bild] to portray, to depict **- 2.** [beschreiben] to describe **- 3.** [Subj: Schauspieler] to play **- 4.** [sein] to represent, to constitute; **als Wissenschaftler stellt er etwas dar** he is an impressive scientist; **die Dekoration stellt nicht viel dar** the décor is nothing special.

◆ **sich darstellen** *ref* **- 1.** [sich erweisen] to prove to be **- 2.** [sich präsentieren]: **sich als etw ~** to cultivate an image of being sthg.

Darsteller, in (*mpl* **-**; *fpl* **-nen**) *der, die* actor (*f* actress); **der ~ des Hamlet** the actor playing Hamlet.

Dar|stellung *die* **- 1.** [als Bild] depiction, portrayal; **eine grafische ~** a graphic representation **- 2.** [Bericht] account.

darüber, darüber *adv* **- 1.** [räumlich - über etw] above it, over it; [- über etw hinweg] across it, over it; **~ hinaus** ***fig*** in addition; **~ sind wir schon hinaus** we have already passed that stage **- 2.** [über diese Sache] about it; **hast du ~ nachgedacht?** did you think about it?; **ich komme nicht ~ hinweg** I can't get over it; **~ hinwegsehen** to ignore it **- 3.** [zeitlich] in the meantime; **sie las und vergaß ~ ganz die Nudeln** she was reading and completely forgot about the pasta **- 4.** [mehr] above that, over that; **nichts geht ~!** *fig* there is nothing to beat it.

darüber stehen *vi (unreg)* to be above such things.

darum, darum *adv* **- 1.** [räumlich] round it **- 2.** [um diese Sache] about it; **jn ~ bitten, etw zu tun** to ask sb to do sthg; **~ geht es nicht** that's not the point; **es geht ~, dass ...** the thing is that ...; **~ wetten** to bet on it **- 3.** [deswegen] that's why; **ach ~!** so that's why!, so that's the reason!; **eben ~** for that very reason; **warum? – ~!** *fam* why? – because!

darunter, darunter *adv* **- 1.** [unter dieser Sache]: **er leidet ~** he suffers from it; **was verstehst du ~?** what do you understand by that?; **~ kann ich mir nichts vorstellen** that doesn't mean anything to me **- 2.** [räumlich] under it; **sie hob das Kissen und fand ihre Kette ~** she lifted the cushion and found her necklace underneath **- 3.** [weniger]: **30 Meter oder etwas ~** 30 metres or a little less; **Kinder im Alter von 5 Jahren und ~** children aged 5 and under **- 4.** [in dieser Menge] among(st) them; **viele Besucher, ~ auch einige aus dem Ausland** many visitors, including some foreigners.

darunter fallen (*perf* **ist darunter gefallen**) *vi (unreg)* to be included.

das *det* the; **~ Rauchen** smoking ◇ *pron* **- 1.** [Demonstrativpronomen] that; **~ da** that one there; **unser Haus? – ~ haben wir verkauft** our house? – we've sold it; **~ regnet heute wieder wie verrückt** it's raining like mad again today **- 2.** [Relativpronomen - Person] who, that; [- Sache] which, that.

da sein (*perf* **ist da gewesen**) *vi (unreg)* **- 1.** [vorhanden sein, anwesend sein] to be there; **es ist keine Milch mehr da** there's no more milk, there's no milk left; **ich bin gleich wieder da** I'll be back in a second **- 2.** [eingetreten sein - Situation] to arise; [- Augenblick] to arrive; **er überbot alles, was bisher da gewesen war** he surpassed everything which had gone before **- 3.** [leben] to live **- 4.** *fam* [wach sein] to be with it; **geistig voll ~** to be all there.

Dasein *das* **- 1.** [Leben] existence **- 2.** [Anwesenheit] presence.

Daseinsberechtigung *die* **- 1.** [Recht] right to exist **- 2.** [Grund] raison d'être.

da|sitzen *vi (unreg)* **- 1.** [an einer Stelle] to sit (there) **- 2.** *fam* [in einer Situation] to be left (there).

dasjenige *det* the; **~ Kind, das hingefallen ist** the child who fell ◇ *pron*: **~, was sie am liebsten tut** the thing she likes to do most; **~, das** ... the one which ...

dass *konj* **- 1.** [im Objektsatz] that; **ich weiß, ~ du gern angelst** I know (that) you like fishing **- 2.** [im Subjektsatz] the fact that; **du musst bedenken, ~ er nicht mehr klein ist** you must remember (that) he's not young anymore; **~ das bloß klappt!** let it work! **- 3.** [im Attributsatz] that; **unter der Bedingung, ~ ...** on (the) condition that ...; **es war eine Dummheit, ~ er das gesagt hat** it was stupid of him to say that **- 4.** [in festen Verbindungen]: **anstatt, ~ er selbst kam, ...** instead of coming himself, ...; **ohne ~ sie etwas gemerkt hat** without her noticing anything.

dasselbe *det* the same ◇ *pron* the same one; **genau ~ hast du gestern gesagt** you said exactly the same thing yesterday.

da|stehen *vi (unreg)* **- 1.** [an Stelle] to stand (there) **- 2.** [in Situation] to find o.s.; **mit leeren Händen ~** to be left empty-handed; **gut** ODER **glänzend ~** to be in a good ODER splendid position; **wie stehe ich jetzt da?** how do you think it makes me look?

Datei (*pl* **-en**) *die* EDV file.

Datei|name *der* EDV filename.

Datei|verwaltung *die* EDV file management.

Daten *pl* **- 1.** [Zeiten] ▷ **Datum - 2.** [Informationen] data; **~ verarbeitend** data-processing.

Datenauto|bahn *die* EDV information superhighway.

Datenbank (*pl* **-en**) *die* databank.

Daten|erfassung *die* data capture.

Daten|material *das* data.

Daten|netz *das*: **das ~** the Net; **im ~** on the Net.

Daten|schutz *der* data protection.

Datenschutz|gesetz *das* data protection law.

Datentypist, in (*mpl* **-en;** *fpl* **-nen**) *der, die* data inputter.

datenverarbeitend *adj* ▷ **Daten.**

Daten|verarbeitung *die* data processing; **elektronische ~** computing.

datieren *vt* to date.

Datierung (*pl* **-en**) *die* date.

Dativ (*pl* **-e**) *der* dative.

Dativ|objekt *das* indirect object.

dato ◆ **bis dato** *adv* to date.

Datum (*pl* **Daten**) *das* date; **welches ~ haben wir heute?** what's today's date?; **eine Ausgabe neueren/älteren ~s** a recent/old edition.

Datums|angabe *die* date.

Datum|stempel, Datumsstempel *der* date stamp.

Dauer *die* length; **dieses Glück hatte keine ~** this happiness did not last; **auf (die) ~** in the long term; **seine Ehe war nicht von ~** his marriage was short-lived.

Dauer|arbeitslosigkeit *die* long-term unemployment.

Dauer|auftrag *der* standing order.

Dauer|belastung *die* constant strain.

Dauer|beschäftigung *die* permanent position.

dauerhaft *adj* [Friede, Freundschaft] lasting; [Material] durable <> *adv:* **das Problem ~ lösen** to find a lasting solution to the problem.

Dauer|karte *die* season ticket.

Dauer|lauf *der* jog.

dauern *vi* to last; **es dauert zu lange** it's taking too long; **eine Weile wird es schon noch ~, bis ich fertig bin** it will still be a while before I'm finished.

dauernd *adj* constant <> *adv* constantly.

Dauer|regen *der* persistent rain.

Dauer|welle *die* perm.

Dauer|wurst *die hard smoked sausage which keeps for a long time, e.g. salami.*

Dauer|zustand *der* permanent state.

Däumchen (*pl* -) *das:* **~ drehen** ***fam*** to twiddle one's thumbs.

Daumen (*pl* -) *der* thumb; **am ~ lutschen** to suck one's thumb; **jm die ~ drücken** *ODER* **halten** ***fig*** to keep one's fingers crossed for sb; **den ~ auf etw** *(A)* **halten** ***fam*** to guard sthg jealously.

Daune (*pl* **-n**) *die:* **~n** down *(U)*.

Daunen|decke *die* eiderdown.

Daunen|kissen *das* down-filled cushion/pillow.

davon, davon *adv* **- 1.** [räumlich] from it **- 2.** [von diesem Gegenstand, aus dieser Menge] of it **- 3.** [von dieser Sache] about it **- 4.** [dadurch]: **er ist nicht ~ betroffen** he is not affected by it; **sie ist ~ krank geworden** it made her ill; **das kommt ~!** that's what happens!

davon|kommen (*perf* **ist davongekommen**) *vi (unreg)* to escape

davon|laufen (*perf* **ist davongelaufen**) *vi (unreg)* to run away; **jm ~** [Ehepartner, Hausmädchen] to walk out on sb; [Verfolgter] to shake sb off.

davon|machen ◆ **sich davonmachen** *ref* to sneak off.

davor, davor *adv* **- 1.** [räumlich] in front of it **- 2.** [zeitlich] beforehand; **kurz ~ sein, etw zu tun** to be on the point of doing sthg **- 3.** [vor dieser Sache]: **jn ~ warnen** to warn sb of it; **ich habe Angst ~** I'm scared of it.

Davos *nt* Davos.

DAX [daks] (*abk für* **Deutscher Aktienindex**) *der* DAX index, *German Share Index.*

dazu, dazu *adv* **- 1.** [außerdem] in addition, into the bargain; **es schneit und es ist noch kalt ~** it's snowing, and it's cold too **- 2.** [zu dieser Sache]: **er hat nicht die Zeit ~** he hasn't got time for it; **ich habe keine Lust ~** I don't feel like it; **ich bin nicht ~ gekommen** I didn't get round to it.

dazu|geben *vt (unreg)* to add.

dazu|gehören *vi* **- 1.** [zu etwas gehören] to belong; **gehört der Drucker dazu?** is the printer included? **- 2.** [nötig sein]: **es gehört Mut dazu, das zu tun** it takes courage to do that.

dazugehörig *adj* belonging to it/them.

dazu|kommen (*perf* **ist dazugekommen**) *vi (unreg)* **- 1.** [ankommen] to arrive **- 2.** [hinzukommen]: **sie ist neu dazugekommen** she's a recent arrival; **kommt noch etwas dazu?** would you like anything else?

dazu|rechnen *vt* to add on.

dazu|tun *vt (unreg)* to add.

Dazutun *das:* **ohne js ~** without sb's help.

dazu|zählen *vt* to include.

dazwischen *adv* **- 1.** [örtlich, zeitlich] in between **- 2.** [dabei] among them.

dazwischen|fahren (*perf* **ist dazwischengefahren**) *vi (unreg)* **- 1.** [bei Streit] to intervene **- 2.** [ins Gespräch] to interrupt.

dazwischen|kommen (*perf* **ist dazwischengekommen**) *vi (unreg)* **- 1.** [dazwischengeraten]: **er kam mit dem Finger dazwischen** he got his finger caught in it **- 2.** [ungeplant passieren]: **mir ist etw dazwischengekommen** sthg has cropped up.

dazwischen|rufen *(unreg) vt:* **etw ~** to interrupt by shouting sthg <> *vi* to interrupt by shouting.

DB (*abk für* **Deutsche Bahn**) *German railway company.*

DBB [deːbeːˈbeː] (*abk für* **Deutscher Beamtenbund**) *der German civil servants' association.*

DCC [deːtseːˈtseː] (*abk für* **Digital Compact Cassette**) *die* DCC.

DDR [deːdeːˈɛr] (*abk für* **Deutsche Demokratische Republik**) *die* GDR.

D-Dur *das* D major.

Deal [diːl] (*pl* **-s**) *der* deal.

dealen [diːlən] *vi* ***fam*** to deal *(in drugs)*; **mit etw ~** to push sthg.

Dealer, in [ˈdiːlɐ, rɪn] (*mpl* **-**; *fpl* **-nen**) *der, die* ***fam*** pusher.

Debakel (*pl* -) *das* debacle.

Debatte (*pl* **-n**) *die* debate; **zur ~ stehen** to be on the agenda; **zur ~ stellen** to bring up for debate.

debattieren *vt* to debate <> *vi:* **über etw** *(A)* **~** to debate sthg.

Debüt [de'byː] (*pl* **-s**) *das* debut; **sein ~ geben** to make one's debut.

dechiffrieren [deʃɪ'friːrən] *vt* [Text, Geheimschrift] to decipher; [Kode] to decode.

Deck (*pl* **-s**) *das* deck; **unter ~ gehen** to go below.
◆ **an Deck** *adv* on deck.

Deck|adresse *die* cover address.

Deck|blatt *das* title page.

Decke (*pl* **-n**) *die* **- 1.** [Tischdecke] tablecloth **- 2.** [zum Zudecken - Wolldecke] blanket; [- Steppdecke] quilt, duvet **- 3.** [Zimmerdecke] ceiling **- 4.** *RW:* **sich nach der ~ strecken (müssen)** to (have to) cut one's coat according to one's cloth; **(mit jm) unter einer ~ stecken** to be in cahoots (with sb); **mir fällt die ~ auf den Kopf** I'm sick of seeing the same four walls; **(vor Freude) an die ~ springen** to jump for joy.

Deckel (*pl* **-**) *der* **- 1.** [von Gefäßen] lid **- 2.** [von Büchern] cover **- 3.** *RW:* **jm eins auf den ~ geben** *fam* to give sb a telling-off; **eins auf den ~ bekommen** *ODER* **kriegen** *fam* to get a telling-off.

decken *vt* **- 1.** [bedecken - Haus] to roof; **das Dach ~** [mit Ziegeln] to tile the roof; [mit Stroh] to thatch the roof **- 2.** [Tisch] to lay, to set **- 3.** [legen]: **die Hand über die Augen ~** to cover one's eyes with one's hand **- 4.** [schützen - Kind, Körperteil, Rückzug] to cover; [- Komplizen] to cover up for **- 5.** SPORT to mark **- 6.** [Bedarf] to meet **- 7.** WIRTSCH & ZOOL to cover ◇ *vi* **- 1.** [den Tisch decken] to lay *ODER* set the table **- 2.** [Farbe] to cover.
◆ **sich decken** *ref* [Dreiecke] to be congruent; [Meinungen] to coincide; [Aussagen] to tally.

Decken|lampe *die* ceiling light.

Deck|farbe *die thick, water-based paint.*

Deck|mantel *der:* **unter dem ~ der Wirtschaftshilfe werden Waffen geliefert** arms are being delivered under the pretext of economic aid.

Deck|name *der* assumed name.

Deckung (*pl* **-en**) *die* **- 1.** [Schutz] cover; **in ~ gehen** to take cover **- 2.** SPORT [beim Boxen] guard; [Manndeckung] marking; [Verteidigung] defence **- 3.** [Befriedigung - von Bedarf] covering; **zur ~ der Nachfrage** in order to meet demand **- 4.** [Versicherungsschutz, von Scheck] cover **- 5.** [Übereinstimmung]: **unterschiedliche Standpunkte zur ~ bringen** to bring differing points of view into line with each other **- 6.** MATH congruence.

deckungsgleich *adj* [Dreiecke] congruent; [Ansichten, Theorien] matching.

Decoder [de'koːdɐ] (*pl* **-**) *der* ELEKTR decoder.

decodieren = **dekodieren.**

Defätismus *der* defeatism.

Defätist, in (*mpl* **-en;** *fpl* **-nen**) *der, die* defeatist.

defätistisch *adj* defeatist.

defekt *adj* faulty, defective.

Defekt (*pl* **-e**) *der* fault, defect.

defensiv [defen'ziːf] *adj* defensive; [Fahrweise] safe, careful ◇ *adv* defensively; [fahren] safely, carefully.

Defensive [defen'ziːvə] (*pl* **-n**) *die* defensive; **in die ~ gedrängt** forced onto the defensive; **sich in die ~ begeben** to go onto the defensive.

definieren *vt* to define.
◆ **sich definieren** *ref* to be defined.

Definition (*pl* **-en**) *die* definition.

definitiv *adj* final ◇ *adv:* **sich ~ entscheiden** to make a final decision; **kannst du mir ~ sagen, ob du kommst?** can you let me know for sure whether you're coming?

Defizit (*pl* **-e**) *das* **- 1.** [Fehlbetrag] deficit **- 2.** [Fehlen] shortage.

Deflation (*pl* **-en**) *die* WIRTSCH deflation.

deformieren *vt* to deform.

deftig *adj* **- 1.** [nahrhaft] substantial, hearty **- 2.** [derb] coarse.

Degen (*pl* **-**) *der* rapier.

degenerieren (*perf* **ist degeneriert**) *vi* to degenerate.

degradieren *vt* to demote; **jn/etw zu etw ~** to demote sb/sthg to sthg.

dehnbar *adj* [Stoff, Gummi, Begriff] elastic; [Metall] ductile.

dehnen *vt* **- 1.** [Substanz, Glieder] to stretch **- 2.** [Laut] to draw out.
◆ **sich dehnen** *ref* **- 1.** [gen] to stretch **- 2.** [Gespräch, Warten] to drag on.

Dehnung (*pl* **-en**) *die* stretching; [Laut] drawing out.

Deich (*pl* **-e**) *der* dyke.

Deichsel ['daiksl̩] (*pl* **-n**) *die* shafts *(pl).*

deichseln ['daiksl̩n] *vt* *fam* to wangle.

dein, e *det* your.

deine, r, s *ODER* **deins** *pron* yours.

deiner *pron (Genitiv von du)* of you; **ich erinnere mich ~** I remember you.

deinerseits *adv* **- 1.** [du selbst] for your part **- 2.** [von dir] on your part.

deinesgleichen *pron* people like you; **du und ~** you and your like.

deinetwegen *adv* **- 1.** [dir zuliebe] for your sake **- 2.** [wegen dir] because of you.

deinetwillen ◆ **um deinetwillen** *adv* for your sake.

deinige (*pl* **-n**) *pron (mit Artikel) geh:* **der/die/das ~** yours.

dekadent *adj* decadent.

Dekadenz *die* decadence.

Dekan (*pl* **-e**) *der* REL & UNI dean.

deklamieren *vt* & *vi* to declaim.

deklarieren *vt* to declare.

Deklination (*pl* **-en**) *die* declension.

deklinieren *vt* to decline.

dekodieren, decodieren [deko'diːrən] *vt* to decode.

Dekodierung (*pl* **-en**) *die* decoding.

Dekolletee, Dekolletté [dekɔl'teː] (*pl* **-s**) *das* décolleté.

dekolletiert *adj* with a low neckline.

Dekor (*pl* **-s** ODER **-e**) *das* ODER *der* [Verzierung] pattern <> *das* [im Theater, Film] décor.

Dekorateur, in [dekora'tøːɐ̯, rɪn] (*mpl* **-e;** *fpl* **-nen**) *der, die* [von Innenräumen] decorator; [von Schaufenstern] window-dresser.

Dekoration (*pl* **-en**) *die* **- 1.** [Ausschmückung, Auszeichnung] decoration; [von Schaufenster] window-dressing **- 2.** [Kulisse] set.

dekorativ *adj* decorative.

dekorieren *vt* [schmücken, auszeichnen] to decorate; [Schaufenster] to dress.

Dekret (*pl* **-e**) *das* decree; **ein ~ erlassen** to issue a decree.

Delegation (*pl* **-en**) *die* delegation.

delegieren *vt* to delegate.

Delegierte (*pl* **-n**) *der, die* delegate.

Delfin (*pl* **-e**) *der* = **Delphin.**

Delhi ['deːliː] *nt* Delhi.

delikat *adj* **- 1.** [Speise] delicious **- 2.** [Person, Angelegenheit, Lage] delicate <> *adv* [behutsam] delicately.

Delikatesse (*pl* **-n**) *die* [Leckerbissen] delicacy.

Delikatessen|geschäft *das* delicatessen.

Delikt (*pl* **-e**) *das* offence; **ein ~ begehen** to commit an offence.

Delinquent, in (*mpl* **-en;** *fpl* **-nen**) *der, die* offender.

Delirium [de'liːri̯ʊm] (*pl* **Delirien**) *das* delirium; **im ~ liegen** ODER **sein** to be delirious.

Delle (*pl* **-n**) *die* dent.

Delphin, Delfin (*pl* **-e**) *der* [Säugetier] dolphin <> *das (ohne Art) (ohne pl)* [Sportart] butterfly.

Delta (*pl* **-s**) *das* delta.

dem *det (Dativ Singular von der, das)*: **mit ~ Kind** with the child <> *pron (Dativ Singular)* **- 1.** [Demonstrativ von der, das - Person] to him; [- Sache] to that one; **mit ~** [Person] with him; [Sache] with that one **- 2.** [Relativpronomen von der, das - Person] to whom; [- Sache] to which; **mit ~** [Person] with whom; [Sache] with which.

Demagoge (*pl* **-n**) *der* **abw** demagogue.

Demagogie *die* **abw** demagogy.

Demagogin (*pl* **-nen**) *die* **abw** demagogue.

demagogisch **abw** *adj* demagogic <> *adv* demagogically.

demaskieren *vt* [entlarven] to unmask.
◆ **sich demaskieren** *ref* [sich entlarven] to reveal o.s.

Dementi (*pl* **-s**) *das* denial.

dementieren *vt* to deny.

dementsprechend *adj* appropriate <> *adv* accordingly.

demgegenüber *adv* on the other hand.

demgemäß *adv* accordingly.

demnach *adv* so.

demnächst [deːm'nɛːçst] *adv* soon.

Demografie, Demographie (*pl* **-n**) *die* demography.

demografisch *adj* demographic.

Demokrat (*pl* **-en**) *der* democrat.

Demokratie (*pl* **-n**) *die* democracy.

Demokratin (*pl* **-nen**) *die* democrat.

demokratisch *adj* democratic <> *adv* democratically.

demokratisieren *vt* to democratize.

Demokratisierung (*pl* **-en**) *die* democratization.

demolieren *vt* to wreck.

Demonstrant, in (*mpl* **-en;** *fpl* **-nen**) *der, die* demonstrator.

Demonstration (*pl* **-en**) *die* demonstration.

Demonstrationsrecht *das* right to demonstrate.

demonstrativ *adj* **- 1.** [betont auffällig] pointed **- 2.** [anschaulich] revealing <> *adv* [betont, auffallend] pointedly.

Demonstrativ|pronomen *das* GRAM demonstrative pronoun.

demonstrieren *vi* to demonstrate; **gegen/für etw ~** to demonstrate against/in support of sthg <> *vt* to demonstrate.

Demontage [demɔn'taːʒə] (*pl* **-n**) *die* dismantling.

demontieren *vt* to dismantle.

demoralisieren *vt* to demoralize.

demoskopisch *adj* opinion poll *(vor Subst)*; **~e Untersuchung** opinion poll <> *adv* through opinion polls.

Demut *die* **- 1.** [Ergebenheit] humility **- 2.** [Unterwürfigkeit] submissiveness.

demütig *adj* **- 1.** [ergeben] humble **- 2.** [unterwürfig] submissive.

demütigen *vt* to humiliate.

◆ **sich demütigen** *ref* to humiliate o.s.; **sich vor jm ~** to humiliate o.s. in front of sb.

demütigend *adj* humiliating.

Demütigung (*pl* **-en**) *die* humiliation.

demzufolge *adv* consequently.

den *det* **- 1.** *(Akkusativ Singular von der)* the **- 2.** *(Dativ Plural von der, die, das)* to the; **mit ~ Kindern** with the children ◇ *pron (Akkusativ Singular)* **- 1.** [Demonstrativ von der - Person] him; [- Sache] that one **- 2.** [Relativpronomen von der - Person] whom; [- Sache] which.

denen *pron (Dativ Plural)* **- 1.** [Demonstrativ von der, die, das] to them; **mit ~** with them **- 2.** [Relativpronomen von der, die, das - Personen] to whom; [- Sachen] to which; **mit ~** [Personen] with whom; [Sachen] with which.

Den Haag *nt* The Hague.

Denkan|stoß *der*: **jm einen ~ geben** to set sb thinking.

Denk|art *die* way of thinking.

denkbar *adj* [vorstellbar] conceivable; **nicht ~** unthinkable ◇ *adv* [äußerst] extremely; **die ~ besten/schlechtesten Bedingungen** the best/worst conditions imaginable.

denken (*prät* **dachte**; *perf* **hat gedacht**) *vi* **- 1.** [gen] to think; **es gab mir zu ~** it made me think; **ich denke nicht** I don't think so; **denkst du, er schafft das?** do you think he'll manage?; **an jn/etw ~** to think of sb/sthg; **denk an den Kaffee!** don't forget the coffee!; **er denkt immer nur an sich** he always thinks about himself; **über jn/etw ~** to think about sb/sthg; **von jm/etw ~** to think about sb/sthg **- 2.** [eingestellt sein]: **europäisch ~** to have a European outlook; **kleinlich ~** to be petty-minded **- 3.** [planen]: **an etw** *(A)* **~** to think about sthg; **ich denke nicht daran, das zu tun** I have no intention of doing it ◇ *vt* **- 1.** [gen] to think; **wer hätte das gedacht!** who would have thought it! **- 2.** [sich vorstellen]: **sich** *(D)* **etw ~** to imagine sthg; **das hätte ich mir ~ können** I might have known; **das habe ich mir schon gedacht!** I thought as much!

Denken *das* **- 1.** [Überlegen] thinking **- 2.** [Einstellung] way of thinking.

Denker, in (*mpl* **-**; *fpl* **-nen**) *der, die* thinker.

denkfaul *adj* mentally lazy; **sei nicht so ~** use your brain.

Denk|fehler *der* mistake in one's reasoning; **einen ~ machen** to make a mistake in one's reasoning.

Denkmal (*pl* **-mäler** ODER **-e**) *das* [Monument] monument; **jm ein ~ setzen** to commemorate sb; **sich** *(D)* **ein ~ setzen** to ensure one's place in history.

Denkmalspflege, Denkmalpflege *die* preservation of historical monuments.

Denkmalsschutz, Denkmalschutz *der* protection of historical monuments; **unter ~ stehen/stellen** to be classified/classify as a historical monument.

Denk|prozess *der* thought process.

denkste *interj* **fam** that's what you think!

Denkvermögen *das* intellectual capacity.

Denk|weise *die* way of thinking.

denkwürdig *adj* memorable.

Denk|zettel *der* lesson; **jm einen ~ geben** ODER **verpassen** to teach sb a lesson.

denn *konj* **- 1.** [weil] because **- 2.** ***geh*** [als] than ◇ *adv* **- 1.** [verstärkend] then; **was hast du ~?** so what's wrong?; **warum ~ nicht?** why not?; **was ist ~ eigentlich passiert?** so what REALLY happened? **- 2.** [dann] then.

dennoch *adv* nevertheless.

Denunziant, in (*mpl* **-en;** *fpl* **-nen**) *der, die* **abw** informer.

denunzieren *vt* **abw** to inform on.

Deo (*pl* **-s**) *das* deodorant.

Deodorant (*pl* **-s** ODER **-e**) *das* deodorant.

deplatziert *adj* out of place.

Deponie (*pl* **-n**) *die* dump.

deponieren *vt* to deposit.

Deportation (*pl* **-en**) *die* deportation.

deportieren *vt* to deport.

Depot [de'poː] (*pl* **-s**) *das* **- 1.** [Aufbewahrungsort, für Verkehrsmittel] depot **- 2.** [von Banken] strongroom.

Depp [dɛp] (*pl* **-en**) *der* ***fam Österr, Schweiz & Süddt*** twit.

deppert *adj* ***fam*** daft.

Depression (*pl* **-en**) *die* depression; **an** ODER **unter ~en** *(D)* **leiden** to suffer from depression.

depressiv *adj* **- 1.** MED depressive **- 2.** [Situation, Stimmung] depressing.

deprimieren *vt* to depress.

deprimiert *adj* depressed.

der *det* **- 1.** [Nominativ] the; **~ Tod** death **- 2.** [Genitiv] of the; **der Hut ~ Frau** the woman's hat; **der Duft ~ Rosen** the fragrance of the roses **- 3.** [Dativ] the ◇ *pron* **- 1.** [Demonstrativpronomen - Person] he; **~ war es** it was him; **~ hat es getan** he did it; **unser Sohn? – ~ geht schon längst in die Schule** our son? – he's been at school for a long time **- 2.** [Demonstrativpronomen - Sache] that one; **der Wein? – ~ war fantastisch** the wine? – it was great; **~ und ~** so-and-so **- 3.** [Relativpronomen - Person] who, that; [- Sache] which, that; **die Frau, ~ ich das Buch gab** the woman I gave the book to, the woman to whom I gave the book.

derart *adv* so; **es hat lange nicht mehr ~ gereg-**

net it's a long time since it rained so much; **ein ~ teures Auto kann ich mir nicht leisten** I can't afford such an expensive car.
◆ **derart ..., dass** *konj* so ... that.

derartig *adj* such; **eine ~e Frechheit** such (a) cheek.

derb *adj* - **1.** [kräftig - Stoß, Schlag] hefty; [- Leder] tough - **2.** [grob] coarse, crude ◇ *adv* - **1.** [fest] roughly - **2.** [grob] crudely.

deren *det* - **1.** [Genitiv Singular von die - Person] her; [- Sache] its - **2.** [Genitiv Plural von der, die, das] their - **3.** [Relativpronomen - Person] whose; [- Sache] of which.

derentwegen *adv* - **1.** [ihr zuliebe] for her sake; [ihnen zuliebe] for their sake - **2.** [wegen ihr] because of her; [wegen ihnen] because of them ◇ *rel pron* - **1.** [der, denen zuliebe - Person] for whose sake; [- Sache] for the sake of which - **2.** [wegen der, denen - Person] because of whom; [- Sache] because of which.

derentwillen ◆ **um derentwillen** *adv* for her/their sake ◇ *pron* for whose sake.

dergleichen *pron* that sort of thing.
◆ **nichts dergleichen** *adv* nothing of the sort.
◆ **und dergleichen mehr** *adv* and that sort of thing, and so on.

derjenige *det:* **~ Mensch, der ...** the person who ... ◇ *pron:* **~, der das getan hat** whoever did this; **von allen Posten erfordert ~ des Vorsitzenden besonders viel Einsatz** of all the jobs, the chairman's is the one which requires the most effort; **von allen Teilnehmern erhält ~ den Preis, der ...** the prize goes to the contestant who ....

dermaßen ◆ **dermaßen ..., dass** *konj* so ... that.

Dermatologe (*pl* **-n**) *der* dermatologist.

Dermatologin (*pl* **-nen**) *die* dermatologist.

derselbe *det* the same ◇ *pron* the same one.

derzeit *adv* at the moment, at present.

derzeitig *adj* current.

des *det (Genitiv Singular von der, das)* of the; **der Schwanz ~ Hundes** the dog's tail.

des, Des (*pl* **-**) *das* MUS D flat.

Desaster (*pl* **-**) *das* disaster.

desensibilisieren *vt* MED to desensitize.

Deserteur, in (*mpl* **-e**; *fpl* **-nen**) *der, die* deserter.

desertieren (*perf* **ist desertiert**) *vi* to desert; **zum Feind ~** to go over to the enemy.

desgleichen *adv* likewise.

deshalb *adv* therefore.
◆ **deshalb, weil** *konj* because.

Design [di'zain] (*pl* **-s**) *das* design.

Designer, in [di'zainɐ, rɪn] (*mpl* **-**; *fpl* **-nen**) *der, die* designer.

desillusionieren *vt* to disillusion.

Des|infektion *die* disinfection.

Desinfektions|mittel *das* disinfectant.

desinfizieren *vt* to disinfect.

Des|information *die* disinformation.

Desinteresse *das* lack of interest; **sein ~ an** *(+ D)* ODER **für etw zeigen** to show one's lack of interest in sthg.

desinteressiert *adj* uninterested; **an etw** *(D)* **~ sein** to have no interest in sthg.

deskriptiv *adj* descriptive.

Desktop-Publishing ['dɛsktɔppʌbliʃiŋ] *das (ohne pl)* EDV desktop publishing.

desolat *adj* pitiful.

desorientiert *adj* disorientated.

Despot, in (*mpl* **-en**; *fpl* **-nen**) *der, die* ***eigtl*** & ***fig*** despot.

despotisch *adj* ***eigtl*** & ***fig*** despotic ◇ *adv* ***eigtl*** & ***fig*** despotically.

dessen *pron* - **1.** [Genitiv Singular von der, das - Person] his; [- Sache] its - **2.** [Relativpronomen von der, das - Person] whose; [- Sache] of which.

Dessert [dɛ'seːɐ̯] (*pl* **-s**) *das* dessert; **zum ~** for dessert.

Dessous [dɛ'suː] *pl* lingerie *(U)*.

destabilisieren *vt* to destabilize.

Destabilisierung (*pl* **-en**) *die* destabilization.

destillieren *vt* to distil.

desto *konj:* **je eher, ~ besser!** the sooner, the better!; **je schneller du arbeitest, ~ eher bist du fertig** the quicker you work, the sooner you'll be finished.

destruktiv *adj* destructive ◇ *adv* destructively.

deswegen *adv* therefore; **er ist krank und kann ~ nicht kommen** he's ill, which is why he can't come; **er ist gerade ~ nicht gekommen** that's precisely the reason he didn't come; **ach, ~!** oh, that's why! ODER the reason!; **~, weil** because.

Detail [de'tai̯] (*pl* **-s**) *das* detail; **ins ~ gehen** to go into detail.
◆ **im Detail** *adv* [detailliert] in detail.

Detail|frage *die* (matter of) detail.

detailliert *adj* detailed ◇ *adv* in detail.

Detektiv, in (*mpl* **-e**; *fpl* **-nen**) *der, die* detective.

detektivisch [detɛk'tiːvɪʃ] *adj* of a detective; [Kleinarbeit] detective *(vor Subst)*.

determinieren *vt* to determine.

Detonation (*pl* **-en**) *die* blast, explosion.

detonieren (*perf* **ist detoniert**) *vi* to detonate.

Deut ◆ **keinen Deut** *adv:* **keinen** ODER **nicht einen ~ besser sein** to be not a jot better.

deuteln *vi:* **daran gibt es nichts zu ~** there is no question about it.

deuten *vt* [auslegen] to interpret; [Sterne] to read; **etw richtig ~** to interpret sthg correctly; **etw falsch ~** to misinterpret sthg ◇ *vi* **- 1.** [zeigen]: **auf jn/etw ~** to point at sb/sthg **- 2.** [schließen lassen]: **auf etw** *(A)* **~** to point to sthg, to indicate sthg.

deutlich *adj* **- 1.** [klar erkennbar, leicht verständlich] clear; **jm etw ~ machen** to make sthg clear to sb **- 2.** [rücksichtslos offen] blunt; **~ werden** to speak one's mind ◇ *adv* **- 1.** [klar, verständlich] clearly **- 2.** [rücksichtslos offen] bluntly.

Deutlichkeit *die* **- 1.** [Klarheit] clarity **- 2.** [Offenheit] bluntness.
◆ **mit aller Deutlichkeit** *adv* [nachdrücklich] quite clearly.

deutsch *adj* German ◇ *adv* [in deutscher Sprache] in German; **mit jm ~ reden** *fam* to have a frank conversation with sb; *siehe auch* **englisch.**

Deutsch *das* German; **kein ~ mehr verstehen** *fam* not to understand plain English.
◆ **auf gut Deutsch** *adv* *fam* **- 1.** [verständlich] clearly **- 2.** [unverblümt] in plain English; *siehe auch* **Englisch.**

Deutsche (*pl* **-n**) *der, die* [Person] German; **die ~n** the Germans ◇ *das* **- 1.** [deutsche Sprache] German **- 2.** [deutsche Wesensart]: **das ist das typisch ~ an ihm** that is what is typically German about him; *siehe auch* **Englische.**

Deutsche Bahn *die (ohne pl) German railway company.*

Deutsche Bucht *die area of the North Sea off the German coast.*

Deutsche Bundesbahn *die (ohne pl)* = **Deutsche Bahn.**

Deutsche Bundesbank *die* Bundesbank.

DEUTSCHE BUNDESBANK

Created in 1957, the Bundesbank, the central bank of the Federal Republic of Germany, is the foundation of the German banking system. The Bundesbank enjoys a considerable degree of autonomy: its main concern is inflation and it carefully monitors the stability of the Deutschmark. It also issues bank notes, supplies the economy with loans and administers the country's monetary reserves. Since European monetary union, it has surrendered some of its prerogatives to the ECB (European Central Bank).

Deutsche Bundespost *die (ohne pl)* = **Deutsche Post.**

Deutsche Bundestag *der (ohne pl)* Bundestag, *lower house of the German Parliament.*

DEUTSCHER BUNDESTAG

The "Bundestag", one of the two houses of the German parliament, is the national assembly of the Federal Republic of Germany. Its members are elected by the people for a term of four years. Its main role is to pass laws, elect the Chancellor and monitor the government's activities.

Deutsche Demokratische Republik *die* German Democratic Republic.

Deutsche Gewerkschaftsbund *der* German Trade Union Federation.

DEUTSCHER GEWERKSCHAFTSBUND

This is the most important trade union organization in Germany. It is made up of 16 different unions, all of which belong to the industrial sector. All of these unions cater for workers and employees from the same branch of the economy, irrespective of their position in the company to which they belong. It is not bound to any political party.

Deutsche Mark *die (pl -)* German mark, Deutschmark.

Deutsche Post *die German postal service.*

Deutsche Reich *das* German Reich.

deutsch-französisch *adj* **- 1.** [zwischen Deutschland und Frankreich bestehend] Franco-German **- 2.** [zweisprachig] German-French.

Deutschland *nt* Germany.

Deutschlandlied *das German national anthem.*

deutschsprachig ['dɔytʃʃpraːxɪç] *adj* **- 1.** [Bevölkerung] German-speaking **- 2.** [Unterricht]: **~en Unterricht erteilen** to teach in German.

deutschstämmig ['dɔytʃʃtɛmɪç] *adj* of German extraction.

Deutschunterricht *der (ohne pl)* German lessons *(pl)*; **~ geben** to teach German.

Deutung (*pl* **-en**) *die* interpretation; [der Sterne] reading.

Devise [de'viːzə] (*pl* **-n**) *die* motto.
◆ **Devisen** *pl* foreign currency *(U).*

Devisen|kurs *der* exchange rate.

Devisen|markt *der* foreign exchange market.

Dez. (*abk für* **Dezember**) Dec.

Dezember *der* December; *siehe auch* **September.**

dezent *adj* **- 1.** [taktvoll] discreet **- 2.** [unaufdringlich] tasteful <> *adv* - **1.** [taktvoll] discreetly - **2.** [unaufdringlich] tastefully.

dezentral *adj* decentralized <> *adv* using a decentralized system.

dezentralisieren *vt* to decentralize

Dezernat (*pl* **-e**) *das* department.

dezidiert *geh adj* resolute <> *adv* resolutely.

dezimal *adj* decimal.

Dezimal|stelle *die* decimal place.

Dezimal|system *das* decimal system.

Dezimal|zahl *die* decimal.

Dezi|meter *das* ODER *der* decimetre.

dezimieren *vt* to decimate.
◆ **sich dezimieren** *ref* to be decimated.

DFB [deːɛf'beː] (*abk für* **Deutscher Fußball-Bund**) *der German Football Association.*

DGB [deːgeː'beː] (*abk für* **Deutscher Gewerkschaftsbund**) *der Federation of German Trade Unions.*

dgl. *abk für* **dergleichen.**

d. h. (*abk für* **das heißt**) i.e.

Di. (*abk für* **Dienstag**) Tue., Tues.

Dia (*pl* **-s**) *das* slide.

Diabetes *der* diabetes *(U).*

Diabetiker, in (*mpl* **-**; *pl* **-nen**) *der, die* diabetic.

diabolisch *geh adj* diabolical <> *adv* diabolically.

diachronisch *adj* diachronic <> *adv* diachronically.

Diagnose (*pl* **-n**) *die* MED & *fig* diagnosis; **die ~ auf etw** *(A)* **stellen** to diagnose sthg; **eine ~ stellen** to make a diagnosis.

diagnostizieren *vt* MED & *fig* to diagnose.

diagonal *adj* diagonal <>. *adv:* **etw ~ lesen** to skim-read sthg.

Diagonale (*pl* **-n**) *die* diagonal; **eine ~ zeichnen** to draw a diagonal line.

Diagramm (*pl* **-e**) *das* diagram.

Diakon (*pl* **-e** ODER **-en**) *der* - **1.** [evangelisch] Church welfare worker - **2.** [katholisch] deacon.

Diakonie *die* Church welfare work.

Diakonisse (*pl* **-n**) *die* - **1.** [evangelisch] community nurse *(working for the Church)* - **2.** [katholisch] deaconess.

Dialekt (*pl* **-e**) *der* dialect.

DIALEKT

A great variety of dialects exists in Germany. These are a hallmark of regional diversity and enable the regional origin of most German people to be easily identified.

Dialektik *die (ohne pl)* dialectics *(U).*

dialektisch *adj* dialectical <> *adv* dialectically.

Dialog (*pl* **-e**) *der* dialogue.

Dialyse [dia'lyːzə] (*pl* **-n**) *die* dialysis *(U).*

Diamant (*pl* **-en**) *der* diamond.

diametral *adj* [Punkte] diametrically opposite <> *adv:* **~ entgegengesetzt** diametrically opposed.

Dia|projektor *der* slide projector.

Diät (*pl* **-en**) *die* diet; **~ halten** to be on a diet; **eine ~ machen** to go on a diet; **~ kochen** to cook dietary meals; **(nach einer) ~ leben** to follow a diet.

Diät|assistent, in *der, die* dietician.

Diäten *pl* [in der Politik] allowance *(sg).*

Diät|kost *die (ohne pl)* diet foods *(pl).*

Diät|küche *die (ohne pl)* [Diätkost] diet foods *(pl).*

Diät|plan *der* diet plan.

dich *pron (Akkusativ von du)* - **1.** [Personalpronomen] you - **2.** [Reflexivpronomen] yourself; **hast du ~ umgezogen?** have you changed?; **beeil ~!** hurry up!

dicht *adj* - **1.** [gegen Luft] airtight; [gegen Wasser] watertight; [Schuhe, Stoff] waterproof; **nicht ~ sein** [Dach] to be leaking; [Schuh] to be letting water in; **nicht** ODER **nicht mehr ganz ~ sein** *fam fig* & *abw* to be funny in the head - **2.** [Wald, Nebel] dense - **3.** [Haar, Gefieder] thick; [Verkehr] heavy <> *adv* - **1.** [undurchlässig]: **~ schließen** to close tight - **2.** [gedrängt] tightly; [bevölkert] densely; **er ist ~ behaart** he is very hairy - **3.** [ganz nahe]: **~ dahinter/daneben** right behind/next to it.

Dichte *die* - **1.** [Undurchlässigkeit] impermeability - **2.** [von Wald, Nebel] denseness - **3.** [von Bevölkerung & PHYS] density; [von Verkehr] heaviness.

dichten *vt* - **1.** [in Verse fassen] to write - **2.** [gegen Wasser] to make watertight; [gegen Luft] to make airtight; [Fugen] to seal; [Leck] to stop <> *vi* - **1.** [dicht machen] to seal - **2.** [Verse schreiben] to write (poetry).

Dichter, in (*mpl* **-**; *fpl* **-nen**) *der, die* poet; [von Dramen] writer.

dichterisch *adj* poetic <> *adv* poetically.

Dichter|lesung *die* poetry reading *(of own works by a poet).*

dicht|halten *vi (unreg) fam* to keep one's mouth shut.

Dichtkunst *die* poetry.

dicht|machen *vt fam* to shut, to close.

Dichtung (*pl* **-en**) *die* - **1.** [Kunstwerk] poem - **2.** [Literatur] literature - **3.** [für Wasserhahn] washer; [im Maschinenbau] gasket.

Dichtungsmasse *die* sealant.

Dichtungs|ring *der* washer.

dick *adj* - **1.** [gen] thick; [Person, Bauch] fat - **2.** [geschwollen] swollen - **3.** *fam* [groß, bedeutend - Auto, Gehalt, Fehler] whacking great; **ein ~es Lob** a big pat on the back; **sie sind ~e Freunde** they're as thick as thieves <> *adv* - **1.** [stark] thickly - **2.** *fam* [sehr] really; **mit jm ~ befreundet sein** to be as thick as thieves with sb - **3.** *RW:* **es nicht so ~ haben** *fam* to be a bit short (of cash); **jn/etw ~(e) haben** *fam* to have had one's fill of sb/sthg; **mit jm durch ~ und dünn gehen** to go through thick and thin with sb.

Dick|darm *der* large intestine.

Dicke (*pl* **-n**) *die* [gen] thickness; [von Person, Bauch] fatness; **die Wand hat eine ~ von 20 cm** the wall is 20 cm thick <> *der, die* [Person] fatty.

dickfellig *adj* *fam* thick-skinned.

dickflüssig *adj* thick.

Dickhäuter (*pl* -) *der* pachyderm.

Dickicht (*pl* **-e**) *das* thicket.

Dick|kopf *der* - **1.** [Person] pig-headed person - **2.** [Haltung]: **einen ~ haben** to be pig-headed.

dickköpfig *adj* pig-headed.

Dickmilch *die* sour milk.

dickwandig *adj* [Behälter] with thick sides.

Didaktik *die* didactics *(U)*.

didaktisch *adj* didactic; [Spielzeug] educational <> *adv* [lehrhaft] didactically.

die *det* the; **sich** *(D)* **~ Hände waschen** to wash one's hands; **~ Natur** nature <> *pron* - **1.** [Demonstrativpronomen - Person] she; **~ war es** it was her; **~ hat es getan** she did it; **meine Tochter? – ~ geht schon längst in die Schule** my daughter? – she's been at school for a long time - **2.** [Demonstrativpronomen - Sache] that one; **richtig, auf ~ Antwort habe ich gewartet!** that's just the answer I was waiting for!; **meine Lehre? – ~ habe ich abgebrochen** my training? – I've given it up - **3.** [Relativpronomen - Person] who, that; [- Sache] which, that.

Dieb (*pl* **-e**) *der* thief.

Diebes|gut *das* stolen goods *(pl)*.

Diebin (*pl* **-nen**) *die* thief.

diebisch *adj* - **1.** [schadenfroh] gloating - **2.** [stehlend] thieving <> *adv:* **sich ~ freuen** to gloat.

Diebstahl (*pl* **-stähle**) *der* theft.

diejenige *det:* **~ Frau, die ...** the woman who ... <> *pron:* **~, die das gemacht hat** whoever did this; **unter allen Bewerbungen wurde ~ ausgewählt, die am originellsten war** the application that was chosen was the most original one.

Diele (*pl* **-n**) *die* - **1.** [Flur] hall - **2.** [Brett] floorboard.

dienen *vi* - **1.** [nützen]: **einer Sache** *(D)* **~** to help with sthg; **jm ~** to be of use to sb; **als etw ~** to serve as sthg; **der Teppich dient nur zur Zierde** the carpet is only for decoration; **das Spiel dient ihm zum Zeitvertreib** the game helps him to pass the time - **2.** [behilflich sein] to be of help; **womit kann ich ~?** can I be of help? - **3.** [für etw wirken]: **jm/einer Sache ~** to serve sb/sthg - **4.** [Subj: Butler]: **jm ~** to serve sb - **5.** [Soldat sein] to serve.

Diener, in (*mpl* **-**; *fpl* **-nen**) *der, die* **eigtl** & **fig** servant.

dienlich *adj:* **jm/einer Sache ~ sein** to be of help to sb/sthg.

Dienst (*pl* **-e**) *der* - **1.** [gen] service; **der öffentliche ~** the civil service; **jm seine ~e anbieten** to offer sb one's services; **im ~ einer Sache** *(G)* **stehen** to be in the service of sthg; **jm einen (guten) ~ erweisen** to serve sb well - **2.** [Arbeit, Pflicht] work; [von Arzt, Soldat] duty; **zum ~ gehen** to go to work; [Arzt, Soldat] to go on duty; **~ haben** to be working; [Arzt, Soldat] to be on duty; **~ habend** on duty; **~ nach Vorschrift** work-to-rule - **3.** [Arbeitsverhältnis] post; **jn in seine ~e nehmen** to engage sb.

◆ **außer Dienst** *adv* [Person] retired.

◆ **im Dienst** *adv:* **im ~ sein** to be working; [Arzt, Soldat] to be on duty.

◆ **vom Dienst** *adv* on duty.

Dienstag (*pl* **-e**) *der* Tuesday; *siehe auch* **Samstag.**

dienstags *adv* on Tuesdays; *siehe auch* **samstags.**

Dienst|alter *das* length of service.

Dienst|älteste *der, die* longest-serving person.

Dienst|antritt *der* taking up of one's post.

dienstbereit *adj* [geöffnet] open.

Dienst|bote *der* servant.

Dienst|botin *die* servant.

Dienst|geheimnis *das* official secret.

Dienst|grad *der* rank.

diensthabend *adj* = **Dienst habend.**

Diensthabende (*pl* **-n**) *der, die* person on duty.

Dienst|leistung *die* service.

Dienstleistungs|gewerbe *das* service industry.

Dienstleistungs|unternehmen *das* service-sector business.

dienstlich *adj* - **1.** *amt* [den Dienst betreffend] business *(vor Subst)*; [Befehl] official - **2.** [unpersönlich] impersonal <> *adv* *amt* [verreisen] on business.

Dienst|reise *die* business trip; **auf ~ sein** [geschäftlich] to be away on business; [Politiker] to be away on official business.

Dienst|schluss *der:* **nach ~** after work.

Dienst|stelle *die:* **die oberste ~** the highest authority.

Dienst|wagen *der* company car.

Dienst|weg *der:* **den ~ einhalten** to go through the proper channels.

Dienst|wohnung *die* company flat ***Br*** *ODER* apartment ***Am.***

Dienst|zeit *die* **- 1.** [Dienststunden] working hours *(pl)* **- 2.** [Soldatenzeit] term of service.

dies *pron* this; **~ und das** *ODER* **jenes** ***fig*** this and that.

diesbezüglich *adj* related (to this) <> *adv* regarding this (matter).

diese, r, s *ODER* **dies** *det* this; [jene] that; **~ Tage** one of these days; **am 9. ~s Monats** on the 9th of this month <> *pron* this one; [jene] that one.

Diesel (*pl* **-**) *der* diesel.

dieselbe *det* the same <> *pron* the same one.

Diesel|motor *der* diesel engine.

Dieselöl *das* diesel.

diesig *adj* misty.

diesjährig *adj:* **die ~e Ernte** this year's harvest.

diesmal *adv* this time.

diesseitig *adj* **- 1.** [Ufer] on this side **- 2.** [Leben] earthly.

diesseits *präp* [auf dieser Seite]: **~ eines Ortes** *(G)* on this side of a place.

Diesseits *das:* **im ~** in this (earthly) life.

Dietrich (*pl* **-e**) *der* skeleton key.

diffamieren *vt* to defame.

Diffamierung (*pl* **-en**) *die* defamation; **~en** defamatory comments.

Differential|getriebe *das* = **Differenzialgetriebe.**

Differential|rechnung *die* = **Differenzialrechnung.**

Differenz (*pl* **-en**) *die* **- 1.** [gen] difference **- 2.** [Fehlbetrag] deficit.

◆ **Differenzen** *pl* [Meinungsverschiedenheiten] differences.

Differenzial|getriebe *das* differential gear.

Differenzialrechnung *die* MATH differential calculus.

differenzieren *vt* to differentiate between <> *vi* to make distinctions.

◆ **sich differenzieren** *ref* to become differentiated.

diffus *adj* **- 1.** [wirr] confused **- 2.** [Licht] diffuse.

digital *adj* digital.

Digital|anzeige *die* digital display.

Digital|technik *die* digital technology.

Digital|uhr *die* digital clock; [Armbanduhr] digital watch.

DIHT [de:i:ha:'te:] (*abk für* **Deutscher Industrie- und Handelstag**) *der umbrella organization for German Chambers of Commerce.*

Diktat (*pl* **-e**) *das* **- 1.** [Nachschrift] dictation **- 2.** ***geh*** [Zwang] dictate.

Diktator (*pl* **-toren**) *der* dictator.

Diktatorin (*pl* **-nen**) *die* dictator.

diktatorisch ***abw*** *adj* dictatorial <> *adv* dictatorially.

Diktatur (*pl* **-en**) *die* ***abw*** dictatorship.

diktieren *vt* to dictate; **jm etw ~** to dictate sthg to sb.

Diktier|gerät *das* Dictaphone®.

Dilemma (*pl* **-s**) *das* dilemma.

Dilettant, in (*mpl* **-en**; *fpl* **-nen**) *der, die* ***geh*** dilettante.

dilettantisch *adj* ***abw*** amateurish.

Dill *der* dill.

Dimension (*pl* **-en**) *die* ***eigtl*** & ***fig*** dimension; **ungeahnte ~en annehmen** to take on unprecedented proportions.

Diminutiv (*pl* **-e**) *das* GRAM diminutive.

DIN [di:n] (*abk für* **Deutsche Industrienorm**) *die* DIN.

Ding (*pl* **-e** *ODER* **-er**) *das* **- 1.** *(pl Dinge)* [Gegenstand, Angelegenheit] thing; **vor allen ~en** above all; **über den ~en stehen** to be above it all; **unverrichteter ~e** without having accomplished anything; **den ~en ihren Lauf lassen** to let things take their course; **es ist nicht mit rechten ~en zugegangen** there was something odd about it; **wie die ~e liegen** as things stand; **ein ~ der Unmöglichkeit sein** to be absolutely impossible; **guter ~e sein** to be in good spirits **- 2.** *(pl Dinger)* ***fam*** [Sache] thing **- 3.** *(pl Dinger)* [Mädchen]: **ein junges/dummes ~** a young/stupid thing **- 4.** *(pl Dinger)* ***RW:*** **das is (ja) 'n ~!** ***fam*** would you believe it!, there's a thing!; **ein ~ drehen** ***fam*** to do a job; **krumme ~er machen** ***fam*** to be involved in crooked business.

dingfest *adj:* **jn ~ machen** to arrest sb.

Dings ***fam*** *der, die* [Person] thingy, thingummy <> *das* [Gegenstand, Ort] thingy, thingummy.

Dino|saurier *der* dinosaur.

Dioptrie (*pl* **-n**) *die* MED dioptre.

Dioxid (*pl* **-e**) *das* dioxide.

Diözese (*pl* **-n**) *die* diocese.

Dip (*pl* **-s**) *der* KÜCHE dip; **ein ~ mit Curry/Joghurt** a curry/yoghurt dip.

Dipl.-Ing. *abk für* **Diplomingenieur**.

Dipl.-Kfm. (*abk für* **Diplomkaufmann**) *person with a commercial diploma.*

Diplom (*pl* **-e**) *das* **- 1.** [akademischer Grad] degree *(in science or technology)* **- 2.** [Urkunde] diploma.

Diplom|arbeit *die* dissertation *(submitted for a degree).*

Diplomat (*pl* **-en**) *der* diplomat.

Diplomaten|koffer *der* attaché case.

Diplomatie *die* diplomacy.

Diplomatin (*pl* **-nen**) *die* diplomat.

diplomatisch *adj* diplomatic <> *adv* diplomatically.

Diplom|ingenieur, in *der, die* qualified engineer.

dir *pron (Dativ von du)* (to) you; **das gehört ~** it belongs to you, it's yours; **ich komme mit ~** I'm coming with you; **tun ~ die Füße weh?** do your feet hurt?

Dir. (*abk für* **Direktor**) dir.

Directory [daɪ'rɛktɔri] (*pl* **-s**) *das* EDV directory.

direkt *adj* direct <> *adv* **- 1.** [sofort] straight; TV live **- 2.** [nahe] right; **~ neben** right next to **- 3.** [unmittelbar]: **sie kaufen ihre Milch ~ beim Bauern** they buy their milk direct from the farmer **- 4.** [unverblümt] directly.

Direkt|flug *der* direct flight.

Direktheit *die* directness.

Direktion (*pl* **-en**) *die* management.

Direktive [dirɛk'tiːvəl] (*pl* **-n**) *die* ***geh*** directive.

Direkt|mandat *das* POL direct mandate.

Direktmarketing *das* direct marketing.

Direktor (*pl* **-toren**) *der* [von Schule] headmaster ***Br***, principal ***Am;*** [von Museum] director; [von Strafanstalt] governor ***Br***, warden ***Am;*** [von Abteilung] manager.

Direktorin (*pl* **-nen**) *die* [von Schule] headmistress ***Br***, principal ***Am;*** [von Museum] director; [von Strafanstalt] governor ***Br***, warden ***Am;*** [von Abteilung] manager.

Direkt|übertragung *die* live broadcast.

Direkt|verbindung *die* **- 1.** [bei der Eisenbahn, im Flugwesen] direct service; **per ~ nach München fliegen** to fly direct to Munich **- 2.** TELEKOM direct line.

Direkt|verkauf *der* direct selling.

Dirigent, in (*mpl* **-en**; *fpl* **-nen**) *der, die* conductor.

dirigieren *vt* **- 1.** MUS to conduct **- 2.** [Unternehmen] to manage, to run; [Verkehr] to direct <> *vi* to conduct.

Dirndl|kleid *das* dirndl.

Dirne (*pl* **-n**) *die* prostitute.

dis, Dis *das* MUS D sharp.

Diskette (*pl* **-n**) *die* EDV (floppy) disk, .

Disketten|lauf|werk *das* EDV disk drive.

Disk|jockey ['dɪskdʒɔkel] *der* disc jockey.

Disko (*pl* **-s**) *die* ***fam*** disco.

Diskont|satz *der* WIRTSCH discount rate.

Diskothek (*pl* **-en**) *die* discotheque.

diskreditieren *vt* to discredit.

Diskrepanz (*pl* **-en**) *die* discrepancy.

diskret *adj* discreet <> *adv* discreetly.

Diskretion *die* discretion; **in Bezug auf etw ~ wahren** to treat sthg in confidence.

diskriminieren *vt* **- 1.** [benachteiligen] to discriminate against **- 2.** [herabwürdigen] to disparage.

Diskriminierung (*pl* **-en**) *die* discrimination.

Diskus (*pl* **-se** ODER **Disken**) *der* SPORT discus.

Diskussion (*pl* **-en**) *die* discussion; **zur ~ stehen** to be under discussion; **etw zur ~ stellen** to bring sthg up for discussion.

Diskussions|beitrag *der* contribution to the discussion.

Diskussions|leiter, in *der, die* chairperson *(of a discussion).*

Diskussions|runde *die* discussion group.

Diskuswerfen *das* SPORT discus.

diskutabel *adj* worth considering.

diskutieren *vi* to discuss; **über jn/etw ~** to discuss sb/sthg <> *vt* to discuss.

disponieren *vi*: **in dieser Stellung muss man ~ können** in this position you have to be able to plan ahead; **über sein Geld frei ~ können** to be able to do what one wants with one's money.

disproportional *adj* badly proportioned.

Disqualifikation (*pl* **-en**) *die* disqualification.

disqualifizieren *vt* to disqualify.

Dissens (*pl* **-e**) *der* difference of opinion.

Dissertation (*pl* **-en**) *die* (doctoral) thesis.

Dissident, in (*mpl* **-en**; *fpl* **-nen**) *der, die* dissident.

Dissonanz (*pl* **-en**) *die* **- 1.** MUS dissonance **- 2.** [Unstimmigkeit] difference of opinion.

Distanz (*pl* **-en**) *die* **- 1.** [Entfernung] distance **- 2.** [persönlicher Abstand] detachment; **etw aus der ~ heraus beurteilen** to judge sthg from a distance; **jm gegenüber auf ~ gehen/bleiben** to distance o.s./keep one's distance from sb.

distanzieren ◆ **sich distanzieren** *ref:* **sich von jm/etw ~** to distance o.s. from sb/sthg.

distanziert *adj* detached <> *adv:* **~ wirken** to seem distant.

Distel (*pl* **-n**) *die* thistle.

distinguiert [dɪstɪŋ'giːɐ̯t] *adj* **geh** distinguished.

Distrikt (*pl* **-e**) *der* district.

Disziplin (*pl* **-en**) *die* discipline.

disziplinarisch *adj* disciplinary <> *adv:* **gegen jn ~ vorgehen** to take disciplinary action against sb.

Disziplinar|strafe *die* disciplinary action *(U)*.

diszipliniert *adj* disciplined <> *adv* in a disciplined way.

Diva ['diːva] (*pl* **-s** ODER **Diven**) *die* [Sängerin] diva; [Filmschauspielerin] filmstar.

Divergenz [divɛr'gɛnts] (*pl* **-en**) *die* divergence.

diverse [di'vɛrzə] *adj pl* various.

Dividende [divi'dɛndə] (*pl* **-n**) *die* dividend.

dividieren [divi'diːrən] *vt:* **etw (durch etw) ~** to divide sthg (by sthg).

Division [divi'zi̯oːn] (*pl* **-en**) *die* MATH & MIL division.

Diwan (*pl* **-e**) *der* divan.

d. J. - 1. (*abk für* **der Jüngere**) *the Younger* **- 2.** (*abk für* **dieses Jahres**) *of this year.*

DJH [deːjɔt'haː] (*abk für* **Deutscher Jugendherbergsverband**) *der German Youth Hostel Association.*

DKP [deːkaː'peː] (*abk für* **Deutsche Kommunistische Partei**) *die German Communist Party.*

DLRG [deːɛlɛr'geː] (*abk für* **Deutsche Lebensrettungsgesellschaft**) *die German Lifesaving Association.*

d. M. (*abk für* **dieses Monats**) inst.

DM (*abk für* **Deutsche Mark**) DM.

D-Mark ['deːmark] (*pl* **-**) (*abk für* **Deutsche Mark**) *die* German mark, Deutschmark.

d-Moll *das* D minor.

DNS [deːɛn'ɛs] (*abk für* **Desoxyribonukleinsäure**) *die* DNA.

Do. (*abk für* **Donnerstag**) Thurs.

doch *konj* [aber] yet, but <> *adv* **- 1.** [trotzdem] anyway; **er wollte erst nicht, aber dann hat er es ~ gemacht** at first he didn't want to, but then he did it anyway; **willst du nicht? – ~** don't you want to? – yes, I do; **~ noch** after all **- 2.** [verstärkend]: **setzen Sie sich ~!** do sit down!; **nicht ~, so war es nun auch nicht gemeint!** okay, okay, I didn't mean it that way!; **das kann ~ nicht wahr sein!** but surely that can't be true!; **aber das konnte ich ~ nicht wissen!** but how could I have known!
◆ **nicht doch** *interj* don't do that!

Docht (*pl* **-e**) *der* wick.

Dock (*pl* **-s**) *das* dock.

Documenta *die international exhibition of contemporary art held every four or five years in Kassel.*

Dogge (*pl* **-n**) *die* mastiff.

Dogma (*pl* **Dogmen**) *das* dogma.

dogmatisch *adj* **abw** dogmatic.

Doktor (*pl* **-toren**) *der* **- 1.** [Titel] doctorate; **seinen ~ machen** to do one's doctorate **- 2.** [Träger des Doktortitels, Arzt] doctor.

Doktorand, in (*mpl* **-en;** *fpl* **-nen**) *der, die* PhD student.

Doktor|arbeit *die* doctoral thesis.

Doktorin (*pl* **-nen**) *die* doctor.

Doktor|titel *der* PhD, doctorate.

Doktor|vater *der* supervisor.

Doktrin (*pl* **-en**) *die* doctrine.

Dokument (*pl* **-e**) *das* document.

Dokumentar|film *der* documentary.

dokumentarisch *adj* documentary <> *adv* [belegen] using documentary evidence.

Dokumentation (*pl* **-en**) *die* **- 1.** [Informationsmaterial] documentation *(U)* **- 2.** [Darstellung]: **eine ~ über etw** *(A)* **machen** to document sthg.

dokumentieren *vt* **- 1.** [darstellen] to document **- 2.** [bekunden] to show clearly.

Dolch (*pl* **-e**) *der* dagger.

Dolde (*pl* **-n**) *die* umbel.

Dollar (*pl* **-s** ODER **-**) *der* dollar.

dolmetschen *vt* & *vi* to interpret.

Dolmetscher, in (*mpl* **-;** *fpl* **-nen**) *der, die* interpreter.

Dolomiten *pl* Dolomites.

Dom (*pl* **-e**) *der* cathedral.

Domäne (*pl* **-n**) *die* [Spezialgebiet] domain.

dominant *adj* dominant.

Dominante (*pl* **-n**) *die* MUS dominant.

Dominanz (*pl* **-en**) *die* dominance.

dominieren *vi* to predominate <> *vt* to dominate.

Dominikaner, in (*mpl* **-;** *fpl* **-nen**) *der, die* GEOGR & REL Dominican.

Dominikanische Republik *die* Dominican Republic.

Domino (*pl* **-s**) *das* dominoes *(U)*.

Domizil (*pl* **-e**) *das* **geh** domicile.

Dompteur (*pl* **-e**) *der* animal tamer.

Dompteuse (*pl* **-n**) *die* animal tamer.

Donau *die:* **die ~** the Danube.

Donner *der* thunder; **wie vom ~ gerührt** thunderstruck.

donnern (*perf* **hat/ist gedonnert**) *vi* **- 1.** *(hat)* [beim Gewitter]: **es donnert** it is thundering **- 2.** *(ist)* [sich bewegen] to thunder **- 3.** *(hat)* ***fam*** [schlagen] to hammer **- 4.** *(ist)* ***fam*** [prallen]: **gegen etw ~** to slam into sthg <> *vt (hat)* ***fam*** to hurl.

Donnern *das* thunder.

Donner|schlag *der* thunderclap.

Donnerstag (*pl* **-e**) *der* Thursday; *siehe auch* **Samstag.**

donnerstags *adv* on Thursdays; *siehe auch* **samstags.**

Donnerwetter *das (ohne pl)* ***fam*** almighty row; **zum ~!** for goodness' sake!; **Donnerwetter!** my goodness!

doof ***fam*** *adj* stupid <> *adv* stupidly.

dopen ['do:pn̩] *vt* [Pferd] to dope.
◆ **sich dopen** *ref* [Sportler] to take drugs.

Doping ['do:pɪŋ] (*pl* **-s**) *das* drug-taking.

Doping|kontrolle *die* drugs test.

Doppel (*pl* **-**) *das* **- 1.** [Kopie] duplicate **- 2.** SPORT doubles *(U)*; **im ~ spielen** to play doubles; **gemischtes ~** mixed doubles.

Doppel|belastung *die* double workload.

Doppel|besteuerung *die* double taxation.

Doppel|bett *das* double bed.

Doppel|decker (*pl* **-**) *der* **- 1.** FLUG biplane **- 2.** [Omnibus] double-decker (bus).

doppeldeutig *adj* ambiguous; **~er Witz** double entendre.

Doppel|fenster *das* double window.

Doppel|gänger, in (*mpl* **-**; *fpl* **-nen**) *der, die* double.

Doppel|haus *das* pair of semi-detached houses.

Doppel|kinn *das* double chin.

Doppelklick (*pl* **-s**) *der* EDV double click.

Doppel|leben *das* double life.

Doppel|moral *die (ohne pl)* double standards *(pl)*.

Doppel|name *der* double-barrelled name.

Doppel|punkt *der* colon.

doppelseitig *adj* **- 1.** [Lungenentzündung] double **- 2.** [zwei Seiten umfassend] two-page.

Doppel|stecker *der* two-way adaptor.

doppelt *adj* **- 1.** [zweifach] double **- 2.** [gesteigert] twice as much <> *adv* twice; **~ so viel** twice as much; **das ist ~ gemoppelt** ***fam*** that is saying the same thing twice; **etw ~ und dreifach prüfen** ***fam*** to check sthg and check it again; **~ sehen** ***fam*** to see double.

Doppelte *das:* **das ~** twice as much.

Doppelverdiener, in (*mpl* **-**; *fpl* **-nen**) *der, die:* **sie sind ~** they are both earning.

Doppel|zimmer *das* double room.

Dorf (*pl* **-̈er**) *das* **- 1.** [Ort] village; **auf dem ~** in the country; **das olympische ~** the Olympic Village **- 2.** ***RW:*** **nie aus seinem ~ herausgekommen sein** to be parochial; **das sind für mich böhmische Dörfer** it's all Greek to me.

Dorf|bewohner, in *der, die* villager.

dörflich *adj* village *(vor Subst)*; [Gegend] rural.

Dorn (*pl* **-en**) *der* [von Rose] thorn; [von Schnalle] prong; **jm ein ~ im Auge sein** to be a thorn in sb's side.

dornig *adj* thorny.

Dornröschen *das* Sleeping Beauty.

Dörrobst *das* dried fruit.

Dorsch (*pl* **-e**) *der* cod.

dort *adv* there; **~ drüben** over there; **von ~ aus** from there; **~, wo wir Fußball spielen** where we play football.

dorther *adv* from there.

dorthin *adv* there.

dortig *adj* local.

Dortmund *nt* Dortmund.

Dose (*pl* **-n**) *die* **- 1.** [Behälter] box; [für Zucker] bowl; [für Butter] dish **- 2.** [Konservendose] can, tin ***Br;*** [Bierdose] can; **Erbsen aus der ~** tinned *ODER* canned peas

dösen *vi* to doze.

Dosen|bier *das* canned beer.

Dosen|milch *die* condensed *ODER* evaporated milk.

Dosen|öffner *der* can *ODER* tin ***Br*** opener.

dosieren *vt* to measure out.

Dosierung (*pl* **-en**) *die* dosage.

Dosis (*pl* **Dosen**) *die* dose.

Dotter (*pl* **-**) *das* ODER *der* yolk.

dottergelb *adj* deep yellow.

Double ['du:bl̩] (*pl* **-s**) *das* double.

down [daun] *adj* ***fam:*** **~ sein** to be down.

down|loaden (*präs* **loadet down;** *prät* **loadete down;** *perf* **hat downgeloadet**) *vt* EDV to download.

Dozent, in (*mpl* **-en;** *fpl* **-nen**) *der, die* lecturer ***Br,*** assistant professor ***Am.***

dpa [de:pe'a:] (*abk für* **Deutsche Presseagentur**) *die* German Press Agency.

Dr. (*abk für* **Doktor**) Dr.

Drache (*pl* **-n**) *der* dragon.

Drachen (*pl* -) *der* - **1.** [Spielzeug] kite; **einen ~ steigen lassen** to fly a kite - **2.** *abw* [Frau] dragon.

Drachenflieger, in (*mpl* -; *fpl* **-nen**) *der, die* hang-glider.

Draht (*pl* **Drähte**) *der* - **1.** wire; **ein heißer ~** a hot line - **2.** *RW:* **auf ~ sein** *fam* to be on the ball; **jn auf ~ bringen** *fam* to make sb pull his/her finger out; **einen guten ~ zu jm haben** to be well in with sb.

drahtig *adj* wiry.

drahtlos *adj* [Telefon] cordless <> *adv:* **eine Nachricht ~ übermitteln** to radio a message.

Draht|seil *das* steel cable; [im Zirkus] high wire.

Drahtseil|bahn *die* cable railway.

Drahtzieher, in (*mpl* -; *fpl* **-nen**) *der, die* [Hintermann] string-puller.

drakonisch *adj* draconian <> *adv* in a draconian manner.

drall *adj* [Mädchen] buxom; [Körperteil] well-rounded.

Drall (*pl* **-e**) *der* spin.

Drama (*pl* **Dramen**) *das* drama.

Dramatiker, in (*mpl* **-z;** *fpl* **-nen**) *der, die* playwright, dramatist.

dramatisch *adj* dramatic.

dramatisieren *vt* [hochspielen] to play up, to make a big thing of.

Dramaturg, in (*mpl* **-en;** *fpl* **-nen**) *der, die person who selects and adapts plays for the stage.*

dramaturgisch *adj* dramatic.

dran *adv* - **1.** *fam* = **daran** - **2.** [von Bedeutung]: **da ist was ~!** there's something in it!; **da ist alles ~!** it's got everything!; **da ist nichts ~!** there's nothing in it! - **3.** [an der Reihe]: **ich bin jetzt ~** it's my turn; **wer ist als Nächster ~?** who's next?, whose turn is it? - **4.** *RW:* **~ sein** to be for it; **nicht wissen, wie** *ODER* **wo man ~ ist** not to know where one stands; **~ glauben müssen** to meet one's end.

dran|bleiben (*perf* **ist drangeblieben**) *vi (unreg)* - **1.** [am Telefon]: **bleiben Sie bitte dran** hold the line please - **2.** [in Rennen, Verfolgungsjagd]: **an jm ~** not to let sb get away (from one) - **3.** [Entwicklung, Veränderung]: **an etw** *(D)* **~** to keep up to date with sthg.

drang *prät* ▷ **dringen.**

Drang *der* urge, yearning.

Drängelei (*pl* **-en**) *die* - **1.** *abw* [durch Schieben] pushing (and shoving) - **2.** [durch Reden] pestering.

drängeln *vi* - **1.** [durch Schieben] to push - **2.** [durch Reden] to go on (and on) <> *vt* - **1.** [durch Schieben] to push - **2.** [durch Reden] to pester.

◆ **sich drängeln** *ref:* **sich nach vorn ~** to push one's way to the front.

drängen *vi* - **1.** [schieben] to push - **2.** [nicht warten]: **zum Aufbruch ~** to insist on leaving; **zur Eile ~** to urge haste; **auf etw** *(A)* **~** to push *ODER* press for sthg <> *vt* - **1.** [schieben] to push - **2.** [antreiben] to urge; **jn zu einem Kauf ~** to urge sb to make a purchase.

◆ **sich drängen** *ref:* **sich nach vorn ~** to push one's way to the front.

drangsalieren *vt abw* to plague.

dran|halten ◆ **sich dranhalten** *ref (unreg) fam* to get a move on.

dran|kommen (*perf* **ist drangekommen**) *vi (unreg)* - **1.** [an die Reihe kommen] to have one's turn; **ich bin als Letzter drangekommen** I was last - **2.** [heranreichen] to reach.

drastisch *adj* - **1.** [einschneidend] drastic - **2.** [sehr deutlich] graphic <> *adv* - **1.** [stark] drastically - **2.** [sehr deutlich] graphically.

drauf *adv fam* - **1.** = **darauf** - **2.** *RW:* **es kommt ~ an** it depends; **etw ~ haben** [Fähigkeit] to be really good at sthg; **er hatte hundert Sachen ~** AUTO he was doing a hundred; **gut ~ sein** to be in a good mood; **~ und dran sein, etw zu tun** to be on the point of doing sthg.

Draufgänger, in (*mpl* -; *fpl* **-nen**) *der, die* daredevil.

drauf|geben *vt (unreg) fam:* **jm eins ~** [schlagen] to whack sb; [zurechtweisen] to give sb what for.

drauf|gehen (*perf* **ist draufgegangen**) *vi (unreg) fam* - **1.** [umkommen] to buy it - **2.** [verbraucht werden] to be used up.

drauf|kommen (*perf* **ist draufgekommen**) *vi (unreg)* [herausfinden] to work it out; **ich bin nicht gleich draufgekommen** I didn't realize straight away; **ich komme nicht drauf, wie sie heißt** I can't think what she's called.

drauflos|gehen (*perf* **ist drauflosgegangen**) *vi (unreg) fam* to go for it.

drauf|machen *vt fam:* **einen ~** to live it up.

drauf|zahlen *vt* to pay on top <> *vi* to lose money.

draußen *adv* outside.

◆ **nach draußen** *adv* outside.

◆ **von draußen** *adv* from outside.

drechseln ['drɛksln] *vt* to turn.

Dreck *der fam* - **1.** [Schmutz] muck, dirt; **~ machen** to make a mess - **2.** *RW:* **es interessiert mich einen ~** I don't give a damn; **das geht dich einen ~ an** it's none of your damn business; **jn wie den letzten ~ behandeln** *abw* to treat sb like dirt; **jn/etw in den ~ ziehen** to drag sb/sthg through the mud; **~ am Ste-**

cken haben to have a skeleton in the cupboard *Br* ODER closet *Am*.

Dreck|arbeit *die* *fam* - **1.** [schmutzige Arbeit] dirty work - **2.** [niedere Arbeit] menial jobs *(pl)*.

dreckig *adj* - **1.** [schmutzig, unverschämt] dirty; **sich ~ machen** to get dirty - **2.** *fam abw* [gemein]: **du ~es Schwein!** you filthy swine! ◇ *adv fam* - **1.** *abw* [unverschämt] dirtily - **2.** [schlecht]: **ihr geht es ~** she is in a bad way.

Dreck|spatz *der fam* mucky pup.

Dreh (*pl* -s ODER -e) *der fam:* **den (richtigen) ~ heraushaben** to have got the hang of it; **(so) um den ~** round about then.

Drehbank (*pl* -bänke) *die* lathe.

drehbar *adj* revolving.

Dreh|bewegung *die* turn.

Dreh|buch *das* screenplay.

Drehbuch|autor, in *der, die* screenwriter.

drehen *vt* - **1.** [im Kreis bewegen] to turn - **2.** [einstellen]: **das Radio laut/leise ~** to turn the radio up/down - **3.** [formen - Seil] to twist; [- Zigarette, Pillen] to roll - **4.** TV to film, to shoot - **5.** *RW:* **du kannst die Sache ~ und wenden, so viel du willst, aber du wirst sie nicht ändern** whichever way you look at it, you can't change it ◇ *vi* - **1.** [wenden] to turn - **2.** [am Knopf, Schalter]: **an etw** *(D)* **~** to turn sthg; **am Radio ~** to turn the knob on the radio.
◆ **sich drehen** *ref* - **1.** [sich wenden] to turn; **mir dreht sich alles** *fam* my head is spinning - **2.** *RW:* **sich um jn/etw ~** to be about sb/sthg; **es dreht sich darum, dass ...** the thing is ...; **alles dreht sich um ihn** everything revolves around him.

Dreh|kreuz *das* turnstile.

Dreh|orgel *die* barrel organ.

Dreh|scheibe *die* [Knotenpunkt] hub.

Dreh|stuhl *der* swivel chair.

Dreh|tür *die* revolving door.

Drehung (*pl* -en) *die* turn.

Dreh|wurm *der:* **einen** ODER **den ~ kriegen** *fam* to get giddy.

Dreh|zahl *die* revs *(pl)*.

Drehzahlmesser (*pl* -) *der* rev counter *Br*, tachometer *Am*.

drei *num* - **1.** [Zahl] three - **2.** *RW:* **für ~ essen** to eat like a horse; **nicht bis ~ zählen können** *fam* not to have a clue about anything; *siehe auch* **sechs.**

Drei (*pl* -en) *die* - **1.** [Zahl] three - **2.** [Schulnote] ≃ C, *mark of 3 on a scale from 1 to 6; siehe auch* **Sechs.**

dreidimensional *adj* three-dimensional ◇ *adv* three-dimensionally.

Dreieck (*pl* -e) *das* triangle.

dreieckig *adj* triangular.

Dreier (*pl* -) *der* - **1.** [Drei] three - **2.** [beim Lotto] three correct numbers *(pl)* - **3.** *fam* [Sprungbrett] three-metre board.

dreierlei *adj (unver)* three different; **auf ~ Weise** in three different ways.

dreifach *adj* triple; **die ~e Menge** three times as much; **in ~er Größe** three times as big; **in ~er Ausfertigung** in triplicate; **der ~e Gewinner** the three times ODER triple winner ◇ *adv* three times.

Dreifaltigkeit *die* REL Trinity.

dreihundert *num* three hundred.

Drei|klang *der* triad.

Dreikönigs|fest *das* Epiphany.

dreimal *adv* three times.

Drei|rad *das* tricycle.

Drei|satz *der* rule of three.

Drei|sprung *der* SPORT triple jump.

dreißig *num* thirty; *siehe auch* **sechs.**

Dreißig *die* thirty; *siehe auch* **Sechs.**

Dreißigerjahre, dreißiger Jahre *pl:* **die ~** the thirties.

dreist *adj* impudent ◇ *adv* impudently.

Dreistigkeit (*pl* -en) *die* - **1.** [Wesen, Verhalten] impudence - **2.** [Handlung]: **das ist eine ~!** what impudence!, how impudent!

dreistöckig *adj* - **1.** [Haus] three-storeyed - **2.** [Torte] three-tiered.

dreitausend *num* three thousand.

Drei|tausender *der* [Berg] *peak over 3,000 metres high.*

dreiteilig *adj* three-part; [Kostüm, Anzug] three-piece.

drei viertel *num* three quarters; **~ Liter** three-quarters of a litre; **~ acht** a quarter to *Br* ODER of *Am* eight.

Dreivierteltakt *der* three-four time.

dreizehn *num* thirteen; **jetzt schlägts (aber) ~!** that's the limit!; *siehe auch* **sechs.**

Dreizimmer|wohnung *die* three-roomed flat *Br* ODER apartment *Am*.

Dresche *die fam:* **~ kriegen** ODER **beziehen** to get a thrashing.

dreschen (*präs* **drischt;** *prät* **drosch;** *perf* **hat gedroschen**) *vt* - **1.** [Getreide] to thresh - **2.** *fam* [prügeln] to thrash ◇ *vi fam* [schlagen] to bang.

Dresch|maschine *die* threshing machine.

Dresden *nt* Dresden.

Dress (*pl* -e) *der* - **1.** SPORT kit - **2.** *fam* [Kleidung] outfit.

dressieren *vt* to train.

Dressing (*pl* -s) *das* dressing.

Dressur (*pl* **-en**) *die* **- 1.** [Dressieren] training **- 2.** [Pferdedressur] dressage.

Dressurreiten *das* dressage.

Dr. h. c. (*abk für* **Doktor honoris causa**) honorary doctor.

dribbeln (*perf* **hat gedribbelt**) *vi* SPORT to dribble.

Drill *der* drill.

drillen *vt* to drill.

Drilling (*pl* **-e**) *der* triplet.

drin *adv fam* **- 1.** = **darin - 2.** [möglich]: **~ sein** to be on the cards; **bei diesem Spiel ist noch alles ~** there is still everything to play for in this game **- 3.** [gewöhnt]: **~ sein** to have got into the swing of things.

dringen (*prät* **drang;** *perf* **hat/ist gedrungen**) *vi* **- 1.** *(ist)* [eindringen]: **durch** ODER **in etw** *(A)* **~** to penetrate sthg; **Wasser dringt durch die Decke** water is leaking through the ceiling; **Gas drang in den Raum** gas seeped into the room; **in jn ~** to keep on at sb **- 2.** *(hat)* [drängen]: **auf etw** *(A)* **~** to insist on sthg.

dringend *adj* urgent ◇ *adv* urgently.

Dringlichkeit *die* urgency.

Drink [drɪŋk] (*pl* **-s**) *der* drink.

drinnen *adv* inside; **nach ~ gehen** to go inside.

drin|stecken *vi fam:* **in ihm steckt viel drin** there is a lot of potential in him.

drischt *präs* ▷ **dreschen.**

dritt ◆ **zu dritt** *num:* **wir sind zu ~** there are three of us; **wir sind zu ~ ins Kino gegangen** three of us went to the cinema.

dritte, r, s *adj* third; *siehe auch* **sechste.**

Dritte *der, die, das* third; [außenstehende Person] third party; **der lachende ~ sein** to come off best *(when two others cannot agree); siehe auch* **Sechste.**

drittel *adj (unver)* third of a; *siehe auch* **sechstel.**

Drittel (*pl* **-**) *das* third; *siehe auch* **Sechstel.**

dritteln *vt* to divide into three.

drittens *adv* thirdly.

Dritte Reich *das:* **das ~** the Third Reich.

DRK [deːɛr'kaː] (*abk für* **Deutsches Rotes Kreuz**) *das German Red Cross.*

Dr. med. (*abk für* **Doktor der Medizin**) MD.

Droge (*pl* **-n**) *die* drug.

drogenabhängig *adj:* **~ sein** to be a drug addict.

Drogen|abhängige (*pl* **-n**) *der, die* drug addict.

Drogenberatungs|stelle *die* drug advice centre.

Drogen|handel *der* drug dealing.

Drogen|händler, in *der, die* drug dealer.

Drogen|konsum *der* drug taking.

Drogen|missbrauch *der* drug abuse.

drogensüchtig *adj:* **~ sein** to be a drug addict.

Drogen|szene *die* drug scene.

Drogerie (*pl* **-n**) *die* chemist's (shop) *(non-dispensing)* **Br,** drugstore **Am.**

Droh|brief *der* threatening letter.

drohen *vi* to threaten; **~, etw zu tun** to threaten to do sthg; **jm (mit etw) ~** to threaten sb (with sthg).

Drohne (*pl* **-n**) *die* [Biene] drone.

dröhnen *vi* **- 1.** [hallen] to boom **- 2.** ***salopp*** [berauschen] to give you a high.

Drohung (*pl* **-en**) *die* threat.

drollig *adj* **- 1.** [niedlich - Kind, Hund] cute; [- Erzählung] funny, droll **- 2.** [seltsam] odd ◇ *adv* **- 1.** [niedlich] funnily **- 2.** [seltsam] oddly.

Dromedar (*pl* **-e**) *das* dromedary.

Drops (*pl* **-**) *das* ODER *der* fruit drop.

drosch *prät* ▷ **dreschen.**

Drossel (*pl* **-n**) *die* thrush.

drosseln *vt* [Geschwindigkeit, Leistung] to reduce; [Heizung] to turn down.

Drosselung (*pl* **-en**) *die* [von Geschwindigkeit, Leistung] reduction.

Dr. phil. (*abk für* **Doktor der Philosophie**) PhD.

drüben *adv* [nebenan] over there.

drüber = **darüber.**

Druck (*pl* **-e**) *der* **- 1.** [Kraft, Zwang] pressure; **~ hinter etw** *(A)* **machen** ***fam fig*** to put pressure on regarding sthg; **~ auf jn ausüben, jn unter ~ setzen** to put pressure on sb; **~ machen** to put pressure on; **unter ~ stehen** to be under pressure **- 2.** [Drucken] printing; **es ist in** ODER **im ~** it is being printed **- 3.** [Gravur] print.

Druck|buchstabe *der* printed letter; **in ~n schreiben** to print.

Drückeberger, in (*mpl* **-;** *fpl* **-nen**) *der, die* **abw** shirker.

druckempfindlich *adj* [Körperstelle] sensitive to pressure; **Pfirsiche sind ~** peaches bruise easily.

drucken *vt* to print.

drücken *vt* **- 1.** [pressen] to press; **jn/etw an sich** *(A)* **~** to hold sb/sthg to one **- 2.** ***fam*** [umarmen] to hug, to squeeze **- 3.** [mindern] to lower ◇ *vi* **- 1.** [pressen]: **auf etw** *(A)* **~** to press sthg; **es drückt auf die Laune** it gets you down **- 2.** [Schuhe] to pinch **- 3.** ***salopp*** [fixen] to shoot up.

◆ **sich drücken** *ref* **- 1.** [sich pressen]: **sich an etw**

(A) ~ to flatten o.s. against sthg **- 2.** [sich entziehen]: **sich vor etw** *(D)* **~ *abw*** to get out of sthg.

drückend *adj* **- 1.** [Probleme, Sorgen] serious; [Verantwortung, Schulden] heavy; [Armut] grinding **- 2.** [Hitze] oppressive.

Drucker *(pl* **-)** *der* printer.

Drücker *(pl* **-)** *der* **- 1.** [Türdrücker] handle **- 2.** [Hausierer] door-to-door salesman **- 3.** *RW:* **auf den letzten ~ *fam*** at the last minute; **am ~ sitzen *fam*** to call the shots.

Druckerei *(pl* **-en)** *die* printing works, printer's.

Druckerin *(pl* **-nen)** *die* printer.

Druckertreiber *(pl* **-)** *der* EDV printer driver.

Druck|fehler *der* misprint.

druckfertig *adj* ready for printing.

Druck|knopf *der* press stud *Br*, snap fastener *Am*.

Druck|luft *die* compressed air.

Druck|mittel *das* means of applying pressure.

druckreif *adj* **- 1.** [Text] ready for printing **- 2.** [Ausdrucksweise] polished ◇ *adv* in a polished manner.

Druck|sache *die* printed matter *(U)*.

Druck|schrift *die* block capitals *(pl)*.

drum *fam* = **darum.**

Drum *das:* **das ganze ~ und Dran *fam*** the whole rigmarole; **mit allem ~ und Dran *fam*** with all the trimmings.

drunter *adv* ***fam*** **- 1.** = **darunter - 2.** *RW:* **alles** *ODER* **es geht ~ und drüber** everything is going haywire.

Drüse *(pl* **-n)** *die* gland.

Dschungel *(pl* **-)** *der* jungle.

DSG *(abk für* **Deutsche Schlafwagen- und Speisewagen-Gesellschaft)** *die company that runs sleeping and dining cars on German railways.*

dt. *(abk für* **deutsch)** Ger.

DTP *(abk für* **Desktop-Publishing)** *das (ohne pl)* EDV DTP.

du *pron* du; **ach, ~ bists!** oh, it's you!; **~ sagen** to use the "du" form of address; **mit jm per ~ sein** ≃ to be on first name terms with sb.

Duale System *das privately run waste disposal and recycling system.*

Dübel *(pl* **-)** *der* Rawlplug®.

dübeln *vt* to fix with Rawlplugs®.

dubios *adj* ***geh*** dubious.

Dublin ['dablin] *nt* Dublin.

ducken ◆ **sich ducken** *ref* to duck.

dudeln ***fam abw*** *vi* [Plattenspieler, Radio] to drone; [auf Instrument] to tootle ◇ *vt* [auf Blasinstrument] to tootle on.

Dudel|sack *der* bagpipes *(pl)*.

Duell [du'ɛl] *(pl* **-e)** *das* duel.

duellieren [duɛ'liːrn̩] ◆ **sich duellieren** *ref* to duel.

Duett [du'ɛt] *(pl* **-e)** *das* duet.

Duft *(pl* **Düfte)** *der* scent.

duften *vi* to smell nice; **nach etw ~** to smell of sthg.

duftig *adj* dainty.

Duft|note *die* scent.

dulden *vt* ***geh*** to tolerate.

duldsam *adj* tolerant ◇ *adv* tolerantly.

Duldsamkeit *die* tolerance.

Duldung *die* toleration.

dumm *(kompar* **dümmer;** *superl* **dümmste)** *adj* **- 1.** [gen] stupid; **ich lasse mich nicht für ~ verkaufen *fam*** I won't be made a fool of; **~es Zeug** rubbish, nonsense; **es ist** *ODER* **wird mir zu ~** I've had enough of it **- 2.** [unangenehm - Fehler, Zufall] annoying ◇ *adv* stupidly; **~ und dämlich *salopp fig*** like crazy; **jm ~ kommen *fam abw*** to try it on with sb.

dummdreist *adj* impudent ◇ *adv* impudently.

Dumme *(pl* **-n)** *der, die:* **der ~ sein** to be the one who loses out; **einen ~n finden** to find some mug *Br ODER* dummy.

dummerweise *adv* **- 1.** [ärgerlicherweise] unfortunately **- 2.** [aus Dummheit] stupidly.

Dummheit *(pl* **-en)** *die* **- 1.** [fehlende Klugheit] stupidity **- 2.** [Handlung] stupid thing; **mach keine ~en** don't do anything stupid.

Dumm|kopf *der* idiot.

dümmlich *adj* stupid ◇ *adv* stupidly.

dumpf *adj* **- 1.** [Klang] dull, muffled **- 2.** [Schmerz] dull; [Befürchtung, Verdacht] vague **- 3.** [stumpfsinnig] apathetic ◇ *adv* **- 1.** [dunkel] dully **- 2.** [stumpfsinnig] apathetically.

Dumping|preis ['dampɪŋprais] *der* knock-down price.

Düne *(pl* **-n)** *die* dune.

Dung *der* dung.

Dünge|mittel *das* fertilizer.

düngen *vt* to fertilize ◇ *vi* **- 1.** [Dung] to act as a fertilizer **- 2.** [Person] to fertilize one's land/garden/*etc.*

Dünger *(pl* **-)** *der* fertilizer.

Düngung *(pl* **-en)** *die* fertilizing.

dunkel *adj* **- 1.** [gen] dark; **im Dunkeln tappen** ***fig*** to grope around in the dark **- 2.** [Ton, Stimme] deep **- 3.** [vage] vague; **jn über etw** *(A)* **im Dunkeln lassen** to keep sb in the dark about sthg - **4.** [dubios] shady <> *adv* - **1.** [streichen, färben] in dark colours/a dark colour - **2.** [klingen] deep - **3.** [unklar] vaguely.

Dünkel *der abw* arrogance.

dunkelblau *adj* & *adv* dark blue.

dunkelblond *adj* light brown; [Person] with light brown hair <> *adv* light brown.

dunkelgrau *adj* & *adv* dark grey.

dunkelgrün *adj* & *adv* dark green.

dunkelhaarig *adj* dark-haired.

dunkelhäutig *adj* dark-skinned.

Dunkelheit *die* darkness.

Dunkel|kammer *die* darkroom.

dunkelrot *adj* & *adv* dark red.

Dunkel|ziffer *die* number of unreported incidents.

dünn *adj* - **1.** [gen] thin; **sich ~ machen** [wenig Platz brauchen] to squeeze up - **2.** [Getränk, Stimme] weak - **3.** [Haare, Bewuchs] sparse <> *adv* [bevölkert, bewachsen] sparsely; [auftragen] thinly.

dünn besiedelt *adj* sparsely populated.

Dünnbrett|bohrer *der fam abw* - **1.** [fauler Mensch] lazy devil - **2.** [dummer Mensch] blockhead.

Dünn|darm *der* small intestine.

dünnflüssig *adj* thin.

dünnmachen ◆ **sich dünnmachen** *ref fam* [abhauen] to make o.s. scarce.

Dunst (*pl* **Dünste**) *der* - **1.** [Nebel] haze, mist - **2.** [von Zigaretten] smoke; [in der Küche] steam - **3.** *RW:* **jm blauen ~ vormachen** to pull the wool over sb's eyes; **keinen (blassen) ~ von etw haben** *fam* not to have the foggiest (idea) about sthg.

dünsten *vt* to steam.

Dunst|glocke *die* cloud of smog.

dunstig *adj* [neblig] hazy, misty.

Dunst|kreis *der* orbit.

Dunst|wolke *die* cloud of smog.

Duo (*pl* **-s**) *das* duo.

Duplikat (*pl* **-e**) *das* duplicate.

Dur *das* major; **eine Sonate in ~** a sonata in a major key.

durch *präp (+ A)* - **1.** [räumlich, zeitlich] through; **darf ich mal bitte ~?** excuse me, please!; **~ die Schweiz reisen** to travel across Switzerland; **die ganze Nacht ~** throughout the night - **2.** [mittels] by; **~ eigene Schuld** through one's own fault; **~ Ihre Hilfe** with your help; **das Haus wurde ~ ein Erdbeben zerstört** the house was destroyed by an earthquake - **3.** MATH divided by; **sechs ~ drei** six divided by three <> *adv* - **1.** *fam* [später als]: **es ist schon zwölf ~** it's gone ODER past twelve - **2.** *fam* [durchgebraten] well done - **3.** *fam* [beendet]: **bis morgen muss ich mit dem Buch ~ sein** I have to finish the book by tomorrow - **4.** *RW:* **~ und ~** through and through; **~ und ~ nass** wet through; **es geht ihm ~ und ~** it went through him.

durch|arbeiten *vt* to work through <> *vi* to work without a break.
◆ **sich durcharbeiten** *ref:* **sich durch etw ~** [Menschenmenge, Text] to work one's way through sthg.

durch|atmen *vi* to breathe deeply.

durchaus, durchaus *adv* - **1.** [gut, ohne weiteres] perfectly; **es kann ~ sein** it is perfectly possible - **2.** [unbedingt] absolutely - **3.** [absolut, überhaupt]: **~ nicht** definitely not, not at all.

durch|beißen *vt (unreg)* to bite through.
◆ **sich durchbeißen** *ref* to struggle through.

durch|blättern *vt* to flick through.

Durch|blick *der fam* overview; **den ~ verlieren** to lose track of things; **keinen ~ haben** *fam* not to have a clue.

durch|blicken[1] *vi* - **1.** [durchsehen]: **durch etw ~** to look through sthg - **2.** *fam* [etw verstehen]: **da blickt doch keiner mehr durch!** it's impossible to make head or tail of it; **etw ~ lassen** *fig* to hint at sthg.

durchblicken[2] *vt* to see through.

durchblutet *adj:* **gut/schwach ~ sein** to have good/poor circulation.

Durchblutung *die* circulation.

Durchblutungs|störung *die* problem with one's circulation.

durch|bohren[1] *vt* [Brett] to drill through; [Loch] to drill <> *vi* to drill through.

durchbohren[2] *vt* [Subj: Kugel] to go through; **jn mit Blicken ~** to fix sb with a piercing gaze.

durch|boxen *vt* to push through.
◆ **sich durchboxen** *ref* to fight one's way through.

durch|braten *vt (unreg)* to cook well ODER through.

durch|brechen[1] (*perf* **hat/ist durchgebrochen**) *(unreg) vt (hat)* - **1.** [zerbrechen] to break in two - **2.** [einreißen - Wand] to knock in <> *vi (ist)* - **1.** [zerbrechen] to break in two; [Boden] to give way - **2.** [durchdringen] to break through; [Geschwür, Abszess] to perforate.

durchbrechen[2] (*präs* **durchbricht;** *prät* **durchbrach;** *perf* **hat durchbrochen**) *vt* to break through.

durch|brennen (*perf* **ist durchgebrannt**) *vi (unreg)* - **1.** [Draht] to blow, to go - **2.** *fam* [weglaufen] to run away.

durch|bringen *vt (unreg)* - **1.** [ernähren] to provide for - **2.** [Kranke] to pull through - **3.** [Geld] to get through, to blow - **4.** [Vorschlag, Gesetz] to get through.

Durch|bruch *der* **- 1.** [Erfolg] breakthrough; **jm/einer Sache zum ~ verhelfen** to help sb/sthg to make a breakthrough **- 2.** [Öffnung] opening.

durch|checken ['dʊrçtʃɛkn̩] *vt* to check over.

durchdacht *adj* well thought out; **gut/schlecht ~** well/badly thought out.

durch|denken¹ *vt (unreg)* to think through.

durchdenken² (*prät* **durchdachte;** *perf* **hat durchdacht**) *vt* to think out.

durch|diskutieren *vt* to talk through.

durch|drängen ◆ **sich durchdrängen** *ref* to push one's way through.

durch|drehen (*perf* **hat/ist durchgedreht**) *vi* **- 1.** *(ist)* **fam** [verrückt werden] to crack up **- 2.** *(hat)* [Räder] to spin ◇ *vt (hat)* to mince.

durch|dringen¹ (*perf* **ist durchgedrungen**) *vi (unreg)* [Geräusch, Licht, Nachricht] to get through; [Wasser] to seep through.

durchdringen² (*prät* **durchdrang;** *perf* **hat durchdrungen**) *vt* **- 1.** [Metall, Stein, Wand] to penetrate **- 2.** [Subj: Gedanke]: **er ist von einer Vorstellung durchdrungen** one idea has completely taken hold of him.

durch|drücken *vt* **- 1.** **fam** [durchsetzen] to push through **- 2.** [Gelenk] to straighten **- 3.** [passieren] to press through.

durchdrungen *pp* ▷ **durchdringen.**

durcheinander *adv* all over the place ◇ *adj:* **~ sein** [Zimmer, Haus] to be a mess; [Person] to be confused.

Durcheinander *das* [von Menschen] confusion; [von Dingen] chaos.

durcheinander bringen *vt (unreg)* **- 1.** [Person] to confuse **- 2.** [Dinge] to muddle up **- 3.** [verwechseln] to mix up.

durcheinander kommen (*perf* **ist durcheinander gekommen**) *vi (unreg)* to get muddled up; **mir sind die Namen durcheinander gekommen** I've got the names muddled up.

durcheinander laufen (*perf* **sind durcheinander gelaufen**) *vi (unreg)* to run all over the place.

durch|exerzieren *vt* to go through.

durch|fahren¹ (*perf* **ist durchgefahren**) *vi (unreg)* **- 1.** [durchqueren] to go ODER drive through **- 2.** [durchgehend fahren] to go ODER drive nonstop.

durchfahren² (*präs* **durchfährt;** *prät* **durchfuhr;** *perf* **hat durchfahren**) *vt (unreg):* **ein Schreck durchfuhr ihn** a wave of fear ran through him.

Durch|fahrt *die* **- 1.** [Durchfahren]: **die ~ freigeben** to open the road (again); '**~ verboten**' 'no through road' **Br,** 'no outlet' **Am** **- 2.** [Durchreise] way through; **auf der ~ sein** to be travelling through **- 3.** [Weg] access road.

Durchfahrts|straße *die* main road *(through a place)*.

Durchfall *der* **- 1.** [Diarrhöe] diarrhoea **- 2.** **fam** [Misserfolg] flop; [bei einer Prüfung] failure.

durch|fallen (*perf* **ist durchgefallen**) *vi (unreg)* **- 1.** **fam** [versagen] to flop; [bei einer Prüfung] to fail **- 2.** [durch eine Öffnung] to fall through.

durch|feiern *vt:* **die Nacht ~** to party all night; **drei Tage ~** to party for three days ◇ *vi* to party all night.

durch|finden *vi (unreg)* to find one's way through.
◆ **sich durchfinden** *ref* to find one's way through.

durch|fließen (*perf* **ist durchgeflossen**) *vi (unreg)* to flow through.

durch|forschen *vt* [Umgebung] to search; [Textmaterial] to search through.

durchforsten *vt* **- 1.** [durchsuchen - Gegend] to search; [- Textmaterial] to search through **- 2.** [ausdünnen - Wald] to thin out.

durch|fragen ◆ **sich durchfragen** *ref* to ask one's way.

durchführbar *adj* practicable.

durch|führen *vt* to carry out; [Veranstaltung] to hold ◇ *vi* to go through.

Durch|führung *die* carrying out; [einer Veranstaltung] holding.

Durch|gang *der* **- 1.** [Durchgehen]: '**~ verboten**' 'no right of way' **- 2.** [Weg] passage **- 3.** [Phase] stage; [von Wahl] round.

durchgängig *adj* [Auffassung] general; **ein ~ Motiv in seinen Werken** a motif that runs through his works ◇ *adv* universally; **~ gute Leistungen bringen** to achieve consistently good results.

Durchgangsverkehr *der* through traffic.

durch|geben *vt (unreg)* to pass on; TV & RAD to broadcast.

durchgebraten *pp* ▷ **durchbraten** ◇ *adj:* **gut ~** well done.

durchgefroren *adj* frozen through.

durch|gehen (*perf* **ist durchgegangen**) *(unreg) vi* **- 1.** [gen] to go through; **bitte ~!** [im Bus] please move to the back of the bus! **- 2.** [durchdringen] to get through **- 3.** [Pferd] to bolt; **mit jm ~** [Gefühle] to run away with sb **- 4.** [Verkehrsmittel] to go straight through **- 5.** [andauern - Sitzung, Veranstaltung] to go on non-stop **- 6.** [akzeptiert werden - Fehler, Gesetzesvorlage] to get through; **für vierzig Jahre** ODER **als Vierzigjähriger ~** to pass for forty; **jm etw ~ lassen** to let sb get away with sthg ◇ *vt* to go through.

durchgehend *adj* direct; **~ geöffnet** open all day.

durch|greifen *vi (unreg)* **- 1.** [einschreiten] to take action **- 2.** [durch eine Öffnung]: **durch etw ~** to reach through sthg.

durch|halten *(unreg) vi* to hold out <> *vt* [Belastung] to withstand; [Strecke, Wettkampf] to make it to the end of.

Durchhaltevermögen *das* stamina.

durchkämmen *vt* to comb.

durch|kommen (*perf* **ist durchgekommen**) *vi (unreg)* **- 1.** [durch etw gelangen]: **durch etw ~** to get through sthg **- 2.** [am Telefon, bei Prüfung] to get through **- 3.** [Nachricht] to be announced **- 4.** [durchfahren] to pass through **- 5.** [durchdringen - Wasser, Sonne] to come through **- 6.** [überleben] to pull through **- 7.** [erfolgreich sein]: **mit dieser Idee wirst du beim Chef kaum ~** you won't get anywhere with the boss with that idea.

durchkreuzen[1] *vt* [zunichte machen] to thwart.

durch|kreuzen[2] *vt* [durchstreichen] to cross out.

durch|lassen *vt (unreg)* to let through.

durchlässig *adj* [Boden] porous; [Material] permeable; [Grenze] open.

Durchlässigkeit *die* [von Boden] porosity; [von Material] permeability; [von Grenze] openness.

Durch|lauf *der* SPORT heat.

durch|laufen[1] (*perf* **hat/ist durchgelaufen**) *(unreg) vi (ist)* **- 1.** [durch eine Öffnung] to go through **- 2.** [durchsickern] to filter through **- 3.** [durchgehend laufen] to go on non-stop <> *vt (hat)* [kaputtlaufen] to wear through.

durchlaufen[2] (*präs* **durchläuft**; *prät* **durchlief**; *perf* **hat durchlaufen**) *vt* to go through.

Durchlauferhitzer (*pl* **-**) *der* instantaneous water heater.

durchleben *vt* to live through.

durch|lesen *vt (unreg)* to read through.

durchleuchten *vt* **- 1.** [röntgen] to X-ray **- 2.** [untersuchen] to examine, to investigate

durchlöchern *vt* to make holes in.

durch|lüften *vt* to air.

durch|machen *vt* **- 1.** [Schwierigkeiten, schwere Zeiten] to go through; **sie hat viel durchgemacht** she's been through a lot **- 2.** *fam* [feiern]: **eine Nacht ~** to party all night <> *vi fam* to stay up.

Durch|messer *der* diameter.

durch|nehmen *vt (unreg)* to do.

durch|nummerieren *vt* to number (consecutively).

durchqueren *vt* [Zimmer, Fluss] to cross; [Land] to go across; [Gegend] to go through.

durch|rechnen *vt* to calculate.

durch|regnen *vi*: **es regnet durch** the rain is coming through.

Durchreiche (*pl* **-n**) *die* hatch.

Durch|reise *die*: **~ (durch)** journey through; **auf der ~** passing through.

durch|reißen (*perf* **hat/ist durchgerissen**) *(unreg) vt (hat)* [Papier, Stoff] to tear in two; [Faden] to break in two <> *vi (ist)* [Stoff] to tear in two; [Faden, Draht] to break in two.

durch|ringen ◆ **sich durchringen** *ref (unreg)*: **sich zu etw ~** to make up one's mind finally to do sthg.

durch|rosten (*perf* **ist durchgerostet**) *vi* to rust through.

Durch|sage *die* announcement.

durch|sagen *vt* to announce.

durch|schauen[1] *vt* to look through.

durchschauen[2] *vt* to see through.

durch|scheinen *vi (unreg)* to shine through.

durchscheinend *adj* transparent.

durch|schimmern *vi* [Licht] to shimmer through; [Eifersucht, Misstrauen] to show through.

durch|schlafen *(unreg) vt & vi* to sleep through.

Durch|schlag *der* **- 1.** [Kopie] carbon copy **- 2.** [Sieb] strainer.

durch|schlagen[1] (*perf* **hat/ist durchgeschlagen**) *(unreg) vt (hat)* [Glas] to smash through; [Stein, Holz] to split; [Wand] to knock through; **etw durch etw ~** to knock sthg through sthg <> *vi (ist)* to show through.

◆ **sich durchschlagen** *ref* **- 1.** [durch Gegend] to make it **- 2.** [durch Zeit] to struggle through.

durchschlagen[2] (*präs* **durchschlägt**; *prät* **durchschlug**; *perf* **hat durchschlagen**) *vt* to smash through.

durchschlagend *adj* [Argumente] convincing; [Erfolg] resounding.

Durchschlagskraft *die* [von Bombe] penetrating power; [von Argument] conclusiveness.

durch|schleusen *vt* [Schiff] to take through a lock; [Person] to guide through.

durch|schlüpfen (*perf* **ist durchgeschlüpft**) *vi* to slip through.

durch|schneiden *vt (unreg)* [Faden, Stoff] to cut through; [Brot, Blatt Papier] to cut in half; [Kehle] to cut.

Durch|schnitt *der* average.

durchschnittlich *adj* average <> *adv* [im Durchschnitt] on average; *abw* [mittelmäßig] averagely.

Durchschnitts|alter *das* average age.

Durchschnitts|geschwindigkeit *die* average speed.

Durchschnitts|mensch *der* average person.

Durchschnitts|wert *der* mean value.

Durch|schrift *die* carbon copy.

durch|schütteln *vt* to shake well; **im Bus durchgeschüttelt werden** to be shaken about on the bus.

durch|schwitzen *vt* to soak with sweat.

durch|sehen *(unreg) vt* to look through <> *vi:* **durch etw ~** to see through sthg.

durch sein (*perf* **ist durch gewesen**) *vi (unreg) fam* **- 1.** [Zug, Kontrolleur] to have come through; **bei jm unten ~** *fig & abw* to be in sb's bad books **- 2.** [mit Buch, Arbeit] to have finished **- 3.** [Braten, Kartoffeln] to be done **- 4.** [Sohle, Ärmel] to be worn out **- 5.** [Gesetz] to have gone through.

durch|setzen *vt* [Plan, Vorhaben, Reform] to push through; [Anspruch] to assert.
◆ **sich durchsetzen** *ref* to assert o.s.; [Erfindung] to gain acceptance.

durchsetzt *adj:* **~ mit** interspersed with; [Partei] infiltrated by.

Durchsetzungsvermögen *das:* **er hat ein enormes ~** he's really able to assert himself.

Durch|sicht *die* inspection.

durchsichtig *adj* [Stoff, Folie] transparent.

durch|sickern (*perf* **ist durchgesickert**) *vi* **- 1.: durch etw ~** [Flüssigkeit] to seep through sthg **- 2.** [Gerücht] to leak out.

durch|sprechen *vt (unreg)* to talk over.

durch|starten (*perf* **ist durchgestartet**) *vi* to accelerate away again.

durch|stehen *vt (unreg)* to come through.

durch|stellen *vt* to put through.

durchstöbern *vt* to rummage through.

durch|stoßen[1] *vt (unreg):* **etw durch etw ~** to push sthg through sthg.

durchstoßen[2] (*präs* **durchstößt;** *prät* **durchstieß;** *perf* **hat durchstoßen**) *vt* to break through.

durch|streichen *vt (unreg)* to cross out.

durchsuchen *vt* to search.

Durchsuchung (*pl* **-en**) *die* search.

Durchsuchungs|befehl *der* search warrant.

durchtrainiert [ˈdurçtreniːɐ̯t] *adj* in peak condition.

durch|trennen[1] *vt* to sever.

durchtrennen[2] *vt* to sever.

durchtrieben *adj* cunning <> *adv* cunningly.

durch|wachsen[1] [ˈdurçvaksn̩] (*perf* **ist durchgewachsen**) *vi (unreg):* **durch etw ~** to grow through sthg.

durchwachsen[2] *adj:* **~er Speck** streaky bacon; **~es Wetter** fair to middling weather.

Durchwahl *die (ohne pl)* extension.

durch|wählen *vi* to dial direct.

Durchwahl|nummer *die* extension number.

durchweg *adv* without exception.

durchwühlen[1] *vt* [Schublade] to rummage through; [Zimmer] to ransack.

durch|wühlen[2] *vt* [Schublade] to rummage through; [Zimmer] to ransack.
◆ **sich durchwühlen** *ref:* **sich durch etw ~** to work through sthg.

durch|zählen *vt* to count.

durch|ziehen[1] (*perf* **hat/ist durchgezogen**) *(unreg) vt (hat)* **- 1.** [durch Öffnung] to pull through; **etw durch etw ~** to pull sthg through sthg **- 2.** *fam* [Plan] to see through <> *vi (ist)* **- 1.** [durch Gegend] to pass through **- 2.** [in Marinade - Fleisch] to marinate; [- Gemüse] to steep.
◆ **sich durchziehen** *ref:* **sich durch etw ~** to run through sthg.

durchziehen[2] *vt (unreg)* to pass through.

Durch|zug *der* **- 1.** [von Wetter] passage **- 2.** *(ohne pl)* [Zugluft] draught; **auf ~ schalten** *fam fig* to switch off.

dürfen (*präs* **darf;** *prät* **durfte;** *perf* **hat gedurft** ODER **-**) *aux (perf hat dürfen)* **- 1.** [als Erlaubnis]: **etw tun ~** to be allowed to do sthg; **darf ich mich setzen?** may I sit down?; **darf ich fragen ...?** may I ask ...?; **darf ich Ihnen behilflich sein?** *geh* can I be of help? **- 2.** [als Überzeugung, Wunsch]: **das ~ wir nicht vergessen** we mustn't forget that; **so etwas darf einfach nicht passieren** such a thing simply should not happen; **du darfst nicht traurig sein!** don't be sad!; **das darfst du ihm nicht übel nehmen** you shouldn't hold it against him **- 3.** [Veranlassung haben]: **man darf davon ausgehen, dass ...** we can assume that ... **- 4.** [als Annahme]: **das dürfte genügen** that should be enough <> *vi (perf hat gedurft):* **sie darf nicht ins Schwimmbad** she's not allowed to go swimming <> *vt (perf hat gedurft) fam:* **das darf man nicht!** you're not allowed to do that!; **was darf es sein?** what can I get you?

durfte *prät* ▻ **dürfen.**

dürftig *adj* **- 1.** [Einkünfte, Bezahlung] meagre **- 2.** *abw* [Ergebnis] poor; [Bearbeitung] sketchy; [Bewuchs] sparse <> *adv* **- 1.** [entlohnt] meagrely; [bekleidet] scantily **- 2.** *abw* [unzureichend] poorly; [sich entschuldigen] lamely.

Dürftigkeit *die* [von Service] poorness; [von Einkünften] meagreness; [von Ausstattung] sparseness; [von Text] sketchiness.

dürr *adj* **- 1.** [Person] scrawny **- 2.** [Blatt] dry **- 3.** [Worte] blunt.

Dürre (*pl* **-n**) *die* drought.

Dürre|katastrophe *die* catastrophic drought.

Durst *der* **- 1.** [Gefühl] thirst; **~ haben** to be thirsty; **ich habe ~ nach einem** *ODER* **auf ein Glas Wein** I could just drink a glass of wine **- 2.** *RW:* **einen über den ~ trinken** *hum* to have one too many.

dürsten *vi:* **nach etw ~** *geh* to thirst for sthg.

durstig *adj* thirsty ◇ *adv* thirstily.

durstlöschend *adj* thirst-quenching.

Durst|strecke *die* lean period.

Dusche (*pl* **-n**) *die* shower; **etw ist (für jn)** *ODER* **wirkt (auf jn) wie eine kalte ~** sthg brings sb down to earth (with a bump).

duschen *vi* to have a shower ◇ *vt* to shower.
◆ **sich duschen** *ref* to have a shower.

Dusch|gel *das* shower gel.

Dusch|raum *der* shower room.

Dusch|vorhang *der* shower curtain.

Düse (*pl* **-n**) *die* nozzle.

Dusel *der* [Glück]: **~ haben** *fam* to be lucky.

düsen (*perf* **ist gedüst**) *vi fam* to rush.

Düsen|antrieb *der* jet propulsion.

Düsen|flugzeug *das* jet aircraft.

Düsen|jäger *der* jet fighter.

Dussel (*pl* **-**) *der fam* dope.

Düsseldorf *nt* Düsseldorf.

dusselig, dusslig *fam adj* stupid ◇ *adv* stupidly.

düster *adj* gloomy ◇ *adv* gloomily.

Dutyfreeshop ['dju:ti'fri:ʃɔp] (*pl* **-s**) *der* duty-free shop.

Dutzend (*pl* **-**) *das* [zwölf] dozen; **im ~** by the dozen.
◆ **Dutzende** *pl* [viele] dozens; **zu ~en** in their dozens.

dutzendfach *adv* dozens of times.

dutzendmal *adv* a dozen times.

dutzendweise *adv* by the dozen.

duzen *vt to address someone using the familiar "du" form.*
◆ **sich duzen** *ref to address each other using the familiar "du" form;* **sich mit jm ~** to use the "du" form with sb.

Duz|freund, in *der, die* close friend.

DVD (*pl* **-s**) (*abk für* **Digital Versatile Disc**) *die* EDV DVD.

DW (*abk für* **Deutsche Welle**) *German public radio station.*

Dynamik *die (ohne pl)* **- 1.** PHYS dynamics *(U)* **- 2.** [Kraft] dynamism **- 3.** MUS dynamic range.

dynamisch *adj* dynamic ◇ *adv* dynamically.

Dynamit *das* dynamite.

Dynamo (*pl* **-s**) *der* dynamo.

Dynastie (*pl* **-n**) *die* dynasty.

DZ *abk für* **Doppelzimmer.**

D-|Zug *der* express train.

E

e, E [e:] (*pl* **-** *ODER* **-s**) *das* **- 1.** [Buchstabe] e, E **- 2.** MUS E.
◆ **E** *der abk für* **Eilzug.**

Ebbe (*pl* **-n**) *die* tide *(outgoing);* **es ist ~** it is low tide; **bei Eintritt der ~** when the tide is going out; **bei uns/in unserer Kasse ist** *ODER* **herrscht ~** *fig* we are short of cash.

ebd. (*abk für* **ebenda**) ibid.

eben *adj* [flach - Gegend, Weg] flat; [glatt - Brett, Boden] smooth ◇ *adv* **- 1.** just; **kannst du mal ~ vorbeikommen?** can you just come round for a minute? **- 2.** [knapp]: **er hat ihn nur so ~ berührt** he just touched him; **ich mache das ~ zu Ende** I'll just finish it off **- 3.** [genau]: **~ die wollte er finden** she was the very person he wanted to find; **~ den Anwalt meine ich** he's the very lawyer I mean; **~ das war es, was ich sagen wollte!** that was exactly what I wanted to say! ◇ *interj* **- 1.** [zum Ausdruck von Einverständnis] exactly **- 2.** [zum Ausdruck von Widerspruch]: **aber du hast doch dein Geld! – ~ nicht!** but you've got your money, haven't you! – no I haven't!

Eben|bild *das* image.

ebenbürtig *adj* equal; **jm ~ sein** to be sb's equal; **einer Sache ~ sein** to be equal to sthg.

ebenda *adv* [Zitat] ibidem; **~ komme ich her** I've come from that very place.

ebendarum *adv* for that very reason.

ebendeshalb *adv* that is exactly why.

ebendeswegen *adv* that is exactly why.

Ebene (*pl* **-n**) *die* **- 1.** [Flachland] plain **- 2.** PHYS &

MATH plane - **3.** [Niveau] level; **auf gleicher** *ODER* **der gleichen ~** on the same level; **auf höchster ~** at the highest level.

ebenfalls *adv* as well; **danke, ~** thanks, same to you.

Ebenholz *das* ebony.

ebenmäßig *adj* well-proportioned.

ebenso *adv* just as.

ebenso gut *adv* just as well.

Eber (*pl* -) *der* boar.

ebnen *vt* to level; **jm den Weg ~** to smooth sb's path.

Ebro *der:* **der ~** the (River) Ebro.

ec *abk für* **Eurocheque.**

EC [eːˈtseː] (*pl* **-s**) *der abk für* **Eurocity.**

Echo (*pl* **-s**) *das* echo; **ein lebhaftes** *ODER* **starkes ~ finden** *fig* to meet with a great response.

Echse [ˈɛksə] (*pl* **-n**) *die* lizard.

echt *adj* - **1.** [unverfälscht] genuine - **2.** [wahr, typisch] real - **3.** MATH proper ◇ *adv* - **1.** [rein] real; **~ italienisch essen** to eat real Italian food - **2.** *fam* [wirklich] really.

Echtheit *die* genuineness.

Eck (*pl* **-e** *ODER* **-en**) *das* **Süddt** & **Österr** [Ecke] corner; **über ~** diagonally.

Eck|ball *der* corner.

Eckbank (*pl* **-bänke**) *die* corner seat.

Ecke (*pl* **-n**) *die* - **1.** [gen] corner - **2.** *fam* [Gegend] area; **eine hübsche ~!** a pretty spot!; **das ist noch eine ganze ~!** it's still quite a way! - **3.** *RW:* **um die ~** *fam* round the corner; **jn um die ~ bringen** *salopp* [töten] to bump sb off, ; **es fehlt (bei uns) an allen ~n und Enden** we are short of everything; **mit jm um fünf** *ODER* **sechs ~n verwandt sein** *fam* to be distantly related to sb.

Eck|haus *das* house on a/the corner.

eckig *adj* - **1.** [Form] square - **2.** [Bewegung] awkward ◇ *adv* [ungelenk] awkwardly.

Eck|pfeiler *der* cornerstone.

Eck|zahn *der* canine tooth.

Ecuador *nt* Ecuador.

edel *adj* - **1.** *geh* [Person, Geste] noble - **2.** *geh* [Form] well-formed - **3.** [Holz, Wein] fine.

Edel|boutique, Edelbutike *die* luxury boutique.

Edel|gas *das* CHEM inert gas.

Edel|metall *das* precious metal.

Edel|stahl *der* stainless steel.

Edel|stein *der* precious stone.

Edel|weiß (*pl* **-e**) *das* edelweiss.

Edinburgh [ˈɛdinbʊrk] *nt* Edinburgh.

Edition (*pl* **-en**) *die* edition.

E-Dur *das* E major.

Edutainment [edjutˈɛinmənt] *die* edutainment.

EDV [eːdeːˈfau] (*abk für* **elektronische Datenverarbeitung**) *die* data processing.

EEG [eːeːˈgeː] (*pl* **-s**) (*abk für* **Elektroenzephalogramm**) *das* EEG.

Efeu *der (ohne pl)* ivy.

Effeff *das:* **etw aus dem ~ beherrschen** *fam* to know sthg inside out.

Effekt (*pl* **-e**) *der* effect.

Effekthascherei (*pl* **-en**) *die* **abw** straining for effect *(U)*.

effektiv *adj* effective; [Gewinn, Leistung] net ◇ *adv* effectively.

Effektivität [ɛfɛktiviˈtɛːt] *die* effectiveness.

effektvoll *adj* effective ◇ *adv* effectively.

egal *adj:* **es ist mir ~** it's all the same to me; **das kann dir doch ~ sein** that's no concern of yours; **das ist ~** it doesn't matter.

◆ **egal ob** *adv* no matter whether.

Egge (*pl* **-n**) *die* harrow.

Egoismus *der* egoism.

Egoist, in (*mpl* **-en;** *fpl* **-nen**) *der, die* egoist.

egoistisch *adj* egoistic ◇ *adv* egoistically.

egozentrisch *adj* egocentric.

eh *interj* **fam** hey ◇ *adv* - **1.** [immer]: **seit ~ und je** since time immemorial; **wie ~ und je** as always - **2.** *fam* **Süddt** & **Österr** [sowieso] anyway.

ehe *konj* **geh** before; **~ es zu spät ist** before it's too late.

Ehe (*pl* **-n**) *die* marriage; **die ~ (mit jm) schließen** to get married (to sb); **in wilder ~ leben** to live in sin.

eheähnlich *adj:* **in einer ~en Gemeinschaft leben** to cohabit.

Ehe|beratung *die* marriage counselling *(U)*.

Ehe|bett *das* double bed.

Ehe|bruch *der* adultery *(U)*.

Ehe|frau *die* wife.

Ehe|gatte *der* **geh** [Ehemann] spouse, husband.

◆ **Ehegatten** *pl* **amt** [Eheleute] husband and wife.

Ehe|gattin *die* **geh** [Ehefrau] spouse, wife.

Ehe|krise *die* marital crisis.

Ehe|leute *pl* married couple.

ehelich *adj* marital; [Recht] conjugal.

ehem. *abk für* **ehemalig.**

ehemalig *adj* former.

ehemals *adv* formerly.

Ehe|mann (*pl* **-männer**) *der* husband.

Ehe|paar *das* married couple.

Ehe|partner *der* marriage partner.

eher *adv* - **1.** [vorher] earlier, sooner - **2.** [lieber] rather - **3.: das ist schon ~ möglich** that is more likely - **4.** [vielmehr] more.

Ehe|ring *der* wedding ring.

Ehe|scheidung *die* divorce.

Ehe|schließung *die* marriage ceremony.

Ehe|vertrag *der* marriage contract.

ehrbar ***geh*** *adj* respectable <> *adv* respectably.

Ehre *die* honour; **jm zu ~n** in sb's honour; **etw in ~n halten** to treasure sthg; **jm ~ machen** to do sb credit; **(wieder) zu ~n kommen** to redeem o.s.; **auf ~ und Gewissen** on one's honour; **zu viel der ~** too much honour; **keine ~ im Leib haben** not to have a shred of decency.

ehren *vt* [Achtung erweisen] to honour; **deine Großmut ehrt dich** your generosity does you credit; **dieses Angebot ehrt mich** I am honoured by this offer.

ehrenamtlich *adj* honorary <> *adv* in an honorary capacity.

Ehren|bürger, in *der, die* honorary citizen.

Ehren|gast *der* guest of honour.

ehrenhaft *adj* honourable <> *adv* honourably.

ehrenhalber *adv*: **er ist Doktor ~** he's got an honorary doctorate.

Ehren|mann (*pl* **-männer**) *der* man of honour.

Ehren|mitglied *das* honorary member.

Ehren|platz *der* place of honour.

Ehren|runde *die* lap of honour; **eine ~ drehen** SPORT to do a lap of honour; SCHULE to repeat a year.

Ehren|sache *die* point of honour; **das ist doch ~, dass ich bald wieder zurück bin** you can count on me to be back soon.

ehrenwert *adj* ***geh*** honourable.

Ehrenwort (*pl* **-e**) *das* word of honour; **sein ~ geben** to give one's word of honour; **(großes) ~!** ***fam*** I/we promise!

ehrerbietig ['eːɐ̯lɛɐ̯biːtɪç] ***geh*** *adj* respectful <> *adv* respectfully.

Ehrfurcht *die* [Verehrung] reverence; [Scheu] awe.

ehrfürchtig *adj* reverent <> *adv* reverently.

Ehrgeiz *der* ambition.

ehrgeizig *adj* ambitious <> *adv* ambitiously.

ehrlich *adj* honest; **~ währt am längsten** honesty is the best policy <> *adv* fairly; **~ gesagt** to be honest.

Ehrlichkeit *die* honesty.

ehrlos *adj* dishonourable <> *adv* dishonourably.

Ehrung (*pl* **-en**) *die* [das Ehren] honouring *(U)*; [Ehre] honour.

ehrwürdig *adj* venerable.

Ei (*pl* **-er**) *das* - **1.** [gen] egg; **jn/etw wie ein rohes ~ behandeln** to treat sb/sthg with kid gloves; **sich** *(D)* **gleichen wie ein ~ dem anderen** to be as like as two peas in a pod; **wie aus dem ~ gepellt** ODER **geschält** well turned out - **2.** ***vulg*** [Hoden] ball.

Eiche (*pl* **-n**) *die* oak.

Eichel (*pl* **-n**) *die* - **1.** [Frucht] acorn - **2.** [des männlichen Gliedes] glans (penis).

eichen *vt* to calibrate.

Eichhörnchen (*pl* **-**) *das* squirrel.

Eid (*pl* **-e**) *der* oath; **Aussage an ~es Statt** RECHT declaration made in lieu of an oath.

◆ **unter Eid** *adv* under oath.

Eidechse ['aidɛksə] (*pl* **-n**) *die* lizard.

eidesstattlich *adj* sworn <> *adv* solemnly.

Eid|genosse *der* Swiss citizen.

Eid|genossin *die* Swiss citizen.

eidgenössisch *adj* Swiss.

Ei|dotter *das* ODER *der* egg yolk.

Eier|becher *der* egg cup.

Eier|kuchen *der* pancake.

Eier|likör *der* egg flip.

eiern (*perf* **hat/ist geeiert**) *vi* ***fam*** to wobble; **er eierte auf dem alten Fahrrad um die Ecke** he came round the corner on his rickety old bike.

Eier|schale *die* eggshell.

Eier|stock *der* ovary.

Eier|uhr *die* egg timer.

Eifel *die*: **die ~** the Eifel mountains.

Eifer *der* eagerness; **im ~ des Gefechts** in the heat of the moment.

Eifersucht *die* jealousy.

eifersüchtig *adj* jealous; **auf jn ~ sein** to be jealous of sb <> *adv* jealously.

eifrig *adj* eager <> *adv* eagerly.

Eigelb (*pl* **-** ODER **-e**) *das* egg yolk.

eigen *adj* - **1.** [jm gehörend] own - **2.** [typisch] typical - **3.** [empfindlich]: **in etw** *(D)* **~ sein** to be particular about sthg.

◆ **Eigen** *das*: **sich** *(D)* **etw zu Eigen machen** to make sthg one's own; **etw sein Eigen nennen** ***geh*** to call sthg one's own.

◆ **Eigene** *der, die, das*: **etwas Eigenes haben wollen** to want to have something of one's own.

Eigen|art *die* characteristic.

eigenartig *adj* strange <> *adv* strangely.

Eigenbedarf *der (ohne pl)* personal requirements *(pl);* **für den ~** for one's own use.

Eigenbrötler, in (*mpl* **-;** *fpl* **-nen**) *der, die* recluse.

eigenbrötlerisch *adj* reclusive <> *adv* like a recluse.

Eigen|finanzierung *die* WIRTSCH self-financing.

eigenhändig *adj* own <> *adv* with one's own hands.

Eigen|heim *das* house of one's own.

Eigenheit (*pl* **-en**) *die* peculiarity.

Eigenliebe *die (ohne pl)* ego.

eigenmächtig *adj* unauthorized <> *adv* on one's own authority.

Eigen|name *der* proper name.

eigennützig *adj* selfish <> *adv* selfishly.

eigens *adv* specially.

Eigenschaft (*pl* **-en**) *die* characteristic; [von Auto] feature; **in seiner ~ als etw** in one's capacity as sthg.

Eigenschaftswort (*pl* **-wörter**) *das* adjective.

Eigensinn *der* stubbornness.

eigensinnig *adj* stubborn <> *adv* stubbornly.

eigenständig *adj* independent <> *adv* independently.

eigentlich *adv* **- 1.** [im Grunde, wirklich] really **- 2.** [übrigens] by the way; **wer ist ~ Petra?** who is Petra(, by the way)? **- 3.** [zum Ausdruck von Ärger]: **was erlauben Sie sich ~?** what do you think you're doing? <> *adj* [wirklich] real.

Eigen|tor *das* own goal.

Eigentum *das* **- 1.** [Besitz] property **- 2.** [Besitzrecht] ownership.

Eigentümer, in (*mpl* **-;** *fpl* **-nen**) *der, die* owner.

eigentümlich *adj* peculiar.

Eigentums|wohnung *die* owner-occupied flat *Br* ODER apartment *Am.*

eigenverantwortlich *adj* responsible <> *adv:* **etw ~ tun** to do sthg on one's own authority.

eigenwillig *adj* **- 1.** [eigen] original **- 2.** [starrsinnig] obstinate.

Eiger *der:* **der ~** the Eiger.

eignen ◆ **sich eignen** *ref* to be suitable; **sich zu** ODER **für etw ~** to be suitable for sthg.

Eignung *die* suitability.

Eignungs|prüfung *die* aptitude test.

Eignungs|test *der* aptitude test.

Eil|bote *der:* **per/durch ~n zustellen** to send express.

Eil|brief *der* express letter.

Eile *die* hurry; **in ~ sein** to be in a hurry; **etw hat ~/keine ~** sthg is/is not urgent.

eilen (*perf* **hat/ist geeilt**) *vi* **- 1.** *(ist)* [Person] to hurry **- 2.** *(hat)* [Angelegenheit] to be urgent; **eilt!** urgent!; **mit etw eilt es/eilt es nicht** sthg is/is not urgent.

eilig *adj* **- 1.** [Bewegung] hurried; **es ~ haben** to be in a hurry **- 2.** [Angelegenheit, Brief] urgent <> *adv* hurriedly.

Eil|tempo *das* rush; **im ~** in a rush.

Eil|zustellung *die* express delivery.

Eimer (*pl* **-**) *der* bucket; **im ~ sein** *salopp* [kaputt sein - Pläne] to be up the spout; [- Gegenstand] to be bust.

eimerweise *adv* by the bucketful.

ein, e *num* one; **~e einzelne Rose** a single rose; **~ Uhr** one o'clock; **~er Meinung sein** to have the same opinion; **~ für alle Mal** *fam fig* once and for all; **in ~em fort** *fig* non-stop; **js ~ und alles sein** *fig* to mean everything to sb <> *det* a, an *(vor Vokal);* **~ Hund** a dog; **~e Idee** an idea; **~ Mädchen** a girl; **~es Tages** one day; **da ist ~e Frau Schmidt am Apparat** there's a Mrs Schmidt on the phone <> *pron* **- 1.** [als Teil einer Menge] one; **hier ist noch ~s/~e** here's another one; **~ und dasselbe** one and the same **- 2.** *fam* [jemand] someone, somebody; [man] one; **hole ~er die Polizei!** someone call the police!; **sieh mal ~er an!** well I never!; **das kann ~em schon mal passieren** these things can happen to you; **das soll nun ~er riechen!** how was I supposed to know? <> *adv:* **~-aus** on-off; **~ und aus gehen** *fig* to come and go; **nicht ~ noch aus wissen** *fig* not to know whether one is coming or going.

einander *pron* *geh* each other, one another.

ein|arbeiten *vt* [an die Arbeit gewöhnen] to train.
◆ **sich einarbeiten** *ref* to settle in.

Einarbeitung (*pl* **-en**) *die* training *(U).*

einarmig *adj* one-armed *(vor Subst);* **~ sein** to have only one arm.

ein|atmen *vt* & *vi* to breathe in.

einäugig *adj* one-eyed *(vor Subst).*

Einbahn|straße *die* one-way street.

Einband (*pl* **-bände**) *der* book cover.

Einbau *der* **- 1.** [in Raum] fitting **- 2.** [in Text] incorporation.

ein|bauen *vt* **- 1.** [Schrank, Bad] to fit; [Motor] to install **- 2.** [in Text] to incorporate.

Einbau|küche *die* fitted kitchen.

Einbau|schrank *der* [Küchenschrank] fitted cupboard; [Kleiderschrank] fitted wardrobe.

ein|behalten *vt (unreg)* to withhold.

einbeinig *adj* one-legged *(vor Subst);* **~ sein** to have only one leg.

ein|berufen *vt (unreg)* **- 1.** [Sitzung] to summon **- 2.** [Wehrpflichtige] to call up ***Br***, to draft ***Am***.

Ein|berufung *die* **- 1.** [einer Sitzung] summoning *(U)* **- 2.** [von Wehrpflichtigen] call-up ***Br***, draft ***Am***.

Einberufungs|befehl *der* call-up papers *(pl)* ***Br***, draft card ***Am***.

ein|betten *vt* to wrap.

ein|beziehen *vt (unreg):* **jn/etw in etw** *(A)* **~** to include sb/sthg in sthg.

Einbeziehung *die* inclusion.

ein|biegen (*perf* **hat/ist eingebogen**) *(unreg) vi (ist)* [abbiegen] to turn; **nach rechts/links ~** to turn right/left ◇ *vt (hat)* [verbiegen] to bend.

ein|bilden *vt* **- 1.** [sich einreden]: **sich** *(D)* **etw ~** to imagine sthg; **was bildest du dir eigentlich ein, wer du bist?** who do you think you are? **- 2.** [stolz sein]: **er bildet sich ganz schön viel ein** he is really full of himself; **sich** *(D)* **viel auf etw** *(A)* **~** to be conceited about sthg; **darauf brauchst du dir nichts einzubilden** that's nothing to be proud of

Einbildung (*pl* **-en**) *die* **- 1.** [Fantasie] imagination **- 2.** [Hochmut] conceit.

Einbildungskraft *die* imagination.

ein|binden *vt (unreg)* **- 1.** [einschlagen] to bind **- 2.** [einbeziehen]: **jn/etw in etw** *(A)* **~** to integrate sb/sthg into sthg.

ein|bläuen *vt:* **jm etw ~** to drum sthg into sb.

ein|blenden *vt* TV [einschalten] to insert.
◆ **sich einblenden** *ref* TV [sich einschalten] to go over; **wir blenden uns in wenigen Augenblicken in die zweite Halbzeit ein** we'll be going over to the second half in a few moments.

einbleuen = **einbläuen.**

Ein|blick *der* **- 1.** [Blick]: **~ in die Dokumente bekommen** to get a look at the documents; **~ in etw** *(A)* **haben** to be allowed to look at sthg; **~ in etw** *(A)* **nehmen** to examine sthg; **jm ~ in etw** *(A)* **gewähren** to allow sb to examine sthg **- 2.** [Einsicht] insight.

ein|brechen (*perf* **hat/ist eingebrochen**) *vi (unreg)* **- 1.** *(hat)* [gewaltsam eindringen] to break in; **bei jm ~** to burgle sb **- 2.** *(ist)* [einstürzen] to fall in **- 3.** *(ist)* [Partei, Mannschaft] to come unstuck **- 4.** *(ist)* [durchbrechen] to fall through **- 5.** *(ist)* [eindringen]: **(in ein Land) ~** to invade (a country) **- 6.** *(ist)* ***geh*** [Nacht, Dunkelheit] to fall; [Winter] to set in.

Einbrecher, in (*mpl* **-;** *fpl* **-nen**) *der* burglar.

ein|bringen *vt (unreg)* **- 1.** [Ernte] to bring in **- 2.** [Gewinn] to bring in; [Anerkennung] to bring; [Erfahrung] to give; **das bringt nichts ein** that's not worth it **- 3.** [vorlegen] to introduce **- 4.** ***amt*** [einsetzen - Geld, Vermögen] to invest; [- in eine Ehe] to put in.
◆ **sich einbringen** *ref* [sich beteiligen]: **sich in etw** *(A)* **~** to make a contribution to sthg.

ein|brocken *vt* ***fam:*** **jm/sich etwas ~** to land sb/o.s. in it; **dieses Problem hast du dir selbst eingebrockt!** you brought this problem on yourself!

Ein|bruch *der* **- 1.** [Straftat] break-in; **einen ~ begehen** to commit a burglary **- 2.** [Zusammenbruch] collapse **- 3.** [Eindringen] penetration **- 4.** ***fam*** [bei Wahl] drubbing **- 5.** [Beginn - von Winter] onset; **vor ~ der Nacht** before nightfall; **bei ~ der Dunkelheit** at nightfall.

einbürgern *vt* [eine Staatsangehörigkeit verleihen] to naturalize.
◆ **sich einbürgern** *ref* [üblich werden] to become established.

Einbürgerung (*pl* **-en**) *die* naturalization.

Ein|buße *die* loss.

ein|büßen *vt* to lose ◇ *vi:* **an etw** *(D)* **~** to lose sthg.

ein|checken [ˈaintʃɛkn̩] *vt* & *vi* to check in.

ein|cremen, einkremen *vt* to put cream on.
◆ **sich eincremen** *ref* to put cream on.

ein|dämmen *vt* **- 1.** [stauen] to dam **- 2.** [zurückhalten] to contain.

ein|decken *vt* ***fam*** [überhäufen]: **jn mit etw ~** to swamp sb with sthg.
◆ **sich eindecken** *ref* [sich versorgen]: **sich mit etw ~** to stock up on sthg.

eindeutig *adj* clear ◇ *adv* clearly.

Eindeutigkeit *die* clarity.

ein|deutschen *vt* to Germanize.

eindimensional *adj* one-dimensional.

ein|drehen *vt* to screw in; **sich** *(D)* **die Haare ~** to put one's hair in curlers.

ein|dringen (*perf* **ist eingedrungen**) *vi (unreg)* **- 1.** [hineingelangen]: **in etw** *(A)* **~** [Wasser] to get into sthg; [Messer] to enter sthg; **in das Bewusstsein der Öffentlichkeit ~** to enter the public consciousness **- 2.** [einbrechen]: **in etw** *(A)* **~** [Gebäude] to break into sthg; [Land] to invade sthg **- 3.** [bedrängen]: **(mit etw) auf jn ~** [mit Waffe] to threaten sb (with sthg).

eindringlich *adj* insistent ◇ *adv* insistently.

Eindringling (*pl* **-e**) *der* intruder.

Eindruck (*pl* **-drücke**) *der* impression; **~ auf jn machen** to make an impression on sb; **einen ~ von etw bekommen** ODER **erhalten** to get an impression of sthg; **einen guten/schlechten ~ (auf jn) machen** to make a good/bad impression (on sb); **bei jm ~ schinden** ***fam*** to impress sb.

ein|drücken *vt* - **1.** [beschädigen - Kotflügel, Fensterscheibe] to smash in; [- Nase, Kissen] to flatten - **2.** [in etw hineindrücken] to press.

eindrucksvoll *adj* impressive <> *adv* impressively.

ein|ebnen *vt* to level.

eineiig [ˈain aiɪç] *adj*: **~e Zwillinge** identical twins.

eineinhalb *num* one and a half.

ein|engen *vt* - **1.** [beschränken] to constrict - **2.** [einschränken] to restrict; **jn in seiner Freiheit ~** to curb sb's freedom.

einerlei *adj* immaterial; **das ist mir ~** that's all the same to me.

einerseits *adv*: **~ ... andererseits** on the one hand ... on the other (hand).

einfach *adj* - **1.** [leicht, schlicht] simple - **2.** [Fahrkarte, Knoten] single <> *adv* - **1.** [leicht, schlicht] simply; **ich komme ~ mit** I'll just come with you; **es sich ~ machen** to make it easy for o.s. - **2.** [nicht mehrfach]: **etw ~ falten** to fold sthg once.

Einfachheit *die* simplicity; **der ~ halber** for the sake of simplicity.

ein|fädeln *vt* - **1.** [Faden, Nadel] to thread - **2.** [bewerkstelligen]: **sie hat die Sache schlau eingefädelt** she worked things very cleverly. ◆ **sich einfädeln** *ref* [sich einordnen] to filter in.

ein|fahren (*perf* **hat/ist eingefahren**) (*unreg*) *vi (ist)* [Zug] to arrive <> *vt (hat)* - **1.** [hineinschaffen - Ernte] to bring in - **2.** [beschädigen - Tor, Mauer] to knock down; [- Kotflügel] to smash in - **3.** AUTO to run in *Br*, to break in *Am* - **4.** [einziehen - Fahrwerk] to retract.

Ein|fahrt *die* - **1.** [Einfahren] arrival; **der Zug hat noch keine ~** the train still hasn't arrived - **2.** [Stelle zum Hineinfahren] entrance; '**~ freihalten!**' 'keep clear'.

Ein|fall *der* - **1.** [Idee] idea; **ihm kam ein ~** he had an idea - **2.** [Einfallen]: **der ~ von Sonnenstrahlen** the sun's rays shining in - **3.** [Eindringen] invasion; **der ~ der Römer in Gallien** the invasion of Gaul by the Romans.

ein|fallen (*perf* **ist eingefallen**) *vi (unreg)* - **1.** [in den Sinn kommen]: **ihm fiel nichts Besseres ein** no better idea occurred to him; **ihm fällt immer eine passende Ausrede ein** he always thinks of a suitable excuse; **mir fällt nichts ein, was ich kochen könnte** I can't think of anything that I could cook; **sich** *(D)* **etwas ~ lassen** to think of something; **lass dir etwas ~, wie wir dieses Problem lösen können!** try and think of how we can solve this problem!; **was fällt dir/Ihnen ein!** what (ever) are you thinking of! - **2.** [wieder in den Sinn kommen] to remember; **da fällt mir ein ...** that reminds me ... - **3.** [hereinkommen] to shine in - **4.** MIL: **in etw** *(A)* **~** to invade sthg - **5.** [einstimmen] to join in - **6.** [einstürzen] to collapse.

einfallslos *adj* unimaginative <> *adv* unimaginatively.

einfallsreich *adj* imaginative <> *adv* imaginatively.

Einfalt *die* naivety.

einfältig *adj* - **1.** [arglos] naive; [Lächeln] innocent - **2.** [beschränkt] simple-minded.

Einfamilien|haus *das house designed for one family.*

ein|fangen *vt (unreg)* - **1.** [fangen und fest halten] to capture - **2.** *fam* [bekommen]: **sich** *(D)* **etw ~** to get sthg.

einfarbig *adj* all one colour.

ein|fassen *vt* - **1.** [Stoff] to edge - **2.** [mit Mauer] to enclose - **3.** [Edelstein] to set.

Einfassung (*pl* **-en**) *die* - **1.** [von Stoff] edging - **2.** [mit Mauer] enclosure - **3.** [von Edelstein] setting.

ein|fetten *vt* [Backform] to grease; [Schuhe, Leder] to put dubbin on.

ein|flechten *vt (unreg)* - **1.** [Band, Haare] to plait *Br*, to braid *Am* - **2.** [in Gespräch, Roman] to weave ODER slip in.

ein|fliegen *vt (unreg)* to fly in; **jn/etw ~ lassen** to fly sb/sthg in.

ein|fließen (*perf* **ist eingeflossen**) *vi (unreg)* [Wasser, Luft] to flow in; **eine Kritik ~ lassen** to slip in a criticism.

ein|flößen *vt* - **1.** [zu trinken geben] to help to drink - **2.** [erregen]: **jm etw ~** [Ehrfurcht, Vertrauen, Angst] to inspire sthg in sb.

Ein|fluss *der* influence; **unter ~ von Alkohol** under the influence of alcohol; **auf jn/etw ~ haben** [Macht] to have influence over sb/sthg; [Effekt] to influence sb/sthg; **auf jn/etw ~ nehmen** to influence sb/sthg.

Einfluss|bereich *der* sphere of influence.

einflussreich *adj* influential.

einförmig *adj* monotonous <> *adv* monotonously.

ein|frieren (*perf* **hat/ist eingefroren**) *(unreg)* *vt (hat)* to freeze; [Beziehungen] to suspend <> *vi (ist)* [Wasserleitung] to freeze; [Teich] to freeze over.

ein|fügen *vt* [gen & EDV] to insert. ◆ **sich einfügen** *ref* [sich anpassen] to fit in.

ein|fühlen ◆ **sich einfühlen** *ref*: **er fühlte sich in ihre Lage ein** he put himself in her position.

einfühlsam *adj* sensitive.

Einfühlungsvermögen *das* empathy.

Einfuhr (*pl* **-en**) *die* - **1.** [Einführen] importation - **2.** [Ware] import.

ein|führen *vt* - **1.** [gen] to introduce; **jn in etw** *(A)* ~ to introduce sb to sthg; **jn bei seinen Eltern** ~ to introduce sb to one's parents; **jn in die Gesellschaft** ~ to introduce sb into society - **2.** [importieren] to import - **3.** [hineinschieben] to insert, to introduce.
◆ **sich einführen** *ref* [sich präsentieren] to introduce o.s.; **sich gut/schlecht** ~ to make a good/bad impression.

Einfuhr|genehmigung *die* import permit.

Ein|führung *die* introduction.

Einfuhrzoll (*pl* **-zölle**) *der* import duty.

ein|füllen *vt* to pour in; **etw in etw** *(A)* ~ to pour sthg into sthg.

Ein|gabe *die* - **1.** [Gesuch - an Parlament] petition; [- an Behörden] complaint - **2.** EDV input.

Ein|gang *der* - **1.** [Eingangstür] entrance - **2.** [von Geld, Post] receipt.

eingangs *adv* at the beginning.

Eingangs|halle *die* entrance hall.

ein|geben *vt (unreg)* EDV to enter.

eingebildet *adj* - **1.** [nicht wirklich] imaginary - **2.** [hochmütig] arrogant.

Eingeborene, Eingeborne (*pl* **-n**) *der, die* native.

Eingebung (*pl* **-en**) *die* ***geh*** inspiration.

eingefleischt *adj* ▻ **Junggeselle.**

ein|gehen (*perf* **ist eingegangen**) *(unreg) vi* - **1.** [ankommen] to arrive; **bei uns ist noch keine Antwort eingegangen** we have not yet received a reply - **2.** [Tier, Pflanze] to perish - **3.** [Firma] to close down - **4.** [beachten]: **auf jn/etw** ~ to respond to sb/sthg; **auf etw** *(A)* ~ [Angebot, Vorschlag] to agree to sthg - **5.** [Kleidung] to shrink - **6.** ***geh*** [Einzug halten]: **in die Geschichte** ~ to go down in history ◇ *vt* [Bündnis, Ehe, Verpflichtung] to enter into; [Risiko] to take; [Wette] to make.

eingehend *adj* detailed ◇ *adv* in detail.

ein|gemeinden *vt* to incorporate.

eingenommen *pp* ▻ **einnehmen** ◇ *adj*: **von sich** ~ **sein** to have a high opinion of o.s.; **für/gegen etw** ~ **sein** to be taken with/biased against sthg; **von jm/etw** ~ **sein** to be taken with sb/sthg.

eingeschlossen *pp* ▻ **einschließen.**

eingeschnappt *adj* ***fam abw***: ~ **sein** to be in a huff.

eingespielt *adj* [Team] well-practised; **aufeinander** ~ **sein** to work well together, to make a good team.

Ein|geständnis *das* confession; [von Fehler] admission.

ein|gestehen *vt (unreg)* to confess; [Fehler] to admit.

eingetragen *pp* ▻ **eintragen** ◇ *adj* registered ▻ **Verein;** *siehe auch* **Warenzeichen.**

Eingeweide *pl* entrails.

Eingeweihte (*pl* **-n**) *der, die* initiate.

ein|gewöhnen ◆ **sich eingewöhnen** *ref* to settle in.

Eingewöhnung *die* settling in.

ein|gießen *vt (unreg)* [Tasse, Glas] to pour; **jm etw** ~ to pour sb sthg.

eingleisig *adj* - **1.** [Bahnlinie] single-track - **2.** [eindimensional] simplistic ◇ *adv* simplistically.

ein|gliedern *vt*: **jn/etw in etw** *(A)* ~ to integrate sb/sthg into sthg.
◆ **sich eingliedern** *ref*: **sich in etw** *(A)* ~ to integrate into sthg.

ein|graben *vt (unreg)* - **1.** [in den Boden] to bury - **2.** [eindrücken - Spuren] to carve.
◆ **sich eingraben** *ref*: **sich in etw** *(A)* ~ [Schrift, Spuren] to be carved into sthg; [Tier] to burrow into sthg.

ein|greifen *vi (unreg)*: **(in etw** *(A)***)** ~ to intervene (in sthg).

ein|grenzen *vt* - **1.** [räumlich] to enclose - **2.** [thematisch] to limit.

Ein|griff *der* - **1.** [Intervention] intervention - **2.** MED operation.

ein|haken *vt* to fasten ◇ *vi* to interrupt.
◆ **sich einhaken** *ref*: **sie hakte sich bei ihm ein** she slipped her arm through his.

Einhalt *der* ***geh***: **jm/einer Sache** ~ **gebieten** to stop sb/sthg.

ein|halten *(unreg) vt* [befolgen, erfüllen - Termin] to keep; [- Plan] to keep to; [- Vorschrift] to observe ◇ *vi* [innehalten]: **in** *ODER* **mit seinem Tun** ~ to interrupt what one is doing.

ein|handeln *vt*: **Diamanten gegen Lebensmittel** ~ to trade diamonds for food; **sich** *(D)* **etw** ~ ***fam*** to let o.s. in for sthg.

einhändig *adv* one-handed.

ein|hängen *vt* - **1.** [in ein Scharnier - Tür] to hang; [- Fenster] to put in - **2.** [auflegen - Telefonhörer] to put down ◇ *vi* to hang up.
◆ **sich einhängen** *ref*: **sich bei jm** ~ to take sb's arm.

ein|heften *vt* to file.

einheimisch *adj* local.

Einheimische (*pl* **-n**) *der, die* local.

Einheit (*pl* **-en**) *die* - **1.** [Geschlossenheit] unity - **2.** MIL [Maßeinheit] unit.

einheitlich *adj* - **1.** [geschlossen] unified - **2.** [gleich] uniform; [Standard] standardized ◇ *adv* uniformly; [sich kleiden] in the same way.

Einheits|preis *der* standard price.

ein|heizen *vt* [Wohnung] to heat; [Ofen] to light <> *vi:* **jm ~** *fam* to give sb what for.

einhellig *adj* unanimous <> *adv* unanimously.

ein|holen *vt* - **1.** [Person, Wagen] to catch up with; [verlorene Zeit] to make up for - **2.** [holen] to obtain - **3.** [einziehen - Netz] to haul in; [- Leine] to reel in - **4.** [einkaufen] to get <> *vi:* **~ gehen** to go shopping.

ein|hüllen *vt* to wrap up.
◆ **sich einhüllen** *ref:* **sich in etw** *(A)* **~** to wrap o.s. up in sthg.

einhundert *num* a ODER one hundred; *siehe auch* **sechs.**

einig *adj* united; **(sich) über jn/etw ~ sein** to agree about sb/sthg; **(sich) über jn/etw ~ werden** to agree on sb/sthg.

einige *det* - **1.** [eine gewisse Menge] a few, some; **nach ~r Zeit** after some time; **~ Probleme** a few problems; **nur ~ waren da** there were only a few people there; **~ wenige** a few - **2.** [beträchtlich] quite a few; **das brachte so ~ Probleme mit sich** this caused quite a lot of problems; **so ~ waren da** there were quite a lot of people there <> *pron* a few, some.
◆ **einiges** *pron* something; **das hat ~s für sich** there is something to be said for it; **ich könnte dir ~s erzählen** I could tell you a thing or two.

einigen *vt* to unite.
◆ **sich einigen** *ref:* **sich (mit jm) ~** to reach an agreement (with sb); **sich auf etw** *(A)* **~** to agree on sthg.

einigermaßen *adv* fairly.

einiges ▷ **einige.**

Einigkeit *die* - **1.** [Eintracht] unity - **2.** [Übereinstimmung] agreement.

Einigung (*pl* **-en**) *die* - **1.** [Übereinkunft] agreement - **2.** [Vereinigung] unification.

einjährig *adj* - **1.** [Kind, Tier] one-year-old - **2.** [Vertrag, Laufzeit] one-year; [Pflanze] annual.

ein|kalkulieren *vt* to take into account.

Ein|kauf *der* - **1.** [Einkaufen] shopping - **2.** [eingekaufte Ware] purchase; **die Einkäufe aus dem Wagen holen** to get the shopping out of the car - **3.** WIRTSCH purchasing.

ein|kaufen *vt* to buy <> *vi:* **~ gehen** to go shopping.
◆ **sich einkaufen** *ref:* **sich in ein Unternehmen ~** to buy into ODER buy a share in a company.

Einkaufs|bummel *der* shopping expedition; **einen ~ machen** to go on a shopping expedition.

Einkaufs|tasche *die* shopping bag.

Einkaufs|wagen *der* (shopping) trolley *Br* ODER cart *Am.*

Einkaufs|zentrum *das* shopping centre *Br,* (shopping) mall *Am.*

ein|kehren (*perf* **ist eingekehrt**) *vi* to stop off.

ein|kesseln *vt* to surround.

ein|klagen *vt* [Schulden] to sue for the recovery of; [Rechte] to demand.

ein|klammern *vt* to put in brackets, to bracket.

Einklang *der* harmony.

ein|kleben *vt* to stick in.

ein|kleiden *vt* to kit out.
◆ **sich einkleiden** *ref:* **sich neu ~** to buy o.s. a new wardrobe.

ein|klemmen *vt* to trap.

ein|kochen (*perf* **hat/ist eingekocht**) *vt (hat)* [konservieren] to preserve <> *vi (ist)* [eindicken] to reduce.

Einkommen (*pl* -) *das* income.

Einkommens|gefälle *das* earnings gap.

einkommensschwach *adj* low-income.

Einkommens|steuer *die* income tax.

Einkommenssteuer|erklärung *die* (income) tax return.

ein|kreisen *vt* - **1.** [umzingeln] to surround - **2.** [eingrenzen] to pin down - **3.** [mit Stift] to circle.

ein|kremen = **eincremen.**

ein|kriegen ◆ **sich einkriegen** *ref:* **er kriegte sich vor Lachen nicht mehr ein** *fam* he nearly died laughing.

Einkünfte *pl* income *(U).*

ein|laden *vt (unreg)* - **1.** [Gast] to invite; **jn zu etw ~** [Hochzeit, Party] to invite sb to sthg; **darf ich Sie zu einem Kaffee ~?** can I buy you a coffee?; **jn in ein Restaurant ~** to take sb out for a meal - **2.** [Last] to load.

einladend *adj* inviting <> *adv* invitingly.

Ein|ladung *die* invitation.

Ein|lage *die* - **1.** [im Schuh] insole - **2.** KÜCHE *vegetables, noodles, meat etc added to a clear soup* - **3.** [im Programm] interlude - **4.** WIRTSCH [bei Bank] deposit; [bei Firma] investment.

Einlass *der* admission; **jm ~ gewähren** to admit sb.

ein|lassen *vt (unreg)* - **1.** [hereinlassen] to admit - **2.** [Wasser] to run; **sie ließ Wasser in die Wanne ein** she ran herself a bath - **3.** [einsetzen] to set.
◆ **sich einlassen** *ref:* **sich mit jm/auf etw** *(A)* **~** to get involved with sb/in sthg.

Ein|lauf *der* - **1.** SPORT placings *(pl)* - **2.** MED enema.

ein|laufen (*perf* **hat/ist eingelaufen**) *(unreg) vi (ist)* - **1.** SPORT: **ins Stadion ~** to enter the stadium; **ins Ziel ~** to cross the finishing line

- **2.** [Wasser] to run in **- 3.** [einfahren] to come in **- 4.** [Stoff] to shrink ◇ *vt (hat)* [Schuhe] to wear in.
◆ **sich einlaufen** *ref* to warm up.

einleben ◆ **sich einleben** *ref* to settle in.

ein|legen *vt* **- 1.** [hineintun] to put in; **den ersten Gang ~** to go into first gear **- 2.** KÜCHE to preserve; [in Essig] to pickle **- 3.** [Pause] to have, to take **- 4.** [Berufung, Bitte] to lodge; **ein gutes Wort für jn ~** to put in a good word for sb.

Einlege|sohle *die* insole.

ein|leiten *vt* **- 1.** [beginnen - Untersuchung, Verfahren] to start; [- Schritte] to take; [- Geburt] to induce **- 2.** [einführen] to open **- 3.** [einlassen]: **Abwässer in den Fluss ~** to let effluent into the river.

einleitend *adj* introductory ◇ *adv* by way of introduction.

Ein|leitung *die* **- 1.** [Einführung] introduction **- 2.** [Beginn - von Untersuchung] start; [- von Geburt] induction.

ein|lenken *vi* to give way.

ein|leuchten *vi:* **es leuchtet mir ein, dass ...** I can see that ...

einleuchtend *adj* convincing ◇ *adv* convincingly.

ein|liefern *vt* **- 1.** [bringen - in psychiatrische Anstalt] to commit; **jn in ein Krankenhaus ~** to take sb to hospital **- 2.** [Waren] to deliver.

Ein|lieferung *die* **- 1.** [von Kranken] admission; [in psychiatrische Anstalt] committal **- 2.** [von Waren] delivery.

Einlieger|wohnung *die self-contained flat which is available for rent in a private house.*

ein|loggen ◆ **sich einloggen** *ref* EDV to log on; **sich ins Internet ~** to log on to the Internet.

ein|lösen *vt* **- 1.** [Scheck] to cash; [Gutschein] to redeem **- 2.** [Versprechen] to keep.

Ein|lösung *die* [von Scheck] cashing; [von Gutschein] redemption.

ein|machen *vt* to preserve.

Einmach|glas *das* preserving jar.

einmal *adv* **- 1.** [ein einzelnes Mal] once; **noch ~** (once) again **- 2.** [irgendwann - zuvor] before; [- in Zukunft] sometime; **haben wir uns nicht schon ~ gesehen?** haven't we met before?; **irgendwann ~ möchte sie nach England ziehen** she'd like to move to England someday; **es war ~ ...** once upon a time there was ... **- 3.** [mal, bitte]: **komm ~ her!** come here, will you!; **hör mir ~ gut zu!** now listen to me carefully!
◆ **auf einmal** *adv* **- 1.** [plötzlich] suddenly **- 2.** [zusammen, gleichzeitig] at once.
◆ **nicht einmal** *adv* not even.

Einmaleins *das (ohne pl)* **- 1.** [Zahlenreihe] multiplication tables *(pl)*; **das große/kleine ~** multiplication tables from 1 to 20/up to 10 **- 2.** [Grundwissen] ABC.

einmalig *adj* **- 1.** [einzeln - Zahlung] one-off **- 2.** [außergewöhnlich] unique **- 3.** [wunderbar] fantastic.

Ein|marsch *der* invasion.

ein|marschieren (*perf* **ist einmarschiert**) *vi* to invade.

ein|massieren *vt* to massage in.

ein|mischen ◆ **sich einmischen** *ref:* **sich (in etw** *(A)***) ~** to interfere (in sthg).

Ein|mischung *die* interference.

ein|münden (*perf* **hat/ist eingemündet**) *vi:* **in etw** *(A)* **~** [Fluss] to flow into sthg; [Straße] to lead into sthg.

einmütig *adj* unanimous ◇ *adv* unanimously.

ein|nähen *vt* **- 1.** [in Kleidungsstück] to sew in **- 2.** [enger nähen] to take in.

Einnahme (*pl* **-n**) *die* **- 1.** [Einkommen] income; [an einer Kasse] takings *(pl)*; [vom Staat] revenue; **~n und Ausgaben** income and expenditure **- 2.** [von Medikament] taking **- 3.** [Eroberung] capture.

Einnahme|quelle *die* source of income.

ein|nehmen *vt (unreg)* **- 1.** [Geld, Medikament, Platz] to take; **viel Raum ~** to take up a lot of room **- 2.** [erobern] to capture; **jn für sich ~** *fig* to win sb over.

einnehmend *adj* captivating.

ein|nicken (*perf* **ist eingenickt**) *vi* to nod off.

ein|nisten ◆ **sich einnisten** *ref* **abw** [sich breit machen]: **sich bei jm ~** to park o.s. on sb.

Ein|öde *die* wilderness.

ein|ordnen *vt* to put in its place; [Akten] to file; [Dichter, Politiker] to categorize.
◆ **sich einordnen** *ref* [Auto] to get into the correct lane; [Person] to fit in; **sich links ~** to get into the left-hand lane.

ein|packen *vt* **- 1.** [verpacken - Kleidung] to pack; [- Geschenk] to wrap **- 2.** *fam* [anziehen] to wrap up ◇ *vi* *fam:* **wenn sie den Fehler bemerkt, kannst du ~** if she notices the mistake, you've had it.
◆ **sich einpacken** *ref* *fam* to wrap o.s. up.

ein|parken *vt* to park ◇ *vi* to park; **rückwärts ~** to back in.

ein|passen *vt* to fit.

ein|pendeln ◆ **sich einpendeln** *ref* to level off.

ein|pflanzen *vt* **- 1.** [pflanzen] to plant **- 2.** MED to implant.

ein|planen *vt* [Verlust, Verzögerung] to allow for; [Person] to count in.

ein|prägen *vt* **- 1.** [eingravieren] to imprint

- **2.** [einschärfen]: **sich** *(D)* **etw ~** to memorize sthg; **jm etw ~** to impress sthg on sb.
◆ **sich einprägen** *ref:* **das Erlebnis hat sich mir für immer eingeprägt** the experience made an indelible impression on me.

einprägsam *adj* easily remembered; [Melodie] catchy.

ein|quartieren *vt* to put up.
◆ **sich einquartieren** *ref* to stay.

ein|rahmen *vt* to frame.

ein|räumen *vt* **- 1.** [einordnen, ordnen - Kleidung, Geschirr] to put away; **den Schrank ~** to put things away in the cupboard **- 2.** [Frist, Kredit] to grant **- 3.** [zugeben] to admit.

ein|rechnen *vt* to include.

ein|reden *vi:* **auf jn ~** to keep on at sb ◇ *vt:* **jm etw ~** to talk sb into sthg.

ein|reiben *vt (unreg)* to rub in; **sich** *(D)* **die Brust mit Öl ~** to rub oil onto one's chest.

ein|reichen *vt* [Antrag] to submit; [Beschwerde] to lodge.

ein|reihen *vt* to place.
◆ **sich einreihen** *ref:* **sich in etw** *(A)* **~** to take one's place in ODER join sthg.

einreihig *adj* single-breasted ◇ *adv:* **~ geknöpft** single-breasted.

Ein|reise *die* entry.

Einreise|erlaubnis *die* entry permit.

ein|reisen (*perf* **ist eingereist**) *vi* to enter; **nach Deutschland ~** to enter Germany.

Einreise|visum *das* entry visa.

ein|reißen (*perf* **hat/ist eingerissen**) *(unreg) vt (hat)* **- 1.** [Gebäude] to pull down **- 2.** [Papier, Stoff] to tear ◇ *vi (ist)* **- 1.** [Papier, Stoff] to tear **- 2.** *abw* [Unsitte] to become a habit.

ein|renken *vt* **- 1.** MED to put back in its socket **- 2.** [bereinigen] to sort out.
◆ **sich einrenken** *ref* to sort itself out.

ein|richten *vt* **- 1.** [möblieren] to furnish **- 2.** [organisieren]: **etw so ~, dass ...** to organize sthg in such a way that ... **- 3.** [Stelle, Institution] to set up.
◆ **sich einrichten** *ref* **- 1.** [mit Möbeln] to furnish one's home **- 2.** [sich einstellen]: **sich auf etw** *(A)* **~** to prepare for sthg.

Ein|richtung *die* **- 1.** [Möbel] furnishings *(pl)* **- 2.** [Einrichten] furnishing **- 3.** [Schaffung] setting up **- 4.** [Institution] institution.

ein|rollen (*perf* **hat/ist eingerollt**) *vt (hat)* to roll up ◇ *vi (ist)* **fam** to roll in.
◆ **sich einrollen** *ref* to curl up.

ein|rosten (*perf* **ist eingerostet**) *vi* **- 1.** [Gegenstand] to go rusty **- 2.** [Person, Gelenk] to stiffen up.

ein|rücken (*perf* **hat/ist eingerückt**) *vi (ist)* to enter ◇ *vt (hat)* TYPO to indent.

eins *num* [als Zahl] one; **~ A** top-quality, A-1; **es steht ~ zu null für Dänemark** it's one-nil to Denmark; **~, zwei, drei** in no time at all ◇ *adj:* **das ist mir ~** that's all the same to me; **mit jm ~ werden** [einig werden] to come to an agreement with sb ◇ *pron* one; *siehe auch* **sechs.**

Eins (*pl* **-en**) *die* **- 1.** [Zahl] one **- 2.** [Schulnote] ≃ A, *mark of 1 on a scale from 1 to 6; siehe auch* **Sechs.**

ein|sacken *vt* **- 1.** [einpacken] to put into sacks **- 2.** *salopp* [Geld, Gewinn] to pocket.

einsam *adj* **- 1.** [Person] lonely **- 2.** [Haus, Gegend] isolated.

Einsamkeit *die* **- 1.** [von Person] loneliness **- 2.** [von Haus, Gegend] isolation.

ein|sammeln *vt* [Werkzeug, Spielzeug] to gather up; [Kinder] to pick up; [Klassenarbeiten] to collect in; [Geld] to collect.

Ein|satz *der* **- 1.** [Geld] stake **- 2.** [Einsetzen] use; **unter ~ aller Kräfte** with a huge effort; **zum ~ kommen** to be used **- 3.** [Engagement] commitment **- 4.** MIL mission; **im ~ sein** to be in action **- 5.** [Fach] compartment **- 6.** MUS entry.

einsatzbereit *adj* [Truppe] ready for action; [Maschine] ready for use.

Einsatzbereitschaft *die* **- 1.** [Engagement] commitment **- 2.: in ~ sein** to be on standby.

ein|schalten *vt* **- 1.** [anstellen] to switch on **- 2.** [hinzuziehen] to call in.
◆ **sich einschalten** *ref* **- 1.** [von selbst angehen] to switch on **- 2.** [eingreifen] to intervene.

Einschalt|quote *die* (programme) ratings *(pl).*

ein|schärfen *vt:* **jm etw ~** to impress sthg upon sb.

ein|schätzen *vt* [Gefahr, Lage] to assess; [Vermögen, Umsatz] to estimate; [Person] to judge; **jn/etw falsch ~** to misjudge sb/sthg.

Ein|schätzung *die* [von Gefahr, Lage] assessment; [von Vermögen, Umsatz] estimation; [von Person] judgement.

ein|schenken *vt:* **jm etw ~** to pour sb sthg.

ein|schicken *vt* to send in.

ein|schieben *vt (unreg)* **- 1.** [hineinschieben] to insert **- 2.** [einfügen] to fit in.

ein|schiffen *vt* [Personen] to embark; [Waren] to load.
◆ **sich einschiffen** *ref:* **sich nach Australien ~** to embark for Australia.

einschl. (*abk für* **einschließlich**) incl.

ein|schlafen (*perf* **ist eingeschlafen**) *vi (unreg)* **- 1.** [aus Müdigkeit] to fall asleep **- 2.** [Körperteil] to go to sleep **- 3.** [aufhören] to peter out **- 4.** [sterben] to pass away.

ein|schläfern *vt* - **1.** [töten] to put to sleep - **2.** [in Schlaf versetzen] to send to sleep.

einschläfernd *adj* soporific.

Ein|schlag *der* - **1.** [Einschuss] impact - **2.** [Qualität] element.

ein|schlagen (*perf* **hat/ist eingeschlagen**) (*unreg*) *vi* - **1.** *(ist)* [treffen] to strike - **2.** *(hat)* [zustimmen] to agree; [mit Händedruck] to shake on it - **3.** *(hat)* [lenken] to steer; **nach rechts ~** to turn right - **4.** *(hat)* [Furore machen - Schallplatte] to be a hit; [- Erfindung] to be a success; [- Enthüllungen] to cause a furore - **5.** *(hat)* [schlagen]: **auf jn ~** to beat sb ◇ *vt (hat)* - **1.** [Nagel] to knock in - **2.** [Glas, Tür] to smash in - **3.** [Buch, Geschenk] to wrap (up) - **4.** [Weg] to take; [Richtung] to go in.

einschlägig *adj* [Literatur] relevant; [Methode] appropriate ◇ *adv*: **~ vorbestraft sein** to have a previous conviction for a similar offence.

ein|schleichen ◆ **sich einschleichen** *ref* (*unreg*) **eigtl** & **fig** to creep in.

ein|schleusen *vt* [Waffen] to smuggle in; [V-Leute] to infiltrate.

ein|schließen *vt (unreg)* - **1.** [einsperren] to lock up - **2.** [aufbewahren] to lock away - **3.** [umzingeln] to surround - **4.** [beinhalten] to include.

einschließlich *präp (+ G)* including; **vom 1,3 bis ~ 5,5** from 1.3 to 5.5 inclusive ◇ *adv*: **bis Montag ~** up to and including Monday.

ein|schmeicheln ◆ **sich einschmeicheln** *ref*: **sich bei jm ~ *abw*** to curry favour with sb.

ein|schmuggeln *vt* to smuggle in.
◆ **sich einschmuggeln** *ref* to smuggle o.s. in.

ein|schnappen (*perf* **ist eingeschnappt**) *vi* - **1.** [Schloss, Verschluss] to click shut - **2.** ***fam abw*** [beleidigt sein] to get in a huff.

ein|schneiden (*unreg*) *vi*: **das Band schneidet mir in die Haut ein** the band cuts into my skin ◇ *vt* to cut.

einschneidend *adj* drastic ◇ *adv* drastically.

ein|schneien (*perf* **ist eingeschneit**) *vi* to get snowed in.

Ein|schnitt *der* - **1.** [Schnitt] cut; [bei Operation] incision - **2.** [Zäsur] turning point.

ein|schränken *vt* to limit; [Rauchen, Trinken] to cut down on; [Menge, Anzahl] to reduce.
◆ **sich einschränken** *ref* to economize.

Einschränkung (*pl* **-en**) *die* - **1.** [Einschränken] limitation; [von Kosten] reduction - **2.** [Vorbehalt] reservation.

ein|schreiben *vt (unreg)* - **1.** [hineinschreiben]: **eingeschrieben sein** to be registered - **2.** [Brief]: **etw ~ lassen** *ODER* **eingeschrieben schicken** to send sthg recorded delivery.
◆ **sich einschreiben** *ref* [sich anmelden] to register.

Ein|schreiben *das*: **etw per ~ schicken** to send sthg recorded delivery.

ein|schreiten (*perf* **ist eingeschritten**) *vi (unreg)* to intervene.

Ein|schub *der* insertion.

ein|schüchtern *vt* to intimidate.

Einschüchterung (*pl* **-en**) *die* intimidation.

ein|schulen *vt*: **eingeschult werden** to start school.

Ein|schulung *die* [Tag] first day at school.

ein|schweißen *vt* - **1.** [in Folie] to shrink-wrap - **2.** [Metall] to weld in.

ein|sehen *vt (unreg)* - **1.** [Fehler, Schuld] to recognize, to admit - **2.** [Papiere] to examine.

Einsehen *das*: **ein ~ haben** [vernünftig sein] to see sense; **mit jm/etw ein/kein ~ haben** [verständnisvoll sein] to show some/no understanding towards sb/for sthg.

ein|seifen *vt* - **1.** [waschen] to soap - **2.** ***fam abw*** [überreden] to take in.

einseitig *adj* - **1.** [subjektiv] one-sided - **2.** [auf einer Seite] on one side - **3.** [Beziehung] unilateral ◇ *adv* - **1.** [subjektiv] one-sidedly - **2.** [auf einer Seite] on one side - **3.** [unausgewogen]: **sich ~ ernähren** to eat an unbalanced diet.

ein|senden (*prät* **sendete ein** *ODER* **sandte ein**; *perf* **hat eingesendet** *ODER* **eingesandt**) *vt* to send in.

Ein|sendung *die* - **1.** [von Text, Ware] sending in - **2.** [bei Preisausschreiben] entry.

ein|setzen *vt* - **1.** [hineinsetzen] to put in - **2.** [gebrauchen] to use; **die Polizei/das Militär ~** to bring in the police/army - **3.** [in Amt] to appoint - **4.** [Leben] to risk; [Geld] to stake ◇ *vi* to begin; [Sturm] to break.
◆ **sich einsetzen** *ref* to be committed; **sich für jn ~** to stand up for sb; **sich für etw ~** to support sthg.

Ein|setzung *die* appointment.

Ein|sicht *die* - **1.** [Erkenntnis] insight; **zur ~ kommen** to see sense; **zu der ~ kommen, dass** to come to realize that - **2.** [Einblick]: **in etw** *(A)* **~ bekommen** to get a look at sthg.

einsichtig *adj* - **1.** [vernünftig] sensible - **2.** [verständlich] clear ◇ *adv* - **1.** [vernünftig] sensibly - **2.** [verständlich] clearly.

Ein|siedler, in *der, die* hermit.

einsilbig *adj* - **1.** [Person] taciturn - **2.** [Wort, Antwort] monosyllabic ◇ *adv* [antworten] in monosyllables.

ein|sinken (*perf* **ist eingesunken**) *vi (unreg)* to sink (in).

ein|spannen *vt* - **1.** [Pferd] to harness - **2.** [zur

Arbeit] to rope in **- 3.** [in Schreibmaschine] to insert.

ein|sparen *vt* to save; [Personal] to cut back on.

Einsparung (*pl* **-en**) *die* saving; [von Personal] cutback.

ein|sperren *vt* to lock up.

ein|spielen *vt* **- 1.** [Geld] to bring in; [Unkosten] to cover **- 2.** [Instrument] to play in **- 3.** [einfügen] to fit in.
◆ **sich einspielen** *ref* **- 1.** [sich aufwärmen] to warm up **- 2.** [sich abstimmen] to settle down; **die Kollegen haben sich aufeinander eingespielt** the colleagues are now working well together

einsprachig *adj* monolingual <> *adv* speaking only one language.

ein|springen (*perf* **ist eingesprungen**) *vi (unreg)*: **(für jn) ~** to stand in (for sb).

Ein|spruch *der* objection; **~ (gegen etw) erheben** to object (to sthg).

einspurig *adj* single-lane <> *adv*: '**nur ~ befahrbar**' 'single-lane traffic only'.

einst *adv* **geh** once.

Ein|stand *der*: **seinen ~ geben** *to bring some food or drink to the office to celebrate starting one's new job.*

ein|stecken *vt* **- 1.** [in Tasche] to put in one's pocket; **vergiss nicht, Geld einzustecken!** don't forget to take some money with you! **- 2.** [Kritik, Niederlage, Verlust] to take **- 3.** [Stecker] to plug in **- 4.** [Brief] to post ***Br***, to mail ***Am*** **- 5.** [stehlen] to pocket.

ein|stehen (*perf* **ist eingestanden**) *vi (unreg)*: **für jn/etw ~** [sich verbürgen] to vouch for sb/sthg; [Verantwortung übernehmen] to take responsibility for sb/sthg.

ein|steigen (*perf* **ist eingestiegen**) *vi (unreg)* **- 1.** [in Auto] to get in; [in Bus, Zug] to get on; **ins Auto/in den Zug ~** to get in the car/on the train **- 2.** [anfangen]: **in etw** *(A)* **~** [Beruf, Politik] to go into sthg; **er ist ins Geschäft seiner Mutter/bei Vodafone eingestiegen** he joined his mother's firm/Vodafone **- 3.** [sich einkaufen]: **bei RTL/in eine Firma ~** to buy a share in RTL/a company.

einstellbar *adj* adjustable.

ein|stellen *vt* **- 1.** [Angestellte] to take on **- 2.** [Gerät, Lautstärke - zum ersten Mal] to set; [- genauer] to adjust; [Sender] to tune into **- 3.** [anmachen] to switch on **- 4.** [beenden] to stop.
◆ **sich einstellen** *ref* **- 1.** [sich vorbereiten]: **sich auf jn/etw ~** to prepare for sb/sthg; [sich anpassen] to get used to sb/sthg; **auf die neuen Arbeitszeiten muss ich mich noch ~** I still have to get used to the new working hours **- 2.** **geh** [anfangen] to begin.

Ein|stellung *die* **- 1.** [von Angestellten] appointment **- 2.** [von Gerät, Lautstärke - zum ersten Mal] setting; [- genauer] adjustment; [von Sender] tuning **- 3.** [Beendigung - von Verfahren, Zahlungen] termination, stopping **- 4.** [Meinung, Haltung] attitude **- 5.** [Szene] take.

Einstellungs|gespräch *das* interview.

Einstieg (*pl* **-e**) *der* **- 1.** [Beginn] entry **- 2.** [Einführung]: **der ~ in dieses Thema ist schwierig** this subject is difficult to get into **- 3.** [in Bus, Zug] boarding.

einstig *adj* **geh** former.

ein|stimmen *vi* **- 1.** [mitsingen, mitspielen]: **(in etw** *(A)***) ~** to join in (sthg) **- 2.** [vorbereiten]: **jn auf etw** *(A)* **~** to get sb in the right mood for sthg.

einstimmig *adj* **- 1.** MUS for one voice **- 2.** [übereinstimmend] unanimous <> *adv* **- 1.** MUS in unison **- 2.** [übereinstimmend] unanimously.

einstöckig *adj* single-storey.

ein|streichen *vt (unreg)* **abw** [Geld, Gewinn] to rake in.

ein|studieren *vt* to rehearse.

ein|stufen *vt* to categorize; **jn in eine Gehaltsgruppe ~** to put sb in an income bracket.

einstündig *adj* one-hour.

Ein|sturz *der* collapse.

ein|stürzen (*perf* **ist eingestürzt**) *vi* **- 1.** [Haus, Mauer] to collapse **- 2.** [hereinbrechen]: **neue Eindrücke stürzten auf sie ein** she was overwhelmed by new impressions.

Einsturz|gefahr *die*: '**Vorsicht, ~!**' 'danger, building unsafe!'.

einstweilen *adv* **geh** **- 1.** [vorläufig] for the time being **- 2.** [inzwischen] meanwhile.

einstweilig **amt** *adj* temporary <> *adv* temporarily.

eintägig *adj* one-day.

ein|tauchen (*perf* **hat/ist eingetaucht**) *vt (hat)* to dip; [völlig] to immerse; [Keks] to dunk <> *vi (ist)* to dive in.

ein|tauschen *vt*: **etw gegen etw ~** to exchange sthg for sthg.

eintausend *num* a ODER one thousand.

ein|teilen *vt* **- 1.** [klassifizieren] to classify **- 2.** [unterteilen] to divide up **- 3.** [Arbeit, Zeit] to organize **- 4.** [einplanen]: **jn für** ODER **zu etw ~** to assign sb to sthg.

einteilig *adj* one-piece.

Ein|teilung *die* **- 1.** [Klassifizierung] classification **- 2.** [Unterteilung] division **- 3.** [von Arbeit, Zeit] organization **- 4.** [Einplanung]: **~ für** ODER **zu etw** assignment to sthg.

eintönig *adj* monotonous <> *adv* monotonously.

Ein|topf *der* stew.

Eintracht *die* harmony.

einträchtig *adv* harmoniously.

Eintrag (*pl* **-träge**) *der* - **1.** [Notiz] entry - **2.** [Notieren] entering.

ein|tragen *vt (unreg)* - **1.** [notieren] to write down - **2.** *amt* [registrieren] to register - **3.** [Geld] to bring in; [Ärger, Sympathie] to bring.
◆ **sich eintragen** *ref* to put one's name down.

einträglich *adj* lucrative.

ein|treffen (*perf* **ist eingetroffen**) *vi (unreg)* - **1.** [ankommen] to arrive - **2.** [wahr werden] to come true.

ein|treiben *vt (unreg)* to collect.

ein|treten (*perf* **hat/ist eingetreten**) *(unreg) vi (ist)* - **1.** [in Raum, Phase] to enter; **in etw** *(A)* **~** to enter sthg - **2.** [in Gruppe, Verein]: **in etw** *(A)* **~** to join sthg - **3.** [sich einsetzen]: **für jn/etw ~** to stand up for sb/sthg - **4.** [Tod] to occur; [Fall, Umstände] to arise <> *vt (hat)* to kick in.

ein|trichtern *vt:* **jm/sich** *(D)* **etw ~** to drum sthg into sb/one's head.

Ein|tritt *der* - **1.** [in Raum, Phase] entry; '**~ frei**' 'admission free'; '**~ verboten**' 'no entry' - **2.** [Eintrittspreis] admission; **was kostet der ~?** how much does it cost to get in? - **3.** [in Gruppe, Verein] joining - **4.** [Anfang]: **bei ~ der Dämmerung** at dawn.

Eintritts|geld *das* admission fee.

Eintritts|karte *die* ticket.

ein|trocknen (*perf* **ist eingetrocknet**) *vi* to dry up.

ein|trüben ◆ **sich eintrüben** *ref* to cloud over; **es trübt sich ein** it's clouding over.

ein|trudeln (*perf* **ist eingetrudelt**) *vi* *fam* to wander in.

ein|üben *vt* to rehearse.

Ein|übung *die* rehearsal.

Einvernehmen *das* understanding; **sich mit jm ins ~ setzen** *amt* to reach an understanding with sb.

einverstanden *adj:* **mit jm/etw ~ sein** to agree with sb/sthg; **sich mit etw ~ erklären** to agree to sthg <> *interj* OK!

Ein|verständnis *das* - **1.** [Übereinstimmung] agreement - **2.** [Billigung] consent.

Ein|wand *der* objection; **~ (gegen etw) erheben** to object (to sthg).

Ein|wanderer *der* immigrant.

Ein|wanderin *die* immigrant.

ein|wandern (*perf* **ist eingewandert**) *vi* to immigrate.

Ein|wanderung *die* immigration.

einwandfrei *adj* perfect; [Material] flawless; [Nachweis] irrefutable <> *adv* perfectly.

einwärts *adv* inwards.

Einweg|flasche *die* non-returnable bottle.

Einweg|verpackung *die* disposable packaging.

ein|weichen *vt* to soak.

ein|weihen *vt* - **1.** [Gebäude] to open - **2.** [Wagen, Sofa] to christen, to use for the first time - **3.: jn in ein Geheimnis ~** to let sb in on a secret.

Ein|weihung *die* [von Gebäude] opening; [von Wohnung] housewarming party.

ein|weisen *vt (unreg)* - **1.** [Patienten] to admit - **2.** [Anfänger]: **jn in etw** *(A)* **~** to introduce sb to sthg - **3.** [Fahrzeug] to direct.

Ein|weisung *die* - **1.** [von Patienten] admission - **2.** [von Anfänger] introduction - **3.** [von Fahrzeug] directing.

ein|wenden *vt:* **~, dass ...** to object that...; **dagegen ist nichts einzuwenden** there's no reason why not.

ein|werfen *vt (unreg)* - **1.** [Münze] to insert; [Brief] to post *Br*, to mail *Am* - **2.** [Ball, Frage, Bemerkung] to throw in - **3.** [kaputtwerfen] to smash.

ein|wickeln *vt* - **1.** [einpacken] to wrap up - **2.** *fam abw* [überreden] to take in.

ein|willigen *vi:* **(in etw** *(A)***) ~** to agree (to sthg).

Einwilligung (*pl* **-en**) *die* consent.

ein|wirken *vi* - **1.** [Salbe] to take effect - **2.** [Person]: **auf jn beruhigend ~** to have a calming influence on sb.

Einwohner, in (*mpl* **-**; *fpl* **-nen**) *der, die* inhabitant.

Einwohnermelde|amt *das* *local government office at which inhabitants of a town must register at the beginning and end of their residency.*

Einwohner|zahl *die* population, number of inhabitants.

Ein|wurf *der* - **1.** [Ausspruch] comment - **2.** [von Ball] throw-in - **3.** [von Münze] insertion; [von Brief] posting *Br*, mailing *Am* - **4.** [Schlitz] slot.

Einzahl *die* singular.

ein|zahlen *vt* to pay in.

Ein|zahlung *die* deposit.

Einzahlungs|schein *der* paying-in slip.

ein|zeichnen *vt* to mark.

Einzel (*pl* **-**) *das* singles *(pl)*.

Einzel|fall *der* isolated case.

Einzel|gänger, in (*mpl* **-**; *fpl* **-nen**) *der, die* loner.

Einzel|haft *die* solitary confinement.

Einzel|handel *der* retail trade.

Einzel|händler, in *der, die* retailer.

Einzelheit (*pl* **-en**) *die* detail; **in allen ~en** down to the last detail.

Einzel|kämpfer, in *der, die:* **er ist ~** he fights alone.

Einzel|kind *das* only child.

einzeln *adj* - **1.** [speziell] individual - **2.** [isoliert] single; **jedes ~e Exemplar** every single copy - **3.** [Schuh, Socke] odd <> *adv* individually; [ankommen, abholen] separately; **~ stehend** solitary <> *det (nur pl)* a few.

Einzelne *pron sg* - **1.** [Person]: **jede/jeder ~** (each and) every one - **2.** [Sache]: **jede/jeder/jedes ~** every single one <> *pron pl* - **1.** [Personen] some (people) - **2.** [Sachen] some <> *der, die* [Mensch] individual <> *das:* **bis ins ~** down to the last detail; **ins ~ gehen** to go into detail; **im ~n** in detail.

◆ **Einzelnes** *pron* some things *(pl)*.

Einzel|person *die* single person.

Einzel|stück *das* [Kunstgegenstand] piece.

Einzel|zimmer *das* single room.

ein|ziehen (*perf* **hat/ist eingezogen**) *(unreg) vt (hat)* - **1.** [Bauch, Netz] to pull in; [Krallen, Fahrgestell] to retract - **2.** [Faden, Band] to thread in - **3.** [Wand] to put in - **4.** [zur Armee] to call up - **5.** [Geld, Steuern] to collect - **6.** [beschlagnahmen] to confiscate - **7.** [Banknoten, Münzen] to withdraw (from circulation) - **8.** [einsaugen - Luft, Aroma] to breathe in - **9.** ***amt*** [Informationen] to gather <> *vi (ist)* - **1.** [in Wohnung] to move in - **2.** [Einzug halten] to enter; [Jahreszeit] to arrive - **3.** [Fett, Creme, Flüssigkeit] to be absorbed.

einzig *adj (ohne Kompar)* - **1.** [alleinig] only; **nur noch ein ~es Mal** just one more time; **ein ~er Besucher** a single visitor - **2.** ***geh*** [einzigartig] unique - **3.** [total] complete <> *adv* only; **~ und allein** entirely.

einzigartig *adj* unique <> *adv* uniquely.

Einzige *der, die, das:* **der/die/das ~** [Person] the only one; [Sache] the only thing; **das ~, was ...** the only thing that ...; **nur ein ~r erhob sich** only one person stood up; **sie war als ~ dafür** she was the only one in favour.

Einzimmer|appartement *das* one-room flat ***Br*** *ODER* apartment ***Am***.

Einzimmer|wohnung *die* one-room flat ***Br*** *ODER* apartment ***Am***.

Ein|zug *der* - **1.** [von Jahreszeit] arrival - **2.** [von Sportler, Sieger] entrance - **3.** MIL entry - **4.** [in Wohnung] move - **5.** [von Geld, Steuern] collection.

Einzugs|gebiet *das* - **1.** [von Städten] commuter belt - **2.** [von Flüssen] catchment area - **3.** [von Schulen] catchment area ***Br***, school district ***Am***.

Eis (*pl* -) *das* - **1.** [Gefrorenes] ice; **etw auf ~ legen** ***eigtl*** & ***fig*** to put sthg on ice; **das ~ ist gebrochen** the ice has been broken - **2.** [Eiscreme] ice cream; **~ am Stiel** ice lolly ***Br***, Popsicle® ***Am***.

Eis|bahn *die* ice rink.

Eis|bär *der* polar bear.

Eis|becher *der* (ice-cream) sundae.

Eis|bein *das* knuckle of pork.

Eis|berg *der* iceberg.

Eis|blume *die* frost pattern.

Eis|bombe *die* bombe glacée.

Eis|café ['aiskafe:] *das* ice-cream parlour.

Eischnee *der:* **das Eiweiß zu ~ schlagen** to beat the egg white until stiff.

Eiscreme ['aiskre:m], **Eiskrem** *die* ice cream.

Eis|diele *die* ice-cream parlour.

Eisen (*pl* -) *das* - **1.** [gen] iron - **2.** ***RW:* ein heißes ~** a hot potato; **mehrere ~ im Feuer haben *fam*** to have several irons in the fire; **zum alten ~ zählen** *ODER* **gehören *fam*** to belong on the scrapheap.

Eisen|bahn *die* - **1.** [Zug] train; **mit der ~ fahren** to travel by train; **(es ist) höchste ~! *fam fig*** it's getting late! - **2.** [Institution] railway ***Br***, railroad ***Am*** - **3.** [Modelleisenbahn] train set.

Eisenbahn|brücke *die* railway bridge.

Eisenbahner, in (*mpl* **-**; *fpl* **-nen**) *der, die* railway worker ***Br***, railroader ***Am***.

Eisenbahn|fahrplan *der* train timetable.

Eisenbahn|netz *das* rail network.

Eisen|erz *das* iron ore.

Eisen|gießerei *die* iron foundry.

eisenhaltig *adj* [Erz] iron-bearing, ferrous; [Nahrung] containing iron.

Eisenmangel *der* iron deficiency.

Eisenstadt *nt* Eisenstadt.

Eisen|verhüttung (*pl* **-en**) *die* iron smelting *(U)*.

Eisenwaren|handlung *die* hardware store.

Eisen|zeit *die* Iron Age.

eisern *adj* ***eigtl*** & ***fig*** iron; **~ bleiben** to remain resolute <> *adv* [unnachgiebig] resolutely.

eisfrei *adj* ice-free.

eisgekühlt *adj* chilled.

Eisheiligen *pl feast days of Three Saints (12–14 May)*.

Eis|hockey *das* ice hockey.

eisig *adj* - **1.** [eiskalt] freezing - **2.** [abweisend] icy, frosty <> *adv* - **1.** [eiskalt]: **~ kalt** freezing cold - **2.** [abweisend]: **~ lächeln** to give a frosty smile.

eiskalt *adj* - **1.** [Körperteil, Getränk, Wind] ice-cold

- 2. [Mensch, Mord] cold-blooded; [Blick] frosty <> *adv* - 1. [sehr kalt] ice-cold - 2. [herzlos] in cold blood.

Eiskrem = **Eiscreme.**

Eiskunstlauf *der* figure skating.

Eisschnelllauf *der* speed skating.

Eis|scholle *die* ice floe.

Eis|schrank *der* fridge.

Eis|stadion *das* ice rink.

Eisstockschießen *das* SPORT ≃ curling.

Eis|zapfen *der* icicle.

Eis|zeit *die* Ice Age.

eitel *adj* **abw** vain.

Eitelkeit (*pl* **-en**) *die* **abw** vanity.

Eiter *der* pus.

eitern *vi* to fester.

eitrig, eiterig *adj* [Wunde] festering; [Geschwür] suppurating.

Eiweiß (*pl* **-e**) *das* - 1. [im Hühnerei] egg white - 2. BIOL & CHEM protein.

Ei|zelle *die* ovum.

Ejakulation (*pl* **-en**) *die* ejaculation.

ejakulieren *vi* to ejaculate.

EKD [eːˈkaːˈdeː] (*abk für* **Evangelische Kirche in Deutschland**) *die Protestant Church in Germany.*

Ekel (*pl* **-**) *der* [Abscheu] disgust; **~ vor etw** *(D)* **empfinden** to find sthg disgusting <> *das* **fam abw** [Person] horror.

ekelhaft *adj* - 1. [Ekel erregend] disgusting - 2. [Arbeit, Chef] nasty <> *adv* [Ekel erregend] disgustingly.

ekelig = **eklig.**

ekeln *vt*: **das ekelt mich** I find that disgusting; **jn aus dem Haus ~ fam** to drive sb out of the house <> *vi*: **davor ekelt mir** I find that disgusting.

◆ **sich ekeln** *ref*: **sich (vor jm/etw) ~** to be disgusted (by sb/sthg).

EKG [eːˈkaːˈgeː] (*pl* **-s**) (*abk für* **Elektrokardiogramm**) *das* ECG *Br*, EKG *Am*.

Eklat [eˈkla(ː)] (*pl* **-s**) *der* [Auseinandersetzung] row; [Aufsehen] sensation; **es kam zum ~** there was a major altercation.

eklatant *adj* **geh** striking; [Erfolg] sensational.

eklig, ekelig *adj* - 1. [Ekel erregend] disgusting - 2. **fam** [gemein] nasty <> *adv* - 1. [Ekel erregend] disgustingly - 2. [gemein] nastily.

Ekstase (*pl* **-n**) *die* ecstasy.

Ekzem (*pl* **-e**) *das* eczema *(U)*.

Elan *der* **geh** vigour.

elastisch *adj* - 1. [Gummi] elastic - 2. [Körper] supple; [Gang] springy.

Elastizität *die* - 1. [von Gummi] elasticity - 2. [von Körper] suppleness; [von Gang] springiness.

Elbe *die*: **die ~** the (River) Elbe.

Elch (*pl* **-e**) *der* elk.

Elefant (*pl* **-en**) *der* elephant; **wie ein ~ im Porzellanladen fam** like a bull in a china shop.

elegant *adj* elegant <> *adv* elegantly.

Eleganz *die* elegance.

elektrifizieren *vt* to electrify.

Elektriker, in (*mpl* **-**; *fpl* **-nen**) *der, die* electrician.

elektrisch *adj* - 1. [elektrisch betrieben - Licht, Rasierapparat, *etc*] electric; **~es Gerät** electrical appliance - 2. [mit Elektrizität zusammenhängend - Widerstand, Ladung] electrical <> *adv* electrically.

elektrisieren *vt* to electrify.

Elektrizität *die* electricity.

Elektrizitäts|werk *das* power station.

Elektrode (*pl* **-n**) *die* electrode.

Elektro|gerät *das* electrical appliance.

Elektro|geschäft *das* electrical goods store.

Elektro|herd *der* electric oven.

Elektrolyse [elɛktroˈlyːzə] (*pl* **-n**) *die* electrolysis.

Elektro|motor *der* electric motor.

Elektron (*pl* **-en**) *das* electron.

Elektronen|mikroskop *das* electron microscope.

Elektronik *die (ohne pl)* - 1. [Wissenschaft] electronics *(U)* - 2. [Teile] electronics *(pl)*.

elektronisch *adj* electronic <> *adv* electronically.

Elektrosmog *der* electromagnetic radiation, electronic smog.

Elektrotechnik *die* electrical engineering.

Element (*pl* **-e**) *das* element; **in seinem ~ sein** to be in one's element; **dunkle** ODER **zwielichtige ~e** shady characters.

elementar *adj* - 1. [fundamental, einfach] basic - 2. [Kräfte, Gefühl] elemental.

elend *adj* - 1. [erbärmlich] miserable - 2. [krank] wretched <> *adv* - 1. [erbärmlich] miserably - 2. [schlecht] wretchedly; **sich ~ fühlen** to feel wretched.

Elend *das* - 1. [Unglück] misery; **es ist ein ~ mit ihm fam** he's a hopeless case; **das heulende ~ bekommen/haben fam** to get/have the blues - 2. [Ärmlichkeit] poverty.

Elends|viertel *das* slum.

elf *num* eleven; *siehe auch* **sechs.**

Elf (*pl* **-en**) *die* [Zahl & SPORT] eleven <> *der* elf; *siehe auch* **Sechs.**

Elfe (*pl* **-n**) *die* elf.

Elfenbein *das* ivory.

Elfenbeinküste *die*: **die ~** the Ivory Coast.

elfhundert *num* one thousand one hundred.

elfmal *adv* eleven times.

Elf|meter *der* penalty.

elftausend *num* eleven thousand.

elfte, r, s *adj* eleventh; *siehe auch* **sechste.**

Elfte (*pl* **-n**) *der, die, das* eleventh; *siehe auch* **Sechste.**

elftel *adj (unver)* eleventh; *siehe auch* **sechstel.**

Elftel (*pl* **-**) *das* eleventh; *siehe auch* **Sechstel.**

elitär *adj* elitist ◇ *adv* in an elitist way.

Elite (*pl* **-n**) *die* elite.

Elite|schule *die* prestigious school.

Elite|universität *die* prestigious university.

Ellbogen, Ellenbogen (*pl* **-**) *der* elbow; **seine ~ gebrauchen** *ODER* **benutzen** *fam* to be ruthless.

Ellbogenfreiheit *die* elbow-room.

Elle (*pl* **-n**) *die* **- 1.** [Knochen] ulna **- 2.** [Maßeinheit] cubit.

Ellenbogen = **Ellbogen.**

Ellipse (*pl* **-n**) *die* ellipse.

eloquent *adj* ***geh*** eloquent.

El Salvador *nt* El Salvador.

Elsass *das* Alsace.

Elsässer (*pl* **-**) *der* & *adj (unver)* Alsatian.

Elsässerin (*pl* **-nen**) *die* Alsatian.

elsässisch *adj* Alsatian.

Elster (*pl* **-n**) *die* magpie; **diebische ~ *fig*** thieving little so-and-so.

elterlich *adj* parental.

Eltern *pl* parents; **das ist nicht von schlechten ~ *fam*** that isn't half bad.

Eltern|abend *der* SCHULE parents' evening.

Eltern|haus *das* home; **aus gutem ~ kommen** to come from a good family.

elternlos *adj* orphaned ◇ *adv* as an orphan.

Elternsprech|tag *der* SCHULE *day on which parents may meet with teachers to discuss their children's schooling.*

Eltern|teil *der* parent.

EM [eːˈɛm] (*pl* **-s**) *die* ▷ **Europameisterschaft.**

Email [eˈmai̯l] *das* enamel.

E-Mail [ˈiːmɛi̯l] (*pl* **-s**) *die* EDV e-mail; **jm eine ~ schicken** to send sb an e-mail, to e-mail sb.

E-Mail-|Adresse *die* e-mail address.

Emaille [eˈmaljə] (*pl* **-n**) *die* enamel.

Emanze (*pl* **-n**) *die* ***fam abw*** women's libber.

Emanzipation (*pl* **-en**) *die* emancipation.

emanzipieren ◆ **sich emanzipieren** *ref* to become emancipated.

Embargo (*pl* **-s**) *das* embargo.

Emblem [ɛmˈbleːm] (*pl* **-e**) *das* emblem.

Embryo (*pl* **-s** *ODER* **-onen**) *der* embryo.

emeritieren *vt* to give emeritus status to.

Emigrant, in (*mpl* **-en**; *fpl* **-nen**) *der, die* émigré.

Emigration (*pl* **-en**) *die* (voluntary) exile.

emigrieren (*perf* **ist emigriert**) *vi* to go into (voluntary) exile, to leave the country.

Eminenz (*pl* **-en**) *die* eminence; **eine graue ~** an éminence grise.

Emission (*pl* **-en**) *die* emission.

e-Moll *das* E minor.

Emotion (*pl* **-en**) *die* emotion.

emotional *adj* emotional ◇ *adv* emotionally.

empfahl *prät* ▷ **empfehlen.**

empfand *prät* ▷ **empfinden.**

Empfang (*pl* **Empfänge**) *der* **- 1.** [Erhalt - von Brief, Ware] receipt; **etw in ~ nehmen** to receive sthg; **ein Paket für die Nachbarn in ~ nehmen** to take a parcel for the neighbours **- 2.** [Begrüßung] welcome; **jn in ~ nehmen *fam*** to welcome sb **- 3.** [Veranstaltung, Rezeption & TV] reception.

empfangen (*präs* **empfängt**; *prät* **empfing**; *perf* **hat empfangen**) *vt* **- 1.** [gen] to receive **- 2.** [begrüßen] to greet; **Gäste ~** to receive visitors.

Empfänger (*pl* **-**) *der* **- 1.** [Gerät] receiver **- 2.** [Adressat] addressee; [von Arbeitslosengeld] recipient.

Empfängerin (*pl* **-nen**) *die* [Adressat] addressee; [von Arbeitslosengeld] recipient.

empfänglich *adj*: **(für etw) ~ sein** to be susceptible (to sthg).

Empfänglichkeit *die* susceptibility.

Empfängnis *die* conception.

empfängnisverhütend *adj* contraceptive.

Empfängnisverhütung *die* contraception.

Empfangs|bescheinigung *die* acknowledgement of receipt.

Empfangs|chef *der* receptionist.

Empfangs|dame *die* receptionist.

empfängt *präs* ▷ **empfangen.**

empfehlen (*präs* **empfiehlt**; *prät* **empfahl**;

perf **hat empfohlen**) *vt* to recommend; **jm ~, etw zu tun** to recommend that sb do sthg; **jm etw (wärmstens** *ODER* **sehr) ~** to recommend sthg (highly) to sb.

◆ **sich empfehlen** *ref* **- 1.** [sich anbieten] to be recommended; **es empfiehlt sich, etw zu tun** it is advisable to do sthg **- 2.** *geh* [sich verabschieden] to take one's leave.

empfehlenswert *adj* **- 1.** [gut] recommendable **- 2.** [ratsam] advisable.

Empfehlung (*pl* **-en**) *die* **- 1.** [Ratschlag] recommendation; **auf js ~ hin, auf ~ von jm** on sb's recommendation **- 2.** [Beurteilung] reference **- 3.** *geh* [Gruß] regards *(pl)*.

Empfehlungs|schreiben *das* reference.

empfiehlt *präs* ▻ **empfehlen.**

empfinden (*prät* **empfand;** *perf* **hat empfunden**) *vt* to feel; **etw als Kränkung ~** to take offence at sthg.

Empfinden *das* feeling; **das ~ für Gut und Böse** the sense of good and evil; **für** *ODER* **nach mein ~** if you ask me.

empfindlich *adj* **- 1.** [Haut, Film, Gemüt] sensitive **- 2.** [Gesundheit, Person] delicate; **gegen etw ~ sein** to be susceptible to sthg **- 3.** [Strafe, Verlust] severe ◇ *adv* **- 1.** [verletzlich] sensitively; **~ auf etw** *(A)* **reagieren** to be touchy about sthg **- 2.** [merklich] severely; **jn ~ treffen** to hurt sb badly **- 3.** [sehr - kalt] bitterly.

Empfindlichkeit *die* **- 1.** [von Haut, Film, Gemüt] sensitivity **- 2.** [von Person] susceptibility **- 3.** [von Material, Gemüt] delicacy.

empfindsam *adj* **- 1.** [zartfühlend] sensitive **- 2.** [sentimental] sentimental.

Empfindsamkeit *die* **- 1.** [von Personen - Mitgefühl] sensitivity; [- Sentimentalität] sentimentality **- 2.** [Epoche] sentimentalism.

Empfindung (*pl* **-en**) *die* **- 1.** [Wahrnehmung] sensation **- 2.** [Emotion] feeling.

empfindungslos *adj* **- 1.** [Mensch] insensitive **- 2.** [Bein, Arm] numb.

empfing *prät* ▻ **empfangen.**

empfohlen *pp* ▻ **empfehlen.**

empf. Preis (*abk für* **empfohlener Preis**) MRP.

empfunden *pp* ▻ **empfinden.**

empirisch *adj* empirical ◇ *adv* empirically.

empor *adv* *geh* up.

empören *vt* to outrage.

◆ **sich empören** *ref:* **sich über etw** *(A)* **~** to be outraged by sthg.

empörend *adj* outrageous.

empor|kommen (*perf* **ist emporgekommen**) *vi (unreg)* *geh* **- 1.** [hochkommen] to come up **- 2.** [vorankommen] to get on.

Emporkömmling (*pl* **-e**) *der* *abw* upstart.

empor|ragen *vi* *geh* to rise up.

empört *adj* outraged.

Empörung *die* outrage.

emsig *adj* industrious; [Biene] busy; [Treiben] bustling ◇ *adv* industriously.

Enddreißiger, in (*mpl* **-;** *fpl* **-nen**) *der, die* man in his late thirties (*f* woman in her late thirties).

Ende (*pl* **-n**) *das* **- 1.** [gen] end; **~ März** at the end of March; **ein ~ haben** to stop; **zu ~ sein** to be over; **zu ~ gehen** to come to an end; **ein ~ nehmen** to be over; **kein ~ nehmen** to go on and on; **einer Sache** *(D)* **ein ~ machen** *ODER* **bereiten** *geh* to put an end to sthg; **ein böses** *ODER* **kein gutes ~ nehmen** to come to a bad end; **kein ~ finden (können)** not (to be able) to stop; **am ~ der Welt** in the back of beyond; **bis ans ~ der Welt** to the ends of the earth; **etw am verkehrten ~ anfassen** *fig* to approach sthg the wrong way round **- 2.** *fam* [Wegstrecke]: **es ist noch ein ganzes ~** it's still quite a way **- 3.** *RW:* **am ~ sein** [körperlich] to be completely exhausted; [nervlich] to be at the end of one's tether *Br* *ODER* rope *Am*; **mit etw am ~ sein: ich bin mit meinen Kräften am ~** I'm completely exhausted; **mit seiner Geduld am ~ sein** to have run out of patience; **mit seiner Weisheit am ~ sein** to be at one's wit's end; **das ~ vom Lied war ...** in the end ...; **das dicke ~ kommt noch** *fam* the worst is yet to come.

◆ **am Ende** *adv* in the end.

◆ **letzten Endes** *adv* **- 1.** [am Schluss] in the end **- 2.** [im Grunde genommen] ultimately, in the final analysis.

Endeffekt *der:* **im ~** in the end.

enden (*perf* **hat/ist geendet**) *vi* **- 1.** *(hat)* [zu Ende gehen] to end; **der Zug endet in Köln** the train terminates in Cologne; **gut/schlecht ~** to have a happy/an unhappy ending; **nicht ~ wollend** unending **- 2.** *(hat, ist)* [sterben] to meet one's end; [schließlich landen]: **im Gefängnis ~** to end up in prison.

End|ergebnis *das* end result.

endgültig *adj* final; [Antwort] definitive; [Beweis] conclusive ◇ *adv* finally; [erklären] definitively.

Endivie [ɛnˈdiːvi̯ə] (*pl* **-n**) *die* endive.

endlich *adv* **- 1.** [nach langem Warten] at last; **wann kommst du denn ~?** so when are you finally going to come? **- 2.** [am Ende] finally; **um neun erreichten wir ~ das Ziel** we eventually got there at nine ◇ *adj* finite.

Endlichkeit *die* finite nature.

endlos *adj* endless ◇ *adv* interminably; [dauern] for ages.

End|produkt *das* final *ODER* end product.

End|runde *die* finals *(pl)*; [bei Rennen] final lap.

End|silbe *die* final syllable.

Endlspiel *das* final.

Endlspurt *der* final spurt.

Endlstation *die* terminus.

Endlsumme *die* (final) total.

Endung (*pl* **-en**) *die* ending.

Endlverbraucher, in *der, die* end user.

Energie (*pl* **-n**) *die* energy.

Energiebedarf *der (ohne pl)* energy requirements *(pl)*.

Energielbündel *das* bundle of energy.

energiegeladen *adj* dynamic.

Energielkrise *die* energy crisis.

Energiepolitik *die* energy policy.

energiepolitisch *adj* energy policy *(vor Subst)*.

Energielquelle *die* energy source.

Energielverbrauch *der* energy consumption.

Energielversorgung *die* energy supply.

energisch *adj* forceful <> *adv* forcefully.

eng *adj* **- 1.** [Raum] narrow; **im Auto ist es ~** it's cramped in the car **- 2.** [Kleidung] tight **- 3.** [Auslegung, Interpretation] narrow; **im ~eren Sinn (des Wortes)** in the narrowest sense (of the word) **- 4.** [Beziehung, Freund, Verwandte] close <> *adv* **- 1.** [dicht gedrängt] close together; **~ schreiben** to have cramped handwriting **- 2.** [anliegen] tightly **- 3.** [auslegen, interpretieren] narrowly; **die Dinge nicht so ~ sehen** ***fam fig*** not to be so strict about things **- 4.** [nah] close; **~ mit jm befreundet sein** to be close friends with sb.

Engagement [ɑ̃gaʒəˈmɑ̃ː] (*pl* **-s**) *das* **- 1.** [Einsatz] commitment **- 2.** [Anstellung] engagement.

engagieren [ɑ̃gaˈʒiːrən] *vt* to engage.
◆ **sich engagieren** *ref*: **sie engagiert sich politisch** she's very involved in politics; **sich für jn/etw ~** to show commitment to sb/sthg.

engagiert [ɑ̃gaˈʒiːɐt] *adj* [Mensch, Mitarbeit] committed; [Film, Roman] with a clear message <> *adv* [handeln] with commitment.

eng anliegend *adj* tight-fitting, close-fitting.

eng befreundet *adj*: **~ sein** to be close friends.

Enge *die* **- 1.** [Schmalheit] narrowness **- 2.** [Platzmangel] crampedness; **jn in die ~ treiben** ***fig*** to corner sb.

Engel (*pl* **-**) *der* angel.

Engelsgeduld *die*: **eine ~ haben** to have the patience of a saint.

England *nt* England.

Engländer, in (*mpl* **-**; *fpl* **-nen**) *der, die* Englishman (*f* Englishwoman); **die ~** the English.

englisch *adj* English <> *adv* [sprechen] in English.

Englisch(e) *das* English; **auf/in ~** in English.

Englpass *der* **- 1.** [Verengung] narrow pass **- 2.** [Mangel] bottleneck.

engstirnig ***abw*** *adj* narrow-minded <> *adv* narrow-mindedly.

Enkel, in (*mpl* **-**; *fpl* **-nen**) *der, die* grandson (*f* granddaughter); **unsere ~** our grandchildren.

Enkellkind *das* grandchild.

enorm *adj* enormous, immense <> *adv* tremendously, terribly; **sich ~ anstrengen** to make a tremendous effort.

Ensemble [ɑ̃ˈsɑ̃ːbl̩] (*pl* **-s**) *das* ensemble.

entarten (*perf* **ist entartet**) *vi* to degenerate.

entbehren *vt* **- 1.** [verzichten auf] to do without **- 2.** ***geh*** [vermissen] to miss <> *vi*: **einer Sache** *(G)* **~ *geh*** to lack sthg.

entbehrlich *adj* dispensable.

Entbehrung (*pl* **-en**) *die* privation.

entbinden (*prät* **entband**; *perf* **hat entbunden**) *vt* **- 1.** [befreien]: **jn von etw** ODER **einer Sache** *(G)* **~** to discharge sb from sthg **- 2.** [Frau]: **sie ist von einem gesunden Mädchen entbunden worden** she has given birth to a healthy girl <> *vi* [gebären] to give birth.

Entbindung (*pl* **-en**) *die* **- 1.** [Befreiung] discharge **- 2.** [Gebären] delivery.

entblößen *vt* **- 1.** [Körper] to bare, to expose **- 2.** [Mensch] to expose; [Gedanken, Gefühle] to reveal.
◆ **sich entblößen** *ref* [sich ausziehen] to undress; [Exhibitionist] to expose o.s.

entdecken *vt* **- 1.** [gen] to discover **- 2.** [Fehler] to detect; [Urheber] to identify; **kannst du ihn ~?** can you make him out?

Entdecker, in (*mpl* **-**; *fpl* **-nen**) *der, die* discoverer.

Entldeckung *die* discovery.

Entdeckungslreise *die* expedition.

Ente (*pl* **-n**) *die* **- 1.** [Tier] duck; **eine lahme ~ *fam abw*** & ***fig*** a lame duck **- 2.** [Zeitungsmeldung] hoax **- 3.** ***fam*** [Auto] *Citroën 2 CV*.

entehren *vt* to dishonour.

enteignen *vt* [Mensch] to dispossess; [Vermögen] to expropriate.

Enteignung (*pl* **-en**) *die* [von Mensch] dispossession; [von Vermögen] expropriation.

enterben *vt* to disinherit.

entern *vt* to board.

Entertainer [ˈɛntətɛːnɐ] (*pl* -) *der* entertainer.

entfachen *vt* ***geh*** - **1.** [Feuer, Glut, Begeisterung] to kindle; [Brand] to start - **2.** [Krieg, Wut] to provoke.

entfahren (*präs* **entfährt;** *prät* **entfuhr;** *perf* **ist entfahren**) *vi:* **ihr entfuhr ein Schrei** she let out a cry.

entfallen (*präs* **entfällt;** *prät* **entfiel;** *perf* **ist entfallen**) *vi* - **1.** [vergessen]: **ihr Name ist mir ~** her name has slipped my mind - **2.** [sich verteilen]: **auf jn ~** to fall ODER go to sb - **3.** ***geh*** [herunterfallen]: **das Messer entfiel ihr** the knife slipped from her hand.

entfalten *vt* - **1.** [öffnen] to unfold - **2.** [entwickeln] to develop - **3.** [zeigen] to display, to show; [Aktivität] to launch into - **4.** [erläutern] to set out.

◆ **sich entfalten** *ref* - **1.** [Blüte, Fallschirm] to open; [Segel] to unfurl - **2.** [sich verwirklichen] to develop.

Entfaltung (*pl* **-en**) *die* - **1.** [von Persönlichkeit] development; [von Aktivität] launching into; **etw zur ~ bringen** to develop sthg to its full potential; **zur ~ kommen** to develop fully - **2.** [von Blüte] opening.

entfernen *vt* - **1.** [beseitigen] to remove; **ein Kind von seiner Mutter ~** to take a child away from its mother - **2.** [wegführen]: **jn aus seinem Amt ~** to remove sb from office - **3.** EDV to delete.

◆ **sich entfernen** *ref* [sich wegbegeben] to leave; **sich von etw ~** [weggehen] to leave sthg; [von Pfad, Thema] to stray from sthg.

entfernt *adj* - **1.** [fort]: **wenige Kilometer von hier ~** a few kilometres away ODER from here; **weit ~** a long way away - **2.** [abgelegen] remote; **weit davon ~ sein, etw zu tun** not to have the slightest intention of doing sthg - **3.** [Verwandte] distant; [Ähnlichkeit] vague - **4.** [Ahnung] faint, vague ◇ *adv* - **1.** [weitläufig] distantly, remotely - **2.** [blass, gering] vaguely, faintly.

◆ **Entfernteste** *das:* **nicht im Entferntesten hatte ich daran gedacht** I didn't have the slightest intention of doing it.

Entfernung (*pl* **-en**) *die* - **1.** [Distanz] distance; **in einer ~ von 2 km** at a distance of 2 km; **aus der ~ zugucken** to look on from afar - **2.** [Beseitigung] removal - **3.** [Weggehen] departure.

entfesseln *vt* [Leidenschaft] to unleash; [Krieg, Diskussion] to provoke.

entfliehen (*prät* **entfloh;** *perf* **ist entflohen**) *vi* [aus Gefangenschaft] to escape; **einer Sache** *(D)* **~** [Trubel, Lärm] to flee from sthg.

entfremden *vt* - **1.** [Person] to alienate; **jn jm/einer Sache ~** to alienate ODER estrange sb from sb/sthg - **2.** [zweckentfremden]: **eine Flasche als Vase ~** to use a bottle as a vase.

◆ **sich entfremden** *ref* [Person]: **sich jm/einer Sache ~** to become alienated ODER estranged from sb/sthg.

entführen *vt* [Mensch] to kidnap; [Flugzeug] to hijack.

Entführer, in *der, die* [von Menschen] kidnapper; [von Flugzeug] hijacker.

Entführung *die* [von Menschen] kidnapping; [von Flugzeug] hijacking.

entgegen *präp (+ D)* contrary to; **sie kam ihm ~** she was coming towards him.

entgegenbringen *vt (unreg):* **jm Verständnis/Vertrauen ~** to show ODER display understanding towards/trust in sb.

entgegengehen (*perf* **ist entgegengegangen**) *vi (unreg):* **jm/einer Sache ~** to approach sb/sthg; **dem Ende ~** to draw to a close.

entgegengesetzt *adj* [Richtung, Seite, Meinung] opposite; **~e Ansichten** conflicting ODER opposing opinions.

entgegenhalten *vt (unreg)* - **1.** [nähern]: **jm etw ~** to hold sthg out to sb - **2.** [entgegnen]: **dem ist nichts entgegenzuhalten** you can't argue with that; **dem kann man ~, dass ...** that can be countered with the argument that ...

entgegenkommen (*perf* **ist entgegengekommen**) *vi (unreg)* - **1.** [herankommen]: **jm ~** to approach sb - **2.** [auf Wünsche eingehen]: **mit den neuen Vorschlägen kommen wir ihnen sehr entgegen** our new proposals go a long way to meeting their demands; **js Wünschen/Erwartungen ~** to meet sb's wishes/expectations.

Entgegenkommen *das* goodwill; **zu großem ~ bereit sein** to be ready to make major concessions.

entgegenkommend *adj* [Mensch, Verhalten] accommodating, obliging ◇ *adv* accommodatingly, obligingly.

entgegennehmen *vt (unreg)* to accept.

entgegensehen *vi (unreg):* **jm ~** to look in sb's direction; **einer Sache** *(D)* **~** to await sthg.

entgegensetzen *vt:* **jm/etw Widerstand ~** to resist sb/sthg; **einer Behauptung Beweise ~** to produce evidence that contradicts a statement; **diesen Vorwürfen habe ich nichts entgegenzusetzen** I have no answer to these reproaches.

entgegenstehen *vi (unreg):* **einer Sache** *(D)* **~** to stand in sthg's way; **dem steht nichts entgegen** there is no objection to that.

entgegenstellen *vt* to set against.

◆ **sich entgegenstellen** *ref:* **sich jm/einer Sache ~** to resist sb/sthg.

entgegentreten (*perf* **ist entgegengetre-**

ten) *vi (unreg):* **jm ~** to approach sb; **einer Sache** *(D)* **~** to face sthg.

entgegnen *vt* [antworten] to reply; [barsch] to retort.

Entgegnung (*pl* **-en**) *die* [Antwort] reply; [barsch] retort.

entgehen (*prät* **entging;** *perf* **ist entgangen**) *vi* **- 1.** [entkommen]: **einer Sache** *(D)* **~** to escape sthg **- 2.** [unbemerkt bleiben]: **dieser Fehler ist mir entgangen** this mistake escaped my notice.

entgeistert *adj* dumbfounded <> *adv* aghast.

Entgelt (*pl* **-e**) *das* payment.

entgiften *vt* to detoxify.

entgleisen (*perf* **ist entgleist**) *vi* **- 1.** [Zug] to be derailed **- 2.** [taktlos sein] to commit a faux pas.

Entgleisung (*pl* **-en**) *die* **- 1.** [von Zügen] derailment **- 2.** [Taktlosigkeit] faux pas.

entgleiten (*prät* **entglitt;** *perf* **ist entglitten**) *vi:* **jm** ODER **js Händen ~** to slip from sb's hands.

enthaaren *vt* to remove the hair from; [mit Wachs] to wax.

enthalten (*präs* **enthält;** *prät* **enthielt;** *perf* **hat enthalten**) *vt* to contain.

◆ **sich enthalten** *ref* **- 1.** [nicht abstimmen]: **sich der Stimme ~** to abstain **- 2.** *geh* [auf etw verzichten] to abstain; **sich einer Sache** *(G)* **~** to abstain from sthg; **sich einer Antwort ~** to refrain from answering.

enthaltsam *adj* abstemious; **sexuell ~ sein** to abstain from sex <> *adv* abstemiously.

Enthaltsamkeit *die* abstinence.

Ent|haltung *die* abstention.

entheben (*prät* **enthob;** *perf* **hat enthoben**) *vt* *geh:* **jn eines Amtes ~** to relieve sb of a post; **jn einer Pflicht ~** to release sb from a duty.

enthemmen *vt* to disinhibit.

enthüllen *vt* **- 1.** [Denkmal, Gemälde] to unveil **- 2.** [Wahrheit, Geheimnis] to reveal.

◆ **sich enthüllen** *ref* [Wahrheit, Geheimnis] to be revealed; **sich als etw ~** to reveal o.s. to be sthg.

Enthüllung (*pl* **-en**) *die* **- 1.** [von Denkmal, Gemälde] unveiling **- 2.** [von Wahrheit, Geheimnis] revelation.

Enthusiasmus *der* enthusiasm.

enthusiastisch *adj* enthusiastic <> *adv* enthusiastically.

entjungfern *vt* to deflower.

entkalken *vt* to descale.

entkernen *vt* [Apfel] to core; [Kirsche, Pfirsich] to stone, to pit *Am;* [Zitrusfrüchte] to remove the seeds from.

entkleiden *vt* to undress.

◆ **sich entkleiden** *ref* to get undressed.

entkommen (*prät* **entkam;** *perf* **ist entkommen**) *vi* to escape; **jm ~** to elude sb.

entkräftet *adj* [kraftlos] exhausted.

entkrampfen *vt* [auflockern - Körper] to relax; [- Atmosphäre, Situation] to ease.

◆ **sich entkrampfen** *ref* to relax.

entladen (*präs* **entlädt;** *prät* **entlud;** *perf* **hat entladen**) *vt* [Lkw, Waffe] to unload.

◆ **sich entladen** *ref* **- 1.** [Gewitter] to break **- 2.** [Wut, Aggressionen] to erupt **- 3.** [Batterie] to discharge.

entlang *präp* along: **die Straße ~, ~ der Straße** along the road <> *adv:* **am Fluss ~** along the river.

entlang|fahren (*perf* **ist entlanggefahren**) *vi* & *vt (unreg)* **- 1.** [fahren]: **etw** *(A)* ODER **an etw** *(D)* **~** to drive along sthg **- 2.** [mit Finger] to follow.

entlang|gehen (*perf* **ist entlanggegangen**) *vi* & *vt (unreg):* **etw** *(A)* ODER **an etw** *(D)* **~** to go along sthg.

entlang|laufen (*perf* **ist entlanggelaufen**) *vi* & *vt (unreg)* **- 1.** [laufen]: **etw** *(A)* ODER **an etw** *(D)* **~** to run along sthg **- 2.** [Grenze]: **an etw** *(D)* **~** to run along sthg; **der Bach läuft hier ~** the river runs along here.

entlarven [ɛnt'larfn̩] *vt* to expose.

entlassen (*präs* **entlässt;** *prät* **entließ;** *perf* **hat entlassen**) *vt* **- 1.** [Kranken, Soldat] to discharge; [Gefangenen] to release **- 2.** [kündigen] to sack.

Entlassung (*pl* **-en**) *die* **- 1.** [aus dem Krankenhaus, aus der Armee] discharge; [aus dem Gefängnis] release **- 2.** [Kündigung] redundancy; [Aktion] sacking.

Entlassungs|feier *die* school-leaving party.

entlasten *vt* **- 1.** [von einer Belastung befreien] to relieve the strain on; [Gewissen] to ease **- 2.** RECHT to exonerate **- 3.** WIRTSCH: **sein Konto ~** to reduce one's overdraft.

Entlastung (*pl* **-en**) *die* **- 1.** RECHT exoneration **- 2.** [Mindern von Belastung] relief; [von Gewissen] easing.

entlaufen (*präs* **entläuft;** *prät* **entlief;** *perf* **ist entlaufen**) *vi* to run away, to escape; **jm ~** to run away from sb.

entledigen ◆ **sich entledigen** *ref* *geh:* **sich einer Sache** *(G)* **~** [sich von etw befreien] to rid o.s. of sthg; [sich ausziehen] to remove sthg; [Aufgabe, Pflicht] to discharge sthg.

entleeren *vt* to empty.

◆ **sich entleeren** *ref* to empty.

entlegen *adj* remote.

entleihen (*prät* **entlieh;** *perf* **hat entliehen**) *vt* to borrow; **etw von jm ~** to borrow sthg from sb.

entlocken *vt:* **jm etw ~** to coax sthg out of sb.

entlüften *vt* to ventilate.

entmachten *vt* to remove from power.

Entmachtung (*pl* **-en**) *die* removal from power.

entmilitarisieren *vt* to demilitarize.

Entmilitarisierung (*pl* **-en**) *die* demilitarization.

entmündigen *vt:* **jn ~** to declare sb unfit to manage his/her own affairs.

Entmündigung (*pl* **-en**) *die certification that a person is unfit to manage his/her own affairs.*

entmutigen *vt* to discourage, to dishearten.

Entnahme (*pl* **-n**) *die* removal; [von Geld, Blut] drawing.

entnehmen (*präs* **entnimmt;** *prät* **entnahm;** *perf* **hat entnommen**) *vt:* **etw aus etw ~** [gen] to remove sthg from sthg; [Geld] to withdraw sthg from sthg; [schließen] to deduce sthg from sthg.

entnervt *adj:* **~ sein** to have reached the end of one's tether ***Br*** ***ODER*** rope ***Am***.

entpuppen ◆ **sich entpuppen** *ref:* **sich als etw ~** to turn out to be sthg.

entrahmt *adj* skimmed.

enträtseln *vt* [Geheimschrift] to decipher; [Geheimnis] to unravel.

entreißen (*prät* **entriss;** *perf* **hat entrissen**) *vt* **- 1.** [wegnehmen] to snatch away **- 2.** [retten]: **jn dem Tod ~** to snatch sb from the jaws of death.

entrichten *vt* ***amt*** to pay.

entrinnen (*prät* **entrann;** *perf* **ist entronnen**) *vi* ***geh:*** **jm/einer Sache ~** to escape from sb/sthg.

entrümpeln *vt* to clear out.

entrüsten *vt* to incense.
◆ **sich entrüsten** *ref:* **sich über jn/etw ~** to be incensed by sb/sthg.

entrüstet *adj* indignant ◇ *adv* indignantly.

Entrüstung *die* indignation.

entsagen *vi* ***geh:*** **einer Sache** *(D)* **~** to forego sthg.

entschädigen *vt* to compensate; **jn für etw ~** to compensate sb for sthg.

Ent|schädigung *die* compensation.

entschärfen *vt* **- 1.** [Bombe, Debatte] to defuse **- 2.** [Kritik] to take the sting out of.

entscheiden (*prät* **entschied;** *perf* **hat entschieden**) *vi:* **über etw** *(A)* **~** to decide on sthg ◇ *vt* [Streit] to settle; [Fußballspiel] to decide.
◆ **sich entscheiden** *ref* **- 1.** [sich entschließen] to decide; **sich für/gegen jn/etw ~** to decide on/against sb/sthg; **sich nicht ~ können** to be unable to decide ***ODER*** make up one's mind **- 2.** [sich herausstellen]: **es wird sich ~** it will be decided.

entscheidend *adj* [Problem, Frage] decisive; [Stimme, Tor] deciding ◇ *adv* decisively.

Ent|scheidung *die* decision; [von Jury] verdict; [von Gericht, Ausschuss] ruling; **eine ~ treffen** to make ***ODER*** take a decision; **zu einer ~ kommen** to reach a decision.

entschieden *pp* ▻ **entscheiden** ◇ *adj* [Verteidiger] staunch, steadfast; [Gegner] firm, strong ◇ *adv* firmly, emphatically; **das geht ~ zu weit!** that's going far too far!

Entschiedenheit *die* determination; **mit aller ~** emphatically.

entschlacken *vt* to purge.

entschlafen (*präs* **entschläft;** *prät* **entschlief;** *perf* **ist entschlafen**) *vi* ***geh*** to pass away.

entschließen (*prät* **entschloss;** *perf* **hat entschlossen**) ◆ **sich entschließen** *ref* to decide; **sich zur Annahme des Angebots ~** to decide to accept the offer.

entschlossen *pp* ▻ **entschließen** ◇ *adj* determined, resolute; **(fest) ~ sein, etw zu tun** to be (absolutely) determined to do sthg ◇ *adv* without hesitation; **kurz ~** without a moment's hesitation.

Entschlossenheit *die* determination, resolution.

entschlüpfen (*perf* **ist entschlüpft**) *vi* **- 1.** [weglaufen]: **(jm) ~** to slip away (from sb) **- 2.** [entfahren]: **die Bemerkung ist mir entschlüpft** the remark just slipped out.

Ent|schluss *der* decision; **einen ~ fassen** to make ***ODER*** take a decision.

entschlüsseln *vt* to decipher.

entschlussfreudig *adj* decisive ◇ *adv* decisively.

Entschlusskraft *die* determination.

entschuldbar *adj* excusable, pardonable.

entschulden *vt* [Betrieb] to free of debt.

entschuldigen *vt* to excuse; **entschuldige bitte!** (I'm) sorry! ; **~ Sie bitte!** [vor Frage, Bitte] excuse me!; [tut mir leid!] (I'm) sorry!
◆ **sich entschuldigen** *ref* to apologize; **sich für etw ~** to apologize for sthg; **sich bei jm ~** to apologize to sb.

Entschuldigung (*pl* **-en**) *die* **- 1.** [Rechtfertigung] excuse **- 2.** SCHULE note *(from one's parents or a doctor)* **- 3.** [Bitte um Verzeihung] apology **- 4.** [Nachsicht]: **jn um ~ bitten** to beg sb's pardon ◇ *interj* [vor Frage, Bitte] excuse me!; [tut mir leid!] (I'm) sorry!

Entschuldung (*pl* **-en**) *die* [von Entwicklungsland] debt relief.

entschwinden (*prät* **entschwand;** *perf* **ist entschwunden**) *vi geh* to disappear.

entsenden (*prät* **entsandte** ODER **entsendete;** *perf* **hat entsandt** ODER **entsendet**) *vt* to send.

entsetzen *vt* to horrify.
◆ **sich entsetzen** *ref* to be horrified; **sich über etw** *(A)* **~** to be horrified at sthg.

Entsetzen *das* horror; **zu js ~** to sb's horror.

entsetzlich *adj* **- 1.** [schrecklich] horrible **- 2.** [stark] terrible ◇ *adv* [sehr] terribly.

entsetzt *adj* horrified; **über etw** *(A)* **~ sein** to be horrified at sthg ◇ *adv* in horror, aghast.

entsichern *vt* to release the safety catch of.

entsinnen (*prät* **entsann;** *perf* **hat entsonnen**) ◆ **sich entsinnen** *ref:* **sich js/einer Sache ~** to remember sb/sthg.

entsorgen *vt* **- 1.** [wegwerfen] to dispose of **- 2.** [von Abfallstoffen befreien] to dispose of waste from.

Entsorgung (*pl* **-en**) *die* waste disposal.

entspannen *vt* to relax.
◆ **sich entspannen** *ref* **- 1.** [Person] to relax **- 2.** [Situation] to ease.

entspannt *adj* relaxed; [politische Lage] calm.

Entspannung *die* **- 1.** [Erholung] relaxation **- 2.** [von Situationen] reduction of tension; POL détente.

Entspannungs|politik *die* policy of détente.

Entspannungs|übung *die* relaxation exercise.

entspinnen (*prät* **entspann;** *perf* **hat entsponnen**) ◆ **sich entspinnen** *ref* to develop.

entsprechen (*präs* **entspricht;** *prät* **entsprach;** *perf* **hat entsprochen**) *vi* **- 1.** [genügen]: **einer Sache** *(D)* **~** [Tatsachen] to correspond to sthg; [Erwartungen, Anforderungen] to meet sthg; **100° Celsius ~ 212° Fahrenheit** 100° Celsius is equivalent to 212° Fahrenheit; **einem Zweck ~** to fulfil a purpose **- 2.** [nachkommen]: **einer Sache** *(D)* **~** to comply with sthg.

entsprechend *adj* **- 1.** [angemessen, zuständig] appropriate **- 2.** [dementsprechend] corresponding ◇ *adv* [angemessen] appropriately; [dementsprechend] correspondingly ◇ *präp:* **einer Sache** *(D)* **~, ~ einer Sache** *(D)* in accordance with sthg.

Entsprechung (*pl* **-en**) *die* **- 1.** [Ähnlichkeit] correspondence **- 2.** [Analogie] equivalent.

entspringen (*prät* **entsprang;** *perf* **ist entsprungen**) *vi* **- 1.** [Fluss] to rise **- 2.** [entstehen aus]: **einer Sache** *(D)* **~** to arise from sthg **- 3.** [entfliehen]: **aus etw ~** to escape from sthg.

entstammen (*perf* **ist entstammt**) *vi:* **einer Sache** *(D)* **~** to come from sthg.

entstehen (*prät* **entstand;** *perf* **ist entstanden**) *vi* **- 1.** [geschaffen werden] to come into being; [Gebäude] to be built; [Kunstwerk] to be created; [Beziehung] to develop; [Roman] to be written; [Streit] to arise; **aus etw** ODER **durch etw ~** to come about as a result of sthg **- 2.** [Schaden, Kosten] to be incurred.

Entstehung (*pl* **-en**) *die* **- 1.** [eines Gebäudes] building; [eines Kunstwerkes] creation; [des Lebens] origins *(pl)* **- 2.** [von Kosten, Schaden] incurring.

entstellen *vt* **- 1.** [Person] to disfigure **- 2.** [Sachverhalt] to distort.

Ent|stellung *die* **- 1.** [von Personen] disfigurement **- 2.** [von Sachverhalten] distortion.

entstören *vt* to free from interference.

enttäuschen *vt* to disappoint; [Hoffnungen] to dash ◇ *vi* to be disappointing.

enttäuscht *adj* disappointed; [Hoffnungen] dashed; **von** ODER **über etw** *(A)* **~ sein** to be disappointed with sthg; **von jm ~ sein** to be disappointed in ODER with sb ◇ *adv* disappointed.

Ent|täuschung *die* disappointment.

entwachsen [ɛnt'vaksn̩] (*präs* **entwächst;** *prät* **entwuchs;** *perf* **ist entwachsen**) *vi* to outgrow.

entwaffnen *vt* **eigtl** & **fig** to disarm.

Ent|warnung *die* all-clear (signal).

entwässern *vt* to drain; MED to dehydrate.

entweder ◆ **entweder ... oder** *konj* either ... or.

entweichen (*prät* **entwich;** *perf* **ist entwichen**) *vi* to escape.

entwenden *vt* **geh: jm etw ~** to steal sthg from sb.

entwerfen (*präs* **entwirft;** *prät* **entwarf;** *perf* **hat entworfen**) *vt* [Möbelstück, Kleidungsstück] to design; [Text] to draft; [Programm] to plan.

entwerten *vt* **- 1.** [Fahrkarte] to cancel, to validate **- 2.** [Geld] to devalue.

Entwerter (*pl* **-**) *der* ticket validating machine.

entwickeln *vt* to develop; [Gase] to produce.
◆ **sich entwickeln** *ref* to develop; [Gase] to be produced; **sich aus etw ~** to develop out of sthg; **sich zu etw ~** to develop into sthg, to become sthg.

Entwicklung (*pl* **-en**) *die* **- 1.** [Entfaltung, Ausarbeitung] development; **in der ~ (sein)** (to be) at the development stage **- 2.** FOTO developing **- 3.** [von Gasen] production.

Entwicklungsdienst *der* ≃ Voluntary Service Overseas ***Br,*** ≃ Peace Corps ***Am.***

entwicklungsfähig *adj:* **~ sein** to have potential.

Entwicklungs|helfer, in *der, die* overseas aid worker.

Entwicklungs|hilfe *die* development aid.

Entwicklungs|land *das* developing country.

entwirren *vt* **eigtl** & **fig** to unravel.

entwischen (*perf* **ist entwischt**) *vi* ***fam*** to make off; **jm ~** to give sb the slip.

entwöhnen *vt* to wean.

entwürdigend *adj* degrading ◇ *adv* degradingly.

Ent|wurf *der* **- 1.** [Zeichnung] blueprint **- 2.** [Konzept] draft.

entwurzeln *vt* **eigtl** & **fig** to uproot.

entzerren *vt* **- 1.** [Signal & FOTO] to remove distortion from **- 2.** [strecken] to spread, to stagger.

entziehen (*prät* **entzog;** *perf* **hat entzogen**) *vt:* **jm etw ~** to withdraw sthg from sb; **einer Sache** *(D)* **etw ~** to draw ODER extract sthg from sthg.

◆ **sich entziehen** *ref:* **sich jm/einer Sache ~** to escape sb/sthg; **sich der Verantwortung ~** to evade responsibility; **das entzieht sich meiner Kenntnis** I don't know anything about that.

Entziehungs|kur *die* detox.

entziffern *vt* to decipher.

entzücken *vt* to delight; **sie war von dem Gemälde entzückt** she thought the painting was delightful.

Entzücken *das* delight.

entzückend *adj* delightful, charming.

Entzug *der* withdrawal; **im ~ sein** to be in detox.

Entzugs|erscheinung *die* withdrawal symptom.

ent|zünden *vt* to light.

◆ **sich entzünden** *ref* **- 1.** [brennen] to catch fire; TECH to ignite **- 2.** MED to become inflamed **- 3.** [entstehen]: **sich an etw** *(D)* **~** to be ignited by sthg.

Ent|zündung *die* inflammation.

entzündungshemmend *adj* anti-inflammatory.

entzwei *adj:* **~ sein** to be in pieces.

entzwei|gehen (*perf* **ist entzweigegangen**) *vi (unreg)* to break in pieces.

Enzian (*pl* **-e**) *der* **- 1.** [Pflanze] gentian **- 2.** [Branntwein] gentian (bitter).

Enzyklopädie (*pl* **-n**) *die* encyclopedia.

Enzym (*pl* **-e**) *das* enzyme.

Epidemie (*pl* **-n**) *die* epidemic.

epidemisch *adj* epidemic.

Epik *die* [Gattung] narrative literature.

Epilepsie (*pl* **-n**) *die* epilepsy.

Epileptiker, in (*mpl* **-;** *fpl* **-nen**) *der, die* epileptic.

epileptisch *adj* epileptic.

episch *adj* **- 1.** [Werk, Gattung] narrative **- 2.** [lang] epic.

Episode (*pl* **-n**) *die* episode.

Epoche (*pl* **-n**) *die* period, era.

◆ **Epoche machend** *adj* epoch-making.

Epos (*pl* **Epen**) *das* epic.

er *pron* he [bei Sachen, Tieren] it; **~ wars!** it was him!

erachten *vt:* **jn/etw als** ODER **für etw ~** to consider sb/sthg (to be) sthg.

Erachten *das:* **meinem ~ nach, nach meinem ~, meines ~s** in my opinion.

erahnen *vt* [im Dämmerlicht] to barely make out; [Absicht] to get an inkling of.

erarbeiten *vt* **- 1.** [Stellung, Wissen] to acquire *(through one's own efforts)* **- 2.** [Bericht, Programm] to draw up; **sich** *(D)* **etw ~** to acquire sthg *(by one's own efforts)*.

Erb|anlage *die* hereditary disposition.

erbarmen ◆ **sich erbarmen** *ref* ***geh:*** **sich js ~** to take pity on sb.

Erbarmen *das* mercy, compassion; **mit jm/etw ~ haben** to take pity on sb/sthg; **zum ~** pitiful.

erbärmlich *adj* **- 1.** [armselig, unzureichend] wretched, terrible **- 2.** ***abw*** [gemein] despicable **- 3.** [sehr groß] terrible ◇ *adv* [sehr] terribly.

erbarmungslos *adj* merciless ◇ *adv* mercilessly.

erbauen *vt* **- 1.** [errichten] to build **- 2.** ***geh*** [erheben] to uplift.

◆ **sich erbauen** *ref* ***geh:*** **sich an etw** *(D)* **~** to be uplifted by sthg.

Erbauer, in (*mpl* **-;** *fpl* **-nen**) *der, die* builder.

erbaulich *adj* [Musik, Kunst] uplifting; **nicht ~** unedifying.

erbaut *adj:* **von etw** ODER **über etw** *(A)* **nicht ~ sein** to be unenthusiastic about sthg.

Erbauung *die* edification.

Erbe (*pl* **-n**) *das* **- 1.** [Vermögen] inheritance **- 2.** [geistiges Vermächtnis] legacy ◇ *der* heir.

erben *vt* to inherit ◇ *vi* to come into an inheritance.

erbeuten *vt* to capture *(as booty)*.

Erb|folge *die* succession.

Erbgut *das* BIOL genetic make-up.

Erbin (*pl* **-nen**) *die* heiress.

erbittert *adj* [Kampf] fierce; [Feind] bitter ◇ *adv* fiercely.

Erb|krankheit *die* hereditary disease.

erblassen *vi* ***geh*** to go ODER turn pale.

erbleichen (*perf* **ist erbleicht**) *vi* ***geh*** to go ODER turn pale.

erblich *adj* hereditary ◇ *adv:* **~ belastet sein** to have a hereditary condition.

erblicken *vt* ***geh*** to catch sight of.

erblinden (*perf* **ist erblindet**) *vi* to go blind.

erblühen (*perf* **ist erblüht**) *vi* ***geh*** to blossom.

Erb|masse *die* **- 1.** BIOL genetic make-up **- 2.** RECHT estate.

erbost *adj* angry; **über jn/etw ~ sein** to be angry with sb/about sthg ◇ *adv* angrily.

erbrechen (*präs* **erbricht;** *prät* **erbrach;** *perf* **hat erbrochen**) *vt* to vomit (up).
◆ **sich erbrechen** *ref* to vomit.

Erbrechen *das* vomiting.

Erbrecht *das* RECHT right of succession.

erbringen (*prät* **erbrachte;** *perf* **hat erbracht**) *vt* **- 1.** [ergeben] to result in; [Geldsumme] to bring in; **Leistung ~** to produce; **eine notwendige Leistung ~** to do some necessary work **- 2.** [Nachweis] to produce.

Erbschaft (*pl* **-en**) *die* inheritance.

Erbschafts|steuer *die* inheritance tax.

Erbschleicher, in (*mpl* **-;** *fpl* **-nen**) *der, die* legacy-hunter.

Erbse (*pl* **-n**) *die* pea.

Erbsen|suppe *die* pea soup.

Erb|stück *das* heirloom.

Erb|teil *das* share in ODER of an inheritance.

Erd|ball *der* globe.

Erd|beben *das* earthquake.

Erd|beere *die* strawberry.

Erd|boden *der* **- 1.** [Boden] ground, earth **- 2.** *RW:* **etw dem ~ gleichmachen** to raze sthg to the ground; **wie vom ~ verschluckt sein** to seem to have vanished from the face of the earth.

Erde *die* **- 1.** [Erdreich] soil, earth **- 2.** [fester Boden] ground; **zu ebener ~** at ground level; [wohnen] on the ground floor; **auf der ~ bleiben** ***fig*** to keep one's feet on the ground; **etw aus der ~ stampfen** ***fam*** [Gebäude] to build sthg overnight; **unter der ~ sein** ODER **liegen** to be dead and buried; **jn unter die ~ bringen** ***fam*** [begraben] to bury sb; **du bringst mich noch unter die ~!** you'll be the death of me! **- 3.** [Welt] world; **auf der ganzen ~** in the whole world; **auf ~n** ***geh*** on earth **- 4.** [Planet] Earth.

erden *vt* ELEKTR to earth.

erdenklich *adj* conceivable, imaginable.
◆ **alles Erdenkliche** *adv:* **alles Erdenkliche tun** to do one's utmost.

Erd|gas *das* natural gas.

Erd|geschoss *das* ground floor *Br*, first floor *Am*.

erdig *adj* **- 1.** [Masse] of earth **- 2.** [Geruch, Geschmack] earthy **- 3.** [Hände, Schuhe] covered in soil.

Erd|kabel *das* underground cable.

Erd|kugel *die* globe.

Erd|kunde *die* geography.

Erd|nuss *die* peanut.

Erd|öl *das* (mineral) oil.
◆ **Erdöl exportierend** *adj* oil-exporting.

Erdöl|produktion *die* oil production.

Erdreich *das* earth, soil.

erdreisten ◆ **sich erdreisten** *ref* ***geh:*** **sich ~, etw zu tun** to have the audacity to do sthg.

erdrosseln *vt* to strangle.

erdrücken *vt* **- 1.** [zu Tode drücken] to crush to death **- 2.** [belasten] to overwhelm.

erdrückend *adj* overwhelming.

Erd|rutsch *der* landslide.

Erd|teil *der* continent.

erdulden *vt* to endure.

ereifern ◆ **sich ereifern** *ref* to get worked up; **sich über etw** *(A)* **~** to get worked up about sthg.

ereignen ◆ **sich ereignen** *ref* to happen; [Unfall] to occur.

Ereignis (*pl* **-se**) *das* event; **ein freudiges ~** a happy event.

ereignisreich *adj* eventful.

Eremit, in (*mpl* **-en;** *fpl* **-nen**) *der, die* hermit.

erfahren (*präs* **erfährt;** *prät* **erfuhr;** *perf* **hat erfahren**) *vt* **- 1.** [Kenntnis erhalten von] to learn; [hören] to hear; **etw von jm ~** to hear sthg from sb; **etw über jn/etw ~** to find out sthg about sb/sthg; **etw durch jn/etw ~** to find out about sthg from sb/sthg **- 2.** ***geh*** [erleben - Glück, Leid] to experience; [- Veränderung] to undergo ◇ *adj* experienced.

Erfahrung (*pl* **-en**) *die* **- 1.** [Kenntnis] experience *(U)*; **~ besitzen** ODER **haben** to have experience **- 2.** [durch Nachforschen]: **etw in ~ bringen** to find sthg out.

Erfahrungsaus|tausch *der* exchange of experiences.

erfahrungsgemäß *adv* judging from experience.

erfassen *vt* **- 1.** [Bedeutung] to grasp, to understand **- 2.** [Daten, Zahlen] to record **- 3.** [mitreißen - von Fahrzeug] to drag along; [- Wasser] to sweep along **- 4.** [überkommen]: **Angst erfasste sie** she was overcome with fear.

erfinden (*prät* **erfand;** *perf* **hat erfunden**) *vt* to invent.

Erfinder, in (*mpl* **-;** *fpl* **-nen**) *der, die* inventor.

erfinderisch *adj* inventive.

Erfindung (*pl* **-en**) *die* **- 1.** [Entwicklung] invention; **eine ~ machen** to invent something **- 2.** [Ausgedachtes] fabrication.

Erfolg (*pl* **-e**) *der* success; **~ haben** to be successful; **von ~ gekrönt werden** ODER **sein** to be crowned with success; **mit ~** successfully.
◆ **Erfolg versprechend** *adj* promising.
◆ **viel Erfolg** *interj* good luck!

erfolgen (*perf* **ist erfolgt**) *vi* to ensue; **auf etw** *(A)* **~** to follow sthg; **auf das Klingeln erfolgte keine Reaktion** there was no reaction to the doorbell.

erfolglos *adj* unsuccessful ◇ *adv* unsuccessfully.

erfolgreich *adj* successful ◇ *adv* successfully.

Erfolgs|chance *die* chance of success.

Erfolgs|erlebnis *das* feeling of success.

Erfolgs|zwang *der* pressure to succeed.

erforderlich *adj* required; **für** ODER **zu etw ~ sein** to be required for sthg.

erfordern *vt* to require.

Erfordernis (*pl* **-se**) *das* requirement.

erforschen *vt* [Wissensgebiet] to study; [Land, Gelände] to explore; [Möglichkeiten] to investigate.

Er|forschung *die* [von Wissensgebiet] study; [von Land, Gelände] exploration; [von Möglichkeiten] investigation.

erfragen *vt* to ask.

erfreuen *vt* to please.
◆ **sich erfreuen** *ref*: **sich an etw** *(D)* **~** to take pleasure in sthg; **sich einer Sache** *(G)* **~** to enjoy sthg.
◆ **sehr erfreut** *interj* pleased to meet you!

erfreulich *adj* pleasing.

erfreulicherweise *adv* luckily.

erfrieren (*prät* **erfror;** *perf* **ist erfroren**) *vi* to freeze to death; [Blüten] to be killed by frost; **sich die Hände/Füße ~** to suffer frostbite in one's hands/feet.

erfrischen *vt* to refresh; [geistig] to stimulate.
◆ **sich erfrischen** *ref* to refresh o.s.; [sich waschen] to freshen (o.s.) up.

erfrischend *adj* refreshing; [Gespräch] stimulating.

Erfrischung (*pl* **-en**) *die* refreshment.

erfüllen *vt* **- 1.** [Wunsch, Vertrag, Pflicht, Bedingungen] to fulfil **- 2.** [füllen, ausfüllen] to fill.
◆ **sich erfüllen** *ref* [Wunsch] to come true.

Erfüllung *die* fulfilment; **in ~ gehen** to come true.

Erfurt *nt* Erfurt.

ergänzen *vt* **- 1.** [vervollständigen] to complete **- 2.** [hinzufügen] to add.
◆ **sich ergänzen** *ref* to complement one another.

Ergänzung (*pl* **-en**) *die* **- 1.** [Vervollständigung] completion *(U)* **- 2.** [Zusatz] supplement; [zu Gesetz] amendment.

ergattern *vt* ***fam*** to manage to get hold of.

ergeben[1] *geh adj* devoted ◇ *adv* devotedly.

ergeben[2] (*präs* **ergibt;** *prät* **ergab;** *perf* **hat ergeben**) *vt* [Ertrag] to produce; [herausfinden] to show; **eins mal eins ergibt eins** one times one is ODER makes one; **das ergibt keinen Sinn** that doesn't make any sense.
◆ **sich ergeben** *ref* **- 1.** [erfolgen] to arise; **sich aus etw ~** to result from ODER be the result of sthg; **das hat sich so ~** it just turned out like that **- 2.** [sich fügen, hingeben]: **sich in etw** *(A)* **~** to resign o.s. to sthg **- 3.** [kapitulieren] to surrender.

Ergebenheit *die* devotion.

Ergebnis (*pl* **-se**) *das* result.

ergebnislos *adj* unsuccessful.

ergehen (*prät* **erging;** *perf* **hat/ist ergangen**) *vi*: **wie ist es dir ergangen?** how did you get on?; **es ist jm gut/schlecht ergangen** sb got on well/badly; **etw über sich** *(A)* **~ lassen** [negativ] to endure sthg; [positiv] to let sthg wash over one.
◆ **sich ergehen** *ref*: **sich in etw** *(D)* **~** to indulge in sthg.

ergiebig *adj* [Quelle] rich; [Thema] fertile; [Gespräch] productive.

ergießen (*prät* **ergoss;** *perf* **hat ergossen**) ◆ **sich ergießen** *ref* to pour.

ergreifen (*prät* **ergriff;** *perf* **hat ergriffen**) *vt* **- 1.** [packen, Macht] to seize **- 2.** [festnehmen] to capture **- 3.** [Initiative, Gelegenheit] to take; [Beruf] to take up; [Maßnahmen] to adopt **- 4.** [erfassen] to overcome **- 5.** [bewegen] to move.

ergreifend *adj* moving ◇ *adv* movingly.

ergriffen *pp* ▷ **ergreifen** ◇ *adj*: **~ sein** to be (deeply) moved.

ergründen *vt* to discover.

erhaben *adj* **- 1.** [feierlich, großartig] magnificent **- 2.** [überlegen]: **über jn/etw ~ sein** to be above sb/sthg.

Erhalt *der* ***amt*** receipt.

erhalten (*präs* **erhält;** *prät* **erhielt;** *perf* **hat erhalten**) *vt* **- 1.** [bekommen] to receive, to get

- **2.** [bewahren] to preserve; **gut ~** in good condition; **ihr Witz ist ihr ~ blieben** she kept her sense of humour.
◆ **sich erhalten** *ref* [fortdauern] to endure.

erhältlich *adj* available.

Erhaltung *die* preservation; [von Tierarten] conservation.

erhängen *vt* to hang.
◆ **sich erhängen** *ref* to hang o.s.

erhärten *vt* [Aussage, These] to support; [Verdacht] to strengthen.
◆ **sich erhärten** *ref* [Verdacht] to increase.

erheben (*prät* **erhob;** *perf* **hat erhoben**) *vt* - **1.** [Arm, Stimme, Glas] to raise - **2.** [Gebühren] to charge; [Steuern] to levy - **3.** [Daten] to gather - **4.** [vorbringen]: **Anklage ~** to bring charges; **auf etw** *(A)* **Anspruch ~** to make a claim for sthg; **Einspruch ~** to raise an objection; **etw zum Prinzip ~** to make sthg a principle.
◆ **sich erheben** *ref* - **1.** [aufstehen] to rise, to get up - **2.** [losfliegen] to rise - **3.** [rebellieren]: **sich gegen jn/etw ~** to rise up against sb/sthg - **4.** [überragen]: **sich über jn/etw ~** to rise above sb/sthg.

erheblich *adj* considerable ◇ *adv* considerably.

Er|hebung *die* - **1.** [Hügel] rise - **2.** [Aufstand] uprising - **3.** [Untersuchung] survey - **4.** [Kassieren] levy.

erheitern *vt* to amuse.
◆ **sich erheitern** *ref* to brighten.

erhellen *vt* - **1.** [Raum] to light up - **2.** [Umstände] to throw light upon.
◆ **sich erhellen** *ref* [hell werden] to brighten.

erhitzen *vt* - **1.** [heiß machen] to heat - **2.** [erregen] to excite.
◆ **sich erhitzen** *ref* - **1.** [heiß werden] to get hot - **2.** [sich erregen] to get excited.

erhoffen *vt* to anticipate; **sich** *(D)* **etw von jm ~** to expect sthg from sb.

erhöhen *vt* - **1.** [Preis, Einsatz, Geschwindigkeit] to increase - **2.** [Mauer] to raise.
◆ **sich erhöhen** *ref* [steigen] to increase.

Erhöhung (*pl* **-en**) *die* increase.

erholen ◆ **sich erholen** *ref*: **sich (von etw) ~** to recover (from sthg).

erholsam *adj* relaxing.

Erholung *die* [von Krankheit] recovery; [von Anstrengung] rest.

erholungsbedürftig *adj* in need of a rest.

erinnern *vt* - **1.** [an Aufgabe, Termin]: **jn an etw** *(A)* **~** to remind sb about ODER of sthg - **2.** [an Vergangenheit]: **jn an jn/etw ~** to remind sb of sb/sthg ◇ *vi* - **1.** [an Aufgabe, Termin]: **ich muss daran ~, dass ...** I must remind you that ... - **2.** [an Vergangenes]: **an jn/etw ~** to be reminiscent of sb/sthg.
◆ **sich erinnern** *ref* to remember; **sich an jn/etw ~** to remember sb/sthg.

Erinnerung (*pl* **-en**) *die* - **1.** [Eindruck] memory; **~ an etw** *(A)* memory of sthg - **2.** [Gedenken]: **zur ~ an jn** in memory of sb; **jn/etw in guter/schlechter ~ behalten** to have fond/bad memories of sb/sthg - **3.** [Gedächtnis] memory - **4.** [Andenken] memento.

erkälten ◆ **sich erkälten** *ref* to catch (a) cold.

Erkältung (*pl* **-en**) *die* cold.

erkämpfen *vt* to fight for; **sich** *(D)* **etw ~** to fight for sthg.

erkennbar *adj* recognizable.

erkennen (*prät* **erkannte;** *perf* **hat erkannt**) *vt* - **1.** [sehen können] to make out - **2.** [Person, Fehler] to recognize; **etw zu ~ geben** to reveal sthg; **sich zu ~ geben** to reveal one's identity - **3.** [Irrtum] to acknowledge.

erkenntlich *adj*: **sich ~ zeigen** to show one's gratitude.

Erkenntnis (*pl* **-se**) *die* - **1.** [Entdeckung, Einsicht] realization; **wissenschaftliche ~se** scientific discoveries; **zu der ~ kommen, dass ...** to realize that ... - **2.** [Erkennen] knowledge.

Erker (*pl* **-**) *der* bay window.

erklärbar *adj* explicable; **nicht ~** inexplicable; **leicht ~** easily explained.

erklären *vt* - **1.** [erläutern] to explain; **ich kann es mir nicht ~** I can't explain it - **2.** [bezeichnen] to declare; [Absicht] to state; [Rücktritt] to announce; **etw für ungültig ~** to declare sthg invalid; **jn für tot ~** to pronounce sb dead; **jn für vermisst ~** to declare sb missing.
◆ **sich erklären** *ref* - **1.** [sich äußern]: **sich (mit etw) einverstanden ~** to declare that one is in agreement (with sthg); **er erklärte sich bereit, es zu tun** he said he was willing to do it - **2.** [sich ergeben]: **etw erklärt sich aus etw** sthg is explained by sthg; **das erklärt sich von selbst** that is self-explanatory.

erklärlich *adj* [Verhalten, Gründe] understandable; [Phänomen] explicable.

Erklärung (*pl* **-en**) *die* - **1.** [Erläuterung] explanation - **2.** [Mitteilung] statement; **eine ~ abgeben** to make a statement.

erklingen (*prät* **erklang;** *perf* **ist erklungen**) *vi* [Ton, Instrument] to sound; **am Schluss erklang die Nationalhymne** at the end the national anthem was played.

erkranken (*perf* **ist erkrankt**) *vi* to fall ill; **an etw** *(D)* **~** to contract sthg.

Erkrankung (*pl* **-en**) *die* illness.

erkunden *vt* to explore; MIL to reconnoitre.

erkundigen ◆ **sich erkundigen** *ref* to enquire; **sich nach jm ~** to ask after sb; **sich nach etw ~** to ask about sthg.

Erkundigung (*pl* **-en**) *die* enquiry; **~en über jn/etw einziehen** *ODER* **einholen** to make enquiries about sb/sthg.

erlahmen (*perf* **ist erlahmt**) *vi* to flag.

erlangen *vt* to obtain; [Kompromiss] to reach.

Erlass (*pl* **-e** *ODER* **Erlässe**) *der* **- 1.** [von Befehl] decree **- 2.** [von Schulden] remission.

erlassen (*präs* **erlässt;** *prät* **erließ;** *perf* **hat erlassen**) *vt* **- 1.** [Befehl] to issue; [Gesetz] to enact **- 2.** [Strafe, Schulden]: **jm etw ~** to let sb off sthg.

erlauben *vt* to allow; **jm etw ~** to allow sb sthg; **sich** *(D)* **etw ~** [sich herausnehmen] to take the liberty of doing sthg; [sich gönnen] to allow o.s. sthg; **was ~ Sie sich!** how dare you!
◆ **erlaube mal** *interj* how dare you!

Erlaubnis *die* permission; **jm die ~ zu etw erteilen** ***amt*** to give sb permission to do sthg; **um ~ bitten** to ask (for) permission.

erläutern *vt* to explain.

Erläuterung (*pl* **-en**) *die* explanation.

Erle (*pl* **-n**) *die* alder.

erleben *vt* **- 1.** [erfahren, kennen lernen] to experience; [Abenteuer] to have; **du kannst was ~!** ***fam*** you'll catch it!; **hat man so was schon erlebt!** ***fam*** did you ever hear such a thing! **- 2.** [Geburtstag, Jubiläum] to live to see.

Erlebnis (*pl* **-se**) *das* experience.

erledigen *vt* **- 1.** [Frage, Angelegenheit, Auftrag] to deal with; [Arbeit] to get through; [Einkäufe, Hausaufgaben] to do **- 2.** ***fam*** [töten] to bump off **- 3.** ***fam*** [besiegen] to wipe out.
◆ **sich erledigen** *ref* [sich erübrigen]: **etw erledigt sich (von selbst)** sthg takes care of itself.

erledigt *adj* **- 1.** [ausgeführt, beendet - Angelegenheit] settled; [- Auftrag] carried out; [- Arbeit] done **- 2.** ***fam*** [erschöpft]: **~ sein** to be worn out.

erleichtern *vt* **- 1.** [leichter machen - Arbeit, Situation] to make easier; [- Gepäck] to make lighter; **jm das Verständnis ~** to make it easier for sb to understand **- 2.** [Gewissen] to ease **- 3.** [bestehlen]: **jn um etw ~** ***hum*** to relieve sb of sthg.
◆ **sich erleichtern** *ref* [sich befreien] to unburden o.s.

erleichtert *adj*: **~ sein** to be relieved ◇ *adv*: **~ aufatmen** to breathe a sigh of relief.

Erleichterung (*pl* **-en**) *die* **- 1.** [Befreiung] relief **- 2.** [von Aufgabe] facilitation *(U)*; [von Last] easing *(U)*.

erleiden (*prät* **erlitt;** *perf* **hat erlitten**) *vt* to suffer.

erlernen *vt* to learn.

erlesen *adj* ***geh*** [Gemälde, Porzellan, Wein] fine; [Mahl] choice.

erleuchten *vt* **- 1.** [erhellen] to light up **- 2.** ***geh*** [inspirieren] to inspire.

Erleuchtung (*pl* **-en**) *die* (sudden) inspiration.

erliegen (*prät* **erlag;** *perf* **ist erlegen**) *vi* ***geh:*** **jm/einer Sache ~** to succumb to sb/sthg.

Erliegen *das*: **zum ~ kommen** to be brought to a standstill.

erlischt *präs* ▷ **erlöschen.**

erlogen *adj* made-up.

Erlös (*pl* **-e**) *der* proceeds *(pl)*.

erlöschen (*präs* **erlischt;** *prät* **erlosch;** *perf* **ist erloschen**) *vi* **- 1.** [Feuer, Licht] to go out; [Vulkan] to become extinct **- 2.** [Gefühle] to die; [Anspruch, Mitgliedschaft] to lapse.

erlösen *vt* to rescue; **jn von etw ~** [Leid, Schmerz] to release sb from sthg; REL to deliver sb from sthg.

Erlösung *die* [von Leiden, Schmerzen] release; [aus Zwangslage] rescue.

Erm. *abk für* **Ermäßigung.**

ermächtigen *vt*: **jn zu etw ~** to authorize sb to do sthg.

Ermächtigung (*pl* **-en**) *die* authorization *(U)*.

ermahnen *vt* to remind; **jn zu mehr Vorsicht ~** to remind sb to be more careful.

Er|mahnung *die* reminder.

Ermangelung ◆ **in Ermangelung** *präp* ***geh:*** **in ~ einer Sache** *(G)* for want *ODER* lack of sthg.

ermäßigt *adj* reduced.

Ermäßigung (*pl* **-en**) *die* reduction.

ermessen (*präs* **ermisst;** *prät* **ermaß;** *perf* **hat ermessen**) *vt* to assess.

Ermessen *das* judgement; **das liegt ganz in Ihrem ~** that is entirely up to you; **nach menschlichem ~** as far as it is possible to tell.

Ermessens|frage *die* matter of discretion.

ermitteln *vt* to determine; [Schuldige, Täter] to identify; [Sieger] to decide ◇ *vi* to investigate.

Ermittlung (*pl* **-en**) *die* [Erkundigung] enquiries *(pl)*; [Entdeckung] identification *(U)*.

ermöglichen *vt* to make possible; **jm etw ~** to make sthg possible for sb.

ermorden *vt* to murder.

Ermordung (*pl* **-en**) *die* murder; [von Politiker] assassination.

ermüden (*perf* **hat/ist ermüdet**) *vt (hat) vi (ist)* to tire.

Ermüdung *die* tiredness.

ermuntern *vt* to encourage; **jn zum Studium ~** to encourage sb to study.

ermutigen *vt* to encourage; **jn zum Studium ~** to encourage sb to study.

ernähren *vt* **- 1.** [beköstigen] to feed **- 2.** [unterhalten] to support.

◆ **sich ernähren** *ref* to eat; **sich vegetarisch ~** to eat a vegetarian diet; **sich mit** *ODER* **von etw ~** [Person] to live on sthg; [Tier] to feed on sthg.

Ernährung *die* - **1.** [Ernähren] feeding - **2.** [Mahlzeit] diet; **gesunde ~** a healthy diet.

ernennen (*prät* **ernannte;** *perf* **hat ernannt**) *vt* to appoint; **jn zu etw ~** to appoint sb (as) sthg.

erneuern [ɛɐ̯'nɔyɐn] *vt* - **1.** [ersetzen] to replace - **2.** [ausbessern - Gebäude] to renovate; [- Gemälde] to restore; [- kaputten Zaun] to repair - **3.** [Vertrag, Angebot] to renew.

◆ **sich erneuern** *ref* to be renewed.

Er|neuerung [ɛɐ̯'nɔyərʊŋ] *die* - **1.** [Ersatz] replacement *(U)* - **2.** [Ausbesserung - von Gebäude] renovation *(U);* [- von Gemälde] restoration *(U)* - **3.** [von Vertrag, Angebot] renewed.

erneut *adj* [Angebot, Vorschlag] new; [Kraft] renewed; [Weigerung] further <> *adv* again.

erniedrigen *vt* to humiliate.

◆ **sich erniedrigen** *ref* [sich demütigen] to lower o.s.

Erniedrigung (*pl* **-en**) *die* humiliation *(U)*.

ernst *adj* - **1.** [gen] serious; [Verhalten] solemn; **~ bleiben** to remain serious - **2.** [Absicht, Vorschlag] sincere <> *adv* - **1.** [gen] seriously - **2.** [Absicht, Vorschlag] sincerely; **es mit etw ~ meinen** to be serious about sthg; **damit meine ich es ~** I really mean it; **jn/etw ~ nehmen** to take sb/sthg seriously.

Ernst *der* seriousness; **mit etw ~ machen** to be serious about sthg; **das ist mein voller ~** I am quite serious about it; **im ~?** really?; **der ~ der Lage** the gravity of the situation; **der ~ des Lebens beginnt** *fig* life begins in earnest.

Ernst|fall *der* (case of) emergency.

ernst gemeint *adj* serious.

ernst genommen *adj* taken seriously.

ernsthaft *adj* serious; [Verhalten] solemn <> *adv* - **1.** [gen] seriously - **2.** [aufrichtig] sincerely.

Ernsthaftigkeit *die* - **1.** [von Person] seriousness - **2.** [von Absicht] sincerity.

ernstlich *adv* - **1.** [gen] seriously - **2.** [beabsichtigen, bereuen] sincerely.

Ernte (*pl* **-n**) *die* harvest.

Erntedank|fest *das* harvest festival.

ernten *vt* - **1.** [Früchte] to harvest; [Obst] to pick - **2.** [Beifall] to earn; [Undank] to receive.

ernüchtern *vt* [desillusionieren] to bring down to earth.

Ernüchterung (*pl* **-en**) *die* [Desillusion] disillusionment *(U)*.

Eroberer (*pl* **-**) *der* conqueror.

erobern *vt* - **1.** [erkämpfen] to conquer - **2.** [gewinnen] to capture.

Eroberung (*pl* **-en**) *die* conquest; **eine ~ machen** *fig* to make a conquest.

eröffnen *vt* - **1.** [gen] to open - **2.** [bekannt geben]: **jm etw ~** to reveal sthg to sb - **3.** [Gerichtsverfahren] to institute - **4.** [Möglichkeit] to open up.

◆ **sich eröffnen** *ref:* **sich jm ~** to open up to sb.

Er|öffnung *die* - **1.** [gen] opening *(U)* - **2.** [Bekanntgabe - unerwartet] revelation *(U);* [- von Plan] disclosure *(U)* - **3.** [von Gerichtsverfahren] institution - **4.** [von Möglichkeit] opening up *(U)*.

erörtern *vt* to discuss.

Erörterung (*pl* **-en**) *die* discussion.

Erosion (*pl* **-en**) *die* GEOGR erosion *(U)*.

Erotik *die* eroticism.

erotisch *adj* erotic.

erpicht *adj:* **darauf ~ sein, etw zu tun** to be intent *ODER* set on doing sthg.

erpressen *vt:* **jn (mit etw) ~** to blackmail sb (with sthg); **etw von jm ~** to extort sthg from sb.

Erpresser, in (*mpl* **-;** *fpl* **-nen**) *der, die* blackmailer.

Erpresser|brief *der* blackmail letter.

Erpressung (*pl* **-en**) *die* blackmail *(U)*.

Erpressungs|versuch *der* attempted blackmail *(U)*.

erproben *vt* [Maschine, Mittel] to test; [Ausdauer, Zuverlässigkeit] to put to the test; [Methode] to try out.

Erprobung (*pl* **-en**) *die* testing *(U)*.

erraten (*präs* **errät;** *prät* **erriet;** *perf* **hat erraten**) *vt* to guess.

errechnen *vt* to calculate.

erregen *vt* - **1.** [aufregen - Person] to excite; [- Gemüt, sexuell] to arouse - **2.** [anregen] to stimulate - **3.** [verursachen - Aufmerksamkeit, Aufsehen] to attract; [- Widerspruch] to give rise to; [- Mitleid, Neid] to arouse.

◆ **sich erregen** *ref* [sich aufregen] to get annoyed; **sich über etw** *(A)* **~** to get annoyed about sthg; **sich über jn** *(A)* **~** to get annoyed with sb.

Erreger (*pl* **-**) *der* [von Krankheit] cause.

Er|regung *die* - **1.** [von Person] excitement *(U);* [sexuelle] arousal *(U)* - **2.** [von Nerven] stimulation *(U)* - **3.** [Verursachen - von Mitleid, Neid] arousing *(U);* [- von Aufmerksamkeit] attracting *(U);* **die ~ öffentlichen Ärgernisses** RECHT creating a public nuisance.

erreichbar *adj* [Person] available; [Ort] within reach.

erreichen *vt* - **1.** [Ort, Person, Geschwindigkeit] to reach; [Ziel] to achieve; [Bahn] to catch - **2.** [telefonisch] to contact; **wo/wann sind Sie zu ~?** where/when can you be contacted? **- 3.** [durchsetzen] to achieve; **bei ihm kann man nichts ~** you'll not get anywhere with him.

errichten *vt* **- 1.** [bauen, aufbauen] to erect **- 2.** [Herrschaft] to establish.

Errichtung *die* **- 1.** [Bau, Aufbau] erection **- 2.** [von Herrschaft] establishment.

erringen (*prät* **errang;** *perf* **hat errungen**) *vt* [Sieg, Freundschaft] to win; [Vorteil, Mehrheit] to gain.

erröten (*perf* **ist errötet**) *vi* to blush; **vor Wut ~** to flush with anger.

Errungenschaft (*pl* **-en**) *die* achievement; **technische ~en** technical advances; **meine neueste ~** my latest acquisition.

Ersatz *der* **- 1.** [Ausgleich] substitute **- 2.** [Entschädigung] compensation.

Ersatz|dienst *der community work done by conscientious objectors instead of military service.*

Ersatz|kasse *die private health insurance scheme.*

ersatzlos *adv* without substitution; **~ gestrichen** abolished.

Ersatz|mann (*pl* **-männer** ODER **-leute**) *der* [beim Fußball] substitute; [bei der Arbeit] replacement.

Ersatz|rad *das* spare wheel.

Ersatz|teil *das* spare part.

erschaffen (*prät* **erschuf;** *perf* **hat erschaffen**) *vt* ***geh*** to create.

Erschaffung *die* ***geh*** creation.

erscheinen (*prät* **erschien;** *perf* **ist erschienen**) *vi* **- 1.** [kommen, sich zeigen] to appear **- 2.** [Buch, Zeitung] to come out **- 3.** [wirken] to seem.

Erscheinung (*pl* **-en**) *die* **- 1.** [Ereignis] phenomenon; **in ~ treten** to appear **- 2.** [Gestalt] appearance; **äußere ~** (external) appearance **- 3.** [Vision] apparition.

erschießen (*prät* **erschoss;** *perf* **hat erschossen**) *vt* to shoot.
◆ **sich erschießen** *ref* to shoot o.s.

erschlaffen (*perf* **ist erschlafft**) *vi* [Muskeln] to go limp; [Haut] to become flabby.

erschlagen[1] *adj* ***fig*** **- 1.** [todmüde]: **~ sein** to be worn out **- 2.** [sprachlos] flabbergasted.

erschlagen[2] (*präs* **erschlägt;** *prät* **erschlug;** *perf* **hat erschlagen**) *vt* to kill; **vom Blitz ~ werden** to be struck by lightning.

erschließen (*prät* **erschloss;** *perf* **hat erschlossen**) *vt* [Land, Markt] to open up; [Rohstoffe, Bodenschätze] to exploit; [Bauland] to develop.
◆ **sich erschließen** *ref* ***geh*** [verständlich werden]: **sich jm ~** to become intelligible to sb.

erschöpft *adj* exhausted ◇ *adv* [müde] wearily.

Erschöpfung *die* exhaustion.

erschrak *prät* ▷ **erschrecken.**

erschrecken (*präs* **erschreckt** ODER **erschrickt;** *prät* **erschreckte** ODER **erschrak;** *perf* **hat erschreckt** ODER **ist erschrocken**) *vt (hat) (reg)* [überraschen] to startle; [ängstigen] to frighten ◇ *vi (ist) (unreg)* [überrascht sein] to be startled; [Angst haben] to be frightened; **vor jm/etw ~** to be startled by sb/sthg; **über etw** *(A)* **~** to be alarmed by sthg.
◆ **sich erschrecken** *ref (unreg)* to get a fright.

erschreckend *adj* alarming ◇ *adv* alarmingly.

erschrickt *präs* ▷ **erschrecken.**

erschrocken *pp* ▷ **erschrecken.**

erschüttern *vt* **- 1.** [Haus, Person] to shake; **er lässt sich durch nichts ~** he's unflappable **- 2.** [Vertrauen, Ruf] to shatter.

erschütternd *adj* distressing.

Erschütterung (*pl* **-en**) *die* **- 1.** [von Haus] shaking *(U)* **- 2.** [von Person] (state of) shock **- 3.** [von Vertrauen, Ruf] shattering.

erschweren *vt* to make (more) difficult.

erschwinglich *adj* affordable.

ersetzbar *adj* replaceable.

ersetzen *vt* **- 1.** [auswechseln, ausgleichen] to replace **- 2.** [erstatten - Auslagen] to reimburse; [- Schaden] to make good; **jm etw ~** to compensate sb for sthg.

ersichtlich *adj* obvious.

erspähen *vt* to spot.

ersparen *vt* to save; **sich** *(D)* **Geld/Zeit/Mühe ~** to save o.s. money/time/trouble; **jm/sich etw Unangenehmes ~** to spare sb/o.s. sthg unpleasant.

Ersparnis (*pl* **-se**) *die* saving.
◆ **Ersparnisse** *pl* savings.

erst *adv* **- 1.** [nicht eher] not until; **er fährt ~ morgen los** he's not going until tomorrow; **~ als** only when **- 2.** [vor kurzem] (only) just; **sie war ~ gestern hier** she was here only yesterday **- 3.** [nicht später, lediglich] only; **er kommt ~ um zehn** he won't be here until ten o'clock **- 4.** [zuerst] first; [anfänglich] at first **- 5.** [emphatisierend]: **sie ist ja schon groß aber ihr Bruder ~!** she is tall but her brother is even taller; **hätte ich doch ~ alle meine Prüfungen hinter mir!** if only all my exams were finished!; **jetzt werde ich es ~ recht/nicht recht tun!** now I'm definitely going/not going to do it!
◆ **erst einmal** *adv* **- 1.** [nur einmal] only once **- 2.** [zuerst] at first.

erstarren (*perf* **ist erstarrt**) *vi* [vor Kälte] to go numb; [vor Schreck] to become paralysed; [Gips] to harden.

erstatten *vt* - **1.** [Betrag] to reimburse - **2.** [vorbringen]: **gegen jn Anzeige ~** to report sb (to the authorities); **Bericht ~** to (make a) report.

Erstattung (*pl* **-en**) *die* - **1.** [von Kosten] reimbursement - **2.** [von Anzeige, Bericht] making.

Erstaufführung *die* première.

erstaunen (*perf* **hat/ist erstaunt**) *vt (hat)* to astonish, to amaze <> *vi (ist)*: **über etw** *(A)* **~** to be astonished ODER amazed at sthg.

Erstaunen *das* astonishment; **jn in ~ (ver)setzen** to astonish ODER amaze sb.

erstaunlich *adj* astonishing, amazing <> *adv* astonishingly, amazingly.

erstaunt *adj* [Person] astonished, amazed; [Gesicht, Miene] surprised; **über etw** *(A)* **~ sein** to be astonished by sthg.

erstbeste, r, s *adj*: **kaufe nicht gleich den ~n Wagen!** don't simply buy the first car you look at!; **sich in das ~ Mädchen verlieben** to fall in love with the first girl that comes along.
◆ **Erstbeste** *der, die, das* first thing to come along.

erste, r, s *adj* - **1.** [anfänglich] first - **2.** [beste - Qualität, Wahl] top; [- Liga, Geige] first - **3.** [Ergebnis, Erfolg] initial.

Erste *der, die, das* first; *siehe auch* **Sechste.**
◆ **als Erstes** *adv* first (of all).
◆ **fürs Erste** *adv* for the time being.

erstechen (*präs* **ersticht;** *prät* **erstach;** *perf* **hat erstochen**) *vt* to stab to death.

erstehen (*prät* **erstand;** *perf* **hat/ist erstanden**) *vi (ist)* **geh - 1.** [Probleme, Schwierigkeiten] to arise - **2.** [auferstehen] to rise up <> *vt (hat)* to buy.

erste Hilfe *die* first aid; **jm ~ leisten** to give sb first aid.

erstellen *vt* **amt** - **1.** [Tabelle, Abrechnung] to draw up - **2.** [Haus] to construct.

erstens *adv* firstly, in the first place.

ersticken (*perf* **hat/ist erstickt**) *vi (ist)* to suffocate; **wir ~ zurzeit in Arbeit** we're up to our eyes in work at the moment <> *vt (hat)* [Person, Tier] to suffocate; [Feuer] to put out; **etw im Keim ~** to nip sthg in the bud.

Erstickung *die* suffocation.

erstklassig *adj* first-class <> *adv* excellently.

Erstkommunion *die* REL First Communion.

erstmalig *adj* first <> *adv* for the first time.

erstmals *adv* for the first time.

erstrangig *adj* - **1.** [vorrangig] of prime importance - **2.** [erstklassig] first-rate <> *adv* as a matter of priority.

erstreben *vt* to strive for.

erstrebenswert *adj* worthwhile.

erstrecken ◆ **sich erstrecken** *ref* - **1.** [jn/etw betreffen]: **sich auf jn/etw ~** to apply to sb/sthg - **2.** [sich ausdehnen]: **sich ~ bis** [räumlich] to extend as far as; **sich über etw** *(A)* **~** [zeitlich] to last for sthg; [räumlich] to extend over sthg.

Erststimme *die* first vote.

erstunken *adj*: **~ und erlogen** *fam* a pack of lies.

erstürmen *vt* [Festung] to storm; [Gipfel] to conquer.

ertappen *vt* to catch; **jn bei etw ~** to catch sb doing sthg; **jn auf frischer Tat ~** to catch sb red-handed.
◆ **sich ertappen** *ref*: **sich bei etw ~** to catch o.s. doing sthg.

erteilen *vt*: **jm etw ~** to give sb sthg.

ertönen (*perf* **ist ertönt**) *vi* [Instrument] to sound; [Stimme] to ring out; [Geräusch] to be heard.

Ertrag (*pl* **-träge**) *der* [an Gemüse, Getreide] yield; [finanziell] profits *(pl)*.

ertragen (*präs* **erträgt;** *prät* **ertrug;** *perf* **hat ertragen**) *vt* to bear.

erträglich *adj* [Zustände] tolerable; [Schmerz] bearable.

ertragreich *adj* [Acker] high-yielding; [Geschäft] profitable.

Ertragslage *die* profit situation.

ertränken *vt* to drown.
◆ **sich ertränken** *ref* to drown o.s.

erträumen *vt*: **sich** *(D)* **etw ~** to imagine sthg.

ertrinken (*prät* **ertrank;** *perf* **ist ertrunken**) *vi* to drown.

Ertüchtigung (*pl* **-en**) *die* training *(U)*.

erübrigen *vt* to spare.
◆ **sich erübrigen** *ref* to be unnecessary; **das erübrigt sich** there's no point.

Erw. (*abk für* **Erwachsene**) adult.

erwachen (*perf* **ist erwacht**) *vi* to awake; [Tag] to dawn.

Erwachen *das* awakening; **das gab ein böses ~** *fig* it was a rude awakening.

erwachsen[1] [ɛɐ̯'vaksn̩] *adj* adult <> *adv* in an adult way.

erwachsen[2] (*präs* **erwächst;** *prät* **erwuchs;** *perf* **ist erwachsen**) *vi*: **aus etw ~** to arise from sthg.

Erwachsene [ɛɐ̯'vaksənə] (*pl* **-n**) *der, die* adult.

Erwachsenenbildung *die* adult education.

erwägen (*prät* **erwog;** *perf* **hat erwogen**) *vt* to consider.

Erwägung (*pl* **-en**) *die* consideration *(U)*; **etw in ~ ziehen** to consider sthg.

erwähnen *vt* to mention.

erwähnenswert *adj* worth mentioning.

Erwähnung (*pl* **-en**) *die* mention *(U)*.

erwärmen *vt* [wärmen] to warm.
◆ **sich erwärmen** *ref* **- 1.** [sich aufwärmen] to warm up **- 2.** [sich begeistern]: **ich kann mich für deine Idee nicht ~** I can't generate any enthusiasm for your idea.

Erwärmung *die* warming.

erwarten *vt* **- 1.** [warten auf] to wait for; **ich kann es kaum ~!** I can hardly wait! **- 2.** [mit etw rechnen, erhoffen] to expect.

Erwartung (*pl* **-en**) *die* expectation.
◆ **Erwartungen** *pl* expectations; [Anforderung] requirements.

erwartungsvoll *adj* expectant ◇ *adv* expectantly.

erwecken *vt* **- 1.** [Ehrgeiz, Misstrauen] to arouse; [Hoffnungen] to raise **- 2.** [Tote] to awaken.

erweichen *vt:* **sich ~/nicht ~ lassen** *fig* to/not to yield.

erweisen (*prät* **erwies;** *perf* **hat erwiesen**) *vt* [Schuld] to prove; **jm einen Dienst** ODER **Gefallen ~** to do sb a favour; **es ist erwiesen, dass ...** it has been proved that ...
◆ **sich erweisen** *ref* [sich zeigen]: **sich als etw ~** to prove to be sthg.

erweitern *vt* [Raum, Angebot, Umfang] to extend; [Bekanntenkreis, Wissen] to expand.
◆ **sich erweitern** *ref* [Straße, Angebot] to extend; [Bekanntenkreis, Produktion] to expand; [Pupillen] to dilate.

Erweiterung (*pl* **-en**) *die* [von Raum, Angebot] extension *(U)*; [von Bekanntenkreis, Wissen] expansion *(U)*; [von Pupillen] dilation *(U)*.

Erwerb *der* **- 1.** [von Haus, Grundstück] purchase **- 2.** [von Kenntnissen] acquisition **- 3.** [aus Geschäft] earnings *(pl)*.

erwerben (*präs* **erwirbt;** *prät* **erwarb;** *perf* **hat erworben**) *vt* **- 1.** [kaufen] to purchase **- 2.** [erlangen] to acquire.

erwerbsfähig *adj* able to work.

erwerbslos *adj* unemployed.

erwerbstätig *adj* employed; **die ~e Bevölkerung** the working population.

erwerbsunfähig *adj* unable to work.

Erwerbsunfähigkeit *die* inability to work.

erwidern *vt* **- 1.** [antworten] to reply **- 2.** [Besuch, Gruß, Gefälligkeit] to return.

Erwiderung (*pl* **-en**) *die* **- 1.** [Antwort] reply **- 2.** [von Besuch, Gruß, Gefälligkeit] return.

erwiesen *pp* ▷ **erweisen** ◇ *adj* proven.

erwiesenermaßen *adv* as has been proved; **~ war er der Täter** it has been proved that he was the culprit.

erwirtschaften *vt* to obtain by careful management.

erwischen *vt* **- 1.** [ertappen]: **jn (bei etw) ~** to catch sb (doing sthg) **- 2.** [rechtzeitig erreichen] to catch **- 3.** [bekommen] to get **- 4.** ***RW:* ihn hat es erwischt** ***fam*** [krank sein] he's got it; [verletzt sein] he's hurt; [verliebt sein] he's got it bad; [tot sein] he's dead.

erwog *prät* ▷ **erwägen.**

erwogen *pp* ▷ **erwägen.**

erwünscht *adj* [Gäste, Entwicklung] welcome; [Ergebnis] desired; **nicht ~ sein** not to be welcome.

erwürgen *vt* to strangle.

Erz (*pl* **-e**) *das* ore.

erzählen *vt* **- 1.** [Geschichte, Witz] to tell; **jm von etw ~** to tell sb about sthg **- 2.** ***RW:* du kannst mir viel ~!** ***fam*** pull the other one!; **dem werde ich was ~!** ***fam*** I'll give him a piece of my mind!

Erzähler, in (*mpl* **-;** *fpl* **-nen**) *der, die* **- 1.** [Berichtende] narrator **- 2.** [Autor] author.

Erzählung (*pl* **-en**) *die* **- 1.** [Bericht] account **- 2.** [Dichtung] story.

Erz|bischof *der* archbishop.

Erz|bistum *das* archbishopric.

Erz|engel *der* archangel.

erzeugen *vt* [Produkt] to produce; [Energie, Angst, Druck] to generate.

Erzeuger (*pl* **-**) *der* **- 1.** [Produzent] producer **- 2.** [Vater] father.

Erzeugerin (*pl* **-nen**) *die* producer.

Er|zeugnis *das* product.

Erzeugung *die* [von Produkten] production; [von Energie, Druck] generation.

Erz|feind, in *der, die* arch-enemy.

Erzgebirge *das:* **das ~** the Ore Mountains *(pl)*.

erzhaltig *adj* containing minerals.

erziehbar *adj:* **ein schwer ~ es Kind** a problem child.

erziehen (*prät* **erzog;** *perf* **hat erzogen**) *vt* [Kinder - in der Familie] to bring up; [- in der Schule] to educate; [Tier] to train; **jn zu jm/etw ~** to bring sb up to be sb/sthg.

Erzieher, in (*mpl* **-;** *fpl* **-nen**) *der, die* **- 1.** [Berufsbezeichnung] teacher **- 2.** [Eltern, Lehrer] educator.

erzieherisch *adj* educational ◇ *adv* educationally.

Erziehung *die* [in der Familie] upbringing; [in der Schule] education.

Erziehungs|berechtigte *der, die* ***amt*** parent *or* guardian.

Erziehungs|geld *das* ≃ maternity/paternity benefit.

Erziehungs|urlaub *der* ≃ maternity/paternity leave *(U)*.

erzielen *vt* [Kompromiss] to reach; [Ertrag, Gewinn] to make.

erzogen *pp* ▷ **erziehen** ◇ *adj:* **gut/schlecht ~** well/badly brought up.

erzwingen (*prät* **erzwang;** *perf* **hat erzwungen**) *vt* to force.

es *pron* - **1.** [Personalpronomen im Nominativ - bei Sachen] it; [- bei Personen] he (*f* she) - **2.** [Personalpronomen im Akkusativ - bei Sachen] it; [- bei Personen] him (*f* her); **ich hoffe ~** I hope so; **ich weiß ~** I know - **3.** [unpersönliches Pronomen] it; **~ ist drei Uhr** it's three o'clock; **~ regnet/schneit** it's raining/snowing; **~ freut mich, dass ...** I'm pleased that ...; **gestern gab ~ Nudeln** yesterday we had pasta; **~ ist sehr interessant, sich mit Jill zu unterhalten** Jill is very interesting to talk to; **~ wird vermutet, dass sie später kommen** they are supposed to come later; **~ geht mir gut** I'm fine; **wer war ~?** who was it?

Es (*pl* -) *das* - **1.** MUS E flat - **2.** [in der Psychologie] id.

ESA ['e:za] (*abk für* **Europäische Weltraumbehörde**) *die* ESA.

Escape [ɛs'kep] *nt (ohne Artikel)* EDV escape.

Esche (*pl* **-n**) *die* ash.

Esel (*pl* -) *der* - **1.** [Tier] donkey - **2.** *fam* [Schimpfwort] ass; **ich ~!** stupid me!

Eselin (*pl* **-nen**) *die* she-ass.

Esels|brücke *die* mnemonic.

Esels|ohr *das:* **das Buch hat ~en** the book is dog-eared.

ESG [e:'ɛs'ge:] (*pl* **-s**) (*abk für* **Evangelische Studentengemeinde**) *die Protestant student society.*

Eskalation (*pl* **-en**) *die* escalation.

eskalieren (*perf* **ist eskaliert**) *vi* to escalate.

Eskimo (*pl* **-s**) *der* Eskimo.

Eskimo|frau *die* Eskimo woman.

Eskorte (*pl* **-n**) *die* escort.

Esoterik *die* esotericism.

Espe (*pl* **-n**) *die* aspen.

Espen|laub *das:* **zittern wie ~** *fig* to shake like a leaf.

Esperanto *das* Esperanto; *siehe auch* **Englisch(e).**

Espresso [ɛs'prɛso] (*pl* - ODER **-s**) *der* espresso ◇ *das* [Lokal] coffee bar.

Espresso|maschine *die* espresso machine.

Essay ['ɛse] (*pl* **-s**) *das* ODER *der* essay.

essbar *adj* edible.

essen (*präs* **isst;** *prät* **aß;** *perf* **hat gegessen**) *vi* to eat; **~ gehen** to go out for a meal; **gut ~** to eat well; **warm/kalt ~** to have a hot/cold meal ◇ *vt* to eat; **seinen Teller leer ~** to eat everything on one's plate; **etw gern ~** to like sthg.

Essen[1] *nt* Essen.

Essen[2] (*pl* -) *das* meal; **beim ~ sein** to be eating; **~ machen** ODER **kochen** to make ODER cook a meal; **~ und Trinken** food and drink; **~ auf Rädern** meals on wheels.

Essenz (*pl* **-en**) *die* essence.

essenziell, essentiell [ɛsɛn'tsjɛl] *adj* **geh** essential.

Essig (*pl* **-e**) *der* vinegar.

Essigsäure *die* acetic acid.

Ess|löffel *der* dessertspoon.

Ess|tisch *der* dining table.

Ess|zimmer *das* dining room.

Este (*pl* **-n**) *der* Estonian.

Ester (*pl* -) *der* CHEM ester.

Estin (*pl* **-nen**) *die* Estonian.

Estland *nt* Estonia.

estnisch *adj* Estonian.

Estragon *der* tarragon.

etablieren *vt* to establish.

◆ **sich etablieren** *ref* - **1.** [Mode] to become established - **2.** [Firma] to set up.

etabliert *adj* established.

Etage [e'ta:ʒə] (*pl* **-n**) *die* floor.

Etagen|wohnung *die* flat ***Br***, apartment ***Am*** *(in a block)*.

Etappe (*pl* **-n**) *die* stage.

Etat [e'ta:] (*pl* **-s**) *der* budget.

etepetete *adj* ***fam:*** **~ sein** to be fussy.

Ethik (*pl* **-en**) *die* - **1.** [Lehre] ethics *(U)* - **2.** *(ohne pl)* [Moral] ethics *(pl)*.

ethisch *adj* ethical.

ethnisch *adj* ethnic.

Ethos *das* ethos.

Etikett (*pl* **-e(n)** ODER **-s**) *das* label; **jn/etw mit einem ~ versehen** ***fig*** & ***abw*** to label sb/sthg.

Etikette *die* etiquette.

etliche, r, s *det* several, quite a few; **~ Male** several times.

◆ **etliches** *pron:* **~s zahlen** to pay quite a lot; **es gibt ~s zu erwähnen** there are quite a few things to mention.

Etsch *die:* **die ~** the (River) Adige.

Etui [ɛt'vi:] (*pl* **-s**) *das* case.

etwa *adv* - **1.** [zirka, ungefähr] about; **es funktioniert ~ so** it works roughly like this - **2.** [zum Beispiel] for example - **3.** [zum Ausdruck der Beunruhigung, eines Vorwurfs in Fragen]: **ist es ~ schon 24 Uhr?** don't tell me it's 12 o'clock already

- 4. [zur Bekräftigung]: **Edinburg ist nicht ~ groß, aber schön** Edinburgh is certainly not big but it is beautiful.
◆ **in etwa** *adv* roughly.

etwaig *adj* possible; **~e Fragen** any questions that might arise.

etwas *det* **- 1.** [gen] something; [in Fragen] anything; **~ Anderes/Schönes** something else/nice; **möchten Sie noch ~ Anderes?** would you like anything else? **- 2.** [ein wenig] some; **möchten Sie noch ~ Kaffee?** would you like some more coffee? ◇ *pron* something; [in Fragen] anything; **hast du ~ für mich?** have you got anything for me?; **das ist doch wenigstens ~!** that's something at least!; **das will ~ heißen!** that's quite something!; **so ~** such a thing ◇ *adv* a little; **ihm geht es ~ besser** he is a little better; **~ spät** rather late.

Etymologie (*pl* **-n**) *die* etymology.

etymologisch *adj* etymological ◇ *adv* etymologically.

EU (*abk für* **Europäische Union**) *die* EU.

euch *pron (Akkusativ und Dativ von ihr)* **- 1.** [Personalpronomen] you; **wir haben es ~ gesagt** we told you; **das gehört ~** this is yours, this belongs to you; **mit ~** with you **- 2.** [Reflexivpronomen] yourselves; **könnt ihr ~ das vorstellen?** can you imagine that? **- 3.** [einander] each other.

euer, e ODER **eure** *det* your; **alles Gute, Euer Thomas** yours, Thomas.

Euphorie *die* euphoria.

euphorisch *adj* euphoric ◇ *adv* euphorically.

eure, r, s *pron* yours.

eurer *pron (Genitiv von ihr)* you.

eurerseits *adv* **- 1.** [Ihr selbst] for your part **- 2.** [von Euch] on your part.

euresgleichen *pron* your kind.

euretwegen *adv* **- 1.** [euch zuliebe] for your sake **- 2.** [wegen euch] because of you.

euretwillen ◆ **um euretwillen** *adv* for your sake.

eurige (*pl* **-n**) *pron (mit Artikel)* **geh** yours.

Euro (*pl* **-**) *der* euro.

Eurocard® [ˈɔyrokaɐ̯d] (*pl* **-s**) *die* Eurocard®.

Eurocheque, Euro|scheck [ˈɔyroʃɛk] (*pl* **-s**) *der* Eurocheque.

Eurocheque-|Karte, Euroscheckkarte *die* Eurocheque card.

Eurocity [ˈɔyrosɪti] (*pl* **-s**) *der international train linking two or more major European cities.*

Europa *nt* Europe.

Europäer, in (*mpl* **-**; *fpl* **-nen**) *der, die* European.

europäisch *adj* European.

Europa|meister, in *der, die* European champion.

Europa|meisterschaft *die* European championships *(pl)*.

Europa|parlament *das* European Parliament.

Europa|pokal *der* European Cup.

Europa|rat *der* European Council.

Euro|scheck = **Eurocheque.**

Euroscheck|karte = **Eurocheque-Karte.**

Euter (*pl* **-**) *das* ODER *der* udder.

ev. *abk für* **evangelisch.**

e. V. (*abk für* **eingetragener Verein**) *registered society.*

evakuieren [evakuˈiːrən] *vt* to evacuate.

Evakuierung [evakuˈiːrʊŋ] (*pl* **-en**) *die* evacuation.

evangelisch [evaŋˈgeːlɪʃ] *adj* Protestant.

Evangelium [evaŋˈgeːli̯ʊm] (*pl* **-ien**) *das* gospel.

eventuell [evɛnˈtu̯ɛl] *adj* possible ◇ *adv* maybe, perhaps.

ev.-luth. (*abk für* **evangelisch-lutherisch**) Lutheran.

Evolution [evoluˈtsi̯oːn] (*pl* **-en**) *die* evolution *(U)*.

ev.-ref. (*abk für* **evangelisch-reformiert**) *Protestant Reformed.*

evtl. *abk für* **eventuell.**

EWF [eːˈveːˈɛf] (*abk für* **Europäischer Währungsfonds**) *der* EMF.

ewig *adj* **- 1.** [nie endend] eternal **- 2.** ***fam abw*** [andauernd] constant ◇ *adv* **- 1.** [endlos] eternally **- 2.** ***fam abw*** [zu lange] constantly.
◆ **auf ewig** *adv* [für immer] forever.

Ewigkeit (*pl* **-en**) *die* **- 1.** eternity **- 2.** ***RW:*** **bis in alle ~ *fam*** forever and ever; **seit ~en *fam*** for ages; **eine halbe ~ *fam*** an eternity.

EWS [eːˈveːˈɛs] (*abk für* **Europäisches Währungssystem**) *das* EMS.

ex *adv* ***fam:*** **etw (auf) ~ trinken** to drink sthg in one go; **etw ~ und hopp wegschmeißen *abw*** to chuck sthg away.

exakt *adj* exact; [Arbeit] precise ◇ *adv* exactly; [arbeiten] with precision.

Exaktheit *die* precision.

Examen (*pl* **-**) *das* examination; **~ machen** to take one's examinations; **das ~ bestehen** to pass the examination.

Examens|arbeit *die written work submitted as part of the "Staatsexamen".*

Examens|kandidat *der* (examination) candidate.

Exekution (*pl* **-en**) *die* execution.

Exekutive [ɛkseku'ti:və] *die (ohne pl)* executive.

Exempel (*pl* **-**) *das* example; **ein ~ für etw** an example of sthg; **an jm ein ~ statuieren** to make an example of sb.

Exemplar (*pl* **-e**) *das* example; [von Buch] copy.

exemplarisch *adj* exemplary <> *adv* [vorgehen] in an exemplary fashion; [bestrafen] as an example.

exerzieren *vi* MIL to drill.

Exil (*pl* **-e**) *das* exile *(U)*; **ins ~ gehen** to go into exile; **im ~ leben** to live in exile.

Exil|regierung *die* government in exile.

existent *adj* existing.

Existentialismus [ɛksɪstɛntsja'lɪsmʊs] *der (ohne pl)* = **Existenzialismus.**

existentialistisch [ɛksɪstɛntsja'lɪstɪʃ] = **existenzialistisch.**

existentiell [ɛksɪstɛn'tsjɛl] = **existenziell.**

Existenz (*pl* **-en**) *die* **- 1.** [Bestehen] existence **- 2.** [Existenzgrundlage] livelihood; **eine ~ gründen** to make a life for o.s. **- 3.** *abw* [Person] character; **eine verkrachte ~** *fam abw* a waster.

Existenz|angst *die* existential fear.

Existenz|grundlage *die* basis of one's livelihood.

Existenzialismus, Existentialismus [ɛksɪstɛntsja'lɪsmʊs] *der* existentialism.

existenzialistisch, existentialistisch [ɛksɪstɛntsja'lɪstɪʃ] *adj* existentialist.

existenziell, existentiell [ɛksɪstɛn'tsjɛl] *adj* existential; **eine ~ Drohung** a threat to one's life.

Existenz|minimum *das (ohne pl)* subsistence level.

existieren *vi* **- 1.** [bestehen] to exist **- 2.** [auskommen] to live.

exklusiv *adj* exclusive <> *adv* **- 1.** [vornehm, abgesondert]: **~ leben** to live an exclusive lifestyle **- 2.** [ausschließlich] exclusively.

Exklusivität [ɛkskluzivi'tɛ:t] *die* **- 1.** [Ausschließlichkeit] exclusivity **- 2.** [Besonderheit] distinctiveness.

Exkurs (*pl* **-e**) *der* digression.

Exkursion (*pl* **-en**) *die* study trip.

Exmatrikulation (*pl* **-en**) *die* UNI *removal of someone's name from a university register.*

exmatrikulieren *vt* UNI *to remove someone's name from a university register.*

◆ **sich exmatrikulieren** *ref* UNI *to remove one's name from a university register.*

Exot (*pl* **-en**), **Exote** (*pl* **-n**) *der* [Mensch] exotic person; [Tier] exotic animal.

Exotik *die* exoticism.

Exotin (*pl* **-nen**) *die* exotic woman.

exotisch *adj* exotic <> *adv* exotically.

expandieren *vi* WIRTSCH to expand.

Expansion (*pl* **-en**) *die* WIRTSCH, POL expansion *(U)*.

Expedition (*pl* **-en**) *die* expedition.

Experiment (*pl* **-e**) *das* **- 1.** [Versuch] experiment **- 2.** [Wagnis] experimentation.

experimentell *adj* experimental <> *adv* experimentally.

experimentieren *vi* to experiment; **mit etw ~** to experiment on sthg.

Experte (*pl* **-n**) *der* expert.

Expertin (*pl* **-nen**) *die* expert.

explizit *geh adj* explicit <> *adv* explicitly.

explodieren (*perf* **ist explodiert**) *vi* to explode.

Explosion (*pl* **-en**) *die* explosion.

explosiv *adj* explosive.

Export (*pl* **-e**) *der* export.

Export|artikel *der* article for export.

Exporteur [ɛkspɔr'tø:ɐ̯] (*pl* **-e**) *der* exporter.

exportieren *vt* & *vi* to export.

Express *der (ohne pl)* **Österr** express train.

Expressionismus *der* expressionism.

Expressionist, in (*mpl* **-en**; *fpl* **-nen**) *der, die* expressionist.

expressionistisch *adj* expressionist.

exquisit *adj* exquisite <> *adv* exquisitely.

extra *adv* **- 1.** [separat] separately **- 2.** [zusätzlich] extra **- 3.** [speziell] specially <> *adj (unver)* extra.

Extra (*pl* **-s**) *das* extra.

Extra|blatt *das* special edition.

Extrakt (*pl* **-e**) *der* extract.

extravagant ['ɛkstravagant] *adj* flamboyant <> *adv* flamboyantly.

Extrawurst *die*: **jm eine ~ braten** ***fam fig*** to give sb special treatment.

extrem *adj* extreme <> *adv* [billig, auffällig] extremely; [reagieren, denken] in an extreme way; **~ rechts stehen** to be on the extreme right.

Extrem (*pl* **-e**) *das* extreme; **von einem ~ ins andere fallen** ***fig*** to go from one extreme to the other.

Extrem|fall *der* extreme case; **im ~** in an extreme case.

Extremist, in (*mpl* **-en;** *fpl* **-nen**) *der, die* extremist.

Extremlsport *der* extreme sports *(pl)*.

exzellent *adj* excellent <> *adv* excellently.

exzentrisch **abw** *adj* eccentric <> *adv* eccentrically.

Exzess (*pl* **-e**) *der* excess.

EZ *abk für* **Einzelzimmer.**

EZB (*abk für* **Europäische Zentralbank**) *die European Central Bank.*

F

f, F [ɛf] (*pl* - *ODER* **-s**) *das* **- 1.** [Buchstabe] f, F **- 2.** **MUS** F.

◆ **F** (*abk für* **Fahrenheit**) F.

f. *abk für* **für.**

Fa. (*abk für* **Firma**) Co.

Fabel (*pl* **-n**) *die* [Erzählung] fable.

fabelhaft *adj* fantastic <> *adv* fantastically.

Fabrik (*pl* **-en**) *die* factory.

Fabrikant, in (*mpl* **-en;** *fpl* **-nen**) *der, die* factory owner.

Fabriklarbeiter, in *der, die* factory worker.

Fabrikat (*pl* **-e**) *das* make.

Fabrikation (*pl* **-en**) *die* production *(U)*.

fabrikneu *adj* brand new.

fabrizieren *vt* ***fam abw*** [machen] to throw together; **was hast du da wieder fabriziert?** what have you been up to now?

Facette, Fassette [fa'sɛtə] (*pl* **-n**) *die* facet.

Fach (*pl* **Fächer**) *das* **- 1.** [in Möbel, Behälter] compartment; [für Brief, Schlüssel] pigeonhole **- 2.** [in Schule, Studium] subject; **vom ~ sein** to be an expert.

Fachlabitur *das exam taken at the end of a secondary vocational school which enables students to enter a "Fachhochschule" but not university.*

Fachlarbeiter, in *der, die* skilled worker.

Fachlarzt, ärztin *der, die* specialist.

fachärztlich *adj* specialist <> *adv:* **~ beraten** to give specialist advice.

Fachlausdruck *der* technical term.

Fachlbereich *der* **- 1.** [Fachgebiet] field **- 2.** **UNI** faculty.

Fachlbuch *das* specialist book.

Fächer (*pl* **-**) *der* fan.

Fachlfrau *die* expert.

Fachlgebiet *das* field.

fachgerecht *adj* expert <> *adv* expertly.

Fachlgeschäft *das* specialist shop ***Br ODER*** store ***Am.***

Fachhochlschule *die college offering primarily vocational courses to the equivalent of bachelor level.*

Fachlkenntnis *die* specialist knowledge *(U)*.

Fachlkraft *die* skilled worker.

fachkundig *adj* expert <> *adv* expertly.

fachlich *adj* [Problem] technical; [beruflich] professional <> *adv* technically; [beruflich] professionally; **sich ~ weiterbilden** to gain professional qualifications; **das ist ~ richtig** that's technically correct.

Fachlliteratur *die* specialist literature.

Fachmann (*pl* **-leute**) *der* expert.

fachmännisch *adj* expert <> *adv* expertly.

fachsimpeln ['faxzɪmpl̩n] *vi* ***fam*** to talk shop.

Fachlsprache *die* specialist terminology.

Fachwerklhaus *das* timbered building.

Fachlwissen *das* specialist knowledge.

Fackel (*pl* **-n**) *die* torch.

fackeln *vi:* **nicht lange ~ *fam*** not to think twice.

fade *adj* ***abw*** **- 1.** [schal] bland **- 2.** [stumpfsinnig] dull.

Faden (*pl* **Fäden**) *der* **- 1.** [Faser] thread **- 2.** **MED** stitch **- 3.** ***RW:*** **an einem seidenen** *ODER* **dünnen ~ hängen** to hang by a thread; **den ~ verlieren** to lose the thread; **sich wie ein roter ~ durch etw ziehen** to run like a thread through sthg.

fadenscheinig *adj* **- 1.** ***abw*** [unglaubwürdig] paltry **- 2.** [abgetragen] threadbare.

Fagott (*pl* **-e**) *das* bassoon.

fähig *adj* capable; **zu etw ~ sein** to be capable of sthg; **zu allem ~ sein** to be capable of anything.

Fähigkeit (*pl* **-en**) *die* **- 1.** [Begabung] talent **- 2.** [Können] ability.

fahnden *vi:* **nach jm/etw ~** to search for sb/sthg.

Fahnder, in (*mpl* **-**; *fpl* **-nen**) *der, die* investigator.
Fahndung (*pl* **-en**) *die* search.
Fahndungs|liste *die* wanted list.
Fahne (*pl* **-n**) *die* flag; **eine ~ haben** *fam fig* to smell of drink.
Fahnen|eid *der* MIL oath of allegiance.
Fahnen|flucht *die* MIL desertion.
Fahnen|mast *der* flagpole.
Fahr|ausweis *der* **- 1.** [Fahrschein] ticket **- 2.** *Schweiz* [Führerschein] driving licence *Br*, driver's license *Am*.
Fahr|bahn *die* road.
Fähre (*pl* **-n**) *die* ferry.
fahren (*präs* **fährt**; *prät* **fuhr**; *perf* **hat/ist gefahren**) *vi (ist)* **- 1.** [Person - gen] to go; [- mit Auto] to drive; [- mit Fahrrad] to ride; **mit dem Zug/Bus ~** to go by train/bus; **ins Gebirge ~** to go to the mountains; **wir ~ nach England** we're going to England; **durch Wien ~** to drive through Vienna; **langsam/zu schnell ~** to drive slowly/too fast; **120 km/h ~** to drive at 120 km/h; **ein Gedanke fuhr ihm durch den Kopf** a thought flashed through his mind; **was ist denn in dich gefahren?** *fig* what's got into you? **- 2.** [Fahrzeug] to go; [Schiff] to sail; **der Zug fährt langsam** the train is going slowly **- 3.** [abfahren] to leave; **wann fährst du?** when are you leaving *ODER* going?; **der Bus fährt alle 30 Minuten** the bus leaves *ODER* runs every half hour **- 4.** *RW:* **einen ~ lassen** *fam* to fart <> *vt* **- 1.** *(hat)* [Fahrzeug] to drive; [Fahrrad] to ride **- 2.** *(hat)* [befördern]: **ich fahre dich nach Hause** I'll drive *ODER* take you home **- 3.** *(ist)* [Entfernung, Strecke] to drive; **ich fahre diese Strecke jeden Tag** I drive *ODER* come this way every day **- 4.** *(ist)* SPORT: **Rollschuh ~** to rollerskate; **Ski ~** to ski; **Schlitten ~** to go sledging.
Fahrenheit *nt* Fahrenheit.
Fahrer (*pl* **-**) *der* driver.
Fahrer|airbag *der* AUTO driver's airbag.
Fahrerflucht *die* failure to stop after an accident; **~ begehen** to fail to stop after an accident.
Fahrerin (*pl* **-nen**) *die* driver.
Fahr|erlaubnis *die amt* driving licence *Br*, driver's license *Am*.
Fahr|gast *der* passenger.
Fahr|geld *das* fare.
Fahr|gemeinschaft *die* car pool; **eine ~ zum Arbeitsplatz** a car pool for going to work.
Fahr|gestell *das* [von Auto] chassis; [von Flugzeug] undercarriage.
fahrig *adj* nervous <> *adv* nervously.
Fahr|karte *die* ticket.
Fahrkarten|automat *der* ticket machine.
Fahrkarten|schalter *der* ticket desk.
fahrlässig *adj* negligent; **~e Tötung** manslaughter *Br*, murder in the second degree *Am* <> *adv* negligently.
Fahrlässigkeit *die* negligence; **grobe ~** gross negligence.
Fahr|lehrer, in *der, die* driving instructor.
Fahr|plan *der* timetable.
fahrplanmäßig *adj* scheduled <> *adv* on schedule.
Fahr|preis *der* fare.
Fahr|prüfung *die* driving test.
Fahr|rad *das* bicycle; **mit dem ~ fahren** to cycle.
Fahrrad|schloss *das* cycle lock.
Fahrrad|ständer *der* **- 1.** [Dorn zum Abstellen] prop stand **- 2.** [Gestell für Fahrräder] bicycle stand.
Fahr|schein *der* ticket.
Fahrschein|automat *der* ticket machine.
Fahr|schule *die* driving school.
Fahr|schüler, in *der, die* **- 1.** [in einer Fahrschule] learner driver **- 2.** [als Pendler] *pupil who relies on transport to get to school.*
Fahr|stuhl *der* lift *Br*, elevator *Am*.
Fahr|stunde *die* driving lesson.
Fahrt (*pl* **-en**) *die* **- 1.** [gen] journey; [kurzer Ausflug] trip; **auf der ~ nach Berlin** on the way to Berlin; **freie ~ haben** to have a clear run **- 2.** *(ohne pl)* [Geschwindigkeit] speed; **~ bekommen** to speed up **- 3.** *RW:* **in ~ sein** [in Schwung sein] to be in the mood; *fam* [wütend sein] to be livid; **in ~ kommen** *ODER* **geraten** [in Schwung kommen] to get going; *fam* [wütend werden] to flare up.
◆ **gute Fahrt** *interj* have a good journey!
fährt *präs* ▻ **fahren.**
Fährte (*pl* **-n**) *die* trail; **auf der falschen/richtigen ~ sein** *fig* to be on the wrong/right track.
Fahrten|messer *das* sheath knife.
Fahrten|schreiber *der* AUTO tachograph.
Fahrtkosten, Fahrkosten *pl* travelling expenses.
Fahrt|richtung *die* [im Verkehr] direction; [im Zug] direction of travel; **die A9 in ~ Berlin/München** the northbound/southbound section of the A9; **in ~ sitzen** [im Zug] to sit facing the engine.
fahrtüchtig *adj* [Person] fit to drive; [Fahrzeug] roadworthy.
Fahrtwind *der (ohne pl)* airflow.
Fahr|verbot *das* driving ban.
Fahr|wasser *das (ohne pl)* fairway.

Fahr|zeug (*pl* **-e**) *das* vehicle.

Fahr|zeughalter, in (*mpl* **-**; *fpl* **-nen**) *der, die* registered owner.

Fahr|zeugpapiere *pl* vehicle documents.

fair [fɛːɐ̯] *adj* fair <> *adv* fairly.

Fairness ['fɛːɐ̯nɛs] *die* fairness.

Fairplay ['fɛːɐ̯'pleː] *das* SPORT fair play.

Fäkalien [fɛ'kaːli̯ən] *pl* faeces.

Fakt *der:* **~ ist ...** the fact is ...

faktisch *adj* actual <> *adv* actually; [praktisch] practically.

Faktor (*pl* **-toren**) *der* factor.

Faktum (*pl* **-ten**) *das* fact.

Fakultät (*pl* **-en**) *die* UNI faculty.

fakultativ *adj* optional.

Falke (*pl* **-n**) *der* falcon.

Falklandinseln *pl* Falkland Islands.

Fall (*pl* **Fälle**) *der* **- 1.** [gen] case; **für alle Fälle** for all eventualities; **etw ist der ~** sthg is the case; **etw von ~ zu ~ entscheiden** to decide sthg on a case-by-case basis; **klarer ~!** sure thing!; **jd/etw ist ganz sein ~** *fam fig* one is very keen on sb/sthg **- 2.** (*ohne pl*) [Sturz] fall; **zu ~ kommen** to fall; **jn zu ~ bringen** *fig* to bring sb down; **etw zu ~ bringen** *fig* to thwart sthg.
◆ **auf alle Fälle** *adv* **- 1.** [unbedingt] definitely **- 2.** [vorsichtshalber] in any case.
◆ **auf jeden Fall** *adv* in any case.
◆ **auf keinen Fall** *adv* under no circumstances.
◆ **für den Fall, dass** *konj* in case.
◆ **gesetzt den Fall** *konj* supposing.
◆ **im Fall(e), dass** *konj* if.

Falle (*pl* **-n**) *die* **- 1.** [zum Fangen] trap; **(jm) eine ~ stellen** to set a trap (for sb); **in eine ~ geraten** *fig* to fall into a trap **- 2.** *fam* [Bett] bed.

fallen (*präs* **fällt**; *prät* **fiel**; *perf* **ist gefallen**) *vi* **- 1.** [gen] to fall; [Preise, Niveau, Temperatur] to drop; [Haare, Stoff] to hang **- 2.** [Urteil] to be passed; [Entscheidung] to be made; [Wort] to be spoken; [Schuss] to be fired; **die Würfel sind gefallen** the die is cast; **in Ungnade ~** to fall out of favour; **der Termin fällt in meinen Urlaub** the date falls during my holiday; **durch eine Prüfung ~** to fail an exam.

fällen *vt* **- 1.** [Baum] to fell **- 2.** [Urteil] to pass; [Entscheidung] to make.

fallen lassen *vt* (*unreg*) **- 1.** [gen] to drop **- 2.** [Bemerkung] to let drop.

fällig *adj* due.

Fallobst *das* (*ohne pl*) windfalls (*pl*).

falls *konj* if; **~ es dir nicht gefällt** in case ODER if you don't like it.

Fall|schirm *der* parachute.

Fallschirm|jäger *der* MIL paratrooper.

Fallschirm|springer, in *der, die* parachutist.

Fall|studie ['falʃtuːdi̯ə] *die* case study.

fällt *präs* ▻ **fallen.**

Fall|tür *die* trapdoor.

falsch *adj* **- 1.** [nicht korrekt, nicht passend] wrong **- 2.** [imitiert, gefälscht, irreführend - Gebiss, Stolz, Angaben] false; [- Pass, Geldschein] forged <> *adv* **- 1.** [nicht korrekt] wrongly; **etw ~ verstehen** to misunderstand sthg; **~ singen** to sing out of tune; **~ abbiegen** to take the wrong turning **- 2.** [hinterhältig] falsely.

Falsch|aussage *die* RECHT false statement.

Falsche (*pl* **-n**) *der, die, das* [Person] wrong person; [Sache] wrong thing; **an den ~n** ODER **die ~ geraten** *fam* to come to the wrong person.

fälschen *vt* to forge.

Fälscher, in (*mpl* **-**; *fpl* **-nen**) *der, die* forger.

Falsch|fahrer, in *der, die person who drives into oncoming traffic on a motorway.*

Falschgeld *das* counterfeit money.

Falschheit *die* falseness.

fälschlich *adj* false <> *adv* falsely.

fälschlicherweise *adv* mistakenly.

Falsch|meldung *die* false report.

Fälschung (*pl* **-en**) *die* **- 1.** [Fälschen] forging **- 2.** [Gefälschtes] forgery.

fälschungssicher *adj* forgery-proof.

Falt|blatt *das* leaflet.

Falte (*pl* **-n**) *die* [in Stoff, Papier] fold; [in Hose, Hemd] crease; [in Haut] wrinkle; **die Stirn in ~n legen** to furrow one's brow.

falten *vt* **- 1.** [Stoff, Papier, Hände] to fold **- 2.** [Stirn] to furrow.

Falten|rock *der* pleated skirt.

Falter (*pl* **-**) *der* butterfly.

faltig *adj* [Haut, Hände] wrinkled; [Hemd, Tischtuch] creased.

familiär *adj* **- 1.** [die Familie betreffend] family (*vor Subst*) **- 2.** [zwanglos] informal <> *adv* [zwanglos] informally.

Familie [fa'miːli̯ə] (*pl* **-n**) *die* family; **~ haben** to have a family.

Familien|anschluss *der:* **~ haben/suchen** to live/want to live as part of the family.

Familien|betrieb *der* family business.

Familien|feier *die* family celebration.

Familien|kreis *der* (*ohne pl*) family circle; **im (engsten) ~** in the presence of the immediate family.

Familien|leben *das* family life.

Familien|mitglied *das* family member.

Familien|name *der* surname.

Familien|planung *die* family planning.

Familien|stand *der* marital status.

Fan (*pl* **-s**) *der* fan.

Fanatiker, in (*mpl* **-**; *fpl* **-nen**) *der, die* fanatic.

fanatisch *adj* fanatical ◇ *adv* fanatically.

Fanatismus *der* fanaticism.

Fanclub *der* = **Fanklub.**

fand *prät* ▻ **finden.**

Fanfare (*pl* **-n**) *die* fanfare.

Fang *der* **- 1.** [Fangen] catching **- 2.** [Beute] catch; **einen guten ~ machen** to make a good catch.

fangen (*präs* **fängt**; *prät* **fing**; *perf* **hat gefangen**) *vt* to catch.
◆ **sich fangen** *ref* **- 1.** [in Falle, Netz] to get caught **- 2.** [nach Schwierigkeiten] to regain one's composure.

Fangen *das*: **~ spielen** to play tag.

Fang|frage *die* trick question.

Fango|packung *die* fango pack.

fängt *präs* ▻ **fangen.**

Fan|klub, Fanclub *der* fan club.

Fantasie, Phantasie [fanta'ziː] (*pl* **-n**) *die* **- 1.** (*ohne pl*) [Vorstellungskraft] imagination **- 2.** [Vorstellung] fantasy.

fantasielos, phantasielos *adj* unimaginative ◇ *adv* unimaginatively.

fantasieren, phantasieren *vi* **- 1.** [irrereden] to be delirious **- 2.** [träumen] to fantasize.

fantasievoll, phantasievoll *adj* imaginative ◇ *adv* imaginatively.

fantastisch, phantastisch *adj* fantastic ◇ *adv* fantastically.

Farb|aufnahme *die* colour photograph.

Farbband (*pl* **-bänder**) *das* (typewriter) ribbon.

Farb|drucker *der* EDV colour printer.

Farbe (*pl* **-n**) *die* **- 1.** [Licht, Buntheit] colour; **~ bekommen** ***fig*** to get some colour **- 2.** [Material] paint **- 3.** [in Kartenspiel] suit; **~ bekennen** ***fam fig*** to put one's cards on the table.

farbecht *adj* colourfast.

färben *vt* to dye ◇ *vi* to run.
◆ **sich färben** *ref* to change colour; **sich rosa ~** to turn pink.

farbenblind *adj* colour-blind.

farbenprächtig *adj* gloriously colourful.

Farb|fernsehen *das* colour television.

Farb|fernseher *der* colour television.

Farb|film *der* colour film.

Farb|foto *das* colour photo.

farbig *adj* **- 1.** [Druck, Fernsehen] colour **- 2.** [bunt, lebhaft] colourful **- 3.** [Person, Papier] coloured ◇ *adv* colourfully.

Farbige (*pl* **-n**) *der, die* coloured person.

farblich *adv* as regards colour.

farblos *adj* colourless.

Farb|stift *der* coloured pencil.

Farb|stoff *der* colouring.

Farb|ton *der* shade.

Färbung (*pl* **-en**) *die* **- 1.** [Farbgebung] tinge **- 2.** [Tendenz] slant.

Farce ['fars(ə)] (*pl* **-n**) *die* **- 1.** [Theater] farce **- 2.** KÜCHE stuffing (*U*).

Farm (*pl* **-en**) *die* farm.

Farn (*pl* **-e**) *der* fern.

Fasan (*pl* **-e** ODER **-en**) *der* pheasant.

Fasching (*pl* **-e** ODER **-s**) *der* *carnival before Lent.*

Faschismus *der* fascism.

Faschist, in (*mpl* **-en**; *fpl* **-nen**) *der, die* fascist.

faseln ***fam abw*** *vi* to blather ◇ *vt*: **Unsinn ~** to talk rubbish.

Faser (*pl* **-n**) *die* fibre.

faserig *adj* [Fleisch] stringy; [Holz] coarse.

fasern *vi* [Holz] to splinter; [Stoff] to fray.

Fass (*pl* **Fässer**) *das* barrel; **ein ~ ohne Boden** ***fig*** a bottomless pit.
◆ **vom Fass** *adj* & *adv* draught.

Fassade (*pl* **-n**) *die* facade.

fassen (*präs* **fasst**; *prät* **fasste**; *perf* **hat gefasst**) *vt* **- 1.** [anfassen] to take hold of; **jn/etw zu ~ bekommen** to catch hold of sb/sthg **- 2.** [Dieb] to catch **- 3.** [Entschluss] to make **- 4.** [begreifen]: **ich kann es nicht ~** I can't take it in **- 5.** [als Inhalt] to hold ◇ *vi*: **an** ODER **in etw** (*A*) **~** [kurz] to touch sthg; [lang] to feel sthg.
◆ **sich fassen** *ref* to pull o.s. together; **sich auf etw** (*A*) **gefasst machen** ***fig*** to prepare o.s. for sthg; **sich kurz ~** to keep it short.

Fassette *die* = **Facette.**

Fasson [fa'sɔŋ] (*pl* **-s**) *die*: **aus der ~ geraten** ***fam fig*** to lose one's figure; **jeder nach seiner ~** each in his/her own way.

Fassung (*pl* **-en**) *die* **- 1.** [von Glühbirne] socket; [von Perle] setting **- 2.** [von Text] version **- 3.** [Selbstbeherrschung]: **die ~ bewahren** to maintain one's composure; **jn aus der ~ bringen** to put sb out; **etw mit ~ tragen** to bear sthg calmly.

fassungslos *adj* [Person] speechless; [Gesicht] astounded ◇ *adv* speechlessly.

Fassungsvermögen *das* capacity.

fast *adv* nearly, almost.

fasten *vi* to fast.

Fastenzeit *die* - **1.** [Zeit religiösen Fastens] fasting period - **2.** [vor Ostern] Lent.

Fastnacht *die carnival before Lent.*

Faszination *die* fascination.

faszinieren *vt* to fascinate.

fatal *adj* - **1.** [peinlich] embarrassing - **2.** [verhängnisvoll] fatal.

fatalistisch *adj* fatalistic.

fauchen *vi* to hiss.

faul *adj* - **1.** [Lebensmittel, Holz] rotten - **2.** [Person] lazy - **3.** *fam* [Witz, Ausrede] dubious <> *adv* [träge] lazily.

faulen (*perf* **hat/ist gefault**) *vi* [Holz, Fleisch] to rot; [Zahn] to decay.

faulenzen *vi* to laze around.

Faulenzer, in (*mpl* **-**; *fpl* **-nen**) *der, die* layabout.

Faulheit *die* laziness.

faulig *adj* [Obst] rotten; [Wasser] stagnant.

Fäulnis *die* rot; **in ~ übergehen** to begin to rot.

Faulpelz *der fam* lazybones *(sg)*.

Fauna *die* BIOL fauna.

Faust (*pl* **Fäuste**) *die* fist; **auf eigene ~ *fig*** off one's own bat.

Fäustchen (*pl* **-**) *das*: **sich** *(D)* **(eins) ins ~ lachen** *fig* to laugh up one's sleeve.

faustdick *adj* [Lüge] blatant.

Fausthandschuh *der* mitten.

Fäustling (*pl* **-e**) *der* mitten.

Faustregel *die* rule of thumb.

Faustschlag *der* punch.

Favorit, in (*mpl* **-en**; *fpl* **-nen**) *der, die* favourite.

Fax (*pl* **-** ODER **-e**) *das* fax.

faxen *vt* to fax.

Faxen *pl fam*: **~ machen** to fool around; **mach keine ~!** stop fooling around!; **die ~ dick** ODER **satt haben** to have had enough.

FAZ ['efa:tset] (*abk für* **Frankfurter Allgemeine Zeitung**) *die German newspaper, renowned for its business and financial news.*

Fazit (*pl* **-s** ODER **-e**) *das* result; **das ~ (aus etw) ziehen** to sum (sthg) up.

FC [ɛf'tse:] (*abk für* **Fußballclub**) *der* FC.

FCKW [ɛf'tse:'ka:'ve:] (*abk für* **Fluorchlorkohlenwasserstoff**) *der (ohne pl)* CFC.

F.D.P. [ɛf'de:'pe:] (*abk für* **Freie Demokratische Partei**) *die German liberal party.*

F-Dur *das* MUS F major.

Februar *der* February; *siehe auch* **September.**

fechten (*präs* **ficht**; *prät* **focht**; *perf* **hat gefochten**) *vi* to fence.

Fechter, in (*mpl* **-**; *fpl* **-nen**) *der, die* fencer.

Feder (*pl* **-n**) *die* - **1.** [von Vogel] feather; **~n lassen müssen** *fam fig* not to come out unscathed - **2.** [zum Schreiben] nib; **zur ~ greifen** to take up one's pen - **3.** [in Maschine, Matratze] spring.

◆ **Federn** *pl*: **aus den ~n** *fam* out of bed; **(noch) in den ~n liegen** *fam* to be (still) in bed.

Federball *der* - **1.** [Spiel] badminton - **2.** [Ball] shuttlecock.

Federbett *das* quilt.

federleicht *adj* as light as a feather <> *adv* as lightly as a feather.

Federlesen *das*: **ohne viel** ODER **langes ~** *fig* without further ado.

federn *vi* [elastisch sein] to be springy; [bei Sprung, Druck] to spring back; **in den Knien ~** to give at the knees <> *vt* [Fahrzeug]: **gut gefedert sein** [Auto] to have good suspension; [Matratze] to be well sprung.

Federung (*pl* **-en**) *die* [von Wagen] suspension *(U)*; [von Bett] springs *(pl)*.

Federweiße (*pl* **-n**) *der young, cloudy white wine.*

Federzeichnung *die* pen-and-ink drawing.

Fee (*pl* **-n**) *die* fairy.

Feed-back ['fi:dbɛk] (*pl* **-s**) *das* feedback *(U)*.

Feeling ['fi:lɪŋ] (*pl* **-s**) *das* feeling.

Fegefeuer *das* purgatory.

fegen (*perf* **hat/ist gefegt**) *vt (hat)* to sweep <> *vi* - **1.** *(hat)* ***Norddt*** [säubern] to sweep up - **2.** *(ist)* [rasen] to sweep.

fehl *adv*: **~ am Platz sein** to be out of place.

Fehlanzeige *die fam*: **ich habe ihn zu Hause gesucht, aber da war ~** I looked for him at home but had no luck there.

Fehlbetrag *der* shortfall.

Fehldiagnose *die* misdiagnosis.

fehlen *vi* - **1.** [nicht vorhanden sein] to be missing; **für ein Hobby fehlt ihr die Zeit** she doesn't have time for a hobby; **(in der Schule) ~** to miss school; **es fehlt an etw** *(D)* there is a lack of sthg; **es fehlt ihm einiges an Erfahrung** he is somewhat lacking in experience; **der/die/das fehlte gerade noch!** *fam iron* that's all I/we needed! - **2.** [vermisst werden]: **sie fehlt mir** I miss her; **die Spaziergänge am Rhein ~ mir** I miss walking along the Rhine - **3.** [irren]: **weit gefehlt!** far from it! - **4.** [erkrankt sein]: **was fehlt dir/Ihnen?** what is the matter with you?

Fehlentscheidung *die* wrong decision.

Fehler (*pl* **-**) *der* - **1.** [Unrichtigkeit] mistake - **2.** [Schwäche] fault; **ist es mein ~, dass er geht?** is it my fault that he's leaving? - **3.** [Mangel] defect.

fehlerfrei *adj* perfect <> *adv* perfectly.

fehlerhaft *adj* [Maschine] defective; [Aussprache] poor ◇ *adv* [schreiben, arbeiten] poorly; [verarbeitet] defectively.

fehlerlos *adj* [Aufsatz] without mistakes; [Person] perfect ◇ *adv* without mistakes.

Fehler|meldung *die* EDV error message.

Fehler|quelle *die* source of the fault.

Fehl|geburt *die* miscarriage.

fehl|gehen (*perf* **ist fehlgegangen**) *vi (unreg)* **- 1.** [sich irren] to be mistaken **- 2.** [Schuss] to miss.

Fehl|griff *der* mistake.

Fehl|schlag *der* failure.

fehl|schlagen (*perf* **ist fehlgeschlagen**) *vi (unreg)* to fail.

Fehl|start *der* **- 1.** [von Sportlern] false start **- 2.** [von Rakete] abortive launch.

Fehl|urteil *das* **- 1.** [Rechtspruch - von Richter] wrong judgement; [- von Geschworenen] wrong verdict **- 2.** [Beurteilung] misjudgement.

Fehl|verhalten *das* inappropriate behaviour.

Fehl|zündung *die* misfire.

Fehmarn *nt* Fehmarn.

Feier (*pl* **-n**) *die* party; **zur ~ des Tages** in honour of the occasion.

Feier|abend *der evening after work;* **~ machen** to finish work; **nach ~** after work; **seinen ~ im Garten verbringen** to spend one's evening in the garden; **mit etw ist ~** *fam fig* it's all over with sthg.

feierlich *adj* **- 1.** [Akt, Handlung, Stille] dignified **- 2.** [Erklärung] solemn **- 3.** *RW:* **das ist schon nicht mehr ~** *fam* that really is too much ◇ *adv* **- 1.** [verabschieden, begehen] in a dignified manner **- 2.** [erklären] solemnly.

Feierlichkeit (*pl* **-en**) *die* [Würde] solemnity.
◆ **Feierlichkeiten** *pl* celebrations.

feiern *vt* **- 1.** [Fest, Feiertag] to celebrate **- 2.** [Person] to fête ◇ *vi* to celebrate.

Feier|tag *der* holiday; **kirchlicher ~** feast day.

feiertags *adv* on public holidays.

feige *adj* cowardly.

Feige (*pl* **-n**) *die* fig.

Feigheit *die* cowardice.

Feigling (*pl* **-e**) *der* coward.

Feile (*pl* **-n**) *die* file.

feilen *vt* to file ◇ *vi:* **an etw** *(D)* **~** *fig* to polish sthg up.

feilschen *vi:* **um etw ~** to haggle over sthg.

fein *adj* **- 1.** [Haar, Spitze, Pulver] fine; **du bist mir eine ~e Freundin!** a fine friend you are! **- 2.** *fam* [erfreulich, sympathisch] great **- 3.** [Gesicht] delicate **- 4.** [Material, Zutat, Küche] top-quality **- 5.** [Sinne] keen **- 6.** [Spott, Nuance] subtle **- 7.** [Leute] refined; **sich ~ machen** to make o.s. smart ◇ *adv* **- 1.** *fam* [lieb, brav] like a good boy/girl; **bleib ~ hier stehen!** be a good boy/girl and stay here! **- 2.** [gemahlen, gezeichnet] finely **- 3.** *fam* [schön, erfreulich]: **~ gemacht!** well done!; **~ heraus sein** *fig* to have done well for o.s. **- 4.** [sich verhalten] nicely **- 5.** [vornehm, elegant] elegantly.
◆ **vom Feinsten** *adj* top-quality.

Fein|abstimmung *die* fine tuning.

Feind (*pl* **-e**) *der* enemy; **sich** *(D)* **~e machen** to make enemies.

Feindin (*pl* **-nen**) *die* enemy.

feindlich *adj* **- 1.** [Haltung, Nachbarn] hostile **- 2.** [Soldaten] enemy *(vor Subst)* ◇ *adv* hostilely.

Feindlichkeit *die* [Gesinnung] hostility.

Feindschaft (*pl* **-en**) *die* enmity *(U);* **sich** *(D)* **js ~ zuziehen** to make an enemy of sb.

feindschaftlich *adj* hostile ◇ *adv* hostilely.

feindselig *adj* hostile ◇ *adv* hostilely.

Feindseligkeit (*pl* **-en**) *die* hostility.
◆ **Feindseligkeiten** *pl* hostilities.

feinfühlig *adj* sensitive.

Feingefühl *das* sensitivity.

Feinheit (*pl* **-en**) *die* **- 1.** [Beschaffenheit] fineness **- 2.** [Vornehmheit] refinement.
◆ **Feinheiten** *pl* subtleties.

Feinkost|geschäft *das* delicatessen.

feinmaschig *adj* fine-meshed.

Fein|schmecker, in (*mpl* **-;** *fpl* **-nen**) *der, die* gourmet.

Fein|wäsche *die (ohne pl)* delicates *(pl).*

feixen *vi* to smirk.

Feld (*pl* **-er**) *das* **- 1.** [gen] field **- 2.** [Teil - von Formular] box; [- von Brettspiel] square **- 3.** *RW:* **das ~ räumen** to bow out; **jm das ~ überlassen** to make way for sb; **etw ins ~ führen** *geh* to bring sthg forward.

Feld|bett *das* camp bed ***Br***, cot ***Am***.

Feld|blume *die* wild flower.

Feld|flasche *die* water bottle.

Feld|jäger *der* military policeman.
◆ **Feldjäger** *pl* military police.

Feld|maus *die* field mouse.

Feld|salat *der (ohne pl)* lamb's lettuce.

Feld|stecher (*pl* **-**) *der* binoculars *(pl).*

Feldwebel (*pl* **-**) *der* sergeant.

Feld|weg *der* footpath *(between fields).*

Feld|zug *der* campaign.

Felge (*pl* **-n**) *die* **- 1.** [Teil des Rades] (wheel) rim **- 2.** [Turnübung] circle.

Felgen|bremse *die* rim brake.

Fell (*pl* **-e**) *das* - **1.** [Haarkleid] fur; [von Hund, Pferd] coat; [von Schaf] fleece - **2.** ***RW:*** **ein dickes ~ haben** ***fam*** to be thick-skinned; **jm das ~ über die Ohren ziehen** ***fam*** to pull the wool over sb's eyes.

Fels (*pl* **-en**) *der* - **1.** *(ohne pl)* [Gestein] rock - **2.** ***geh*** [Felsen] cliff.

Felsblock (*pl* **-blöcke**) *der* boulder.

Felsen (*pl* **-**) *der* cliff.

felsenfest *adj* firm <> *adv* firmly; **von etw ~ überzeugt sein** to be firmly convinced of sthg.

felsig *adj* rocky.

Fels|wand *die* rock face.

feminin *adj* - **1.** [gen] feminine - **2.** ***abw*** [unmännlich] effeminate <> *adv* - **1.** [weiblich] femininely - **2.** ***abw*** [unmännlich] effeminately.

Femininum (*pl* **-nina**) *das* GRAM feminine noun.

Feminismus *der* [Frauenbewegung] feminism.

Feminist, in (*mpl* **-en;** *fpl* **-nen**) *der, die* feminist.

feministisch *adj* feminist <> *adv* in a feminist way.

Fenchel *der* fennel.

Fenster (*pl* **-**) *das* window; **weg vom ~ sein** ***fam fig*** to be out of it.

Fenster|bank (*pl* **-bänke**) *die* windowsill.

Fenster|laden *der* shutter.

Fenster|platz *der* window seat.

Fenster|rahmen *der* window frame.

Fenster|scheibe *die* window pane.

Ferien *pl* holiday *(sg)* ***Br,*** vacation *(sg)* ***Am;*** **die großen ~** the summer holidays ***Br,*** the summer vacation ***Am;*** **in die ~ fahren, ~ machen** to go on holiday ***Br,*** to go on vacation ***Am.***

Ferien|gast *der* holidaymaker ***Br,*** vacationer ***Am.***

Ferien|haus *das* holiday home ***Br,*** vacation home ***Am.***

Ferien|kurs *der* summer course.

Ferien|lager *das* summer camp.

Ferien|ort *der* resort.

Ferien|tag *der* day of one's holiday ***Br*** ODER vacation ***Am.***

Ferien|wohnung *die* holiday flat ***Br,*** holiday apartment ***Am.***

Ferkel (*pl* **-**) *das* - **1.** [Tier] piglet - **2.** ***fam*** [dreckiger Mensch] mucky pup - **3.** ***fam*** [unanständiger Mensch] filthy swine.

fern *adj* - **1.** [räumlich] far-off - **2.** [zeitlich] distant <> *adv* far; **von ~** from a distance <> *präp* ***geh:*** **~ einer Sache** *(D)* far from sthg.

Fern|bedienung *die* remote control.

fern|bleiben (*perf* **ist ferngeblieben**) *vi (unreg)* ***geh:*** **einer Sache** *(D)* **~** to stay away from sthg.

Ferne *die (ohne pl)* - **1.** [räumlich]: **ihr Blick schweifte in die ~** she stared off into the distance; **in der ~** in the distance; **in die ~ ziehen** ***geh*** to leave for far-off lands; **aus der ~** [betrachten] from a distance; [Gruß] from far-off lands - **2.** [zeitlich]: **in weiter ~** a long way away.

Ferne Osten *der* Far East.

ferner *konj* in addition; **unter „~ liefen" rangieren** to be among the also-rans <> *adv* ***geh*** in future <> *adj (Kompar)* ▻ **fern.**

Fern|fahrer, in *der, die* long-distance lorry driver ***Br,*** long-distance trucker ***Am.***

Fern|gespräch *das* long-distance call.

ferngesteuert *adj* remote-controlled.

Fern|glas *das* binoculars *(pl).*

fern halten *vt (unreg):* **jn/etw von jm/etw ~** to keep sb/sthg away from sb/sthg.

◆ **sich fern halten** *ref:* **sich von jm/etw ~** to keep away from sb/sthg.

Fern|heizung *die* district heating.

Fernleihe *die* inter-library loans system.

Fernlicht *das* full beam ***Br,*** high beam ***Am.***

fern liegen *vi (unreg):* **jm ~** to be far from sb's mind.

fern liegend *adj* distant.

Fern|meldewesen *das (ohne pl)* telecommunications *(pl).*

Fern|rohr *das* telescope.

Fern|schreiben *das* telex.

Fern|schreiber *der* teleprinter.

Fernseh|ansager, in *der, die* television announcer.

Fernseh|apparat *der* television set.

fern|sehen *vi (unreg)* to watch television.

Fernsehen *das* television; **im ~** on television, on TV.

Fernseher (*pl* **-**) *der* - **1.** [Gerät] television, TV - **2.** [Fernsehzuschauer] viewer.

Fernseh|film *der* television ODER TV film.

Fernseh|gerät *das* television ODER TV set.

Fernseh|programm *das* - **1.** [Sendungen] television ODER TV programmes *(pl)* - **2.** [Programmheft] television ODER TV guide.

Fernseh|übertragung *die* television ODER TV broadcast.

Fernseh|werbung *die* television ODER TV commercials *(pl).*

Fernseh|zuschauer, in *der, die* viewer.

Fern|sprecher *der* ***amt*** telephone; **öffentlicher ~** public telephone.

Fern|steuerung *die* remote control.

Fernlstraße *die* trunk road *Br*, highway *Am*.

Fernlstudium *das* correspondence course.

Fernlverkehr *der* long-distance traffic.

Fernlwärme *die* district heating.

Ferse (*pl* **-n**) *die* heel; **jm auf den ~n sein/bleiben** *fig* to be/stay on sb's heels.

fertig *adj* - **1.** [vollendet - gen] finished; [- Essen] ready - **2.** [bereit]: **~ sein** to be ready - **3.** [am/zu Ende]: **(mit etw) ~ sein** to have finished (sthg) - **4.** [müde]: **~ sein** *fam* [körperlich] to be worn out; [psychisch] to be shattered; **mit den Nerven ~ sein** to be at the end of one's tether *Br* ODER rope *Am* - **5.** *RW:* **mit jm ~ sein** *fam* to be finished ODER through with sb; **mit etw ~/nicht ~ werden** to cope/not cope with sthg; **mit jm schon/nicht ~ werden** *fam* to cope/not cope with sb.

fertig bringen *vt (unreg)* - **1.** [zustande bringen]: **er hat es fertig gebracht, dass die Familien wieder miteinander reden** he has managed to get the families talking to each other again - **2.** [übers Herz bringen]: **er bringt es nicht fertig, ihr die Wahrheit zu sagen** he can't bring himself to tell her the truth - **3.** [zu Ende bringen] to finish.

Fertiglgericht *das* ready meal.

Fertiglhaus *das* prefabricated house.

Fertigkeit (*pl* **-en**) *die* skill.
◆ **Fertigkeiten** *pl* skills.

fertiglmachen *vt* - **1.** *fam* [zurechtweisen] to lay into - **2.** *fam* [zur Verzweiflung bringen]: **der macht mich fertig** he does my head in - **3.** *fam* [erschöpfen] to wear out.
◆ **sich fertigmachen** *ref fam* [sich überanstrengen] to do o.s. in.

fertig machen *vt* - **1.** [abschließen] to finish - **2.** [bereitmachen] to get ready - **3.** *fam* [erledigen] to sort out; [zusammenschlagen] to do in.
◆ **sich fertig machen** *ref* [sich bereitmachen] to get ready.

fertig stellen *vt* to complete.

fesch *adj* *Österr* smart.

Fessel (*pl* **-n**) *die* - **1.** [Strick, Zwang] bond - **2.** [Körperteil - bei Tieren] pastern; [- bei Menschen] ankle.

Fessellballon *der* captive balloon.

fesseln *vt* - **1.** [anketten, binden] to tie up; **jm die Hände ~** to tie sb's hands up - **2.** [faszinieren] to grip.

fesselnd *adj* gripping <> *adv* grippingly.

fest *adj* - **1.** [gut befestigt - Knoten, Verband] tight - **2.** [Griff, Druck, Meinung] firm - **3.** [Wohnsitz, Angestellte] permanent; [Arbeitszeiten, Gehalt, Termin] fixed - **4.** [Stoff, Schuhe] strong - **5.** [verbindlich - Vereinbarung, Vorgaben] binding; [- Zusage] definite - **6.** [Nahrung] solid - **7.** [entschlossen - Blick, Stimme] steady <> *adv* - **1.** [haltbar, straff] tightly - **2.** [drücken, ziehen] hard - **3.** [überzeugt - glauben] firmly - **4.** [verbindlich - zusagen, vereinbaren] definitely - **5.** [angestellt] permanently - **6.** [schlafen] soundly - **7.** *fam* [tüchtig - zugreifen] with a will.

Fest (*pl* **-e**) *das* - **1.** [Veranstaltung] party - **2.** [Feiertag] festival.
◆ **frohes Fest** *interj* happy Christmas!

festangestellt ▷ **fest.**

Festlbetrag *der* fixed amount.

festlbinden *vt (unreg)* to tie up.

Festlessen *das* banquet.

festlhalten *(unreg)* *vt* - **1.** [aufzeichnen] to record - **2.** [feststellen]: **wir können ~, dass ...** it is clear that ... <> *vi:* **an jm ~** to stand by sb; **an etw ~** to stick to sthg.

fest halten *(unreg)* *vt* [halten] to hold on to.
◆ **sich fest halten** *ref:* **sich an jm/etw ~** to hold on to sb/sthg.

festigen *vt* to strengthen.
◆ **sich festigen** *ref* to become stronger.

Festiger (*pl* -) *der* [Schaum] styling mousse; [Spray] hairspray.

Festigkeit *die* - **1.** [Widerstandsfähigkeit] strength - **2.** [Standhaftigkeit] steadfastness.

Festival ['fɛstivəl] (*pl* **-s**) *das* festival.

Festland *das* mainland.

festllegen *vt* - **1.** [bestimmen] to fix - **2.** [verpflichten]: **jn auf etw** *(A)* **~** to pin sb down to sthg.
◆ **sich festlegen** *ref* [sich binden] to commit o.s.; **sich auf etw** *(A)* **~** to commit o.s. to sthg.

festlich *adj* [Essen, Veranstaltung] festive; [Kleidung] formal <> *adv* festively.

Festlichkeit (*pl* **-en**) *die* [Atmosphäre] festiveness.
◆ **Festlichkeiten** *pl* festivities.

festlliegen *vi (unreg)* - **1.** [nicht weiterkommen] to be held up; [Schiff] to have run aground - **2.** [feststehen] to be fixed.

festlmachen *vt* - **1.** [befestigen] to fix; [Boot] to moor - **2.** [vereinbaren - Termin] to fix; [- Geschäft] to secure.

Festlmahl *das* *geh* banquet.

festlnageln *vt* - **1.** [befestigen] to nail - **2.** *fam* [festlegen]: **jn (auf etw** *(A)***) ~** to pin sb down (to sthg).

Festnahme (*pl* **-n**) *die* arrest.

festlnehmen *vt (unreg)* to arrest.

Festlnetz *das* TELEKOM land-line telephone network *(as opposed to mobile phones)*.

Festlplatte *die* EDV hard disk.

Festplattenlauflwerk *das* EDV hard drive.

Festlpreis *der* fixed price.

festlsetzen *vt* - **1.** [bestimmen] to fix - **2.** [verhaften] to arrest.
◆ **sich festsetzen** *ref* [Dreck] to collect; [Erkältung, Idee] to take hold.

fẹstlsitzen *vi (unreg)* [nicht weiterkommen] to be stuck.

fẹst sitzen *vi (unreg)* **es sitzt fest** [Dübel] it won't come out; [Farbe] it won't come off.

Fẹstspiele *pl* festival *(sg)*.

fẹstlstehen *vi (unreg)* **- 1.** [bestimmt sein] to have been fixed **- 2.** [sicher sein] to be definite.

fẹststehend *adj* [Abfolge, Tatsachen] established; [Redewendung] set.

fẹstlstellen *vt* **- 1.** [in Erfahrung bringen] to find out; [diagnostizieren] to establish **- 2.** [beobachten] to notice; **sie stellte fest, dass er Recht hatte** she realized that he was right **- 3.** [anmerken] to state.

Fẹstlstellung *die* **- 1.** [Ermittlung] establishing **- 2.** [Wahrnehmung] realization; **ich machte die ~, dass ...** I realized that ... **- 3.** [Erklärung] remark.

Fẹstltag *der* [Feiertag] holiday; [Geburtstag usw.] special day.

Fẹstung (*pl* **-en**) *die* fortress.

fẹstverzinslich *adj* WIRTSCH fixed-interest.

Fẹstlzug *der* carnival procession.

Fete ['fe:tə] (*pl* **-n**) *die* ***fam*** party.

Fetischịst, in (*mpl* **-en;** *fpl* **-nen**) *der, die* fetishist.

fẹtt *adj* **- 1.** [Fleisch, Gericht] fatty **- 2.** [Person, Tier, Erbe, Beute] fat <> *adv* [mit viel Fett]: **~ essen** to eat fatty food.

Fẹtt (*pl* **-e**) *das* fat; **~ ansetzen** to get fat; **er hat sein ~ weg** ***fam fig*** he got what was coming to him.

fẹttarm *adj* low-fat.

Fẹttlauge *das* speck of fat.

fẹtten *vt* to grease <> *vi* to be greasy.

Fẹttlfleck *der* spot of grease.

fẹtt gedruckt *adj* in bold (type).

Fẹttgehalt *der* fat content.

fẹttig *adj* greasy.

Fẹttnäpfchen *das:* **ins ~ treten** ***fam*** to put one's foot in it.

fẹtzen (*perf* **hat/ist gefẹtzt**) ***fam*** *vi* **- 1.** *(ist)* [rennen, fahren] to tear along **- 2.** *(hat)* [Begeisterung wecken] to be cool <> *vt (hat)* to tear.

Fẹtzen (*pl* **-**) *der* scrap; **etw in ~ zerreißen** to tear sthg to pieces; **das Kleid ist ein billiges ~!** that dress is just cheap rubbish!; **sich streiten, dass die ~ fliegen** ***fam*** to have an almighty row.

fẹtzig *adj* ***fam*** [toll] cool.

feucht *adj* [Wand, Tuch, Haar] damp; [Hände, Augen] moist; [Klima] humid <> *adv* [wischen] with a damp cloth.

Feuchtigkeit *die* **- 1.** [leichte Nässe] moisture **- 2.** [Feuchtsein - von Wand, Tuch, Haar] dampness; [- von Händen, Augen] moistness; [- von Klima] humidity.

Feuchtigkeitslcreme *die* moisturizer.

feuchtwarm *adj* humid.

feudal *adj* **- 1.** [den Feudalismus betreffend] feudal **- 2.** [aristokratisch] aristocratic **- 3.** ***fam*** [vornehm] grand <> *adv* ***fam*** [vornehm] grandly.

Feuer (*pl* **-**) *das* **- 1.** [gen] fire; **auf offenem ~ kochen** to cook over an open fire; **~ machen** to light a fire; **im Ofen ~ machen** to light the oven; **jn um ~ bitten** to ask sb for a light; **jm ~ geben** to give sb a light; **~ legen** to start a fire; **~ fangen** to catch fire; **das ~ einstellen/eröffnen** to cease/open fire **- 2.** *(ohne pl)* [Schwung, Temperament - von Person] passion; [- von Begeisterung, Leidenschaft] fervour **- 3.** ***RW:*** **~ fangen** ***fam*** [sich verlieben] to be smitten; **mit dem ~ spielen** to play with fire; **für jn durchs ~ gehen** to walk through fire for sb; **(für jn/etw) ~ und Flamme sein** ***fam*** to be really keen (on sb/sthg) <> *interj* fire!

Feueralarm *der* fire alarm.

Feuereifer *der* zeal, zest.

feuerfest *adj* fireproof; [Backform] ovenproof.

Feuergefahr *die:* **es besteht ~** there is a risk of fire.

feuergefährlich *adj* flammable.

Feuerland *nt* Tierra del Fuego.

Feuerlleiter *die* [an Haus] fire escape; [an Löschfahrzeug] (fireman's) ladder.

Feuerllöscher (*pl* **-**) *der* fire extinguisher.

Feuerlmelder (*pl* **-**) *der* fire alarm.

feuern *vt* **- *fam*** **1.** [entlassen, heizen] to fire **- 2.** [schleudern] to fling <> *vi* [schießen]: **auf jn/etw ~** to fire at sb/sthg.

Feuerlstein *der* flint.

Feuerlversicherung *die* fire insurance.

Feuerlwehr (*pl* **-en**) *die* fire brigade.

Feuerlwehrmann (*pl* **-männer** ODER **-leute**) *der* fireman.

Feuerlwerk *das* **- 1.** [Veranstaltung] firework display **- 2.** [Raketen] fireworks *(pl)*.

Feuerwerkslkörper *der* firework.

Feuerzangenlbowle *die punch made of red wine, burnt rum and sugar.*

Feuerlzeug *das* lighter.

Feuilletọn [fœjə'tõ] (*pl* **-s**) *das* **- 1.** [literarischer Teil einer Zeitung] arts section **- 2.** [literarischer Beitrag] arts feature.

feurig *adj* fiery.

ff. (*abk für* **folgende Seiten**) ff.

FH [ɛf'ha:] (*pl* **-s**) *die* ⊳ **Fachhochschule.**

Fiạsko (*pl* **-s**) *das* fiasco.

Fibel (*pl* **-n**) *die* **- 1.** [Lesebuch] ABC-book **- 2.** [Lehrbuch] handbook.

ficht *präs* ▷ **fechten.**

Fichte (*pl* **-n**) *die* spruce.

ficken *vt* & *vi* ***vulg*** to fuck.

fidel *adj* jolly.

Fieber *das* **- 1.** [hohe Körpertemperatur] temperature; **~ haben** to have a temperature; **bei jm ~ messen** to take sb's temperature **- 2.** ***geh*** [Besessenheit] fever.

fieberfrei *adj:* **sie ist wieder ~** her temperature is back to normal.

fieberhaft *adj* feverish ◇ *adv* feverishly.

fiebern *vi* **- 1.** [Fieber haben] to have a temperature **- 2.** [angespannt warten]: **vor Erregung ~** to be in a fever of excitement; **nach etw ~** to yearn for sthg.

Fieberthermometer *das* thermometer.

fiebrig *adj* feverish.

fiel *prät* ▷ **fallen.**

fies ***fam abw*** *adj* nasty ◇ *adv* **- 1.** [gemein] nastily **- 2.** [ekelhaft]: **~ schmecken** to taste horrible.

fifty-fifty ['fɪftɪ'fɪftɪ] *adv:* **~ machen *fam*** to go fifty-fifty.

Fig. (*abk für* **Figur**) fig.

Figur (*pl* **-en**) *die* **- 1.** [gen] figure; [männlich] physique **- 2.** [literarische Darstellung] character **- 3.** [Spielstein] piece **- 4.** ***RW:*** **eine gute/schlechte ~ abgeben** *ODER* **machen** to cut a good/poor figure.

Fiktion (*pl* **-en**) *die* fiction.

fiktiv *adj* fictitious.

Filet [fi'le:] (*pl* **-s**) *das* fillet.

Filiale (*pl* **-n**) *die* branch.

Filialleiter, in *der, die* branch manager.

Film (*pl* **-e**) *der* film; **beim ~ sein** *ODER* **arbeiten** to be in the movies.

filmen *vt* & *vi* to film.

Filmkamera *die* film camera, movie camera ***Am.***

Filmmusik *die* film music.

Filmproduzent, in *der, die* film producer.

Filmriss *der* ***fam:*** **ich habe einen ~** my memory's a blank.

Filmschauspieler, in *der, die* film actor (*f* film actress).

Filmstar ['fɪlmʃta:ɐ̯] *der* film star, movie star.

Filmverleih *der* film distributors (*pl*).

Filter (*pl* **-**) *das ODER der* filter.

Filterkaffee *der* filter coffee.

filtern *vt* to filter.

Filtertüte *die* filter (paper).

Filterzigarette *die* filter cigarette.

Filz (*pl* **-e**) *der* **- 1.** [Stoff] felt **- 2.** ***abw*** [Vetternwirtschaft] jobs (*pl*) for the boys.

filzen *vt* ***fam*** [Person] to frisk; [Haus, Koffer] to search.

Filzstift *der* felt-tip (pen).

Fimmel (*pl* **-**) *der* ***fam abw*** obsession.

Finale (*pl* **-**) *das* **- 1.** [Endkampf, Endspiel] final **- 2.** MUS finale.

Finanzamt *das* tax office.

Finanzbeamte *der* tax inspector.

Finanzbeamtin *die* tax inspector.

Finanzbedarf *der (ohne pl)* financial needs (*pl*).

Finanzen *pl* finances.

finanziell [finan'tsi̯ɛl] *adj* financial ◇ *adv* financially.

finanzieren *vt* to finance.

Finanzierung (*pl* **-en**) *die* financing.

Finanzminister, in *der, die* finance minister, ≃ Chancellor of the Exchequer ***Br***, ≃ Secretary of the Treasury ***Am***.

Finanzministerium *das* finance ministry, ≃ Treasury ***Br***, ≃ Department of the Treasury ***Am***.

finden (*prät* **fand;** *perf* **hat gefunden**) *vt* **- 1.** [gen] to find; **wo finde ich die Post?** where is the post office?; **er fand die Kinder schlafend** he found the children sleeping; **an etw Gefallen ~** to get *ODER* come to like sthg **- 2.** [erhalten]: **Verwendung ~** to be used; **Anerkennung ~** to receive recognition **- 3.** [beurteilen]: **ich finde sie nett** I think she's nice; **also, was du nur an ihm findest!** I don't know what you see in him!; **wie findest du ...?** what do you think of ...? ◇ *vi* **- 1.** [erfolgreich suchen]: **er hat nicht zu uns gefunden** he couldn't find his way to our place **- 2.** [beurteilen]: **ich finde, dass ...** I think (that) ...; **ich finde nichts dabei** I don't see anything wrong with it.

◆ **sich finden** *ref* **- 1.** [wieder auftauchen]: **der Schlüssel hat sich gefunden** I/we found the key **- 2.** ***RW:*** **das wird sich (schon) alles ~!** everything will be all right; **sie hat sich in ihr Los gefunden** she has become reconciled to her fate.

Finder, in (*mpl* **-;** *fpl* **-nen**) *der* finder.

Finderlohn *der* reward (*for finding something*).

findig *adj* resourceful.

fing *prät* ▷ **fangen.**

Finger (*pl* **-**) *der* **- 1.** [Glied] finger **- 2.** ***RW:*** **jn in die ~ kriegen** *ODER* **bekommen *fam*** to get one's hands on sb; **etw in die ~ kriegen** *ODER* **bekommen *fam*** to get hold of sthg; **jn um den (kleinen) ~ wickeln** to twist sb round one's little finger; **keinen ~ krumm machen** *fam abw* not to lift a finger; **lange ~ machen** *fam abw* to be light-fingered; **mit dem ~ auf jn zeigen** *abw* to point one's finger at sb; **sich** *(D)* **etw an fünf ~n abzählen können** to be able to see sthg right away; **sich** *(D)* **die ~ verbrennen** *fam* to get one's fingers burnt; **überall seine ~ drin** ODER **dazwischen haben** *fam abw* to have a finger in every pie.

Fingerlabdruck *der* fingerprint.

fingerfertig *adj* dexterous <> *adv* dexterously.

Fingerhandlschuh *der* glove.

Fingerlhut *der* **- 1.** [zum Nähen] thimble **- 2.** [Blume] foxglove.

Fingerlnagel *der* fingernail.

Fingerlspitze *die* fingertip.

Fingerlspitzengefühl *das* sensitivity; **~ haben** ODER **besitzen** ODER **beweisen** to show sensitivity.

Fingerzeig (*pl* **-e**) *der*: **jm einen ~ geben** to give sb a tip-off.

fingieren *vt* **geh** to fake.

Fink (*pl* **-en**) *der* finch.

Finne (*pl* **-n**) *der* Finn.

Finnin (*pl* **-nen**) *die* Finn.

finnisch *adj* Finnish; *siehe auch* **englisch.**

Finnisch(e) *das* Finnish; *siehe auch* **Englisch(e).**

Finnland *nt* Finland.

finster *adj* **- 1.** [Nacht, Straße, Zimmer, Zeiten] dark; **es sieht ~ aus** things are looking black **- 2.** [Person, Miene] grim, sombre **- 3.** [Gegend, Gestalt] sinister <> *adv* [unfreundlich] grimly.

Finsternis (*pl* **-se**) *die* darkness.

Finte (*pl* **-n**) *die* ruse.

Firlefanz *der (ohne pl)* **fam abw - 1.** [überflüssiges Zeug] frippery **- 2.** [Gehabe, Gerede] nonsense.

firm *adj*: **in etw** *(D)* **~ sein** *geh* to be good at sthg.

Firma (*pl* **Firmen**) *die* firm, company.

Firmenlinhaber, in *der; die* company owner.

Firmenlname *der* company name.

Firmenlwagen *der* company car.

Firmung (*pl* **-en**) *die* REL confirmation.

First Class *die* first class.

fis, Fis (*pl* **-**) *das* MUS F sharp.

Fisch (*pl* **-e**) *der* **- 1.** [Tier, Gericht] fish; **stumm wie ein ~ sein** [etwas verschweigen] to keep mum; [schweigsam sein] not to be very talkative; **kleine ~e** *fam fig* small fry **- 2.** ASTROL Pisces; **~ sein** to be a Pisces.

◆ **Fische** *pl* ASTROL Pisces *(U)*.

Fischlbesteck *das* fish knives and forks *(pl)*.

Fischlbrötchen *das* pickled herring roll.

fischen *vt* **- 1.** [fangen] to catch **- 2.** [angeln] to fish for **- 3.** [holen] to fish out <> *vi* **- 1.** [Fische fangen] to fish; **~ gehen** to go fishing **- 2.** *fam* [greifen]: **nach etw ~** to fish for sthg.

Fischer, in (*mpl* **-**; *fpl* **-nen**) *der, die* fisherman (*f* fisherwoman).

Fischerlboot *das* fishing boat.

Fischerei *die* fishing.

Fischereilflotte *die* fishing fleet.

Fischereilhafen *der* fishing port.

Fischfang *der* fishing.

Fischlhändler, in *der, die* fishmonger *Br*, fish seller *Am*.

fischig *adj* **abw** fishy.

Fischlmarkt *der* fish market.

Fischlstäbchen [ˈfɪʃʃtɛːpçən] *das* fish finger *Br*, fish stick *Am*.

Fiskus *der* treasury.

fit *adj* [körperlich] fit; [geistig] sharp, mentally alert; **~ in Chemie sein** *fam* to be good at chemistry.

Fitness [ˈfɪtnɛs] *die* [körperliche] fitness; [geistige] sharpness, mental alertness.

Fitnesslcenter *das* fitness centre.

Fittiche *pl*: **jn unter seine ~ nehmen** *fam* to take sb under one's wing.

fix *adj* **- 1.** *fam* [schnell] quick **- 2.** [Kosten] fixed **- 3.** [erschöpft]: **~ und fertig sein** *fam* to be beat ODER knackered *Br* <> *adv* *fam* [schnell] quickly.

fixen *vt* & *vi* *fam* to shoot up.

Fixer, in (*mpl* **-**; *fpl* **-nen**) *der, die* *fam* junkie.

fixieren *vt* **- 1.** [anstarren] to stare fixedly at **- 2.** [befestigen, konservieren] to fix **- 3.** *geh* [festhalten] to record.

◆ **sich fixieren** *ref*: **sich auf jn/etw ~** to become fixated on sb/sthg.

Fixierung (*pl* **-en**) *die* **- 1.** [Befestigung, Konservierung] fixing **- 2.** [Festhalten] recording **- 3.** [Bindung] fixation.

Fixkosten *pl* (fixed) overheads.

Fjord (*pl* **-e**) *der* fjord.

FKK [ɛfˈkaːˈkaː] (*abk für* **Freikörperkultur**) *das* nudism; **am Strand ~ machen** to sunbathe in the nude.

flach *adj* **- 1.** [eben] flat **- 2.** [niedrig, dünn - Gebäude, Absätze] low; [- Stein, Schuhe] flat; [- Teller] shallow **- 3.** [seicht, oberflächlich] shallow <> *adv*: **~ atmen** to take shallow breaths.

Flachldach *das* flat roof.

Fläche (*pl* **-n**) *die* **- 1.** [Gebiet] area **- 2.** [geometrisch] plane **- 3.** [Seite] surface.

Flạchen|brand *der* wildfire; **zum ~ werden** *fig* to spread like wildfire.

flạch|fallen (*perf* **ist flạchgefallen**) *vi (unreg) fam:* **die Party fällt flach** the party's off; **23 Stellen fallen flach** 23 people are getting the boot.

Flạchland *das (ohne pl)* lowlands *(pl)*.

Flạchs [flaks] *der* **- 1.** [Pflanze] flax **- 2.** ***fam*** [Unsinn] nonsense.

flạchsen ['flaksn̩] *vi* ***fam*** to joke.

flạckern *vi* to flicker.

Fla̲den (*pl* -) *der* **- 1.** [Brotfladen] *flat, round loaf* **- 2.** [Kuchen] pancake **- 3.** [Kuhfladen] cowpat.

Flạgge (*pl* **-n**) *die* flag.

Flair [flɛːɐ̯] *das* ODER *der* aura.

flambi̲eren *vt* to flambé.

Fla̲me (*pl* **-n**) *der* Fleming; **die ~n** the Flemish.

Flä̲min (*pl* **-nen**) *die* Fleming.

Flamịngo (*pl* **-s**) *der* flamingo.

flä̲misch *adj* Flemish.

Flä̲misch(e) *das* Flemish; *siehe auch* **Englisch(e)**.

Flạmme (*pl* **-n**) *die* **- 1.** [Feuer] flame; **in ~n aufgehen/stehen** to go up/be in flames **- 2.** [zum Kochen] burner; **auf kleiner/großer ~ kochen** to cook on a low/high flame.

Flạndern *nt* Flanders *(sg)*.

Flanẹll (*pl* **-e**) *der* flannel.

flani̲eren (*perf* **ist/hat flani̲ert**) *vi* ***geh*** to stroll.

Flạnke (*pl* **-n**) *die* flank.

flanki̲erend *adj:* **~e Maßnahmen** supporting measures.

Flạsche (*pl* **-n**) *die* **- 1.** [Gefäß] bottle; **eine ~ Sekt** a bottle of champagne **- 2.** ***salopp abw*** [Versager] drip.

Flạschen|bier *das* bottled beer.

Flạschen|öffner *der* bottle opener.

Flạschen|pfand *das* deposit *(on a bottle)*.

Flạschen|zug *der* block and tackle.

flạtterhaft *adj* flighty.

flạtterig, flạttrig *adj* **- 1.** [Augen, Puls] fluttering **- 2.** [Person] flighty.

flạttern (*perf* **ist/hat geflạttert**) *vi* **- 1.** [gen] to flutter **- 2.** [schlagen]: **mit den Flügeln ~** to flutter its wings.

flạttrig = **flatterig.**

fla̲u *adj* **- 1.** [übel]: **mir ist ~** I'm feeling queasy **- 2.** [schlecht - Geschäft] slack <> *adv* [schlecht]: **die Geschäfte gehen** ODER **laufen ~** business is slack.

Fla̲um *der* down.

fla̲uschig *adj* fleecy.

Fla̲usen *pl:* **~ im Kopf haben** always to be up to some trick or other.

Fla̲ute (*pl* **-n**) *die* **- 1.** [wirtschaftlich] slack period **- 2.** [Windstille] calm.

Flẹchte (*pl* **-n**) *die* **- 1.** [Pflanze] lichen **- 2.** [Hautausschlag] eczema.

flẹchten (*präs* **flịcht;** *prät* **flọcht;** *perf* **hat geflọchten**) *vt* [Haare, Zopf] to plait ***Br,*** to braid ***Am;*** [Korb] to weave.

Flẹck (*pl* **-e** ODER **-en**) *der* **- 1.** [Klecks] stain **- 2.** [Stelle] patch; **blauer ~** bruise **- 3.** [Ort] spot.

◆ **vom Fleck weg** *adv* on the spot.

flẹckenlos *adj* spotless <> *adv* spotlessly.

Flẹck|entferner *der* stain remover.

flẹckig *adj* **- 1.** [schmutzig] stained **- 2.** [gefleckt - Haut] blotchy; [- Obst] blemished.

Fle̲der|maus *die* bat.

Fle̲gel (*pl* -) *der* lout.

fle̲gelhaft *adj* loutish <> *adv* loutishly.

Fle̲geljahre *pl* awkward age *(sg)*.

fle̲hen *vi:* **(um etw) ~** to plead (for sthg).

Fle̲isch *das* **- 1.** [Nahrungsmittel] meat **- 2.** [Muskelgewebe, Fruchtfleisch] flesh; **~ fressend** carnivorous **- 3.** ***RW:*** **es ging ihr in ~ und Blut über** it became second nature to her; **sich** *(D)* **ins eigene ~ schneiden** to cut off one's nose to spite one's face.

Fle̲isch|brühe *die* meat stock.

Fle̲ischer (*pl* -) *der* butcher.

Fleischere̲i (*pl* **-en**) *die* butcher's (shop).

Fle̲ischerin (*pl* **-nen**) *die* butcher.

fle̲ischfressend = **Fleisch.**

fle̲ischig *adj* fleshy.

fle̲ischlos *adj* [vegetarisch] meat-free <> *adv:* **sich ~ ernähren** not to eat meat.

Fle̲isch|salat *der salad of strips of meat, vegetables and mayonnaise.*

Fle̲isch|vergiftung *die food poisoning from meat.*

Fle̲isch|wolf *der* mincer ***Br,*** meat grinder ***Am.***

Fle̲isch|wurst *die type of cold pork sausage similar to mortadella.*

Fle̲iß *der* diligence; **viel ~ auf etw** *(A)* **verwenden** to put a lot of work into sthg.

fle̲ißig *adj* **- 1.** [eifrig, arbeitsam] hard-working **- 2.** ***fam*** [häufig, viel] frequent <> *adv* **- 1.** [eifrig, arbeitsam] hard **- 2.** ***fam*** [oft, viel] a lot; **~ bezahlen** to fork out money.

flẹnnen *vi* ***fam abw*** to wail.

Flẹnsburg *nt:* **fünf Punkte in ~ haben** to have five penalty points on one's driving licence ***Br*** ODER driver's license ***Am.***

fletschen *vt:* **die Zähne ~** to bare its teeth.

flexibel *adj* flexible <> *adv* [anpassungsfähig] flexibly.

Flexibilität *die* flexibility.

flicht *präs* ▷ **flechten.**

flicken *vt* to mend.

Flicken (*pl* -) *der* patch.

Flickwerk *das (ohne pl) abw* patched-up job.

Flickzeug *das (ohne pl)* [für Reifen] repair kit; [für Kleidung] sewing kit.

Flieder (*pl* -) *der* lilac.

Fliege (*pl* **-n**) *die* - **1.** [Insekt] fly - **2.** [Schleife] bow tie - **3.** *RW:* **sie kann keiner ~ was zuleide tun** she wouldn't hurt a fly; **zwei ~n mit einer Klappe schlagen** to kill two birds with one stone.

fliegen (*prät* **flog;** *perf* **hat/ist geflogen**) *vi (ist)* - **1.** [gen] to fly - **2.** *fam* [stürzen] to fall - **3.** *fam* [entlassen werden] to get fired, to get the sack *Br* - **4.** [attraktiv finden]: **auf jn/etw ~** to be crazy about sb/sthg <> *vt (hat)* to fly.

Fliegen|gewicht *das* - **1.** *(ohne pl)* SPORT flyweight - **2.** *fam* [Person] little slip of a thing.

Fliegenklatsche (*pl* **-n**) *die* fly swat.

Fliegen|pilz *der* fly agaric.

Flieger (*pl* -) *der* - **1.** [Pilot] pilot - **2.** *fam* [Flugzeug] plane.

Fliegerei *die* flying.

Fliegerin (*pl* **-nen**) *die* pilot.

fliehen (*prät* **floh;** *perf* **hat/ist geflohen**) *vi (ist):* **aus dem Gefängnis ~** to escape from jail; **sie mussten aus Deutschland ~** they were forced to flee Germany; **vor jm/etw ~** to flee from sb/sthg; **zu jm ~** to flee to sb <> *vt (hat)* to shun.

Fliese (*pl* **-n**) *die* tile; **im Bad ~n legen** to tile the bathroom.

fliesen *vt* to tile.

Fließband (*pl* **-bänder**) *das* conveyor belt; **am ~ arbeiten** to be an assembly-line ODER a production-line worker.

fließen (*prät* **floss;** *perf* **ist geflossen**) *vi* to flow; **das Blut fließt aus der Wunde** the blood is flowing from the wound.

fließend *adj* - **1.** [perfekt] fluent - **2.** [ungenau, unscharf - Grenzen, Übergang] fluid - **3.** [Verkehr, Material] flowing; [Wasser] running <> *adv* - **1.** [sprechen] fluently - **2.** [unscharf] fluidly.

flimmern *vi* - **1.** [Luft, Wasser, Oberflächen] to shimmer - **2.** [Fernsehbild] to flicker.

flink *adj* - **1.** [geschickt] nimble - **2.** [schnell] quick <> *adv* - **1.** [geschickt] nimbly - **2.** [schnell] quickly.

Flinte (*pl* **-n**) *die* shotgun; **die ~ ins Korn werfen** *fig* to throw in the towel.

Flipper (*pl* -) *der* pinball machine; **(am) ~ spielen** to play pinball.

flippern *vi fam* to play pinball.

Flirt [flœɐ̯t] (*pl* **-s**) *der* flirtation.

flirten [ˈflœrtn̩] *vi:* **(mit jm) ~** to flirt (with sb).

Flittchen (*pl* -) *das fam abw* tart.

Flitterwochen *pl* honeymoon *(sg);* **in die ~ fahren** to go on honeymoon.

flitzen (*perf* **ist geflitzt**) *vi fam* [Person, Wagen] to whizz.

flocht *prät* ▷ **flechten.**

Flocke (*pl* **-n**) *die* [von Schnee, Getreide] flake; [von Staub] ball; [von Schaum] blob.

flockig *adj* fluffy.

flog *prät* ▷ **fliegen.**

floh *prät* ▷ **fliehen.**

Floh (*pl* **Flöhe**) *der* flea; **jm einen ~ ins Ohr setzen** to put an idea into sb's head.

Floh|markt *der* flea market.

Floppydisk [ˈflɔpidɪsk] (*pl* **-s**) *die* EDV floppy disk.

Flora *die* flora.

Florenz *nt* Florence.

Florett (*pl* **-e**) *das* [Waffe] foil.

Florida *nt* Florida.

florieren *vi* to flourish.

Florist, in (*mpl* **-en;** *fpl* **-nen**) *der, die* florist.

Floskel (*pl* **-n**) *die* cliché.

floss *prät* ▷ **fließen.**

Floß (*pl* **Flöße**) *das* raft.

Flosse (*pl* **-n**) *die* - **1.** [von Fisch, Rückenflosse von Delfin] fin; [Bauchflosse von Delfin und Robbe] flipper - **2.** [Schwimmflosse] flipper - **3.** *salopp abw* [Hand] paw.

Flöte (*pl* **-n**) *die* [Querflöte] flute; [Blockflöte] recorder.

flöten *vi* - **1.** [Flöte spielen] to play the flute/recorder - **2.** [pfeifen - Person] to whistle - **3.** *fam abw* [einschmeichelnd sprechen] to speak in honeyed tones <> *vt* - **1.** [spielen] to play on the flute/recorder - **2.** [pfeifen] to whistle - **3.** *fam abw* [einschmeichelnd sagen]: **sie flötete mir Schmeicheleien ins Ohr** she murmered flattering remarks into my ear.

flöten gehen (*perf* **ist flöten gegangen**) *vi (unreg) fam* to get lost; [Geld] to go down the drain.

Flötist, in (*mpl* **-en;** *fpl* **-nen**) *der, die* flautist.

flott *adj* - **1.** [schick] smart, stylish - **2.** [lebhaft, schnell - Musik, Person] lively; [- Service] speedy; [- Auto] fast - **3.** [fahrtüchtig - Wagen] roadworthy; [- Kahn] seaworthy <> *adv* - **1.** [schnell, lebhaft - arbeiten, laufen] quickly; [- tanzen, spielen] in a lively manner; **mach ~!** make it snappy! **- 2.** [schick] smartly.

Flotte (*pl* **-n**) *die* fleet.

Fluch (*pl* **Flüche**) *der* **- 1.** [Schimpfwort] curse **- 2.** *(ohne pl)* [Verwünschung] curse.

fluchen *vi* to swear; **über jn/etw ~** to swear about sb/sthg.

Flucht *die* [aus dem Gefängnis] escape; **sie sind auf der ~** they are fleeing; **die ~ ergreifen** to take flight; **jn in die ~ schlagen** to put sb to flight.

fluchtartig *adj* hurried ◇ *adv* hurriedly.

flüchten (*perf* **hat/ist geflüchtet**) *vi (ist)* to flee; **vor jm/etw ~** to flee from sb/sthg; **aus etw ~** to escape from sthg.

◆ **sich flüchten** *ref (hat):* **sich in etw** *(A)* **~** to take refuge in sthg.

Flucht|helfer, in *der, die person who helps escapees.*

flüchtig *adj* **- 1.** [kurz] fleeting; [Gruß, Abschied] brief **- 2.** [ungenau - Eindruck] superficial; [- Arbeit] hurried **- 3.** [flüchtend - Gefangene] escaped; [- Mörder] wanted ◇ *adv* **- 1.** [ungenau] superficially; [arbeiten] hurriedly **- 2.** [kurz] briefly.

Flüchtigkeits|fehler *der* careless mistake.

Flüchtling (*pl* **-e**) *der* refugee.

Flüchtlings|lager *das* refugee camp.

Flucht|versuch *der* escape attempt.

Flucht|weg *der* escape route.

Flug (*pl* **Flüge**) *der* flight; **wie im ~(e) vergehen** to fly by, to go by in a flash.

Flug|bahn *die* [von Rakete] trajectory.

Flug|blatt *das* leaflet.

Flügel (*pl* **-**) *der* **- 1.** [gen] wing **- 2.** [Musikinstrument] grand piano **- 3.** *RW:* **jm ~ verleihen** to lend sb wings.

Flügel|schraube *die* wing nut.

Flug|gast *der* passenger *(on plane).*

flügge *adj* [Vogeljunge] fully-fledged; **~ werden** [Kind] to be ready to leave the nest.

Flug|gesellschaft *die* airline.

Flug|hafen *der* airport.

Flug|lotse *der* air traffic controller.

Flug|platz *der* airfield.

Flug|verkehr *der* air traffic.

Flug|zeug *das* aeroplane, plane, airplane *Am;* **mit dem ~ fliegen** to fly.

Flugzeugent|führung *die* hijacking.

Flugzeug|träger *der* aircraft carrier.

Fluktuation (*pl* **-en**) *die* turnover.

Flunder (*pl* **-n**) *die* flounder.

flunkern *vi* to tell stories.

Fluor *das* fluorine.

Flur (*pl* **-e** ODER **-en**) *der (pl Flure)* [Korridor] corridor; [am Eingang] hallway ◇ *die (pl Fluren)* [Gelände] fields *(pl).*

Fluss (*pl* **Flüsse**) *der* **- 1.** [Wasserlauf] river **- 2.** [Bewegung] flow.

flussabwärts *adv* downstream.

flussaufwärts *adv* upstream.

Fluss|bett *das* river bed.

flüssig *adj* **- 1.** [nicht fest] liquid; [Metall] molten; [Butter] melted **- 2.** [Stil, Verkehr] flowing; [Ausdruck] fluent **- 3.** [zahlungsfähig, verfügbar]: **~ sein** to be solvent; **nicht ~ sein** to be short of money ◇ *adv* [sprechen] fluently.

Flüssigkeit (*pl* **-en**) *die* liquid.

Fluss|lauf *der* course *(of a river).*

Fluss|pferd *das* hippopotamus.

Fluss|ufer *das* river bank.

flüstern *vi* to whisper ◇ *vt* to whisper; **jm etw ins Ohr ~** to whisper sthg into sb's ear; **jm was ~** *fam fig* to tell sb a thing or two.

Flut (*pl* **-en**) *die* **- 1.** *(ohne pl)* [Ansteigen des Wasserstandes] tide *(incoming);* **die ~ kommt** the tide is coming in; **bei ~** at high tide; **eine ~ von etw** *fig* a flood of sthg **- 2.** *geh* [Wassermasse] waters *(pl).*

fluten (*perf* **hat/ist geflutet**) *vt hat* & *vi ist geh* to flood.

Flutlicht *das (ohne pl):* **bei ~ spielen** to play under floodlights.

Flyer (*pl* **-**) *der* flyer.

f-Moll *das* MUS F minor.

focht *prät* ▻ **fechten.**

Föderalismus *der* federalism.

föderalistisch *adj* federalist.

Föderation (*pl* **-en**) *die* federation.

föderativ *adj* federal.

Fohlen (*pl* **-**) *das* foal.

Föhn (*pl* **-e**) *der* **- 1.** [Wind] *hot, dry wind typical of the Alps* **- 2.** [Haartrockner] hairdryer.

föhnen *vt:* **jm/sich die Haare ~** [zum Trocknen] to dry sb's/one's hair; **jm die Haare ~** [zum Frisieren] to blow-dry sb's hair.

Folge (*pl* **-n**) *die* **- 1.** [Konsequenz] consequence; **etw zur ~ haben** to result in sthg **- 2.** [Fortsetzung] episode **- 3.** [Serie] succession **- 4.** *amt* [Befolgung]: **jm/einem Befehl ~ leisten** to obey sb/an order; **einer Einladung ~ leisten** to accept an invitation.

Folge|erscheinung *die* result.

folgen (*perf* **ist gefolgt**) *vi* **- 1.** [nachfolgen, verstehen, sich richten nach]: **jm/einer Sache ~** to follow sb/sthg **- 2.** [sich anschließen]: **auf etw** *(A)* **~** to follow sthg; **wie folgt** as follows **- 3.** [gehorchen]: **(jm/einer Sache) ~** to obey (sb/sthg) **- 4.** [sich logisch ergeben]: **aus etw ~** to follow from sthg.

folgend *adj* following.
◆ **Folgende** *das:* **das Folgende** the following.
◆ **Folgendes** *nt* the following.

folgendermaßen *adv* as follows.

folgenschwer *adj* fateful.

folgerichtig *adj* logical <> *adv* logically.

folgern *vt:* **aus etw ~, dass ...** to conclude from sthg that ...

Folgerung (*pl* **-en**) *die* conclusion.

folglich *adv* consequently.

folgsam *adj* obedient <> *adv* obediently.

Folie ['foːli̯ə] (*pl* **-n**) *die* **- 1.** [Verpackung - aus Plastik] film; [- aus Metall] foil **- 2.** [für Overheadprojektor] transparency.

Folklore *die* **- 1.** [Musik] folk music **- 2.** [Brauchtum] folklore.

folkloristisch *adj* folkloric; [Musik] folk.

Folter (*pl* **-n**) *die* torture; **jn auf die ~ spannen** *fig* to keep sb on tenterhooks.

foltern *vt* to torture.

Fön® (*pl* **-e**) *der* = **Föhn.**

Fonds [fõ] (*pl* **-**) *der* fund.

Fondue [fõ'dyː] (*pl* **-s**) *das* ODER *die* fondue.

fönen = **föhnen.**

Fonetik, Phonetik *die (ohne pl)* phonetics.

fonetisch, phonetisch *adj* phonetic <> *adv* phonetically.

Fontäne (*pl* **-n**) *die* **- 1.** [von Wasser] jet **- 2.** [Springbrunnen] fountain.

Football ['futbɔːl] *der:* **(American) ~** American football *Br*, football *Am*.

foppen *vt fam:* **jn ~** to pull sb's leg.

forcieren [fɔr'siːrən] *vt* [Tempo] to step up; [Entwicklung, Fortschritt] to push forward; [Angelegenheit] to force.

forciert [fɔr'siːɐ̯t] *adj* **- 1.** [verstärkt, beschleunigt] increased **- 2.** *abw* [gezwungen] forced.

Förder|kreis *der* patrons *(pl)*.

Förder|kurs *der* SCHULE extra classes *(pl)*.

förderlich *adj geh:* **jm ~ sein** to be beneficial to sb; **tägliche Gymnastik ist der Gesundheit ~** daily exercise is good for your health.

fordern *vt* **- 1.** [verlangen] to demand **- 2.** [beanspruchen] to make demands on; **die Aufgabe fordert sie stark** the task really stretches her.

fördern *vt* **- 1.** [unterstützen] to support; [Handel, Frieden] to promote; [Begabung] to foster **- 2.** [Bodenschätze] to mine.

Forderung (*pl* **-en**) *die* **- 1.** [Verlangen] demand **- 2.** [finanzieller Anspruch] claim.

Förderung (*pl* **-en**) *die* **- 1.** [Unterstützung] support; [von Handel, Frieden] promotion; [von Begabung] fostering **- 2.** [von Bodenschätzen] mining.

Forelle (*pl* **-n**) *die* trout.

Form (*pl* **-en**) *die* **- 1.** [gen] form; **in ~ einer Sache** in the form of sthg; **in ~ sein** to be in good form; **sich/jn in ~ bringen** to get o.s./sb into shape; **die ~ wahren** to observe the proprieties; **in aller ~** formally **- 2.** [Gestalt] shape **- 3.** [für Kuchen] baking tin.

formal *adj* formal <> *adv* formally.

Formalität (*pl* **-en**) *die* formality.

Format (*pl* **-e**) *das* **- 1.** [Größe] size; **im ~ DIN A 3** in A3 format **- 2.** [Niveau - von Person] stature; **die Frau hat ~** she's a woman of stature.

formatieren *vt* EDV to format.

Formatierung (*pl* **-en**) *die* EDV formatting.

Formation (*pl* **-en**) *die* **- 1.** [gen] formation **- 2.** [Gruppe] group.

formbar *adj* malleable.

formbeständig *adj:* **~ sein** to hold its shape.

Formel (*pl* **-n**) *die* -formula ; **~ 1** SPORT Formula One.

formell *adj* formal <> *adv* formally.

formen *vt* **- 1.** [Material] to shape **- 2.** [Person] to mould.
◆ **sich formen** *ref* [sich bilden] to take shape.

formieren *vt* to form.
◆ **sich formieren** *ref* [sich aufstellen] to get into formation; [Organisation] to form.

förmlich *adj* formal <> *adv* **- 1.** [gen] formally **- 2.** [regelrecht] really.

formlos *adj* **- 1.** [nicht formal] informal **- 2.** [amorph] shapeless **- 3.** [ungezwungen] casual <> *adv* **- 1.** [nicht formal] informally **- 2.** [ungezwungen] casually.

Form|sache *die:* **reine ~ sein** to be purely a formality.

Formular (*pl* **-e**) *das* form.

formulieren *vt* to formulate.

Formulierung (*pl* **-en**) *die* **- 1.** [Formulieren] formulation **- 2.** [Textstelle] wording.

formvollendet *adj* very polite.

forsch *adj* self-confident <> *adv* self-confidently.

forschen *vi* **- 1.** [wissenschaftlich untersuchen] to do research **- 2.** [ermitteln]: **in js Augen ~** to search sb's eyes; **nach jm/etw ~** to search for sb/sthg.

Forscher, in (*mpl* **-;** *fpl* **-nen**) *der, die* researcher.

Forschung (*pl* **-en**) *die* research; **~en** research.

Forschungs|institut *das* research institute.

Forst (*pl* **-e(n)**) *der* forest.

Forst|amt *das forestry administration office.*

Förster, in (*mpl* **-**; *fpl* **-nen**) *der, die* forest ranger.

Forst|haus *das* forest ranger's house.

Forsythie [fɔr'zyːtsjə] (*pl* **-n**) *die* forsythia.

fort *adv* [weg] away; **~ sein** to be gone.
◆ **in einem fort** *adv* incessantly.
◆ **und so fort** *adv* and so forth.

Fortbestand *der* continued existence.

fort|bestehen *vi (unreg)* to continue; [trotz Bedrohung] to continue to exist.

fort|bewegen *vt* to move.
◆ **sich fortbewegen** *ref* to move.

Fortbewegung *die* propulsion.

Fortbewegungs|mittel *das* means of transport.

fort|bilden *vt* to train.
◆ **sich fortbilden** *ref* to receive training.

Fortbildung (*pl* **-en**) *die* **- 1.** [Weiterbildung] training; **~ zur Bekämpfung der Arbeitslosigkeit** lifelong learning as a means of combatting unemployment **- 2.** [Kurs] training course.

fort|dauern *vi* to continue.

fort|fahren (*perf* **hat/ist fortgefahren**) *(unreg) vi* **- 1.** *(ist)* [wegfahren] to leave **- 2.** [nicht aufhören] to continue <> *vt (hat)* [wegfahren] to take away.

fort|fallen (*perf* **ist fortgefallen**) *vi (unreg)* [Leistung, Zahlung] to be discontinued.

fort|führen *vt* **- 1.** [weitermachen] to carry on **- 2.** [fortbringen] to take away.

Fortführung *die* continuation; [von Familienbetrieb] carrying on.

Fortgang *der (ohne pl)* **- 1.** [Fortsetzung] progress **- 2.** [Fortgehen] departure.

fort|gehen (*perf* **ist fortgegangen**) *vi (unreg)* **- 1.** [weggehen] to leave **- 2.** [weitergehen] to continue.

fortgeschritten *pp* ▷ **fortschreiten** <> *adj* advanced; **zu ~er Stunde** at a late hour.

Fortgeschrittene (*pl* **-n**) *der, die* advanced student.

fort|kommen (*perf* **ist fortgekommen**) *vi (unreg)* **- 1.** [wegkommen] to get away **- 2.** [fortgebracht werden] to be taken away **- 3.** [abhanden kommen] to disappear.

fort|laufen (*perf* **ist fortgelaufen**) *vi (unreg)* [weglaufen] to run away; **ihm ist die Frau fortgelaufen** his wife has run off and left him.

fortlaufend *adv* [ständig] continually; [nummerieren] consecutively.

fort|pflanzen ◆ **sich fortpflanzen** *ref* **- 1.** [sich reproduzieren] to reproduce **- 2.** [sich ausbreiten] to spread.

Fortpflanzung *die* reproduction.

Forts. (*abk für* **Fortsetzung**) cont.

fort|schreiten (*perf* **ist fortgeschritten**) *vi (unreg)* to progress; [Zeit] to move on; [Krankheit, Prozess] to advance.

Fort|schritt *der* progress *(U)*; **~e** progress; **~e machen** to make progress.

fortschrittlich *adj* progressive <> *adv* progressively.

fort|setzen *vt* to continue.

Fortsetzung (*pl* **-en**) *die* continuation; [von Film] sequel; '**~ folgt**' 'to be continued'.

Fortsetzungs|roman *der* serialized novel.

fortwährend *adj* constant <> *adv* constantly.

fort|ziehen (*perf* **hat/ist fortgezogen**) *(unreg) vi (ist)* to move away <> *vt (hat)* to pull away.

Fossil (*pl* **-ien**) *das* fossil.

Foto, Photo (*pl* **-s**) *das* photo; **ein ~ machen** to take a photo.

Foto|album *das* photo album.

Foto|apparat *der* camera.

Fotograf (*pl* **-en**) *der* photographer.

Fotografie (*pl* **-n**) *die* **- 1.** [Fotografieren] photography **- 2.** [Foto] photograph.

fotografieren *vt* to photograph <> *vi* to take photographs.

Fotografin (*pl* **-nen**) *die* photographer.

Foto|kopie *die* photocopy.

fotokopieren *vt* to photocopy <> *vi* to make photocopies.

Foto|kopierer (*pl* **-**) *der*, **Fotokopier|gerät** *das* photocopier.

Foto|modell *das* (photographic) model.

Fotosynthese, Photosynthese *die (ohne pl)* photosynthesis.

Foto|zelle, Photozelle *die* photoelectric cell, photocell.

Fötus (*pl* **-se** ODER **-ten**) *der* foetus.

Foul ['faul] (*pl* **-s**) *das* SPORT foul.

foulen ['faulən] SPORT *vt* to foul <> *vi* to commit a foul.

Foxtrott (*pl* **-e** ODER **-s**) *der* foxtrot.

FPÖ [ɛf'peː'ø] (*abk für* **Freiheitliche Partei Österreichs**) *die* Austrian Freedom Party.

Fr. - 1. (*abk für* **Frau**) [verheiratet] Mrs; [unverheiratet] Ms, Miss **- 2.** (*abk für* **Freitag**) Fri.

Fracht (*pl* **-en**) *die* freight; [mit Schiff] cargo.

Frachter (*pl* -) *der* freighter.

Fracht|gut *das* freight.

Frack (*pl* **Fräcke**) *der* tails (*pl*); **im ~** in tails.

Frage (*pl* **-n**) *die* question; **noch ~n?** any more questions?; **eine rhetorische ~** a rhetorical question; **jm ~n stellen** to ask sb questions; **in diesen ~n weiß er am besten Bescheid** he knows most about these issues ODER matters; **das ist nur eine ~ des Geldes/der Zeit** it is only a question of money/time; **das kommt nicht in ~** that's out of the question; **etw in ~ stellen** [bezweifeln] to question sthg; [gefährden] to jeopardize sthg; **es steht außer ~, dass** ... there's no question that ...
◆ **ohne Frage** *adv* undoubtedly.

Frage|bogen *der* questionnaire.

fragen *vt* to ask; **jn um Rat ~** to ask sb for advice; **jn nach jm/etw ~** to ask sb about sb/sthg; **jn nach seinem Namen/der Uhrzeit ~** to ask sb his name/the time ◇ *vi* to ask ; **nach jm ~** [sich erkundigen] to ask about sb; [Treffen] to ask to see sb; **der Polizist fragte nach dem genauen Hergang** the policeman asked for a precise description of events ; **da fragst du noch!** you need to ASK ?
◆ **sich fragen** *ref* to wonder; **ich frage mich, ob** ... I wonder if ODER whether ...; **es fragt sich noch, ob ...** it is debatable whether ...

Frage|stellung *die* [Art der Frage]: **die ~ ist nicht eindeutig** the way the question is phrased isn't clear.

Frage|stunde *die* - **1.** POL: **~ im Bundestag** parliamentary question time in the "Bundestag" - **2.** [Informationsveranstaltung] consultative meeting, question and answer session.

Frage|wort (*pl* **-wörter**) *das* interrogative pronoun.

Frage|zeichen *das* question mark.

fraglich *adj* - **1.** [zweifelhaft]: **es ist ~, ob ...** it is doubtful whether ... - **2.** [in Frage kommend] in question.

fraglos *adv* undoubtedly.

Fragment (*pl* **-e**) *das* fragment.

fragwürdig *adj* dubious.

Fraktion [frak'tsi̯oːn] (*pl* **-en**) *die* - **1.** [im Parlament] (parliamentary) party - **2.** [innerhalb einer Partei] faction.

Fraktions|vorsitzende *der, die* leader of the (parliamentary) party.

Franc [frɑ̃ː] (*pl* **-s** ODER **-**) *der* franc.

frank *adv*: **~ und frei** openly and honestly.

Franke (*pl* **-n**) *der* - **1.** [Einwohner von Franken] Franconian - **2.** HIST [Westgermane] Frank.

Franken (*pl* -) *nt* Franconia ◇ *der* Swiss franc.

Franken|wein *der white wine from northern Bavaria.*

Frankfurt *nt*: **~ am Main/an der Oder** Frankfurt (am Main)/an der Oder.

Frankfurter (*pl* -) *der* Frankfurter ◇ *adj (unver)* Frankfurt *(vor Subst)*.

Frankfurter Buchmesse (*pl* **Frankfurter Buchmessen**) *die* Frankfurt Book Fair.

Frankfurterin (*pl* **-nen**) *die* Frankfurter.

frankieren *vt* to stamp.

Fränkin (*pl* **-nen**) *die* - **1.** [Einwohnerin von Franken] Franconian - **2.** HIST [Westgermanin] Frank.

fränkisch *adj* - **1.** [aus Franken] Franconian - **2.** HIST [westgermanisch] Frankish.

Frankreich *nt* France.

Franse (*pl* **-n**) *die* strand; **ein Schal mit ~n** a scarf with a fringe.

Franziskaner, in (*mpl* **-**; *fpl* **-nen**) *der, die* Franciscan.

Franzose (*pl* **-n**) *der* Frenchman; **die ~n** the French.

Französin (*pl* **-nen**) *die* Frenchwoman.

französisch *adj* French; *siehe auch* **englisch.**

Französisch(e) *das* French; *siehe auch* **Englisch(e).**

frappierend *adj* striking ◇ *adv* [ähnlich] strikingly.

Fräse (*pl* **-n**) *die* [für Holz] moulding machine; [für Metall] milling machine.

fraß *prät* ▷ **fressen.**

Fraß *der* - **1.** [Tiernahrung] food - **2.** *abw* [ungenießbares Essen] pigswill.

Fratze (*pl* **-n**) *die* [Grimasse] grotesque face; [aus Schmerz, Widerwille] grimace; **(jm) eine ~ schneiden** to pull a face at sb.

Frau (*pl* **-en**) *die* - **1.** [Erwachsene] woman - **2.** [Gattin] wife - **3.** [als Anrede - verheiratet] Mrs; [- neutral] Ms; **~ Doktor** Doctor.

Frauchen (*pl* -) *das* mistress.

Frauen|arzt, ärztin *der, die* gynaecologist.

Frauenbewegung *die* women's movement.

frauenfeindlich *adj* misogynistic ◇ *adv* in a misogynistic way.

Frauen|haus *das* women's refuge.

Frauen|parkplatz *der parking space for women only, near exit for safety reasons.*

Fräulein (*pl* -) *das* - **1.** [junge Frau] young lady - **2.** [als Anrede - für junge Frauen] Miss; [- neutral] Ms; [- für Bedienung]: **~, die Rechnung bitte!** waitress, could I have the bill, please?

fraulich *adj* feminine ◇ *adv* in a feminine way.

frdl. ▷ **freundlich.**

Freak [friːk] (*pl* **-s**) *der* **fam** freak.

frech *adj* - **1.** [gen] cheeky; [unartig] naughty; [Lüge] barefaced - **2.** [Minirock] saucy <> *adv* cheekily; [unartig] naughtily; **jm ~ kommen** *fam* to get cheeky with sb.

Frech|dachs ['frɛçdaks] *der* **fam** cheeky monkey.

Frechheit (*pl* **-en**) *die* - **1.** *(ohne pl)* [freches Verhalten] cheek - **2.** [freche Bemerkung] cheeky remark.

Freeclimbing ['friːklaimbiŋ] *das* SPORT free climbing.

Freelancer (*pl* **-**) *der* freelancer.

Fregatte (*pl* **-n**) *die* frigate.

frei *adj* - **1.** [gen] free; **~ von etw** free of sthg; **ist dieser Stuhl ~?** is this seat free?; **das Hotel hat keine ~en Betten mehr** the hotel doesn't have any more free beds; **drei Wochen ~ haben** to have three weeks off; **jm ~e Hand lassen** to give sb a free hand; **bei der Reaktion wird Energie ~** energy is released during the reaction - **2.** [Mitarbeiter] freelance - **3.** [nackt] bare; **machen Sie sich bitte ~** would you mind undressing? <> *adv* - **1.** [gen] freely; **~ lebende Tiere** animals living in the wild; **~ sprechen** to speak without notes; **eine Linie ~ zeichnen** to draw a line freehand - **2.** [gratis] for free; **etw ~ Haus liefern** to deliver sthg free.
◆ **im Freien** *adv* in the open (air).

Frei|bad *das* open-air swimming pool.

Freiberufler, in (*mpl* **-**; *fpl* **-nen**) *der, die* - **1.** [Mitarbeiter] freelancer - **2.** [Arzt, Anwalt] doctor/lawyer in private practice.

freiberuflich *adj* [Journalist, Übersetzer, Fotograf] freelance; **~er Mitarbeiter** freelancer <> *adv*: **~ tätig sein** to be self-employed.

Frei|betrag *der* WIRTSCH tax allowance.

Frei|bier *das* free beer.

Frei|brief *der* excuse; **er betrachtet ihre Toleranz als ~ für seine Abenteuer** he thought that her tolerance gave him a licence to have affairs.

Freiburg *nt* Freiburg.
◆ **Freiburg im Breisgau** *nt* Freiburg im Breisgau.

Frei|exemplar *das* free copy.

Frei|gabe *die* release; **die ~ einer Brücke für den Verkehr** the opening of a bridge to traffic.

frei|geben *(unreg) vt* - **1.** [gen] to release - **2.** [genehmigen - Film] to pass as fit for public viewing; [- Straße, Brücke] to open; **jm einen Tag ~** to give sb a day off <> *vi* [Freizeit genehmigen]: **jm ~** to give sb time off.

freigebig *adj* generous.

frei|halten *vt (unreg)* - **1.** [einladen - Person] to treat; [- Tischrunde] to buy - **2.** [zugänglich halten] to keep clear - **3.** [reservieren] to save.

Freihandels|zone *die* free trade area.

freihändig *adv* [Fahrrad fahren] with no hands; [zeichnen] freehand.

Freiheit (*pl* **-en**) *die* - **1.** [Ungebundenheit] freedom; **ein Tier in die ~ entlassen** to set an animal free - **2.** [Privileg] liberty; **sich** *(D)* **die ~ nehmen, etw zu tun** to take the liberty of doing sthg.

Freiheits|strafe *die* prison sentence.

freiheraus *adv* freely.

Frei|karte *die* free ticket.

Freikörperkultur *die* naturism.

frei|lassen *vt (unreg)* [Gefangene] to release; [Tier] to set free.

Freilassung *die* release.

freilich *adv* - **1.** [jedoch] admittedly - **2.** *Süddt* [sicher] of course.

Freilicht|bühne *die* open-air theatre.

Freilicht|museum *das* open-air museum.

frei|machen *vt* - **1.** [Brief] to stamp - **2.** [ausziehen]: **den Oberkörper ~** to take one's top off, to strip to the waist <> *vi* to take time off.
◆ **sich freimachen** *ref* - **1.** *fam* [als Urlaub] to take time off; **sich für den Nachmittag ~** to take the afternoon off - **2.** [sich ausziehen] to take one's clothes off.

Frei|maurer *der* freemason.

freimütig *adj* frank <> *adv* frankly.

frei|nehmen *vt (unreg)* to take off; **sich** *(D)* **eine Woche ~** to take a week off.

Frei|raum *der* space *(for self-fulfilment)*.

freischaffend *adj* freelance.

frei|sprechen *vt (unreg)* to acquit.

Frei|spruch *der* acquittal.

frei|stehen *vi (unreg)* - **1.** [Wohnung] to stand ODER be empty - **2.** [Entscheidung]: **es steht ihm frei, zu gehen oder zu bleiben** it's up to him whether he stays or goes.

frei|stellen *vt* - **1.** [entbinden]: **jn von etw ~** to exempt sb from sthg - **2.** [überlassen]: **jm etw ~** to leave sthg up to sb.

Frei|stoß *der* SPORT free kick.

Frei|stunde *die* free period.

Freitag (*pl* **-e**) *der* Friday; *siehe auch* **Samstag.**

freitags *adv* on Fridays; *siehe auch* **samstags.**

Freiwild *das* fair game.

freiwillig *adj* voluntary <> *adv* voluntarily.

Freiwillige (*pl* **-n**) *der, die* volunteer.

Frei|zeichen *das* ringing tone.

Frei|zeit *die* - **1.** *(ohne pl)* [Mußezeit] free time - **2.** [Gruppenreise - für Kinder] holiday camp.

Freizeit|gestaltung *die* organizing of one's free time.

Freizeitverhalten *das (ohne pl)* leisure pursuits *(pl)*.

freizügig *adj* - **1.** [gewagt] daring - **2.** [großzügig] generous - **3.** [frei] liberal <> *adv* - **1.** [gewagt] daringly - **2.** [großzügig] generously - **3.** [frei] liberally.

Freizügigkeit *(pl* **-en)** *die* - **1.** [Großzügigkeit] generosity - **2.** [im Verhalten, Denken] permissiveness - **3.** [Ortsungebundenheit] freedom of movement.

fremd *adj* - **1.** [ausländisch] foreign - **2.** [nicht einem selbst gehörend]: **~e Angelegenheiten** other people's business; **in einer ~en Wohnung übernachten** to spend the night in someone else's flat - **3.** [unvertraut] strange; **er ist ~ in dieser Stadt** he is a stranger to this town.

fremdartig *adj* strange.

Fremde *(pl* **-n)** *der, die* stranger <> *die (ohne plural)* foreign parts *(pl)*; **in der ~** in foreign parts.

Fremden|führer, in *der, die* tourist guide.

Fremden|hass *der* xenophobia.

Fremden|legion *die* foreign legion.

Fremden|verkehr *der* tourism.

Fremdenverkehrs|büro *das* tourist information office.

Fremden|zimmer *das* (guest) room.

fremd|gehen *(perf* **ist fremdgegangen)** *vi (unreg)*: **(mit jm) ~** to have an affair (with sb).

Fremd|körper *der* foreign body; **sie ist hier ein ~** she is out of place here.

Fremd|sprache *die* foreign language.

Fremdsprachen|korrespondent, in *der, die* bilingual secretary.

fremdsprachig *adj* in a foreign language.

Fremdwort *(pl* **-wörter)** *das* foreign word; **gutes Benehmen ist für ihn ein ~** he doesn't know the meaning of good behaviour.

Fremdwörter|buch *das* dictionary of foreign words.

Frequenz *(pl* **-en)** *die* - **1.** PHYS frequency - **2.** MED rate.

Fressalien [frɛ'saːli̯ən] *pl fam* grub *(U)*.

Fresse *(pl* **-n)** *die* **vulg** - **1.** [Mund] mouth, gob *Br*; **halt die ~!** shut your trap! - **2.** [Gesicht] mug; **jm in die ~ hauen** to smack sb in the face.

fressen *(präs* **frisst**; *prät* **fraß**; *perf* **hat gefressen)** *vt* - **1.** [beim Tier] to eat - **2.** *fam abw* [essen] to guzzle, to scoff *Br* - **3.** *fam* [Strom, Geld] to eat up; **diese Arbeit frisst viel Zeit** this work takes up a lot of time - **4.** *RW*: **jn gefressen haben** *fam* not to be able to stand sb, to hate sb's guts <> *vi* - **1.** [Tier] to feed; **der Vogel frisst einem aus der Hand** the bird will eat out of your hand - **2.** *salopp abw* [Mensch] to stuff one's face - **3.** [zehren, nagen]: **an etw** *(D)* **~** to eat away at sthg.

◆ **sich fressen** *ref* [sich hineinfressen]: **sich in etw** *(A)* **~** to eat away at sthg.

Fressen *das (ohne pl)* - **1.** [Tierfutter] food - **2.** *vulg abw* [Nahrung] muck, pigswill - **3.** *RW*: **die Affäre war ein gefundenes ~ für die Presse** *fam* the affair had the press rubbing their hands with glee.

Frettchen *(pl* **-)** *das* ferret.

Freude *(pl* **-n)** *die* joy; **es ist mir eine ~ zu kommen** it would be a pleasure for me to come; **jm die ~ an etw verderben** to spoil sb's enjoyment of sthg; **an etw ~ haben** to take pleasure in sthg; **jm eine ~ machen** to make sb happy.

Freuden|haus *das* house of ill repute, brothel.

freudestrahlend *adj* joyous; [Gesicht] beaming <> *adv* joyfully.

freudig *adj* - **1.** [Begrüßung] joyful - **2.** [Überraschung] pleasant <> *adv* - **1.** [begrüßen] joyfully - **2.** [überrascht] pleasantly.

freudlos *adj* cheerless <> *adv* cheerlessly.

freuen *vt* to please.

◆ **sich freuen** *ref* to be pleased; **es freut mich, dass ...** I'm pleased that ...; **freut mich sehr!** pleased to meet you!; **sich an etw** *(D)* **~** to get a lot of pleasure from sthg; **sich über etw** *(A)* **~** to be pleased about sthg; **sich auf etw** *(A)* **~** to be looking forward to sthg.

Freund *(pl* **-e)** *der* - **1.** [guter Bekannter] friend; **dicke ~e sein** *fam* to be bosom pals - **2.** [Liebhaber] boyfriend - **3.** [Anhänger] lover; **ein ~ klassischer Musik** a classical music lover **kein großer ~ von etw sein** not to be very keen on sthg.

Freundes|kreis *der* circle of friends.

Freundin *(pl* **-nen)** *die* - **1.** [gute Bekannte] friend - **2.** [Geliebte] girlfriend.

freundlich *adj* - **1.** [Mensch, Geste, Rat] friendly; **danke für die ~e Begrüßung** thank you for your kind welcome; **bist du so ~ und begleitest mich?** would you be so kind as to accompany me? - **2.** [Umgebung, Stimmung] nice <> *adv* [nett] in a friendly way; **jm ~ gesinnt sein** to be well-disposed towards sb.

Freundlichkeit *(pl* **-en)** *die* - **1.** *(ohne pl)* [nette Art] friendliness - **2.** [Gefälligkeit] favour; **jm ein paar ~en sagen** to say a few kind words to sb.

Freundschaft *(pl* **-en)** *die* friendship; **mit jm ~ schließen** to make friends with sb.

freundschaftlich *adj* friendly <> *adv* in a friendly way; **jm ~ verbunden sein** to be friends with sb.

Freundschafts|dienst *der* favour for a friend; **jm einen ~ erweisen** to do sb a favour.

Freundschafts|spiel *das* friendly (game).

frevelhaft *geh adj* wicked <> *adv* wickedly.

Frieden, Friede *der* peace; **dem ~ nicht recht trauen** to think things are too good to be true; **jn in ~ lassen** to leave sb in peace; **mit jm ~ schließen** to make peace with sb.

Friedens|bewegung *die* peace movement.

Friedenspreis des deutschen Buchhandels *der annual prize awarded by German book trade to an author considered to have furthered the cause of peace.*

Friedens|vertrag *der* peace treaty.

friedfertig *adj* peaceable.

Fried|hof *der* cemetery.

friedlich *adj* peaceful <> *adv* peacefully.

frieren (*prät* **fror;** *perf* **hat/ist gefroren**) *vi* - **1.** *(hat)* [an Kälte leiden] to be cold; **es friert ihn** he is cold; **an den Füßen ~** to have cold feet; **es friert mich an den Händen** my hands are cold - **2.** *(hat)* [sehr kalt sein]: **es friert** it is freezing - **3.** *(ist)* [gefrieren] to freeze.

Frikadelle (*pl* **-n**) *die* rissole.

Frikassee [frika'seː] (*pl* **-s**) *das* fricassee.

Frisbee® ['frɪsbi] (*pl* **-s**) *das* Frisbee®.

frisch *adj* - **1.** [gen] fresh; [Verletzung] recent; [Farbe] wet; [Kraft] renewed; **diese Erinnerung ist noch ~** it's still fresh in my memory - **2.** [sauber] clean; **sich ~ machen** to freshen up - **3.** [kühl - unangenehm] chilly; [- angenehm] cool - **4.** [in Form] refreshed; **~ und munter sein** to be bright and cheery <> *adv* [gewaschen, zubereitet] freshly; [renoviert] newly; **das Brot kommt ~ vom Bäcker** the bread is fresh from the baker's; '**~ gestrichen**' "wet paint".

Frische *die* - **1.** [gen] freshness; **in alter ~** as fresh as ever - **2.** [Kühle - unangenehm] chilliness; [- angenehm] coolness.

Frisch|käse *der* soft cream cheese.

Friseur, Frisör, in [fri'zøːɐ̯, rɪn] (*mpl* **-e;** *fpl* **-nen**) *der, die* hairdresser.

Friseur|salon, Frisier|salon *der* hairdressing salon, hairdresser's.

Friseuse, Frisöse [fri'zøːzə] (*pl* **-n**) *die* hairdresser.

frisieren *vt* - **1.** [Person]: **jn ~** to do sb's hair; **sie ist schick frisiert** she has a trendy hairstyle - **2.** *fam* [Zahlen] to fiddle; **die Bilanzen ~** to cook the books - **3.** *fam* AUTO to soup up.
◆ **sich frisieren** *ref* [sich kämmen] to do one's hair.

Frisier|salon = **Friseursalon.**

Frisör, in = **Friseur.**

Frisöse = **Friseuse.**

frisst *präs* ▷ **fressen.**

Frist (*pl* **-en**) *die:* **jm eine ~ von einer Woche geben** to give sb a week; **bis zur Prüfung bleibt dir noch eine ~ von drei Tagen** you still have three days to go until the exam; **die ~ wird nicht verlängert** the deadline is not being extended; **eine ~ einhalten** to meet a deadline; **innerhalb kürzester ~** in a very short space of time.

fristen *vt:* **ein erbärmliches Dasein** ODER **Leben ~** to eke out a miserable existence.

Fristen|regelung *die law permitting abortion to be carried out before a pregnancy has advanced beyond a certain number of weeks.*

fristgerecht *adj* & *adv* within the specified time; **jm ~ kündigen** *to give sb the correct amount of notice as specified in their contract or by law.*

fristlos *adj* immediate <> *adv* without notice, with immediate effect.

Frisur (*pl* **-en**) *die* hairstyle.

frivol [fri'voːl] *adj* [leichtfertig] frivolous <> *adv* [leichtfertig] frivolously.

Frl. (*abk für* **Fräulein**) Ms.

froh *adj* - **1.** [vergnügt] happy - **2.** [erleichtert] glad; **über etw** *(A)* **~ sein** to be pleased ODER glad about sthg - **3.** [Nachricht] good.

fröhlich *adj* - **1.** [Mensch, Lachen] cheerful - **2.** [Fest] jolly <> *adv* [vergnügt] cheerfully.

Fröhlichkeit *die* cheerfulness.

fromm (*kompar* **frommer** ODER **frömmer;** *superl* **frommste** ODER **frömmste**) *adj* - **1.** [Mensch, Christ] devout; [Worte, Einstellung] pious - **2.** [heuchlerisch] sanctimonious, pious <> *adv* - **1.** [gläubig, gottgefällig] piously - **2.** [heuchlerisch] sanctimoniously, piously.

Fronleichnam *(ohne Artikel)* Corpus Christi.

Front (*pl* **-en**) *die* front; **gegen jn/etw ~ machen** to oppose sb/sthg.

frontal *adj* - **1.** [Zusammenstoß] head-on - **2.** [Angriff, Darstellung] frontal <> *adv* - **1.** [von vorn] head-on - **2.** [angreifen] from the front.

Frontalzusammen|stoß *der* head-on collision.

Front|antrieb *der* AUTO front-wheel drive.

Front|wechsel *der* U-turn.

fror *prät* ▷ **frieren.**

Frosch (*pl* **Frösche**) *der* frog; **einen ~ im Hals haben** *fam* to have a frog in one's throat.

Frosch|mann *der* frogman.

Frosch|schenkel *der* frog's leg.

Frost (*pl* **Fröste**) *der* frost.

frösteln *vi* to shiver.

Frostgefahr *die (ohne pl)* danger of frost.

frostig *adj* **eigtl** & **fig** frosty <> *adv* frostily.

Frost|schaden *der* frost damage.

Frottee [frɔ'teː] (*pl* **-s**) *der* ODER *das* towelling.

Frotteehand|tuch *das* terry towel.

frottieren *vt* to rub down.
◆ **sich frottieren** *ref* to rub o.s. down.

frotzeln *fam vt* to tease <> *vi:* **~ (über jn/etw)** to make fun (of sb/sthg).

Frucht (*pl* **Früchte**) *die* fruit; **Früchte** fruit *(U)*; **endlich Früchte tragen** finally to bear fruit.

fruchtbar *adj* **- 1.** [Erde, Lebewesen] fertile **- 2.** [Gespräch, Idee] fruitful.

Fruchtbarkeit *die* fertility.

Früchtchen (*pl* **-**) *das:* **ein schönes** ODER **sauberes ~** *fam abw* a real good-for-nothing.

fruchten *vi* to be of use; **es hat nichts gefruchtet** it didn't do any good.

fruchtig *adj* fruity.

fruchtlos *adj* fruitless.

Frucht|saft *der* fruit juice.

früh *adj* early; [Tat] premature; **am ~en Morgen/Abend** early in the morning/evening <> *adv* early; **~ am Abend/Morgen** early in the evening/morning; **er ist ~ gestorben** he died young; **gestern/heute/morgen ~** yesterday/this/tomorrow morning; **~er oder später** sooner or later; **etw zu ~ verkaufen** to sell sthg too soon.

Frühaufsteher, in (*mpl* **-**; *fpl* **-nen**) *der, die* early riser.

Frühe *die*
◆ **in aller Frühe** *adv* very early in the morning.
◆ **in der Frühe** *adv* early in the morning.

früher *adv* formerly <> *adj* former; **in ~en Zeiten** in the past.

frühestens *adv* at the earliest.

Früh|geburt *die* **- 1.** [Geburt] premature birth; **eine ~ haben** to give birth prematurely **- 2.** [Baby] premature baby.

Früh|jahr *das* spring; **im ~** in spring.

Frühling (*pl* **-e**) *der* spring; **im ~** in spring.

Frühlingsanfang *der (ohne pl)* first day of spring.

frühlingshaft *adj* spring-like.

frühmorgens *adv* early in the morning.

frühreif *adj* [Kind] precocious.

Früh|rentner, in *der, die* person who has taken early retirement.

Früh|schoppen *der* morning drink.

Früh|sport *der* early morning exercise.

Früh|start *der* SPORT false start.

Früh|stück *das* breakfast; **nach dem ~** after breakfast; **zum ~** for breakfast.

frühstücken *vi* to have breakfast <> *vt* to have for breakfast.

Frühstücks|pause *die breakfast break taken by people who start work very early.*

frühzeitig *adj* early; [Tod] premature <> *adv* early; [sterben] prematurely.

Frust *der fam* frustration.

frustrieren *vt* to frustrate.

FU [ɛf'uː] (*abk für* **Freie Universität**) *die:* **die ~ Berlin** *the Berlin Free University.*

Fuchs [fʊks] (*pl* **Füchse**) *der* **- 1.** [Tier] fox **- 2.** [Pelz] fox fur **- 3.** *fam* [Mensch]: **ein schlauer ~** a cunning devil.

Fuchsie ['fʊksi̯ə] (*pl* **-n**) *die* fuchsia.

Füchsin ['fyksɪn] (*pl* **-nen**) *die* vixen.

Fuchs|schwanz *der* **- 1.** [Schwanz] fox's brush **- 2.** [Säge] handsaw.

fuchsteufelswild ['fʊkstɔyfl̩svɪlt] *adj fam* hopping mad.

Fuchtel *die:* **unter js ~ stehen** *fam* to be under sb's thumb.

fuchteln *vi:* **mit etw ~** to wave sthg around.

Fuge (*pl* **-n**) *die* **- 1.** [Ritze] gap; **aus den ~n geraten** to go to pot **- 2.** MUS fugue.

fügen *vt* [einfügen]: **etw an etw (A) ~** to join sthg to sthg; **etw in etw (A) ~** to fit sthg into sthg; **fest gefügt** firmly established.
◆ **sich fügen** *ref* **- 1.** [hineinpassen] to fit **- 2.** [sich unterordnen]: **sich einer Sache** *(D)* **~** to obey sthg.

fügsam *adj* obedient <> *adv* obediently.

fühlbar *adj* noticeable <> *adv* noticeably.

fühlen *vt* to feel <> *vi* to feel; **nach etw ~** to feel for sthg.
◆ **sich fühlen** *ref* to feel; **sich krank ~** to feel ill.

Fühler (*pl* **-**) *der* feeler, antenna; **seine ~ ausstrecken** *fig* to put out feelers.

fuhr *prät* ▷ **fahren.**

Fuhre (*pl* **-n**) *die* load; [von Taxi] fare.

führen *vt* **- 1.** [Person, Tier] to lead; **jn zu einem Versteck ~** to show ODER lead sb to a hiding-place **- 2.** [leiten - Firma, Hotel] to run, to manage; [- Partei] to lead; [- Haushalt] to run; [-Truppen] to command; [- Krieg, Kampf] to wage; **den Vorsitz ~** to be the chairperson **- 3.** [durchführen - Gespräch] to hold; **ein Ferngespräch ~** to make a long-distance call; **das Protokoll ~** to take the minutes; **ein langes Gespräch geführt haben** to have had a long conversation; **einen Prozess gegen jn ~** to take legal action against sb **- 4.** [Gegenstand]: **etw mit sich** ODER **bei sich ~** to carry sthg **- 5.** [Ware] to stock **- 6.** [Liste] to keep; **sie wird als Mitglied geführt** she's listed as a member **- 7.** [Touristen] to show around **- 8.** [Name, Titel] to have **- 9.** [bewegen] to handle <> *vi* **- 1.** SPORT to lead; **knapp ~** to be just in the lead; **mit 1:0 ~** to be leading 1-0, to be 1-0 up **- 2.** [Straße] to lead **- 3.** [zu einem Ergebnis]: **zu etw ~** to lead to sthg; **zum Er-**

folg ~ to bring success; **das führt zu nichts** that won't get us anywhere.
◆ **sich führen** *ref* to behave.

führend *adj* leading.

Führer, in (*mpl* **-;** *fpl* **-nen**) *der, die* **- 1.** [Anführer] leader; **der ~** [Hitler] the Führer **- 2.** [Fremdenführer, Buch] guide.

Führerschein *der* driving licence ***Br***, driver's license ***Am***.

Führung (*pl* **-en**) *die* **- 1.** [das Führen - von Firma, Hotel] running, management; [- von Truppen] command; [- von Partei] leadership; [- von Haushalt] running; **unter (der) ~ von** under the direction of **- 2.** [Personen - von Firma] management; [- von Partei] leadership **- 3.** [führende Stellung] lead; **in ~ liegen** to be in the lead *ODER* ahead; **in ~ gehen** to take the lead **- 4.** [Besichtigung] guided tour **- 5.** [Verhalten]: **wegen guter ~** on the grounds of good conduct **- 6.** [Handhabung, Steuerung] operation.

Führungsanspruch *der* leadership claims (*pl*).

Führungsspitze *die* [von Partei] top leadership; [von Firma] senior management.

Führungszeugnis *das*: **polizeiliches ~** *police certificate stating that holder has no criminal record.*

Fülle *die (ohne pl)* [Menge, Ubermaß] abundance.

füllen *vt* **- 1.** [gen] to fill; [Geflügel, Tomate] to stuff **- 2.** [hineingeben]: **etw in etw** *(A)* **~** to put sthg into sthg; **den Saft in Flaschen ~** to fill the bottles with juice.
◆ **sich füllen** *ref* [voll werden]: **sich mit etw ~** to fill up with sthg.

Füller (*pl* **-**) *der* fountain pen.

Füllfederhalter *der* fountain pen.

füllig *adj* plump.

Füllung (*pl* **-en**) *die* [von Geflügel, Tomate] stuffing; [von Gebäck, in Zahn] filling.

Fummel (*pl* **-**) *der* ***fam abw*** *cheap, skimpy skirt or dress.*

fummeln *vi* **- 1.** ***fam*** [tasten]: **nach etw ~** to fumble about for sthg; **an etw** *(D)* **~** to fumble around with sthg **- 2.** ***salopp*** [sexuell berühren] to make out.

Fund (*pl* **-e**) *der* **- 1.** [Objekt] find **- 2.** [Handlung] discovery.

Fundament (*pl* **-e**) *das* **- 1.** [Grundmauer] foundations *(pl)*; **bis auf die ~e abgerissen** to be razed to the ground **- 2.** [Grundlage] basis; **etw in seinen ~en erschüttern** to strike at the very foundations of sthg.

fundamental *adj* fundamental ◇ *adv* fundamentally.

Fundamentalist, in (*mpl* **-en;** *fpl* **-nen**) *der, die* fundamentalist.

Fundbüro *das* lost property office ***Br***, lost-and-found office ***Am***.

Fundgrube *die* treasure trove.

fundiert *adj* [Wissen, Firma] sound; [Kritik, Überlegungen] well-founded; [Vortrag, Bericht] well-reasoned.

fündig *adj*: **~ werden** to make a find.

Fundsache *die*: **~n** lost property *(U)*.

fünf *num* five; **~ gerade sein lassen** to turn a blind eye; *siehe auch* **sechs.**

Fünf (*pl* **-en**) *die* **- 1.** [Zahl] five **- 2.** [Schulnote] ≃ E, *mark of 5 on a scale from 1 to 6; siehe auch* **Sechs.**

Fünfeck (*pl* **-e**) *das* pentagon.

fünfeckig *adj* pentagonal.

fünffach *adj*: **die ~e Menge** five times as much; **in ~er Größe** five times as big; **die Formulare in ~er Ausfertigung abgeben** to provide five copies of the forms; **der ~e Gewinner** the five-times winner ◇ *adv* [auffordern] five times; **~ gelagert** with five bearings.

fünfhundert *num* five hundred.

Fünfjahresplan *der* five-year plan.

Fünfkampf *der* pentathlon.

fünfmal *adv* five times.

Fünfmarkstück *das* five-mark piece.

Fünfprozentklausel *die* five percent clause.

FÜNFPROZENTKLAUSEL

This clause stipulates that only parties that have managed to gain 5% of the national vote or that have a minimum of three candidates elected can be represented in the "Bundestag" (the German parliament). The purpose of this clause, enacted in the light of what happened to the parliament of the Weimar Republic, is to avoid the fragmentation of the German political system.

fünfstellig *adj* five-figure.

fünfstöckig *adj* five-storey.

fünft ◆ **zu fünft** *adv*: **zu ~** in a group of five; **wir waren zu ~** there were five of us.

fünftausend *num* five thousand.

fünfte *num* fifth; *siehe auch* **sechste.**

Fünfte (*pl* **-n**) *der, die, das* fifth; *siehe auch* **Sechste.**

fünftel *adj (unver)* fifth; *siehe auch* **sechstel.**

Fünftel (*pl* **-**) *das* fifth; *siehe auch* **Sechstel.**

fünfzehn *num* fifteen; *siehe auch* **sechs.**

Fünfzehn (*pl* **-en**) *die* fifteen; *siehe auch* **Sechs.**

fünfzig *num* fifty; *siehe auch* **sechs.**

Fünfzig *die* fifty; *siehe auch* **Sechs.**

Fünfzigerjahre, fünfziger Jahre *pl:* **die ~** the fifties.

Funk *der* [Übermittlung] radio.

Funkaus|stellung *die exhibition of broadcasting and communications technology.*

Funke (*pl* **-n**), **Funken** (*pl* **-**) *der* spark; **dass die ~n sprühen** ODER **fliegen** like crazy; **keinen ~n von etw haben** ODER **besitzen** not to have a scrap of sthg.

funkeln *vi* [Licht] to sparkle; [Stern] to twinkle; [Gold] to glitter.

funkelnagelneu *adj* ***fam*** spanking new.

funken *vt* to radio ◇ *vi:* **bei ihm hat es endlich gefunkt** ***fam*** [er versteht] he finally got it; **bei den beiden hat es gefunkt** ***fam*** [sie sind verliebt] they've fallen for each other.

Funken = **Funke.**

Funker, in (*mpl* **-;** *fpl* **-nen**) *der, die* radio operator.

Funk|gerät *das* radio set; [tragbar] walkie-talkie.

Funk|haus *das* broadcasting centre.

Funk|loch *das* TELEKOM *area in which mobile phone reception is not possible.*

Funk|stille *die* ***eigtl*** & ***fig*** radio silence.

Funktion [funk'tsio:n] (*pl* **-en**) *die* **- 1.** MATH [Aufgabe] function; [Tätigkeit] functioning; **in ~ sein/treten** to be in/come into operation **- 2.** [Position] position.

funktional *adj* functional ◇ *adv* functionally.

Funktionär, in (*mpl* **-e;** *fpl* **-nen**) *der, die* official.

funktionell *adj* functional ◇ *adv* [funktional] functionally.

funktionieren *vi* to work.

Funktions|taste *die* EDV function key.

funktionstüchtig *adj* [Gerät] in good working order.

Funk|verbindung *die* radio contact.

Funzel (*pl* **-n**) *die* ***fam abw*** dismal light.

für *präp (+ A)* **- 1.** [gen] for; **sich ~ etw entschuldigen** to apologize for sthg; **ein Spielplatz ~ die Kinder** a playground for the children; **sich ~ Geschichte interessieren** to be interested in history; **~ jn einspringen** to stand in for sb; **jn ~ dumm halten** to think sb is stupid; **einen Mantel ~ 1400 Mark kaufen** to buy a coat for 1,400 marks ; **~ ein halbes Jahr verreisen** to go away for half a year; **~ immer** for ever, for good; **~ sein Alter ist er noch recht munter** he's still very sprightly for his age **- 2.** [zur Angabe der Unterstützung] in favour of; **~ die Abschaffung der Todestrafe sein** to be in favour of abolishing the death penalty; **früh aufstehen hat etwas ~ sich** getting up early has something to be said for it **- 3.** [zur Angabe der Folge]: **Wort ~ Wort** word by word; **Tag ~ Tag** day after day.

Für *das:* **das ~ und Wider** the pros and cons.

Furcht *die* fear; **~ haben (vor jm/etw)** to be afraid (of sb/sthg); **aus ~ vor jm/etw** for fear of sb/sthg.

◆ **Furcht erregend** *adj* frightening ◇ *adv* frighteningly.

furchtbar *adj* terrible ◇ *adv* [sehr] terribly; **sich ~ anstrengen** to make an enormous effort.

fürchten *vt* to fear; **ich fürchte, dass der Wagen kaputt ist** I'm afraid the car is out of action; **er fürchtet, zu spät zu kommen** he's afraid of arriving late ◇ *vi:* **um etw ~** to fear for sthg.

◆ **sich fürchten** *ref:* **sich (vor jm/etw) ~** to be afraid (of sb/sthg).

fürchterlich *adj* terrible ◇ *adv* [sehr] terribly; **sich ~ anstrengen** to make an enormous effort.

furchterregend ▷ **Furcht.**

furchtlos *adj* fearless ◇ *adv* fearlessly.

furchtsam *adj* [Person, Tier] easily frightened; [Blick] fearful.

füreinander *adv* for each other.

Furie ['fu:riəl] (*pl* **-n**) *die* ***abw*** she-devil.

Furnier (*pl* **-e**) *das* veneer.

Furore *die:* **~ machen** to cause a sensation.

fürs *präp (für + das)* ▷ **für.**

Fürsorge *die* **- 1.** [menschliche Unterstützung] care **- 2.** [Sozialhilfe] social security ***Br,*** welfare ***Am*** **- 3.** [Sozialamt] social services *(pl)* ***Br,*** welfare services *(pl)* ***Am.***

fürsorglich *adj* attentive ◇ *adv* attentively.

Fürsprache *die* support; **bei jm ~ (für jn) einlegen** to intercede with sb (on sb's behalf).

Für|sprecher, in *der, die* advocate.

Fürst (*pl* **-en**) *der* prince.

Fürstentum (*pl* **-tümer**) *das* principality.

Fürstin (*pl* **-nen**) *die* princess.

fürstlich *adj* **- 1.** [von einem Fürsten]: **der ~e Schloss** the prince's castle **- 2.** [Bezahlung] handsome ◇ *adv* [bezahlen] handsomely; **~ leben** to live like a prince.

Furunkel (*pl* **-**) *der* ODER *das* boil.

Furz (*pl* **Fürze**) *der* ***salopp*** fart; **einen ~ lassen** to fart.

furzen *vi* ***salopp*** to fart.

Fusel *der* ***abw*** rotgut.

Fusion (*pl* **-en**) *die* **- 1.** WIRTSCH merger **- 2.** PHYS fusion.

fusionieren *vi* to merge.

Fuß (*pl* **Füße**) *der* - **1.** [Körperteil, von Berg] foot; **sich** *(D)* **die Füße vertreten** to stretch one's legs - **2.** [tragender Teil - von Lampe, Gefäß] base; [- von Möbeln] leg - **3.** ***RW:*** **auf eigenen Füßen stehen** to stand on one's own two feet; **(festen) ~ fassen** to find one's feet; **jn/etw mit Füßen treten** to trample all over sb/sthg; **jm zu Füßen liegen** to adore *ODER* worship sb; **kalte Füße bekommen** *ODER* **kriegen** ***fam*** to get cold feet.
◆ **zu Fuß** *adv* on foot; **ich gehe oft zu ~ zur Arbeit** I often walk to work.

Fuß|abtreter (*pl* -) *der* doormat.

Fuß|bad *das* footbath.

Fuß|ball *der* - **1.** SPORT football ***Br***, soccer ***Am*** - **2.** [Ball] football ***Br***, soccer ball ***Am***.

Fußballer, in (*mpl* **-**; *fpl* **-nen**) *der, die* footballer ***Br***, soccer player ***Am***.

Fußball|mannschaft *die* football team ***Br***, soccer team ***Am***.

Fußball|platz *der* football ground ***Br***, soccer ground ***Am***.

Fußball|spiel *das* football match ***Br***, soccer game ***Am***.

Fußball|spieler, in *der, die* football player ***Br***, soccer player ***Am***.

Fußball|verein *der* football club ***Br***, soccer club ***Am***.

Fuß|bank (*pl* **-bänke**) *die* footstool.

Fuß|boden *der* floor.

Fußboden|belag *der* floor covering.

Fussel (*pl* - *ODER* **-n**) *die ODER der* fluff *(U)*; **~n** fluff.

fusseln *vi* to go bobbly.

fußen *vi:* **auf etw** *(D)* **~** to be based on sthg.

Fuß|ende *das* foot.

Fußgänger (*pl* -) *der* pedestrian.

Fußgänger|ampel *die* lights *(pl)* at a pedestrian crossing.

Fußgängerin (*pl* **-nen**) *die* pedestrian.

Fußgängerüber|weg *der* pedestrian crossing ***Br***, crosswalk ***Am***.

Fußgänger|zone *die* pedestrian precinct ***Br*** *ODER* zone ***Am***.

Fuß|gelenk *das* ankle.

Fuß|matte *die* doormat.

Fuß|note *die* footnote.

Fuß|pflege *die* chiropody ***Br***, podiatry ***Am***; **zur ~ gehen** to go to the chiropodist's ***Br*** *ODER* podiatrist's ***Am***.

Fuß|pilz *der* athlete's foot.

Fuß|sohle *die* sole *(of the foot)*.

Fuß|spur *die* footprint.

Fuß|stapfen (*pl* -) *der* footprint; **in js ~ treten** ***fig*** to follow in sb's footsteps.

Fuß|tritt *der* kick.

Fuß|weg *der* footpath.

futsch *adj* ***fam:*** **~ sein** [fort] to have all gone; [kaputt] to be bust.

Futter (*pl* -) *das* - **1.** [für Haustiere] food; [für Vieh] feed; [Heu] fodder - **2.** [Stoff] lining.

futtern ***fam*** *vt* to feed ◇ *vi:* **sie kann viel ~** she can put away a lot of food.

füttern *vt* - **1.** [gen] to feed - **2.** [Kleidung] to line.

Futter|napf *der* (food) bowl.

Futterneid *der* jealousy.

Fütterung (*pl* **-en**) *die* - **1.** [Nähren] feeding - **2.** [von Kleidung] lining.

Futur (*pl* **-e**) *das* GRAM future (tense).

futuristisch *adj* futuristic ◇ *adv* in a futuristic style.

G

g, G [geː] (*pl* - *ODER* **-s**) *das* - **1.** [Buchstabe] g, G - **2.** MUS G.
◆ **g** (*abk für* **Gramm**) g.

gab *prät* ▷ **geben.**

Gabe (*pl* **-n**) *die* [Geschenk, Talent] gift; **eine milde ~** alms *(pl)*.

Gabel (*pl* **-n**) *die* - **1.** [Besteckteil, beim Fahrrad] fork - **2.** [in der Landwirtschaft] pitchfork - **3.** [vom Telefon] cradle; **den Hörer auf die ~ legen** to hang up.

gabeln ◆ **sich gabeln** *ref* [sich teilen] to fork.

Gabelung, Gablung (*pl* **-en**) *die* fork.

Gaben|tisch *der table on which Christmas or birthday presents are placed.*

gackern *vi* ***eigtl*** & ***fig*** to cackle.

gaffen *vi* ***fam abw*** to gawp.

Gag [gɛ(ː)k] (*pl* **-s**) *der* - **1.** ***fam*** [Witz] gag - **2.** [Besonderheit] gimmick.

Gage [ˈgaːʒə] (*pl* **-n**) *die* fee.

gähnen *vi* ***eigtl*** & ***fig*** to yawn.

Gala (*pl* **-s**) *die* - **1.** [Galavorstellung] gala - **2.** [Kleidung] formal dress.

galant ***geh*** *adj* gallant ◇ *adv* gallantly.

Galapagos-Inseln *pl* Galapagos Islands.
Galavor|stellung *die* gala performance.
Galaxis (*pl* **-xien**) *die* - **1.** [Milchstraße]: **die ~** the Galaxy - **2.** [Sternsystem] galaxy.
Galeere (*pl* **-n**) *die* galley.
Galerie (*pl* **-n**) *die* gallery.
Galerist, in (*mpl* **-en;** *fpl* **-nen**) *der, die* gallery owner.
Galgen (*pl* **-**) *der* gallows *(sg)*.
Galgenfrist *die* grace.
Galgenhumor *der* gallows humour.
Galions|figur *die* **eigtl** & **fig** figurehead.
Gälisch(e) *das* Gaelic; *siehe auch* **Englisch(e)**.
Galizien *nt* Galicia.
Galle (*pl* **-n**) *die* - **1.** [Organ] gall bladder - **2.** [Flüssigkeit] bile; **mir kommt die ~ hoch** ***fam*** it makes my blood boil.
Gallen|stein *der* gallstone.
gallertartig *adj* gelatinous.
Gallien ['galiən] *nt* Gaul.
Gallier, in ['galiɐ, rɪn] (*mpl* **-;** *fpl* **-nen**) *der, die* Gaul.
Galopp (*pl* **-s** *ODER* **-e**) *der* gallop; **im ~** [beim Pferd] at a gallop; ***fam*** [schnell] at top speed.
galoppieren (*perf* **hat/ist galoppiert**) *vi* to gallop.
Galopp|rennen *das* horse race.
Galoschen *die* ***fam abw*** scruffy shoes.
galt *prät* ▻ **gelten.**
Game|show ['ge:mʃo:] *die* TV game show.
gammeln *vi* ***fam*** - **1.** ***abw*** [nichts tun] to loaf around - **2.** [verderben] to go off.
Gämse (*pl* **-n**) *die* chamois.
gang *adj:* **~ und gäbe sein** to be perfectly normal.
Gang[1] [gɛŋ] (*pl* **Gänge**) *der* - **1.** [Gangart] gait; **er hat einen ~ wie John Wayne** he walks like John Wayne - **2.** [Spaziergang, Ausgang] walk; **einen ~ machen** to go for a walk - **3.** [Flur, Weg] corridor; [in Flugzeug] aisle; **unterirdischer ~** underground passage - **4.** [beim Kfz] gear; **im ersten ~** in first gear; **einen ~ zulegen** ***fam*** to get a move on - **5.** [Bewegung]: **etw in ~ bringen** *ODER* **setzen** [gen] to get sthg going; [Maschine] to start sthg up; **der Motor ist/kam in ~** the engine is running/started up; **die Diskussion kam erst nach einer Stunde in ~** it was an hour before the discussion got going - **6.** [Ablauf] course; **im ~e sein** to be going on - **7.** [Speisegang] course.
Gang[2] [gɛŋ] (*pl* **-s**) *die* gang.
Gang|art *die* gait.
gangbar *adj* [Lösung] practicable.
gängeln *vt* ***abw*** to treat like a child.
Ganges ['gaŋgɛs, 'gaŋɛs] *der* the (River) Ganges.
gängig *adj* - **1.** [üblich] common - **2.** [aktuell] current - **3.** [handelsüblich] popular.
Gang|schaltung *die* gears *(pl)*.
Gangster ['gɛŋstɐ] (*pl* **-**) *der* Gangster.
Gangway ['gɛŋwe:] (*pl* **-s**) *die* [von Schiff] gangway; [von Flugzeug] steps *(pl)*.
Ganove [ga'no:və] (*pl* **-n**) *der* crook.
Gans (*pl* **Gänse**) *die* goose; **dumme ~!** ***fam*** silly goose!
Gänse|blümchen *das* daisy.
Gänse|braten *der* roast goose.
Gänse|füßchen *pl* ***fam*** quotation marks.
Gänse|haut *die (ohne pl)* goose-pimples *(pl)* ***Br***, goosebumps ***Am***.
Gänse|marsch *der:* **im ~** in single file.
Gänserich (*pl* **-e**) *der* gander.
Gänseschmalz *das* goose fat.
ganz *adj* - **1.** [komplett] whole, entire; **den ~en Tag** all day, the whole day; **eine ~e Zahl** a whole number; **~e Note** MUS semi-breve ***Br***, whole note ***Am*** - **2.** [alle] all; **der ~e Kaffee** all the coffee; **~ Paris** the whole of Paris - **3.** ***fam*** [heil] whole, intact; **die Tasse ist noch ~** the cup is still intact *ODER* in one piece; **etw ~ machen** to repair sthg - **4.** [nur]: **wir haben ~e zehn Minuten dafür gebraucht** it took us no more than ten minutes - **5.** [verstärkend]: **eine ~e Menge** quite a lot; **was soll der ~e Quatsch!** what's all this nonsense about! <> *adv* - **1.** [sehr] really; **er ist ein ~ seltsamer Mensch** he's a very strange person; **~ wenig** very little - **2.** [völlig] completely; **~ bestimmt** quite certainly; **er kommt ~ bestimmt** he is sure to come; **~ und gar** completely; **~ und gar (nicht)** not at all - **3.** [einschränkend] quite; **der Film war ~ gut** the film was quite good.
Ganze *das* - **1.** [Einheit] whole; **eine Sache als ~s beurteilen** to judge sthg as a whole - **2.** [alles] whole thing; **das ~ war eine Farce** the whole thing was a farce; **aufs ~ gehen** to go for it; **es geht ums ~** it's all or nothing.
◆ **im Ganzen** *adv* on the whole.
Gänze *die:* **in seiner/ihrer ~** ***geh*** in its entirety; **zur ~** fully.
ganzheitlich *adj* - **1.** [Betrachtung] global - **2.** [Medizin] holistic <> *adv* globally.
ganzjährig *adj:* **ein ~es Angebot** an offer which is available all year round <> *adv* all year round.
gänzlich *adj* complete <> *adv* completely.
ganzseitig *adj* full-page.
ganztägig *adj* all-day; **ein ~er Ausflug** a day trip <> *adv* [geöffnet] all day; [arbeiten] full-time.
ganztags *adv:* **~ arbeiten** to work full-time.

Ganztags|schule *die school attended in the morning and afternoon, rather than just in the morning as with most German schools.*

gar *adv* **~ kein** no ... not ... at all; **es war ~ keiner da** there was no one there at all; **auf ~ keinen Fall** under no circumstances at all; **~ nicht** not at all; **aber du hast doch ~ nicht gefragt!** but you didn't even ask!; **~ nichts** nothing at all; **~ niemand** nobody at all; **sie wäre ~ zu gerne gekommen** she would have been all too happy to have come. <> *adj* [Speise] done.

Garage (*pl* **-n**) *die* garage.

Garagen|wagen *der car which has always been parked in a garage rather than in the open.*

Garant (*pl* **-en**) *der:* **ein ~ für etw sein** to guarantee sthg.

Garantie (*pl* **-n**) *die* guarantee; **die ~ für etw übernehmen** to guarantee sthg.
◆ **unter Garantie** *adv* under guarantee.

garantieren *vt* to guarantee <> *vi:* **für etw ~** to guarantee sthg.

garantiert *adv* **fam: er hat ~ verschlafen** I bet he's overslept; **wir werden ~ gewinnen** we're bound to win <> *adj* guaranteed.

Garantie|schein *der* guarantee (certificate).

Garaus *der:* **jm den ~ machen** ***fam hum*** to bump sb off; **einer Sache** *(D)* **den ~ machen** ***fam hum*** [Hoffnungen] to put paid to sthg.

Gardasee *der* Lake Garda.

Garde (*pl* **-n**) *die* [Leibgarde] guard; **noch (einer) von der alten ~ sein** ***fig*** to be one of the old guard.

Garderobe (*pl* **-n**) *die* **- 1.** [in der Wohnung] hallstand **- 2.** [in öffentlichen Räumen] cloakroom ***Br***, coatroom ***Am*** **- 3.** *(ohne pl)* [Kleidung] clothes *(pl) (except underwear)*; **eine neue ~ kaufen** to buy a new wardrobe **- 4.** [für Künstler] dressing room.

Garderoben|frau *die* cloakroom attendant ***Br***, coatroom attendant ***Am***.

Garderoben|ständer *der* coatstand.

Gardine (*pl* **-n**) *die* net curtain; **hinter schwedischen ~n** ***fam*** behind bars.

Gardinen|stange *die* curtain rail.

garen *vt* to cook.

gären (*prät* **gor** ODER **gärte;** *perf* **hat/ist gegoren** ODER **gegärt**) *vi* **- 1.** *(ist) (unreg)* [in Gärung sein] to ferment **- 2.** *(hat) (reg)* [Unzufriedenheit, Ärger]: **es gärte im Volk** the people were growing restless.

Garn (*pl* **-e**) *das* [zum Nähen] thread; [zum Weben] yarn.

Garnele (*pl* **-n**) *die* shrimp.

garnieren *vt* to garnish.

Garnison (*pl* **-en**) *die* garrison.

Garnitur (*pl* **-en**) *die* **- 1.** [Satz] set; **eine Polstermöbel ~** a three-piece suite **- 2.** [Garnierung] garnish **- 3.** [Klasse, Kategorie]: **er gehört zur ersten/zweiten ~ des Vereins** ***fam*** he's one of the club's first-team/second-string players.

garstig *adj* [frech, böse] nasty <> *adv* [frech, böse] nastily.

Garten (*pl* **Gärten**) *der* garden; **sie hat Schallplatten quer durch den ~ gesammelt** she has a real mixture of records in her collection.
◆ **botanische Garten** *der* botanical gardens *(pl)*, botanical garden.
◆ **englische Garten** *der landscape design popular on English country estates comprising open countryside interspersed with copses.*
◆ **zoologische Garten** *der* zoo.

Garten|arbeit *die* gardening.

Garten|bau *der* horticulture.

Garten|gerät *das* gardening tool.

Garten|haus *das* garden shed.

Garten|laube *die* summerhouse.

Garten|schere *die* [klein] secateurs *(pl)*; [Heckenschere] shears *(pl)*.

Garten|zaun *der* garden fence.

Garten|zwerg *der* garden gnome.

Gärtner (*pl* **-**) *der* gardener.

Gärtnerei (*pl* **-en**) *die* **- 1.** [Betrieb] nursery **- 2.** [Gartenarbeit] gardening.

Gärtnerin (*pl* **-nen**) *die* gardener.

gärtnern *vi* to (work in the) garden.

Gärung (*pl* **-en**) *die* fermentation.

Gar|zeit *die* cooking time.

Gas (*pl* **-e**) *das* **- 1.** [gen] gas **- 2.** [Gaspedal] accelerator ***Br***, gas pedal ***Am***; [Treibstoff] petrol ***Br***, gas ***Am***; **(das) ~ wegnehmen** to take one's foot off the accelerator ***Br*** ODER gas ***Am***; **~ geben** to accelerate.

Gas|flasche *die* gas cylinder.

gasförmig *adj* gaseous.

Gas|hahn *der* gas tap.

Gas|heizung *die* gas heating.

Gas|herd *der* gas cooker ***Br***, gas stove ***Am***.

Gas|kocher *der* camping stove, Primus stove®.

Gas|leitung *die* gas pipe.

Gas|mann (*pl* **-männer**) *der* gasman.

Gas|maske *die* gas mask.

Gas|pedal *das* accelerator ***Br***, gas pedal ***Am***.

Gas|pistole *die pistol that fires gas cartridges.*

Gasse (*pl* **-n**) *die* alley; **die Menschenmenge bil-**

dete eine ~ **für das Fahrzeug** the crowd parted to let the vehicle through.

Gassi ◈ **Gassi gehen** *vi (unreg)* **fam** to go (for) walkies.

Gast (*pl* **Gäste**) *der* - **1.** [Eingeladene] guest; **bei jm zu ~ sein** to be sb's guest; **wir sind heute Abend bei Freunden zu ~** we are visiting friends this evening; **Gäste haben** to have guests; **wir haben heute Abend Freunde zu ~** we are having some friends round *ODER* over this evening; **Sie sind mein ~, seien Sie bitte mein ~** this one's on me - **2.** [im Hotel] guest; [im Lokal] customer - **3.** [Tourist] visitor.

Gast|arbeiter, in *der, die* foreign worker.

Gäste|bett *das* spare bed.

Gäste|buch *das* visitors' book.

Gäste|zimmer *das* guest room.

gastfreundlich *adj* hospitable.

Gast|freundschaft *die* hospitality.

Gast|geber, in (*mpl* -; *fpl* **-nen**) *der, die* - **1.** [Einladende] host - **2.** [heimische Mannschaft] home team.

Gast|haus *das* inn.

Gast|hof *der* inn.

Gast|hörer, in *der, die* UNI auditor *Am, person permitted to attend university lectures without being registered as a student.*

gastieren *vi* to give a guest performance.

Gast|land *das* [für Veranstaltung] host country.

gastlich *adj* hospitable ◇ *adv* hospitably.

Gast|mannschaft *die* away team.

Gastronomie *die* - **1.** [Gewerbe] catering - **2.** [Kochkunst] gastronomy.

gastronomisch *adj* gastronomic.

Gast|spiel *das* guest performance.

Gast|stätte *die rustic restaurant with pub attached.*

Gast|stube *die* dining room *(in pub).*

Gast|wirt, in *der, die* landlord (*f* landlady).

Gast|wirtschaft *die rustic pub where food is served.*

Gas|vergiftung *die* gas poisoning.

Gas|werk *das* gasworks *(sg).*

Gatte (*pl* **-n**) *der* husband, spouse.

Gatter (*pl* -) *das* - **1.** [Tor] gate - **2.** [Zaun] fence.

Gattin (*pl* **-nen**) *die* wife, spouse.

Gattung (*pl* **-en**) *die* - **1.** BIOL genus - **2.** [Art, Untergruppe] kind, type; [von Literatur, Kunst, Musik] genre.

GAU [gau] (*pl* **-s**) (*abk für* **Größter anzunehmender Unfall**) *der* MCA, *maximum credible accident.*

Gaudi *die ODER das* **fam Süddt** & **Österr** fun *(U)*; **eine große ~ haben** to have a real laugh.

Gaukler, in (*mpl* -; *fpl* **-nen**) *der, die* [Akrobat, Zauberkünstler] *itinerant entertainer who performs acrobatics and magic tricks.*

Gaul (*pl* **Gäule**) *der* **abw** nag.

Gaumen (*pl* -) *der* palate.

Gauner (*pl* -) *der* - **1.** [Betrüger] crook - **2. fam** [Spitzbube] cunning devil.

Gaunerei (*pl* **-en**) *die* swindle.

Gaunerin (*pl* **-nen**) *die* crook.

Gazastreifen *der*: **der ~** the Gaza Strip.

Gaze ['gaːzə] *die* gauze.

Gazelle (*pl* **-n**) *die* gazelle.

Gde. *abk für* **Gemeinde.**

G-Dur *das* MUS G major.

geartet *adj*: **eine wie auch immer ~e Lösung** some solution or other; **eine anders ~e Sprache** a different kind of language.

Geäst *das (ohne pl)* branches *(pl).*

geb. - **1.** (*abk für* **geborene**) née - **2.** (*abk für* **geboren**) b.

Gebäck (*pl* **-e**) *das* pastries *(pl).*

gebacken *pp* ▷ **backen** ◇ *adj* baked; **frisch ~** freshly baked.

Gebälk (*pl* **-e**) *das* beams *(pl)*; [im Dach] rafters *(pl).*

gebar *prät* ▷ **gebären.**

Gebärde (*pl* **-n**) *die* gesture.

gebärden ◈ **sich gebärden** *ref* to behave.

gebären (*präs* **gebärt** *ODER* **gebiert**; *prät* **gebar**; *perf* **hat geboren**) *vt* to give birth to.

Gebär|mutter *die* womb.

Gebäude (*pl* -) *das* - **1.** [Bauwerk] building - **2.** [gedanklich] structure; [aus Lügen] web.

Gebäude|komplex *der* (building) complex.

Gebäude|reinigung *die* - **1.** [Reinigen] commercial cleaning - **2.** [Firma] cleaning contractors *(pl).*

gebaut *adj*: **gut ~ sein** to have a good body.

Gebell, Gebelle *das* barking.

geben (*präs* **gibt**; *prät* **gab**; *perf* **hat gegeben**) *vt* - **1.** [gen]: **jm etw ~** to give sb sthg, to give sthg to sb; **er gab mir 20 Mark dafür** he gave me 20 marks for it; **jm einen Kuss ~** to give sb a kiss, to kiss sb; **jm eine Spritze ~** to give sb an injection; **Unterricht ~** to teach; **eine Party ~** to have a party; **sein Einverständnis ~** to agree, to give one's consent - **2.** [platzieren]: **den Teig in die Kuchenform ~** to put the dough in the baking tin - **3.** [eine Bedeutung beimessen]: **viel/wenig auf etw** *(A)* **~ fam** to set a lot of/little store by sthg - **4.** [telefonisch]: **~ Sie mir bitte die Personalabteilung!** could you put me through to the personnel department, please? - **5.** [kausal]: **die Kuh gibt Milch** the cow

produces milk; **das gibt doch nie etwas** nothing will ever come of that; **das gibt zu denken!** it makes you think!; ***fam*** **das Buch gibt mir nichts** I didn't get much out of the book ◇ *v impers:* **es gibt** there is/are; **es gibt keinen Wein mehr** there is ODER there's no more wine; **hier gibt es viele Studenten** there are a lot of students here; **die schönsten Fresken gibt es in Italien** the most beautiful frescoes can be found in Italy; **was gibt es im Fernsehen?** what's on television?; **was gibt es heute zum Mittagessen?** what's for lunch today?; **was gibt es? *fam*** what's up?; **das gibt es doch nicht! *fam fig*** I don't believe it! ◇ *vi* [beim Kartenspielen] to deal; **du gibst!** it's your deal.
◆ **sich geben** *ref* - **1.** [sich verhalten] to act, to behave - **2.** [vortäuschen]: **sich als Kenner ~** to make o.s. out to be an expert - **3.** [aufhören] to sort itself out; **das gibt sich wieder** ODER **mit der Zeit** it'll sort itself out sooner or later.

Gebet (*pl* **-e**) *das* prayer; **ein ~ sprechen** to say a prayer; **jn ins ~ nehmen *fam*** to take sb to task.

gebeten *pp* ▷ **bitten.**

Gebiet (*pl* **-e**) *das* - **1.** [Region, Gegend] area - **2.** [Bereich] field, area.

gebieten (*prät* **gebot;** *perf* **hat geboten**) *vt* - **1.** [befehlen]: **jm ~, etw zu tun** to command sb to do sthg - **2.** [verlangen] to call for; **Vorsicht ist geboten** caution is called for.

Gebieter, in (*mpl* **-;** *fpl* **-nen**) *der, die* master.

gebieterisch *adj* imperious ◇ *adv* imperiously.

Gebietsanspruch *der* territorial claim.

Gebietsreform *die* local government reorganization.

gebietsweise *adv* [abrechnen, gliedern] by area.

Gebilde (*pl* **-**) *das* structure.

gebildet *adj* educated ◇ *adv* eruditely.

Gebirge (*pl* **-**) *das* mountains *(pl);* [Bergkette] mountain range; **im ~** in the mountains.

gebirgig *adj* mountainous.

Gebirgsdorf *das* mountain village.

Gebirgslandschaft *die* - **1.** [Ausblick] mountain scenery *(U)* - **2.** [Gegend] mountainous region.

Gebirgspass *der* mountain pass.

Gebiss (*pl* **-e**) *das* - **1.** [Zähne] teeth *(pl)* - **2.** [Zahnersatz] dentures *(pl).*

gebissen *pp* ▷ **beißen.**

Gebläse (*pl* **-**) *das* fan.

geblasen *pp* ▷ **blasen.**

geblieben *pp* ▷ **bleiben.**

geblümt *adj* [Kleid, Stil] flowery.

gebogen *pp* ▷ **biegen** ◇ *adj* curved.

geboren *pp* ▷ **gebären** ◇ *adj* born; **Frau Maier, ~ Müller** Mrs. Maier, née Müller; **dazu ~ sein, etw zu tun *fig*** to be born to do sthg.

geborgen *pp* ▷ **bergen** ◇ *adj* safe; **sich (bei jm) ~ fühlen** to feel secure ODER safe with sb.

Geborgenheit *die* security.

geborsten *pp* ▷ **bersten.**

Gebot (*pl* **-e**) *das* - **1.** [Befehl] directive; [moralisch] precept; [göttlich] commandment - **2.** [Erfordernis] requirement; **das ~ der Stunde** the needs of the moment; **das ~ der Vernunft** the dictates of reason - **3.** [Angebot] bid.
◆ **Zehn Gebote** *pl* REL: **die Zehn ~e** the Ten Commandments.

geboten *pp* ▷ **bieten** ▷ **gebieten; etw für sein Geld ~ bekommen** to get sthg for one's money ◇ *adj* necessary, requisite.

Gebr. (*abk für* **Gebrüder**) Bros.

gebracht *pp* ▷ **bringen.**

gebrannt *pp* ▷ **brennen** ◇ *adj* burnt; **~e Mandeln** toasted almonds.

gebraten *pp* ▷ **braten** ◇ *adj* [in der Pfanne] fried; [im Backofen] roast.

Gebräu (*pl* **-e**) *das* ***abw*** concoction.

Gebrauch [gə'braux] (*pl* **-bräuche**) *der* use; **etw in ~ nehmen** to start using sthg; **von etw ~ machen** to make use of sthg.
◆ **Gebräuche** *pl* customs.

gebrauchen *vt* to use; **sie ist zu nichts zu ~ *fam*** she is good for nothing; **ich könnte etwas zu essen ~** I could use something to eat.

gebräuchlich *adj* - **1.** [verbreitet] common - **2.** [üblich] usual.

Gebrauchsanweisung [gə'brauxsanvaizʊŋ] *die* instructions *(pl).*

gebrauchsfertig [gə'brauxsfɛrtɪç] *adj* ready-to-use.

Gebrauchsgegenstand [gə'brauxsgeːgŋʃtant] *der* everyday object.

gebraucht *adj* second-hand.

Gebrauchtwagen *der* used ODER second-hand car.

gebrechlich *adj* frail.

gebrochen *pp* ▷ **brechen** ◇ *adj* broken ◇ *adv* [unvollkommen]: **er spricht ~ Italienisch** he speaks broken Italian.

Gebrüder *pl:* **die ~ Schulze** the Schulze brothers.

Gebrüll *das (ohne pl)* [von Löwe, Menschenmenge] roaring; [von Stier] bellowing; [von Kind, Affe] screeching.

Gebühr (*pl* **-en**) *die* charge; [für Arzt, Anwalt] fee; [für Autobahn] toll; [für Post] postage.
◆ **nach Gebühr** *adv* appropriately.
◆ **über Gebühr** *adv* unduly.

gebühren *vi* ***geh:*** **ihm gebührt Anerkennung** he deserves recognition.

gebührend *adj* [Strafe, Belohnung] suitable; [Sorgfalt] due <> *adv* [strafen, belohnen] suitably; **etw ~ sorgfältig machen** to do sthg with due care.

Gebühren|einheit *die* TELEKOM unit.

gebührenfrei *adj* & *adv* free of charge.

gebührenpflichtig *adj* subject to a charge.

gebunden *pp* ▻ **binden** <> *adj* - **1.** [in Beziehung]: **ich bin ~** I'm in a relationship - **2.** [vertraglich] bound - **3.** [gefesselt]: **an etw** *(A)* **~ sein** to be tied to sthg.

Geburt *(pl* **-en)** *die* birth; **von ~ an** from birth; **von adeliger ~ sein** to be of noble birth; **er ist von ~ kein Deutscher** he is not German by birth.

Geburten|kontrolle *die* birth control.

Geburten|rückgang *der* decline in the birthrate.

geburtenschwach *adj* with a low birthrate.

geburtenstark *adj* with a high birthrate.

gebürtig *adj*: **sie ist ~e Bayerin, sie ist aus Bayern ~** she's Bavarian by birth.

Geburts|anzeige *die* birth announcement.

Geburts|datum *das* date of birth.

Geburts|ort *der* place of birth.

Geburts|tag *der* - **1.** [Jahrestag] birthday; **wann hast du ~?** when is your birthday?; **jm zum ~ gratulieren** to wish sb a happy birthday; **alles Gute zum ~!** happy birthday! - **2.** *amt* [Geburtsdatum] date of birth.

Geburtstags|feier *die* birthday party.

Geburtstags|kind *das* birthday boy/girl.

Geburts|urkunde *die* birth certificate.

Gebüsch *(pl* **-e)** *das* bushes *(pl)*.

Geck *(pl* **-en)** *der* *abw* dandy.

gedacht *pp* ▻ **denken, gedenken** <> *adj*: **das Geschenk ist als Trost ~** the present is meant to be a consolation; **eigentlich war das anders ~** actually that's not what was intended; **es ist für ihn ~** it is meant for him.

Gedächtnis *(pl* **-se)** *das* memory; **kein ~ für Zahlen haben** to have no head for numbers; **etw im ~ behalten** to remember sthg; **zum ~ an jn** in memory of sb.
◆ **aus dem Gedächtnis** *adv* from memory.

Gedächtnis|feier *die* commemoration.

Gedächtnis|lücke *die* gap in one's memory.

Gedächtnis|schwund *der* memory loss, amnesia; **unter ~ leiden** to suffer from memory loss ODER amnesia.

Gedächtnis|stütze *die* mnemonic.

gedämpft *adj* [Licht, Musik, Stimmung] subdued; [Geräusch, Schritte] muffled; [Farbton, Musikinstrument] muted; [Stimme] low.

Gedanke *(pl* **-n)** *der* - **1.** [Gedachte, Überlegung] thought; **sich** *(D)* **~n über etw** *(A)* **machen** to think about sthg; **etw (ganz) in ~n tun** to do sthg (quite) without thinking; **js ~n lesen können** to be able to read sb's mind; **er hat sich entschlossen, keinen ~n daran zu verschwenden** he decided not to waste any time thinking about it; **der bloße ~, dass ...** the very idea that ... - **2.** [Vorstellung, Vorhaben] idea; **mit dem ~n spielen, etw zu tun** to toy with the idea of doing sthg - **3.** [Sorge]: **sich** *(D)* **~n über jn/etw machen** to be worried about sb/sthg.

Gedankenaus|tausch *der* exchange of ideas.

Gedanken|blitz *der* brainwave.

Gedanken|gang *der* train of thought.

Gedanken|gut *das (ohne pl)* thought.

gedankenlos *adj* [ohne nachzudenken] thoughtless; [unaufmerksam] absent-minded <> *adv* [ohne nachzudenken] without thinking; [unaufmerksam] absent-mindedly.

Gedanken|strich *der* dash.

Gedanken|übertragung *die* telepathy.

gedankenverloren *adv* lost in thought.

gedanklich *adj* [Problem, Zusammenhang] intellectual; [Anstrengung, Bemühung] mental <> *adv* mentally.

Gedeck *(pl* **-e)** *das* - **1.** [Geschirr und Besteck] place setting - **2.** [Speisenfolge] set meal.

Gedeih ◆ **auf Gedeih und Verderb** *adv* for better or for worse.

gedeihen *(prät* **gedieh**; *perf* **ist gediehen)** *vi* - **1.** [Mensch, Tier, Pflanze, Firma] to thrive - **2.** [Projekt, Verhandlungen] to progress.

gedenken *(prät* **gedachte**; *perf* **hat gedacht)** *vi* *geh* - **1.** [sich erinnern]: **js/einer Sache ~** to remember sb/sthg - **2.** [planen]: **etw zu tun ~** to intend to do sthg.

Gedenken *das (ohne pl)* *geh*: **zum ~ an jn/etw, jm/einer Sache zum ~** in memory of sb/sthg; **ein Feiertag zum ~ an das Kriegsende** a holiday to commemorate the end of the war.

Gedenk|feier *die* commemoration.

Gedenk|minute *die* minute's silence.

Gedenk|stätte *die* memorial.

Gedenk|tafel *die* plaque.

Gedicht *(pl* **-e)** *das* poem; **das Essen ist ein ~!** the food is just heavenly!

gediegen *adj* - **1.** [Gold, Silber] solid - **2.** [solide - Möbel] solid; [- Haus] solidly-built; [- Kleidung] well-made; [- Kentnisse] thorough; [- Geschmack] discerning - **3.** [ungewöhnlich] peculiar <> *adv* [solide] solidly.

gediẹh *prät* ▷ **gedeihen.**

gedi̲ehen *pp* ▷ **gedeihen.**

Gedrạ̈nge *das* crush.

gedrạ̈ngt *adj* [Bericht, Beschreibung] succinct; [Zeitplan] busy ◇ *adv* succinctly.

gedrọschen *pp* ▷ **dreschen.**

gedrụ̈ckt *adj* depressed.

gedrụngen *pp* ▷ **dringen** ◇ *adj* stocky.

Gedu̲del *das* ***fam abw*** droning.

Gedụld *die* patience; **mit jm ~ haben** to be patient with sb; **die ~ verlieren** to lose one's patience.

gedụlden ◆ **sich gedulden** *ref* to be patient.

gedụldig *adj* patient ◇ *adv* patiently.

Gedụldsfaden *der:* **ihm reißt (gleich) der ~** he's losing his patience.

Gedụldsprobe *die:* **es bedeutet für sie eine ~** it's trying her patience.

gedụrft *pp* ▷ **dürfen.**

gee̲ignet *adj* suitable; **für etw ~ sein** to be suitable for sthg; **nicht ~** unsuitable; **er ist zum Lehrer ~** he'd make a good teacher.

Gefa̲hr (*pl* **-en**) *die* danger; **es besteht die ~ eines Unfalls** there's the risk of an accident; **außer ~ sein** no longer to be in danger; **~ laufen, etw zu tun** to be in danger of doing sthg. ◆ **auf eigene Gefahr** *adv* at one's own risk.

gefä̲hrden *vt* [Gesundheit, Leben, Mensch] to endanger; [Unternehmen, Projekt] to jeopardize.

Gefä̲hrdung (*pl* **-en**) *die* [von Gesundheit, Leben, Mensch] endangering; [von Unternehmen, Projekt] jeopardizing.

gefa̲hren *pp* ▷ **fahren.**

Gefa̲hren|zone *die* danger area.

gefä̲hrlich *adj* dangerous ◇ *adv* dangerously.

gefa̲hrlos *adj* safe ◇ *adv* safely.

Gefä̲hrte (*pl* **-n**) *der* ***geh*** companion.

Gefä̲hrtin (*pl* **-nen**) *die* ***geh*** companion.

Gefạ̈lle (*pl* **-**) *das* **- 1.** [von Straße, Dach] slope **- 2.** [Unterschied] difference.

gefạllen[1] (*präs* **gefällt;** *prät* **gefi̲el;** *perf* **hat gefạllen**) *vi* **- 1.** [gut finden]: **er/es gefällt mir** I like him/it **- 2.** [ertragen]: **sich** *(D)* **etw ~ lassen** to put up with sthg; **sich** *(D)* **nichts ~ lassen** not to put up with any nonsense; **das lasse ich mir ~!** ***fam*** I can handle this! ◆ **sich gefallen** *ref:* **sie gefällt sich in der Rolle des Märtyrers** she likes to play the martyr.

gefạllen[2] *pp* ▷ **fallen** ◇ *adj* [Engel, Mädchen] fallen; [Soldat] killed in action.

Gefạllen (*pl* **-**) *der* favour; **jm einen ~ tun** to do sb a favour; **jn um einen ~ bitten** to ask sb a favour ◇ *das:* **an jm/etw ~ finden** to get ODER come to like sb/sthg; **Ihnen zu ~** for your sake, just for you.

gefạ̈llig *adj* **- 1.** [entkommend] helpful; **jm ~ sein** to be of help to sb **- 2.** [angenehm] pleasant **- 3.** [genehm]: **noch ein Bier ~?** would you like another beer?

Gefạ̈lligkeit (*pl* **-en**) *die* [Gefallen] favour; **aus reiner ~ gebe ich dir das Geld** I'll give you the money out of the kindness of my heart.

gefạ̈lligst *adv* kindly.

gefạngen *pp* ▷ **fangen** ◇ *adj:* **in etw** *(D)* **~ sein** to be a prisoner of sthg.

Gefạngene (*pl* **-n**) *der, die* prisoner.

gefạngen halten *vt (unreg)* **- 1.** [Mensch] to hold captive; [Tier] to keep in captivity **- 2.** ***geh*** [in Bann halten] to captivate.

gefạngen nehmen *vt (unreg)* **- 1.** [festnehmen] to capture **- 2.** [in Bann ziehen] to captivate.

Gefạngenschaft *die* captivity; **in ~ geraten** to be taken prisoner.

Gefạ̈ngnis (*pl* **-se**) *das* **- 1.** [Haftanstalt] prison; **ins ~ kommen** to be sent to prison; **im ~ sitzen** to be in prison **- 2.** [Haftstrafe] imprisonment.

Gefạ̈ngnis|strafe *die* prison sentence.

Gefạ̈ngnis|wärter, in *der, die* prison guard.

Gefạ̈ngnis|zelle *die* prison cell.

gefạ̈rbt *adj* dyed.

Gefa̲sel *das* ***fam abw*** drivel.

Gefä̲ß (*pl* **-e**) *das* **- 1.** [Behältnis] container **- 2.** [von Lebewesen] blood vessel.

gefạsst *adj* **- 1.** [gelassen] composed **- 2.** [vorbereitet]: **auf etw** *(A)* **~ sein** to be prepared for sthg; **du kannst dich darauf ~ machen, dass ...** ***fam*** you'd better start getting used to the idea that ...; **sonst kannst du dich auf was ~ machen** ***fam*** otherwise you're in for it ◇ *adv* [gelassen] calmly.

Gefẹcht (*pl* **-e**) *das* skirmish; **jn außer ~ setzen** to put sb out of action.

gefe̲it *adj:* **(gegen etw) ~ sein** to be immune (to sthg).

Gefi̲eder (*pl* **-**) *das* feathers *(pl).*

Geflẹcht (*pl* **-e**) *das:* **ein ~ aus Draht** a wire mesh; **ein Korb aus ~** a woven ODER wicker basket.

Geflịmmer *das* flickering.

geflịssentlich *adv* deliberately.

geflọchten *pp* ▷ **flechten** ◇ *adj* [Band, Haar] plaited ***Br***, braided ***Am***; [Korb] woven, wicker.

geflo̲gen *pp* ▷ **fliegen.**

geflo̲hen *pp* ▷ **fliehen.**

geflọssen *pp* ▷ **fließen.**

Geflü̲gel *das* poultry.

Geflügel|schere *die* poultry shears *(pl)*.

geflügelt *adj* winged ▷ **Wort.**

Geflüster *das* whispering.

gefochten *pp* ▷ **fechten.**

Gefolge *das* entourage; [bei Beerdigung] cortege.

Gefolgschaft (*pl* **-en**) *die* **- 1.** *(ohne pl)* [Loyalität] allegiance; **jm die ~ verweigern** to stop supporting sb **- 2.** [Anhängerschaft] followers *(pl)*.

gefragt *adj* popular; **sehr ~ sein** to be very much in demand.

gefräßig *adj* ***abw*** greedy.

Gefreite (*pl* **-n**) *der* lance corporal ***Br***, private first class ***Am***.

gefressen *pp* ▷ **fressen.**

gefrieren (*prät* **gefror;** *perf* **hat/ist gefroren**) *vi (ist)* to freeze; **es hat gefroren** there has been a frost.

Gefrier|fach *das* freezer (compartment).

Gefrier|schrank *der* (upright) freezer.

Gefrier|truhe *die* (chest) freezer.

gefroren *pp* ▷ **frieren** ▷ **gefrieren** ◇ *adj* frozen.

Gefüge (*pl* **-**) *das* structure.

gefügig *adj* submissive.

Gefühl (*pl* **-e**) *das* **- 1.** [gen] feeling; **seine Beine sind ohne ~** he's got no feeling in his legs; **er kennt keine ~e** he doesn't have any feelings; **wenn mich mein ~ nicht trügt** if my instinct is correct; **etw im ~ haben** to know sthg instinctively **- 2.** [Gespür] sense; **ein ~ für etw** a sense of sthg.

gefühllos *adj* **- 1.** [taub] numb **- 2.** [herzlos] callous ◇ *adv* [herzlos] callously.

gefühls|arm *adj* unemotional.

gefühlsbetont *adj* emotional ◇ *adv* emotionally.

Gefühlsduselei (*pl* **-en**) *die* ***abw*** mawkish sentimentality.

Gefühlsleben *das* emotional life.

gefühlsmäßig *adj* emotional ◇ *adv* emotionally.

gefühlvoll *adj* **- 1.** [einfühlsam] sensitive **- 2.** [gefühlsbetont] expressive ◇ *adv* **- 1.** [einfühlsam] sensitively **- 2.** [gefühlsbetont] with feeling.

gefunden *pp* ▷ **finden.**

gegangen *pp* ▷ **gehen.**

gegeben *pp* ▷ **geben** ◇ *adj* **- 1.** [vorhanden] given; **in der ~en Situation** under the circumstances; **etw als ~ annehmen** to take sthg for granted **- 2.** [geeignet] right; **zum ~en Zeitpunkt** in due course.

gegebenenfalls *adv* if necessary.

Gegebenheit (*pl* **-en**) *die* condition, circumstance.

gegen *präp (+ A)* **- 1.** [gen] against; **~ die Tür hämmern** to bang on the door; **das Schiff fährt ~ die Strömung** the ship is sailing upstream; **~ etw sein** to be opposed to *ODER* against sthg; **~ einen Befehl handeln** to contravene an order; **etw ~ jn haben** to have sthg against sb; **heute spielt Leipzig ~ Bremen** Leipzig are playing Bremen today; **ein Mittel ~ Grippe** a flu remedy, a medicine for flu **- 2.** [zeitlich]: **~ fünf Uhr** at about five o'clock; **~ Abend wurde es kühler** it cooled down towards evening **- 3.** [im Gegenzug] for; **~ bar** for cash **- 4.** [im Vergleich zu] in comparison to, compared with.

Gegen|angriff *der* counterattack.

Gegen|antrag *der* countermotion; **einen ~ stellen** to propose a countermotion.

Gegen|argument *das* counterargument.

Gegen|beweis *der* evidence *(U)* to the contrary.

Gegend (*pl* **-en**) *die* **- 1.** [Gebiet, Bereich] area; **in der ~** nearby; **in der ~ von** near; **in der Nierengegend** in the region of the kidneys; **hier in der ~** round here **- 2.** [Nachbarschaft] neighbourhood **- 3.** ***RW:* so in der ~ *fam*** thereabouts; **die ~ unsicher machen *fam*** to paint the town red.

Gegen|darstellung *die* conflicting account.

gegeneinander *adv* against one another *ODER* each other.

gegeneinander halten *vt (unreg)* **- 1.** [aneinander halten] to hold side by side **- 2.** [vergleichen] to compare.

gegeneinander stellen *vt* **- 1.** [aneinander stellen] to place up against one another *ODER* each other **- 2.** [vergleichen] to compare.

Gegenfahr|bahn *die* opposite side of the road.

Gegen|frage *die*: **auf eine Frage mit einer ~ reagieren** to react to a question with another question.

Gegen|gewicht *das* counterbalance; **ein** *ODER* **das ~ zu etw bilden** to counterbalance sthg.

Gegen|gift *das* antidote.

Gegen|kandidat, in *der, die* rival candidate.

Gegen|klage *die* countercharge.

gegenläufig *adj* opposite ◇ *adv* in the opposite direction.

Gegen|leistung *die*: **als ~ (für etw)** in return (for sthg).

gegen|lenken *vi* to steer into a swerve.

gegen|lesen *vt (unreg)* to check.

Gegen|liebe *die:* **er war von ihrer ~ überrascht** he was surprised that she returned his affections; **auf (keine) ~ stoßen, (keine) ~ finden** to find (no) favour.

Gegen|maßnahme *die* countermeasure.

Gegen|mittel *das* antidote.

Gegen|partei *die* opposing side; [vor Gericht] opposing party; SPORT opposition.

Gegen|pol *der* - **1.** PHYS opposite pole - **2.** [Pendant] complete opposite.

Gegen|richtung *die* opposite direction.

Gegen|satz *der* contrast; **im ~ zu** in contrast to; **im ~ zu etw stehen** to contrast with sthg.

gegensätzlich *adj* conflicting ◇ *adv* completely differently.

Gegen|schlag *der:* **zum ~ ausholen** to strike back.

Gegen|seite *die* - **1.** [Gegenpartei] opposing side; [vor Gericht] opposing party; SPORT opposition - **2.** [andere Seite] other side.

gegenseitig *adj* mutual ◇ *adv* each other, one another; **sich ~ helfen** to help each other ODER one another.

Gegenseitigkeit *die* reciprocity; **auf ~ beruhen** to be mutual.

Gegen|spieler, in *der, die* - **1.** [Gegner] opponent - **2.** [im Theater] antagonist.

Gegensprechan|lage *die* intercom.

Gegen|stand *der* - **1.** [Ding, Objekt] object - **2.** [Thema] subject.

gegenständlich *adj* [Kunst] representational.

gegenstandslos *adj* - **1.** [ungerechtfertigt] unfounded - **2.** [hinfällig] irrelevant.

Gegen|stimme *die* - **1.** [Stimme dagegen] vote against - **2.** [abweichende Meinung] dissenting voice.

Gegen|stück *das* counterpart.

Gegen|teil *das* opposite; **das ~ von jm/etw sein** to be the opposite of sb/sthg.

◆ **im Gegenteil** *adv* on the contrary; **ganz im ~** quite the reverse ODER opposite.

gegenteilig *adj* opposite.

gegenüber *präp (+ D)* - **1.** [räumlich] opposite; **~ der Kirche** opposite the church; **mir ~** opposite me - **2.** [zur Angabe einer Beziehung] towards; **so kannst du dich den Schülern ~ nicht verhalten** you can't behave like that towards the pupils - **3.** [zur Angabe eines Vergleichs] compared with; **~ der alten Wohnung** compared with the old flat *Br* ODER apartment *Am* ◇ *adv* opposite; **der Garten ~** the garden over ODER across the road.

Gegenüber *das* person sitting opposite.

gegenüber|liegen *vi (unreg)* to be opposite; **das ~de Gebäude** the building opposite; **einander ~** to face one another ODER each other.

◆ **sich gegenüberliegen** *ref* to face one another ODER each other.

gegenüber|sitzen *vi (unreg):* **jm ~** to sit opposite sb.

◆ **sich gegenübersitzen** *ref* to sit opposite one another ODER each other.

gegenüber|stehen *vi (unreg)* - **1.** [zugewandt stehen]: **jm/einer Sache ~** to be facing sb/sthg - **2.** [gegenübergestellt sein]: **einer Sache** *(D)* **~** to be faced with sthg; **jm feindlich ~** to have a hostile attitude towards sb.

◆ **sich gegenüberstehen** *ref* - **1.** [sich zugewandt stehen, gegeneinander spielen] to face one another ODER each other - **2.** [in Konflikt stehen] to clash.

gegenüber|stellen *vt* - **1.** [mit jm konfrontieren]: **dem Zeugen die Verdächtigen ~** to line the suspects up in front of the witness - **2.** [nebeneinander halten]: **das Alterswerk eines Autors seinen frühen Romanen ~** to compare the late works of an author with his early novels.

Gegenüber|stellung *die* - **1.** [Konfrontation] confrontation - **2.** [Vergleich] comparison.

gegenüber|treten (*perf* **ist gegenübergetreten**) *vi (unreg):* **jm ~** to face sb.

Gegenverkehr *der* oncoming traffic.

Gegen|vorschlag *der* counterproposal.

Gegenwart *die* - **1.** [Zeitpunkt] present; **die Kunst der ~** contemporary art; **bis in die ~** up to the present day - **2.** [Präsenz] presence; **in js ~** in sb's presence - **3.** GRAM present (tense).

gegenwärtig *adj* [jetzig] current ◇ *adv* [jetzt] currently.

Gegen|wehr *die* resistance.

Gegen|wert *der* equivalent amount.

Gegen|wind *der* headwind.

gegen|zeichnen *vt* to countersign.

gegessen *pp* ▷ **essen.**

geglichen *pp* ▷ **gleichen.**

geglitten *pp* ▷ **gleiten.**

geglommen *pp* ▷ **glimmen.**

Gegner, in (*mpl* -; *fpl* **-nen**) *der, die* - **1.** [Widersacher, im Sport] opponent - **2.** [Feind] enemy.

gegnerisch *adj* opposing.

gegolten *pp* ▷ **gelten.**

gegoren *pp* ▷ **gären** ◇ *adj* fermented.

gegossen *pp* ▷ **gießen.**

gegr. (*abk für* **gegründet**) est.

gegraben *pp* ▷ **graben.**

gegriffen *pp* ▷ **greifen.**

geh. *abk für* **geheim.**

Gehabe *das abw* affected behaviour.

gehabt *pp* ▷ **haben.**

Gehackte *das* mince *Br*, mincemeat *Am*.

Gehalt (*pl* **Gehälter**) *das* salary ◇ *der* - **1.** [Inhalt] content - **2.** [Anteil]: **ein geringer ~ an Gold** a low gold content.

gehalten *pp* ▷ **halten** ◇ *adj geh:* **~ sein, etw zu tun** to be obliged to do sthg.

gehaltlos *adj* - **1.** [Roman, Gespräch] shallow - **2.** [Lebensmittel] unnutritious; [Wein] lacking in body.

Gehaltsab|rechnung *die* salary statement.

Gehalts|empfänger; in *der, die* salaried employee.

Gehalts|erhöhung *die* salary ODER pay rise.

Gehalts|kürzung *die* salary ODER wage cut.

Gehalts|stufe *die* salary bracket.

Gehalts|zahlung *die* salary payment.

Gehaltszu|lage *die* [Erhöhung] salary ODER pay rise; [zusätzlich] bonus.

gehandikapt [ge'hɛndikɛpt] *adj* handicapped.

gehangen *pp* ▷ **hängen.**

gehässig *adj* spiteful ◇ *adv* spitefully.

Gehässigkeit (*pl* **-en**) *die* - **1.** [Art] spitefulness - **2.** [Bemerkung] spiteful remark.

Gehäuse (*pl* **-**) *das* - **1.** [von Uhr, Fotoapparat, Radio] casing; [von Schnecke] shell - **2.** [von Apfel, Birne] core.

gehbehindert *adj* disabled *(used of people who have difficulty walking)*.

Gehege (*pl* **-**) *das* reserve; [im Zoo] enclosure; **jm ins ~ kommen** *fig* to encroach on sb's territory.

geheim *adj* - **1.** [heimlich] secret - **2.** [geheimnisvoll] mysterious ◇ *adv* [nicht offen] in secret; **~ abstimmen** to vote by secret ballot.
◆ **im Geheimen** *adv* secretly.

Geheim|agent, in *der, die* secret agent.

Geheim|dienst *der* secret service.

Geheim|fach *das* hidden ODER secret compartment.

geheim halten *vt (unreg)* to keep secret.

Geheimhaltung *die* secrecy.

Geheimnis (*pl* **-se**) *das* - **1.** [Geheimgehaltenes] secret; **es ist ein offenes ~** it's an open secret - **2.** [Unbekanntes] mystery.

Geheimnistuerei *die* **abw** secretiveness.

geheimnisvoll *adj* mysterious ◇ *adv* mysteriously.

Geheim|nummer *die* [von Telefon] ex-directory number *Br*, unlisted number *Am*; [von Scheckkarte] PIN (number); [von Tresor] combination.

Geheim|polizei *die* secret police.

Geheim|tipp *der* tip (for the future).

Geheim|zahl *die* PIN (number).

geheißen *pp* ▷ **heißen.**

gehemmt *adj* self-conscious ◇ *adv* self-consciously.

gehen (*prät* **ging;** *perf* **ist gegangen**) *vi* - **1.** [Fortbewegung] to go; **einkaufen ~** to go shopping; **wo er geht und steht hinterlässt er Unordnung** he makes a mess wherever he goes; **in die Stadt ~** to go into town; **zur Armee ~** to join the army; **in Serienproduktion ~** to go into mass production - **2.** [weggehen, abfahren] to go; **ich gehe jetzt** I'm off now; **mein Zug geht um acht Uhr** my train leaves ODER goes at eight o'clock - **3.** [zu Fuß gehen] to walk; **mit jm ~** *fam* [eine Beziehung haben] to go out with sb - **4.** [verkehren] to go; **der Bus geht drei Mal täglich** the bus goes ODER runs three times a day - **5.** [funktionieren - gen] to work; [- Uhr, Auto] to go; **das Geschäft geht gut** business is going well - **6.** [zur Beschreibung von Vorgängen]: **wie geht das mit der Anmeldung?** how's the application going?; **das geht doch ganz einfach** it's quite simple; **es geht das Gerücht, dass ...** it is rumoured that ...; **was geht denn hier vor sich?** what's going on here, then?; **die Klingel geht!** the bell's ringing - **7.** [möglich, erlaubt sein] to be OK; **aber das geht doch nicht!** you can't do that!; **so geht das nicht, lass mich mal!** you don't do it like that, let me show you!; **ginge es vielleicht, dass wir ...?** do you think we could possibly ...? - **8.** [sich erstrecken]: **das Wasser ging ihm bis zu den Knien** the water came up to his knees; **die Straße geht bis zum Rathaus** the street goes as far as the townhall; **das Fenster geht nach Süden** the window faces ODER looks south; **das geht über unsere Mittel** that's beyond our means; **zu weit ~ (mit etw)** to go too far (with sthg); **es geht nichts über eine Tasse Kaffee am Morgen** there's nothing quite like a cup of coffee in the morning - **9.** [passen]: **in/durch etw ~** to go in/through sthg - **10.** [sich richten]: **es kann nicht immer nur nach dir ~** you can't always have things your own way; **wenn es nach mir ginge, ...** if I had my way, ... - **11.** [ein Arbeitsverhältnis beenden] to leave - **12.** [Teig] to rise - **13.** [Ware] to sell ◇ *v impers* - **1.** [ergehen]: **wie geht es dir/Ihnen?** how are you?; **es geht mir gut/schlecht** I'm well/not very well; **der Firma geht es gut/schlecht** the company is doing well/badly - **2.** [sich handeln um]: **es geht um deine Mutter** it's about your mother; **worum geht es in diesem Buch?** what's this book about?; **es geht darum, alle Karten loszuwerden** the idea is to get rid of all your cards; **es geht hier nicht um Schuldzuweisungen, aber ...** we're not looking to apportion blame, but ... - **3.** [annehmbar sein]: **wie gefällt es dir? – es geht** how do you like it? – it's OK ◇ *vt* to walk.

◈ **sich gehen** *ref:* **sich ~ lassen** to let o.s. go.

geheuer *adj:* **das ist mir nicht (ganz) ~** [Furcht einflößend] I find that (rather) eerie; [unwohl] I'm not (too) sure about that; [verdächtig] I find that (rather) odd ODER suspicious.

Geheul, Geheule *das* - **1.** [Heulen] howling - **2.** *fam abw* [Heulerei] wailing.

Gehilfe (*pl* **-n**) *der* - **1.** [Ausgebildeter] qualified assistant *(who has successfully completed an apprenticeship)* - **2.** [Helfer] assistant.

Gehilfin (*pl* **-nen**) *die* - **1.** [Ausgebildete] qualified assistant *(who has successfully completed an apprenticeship)* - **2.** [Helferin] assistant.

Gehirn (*pl* **-e**) *das* - **1.** [Hirn] brain - **2.** *(ohne pl)* ***fam*** [Verstand] brain, brains *(pl)*; **sich das ~ zermartern** to rack one's brain ODER brains.

Gehirn|erschütterung *die* concussion *(U)*.

Gehirn|schlag *der* stroke.

Gehirn|wäsche *die* brainwashing; **jm einer ~ unterziehen** to brainwash sb.

gehoben *pp* ▷ **heben** ◇ *adj* - **1.** [höher - Position, Stellung] senior; [- Einkommen, Erwartung] higher - **2.** [exklusiv] sophisticated - **3.: in ~er Stimmung** in high spirits.

Gehöft (*pl* **-e**) *das* farm(stead).

geholfen *pp* ▷ **helfen.**

Gehölz (*pl* **-e**) *das* [Wäldchen] copse.

Gehör (*pl* **-e**) *das* hearing; **ein schlechtes ~ haben** to be hard of hearing; **nach dem ~** by ear; **er fand bei seinem Vorgesetzten ~** his superiors listened to him; **jm/einer Sache ~/kein ~ schenken** to listen/not to listen to sb/sthg; **sich** *(D)* **~ verschaffen** to make o.s. heard.

gehorchen *vi* to obey; **jm ~** to obey sb; **der Vernunft ~** to listen to reason.

gehören *vi* - **1.** [einer Person]: **jm ~** to belong to sb - **2.** [an Ort] to belong; **wohin gehört das Werkzeug?** where does this tool belong? - **3.** [als Bestandteil]: **zu etw ~** to be part of sthg; **sie gehört zum Krankenhauspersonal** she's a member of the hospital staff - **4.** [als Notwendigkeit]: **zum Reiten gehört viel Geschick** riding requires a lot of skill; **es gehört Mut dazu, dies zu tun** it takes a lot of courage to do it - **5.** [müssen]: **solche Leute ~ eingesperrt** such people ought to be locked up.

◈ **sich gehören** *ref:* **es** ODER **das gehört sich nicht** it's not the done thing.

Gehör|gang *der* MED auditory canal.

gehörig *adj* - **1.** [gebührend] proper - **2.** [beachtlich] considerable; **mit einer ~en Portion Mut** with a good deal of courage ◇ *adv* - **1.** [gebührend] properly - **2.** [beachtlich - steigen, erhöhen] considerably; **jn ~ durchprügeln** to give sb a good thrashing.

Gehörlose (*pl* **-n**) *der, die* deaf person; **die ~n** the deaf.

gehorsam *adj* obedient.

Gehorsam *der* obedience; **jm den ~ verweigern** to refuse to obey sb.

Gehorsamkeit *die* obedience.

Gehsteig (*pl* **-e**) *der* pavement ***Br***, sidewalk ***Am***.

Geh|weg *der* - **1.** [Gehsteig] pavement ***Br***, sidewalk ***Am*** - **2.** [Weg] footpath.

Geier (*pl* **-**) *der* vulture; **weiß der ~!** ***fam*** God knows!

Geige (*pl* **-n**) *die* [im Orchester] violin; [in Folk] fiddle; **die erste ~ spielen *fig*** to call the tune ODER shots; **die zweite ~ spielen *fig*** to play second fiddle.

geigen *vi* ***fam*** [im Orchester] to play the violin; [in Folk] to play the fiddle ◇ *vt* ***fam*** [im Orchester] to play on the violin; [in Folk] to play on the fiddle.

Geiger|zähler *der* Geiger counter.

geil *adj* - **1.** ***fam*** [begierig auf Sex] horny; **er war ~ auf sie** he wanted to get into her knickers - **2.** ***abw*** [lüstern - Mann] lecherous; [- Blick, Gedanke] lewd - **3.** ***fam*** [toll] wicked.

Geisel (*pl* **-n**) *die* hostage.

Geisel|drama *das* hostage crisis.

Geisel|nahme (*pl* **-n**) *die* hostage-taking.

Geisel|nehmer, in (*mpl* **-**; *fpl* **-nen**) *der, die* hostage-taker.

geißeln *vt* ***geh*** - **1.** [heftig kritisieren] to denounce - **2.** [züchtigen] to castigate.

Geist (*pl* **-e** ODER **-er**) *der* - **1.** [Verstandeskraft] mind; **den ~ aufgeben *fam*** to give up the ghost; **jm auf den ~ gehen *fam*** to get on sb's nerves - **2.** [Intellekt] intellect - **3.** [Gesinnung] spirit - **4.** *(pl Geiste)* [Spirituose] *schnapps distilled from fruit, especially berries* - **5.** *(pl Geister)* [Person, Genie] mind - **6.** *(pl Geister)* [überirdische Wesenheit]: **der Heilige ~** the Holy Ghost - **7.** *(pl Geister)* [Gespenst] ghost.

◈ **im Geist(e)** *adv* in spirit.

Geister|bahn *die* ghost train.

Geister|fahrer, in *der, die person who drives into oncoming traffic on a motorway.*

geisterhaft *adj* ghostly.

Geisterhand *die:* **wie von** ODER **durch ~** as if by magic.

Geisterstunde *die* witching hour.

geistesabwesend *adj* absent-minded ◇ *adv* absent-mindedly.

Geistes|blitz *der* flash of inspiration.

Geistesgegenwart *die* presence of mind.

geistesgegenwärtig *adj* quick-witted ◇ *adv* with great presence of mind.

geistesgestört *adj* mentally disturbed ODER unbalanced.

Geistes|haltung *die* attitude.

geisteskrank *adj* mentally ill.

Geistes|kranke *der, die* mentally ill person; [im Krankenhaus] mental patient.

geistesverwandt *adj* like-minded.

Geistes|wissenschaft *die* arts subject; **die ~en** the arts.

geisteswissenschaftlich *adj* arts *(vor Subst).*

Geisteszustand *der* mental state.

geistig *adj* **- 1.** [intellektuell - Mensch, Freiheit, Vermächtnis] intellectual; [- Anstrengung, Kraft, Fähigkeit] mental **- 2.** [alkoholisch] alcoholic ◇ *adv* [intellektuell - frei, überlegen] intellectually; [- fit, frisch, behindert] mentally; **sich ~ anstrengen** to make a mental effort.

geistlich *adj* [gen] religious; [Beistand] spiritual ◇ *adv:* **jm ~ beistehen** to lend sb spiritual guidance.

Geistliche (*pl* **-n**) *der* clergyman.

geistlos *adj* inane ◇ *adv* inanely.

geistreich *adj* intelligent ◇ *adv* intelligently.

Geiz *der* meanness.

geizen *vi:* **mit etw ~** [Geld] to be mean with sthg; [Lob] to be sparing with sthg.

Geiz|hals *der* **fam abw** skinflint.

geizig *adj* mean ◇ *adv* meanly.

Geiz|kragen *der* **fam abw** skinflint.

Gejammer *das* **fam abw** moaning.

gekannt *pp* ▷ **kennen.**

Gekicher *das* giggling.

geklungen *pp* ▷ **klingen.**

gekniffen *pp* ▷ **kneifen.**

Geknister *das* [von Papier] rustling; [von Feuer] crackling.

gekommen *pp* ▷ **kommen.**

gekonnt *pp* ▷ **können** ◇ *adj* masterful ◇ *adv* masterfully.

Gekreisch, Gekreische *das* [von Kindern] squealing; [von Möwen] screeching.

Gekritzel *das* **abw** scrawl.

gekrochen *pp* ▷ **kriechen.**

gekünstelt **abw** *adj* artificial ◇ *adv* artificially.

Gel (*pl* **-e**) *das* gel.

Gelächter (*pl* -) *das* laughter.

geläckmeiert *adj* **fam** conned.

geladen *pp* ▷ **laden** ◇ *adj* loaded; **~ sein** ***fam fig*** to be fuming.

Gelage (*pl* -) *das* banquet.

gelähmt *adj* paralysed.

Gelähmte (*pl* **-n**) *der, die* paralysed man (*f* woman).

Gelände (*pl* -) *das* **- 1.** [Land] country; **ein bergiges ~** mountainous terrain; **auf freiem ~** in the open country **- 2.** [Gebiet] area **- 3.** [Grundstück - zum Bau] site; [- um Haus] grounds *(pl).*

Gelände|fahrzeug *das* all-terrain vehicle.

geländegängig *adj* all-terrain.

Gelände|lauf *der* **- 1.** SPORT cross-country (running) **- 2.** [Wettkampf] cross-country run.

Geländer (*pl* -) *das* [von Treppe] banister; [von Brücke] parapet; [von Balkon] railing.

gelang *prät* ▷ **gelingen.**

gelangen (*perf* **ist gelangt**) *vi:* **an etw** *(A)* **~** to arrive at sthg; **an die Öffentlichkeit ~** to become public; **in js Besitz ~** to come into sb's possession; **zu etw ~** [Ruhm, Ansehen] to gain sthg; [Verständigung] to come to sthg; **zu Geld ~** [durch Erbe] to come into money; [durch Arbeit] to make money.

gelassen *pp* ▷ **lassen** ◇ *adj* calm ◇ *adv* calmly.

Gelassenheit *die* composure.

Gelatine *die* gelatine.

gelaufen *pp* ▷ **laufen.**

geläufig *adj* [vertraut] common; **es ist mir ~** it is familiar to me.

gelaunt *adj:* **wie ist der Chef heute ~?** what sort of mood is the boss in today?; **gut/schlecht/übel ~ sein** to be in a good/bad/terrible mood.

gelb *adj* & *adv* yellow.

Gelb *das* yellow.

◆ **bei Gelb** *adv* on amber ***Br,*** on yellow ***Am.***

Gelbe *das* yellow; **es ist (auch nicht) das ~ vom Ei** ***fam*** it's (far from) perfect.

Gelbe Sack *der* *yellow refuse bag used for recyclable packaging.*

gelblich *adj* [Tapete, Papier] yellowish; [Haut] sallow.

Gelbsucht *die* jaundice.

Geld (*pl* **-er**) *das* money; **großes ~** notes *(pl);* **kleines ~** change, coins *(pl);* **ins ~ gehen** to be expensive; **etw zu ~ machen** ***fam*** [Haus, Auto] to sell sthg off; [Information, Aktien] to cash (sthg) in; **das große ~ machen** ***fam*** to make a pile; **es ist sein ~ wert** it is worth every penny; **sein ~ zum Fenster hinauswerfen** ***fig*** to throw one's money away.

◆ **Gelder** *pl* funds.

Geldan|lage *die* (financial) investment.

Geld|automat *der* cash machine ODER dispenser, ATM.

Geld|beutel *der,* **-börse** *die* [Brieftasche] wallet; [für Münzen] purse.

Geld|buße *die* fine.

Geld|geber, in *der, die* financial backer.

geldgierig *adj* greedy *(for money)*.

Geld|hahn *der:* **jm den ~ abdrehen** *ODER* **zudrehen** ***fig*** to cut off sb's money supply.

Geld|karte *die* Switch card® ***Br,*** *smart card which charges payments straight to one's bank account.*

Geld|mittel *pl* funds.

Geld|quelle *die* source of income.

Geld|schein *der* banknote ***Br,*** bill ***Am.***

Geld|schrank *der* safe.

Geldspiel|automat *der* slot *ODER* fruit ***Br*** machine.

Geld|strafe *die* fine.

Geld|stück *das* coin.

Geld|wert *der* cash value.

geleckt *adj:* **wie ~ aussehen** ***fam*** [Person] to look one's best; [Auto] to be as shiny as a new pin.

Gelee [ʒəˈleː] (*pl* **-s**) *das ODER der* jelly.

Gelege (*pl* **-**) *das* [von Vögeln] clutch (of eggs); [von Fröschen] spawn *(U)*.

gelegen *pp* ▷ **liegen** ◇ *adj* **- 1.** [befindlich] situated **- 2.** [bedeutsam]: **mir ist an deinem Besuch viel ~** ***geh*** your visit means a great deal to me **- 3.** [passend] convenient; **diese Einladung kommt mir sehr ~** this invitation comes at just the right time for me.

Gelegenheit (*pl* **-en**) *die* **- 1.** [geeignete Möglichkeit] opportunity **- 2.** [Anlass] occasion **- 3.** [Angebot] bargain.
◆ **bei Gelegenheit** *adv* when the opportunity arises.

Gelegenheits|arbeit *die* casual work *(U)*.

Gelegenheits|arbeiter, in *der, die* casual worker.

gelegentlich *adj* occasional ◇ *adv* **- 1.** [manchmal] occasionally **- 2.** [bei Gelegenheit] some time.

gelehrig *adj* quick (to learn).

gelehrt *adj* learned ◇ *adv* learnedly.

Gelehrte (*pl* **-n**) *der, die* scholar.

Geleit *das* ***geh:*** **freies ~** safe conduct; **jm das letzte ~ geben** to attend sb's funeral.

geleiten *vt* ***geh*** to escort.

Geleit|schutz *der* escort.

Gelenk (*pl* **-e**) *das* [beim Menschen] joint.

Gelenk|bus *der* articulated bus.

gelenkig *adj* supple ◇ *adv* in a supple manner.

gelernt *adj* trained.

gelesen *pp* ▷ **lesen.**

Geliebte (*pl* **-n**) *der, die* lover.

geliefert *adj:* **~ sein** ***fam*** to have had it.

geliehen *pp* ▷ **leihen.**

gelinde ◆ **gelinde gesagt** *adv* to put it mildly.

gelingen (*prät* **gelang;** *perf* **ist gelungen**) *vi:* **die Zeichnung ist mir gut gelungen** my drawing turned out well; **es gelang mir, den Brief zu schreiben** I managed to write the letter; **es gelang ihm, das Buch zu finden** he succeeded in finding the book.

Gelingen *das* success.

gelitten *pp* ▷ **leiden.**

gellen *vi* to ring out.

gellend *adj* [Geschrei] piercing; [Gelächter] shrill ◇ *adv:* **~ schreien** to give a piercing scream.

geloben *vt* ***geh:*** **jm Treue ~** to pledge one's loyalty to sb; **sie gelobte (sich), es zu tun** she vowed to do it; **sie haben sich Treue gelobt** they have vowed to be faithful to one another.

Gelöbnis (*pl* **-se**) *das* ***geh*** vow.

gelockt *adj:* **~es Haar** curly hair.

gelogen *pp* ▷ **lügen.**

gelöst *adj* relaxed.

gelten (*präs* **gilt;** *prät* **galt;** *perf* **hat gegolten**) *vi* **- 1.** [gültig sein] to be valid; **für jn/etw ~** to apply to sb/sthg **- 2.** SPORT to count **- 3.** [anerkannt sein]: **als etw ~** to be considered to be sthg **- 4.** [korrekt sein]: **das gilt nicht!** ***fam*** [gen] that doesn't count!; [schummeln] that's cheating! **- 5.** [akzeptieren]: **etw ~ lassen** to accept sthg **- 6.** [wert sein] to count; **Kreativität gilt hier nichts** creativity counts for nothing here **- 7.** [adressiert sein an]: **seine Bemerkung galt nicht allein dir** his remark was not only directed at you, his remark didn't only apply to you **- 8.** [müssen]: **in dieser Lage gilt es, einen kühlen Kopf zu bewahren** in this situation you need to *ODER* it is necessary to keep a cool head.

geltend *adj* current; **etw ~ machen** [Forderung] to make sthg; [Einwand] to raise/put forward sthg.

Geltung *die* **- 1.** [Gültigkeit] validity; **dieses Gesetz hat keine ~ mehr** this law is no longer valid **- 2.** [Wirkung] prominence; **zur ~ kommen** to be shown to its best advantage; **an ~ verlieren** to be discredited.

Geltungsbedürfnis *das* need for recognition.

gelungen *pp* ▷ **gelingen** ◇ *adj* successful.

gem. *abk für* **gemäß.**

gemächlich *adj* leisurely ◇ *adv:* **~ im Wald spazieren gehen** to go for a leisurely walk in the woods.

Gemahl, in (*mpl* **-e;** *fpl* **-nen**) *der, die* ***geh*** husband (*f* wife).

Gemälde (*pl* -) *das* painting.

Gemäldeaus|stellung *die* exhibition *(of paintings)*.

Gemälde|galerie *die* art ODER picture gallery.

gemasert *adj* grained.

gemäß *präp:* **~ einer Sache** *(D)*, **einer Sache** *(D)* **~** in accordance with sthg <> *adj:* **jm/einer Sache ~ sein** to be in keeping with sb/sthg.

gemäßigt *adj* [Politiker] moderate; [Klima] temperate.

Gemecker, Gemeckere *das* **- 1.** [von Ziegen] bleating **- 2.** *fam abw* [Nörgelei] moaning.

gemein *adj* **- 1.** [niederträchtig - Person, Verhalten] mean; [- Trick, Lüge] nasty; [- Witz] dirty **- 2.** *fam* [unfair]: **das ist ~!** that's not fair! **- 3.** [gewöhnlich, allgemein] common <> *adv* **- 1.** [gemeinsam]: **etw mit jm/etw ~ haben** to have sthg in common with sb/sthg **- 2.** [niederträchtig] meanly **- 3.** *fam* [sehr]: **die Verletzung hat ~ wehgetan** the injury hurt like hell; **es war ~ kalt** it was dead cold.

Gemeinde (*pl* -n) *die* **- 1.** [Verwaltungseinheit] municipality; **sie arbeitet bei der ~** she works for the local authority **- 2.** [Einwohnerschaft, Glaubensgemeinschaft] community **- 3.** [Seelsorgebezirk] parish; [Gottesdienstteilnehmer] congregation.

Gemeinde|amt *das* local authority.

Gemeinde|rat *der* local council.

Gemeinde|schwester *die* district nurse.

Gemeinde|wahl *die* local government elections *(pl)*.

Gemeinde|zentrum *das* community centre.

gemeingefährlich *adj* dangerous <> *adv* dangerously.

Gemeingut *das geh* common property.

Gemeinheit (*pl* -en) *die* **- 1.** [verwerfliche Art] meanness **- 2.** [Handlung] mean trick **- 3.** *fam* [Ärgernis]: **so eine ~!** it's not fair!

gemeinhin *adv* generally.

Gemeinnutz *der* public good.

gemeinnützig *adj* for the benefit of the community; [Verein] charitable, non-profit-making <> *adv* for the benefit of the community.

gemeinsam *adv* **- 1.** [zusammen] together; **~ verantwortlich** jointly responsible **- 2.** [gleich]: **etw ~ haben** to have sthg in common <> *adj* [Weg, Interessen] common; [Verantwortung] joint; **ein ~er Urlaub/Spaziergang** a holiday/walk together.

Gemeinsame Markt *der* Common Market.

Gemeinsamkeit (*pl* -en) *die* **- 1.** [gleiche Eigenschaft] common feature; **sie haben viele ~en** they have a lot in common **- 2.** *(ohne pl)* [Zusammengehörigkeit]: **Gefühl der ~** sense of community.

Gemeinschaft (*pl* -en) *die* **- 1.** [Gruppe] community **- 2.** [Verbundenheit] company; **in unserer Klasse haben wir eine gute ~** in our class we have a good sense of community; **in ~ mit jm** together with sb; **in js ~** in sb's company.

gemeinschaftlich *adj* joint; [Interessen] common <> *adv* jointly.

Gemeinschafts|antenne *die* community aerial *Br* ODER antenna *Am*, *aerial shared by all the inhabitants of a block of flats.*

Gemeinschafts|arbeit *die* joint effort; **in ~** as a joint effort.

Gemeinschafts|geist *der* team spirit.

Gemeinschafts|kunde *die (ohne pl)* SCHULE social studies *(pl)*.

Gemeinschafts|praxis *die* joint practice.

Gemeinschafts|raum *der* common room.

gemeint *adj* meant; **das war nicht so ~!** I didn't mean it like that!; **mein Rat war gut ~** my advice was well-intentioned.

gemeinverständlich *adj* generally comprehensible <> *adv* in generally comprehensible terms.

Gemeinwohl *das* common good.

gemessen *pp* ▷ **messen** <> *adj* measured <> *adv* [schreiten] with a measured tread; [sprechen] in measured tones.

Gemetzel (*pl* -) *das* bloodbath.

gemieden *pp* ▷ **meiden.**

Gemisch (*pl* -e) *das* mixture.

gemischt *adj* mixed.

gemocht *pp* ▷ **mögen.**

gemolken *pp* ▷ **melken.**

Gemse = **Gämse.**

Gemurmel *das* murmuring.

Gemüse (*pl* -) *das* vegetables *(pl)*.

Gemüse|eintopf *der* vegetable stew.

Gemüse|garten *der* vegetable garden.

Gemüse|händler, in *der, die* greengrocer.

Gemüse|suppe *die* vegetable soup.

gemusst *pp* ▷ **müssen.**

gemustert *adj* patterned.

Gemüt (*pl* -er) *das* **- 1.** [Wesen] disposition **- 2.** *(ohne pl)* [Empfindungsvermögen] heart; **dieses Buch ist etwas fürs ~** this is a moving book; **der Film ist ihr aufs ~ geschlagen** the film really got her down; **sich** *(D)* **etw zu ~e führen** [Ratschläge] to take sthg on board; [Essen, Getränke, Roman] to indulge in sthg; [Text] to study sthg.

◆ **Gemüter** *pl* feelings; **der Skandal hat die ~er erregt** the scandal has caused feelings to run high.

gemütlich *adj* - **1.** [behaglich] cosy; **es sich** *(D)* **~ machen** to make o.s. at home - **2.** [Beisammensein] informal; [Abend] pleasant; [Fahrt] leisurely - **3.** [Person] friendly ◇ *adv* - **1.** [behaglich] cosily - **2.** [zusammensitzen, sich unterhalten] pleasantly; [arbeiten] at a leisurely pace.

Gemütlichkeit *die* - **1.** [Behaglichkeit] cosiness - **2.** [Zwanglosigkeit, Ruhe] pleasant atmosphere; **in aller ~** at one's leisure.

Gemütslmensch *der* good-natured person.

Gemütslruhe *die* composure.

Gemütszulstand *der* frame of mind.

Gen (*pl* **-e**) *das* gene.

genannt *pp* ▷ **nennen.**

genau *adj* - **1.** [exakt] exact; [Waage, Voraussage, Arbeit] accurate; **haben Sie die ~e Uhrzeit?** have you got the right time? - **2.** [gründlich] thorough; **er nimmt es mit der Pünktlichkeit nicht so ~** he doesn't take punctuality very seriously ◇ *adv* - **1.** [exakt] precisely, exactly; **genau!** precisely!, exactly!; **~ um zehn Uhr** at exactly ten o'clock; **auf die Minute/Sekunde ~ drei Stunden** three hours to the very minute/second; **die Uhr geht ~** the clock keeps perfect time; **~ als ich hereinkam, klingelte das Telefon** the phone rang just as I came in - **2.** [zuhören, hinsehen] carefully; **ich kenne ihn ~** I know exactly what he's like.

genau genommen *adv* strictly speaking.

Genauigkeit *die* - **1.** [Exaktheit] exactness; [von Waage, Voraussage, Arbeit] accuracy - **2.** [Gründlichkeit] thoroughness.

genauso *adv* just as; **er sieht ~ aus** he looks just the same.

Genlbank *die* gene bank.

Genldatei *die* DNA database.

genehmigen *vt* [Antrag, Plan] to approve; [Demonstration, Aufenthalt] to authorize; **sich** *(D)* **etw ~** *fam* to treat o.s. to ODER allow o.s. sthg; **sich** *(D)* **einen ~** *fam* to have a quick one.

Genehmigung (*pl* **-en**) *die* - **1.** [von Antrag, Plan] approval; [von Demonstration, Aufenthalt] authorization - **2.** [Dokument] permit.

genehmigungspflichtig *adj amt* subject to official approval.

geneigt *adj* - **1.** [bereit]: **zu etw ~ sein** to be inclined to sthg - **2.** *geh* [freundlich gesinnt]: **jm ~ sein** to be well-disposed towards sb.

General (*pl* **-rale** ODER **-räle**) *der* general.

Generalldirektor, in *der, die* chairman (*f* chairwoman) *Br*, president *Am*.

Generallintendant, in *der, die* artistic director.

Generallprobe *die eigtl* & *fig* dress rehearsal.

Generallstab *der* general staff.

Generallstreik *der* general strike.

generalüberholen *vt* to give a complete overhaul.

Generalverlsammlung *die* annual general meeting.

Generation (*pl* **-en**) *die* generation.

Generationslkonflikt *der* conflict between the generations.

Generationslwechsel *der*: **in dieser Partei hat ein ~ stattgefunden** a new generation has come to power in this party.

Generator (*pl* **-toren**) *der* generator.

generell *adj* general ◇ *adv* generally.

genesen (*prät* **genas**; *perf* **ist genesen**) *vi geh* to recover.

Genesung *die geh* convalescence.

Genetik *die* genetics *(U)*.

genetisch *adj* genetic ◇ *adv* genetically.

Genf *nt* Geneva.

Genfer (*pl* **-**) *der* & *adj (unver)* Genevan.

Genferin (*pl* **-nen**) *die* Genevan.

Genfer See *der* Lake Geneva.

genial *adj* brilliant ◇ *adv* brilliantly.

Genick (*pl* **-e**) *das* (back of the) neck; **sich** *(D)* **das ~ brechen** to break one's neck; **jm/einer Sache das ~ brechen** *fam fig* to ruin sb/sthg.

Genickstarre *die*: **~ haben** to have a stiff neck.

Genie [ʒe'ni:] (*pl* **-s**) *das* genius.

genieren [ʒe'ni:rən] *vt* to bother.
◆ **sich genieren** *ref* to be embarrassed; **sich vor jm ~** to be shy of sb, to get embarrassed in sb's presence.

genießbar *adj* [essbar] edible; [trinkbar] drinkable; **dieser Wein ist nicht mehr ~** this wine has gone off.

genießen (*prät* **genoss**; *perf* **hat genossen**) *vt* - **1.** [gen] to enjoy - **2.** [essen] to eat; [trinken] to drink.

Genießer, in (*mpl* **-**; *fpl* **-nen**) *der, die* pleasure lover, bon vivant; [beim Essen] gourmet.

genießerisch *adj* [Mensch] appreciative; [Leben] pleasurable ◇ *adv* with relish.

Genitallbereich *der* genital area.

Genitalien *pl* genitals.

Genitiv (*pl* **-e**) *der* GRAM genitive.

genommen *pp* ▷ **nehmen.**

genormt *adj* standardized.

genoss *prät* ▻ **genießen.**

Genosse (*pl* **-n**) *der* comrade.

genossen *pp* ▻ **genießen.**

Genossenschaft (*pl* **-en**) *die* cooperative.

Genossin (*pl* **-nen**) *die* comrade.

Genre ['ʒɑ̃:rəl] (*pl* **-s**) *das* ***geh*** genre.

Gentechnik *die* genetic engineering.

gentechnisch *adj:* **~e Änderungen** genetic modifications ◇ *adv:* **~ veränderte Lebensmittel** genetically modified foods, GM foods.

Gentechnologie *die* genetic engineering.

Gentleman ['dʒɛntlmɛn] (*pl* **-men**) *der* gentleman.

Genua *nt* Genoa.

genug *adv* enough; **~ (von etw) haben** to have had enough (of sthg).

Genüge *die:* **einer Sache** *(D)* **~ tun** ***geh*** to satisfy sthg; **zur ~** ***abw*** only too well.

genügen *vi* **- 1.** [ausreichen] to be enough; **ein Glas Wein genügt mir** a glass of wine is enough for me; **das genügt!** that's enough! **- 2.** [entsprechen]: **einer Sache** *(D)* **~** [Anforderungen] to meet sthg; [Vorschriften] to comply with sthg.

genügend *adj* & *adv* enough.

genügsam *adj* [Mensch] modest ◇ *adv* modestly.

Genugtuung *die* satisfaction; **~ für etw** satisfaction for sthg; **mit ~** with satisfaction.

Genus (*pl* **Genera**) *das* GRAM gender.

Genuss (*pl* **Genüsse**) *der* **- 1.** [Konsum] consumption; **in den ~ von etw kommen** ***fig*** to receive sthg **- 2.** [Befriedigung] pleasure; **das Konzert war ein ~** the concert was a delight.

genüsslich *adj* enjoyable ◇ *adv* with relish.

Genuss|mittel *das food, drink or tobacco consumed only for pleasure or as a stimulant.*

Geograf, Geograph (*pl* **-en**) *der* geographer.

Geografie, Geographie *die* geography.

Geografin, Geographin (*pl* **-nen**) *die* geographer.

geografisch, geographisch *adj* geographical ◇ *adv* geographically.

Geologe (*pl* **-n**) *der* geologist.

Geologie *die* geology.

Geologin (*pl* **-nen**) *die* geologist.

geologisch *adj* geological ◇ *adv* geologically.

Geometrie *die* geometry.

geometrisch *adj* geometric ◇ *adv* geometrically.

Geo|physik *die* geophysics *(U)*.

geordnet *adj* orderly.

Georgien *nt* Georgia.

Gepäck *das* luggage.

Gepäck|abfertigung *die* **- 1.** [Handlung] luggage check-in **- 2.** [Schalter - am Flughafen] (baggage) check-in; [- am Bahnhof] luggage office.

Gepäckab|lage *die* luggage rack.

Gepäck|annahme *die* **- 1.** [Handlung] luggage check-in **- 2.** [Schalter - am Flughafen] (baggage) check-in; [- am Bahnhof, zur Aufbewahrung] left-luggage office ***Br***, baggage room ***Am;*** [- am Bahnhof, zur Beförderung] luggage office.

Gepäck|aufbewahrung *die* **- 1.** [Handlung] luggage storage **- 2.** [Schalter] left-luggage office ***Br***, baggage room ***Am***.

Gepäckaus|gabe *die* [am Flughafen] baggage reclaim; [am Bahnhof - zur Aufbewahrung] left-luggage office ***Br***, baggage room ***Am;*** [- zur Beförderung] luggage office.

Gepäck|kontrolle *die* baggage check.

Gepäck|schalter *der* [am Flughafen] (baggage) check-in; [am Bahnhof, zur Aufbewahrung] left-luggage office ***Br***, baggage room ***Am;*** [am Bahnhof, zur Beförderung] luggage office.

Gepäck|schein *der* luggage ticket.

Gepäck|stück *das* item of luggage.

Gepäck|träger *der* **- 1.** [von Fahrrad] carrier; [von Auto] luggage rack **- 2.** [Person] porter.

Gepäck|wagen *der* luggage van ***Br***, baggage car ***Am***.

Gepard (*pl* **-e**) *der* cheetah.

gepfeffert *adj* ***fam*** [Preis, Rechnung] steep.

gepfiffen *pp* ▻ **pfeifen.**

gepflegt *adj* **- 1.** [Äußeres] well-groomed; [Hände] well-cared-for; [Haare, Kleidung] neat; [Garten, Haus] well-kept **- 2.** [von Qualität] quality *(vor Subst)* **- 3.** [Stil, Ausdruck] refined ◇ *adv* **- 1.** [essen] well **- 2.** [gewählt]: **sie drückt sich sehr ~ aus** she has a very refined way of speaking.

Gepflogenheit (*pl* **-en**) *die* ***geh*** habit.

Geplauder *das* chatting.

Gepolter *das* banging; **mit ~ kamen sie die Straße entlang** they made a din as they came down the street.

gepr. (*abk für* **geprüft**) tested.

gepriesen *pp* ▻ **preisen.**

gepunktet *adj* **- 1.** [Stoff] spotted **- 2.** [Linie] dotted.

Gequassel *das* ***fam abw*** jabbering.

gequollen *pp* ▻ **quellen.**

gerade *adv* **- 1.** [vor kurzem] just; **ich bin ~ gekommen** I've just arrived; **~ erst** only just **- 2.** [jetzt] at the moment; **ich bin ~ beim Sau-**

bermachen I'm just tidying up at the moment - **3.** [in jenem Moment] just; **er wollte ~ gehen** he was just about to go - **4.** [nicht schief oder gekrümmt] straight; **das Bild hängt nicht ~** the picture is not hanging straight - **5.** [besonders] exactly; **~ deshalb** precisely for that reason; **er war nicht ~ erfreut** he wasn't exactly pleased; **das war nicht ~ berauschend** it wasn't exactly exciting - **6.** [ausgerechnet]: **warum ~ ich?** why me of all people?; **dass das ~ jetzt passieren musste!** why did it have to happen now of all times? - **7.** [emphatisierend]: **das hat mir ~ noch gefehlt!** that's all I needed! - **8.** [knapp]: **~ noch** only just <> *adj* - **1.** [nicht gekrümmt] straight - **2.** [Haltung] upright.

Gerade (*pl* **-n**) *die* - **1.** MATH straight line - **2.** SPORT straight.

geradeaus *adv* straight ahead.

geradelbiegen *vt (unreg)* ***fam*** [bereinigen] to straighten out.

gerade biegen *vt (unreg)* [richten] to straighten out.

gerade halten *vt (unreg)* to hold straight; **den Kopf ~** to hold one's head up.

◆ **sich gerade halten** *ref* to stand/sit up straight.

geradeheraus *adj:* **~ sein** to be frank <> *adv* frankly.

geradelstehen *vi (unreg)* [einstehen]: **für jn/etw ~** to take responsibility for sb/sthg.

gerade stehen *vi (unreg)* [aufrecht stehen] to stand up straight.

geradewegs *adv* - **1.** [ohne Umweg] directly - **2.** [unmittelbar] immediately.

geradezu *adv* downright; **es wäre ~ ein Wunder, wenn ...** it would be downright incredible if ...

geradlinig *adj* straight <> *adv* in a straight line.

gerammelt ◆ **gerammelt voll** *adj:* **~ voll sein** ***fam*** to be packed.

Gerangel *das* - **1.** [Rauferei] scrapping - **2.** ***abw*** [Kampf] scramble.

Geranie (*pl* **-n**) *die* geranium.

gerannt *pp* ▷ **rennen.**

gerät *präs* ▷ **geraten.**

Gerät (*pl* **-e**) *das* - **1.** [Apparat] device; [Werkzeug] tool; [in der Küche] utensil; **elektrisches ~** (electrical) appliance; **schalt das ~ ab!** switch off the set! - **2.** [Ausrüstung] equipment.

geraten (*präs* **gerät;** *prät* **geriet;** *perf* **ist geraten**) *vi* - **1.** [gelangen]: **an eine unfreundliche Verkäuferin ~** to get an unfriendly shop assistant; **in etw** *(A)* **~** [Schwierigkeiten, Not] to get into sthg; [Verdacht] to come under sthg; [Sturm] to be caught in sthg; **in Vergessenheit ~** to be forgotten - **2.** [gelingen] to turn out; **das Bild ist mir gut ~** my picture turned out well - **3.** [ähneln]: **nach jm ~** to take after sb <> *adj* [sinnvoll] advisable <> *pp* ▷ **raten.**

Geräteturnen *das:* **im ~** on the apparatus.

Geratewohl *das:* **sie bewarb sich aufs ~** she applied on the off-chance; **er nahm aufs ~ ein Buch aus dem Regal** he randomly selected a book from the shelf.

geraum *adj* ***geh:*** **eine ~e Weile/Zeit** a considerable while/time.

geräumig *adj* roomy.

Geräusch (*pl* **-e**) *das* noise.

geräuschempfindlich *adj* sensitive to noise.

Geräuschlkulisse *die* background noise.

geräuschlos *adj* silent <> *adv* silently.

geräuschvoll *adv* noisily.

gerben *vt* to tan.

gerecht *adj* fair; [Belohnung] just; **jm/einer Sache ~ werden** to do sb/sthg justice; **er konnte den Ansprüchen des Chefs nicht ~ werden** he couldn't match up to the boss's expectations <> *adv* fairly.

Gerechtigkeit *die* justice; **ausgleichende ~** fair compensation.

Gerede *das* ***abw*** - **1.** [Geschwätz] chatter - **2.** [Klatsch]: **ins ~ kommen** to get o.s. talked about; **jn ins ~ bringen** to get sb talked about.

geregelt *adj* [Arbeit] steady; [Leben] orderly.

gereizt *adj* [Person] irritable; [Stimmung] strained <> *adv* irritably.

Gericht (*pl* **-e**) *das* - **1.** [Speise] dish - **2.** [Institution] court; **vor ~ gehen** to go to court; **vor ~ stehen** to stand trial - **3.** [Richter]: **das ~** the bench - **4.** [Gebäude] court ***Br,*** courthouse ***Am*** - **5.** *(ohne pl)* [Richten] judgement; **über jn ~ halten** to sit in judgement on sb; **mit jm hart ins ~ gehen** [kritisieren] to take sb to task.

gerichtlich *adj* [Verfahren, Akte] legal; [Untersuchung] judicial <> *adv:* **gegen jn ~ vorgehen** to start legal proceedings against sb.

Gerichtsbelschluss *der* (court's) verdict.

Gerichtslhof *der* Court of Justice.

Gerichtslkosten *pl* legal costs.

Gerichtslmediziner, in *der, die* forensic medical expert.

Gerichtslsaal *der* courtroom.

Gerichtslurteil *das* judgement (of the court).

Gerichtslverfahren *das* legal proceedings *(pl).*

Gerichtslverhandlung *die* hearing.

Gerichtsvollzieher, in (*mpl* **-;** *fpl* **-nen**) *der, die* bailiff.

gerieben *pp* ▷ **reiben.**

geriet *prät* ▷ **geraten.**

gering *adj* [Gewicht, Preis, Temperatur] low; [Menge] small; [Problem, Chance] slight; [Bedeutung, Rolle] minor; [Dauer] short.
◆ **nicht das Geringste** *adv* not at all.
◆ **nicht im Geringsten** *adv* not in the least.

geringelt *adj* (horizontally) striped.

geringfügig *adj* slight, minor ◇ *adv* slightly.

gering schätzen *vt* to have a low opinion of.

geringschätzig *adj* disdainful ◇ *adv* disdainfully.

gerinnen (*prät* **gerann;** *perf* **ist geronnen**) *vi* [Milch] to curdle; [Blut] to coagulate.

Gerippe (*pl* -) *das* skeleton.

gerissen *pp* ▷ **reißen** ◇ *adj* crafty ◇ *adv* craftily.

geritten *pp* ▷ **reiten.**

Germane (*pl* **-n**) *der* Germanic man.

Germanin (*pl* **-nen**) *die* Germanic woman.

germanisch *adj* Germanic.

Germanist (*pl* **-en**) *der* German scholar.

Germanistik *die (ohne pl)* German language and literature.

Germanistin (*pl* **-nen**) *die* German scholar.

gern, gerne (*kompar* **lieber;** *superl* **am liebsten**) *adv* **- 1.** [gen] with pleasure; **jn/etw ~ haben** to like sb/sthg; **er spielt ~ Tennis** he likes to play tennis, he likes playing tennis; **das kann ich ~ machen** I'll gladly do it; **aber ~!, ja ~!** I'd love to!; **~ geschehen!** don't mention it!; **ich möchte ~ wissen ...** I'd like to know ...; **das will ich ~ glauben!** I can easily believe it!; **du kannst mich mal ~ haben!** *salopp fig* & *abw* you can stuff it! **- 2.** [oft]: **der Computer stürzt ~ ab** the computer tends to crash.

gerochen *pp* ▷ **riechen.**

Geröll *das (ohne pl)* [im Gebirge] scree; [im Bach] (loose) pebbles *(pl)*.

geronnen *pp* ▷ **rinnen.**

Gerste *die* barley.

Gersten|korn *das* **- 1.** [Frucht] barleycorn **- 2.** [Augenentzündung] sty.

Gerte (*pl* **-n**) *die* switch.

Geruch (*pl* **Gerüche**) *der* smell.

geruchlos *adj* odourless.

Geruchs|sinn [gəˈruxszɪn] *der* sense of smell.

Gerücht (*pl* **-e**) *das* rumour.

gerufen *pp* ▷ **rufen.**

geruhen *vi geh* & *iron:* **~, etw zu tun** to deign to do sthg.

geruhsam *adj* leisurely ◇ *adv:* **~ durch den Garten gehen** to go for a leisurely walk round the garden.

Gerümpel *das* **abw** junk.

Gerundium (*pl* **-dien**) *das* GRAM gerund.

gerungen *pp* ▷ **ringen.**

Gerüst (*pl* **-e**) *das* **- 1.** [beim Bauen] scaffolding **- 2.** [von Text] framework.

gesalzen *pp* ▷ **salzen** ◇ *adj* **fam** [Preis, Miete] steep; [Beschwerde] harsh.

gesamt *adj* whole, entire; [Einkommen, Kosten] total ◇ *adv* entirely.

Gesamtaus|gabe *die* complete edition.

Gesamt|betrag *der* total (amount).

gesamtdeutsch *adj relating to both eastern and western Germany.*

Gesamt|eindruck *der* overall impression.

Gesamtheit *die:* **die ~ der Bevölkerung** the entire population; **die ~ der Probleme** all the problems.

Gesamthoch|schule *die combined academic and teacher-training institution, similar to British colleges of further education, or the former "polytechnics", where the emphasis is on practical training.*

Gesamt|schule *die* ≃ comprehensive school.

Gesamtum|satz *der* total turnover.

gesandt *pp* ▷ **senden.**

Gesandte, tin (*mpl* **-n;** *fpl* **-nen**) *der, die* envoy.

Gesandtschaft (*pl* **-en**) *die* legation.

Gesang (*pl* **Gesänge**) *der* **- 1.** [Singen] singing **- 2.** [Lied, von Vogel] song.

Gesang|buch *das* hymn book.

Gesang|verein *der* choral society.

Gesäß (*pl* **-e**) *das* **geh** buttocks *(pl)*.

gesättigt *adj* CHEM saturated.

gesch. *abk für* **geschieden.**

Geschädigte (*pl* **-n**) *der, die* injured party.

geschaffen *pp* ▷ **schaffen.**

Geschäft (*pl* **-e**) *das* **- 1.** [Handel] business; **die ~e gehen schlecht** business is slack; **ein ~ abschließen** to close a deal; **du hast damit ein gutes/schlechtes ~ gemacht** that was a good/bad deal (for you); **mit jm ~e machen** to do business with sb **- 2.** [Laden] shop, store; [Firma] business **- 3.** [Gewinn] profit **- 4.** [Angelegenheit] task; **sich um seine ~e kümmern** to go about one's business.

geschäftig *adj* [Treiben] bustling; [Person] busy ◇ *adv* busily.

geschäftlich *adj* **- 1.** [beruflich] business *(vor Subst)* **- 2.** [unpersönlich] businesslike ◇ *adv* **- 1.** [verreisen, fliegen] on business **- 2.** [unpersönlich] in a businesslike manner.

Geschäftsauf|gabe *die:* **er wurde zur ~ gezwungen** he was forced to close down the business.

Geschäfts|bedingungen *pl* terms (and conditions).

Geschäfts|beziehungen *pl* business contacts.

Geschäfts|brief *der* business letter.

Geschäfts|frau *die* businesswoman.

Geschäfts|freund *der* business associate.

Geschäfts|führer, in *der, die* **- 1.** [von Unternehmen] manager; [von GmbH] managing director **- 2.** [von Organisation] secretary.

Geschäfts|führung *die* management.

Geschäfts|inhaber, in *der, die* proprietor.

Geschäfts|jahr *das* financial year.

Geschäfts|lage *die* **- 1.** [wirtschaftlich] commercial situation **- 2.** [örtlich] business location.

Geschäfts|leute *pl* businessmen.

Geschäfts|mann (*pl* **-leute** ODER **-männer**) *der* businessman.

geschäftsmäßig *adj* businesslike <> *adv* in a businesslike manner.

Geschäfts|ordnung *die* statutes *(pl)*, standing orders *(pl)*.

Geschäfts|partner, in *der, die* **- 1.** [Teilhaber] business partner **- 2.** [Kunde] trading partner.

Geschäfts|reise *die* business trip.

geschäftsschädigend *adj* damaging to the interests of a/the company <> *adv* in a manner which is damaging to the interests of a/the company.

Geschäfts|schluss *der* closing time.

Geschäfts|stelle *die* office; [von Bank] branch.

Geschäfts|straße *die* high street ***Br***, main (shopping) street ***Am***.

geschäftstüchtig *adj* with good business acumen.

Geschäfts|verbindung *die* business contact.

Geschäfts|zeit *die* [von Laden] opening hours *(pl)*; [von Firma] office hours *(pl)*.

Geschäfts|zweig *der* [von Unternehmen] division; [Wirtschaftssektor] branch of industry.

geschah *prät* ▻ **geschehen.**

gescheckt *adj* [Hund, Katze, Stoff] spotted; [Pferd - braunweiß] skewbald; [- schwarzweiß] piebald.

geschehen (*präs* **geschieht;** *prät* **geschah;** *perf* **ist geschehen**) *vi* **- 1.** [sich ereignen] to happen **- 2.** [widerfahren]: **es kann dir nichts ~** nothing can happen to you; **ihm ist ein Unrecht ~** he has been wronged; **das geschieht dir/ihm (ganz) recht!** ***abw*** that serves you/him right! **- 3.** [verloren sein]: **es ist um seine Zukunft ~** he has no future; **es ist um ihn ~** he has had it; **als ich sie sah, war es um mich ~** I was lost the moment I saw her.

Geschehen *das (ohne pl)* events *(pl)*.

gescheit *adj* **- 1.** [klug] clever **- 2.** [vernünftig] sensible <> *adv* **- 1.** [klug] cleverly **- 2.** [vernünftig] sensibly.

Geschenk (*pl* **-e**) *das* present.

Geschenk|artikel *der* gift.

Geschenk|packung *die* gift box.

Geschichte (*pl* **-n**) *die* **- 1.** [geschichtliche Entwicklung, Fach] history; **~ machen** to make history **- 2.** [Erzählung, Bericht] story **- 3.** [Begebenheit]: **es ist wieder die alte ~** it's the same old story; **mir ist heute eine seltsame ~ passiert** a strange thing happened to me today; **du machst ja ~n!** ***hum*** you are a one!

geschichtlich *adj* historical <> *adv* historically.

Geschichts|unterricht *der (ohne pl)* [Schulstunden] history lessons *(pl)*.

Geschick (*pl* **-e**) *das (ohne pl)* [Talent, Können] skill.

◆ **Geschicke** *pl* fate *(sg)*.

Geschicklichkeit *die* skilfulness.

geschickt *adj* **- 1.** [fingerfertig] skilful **- 2.** [raffiniert, gewandt] clever <> *adv* **- 1.** [fingerfertig] skilfully **- 2.** [raffiniert, gewandt] cleverly.

geschieden *pp* ▻ **scheiden** <> *adj* divorced.

geschieht *präs* ▻ **geschehen.**

geschienen *pp* ▻ **scheinen.**

Geschimpfe *das* ***abw*** [Meckern] moaning.

Geschirr (*pl* **-e**) *das* **- 1.** *(ohne pl)* [Gefäße, Service] crockery; [benutzt] dishes *(pl)*; **ein ~ für sechs Personen** a dinner/tea service for six people; **~ spülen** ODER **abwaschen** to do the dishes, to wash up ***Br*** **- 2.** [für Zugtiere] harness.

Geschirrspül|maschine *die* dishwasher.

Geschirr|tuch *das* tea towel ***Br***, dish towel ***Am***.

geschissen *pp* ▻ **scheißen.**

geschlafen *pp* ▻ **schlafen.**

geschlagen *pp* ▻ **schlagen** <> *adj* **- 1.** [ganz]: **eine ~e Stunde** a whole hour **- 2.** [bestraft]: **mit jm/etw ~ sein** ***fam*** to be unlucky with sb/sthg.

Geschlecht (*pl* **-er**) *das* **- 1.** [biologische Einteilung] sex; **das starke/schwache ~** ***fam*** the stronger/weaker sex **- 2.** *(ohne pl)* [Geschlechtsteil] genitals *(pl)* **- 3.** [Familie] lineage **- 4.** [Genus] gender.

Geschlechts|krankheit *die* sexually transmitted disease.

Geschlechts|merkmal *das* sexual characteristic.

Geschlechts|organ *das* sexual organ.

geschlechtsreif *adj* sexually mature.

Geschlechtsverkehr *der* sexual intercourse.

geschlichen *pp* ▭> **schleichen.**

geschliffen *pp* ▭> **schleifen** <> *adj* polished <> *adv* in a polished manner.

geschlossen *pp* ▭> **schließen** <> *adj* **- 1.** [verschlossen] closed **- 2.** [Front] united **- 3.** [Ortschaft] built-up; **in sich ~** [Persönlichkeit, Komposition] well-rounded <> *adv* [gemeinsam] unanimously.

geschlungen *pp* ▭> **schlingen.**

Geschmack (*pl* **Geschmäcke** ODER **Geschmäcker**) *der* **- 1.** [gen] taste; **~ haben** to have taste; **guten/schlechten ~ haben** to have good/bad taste; **an etw** *(D)* **~ finden** to acquire a taste for sthg; **auf den ~ kommen** to acquire a taste for it **- 2.** [Geschmackssinn] sense of taste.

geschmacklich *adj* as regards taste; **~e Unterschiede** differences in taste <> *adv* as regards taste.

geschmacklos *adj* tasteless <> *adv* tastelessly.

Geschmacklosigkeit (*pl* **-en**) *die* **- 1.** [Eigenschaft] bad taste **- 2.** [Handlung] tasteless behaviour *(U)*; [Äußerung] tasteless remark; **diese Geste war eine ~** this gesture was in bad taste.

Geschmack|sache = **Geschmackssache.**

Geschmacks|richtung *die* **- 1.** [von Nahrungsmitteln] flavour **- 2.** [Stilrichtung, Vorliebe] taste.

Geschmackssache, Geschmacksache *die:* **das ist ~** that is a matter of taste.

Geschmackssinn *der* sense of taste.

Geschmacks|verirrung *die* **abw: so eine ~!** how tasteless!

geschmackvoll *adj* tasteful <> *adv* tastefully.

Geschmeide (*pl* -) *das* **geh** jewellery.

geschmeidig *adj* [Material, Bewegung] supple <> *adv* [gewandt] supplely.

geschmissen *pp* ▭> **schmeißen.**

geschmolzen *pp* ▭> **schmelzen.**

Geschnetzelte *das (ohne pl) small, thin strips of meat cooked in a sauce.*

geschnitten *pp* ▭> **schneiden** <> *adj* **- 1.** [Fleisch] sliced **- 2.** [Kleid] cut; **ihr Gesicht ist hübsch ~** she has pretty features.

geschoben *pp* ▭> **schieben.**

Geschöpf (*pl* **-e**) *das* **- 1.** [Lebewesen, Person] creature **- 2.** [Erfindung] creation.

geschoren *pp* ▭> **scheren.**

Geschoss (*pl* **-e**) *das* **- 1.** [Kugel] bullet; [Granate] shell **- 2.** [Stockwerk] floor; **im dritten ~** on the third floor.

geschossen *pp* ▭> **schießen.**

geschraubt **abw** *adj* contrived <> *adv* in a contrived manner.

Geschrei *das* **abw - 1.** [Schreien] shouting **- 2.** [Gezeter] fuss.

geschrieben *pp* ▭> **schreiben.**

geschrien *pp* ▭> **schreien.**

Geschütz (*pl* **-e**) *das* (big) gun; **~e** artillery *(U)*; **schweres ~ auffahren** *eigtl* & *fig* to bring up the big guns.

Geschwader (*pl* -) *das* squadron ***Br,*** group ***Am.***

Geschwafel *das* **fam abw** waffle.

Geschwätz *das* **abw - 1.** [Gerede] prattle **- 2.** [Tratsch] gossip.

geschwätzig *adj* **abw** prattling; [tratschend] gossipy.

geschweige *konj:* **~ denn** let alone.

geschwiegen *pp* ▭> **schweigen.**

geschwind **Süddt** *adj* quick <> *adv* quickly.

Geschwindigkeit (*pl* **-en**) *die* speed; **mit einer ~ von** at a speed of.

Geschwindigkeits|begrenzung *die* speed limit.

Geschwindigkeits|überschreitung *die* speeding.

Geschwister *pl* brothers and sisters.

geschwollen *pp* ▭> **schwellen** <> *adj* **- 1.** [Finger, Gesicht] swollen **- 2. abw** [Sätze, Ausdruck] pompous <> *adv* **abw** [pompös] pompously.

geschwommen *pp* ▭> **schwimmen.**

geschworen *pp* ▭> **schwören.**

Geschworene (*pl* **-n**) *der, die* juror.

Geschwulst (*pl* **Geschwülste**) *die* tumour.

geschwunden *pp* ▭> **schwinden.**

geschwungen *pp* ▭> **schwingen** <> *adj* curved.

Geschwür (*pl* **-e**) *das* ulcer.

gesehen *pp* ▭> **sehen.**

Geselle (*pl* **-n**) *der* **- 1.** [Handwerker] qualified craftsman **- 2.** [Kerl] fellow.

gesellen ◆ **sich gesellen** *ref:* **sich zu jm ~** to join sb; **sich zu etw ~** to be added to sthg.

Gesellen|prüfung *die examination to become a qualified craftsman.*

gesellig *adj* **- 1.** [kontaktfreudig - Person] sociable;

[- Tier] gregarious **- 2.** [anregend] convivial <> *adv* **- 1.** [kontaktfreudig - Person] sociably; [- Tier] gregariously **- 2.** [anregend] convivially.

Geselligkeit *die* conviviality; **~ brauchen** to need company.

Gesellin (*pl* **-nen**) *die* qualified craftswoman.

Gesellschaft (*pl* **-en**) *die* **- 1.** [Gemeinschaft] society **- 2.** [Anwesenheit, Umgang] company; **jm ~ leisten** to keep sb company; **sich in guter/schlechter ~ befinden** to be in good/bad company **- 3.** [Fest] party; **geschlossene ~** private party **- 4.** [Gruppe] group (of people) **- 5.** [Wirtschaftsunternehmen] company.

gesellschaftlich *adj* **- 1.** [Verhältnisse] social **- 2.** [Ereignis] society <> *adv* **- 1.** [sozial] socially **- 2.** [in der Oberschicht] in society.

Gesellschaftskritik *die* social criticism.

Gesellschafts|ordnung *die* social order.

gesellschaftspolitisch *adj* sociopolitical <> *adv* sociopolitically.

Gesellschafts|spiel *das* **- 1.** [Brettspiel] board game **- 2.** [auf Festen] party game.

gesessen *pp* ▷ **sitzen.**

Gesetz (*pl* **-e**) *das* [staatliche Vorschrift, Regel] law.
◆ **laut Gesetz** *adv* by law.

Gesetz|buch *das* statute book.

Gesetzent|wurf *der* bill.

Gesetzesvor|lage *die* bill.

gesetzgebend *adj* legislative.

Gesetz|geber *der* legislature.

Gesetzgebung *die* legislation.

gesetzlich *adj* legal; **~er Feiertag** public holiday; **ein ~er Anspruch** a legitimate claim <> *adv* legally; **~ verankert** established in law; **~ geschützt** registered.

gesetzlos *adj* lawless <> *adv* lawlessly.

gesetzmäßig *adj* **- 1.: ein ~er Prozess** a process governed by a natural law **- 2.** [Macht] legal; [Inhaber] lawful.

gesetzt *adj* sedate; **~ den Fall, dass ...** assuming that ...

gesetzwidrig *adj* illegal <> *adv* illegally.

gesichert *adj* secure.

Gesicht (*pl* **-er** ODER **-e**) *das* face; **jm etw ins ~ sagen** *fig* to say sthg to sb's face; **jn/etw zu ~ bekommen** *fig* to set eyes on sb/sthg; **sein** ODER **das ~ verlieren** *fig* to lose face; **sein** ODER **das ~ wahren** *fig* to save face.

Gesichts|ausdruck *der* expression.

Gesichts|creme *die* face cream.

Gesichts|farbe *die (ohne pl)* complexion.

Gesichts|kreis *der:* **sie ist aus meinem ~ verschwunden** I have lost contact with her; **den ~ erweitern** to broaden one's horizons.

Gesichts|punkt *der* point of view.

Gesichts|wasser (*pl* **-wässer**) *das* toner.

Gesichts|züge *pl* features.

Gesindel *das* **abw** rabble.

gesinnt *adj:* **liberal ~ sein** to be liberal-minded; **jm gut/übel ~ sein** to be well/ill disposed towards sb.

Gesinnung (*pl* **-en**) *die* [Überzeugungen] convictions *(pl)*; [Einstellung] outlook *(U)*.

Gesinnungs|genosse *der* like-minded person.

Gesinnungswandel *der (ohne pl)* change of direction.

gesittet *adj* civilized <> *adv* in a civilized manner.

Gesöff (*pl* **-e**) *das* **salopp abw** swill.

gesoffen *pp* ▷ **saufen.**

gesogen *pp* ▷ **saugen.**

gesondert *adj* separate <> *adv* separately.

gesonnen *pp* ▷ **sinnen.**

gespannt *adj* **- 1.** [Stoff, Saite] taut **- 2.** [Person] eager; **ich bin ~ auf seine neue Freundin** I can't wait to see his new girlfriend **- 3.** [Situation] tense <> *adv* [erwartungsvoll, aufgeregt] eagerly.

Gespenst (*pl* **-er**) *das* ghost; [Bedrohung] spectre.

gespenstisch *adj* ghostly.

gespien *pp* ▷ **speien.**

gesponnen *pp* ▷ **spinnen.**

Gespött *das* mockery; **jn/sich zum ~ der Leute machen** to make sb/o.s. a laughing stock.

Gespräch (*pl* **-e**) *das* **- 1.** [Konversation] conversation, talk; **etw ist im ~** *fig* sthg is under discussion; **mit jm im ~ bleiben** *fig* to keep talking with sb **- 2.** [Telefonanruf] call.

gesprächig *adj* talkative.

Gesprächs|einheit [gəˈʃprɛːçsainhait] *die* unit.

Gesprächs|partner, in [gəˈʃprɛːçspartnɐ] *der, die:* **mein ~** the person I am/was talking to; **seine ~ bei den Verhandlungen** his partners in the negotiations.

Gesprächs|stoff [gəˈʃprɛːçsʃtɔf] *der (ohne pl)* topics *(pl)* of conversation.

Gesprächs|thema [gəˈʃprɛːçsteːma] *das* topic of conversation.

gesprochen *pp* ▷ **sprechen.**

gesprossen *pp* ▷ **sprießen.**

gesprungen *pp* ▷ **springen.**

Gespür *das* feel; **ein/kein ~ für etw haben** to have a/no feel for sthg.

Gestalt (*pl* **-en**) *die* **- 1.** [Person] figure **- 2.** *(ohne pl)* [Körperform] build **- 3.** [in Literatur] character **- 4.** *(ohne pl)* [Form] shape; **einer Sache** *(D)* **~**

geben *ODER* verleihen to give shape to sthg; unser Plan nimmt ~ an our plan is taking shape.
◆ in Gestalt *präp:* in ~ einer Sache *(G)* in the shape of sthg.

gestalten *vt* [Fest] to organize; [Schaufenster, Garten] to design.
◆ sich gestalten *ref* to turn out.

gestalterisch *adj* creative <> *adv* creatively.

Gestaltung *die* [von Fest] organizing; [von Schaufenster, Garten] designing.

gestanden *pp* ▷ stehen, gestehen <> *adj* experienced.

geständig *adj:* ~ sein to have confessed.

Geständnis (*pl* -se) *das* confession; ein ~ ablegen to make a confession.

Gestank *der (ohne pl)* **abw** stench.

gestatten *vt:* jm etw ~ to allow sb sthg; sich *(D)* etw ~ to allow o.s. sthg.
◆ gestatten Sie *interj:* ~ Sie? may I?; ~ Sie, dass ich rauche? do you mind if I smoke?

Geste (*pl* -n) *die* gesture.

Gesteck (*pl* -e) *das* flower arrangement.

gestehen (*prät* gestand; *perf* hat gestanden) *vt:* ein Verbrechen/einen Mord ~ to confess to a crime/murder; jm die Wahrheit ~ to confess the truth to sb <> *vi* [aussagen] to confess.

Gestein (*pl* -e) *das* rock.

Gestell (*pl* -e) *das* stand.

gestern *adv* yesterday; ~ früh first thing yesterday; ~ Morgen/Mittag/Abend yesterday morning/lunchtime/evening; von ~ sein *fig* to be behind the times.

gestiegen *pp* ▷ steigen.

Gestik *die (ohne pl)* gestures *(pl)*.

gestikulieren *vi* to gesticulate.

Gestirn (*pl* -e) *das* star.

gestochen *pp* ▷ stechen.

gestohlen *pp* ▷ stehlen.

gestorben *pp* ▷ sterben.

gestoßen *pp* ▷ stoßen.

gestreift *adj* striped.

gestrichelt *adj* broken.

gestrichen *pp* ▷ streichen <> *adj* painted; ein ~er Teelöffel a level teaspoon <> *adv:* ~ voll full to the brim.

gestrig *adj* yesterday's; am ~en Abend yesterday evening.

gestritten *pp* ▷ streiten.

Gestrüpp *das* undergrowth.

gestunken *pp* ▷ stinken.

Gestüt (*pl* -e) *das* stud.

Gesuch (*pl* -e) *das* request.

gesucht *pp* ▷ suchen <> *adj* - **1.** [begehrt] sought-after - **2.** [geziert] affected <> *adv* [geziert] affectedly.

gesund (*kompar* gesünder *ODER* gesunder; *superl* gesündeste oder gesundeste) *adj* healthy; ~er Menschenverstand common sense <> *adv* healthily; jn ~ schreiben to certify sb fit; jn ~ pflegen to nurse sb back to health.

Gesundheit *die* health; auf js ~ *(A)* trinken *ODER* anstoßen to drink (to) sb's health <> *interj* bless you!

gesundheitlich *adj* health; ihr ~er Zustand the state of her health <> *adv* health-wise.

Gesundheits|amt *das* public health department.

gesundheitsschädlich *adj* damaging to one's health.

Gesundheits|wesen *das* health service.

Gesundheits|zeugnis *das* health certificate.

Gesundheitszu|stand *der* state of health.

gesund|schrumpfen *vt* to slim down.
◆ sich gesundschrumpfen *ref* to slim down.

gesungen *pp* ▷ singen.

gesunken *pp* ▷ sinken.

getan *pp* ▷ tun.

geteilt *adj* divided; ~er Meinung sein to have different opinions; ~ durch divided by.

Getöse *das* roar.

getragen *pp* ▷ tragen.

Getränk (*pl* -e) *das* drink.

Getränke|automat *der* drinks machine.

Getreide *das* cereals *(pl)*, grain.

Getreidean|bau *der* cereal growing.

getrennt *adj* separate <> *adv* separately; ~ zahlen to pay separately; (von jm) ~ leben to be separated (from sb).

getreten *pp* ▷ treten.

getreu *adj* - **1.** *geh* [Person] loyal - **2.** [Darstellung] faithful <> *adv* - **1.** *geh* [begleiten] loyally - **2.** [darstellen] faithfully <> *präp:* ~ einer Sache *(D)*, einer Sache *(D)* ~ true to sthg.

Getriebe (*pl* -) *das* gearbox.

getrieben *pp* ▷ treiben.

getroffen *pp* ▷ treffen, triefen.

getrogen *pp* ▷ trügen.

getrost *adv* without any problem.

getrunken *pp* ▷ trinken.

Getto, Ghetto (*pl* -s) *das* ghetto.

Getue [gəˈtuːə] *das* **abw** fuss.

Getümmel *das:* das ~ im Freibad the hurly-burly at the swimming pool; sich ins ~ stürzen to throw o.s. into the fray.

GEW [geːeːˈveː] (*abk für* **Gewerkschaft Erziehung und Wissenschaft**) *die German teaching union.*

Gewächs [gəˈvɛks] (*pl* **-e**) *das* plant.

gewachsen [gəˈvaksn̩] *pp* ▷ **wachsen** ◇ *adj:* **jm ~ sein** to be a match for sb; **etw ~ sein** to be up to sthg.

Gewächs|haus *das* greenhouse.

gewagt *adj* daring ◇ *adv* [freizügig] daringly.

gewählt *adj* **- 1.** [durch Abstimmung bestimmt] elected **- 2.** [gehoben] refined ◇ *adv* [gehoben] in a refined manner.

Gewähr *die (ohne pl)* guarantee; **~ leisten** to guarantee.
◆ **ohne Gewähr** *adv* subject to alteration.

gewähren *vt* to give; **jm etw ~** to grant sb sthg; **jn ~ lassen** to let sb do as he/she likes.

gewährleisten *vt* ▷ **Gewähr.**

Gewahrsam *der* **- 1.** [Obhut] safekeeping; **etw in ~ nehmen** to take sthg into safekeeping **- 2.** [Haft] custody.

Gewalt (*pl* **-en**) *die* **- 1.** [Brutalität, Willkür] violence; **etw mit ~ öffnen** to force sthg open; **jn mit ~ zu etw zwingen** to compel sb to do sthg by (using) force; **etw mit aller ~ machen** to do sthg with all one's might; **einer Sache** *(D)* **~ antun** to do violence to sthg **- 2.** [Macht, Beherrschung] power; **jn/sich/etw in der ~ haben** to be in control of sb/o.s./sthg **- 3.** [Naturgewalt] force, power; **etw ist höhere ~** sthg is an act of God.

Gewaltanwendung *die* use of force.

Gewaltenteilung *die* separation of powers.

Gewalt|herrschaft *die* tyranny.

gewaltig *adj* [Kraft, Größe] enormous, huge; [Schönheit] tremendous ◇ *adv* enormously.

gewaltlos *adj* non-violent ◇ *adv* non-violently.

gewaltsam *adj* violent; **~e Vertreibung** forcible expulsion ◇ *adv* forcibly; [schließen] by force; **jn ~ an etw hindern** to prevent sb forcibly from doing sthg.

Gewalt|tat *die* act of violence.

gewalttätig *adj* violent ◇ *adv* violently.

Gewalt|verbrechen *das* crime of violence.

Gewand (*pl* **Gewänder**) *das* robe.

Gewandhaus|orchester *das orchestra based in Leipzig.*

gewandt *pp* ▷ **wenden** ◇ *adj* **- 1.** [Ausdrucksweise, Redner] skilful **- 2.** [Auftreten] confident **- 3.** [Bewegung] agile ◇ *adv* **- 1.** [sich ausdrücken] skilfully **- 2.** [auftreten] confidently **- 3.** [sich bewegen] agilely.

Gewandtheit *die* **- 1.** [von Redner] skilfulness **- 2.** [von Umgangsformen] confidence **- 3.** [von Bewegungen] agility.

gewann *prät* ▷ **gewinnen.**

gewaschen *pp* ▷ **waschen.**

Gewässer (*pl* **-**) *das* stretch of water.
◆ **Gewässer** *pl* waters.

Gewässer|schutz *der* prevention of water pollution.

Gewebe (*pl* **-**) *das* **- 1.** [Stoff] fabric **- 2.** [im Körper] tissue.

Gewehr (*pl* **-e**) *das* rifle.

Gewehr|kolben *der* rifle butt.

Gewehr|lauf *der* rifle barrel.

Geweih (*pl* **-e**) *das* antlers *(pl);* [Trophäe] set of antlers.

Gewerbe (*pl* **-**) *das* **- 1.** [Beruf] trade **- 2.** *(ohne pl)* [Bereich] trade.

Gewerbe|freiheit *die* freedom of trade.

Gewerbe|gebiet *das* business park.

Gewerbe|schein *der* trading licence.

Gewerbe|steuer *die* trade tax.

gewerblich *adj* commercial ◇ *adv* commercially.

gewerbsmäßig *adj* professional ◇ *adv* professionally.

Gewerkschaft (*pl* **-en**) *die* trade union ***Br***, labor union ***Am***.

Gewerkschaft(l)er, in (*mpl* **Gewerkschaft(l)er**; *fpl* **-nen**) *der, die* trade ***Br*** ODER labor ***Am*** unionist.

gewerkschaftlich *adj* trade union ***Br***, labor union ***Am*** ◇ *adv:* **~ organisiert** unionized.

Gewerkschaftsbund *der* trade union federation.

gewesen *pp* ▷ **sein.**

Gewicht (*pl* **-e**) *das* weight; **etw fällt ins ~ *fig*** sthg is of consequence.

Gewichtheben *das* weightlifting.

Gewichts|klasse *die* SPORT weight class.

gewieft *adj* smart ◇ *adv* smartly.

gewiesen *pp* ▷ **weisen.**

gewillt *adj:* **~/nicht ~ sein, etw zu tun** to be/not to be prepared to do sthg.

Gewinde (*pl* **-**) *das* thread.

Gewinn (*pl* **-e**) *der* **- 1.** [Profit] profit; **mit ~** at a profit **- 2.** *(ohne pl)* [Nutzen] benefit **- 3.** [Preis] prize.
◆ **Gewinn bringend** *adj* profitable ◇ *adv* profitably.

Gewinn|beteiligung *die* profit sharing.

gewinnbringend ▷ **Gewinn.**

gewinnen (*prät* **gewann**; *perf* **hat gewonnen**) *vi* **- 1.** [siegen] to win **- 2.** [wachsen]: **an etw** *(D)* **~** to gain in sthg **- 3.** [besser werden]:

durch etw ~ to benefit from sthg <> *vt* - **1.** [Wettkampf, Preis] to win - **2.** [Ansehen] to gain; **jn für etw ~** to win sb over to sthg - **3.** [Produkt] to produce.

gewinnend *adj* winning <> *adv* winningly.

Gewinner, in (*mpl* **-**; *fpl* **-nen**) *der, die* winner.

Gewinnlspanne *die* profit margin.

Gewinnung *die* extraction.

Gewirr, **Gewirre** *das* [von Kabeln] tangle; [von Stimmen] confusion.

gewiss *adj* certain; **sich** *(D)* **einer Sache** *(G)* **~ sein** to be certain of sthg; **der Sieg ist uns ~** we are certain of victory <> *adv* [sicherlich] certainly.

Gewissen *das (ohne pl)* - **1.** [seelische Instanz] conscience; **gutes/schlechtes ~** clear/bad conscience - **2.** *RW:* **jn auf dem ~ haben** to have sb on one's conscience; **jm ins ~ reden** to have a serious talk with sb.

gewissenhaft *adj* conscientious <> *adv* conscientiously.

gewissenlos *adj* unscrupulous <> *adv* unscrupulously.

Gewissenlosigkeit *die* unscrupulousness.

Gewissenslbisse *pl* pangs of conscience.

Gewissenslfrage *die (ohne pl)* matter of conscience.

Gewissenslgründe *pl* conscientious reasons; **aus ~n** for conscientious reasons.

Gewissenslkonflikt *der* moral dilemma; **in einen ~ geraten** to be faced with a moral dilemma.

gewissermaßen *adv* as it were.

Gewissheit *die (ohne pl)* certainty; **~ erlangen** to find out for certain; **etw mit ~ sagen/wissen** to say/know sthg for certain.

Gewitter (*pl* **-**) *das* thunderstorm.

gewittern *vi:* **es gewittert** it is thundering.

gewittrig *adj* thundery.

gewitzt *adj* shrewd <> *adv* shrewdly.

gewogen *pp* ▷ **wiegen** <> *adj:* **jm/einer Sache ~ sein** *geh* to be well disposed towards sb/sthg.

gewöhnen *vt:* **jn an jn/etw ~** to accustom sb to sb/sthg.
◆ **sich gewöhnen** *ref:* **sich an jn/etw ~** to get used to sb/sthg; **sich daran ~, etw zu tun** to get used to doing sthg.

Gewohnheit (*pl* **-en**) *die* habit; **jm zur ~ werden** to become a habit with sb.

Gewohnheitslrecht *das (ohne pl)* customary right.

gewöhnlich *adj* - **1.** [normal] normal, ordinary - **2.** [gewohnt] usual - **3.** *abw* [primitiv] common <> *adv* - **1.** [normalerweise] normally, usually - **2.** *abw* [primitiv] in a common way.
◆ **wie gewöhnlich** *adv* as usual.

gewohnt *adj* usual; **etw ~ sein** to be used to sthg.

gewöhnt *adj:* **an etw** *(A)* **~ sein** to be used to sthg.

Gewöhnung *die (ohne pl):* **das ist eine Frage der ~** it's a question of getting used to it; **die ~ an eine neue Umgebung fällt mir schwer** I find it difficult to get used to new surroundings.

Gewölbe (*pl* **-**) *das* vault.

gewonnen *pp* ▷ **gewinnen.**

geworben *pp* ▷ **werben.**

geworden *pp* ▷ **werden.**

geworfen *pp* ▷ **werfen.**

Gewühl *das* - **1.** [Menschenmenge] crush - **2.** [Wühlen] rummaging.

gewunden *pp* ▷ **winden** <> *adj* - **1.** [Weg] winding - **2.** [Sätze] tortuous.

Gewürz (*pl* **-e**) *das* spice.

Gewürzlgurke *die* pickled gherkin.

gewusst *pp* ▷ **wissen.**

gez. *abk für* **gezeichnet.**

GEZ [ge:e:'tsɛt] (*abk für* **Gebühreneinzugszentrale**) *die (ohne pl) body which levies fees on behalf of public television and radio.*

Gezänk, **Gezanke** *das* **abw** quarrelling.

gezeichnet *pp* ▷ **zeichnen** <> *adj* - **1.** [mit Stiften] hand-drawn - **2.** [gekennzeichnet]: **von/mit etw ~ sein** to be marked by/with sthg.

Gezeiten *pl* tides.

Gezeitenkraftlwerk *das* tidal power station.

Gezeter *das* **abw** scolding.

gezielt *adj* specific; **eine ~e Frage/Antwort** a specific question/answer <> *adv:* **~ vorgehen** to take specific action; **jn ~ auf etw ansprechen** to ask sb specifically about sthg.

geziert **abw** *adj* affected <> *adv* affectedly.

gezogen *pp* ▷ **ziehen.**

Gezwitscher *das* twittering.

gezwungen *pp* ▷ **zwingen** <> *adj* forced <> *adv* in a forced way.

gezwungenermaßen *adv:* **etw ~ machen** to be forced to do sthg.

gg. *abk für* **gegen.**

GG [ge:'ge] (*abk für* **Grundgesetz**) *das German constitution.*

ggf. *abk für* **gegebenenfalls.**

Ghana *nt* Ghana.

Ghetto *das* = **Getto.**

Gibraltar *nt* Gibraltar.

gibt *präs* ▻ **geben.**

Gicht *die* gout.

Giebel (*pl* -) *der* - **1.** [auf Dach] gable - **2.** [über Tor] pediment.

Gier *die* greed; **~ nach etw** craving for sthg.

gierig *adj* greedy; **~ nach** *ODER* **auf etw** *(A)* **sein** to have a craving for sthg ◇ *adv* greedily.

gießen (*prät* **goss;** *perf* **hat gegossen)** *vt* - **1.** [schütten] to pour - **2.** [verschütten] to spill - **3.** [Blumen] to water - **4.** [Glocke, Blei] to cast; [Kerzen] to mould ◇ *vi* [regnen]: **es gießt** it's pouring.

Gieß|kanne *die* watering can.

Gift (*pl* **-e**) *das* - **1.** [schädliche Substanz] poison - **2.** *RW:* **darauf kannst du ~ nehmen!** *fam* you can bet your life on it!

Gift|gas *das* poison gas.

giftgrün *adj* lurid green.

giftig *adj* - **1.** [Gift enthaltend, gesundheitsschädlich] poisonous - **2.** *fam abw* [gehässig] venomous - **3.** [grell] lurid ◇ *adv fam abw* [gehässig] venomously.

Gift|müll *der* toxic waste.

Gift|pilz *der* poisonous mushroom.

Gift|schlange *die* poisonous snake.

Gift|stoff *der* poisonous substance.

Gigant, in (*mpl* **-en;** *fpl* **-nen)** *der, die* giant.

gigantisch *adj* gigantic.

Gigolo ['ʒiːgolo] (*pl* **-s**) *der* gigolo.

gilt *präs* ▻ **gelten.**

Gin [dʒɪn] *der* gin.

ging *prät* ▻ **gehen.**

Ginster (*pl* -) *der* broom *(U);* [Stechginster] gorse *(U).*

Gipfel (*pl* -) *der* - **1.** [von Bergen] summit, peak - **2.** [Höhepunkt] height; **das ist (doch) der ~!** that's the limit! - **3.** [Gipfeltreffen] summit.

Gipfel|konferenz *die* summit conference.

gipfeln *vi:* **der Streit gipfelte in einem Schlagabtausch** the argument culminated in an exchange of blows.

Gipfel|treffen *das* summit meeting.

Gips *der* - **1.** [Material] plaster - **2.** [Gipsverband] plaster cast.

Gips|bein *das:* **ein ~ haben** to have a leg in plaster.

Gips|verband *der* plaster cast.

Giraffe (*pl* **-n**) *die* giraffe.

Girlande (*pl* **-n**) *die* garland.

Girlgroup (*pl* **-s**) *die* girl group.

Giro|konto ['ʒiːro|kɔnto] *das* current account *Br,* checking account *Am.*

gis, Gis (*pl* **Gis**) *das* MUS G sharp.

Gischt *der ODER die* spray.

Gitarre (*pl* **-n**) *die* guitar.

Gitarrist, in (*mpl* **-en;** *fpl* **-nen)** *der, die* guitarist.

Gitter (*pl* -) *das* [aus Eisen] bars *(pl);* [gekreuzt] grille; [aus Holz] trellis; [Geländer] railings *(pl).*
◆ **hinter Gittern** *adv fam* behind bars.

Gladiole (*pl* **-n**) *die* gladiolus.

Glanz *der* - **1.** [von Stern] brightness - **2.** [von Perl] gleam - **3.** [von Augen] sparkle.

glänzen *vi* - **1.** [gen] to shine, to gleam; [Augen, Edelsteine] to sparkle; [Farbe] to be shiny - **2.** [herausragen] to shine.

glänzend *adj* - **1.** [mit Glanz] shiny; [Lack] gloss - **2.** [sehr gut] brilliant ◇ *adv* [sehr gut] brilliantly.

Glanz|leistung *die* brilliant achievement.

glanzlos *adj* dull.

glanzvoll *adj* [hervorragend] brilliant ◇ *adv* [hervorragend] brilliantly.

Glarus *nt* Glarus.

Glas (*pl* **Gläser)** *das* - **1.** [Material, Trinkglas] glass; **eine Kanne aus ~** a glass pot; **ein ~ Saft** a glass of juice; **ein ~ über den Durst trinken** *fig* to have one too many - **2.** [für Marmelade] jar - **3.** [Brillenglas] lens.

Glaser, in (*mpl* -; *fpl* **-nen)** *der, die* glazier.

Glas|faser *die* - **1.** [zur Isolierung] fibreglass - **2.** [zum Leiten von Licht] glass fibre.

glasieren *vt* - **1.** [Keramik] to glaze - **2.** [Speisen] to ice *Br,* to frost *Am.*

glasig *adj* - **1.** [Blick, Ausdruck] glazed - **2.** [beim Braten] transparent.

glasklar *adj* crystal clear ◇ *adv* [deutlich] in a crystal clear fashion.

Glas|scheibe *die* pane (of glass).

Glas|scherbe *die* piece of broken glass.

Glas|splitter *der* splinter of glass.

Glas|tür *die* glass door.

Glasur (*pl* **-en**) *die* - **1.** [für Keramik] glaze - **2.** [für Speisen] icing *Br,* frosting *Am.*

glatt *adj* - **1.** [Oberfläche] smooth; **~e Haare** straight hair - **2.** [rutschig] slippery - **3.** [reibungslos] smooth - **4.** *fam* [eindeutig]: **eine ~e Lüge** a downright lie; **eine ~e Ablehnung** a flat refusal; **das ist ~er Wahnsinn!** that's utter madness! ◇ *adv* - **1.: etw ~ streichen** to smooth sthg - **2.** [verlaufen] smoothly - **3.** *fam* [eindeutig]: **das haute ihn ~ um** that completely floored him.

Glätte *die* - **1.** [Ebenheit] smoothness - **2.** [Schlüpfrigkeit] slipperiness.

Glatteis *das (ohne pl)* black ice; **jn aufs ~ führen** *fig* to catch sb out.

glätten *vt* [Decke] to smooth; [Falte] to smooth out.
◆ **sich glätten** *ref* [Meer] to become calm.

glattweg *adv fam* **- 1.** [lügen] blatantly **- 2.** [übersehen] completely **- 3.** [zurückweisen] flatly.

Glatze (*pl* **-n**) *die* **- 1.** [kahler Kopf] bald head; **eine ~ haben** to be bald **- 2.** [kahle Stelle] bald patch; **eine ~ haben** to be going bald.

Glaube *der* **- 1.** [Annahme] belief; **~ an etw** *(A)* belief in sthg; **in gutem** ODER **im guten ~n** in good faith; **jm/einer Sache ~n/keinen ~n schenken** to/not to believe sb/sthg **- 2.** [Religion] faith.

glauben *vt* **- 1.** [denken] to think **- 2.** [für richtig halten] to believe; **jm ~** to believe sb; **ich glaube ihm nichts mehr** I don't believe anything he says any more; **jn etw ~ machen wollen** to try to make sb believe sthg <> *vi* **- 1.** [für wahr halten]: **an jn/etw ~** to believe in sb/sthg; **jm ~** to believe sb **- 2.** [gläubig sein] to believe **- 3.** *RW:* **dran ~ müssen** [umkommen] to bite the dust.

Glaubens|bekenntnis *das (ohne pl)* REL creed.

Glaubens|freiheit *die* freedom of worship.

glaubhaft *adj* credible <> *adv* convincingly.

gläubig *adj* **- 1.** [fromm] devout **- 2.** [vertrauensselig] trusting <> *adv* **- 1.** [fromm] devoutly **- 2.** [vertrauensselig] trustingly.

Gläubige (*pl* **-n**) *der, die* believer.

Gläubiger, in (*mpl* **-**; *fpl* **-nen**) *der, die* creditor.

glaubwürdig *adj* credible <> *adv* convincingly.

gleich *adj* **- 1.** [übereinstimmend] same; **den ~en Namen haben** to have the same name; **zwei ~e Tassen** two identical cups; **er ist immer der Gleiche geblieben** he hasn't changed a bit **- 2.** [gleichwertig] equal **- 3.** [egal]: **das ist mir ~** it's all the same to me; **zu ~en Teilen** in equal parts <> *adv* **- 1.** [ebenso] equally; **~ groß sein** to be the same size; **sie sind beide ~ alt** they're the same age **- 2.** [auf gleiche Weise] the same; **die beiden Wörter werden ~ ausgesprochen** the two words are pronounced the same **- 3.** [egal]: **das bleibt sich ~, ob du nun ...** it makes no difference whether you ... **- 4.** [zeitlich] straight away, immediately; **ich komme ~** I'm just coming; **ich komme ~ wieder** I'll be right back; **bis ~!** see you soon! **- 5.** [räumlich] right; **~ daneben** right next to it **- 6.** [in Fragesätzen] again; **wie hieß er doch ~?** what's his name again? **- 7.** [ebensogut] just as well; **bei dem Reparaturpreis können wir doch ~ ein neues kaufen** if it's going to cost that much to repair it, we might as well buy a new one <> *präp (+ D) geh* like.

gleichaltrig, gleichalterig *adj* of the same age; **~ sein** to be the same age.

gleichartig *adj* of the same kind <> *adv* in the same way.

gleich bedeutend *adj* equally important; **mit etw ~ sein** to be tantamount to sthg.

gleichberechtigt *adj* with equal rights; **~ sein** to have equal rights.

Gleichberechtigung *die (ohne pl)* equality, equal rights *(pl)*.

gleich bleiben (*perf* **ist gleich geblieben**) *vi (unreg)* to remain the same.

gleichen (*prät* **glich;** *perf* **hat geglichen**) *vi:* **jm/einer Sache ~** to be like ODER resemble sb/sthg; **sich** *(D)* **~** to resemble each other.

gleichermaßen *adv* equally.

gleichfalls *adv* also, as well; **danke ~!** thanks, you too!

gleichförmig *adj* **- 1.** [einheitlich] uniform **- 2.** [eintönig] monotonous <> *adv* **- 1.** [einheitlich] uniformly **- 2.** [eintönig] monotonously.

gleich gesinnt *adj* like-minded.

Gleichgewicht *das* **- 1.** [Balance] balance; **im ~** balanced; **das ~ halten/verlieren** to keep/lose one's balance **- 2.** [Harmonie] equilibrium; **die Veränderungen brachten sie völlig aus dem ~** the changes threw her completely off balance.

gleichgültig *adj* **- 1.** [desinteressiert] indifferent **- 2.** [einerlei - Themen] trivial; **es ist ~, ob er kommt oder nicht** it's all the same whether he comes or not; **sie ist mir ~** she means nothing to me; **Politik ist ihm völlig ~** he's completely indifferent about politics <> *adv* [desinteressiert] indifferently; **~ was er macht ...** no matter what he does ...

Gleichheit *die* **- 1.** [Übereinstimmung] similarity **- 2.** [Gleichberechtigung] equality.

Gleichheitsprinzip *das* principle of equality.

Gleichklang *der* harmony.

gleich|kommen (*perf* **ist gleichgekommen**) *vi (unreg)*: **einer Sache** *(D)* **~** to amount to sthg; **jm an etw** *(D)* **~** to match sb for sthg.

gleich lautend *adj* identical.

gleichmäßig *adj* **- 1.** [Atmung, Schritte, Schichten] even **- 2.** [Geschwindigkeit, Rhythmus] steady **- 3.** [Abstände] regular <> *adv* **- 1.** [atmen, anordnen, verteilen] evenly **- 2.** [sich vorwärts bewegen] steadily **- 3.** [wiederkehrend]: **~ hohe Punktzahlen** consistently high scores.

Gleichmäßigkeit *die* **- 1.** [von Atemzügen, Verteilung] evenness **- 2.** [von Bewegung] steadiness **- 3.** [von Werten] consistency.

Gleichmut *der* impassiveness.

gleichmütig *adj* impassive <> *adv* impassively.

Gleichnis (*pl* **-se**) *das* parable.

gleichrangig *adj* [Stellung, Mitarbeiter] of equal rank; [Problem, Arbeit, Kriterium] of equal importance <> *adv* equally.

gleich|schalten ['glaiçʃaltn̩] *vt* ***abw*** to bring into line.

gleichschenklig ['glaiçʃɛŋk(ə)lɪç], **gleichschenkelig** *adj* MATH: **~es Dreieck** isosceles triangle.

Gleichschritt *der*: **im ~** in step.

gleichseitig ['glaiçzaitɪç] *adj* equilateral; **~es Dreieck** equilateral triangle.

gleich|setzen ['glaiçzɛtsn̩] *vt* to equate.

gleich|stellen ['glaiçʃtɛlən] *vt* to treat equally; **die Arbeiter (mit) den Angestellten finanziell ~** to bring blue-collar workers' wages into line with those of white-collar workers.

Gleichstrom *der* direct current.

gleich|tun *vt (unreg)*: **es jm ~** to do the same as sb.

Gleichung (*pl* **-en**) *die* equation.

gleichviel *adv* no matter.

gleichwertig *adj* equally good <> *adv* equally.

gleichzeitig *adj* simultaneous <> *adv* at the same time.

gleich|ziehen *vi (unreg)*: **mit jm ~** to draw level with sb, to catch up with sb.

Gleis (*pl* **-e**) *das* **- 1.** [Schienen] track; [Bahnsteig] platform **- 2.** ***RW:*** **sich in ausgefahrenen ~en bewegen** to follow a well-trodden path.

gleiten (*prät* **glitt;** *perf* **hat/ist geglitten**) *vi* **- 1.** *(ist)* [sich bewegen] to glide; [rutschen] to slip **- 2.** *(hat)* ***fam*** [Arbeitnehmer] to work flexitime ***Br*** ODER flextime ***Am***.

Gleit|schirm *der*: **~ fliegen** to go paragliding.

Gleit|schirmfliegen *das* paragliding.

Gleit|zeit *die* flexitime ***Br***, flextime ***Am***.

Gletscher (*pl* **-**) *der* glacier.

glich *prät* ▻ **gleichen.**

Glied (*pl* **-er**) *das* **- 1.** [Gelenk] joint **- 2.** [Körperteil] limb; **es steckt** ODER **sitzt mir in den ~ern noch** I'm still feeling the effects of it **- 3.** [Penis] (male) member **- 4.** [Bindeglied - von Kette] link **- 5.** [Einzelteil] part; [von Satz] clause.

gliedern *vt* to organize, to structure.
◆ **sich gliedern** *ref*: **sich in etw** *(A)* **~** to be divided into sthg.

Gliederung (*pl* **-en**) *die* **- 1.** [Gliedern] organization, structuring **- 2.** [Struktur] structure.

Gliedmaßen *pl* limbs.

glimmen (*prät* **glimmte** ODER **glomm;** *perf* **hat geglimmt** ODER **geglommen**) *vi* to glow.

glimpflich *adj* **- 1.** [ohne Schaden]: **die Entführung nahm ein ~es Ende** the kidnapping was resolved without anyone being seriously hurt **- 2.** [nachsichtig] lenient <> *adv* **- 1.** [ohne Schaden] without serious consequences; **~ davonkommen** to get off lightly **- 2.** [nachsichtig] leniently.

glitschig *adj* slippery.

glitt *prät* ▻ **gleiten.**

glitzern *vi* [Sterne] to twinkle; [Schmuck, Augen] to sparkle; [Schnee, Tränen] to glisten; [Silber, Gold] to glitter.

global *adj* **- 1.** [weltumfassend] global; [Frieden] world *(vor Subst)* **- 2.** [vielseitig, allgemein] general <> *adv* **- 1.** [weltumfassend] globally **- 2.** [vielseitig, allgemein] generally.

Globalisierung *die* globalization.

Globus (*pl* **-se** ODER **Globen**) *der* globe.

Glocke (*pl* **-n**) *die* bell; **etw an die große ~ hängen** ***fam fig*** to shout sthg from the rooftops.

Glocken|blume *die* campanula.

Glocken|schlag *der* chime.

Glocken|spiel *das* **- 1.** [von Türmen] carillon **- 2.** [Musikinstrument] glockenspiel.

Glocken|turm *der* belfry, bell tower.

glomm *prät* ▻ **glimmen.**

glorreich *adj* [Sieg, Geschichte, Ergebnis] glorious; [Einfall] brilliant <> *adv* triumphantly.

Glossar (*pl* **-e**) *das* glossary.

Glosse (*pl* **-n**) *die* commentary.

Glotze *die* ***salopp*** box, telly ***Br***.

glotzen *vi* ***fam abw*** to gawk, to gawp ***Br***.

Glück *das* **- 1.** [Glücksfall] luck; **ein ~, dass ...** it's lucky that ...; **~ bringen** to bring luck, to be lucky; **~ haben** to be lucky; **bei jm (mit etw** *(D)***) kein ~ haben** to get no joy out of sb (with sthg); **er hat ~ mit den Frauen** he's a hit with the ladies; **er hatte mit dem Auto kein ~** he had no luck with the car; **du kannst von ~ sagen** ODER **reden** you can count yourself lucky; **sein ~ versuchen** to try one's luck **- 2.** [Fortuna] fortune; **das ~ verließ ihn** ***geh*** fortune ODER luck abandoned him **- 3.** [Segen] happiness; **das Kind war ihr ganzes ~** the child meant everything to her.
◆ **auf gut Glück** *adv* on the off chance.
◆ **viel Glück** *interj* good luck!
◆ **zum Glück** *adv* luckily, fortunately.

Glucke (*pl* **-n**) *die* mother hen.

glücken (*perf* **ist geglückt**) *vi* to be successful; **ihm glückt alles, was er in Angriff nimmt** he succeeds at everything he does.

gluckern *vi* [Wasser, Flüssigkeit] to gurgle; [Wein] to glug.

glücklich *adj* - **1.** [Person, Ehe, Ende] happy - **2.** [Zufall] happy, lucky; [Zeitpunkt, Reise] good - **3.** [Sieger, Sieg] lucky <> *adv* - **1.** [verheiratet, enden] happily - **2.** [letztendlich] eventually.

glücklicherweise *adv* luckily, fortunately.

Glücksbringer (*pl* -) *der* [Sache] lucky charm; [Person] lucky mascot.

Glücks|fall *der* stroke of luck.

Glücks|pilz *der* **fam** lucky so-and-so.

Glücks|sache *die*: **es war ~** it was pure luck.

Glücks|spiel *das* - **1.** [um Geld] game of chance - **2.** [Glückssache] lottery.

Glücks|strähne *die* lucky streak.

glückstrahlend *adj* radiant, beaming (with happiness) <> *adv* radiantly.

Glück|wunsch *der* congratulations (*pl*); **jm seine Glückwünsche aussprechen** to congratulate sb, to offer sb one's congratulations; **herzlichen ~ zum Geburtstag!** happy birthday!; **herzliche Glückwünsche!** congratulations!

Glückwunsch|karte *die* greetings card.

Glucose = **Glukose.**

Glüh|birne *die* light bulb.

glühen *vi* - **1.** [brennen] to glow - **2.** ***geh*** [bewegt sein] to burn.

glühend *adj* - **1.** [brennend] glowing; [Metall, Nadel] red-hot; [Hitze] scorching - **2.** [leidenschaftlich] passionate; [Neid] deep <> *adv* [leidenschaftlich] passionately.

Glüh|lampe *die* light bulb.

Glüh|wein *der* mulled wine.

Glukose, Glucose *die* glucose.

Glut (*pl* **-en**) *die* - **1.** [in Feuer] embers (*pl*) - **2.** ***geh*** [Inbrunst] ardour.

GmbH [geːɛmbeːˈhaː] (*pl* **-s**) (*abk für* **Gesellschaft mit beschränkter Haftung**) *die* ≃ Ltd ***Br***, ≃ Inc ***Am***.

g-Moll *das* MUS G minor.

Gnade *die* - **1.** [Gunst] favour - **2.** [Erbarmen - menschlich] mercy; [- göttlich] grace.

Gnadenfrist *die* reprieve.

gnadenlos *adj* merciless; [Hitze, Druck, Stress] unrelenting <> *adv* mercilessly; [heiß] mercilessly, unrelentingly.

Gnadenstoß *der* coup de grâce.

gnädig *adj* - **1.** [wohlmeinend] kind - **2.** [nachsichtig] lenient - **3.** [barmherzig] merciful <> *adv* - **1.** [wohlmeinend] kindly - **2.** [nachsichtig] leniently.

◆ **gnädige Frau** *interj* Madam!

Gnom (*pl* **-en**) *der* gnome.

Gockel (*pl* -) *der* cock.

Gold *das* gold; **eine Uhr aus ~** a gold watch; **~ wert sein *fig*** to be invaluable.

Gold|barren *der* gold bar ODER ingot.

golden *adj* - **1.** [aus Gold] gold - **2.** [goldfarben] golden - **3.** [großartig - Jahre, Zeit] golden; [- Freiheit, Moment] glorious <> *adv* [glänzen] like gold.

Gold|fisch *der* goldfish.

goldgelb *adj* & *adv* golden yellow.

Gold|grube *die* **fam** goldmine.

Gold|hamster *der* golden hamster.

goldig *adj* **fam** sweet, lovely.

Gold|medaille *die* gold medal.

Gold|münze *die* gold coin.

Gold|schmied, in *der, die* goldsmith.

Gold|waage *die* gold scales (*pl*); **alles** ODER **jedes Wort auf die ~ legen *fig*** [alles wörtlich auffassen] to take everything literally; ***fam*** [sich bedächtig äußern] to weigh one's words carefully.

Golf (*pl* **-e**) *der* gulf <> *das* golf.

Golf|platz *der* golf course.

Golf|spieler, in *der, die* golfer.

Golf|staaten *pl* Gulf States.

Golf|strom *der* Gulf Stream.

Gondel (*pl* **-n**) *die* gondola.

Gong [gɔŋ] (*pl* **-s**) *der* gong.

gönnen *vt*: **jm etw ~** not to begrudge sb sthg; **sich** (*D*) **etw ~** to allow o.s. sthg.

Gönner (*pl* -) *der* patron.

gönnerhaft **abw** *adj* patronizing <> *adv* patronizingly.

Gönnerin (*pl* **-nen**) *die* patron, patroness.

Göre (*pl* **-n**) *die* ***Norddt abw*** - **1.** [Kind] brat - **2.** [unartiges Mädchen] little minx.

Gorilla (*pl* **-s**) *der* ***eigtl*** & ***fig*** gorilla.

goss *prät* ▻ **gießen.**

Gosse (*pl* **-n**) *die* gutter; **in der ~ landen** ODER **enden *abw*** to end up in the gutter.

Gote (*pl* **-n**) *der* Goth.

Gotik *die (ohne pl)* [Stil] Gothic (style); [Epoche] Gothic period.

Gotin (*pl* **-nen**) *die* Goth.

gotisch *adj* Gothic.

Gott (*pl* **Götter**) *der* - **1.** [christlich] God; **du lieber ~!, oh (mein) ~!** oh (my) God!; **über ~ und die Welt reden *fam*** to talk about everything under the sun; **in ~es Namen** for heaven's sake; **um ~es Willen!** [Schrecken ausdrückend] oh my God!; [flehend] for heaven's sake! - **2.** [Gottheit] god.

◆ **Gott sei Dank** *adv* thank goodness.

◆ **grüß Gott** *interj* ***Süddt, Österr*** hello!

◆ **leider Gottes** *adv* unfortunately.

◆ **weiß Gott** *adv* God knows.

Götterspeise *die* jelly ***Br***, jello ***Am***.

Gottes|dienst *der* service; **zum ~ gehen** to go to church.

Gotteslästerung (*pl* **-en**) *die* blasphemy.

Gottheit (*pl* **-en**) *die* **- 1.** [Gott, Göttin] god, deity **- 2.** *geh* [Göttlichkeit] divinity.

Göttin (*pl* **-nen**) *die* goddess.

Göttingen *nt* Göttingen.

göttlich *adj* **eigtl** & **fig** divine <> *adv* [wunderbar] divinely.

gottlos *adj* **- 1.** [respektlos, gottvergessen] ungodly **- 2.** [ungläubig] godless <> *adv* [respektlos, gottvergessen] in an ungodly manner.

gottverlassen *adj* godforsaken.

Götze (*pl* **-n**) *der* idol.

Gouverneur, in [guvɛr'nøːɐ̯, rɪn] (*mpl* **-e**; *fpl* **-nen**) *der, die* governor.

GPS [geːpeː'ɛs] (*abk für* **Grüne Partei der Schweiz**) *die Swiss Green Party.*

Grab (*pl* **Gräber**) *das* grave; **jn ins ~ bringen** *fig* to be the death of sb.

graben (*präs* **gräbt**; *prät* **grub**; *perf* **hat gegraben**) *vt* & *vi* to dig.

◆ **sich graben** *ref*: **sich in etw** *(A)* **~** [Krallen, Rad] to sink into sthg.

Graben (*pl* **Gräben**) *der* ditch; [um eine Festung] moat; [Schützengraben] trench.

Grab|mal (*pl* **-mäler** ODER **-e**) *das* tomb.

Grab|stätte *die* grave.

Grab|stein *der* gravestone, tombstone.

gräbt *präs* ▷ **graben.**

Grabung (*pl* **-en**) *die* excavation.

Grad (*pl* **-e**) *der* **- 1.** [gen] degree; **es hängt in hohem ~ davon ab, ob ...** it depends to a large extent on whether ...; **die Temperatur beträgt 25 ~** the temperature is 25 degrees; **in hohem ~ verschmutzt** highly polluted **- 2.** MIL rank.

graduell *adj* **- 1.** [allmählich] gradual **- 2.** [Unterschied] slight <> *adv* **- 1.** [allmählich] gradually **- 2.** [unterschiedlich] slightly.

gradweise *adv* gradually.

Graf (*pl* **-en**) *der* count.

Graffiti [gra'fɪti] (*pl* **-s**) *das* piece of graffiti; **~s** graffiti *(U)*.

Grafik, Graphik (*pl* **-en**) *die* **- 1.** [Kunst] graphic art; [Technik] graphics *(U)* **- 2.** [Kunstwerk] graphic artwork **- 3.** [Schema] diagram.

Grafiker, Graphiker (*pl* **-**) *der* graphic artist.

Grafikerin, Graphikerin (*pl* **-nen**) *die* graphic artist.

Grafik|karte *die* EDV graphics card.

Grafik|programm *das* EDV graphics program.

Gräfin (*pl* **-nen**) *die* countess.

grafisch, graphisch *adj* **- 1.** [die Kunst betreffend] graphic **- 2.** [schematisch] diagrammatic <> *adv* **- 1.** [künstlerisch] graphically **- 2.** [schematisch] diagrammatically.

grafologisch, graphologisch *adj* graphological <> *adv* graphologically.

Grafschaft (*pl* **-en**) *die* **- 1.** [von Graf] count's lands *(pl)* **- 2.** [Verwaltungsbezirk] county.

Gram *der* **geh** grief, sorrow.

grämen *vt* **geh** to grieve.

◆ **sich grämen** *ref* **geh** to be grieved.

Gramm (*pl* **-e** ODER **-**) *das* gram; **500 ~** 500 grams.

Grammatik (*pl* **-en**) *die* grammar.

grammatikalisch, grammatisch *adj* grammatical <> *adv* grammatically.

Granada *nt* Granada.

Granat|apfel *der* pomegranate.

Granate (*pl* **-n**) *die* shell; [Handgranate] grenade.

grandios *adj* superb <> *adv* superbly.

Granit *der* granite.

grantig *fam adj* grumpy <> *adv* grumpily.

Grapefruit ['greːpfruːt] (*pl* **-s**) *die* grapefruit.

Graphik = **Grafik.**

Graphiker = **Grafiker.**

Graphikerin = **Grafikerin.**

graphisch = **grafisch.**

graphologisch *adj* = **grafologisch.**

Gras (*pl* **Gräser**) *das* grass; **darüber ist ~ gewachsen** *fam* that's water under the bridge; **wir sollten warten bis ~ über die Sache gewachsen ist** we should wait until the dust has settled; **ins ~ beißen** *salopp* to bite the dust.

grasen *vi* to graze; **Kühe ~ lassen** to graze cattle.

Gras|fläche *die* area of grass.

grasgrün *adj* grass-green.

Gras|halm *der* blade of grass.

grassieren *vi* [Krankheit, Pest] to rage; [Mode] to be all the rage.

grässlich *adj* terrible <> *adv* terribly.

Grat (*pl* **-e**) *der* ridge.

Gräte (*pl* **-n**) *die* (fish) bone.

gratis *adj* & *adv* free (of charge).

Gratis|probe *die* free sample.

Grätsche (*pl* **-n**) *die*: **eine ~ über etw** *(A)* **machen** to hurdle sthg; **in der ~ stehen** to stand with one's legs astride.

Gratulant, in (*mpl* **-en**; *fpl* **-nen**) *der, die* well-wisher.

Gratulation (*pl* **-en**) *die* congratulations *(pl)*.

gratulieren *vi* to offer one's congratulations; **jm (zu etw) ~** to congratulate sb (on sthg); **jm zum Geburtstag ~** to wish sb a happy birthday.

grau *adj* grey; **~ meliert** [Haar] greying; [Wolle, Stoff] flecked with grey.

Grau *das* **- 1.** [graue Farbe] grey **- 2.** [Tristheit] greyness.

graublau *adj* grey-blue.

Grau|brot *das bread made from mixed wholemeal, rye and wheat flour.*

Graubünden *nt* Graubünden.

Graubündner, in (*mpl* **-;** *fpl* **-nen**) *der, die* native/inhabitant of Graubünden.

graubündnerisch *adj* of/from Graubünden.

Gräuel (*pl* -) *der* horror; **er/es ist mir ein ~ *fig*** I loathe him/it.

Gräuel|tat *die* atrocity.

grauen *vi* **- 1.** *geh* [dämmern]: **der Morgen** *ODER* **der Tag graut** day is dawning **- 2.** [zum Grauen sein]: **es graut ihm vor der Prüfung** he's dreading the exam.

◆ **sich grauen** *ref* [Grauen empfinden]: **sich (vor jm/etw) ~** to be terrified (of sb/sthg).

Grauen (*pl* -) *das* **- 1.** [Angst, Schrecken] dread **- 2.** [Ereignis] horror.

grauenhaft, grauenvoll *adj* terrible ◇ *adv* terribly.

grauhaarig *adj* grey-haired.

gräulich *adj* **- 1.** [grau] greyish **- 2.** [entsetzlich, unerfreulich] terrible ◇ *adv* [entsetzlich, unerfreulich] terribly.

Graupe (*pl* **-n**) *die:* **~n** pearl barley *(U).*

Graupel|schauer *der* shower of fine hail.

Graus *der* horror.

grausam *adj* **- 1.** [brutal] cruel **- 2.** [fürchterlich, schlimm] terrible ◇ *adv* **- 1.** [brutal] cruelly **- 2.** [fürchterlich, äußerst] terribly.

Grausamkeit (*pl* **-en**) *die* **- 1.** *(ohne pl)* [grausames Wesen] cruelty **- 2.** [grausame Tat] atrocity.

grausen *vi:* **es grauste ihr vor ihm** she was terrified of him.

◆ **sich grausen** *ref:* **sich vor jm/etw ~** to be terrified of sb/sthg.

grausig *adj* terrible ◇ *adv* terribly.

Grau|zone *die* grey area.

gravieren [gra'viːrən] *vt* to engrave; **etw in etw** *(A)* **~** to engrave sthg on sthg.

gravierend [gra'viːrənt] *adj* [Problem, Fehler, Vorwurf] serious; [Unterschied, Änderung] significant ◇ *adv* significantly.

Gravur [gra'vuːɐ̯] (*pl* **-en**) *die* engraving.

Graz *nt* Graz.

Grazie (*pl* **-n**) *die* grace; **mit ~** gracefully.

◆ **Grazien** *pl* MYTH Graces.

graziös *adj* graceful ◇ *adv* gracefully.

greifbar *adj* **- 1.** [in Reichweite] to hand, handy **- 2.** [parat] available **- 3.** [absehbar] tangible ◇ *adv* [sehr]: **~ nahe** within reach.

greifen (*prät* **griff;** *perf* **hat gegriffen**) *vt* **- 1.** [fassen] to take hold of; **das liegt zum Greifen nahe *fig*** it is within grasp **- 2.** [erwischen] to catch **- 3.** [Akkord] to play ◇ *vi* **- 1.** [fassen]: **zu etw ~** to reach for sthg; [Maßnahmen] to resort to sthg; **zur Flasche/Zigarette ~ *fig*** to reach for the bottle/cigarettes; **nach etw ~** to reach for sthg; [Macht] to strive for sthg **- 2.** [langen] to reach; **in etw** *(A)* **~** to reach into sthg **- 3.** [Halt finden] to grip; [Zahnrad] to catch **- 4.** [funktionieren] to work **- 5.** *RW:* **um sich ~** to spread; **die Zahl ist zu hoch/niedrig gegriffen** the number is an overestimate/underestimate; **ihre Erwartungen sind zu hoch/niedrig gegriffen** she has set her sights too high/low.

Greif|vogel *der* bird of prey.

Greis, in (*mpl* **-e;** *fpl* **-nen**) *der, die* old man (*f* old woman).

grell *adj* **- 1.** [Licht, Sonne, Lampe] glaring; [Farbe, Muster] garish **- 2.** [Geräusch] shrill ◇ *adv* **- 1.** [scheinen, leuchten] glaringly; [bunt, gefärbt] garishly **- 2.** [klingen, rufen] shrilly.

Gremium (*pl* **Gremien**) *das* committee.

Grenz|beamte *der* customs and immigration officer.

Grenz|beamtin *die* customs and immigration officer.

Grenz|bereich *der* **- 1.** *(ohne pl)* [von Ländern] border area **- 2.** [Begrenzung] limits *(pl).*

Grenze (*pl* **-n**) *die* **- 1.** [Staatsgrenze] border **- 2.** [Gebietsgrenze] boundary **- 3.** [Trennlinie] dividing line, boundary **- 4.** [Beschränkung] limit; **keine ~n kennen** to know no bounds; **ihrem Eifer sind keine ~n gesetzt** there are no limits to her enthusiasm.

◆ **grüne Grenze** *die:* **über die grüne ~ gehen** to cross the border at a point in the countryside where there is no border control.

grenzen *vi:* **an etw** *(A)* **~** [Gebiet, Land] to border sthg; [Betrug, Tollkühnheit] to border *ODER* verge on sthg; **aneinander ~** to have a common border.

grenzenlos *adj* [Landschaft, Vertrauen, Liebe] boundless; [Verlegenheit, Sorge, Ekel] extreme ◇ *adv* [weit, lieben, begeistert] boundlessly; [verlegen, erstaunt, traurig] extremely.

Grenz|fall *der* borderline case.

Grenz|konflikt *der* border conflict.

Grenz|kontrolle *die* border check.

Grenz|posten *der* border guard.

Grenzlschutz *der (ohne pl)* border police; [in Deutschland] ▻ **Bundesgrenzschutz.**

Grenzüberlgang *der* - **1.** [Grenzüberschreitung]: **beim ~** while crossing the border - **2.** [Grenzkontrollstelle] border crossing.

grenzüberschreitend *adj* cross-border ◇ *adv* at a cross-border level.

Grenzverkehr *der* cross-border traffic.

Grenzlwert *der* limit.

Greuel *der* = **Gräuel.**

Greueltat *die* = **Gräueltat.**

greulich = **gräulich.**

Grieche (*pl* **-n**) *der* Greek.

Griechenland *nt* Greece.

Griechin (*pl* **-nen**) *die* Greek.

griechisch *adj* Greek.

Griechisch(e) *das* Greek; *siehe auch* **Englisch(e).**

griesgrämig *adj* grumpy ◇ *adv* grumpily.

Grieß *der* semolina.

Grießlbrei *der* semolina pudding.

griff *prät* ▻ **greifen.**

Griff (*pl* **-e**) *der* - **1.** [Greifen] grip; [von Ringer] hold; **beim ~ in die Tasche** on reaching into the pocket; **der ~ nach der Flasche** reaching for the bottle; **etw mit einem ~ tun** to do sthg in next to no time; **etw im ~ haben/bekommen** *fig* to be/get on top of sthg; **jn in den ~ bekommen** ODER **kriegen** *fig* to gain control of sb - **2.** [Teil, Henkel] handle.

griffbereit *adj* & *adv* ready to hand.

griffig *adj* - **1.** [handlich] easy to use - **2.** [gut greifend] with a good grip.

Grill (*pl* **-s**) *der* grill.

Grille (*pl* **-n**) *die* - **1.** [Insekt] cricket - **2.** [verrückte Idee] whim.

grillen *vt* to grill ◇ *vi* to have a barbecue.

Grilllfest *das* barbecue.

Grimasse (*pl* **-n**) *die* grimace; **~n schneiden** to pull faces.

grimmig *adj* - **1.** [Gesicht, Ausdruck] grim; [Feind] fierce - **2.** [Kälte, Hunger] terrible ◇ *adv* [lachen] grimly.

grinsen *vi* to grin.

Grinsen *das* grin.

Grippe (*pl* **-n**) *die* flu.

Grippeschutzlimpfung *die* flu vaccination.

Grips *der (ohne pl)* ***fam*** brains *(pl)*; **seinen ~ anstrengen** to use one's brain.

grob (*kompar* **gröber;** *superl* **gröbste**) *adj* - **1.** [Sand, Salz, Züge] coarse - **2.** [Leinen, Haut, Papier, Übersicht, Skizze] rough - **3.** [unhöflich] crude - **4.** [schlimm] serious; **aus dem Gröbsten heraus sein** [Kind] to be old enough to look after oneself ◇ *adv* - **1.** [mahlen, hacken] coarsely - **2.** [planen, schätzen] roughly - **3.** [schwer wiegend]: **~ fahrlässig handeln** to be grossly negligent - **4.** [unhöflich] crudely.

Grobheit (*pl* **-en**) *die* - **1.** [grobe Wesensart] crudeness - **2.** [Äußerung] crude remark.

grobkörnig *adj* coarse.

grobmaschig *adj* wide-meshed.

Grog (*pl* **-s**) *der* hot toddy.

grölen ***abw*** *vi* & *vt* to bawl.

Groll *der (ohne pl)* ***geh*** resentment; **einen ~ auf jn haben** to bear sb a grudge.

grollen *vi* ***geh*** - **1.** [verstimmt sein] to be sullen; **jm ~** to bear sb a grudge - **2.** [dröhnen] to rumble.

Grönland *nt* Greenland.

Grönländer, in (*mpl* **-;** *fpl* **-nen**) *der, die* Greenlander.

grönländisch *adj* of/from Greenland.

Gros [gro:] (*pl* **-**) *das* majority.

Groschen (*pl* **-**) *der* - **1.** [10 deutsche Pfennig] tenpfennig coin; **bei ihm ist der ~ gefallen** ***fam fig*** the penny dropped ***Br***, he got it - **2.** [österreichische Münze] groschen.

groß (*kompar* **größer;** *superl* **größte**) *adj* - **1.** [räumlich] big, large; [Person] tall; **sie ist 1,80 ~** she's 1.80 m (tall) - **2.** [zahlreich]: **eine ~e Familie** a big ODER large family; **eine ~e Vielfalt** a wide variety - **3.** [zeitlich] big; **die ~en Ferien** the summer holidays - **4.** [intensiv] great; **eine ~e Enttäuschung** a great disappointment; **sich ~e Mühe geben** to try hard - **5.** [älter] big; **mein ~er Bruder** my big brother - **6.** [erwachsen] grown-up - **7.** [Buchstabe] capital - **8.** [bedeutend] great; **ein ~er Dichter** a great poet; **heute kommt meine ~e Stunde** it's my big moment today; **~e Fortschritte machen** to make great progress ◇ *adv (kompar größer; superl am größten)* - **1.** [räumlich]: **ein ~ angelegtes Projekt** a large-scale project - **2.** [sehr] a lot; **wir haben dann nicht mehr ~ gearbeitet** we didn't do a lot of work afterwards; **~ und breit** ***fam*** at great length - **3.** [im großen Stil] in style; **der Sänger ist ~ herausgekommen** the singer became a big success - **4.** [erstaunt]: **jn ~ ansehen** to stare at sb wide-eyed - **5.** [Buchstabe]: **es wird ~ geschrieben** it's written with a capital letter.

◆ **Groß und Klein** *pron:* **ein Buch für Groß und Klein** a book for young and old.

◆ **im Großen und Ganzen** *pron:* **im Großen und Ganzen** on the whole, by and large.

großartig *adj* - **1.** [gut] marvellous - **2.** [angeberisch] showy ◇ *adv* - **1.** [gut] marvellously - **2.** [angeberisch] showily.

Großlaufnahme *die* close-up.

Großbritannien *nt* Great Britain.

Groß|buchstabe *der* capital (letter).

Größe (*pl* **-n**) *die* **- 1.** [von Gegenständen, Baby, Kleidern] size **- 2.** [von Personen] height **- 3.** [Wichtigkeit] greatness **- 4.** [Person] leading figure **- 5.** MATH: **eine unbekannte ~** an unknown quantity.

großenteils *adv* largely.

Größen|unterschied *der* **- 1.** [von Dingen] difference in size **- 2.** [von Personen] difference in height.

Größenwahn *der* **abw** megalomania.

größenwahnsinnig *adj* megalomaniac.

größer *adj* bigger, larger; **eine ~e Summe** quite a large sum; **ohne ~e Schwierigkeiten** without any great difficulty.

Groß|familie *die* extended family.

Groß|format *das* large format.

Großglockner *der* Grossglockner.

Großgrund|besitzer, in *der, die* big landowner.

Groß|handel *der* wholesale trade; **etw im ~ beziehen** to get sthg wholesale.

Groß|händler, in *der, die* wholesaler.

Groß|handlung *die* wholesale business.

großherzig **geh** *adj* magnanimous <> *adv* magnanimously.

Groß|industrie *die* big industry.

Groß|macht *die* great power.

Groß|maul *das* **fam abw** big mouth.

großmütig *adj* generous <> *adv* generously.

Groß|mutter *die* grandmother.

Großraum|büro *das* open-plan office.

Großraum|wagen *der* open carriage **Br** *ODER* car **Am.**

Groß|rechner *der* EDV mainframe.

groß|schreiben *vt (unreg)* [mit großem Anfangsbuchstaben] to write with a capital letter, to capitalize.

Großschreibung *die* capitalization.

großspurig **abw** *adj* pretentious <> *adv* pretentiously.

Groß|stadt *die* city *(vor Subst).*

Groß|städter, in *der, die* city-dweller.

großstädtisch *adj* city.

Großteil *der:* **der ~** [Personen] the majority; [Sachen] most; **ein ~** a large number/part; **zum ~** for the most part.

größtenteils *adv* for the most part.

größtmöglich *adj* greatest possible.

groß|tun *vi (unreg)* **abw** to boast.
◆ **sich großtun** *ref:* **sich mit jm/etw ~** to boast about sb/sthg.

Groß|unternehmer, in *der, die* big businessman (*f* big businesswoman).

Groß|vater *der* grandfather.

Groß|verdiener, in (*mpl* **-**; *fpl* **-nen**) *der, die* high earner.

groß|ziehen *vt (unreg)* [Kind] to bring up; [Tier] to rear.

großzügig *adj* **- 1.** [Person, Geste] generous **- 2.** [Raum] spacious <> *adv* **- 1.** [freigebig, großmütig] generously **- 2.** [weiträumig] spaciously.

grotesk *adj* grotesque.

Grotte (*pl* **-n**) *die* grotto.

grub *prät* ▻ **graben.**

Grübchen (*pl* **-**) *das* dimple.

Grube (*pl* **-n**) *die* pit.

Grübelei (*pl* **-en**) *die* brooding *(U).*

grübeln *vi* to ponder.

Grübeln *das:* **ins ~ kommen** to start to ponder.

Gruft (*pl* **Grüfte**) *die* crypt.

grün *adj* **- 1.** [farbig, unreif, ökologisch] green **- 2.** *RW:* **jn ~ und blau schlagen** ***fam*** to beat sb black and blue <> *adv* [ökologisch]: **~ wählen** to vote Green.

Grün (*pl* **-** *ODER* **-s**) *das* **- 1.** green; **das ist dasselbe in ~** ***fig*** it comes to the same thing **- 2.** *(ohne pl)* [Pflanzen] greenery.
◆ **bei Grün** *adv* on green.

Grün|anlage *die* park.

Grund (*pl* **Gründe**) *der* **- 1.** [Ursache] reason **- 2.** *(ohne pl)* [Boden] ground; [von Meer, Bach, Glas] bottom; **auf ~ laufen** to run aground; **~ und Boden** land **- 3.** *RW:* **einer Sache** *(D)* **auf den ~ gehen** to try to get to the bottom of sthg; **in ~ und Boden** utterly; **jn in ~ und Boden reden** not to let sb get a word in edgeways.
◆ **auf Grund = aufgrund.**
◆ **im Grunde** *adv* basically.
◆ **von Grund auf** *adv* thoroughly.
◆ **zu Grunde** *adv* **= zugrunde.**

Grund|ausbildung *die* MIL basic training.

Grund|ausstattung *die* basic equipment.

Grund|bedürfnis *das* basic need.

Grund|begriff *der* basic principle.

Grund|besitz *der* land.

Grund|buch *das* land register.

gründen *vt* [Partei, Unternehmen] to found; [Familie] to start; [Stiftung] to set up <> *vi* [basieren auf]: **auf etw** *(D)* **~** to be based on sthg.
◆ **sich gründen** *ref:* **sich auf etw** *(A)* **~** to be based on sthg.

Gründer, in (*mpl* **-**; *fpl* **-nen**) *der, die* founder.

grundfalsch *adj* completely wrong.

Grund|gebühr *die* standing charge.

Grundgedanke *der* basic idea.

Grundgesetz *das* Basic Law.

GRUNDGESETZ

Originally drafted as a provisional constitution, the German constitution has proved to be a solid basis for democracy. Since it was promulgated in 1949, Germany has not undergone any serious constitutional crises. It was retained, with a few amendments, after the reunification of Germany.

grundieren *vt* to prime.

Grundkenntnisse *pl* basic knowledge *(U)*.

Grundkurs *der* basic course.

Grundlage *die* basis.

grundlegend *adj* fundamental <> *adv* fundamentally.

gründlich *adj* thorough <> *adv* thoroughly; **sich ~ blamieren** to make a complete fool of o.s.

Gründlichkeit *die* thoroughness.

Grundlohn *der* basic wage.

grundlos *adj* unfounded <> *adv* without reason; **~ lachen** to laugh for no reason.

Grundnahrungsmittel *das* basic foodstuff.

Gründonnerstag *der* Maundy Thursday.

Grundrecht *das* basic right.

Grundriss *der* [von Gebäude] ground plan; [Schema] outline.

Grundsatz *der* principle.

grundsätzlich *adj* **- 1.** [wichtig] fundamental **- 2.** [allgemein] basic **- 3.** [bedingungslos] on principle <> *adv* **- 1.** [allgemein] basically **- 2.** [bedingungslos] on principle **- 3.** [grundlegend] fundamentally; **sich ~ äußern** to state one's principles.

Grundschule *die* primary school ***Br***, elementary school **Am** *(for pupils aged 6 to 10)*.

Grundstein *der*: **den ~ zu etw legen** to lay the foundation stone for sthg; ***fig*** to lay the foundations for sthg.

Grundsteuer *die* real property tax.

Grundstück *das* plot of land.

Gründung (*pl* **-en**) *die* [von Partei, Verein] foundation *(sg)*; [von Familie] starting *(U)*; [von Stiftung] setting up *(U)*.

grundverschieden *adj* completely different.

Grundwasser *das* ground water.

Grundwasserspiegel *der* water table.

Grundzahl *die* MATH cardinal number.

Grüne (*pl* **-n**) *das* **- 1.** [Farbe] green **- 2.** [Natur]: **im ~n/ins ~** in/into the country <> *der, die* POL Green.

grünen *vi* ***geh*** to be green.

Grünen *pl*: **die ~** the Greens.

Grüne Punkt *der (ohne pl) symbol on product packaging indicating that it is suitable for recycling.*

Grünfläche *die* green area.

Grünkohl *der* kale.

grünlich *adj* greenish <> *adv* with a greenish colour.

Grünspan *der* verdigris.

grunzen *vi* to grunt.

Gruppe (*pl* **-n**) *die* group.

Gruppenarbeit *die* [im Unterricht] group work.

Gruppenbild *das* group portrait.

Gruppendynamik *die (ohne pl)* group dynamics *(pl)*.

Gruppenreise *die* group tour.

Gruppensex *der* group sex.

gruppenweise *adv* in groups.

Gruppenzwang *der* group pressure.

gruppieren *vt* to arrange.
◆ **sich gruppieren** *ref* to form a group/groups.

Gruppierung (*pl* **-en**) *die* grouping.

gruselig *adj* [von Film] spine-chilling; [von Erscheinung] eerie.

gruseln *vt*: **es gruselt jm ODER jn vor jm/etw** sb/sthg makes sb's flesh creep.
◆ **sich gruseln** *ref* to be frightened; **sich vor jm/etw ~** sb/sthg makes one's flesh creep.

Gruß (*pl* **Grüße**) *der* greeting; **jm Grüße von jm bestellen ODER ausrichten** to give sb sb's regards ODER best wishes; **herzliche Grüße!** greetings!; **viele Grüße!** best wishes!; **mit freundlichen Grüßen** yours sincerely.

grüßen *vt* **- 1.** [begrüßen] to greet **- 2.** [Gruß senden]: **jn von jm ~** to give sb sb's regards ODER best wishes; **deine Mutter lässt dich ~** your mother sends (you) her regards ODER best wishes <> *vi* [begrüßen] to say hello.
◆ **grüß dich** *interj* hello!
◆ **grüß Gott** *interj* ***Süddt*** hello!

grußlos *adv* without saying hello/goodbye.

Grußwort (*pl* **-e**) *das* welcoming address.

Grütze (*pl* **-n**) *die* gruel; **rote ~** *jelly-like dessert made of red berries, fruit juice and sugar.*

GSG9 (*abk für* **Grenzschutzgruppe**) *die anti-terrorist unit of the German border police.*

Guadeloupe *nt* Guadeloupe.

Guatemala *nt* Guatemala.

gucken ***fam*** *vi* to look <> *vt* [Fotos, Zeitschriften] to look at; [Fernsehen] to watch.

Guerilla [ge'rɪlja] (*pl* **-s**) *die* guerilla unit.

Guerillalkrieg *der* guerilla war.

Guillotine [gijo'tiːnə] (*pl* **-n**) *die* guillotine.

Guinea [gi'neːɐ] *nt* Guinea.

Guinea-Bissau *nt* Guinea-Bissau.

Gulasch (*pl* **-e** *ODER* **-s**) *das ODER der* goulash.

Gulaschlkanone *die large tureen used to serve hot food at outdoor public events.*

Gulaschlsuppe *die* goulash soup.

Gulden (*pl* **-**) *der* guilder.

Gully (*pl* **-s**) *der* drain.

gültig *adj* valid; **nicht mehr ~ sein** [Kreditkarte, Reisepass] to be no longer valid.

Gültigkeit *die* validity; **seine ~ verlieren** [Kreditkarte, Reisepass] to become invalid.

Gummi (*pl* **-s**) *das ODER der* **- 1.** [Material] rubber **- 2.** *fam* [Band] rubber band ◇ *der* rubber.

Gummilband (*pl* **-bänder**) *das* (piece of) elastic.

Gummilbärchen (*pl* **-**) *das small gum-like sweet in the shape of a bear.*

Gummilbaum *der* rubber plant.

Gummihandlschuh *der* rubber glove.

Gummilknüppel *der* rubber truncheon.

Gummilparagraf *der fam* elastic clause.

Gummilreifen *der* rubber tyre.

Gummilring *der* **- 1.** [Band] rubber band **- 2.** [Dichtung - von Wasserhahn] rubber washer; [- zwischen Deckel und Glas] sealing ring.

Gummilstiefel *der* rubber boot, wellington *Br.*

Gunst *die* favour; **die ~ der Stunde nutzen** to seize the moment; **zu js ~en** in sb's favour; *siehe auch* **zugunsten.**

günstig *adj* **- 1.** [Gelegenheit, Umstände] favourable **- 2.** [Preis] good ◇ *adv* **- 1.** [beeinflussen] favourably **- 2.** [kaufen] for a good price.

Gurgel (*pl* **-n**) *die* throat; **jm an die ~ springen** *fam* to lay into sb.

gurgeln *vi* to gurgle; [mit Mundwasser] to gargle.

Gurke (*pl* **-n**) *die* **- 1.** [Salatgurke] cucumber **- 2.** [Gewürzgurke] gherkin.

gurren *vi* to coo.

Gurt (*pl* **-e**) *der* **- 1.** [Sicherheitsgurt] belt **- 2.** [Band] strap.

Gürtel (*pl* **-**) *der* belt; **den ~ enger schnallen müssen** *fig* to have to tighten one's belt.

Gürtellinie *die:* **unter der ~** [unfair] below the belt; [anzüglich] near the bone.

Gürtellreifen *der* radial (tyre).

Gürtellschnalle *die* (belt) buckle.

Gurtpflicht *die* obligatory use of seat belts.

Guru (*pl* **-s**) *der* guru.

Guss (*pl* **Güsse**) *der* **- 1.** [Gießen] casting *(U)*; **der Text war aus einem ~** *fig* the text was a unified whole **- 2.** [Wasserstrahl] stream **- 3.** [Regen] downpour **- 4.** [Zuckerguss] icing *(U)* ***Br***, frosting *(U)* ***Am***.

Gusseisen *das* cast iron.

gusseisern *adj* cast-iron.

Gusto (*pl* **-s**) *der:* **nach meinem/deinem/seinem ~** to my/your/his own taste.

gut (*kompar* **besser;** *superl* **beste**) *adj* **- 1.** [gen] good; **in etw ~ sein** [fähig] to be good at sthg; **für etw ~ sein** [günstig] to be good for sthg; **das Mittel ist ~ gegen Magendrücken** this medicine is good for stomach ache; **du hast es ~!** you've got it easy!; **etw ~ sein lassen** ***fig*** to leave *ODER* drop sthg **- 2.** [mehr als] good; **das war vor einem ~en Jahr** that was a good year ago ◇ *adv (kompar besser; superl am besten)* **- 1.** [gen] well; **~ kochen können** to be able to cook well, to be a good cook; **du tätest ~ daran, dich ein wenig mehr zurückhalten** you would do well to show a bit more restraint **- 2.** [schön, erfreulich]: **~ schmecken/aussehen** to taste/look good; **~ gelaunt sein** to be in a good mood; **ihr ist nicht ~** she's not well **- 3.** [leicht] easily; **du hast ~ reden!** it's easy for you to talk! **- 4.** [freundschaftlich]: **~ befreundet sein mit jm** to be good friends with sb; **mit jm ~ auskommen** to get on well with sb **- 5.** ***RW:*** **so ~ wie** as good as; **das haben wir so ~ wie geschafft** we've as good as done it.

Gut (*pl* **Güter**) *das* **- 1.** [Bauernhof] estate **- 2.** [Ware] goods *(pl)* **- 3.** [Eigentum] property *(U)*.

Gutachten (*pl* **-**) *das* report.

Gutachter, in (*mpl* **-**; *fpl* **-nen**) *der, die* expert.

gutartig *adj* **- 1.** [Hund, Charakter] good-natured **- 2.** [Geschwulst, Tumor] benign.

gut aussehend *adj* good-looking.

gut bezahlt *adj* well-paid.

gutbürgerlich *adj:* **~e Küche** traditional cooking.

Gutdünken *das:* **nach js ~** as sb sees fit.

Gute *das* good.

- **alles Gute** *interj* all the best!
- **im Guten** *adv* [versuchen] amicably; [sagen] nicely.

Güte *die* **- 1.** [Milde] goodness; **(ach) du meine** *ODER* **liebe ~!** (oh) my goodness! **- 2.** [Qualität] quality.

Gütelklasse *die* grade.

Güterlbahnhof *der* freight depot.

Güterlgemeinschaft *die* community of property.

Güterltrennung *die* separation of property.

Güterlverkehr *der* freight traffic.

Güter|wagen *der* goods wagon *Br*, freight car *Am*.

Güter|zug *der* freight train.

Güte|zeichen *das* quality mark.

gut gehen (*perf* **ist gut gegangen**) *vi (unreg)* - **1.** [gesundheitlich]: **es geht ihr gut** she is doing well - **2.** [glücken] to turn out well - **3.** [Geschäft] to do well - **4.** [Ware] to go well.

gut gehend *adj* thriving.

gut gelaunt *adj* cheerful.

gut gemeint *adj* well-meant.

gutgläubig *adj* trusting.

Guthaben (*pl* -) *das* (credit) balance.

gut|heißen *vt (unreg)* to approve of.

gütig *adj* kind <> *adv* kindly.

gütlich *adj* amicable <> *adv*: **sich ~ einigen** to come to an amicable agreement.

gutmütig *adj* good-natured.

Gutmütigkeit *die (ohne pl)* good nature; **js ~ ausnutzen** to take advantage of sb's good nature.

Guts|besitzer, in *der, die* owner of an/the estate.

Gut|schein *der* voucher.

gut|schreiben *vt (unreg)*: **jm etw ~** to credit sthg to sb.

Gut|schrift *die* - **1.** [Handlung] crediting - **2.** [Quittung] credit slip.

gut situiert *adj* well-to-do.

gut tun *vi (unreg)*: **ein heißes Bad wird dir ~** a hot bath will do you good.

gutwillig *adj* willing.

Guyana *nt* Guyana.

Gymnasial|lehrer, in *der, die* ≃ grammar-school teacher *Br*.

Gymnasiast, in (*mpl* **-en;** *fpl* **-nen**) *der, die* ≃ grammar-school pupil *Br*.

Gymnasium (*pl* **Gymnasien**) *das* ≃ grammar school *Br*, *selective secondary school attended by 10- to 19-year-olds;* **altsprachliches/neusprachliches ~** *"Gymnasium" with focus on classical/modern languages.*

Gymnastik *die* keep-fit.

Gynäkologe (*pl* **-n**) *der* gynaecologist.

Gynäkologie *die* gynaecology.

Gynäkologin (*pl* **-nen**) *die* gynaecologist.

Gyros *das (ohne pl)* doner kebab.

H

h, H [haː] (*pl* - ODER **-s**) *das* - **1.** [Buchstabe] h, H - **2.** MUS B.

h (*abk für* **Stunde, Uhr**) h, hr.

ha[1] (*abk für* **Hektar**) ha.

ha[2] *interj* ha!

Haager (*pl* -) *der* native/inhabitant of The Hague <> *adj (unver)* of/from The Hague; **der ~ Gerichtshof** the court in The Hague.

Haar (*pl* **-e**) *das* - **1.**: **graues ~** ODER **graue ~e haben** to have grey hair; **ein paar graue ~e haben** to have a few grey hairs; **sich** *(D)* **die ~e schneiden lassen** to have one's hair cut; **sich** *(D)* **die ~e raufen** to tear one's hair out - **2.** *RW*: **an den ~en herbeigezogen sein** to be far-fetched; **jm aufs ~ gleichen** to be the spitting image of sb; **etw aufs ~ gleichen** to be an exact copy of sthg; **der Hund hat ihm kein ~ gekrümmt** the dog didn't touch a hair on his head; **vor Angst standen ihm die ~e zu Berge** his hair stood on end with fright; **kein gutes ~ an jm/etw lassen** to pull sb/sthg to pieces; **sich in die ~e kriegen** ODER **geraten** *fam* to start squabbling; **um ein ~ hätte ich den Zug verpasst** I very nearly missed the train.

Haar|ansatz *der* hairline.

Haar|ausfall *der* hair loss.

Haar|bürste *die* hairbrush.

haaren *vi* to moult.

Haaresbreite *die*: **um ~** by a hair's breadth; **um ~ hätte es einen Unfall gegeben** there was very nearly an accident.

Haar|farbe *die* hair colour.

Haar|festiger *der* setting lotion.

haargenau *adj* exact <> *adv* exactly; **stimmt ~!** absolutely right!

haarig *adj* hairy.

haarklein *adv* in minute detail.

Haar|nadel *die* hairpin.

Haarnadel|kurve *die* hairpin bend.

haarscharf *adj* precise; [Beobachtung] very close <> *adv* - **1.** [knapp]: **das Auto fuhr ~ an ihr vorbei** the car only just missed her - **2.** [sehr genau] precisely; [beobachten] very closely.

Haar|schnitt *der* haircut.

Haar|spalterei *die* ***abw*** hair-splitting; **das ist doch ~** that's just splitting hairs.

Haar|spange *die* hairclip.

Haar|spray *das* ODER *der* hairspray.

haarsträubend *adj* **- 1.** [empörend] shocking **- 2.** [grauenhaft] horrifying.

Haar|teil *das* hairpiece.

Haarwasch|mittel *das* shampoo.

Haar|wasser *das* hair lotion.

Haar|wuchs *der:* **einen starken/spärlichen ~ haben** to have a lot of/little hair.

Hab ◆ **Hab und Gut** *das* ***geh*** worldly goods.

Habe *die (ohne pl)* ***geh*** possessions *(pl)*.

haben (*präs* **hat;** *prät* **hatte;** *perf* **hat gehabt**) *aux* to have; **sie hat gegessen** she has eaten <> *vt* **- 1.** [besitzen] to have; **ich hätte gerne ...** [im Restaurant, Geschäft] I'd like ...; **er hat zwei kleine Schwestern** he's got *ODER* he has two younger sisters **- 2.** [zur Verfügung haben] to have; **hast du Geld dabei?** have you got any money on you?; **das Haus ist noch zu ~** the house is still available **- 3.** [als Bestandteil] to have; **das Buch hat 600 Seiten** the book has (got) 600 pages **- 4.** [Eigenschaft] to have; **sie hat blaue Augen** she has (got) blue eyes; **dieser Mann hat etwas Unheimliches (an sich** *(D)***)** there's something sinister about that man **- 5.** [erleben] to have; **Angst/Durst/Hunger ~** to be afraid/thirsty/hungry; **sie hatte es schwer im Leben** she's had a hard life **- 6.** [an etw leiden] to have; **das Dach hat ein Loch** there's a hole in the roof; **Kopfschmerzen ~** to have a headache; **was hast du denn?** what's wrong? **- 7.** [mit Zeitangaben]: **wie spät ~ wir (es)?** ***fam*** what's the time?; **wir ~ (jetzt) zehn Uhr** ***fam*** it's ten o'clock; **wir ~ heute Dienstag** ***fam*** it's Tuesday today **- 8.** [müssen]: **etw zu tun ~** to have to do sthg; **er hat mir gesagt, dass ich das zu tun habe** he told me I have to do it **- 9.** ***RW:*** **... und damit hat es sich!** ... and that's that!; **was hast du davon?** what do you get out of it?; **der hat sie wohl nicht mehr alle!** ***fam*** he's not all there; **~ Sie etwas dagegen, wenn ...?** do *ODER* would you mind if ...?; **sie scheint was gegen dich zu ~** she seems to have something against you; **sie ~ hier nichts zu suchen!** they've no business here; **ich habe zu tun** I'm busy.
◆ **sich haben** *ref* ***fam*** to make a fuss.

Haben *das* credit.

Habenichts (*pl* **-e**) *der* ***abw*** pauper.

Habgier *die* ***abw*** greed.

habgierig ***abw*** *adj* greedy <> *adv* greedily.

Habilitation (*pl* **-en**) *die university lecturer's qualification.*

habilitieren ◆ **sich habilitieren** *ref* to qualify as a university lecturer.

Habseligkeiten *pl* belongings.

habsüchtig *adj* greedy.

Hack|braten *der* meat loaf.

Hacke (*pl* **-n**) *die* **- 1.** [Ferse, Absatz] heel **- 2.** [Gartengerät] hoe.

hacken[1] ['hɛkən] *vi* EDV to hack.

hacken[2] ['hɛkən] *vt* **- 1.** [zerkleinern] to chop **- 2.** [schlagen] to hack **- 3.** [bearbeiten] to hoe <> *vi* [mit dem Schnabel]: **nach jm/etw ~** to peck at sb/sthg.

Hacker, in ['hɛkɐ, rın] (*mpl* **-;** *fpl* **-nen**) *der, die* EDV hacker.

Hackfleisch *das* mince ***Br,*** mincemeat ***Am.***

Hack|ordnung *die* pecking order.

Hafen (*pl* **Häfen**) *der* [klein] harbour; [groß] port; **in den ~ einlaufen** to come into harbour/port.

Hafen|anlagen *pl* docks.

Hafen|arbeiter, in *der, die* docker, dock worker.

Hafen|einfahrt *die* harbour entrance.

Hafen|kneipe *die* dockland pub ***Br,*** longshore bar ***Am.***

Hafenrund|fahrt *die* boat trip round the harbour.

Hafen|stadt *die* port.

Hafen|viertel *das* dock area.

Hafer *der (ohne pl)* oats *(pl)*.

Hafer|brei *der* porridge.

Hafer|flocken *pl* rolled oats.

Hafer|schleim *der* gruel.

Haft *die* [Gewahrsam] custody; [Strafe] imprisonment; **jn in ~ nehmen** to take sb into custody; **jn aus der ~ entlassen** to release sb from custody/prison.

Haft|anstalt *die* prison.

haftbar *adj:* **für etw ~ sein** to be liable for sthg; **jn für etw ~ machen** to hold sb liable for sthg.

Haft|befehl *der* warrant.

Haft|dauer *die* term of imprisonment.

haften *vi* **- 1.** [kleben] to stick **- 2.** [bürgen]: **für jn ~** to be responsible for sb.

haften bleiben (*perf* **ist haften geblieben**) *vi (unreg)* to stick.

Haft|entlassung *die* release.

Häftling (*pl* **-e**) *der* prisoner.

Haftpflicht|versicherung *die* third party insurance.

Haft|schale *die* contact lens.

Haft|strafe *die* prison sentence.

Haftung *die* **- 1.** [Verantwortung] liability; **Ge-**

sellschaft mit beschränkter ~ limited company - **2.** [Kontakt] adhesion.

Hagebutte (*pl* **-n**) *die* - **1.** [Frucht] rose hip - **2.** [Strauch] dog rose.

Hagel *der* hail.

Hagel|korn *das* hailstone.

hageln *vi:* **es hagelt** it is hailing <> *vt:* **es hagelte Beschwerden** *fig* there was a stream of complaints.

Hagel|schauer *der* short hailstorm.

hager *adj* - **1.** [Mann, Gestalt] gaunt - **2.** [Arme] scrawny.

Hahn (*pl* **Hähne**) *der* - **1.** [Vogel] cock - **2.** [an der Leitung] tap *Br*, faucet *Am*; **jm den ~ zudrehen** *fig* to cut off funds to sb - **3.** *RW:* **~ im Korb sein** to be the only man there; **nach jm/etw kräht kein ~ (mehr)** nobody cares about sb/sthg (any more).

Hähnchen (*pl* **-**) *das* - **1.** [Brathähnchen] chicken - **2.** [kleiner Hahn] cockerel.

Hai (*pl* **-e**) *der* shark.

Hai|fisch *der* shark.

Haiti *nt* Haiti.

Häkchen (*pl* **-**) *das* - **1.** [kleiner Haken] little hook - **2.** [Zeichen] tick.

häkeln *vt* & *vi* to crochet.

Häkel|nadel *die* crochet hook.

Haken (*pl* **-**) *der* - **1.** [Aufhänger] hook; **~ und Öse** hook and eye - **2.** [Zeichen] tick - **3.** [Problem] catch, snag - **4.** SPORT hook - **5.** *RW:* **einen ~ schlagen** to dart sideways.

Haken|kreuz *das* swastika.

Haken|nase *die* hooked nose.

halb *adj (ohne Kompar)* half; **ein ~er Liter** half a litre; **der ~e Tag** half the day; **~ und ~** *fam* half and half; **es ist ~ drei** it is half past two; **keine ~en Sachen machen** not to do things by halves; **~ Düsseldorf** half of Düsseldorf <> *adv* half; **~ lange Haare** mid-length hair.

halbamtlich *adj* semi-official.

Halb|bruder *der* half-brother.

Halbdunkel *das* semi-darkness.

Halbe (*pl* **-n**) *das* ODER *der* half litre; **ein ~s** [Bier] a half litre; **etw ist nichts ~s und nichts Ganzes** sthg is neither one thing nor the other.

Halbedel|stein *der* semi-precious stone.

halbe-halbe *adv* half and half, fifty-fifty; **mit jm ~ machen** to go halves with sb.

halb fertig *adj* half-finished.

halbfett *adj* - **1.** [Lebensmittel] low-fat - **2.** [Schrift] semibold <> *adv* [drucken] in semibold.

Halb|finale *das* semi-final.

halbherzig *adj* half-hearted <> *adv* half-heartedly.

halbieren *vt* - **1.** [Kuchen, Apfel] to cut in half, to halve - **2.** [Linie] to bisect - **3.** [Geldsumme, Zahl] to halve.

◆ **sich halbieren** *ref* to halve.

Halb|insel *die* peninsula.

Halb|jahr *das* six months *(pl)*; [Schule] ≃ term.

halbjährig *adj* - **1.** [Dauer] six-month - **2.** [Alter] six-month-old.

halbjährlich *adj* six-monthly, half-yearly <> *adv* every six months, twice a year.

Halb|kreis *der* semi-circle.

Halb|kugel *die* hemisphere.

halblang *adj:* **nun** ODER **jetzt mach (mal) ~!** *fig* now hang on a minute!

halblaut *adj* low <> *adv* in a low voice.

Halb|leiter *der* PHYS semi-conductor.

halb links *adv* inside left.

halbmast *adv:* **auf ~** at half-mast.

Halbmond *der* [Mondsichel] half-moon.

halb nackt *adj* half-naked.

halb offen *adj* half-open.

Halbpension ['halppaŋzio:n] *die* half board.

halb rechts *adv:* **~ spielen** to play (at) inside right.

Halbschlaf *der:* **im ~ sein** to be half asleep.

Halb|schuh *der* shoe.

Halbschwer|gewicht *das* SPORT light heavyweight.

Halb|schwester *die* half-sister.

Halbstarke (*pl* **-n**) *der, die* **abw** young hooligan.

halbstündig *adj* half-hour.

halbstündlich *adj* half-hourly <> *adv* every half hour.

halbtags *adv:* **~ arbeiten** to work part-time.

Halbtags|arbeit *die* part-time work.

Halbtags|beschäftigung *die* part-time work.

Halbtags|kraft *die* part-time employee.

Halbton (*pl* **-töne**) *der* MUS semitone.

halb tot *adj* half-dead.

halbtrocken *adj* medium-dry.

halb voll *adj* half-full.

halb wach *adj* half-asleep.

Halb|wahrheit *die* half-truth.

Halb|waise *die child with only one living parent.*

halbwegs *adv* reasonably, fairly.

Halbwerts|zeit *die* PHYS half-life.

Halbwissen *das* ***abw*** superficial knowledge.

halbwüchsig ['halpvy:ksıç] *adj* adolescent.

Halb|zeit *die* SPORT - **1.** [Hälfte] half - **2.** [Pause] half-time.

Halde (*pl* **-n**) *die* - **1.** [Kohlenhalde] slag heap - **2.** [Vorrat]: **etw auf ~ haben** to have a whole pile of sthg.

half *prät* ▻ **helfen.**

Hälfte (*pl* **-n**) *die* half; **die ~ der Angestellten** half (of) the employees.
◆ **zur Hälfte** *adv*: **zur ~ gefüllt** half-full; **etw zur ~ tun** to half-do sthg; **der Erlös ging zur ~ ans Rote Kreuz** half the proceeds went to the Red Cross.

Halfter (*pl* **-**) *das* ODER *der* [für Pferde] halter ◇ *das* [für Pistole] holster.

Halle[1] (*pl* **-n**) *die* [gen] hall; [von Hotel] lobby; [zum Reiten] arena; [zum Turnen] gym; [zum Tennisspielen] covered court.

Halle[2] *nt* [Stadt] Halle.

hallen *vi* to resound, to ring out.

Hallen|bad *das* indoor swimming pool.

Hallen|handball *der* indoor handball.

Hallig (*pl* **-en**) *die one of a group of small islands off the North Sea coast of Germany.*

hallo *interj* hello.

Hallo (*pl* **-s**) *das* [Begrüßung] (noisy) welcome; [Abschied] noisy send-off ODER farewell.

Halluzination (*pl* **-en**) *die* hallucination.

Halm (*pl* **-e**) *der* [von Gras] blade; [von Getreide] stalk.

Halma *das* halma.

Halogen (*pl* **-e**) *das* halogen.

Halogen|lampe *die* halogen lamp.

Hals (*pl* **Hälse**) *der* - **1.** [Körperteil - außen] neck; [- innen] throat - **2.** [von Flasche, Instrument] neck - **3.** *RW*: **aus vollem ~** at the top of one's voice; **bis zum** ODER **über den ~** up to one's neck; **den ~ nicht voll kriegen können** ***fam*** to be insatiable; **es hängt mir zum ~ heraus** ***fam abw*** I'm sick of it; **etw in den falschen ~ bekommen** ***fam*** to take sthg the wrong way; **~ über Kopf** in a rush ODER hurry; **jm den ~ umdrehen** ***fam*** to wring sb's neck; **jm um den ~ fallen** to fling one's arms around sb's neck; **jn/etw am ~ haben** ***fam abw*** to be saddled with sb/sthg; **jm die Journalisten vom ~ halten** to keep the journalists off sb's back.

Halsaus|schnitt *der* neckline.

Hals|band (*pl* **-bänder**) *das* - **1.** [für Tiere] collar - **2.** [Samtband] choker.

halsbrecherisch *adj* [Geschwindigkeit] breakneck; [Fahrt] madcap ◇ *adv* [fahren] at breakneck speed.

Hals|bruch *der*: **Hals- und Beinbruch!** good luck!

Hals|entzündung *die* sore throat.

Hals|kette *die* necklace.

Hals-Nasen-Ohren-|Arzt, Ärztin *der, die* ear, nose and throat specialist.

Halsschlag|ader *die* carotid artery.

Hals|schmerzen *pl* sore throat *(sg)*; **~ haben** to have a sore throat.

Hals|tuch *das* scarf.

Hals|wirbel *der* cervical vertebra.

halt *interj* stop!; MIL halt!; **~ sagen** to say stop; **sag ~, wenn ich aufhören soll!** tell me when to stop ◇ *adv* ***Süddt, Österr*** & ***Schweiz*** just, simply.

Halt (*pl* **-e** ODER **-s**) *der* - **1.** [Stütze] hold, grip; **die Leiter hat keinen ~** the ladder is unstable; **den ~ verlieren** to lose one's hold - **2.** [Haltestelle] stop - **3.** [Stopp]: **~ machen** to stop; **vor jm/etw nicht ~ machen** ***fig*** to spare no one/nothing.

haltbar *adj* - **1.** [konserviert]: **~ sein** to keep well; **'mindestens ~ bis ...'** 'best before ...' - **2.** [strapazierfähig] hard-wearing, durable - **3.** [glaubhaft] tenable.

Haltbarkeit *die* [von Lebensmitteln] life; [von Material] durability.

Haltbarkeits|datum *das* 'best before' date.

halten (*präs* **hält**; *prät* **hielt**; *perf* **hat gehalten**) *vt* - **1.** [fest halten] to hold - **2.** [beibehalten] to keep; **die dicken Wände ~ die Wärme** the thick walls keep the heat in; **Kontakt ~** to keep in touch - **3.** [binden] to keep - **4.** SPORT to save - **5.** [behalten] to hold on to - **6.** [Rede] to make; [Vortrag, Predigt] to give; [Plädoyer] to present - **7.** [einhalten - Versprechen] to keep - **8.** [Tier] to keep - **9.** [verteidigen] to hold - **10.** [ausführen, komponieren]: **die Wohnung ist ganz in Blau gehalten** the flat is decorated entirely in blue; **das Kleid ist sehr schlicht gehalten** the dress is very simple in style - **11.** *RW*: **jeder, der etw auf sich hält** any self-respecting person; **jn/etw für jn/etw ~** to take sb/sthg to be sb/sthg; **ich habe ihn für klüger gehalten** I thought he was cleverer than that; **er war nicht zu ~** there was no holding him; **viel/wenig von jm/etw ~** to have a high/low opinion of sb/sthg; **was hältst du von ihr?** what do you think of her? ◇ *vi* - **1.** [anhalten, stoppen] to stop - **2.** [ganz bleiben - Gegenstand] to hold; [- Freundschaft] to last; **zu jm ~** to stand by sb - **3.** *RW*: **an sich** *(A)* **~** to control o.s.
◆ **sich halten** *ref* - **1.** [in einem Zustand - Lebensmittel] to keep; **für sein Alter hält er sich gut** he's keeping well for his age; **sich fit ~** to keep fit - **2.** [in einer Position] to stay, to remain - **3.** [an einem Ort - sich fest halten] to hold on; [- bleiben] to

stay; **sich rechts/links ~** to keep (to the) right/ left **- 4.** [in einer Körperhaltung]: **sich gerade ~** to stand up straight **- 5.** [bei einer Herausforderung] to hold one's own.

Hạlterung (*pl* **-en**) *die* holder.

Hạlte|stelle *die* stop.

Hạlteverbot *das* [Stelle] no waiting zone, clearway *Br;* '**hier herrscht ~**' 'there is no waiting here'; '**absolutes ~**' 'no waiting'; '**eingeschränktes ~**' 'no parking'.

hạltlos *adj* [grundlos] unfounded ◇ *adv* [unbeherrscht] uncontrollably.

hạlt|machen *vi* ▷ **Halt.**

Hạltung (*pl* **-en**) *die* **- 1.** [Körperhaltung] posture **- 2.** [Meinung, Einstellung] attitude **- 3.** [Beherrschung] composure; **~ bewahren/verlieren** to keep/lose one's composure **- 4.** [von Tieren] keeping.

Halụnke (*pl* **-n**) *der* **- 1.** [Gauner] scoundrel **- 2.** *hum* [Lausejunge] young rascal.

Hạmburg *nt* Hamburg.

Hạmburger (*pl* **-**) *der* **- 1.** [Person] native/ inhabitant of Hamburg **- 2.** [Frikadelle] hamburger ◇ *adj (unver)* of/from Hamburg.

Hạmburgerin (*pl* **-nen**) *die* native/inhabitant of Hamburg.

hämisch *adj* gloating; [Grinsen, Lachen] malicious ◇ *adv* gloatingly; [grinsen, lachen] maliciously.

Hạmmel (*pl* **-**) *der* **- 1.** [Tier] castrated ram **- 2.** [Fleisch] mutton **- 3.** *fam abw* [Schimpfwort] ass, twit *Br.*

Hạmmer (*pl* **Hämmer**) *der* **- 1.** [Werkzeug & SPORT] hammer **- 2.** *RW fam:* **das ist (ja) ein ~!** [Frechheit] that's disgraceful!; [großartig] that's terrific!; **einen ~ haben** to be crackers ODER nuts; **unter den ~ kommen** to come under the hammer.

hạmmern *vi* **- 1.** [mit Hammer, Faust] to hammer **- 2.** [schlagen - Herz, Puls] to pound, to throb ◇ *vt* **- 1.** [mit Hammer] to hammer **- 2.: auf dem Klavier ~** to pound away at the piano.

Hạmmerwerfen *das:* **das ~** the hammer.

Hạmmerwerfer, in (*mpl* **-**; *fpl* **-nen**) *der, die* hammer-thrower.

Hämorroiden [hɛmɔroˈiːdən] *pl* haemorrhoids.

Hạmpelmann (*pl* **-männer**) *der* **- 1.** [Spielzeug] jumping jack **- 2.** *salopp abw* [Person] spineless person.

Hạmster (*pl* **-**) *der* hamster.

Hạmster|kauf *der*

◆ **Hamsterkäufe** *pl* panic buying *(U).*

hạmstern *vt* to hoard.

Hạnd (*pl* **Hände**) *die* **- 1.** [Körperteil] hand; **per ~** manually; **Hände hoch!** hands up!; **jn an die ~ nehmen** to take sb by the hand; **etw in die ~ nehmen** [ergreifen] to take sthg in one's hand; [initiativ werden] to take sthg in hand **- 2.** SPORT handball **- 3.** *RW:* **alle Hände voll zu tun haben** to have one's hands full; **eine ~ voll** a handful; **auf der ~ liegen** to be obvious; **aus erster ~** second-hand *(with one previous owner);* **aus zweiter ~** second-hand *(with two previous owners);* **von der öffentlichen ~ bezahlt** paid for out of public funds; **etw aus der ~ geben** to give sthg up; **etw bei der ~ haben** to have sthg to hand ODER handy; **etw von der ~ weisen** to reject sthg (out of hand); **freie ~ haben** to have a free hand; **für jn/etw seine** ODER **die ~ ins Feuer legen** to vouch for sb/ sthg; **~ anlegen** [helfen] to lend a hand; **~ aufs Herz!** cross my/your heart!; **~ in ~ arbeiten** to work hand in hand; **~ und Fuß haben** to be well thought out; **in festen Händen sein** to be spoken for; **in js ~ sein** to be at sb's mercy; **jm in die Hände fallen** to fall into sb's hands; **jm zur ~ gehen** to give sb a hand; **jn an der ~ haben** to have sb on hand; **jn in der ~ haben** to have sb at one's mercy; **er ist die rechte ~ des Chefs** he's the boss's right-hand man; **linker/rechter ~** on the left/right, on the left-hand/right-hand side; **mit leeren Händen** empty-handed; **um js ~ anhalten** to ask for sb's hand (in marriage); **unter der ~** secretly; **von der ~ in den Mund leben** to live from hand to mouth; **zur ~ sein** to be at hand; **zwei linke Hände haben** to be clumsy.

◆ **an Hand = anhand.**

◆ **zu Händen** *(+ D) adv* for the attention of.

Hạnd|arbeit *die* **- 1.** [Herstellung]: **in ~ hergestellte Töpferwaren** handmade pottery **- 2.** [Artikel] handmade article **- 3.** [Textilien]: **~en** needlework *(U);* **eine ~** a piece of needlework **- 4.** *fam* [Unterricht] needlework.

hạndarbeiten *vi* to do needlework.

Hạnd|ball *der* handball.

Hạndballer, in (*mpl* **-**; *fpl* **-nen**) *der, die* *fam* handball player.

Hạndball|spieler, in *der, die* handball player.

Hạnd|betrieb *der* manual operation.

Hạnd|bewegung *die* gesture.

hạndbreit *adj* about 10 cm, *distance of a hand's breadth* ◇ *adv:* **~ offen stehen** to be ajar.

Hạnd|bremse *die* handbrake *Br,* parking brake *Am.*

Hạnd|buch *das* **- 1.** [Lehrbuch] handbook **- 2.** [Bedienungsanleitung] manual.

Hạ̈ndchen (*pl* **-**) *das:* **~ halten** to hold hands; **ein ~ für etw haben** to be a dab hand at sthg.

Hạnd|creme [ˈhantkreːm] *die* hand cream.

Hạ̈nde|druck *der* handshake.

Handel *der* - **1.** [Handeln] trade; **mit jm ~ treiben** to do business with sb; **mit etw ~ treiben** to deal in sthg; **~ treibendes Volk** [Stamm, Bevölkerungsgruppe] trading nation; **einen schwungvollen ~ betreiben** to do a roaring trade - **2.** [Geschäftsleben, Laden] business; **in den ~ kommen** to come onto the market.

handeln *vi* - **1.** [Handel treiben]: **mit etw ~** to trade *ODER* deal in sthg; **mit jm ~** to do business with sb - **2.** [feilschen] to bargain, to haggle; **mit jm um etw ~** to bargain *ODER* haggle with sb over sthg - **3.** [agieren] to act - **4.** [behandeln]: **von etw ~** to be about sthg ◇ *vt* [verkaufen] to trade.

◆ **sich handeln** *ref:* **worum handelt es sich?** what is it about?; **bei diesem Buch handelt es sich um einen Roman** this book is a novel.

Handels|abkommen *das* trade agreement.

Handels|beziehungen *pl* trade relations.

Handels|bilanz *die* balance of trade.

handelseinig *adj:* **(mit jm) ~ werden** to strike a deal (with sb).

Handels|gericht *das* commercial court.

Handels|hafen *der* trading port.

Handels|kammer *die* chamber of commerce.

Handels|marine *die* merchant navy.

Handels|partner *der* trading partner.

Handels|register *das* commercial register.

Handels|schiff *das* merchant ship.

Handels|schule *die college attended by people who left school at 16 and wish to obtain a commercial qualification.*

handelsüblich *adj* standard, customary.

Handels|vertreter, in *der, die* commercial representative, rep.

Handels|ware *die* commodity; **~n** merchandise *(U)*.

handel|treibend *adj* ▻ **Handel.**

händeringend *adv* desperately.

Hand|feger *der* brush.

handfest *adj* - **1.** [bodenständig] sturdy - **2.** [klar, stark] solid, firm.

Hand|fläche *die* palm.

Hand|gelenk *das* wrist; **etw aus dem ~ schütteln** ***fig*** to do sthg effortlessly.

Hand|gemenge *das* scuffle.

Hand|gepäck *das* hand luggage.

handgeschrieben *adj* handwritten.

handgestrickt *adj* - **1.** [gestrickt] hand-knitted - **2.** ***abw*** [naiv] half-baked.

Hand|granate *die* hand grenade.

handgreiflich *adj:* **~ werden** to become violent.

Handgreiflichkeit (*pl* **-en**) *die* violence; **es kam zu ~en** they came to blows.

Hand|griff *der* - **1.** [Handbewegung] movement (of the hand); **mit ein paar ~en** in no time - **2.** [Haltegriff] handle.

Hand|habe *die:* **keine ~ gegen jn haben** RECHT to have no evidence against sb.

handhaben *vt* - **1.** [Werkzeug] to use; [Maschine] to operate; [Gesetze, Vorschriften] to apply - **2.** [Fall] to handle.

Handicap, Handikap ['hɛndikɛp] (*pl* **-s**) *das* handicap.

Hand|koffer *der* small suitcase.

Hand|kuss *der* kiss on the hand.

Hand|langer (*pl* -) *der* - **1.** [Hilfsarbeiter] labourer - **2.** ***abw*** [Zuarbeiter] dogsbody; [von Geheimpolizei] henchman.

Händler, in (*mpl* **-;** *fpl* **-nen**) *der, die* dealer.

handlich *adj* handy.

Handlung (*pl* **-en**) *die* - **1.** [Tat] act - **2.** [in Texten] plot - **3.** [Laden] shop, business.

Handlungs|ablauf *der* plot.

handlungsfähig *adj:* **~ sein** to be able to act.

Handlungsfreiheit *die* freedom of action.

Handlungs|weise *die* conduct.

Hand-out ['hɛndaut] (*pl* **-s**) *das* handout.

Hand|rücken *der* back of the hand.

Hand|schellen *pl* handcuffs; **jm ~ anlegen** to handcuff sb.

Hand|schlag *der (ohne pl)*: **ein Geschäft durch** *ODER* **per ~ besiegeln** to shake on a deal; **er tut keinen ~** ***abw*** he doesn't do a stroke (of work).

Hand|schrift *die* - **1.** [Schrift] handwriting; **es trägt seine ~** ***fig*** it bears his stamp *ODER* hallmark - **2.** [Text] manuscript.

handschriftlich *adj* handwritten.

Hand|schuh *der* glove.

Handschuh|fach *das* glove compartment.

Hand|stand *der* handstand.

Hand|tasche *die* handbag.

Hand|tuch *das* towel; **das ~ werfen** *ODER* **schmeißen** ***fig*** to throw in the towel.

Hand|umdrehen *das:* **im ~** in (next to) no time.

Handvoll (*pl* -) *die* ▻ **Hand.**

Hand|werk *das* - **1.** [Beruf] trade; [künstlerisch] craft; **jm das ~ legen** to put an end to sb's misdemeanours; **sein ~ verstehen** *ODER* **kennen** to know one's job - **2.** *(ohne pl)* [Berufsstand] trade and crafts sector.

Handwerker, in (*mpl* **-**; *fpl* **-nen**) *der, die* tradesman (*f* tradeswoman).

handwerklich *adj* [Beruf] skilled; [künstlerisch] as a craftsman/craftswoman ◇ *adv:* **~ gut gearbeitet** well-crafted; **~ geschickt sein** to be good with one's hands.

Handwerks|betrieb *der* craft business.

Handwerks|kammer *die* tradesman's guild.

Handwerkszeug *das (ohne pl)* tools *(pl)* of the trade.

Handy ['hɛndi] (*pl* **-s**) *das* mobile (phone); **er nahm sein ~ mit** he took his mobile with him.

Hand|zeichen *das* signal (with one's hand); **durch ~ abstimmen** to decide by a show of hands.

Hand|zettel *der* flyer.

Hanf *der* hemp.

Hang (*pl* **Hänge**) *der* **- 1.** [Abhang] slope **- 2.** [Vorliebe]: **einen ~ zum Selbstmitleid haben** to be inclined to be self-pitying.

Hänge|brücke *die* suspension bridge.

Hänge|lampe *die* droplight.

hangeln (*perf* **hat/ist gehangelt**) *vi (ist)*: **an etw** *(D)* **~** to move along sthg hand over hand.
◆ **sich hangeln** *ref (hat)*: **sich nach unten/oben ~** to let o.s. down/pull o.s. up hand over hand.

Hänge|matte *die* hammock.

hängen (*prät* **hing** ODER **hängte;** *perf* **hat gehangen** ODER **hat gehängt**) *vt (reg)* **- 1.** [anbringen] to hang; **etw an etw** *(A)* **~** to hang sthg on sthg; **sich einen Pullover um die Schultern ~** to drape a pullover over one's shoulders **- 2.** [Körperteil] to dangle **- 3.** [töten] to hang ◇ *vi (unreg)* **- 1.** [gen] to hang **- 2.** [emotional]: **an jm/etw ~** to be attached to sb/sthg **- 3.** [haften] to be stuck.
◆ **sich hängen** *ref (reg)*: **sich an etw** *(A)* **~** to hang onto sthg.
◆ **sich hängen lassen** *ref* [vernachlässigen] to let o.s. go.

Hängen *das:* **mit ~ und Würgen** by the skin of one's teeth.

hängen bleiben (*perf* **ist hängen geblieben**) *vi (unreg)* **- 1.** [festhängen]: **mit dem Ärmel an der Türklinke ~** to catch one's sleeve on the doorhandle **- 2.** [bleiben] to stay longer than one intended **- 3.** [übrig bleiben]: **von dem Gelernten blieb nichts hängen** she didn't remember any of what she'd learned; **diese Arbeit bleibt immer an mir hängen** it is always me who ends up having to do this job **- 4.** *fam* [sitzen bleiben] to have to repeat the year.

hängen lassen *vt (unreg)* **- 1.** [vergessen] to leave (behind) **- 2.** [Person] to let down, to leave in the lurch **- 3.** [Körperteil]: **die Schultern ~** to let one's shoulders droop.

Hannover *nt* Hanover.

Hanse *die* Hanseatic League.

Hanseat, in (*mpl* **-en;** *fpl* **-nen**) *der, die inhabitant of one of the Hanseatic towns.*

hänseln *vt:* **jn (wegen etw) ~** to tease sb (about sthg).

Hanse|stadt *die* Hanseatic town.

HANSESTÄDTE

The Hanseatic League was originally a guild of merchants which grew into an association of merchant towns, formed to protect trade. It existed from the 12th to the 14th century and had a major influence on economic and cultural life. Most of the German towns that were members of the League are in the north of the country, on the North Sea and Baltic coasts. The towns that belonged to the Hanseatic League and that still exist today are Lübeck, Rostock, Wismar, Greifswald, Stralsund, Bremen and Hamburg.

Hanswurst *der* **- 1.** [nicht ernst zu nehmender Mensch] buffoon **- 2.** [Clown] clown.

Hantel (*pl* **-n**) *die* dumbbell.

hapern *vi* **- 1.** [fehlen]: **es hapert an Geld** there is a shortage of money **- 2.** [nicht funktionieren]: **es hapert mit etw** there are problems with sthg.

Häppchen (*pl* **-**) *das* canapé.

happig *fam adj* [Preis] steep ◇ *adv* greedily.

happy ['hɛpi] *adj fam* happy.

Happyend ['hɛpi'ɛnt] (*pl* **-s**) *das* happy ending.

Hardrock ['haː(r)d'rɔk] *der* hard rock.

Hardthöhe *die Defence Ministry of the FRG.*

Hardware ['haː(r)dwɛə] *die* EDV hardware.

Harem (*pl* **-s**) *der* harem.

Harfe (*pl* **-n**) *die* harp.

Harke (*pl* **-n**) *die* rake.

harken *vt* to rake.

harmlos *adj* [Tier, Person, Bemerkung] harmless; [Eingriff, Verletzung] minor; [Vergnügen] innocent ◇ *adv* [lachen, tun] innocently.

Harmlosigkeit (*pl* **-en**) *die* [von Tier, Person, Bemerkung] harmlessness; [von Krankheit] mildness; [von Verletzung] minor nature; [von Vergnügen] innocence.

Harmonie (*pl* **-n**) *die* harmony.

harmonieren *vi:* **miteinander ~** [Farben] to go (well) together; [Töne] to be in harmony; [Menschen] to get on (well) with one another.

Harmonika (*pl* **-s**) *die* harmonica, mouth-organ.

harmonisch *adj* harmonious <> *adv* **- 1.** [passend] harmoniously **- 2.** MUS: **~ klingen** to be harmonious.

harmonisieren *vt* to harmonize.

Harn (*pl* **-e**) *der* urine.

Harn|blase *die* bladder.

Harpune (*pl* **-n**) *die* harpoon.

hart (*kompar* **härter;** *superl* **härteste**) *adj* **- 1.** [nicht weich - gen] hard; [- Ei] hard-boiled; **~e Währung** hard currency **- 2.** [widerstandsfähig] tough; **~ im Nehmen sein** to be tough **- 3.** [streng - Urteil, Strafe, Winter] harsh; [- Drogen] hard; [- Aufprall] violent **- 4.: es geht ~ auf ~** *fig* it's a pitched battle <> *adv (kompar härter; superl am härtesten)* **- 1.** [nicht weich] hard; **das Ei ~ kochen** to hard-boil the egg **- 2.** [streng - bestrafen, urteilen] harshly; [- arbeiten, aufschlagen] hard **- 3.** [räumlich]: **~ an** *(+ D)* close to; **das war ~ an der Grenze des Erlaubten** *fig* it was right on the limit of what is allowed.

Härte (*pl* **-n**) *die* **- 1.** [gen] hardness **- 2.** [Belastung] hardship **- 3.** [von Urteil, Person, Worte, Farbe, Aussprache] harshness **- 4.** *fam abw* [Zumutung]: **das ist die ~!** that's a bit much!

Härte|grad *der* hardness *(of water)*.

hart gekocht *adj* hard-boiled.

Hartgeld *das (ohne pl)* coins *(pl)*.

hart gesotten *adj* [Geschäftsmann, Manager] hard-headed; [Ganove, Profi] hardened.

hartherzig *adj* hard-hearted.

hartnäckig *adj* [Person] stubborn; [Verfolger, Krankheit] persistent <> *adv* [schweigen, sich weigern] stubbornly; [verfolgen, nachfragen] persistently.

Harz *der* resin.

Harzer *adj (unver)* of/from the Harz Mountains.

Hasch *das* *fam* hash.

haschen *vi* **- 1.** [fangen wollen]: **nach jm/etw ~** to snatch at sb/sthg **- 2.** *fam* [Haschisch rauchen] to smoke hash.

Haschisch *das* ODER *der* hashish.

Hase (*pl* **-n**) *der* hare; [Kaninchen] rabbit; **(in etw) ein alter ~ sein** to be an old hand (at sthg); **falscher ~** KÜCHE meat loaf.

Hasel|nuss *die* hazelnut.

Hasen|scharte *die* harelip.

Hass *der*: **~ (auf jn/etw)** hatred (of sb/sthg).

hassen *vt* to hate.

hasserfüllt *adj* full of hatred <> *adv* with hatred.

hässlich *adj* **- 1.** [unattraktiv] ugly **- 2.** [gemein] nasty <> *adv* **- 1.** [unattraktiv] tastelessly; **sich ~ kleiden** to wear ugly clothes **- 2.** [gemein] nastily.

Hässlichkeit *die* [von Person, Einrichtung] ugliness.

Hassliebe *die* love-hate relationship.

hast *präs* ▷ **haben.**

Hast *die* haste; **etw in ~ tun** to do sthg hastily.

hasten (*perf* **ist gehastet**) *vi* to hurry.

hastig *adv* hastily, hurriedly; **~ laufen** to rush <> *adj* hasty.

hat *präs* ▷ **haben.**

hätscheln *vt* to pet.

hatschi *interj* *fam* atishoo!

hatte *prät* ▷ **haben.**

Haube (*pl* **-n**) *die* **- 1.** [von Krankenschwester] cap; [von Nonne] veil; **unter die ~ kommen** *fig* to be married off **- 2.** [Motorhaube] bonnet *Br*, hood *Am* **- 3.** [Trockenhaube] hairdryer.

Hauch *der* **- 1.** [leichter Wind] gentle breeze **- 2.** [Spur]: **ein ~ von etw** a hint of sthg.

hauchdünn *adj* wafer-thin <> *adv* [auftragen] very sparingly; [schneiden] into very thin slices.

hauchen *vt* & *vi* to breathe.

Haue *die (ohne pl)* *fam* hiding; **~ kriegen** to get a hiding.

hauen (*prät* **haute** ODER **hieb;** *perf* **hat gehauen**) *vt* **- 1.** *(prät haute)* *fam* [Person] to hit **- 2.** [Gegenstand]: **einen Pfahl ins Erdreich ~** to bang a post into the ground **- 3.** *(prät haute)* *salopp* [werfen] to chuck, to bung *Br* <> *vi* *fam* [auf Tisch, gegen Wand] to bang; **jm ins Gesicht ~** to smack sb in the mouth.

◆ **sich hauen** *ref (prät haute)* **- 1.** *fam* [sich prügeln] to scrap **- 2.** *salopp* [sich hinlegen]: **sich aufs Sofa ~** to flop down on the sofa.

Häufchen (*pl* **-**) *das* small heap; **aussehen wie ein ~ Elend** to look utterly miserable.

Haufen (*pl* **-**) *der* **- 1.** [Anhäufung]: **alles auf einen ~ legen** to pile everything up **- 2.** *fam* [Menge]: **ein ~ Freunde/Geld** loads of friends/money **- 3.** *RW*: **einen ~ machen** *fam* [Hund] to do its business; **etw über den ~ werfen** *fam* [vereiteln] to mess up; **jn über den ~ rennen** ODER **fahren** *fam* to run ODER knock sb down.

häufen *vt* to pile up.

◆ **sich häufen** *ref* [Briefe, Abfälle] to pile up; [Beweise] to accumulate; [Vorfall] to be on the increase.

haufenweise *adv* *fam:* **~ Geld verdienen** to earn heaps ODER loads of money.

häufig *adj* [gen] frequent; [Fehler] common <> *adv* often.

Häufigkeit (*pl* **-en**) *die* frequency.

Häufung (*pl* **-en**) *die* [von Gegenständen] accumulation; [von Vorfällen] mounting frequency.

Haupt (*pl* **Häupter**) *das* **geh, eigtl** & **fig** head.

Hauptlaktionär *der* majority shareholder.

hauptamtlich *adj* full-time <> *adv* full time.

Hauptlbahnhof *der* main station; **Leipzig ~** Leipzig central (station).

hauptberuflich *adj:* **~e Tätigkeit** main job <> *adv:* **~ ist er Landwirt** farming is his principal occupation.

Hauptlbeschäftigung *die* main occupation.

Hauptlbestandteil *der* main component.

Hauptldarsteller, in *der, die* leading man (*f* leading lady).

Haupteingang *der* main entrance.

Hauptlfach *das* main subject; **etw im ~ studieren** to study sthg as one's main subject.

Hauptlfigur *die* central figure.

Hauptlgericht *das* main course.

Hauptgeschäftslstelle *die* head office.

Hauptgeschäftslstraße *die* main shopping street.

Hauptgeschäftslzeit *die* peak business hours *(pl)*.

Hauptlgewinn *der* first prize.

Hauptlgrund *der* main reason.

Häuptling (*pl* **-e**) *der* chief.

Hauptlmahlzeit *die* main meal.

Hauptlmann (*pl* **-leute**) *der* MIL captain.

Hauptlperson *die* **- 1.** [von Buch, Film] main character **- 2.** [wichtigste Person]: **die ~ sein** to be the star of the show.

Hauptlpost *die* main post office.

Hauptlquartier *das* headquarters *(pl)*.

Hauptreiselzeit *die* peak tourist season.

Hauptlrolle *die* [in Film] starring role; **Tennis spielt in ihrem Leben die ~** tennis is the most important thing in her life.

Hauptlsache *die* main ODER most important thing; **~, ich bestehe** the main thing is for me to pass.

◆ **in der Hauptsache** *adv* mainly, in the main.

hauptsächlich *adv* principally, mainly <> *adj* main, chief.

Hauptlsaison [ˈhauptzɛz] *die* high season.

Hauptlsatz *der* main clause.

Hauptlschule *die secondary school attended by less academically gifted pupils aged between 10 and 15.*

Hauptlschüler, in *der, die pupil at a "Hauptschule".*

Hauptschulllehrer, in *der, die teacher at a "Hauptschule".*

Hauptlspeicher *der* EDV main memory.

Hauptlstadt *die* capital.

Hauptlstraße *die* main road ODER street.

Hauptlteil *der* [von Text, Rede] main body; **der ~ der Fracht war beschädigt** most of the cargo was damaged.

Hauptverkehrslstraße *die* main thoroughfare.

Hauptverkehrslzeit *die* rush hour.

Hauptlversammlung *die* WIRTSCH (annual) general meeting, AGM.

Hauptlwohnsitz *der* main place of residence.

Hauptlwort (*pl* **-wörter**) *das* noun.

Haus (*pl* **Häuser**) *das* **- 1.** [Wohnhaus] house **- 2.** [Betrieb] firm; **er ist zurzeit nicht im ~** he is not on the premises just now; **mit den besten Empfehlungen des ~es** with the compliments of the house **- 3.** [Familie] family **- 4.** [Theater] auditorium; **volles ~ haben** to have a full house **- 5.** *RW:* **altes ~ !** old thing!; **~ halten** [sparen] to budget; **mit etw ~ halten** to be careful with sthg; **mit seinen Kräften ~ halten** to conserve one's energy; **uns stehen Reformen ins ~** we are faced with reforms; **die Kinder sind von ~ aus gewöhnt mitzuhelfen** the children have been brought up to be helpful.

◆ **nach Haus(e)** *adv* home.

◆ **zu Haus(e)** *adv* at home; **zu ~e sein** [im Haus] to be at home; **in etw** *(D)* **zu ~e sein** [in Wissenschaftsgebiet] to be at home with sthg.

Hauslangestellte *der, die* domestic (servant).

Hauslapotheke *die* **- 1.** [Medikamente] first-aid kit **- 2.** [Schränkchen] medicine cabinet.

Hauslarbeit *die* **- 1.** [im Haushalt] housework **- 2.** [für die Schule, für die Universität] homework.

Hauslarrest *der* house arrest.

Hauslarzt, ärztin *der, die* family doctor.

Hauslaufgabe *die:* **als ~ für Morgen ...** for tomorrow's homework ...; **~n** homework *(U)*.

hausbacken *adj* homely, plain.

Hausbesetzer, in (*mpl* **-;** *fpl* **-nen**) *der, die* squatter.

Hauslbesetzung *die* squatting.

Hauslbesitzer, in *der, die* home-owner; [Vermieter] landlord (*f* landlady).

Hauslbewohner, in *der, die* occupant.

Häuschen [ˈhɔyzçən] (*pl* **-**) *das* [Haus] cottage; **vor Freude ganz aus dem ~ sein** *fam* to be beside o.s. with joy.

Hausldurchsuchung *die* house search.

hauseigen *adj:* **das Hotel hat einen ~en Tennisplatz** the hotel has its own tennis court.

Haus|eigentümer, in *der, die* homeowner; [Vermieter] landlord (*f* landlady).

hausen *vi* **- 1.** [wohnen] to live **- 2.** ***fam*** [toben - Sturm, Krieg] to rage; [- Eroberer, Besatzer] to rampage.

Häuserblock (*pl* **-blöcke**) *der* block.

Häuser|front *die* façade.

Haus|flur *der* (entrance) hall, hallway.

Haus|frau *die* housewife.

Hausfriedensbruch *der* RECHT trespass.

Haus|gast *der* (hotel) guest.

hausgemacht *adj* home-made.

Haus|gemeinschaft *die all the residents of a house.*

Haushalt (*pl* **-e**) *der* **- 1.** [Hausarbeit] housework; **im ~ helfen** to help around the house **- 2.** [Hausstand] estate **- 3.** [Familie] household; **einen ~ gründen** to set up home **- 4.** WIRTSCH budget.

haus|halten *vi (unreg)* ▻ **Haus.**

Haushälter, in (*mpl* **-;** *fpl* **-nen**) *der, die* housekeeper.

Haushalts|artikel *der* household article.

Haushalts|defizit *das* WIRTSCH budget deficit.

Haushaltsgeld *das* housekeeping money.

Haushalts|jahr *das* WIRTSCH financial year.

Haushalts|plan *der* WIRTSCH budget.

Haus|herr, in *der, die* host (*f* hostess).

haushoch *adj* [Flammen, Wellen] towering; [Favorit, Sieg, Überlegenheit] overwhelming <> *adv* [wachsen] as high as a house; [gewinnen] by a street; **jm ~ überlegen sein** to be head and shoulders above sb; **~ verlieren** to be hammered.

hausieren *vi:* **mit etw ~ (gehen)** [verkaufen] to sell sthg from door to door; ***fam*** [sprechen über] to go on about sthg.

Hausierer, in (*mpl* **-;** *fpl* **-nen**) *der, die* door-to-door salesman (*f* -woman).

Haus|lehrer, in *der, die* private tutor.

häuslich *adj* **- 1.** [im Haus - Arbeiten, Probleme, Frieden] domestic; [- Angelegenheit] family *(vor Subst);* [- Pflege] home *(vor Subst)* **- 2.** [Person]: **sie ist sehr ~** she's a real home bird <> *adv:* **sich ~ niederlassen *fam*** to make o.s. at home; **sich ~ einrichten *fam*** to settle in.

Haus|mann *der* house husband.

Hausmannskost *die* traditional, simple fare.

Haus|marke *die* **- 1.** [Wein] house wine **- 2.** [von Geschäft] own-brand product **- 3.** [Lieblingsmarke] favourite brand.

Haus|meister, in *der, die* caretaker ***Br***, janitor ***Am***.

Haus|mittel *das* home remedy.

Haus|müll *der (ohne pl)* household waste.

Haus|musik *die music played informally at home or amongst friends.*

Haus|nummer *die* house number.

Haus|ordnung *die* house rules *(pl)*.

Haus|rat *der (ohne pl)* household contents *(pl)*.

Hausrat|versicherung *die* home and contents insurance.

Haus|schlüssel *der* front-door key.

Haus|schuh *der* slipper.

Hausse ['hoːs(ə)] (*pl* **-n**) *die* WIRTSCH boom.

Haus|segen *der:* **bei ihm hängt der ~ schief** he's having domestic trouble.

Haus|suchung (*pl* **-en**) *die* house search.

Haus|tier *das* pet.

Haus|tür *die* front door.

Haus|verbot *das:* **meine Eltern haben meinem Freund ~ erteilt** my parents have banned my friend from coming round to our house.

Haus|verwalter, in *der, die* property manager.

Haus|verwaltung *die* property managers *(pl)*.

Haus|wirt, in *der, die* landlord (*f* -lady).

Haus|wirtschaft *die (ohne pl)* home economics *(U)*.

Haut (*pl* **Häute**) *die* **- 1.** [gen] skin; [von Tier] hide **- 2.** ***RW:*** **aus der ~ fahren** to get hopping mad; **es ging mir unter die ~** it got under my skin; **ihm war nicht wohl in seiner ~** he felt uncomfortable; **nur noch ~ und Knochen sein** to be nothing but skin and bones; **mit heiler ~ davonkommen** to come away in one piece.

Haut|abschürfung (*pl* **-en**) *die* graze.

Haut|arzt, ärztin *der, die* dermatologist.

Haut|ausschlag *der* (skin) rash.

Haut|creme ['hau̯tkreːm] *die* skin cream.

häuten *vt* [Früchte] to peel; [Tier] to skin. ◆ **sich häuten** *ref* to shed its skin.

hauteng *adj* skintight.

Haut|farbe *die* skin colour.

Haut|krankheit *die* skin disease.

Haut|krebs *der* skin cancer.

hautnah *adj* [Bild, Darstellung] graphic <> *adv* [tanzen] very closely; **~ mit etw in Kontakt kommen** to come into close contact with sthg; **~ an etw *(D)* teilnehmen** to be closely involved in sthg.

Hautpflege *die* skin care.

Hawaii *nt* Hawaii.

Hbf. *abk für* **Hauptbahnhof.**

H-Bombe *die* H-bomb.

H-Dur *das* MUS B major.

Headhunter (*pl* -) *der* headhunter.

Hebamme (*pl* **-n**) *die* midwife.

Hebel (*pl* -) *der* lever; **alle ~ in Bewegung setzen** ***fig*** to do everything one can; **am längeren ~ sitzen** ***fig*** to have the whip hand.

heben (*prät* **hob;** *perf* **hat gehoben**) *vt* **- 1.** [hochnehmen] to lift; [Arm, Glas] to raise; **einen ~** ***fam*** to have a drink **- 2.** [Niveau] to raise; [Umsatz, Selbstsicherheit] to boost, to improve; [Stimmung, Laune] to improve **- 3.** [Wrack] to hoist, to salvage.
◆ **sich heben** *ref* **- 1.** [hochgehen - Vorhang, Flugzeug, Ballon] to rise; [- Nebel] to lift **- 2.** [Niveau] to rise; [Umsatz, Laune] to improve.

hebräisch *adj* Hebrew.

Hebräische, Hebräisch *das* Hebrew; *siehe auch* **Englische.**

Hebriden *pl:* **die ~** the Hebrides.

hecheln *vi* [atmen] to pant.

Hecht (*pl* **-e**) *der* pike; **ein toller ~ sein** ***fam fig*** to be a great guy.

Hechtsprung *der* [ins Wasser] racing dive; [über Hindernis] headlong dive.

Heck (*pl* **-e** ODER **-s**) *das* [von Auto, Flugzeug] rear; [von Schiff] stern.

Hecke (*pl* **-n**) *die* hedge.

Heckenschere *die* hedge clippers *(pl)*.

Heckenschütze *der* sniper.

Heckklappe *die* tailgate.

Heckmeck *der* ***fam abw*** fuss.

Heckmotor *der* rear engine.

Heckscheibe *die* rear windscreen ***Br*** ODER windshield ***Am.***

Heckscheibenheizung *die* rear demister.

Heckscheibenwischer *der* rear windscreen wiper ***Br,*** rear windshield wiper ***Am.***

Heer (*pl* **-e**) *das* army.

Hefe (*pl* **-n**) *die* yeast.

Hefeteig *der* leavened dough *(U)*.

Heft (*pl* **-e**) *das* **- 1.** [Schulheft] exercise book **- 2.** [geheftetes Büchlein] booklet **- 3.** [von Zeitschriften] issue.

heften *vt* **- 1.** [befestigen]: **etw an etw** *(A)* **~** [gen] to attach sthg to sthg; [mit Heftmaschine] to staple sthg to sthg **- 2.** [nähen] to tack **- 3.** [richten]: **die Augen auf etw** *(A)* **~** to fix one's eyes on sthg.
◆ **sich heften** *ref* [sich richten]: **sich auf etw** *(A)* **~** to fix onto sthg.

Hefter (*pl* -) *der* folder.

heftig *adj* violent ◇ *adv* violently.

Heftklammer *die* staple.

Heftpflaster *das* (sticking) plaster ***Br,*** Band-Aid® ***Am.***

Heftzwecke (*pl* **-n**) *die* drawing pin ***Br,*** thumbtack ***Am.***

hegen *vt* **- 1.** [Verdacht, Gefühle, Hoffnung] to harbour; [Abneigung, Misstrauen, Achtung] to feel **- 2.** [Wald, Wild, Garten] to tend; **jn/etw ~ und pflegen** to lavish care on sb/sthg.

Hehl *das* ODER *der:* **kein** ODER **keinen ~ aus etw machen** to make no secret of sthg.

Hehler (*pl* -) *der* receiver (of stolen goods).

Hehlerei (*pl* **-en**) *die* receiving (stolen goods).

Hehlerin (*pl* **-nen**) *die* receiver (of stolen goods).

Heide (*pl* **-n**) *die* heath ◇ *der* heathen, pagan.

Heidekraut *das* heather.

Heidelbeere *die* bilberry.

Heidenangst *die* ***fam:*** **eine ~ haben** to be scared stiff.

Heidengeld *das* ***fam*** fortune; **ein ~ verdienen** to earn a fortune.

Heidenspaß *der* ***fam*** great fun; **einen ~ haben** to have a whale of a time.

Heidin (*pl* **-nen**) *die* heathen, pagan.

heidnisch *adj* heathen, pagan.

heikel (*kompar* **heikler;** *superl* **heikelste**) *adj* **- 1.** [kompliziert] awkward, tricky **- 2.** [anspruchsvoll] fussy.

heil *adj* **- 1.** [unzerstört] intact; [Welt] perfect **- 2.** [geheilt] healed.

Heiland *der* Saviour.

Heilbad *das* **- 1.** [Kurort] spa **- 2.** [Baden] medicinal bath.

heilbar *adj* [Krankheit, Patient] curable; [Wunde] healable.

heilen (*perf* **hat/ist geheilt**) *vt (hat)* to cure; **jn von etw ~** [Idee] to cure sb of sthg; **jn von seinen Zweifeln ~** to allay sb's doubts ◇ *vi (ist)* to heal.

heilfroh *adj* relieved; **~ über etw** *(A)* **sein** to be relieved about sthg.

heilig *adj* **- 1.** [geheiligt] holy; **der ~e Christopherus** Saint Christopher; **denen ist nichts ~** nothing is sacred to them **- 2.** [Schrecken] almighty.

Heiligabend *der* Christmas Eve.

Heilige (*pl* **-n**) *der, die* saint.

Heilige Geist *der* Holy Spirit ODER Ghost.

Heilige Jungfrau *die* Blessed Virgin.

Heilige Land *das* Holy Land.

Heilige Nacht *die* Christmas Eve.

Heiligen|schein *der* halo.

Heilige Schrift *die* Holy Scriptures *(pl)*.

Heiligtum (*pl* **-tümer**) *das* **- 1.** [Ort] shrine **- 2.** [Gegenstand] relic.

Heil|kraft *die* healing power.

Heil|kraut *das* medicinal herb.

Heilkunde *die* medicine.

heillos *adj* terrible <> *adv* terribly.

Heil|mittel *das* remedy, cure.

Heil|pflanze *die* medicinal plant.

Heil|praktiker, in *der, die* alternative therapist.

heilsam *adj* salutary.

Heilsarmee *die* Salvation Army.

Heilung (*pl* **-en**) *die* [von Patient, Krankheit] curing; [von Wunde] healing.

Heilungs|prozess *der*: **den ~ beschleunigen** to speed up one's recovery.

heim *adv* home.

Heim (*pl* **-e**) *das* home.

Heimarbeit *die*: **etw in ~ anfertigen** to make sthg at home; **~ machen** to work from home.

Heimat *die* [von Person] home, native country/region; [von Tier] original habitat.

Heimat|anschrift *die* home address.

Heimat|film *der* heimatfilm, *feel-good film with a folkloric tone, mostly made in the 1950s and '60s.*

Heimat|hafen *der* home port, port of registration.

Heimat|kunde *die primary school subject covering local history, natural history and geography.*

Heimat|land *das* native country.

heimatlich *adj* of/from one's native country/region; **jm ein ~es Gefühl geben** to remind sb of home.

heimatlos *adj* [Mensch] homeless; [Tier] stray.

Heimat|museum *das* local history museum.

Heimat|ort *der* home town.

Heimat|vertriebene *der, die ethnic German who fled East Prussia, Silesia or Bohemia in 1945.*

Heim|computer *der* home computer.

Heim|fahrt *die* journey home.

heimisch *adj* **- 1.** [Bevölkerung, Industrie, Sitte] local; [Pflanze, Tier] indigenous **- 2.** [zu Hause]: **~ werden** to become acclimatized; **sich ~ fühlen** to feel at home.

Heimkehr *die* return journey.

heim|kehren (*perf* **ist heimgekehrt**) *vi* to return home.

heim|kommen (*perf* **ist heimgekommen**) *vi (unreg)* to come home.

Heim|leiter, in *der, die* warden.

heimlich *adj* secret <> *adv* secretly.

Heimlichkeit (*pl* **-en**) *die* secrecy; **in aller ~** in complete secrecy.
◆ **Heimlichkeiten** *pl* secrets.

Heimlichtuerei (*pl* **-en**) *die* **abw** secretiveness.

Heim|reise *die* journey home.

heim|reisen (*perf* **ist heimgereist**) *vi* to return home.

Heim|spiel *das* home game.

heim|suchen *vt* **- 1.** [Pest, Alptraum, Krankheit] to afflict; [Erdbeben] to hit **- 2.** ***hum*** [belästigen] to descend on.

Heim|trainer [haim'trɛːnɐ] *der* exercise bike.

heimtückisch *adj* [Mensch, Verbrechen] malicious; [Krankheit] insidious <> *adv* maliciously.

Heim|vorteil *der* SPORT home advantage.

heimwärts *adv* homewards.

Heim|weg *der* way home.

Heimweh *das* homesickness; **(nach jm/etw) ~ haben** to be homesick (for sb/sthg).

heim|zahlen *vt*: **jm etw ~** to pay sb back for sthg.

Heinzel|männchen *das*: **das waren wohl die ~** it must have been the fairies.

Heirat (*pl* **-en**) *die* marriage.

heiraten *vi* to marry, to get married; **standesamtlich ~** to get married in a registry office; **kirchlich ~** to have a church wedding <> *vt* to marry.

Heirats|annonce *die advertisement seeking a marriage partner.*

Heirats|antrag *der* proposal (of marriage); **jm einen ~ machen** to propose to sb.

heiratsfähig *adj* marriageable.

Heirats|schwindler *der man who pretends he is going to marry a woman in order to con her out of money etc.*

Heirats|urkunde *die* marriage certificate.

Heirats|vermittlung *die* [Ort] marriage bureau.

heiser *adj* hoarse <> *adv* hoarsely; **sie hat sich ~ geschrien** she shouted until she was hoarse.

Heiserkeit (*pl* **-en**) *die* hoarseness.

heiß *adj* **- 1.** [warm] [gen] hot; **mir ist ~** I'm hot; **es überläuft mich ~ und kalt** I feel hot and cold all over; **~ auf jn sein *fam*** to have the hots for sb **- 2.** [heftig - Diskussion, Auseinandersetzung] heated; [- Liebe, Wunsch] ardent, burning **- 3.** ***fam*** [gut] brilliant <> *adv* **- 1.** [warm]: **~ baden** to have a hot bath **- 2.** [heftig]: **~ umstritten** hotly contested; **jn ~ lieben** to love sb passionately; **es ging ~ her** things got a bit heated.

heißblütig *adj* hot-blooded.

heißen (*prät* **hieß;** *perf* **hat geheißen**) *vi* **- 1.** [mit Namen] to be called; **er heißt Tom** he's called Tom, his name is Tom; **wie heißt du?** what's your name? **- 2.** [bedeuten] to mean; **was heißt das auf Deutsch?** how do you say that in German?; **was soll das ~!** what's the meaning of this!; **das will was ~!** that's quite something!; **das heißt** that is; **ich zeige dir das mal, das heißt, wenn du willst** I'll show you, if you want, that is; **ich komme morgen, das heißt, übermorgen** I'll be there tomorrow, or rather the day after **- 3.** [lauten] to be; **wie heißt der Titel?** what's the title?

heiß geliebt *adj* beloved.

Heißhunger *der* voracious appetite; **einen ~ auf etw** *(A)* **haben** to have a craving for sthg.

heiß laufen (*perf* **hat/ist heiß gelaufen**) *vi (unreg) (ist)* [Motor] to overheat; [Telefon] to buzz.

◆ **sich heiß laufen** *ref* [Motor] to overheat.

Heißluftballon *der* hot-air balloon.

heiter *adj* **- 1.** [fröhlich] cheerful **- 2.** [sonnig] fine.

Heiterkeit *die* **- 1.** [Fröhlichkeit] cheerfulness **- 2.** [vom Wetter] fineness.

heizbar *adj* heated.

heizen *vi* to turn on the heating; **wir ~ mit Gas/elektrisch** we have gas/electric heating <> *vt* to heat.

Heizer, in (*mpl* **-;** *fpl* **-nen**) *der, die* stoker.

Heizkessel *der* boiler.

Heizkissen *das* heated pad *(for back pain etc)*.

Heizkörper *der* radiator.

Heizkraftwerk *das* thermal power station.

Heizlüfter (*pl* -) *der* fan heater.

Heizöl *das* fuel oil.

Heizung (*pl* **-en**) *die* **- 1.** [System] heating **- 2.** [Heizkörper] radiator.

Heizungskeller *der* boiler room.

Hektar (*pl* **-e** *ODER* **-**) *das ODER der* hectare.

Hektik *die* hectic pace; **bloß keine ~!** ***fam*** don't panic!

hektisch *adj* **- 1.** [Person, Bewegung] frantic; **~ werden** to panic **- 2.** [Ort] hectic <> *adv* frantically.

Hektoliter *das ODER der* hectolitre.

Held (*pl* **-en**) *der* hero; **der ~ des Tages** *ODER* **Abends sein** to be the hero of the hour.

heldenhaft *adj* heroic <> *adv* heroically.

Heldentat *die* heroic deed.

Heldin (*pl* **-nen**) *die* heroine; **die ~ des Tages** *ODER* **Abends sein** to be the heroine of the hour.

helfen (*präs* **hilft;** *prät* **half;** *perf* **hat geholfen**) *vi* **- 1.** [Hilfe leisten] to help; **jm (bei etw) ~** to help sb (with sthg); **sich** *(D)* **zu ~ wissen** to know what to do **- 2.** [nützlich sein] to help; **es hilft nichts** it's no use *ODER* good; **das hilft gegen Zahnschmerzen** it's good for toothache; **es hilft kein Weinen** it's no good crying.

Helfer, in (*mpl* **-;** *fpl* **-nen**) *der, die* helper.

Helfershelfer, in *der, die* ***abw*** accomplice.

Helgoland *nt* Heligoland.

Helium *das* helium.

hell *adj* **- 1.** [Zimmer, Licht, Tag] bright; **es wird ~** it's getting light **- 2.** [Farbe] light; [Haar, Haut] fair **- 3.** [Stimme] high *(esp. of child's voice)* **- 4.** [schlau] lucid **- 5.** [groß, intensiv - Freude, Begeisterung] sheer; [- Empörung, Wahnsinn] utter <> *adv* **- 1.** [leuchtend] brightly **- 2.** [hoch]: **~ klingen** to ring out clearly **- 3.** [sehr] totally.

hellblau *adj* light blue.

hellblond *adj* very fair.

helle *adj* bright.

Heller (*pl* -) *der*: **auf ~ und Pfennig** down to the last penny.

hellgrün *adj* light green.

hellhörig *adj* **- 1.** [misstrauisch]: **sie wurde ~** her suspicions were aroused; **jn ~ machen** to arouse sb's suspicions **- 2.** [Raum]: **die Wohnung ist sehr ~** you can hear everything through the walls in this flat.

Helligkeit (*pl* **-en**) *die* [von Licht] brightness.

helllicht *adj*: **am ~en Tage** in broad daylight.

hellrot *adj* light red.

hellsehen *vi (unreg)* to see into the future.

Hellseher, in (*mpl* **-;** *fpl* **-nen**) *der, die* clairvoyant.

hellwach *adj* **- 1.** [wach] wide awake **- 2.** ***fam*** [rege] on the ball.

Helm (*pl* **-e**) *der* helmet.

Helsinki *nt* Helsinki.

Hemd (*pl* **-en**) *das* **- 1.** [Oberhemd] shirt **- 2.** [Unterhemd] vest ***Br,*** undershirt ***Am;*** **jn bis aufs ~ ausziehen** ***fam*** to have the shirt off sb's back.

Hemdbluse *die* shirt *(for woman)*.

hemdsärmelig *adj* casual.

Hemisphäre [hemi'sfɛːrə] *die* hemisphere.

hemmen *vt* **- 1.** [bremsen - Bewegung, Geschwindigkeit] to slow down; [Fluss] to stem **- 2.** [behindern] to impede, to hinder.

Hemm|schuh *der* brake shoe.

Hemm|schwelle *die* mental block.

Hemmung (*pl* **-en**) *die* [Behinderung] hindrance.
◆ **Hemmungen** *pl* inhibitions; **~en haben** to feel inhibited.

hemmungslos *adj* uninhibited ◇ *adv* uninhibitedly.

Hengst (*pl* **-e**) *der* [Pferd] stallion; [Esel] jackass.

Henkel (*pl* **-**) *der* handle.

Henker (*pl* **-**) *der* [gen] executioner; [beim Erhängen] hangman.

Henne (*pl* **-n**) *die* hen.

Hepatitis *die* hepatitis.

her *adv* **- 1.** [räumlich]: **komm ~!** come here!; **~ damit!** give me that!; **von Norden ~** from the north; **von weit ~** from a long way away **- 2.** [zeitlich]: **das ist zehn Jahre ~** that was ten years ago; **ich kenne sie von früher ~** I know her from before **- 3.** [unter dem Aspekt]: **von der Größe ~** as far as size is concerned; *siehe auch* **her sein.**

herab *adv* down; **die Treppe ~** down the stairs.

herab|blicken *vi* to look down; **auf jn ~** ***fig*** **&** ***geh*** to look down on sb.

herab|lassen *vt (unreg)* to lower.
◆ **sich herablassen** *ref:* **sich ~, etw zu tun** to condescend to do sthg.

herablassend *adj* condescending, patronizing ◇ *adv* condescendingly, patronizingly.

herab|sehen *vi (unreg)* ***geh*** to look down; **auf jn ~** ***fig*** to look down on sb.

herab|setzen *vt* **- 1.** [Betrag] to reduce **- 2.** [Person] to put down.

heran, ran *adv:* **die Kiste kommt da an die Wand ~** the box goes up against the wall there; **nur ~!** come closer!

heran|fahren (*perf* **hat/ist herangefahren**) *(unreg) vi (ist):* **an etw** *(A)* **~** to drive up to sthg ◇ *vt (hat):* **etw an etw** *(A)* **~** to drive sthg up to sthg.

heran|führen *vt:* **jn an etw** *(A)* **~** to introduce sb to sthg.

heran|kommen (*perf* **ist herangekommen**) *vi (unreg)* **- 1.** [kommen] to approach; **sie lässt nichts an sich** *(A)* **~** she doesn't let anything bother her; **an jn ~** [erreichen] to get hold of sb; [entsprechen] to match up to sb; **an etw** *(A)* **~** to be able to reach sthg **- 2.** [bekommen]: **an etw** *(A)* **~** to get hold of sthg.

heran|lassen *vt (unreg)*: **jn an etw** *(A)* **~** to let sb near sthg; **jn nicht** ODER **niemanden** ODER **keinen an sich** *(A)* **~** ***fig*** not to let anyone get close.

heran|machen ◆ **sich heranmachen** *ref:* **sich an etw** *(A)* **~** to get down to sthg; **sich an jn ~** ***fam abw*** to chat sb up.

heran|reichen *vi:* **an jn/etw ~** to match sb/sthg.

heran|rücken (*perf* **ist/hat herangerückt**) *vt (hat) vi (ist)* to move closer.

heran|tasten ◆ **sich herantasten** *ref* **- 1.** [sich annähern]: **sich an etw** *(A)* **~** to feel one's way towards sthg **- 2.** [tasten] to feel one's way.

heran|treten (*perf* **ist herangetreten**) *vi (unreg)*: **an jn ~** to approach sb.

heran|wachsen [hɛ'ranvaksn̩] (*perf* **ist herangewachsen**) *vi (unreg)* to grow up.

Heranwachsende [hɛ'ranvaksn̩də] (*pl* **-n**) *der, die* adolescent.

heran|wagen ◆ **sich heranwagen** *ref:* **sich an jn/etw ~** to dare to go near sb/sthg.

heran|ziehen (*perf* **hat/ist herangezogen**) *(unreg) vt (hat)* **- 1.** [ziehen]: **etw an etw** *(A)* **~** to pull sthg up to sthg **- 2.** [befragen] to consult **- 3.** [erziehen] to teach ◇ *vi (ist)* [kommen] to draw near.

herauf, rauf *adv* up; **die Treppe ~** up the stairs; **vom Tal ~** up from the valley.

herauf|beschwören *vt (unreg)* **- 1.** [verursachen] to cause **- 2.** [Vergangenes] to evoke.

herauf|kommen (*perf* **ist heraufgekommen**) *vi (unreg)* to come up/upstairs.

herauf|ziehen (*perf* **hat/ist heraufgezogen**) *(unreg) vi (ist)* [kommen] to approach ◇ *vt (hat)* [ziehen] to pull up.

heraus, raus *adv* out; **~ aus dem Bett** (get) out of bed!; **~ mit der Sprache!** spit it out!, out with it!; **aus dieser Überlegung ~** as a result of these reflections; **es ist noch nicht ~, wer das Rennen gewonnen hat** it's still unclear who won the race; *siehe auch* **heraus sein.**

heraus|bekommen *vt (unreg)* **- 1.** [Geheimnis] to find out; [Lösung] to work out **- 2.** [entfernen] to get out **- 3.** [Wechselgeld] to get back.

heraus|bilden ◆ **sich herausbilden** *ref* to develop.

heraus|bringen *vt (unreg)* **- 1.** [bringen] to bring/take out **- 2.** [veröffentlichen, verkaufen] to bring out; **etw (ganz) groß ~** to launch sthg amid a fanfare of publicity **- 3.** ***fam*** [entlocken]: **etw aus jm ~** to get sthg out of sb **- 4.** [aussprechen, artikulieren] to utter.

heraus|finden *(unreg) vt* [entdecken] to find out ◇ *vi* [herauskommen]: **aus etw ~** to find a way out of sthg.

heraus|fliegen (*perf* **hat/ist herausgeflo-**

gen) *(unreg) vt (hat)* [fliegen] to fly out ◇ *vi (ist)* **- 1.** [fliegen - Tier, Gegenstand]: **aus etw ~** to fly out of sthg **- 2.** *fam* [zur Strafe] to be thrown out **- 3.** *fam* [herausfallen]: **aus etw ~** to fall out of sthg.

heraus|fließen (*perf* **ist herausgeflossen**) *vi (unreg)* to flow out.

Herausforderer (*pl* -) *der* challenger.

Herausforderin (*pl* **-nen**) *die* challenger.

heraus|fordern *vt* **- 1.** SPORT [Feind] to challenge; **jn ~, etw zu tun** to challenge sb to do sthg **- 2.** [provozieren] to provoke; **das Schicksal ~** to tempt fate.

herausfordernd *adj* provocative; [Frage] challenging ◇ *adv* provocatively.

Heraus|forderung *die* **- 1.** SPORT [Aufgabe] challenge **- 2.** [Provokation] provocation; [von Schicksal] tempting.

Herausgabe *die (ohne pl)* **- 1.** [Rückgabe, Freilassung] return **- 2.** [von Veröffentlichung] publication.

heraus|geben *vt (unreg)* **- 1.** [veröffentlichen] to publish **- 2.** [geben]: **jm etw ~** to pass ODER hand sthg out to sb **- 3.** [freilassen] to return **- 4.** [Wechselgeld] to give back; **auf 100 Mark ~** to give change from 100 marks.

Herausgeber, in (*mpl* **-**; *fpl* **-nen**) *der, die* **- 1.** [Redakteur] editor **- 2.** [Verleger] publisher.

heraus|gehen (*perf* **ist herausgegangen**) *vi (unreg)* **- 1.** [nach draußen] to go out; **aus sich ~** *fig* to come out of one's shell **- 2.** [Fleck, Schraube] to come out.

heraus|greifen *vt (unreg)* to pick out.

heraus|gucken *vi fam* **- 1.** [gucken] to look out **- 2.** [sichtbar sein] to peep out.

heraus|haben *vt (unreg)* **- 1.** [Lösung] to find; **~, wie ...** to find out how ... **- 2.** [entfernt haben] to have got out.

heraus|halten *(unreg) vt* **- 1.** [nach draußen] to hold out **- 2.** *fam* [fern halten]: **jn aus etw ~** to keep sb out of sthg.
◆ **sich heraushalten** *ref*: **sich aus etw ~** to keep out of sthg.

heraus|hängen *vt (reg)* to hang out; **etw ~ lassen** *fam abw* to show off about sthg ◇ *vi (unreg)* to hang out.

heraus|holen *vt* **- 1.** [holen]: **jn/etw aus etw ~** to get sb/sthg out of sthg **- 2.** [Information]: **etw aus jm ~** to get sthg out of sb **- 3.** [Leistung] to get ODER squeeze out **- 4.** [Geld, Gewinn] to make **- 5.** SPORT to make up.

heraus|hören *vt*: **etw aus etw ~** [erahnen] to detect sthg from sthg; [hören] to make out sthg amid sthg.

heraus|kommen (*perf* **ist herausgekommen**) *vi (unreg)* **- 1.** [nach draußen]: **(aus etw) ~** to come out (from sthg) **- 2.** [Resultat]: **bei der Rechnung kommt immer etwas anderes heraus** I keep getting a different answer for the sum; **was kommt dabei heraus?** what's that going to achieve?; **das kommt auf dasselbe heraus** it amounts to the same thing, it makes no difference **- 3.** [auf den Markt kommen] to come out; **(ganz) groß ~** *fig* to make a real splash **- 4.** [Verbrechen] to come to light **- 5.** [entkommen]: **aus etw ~** to come out ODER emerge from sthg **- 6.** [deutlich werden] to stand out **- 7.** [aus dem Takt kommen] to get out of time **- 8.** [beim Kartenspiel] to lead **- 9.** *fam* [sagen]: **mit etw ~** to come out with sthg.

heraus|kristallisieren ◆ **sich herauskristallisieren** *ref* to emerge.

heraus|nehmen *vt (unreg)* **- 1.** [entfernen]: **etw (aus etw) ~** to take sthg out (of sthg) **- 2.** [wagen]: **sich** *(D)* **Freiheiten ~** to take liberties.

heraus|ragen *vi* **- 1.** [hervorstechen] to stand out **- 2.** [herausstehen] to jut out.

herausragend *adj* outstanding, excellent ◇ *adv* outstandingly, excellently.

heraus|reden ◆ **sich herausreden** *ref*: **sich damit ~, dass ...** to make excuses for o.s. by saying that ...

heraus|reißen *vt (unreg)* **- 1.** [reißen - Blatt] to tear out; [- Pfahl] to pull out **- 2.** [entfernen] to uproot **- 3.** *fam* [entlasten] to get off the hook.

heraus|rücken (*perf* **hat/ist herausgerückt**) *vt (hat)* *fam* [Geld] to cough up ◇ *vi (ist)* [sagen]: **mit etw ~** to come out with sthg.

heraus|schlagen (*perf* **hat/ist herausgeschlagen**) *(unreg) vt (hat)* **- 1.** [schlagen] to knock out **- 2.** [Gewinn] to make ◇ *vi (ist)* [Feuer]: **aus etw ~** to leap out of sthg.

heraus sein (*perf* **ist heraus gewesen**) *vi (unreg)* **- 1.** [entlassen sein]: **aus etw ~** to be out of sthg, to have left sthg **- 2.** [entkommen sein]: **fein ~** to be sitting pretty **- 3.** [Produkt] to be out **- 4.** [herausgegangen sein]: **aus einer Phase ~** to be past a phase **- 5.** [entfernt sein] to be out **- 6.** [klar sein] to be known.

heraus|stellen *vt* **- 1.** [nach draußen] to put out **- 2.** [hervorheben] to highlight.
◆ **sich herausstellen** *ref* [klar werden] to become clear; **wer gelogen hat, wird sich noch ~** we'll soon see who has been lying; **sich als falsch/richtig ~** to turn out to be wrong/right.

heraus|strecken *vt* to stick out.

heraus|suchen *vt* to pick out; **jm etw ~** to find sthg for sb.

heraus|ziehen *vt (unreg)* to pull out.

herb, herbe *adj* **- 1.** [Geschmack] sharp **- 2.** [Enttäuschung, Erfahrung] bitter **- 3.** [Kritik] harsh **- 4.** [Schönheit] austere; [Gesicht, Person] dour ◇ *adv* **- 1.** [leicht bitter]: **~ schmecken** to taste sharp **- 2.** [enttäuschen] bitterly **- 3.** [kritisieren] harshly.

herbe = **herb.**

herbei *adv* here; **alle Mann ~!** everyone come here!

herbei|führen *vt* to cause.

herbei|schaffen *vt* to get hold of.

her|bemühen *vt* ***geh*** to ask to come.
◆ **sich herbemühen** *ref* ***geh*** to be so good as to come.

Herberge (*pl* **-n**) *die* **- 1.** [Unterkunft] lodging **- 2.** [Jugendherberge] (youth) hostel.

Herbergs|eltern *pl* (hostel) wardens.

Herbergs|mutter *die* (hostel) warden.

Herbergs|vater *der* (hostel) warden.

her|bestellen *vt* to ask to come.

her|bitten *vt (unreg)* to ask to come.

her|bringen *vt (unreg)* to bring here.

Herbst (*pl* **-e**) *der* autumn ***Br***, fall ***Am***; **im ~** in the autumn ***Br***, in the fall ***Am***.

Herbst|anfang *der* beginning of autumn ***Br*** *ODER* fall ***Am***.

Herbst|ferien *pl* autumn holidays ***Br***, fall vacation ***Am***.

herbstlich *adj* autumnal.

Herd (*pl* **-e**) *der* **- 1.** [Ofen] cooker **- 2.** [von Revolte] seat; [von Krankheit] focus.

Herde (*pl* **-n**) *die* **- 1.** [von Rindern, Elefanten] herd; [von Schafen] flock **- 2. *abw*** [von Menschen] gang.

Herd|platte *die* hotplate.

herein, rein *adv* in; **herein!** come in!

herein|brechen (*perf* **ist hereingebrochen**) *vi (unreg)* ***geh*** **- 1.** [Nacht] to fall **- 2.** [Unglück]: **über jn ~** to befall sb.

herein|fallen (*perf* **ist hereingefallen**) *vi (unreg)* **- 1.** [getäuscht werden] to be conned; **auf jn/etw ~** to be taken in by sb/sthg **- 2.** [fallen] to fall in **- 3.** [Licht] to come in, to enter.

herein|kommen (*perf* **ist hereingekommen**) *vi (unreg)* to come in.

herein|lassen *vt (unreg)* to let in.

herein|legen *vt* [täuschen] to take for a ride.

herein|spazieren (*perf* **ist hereinspaziert**) *vi* ***fam*** to breeze in.
◆ **hereinspaziert** *interj* ***fam*** come right in!

her|fahren (*perf* **hat/ist hergefahren**) *(unreg) vi (ist)* to come here ◇ *vt (hat)* to drive here.

Her|fahrt *die* journey here.

her|fallen (*perf* **ist hergefallen**) *vi (unreg)*: **über jn ~** [angreifen] to attack sb; **über etw** *(A)* **~** [essen] to attack sthg.

Her|gang *der*: **der ~ der Tat** the course of events leading to the crime; **jm den ~ einer Sache** *(G)* **schildern** to describe to sb how sthg happened.

her|geben *vt (unreg)* **- 1.** [geben] to give; [überreichen] to hand over **- 2.** [verschenken] to give away **- 3.** [verzichten auf] to give up **- 4.** [erbringen]: **der Text gibt für unser Thema nichts her** the text is of no use for our topic.
◆ **sich hergeben** *ref*: **sich zu etw ~ *abw*** to allow o.s. to get involved in sthg.

hergeholt *adj*: **weit ~** far-fetched.

hergelaufen *pp* ▷ **herlaufen** ◇ *adj* ***abw*** good-for-nothing.

her|haben *vt (unreg)* ***fam***: **wo hast du das her?** where did you get this?

her|halten *(unreg) vi* ***abw*** [dienen]: **als etw ~** to be used as sthg; **für jn ~** to have to take the blame for sb ◇ *vt* [halten] to hold out.

her|holen *vt* to fetch.

her|hören *vi* to listen.

Hering (*pl* **-e**) *der* **- 1.** [Fisch] herring **- 2.** [am Zelt] tent peg.

Herings|salat *der salad made from marinated herring, onion, mayonnaise and gherkins.*

her|kommen (*perf* **ist hergekommen**) *vi (unreg)* **- 1.** [kommen] to come here; **wo kommst du denn jetzt her?** where have you just been? **- 2.** [entstehen, stammen] to come from; **wo kommen Sie her?** where do you come from?

herkömmlich *adj* conventional ◇ *adv* conventionally.

Herkunft *die (ohne pl)* [von Person] origins *(pl)*; [von Sache] origin.

Herkunfts|land *das* country of origin.

her|laufen (*perf* **ist hergelaufen**) *vi (unreg)*: **neben jm/etw ~** to run alongside sb/sthg; **hinter jm/etw ~** to run after sb/sthg.

her|machen *vi*: **viel ~** to look impressive; **wenig ~** not to look very impressive; **nichts ~** not to be up to much.
◆ **sich hermachen** *ref* ***fam***: **sich über etw** *(A)* **~** to set about sthg.

hermetisch *adj* **- 1.** [Verschluss] hermetic **- 2.** [Sprache, Gedicht] impenetrable ◇ *adv* [verschließen] hermetically.

her|nehmen *vt (unreg)* [nehmen, bekommen] to get.

Heroin *das* heroin.

heroisch *adj* heroic ◇ *adv* heroically.

Herr (*pl* **-en**) *der* **- 1.** [Mann] gentleman; **meine ~en!** gentlemen!; '**~en**' [WC] 'gents' **- 2.** [Anrede] Mr; **an ~n Müller** to Mr Müller; **~ Doktor** Doctor **- 3.** [Gott] Lord **- 4.** [Oberhaupt, Gebieter] lord; **der ~ des Hauses** the master of the house **- 5. *RW*: aus aller ~en Länder** from every corner of the globe; **einer Sache** *(G)* **~ werden** to get sthg under control; **~ der Lage sein** to be master of the situation; **sein eigener ~ sein** to be one's own master.

Herrchen (*pl* -) *das* master.

Herrenlbekleidung *die* menswear.

Herrenfahrlrad *das* men's bicycle.

Herrenlfriseur *der* men's hairdresser, barber.

herrenlos *adj* [Tier] stray; [Koffer] abandoned.

Herrenlmode *die* men's fashion.

Herrenltoilette *die* men's toilet.

Herrgott *der:* **zum ~ beten** to pray to the Lord (God).
◆ **Herrgott noch mal** *interj* for heaven's sake!

Herrgottsfrühe *die:* **in aller ~** at the crack of dawn.

herlrichten *vt* **- 1.** [vorbereiten] to get ready **- 2.** [reparieren] to renovate.

Herrin (*pl* **-nen**) *die* mistress.

herrisch *adj* [Person, Worte] overbearing; [Blick] imperious ◇ *adv* in an overbearing manner.

herrlich *adj* wonderful ◇ *adv* wonderfully; **~ schmecken** to taste wonderful.

Herrlichkeit (*pl* **-en**) *die* **- 1.** [Qualität] glory **- 2.** [herrliche Sache] wonderful thing.

Herrschaft (*pl* **-en**) *die* [über Staat, Volk] rule; **die ~ über jn/etw verlieren** to lose control of sb/sthg.
◆ **Herrschaften** *pl* people; **meine ~en!** ladies and gentlemen!

herrschaftlich *adj* grand ◇ *adv* grandly.

herrschen *vi* **- 1.** [regieren]: **(über jn/etw) ~** to rule (over sb/sthg) **- 2.** [bestehen] to prevail; **es herrschte allgemeine Unruhe** there was general unrest.

Herrscher, in (*mpl* **-**; *fpl* **-nen**) *der, die* ruler.

herrschsüchtig *adj* domineering.

herlsagen *vt* to recite.

herlschieben *vt (unreg)* to push here; **etw vor sich** *(D)* **~** [schieben] to push sthg along ahead of one; [vertagen] to put sthg off.

her sein (*perf* **ist her gewesen**) *vi (unreg)* **- 1.** [vergangen sein]: **es ist drei Tage her, dass wir telefoniert haben** it is three days since we phoned **- 2.** [herkommen] to come from **- 3.** *RW:* **es ist nicht weit her mit jm/etw** sb/sthg is not up to much; **hinter jm/etw ~** to be after sb/sthg.

herlstellen *vt* **- 1.** [produzieren] to produce, to make; [industriell] to manufacture **- 2.** [Ruhe, Ordnung] to establish; **ihr Gesundheit ist wieder hergestellt** she has recovered, her health has been restored **- 3.** [näher rücken] to put (over) here.
◆ **sich herstellen** *ref* **- 1.** [Ordnung, Ruhe] to establish itself **- 2.** [sich stellen]: **stell dich doch zu uns her!** come over here with us!

Hersteller, in (*mpl* **-**; *fpl* **-nen**) *der, die* manufacturer.

Herlstellung *die* **- 1.** [Produktion] production; [industriell] manufacture **- 2.** [von Ruhe, Ordnung] establishment.

Hertz (*pl* -) *das* PHYS hertz.

herüber, rüber *adv* over.

herüberlkommen (*perf* **ist herübergekommen**) *vi (unreg)* to come over.

herüberlziehen (*perf* **hat/ist herübergezogen**) *(unreg) vt (hat)* [ziehen] to pull over ◇ *vi (ist)* [umziehen] to move here.

herum *adv* **- 1.** [räumlich] round; **um etw ~** around sthg; **um den Tisch ~** around the table; **das Gerücht ist schon in der ganzen Nachbarschaft ~** the rumour has already got around the whole neighbourhood; **du trägst den Pullover verkehrt ~** your pullover is on the wrong way round; **was um sie ~ geschieht** what's going on around her **- 2.** [ungefähr] around, about; **um die 50 Mark ~** around ODER about 50 marks.

herumlärgern ◆ **sich herumärgern** *ref:* **sich mit jm/etw ~** to waste one's time with sb/sthg.

herumldrehen *vt* [Blatt, Decke] to turn over; [Schlüssel] to turn; [Pfannkuchen] to toss ◇ *vi* [drehen]: **an etw** *(D)* **~** to turn sthg.
◆ **sich herumdrehen** *ref* [sich umdrehen] to turn round.

herumlfahren (*perf* **hat/ist herumgefahren**) *(unreg) vi (ist)* **- 1.** [im Kreis]: **um etw ~** to go round sthg **- 2.** [umherfahren] to drive around **- 3.** [sich umdrehen] to turn round **- 4.** [wischen] to wipe around ◇ *vt (hat)* to drive around.

herumlführen *vt* **- 1.** [in Stadt, Haus] to show around **- 2.** [um etw herum]: **jn um etw ~** to take sb round sthg ◇ *vi* [im Kreis]: **um etw ~** to go round sthg.

herumlgeben *vt (unreg)* to pass round.

herumlgehen (*perf* **ist herumgegangen**) *vi (unreg)* **- 1.** [spazieren] to walk around **- 2.** [zwischen Personen] to go around **- 3.** [im Kreis]: **um etw ~** to go round sthg **- 4.** [Gerücht] to go around **- 5.** [Zeit] to pass.

herumlhängen *vi (unreg)* ***fam*** to hang around.

herumlkommandieren *vt* to order around.

herumlkommen (*perf* **ist herumgekommen**) *vi (unreg)* ***fam*** **- 1.** [reisen] to get around **- 2.** [gehen, fahren]: **um etw ~** to get round sthg **- 3.** [vermeiden]: **um etw ~/nicht ~** to get out of/not to get out of sthg.

herumlkriegen *vt* ***fam*** **- 1.** [überreden]: **sie hat mich doch noch herumgekriegt** she talked me into it in the end **- 2.** [verbringen]: **die Zeit ~** to kill time **- 3.** [räumlich]: **etw um etw ~** to get sthg round sthg.

herum|laufen (*perf* **ist herumgelaufen**) *vi (unreg)* **- 1.** ***fam*** [umhergehen] to walk around; [schneller] to run around **- 2.** [im Kreis]: **um etw ~** [laufen, gehen] to go round sthg; [schneller] to run round sthg; **die Straße läuft um den Stadtkern herum** the road goes round the city centre **- 3.** ***fam*** [gekleidet sein] to go ODER run around.

herum|liegen *vi (unreg)* to lie around.

herum|lungern (*perf* **hat/ist herumgelungert**) *vi* ***fam*** [in der Stadt] to hang around; [auf dem Sofa] to lounge around.

herum|posaunen *vt* ***fam*** to broadcast.

herum|reichen *vt* to pass round.

herum|reiten (*perf* **ist herumgeritten**) *vi (unreg)*: **auf etw** *(D)* **~** to go on about sthg.

herum|schlagen *vt (unreg)*: **etw um etw ~** to wrap sthg round sthg.
◆ **sich herumschlagen** *ref*: **sich mit jm/etw ~** to battle with sb/sthg.

herum|sitzen *vi (unreg)* **- 1.** [sitzen] to sit around **- 2.** [im Kreis]: **um jn/etw ~** to sit round sb/sthg.

herum|sprechen ◆ **sich herumsprechen** *ref (unreg)* to get around.

herum|stehen *vi (unreg)* **- 1.** [stehen - Person] to stand around; [- Dinge] to sit around **- 2.** [im Kreis]: **um jn/etw ~** to stand round sb/sthg.

herum|stochern *vi*: **in etw** *(D)* **~** ***fam*** to poke around in sthg; **im Essen ~** to pick at one's food.

herum|treiben ◆ **sich herumtreiben** *ref (unreg)* ***fam*** to hang around.

Herumtreiber, in (*mpl* **-**; *fpl* **-nen**) *der, die* ***fam***: **er ist ein ~** he's always hanging around doing nothing.

herum|trödeln *vi* to dawdle around.

herum|wickeln *vt*: **etw um etw ~** to wrap sthg around sthg.

herum|zeigen *vt* to show round.

herum|ziehen (*perf* **hat/ist herumgezogen**) *(unreg) vi (ist)* **- 1.** [herumfahren] to wander about; **in der Welt ~** to roam the world **- 2.** [im Kreis]: **um etw ~** to go round sthg ◇ *vt (hat)*: **etw um etw ~** to put sthg round sthg.

herunter, runter *adv* down; **~ da vom Dach!** get down from the roof!; **~ mit dir!** down you come!; [vom Stuhl] off you get!; **vom General bis ~ zum einfachen Soldaten** from the general down to the private; **auf der Fahrt von Hamburg ~** on the journey down from Hamburg.

herunter|bekommen *vt (unreg)* ***fam*** **- 1.** [schlucken können, nach unten bekommen] to get down; **ich bekomme nichts mehr herunter** I can't manage another thing **- 2.** [entfernen können] to get off; **den Schmutz vom Teppich ~** to get the dirt out of the carpet.

herunter|fahren *vt (unreg)* **- 1.** [reduzieren - Produktion] to scale down; [- Temperatur] to reduce **- 2.** EDV to shut down.

heruntergekommen *adj* **- 1.** [Haus] dilapidated **- 2.** [Person] down-at-heel.

herunter|hauen *vt* ***fam***: **jm eine ~** to box sb's ears.

herunter|holen *vt* to bring down; **sich** *(D)* **einen ~** ***vulg*** to jerk off, to have a wank ***Br.***

herunter|laden *vt (unreg)* EDV to download.

herunter|lassen *vt (unreg)* **- 1.** [senken] to lower **- 2.** [gehen lassen] to let down.

herunter|laufen (*perf* **ist heruntergelaufen**) *vi (unreg)* **- 1.** [Person] to come down; [schnell] to run down **- 2.** [Wasser, Tränen]: **(an etw** *(D)***) ~** to run down (sthg).

herunter|machen *vt*: **jn/etw ~** ***fam*** to pull sb/sthg to pieces, to knock sb/sthg.

herunter|schlucken *vt* to swallow.

herunter|schrauben *vt* **- 1.** [durch Drehen] to turn down **- 2.** ***fig*** [anpassen, Ansprüche] to lower.

herunter|spielen *vt* **- 1.** [bagatellisieren] to play down **- 2.** ***abw*** [Musik] to play through mechanically.

herunter|ziehen (*perf* **hat/ist heruntergezogen**) *(unreg) vt (hat)* to pull down ◇ *vi (ist)* to move down.

hervor *adv*: **hinter dem Sofa ~** out from behind the sofa; **~ mit euch!** out you come!

hervor|bringen *vt (unreg)* **- 1.** [Ton] to utter **- 2.** [entwickeln] to produce.

hervor|gehen (*perf* **ist hervorgegangen**) *vi (unreg)*: **aus etw ~** [zu entnehmen sein] to be clear from sthg; **aus dieser Familie sind mehrere Künstler hervorgegangen** this family has produced several artists; **aus etw als Sieger ~** to emerge victorious from sthg.

hervor|heben *vt (unreg)* to emphasize; **js Leistung ~** to single out sb's performance.

hervor|holen *vt* to bring out.

hervorragend *adj* excellent ◇ *adv* excellently; **~ angezogen sein** to be extremely well-dressed; **~ schmecken** to taste excellent.

hervor|rufen *vt (unreg)* **- 1.** [verursachen] to cause **- 2.** [rufen] to call out.

hervor|stechen *vi (unreg)* to stand out.

hervor|treten (*perf* **ist hervorgetreten**) *vi (unreg)* **- 1.** [Adern, Augen] to bulge **- 2.** [nach vorne kommen] to step forward.

hervor|tun ◆ **sich hervortun** *ref (unreg)*

- **1.** [auffallen] to distinguish o.s. - **2.** *abw* [angeben] to show off.

Herweg *der* way here.

Herz (*pl* **-en** *ODER* **-**) *das* - **1.** [gen] heart - **2.** *(ohne Artikel) (ohne pl)* [Spielkartenfarbe] hearts *(pl)* - **3.** *RW:* **ein ~ für jn/etw haben** to be fond of sb/sthg; **ein ~ und eine Seele sein** to be inseparable; **es nicht übers ~ bringen, etw zu tun** not to have the heart to do sthg; **etwas auf dem ~en haben** to have sthg on one's mind; **jd/etw lässt js ~ höher schlagen** sb/sthg makes sb's heart beat faster; **jm das ~ brechen** to break sb's heart; **ich möchte dir etwas ans ~ legen** allow me to give you a piece of advice; **jm sein ~ ausschütten** to pour one's heart out to sb; **jn/etw auf ~ und Nieren prüfen** to examine sb/sthg very carefully; **sie/es liegt ihm am ~en** she/it matters to him; **jn sofort ins ~ schließen** to take to sb immediately; **sein ~ hängt an dem alten Wagen** he's very attached to the old car; **kein ~ haben** to be heartless; **leichten/schweren ~ens** with a light/heavy heart; **gib deinem ~en einen Stoß** go for it!; **seinem ~en Luft machen** to give vent to one's feelings.
◆ **von ganzem Herzen** *adv* wholeheartedly.

Herz|anfall *der* heart attack.

Herzensbrecher, in (*mpl* **-**; *fpl* **-nen**) *der, die* heartbreaker.

herzensgut *adj* kind-hearted.

Herzenslust *die:* **nach ~** to one's heart's content.

herzerfrischend *adj* refreshing <> *adv* refreshingly.

herzergreifend *adj* heartrending <> *adv* heartrendingly.

Herz|fehler *der* heart defect.

herzförmig *adj* heart-shaped.

herzhaft *adj* - **1.** [fest] hearty - **2.** [nahrhaft] hearty and tasty <> *adv* - **1.** [fest] heartily - **2.** [nahrhaft]: **~ schmecken** to be hearty and tasty.

her|ziehen (*perf* **hat/ist hergezogen**) *(unreg) vt (hat)* [heranziehen] to pull up; **jn/etw hinter sich** *(D)* **~** to drag sb/sthg along behind one <> *vi* - **1.** *abw* [lästern]: **über jn ~** to pull sb to pieces - **2.** *(ist)* [umziehen] to move here - **3.** *(ist)* [gehen] to walk along.

herzig *adj* adorable <> *adv* adorably.

Herz|infarkt *der* heart attack.

Herz|klopfen *das:* **ich habe ~** my heart is pounding.

herzkrank *adj:* **ein ~er Mensch** a person suffering from heart trouble.

Herz|leiden *das* heart condition.

herzlich *adj* - **1.** [freundlich] warm - **2.** [aufrichtig] sincere <> *adv* - **1.** [freundlich] warmly - **2.** [aufrichtig] sincerely - **3.** [sehr] really; **~ wenig** very little.

herzlos *adj* heartless <> *adv* heartlessly.

Herzlosigkeit (*pl* **-en**) *die* - **1.** [Eigenschaft] heartlessness - **2.** [herzlose Tat] heartless thing.

Herz|mittel *das* heart medication.

Herzog, in (*mpl* **Herzöge;** *fpl* **-nen**) *der, die* duke (*f* duchess).

Herzogtum (*pl* **-tümer**) *das* duchy.

Herz|patient, in *der, die* heart patient.

Herz|schlag *der* - **1.** [Herzrhythmus] heartbeat - **2.** [Augenblick]: **einen ~ lang** for a brief moment - **3.** [Herzstillstand] heart failure *(U)*.

Herz|schmerz *der* chest pains *(pl)*.

Herz|schrittmacher (*pl* **-**) *der* pacemaker.

Herz|stillstand *der* cardiac arrest.

Herz|verpflanzung *die* heart transplant.

herzzerreißend *adj* heartrending <> *adv* heartrendingly.

Hesse (*pl* **-n**) *der* Hessian.

Hessen *nt* Hesse.

Hessin (*pl* **-nen**) *die* Hessian.

hessisch *adj* Hessian.

heterogen *adj* heterogeneous <> *adv* heterogeneously.

heterosexuell ['heteroseksuɛl] *adj* heterosexual.

Hetze *die* - **1.** [Hast] (mad) rush - **2.** [Lästern] hate campaign.

hetzen (*perf* **hat/ist gehetzt**) *vi* - **1.** *(ist)* [rennen] to rush - **2.** *(hat)* [lästern]: **gegen jn ~** to stir up hatred against sb <> *vt (hat):* **jn/etw auf jn ~** to set sb/sthg on sb.
◆ **sich hetzen** *ref* [sich beeilen] to rush.

Hetz|kampagne *die* [durch Verleumdung] smear campaign; [Hass erregend] hate campaign.

Heu *das* - **1.** [getrocknetes Gras] hay - **2.** *fam* [Geld] dough, dosh *Br*.

Heu|boden *der* hayloft.

Heuchelei (*pl* **-en**) *die abw* - **1.** [Vortäuschen] hypocrisy - **2.** [Tat] piece of hypocrisy; [Äußerung] hypocritical remark.

heucheln *vt* to feign <> *vi* to be a hypocrite.

Heuchler, in (*mpl* **-**; *fpl* **-nen**) *der, die* hypocrite.

heuchlerisch *adj* hypocritical <> *adv* hypocritically.

heuer *adv* *Süddt, Österr* & *Schweiz* this year.

heulen *vi* - **1.** [Person, Tier] to howl - **2.** [Sirene] to wail.

Heulen *das:* **es ist zum ~** *fam* it's enough to make you weep.

Heulton *der* wail.

Heuschnupfen *der* hay fever.

Heuschrecke (*pl* **-n**) *die* [klein] grasshopper; [groß] locust.

heute *adv* **- 1.** [als ein Tag] today; **~ früh** early this morning; **~ Morgen/Mittag/Abend** this morning/lunchtime/evening; **~ in vierzehn Tagen/einer Woche** a fortnight/a week today; **lieber ~ als morgen** sooner rather than later; **von ~ auf morgen** from one day to the next, overnight **- 2.** [gegenwärtig] nowadays.

heutig *adj* today's; **der ~e Tag** today; **die ~e Jugend** the youth of today, young people these days; **bis zum ~en Tag** until today.

heutzutage *adv* nowadays.

Hexe (*pl* **-n**) *die* witch.

Hexenschuss *der:* **einen ~ haben** to have lumbago.

Hexerei (*pl* **-en**) *die* witchcraft.

Hibiskus *der* hibiscus.

Hieb (*pl* **-e**) *der* [Schlag] blow.
◆ **Hiebe** *pl* ***fam*** [Prügel]: **~e bekommen** to get a beating.

hiebfest *adj:* **hieb- und stichfest** watertight.

hielt *prät* ▷ **halten.**

hier *adv* **- 1.** [räumlich] here; [in der Schule]: **hier!** here!, present!; **der/die/das ~** this one here; **ab ~** from here; **von ~ aus** from here; **~ und da** here and there; **im Hier und Jetzt leben** to live in the here and now; **„~ spricht Stefan"** [beim Telefon] "Stefan speaking"; **ich bin nicht von ~** I'm not from around here; **~, nimm schon!** here, take it! **- 2.** [zeitlich] now; **~ brach sie in Tränen aus** then she broke into tears; **von ~ an** from now on; **~ und da** now and then **- 3.** [in dieser Sache]: **~ täuschst du dich aber!** but that's where you're wrong.

hieran *adv* **- 1.** [an dieser/diese Sache]: **ich bin ~ nicht interessiert** I am not interested in this; **die Erinnerung ~ fällt ihm schwer** he has difficulty remembering this **- 2.** [an diesem/diesen Platz]: **~ sind wir schon vorbeigekommen** we've already come past here; **das Original auf dem Kopierer ~ anlegen** place the original here on the photocopier.

Hierarchie (*pl* **-n**) *die* hierarchy.

hierauf *adv* **- 1.** [auf dieser/diese Sache]: **~ beharren** to insist on this; **~ keine Antwort finden** to find no answer to this **- 2.** [auf diesem/diesen Platz] on here **- 3.** [daraufhin] hereupon.

hieraufhin *adv* ***geh*** hereupon.

hieraus *adv* out of this.

hier behalten *vt (unreg)* to keep here.

hierbei *adv* **- 1.** [zeitlich] on this occasion **- 2.** [bei dieser Sache]: **~ ist Konzentration nötig** you need to concentrate whilst doing this.

hier bleiben (*perf* **ist hier geblieben**) *vi (unreg)* to stay here.

hierdurch *adv* **- 1.** [örtlich] through here **- 2.** [ursächlich] as a result of this **- 3.** [hiermit] hereby.

hierfür *adv* for this.

hierher *adv* here.

hierhin *adv* here.

hierin *adv* **- 1.** [örtlich] in here **- 2.** [in dieser Angelegenheit] in this.

hiermit *adv* **- 1.** [mit diesem Gegenstand, mit dieser Angelegenheit] with this **- 2.** [mit dieser Handlung] hereby.

hiernach *adv* **- 1.** [zeitlich] after this **- 2.** [dieser Aussage folgend] according to this **- 3.** [nach dieser Sache, Angelegenheit] for this.

hier sein (*perf* **ist hier gewesen**) *vi (unreg)* to be here.

hierüber *adv* **- 1.** [räumlich] over here **- 2.** [über diese Angelegenheit] about this **- 3.** ***geh*** [zeitlich]: **~ vergingen mehrere Monate** this took several months.

hierum *adv* **- 1.** [örtlich] around here **- 2.** [um diese Sache] about this.

hierunter *adv* **- 1.** [räumlich] under here **- 2.** [unter dieser Sache] by this **- 3.** [bei Menge] among these.

hiervon *adv* **- 1.** [von diesem Gegenstand] of this **- 2.** [von dieser Angelegenheit]: **~ hängt es ab** it depends on this; **~ halte ich viel** I think very highly of this **- 3.** [örtlich] from here **- 4.** [ursächlich] from this **- 5.** [von dieser Menge] of these.

hierzu *adv* **- 1.** [zu dieser Angelegenheit] to this; **ich rate dir dringend ~** I urge you to do this **- 2.** [zu diesem Gegenstand] with this **- 3.** [zu dieser Menge]: **stellen Sie sich bitte ~** please stand with these people here; **legen Sie die Zeitungen bitte ~** please add your newspapers to these.

hierzulande *adv* in this country.

hiesig *adj* local.

hieß *prät* ▷ **heißen.**

Highsociety ['haiso'saiətil] *die* high society.

Hightech ['haitɛk] *die* [Technologie] high-tech.

Hilfe (*pl* **-n**) *die* **- 1.** [Helfen] help; **mit js ~** with sb's help; **jn/etw zu ~ nehmen** to use sb/sthg; **humanitäre ~** humanitarian aid **- 2.** [Geld - freiwillig] aid; [- rechtlicht garantiert] benefit **- 3.** [Haushaltshilfe] cleaner ◇ *interj* help!
◆ **Hilfe suchend** ◇ *adj* [Blick] beseeching ◇ *adv* beseechingly.
◆ **mit Hilfe** *adv* = **mithilfe.**

Hilfeleistung *die* aid *(U)*; **unterlassene ~** failing to render assistance in an emergency.

Hilferuf *der* call for help.

Hilfe|stellung *die:* **jm ~ leisten** *ODER* **geben** SPORT to give sb a leg-up; *fig* to help sb out.

hilfesuchend ▻ **Hilfe.**

hilflos *adj* - **1.** [hilfsbedürftig] helpless - **2.** [ratlos] clueless - **3.** [unbeholfen] awkward ◇ *adv* - **1.** [hilfsbedürftig] helplessly - **2.** [ratlos] cluelessly - **3.** [unbeholfen] awkwardly.

hilfreich *adj* helpful; **eine ~e Hand** a helping hand ◇ *adv:* **jm ~ zur Seite stehen** to be a big help to sb.

Hilfs|aktion *die* relief operation.

Hilfs|arbeiter, in *der, die* [in der Fabrik] unskilled worker; [beim Bau] labourer.

hilfsbedürftig *adj* in need (of help).

hilfsbereit *adj* helpful.

Hilfs|kraft *die* assistant.

Hilfs|mittel *das* aid.

Hilfs|programm *das* EDV utility.

Hilfs|verb *das* GRAM auxiliary verb.

hilft *präs* ▻ **helfen.**

Himalaya *der:* **der ~** the Himalayas.

Him|beere *die* raspberry.

Himmel (*pl* -) *der* - **1.** [Firmament] sky; **am ~** in the sky; **unter freiem ~** in the open, out of doors - **2.** [Jenseits] heaven - **3.** [Vorsehung]: **der ~ weiß, wann er endlich zurückkommt** heaven (only) knows when he will finally come back - **4.** [Baldachin] canopy - **5.** *RW:* **ach du lieber ~!** oh God!; **aus heiterem ~** out of the blue; **im siebenten ~ sein** to be in seventh heaven; **um ~s willen!** for heaven's sake!

Himmel|bett *das* four-poster bed.

himmelblau *adj* sky-blue.

Himmel|fahrt *die* Ascension Day.

himmelschreiend *adj* scandalous.

Himmels|körper *der* heavenly body.

Himmels|richtung *die* direction; **die vier ~en** the four points of the compass.

himmelweit *adj:* **ein ~er Unterschied** a world of difference ◇ *adv:* **~ auseinander liegen** to be poles apart; **von etw ~ entfernt sein** to be nowhere near sthg.

himmlisch *adj* heavenly; **eine ~e Fügung** divine providence ◇ *adv* [leicht, bequem, schön] wonderfully; **~ schmecken/aussehen** to taste/look divine.

hin *adv* - **1.** [räumlich]: **bis zum Baum ~** up to the tree; **zur Straße ~** towards the street; **zum Norden ~** (towards the) north; **wo ist er ~?** where has he gone?; **~ und her** back and forth; **der Weg ~** the way there; **zweimal London ~ und zurück** two returns *Br ODER* round-trip tickets *Am* to London; **einmal London – nur ~, bitte!** one for London – just a single please - **2.** [zeitlich]: **zum Abend ~** towards evening; **über viele Jahre ~** for many years; **~ und wieder** now and then - **3.** *fig:* **er brabbelte da was vor sich ~** he was mumbling something to himself; **nach außen ~** outwardly; **auf deinen Brief ~** as soon as I got your letter; **auf deinen Rat ~** on your advice; **auf den Verdacht ~, dass ...** on the suspicion that ...; **ihr Kleid/Ruf ist ~** her dress/reputation is ruined; **er war von dem Mädchen ganz ~ (und weg)** he was completely taken with the girl.

Hin *das:* **das ~ und Her** the toing and froing.

hinab *adv* = **hinunter.**

hinab|gehen (*perf* **ist hinabgegangen**) (*unreg*) *vt* & *vi* **geh** to go down.

hin|arbeiten *vi:* **auf etw** (*A*) **~** to work towards sthg.

hinauf *adv* up; **den Berg ~** up the mountain; **von den Alpen bis an die Ostsee ~** from the Alps right up to the Baltic; **bis zum General ~** up to the general.

hinauf|gehen (*perf* **ist hinaufgegangen**) (*unreg*) *vi* to go up; **es geht hinauf** the road climbs; **mit der Miete ~** to put up *ODER* raise the rent ◇ *vt* to go up.

hinauf|reichen *vt* to hand up ◇ *vi* to reach; **zum Fenster ~** to reach up to the window.

hinauf|sehen *vi* (*unreg*): **zu jm/etw ~** to look up at sb/sthg.

hinauf|steigen (*perf* **ist hinaufgestiegen**) *vi* & *vt* (*unreg*) to climb.

hinauf|ziehen (*perf* **hat/ist hinaufgezogen**) (*unreg*) *vt* (*hat*) to pull up ◇ *vi* (*ist*) to move up.
◆ **sich hinaufziehen** *ref:* **er zieht sich an einem Seil hinauf** he pulls himself up using a rope.

hinaus *adv* - **1.** [räumlich] out; **das Fenster geht zur Straße ~** the window looks (out) onto the street; **~ mit dir!** get out!; **über unsere Grenzen ~ bekannt** known beyond our borders - **2.** [zeitlich]: **über das Abendbrot ~ bleiben** to stay over dinner; **die Dame ist schon über die achtzig ~** the woman is well over eighty; **auf Monate ~** for months to come.

hinaus|begleiten *vt* to see out.

hinaus|beugen ◆ **sich hinausbeugen** *ref* to lean out.

hinaus|gehen (*perf* **ist hinausgegangen**) *vi* (*unreg*) - **1.** [nach draußen] to go out - **2. auf etw** (*A*) **~** [gerichtet sein - Zimmer, Fenster] to look onto sthg; [- Tür, Gang] to lead into sthg; [- in eine Richtung] to face sthg - **3.** [überschreiten]: **über etw** (*A*) **~** to go beyond sthg.

hinaus|kommen (*perf* **ist hinausgekommen**) *vi* (*unreg*) to come out; **über etw** (*A*) **~** to get beyond sthg.

hinaus|laufen (*perf* **ist hinausgelaufen**) *vi* (*unreg*) - **1.** [nach draußen] to run outside - **2.** [abzielen]: **auf etw** (*A*) **~** to amount to sthg; **das**

läuft auf dasselbe hinaus it amounts to the same thing.

hinaus|lehnen *vt* [Kopf] to stick out.
◆ **sich hinauslehnen** *ref* to lean out.

hinaus|schicken *vt* to send out.

hinaus|schieben *vt (unreg)* **- 1.** [nach draußen] to push outside **- 2.** [zeitlich] to put off, to postpone.
◆ **sich hinausschieben** *ref* **- 1.** [örtlich] to push one's way out **- 2.** [zeitlich] to be put off, to be postponed.

hinaus|wagen ◆ **sich hinauswagen** *ref* to venture out.

hinaus|werfen *vt (unreg)* to throw out.

hinaus|wollen *vi (unreg)* **- 1.** [nach draußen] to want to go out **- 2.** [auf ein Ziel]: **auf etw** *(A)* **~** to be getting at sthg; **auf eine friedliche Einigung ~** to want to achieve a peaceful agreement; **(zu) hoch ~** to aim (too) high.

hinaus|zögern *vt* to put off.
◆ **sich hinauszögern** *ref* to be delayed.

hin|bekommen *vt (unreg):* **wie willst du denn das ~?** how do you intend to do *ODER* manage that?; **etw wieder ~** to mend sthg.

hin|bestellen *vt* to tell to come/go; **jn zu jm ~** to tell sb to come/go to sb.

hin|biegen *vt (unreg)* ***fam*** to sort out.

Hinblick *der:* **in** *ODER* **im ~ auf jn/etw** [in Bezug auf] with regard to sb/sthg; **in** *ODER* **im ~ auf etw** *(A)* [wegen] in view of sthg.

hin|bringen *vt (unreg)* to take (there).

hin|denken *vi (unreg):* **wo denkst du (denn) hin?** what are you thinking of?

hinderlich *adj:* **jm/einer Sache ~ sein** to get in sb's/sthg's way.

hindern *vt* to prevent; **was hindert dich zu bleiben?** what is preventing you from staying?

Hindernis *(pl* **-se)** *das* obstacle; [in Leichtathletik] hurdle; [in Springreiten] jump.

Hinderungs|grund *der:* **für jn kein ~ sein** not to be an obstacle to sb.

hin|deuten *vi* to point; **auf jn/etw ~** [zeigen] to point at sb/sthg; [in einer Menge] to point sb/sthg out; [erkennen lassen] to point to sb/sthg.

Hindi *das* Hindi; *siehe auch* **Englisch(e).**

Hindu *(pl* **-s)** *der* Hindu.

hindurch *adv* **- 1.** [zeitlich]: **den ganzen Tag ~** throughout the whole day **- 2.** [örtlich]: **durch den Berg ~** through the mountain.

hinein *adv* **- 1.** [räumlich] in; **~ ins Bett!** get into bed! **- 2.** [zeitlich]: **bis tief in die Nacht ~ arbeiten** to work late into the night; **in den Tag ~ leben** to live from day to day.

hinein|bitten *vt (unreg)* to ask in.

hinein|denken ◆ **sich hineindenken** *ref (unreg):* **sich in jn/etw ~** to put o.s. in sb's/sthg's position.

hinein|fressen *vt (unreg):* **etw in sich** *(A)* **~** to gobble sthg up; ***fam*** [Sorgen] to bottle sthg up.
◆ **sich hineinfressen** *ref:* **sich in etw** *(A)* **~** to eat into sthg.

hinein|gehen *(perf* **ist hineingegangen)** *vi (unreg)* **- 1.** [nach drinnen] to go inside **- 2.** [hineinpassen]: **in diese Flasche geht nicht mehr als ein Liter hinein** this bottle won't hold more than a litre.

hinein|geraten *(perf* **ist hineingeraten)** *vi (unreg)***: in etw** *(A)* **~** to get into sthg; **in einen einsamen Wald ~** to find o.s. in a lonely wood.

hinein|reden *vi:* **die Mutter redet ihrer Tochter in jede Entscheidung hinein** the mother interferes in all of her daughter's decisions.

hinein|steigern ◆ **sich hineinsteigern** *ref:* **sie hat sich in diese Sache hineingesteigert** she has become completely caught up in this affair.

hinein|versetzen ◆ **sich hineinversetzen** *ref:* **sich in jn** *ODER* **in js Lage ~** to put o.s. in sb's position.

hinein|ziehen *(perf* **hat/ist hineingezogen)** *(unreg) vt (hat)* **- 1.** [nach drinnen] to pull in **- 2.** [verwickeln]: **jn in etw** *(A)* **~** to draw sb into sthg ◇ *vi (ist)* **- 1.** [umziehen] to move in **- 2.** [gehen] to go in.

hin|fahren *(perf* **hat/ist hingefahren)** *(unreg) vi (ist)* to go there; [mit Auto] to drive there; **wo ist er hingefahren?** where did he go (to)? ◇ *vt (hat)* to take there.

Hin|fahrt *die* [mit dem Auto] journey there; [mit dem Zug] outward journey.

hin|fallen *(perf* **ist hingefallen)** *vi (unreg)* to fall (down); **sie hat die Vase ~ lassen** she dropped the vase; **wem ist der Teller hingefallen?** who dropped the plate?

hinfällig *adj* **- 1.** [altersschwach] frail **- 2.** [ungültig] invalid.

Hin|flug *der* outward flight.

hin|führen *vt* to lead there ◇ *vi* to lead there; **zu etw ~** to lead to sthg; **wo soll das ~?** where is it leading to?

hing *prät* ▻ **hängen.**

Hingabe *die* devotion; **mit ~** devotedly.

hin|geben *vt (unreg)* ***geh*** to give up.
◆ **sich hingeben** *ref:* **sich einer Sache** *(D)* **~** to devote o.s. to sthg; **sich einer Illusion ~** to cherish an illusion; **sich jm ~** to give o.s. to sb.

hingegen *konj* on the other hand.

hin|gehen *(perf* **ist hingegangen)** *vi (unreg)* **- 1.** [gehen] to go there; **zu etw ~** to go to sthg **- 2.** ***geh*** [vergehen] to pass **- 3.** [durchgehen]: **das**

mag (gerade) noch ~ that might (just) about do.

hin|gehören *vi* [Person, Tier] to belong; [Sache] to go, to belong.

hin|halten *vt (unreg)* - **1.** [reichen] to hold out - **2.** [vertrösten] to keep waiting.

hin|hauen (*perf* **hat/ist hingehauen**) *(unreg) vt (hat) fam* - **1.** [werfen] to chuck down - **2.** *abw* [flüchtig] to knock off - **3.** [erschüttern] to floor <> *vi* - **1.** *(ist) fam* [stürzen] to come a cropper - **2.** *(hat) fam* [stimmen] to work out; **das haut hin/nicht hin!** that's right/wrong!
◆ **sich hinhauen** *ref (hat) salopp* [sich hinlegen] to flop down.

hin|hocken ◆ **sich hinhocken** *ref* to crouch down.

hinken (*perf* **hat/ist gehinkt**) *vi* - **1.** *(hat)* [humpeln] to (have a) limp - **2.** *(ist)* [an einen Ort] to limp, to hobble.

hin|knien ◆ **sich hinknien** *ref* to kneel down.

hin|kommen (*perf* **ist hingekommen**) *vi (unreg)* - **1.** [ankommen] to get there; **zu etw ~** to get to sthg - **2.** [hingehören] to belong, to go - **3.** [hingeraten]: **wenn ich wüsste, wo meine Brille hingekommen ist** if I knew where my glasses had gone - **4.** [auskommen]: **mit etw ~** to manage with sthg - **5.** [zutreffen] to work out; **das kommt hin/nicht hin!** that is right/wrong!

hin|kriegen *vt fam* to manage; **sie hat das gut hingekriegt** she made a good job of that; **etw wieder ~** to fix sthg; **jn wieder ~** to get sb back on his/her feet.

hinlänglich *adj* sufficient <> *adv* sufficiently.

hin|legen *vt* - **1.** [Gegenstand] to put down; [Zettel] to leave - **2.** [ins Bett] to put to bed - **3.** *fam* [bezahlen] to fork out - **4.** *fam* [Darbietung] to turn in; [Prüfung] to do.
◆ **sich hinlegen** *ref* - **1.** [sich legen] to lie down - **2.** *fam* [stürzen] to come a cropper.

hin|nehmen *vt (unreg)* - **1.** [ertragen] to take - **2.** *fam* [mitnehmen]: **jn/etw (zu jm) mit ~** to take sb/sthg (to sb).

hin|pflanzen ◆ **sich hinpflanzen** *ref fam* [sich hinstellen]: **sich (vor jn) ~** to plant o.s. (in front of sb).

hin|reichen *vt* [zureichen]: **jm etw ~** to hand sb sthg <> *vi* - **1.** [sich erstrecken] to reach - **2.** [ausreichen] to be enough.

Hinreise *die* journey there.

hin|reißen *vt (unreg)* - **1.** [ziehen] to pull - **2.** [begeistern] to captivate - **3.** [verleiten]: **sich zu etw ~ lassen** [überzeugen] to let o.s. be carried away into doing sthg; [provozieren] to be driven to do sthg.

hinreißend *adj* captivating.

hin|richten *vt* to execute.

Hin|richtung *die* execution.

hin|schauen *vi* to look.

hin|schicken *vt* to send.

hin|sehen *vi (unreg)* to look.

hin sein (*perf* **ist hin gewesen**) *vi (unreg) fam* [kaputt] to have had it; [ruiniert] to be shattered; [vor Glück] to be overjoyed.

hin|setzen *vt* [Gegenstand] to put down; [Baby] to sit down.
◆ **sich hinsetzen** *ref* - **1.** [sich setzen] to sit down - **2.** *fam* [stürzen] to land on one's backside.

Hinsicht *die (ohne pl)*: **in dieser/jeder ~** in this/every respect; **in doppelter ~** in two respects; **in ~ auf etw** *(A)* with regard to sthg.

hinsichtlich *präp amt:* **~ einer Sache** *(G)* [bezüglich] with regard to sthg; [in Anbetracht] in view of sthg.

hin|stellen *vt* - **1.** [stellen] to put - **2.** [absetzen] to put down - **3.** [darstellen]: **jn/etw als etw ~** to describe sb/sthg as sthg.
◆ **sich hinstellen** *ref* - **1.** [sich stellen] to stand - **2.** [darstellen]: **sich als jn/etw ~** to pretend to be sb/sthg.

hinten *adv* - **1.** [am Ende] at the back; **da** ODER **dort ~** back there; **sie ist ~ im Garten** she's out the back (in the garden); **~ im Buch** at the back of the book; **im Auto ~ sitzen** to sit in the back of the car; **das dritte Haus von ~** the third house from the end; **das stimmt doch ~ und vorne nicht** that is totally untrue; **jn ~ und vorne bedienen** to wait on sb hand and foot - **2.** [weit entfernt]: **weit ~** a long way behind; **das liegt irgendwo ~ bei Indien** it's near India somewhere - **3.** [an der Rückseite] on the back; **~ am Radio** on the back of the radio; **das Haus hat ~ einen Balkon** the house has a balcony at the back - **4.** [als Richtungsangabe] back; **bitte nach ~ durchgehen!** please move down to the back!; **sich nach ~ lehnen** to lean back; **von ~** from behind.

hintenherum *adv fam* - **1.** [um etw herum] round the back - **2.** [indirekt] indirectly.

hinter *präp* - **1.** *(+ D, A)* [räumlich] behind; **~ dem Haus** behind the house, in back of the house *Am;* **~ jm herlaufen** to run after sb; **3 km ~ Köln** 3 km after Cologne; **wir stehen ~ ihnen in Produktivität zurück** we're behind them in terms of productivity - **2.** [zeitlich]: **etw ~ sich** *(A)* **bringen** to put sthg behind one; **das hätten wir endlich ~ uns!** thank God that's behind us! - **3.** *fig* behind; **~ etw kommen** to get to the bottom of sthg.

Hinter|achse *die* rear axle.

Hinter|ausgang *der* rear exit.

Hinterbliebene (*pl* **-n**) *der, die* surviving dependant.

hintere, r, s *adj* back.

Hintere (*pl* **-n**) *der, die, das:* **der/die/das ~** the one at the back.

hintereinander *adv* **- 1.** [räumlich] behind each other **- 2.** [zeitlich] in a row.

Hinter|eingang *der* rear entrance.

hinterfragen *vt* to examine.

Hinter|gedanke *der* ulterior motive.

hintergehen (*prät* **hinterging;** *perf* **hat hintergangen**) *vt* to deceive.

Hinter|grund *der* background; **im ~ bleiben** to remain in the background; **jn/etw in den ~ drängen** to push sb/sthg into the background; **in den ~ geraten** *ODER* **treten** to fade into the background.

hintergründig *adj* enigmatic; [Witz] cryptic ◇ *adv* enigmatically.

Hintergrund|information *die* piece of background information; **~en** background information *(U)*.

Hinterhalt (*pl* **-e**) *der* ambush; **im ~ liegen** to lie in ambush; **in einen ~ geraten** *ODER* **fallen** to be ambushed.

hinterhältig *adj* devious ◇ *adv* deviously.

Hinterhand *die (ohne pl)* hindquarters *(pl)*; **(noch) etw in der ~ haben** to have sthg in reserve.

Hinter|haus *das part of a tenement building which overlooks and is only accessible from a courtyard.*

hinterher[1] *adv* [räumlich] behind; *siehe auch* **hinterher sein.**

hinterher[2] *adv* [zeitlich] afterwards.

hinterher|fahren (*perf* **ist hinterhergefahren**) *vi (unreg):* **jm/etw ~** to drive behind sb/sthg; [verfolgen] to drive after sb/sthg.

hinterher|gehen (*perf* **ist hinterhergegangen**) *vi (unreg):* **jm ~** to follow sb.

hinterher sein (*perf* **ist hinterher gewesen**) *vi (unreg)* **fam: jm/einer Sache ~** to be after sb/sthg.

Hinter|hof *der* courtyard.

Hinter|kopf *der* back of the head; **etw im ~ haben/behalten** ***fig*** to have/keep sthg at the back of one's mind.

Hinterland *das* hinterland.

hinterlassen (*präs* **hinterlässt;** *prät* **hinterließ;** *perf* **hat hinterlassen**) *vt* to leave; **jm etw ~** to leave sb sthg.

Hinterlassenschaft (*pl* **-en**) *die* estate.

hinterlegen *vt:* **etw bei jm ~** to leave sthg with sb.

Hinterlist *die* cunning.

hinterlistig *adj* cunning ◇ *adv* cunningly.

Hintermann (*pl* **-männer**) *der* **- 1.** [räumlich] person behind **- 2.** [in Verbrechen]: **die Hintermänner des Drogenrings** the brains behind the drugs ring.

Hintern (*pl* **-**) *der* **fam** backside; **jm in den ~ treten** to give sb a kick up the backside; **jm den ~ versohlen** to give sb a good hiding; **sich auf den ~ setzen** [arbeiten] to knuckle down; [hinfallen] to land on one's backside; [überrascht sein] to be flabbergasted.

Hinter|rad *das* back wheel.

hinterrücks *adv* **abw** from behind.

Hinter|seite *die* back.

Hinter|teil *das* **fam** backside.

Hintertreffen *das (ohne pl)*: **ins ~ geraten** to fall behind.

hintertreiben (*prät* **hintertrieb;** *perf* **hat hintertrieben**) *vt* [Plan] to thwart; [Heirat] to prevent; [Gesetz, Reform] to block.

Hinter|tür *die* back door; **durch die** *ODER* **eine ~** ***fig*** by the back door; **sich** *(D)* **eine ~ offen halten** *ODER* **offen lassen** ***fig*** to leave o.s. a way out.

Hinterwäldler, in (*mpl* **-;** *fpl* **-nen**) *der, die* **abw** yokel.

hinterziehen (*prät* **hinterzog;** *perf* **hat hinterzogen**) *vt:* **Steuern ~** to evade tax.

hin|treten (*perf* **hat/ist hingetreten**) *vi (unreg)* **- 1.** *(ist)* [an einen Ort]: **zu jm/etw ~** to step over to sb/sthg; **vor jn ~** to go up to sb **- 2.** *(hat)* [mit Fuß] to kick.

hin|tun *vt (unreg)* **fam** to put.

hinüber *adv* over, across; **da ~** over there; **gehen Sie links/rechts ~** go left/right; **die Reifen sind ~** ***fam*** the tyres have had it; *siehe auch* **hinüber sein.**

hinüber|gehen (*perf* **ist hinübergegangen**) *vi (unreg)* to go over.

hinüber|helfen *vi (unreg):* **jm ~** to help sb over; **jm über eine schwere Zeit ~** to help sb through a difficult time.

hinüber sein (*perf* **ist hinüber gewesen**) *vi (unreg)* **fam - 1.** [kaputt] to have had it; [erschöpft] to be done in; [betrunken] to be well away **- 2.** [gehen] to have gone over.

hinunter *adv* down; **die Treppe ~** down the stairs; **~ nach Bayern fahren** to drive down to Bavaria; **vom General bis ~ zum einfachen Soldat** from the general down to the private.

hinunter|blicken *vi:* **in etw** *(A)* **~** to look down into sthg; **an sich** *(D)* **~** to look down at o.s.; **auf jn ~** ***fig*** to look down on sb.

hinunter|gehen (*perf* **ist hinuntergegangen**) *(unreg) vi* to go down; [Flugzeug] to descend ◇ *vt* to go down.

hinunter|reichen *vt* to hand down <> *vi* [bis zum Boden] to reach down; [Einfluss, Land] to extend down.

hinunter|schlucken *vt eigtl* & *fig* to swallow.

hinunter|stürzen (*perf* **hat/ist hinuntergestürzt**) *vt* **- 1.** *(ist)* [hinunterfallen] to fall down **- 2.** *(hat)* [werfen] to throw down **- 3.** *(hat)* *fam* [schnell trinken] to gulp down.
◆ **sich hinunterstürzen** *ref* [sich hinunterwerfen]: **sich (von etw) ~** to throw o.s. off (sthg).

hinweg *adv geh* away; **über jn/etw ~** over sb/sthg; **über Jahre ~** for many years.

Hinweg *der* way there; **auf dem ~** on the way there.

hinweg|gehen (*perf* **ist hinweggegangen**) *vi (unreg)*: **über etw** *(A)* **~** to pass over sthg.

hinweg|kommen (*perf* **ist hinweggekommen**) *vi (unreg)*: **über etw** *(A)* **~** to get over sthg.

hinweg|sehen *vi (unreg)*: **über jn/etw ~** to see over sb/sthg; **über etw** *(A)* **~** *fig* to overlook sthg.

hinweg|setzen ◆ **sich hinwegsetzen** *ref*: **sich über etw** *(A)* **~** to disregard sthg.

hinweg|täuschen *vt*: **jn über etw** *(A)* **~** to mislead sb about sthg.

Hinweis (*pl* **-e**) *der* [Tip, Fingerzeig] tip; [Anleitung] instruction; [Indiz] sign; **jm einen ~ geben** to give sb a hint; **unter ~ auf etw** *(A)* with reference to sthg; **sachdienliche ~e** useful leads.

hin|weisen *(unreg) vi* **- 1.** [auf etw schließen lassen]: **auf etw** *(A)* **~** to point to sthg **- 2.** [zeigen]: **auf jn/etw ~** to point to sb/sthg <> *vt*: **jn auf etw** *(A)* **~** to point sthg out to sb.

Hinweisschild (*pl* **-er**) *das* sign.

Hinweis|tafel *die* sign.

hin|wenden *vt* to turn.
◆ **sich hinwenden** *ref* to turn.

hin|werfen *vt (unreg)* **- 1.** [werfen] to throw down **- 2.** *fam* [Arbeit, Projekt] to chuck in **- 3.** [Skizze] to dash off **- 4.** [Bemerkung] to drop casually; [Frage] to ask casually **- 5.** *fam* [fallen lassen] to drop.
◆ **sich hinwerfen** *ref* to throw o.s. down.

Hinz *der*: **~ und Kunz** *fam abw* every Tom, Dick and Harry.

hin|ziehen (*perf* **hat/ist hingezogen**) *(unreg) vt (hat)* **- 1.** [anziehen]: **jn/etw zu sich ~** to attract sb/sthg; **sich zu jm/etw hingezogen fühlen** to feel attracted to sb/sthg **- 2.** [zeitlich] to draw out <> *vi (ist)* [umziehen] to move.
◆ **sich hinziehen** *ref* [lange dauern] to drag on.

hinzu *adv* in addition; **~ kommt noch ...** (and) what is more ...

hinzu|fügen *vt* to add; **etw zu etw ~** to add sthg to sthg.

hinzu|kommen (*perf* **ist hinzugekommen**) *vi (unreg)* **- 1.** [ankommen]: **zu jm/etw ~** to join sb/sthg **- 2.** [sich ergeben] to be added on; **es kommt hinzu** ODER **hinzu kommt, dass ...** moreover ...

hinzu|treten (*perf* **ist hinzugetreten**) *vi (unreg)*: **zu jm ~** to join sb.

hinzu|zählen *vt* to add on.

hinzu|ziehen *vt (unreg)* to call in.

Hiobs|botschaft *die* bad news *(U)*.

Hip-hop *der* MUS hip hop.

Hippie (*pl* **-s**) *der* hippie.

Hirn (*pl* **-e**) *das* **- 1.** [Gehirn] brain **- 2.** *fam* [Denkvermögen] brains *(pl)*.

Hirngespinst (*pl* **-e**) *das* **abw** figment of one's imagination.

Hirnhaut|entzündung *die* MED meningitis.

hirnrissig *fam abw adj* crazy <> *adv* crazily.

hirnverbrannt *adj* *fam abw* crazy.

Hirsch (*pl* **-e**) *der* [Tier] deer; [männlich] stag; [Fleisch] venison.

Hirsch|geweih *das* antlers *(pl)*.

Hirsch|käfer *der* stag beetle.

Hirse *die* millet.

Hirte (*pl* **-n**), **Hirt** (*pl* **-en**) *der* shepherd.

Hirtin (*pl* **-nen**) *die* shepherdess.

his, His (*pl* **-**) *das* MUS B sharp.

hissen *vt* to hoist.

Historiker, in (*mpl* **-**; *fpl* **-nen**) *der, die* historian.

historisch *adj* **- 1.** [geschichtlich] historical **- 2.** [entscheidend] historic <> *adv* [geschichtlich] historically; **etw ~ betrachten** to look at sthg in historical terms.

Hit (*pl* **-s**) *der* hit.

Hit|parade *die* charts *(pl)*.

Hitze *die* heat.

hitzebeständig *adj* heat-resistant.

hitzefrei *adj*: **~ haben** *to have the rest of the day off school because of hot weather.*

Hitze|welle *die* heatwave.

hitzig *adj* **- 1.** [Person] hot-blooded; [Temperament] fiery **- 2.** [Diskussion, Streit] heated <> *adv* [lebhaft] heatedly.

hitzköpfig *adj* [Person] hot-tempered; [Temperament] fiery.

Hitz|schlag *der* heat stroke.

HIV-positiv *adj* MED HIV-positive.

Hiwi (*pl* **-s**) *der* **fam** UNI *undergraduate student working as an assistant to a professor.*

hl. (*abk für* **heilig**) St.

H-Milch *die* long-life milk.

h-Moll *das (ohne pl)* MUS B minor.

HNO-Arzt, Ärztin (*abk für* **Hals-Nasen-Ohren-Arzt**) *der, die* ENT specialist.

hob *prät* ▷ **heben.**

Hobby ['hɔbi] (*pl* **-s**) *das* hobby.

Hobbykoch *der* amateur cook.

Hobbyköchin *die* amateur cook.

Hobbyraum *der* hobby room.

Hobel (*pl* **-**) *der* **- 1.** [Werkzeug] plane **- 2.** [Küchengerät] slicer.

Hobelbank (*pl* **-bänke**) *die* carpenter's bench.

hobeln *vt* [Holz] to plane; [Gemüse] to slice ◇ *vi* to plane; **an etw** *(D)* **~** to plane sthg.

hoch (*kompar* **höher;** *superl* **höchste**) *adj* **- 1.** [räumlich] high; [Baum, Gebäude] tall; [Schnee] deep; **drei Meter ~** three metres high/tall/deep; **im hohen Norden** in the far north **- 2.** [bezeichnet Ausmass - Blutdruck, Tempo, Mieten, Preis *etc*] high; [- Gewicht, Strafe] heavy; [- Anzahl, Summe] large; **in hohem Grade** to a large extent; **etw bis ins hohe Alter tun** to do sthg until one is very old; **wenn es ~ kommt** at the most **- 3.** [bezeichnet Qualität - Position, Ansprüche] high; [- Ehre, Begabung] great; **das ist mir zu ~** *fam fig* that's beyond me **- 4.** [gesellschaftlich gehoben]: **von hoher Geburt** of high birth; **von hohem Ansehen** highly regarded; **ein hoher Beamter** a high-ranking official **- 5.** [auf dem Höhepunkt]: **das hohe Mittelalter** the High Middle Ages **- 6.** MUS high; **jn in den höchsten Tönen loben** *fig* to praise sb to the skies ◇ *adv (kompar höher; superl am höchsten)* **- 1.** [räumlich]: **das Dorf ist ~ gelegen** the village is situated high up; **zwei Treppen ~** two floors up; **das Flugzeug fliegt 3000 Meter ~** the plane is flying at (a height of) 3,000 metres; **mit ~ erhobenem Kopf** with one's head held high; **ein ~ aufgeschossener Junge** a tall boy; **~ an die Ostsee** up to the Baltic Sea **- 2.** [bezeichnet Ausmass, Qualität] highly; **~ versichert sein** insured to a high value; **~ verlieren** to lose heavily; **~ zufrieden** very content; **~ und heilig versprechen** to promise solemnly; **~ lebe ...!** long live ...! **- 3.** [gesellschaftlich gehoben]: **sie ist eine ~ gestellte Persönlichkeit** she is a very important person **- 4.** MUS high; **du singst zu ~!** you're singing sharp! **- 5.** MATH: **zehn ~ vier** ten to the power of four.

Hoch (*pl* **-s**) *das* **- 1.** [Jubelruf] cheer; **jm ein dreifaches ~ ausbringen** to give three cheers for sb **- 2.** [Hochdruckgebiet] high.

Hochachtung *die* great respect; **~ vor jm haben** to have great respect for sb.

hochachtungsvoll *adv* Yours faithfully (*nach Dear Sir/Madam*), Yours sincerely (*nach Dear Mr/Mrs X*).

hochaktuell *adj* [Thema, Buch] highly topical; [Mode] up-to-date; [Kleidungsstück] highly fashionable.

Hochamt *das* REL High Mass.

hochanständig *adj* [Mensch, Angebot, Benehmen] very decent ◇ *adv* very decently.

hocharbeiten ◆ **sich hocharbeiten** *ref* to work one's way up.

Hochbau *der* building construction.

hoch begabt *adj* highly talented.

Hochbetrieb *der:* **im Büro herrscht ~** it's very busy in the office.

hoch bezahlt *adj* highly-paid.

Hochburg *die* stronghold.

hochdeutsch *adj* standard German ◇ *adv* in standard German.

hochdrehen *vt* **- 1.** [drehen] to wind up **- 2.** [Motor] to rev (up).

Hochdruck *der* **- 1.** [technisch, meteorologisch] high pressure; **unter ~ stehen** to be under high pressure **- 2.** *fam fig* [Hochbetrieb]: **unter ~ stehen** to be at full stretch.

Hochdruckgebiet *das* high-pressure area.

Hochebene *die* plateau.

hoch empfindlich *adj* highly sensitive.

hocherfreut *adj* highly delighted ◇ *adv* with great delight.

hochfahren (*perf* **hat/ist hochgefahren**) (*unreg*) *vi (ist)* **- 1.** [nach oben] to go up; [in Auto] to drive up **- 2.** [erschrecken] to start; **aus dem Schlaf ~** to wake up with a start **- 3.** [zornig] to flare up ◇ *vt (hat) fam* [nach oben] to take up.

hochfliegen (*perf* **ist hochgeflogen**) *vi (unreg)* [Vogel, Flugzeug] to fly up; [Ballon] to go up.

Hochform *die:* **in ~ sein** to be on top form.

Hochformat *das* vertical format.

Hochfrequenz *die* PHYS high frequency.

Hochgebirge *das* high mountains *(pl)*.

Hochgefühl *das:* **im ~ einer Sache** *(G)* elated by sthg.

hochgehen (*perf* **ist hochgegangen**) *vi (unreg)* **- 1.** [gehen, sich heben] to go up **- 2.** [Mine, Bombe] to go off; [Gebäude] to blow up; **etw ~ lassen** to blow sthg up **- 3.** *fam* [wütend werden] to hit the roof **- 4.** [aufgedeckt werden] to be uncovered; **jn ~ lassen** *fam* to squeal on sb.

Hochgenuss *der:* **das Essen war ein echter ~** the meal was a real treat.

hochgeschlossen *adj* [Bluse] high-necked; [Kragen] high.

Hochgeschwindigkeitszug *der* high-speed train.

hochgespannt *adj* [Erwartungen] very high; **sie**

waren ~ auf das Ergebnis they couldn't wait for the result.

hochgestellt *adj* [Zahl] superscript.

hoch gestellt *adj* prominent.

Hochglanz *der:* **ein Fotoabzug in ~** a gloss print; **auf ~ poliert** polished until it shines; **etw auf ~ bringen** *fig* to make sthg spick-and-span.

hochgradig *adj* extreme ◇ *adv* extremely.

hoch|halten *vt (unreg)* [bewahren] to uphold.

hoch halten *vt (unreg)* [nach oben] to hold up.

Hoch|haus *das* high-rise building.

hoch|heben *vt (unreg)*: **jn/etw ~** to lift sb/sthg (up).

hochintelligent *adj* highly intelligent.

hochinteressant *adj* very interesting.

hoch|jubeln *vt* **abw** to hype up.

hochkant *adv* on end; **jn ~ rauswerfen** *fam fig* to throw sb out on his/her ear.

hoch|klappen (*perf* **hat/ist hochgeklappt**) *vt (hat)* [Klapptisch] to fold up; [Verdeck, Armlehne] to fold back; [Kragen] to turn up; [Sitz] to tip up ◇ *vi (ist)* [Kragen, Hutkrempe] to turn up; [Sitz] to tip up.

hoch|klettern (*perf* **ist hochgeklettert**) *vi:* **an etw** *(D)* **~** to climb (up) sthg.

hoch|kommen (*perf* **ist hochgekommen**) *vi (unreg)* - **1.** [nach oben] to come up - **2.** [aufstehen] to get up - **3.** [beruflich] to get on - **4.** [erbrechen]: **es kommt ihr bei dem Gedanken daran heute noch hoch** the thought of it still makes her feel sick today.

Hoch|konjunktur *die* boom.

hoch|krempeln *vt* to roll up.

Hoch|land *das* uplands *(pl)*.

hoch|leben *vi:* **jn/etw ~ lassen** to give three cheers for sb/sthg; **er/sie/es lebe hoch!** three cheers for him/her/it!

Hochleistungssport *der* top-level sport.

hochmodisch *adj* very fashionable ◇ *adv* very fashionably.

Hoch|moor *das* high-moor bog.

Hochmut *der* arrogance.

hochmütig *adj* arrogant ◇ *adv* arrogantly.

hochnäsig **abw** *adj* conceited ◇ *adv* conceitedly.

hoch|nehmen *vt (unreg)* - **1.** [nehmen]: **jn/etw mit ~** to take sb/sthg up - **2.** *fam* [narren]: **jn ~** to pull sb's leg - **3.** [verhaften] to arrest.

hoch nehmen *vt (unreg)* [Teppich] to lift up; [Baby] to pick up.

Hoch|ofen *der* blast furnace.

Hoch|parterre *das* raised ground *Br* ODER first *Am* floor.

hochprozentig *adj* [Getränk, Spirituose] high-proof; [Lösung] highly concentrated.

hoch qualifiziert *adj* highly qualified.

hoch|rechnen *vt* to project.

Hoch|rechnung *die* projection.

hochrot *adj* bright red.

Hoch|saison *die* high season.

hoch schätzen [ˈhoːxʃɛtsn̩] *vt* **geh** to have a high regard for.

hoch|schlagen [ˈhoːxʃlaːgn̩] (*perf* **hat/ist hochgeschlagen**) *(unreg) vt (hat)* to turn up ◇ *vi (ist)* to leap up.

hoch|schrecken [ˈhoːxʃrɛkn̩] (*prät* **schreckte** ODER **schrak hoch;** *perf* **hat/ist hochgeschreckt**) *vt (hat) (reg)* to startle ◇ *vi (ist)* to start; **er ist aus dem Schlaf hochgeschreckt** he was startled out of sleep.

Hochschul|abschluss *der* (university) degree.

Hoch|schule *die* college; [Universität] university.

Hochschul|lehrer, in *der, die* college lecturer; [an der Universität] university lecturer.

Hochschul|reife *die qualification required by school-leavers for university entrance.*

hochschwanger [ˈhoːxʃvaŋɐ] *adj* heavily pregnant.

Hoch|sommer *der* midsummer.

Hoch|spannung *die* - **1.** [Strom] high voltage - **2.** [Stimmung] great tension.

Hochspannungs|leitung *die* high-tension cable.

hoch|spielen [ˈhoːxʃpiːlən] *vt* to blow up.

hoch|springen [ˈhoːxʃprɪŋən] (*perf* **ist hochgesprungen**) *vi (unreg)* to jump up.

Hoch|springer, in *der, die* SPORT high jumper.

Hochsprung *der* SPORT high jump.

höchst [ˈhøːçst] *adv* highly.

Höchstalter *das (ohne pl)* maximum age.

Hochstapelei [hoːxʃtaːpəˈlai] (*pl* **-en**) *die:* **er ist durch ~ reich geworden** he became rich through conning people.

Hochstapler, in [ˈhoːxʃtaːplɐ, ərɪn] (*mpl* **-;** *fpl* **-nen**) *der, die* con artist.

Höchst|belastung *die* extreme pressure; [eines Materials, einer Konstruktion] maximum load.

hoch|stellen [ˈhoːxʃtɛlən] *vt* - **1.** [nach oben stellen] to put up; **eine Zahl ~** to write a number as a superscript - **2.** [Kragen] to turn up; [Sitz, Lehne] to tip up.

höchstens [ˈhøːçstn̩s] *adv* - **1.** [im äußersten Fall] at best - **2.** [außer] except.

Höchstfall *der (ohne pl)*: **im ~** at (the) most.

Höchstform *die:* **in ~ sein** to be on top form.
Höchst|geschwindigkeit *die* speed limit.
Höchst|grenze *die* upper limit.
Hochstimmung *die* festive mood.
Höchst|leistung *die* best performance.
Höchst|maß *das* maximum amount.
höchstmöglich ['hø:çstmø:klıç] *adj* highest possible.
Höchst|preis *der* top price.
Höchst|stand *der* highest level.
Höchst|strafe *die* maximum penalty.
höchstwahrscheinlich ['hø:çstva:ɐʃainlıç] *adv* most probably.
höchstzulässig ['hø:çsttsu:lεsıç] *adj* maximum permissible.
Hoch|tour *die:* **auf ~en laufen** [Maschine] to run at top speed; [Vorbereitungen] to be in full swing.
hochtrabend *abw adj* pompous <> *adv* pompously.
hoch treiben *vt (unreg)* [steigern] to push up.
Hochverrat *der* high treason.
Hochwasser *das* high water; **~ haben** to be in spate; ***fam fig*** to be at half-mast.
hoch|werfen *vt (unreg)* to throw up.
hochwertig *adj* [Produkte] high-quality; [Eiweiß] highly nutritious.
hochwirksam *adj* highly effective.
Hochwürden *(ohne Artikel)* ***geh*** [als Anrede] Father.
Hoch|zeit *die* wedding; **silberne/goldene ~** silver/golden wedding.
Hochzeits|geschenk *das* wedding present.
Hochzeits|kleid *das* wedding dress.
Hochzeits|nacht *die* wedding night.
Hochzeits|paar *das* bride and groom.
Hochzeits|reise *die* honeymoon.
Hochzeits|tag *der* [Tag der Hochzeit] wedding day; [Jubiläum] wedding anniversary.
hoch|ziehen *vt (unreg)* **- 1.** [Rollladen, Hose] to pull up; [Segel, Flagge] to hoist **- 2.** [heben] to raise; **die Nase ~** to sniff **- 3.** [bauen] to put up.
◆ **sich hochziehen** *ref:* **sich an etw** *(D)* **~** to pull o.s. up by holding on to sthg; ***fig*** to take pleasure in sthg.
Hocke *(pl* **-n***) die* **- 1.** [Haltung]: **in die ~ gehen** to crouch down **- 2.** [Sprung] squat vault.
hocken *vi* **- 1.** [kauern] to crouch **- 2.** ***fam*** [sitzen] to sit.
◆ **sich hocken** *ref* **- 1.** [sich kauern] to crouch **- 2.** ***fam*** [sich setzen] to sit o.s. down.
Hocker *(pl* **-***) der* stool.
Höcker *(pl* **-***) der* **- 1.** [Ausbuchtung] bump **- 2.** [von Kamel] hump.
Hockey *das* hockey.
Hockey|spieler, in *der, die* hockey player.
Hoden *(pl* **-***) der* testicle.
Hof *(pl* **Höfe***) der* **- 1.** [von Häusern] courtyard **- 2.** [Bauernhof] farm **- 3.** [Schulhof] playground **- 4.** [von Gefängnissen] yard **- 5.** [von Königen] court; **jm den ~ machen *fig*** to court sb.
Hofbräuhaus *das large beer hall in Munich.*
hoffen *vt* to hope; **~ wir das Beste!** let's hope for the best! <> *vi:* **auf etw ~** to hope for sthg; **auf jn ~** to pin one's hopes on sb; **auf Gott ~** to trust in God.
hoffentlich *adv* hopefully; **kommt er? – ja, ~!** is he coming? – I hope so!
Hoffnung *(pl* **-en***) die* hope; **ohne/voller ~ sein** to have given up hope/be hopeful; **die ~ aufgeben/nicht aufgeben** to give up/not to give up hope; **seine ~en auf jn/etw setzen** to pin one's hopes on sb/sthg.
hoffnungslos *adj* hopeless <> *adv* hopelessly.
Hoffnungslosigkeit *die* hopelessness.
Hoffnungs|schimmer *der* glimmer of hope.
hoffnungsvoll *adj* **- 1.** [optimistisch] hopeful **- 2.** [Erfolg versprechend] promising <> *adv* **- 1.** [optimistisch] hopefully **- 2.** [Erfolg versprechend] promisingly.
höflich *adj* polite <> *adv* politely.
Höflichkeit *(pl* **-en***) die* **- 1.** [im Auftreten] politeness **- 2.** [Floskel] polite remark.
Höflichkeits|besuch *der* courtesy visit.
Höhe *(pl* **-n***) die* **- 1.** [von Schrank, Berg] height; [von Dreieck] altitude **- 2.** [von Preis, Temperatur] level; **ein Bußgeld in ~ von 100 Mark** a fine of 100 marks **- 3.** [Richtung]: **in die ~** up **- 4.** [Linie]: **auf der** *ODER* **in ~ von etw** level with sthg; **auf gleicher ~** level **- 5.** ***RW:*** **auf der ~ sein** [informiert sein] to be up to date; [gesund sein] to be fit; **das ist die ~! *fam*** that's the limit!
Hoheit *(pl* **-en***) die* **- 1.** [Herrschaft] sovereignty **- 2.** [als Anrede] Your Highness.
Hoheits|gebiet *das* sovereign territory.
Höhen|flug *der* **- 1.** [in Gedanken] flight of fancy **- 2.** [mit dem Flugzeug] high-altitude flight.
Höhen|lage *die* altitude; **in ~** at high altitude.
Höhen|sonne *die* sun lamp.
Höhen|unterschied *der* difference in altitude.
Höhe|punkt *der* high point.
Hohe Tauern *pl:* **die ~** the Hohe Tauern.

hohl *adj* **- 1.** [gen] hollow; [Augen] sunken; **in der ~en Hand** in the hollow of one's hand **- 2.** *fam abw* [dumm - Phrase] empty; [- Person] empty-headed <> *adv* **- 1.** [dumpf] hollowly **- 2.** *fam abw* [geistlos] emptily.

Höhle (*pl* **-n**) *die* **- 1.** [Grotte] cave **- 2.** [von Dachs] sett; [von Löwe] den; [von Fuchs] lair.

Hohl|körper *der* hollow body.

Hohl|kreuz *das (ohne pl)* hollow back.

Hohl|maß *das* measure of capacity.

Hohl|raum *der* cavity.

Hohl|weg *der* defile.

Hohn *der geh* scorn; **das ist der blanke** *ODER* **reine ~!** it is utterly ridiculous!

höhnisch *adj* scornful <> *adv* scornfully.

Hokuspokus *der* **- 1.** [Zauberwort] hey presto **- 2.** *abw* [Aufwand] fuss.

Holding|gesellschaft *die* holding company.

holen *vt* **- 1.** [herbeischaffen] to fetch, to get; **sich** *(D)* **bei jm Rat ~** to ask sb for advice; **etw ~ kommen** to come for sthg; **sich** *(D)* **etw ~** [gen] to get sthg; [Krankheit] to catch sthg **- 2.** [kaufen] to get **- 3.** [herausnehmen]: **etw aus etw ~** to take sthg out of sthg **- 4.** [Arzt, Polizei, Handwerker] to call.

Holland *nt* Holland.

Holländer (*pl* **-**) *der* Dutchman; **die ~** the Dutch <> *adj (unver)* Dutch.

Holländerin (*pl* **-nen**) *die* Dutchwoman.

holländisch *adj* Dutch.

Hölle *die* hell; **die ~ ist los!** *fam fig* all hell has broken loose!; **jm die ~ heiß machen** *fam fig* to give sb hell.

Höllen|angst *die fam:* **eine ~ (vor jm/etw) haben** to be scared stiff (of sb/sthg).

Höllenlärm *der fam* infernal din.

höllisch *adj* **- 1.** [schrecklich] appalling **- 2.** *fam* [intensiv] infernal <> *adv fam* [sehr] hellishly; **die Wunde tut ~ weh** the wound hurts like hell; **~ aufpassen** to be incredibly careful.

Hollywood|schaukel ['hɔlɪwʊdʃaukl̩] *die* swing hammock.

Holm (*pl* **-e**) *der* SPORT bar.

Holocaust (*pl* **-s**) *der* holocaust.

Holografie, Holographie *die* holography.

holpern (*perf* **hat/ist geholpert**) *vi* **- 1.** *(ist)* [beim Fahren] to jolt **- 2.** *(hat)* [beim Sprechen] to stumble.

holprig *adj* **- 1.** [Weg] bumpy **- 2.** [Fremdsprache] halting **- 3.** [Stil] clumsy <> *adv* [sprechen, lesen] haltingly.

Holunder (*pl* **-**) *der* **- 1.** [Baum] elder **- 2.** [Beere] elderberry.

Holz (*pl* **Hölzer**) *das* wood; [Bauholz] timber *Br*, lumber *Am*; **aus dem gleichen** *ODER* **demselben ~ (geschnitzt) sein** *fig* to be cast from the same mould.

◆ **Holz verarbeitend** *adj* timber-processing.

Holzblas|instrument *das* woodwind instrument.

Holz|boden *der* wooden floor.

hölzern *adj* **eigtl** & **fig** wooden.

Holzfäller, in (*mpl* **-**; *fpl* **-nen**) *der, die* woodcutter *Br*, lumberjack *Am*.

holzfrei *adj* wood-free.

Holzhammermethode *die fam:* **jm etw mit der ~ beibringen** [Lehrstoff] to drum sthg into sb.

Holz|haus *das* wooden house; [Hütte im Wald] log cabin.

holzig *adj* woody.

Holz|kohle *die* charcoal.

Holz|schnitt *der* woodcut.

Holz|schuh *der* clog.

Holz|stoß *der* woodpile.

holzverarbeitend ▷ **Holz.**

holzverkleidet *adj* wood-panelled.

Holz|weg *der:* **auf dem ~ sein** to be barking up the wrong tree.

Holz|wolle *die* wood wool.

Holz|wurm *der* woodworm.

Homebanking ['hoːmbɛŋkɪŋ] *das* home banking.

Homepage ['hoːmpeːdʒ] (*pl* **-s**) *die* EDV home page.

Homeshopping *das (ohne pl)* home shopping.

Hommage [ɔ'maːʒ] (*pl* **-n**) *die* tribute.

homogen *adj* homogeneous.

homogenisieren *vt* to homogenize.

Homöopath (*pl* **-en**) *der* homeopathic.

Homöopathie *die* homeopathy.

Homöopathin (*pl* **-nen**) *die* homeopath.

homöopathisch *adj* homeopath.

Homosexualität *die* homosexuality.

homosexuell *adj* homosexual.

Homosexuelle (*pl* **-n**) *der, die* homosexual.

Honduras *nt* Honduras.

Hongkong *nt* Hong Kong.

Honig *der* honey.

Honig|kuchen *der* honey cake.

honigsüß *adj* [Lächeln] sugar-sweet; [Stimme] honeyed <> *adv:* **sie lächelte ~** she gave the sweetest of smiles; **~ antworten** to answer in honeyed tones.

Honorar (*pl* **-e**) *das* fee.

honorieren *vt* ***geh*** [anerkennen] to reward; [bezahlen] to remunerate.

Hopfen (*pl* -) *der* hops *(pl)*; **bei ihm ist ~ und Malz verloren** he's a hopeless case.

hopp *interj* quick!; **~-~!** chop, chop!

Hops (*pl* **-e**) *der* jump.

hopsen (*perf* **ist gehopst**) *vi* to skip.

hops|gehen (*perf* **ist hopsgegangen**) *vi (unreg)* ***salopp*** **- 1.** [umkommen] to buy it **- 2.** [kaputtgehen]: **das Radio ist hopsgegangen** the radio's bust.

hörbar *adj* audible <> *adv* audibly.

hörbehindert *adj* hard of hearing.

Hör|brille *die* hearing aid glasses *(pl)*.

Hör|buch *das* audiobook, book on tape.

horchen *vi* to listen.

Horde (*pl* **-n**) *die* horde.

hören *vt* **- 1.** [unwillkürlich] to hear; **er hat lange nichts von sich ~ lassen** we haven't heard from him for ages; **von ihm hört man nur Gutes** you only hear good things about him; **ich will nichts mehr davon ~!** that's the end of it! **- 2.** [willkürlich] to listen to <> *vi* **- 1.** [unwillkürlich, erfahren] to hear; **schwer ~** to be hard of hearing; **Sie werden noch von mir ~!** you haven't heard the last of this! **- 2.** [zuhören, gehorchen] to listen; **hör mal!** listen!; **~ auf** *(+ A)* to listen to; **hätte ich doch auf ihren Rat gehört!** if only I'd listened to her advice!

Hörensagen *das:* **etw vom ~ kennen** to know sthg from hearsay.

hörenswert *adj* worth listening to.

Hörer (*pl* -) *der* **- 1.** [Zuhörer] listener **- 2.** [Telefonhörer] receiver.

Hörerin (*pl* **-nen**) *die* listener.

Hörerschaft *die* listeners *(pl)*.

Hör|fehler *der* hearing defect.

Hör|funk *der* radio.

Hör|gerät *das* hearing aid.

hörgeschädigt *adj* hard of hearing.

hörig *adj:* **jm/etw ~ sein** to be in thrall to sb/sthg.

Horizont (*pl* **-e**) *der* horizon; **das geht über meinen ~** ***fig*** that's right over the top of my head; **seinen ~ erweitern** ***fig*** to broaden one's horizons.

horizontal *adj* horizontal <> *adv* horizontally.

Horizontale (*pl* **-n**) *die* horizontal.

Hormon (*pl* **-e**) *das* hormone.

Hör|muschel *die* earpiece.

Horn (*pl* **Hörner** ODER **-e**) *das* horn.

Horn|brille *die* horn-rimmed glasses *(pl)*.

Hörnchen (*pl* -) *das* **- 1.** [Gebäck] croissant **- 2.** [Horn] small horn.

Horn|haut *die* **- 1.** [Hautschicht] patch of hard skin, callus **- 2.** [des Auges] cornea.

Hornisse (*pl* **-n**) *die* hornet.

Horoskop (*pl* **-e**) *das* horoscope.

horrend *adj* horrendous.

Horror *der* **- 1.** [Entsetzen] horror; **einen ~ vor jm/etw haben** to be terrified of sb/sthg **- 2.** ***fam*** [Unangenehmes]: **das war der (reine) ~** it was a (total) nightmare.

Horror|film *der* horror film ODER movie.

Hör|saal *der* lecture hall.

Hör|spiel *das* radio play.

Horst (*pl* **-e**) *der* eyrie.

Hort (*pl* **-e**) *der* **- 1.** [Kinderhort] *day-centre where children can spend the afternoon after lessons have finished* **- 2.** ***geh*** [Schutz] refuge.

horten *vt* to hoard.

Hörweite *die:* **in/außer ~** in/out of earshot.

Hose (*pl* **-n**) *die* trousers *(pl)* ***Br***, pants *(pl)* ***Am;*** [Unterhose - von Männern] pants ***Br***, shorts ***Am***; [- von Frauen] knickers *(pl)* ***Br***, panties *(pl)* ***Am;*** **eine neue ~ kaufen** to buy a new pair of trousers ***Br*** ODER pants ***Am***, to buy some new trousers ***Br*** ODER pants ***Am***; **sich** *(D)* **die ~ anziehen** to put one's trousers on; **kurze ~** shorts *(pl)*; **in die ~ machen** to dirty one's pants; **die ~n anhaben** ***fam fig*** to wear the trousers; **die ~n voll haben** ***fam fig*** to be crapping o.s.; **in die ~ gehen** ***fam*** to be a flop; **da ist tote ~** ***fam*** it's totally dead there.

Hosen|anzug *der* trouser suit ***Br***, pantsuit ***Am***.

Hosen|bein *das* trouser leg.

Hosen|boden *der:* **sich auf den ~ setzen** ***fam*** to knuckle down.

Hosen|bügel *der* trouser hanger.

Hosen|bund *der* waistband.

Hosen|rock *der* culottes *(pl)*.

Hosen|schlitz *der* fly, flies *(pl)* ***Br***.

Hosen|träger *der* braces *(pl)* ***Br***, suspenders *(pl)* ***Am***.

Hospital (*pl* **-e** ODER **-täler**) *das* hospital.

hospitieren *vi* UNI to sit in *(on a class)*.

Hostess (*pl* **-en**) *die* hostess.

Hostie (*pl* **-n**) *die* REL host.

Hotdog ['hɔt'dɔk] (*pl* **-s**) *das* ODER *der* hot dog.

Hotel (*pl* **-s**) *das* hotel; **~ garni** ≃ bed and breakfast.

Hotel|bett *das* hotel bed.

Hotel|direktor *der* hotel manager.

Hotel|direktorin *die* hotel manager.

Hotel|gast *der* hotel guest.

Hotel|gewerbe *das* hotel trade.

Hotelier [hotɛ'lje:] (*pl* **-s**) *der* hotelier.

Hotel|verzeichnis *das* hotel guide.

Hotel|zimmer *das* hotel room.

Hotline ['hotlaɪn] (*pl* **-s**) *die* hotline.

HP ▻ **Halbpension.**

Hr. (*abk für* **Herr**) Mr.

HR (*abk für* **Hessischer Rundfunk**) *der Radio Hesse.*

hrsg. (*abk für* **herausgegeben**) ed.

hüben *adv:* **~ und drüben** on both sides *(esp. in the case of East and West Germany).*

Hubraum *der* cubic capacity.

hübsch *adj* **- 1.** [Person, Anblick, Kleid, Blumen] pretty **- 2.** [Idee, Umgebung] nice **- 3.** ***fam*** [groß - Summe] tidy **- 4.** ***fam iron*** [unangenehm]: **das ist ja eine ~e Überraschung!** what a pleasant surprise! ◇ *adv* **- 1.** [schön] prettily **- 2.** ***fam*** [sehr] jolly; **sei ~ brav!** be really good!

Hubschrauber (*pl* **-**) *der* helicopter.

Hubschrauberlande|platz *der* **- 1.** [für Nottransporte] helicopter pad, helipad **- 2.** [Flughafen] heliport.

Hucke (*pl* **-n**) *die:* **jm die ~ voll hauen** ***fam*** to give sb a good hiding.

huckepack *adv:* **jn ~ nehmen** ODER **tragen** ***fam*** to give sb a piggyback.

Huckepackverkehr *der (ohne pl)* **- 1.** [für LKWs] rail trailer shipment **- 2.** [für PKWs] motorail.

Huf (*pl* **-e**) *der* hoof.

Huf|eisen *das* horseshoe.

Huf|schmied *der* farrier.

Hüfte (*pl* **-n**) *die* hip.

Hüft|gelenk *das* hip joint.

Huf|tier *das* hoofed animal.

Hüft|knochen *der* hip bone.

Hügel (*pl* **-**) *der* **- 1.** [Berg] hill **- 2.** [Haufen] mound.

hügelig *adj* hilly.

Huhn (*pl* **Hühner**) *das* **- 1.** [Vogel] chicken; **da lachen ja die Hühner!** ***fam*** you must be joking! **- 2.** ***fam*** [Mädchen, Frau]: **ein dummes ~** a silly cow; **ein verrücktes ~** a queer fish.

Hühnchen (*pl* **-**) *das* chicken; **mit jm ein ~ zu rupfen haben** ***fam*** to have a bone to pick with sb.

Hühner|auge *das* corn.

Hühner|brühe *die* chicken broth.

Hühner|ei *das* hen's egg.

Hülle (*pl* **-n**) *die* cover; [Verpackung] wrapping; [von Schallplatte] sleeve; **etw in ~ und Fülle haben** to have plenty of sthg.

hüllen *vt:* **jn/sich/etw in etw** *(A)* **~** to wrap sb/o.s./sthg in sthg.

Hülse (*pl* **-n**) *die* **- 1.** [Hülle] case; [von Film, Zigarre] tube **- 2.** [bei Pflanzen] pod.

Hülsen|frucht *die* pulse.

human *adj* **- 1.** [würdig] humane **- 2.** [freundlich] lenient ◇ *adv* **- 1.** [würdig] humanely **- 2.** [freundlich] leniently.

Humanismus *der* humanism.

Humanist, in (*mpl* **-en;** *fpl* **-nen**) *der, die* humanist.

humanistisch *adj* **- 1.** [altsprachlich] classical; **~es Gymnasium** *secondary school providing a classical education* **- 2.** [philosophisch] humanistic.

humanitär *adj* humanitarian.

Humanität *die* humanity.

Hummel (*pl* **-n**) *die* bumblebee.

Hummer (*pl* **-**) *der* lobster.

Humor *der* humour; **viel ~ haben** to have a great sense of humour; **er hat keinen Sinn für ~** he has no sense of humour; **etw mit ~ nehmen** ODER **tragen** to bear sthg with great humour; **schwarzer ~** black humour.

humoristisch *adj* humorous ◇ *adv* humorously.

humorlos *adj* humourless ◇ *adv* humourlessly.

humorvoll *adj* humorous ◇ *adv* humorously.

humpeln (*perf* **hat/ist gehumpelt**) *vi* **- 1.** *(hat, ist)* [hinken] to walk with ODER have a limp **- 2.** *(ist)* [in eine Richtung] to limp.

Humus *der* humus.

Hund (*pl* **-e**) *der* **- 1.** [Tier] dog; **'vorsicht, bissiger ~!'** 'beware of the dog' **- 2.** ***salopp*** [Mann]: **er ist ein blöder ~** he's a stupid git **- 3.** ***RW:*** **er ist bekannt wie ein bunter ~** he's a well-known face; **vor die ~e gehen** ***fam*** to go to the dogs; **wie ~ und Katze** like cat and dog.

Hunde|hütte *die* kennel.

Hunde|leine *die* lead ***Br,*** leash ***Am.***

Hunde|marke *die* dog tag.

hundemüde *adj* dog-tired.

Hunde|rasse *die* breed (of dog).

hundert *num* **- 1.** [Zahl] a ODER one hundred; **auf ~ kommen** ***fam*** to hit the roof **- 2.** ***fam*** [sehr viele] hundreds of; *siehe auch* **sechs.**

Hundert (*pl* **-e**) *die* ODER *das* hundred.

◆ **Hunderte** *pl* [große Anzahl]: **~e von** hundreds of.

◆ **zu Hunderten** *adv:* **zu ~en kommen** to come in their hundreds; *siehe auch* **Sechs.**

Hunderter (*pl* **-**) *der* **- 1.** [Geldschein] hundred mark note **- 2.** [Zahl] hundred.

hunderterlei *num* **- 1.** [viele verschiedene] a hundred different **- 2.** [vieles] a hundred and one.

hundertfach *adv* a hundred times.

Hundertfache *das (ohne pl):* **in der Stadt muss man das ~ bezahlen** in town you have to pay a hundred times as much.

hundertfünfzigprozentig *adj* ***fam*** [Kommunist, Nazi] dyed-in-the-wool.

Hundertjahr|feier *die* centenary.

hundertjährig *adj* hundred-year-old.

hundertmal *adv* a hundred times.

Hundertmark|schein *der* hundred mark note.

Hundertmeter|lauf *der:* **der ~** the hundred metres.

hundertprozentig *adj* **- 1.** [von hundert Prozent] one hundred percent **- 2.** [vollkommen] complete; **er ist ein ~er Bayer** he's a Bavarian through and through ◇ *adv* ***fam*** [völlig] completely; **etw ~ wissen** to know sthg for certain.

Hundertschaft (*pl* **-en**) *die* group of a hundred.

hundertste, r, s *adj* hundredth; *siehe auch* **sechste.**

Hundertste (*pl* **-n**) *der, die, das* hundredth; *siehe auch* **Sechste.**

hundertstel *adj (unver)* hundredth; **eine ~ Sekunde** a hundredth of a second; *siehe auch* **sechstel.**

Hundertstel (*pl* **-**) *das* hundredth; *siehe auch* **Sechstel.**

hunderttausend *num* a *ODER* one hundred thousand.

Hunde|salon *der* dog parlour.

Hunde|steuer *die* dog licence fee.

Hunde|zwinger *der* dog cage.

Hündin (*pl* **-nen**) *die* bitch.

Hüne (*pl* **-n**) *der* giant.

Hunger *der* ***eigtl*** **&** ***fig*** hunger; **auf etw** *(A)* **~ haben** to feel like eating sthg.

Hunger|lohn *der* ***abw*** starvation wage, pittance.

hungern *vi* **- 1.** [nach Nahrung] to go hungry **- 2.** ***geh*** [verlangen]: **nach etw ~** to be hungry for sthg, to crave sthg.

Hungers|not *die* famine.

Hunger|streik *der* hunger strike.

Hunger|tuch *das:* **am ~ nagen** to starve.

hungrig *adj* hungry ◇ *adv* hungrily.

Hunsrück *der:* **der ~** the Hunsrück mountains.

Hupe (*pl* **-n**) *die* horn.

hupen *vi* to sound one's horn.

hüpfen (*perf* **ist gehüpft**) *vi* to hop.

Hürde (*pl* **-n**) *die* hurdle; **eine ~ nehmen *fig*** to get past a hurdle.

Hürden|lauf *der:* **der ~** the hurdles.

Hure (*pl* **-n**) *die* ***abw*** whore.

hurra *interj* hurray!

husch *interj* quick!; **~, ~!** chop, chop!

huschen (*perf* **ist gehuscht**) *vi* to dart; [Lächeln] to flit.

hüsteln *vi* to give a slight cough.

husten *vi* to cough; **auf dieses Angebot huste ich! *fam*** you can keep your offer! ◇ *vt* [Blut, Schleim] to cough up; **jm eins** *ODER* **was ~ *fam*** to tell sb to get lost.

Husten *der (ohne pl)* cough; **~ haben** to have a cough.

Husten|anfall *der* coughing fit.

Husten|reiz *der:* **~ haben** to have a tickle in one's throat.

Husten|saft *der* cough mixture.

Hut (*pl* **Hüte**) *der* **- 1.** [Kleidungsstück] hat **- 2.** ***RW:*** **das ist ein alter ~ *fam*** that's old hat; **mit jm/etw nichts am ~ haben *fam*** to have no time for sb/sthg; **seinen ~ nehmen** to pack one's bags; **dein Geld kannst du dir an den ~ stecken! *fam*** you can keep your money!; **alle unter einen ~ bringen** to get everybody to agree; **verschiedene Interessen unter einen ~ bringen** to reconcile different interests ◇ *die:* **(vor jm) auf der ~ sein** to be on one's guard (with sb); **beim Autofahren bin ich auf der ~** I'm on the alert when I'm driving.

◆ **Hut ab** *interj:* **das hätte ich dir gar nicht zugetraut – ~ ab!** I wouldn't have thought you capable of that – hats off to you!

hüten *vt* [Kinder] to look after; [Geheimnis] to keep; [Tiere] to watch over.

◆ **sich hüten** *ref:* **sich vor jm/etw ~** to be on one's guard against sb/sthg; **sich ~, etw zu tun** to take care not to do sthg.

Hütte (*pl* **-n**) *die* **- 1.** [Haus] hut; [bewirtschaftete Berghütte] mountain lodge **- 2.** [Eisenhütte] iron and steel works *(sg)*.

Hütten|käse *der* cottage cheese.

Hütten|schuh *der* slipper sock.

Hyäne (*pl* **-n**) *die* hyena.

Hyazinthe (*pl* **-n**) *die* hyacinth.

Hydrant (*pl* **-en**) *der* hydrant.

Hydraulik *die* hydraulics *(pl)*.

hydraulisch *adj* hydraulic ◇ *adv* hydraulically.

Hydrokultur *die* hydroponics *(U)*.

Hygiene [hy'gie:nə] *die* hygiene.

hygienisch [hy'gie:nɪʃ] *adj* hygienic <> *adv* hygienically.

Hymne (*pl* **-n**) *die* hymn.

Hyperbel (*pl* **-n**) *die* **- 1.** MATH hyperbola **- 2.** [Stilfigur] hyperbole.

Hypnose (*pl* **-n**) *die* hypnosis.

Hypnotiseur, in [hypnoti'zø:ɐ, rɪn] (*mpl* **-e;** *fpl* **-nen**) *der, die* hypnotist.

hypnotisieren *vt* to hypnotize.

Hypochonder, in [hypo'xɔndɐ, rɪn] (*mpl* **-;** *fpl* **-nen**) *der, die* hypochondriac.

Hypothek (*pl* **-en**) *die* mortgage; **eine ~ aufnehmen** to take out a mortgage.

Hypo|these *die* hypothesis.

hypothetisch *adj* hypothetical <> *adv* hypothetically.

Hysterie [hyste'ri:] (*pl* **-n**) *die* hysteria.

hysterisch *adj* hysterical; **~er Anfall** (fit of) hysterics <> *adv* hysterically.

I

i, I [i:] (*pl* **-** ODER **-s**) *das* i, I.

i. *abk für* **im.**

i.A. (*abk für* **im Auftrag**) pp.

IAA [i:a:'a:] (*abk für* **Internationale Automobilausstellung**) *die international motor show.*

ibd. (*abk für* **ibidem (ebenda)**) ibid.

Iberische Halbinsel *die* Iberian peninsula.

Ibiza *nt* Ibiza.

IC [i:'tse:] (*pl* **-s**) (*abk für* **Intercity**) *der intercity train.*

ICE [i:tse:'e:] (*pl* **-s**) (*abk für* **Intercity Express**) *der intercity express train.*

ich *pron* I; **~ bins** it's me.

Ich *das* self; PSYCH ego.

ichbezogen *adj* egocentric.

i.d. *abk für* **in der.**

ideal *adj* ideal <> *adv* ideally.

Ideal (*pl* **-e**) *das* ideal.

Ideal|fall *der* ideal case; **im ~** ideally.

idealisieren *vt* to idealize.

Idealismus *der* idealism.

Idealist, in (*mpl* **-en;** *fpl* **-nen**) *der, die* idealist.

idealistisch *adj* idealistic <> *adv* idealistically.

Idee (*pl* **-n**) *die* **- 1.** [gen] idea; **eine fixe ~** an obsession; **nicht die geringste** ODER **leiseste ~ von etw haben** not to have the faintest idea about sthg **- 2.** [Kleinigkeit] bit; **eine ~ lauter** a bit louder.

ideell *adj* [Werte] spiritual <> *adv:* **jn ~ unterstützen** to give sb notional support.

ideenreich *adj* imaginative.

Identifikation (*pl* **-en**) *die* identification.

identifizieren *vt* to identify; **jn/etw mit etw ~** to identify sb/sthg with sthg.
◆ **sich identifizieren** *ref:* **sich mit jm/etw ~** to identify with sb/sthg.

Identifizierung (*pl* **-en**) *die* identification.

identisch *adj* identical.

Identität *die* identity.

Ideologie (*pl* **-n**) *die* ideology.

ideologisch *adj* ideological <> *adv* ideologically.

Idiom (*pl* **-e**) *das* idiom.

idiomatisch *adj* idiomatic.

Idiot (*pl* **-en**) *der* **fam abw** [Dummkopf] idiot.

Idiotin (*pl* **-nen**) *die* idiot.

idiotisch ***fam abw*** *adj* [dumm, unsinnig] idiotic <> *adv* [unsinnig] idiotically.

Idol (*pl* **-e**) *das* idol.

Idylle (*pl* **-n**) *die* idyll.

idyllisch *adj* idyllic <> *adv* idyllically.

IFA ['i:fa] (*abk für* **Internationale Funkausstellung**) *die international radio show.*

IG [i:'ge:] (*pl* **-s**) (*abk für* **Industriegewerkschaft**) *die* industry-wide union; **die ~ Metall** IG-Metall, *German metalworkers' union.*

Igel (*pl* **-**) *der* hedgehog.

Iglu (*pl* **-s**) *das* ODER *der* igloo.

Ignorant, in (*mpl* **-en;** *fpl* **-nen**) *der, die* **abw** ignoramus.

Ignoranz *die* **abw** ignorance.

ignorieren *vt* to ignore.

IHK [i:ha:'ka:] (*abk für* **Industrie- und Handelskammer**) *die chamber of commerce and industry.*

ihm *pron (Dativ von er)* **- 1.** [Person] (to) him; **sie sagte es ~** she told him; **das gehört ~** this is his, this belongs to him; **mit ~** with him **- 2.** [Sache] (to) it.

ihn *pron (Akkusativ von er)* **- 1.** [Person] him **- 2.** [Sache] it.

ihnen *pron (Dativ Plural von er/sie)* (to) them; **er ist**

von ~ it's theirs, it belongs to them; **gib ~ den Schlüssel** give them the key.

Ihnen *pron (Dativ von Sie)* (to) you; **gehört das ~?** is this yours?, does this belong to you?; **wer hat es ~ gegeben?** who gave you it?, who gave it to you?; **entschuldigen Sie, meine Herren, ist der Platz neben ~ frei?** excuse me gentlemen, is the seat next to you free?

ihr *pron* **- 1.** [Nominativ Plural] you **- 2.** [Dativ von sie - Person] (to) her; [- Sache] (to) it; **er sagte es ~** he told her; **das gehört ~** this is hers, this belongs to her; **mit ~** with her.

ihr, e *det* **- 1.** *(Singular)* her **- 2.** *(Plural)* their.

Ihr, e *det* your.

ihre, r, s *pron* **- 1.** [Singular - von Person] hers; [- von Ding] its **- 2.** [Plural] theirs.

Ihre, r, s *pron* yours.

ihrer *pron (Genitiv von sie)* [Singular von Person] (of) her; [Plural] (of) them; [Singular von Ding] (of) it.

ihrerseits *adv* **- 1.** [sie selbst - Singular] for her part; [- Plural] for their part **- 2.** [von ihr - Person] on her part; [- Tier, Sache] on its part; [- Plural] on their part.

Ihrerseits *adv* on your part.

ihresgleichen *pron* [Singular - von Person] people like her; [- von Ding] its own kind; [Plural - von Person] people like them; [- von Ding] their own kind.

Ihresgleichen *pron* people like you.

ihretwegen *adv* **- 1.** [ihr zuliebe - von Person] for her sake; [- von Ding] for its sake; [ihnen zuliebe] for their sake **- 2.** [wegen ihr - Person] because of her; [- Ding] because of it; [wegen ihnen] because of them.

Ihretwegen *adv* **- 1.** [Ihnen zuliebe] for your sake **- 2.** [wegen Ihnen] because of you.

ihretwillen ◆ **um ihretwillen** *adv* [Singular - Person] for her sake; [- Ding] for its sake; [Plural] for their sake.

Ihretwillen ◆ **um Ihretwillen** *adv* for your sake.

ihrige *(pl* **-n***) pron* ***geh:*** **der/die/das ~** [Singular - von Person] hers; [- von Ding] its; [Plural] theirs.

Ihrige *(pl* **-n***) pron* ***geh:*** **der/die/das ~** yours; **Sie sollten das ~ tun** you should do your bit *ODER* part.

◆ **Ihrigen** *pl* ***geh*** [Angehörigen]: **die ~** your people.

Ijsselmeer ['aisəlmeːr] *das:* **das ~** the Ijsselmeer.

Ikone *(pl* **-n***) die* icon.

illegal *adj* illegal ◇ *adv* illegally.

illegitim *adj* [unrechtmäßig] illegitimate ◇ *adv* [unrechtmäßig] illegitimately.

Illusion *(pl* **-en***) die* illusion; **mach dir keine ~en** don't kid yourself.

illusorisch *adj* illusory.

Illustration *(pl* **-en***) die* illustration.

illustrieren *vt* to illustrate.

Illustrierte *(pl* **-n***) die* magazine.

Iltis *(pl* **-se***) der* polecat.

im *präp (in + dem)* ▻ **in.**

Image ['ɪmɪtʃ] *(pl* **-s***) das* image.

Imagepflege *die* [von Person] cultivation of one's image.

imaginär *adj* imaginary.

Imbiss *(pl* **-e***) der* **- 1.** [Mahlzeit] snack **- 2.** [Imbissbude] snack bar.

Imbiss|bude *die* ***fam*** snack bar.

Imbiss|stube *die* snack bar.

Imitation *(pl* **-en***) die* imitation.

imitieren *vt* to imitate.

Imker, in *(mpl* **-;** *fpl* **-nen***) der, die* beekeeper.

Immatrikulation *(pl* **-en***) die* **- 1.** UNI matriculation **- 2.** ***Schweiz*** [Kfz-Zulassung] registration.

immatrikulieren *vt* **- 1.** UNI to enrol **- 2.** ***Schweiz*** [zulassen] to register.

◆ **sich immatrikulieren** *ref* UNI to matriculate.

immens *adj* immense ◇ *adv* immensely; **~ viel** an immense amount.

immer *adv* **- 1.** [zeitlich] always; **für ~** for ever, for good; **für ~ und ewig** for ever and ever; **~ wieder** again and again, time and again; **~ wenn** whenever; **~ geradeaus!** keep going straight ahead!; **~ herein!** do come in!; **~ mit der Ruhe!** take it easy!; **~ noch** still **- 2.** [mit Komparativ]: **~ schwieriger** more and more difficult; **~ stärker** stronger and stronger **- 3.** [egal]: **was (auch) ~** whatever; **wer (auch) ~** whoever; **wie (auch) ~** however; **wo (auch) ~** wherever.

immerfort *adv* constantly.

immergrün *adj* evergreen.

Immer|grün *das* periwinkle.

immerhin *adv* **- 1.** [wenigstens] at least **- 2.** [schließlich] after all **- 3.** [trotzdem] nevertheless.

immerzu *adv* constantly.

Immigrant, in *(mpl* **-en;** *fpl* **-nen***) der, die* immigrant.

Immigration *(pl* **-en***) die* immigration.

immigrieren *(perf* **ist immigriert***) vi* to immigrate.

Immobilien [ɪmo'biːli̯ən] *pl* property *(U)*.

Immobilien|makler, in *der, die* estate agent ***Br***, realtor ***Am***.

immun *adj:* **gegen etw ~ sein** to be immune to sthg.

Immunität *die* immunity.

Immunschwäche *die* immunodeficiency.

Imperativ (*pl* **-e**) *der* GRAM imperative.

Imperfekt (*pl* **-e**) *das* GRAM imperfect.

Imperialismus *der* imperialism.

Imperium (*pl* **-perien**) *das* empire.

impertinent *geh adj* impertinent <> *adv* impertinently.

impfen *vt* to vaccinate; **jn gegen etw ~** to vaccinate sb against sthg.

Impf|schein *der* vaccination certificate.

Impf|stoff *der* vaccine.

Impfung (*pl* **-en**) *die* vaccination.

implantieren *vt* MED to implant.

implizit *adj* implicit <> *adv* implicitly.

imponieren *vi* to impress; **jm (durch etw) ~** to impress sb (with sthg).

imponierend *adj* impressive <> *adv* impressively.

Imponiergehabe *das* [Getue]: **das ist reines ~** it's pure show.

Import (*pl* **-e**) *der* **- 1.** [Ware] import **- 2.** [Einfuhr] importation.

Importeur [ɪmpɔr'tøːɐ̯] (*pl* **-e**) *der* importer.

importieren *vt* to import.

imposant *adj* imposing.

impotent *adj* impotent.

Impotenz *die* impotence.

imprägnieren *vt* to impregnate; [gegen Wasser] to waterproof.

Impression (*pl* **-en**) *die* impression.

Impressionismus *der* Impressionism.

Impressionist, in (*mpl* **-en**; *fpl* **-nen**) *der, die* impressionist.

impressionistisch *adj* impressionistic <> *adv* impressionistically.

Improvisation [ɪmproviza'tsi̯oːn] (*pl* **-en**) *die* improvisation.

improvisieren [ɪmprovi'ziːrən] *vt* & *vi* to improvise.

Impuls (*pl* **-e**) *der* **- 1.** [Anregung] stimulus; [innere Regung] impulse; **einer Sache** *(D)* **neue ~e geben** to breathe new life into sthg **- 2.** [Stoß] impulse.

impulsiv *adj* impulsive <> *adv* impulsively.

imstande, im Stande *adj:* **zu etw ~ sein** to be capable of sthg; **sie ist ~ und erzählt ihm alles** she's quite capable of telling him everything.

in *präp* **- 1.** *(+ D)* [räumlich] in; **im Bett liegen** to be in bed; **~ der Schule** at school; **die Aufgabe hat es ~ sich** the task is a tough one **- 2.** *(+ A)* [räumlich] into; **~ den Fluss fallen** to fall into the river; **~ die Stadt fahren** to go to *ODER* into town; **~ die Schule gehen** to go to school; **sich ~ jn verlieben** to fall in love with sb **- 3.** *(+ D)* [zeitlich] in; **~ dieser Woche** this week; **im Moment** at the moment; **wir fahren ~ einer Stunde** we're going in an hour; **das schaffe ich ~ einer Stunde** I can do it in an hour **- 4.** *(+ A)* [zeitlich] into; **wir arbeiteten bis spät ~ die Nacht** we worked late into the night **- 5.** *(+ D)* [modal]: **~ aller Eile** hurriedly; **~ Betrieb sein** to be working; **ich habe mich ~ der Zeit geirrt** I got the time wrong **- 6.** *(+ A)* [modal]: **etw ~ seine Einzelteile zerlegen** to take sthg to pieces **- 7.** *(+ D)* [mit Maß- oder Mengenangaben] in; **~ Millimetern** in millimetres <> *adj:* **~ sein** *fam* to be in.

Inanspruchnahme *die (ohne pl)* **- 1.** *amt* [von Rechten, Vorteilen] utilization **- 2.** [von Belegschaft] demands *(pl);* [von Material] use.

Inbegriff *der* embodiment, epitome.

inbegriffen *adj:* **in etw** *(D)* **~ sein** to be included in sthg <> *adv:* **Steuern ~** including tax.

Inbetriebnahme (*pl* **-n**) *die* **- 1.** [von Maschine, Kraftwerk] commissioning; **vor ~ des Gerätes die Gebrauchsanweisung lesen** read the instructions before switching the appliance on for the first time **- 2.** [von Flughafen, Schwimmbad] opening.

Inch (*pl* **-es**) *das ODER der* inch.

Indefinit|pronomen *das* GRAM indefinite pronoun.

indem *konj* **- 1.** [instrumental] by; **er vernichtete die Unterlagen, ~ er sie in den Reißwolf steckte** he destroyed the documents by putting them through the shredder **- 2.** [während] while.

Inder, in (*mpl* **-**; *fpl* **-nen**) *der, die* Indian.

indessen, indes *adv* **- 1.** [zeitlich] meanwhile **- 2.** [gegensätzlich] however <> *konj* **geh - 1.** [zeitlich] while **- 2.** [gegensätzlich] whereas.

Index ['ɪndɛks] (*pl* **-e** *ODER* **Indizes**) *der* index; **auf dem ~ stehen** to be blacklisted.

Indianer, in (*mpl* **-**; *fpl* **-nen**) *der, die* ***abw*** (Red) Indian.

indianisch *adj* Indian.

Indien *nt* India.

Indigo (*pl* **-s**) *das ODER der* indigo.

Indikation (*pl* **-en**) *die* **- 1.** RECHT grounds *(pl) (for abortion)* **- 2.** MED (recommended) treatment.

Indikativ (*pl* **-e**) *der* GRAM indicative (mood).

Indikator (*pl* **-toren**) *der:* **ein ~ (für etw)** an indicator (of sthg).

Indio (*pl* **-s**) *der* Indian.

indirekt *adj* indirect <> *adv* indirectly.

indisch *adj* Indian.

Indischer Ozean *der* Indian Ocean.

indiskret *adj* indiscreet <> *adv* indiscreetly.

Indiskretion (*pl* **-en**) *die* indiscretion.

indiskutabel *adj* ***abw*** out of the question.

Individualismus [ɪndividu̯a'lɪsmʊs] *der* individualism.

Individualist, in [ɪndividu̯a'lɪst, ɪn] (*mpl* **-en**; *fpl* **-nen**) *der, die* individualist.

individualistisch [ɪndividu̯a'lɪstɪʃ] *adj* individualistic ◇ *adv* individualistically.

Individualität [ɪndividu̯ali'tɛːt] *die* individuality.

Individualverkehr [ɪndividu̯'alfɛɐ̯keːɐ̯] *der* ***amt*** private vehicle traffic.

individuell [ɪndividu̯'ɛl] *adj* individual ◇ *adv* individually; **~ verschieden sein** to vary from case to case.

Individuum [ɪndi'viːduʊm] (*pl* **-viduen**) *das* individual.

Indiz [ɪn'diːts] (*pl* **-ien**) *das* **- 1.** RECHT piece of circumstantial evidence; **~ien** circumstantial evidence **- 2.** [Anzeichen] indication.

indoeuropäisch *adj* Indo-European.

indogermanisch *adj* Indo-European.

indoktrinieren *vt* to indoctrinate.

Indonesien *nt* Indonesia.

Indonesier, in [ɪndo'neːzi̯ɐ, rɪn] (*mpl* **-**; *fpl* **-nen**) *der, die* Indonesian.

indonesisch *adj* Indonesian.

Indus *der*: **der ~** the (River) Indus.

industrialisieren *vt* to industrialize.

Industrialisierung *die* industrialization.

Industrie (*pl* **-n**) *die* industry.

Industrie|betrieb *der* factory.

Industrie|erzeugnis *das*: **~se** manufactured goods.

Industrie|gebiet *das* industrial area.

Industrie|gewerkschaft *die* industry-wide union.

Industriekauf|frau *die woman with a business qualification employed on the business side of an industrial company, e.g. as an accountant.*

Industriekauf|mann *der man with a business qualification employed on the business side of an industrial company, e.g. as an accountant.*

Industrie|land *das* industrialized nation.

industriell *adj* industrial ◇ *adv* industrially.

Industrielle (*pl* **-n**) *der, die* industrialist.

Industrie- und Handels|kammer *die* chamber of commerce and industry.

Industrie|zweig *der* sector, branch of industry.

ineffektiv ***geh*** *adj* ineffective ◇ *adv* ineffectively.

ineinander *adv* in/into one another; **~ verliebt sein** to be in love (with one another); **~ verwickelt** tangled up (in each other).

ineinander fügen *vt* to fit together.
◆ **sich ineinander fügen** *ref* to fit together.

ineinander greifen *vi (unreg)* to mesh.

infam ***abw*** *adj* [Lüge, Unterstellung, Verleumdung] outrageous ◇ *adv* outrageously.

Infanterie ['ɪnfantəriː] *die* infantry.

infantil *adj* infantile ◇ *adv* ***abw*** [kindisch] like a child.

Infarkt (*pl* **-e**) *der* heart attack.

Infekt (*pl* **-e**) *der* MED infection.

Infektion (*pl* **-en**) *die* infection.

Infektions|krankheit *die* infectious disease.

Inferno *das* ***geh*** [Ort eines entsetzlichen Geschehens] infernal scene.

Infinitiv (*pl* **-e**) *der* GRAM infinitive.

infizieren *vt*: **jn (mit etw) ~** to infect sb (with sthg).
◆ **sich infizieren** *ref*: **sich (mit etw) ~** to become infected (with sthg).

Inflation (*pl* **-en**) *die* inflation.

inflationär *adj* inflationary.

Inflations|rate *die* rate of inflation.

inflexibel *adj* inflexible.

Info (*pl* **-s**) *die* ***fam*** info *(U)*; **eine ~** some info, a piece of info.

infolge *präp*: **~ einer Sache** *(G)* ODER **von etw** as a result of sthg.

infolgedessen *adv* consequently.

Informatik *die* computer science.

Informatiker, in (*mpl* **-**; *fpl* **-nen**) *der, die* computer scientist.

Information (*pl* **-en**) *die* **- 1.** information *(U)*; **~en** information; **eine ~ über jn/etw** (a piece of) information about sb/sthg; **zu js ~** for sb's information **- 2.** *(ohne pl)* [in Kaufhaus, Bahnhof] information desk.

Informations|material *das* information.

Informations|stand *der* information stand.

informativ *adj* informative.

informell *adj* informal ◇ *adv* informally.

informieren *vt*: **jn über jn/etw ~** to inform sb about sb/sthg.
◆ **sich informieren** *ref*: **sich (über jn/etw) ~** to find out (about sb/sthg).

Infrarot *das* infra-red.

Infra|struktur *die* infrastructure.

Infusion (*pl* **-en**) *die* MED infusion.

Ing. (*abk für* **Ingenieur**) eng.

Ingenieur, in [ɪnʒe'ni̯øːɐ̯, rɪn] (*mpl* **-e**; *fpl* **-nen**) *der, die* engineer.

Ingwer *der* ginger.

Inh. (*abk für* **Inhaber**) prop.

Inhaber, in (*mpl* **-**; *fpl* **-nen**) *der, die* **- 1.** [von Geschäft] owner **- 2.** [von Amt, Titel] holder.

inhaftieren *vt* to take into custody.

inhalieren *vt* to inhale ◇ *vi* **- 1.** MED to use an inhalant **- 2.** *fam* [einen Lungenzug machen] to inhale.

Inhalt (*pl* **-e**) *der* **- 1.** [von Gefäß, Behälter] contents *(pl)* **- 2.** [von Text, Gespräch] content; **Form und ~** form and content **- 3.** [Größe - von Fläche] area; [- von Raum] volume **- 4.** [Sinn] meaning.

inhaltlich *adj:* **der ~e Aufbau eines Textes** the way the content of a text is structured ◇ *adv* as far as content is concerned.

Inhalts|angabe *die* **- 1.** [von Text] summary **- 2.** [von Paket] description of contents.

Inhalts|verzeichnis *das* **- 1.** [von Buch] table of contents; [von Paket] list of contents **- 2.** EDV directory.

inhuman *geh adj* [unmenschlich] inhuman; [menschenunwürdig] inhumane ◇ *adv* [unmenschlich] inhumanly; [menschenunwürdig] inhumanely.

Inh.-Verz. (*abk für* **Inhaltsverzeichnis**) cont.

Initiale (*pl* **-n**) *die* initial (letter).

Initiative [initsja'tiːvə] (*pl* **-n**) *die* **- 1.** [gen] initiative; **die ~ ergreifen** to take the initiative; **aus eigener ~** on one's own initiative **- 2.** [Gruppe] local action group.

Initiator (*pl* **-toren**) *der* initiator.

Initiatorin (*pl* **-nen**) *die* initiator.

Injektion (*pl* **-en**) *die* injection.

Inkarnation (*pl* **-en**) *die* *geh* embodiment.

inkl. (*abk für* **inklusive**) incl.

inklusive [ɪnklu'ziːvə] *präp:* **~ einer Sache** *(G)* including sthg ◇ *adv:* **bis zum 10. August ~** until 10 August inclusive.

inkognito *adv* incognito.

inkompatibel *adj* incompatible.

inkompetent *adj* incompetent ◇ *adv* incompetently.

In|kompetenz *die* incompetence.

inkonsequent *adj* inconsistent ◇ *adv* inconsistently.

In|konsequenz *die* inconsistency.

Inland *das:* **im ~** at home; **die Waren sind für das ~ bestimmt** the goods are for the domestic market; **die Reaktionen des In- und Auslandes** the reactions at home and abroad.

inländisch *adj* **- 1.** [Waren, Produkte] domestic **- 2.** [Presse] national.

Inlands|porto *das* inland postage rate.

Inlandsverkehr *der* [Handel] domestic trade.

Inlineskates ['ɪnlaɪnskeɪts] *pl* roller-blades, inline skates; **auf/mit ~ fahren** to go roller-blading.

inmitten *präp:* **~ einer Sache/Gruppe** *(G)* in the midst of sthg/a group ◇ *adv:* **~ von jm/etw** amidst sb/sthg.

Inn *der:* **der ~** the (River) Inn.

inne|halten *vi (unreg):* **in der Arbeit ~** to stop working for a moment; **er hat mitten im Singen innegehalten** he stopped ODER paused for a moment in the middle of his song.

innen *adv* inside; **die Schale ist ~ versilbert** the bowl is silver-plated on the inside.

◆ **nach innen** *adv* inwards.

◆ **von innen** *adv* from inside; **etw von ~ nach außen kehren** to turn sthg inside out.

Innenan|sicht *die* interior view.

Innen|antenne *die* indoor aerial *Br* ODER antenna *Am*.

Innen|architekt, in *der, die* interior designer.

Innen|architektur *die* interior design.

Innen|einrichtung *die* furnishings *(pl)*.

Innen|leben *das (ohne pl)* **- 1.** [Seele]: **sein ~ vor jm ausbreiten** to tell sb one's innermost thoughts **- 2.** [von Gerät] insides *(pl)*.

Innen|minister, in *der, die* Minister of the Interior, ≃ Home Secretary *Br*, ≃ Secretary of the Interior *Am*.

Innen|ministerium *das* Ministry of the Interior, ≃ Home Office *Br*, ≃ Department of the Interior *Am*.

Innen|politik *die (ohne pl)* **- 1.** [Handeln] domestic policy **- 2.** [Bereich der Politik] home affairs *(pl)*.

innenpolitisch *adj* domestic policy *(vor Subst)*; **~e Angelegenheiten** matters of domestic policy.

Innen|raum *der* interior; [Zimmer] inner room.

Innen|seite *die* inside.

Innen|stadt *die* town centre; [in Großstadt] city centre.

innerbetrieblich *adj* internal *(to a firm)* ◇ *adv* internally *(to a firm)*.

innerdeutsch *adj:* **~e Beziehungen** intra-German relations.

innere, r, s *adj* **- 1.** [innen befindlich, persönlich] inner **- 2.** [Struktur, Angelegenheit & MED] internal.

Innere *das (ohne pl)* **- 1.** [Inhalt] inside **- 2.** [von Raum] inside, interior; [von Land] interior; **Ministerium des ~n** Ministry of the Interior **- 3.** [Geist, Seele, Basis] heart; **im tiefsten ~n** deep down (inside).

Innereien *pl* offal *(U)*.

innerhalb *präp:* **~ einer Sache** *(G)* within sthg ◇ *adv:* **~ von** within.

innerlich *adj* [Erregung] inner ◇ *adv* inwardly.

innerparteilich *adj* internal (to the party) ◇ *adv* within the party.

Innerste *das* **- 1.** [Geist, Seele] innermost being; **jm sein ~s öffnen** to bare one's soul to sb; **im ~n betroffen sein** to be cut to the quick **- 2.** [Gebiet]: **bis ins ~** into the heart.

innig *adj* **- 1.** [Verehrung, Wunsch, Beileid] heartfelt **- 2.** [Dank] sincere **- 3.** [Freundschaft] intimate ◇ *adv* [verbunden] closely.

innovativ [ɪnova'tiːf] *adj* innovative ◇ *adv* innovatively.

Innsbruck *nt* Innsbruck.

Innung (*pl* **-en**) *die* guild.

inoffiziell *adj* unofficial ◇ *adv* unofficially.

Input (*pl* **-s**) *das* ODER *der* EDV & WIRTSCH input.

Inquisition *die* Inquisition.

ins *präp* (*in + das*) [räumlich]: **~ Wohnzimmer gehen** to go into the living room; **~ Kino gehen** to go to the cinema; *siehe auch* **in**.

Insasse (*pl* **-n**) *der* **- 1.** [im Fahrzeug] passenger **- 2.** [von Gefängnis, psychiatrischer Anstalt] inmate.

Insassin (*pl* **-nen**) *die* **- 1.** [im Fahrzeug] passenger **- 2.** [von Gefängnis, psychiatrischer Anstalt] inmate.

insbes. (*abk für* **insbesondere**) esp.

insbesondere, insbesondre *adv* especially, particularly.

In|schrift *die* inscription.

Insekt (*pl* **-en**) *das* insect.

Insektenschutz|mittel *das* insect repellent.

Insekten|stich *der* [von Wespe] insect sting; [von Mücke] insect bite.

Insektizid (*pl* **-e**) *das* insecticide.

Insel (*pl* **-n**) *die* island; **die ~ Sylt** the island of Sylt.

Insellage *die*: **die ~ Japans** Japan's island status.

Inserat (*pl* **-e**) *das* advertisement; **ein ~ aufgeben** to put an advertisement in the paper.

Inserent, in (*mpl* **-en**; *fpl* **-nen**) *der, die* advertiser.

inserieren *vi* to advertise *(in a newspaper)*.

insgeheim *adv* secretly.

insgesamt *adv* **- 1.** [in der Summe] in total **- 2.** [im Großen und Ganzen] overall; **sie hat ~ einen guten Eindruck hinterlassen** she made a good overall impression.

Insider ['ɪnsaidə] (*pl* **-**) *der* insider.

insofern[1] *adv* in this respect.

insofern[2] *konj* provided that, so long as.
◆ **insofern als** *konj* insofar as.

insoweit[1] *adv* in this respect.

insoweit[2] *konj* provided that, so long as.
◆ **insoweit als** *konj* insofar as.

in spe [ɪn'speː] *adj* to be; **der Bürgermeister ~** the mayor-elect.

Inspektion (*pl* **-en**) *die* **- 1.** [von Anlage, Schule] inspection **- 2.** [von Auto] service.

Inspektor (*pl* **-toren**) *der* inspector.

Inspektorin (*pl* **-nen**) *die* inspector.

inspirieren *vt geh* to inspire; **die Gespräche haben mich zu einem Aufsatz inspiriert** the conversations have inspired me to write an essay.
◆ **sich inspirieren** *ref geh*: **sich von etw ~ lassen** to get one's inspiration from sthg.

inspizieren *vt* to inspect.

instabil *adj* unstable.

Installateur, in [ɪnstala'tøːɐ̯, rɪn] (*mpl* **-e**; *fpl* **-nen**) *der, die* [Klempner] plumber; [für Strom] electrician; [für Heizung] heating engineer; [für Gas] gas-fitter.

installieren *vt* [gen & EDV] to install.
◆ **sich installieren** *ref* to settle in.

instand, in Stand *adv*: **~ sein** [Maschine] to be in working order; **der Wagen ist gut ~** the car is in good repair; **etw ~ halten** [Maschine] to keep sthg in working order; [Garten] to maintain sthg; **er hält seinen Wagen schlecht ~** he doesn't look after his car very well; **etw ~ setzen** [Maschine] to overhaul sthg; [Haus] to renovate sthg.

instand|besetzen *vt to occupy a property illegally, especially one condemned to be demolished, in order to restore it and make it habitable.*

inständig *adv* urgently ◇ *adj* urgent.

Instant|kaffee ['ɪnstəntkafeː] *der* instant coffee.

Instant|nahrung *die* instant food.

Instant|suppe *die* instant soup.

Instanz (*pl* **-en**) *die* **- 1.** [im Gerichtsverfahren] court; **in erster/zweiter ~** in the court of first instance/the appeal court **- 2.** [Dienststelle] authority; **sein Antrag geht durch alle behördlichen ~en** his application is going through all the official channels.

Instinkt (*pl* **-e**) *der* instinct.

Instinkt|handlung *die* instinctive action.

instinktiv *adj* instinctive ◇ *adv* instinctively.

Institut (*pl* **-e**) *das* institute.

Institution (*pl* **-en**) *die* institution.

Instruktion (*pl* **-en**) *die* instruction.

instruktiv *adj* instructive.

Instrument (*pl* **-e**) *das* instrument.

instrumental MUS *adj* instrumental ◇ *adv* instrumentally.

Insulaner, in (*mpl* **-**; *fpl* **-nen**) *der, die* islander.

Insulin *das* insulin.

inszenieren *vt* - **1.** [Theaterstück] to direct; TV & RADIO to produce - **2.** [Skandal] to engineer; [Kampagne] to stage - **3.** *abw* [vortäuschen - Protest] to stage-manage.

Inszenierung (*pl* **-en**) *die* - **1.** [Aufführung] production - **2.** [Aufführen - von Theaterstück] direction; TV & RADIO production - **3.** [von Skandal] engineering; [von Kampagne] staging - **4.** [Vortäuschung - von Protest] *abw* stage-managing.

intakt *adj* [Gerät, Organ] intact; [Beziehung] healthy.

integer *adj*: **eine integre Person** a person of integrity <> *adv* with integrity.

Integral|helm *der* (integral) helmet *(protecting chin as well as head)*.

Integral|rechnung *die* integral calculus.

Integration (*pl* **-en**) *die* integration.

integrieren *vt* to integrate.

Integrität *die* integrity.

intellektuell [ıntɛlɛk'tu̯ɛl] *adj* intellectual <> *adv* intellectually.

Intellektuelle [ıntɛlɛk'tu̯ɛlə] (*pl* **-n**) *der, die* intellectual.

intelligent *adj* intelligent <> *adv* intelligently.

Intelligenz *die* - **1.** [Verstand, Klugheit] intelligence - **2.** [Intellektuelle] intelligentsia.

Intelligenz|quotient *der* IQ, intelligence quotient.

Intendant, in (*mpl* **-en**; *fpl* **-nen**) *der, die* - **1.** [von Theater] *artistic director and theatre manager* - **2.** [von Fernsehanstalt] director general.

Intensität (*pl* **-en**) *die* intensity.

intensiv *adj* - **1.** [Gefühl, Farbe] strong - **2.** [Licht] intense - **3.** [Arbeit] intensive <> *adv* - **1.** [fühlen] strongly - **2.** [leuchten] intensely - **3.** [arbeiten] intensively.

Intensiv|kurs *der* crash course.

Intensiv|station *die* intensive care unit.

interaktiv *adj* EDV interactive.

Inter|City *der* intercity train.

interdisziplinär *adj* interdisciplinary.

interessant *adj* interesting <> *adv* interestingly; **sich ~ machen** *abw* to attract attention (to o.s.).

Interesse (*pl* **-n**) *das* interest; **an jm/etw ~ haben** to be interested in sb/sthg; **~ für jn/etw zeigen** to show an interest in sb/sthg; **in js eigenem ~** in sb's own interest.
◆ **Interessen** *pl* [Neigung] interests.

interessehalber *adv* out of interest.

Interessen|gemeinschaft *die* - **1.** [von Personen] group of people with common interests - **2.** [von Firmen] syndicate.

Interessent, in (*mpl* **-en**; *fpl* **-nen**) *der, die* - **1.** [Interessierte] interested person - **2.** [Kunde] prospective customer.

interessieren *vt* to interest.
◆ **sich interessieren** *ref*: **sich für jn/etw ~** to be interested in sb/sthg.

interessiert *adj* interested; **an jm/etw ~ sein** to be interested in sb/sthg <> *adv* with interest.

interkulturell *adj* cross-cultural <> *adv* cross-culturally.

Intermezzo (*pl* **-s** ODER **-mezzi**) *das* - **1.** MUS intermezzo - **2.** [Ereignis] interlude.

intern *adj* internal <> *adv* internally.

Internat (*pl* **-e**) *das* boarding school.

international *adj* international <> *adv* internationally.

Internet ['ıntɐ(r)nɛt] *das* Internet; **im ~** on the Internet; **im ~ surfen** to surf the Net; **etw per ~ verkaufen** to sell sthg on ODER over the Internet.

Internet|anschluss *der* EDV Internet connection.

Internetbenutzer, in (*mpl* **-**, *fpl* **-nen**) *der, die* Internet user.

Internet|café *das* Internet cafe, cybercafe.

internieren *vt* to intern.

Interpol *die* Interpol.

Interpret (*pl* **-en**) *der* MUS performer.

Interpretation (*pl* **-en**) *die* - **1.** [Deutung] interpretation - **2.** MUS performance.

interpretieren *vt* - **1.** [deuten] to interpret - **2.** MUS to perform.

Interpretin (*pl* **-nen**) *die* MUS performer.

Interpunktion *die* punctuation.

InterRegio (*pl* **-s**) *der* *train which covers medium distances and makes frequent stops*.

Interrogativ|pronomen *das* GRAM interrogative pronoun.

Intervall [ıntɐ'val] (*pl* **-e**) *das* [gen & MUS] interval.

intervenieren [ıntɐve'ni:rən] *vi* to intervene.

Intervention [ıntɐvɛn'tsi̯o:n] (*pl* **-en**) *die* intervention.

Interview [ıntɐ'vju:] (*pl* **-s**) *das* interview.

interviewen [ıntɐ'vju:ən] *vt* to interview.

intim *adj* intimate; **mit jm ~ werden** *amt* to become intimate with sb <> *adv* - **1.** [sexuell]: **mit jm ~ verkehren** to have intimate relations with sb - **2.** [nah]: **mit jm ~ befreundet sein** to be intimate friends with sb - **3.** [beleuchtet] intimately.

Intimität (*pl* **-en**) *die* intimacy.

◆ **Intimitäten** *pl* [sexuelle Handlungen] intimacy *(U)*.

Intimlsphäre *die* private life; **die ~ schützen** to protect one's privacy.

intolerant *adj* intolerant; **jm/etw gegenüber ~ sein** to be intolerant of sb/sthg.

Intoleranz *die* intolerance.

intransitiv *adj* GRAM intransitive.

Intrige (*pl* **-n**) *die* intrigue, plot.

intrigieren *vi:* **gegen jn ~** to plot against sb.

introvertiert [ɪntrovɐr'tiːɐ̯t] *adj* introverted.

Intuition (*pl* **-en**) *die* intuition.

intuitiv *adj* intuitive ◇ *adv* intuitively.

intus *adj:* **einen ~ haben** *fam* to have had a few.

Invalide [ɪnva'liːdə] (*pl* **-n**) *der, die* invalid.

Invalidenlrente *die* disability pension.

Invalidität [ɪnvalidi'tɛːt] *die* disability.

Invasion [ɪnva'zi̯oːn] (*pl* **-en**) *die* *eigtl* & *fig* invasion.

Inventar [ɪnvɛn'taːɐ̯] (*pl* **-e**) *das* **- 1.** [von Geschäft] fittings *(pl)* and equipment; [von Haus] fixtures and fittings *(pl)* **- 2.** [von Betrieb] machinery and equipment **- 3.** [Verzeichnis] inventory.

Inventur [ɪnvɛn'tuːɐ̯] (*pl* **-en**) *die* stocktaking; **~ machen** to stocktake.

investieren [ɪnvɛs'tiːrən] *vt:* **(in etw** *(A)***) ~** to invest (in sthg).

Investition [ɪnvɛsti'tsi̯oːn] (*pl* **-en**) *die* investment.

inwendig *adj* inner; **jn/etw in- und auswendig kennen** to know sb/sthg inside out.

inwiefern *adv* & *konj* [in welcher Hinsicht] in what way; [bis zu welchem Grad] to what extent.

inwieweit *adv* & *konj* to what extent.

Inzest (*pl* **-e**) *der* incest.

Inzucht (*pl* **-en**) *die* inbreeding.

inzwischen *adv* **- 1.** [gleichzeitig] in the meantime **- 2.** [mittlerweile, jetzt] now; **~ war es Winter geworden** by now winter had arrived.

IOK [iːoː'kaː] (*abk für* **Internationales Olympisches Komitee**) *das* IOC.

Ion [i̯oːn] (*pl* **-en**) *das* ion.

ionisch [i̯'oːnɪʃ] *adj* Ionic.

IQ [iː'kuː, ai'kjuː] (*pl* **-s**) (*abk für* **Intelligenzquotient**) *der* IQ.

i.R. (*abk für* **im Ruhestand**) retd.

IR *abk für* **InterRegio**.

Irak *der* Iraq.

Iraker, in (*mpl* **-**; *fpl* **-nen**) *der, die* Iraqi.

irakisch *adj* Iraqi.

Iran *der* Iran.

Iraner, in (*mpl* **-**; *fpl* **-nen**) *der, die* Iranian.

iranisch *adj* Iranian.

irdisch *adj* earthly, worldly.

Ire (*pl* **-n**) *der* Irishman.

irgend *adv* [irgendwie]: **wenn es ~ möglich ist** if (it's) at all possible; **wenn ich es ~ schaffe, komme ich** I'll come if I possibly can.

◆ **irgend so ein** *det* *fam* some.

irgendein, e *det* **- 1.** [unbekannt] some; **das hat ~ Philosoph gesagt** some philosopher (or other) said that **- 2.** [beliebig] any.

irgendeine , -r, -s *pron* **- 1.** [Person] someone, somebody; [in Fragen] anyone; **~r von uns muss es tun** one of us has to do it **- 2.** [Sache] any (one); **irgendeins von den Büchern** one or other of the books.

irgendetwas *pron* [unbekannte Sache] something; [beliebige Sache, in Fragen] anything.

irgendjemand *pron* [unbekannte Person] someone; [beliebige Person, in Fragen] anyone.

irgendwann *adv* [zu unbekannter Zeit] sometime; [zu beliebiger Zeit] any time.

irgendwas *adv* [unbekannte Sache] something; [beliebige Sache, in Fragen] anything.

irgendwer *pron* *fam* **- 1.** [unbekannte Person] someone, somebody **- 2.** [beliebige Person, in Fragen] anyone.

irgendwie *adv* [auf unbekannte Weise] somehow; [auf beliebige Weise] anyhow.

irgendwo *adv* [an unbekanntem Ort] somewhere; [an beliebigem Ort] anywhere.

irgendwoher *adv* [von unbekanntem Ort] from somewhere; [von beliebigem Ort] from anywhere.

irgendwohin *adv* [zu unbekanntem Ort] somewhere; [zu beliebigem Ort] anywhere.

Irin (*pl* **-nen**) *die* Irishwoman.

Iris (*pl* **-**) *die* iris.

irisch *adj* Irish.

IRK [iːɛr'kaː] (*abk für* **Internationales Rotes Kreuz**) *das* *International Red Cross*.

Irland *nt* Ireland.

Ironie *die* irony.

ironisch *adj* ironic ◇ *adv* ironically.

irr = **irre**.

irrational *adj* irrational ◇ *adv* irrationally.

irre, irr *adj* **- 1.** [verrückt] crazy; **ein ~r Blick** a wild expression **- 2.** *fam* [riesig] terrible **- 3.** *fam* [außergewöhnlich, schön] wild ◇ *adv* **- 1.** [reden] crazily **- 2.** *fam* [sehr] terribly.

Irre (*pl* **-n**) *der, die* (*pl Irren*) [Person] lunatic; **wie ein ~r** like mad ◇ *die (ohne pl)* [Ungewissheit]: **in die ~ führen** to be misleading.

irreal *adj* [unwirklich] unreal.

irrelführen *vt* **- 1.** [belügen] to mislead **- 2.** [auf einem Weg] to cause to get lost.

Irre|führung *die* [von Meinung] deception, misleading.

irrelevant ['ɪrelevant] *adj* irrelevant.

irre|machen *vt* to disconcert, to confuse.

irren (*perf* **hat/ist geirrt**) *vi (ist)* to wander. ◆ **sich irren** *ref (hat):* **sich (in jm/etw** *(D)***)** ~ to be wrong (about sb/sthg); **wenn ich mich nicht irre** if I am not mistaken.

Irren|anstalt *die* **fam** madhouse.

Irren|haus *das* **fam abw** loony bin.

Irr|fahrt *die:* **eine ~ durch eine Gegend** a journey through an area where I/we/*etc* got lost.

irrig *adj* incorrect.

irritieren *vt* [stören] to annoy; **ihr Verhalten irritiert mich** I find her behaviour disconcerting ODER confusing.

Irrlicht (*pl* **-er**) *das* will-o'-the-wisp.

Irrsinn *der* madness.

irrsinnig *adj* **- 1.** [verrückt] mad **- 2.** *fam* [riesig] terrible ◇ *adv* **- 1.** [verrückt] crazily **- 2.** *fam* [sehr] terribly.

Irrtum (*pl* **-tümer**) *der* mistake; **sich im ~ befinden, im ~ sein** to be mistaken ODER wrong; **uns ist ein ~ unterlaufen** we have made a mistake.

irrtümlich *adj* mistaken ◇ *adv* [verwechseln, mitnehmen] by mistake.

Irr|weg *der:* **auf dem ~ sein** to be on the wrong track.

Isar *die:* **die ~** the (River) Isar.

Ischias *der* sciatica.

ISDN (*abk für* **Integrated Services Digital Network**) *das* ISDN.

ISDN-|Anschluss *der* TELEKOM ISDN link.

Islam *der* Islam.

islamisch *adj* Islamic.

Island *nt* Iceland.

Isländer, in (*mpl* **-;** *fpl* **-nen**) *der, die* Icelander.

isländisch *adj* Icelandic.

Isländisch(e) *das* Icelandic; *siehe auch* **Englisch(e).**

Isolation (*pl* **-en**) *die* **- 1.** [von Person] isolation **- 2.** [Material, Abdichtung] insulation; [von Rohr, Boiler] lagging.

Isolierband (*pl* **-bänder**) *das* insulating tape.

isolieren *vt* **- 1.** [Person & CHEM] to isolate **- 2.** [Leitung, Wand] to insulate.

Isolier|kanne *die* Thermos® jug.

Israel *nt* Israel.

Israeli (*pl* **-** ODER **-s**) *der, die* Israeli.

israelisch *adj* Israeli.

isst *präs* ▻ **essen.**

ist *präs* ▻ **sein.**

Istanbul *nt* Istanbul.

Italien *nt* Italy.

Italiener, in [ita'li̯eːnɐ, rɪn] (*mpl* **-;** *fpl* **-nen**) *der, die* Italian.

italienisch [ita'li̯eːnɪʃ] *adj* Italian.

Italienisch(e) *das* Italian; *siehe auch* **Englisch(e).**

i. V. (*abk für* **in Vertretung**) p.p.

IWF [iːveː'ɛf] (*abk für* **Internationaler Währungsfonds**) *der* IMF.

J

j, J [jɔt] (*pl* **-** ODER **-s**) *das* j, J.

ja *interj* **- 1.** [zum Ausdruck der Zustimmung] yes **- 2.** [als rhetorisches Element] well; **~, wenn das so ist ...** well, if that's the case ...; **~, ich verstehe** yes, I understand **- 3.** [einschränkend]: **ich würde ~ gerne, aber ...** I'd love to, but ...; **ich kann es ~ versuchen, aber ...** I can always try, but ...; **er ist ~ mein Freund** he is my friend after all **- 4.** [emphatisierend]: **da bist du ~!** there you are!; **das ist ~ großartig!** that's really great!; **ich komme ~ schon!** all right, I'm coming!; **ich habe es dir ~ gesagt!** I TOLD you so!; **das ist es ~ (eben)!** that's just it!; **du kennst ihn ~!** you know what he's like **- 5.** [zum Ausdruck einer Drohung]: **sag ~ nichts!** don't you dare say anything!; **dass du mir ~ pünktlich kommst!** you'd better be on time! **- 6.** [zum Ausdruck einer Bitte]: **du bleibst doch, ~?** you will stay, won't you? **- 7.** [drückt Überraschung aus]: **(ach) ~?** really?

Ja (*pl* **-s**) *das* yes.

Jacht, Yacht [jaxt] (*pl* **-en**) *die* yacht.

Jacke (*pl* **-n**) *die* **- 1.** [Mantel, Jackett] jacket **- 2.** [Strickjacke] cardigan.

Jackett [ʒa'kɛt] (*pl* **-s**) *das* jacket.

Jade *die* jade.

Jagd (*pl* **-en**) *die* **- 1.** [auf Tiere] hunting; **auf die ~ gehen** to go hunting **- 2.** [auf Personen, Dinge]: **~ nach jm/etw** hunt for sb/sthg; **auf jn/etw ~ machen** to hunt for sb/sthg.

Jagd|hund *der* hunting dog.

Jagd|schein *der* hunting licence.

jagen (*perf* **hat/ist gejagt**) *vt (hat)* to hunt; **ein Ereignis jagt das andere** one thing follows another; **der Dieb wurde aus der Stadt gejagt** the thief was driven out of town; **sich** *(D)* **eine Kugel in den Kopf ~** to shoot o.s. in the head <> *vi* **- 1.** *(hat)* [als Sport] to hunt **- 2.** *(ist)* [hetzen] to race.

Jäger (*pl* -) *der* **- 1.** [von Tieren] hunter **- 2.** [Flugzeug] fighter (plane).

Jägerin (*pl* **-nen**) *die* hunter.

Jägerschnitzel (*pl* -) *das escalope of pork or beef with mushroom sauce.*

Jaguar (*pl* **-e**) *der* [Tier] jaguar.

jäh *adj* sudden <> *adv* suddenly.

Jahr (*pl* **-e**) *das* year; **im ~(e) 1992** in 1992; **die 90er ~e** the nineties; **seit ~en** for years; **(ein) gutes neues ~!** Happy New Year!; **von ~ zu ~** from year to year; **~ für ~** year after year; **in jungen ~en** at an early age.

jahraus *adv:* **~, jahrein** year in, year out.

Jahr|buch *das* yearbook.

jahrelang *adj:* **~e Arbeit** years of work <> *adv* for years.

Jahres|abschluss *der* end-of-year accounts *(pl)*.

Jahres|anfang *der* beginning of the year.

Jahres|bericht *der* annual report.

Jahres|einkommen *das* annual income.

Jahres|ende *das* end of the year.

Jahres|tag *der* anniversary.

Jahres|wagen *der car sold at a discount to a car-factory employee which can only be resold after one year.*

Jahres|wechsel *der* New Year.

Jahres|zeit *die* season.

Jahr|gang *der* **- 1.** [Geburtsjahr]: **der ~ 1967** the people who were born in 1967; **er ist mein ~** he was born in the same year as me **- 2.** [an der Schule] year **- 3.** [von Wein] vintage, year **- 4.** [von Zeitschrift] year's issues *(pl)*.

Jahrgangs|stufe *die* year *(at school)*.

Jahr|hundert (*pl* **-e**) *das* century; **im 19. ~** in the 19th century.

Jahrhundert|wende *die* turn of the century; **um die ~** at the turn of the century.

jährlich *adj* annual <> *adv* annually; **dreimal ~** three times a year.

Jahr|markt *der* fair.

Jahr|tausend (*pl* **-e**) *das* millennium.

Jahr|zehnt (*pl* **-e**) *das* decade.

Jähzorn *der* violent temper.

jähzornig *adj* irascible <> *adv* in a violent temper.

Jalousie [ʒalu'ziː] (*pl* **-n**) *die* Venetian blind.

Jamaika *nt* Jamaica.

Jammer *der* misery; **es ist ein ~** it's a crying shame.

jämmerlich *adj* **- 1.** [traurig] miserable **- 2.** *abw* [würdelos, schlecht] pathetic <> *adv* **- 1.** [traurig] miserably **- 2.** *abw* [würdelos, schlecht] pathetically **- 3.** [sehr]: **~ frieren** to be frozen stiff.

jammern *vi* to moan.

jammerschade *adj:* **~ sein** to be a crying shame.

Januar *der* January; *siehe auch* **September.**

Japan *nt* Japan.

Japaner, in (*mpl* **-;** *fpl* **-nen**) *der, die* Japanese.

japanisch *adj* Japanese.

Japanisch(e) *das* Japanese; *siehe auch* **Englisch(e).**

japsen *vi* to gasp.

Jargon [ʒar'gõː] (*pl* **-s**) *der* jargon.

Jasmin (*pl* **-e**) *der* jasmine.

Ja|stimme *die* vote in favour.

jäten *vt* [Garten] to weed; [Unkraut] to pull up.

Jauche (*pl* **-n**) *die* liquid manure.

jauchzen *vi* to cheer; **vor Freude ~** to shout for joy.

jaulen *vi* to howl.

Java *nt* Java.

jawohl *interj* certainly!

Ja|wort *das:* **jm sein ~ geben** to tie the knot with sb.

Jazz [dʒɛs] *der* jazz.

Jazzband ['dʒɛsbɛnt] (*pl* **-s**) *die* jazz band.

je *adv* **- 1.** [jeweils] each; **drei Gruppen mit ~ fünf Personen** three groups, each of five people; **die drei Tore sind mit ~ zwei Schlössern gesichert** the three gates each have two locks **- 2.** [jemals] ever; **bist du ~ mit ihm zusammengetroffen?** have you (ever) met him?; **seit eh und ~** since time immemorial; **sie ist schöner denn ~** she is more beautiful than ever <> *präp* [pro] per; **30 Mark ~ Stunde** 30 marks per hour; **~ nach** depending on <> *konj:* **~ schneller, desto besser** the quicker the better; **~ nachdem** it depends; **~ nachdem, ob ...** depending on whether ... <> *interj:* **oh ~!** oh no!, oh dear!

Jeans [dʒiːnz] (*pl* -) *die* jeans *(pl)*; **eine ~** a pair of jeans.

jede, r, s *det* every, each; [in negativen Konstruktionen] any; **ohne ~n Zweifel** without any doubt; **~n zweiten Tag** every second day <> *pron* **- 1.** [Person] everyone, everybody; **~ von ihnen** each of them; **da kennt ~r ~n** everybody knows everybody there; **~r Zweite** every second ODER other one; **~r kann**

teilnehmen anyone can take part - **2.** [Sache] each (one).

jedenfalls *adv* - **1.** [wenigstens] at least; **ich ~ habe keine Lust** I at any rate don't want to - **2.** [auf jeden Fall] in any case.

jedermann *pron* everybody, everyone.

jederzeit *adv* at any time.

jedesmal *adv* ▷ **Mal.**

jedoch *adv & konj* however.

Jeep® [dʒiːp] (*pl* **-s**) *der* Jeep®.

jegliche, r, s *pron:* **hier kommt ~ Hilfe zu spät** all help will come too late here; **ohne ~n Sinn** without any sense; **ohne ~ s Risiko** with no risk.

jeher *adv:* **von ~** always.

jemals *adv* ever.

jemand *pron* someone, somebody; [in Fragen] anyone, anybody.

Jemen *nt* Yemen.

jene, r, s *geh det* that ◇ *pron* that one.

jenseits *präp:* **~ einer Sache** *(G)* ODER **von etw** [räumlich] on the other side of sthg; [ideell] beyond sthg.

Jenseits *das:* **jn ins ~ befördern** *fam* to bump sb off.

Jerusalem *nt* Jerusalem.

Jesuit (*pl* **-en**) *der* Jesuit.

Jet [dʒɛt] (*pl* **-s**) *der* jet.

Jetlag ['dʒɛtlɛg] (*pl* **-s**) *der* jet lag.

Jeton [ʒə'tõ] (*pl* **-s**) *der* - **1.** [Spielmünze] chip - **2.** [Automatenmünze] token.

jetzig *adj* current.

jetzt *adv* - **1.** [momentan, mittlerweile] now; **bis ~** so far; **von ~ an** from now on; **erst ~** only just; **schon ~** already - **2.** [gegenwärtig, heute] nowadays; **das gibt es ~ nicht mehr** you don't get that any more (nowadays) - **3.** [gleich, sofort] in a moment; **~ gleich** right away; **von ~ auf gleich** on the spur of the moment - **4.** [damals] then - **5.** [zum Ausdruck des Ärgers]: **das ist doch ~ kein Argument!** that's no argument!; **~ mach endlich voran!** get a move on, will you!

jeweilig *adj* - **1.** [zeitlich]: **nach der ~en Mode angezogen sein** to be dressed in the fashion of the day; **die Stimmung ändert sich mit der ~en Laune des Chefs** the atmosphere changes depending on what mood the boss happens to be in; **die ~e Nummer eins** the current number one - **2.** [zugehörig] respective.

jeweils *adv* - **1.** [jedes Mal] each time - **2.** [jeder] each; **~ drei Karten** three cards each - **3.** [momentan] at the time.

Jg. *abk für* **Jahrgang.**

Jh. (*abk für* **Jahrhundert**) C.

JH *abk für* **Jugendherberge.**

Jiddisch(e) *das* Yiddish; *siehe auch* **Englisch(e).**

Job [dʒɔp] (*pl* **-s**) *der* - **1.** [als Aushilfe] (temporary) job - **2.** [Arbeit] job.

jobben [dʒɔbn̩] *vi* to work.

Jobsharing ['dʒɔb'ʃɛːrɪŋ] *das* job-sharing.

Jockey ['dʒɔke, 'dʒɔki] (*pl* **-s**) *der* jockey.

Jod *das* iodine.

jodeln *vi* to yodel.

Joga, Yoga ['joːga] = **Yoga.**

joggen ['dʒɔgn̩] (*perf* **hat/ist gejoggt**) *vi* to jog.

Jogger, in ['dʒɔgɐ, rɪn] (*mpl* **-;** *fpl* **-nen**) *der, die* jogger.

Jogging ['dʒɔgɪŋ] *das* jogging.

Joghurt, Yoghurt, Jogurt (*pl* **-** ODER **-s**) *das* ODER *der* yoghurt.

Johannis|beere *die:* **Rote ~** redcurrant; **Schwarze ~** blackcurrant.

Johanniterunfallhilfe *die* ≃ St John's Ambulance *Br, medical emergency service run by volunteers.*

johlen *vi* to howl.

Joint [dʒɔynt] (*pl* **-s**) *der* joint.

Joker ['dʒoːkɐ] (*pl* **-**) *der* joker.

Jongleur, in [ʒɔŋ'løːɐ, rɪn] (*mpl* **-e;** *fpl* **-nen**) *der, die* juggler.

jonglieren [ʒɔŋ'liːrən] *vi* to juggle; **mit etw ~** *eigtl & fig* to juggle sthg ◇ *vt* [balancieren] to juggle.

Jordan *der:* **der ~** the (River) Jordan; **über den ~ gehen** *fam* to kick the bucket.

Jordanien *nt* Jordan.

Jordanier, in [jɔr'daːni̯ɐ, rɪn] (*mpl* **-;** *fpl* **-nen**) *der, die* Jordanian.

jordanisch *adj* Jordanian.

Joule [dʒuːl, dʒaul] (*pl* **-**) *das* joule.

Journalismus [ʒʊrna'lɪsmʊs] *der* journalism.

Journalist, in [ʒʊrna'lɪst, ɪn] (*mpl* **-en;** *fpl* **-nen**) *der, die* journalist.

journalistisch [ʒʊrna'lɪstɪʃ] *adj* journalistic.

jovial [jo'vi̯aːl] *adj* jovial ◇ *adv* jovially.

Joystick ['dʒɔystɪk] (*pl* **-s**) *der* joystick.

jr. (*abk für* **junior**) Jr.

Jubel *der* - **1.** [Freude] jubilation - **2.** [Rufen] cheering.

jubeln *vi* - **1.** [sich freuen] to rejoice - **2.** [rufen] to cheer.

Jubilar, in (*mpl* **-e;** *fpl* **-nen**) *der, die person celebrating an anniversary.*

Jubiläum [jubi'lɛːʊm] (*pl* **Jubiläen**) *das* anniversary; **ein ~ feiern** to celebrate an anniversary.

juchzen *vi* to whoop.

jucken *vi* - **1.** [Haut] to itch - **2.** [Material] to be itchy ◇ *vt* - **1.** [kratzen]: **die Narbe juckt ihn** his scar is itchy - **2.** *fam* [beeinflussen]: **es juckt mich, es zu versuchen** I'm itching to try; **das juckt mich nicht** I don't care.
◆ **sich jucken** *ref* [sich kratzen] to scratch o.s.

Juck|reiz *der* itching; **~ verspüren** to have an itch.

Jude (*pl* **-n**) *der* Jew.

Judentum *das* Judaism.

Jüdin (*pl* **-nen**) *die* Jew.

jüdisch *adj* Jewish.

Judo *das* judo.

Jugend *die (ohne pl)* - **1.** [junges Alter] youth - **2.** [junge Personen] young people *(pl)*; **die ~ von heute** today's youth, young people today.

Jugend|amt *das local authority service responsible for the welfare of young people.*

Jugendarbeit *die* youth work.

jugendfrei *adj*: '**nicht ~**' 'not suitable for persons under 18'.

Jugend|freund, in *der, die* friend from one's youth.

Jugend|gruppe *die* youth group.

Jugend|herberge *die* youth hostel.

jugendlich *adj* - **1.** [jung] young - **2.** [jung wirkend] youthful ◇ *adv*: **sich ~ geben/kleiden** to act/dress young.

Jugendliche (*pl* **-n**) *der, die* young person.

Jugendschutzgesetz *das law designed to protect young people.*

Jugendstil *der* art nouveau.

Jugoslawien *nt* Yugoslavia.

Jukebox ['dʒuːkbɔks] (*pl* **-es**) *die* jukebox.

Juli *der* July; **der 20. ~** *anniversary of failed assassination attempt on Hitler on 20 July 1944; siehe auch* **September.**

20. JULI 1944

Faced with the inevitable defeat of Germany, opponents of Hitler's regime organized a plot to assassinate Hitler before Germany was completely destroyed. One of the authors of this plot was Colonel von Stauffenberg. It was he who placed a bomb in Hitler's headquarters on the 20 July 1944. However, Hitler survived the attack with only minor injuries. The failure of this assassination attempt resulted in a large part of the German resistance movement being wiped out.

Jumbojet ['jʊmbodʒɛt], **Jumbo-Jet** (*pl* **-s**) *der* jumbo jet.

jung (*kompar* **jünger;** *superl* **jüngste**) *adj* - **1.** [gen] young; [Aussehen, Stil] young, youthful; **meine jüngere Schwester** my younger sister - **2.** [nicht lange zurückliegend]: **die jüngsten Ereignisse** recent events ◇ *adv (kompar jünger; superl am jüngsten)*: **~ sterben** to die young.

Junge (*pl* **-n** ODER **Jungs**) *der (pl Jungen, Jungs)* [Knabe, Mann] boy; **hallo, alter ~** hello, my old pal; **ein schwerer ~** *fam fig* a thug ◇ *das (pl Jungen)* [Tier] young animal; **die ~n** the young; **~ kriegen** ODER **werfen** to give birth to young.

Jünger, in (*mpl* **-;** *fpl* **-nen**) *der, die* disciple.

Jungfer (*pl* **-n**) *die*: **alte ~** *abw* old maid.

Jungfern|fahrt *die* maiden voyage.

Jung|frau *die* - **1.** [Frau] virgin - **2.** ASTROL Virgo; **~ sein** to be a Virgo.

jungfräulich *adj* virginal.

Jung|geselle *der* bachelor; **ein eingefleischter ~** a confirmed bachelor.

Jüngling (*pl* **-e**) *der* - **1.** *geh* [junger Mann] youth - **2.** *abw* [unreif] spotty teenager.

jüngst *adv geh* recently.

jüngste *adj* ▷ **jung.**

Jüngste (*pl* **-n**) *der, die, das* youngest; **er ist nicht mehr der ~** he's not as young as he used to be.

Jüngste Tag *der* REL Day of Judgement.

Jung|unternehmer, in *der, die* young entrepreneur.

Jungverheiratete *der, die* newlywed man (*f* newlywed woman); **die ~n** the newlyweds.

Juni *der* June; **der 17. ~** *former West German holiday celebrating German unity and commemorating the uprising in the GDR on 17 June 1953; siehe auch* **September.**

Junior (*pl* **Junioren**) *der* - **1.** [gen] junior - **2.** [im Geschäft] junior partner.

Juniorin (*pl* **-nen**) *die* - **1.** [Tochter] daughter - **2.** [im Geschäft] junior partner - **3.** SPORT junior.

Junkie ['dʒaŋki] (*pl* **-s**) *der fam* junkie.

Jupiter *der* Jupiter.

jur. *abk für* **juristisch.**

Jura *der* - **1.** *(ohne Artikel)* [Studienfach] law - **2.** [Gebirge]: **der ~** the Jura - **3.** [Erdzeitalter] Jurassic period.

Jurist, in (*mpl* **-en;** *fpl* **-nen**) *der, die* lawyer.

juristisch *adj* legal ◇ *adv* legally.

Jury [ʒy'riː] (*pl* **-s**) *die* jury.

Justiz *die* - **1.** [Behörde]: **jn der deutschen ~ ausliefern** to hand sb over to the German courts; **unabhängige ~** independent judiciary - **2.** [Rechtsprechung]: **nach irischer ~** under Irish law.

Justiz|beamte *der* member of the judiciary.

Justiz|beamtin *die* member of the judiciary.

Justiz|irrtum *der* miscarriage of justice.

Justiz|minister, in *der, die* Minister of Justice.

Justiz|ministerium *das* Ministry of Justice.

Justiz|mord *der* judicial murder.

Justizvollzugs|anstalt *die* ***amt*** penal institution, penitentiary ***Am.***

Jute *die* jute.

Juwel (*pl* **-en**) *das* ODER *der* - **1.** *(der)* [Schmuck] piece of jewellery - **2.** [Edelstein, Prachtstück] jewel; **sie ist ein ~** she is a gem.

Juwelier (*pl* **-e**) *der* jeweller.

Juwelier|geschäft *das* jeweller's (shop).

Juwelierin (*pl* **-nen**) *die* jeweller.

Jux *der* ***fam*** joke; **etw aus ~ und Tollerei tun** ***fam*** to do sthg as a joke.

JVA [jɔtfau'aː] (*pl* **-s**) *die abk für* **Justizvollzugsanstalt.**

K

k, K [kaː] (*pl* - ODER **-s**) *das* k, K.

Kabarett, Cabaret [kaba'rɛt, kaba'reː] (*pl* **-s** ODER **-e**) *das* - **1.** [Aufführung] satirical revue - **2.** [Institution] *theatre where satirical revues are performed.*

Kabarettist, in (*mpl* **-en**; *fpl* **-nen**) *der, die* satirical revue artist.

kabbeln ◆ **sich kabbeln** *ref* ***fam:*** **sich mit jm ~** to squabble with sb.

Kabel (*pl* **-**) *das* cable.

Kabel|anschluss *der:* **~ haben** to have cable television.

Kabelfernsehen *das* cable television.

Kabeljau (*pl* **-s**) *der* cod.

Kabel|kanal *der* cable TV channel.

Kabine (*pl* **-n**) *die* - **1.** [von Schiff, Flugzeug] cabin - **2.** [in Schwimmbad] cubicle; [in Kleidergeschäft] fitting room.

Kabinett (*pl* **-e**) *das* - **1.** [aus Ministern] cabinet - **2.** [Wein] *term designating a high-quality German wine.*

Kabinetts|sitzung *die* cabinet meeting.

Kabrio, Cabrio (*pl* **-s**) *das* convertible.

Kachel (*pl* **-n**) *die* tile.

kacheln (*perf* **hat/ist gekachelt**) *vt (hat)* [auslegen] to tile ◇ *vi (ist)* ***fam*** [rasen] to zoom along.

Kachel|ofen *der tiled stove used for heating.*

Kacke *die* ***vulg*** [Kot] shit; **die ~ ist am Dampfen** ***vulg*** the shit has hit the fan.

kacken *vi* ***vulg*** to shit.

Kadaver [ka'daːvɐ] (*pl* **-**) *der* carcass.

Kader (*pl* **-**) *der* - **1.** POL cadre - **2.** SPORT squad.

KaDeWe® (*abk für* **Kaufhaus des Westens**) *das large department store in Berlin.*

Kadmium *das* cadmium.

Käfer (*pl* **-**) *der* [Insekt, Auto] beetle.

Kaff (*pl* **-s** ODER **-e**) *das* ***fam*** dump.

Kaffee, Kaffee ['kafe, ka'feː] (*pl* **-s**) *der* - **1.** [gen] coffee; **eine Tasse ~** a cup of coffee; **~ mit Milch** white coffee; **schwarzer ~** black coffee; **das ist kalter ~** ***fam fig*** that's old hat - **2.** [Mahlzeit] afternoon coffee and cake; **~ trinken** [am Nachmittag] to have afternoon coffee; [in der Pause] to have a coffee break.

Kaffee|bohne *die* coffee bean.

Kaffee|filter *der* filter (paper).

Kaffee|haus *das* coffee house.

Kaffee|kanne *die* coffeepot.

Kaffee|klatsch (*pl* **-e**) *der:* **sich zum ~ treffen** to meet for a chat over a cup of coffee.

Kaffee|löffel *der* coffee spoon.

Kaffee|maschine *die* coffee machine.

Kaffee|satz *der* coffee grounds *(pl).*

Kaffee|tasse *die* coffee cup.

Käfig (*pl* **-e**) *der* cage.

kahl *adj* - **1.** [ohne Haare] bald; **~ werden** to go bald - **2.** [Berg, Baum] bare.

Kahl|kopf *der* bald person.

kahl scheren *vt (unreg)* [Kopf] to shave; **jn ~** to shave sb's hair off.

Kahl|schlag *der* - **1.** [das Abholzen] clear felling - **2.** [Waldfläche] clear-felled area - **3.** [Abbau] cutbacks *(pl).*

Kahn (*pl* **Kähne**) *der* - **1.** [Ruderboot] rowing boat ***Br***, rowboat ***Am*** - **2.** [Stechkahn] punt - **3.** [Lastkahn] barge.

Kai (*pl* **-s** ODER **-e**) *der* quay.

Kai|mauer *die* quay wall.

Kairo *nt* Cairo.

Kaiser (*pl* -) *der* emperor; **wir streiten uns um des ~s Bart** this discussion is pointless.

Kaiserin (*pl* **-nen**) *die* empress.

kaiserlich *adj* imperial.

Kaiser|reich *das* empire.

Kaiser|schmarrn (*pl* -) *der pancake torn into thin strips.*

Kaiser|schnitt *der* MED caesarean (section).

Kajak (*pl* **-s**) *das* ODER *der* kayak.

Kajüte (*pl* **-n**) *die* cabin.

Kakadu (*pl* **-s**) *der* cockatoo.

Kakao [ka'kau] *der* cocoa; **jn/etw durch den ~ ziehen** ***fam*** to take the mickey out of sb/sthg.

Kakerlake (*pl* **-n**) *die* cockroach.

Kaki *das (ohne pl)* = **Khaki.**

Kaktee = **Kaktus.**

Kaktus (*pl* **Kakteen** ODER **-se**) *der* cactus.

Kalabrien *nt* Calabria.

Kalahari *die:* **die ~** the Kalahari.

Kalauer (*pl* -) *der* [Witz] corny joke; [Wortspiel] bad pun.

Kalb (*pl* **Kälber**) *das* **- 1.** [Tier] calf **- 2.** [Fleisch] veal.

kalben *vi* to calve.

Kalbfleisch *das* veal.

Kaleidoskop (*pl* **-e**) *das* kaleidoscope.

Kalender (*pl* -) *der* **- 1.** [Wandkalender] calendar **- 2.** [Taschenkalender] diary; **sich** *(D)* **etw im ~ rot anstreichen** ***fig*** to make sthg a red-letter day.

Kalender|jahr *das* calendar year.

Kali (*pl* **-s**) *das* potash *(U).*

Kaliber (*pl* -) *das* **- 1.** [von einem Geschütz] calibre **- 2.** [Art, Sorte] kind, ilk.

Kalium *das* potassium.

Kalk *der (ohne pl)* **- 1.** [Kalkstein] limestone **- 2.** [in Wasserkessel] lime; **ungelöschter ~** quicklime **- 3.** [zum Tünchen] whitewash.

Kalk|stein *der* limestone.

Kalkül (*pl* **-e**) *das* ODER *der* ***geh*** calculation.

Kalkulation (*pl* **-en**) *die* calculation.

kalkulierbar *adj* **- 1.** [Preis] calculable **- 2.** [Risiko] quantifiable.

kalkulieren *vt* [berechnen] to calculate ◇ *vi* to calculate; **genau/scharf ~** to make precise calculations.

Kalorie [kalo'riː] (*pl* **-n**) *die* calorie.

kalorienarm [kalo'riːənarm] *adj* low-calorie ◇ *adv:* **~ essen** to eat low-calorie food.

kalt (*kompar* **kälter;** *superl* **kälteste**) *adj* cold; **es ist ~** it's cold; **mir ist ~** I'm cold; **~e Füße kriegen** ***fig*** to get cold feet; **das lässt mich ~** ***fam*** it leaves me cold ◇ *adv (kompar kälter; superl am kältesten):* **~ duschen** to have a cold shower; **das Bier ~ stellen** to chill the beer; **~ lächeln** to smile coldly.

kaltblütig *adj* cold-blooded ◇ *adv* in cold blood.

Kälte *die (ohne pl)* **- 1.** [gen] coldness **- 2.** [Wetter] cold; **bei ~** in cold weather; **klirrende** ODER **schneidende ~** biting cold.

kältebeständig *adj* **- 1.** [Pflanze] hardy **- 2.** [Material] frost-resistant.

Kälte|einbruch *der* cold snap.

Kalte Krieg *der* cold war.

Kalt|front *die* cold front.

kalt lassen *vt (unreg)* ***fam:*** **das lässt mich kalt** it leaves me cold.

kalt|machen *vt* ***fam*** [töten] to bump off.

Kalt|miete *die* rent not including bills.

Kalt|schale *die* KÜCHE *sweet soup served cold.*

kaltschnäuzig *adj* dismissive.

kalt|stellen *vt* [außer Gefecht setzen] to neutralize.

Kalzium *das* calcium.

kam *prät* ▻ **kommen.**

Kambodscha *nt* Cambodia.

Kamel (*pl* **-e**) *das* **- 1.** [Tier] camel **- 2.** ***fig*** [Trottel] idiot.

Kamelle (*pl* **-n**) *die* ***fam:*** **das sind ja olle ~n** that's old hat.

Kamera (*pl* **-s**) *die* camera; **vor der ~ stehen** to appear in front of the camera.

Kamerad, in (*mpl* **-en;** *fpl* **-nen**) *der, die* friend.

Kameradschaft (*pl* **-en**) *die* friendship.

kameradschaftlich *adj* friendly ◇ *adv* in a friendly way.

Kamera|frau *die* camerawoman.

Kamera|führung *die* camerawork *(U).*

Kamera|mann (*pl* **-männer**) *der* cameraman.

Kamerun *nt* Cameroon.

Kamille (*pl* **-n**) *die* camomile.

Kamillen|tee *der* camomile tea.

Kamin (*pl* **-e**) *der* **- 1.** [Schornstein] chimney **- 2.** [Feuerstelle] fireplace; **offener ~** open fireplace.

Kamin|feger, in (*mpl* **-;** *fpl* **-nen**) *der, die* chimney sweep.

Kamin|feuer *das* open fire.

Kaminlsims *das* ODER *der* mantelpiece.

Kamm (*pl* **Kämme**) *der* **- 1.** [Haarkamm, Hahnenkamm] comb; **alles über einen ~ scheren** *fig* [keinen Unterschied machen] to lump everything together **- 2.** [Bergkamm] ridge.

kämmen *vt* to comb.
◆ **sich kämmen** *ref* to comb one's hair.

Kammer (*pl* **-n**) *die* **- 1.** [kleines Zimmer] cubbyhole **- 2.** POL chamber.

Kammergericht *das high court and court of appeal in Berlin.*

Kammerlmusik *die* chamber music.

Kammerlspiele *pl* studio theatre *(sg).*

Kammerlton *der* MUS concert pitch.

Kampagne (*pl* **-n**) *die* campaign; **eine ~ gegen jn/etw starten** to launch a campaign against sb/sthg.

Kampf (*pl* **Kämpfe**) *der* **- 1.** [Streit] fight; [politisch, sozial] struggle, fight; [in Sport] contest; [in Krieg] battle; **~ um etw** fight for sthg; **~ gegen jn/etw** fight against sb/sthg; **jm/einer Sache den ~ ansagen** to declare war on sb/sthg **- 2.** MIL fighting *(U).*

Kampflansage *die* declaration of war.

kämpfen *vi* to fight; **gegen jn/etw ~** to fight against sb/sthg; **für jn/etw ~** to fight for sb/sthg; **um jn/etw ~** to fight for sb/sthg; **mit etw ~** *fig* [Schlaf, Tod] to fight sthg off; [Tränen] to fight sthg back.

Kampflgebiet *das* combat zone.

Kampflgeist *der* [kämpferische Haltung] fighting spirit.

Kampflhahn *der* **eigtl** & **fig** fighting cock.

Kampflhandlungen *pl* fighting *(U).*

Kampflhund *der* fighting dog.

kampflos *adj* MIL peaceful ◇ *adv* without a fight.

Kampflrichter, in *der, die* SPORT referee.

kampfunfähig *adj* SPORT: **jn ~ schlagen** to knock sb out of the fight.

kampieren *vi* **- 1.** [zelten] to camp **- 2.** [notdürftig] to camp down.

Kanada *nt* Canada.

Kanadier [ka'na:di̯ɐ] (*pl* -) *der* **- 1.** [Einwohner Kanadas] Canadian **- 2.** [Sportboot] Canadian canoe.

Kanadierin [ka'na:di̯ərɪn] (*pl* **-nen**) *die* Canadian.

kanadisch *adj* Canadian.

Kanaille [ka'naljə] (*pl* **-n**) *die* **abw** [Schurke] rogue.

Kanal (*pl* **Kanäle**) *der* **- 1.** [Wasserweg] canal **- 2.** TELEKOM channel **- 3.** *RW:* **den ~ voll haben** *fam* [betrunken sein] to be plastered; *fam* [es satt haben] to be fed up to the back teeth.

Kanalldeckel *der* manhole cover.

Kanalisation (*pl* **-en**) *die* **- 1.** [für Abwässer] sewers *(pl)* **- 2.** [Ausbau eines natürlichen Wasserweges] canalization *(U).*

kanalisieren *vt* **- 1.** [Straße, Ortsteil] to provide with a sewerage system **- 2.** *fig* [Gefühle, Aggression] to channel **- 3.** [Fluss] to canalize.

Kanalltunnel *der* Channel Tunnel.

Kanapee ['kanape:] (*pl* **-s**) *das* **- 1.** [Sofa] sofa **- 2.** KÜCHE canapé.

Kanarienlvogel *der* canary.

Kanarische Inseln *pl* Canary Islands.

Kandidat, in (*mpl* **-en**; *fpl* **-nen**) *der, die* candidate; **jn als ~en aufstellen** ODER **nominieren** to put sb forward as a candidate.

Kandidatur (*pl* **-en**) *die* candidacy; **seine ~ anmelden/zurückziehen** to announce/withdraw one's candidacy.

kandidieren *vi* to stand ***Br,*** to run ***Am.***

kandieren *vt* to candy.

Kandislzucker *der* sugar candy.

Känguru (*pl* **-s**) *das* kangaroo.

Kaninchen (*pl* -) *das* rabbit.

Kanister (*pl* -) *der* can.

kann *präs* ▷ **können.**

Kannlbestimmung *die* permissive provision.

Kännchen (*pl* -) *das* pot.

Kanne (*pl* **-n**) *die* pot.

Kannibale (*pl* **-n**) *der* cannibal.

Kannibalin (*pl* **-nen**) *die* cannibal.

Kannibalismus *der* cannibalism.

kannte *prät* ▷ **kennen.**

Kanon (*pl* **-s**) *der* MUS canon.

Kanone (*pl* **-n**) *die* **- 1.** [Geschütz] cannon **- 2.** *RW:* **unter aller ~ sein** *fam* [miserabel] to be the pits.

Kanonenlfutter *das* **abw** cannon fodder.

Kante (*pl* **-n**) *die* edge; **etw auf die hohe ~ legen** *fig* to put sthg by.

kantig *adj* angular.

Kantine (*pl* **-n**) *die* canteen.

Kantinenlessen *das* canteen food.

Kanton (*pl* **-e**) *der* canton.

kantonal *adj* cantonal.

Kantor (*pl* **-toren**) *der* choirmaster and organist.

Kantorin (*pl* **-nen**) *die* choirmistress and organist.

Kanu (*pl* **-s**) *das* canoe.

Kanüle (*pl* **-n**) *die* [MED - Hohlnadel] hypodermic needle; [- Röhrchen] cannula.

Kanzel (*pl* **-n**) *die* **- 1.** [von Kirchen] pulpit **- 2.** [von Flugzeugen] cockpit.

Kanzlei (*pl* **-en**) *die* office.

Kanzler (*pl* **-**) *der* **- 1.** [Bundeskanzler] chancellor **- 2.** UNI vice-chancellor ***Br,*** chancellor ***Am.***

KANZLER

The German chancellor is head of the federal government and has extensive powers. It is he who sets the agenda for government policy.

Kanzler|amt *das* [Amtssitz des Bundeskanzlers] chancellery.

Kanzlerin (*pl* **-nen**) *die* **- 1.** [Bundeskanzlerin] chancellor **- 2.** UNI vice-chancellor ***Br,*** chancellor ***Am.***

Kap (*pl* **-s**) *das* cape.

Kap. (*abk für* **Kapitel**) ch.

Kapazität (*pl* **-en**) *die* **- 1.** [gen] capacity **- 2.** [Experte] authority.

Kap der Guten Hoffnung *das* Cape of Good Hope.

Kapee *die:* **schwer von ~ sein** ***fam*** to be slow on the uptake.

Kapelle (*pl* **-n**) *die* **- 1.** [kleine Kirche] chapel **- 2.** MUS band.

Kapell|meister, in *der, die* [Leiter - einer Musikkapelle] bandmaster; [- eines Orchesters] conductor.

Kaper (*pl* **-n**) *die* caper.

kapern *vt* **- 1.** [erbeuten] to seize **- 2.** ***fam fig*** [ergattern]: **sich** *(D)* **jn ~** to hook sb.

Kap Hoorn *das* Cape Horn.

kapieren *vt* ***fam*** to get.

kapital [kapiˈtaːl] *adj* **- 1.** [Irrtum] serious **- 2.** [Hirsch] magnificent.

Kapital (*pl* **-ien** ODER **-e**) *das* **- 1.** [gen] capital **- 2.** *RW:* **aus etw ~ schlagen** to make capital out of sthg; **geistiges ~** intellectual assets *(pl);* **totes ~** unused skills *(pl).*

Kapital|anlage *die* capital investment.

Kapital|flucht *die* flight of capital.

Kapitalismus *der* capitalism.

Kapitalist, in (*mpl* **-en;** *fpl* **-nen**) *der, die* capitalist.

kapitalistisch *adj* capitalist.

kapitalkräftig *adj* financially strong.

Kapital|markt *der* WIRTSCH capital market.

Kapital|verbrechen *das* RECHT serious crime.

Kapitän (*pl* **-e**) *der* captain.

Kapitel (*pl* **-**) *das* chapter; **ein ~ für sich sein** ***fig*** to be an awkward business; **das ist ein anderes ~** that's another story.

Kapitulation (*pl* **-en**) *die* [Aufgabe] surrender *(U);* **bedingungslose ~** unconditional surrender *(U).*

kapitulieren *vi* to surrender; **vor jm ~** to yield to sb; **vor etw** *(D)* **~** to give up in the face of sthg.

Kaplan (*pl* **Kapläne**) *der* curate.

Kappe (*pl* **-n**) *die* cap; **etw auf seine ~ nehmen** ***fam fig*** to take the responsibility for sthg.

kappen *vt* **- 1.** [beschneiden] to cut back **- 2.** [durchschneiden] to cut through.

Kapsel (*pl* **-n**) *die* **- 1.** [kleiner Behälter] box **- 2.** [von Medikament, von Blüten] capsule.

Kapstadt *nt* Cape Town.

kaputt *adj* ***fam*** **- 1.** [Vase, Gerät] broken; [Beziehung, Gesundheit] ruined **- 2.** ***fig*** [erschöpft]: **~ sein** to be done in.

kaputt|gehen (*perf* **ist kaputtgegangen**) *vi (unreg)* ***fam*** **- 1.** [Gerät, Gegenstand] to break; [Beziehungen, Geschäfte] to be ruined **- 2.** [eingehen] to die.

kaputt|lachen ◆ **sich kaputtlachen** *ref* ***fam*** to kill o.s. laughing; **sich über jn/etw ~** to kill o.s. laughing at sb/sthg.

kaputt|machen *vt* [Gerät, Gegenstand] to break; [Beziehungen, Geschäfte] to ruin. ◆ **sich kaputtmachen** *ref* ***fam*** to do o.s. in.

kaputt|schlagen *vt (unreg)* ***fam*** to smash.

Kapuze (*pl* **-n**) *die* hood.

Kapuziner (*pl* **-**) *der* **- 1.** [Ordensbruder] Capuchin (friar) **- 2.** ***Österr*** [Getränk] *coffee with milk.*

Karabiner (*pl* **-**) *der* carbine.

Karabiner|haken *der* karabiner.

Karacho *das* ***fam:*** **mit ~** hell for leather.

Karaffe (*pl* **-n**) *die* **- 1.** [mit Stöpsel] decanter **- 2.** [ohne Stöpsel] carafe.

Karambolage [karamboˈlaːʒə] (*pl* **-n**) *die* crash.

Karamell *der* caramel.

Karamell|bonbon *das* ODER *der* toffee.

Karat (*pl* **-e** oder **-**) *das* **- 1.** [Edelsteingewicht] carat **- 2.** [Einheit]: **dieser Ring hat 20 ~** this ring is 20 carats.

Karate *das* karate.

Karawane (*pl* **-n**) *die* caravan.

Kardinal (*pl* **Kardinäle**) *der* cardinal.

Kardinal|zahl *die* [Grundzahl] cardinal number.

Kardiologe (*pl* **-n**) *der* MED cardiologist.

Kardiologin (*pl* **-nen**) *die* cardiologist.

Karenz|tag *der first day of sick leave, for which the insurer does not pay benefit.*

Kar|freitag *der* Good Friday.

karg *adj* - **1.** [Mahlzeit, Lohn] meagre - **2.** [Raum] bare - **3.** [Boden] barren.

kärglich *adj* meagre.

Karibik *die* Caribbean.

karibisch *adj* Caribbean.

kariert *adj* - **1.** [Stoff] checked - **2.** [Papier] squared ◇ *adv* ***fam*** [verwirrt]: **~ schauen** to look bewildered.

Karies ['kaːri̯ɛs] *die* MED tooth decay.

Karikatur (*pl* **-en**) *die* cartoon; [Porträt] caricature.

Karikaturist, in (*mpl* **-en**; *fpl* **-nen**) *der, die* cartoonist; [Porträtist] caricaturist.

karikieren *vt* to caricature.

kariös *adj* decayed.

karitativ *adj* charitable ◇ *adv* for charity.

Karlsruhe *nt* - **1.** [Stadt] Karlsruhe - **2.** [Gericht] the Federal Constitutional Court.

Karmeliter, in (*mpl* **-**; *fpl* **-nen**) *der, die* Carmelite.

karminrot *adj* carmine (red).

Karneval ['karnəval] (*pl* **-e** ODER **-s**) *der* carnival.

KARNEVAL

The biggest "Karneval" celebrations take place in the Rhineland (Cologne, Düsseldorf and Mainz), although the tradition is also associated with Bavaria (where it is known as "Fasching") and Swabia (where it is known as "Fasenacht" or "Fasnet"). The "Karneval" period officially begins at eleven minutes past eleven on the 11th November and ends on Ash Wednesday. On the Monday before Ash Wednesday ("Rosenmontag"), there are processions with floats carrying figures that caricature social and political life.

Karnevalist, in [karnəva'lɪst, ɪn] (*mpl* **-en**; *fpl* **-nen**) *der, die* carnival participant.

karnevalistisch [karnəva'lɪstɪʃ] *adj* carnival *(vor Subst).*

Karnevals|zug *der* carnival procession.

Karnickel (*pl* **-**) *das* ***fam*** [Kaninchen] rabbit.

Kärnten *nt* Carinthia.

Kärntner, in (*mpl* **-**; *fpl* **-nen**) *der, die* Carinthian.

kärntnerisch *adj* Carinthian.

Karo (*pl* **-s**) *das* - **1.** [Raute] diamond - **2.** *(ohne Artikel, ohne pl)* [Spielfarbe] diamonds *(pl)* - **3.** [Spielkarte] diamond; **~ Bube** jack of diamonds.

Karosserie (*pl* **-n**) *die* bodywork *(U).*

Karotte (*pl* **-n**) *die* carrot.

Karpaten *pl:* **die ~** the Carpathians.

Karpfen (*pl* **-**) *der* carp.

Karre (*pl* **-n**) *die* - **1.** [Handkarre] cart - **2.** ***fam*** [Auto] jalopy, banger ***Br.***

karren *vt* ***fam*** - **1.** [transportieren] to cart - **2.** [jn fahren]: **jn irgendwohin ~** to drive sb somewhere.

Karren (*pl* **-**) *der* - **1.** [kleiner Wagen] cart - **2.** ***RW:*** **jm den ~ aus dem Dreck ziehen** ***fam*** to get sb out of trouble; **jm an den ~ fahren** ***fam*** to take sb to task; **mir kann keiner an den ~ fahren** nobody can touch me; **ich lasse mich nicht vor deinen ~ spannen** I'm not doing your donkey work (for you).

Karriere [ka'ri̯eːrə] (*pl* **-n**) *die* career; **~ machen** to make a career for o.s.

Karriere|frau *die* career woman.

Karriere|typ *der* ***abw*** careerist.

Kar|samstag *der* Easter Saturday.

Karst (*pl* **-e**) *der* karst.

Kartäuser (*pl* **-**) *der* Carthusian (monk).

Karte (*pl* **-n**) *die* - **1.** [Postkarte, Spielkarte] card - **2.** [Landkarte] map - **3.** ***RW:*** **jm die ~n legen** [wahrsagen] to tell sb's fortune from cards; **jm die gelbe/rote ~ zeigen** to show sb the yellow/red card; **mit offenen ~n spielen** to put one's cards on the table; **alles auf eine ~ setzen** to stake everything on one chance; **schlechte ~n haben** to have been dealt a bad hand.

Kartei (*pl* **-en**) *die* card index.

Kartei|karte *die* index card.

Kartei|kasten *der* index-card box.

Kartei|leiche *die* ***hum*** inactive member.

Kartell (*pl* **-e**) *das* WIRTSCH cartel.

Kartell|amt *das* WIRTSCH ≃ Monopolies Commission ***Br,*** *government body responsible for the regulation of cartels.*

Karten|haus *das* house of cards; **zusammenfallen wie ein ~** ***fig*** to collapse like a house of cards.

Karten|spiel *das* - **1.** [Gesellschaftsspiel] card game - **2.** [Spielkarten] pack ***Br*** ODER deck ***Am*** of cards.

Karten|telefon *das* cardphone.

Karten|vorverkauf *der* advance booking.

Kartoffel (*pl* **-n**) *die* potato.

Kartoffel|brei *der* KÜCHE mashed potatoes *(pl).*

Kartoffel|chips *pl* crisps ***Br,*** chips ***Am.***

Kartoffel|puffer *der* KÜCHE potato pancake *(made from grated potatoes).*

Kartoffel|püree *das* KÜCHE mashed potatoes *(pl).*

Kartoffel|salat *der* KÜCHE potato salad.

Karton (*pl* **-s**) *der* **- 1.** [Pappe] card **- 2.** [Kiste] (cardboard) box.

Karussell (*pl* **-s**) *das* merry-go-round; **~ fahren** to go on the merry-go-round.

Kar|woche *die* Holy Week.

Karzinom (*pl* **-e**) *das* MED carcinoma.

Kasachstan *nt* Kazakhstan.

Kaschemme (*pl* **-n**) *die* **abw** sleazy bar.

kaschieren *vt* to conceal.

Kaschmir (*pl* **-e**) *nt* Kashmir <> *der* cashmere.

Käse (*pl* -) *der* cheese; **das ist ~! *abw* & *fig*** that's rubbish!

Käse|blatt *das* **fam abw** rag.

Käse|fondue *das* KÜCHE cheese fondue.

Käse|gebäck *das* KÜCHE cheese savouries *(pl)*.

Käse|glocke *die* cheese dome.

Käse|kuchen *der* KÜCHE cheesecake.

Kaserne (*pl* **-n**) *die* MIL barracks *(pl)*.

kaserniert *adj* in barracks.

käsig *adj* pale.

Kasino (*pl* **-s**) *das* **- 1.** [Spielkasino] casino **- 2.** MIL (officers') mess.

Kasper (*pl* -) *der* Punch.

Kasperle|theater *das* [Vorstellung] Punch and Judy show; [Gebäude] Punch and Judy theatre.

Kaspische Meer *das* Caspian Sea.

Kasse (*pl* **-n**) *die* **- 1.** [Kassette] cashbox **- 2.** [im Laden] till **- 3.** [im Supermarkt] checkout **- 4.** [im Theater, Kino] box office **- 5. *fam*** [Krankenkasse] (health) insurance *(U)* **- 6. *RW:* ~ machen** to cash up; **jn zur ~ bitten** to ask sb to pay up; **gemeinsame ~ machen** to share expenses; **getrennte ~ machen** to pay separately; **gut bei ~ sein *fam*** to be well-off; **knapp bei ~ sein *fam*** to be short of cash.

Kassen|arzt, ärztin *der, die doctor who treats patients with health insurance.*

Kassen|bon *der* receipt.

Kassen|patient, in *der, die patient with health insurance.*

Kassen|schalter *der* cash desk.

Kassen|sturz *der* ***fam:* ~ machen** to check one's finances.

Kassen|zettel *der* receipt.

Kassette (*pl* **-n**) *die* **- 1.** [Musik- und Videokassette] cassette, tape; **etw auf ~ aufnehmen** to record sthg on cassette ODER tape **- 2.** [für Schmuck, Schallplatten, Bücher] box.

Kassetten|rekorder *der* cassette recorder.

kassieren *vt* **- 1.** [einziehen] to collect **- 2. *fam*** [einnehmen] to pocket **- 3. *fam*** [einheimsen - Lob, Kritik] to get; [- Niederlage] to suffer **- 4. *fam*** [Führerschein] to take away.

Kassierer, in (*mpl* **-**; *fpl* **-nen**) *der, die* **- 1.** [von Geschäft, Bank] cashier **- 2.** [von Verein] treasurer.

Kastanie [kas'taːni̯ə] (*pl* **-n**) *die* chestnut.

kastanienbraun *adj* chestnut.

Kaste (*pl* **-n**) *die* caste.

Kasten (*pl* **Kästen**) *der* **- 1.** [Kiste] box **- 2.** [für Flaschen] crate **- 3.** [Briefkasten] postbox ***Br***, mailbox ***Am*** **- 4. *fam*** [Gebäude] great box of a building **- 5.** SPORT box **- 6. *fam*** [Kopf]: **etwas/viel auf dem ~ haben** [intelligent sein] to be brainy/very brainy.

Kasten|form *die* rectangular baking tin ***Br*** ODER pan ***Am***.

Kastilien *nt* Castile.

kastrieren *vt* MED to castrate.

Kasus (*pl* -) *der* GRAM case.

Kat [kat] (*pl* **-s**) (*abk für* **Katalysator**) *der* AUTO cat.

Katakombe (*pl* **-n**) *die* catacomb.

Katalanisch(e) *das* Catalan; *siehe auch* **Englisch(e)**.

Katalog (*pl* **-e**) *der* catalogue.

katalogisieren *vt* to catalogue.

Katalonien *nt* Catalonia.

Katalonier, in [kata'loːni̯ɐ, rɪn] (*mpl* **-**; *fpl* **-nen**) *der, die* Catalan.

katalonisch *adj* Catalan.

Katalysator (*pl* **-toren**) *der* [am Auto] catalytic converter; [in Chemie] catalyst.

Katamaran (*pl* **-e**) *der* catamaran.

Katapult (*pl* **-e**) *das* ODER *der* catapult.

Katarrh, Katarr (*pl* **-e**) *der* MED catarrh *(U)*.

Kataster|amt *das* land registry.

katastrophal [katastro'faːl] *adj* disastrous <> *adv* disastrously.

Katastrophe [katas'troːfə] (*pl* **-n**) *die* disaster; **eine ~ sein *fam*** to be a disaster.

Katastrophen|gebiet [katas'troːfəngəbiːt] *das* disaster area.

Katastrophen|schutz [katas'troːfənʃʊts] *der* disaster relief.

Kate (*pl* **-n**) *die* cottage.

Katechismus (*pl* **-men**) *der* catechism.

Kategorie (*pl* **-n**) *die* category.

kategorisch *adj* categorical <> *adv* categorically.

Kater (*pl* -) *der* **- 1.** [Tier] tomcat **- 2. *fam*** [von Alkohol] hangover; **einen ~ haben** to have a hangover.

Kater|frühstück *das breakfast of pickled gherkins, herrings etc, intended to cure a hangover.*

kath. (*abk für* **katholisch**) Cath.

Katheder (*pl* **-**) *der* lectern.

Kathedrale (*pl* **-n**) *die* cathedral.

Katheter (*pl* **-**) *der* MED catheter.

Kathode (*pl* **-n**) *die* PHYS cathode.

Katholik (*pl* **-en**) *der* Catholic.

Katholiken|tag *der biannual congress of German Catholics.*

Katholikin (*pl* **-nen**) *die* Catholic.

katholisch *adj* Catholic.

Katholizismus *der* Catholicism.

Kat-|Motor *der engine of a car fitted with a catalytic converter.*

Katz *die:* **~ und Maus spielen** to play cat and mouse; **für die ~ sein** ***fam*** to be a waste of time.

Katze (*pl* **-n**) *die* **- 1.** [Tier] cat; **die ~ aus dem Sack lassen** to let the cat out of the bag **- 2.** [weibliches Tier] she-cat.

katzenfreundlich *adj:* **~ sein** to be superficially friendly.

Katzen|sprung *der:* **etw ist nur ein ~ von etw entfernt** sthg is only a stone's throw away from sthg.

Katzen|wäsche *die* ***fam*** catlick.

Kauderwelsch *das* gibberish.

kauen *vi* to chew; **an etw** *(D)* **~** [herumkauen] to chew sthg; [bewältigen] to grapple with sthg <> *vt* to chew.

kauern *vi* to crouch.

◆ **sich kauern** *ref* to crouch.

Kauf (*pl* **Käufe**) *der* purchase; **einen ~ abschließen** to complete a purchase; **etw in ~ nehmen** ***fig*** to accept sthg.

kaufen *vt* to buy; **jm/sich etw ~** to buy sb/o.s. sthg.

Käufer, in (*mpl* **-;** *fpl* **-nen**) *der, die* buyer.

Kauf|frau *die* businesswoman.

Kauf|haus *das* department store.

Kauf|kraft *die* purchasing power.

Kauf|leute *pl* business people.

käuflich *adj* **- 1.** [zu erwerben]: **etw ~ erwerben** ***amt*** to purchase sthg; **~ sein** [Ware] to be for sale; [Person] to be easily bought; **nicht ~ sein** [Ware] not to be for sale; [Person] not to be easily bought **- 2.** [prostituiert]: **~es Mädchen** prostitute; **~e Liebe** prostitution.

Kaufmann (*pl* **-leute**) *der* businessman.

kaufmännisch *adj* commercial.

Kauf|preis *der* purchase price.

Kauf|rausch *der* spending urge.

Kauf|vertrag *der* contract of sale.

Kauf|zwang *der* obligation to buy.

Kau|gummi *das* ODER *der* chewing gum.

Kaukasus *der:* **der ~** the Caucasus.

Kaul|quappe (*pl* **-n**) *die* tadpole.

kaum *adv* **- 1.** [gen] hardly; **das ist ~ zu glauben** that's hard to believe; **~ dass ich angerufen hatte, standen sie schon vor der Tür** no sooner had I rung than they were at the door **- 2.** [höchstens] barely.

kausal *adj* causal <> *adv* causally.

Kausal|satz *der* GRAM causal clause.

Kausalzusammen|hang *der* causal connection.

Kaution (*pl* **-en**) *die* **- 1.** [für Wohnung] deposit **- 2.** [für Häftling] bail; **gegen ~ freikommen** to be released on bail.

Kautschuk *der* (India) rubber.

Kauz (*pl* **Käuze**) *der:* **ein komischer ~** ***fig*** an odd bird.

Kavalier [kava'liːɐ] (*pl* **-e**) *der* gentleman.

Kavaliers|delikt *das* trivial offence.

Kavallerie ['kavaləriː] (*pl* **-n**) *die* cavalry.

Kaviar [kaːviar] (*pl* **-e**) *der* caviar .

kcal. (*abk für* **Kilokalorie**) kcal.

keck *adj* cheeky <> *adv* cheekily.

Kefir *der (ohne pl)* kefir, *sour-tasting drink made of fermented milk.*

Kegel (*pl* **-**) *der* **- 1.** MATH cone **- 2.** [zum Spielen] skittle.

Kegel|bahn *die* bowling alley.

kegelförmig *adj* conical.

Kegel|klub *der* bowling club.

kegeln *vi* to bowl.

Kegel|schnitt *der* MATH conic section.

Kehle (*pl* **-n**) *die* **- 1.** [gen] throat **- 2.** ***RW:*** **etw in die falsche ~ bekommen** ***fam*** to take sthg the wrong way; **aus voller ~ singen/schreien** to sing/shout at the top of one's voice.

kehlig *adj* throaty <> *adv* throatily.

Kehl|kopf *der* larynx.

Kehr|besen *der* brush.

Kehr|blech *das* dustpan.

Kehre (*pl* **-n**) *die* [Kurve] hairpin bend.

kehren *vt* **- 1.** [fegen] to sweep **- 2.** [wenden] to turn; **den starken Mann nach außen ~** to act the tough guy; **in sich gekehrt** lost in one's own world.

◆ **sich kehren** *ref* **- 1.** [sich kümmern]: **sich nicht an** ODER **um etw ~** not to care about sthg **- 2.** [sich richten]: **sich gegen jn ~** to turn against sb.

Kehr|reim *der* refrain.

Kehr|schaufel *die* dustpan.

Kehr|seite *die* drawback, downside; **die ~ der Medaille** the downside.

kehrt|machen *vi* to turn round.

Kehrt|wendung *die:* **eine ~ machen** to turn round; [politisch] to do a U-turn.

Kehr|wert *der* MATH reciprocal.

keifen *vi abw* to nag.

Keil (*pl* **-e**) *der* wedge.

Keilerei (*pl* **-en**) *die* **fam** scrap, fight.

Keil|riemen *der* fan belt.

Keim (*pl* **-e**) *der* **- 1.** [Pflanzentrieb] shoot; **etw im ~ ersticken** *fig* to nip sthg in the bud **- 2.** [Bakterie] germ.

keimen *vi* [Saat] to germinate; [Kartoffeln, Zwiebeln] to sprout.

keimfrei *adj* [Instrumente, Milch] sterilized; [Bedingungen] sterile ◇ *adv* [arbeiten] in a sterile environment.

Keimling (*pl* **-e**) *der* seedling.

keimtötend *adj* germicidal, antiseptic.

Keim|zelle *die* **- 1.** BIOL sex cell **- 2.** [Ausgangspunkt] germ.

kein, e *det* no, not ... any; **~ Mensch** no one; **~e einzige Mark** not a single mark; **es gibt ~e Bananen** there are no bananas, there aren't any bananas; **ich habe ~ Geld/~e Zeit** I haven't got any money/time; **~ dummer Gedanke** not a bad idea; **das ist doch ~e Schande** it's no disgrace; **~ Wunder, dass ...** it's no wonder (that) ...

keine, r, s *pron* **- 1.** [Person] no one, nobody; **~r weiß, dass ...** no one ODER nobody knows that ...; **es ist ~r da!** there's no one ODER nobody there!; **~r der Schüler** ODER **von den Schülern** none of the pupils **- 2.** [Gegenstand] none; **welchen nehmen Sie? – ~n** which do you want? – neither.

keinerlei *adj (unver)* no ... at all; **~ Bedenken haben** to have no scruples at all.

keinesfalls *adv* on no account; **das ist ~ schwer** that's not at all difficult.

keineswegs *adv* not at all; **~ besser** in no way better.

Keks (*pl* **-e**) *der* biscuit ***Br***, cookie ***Am***; **jm auf den ~ gehen** *fam* to get on sb's nerves.

Kelch (*pl* **-e**) *der* goblet.

Kelle (*pl* **-n**) *die* [Schöpflöffel] ladle.

Keller (*pl* **-**) *der* cellar.

Keller|assel *die* woodlouse.

Keller|fenster *das* cellar window.

Keller|geschoss *das* basement.

Keller|treppe *die* cellar stairs *(pl)*.

Keller|tür *die* cellar door.

Kellner, in (*mpl* **-**; *fpl* **-nen**) *der, die* waiter (*f* waitress).

kellnern *vi* to wait tables.

Kelte (*pl* **-n**) *der* Celt.

Kelter (*pl* **-n**) *die* press.

keltern *vt* to press.

Keltin (*pl* **-nen**) *die* Celt.

keltisch *adj* Celtic.

Kenia *nt* Kenya.

Kenianer, in (*mpl* **-**; *fpl* **-nen**) *der, die* Kenyan.

kenianisch *adj* Kenyan.

kennen (*prät* **kannte;** *perf* **hat gekannt**) *vt* to know; **jn/etw gut ~** to know sb/sthg well; **ich kenne mich** I know what I'm like; **~ wir uns nicht?** haven't we met somewhere before?; **da kennst du ihn aber schlecht!** you don't know what he's like!

kennen lernen *vt* **- 1.** [Person] to get to know, to meet; **freut mich, Sie kennen zu lernen!** pleased to meet you!; **du wirst mich noch ~!** ***fam fig*** I'll teach you! **- 2.** [Sache] to get to know, to familiarize o.s. with.

◆ **sich kennen lernen** *ref* [sich begegnen] to meet.

Kenner (*pl* **-**) *der* expert; [von Wein] connoisseur.

Kenner|blick *der:* **mit ~** with an expert eye.

Kennerin (*pl* **-nen**) *die* expert; [von Wein] connoisseur.

kenntlich *adj* recognizable ◇ *adv:* **etw ~ machen** to mark ODER identify sthg.

Kenntnis (*pl* **-nisse**) *die* knowledge; **etw zur ~ nehmen** to take note of sthg, to note sthg; **jn von etw in ~ setzen** to inform sb of sthg; **dieser Vorfall entzieht sich meiner ~** ***geh*** I don't know anything about this incident.

◆ **Kenntnisse** *pl* knowledge *(U)*.

Kenntnisnahme *die* **amt: zur ~** for information; **nach ~ von etw** after having seen sthg.

Kennwort (*pl* **-wörter**) *das* password.

Kennz. *abk für* **Kennzeichen.**

Kenn|zahl *die* code number.

Kenn|zeichen *das* **- 1.** [Merkmal] symbol, sign; **besondere ~** distinguishing features **- 2.** [an Kfz]: **amtliches ~** registration number ***Br***, license number ***Am***.

kennzeichnen *vt* [markieren]: **etw (mit** ODER **durch etw) ~** to mark sthg (with sthg); **etw als etw ~** [Produkt, Ware] to label sthg as sthg; **jn als etw ~** to describe sb as sthg.

kennzeichnend *adj:* **für jn/etw ~ sein** to be typical ODER characteristic of sb/sthg.

Kenn|zeichnung *die* labelling.

Kenn|ziffer *die* reference number.

kentern (*perf* **ist gekentert**) *vi* to capsize.

Keramik (*pl* **-en**) *die* **- 1.** [Gefäß]: **eine ~** a piece of pottery **- 2.** *(ohne pl)* [Ton] pottery, ceramics *(pl)*.

Kerbe (*pl* **-n**) *die* notch; **musst du denn auch noch in dieselbe ~ hauen?** ***fam fig*** do you have to go on about it too?

Kerbel *der* chervil.

Kerbholz *das*: **etwas** *ODER* **einiges auf dem ~ haben** ***fam*** to have blotted one's copybook.

Kerker (*pl* **-**) *der* dungeon.

Kerl (*pl* **-e**) *der* ***fam*** guy, bloke ***Br***; **ein netter ~** a nice guy; **ein gemeiner ~** a swine.

Kern (*pl* **-e**) *der* **- 1.** [von Apfel, Birne, Zitrusfrucht] pip; [von Pfirsich, Kirsche] stone, pit ***Am***; [von Nuß] kernel **- 2.** [Wichtigstes] core, crux **- 3.** PHYS nucleus **- 4.** [von Gruppen]: **der harte ~** the hard core.

Kern|energie *die* nuclear power.

Kern|forschung *die* nuclear research.

Kern|fusion *die* nuclear fusion.

Kern|gehäuse *das* core.

kerngesund *adj* as fit as a fiddle.

Kern|kraft *die* nuclear power.

Kernkraft|gegner, in *der, die* opponent of nuclear power.

Kernkraft|werk *das* nuclear power station.

kernlos *adj* seedless.

Kern|physik *die* nuclear physics *(U)*.

Kern|punkt *der* [eines Vortrags] central point; [eines Problems] crux.

Kern|reaktor *der* nuclear reactor.

Kern|seife *die* household soap.

Kern|spaltung *die* nuclear fission.

Kern|stück *das* centrepiece.

Kern|waffe *die* nuclear weapon.

Kerosin *das* kerosene.

Kerze (*pl* **-n**) *die* **- 1.** [zur Beleuchtung] candle **- 2.** [Turnübung] shoulder stand.

Kerzen|beleuchtung *die* candlelight.

kerzengerade *adj* & *adv* bolt upright.

Kerzenhalter (*pl* **-**) *der* candlestick; [auf Kuchen, Weihnachtsbaum] candleholder.

Kerzenlicht *das* candlelight.

kess (*kompar* **kesser;** *superl* **kesseste**) *adj* **- 1.** [Person, Verhalten] cheeky **- 2.** [Kleidung] jaunty ◇ *adv* [frech] cheekily.

Kessel (*pl* **-**) *der* **- 1.** [Topf] kettle; [groß] cauldron **- 2.** [Tal] basin, basin-shaped valley.

Kesseltreiben *das* [Kampagne] witchhunt.

Ketchup ['kɛtʃap], **Ketschup** *das ODER der* ketchup.

Kettcar® (*pl* **-s**) *der* pedal car.

Kette (*pl* **-n**) *die* chain; [aus Perlen] string; [von Polizisten] cordon; [von Unfällen, Ereignissen] string, series; **einen Hund an die ~ legen** to put a dog on the chain.

ketten *vt*: **jn/etw an etw** *(A)* **~** to chain sb/sthg to sthg.

Ketten|fahrzeug *das* tracked vehicle.

Ketten|raucher, in *der, die* chain smoker.

Ketten|reaktion *die* chain reaction.

Ketten|säge *die* chain saw.

Ketzer (*pl* **-**) *der* heretic.

Ketzerei *die* heresy.

Ketzerin (*pl* **-nen**) *die* heretic.

ketzerisch *adj* heretical.

keuchen (*perf* **hat/ist gekeucht**) *vi* to pant.

Keuchhusten *der* whooping cough.

Keule (*pl* **-n**) *die* **- 1.** KÜCHE leg **- 2.** [Waffe & SPORT] club; **chemische ~** ***fig*** Mace®.

keusch *adj* chaste ◇ *adv* chastely.

Keuschheit *die* chastity.

Keyboard ['kiːbɔːd] (*pl* **-s**) *das* [Musikinstrument & EDV] keyboard.

kfm. *abk für* **kaufmännisch.**

Kfz [kaːɛf'tsɛt] (*pl* **-**) *das abk für* **Kraftfahrzeug.**

Kfz-|Steuer *die* road tax.

kg (*abk für* **Kilogramm**) kg.

KG [kaː'geː] (*pl* **-s**) (*abk für* **Kommanditgesellschaft**) *die* limited partnership.

kgl. *abk für* **königlich.**

Khaki, Kaki *das* khaki.

KHG [kaːhaː'geː] (*pl* **-s**) (*abk für* **Katholische Hochschulgemeinde**) *die* ≃ CU ***Br***, *Catholic students' association.*

kHz (*abk für* **Kilohertz**) kHz.

kichern *vi* to giggle.

kicken *vi* to play (football) ◇ *vt* to kick.

Kicker, in (*mpl* **-s;** *fpl* **-nen**) *der, die* footballer, football player.

Kid (*pl* **-s**) *das* ***fam*** kid.

kidnappen ['kɪtnɛpn̩] *vt* to kidnap.

Kidnapper, in ['kɪtnɛpɐ, rɪn] (*mpl* **-;** *fpl* **-nen**) *der, die* kidnapper.

Kiefer (*pl* **-** *ODER* **-n**) *der (pl Kiefer)* jaw ◇ *die (pl Kiefern)* pine.

Kieker *der* ***fam***: **jn auf dem ~ haben** [beobachten] to have one's eye on sb; [nicht mögen] to have it in for sb.

Kiel[1] (*pl* **-e**) *der* **- 1.** [von Schiff] keel **- 2.** [von Federn] quill.

Kiel[2] *nt* [Stadt] Kiel.

Kieler Woche *die annual regatta held in Kiel.*

Kieme (*pl* **-n**) *die* gill.
Kies *der* **- 1.** [auf Weg] gravel; [am Ufer] shingle **- 2.** *salopp* [Geld] cash, dosh *Br.*
Kiesel (*pl* -) *der* pebble.
Kiesel|säure *die* CHEM silicic acid.
Kiesel|stein *der* pebble.
Kies|grube *die* gravel pit.
Kies|weg *der* gravel path.
Kiew ['kiːɛf] *nt* Kiev.
Kiez (*pl* **-e**) *der* **fam** [Stadtteil]: **der ~** the hood.
kiffen *vi* **fam** to smoke dope.
kikeriki *interj* cock-a-doodle-doo!
Kilimandscharo *der* Kilimanjaro.
killen *vt* **salopp** to bump off.
Killer, in (*mpl* **-**; *fpl* **-nen**) *der, die* killer.
Kilo (*pl* - ODER **-s**) *das* kilo.
Kilobyte ['kiːlobait] (*pl* **-s**) *das* EDV kilobyte.
Kilo|gramm *das* kilogram.
Kilo|hertz *das* kilohertz.
Kilo|kalorie *die* kilocalorie.
Kilo|meter *der* kilometre; **~ pro Stunde** kilometres per hour.
Kilometergeld *das* ≃ mileage (allowance).
kilometerlang *adj* ≃ miles long; **~e Strände** miles and miles of beaches.
Kilometer|pauschale *die* ≃ mileage allowance.
Kilometer|stand *der* ≃ mileage; **bei ~ 10.000** when there are 10,000 km on the clock.
kilometerweit *adv* [rennen] for miles; [sehen, hören] for miles (around).
Kilometer|zähler *der* ≃ mileometer.
Kilo|watt *das* kilowatt.
Kilowatt|stunde *die* kilowatt hour.
kiloweise *adv* **- 1.** [mehrere Kilos]: **etw ~ essen** to eat kilos of sthg **- 2.** [verkaufen] by the kilo.
Kind (*pl* **-er**) *das* child; **von ~ auf** ODER **an** from childhood; **ein ~ erwarten** to be expecting (a baby); **ein ~ bekommen** ODER **kriegen** to have a baby; **das ~ beim Namen nennen** to be frank; **das ~ mit dem Bade ausschütten** to throw out the baby with the bathwater; **kein ~ von Traurigkeit sein** to enjoy life; **mit ~ und Kegel** with the whole tribe; **sich bei jm lieb ~ machen** ***fam*** to suck up to sb, to lick sb's boots.
Kinder|arbeit *die* child labour.
Kinder|arzt, ärztin *der, die* paediatrician.
Kinder|buch *das* children's book.
Kinderei (*pl* **-en**) *die* childish behaviour *(U)*.
Kindererziehung *die* bringing up of children.
kinderfeindlich *adj* [Person] unfriendly to children; [Umgebung] child-unfriendly.
Kinder|fest *das* children's party.
Kinder|frau *die* nanny; [Tagesmutter] child minder.
Kinder|freibetrag *der* child allowance.
kinderfreundlich *adj* [Person] fond of children; [Umgebung] child-friendly.
Kinder|funk *der* children's radio.
Kinder|garten *der* nursery school.
Kinder|gärtner, in *der, die* = **Erzieher.**
Kinder|geld *das* child benefit.
Kindergottes|dienst *der* children's service.
Kinder|heim *das* children's home.
Kinder|hort *der day centre where children can spend the afternoon after lessons have finished.*
Kinder|krankheit *die* illness affecting children.
Kinder|krippe *die* crèche.
Kinder|lähmung *die* polio.
kinderleicht *adj* **fam** dead easy; **es war ~** it was child's play.
kinderlieb *adj* fond of children.
Kinder|lied *das* nursery rhyme.
kinderlos *adj* childless.
Kinder|mädchen *das* nursemaid.
kinderreich *adj*: **eine ~e Familie** a large family, a family with lots of children.
Kinder|schreck *der* bogeyman.
Kinder|schuh *der* children's shoe; **noch in den ~en stecken** ***fig*** to be in its infancy.
Kinderschutz|bund *der* child protection league.
kindersicher *adj* childproof ◇ *adv* [aufbewahren] out of the reach of children.
Kinder|sicherung *die* [an Auto] childproof lock.
Kinder|sitz *der* child seat.
Kinder|spiel *das* children's game; **ein ~ sein** to be child's play; **es ist kein ~** it's not exactly child's play.
Kinder|sprache *die* baby talk.
Kinder|sterblichkeit *die* infant mortality.
Kinder|stube *die*: **eine gute/schlechte ~ haben** to have been well/badly brought up.
Kinder|stunde *die* children's hour.
Kindertages|stätte *die* day nursery.
Kinder|wagen *der* pram ***Br***, baby carriage ***Am***.
Kinder|zimmer *das* children's bedroom.

Kindes|alter *das* childhood; **im ~** as a child, at an early age.

Kindes|misshandlung *die* child abuse.

kindgerecht *adj* designed for children.

Kindheit *die* childhood; **von ~ an** from an early age.

kindisch *abw adj* childish ◇ *adv* childishly.

kindlich *adj* childlike ◇ *adv* like a child.

Kinn (*pl* **-e**) *das* chin.

Kinn|haken *der* hook (to the chin).

Kinnlade (*pl* **-n**) *die* (lower) jaw.

Kino (*pl* **-s**) *das* cinema, movie theater ***Am;*** **ins ~ gehen** to go to the movies, to go to the cinema.

Kino|besucher, in *der, die* moviegoer, cinemagoer.

Kino|programm *das* movie guide, cinema guide.

Kinshasa *nt* Kinshasa.

Kiosk (*pl* **-e**) *der* kiosk.

Kippe (*pl* **-n**) *die* **- 1.** ***fam*** [Zigarette] ciggy, fag ***Br*** **- 2.** ***fam*** [Zigarettenstummel] cigarette butt, fag end ***Br*** **- 3.** ***RW:*** **auf der ~ stehen** [zu fallen drohen] to be precariously balanced; [gefährdet oder unsicher sein] to be in the balance.

kippelig *adj* wobbly, unsteady.

kippen (*perf* **hat/ist gekippt**) *vi (ist)* to topple ◇ *vt (hat)* **- 1.** [Fenster, Möbel] to tilt **- 2.** [Flüssigkeit] to tip **- 3.** ***fam*** [Schnaps] to knock back.

Kipp|fenster *das* tilting window.

Kirche (*pl* **-n**) *die* church; **in die ~ gehen** to go to church; **die ~ fängt um 9 Uhr an** the service starts at 9 o'clock; **lass die ~ im Dorf *fig*** don't overdo it.

Kirchen|chor *der* church choir.

Kirchen|gemeinde *die* [Bezirk] parish; [Gottesdienstteilnehmer] congregation.

Kirchen|geschichte *die* church history.

Kirchen|konzert *das* church concert.

Kirchen|maus *die:* **arm sein wie eine ~** to be as poor as a church mouse.

Kirchen|musik *die* church music.

Kirchen|schiff *das* ARCHIT nave.

Kirchen|steuer *die church tax.*

> **KIRCHENSTEUER**
>
> All practising Christians in Germany are liable to pay a tax that amounts to 8% to 10% of their income tax. Churches depend on this tax to finance their resources and activities. Many Germans leave the Church in order to avoid paying this tax.

Kirchen|tag *der church rally.*

> **KIRCHENTAG**
>
> The Congress of German Catholics and the Congress of the German Protestant Church are huge gatherings, during which the Churches outline their respective views on various topical issues affecting aspects of social, political and religious life and give support to major charities.

Kirch|gang *der* churchgoing.

Kirchgänger, in (*mpl* **-;** *fpl* **-nen**) *der, die* churchgoer.

kirchlich *adj* church *(vor Subst)* ◇ *adv:* **sich ~ trauen lassen** to have a church wedding.

Kirch|turm *der* [mit Spitze] steeple; [ohne Spitze] church tower.

Kirmes *die* fair.

kirre *adj* ***fam:*** **jn ~ machen** to wrap sb round one's little finger.

Kirsch|baum *der* cherry tree.

Kirsche (*pl* **-n**) *die* cherry; **mit ihm ist nicht gut ~n essen** he's liable to fly off the handle at any minute.

Kirsch|torte *die:* **Schwarzwälder ~** Black Forest gâteau.

Kirschwasser *das* kirsch.

Kissen (*pl* **-**) *das* [auf Stuhl, Sofa] cushion; [für Bett] pillow.

Kissen|bezug *der* **- 1.** [für Bettkissen] pillow case **- 2.** [für Sofakissen] cushion cover.

Kiste (*pl* **-n**) *die* **- 1.** [Behälter] crate, box; **eine ~ Wein** a case of wine **- 2.** ***fam*** [Auto] jalopy, banger ***Br.***

kistenweise *adv* by the crate.

Kita (*pl* **-s**) *die* ***fam*** day nursery.

Kitsch *der* kitsch.

kitschig *adj* kitschy.

Kitt *der* putty.

Kittchen (*pl* **-**) *das* ***fam*** nick ***Br,*** can ***Am;*** **ins ~ kommen *fam*** to get banged up; **im ~ sein** ODER **sitzen *fam*** to be in the nick ***Br*** ODER can ***Am.***

Kittel (*pl* **-**) *der* [für Werkstatt] overalls *(pl);* [für Arzt] white coat; [für Labor] lab coat.

Kittel|schürze (*pl* **-n**) *die* housecoat.

kitten *vt* **- 1.** [kleben] to glue together **- 2.** [Ehe] to patch up.

Kitzel (*pl* **-**) *der* thrill.

kitzelig = **kitzlig.**

kitzeln *vt* **- 1.** [krabbeln] to tickle; **jn an den Füßen ~** to tickle sb's feet **- 2.** [reizen - Ehrgeiz] ***fam*** to arouse.

kitzlig, kitzelig *adj* - **1.** [empfindlich] ticklish - **2.** [heikel] tricky.

Kiwi (*pl* **-s**) *die* kiwi fruit.

kJ (*abk für* **Kilojoule**) kJ.

Kl. *abk für* **Klasse.**

Klacks (*pl* **-e**) *der* **fam: das ist ein ~** it's a piece of cake.

klaffen *vi* to gape.

kläffen *vi* **abw** to yap.

klaffend *adj* gaping.

Klage (*pl* **-n**) *die* - **1.** [Beschwerde] complaint - **2.** RECHT action, suit; **gegen jn ~ einreichen** to bring an action against sb.

klagen *vi* - **1.** [jammern] to complain; **über jn/etw ~** to complain about sb/sthg; **über Rückenschmerzen ~** to complain of backache - **2.** [vor Gericht]: **gegen jn ~** to take legal action against sb; **auf Schadenersatz ~** to sue for damages ◇ *vt:* **jm seine Not ~** to pour out one's troubles to sb.

Klagenfurt *nt* Klagenfurt.

Kläger, in (*mpl* **-**; *fpl* **-nen**) *der, die* RECHT plaintiff.

klaglos *adv* uncomplainingly.

Klamauk *der (ohne pl)* - **1.** [Lärm] racket - **2.** [Komik] slapstick.

klamm *adj* - **1.** [Hände] numb - **2.** [Wäsche] clammy.

Klammer (*pl* **-n**) *die* - **1.** [für Blätter] paper clip; [für Wäsche] (clothes) peg ***Br***, clothespin ***Am***; [für Wunde, von Heftmaschine] staple; [für Zähne] brace - **2.** [Symbol] bracket; **etw in ~n setzen** to bracket sthg; **in ~n stehen** to be in brackets.

Klammer|affe *der* **fam** EDV at-sign.

klammern *vt:* **etw an etw** *(A)* **~** to attach sthg to sthg.

◆ **sich klammern** *ref:* **sich an jn/etw ~ *eigtl*** & ***fig*** to cling to sb/sthg.

klammheimlich *adj* secret ◇ *adv* secretly.

Klamotten *pl* **fam** gear *(U)*, clothes.

klang *prät* ▻ **klingen.**

Klang (*pl* **Klänge**) *der* sound.

klanglich *adj* tonal ◇ *adv* tonally.

klangvoll *adj* MUS melodious.

Klapp|bett *das* folding bed.

Klappe (*pl* **-n**) *die* - **1.** [Gegenstand] flap; [bei Blasinstrument, Motor] valve; [bei Film] clapperboard; **„~ die Fünfte"** "take five" - **2.** ***fam*** [Mund] trap; **die ~ halten** to shut one's trap; **eine große ~ haben** to have a big mouth.

klappen *vt:* **etw nach oben/unten ~** [Sitz] to tip sthg forward/back ◇ *vi* [gelingen] to work, to come off; **hat alles geklappt?** did everything go OK?; **es klappt (gut)** it works; **es klappt nicht** it doesn't work.

klapperdürr *adj* **fam** as thin as a rake.

klapperig = **klapprig.**

klappern *vi* [Tür, Fensterladen] to rattle; [Kastagnette] to clack (together); **ich klappere mit den Zähnen** my teeth are chattering.

Klapper|storch *der* **fam** stork.

Klapp|rad, Klappfahrrad *das* folding bicycle.

klapprig, klapperig *adj* - **1.** [Gegenstand] rickety - **2.** [Person] doddery.

Klapp|sitz *der* folding seat.

Klapp|stuhl *der* folding chair.

Klapp|tisch *der* folding table.

Klaps (*pl* **-e**) *der* [leichter Schlag] pat; **einen ~ haben *fam fig*** to have a screw loose.

Klaps|mühle *die* **fam** loony bin.

klar *adj* - **1.** [gen] clear; **mir ist nicht ~, wie das funktioniert** I'm not clear how it works; **ist dir das jetzt ~?** do you understand now?; **na ~!** of course! - **2.** [bewusst]: **sich** *(D)* **über etw im Klaren sein** to be aware of sthg ◇ *adv* - **1.** [deutlich] clearly - **2.** [fertig]: **~ zu etw** ready for sthg.

◆ **alles klar** *interj:* **alles ~?** OK?; **alles ~!** OK!

◆ **klar und deutlich** *adj* perfectly clear ◇ *adv* quite clearly.

Klär|anlage *die* sewage works *(sg)*.

Klare (*pl* **-n**) *der* schnapps.

klären *vt* [Problem, Angelegenheit] to clear up.

klar|gehen (*perf* **ist klargegangen**) *vi (unreg)* ***fam*** to go OK.

Klarheit *die* [Gewissheit, Deutlichkeit] clarity; **über etw** *(A)* **~ gewinnen** ODER **bekommen** to clarify sthg; **sich** *(D)* **~ verschaffen** to get sthg clear.

Klarinette (*pl* **-n**) *die* clarinet.

klar|kommen (*perf* **ist klargekommen**) *vi (unreg):* **mit jm/etw ~** to be able to cope with sb/sthg.

klar machen *vt:* **jm etw ~** to explain sthg to sb, to make sthg clear to sb.

klar sehen *vi (unreg)* to see clearly; **in etw** *(D)* **~** to be able to understand sthg.

Klarsicht|folie *die* transparent film, clingfilm ***Br***.

Klarsicht|hülle *die* plastic cover.

klar|stellen *vt* [Problem, Frage] to clear up; **~, dass ...** to make it clear that ...

Klartext *der:* **im ~** in plain English; **~ reden** ODER **sprechen** to speak plainly.

Klärung (*pl* **-en**) *die* clearing up.

klar werden (*perf* **ist klar geworden**) *vi (un-*

reg): **jm ~** to become clear to sb; **sich** *(D)* **über etw ~** to be able to understand sthg.

klasse *adj* **fam** great, neat **Am.**

Klasse (*pl* **-n**) *die* **- 1.** [gen] class; **erster/zweiter ~** first/second class **- 2.** [Zimmer] classroom **- 3.** [Schuljahr] form **Br,** grade **Am; eine ~ wiederholen** to repeat a year.

Klassen|arbeit *die* class test.

Klassen|fahrt *die* class outing.

Klassen|kamerad, in *der, die* classmate.

Klassen|kampf *der* POL class war.

Klassen|lehrer, in *der, die* class teacher.

Klassen|treffen *das* class reunion.

Klassen|unterschied *der* **- 1.** POL class difference **- 2.** [Leistungsvermögen] difference in class.

Klassen|zimmer *das* classroom.

klassifizieren *vt* to classify.

Klassik *die (ohne pl)* **- 1.** [Epoche] classical period **- 2.** [Antike]: **die ~** classical antiquity **- 3.** [Musik] classical music **- 4.** [Literatur] classical literature.

Klassiker, in (*mpl* **-;** *fpl* **-nen**) *der, die* **- 1.** [Dichter] classical author; **die ~ lesen** to read the classics **- 2.** [Referenz] classic.

klassisch *adj* **- 1.** [Kunst, Kultur] classical **- 2.** [Fehler] classic.

Klassizismus *der* classicism.

Klatsch *der* **fam** [Gerede] gossip.

Klatsch|base *die* **fam** gossip.

klatschen (*perf* **hat/ist geklatscht**) *vi* **- 1.** *(hat)* [schlagen] to slap; **in die Hände ~** to clap (one's hands) **- 2.** *(hat)* [Publikum] to clap **- 3.** *(ist)* [Regen] to drum; [Wellen] to slap **- 4.** *(hat)* **fam** [tratschen]: **über jn/etw ~** to gossip about sb/sthg ◇ *vt:* **Beifall ~** to applaud; **jm eine ~ fam** to give sb a slap.

klatschnass *adj* **fam** soaking wet.

Klaue (*pl* **-n**) *die* **- 1.** [von Adler, Löwen] claw; [von Kühen, Schafen] hoof; **in js** ODER **jm in die ~n geraten** to fall into sb's clutches **- 2. fam** [Schrift] scrawl.

klauen fam *vt* to pinch, to nick **Br; jm etw ~** to pinch sthg from sb, to nick sthg off sb **Br** ◇ *vi* [stehlen]: **hier wird viel geklaut** a lot of stuff gets pinched ODER nicked **Br** round here.

Klausel (*pl* **-n**) *die* clause.

Klausur (*pl* **-en**) *die* UNI exam.

Klavier [kla'viːɐ̯] (*pl* **-e**) *das* piano; **~ spielen** to play the piano.

Klavier|konzert *das* **- 1.** [Musikstück] piano concerto **- 2.** [Konzert] piano recital.

Klavier|stimmer, in (*mpl* **-;** *fpl* **-nen**) *der, die* piano tuner.

Klavier|stunde *die* piano lesson.

Klebeband (*pl* **-bänder**) *das* adhesive tape.

kleben *vt* **- 1.** [ankleben] to stick, to glue; [reparieren] to stick ODER glue together **- 2. fam** [ohrfeigen]: **jm eine ~** to stick one on sb ◇ *vi* [halten]: **an etw** *(D)* **~ eigtl** & **fig** to stick to sthg.

Kleber (*pl* **-**) *der* adhesive.

Klebe|streifen *der* adhesive tape.

klebrig *adj* sticky.

Kleb|stoff *der* adhesive, glue.

kleckern *vi* [verschütten] to make a mess; **du hast gekleckert** [beim Essen] you've spilt your food ◇ *vt* [verschütten] to spill.

Klecks (*pl* **-e**) *der* [von Farbe, Senf] blob; [von Tinte] blot.

klecksen *vi* to blot.

Klee *der* clover; **jn/etw über den grünen ~ loben fam** to praise sb/sthg to the skies.

Klee|blatt *das* clover leaf.

Kleid (*pl* **-er**) *das* [Frauenkleid] dress.
◆ **Kleider** *pl* [Kleidungsstücke] clothes.

kleiden *vt* [anziehen] to dress.
◆ **sich kleiden** *ref* **geh** to dress.

Kleider|bügel *der* coathanger.

Kleider|bürste *die* clothes brush.

Kleider|haken *der* coat hook.

Kleider|schrank *der* **- 1.** [Möbelstück] wardrobe, closet **Am - 2. fam** [Mann] man mountain.

Kleidung (*pl* **-en**) *die* clothes *(pl)*, clothing.

Kleidungs|stück *das* piece of clothing, garment.

Kleie (*pl* **-n**) *die* bran.

klein *adj* **- 1.** [räumlich] small, little; **mein ~er Finger** my little finger; **bis ins Kleinste** to the last detail **- 2.** [temporal] short; **eine ~e Pause** a short break **- 3.** [jung] little; **mein ~er Bruder** my little brother; **von ~ auf** since he/she/*etc* was little **- 4.** [unerheblich] little; **meine ~ste Sorge** the least of my worries; **~e Leute** ordinary people; **ein ~er Geschäftsmann** a small businessman; **aus ~en Verhältnissen stammen** to come from a humble background; **die Herdplatte ~ stellen** to turn the hotplate down ◇ *adv:* **ein ~ wenig** a little bit; **haben Sie es nicht ~er? fig** don't you have anything smaller?

Klein|anzeige *die* small ad **Br,** want ad **Am.**

Klein|asien *das* Asia Minor.

Klein|bahn *die* narrow gauge railway.

Klein|bürger, in *der, die* [Spießbürger] petty bourgeois.

kleinbürgerlich abw *adj* petty bourgeois ◇ *adv* in a petty bourgeois way.

Kleine (*pl* **-n**) *der, die* **- 1.** [Kind] little one **- 2.** [als Anrede - nett] little one; [- beleidigend] shorty <> *das* [Baby] little one.

klein gedruckt *adj* in small print.

Kleingedruckte *das:* **das ~** the small print.

Kleingeld *das* change.

Kleinigkeit (*pl* **-en**) *die* **- 1.** [unwichtig] trifle; **für jn eine/keine ~ sein** to be an/no easy matter for sb **- 2.** [klein, wenig]: **eine ~ mitbringen** to bring a little something; **ein paar ~en einkaufen** to buy a few little things **- 3.** [zu essen] snack.

kleinkariert *adj* **abw** narrow-minded.

Klein|kind *das* small child.

Kleinkram *der (ohne pl)* **fam - 1.** [Gegenstände] bits and pieces *(pl)* **- 2.** [Angelegenheiten] trifling things *(pl)*.

klein|kriegen *vt* **- 1.** [Person]: **jn ~** to bring sb into line; **lass dich davon nicht ~** don't let that get you down **- 2.** [Gegenstand]: **etw ist nicht kleinzukriegen** sthg will last forever **- 3.** [zerkleinern - mit Messer] to chop up.

kleinlaut *adj* subdued <> *adv* in a subdued manner.

kleinlich *adj* **abw** petty.

klein machen *vt* **- 1.** [Holz, Pappe] to chop up **- 2.** [Geldschein] **fam** to change.
◆ **sich klein machen** *ref* to bend down.

klein schneiden *vt (unreg)* to chop into small pieces.

klein|schreiben *vt (unreg)* [mit kleinem Anfangsbuchstaben] to write with a small initial letter.

Klein|schreibung *die* use of small initial letters.

Klein|staat *der* small state.

Klein|stadt *die* small town.

Kleister (*pl* **-**) *der* paste.

kleistern *vt* to paste.

Klemme (*pl* **-n**) *die* **- 1.** *(ohne pl)* **fam** [Bedrängnis] tight spot; **jm aus der ~ helfen** to help sb out of a tight spot; **in der ~ stecken** ODER **sitzen** ODER **sein** to be in a tight spot **- 2.** ELEKTR terminal.

klemmen *vt* **- 1.** [feststecken] to jam **- 2.** [Finger]: **sich** *(D)* **etw ~** to get sthg caught <> *vi* [Tür, Schublade] to jam.
◆ **sich klemmen** *ref* **fam: sich dahinter ~** to get stuck in.

Klempner, in (*mpl* **-;** *fpl* **-nen**) *der, die* plumber.

Kleptomane (*pl* **-n**) *der* kleptomaniac.

Kleptomanin (*pl* **-nen**) *die* kleptomaniac.

Klerus *der (ohne pl)* clergy *(pl)*.

Klette (*pl* **-n**) *die* **- 1. fam** [Mensch] limpet; **wie eine ~ an jm hängen** to cling to sb like a limpet **- 2.** [Pflanze] burdock.

klettern (*perf* **hat/ist geklettert**) *vi* **- 1.** *(ist)* [gen] to climb **- 2.** *(hat)* SPORT to climb.

Kletter|tour *die* climbing expedition.

Klett|verschluss *der* Velcro® fastening.

klicken *vi* to click.

Klient (*pl* **-en**) *der* client.

Klientel (*pl* **-en**) *die* clientele.

Klientin (*pl* **-nen**) *die* client.

Kliff (*pl* **-e**) *das* cliff.

Klima (*pl* **-s**) *das* climate.

Klima|anlage *die* air conditioning *(U)*.

klimatisch *adj* climatic.

Klimm|zug *der* pull-up.

klimpern *vi* **- 1.** [spielen - auf Klavier] to tinkle away; [- auf Gitarre] to strum **- 2.** [schlagen]: **mit den Wimpern ~** to flutter one's eyelashes; **mit dem Geld ~** to jingle some coins.

Klinge (*pl* **-n**) *die* blade.

Klingel (*pl* **-n**) *die* bell.

klingeln *vi* to ring (the bell); **es hat geklingelt** [an der Tür] there's someone at the door; [in der Schule] the bell has gone; **bei jm ~** to ring sb's bell; **nach jm ~** to ring for sb.

klingen (*prät* **klang;** *perf* **hat geklungen**) *vi* **- 1.** [gen] to sound **- 2.** [Glocken, Gläser] to ring.

Klinik (*pl* **-en**) *die* clinic.

klinisch *adj* clinical <> *adv* clinically.

Klinke (*pl* **-n**) *die* (door) handle; **sich** *(D)* **die ~ in die Hand geben** ***fig*** to be constantly coming and going.

Klinker (*pl* **-**) *der* clinker.

klipp ◆ **klipp und klar** *adv* plainly.

Klipp, Clip (*pl* **-s**) *der* clip.

Klippe (*pl* **-n**) *die* rock; **alle ~n umfahren** to negotiate all obstacles.

klirren *vi* [Scheiben] to rattle; [Gläser] to clink.

klirrend *adj:* **~e Kälte** freezing cold.

Klischee (*pl* **-s**) *das* cliché.

Klischee|vorstellung *die* clichéd idea.

Klitoris (*pl* **-**) *die* clitoris.

Klo (*pl* **-s**) *das* **fam** loo ***Br,*** john ***Am; aufs ~ gehen*** to go to the loo ***Br*** ODER john ***Am.***

Kloake (*pl* **-n**) *die* sewer.

klobig *adj* **- 1.** [ungeschliffen] clumsy **- 2.** [massig - Hände] massive; [- Stuhl, Bau, Schuhe] clunky.

Klo|brille *die* **fam** toilet seat.

Klo|bürste *die* **fam** toilet brush.

Klo|frau *die* **fam** toilet attendant.

Klon (*pl* **-s**) *der* BIOL clone.

klonen *vt* BIOL to clone.

Klo|papier *das* **fam** toilet paper.

klopfen *vi* - **1.** [Person - an die Tür] to knock; [- auf den Tisch] to rap; **es hat geklopft** there's someone at the door - **2.** [Herz] to beat <> *vt* [Teppich, Kissen] to beat.

klöppeln *vt:* **eine Decke ~** to make a lace tablecloth.

Klops (*pl* **-e**) *der* meatball.

Klosett (*pl* **-e**) *das* toilet.

Kloß (*pl* **Klöße**) *der* dumpling; **rohe/gekochte Klöße** *dumplings made from raw/cooked potatoes;* **einen ~ im Hals haben** ***fig*** to have a lump in one's throat.

Kloster (*pl* **Klöster**) *das* [für Nonnen] convent; [für Mönche] monastery.

Kloster|kirche *die* [für Nonnen] convent church; [für Mönche] monastery church.

Klotz (*pl* **Klötze**) *der* - **1.** block - **2.** [Scheit] log - **3.** ***abw*** [Gebäude] concrete block - **4.** ***RW:*** **einen ~ am Bein haben** to have a millstone round one's neck.

klotzig ***fam*** *adj* [groß] clunky <> *adv:* **~ verdienen** to earn a packet.

Klub, Club (*pl* **-s**) *der* club.

Klub|mitglied *das* club member.

Klub|sessel *der* club chair.

Kluft (*pl* **-en** ODER **Klüfte**) *die* - **1.** *(pl Klüfte)* [zwischen Gegensätzen] gulf - **2.** *(pl Klüfte)* [im Fels] cleft - **3.** *(pl Kluften)* [Kleidung] outfit.

klug (*kompar* **klüger;** *superl* **klügste**) *adj* - **1.** [schlau] clever - **2.** [weise] wise - **3.** ***RW:*** **jd wird aus jm/etw nicht ~** sb can't make sb/sthg out; **der Klügere gibt nach** discretion is the better part of valour <> *adv* [umsichtig] wisely.

Klugheit (*pl* **-en**) *die* - **1.** [Schläue] cleverness - **2.** [Weisheit] wisdom.

◆ **Klugheiten** *pl* ***abw*** [Binsenweisheiten] clever remarks.

Klumpen (*pl* -) *der* lump.

Klüngel (*pl* -) *der* clique.

klüngeln *vi* to engage in cliquishness.

Klunker (*pl* -) *der* **fam** [Schmuck] rock.

km (*abk für* **Kilometer**) km.

km/h (*abk für* **Stundenkilometer**) kph.

knabbern *vt* to nibble <> *vi:* **an etw** *(D)* **~** to nibble sthg; **an etw** *(D)* **zu ~ haben** ***fam*** to have a hard time getting over sthg.

Knabe (*pl* **-n**) *der* - **1.** ***geh*** [Junge] boy - **2.** ***fam*** [Mann] chap.

Knäcke|brot *das* crispbread.

knacken *vt* - **1.** [Nüsse, Finger] to crack - **2.** [mit Gewalt - Schloss] to force; [- Bank] to break into - **3.** [Code] to crack <> *vi* - **1.** [Holz, Finger] to crack; [Feuer, im Radio, Telefon] to crackle - **2.** ***salopp*** [schlafen] to crash out - **3.** [an Problemen]: **an etw** *(D)* **zu ~ haben** ***fig*** [sich bemühen] to have one's work cut out with sthg; [die Folgen spüren] to have a hard time getting over sthg.

knackig *adj* - **1.** [Salat] crisp - **2.** ***salopp*** [Po] sexy.

Knacks (*pl* **-e**) *der* **fam** [psychischer Schaden]: **einen ~ haben/bekommen** to be/get screwed up.

Knall (*pl* **-e**) *der* [von Schuss, Tür] bang; [von Korken] pop; **~ auf Fall** there and then; **einen ~ haben** ***salopp*** to be crazy.

knallen (*perf* **hat/ist geknallt**) *vi* - **1.** *(hat)* [Schuss] to ring out; [Peitsche] to crack; [Korken] to pop - **2.** *(ist)* ***fam*** [aufprallen] to crash; **mit dem Kopf auf den Boden ~** to bang one's head on the floor - **3.** *(hat)* [Sonne] to beat down <> *vt* - **1.** [werfen] to fling; **die Tür ins Schloss ~** to slam the door - **2.** [ohrfeigen]: **jm eine ~** ***fam*** to clout sb.

Knall|frosch *der* jumping jack.

knallhart ***fam*** *adj* - **1.** [Geschäft, Person] tough; **sie ist ~** she's as hard as nails - **2.** [Aufschlag, Schuss] thumping <> *adv* brutally; **~ vorgehen** to take tough action.

knallrot *adj* bright red; **~ werden** ***fam*** to go bright red.

knapp *adj* - **1.** [Ergebnis, Rennen] close; [Vorsprung, Stimmenmehrheit] narrow - **2.** [Kleid, Schuhe] tight - **3.** [fast ganz]: **eine ~e Stunde** just under an hour; **das war ~** that was close - **4.** [wenig]: **~ bei Kasse sein** to be short of money; **~ werden** to be running short <> *adv* - **1.** [um weniges] narrowly - **2.** [eng] tightly; **und nicht zu ~!** ***fam*** [sehr viel] and how!

knapp halten *vt (unreg)* ***fam*** to keep short.

knarren *vi* to creak.

Knast (*pl* **Knäste**) *der* **fam** clink; **im ~ sein** ODER **sitzen** ***fam*** to be in the clink.

Knatsch *der (ohne pl)* ***fam*** row; **~ haben** to have trouble.

knattern *vi* [Motor] to roar; [Maschinengewehr] to rattle; [Fahne] to flap.

Knäuel (*pl* -) *das* ball.

Knauf (*pl* **Knäufe**) *der* knob.

knauserig *adj* stingy.

knausern *vi:* **mit etw ~** to be stingy with sthg.

knautschen *vt* & *vi* to crumple.

Knautsch|zone *die* AUTO crumple zone.

Knebel (*pl* -) *der* gag.

knebeln *vt* to gag.

Knecht (*pl* **-e**) *der* [auf Bauernhof] farmhand; [Diener] servant.

kneifen (*prät* **kniff;** *perf* **hat gekniffen**) *vi*

- **1.** [Kleidung] to pinch - **2.** *fam abw* [sich drücken]: **(vor etw** *(D)***)** ~ to duck out (of sthg) <> *vt* to pinch.

Kneif|zange *die* pincers *(pl)*.

Kneipe (*pl* **-n**) *die* ***fam*** bar, pub ***Br.***

KNEIPE

Unlike in British pubs, in a German "Kneipe" light meals are served not only throughout the day but also in the evening. There is usually a waiter or waitress who brings the beer to the tables, and customers pay when they are ready to leave, rather than a round at a time. A feature of many German pubs is the "Stammtisch" which is a table reserved for regular customers. In Austria, "Kneipen" are called "Beisel".

Kneipen|bummel *der* pub crawl ***Br,*** bar hop ***Am.***

Knete *die* - **1.** [Modelliermasse] clay - **2.** ***salopp*** [Geld] dough.

kneten *vt* [Teig, Muskeln] to knead; [Figur] to model.

Knick (*pl* **-e** ODER **-s**) *der* - **1.** *(pl Knicke)* [Falte] crease - **2.** *(pl Knicke)* [in Straße] sharp bend.

knicken *vt* - **1.** [falten] to fold; '**bitte nicht ~!**' 'please do not bend' - **2.** [Äste, Blumen] to bend.

knickrig, knickerig *adj* ***abw*** stingy.

Knicks (*pl* **-e**) *der* curtsey.

Knie (*pl* **-**) *das* - **1.** [Körperteil] knee; **in die ~ gehen** to bend one's knees; [nachgeben] to submit - **2.** ***RW:*** **weiche ~ bekommen/haben** to go/be weak at the knees; **etw übers ~ brechen** to rush sthg.

Knie|beuge (*pl* **-n**) *die* knee-bend.

Knie|gelenk *das* knee joint.

Knie|kehle *die* hollow of the knee.

knielang *adj* knee-length.

knien *vi* to kneel.
◆ **sich knien** *ref* to kneel; **sich in etw** *(A)* **~ *fig*** to buckle down to sthg.

Knie|scheibe *die* kneecap.

Knie|schützer (*pl* **-**) *der* kneepad.

Knie|strumpf *der* knee-length sock.

knietief *adj* knee-deep.

kniff *prät* ▻ **kneifen.**

Kniff (*pl* **-e**) *der* [Trick] trick.

knifflig *adj* tricky.

knipsen ***fam*** *vi* [fotografieren] to take snaps <> *vt* - **1.** [Fahrkarte] to punch - **2.** [fotografieren]: **jn/etw ~** to snap sb/sthg.

Knirps (*pl* **-e**) *der* [Kind] little lad.

knirschen *vi* - **1.: mit den Zähnen ~** to grind one's teeth - **2.** [Schnee, Sand] to crunch.

knistern *vi* [Feuer, brennendes Holz] to crackle; [Papier] to rustle; **mit etw ~** to rustle sthg.

knitterfrei *adj* crease-resistant.

knittern *vi* to crease.

knobeln *vi* - **1.** [losen] to toss - **2.** [spielen] to play dice - **3.** [tüfteln]: **an etw** *(D)* **~** to puzzle over sthg.

Knoblauch *der* garlic.

Knoblauch|zehe *die* clove of garlic.

Knöchel (*pl* **-**) *der* ankle.

knöchellang *adj* ankle-length.

Knochen (*pl* **-**) *der* bone; **sich** *(D)* **die ~ brechen *fam*** to break one's neck; **nass bis auf die ~ *fam*** soaked to the skin; **sich bis auf die ~ blamieren *fam*** to make a complete and utter fool of o.s.

Knochen|bruch *der* fracture.

Knochenmark *das* bone marrow.

knochentrocken *adj* - **1.** [ausgetrocknet] bone-dry - **2.** ***fam*** [langweilig] dry as dust.

knochig *adj* bony.

Knock-out [nɔk'aut] (*pl* **-s**) *der* ***geh*** knockout.

Knödel (*pl* **-**) *der* dumpling.

Knolle (*pl* **-n**) *die* BIOL tuber.

Knopf (*pl* **Knöpfe**) *der* button.

Knopfdruck *der:* **auf ~** at the push of a button.

knöpfen *vt* to button.

Knopf|loch *das* buttonhole.

Knorpel (*pl* **-**) *der* cartilage.

Knospe (*pl* **-n**) *die* bud.

knoten *vt* to tie.

Knoten (*pl* **-**) *der* - **1.** [gen] knot - **2.** MED lump.

Knoten|punkt *der* - **1.** [von Straßen] junction - **2.** [wichtiger Ort] centre.

Know-how ['nouhau] (*pl* **-s**) *das* know-how *(U)*.

knüllen *vt* to crumple.

Knüller (*pl* **-**) *der* ***fam*** sensation.

knüpfen *vt* to knot; [Netz] to make; **etw an etw** *(A)* **~** [mit Faden] to tie sthg to sthg; ***fig*** [Erwartungen, Bedingungen] to attach sthg to sthg.

Knüppel (*pl* **-**) *der* club; **jm einen ~ zwischen die Beine werfen *fig*** to put a spoke in sb's wheel.

knurren *vi* - **1.** [Magen] to rumble - **2.** [Hund] to growl - **3.** [Person] to grumble.

knusprig, knusperig *adj* crisp <> *adv:* **~ braun** crisp and brown.

knutschen ***fam*** *vt* to smooch with <> *vi* to smooch.

◆ **sich knutschen** *ref* to smooch.

Knutsch|fleck *der* lovebite.

k. o. [kaːˈoː] *adj:* **~ sein** ***fam*** [erschöpft] to be whacked; SPORT to be knocked out <> *adv:* **jn ~ schlagen** to knock sb out.

K. o. (*pl* **-**) *der* knockout.

Koala (*pl* **-s**) *der* koala (bear).

Koalition (*pl* **-en**) *die* coalition.

Kobalt *das* CHEM cobalt.

Kobold (*pl* **-e**) *der* goblin.

Koch [kɔx] (*pl* **Köche** [ˈkœçəl]) *der* cook; **viele Köche verderben den Brei** ***fig*** too many cooks spoil the broth.

Koch|buch *das* cookbook.

kochen *vt* **- 1.** [Essen] to cook; [Kaffee] to make; **jm/sich etw ~** to cook sb/o.s. sthg **- 2.** [Wäsche] to boil <> *vi* **- 1.** [Wasser, Person] to boil **- 2.** [Koch]: **gut/schlecht ~** to be a good/bad cook.

Kocher (*pl* **-**) *der* stove.

Koch|gelegenheit *die* cooking facilities (*pl*).

Koch|geschirr *das* billycan; MIL mess tin.

Köchin [kœçɪn] (*pl* **-nen**) *die* cook.

Koch|löffel *der* wooden spoon.

Koch|rezept *das* recipe.

Koch|salz *das* cooking salt.

Koch|topf *der* saucepan.

Koch|wäsche *die washing that needs to be boiled.*

Kode, Code [ˈkoːt] (*pl* **-s**) *der* code.

Köder (*pl* **-**) *der* bait.

ködern *vt* to lure.

kodieren, codieren [koˈdiːrən] *vt* to encode.

Koedukation *die* ***geh*** coeducation.

Koeffizient (*pl* **-en**) *der* MATH coefficient.

Ko|existenz *die* POL coexistence.

Koffein *das* caffeine.

koffeinfrei *adj* decaffeinated.

Koffer (*pl* **-**) *der* suitcase; **die ~ packen** to pack one's bags; **aus dem ~ leben** to live out of a suitcase.

Koffer|radio *das* portable radio.

Koffer|raum *der* boot ***Br***, trunk ***Am***.

Kognak [ˈkɔnjak] (*pl* **-s**) *der* brandy.

kohärent *adj* ***geh*** coherent.

Kohl *der* cabbage; **das macht den ~ auch nicht fett** ***fig*** that's not much use.

Kohldampf *der* ***fam:*** **~ haben** *ODER* **schieben** to be famished.

Kohle (*pl* **-n**) *die* **- 1.** [Brennstoff] coal (*U*); **wie auf glühenden ~n sitzen** ***fig*** to be like a cat on hot bricks **- 2.** ***fam*** [Geld] cash.

Kohle|kraftwerk *das* coal-fired power station.

Kohlen|dioxid *das* carbon dioxide.

Kohlenhydrat (*pl* **-e**) *das* carbohydrate.

Kohlen|monoxid *das* carbon monoxide.

Kohlen|säure *die:* **Mineralwasser mit/ohne ~** sparkling/still mineral water.

Kohlen|stoff *der* carbon (*U*).

Kohlen|wasserstoff *der* hydrocarbon.

Kohle|papier *das* carbon paper.

Kohle|stift *der* KUNST stick of charcoal.

Kohle|zeichnung *die* KUNST charcoal drawing.

Kohl|kopf *der* cabbage.

kohlrabenschwarz *adj* [Haare] jet-black; [Nacht] pitch-black.

Kohlrabi (*pl* **-** *ODER* **-s**) *der* kohlrabi.

Kohl|roulade *die* stuffed cabbage leaves (*pl*).

Koitus (*pl* **-**) *der* MED coitus (*U*).

Koje (*pl* **-n**) *die* **- 1.** ***fam*** [Bett] bed **- 2.** [Schiffsbett] bunk.

Kokain *das* cocaine.

kokett *adj* coquettish <> *adv* coquettishly.

kokettieren *vi:* **mit jm ~** to flirt with sb; **mit etw ~** to make great play of sthg.

Kokon [koˈkõ, koˈkɔŋ] (*pl* **-s**) *der* cocoon.

Kokos|nuss *die* coconut.

Koks *der* coke.

Kolben (*pl* **-**) *der* **- 1.** TECH piston **- 2.** CHEM flask.

Kolik, Kolik (*pl* **-en**) *die* colic (*U*).

Kollaps, Kollaps (*pl* **-e**) *der* collapse (*sg*).

Kollege (*pl* **-n**) *der* colleague.

kollegial *adj* helpful.

Kollegin (*pl* **-nen**) *die* colleague.

Kollegium [kɔˈleːgi̯ʊm] (*pl* **-gien**) *das* [in Schule] teaching staff.

Kollekte (*pl* **-n**) *die* collection.

Kollektion (*pl* **-en**) *die* collection.

kollektiv *adj* collective.

Koller *der* ***fam:*** **einen ~ kriegen** to fly into a rage.

kollidieren (*perf* **ist kollidiert**) *vi* **- 1.** [Fahrzeuge] to collide; **mit etw ~** to collide with sthg **- 2.** [Interessen] to clash.

Kollier [kɔli̯eː] (*pl* **-s**) *das* necklace.

Kollision (*pl* **-en**) *die* collision.

Kolloquium, Kolloquium (*pl* **-quien**) *das* colloquium.

Köln *nt* Cologne.

Kölner (*pl* **-**) *der* native/inhabitant of Cologne <> *adj (unver):* **~ Dom** Cologne Cathedral.

Kölnerin (*pl* **-nen**) *die* native/inhabitant of Cologne.

Kölnischwasser® *das* eau de cologne.

Kolonialismus *der* colonialism.

Kolonie [kolo'ni:] (*pl* **-n**) *die* colony.

Kolonne (*pl* **-n**) *die* column; **(in) ~ fahren** to drive in convoy.

Koloss (*pl* **-e**) *der* colossus.

kolossal *adj* colossal; **ein ~er Irrtum** a huge mistake.

Kolumbianer, in (*mpl* **-**; *fpl* **-nen**) *der, die* Colombian.

kolumbianisch *adj* Colombian.

Kolumbien *nt* Colombia.

Kolumne (*pl* **-n**) *die* column.

Koma (*pl* **-s**) *das* coma.

Kombination (*pl* **-en**) *die* **- 1.** [Zusammenfügung] combination **- 2.** [Schlussfolgerung] deduction **- 3.** [Arbeitsanzug] overalls *(pl)*.

kombinieren *vi* to reason <> *vt* to combine; **etw mit etw ~** to combine sthg with sthg.

Komet (*pl* **-en**) *der* ASTRON comet.

Komfort [kɔm'fo:ɐ̯] *der:* **mit allem ~** with all mod cons.

komfortabel *adj* comfortable <> *adv* [bequem] comfortably.

Komik *die* comic effect.

Komiker, in (*mpl* **-**; *fpl* **-nen**) *der, die* comedian.

komisch *adj* funny.

komischerweise *adv* funnily enough.

Komitee (*pl* **-s**) *das* committee.

Komma (*pl* **-s** ODER **-ta**) *das* **- 1.** [Satzzeichen] comma **- 2.** [mathematisches Zeichen] decimal point.

Kommandant, in (*mpl* **-en**; *fpl* **-nen**) *der, die* [von Festung] commandant; [von Panzer] commander.

Kommandeur, in [kɔman'dø:ɐ̯, rɪn] (*mpl* **-e**; *fpl* **-nen**) *der, die* commander.

kommandieren *vt* [Soldaten] to command.

Kommando (*pl* **-s**) *das* **- 1.** [gen] command; **auf ~** on command; **das ~ haben/übernehmen** to be in/take command **- 2.** [kleine Einheit] detachment.

kommen (*prät* **kam**; *perf* **ist gekommen**) *vi* **- 1.** [herkommen] to come; **den Arzt ~ lassen** to call the doctor **- 2.** [ein Ziel erreichen] to get; **wie komme ich zum Markt?** how do I get to the market?; **nach Hause ~** to get home; **an die Macht ~** to come to power **- 3.** [mit Institutionen] to go; **ins/aus dem Krankenhaus** to go to/leave hospital; **ins Gefängnis ~** to go to jail; **in die Schule ~** to start school **- 4.** [stammen] to come; **aus Deutschland ~** to come from Germany **- 5.** [folgen] to come; **rechts kommt der Bahnhof** the station's coming up on the right; **~ wir nun zu den Sportnachrichten** now we come to the sports news; **wer kommt zuerst/als Nächster?** who's first/next?; **von etw ~** to result from sthg; **das kommt daher, dass ...** it's because ...; **das kommt davon!** see what happens!; **wie kommt es, dass ...?** how is it that ...? **- 6.** [passieren] to happen; **das musste ja so ~!** it had to happen!; **überraschend ~** to come as a surprise; **wie konnte es dazu ~?** how could that happen?; **etw ~ sehen** to see sthg coming **- 7.** [Programm, Film]: **im Fernsehen ~** to be on (the) television; **im Kino ~** to be on at the cinema *Br* ODER the movies *Am* **- 8.** *fam* [einen Orgasmus haben] to come **- 9.** [hingehören] to go, to belong; **die Kisten ~ in den Keller** the crates go ODER belong in the cellar **- 10.** [anfangen]: **ins Schleudern ~** to skid; **auf etw** *(A)* **zu sprechen ~** to get around to talking about sthg; **aus der Mode ~** to go out of fashion **- 11.** [mit Dativ]: **mir kam eine Idee** an idea came to me; **jm frech ~** *fam* to be cheeky to sb **- 12.** [figurative Verwendungen mit Präposition]: **sie lässt nichts auf ihn ~** she won't have a bad word said about him; **auf eine Idee ~** to think of an idea; **hinter etw** *(A)* **~** to get to the bottom of sthg; **um etw ~** to lose sthg; **ums Leben ~** to lose one's life, to die; **wieder zu Kräften ~** to regain one's strength; **zu sich ~** to came round; **dazu ~, etw zu tun** to get round to doing sthg **- 13.** *RW:* **komm, sei nicht traurig!** come on, don't be sad! <> *v impers:* **es kam zu einem Streit** there was a quarrel <> *vt fam:* **welchen Weg bist du gekommen?** which way did you come?

Kommen *das:* **ein ~ und Gehen** a coming and going; **im ~ sein** *fig* to be on the way in.

kommend *adj* **- 1.** [Woche] coming **- 2.** [Generation, Mode] future.

Kommentar (*pl* **-e**) *der* **- 1.** [in Zeitung, Buch, Radio] commentary **- 2.** *fam* [Bemerkung] comment; **kein ~** no comment.

Kommentator (*pl* **-toren**) *der* commentator.

Kommentatorin (*pl* **-nen**) *die* commentator.

kommentieren *vt* **- 1.** [Ereignis] to comment on **- 2.** [Text, Buch] to provide a commentary on.

kommerziell *adj* commercial ◇ *adv* commercially.

Kommilitone (*pl* **-n**) *der* UNI fellow student.

Kommilitonin (*pl* **-nen**) *die* UNI fellow student.

Kommissar, in (*mpl* **-e;** *fpl* **-nen**) *der, die* [bei der Polizei] superintendent *Br*, captain *Am*.

Kommission (*pl* **-en**) *die* commission; **etw in ~ geben/nehmen** to give/take sthg for sale on commission.

Kommode (*pl* **-n**) *die* chest of drawers.

kommunal *adj* local.

Kommunalpolitik *die* local politics *(U)*.

kommunalpolitisch *adj* of local politics.

Kommunal|wahl *die* local election.

Kommune (*pl* **-n**) *die* **- 1.** [Gemeinde] local authority **- 2.** [Wohngemeinschaft] commune.

Kommunikation (*pl* **-en**) *die* communication.

Kommunion (*pl* **-en**) *die* REL Communion *(U)*.

Kommuniqué, Kommunikee [kɔmyni'keː] (*pl* **-s**) *das* communiqué.

Kommunismus *der* Communism.

Kommunist, in (*mpl* **-en;** *fpl* **-nen**) *der, die* Communist.

kommunistisch *adj* Communist.

Komödiant, in (*mpl* **-en;** *fpl* **-nen**) *der, die* actor (*f* actress).

Komödie [ko'møːdi̯ə] (*pl* **-n**) *die* comedy; **jm eine ~ vorspielen** to put on an act for sb.

Kompagnon ['kɔmpanjɔŋ] (*pl* **-s**) *der* WIRTSCH partner.

kompakt *adj* compact ◇ *adv* compactly.

Kompanie [kɔmpa'niː] (*pl* **-n**) *die* MIL company.

Komparativ (*pl* **-e**) *der* GRAM comparative.

Kompass (*pl* **-e**) *der* compass.

kompatibel *adj* EDV compatible; **mit etw ~ sein** to be compatible with sthg.

Kompatibilität *die* EDV compatibility.

kompensieren *vt* to compensate for.

kompetent *adj* competent ◇ *adv* competently.

Kompetenz (*pl* **-en**) *die* competence *(U)*.

komplementär *adj* complementary.

Komplementär|farbe *die* complementary colour.

komplett *adj* complete ◇ *adv* **- 1.** [vollständig] fully **- 2.** *fam* [völlig] completely.

komplex *adj* complex.

Komplex (*pl* **-e**) *der* [gen & PSYCH] complex; **~e haben** to have a complex.

Komplikation (*pl* **-en**) *die* complication.

Kompliment (*pl* **-e**) *das* compliment; **mein ~!** my compliments!; **jm ein ~ machen** to pay sb a compliment.

Komplize (*pl* **-n**) *der* accomplice.

kompliziert *adj* complicated ◇ *adv* in a complicated way.

Komplizin (*pl* **-nen**) *die* accomplice.

Komplott (*pl* **-e**) *das* plot.

Komponente (*pl* **-n**) *die* component.

komponieren *vt* [zusammenstellen & MUS] to compose.

Komponist, in (*mpl* **-en;** *fpl* **-nen**) *der, die* composer.

Kom|position *die* [Zusammenstellung & MUS] composition.

Kompositum (*pl* **-ta**) *das* GRAM compound.

Kompost, Kompost (*pl* **-e**) *der* compost *(U)*.

Kompost|haufen, Komposthaufen *der* compost heap.

kompostieren *vt* to compost.

Kompott (*pl* **-e**) *das* stewed fruit.

Kompresse (*pl* **-n**) *die* compress.

Kompromiss (*pl* **-e**) *der* compromise; **einen ~ schließen** to compromise.

kompromissbereit *adj* ready to compromise.

Kompromissbereitschaft *die* readiness to compromise.

kompromisslos *adj* uncompromising ◇ *adv* uncompromisingly.

kondensieren *vt* & *vi* to condense.

Kondensmilch *die* condensed milk.

Kondenswasser *das* condensation.

Kondition (*pl* **-en**) *die* condition.

Konditional (*pl* **-e**) *der* GRAM conditional.

Konditions|training *das* fitness training.

Konditor (*pl* **-toren**) *der* pastry cook.

Konditorei (*pl* **-en**) *die* cake shop.

Konditorin (*pl* **-nen**) *die* pastry cook.

kondolieren *vi* to express one's condolences.

Kondom (*pl* **-e**) *das* condom.

Konfekt (*pl* **-e**) *das* confectionery *(U)*.

Konfektion (*pl* **-en**) *die* **- 1.** [Kleidung] ready-to-wear clothes *(pl)* **- 2.** [Herstellung] manufacture of ready-to-wear clothes.

Konferenz (*pl* **-en**) *die* **- 1.** [Tagung] conference **- 2.** [Besprechung] meeting.

Konferenz|schaltung *die* TELEKOM conference system.

Konferenz|tisch *der* conference table.

Konfession (*pl* **-en**) *die* REL denomination.

konfessionell *adj* denominational ◇ *adv* denominationally.

konfessionslos *adj* belonging to no religious denomination.

Konfetti *das* confetti.

Konfiguration (*pl* **-en**) *die* EDV configuration.

Konfirmand, in (*mpl* **-en**; *fpl* **-nen**) *der, die* REL confirmand.

Konfirmation (*pl* **-en**) *die* REL confirmation.

konfirmieren *vt* REL to confirm.

Konfitüre (*pl* **-n**) *die* **geh** jam.

Konflikt (*pl* **-e**) *der* conflict; **mit etw in ~ geraten** ODER **kommen** to come into conflict with sthg.

Konflikt|situation *die* conflict situation.

konform *adj* concurrent; **mit jm/etw ~ gehen** *geh* to concur with sb/sthg ◇ *adv*: **sich ~ verhalten** to behave like everyone else.

konformistisch **abw** *adj* conformist ◇ *adv* in a conformist way.

Konfrontation (*pl* **-en**) *die* confrontation.

konfrontieren *vt*: **jn mit jm/etw ~** to confront sb with sb/sthg.

konfus *adj* confused ◇ *adv* confusedly.

Kongo *der*: **der ~** the Congo.

Kongress (*pl* **-e**) *der* **- 1.** [Tagung] conference **- 2.** POL Congress.

Kongress|halle *die* conference hall.

König (*pl* **-e**) *der* **- 1.** [gen] king; **die Heiligen Drei ~e** the Three Wise Men **- 2.** [Feiertag]: **Heilige Drei ~e** Epiphany.

Königin (*pl* **-nen**) *die* queen.

königlich *adj* **- 1.** [des Monarchen] royal **- 2.** [reichlich - Mahl] lavish; [- Trinkgeld, Geschenk] handsome; [- Vergnügen] tremendous ◇ *adv* **- 1.** [riesig] tremendously **- 2.** [bewirten] lavishly.

König|reich *das* kingdom.

Königsberg *nt* Königsberg.

konisch *adj* conical ◇ *adv* conically.

Konjugation (*pl* **-en**) *die* GRAM conjugation.

konjugieren *vt* GRAM to conjugate.

Konjunktiv (*pl* **-e**) *der* GRAM subjunctive.

Konjunktur (*pl* **-en**) *die* economic situation; **rückläufige ~** declining economic activity; **~ haben** to be in demand.

konjunkturell *adj* economic; [Arbeitslosigkeit] due to the economic situation ◇ *adv* economically; **~ bedingt** due to the economic situation.

konkav *adj* concave ◇ *adv* concavely.

konkret *adj* concrete ◇ *adv* concretely.

Konkurrent, in (*mpl* **-en**; *fpl* **-nen**) *der, die* competitor.

Konkurrenz (*pl* **-en**) *die* competition; **jm ~ machen** to compete with sb.

◆ **außer Konkurrenz** *adv* as an unofficial competitor.

konkurrenzfähig *adj* competitive ◇ *adv* competitively.

Konkurrenz|kampf *der* competition.

konkurrenzlos *adj* unbeatable ◇ *adv* unbeatably.

Konkurs (*pl* **-e**) *der* **- 1.** [Zahlungsunfähigkeit] bankruptcy; **~ anmelden** to declare o.s. bankrupt **- 2.** [Verfahren] bankruptcy proceedings (*pl*).

Konkurs|verfahren *das* bankruptcy proceedings (*pl*).

können (*präs* **kann**; *prät* **konnte**; *perf* **hat können** ODER **hat gekonnt**) *aux* **- 1.** [vermögen, dürfen] can; **etw tun ~** to be able to do sthg; **er kann Klavier spielen** he can play the piano; **kann ich noch ein Eis haben?** can I have another ice cream?; **könnte ich mal telefonieren?** could I use the telephone? **- 2.** [zum Ausdruck der Möglichkeit] can; **es könnte verloren gegangen sein** it could ODER might have got lost; **etw tun ~** to be able to do sthg; **sie kann nicht kommen** she can't come; **es kann sein, dass ich mich geirrt habe** I may have been wrong; **das kann schon sein** that's quite possible; **das kann nicht sein** it can't be, it's impossible; **wenn ich wollte, könnte ich ein Auto kaufen** I could buy a car if I wanted to; **man kann nie wissen** you never know ◇ *vi*: **fahren, so schnell man kann** to drive as fast as you can; **kann ich ins Kino?** can I go to the cinema?; **ich kann nicht mehr** *fam* I've had it, I'm exhausted ◇ *vt (perf hat gekonnt)* **- 1.** [vermögen]: **kannst du Deutsch?** can ODER do you speak German?; **etw auswendig ~** to know sthg by heart; **der kann nichts** he's useless; **ich kann nichts dafür** I can't help it; **er kann nichts dafür, dass ...** it's not his fault that ... **- 2.** *RW*: **du kannst mich mal!** *vulg* piss off!

Können *das (ohne pl)* ability; **sein ~ unter Beweis stellen** to prove one's ability.

Könner, in (*mpl* **-**; *fpl* **-nen**) *der, die* expert.

konnte *prät* ▷ **können**.

Konsens (*pl* **-e**) *der* **geh** [Übereinstimmung] consensus.

konsequent *adj* **- 1.** [folgerichtig] consistent **- 2.** [Gegner] resolute; [Nichtraucher, Christ] strict ◇ *adv* **- 1.** [folgerichtig] consistently **- 2.** [bekämpfen] resolutely.

Konsequenz (*pl* **-en**) *die* **- 1.** [Folge] consequence; **aus etw die ~en ziehen** to draw the obvious conclusion from sthg - **2.** [Unbeirrbarkeit] resolution.

konservativ [kɔnzɛrva'tiːf] *adj* conservative <> *adv* conservatively.

Konservative [kɔnzɛrva'tiːvə] (*pl* **-n**) *der, die* Conservative.

Konservatorium [kɔnzɛrva'toːri̯ʊm] (*pl* **-rien**) *das* conservatory.

Konserve [kɔn'zɛrvə] (*pl* **-n**) *die* [Dose] can, tin *Br*; **sich nur von ~n ernähren** to live only on tinned *Br* ODER canned *Am* food.

Konservenldose *die* can, tin *Br*.

konservieren [kɔnzɛr'viːrən] *vt* to preserve.

Konservierungsstoffe [kɔnzɛr'viːrʊŋsʃtɔfə] *pl* preservatives.

Konsistenz *die* ***geh*** consistency.

Konsonant (*pl* **-en**) *der* consonant.

konspirativ *adj* conspiratorial <> *adv* conspiratorially.

konstant *adj* constant <> *adv* constantly.

Konstante (*pl* **-n**) *die* - **1.** MATH, PHYS constant - **2.** [konstanter Faktor] constant factor.

Konstellation (*pl* **-en**) *die* - **1.** ***geh*** [Lage] situation - **2.** ASTRON constellation.

Konstitution (*pl* **-en**) *die* constitution.

konstruieren [kɔnstru'iːrən] *vt* - **1.** [bauen] to construct - **2.** ***abw*** [erfinden] to fabricate.

Konstrukteur, in [kɔnstrʊk'tøːɐ̯, rɪn] (*mpl* **-e;** *fpl* **-nen**) *der, die* designer.

Konstruktion (*pl* **-en**) *die* construction.

konstruktiv *adj* - **1.** [vernünftig] constructive - **2.** [planerisch] structural <> *adv* constructively.

Konsul (*pl* **-n**) *der* POL consul.

Konsulat (*pl* **-e**) *das* POL consulate.

Konsulin (*pl* **-nen**) *die* POL consul.

konsultieren *vt* ***geh*** to consult.

Konsum *der* [Verbrauch] consumption.

Konsument, in (*mpl* **-en;** *fpl* **-nen**) *der, die* consumer.

Konsumlgesellschaft *die* consumer society.

konsumieren *vt* to consume.

Konsumlverhalten *das* consumer behaviour.

Kontakt (*pl* **-e**) *der* contact; **mit jm ~ aufnehmen** to get in touch with sb; **zu** ODER **mit jm/etw ~ haben** to be in contact with sb/sthg.

kontaktarm *adj*: **er ist ~** he finds it difficult to make friends.

kontaktfreudig *adj* sociable.

Kontaktllinse *die* contact lens.

kontern *vt* & *vi* to counter.

Kontext (*pl* **-e**) *der* context.

Kontinent, Kontinent (*pl* **-e**) *der* continent.

kontinental *adj* continental.

Kontingent (*pl* **-e**) *das* [von Waren] quota; [von Truppen] contingent.

Kontinuität [kɔntinui̯'tɛːt] *die* continuity.

Konto (*pl* **Konten**) *das* [Bankkonto] account; **ein ~ eröffnen/auflösen** to open/close an account; **etw geht auf js ~** sb is to blame for sthg.

Kontolauszug *der* bank statement.

Kontolführung *die* account management (*U*).

Kontolnummer *die* account number.

Kontolstand *der* bank balance.

kontra, contra *präp* versus <> *adv*: **~ eingestellt sein** to be against.

Kontra (*pl* **-s**) *das* double; **jm ~ geben** ***fam*** to contradict sb.

Kontralbass *der* double bass.

konträr *adj* ***geh*** contrary.

Kontrast (*pl* **-e**) *der* contrast; **einen ~ zu etw bilden** to contrast with sthg.

Kontrastlmittel *das* contrast medium.

Kontrolllabschnitt *der* stub.

Kontrolle (*pl* **-n**) *die* - **1.** [Überwachung] check; **jn/etw unter ~ haben** to keep a check on sb/sthg - **2.** [Beherrschung] control; **jn/etw unter ~ bekommen/haben** to get/have sb/sthg under control; **die ~ über jn/etw verlieren** to lose control of sb/sthg; **die ~ über sich verlieren** to lose control.

Kontrolleur, in [kɔntrɔ'løːɐ̯, rɪn] (*mpl* **-e;** *fpl* **-nen**) *der, die* inspector.

kontrollieren *vt* - **1.** [überprüfen] to check - **2.** [überwachen] to keep a check on - **3.** [beherrschen] to control.

Kontrollturm *der* FLUG control tower.

kontrovers [kɔntro'vɛrs] ***geh*** *adj* - **1.** [gegensätzlich - Standpunkt] conflicting; [- Diskussion] adversarial - **2.** [umstritten] controversial <> *adv*: **etw ~ diskutieren** to discuss sthg from conflicting points of view.

Kontroverse [kɔntro'vɛrsə] (*pl* **-n**) *die* ***geh*** dispute.

Kontur (*pl* **-en**) *die* contour; [von Politiker] profile; **~ gewinnen/verlieren** to take/lose shape.

Konvention [kɔnvɛn'tsi̯oːn] (*pl* **-en**) *die* convention.

konventionell [kɔnvɛntsi̯o'nɛl] *adj* conventional <> *adv* conventionally.

Konversation [kɔnvɛrza'tsjoːn] (*pl* **-en**) *die* ***geh*** conversation; **(mit jm) ~ machen** *ODER* **treiben** to make conversation (with sb).

konvertieren [kɔnvɛr'tiːrən] (*perf* **hat/ist konvertiert**) *vt* & *vi* to convert.

konvex [kɔn'vɛks] *adj* convex ◇ *adv* convexly.

Konvoi [kɔn'vɔy] (*pl* **-s**) *der* convoy; **im ~ fahren** to drive in convoy.

Konzentrat (*pl* **-e**) *das* concentrate.

Konzentration (*pl* **-en**) *die* concentration.

Konzentrationsfähigkeit *die* (*ohne pl*) powers (*pl*) of concentration.

Konzentrations|lager *das* concentration camp.

konzentrieren *vt* **- 1.** [richten]: **etw auf etw** (*A*) **~** to concentrate sthg on sthg **- 2.** [vereinigen] to concentrate.
◆ **sich konzentrieren** *ref* to concentrate; **sich auf etw** (*A*) **~** to concentrate on sthg.

konzentriert *adj* concentrated ◇ *adv* with concentration; **~ nachdenken** to concentrate.

Konzept (*pl* **-e**) *das* **- 1.** [Entwurf] draft **- 2.** [Plan] plan **- 3.** ***RW:*** **jm nicht ins ~ passen** not to fit in with sb's plans; **jn aus dem ~ bringen** to put sb off his/her stride.

Konzeption (*pl* **-en**) *die* concept.

Konzern (*pl* **-e**) *der* group (of companies).

Konzert (*pl* **-e**) *das* [Veranstaltung] concert; [Musikstück] concerto.

Konzert|flügel *der* concert grand.

Konzert|saal *der* concert hall.

Konzession (*pl* **-en**) *die* **- 1.** WIRTSCH licence **- 2.** [Zugeständnis] concession; **(jm/an etw** (*A*)**) ~en machen** to make concessions (to sb/sthg).

Koordinate (*pl* **-n**) *die* coordinate.

Koordinaten|system *das* MATH coordinate system.

koordinieren *vt* to coordinate.

Kopenhagen *nt* Copenhagen.

Kopf (*pl* **Köpfe**) *der* **- 1.** [gen] head; **mit dem** *ODER* **den ~ schütteln** to shake one's head; **jm etw an den ~ werfen** ***eigtl*** & ***fig*** to hurl sthg at sb **- 2.** [Anführer] leader **- 3.** ***RW:*** **den ~ hängen lassen** to be downhearted; **den ~ hinhalten** to take the blame; **den ~ verlieren** to lose one's head; **jm den ~ verdrehen** ***fam*** to turn sb's head; **~ und Kragen riskieren** to risk one's neck; **jm über den ~ wachsen** to overwhelm sb; **~ stehen** [vor Freude] to go wild; [durcheinander sein] to be in a jumble; **jm zu ~ steigen** to go to sb's head; **etw auf den ~ stellen** ***fam*** to turn sthg upside down; **und wenn du dich auf den ~ stellst** you're wasting your breath; **sich** (*D*) **etw aus dem ~ schlagen** to get sthg out of one's head; **sich** (*D*) **etw durch den ~ gehen lassen** to think sthg over; **sich** (*D*) **etw in den ~ setzen** to get sthg into one's head; **sich** (*D*) **(über etw** (*A*)**) den ~ zerbrechen** to rack one's brains (over sthg); **über js ~** (*A*) **hinweg entscheiden** *ODER* **bestimmen** to decide over sb's head.
◆ **aus dem Kopf** *adv* off the top of one's head.
◆ **Kopf an Kopf** *adv* neck and neck.
◆ **pro Kopf** *adv* per head.
◆ **von Kopf bis Fuß** *adv* from head to toe.

Kopf|ball *der* header.

Kopf|bedeckung *die* headgear.

Köpfchen (*pl* **-**) *das* little head; **~ haben** ***fam fig*** to have brains.

köpfen *vt* **- 1.** SPORT to head **- 2.** [hinrichten] to behead **- 3.** ***fam*** [öffnen - Flasche] to crack open; [- Ei] to slice the top off ◇ *vi* SPORT to head.

Kopf|ende *das* head.

Kopf|haut *die* scalp.

Kopf|hörer *der* headphones (*pl*).

Kopf|kissen *das* pillow.

Kopfkissen|bezug *der* pillowcase.

kopflastig *adj* **- 1.** [zu intellektuell] over-intellectual **- 2.** [übermäßig beladen: Flugzeug] nose-heavy ◇ *adv* **- 1.** [einseitig intellektuell] over-intellectually **- 2.** [einseitig]: **das Flugzeug ~ beladen** to make the plane nose-heavy.

kopflos *adj* **- 1.** [ohne Kopf] headless **- 2.** [wirr] panicky ◇ *adv* in a state of panic.

Kopf|rechnen *das* mental arithmetic.

Kopf|salat *der* lettuce.

Kopf|schmerzen *pl* headache (*sg*); **~ haben** to have a headache.

Kopf|sprung *der* dive.

Kopf|stand *der* headstand.

kopf|stehen *vi* (*unreg*) ▷ **Kopf.**

Kopf|stütze *die* headrest.

Kopf|tuch *das* headscarf.

kopfüber *adv* **- 1.** [nach vorn] head first **- 2.** [überstürzt] headlong.

Kopfzerbrechen *das*: **jm ~ machen** *ODER* **bereiten** to be a real headache for sb.

Kopie [ko'piː] (*pl* **-n**) *die* copy.

kopieren *vt* to copy.

Kopierer (*pl* **-**) *der* photocopier.

Kopier|gerät *das* photocopier.

Ko|pilot, in, Co|pilot ['koːpiloːt, ɪn] *der, die* co-pilot.

koppeln *vt* **- 1.** [knüpfen] to attach **- 2.** [anschließen] to couple.

Koppelung, Kopplung (*pl* **-en**) *die* coupling.

Ko|produktion *die* coproduction.

Koralle (*pl* **-n**) *die* coral.

Koran (*pl* **-e**) *der* Koran.

Korb (*pl* **Körbe**) *der* **- 1.** [Behälter & SPORT] basket **- 2.** [Abfuhr] rebuff; **jm einen ~ geben** to turn sb down.

Korb|stuhl *der* wicker chair.

Kord, Cord [kɔrt] *der* corduroy.

Kordel (*pl* **-n**) *die* cord.

Kord|hose, Cord|hose [ˈkɔrthoːzəl *die* corduroy trousers *(pl)* ***Br*** *ODER* pants *(pl)* ***Am.***

Kordilleren *pl:* **die ~** the Cordilleras.

Korea *nt* Korea.

Koreaner, in (*mpl* **-;** *fpl* **-nen**) *der, die* Korean.

koreanisch *adj* Korean.

Korinthe (*pl* **-n**) *die* currant.

Kork *der* cork.

Korken (*pl* **-**) *der* cork.

Korkenzieher (*pl* **-**) *der* corkscrew.

Korn (*pl* **Körner** *ODER* **-**) *das* **- 1.** [Getreide] grain, corn ***Br*** **- 2.** *(pl Körner)* [Pflanzenfrucht, kleines Partikel] grain **- 3.** ***RW:*** **jn/etw aufs ~ nehmen** ***fam fig*** to hit out at sb/sthg <> *der (pl Korn)* [Schnaps] schnapps.

Korn|blume *die* cornflower.

Korn|feld *das* cornfield ***Br***, grainfield ***Am.***

Körper (*pl* **-**) *der* body.

Körperbau *der* build.

körperbehindert *adj* disabled.

Körper|behinderte *der, die* disabled person.

Körper|gewicht *das* ***amt*** weight.

Körper|größe *die* ***amt*** height.

körperlich *adj* physical <> *adv* physically.

Körperpflege *die* personal hygiene.

Körperschaft (*pl* **-en**) *die* RECHT corporation.

Körper|teil *der* part of the body.

Körper|temperatur *die* body temperature.

Körper|verletzung *die* bodily harm.

korpulent *adj* corpulent.

korrekt *adj* correct <> *adv* correctly.

Korrektur (*pl* **-en**) *die* correction; **~ lesen** to read the proofs.

Korrekturband (*pl* **-bänder**) *das* correction tape.

Korrespondent, in (*mpl* **-en;** *fpl* **-nen**) *der, die* **- 1.** [Berichterstatter] correspondent **- 2.** [in einer Firma] correspondence clerk.

Korrespondenz *die* correspondence.

Korridor (*pl* **-e**) *der* corridor.

korrigieren *vt* to correct.

Korrosion (*pl* **-en**) *die* corrosion *(U).*

korrupt *adj* corrupt.

Korruption (*pl* **-en**) *die* corruption *(U).*

Korsett (*pl* **-s** *ODER* **-e**) *das* corset.

Korsika *nt* Corsica.

koscher *adj* kosher; **nicht ganz ~** ***fam*** not quite kosher.

Kose|name *der* pet name.

Kosmetik (*pl* **-ka**) *die* [Pflege] beauty care.

Kosmetika *pl* cosmetics.

Kosmetiker, in (*mpl* **-;** *fpl* **-nen**) *der, die* beautician.

Kosmetik|koffer *der* vanity case.

kosmetisch *adj* cosmetic <> *adv* cosmetically.

kosmisch *adj* cosmic.

Kosmonaut, in (*mpl* **-en;** *fpl* **-nen**) *der, die* cosmonaut.

Kosmos *der* cosmos.

Kost *die* food; **leichte ~** [Nahrung] light food; **leichte/schwere ~** ***fig*** [Unterhaltung] light/heavy fare.

kostbar *adj* **- 1.** [wertvoll, erlesen] valuable **- 2.** [wichtig] precious.

Kostbarkeit (*pl* **-en**) *die* **- 1.** [Wert] value **- 2.** [Gegenstand] treasure.

kosten *vi* [probieren] to have a taste; **von der Suppe ~** to taste the soup <> *vt* **- 1.** [gen] to cost; **was** *ODER* **wieviel kostet das?** how much is it?, how much does it cost?; **er ließ sich** *(D)* **die Feier etwas ~** he spent a fortune on the party; **Fragen kostet nichts** there's no harm in asking; **koste es, was es wolle** whatever the cost **- 2.** [probieren] to taste, to try.

Kosten *pl* costs; **auf js ~** *(A)* at sb's expense; **auf js ~ gehen** to be at sb's expense; **auf ~ einer Sache** *(G)* **gehen** to be at the expense of sthg; **auf seine ~ kommen** to get one's money's worth; [bei einer Party] to have a good time.

Kosten|einsparung *die* cost saving.

Kosten|erstattung *die* reimbursement of expenses.

Kosten|explosion *die* cost explosion.

kostengünstig *adj* economical <> *adv* economically.

kostenlos *adj* free <> *adv* free of charge.

Kosten|voranschlag *der* estimate.

köstlich *adj* **- 1.** [im Geschmack] delicious **- 2.** [amüsant] delightful <> *adv* **- 1.: ~ speisen**

to have a delicious meal **- 2.: sich ~ amüsieren** to enjoy o.s. enormously.

Kostprobe *die* [von Speise] taste; [von js Können] sample.

kostspielig *adj* costly.

Kostüm (*pl* **-e**) *das* **- 1.** [Rock und Jacke] suit **- 2.** [im Theater, zu Fasching] costume.

Kostümfest *das* fancy-dress ball.

kostümieren ◆ **sich kostümieren** *ref* to dress up *(in fancy dress)*.

Kostverächter (*pl* **-**) *der:* **kein ~ sein** [gerne essen] to like one's food; [gerne mit Frauen ausgehen] to be one for the ladies.

Kot *der* excrement.

Kotelett (*pl* **-s**) *das* chop, cutlet.

Koteletten *pl* sideboards ***Br,*** sideburns ***Am.***

Köter (*pl* **-**) *der* ***fam abw*** mutt.

Kotflügel *der* wing.

Kotze *die* ***salopp*** puke.

kotzen *vi* ***salopp*** to puke.

Kotzen *das* ***salopp:*** **es ist zum ~** it makes you puke; **ich finde es zum ~** it makes me puke.

KP [ka:'pe:] (*pl* **-s**) (*abk für* **Kommunistische Partei**) *die* CP.

Kr. *abk für* **Kreis.**

Krabbe (*pl* **-n**) *die* [Krebs] crab; [Garnele] shrimp.

krabbeln (*perf* **hat/ist gekrabbelt**) *vi (ist)* to crawl ◇ *vt (hat)* ***fam*** [kratzen] to scratch; [kitzeln] to tickle.

Krach (*pl* **Krăche**) *der* **- 1.** [Lärm] racket; **~ machen** to make a racket **- 2.** ***fam*** [Ärger] row; **er hat ~ mit seiner Freundin** he's rowing with his girlfriend; **~ schlagen** to kick up a fuss **- 3.** [Zusammenbruch] crash.

krachen (*perf* **hat/ist gekracht**) *vi* **- 1.** *(hat)* [lärmen - Donner] to crash; [- Schuss] to ring out; [- Gewehr] to bang; **dann krachts!** there'll be trouble!; **an der Ecke hat es gekracht** there's been a crash on the corner **- 2.** *(ist)* ***fam*** [kaputtgehen - Bett, Stuhl] to collapse; [- Reißverschluss, Brett] to split; [- Eis] to crack ◇ *vt (hat)* ***fam*** to bang.

◆ **sich krachen** *ref* ***fam*** to have a row.

krächzen *vi* [Rabe] to caw; [Person] to croak ◇ *vt* to croak out.

Kräcker (*pl* **-**) *der* cracker.

kraft *präp* ***amt:*** **~ einer Sache** *(G)* by virtue of sthg.

Kraft (*pl* **Kräfte**) *die* **- 1.** [Körperkraft] strength *(U);* **am Ende seiner Kräfte sein** to be completely exhausted; **~/keine ~ haben** to be strong/weak **- 2.** [Fähigkeit, Wirksamkeit] power; **aus eigener ~** by oneself; **mit vereinten Kräften** by joining forces **- 3.** [Hilfskraft] helper.

◆ **Kräfte** *pl* [politisch] forces.

◆ **außer Kraft** *adv:* **außer ~ treten/sein** to cease to be/be no longer in force.

◆ **in Kraft** *adv:* **in ~ treten/setzen/sein** to come into/put into/be in force.

Kraftausdruck *der* swearword.

Kraftfahrer, in *der, die* driver.

Kraftfahrzeug *das* ***amt*** motor vehicle.

Kraftfahrzeugbrief *der* ***amt*** vehicle registration document.

Kraftfahrzeugschein *der* ***amt*** vehicle registration document.

Kraftfahrzeugsteuer *die* ***amt*** road tax ***Br,*** vehicle tax ***Am.***

kräftig *adj* **- 1.** [stark - Person] strong; [- Schlag] powerful; [- Körperbau, Stimme] powerful, strong **- 2.** [Hunger, Farben] intense **- 3.** [Mahlzeit] nourishing **- 4.** [Fluch] coarse ◇ *adv* **- 1.** [stark] hard **- 2.** [fluchen] violently.

kräftigen *vt* to strengthen.

kraftlos *adj* weak ◇ *adv* [wanken] weakly; [herabhängen] limply.

Kraftprobe *die* trial of strength.

Kraftstoff *der* fuel.

kraftvoll *adj* powerful ◇ *adv* powerfully.

Kraftwagen *der* ***amt*** motor car.

Kraftwerk *das* power station.

Kragen (*pl* - ODER **Krägen**) *der* collar; **es geht jm an den ~** ***fam fig*** sb is in for it; **jm an den ~ wollen** ***fam fig*** to be after sb; **ihr platzte der ~** ***fam fig*** she blew her top.

Krähe (*pl* **-n**) *die* crow.

krähen *vi* to crow.

Krakau *nt* Cracow.

Kralle (*pl* **-n**) *die* claw.

Kram *der* ***fam*** **- 1.** [Zeug] stuff; **jm nicht in den ~ passen** ***fam fig*** not to fit in with sb's plans **- 2.** [Arbeit] business.

kramen *vi* to rummage about.

Krampf (*pl* **Krämpfe**) *der* cramp; **einen ~ bekommen/haben** to get/have cramp; **ein ~ sein** ***fam fig*** to be painful.

Krampfader *die* varicose vein.

krampfen *vt:* **die Hände/die Finger um/in etw** *(A)* **~** to clutch sthg.

◆ **sich krampfen** *ref* [Magen, Muskeln] to convulse; [Hände, Finger]: **sich um etw ~** to clutch sthg.

krampfhaft *adj* [Husten, Verrenkungen] convulsive; [Anstrengungen] strenuous ◇ *adv* [zucken] convulsively; [lächeln] in a strained way; **sich ~ bemühen** to make strenuous efforts; **~ nachdenken** to rack one's brains.

Kran (*pl* **Kräne**) *der* crane.

Kranich (*pl* **-e**) *der* crane.

krank (*kompar* **kränker;** *superl* **am kränksten)** *adj* sick, ill; **~e Menschen** sick people; **er ist ~** he is ill ODER sick; **~ werden** to be taken ill; **schwer ~** seriously ill; **diese ständigen Streitereien machen mich ~** these constant arguments are getting on my nerves.

Kranke (*pl* **-n**) *der, die* sick person; [im Krankenhaus] patient.

kränkeln *vi* not to be well.

kranken *vi:* **an etw** *(D)* **~** to suffer from sthg.

kränken *vt* to hurt.

Kranken|bett *das* sickbed.

Kranken|geld *das (ohne pl)* sickness benefit.

Kranken|gymnast (*pl* **-en**) *der* physiotherapist.

Kranken|gymnastik *die* physiotherapy.

Kranken|gymnastin (*pl* **-nen**) *die* physiotherapist.

Kranken|haus *das* hospital.

Kranken|kasse *die* health insurance association.

KRANKENKASSE

A "Krankenkasse" is a medical insurance organization that is responsible for national health insurance in Germany. Though there is no single state organization, there are both public and private "Krankenkassen", and all employees up to a certain income must be members of a state "Krankenkasse". The self-employed and people with incomes higher than the required limit may also take out private health insurance. Most people are covered by the "Allgemeine Ortskrankenkasse" (AOK) which operates at a regional level.

Kranken|pflege *die* nursing.

Kranken|pfleger *der* (male) nurse.

Kranken|schein *der* health insurance certificate.

Kranken|schwester *die* nurse.

Krankenversicherten|karte *die* health insurance card.

Kranken|versicherung *die* health insurance.

Kranken|wagen *der* ambulance.

krank|feiern *vi* **fam** to call in sick *(as an excuse to take the day off work).*

krankhaft *adj* pathological ◇ *adv* [übertrieben] pathologically.

Krankheit (*pl* **-en**) *die* **- 1.** [Zustand] illness; '**wegen ~ geschlossen**' 'closed due to illness' **- 2.** [bestimmte Krankheit] disease; **eine unheilbare ~** an incurable disease.

kränklich *adj* sickly.

krank|melden ◆ **sich krankmelden** *ref* to report sick.

krank|schreiben *vt (unreg):* **jn ~** to give sb a medical certificate.

Kränkung (*pl* **-en**) *die* hurt.

Kranz (*pl* **Kränze**) *der* **- 1.** [Schmuck] wreath **- 2.** [Kuchen] ring.

Krapfen (*pl* **-**) *der* [Gebäck] doughnut.

krass *adj* [Gegensatz] stark; [Verstoß, Fall] blatant ◇ *adv* [ausdrücken] bluntly.

Krater (*pl* **-**) *der* crater.

kratzen *vi* **- 1.** [verletzen] to scratch **- 2.** [schaben] to scrape **- 3.** [jucken] to itch; **es kratzt im Hals** I've got a tickle in my throat ◇ *vt* **- 1.** [verletzen] to scratch **- 2.** [schaben] to scrape **- 3.** [jucken]: **jn ~** to make sb itch.
◆ **sich kratzen** *ref* to scratch o.s.

Kratzer (*pl* **-**) *der* scratch.

kratzig *adj* **- 1.** [rau] scratchy **- 2.** [heiser] rough.

Kraul *das* SPORT crawl.

kraulen (*perf* **hat/ist gekrault**) *vi (ist)* SPORT to do the crawl ◇ *vt (hat)* [streicheln] to tickle.

kraus *adj* **- 1.** [lockig] frizzy **- 2.** [gerunzelt] wrinkled **- 3.** [wirr] confused ◇ *adv* **- 1.** [gerunzelt]: **die Nase ~ ziehen** to wrinkle one's nose **- 2.** [wirr] confusedly.

kräuseln *vt* **- 1.** [in Locken] to frizz **- 2.** [in Wellen] to ripple.
◆ **sich kräuseln** *ref* [in Locken] to go frizzy.

Kraus|kopf *der* **- 1.** [Frisur] frizzy hair *(U)* **- 2.** [Spinner] muddlehead.

Kraut (*pl* **Kräuter**) *das* **- 1.** *(ohne pl)* [Kohl] cabbage **- 2.** *(ohne pl)* [Grünes] leaves *(pl)* **- 3.** ***fam*** [Tabak] weed **- 4.** ***RW:*** **dagegen ist kein ~ gewachsen** there is no cure for it; **wie ~ und Rüben** ***fam*** all over the place.
◆ **Kräuter** *pl* herbs.

Kräuter|tee *der* herbal tea.

Krawall (*pl* **-e**) *der* [Krach, Lärm] row; **~ machen** to make a row; **~ schlagen** ***fam*** to kick up a fuss.
◆ **Krawalle** *pl* [Unruhen] riots.

Krawatte (*pl* **-n**) *die* tie.

kraxeln (*perf* **ist gekraxelt**) *vi* to climb.

kreativ *adj* creative.

Kreativität [kreativi'tɛːt] *die* creativity.

Kreatur (*pl* **-en**) *die* creature.

Krebs (*pl* **-e**) *der* **- 1.** [Tier] crab **- 2.** *(ohne pl)* [Tumor] cancer; **~ haben** to have cancer **- 3.** ASTROL Cancer; **~ sein** to be a Cancer.

Kredit (*pl* **-e**) *der* [Darlehen] credit *(U)*; **einen**

~ **aufnehmen/gewähren** to take out/grant credit.

Kreditlhai *der abw* loan shark.

Kreditlinstitut *das* bank.

Kreditlkarte *die* credit card.

kreditwürdig *adj* creditworthy.

Kreide (*pl* **-n**) *die* chalk; **bei jm in der ~ stehen** *fig* to be in debt to sb.

kreideweiß *adj* as white as a sheet.

kreieren [kre'i:rən] *vt* to create.

Kreis (*pl* **-e**) *der* **- 1.** [Form, Personenkreis] circle; **im ~** in a circle; **im engsten ~** with close family and friends **- 2.** [Verwaltungsbezirk] district **- 3.** *RW:* **~e ziehen** to have repercussions; **sich im ~ drehen** to go round in circles.

kreischen *vi* [Person] to shriek; [Tier, Säge, Bremsen] to screech.

Kreisel (*pl* **-**) *der* top.

kreisen (*perf* **hat/ist gekreist**) *vi* **- 1.** [sich drehen] to circle; **die Erde kreist um die Sonne** the earth goes round the sun **- 2.** [Gedanken] : **um etw ~** to revolve around sthg.

kreisförmig *adj* circular <> *adv* in a circle.

Kreisllauf *der* **- 1.** [Zyklus] cycle **- 2.** [Blutkreislauf] circulation.

Kreisllaufstörungen *pl* circulatory trouble *(U)*.

Kreislsäge *die* **- 1.** [Säge] circular saw **- 2.** [Hut] boater.

Kreislstadt *die* chief town of a district.

Kreislverkehr *der* roundabout *Br*, traffic circle *Am*.

Krem (*pl* **-s**) *die* = **Creme.**

Krematorium [krema'to:rium] (*pl* **-rien**) *das* crematorium.

Kreme (*pl* **-s** *ODER* **-n**) *die* = **Creme.**

kremig *adj* = **cremig.**

Kreml *der* Kremlin.

Krempe (*pl* **-n**) *die* brim.

Krempel *der fam* junk.

Kreole (*pl* **-n**) *der* Creole.

Kreolin (*pl* **-nen**) *die* Creole.

kreolisch *adj* Creole.

krepieren (*perf* **ist krepiert**) *vi* **- 1.** *salopp* [sterben] to croak **- 2.** [explodieren] to go off.

Krepp *der* crepe.

Kreppapier *das* crepe paper.

Krepplsohle *die* crepe sole.

Kresse (*pl* **-n**) *die* cress *(U)*.

Kreta *nt* Crete.

kreuz ◆ **kreuz und quer** *adv* [fahren, laufen] all over; [stellen, liegen] all over the place.

Kreuz (*pl* **-e**) *das* **- 1.** [Zeichen & REL] cross; **über ~** crosswise; **ein** *ODER* **das ~ schlagen** to make the sign of the cross **- 2.** [Rücken] small of the back; **mir tut das ~ weh** my back aches; **jn aufs ~ legen** *fam fig* to take sb for a ride **- 3.** [Autobahnkreuz] intersection **- 4.** *(ohne pl)* [Qual] burden **- 5.** *(ohne Artikel, ohne pl)* [Spielfarbe] clubs *(pl)* **- 6.** [Spielkarte] club; **~ Bube** jack of clubs.

Kreuzberg *nt* Kreuzberg.

Kreuz des Südens *das* ASTRON: **das ~** the Southern Cross.

kreuzen (*perf* **hat/ist gekreuzt**) *vt (hat)* to cross <> *vi (hat, ist)* **- 1.** [Boot - hin und her fahren] to cruise **- 2.** [gegen den Wind segeln] to tack.
◆ **sich kreuzen** *ref* **- 1.** [Weg, Brief, Linie] to cross **- 2.** [Ansichten] to clash.

Kreuzlfahrt *die* cruise.

Kreuzlfeuer *das:* **im ~ stehen** to be under fire from all sides.

Kreuzlgang *der* cloister.

kreuzigen *vt* to crucify.

Kreuzigung (*pl* **-en**) *die* crucifixion.

Kreuzlotter *die* adder.

Kreuzung (*pl* **-en**) *die* **- 1.** [Straßenkreuzung] crossroads *(sg)* **- 2.** [Züchtung] cross; **eine ~ aus Pudel und Schäferhund** a cross between a poodle and an Alsatian.

Kreuzlverhör *das* cross-examination; **jn ins ~ nehmen** to cross-examine sb.

Kreuzwortlrätsel *das* crossword (puzzle).

Kreuzlzug *der* crusade.

Krhs. (*abk für* **Krankenhaus**) hosp.

kribbelig *adj* edgy.

kribbeln *vi* to itch; **es kribbelt mir** *ODER* **mich in der Nase** I've got an itchy nose.

kriechen (*prät* **kroch;** *perf* **ist gekrochen**) *vi* **- 1.** [Wurm, Verkehr, Kind] to crawl **- 2.** [Zeit] to creep by **- 3.** *abw* [unterwürfig sein]: **vor jm ~** to crawl to sb.

Kriechlspur *die* crawler lane.

Krieg (*pl* **-e**) *der* war; **jm/einer Sache den ~ erklären** to declare war on sb/sthg.

kriegen *vt fam* [bekommen] to get; [Zug, Bus, Straßenbahn] to catch; **wenn wir den ~!** just wait till we get hold of him!; **Wut ~** to get angry; **es mit jm zu tun ~** to get into trouble with sb; **jn dazu ~, etw zu tun** to get sb to do sthg.

Kriegsldienstverweigerer (*pl* **-**) *der* conscientious objector.

Kriegslerklärung *die* declaration of war.

Kriegslfuß *der:* **mit jm auf ~ stehen** to be at loggerheads with sb; **mit einer Sache auf ~ stehen** to struggle with sthg.

Kriegslgefangene *der, die* prisoner of war.

Kriegs|gefangenschaft *die* captivity *(as a prisoner of war)*; **in ~ geraten** to become a prisoner of war.

Krim *die:* **die ~** the Crimea.

Krimi (*pl* **-s**) *der* **fam** thriller.

Kriminal|beamte *der* detective.

Kriminal|beamtin *die* detective.

Kriminalität *die* crime.

Kriminalpolizei *die* ≃ Criminal Investigation Department **Br**, ≃ Federal Bureau of Investigation **Am**.

Kriminal|roman *der* thriller.

kriminell *adj* criminal; **~ werden** to turn to crime.

Krimskrams *der (ohne pl)* **fam** odds and ends *(pl)*.

Kringel (*pl* **-**) *der* **- 1.** [Kreis] ring **- 2.** [Gebäck] ring-shaped biscuit.

Kripo (*abk für* **Kriminalpolizei**) *die* ≃ CID **Br**, ≃ FBI **Am**.

Krippe (*pl* **-n**) *die* **- 1.** [Kinderkrippe] crèche **Br**, day nursery **Am** **- 2.** [Futterkrippe] manger **- 3.** [Weihnachtskrippe] crib.

Krise (*pl* **-n**) *die* crisis; **in einer ~ stecken** to be in (a) crisis.

kriseln *vi:* **es kriselt** there is a crisis.

krisenfest *adj* crisis-proof.

Krisen|herd *der* trouble spot.

Kristall (*pl* **-e**) *das* ODER *der* crystal.

Kriterium (*pl* **Kriterien**) *das* criterion.

Kritik (*pl* **-en**) *die* **- 1.** [Beurteilung] criticism; **an jm/etw ~ üben** to criticize sb/sthg; **unter aller ~** appalling **- 2.** [Rezension] review.

Kritiker, in (*mpl* **-**; *fpl* **-nen**) *der, die* critic.

kritiklos *adj* uncritical ◇ *adv* uncritically.

kritisch *adj* critical ◇ *adv* **- 1.** [prüfend, negativ] critically **- 2.** [gefährlich]: **es steht ~ um den Kranken** the patient is critical.

kritisieren *vt* to criticize.

kritzeln *vt* to scribble.

Kroate [kro'aːtə] (*pl* **-n**) *der* Croat.

Kroatien [kro'aːtsi̯ən] *nt* Croatia.

Kroatin [kro'aːtɪn] (*pl* **-nen**) *die* Croat.

kroatisch [kro'aːtɪʃ] *adj* Croatian.

kroch *prät* ▻ **kriechen.**

Krokant *der (ohne pl)* praline.

Krokodil (*pl* **-e**) *das* crocodile.

Krokus (*pl* **-se**) *der* crocus.

Krone (*pl* **-n**) *die* **- 1.** [gen] crown **- 2.** [Herrschaft] Crown **- 3.** [Währung - dänische] krone; [- schwedische] krona **- 4.** *RW:* **einen in der ~ haben** **fam** [betrunken sein] to have had one too many; **einer Sache (D) die ~ aufsetzen** to cap sthg.

krönen *vt* to crown; **jn zum König ~** to crown sb king.

Kron|leuchter *der* chandelier.

Krönung (*pl* **-en**) *die* **- 1.** [das Krönen] coronation **- 2.** [Höhepunkt] culmination.

Kron|zeuge *der:* **als ~ auftreten** to turn Queen's/King's **Br** ODER state's **Am** evidence.

Kron|zeugin *die:* **als ~ auftreten** to turn Queen's/King's **Br** ODER state's **Am** evidence.

Kropf (*pl* **Kröpfe**) *der* goitre.

Kröte (*pl* **-n**) *die* toad.

Krs. *abk für* **Kreis.**

Krücke (*pl* **-n**) *die* **- 1.** [Stock] crutch **- 2. fam abw** [Person] clown.

Krug (*pl* **Krüge**) *der* [für Milch, Wein] jug; [für Bier] mug.

Krümel (*pl* **-**) *der* crumb.

krumm *adj* **- 1.** [Linie] curved; [Nagel, Rücken] bent; [Nase] hooked; [Finger, Beine] crooked **- 2. fam** [unehrlich] crooked; **auf eine ~e Tour** by crooked means ◇ *adv* [gehen, stehen] with a stoop; [sitzen] bent over.

krümmen *vt* to bend.

◆ **sich krümmen** *ref* to bend; [vor Schmerzen] to double up.

krumm nehmen *vt (unreg)* **fam** to take offence at; **jm etw ~** to hold sthg against sb.

Krümmung (*pl* **-en**) *die* [von Horizont, Rücken] curve; [von Straße, Fluss] bend.

Krüppel (*pl* **-**) *der* cripple.

Kruste (*pl* **-n**) *die* **- 1.** [Rinde] crust **- 2.** [Schicht] scab.

Kruzifix (*pl* **-e**) *das* crucifix.

Krypta (*pl* **Krypten**) *die* crypt.

Kt. *abk für* **Kanton.**

Kto. (*abk für* **Konto**) a/c.

Kto.-Nr. (*abk für* **Kontonummer**) a/c no.

Kuba *nt* Cuba; **auf ~** in Cuba.

Kubaner, in (*mpl* **-**; *fpl* **-nen**) *der, die* Cuban.

kubanisch *adj* Cuban.

Kübel (*pl* **-**) *der* [für Abfälle] bin; [für Pflanzen] tub.

Kubik|meter *der* cubic metre.

Kubismus *der* cubism.

Küche (*pl* **-n**) *die* **- 1.** [Raum] kitchen **- 2.** [Kochen] cooking; **kalte/warme ~** cold/hot food.

Kuchen (*pl* **-**) *der* cake.

Kuchen|blech *das* baking sheet.

Kuchen|form *die* cake tin **Br** ODER pan **Am**.

Kuchen|gabel *die* cake fork.

Küchen|schabe *die* cockroach.

Kuchen|teig *der* cake mixture.

Kuckuck (*pl* **-e**) *der* cuckoo; **zum ~ (noch mal)!** ***fam fig*** for Pete's sake!

Kufe (*pl* **-n**) *die* runner.

Kugel (*pl* **-n**) *die* **- 1.** [gen & SPORT] ball; [am Weihnachtsbaum] bauble; [beim Kugelstoßen] shot **- 2.** [Form] sphere **- 3.** [Geschoss] bullet **- 4.** ***RW:*** **eine ruhige ~ schieben *fam fig*** to have it easy.

kugelförmig *adj* spherical.

Kugel|gelenk *das* ball-and-socket joint.

Kugel|lager *das* ball bearing.

kugelrund *adj* as round as a ball.

Kugelschreiber (*pl* -) *der* ballpoint (pen), Biro®.

kugelsicher *adj* bullet-proof.

Kugelstoßen *das* SPORT shot put.

Kuh (*pl* **Kühe**) *die* cow.

Kuh|handel *der* ***fam*** horse-trading.

Kuhhaut *die:* **das geht auf keine ~ *fam*** it's just not on.

kühl *adj* cool ◇ *adv* coolly; **~ servieren** serve chilled; **~ und trocken lagern** keep in a cool, dry place.

kühlen *vt* to cool.

Kühler (*pl* -) *der* **- 1.** AUTO radiator **- 2.** [für Getränke] cooler.

Kühler|haube *die* bonnet ***Br***, hood ***Am***.

Kühl|haus *das* cold store.

Kühl|schrank *der* fridge.

Kühl|tasche *die* cool bag.

Kühl|truhe *die* freezer.

Kühlung (*pl* **-en**) *die* **- 1.** [Erfrischung] coolness **- 2.** TECH cooling.

Kühlwasser *das* radiator water.

kühn *adj* bold.

Kühnheit *die* boldness.

Kuh|stall *der* cowshed.

k. u. k. (*abk für* **kaiserlich und königlich**) *Imperial and Royal.*

Küken (*pl* -) *das* **- 1.** [Tier] chick **- 2.** ***fam fig*** [Nesthäkchen] baby; [Mädchen] little girl.

kulant *adj* [Verkäufer, Geschäftspartner] obliging; [Preis] reasonable.

Kuli (*pl* **-s**) *der* **- 1.** [Mensch] coolie **- 2.** ***fam*** [Schreiber] Biro®.

kulinarisch *adj* culinary.

Kulisse (*pl* **-n**) *die* **- 1.** [Bühnenbild] scenery *(U);* **hinter den ~n *fig*** behind the scenes **- 2.** [Hintergrund] background.

kullern (*perf* **ist gekullert**) *vi* to roll.

Kult (*pl* **-e**) *der* cult.

Kult|film *der* cult film.

kultivieren [kʊlti'viːrən] *vt* to cultivate.

kultiviert [kʊlti'viːɐ̯t] *adj* refined ◇ *adv* in a refined manner.

Kultur (*pl* **-en**) *die* culture.

Kultur|beutel *der* toilet bag.

kulturell *adj* cultural ◇ *adv* culturally.

Kultur|gut *das* cultural assets *(pl).*

Kultur|hoheit *die independence of German Federal states in educational and cultural matters.*

Kultur|kreis *der* cultural area.

Kultur|programm *das* cultural programme.

Kultus|minister, in *der, die minister of a German Federal state responsible for education and cultural affairs.*

Kultus|ministerium *das ministry of education and cultural affairs within a German Federal state.*

Kultusminister|konferenz *die conference of the ministers of education and cultural affairs from each Federal state.*

Kümmel (*pl* -) *der* **- 1.** *(ohne pl)* [Gewürzpflanze] caraway **- 2.** [Schnaps] kümmel.

Kümmel|brot *das* caraway bread.

Kummer *der* worries *(pl);* **~ mit jm haben** to worry about sb; **jm ~ machen** to worry sb.

kümmerlich *adj* miserable.

kümmern *vt* to concern; **das kümmert sie nicht** she doesn't care about that; **was kümmert es ihn?** what is it to him?
◆ **sich kümmern** *ref:* **sich um jn ~** [helfen] to look after sb; **sich um etw ~** [organisieren, zubereiten] to see to sthg; [beachten] to worry about sthg; **kümmere dich um deine eigenen Angelegenheiten!** mind your own business!

Kumpel (*pl* -) *der* **- 1.** [Bergarbeiter] miner **- 2.** ***fam*** [Kamerad] pal.

kündbar *adj* [Stellung, Vertrag] terminable; [Mitarbeiter] dismissible.

Kunde (*pl* **-n**) *der* customer.

Kunden|dienst *der* **- 1.** [Service] customer service **- 2.** [Servicestelle] customer service department.

Kunden|karte *die* loyalty card.

Kundgebung (*pl* **-en**) *die* rally.

kundig *adj* [Person] knowledgeable; [Rat, Blick] expert.

kündigen *vi* [Arbeitnehmer] to hand in one's notice; [Mieter] to give notice that one is leaving; **jm ~** [Firma] to give sb his/her notice; [Vermieter] to give sb notice to quit; **jm fristlos ~** to dismiss sb without notice <> *vt* [Vertrag, Kredit] to terminate; **seine Arbeitsstelle ~** to hand in one's notice; **seine Wohnung ~** to give notice that one is leaving; **jm die Freundschaft ~** to break off one's friendship with sb.

Kündigung (*pl* **-en**) *die* [von Vertrag] termination; [von Arbeitsstelle] notice; [von Wohnung] notice to quit; **jm die ~ aussprechen** to give sb his/her notice.

Kündigungs|frist *die* period of notice.

Kündigungsschutz *der* [für Mieter] protection against wrongful eviction; [für Arbeitnehmer] protection against wrongful dismissal.

Kundin (*pl* **-nen**) *die* customer.

Kundschaft *die (ohne pl)* customers *(pl)*.

künftig *adj* future <> *adv* in future.

Kunst (*pl* **Künste**) *die* art; **die bildende ~** fine art *(U)*; **das ist keine ~!** there is nothing to it!

Kunst|akademie *die* art college.

Kunstaus|stellung *die* art exhibition.

Kunst|dünger *der* artificial fertilizer.

Kunst|erziehung *die (ohne pl)* art lessons *(pl)*.

Kunst|faser *die* synthetic fibre.

Kunst|fehler *der* professional error.

kunstfertig *adj* skilful <> *adv* skilfully.

Kunstgegen|stand *der* objet d'art.

Kunst|geschichte *die* history of art.

Kunst|gewerbe *das (ohne pl)* arts and crafts *(pl)*.

Kunst|griff *der* trick.

Kunst|händler, in *der, die* art dealer.

Kunsthand|werk *das* craft.

Kunst|harz *das* synthetic resin.

Künstler, in (*mpl* **-**; *fpl* **-nen**) *der, die* **- 1.** [Kunstschaffende] artist; **ein bildender ~** an artist (specializing in fine art) **- 2.** [Könner] master.

künstlerisch *adj* artistic <> *adv* artistically.

Künstler|name *der* pseudonym.

künstlich *adj* **- 1.** [nicht natürlich] artificial **- 2.** [übertrieben] forced <> *adv* **- 1.** [nicht natürlich] artificially **- 2.** [übertrieben] in a forced way.

Kunst|maler, in *der, die* painter.

Kunst|stoff *der* plastic.

Kunst|stück *das* **- 1.** [Trick] trick **- 2.** [Leistung] feat.

Kunst|werk *das* work of art.

kunterbunt *adj* varied <> *adv* in a jumble.

Kupfer *das* copper.

Kupfer|stich *der* copperplate engraving.

Kupon, Coupon [ku'pɔ̃] (*pl* **-s**) *der* coupon.

Kuppe (*pl* **-n**) *die* **- 1.** [landschaftlich] (hill)top **- 2.** [von Fingern] tip.

Kuppel (*pl* **-n**) *die* dome.

Kupplung (*pl* **-en**) *die* **- 1.** [in Auto] clutch; **die ~ kommen/schleifen lassen** to release/slip the clutch **- 2.** [für Anhänger] coupling.

Kupplungs|pedal *das* clutch pedal.

Kur (*pl* **-en**) *die* health cure; **auf** ODER **zur ~ sein/gehen** to be/go on a health cure.

Kür (*pl* **-en**) *die* free programme.

Kurbel (*pl* **-n**) *die* [von Fenster, Rollo] winder; [von Drehorgel, Spieluhr] handle; [von Maschine, zum Aufziehen] crank.

Kürbis (*pl* **-se**) *der* pumpkin.

Kurde (*pl* **-n**) *der* Kurd.

Kurdin (*pl* **-nen**) *die* Kurd.

kurdisch *adj* Kurdish.

Kurdistan *nt* Kurdistan.

kuren *vi* to take a health cure.

Kur|gast *der visitor to a health resort.*

Kurier (*pl* **-e**) *der* courier.

kurieren *vt* to cure; **von etw kuriert sein** ***fam fig*** to be cured of sthg.

kurios *adj* curious.

Kuriosität (*pl* **-en**) *die* curiosity.

Kur|konzert *das concert at a health resort.*

Kur|ort *der* health resort.

Kur|pfuscher, in *der, die* **abw** quack.

Kurs (*pl* **-e**) *der* **- 1.** [Fahrtrichtung, Lehrgang] course; **vom ~ abkommen** to go off course **- 2.** [Teilnehmer] course members *(pl)* **- 3.** [Marktpreis - von Aktien] price; [- von Währung] exchange rate; **im ~ fallen/steigen** to fall/rise; **hoch im ~ stehen** to be very popular.

Kurs|buch *das* timetable.

Kur|schatten *der person with whom one becomes romantically involved while at a health resort.*

kursieren *vi* to circulate.

kursiv *adj* italic <> *adv* in italics.

Kurs|schwankung *die* [von Aktien] fluctuation in price; [von Währung] fluctuation in the exchange rate.

Kursus (*pl* **Kurse**) *der* course.

Kurs|wechsel *der* change of course.

Kur|taxe *die tax paid by visitors to health resorts.*

Kurve ['kurvə] (*pl* **-n**) *die* **- 1.** [Straßenkrümmung] bend; **die Straße macht eine ~** the road bends; **die ~ kratzen** ***fam*** to beat it **- 2.** [Bogenlinie] curve.

◆ **Kurven** ***pl fam*** [Körperform] curves.

kurven ['kʊrvn̩] (*perf* **ist gekurvt**) *vi* **- 1.** ***fam:*** **durch die Stadt ~** to drive around town; **um die Ecke gekurvt kommen** to come round the corner **- 2.** [Flugzeug] to circle; ***fam*** [umherfahren] to drive around.

kurvenreich *adj* [Straße] winding; [Frau] curvaceous.

kurz (*kompar* **kürzer;** *superl* **kürzeste**) *adj* **- 1.** [räumlich] short; **was ist der kürzeste Weg zum Bahnhof?** what's the quickest way to the station? **- 2.** [zeitlich] short, brief; **innerhalb ~er Zeit** within a short space of time; **vor ~em** recently; **er arbeitet erst seit ~em hier** he's only been working here for a short time *ODER* while; **über ~ oder lang** sooner or later **- 3.** [gedrängt] brief; **~ und schmerzlos** ***fam*** short and sweet <> *adv* **- 1.** [räumlich]: **~ vor/hinter** just in front of/behind; **alles ~ und klein schlagen** ***fam*** to smash everything to pieces; **zu ~ kommen** ***fam*** to get a raw deal **- 2.** [zeitlich] briefly; **ich gehe mal ~ in das Geschäft dort** I'm just popping into that shop; **~ vor dem Konzert** shortly before the concert **- 3.** [gedrängt]: **~ (gesagt)** in short; **sich ~ fassen** to be brief; **~ und bündig** concisely.

Kurzarbeit *die* short-time working.

kurz|arbeiten *vi* to work short time.

Kurz|arbeiter, in *der, die* short-time worker.

kurzärmelig, kurzärmlig *adj* short-sleeved <> *adv* in short sleeves.

kurzatmig *adj* short of breath.

Kurze (*pl* **-n**) *der* **- 1.** ***fam*** [Kurzschluss] short **- 2.** ***Norddt*** [Schnaps] schnapps.

Kürze *die* shortness.
◆ **in Kürze** *adv* shortly.

Kürzel (*pl* **-**) *das* **- 1.** [Schriftzeichen] shorthand symbol **- 2.** [Abkürzung] abbreviation.

kürzen *vt* **- 1.** [Haare, Nägel, Film, Text] to cut; [Rock, Kabel] to shorten **- 2.** [finanziell] to cut **- 3.** MATH to cancel.

kurzerhand *adv* without further ado.

kürzer treten (*perf* **ist kürzer getreten**) *vi (unreg)* [finanziell] to cut back; [gesundheitlich] to take it easy.

Kurz|fassung *die* abridged version.

Kurz|film *der* short (film).

kurzfristig *adj* **- 1.** [unangemeldet] sudden **- 2.** [kurz dauernd] short-term **- 3.** [rasch] quick <> *adv* **- 1.** [unangemeldet] at short notice **- 2.** [kurz dauernd] for a short time **- 3.** [rasch] quickly.

Kurz|geschichte *die* short story.

kurzhaarig *adj* short-haired.

kurz halten *vt (unreg)* ***fam*** to keep short.

kurzlebig *adj* short-lived.

kürzlich *adv* recently.

Kurz|nachricht *pl* news summary *(sg)*.

kurz|schließen *vt (unreg)* to short-circuit.
◆ **sich kurzschließen** *ref* to get in touch.

Kurz|schluss *der* **- 1.** [elektrisch] short-circuit **- 2.** [seelisch]: **er muss es aus einem ~ heraus getan haben** something must have snapped to make him do that.

Kurzschluss|handlung *die*: **das war eine ~** something must have snapped for that to happen.

kurzsichtig *adj* ***eigtl*** & ***fig*** short-sighted <> *adv* short-sightedly.

Kurz|strecke *die short journey on public transport, within city centre.*

Kurzstrecken|flug *der* short-haul flight.

kurzum *adv* in short.

Kürzung (*pl* **-en**) *die* cut.

Kurzwahl|taste *die* EDV speed-dial button.

kurzweilig *adj* entertaining.

Kurzwelle *die* short wave.

Kurzzeit|gedächtnis *das* short-term memory.

kurzzeitig *adj* brief <> *adv* briefly.

kuschelig *adj* cosy.

kuscheln *vi* to cuddle up; **mit jm ~** to cuddle sb.
◆ **sich kuscheln** *ref* to cuddle up; **sich an jn ~** to cuddle up to sb.

Kusine (*pl* **-n**) *die* cousin.

Kuss (*pl* **Küsse**) *der* kiss.

kussecht *adj* kissproof.

küssen *vt* & *vi* to kiss.
◆ **sich küssen** *ref* to kiss.

Küste (*pl* **-n**) *die* coast.

Küster, in (*mpl* **-;** *fpl* **-nen**) *der, die* verger.

Kutsche (*pl* **-n**) *die* **- 1.** [Pferdewagen] coach **- 2.** ***fam*** [Auto] jalopy, motor ***Br.***

Kutter (*pl* **-**) *der* cutter.

Kuvert [ku'veːɐ̯] (*pl* **-e**) *das* envelope.

Kuwait *nt* Kuwait.

kW (*abk für* **Kilowatt**) kW.

KW [kaː'veː] (*abk für* **Kurzwelle**) *die* SW.

kWh (*abk für* **Kilowattstunde**) kWh.

kyrillisch *adj* Cyrillic.

KZ [kaː'tset] (*pl* **-s**) *das abk für* **Konzentrationslager.**

L

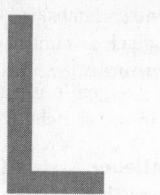

l, L [ɛl] (*pl* - *ODER* **-s**) *das* l, L.
◆ **l** (*abk für* **Liter**) l.

labern ***fam abw*** *vi* to prattle on ◇ *vt* to talk.

labil *adj* unstable; [Kreislauf] bad; [Konstitution, Gleichgewicht] delicate.

Labor (*pl* **-s** *ODER* **-e**) *das* laboratory.

Laborant, in (*mpl* **-en;** *fpl* **-nen**) *der, die* laboratory technician.

Labyrinth (*pl* **-e**) *das* maze.

Lache¹ (*pl* **-n**) *die* [von Wasser] puddle; [von Blut, Öl] pool.

Lache² *die (ohne pl)* ***fam*** [Gelächter] laugh.

lächeln *vi* to smile; **über jn/etw ~** to smile about sb/at sthg.

Lächeln *das (ohne pl)* smile.

lachen *vi* to laugh; **über jn/etw ~** to laugh at sb/sthg; **bei jm/irgendwo nichts zu ~ haben** ***fam fig*** to have a hard time of it with sb/somewhere; **dass ich nicht lache!** ***fig*** don't make me laugh!; **es** *ODER* **das wäre doch gelacht, wenn ...** ***fig*** it would be ridiculous if ...; **du hast gut ~!** ***fig*** it's all right for you!

Lachen *das* laughter; **ein leises ~** a quiet laugh; **jn zum ~ bringen** to make sb laugh; **jm ist nicht zum ~** sb is not in a laughing mood; **etw ist zum ~** ***fam fig*** sthg is laughable; **ihm wird das ~ schon noch vergehen** he'll soon be laughing on the other side of his face.

Lacher (*pl* -) *der* **- 1.** [Person] laugher; **die ~** the people who are/were laughing **- 2.** [Lachen] laugh; **die ~ auf seiner Seite haben** ***fig*** to score points by making people laugh.

lächerlich *adj* [komisch] ridiculous; **jn/sich ~ machen** to make a fool of sb/o.s.

Lächerliche *das:* **etw ins ~ ziehen** to make a joke out of sthg.

lachhaft *adj* ludicrous.

Lachs [laks] (*pl* **-e**) *der* salmon.

Lack (*pl* **-e**) *der* [farblos] varnish; [farbig] paint; [Nagellack] varnish ***Br***, polish ***Am***; **der ~ ist ab** ***fam fig*** [Reiz einer Sache] the novelty has worn off; [von Person] he/she/*etc* has seen better days.

lackieren *vt* **- 1.** [Holz] to varnish; [Auto] to spray **- 2.** [mit Nagellack] to paint.

Lackierung (*pl* **-en**) *die* **- 1.** [Lackieren - von Holz] varnishing; [- von Auto] spraying **- 2.** [Lack - farblos] varnish; [- farbig] paint.

Lack|schaden *der* damage *(U)* to the paintwork.

Lack|schuh *der* patent-leather shoe.

Lade|fläche *die* load area.

laden (*präs* **lädt;** *prät* **lud;** *perf* **hat geladen**) *vt* **- 1.** [Fracht, Waffe & EDV] to load; **der LKW hat Kies geladen** the lorry has loaded up with gravel; **etw auf/in etw** *(A)* **~** to load sthg onto/into sthg **- 2.** [abladen]: **etw aus/von etw ~** to unload sthg from sthg **- 3.** [mit Elektrizität] to charge **- 4.** ***geh*** [vorladen] to summon ◇ *vi* [mit einer Last] to load up; **der Laster hat schwer geladen** the truck is heavily laden.

Laden (*pl* **Läden**) *der* **- 1.** [Geschäft] shop ***Br***, store ***Am*** **- 2.** ***fam*** [Angelegenheit] business **- 3.** ***fam*** [Betrieb] outfit; **den ~ schmeißen** ***fam*** to run the show.

Laden|dieb, in *der, die* shoplifter.

Laden|diebstahl *der* shoplifting *(U)*.

Laden|hüter (*pl* -) *der* non-seller.

Laden|öffnungszeiten *pl* shop ***Br*** *ODER* store ***Am*** opening times.

Laden|preis *der* shop ***Br*** *ODER* store ***Am*** price.

Laden|schluss *der* closing time.

Ladenschluss|gesetz *das law regulating shop opening hours.*

Ladenschlusszeiten *pl* shop ***Br*** *ODER* store ***Am*** closing times.

Laden|straße *die* shopping street.

Laden|tisch *der* counter; **etw unter dem ~ verkaufen** ***fig*** to sell sthg under the counter.

Lade|rampe *die* loading platform.

Lade|raum *der* [von Auto] luggage space *(U)*; [von Transporter, LKW] load space *(U)*; [von Flugzeug, Schiff] hold.

lädieren *vt* to damage.

lädt *präs* ▷ **laden.**

Ladung (*pl* **-en**) *die* **- 1.** [gen] load **- 2.** [zum Schießen] charge; **eine geballte ~** a load (of) **- 3.** PHYS: **positive/negative ~** positive/negative charge.

Lady ['le:di] (*pl* **-s**) *die* lady.

lag *prät* ▷ **liegen.**

Lage (*pl* **-n**) *die* **- 1.** [Stelle, Stellung] position **- 2.** [Situation] situation; **zu etw in der ~ sein** to be able to do sthg; **in der ~ sein, etw zu tun** to be able to do sthg; **nach ~ der Dinge** as things stand; **sich in js ~** *(A)* **versetzen** to put o.s. in sb's position **- 3.** [Schicht] layer.

Lage|bericht *der* report on the situation.

Lage|besprechung *die* discussion of the situation.

Lage|plan *der* plan.

Lager (*pl* -) *das* **- 1.** *eigtl* & *fig* [Feldlager, Gesinnung] camp **- 2.** [für Waren] store; **etw auf ~ haben** [als Ware] to have sthg in stock; [zur Unterhaltung] to be ready with sthg **- 3.** TECH bearing.

Lagerbe|stand *der* stock.

Lager|feuer *das* camp fire.

Lager|halle *die* warehouse.

Lager|haus *das* warehouse.

lagern *vt* **- 1.** [aufbewahren] to store **- 2.: einen Kranken bequem ~** to make an ill person comfortable; **den Arm hoch ~** to put one's arm in a raised position <> *vi* [kampieren] to camp.

◆ **sich lagern** *ref* [sich setzen] to settle (o.s.).

Lager|platz *der* campsite.

Lager|raum *der* storeroom.

Lagerung (*pl* **-en**) *die* storage *(U)*.

Lago Maggiore [ˈlaːgomaˈdʒoːrə] *der* Lake Maggiore.

Lagos *nt* Lagos.

Lagune (*pl* **-n**) *die* lagoon.

lahm *adj* **- 1.** [gelähmt, Ausrede] lame **- 2.** [ermüdet] stiff **- 3.** [matt - Mensch] dull; [- Bewegung] sluggish <> *adv* **fam** [sich bewegen] sluggishly; [sich entschuldigen] lamely.

lahmen *vi* to be lame.

lähmen *vt* **eigtl** & **fig** to paralyse.

lahm legen *vt* to bring to a standstill.

Lähmung (*pl* **-en**) *die* **eigtl** & **fig** paralysis.

Laib (*pl* **-e**) *der*: **ein ~ Brot** a loaf of bread; **ein ~ Käse** a cheese.

Laich (*pl* **-e**) *der* spawn.

Laie [ˈlai̯ə] (*pl* **-n**) *der* layman (*f* laywoman); **ein medizinischer ~** a layman when it comes to medicine; **blutiger ~** complete layman.

laienhaft [ˈlai̯ənhaft] *adj* inexpert <> *adv* inexpertly.

Laienspiel|gruppe *die* amateur theatre group.

Lake (*pl* **-n**) *die* brine *(U)*.

Laken (*pl* -) *das* sheet.

lakonisch *adj* laconic <> *adv* laconically.

Lakritz (*pl* **-e**) *das* ODER *der* liquorice.

lallen *vt* & *vi* to babble.

Lama (*pl* **-s**) *das* llama.

Lambada (*pl* **-s**) *der* lambada.

Lamelle (*pl* **-n**) *die* **- 1.** [von Jalousie] slat **- 2.** [von Heizkörper] fin **- 3.** [von Pilzen] gill.

lamentieren *vi* **abw** to moan.

Lametta *das* angel's hair.

Lamm (*pl* **Lämmer**) *das* lamb.

Lamm|fell *das* lambskin.

Lammfleisch *das* lamb.

lammfromm *adj* [Person] as meek as a lamb; [Pferd, Hund] as gentle as a lamb.

Lampe (*pl* **-n**) *die* light; [Bürolampe, Stehlampe] lamp.

Lampenfieber *das* stage fright.

Lampen|schirm *der* lampshade.

Lampion [lamˈpi̯ɔŋ] (*pl* **-s**) *der* Chinese lantern.

lancieren [lɑ̃ˈsiːrən] *vt* **- 1.** [bekannt geben] to put out **- 2.** [fördern]: **jn in etw** *(A)* **~** to get sb into sthg.

Land (*pl* **Länder**) *das* **- 1.** [Staatsgebiet, ländliche Gegend] country; **jn des ~es verweisen** to deport sb; **auf dem ~** in the country **- 2.** [Gelände, Festland] land; **an ~ gehen** to go ashore **- 3.** [Bundesland - in Deutschland] state; [- in Österreich] province **- 4.** *RW:* **kein/wieder ~ sehen** to see no/a light at the end of the tunnel; **wieder im ~(e) sein** to be back.

◆ **hier zu Lande** *adv* = **hierzulande.**

Land|arbeiter, in *der, die* farm worker.

Land|arzt, ärztin *der, die* country doctor.

landauf *adv:* **~, landab** all over the country.

Landbe|sitz *der* land.

Land|bevölkerung *die* rural population.

Land|brot *das brown rye bread with a hard crust.*

Lande|bahn *die* runway.

landeinwärts *adv* inland.

landen (*perf* **hat/ist gelandet**) *vi (ist)* **- 1.** [nach einem Flug] to land **- 2.** **fam** [ankommen] to land up; **bei jm (mit etw) nicht ~ können** **fam** not to be able to get anywhere with sb (by using sthg) <> *vt (hat)* **eigtl** & **fig** to land.

Land|enge *die* isthmus.

Lande|platz *der* landing strip.

Ländereien *pl* estates.

Länder|spiel *das* international match.

Landes|ebene *die:* **auf ~** at state level.

Landes|farben *pl* [von Staat] national colours; [von Bundesland] state colours.

Landes|grenze *die* [von Staat] national border; [von Bundesland] state boundary.

Landeshaupt|mann *der* **Österr** *head of a regional government in Austria.*

Landeshaupt|stadt *die* state capital.

Landes|innere *das* interior *(of the country).*

Landes|kirche *die Protestant Church of a German state.*

Landes|kunde *die study of a country and its culture.*

landeskundlich *adj relating to the study of a country and its culture.*

Landes|regierung *die* state government.

Landes|sprache *die* national language.

landesüblich *adj* national.

Landesverrat *der* treason.

Landes|währung *die* national currency.

Land|flucht *die* migration from the country to the town.

Landfriedens|bruch *der* breach of the peace.

Land|gericht *das* regional court.

Land|haus *das* country house.

Land|karte *die* map.

Land|kreis *der* district.

landläufig *adj* popular.

Landleben *das* country life.

ländlich *adj* rural.

Land|luft *die* country air.

Land|plage *die* **abw - 1.** ***eigtl*** plague **- 2.** ***fig*** menace.

Land|regen *der* steady rain.

Landschaft (*pl* **-en**) *die* [Gelände] countryside; [Abbildung] landscape.

landschaftlich *adj* [Schönheit, Besonderheit] of the countryside; [Sitte] regional <> *adv:* **der Schwarzwald ist ~ schön** the Black Forest countryside is beautiful.

Landschul|heim *das country retreat used by a school for short educational and recreational visits.*

Lands|leute *pl* compatriots.

Lands|mann (*pl* **-leute**) *der* compatriot.

Lands|männin (*pl* **-nen**) *die* compatriot.

Land|straße *die* country road.

Land|streicher, in (*mpl* **-**; *fpl* **-nen**) *der, die* tramp.

Land|streitkräfte *pl* land forces.

Land|strich *der* area.

Land|tag *der* **- 1.** [Volksvertretung] state parliament **- 2.** [Gebäude] state parliament building.

Landtags|abgeordnete *der, die* member of state parliament.

Landung (*pl* **-en**) *die* landing.

Landungs|brücke *die* landing stage.

Land|weg *der* overland route.

Land|wein *der* table wine.

Land|wirt, in *der, die* farmer.

Land|wirtschaft *die* [Agrarwesen] agriculture.

landwirtschaftlich *adj* agricultural <> *adv* agriculturally.

Landwirtschafts|minister, in *der, die* minister of agriculture.

Land|zunge *die* spit of land.

lang (*kompar* **länger;** *superl* **längste**) *adj* long; [Person] tall; **drei Meter ~** three metres long; **vor ~er Zeit** a long time ago; **vor nicht zu ~e Zeit** not (so) long ago; **drei ~e Jahre** three long years; **er arbeitet seit ~em hier** he's been working here for a long time <> *adv* ***fam*** **- 1.** [entlang] along; **hier/dort ~** this/that way **- 2.** [zeitlich]: **drei Jahre ~** for three years; **den ganzen Tag ~** all day; **der ~ ersehnte Tag** the long-awaited day; **~ und breit** ***fam fig*** & ***abw*** at great length.

langärmelig, langärmlig *adj* long-sleeved.

langatmig *adj* long-winded <> *adv* long-windedly.

lange (*kompar* **länger;** *superl* **am längsten**) *adv* [während langer Zeit] a long time; [seit langer Zeit] for a long time; **es dauert nicht mehr ~** it won't be long; **das mache ich nicht mehr länger** I won't be doing this for much longer; **das ist noch ~ nicht alles** that's not all by any means; **ich war schon ~ nicht mehr zu Hause** I haven't been home for a long time; **etw ist ~ her** sthg was a long time ago.

Länge (*pl* **-n**) *die* **- 1.** [von Brett, Brief] length; **ein Stau von 5 km ~** a 5 km-long traffic jam; **der ~ nach** [teilen] lengthways; [hinstürzen] flat on one's face; **um ~n gewinnen/verlieren/voraus sein** to win/lose/be ahead by a long way **- 2.** *(ohne pl)* [Körpergröße] height **- 3.** GEOGR longitude **- 4.** *(ohne pl)* [Dauer] length; **in die ~ ziehen** to drag out.

◆ **Längen** *pl* [von Film] tedious scenes; [von Buch] tedious passages.

langen *vi* ***fam*** **- 1.** [ausreichen] to be enough; **mir langt es!** ***fam*** that's enough! **- 2.** [greifen] to reach <> *vt:* **jm eine ~** ***fam*** to give sb a clout.

Längen|grad *der* degree of longitude.

Längen|maß *das* unit of length.

längerfristig *adj* longer-term <> *adv* on a longer-term basis.

Langeweile, Langeweile *die* boredom; **aus ~** out of boredom.

Lang|finger *der* ***fam*** thief; [Taschendieb] pickpocket.

langfristig *adj* long-term <> *adv* on a long-term basis.

lang|gehen (*perf* **ist langgegangen**) *vi (unreg)* to go along; **wissen, wos langgeht** ***fam*** to know what's what.

lang gestreckt *adj* long.

langhaarig *adj* long-haired.

langjährig *adj* [Beziehung] long-standing; [Erfahrung, Krankheit] long; [Kunde, Freund, Mitarbeiter] of many years' standing.

Langlauf *der* SPORT cross-country skiing.

Langlauf|ski *der* cross-country ski.

langlebig *adj* **- 1.** [lange lebend] long-lived **- 2.** [lange gebrauchsfähig] durable.

länglich *adj* oblong.

längs *präp:* **~ einer Sache** *(G)* along sthg <> *adv* lengthways.

Längs|achse ['lɛŋsaksəl] *die* longitudinal axis.

langsam *adj* **- 1.** [nicht schnell] slow **- 2.** [allmählich] gradual <> *adv* **- 1.** [nicht schnell] slowly **- 2.** [nach und nach] gradually; **das wird ja ~ Zeit!** it's about time!

Langsamkeit *die* slowness.

Langschläfer, in *(mpl -; fpl* **-nen)** *der, die* late riser.

Langspiel|platte *die* long-playing record.

Längs|richtung *die:* **in ~** lengthways.

Längs|schnitt *der* longitudinal section.

Längs|seite *die* long side.

Längs|streifen *der* vertical stripe.

längst *adv* for a long time; **sie war ~ tot** she was long since dead, she had died a long time ago; **~ nicht** nowhere near.

längstens *adv* **fam - 1.** [höchstens] at (the) most **- 2.** [seit langem] for a long time; **es war ~ entschieden** it was long since agreed, it had been agreed a long time ago.

Langstrecken|flug *der* long-haul flight.

Langstrecken|lauf *der* [Wettbewerb] long-distance race; [Sportart] long-distance running *(U)*.

Languste [laŋ'gustəl] *(pl* **-n)** *die* crayfish.

langweilen *vt* to bore.
◆ **sich langweilen** *ref* to be bored.

langweilig *adj* **- 1.** [uninteressant] boring **- 2. fam** [Zeit raubend] slow <> *adv* boringly.

Langwelle *die* long wave.

langwierig *adj* lengthy.

Langzeit|arbeitslose *der, die* long-term unemployed person.

Langzeit|gedächtnis *das* long-term memory.

Langzeit|wirkung *die* long-term effect.

Lanze *(pl* **-n)** *die* spear; **für jn/etw eine ~ brechen** ***fig*** to take up the fight on behalf of sb/sthg.

Laos *nt* Laos.

lapidar *adj* terse <> *adv* tersely.

Lappalie [la'paːli̯əl] *(pl* **-n)** *die* trifle.

Lappe *(pl* **-n)** *der* Lapp.

Lappen *(pl* **-)** *der* cloth; **etw geht jm durch die ~ *fam fig*** sthg slips through sb's fingers.

läppern ◆ **sich läppern** *ref:* **das** ODER **es läppert sich** it mounts up.

Lappin *(pl* **-nen)** *die* Lapp.

läppisch *adj* **abw - 1.** [albern] silly **- 2.** [lächerlich] ridiculous.

Lappland *nt* Lapland.

Laptop ['lɛptɔp] *(pl* **-s)** *der* EDV laptop.

Lärche *(pl* **-n)** *die* larch.

Lärm *der* noise; **viel ~ um etw machen *fig*** to make a lot of fuss about sthg; **~ schlagen *fam fig*** to kick up a fuss.

Lärm|belästigung *die* noise pollution.

lärmempfindlich *adj* sensitive to noise.

lärmen *vi* to make a noise; [Radio] to blare.

Lärm|schutz *der* [Schutz] protection against noise; [Vorrichtung] noise insulation *(U)*.

Lärmschutz|wall *der* noise barrier.

Larve ['larfəl] *(pl* **-n)** *die* larva.

las *prät* ▷ **lesen.**

Lasagne [la'zanjəl] *(pl* **-n)** *die* lasagne.

lasch *adj* **- 1.** [Bewegung, Spiel] listless; [Händedruck] limp **- 2.** [fade] insipid **- 3.** [nachlässig] lax <> *adv* **- 1.** [schlaff] listlessly **- 2.** [fade] insipidly **- 3.** [nachlässig] laxly.

Lasche *(pl* **-n)** *die* [von Umschlag] flap; [von Schuh] tongue.

Laser ['leːzɐl] *(pl* **-)** *der* laser.

Laser|drucker *der* EDV laser printer.

Laser|strahl *der* laser beam.

Laser|technik *die* laser technology *(U)*.

lasieren *vt* to varnish.

lassen *(präs* **lässt;** *prät* **ließ;** *perf* **hat gelassen** ODER **-)** *vt* **- 1.** [geschehen lassen] to let; **jn nicht ins Haus ~** not to let sb in the house; **Wasser in die Badewanne ~** to run a bath; **die Luft aus den Reifen ~** to let the tyres down **- 2.** [unterlassen] to stop; **das Rauchen ~** to stop smoking; **lass das!** stop it! **- 3.** [überlassen]: **jm etw ~** to let sb have sthg; **ich lasse dir das Auto bis morgen** you can have the car until tomorrow; **eines muss man dir ja ~ ... *fig*** I'll say this much for you ... **- 4.** [belassen, zurücklassen] to leave; **lass mich in Ruhe!** leave me alone!; **lass mich!** let me go!; **lass alles so, wie es ist** leave everything as it is; **das habe ich zu Hause gelassen** I left it at home <> *vi (perf hat gelassen)* **- 1.** [belassen]: **von jm/etw ~ *geh*** to abandon sb/sthg **- 2.** [geschehen lassen]: **lass mal, ich mach das schon!** leave it, I'll do it; **lass mal, du bist heute eingeladen** no, I'm paying today <> *aux* **- 1.** [veranlassen]: **etw machen** ODER **tun ~** to have sthg done; **jn etw tun ~** to have sb do sthg; **sich** *(D)* **die Haare schneiden ~** to get *ODER* have one's hair cut; **sich massieren ~** to have a massage; **sich** *(D)* **einen Anzug machen ~** to have a suit made **- 2.** [belassen] leave; **lass die Vase auf dem Tisch stehen** leave the vase on the table **- 3.** [geschehen lassen]: **jn etw tun ~** to let sb do sthg; **ich lasse mich überraschen** I want it to be a surprise; **etw mit sich/nicht mit sich machen ~** to put up/not to put up with sthg; **ich lass mich von Ihnen nicht beleidigen!** I'm not taking any insults from you!; **lass dir das gesagt sein!** you mark my words!; **lass dich nicht stören** don't let me interrupt you; **das Licht brennen ~** to leave the light on; **die Vase fallen ~** to drop the vase; **jn warten ~** to keep sb waiting.

◆ **sich lassen** *ref (perf hat lassen)*: **das lässt sich machen** it can be done; **es lässt sich trinken** it's drinkable; **die Fenster ~ sich nicht öffnen** the windows don't open; **hier lässt es sich aushalten** I wouldn't mind living here.

lässig *adj* casual <> *adv* **- 1.** [salopp] casually **- 2.** *fam* [leicht] easily.

Lässigkeit *die* [Lockerheit] casualness; [Leichtigkeit] ease.

Lasso *(pl* **-s)** *das* lasso.

lässt *präs* ▻ **lassen.**

Last *(pl* **-en)** *die* **- 1.** [Gewicht] load **- 2.** *geh* [Bürde] burden **- 3.** *RW:* **jm zur ~ fallen** to be a burden on sb; **jm etw zur ~ legen** to accuse sb of sthg.

◆ **Lasten** *pl* [Kosten] costs; **zu js ~ en** chargeable to sb.

lasten *vi* **- 1.** [Gewicht]: **auf jm ~** to weigh sb down; **auf etw** *(D)* **~** [auf Schultern] to weigh down on sthg; [auf Pfeilern] to bear down on sthg **- 2.** [Verantwortung]: **auf jm ~** to weigh on sb **- 3.** [finanziell]: **auf jm/etw ~** to be a burden on sb/sthg.

Lasten|aufzug *der* goods lift *Br ODER* elevator *Am.*

Laster *(pl* **-)** *das* [Untugend] vice <> *der* *fam* [Lastwagen] truck, lorry *Br.*

lasterhaft *adj* depraved <> *adv* in a depraved way.

lästern *vi:* **über jn/etw ~** to make nasty remarks about sb/sthg.

lästig *adj* annoying; **jm ~ werden/sein** to become/be a nuisance to sb.

Last|kahn *der* barge.

Lastkraft|wagen *der* *amt* heavy goods vehicle.

Last-Minute-|Angebot [la:st'mɪnɪt|angəbo:t] *das* last-minute offer.

Last-Minute-|Flug [la:st'mɪnɪt|flu:k] *der* last-minute flight.

Last|schrift *die* [Abbuchung] debit; [Mitteilung] debit advice.

Last|wagen *der* truck, lorry *Br.*

Last|zug *der* truck *ODER* lorry *Br* and trailer.

Latein *das* Latin; **mit seinem ~ am Ende sein** to be stuck; *siehe auch* **Englisch(e).**

Lateinamerika *nt* Latin America.

Lateinamerikaner, in *(mpl* **-;** *fpl* **-nen)** *der, die* Latin American.

lateinamerikanisch *adj* Latin American.

lateinisch *adj* Latin.

Lateinisch(e) *das* Latin; *siehe auch* **Englisch(e).**

latent *adj* latent <> *adv* latently.

Laterne *(pl* **-n)** *die* **- 1.** [Lampion] Chinese lantern **- 2.** [Straßenlaterne] streetlamp.

Latinum *das:* **großes/kleines ~** *school examination in Latin taken after at least six/three years.*

latschen *(perf* **hat/ist gelatscht)** *fam* *vi (ist)* to traipse <> *vt (hat):* **jm eine** *ODER* **ein paar ~** to give sb a clout.

Latschen *(pl* **-)** *der* *fam* [Schuh] worn-out shoe; [Hausschuh] worn-out slipper; **aus den ~ kippen** [ohnmächtig werden] to pass out; [sehr überrascht sein] to be flabbergasted.

Latschenkiefer *(pl* **-n)** *die* dwarf pine.

Latte *(pl* **-n)** *die* [Brett] slat; [bei Hochsprung] bar; [von Tor] crossbar; **lange ~** *fam* beanpole; **eine (ganze) ~** *fam* a (whole) string.

Latten|rost *der* slatted base.

Latz *(pl* **Lätze)** *der* bib.

Lätzchen *(pl* **-)** *das* bib.

Latz|hose *die* dungarees *(pl).*

lau *adj* **- 1.** [mäßig warm, zurückhaltend] lukewarm **- 2.** [mild] mild **- 3.** [mäßig] moderate <> *adv* **- 1.** [zurückhaltend] lukewarmly **- 2.** [mäßig] moderately well.

Laub *das (ohne pl)* leaves *(pl).*

Laub|baum *der* deciduous tree.

Laub|frosch *der* tree frog.

Laub|säge *die* fretsaw.

Laub|wald *der* deciduous forest.

Lauch *der* leek.

Lauer *die:* **auf der ~ sitzen** *ODER* **liegen** *fam* to be on the lookout.

lauern *vi:* **auf jn/etw ~** [warten] to lie in wait for sb/sthg.

Lauf *(pl* **Läufe)** *der* **- 1.** *(ohne pl)* [Laufen] run **- 2.** [Betrieb] running **- 3.** *(ohne pl)* [Verlauf, von Fluss] course; **im ~e des Tages** during the day; **etw nimmt seinen ~** sthg takes its course; **im ~(e) der Zeit** in the course of time; **einer Sache** *(D)* **freien** *ODER* **ihren ~ lassen** [Tränen, Gefühlen] to give free rein to sthg; [Angelegenheit] to let sthg take its course - **4.** [von Gewehren] barrel.

Lauf|bahn *die* career; **eine ~ einschlagen** to embark on a career.

laufen (*präs* **läuft;** *prät* **lief;** *perf* **hat/ist gelaufen**) *vi (ist)* - **1.** [schnell] to run - **2.** *fam* [gehen] to walk; **jn ~ lassen** to let sb go; **er läuft dauernd zum Arzt** he's always going to the doctor's - **3.** [zugange sein] to go on; **die Verhandlungen ~ noch** negotiations are still going on; **der Film läuft schon (seit) 10 Minuten** the film started ten minutes ago; **was läuft im Kino?** what's on at the cinema *Br* ODER movies? - **4.** [einen bestimmten Verlauf nehmen] to go; **es läuft gut** it's going well - **5.** [Motor, Maschine] to run, to be on; **ihr Radio läuft schon stundenlang** their radio has been on for hours; **bei ~der Maschine** when the machine is running ODER on - **6.** [funktionieren] to work - **7.** [fließen] to run; **mir läuft die Nase** my nose is running - **8.** [amtlich geführt werden]: **das Konto läuft auf ihren Namen** the account is in her name - **9.** [juristisch gültig sein] to run; **der Vertrag läuft bis zum 31.12** the contract runs ODER is valid until 31 December ◇ *vt* - **1.** *(hat, ist)* SPORT to run; **er ist eine neue Bestzeit gelaufen** he ran a new record; **Marathon ~** to run the marathon - **2.** *(ist)* [gehen] to walk - **3.** *(ist)* [mit Sportgerät]: **Ski ~** to ski; **Schlittschuh ~** to skate.
◆ **sich laufen** *ref*: **wie läuft es sich in den neuen Schuhen?** what are your new shoes like for walking?; **sich warm ~** to warm up.

laufend *adj* - **1.** [Kosten] regular; [Beschwerden, Störungen] continual - **2.** [gerade ablaufend] current - **3.** [in Betrieb] running - **4.** *RW:* **auf dem Laufenden sein/bleiben** to be/keep up-to-date; **jn auf dem Laufenden halten** to keep sb up-to-date ◇ *adv* [ständig] continually.

laufen lassen *vt (unreg)* to let go.

Läufer (*pl* -) *der* - **1.** SPORT runner - **2.** [Schachfigur] bishop.

Läuferin (*pl* **-nen**) *die* runner.

läufig *adj* on heat.

Lauf|kundschaft *die* passing trade.

Lauf|masche *die* ladder *Br*, run *Am*.

Laufpass *der*: **jm den ~ geben** to give sb his/her marching orders.

Lauf|schritt *der* running step; **im ~** at a run.

Lauf|schuh *der* [zum Spazierengehen] walking shoe; [von Sportler] running shoe.

Lauf|steg *der* catwalk.

läuft *präs* ▷ **laufen.**

Lauf|werk *das* EDV drive.

Lauf|zeit *die* - **1.** [Vertragsdauer] term - **2.** [Spielzeit] running time.

Lauge (*pl* **-n**) *die* - **1.** CHEM alkaline solution - **2.** [Waschlauge] soapy water *(U)*.

Laugen|brezel *die* pretzel.

Laune (*pl* **-n**) *die* - **1.** *(ohne pl)* [Stimmung] mood; **jn bei ~ halten** to keep sb happy; **gute/schlechte ~ haben** to be in a good/bad mood - **2.** [Einfall] whim; **etw aus einer ~ heraus tun** to do sthg on a whim.
◆ **Launen** *pl* [von Person] moods; [von Wetter] vagaries.

launisch *adj* moody.

Laus (*pl* **Läuse**) *die* louse; **was für eine ~ ist dir denn über die Leber gelaufen?** *fam fig* what's bugging you?

Lausanne [lo'zan] *nt* Lausanne.

Lausbub (*pl* **-en**), **Lausbube** (*pl* **-n**) *der* little rascal.

lauschen *vi* [horchen] to listen; [heimlich] to eavesdrop; **einer Sache** *(D)* **~** to listen to sthg; **auf etw** *(A)* **~** to listen to sthg.

lausig *fam adj* - **1.** [schlecht, Geld] lousy - **2.** [groß] terrible ◇ *adv* lousily; **~ kalt** *fam* freezing (cold).

Lausitz *die* Lusatia.

laut *adj* loud; [lärmend] noisy; **es wurden Zweifel ~** doubts were voiced; **~er sprechen** to speak up, to speak louder ◇ *adv* loudly; [lärmend] noisily ◇ *präp (+ G or D)* **amt** according to.

Laut (*pl* **-e**) *der* sound.

lauten *vi*: **die Anweisung lautet folgendermaßen** ... the instructions are as follows ...; **auf etw** *(A)* **~: die Anklage lautet auf versuchten Mord** the charge is attempted murder.

läuten *vi* to ring; **bei jm ~** to ring sb's bell; **es läutet** there is someone at the door; **von etw ~ hören** to hear something about sthg.

lauter *adv* nothing but; **vor ~ Lärm** because of all the noise.

lauthals *adv* at the top of one's voice.

lautlos *adj* silent; [Stille] complete ◇ *adv* silently.

Laut|schrift *die* phonetic alphabet.

Laut|sprecher *der* - **1.** [Tonverstärker] (loud)speaker - **2.** [Megafon] loudspeaker.

lautstark *adj* loud ◇ *adv* loudly.

Laut|stärke *die* volume.

lauwarm *adj* lukewarm ◇ *adv* [baden] in lukewarm water; **etw ~ essen/trinken** to eat/drink sthg lukewarm.

Lava ['laːva] (*pl* **Laven**) *die* lava.

Lavendel [la'vɛndl̩] *der* lavender.

Lawine (*pl* **-n**) *die* **eigtl** & **fig** avalanche.

lax *adj* lax ◇ *adv* laxly.

Lay-out [lɛi'aut] (*pl* **-s**) *das* layout.

leasen [liːzn̩] *vt* to lease.

Leasing [ˈliːzɪŋ] *das* leasing *(U)*.

leben *vi* to live; **seine Mutter lebt noch** his mother is still alive; **von etw ~** to live off ODER on sthg; **vom Schreiben ~** to make one's living by ODER from writing; **es lebe der Präsident!** long live the president!; **lebe wohl!** *geh* farewell!; **damit kann ich ~** I can live with that <> *vt* to live; **sie lebte ein erfülltes Leben** she lived a full life.

Leben (*pl* -) *das* - **1.** [gen] life; **im täglichen ~** in everyday life; **jm das ~ schwer machen** to make life difficult for sb; **sich** *(D)* **das ~ nehmen** to take one's (own) life; **ums ~ kommen** to die - **2.** [Treiben] activity - **3.** *RW:* **etw ins ~ rufen** to bring sthg into being; **nie im ~!** not on your life!

lebendig *adj* - **1.** [lebend, fortwirkend] living - **2.** [lebhaft] lively <> *adv* [lebhaft] in a lively manner.

Lebens|alter *das* age.

Lebens|art *die* - **1.** [Umgangsformen] manners *(pl)* - **2.** [Lebensform] way of life.

Lebens|aufgabe *die* mission in life.

Lebens|bedingungen *pl* living conditions.

Lebens|dauer *die* - **1.** [von Lebewesen] lifespan - **2.** [von Dingen] life.

Lebens|ende *das:* **bis an sein ~** until the end of his life.

Lebens|erwartung *die* life expectancy *(U)*.

lebensfähig *adj* capable of survival.

Lebens|form *die* way of life.

Lebens|gefahr *die* mortal danger; **außer ~ sein** to be out of danger; **Vorsicht, ~!** danger of death!

lebensgefährlich *adj* [Situation, Handlung] extremely dangerous; [Verletzung] critical <> *adv* [handeln] extremely dangerously; [sich verletzen] critically.

Lebens|gefährte *der* partner.

Lebens|gefährtin *die* partner.

Lebens|haltungskosten *pl* cost of living *(U)*.

Lebens|jahr *das* year; **seit seinem zehnten ~** since he was ten.

Lebens|künstler, in *der, die:* **er ist ein ~** he knows how to make the best of life.

Lebens|lage *die* situation in life.

lebenslänglich *adj* & *adv* for life.

Lebens|lauf *der* curriculum vitae *Br*, resumé *Am*.

lebens|lustig *adj* full of life.

Lebens|mittel *das* food.

Lebensmittel|geschäft *das* grocer's (shop).

lebensmüde *adj* - **1.** [den Tod herbeisehnend] tired of life - **2.** *fam* [leichtsinnig]: **du bist wohl ~** you're out of your mind.

lebensnotwendig *adj* essential.

Lebens|qualität *die (ohne pl)* quality of life.

Lebens|retter, in *der, die:* **er war mein ~** he saved my life.

Lebens|standard *der* standard of living.

Lebens|unterhalt *der* maintenance; **seinen ~ verdienen** to earn one's living.

Lebens|versicherung *die* life insurance *(U)*.

Lebens|wandel *der (ohne pl)* lifestyle.

Lebens|weise *die* way of life.

Lebens|werk *das* life's work *(U)*.

lebenswichtig *adj* essential.

Lebens|zeichen *das* **eigtl** & **fig** sign of life; **kein ~ von sich geben** not to show any signs of life.

Lebens|zeit *die* life; **auf ~** for life.

Leber (*pl* **-n**) *die* liver; **frei** ODER **frisch von der ~ weg sprechen** ODER **reden** ***fam fig*** to speak quite openly.

Leber|fleck *der* mole.

Leber|käse *der spiced meat loaf, sliced and often fried.*

Leber|tran *der* cod-liver oil.

Leber|wurst *die* liver sausage; **die beleidigte ~ spielen** ***fam fig*** to be in a sulk.

Lebe|wesen *das* living being; [tierisch, pflanzlich] living thing.

lebhaft *adj* - **1.** [gen] lively - **2.** [Auseinandersetzung] vigorous; [Interesse] keen; [Bedauern] deep <> *adv* - **1.** [angeregt] in a lively manner - **2.** [sich widersetzen] vigorously; [sich interessieren] keenly; [bedauern] deeply - **3.** [gut] well.

Lebhaftigkeit *die* liveliness.

Leb|kuchen *der* gingerbread *(U)*.

leblos *adj* lifeless <> *adv* lifelessly.

Lech *der:* **der ~** the (River) Lech.

lechzen *vi* ***geh:*** **nach etw ~** to long for sthg.

leck *adj* leaky.

Leck (*pl* **-s**) *das* leak.

lecken *vt* to lick; **wie geleckt aussehen** ***fam fig*** [Wohnung] to look spick-and-span; [Person] to be all spruced up; **sich die Lippen ~** to lick one's lips; **die Katze leckte sich das Fell** the cat licked its coat <> *vi* - **1.** [schlecken]: **an etw** *(D)* **~** to lick sthg - **2.** [undicht sein] to leak.

◆ **sich lecken** *ref* to lick o.s.

lecker *adj* delicious.

Lecker|bissen *der* - **1.** [essbar] delicacy - **2.** [Genuss] treat.

led. *abk für* **ledig.**

Leder (*pl* -) *das* leather *(U)*; **jm ans ~ gehen/wollen** ***fam fig*** to go for/want to go for sb.

Leder|hose *die* lederhosen *(pl)*.

Leder|jacke *die* leather jacket.

Leder|waren *pl* leather goods.

ledig *adj* single.

lediglich *adv* only.

Lee *das* ODER *die* lee; **nach ~** to leeward.

leer *adj* **- 1.** [gen] empty; **~ ausgehen** to come away empty-handed **- 2.** [unbeschrieben] blank.

Leere *die* emptiness; **sein Schlag ging ins ~** his punch missed; **ins ~ starren** to stare into space.

leeren *vt* to empty.
◆ **sich leeren** *ref* to empty.

Leer|gewicht *das* unladen weight.

Leer|gut *das (ohne pl)* empties *(pl)*.

Leer|lauf *der* **- 1.** TECH neutral; **im ~** in neutral **- 2.** [unproduktive Phase] slack period.

leer stehend *adj* empty.

Leer|taste *die* space bar.

Leerung (*pl* **-en**) *die* emptying *(U)*; [von Briefkasten] collection.

legal *adj* legal <> *adv* legally.

legalisieren *vt* **- 1.** [legal machen] to legalize **- 2.** RECHT to authenticate.

Legalität *die* legality.

Legastheniker, in (*mpl* **-**; *fpl* **-nen**) *der, die* dyslexic.

legen *vt* **- 1.** [ablegen] to put; **leg den Schlüssel auf den Tisch** put the key on the table **- 2.** [in horizontale Position bringen] to lay; **du musst die Flaschen ins Regal ~, nicht stellen** you should lay the bottles flat in the rack rather than upright **- 3.** [Termin] to arrange; **den Urlaub auf Juli ~** to arrange one's holidays for July **- 4.** [Haare] to set; **sich die Haare ~ lassen** to have one's hair set **- 5.** [installieren - Rohre, Kabel] to lay; **Minen ~** to lay mines; **Feuer ~** to lay a fire **- 6.** [Ei] to lay.
◆ **sich legen** *ref* **- 1.** [sich hinlegen] to lie down; **sich schlafen ~** to lie down to sleep **- 2.** [Staub, Nebel] to settle **- 3.** [Aufregung, Sturm] to die down.

legendär *adj* legendary.

Legende (*pl* **-n**) *die* **- 1.** [gen] legend **- 2.** [Irrglaube] myth.

leger [le'ʒɛːɐ̯] *adj* casual <> *adv* casually.

Legierung (*pl* **-en**) *die* alloy.

Legion (*pl* **-en**) *die* ***eigtl*** & ***fig*** legion.

Legionär, in (*mpl* **-e**; *fpl* **-nen**) *der, die* legionary.

Legislative [legɪsla'tiːvə] (*pl* **-n**) *die* legislature.

Legislatur|periode *die* parliamentary term.

legitim *adj* legitimate.

Legitimation (*pl* **-en**) *die* **- 1.** [Befugnis] authorization *(U)* **- 2.** [Daseinsberechtigung] legitimization *(U)*.

Lehm *der* clay.

Lehm|boden *der* clay soil.

lehmig *adj* clayey.

Lehne (*pl* **-n**) *die* [Rückenlehne] back; [Armlehne] arm.

lehnen *vt*: **etw gegen** ODER **an etw** *(A)* **~** to lean sthg against sthg <> *vi*: **an etw** *(D)* **~** to lean against sthg.
◆ **sich lehnen** *ref* **- 1.** [stützen]: **sich gegen** ODER **an jn/etw ~** to lean against sb/sthg **- 2.** [sich beugen] to lean.

Lehn|stuhl *der* armchair.

Lehr|amt *das* ***amt*** teaching *(U)*.

Lehr|buch *das* textbook.

Lehre (*pl* **-n**) *die* **- 1.** [Ausbildung] apprenticeship; **in der ~ sein** to be serving one's apprenticeship **- 2.** [lehrreiche Erfahrung] lesson; **aus etw eine ~ ziehen** to learn one's lesson from sthg **- 3.** [Ideologie - von Propheten, Philosophen] teachings *(pl)*; [- katholisch, marxistisch] doctrine.

lehren *vi* to teach <> *vt* to teach; **jn etw ~** to teach sb sthg.

Lehrer, in (*mpl* **-**; *fpl* **-nen**) *der, die* [in Schule] teacher; [in Sportverein] instructor.

Lehrer|zimmer *das* staff room.

Lehr|gang *der* course.

Lehr|jahr *das* year of one's apprenticeship.

Lehrling (*pl* **-e**) *der* apprentice.

Lehr|methode *die* teaching method.

Lehr|mittel *pl* teaching materials.

Lehr|plan *der* syllabus.

lehrreich *adj* instructive.

Lehr|satz *der* theorem.

Lehr|stelle *die* apprenticeship.

Lehr|stuhl *der* ***amt*** chair.

Lehr|veranstaltung *die* UNI class.

Lehr|zeit *die* apprenticeship.

Leib (*pl* **-er**) *der* **- 1.** ***geh*** [Körper] body **- 2.** ***RW:*** **mit ~ und Seele** body and soul; **sie ist mit ~ und Seele Krankenschwester** she is a dedicated nurse; **mit ~ und Seele dabei sein** to put one's whole heart into it; **jm jn/etw vom ~ halten** ***fam*** to keep sb/sthg away from sb; **sich** *(D)* **jn/etw vom ~ halten** ***fam*** to keep sb/sthg at bay.

Leibeskräfte *pl*: **aus ~n** with all one's might.

Leib|gericht *das* favourite dish.

leibhaftig *adj* personified <> *adv* in person.

leiblich *adj* - **1.** [körperlich] physical - **2.** [blutsverwandt] natural.

Leib|wächter, in *der, die* bodyguard.

Leiche (*pl* **-n**) *die* corpse; **über ~n gehen** *fam fig* to stop at nothing.

leichenblass *adj* deathly pale.

Leichen|halle *die* mortuary.

Leichnam (*pl* **-e**) *der* ***geh*** body.

leicht *adj* - **1.** [an Gewicht] light - **2.** [geringfügig] slight; **~e Kopfschmerzen** a slight headache; **eine ~e Grippe** a mild attack of flu - **3.** [nicht schwierig] easy; **es ~ haben** to have it easy; **er hat es nicht ~** he is having a hard time - **4.** [moralisch locker] loose - **5.** [kalorienarm] diet, low-fat; [Mahlzeit] light; [Zigarette] mild <> *adv* - **1.** [einfach, schnell] easily; **das ist sehr ~ möglich** that's perfectly possible; **er ist ~ beleidigt** he is quick to take offence - **2.** [geringfügig] slightly; **~ nicken** to give a little nod; **es riecht ~ angebrannt** there's a slight smell of burning - **3.** [unbeschwert] lightly; **~ gebaut** lightly built; **~ bekleidet** scantily clad.

Leicht|athlet *der* athlete.

Leicht|athletik *die* athletics *(U)*.

Leicht|athletin *die* athlete.

leicht fallen (*perf* **ist leicht gefallen**) *vi (unreg)*: **es fällt ihm leicht/nicht leicht** it comes/doesn't come easy to him.

leichtfertig ***abw*** *adj* rash <> *adv* rashly.

Leicht|gewicht *das* lightweight.

leichtgläubig *adj* credulous.

leichthin *adv* casually.

Leichtigkeit *die* - **1.** [geringes Gewicht] lightness - **2.** [Mühelosigkeit] ease.

leicht machen *vt* to make easy; **jm etw ~** to make sthg easy for sb.

Leicht|metall *das* light metal.

leicht nehmen *vt (unreg)* not to take seriously.

Leichtsinn *der* recklessness.

leichtsinnig *adj* reckless <> *adv* recklessly.

leicht verdaulich *adj* easily digestible.

leicht verständlich *adj* easily understandable <> *adv* in an easily understandable way.

leicht verwundet *adj* slightly wounded.

leid *adj*: **jn/etw ~ sein** ODER **haben** to be tired of sb/sthg.

Leid *das* sorrow; **sie tut mir ~** I feel sorry for her; **es tut mir ~** I'm sorry; *siehe auch* **zuleide.**

leiden (*prät* **litt;** *perf* **hat gelitten**) *vi* to suffer; **an/unter etw** *(D)* **~** to suffer from sthg <> *vt* - **1.** [erdulden] to suffer - **2.** [mögen]: **etw ~/nicht ~ können** to be able to/not to be able to stand sthg; **jn gut/nicht ~ können** to like/not to like sb.

Leiden (*pl* **-**) *das* illness.

Leidenschaft (*pl* **-en**) *die* passion.

leidenschaftlich *adj* passionate <> *adv* passionately; **~ gern tanzen** to adore dancing.

Leidens|gefährte *der* fellow-sufferer.

Leidens|gefährtin *die* fellow-sufferer.

leider *adv* unfortunately.

leidig *adj* wretched.

leidlich *adj* reasonable <> *adv* reasonably well.

Leidtragende (*pl* **-n**) *der, die*: **die Kinder sind immer die ~n** the children are always the ones to suffer.

Leid|wesen *das*: **zu js ~** to sb's regret.

Leier (*pl* **-n**) *die* lyre; **es ist immer die gleiche ~** ***fam fig*** it's always the same old story.

Leier|kasten *der* barrel organ.

Leih|arbeit *die* temporary work.

Leih|bücherei *die* lending library.

leihen (*prät* **lieh;** *perf* **hat geliehen**) *vt* - **1.** [leihweise geben]: **jm etw ~** to lend sb sthg - **2.** [ausleihen]: **sich** *(D)* **etw (von jm) ~** to borrow sthg (from sb); [mieten] to hire ***Br*** ODER rent ***Am*** sthg (from sb).

Leih|gabe *die* loan.

Leih|gebühr *die* [für Auto] hire ***Br*** ODER rental ***Am*** charge; [für Buch] lending charge.

Leih|haus *das* pawnshop.

Leih|mutter *die* surrogate mother.

Leih|wagen *der* hire ***Br*** ODER rental ***Am*** car.

leihweise *adj & adv* on loan.

Leim (*pl* **-e**) *der* glue; **jm auf den ~ gehen** ***fam fig*** to be taken in by sb; **aus dem ~ gehen** ***fam*** [kaputtgehen] to fall to pieces.

leimen *vt* - **1.** [zusammenfügen] to glue together - **2.** [ankleben] to glue.

Leine (*pl* **-n**) *die* - **1.** [Seil] cord; **~ ziehen** ***salopp fig*** to scram - **2.** [Wäscheleine] line - **3.** [Hundeleine] lead ***Br,*** leash ***Am.***

Leinen *das* linen.

Lein|samen *der* linseed.

Lein|wand *die* [Projektionswand] screen.

Leipzig *nt* Leipzig.

leise *adj* - **1.** [nicht laut] quiet - **2.** [schwach] slight <> *adv* quietly.

Leiste (*pl* **-n**) *die* - **1.** [Latte] edging strip - **2.** [Körperteil] groin.

leisten *vt* - **1.** [vollbringen] to achieve - **2.** [machen] to do **- 3.** [Beitrag, Anzahlung] to make **- 4.** [genehmigen]: **sich** *(D)* **etw ~** [sich gönnen] to treat o.s. to sthg; [sich erlauben] to allow o.s. sthg; **sich** *(D)* **etw ~ können** [sich gönnen] to be able to afford sthg; [sich erlauben] to be able to get away with sthg.

Leistung (*pl* **-en**) *die* **- 1.** TECH [das Geleistete] performance **- 2.** [Ergebnis] achievement; **schulische ~en** school work **- 3.** [Bezahlung] payment.
◆ **Leistungen** *pl* [Zahlungen] payments.

Leistungsdruck *der* pressure to do well.

leistungsfähig *adj* **- 1.** [leistungsstark] efficient **- 2.** [zahlungsfähig] solvent; [Versicherung] with good cover.

Leistungs|gesellschaft *die* competitive society.

Leistungs|kurs *der one of two specialist subjects chosen by pupils for their "Abitur".*

leistungsorientiert *adj* [Gesellschaft] competitive; [Bezahlung] performance-related.

Leistungs|prinzip *das (ohne pl)* achievement principle.

Leistungs|sport *der* competitive sport.

Leistungs|vermögen *das* efficiency.

Leit|artikel *der* editorial.

leiten *vt* **- 1.** [anführen - Unternehmen, Projekt] to run; [- Gruppe, Diskussion] to lead **- 2.** PHYS to conduct **- 3.** [lenken - Bach, Verkehr] to divert; [- Antrag] to forward; **sich von etw ~ lassen** *fig* to let o.s. be guided by sthg ◇ *vi* to conduct.

leitend *adj* **- 1.** [Stellung] managerial; [Direktor] managing; [Architekt] chief; **~er Angestellter** manager **- 2.** [führend] guiding **- 3.** [weiterleitend] conductive.

Leiter (*pl* **-n** ODER **-**) *die (pl Leitern)* ladder ◇ *der (pl Leiter)* [von Firma, Abteilung] manager; [von Gruppe, Projekt] leader.

Leiterin (*pl* **-nen**) *die* [von Firma, Abteilung] manager; [von Gruppe, Projekt] leader.

Leit|faden *der* introductory guide.

Leit|hammel *der* **- 1.** [von Schafherde] bellwether **- 2.** *fam fig* [Anführer] leader.

Leit|motiv *das* **- 1.** [Leitgedanke] guiding principle **- 2.** MUS leitmotiv.

Leit|planke *die* crash barrier *Br*, guardrail *Am*.

Leitung (*pl* **-en**) *die* **- 1.** [Führung] running; **unter der ~ von jm** conducted by sb **- 2.** [Führungsgruppe] management *(U)* **- 3.** [Rohr] pipe **- 4.** [Draht] wire; [Kabel] cable **- 5.** [Telefonleitung] line; **eine lange ~ haben** *fam fig* to be slow on the uptake.

Leitungs|netz *das* **- 1.** [für Wasser, Gas] mains network **- 2.** [für Strom] electricity grid **- 3.** [für Telefon] telephone network.

Leitungs|rohr *das* pipe.

Leitungs|wasser *das* tap water.

Leit|währung *die* key currency.

Leit|zins *der* **- 1.** [Diskontsatz] discount rate **- 2.** [Eckzins] basic interest rate *(for savings at statutory notice).*

Lektion (*pl* **-en**) *die* ***eigtl*** & ***fig*** lesson; **jm eine ~ erteilen** to teach sb a lesson.

Lektor, in (*mpl* **-toren;** *fpl* **-nen**) *der, die* **- 1.** [bei Verlag] editor **- 2.** [an Hochschulen] language assistant.

Lektüre (*pl* **-n**) *die* **- 1.** [das Lesen] reading **- 2.** [Lesestoff] reading matter.

Lende (*pl* **-n**) *die* loin.

lenken *vt* **- 1.** [Fahrzeug, Gespräch] to steer **- 2.** [richten]: **die Aufmerksamkeit auf jn/etw ~** to draw attention to sb/sthg; **er lenkte den Verdacht auf sich** he attracted suspicion **- 3.** [führen] to control.

Lenker (*pl* **-**) *der* **- 1.** [Lenkstange] handlebars *(pl)* **- 2.** [Person] driver.

Lenkerin (*pl* **-nen**) *die* driver.

Lenk|rad *das* steering wheel.

Lenk|stange *die* handlebars *(pl)*.

Lenkung (*pl* **-en**) *die* **- 1.** [Steuerung] steering *(U)* **- 2.** [Beeinflussung] control.

Lenz (*pl* **-e**) *der* ***geh*** [Frühling] spring; **sich** *(D)* **einen schönen** ODER **faulen ~ machen** ***fam*** to have an easy time of it.

Leopard (*pl* **-en**) *der* leopard.

Lepra *die* leprosy.

Lerche (*pl* **-n**) *die* lark.

lernbehindert *adj* with learning difficulties.

lernen *vt* to learn; **Klavier spielen ~** to learn to play the piano; **Bäcker ~** to train to be a baker ◇ *vi* **- 1.** [gen] to learn; **aus der Geschichte ~** to learn from history **- 2.** [für Prüfung] to study, to revise.

Lern|prozess *der* learning process.

Lern|ziel *das* educational aim.

lesbar *adj* **- 1.** [Schrift] legible; **leicht/schwer ~** easy/difficult to read **- 2.** [Text, Buch] readable.

Lesbe (*pl* **-n**) *die* lesbian.

Lesbierin ['lɛsbjərɪn] (*pl* **-nen**) *die* lesbian.

lesbisch *adj* lesbian.

Lese|brille *die* reading glasses *(pl)*.

Lese|buch *das* reader.

Lese|lampe *die* reading lamp.

lesen (*präs* **liest;** *prät* **las;** *perf* **hat gelesen**) *vt* **- 1.** [gen] to read **- 2.** [Früchte, Trauben] to pick ◇ *vi* **- 1.** [gen] to read; **in seiner Miene war die Verzweiflung zu ~** despair was written all over his face - **2.** [einen Vortrag halten] to lecture.

Leser (*pl* -) *der* reader.

Lese|ratte *die* bookworm.

Leser|brief *der* reader's letter, letter to the editor.

Leserin (*pl* **-nen**) *die* reader.

leserlich *adj* legible <> *adv* legibly.

Leserschaft (*pl* **-en**) *die* readership.

Lese|saal *der* reading room.

Lese|stoff *der* reading material.

Lese|zeichen *das* bookmark.

Lese|zugriff *der* EDV read-only access.

Lesotho *nt* Lesotho.

Lesung (*pl* **-en**) *die* reading.

lethargisch *adj* lethargic <> *adv* lethargically.

Lette (*pl* **-n**) *der* Latvian.

Lettin (*pl* **-nen**) *die* Latvian.

lettisch *adj* Latvian.

Lettland *nt* Latvia.

Letzt ◆ **zu guter Letzt** *adv* in the end.

letzte, r, s *adj* last; **das ist mein ~s Geld** that's the last of my money; **~s Jahr** last year.

Letzte (*pl* **-n**) *der, die* [Person] last; **~r werden** to come last; **sie kam als ~ an die Reihe** she had her turn last <> *der* [Tag] last day <> *das* - **1.: er ist das ~ *fam*** he's scum; **der Film ist das ~ *fam*** the film is the pits - **2.: bis ins ~** down to the last detail.

letztemal *adv* ▷ **Mal.**

letztendlich *adv* - **1.** [am Schluss] in the end - **2.** [im Grunde genommen] ultimately, in the final analysis.

letztenmal *adv* ▷ **Mal.**

letztens *adv* - **1.** [an letzter Stelle] lastly - **2.** [vor kurzem] recently.

letztere, r, s *adj* the latter; **in ~m Fall** in the latter case <> *pron* the latter.

Letztere *die, der, das:* **der/die/das ~** the latter.

letztgenannte, r, s *adj:* **die ~ Alternative** the last alternative mentioned.

letztlich *adv* - **1.** [am Schluss] in the end - **2.** [im Grunde genommen] ultimately, in the final analysis.

Leuchte (*pl* **-n**) *die:* **in der Schule war sie keine ~ *fam*** she wasn't one of the brightest children at school.

leuchten *vi* to shine; [Feuer, Himmel] to glow.

leuchtend *adj* - **1.** [Farbe] bright; **sie bekam ~e Augen** her eyes lit up - **2.** [Vorbild, Beispiel] shining <> *adv:* **~ blau/rot** bright blue/red.

Leuchter (*pl* -) *der* candelabrum; [für eine Kerze] candlestick.

Leucht|farbe *die* luminous paint.

Leucht|feuer *das* beacon; [auf Landebahn] runway light.

Leucht|reklame *die* neon sign.

Leucht|stift *der* highlighter.

Leuchtstoff|röhre *die* fluorescent tube.

Leucht|turm *der* lighthouse.

leugnen *vt* to deny <> *vi* to deny everything.

Leukämie *die* leukaemia.

Leukoplast® (*pl* **-e**) *das* Elastoplast® ***Br***, Band-Aid® ***Am***.

Leute *pl* - **1.** [Menschen] people; **die jungen ~** young people; **was die ~ sagen** what people say - **2.** ***RW:* etw unter die ~ bringen *fam*** to spread sthg around; **unter (die) ~ gehen *fam*** to get out and meet people; **unter (die) ~ kommen *fam*** [bekannt werden] to get around; [ausgehen] to get out and meet people.

Leutnant (*pl* **-s**) *der* second lieutenant.

leutselig *adj* affable.

Level ['lɛvl̩] (*pl* -) *der* level.

Leviten [le'viːtn̩] *pl:* **jm die ~ lesen** to read sb the riot act.

Lexikon (*pl* **-ka** ODER **-ken**) *das* [Enzyklopädie] encyclopaedia.

Libanese (*pl* **-n**) *der* Lebanese.

Libanesin (*pl* **-nen**) *die* Lebanese.

libanesisch *adj* Lebanese.

Libanon *der:* **(der) ~** (the) Lebanon.

Libelle (*pl* **-n**) *die* [Insekt] dragonfly.

liberal *adj* liberal <> *adv* - **1.** [tolerant]: **~ eingestellt sein** to be liberal-minded - **2.** POL: **~ wählen** to vote Liberal.

Liberale (*pl* **-n**) *der, die* Liberal.

liberalisieren *vt* to liberalize.

Liberalisierung (*pl* **-en**) *die* liberalization.

Liberia *nt* Liberia.

Libyen *nt* Libya.

Libyer, in (*mpl* **-**; *fpl* **-nen**) *der, die* Libyan.

libysch *adj* Libyan.

licht *adj* - **1.** [hell] light - **2.** [spärlich bewachsen] sparse; [Haar] thin.

Licht (*pl* **-er**) *das* - **1.** [Helligkeit, Lampe] light; **~ machen** to put the light on - **2.** [Kerze] candle - **3.** ***RW:* ans ~ kommen** to come to light; **das ~ der Welt erblicken *geh*** to come into the world; **ein günstiges/ungünstiges ~ auf jn/etw werfen** to cast sb/sthg in a favourable/an unfavourable light; **grünes ~ geben** to give

the green light; **in einem guten/schlechten ~ erscheinen** to appear in a good/bad light; **jetzt geht mir ein ~ auf** now I see; **jn hinters ~ führen** to pull the wool over sb's eyes; **jn/etw ins rechte ~ rücken** to show sb/sthg in a favourable light.
◆ **Lichter** *pl* lights.

Lichtbilder|vortrag *der* illustrated talk.

Licht|blick *der* bright spot.

lichtempfindlich *adj* sensitive to light; [Filmmaterial] photosensitive.

lichten *vt* to thin out.
◆ **sich lichten** *ref* to thin out.

Lichter|kette *die* **- 1.** [als Dekoration - groß] string of light bulbs; [- klein] fairy lights *(pl)* **- 2.** [Demonstration] *chain of demonstrators holding candles or torches.*

lichterloh *adv:* **~ brennen** to blaze fiercely.

Licht|geschwindigkeit *die* speed of light.

Licht|hupe *die* AUTO: **die ~ betätigen** to flash one's headlights.

Licht|jahr *das* light year.

Licht|maschine *die* AUTO alternator.

Licht|orgel *die* disco lights *(pl) (that flash in time with the music).*

Licht|quelle *die* light source.

Licht|schalter *der* light switch.

Licht|schein *der* glow of light.

lichtscheu *adj* **- 1.** [Tier] averse to light **- 2.** [Gesindel] shady.

Licht|schranke *die* photoelectric beam.

Lichtschutz|faktor *der* (protection) factor; **~ 10** factor 10.

Licht|strahl *der* beam (of light).

Lichtung (*pl* **-en**) *die* clearing.

Lid (*pl* **-er**) *das* eyelid.

Lid|schatten *der* eye shadow.

Lid|strich *der line drawn on eyelid with eyeliner.*

lieb *adj* **- 1.** [nett] kind, nice; **wie ~ von Ihnen, dass Sie daran gedacht haben!** how kind ODER nice of you to remember! **- 2.** [als Anrede] dear; **Liebe Sue!** Dear Sue,; **~ Kollegen!** colleagues! **- 3.** [geliebt] dear; **mein ~er Herr Freund** my dear friend; **den ~en langen Tag** all day long **- 4.** [brav] good; **sei schön ~!** be a good boy/girl! ◇ *adv* nicely; *siehe auch* **lieb gewinnen;** *siehe auch* **lieb haben.**

liebäugeln *vi:* **mit etw ~** [Gegenstand, Kauf, Arbeitsstelle] to have one's eye on sthg; [Idee, Plan] to be thinking about sthg.

Liebe *die* **- 1.** [gen] love; **die ~ zur Kunst** love of art; **sie war seine erste ~** she was his first love **- 2.** [Sex] sex; **käufliche ~** prostitution; **~ machen** to make love **- 3.** *RW:* **bei aller ~, aber sein Benehmen ist mir zuviel** much as I love him, I've had enough of his behaviour; **~ auf den ersten Blick** love at first sight.

Liebelei (*pl* **-en**) *die* **fam** fling.

lieben *vt* to love.
◆ **sich lieben** *ref* **- 1.** [lieb haben] to be in love **- 2.** [sexuell] to make love.

liebenswert *adj* [Art, Geste] endearing; [Person] likable.

liebenswürdig *adj* kind.

lieber *kompar* ▻ **gern** ◇ *adv* better; **das hättest du ~ nicht sagen sollen** it would have been better if you hadn't said that; **~ nicht** maybe we shouldn't, maybe not ◇ *adj:* **das wäre mir ~** I'd prefer that.

Liebes|brief *der* love letter.

Liebes|erklärung *die* declaration of love.

Liebes|kummer *der:* **~ haben** to be lovesick.

Liebes|paar *das* lovers *(pl).*

liebevoll *adj* loving ◇ *adv* lovingly.

lieb gewinnen *vt (unreg)*: **jn/etw ~** to grow fond of sb/sthg.

lieb haben *vt (unreg)* to love; [gern haben] to be fond of.
◆ **sich lieb haben** *ref* to be in love.

Liebhaber (*pl* -) *der* **- 1.** [gen] lover **- 2.** [Sammler] collector.

Liebhaberin (*pl* **-nen**) *die* **- 1.** [gen] lover **- 2.** [Sammler] collector.

lieblich *adj* [Wein, Kind] sweet; [Landschaft, Klang] gentle; [Anblick] charming.

Liebling (*pl* **-e**) *der* **- 1.** [als Anrede, der Oma] darling **- 2.** [Bevorzugte] favourite.

Lieblings|gericht *das* favourite dish.

lieblos *adj* unaffectionate ◇ *adv* **- 1.** [ohne Liebe] unaffectionately **- 2.** [nachlässig]: **sie hat das Essen ~ zubereitet** she carelessly threw the meal together.

Liebschaft (*pl* **-en**) *die* **abw** casual affair.

Liebste (*pl* **-n**) *der, die* sweetheart.

liebsten *superl* ▻ **gern.**
◆ **am liebsten** *adv:* **am ~ würde ich jetzt nach Hause gehen** what I'd really like to do now would be to go home; **das ist mir am ~** I like it best of all.

Liechtenstein *nt* Liechtenstein.

Lied (*pl* **-er**) *das* song; REL hymn; **davon kann ich ein ~ singen** I could tell you a thing or two about that.

Lieder|buch *das* songbook.

liederlich *adj* [Person] slovenly; [Arbeit] sloppy; [Lebenswandel] dissolute.

Liedermacher, in (*mpl* **-**; *fpl* **-nen**) *der, die* singer-songwriter.

lief *prät* ▻ **laufen.**

Lieferant, in (*mpl* **-en;** *fpl* **-nen**) *der, die* supplier.

lieferbar *adj* available.

liefern *vt* **- 1.** [Ware - zustellen] to deliver; [- verkaufen] to supply; **jetzt bin ich geliefert** ***fam*** I've had it now **- 2.** [Ernte, Eier] to produce **- 3.** [Beispiel, Beweis] to provide; **sie lieferten sich ein spannendes Match** they battled out an exciting match ◇ *vi* to deliver.

Liefer|schein *der* delivery note.

Lieferung (*pl* **-en**) *die* [Versand] delivery; [Versorgung] supply.

Liefer|wagen *der* van.

Liefer|zeit *die* delivery time.

Liege (*pl* **-n**) *die* [für Garten] sun lounger; [zum Übernachten] camp bed ***Br***, cot ***Am***.

liegen (*prät* **lag;** *perf* **hat gelegen**) *vi* **- 1.** [gen] to lie; **das Schiff liegt im Hafen** the ship is docked; **in den Bergen liegt viel Schnee** there's a lot of snow on the hills **- 2.** [angelehnt sein]: **an** *ODER* **auf etw** *(A)* **~** to rest on sthg **- 3.** [sich befinden] to be; **Dresden liegt an der Elbe** Dresden is on the Elbe; **das Haus liegt schön** the house is beautifully situated **- 4.** [in Reihenfolge] to lie; **sie liegt auf dem vierten Platz** she's (lying) in fourth place; **an der Spitze ~** to be in the lead **- 5.** [mit Dativ]: **Physik liegt mir nicht** physics isn't my thing; **es liegt mir viel daran** it matters a lot to me **- 6.** [mit Präpositionen]: **an mir soll es nicht ~!** don't let me stop you!; **es liegt nicht an dir** it's not your fault; **die Entscheidung liegt bei Ihnen** it's your decision; **das liegt daran, dass ...** this is because ... **- 7.** [zeitlich] to be; **das liegt lange zurück** that was a long time ago.

liegen bleiben (*perf* **ist liegen geblieben**) *vi (unreg)* **- 1.** [nicht aufstehen] to remain lying down; **(im Bett) ~** to stay in bed **- 2.** [Schnee, Laub] to lie **- 3.** [vergessen werden] to be left behind **- 4.** [unerledigt bleiben] to be left undone **- 5.** [eine Panne haben] to break down.

liegen lassen (*perf* **hat liegen gelassen** *ODER* **-**) *vt (unreg)* to leave; **jn/etw links ~** ***fam fig*** to ignore sb/sthg.

Liege|platz *der* berth.

Liege|sitz *der* reclining seat.

Liege|stuhl *der* [am Strand] deckchair; [im Garten] sun lounger.

Liege|stütz (*pl* **-e**) *der* press-up.

Liege|wagen *der* couchette car.

lieh *prät* ▻ **leihen.**

ließ *prät* ▻ **lassen.**

liest *präs* ▻ **lesen.**

Lifestyle ['laɪfstaɪl] *der (ohne pl)* lifestyle.

Lift (*pl* **-e** *ODER* **-s**) *der* **- 1.** [Aufzug] lift ***Br***, elevator ***Am*** **- 2.** *(pl Lifte)* [Skilift] ski lift.

liften *vt:* **sich das Gesicht ~ lassen** to have a face-lift.

Liga (*pl* **Ligen**) *die* league; **in der 1./2. ~ spielen** to be in the 1st/2nd division.

liiert [li'i:ɐt] *adj:* **mit jm ~ sein** to be having an affair with sb.

Likör (*pl* **-e**) *der* liqueur.

lila *adj (unver)* lavender; [dunkler] mauve.

Lila *das* purple; [Zartlila] lilac; [Tieflila] mauve.

Lilie ['li:li̯ə] (*pl* **-n**) *die* lily.

Liliputaner, in (*mpl* **-;** *fpl* **-nen**) *der, die* dwarf.

Limit (*pl* **-s**) *das* limit.

Limo (*pl* **-s**) *die* ***fam*** fizzy drink ***Br***, soda ***Am;*** [mit Zitronengeschmack] lemonade; [mit Orangengeschmack] orangeade.

Limonade (*pl* **-n**) *die* fizzy drink ***Br***, soda ***Am;*** [mit Zitronengeschmack] lemonade; [mit Orangengeschmack] orangeade.

Linde (*pl* **-n**) *die* lime tree.

lindern *vt* [Schmerzen] to relieve; [Not] to alleviate.

Linderung *die* [von Schmerzen] relief; [von Not] alleviation.

Lineal (*pl* **-e**) *das* ruler.

linear *adj* linear; [Tarif, Erhöhung] across-the-board ◇ *adv* [sich erhöhen] across the board.

Linguist, in (*mpl* **-en;** *fpl* **-nen**) *der, die* linguist.

Linguistik *die* linguistics *(U)*.

linguistisch *adj* linguistic.

Linie ['li:ni̯ə] (*pl* **-n**) *die* **- 1.** [Strich, Verwandtschaftslinie] line; **sie stammt in direkter ~ vom Kaiser Karl ab** she is directly descended from Emperor Charles **- 2.** [Denkrichtung] policy **- 3.** [von Verkehrsmittel] number; **die ~ 3** the number 3 **- 4.** [Figur]: **auf die schlanke ~ achten** to watch one's figure **- 5.** ***RW:*** **auf der ganzen ~** completely; **in erster ~** first and foremost.

Linien|blatt *das* ruled sheet.

Linien|bus *der* bus *(forming part of public transport network)*.

Linien|flug *der* scheduled flight.

linientreu *adj* ***abw*** faithful to the party line.

Linienverkehr *der (ohne pl)* [Flugverkehr] scheduled flights *(pl);* [Omnibusverkehr] buses *(forming part of public transport network)*.

linieren, liniieren *vt* to rule (lines on).

link *adj* ***fam abw*** shady.

linke, r, s *adj* **- 1.** [Seitenangabe] left **- 2.** [linkspolitisch] left-wing.

Linke (*pl* **-n**) *die* **- 1.** [Hand] left hand; **zur ~n** to the left; **jm zur ~n** on sb's left **- 2.** POL: **die ~** the

Left **- 3.** [Schlag] left <> *der, die* [Person] left-winger.

linkisch *adj* awkward, clumsy.

links *adv* **- 1.** [Angabe der Seite] on the left; [Angabe der Richtung] left; **~ von jm/etw** on sb's/sthg's left; **nach ~ fahren** to turn left; **von ~** from the left; **etw mit ~ machen** ***fam fig*** to do sthg easily **- 2.** [verkehrt herum] inside out; **etw von ~ bügeln** to iron sthg on the wrong side **- 3.** [linkspolitisch] left-wing; **~ wählen** to vote for the Left <> *präp (+ G)* **- 1.** [Angabe der Seite] on the left-hand side of **- 2.** [politisch] to the left of.

Links|abbieger *der* car turning left.

Links|außen (*pl* -) *der* outside left.

linksextrem *adj* extreme left-wing; **~e Jugendliche** young left-wing extremists; **~e Gruppierung** extreme left-wing faction.

Links|extremist, in *der, die* left-wing extremist.

linksgerichtet *adj* left-wing.

Linkshänder, in (*mpl* **-**; *fpl* **-nen**) *der, die* left-hander.

linkshändig *adj* left-handed.

linksherum *adv* **- 1.** [nach links] round to the left **- 2.** [falsch herum] inside out.

Links|kurve *die* left-hand bend.

linksradikal *adj* radical left-wing.

linksseitig *adj* & *adv* on the left side.

Linksverkehr *der*: **in Großbritannien herrscht ~** people drive on the left in Great Britain.

Linoleum [li'no:leum] *das* linoleum.

Linol|schnitt *der* linocut.

Linse (*pl* **-n**) *die* **- 1.** [Nahrungsmittel] lentil **- 2.** [optisch] lens.

Linz *nt* Linz.

Linzer (*pl* **-**) *der* native/inhabitant of Linz <> *adj (unver)* of/from Linz.

Linzerin (*pl* **-nen**) *die* native/inhabitant of Linz.

Lippe (*pl* **-n**) *die* lip; **sich** *(D)* **die ~n lecken** to lick one's lips; **an js ~n hängen** ***fig*** to hang on sb's every word; **keine Klage kam über ihre ~n** she didn't utter a word of complaint.

Lippen|bekenntnis *das* lip-service; **ein ~ ablegen** to pay lip-service.

Lippen|stift *der* lipstick.

liquidieren *vt* **- 1.** WIRTSCH [ermorden] to liquidate **- 2.** [berechnen] to charge.

lispeln *vi* to lisp.

Lissabon *nt* Lisbon.

List (*pl* **-en**) *die* **- 1.** [listiges Verhalten] cunning; **mit ~ und Tücke** cunningly **- 2.** [listige Handlung] cunning trick.

Liste (*pl* **-n**) *die* list; **auf der schwarzen ~ stehen** to be on the blacklist.

Listen|preis *der* list price.

listig *adj* cunning <> *adv* cunningly.

Lit. (*abk für* **Literatur**) lit.

Litanei (*pl* **-en**) *die* ***abw*** [Aufzählung] litany.

Litauen *nt* Lithuania.

Litauer, in (*mpl* **-**; *fpl* **-nen**) *der, die* Lithuanian.

litauisch *adj* Lithuanian.

Liter (*pl* **-**) *der* ODER *das* litre; **ein ~ Milch** a litre of milk.

literarisch *adj* literary <> *adv* **- 1.** [Literatur betreffend]: **~ interessiert sein** to be interested in literature; **~ gebildet sein** to have studied literature **- 2.** [gewählt] in a literary manner.

Literat, in (*mpl* **-en**; *fpl* **-nen**) *der, die* literary figure.

Literatur (*pl* **-en**) *die* literature.

Literatur|angabe *die* (bibliographical) reference.

Literatur|verzeichnis *das* bibliography.

Literatur|wissenschaft *die* literary studies *(pl)*.

Liter|flasche *die* litre bottle.

literweise *adv* by the litre.

Litfaß|säule *die* advertising column.

Lithografie, Lithographie [litogra'fi:] (*pl* **-n**) *die* **- 1.** [Technik] lithography **- 2.** [Druck] lithograph.

litt *prät* ▻ **leiden.**

Liturgie (*pl* **-n**) *die* liturgy.

liturgisch *adj* liturgical.

live [laif] *adj (unver) adv* live.

Lizenz (*pl* **-en**) *die* licence.

LKA [ɛl'ka:'a:] (*abk für* **Landeskriminalamt**) *das criminal investigation department of a federal state.*

Lkw, LKW [ɛlka:'ve:] (*pl* **-s**) (*abk für* **Lastkraftwagen**) *der* truck, HGV ***Br***, lorry ***Br***.

Lob *das* praise; **ein hohes ~** high praise; **jm ein (großes) ~ erteilen** to praise sb (highly).

Lobby ['lɔbi] (*pl* **-s**) *die* lobby.

loben *vt* to praise; **das lobe ich mir!** [sehr gut] that's what I like (to see)!; **da lobe ich mir doch meine alte Schreibmaschine!** give me my old typewriter any day!

lobenswert *adj* commendable, praiseworthy.

löblich *adj* commendable, praiseworthy.

Loch (*pl* **Löcher**) *das* hole; [im Zahn] cavity; **schwarzes ~** black hole; **Löcher in die Luft gucken** ***fig*** to stare into space.

lochen *vt* to punch a hole/holes in.

Locher (*pl* -) *der* hole punch.

löchern *vt* **fam** to pester.

löchrig *adj* full of holes.

Locke (*pl* -n) *die* curl; **~n haben** to have curly hair.

locken *vt* - **1.** [anlocken] to entice; **jn in eine Falle ~** to lure sb into a trap - **2.** [wellen] to curl.

Lockenwickler (*pl* -) *der* curler.

locker *adj* - **1.** [gen] loose; **ein ~es Mundwerk haben** to have a loose tongue - **2.** [Beziehung] casual; [Haltung] laid-back ◇ *adv* - **1.** [nicht fest] loosely - **2.** [zwanglos] casually - **3.** ***fam*** [mit Leichtigkeit] no sweat.

locker|lassen *vi (unreg)*: **nicht ~** not to give up.

lockern *vt* - **1.** [Schraube, Griff, Erde, Krawatte] to loosen; **die Muskeln ~** to limber up - **2.** [Gesetze, Vorschriften] to relax.
◆ **sich lockern** *ref* - **1.** [Schraube, Zahn] to work itself loose - **2.** [Stimmung] to become more relaxed; [Muskeln, Griff] to relax.

Lockerungs|übung *die* limbering-up exercise.

lockig *adj* [Haare] curly; [Mensch] curly-haired.

Lock|vogel *der* decoy.

Loden|mantel *der* loden coat.

lodern *vi* [Feuer] to blaze.

Löffel (*pl* -) *der* spoon.

löffeln *vt* to spoon.

log *prät* ▷ **lügen.**

Logarithmus (*pl* -ithmen) *der* logarithm.

Log|buch *das* log, logbook.

Loge ['lo:ʒə] (*pl* -n) *die* - **1.** [im Theater] box - **2.** [von Freimaurern, Portier] lodge.

logieren [lo'ʒi:rən] *vi* ***geh*** to stay.

Logik *die* logic.

logisch *adj* logical ◇ *adv* logically.

Logopäde (*pl* -n) *der* speech therapist.

Logopädin (*pl* -nen) *die* speech therapist.

Lohn (*pl* **Löhne**) *der* - **1.** [Bezahlung] wages *(pl)*, pay - **2.** [Belohnung] reward.

Lohnabbau *der* reduction in wages.

lohnen *vt* - **1.** [rechtfertigen] to be worth; **es lohnt eine Renovierung nicht mehr** it's no longer worth repairing - **2.** ***geh*** [vergelten]: **jm etw ~** to repay sb for sthg.
◆ **sich lohnen** *ref* to be worth it; **es** *ODER* **das lohnt sich (nicht)** it's (not) worth it; **es lohnt sich, etw zu tun** it's worth doing sthg.

lohnend *adj* worthwhile.

Lohn|erhöhung *die* pay rise.

Lohn|forderung *die* pay claim.

Lohn|gruppe *die* wage bracket.

Lohn|kürzung *die* wage cut.

Lohn|steuer *die* income tax *(paid by employees)*, ≃ PAYE ***Br.***

Lohnsteuerjahres|ausgleich *der* annual adjustment of income tax.

Lohnsteuer|karte *die form filled in by employer stating employee's annual income and tax paid.*

Lohn|tüte *die* wage packet.

Loire [lo̯a:rə] *die*: **die ~** the Loire.

Lok (*pl* -s) *die* (railway) engine.

lokal *adj* local.

Lokal (*pl* -e) *das* bar, pub ***Br.***

lokalisieren *vt* - **1.** [örtlich bestimmen] to locate - **2.** [begrenzen] to contain.

Lokal|nachrichten *pl* local news *(U)*.

Lokal|patriotismus *der* local pride.

Lokal|presse *die* local press.

Lokal|verbot *das*: **jm ~ erteilen** to bar sb.

Lokomotive [lokomo'ti:və] (*pl* -n) *die* (railway) engine.

London *nt* London.

Londoner, in (*mpl* -; *fpl* -nen) *der, die* Londoner.

Look [lʊk] (*pl* -s) *der* look.

Looping ['lu:pɪŋ] (*pl* -s) *der* loop-the-loop.

Lorbeer (*pl* -en) *der* [Gewürz] bay leaf.
◆ **Lorbeeren** *pl* [Ruhm]: **damit kannst du ~en machen** it's nothing to be proud of; **sich auf seinen ~en ausruhen (können)** to (be able to) rest on one's laurels.

Lorbeer|blatt *das* bay leaf.

los *adj* - **1.** [lose] loose - **2.** ***RW:*** **jn/etw ~ sein** ***fam*** to have got rid of sb/sthg; **mit mir ist heute nicht viel ~** ***fam abw*** I'm not up to much today; **es ist viel/wenig/nichts ~** ***fam*** there is a lot/not much/nothing going on; **was ist ~?** ***fam*** what's the matter?, what's wrong?; **was ist hier ~?** ***fam*** what's going on here? ◇ *interj* come on!

Los (*pl* -e) *das* - **1.** [Losentscheid]: **durch das ~ bestimmen** to decide by drawing lots - **2.** [in der Lotterie] ticket; **das große ~** the jackpot; **mit jm/einer Sache das große ~ ziehen** ***fig*** to hit the jackpot with sb/sthg - **3.** ***geh*** [Schicksal] lot.

Los Angeles [lɔs'ɛndʒələs] *nt* Los Angeles.

lösbar *adj* solvable.

los|binden *vt (unreg)* to untie.

Lösch|blatt *das* sheet of blotting paper.

löschen *vt* - **1.** [Kerze, Feuer] to extinguish, to put out - **2.** [Konto] to close; [Schuld, Hypothek] to pay off - **3.** [Tonträger] to erase - **4.** [Schiff, Ladung] to unload - **5.** EDV to delete.

Löschen *das* - **1.** [von Feuer] extinguishing - **2.** [von Konto] closing; [von Schuld, Hypothek] paying off - **3.** [von Tonträger] erasure - **4.** [von Schiff, Ladung] unloading - **5.** EDV deletion.

Löschpapier *das* blotting paper.

lose *adj* loose; **ein ~s Mundwerk haben** to have a loose tongue ◇ *adv* [locker] loosely.

Löse|geld *das* ransom.

losen *vi* [mit einem Los] to draw lots; **um etw ~** to draw lots for sthg; **darum ~, wer/wann/was ...** to draw lots to see who/when/what ...

lösen *vt* - **1.** [trennen - Knoten] to undo; [- Bremse] to release; [- Schraube] to unscrew; [- Haare] to let down - **2.** [locker machen] to loosen - **3.** [abmachen]: **etw von etw ~** to remove sthg from sthg - **4.** [rechnen] to work out - **5.** [klären - Aufgabe, Rätsel] to solve - **6.** [Vertrag] to cancel; [Verlobung] to break off; [Ehe] to dissolve - **7.** [Fahrkarte] to buy - **8.** [auflösen] to dissolve - **9.** [Husten, Schleim] to loosen; [Krampf] to ease.
◆ **sich lösen** *ref* - **1.** [aus Versehen] to break free; [Schuss] to go off; [Lawine] to start; **sich aus etw ~** to break away from sthg - **2.** [Tapete, Briefmarke] to come off; [Knoten] to come undone; [Schraube] to work loose - **3.** [sich auflösen] to dissolve; [Schleim] to loosen - **4.** [umdenken]: **sich von etw ~** [von Vorurteilen, Vorstellung] to rid o.s. of sthg - **5.** [sich trennen]: **sich von jm ~** to break away from sb - **6.** [Muskeln] to relax; [Verkrampfung, Spannung] to ease - **7.** [Problem, Rätsel] to be solved.

los|fahren (*perf* **ist losgefahren**) *vi (unreg)* to set off.

los|gehen (*perf* **ist losgegangen**) *vi (unreg)* - **1.** [weggehen] to set off; **auf jn ~** *fig* to go for sb; **auf ein Ziel ~** to pursue a goal - **2.** [anfangen] to start; **gleich gehts los** it's just about to start; **jetzt geht das schon wieder los!** here we go again!; **los gehts!** off we go!

los|kaufen *vt* to buy the release of.

los|kommen (*perf* **ist losgekommen**) *vi (unreg)* to get away; **(nicht) von jm/etw ~** (not) to get away from sb/sthg.

los|lassen *vt (unreg)* - **1.** [Person, Gegenstand] to let go of; **lass mich los!** let go of me!, let me go! - **2.** [Tier]: **ein Hund auf jn ~** to set a dog on sb; **den Hund ~** to let the dog off the lead *Br* ODER leash *Am* - **3.** [Schrei, Fluch] to let out - **4.** [Subj: Gedanke, Problem]: **der Gedanke lässt mich nicht los** I can't get the thought out of my head.

los|legen *vi fam* to get started; **mit Fragen ~** to start firing questions; **na, denn leg mal los!** fire away, then!

löslich *adj* soluble; [Kaffeepulver, Milchpulver] instant.

los|lösen *vt* to remove.
◆ **sich loslösen** *ref* - **1.** [Etikett, Tapete] to come off - **2.** [Person] to break away.

los|machen *vt* to undo; [Hund] to let off the lead *Br* ODER leash *Am*.
◆ **sich losmachen** *ref* to free o.s.

los|müssen *vi (unreg)* *fam* to have to go.

los|reißen *vt (unreg)* to tear off.
◆ **sich losreißen** *ref* [von Kette, Griff] to break free; [von Buch, Anblick] to tear o.s. away.

Losung (*pl* **-en**) *die* - **1.** [Motto] motto; [Spruch] slogan - **2.** [Kennwort] password.

Lösung (*pl* **-en**) *die* - **1.** [gen] solution; [von Konflikt] resolution - **2.** [von Eltern, Tradition] breaking away - **3.** [von Ehe, Bündnis] breakup; [von Arbeitsverhältnis] termination.

los|werden (*perf* **ist losgeworden**) *vt (unreg)* *fam* - **1.** [gen] to get rid of; **ich werde das Gefühl nicht los, dass ...** I can't escape the feeling that ... - **2.** [Vermögen] to lose.

Lot (*pl* **-e**) *das* - **1.** [Senkblei] plumb line; **etw wieder ins ~ bringen** *fig* to put sthg right - **2.** SCHIFF sounding line - **3.** MATH perpendicular; **das ~ fällen** to drop a perpendicular.

löten *vt* to solder.

Lothringen *nt* Lorraine.

Lotion [lo'tsio:n] (*pl* **-en**) *die* lotion.

Lotse (*pl* **-n**) *der* - **1.** [von Schiff] pilot - **2.** [Fluglotse] air traffic controller.

lotsen *vt* to guide.

Lotsin (*pl* **-nen**) *die* - **1.** [von Schiff] pilot - **2.** [Fluglotsin] air traffic controller.

Lotterie [lɔtə'ri:] (*pl* **-n**) *die* lottery.

Lotto *das* - **1.** [Glücksspiel] (national) lottery; **im ~ gewinnen** to win the (national) lottery - **2.** [Gesellschaftsspiel] lotto.

Lotto|gewinn *der* (national) lottery win.

Lotto|schein *der* (national) lottery ticket.

Lotus (*pl* **-**) *der* lotus.

Loveparade ['lʌvpərɛɪd] *die* Love Parade, *annual open-air mass rave and procession in the centre of Berlin.*

LOVEPARADE

The love parade has become an annual event since it first took place in Berlin in 1989. Every summer, thousands of techno fans throng through the centre of Berlin and dance through the streets to the sound of music played from carnival floats.

Löwe (*pl* **-n**) *der* - **1.** [Tier] lion - **2.** [Sternzeichen, Person] Leo; **~ sein** to be a Leo.

Löwen|anteil *der* lion's share.

Löwenzahn *der* dandelion.

Löwin (*pl* **-nen**) *die* lioness.

loyal [loa'ja:l] *adj* loyal ◇ *adv* loyally.

Loyalität [loajali'tɛːt] *die* loyalty.

lt. *abk für* **laut.**

Lübeck *nt* Lübeck.

Luchs [luks] (*pl* **-e**) *der* lynx.

Lücke (*pl* **-n**) *die* - **1.** [gen] gap; [zum Parken] space - **2.** [in Gesetz] loophole.

Lückenbüßer, in (*mpl* **-**; *fpl* **-nen**) *der, die* ***abw*** stopgap.

lückenhaft *adj* [Erinnerung, Beweisführung, Wissen] sketchy; **sein Lebenslauf ist ~** he has gaps in his CV ***Br*** ***ODER*** resumé ***Am*** <> *adv* [sich erinnern] sketchily.

lückenlos *adj* [Lebenslauf] complete; **seine Erinnerung daran ist ~** he remembers everything perfectly <> *adv* fully, completely.

lud *prät* ▻ **laden.**

Luder (*pl* **-**) *das* ***fam*** - **1.** ***abw*** [niederträchtige Frau] cow - **2.** [Person]: **armes ~** poor soul; **du kleines ~!** you little so-and-so!

Luft (*pl* **Lüfte**) *die* - **1.** [gen] air; **freie ~** open air; **die ~ anhalten** to hold one's breath; **~ holen** [atmen] to take a breath; [eine Pause machen] to catch one's breath; **frische ~ schöpfen** to get some fresh air; **nach ~ schnappen** to gasp - **2.** [Platz] room - **3.** ***RW:*** **aus dem Projekt ist die ~ raus** the life has gone out of the project; **nun halt mal die ~ an!** ***fam*** put a sock in it!; **die ~ ist rein** ***fam*** the coast is clear; **das ist aus der ~ gegriffen** that's pure invention; **in der ~ liegen** to be in the air; **in der ~ hängen** ***fam*** [Projekt, Entscheidung] to be up in the air; **jn in der ~ hängen lassen** to leave sb hanging in the air; **in die ~ gehen** ***fam*** to blow one's top; **mir blieb die ~ weg** ***fam*** I was gobsmacked; **sich (*D*) seinem Ärger ~ machen** to give vent to one's anger; **sich in ~ auflösen** ***fam*** to vanish into thin air.

Luftan|griff *der* air raid.

Luft|aufnahme *die* aerial photograph.

Luft|ballon *der* balloon.

Luft|blase *die* air bubble.

Luft|brücke *die* airlift.

luftdicht *adj* airtight <> *adv* [verschließen] hermetically.

Luftdruck *der* air pressure.

lüften *vt* - **1.** [Zimmer, Wäsche] to air - **2.** [Geheimnis] to reveal <> *vi* to let some air in.

Luft|fahrt *die* aviation.

Luft|feuchtigkeit *die* humidity.

Luft|gewehr *das* air rifle.

luftig *adj* - **1.** [Kleidung] light - **2.** [hochgelegen]: **in ~er Höhe** high up - **3.** [Raum] airy <> *adv* [leicht] lightly.

Luftkissen|fahrzeug *das* hovercraft.

Luftkur|ort *der* climatic health resort.

luftleer *adj:* **~er Raum** vacuum.

Luft|linie *die:* **600 km ~** 600 km as the crow flies.

Luft|loch *das* - **1.** [Öffnung] air hole - **2.** [im Flug] air-pocket.

Luft|matratze *die* airbed.

Luft|pirat, in *der, die* (aircraft) hijacker.

Luft|post *die* airmail; **mit** ***ODER*** **per ~** (by) airmail.

Luft|pumpe *die* air pump.

Luft|raum *der* airspace.

Luft|röhre *die* windpipe.

Luft|schacht *der* ventilation shaft.

Luft|schlange *die* streamer.

Luft|schloss *das:* **Luftschlösser bauen** to build castles in the air.

Luftschutz|raum *der* air-raid shelter.

Luft|sprung *der* leap; **vor Freude machte er einen ~** he leapt with joy.

Lüftung (*pl* **-en**) *die* - **1.** [Gerät] ventilation (system) - **2.** [Lüften] ventilation.

Luftver|änderung *die* change of air.

Luft|verkehr *der* air traffic.

Luft|verschmutzung *die* air pollution.

Luft|waffe *die* airforce; ***HIST*** Luftwaffe.

Luft|weg *der:* **auf dem ~** by air.

Luft|zug *der* [in Gebäude] draught; [im Freien] breath of wind.

Lug *der* ***geh:*** **~ und Trug** lies (*pl*) and deception.

Lüge (*pl* **-n**) *die* lie.

lügen (*prät* **log**; *perf* **hat gelogen**) *vi* to lie; **das ist gelogen!** that's a lie!; **er lügt wie gedruckt** ***fam*** [Charakterzug] he's a pathological liar; [in Bezug auf etw] he's lying through his teeth.

Lügner, in (*mpl* **-**; *fpl* **-nen**) *der, die* liar.

Luke (*pl* **-n**) *die* [in Dach] skylight; [bei Schiff] hatch.

lukrativ *adj* lucrative.

Lümmel (*pl* **-**) *der* ***fam*** - **1.** [Kind] rascal - **2.** ***abw*** [Rüpel] lout.

lümmeln ◆ **sich lümmeln** *ref* ***fam*** ***abw*** to sprawl.

Lump (*pl* **-en**) *der* ***abw*** scoundrel.

lumpen *vt:* **sich nicht ~ lassen** ***fam*** to spare no expense.

Lumpen (*pl* **-**) *der* rag.
◆ **Lumpen** *pl* ***abw*** rags.

lumpig *adj* - **1.** ***fam*** [lausig] miserable - **2.** [gemein] mean <> *adv* [gemein] meanly.

Lunch|paket *das* packed lunch.

Lüneburger Heide *die* Lüneberg Heath.

Lunge (*pl* **-n**) *die* lungs (*pl*).

◈ **grüne Lunge** *die:* **die grüne ~ einer Großstadt** the lungs of a city.

Lungenent|zündung *die* pneumonia.

Lungen|flügel *der* lung.

Lungen|krebs *der* lung cancer.

Lunte (*pl* **-n**) *die* fuse; **~ riechen** ***fam*** [bei Gefahr] to sense danger; [Täuschung erahnen] to smell a rat.

Lupe (*pl* **-n**) *die* magnifying glass; **jn/etw unter die ~ nehmen** ***fam fig*** to examine sb/sthg very closely.

lupenrein *adj* **- 1.** [Exemplar] perfect **- 2.** [Diamant] flawless; [Alibi] watertight.

Lurch (*pl* **-e**) *der* amphibian.

Lust (*pl* **Lüste**) *die* **- 1.** [Bedürfnis] desire; **die ~ am Reisen ist mir vergangen** I don't feel like travelling any more; **~ bekommen/haben, etw zu tun** to feel like doing sthg; **ich habe keine ~ zum Spazierengehen** I don't feel like going for a walk; **~/keine~ auf etw** *(A)* **haben** to feel/not to feel like sthg; **ich hätte jetzt ~ auf ein Eis** I fancy an ice cream; **er arbeitet ganz nach ~ und Laune** he works as and when he feels like it **- 2.** [Freude] pleasure; **die ~ an etw** *(D)* **verlieren** no longer to take any pleasure in sthg **- 3.** [Begierde] desires *(pl)*, lust.

lüstern *adj* lascivious ◇ *adv:* **~ blicken** to leer.

lustig *adj* **- 1.** [komisch] funny; [unterhaltsam] entertaining; **sich über jn/etw ~ machen** to make fun of sb/sthg **- 2.** [fröhlich - Person, Augen] merry; [- Abend] fun, enjoyable ◇ *adv* **- 1.** [komisch] funnily; [unterhaltsam] entertainingly **- 2.** [unbekümmert] merrily.

lustlos *adj* unenthusiastic ◇ *adv* unenthusiastically.

lustvoll *adj* pleasurable ◇ *adv* [schmatzen, spielen] with relish; [stöhnen] pleasurably.

lutherisch *adj* Lutheran.

lutschen *vt* to suck ◇ *vi:* **an etw** *(D)* **~** to suck sthg.

Lutscher (*pl* **-**) *der* [Süßigkeit] lollipop.

Luv *(ohne Artikel)* **SCHIFF: nach ~** to windward.

Luxemburg *nt* Luxembourg.

Luxemburger (*pl* **-**) *der* Luxemburger ◇ *adj (unver)* of/from Luxembourg.

Luxemburgerin (*pl* **-nen**) *die* Luxemburger.

luxemburgisch *adj* of/from Luxembourg.

luxuriös *adj* luxurious ◇ *adv* luxuriously.

Luxus *der* luxury.

Luxus|artikel *der* luxury item.

Luxus|hotel *das* luxury hotel.

Luzern *nt* Lucerne.

Luzerner (*pl* **-**) *der* native/inhabitant of Lucerne ◇ *adj (unver)* of/from Lucerne.

Luzernerin (*pl* **-nen**) *die* native/inhabitant of Lucerne.

LVA [ɛlˈfau̯ˈaː] (*abk für* **Landesversicherungsanstalt**) *die regional social security organization providing pensions and medical insurance for manual workers.*

LW [ɛlˈveː] (*abk für* **Langwelle**) *die* LW.

Lymph|drüse *die* lymph gland.

Lymph|knoten *der* lymph gland.

lynchen *vt* **- 1.** [töten] to lynch **- 2.** ***fam*** [zurechtweisen] to kill.

Lyon [li̯ɔ̃ː] *nt* Lyon.

Lyrik *die* lyric poetry.

Lyriker, in (*mpl* **-**; *fpl* **-nen**) *der, die* lyric poet.

lyrisch *adj* [Dichtung] lyric; [Stil] lyrical ◇ *adv* lyrically.

M

m, M [ɛm] (*pl* **-** ODER **-s**) *das* m, M.

◈ **m** (*abk für* **Meter**) m.

m. *abk für* **mit.**

MA *abk für* **Mittelalter.**

M. A. (*abk für* **Magister Artium**) M. A.

Maas *die:* **die ~** the (River) Maas.

Mach|art *die* [von Kleidungsstück] cut; **die ~ von etw** the way sthg has been made.

machbar *adj* feasible.

machen *vt* **- 1.** [tun] to do; **so was macht man nicht!** you can't ODER mustn't do that! **- 2.** [herstellen] to make; **ein Foto ~** to take a photo; **etw aus etw ~** to make sthg out of sthg; **sich** *(D)* **etw ~ lassen** to have sthg made **- 3.** [Summe, Ergebnis] to be; **zwei mal drei macht sechs** two times three is six; **das macht fünf Mark** that comes to five marks **- 4.** [mit Substantiv]: **jm ein Kompliment ~** to pay sb a compliment; **mach bloß keine Dummheiten!** don't do anything silly!; **das Abendessen ~** to make dinner; **eine Prüfung ~** to take an exam; **den Doktor ~** to do a doctorate; **einen Handstand ~** to do a handstand; **die Straße macht eine Kur-**

ve there's a bend in the road; **täglich 1000 Mark Umsatz ~** to turn over 1000 marks a day; **einen Computerkurs ~** to do a computer course **- 5.** [erledigen] to do; **die Wäsche ~** to do the washing; **Einkäufe ~** to go shopping; **(seine) Hausaufgaben ~** to do one's homework; **sich** *(D)* **die Haare ~** to do one's hair; **da ist nichts zu ~** there's nothing we can do about it **- 6.** [durchführen]: **eine Party ~** to have a party; **eine Reise/einen Spaziergang ~** to go on a journey/for a walk; **eine Pause ~** to have a break; **einen Besuch bei jm ~** to pay sb a visit **- 7.** [verursachen]: **er machte viel Lärm um nichts** he made a lot of fuss about nothing; **Licht ~** to switch on the light; **macht nichts** never mind; **was macht das schon!** so what!; **die Hitze macht mir nichts** I don't mind the heat; **jm Angst/Freude ~** to make afraid/happy; **jm Hoffnung ~** to raise sb's hopes; **jm Mut ~** to encourage sb **- 8.** [mit Adjektiv] to make; [Veränderung]: **sich bemerkbar ~** to become noticeable; **mach die Musik leiser** turn the music down; **jn krank/glücklich ~** to make sb ill/happy; **machs gut!** take care! **- 9.** [mit Präposition]: **sie haben aus dem alten Häuschen etwas gemacht** they've really made something out of that old cottage; **sie lässt alles mit sich ~** she is very long-suffering; **etw zur Bedingung ~** to make sthg a condition ◇ *vi* **- 1.** [verursachen]: **macht, dass ihr bald zurück seid!** make sure you're back soon; **mach schon** *ODER* **doch!** ***fam*** get a move on! **- 2.** ***fam*** [Toilette verrichten]: **klein/groß ~** to do a number one/two; **der Hund hat vor die Haustür gemacht** the dog made a mess outside the front door; **in die Hosen ~** to wet/dirty one's pants **- 3.** [mit Adjektiv]: **Joggen macht schlank** jogging helps you lose weight; **mach schnell!** hurry up!

◆ **sich machen** *ref* **- 1.** ***fam*** [sich entwickeln] to come on; **du machst dich!** you're coming on very well **- 2.** [mit Adjektiv]: **sich beliebt/verständlich ~** to make o.s. popular/understood; **der Hut macht sich gut zu Ihrem Kleid** the hat goes well with your dress **- 3.** [mit Präposition]: **sich an die Arbeit ~** to get down to work; **sich auf den Weg ~** to set off; **sich** *(D)* **aus etw nichts ~** not to be keen on sthg; **mach dir nichts draus!** don't let it bother you!; **er machte sich zum Wortführer der Gruppe** he took on the role of the group's spokesman.

Machenschaft *(pl* **-en**) *die* ***abw*** intrigue.

Macht *(pl* **Mächte**) *die* power; **an die ~ kommen** to come to power; **an der ~ sein** to be in power; **die ~ der Gewohnheit** force of habit; **~ über jn haben** to have a hold on sb; **mit aller ~** with all one's might.

Macht|ergreifung *die* seizure of power.

Machthaber, in *(mpl* **-**; *fpl* **-nen**) *der, die:* **die ~** those in power.

mächtig *adj* **- 1.** [einflussreich] powerful **- 2.** [beherrschend]: **er ist seiner Sinne nicht mehr ~** he is no longer in full command of his senses; **sie ist des Französischen ~** she has a good command of French **- 3.** [Stimme, Hieb, Stamm] mighty; [Hunger, Angst] terrible; [Gebäude] enormous ◇ *adv* [enorm] terribly.

Macht|kampf *der* power struggle.

machtlos *adj* powerless; **gegen etw ~ sein** to be powerless in the face of sthg.

Macht|probe *die* trial of strength.

Machtwort *(pl* **-e**) *das:* **ein ~ sprechen** to put one's foot down, to exercise one's authority.

Macke *(pl* **-n**) *die* ***fam*** **- 1.** [Tick] quirk; **eine ~ haben** ***salopp*** to be out of one's tiny mind **- 2.** [Fehler]: **mein Auto hat eine ~** there's something up *ODER* wrong with my car.

Macker *(pl* **-**) *der* ***salopp*** **- 1.** [Freund] man ***Br***, main squeeze ***Am*** **- 2.** ***abw*** [Mann] macho jerk.

MAD [ɛm'aː'deː] (*abk für* **Militärischer Abschirmdienst**) *der military counter-intelligence service.*

Madagaskar *nt* Madagascar.

Mädchen *(pl* **-**) *das* **- 1.** [gen] girl **- 2.** [Hausangestellte] maid; **ein ~ für alles** ***fam fig*** (general) dogsbody.

mädchenhaft *adj* girlish ◇ *adv* like a girl.

Mädchen|name *der* maiden name.

Made *(pl* **-n**) *die* maggot; **wie die ~ im Speck leben** to live in the lap of luxury.

Madeira [ma'deːra] *nt* Madeira.

Mädel *(pl* **-** *ODER* **-s**) *das* girl.

madig *adj* maggoty, full of maggots; **jm etw ~ machen** ***fam fig*** to spoil sthg for sb.

Madonna *(pl* **Madonnen**) *die* **- 1.** [Muttergottes] Madonna **- 2.** [Bild, Plastik] madonna.

Madrid *nt* Madrid.

Madrider *(pl* **-**) *der* native/inhabitant of Madrid ◇ *adj (unver)* of/from Madrid.

Madriderin *(pl* **-nen**) *die* native/inhabitant of Madrid.

mag *präs* ▷ **mögen.**

Magazin *(pl* **-e**) *das* **- 1.** [Illustrierte, Behälter für Patronen] magazine **- 2.** [Lager] storeroom **- 3.** [Fernsehsendung] magazine (programme).

Magd *(pl* **Mägde**) *die* **- 1.** [Dienstmagd] maid **- 2.** [Landarbeiterin] farmhand.

Magdeburg *nt* Magdeburg.

Magen *(pl* **Mägen** *ODER* **-**) *der* stomach; **jm auf den ~ schlagen** ***fam*** to upset sb; **sich** *(D)* **den ~ verderben** to get an upset stomach; **mir knurrt der ~** ***fam*** my stomach is rumbling.

Magen|beschwerden *pl* stomach trouble *(U)*.

Magen|geschwür *das* stomach ulcer.

Magen|schmerzen *pl* stomachache *(U)*.

mager *adj* **- 1.** [Person, Tier, Gesicht] thin **- 2.** [Fleisch] lean; [Quark] low-fat **- 3.** [Ergebnis, Ernte] meagre <> *adv* [fettarm]: **~ essen** to eat a low-fat diet.

Magermilch *die* skimmed milk.

magersüchtig *adj* anorexic.

Maggi® *das type of brown liquid seasoning.*

Magie [ma'giː] *die* magic; **schwarze ~** black magic.

Magier, in ['maːgiɐ, rɪn] *(mpl* **-;** *fpl* **-nen)** *der, die* magician.

magisch *adj* magical; [Kräfte] magic <> *adv* magically.

Magister *(pl* **-)** *der* **- 1.** [Person]: **~ sein** ≃ to have a Master's degree **- 2.** [Titel] ≃ Master's degree.

Magister Artium *der* ≃ Master of Arts.

Magistrat *(pl* **-e)** *der* town/city council.

Magma *(pl* **Magmen)** *das* magma.

Magnesium *das* magnesium.

Magnet *(pl* **-e** *ODER* **-en)** *der* magnet.

Magnetband *(pl* **-bänder)** *das* EDV magnetic tape.

magnetisch *adj* magnetic <> *adv* magnetically.

Magnolie [ma'gnoːliə] *(pl* **-n)** *die* magnolia.

Mahagoni *das* mahogany.

Mähdrescher *(pl* **-)** *der* combine harvester.

mähen *vt* [Rasen] to mow; [Getreide] to reap <> *vi* **- 1.** [mit Mäher] to mow; [mit Sense] to reap **- 2.** [blöken] to bleat.

Mahl *(pl* **-e)** *das* ***geh*** meal.

mahlen *vt* & *vi* to grind.

Mahl|zeit *die* meal <> *interj* hello! *(said around lunchtime to work colleagues)*.

Mahn|bescheid *der* writ for payment *(of a debt)*.

Mähne *(pl* **-n)** *die* mane.

mahnen *vt* **- 1.** [ermahnen] to urge; **jn ~, etw zu tun** to urge sb to do sthg **- 2.** [erinnern]: **jn an etw** *(A)* **~** to remind sb of sthg <> *vi* [ermahnen]: **das Ozonloch mahnt zur Vorsicht beim Sonnen** because of the hole in the ozone layer it is advisable to take care whilst sunbathing.

Mahn|gebühr *die charge for sending out a reminder.*

Mahn|mal *das* memorial.

Mahnung *(pl* **-en)** *die* **- 1.** [Ermahnung] exhortation **- 2.** [Schreiben] reminder.

Mähren *nt* Moravia.

Mai *der* May; **der Erste ~** May Day; *siehe auch* **September.**

Mai|baum *der* maypole.

Mai|glöckchen *(pl* **-)** *das* lily of the valley.

Mai|käfer *der* cockchafer.

Mailand *nt* Milan.

Mailbox ['meilbɔks] *(pl* **-en)** *die* EDV mailbox.

Main *der:* **der ~** the (River) Main.

Mainz *nt* Mainz.

Mais *der* [als Konserve] sweetcorn; [Pflanze] maize.

Mais|kolben *der* corn on the cob.

Majestät *(pl* **-en)** *die* Majesty.

majestätisch *adj* majestic <> *adv* majestically.

Majonäse, Mayonnaise [majɔ'nɛːzə] *(pl* **-n)** *die* mayonnaise.

Major *(pl* **-e)** *der* major.

Majoran *der* marjoram.

Majorin *(pl* **-nen)** *die* **- 1.** [Ehefrau] major's wife **- 2.** [bei der Heilsarmee] major.

makaber *adj* macabre.

Makel *(pl* **-)** ***geh*** *der* **- 1.** [Schandfleck] taint **- 2.** [Fehler] flaw.

makellos *adj* **- 1.** [tadellos] impeccable; [Figur] perfect **- 2.** [fehlerlos] flawless <> *adv* **- 1.** [tadellos] impeccably **- 2.** [sauber] spotlessly.

mäkeln *vi* ***abw*** to carp; **an jm/etw ~** to find fault with sb/sthg.

Make-up [meːk'ap] *(pl* **-s)** *das* **- 1.** [Schminken] make-up **- 2.** [Creme] foundation.

Makkaroni *pl* macaroni *(U)*.

Makler, in *(mpl* **-;** *fpl* **-nen)** *der, die* [für Immobilien] estate agent ***Br***, realtor ***Am;*** [an Börse] broker.

Makrele *(pl* **-n)** *die* mackerel.

Makrone *(pl* **-n)** *die* macaroon.

mal *adv* ***fam*** **- 1.** [irgendwann - in Zukunft] sometime, someday; [- in Vergangenheit] once; **hier stand ~ ein Gebäude** there was a building here once; **aus ihr wird ~ was werden** she'll be someone some *ODER* one day **- 2.** [zum Ausdruck der Verbindlichkeit]: **ich komme um neun Uhr ~ vorbei** I'll drop by at nine o'clock; **wir müssen das am Sonntag ~ besprechen** we ought to discuss this on Sunday **- 3.** [als Aufforderung]: **hör mir ~ gut zu!** now listen to me carefully!; **gib mir ~ bitte den Schlüssel!** would you give me the key?; **beruhige dich ~!** calm down, will you!; **sag ~!** tell me!; **hör ~!** listen! **- 4.** [zur Verstärkung eines Adverbs]: **nimm schon ~ Platz, ich komme gleich** just take a seat, I'll be here in a minute; **vielleicht ~** maybe; **höchstens ~** at the very most **- 5.** [einmal]: **er redet ~ so, ~ so** he says one thing one minute and another thing the next <> *konj* [zur Multiplikation] times.

Mal (*pl* **-e** *ODER* **Mäler**) *das* **- 1.** (*pl Male*) [Zeitpunkt] time; **letztes/nächstes ~** last/next time; **jedes ~** every time; **ein für alle ~** *fam* once and for all; **mit einem ~(e)** all of a sudden; **von ~ zu ~** [immer mehr] more and more; [jedes Mal] every time; **beim ersten ~** the first time; **beim letzten ~** last time; **zum ersten/letzten ~** for the first/last time **- 2.** (*pl Male, Mäler*) [Fleck] mark; [Muttermal] birthmark; [Pigmentmal] mole.

Malaria *die* malaria.

Malaysia [ma'laisja] *nt* Malaysia.

Mal|buch *das* colouring book.

Malediven *pl:* **die ~** the Maldives.

malen *vt* & *vi* to paint.

Maler (*pl* **-**) *der* **- 1.** [Künstler] painter, artist **- 2.** [Handwerker] painter.

Malerei (*pl* **-en**) *die* painting.

Malerin (*pl* **-nen**) *die* **- 1.** [Künstlerin] painter, artist **- 2.** [Handwerkerin] painter.

malerisch *adj* [idyllisch] picturesque <> *adv* [schön] picturesquely.

Mali *nt* Mali.

Mal|kasten *der* paintbox.

Mallorca [ma'jɔrka] *nt* Majorca.

mal|nehmen *vt* (*unreg*): **etw mit etw ~** to multiply sthg by sthg.

malochen *vi* ***salopp*** to slog away.

Malta *nt* Malta.

Malteser Hilfsdienst *der* ≃ St John's Ambulance ***Br,*** *voluntary paramedic service.*

Malve ['malvə] (*pl* **-n**) *die* mallow.

Malz *das* malt.

Malz|bier *das* malt beer.

Malz|bonbon *der ODER das malted cough sweet.*

Mama (*pl* **-s**) *die* ***fam*** mummy ***Br,*** mommy ***Am.***

Mami (*pl* **-s**) *die* ***fam*** mummy ***Br,*** mommy ***Am.***

Mammut (*pl* **-s** *ODER* **-e**) *das* mammoth.

mampfen *vt* & *vi* ***fam*** to munch.

man *pron* **- 1.** [jemand]: **~ sagte mir ...** I was told ...; **~ hat ihm eine Stelle angeboten** he was offered a job **- 2.** [generalisierend] you; **wie sagt ~ das auf Deutsch?** how do you say that in German?; **das sagt ~ nicht** you don't say that; **~ sagt, dass ...** people say that ...; **~ kann deine Handschrift unmöglich lesen** your handwriting is impossible to read; **dieses Jahr trägt ~ Miniröcke** miniskirts are in this year.

Management ['mɛnədʒmənt] (*pl* **-s**) *das* management.

managen ['mɛnɛdʒn̩] *vt* **- 1.** [betreuen] to manage; **wer managt Sie?** who is your manager? **- 2.** ***fam*** [organisieren] to organize.

Manager, in ['mɛnɛdʒɐ, rɪn] (*mpl* **-**; *fpl* **-nen**) *der, die* manager.

manche, r, s *pron* **- 1.** [bei Dingen - einige] some; [- viele] many (things) **- 2.** [bei Personen - einige] some people; [- viele] many (people); **manch einer** many a person <> *det* **- 1.** [einige] some **- 2.** [viele] many.

◆ **so manche, r, s** *pron* & *det* quite a few.

mancherlei *adj* (*unver*) various <> *pron* various things.

manchmal *adv* sometimes.

Mandant, in (*mpl* **-en**; *fpl* **-nen**) *der, die* client *(of lawyer).*

Mandarine (*pl* **-n**) *die* mandarin.

Mandat (*pl* **-e**) *das* **- 1.** [gen] mandate; [von Anwalt] brief **- 2.** [POL - Amt] seat.

Mandel (*pl* **-n**) *die* almond.

◆ **Mandeln** *pl* [im Hals] tonsils.

Mandelent|zündung *die* tonsillitis *(U).*

Mandoline (*pl* **-n**) *die* mandolin.

Manege [ma'ne:ʒə] (*pl* **-n**) *die* (circus) ring.

Mangan *das* CHEM manganese.

Mangel (*pl* **Mängel** *ODER* **-n**) *der* (*pl Mängel*) **- 1.** [an Verantwortungsbewusstsein, Geistesgegenwart] lack; [an Lebensmitteln, Medikamenten] shortage; **aus ~ an etw** *(D)* for lack of sthg; **es herrscht ~ an etw** *(D)* there is a shortage of sthg **- 2.** [Fehler] fault; **Mängel beheben** *ODER* **beseitigen** to rectify faults **- 3.** [Not] hardship <> *die (pl Mangeln)* mangle.

Mängel|bericht *der* list of defects.

Mangel|erscheinung *die* deficiency symptom.

mangelhaft *adj* [unzureichend Schulnote] poor <> *adv* poorly.

mangeln *vi:* **es mangelt jm an etw** *(D)* sb lacks sthg; **es mangelt an etw** *(D)* [nicht genug sein] there is a shortage of sthg; [fehlen] there is a lack of sthg <> *vt* to mangle.

mangelnd *adj* inadequate.

mangels *präp:* **~ einer Sache** *(G)* for lack of sthg.

Mangelware *die:* **~ sein** to be a scarce commodity; ***fam fig*** to be thin on the ground.

Mango (*pl* **-s**) *die* mango.

Manie (*pl* **-n**) *die* **- 1.** [Tick] obsession **- 2.** MED mania.

Manier (*pl* **-en**) *die* manner.

◆ **Manieren** *pl* manners.

manierlich *adj* correct <> *adv* correctly.

Manifest (*pl* **-e**) *das* manifesto.

Maniküre (*pl* **-n**) *die* **- 1.** [Pflege] manicure **- 2.** [Person] manicurist.

Manila *nt* Manila.

Manipulation (*pl* **-en**) *die* **- 1.** [Verfälschung] rigging *(U)* **- 2.** [Beeinflussung] manipulation *(U)* **- 3.** [Vorgehen] manoeuvre.

manipulieren *vt* **- 1.** [beeinflussen] to manipulate **- 2.** [verfälschen] to rig.

manisch *adj* manic ◇ *adv* [krankhaft] manically.

manisch-depressiv *adj* MED manic-depressive.

Manko (*pl* **-s**) *das* **- 1.** [Fehler] drawback **- 2.** [Geldsumme] deficit.

Mann (*pl* **Männer** ODER **Leute** ODER **-en**) *der* **- 1.** [gen] man; **von ~ zu ~** man to man **- 2.** [Ehemann] husband **- 3.** *RW:* **ein gemachter ~ sein** *fam* to be a made man; **etw an den ~ bringen** *fam* [durchsetzen] to push sthg; *fam* [verkaufen] to find a taker/takers for sthg; **~s genug sein** *fam* to be man enough; **seinen ~ stehen** to hold one's own ◇ *interj* **fam: ~!, oh ~!** (my) God!; **reiß dich zusammen, ~!** pull yourself together, for God's sake.

◆ **alle Mann** *pron* **fam** everyone; **alle ~ an Deck!** all hands on deck!

◆ **kleine Mann** *der* **fam: der kleine ~** the ordinary man.

Männchen (*pl* **-**) *das* **- 1.** [Tier] male; **~ machen** to sit up and beg **- 2.** *fam* [kleiner Mann] little man.

Mannequin ['manəkɛ̃] (*pl* **-s**) *das* model.

Männer|chor *der* male-voice choir.

Männersache *die:* **das ist ~** that's a man's business.

mannigfaltig *adj* **geh** diverse.

männlich *adj* **- 1.** [Lebewesen] male **- 2.** [viril] manly **- 3.** [zum Mann gehörig] man's **- 4.** GRAM [Substantiv] masculine ◇ *adv* [viril] in a manly way.

Männlichkeit *die* **- 1.** [Wesensart] masculinity **- 2.** [Potenz] virility.

Manns|bild *das* **Süddt** & **Österr fam** man.

Mannschaft (*pl* **-en**) *die* **- 1.** [im Sport, Team] team; **vor versammelter ~** *fam* in front of everybody **- 2.** [Besatzung] crew **- 3.** [Soldaten] men *(pl)*.

Mannschafts|geist *der* team spirit.

Mannschafts|kapitän *der* team captain.

Mannschafts|sport *der* team sport.

mannshoch *adj* & *adv* as high as a man.

Mano|meter *das* PHYS & TECH pressure gauge ◇ *interj* **fam** (boy) oh boy!

Manöver [ma'nøːvɐ] (*pl* **-**) *das* manoeuvre.

Manöverkritik *die (ohne pl)* **eigtl** & MIL exercise evaluation; **fig** postmortem.

manövrieren [manøː'vriːrən] *vt* & *vi* **eigtl** & **fig** to manoeuvre.

◆ **sich manövrieren** *ref* [sich bringen] to manoeuvre o.s.

manövrierunfähig [manøːv'riːɐ̯unfɛːɪç] *adj* unmanoeuvrable.

Mansarde (*pl* **-n**) *die* [Zimmer] attic room; [Wohnung] attic flat **Br** ODER apartment **Am.**

Manschette (*pl* **-n**) *die* **- 1.** [von Ärmeln] cuff **- 2.** [Dichtung] seal.

Manschetten|knopf *der* cufflink.

Mantel (*pl* **Mäntel**) *der* **- 1.** [Kleidungsstück] coat **- 2.** **fig** [Deckmantel] cloak **- 3.** TECH casing; [von Kabel] sheath.

Mantel|tarif *der* framework agreement *(on working conditions).*

manuell *adj* manual ◇ *adv* manually.

Manuskript (*pl* **-e**) *das* **- 1.** [Entwurf] notes *(pl)* **- 2.** [Handschrift, Satzvorlage] manuscript.

Mappe (*pl* **-n**) *die* **- 1.** [Hülle] folder **- 2.** [Tasche] briefcase.

Maracuja (*pl* **-s**) *die* passion fruit.

Marathon (*pl* **-s**) *der* ODER *das* marathon.

Marathon|läufer, in *der, die* marathon runner.

Märchen (*pl* **-**) *das* **- 1.** [Erzählung] fairy tale **- 2.** [Lüge] tall story.

Märchen|buch *das* book of fairy tales.

märchenhaft *adj* **- 1.** [sagenhaft] fairy-tale **- 2.** [wunderschön] wonderful **- 3.** [unglaublich] fantastic ◇ *adv* **- 1.** [wunderbar] wonderfully **- 2.** [unglaublich] fantastically.

Marder (*pl* **-**) *der* marten.

Margarine *die* margarine.

Marge ['marʒə] (*pl* **-n**) *die* WIRTSCH margin.

Margerite (*pl* **-n**) *die* daisy.

Mariä Empfängnis *(ohne Artikel)* Immaculate Conception.

Mariä Himmelfahrt *(ohne Artikel)* Assumption.

Mariä Lichtmess *(ohne Artikel)* Candlemas.

Marien|käfer *der* ladybird **Br,** ladybug **Am.**

Marihuana *das* marijuana.

Marille (*pl* **-n**) *die* **Österr** apricot.

Marinade (*pl* **-n**) *die* **- 1.** [zum Einlegen] marinade **- 2.** [Salatsoße] dressing **- 3.** [Tunke] sauce.

Marine *die (ohne pl)* MIL navy.

marineblau *adj* navy blue.

marinieren *vt* to marinate.

Marionette (*pl* **-n**) *die* **- 1.** [Puppe] marionette, puppet **- 2.** **fig** [Person] puppet.

Marionetten|theater *das* puppet theatre.

Mark (*pl* **-**) *die* mark; **eine ~ fünfzig** one mark fifty; **keine müde ~** *fig* not a single penny

<> *das (ohne pl)* - **1.** [im Knochen] marrow; **es geht mir durch ~ und Bein** *fig* it goes right through me - **2.** [Konzentrat] purée.
◆ **bis ins Mark** *adv* to the core.

markant *adj* striking; [Kinn, Nase] prominent.

Marke (*pl* **-n**) *die* - **1.** [Lebensmittel, Verbrauchsgüter] brand; [Auto, Gebrauchsgegenstände] make - **2.** [Briefmarke] stamp - **3.** [Erkennungszeichen - von Hund] identity disc; [- von Polizist] badge - **4.** [Wertzeichen - für Lebensmittel] coupon; [- für Garderobe] ticket *Br*, check *Am* - **5.** *fam* [Person] character.

Marken|artikel *der* branded item.

Marken|zeichen *das* trademark.

markerschütternd *adj* bloodcurdling <> *adv* bloodcurdlingly.

Marketing *das* marketing.

markieren *vt* - **1.** [kennzeichnen] to mark - **2.** [hervorheben] to highlight - **3.** *fam* [vortäuschen] to play <> *vi fam* [vortäuschen] to fake.

Markierung (*pl* **-en**) *die* marking.

markig *adj* forceful.

Markise (*pl* **-n**) *die* awning.

Mark|knochen *der* marrowbone.

Mark|stein *der* - **1.** [Grenzstein] boundary stone - **2.** [Ereignis] milestone.

Mark|stück *das* one-mark piece.

Markt (*pl* **Märkte**) *der* - **1.** [gen] market; **auf den** ODER **zum ~ gehen** to go to the market; **auf den ~ bringen** to put on the market - **2.** [Platz] marketplace.

marktbeherrschend *adj* market-dominating.

Markt|forschung *die* market research.

Markt|frau *die* market woman.

Markt|halle *die* covered market.

Markt|lücke *die* gap in the market.

Markt|platz *der* marketplace.

Markt|preis *der* market price.

Markt|wert *der* market value.

Markt|wirtschaft *die* market economy; **freie ~** free market economy; **soziale ~** social market economy.

marktwirtschaftlich *adj* free market <> *adv*: **~ orientiert** free market-based.

Marmelade (*pl* **-n**) *die* jam.

Marmor *der* marble.

Marmor|kuchen *der* marble cake.

Marokkaner, in (*mpl* **-**; *fpl* **-nen**) *der, die* Moroccan.

marokkanisch *adj* Moroccan.

Marokko *nt* Morocco.

Marone (*pl* **-n**) *die* (sweet) chestnut.

Marotte (*pl* **-n**) *die* fad.

Mars *der* Mars.

marsch *interj*: **~, an die Arbeit/ins Bett!** off to work/to bed!; **vorwärts ~!** forward march!; **~, ~!** *fam* quick march!

Marsch (*pl* **Märsche**) *der* - **1.** [Gehen] walk; **sich in ~ setzen** to set off - **2.** [beim Militär, Musikstück] march.

Marschall (*pl* **-schälle**) *der* marshal.

marschieren (*perf* **ist marschiert**) *vi* - **1.** [Soldaten] to march - **2.** [gehen] to walk.

Marschmusik *die* marching music.

Marseille [mar'sɛːj] *nt* Marseilles.

Marshall-Plan *der* Marshall Plan.

Marter (*pl* **-n**) *die geh* torment.

martialisch *geh adj* warlike <> *adv* in a warlike manner.

Martins|tag *der* Martinmas.

Märtyrer, in (*mpl* **-**; *fpl* **-nen**) *der, die* martyr.

Marxismus *der* Marxism.

marxistisch *adj* Marxist <> *adv* in a Marxist way.

März *der* March; *siehe auch* **September.**

Marzipan, Marzipan (*pl* **-e**) *das* marzipan (*U*).

Masche (*pl* **-n**) *die* - **1.** [beim Stricken, Häkeln] stitch - **2.** [Art und Weise] trick; **die neueste ~** *fam* [Marotte] the latest fad; *fam* [Mode] the latest thing.

Maschendraht *der* wire netting.

Maschine (*pl* **-n**) *die* - **1.** [Gerät, Motorrad] machine - **2.** *fam* [Motor] engine - **3.** [Flugzeug] plane - **4.** [Schreibmaschine]: **~ schreiben** to type.

maschinell *adj* [Herstellung, Bearbeitung] machine (*vor Subst*); [Vorgang] mechanical <> *adv* by machine.

Maschinenbau *der* mechanical engineering.

Maschinen|gewehr *das* machine gun.

Maschinen|pistole *die* submachine gun.

Maschinen|schaden *der* engine trouble (*U*).

Maschinerie (*pl* **-n**) *die* machinery.

maschineschreiben, maschinenschreiben *vi (unreg)* ▷ **Maschine.**

Maschinist, in (*mpl* **-en**; *fpl* **-nen**) *der, die* machine operator.

Masern *pl* measles (*U*).

Maserung (*pl* **-en**) *die* [in Holz, Leder] grain; [in Stein] vein.

Maske (*pl* **-n**) *die* - **1.** [zum Verkleiden & EDV] mask - **2.** [beim Theater] make-up.

Masken|ball *der* masked ball.

Maskenbildner, in (*mpl* **-**; *fpl* **-nen**) *der, die* make-up artist.

maskieren *vt* **eigtl** & **fig** to mask.
◆ **sich maskieren** *ref* **- 1.** [sich verdecken] to disguise o.s. **- 2.** [sich verkleiden] to dress up.

Maskierung (*pl* **-en**) *die* **- 1.** [Verkleidung] fancy-dress costume **- 2.** [Tarnung] disguise.

Maskottchen (*pl* **-**) *das* mascot.

maskulin, maskulin *adj* masculine.

Maskulinum (*pl* **Maskulina**) *das* GRAM masculine noun.

Masochismus *der* masochism.

Masochist, in (*mpl* **-en**; *fpl* **-nen**) *der, die* masochist.

maß *prät* ▻ **messen.**

Maß (*pl* **-e** *ODER* **-**) *das* (*pl Maße*) **- 1.** [Maßeinheit] measure **- 2.** [Messgerät] (tape) measure; **mit zweierlei ~ messen** *eigtl* to judge by different standards **- 3.** [Körpermaß]: **~ nehmen** to take measurements **- 4.** [Umfang, Verhältnis] degree; **in demselben/höherem ~ als** to the same/a greater degree as/than; **~ halten** to be moderate; **ein hohes ~ an etw** *(D)* a high degree of sthg ◇ *die (pl Maß)* **Süddt** & **Österr** [Krug] litre (of beer).
◆ **in Maßen** *adv* in moderation.
◆ **nach Maß** *adv* [Anzug] made-to-measure; [Urlaub] tailor-made.
◆ **über alle Maßen** *adv* beyond measure.
◆ **Maße** *pl* **- 1.** [von Räumen] dimensions **- 2.** [von Personen] measurements.

Massage [ma'sa:ʒəl] (*pl* **-n**) *die* massage.

Massaker (*pl* **-**) *das* massacre.

Maß|angabe *die* measurement.

Maßarbeit *die*: **~ sein** to be made-to-measure; **das war ~!** *fig* that was neatly done!

Masse (*pl* **-n**) *die* mass; **die breite ~** *abw* the masses *(pl)*.
◆ **in Massen** *adv* [einkaufen] in bulk; **die Leute kamen in ~n** masses of people came.

Maß|einheit *die* unit of measurement.

Massenab|fertigung *die* **abw** mass processing.

Massen|arbeitslosigkeit *die* mass unemployment.

Massen|grab *das* mass grave.

massenhaft *adj* in great numbers; **die ~e Hinrichtungen** the great number of executions ◇ *adv* in great numbers.

Massen|kundgebung *die* mass rally.

Massen|medien *pl* mass media.

Massen|mord *der* mass murder.

Massen|produktion *die* mass production.

Massen|tourismus *der* mass tourism.

massenweise *adv* in great numbers ◇ *adj* [Herstellung, Vernichtung] mass; [Sterben, Auftreten] in great numbers.

Masseur, in [ma'sø:ɐ̯, rın] (*mpl* **-e**; *fpl* **-nen**) *der, die* masseur (*f* masseuse).

maßgebend, maßgeblich *adj* [Person] influential; [Meinung] authoritative; [Urteil, Argument] decisive ◇ *adv*: **an etw** *(D)* **~ beteiligt sein** to play a decisive role in sthg.

maßgerecht *adj* of the right size ◇ *adv* to size.

maßgeschneidert *adj* made-to-measure.

maßhalten *vi (unreg)* = **Maß.**

massieren *vt* to massage.

massig *adj* massive ◇ *adv* **fam**: **~ zu essen** loads to eat; **~ Arbeit** loads of work.

mäßig *adj* **- 1.** [gen] moderate **- 2.** [mittelmäßig - Leistung, Wetter, Schüler] average ◇ *adv* **- 1.** [maßvoll] in moderation **- 2.** [wenig] moderately.

mäßigen *vt* [Wut] to curb; [Worte] to moderate.
◆ **sich mäßigen** *ref* [Person] to restrain o.s.; [Unwetter] to die down.

Mäßigung *die* restraint.

massiv *adj* **- 1.** [Holz, Metall] solid **- 2.** [wuchtig] massive **- 3.** [heftig] strong ◇ *adv* **- 1.** [wuchtig] massively **- 2.** [heftig] strongly.

Massiv (*pl* **-e**) *das* massif.

Maß|krug *der* **Süddt** & **Österr** litre beer mug.

maßlos *adj* extreme ◇ *adv* extremely.

Maßlosigkeit *die* extremeness.

Maßnahme (*pl* **-n**) *die* measure; **~n einleiten** to introduce measures; **~n ergreifen** *ODER* **treffen** to take measures.

maßregeln *vt* to reprimand.

Maß|stab *der* **- 1.** [auf Landkarten] scale **- 2.** [Richtlinie] standard.
◆ **im Maßstab** *adv*: **im ~ 1:25000** to a scale of 1:25,000.

maßstabgetreu, maßstabsgetreu *adj* & *adv* to scale.

Mast (*pl* **-en** *ODER* **-e**) *der* (*pl Maste, Masten*) **- 1.** [auf Schiffen, für Antenne] mast **- 2.** [Stange - für Fahne, Leitungen] pole; [- für Hochspannungsleitungen] pylon ◇ *die (pl Masten)* [Mästen] fattening *(U)*.

mästen *vt* to fatten.
◆ **sich mästen** *ref* **fam** to stuff o.s.

masturbieren *vi* & *vt* to masturbate.

Masuren *nt* Masuria.

Match [mɛtʃ] (*pl* **-e** *ODER* **-(e)s**) *das* match.

Material [mate'ria:l] (*pl* **-ien**) *das* **- 1.** [Werkstoff, Unterlagen] material **- 2.** [Gerät] equipment.

Material|fehler *der* defect in the material.

Materialismus *der* materialism.

materialistisch *adj* materialistic ◇ *adv* materialistically.

Materialkosten *pl* cost of materials *(U)*.

Materie [ma'te:riə] *(pl* **-n***) die* **- 1.** matter **- 2.** ***geh*** [Themenbereich] subject matter.

materiell *adj* **- 1.** [wirtschaftlich] financial **- 2.** [materialistisch] materialistic **- 3.** [stofflich] material ◇ *adv* **- 1.** [materialistisch] materialistically **- 2.** [wirtschaftlich] financially.

Mathe *die* ***fam*** maths *(U)* ***Br,*** math *(U)* ***Am.***

Mathematik, Mathematik *die* mathematics *(U)*.

Mathematiker, in *(mpl* **-;** *fpl* **-nen***) der, die* mathematician.

mathematisch *adj* mathematical ◇ *adv* mathematically.

Matjes *(pl* **-***) der* salted herring.

Matjes|hering *der* salted herring.

Matratze *(pl* **-n***) die* mattress.

Matriarchat *(pl* **-e***) das* matriarchy.

Matrix *(pl* **Matrizen***) die* MATH matrix.

Matrix|drucker *der* EDV dot-matrix printer.

Matrize *(pl* **-n***) die* stencil.

Matrone *(pl* **-n***) die* matron.

Matrose *(pl* **-n***) der* sailor.

Matsch *der* **- 1.** [Schlamm] mud; [von Schnee] slush **- 2.** ***fam*** [Brei] mush.

matschen *vi* ***fam*** [in Pfütze] to splash around; [in Schlamm] to squelch around; **mit etw ~** [beim Essen] to make a mush of sthg.

matschig *adj* **- 1.** [schlammig] muddy; [Schnee] slushy **- 2.** [breiig] mushy.

matt *adj* **- 1.** [kraftlos] weak; [Händedruck, Reaktion] feeble **- 2.** [nicht glänzend] matt **- 3.** [trübe - Licht] dim; [- Augen, Farbe, Glanz] dull; [- Glühbirne] pearl; [- Glas] frosted **- 4.** [im Schach]: **~ sein** to be checkmated ◇ *adv* **- 1.** [im Schach]: **jn ~ setzen** to checkmate sb **- 2.** [trübe] dimly **- 3.** [kraftlos] weakly; [reagieren] feebly.

Matte *(pl* **-n***) die* mat.

Matterhorn *das:* **das ~** the Matterhorn.

Matt|scheibe *die* ***fam*** [Bildschirm] telly ***Br,*** tube ***Am.***

Mätzchen *pl* ***fam*** **- 1.** [Unfug] nonsense *(U)* **- 2.** [Trick] tricks.

Mauer *(pl* **-n***) die* wall.

Mauerblümchen *(pl* **-***) das* wallflower.

mauern *vi* **- 1.** [bauen] to build **- 2.** SPORT to play defensively ◇ *vt* [bauen] to build.

Mauer|segler *der* swift.

Mauerwerk *das* masonry.

Maul *(pl* **Mäuler***) das* **- 1.** [bei Tieren] mouth **- 2.** ***salopp*** [Mundwerk] trap; **halts ~!** shut your trap!; **böses ~** malicious tongue.

maulen *vi* ***fam abw*** to moan.

Maul|held *der* ***fam abw*** braggart.

Maul|korb *der* muzzle.

Maul|tasche *die* [Nudel] *filled pasta shape served in soup.*

Maul|trommel *die* Jew's-harp.

Maul|wurf *der* mole.

Maulwurfs|hügel *der* molehill.

Maurer, in *(mpl* **-;** *fpl* **-nen***) der, die* bricklayer.

Maurer|kelle *die* trowel.

Mauretanien *nt* Mauritania.

Mauritius *nt* Mauritius.

Maus *(pl* **Mäuse***) die* **- 1.** EDV [Tier] mouse **- 2.** ***fam*** [Mädchen] cutie **- 3.** ***RW:*** **eine graue ~** ***fam abw*** a nondescript kind of woman.

mauscheln *vi* ***fam*** **- 1.** ***abw*** [kungeln] to wheel and deal **- 2.** [betrügen] to cheat **- 3.** [nuscheln] to mumble.

Mause|falle *die* mousetrap.

mausen *vt* ***fam*** to pinch.

Mauser *die (ohne pl)*: **in der ~ sein** to be moulting.

mausern ◆ **sich mausern** *ref* **- 1.** [Vögel] to moult **- 2.** [Person] to blossom.

mausetot *adj* ***fam*** as dead as a doornail.

Mausklick *(pl* **-s***) der* EDV mouse click; **per ~ die Adresse einfügen** to add the address by clicking the mouse.

Mauspad *(pl* **-s***) das* mouse mat.

Maut|gebühr *die* ***Österr*** toll.

Maut|stelle *die* ***Österr*** tollgate.

m. a. W. *(abk für* **mit anderen Worten***) in other words.*

max. *(abk für* **maximal***)* max.

maximal *adj* maximum ◇ *adv:* **das ~ zulässige Gewicht** the maximum permitted weight; **~ 30 Personen** a maximum of 30 people.

Maximal|wert *der* maximum value.

maximieren *vt* to maximize.

Maximum *(pl* **Maxima***) das* maximum.

Mayonnaise *die* = **Majonäse.**

Mazedonien [maze'do:niən] *nt* Macedonia.

Mäzen, in *(mpl* **-e;** *fpl* **-nen***) der, die* patron.

MB *(abk für* **Megabyte***)* MB, Mb.

Mbyte ['ɛmbait] *(pl* **-s***) (abk für* **Megabyte***) das* EDV Mbyte.

MdB *(abk für* **Mitglied des Bundestags***)* Member of the "Bundestag".

MdEP (*abk für* **Mitglied des Europäischen Parlaments**) MEP.

MdL (*abk für* **Mitglied des Landtags**) Member of the "Landtag".

MDR [ɛm'deː'ɛr] (*abk für* **Mitteldeutscher Rundfunk**) *der public regional broadcasting corporation serving Saxony, Saxony-Anhalt and Thuringia.*

m. E. (*abk für* **meines Erachtens**) *in my opinion.*

Mechanik (*pl* **-en**) *die* **- 1.** [Fach] mechanics *(U)* **- 2.** [Mechanismus] mechanism.

Mechaniker, in (*mpl* **-**; *fpl* **-nen**) *der, die* mechanic.

mechanisch *adj* mechanical ◇ *adv* mechanically.

Mechanismus (*pl* **Mechanismen**) *der* mechanism.

meckern *vi* **- 1.** [Ziege] to bleat **- 2.** ***fam*** [nörgeln]: **über jn/etw ~** to moan about sb/sthg.

Mecklenburg *nt* Mecklenburg.

Mecklenburger (*pl* **-**) *der* native/inhabitant of Mecklenburg ◇ *adj (unver)* of/from Mecklenburg.

Mecklenburgerin (*pl* **-nen**) *die* native/inhabitant of Mecklenburg.

Mecklenburger Seenplatte *die lake district in Mecklenburg-West Pomerania.*

mecklenburgisch *adj* of/from Mecklenburg.

Mecklenburg-Vorpommern *nt* Mecklenburg-West Pomerania.

Meckpomm *nt* ***fam*** *Mecklenburg-West Pomerania.*

Medaille [me'daljə] (*pl* **-n**) *die* medal.

Medaillenspiegel *der* SPORT medals table.

Medaillon [medalj'ɔŋ] (*pl* **-s**) *das* **- 1.** [Schmuck] locket **- 2.** [Fleisch, Fisch] medallion.

Medien *pl* media.

Medienverbund *der* multimedia system.

Medikament (*pl* **-e**) *das* medicine; **ein ~ gegen etw** a medicine for sthg.

Meditation (*pl* **-en**) *die* meditation.

meditieren *vi* **- 1.** [versunken sein] to meditate **- 2.** [nachdenken]: **über etw** *(A)* **~** to meditate on sthg.

Medium ['meːdi̯ʊm] (*pl* **Medien**) *das* medium.

Medizin (*pl* **-en**) *die* medicine.

Medizinball *der* medicine ball.

Mediziner, in (*mpl* **-**; *fpl* **-nen**) *der, die* [Arzt] doctor; [Student] medical student.

medizinisch *adj* **- 1.** [heilkundlich, ärztlich] medical **- 2.** [heilend] medicinal ◇ *adv* medically.

Meer (*pl* **-e**) *das* ***eigtl*** & ***fig*** sea; **ans ~ fahren** to go to the seaside; **am ~** by the sea.

Meerenge *die* strait.

Meeresfrüchte *pl* seafood *(U)*.

Meeresgrund *der* seabed; **auf dem ~** on the seabed.

Meeresspiegel *der* sea level; **50 Meter über/unter dem ~** 50 metres above/below sea level.

Meerkatze *die* guenon monkey.

Meerrettich *der* horseradish.

Meerschweinchen (*pl* **-**) *das* guinea pig.

Meerwasser *das* seawater.

Meeting ['miːtɪŋ] (*pl* **-s**) *das* meeting.

Megabyte ['megabait] (*pl* **-s**) *das* EDV megabyte.

Megafon [mega'foːn], **Megaphon** (*pl* **-e**) *das* megaphone.

Megahertz *das* megahertz.

Mehl *das* **- 1.** [zum Backen] flour **- 2.** [Pulver - von Holz] sawdust; [- von Knochen] meal; [- von Gestein] powder.

mehlig *adj* **- 1.** [voller Mehl, wie Mehl] floury **- 2.** [fahl] pasty.

Mehlschwitze (*pl* **-n**) *die* roux.

Mehlspeise *die dish made from flour, eggs and milk, such as pasta, dumplings or pastries.*

mehr *pron* [komparativ von viel] more ◇ *adv* **- 1.** [komparativ von viel] more; **50 Mark, ~ nicht?** 50 marks, no more than that?; **er ist ~ Gelehrter als Künstler** he is more of a scholar than an artist **- 2.** [übrig] more; **~ denn je** more than ever; **es ist keiner ~ da** there is no one left; **nichts ~** nothing more; **vom Käse ist nichts ~ da** there is nothing left of the cheese **- 3.** [zeitlich]: **nicht ~** not any longer; **du bist doch kein Kind ~!** you are not a child any more; **das Konzept gibt es nicht ~** the concept doesn't exist any more **- 4.** ***RW:*** **immer ~, ~ und ~** more and more; **~ oder weniger** more or less.

Mehrarbeit *die* overtime.

Mehraufwand *der* extra expenditure.

Mehrausgaben *pl* extra expenses.

mehrdeutig *adj* ambiguous.

Mehreinnahme *die* extra income.

mehren *vt* to increase.
◆ **sich mehren** *ref* to increase.

mehrere *det* & *pron* several.
◆ **mehreres** *pron* several things.
◆ **zu mehreren** *adv:* **sie kommen ~** several (of them) are coming.

mehrfach *adj* multiple; [Olympiasieger] several times over; **ein Bericht in ~er Ausfertigung** several copies of a report; **in ~er Hinsicht** in more than one respect ◇ *adv* several times.

Mehrfache *das (ohne pl)* **- 1.** MATH multiple **- 2.** [an Kosten]: **ein ~s an Kosten** several times the cost.

Mehrfamilien|haus *das* apartment building.

mehrfarbig *adj* multicoloured <> *adv* in many colours.

Mehrheit *(pl* **-en***) die* majority; **mit großer/knapper ~** by a large/narrow majority; **die absolute ~** an absolute majority.

mehrheitlich *adj* majority <> *adv* by a majority.

Mehrheits|beschluss *der* majority decision.

mehrheitsfähig *adj* capable of finding majority support.

mehrjährig *adj* [Erfahrung] several years'; [Aufenthalt, Freundschaft] of several years; [Pflanze] perennial <> *adv* perennially.

Mehr|kampf *der* multi-discipline event.

Mehrkorn|brot *das* mixed-grain bread.

Mehr|kosten *pl* extra costs.

mehrmalig *adj* repeated.

mehrmals *adv* several times.

mehrsprachig *adj* [Wörterbuch, Ausgabe, Person] multilingual; [Unterhaltung] in several languages <> *adv:* **~ aufwachsen** to grow up multilingual.

mehrstimmig *adj* for several voices <> *adv* in harmony.

mehrtägig *adj* [Wartezeit, Abwesenheit] of several days; [Seminar, Reise] lasting several days.

Mehrwertsteuer *die* VAT ***Br***, sales tax ***Am***.

mehrwöchig *adj* [Reise, Besuch, Ausbildung] lasting several weeks; [Lieferfrist, Wartezeit] of several weeks.

Mehrzahl *die* **- 1.** [größerer Anteil] majority **- 2.** [Plural] plural.

Mehrzweck|halle *die* multipurpose hall.

meiden *(prät* **mied;** *perf* **hat gemieden***) vt* ***geh*** to avoid.
◆ **sich meiden** *ref* to avoid each other.

Meile *(pl* **-n***) die* mile.

Meilen|stein *der* ***geh*** milestone.

meilenweit *adv* for miles; **~ entfernt** miles away.

mein, e *det* my; **~e Damen und Herren** ladies and gentlemen <> *pron* mine; **sein Haus ist größer als ~s** his house is bigger than mine.

meine, r, s ODER **meins** *pron* mine.

Mein|eid *der* perjury *(U)*.

meinen *vt* **- 1.** [denken, glauben] to think; **was meinst du dazu?** what do you think?; **das will ich (aber) ~!** I should think so too! **- 2.** [sagen] to say; **was meint er?** ***fam*** what did he say? **- 3.** [zum Ausdruck einer Intention] to mean; **etw ironisch ~** to mean sthg ironically; **wie ~ Sie das?** what do you mean by that?; **das war nicht so gemeint** it wasn't meant like that; **gut gemeint** well-intentioned; **er meint es gut mit uns** he has our interests at heart; **du warst nicht gemeint** the comment wasn't aimed at you <> *vi* to think; **ich meine ja nur!** it was just a suggestion; **~ Sie?** do you think so?; **wie ~ Sie?** what did you say?; **wie Sie ~!** as you wish!

meiner *pron (Genitiv von ich)* of me; **er erinnert sich ~** he remembers me.

meinerseits *adv* **- 1.** [ich selbst] for my part **- 2.** [von mir] on my part.

meinesgleichen *pron* people like myself.

meinetwegen *adv* **- 1.** [mir zuliebe] for my sake **- 2.** [wegen mir] because of me **- 3.** [von mir aus] as far as I'm concerned; **(also) ~!** if you like.

meinetwillen ◆ **um meinetwillen** *adv* for my sake.

meinige *(pl* **-n***) pron* ***geh:*** **der/die/das ~** mine.

Meinung *(pl* **-en***) die* opinion; **eine vorgefasste ~** a preconceived idea; **anderer ~ sein** to be of a different opinion; **der ~ sein, dass** to be of the opinion that; **einer** ODER **derselben ~ sein** to agree; **die öffentliche ~** public opinion; **jm die ~ sagen** ***fam fig*** to give sb a piece of one's mind; **meiner ~ nach** in my opinion.

Meinungs|austausch *der* exchange of views.

Meinungs|forschung *die* public opinion research *(U)*.

Meinungs|freiheit *die* freedom of expression.

Meinungsum|frage *die* opinion poll.

Meinungs|verschiedenheit *die* difference of opinion.

Meise *(pl* **-n***) die* tit; **'ne** ODER **eine ~ haben** ***fam fig*** to be bonkers.

Meißel *(pl* **-***) der* chisel.

meißeln *vi* & *vt* to chisel.

meist *adv* usually, mostly.
◆ **am meisten** *adv* most; **die am ~en besuchte Ausstellung** the most visited exhibition.

meistbietend *adj:* **der ~e Interessent** the highest bidder <> *adv* to the highest bidder.

meiste *adj* (the) most; **die ~n Leute** most people; **er hat das ~ Geld** he has the most money <> *pron:* **das/die ~** (the) most.
◆ **die meisten** *pron* most people.

meistens *adv* usually, mostly.

Meister *(pl* **-***) der* **- 1.** [Handwerker] master craftsman; **seinen ~ machen** ***fam*** to get one's master craftsman's certificate - **2.** [Experte, Künstler] master - **3.** [im Sport] champion; **(deutscher) ~ werden** to become (German) champion.

meisterhaft *adj* masterly <> *adv* brilliantly.

Meisterin (*pl* **-nen**) *die* [Handwerkerin] master craftswoman; [Expertin, Künstlerin] master; [im Sport] champion.

meistern *vt* - **1.** [bewältigen] to master - **2.** *geh* [zügeln] to control.

Meister|prüfung *die* examination for the master craftsman's certificate.

Meisterschaft (*pl* **-en**) *die* - **1.** SPORT championship - **2.** [Können] mastery.

Meister|werk *das* masterpiece.

meistgekauft *adj* best-selling.

Mekka *nt* Mecca.

melancholisch [melaŋ'ko:lɪʃ] *adj* melancholy <> *adv* in a melancholy way.

Melde|frist *die period of time within which somebody has to report or register something.*

melden *vt* - **1.** [anzeigen, berichten] to report; [Geburt] to register; **(bei jm) nichts/nicht viel zu ~ haben** *fam fig* to have no/little say (with sb) - **2.** [anmelden] to announce.

◆ **sich melden** *ref* - **1.** [sich bemerkbar machen - im Unterricht] to put one's hand up; [- Finder] to make o.s. known - **2.** [Nachricht geben]: **melde dich mal wieder!** keep in touch!; **sich bei jm ~** [bei Freunden] to get in touch with sb; [bei Polizei] to report to sb - **3.** [am Telefon] to answer; **es meldet sich niemand** there's no answer - **4.** [sich anmelden] to register; **sich freiwillig zu etw ~** to volunteer for sthg.

Meldung (*pl* **-en**) *die* - **1.** [Nachricht, Anzeige] report; **weitere ~en des Tages** further news *(U)* - **2.** [Mitteilung] announcement - **3.** [Anmeldung] entry.

Melisse (*pl* **-n**) *die* (lemon) balm.

melken (*prät* **melkte** ODER **molk;** *perf* **hat gemolken**) *vt* & *vi* to milk.

Melodie [melo'di:] (*pl* **-n**) *die* tune.

melodisch *adj* melodic <> *adv* melodically.

melodramatisch *adj* melodramatic.

Melone (*pl* **-n**) *die* - **1.** [Frucht] melon - **2.** [Hut] bowler (hat).

Membran (*pl* **-en**) *die* - **1.** TECH diaphragm - **2.** BIOL & CHEM & PHYS membrane.

Memoiren [me'moa:rən] *pl* memoirs.

Memorandum (*pl* **-randen**) *das* memorandum.

Memory ['mɛmɔri:] (*pl* **-s**) *die* EDV: **extended ~** extended memory.

Menge (*pl* **-n**) *die* - **1.** [Anzahl] amount; **die doppelte/dreifache ~** twice/three times the amount; **in rauen ~n** *fam*: **die Leute kamen in rauen ~n** loads of people came - **2.** [Vielzahl] a lot ODER lots; **eine ~ Bücher** a lot ODER lots of books - **3.** *(ohne pl)* [Menschenmasse] crowd - **4.** MATH set.

◆ **eine ganze Menge** *adv* quite a lot; **eine ganze ~ Geld** quite a lot of money.

◆ **jede Menge** *adv fam* loads; **jede ~ Arbeit** loads of work.

Mengenan|gabe *die* quantity.

Mengenlehre *die* MATH set theory.

mengenmäßig *adj* quantitative <> *adv* quantitatively.

Mengen|rabatt *der* bulk discount.

Mengen|verhältnis *das* relative proportions *(pl)*.

Meniskus (*pl* **-ken**) *der* meniscus.

Mensa (*pl* **Mensen**) *die* UNI university canteen.

Mensch (*pl* **-en**) *der* - **1.** [Art, Lebewesen] human (being); **der ~ ist ein vernunftbegabtes Tier** man is a rational animal - **2.** [Person] person <> *interj fam* [wütend] for heaven's sake!; [begeistert] wow!

◆ **kein Mensch** *pron* no one.

Menschen|gedenken *das*: **seit ~** for as long as anyone can remember.

Menschen|handel *der* slave trade.

Menschen|kenntnis *die* knowledge of human nature.

Menschen|leben *das* life.

menschenleer *adj* deserted.

Menschen|menge *die* crowd.

Menschenrechte *pl* human rights.

menschenscheu *adj* [aus Angst] shy; [aus Abneigung] unsociable.

Menschen|seele *die*: **keine ~** not a soul.

menschenunwürdig *adj* inhumane.

Menschenverstand *der*: **der gesunde ~** common sense.

Menschenwürde *die* human dignity.

Menschheit *die* humanity, mankind.

menschlich *adj* - **1.** [des Menschen] human - **2.** [human] humane <> *adv* [human] humanely.

Menstruation (*pl* **-en**) *die* MED menstruation.

mental *adj* mental <> *adv* mentally.

Mentalität (*pl* **-en**) *die* mentality.

Menthol *das* menthol.

Menü (*pl* **-s**) *das* - **1.** [Speisenfolge] set menu - **2.** EDV menu.

Menuett (*pl* **-e** ODER **-s**) *das* minuet.

Meridian (*pl* **-e**) *der* GEOGR & ASTRON meridian.

Merk|blatt *das* explanatory leaflet.

merken *vt* to notice; **sich** *(D)* **etw ~** to remember sthg; **du merkst aber auch alles!** *fam iron* how observant of you!

merklich *adj* noticeable <> *adv* noticeably.

Merkmal (*pl* **-e**) *das* feature.

Merk|satz *der* mnemonic.

Merkur *der* Mercury.

merkwürdig *adj* strange <> *adv* strangely.

Merk|zettel *der* note.

messbar *adj* measurable.

Mess|becher *der* measuring jug.

Messdaten *pl* measurements.

Mess|diener, in *der, die* server.

Messe (*pl* **-n**) *die* - **1.** [Gottesdienst] mass - **2.** [Ausstellung] (trade) fair.

Messe|gelände *das* exhibition centre.

Messe|halle *die* exhibition hall.

messen (*präs* **misst;** *prät* **maß;** *perf* **hat gemessen**) *vt* to measure; [Temperatur] to take <> *vi* [eine bestimmte Größe haben] to measure; **er misst 1,76 m** he is 1.76m tall.
◆ **sich messen** *ref* ***geh*** [sich vergleichen]: **sich mit jm ~** to compete with sb; **sich mit jm in etw** *(D)* **~/nicht ~ können** to be a/no match for sb in sthg.

Messer (*pl* **-**) *das* [zum Schneiden] knife; [zum Rasieren] razor; **jn ans ~ liefern** ***fig*** to inform on sb.
◆ **bis aufs Messer** *adv* to the bitter end.

messerscharf *adj* razor-sharp <> *adv* [scharfsinnig] incisively.

Messe|stand *der* stand at a (trade) fair.

Messing *das* brass.

Messung (*pl* **-en**) *die* measurement.

Metall (*pl* **-e**) *das* metal.

Metall|arbeiter, in *der, die* metalworker.

Metall|industrie *die* metalworking industry.

metallisch *adj* metallic <> *adv:* **~ schimmern** to have a metallic gleam.

Metamorphose [metamɔr'foːzə] (*pl* **-n**) *die* metamorphosis.

Metapher [me'tafɐ] (*pl* **-n**) *die* metaphor.

Metastase (*pl* **-n**) *die* metastasis.

Meteor (*pl* **-e**) *der* meteor.

Meteorit (*pl* **-e** ODER **-en**) *der* meteorite.

Meteorologe (*pl* **-n**) *der* weather forecaster.

Meteorologin (*pl* **-nen**) *die* weather forecaster.

meteorologisch *adj* meteorological <> *adv* meteorologically.

Meter (*pl* **-**) *das* ODER *der* metre; **zwei ~ breit/hoch/lang/tief sein** to be two metres wide/high/long/deep.

meterdick *adj:* **eine ~e Schicht** a layer several metres thick <> *adv* to a thickness of several metres.

meterhoch *adj:* **ein ~er Zaun** a fence several metres high <> *adv* to a height of several metres; **der Schnee liegt ~** the snow is several metres deep.

meterlang *adj:* **ein ~es Kabel** a cable several metres long <> *adv* for several metres.

Meter|maß *das* tape measure.

Methan *das* methane.

Methode (*pl* **-n**) *die* method.

methodisch *adj* methodical <> *adv* methodically.

Metronom (*pl* **-e**) *das* metronome.

Metropole (*pl* **-n**) *die* ***geh*** metropolis.

Mett *das* ***Norddt*** raw minced ***Br*** ODER ground ***Am*** pork.

Mett|wurst *die soft, smoked pork or beef sausage, usually spread on bread.*

Metzger (*pl* **-**) *der* butcher.

Metzgerei (*pl* **-en**) *die* butcher's.

Metzgerin (*pl* **-nen**) *die* butcher.

Meute (*pl* **-n**) *die* - **1.** [Hunde] pack - **2.** ***fam*** [Menschen] mob.

Meuterei (*pl* **-en**) *die* [auf Schiff] mutiny; [in Gefängnis] revolt.

meutern *vi* - **1.** [sich auflehnen - Besatzung] to mutiny; [- Strafgefangene] to revolt - **2.** ***fam*** [sich weigern] to protest.

Mexikaner, in (*mpl* **-;** *fpl* **-nen**) *der, die* Mexican.

mexikanisch *adj* Mexican <> *adv:* **~ kochen** to cook Mexican food.

Mexiko *nt* Mexico.

Mexiko-City *nt* Mexico City.

MEZ [ɛm'eː'tsɛt] (*abk für* **mitteleuropäische Zeit**) *die* CET.

MFG [ɛm'ɛf'geː] (*pl* **-s**) *die abk für* **Mitfahrgelegenheit.**

MfS [ɛm'ɛf'ɛs] (*abk für* **Ministerium für Staatssicherheit (DDR)**) *das ministry for state security in the GDR, also called "Stasi".*

mg (*abk für* **Milligramm**) mg.

MG [ɛm'geː] (*pl* **-s**) *das abk für* **Maschinengewehr.**

mhd. (*abk für* **mittelhochdeutsch**) *Middle High German.*

MHz (*abk für* **Megahertz**) MHz.

Mi. (*abk für* **Mittwoch**) Wed.

miauen *vi* to miaow.

mich *pron (Akkusativ von ich)* - **1.** [Personalpronomen] me - **2.** [Reflexivpronomen] myself; **ich entschied ~ zu kündigen** I decided to hand in my notice.

mickerig, mickrig *adj* ***fam abw*** pathetic; [Pflanze, Tier, Person] puny; [Portion] measly.

mickrig = **mickerig.**

mied *prät* ▷ **meiden.**

Mieder (*pl* -) *das* - **1.** [Unterwäsche] corset - **2.** [Oberteil] bodice.

Mief *der* ***fam eigtl*** & ***fig*** stuffy atmosphere.

Miene (*pl* **-n**) *die* expression; **keine ~ verziehen** not to bat an eyelid; **gute ~ zum bösen Spiel machen** to grin and bear it.

mies ***fam abw*** *adj* lousy <> *adv:* **~ gelaunt sein** to be in a foul mood.

Miese *pl* ***fam:*** **in den ~n sein, ~ haben** to be in the red; **~ machen** to make a loss.

mies machen *vt* ***fam abw*** to run down; **jm etw ~** to spoil sthg for sb.

Mies|muschel *die* mussel.

Miete (*pl* **-n**) *die* [für Wohnung, Geschäftsfläche, Garage] rent; [für Fahrzeug] hire charge ***Br***, rental ***Am***; **zur ~ wohnen** to live in rented accommodation.

mieten *vt:* **(sich** *(D)***) etw ~** [Wohnung, Geschäftsfläche, Garage] to rent; [Fahrzeug] to hire ***Br***, to rent ***Am***.

Mieter, in (*mpl* **-**; *fpl* **-nen**) *der, die* tenant.

Mieterschutz *der* protection of tenants' rights.

mietfrei *adj* & *adv* rent-free.

Miet|preis *der* rent.

Mietrecht *das* law of landlord and tenant.

Miets|haus *das* block of flats ***Br***, apartment building ***Am***.

Miets|kaserne *die* ***abw*** barracks.

Miet|verhältnis *das* ***amt*** tenancy.

Miet|vertrag *der* [für Wohnung, Geschäftsfläche] lease; [für Fahrzeug] hire ***Br ODER*** rental ***Am*** agreement.

Miet|wagen *der* hire ***Br ODER*** rental ***Am*** car.

Miet|wohnung *die* rented flat ***Br ODER*** apartment ***Am***.

Migräne *die* migraine.

Mikro|chip *der* microchip.

Mikro|elektronik *die* microelectronics *(U)*.

Mikro|fiche ['mikrofi:ʃ] (*pl* **-s**) *das ODER der* microfiche.

Mikro|film *der* microfilm.

Mikrofon, Mikrophon (*pl* **-e**) *das* microphone.

Mikro|kosmos *der (ohne pl)* microcosm.

Mikro|organismus ['mikroɔrga'nɪsmʊs] *der* microorganism.

Mikro|prozessor *der* EDV microprocessor.

Mikroskop (*pl* **-e**) *das* microscope.

mikroskopisch *adj* microscopic <> *adv* - **1.** [mit einem Mikroskop] under the microscope - **2.** [winzig] microscopically.

Mikrowellen|herd *der* microwave (oven).

Mil. (*abk für* **Militär**) mil.

Milbe (*pl* **-n**) *die* mite.

Milch *die* milk.

Milch|flasche *die* [für Säugling] feeding bottle; [von Molkerei] milk bottle.

milchig *adj* milky <> *adv:* **~ trüb** milky and cloudy.

Milch|kanne *die* (milk) churn.

Milchmädchen|rechnung *die* ***fig*** naive piece of reckoning.

Milch|produkt *das* dairy product.

Milch|pulver *das* powdered milk.

Milch|reis *der (ohne pl)* rice pudding.

Milch|shake (*pl* **-s**) *der* milk shake.

Milch|straße *die* ASTRON Milky Way.

Milch|suppe *die soup made from sweetened, thickened milk.*

Milch|zahn *der* milk tooth.

mild, milde *adj* - **1.** [gen] mild - **2.** [Licht, Worte, Lächeln] gentle - **3.** [Strafe, Urteil] lenient; [Herrscher] benevolent <> *adv* - **1.** [urteilen, strafen] leniently - **2.** [scheinen, wehen, lächeln] gently - **3.** [nicht scharf - würzen] lightly.

Milde *die* - **1.** [von Urteil] leniency - **2.** [von Licht] gentleness; [von Abend, Klima, Aroma] mildness.

mildern *vt* - **1.** [abschwächen - Wut, Worte, Urteil] to moderate; [- Schärfe] to reduce; [- Aufprall] to soften - **2.** [lindern] to alleviate, to relieve.
◆ **sich mildern** *ref* - **1.** [Wut, Zorn] to abate - **2.** [Klima] to become milder.

Milderung *die* [von Strafe] reduction; [von Wut] moderation; [von Aufprall] softening; [von Leid] alleviation, relief.

Milieu [mi'li̯ø:] (*pl* **-s**) *das* - **1.** [Umfeld, Umwelt] environment - **2.** [Unterwelt] world of prostitution.

militant *adj* militant <> *adv* militantly.

Militär (*pl* **-s**) *das:* **das ~** the military <> *der* army officer.

Militär|bündnis *das* military alliance.

Militärdienst *der* military service.

militärisch *adj* military <> *adv* militarily.

militaristisch <> *adj* militaristic <> *adv* militaristically.

Militär|regierung *die* military government.

Miliz (*pl* **-en**) *die* militia.

Milliardär, in (*mpl* **-e**; *fpl* **-nen**) *der, die* billionaire.

Milliarde (*pl* **-n**) *die* billion.

Milli|gramm *das* milligram.

Milli|liter *der* millilitre.

Milli|meter *der* millimetre.

Milli|meterpapier *das* graph paper.

Million (*pl* **-en**) *die* million.

Millionär, in (*mpl* **-e**; *fpl* **-nen**) *der, die* millionaire.

Millionen|betrag *der* sum running into millions.

Millionen|stadt *die* city with a population of over one million.

Milz (*pl* **-en**) *die* spleen.

mimen *vt* to play.

Mimik *die (ohne pl)* facial expressions and gestures.

mimisch *adj* mimic; [Darstellung] using facial expressions and gestures ◇ *adv* using facial expressions and gestures.

Mimose (*pl* **-n**) *die* **- 1.** [Pflanze] mimosa **- 2.** *abw* [Mensch] oversensitive person.

min. (*abk für* **Minute, minimal**) min.

minder *adv* ***geh*** less.
◆ **nicht minder** *adv* no less.

minderbemittelt *adj* **- 1.** ***fam abw*** [wenig intelligent] not very bright **- 2.** [arm] of limited means.

mindere, r, s *adj* [Ware, Qualität] inferior; [Bedeutung, Begabung] lesser.

Minderheit (*pl* **-en**) *die* minority; **in der ~ sein** to be in a/the minority.

minderjährig *adj* underage.

Minderjährige (*pl* **-n**) *der, die* minor.

mindern *vt* [Strafmaß, Preis, Wert] to reduce; [Ansehen] to diminish.
◆ **sich mindern** *ref* to decrease.

Minderung (*pl* **-en**) *die* reduction.

minderwertig *adj* inferior ◇ *adv* [herstellen] poorly.

Minderwertigkeits|komplex *der* inferiority complex.

Minderzahl *die:* **in der ~ sein** to be in a/the minority.

Mindestalter *das* minimum age.

mindeste *adj* slightest; **das ist das Mindeste, was man erwarten kann** that is the least you can expect.
◆ **nicht im Mindesten** *adv* not in the slightest.

mindestens *adv* at least.

Mindest|lohn *der* minimum wage.

Mine (*pl* **-n**) *die* **- 1.** [Schreibutensil - von Kugelschreiber] refill; [- von Bleistift] lead **- 2.** [Bergwerk, Sprengsatz] mine; [Stollen] tunnel.

Mineral (*pl* **-e** ODER **-ien**) *das* mineral.

mineralhaltig *adj* containing minerals.

mineralisch *adj* mineral.

Mineral|öl *das* mineral oil.

Mineralöl|steuer *die tax on oil.*

Mineral|wasser *das* mineral water.

mini *adv:* **~ tragen** to wear a mini.

Mini (*pl* **-s**) *das* **- 1.** *(ohne pl, ohne Artikel)* [Mode] miniskirts *(pl)* **- 2.** ***fam*** [Kleid] mini ◇ *der* ***fam*** [Rock] mini.

Miniatur (*pl* **-en**) *die* miniature.

Minigolf *das* crazy golf.

minimal *adj* minimal ◇ *adv* minimally.

Minimum (*pl* **Minima**) *das* minimum *(U).*

Minister (*pl* **-**) *der* minister; **~ des Inneren/der Finanzen** interior/finance minister.

ministeriell *adj* ministerial ◇ *adv* ministerially.

Ministerin (*pl* **-nen**) *die* minister.

Ministerium [mɪnɪsˈteːri̯ʊm] (*pl* **Ministerien**) *das* ministry; **~ des Inneren/der Finanzen** interior/finance ministry.

Minister|präsident, in *der, die* **- 1.** [von Bundesländern] minister president, *title given to leader of government in the German federal states* **- 2.** [Premierminister] prime minister.

Minister|rat *der* Council of Ministers.

Ministrant, in (*mpl* **-en**; *fpl* **-nen**) *der, die* server.

Minne|sänger *der* minnesinger.

Minsk *nt* Minsk.

minus *präp* minus ◇ *adv:* **~ dreizehn Grad** minus thirteen degrees ◇ *konj:* **zehn ~ drei** ten minus three.

Minus *das (ohne pl)* **- 1.** [Fehlbetrag] deficit; **im ~ stehen** to be in the red **- 2.** [Zeichen] minus (sign).

Minus|pol *der* negative pole.

Minus|punkt *der* ***fig*** disadvantage.

Minute (*pl* **-n**) *die* minute; **auf die ~ pünktlich** on the dot; **in letzter ~** at the last minute.

Minuten|zeiger *der* minute hand.

minutiös, minuziös [minuˈtsi̯øːs] ***geh*** *adj* scrupulous ◇ *adv* scrupulously.

Minze (*pl* **-n**) *die* mint.

Mio. (*abk für* **Million**) m.

mir *pron (Dativ von ich)* **- 1.** (to) me; **er sagte es ~** he told me; **das gehört ~** this is mine, this belongs to me; **mit ~** with me; **ich kann ~ das**

nicht vorstellen I can't imagine that; **~ nichts, dir nichts** *fig* just like that **- 2.** [Reflexivpronomen] myself; **ich sagte ~** I said to myself.

Mirabelle (*pl* **-n**) *die* mirabelle (plum).

Misch|brot *das bread made from a mixture of rye and wheat flour.*

mischen *vt* [Farben, Zutaten] to mix; [Karten] to shuffle; **etw mit etw ~** to mix sthg with sthg; **etw in** *ODER* **unter etw** *(A)* **~** to mix sthg into *ODER* in with sthg.
◆ **sich mischen** *ref:* **sich unter etw** *(A)* **~** to mix with sthg; **sich in etw** *(A)* **~** to interfere in sthg.

Mischling (*pl* **-e**) *der* [Tier] half-breed.

Mischmasch (*pl* **-e**) *der* **fam** hotchpotch.

Misch|pult *das* mixing desk.

Mischung (*pl* **-en**) *die* mixture.

Misch|wald *der* mixed forest.

miserabel *adj* dreadful <> *adv* dreadfully.

Misere (*pl* **-n**) *die* ***geh*** dreadful situation.

missachten *vt* **- 1.** [nicht befolgen] to disregard **- 2.** [verachten] to despise.

Missbehagen *das* uneasiness; **es bereitet ihr ~** it makes her uneasy.

missbilligen *vt* to disapprove of.

Miss|brauch *der* **- 1.** [sexuell, von Medikamenten, von Drogen] abuse **- 2.** [schlechter Gebrauch] misuse.

missbrauchen *vt* **- 1.** [ausnutzen - Macht, Mittel] to misuse; [- Vertrauen] to abuse; [- Gutmütigkeit] to take advantage of **- 2.** [übermäßig nutzen, sexuell] to abuse.

missen *vt* to do without; **etw nicht (mehr) ~ wollen** not to want to be without sthg.

Miss|erfolg *der* failure.

Miss|ernte *die* poor harvest.

missfallen (*präs* **missfällt;** *prät* **missfiel;** *perf* **hat missfallen**) *vi:* **es missfällt mir, wie sie ...** I dislike the way she ...; **der Plan missfiel ihm** he disliked the plan.

Missfallen *das* displeasure.

missgebildet *adj* deformed.

Miss|geburt *die* monster.

Miss|geschick *das* mishap; **jm passiert ein ~** sb has a mishap.

missglücken (*perf* **ist missglückt**) *vi* to be unsuccessful; **der Versuch ist mir missglückt** my attempt was unsuccessful.

missgönnen *vt:* **jm etw ~** to begrudge sb sthg.

Miss|griff *der* mistake.

Missgunst *die* resentment.

missgünstig *adj* resentful <> *adv* resentfully.

misshandeln *vt* to ill-treat.

Miss|handlung *die* ill-treatment *(U)*.

Mission (*pl* **-en**) *die* mission; **in geheimer ~** on a secret mission.

Mississippi *der* [Fluss]: **der ~** the Mississippi.

Misskredit *der:* **jn in ~ bringen** to discredit sb; **in ~ geraten** *ODER* **kommen** to be discredited.

misslang *prät* ▻ **misslingen.**

misslingen (*prät* **misslang;** *perf* **ist misslungen**) *vi* to fail; **das Experiment ist mir misslungen** my experiment was a failure; **ein misslungener Versuch** an unsuccessful attempt.

misslungen *pp* ▻ **misslingen.**

missmutig *adj* [Person, Charakter] bad-tempered; [Gesicht, Laune] sullen; **~ sein** to be in a bad mood <> *adv* bad-temperedly; [ansehen] sullenly.

missraten (*präs* **missrät;** *prät* **missriet;** *perf* **ist missraten**) *vi:* **der Braten war ihr ~** her roast had turned out badly <> *adj* which/who turned out badly.

Miss|stand *der* disgraceful state of affairs; **Missstände an den Universitäten anprangern** to make public the shortcomings of the universities.

misst *präs* ▻ **messen.**

misstrauen *vi:* **jm/etw ~** to mistrust sb/sthg.

Misstrauen *das* mistrust.

Misstrauens|antrag *der* motion of no confidence.

Misstrauens|votum *das* vote of no confidence.

misstrauisch *adj* mistrustful; **jm gegenüber ~ sein** to be mistrustful of sb <> *adv* mistrustfully.

Miss|verhältnis *das* discrepancy.

missverständlich *adj* ambiguous <> *adv* ambiguously.

Missverständnis (*pl* **-nisse**) *das* misunderstanding.

missverstehen (*prät* **missverstand;** *perf* **hat missverstanden**) *vt* to misunderstand.

Misswirtschaft *die* mismanagement.

Mist *der* **- 1.** [Dung] dung; [Düngemittel] manure **- 2.** ***fam fig*** **&** ***abw*** [Plunder, Blödsinn] rubbish; **~ machen** *ODER* **bauen** to make a mess of things **- 3.** ***fam*** [als Ausruf]: **(so ein) ~!** damn it!

Mistel (*pl* **-n**) *die* mistletoe *(U)*.

Mist|haufen *der* manure heap.

Mist|käfer *der* dung beetle.

mit *präp (+ D)* **- 1.** [zusammen mit] with; **er kommt ~ seiner Frau** he's coming with his wife; **Kaffee ~ Zucker** coffee with sugar; **ein Haus ~ Gar-**

ten a house with a garden; **eine Scheibe Brot ~ Butter** a slice of bread and butter; **sich ~ jm unterhalten** to talk to sb **- 2.** [modal]: **~ lauter Stimme** in a loud voice; **~ Nachdruck** emphatically; **~ 100 Stundenkilometern** at 100 kilometres per hour; **~ Verspätung eintreffen** to arrive late **- 3.** [mittels] with; **~ dem Hammer** with a hammer; **~ dem Zug** by train; **~ der Post** by post; **~ Scheck bezahlen** to pay by cheque **- 4.** [stellt Bezug her]: **wie weit bist du ~ deiner Arbeit?** how far have you got with your work?; **wie wäre es ~ einer Tasse Kaffee?** how about a cup of coffee?; **die Sache ~ dem Brief** that business about the letter; **er hat es ~ dem Magen** he has stomach trouble **- 5.** [temporal] at; **~ jedem Tag** every day; **~ 16 Jahren** at (the age of) 16; **~ der Zeit** in (the course of) time <> *adv* **- 1.** [auch] too; **ich bin ~ dabei!** count me in!; **sie war nicht ~ dabei** she wasn't there; **das ist alles ~ einbegriffen** that's with everything included **- 2.** [unter anderen]: **er ist ~ der beste Schüler seiner Klasse** he is one of the best pupils in his class.

Mitarbeit *die* [an Projekt] collaboration; [von Schülern, Bevölkerung] participation.

mit|arbeiten *vi* **- 1.** [in Projekt] to collaborate; [im Haushalt] to help out; **bei/an etw** *(D)* **~** to collaborate on sthg **- 2.** [in der Schule] to participate.

Mit|arbeiter, in *der, die* [Betriebsangehörige] colleague, coworker ***Am***; **freie ~** freelance workers.

mit|bekommen *vt (unreg)* **- 1.** [verstehen] to follow **- 2.** [aufschnappen]: **etw von etw ~** to hear sthg about sthg; **(von etw) nicht viel ~** not to take much (of sthg) in **- 3.** [bekommen]: **etw ~** to get sthg to take with one.

mit|benutzen, mitbenützen *vt* to share.

mit|bestimmen *vi:* **bei etw ~** to have a say in sthg; **in einem Betrieb ~** to participate in the decision-making process in a company <> *vt:* **etw ~** to have a say in sthg.

Mitbestimmung *die* codetermination.

Mit|bewohner, in *der, die* [in Haus] other occupant; [in Wohnung] flatmate ***Br***, roommate ***Am***.

mit|bringen *vt (unreg)* **- 1.** [Geschenk, Personen] to bring (with one); [von Reise] to bring back; **jm etw ~** to bring sthg for sb **- 2.** [Fähigkeiten] to have.

Mitbringsel (*pl* -) *das* ***fam*** little present.

Mit|bürger, in *der, die* fellow citizen.

mit|denken *vi (unreg)* to think constructively.

miteinander *adv* [auskommen, streiten, flirten] with each other; [reden, verbinden] to each other; [gemeinsam] together.
◆ **alle miteinander** *pron* all (together).

mit|empfinden *vt (unreg):* **etw ~ können** to be able to share sthg.

mit|erleben *vt* to witness; **mit ihm habe ich schon allerhand miterlebt** he has put me through a lot.

Mitesser (*pl* -) *der* blackhead.

mit|fahren (*perf* **ist mitgefahren**) *vi (unreg)* to go/come along; **mit** *ODER* **bei jm ~** to get a lift ***Br*** *ODER* ride ***Am*** with sb.

Mitfahr|gelegenheit *die* lift ***Br***, ride ***Am***.

Mitfahr|zentrale, Mitfahrerzentrale *die agency which organizes lifts, with passengers contributing to costs.*

mit|fühlen *vi:* **mit jm ~** to sympathize with sb <> *vt* to share.

mitfühlend *adj* sympathetic <> *adv* sympathetically.

mit|geben *vt (unreg):* **jm etw ~** to give sb sthg.

Mitgefühl *das* sympathy.

mit|gehen (*perf* **ist mitgegangen**) *vi (unreg)* **- 1.** [mitkommen] to go/come along; **mit jm ~** to go/come with sb **- 2.** [teilhaben] to be carried along **- 3.** ***fam*** [stehlen]: **etw ~ lassen** to pinch sthg.

mitgenommen *pp* ▷ **mitnehmen** <> *adj* worn out; **~ aussehen** to look worn out.

Mitgift (*pl* **-en**) *die* dowry.

Mit|glied *das* member.

Mitglieds|beitrag *der* membership fee.

Mitgliedschaft (*pl* **-en**) *die* membership *(U)*.

mit|halten *vi (unreg)*: **bei etw (nicht) ~ können** (not) to be able to keep up in sthg; **mit jm/etw (nicht) ~ können** (not) to be able to keep up with sb/sthg.

mithilfe *adv:* **~ von etw/ jm** with the help of sthg/sb <> *präp:* **~ js/einer Sache** with the help of sb/sthg.

Mithilfe *die* assistance.

mit|hören *vi* [zufällig] to overhear; [heimlich] to listen in <> *vt* [zufällig] to overhear; [heimlich] to listen in on.

mit|kommen (*perf* **ist mitgekommen**) *vi (unreg)* **- 1.** [auch kommen] to come along; **kommst du mit?** are you coming? **- 2.** [folgen können] to keep up; **da komme ich nicht (mehr) mit!** ***fam*** it's beyond me! **- 3.** [eintreffen] to arrive.

Mit|läufer, in *der, die* ***abw*** hanger-on.

Mitleid *das* pity; **mit jm ~ haben** *ODER* **empfinden** to feel pity for sb.

Mitleidenschaft *die:* **jn/etw in ~ ziehen** to affect sb/sthg.

mitleidig *adj* pitying <> *adv* pityingly.

mit|machen *vt* **- 1.** [Spiel, Kurs] to take part in; [Mode] to follow; **das mache ich nicht mehr länger mit** I'm not going to put up with this any longer - **2.** [erledigen]: **etw für jn ~** to do sthg for sb - **3.** [aushalten] to put up with; **sie hat schon viel mitgemacht** she has been through a lot <> *vi* [sich beteiligen] to take part; **bei etw (nicht) ~** (not) to take part in sthg.

Mitmenschen *pl* fellow human beings ODER men.

mit|mischen *vi fam:* **bei etw ~** [sich einmischen] to interfere in sthg; [teilnehmen] to get involved in sthg.

mit|nehmen *vt (unreg)* - **1.** [mit sich nehmen] to take (with one); **ich kann dich bis zum Bahnhof ~** I can give you a lift *Br* ODER ride *Am* to the station; **sich** *(D)* **etw ~** to take sthg (with one) - **2.** [strapazieren] to take it out of - **3.** [kaufen] to buy - **4.** [stehlen] to make off with - **5.** *fam* [wahrnehmen, besuchen] to take in.

mit|rechnen *vi* to work it out at the same time <> *vt* to include.

mit|reden *vi:* **~ können** to be able to join in <> *vt:* **da habe ich auch noch ein Wörtchen mitzureden** I've got something to say on the subject.

Mit|reisende *der, die* fellow passenger.

mit|reißen *vt (unreg)* - **1.** [begeistern] to carry away - **2.** [fortreißen - bei Sturz] to pull down; [- bei Lawine] to sweep away.

mitsamt *präp:* **~ einer Sache** *(D)* together with sthg.

mit|schneiden *vt (unreg)* to record.

mit|schreiben *(unreg) vt* - **1.** [festhalten] to take down - **2.** [Klassenarbeit, Prüfung] to do <> *vi* [festhalten] to take notes.

Mitschuld *die* share of the blame.

mitschuldig *adj:* **(an etw** *(D)***) ~ sein** to be partly to blame (for sthg).

Mit|schüler, in *der, die* schoolmate.

mit|sein (*perf* **ist mitgewesen**) *vi (unreg)* to go/come along.

mit|spielen *vi* - **1.** [auch spielen]: **bei/in etw** *(D)* **~** [Spiel] to join in sthg; [Mannschaft, Orchester] to play in sthg; [Theatergruppe, Film] to act in sthg - **2.** [wichtig sein]: **bei etw ~** to play a part in sthg - **3.** [mitmachen] to play along; **bei etw ~** to go along with sthg - **4.** [schaden]: **jm übel ~** to give sb a hard time <> *vt* [Spiel] to play.

Mit|spieler, in *der, die* [bei Spiel, in Mannschaft] other player.

Mitspracherecht *das* right to have a say; **ein/kein ~ bei etw haben** to have a/no say in sthg.

Mittag (*pl* **-e**) *der* midday; **am ~** at midday; **über ~** at lunchtime; **zu ~ essen** to have lunch; **gestern/heute/morgen ~** at midday yesterday/today/tomorrow.

Mittag|essen *das* lunch.

mittags *adv* at midday.

Mittags|pause *die* lunch break.

Mittags|schlaf *der (ohne pl)* afternoon nap.

Mittags|tisch *der* - **1.** *geh* [Tisch]: **beim ~ sitzen** to be at the table having lunch - **2.** [Mahlzeit] lunch.

Mittags|zeit *die* lunchtime.

Mitte (*pl* **-n**) *die* middle; **in der ~** in the middle; **jn in die ~ nehmen** to go on either side of sb; **~ vierzig** in one's mid-forties; **~ nächster Woche** in the middle of next week.

mit|teilen *vt:* **jm etw ~** to tell sb sthg.
◆ **sich mitteilen** *ref geh:* **sich jm ~** to confide in sb.

Mit|teilung *die* communication; [an Presse] statement; **jm eine ~ machen** to inform sb; **eine amtliche ~** an official announcement; **eine schriftliche ~** a written communication.

Mittel (*pl* -) *das* - **1.** [Hilfsmittel] means *(sg)*; **mit allen ~n** by every means; **das ~ zum Zweck** the means to an end - **2.** [Medikament] medicine; **ein ~ gegen etw** a remedy for sthg - **3.** [zur Reinigung] cleaning agent.
◆ **Mittel** *pl* [Geldmittel] means; **öffentliche ~** public funds.

Mittelalter *das (ohne pl)* Middle Ages *(pl)*.

mittelalterlich *adj* medieval <> *adv* like in medieval times.

Mittelamerika *nt* Central America.

mittelbar *adj* indirect <> *adv* indirectly.

Mittel|europa *nt* Central Europe.

Mittel|feld *das* SPORT [beim Fußball] midfield; [bei Wettbewerb] pack.

Mittel|finger *der* middle finger.

mittelfristig *adj* medium-term <> *adv* in the medium term.

Mittel|gebirge *das* low-lying mountain range.

Mittel|gewicht *das* [Gewichtsklasse, Sportler] middleweight.

mittelgroß *adj* medium-sized; [Person] of medium height.

Mittelklasse|wagen *der* middle-of-the-range car.

Mittel|linie *die* [auf Spielfeld] halfway line.

mittellos *adj* penniless.

Mittel|maß *das* **abw** average.

mittelmäßig **abw** *adj* average <> *adv* averagely.

Mittelmeer *das:* **das ~** the Mediterranean (Sea).

Mittelohr|entzündung *die* inflammation of the middle ear.

mittelprächtig *adj* & *adv* **fam** so-so.

Mittel|punkt *der* centre; **im ~ stehen** to be the centre of attention.

mittels *präp geh:* **~ einer Sache** *(G)* by means of sthg.

Mittel|scheitel *der* centre parting ***Br***, center part ***Am***.

Mittel|schicht *die* middle class.

Mittelstand *der* middle class.

mittelständisch *adj* medium-sized.

Mittel|streifen *der* central reservation ***Br***, median ***Am***.

Mittel|stürmer, in *der, die* centre forward.

Mittel|weg *der* middle way; **einen ~ finden** to find a middle way; **der goldene ~** the happy medium.

Mittel|welle *die* medium wave.

Mittel|wert *der* mean.

mitten *adv:* **~ auf** in the middle of; **~ durch** through the middle of; **~ in etw** *(D)* in the middle of sthg; **~ in etw** *(A)* into the middle of sthg; **~ unter** among; **~ am Tag/in der Nacht** in the middle of the day/night.

mittendrin *adv* in the middle.

mittendurch *adv* through the middle.

Mitternacht *die* midnight.

mitternachts *adv* at midnight.

mittlere, r, s *adj* **- 1.** [zwischen den Extremen] average; **im ~n Alter** middle-aged **- 2.** [in der Mitte liegend] middle.

Mittlere Osten *der:* **der ~** the Middle East.

mittlerweile *adv* [inzwischen] in the meantime; [jetzt] now.

Mitt|vierziger, in *der, die* man/woman in his/her mid-forties.

Mittwoch (*pl* **-e**) *der* Wednesday; *siehe auch* **Samstag.**

mittwochs ['mɪtvɔxs] *adv* on Wednesdays; *siehe auch* **samstags.**

mitunter *adv* occasionally.

mitverantwortlich *adj* jointly responsible.

mit|verdienen *vi* to earn money as well.

mit|wirken *vi:* **(bei etw) ~** [mitarbeiten] to contribute (to sthg); [mitspielen] to take part (in sthg).

Mitwirkende (*pl* **-n**) *der, die* [Mitarbeiter] contributor; [Schauspieler] actor (*f* actress).

Mitwisser, in (*mpl* **-**; *fpl* **-nen**) *der, die* **- 1.** [bei Straftat] accessory **- 2.** [von Geheimnis]: **~ sein bei etw** to know about sthg.

Mitwohn|zentrale *die agency providing shared accommodation.*

mit|zählen *vt* & *vi* to count.

mixen *vt* to mix.

Mixer (*pl* **-**) *der* [Maschine] (food) mixer.

Mixtur (*pl* **-en**) *die* mixture.

ml (*abk für* **Milliliter**) ml.

mm (*abk für* **Millimeter**) mm.

Mo. (*abk für* **Montag**) Mon.

Mob *der (ohne pl)* ***abw*** mob.

mobben *vt* to bully; [Kollege] to harass.

Mobbing *das* bullying; [von Kollege] harassment.

Möbel (*pl* **-**) *das* piece of furniture; **die ~** the furniture.

Möbel|politur *die* furniture polish.

Möbel|stück *das* piece of furniture.

Möbel|wagen *der* removal ***Br*** ODER moving ***Am*** van.

mobil *adj* **- 1.** [beweglich] mobile **- 2.** [munter] lively; **~ machen** MIL to mobilize; **etw ~ machen** [aufbieten] to summon up sthg; **jn ~ machen** [munter machen] to liven sb up.

Mobile (*pl* **-s**) *das* mobile.

Mobil|funk *der (ohne pl)* TELEKOM cellphone *ODER* mobile phone network.

Mobiliar (*pl* **-e**) *das* furniture and fittings *(pl)*.

mobilisieren *vt* [gen] to mobilize; [Energie] to summon up.

Mobilität *die* mobility.

Mobilmachung (*pl* **-en**) *die* MIL mobilization.

Mobil|telefon *das* mobile phone.

möblieren *vt* to furnish.

möbliert *adj* furnished ◇ *adv:* **~ wohnen** to live in furnished accommodation.

mochte *prät* ▻ **mögen.**

Mode (*pl* **-n**) *die* [Kleidungsstil, Zeitgeschmack] fashion; **die neueste ~** the latest fashion; **es ist jetzt groß in ~** it is very fashionable now; **mit der ~ gehen** to follow the fashion.

Mode|haus *das* **- 1.** [Einzelgeschäft] fashion store **- 2.** [Unternehmen] fashion house.

Model ['mɔdl̩] (*pl* **-s**) *das* model.

Modell (*pl* **-e**) *das* model; **~ stehen** [für Maler] to model.

Modell|eisenbahn *die* model railway.

Modell|flugzeug *das* model plane.

modellieren *vt* to model.

Modem (*pl* **-s**) *das* EDV modem.

Moden|schau *die* fashion show.

Moderator (*pl* **-en**) *der* presenter.

Moderatorin (*pl* **-nen**) *die* presenter.

moderig = **modrig.**

modern[1] (*perf* **hat/ist gemodert**) *vi* to moulder.

modern[2] *adj* modern; [modisch] fashionable

◇ *adv* - **1.** [zeitgemäß] in a modern way; **~ denken** to have modern ideas - **2.** [zeitgenössisch] in a modern style.

Moderne *die (ohne pl)* - **1.** HIST modern times *(pl)* - **2.** KUNST modern style.

modernisieren *vt* to modernize.

Modeschmuck *der* costume jewellery.

Modeschöpfer, in (*mpl* **-**; *fpl* **-nen**) *der, die* fashion designer.

Modezeitschrift *die* fashion magazine.

modisch *adj* fashionable ◇ *adv* fashionably.

modrig, moderig *adj* & *adv* musty.

Modul (*pl* **-e**) *das* EDV module.

Modus (*pl* **Modi**) *der* - **1.** *geh* [Verfahrensweise] method - **2.** GRAM mood.

Mofa (*pl* **-s**) *das* moped.

mogeln *vi* to cheat.

mögen (*präs* **mag;** *prät* **mochte;** *perf* **hat gemocht** *ODER* **-**) *vt (perf hat gemocht)* - **1.** [gern haben] to like; **jn/etw (nicht) ~** (not) to like sb/sthg - **2.** [wollen]: **ich möchte bitte ein Eis** I'd like an ice-cream please; **was möchten Sie?** what would you like? ◇ *vi (perf hat gemocht)* [wollen]: **er möchte nach Hause** he wants to go home ◇ *aux (perf hat mögen)*: **ich möchte etwas trinken** I'd like something to drink; **möchtest du mitkommen?** would you like to come?; **mag sein** that may well be; **mag sein, dass sie noch anruft** she may still call; **das mag genügen** that should be enough.

möglich *adj* & *adv* possible; **so bald/schnell/früh wie ~** as soon/quickly/early as possible; **ich habe es so gut wie ~ gemacht** I did it as well as I could; **jm ist es (nicht) ~, etw zu tun** it is (not) possible for sb to do sthg; **das ist (leicht** *ODER* **gut) ~** that is (quite) possible.
◆ **alles Mögliche** *pron* absolutely everything.

möglicherweise *adv* possibly.

Möglichkeit (*pl* **-en**) *die* - **1.** [das Mögliche] possibility; **ist es denn die ~!** I don't believe it!; **es besteht die ~, dass ...** it is possible that ...; **nach ~** if possible - **2.** [Chance] opportunity.
◆ **Möglichkeiten** *pl* [Fähigkeiten] capabilities.

möglichst ['mø:klɪçst] *adv* - **1.** [wenn möglich] if possible - **2.** [so viel wie möglich]: **~ groß/stark/viel** as big/strong/much as possible.

Mohammedaner, in (*mpl* **-**; *fpl* **-nen**) *der, die* Muslim.

mohammedanisch *adj* Muslim.

Mohn (*pl* **-e**) *der* - **1.** [Pflanze] poppy - **2.** [Samen] poppy seeds *(pl)*.

Mohnblume *die* poppy.

Möhre (*pl* **-n**) *die* carrot.

Mohrenkopf *der* KÜCHE *chocolate-covered marshmallow.*

Mokassin, Mokassin (*pl* **-s** *ODER* **-e**) *der* moccasin.

mokieren ◆ **sich mokieren** *ref*: **sich über etw** *(A)* **~** to sneer at sthg.

Mokka (*pl* **-s**) *der* mocha.

Molch (*pl* **-e**) *der* newt.

Moldau *die*: **die ~** the (River) Vltava.

Moldawien *nt* Moldavia.

Mole (*pl* **-n**) *die* mole.

Molekül (*pl* **-e**) *das* molecule.

molk *prät* ▷ **melken.**

Molke *die* whey.

Molkerei (*pl* **-en**) *die* dairy.

Moll *das* minor (key).

mollig *adj* plump.

Molotowcocktail ['mɔlotɔfkɔkte:l] *der* Molotov cocktail.

Moment (*pl* **-e**) *der* moment; **im ~** at the moment; **jeden ~** (at) any moment; **(einen) ~, bitte!** just a moment, please!; **~ mal!** *fam* wait a moment! ◇ *das* element.

momentan *adj* present ◇ *adv* at the moment.

Momentaufnahme *die* snapshot.

Monaco *nt* Monaco.

Monarch, in (*mpl* **-en;** *fpl* **-nen**) *der, die* monarch.

Monarchie (*pl* **-n**) *die* monarchy.

Monat (*pl* **-e**) *der* month; **diesen/nächsten/vorigen ~** this/next/last month; **sie ist im fünften ~ (schwanger)** she is over four months pregnant.

monatelang *adj* lasting for months ◇ *adv* for months.

monatlich *adj* & *adv* monthly.

Monatsanfang *der* beginning of the month.

Monatseinkommen *das* monthly income.

Monatsende *das* end of the month.

Monatsgehalt *das* monthly salary.

Monatskarte *die* monthly season ticket.

Monatsmiete *die* monthly rent.

Monatsrate *die* monthly instalment.

Mönch (*pl* **-e**) *der* monk.

Mond (*pl* **-e**) *der* moon.

mondän *adj* elegant ◇ *adv* elegantly.

Mondfinsternis *die* eclipse of the moon.

Mondlandung *die* moon landing.

Mondschein *der* moonlight.

Mondsichel *die* crescent moon.
Moneten *pl* **fam** dough *(U)*.
Mongole (*pl* **-n**) *der* Mongolian.
Mongolei *die* Mongolia.
Mongolin (*pl* **-nen**) *die* Mongolian.
mongolisch *adj* Mongolian.
mongoloid *adj* MED mongoloid.
monieren *vt* **geh** to find fault with.
Monitor (*pl* **-en** ODER **-e**) *der* monitor.
Mono *das* mono.
monogam *adj* monogamous <> *adv* monogamously.
Monogramm (*pl* **-e**) *das* monogram.
Monografie, Monographie (*pl* **-n**) *die* monograph.
Monokel (*pl* **-**) *das* monocle.
Monolog (*pl* **-e**) *der* monologue.
Monopol (*pl* **-e**) *das* monopoly; **das ~ auf etw** *(A)* **haben** to have a monopoly on sthg.
monoton *adj* monotonous <> *adv* monotonously.
Monster (*pl* **-**) *das* monster.
monströs *adj* monstrous.
Monstrum (*pl* **-stren**) *das* **fam** [riesiges Teil]: **ein ~ von einem Flugzeug** a whopping great plane.
Monsun (*pl* **-e**) *der* monsoon.
Montag (*pl* **-e**) *der* Monday; **einen blauen ~ machen** to take Monday off *(unofficially)*; *siehe auch* **Samstag.**
Montage [mɔnˈtaːʒə] (*pl* **-n**) *die* **- 1.** TECH [Zusammenbau] assembly *(U)*; [Einbau] installation *(U)*; **auf ~ sein** to be away on assembly/installation work **- 2.** [Schnitt] editing *(U)* **- 3.** KUNST montage.
Montageband (*pl* **-bänder**) *das* assembly line.
Montagehalle *die* assembly shop.
montags *adv* on Mondays; *siehe auch* **samstags.**
Montblanc [mɔ̃ˈblɑ̃ː] *der* Mont Blanc.
Monteur, in [mɔnˈtøːɐ̯, rɪn] (*mpl* **-e;** *fpl* **-nen**) *der, die* fitter.
montieren *vt* **- 1.** TECH [zusammenbauen] to assemble; [einbauen] to install; [festmachen] to fix **- 2.** [schneiden] to edit.
Montreal *nt* Montreal.
Montur (*pl* **-en**) *die* **fam** gear *(U)*.
Monument (*pl* **-e**) *das* monument.
monumental *adj* monumental <> *adv* on a monumental scale.
Moor (*pl* **-e**) *das* bog.
Moorbad *das* mud bath.
Moos (*pl* **-e**) *das* **- 1.** [Pflanze, Pflanzengattung] moss **- 2. fam** [Geld] dough.
Moped (*pl* **-s**) *das* moped.
Mopedfahrer, in *der, die* moped rider.
Mops (*pl* **Möpse**) *der* **- 1.** [Hund] pug (dog) **- 2. fam fig** [Mensch] roly-poly.
◆ **Möpse** *pl* **salopp** [Brüste] knockers.
Moral *die* **- 1.** [Normen] morals *(pl)* **- 2.** [Stimmung] morale **- 3.** [das Lehrreiche] moral **- 4.** [Ethik] morality.
moralisch *adj* moral <> *adv* morally.
Moralpredigt *die* **abw** sermon.
Moräne (*pl* **-n**) *die* moraine.
Morast (*pl* **-e**) *der* quagmire.
morastig *adj* muddy.
Morchel (*pl* **-n**) *die* morel.
Mord (*pl* **-e**) *der* murder, homicide *Am*; [durch Attentat] assassination; **einen ~ begehen** to commit murder.
Mordanschlag *der* murder attempt; [durch Attentat] assassination attempt.
Morddrohung *die* death threat.
Mörder, in (*mpl* **-;** *fpl* **-nen**) *der, die* murderer; [durch Attentat] assassin.
mörderisch *adj* **- 1.** [lebensgefährlich] deadly; [Tempo] breakneck **- 2.** [Verbrechen, Absicht] murderous **- 3. fam** [groß] terrible <> *adv* **- 1.** [steil, schnell] murderously **- 2. fam** [sehr] terribly.
Mordfall *der* murder (case).
Mordkommission *die* murder squad, homicide squad *Am*.
Mordskerl *der* **fam: er ist ein ~!** he's quite a guy!
mordsmäßig **fam** *adj* [Vergnügen, Gaudi, Glück] terrific; [Krach, Geschrei, Pech] terrible <> *adv* terribly.
Mordverdacht *der* suspicion of murder.
Mordversuch *der* murder attempt.
morgen *adv* **- 1.** [am Tag nach heute, zukünftig] tomorrow; **bis ~!** see you tomorrow!; **~ früh** tomorrow morning **- 2.** [vormittag] morning.
Morgen (*pl* **-**) *der* morning; **am ~** in the morning; **gestern/heute ~** yesterday/this morning.
◆ **guten Morgen** *interj* good morning!
morgendlich *adj* morning *(vor Subst)*.
Morgengrauen *das* dawn.
Morgengymnastik *die* morning exercises *(pl)*.
Morgenmantel *der* dressing gown.
Morgenrot *das* red dawn sky.

morgens *adv* in the morning; [jeden Morgen] every morning; **von ~ bis abends** from dawn till dusk.

morgig *adj* [Treffen] tomorrow's; **der ~e Tag** tomorrow.

Morphium *das* morphine.

morsch *adj* rotten.

morsen *vt* to send in Morse (code) <> *vi* to use Morse (code).

Morse|zeichen *das* Morse signal.

Mörtel (*pl* -) *der* mortar.

Mosaik (*pl* **-e** ODER **-en**) *das* mosaic.

Mosambik *nt* Mozambique.

Moschee [mɔ'ʃeː] (*pl* **-n**) *die* mosque.

Mosel *die* Moselle.

Mosel|wein *der* Moselle (wine).

mosern *vi fam* to grumble.

Moskau *nt* Moscow.

Moskauer (*pl* -) *der* Muscovite <> *adj (unver)* of/from Moscow.

Moskauerin (*pl* **-nen**) *die* Muscovite.

Moskito (*pl* **-s**) *der* mosquito.

Moskito|netz *das* mosquito net.

Moslem (*pl* **-s**) *der* Muslim.

Moslime (*pl* **-n**) *die* Muslim.

Most (*pl* **-e**) *der* **- 1.** [Fruchtsaft] (cloudy) fruit juice **- 2.** *Süddt* [Apfelwein] cider.

Motel, Motel (*pl* **-s**) *das* motel.

Motiv (*pl* **-e**) *das* **- 1.** [von Handlung] motive **- 2.** [von Bild] subject **- 3.** [Thema] motif.

Motivation [motiva'tsjoːn] (*pl* **-en**) *die* motivation.

motivieren [moti'viːrən] *vt* to motivate; **jn ~, etw zu tun** to motivate sb to do sthg.

Motocross-|Rennen [moto'krɔsrɛnən] *das* motocross.

Motor, Motor (*pl* **-toren**) *der* **- 1.** [von Fahrzeug] engine; [von Gerät] motor **- 2.** *fig* [Triebfeder] driving force.

Motor|boot *das* motorboat.

Motor|haube *die* bonnet *Br*, hood *Am*.

motorisiert *adj:* **~er Verkehr** motor vehicles *(pl)*; **bist du ~?** *fam* have you got wheels?

Motor|rad *das* motorcycle, motorbike.

Motorrad|fahrer, in *der, die* motorcyclist.

Motor|roller *der* (motor) scooter.

Motor|säge *die* power saw.

Motor|schaden *der* engine trouble *(U)*.

Motor|sport *der* motorsport.

Motte (*pl* **-n**) *die* moth.

Motto (*pl* **-s**) *das* motto; **unter dem ~ „keine Steuererhöhung" stehen** to have "no tax increases" as its motto.

motzen *vi fam* to grumble.

Mountainbike ['mauntnbaik] (*pl* **-s**) *das* mountain bike.

Mount Everest [maunt'ɛvərɛst] *der* Mount Everest.

Mousepad *das* = **Mauspad.**

Möwe (*pl* **-n**) *die* seagull.

MP [ɛm'piː] (*pl* **-s**) *die abk für* **Maschinenpistole.**

Mrd. *abk für* **Milliarde.**

Ms. (*abk für* **Manuskript**) ms.

MS (*abk für* **Motorschiff**) SS.

MS-DOS® [ɛmɛs'dɔs] *das* EDV MS-DOS®.

MTA [ɛm'teː'aː] (*pl* **-s**) (*abk für* **medizinisch-technische Assistentin**) *die* medical laboratory technician.

mtl. *abk für* **monatlich.**

Mücke (*pl* **-n**) *die* [in Tropen] mosquito; [kleiner] midge, gnat.

Mucken *pl fam:* **(seine) ~ haben** [Auto, Maschine] to be temperamental.

Mücken|stich *der* mosquito bite.

Mucks (*pl* **-e**) *der:* **die Kinder haben keinen ~ gemacht** ODER **getan** ODER **von sich gegeben** the children didn't make a sound; **ich will jetzt keinen ~ mehr hören!** I don't want (to hear) another squeak out of you!

müde *adj* tired; **einer Sache** *(G)* **~ sein** *geh* to be tired of sthg; **nicht ~ werden, etw zu tun** never to tire of doing sthg <> *adv* wearily.

Müdigkeit *die* tiredness.

Muff (*pl* **-e**) *der* **- 1.** [Handwärmer] muff **- 2.** *fam* [Moder] mustiness.

Muffel (*pl* -) *der* sourpuss.

muffig *adj* **- 1.** [modrig] musty **- 2.** *fam* [schlecht gelaunt] grumpy <> *adv:* **~ riechen** to smell musty.

Mühe (*pl* **-n**) *die* effort; **es macht mir keine ~** it's no trouble (to me); **sich** *(D)* **~ machen (mit etw)** to go to trouble (over sthg); **sich** *(D)* **~ geben** to make an effort; **gib dir keine ~** don't bother; **mit Müh und Not** by the skin of one's teeth.

mühelos *adj* effortless <> *adv* effortlessly.

muhen *vi* to moo.

mühevoll *adj* laborious, painstaking <> *adv* laboriously, painstakingly.

Mühle (*pl* **-n**) *die* **- 1.** [Mahlwerk - für Getreide] mill; [- für Kaffee] grinder **- 2.** [Gebäude] mill **- 3.** [Spiel] nine men's morris **- 4.** *fam* [Fahrzeug] jalopy, banger *Br*.

mühsam *adj* laborious <> *adv* laboriously.

mühselig *adj* [Arbeit, Tun] laborious; [Leben] arduous ◇ *adv* laboriously.

Mụlde (*pl* **-n**) *die* GEOGR hollow; [Griffmulde] grip.

Mụll (*pl* **-e**) *der* [Material] muslin; [für Verband] gauze.

Müll *der* rubbish ***Br***, garbage ***Am***; [radioaktiv] waste; **etw in den ~ werfen** *ODER* **tun** to throw sthg out *ODER* away.

Müll|abfuhr *die* - **1.** [Transport] refuse ***Br*** *ODER* garbage ***Am*** collection - **2.** [Unternehmen] refuse ***Br*** *ODER* garbage ***Am*** collection service.

Mụll|binde *die* gauze dressing.

Müll|deponie *die* refuse disposal site.

Müll|eimer *der* dustbin ***Br***, garbage *ODER* trash can ***Am***.

Müller, in (*mpl* **-**; *fpl* **-nen**) *der, die* miller.

Müller-Thurgau (*pl* **-**) *der* - **1.** [wine] Müller-Thurgau wine - **2.** [Rebsorte] Müller-Thurgau grape variety.

Müll|kippe *die* rubbish tip ***Br***, garbage dump ***Am***.

Müll|mann (*pl* **-männer**) *der* dustman ***Br***, garbage man ***Am***.

Müll|schlucker *der* rubbish ***Br*** *ODER* garbage ***Am*** chute.

Müll|tonne *die* dustbin ***Br***, garbage *ODER* trash can ***Am***.

Müll|trennung *die separation of household waste for recycling purposes.*

Müllverbrennungs|anlage *die* waste incineration plant.

Müll|wagen *der* dustcart ***Br***, garbage truck ***Am***.

mulmig *adj* uncomfortable; **mir wird ~** [körperlich] I feel queasy.

Multikulti *das:* **ein Videoclip mit viel ~** ***abw*** a video with multicultural chic.

multikulturell *adj* multicultural.

Multi|millionär, in *der, die* multimillionaire.

Multiplex|kino *das* multiplex (cinema).

Multiplikation (*pl* **-en**) *die* multiplication.

multiplizieren *vt:* **etw mit etw ~** to multiply sthg by sthg.

Mumie ['muːmi̯ə] (*pl* **-n**) *die* mummy.

Mumm *der (ohne pl)* ***fam*** guts *(pl)*; **(keinen) ~ haben** to have (no) guts.

Mumps *der* MED mumps *(U)*.

München *nt* Munich.

Münchner (*pl* **-**) *der* native/inhabitant of Munich ◇ *adj (unver)* of/from Munich.

Münchnerin (*pl* **-nen**) *die* native/inhabitant of Munich.

Mund (*pl* **Münder**) *der* mouth; **jn von ~ zu ~ beatmen** to give sb mouth-to-mouth resuscitation; **den ~ (nicht) aufmachen** *ODER* **auftun** ***fam*** (not) to open one's mouth; **nimm den ~ nicht so voll!** ***fam*** don't be so sure of yourself!; **halt den ~!** ***fam*** shut up!; **in aller ~e sein** to be on everyone's lips; **jm nach dem ~ reden** ***abw*** to say what sb wants to hear; **nicht auf den ~ gefallen sein** ***fam*** to have an answer for everything.

Mund|art *die* ***amt*** dialect.

mundartlich *adj* [Lied, Text] in dialect; [Vielfalt, Umgebung] dialectal.

Mund|dusche *die* water pick *(for cleaning teeth)*.

münden (*perf* **hat/ist gemündet**) *vi* - **1.** [einmünden]: **(in etw** *(A)***) ~** [Fluss] to flow (into sthg); [Straße] to lead (to sthg) - **2.** ***geh*** [enden]: **in etw** *(D)*. **~** [Vorgang] to end in sthg.

Mund|geruch *der* bad breath.

Mund|harmonika *die* harmonica, mouth-organ.

mündig *adj* - **1.** [volljährig] of age; **~ werden** to come of age - **2.** [urteilsfähig] responsible.

mündlich *adj* [Vereinbarung, Versprechung] verbal; [Prüfung] oral ◇ *adv* verbally.

mundtot *adj:* **jn ~ machen** to silence sb.

Mündung (*pl* **-en**) *die* - **1.** [von Fluss] mouth; GEOGR estuary - **2.** [von Straße] end - **3.** [von Gewehr] muzzle.

Mundwerk *das* ***fam***: **ein großes ~ haben** to be a bigmouth; **ein loses ~ haben** to be cheeky.

Mund|winkel *der* corner of one's mouth.

Munition (*pl* **-en**) *die* ammunition.

munkeln *vi:* **es wurde schon lange darüber gemunkelt** there had already been rumours about it for some time ◇ *vt:* **man munkelt, dass ...** it is rumoured that ...

Münster (*pl* **-**) *das* cathedral, minster.

Münsterland *das* Westphalian basin.

munter *adj* - **1.** [wach]: **~ sein** to be (wide) awake; **~ werden** to wake up; **~ machen** [Subj: Kaffee] to wake up - **2.** [lebhaft - Mensch, Tier, Spiel] lively - **3.** [fröhlich] cheerful ◇ *adv* cheerfully.

Münz|automat *der* slot machine.

Münze (*pl* **-n**) *die* coin; **etw für bare ~ nehmen** ***fig*** to take sthg at face value; **jm etw mit gleicher ~ heimzahlen** ***fig*** to pay sb back in his/her own coin.

münzen *vt* [Geld] to mint; **auf jn/etw gemünzt sein** ***fig*** to refer to sb/sthg.

Münzfern|sprecher *der* ***amt*** pay phone ***Br***, pay station ***Am***.

mürbe *adj* - **1.** [Kuchen, Teig] crumbly; [Fleisch] tender; [Obst] soft - **2.** [Material] rotten, crumbling - **3.** [zermürbt]: **jn ~ machen** to wear sb down; **~ sein** to be worn down <> *adv* [zart]: **Fleisch ~ klopfen** to tenderize meat.

Mürbelteig *der* shortcrust pastry.

Murmel (*pl* **-n**) *die* marble.

murmeln *vt* & *vi* to murmur.

Murmelltier *das* marmot; **schlafen wie ein ~** to sleep like a log.

murren *vi:* **(über etw** *(A)***) ~** to grumble (about sthg); **ohne zu ~** without a word of complaint.

mürrisch *adj* sullen, surly <> *adv* in a sullen ODER surly manner.

Mus (*pl* **-e**) *das* puree.

Muschel (*pl* **-n**) *die* **- 1.** [Tier] mussel **- 2.** [Schale] shell.

Muse (*pl* **-n**) *die* muse.

Museum [mu'ze:ʊm] (*pl* **Museen**) *das* museum.

Musical ['mju:zik(ə)l] (*pl* **-s**) *das* musical.

Musik (*pl* **-en**) *die* music; **~ machen** to make music.

musikalisch *adj* musical <> *adv* musically.

Musikant, in (*mpl* **-en;** *fpl* **-nen**) *der, die* [Straßenmusikant] street musician.

Musiklbox *die* jukebox.

Musiker, in (*mpl* **-;** *fpl* **-nen**) *der, die* musician.

Musikhochlschule *die* music college.

Musiklinstrument *das* musical instrument.

Musiklkapelle *die* band.

Musikllehrer, in *der, die* music teacher.

Musiklunterricht *der (ohne pl)* [Schulfach] music; [Musikstunden] music lessons *(pl)*.

musisch *adj* **- 1.** [Kunst betreffend] arts *(vor Subst)*; **~e Fächer** fine arts subjects **- 2.** [künstlerisch begabt] artistic <> *adv* artistically.

musizieren *vi* to make music.

Muskat *der* nutmeg.

Muskatlnuss *die* nutmeg.

Muskel (*pl* **-n**) *der* muscle.

Muskelkater *der:* **(einen) ~ haben** to be stiff.

Muskulatur (*pl* **-en**) *die* muscles *(pl)*.

muskulös *adj* muscular.

Müsli (*pl* **-**) *das* muesli.

muss *präs* ▻ **müssen.**

Muss *das (ohne pl)* necessity, must.

Muße *die* leisure; **Zeit und ~ haben, etw zu tun** to have enough time to do sthg at one's leisure.

müssen (*präs* **muss;** *prät* **musste;** *perf* **hat gemusst** ODER **-**) *aux (perf hat müssen)* **- 1.** [gezwungen sein] must; **etw tun ~** to have to do sthg; **du musst aufstehen** you must get up; **sie musste lachen/niesen** she had to laugh/sneeze; **du musst das Buch einfach lesen!** you simply must read this book!; **etw nicht tun ~** not to need to do sthg **- 2.** [nötig sein]: **der Brief muss noch heute weg** the letter has to go today; **das müsste geändert werden** that ought to be ODER should be changed; **muss das sein?** is that really necessary? **- 3.** [wahrscheinlich sein]: **du musst Hunger haben nach der langen Reise** you must be hungry after your long journey; **er müsste jeden Augenblick kommen** he ought to be ODER should be here any minute; **das müsste alles sein** that should be all **- 4.** [drückt Wunsch aus]: **so jung müsste man noch einmal sein!** oh, to be that young again!; **Zeit müsste man haben!** if only I had the time! <> *vi (perf hat gemusst)* to have to; **ich muss ins Büro (gehen)** I have to go to the office; **ich muss mal** *fam* I need the toilet.

müßig *adj* **- 1.** [untätig] idle; **~e Stunden** leisure time **- 2.** [überflüssig] futile <> *adv* [untätig] idly.

musste *prät* ▻ **müssen.**

Muster (*pl* **-**) *das* **- 1.** [Vorlage, Beispiel] model; **ein ~ an etw** *(D)* a model of sthg **- 2.** [Musterung] pattern **- 3.** [Warenprobe] sample.

Musterbeilspiel *das* perfect example.

mustergültig *adj* exemplary <> *adv* in an exemplary fashion.

mustern *vt* **- 1.** [betrachten] to study, to scrutinize **- 2.** [Wehrpflichtigen] to inspect.

Musterung (*pl* **-en**) *die* **- 1.** [von Wehrpflichtigen] inspection **- 2.** [Betrachtung] scrutiny.

Mut *der* courage; **jm ~ machen** to encourage sb; **den ~ verlieren** to lose heart.

◆ **nur Mut** *interj* chin up!

◆ **zu Mute** *adv* = **zumute.**

mutig *adj* brave, courageous <> *adv* bravely, courageously.

mutlos *adj* [entmutigt] despondent <> *adv* [entmutigt] despondently.

mutmaßen *vt* to suspect.

mutmaßlich *adj* suspected.

Mutlprobe *die* test of courage.

Mutter (*pl* **Mütter** ODER **-n**) *die* **- 1.** *(pl Mütter)* [gen] mother **- 2.** *(pl Muttern)* [von Schraube] nut.

mütterlich *adj* [Liebe, Frau] motherly; [Eigenschaft, Erbe] maternal <> *adv* [fürsorgend] in a motherly fashion.

mütterlicherseits *adv* on one's mother's side.

Mutterlliebe *die* motherly love.

Mutterlmal *das* mole.

Mutterlmilch *die* mother's milk.

Mutterschaftslurlaub *der* maternity leave.

Mutter|schutz *der legal protection of pregnant women and nursing mothers against wrongful dismissal.*

mutterseelenallein *adj & adv* all alone.

Mutter|sprache *die* mother tongue, native language.

Mutter|sprachler, in (*mpl* **-**; *fpl* **-nen**) *der, die* native speaker.

Mutter|tag *der* Mother's Day.

Mutti (*pl* **-s**) *die* ***fam*** mummy, mum.

mutwillig *adj* wilful <> *adv* wilfully.

Mütze (*pl* **-n**) *die* cap; [aus Wolle] hat.

m. W. *abk für* **meines Wissens** ▷ **Wissen.**

MW [ɛm'veː] (*abk für* **Mittelwelle**) *die* MW.

MwSt. (*abk für* **Mehrwertsteuer**) VAT ***Br,*** sales tax ***Am.***

Myanmar *nt* Myanmar.

Mythologie (*pl* **-n**) *die* mythology.

Mythos (*pl* **Mythen**) *der* myth; **er ist schon jetzt ein ~** he is already a legend.

N

n, N [ɛn] (*pl* **-** *ODER* **-s**) *das* n, N.
◆ **N** (*abk für* **Nord**) N.

na *interj* well?; **~, wie gehts?** so how's it going, then?; **~ los, mach schon!** well go on then, do it!; **~, lass das sein!** hey, leave that alone!
◆ **na also** *interj* there you are!
◆ **na gut** *interj* all right, then!
◆ **na ja** *interj* well!
◆ **na und** *interj:* **na und?** so (what)?

Nabel (*pl* **-**) *der* navel.

Nabel|schnur *die* umbilical cord.

nach *präp (+ D)* **- 1.** [zeitlich, zur Angabe einer Reihenfolge] after; **~ dem Essen** after the meal; **fünf (Minuten) ~ drei** five (minutes) past three ***Br,*** five (minutes) after three ***Am;*** **eins ~ dem anderen** one after the other; **~ Ihnen!** after you! **- 2.** [räumlich] to; **~ Frankfurt** to Frankfurt; **~ Hause gehen** to go home; **~ Süden** south, southwards; **~ links/rechts abbiegen** to turn left/right **- 3.** [gemäß] according to; **~ Angaben der Polizei** according to the police; **~ Wunsch/Bedarf** as desired/required **- 4.** [stellt Bezug her]: **seinem Akzent ~ ist er kein Deutscher** judging by his accent, he is not German; **~ französischer Art** in the French style; **meiner Meinung ~** in my opinion; **jn nur dem Namen ~ kennen** to know sb only by name.
◆ **nach und nach** *adv* little by little.
◆ **nach wie vor** *adv* as before.

nach|ahmen *vt* to imitate, to copy.

Nachahmung (*pl* **-en**) *die* imitation, copy.

nach|arbeiten *vt* **- 1.** [nachholen - Stunden] to make up **- 2.** [verbessern] to finish off.

Nachbar, in (*mpl* **-n**; *fpl* **-nen**) *der, die* neighbour.

nachbarlich *adj* **- 1.** [Haus, Garten] next-door **- 2.** [Beziehungen] neighbourly.

Nachbar|ort *der* next town/village.

Nachbarschaft *die* neighbourhood.

nachbarschaftlich *adj* neighbourly.

nach|behandeln *vt:* **jn/etw ~** to give sb/sthg follow-up treatment.

nach|bereiten *vt* to revise.

nach|bessern *vt* [Vorschlag, Entwurf] to amend; [Preisangebot] to raise; **sie musste ihre Arbeit ~** she had to redo the bits she had got wrong.

nach|bestellen *vt & vi* to order some more of.

Nachbe|stellung *die* repeat order.

nach|beten *vt* ***fam abw*** to parrot.

nach|bezahlen *vt* to pay later.

Nachbildung (*pl* **-en**) *die* reproduction; **das ist eine billige ~** that's a cheap imitation.

nach|blättern *vi:* **in etw** *(D)* **~** to look in sthg.

nach|blicken *vi:* **jm ~** to gaze after sb.

nach|datieren *vt* to backdate.

nachdem *konj* after.
◆ **je nachdem** *konj* depending on.

nach|denken *vi (unreg):* **(über jn/etw) ~** to think (about sb/sthg).

nachdenklich *adj* thoughtful, pensive; **jn ~ machen** to set sb thinking <> *adv* thoughtfully, pensively.

Nachdruck (*pl* **-e**) *der* **- 1.** [Eindringlichkeit] emphasis; **einer Sache** *(D)* **~ verleihen** to reinforce sthg; **mit ~** emphatically **- 2.** [Nachdrucken - von Buch] reprinting; [- von Druck] reproduction **- 3.** [Ausgabe] reprint.

nach|drucken *vt* to reprint.

nachdrücklich *adj* emphatic, forceful <> *adv* emphatically.

Nachdurst *der thirst resulting from excessive consumption of alcohol.*

nach|eifern *vi:* **jm (in etw** *(D)***) ~** to seek to emulate sb (in sthg).

nacheinander *adv* **- 1.** [der Reihe nach] one after the other **- 2.** [gegenseitig] one another.

nach|empfinden *vt (unreg)* [nachfühlen]: **js Schmerz ~** to share sb's pain; **ich kann dir ~, wie du dich jetzt fühlst** I can understand how you feel.

Nacher|zählung *die* retelling *(in one's own words)*.

Nachfahre (*pl* **-n**) *der* ***geh*** descendant.

nach|fahren (*perf* **ist nachgefahren**) *vi (unreg):* **jm/einer Sache ~** to follow sb/sthg.

nach|feiern *vt* to celebrate later.

Nachfolge *die* succession.

nach|folgen (*perf* **ist nachgefolgt**) *vi* **- 1.** [Nachfolge antreten]: **jm (in einem Amt) ~** to succeed sb (in an office) **- 2.** [nachkommen] to follow; **das ~de Fahrzeug** the vehicle behind.

Nachfolger, in (*mpl* **-;** *fpl* **-nen**) *der, die* successor.

nach|fordern *vt* [nachträglich] to make another demand for; [zusätzlich] to demand additionally.

nach|forschen *vi* to make enquiries; **jm/einer Sache ~** ***geh*** to investigate sb/sthg.

Nach|forschung *die* enquiries *(pl)*, investigations *(pl)*; **~en (nach etw) anstellen** to make enquiries (about sthg).

Nachfrage *die* **- 1.** WIRTSCH demand **- 2.** [Anfrage]: **wie geht es Ihnen? – danke der** ODER **für die ~** how are you? – very well, thanks.

nach|fragen *vi* **- 1.** [nachhaken] to ask repeatedly **- 2.** [fragen] to enquire.

nach|fühlen *vt:* **js Trauer ~** to understand sb's sadness; **das kann ich ihm ~** I understand how he feels.

nach|füllen *vt* **- 1.** [füllen] to refill **- 2.** [nachgießen] to top up with.

nach|geben *vi (unreg)* **- 1.** [bei Streit] to give in **- 2.** [Brücke, Boden] to give way; [Preise, Kurse] to fall.

Nach|gebühr *die* excess postage *(U)*.

nach|gehen (*perf* **ist nachgegangen**) *vi (unreg)* **- 1.** [folgen]: **jm/einer Sache ~** to follow sb/sthg **- 2.** [etw prüfen]: **einer Sache** *(D)* **~** to look into sthg **- 3.** [Uhr] to be slow; **meine Uhr geht zehn Minuten nach** my watch is ten minutes slow **- 4.** [nachwirken]: **jm ~** to stick in sb's mind **- 5.** [sich widmen]: **einer Sache** *(D)* **~** to pursue sthg.

Nachgeschmack *der* aftertaste.

nachgiebig *adj* compliant; [Eltern] indulgent.

Nachgiebigkeit *die* compliance; [von Eltern] indulgence.

nach|gießen *vt (unreg)* [Öl, Kühlwasser] to top up with; **darf ich noch Kaffee ~?** would you like some more coffee?

nach|grübeln *vi* to brood.

nach|gucken *vi* ***fam*** **- 1.** [nachsehen] to have a look **- 2.** [hinterhersehen]: **jm/einer Sache ~** to look ODER gaze after sb/sthg.

nach|haken *vi* to return to the same question.

Nachhall (*pl* **-e**) *der* echo.

nachhaltig *adj* lasting ◇ *adv:* **~ wirken** to have a lasting effect.

nach|hängen *vi (unreg)* **- 1.** [sich erinnern]: **einer Sache** *(D)* **~** to dwell on sthg **- 2.** ***fam*** [zurückliegen]: **in etw** *(D)* **~** to lag behind in sthg.

Nachhause|weg *der* way home.

nach|helfen *vi (unreg)* **- 1.** [antreiben]: **bei jm ~ müssen** to have to chivvy sb along **- 2.** [helfen]: **(jm) ~** to lend (sb) a hand.

nachher, nachher *adv* **- 1.** [später] later (on) **- 2.** [anschließend] afterwards.

◆ **bis nachher** *interj* see you later!

Nachhilfe *die* extra tuition.

Nachhilfe|stunde *die* extra lesson.

Nachhinein *adv:* **im ~** with hindsight; **im ~ zeigte sich, dass er gelogen hatte** it later turned out that he had lied.

nach|hinken (*perf* **ist nachgehinkt**) *vi:* **einer Sache** *(D)* **~** to lag behind sthg; **der Zeit ~** to be behind the times.

Nachhol|bedarf *der:* **~ an etw** *(D)* **haben** to have a need to catch up on sthg.

nach|holen *vt* **- 1.** [nachträglich machen]: **etw ~** [Versäumtes] to catch up on sthg; [Prüfung] to do sthg later **- 2.** [nachziehen lassen]: **er holte seine Familie nach** his family joined him later.

nach|jagen (*perf* **ist nachgejagt**) *vi:* **jm/einer Sache ~** to chase after sb/sthg.

nach|kaufen *vt* to buy more of.

Nachkomme (*pl* **-n**) *der* descendant.

nach|kommen (*perf* **ist nachgekommen**) *vi (unreg)* **- 1.** [später kommen] to come (along) later **- 2.** ***geh*** [entsprechen]: **einer Sache** *(D)* **~** to comply with sthg **- 3.** [Schritt halten]: **mit etw ~** to keep up with sthg.

Nachkömmling (*pl* **-e**) *der* late arrival *(child born long after other siblings)*.

Nachkriegs|zeit *die* post-war period.

Nachlass (*pl* **-lasse** ODER **-lässe**) *der* **- 1.** [Erbe] estate; **literarischer ~** unpublished works *(pl)* **- 2.** [Rabatt] discount, reduction.

nach|lassen *(unreg) vi* [Schmerz, Spannung] to ease; [Regen] to ease off; [Augen, Gehör] to fail; [Geschäft, Anstrengung] to slacken; [Qualität] to drop off <> *vt* [Preis]: **jm 10% ~** to give sb a 10% discount.

nachlässig *adj* careless <> *adv* carelessly.

nach|laufen (*perf* **ist nachgelaufen**) *vi (unreg)*: **jm/einer Sache ~** [laufen nach] to run after sb/sthg; [folgen] to follow sb/sthg; ***fam*** [sich bemühen um] to pursue sb/sthg.

Nachlese (*pl* **-n**) *die* **- 1.** [Ernte] gleanings *(pl)* **- 2.** ***geh*** [Nachtrag, TV & RADIO] review, edited highlights *(pl)*.

nach|lesen *vt (unreg)* to look up.

nach|liefern *vt* to deliver later.

nach|lösen *vt*: **eine Fahrkarte ~** to buy a ticket on the train.

nach|machen *vt* **- 1.** [nachahmen, kopieren] to copy; [nachäffen] to mimic; [fälschen] to forge; **jm etw ~** to copy sthg off sb; **etw ~ lassen** to have sthg copied **- 2.** [nachholen]: **etw** *(A)* **~** to catch up on sthg later.

nach|messen *vt (unreg)* to measure again.

Nach|mieter, in *der, die* new tenant.

Nach|mittag *der* afternoon; **am ~** in the afternoon; **gestern/heute/morgen ~** yesterday/this/tomorrow afternoon; **Dienstag ~** on Tuesday afternoon.

nachmittags *adv* in the afternoon.

Nachnahme (*pl* **-n**) *die*: **etw als ~ versenden** to send sthg cash on delivery; **per** *ODER* **gegen ~** cash on delivery.

Nachnahme|sendung *die* cash on delivery parcel.

Nach|name *der* surname.

nach|plappern *vt* ***fam*** to repeat parrot-fashion.

Nach|porto *das* excess postage *(U)*.

nach|prüfen *vt* **- 1.** [kontrollieren] to check **- 2.** [erneut prüfen] to re-examine.

Nach|prüfung *die* **- 1.** [Kontrolle] check **- 2.** [zusätzliche Prüfung] re-examination.

nach|rechnen *vt* **- 1.** [nochmals rechnen] to check **- 2.** [nachzählen] to work out <> *vi* **- 1.** [nochmals rechnen] to check **- 2.** [nachzählen] to work it out.

Nach|rede *die*: **üble ~** slander.

Nachricht (*pl* **-en**) *die* [Neuigkeit] piece of news; [Mitteilung] message; **eine gute ~ haben** to have (some) good news; **die ~, dass ...** the news that ...; **eine ~ von jm** [Neuigkeiten] news of sb; [Mitteilung] a message from sb; **eine ~ für jn hinterlassen** to leave a message for sb.
◆ **Nachrichten** *pl*: **die ~en** the news *(sg)*.

Nachrichten|agentur *die* news agency.

Nachrichten|dienst *der* **- 1.** [Geheimdienst] intelligence service **- 2.** [Nachrichtenagentur] news agency.

Nachrichten|sendung *die* news bulletin.

Nachrichten|sprecher, in *der, die* newsreader.

Nachrichten|technik *die* telecommunications *(U)*.

nach|rücken (*perf* **ist nachgerückt**) *vi* to move up.

Nach|ruf *der* obituary.

nach|rüsten *vt* EDV to upgrade <> *vi* MIL to rearm.

Nach|rüstung *die* **- 1.** [von Geräten] upgrading **- 2.** [mit Waffen] rearmament.

nach|sagen *vt* **- 1.** [behaupten]: **jm etw ~** to say sthg of sb **- 2.** [wiederholen] to repeat.

Nachsaison *die* low season.

nach|schauen *vt* **- 1.** [prüfen] to check **- 2.** [nachschlagen] to look up <> *vi* **- 1.** [prüfen] to check **- 2.** [nachblicken]: **jm/einer Sache ~** to gaze after sb/sthg.

nach|schenken ***geh*** *vt*: **darf ich noch Kaffee ~?** would you like some more coffee? <> *vi*: **darf ich ~?** can I give you a top-up?

nach|schicken *vt* to forward.

Nach|schlag *der* second helping.

nach|schlagen (*perf* **hat/ist nachgeschlagen**) *(unreg) vi* **- 1.** *(hat)* [nachlesen]: **in einem Wörterbuch ~** to consult a dictionary **- 2.** *(ist)* [ähneln]: **jm ~** to take after sb <> *vt (hat)* [nachlesen] to look up.

Nachschlage|werk *das* reference work.

Nach|schlüssel *der* duplicate key.

Nachschub *der (ohne pl)* supplies *(pl)*.

nach|sehen *(unreg) vi* **- 1.** [hinterhersehen]: **jm/einer Sache ~** to gaze after sb/sthg **- 2.** [suchen] to look **- 3.** [prüfen] to check **- 4.** [nachschlagen]: **in etw** *(D)* **~** to consult sthg <> *vt* **- 1.** [nachschlagen]: **etw in etw** *(D)* **~** to look sthg up in sthg **- 2.** [prüfen] to check **- 3.** [verzeihen]: **jm seine Fehler ~** to overlook sb's mistakes.

Nachsehen *das*: **das ~ haben** [unterlegen sein] to come off badly; [etw nicht bekommen] to be left empty-handed.

nach|senden *vt (unreg)* to forward.

Nachsicht *die* leniency; **mit jm ~ haben** to treat sb leniently.

nachsichtig *adj* lenient <> *adv* leniently.

Nach|silbe *die* suffix.

nach|sitzen *vi (unreg)*: **~ müssen** to get detention.

Nach|speise *die* dessert.

Nach|spiel *das* [Folgen] consequences *(pl)*; [Theaterstück] epilogue; **es wird ein ~ haben** it will have consequences.

nach|spionieren *vi*: **jm ~** to spy on sb.

nach|sprechen *vt & vi (unreg)* to repeat.

nächstbeste, r, s *adj:* **bei der ~n Gelegenheit** at the first available opportunity.
◆ **Nächstbeste** *der, die, das:* **der/die/das Nächstbeste** ***fig*** the first available one.

nächste, r, s ['nɛːçstə, ɐ, əs] *adj* **- 1.** [nah] nearest, closest **- 2.** [folgend] next; **der Nächste bitte!** next, please!; **~s Mal/Jahr** next time/year; **wie heißt die ~ Haltestelle?** what's the next stop?; **die ~ Straße links** the next road on the left.

Nächste (*pl* **-n**) *der* **- 1.** [Kunde, Patient] next; **der ~, bitte!** next, please! **- 2.** REL neighbour.

nach|stehen *vi (unreg):* **jm in nichts ~** to be (every bit) sb's equal.

nachstehend *adj* following ◇ *adv* below.

nach|stellen *vt* **- 1.** [Uhr] to put back **- 2.** [Satzglied] to postpone **- 3.** [nachspielen] to represent **- 4.** [Gerät] to adjust ◇ *vi* to hunt; **jm ~** ***abw*** to pursue sb.

Nächstenliebe ['nɛːçstənliːbəl *die* charity.

nächstens ['nɛːçstn̩s] *adv* shortly, soon.

nächstliegend ['nɛːçstliːgn̩t] *adj* most obvious.

nächstmöglich ['nɛːçstmøːklɪç] *adj* next possible.

Nacht (*pl* **Nächte**) *die* night; **bei ~** at night; **in der ~** during the night; **über ~** overnight; **bei ~ und Nebel** ***fig*** under cover of darkness; **gestern/morgen ~** last/tomorrow night; **heute ~** tonight.
◆ **gute Nacht** *interj* good night!

nachtblind *adj:* **~ sein** to suffer from night-blindness.

Nacht|creme, Nachtkreme *die* night cream.

Nachtdienst *der* night duty.

Nach|teil *der* disadvantage; **zu js ~** to sb's disadvantage.

nachteilig *adj* disadvantageous ◇ *adv:* **etw wirkt sich für jn ~ aus** sthg turns out to sb's disadvantage.

nächtelang *adj* lasting several nights ◇ *adv* night after night.

Nacht|frost *der* night frost.

Nacht|hemd *das* [für Frauen] nightdress; [für Männer] nightshirt.

Nachtigall (*pl* **-en**) *die* nightingale.

Nachtisch *der (ohne pl)* dessert.

Nacht|klub *der* nightclub.

Nachtleben *das* nightlife.

nächtlich *adj* nocturnal; [Stille] of the night.

Nachtrag (*pl* **-träge**) *der* [als Nachwort] postscript; [Zusatzband] supplement.

nach|tragen *vt (unreg)* **- 1.** [übel nehmen]: **jm etw ~** to hold sthg against sb **- 2.** [ergänzen] to add **- 3.** [hinterhertragen]: **jm etw ~** to follow behind sb carrying sthg.

nachtragend *adj* unforgiving; **sie ist nicht ~** she doesn't bear grudges.

nachträglich *adj* [Glückwunsch] belated; [Beweis] subsequent ◇ *adv* [beglückwünschen] belatedly; [beweisen] subsequently.

nach|trauern *vi:* **jm/einer Sache ~** to miss sb/sthg.

Nachtruhe *die* night's sleep.

nachts *adv* at night; **um vier Uhr ~** at four in the morning.

Nacht|schicht *die* night shift.

Nacht|schwester *die* night nurse.

Nacht|tisch *der* bedside table.

Nacht|wache *die* **- 1.** [Dienst] night watch **- 2.** [Person] person on night watch.

Nacht|wächter, in *der, die* night watchman (*f* -woman).

Nach|untersuchung *die* [nach Operation] post-operative checkup.

nach|vollziehen *vt (unreg)* to comprehend.

nach|wachsen ['naːxvaksn̩] (*perf* **ist nachgewachsen**) *vi (unreg)* to grow again.

Nachweis (*pl* **-e**) *der* proof *(U)*.

nachweisbar *adj* [Fehler] demonstrable; [Substanz] detectable ◇ *adv:* **er hat ~ gelogen** it can be proved that he was lying.

nach|weisen *vt (unreg)* **- 1.** [Fehler] to prove **- 2.** [Substanz] to detect.

nachweislich *adv:* **sie hat ~ gelogen** she can be shown to have lied.

Nach|welt *die* posterity.

Nach|wirkung *die* aftereffect.

Nach|wuchs ['naːxvuːks] *der* **- 1.** [Kind(er)] offspring **- 2.** [im Beruf]: **künstlerischer/wissenschaftlicher ~** rising generation of artists/scientists; **es fehlt an ~** there is a lack of new blood.

nach|zahlen *vi* to pay the extra ◇ *vt:* **5 Mark ~** to pay 5 marks extra.

nach|zählen *vt* to check.

Nach|zahlung *die* back-payment *(U)*.

nach|ziehen (*perf* **hat/ist nachgezogen**) *(unreg) vi* **- 1.** *(ist)* [später umziehen] to move later **- 2.** *(hat)* [nachmachen] to follow suit ◇ *vt (hat)* **- 1.** [Schraube] to tighten **- 2.** [Bein] to drag **- 3.** [Strich] to go over; [Lippenstift] to redo.

Nachzügler, in (*mpl* **-;** *fpl* **-nen**) *der, die* straggler; [jüngstes Kind] youngest.

Nackedei (*pl* **-s**) *der* ***fam*** naked child.

Nacken (*pl* **-**) *der* back *ODER* nape of the neck; **jm im ~ sitzen *fig*** [bedrängen] to be on sb's tail; **ihm sitzt die Angst im ~** he is afraid.

Nacken|haar *das* hair *(U)* on the back of the neck; [von Hund] hackles *(pl)*; **die ~e sträubten sich** its hackles rose.

nackt *adj* **- 1.** [ohne Kleider/Fell] naked; [Körperteil] bare **- 2.** [bloß] bare; **die ~e Wahrheit** the plain truth; **~e Tatsachen** hard facts <> *adv* naked; **sich ~ ausziehen** to strip naked.

Nacktbade|strand *der* nudist beach.

Nadel (*pl* **-n**) *die* [gen] needle; [Stecknadel] pin.

Nadel|baum *der* conifer.

Nadel|drucker *der* EDV dot-matrix printer.

Nadel|öhr *das* **- 1.** [von Nadeln] eye **- 2. *fig*** [enge Stelle] bottleneck.

Nadel|wald *der* coniferous forest.

Nagel (*pl* **Nägel**) *der* **- 1.** nail **- 2. *RW:* den ~ auf den Kopf treffen** to hit the nail on the head; **etw an den ~ hängen** to give sthg up; **dieser Brief brennt mir unter den Nägeln *fam*** I'm desperate to get on with this letter; **Nägel mit Köpfen machen** to do the job properly; **sich** *(D)* **etw unter den ~ reißen *fam abw*** to pinch sthg for o.s.

Nagel|bürste *die* nailbrush.

Nagel|feile *die* nail file.

Nagel|lack *der* nail varnish.

nageln *vt* to nail; [Knochen] to pin.

nagelneu *adj* brand-new.

Nagel|schere *die* nail scissors *(pl)*.

nagen *vi* **- 1.** [knabbern]: **an etw** *(D)* **~** to gnaw at sthg **- 2.** [jn beunruhigen]: **an jm ~** [Zweifel] to prey on sb; [Hunger] to gnaw at sb <> *vt* to gnaw.

Nage|tier *das* rodent.

nah, nahe (*kompar* **näher;** *superl* **nächste**) *adj* near; **~ an/bei jm/etw** close to *ODER* near sb/sthg; **zu ~** too close; **in ~er Zukunft** in the near future; **den Tränen/dem Wahnsinn ~ sein** to be on the verge of tears/madness; **~ daran sein, etw zu tun** to be on the point *ODER* verge of doing sthg <> *adv* **- 1.** [räumlich]: **eine ~e gelegene Stadt** a nearby town; **komm mir nicht zu ~e!** keep your distance!; **von ~em** from close up; **von ~ und fern** from near and far **- 2.** [temporal]: **~e bevorstehen** to be imminent **- 3.** [vertraut] closely; **~e verwandt** closely related; **jm zu ~ treten *fig*** to offend sb.

Nah|aufnahme *die* close-up.

Nähe *die* **- 1.** [räumlich, zeitlich] closeness; **in meiner ~** near me; **aus der ~** from close-up; **in der ~** nearby; **in greifbarer ~** within reach **- 2.** [emotional] closeness, intimacy; **js ~ suchen** to seek sb's company.

nahe bringen *vt (unreg)* ***geh:*** **jm etw ~** to make sb appreciate sthg.

nahe gehen (*perf* **ist nahe gegangen**) *vi (unreg)*: **jm ~** to affect sb deeply.

nahe kommen (*perf* **ist nahe gekommen**) *vi (unreg)*: **jm ~** to get to know sb well; **einer Sache** *(D)* **~** to come close to sthg.
◆ **sich nahe kommen** *ref* to get to know one another.

nahe legen *vt* **- 1.** [Verdacht, Vermutung] to give rise to **- 2.** [jn auffordern]: **jm ~, etw zu tun** to advise sb to do sthg.

nahe liegen *vi (unreg)* [Idee, Plan] to suggest itself; **der Verdacht/die Vermutung liegt nahe, dass ...** it seems reasonable to suspect/suppose that ...

nahe liegend *adj* obvious.

nahen (*perf* **ist genaht**) *vi* ***geh*** to approach.

nähen *vt* **- 1.** [Kleid, Hose] to make **- 2.** [Knöpfe, Flicken]: **etw an** *ODER* **auf etw** *(A)* **~** to sew sthg on *ODER* onto sthg **- 3.** [Riss] to mend **- 4.** [Wunde] to stitch <> *vi* [schneidern] to sew.

Nahe Osten *der*: **der ~** the Middle East.

näher *adj* **- 1.** [Komparativ von nahe] closer, nearer **- 2.** [Umstände, Angaben] more precise <> *adv* **- 1.** [Komparativ von nahe] closer, nearer **- 2.** [betrachten] more closely; [erklären] more precisely.

näher bringen *vt (unreg)*: **jm etw ~** to make sthg more real to sb.

Naherholungs|gebiet *das* ***amt*** *area close to a town, offering recreational facilities.*

näher kommen (*perf* **ist näher gekommen**) *vi (unreg)* **- 1.** [nahe kommen]: **jm ~** to get to know sb better **- 2.** [entsprechen]: **einer Sache** *(D)* **~** to get closer to sthg.
◆ **sich näher kommen** *ref* [sich nahe kommen] to get to know one another better.

nähern ◆ **sich nähern** *ref* to approach.

nahe stehen *vi (unreg)*: **sich/jm ~** to be close to one another/sb; **einer Idee ~** to sympathize with an idea.

nahe stehend *adj* **- 1.: jm ~** [persönlich] close to sb; **einer Sache** *(D)* **~** [politisch] sympathetic to sthg **- 2.** [in der Nähe] nearby.

nahezu *adv* nearly, almost.

nahm *prät* ▷ **nehmen.**

Näh|maschine *die* sewing machine.

Näh|nadel *die* (sewing) needle.

Nahost *(ohne Artikel)* the Middle East.

Nähr|boden *der* breeding ground.

nähren *vt* ***geh*** **- 1.** [Vermutung, Verdacht] to nurture - **2.** [Kinder] to feed; **sich von etw ~** *geh* [essen] to live on sthg.

nahrhaft *adj* nourishing, nutritious.

Nähr|stoff *der* nutrient.

Nahrung *die* food; **feste ~** solids *(pl)*.

Nahrungs|mittel *das* food.

Nähr|wert *der* nutritional value.

Naht (*pl* **Nähte**) *die* - **1.** [an Kleidung] seam; **aus allen Nähten platzen** *fig* to burst at the seams - **2.** [in der Medizin] suture - **3.** [in der Technik] join.

nahtlos *adj* seamless; **~e Bräune** all-over tan ◇ *adv* [ununterbrochen] seamlessly.

Nahverkehr *der* local traffic.

Nahverkehrs|zug *der* local train.

Nähzeug *das (ohne pl)* sewing things *(pl)*.

Nah|ziel *das* short-term aim.

Nairobi *nt* Nairobi.

naiv [na'i:f] *adj* naive ◇ *adv* naively.

Naivität [naivi'tɛ:t] *die* naivety.

Name (*pl* **-n**) *der* name; **im ~n von jm** in the name of sb; **etw in js ~n tun** to do sthg on sb's behalf; **jn/etw (nur) dem ~n nach kennen** to know sb/sthg (only) by name; **sich** *(D)* **einen ~n machen** *fig* to make a name for o.s.

Namens|tag *der* name day.

namentlich *adj* & *adv* by name.

namhaft *adj* renowned.

Namibia *nt* Namibia.

Namibier, in [na'mi:bi̯ɐ, rɪn] (*mpl* **-;** *fpl* **-nen**) *der, die* Namibian.

namibisch *adj* Namibian.

nämlich *adv* because; **zwei von ihnen, ~ Anna und Berthold** two of them, namely Anna and Berthold; **übermorgen, ~ am Donnerstag** the day after tomorrow, that is, on Thursday; **wir treffen uns jetzt ~ am Freitag** we'll now actually be meeting on Friday.

nannte *prät* ▻ **nennen.**

nanu *interj* well (I never)!

Napf (*pl* **Näpfe**) *der* dish, bowl.

Napf|kuchen *der* gugelhupf (cake).

Narbe (*pl* **-n**) *die* scar.

narbig *adj* scarred.

Narkose (*pl* **-n**) *die* anaesthetic; **unter ~ stehen** to be under anaesthetic.

Narkose|arzt, ärztin *der, die* anaesthetist.

Narr (*pl* **-en**) *der* fool; **jn zum ~en halten** *fig* to make a fool of sb.

närrisch *adj* - **1.** [verrückt] mad, crazy; **das ~e Treiben** [im Karneval] carnival festivities - **2.** *fam* [unglaublich] terrific ◇ *adv* - **1.** [verrückt]: **sich ~ gebärden** to act crazy - **2.** *fam* [unglaublich] terribly.

Narzisse (*pl* **-n**) *die* narcissus.

nasal *adj* nasal ◇ *adv* nasally.

Nasal (*pl* **-e**) *der* nasal.

naschen *vt* & *vi* to nibble.

Nase (*pl* **-n**) *die* - **1.** nose; **sich** *(D)* **die ~ putzen** to blow one's nose; **jm läuft die ~** sb's nose is running; **in der ~ bohren** to pick one's nose - **2.** *RW:* **über etw die ~ rümpfen** to turn one's nose up at sthg; **die ~ voll haben** *fam* to be fed up; **immer der ~ nach** *fam* just follow your nose; **jn an der ~ herumführen** to pull the wool over sb's eyes.

Nasen|bein *das* nasal bone.

Nasen|bluten *das (ohne pl)* nosebleed.

Nasen|flügel *der* side of the nose.

Nasen|loch *das* nostril.

Nasen|spitze *die* tip of the nose.

Nashorn (*pl* **-hörner**) *das* rhinoceros.

nass *adj* wet ◇ *adv:* **~ machen** to wet.

Nässe *die* wet; **vor ~ triefen** to be dripping wet; **überfrierende ~** icy patches.

nässen *vi* to weep.

nasskalt *adj* cold and damp.

Nation (*pl* **-en**) *die* nation.

national *adj* national ◇ *adv:* **~ denken** to think in national terms.

Nationalfeier|tag *der* national day.

National|hymne *die* national anthem.

Nationalismus *der* nationalism.

nationalistisch *adj* nationalistic ◇ *adv:* **~ orientiert** with nationalistic leanings.

Nationalität (*pl* **-en**) *die* nationality.

Nationalsozialismus *der* National Socialism, Nazism.

National|sozialist, in *der, die* National Socialist, Nazi.

nationalsozialistisch *adj* National Socialist, Nazi.

NATO ['na:to:] (*abk für* **North Atlantic Treaty Organization**) *die* NATO.

Natrium *das* CHEM sodium.

Natron *das* CHEM soda.

Natur (*pl* **-en**) *die* nature; **Tiere in der freien ~** animals in the wild; **hinaus in die ~ fahren** to go out into the countryside; **es liegt in der ~ der Sache** it is in the nature of things.
◆ **von Natur aus** *adv* by nature.

Naturalien [natu'ra:li̯ən] *pl:* **in ~ bezahlen** to pay in kind.

Naturalismus *der* naturalism.

naturalistisch *adj* naturalistic ◇ *adv* naturalistically.

naturbelassen *adj* natural; [Obst, Gemüse] organic.

Naturell (*pl* **-e**) *das* disposition.

Natur|ereignis *das* natural phenomenon.

naturgemäß *adj* natural ◇ *adv* **- 1.** [gemäß der Natur] in accordance with natural laws **- 2.** [grundsätzlich] by its very nature.

naturgetreu *adj* [Abbildung] lifelike ◇ *adv* in a lifelike manner.

Naturheilkunde *die* naturopathy.

natürlich *adj* natural ◇ *adv* **- 1.** [nicht künstlich] naturally **- 2.** [selbstverständlich] of course, naturally; **~ war er wieder zu spät** naturally he was too late again; **~ stimmt das, aber ...** of course that's correct but ... ◇ *interj* (but) of course!

naturrein *adj* pure.

Natur|schutz *der* nature conservation; **unter ~ stehen** to be protected.

Naturschutz|gebiet *das* nature reserve.

Natur|wissenschaft *die* natural science.

Natur|wissenschaftler, in *der, die* scientist.

Navigation [naviga'tsio:n] *die* navigation.

Nazi (*pl* **-s**) *der* ***abw*** Nazi.

NB (*abk für* **nota bene**) NB.

NC [ɛn'tse:] (*pl* **-s**) *der abk für* **Numerus clausus.**

n. Chr. (*abk für* **nach Christus**) AD.

NDR [ɛn'de:'ɛr] (*abk für* **Norddeutscher Rundfunk**) *der North German Radio.*

n. E. (*abk für* **nach Erhalt**) *on receipt.*

Neapel *nt* Naples.

Nebel (*pl* **-**) *der* fog; **leichter ~** mist.

Nebelhorn (*pl* **-hörner**) *das* foghorn.

nebelig = **neblig.**

Nebel|scheinwerfer *der* fog lamp.

Nebelschluss|leuchte *die* rear fog lights *(pl).*

Nebel|schwaden *pl* swathes of mist.

neben *präp* **- 1.** *(+ D)* [lokal] beside, next to **- 2.** *(+ D)* [außer] apart from, as well as **- 3.** *(+ D)* [verglichen mit] compared to *ODER* with **- 4.** *(+ A)* beside, next to.

nebenan *adv* next door.

Nebenan|schluss *der* extension.

Nebenaus|gang *der* side exit.

nebenbei *adv* **- 1.** [außerdem] in addition, as well; **etw ~ erledigen** to do sthg on the side **- 2.** [beiläufig] in passing; **~ bemerkt** by the way.

nebenberuflich *adj:* **~e Tätigkeit** second job ◇ *adv:* **~ tätig sein** to have a second job.

Neben|beschäftigung *die* second job.

Nebenbuhler, in (*mpl* **-**; *fpl* **-nen**) *der, die* rival.

nebeneinander *adv* **- 1.** [neben jm/etw] next to each other **- 2.** [gleichzeitig] simultaneously.

Neben|fach *das* SCHULE subsidiary subject.

Neben|fluss *der* tributary.

Neben|gebäude *das* [von Hotel] annex; [von Bauernhof] outbuilding.

Neben|geräusch *das* background noise.

Neben|haus *das* neighbouring house.

nebenher *adv* in addition, as well; **~ arbeiten** to work on the side.

Neben|job *der* second job.

Neben|kosten *pl* **- 1.** [bei Miete] additional charges **- 2.** [zusätzliche Auslagen] additional costs.

Neben|produkt *das* by-product.

Neben|raum *der* next *ODER* adjacent room.

Neben|rolle *die* minor part.

Neben|sache *die* minor issue.

nebensächlich *adj* of secondary importance.

Neben|satz *der* GRAM subordinate clause.

Neben|straße *die* side street.

Neben|strecke *die* **- 1.** [Bahnlinie] branch line **- 2.** [Straße] side road.

Neben|wirkung *die* side effect.

Neben|zimmer *das* next *ODER* adjacent room.

neblig, nebelig *adj* foggy; **leicht ~** misty.

Neckar *der:* **der ~** the (River) Neckar.

necken *vt* to tease; **jn mit jm/etw ~** to tease sb about sb/sthg.
◆ **sich necken** *ref* to tease each other.

neckisch *adj* **- 1.** [verschmitzt] teasing **- 2.** [frech] coquettish.

nee *interj* ***fam*** no!

Neffe (*pl* **-n**) *der* nephew.

neg. (*abk für* **negativ**) neg.

Negation (*pl* **-en**) *die* **- 1.** GRAM negative **- 2.** ***geh*** [Ablehnung] negation *(U).*

negativ *adj* negative ◇ *adv* negatively; **jm/etw ~ beeinflussen** to have a negative influence on sb/sthg.

Negativ (*pl* **-e**) *das* negative.

Neger, in (*mpl* **-**; *fpl* **-nen**) *der, die* ***abw*** negro (*f* negress).

Neger|kuss *der* chocolate-covered marshmallow.

nehmen (*präs* **nimmt;** *prät* **nahm;** *perf* **hat genommen)** *vt* **- 1.** [gen] to take; **für etw fünf Mark ~** to charge five marks for sthg; **ich nehme diese Schuhe** [kaufen] I'll take these shoes; **ich nehme ein Omelett** I'll have an omelette; **sich** *(D)* **etw ~** to help o.s. to sthg; **nehmt euch bitte!** please help yourselves!; **sie nimmt die Pille** she is on the pill; **jn/etw für voll ~** to take sb/sthg seriously; **es leicht/schwer nehmen** to take it lightly/hard; **wie mans nimmt** it depends (how you look at it); **jn zu sich ~** [auf Dauer] to take sb in; [vorübergehend] to have sb to stay; **etw zu sich ~** [Nahrung] to take sthg, to eat sthg; **etw an sich** *(A)* **~** to look after sthg; **etw auf sich** *(A)* **~** to take sthg on **- 2.** [wegnehmen] to take away; **jm den Glauben/die Illusionen ~** to destroy sb's faith/illusions; **jm seine/ihre Freiheit ~** to deprive sb of his/her freedom; **sich etw nicht ~ lassen** ***fig*** to insist on doing sthg **- 3.** [einstellen] to take on **- 4.** [verwenden] to use; **den Zug ~** to take the train; **sich** *(D)* **einen Anwalt ~** to get o.s. a lawyer.

Neid *der* envy.

neidisch *adj* envious <> *adv* enviously.

neidlos *adj* ungrudging <> *adv* ungrudgingly.

Neige *die:* **bis zur ~** to the last drop; **zur ~ gehen** to come to an end; [Vorrat] to run out.

neigen *vi:* **zu etw ~** [tendieren] to have a tendency ODER be inclined to sthg; [anfällig sein] to be prone to sthg <> *vt* [beugen - Körper] to bend; [- Kopf] to bow.

◆ **sich neigen** *ref* [sich beugen - Gegenstand] to bend; [- Mensch] to lean.

Neigung (*pl* **-en)** *die* **- 1.** [Veranlagung] inclination; **künstlerische ~en** artistic leanings **- 2.** *(ohne pl)* [Anfälligsein] susceptibility **- 3.** *(ohne pl)* [Tendenz] tendency **- 4.** [von Linie, Fläche] inclination.

nein *adv* no; **~, danke!** no thank you!; **regnet es? – ich glaube ~** is it raining? – I don't think so; **aber ~!** certainly not!; **zu etw ~ sagen** to say no to sthg; **ich glaube, ~, ich bin sogar sicher** I think so, in fact I'm sure; **~ sowas!** well I never!

Nein *das* no; **mit ~ antworten** to answer in the negative; **(zu etw) ~ sagen** to say no (to sthg); **nicht ~ sagen können** to be unable to say no.

Nein|stimme *die* no (vote).

Nektar (*pl* **-e)** *der* **- 1.** [Pflanzensaft] nectar *(U)* **- 2.** [Getränk] fruit drink.

Nektarine (*pl* **-n)** *die* nectarine.

Nelke (*pl* **-n)** *die* **- 1.** [Blume] carnation **- 2.** [Gewürz] clove.

nennen (*prät* **nannte;** *perf* **hat genannt)** *vt* **- 1.** [benennen, bezeichnen] to call **- 2.** [anführen] to name; [Adresse, Name] to give.

◆ **sich nennen** *ref* **- 1.** [heißen] to be called **- 2.** [sich bezeichnen] to call o.s.

nennenswert *adj* significant <> *adv* significantly.

Nenner (*pl* -) *der* MATH denominator; **etw auf einen (gemeinsamen) ~ bringen** ***fig*** to reduce sthg to a common denominator.

Nenn|wert *der* WIRTSCH nominal ODER face value.

neofaschistisch *adj* neo-fascist.

Neon *das* CHEM neon.

Neo|nazi *der* neo-Nazi.

Neon|farbe *die* fluorescent colour.

Neon|licht (*pl* **-er)** *das* neon light.

Neon|röhre *die* neon tube.

Nepal *nt* Nepal.

neppen *vt* ***fam abw*** to rip off.

Nerv (*pl* **-en)** *der* nerve.

◆ **Nerven** *pl* nerves; **die ~en verlieren/behalten** to lose/keep one's cool; **jm auf die ~en gehen** ODER **fallen** to get on sb's nerves.

nerven *vt* ***fam*** **- 1.** [Nerven kosten]: **jn ~** to get on sb's nerves **- 2.** [bedrängen] to pester sb.

Nerven|bündel *das* bundle of nerves.

Nerven|krieg *der* war of nerves.

Nerven|säge *die* ***fam*** pain in the neck.

Nerven|system *das* nervous system.

Nervenzusammen|bruch *der* nervous breakdown.

nervlich *adj* nervous <> *adv:* **~ völlig am Ende sein** to be a nervous wreck.

nervös *adj* nervous; **jn ~ machen** to make sb nervous <> *adv* nervously.

Nervosität *die* nervousness.

Nerz (*pl* **-e)** *der* **- 1.** [Pelz] mink coat **- 2.** [Tier] mink.

Nessel (*pl* **-n** ODER **-)** *die (pl Nesseln)* [Pflanze] nettle <> *der (pl Nessel)* [Stoff] calico.

Nest (*pl* **-er)** *das* **- 1.** [von Vögeln] nest **- 2.** ***fam abw*** [Ortschaft] little place; **ein trostloses ~** a miserable hole **- 3.** ***fam*** [Bett] bed.

Nest|häkchen *das* baby of the family.

nett *adj* nice; **wären Sie so ~ mir zu helfen?** would you mind helping me?; **eine ~e Summe** a tidy sum; **das ist ja eine ~e Bescherung!** what a nice mess! <> *adv* **- 1.** [ansprechend] nicely; **sich ~ unterhalten** to have a nice chat **- 2.** ***fam*** [ziemlich]: **ganz ~ verdienen** to earn pretty well.

netterweise *adv* kindly.

Nettigkeit (*pl* **-en)** *die* kindness; **~en** kind words.

netto *adv* net.

Nettoleinkommen *das* net income.

Nettolgewicht *das* net weight.

Netz (*pl* **-e**) *das* **- 1.** [zum Fischen, für Haare, im Sport] net; **jm ins ~ gehen** ***fig*** [gefasst werden] to fall into sb's trap **- 2.** [System] network; [Strom] grid; [Internet] Web; **ins ~ gehen** to go on the Web **- 3.** [für Akrobaten] safety net **- 4.** [von Spinnen] web **- 5.** [Einkaufstasche] string bag.

Netzanlschluss *der* mains connection.

Netzlhaut *die* retina.

Netzlkarte *die* area season ODER rover ***Br*** ticket.

Netzlteil *das* EDV mains adaptor.

Netzlwerk *das* EDV network.

neu *adj* **- 1.** [gen] new; **das ist mir ~** that's news to me; **ich bin hier ~** I'm new here **- 2.** [erneuert] fresh; **ein ~es Handtuch** a fresh towel; **eine ~e Flasche holen** to fetch another bottle **- 3.** [aktuell]: **die ~esten Nachrichten** the latest news; **was gibts Neues?** what's new?; **seit ~estem** just lately ODER recently <> *adv* newly; **sie sind ~ eingezogen** they have just (recently) moved in; **~ anfangen** to start (all over) again; **etw noch mal ~ machen** to redo sthg; **~ streichen** to repaint.
◆ **aufs Neue** *adv* again.
◆ **von neuem** *adv* again.

neuartig *adj* new; **ein ~ Produkt** a new kind of product.

Neubau (*pl* **-ten**) *der* new building.

Neuenburg *nt* Neuchâtel.

Neuenburger See *der* Lake Neuchâtel.

Neuengland *nt* New England.

neuerdings *adv* recently, lately.

neuerlich *adj* further <> *adv* again.

Neuerlöffnung *die* reopening.

Neulerscheinung *die* [von Buch] new publication; [von Platte] new release.

Neuerung (*pl* **-en**) *die* innovation; **~en einführen** to make changes.

Neufundland *nt* Newfoundland.

Neufundländer (*pl* **-**) *der* **- 1.** [Hund] Newfoundland **- 2.** [Einwohner] Newfoundlander.

neugeboren *adj* newborn; **sich wie ~ fühlen** to feel like a new person.

Neugeborene (*pl* **-n**) *das* newborn baby.

Neugier, Neugierde *die* curiosity.

neugierig *adj* inquisitive; **sie ist ~, ob ...** she is curious to see whether ... <> *adv* inquisitively.

Neuguinea *nt* New Guinea.

Neuheit (*pl* **-en**) *die* **- 1.** [Produkt] innovation **- 2.** [Originalität] innovativeness **- 3.** [Neusein] newness.

Neuigkeit (*pl* **-en**) *die* news *(U)*; **~ en** news; **ich habe gute ~en** I have some good news.

Neuljahr *(ohne Artikel)* New Year.
◆ **prost Neujahr** *interj* Happy New Year!

Neujahrsltag *der* New Year's Day.

Neukaledonien *nt* New Caledonia.

Neuland *das* **- 1.** [Unbekanntes] new ground **- 2.** [Land] virgin land.

neulich *adv* recently.

Neuling (*pl* **-e**) *der* novice.

neumodisch *adj* ***abw*** newfangled.

Neumond *der* new moon.

neun *num* nine; *siehe auch* **sechs.**

Neun (*pl* **-en**) *die* nine; *siehe auch* **Sechs.**

neunfach *adj* ninefold <> *adv* nine times.

neunhundert *num* nine hundred.

neunmal *adv* nine times.

neuntausend *num* nine thousand.

neunte, r, s *adj* ninth; *siehe auch* **sechste.**

Neunte (*pl* **-n**) *der, die, das* ninth; *siehe auch* **Sechste.**

neuntel *adj (unver)* ninth; *siehe auch* **sechstel.**

Neuntel (*pl* **-**) *das* ninth; *siehe auch* **Sechstel.**

neunzehn *num* nineteen; *siehe auch* **sechs.**

Neunzehn (*pl* **-en**) *die* nineteen; *siehe auch* **Sechs.**

neunzig *num* ninety; *siehe auch* **sechs.**

Neunzig *die* ninety; *siehe auch* **Sechs.**

Neunzigerjahre, neunziger Jahre *pl*: **die ~** the nineties.

Neulordnung *die* reorganization.

neureich *adj* ***abw*** nouveau riche.

Neurologe (*pl* **-n**) *der* neurologist.

Neurologin (*pl* **-nen**) *die* neurologist.

Neurose (*pl* **-n**) *die* neurosis.

Neurotiker, in (*mpl* **-**; *fpl* **-nen**) *der, die* neurotic.

neurotisch *adj* neurotic <> *adv* neurotically.

Neuschnee *der* fresh snow.

Neuseeland *nt* New Zealand.

Neuseeländer, in (*mpl* **-**; *fpl* **-nen**) *der, die* New Zealander.

neuseeländisch *adj* New Zealand *(vor Subst).*

Neusiedler See *der* Lake Neusiedler.

neusprachlich *adj* ▻ **Gymnasium.**

neutral *adj* neutral <> *adv* neutrally.

neutralisieren *vt* to neutralize.

Neutralität *die* neutrality.

Neutron (*pl* **-en**) *das* neutron.

Neutrum (*pl* **Neutra** ODER **Neutren**) *das* **- 1.** GRAM neuter **- 2.** *abw* [Mensch] asexual creature.

Neu|wagen *der* new car.

neuwertig *adj* nearly new.

Neuzeit *die (ohne pl)* modern times *(pl)*.

neuzeitlich *adj* modern.

Newsgroup (*pl* **-s**) *die* EDV newsgroup.

New York ['nju:'jɔ:k] *nt* New York.

New Yorker [nju:'jɔ:kɐ] (*pl* **-**) *der* New Yorker ◇ *adj (unver)* New York *(vor Subst)*.

New Yorkerin [nju:'jɔ:kərın] (*pl* **-nen**) *die* New Yorker.

nhd. (*abk für* **neuhochdeutsch**) *New High German.*

Nicaragua *nt* Nicaragua.

nicht *adv* **- 1.** [gen] not; **sie raucht ~** she doesn't smoke; **sie mag kein Marzipan – ich auch ~** she doesn't like marzipan – neither do I; **~ mehr und ~ weniger** neither more nor less; **warum ~?** why not? **- 2.** [als Bestätigungsfrage]: **der Film war großartig, ~ wahr?** the film was great, wasn't it?; **du wusstest es schon länger, ~ (wahr)?** you've known for a while, haven't you?; **es ist wunderbar, ~ (wahr)?** it's wonderful, isn't it?; **ist das ~ schön?** isn't that nice? **- 3.** [verstärkend]: **was habe ich ~ alles für dich getan!** all the things I've done for you!; **was du ~ sagst!** you don't say! ◇ *konj:* **~ dass ich ...** it's not that I ...; **~ nur ..., sondern auch ...** not only ..., but also ...

◆ **nicht einmal** *adv* not ... even; **er kann ~ einmal Englisch** he can't even speak English.

Nichte (*pl* **-n**) *die* niece.

nichtig *adj* **- 1.** [ungültig] void **- 2.** [bedeutungslos] trivial.

Nicht|raucher *der* **- 1.** [Person] non-smoker **- 2.** [Abteil] no-smoking compartment.

Nichtraucher|abteil *das* no-smoking compartment.

Nicht|raucherin *die* non-smoker.

nicht rostend *adj* rustproof.

nichts *pron* nothing; **ich weiß ~ darüber** I don't know anything about it; **für ~ und wieder ~** *fam* for nothing; **das macht ~** *fig* it doesn't matter; **~ zu danken** don't mention it; **das ist ~ für dich** it's not your kind of thing.

◆ **nichts als** *pron* nothing but.

◆ **nichts anderes** *pron* nothing else.

◆ **nichts da** *interj* ***fam*** no way!

Nichts *das* nothingness; **aus dem ~ auftauchen** to appear from nowhere; **vor dem ~ stehen** to have lost everything.

nichts ahnend *adj* unsuspecting ◇ *adv* unsuspectingly.

Nicht|schwimmer, in *der, die* non-swimmer.

Nichtschwimmer|becken *das* beginners' pool.

nichtsdestoweniger *adv* nevertheless.

nichts sagend *adj* [Worte, Geschwätz] empty.

Nichtstun *das* inactivity; **ich hasse dieses ~** I hate all this sitting around doing nothing.

Nichtzutreffende *das:* '**~s bitte streichen!**' 'delete as applicable'.

Nickel *das* nickel.

Nickel|brille *die* metal-rimmed glasses *(pl)*.

nicken *vi* **- 1.** [zustimmen] to nod; **mit dem Kopf ~** to nod (one's head) **- 2.** [dösen] to doze.

Nickerchen (*pl* **-**) *das:* **ein ~ machen** to have a nap.

nie *adv* never; **~ im Leben!** not on your life!

◆ **nie mehr** *adv* never again.

◆ **nie und nimmer** *adv* not on your life.

nieder *adv:* **~ mit ...!** down with ...!

niedere, r, s *adj* [Einkommen, Lohn, Steuerklasse] low; [Arbeit] lowly; [Motive, Triebe] base; [Adel] lesser.

Niedergang *der* decline.

niedergeschlagen *pp* ▷ **niederschlagen** ◇ *adj* dejected ◇ *adv* dejectedly.

Nieder|lage *die* defeat; **jm eine ~ beibringen** ODER **zufügen** to inflict a defeat on sb.

Niederlande *pl:* **die ~** the Netherlands.

Niederländer, in (*mpl* **-**; *fpl* **-nen**) *der, die* Dutchman (*f* Dutchwoman).

niederländisch *adj* Dutch.

Niederländisch(e) *das* Dutch; *siehe auch* **Englisch(e)**.

nieder|lassen ◆ **sich niederlassen** *ref (unreg)* **- 1.** [sich setzen] to sit down **- 2.** [beruflich]: **sich als etw ~** to set up as sthg **- 3.** [sich ansiedeln] to settle.

Niederlassung (*pl* **-en**) *die* **- 1.** [Unternehmen] branch **- 2.** [als Arzt, Rechtsanwalt] setting up in practice.

nieder|legen *vt* **- 1.** [Amt, Mandat] to resign from **- 2.** ***geh*** [aufzeichnen] to put down **- 3.** ***geh*** [hinlegen] to lay.

nieder|machen *vt* **- 1.** [kritisieren - Person] to criticize sharply; [- Film, Buch] to slate **- 2.** [ermorden] to massacre.

Niederösterreich *nt* Lower Austria.

Niederösterreicher, in (*mpl* **-**; *fpl* **-nen**) *der, die* Lower Austrian.

niederösterreichisch *adj* Lower Austrian.

nieder|reißen *vt (unreg)* to tear down.

Nieder|sachse ['ni:dɐ'zaksə] *der* native/inhabitant of Lower Saxony.

Niedersachsen ['niːdɐzaksn̩] *nt* Lower Saxony.

Nieder|sächsin ['niːdɐ'zɛksɪn] *die* native/inhabitant of Lower Saxony.

niedersächsisch ['niːdɐ'zɛksɪʃ] *adj* of/from Lower Saxony.

Nieder|schlag *der* precipitation.

nieder|schlagen *vt (unreg)* - **1.** [zusammenschlagen] to knock down - **2.** [Blick, Augen] to lower - **3.** [Revolution] to put down.
◆ **sich niederschlagen** *ref* - **1.** [sich auswirken]: **sich in etw** *(D)* ODER **auf etw** *(A)* **~** to be reflected in sthg - **2.** [sich ablagern] to condense.

nieder|schmettern *vt* - **1.** [niederschlagen] to send crashing to the ground - **2.** [deprimieren] to shatter; **ein ~des Ergebnis** a shattering result.

niederträchtig *adj* malicious ◇ *adv* maliciously.

Niederung (*pl* **-en**) *die* low ground *(U)*.

nieder|werfen *vt (unreg)* - **1.** [niederschlagen - Person, Tier] to defeat; [- Aufstand] to put down - **2.** *geh* [Subj: Krankheit] to lay low - **3.** *geh* [erschüttern] to shatter.
◆ **sich niederwerfen** *ref* [sich zu Boden werfen] to prostrate o.s.

niedlich *adj* cute ◇ *adv* cutely.

niedrig *adj* low; [Arbeit] lowly ◇ *adv*: **~ fliegen** to fly low; **die Preise ~ halten** to keep prices low.

Niedrig|lohn *der* low wages *(pl)*.

Niedrigwasser (*pl* **-**) *das* [von Meer] low tide; [von Fluss] low water.

niemals *adv* never ◇ *interj* never!

niemand *pron* nobody, no one; **ich habe ~en gesehen** I didn't see anybody; **~ von uns spricht Französisch** none of us speaks French; **~ anders, sonst ~** nobody else.

Niemandsland *das* no-man's-land.

Niere (*pl* **-n**) *die* kidney; **es ist mir an die ~n gegangen** *fam* it really got to me.

Nieren|stein *der* kidney stone.

nieseln *vi*: **es nieselt** it's drizzling.

Nieselregen *der* drizzle.

niesen *vi* to sneeze.

Niete (*pl* **-n**) *die* - **1.** [Los] losing ticket - **2.** [Bolzen, Knopf] stud - **3.** *fam* [Mensch] dead loss.

niet- und nagelfest *adj*: **sie haben alles, was nicht ~ war, mitgenommen** they took everything that wasn't nailed down.

Niger *nt* Niger.

Nigeria *nt* Nigeria.

Nigerianer, in (*mpl* **-**; *fpl* **-nen**) *der, die* Nigerian.

nigerianisch *adj* Nigerian.

Nihilismus *der* nihilism.

nihilistisch *geh adj* nihilistic ◇ *adv* nihilistically.

Nikolaus (*pl* **-läuse**) *der* - **1.** [Person]: **der ~** St Nicholas *(who brings children presents on 6 December)*, ≃ Santa Claus - **2.** [aus Schokolade] chocolate Santa Claus.

Nikolaustag *der* St Nicholas' Day *(6 December)*.

Nikotin *das* nicotine.

Nikotingehalt *der* nicotine content.

Nil *der*: **der ~** the (River) Nile.

Nil|pferd *das* hippopotamus.

Nimmer|wiedersehen ◆ **auf Nimmerwiedersehen** *adv* never to be seen again.

nimmt *präs* ▷ **nehmen.**

Nippel (*pl* **-**) *der* nipple.

nippen *vi* to have a nip; **an etw** *(D)* **~** to have a sip of sthg.

Nippes *pl* knick-knacks.

nirgends, nirgendwo *adv* nowhere.

Nische (*pl* **-n**) *die* - **1.** [in der Wand - klein] niche; [- groß] recess - **2.** [für Produkt, Lebewesen] niche.

nisten *vi* to nest.

Nitrat (*pl* **-e**) *das* nitrate.

Nitroglyzerin [niːtro'glytseriːn] *das* nitroglycerine.

Niveau [ni'voː] (*pl* **-s**) *das* level; **~ haben** [Person] to be cultured; **der Krimi hat ~** the detective story is quality literature.

Nixe (*pl* **-n**) *die* water nymph.

Nizza *nt* Nice.

NN - **1.** (*abk für* **Normalnull**) sea level - **2.** (*abk für* **nomen nescio**) name unknown.

NO *abk für* **Nordost.**

nobel *adj* - **1.** [kostspielig] luxurious - **2.** *hum* [vornehm] posh - **3.** *geh* [großzügig] noble ◇ *adv* - **1.** [kostspielig] luxuriously - **2.** *geh* [großzügig] nobly - **3.** *hum* [vornehm]: **sich ~ kleiden** to dress posh.

Nobel|preis *der* Nobel Prize.

Nobel|preisträger, in *der, die* Nobel Prize winner.

noch *adv* - **1.** [immer noch] still; **wir haben ~ Zeit** we still have time; **er hat ~ nichts gesagt** he still hasn't said anything; **hast du ~ Geld?** have you got any money left? - **2.** [nicht später] only; **ich habe ihn ~ letzten Monat besucht** I visited him only last month; **das muss ~ heute gemacht werden** it has to be done today; **schafft ihr das ~ bis Freitag?** do you think you'll manage it by Friday? - **3.** [zur Warnung]: **du wirst ~ an meine Worte denken!** mark my words! - **4.** [zusätzlich]: **~ eine Kaffee, bitte!** another coffee, please!; **Sie haben ~ zwei Minuten** you have two more minutes; **ich muss ~ ein paar Einkäufe machen** I have to buy a few more things; **passt das ~ in den Kofferraum?** will it fit in the boot *Br* ODER trunk *Am*?; **wer ~?** who else? **- 5.** (+ *kompar*) even; **~ schneller** even quicker; **~ komplizierter** even more complicated **- 6.** [rhetorisch]: **wie war ~ sein Name?** what was his name again?; **man wird ja wohl ~ fragen dürfen** I was only asking ◇ *konj:* **weder ... ~ ...** neither ... nor ...

◆ **noch einmal, noch mal** *adv* again.

◆ **noch immer, immer noch** *adv* still.

◆ **noch mehr** *adv* even more.

◆ **noch nicht** *adv* not yet.

◆ **noch und noch** *adv:* **Leute ~ und ~** lots and lots of people; **es regnete ~ und ~** it rained for hours on end.

◆ **noch so** *adv:* **sei es auch ~ so klein** however small it may be; **es kann ~ so regnen** however much it rains.

nochmals *adv* again.

Nomade (*pl* **-n**) *der* nomad.

Nomadin (*pl* **-nen**) *die* nomad.

Nominativ (*pl* **-e**) *der* nominative.

nominieren *vt* to nominate.

No-Name-Produkt [noːˈneɪmproːdʊkt] *das* own-label ODER own-brand product.

Nonne (*pl* **-n**) *die* nun.

nonstop *adv* nonstop.

Noppe (*pl* **-n**) *die* [auf Sandale, Schläger] knobble.

Nord *der (ohne Artikel)* north.

Nordamerika *nt* North America.

norddeutsch *adj* Northern German.

Norddeutschland *nt* Northern Germany.

norddt. *abk für* **norddeutsch.**

Norden *der* north; **nach ~** north; **im ~** in the north.

Nordeuropa *nt* Northern Europe.

Nordfriese (*pl* **-n**) *der* North Frisian.

Nordfriesin (*pl* **-nen**) *die* North Frisian.

nordfriesisch *adj* North Frisian.

Nordfriesische Inseln *pl* North Frisian Islands.

Nordfriesland *nt* North Friesland.

Nordirland *nt* Northern Ireland.

nordisch *adj* Nordic.

Nordkap *das* North Cape.

Nordkorea *nt* North Korea.

nördlich *adj* northern; [Wind] northerly ◇ *präp:* **~ einer Sache** *(G)* ODER **von etw** to the north of sthg.

Nordost *der (ohne Artikel)* northeast.

Nordosten *der* northeast.

nordöstlich *adj* northeastern; [Wind] northeasterly ◇ *präp:* **~ einer Sache** *(G)* ODER **von etw** to the northeast of sthg.

Nord-Ostsee-Kanal *der* Kiel Canal.

Nord|pol *der* **- 1.** GEOGR North Pole **- 2.** PHYS north pole.

Nordrhein-Westfalen *nt* North Rhine-Westphalia.

Nordsee *die* North Sea.

Nord|seite *die* north side.

nordwärts *adv* north.

Nordwest *der (ohne Artikel)* northwest.

Nordwesten *der* northwest.

nordwestlich *adj* northwestern; [Wind] northwesterly ◇ *präp:* **~ einer Sache** *(G)* ODER **von etw** to the northwest of sthg.

Nord|wind *der* north wind.

nörgeln *vi:* **(über jn/etw) ~** to moan (about sb/sthg).

Norm (*pl* **-en**) *die* **- 1.** TECH [Regel] norm **- 2.** [Leistung] standard.

normal *adj* normal ◇ *adv* normally.

Normalbenzin *das* regular petrol *Br*, regular gas *Am*.

normalerweise *adv* normally, usually.

Normal|fall *der:* **im ~** normally, usually.

Normalgewicht *das* normal weight.

normalisieren *vt* to normalize.

◆ **sich normalisieren** *ref* to return to normal.

Normal|zustand *der:* **wieder im ~ sein** to be back to normal.

Normandie *die* Normandy.

normen *vt* to standardize.

Norwegen *nt* Norway.

Norweger, in (*mpl* **-;** *fpl* **-nen**) *der, die* Norwegian.

norwegisch *adj* Norwegian.

Norwegisch(e) *das* Norwegian; *siehe auch* **Englisch(e).**

Nostalgie [nɔstalˈgiː] *die* nostalgia.

Not (*pl* **Nöte**) *die* **- 1.** [Notlage, Armut] need; **in ~ sein** to be in need; **~ leidend** needy **- 2.** [Verzweiflung] despair; **Nöte** [Sorgen] troubles **- 3.** *RW:* **mit knapper ~** by the skin of one's teeth; **wenn ~ am Mann ist** when the need arises; **~ tun** to be needed; **zur ~** *fam* if needs be.

Notar (*pl* **-e**) *der* notary.

notariell *adj* notarial, notary's ◇ *adv* by a notary.

Notarin (*pl* **-nen**) *die* notary.

Not|arzt, ärztin *der, die* emergency doctor.

Not|ausgang *der* emergency exit.

Not|bremse *die* emergency brake.

Not|dienst *der:* **~ haben** to be on duty.

notdürftig *adj* makeshift <> *adv* provisionally; [bekleidet] scantily.

Note (*pl* **-n**) *die* **- 1.** [Beurteilung] mark *Br*, grade *Am* **- 2.** MUS note; **nach ~n** with music *ODER* a score **- 3.** [Eigenschaft] touch.

Notebook [nəʊtbʊk] (*pl* **-s**) *das* EDV notebook.

Noten|blatt *das* sheet of music.

Noten|schlüssel *der* clef.

Noten|ständer *der* music stand.

Not|fall *der* emergency.
◆ **im Notfall** *adv* in an emergency.

notfalls *adv* if necessary.

notgedrungen *adv* out of necessity.

notieren *vt* **- 1.** [aufschreiben] to note down; **sich** *(D)* **etw ~** to make a note of sthg **- 2.** [Aktie] to quote <> *vi* WIRTSCH: **höher/niedriger ~** to rise/fall.

nötig *adj* necessary; **etw ~ haben** to need sthg; **du hast es gerade ~!** *iron* you can talk!; **sie hat es nicht ~ zu putzen** she doesn't have *ODER* need to do the cleaning <> *adv* *fam* urgently.

Nötige *das:* **das ~ tun** to do the necessary; **nur das Nötigste mitnehmen** only to take what is absolutely necessary.

nötigen *vt* *geh:* **jn ~, etw zu tun** [zwingen] to force sb to do sthg; [bedrängen] to press sb to do sthg.

nötigenfalls *adv* if necessary.

Notiz (*pl* **-en**) *die* note; [in der Zeitung] notice; **keine ~ von jm/etw nehmen** to take no notice of sb/sthg.
◆ **Notizen** *pl* notes.

Notiz|block *der* notepad.

Notiz|buch *das* notebook.

Notiz|zettel *der* note.

Not|lage *die* crisis.

Not|landung *die* emergency landing.

notleidend *adj* ▻ **Not.**

Not|lösung *die* temporary solution.

Not|lüge *die* white lie.

notorisch *adj* notorious <> *adv* notoriously.

Not|ruf *der* emergency call; [Nummer] emergency number.

Notruf|säule *die* emergency phone.

Not|sitz *der* foldaway seat.

Not|stand *der* **- 1.** [Notlage] desperate situation **- 2.** RECHT state of emergency.

Notstands|gesetz *das* emergency laws *(pl)*.

Notstands|gebiet *das* disaster area.

Notstrom|aggregat *das* back-up electricity generator.

Not|unterkunft *die* emergency accommodation.

Not|wehr *die* self-defence.

notwendig, notwendig *adj* **- 1.** [nötig] necessary **- 2.** [logisch] inevitable <> *adv* necessarily.

Notwendigkeit, Notwendigkeit (*pl* **-en**) *die* necessity.

Nougat ['nu:gat] (*pl* **-s**) *das ODER der* = **Nugat.**

Nov. (*abk für* **November**) Nov.

Novelle [no'vɛlə] (*pl* **-n**) *die* **- 1.** [Literatur] novella **- 2.** RECHT amendment.

November [no'vɛmbɐ] *der* November; *siehe auch* **September.**

NPD [ɛn'pe:'de:] (*abk für* **Nationaldemokratische Partei Deutschlands**) *die German right-wing extremist party.*

Nr. (*abk für* **Nummer**) no.

NRW *abk für* **Nordrhein-Westfalen.**

NS - 1. (*abk für* **Nachschrift**) PS **- 2.** *abk für* **Nationalsozialismus.**

NSDAP [ɛn'ɛs'de:'a:'pe:] (*abk für* **Nationalsozialistische Deutsche Arbeiterpartei**) *die* National Socialist German Workers' Party, *Hitler's Nazi party.*

NS-Verbrechen *pl* Nazi crimes.

NT (*abk für* **Neues Testament**) NT.

Nu *der:* **im ~** in an instant.

Nuance ['nỹã:sə] (*pl* **-n**) *die* nuance; **eine ~ heller** a touch lighter.

nüchtern *adj* **- 1.** [nicht betrunken] sober **- 2.** [sachlich] matter-of-fact **- 3.** [mit leerem Magen]: **~ sein** to have an empty stomach; **auf ~en Magen** on an empty stomach <> *adv* **- 1.** [nicht betrunken] soberly **- 2.** [sachlich] matter-of-factly **- 3.** [mit leerem Magen] on an empty stomach.

Nüchternheit *die* soberness.

Nudel (*pl* **-n**) *die* noodle; **~n** [italienisch] pasta; [chinesisch, in Suppe] noodles.

Nudel|holz *das* rolling pin.

Nudel|salat *der* pasta salad.

Nudel|suppe *die* noodle soup.

Nugat, Nougat ['nu:gat] (*pl* **-s**) *der ODER das* nougat.

nuklear *adj* nuclear <> *adv* [aufrüsten, bewaffnen] with nuclear weapons.

Nuklear|waffe *die* nuclear weapon.

null *num* zero; **~ Komma fünf** zero *ODER* nought *Br* point five; **eins zu ~** one-zero, one-nil *Br*; **in ~ Komma nichts** *fam fig* in no time; **das Interesse war gleich ~** there was next to no interest; **~ und nichtig** *fig* null and void <> *adj (unver)* **fam** no; *siehe auch* **sechs.**

Null (*pl* **-en**) *die* **- 1.** [Zahl] zero **- 2.** ***fam abw*** [Mensch] dead loss.

nullachtfünfzehn ***fam abw*** *adj (unver)* run-of-the-mill <> *adv* in a run-of-the-mill way.

Nulllösung (*pl* **-en**) *die* zero option.

Null|punkt *der* **- 1.** [Tiefpunkt]: **auf den ~ sinken** to hit rock-bottom **- 2.** PHYS zero.

Null|tarif *der*: **zum ~** free of charge.

numerieren = **nummerieren.**

Numerus clausus *der* UNI *limit on the number of places on certain oversubscribed university courses.*

NUMERUS CLAUSUS

This designates a system set up to restrict access to places on certain university courses for which there is a very high number of applicants, due to a shortage of facilities and the increase in the number of students. The average mark obtained by students at their school leaving examination is one of the selection criteria.

Nummer (*pl* **-n**) *die* **- 1.** [Zahl] number; **auf ~ Sicher gehen** ***fam*** not to take any chances **- 2.** [Größe] size **- 3.** [im Zirkus] act **- 4.** ***fam*** [Mensch] character **- 5.** ***salopp*** [Geschlechtsakt] shag.

nummerieren *vt* to number.

Nummern|konto *das* numbered account.

Nummern|schild *das* numberplate ***Br,*** license plate ***Am.***

NUMMERNSCHILD

In Germany, licence plates feature two series of letters and one number: the first series of letters which consists of a maximum of three letters shows the place in which the vehicle was registered (for example: B for Berlin, M for Munich, HH for Hansestadt Hamburg) while the second series, consisting of a maximum of two letters, and the number indicate the administrative registration code of the vehicle.

nun *adv* **- 1.** [gen] now; **von ~ an** from now on **- 2.** [Ausdruck der Ungeduld]: **bist du ~ zufrieden?** are you happy now?; **was denn ~?** so what happens now? <> *interj* now; **~ denn** right ODER well then; **~ gut** oh well.

◆ **nun mal** *adv* now; **das ist ~ mal so!** that's just the way it is!

nur *adv* **- 1.** [lediglich] only, just; **ich bin nicht krank, ~ müde** I'm not ill, just tired **- 2.** [jedoch] but, yet; **sie arbeitet schnell, ~ musste sie sorgfältiger sein** she works fast, but she should be more careful **- 3.** [verstärkend]: **warum hat er das ~ getan?** what made him do that?; **was meint er ~?** what does he mean?; **wenn sie ~ käme!** if only she would come!; **kommen Sie ~ herein!** do come in!; **~ keine Panik!** don't panic!; **hätte ich ~ auf dich gehört!** if only I'd listened to you!; **sie rannte, so schnell sie ~ konnte** she ran as fast as she could.

◆ **nur noch** *adv*: **ich habe ~ noch 20 Mark** I've only got 20 marks left.

◆ **nur so** *adv*: **das sagt er ~ so** ***fam*** he's just saying that; **der Putz bröckelt ~ so** the plaster is crumbling really badly.

◆ **nur zu** *interj* go on!

Nürnberg *nt* Nuremberg.

Nürnberger (*pl* **-**) *der* native/inhabitant of Nuremberg <> *adj (unver)* Nuremberg *(vor Subst).*

nuscheln *vi* to mumble.

Nuss (*pl* **Nüsse**) *die* **- 1.** [Frucht] nut; **eine harte ~** ***fig*** a tough nut to crack **- 2.** ***fam abw*** [Mensch]: **du dumme ~!** you stupid idiot!

Nuss|baum *der* **- 1.** [Baum] walnut tree **- 2.** [Holz] walnut.

Nussknacker (*pl* **-**) *der* **- 1.** [Gerät] nutcracker **- 2.** [Holzfigur] *painted wooden figure of a man with a mouth that opens and closes, used as a Christmas decoration.*

Nutte (*pl* **-n**) *die* ***salopp*** **- 1.** [Prostituierte] tart, hooker ***Am*** **- 2.** ***abw*** [Frau] slut.

nutzbar *adj* usable; **(sich** *(D)***) etw ~ machen** [Energiequelle] to harness sthg; [Boden, Land] to cultivate sthg.

nutzbringend ***geh*** *adj* productive <> *adv* productively.

nütze *adj (unver)*: **zu etwas/nichts ~ sein** to be of some/no use.

nutzen, nützen *vt* to use; **das nützt nichts/nicht viel** that's no/not much use <> *vi*: **jm ~** to be of use to sb.

Nutzen *der* benefit; **jm von ~ sein** ***geh*** to be of use to sb; **aus etw ~ ziehen** ***geh*** to exploit sthg.

Nutz|fahrzeug *das* ***amt*** **- 1.** [Lieferwagen] commercial vehicle **- 2.** [landwirtschaftlich] farm vehicle.

Nutz|fläche *die* [im Haus] usable floor space; **landwirtschaftliche ~** arable land.

nützlich *adj* useful; **sich ~ machen** to make o.s. useful.

nutzlos *adj* useless <> *adv* uselessly.

Nutzung (*pl* **-en**) *die* [von Bodenschätzen] exploitation; [von Energiequelle] harnessing.

NW (*abk für* **Nordwest**) NW.

Nylon® ['nailɔn] *das* nylon.

O

o, O [oː] (*pl* **o** *ODER* **-s**) *das* o, O.
◆ **O** (*abk für* **Ost**) E.

o. a. (*abk für* **oben angegeben**) *see above.*

o. Ä. (*abk für* **oder Ähnliches**) *and so on.*

Oase (*pl* **-n**) *die* oasis.

ob *konj* whether; **ich weiß nicht, ~ er kommt** I don't know whether *ODER* if he'll come; **~ er wohl kommt?** I wonder if he'll come?; **~ ..., ~ ...** whether ... or; **und ~!** you bet!
◆ **als ob** *konj* as if, as though; **(so) tun als ~ ...** to pretend (that) ...; **er tat, als ~ er sie nicht gesehen hätte** he pretended not to have seen her.

o. B. *abk für* **ohne Befund** ▷ **Befund.**

OB [oːˈbeː] (*pl* **-s**) *der abk für* **Oberbürgermeister.**

Obb. (*abk für* **Oberbayern**) *Upper Bavaria.*

ÖBB (*abk für* **Österreichische Bundesbahn**) *Austrian Railways.*

obdachlos *adj* homeless ◇ *adv:* **~ werden** to become homeless.

Obdachlose (*pl* **-n**) *der, die* homeless person; **die ~n** the homeless.

Obduktion (*pl* **-en**) *die* postmortem.

O-Beine *pl fam* bow legs.

Obelisk (*pl* **-en**) *der* obelisk.

oben *adv* **- 1.** [räumlich] up; [obenauf] at the top; **hier/dort ~** up here/there; **ganz ~ im Schrank** right at the top of the cupboard; **ganz ~ auf dem Schrank** up on top of the cupboard; **links/rechts ~ im Bild** in the top left-hand/right-hand corner of the picture; **bis ~ hin** up to the top; **nach ~** up; [im Haus] upstairs; **mit dem Gesicht nach ~** face up; **von ~** down; **von ~ bis unten** from top to bottom; **von ~ herab** *fig* condescendingly; **weiter ~** further up; **~ ohne** *fig* topless **- 2.** [im Text] above; **siehe ~** see above; **~ erwähnt** above-mentioned **- 3.** *fam* [im Norden]: **da ~** up north **- 4.** *fam* [ranghöher]: **von ~** from above; **die da ~** the powers that be.

obendrein *adv* on top of that.

Ober (*pl* **-**) *der* waiter; **Herr ~!** waiter!

Ober|arm *der* upper arm.

Ober|arzt, ärztin *der, die* [Leiter einer Spezialabteilung] consultant; [Vertreter des Chefarztes] assistant (senior) consultant.

Ober|begriff *der* generic term.

Ober|bekleidung *die* outer clothing.

Ober|bürgermeister, in *der, die* mayor (*f* mayoress) *(of a large city).*

obere, r, s *adj* upper.

Ober|fläche *die* **- 1.** [Außenfläche] surface **- 2.** MATH (surface) area.

oberflächlich *adj* superficial ◇ *adv* superficially.

Ober|geschoss *das* top floor; **im dritten ~** on the third *Br ODER* fourth *Am* floor.

oberhalb *präp:* **~ einer Sache** *(G)* above sthg ◇ *adv:* **~ von jm/etw** above sb/sthg.

Ober|hand *die:* **die ~ bekommen/haben/behalten** to gain/have/keep the upper hand.

Ober|haupt *das* head.

Ober|hemd *das* shirt.

Ober|kiefer *der* upper jaw.

Ober|körper *der* upper body; **den ~ freimachen** to strip to the waist, to take one's top off.

Oberlandes|gericht *das high court and court of appeal of a German federal state.*

Ober|lippe *die* upper lip.

Ober|österreich *nt* Upper Austria.

Ober|österreicher, in (*mpl* **-**; *fpl* **-nen**) *der, die* native/inhabitant of Upper Austria.

oberösterreichisch *adj* of/from Upper Austria.

Ober|schenkel *der* thigh.

Ober|schicht *die:* **die ~** the upper classes *(pl).*

Oberst (*pl* **-en** *ODER* **-e**) *der* colonel.

oberste, r, s *adj* top; [Gericht] supreme; **die ~ Heeresleitung** the military high command.

Ober|stufe *die* SCHULE *final three years of secondary education.*

Ober|teil *das* top.

Ober|wasser *das:* **~ haben** [Recht haben] to be proved right; [selbstbewusst sein] to feel confident.

Ober|weite *die* bust (measurement).

obgleich *konj* **geh** although.

Obhut *die* care; **er hat die Kinder meiner ~ anvertraut** he has placed the children in my care; **bei jm in guter ~ sein** to be in good hands with sb.

obig *adj* **amt** above *(vor Subst).*

Objekt (*pl* **-e**) *das* **- 1.** [Gegenstand, KUNST & GRAM] object **- 2.** [Immobilie] property.

objektiv [ɔpjɛk'tiːf] *adj* objective <> *adv* objectively.

Objektiv (*pl* **-e**) *das* FOTO lens.

Objektivität [ɔpjɛktivi'tɛːt] *die* objectivity.

Oblate (*pl* **-n**) *die* - **1.** KÜCHE (circle of) rice paper - **2.** REL wafer.

obliegen (*prät* **oblag;** *perf* **hat obgelegen**) *vi geh:* **jm ~** to be sb's responsibility; **es obliegt dem Käufer nachzuweisen, dass ...** it is incumbent on the purchaser to prove that ...

obligatorisch *adj* obligatory; [Wehrdienst, Prüfung] compulsory.

Oboe (*pl* **-n**) *die* oboe.

obschon *konj, geh* although.

obskur *adj* - **1.** [geheimnisvoll] obscure - **2.** *fam* [verdächtig] dubious.

Obst *das* fruit.

Obst|baum *der* fruit tree.

Obst|garten *der* orchard.

Obst|kuchen *der* fruit flan.

Obstler (*pl* **-**) *der* fruit schnapps.

Obst|salat *der* fruit salad.

obszön *adj* obscene <> *adv* obscenely.

obwohl *konj* although.

Ochse ['ɔksə] (*pl* **-n**) *der* [Rind] ox.

Ochsenschwanz|suppe *die* oxtail soup.

Ocker *das* ochre.

ockergelb *adj* yellow ochre.

od. *abk für* **oder.**

öde *adj* - **1.** [trostlos] desolate - **2.** *fam* [langweilig] dreary.

oder *konj* - **1.** [gen] or - **2.** *fam* [als Bestätigungsfrage]: **du kommst doch mit, ~?** you're going to come, aren't you?; **sie wird doch nicht zu spät kommen, ~?** she won't be late, will she?; **du hast doch kein Auto, ~?** you haven't got a car, have you?; **du hast deinen Aufsatz beendet, ~ etwa nicht?** you HAVE finished your essay, haven't you?
◆ **oder aber** *konj* or (else).
◆ **oder auch** *konj* or.
◆ **oder so** *adv* or something like that.

Oder *die:* **die ~** the (River) Oder.

Oder-Neiße-Linie *die* Oder-Neisse Line.

ODER-NEISSE LINIE

The Oder–Neisse Line is the border that currently exists between the Federal Republic and Poland, running along the river Oder and the river Neisse. A treaty signed in 1990 between Germany and Poland guarantees mutual respect of both territorial integrity and the sovereignty of both countries.

Ödipus|komplex *der* Oedipus complex.

Odyssee [ody'seː] (*pl* **-n**) *die* odyssey; **die ~** the Odyssey.

OECD [oːeː'tseː'deː] (*abk für* **Organization for Economic Cooperation and Development**) *die* OECD.

OEZ (*abk für* **osteuropäische Zeit**) EET.

Ofen (*pl* **Öfen**) *der* - **1.** [Wärmespender] stove; **elektrischer ~** (electric) heater - **2.** [Backofen] oven - **3.** *fam* [Motorrad] bike.

offen *adj* - **1.** [gen] open; **das Geschäft hat bis 6 Uhr ~** the shop is open until 6 o'clock; **sperrangelweit ~** wide open; **mit ~en Augen** with one's eyes open; **auf ~em Meer** on the open sea; **für etw ~ sein** to have an open mind about sthg; **~ zu jm sein, jm gegenüber ~ sein** to be frank ODER open with sb; **~ und ehrlich** frank, open - **2.** [unverpackt] loose, unpacked; **~e Weine** wine by the glass/carafe - **3.** [lose] undone; **der Knopf ist ~** the button has come undone; **mit ~n Haaren** with one's hair down - **4.** [Rechnung] outstanding <> *adv* openly; **etw ~ zugeben** to admit sthg openly; **~ gesagt** quite honestly; **ich habe es ihm ~ gesagt** I told him straight out.

offenbar *adv* obviously, clearly.

offenbaren *vt* to reveal.
◆ **sich offenbaren** *ref:* **sich jm ~** [Person] to confide in sb; [Lösung] to reveal itself to sb.

Offenbarung (*pl* **-en**) *die* revelation; **die ~** (the Book of) Revelations.

Offenbarungs|eid *der* oath of disclosure.

offen bleiben (*perf* **ist offen geblieben**) *vi* (*unreg*) - **1.** [Tür, Geschäft] to stay open - **2.** [Frage, Problem] to remain unresolved.

offen halten *vt* (*unreg*) [Augen] to keep open; [Tür] to hold open; **sich (*D*) eine Möglichkeit ~** to keep an option open; **sich einen Ausweg ~** to leave o.s. a way out.
◆ **sich offen halten** *ref:* **sich für etw ~** to remain open to sthg.

Offenheit (*pl* **-en**) *die* - **1.** [Ehrlichkeit] frankness; **in aller ~** in all honesty - **2.** [Aufgeschlossenheit] openness.

offenherzig *adj* - **1.** [Mensch] open-hearted - **2.** *fam hum* [Kleidung] revealing.

offenkundig *geh adj* clear <> *adv* obviously, clearly.

offen lassen *vt* (*unreg*) *eigtl* & *fig* to leave open.

offensichtlich *adj* [Lüge, Betrug, Bevorzugung] blatant; [Wohlstand, Begabung] obvious; **es ist ~, dass ...** [eindeutig] it is clear that ... <> *adv* obviously, clearly; [lügen] blatantly.

offensiv *adj* - **1.** MIL offensive - **2.** SPORT attacking <> *adv* - **1.** MIL offensively - **2.** SPORT: **~ spielen** to play an attacking game.

Offensive [ɔfɛnˈziːvə] (*pl* **-n**) *die* **- 1.** MIL offensive **- 2.** SPORT attack.

offen stehen *vi (unreg)* **- 1.** [Tür, Fenster] to be open **- 2.** [zugänglich sein]: **jm ~** to be open to sb; **es steht dir offen zu fahren oder nicht** you are free to choose whether or not you go **- 3.** [Rechnung] to be outstanding.

öffentlich *adj* public <> *adv* publicly; [auftreten] in public.

Öffentlichkeit *die* public; **etw an die ~ bringen** to make sthg public; **in aller ~** in front of everyone; **an die ~ dringen** to be leaked.

Öffentlichkeitsarbeit *die (ohne pl)* public relations *(pl)*.

öffentlich-rechtlich *adj*: **~e Rundfunk- und Fernsehanstalt** ≃ public service broadcaster.

Offerte (*pl* **-n**) *die* offer.

offiziell *adj* official <> *adv* officially.

Offizier (*pl* **-e**) *der* officer.

offline [ˈɔflain] *adv* EDV offline; **~ gehen** to go offline.

öffnen *vt* **- 1.** [gen] to open; **mit geöffnetem Mund** with one's mouth open **- 2.** [lösen] to undo <> *vi* to open; **wir ~ um neun** we open at nine; **jm ~** to open the door to sb.
◆ **sich öffnen** *ref* to open; [neue Märkte *etc*] to open up.

Öffner (*pl* **-**) *der* **- 1.** [für Flaschen] opener **- 2.** [für Türen] *button used to open door in entryphone system.*

Öffnung (*pl* **-en**) *die* opening; [von Körper] orifice; [von Flasche] mouth; [in Mauer] gap.

Öffnungszeiten *pl* opening hours.

oft (*kompar* **öfter;** *superl* **amöftesten**) *adv* often; **wie ~?** how often?, how many times?

öfter, öfters *adv* quite often; **warst du schon ~ hier?** have you been here often?; **~ als mir lieb ist** more often than I'd like.
◆ **des Öfteren** *adv* several times.

ohne *präp (+ A)* without; **ein Ehepaar ~ Kinder** a couple with no children; **das ist ~ weiteres möglich** it's perfectly possible; **~ den Fahrer waren wir sechs Personen** there were six of us, not including ODER counting the driver <> *konj* without; **sie tat es, ~ dass er es merkte** she did it without him noticing; **sie tat es ~ zu fragen** she did it without asking.
◆ **ohne mich** *interj* count me out!

ohnedies *adv* ***geh*** in any case.

ohnegleichen *adv* ***geh*** unparalleled; **das war eine Dummheit ~** that was an unbelievably stupid thing to do.

ohnehin *adv* anyway.

Ohnmacht (*pl* **-en**) *die* **- 1.** [Bewusstlosigkeit] unconsciousness; **in ~ fallen** to faint **- 2.** [Machtlosigkeit] impotence.

ohnmächtig *adj* **- 1.** [bewusstlos] unconscious; **~ werden** to faint **- 2.** [machtlos] impotent <> *adv* **- 1.** [bewusstlos]: **~ daliegen** to lie there unconscious **- 2.** [zusehen, ausgeliefert] helplessly.

Ohr (*pl* **-en**) *das* **- 1.** [von Person, Tier] ear **- 2.** ***RW:*** **ein offenes ~ für jn/etw haben** to be ready to listen to sb/sthg; **ein paar** ODER **eins** ODER **was hinter die ~en kriegen** ***fam*** to get a clip round the ear; **ganz ~ sein** to be all ears; **halt die ~en steif!** *fam* chin up!; **bis über beide ~en verliebt sein** to be head over heels in love; **jn übers ~ hauen** ***fam*** to take sb for a ride; **jm mit etw in den ~en liegen** to pester sb about sthg; **mit den ~en schlackern** ***fam*** to be staggered, to be gobsmacked ***Br;*** **sich aufs ~ legen** ***fam*** to have a snooze.

Öhr (*pl* **-e**) *das* eye.

Ohr|clip *der* = **Ohrklipp.**

ohrenbetäubend *adj* deafening <> *adv* deafeningly.

Ohrenschmalz *das* ear wax.

Ohr|feige *die* slap (in the face); **jm eine ~ geben** to slap sb (in the face).

ohrfeigen *vt* to slap (in the face).

Ohrklipp, Ohrclip *der* clip-on earring.

Ohr|läppchen (*pl* **-**) *das* earlobe.

Ohr|ring *der* earring.

Ohr|stecker *der* (ear) stud.

Ohr|wurm *der* catchy tune; **ein ~ sein** to be catchy.

o. J. (*abk für* **ohne Jahr**) n.d.

okay [oˈkeː] *adj* & *adv* ***fam*** okay.

Öko|bauer *der* organic farmer.

Öko|bäuerin *die* organic farmer.

Öko|laden *der* wholefood store.

Ökologie [økoloˈgiː] *die* ecology.

ökologisch *adj* ecological <> *adv* ecologically.

Ökonomie [økonoˈmiː] (*pl* **-n**) *die* **- 1.** [gen] economy **- 2.** UNI economics *(sg)*.

ökonomisch *adj* **- 1.** WIRTSCH economic **- 2.** [sparsam] economical <> *adv* economically.

Öko|steuer *die* ecotax.

Öko|system *das* ecosystem.

Okt. (*abk für* **Oktober**) Oct.

Oktan (*pl* **-e**) *das* octane.

Oktave [ɔkˈtaːvə] (*pl* **-n**) *die* octave.

Oktober *der* October; **der 3. ~** *German national holiday commemorating reunification on 3 October 1990; siehe auch* **September.**

Oktoberfest *das* Munich beer festival.

ökumenisch REL *adj* ecumenical ◇ *adv* ecumenically.

ö. L. (*abk für* **östlicher Länge**): **45° ~** 45° east.

Öl (*pl* **-e**) *das* **- 1.** [gen] oil **- 2.** KUNST oils *(pl)*.

Oleander (*pl* -) *der* oleander.

ölen *vt* to oil.

Öl|farbe *die* **- 1.** KUNST oil paint; **mit ~n malen** to paint in oils **- 2.** [Streichmittel] oil-based paint.

OLG [oːˈɛlˈgeː] *das abk für* **Oberlandesgericht.**

Öl|gemälde *das* oil painting.

Öl|heizung *die* oil-fired central heating.

ölig *adj* oily ◇ *adv*: **~ glänzen** to have an oily sheen.

Olive [oˈliːvə] (*pl* **-n**) *die* olive.

Oliven|öl *das* olive oil.

olivgrün *adj* olive green.

Öl|pest *die* oil slick.

Öl|quelle *die* oil well.

Öl|sardine *die* sardine in oil.

Öl|stand *der* oil level; **den ~ messen** ODER **prüfen** to check the oil.

Öl|wechsel *der* oil change.

Olympiade (*pl* **-n**) *die* Olympic Games *(pl)*, Olympics *(pl)*.

Olympia|sieger, in *der, die* Olympic champion.

Olympia|stadion *das* Olympic stadium.

olympisch *adj* SPORT Olympic.

Olympische Spiele *pl* Olympic Games.

Oma (*pl* **-s**) *die* **- 1.** [Großmutter] grandma, granny **- 2.** *fam abw* [Frau] grandma; **die ~ vor mir** the old dear in front of me.

Omelett [ɔm(ə)ˈlɛt] (*pl* **-e** ODER **-s**) *das* omelette.

Omni|bus *der* [Linienbus] bus; [Reisebus] coach.

onanieren *vi* to masturbate.

Onkel (*pl* -) *der* **- 1.** [Verwandter, Freund] uncle **- 2.** *fam* [Mann]: **gib dem ~ die Hand** give the nice man your hand.

online [ˈɔnlain] *adj* EDV [angeschlossen] online; **~ sein** to be online ◇ *adv* online.

Online-Banking [ˈɔnlainbɛŋkiŋ] *das* online ODER Internet banking.

Online-|Dienst [ˈɔnlaindiːnst] *der* EDV online service.

o. O. (*abk für* **ohne Ortsangabe**) n.p.

op. (*abk für* **opus**) op.

OP [oːˈpeː] (*pl* **-s**) (*abk für* **Operationssaal**) *der* OR *Am*, *operating theatre Br*.

Opa (*pl* **-s**) *der* **- 1.** [Großvater] grandpa, grandad **- 2.** *fam abw* [Mann] grandpa, grandad; **der ~ vor mir** the old codger in front of me.

Opal (*pl* **-e**) *der* opal.

Open-Air-|Konzert *das* open-air concert.

Oper (*pl* **-n**) *die* **- 1.** MUS opera **- 2.** [Opernhaus] opera house; **in die ~ gehen** to go to the opera.

Operation (*pl* **-en**) *die* operation.

operativ MED *adj* surgical ◇ *adv* surgically.

Operette (*pl* **-n**) *die* operetta.

operieren *vt* to operate on; **jn am Blinddarm ~** to operate on sb's appendix; **sich ~ lassen** to have an operation ◇ *vi* to operate; **behutsam ~** to proceed carefully.

Opern|glas *das* opera glasses *(pl)*.

Opern|haus *das geh* opera house.

Opern|sänger, in *der, die* opera singer.

Opfer (*pl* -) *das* **- 1.** [Mensch - von Unglück, Leidenschaften] victim **- 2.** [Verzicht & REL] sacrifice **- 3.** *RW*: **ein ~ (für jn/etw) bringen** to make a sacrifice (for sb/sthg); **jm/einer Sache zum ~ fallen** to fall victim to sb/sthg.

opfern *vt* to sacrifice; **jm etw ~** to sacrifice sthg for sb; **jetzt habe ich dir so viel Zeit geopfert** now I've given up so much time for you; **dem Orakel geopfert werden** to be sacrificed to the oracle; **jn/etw für etw ~** to sacrifice sb/sthg for sthg.
◆ **sich opfern** *ref* **- 1.** [sich aufopfern] to sacrifice o.s. **- 2.** *fam hum* [sich bereit erklären]: **wer opfert sich freiwillig und geht zum Chef?** who's going to volunteer to go to the boss?

Opium *das* opium.

ÖPNV [øˈpeːˈɛnˈfau] (*abk für* **öffentlicher Personennahverkehr**) *der local public transport*.

Opportunist, in (*mpl* **-en**; *fpl* **-nen**) *der, die* opportunist.

opportunistisch *adj* opportunistic ◇ *adv* opportunistically.

Opposition (*pl* **-en**) *die* opposition; **in ~ zu etw stehen** to be opposed to sthg.

oppositionell *adj* opposition *(vor Subst)*; **~es Verhalten** opposition.

Optik *die* **- 1.** PHYS optics *(U)* **- 2.** [Sichtweise] point of view **- 3.** [Erscheinungsbild] appearance.

Optiker, in (*mpl* **-**; *fpl* **-nen**) *der, die* optician.

optimal *adj* optimal ◇ *adv* optimally.

Optimismus *der* optimism.

Optimist, in (*mpl* **-en**; *fpl* **-nen**) *der, die* optimist.

optimistisch *adj* optimistic ◇ *adv* optimistically.

optisch *adj* **- 1.** PHYS optical **- 2.** [visuell] visual ◇ *adv* [visuell] visually.

Orakel (*pl* -) *das* - **1.** [Mensch] oracle - **2.** [Weissagung] prophecy.

oral *adj* oral ◇ *adv* orally.

orange [o'rɑ̃:ʒ] *adj* orange.

Orange[1] [o'raŋ:ʒə, o'rɑ̃:ʒə] (*pl* **-n**) *die* [Frucht] orange.

Orange[2] [o'rɑ̃:ʒ] (*pl* -) *das* [Farbe] orange.

Orangen|marmelade *die* (orange) marmalade.

Orangen|saft *der* orange juice.

Orang-Utan (*pl* **-s**) *der* orangutang.

Orchester [ɔr'kɛstɐ] (*pl* -) *das* orchestra.

Orchidee [ɔrçi'de:ə] (*pl* **-n**) *die* orchid.

Orden (*pl* -) *der* - **1.** [Auszeichnung] decoration; [Medaille] medal; **jm einen ~ verleihen** to decorate sb - **2.** REL order.

ordentlich *adj* - **1.** [Person, Schreibtisch, Wohnung] tidy; [Schrift, Hausaufgabe] neat; [Leben] orderly - **2.** [regelgerecht - Mitglied] full; **~es Gericht** *court for civil and criminal cases* - **3.** [Note, Ergebnis] respectable - **4.** [Verdienst, Schluck] good; [Portion] good-sized; **einen ~en Schreck kriegen** to get a real fright - **5.** [anständig] proper ◇ *adv* - **1.** [sauber] tidily; [schreiben, gekleidet] neatly - **2.** [nach Regeln] correctly, in accordance with correct procedures - **3.** [viel] really well; **~ verdienen** to earn good money; **sie hat mit mir ~ geschimpft** she gave me a real telling-off.

ordern *vt* WIRTSCH to order.

Ordinal|zahl *die* ordinal (number).

ordinär *adj* - **1.** *abw* [vulgär - Person, Witz] crude; [- Benehmen, Kleidung] vulgar, common - **2.** [normal] ordinary ◇ *adv* *abw* [vulgär - lachen, fluchen] crudely; [- sich verhalten, sich kleiden] vulgarly, commonly.

ordnen *vt* - **1.** [sortieren] to sort out; [Gedanken] to organize; **etw nach Datum ~** to arrange sthg according to date - **2.** [aufräumen] to tidy up - **3.** [regeln - Finanzen, Affären, Privatleben] to put in order.

◆ **sich ordnen** *ref*: **sich zu etw ~** to form sthg.

Ordner (*pl* -) *der* - **1.** [Hefter] file - **2.** [Person] steward.

Ordnerin (*pl* **-nen**) *die* steward.

Ordnung (*pl* **-en**) *die* - **1.** [geordneter Zustand] tidiness; **~ schaffen** to tidy up - **2.** [Disziplin, Gesetzmäßigkeit] order; **für ~ sorgen** to keep order - **3.** [Anordnung] order; **in alphabetischer ~** in alphabetical order - **4.** [Grad]: **eine Dummheit erster ~** an extremely stupid thing to do - **5.** *RW*: **das geht in ~** that's okay ODER fine; **etw in ~ bringen** [ordnen, erledigen] to sort sthg out; **in ~ sein** *fam* to be okay; **sie lässt ihre Tochter allein zu Hause? – das ist nicht in ~** she leaves her daughter alone at home? – that's not right; **der Computer ist nicht in ~** there's something wrong with the computer; **(wieder) in ~ kommen** to sort itself out (again).

◆ **in Ordnung** *interj* okay!

ordnungsgemäß *adj* & *adv* in accordance with the regulations.

Ordnungs|strafe *die* **amt** fine.

ordnungswidrig **amt** *adj* [Parken] illegal; **~es Verhalten im Straßenverkehr** minor traffic offence ◇ *adv* [parken] illegally; **sich ~ verhalten** to contravene the regulations.

Öre (*pl* -) *die* ODER *das* öre.

Oregano *der* oregano.

ÖRF (*abk für* **Österreichischer Rundfunk**) *Austrian radio and television corporation.*

Organ (*pl* **-e**) *das* - **1.** [gen] organ - **2.** [Stimme] voice.

Organisation (*pl* **-en**) *die* organization.

Organisator (*pl* **-toren**) *der* organizer.

Organisatorin (*pl* **-nen**) *die* organizer.

organisatorisch *adj* organizational ◇ *adv* organizationally.

organisch *adj* - **1.** [eines Körperteils] physical - **2.** [natürlich & CHEM] organic ◇ *adv* - **1.** [physiologisch] physically - **2.** [natürlich] organically.

organisieren *vt* - **1.** [veranstalten, ordnen] to organize - **2.** [gründen] to form - **3.** *fam* [beschaffen] to get hold of - **4.** *fam* [stehlen] to pinch.

◆ **sich organisieren** *ref* - **1.** [sich zusammenschließen] to organize - **2.** [sich bilden] to develop.

Organismus (*pl* **-men**) *der* organism.

Organist, in (*mpl* **-en**; *fpl* **-nen**) *der, die* organist.

Organizer *der* (electronic) organizer.

Organ|spende *die* organ donation.

Organ|spender, in *der, die* organ donor.

Organ|verpflanzung *die* organ transplant.

Orgasmus (*pl* **-men**) *der* orgasm.

Orgel (*pl* **-n**) *die* organ.

Orgel|konzert *das* organ concert.

Orgel|pfeife *die* organ pipe; **dastehen wie die ~n** *fam* to be lined up in order of height.

Orgie ['ɔrgi̯ə] (*pl* **-n**) *die* orgy.

Orient ['o:ri̯ɛnt] *der* - **1.** [der Nahe Osten] Middle East - **2.** [Asien] Orient.

orientalisch *adj* - **1.** [vom Nahen Osten] Middle Eastern - **2.** [vom Morgenland] oriental.

orientieren [ori̯ɛn'ti:rən] *vt* - **1.** [ausrichten]: **etw nach** ODER **an etw** *(D)* **~** to base sthg on sthg - **2.** [informieren]: **jn über etw** *(A)* **~** to inform sb about sthg.

◆ **sich orientieren** *ref* - **1.** [sich zurechtfinden] to orientate o.s., to get one's bearings - **2.** [sich informieren]: **sich über etw** *(A)* **~** to inform o.s. about sthg - **3.** [sich ausrichten]: **sich nach** ODER **an etw** *(D)* **~** to be orientated towards sthg; **sich nach der Mutter ~** to follow the example of one's mother.

Orientierung *die (ohne pl)* - **1.** [Zurechtfinden]: **die ~ in der Wüste ist nicht einfach** it's not easy to get one's bearings in the desert; **dieser Stadtplan ist zu Ihrer ~** this city map is to help you find your way around; **die ~ verlieren** to lose one's bearings - **2.** [Information] information - **3.** [Ausrichtung]: **~ nach** ODER **an etw** *(D)* orientation towards sthg; **vielen Jugendlichen fehlt die ~ an religiösen Werten** many young people have no orientation towards religious values; [nach Vorgaben, Richtlinien] conformance to sthg.

Orientierungs|sinn *der* sense of direction.

Orientierungs|stufe *die* SCHULE *the first two years of secondary education during which pupils at all three types of secondary school may move to a school better suited to their abilities.*

Orient|teppich *der* Persian rug.

original *adj* - **1.** [ursprünglich] original - **2.** [unverfälscht] genuine <> *adv* - **1.** [echt]: **eine ~ chinesische Tasse** a genuine Chinese tea cup - **2.** [direkt] live.

Original *(pl* **-e***) das* - **1.** [Urform] original - **2.** [Person] character.

Original|aufnahme *die* [von Musik] original recording; [Foto] original print.

originalgetreu *adj* faithful <> *adv* faithfully.

Originalität *die* - **1.** [Echtheit] authenticity - **2.** [Individualität] originality.

Originalton *der*: **Sie hören jetzt die Rede des Präsidenten im ~** you will now hear the original recording of the president's speech.

Originalver|packung *die* original packaging.

originell *adj* - **1.** [ideenreich] original - **2.** *fam* [komisch] witty <> *adv* - **1.** [ideenreich] originally - **2.** *fam* [komisch] wittily.

Orkan *(pl* **-e***) der* hurricane.

Ornament *(pl* **-e***) das* ornament.

Ort *(pl* **-e***) der* - **1.** [gen] place; [von Verbrechen] scene; **an ~ und Stelle** on the spot - **2.** [Ortschaft - Dorf] village; [- Stadt] small town.
◆ **vor Ort** *adv* on the spot.

orthodox *adj* orthodox <> *adv* *abw* [starr] rigidly.

Orthografie, Orthographie [ɔrtograˈfiː] *(pl* **-n***) die* spelling, orthography.

Orthopäde *(pl* **-n***) der* orthopaedic surgeon.

Orthopädie *die* orthopaedics *(U)*.

Orthopädin *(pl* **-nen***) die* orthopaedic surgeon.

orthopädisch *adj* orthopaedic <> *adv* orthopaedically.

Örtlichkeit *(pl* **-en***) die* locality; **er ist mit den ~en bestens vertraut** he knows the area very well.
◆ **Örtlichkeiten** *pl fam* loo *(sg) Br,* john *(sg) Am.*

Ortsan|gabe *die*: **eine genaue ~ eines Unfalls machen** to give exact details of where an accident happened.

ortsansässig *adj* local.

Ortschaft *(pl* **-en***) die* village; **geschlossene ~** *amt* built-up area.

ortsfremd *adj*: **ich bin hier ~** I'm a stranger here.

Orts|gespräch *das* TELEKOM local call.

Orts|kenntnis *die* knowledge of the area.

ortskundig *adj*: **ich bin hier ~** I'm familiar with this area.

Orts|netz *das* - **1.** TELEKOM local (telephone) exchange - **2.** ELEKTR local grid.

Orts|tarif *der* TELEKOM local rate.

öS *(abk für* **österreichischer Schilling***)* Sch.

Öse *(pl* **-n***) die* eye; [von Schuh] eyelet.

Oslo *nt* Oslo.

Ossi *(pl* **-s***) der* **fam** *term used to describe citizen of the former GDR.*

Ost *der* - **1.** [Windrichtung] east; **der Wind bläst aus ~** the wind is blowing from the east - **2.** [Länder des Ostens, Gegend] East.

Ostalgie *die nostalgia for the good things about life in the former GDR.*

Ostblock *der* Eastern bloc.

ostdeutsch *adj* [Gebiet] Eastern German; POL East German.

Ostdeutschland *nt* [Gebiet] Eastern Germany; [DDR] East Germany.

Osten *der* - **1.** [Richtung] east; **nach ~** east - **2.** [Gegend] East; **im ~** in the East - **3.** POL: **der ~** the East.

Oster|ei *das* Easter egg.

Oster|ferien *pl* Easter holidays.

Oster|hase *der* Easter Bunny.

Oster|marsch *der demonstration for peace held at Easter.*

Oster|montag *der* Easter Monday.

Ostern Easter; **an** ODER **zu ~** at Easter.
◆ **frohe Ostern** *interj* Happy Easter!

Österreich *nt* Austria.

Österreicher, in *(mpl* **-;** *fpl* **-nen***) der, die* Austrian.

österreichisch *adj* Austrian.

Osterlsonntag *der* Easter Sunday.

Osteuropa *nt* Eastern Europe.

Ostfriese (*pl* **-n**) *der* East Frisian.

Ostfriesin (*pl* **-nen**) *die* East Frisian.

ostfriesisch *adj* East Frisian.

Ostfriesische Inseln *pl* East Frisian Islands.

Ostfriesland *nt* East Frisia.

Ostlküste *die* east coast.

östlich *adj* eastern; [Wind] east ◇ *adv:* **~ einer Sache** *(G)* ODER **von etw** to the east of sthg.

Ostlpolitik *die* Ostpolitik.

Ostlpreuße *der* East Prussian.

Ostlpreußen *nt* East Prussia.

Ostlpreußin *die* East Prussian.

ostpreußisch *adj* East Prussian.

Östrogen (*pl* **-e**) *das* oestrogen.

Ostsee *die:* **die ~** the Baltic (Sea).

Ostlseite *die* east side.

ostwärts *adv* [sich bewegen] eastwards; [sich befinden] to the east.

Ostlwind *der* east wind.

Ottawa *nt* Ottawa.

Otter (*pl* **-** ODER **-n**) *der (pl Otter)* otter ◇ *die (pl Ottern)* viper.

ÖTV [øːˈteːˈfau̯] (*abk für* **Gewerkschaft Öffentliche Dienste, Transport und Verkehr**) *die German public services and transport workers' union.*

out [au̯t] *adj (unver):* **~ sein** ***fam*** to be out.

Outdoor-Aktivitäten *pl* outdoor pursuits.

outen *vt* to out.
◆ **sich outen** *ref* to come out.

Outfit [ˈau̯tfɪt] (*pl* **-s**) *das* outfit.

Output [ˈau̯tput] (*pl* **-s**) *der* EDV output.

Outsourcing [ˈau̯tsoː(r)sɪŋ] *das* outsourcing.

Ouvertüre [uvɛrˈtyːrəl (*pl* **-n**) *die* overture.

oval [oˈvaːl] *adj* oval ◇ *adv* in/into an oval.

Overall [ˈoːvərall (*pl* **-s**) *der* overalls *(pl)*.

Overheadlprojektor [ˈoːvɐhɛdprojɛktɔr] *der* overhead projector.

ÖVP [øːˈfau̯ˈpeː] (*abk für* **Österreichische Volkspartei**) *die* Austrian People's Party, *Christian Democratic political party in Austria.*

Oxid, Oxyd (*pl* **-e**) *das* oxide.

oxidieren, oxydieren (*perf* **hat/ist oxidiert** ODER **oxydiert**) *vt (hat) vi (ist)* to oxidize.

Ozean (*pl* **-e**) *der* ocean.

Ozelot (*pl* **-e** ODER **-s**) *der* ocelot.

Ozon *der* ODER *das* ozone.

Ozonloch *das* hole in the ozone layer.

Ozonschicht *die* ozone layer.

P

p, P [peː] (*pl* **-** ODER **-s**) *das* p, P.

paar *adj* few.
◆ **ein paar** *det* a few; **kannst du mal ein ~ Minuten rüberkommen?** can you come over here for a couple of minutes?

Paar (*pl* **-e** ODER **-**) *das* **- 1.** *(pl Paare)* [zwei Personen] couple **- 2.** *(pl Paar)* [zwei Dinge] pair; **ein ~ Strümpfe** a pair of socks.

paaren *vt* **- 1.** [Tiere] to mate **- 2.** [kombinieren] to combine.
◆ **sich paaren** *ref* [kopulieren] to mate.

paarmal ◆ **ein paarmal** *adv* a few times; **den Film habe ich ein ~ gesehen** I've seen the film a couple of times.

Paarung (*pl* **-en**) *die* **- 1.** [von Tieren] mating **- 2.** [von Spielern, Mannschaften] pairing.

paarweise *adv* in pairs.

Pacht (*pl* **-en**) *die* **- 1.** [das Pachten, Vertrag] lease; **etw in ~ haben** to lease sthg **- 2.** [Geld] rent.

pachten *vt* to lease; **etw (für sich) gepachtet haben** ***fam fig*** to have a monopoly on sthg.

Pächter, in (*mpl* **-**; *fpl* **-nen**) *der, die* **- 1.** [von Geschäft] leaseholder **- 2.** [von Grundstück] tenant.

Pack *das* ***abw*** rabble.

Päckchen (*pl* **-**) *das* **- 1.** [Paket] small parcel **- 2.** [Packung] packet.

packen *vt* **- 1.** [voll packen] to pack; **seine Sachen ~** to pack one's things **- 2.** [legen, stellen]: **etw auf/unter etw** *(A)* **~** to put sthg on/under sthg; **etw aus etw ~** to take sthg out of sthg **- 3.** [fassen] to seize **- 4.** [überkommen]: **mich packt das Grauen** I am filled with horror **- 5.** [emotional bewegen] to grip **- 6.** ***fam*** [schaffen - Studium, Prüfung] to get through; **glaubst du, du packst es?** do you think you can manage?; **sie hat den Bus noch gepackt** she managed to catch the bus **- 7.** ***salopp*** [begreifen] to get **- 8.** *RW:* **~ wirs?** ***fam*** [gehen wir?] shall we be off? ◇ *vi* [vor Reisen] to pack.

◆ **sich packen** *ref fam* to clear off.

Packen (*pl* -) *der* pile; [zusammengeschnürt] bundle ◇ *das* packing.

packend *adj* gripping ◇ *adv* grippingly.

Packpapier *das* brown paper.

Packung (*pl* **-en**) *die* **- 1.** [für Waren] packet **- 2.** MED compress; [aus Eis] ice pack **- 3.** [Gesichtspackung] face pack **- 4.** *fam* [hohe Niederlage]: **eine ~ kriegen** to get stuffed.

Pädagoge (*pl* **-n**) *der* **- 1.** [Lehrer] teacher **- 2.** [Wissenschaftler] educationalist.

Pädagogik *die* education.

Pädagogin (*pl* **-nen**) *die* **- 1.** [Lehrerin] teacher **- 2.** [Wissenschaftlerin] educationalist.

pädagogisch *adj* educational; **ihre ~en Fähigkeiten** her teaching ability; **meine ~e Ausbildung** my training in education ◇ *adv* educationally.

Pädagogische Hochschule *die* teacher-training college.

Paddel (*pl* -) *das* paddle.

Paddelboot *das* canoe.

paddeln (*perf* **hat/ist gepaddelt**) *vi* **- 1.** *(hat)* [rudern] to paddle **- 2.** *(ist)* [Boot fahren] to canoe.

paffen *fam vt* [rauchen] to puff at ◇ *vi* **- 1.** *abw* [rauchen] to puff away **- 2.** [nicht Lunge rauchen]: **du paffst ja nur!** you're not inhaling!

Page [ˈpaːʒə] (*pl* **-n**) *der* [im Hotel] bellboy ***Br***, bellhop ***Am***.

Pagenkopf *der* page-boy haircut.

Paillette [paˈjɛtə] (*pl* **-n**) *die* sequin.

Paket (*pl* **-e**) *das* **- 1.** [Postsendung] parcel **- 2.** [Packung] packet **- 3.** [Packen] bundle **- 4.** [Zusammenstellung] package.

Paketkarte *die form showing sender and addressee, to be filled in when sending a parcel.*

Paketschalter *der* parcels counter.

Pakistan *nt* Pakistan.

Pakistaner, in (*mpl* **-**; *fpl* **-nen**) *der, die* Pakistani.

Pakistani (*pl* - ODER **-s**) *der* Pakistani.

Pakistanin (*pl* **-nen**) *die* Pakistani.

pakistanisch *adj* Pakistani.

Pakt (*pl* **-e**) *der* pact; **einen ~ schließen** to make a pact.

paktieren *vi abw:* **mit jm ~** to do a deal with sb.

Palast (*pl* **Paläste**) *der* palace.

Palästina *nt* Palestine.

Palästinenser, in (*mpl* **-**; *fpl* **-nen**) *der, die* Palestinian.

palästinensisch *adj* Palestinian.

Palette (*pl* **-n**) *die* **- 1.** [für Farben] palette **- 2.** [zum Transport] pallet **- 3.** [Vielfalt] range.

Palme (*pl* **-n**) *die* palm (tree); **jn auf die ~ bringen** *fam fig* to drive sb mad.

Palmsonntag *der* Palm Sunday.

Pampe *die fam* mush.

Pampelmuse (*pl* **-n**) *die* grapefruit.

pampig *fam adj* **- 1.** [frech] insolent **- 2.** [breiig] mushy ◇ *adv* [frech] insolently.

Panade (*pl* **-n**) *die* breadcrumb coating.

Panama *nt* Panama.

Panamakanal *der* Panama Canal.

Panda (*pl* **-s**) *der* panda.

Panflöte *die* panpipes *(pl)*.

panieren *vt* to coat with breadcrumbs; **paniertes Schnitzel** breaded escalope of pork.

Paniermehl *das (ohne pl)* breadcrumbs *(pl)*.

Panik *die* panic; **in ~ geraten** to panic; **(nur) keine ~!** *fam* stay cool!

Panikmache *die abw* scaremongering.

panisch *adj* [Reaktion] panic-stricken; **eine ~e Angst vor etw** *(D)* **haben** to be terrified of sthg ◇ *adv* [reagieren] with panic; **sich ~ fürchten** to be terrified.

Panne (*pl* **-n**) *die* **- 1.** [mit Auto, Maschine] breakdown; **eine ~ haben** to break down **- 2.** [Fehler] slip-up; [Versprecher] slip; **die Veranstaltung verlief ohne jede ~** the event went off without a hitch.

Pannendienst *der* breakdown service.

Panorama (*pl* **-men**) *das* panorama.

panschen *vt* [mit Chemikalien] to adulterate; [mit Wasser] to water down ◇ *vi* [mit Chemikalien] to adulterate the drinks; [mit Wasser] to water down the drinks.

Panther, Panter (*pl* -) *der* panther.

Pantoffel (*pl* **-n**) *der* slipper; **unter dem ~ stehen** *fam* to be henpecked.

Pantoffelheld *der fam abw* henpecked husband.

Pantomime (*pl* **-n**) *die* mime ◇ *der* mime artist.

Pantomimin (*pl* **-nen**) *die* mime artist.

Panzer (*pl* -) *der* **- 1.** [Fahrzeug] tank **- 2.** [von Insekt, Schildkröte] shell; [von Krokodil] armour **- 3.** [Schutzplatte] armour plating.

Panzerglas *das* bulletproof glass.

panzern *vt* to armour-plate.

◆ **sich panzern** *ref* to shield o.s.

Panzerschrank *der* safe.

Papa (*pl* **-s**) *der fam* dad, daddy.

Papagei (*pl* **-en**) *der* parrot.

Papi (*pl* **-s**) *der fam* dad, daddy.

Papier (*pl* **-e**) *das* **- 1.** [gen] paper; **etw zu ~ brin-**

gen to put sthg down on paper **- 2.** [Wertpapier] security.
◈ **Papiere** *pl* [Ausweis, persönliches Dokument] documents; **Ihre ~e bitte** your papers, please; **seine ~e bekommen** *ODER* **kriegen** ***fam fig*** to get fired, to get the sack ***Br.***

Papier|geld *das* paper money.

Papier|korb *der* wastepaper basket ***Br,*** wastebasket ***Am.***

Papier|kram *der* ***fam abw*** paperwork.

Papier|krieg *der* ***abw*** *tedious and long-running exchange of correspondence with an authority.*

Papier|schlange *die* streamer.

Papier|serviette *die* paper napkin.

Papiertaschen|tuch *das* paper handkerchief.

Papier|tüte *die* paper bag.

Papierwaren|geschäft *das* stationer's.

Papp|becher *der* paper cup.

Pappe (*pl* **-n**) *die* cardboard; **nicht von** *ODER* **aus ~ sein** ***fam fig*** to be quite something.

päppeln *vt* to feed up.

pappen *vt:* **etw (an etw** *(A)***) ~** to stick sthg (on sthg) ◇ *vi* to stick.

Pappenstiel *der:* **10.000 Mark sind kein ~** 10,000 marks is not to be sneezed at.

pappig *adj* **- 1.** [haftend] sticky **- 2.** [Brötchen] doughy; [Kartoffeln, Gemüse] mushy.

Papp|karton *der* cardboard box.

Papp|teller *der* paper plate.

Paprika (*pl* **-** *ODER* **-s**) *der* **- 1.** [Gemüse] pepper **- 2.** [Gewürz] paprika.

Paprika|schote *die* pepper.

Papst (*pl* **Päpste**) *der* pope.

päpstlich *adj* papal.

Papyrus *der* papyrus.

Parabel (*pl* **-n**) *die* **- 1.** MATH parabola **- 2.** [Gleichnis] parable.

Parabol|antenne *die* satellite dish.

parabolisch *adj* **- 1.** MATH parabolic **- 2.** ***geh*** [gleichnishaft] parable-like ◇ *adv* **- 1.** MATH parabolically **- 2.** ***geh*** [gleichnishaft] as a parable.

Parade (*pl* **-n**) *die* **- 1.** [Aufmarsch] parade **- 2.** [bei Fechten] parry; [bei Ballspiel] save; **jm in die ~ fahren** to rain on sb's parade; [ins Wort fallen] to cut sb short.

Paradebei|spiel *das* prime example.

Paradies (*pl* **-e**) *das* paradise.

paradiesisch *adj* heavenly.

paradox *adj* **- 1.** [widersinnig] paradoxical **- 2.** ***fam*** [unsinnig] absurd ◇ *adv* [widersinnig] paradoxically.

Paraffin (*pl* **-e**) *das* paraffin.

Paragliding ['paːraglaidɪŋ] *das* paragliding.

Paragraf, Paragraph (*pl* **-en**) *der* **- 1.** [in Vertrag, Gesetz] section; [in Verfassung] article **- 2.** [typografisches Zeichen] paragraph.

Paragraf 218 *der article in German constitution pertaining to abortion.*

PARAGRAF 218

This article in the constitution is an ongoing source of controversy both in parliament and among the general public. Since 1993, it has stipulated that if an abortion is carried out during the first twelve weeks of pregnancy on medical grounds, then it is not a criminal act. It is nevertheless against the law and as such, unless an exception is made in specific cases, cannot be paid for by the country's national health service.

Paraguay ['paraguai] *nt* [Staat] Paraguay ◇ *der* [Fluss]: **der ~** the (River) Paraguay.

parallel *adj* parallel ◇ *adv* **- 1.** [gleichzeitig]: **~ zu etw** at the same time as sthg **- 2.** [in gleichem Abstand]: **~ zu etw verlaufen** to run parallel to sthg.

Parallele (*pl* **-n**) *die* **- 1.** MATH parallel line **- 2.** [Entsprechung] parallel; **~n zu etw ziehen** to draw parallels with sthg.

Parallel|klasse *die* SCHULE parallel class.

Parallelogramm (*pl* **-e**) *das* parallelogram.

Parallel|schaltung *die* ELEKTR parallel connection.

Parallel|schwung *der* SPORT parallel turn.

Parameter (*pl* **-**) *der* parameter.

paramilitärisch *adj* paramilitary ◇ *adv* along paramilitary lines.

paranoid [parano'iːt] *adj* paranoid ◇ *adv:* **sich ~ verhalten** to act paranoid.

Para|nuss *die* brazil nut.

Para|phrase *die* paraphrase.

Parapsychologie *die* parapsychology.

Parasit (*pl* **-en**) *der* ***eigtl*** **&** ***fig*** parasite.

parasitär *adj* parasitic ◇ *adv* parasitically.

parat *adv:* **etw ~ haben/halten** to have/keep sthg ready; **auf diese Frage habe ich keine passende Antwort ~** I don't have a ready answer to this question ◇ *adj (unver):* **~ sein** to be ready.

Pärchen (*pl* **-**) *das* couple.

Parfüm (*pl* **-e** *ODER* **-s**) *das* perfume.

Parfümerie [parfymə'riː] (*pl* **-n**) *die* perfumery.

parfümieren *vt* to perfume.
◈ **sich parfümieren** *ref:* **sich stark ~** [Frau] to wear a lot of perfume; [Mann] to wear a lot of aftershave.

parieren *vt* to parry <> *vi* to obey.

Paris *nt* Paris.

Pariser (*pl* -) *der* **- 1.** [Einwohner] Parisian **- 2.** *fam* [Kondom] rubber <> *adj (unver)* Parisian.

Pariserin (*pl* **-nen**) *die* Parisian.

pariserisch *adj* Parisian.

paritätisch *adj* [Mitbestimmung] equal; [Ausschuss] with equal representation <> *adv* equally.

Park (*pl* **-s**) *der* park.

Parka (*pl* **-s**) *der* parka.

Park-and-ride-System ['paːkɛnd'raitsys'teːm] *das* park and ride system.

Parkanllage *die* [von Stadt] park; [von Schloss] grounds *(pl)*.

Parklbank (*pl* **-bänke**) *die* park bench.

Parklbucht *die* parking bay.

parken *vt* to park <> *vi* **- 1.** [Person] to park; **falsch ~** to park illegally **- 2.** [Fahrzeug]: **ein parkendes Auto** a parked car.

Parken *das* parking; '**~ verboten!**' 'no parking'.

Parkett (*pl* **-e** *ODER* **-s**) *das* **- 1.** [Fußbodenbelag] parquet **- 2.** [im Kino, Theater] stalls *(pl)* ***Br***, parquet ***Am***; **sich auf internationalem ~ bewegen (können)** ***geh*** to (be able to) move in international circles.

Parklgebühr *die* parking fee.

Parklhaus *das* multi-storey car park ***Br***, parking garage ***Am***.

Parklleuchte *die* sidelight ***Br***, parking light ***Am***.

Parkllicht *das* sidelight ***Br***, parking light ***Am***.

Parkllücke *die* parking space.

Parklplatz *der* **- 1.** [Platz] car park ***Br***, parking lot ***Am*** **- 2.** [Parklücke] parking space.

Parklscheibe *die* parking disc.

Parklschein *der* (car park) ticket.

Parklsünder, in *der, die* ***fam*** illegally parked person.

Parkluhr *die* parking meter.

Parklverbot *das*: **hier herrscht ~** there is no parking here; **im ~ stehen** to be in a no-parking zone.

Parklwächter, in *der, die* **- 1.** [auf dem Parkplatz] car park attendant ***Br***, parking lot attendant ***Am*** **- 2.** [im Park] park attendant.

Parlament (*pl* **-e**) *das* parliament.

Parlamentarier, in [parlamɛn'taːriɐ, rɪn] (*mpl* **-**; *fpl* **-nen**) *der, die* Member of Parliament.

parlamentarisch *adj* parliamentary <> *adv* in parliament.

Parlamentsauslschuss *der* parliamentary committee.

Parlamentsldebatte *die* parliamentary debate.

Parlamentslwahl *die* parliamentary elections *(pl)*.

Parmesan *der* Parmesan.

Parmesankäse *der* Parmesan cheese.

Parodie [paro'diː] (*pl* **-n**) *die* parody; **eine ~ auf etw** a parody of sthg; **eine ~ auf jn** a take-off of sb.

parodieren *vt* [Roman, Film, Sprechweise] to parody; [Person] to take off.

Parodontose (*pl* **-n**) *die* gum disease.

Parole (*pl* **-n**) *die* **- 1.** [Kennwort] password **- 2.** [Leitspruch] slogan **- 3.** ***abw*** [Behauptung]: **eine ausländerfeindliche ~** a racial stereotype.

Partei (*pl* **-en**) *die* **- 1.** [gen] party; **für jn ~ ergreifen** ***fig*** to side with sb **- 2.** [bei Streit] side.

parteiisch *adj* biased <> *adv*: **~ urteilen** to make a biased judgement.

Parteillinie *die* party line.

parteilos *adj* independent.

Parteimitlglied *das* party member.

Parteilprogramm *das* party manifesto.

Parteiltag *der* party conference ***Br***, convention ***Am***.

Parteilvorsitzende *der, die* party leader.

Parterre [par'tɛr] (*pl* **-s**) *das* ground floor ***Br***, first floor ***Am***.

◆ **im Parterre** *adv* on the ground floor ***Br*** *ODER* first floor ***Am***.

Partie [par'tiː] (*pl* **-n**) *die* **- 1.** [Teil] part **- 2.** [Spiel] game; **eine ~ Schach/Tennis spielen** to play a game of chess/tennis **- 3.** ***RW***: **eine gute/schlechte ~ sein** to be/not to be a good catch; **da bin ich mit von der ~!** count me in!

partiell [par'tsiɛl] *adj* partial <> *adv* partially.

Partikel (*pl* **-n** *ODER* **-**) *das* *(pl Partikel)* PHYS particle <> *die (pl Partikeln)* GRAM particle.

Partisan, in (*mpl* **-en**; *fpl* **-nen**) *der, die* partisan.

Partitur (*pl* **-en**) *die* score.

Partizip (*pl* **-ien**) *das* participle.

◆ **Partizip Perfekt** *das* past participle.

◆ **Partizip Präsens** *das* present participle.

Partner, in (*mpl* **-**; *fpl* **-nen**) *der, die* partner; [in Film] co-star.

Partnerlook *der* his and hers look.

Partnerschaft (*pl* **-en**) *die* **- 1.** [zwischen Personen] partnership **- 2.** [zwischen Städten] twinning.

partnerschaftlich *adj* [Verhältnis] based on partnership; **~e Beziehung** partnership; **~e Zusammenarbeit** cooperation <> *adv* **- 1.** [freundschaftlich] in a spirit of partnership;

[zusammenleben] as partners **- 2.** [kollegial] in partnership.

Partner|stadt *die* twin town.

partout [par'tu:] *adv* ***fam*** at all costs; **sie will ~ nicht gehorchen!** she simply refuses to obey!

Party ['pa:ɐ̯ti] (*pl* **-s**) *die* party.

Pasch (*pl* **-e** *ODER* **Päsche**) *der* double.

Pascha (*pl* **-s**) *der* **- 1.** [Titel, Titelträger] pasha **- 2.** ***fam abw*** [egoistischer Mann]: **den ~ spielen** to allow o.s. to be waited on hand and foot.

Pass (*pl* **Pässe**) *der* **- 1.** [Dokument] passport **- 2.** [Gebirgspass, beim Fußball] pass.

passabel *adj* reasonable, passable <> *adv* reasonably well, passably.

Passage [pa'sa:ʒə] (*pl* **-n**) *die* **- 1.** [gen] passage **- 2.** [Geschäftsstraße] arcade.

Passagier [pasa'ʒi:ɐ̯] (*pl* **-e**) *der* passenger; **blinder ~** [auf Schiff] stowaway; [im Zug] fare dodger.

Passagier|flugzeug *das* passenger aircraft.

Passagierin [pasa'ʒi:rɪn] (*pl* **-nen**) *die* passenger.

Passant, in (*mpl* **-en;** *fpl* **-nen**) *der, die* passerby.

Pass|bild *das* passport photo.

passen *vi* **- 1.** [die richtige Größe haben] to fit; **die Schuhe ~ mir nicht** my shoes don't fit; **in etw** *(A)* **~** to fit in sthg **- 2.** [angenehm sein]: **passt es (dir) morgen besser?** does tomorrow suit you better?; **das passt mir nicht** that doesn't suit me; **diese ständigen Unterbrechungen ~ mir nicht** I could do without these constant interruptions; **das könnte dir so ~!** no way!; **das könnte ihm so ~!** he should be so lucky! **- 3.** [zusammenpassen - Farben] to match; **zu jm ~** to suit sb; **sie passt in keinster Weise zu ihm** she isn't at all suited to him; **diese Schuhe ~ nicht zu dem Rock** these shoes don't go with the skirt **- 4.** [nicht können] to pass; **da muss ich ~!** pass!

passend *adj* **- 1.** [Gelegenheit, Methode, Kleidung] suitable; [Worte] right; **der ~e Schlüssel** the right key **- 2.** [Farbe] matching <> *adv* suitably; **~ antworten** to give a fitting reply; **haben Sie es ~?** do you have the exact amount?

Pass|foto *das* passport photo.

passieren (*perf* **hat/ist passiert**) *vt (hat)* **- 1.** [überschreiten, durchschreiten] to cross **- 2.** [Zollkontrolle] to go through **- 3.** SPORT to pass **- 4.** KÜCHE to pass through a sieve <> *vi (ist)* to happen; **es ist ein Unglück passiert** there's been an accident; **mir ist etwas unglaubliches passiert** something incredible happened to me; **bei dem Unfall ist zum Glück nichts passiert** fortunately, nobody was hurt in the accident.

Passier|schein *der* pass, permit.

Passion (*pl* **-en**) *die* **- 1.** [gen] passion **- 2.** REL Passion.

passioniert *adj* passionate.

Passions|frucht *die* passionfruit.

Passionsspiele *pl* passion plays.

passiv, passiv *adj* **- 1.** [untätig] passive **- 2.** [Mitglied] non-active <> *adv* passively.

Passiv ['pasif] (*pl* **-e**) *das* GRAM passive (voice).

Passivität [pasivi'tɛ:t] *die* passivity.

Pass|kontrolle *die* **- 1.** [Kontrollieren] passport check **- 2.** [Kontrollstelle] passport control.

Pass|wort *das* EDV password.

Paste (*pl* **-n**) *die* paste.

Pastell|farbe *die* pastel colour.

Pastell|ton *der* pastel shade.

Pastete (*pl* **-n**) *die* **- 1.** [mit Blätterteig] vol-au-vent **- 2.** [ohne Blätterteig] pâté.

pasteurisieren [pastøri'zi:rən] *vt* to pasteurize.

Pastor (*pl* **-toren**) *der* [katholisch] priest; [evangelisch] vicar.

Pastorin (*pl* **-nen**) *die* **- 1.** [Pfarrerin] vicar **- 2.** [Ehefrau des Pastors] vicar's wife.

Pate (*pl* **-n**) *der* godfather; **bei etw ~ stehen** to be the influence behind sthg.

Paten|kind *das* godchild.

Paten|onkel *der* godfather.

Patenschaft (*pl* **-en**) *die:* **die ~ für etw übernehmen** to sponsor sthg; **die ~ für jn übernehmen** to become sb's godparent.

patent *adj* **- 1.** [lebenstüchtig] capable **- 2.** [praktisch] neat **- 3.** ***fam*** [nett] great <> *adv* [tüchtig] capably.

Patent (*pl* **-e**) *das* patent; **auf etw** *(A)* **ein ~ anmelden** to apply for a patent for sthg.

Paten|tante *die* godmother.

patentieren *vt* to patent; **sich** *(D)* **etw ~ lassen** to take out a patent on sthg.

Pater (*pl* **-**) *der* father *(priest)*.

pathetisch *adj* melodramatic <> *adv* melodramatically.

pathologisch *adj* pathological <> *adv* [krankhaft] pathologically.

Pathos *das:* **mit ~ in der Stimme** with emotion in one's voice; **seine Rede trieft vor falschem ~** his speech is oozing with false pathos.

Patience [pa'siɑ̃:s] (*pl* **-n**) *die* patience.

Patient, in (*mpl* **-en;** *fpl* **-nen**) *der, die* patient.

Patin (*pl* **-nen**) *die* godmother.

Patina *die* patina.

patriarchalisch *adj* patriarchal <> *adv* in a patriarchal manner.

Patriot, in (*mpl* **-en;** *fpl* **-nen**) *der, die* patriot.

patriotisch *adj* patriotic <> *adv* patriotically.

Patriotismus *der* patriotism.

Patron, in (*mpl* **-e;** *fpl* **-nen**) *der, die* patron saint.

Patrone (*pl* **-n**) *die* cartridge.

patrouillieren [patrul'(j)i:rən] (*perf* **hat/ist patrouilliert**) *vi* to patrol.

Patsche (*pl* **-n**) *die* **fam** - **1.** [Not]: **in der ~ sitzen** to be in a fix; **jm aus der ~ helfen** to help sb out of a tight spot - **2.** [Hand] paw.

patschen *vi* **fam** - **1.** [mit Händen]: **jm eine ins Gesicht ~** to slap sb's face - **2.** [mit Füßen] to splash.

patschnass *adj* **fam** soaking wet.

Patt (*pl* **-s**) *das* **eigtl** & **fig** stalemate.

patzen *vi* to slip up.

patzig *adj* nasty <> *adv* nastily.

Pauke (*pl* **-n**) *die* kettledrum; **auf die ~ hauen** ***fam fig*** to paint the town red; **mit ~n und Trompeten durchfallen** ***fig*** to fail resoundingly.

pauken **fam** *vi* to swot ***Br***, to grind ***Am*** <> *vt* to swot up on ***Br***, to bone up on ***Am***.

Pauker, in (*mpl* **-;** *fpl* **-nen**) *der, die* **fam** teacher.

pausbäckig *adj* chubby-cheeked.

pauschal *adj* - **1.** [Preis, Versicherung] all-inclusive - **2.** [Urteil] sweeping <> *adv* - **1.** [beurteilen] sweepingly - **2.** [abrechnen] altogether.

Pauschale (*pl* **-n**) *die* flat rate.

Pauschal|preis *der* all-inclusive price.

Pauschal|reise *die* package tour.

Pauschal|urteil *das* sweeping judgement.

Päuschen ['pɔysçən] (*pl* **-**) *das* **fam** breather; **(ein) ~ machen** to take a breather.

Pause (*pl* **-n**) *die* - **1.** [Unterbrechung] break; [im Theater, Konzert] interval - **2.** MUS rest.

Pausen|brot *das* snack (for the break).

pausenlos *adj* & *adv* non-stop.

Pavian ['pa:vi̯a:n] (*pl* **-e**) *der* baboon.

Pavillon ['pavɪljɔŋ] (*pl* **-s**) *der* pavilion.

Pay-TV ['pɛi̯|ti:vi:] (*pl* **-s**) *das* pay TV; **im ~** on pay TV.

Pazifik *der*: **der ~** the Pacific.

pazifisch *adj* Pacific.

Pazifische Ozean *der* Pacific Ocean.

Pazifismus *der* pacifism.

Pazifist, in (*mpl* **-en;** *fpl* **-nen**) *der, die* pacifist.

pazifistisch *adj* pacifist <> *adv* in a pacifist way.

PC [pe:'tse:] (*pl* **-** ODER **-s**) (*abk für* **Personal Computer**) *der* PC.

PDS [pe:de:'ɛs] (*abk für* **Partei des Demokratischen Sozialismus**) *die Democratic Socialist Party.*

Pech (*pl* **-e**) *das* - **1.** [Unglück] bad luck; **~ haben** to be unlucky - **2.** [Erdölprodukt] pitch; **zusammenhalten wie ~ und Schwefel** ***fig*** to be as thick as thieves.

Pech|strähne *die* run of bad luck.

Pech|vogel *der* unlucky person.

Pedal (*pl* **-e**) *das* pedal.

Pedant, in (*mpl* **-en;** *fpl* **-nen**) *der, die* **abw** pedant.

pedantisch **abw** *adj* fastidious <> *adv* fastidiously.

Pegel (*pl* **-**) *der* [von Fluss] water level; [von Lärm] level.

peilen *vt* to take a bearing on; **die Lage ~** to see how the land lies <> *vi* **fam: über den Daumen ~** to make a rough guess.

peinigen *vt* **geh** to torture.

peinlich *adj* - **1.** [unangenehm] embarrassing; **das ist mir sehr ~** I feel very embarrassed about it - **2.** [sorgfältig] scrupulous <> *adv* - **1.** [unangenehm] embarrassingly - **2.** [sorgfältig] scrupulously.

Peinlichkeit (*pl* **-en**) *die* - **1.** [Zustand] awkwardness - **2.** [Handlung] embarrassment.

Peitsche (*pl* **-n**) *die* whip.

peitschen (*perf* **hat/ist gepeitscht**) *vt (hat)* to whip <> *vi (ist)* [Wind, Regen] to lash; [Schuss] to ring out.

Pekinese (*pl* **-n**) *der* pekinese.

Peking *nt* Peking.

Pekinger (*pl* **-**) *der* Pekingese <> *adj (unver)* Pekingese.

Pekingerin (*pl* **-nen**) *die* Pekingese.

Pelikan (*pl* **-e**) *der* pelican.

Pelle (*pl* **-n**) *die* ***Norddt*** [von Kartoffel] peel; [von Wurst] skin; **jm auf die ~ rücken** ***fam fig*** [bedrängen] to pester sb; [heranrücken] to get too close to sb.

pellen *vt* ***Norddt*** [Kartoffel] to peel; [Wurst] to skin.
◆ **sich pellen** *ref* to peel.

Pell|kartoffel *die* unpeeled boiled potato.

Peloponnes [pelopɔ'ne:s] *der*: **der ~** the Peloponnese.

Pelz (*pl* **-e**) *der* - **1.** [Fell] fur *(U)*; **jm auf den ~ rücken** ***fam fig*** to pester sb - **2.** [Pelzmantel] fur (coat).

pelzig *adj* - **1.** [taub] numb - **2.** [pelzartig] furry.

Pelz|mantel *der* fur coat.

Pendant [pɑ̃'dɑ̃ː] (*pl* **-s**) *das* **geh** counterpart.

Pendel (*pl* -) *das* pendulum.

pendeln (*perf* **ist/hat gependelt**) *vi* - **1.** *(ist)* [fahren] to commute - **2.** *(hat)* [schwingen - Glocken] to swing; [- Beine] to dangle.

Pendelverkehr *der* [für Pendler] commuter traffic; [Hin- und Herfahren] shuttle service.

Pendler, in (*mpl* **-**; *fpl* **-nen**) *der, die* commuter.

penetrant **abw** *adj* [Mensch, Fragerei] obtrusive; [Geruch, Geklingel] penetrating <> *adv* [nach etw riechen] penetratingly; [auf jn einreden] obtrusively.

peng *interj* bang!

penibel **abw** *adj* fussy <> *adv* fussily.

Penis (*pl* **-se**) *der* penis.

Penizillin *das* penicillin.

pennen *vi* **fam** - **1.** [schlafen] to sleep, to kip ***Br*** - **2.** [nicht aufpassen] to be half-asleep - **3.** [mit jm schlafen]: **mit jm ~ *salopp*** to do it with sb.

Penner, in (*mpl* **-**; *fpl* **-nen**) *der, die* **fam** - **1.** [Stadtstreicher] tramp, bum ***Am*** - **2.** [Schlafmütze] sleepyhead.

Pension [paŋ'zi̯oːn] (*pl* **-en**) *die* - **1.** [Hotel] guesthouse - **2.** [Ruhestand]: **in ~ gehen** to retire; **in ~ sein** to be retired - **3.** *(ohne pl)* [Bezüge] pension.

Pensionär, in [paŋzi̯on'ɛːɐ̯, rɪn] (*mpl* **-e**; *fpl* **-nen**) *der, die* pensioner *(retired civil servant).*

pensionieren [paŋzi̯o'niːrən] *vt* to pension off.

Pensionierung [paŋzi̯o'niːrʊŋ] (*pl* **-en**) *die* retirement.

Pensions|gast *der* guest *(in a guesthouse).*

Pensum (*pl* **Pensen**) *das* quota.

Pentagon *das* pentagon.

Penthouse ['pɛnthaus] (*pl* **-s**) *das* penthouse.

Pep *der* **fam**: **~ haben** to have pep.

Peperoni (*pl* -) *die* chilli (pepper).

per *präp (+A)* by.

perfekt *adj* - **1.** [vollkommen] perfect - **2.** [abgeschlossen]: **~ sein** [Vertrag, Kauf] to be finalized; [Niederlage, Sieg] to be complete; **~ machen** to finalize <> *adv* [vollkommen] perfectly.

Perfekt (*pl* **-e**) *das* GRAM perfect.

Perfektion *die* perfection.

perfektionieren *vt* to perfect.

perforiert *adj* perforated.

Pergament (*pl* **-e**) *das* parchment.

Pergamentpapier *das* greaseproof paper.

Periode (*pl* **-n**) *die* - **1.** [Epoche, Menstruation] period - **2.** MATH repetend; **1,6 ~** 1.6 recurring.

periodisch *adj* periodic <> *adv* periodically.

peripher *adj* [gen & EDV] peripheral <> *adv* - **1.** [am Rande] on the periphery - **2.** ***geh*** [zweitrangig] peripherally.

Peripherie [perife'riː] (*pl* **-n**) *die* periphery; [von Stadt] outskirts *(pl)*; **an der ~ einer Stadt** on the outskirts of a town.

Perle (*pl* **-n**) *die* - **1.** [Schmuck - aus Muschel] pearl; [- aus Holz, Glas] bead - **2.** ***geh*** [Kostbarkeit] gem.

perlen (*perf* **hat/ist geperlt**) *vi* - **1.** *(hat)* [sprudeln] to bubble - **2.** *(ist)* ***geh*** [abperlen]: **Schweiß perlt ihm auf der Stirn** beads of sweat are forming on his brow.

Perlen|kette *die* pearl necklace.

Perl|huhn *das* guinea fowl.

Perlmutt, Perlmutt *das* mother of pearl.

Perlon® *das* ≃ nylon.

permanent *adj* permanent <> *adv* permanently.

perplex *adj*: **(ganz) ~ sein** to be stunned.

pers. *abk für* **persönlich.**

Perser (*pl* -) *der* - **1.** [Iraner] Persian - **2.** [Teppich] Persian carpet.

Perserin (*pl* **-nen**) *die* Persian.

Perser|teppich *der* Persian carpet.

Persianer (*pl* -) *der* Persian lamb.

Persien *nt* Persia.

Persiflage [pɛrzi'flaːʒə] (*pl* **-n**) *die* satire; **eine ~ auf jn/etw** a satire on sb/sthg.

persisch *adj* Persian.

Persischer Golf *der*: **der ~** the Persian Gulf.

Person (*pl* **-en**) *die* - **1.** [Mensch & GRAM] person; **sie ist Köchin und Inhaberin in einer ~** she is chef and owner rolled into one; **in (eigener) ~** in person; **etw in ~ sein *fig*** to be sthg personified - **2.** [Figur] character.

Personal *das* staff.

Personal|abbau *der* reduction in staff.

Personal|abteilung *die* personnel department.

Personal|ausweis *der* identity card.

Personal|chef, in *der, die* personnel manager.

Personal|computer *der* EDV personal computer.

Personalien [pɛrzo'naːli̯ən] *pl* personal details.

Personal|kosten *pl* staff costs.

Personal|pronomen *das* GRAM personal pronoun.

Personal|rat *der* - **1.** [Gremium] staff council *(for civil servants)* - **2.** [Vertreter] staff council representative *(for civil servants).*

Personal|rätin *die* staff council representative *(for civil servants).*

personell *adj* staff *(vor Subst)* <> *adv* with regard to staff; **~ unterbesetzt** understaffed.

Personenkraft|wagen *der* **amt** private car.

Personen|wagen *der* car.

persönlich *adj* personal; **~ werden** to get personal <> *adv* personally; **etw ~ nehmen** to take sthg personally.

Persönlichkeit (*pl* **-en**) *die* personality.

Perspektive [pɛrspɛk'tiːvə] (*pl* **-n**) *die* **- 1.** [Bildaufbau, Sichtweise] perspective; **aus js ~** from sb's perspective **- 2.** [Aussicht] prospect.

perspektivisch [pɛrspɛk'tiːvɪʃ] *adj* perspective *(vor Subst)* <> *adv* in perspective.

Peru *nt* Peru.

Peruaner, in (*mpl* **-**; *fpl* **-nen**) *der, die* Peruvian.

peruanisch *adj* Peruvian.

Perücke (*pl* **-n**) *die* wig.

pervers [pɛr'vɛrs] *adj* perverted <> *adv*: **~ veranlagt sein** to be perverted.

Peseta, Pesete (*pl* **Peseten**) *die* peseta.

Pessar (*pl* **-e**) *das* pessary.

Pessimismus *der* pessimism.

Pessimist, in (*mpl* **-en**; *fpl* **-nen**) *der, die* pessimist.

pessimistisch *adj* pessimistic <> *adv* pessimistically.

Pest *die (ohne pl)* [Seuche] plague; **jn/etw hassen wie die ~ *fam fig*** to absolutely hate sb/sthg; **jn/etw meiden wie die ~ *fam fig*** to avoid sb/sthg like the plague; **stinken wie die ~ *fam fig*** to stink to high heaven.

Pestizid (*pl* **-e**) *das* pesticide.

Petersilie [petɐ'ziːliə] *die* parsley.

Petition (*pl* **-en**) *die* petition.

Petrochemie *die* petrochemistry.

Petroleum [pe'troːleum] *das* paraffin ***Br***, kerosene ***Am***.

Petroleum|lampe *die* oil lamp.

Petunie (*pl* **-n**) *die* petunia.

petzen *vi* ***fam*** to tell tales.

Pf. (*abk für* **Pfennig**) pf.

Pfad (*pl* **-e**) *der* [gen & EDV] path.

Pfadfinder, in (*mpl* **-**; *fpl* **-nen**) *der, die* boy scout (*f* girl guide ***Br***, girl scout ***Am***).

Pfaffe (*pl* **-n**) *der* ***fam abw*** cleric.

Pfahl (*pl* **Pfähle**) *der* post.

Pfalz *die*: **die ~** the Palatinate.

Pfälzer (*pl* **-**) *der* native/inhabitant of the Palatinate <> *adj (unver)* of/from the Palatinate.

Pfälzerin (*pl* **-nen**) *die* native/inhabitant of the Palatinate.

pfälzisch *adj* of/from the Palatinate.

Pfand (*pl* **Pfänder**) *das* [von Flasche] deposit; [als Sicherheit] security; [beim Pfänderspiel] token; **etw als ~ nehmen** to take sthg as security.

Pfand|brief *der* mortgage bond.

pfänden *vt* to seize.

Pfand|flasche *die* returnable bottle.

Pfand|haus *das* pawnshop.

Pfändung (*pl* **-en**) *die* seizure *(U)*.

Pfanne (*pl* **-n**) *die* (frying) pan; **jn in die ~ hauen *fam fig*** to tear sb to pieces.

Pfann|kuchen *der* pancake.

Pfarrei (*pl* **-en**) *die* parish.

Pfarrer (*pl* **-**) *der* [katholisch] priest; [evangelisch] minister.

Pfarrerin (*pl* **-nen**) *die* minister.

Pfarr|haus *das* [katholisch] presbytery; [evangelisch] minister's house.

Pfau (*pl* **-en**) *der* peacock.

Pfd. (*abk für* **Pfund**) lb.

Pfeffer *der* pepper.

Pfeffer|kuchen *der* gingerbread.

Pfefferminze, Pfefferminze *die* peppermint.

Pfeffer|mühle *die* pepper mill.

pfeffern *vt* **- 1.** [würzen] to put pepper on/in **- 2. *fam*** [werfen] to chuck **- 3. *fam*** [ohrfeigen]: **jm eine ~** to give sb a clout.

Pfeife (*pl* **-n**) *die* **- 1.** [zum Rauchen, Musikinstrument] pipe; **nach js ~ tanzen *fam fig*** to dance to sb's tune; **~ rauchen** to smoke a pipe **- 2.** [zum Pfeifen] whistle **- 3. *fam abw*** [Mensch] dead loss.

pfeifen (*prät* **pfiff**; *perf* **hat gepfiffen**) *vi* to whistle; **auf jn/etw ~ *fam fig*** not to give a damn about sb/sthg <> *vt* **- 1.** [Lied] to whistle **- 2.** [Spiel] to referee.

Pfeil (*pl* **-e**) *der* **- 1.** [Waffe, Hinweiszeichen] arrow; **grüner ~** filter arrow **- 2. *fam*** [Stichelei] barb.

GRÜNER PFEIL

The green filter arrow indicating that drivers can turn right at a crossroads when the traffic lights are red, thereby clearing traffic in the right-hand lane, is being gradually introduced in the Federal Republic, and is based on the system used in the former East Germany. It is the only East German legal measure that has been adopted by the reunited Germany.

Pfeiler (*pl* **-**) *der* pillar.

Pfennig (*pl* **-e** ODER **-**) *der* pfennig; **keinen ~ haben** *fam* not to have a penny.

Pferd (*pl* **-e**) *das* horse; **aufs falsche/richtige ~ setzen** to back the wrong/right horse. ◆ **zu Pferd** *adv* on horseback.

Pferdeäpfel *pl* horse droppings.

Pferde|rennen *das* horse race.

Pferde|schwanz *der* [Frisur] ponytail.

Pferde|sport *der (ohne pl)* equestrian sports *(pl)*.

Pferde|stall *der* stable.

Pferde|stärke *die* horsepower *(U)*.

pfiff *prät* ▷ **pfeifen.**

Pfiff (*pl* **-e**) *der* **- 1.** [Ton] whistle **- 2.** *fig* [Reiz] style; **mit ~** stylish.

Pfifferling (*pl* **-e**) *der* chanterelle; **nicht einen** ODER **keinen ~** *fam fig* not a thing.

pfiffig *adj* [Mensch, Idee] smart; [Gesicht] knowing ◇ *adv* cleverly.

Pfingsten *(ohne Artikel)* Whitsun.

Pfingst|montag *der* Whit Monday.

Pfingst|rose *die* peony.

Pfingst|sonntag *der* Whit Sunday.

Pfirsich (*pl* **-e**) *der* peach.

Pflanze (*pl* **-n**) *die* plant.

pflanzen *vt* to plant.

Pflanzenschutz|mittel *das* pesticide.

pflanzlich *adj* [Nährstoffe, Fasern] plant *(vor Subst)*; [Öl] vegetable *(vor Subst)*; **~e Ernährung** [von Person] vegetarian diet; [von Tier] herbivorous diet ◇ *adv:* **sich ~ ernähren** [Person] to be a vegetarian; [Tier] to be a herbivore.

Pflaster (*pl* **-**) *das* **- 1.** [Verband] plaster **- 2.** *(ohne pl)* [Straßenbelag] (road) surface; **ein teures ~ sein** *fig* to be an expensive place.

pflastern *vt* to pave.

Pflaster|stein *der* paving stone.

Pflaume (*pl* **-n**) *die* **- 1.** [Frucht] plum **- 2.** *fam* [Mensch] drip.

Pflaumen|baum *der* plum tree.

Pflaumen|kuchen *der* plum tart.

Pflaumen|mus *das thick plum purée, used like jam.*

Pflege *die* **- 1.** [von Lebewesen] care; **bei jm in ~ sein** to be looked after by sb; **jn in ~ nehmen/haben** to look after sb; **ein Kind in ~ nehmen** to foster a child **- 2.** [von Sprache, Beziehung] cultivation; [von Garten, Tradition] maintenance.

pflegebedürftig *adj* who/which needs looking after.

Pflege|dienst *der* (home) care agency, *company that provides care for elderly or sick people in their own homes.*

Pflege|eltern *pl* foster parents.

Pflege|fall *der:* **ein ~ sein** to be in (permanent) need of nursing care.

Pflege|heim *das* nursing home.

Pflege|kind *das* foster child.

pflegeleicht *adj* **- 1.** [Material] easy-care **- 2.** *fam* [Person] easy to deal with.

pflegen *vt* **- 1.** [versorgen] to look after; **jn gesund ~** to nurse sb back to health **- 2.** [schonen] to take care of **- 3.** [gewohnt sein]: **etw zu tun ~** *geh* to be in the habit of doing sthg.

Pflegepersonal *das* nursing staff.

Pfleger, in (*mpl* **-**; *fpl* **-nen**) *der, die* nurse.

Pflege|versicherung *die insurance covering long-term nursing costs, paid for by employer and employee.*

pfleglich *adj* careful ◇ *adv* carefully.

Pflicht (*pl* **-en**) *die* **- 1.** [Aufgabe] duty; **etw ist ~** sthg is compulsory **- 2.** *(ohne pl)* SPORT compulsories *(pl)*.

pflichtbewusst *adj* conscientious ◇ *adv* conscientiously.

Pflicht|fach *das* compulsory subject.

Pflicht|gefühl *das* sense of duty.

Pflicht|übung *die* [in Sport] compulsory exercise; *fig* duty.

Pflicht|versicherung *die* compulsory insurance.

Pflock (*pl* **Pflöcke**) *der* [für Tier] stake; [für Zelt] peg.

pflücken *vt* to pick.

Pflug (*pl* **Pflüge**) *der* plough.

pflügen *vt* & *vi* to plough.

Pforte (*pl* **-n**) *die* **- 1.** [von Krankenhaus, Firma - Tor] gate; [- Eingang] entrance **- 2.** *geh* [kleine Tür] door.

Pförtner, in (*mpl* **-**; *fpl* **-nen**) *der, die* porter.

Pförtner|loge *die* porter's lodge.

Pfosten (*pl* **-**) *der* post.

Pfote (*pl* **-n**) *die* paw.

Pfropf (*pl* **-e**) *der* blockage; [in Ader] clot.

Pfropfen (*pl* **-**) *der* stopper.

pfui *interj* ugh!

Pfund (*pl* **-e**) *das* **- 1.** [Gewicht] 500 grams, ≃ pound **- 2.** [Währung] pound.

pfundweise *adv* *fam* by the pound.

Pfusch *der (ohne pl)* **fam abw** botched job; **~ machen** to make a botched job of it.

pfuschen *vi* *fam abw* [unsorgfältig arbeiten] to make a botched job of it; [mogeln] to cheat.

Pfuscher, in (*mpl* **-**; *fpl* **-nen**) *der, die* *fam abw* bungler.

Pfütze (*pl* **-n**) *die* puddle.

PH [peːˈhaː] (*pl* **-s**) *die abk für* **Pädagogische Hochschule.**

Phallus (*pl* **Phalli**) *der* phallus.

Phänomen (*pl* **-e**) *das* ***geh*** phenomenon.

phänomenal *adj* phenomenal <> *adv* phenomenally.

Phantasie = **Fantasie.**

phantasielos = **fantasielos.**

phantasieren = **fantasieren.**

phantasievoll = **fantasievoll.**

phantastisch = **fantastisch.**

Phantom (*pl* **-e**) *das* phantom.

Phantom|bild *das* Identikit® picture.

Pharao (*pl* **-s** *ODER* **-aonen**) *der* Pharaoh.

Pharma|industrie *die* pharmaceutical industry.

Pharmazie *die* pharmacy.

Phase (*pl* **-n**) *die* phase.

Philatelie [filateˈliː] *die* philately.

Philharmonie [fɪlharmoˈniː] (*pl* **-n**) *die* **- 1.** [Orchester] philharmonic orchestra **- 2.** [Gebäude] philharmonic hall.

Philharmoniker *pl* Philharmonic (Orchestra) *(sg)*.

Philippinen *pl:* **die ~** the Philippines.

Philologe (*pl* **-n**) *der* student/teacher of language and literature.

Philologen|verband *der* association of teachers of language and literature.

Philologie [fɪloloˈgiː] (*pl* **-n**) *die* study of language and literature.

Philologin (*pl* **-nen**) *die* student/teacher of language and literature.

philologisch *adj* linguistic and literary <> *adv* from a linguistic and literary perspective.

Philosoph, in (*mpl* **-en;** *fpl* **-nen**) *der, die* philosopher.

Philosophie [fɪlozoˈfiː] (*pl* **-n**) *die* philosophy.

philosophieren *vi* to philosophize; **über etw** *(A)* **~** to philosophize about sthg.

philosophisch *adj* philosophical <> *adv* philosophically.

phlegmatisch *adj* lethargic <> *adv* lethargically.

Phobie [foˈbiː] (*pl* **-n**) *die* MED phobia.

Phon (*pl* **-s** *ODER* **-**) *das* phon.

Phonetik = **Fonetik.**

phonetisch = **fonetisch.**

Phosphat (*pl* **-e**) *das* phosphate.

Phosphor *der* phosphorus.

phosphoreszieren *vi* to phosphoresce.

Phosphor|säure *die* phosphoric acid.

Photosynthese = **Fotosynthese.**

Photo|zelle = **Fotozelle.**

Phrase (*pl* **-n**) *die* cliché; **leere ~n** empty phrases; **~n dreschen** ***fam fig*** to spout clichés.

pH-|Wert [peːˈhaːveːɐ̯t] *der* pH-value.

Physik *die* physics *(U)*.

physikalisch *adj* **- 1.** [gen] physical **- 2.** [Forschung, Institut] physics *(vor Subst)* <> *adv* in terms of physics.

Physiker, in (*mpl* **-;** *fpl* **-nen**) *der, die* physicist.

Physiologie *die* physiology.

physiologisch *adj* physiological <> *adv* physiologically.

physisch *adj* physical <> *adv* physically.

Pi *das* MATH pi; **~ mal Daumen** ***fam fig*** approximately.

Pianist, in (*mpl* **-en;** *fpl* **-nen**) *der, die* pianist.

Pickel (*pl* **-**) *der* **- 1.** [Entzündung] spot **- 2.** [Gerät] pickaxe; [für Eis] ice-pick.

pickelig, picklig *adj* spotty.

picken *vt* & *vi* to peck.

picklig = **pickelig.**

Picknick (*pl* **-s** *ODER* **-e**) *das* picnic; **ein ~ machen** to have a picnic.

pieken *vi* to prick.

piekfein *adj* posh.

Piep *der:* **keinen ~ mehr sagen** ***fam fig*** [nicht reden] not to say another word; [tot sein] to have had it.

piepegal *adj (unver):* **das ist mir ~** ***fam*** I couldn't care less about that.

piepen *vi* [Vogel] to cheep; [Maus] to squeak; [Piepser] to bleep; **bei dir piepts wohl!** ***fam fig*** you're off your head!

Piepen *das:* **zum ~ sein** ***fam*** to be a scream.

Piepser (*pl* **-**) *der* TELEKOM bleeper.

Pier (*pl* **-e** *ODER* **-s**) *der* jetty.

piercen ◆ **sich piercen** *vpr:* **sich die Nase ~** to have one's nose pierced.

Piercing [ˈpiːrsɪŋ] (*pl* **-s**) *das* body piercing; **ein ~ in der Zunge/Augenbraue haben** to have a pierced tongue/eyebrow.

piesacken *vt* ***fam*** to torment.

Pietät [pi̯eˈtɛːt] *die* ***geh*** reverence.

pietätlos ***geh*** *adj* irreverent <> *adv* irreverently.

Pigment (*pl* **-e**) *das* pigment.

Pik (*pl* **-**) *das* **- 1.** *(ohne Artikel, ohne pl)* [Spielfarbe] spades *(pl)* **- 2.** *(pl* **Pik***)* [Spielkarte] spade; **~ Bube** jack of spades.

pikant *adj* spicy <> *adv* **- 1.** [scharf]: **etw ~ würzen** to spice sthg well **- 2.** [frivol] spicily.

Pike (*pl* **-n**) *die:* **etw von der ~ auf lernen** ***fam fig*** to learn sthg by working one's way up from the bottom.

pikiert *adj* piqued; **(über etw** *(A)***) ~ sein** to be piqued (by sthg) <> *adv* [ansehen] with a piqued look; [antworten] in a piqued voice.

Pikkolo|flöte *die* piccolo.

Piktogramm (*pl* **-e**) *das* pictogram.

Pilger (*pl* **-**) *der* pilgrim.

Pilger|fahrt *die* pilgrimage.

Pilgerin (*pl* **-nen**) *die* pilgrim.

pilgern (*perf* **ist gepilgert**) *vi* **- 1.** [wallfahren] to go on a pilgrimage **- 2.** ***fam*** [laufen] to trek.

Pille (*pl* **-n**) *die* **- 1.** [Verhütungsmittel]: **die ~** the pill; **die ~ nehmen** to be on the pill **- 2.** ***fam*** [Tablette] pill.

Pilot (*pl* **-en**) *der* [von Flugzeug] pilot; [von Rennwagen] driver.

Piloten|schein *der* pilot's licence.

Pilotin (*pl* **-nen**) *die* [von Flugzeug] pilot; [von Rennwagen] driver.

Pilot|projekt *das* pilot project.

Pils (*pl* **-**) *das* Pilsner.

Pilz (*pl* **-e**) *der* **- 1.** [Pflanze - essbar] mushroom; [- giftig] toadstool; **wie ~e aus dem Boden schießen** ***fig*** to mushroom **- 2.** *(ohne pl)* [Hautpilz] fungal infection.

Pimmel (*pl* **-**) *der* ***fam*** willy ***Br***, peter ***Am***.

PIN (*pl* **-s**) (*abk für* **persönliche Identifikationsnummer**) *die* PIN (number).

pingelig ***fam*** *adj* fussy <> *adv* fussily.

Pingpong *das* ping-pong.

Pinguin ['pɪŋguiːn] (*pl* **-e**) *der* penguin.

Pinie ['piːni̯ə] (*pl* **-n**) *die* stone pine.

pink *adj (unver)* bright pink.

Pink *das* bright pink.

pinkeln *vi* ***fam*** to pee.

Pinn|wand *die* notice ***Br*** *ODER* bulletin ***Am*** board.

Pinscher (*pl* **-**) *der* pinscher.

Pinsel (*pl* **-**) *der* brush.

pinseln *vt* & *vi* to paint.

Pinte (*pl* **-n**) *die* ***fam*** bar, pub ***Br***.

Pinzette (*pl* **-n**) *die* tweezers *(pl)*.

Pionier (*pl* **-e**) *der* **- 1.** [Vorkämpfer] pioneer **- 2.** [Soldat] engineer.

Pioniergeist *der* pioneering spirit.

Pionierin (*pl* **-nen**) *die* pioneer.

Pipapo *das* ***fam:*** **mit allem ~** with all the frills.

Pipeline ['paiplai̯n] (*pl* **-s**) *die* pipeline.

Pipette (*pl* **-n**) *die* pipette.

Pipi *das* ***fam:*** **~ machen** to do a wee-wee.

Pirat (*pl* **-en**) *der* pirate.

Piraten|sender *der* pirate radio station.

Piratin (*pl* **-nen**) *die* pirate.

Pirsch *die:* **auf die ~ gehen** to go stalking.

pissen *vi* ***vulg*** to piss.

Pistazie [pɪs'taːtsi̯ə] (*pl* **-n**) *die* pistachio.

Piste (*pl* **-n**) *die* **- 1.** [für Flugzeuge] runway **- 2.** [Skipiste] piste **- 3.** [für Fahrzeuge] track.

Pistole (*pl* **-n**) *die* pistol; **jm die ~ auf die Brust setzen** ***fig*** to hold a gun to sb's head; **wie aus der ~ geschossen** ***fam fig*** like a shot.

pitschenass, pitschnass *adj* ***fam*** soaking wet.

Pizza ['pɪtsa] (*pl* **-s**) *die* pizza.

Pizzeria [pɪtse'riːa] (*pl* **Pizzerien** *ODER* **-s**) *die* pizzeria.

PKK [peːkaː'ka] (*abk für* **Kurdische Arbeiterpartei**) *die* PKK.

Pkt. *abk für* **Punkt.**

Pkw ['peːkaːveː] (*pl* **-s**) (*abk für* **Personenkraftwagen**) *der* car, automobile ***Am***.

plädieren *vi* **- 1.** ***geh*** [stimmen]: **für etw ~** to argue for sthg **- 2.** RECHT: **für** *ODER* **auf etw** *(A)* **~** to plead for sthg.

Plädoyer [plɛdo̯a'jeː] (*pl* **-s**) *das* **- 1.** RECHT closing argument **- 2.** ***geh*** [Rede] plea.

Plage (*pl* **-n**) *die* nuisance.

plagen *vt* to torment; **von etw geplagt sein** to be tormented by sthg.

◆ **sich plagen** *ref* to slave away; **sich mit etw ~** to slave away at sthg.

Plagiat (*pl* **-e**) *das* **- 1.** [Kopieren] plagiarism *(U)* **- 2.** [Produkt] imitation.

Plakat (*pl* **-e**) *das* poster.

plakatieren *vt* to put up posters for <> *vi* to put up posters.

Plakette (*pl* **-n**) *die* [Tafel] plaque; [Abzeichen] badge.

Plan (*pl* **Pläne**) *der* **- 1.** [Vorgehensweise, Vorhaben] plan; **einen ~ aufstellen** *ODER* **ausarbeiten** to draw up *ODER* work out a plan; **Pläne schmieden** to make plans **- 2.** [Karte] map **- 3.** ***RW:*** **jn/etw auf den ~ rufen** to bring sb/sthg into the fray.

◆ **nach Plan** *adv* according to plan.

Plane (*pl* **-n**) *die* tarpaulin.

planen *vt* to plan.

Planet (*pl* **-en**) *der* planet.

Planetarium [plane'taːri̯ʊm] (*pl* **Planetarien**) *das* planetarium.

planieren *vt* to level.

Planke (*pl* **-n**) *die* plank.

Plankton *das* plankton.

planlos *adj* unsystematic <> *adv* unsystematically.

planmäßig *adj* **- 1.** [nach Plan] scheduled **- 2.** [systematisch] systematic <> *adv* **- 1.** [nach Plan] on time **- 2.** [systematisch] systematically.

Planschlbecken, Plantschbecken *das* paddling *Br* ODER wading *Am* pool.

planschen, plantschen *vi* to splash about.

Plantage [plan'taːʒəl] (*pl* **-n**) *die* plantation.

Planung (*pl* **-en**) *die* **- 1.** [Vorbereitung] planning *(U)* **- 2.** [Ergebnis] plan.

Planwirtschaft *die (ohne pl)* planned economy.

plappern *vi* to prattle.

plärren *vi* **abw - 1.** [weinen] to wail **- 2.** [rufen] to yell **- 3.** [Krach machen] to blare.

Plasma (*pl* **Plasmen**) *das* plasma *(U)*.

Plaste (*pl* **-n**) *die* **Ostdt** plastic.

Plastik (*pl* **-en**) *das (ohne pl)* plastic <> *die* sculpture.

Plastiklüte *die* plastic bag.

plastisch *adj* [dreidimensional] three-dimensional; **eine ~e Darstellung** a vivid description <> *adv* **- 1.** [dreidimensional] three-dimensionally **- 2.** [lebendig] vividly.

Platane (*pl* **-n**) *die* plane tree.

Plateaulsohle *die* platform sole; **Schuhe mit ~n** platform shoes.

Platin *das* platinum.

platonisch *adj* platonic <> *adv* platonically.

plätschern (*perf* **hat/ist geplätschert**) *vi* **- 1.** *(ist)* [fließen] to splash; [Bach] to babble **- 2.** *(hat)* [Geräusch machen] to splash.

platt *adj* **- 1.** [flach] flat; **einen Platten haben** ***fam*** to have a flat; **~ sein** ***fam fig*** to be flabbergasted **- 2.** [nichts sagend] trite <> *adv* **- 1.** [flach] flat **- 2.** [nichts sagend] tritely.

Platt *das* Low German, *dialect spoken in northern Germany;* **~ sprechen** to speak Low German.

Plattdeutsch(e) *das* Low German, *dialect spoken in northern Germany; siehe auch* **Englisch(e).**

Platte (*pl* **-n**) *die* **- 1.** [Bauelement - aus Metall, Glas] sheet; [- aus Stein, Beton] slab; [- aus Holz] board **- 2.** [Servierplatte] plate **- 3.** [Schallplatte] record; **eine ~ auflegen** ODER **spielen** to put on ODER play a record; **die ~ kenne ich** ***fam fig*** I've heard it all before **- 4.** [Herdplatte] ring **- 5.** ***fam*** [Glatze] bald patch.

◆ **kalte Platte** *die meal of cold meats, cheese, salad etc.*

Platten ▻ **platt.**

plätten *vt* **Norddt** [bügeln] to iron; **geplättet sein** ***fam fig*** to be flabbergasted.

Plattenlbau *der* concrete high-rise *(made of prefabricated slabs)*.

Plattensee *der* Lake Balaton.

Plattenlspieler *der* record player.

Plattlform *die* platform.

Plattlfuß *der (ohne pl)* ***fam*** flat *(tyre)*.

◆ **Plattfüße** *pl:* **Plattfüße haben** to have flat feet.

Plattheit (*pl* **-en**) *die* **- 1.** [Flachsein] flatness **- 2.** [Banalität] triteness *(U);* [Bemerkung] platitude.

Platz (*pl* **Plätze**) *der* **- 1.** [Sitzplatz] seat; **~ nehmen** ***geh*** to take a seat **- 2.** [Freiraum] room, space; **jm/etw ~ machen** [zur Seite gehen] to make room for sb/sthg; [weichen] to make way for sb/sthg; **keinen/genug ~ haben** to have no/enough room **- 3.** [Stelle, Rang] place; **auf dem ersten/zweiten/dritten ~** in first/second/third place; **auf die Plätze, fertig, los!** on your marks, get set, go! **- 4.** [in Stadt] square **- 5.** [bei Fußball, Hockey] pitch; [bei Tennis, Volleyball] court.

◆ **fehl am Platz** *adj* out of place.

◆ **Platz sparend** *adj* space-saving <> *adv* in order to save space.

Platzangst *die* claustrophobia.

Platzanweiser, in (*mpl* **-;** *fpl* **-nen**) *der, die* usher (*f* usherette).

Plätzchen (*pl* **-**) *das* **- 1.** [Platz] spot **- 2.** [Gebäck] biscuit ***Br***, cookie ***Am***.

platzen (*perf* **ist geplatzt**) *vi* **- 1.** [bersten] to burst **- 2.** ***fam*** [ausfallen, scheitern - Termin, Vorstellung] to be cancelled; [- Projekt, Vertrag] to fall through; **etw ~ lassen** to cancel sthg; **vor etw** *(D)* **~** to be seething with sthg.

platzieren *vt* to place.

◆ **sich platzieren** *ref* [Platz belegen] to be placed.

Platzierung (*pl* **-en**) *die* placing *(U)*.

Platzlkarte *die* seat reservation.

Platzlkonzert *das* open-air concert.

Platzlmangel *der* lack of space.

Platzlregen *der (ohne pl)* cloudburst.

platzsparend *adj* ▻ **Platz.**

Platzlverweis *der* SPORT sending off.

Platzlwunde *die* laceration.

plaudern *vi* to chat.

Plausch *der (ohne pl)* chat; **mit jm einen ~ halten** to have a chat with sb.

plausibel *adj* plausible; **jm etw ~ machen** to make sthg clear to sb <> *adv* plausibly.

Play-back ['pleːbɛk] (*pl* **Play-backs**) *der:* **~ spielen** ODER **singen** to mime.

Playboy ['pleːbɔy] (*pl* **-s**) *der* playboy.

Plazenta (*pl* **-s**) *die* MED placenta.
plazieren *vt* = **platzieren.**
Plazierung *die* = **Platzierung.**
pleite *adj* **fam: ~ sein** to be broke.
Pleite (*pl* **-n**) *die* **fam - 1.** [Ruin] bankruptcy; **~ gehen/machen** to go bust; **vor der ~ stehen** *fam* to be faced with bankruptcy **- 2.** [Reinfall] flop.
Plenar|saal *der* plenary chamber.
Plenum *das* plenary session.
Plexiglas® *das* ≃ Perspex®.
Plombe (*pl* **-n**) *die* **- 1.** [Zahnfüllung] filling **- 2.** [Siegel] lead seal.
plombieren *vt* **- 1.** [füllen] to fill **- 2.** [versiegeln] to put a lead seal on.
plötzlich *adj* sudden; **ganz ~** all of a sudden ◇ *adv* suddenly; **aber ein bisschen ~!** *fam* get a move on!
plump **abw** *adj* clumsy ◇ *adv* clumsily.
plumpsen (*perf* **ist geplumpst**) *vi* to crash; [ins Wasser] to splash.
Plumps|klo *das* **fam** earth closet.
Plunder *der* **fam abw** junk.
plündern *vt* **- 1.** [ausrauben] to loot **- 2.** [leeren] to raid ◇ *vi* to loot.
Plünderung (*pl* **-en**) *die* looting *(U)*.
Plur. (*abk für* **Plural**) pl.
Plural (*pl* **-e**) *der* GRAM plural; **im ~** in the plural.
pluralistisch *adj* pluralistic ◇ *adv* pluralistically.
plus *adv, präp* & *konj* plus.
Plus *das (ohne pl)* **- 1.** [Mehrbetrag]: **(ein) ~ (von 100 DM) machen** to make a profit (of 100 marks); **im ~ stehen** to be in credit **- 2.** [Vorteil] advantage.
Plüsch *der* plush.
Plüsch|tier *das* cuddly toy.
Plus|pol *der* positive pole.
Plus|punkt *der* **- 1.** [Vorteil] plus point **- 2.** [Punkt] point.
Plusquam|perfekt *das* GRAM pluperfect.
Plutonium *das* CHEM plutonium.
PLZ *abk für* **Postleitzahl.**
Po (*pl* **-s**) *der* bottom.
Pöbel *der (ohne pl)* mob.
pochen *vi* **- 1.** [klopfen] to knock; **auf etw** *(A)* **~** *fig* to insist on sthg **- 2.** [pulsieren - Herz] to pound; [- Blut] to throb.
Pocken *pl* MED smallpox *(U)*.
Podest (*pl* **-e**) *das* [für Redner] rostrum; [für Orchester, Chor] platform.
Podium ['po:di̯ʊm] (*pl* **Podien**) *das* podium.
Podiums|diskussion *die* panel discussion.
Poesie *die* **geh** poetry.
Poesie|album *das child's autograph book in which friends and relatives write poems and sayings.*
Poet, in (*mpl* **-en;** *fpl* **-nen**) *der, die* poet.
poetisch *adj* poetic ◇ *adv* poetically.
Pogrom (*pl* **-e**) *der* ODER *das* pogrom.
Pointe ['po̯ɛ̃:tə] (*pl* **-n**) *die* punchline.
pointiert [po̯ɛ̃'ti:ɐ̯t] *adj* trenchant ◇ *adv* trenchantly.
Pokal (*pl* **-e**) *der* **- 1.** [Trophäe] cup **- 2.** [Gefäß] goblet.
Pokal|sieger, in *der, die* cup winner.
Pokal|spiel *das* cup tie.
Poker *der* ODER *das* poker.
pokern *vi* to play poker; **um etw ~** *fig* to play for high stakes to get sthg.
Pol (*pl* **-e**) *der* pole; **er ist in der Familie der ruhende ~** he is the calming influence in the family.
polar *adj* polar.
Polarisierung (*pl* **-en**) *die* polarization *(U)*.
Polar|kreis *der* polar circle.
Polaroid|kamera® *die* Polaroid camera®.
Polarstern *der* ASTRON: **der ~** the Pole Star.
Pole (*pl* **-n**) *der* Pole.
Polemik (*pl* **-en**) *die* **- 1.** [Streit] polemic **- 2.** [Schärfe] polemical nature.
polemisch *adj* polemical ◇ *adv* polemically.
polemisieren *vi* to polemize.
Polen *nt* Poland.
Police [po'li:sə] (*pl* **-n**) *die* policy.
Polier (*pl* **-e**) *der* foreman.
polieren *vt* to polish.
Poli|klinik *die* outpatients' clinic.
Polin (*pl* **-nen**) *die* Pole.
Politesse (*pl* **-n**) *die* traffic warden.
Politik *die (ohne pl)* **- 1.** [des Staates] politics *(U)* **- 2.** [Vorgehensweise] policy.
Politiker, in (*mpl* **-;** *fpl* **-nen**) *der, die* politician.
politisch *adj* political ◇ *adv* politically.
Politologie *die* political science.
Politur (*pl* **-en**) *die* polish.
Polizei *die (ohne pl)* police *(pl)*.
Polizeiauf|gebot *das* police contingent.
Polizei|auto *das* police car.
Polizei|beamte *der* police officer.

Polizeilbeamtin *die* police officer.

Polizeilhund *der* police dog.

polizeilich *adj* police *(vor Subst)*; **~es Kennzeichen** registration *Br* ODER license *Am* number ◇ *adv* by the police.

Polizeilpräsident, in *der, die* chief constable *Br*, chief of police *Am*.

Polizeilpräsidium *das* police headquarters *(pl)*.

Polizeilrevier *das* **- 1.** [Polizeiwache] police station **- 2.** [Bereich] police district.

Polizeilschutz *der* police protection; **unter ~ stehen** to be under police protection.

Polizeilstreife *die* police patrol.

Polizeilstunde *die (ohne pl)* closing time.

Polizeilwache *die* police station.

Polizist, in (*mpl* **-en**; *fpl* **-nen**) *der, die* policeman (*f* policewoman).

Pollen (*pl* -) *der* pollen *(U)*.

Poller (*pl* -) *der* bollard.

polnisch *adj* Polish.

Polnisch(e) *das* Polish; *siehe auch* **Englisch(e)**.

Polo *das* polo.

Pololhemd *das* polo shirt.

Polonäse, Polonaise [polo'nɛːzə] (*pl* **-n**) *die* polonaise.

Polster (*pl* -) *das* **- 1.** [zum Sitzen, finanziell] cushion **- 2.** [Schulterpolster] shoulder pad **- 3.** *fam* [Fettpolster] wad of fat.

Polstermöbel *pl* upholstered furniture *(U)*.

polstern *vt* **- 1.** [Möbel] to upholster **- 2.** [Kleidung] to pad.

Polsterung (*pl* **-en**) *die* **- 1.** [Polstern] upholstering **- 2.** [Polster] upholstery *(U)*.

Polterlabend *der celebration usually held on the evening before a wedding, when crockery is broken to bring good luck.*

poltern (*perf* **hat/ist gepoltert**) *vi* **- 1.** *(ist)* [sich laut bewegen] to crash **- 2.** *(hat)* [Krach machen] to make a racket; **draußen hat etwas gepoltert** there was a crash outside **- 3.** *(hat)* [am Polterabend] *to celebrate a "Polterabend".*

Polyester [poli'ɛstɐl] *das* polyester.

Polygamie [poliga'miː] *die* polygamy.

Polyp [po'lyːp] (*pl* **-en**) *der* **- 1.** [in der Nase] adenoid **- 2.** *salopp* [Polizist] cop **- 3.** [Tintenfisch] octopus.

Pommern *nt* Pomerania.

Pommes ['pɔməs] *pl* *fam* chips *Br*, French fries *Am*.

Pommes frites [pɔm'frits] *pl* chips *Br*, French fries *Am*.

Pomp *der* pomp.

pompös *adj* lavish ◇ *adv* lavishly.

Poncho ['pɔntʃo] (*pl* **-s**) *der* poncho.

Pony ['pɔni] (*pl* **-s**) *das* pony ◇ *der* fringe *Br*, bangs *Am*.

Pool [puːl] (*pl* **-s**) *der* pool.

Pop *der* pop.

Popcorn *das* popcorn.

Popel (*pl* -) *der* **fam** [in der Nase] snot *(U)*, bogey *Br*.

popelig, poplig *fam abw adj* **- 1.** [minderwertig] lousy **- 2.** [geizig] stingy **- 3.** [gewöhnlich] ordinary ◇ *adv* **- 1.** [geizig] stingily **- 2.** [billig] cheaply.

Popelin *der* poplin.

popeln *vi* *fam*: **in der Nase ~** to pick one's nose.

Poplgruppe *die* pop group.

Poplkonzert *das* pop concert.

poplig = **popelig.**

Popmusik *die* pop music.

Popo (*pl* **-s**) *der* **fam** bottom.

populär *adj* popular ◇ *adv*: **~ schreiben** to write in an accessible way.

Popularität *die* popularity.

populärwissenschaftlich *adj* popular science *(vor Subst)* ◇ *adv* in a popular scientific way.

Pore (*pl* **-n**) *die* pore.

Porno (*pl* **-s**) *der* **fam** [Film] porn film; [Pornoheft] porn mag.

Pornolfilm *der* porn film.

Pornografie, Pornographie *die* pornography.

pornografisch, pornographisch *adj* pornographic ◇ *adv* pornographically.

porös *adj* porous.

Porree *der (ohne pl)* leek.

Portal (*pl* **-e**) *das* portal.

Portier [pɔr'tieː] (*pl* **-s**) *der* porter.

Portion (*pl* **-en**) *die* **- 1.** [von Essen] portion **- 2.** [viel] amount.

◆ **halbe Portion** *die*: **eine halbe ~** *fam* a little shrimp.

Portmonee, Portemonnaie [pɔrtmɔ'neː] (*pl* **-s**) *das* purse.

Porto (*pl* **-s**) *das* postage *(U)*.

portofrei *adj* & *adv* post-free *Br*, postpaid *Am*.

Porträt [pɔr'trɛː] (*pl* **-s**) *das* portrait.

porträtieren *vt* to do a portrait of.

Portugal *nt* Portugal.

Portugiese (*pl* **-n**) *der* Portuguese.

Portugiesin (*pl* **-nen**) *die* Portuguese.

portugiesisch *adj* Portuguese.

Portugiesisch(e) *das* Portuguese; *siehe auch* **Englisch(e).**

Portlwein *der* port.

Porzellan (*pl* **-e**) *das* **- 1.** [Material] porcelain **- 2.** [Geschirr] china.

pos. (*abk für* **positiv**) pos.

Posaune (*pl* **-n**) *die* trombone.

Pose (*pl* **-n**) *die* pose.

posieren *vi* to pose.

Position (*pl* **-en**) *die* position.

Positionslicht *das* FLUG, SCHIFF navigation light.

positiv *adj* positive <> *adv* positively.

Positur *die*: **sich in ~ setzen** *ODER* **stellen** *fam* to strike a pose.

Posse (*pl* **-n**) *die* farce.

Possessivpronomen *das* GRAM possessive pronoun.

possierlich *adj* comical <> *adv* comically.

Post *die (ohne pl)* **- 1.** [Institution, Amt] post office; **etw mit der ~ schicken** to send sthg by post *Br ODER* mail *Am*; **auf die** *ODER* **zur ~ gehen** to go to the post office **- 2.** [Postsendung] post *Br*, mail *Am*; **(und) ab (geht) die ~!** *fam fig* (and) off we/you go!

Postlamt *das* post office.

Postlanweisung *die* ≃ postal order *Br*, ≃ money order *Am*.

Postlbote *der* postman *Br*, mailman *Am*.

Postlbotin *die* postwoman *Br*, mailwoman *Am*.

Posten (*pl* **-**) *der* **- 1.** [Ware] item **- 2.** [Arbeitsstelle, Wachposten] post **- 3.** *RW*: **auf verlorenem ~ stehen** to be fighting a losing battle; **auf dem ~ sein** *fam* to be fit; **nicht auf dem ~ sein** *fam* to be under the weather.

Poster (*pl* **-**) *der ODER das* poster.

Postf. *abk für* **Postfach.**

Postlfach *das* PO box.

Postgirolkonto *das* post office giro account.

Postlkarte *die* postcard.

postlagernd *adj* & *adv* poste restante *Br*, general delivery *Am*.

Postleitlzahl *die* postcode *Br*, zip code *Am*.

postmodern *adj* postmodern <> *adv* in a postmodern manner.

Postlscheck *der* post office giro cheque.

Postschecklkonto *das* post office giro account.

Postsparlbuch *das* post office savings book.

Postsparlkasse *die* post office savings bank.

Postlstempel *der* postmark.

Postlweg *der*: **etw auf dem ~ schicken** to send sthg by post *Br ODER* mail *Am*; **auf dem ~ verloren gehen** to get lost in the post *Br ODER* mail *Am*.

postwendend *adv* by return (of post) *Br*, by return mail *Am*.

Postwertlzeichen *das* ***amt*** postage stamp.

Postwurflsendung *die* direct-mail item.

potent *adj* **- 1.** [Mann] potent **- 2.** ***geh*** [solvent] financially strong **- 3.** ***geh*** [mächtig] powerful.

Potenz (*pl* **-en**) *die* **- 1.** [sexuelle] potency **- 2.** [Kraft & MATH] power; **die zweite/dritte ~ von fünf** the square/cube of five.

Potenzial, Potential [potɛn'tsi̯aːl] (*pl* **-e**) *das* potential.

potenziell, potentiell [potɛn'tsi̯ɛl] *adj* potential <> *adv* potentially.

Potpourri ['pɔtpuri] (*pl* **-s**) *das* medley.

Potsdam *nt* Potsdam.

Pott (*pl* **Pötte**) *der* ***Norddt fam*** pot.

Poularde [pu'lardə] (*pl* **-n**) *die* poulard.

Power ['pau̯ɐ] *die* ***fam*** oomph; **~ haben** to have oomph.

powern ['pau̯ɐrn] *vi* to beaver away.

pp. (*abk für* **pergite (und so fort)**) etc.

PR (*abk für* **Publicrelations**) PR.

Pracht *die* magnificence; **eine wahre ~ sein** ***fam*** to be magnificent.

Prachtlexemplar *das* [Gegenstand] magnificent example; [Person] magnificent specimen.

prächtig *adj* **- 1.** [wunderschön] magnificent **- 2.** [hervorragend] marvellous <> *adv* **- 1.** [wunderschön] magnificently **- 2.** [hervorragend] marvellously.

prachtvoll *adj* magnificent <> *adv* magnificently.

prädestinieren *vt*: **zu/für etw prädestiniert sein** to be ideally suited to be sthg/for sthg.

Prädikat (*pl* **-e**) *das* **- 1.** [Gütezeichen] rating **- 2.** GRAM predicate.

prädikativ GRAM *adj* predicative <> *adv* predicatively.

Präfix (*pl* **-e**) *das* GRAM prefix.

Prag *nt* Prague.

prägen *vt* **- 1.** [in der Entwicklung] to influence; **von etw geprägt sein** to be influenced by sthg **- 2.** [von Anfang an] to shape **- 3.** [Wort] to coin **- 4.** [Münzen] to mint; [Metall, Leder] to emboss.

Prager (*pl* **-**) *der* native/inhabitant of Prague <> *adj (unver)* of/from Prague.

Prager Frühling *der* HIST: **der ~** the Prague Spring.

Pragerin (*pl* **-nen**) *die* native/inhabitant of Prague.

pragmatisch *adj* pragmatic ◇ *adv* pragmatically.

prägnant *adj* concise ◇ *adv* concisely.

Prägung (*pl* **-en**) *die* **- 1.** [Muster] impression **- 2.** [in der Entwicklung] influence; **gesellschaftliche ~** social influence **- 3.** [von Anfang an] shaping **- 4.** [von Worten] coining *(U)*.

prähistorisch *adj* prehistoric.

prahlen *vi* to boast; **mit etw ~** to boast about sthg.

prakt. Arzt (*pl* **prakt. Ärzte**) (*abk für* **praktischer Arzt**) *der* GP.

Praktik (*pl* **-en**) *die* practice.
◆ **Praktiken** *pl* **abw** practices.

praktikabel *adj* practicable ◇ *adv* practicably.

Praktikant, in (*mpl* **-en**; *fpl* **-nen**) *der, die* trainee.

Praktiker, in (*mpl* **-**; *fpl* **-nen**) *der, die* practical person.

Praktikum (*pl* **Praktika**) *das* work placement; **ein ~ machen** *ODER* **absolvieren** to be on a work placement.

praktisch *adj* practical ◇ *adv* **- 1.** [gen] practically; **~ alles** practically everything **- 2.** [nicht theoretisch] in practice.

praktizieren *vt* & *vi* to practise.

Praline (*pl* **-n**) *die* chocolate.

prall *adj* [Po, Busen] well-rounded; [Sack] bulging; [Tomate] firm; **in der ~en Sonne** under the blazing sun ◇ *adv:* **~ gefüllt** filled to bursting.

prallen (*perf* **hat/ist geprallt**) *vi* **- 1.** *(ist)* [stoßen]: **gegen/auf etw** *(A)* **~** to crash into sthg; **er ist mit dem Kopf auf den Boden geprallt** he banged his head on the floor **- 2.** *(hat)* [Sonne] to blaze down.

Prämie ['prɛːmi̯ə] (*pl* **-n**) *die* **- 1.** [Beitrag] premium **- 2.** [Belohnung] reward **- 3.** [Sonderzahlung] bonus.

Prämiensparen *das (ohne pl)* premium-aided savings scheme.

prämieren *vt* to give an award to.

Prämisse (*pl* **-n**) *die* **geh** premise.

prangen *vi* to be prominently displayed.

Pranger (*pl* **-**) *der:* **jn/etw an den ~ stellen** *fig* to pillory sb/sthg.

Pranke (*pl* **-n**) *die* paw.

Präparat (*pl* **-e**) *das* **geh** preparation.

Präposition (*pl* **-en**) *die* GRAM preposition.

Prärie [prɛ'riː] (*pl* **-n**) *die* prairie.

Präsens ['prɛːzɛns] *das* GRAM present (tense).

präsent *adj* **geh** present; **etw ~ haben** to think of sthg.

präsentieren *vt* to present.

Präsentierteller *der:* **auf dem ~ sitzen** *abw* & *fig* to be on public display.

Präsenz *die* **geh** presence.

Präservativ [prɛzɛrva'tiːf] (*pl* **-e**) *das* condom.

Präsident, in (*mpl* **-en**; *fpl* **-nen**) *der, die* president.

Präsidentschaft (*pl* **-en**) *die* presidency.

Präsidium [prɛ'ziːdi̯ʊm] (*pl* **-dien**) *das* **- 1.** [von Verein] committee **- 2.** [Polizeipräsidium] headquarters *(pl)*.

prasseln (*perf* **hat/ist geprasselt**) *vi* **- 1.** *(ist)* [Regen] to drum **- 2.** *(hat)* [Feuer] to crackle.

Prater *der (ohne pl) large park near Vienna containing permanent funfair.*

Präteritum *das* GRAM preterite.

Praxis (*pl* **Praxen**) *die* **- 1.** [Wirklichkeit] practice; **etw in die ~ umsetzen** to put sthg into practice **- 2.** [Erfahrung] experience **- 3.** [Räumlichkeit - von Anwalt] office; [- von Arzt] surgery ***Br***, office ***Am***.
◆ **in der Praxis** *adv* in practice.

praxisfern *adj* impractical ◇ *adv* impractically.

praxisnah *adj* practical ◇ *adv* practically.

Präzedenzfall *der* precedent.

präzis, präzise *adj* precise ◇ *adv* precisely.

präzisieren *vt* **geh** to state more precisely.

Präzision *die* precision.

Präzisionsarbeit *die* precision work.

predigen *vt* & *vi* to preach.

Prediger, in (*mpl* **-**; *fpl* **-nen**) *der, die* preacher.

Predigt (*pl* **-en**) *die* sermon; **(jm) eine ~ halten** to give (sb) a sermon.

Preis (*pl* **-e**) *der* **- 1.** [Geldbetrag] price **- 2.** [ausgesetzte Prämie] prize **- 3.** ***RW:*** **der ~ für etw** the price of sthg; **um jeden/keinen ~** at any/not at any price.
◆ **zum halben Preis** *adv* at half-price.

Preisanstieg *der (ohne pl)* rise in prices.

Preisausschreiben *das* competition.

preisbewusst *adj* price-conscious ◇ *adv* price-consciously.

Preisbindung *die* retail price maintenance.

Preiselbeere *die* cranberry.

preisen (*prät* **pries**; *perf* **hat gepriesen**) *vt* **geh** to praise; **sich glücklich ~** to count o.s. lucky.

Preiserhöhung *die* price increase.

Preis|frage *die* - **1.** [Quizfrage] prize question - **2.** [Kostenfrage] question of price.

Preis|gabe *die* ***geh*** [Verrat] betrayal; [Aufgabe] relinquishing.

preis|geben *vt (unreg)* ***geh*** - **1.** [verraten] to betray - **2.** [ausliefern] to abandon - **3.** [aufgeben] to relinquish.

preisgekrönt *adj* prizewinning.

preisgünstig *adj* cheap ◇ *adv* cheaply.

Preis|lage *die* price range; **in allen ~n** at all prices; **in dieser ~** in this price range.

preislich *adj* price *(vor Subst)* ◇ *adv* with regard to price.

Preis|liste *die* price list.

Preis|nachlass *der* price reduction.

Preis|rätsel *das* prize puzzle.

Preis|richter, in *der, die* judge.

Preis|schild (*pl* **-er**) *das* price tag.

Preis|senkung *die* price reduction.

Preis|steigerung *die* price increase.

Preis|träger, in *der, die* prizewinner.

Preis|verleihung *die* prize ceremony.

preiswert *adj* cheap ◇ *adv* cheaply.

Prell|bock *der* buffers *(pl)*.

prellen *vt* - **1.** [betrügen] to cheat; **jn um etw ~** to cheat sb out of sthg - **2.** [stoßen]: **sich** *(D)* **den Schenkel/Arm ~** to bruise one's thigh/arm - **3.** [Ball] to bounce.

Prellung (*pl* **-en**) *die* bruise.

Premiere [prəˈmi̯eːrə] (*pl* **-n**) *die* premiere.

Premier|minister, in [prəˈmi̯eːminɪstɐ, rɪn] *der, die* prime minister.

Presbyter, in (*mpl* **-;** *fpl* **-nen**) *der, die* REL elder.

preschen (*perf* **ist geprescht**) *vi* to tear.

Presse (*pl* **-n**) *die* press.

Presse|agentur *die* press agency.

Presse|bericht *der* press report.

Presse|chef, in *der, die* press officer.

Presse|erklärung *die* press release.

Presse|fotograf, in *der, die* press photographer.

Presse|freiheit *die* freedom of the press.

Presse|konferenz *die* press conference.

Presse|meldung *die* press report.

pressen *vt* to press ◇ *vi* [Schwangere] to push.

Presse|sprecher, in *der, die* press officer.

Presse|stelle *die* press office.

Pressluft|hammer *der* pneumatic hammer.

Prestige [prɛsˈtiːʒə] *das* prestige.

Preuße (*pl* **-n**) *der* HIST Prussian.

Preußen *nt* HIST Prussia.

PREUSSEN

Prussia flourished in the 18th century under Friedrich II, and came to the fore in 1871 under the rule of Bismarck, when Germany was united. It was, in spite of its weak economy, the most powerful state in the German Reich until 1933, owing its dramatic rise to a highly-disciplined army and a highly-organized administrative structure. Its civil servants exemplified the austerity of the Protestant work ethic and were loyal to the state. Prussia ceased to exist in 1945.

Preußin (*pl* **-nen**) *die* HIST Prussian.

preußisch *adj* HIST Prussian.

prickeln *vi* - **1.** [kitzeln] to tingle; **in meinen Händen prickelt es** my hands are tingling - **2.** [perlen] to sparkle.

prickelnd *adj* [Gefühl] thrilling; [Wein, Wasser] sparkling.

pries *prät* ▷ **preisen.**

Priester, in (*mpl* **-;** *fpl* **-nen**) *der, die* - **1.** [katholischer] priest - **2.** [heidnischer] priest (*f* priestess).

prima ***fam*** *adj (unver)* fantastic ◇ *adv* fantastically.

primär ***geh*** *adj* primary ◇ *adv* primarily.

Primel (*pl* **-n**) *die* primula.

primitiv *adj* - **1.** [gen] primitive - **2.** [Regeln, Bedürfnisse] basic ◇ *adv* primitively.

Prim|zahl *die* MATH prime number.

Prinz (*pl* **-en**) *der* prince.

Prinzessin (*pl* **-nen**) *die* princess.

Prinzip (*pl* **-ien**) *das* principle.
◆ **aus Prinzip** *adv* on principle.
◆ **im Prinzip** *adv* in principle.

prinzipiell *adj* basic ◇ *adv* - **1.** [aus Prinzip] on principle; [im Prinzip] in principle - **2.** [grundsätzlich] basically.

Priorität (*pl* **-en**) *die* priority.
◆ **Prioritäten** *pl* priorities; **~en setzen** to prioritize.

Prise (*pl* **-n**) *die*: **eine ~ Salz/Pfeffer** a pinch of salt/pepper.

Prisma (*pl* **Prismen**) *das* prism.

Pritsche (*pl* **-n**) *die* plank bed.

pritschen *vt* SPORT to flick.

priv. (*abk für* **privat**) priv.

privat [priˈvaːt] *adj* private; **an ~ verkaufen** to sell privately; **von ~ kaufen** to buy privately ◇ *adv* privately.

Privat|adresse *die* home address.

Privatan|gelegenheit *die* private matter; **das ist meine ~** that is a private matter.

Privatan|schrift *die* home address.

Privat|besitz *der* private property.
◆ **in Privatbesitz** *adv* in private hands.

Privat|detektiv, in *der, die* private detective.

Privat|dozent, in *der, die* lecturer *(without a salaried position)*.

Privat|eigentum *das* private property.

Privat|fernsehen *das* commercial television.

Privat|gespräch *das* private conversation.

Privat|initiative *die* private initiative.

privatisieren [privati'ziːrən] *vt* to privatize.

Privatisierung [privati'ziːrʊŋ] (*pl* **-en**) *die* privatization.

Privat|leben *das (ohne pl)* private life.

Privat|patient, in *der, die* private patient.

Privat|person *die* private person.

Privat|sache *die* private matter.

Privat|schule *die* private school.

Privat|sender *der* commercial television channel.

Privat|sphäre *die* private life.

Privat|unterkunft *die* private accommodation *(U)*.

Privat|unterricht *der* private tuition.

Privileg [privi'leːk] (*pl* **-ien**) *das* privilege.

privilegiert [privile'giːɐ̯t] *adj* privileged ◇ *adv:* **~ leben** to have a privileged lifestyle.

pro *präp* per; **einmal ~ Tag** once a day ◇ *adv:* **~ und kontra argumentieren** to argue for and against.

Pro (*pl* **-s**) *das:* **das ~ und Kontra** the pros and cons (*pl*).

Probe (*pl* **-n**) *die* **- 1.** [Test] test; **jn/etw auf die ~ stellen** to put sb/sthg to the test **- 2.** [Stichprobe, Warenprobe] sample **- 3.** [Übung] rehearsal.
◆ **auf Probe** *adv* on a trial basis.

Probe|alarm *der* [für Brandfall] fire drill.

Probe|exemplar *das* specimen copy.

Probe|fahrt *die* test drive.

Probe|lauf *der* trial run.

proben *vt & vi* to rehearse.

probeweise *adv* on a trial basis.

Probe|zeit *die* trial period.

probieren *vt* to try.

Problem (*pl* **-e**) *das* problem; **~e mit jm/etw haben** to have problems with sb/sthg; **~e wälzen** to chew problems over.
◆ **kein Problem** *interj* no problem!

Problematik *die (ohne pl)* ***geh*** problems *(pl)*.

problematisch *adj* problematic.

problematisieren *vt* ***geh*** to make a problem out of.

problemlos *adj* problem-free ◇ *adv* without any problems.

Produkt (*pl* **-e**) *das* product.

Produktion (*pl* **-en**) *die* **- 1.** [Herstellung] production **- 2.** [Erzeugnis] product; [Film, Sendung] production.

Produktionskosten *pl* production costs.

produktiv *adj* productive ◇ *adv* productively.

Produktivität [produktivi'tɛːt] *die* productivity.

Produzent, in (*mpl* **-en;** *fpl* **-nen**) *der, die* producer.

produzieren *vt* **- 1.** [Ware, Film] to produce **- 2.** ***fam abw*** [machen] to make.
◆ **sich produzieren** *ref* ***fam*** to show off.

Prof. (*abk für* **Professor**) Prof.

profan ***geh*** *adj* mundane ◇ *adv* mundanely.

professionell *adj* professional ◇ *adv* professionally.

Professor (*pl* **-oren**) *der* professor; **ordentlicher ~** (full) professor *(who holds a chair)*; **außerordentlicher ~** extraordinary professor *(who does not hold a chair)*; **ein zerstreuter ~** ***fig*** a scatterbrain.

Professorin (*pl* **-nen**) *die* professor.

Professur (*pl* **-en**) *die* professorship.

Profi (*pl* **-s**) *der* professional.

Profil (*pl* **-e**) *das* **- 1.** [Persönlichkeit] image **- 2.** [Seitenansicht] profile **- 3.** [von Reifen, Sohle] tread.

profilieren ◆ **sich profilieren** *ref* to make one's mark.

profiliert *adj* prominent.

Profil|sohle *die* treaded sole.

Profit (*pl* **-e**) *der* profit; **aus etw ~ schlagen** ODER **ziehen** ***fig*** to profit from sthg; ***eigtl*** to make a profit out of sthg; **~ machen** to make a profit.

profitieren *vi:* **von etw ~** to profit from sthg.

pro forma *adv* for form's sake.

Prognose (*pl* **-n**) *die* prognosis.

Programm (*pl* **-e**) *das* **- 1.** [Programmvorschau] listings *(pl)* **- 2.** [Sendungen] programmes *(pl)* **- 3.** [Sender] channel; **das erste/zweite ~** Channel One/Two **- 4.** [Programmheft, Veranstaltungsablauf, Konzeption] programme; **auf dem ~ stehen** to be on the programme **- 5.** [Tagesablauf] schedule; **auf dem ~ stehen** to be on the agenda **- 6.** EDV program.
◆ **nach Programm** *adv* according to plan.

programmgemäß *adj & adv* according to plan.

Programm|heft *das* programme.

Programm|hinweis *der* programme announcement.

programmieren *vt* - **1.** [Computer] to program - **2.** [Videorecorder] to programme.

Programmierer, in (*mpl* **-**; *fpl* **-nen**) *der, die* EDV programmer.

Programmier|sprache *die* EDV programming language.

Programmierung (*pl* **-en**) *die* EDV programming *(U)*.

Programm|punkt *der* item *(on programme/agenda)*.

Programmvor|schau *die* preview.

progressiv *adj* progressive <> *adv* progressively.

Projekt (*pl* **-e**) *das* project.

Projektor (*pl* **-toren**) *der* projector.

projizieren *vt* to project.

Prokurist, in (*mpl* **-en**; *fpl* **-nen**) *der, die representative of a company who holds full commercial authority.*

Prolet (*pl* **-en**) *der* **abw** peasant.

Proletarier, in [prole'taːri̯ɐ, rɪn] (*mpl* **-**; *fpl* **-nen**) *der, die* proletarian.

Prolog (*pl* **-e**) *der* prologue.

Promenade (*pl* **-n**) *die* promenade.

Promenaden|mischung *die* **abw** mongrel.

Promille (*pl* **-**) *das* - **1.** MATH thousandth - **2.** [Alkoholgehalt] alcohol level; **er hatte 1,5 ~** he had a blood alcohol level of 1.5 parts per thousand.

Promille|grenze *die* legal (alcohol) limit.

prominent *adj* prominent.

Prominente (*pl* **-n**) *der, die* prominent figure.

Prominenz *die (ohne pl)* prominent figures *(pl)*.

Promotion[1] [prə'moʊʃən] (*pl* **-en**) *die* UNI doctorate.

Promotion[2] [prə'moʊʃən] *die* WIRTSCH promotion.

promovieren [promo'viːrən] *vi* to gain a doctorate.

promoviert [promo'viːɐ̯t] *adj*: **sie ist ~e Mathematikerin** she has a doctorate in mathematics.

prompt *adj* prompt <> *adv* [erwartungsgemäß] of course; [sofort] promptly.

Pronomen (*pl* **-** *ODER* **Pronomina**) *das* GRAM pronoun.

Propaganda *die* - **1.** [Verbreitung] propaganda - **2.** [Werbung]: **für jn/etw ~ machen** to publicize sb/sthg.

propagieren *vt* to propagate.

Propangas *das* propane (gas).

Propeller (*pl* **-**) *der* propeller.

proper **fam** *adj* neat <> *adv* neatly.

Prophet, in (*mpl* **-en**; *fpl* **-nen**) *der, die* prophet (*f* prophetess).

prophetisch *adj* prophetic <> *adv* prophetically.

prophezeien *vt* to predict; [Subj: prophet] to prophesy; **jm etw ~** to predict sthg for sb.

Proportion (*pl* **-en**) *die* proportion.

proportional *adj* proportional <> *adv* proportionally.

Proporz (*pl* **-e**) *der* proportional representation *(U)*.

proppevoll, proppenvoll **fam** *adj* chock-a-block <> *adv* to bursting point.

Prosa *die* prose.

prosaisch **geh** *adj* prosaic <> *adv* prosaically.

prosit, prost *interj* cheers!; **na denn** *ODER* **dann ~!** ***fam fig*** that's a fine lookout.

◆ **prost Neujahr** *interj* Happy New Year!

Prospekt (*pl* **-e**) *der* brochure.

Prostata *die* prostate (gland).

Prostituierte (*pl* **-n**) *die* prostitute.

Prostitution *die* prostitution.

prot. (*abk für* **protestantisch**) Prot.

Protagonist, in (*mpl* **-en**; *fpl* **-nen**) *der, die* protagonist.

Protein (*pl* **-e**) *das* protein.

Protektorat (*pl* **-e**) *das* POL protectorate.

Protest (*pl* **-e**) *der* protest; **gegen etw ~ einlegen** *ODER* **erheben** to make a protest against sthg.

Protestant, in (*mpl* **-en**; *fpl* **-nen**) *der, die* Protestant.

protestantisch *adj* Protestant <> *adv*: **jn ~ erziehen** to bring sb up (as) a Protestant.

protestieren *vi* to protest; **gegen etw ~** to protest against *ODER* about sthg.

Protest|kundgebung *die* protest rally.

Prothese (*pl* **-n**) *die* [für Arm, Bein] artificial limb; [für Zähne] dentures *(pl)*.

Protokoll (*pl* **-e**) *das* - **1.** [gen] record; [Aufzeichnung - wortgetreu] transcript; [- von Sitzung] minutes *(pl)*; [- polizeilich] statement; **etw zu ~ geben** to put sthg on the record; [polizeilich] to say sthg in one's statement; **eine Aussage zu ~ nehmen** to take down a statement; **~ führen** to take the minutes; [wortgetreu] to make a transcript - **2.** [Zeremoniell] protocol.

Protokoll|führer, in *der, die* [von Sitzung] minute-taker; [im Gericht] clerk.

protokollieren *vt* to take down; [Sitzung] to minute ◇ *vi* to keep a record; [bei Sitzung] to take the minutes.

Proton (*pl* **-tonen**) *das* PHYS proton.

Proto|typ *der* prototype.

protzen *vi* *abw*: **mit etw ~** to show sthg off.

protzig *abw adj fam* showy ◇ *adv* showily.

prov. (*abk für* **provisorisch**) temp.

Provence *die* Provence.

Proviant [pro'vi̯ant] *der (ohne pl)* provisions *(pl)*.

Provider [pro'vai̯dɐ] (*pl* -) *der* EDV Internet Service Provider.

Provinz [pro'vɪnt͡s] (*pl* **-en**) *die* **- 1.** [Verwaltungsbezirk] province **- 2.** *(ohne pl) abw* [Gegend] provinces *(pl)*.

provinziell [provɪn'tsi̯ɛl] *abw adj* provincial ◇ *adv* provincially.

Provision [provi'zi̯oːn] (*pl* **-en**) *die* commission.

provisorisch [provi'zoːrɪʃ] *adj* temporary ◇ *adv* temporarily.

Provokation [provoka'tsi̯oːn] (*pl* **-en**) *die* provocation.

provozieren [provo'tsiːrən] *vt* to provoke ◇ *vi* to be provocative.

Prozedur (*pl* **-en**) *die* procedure.

Prozent (*pl* - ODER **-e**) *das* percent; **~e bekommen** to get a discount.

Prozent|satz *der* percentage.

prozentual *adj* percentage *(vor Subst)* ◇ *adv* in percentage terms.

Prozess (*pl* **-e**) *der* **- 1.** [Rechtsstreit] trial; **jm den ~ machen** to put sb on trial; **mit jm kurzen ~ machen** ***fam fig*** [schnell verfahren] to make short work of sb **- 2.** [Vorgang] process.

prozessieren *vi* to go to court; **gegen jn ~** to take sb to court.

Prozession (*pl* **-en**) *die* **- 1.** [kirchliche] procession **- 2.** ***fam*** [Schlange] line.

Prozesskosten *pl* legal costs.

Prozessor (*pl* **-ssoren**) *der* EDV processor.

prüde *adj* prudish ◇ *adv* prudishly.

prüfen *vt* **- 1.** [Gerät, Material] to test; [bei Examen] to examine; **jn auf etw** *(A)* **~** to examine sb on sthg; **jn in etw** *(D)* **~** to examine sb in sthg; **etw auf etw** *(A)* **~** to test sthg for sthg **- 2.** [Rechnung, Aussage, Unterschrift] to check **- 3.** [Angebot] to consider ◇ *vi* [examinieren] to be an/the examiner.
◆ **sich prüfen** *ref* [sich einschätzen] to do some soul-searching.

Prüfer, in (*mpl* **-**; *fpl* **-nen**) *der, die* **- 1.** [Lehrer] examiner **- 2.** [Tester] tester.

Prüfling (*pl* **-e**) *der* candidate.

Prüf|stand *der* test bed.
◆ **auf dem Prüfstand** *adv* being tested.

Prüfung (*pl* **-en**) *die* **- 1.** [Kontrolle] check **- 2.** [Examen] exam, examination; **eine ~ machen** ODER **haben** to take an exam; **eine mündliche/schriftliche ~** an oral/a written exam; **eine ~ bestehen** to pass an exam **- 3.** ***geh*** [Belastung] trial **- 4.** [im Sport] test.

Prügel (*pl* -) *der* club.
◆ **Prügel** *pl* thrashing *(U)*; **~ beziehen** to get a thrashing.

Prügelei (*pl* **-en**) *die* fight.

Prügel|knabe *der* whipping boy.

prügeln *vt* to beat.
◆ **sich prügeln** *ref* to fight.

Prunk *der* ***abw*** splendour.

prunkvoll *adj* magnificent ◇ *adv* magnificently.

prusten *vi* to snort.

PS [peː' ɛs] (*pl* -) *das* **- 1.** (*abk für* **Pferdestärke**) hp **- 2.** (*abk für* **Postskriptum**) PS.

Psalm (*pl* **-en**) *der* psalm.

PSch *abk für* **Postscheck.**

PSchA (*abk für* **Postscheckamt**) post office account, ≃ Giro ***Br.***

Pseudonym (*pl* **-e**) *das* pseudonym.

Psyche (*pl* **-n**) *die* psyche.

Psychiater, in (*mpl* **-**; *fpl* **-nen**) *der, die* psychiatrist.

Psychiatrie [psyçi̯a'triː] (*pl* **-n**) *die* **- 1.** *(ohne pl)* [Abteilung] psychiatric department **- 2.** [Wissenschaft] psychiatry.

psychiatrisch *adj* psychiatric ◇ *adv*: **jn ~ behandeln** to give sb psychiatric treatment.

psychisch *adj* [Wohlbefinden, Probleme] psychological; [Krankheit] mental ◇ *adv* mentally.

Psychoanalyse *die* psychoanalysis.

Psycho|analytiker, in *der, die* psychoanalyst.

Psychologe (*pl* **-n**) *der* psychologist.

Psychologie *die* psychology.

Psychologin (*pl* **-nen**) *die* psychologist.

psychologisch *adj* psychological ◇ *adv* **- 1.** [als Psychologe]: **jn ~ begutachten** to give sb a psychological examination **- 2.** [mit Menschenkenntnis] psychologically.

Psychoterror *der* psychological terror.

Psycho|therapeut, Psychotherapeut, in *der, die* psychotherapist.

Psycho|therapie *die* psychotherapy.

Pubertät *die* puberty.

Publicity [pa'blɪsɪti] *die* publicity.

publik *adj*: **etw ~ machen** to make sthg public; **~ sein/werden** to be/become public.

Publikation [publika'tsjo:n] (*pl* **-en**) *die* publication.

Publikum *das (ohne pl)* **- 1.** [Zuhörer, Zuschauer] audience **- 2.** [Gäste] clientele **- 3.** [Anhänger] public; [von Schriftsteller] readership.

Publizist, in (*mpl* **-en**; *fpl* **-nen**) *der, die* commentator on current affairs.

Pudding (*pl* **-e** oder **-s**) *der* blancmange.

Pudding|pulver *das* blancmange mix.

Pudel (*pl* -) *der* poodle; **des ~s Kern** the crux of the matter.

Pudel|mütze *die* woolly hat.

pudelwohl *adj* **fam**: **sich ~ fühlen** to feel on top of the world.

Puder (*pl* -) *der* ODER *das* powder.

Puder|dose *die* (powder) compact.

pudern *vt* to powder.
◆ **sich pudern** *ref* to powder o.s.

Puderzucker *der* icing sugar.

Puff (*pl* **-s**) *der* ODER *das* **fam** brothel.

Puffer (*pl* -) *der* **- 1.** [von Bahnen] buffer **- 2.** [Kartoffelpuffer] potato pancake.

Puffer|zone *die* buffer zone.

Pulk (*pl* **-s** ODER **-e**) *der* group; [von Läufern, Radrennfahrern] pack.

Pulle (*pl* **-n**) *die* **salopp** bottle.
◆ **volle Pulle** *adv* **fam** flat out.

Pulli (*pl* **-s**) *der* **fam** sweater, jumper ***Br.***

Pullover [pu'lo:vɐ] (*pl* -) *der* sweater, jumper ***Br.***

Pullunder (*pl* -) *der* sleeveless sweater.

Puls (*pl* **-e**) *der* pulse; **am ~ von etw sein** to have one's finger on the pulse of sthg.

Puls|ader *die* artery; **sich** *(D)* **die ~ aufschneiden** to slit one's wrists.

pulsieren *vi* to pulsate; [Blut] to pulse.

Puls|schlag *der* pulse.

Pult (*pl* **-e**) *das* desk; [Stehpult] lectern.

Pulver ['pulfɐ, 'pulvɐ] (*pl* -) *das* **- 1.** [Stoff] powder **- 2.** [Schießpulver] gunpowder *(U)*.

Pulver|fass *das* powder keg; **(wie) auf einem ~ sitzen** ***fig*** to be (like) sitting on a time bomb.

Pulver|kaffee *der* instant coffee.

Pulver|schnee *der* powder snow.

Puma (*pl* **-s**) *der* puma.

pummelig *adj* chubby.

Pump ◆ **auf Pump** *adv* **fam** on credit.

Pumpe (*pl* **-n**) *die* **- 1.** [Gerät] pump **- 2. salopp** [Herz] ticker.

pumpen *vt* **- 1.** [saugen] to pump **- 2. fam** [leihen]: **jm etw ~** to lend sb sthg; **(sich** *(D)***) etw von jm ~** to borrow sthg from sb **- 3.** [investieren]: **Geld in etw ~** to pump money into sthg ◇ *vi* [saugen] to pump.

Pumpernickel (*pl* -) *der* pumpernickel, *dark hard bread made from rye flour*.

Pumps [pœmps] (*pl* -) *der* court shoe ***Br***, pump ***Am.***

Punk [paŋk] (*pl* **-s**) *der* punk.

Punker, in ['paŋkɐ, rɪn] (*mpl* **-**; *fpl* **-nen**) *der, die* punk.

Punkt (*pl* **-e**) *der* **- 1.** [gen] point; **nach ~en gewinnen/verlieren** to win/lose on points **- 2.** [Fleck, typografisches Zeichen] dot; [am Satzende] full stop ***Br***, period ***Am*** **- 3.** [Zeitpunkt]: **~ ein Uhr** one o'clock on the dot **- 4.** ***RW:*** **der springende ~** the crux of the matter; **der tote ~** the low point; **an einem toten ~ angelangt** [Verhandlungen] to have reached deadlock; **ein wunder** ODER **schwacher ~** [Schwäche] a weak point; [heikles Thema] a sore point; **etw auf den ~ bringen** to sum sthg up; **nun mach mal einen ~!** **fam** all right, that's enough!

punktgleich *adj* level on points.

punktieren *vt* **- 1.** MED to puncture **- 2.** [tüpfeln & MUS] to dot.

pünktlich *adj* punctual ◇ *adv* punctually, on time.

Pünktlichkeit *die* punctuality.

Punkt|sieg *der* win on points.

Punsch (*pl* **-e** ODER **Pünsche**) *der* punch.

Pupille (*pl* **-n**) *die* pupil.

Puppe (*pl* **-n**) *die* **- 1.** [Figur] doll; **bis in die ~n fam** ***fig*** till all hours **- 2. salopp** [Frau, Mädchen] bird ***Br***, doll ***Am;*** [als Anrede] baby.

Puppen|stube *die* doll's house.

Puppen|theater *das* puppet theatre.

Puppen|wagen *der* doll's pram ***Br***, doll's baby carriage ***Am.***

pur *adj* **- 1.** [rein] pure **- 2.** [Whisky] neat.

Püree (*pl* **-s**) *das* puree.

Purpur *der* crimson.

Purzel|baum *der*: **einen ~ machen** ODER **schlagen** to do a somersault.

purzeln (*perf* **ist gepurzelt**) *vi* to tumble.

Puste *die* **fam** puff; **aus der** ODER **außer ~ sein** to be out of puff; **uns geht die ~ aus** ***fig*** [Energie] we are running out of steam; [Geld] we are running out of cash.

Pustel (*pl* **-n**) *die* pustule; [Pickel] pimple.

pusten *vt* & *vi* to blow.

Pute (*pl* **-n**) *die* **- 1.** [Tier] turkey (hen) **- 2. salopp** ***abw*** [Frau] cow.

Puter (*pl* **-**) *der* turkey (cock).

Puts *pl* WIRTSCH put options.

Putsch (*pl* **-e**) *der* putsch.

Putte (*pl* **-n**) *die* cherub.

Putz *der* plaster; **auf den ~ hauen** ***fam fig*** [feiern] to party; [großtun] to boast.

putzen *vt* to clean; [Gemüse] to wash; **jm die Nase ~** to wipe sb's nose; **sich** *(D)* **die Zähne putzen** to clean ODER brush one's teeth; **sich** *(D)* **die Nase putzen** to blow one's nose <> *vi* to clean.
◆ **sich putzen** *ref* to wash o.s.; [Vogel] to preen o.s.

Putz|frau *die* cleaner.

putzig *adj* ***fam*** cute <> *adv* cutely.

Putz|lappen *der* cloth.

Putz|mittel *das* cleaning fluid.

Puzzle ['pazḷ] (*pl* **-s**) *das* jigsaw (puzzle).

PVC [peːfau'tseː] (*abk für* **Polyvinylchlorid**) *das* PVC.

Pyjama [py'dʒaːma] (*pl* **-s**) *der* pyjamas *(pl)*.

Pyramide (*pl* **-n**) *die* pyramid.

Pyrenäen *pl*: **die ~** the Pyrenees.

Python (*pl* **-s**) *der* python.

Q

q, Q [kuː] (*pl* **-** ODER **-s**) *das* q, Q.

q. e. d. (*abk für* **quod erat demonstrandum**) QED.

qm (*abk für* **Quadratmeter**) m^2.

Quacksalber, in (*mpl* **-**; *fpl* **-nen**) *der, die* ***abw*** quack.

Quader (*pl* **-**) *der* **- 1.** MATH rectangular solid **- 2.** [Block] stone block.

Quadrat (*pl* **-e**) *das* square.
◆ **im Quadrat** *adv* ***fam*:** **Zufall im ~** a really lucky coincidence.

quadratisch *adj* square <> *adv* in squares.

Quadrat|meter *der* square metre.

quaken *vi* **- 1.** [Frosch] to croak; [Ente] to quack **- 2.** ***fam abw*** [reden] to squawk.

quäken *vi* ***abw*** to wail.

Qual (*pl* **-en**) *die* agony; [seelisch] torment; **der Zahnarztbesuch war eine einzige ~!** the visit to the dentist was agony!; **jm das Leben zur ~ machen** to make sb's life a misery; **die ~ der Wahl haben** ***fig*** to be spoilt for choice.
◆ **Qualen** *pl* suffering *(sg)*, agony *(sg)*; [seelisch] torment *(sg)*; **jn von seinen/ihren ~ erlösen** to put sb out of his/her misery.

quälen *vt* **- 1.** [gen] to torment; [foltern] to torture **- 2.** ***fam*** [bedrängen] to pester; **jn mit etw ~** to plague sb with sthg.
◆ **sich quälen** *ref* **- 1.** [leiden] to suffer **- 2.** [sich abmühen] to struggle.

Quälerei (*pl* **-en**) *die* **- 1.** [Peinigung] torment; [Folter] torture; [Grausamkeit] cruelty; **~ der Tiere** cruelty to animals **- 2.** *(ohne pl)* [Anstrengung] struggle.

Qualifikation (*pl* **-en**) *die* **- 1.** [Befähigung] ability **- 2.** [Voraussetzung] qualification.

qualifizieren *vt* **- 1.** [befähigen] to qualify **- 2.** [beurteilen] to classify.
◆ **sich qualifizieren** *ref* [sich befähigen] to obtain qualifications; [für Wettbewerb] to qualify.

Qualität (*pl* **-en**) *die* quality.

qualitativ *adj* qualitative <> *adv* qualitatively.

Qualle (*pl* **-n**) *die* jellyfish.

Qualm *der* **- 1.** [von Feuer] thick smoke **- 2.** ***fam abw*** [von Zigaretten] fug.

qualmen *vi* to smoke <> *vt* ***salopp*** [Zigaretten] to puff away at.

qualvoll *adj* agonizing <> *adv* in agony.

Quäntchen *das (ohne pl)* little bit of; **ein ~ Glück/Wahrheit** a bit of luck/truth.

Quantität *die (ohne pl)* quantity.

quantitativ *adj* quantitative <> *adv* quantitatively.

Quantum (*pl* **-ten**) *das* quota.

Quarantäne [karan'tɛːnə] (*pl* **-n**) *die* quarantine *(U)*.

Quark *der* quark, *type of soft cheese.*

Quartal (*pl* **-e**) *das* quarter.

Quartett (*pl* **-e**) *das* **- 1.** MUS quartet **- 2.** *(ohne pl)* [Kartenspiel] *children's card game where players have to collect four of a kind.*

Quartier (*pl* **-e**) *das* accommodation *(U)*.

Quarz (*pl* **-e**) *der* quartz *(U)*.

Quarz|uhr *die* quartz watch.

quasi *adv* virtually.

quasseln *vi* ***fam*** to chatter.

Quaste (*pl* **-n**) *die* tassel.

Quatsch *der* ***fam*** rubbish; **~ machen** to mess about.

quatschen *fam vi* - **1.** [reden] to chat - **2.** *abw* [quasseln] to chatter <> *vt* [reden] to talk.

Quatsch|kopf *der fam abw* windbag.

Quebec *nt* Quebec.

Quecksilber *das* CHEM mercury.

Quellauf|werk *das* EDV source drive.

Quell|diskette *die* EDV source disk.

Quelle (*pl* **-n**) *die* - **1.** [Wasserquelle] spring; **an der ~ sitzen** *fig* to have contacts - **2.** [Informant(en), Fundstelle] source.

quellen (*präs* **quillt;** *prät* **quoll;** *perf* **ist gequollen**) *vi* - **1.** [austreten - Flüssigkeit] to stream; [- Rauch] to billow - **2.** [hervortreten] to swell; [Augen] to bulge - **3.** [Feuchtigkeit aufnehmen] to soak.

quengeln *vi fam* to whine.

Quentchen = **Quäntchen.**

quer *adv* diagonally; **~ durch etw** straight through sthg; **~ über etw** *(A)*, **~ auf etw** *(D)* across sthg; **~ zu etw** at right angles to sthg; *siehe auch* **quer gestreift.**

Quere *die:* **jm in die ~ kommen** *fig* [behindern] to get in sb's way; [Weg abschneiden] to block sb's path; [treffen] to bump into sb.

querfeldein *adv* cross-country.

Quer|flöte *die* flute.

Querformat *das* landscape format.

quer gestreift *adj* with horizontal stripes.

Quer|schnitt *der* - **1.** [Auswahl, Abbildung] cross-section - **2.** [Schnitt] cut.

querschnittsgelähmt *adj* paraplegic.

quer|stellen ◆ **sich querstellen** *ref fam* to refuse.

Quer|straße *die:* **die nächste ~ rechts** the next turning on the right.

Querulant, in (*mpl* **-en;** *fpl* **-nen**) *der, die abw* moaner.

Querver|bindung *die* link; [Straße] connecting road.

quetschen *vt* - **1.** [unterbringen, drängen] to squeeze - **2.** [zerdrücken] to crush - **3.** [verletzen]: **der Baum hat mir das Bein gequetscht** the tree crushed my leg.
◆ **sich quetschen** *ref* [sich zwängen] to squeeze.

Quetschung (*pl* **-en**) *die* bruise.

quicklebendig *adj* very lively.

quieken *vi* [Ferkel] to squeal; [Maus] to squeak.

quietschen *vi* - **1.** [Tür, Bremse] to squeak - **2.** *fam* [juchzen] to squeal.

quillt *präs* ▷ **quellen.**

Quint (*pl* **-en**), **Quinte** (*pl* **-n**) *die* MUS fifth.

Quint|essenz *die* quintessence.

Quintett (*pl* **-e**) *das* quintet.

Quirl (*pl* **-e**) *der* whisk.

quitt *adj (unver):* **mit jm ~ sein** *fam* to be quits with sb.

Quitte (*pl* **-n**) *die* - **1.** [Frucht] quince - **2.** [Baum] quince tree.

quittegelb, quittengelb *adj* yellowish.

quittieren *vt* - **1.** [bestätigen] to sign for; **etw ~ lassen** to get a receipt for sthg - **2.** [erwidern] to respond to - **3.** [kündigen]: **den Dienst ~** to resign <> *vi* [Empfang bestätigen] to sign.

Quittung (*pl* **-en**) *die* - **1.** [Beleg] receipt - **2.** *fig* [Konsequenz]: **da hast du die ~!** that's the price you pay!

Quiz [kvis] (*pl* **-**) *das* quiz.

Quizmaster, in [ˈkvɪsmaːstɐ, rɪn] (*mpl* **-;** *fpl* **-nen**) *der, die* quizmaster.

quoll *prät* ▷ **quellen.**

Quote (*pl* **-n**) *die* [Anteil] proportion; [festgeschriebene Zielmenge] quota; [Einschaltquote] viewing figures *(pl)*.

Quoten|regelung *die* positive discrimination *Br*, affirmative action *Am*.

Quotient [kvoˈtsi̯ɛnt] (*pl* **-en**) *der* quotient.

R

r, R [ɛr] (*pl* **-** ODER **-s**) *das* r, R.

Rabatt (*pl* **-e**) *der* discount.

Rabatte (*pl* **-n**) *die* border.

Rabatz *der fam* racket; **~ machen** *fam* [sich beschweren] to kick up a fuss; [Krach machen] to make a racket.

Rabbi (*pl* **-s**) *der* rabbi.

Rabe (*pl* **-n**) *der* raven.

rabenschwarz *adj* jet-black.

rabiat *adj* [gewalttätig] brutal; [wütend] furious <> *adv* [gewalttätig] brutally; [wütend] furiously.

Rache *die* revenge; **an jm ~ nehmen** to take revenge on sb.

Rache|akt *der* act of revenge.

Rachen (*pl* **-**) *der* throat.

rächen *vt* to avenge.
◆ **sich rächen** *ref* - **1.** [Rache nehmen] to get

one's revenge; **sich an jm (für** *ODER* **wegen etw) ~** to take revenge on sb (for sthg) **- 2.** [Konsequenzen haben]: **seine Faulheit wird sich ~** he'll pay for his laziness.

rackern *vi fam* to slave away.

Racket ['rɛkət] (*pl* **-s**) *das* SPORT racquet.

Raclette ['raklɛt, ra'klɛt] (*pl* **-s**) *das* raclette, *Swiss cheese dish.*

Rad (*pl* **Räder**) *das* **- 1.** [von Fahrzeug] wheel; **unter die Räder kommen** *fam* [überfahren werden] to be knocked over; *fam fig* [scheitern] to go to the dogs **- 2.** [Fahrrad] bike; **~ fahren** to cycle **- 3.** [von Maschine] cog **- 4.** [Bewegung]: **ein ~ schlagen** [Turnübung] to do a cartwheel; [den Schwanz fächern] to fan out its tail.

Radar *der ODER das* radar.

Radar|kontrolle *die* radar control.

Radau *der* racket.

Rädchen (*pl* -) *das* cog.

radebrechen *vt:* **Englisch/Deutsch ~** to speak broken English/German ◇ *vi:* **er radebrechte in Englisch** he spoke broken English.

radeln (*perf* **ist geradelt**) *vi* to cycle.

Rädels|führer, in *der, die* ringleader.

rad|fahren *vi (unreg)* ▷ **Rad.**

Rad|fahrer, in *der, die* cyclist.

Radfahr|weg *der* cycle track.

Radi (*pl* -) *der* **Österr** & **Süddt** *fam* radish.

radieren *vt* & *vi* **- 1.** [mit Radiergummi] to erase **- 2.** KUNST to etch.

Radier|gummi *der* rubber **Br**, eraser **Am**.

Radierung (*pl* **-en**) *die* etching.

Radieschen [ra'di:sçən] (*pl* -) *das* radish.

radikal *adj* radical ◇ *adv* radically.

radikalisieren *vt* to radicalize.

◆ **sich radikalisieren** *ref* to become radical.

Radikalismus *der* radicalism.

Radikal|kur *die fam* drastic measures (*pl*).

Radio (*pl* **-s**) *das* **- 1.** [gen] radio; **~ hören** to listen to the radio **- 2.** *(ohne pl)* [Anstalt] radio station.

radioaktiv *adj* radioactive.

Radio|aktivität *die* radioactivity.

Radio|rekorder (*pl* -) *der* radio cassette recorder.

Radio|sender *der* radio station.

Radio|sendung *die* radio programme.

Radio|wecker *der* radio alarm.

Radium *das* CHEM radium.

Radius (*pl* **Radien**) *der* radius.

Rad|kappe *die* hubcap.

Rad|lager *das* wheel bearing.

Radler (*pl* -) *der* cyclist ◇ *das* **Süddt** shandy.

Radlerin (*pl* **-nen**) *die* cyclist.

Radlermaß (*pl* -) *die* **Süddt** litre of shandy.

Radon *das* CHEM radon.

Rad|rennen *das* cycle race.

Rad|sport *der* cycling.

Rad|tour *die* cycling tour.

Rad|wechsel *der* wheel change.

Rad|weg *der* cycle path.

RAF [ɛra:'ɛf] (*abk für* **Rote Armee Fraktion**) *die Red Army Faction.*

raffen *vt* **- 1.** *abw* [nehmen]: **etw an sich** *(A)* **~** to grab sthg **- 2.** [Stoff] to gather **- 3.** *salopp* [begreifen] to get.

raffgierig *abw adj* greedy ◇ *adv* greedily.

Raffinerie [rafinə'ri:] (*pl* **-n**) *die* refinery.

raffiniert *adj* **- 1.** [Person, Plan, System] ingenious; [Geschmack, Farbe] subtle; [Kleiderschnitt] sophisticated **- 2.** [gerissen] cunning ◇ *adv* **- 1.** [planen, arrangieren] ingeniously; [würzen] subtly; **~ kochen** to be a sophisticated cook **- 2.** [gerissen] cunningly.

Rafting *das* SPORT whitewater rafting.

ragen (*perf* **hat/ist geragt**) *vi:* **aus etw ~** to stick out of sthg; [Berg, Baum, Gebäude] to rise up out of sthg.

Ragout [ra'gu:] (*pl* **-s**) *das* stew.

Rahm *der* cream.

rahmen *vt* to frame.

Rahmen (*pl* -) *der* **- 1.** [von Bild, Fenster, Fahrrad] frame **- 2.** [von Fahrzeugen] chassis **- 3.** *(ohne pl)* [Umgebung] setting; [Kontext] context **- 4.** *RW:* **aus dem ~ fallen** to be out of place; **den ~ einer Sache sprengen** to go beyond the scope of sthg.

◆ **im Rahmen** *adv:* **im ~ einer Sache** *(G)* [Zusammenhang] in the context of sthg; [Verlauf] in the course of sthg; [innerhalb der Grenzen] within the bounds of sthg; [als Teil] as part of sthg.

Rahmen|bedingung *die* general condition.

räkeln, rekeln ◆ **sich räkeln, sich rekeln** *ref* to stretch out.

Rakete (*pl* **-n**) *die* rocket; MIL missile.

Rallye ['rali, 'rɛli] (*pl* **-s**) *die* SPORT rally.

Rallye|fahrer, in *der, die* rally driver.

rammen *vt* to ram.

Rampe (*pl* **-n**) *die* **- 1.** [Laderampe, Auffahrt] ramp **- 2.** [in Theater] apron.

Rampenlicht *das (ohne pl)* footlights *(pl)*; **im ~ stehen** *fig* to be in the limelight.

ramponiert *adj fam* battered.

Ramsch *der fam abw* junk.

RAM-|Speicher ['ramʃpaiçɐ] *der* EDV RAM.

ran *fam* = **heran.**

Rand (*pl* **Ränder**) *der* - **1.** [von Stadt, Tisch, Teich] edge - **2.** [von Gefäßen] rim - **3.** [von Buchseite] margin - **4.** [Umrandung] edging *(U)*; **(dunkle) Ränder um die Augen haben** to have dark rings around one's eyes - **5.** *RW:* **außer ~ und Band sein/geraten** *fam* to be/go completely wild; **mit jm/etw (nicht) zu ~e kommen** *fam* (not) to be able to cope with sb/sthg.
◆ **am Rande** *adv* - **1.** [nebenbei] in passing; **sich am ~e abspielen** to take place on the sidelines; **am ~e bemerkt** noticed in passing - **2.** [nahe]: **am ~e der Verzweiflung sein** to be close to despair.

randalieren *vi* to rampage.

Randalierer, in (*mpl* **-**; *fpl* **-nen**) *der, die* hooligan.

Randbemerkung *die* - **1.** [schriftliche] marginal note - **2.** [mündliche] passing remark.

Randbezirk *der* suburb.

Randerscheinung *die* item of peripheral importance.

Randgruppe *die* marginal group.

Randstreifen *der* [von Autobahn] hard shoulder *Br*, shoulder *Am;* [von Straße] verge *Br*, berm *Am*.

randvoll *adj* full to the brim ◇ *adv* to the brim.

rang *prät* ▷ **ringen.**

Rang (*pl* **Ränge**) *der* - **1.** [Position] rank - **2.** [Ansehen] class; **ein Wissenschaftler von ~** a renowned scientist - **3.** [in Theater, Stadion] circle; **der erste/zweite ~** [in Theater] the dress/upper circle; [im Wettbewerb] first/second place - **4.** *RW:* **alles, was ~ und Namen hat** anybody who is anybody; **jm/etw den ~ ablaufen** to overtake sb/sthg.
◆ **ersten Ranges** *adj* first-rate.

Rangabzeichen *das* insignia.

Rangelei (*pl* **-en**) *die* tussling *(U)*.

Rangfolge *die* order of precedence.

rangieren [raŋ'ʒiːrən] *vt* to shunt ◇ *vi* to be ranked.

Rangliste *die* (army/navy/civil service) list.

Rangordnung *die* order of precedence.

ranhalten ◆ **sich ranhalten** *ref (unreg) fam* to get on with it.

rank *adj geh:* **~ und schlank** slender.

Ranke (*pl* **-n**) *die* tendril.

ranken (*perf* **hat/ist gerankt**) *vi (ist)* to climb.
◆ **sich ranken** *ref* to climb; **sich um etw ~** [wachsen] to entwine itself around sthg; *fig & geh* [spinnen] to grow up around sthg.

ranlassen *vt (unreg) fam* - **1.** = **heranlassen** - **2.** [sich nähern lassen]: **jn an jn/etw ~** to let sb near sb/sthg.

ranmüssen *vi (unreg) fam* [arbeiten] to have to get stuck in; [Aufgabe erledigen] to see to it.

rann *prät* ▷ **rinnen.**

rannte *prät* ▷ **rennen.**

Ranzen (*pl* **-**) *der* - **1.** [Schultasche] rucksack; [– aus Leder] satchel - **2.** *salopp* [Bauch] belly.

ranzig *adj* rancid.

Rap [ræp] *der* MUS rap.

rapide *adj* rapid ◇ *adv* rapidly.

Rappel *der:* **einen ~ bekommen** ODER **kriegen** *fam* to go mad.

rappeln *vi fam* to rattle.

Rappen (*pl* **-**) *der* centime, *one hundredth of a Swiss franc.*

Raps *der* rape.

rar *adj* rare; **du hast dich in letzter Zeit ~ gemacht** we haven't seen much of you lately.

Rarität (*pl* **-en**) *die* rarity.

rasant *adj* - **1.** [schnell] rapid - **2.** *fam* [imponierend] stunning ◇ *adv* [schnell] rapidly.

rasch *adj* quick ◇ *adv* quickly.

rascheln *vi* to rustle.

rasen (*perf* **hat/ist gerast**) *vi* - **1.** *(ist)* [fahren] to race; **gegen etw ~** to crash into sthg - **2.** *(hat)* [toben] to rage; **das Publikum raste vor Begeisterung** the audience went wild with enthusiasm.

Rasen (*pl* **-**) *der* [Rasenfläche] lawn; [Gras] grass; **den ~ mähen** to mow the lawn; **den ~ sprengen** to water the grass.

rasend *adj* - **1.** [Entwicklung] rapid; [Geschwindigkeit] lightning *(vor Subst)*; [Eile] great - **2.** [gewaltig] raging - **3.** [wütend]: **jn ~ machen** *fam* to drive sb mad ◇ *adv* - **1.**: **~ schnell** incredibly quickly - **2.** [enorm] terribly; **~ verliebt sein** to be madly in love.

Rasenmäher *der* lawnmower.

Rasensprenger (*pl* **-**) *der* sprinkler.

Raserei *die (ohne pl)* - **1.** [Toben] rage; **jn zur ~ bringen** to drive sb mad - **2.** *abw* [Schnelligkeit] speeding.

Rasierapparat *der* shaver.

rasieren *vt* to shave.
◆ **sich rasieren** *ref* to shave; **sich nass/trocken ~** to have a wet/dry shave.

Rasierer (*pl* **-**) *der fam* shaver.

Rasierklinge *die* razor blade.

Rasierpinsel *der* shaving brush.

Rasierschaum *der* shaving foam.

Rasierwasser *das* aftershave.

Räson [rɛ'zɔŋ] *die:* **jn zur ~ bringen** to make sb see reason.

raspeln *vt* [reiben] to grate.

Rasse (*pl* **-n**) *die* **- 1.** [bei Tieren] breed **- 2.** [bei Menschen] race.

Rassel (*pl* **-n**) *die* rattle.

rasseln (*perf* **hat/ist gerasselt**) *vi* **- 1.** *(hat)* [Geräusch erzeugen] to rattle **- 2.** *(ist) **fam*** [durchfallen]: **durch eine Prüfung ~** to flunk an exam.

Rassen|diskriminierung *die* racial discrimination *(U)*.

Rassentrennung *die* racial segregation.

rassig *adj* spirited.

Rassismus *der* racism.

Rassist, in (*mpl* **-en**; *fpl* **-nen**) *der, die* racist.

rassistisch *adj* racist.

Rast (*pl* **-en**) *die* rest; **~ machen** [beim Fahren] to stop for a break; [beim Gehen] to stop for a rest.

rasten *vi* [beim Fahren] to stop for a break; [beim Gehen] to stop for a rest.

Raster (*pl* -) *das* TECH screen; [System] framework.

Rast|haus *das* [an Autobahnen] services *(pl)*.

Rast|hof *der* [an Autobahnen] services *(pl)*.

rastlos *adj* tireless ◇ *adv* tirelessly.

Rast|platz *der* picnic area *(with toilet facilities)*.

Rast|stätte *die* [auf Autobahnen] services *(pl)*.

Rasur (*pl* **-en**) *die* shave.

Rat (*pl* **Räte**) *der* **- 1.** [Ratschlag] advice *(U)*; **jm einen ~ geben** to give sb a piece of advice; **jn/etw zu ~e ziehen** to consult sb/sthg; **jm mit ~ und Tat helfen** ODER **beistehen** ODER **zur Seite stehen** to support sb in whatever way one can; **jn um ~ fragen** ODER **bitten** to ask sb for advice; **sich** *(D)* **keinen ~ (mehr) wissen** to be at one's wits' end **- 2.** [Versammlung] council **- 3.** [Person] councillor.

rät *präs* ▷ **raten.**

Rate (*pl* **-n**) *die* **- 1.** [Teilzahlung] instalment; **etw auf ~n kaufen** to buy sthg on hire purchase **- 2.** [statistische] rate.

raten (*präs* **rät**; *prät* **riet**; *perf* **hat geraten**) *vt* **- 1.** [erraten] to guess **- 2.** [empfehlen]: **jm ~, etw zu tun** to advise sb to do sthg ◇ *vi* **- 1.** [erraten] to guess; **dreimal darfst du ~** ***fam fig*** I'll give you three guesses **- 2.** [Rat geben]: **jm zu etw ~** to advise sb to do sthg.

ratenweise *adv* in instalments.

Raten|zahlung *die* payment by instalments.

Rate|spiel *das* guessing game.

Ratgeber (*pl* -) *der* **- 1.** [Mensch] adviser **- 2.** [Buch] guide.

Ratgeberin (*pl* **-nen**) *die* adviser.

Rat|haus *das* town hall.

ratifizieren *vt* POL to ratify.

Ration (*pl* **-en**) *die* ration; **eiserne ~** iron rations *(pl)*.

rational *adj* rational ◇ *adv* rationally.

rationalisieren *vt* to rationalize.

Rationalisierung (*pl* **-en**) *die* rationalization.

rationell *adj* efficient ◇ *adv* efficiently.

rationieren *vt* to ration.

rätisch *adj* Rhaetian.

ratlos *adj* helpless ◇ *adv* helplessly.

Rätoromanisch(e) *das* Rhaeto-Romanic; *siehe auch* **Englisch(e).**

ratsam *adj* advisable.

Rat|schlag *der* piece of advice.

Rätsel (*pl* -) *das* **- 1.** [Aufgabe] puzzle; **jm ein ~ aufgeben** to ask sb a riddle **- 2.** [Geheimnis] mystery; **etw ist jm ein ~** sthg is a mystery to sb; **vor einem ~ stehen** to be faced with a mystery.

rätselhaft *adj* mysterious; **es ist mir ~** it's a mystery to me.

rätseln *vi*: **über etw** *(A)* **~** to puzzle over sthg.

Rätselraten *das* guessing.

Rats|herr *der* councillor.

Rats|keller *der restaurant in basement of town hall.*

Ratte (*pl* **-n**) *die* rat.

rattern (*perf* **hat/ist gerattert**) *vi* **- 1.** *(ist)* [fahren] to clatter (along) **- 2.** *(hat)* [Geräusche machen] to rattle; [Nähmaschine] to chatter.

rau *adj* **- 1.** [Oberfläche, Person, Sitten] rough **- 2.** [Klima, Leben] harsh **- 3.** [angegriffen - Stimme] hoarse; [- Hals] sore.

Raub *der* robbery.

Raubbau *der* overexploitation; **mit seiner Gesundheit ~ treiben** to ruin one's health.

Raubdruck (*pl* **-e**) *der* pirate copy.

rauben *vt* **- 1.** [stehlen] to steal **- 2.** [kosten]: **jm etw ~** to rob sb of sthg; **jm den Schlaf ~** to deprive sb of their sleep.

Räuber, in (*mpl* **-**; *fpl* **-nen**) *der, die* robber.

räuberisch *adj* predatory.

Raub|mord *der* robbery with murder.

Raub|tier *das* predator.

Raubüber|fall *der* robbery.

Raub|vogel *der* bird of prey.

Rauch *der* smoke; **sich in ~ auflösen** ***fig*** to go up in smoke.

rauchen *vt* & *vi* to smoke.

Rauchen *das* smoking; '**~ verboten!**' 'no smoking'.

Raucher (*pl* -) *der* smoker.
Raucher|abteil *das* smoking compartment.
Raucherin (*pl* **-nen**) *die* smoker.
räuchern *vt* to smoke.
Räucher|stäbchen *das* incense sticks.
rauchig *adj* - **1.** [gen] smoky - **2.** [Stimme] husky.
Rauch|verbot *das* ban on smoking.
Rauch|vergiftung *die* smoke inhalation.
Rauch|waren *pl* **amt** tobacco goods.
Rauch|wolke *die* cloud of smoke.
rauf *fam* = **herauf.**
Raufaser|tapete *die* woodchip paper.
Raufbold (*pl* **-e**) *der* ruffian.
raufen *vi* to fight.
◆ **sich raufen** *ref* to fight.
Rauferei (*pl* **-en**) *die* fight.
rauf|gehen (*perf* **ist raufgegangen**) *vt* & *vi* *(unreg)* **fam** to go up.
rauf|kommen (*perf* **ist raufgekommen**) *vt* & *vi (unreg)* **fam** to come up.
rauh = **rau.**
Rauhaar|dackel *der* wire-haired dachshund.
Rauhfaser|tapete = **Raufasertapete.**
Rauhreif = **Raureif.**
Raum (*pl* **Räume**) *der* - **1.** [Zimmer] room - **2.** [Platz & PHYS] space - **3.** *(ohne pl)* GEOGR area - **4.** : **etw steht im ~** sthg is left in the air; **etw im ~ stehen lassen** to leave sthg hanging in the air.
räumen *vt* - **1.** [Wohnung] to vacate - **2.** [Platz, Posten] to clear.
Raum|fähre *die* space shuttle.
Raum|fahrt *die* space travel.
Raum|forschung *die* space research.
Raum|inhalt *der* volume.
Raum|kapsel *die* space capsule.
räumlich *adj* spatial ◇ *adv* spatially.
Räumlichkeiten *pl* **geh** premises.
Raum|not *die (ohne pl)* **geh** lack of space.
Raum|schiff *das* spaceship.
Raum|station *die* space station.
Räumung (*pl* **-en**) *die* clearing *(U)*; [von Wohnung] vacation *(U)*; [vor Gefahr] evacuation.
Räumungs|arbeiten *pl* clearance work *(sg)*.
Räumungs|klage *die* action for eviction.
Räumungs|verkauf *der* clearance sale.
Raupe (*pl* **-n**) *die* - **1.** [Insekt] caterpillar - **2.** [Fahrzeug] caterpillar vehicle.
Raupen|fahrzeug *das* caterpillar vehicle.
Raureif *der* hoarfrost.
raus *adv* **fam** - **1.** = **heraus** - **2.** [hinaus] out; **~ hier!** get out!
Rausch (*pl* **Räusche**) *der* - **1.** [das Betrunkensein] intoxication; **einen ~ haben** to be drunk - **2.** [Ekstase] ecstasy; **im ~** in ecstasy.
rauschen (*perf* **hat/ist gerauscht**) *vi* - **1.** *(hat)* [Bäume] to rustle; [Bach] to murmur; **es rauscht** [im Telefon] there's a crackle; [in den Ohren] there's a buzz - **2.** *(ist)* **fam** [gehen] to rush.
rauschend *adj*: **ein ~es Fest** a glittering party; **~er Beifall** loud applause.
Rausch|gift *das* drug.
Rauschgifthandel *der* drug trafficking.
rauschgiftsüchtig *adj* addicted to drugs.
Rauschgiftsüchtige (*pl* **-n**) *der, die* drug addict.
raus|fliegen (*perf* **ist rausgeflogen**) *vi (unreg)* **fam** [aus Schule] to be thrown out; [aus Firma] to be fired.
raus|halten *vt (unreg)* **fam** [nach draußen] to hold out.
◆ **sich raushalten** *ref* **fam: sich aus etw ~** to keep out of sthg.
raus|kriegen *vt* **fam** to find out.
räuspern ◆ **sich räuspern** *ref* to clear one's throat.
raus|rücken (*perf* **hat/ist rausgerückt**) **fam** *vi (ist)*: **mit etw ~** [ausdrücken] to come out with sthg; [herausgeben] to hand over sthg ◇ *vt (hat)* [herausgeben] to hand over.
raus|schmeißen *vt (unreg)* **fam** to throw out.
Rausschmiss (*pl* **-e**) *der* **fam** throwing out *(U)*.
Raute (*pl* **-n**) *die* diamond (shape).
rautenförmig *adj* diamond-shaped.
Rave [reɪv] *der* MUS techno ◇ *das* ODER *der* [Veranstaltung] rave.
Ravioli [ra'vi̯oːli] *pl* ravioli *(U)*.
Razzia (*pl* **Razzien**) *die* (police) raid.
RCDS [ɛrtseːdeː'ɛs] (*abk für* **Ring Christlich-Demokratischer Studenten**) *der Christian Democrat student organization.*
rd. *abk für* **rund.**
Reagenz|glas *das* test tube.
reagieren *vi* to react; **auf etw** *(A)* **~** to react to sthg.
Reaktion (*pl* **-en**) *die* reaction; **die ~ auf etw** *(A)* the reaction to sthg.
reaktionär *adj* **abw** reactionary.
Reaktionsvermögen *das (ohne pl)* reactions *(pl)*.
Reaktor (*pl* **-toren**) *der* (nuclear) reactor.
Reaktorun|fall *der* nuclear accident.

real *adj* real <> *adv* - **1.** [realistisch] realistically - **2.** WIRTSCH in real terms.

Real|einkommen *das* real income.

realisierbar *adj* realizable.

realisieren *vt geh* to realize.

Realismus *der* realism.

Realist, in (*mpl* **-en;** *fpl* **-nen**) *der, die* realist.

realistisch *adj* realistic <> *adv* realistically.

Realität (*pl* **-en**) *die* reality.

Real|politik *die* realpolitik.

Real|schule *die secondary school for pupils up to the age of 16.*

Real|schüler, in *der, die* pupil at a "Realschule".

Rebe (*pl* **-n**) *die* vine.

Rebell (*pl* **-en**) *der* rebel.

rebellieren *vi* to rebel; **gegen jn/etw ~** to rebel against sb/sthg.

Rebellin (*pl* **-nen**) *die* rebel.

Rebellion (*pl* **-en**) *die* rebellion.

rebellisch *adj* rebellious.

Reb|huhn *das* partridge.

Reb|stock *der* vine.

Receiver [ri'si:vɐl] (*pl* **-**) *der* receiver.

Rechen (*pl* **-**) *der* rake.

Rechen|aufgabe *die* sum.

Rechen|fehler *der* miscalculation.

Rechenschaft *die:* **von jm ~ fordern** to demand an explanation from sb; **jm (keine) ~ schuldig sein** (not) to owe sb an explanation; **jm über etw** *(A)* **~ ablegen** ODER **geben** to account to sb for sthg; **jn (für etw) zur ~ ziehen** to call sb to account (for sthg).

Rechenschafts|bericht *der* report.

Rechen|zentrum *das* computer centre.

recherchieren *vt* & *vi* to investigate.

rechnen *vi* - **1.** [berechnen] to calculate - **2.** [schätzen] to estimate; **rund gerechnet** roughly - **3.** [erwarten]: **mit jm/etw ~** to expect sb/sthg - **4.** [sich verlassen]: **auf jn/etw ~** to count on sb/sthg; **mit jm ~** to rely on sb - **5.** [bedenken]: **mit jm/etw ~** to reckon with sb/sthg; **im Urlaub mit gutem Wetter ~** to reckon on having good weather on holiday <> *vt* [berechnen] to work out.
◆ **sich rechnen** *ref* to be profitable.

Rechner (*pl* **-**) *der* EDV computer.

rechnerisch *adj* arithmetical <> *adv* by calculation; **rein ~ gesehen lohnt sich das nicht** the figures suggest it's not worth it.

Rechnung (*pl* **-en**) *die* - **1.** WIRTSCH bill; [im Restaurant] bill ***Br,*** check ***Am;*** **eine ~ begleichen** to pay a bill; **das geht auf meine ~!** this round is on me!; **jm etw in ~ stellen** to charge sb for sthg - **2.** [Rechenaufgabe] calculation - **3.** ***RW:*** **auf eigene ~** on one's own account; **eine ~ begleichen** to settle a score; **einer Sache** *(D)* **~ tragen** ***geh*** to take sthg into account; **js ~ geht (nicht) auf** things (don't) work out as sb hopes.

Rechnungs|hof *der authority charged with auditing state institutions.*

Rechnungs|prüfer, in *der, die* auditor.

Rechnungs|wesen *das* accountancy.

recht *adj* - **1.** [korrekt, passend] right; **~ und billig** ***fig*** right and proper; **zur ~en Zeit am ~en Ort** at the right place at the right time; **ist es dir ~, wenn ich morgen vorbeikomme?** is it all right with you if I come by tomorrow? - **2.** [besonders] particular; **es macht keinen ~en Spaß** it's not really much fun <> *adv* - **1.** [ziemlich] quite - **2.** ***RW:*** **man kann ihm nichts ~ machen können** there's no pleasing him; **~ und schlecht** just about; **jetzt erst ~** even more.

Recht (*pl* **-e**) *das* - **1.** RECHT law; **~ sprechen** to administer justice; **von ~s wegen** by law; **im ~ sein** to be in the right; **~ haben** to be right; **jm ~ geben** to admit sb is right - **2.** [Anrecht] right; **ein ~ auf etw** *(A)* **haben** to have a right to sthg; **das ist js gutes ~** that is sb's right.
◆ **mit** ODER **zu Recht** *adv* rightly.

rechte, r, s *adj* - **1.** [Seitenangabe] right - **2.** [rechtspolitisch] right-wing.

Rechte (*pl* **-n**) *die* - **1.** [rechte Hand] right hand; **zur ~n** on the right - **2.** POL: **die ~** the Right <> *der, die* right-winger <> *das:* **nach dem ~n sehen** to see to things.

Rechteck (*pl* **-e**) *das* rectangle.

rechteckig *adj* rectangular.

rechtens *adj (unver):* **~ sein** ***fig*** to be lawful.

rechtfertigen *vt* to justify; **etw vor jm ~** to justify sthg to sb.
◆ **sich rechtfertigen** *ref:* **sich (vor jm) ~** to justify o.s. (to sb).

Rechtfertigung (*pl* **-en**) *die* justification.

rechthaberisch *adj* ***abw*** opinionated; **er ist immer so ~** he always thinks he's right.

rechtlich *adj* legal <> *adv* legally.

rechtlos *adj* without rights.

rechtmäßig *adj* lawful <> *adv* lawfully.

rechts *adv* - **1.** [Angabe der Seite, Richtung] on the right; **~ abbiegen** turn right; **nach/von ~** to/from the right; **~ von jm** to one's right; **~ von etw** to the right of sthg - **2.** [Angabe der politischen Richtung] right wing; **~ eingestellt sein** to have right-wing leanings <> *präp (+ G)* [Angabe der Seite] to the right of.

Rechts|abbieger (*pl* **-**) *der* car turning right.

Rechtsan|spruch *der* (legal) entitlement.

Rechts|anwalt *der* lawyer.

Rechts|anwältin *die* lawyer.

Rechts|außen (*pl* -) *der, die* - **1.** SPORT outside right - **2.** *fam* POL extreme right-winger.

Rechts|beratung *die* legal advice *(U)*.

Rechts|bruch *der:* **einen ~ begehen** to break the law.

rechtsbündig *adj* right justified.

rechtschaffen *adj* - **1.** [Mensch, Arbeit] honest - **2.** *fam* [Hunger] real <> *adv* - **1.** [leben, arbeiten] honestly - **2.** *fam* [hungrig, müde] really.

Rechtschreib|fehler *der* spelling mistake.

Recht|schreibung *die* spelling.

Rechts|empfinden *das* sense of right and wrong.

rechtsextrem *adj:* **~e Jugendliche** young right-wing extremists; **~e Gruppierung** extreme right-wing faction.

Rechts|extremist, in *der, die* **abw** right-wing extremist.

Rechts|frage *die* legal matter.

rechtsgerichtet *adj* right-wing.

rechtsgültig *adj* legally valid.

Rechtshänder, in (*mpl* -; *fpl* **-nen**) *der, die* right-hander.

rechtshändig *adj* right-handed.

rechtsherum *adv* to the right.

rechtskräftig *adj* final; **~ sein** to be legally effective <> *adv:* **jn ~ verurteilen** to pass a final sentence on sb.

Rechts|kurve *die* right-hand bend.

Rechts|lage *die* legal situation.

Rechts|pfleger, in *der, die* **amt** *judicial officer outside the regular judiciary who has certain judicial powers.*

Rechtsprechung (*pl* **-en**) *die* administration of justice *(U)*.

rechtsradikal *adj* extreme right-wing.

Rechts|radikale *der, die* right-wing extremist.

Rechts|schutz *der* legal protection.

Rechtsschutzver|sicherung *die* legal protection insurance.

rechtsseitig *adj* of the right side <> *adv* on the right side.

Rechts|staat *der* state based upon the rule of law.

Rechts|streit *der* **amt** lawsuit.

Rechts|verkehr *der* - **1.** [Straßenverkehr] driving on the right - **2.** RECHT law.

Rechts|weg *der* legal action; **der ~ ist ausgeschlossen** no legal action may be taken.

rechtswidrig *adj* illegal.

rechtwinklig, rechtwinkelig *adj* right-angled <> *adv* at a right angle.

rechtzeitig *adj* timely <> *adv* in time; **~ da sein/eintreffen** to be/get there in time.

Reck (*pl* **-e** ODER **-s**) *das* horizontal bar.

recken *vt* to stretch; **den Hals ~** to crane one's neck.
◆ **sich recken** *ref* to stretch (o.s.).

Recorder (*pl* -) *der* **fam** = **Rekorder.**

recyclen [ri'saikəln] *vt* to recycle.

Recycling [ri'saiklıŋ] *das* recycling.

Recyclingpapier *das* recycled paper.

Red. - **1.** (*abk für* **Redakteur**) ed. - **2.** *abk für* **Redaktion.**

Redakteur, in [redak'tøːɐ̯, rın] (*mpl* **-e;** *fpl* **-nen**) *der, die* editor.

Redaktion (*pl* **-en**) *die* - **1.** [Team] editorial staff - **2.** [von Texten] editing.

Rede (*pl* **-n**) *die* - **1.** [Ansprache] speech; **eine ~ halten** to make a speech - **2.** *(ohne pl)* [das Reden] talk; **die ~ ist von jm/etw** we are talking about sb/sthg - **3.** GRAM [gebundene] verse; [ungebundene] prose; **wörtliche/indirekte ~** direct/indirect speech - **4.** *RW:* **etw ist nicht der ~ wert** sthg is not worth mentioning; **jm ~ und Antwort stehen** to explain o.s. to sb; **jn zur ~ stellen** to demand an explanation from sb.

Redefreiheit *die* freedom of speech.

redegewandt *adj* eloquent.

reden *vi* - **1.** [gen] to talk; **deutlich/langsam ~** to speak clearly/slowly; **(mit jm) über jn/etw ~** to talk (to sb) about sb/sthg - **2.** [eine Rede halten] to speak - **3.** *RW:* **darüber lässt sich ~** that may be possible; **du hast gut ~** *fam* it's easy for you to talk; **jn zum Reden bringen** to get sb to talk; **mit sich ~ lassen** to be open to discussion; **von sich ~ machen** to cause a stir <> *vt:* **Unsinn ~** to talk nonsense; **kein Wort ~** not to say a word.

Redens|art *die* saying; **das ist doch nur eine ~** it's just an expression.

Rede|wendung *die* idiom.

redlich *adj* [anständig] honest <> *adv:* **sich ~ Mühe geben** to try really hard.

Redner, in (*mpl* -; *fpl* **-nen**) *der, die* speaker.

redselig *adj* talkative.

Reduktion (*pl* **-en**) *die* reduction.

reduzieren *vt* - **1.** [verringern] to reduce - **2.** [vereinfachen]: **etw auf etw** *(A)* **~** to reduce sthg to sthg.
◆ **sich reduzieren** *ref* to decrease.

Reederei (*pl* **-en**) *die* shipping company.

reell *adj* - **1.** WIRTSCH [Geschäft, Arbeit] honest; [Preis] fair - **2.** [Chance] realistic - **3.** *fam* [Mahlzeit] decent.

Reeperbahn *die street in Hamburg famous for its bars and nightclubs.*

Referat (*pl* **-e**) *das* - **1.** [Abhandlung] paper; **ein ~ halten** to give a paper - **2.** [Abteilung] department.

Referendar (*pl* **-e**) *der person undergoing "Referendariat"*; [in Schule] student teacher.

Referendariat (*pl* **-e**) *das period of practical training in teaching or legal professions, undertaken on completion of first "Staatsexamen".*

Referendarin (*pl* **-nen**) *die person undergoing "Referendariat"*; [in Schule] student teacher.

Referendum (*pl* **-den**) *das* referendum.

Referent, in (*mpl* **-en**; *fpl* **-nen**) *der, die* - **1.** [Redner] speaker - **2.** [Beamter] adviser.

Referenz (*pl* **-en**) *die* reference.

referieren *vi*: **über etw** *(A)* **~** to give a paper on sthg.

reflektieren *vt* - **1.** [Licht] to reflect - **2.** *geh* [Problem] to reflect on ◇ *vi geh*: **über etw** *(A)* **~** to reflect on sthg.

Reflektor (*pl* **-toren**) *der* reflector.

Reflex (*pl* **-e**) *der* - **1.** [Reaktion] reflex - **2.** [Lichtreflex] reflection.

Reflexion (*pl* **-en**) *die* reflection.

reflexiv GRAM *adj* reflexive ◇ *adv* reflexively.

Reflexiv|pronomen *das* GRAM reflexive pronoun.

Reform (*pl* **-en**) *die* reform.

Reformation *die* REL Reformation.

Reformations|tag *der* REL Reformation Day, *31 October, day on which the Reformation is celebrated.*

reformbedürftig *adj* in need of reform.

Reformer, in (*mpl* **-**; *fpl* **-nen**) *der, die* reformer.

Reform|haus *das* health food shop.

REFORMHAUS

In addition to health food, these shops, which are very common in Germany, sell natural health care and beauty products. Sometimes there is also a health food café on the premises.

reformieren *vt* to reform.

Reformkost *die* health food.

Refrain [rəˈfrɛ̃ː] (*pl* **-s**) *der* refrain.

Regal (*pl* **-e**) *das* shelves *(pl)*.

Regatta (*pl* **Regatten**) *die* regatta.

Reg.-Bez. *abk für* **Regierungsbezirk.**

rege *adj* lively; [Verkehr] busy; [Handel] brisk ◇ *adv*: **sich ~ an etw** *(D)* **beteiligen** to take a lively interest in sthg.

Regel (*pl* **-n**) *die* - **1.** [Norm] rule; **in aller** ODER **der ~** as a rule; **sich** *(D)* **etw zur ~ machen** to make sthg a rule - **2.** [Periode] period.

Regel|blutung *die* period.

Regel|fall *der* rule.

regellos *adj* disorderly.

regelmäßig *adj* regular ◇ *adv* regularly.

Regelmäßigkeit (*pl* **-en**) *die* regularity.

regeln *vt* [Temperatur, Geschwindigkeit] to regulate; [Angelegenheit] to settle; [Nachlass] to put in order; [Verkehr] to direct.
◆ **sich regeln** *ref* to sort itself out; **sich von selbst ~** to sort itself out.

regelrecht *adj* - **1.** *fam* [richtig] proper - **2.** [ordnungsgemäß] correct.

Regelung (*pl* **-en**) *die* regulation.

Regel|werk *das* system of rules.

regelwidrig *adj* against the rules ◇ *adv* [spielen] against the rules; [parken] illegally.

regen *vt* to move.
◆ **sich regen** *ref* to move; [Gefühl, Hoffnung] to stir.

Regen *der* rain; **strichweise ~** *amt* rain in places; **strömender ~** pouring rain; **saurer ~** acid rain.

Regen|bogen *der* rainbow.

Regenbogenpresse *die (ohne pl)* **abw** trashy magazines *(pl)*.

regenerieren *vt* **geh** to regenerate.
◆ **sich regenerieren** *ref* to regenerate o.s.

Regen|guss *der* downpour.

Regen|haut *die* plastic mackintosh.

Regen|mantel *der* raincoat.

Regen|rinne *die* gutter.

Regen|schauer *der* shower.

Regen|schirm *der* umbrella.

Regent, in (*mpl* **-en**; *fpl* **-nen**) *der, die* sovereign.

Regen|tonne *die* water butt.

Regen|tropfen *der* raindrop.

Regen|wald *der* rain forest; **der tropische ~** the tropical rain forest.

Regen|wasser *das* rainwater.

Regen|wetter *das* rainy weather.

Regen|wurm *der* earthworm.

Regen|zeit *die* rainy season.

Regie [reˈʒiː] *die* direction; **~ führen** to direct; **etw in eigener ~ tun** ODER **durchführen** to do sthg on one's own account.

Regielassistent, in *der, die* assistant director.

regieren *vt* to rule <> *vi* to rule; **über jn/etw ~** to rule over sb/sthg.

Regierung (*pl* **-en**) *die* government.

Regierungslbezirk *der administrative division of a "Land".*

Regierungslchef, in *der, die* head of government.

Regierungslerklärung *die* government proposals *(pl)*, ≃ Queen's Speech *Br.*

Regierungslgebäude *das* government building.

Regierungslkrise *die* governmental crisis.

Regierungslpartei *die* governing party.

Regierungslpräsident, in *der, die head of an administrative division of a "Land".*

Regierungslrat *der* senior civil servant.

Regierungslsitz *der* seat of government.

Regierungslsprecher, in *der, die* government spokesperson.

Regime [re'ʒiːm] (*pl* **-**) *das* regime.

Regimelkritiker, in *der, die* dissident.

Regiment (*pl* **-e** ODER **-er**) *das* **- 1.** *(pl Regimenter)* MIL regiment **- 2.** *(pl Regimente)* [Leitung] rule; **ein strenges ~ führen** to be strict..

Region (*pl* **-en**) *die* region.

regional *adj* regional <> *adv* regionally; **~ verschieden** different from region to region.

Regisseur, in [reʒɪ'søːɐ̯, rɪn] (*mpl* **-e**; *fpl* **-nen**) *der, die* director.

Register (*pl* **-**) *das* **- 1.** [Verzeichnis - in Buch] index; [- amtlich] register **- 2.** [MUS - von Orgel] stop; [- von Stimme] register; **alle ~ ziehen** ***fig*** to pull out all the stops.

registrieren *vt* **- 1.** [wahrnehmen] to notice **- 2.** [eintragen] to register.

reglementieren *vt* ***abw*** to regulate; [Person] to regiment.

Regler (*pl* **-**) *der* control.

reglos *adj* motionless <> *adv* motionlessly.

regnen *vi:* **es regnet** it's raining <> *vt:* **es regnet Konfetti** confetti is raining down; **es regnete Beifall** there was a storm of applause.

regnerisch *adj* rainy.

regresspflichtig *adj* liable to recourse.

regulär *adj* **- 1.** [Preis, Arbeit] normal; [Wahl, Spiel] in accordance with the rules **- 2.** MIL regular <> *adv* [arbeiten] normally; [zum normalen Preis] at the normal price.

regulieren *vt* **- 1.** [regeln - Preis, Schaden, Verkehr] to regulate **- 2.** [Temperatur, Lautstärke] to adjust **- 3.** [Gewässer] to straighten.

Regulierung (*pl* **-en**) *die* **- 1.** [von Preis, Schaden, Verkehr] regulation **- 2.** [von Temperatur, Lautstärke] adjustment **- 3.** [von Gewässer] straightening.

Regung (*pl* **-en**) *die* **- 1.** [Bewegung] movement **- 2.** ***geh*** [Gefühl] stirring.

regungslos *adj* motionless <> *adv* motionlessly.

Reh (*pl* **-e**) *das* deer.

Reha ['reːha] (*abk für* **Rehabilitierung**) *die* rehab.

rehabilitieren *vt* to rehabilitate.
◆ **sich rehabilitieren** *ref* to redeem o.s.

Reha-lKlinik *die* rehab clinic.

Rehlbock *der* roebuck.

Rehkitz (*pl* **-e**) *das* fawn.

Reibach *der (ohne pl)* ***fam*** profits *(pl)*; **seinen ~ machen** ***fam*** to make a killing.

Reibe (*pl* **-n**) *die* grater.

Reibleisen *das* grater.

Reibelkuchen *der small pancake made from grated potatoes.*

reiben (*prät* **rieb**; *perf* **hat gerieben**) *vt* **- 1.** [Körperteile] to rub; **sich** *(D)* **die Hände/die Nase/das Auge ~** to rub one's hands/nose/eye; **jm die Hände/Wangen ~** to rub sb's hands/cheeks **- 2.** [Käse, Karotten] to grate <> *vi* to rub.
◆ **sich reiben** *ref* ***fam*** [sich nerven]: **sich an etw** *(D)* **~** to come up against sthg; **sich mit jm ~** to be at loggerheads with sb.

Reiberei (*pl* **-en**) *die* friction.

Reibung *die* **- 1.** PHYS friction **- 2.** [das Reiben] rubbing.

reibungslos *adj* smooth <> *adv* smoothly.

reich *adj* **- 1.** [wohlhabend] rich; **~ an etw** *(D)* **sein** [Bodenschätzen] to be rich in sthg; [Erfahrungen] to have a wealth of sthg **- 2.** [Erdölvorkommen, Ernte] rich; [Erfahrung] extensive <> *adv* [geschmückt] richly.

Reich (*pl* **-e**) *das* **- 1.** POL empire **- 2.** [Bereich] world.

Reiche (*pl* **-n**) *der, die* rich person.

reichen *vi* **- 1.** [Geld, Zeit] to be enough; [Vorrat] to last; **mit den Vorräten/dem Geld ~** ***Norddt*** to have enough supplies/money; **das reicht!** that's enough!; **mir reichts** ***fam fig*** I've had enough **- 2.: (von ... bis zu ...) ~** [Grundstück, Gebiet] to extend (from ... to ...); [Kleidungsstück] to reach (from ... to ...) <> *vt:* **jm etw ~** to pass sb sthg; **sich** *(D)* **die Hände ~** to shake hands.

reichhaltig *adj* rich.

reichlich *adj* [Essen, Zeit] ample; [Trinkgeld] generous <> *adv* **- 1.** [viel] amply **- 2.** [ziemlich] rather.

Reichs|tag ['raiçstaːk] *der* [Gebäude] Reichstag.

REICHSTAG

The Reichstag was built between 1884 and 1894. Until 27 February 1933, when the building was burnt down, the German parliament ("deutsche Reichstag") met in session there. The fire gave the National Socialists (who had in fact orchestrated the fire) an excuse to persecute their political opponents; this marked the end of democracy in the Weimar Republic. The building was badly damaged during the Second World War and, after it was rebuilt, the Bundestag only used it for special occasions. After the reunification of Germany in 1990, the restoration of the Reichstag was completed and the building was surmounted by a glass dome. The Reichstag has been the seat of the German parliament again since 1999.

Reichtum (*pl* **-tümer**) *der* **- 1.** [Vermögen] wealth **- 2.** [Fülle]: **der ~ an etw** *(D)* the abundance of sthg.
◆ **Reichtümer** *pl* riches.

Reich|weite *die* **- 1.** [greifbare Nähe, von Boxern] reach **- 2.** TECH range.
◆ **außer Reichweite** *adv* out of reach.
◆ **in Reichweite** *adv* within reach.

reif *adj* **- 1.** [gen] ripe; **~ für etw sein** *fam fig* to be ready for sthg; **~ fürs Irrenhaus sein** to belong in the madhouse **- 2.** [erwachsen] mature; **~ für etw sein** to be old enough for sthg.

Reif (*pl* **-e**) *der* **- 1.** [Schmuckstück] bracelet **- 2.** [Raureif] hoarfrost.

Reife *die* **- 1.** [von Person] maturity; **mittlere ~** SCHULE intermediate school-leaving certificate *(for those leaving at 16)* **- 2.** [von Obst] ripeness.

reifen (*perf* **hat/ist gereift**) *vi* **- 1.** *(ist)* [Frucht] to ripen **- 2.** *(ist)* [Person, Wunsch, Entschluss] to mature **- 3.** *(hat)* [Raureif geben]: **es hat gereift** there has been a frost.

Reifen (*pl* **-**) *der* **- 1.** [von Fahrzeugen] tyre **- 2.** [Ring] hoop.

Reifen|druck *der* tyre pressure.

Reifen|panne *die* flat tyre.

Reifen|wechsel *der* tyre change.

Reife|prüfung *die final examination at a German "Gymnasium", required for university entrance.*

Reife|zeugnis *das certificate awarded to people who have passed the "Reifeprüfung".*

reiflich *adj* very careful ◇ *adv* very carefully.

Reih ◆ **in Reih und Glied** in formation.

Reihe (*pl* **-n**) *die* **- 1.** [Linie, Sitzreihe] row **- 2.** [Menge]: **eine ~ von etw** a number of sthg **- 3.** [Reihenfolge]: **du bist an der ~** it's your turn; **jn außer der ~ drannehmen** to take sb out of turn; **er kommt an die ~** it is his turn; **jetzt kommt der Garten an die ~** now it's the turn of the garden **- 4.** *RW:* **aus den eigenen ~n** from one's own ranks; **aus der ~ tanzen** *fam* to be different; **etw nicht auf die ~ kriegen** *fam* not to manage sthg.
◆ **der Reihe nach** *adv* in turn.

reihen *vt* **- 1.** [nebeneinander stellen] to line up **- 2.** [auffädeln]: **etw auf etw** *(A)* **~** to string sthg on sthg **- 3.** [nähen] to tack.
◆ **sich reihen** *ref* [sich anschließen]: **ein Misserfolg reihte sich an den anderen** failure followed failure.

Reihen|folge *die* order; **alphabetische ~** alphabetical order.

Reihen|haus *das* terraced house ***Br***, row house ***Am***.

reihenweise *adv* **- 1.** [in Reihen] in rows **- 2.** *fam* [in Mengen] by the score.

Reiher (*pl* **-**) *der* heron.

reihum *adv* round.

Reim (*pl* **-e**) *der* rhyme; **darauf kann sie sich** *(D)* **keinen ~ machen** *fig* she can't see any rhyme or reason in it.

reimen *vt* to rhyme ◇ *vi* to make up rhymes.
◆ **sich reimen** *ref* to rhyme; **'Bein' reimt sich auf 'klein'** 'Bein' rhymes with 'klein'.

rein *adj* **- 1.** [ohne Zusätze, nicht gemischt] pure; **eine ~e Mädchenklasse** a class of just girls, an all-girl class; **eine ~e Arbeitergegend** a wholely working-class area; **~er Gewinn** net profit **- 2.** [nicht als] sheer; **die ~ste Wahrheit** the absolute truth **- 3.** [sauber] clean **- 4.** *RW:* **etw ins Reine schreiben** to make a fair copy of sthg; **etw ins Reine bringen** to clear sthg up; **mit jm ins Reine kommen** to sort things out with sb; **mit jm im Reinen sein** to have sorted things out with sb ◇ *adv* **- 1.** [ausschließlich] purely; **~ zeitlich geht es nicht** there's simply not enough time to do it **- 2.** *fam* [völlig] absolutely; **~ unmöglich** utterly impossible; **er wusste auch ~ gar nichts** he didn't know anything **- 3.** *fam* = **herein**.

Rein|erlös *der* net proceeds *(pl)*.

Rein|fall *der* ***fam*** disaster.

rein|fallen (*perf* **ist reingefallen**) *vi (unreg)* ***fam*** **- 1.** [hineinfallen] to fall in **- 2.** [getäuscht werden] to fall for it; **auf jn/etw ~** to be taken in by sb/sthg; **mit jm/etw ~** to have nothing but trouble with sb/sthg.

rein|gehen (*perf* **ist reingegangen**) *vi (unreg)* ***fam*** to go in.

Rein|gewinn *der* net profit.

Rein|haltung *die:* **die ~ von etw** keeping sthg clean.

Reinheit *die* **- 1.** [Unverfälschtheit] purity **- 2.** [Sauberkeit] cleanness.

reinigen *vt* to clean; **ein Kleidungsstück chemisch ~ lassen** to have a garment dry-cleaned.
◆ **sich reinigen** *ref* to clean o.s.; **sich** *(D)* **die Hände ~** to clean one's hands.

Reinigung (*pl* **-en**) *die* **- 1.: die (chemische) ~** the (dry) cleaner's **- 2.** [Säubern] cleaning.

Reinigungs|mittel *das* cleaner.

rein|kommen (*perf* **ist reingekommen**) *vi (unreg) fam* **- 1.** [hineinkommen, hineinpassen] to get in; [hereinkommen] to come in **- 2.** [hinzukommen] to be added.

rein|legen *vt fam* **- 1.** [hineinlegen] to put in **- 2.** [übertölpeln] to take for a ride.

reinlich *adj* clean.

reinrassig *adj* purebred; [Pferd] thoroughbred.

rein|reden *vi fam* **- 1.** [ins Wort fallen] to butt in **- 2.** [sich einmischen]: **jm ~** to tread on sb's toes; **sich von niemandem ~ lassen** not to take orders from anybody.

rein|steigern ◆ **sich reinsteigern** *ref fam:* **sich in die Angst/Begeisterung ~** to work o.s. up into a state of fear/enthusiasm; **sich in eine Vorstellung ~** to be wrapped up in an idea.

reinwollen *vt fam* to want to come/go in.

Reis *der* rice.

Reise (*pl* **-n**) *die* [lang] journey; [kurz] trip; **auf ~n sein/gehen** to be/go away; **eine ~ machen** to go on a journey/trip.
◆ **gute Reise** *interj* have a good journey/trip!

Reise|apotheke *die* first-aid kit.

Reise|begleiter, in *der, die* travelling companion.

Reise|bekanntschaft *die acquaintance made on a journey.*

Reise|büro *das* travel agent's.

Reise|bus *der* coach.

reisefertig *adj* & *adv* ready to go.

Reise|führer *der* **- 1.** [Mensch] guide, courier **- 2.** [Buch] guide book.

Reise|führerin *die* guide, courier.

Reise|gepäck *das* luggage.

Reise|gesellschaft *die* **- 1.** [Reisegruppe] group of tourists **- 2.** [Veranstalter] tour operator.

Reise|gruppe *die* group of tourists.

Reise|kosten *pl* travelling expenses.

Reise|land *das* holiday destination.

Reise|leiter, in *der, die* guide, courier.

reiselustig *adj* keen on travelling.

reisen (*perf* **ist gereist**) *vi* to travel; **nach Athen/Schottland ~** to go to Athens/Scotland.

Reisende (*pl* **-n**) *der, die* [Fahrgast] passenger.

Reise|pass *der* passport.

Reise|route *die* route.

Reise|ruf *der emergency message for a driver, broadcast over the radio.*

Reise|tasche *die* travel bag.

Reise|verkehr *der* holiday traffic.

Reisever|sicherung *die* travel insurance.

Reise|wecker *der* travel alarm clock.

Reisewetter|bericht *der* holiday weather forecast.

Reise|zeit *die* **- 1.** [Fahrtdauer] journey time **- 2.** [Saison] holiday season.

Reise|ziel *das* destination.

Reißaus *das:* **~ nehmen** *fam* to clear off.

Reiß|brett *das* drawing board.

reißen (*prät* **riss;** *perf* **hat/ist gerissen**) *vi* **- 1.** *(ist)* [abreißen - Papier, Stoff] to tear; [- Seil, Kette] to snap **- 2.** *(hat)* [ziehen]: **an etw** *(D)* **~** to pull at sthg ◇ *vt (hat)* **- 1.** [zerreißen]: **etw in Stücke ~** to tear sthg into pieces **- 2.** [herunterreißen] to pull **- 3.** [herausreißen]: **sie wurde aus dem Schlaf gerissen** she was rudely awakened; **etw aus dem Zusammenhang ~** to take sthg out of context **- 4.** [wegreißen]: **jm etw aus der Hand ~** to snatch sthg from sb; **etw an sich** *(A)* **~** [Paket, Macht] to seize sthg; [Gespräch] to monopolize sthg; **hin und her gerissen sein** *fig* to be torn **- 5.** [töten] to kill.
◆ **sich reißen** *ref:* **sich um etw ~** to fight to get sthg; **sich um jn ~** to fight over sb.

reißend *adj* **- 1.** [Gewässer] raging **- 2.** [schnell]: **~en Absatz finden** to sell like hot cakes **- 3.** [Tier] rapacious **- 4.** [Schmerzen] searing.

reißerisch *abw adj* sensational ◇ *adv* sensationally.

reißfest *adj* tear-resistant.

Reißver|schluss *der* zip *Br*, zipper *Am*.

Reiß|wolf *der* shredder.

Reiß|zwecke *die* drawing pin *Br*, thumbtack *Am*.

reiten (*prät* **ritt;** *perf* **hat/ist geritten**) *vi (ist)* to ride; **im Schritt/Trab/Galopp ~** to ride at a walk/trot/gallop ◇ *vt (hat)* to ride.

Reiter, in (*mpl* **-;** *fpl* **-nen**) *der, die* rider.

Reiter|hof *der* riding stables *(pl)*.

Reit|gerte *die* riding crop.

Reit|hose *die* jodhpurs *(pl)*.

Reit|pferd *das* horse *(for riding)*.

Reit|sport *der* riding.

Reit|stiefel *der* riding boot.

Reit|turnier *das* showjumping event.

Reit|weg *der* bridle path.

Reiz (*pl* **-e**) *der* **- 1.** [Impuls] stimulus **- 2.** [Verlockung, Schönheit] appeal *(U)*; **die ~e einer schönen Frau** the charms of a beautiful woman; **dem kann ich keinen ~ abgewinnen** it holds no appeal for me.

reizbar *adj* irritable; **sie ist leicht ~** she is very irritable.

reizen *vt* **- 1.** [interessieren] to appeal to **- 2.** [provozieren] to provoke **- 3.** [Augen, Magen] to irritate **- 4.** [Neugier] to arouse.

reizend *adj* charming ◇ *adv* charmingly.

reizlos *adj* unattractive ◇ *adv* unattractively.

Reizung (*pl* **-en**) *die* irritation.

reizvoll *adj* [verlockend] attractive; [reizend] charming ◇ *adv* attractively.

Reizwäsche *die* sexy underwear.

rekapitulieren *vt* to recapitulate.

rekeln = **räkeln.**

Reklamation (*pl* **-en**) *die* complaint.

Reklame *die* **- 1.** [Werbung] advertising; **für jn/etw ~ machen** to advertise sb/sthg; ***fig*** to sing sb's/sthg's praises **- 2.** [Werbemittel] advertisement.

reklamieren *vt* **- 1.** [beanstanden] to complain about **- 2.** [einklagen] to claim ◇ *vi* [Einspruch erheben]: **gegen etw ~** to object to sthg.

rekonstruieren *vt* to reconstruct.

Re|konstruktion *die* reconstruction.

Rekord (*pl* **-e**) *der* [Bestleistung, Spitzenwert] record; **einen ~ aufstellen/brechen** to set/break a record.

Rekorder, Recorder (*pl* -) *der* recorder.

Rekord|zeit *die* record time.

Rekrut (*pl* **-en**) *der* MIL recruit.

rekrutieren *vt* to recruit.
◆ **sich rekrutieren** *ref*: **sich aus etw ~** to be drawn from sthg.

rektal MED *adj* rectal ◇ *adv* rectally.

Rektor (*pl* **-toren**) *der* **- 1.** [von Schulen] head teacher ***Br***, principal ***Am*** **- 2.** [von Hochschulen] vice-chancellor ***Br***, president ***Am***.

Rektorin (*pl* **-nen**) *die* **- 1.** [von Schulen] head teacher ***Br***, principal ***Am*** **- 2.** [von Hochschulen] vice-chancellor ***Br***, president ***Am***.

Rel. (*abk für* **Religion**) rel.

Relation (*pl* **-en**) *die* **- 1.** [Beziehung] relation; **etw steht in keiner ~ zu etw** sthg bears no relation to sthg **- 2.** MATH relation.

relativ, relativ *adj* relative ◇ *adv* relatively.

relativieren [relat:'vi:rən] *vt* to relativize.
◆ **sich relativieren** *ref* to be relativized.

Relativität [relativi'tɛ:t] *die* relativity.

Relativ|pronomen *das* GRAM relative pronoun.

Relativ|satz *der* GRAM relative clause.

relaxen [ri'lɛksn̩] *vi* ***fam*** to take it easy.

relevant [rele'vant] *adj* relevant.

Relevanz [rele'vants] *die* relevance.

Relief (*pl* **-s** *ODER* **-e**) *das* relief.

Religion (*pl* **-en**) *die* **- 1.** [Anschauung] religion **- 2.** *(ohne pl)* [Schulfach] religious education.

Religionsunterricht *der* religious education.

religiös *adj* religious ◇ *adv* in a religious way; **jn ~ erziehen** to give sb a religious upbringing.

Relikt (*pl* **-e**) *das* relic.

Reling (*pl* **-s** *ODER* **-e**) *die* SCHIFF rail.

Reliquie [re'li:kvi̯ə] (*pl* **-n**) *die* relic.

remis [rə'mi:] *adv* SPORT: **~ enden** to end in a draw.

Remis (*pl* -) *das* SPORT draw.

Remoulade (*pl* **-n**) *die* remoulade.

rempeln *vt* ***fam*** to push.

Ren, Ren (*pl* **-s**) *das* reindeer.

Renaissance [rənɛ'sɑ̃:s] *die* Renaissance.

Rendezvous [rɑ̃de'vu:] (*pl* -) *das* rendezvous.

Rendite (*pl* **-n**) *die* return, yield.

renitent ***geh*** *adj* refractory ◇ *adv* refractorily.

Renn|bahn *die* SPORT racetrack; [Pferdesport] racecourse.

rennen (*prät* **rannte**; *perf* **ist gerannt**) *vi* to run; **sie kommt immer zu mir gerannt, wenn sie etwas braucht** she's always running to me when she needs something; **gegen etw ~** to run into sthg.

Rennen (*pl* -) *das* **- 1.** [Wettkampf] race **- 2.** ***RW:*** **das ~ machen** to win; **ein totes ~ sein** to be a dead heat; **gut im ~ liegen** to be well placed.

Renner (*pl* -) *der* ***fam*** in-thing.

Renn|fahrer, in *der, die* racing driver.

Renn|pferd *das* racehorse.

Renn|rad *das* racing bike.

Renn|sport *der* racing.

Renn|stall *der* **- 1.** [von Rennpferden] stable **- 2.** [von Rennwagen] team.

Renn|strecke *die* racetrack.

Renn|wagen *der* racing car.

renommiert *adj* renowned.

renovieren [reno'viːrən] *vt* to renovate.

Renovierung [reno'viːrʊŋ] (*pl* **-en**) *die* renovation.

rentabel *adj* profitable <> *adv* profitably.

Rentabilität *die* profitability.

Rente (*pl* **-n**) *die* pension; **auf** ODER **in ~ gehen** to retire.

Renten|alter *das* retirement age.

Rentenver|sicherung *die* pension scheme.

Ren|tier, Rentier *das* reindeer.

rentieren ◆ **sich rentieren** *ref* [rentabel sein] to be profitable; [sich lohnen] to be worthwhile.

Rentner, in (*mpl* **-**; *fpl* **-nen**) *der, die* pensioner.

Rep [rɛp] (*pl* **-s**) *der abk für* **Republikaner.**

Reparatur (*pl* **-en**) *die* repair; **in ~ sein** to be being repaired.

reparaturanfällig *adj* liable to break down.

reparaturbedürftig *adj* in need of repair.

Reparaturkosten *pl* repair costs.

Reparatur|werkstatt *die* [für Autos] garage.

reparieren *vt* to repair.

Repertoire [repɛr'toaːɐ̯] (*pl* **-s**) *das* **geh** repertoire.

Report (*pl* **-e**) *der* report.

Reportage [repɔr'taːʒə] (*pl* **-n**) *die* report.

Reporter, in (*mpl* **-**; *fpl* **-nen**) *der, die* reporter.

Repräsentant, in (*mpl* **-en**; *fpl* **-nen**) *der, die* representative.

repräsentativ *adj* **- 1.** [ausgewogen, stellvertretend] representative **- 2.** [vorzeigbar] imposing <> *adv* **- 1.** [ausgewogen, stellvertretend] representatively **- 2.** [vorzeigbar] imposingly.

repräsentieren *vt* to represent <> *vi* [öffentlich] to perform official duties.

Repressalie (*pl* **-n**) *die* reprisal.

repressiv *adj* repressive <> *adv* repressively.

Re|produktion *die* reproduction.

reproduzieren *vt* to reproduce.
◆ **sich reproduzieren** *ref* to be reproduced.

Reptil (*pl* **-ien** ODER **-e**) *das* reptile.

Republik (*pl* **-en**) *die* republic.

Republikaner, in (*mpl* **-**; *fpl* **-en**) *der, die* **- 1.** [Anhänger der Republik] republican **- 2.** [Parteimitglied, -anhänger] *member/supporter of the German 'Republikaner'*.

Republikaner *pl*: **die ~** *German right-wing nationalist party.*

republikanisch *adj* republican <> *adv*: **~ denken** to have republican views.

Requiem ['reːkviɛm] (*pl* **-s** ODER **Requien**) *das* requiem.

Requisit [rekvi'ziːt] (*pl* **-en**) *das* prop.

res. (*abk für* **reserviert**) res.

Reservat [rezɛr'vaːt] (*pl* **-e**) *das* **- 1.** [für Tiere, Pflanzen] reserve **- 2.** [für Menschen] reservation.

Reserve [re'zɛrvə] (*pl* **-n**) *die* **- 1.** [Vorrat] reserve; **jn/etw in ~ haben** ODER **halten** to have sb/sthg in reserve; **stille ~n** savings **- 2.** (*ohne pl*) [Zurückhaltung] reserve; **jn aus der ~ locken** *fig* to bring sb out of his/her shell **- 3.** (*ohne pl*) [beim Militär] reserves (*pl*).

Reserve|bank (*pl* **-bänke**) *die* substitutes' bench; **auf der ~ sitzen** to sit on the bench.

Reserve|kanister *der* spare can.

Reserve|rad *das* spare wheel.

Reserve|reifen *der* spare tyre.

Reserve|spieler, in *der, die* substitute.

reservieren [rezɛr'viːrən] *vt* to reserve.

reserviert [rezɛr'viːɐ̯t] *adj* reserved <> *adv* in a reserved manner.

Reservierung [rezɛr'viːrʊŋ] (*pl* **-en**) *die* reservation.

Reservist [rezɛr'vɪst] (*pl* **-en**) *der* [von Armee] reservist.

Reservoir [rezɛr'voaːɐ̯] (*pl* **-e**) *das* **geh** reservoir.

Reset [ri'sɛt] (*pl* **-s**) *das* EDV reboot; **einen ~ machen** to reboot.

Residenz (*pl* **-en**) *die* [Wohnsitz] residence; [Stadt] royal seat.

Resignation (*pl* **-en**) *die* resignation (*U*).

resignieren *vi* to give up.

resigniert *adj* resigned <> *adv* resignedly.

resistent *adj* resistant; **gegen etw ~ sein** to be resistant to sthg.

resolut *adj* resolute <> *adv* resolutely.

Resolution (*pl* **-en**) *die* resolution.

Resonanz (*pl* **-en**) *die* **- 1.** [Widerhall] response; **die ~ auf etw** (*A*) the response to sthg; **~/keine ~ finden** to meet with a/no response **- 2.** [akustisch] resonance.

Resozialisierung (*pl* **-en**) *die* rehabilitation (*U*).

Respekt *der* respect; **~ vor jm haben** to have respect for sb; **Respekt!** well done!; **sich** (*D*) **~ verschaffen** to make o.s. respected.

respektabel *adj* respectable <> *adv* [achtbar] respectably.

respektieren *vt* to respect.

respektlos *adj* disrespectful <> *adv* disrespectfully.

Respektlosigkeit (*pl* **-en**) *die* - **1.** [Wesen] disrespect - **2.** [Handlung] disrespectful act; [Bemerkung] disrespectful remark.

Respektsperson *die* person who commands respect.

respektvoll *adj* respectful <> *adv* respectfully.

Ressort [rɛ'soːɐ̯] (*pl* **-s**) *das* department; **das ist ihr ~** that's her department.

Ressource [rɛ'sʊrsə] (*pl* **-n**) *die* resource.

Rest (*pl* **-e**) *der* - **1.** [von Mahlzeit, Gebäude, Leichnam] remains *(pl);* [von Stoff] remnant - **2.** [von Tag, Urlaub, Erzählung] rest; **jm/etw den ~ geben** *fam fig* to finish sb/sthg off.

Restaurant [rɛsto'rɑ̃ː] (*pl* **-s**) *das* restaurant.

restaurieren *vt* to restore.

Restaurierung (*pl* **-en**) *die* restoration.

Restbetrag *der* balance.

restlich *adj* remaining.

restlos *adv* totally.

restriktiv *adj* restrictive <> *adv* restrictively.

Resultat (*pl* **-e**) *das* result.

resultieren *vi:* **aus etw/in etw** *(D)* **~** to result from/in sthg.

Resümee (*pl* **-s**) *das* summary; **das ~ ziehen** to sum up.

Retorte (*pl* **-n**) *die* CHEM retort; **aus der ~** *abw* artificial; **ein Kind aus der ~** a test-tube baby.

Retortenbaby *das* test-tube baby.

Retourkutsche [re'tuːɐ̯kʊtʃə] *die fam* retort.

Retrospektive [retrospɛk'tiːvə] (*pl* **-n**) *die* - **1.** *geh* [Rückblick] retrospective view; **in der ~** in retrospect - **2.** [Ausstellung] retrospective.

retten *vt* to save; [aus einer Gefahr] to rescue; **jn/etw vor jm/etw ~** to save sb/sthg from sb/sthg; **bist du noch zu ~?** *fam fig* are you out of your mind?
◆ **sich retten** *ref* to escape; **sich vor jm/etw nicht mehr ~ können** *fam fig* to be besieged by sb/swamped with sthg.

Retter, in (*mpl* **-;** *fpl* **-nen**) *der, die* rescuer.

Rettich (*pl* **-e**) *der* radish *(of large red or white variety).*

Rettung *die (ohne pl)* rescue; **jd/etw ist js (letzte) ~** *fig* sb/sthg is sb's salvation.

Rettungsboot *das* lifeboat.

Rettungsdienst *der* rescue service.

Rettungshubschrauber *der* rescue helicopter.

rettungslos *adj* [aussichtslos] hopeless <> *adv* - **1.** [aussichtslos] hopelessly - **2.** [total] totally.

Rettungsring *der* lifebelt.

Rettungswagen *der* ambulance.

retuschieren *vt* to retouch.

Reue *die* remorse; **die ~ über etw** *(A)* remorse for sthg.

reuen *vt* *geh:* **etw reut jn** sb deeply regrets sthg.

reumütig *adj* remorseful <> *adv* remorsefully.

Revanche [re'vɑ̃ːʃ(ə)] (*pl* **-n**) *die* - **1.** [Gegenleistung]: **als ~ für etw** in return for sthg - **2.** [Vergeltung] revenge *(U)* - **3.** [beim Spiel] return game.

revanchieren [revɑ̃ː'ʃiːrən] ◆ **sich revanchieren** *ref* - **1.** [sich bedanken] to return the favour; **sich bei jm für etw ~** to repay sb for sthg - **2.** [sich rächen] to get one's revenge; **sich (bei jm) für etw ~** to get one's revenge (on sb) for sthg.

Revers [re'vɛːɐ̯] (*pl* **-**) *das* lapel.

revidieren [revi'diːrən] *vt* - **1.** [Urteil, Ansicht] to revise - **2.** [Schriftstück] to check.

Revier [re'viːɐ̯] (*pl* **-e**) *das* - **1.** [von Tieren] territory - **2.** [Polizeirevier - Wache] (police) station; [- Bezirk] district - **3.** [Bereich] domain - **4.** [von Jäger, Förster] area.

Revision [revi'zi̯oːn] *die* - **1.** RECHT appeal - **2.** [von Text] checking *(U)* - **3.** [von Vertrag, Richtlinien] revision.

Revolte [re'vɔltə] (*pl* **-n**) *die* revolt.

revoltieren [revɔl'tiːrən] *vi* to revolt; **gegen jn/etw ~** to rebel against sb/sthg.

Revolution [revolu'tsi̯oːn] (*pl* **-en**) *die* revolution.

revolutionär [revolutsi̯o'nɛːɐ̯] *adj* revolutionary.

Revolutionär, in [revolutsi̯o'nɛːrɪn] (*mpl* **-e;** *fpl* **-nen**) *der, die* revolutionary.

revolutionieren [revolutsi̯o'niːrən] *vt* to revolutionize.

Revolver [re'vɔlvɐ] (*pl* **-**) *der* revolver.

Revue [re'vyː] (*pl* **-n**) *die* - **1.** [Show] revue; **etw ~ passieren lassen** *fig* to go over sthg in one's mind - **2.** [Zeitschrift] review.

Rezension (*pl* **-en**) *die* review.

Rezept (*pl* **-e**) *das* - **1.** [ärztlich] prescription - **2.** [für Speisen] recipe.

rezeptfrei *adj* available without a prescription.

Rezeption (*pl* **-en**) *die* reception.

rezeptpflichtig *adj* available only on prescription.

Rezession (*pl* **-en**) *die* recession.

rezitieren *vt* to recite.

R-Gespräch *das* TELEKOM reverse charge *Br* ODER collect *Am* call.

Rhabarber *der* rhubarb.

Rhapsodie [rapso'diː] (*pl* **-n**) *die* MUS rhapsody.

Rhein *der*: **der ~** the (River) Rhine.

Rheingau *der*: **der ~** the Rheingau.

Rheinhessen *nt* Rheinhessen.

rheinisch *adj* Rhenish.

Rheinland *das*: **das ~** the Rhineland.

Rheinländer, in (*mpl* **-**; *fpl* **-nen**) *der, die* Rhinelander.

Rheinland-Pfalz *nt* Rhineland-Palatinate.

Rheinland-Pfälzer, in *der, die* native/inhabitant of the Rhineland-Palatinate.

Rheinwein *der* Rhine wine, hock *Br*.

Rhesusfaktor *der* MED rhesus factor.

Rhetorik (*pl* **-en**) *die* rhetoric.

rhetorisch *adj* rhetorical.

Rheuma *das* rheumatism.

rheumatisch *adj* rheumatic.

Rheumatismus (*pl* **-tismen**) *der* rheumatism *(U)*.

Rhododendron (*pl* **-dendren**) *der* rhododendron.

Rhodos *nt* Rhodes.

Rhombus (*pl* **Rhomben**) *der* rhombus.

Rhön *die*: **die ~** the Rhön Mountains.

Rhône *die*: **die ~** the (River) Rhône.

rhythmisch *adj* rhythmic ◇ *adv* rhythmically.

Rhythmus (*pl* **Rhythmen**) *der* rhythm; **aus dem ~ kommen** to lose the rhythm.

Riad *nt* Riyadh.

richten *vt* **- 1.** [hinwenden] to point; **etw auf jn/etw ~** [Waffe] to point sthg at sb/sthg; [Aufmerksamkeit] to turn sthg to sb/sthg **- 2.** [Brief, Appell]: **etw an jn ~** to address sthg to sb **- 3.** [reparieren] to fix **- 4.** [Essen, Zimmer] to prepare ◇ *vi* [urteilen] to judge; **über jn/etw ~** *geh* to judge sb/sthg.
◆ **sich richten** *ref* **- 1.** [sich einstellen auf]: **sich nach jm/etw ~** to fit in with sb/sthg **- 2.** [abhängen von]: **sich nach etw ~** to depend on sthg **- 3.** [sich wenden]: **sich gegen jn/etw ~** to be directed at sb/sthg.

Richter, in (*mpl* **-**; *fpl* **-nen**) *der, die* judge.

richterlich *adj* judicial.

Richter-Skala *die* Richter scale.

Richtfest *das* topping-out ceremony.

Richtgeschwindigkeit *die* recommended speed limit.

richtig *adj* **- 1.** [nicht falsch, passend] right; **bin ich hier ~?** am I in the right place?; **er ist nicht ganz ~ im Kopf** he is not quite right in the head; **liege ich da ~?** am I right?; **sehr ~!** quite right!; **es für ~ halten, etw zu tun** to think it right to do sthg **- 2.** [echt - Person] real, true; [- Sache] real **- 3.** [vollwertig] proper ◇ *adv* **- 1.** [nicht falsch] correctly; **meine Uhr geht ~** my watch is right ODER accurate; **das hast du ~ gemacht!** you were right to do it! **- 2.** [passend]: **er kam gerade ~** he came at just the right moment **- 3.** *fam* [wirklich] really.

Richtige (*pl* **-n**) *das* right thing; **genau das ~** just the right thing; **nichts ~s** nothing much ◇ *der, die* right person.

richtiggehend *adj* real ◇ *adv* really.

richtig gehend *adj* [Uhr] accurate.

Richtigkeit *die* correctness; **mit etw hat es seine ~** sthg is in order.

richtig liegen *vi (unreg) fam*: **mit etw ~** to be right with sthg.

richtig stellen *vt* to correct.

Richtlinie *die* guideline.

Richtpreis *der* recommended price.

Richtung (*pl* **-en**) *die* **- 1.** [gen] direction; **aus allen ~en** from all directions; **in eine ~** in a direction; **in ~ Osten/Berlin** towards the east/Berlin **- 2.** [Mode] trend **- 3.** [Geschmack] taste.

rieb *prät* ▷ **reiben.**

riechen (*prät* **roch**; *perf* **hat gerochen**) *vi* to smell; **jd/etw/es riecht nach etw** sb/sthg/it smells of sthg; **an etw** *(D)* **~** to smell sthg ◇ *vt* [Duft] to smell; **jn nicht ~ können** *salopp fig* to hate sb's guts.

Riecher (*pl* **-**) *der*: **den richtigen** ODER **einen ~ für etw haben** *fam fig* to have a nose for sthg.

rief *prät* ▷ **rufen.**

Riegel (*pl* **-**) *der* **- 1.** [von Tür] bolt; **einer Sache** *(D)* **einen ~ vorschieben** *fig* to put a stop to sthg **- 2.** [von Schokolade] bar.

Riemen (*pl* **-**) *der* **- 1.** [Band] strap; **sich am ~ reißen** *fam fig* to pull o.s. together **- 2.** [Ruder] oar.

Riese (*pl* **-n**) *der* giant.

rieseln (*perf* **ist gerieselt**) *vi* [Flüssigkeit] to trickle; [Schnee] to float down; [Putz, Kalk] to crumble.

Riesenerfolg *der* huge success.

Riesengebirge *das*: **das ~** the Riesengebirge.

riesengroß *adj* enormous.

riesenhaft *adj* huge.

Riesenrad *das* big wheel.

Riesenslalom *der* giant slalom.

Riesenspaß *der* great fun *(U)*.

riesig *adj* - **1.** [groß] enormous - **2.** ***fam*** [toll] fantastic ◇ *adv* ***fam*** [sehr] enormously.

Riesin (*pl* **-nen**) *die* - **1.** [Frau] giant - **2.** [Sagenfigur] giantess.

Riesling (*pl* **-e**) *der* Riesling.

riet *prät* ▷ **raten.**

Riff (*pl* **-e**) *das* reef.

rigoros *adj* rigorous ◇ *adv* rigorously.

Rille (*pl* **-n**) *die* groove.

Rind (*pl* **-er**) *das* - **1.** [Tier] cow - **2.** [Fleisch] beef.

Rinde (*pl* **-n**) *die* - **1.** [von Bäumen] bark - **2.** [von Käse] rind - **3.** [von Brot] crust.

Rinder|braten *der* [roh] joint of beef; [gebraten] roast beef.

Rindfleisch *das* beef.

Rindvieh *das (ohne pl)* ***salopp abw*** ass.

Ring (*pl* **-e**) *der* - **1.** [gen] ring - **2.** [Gruppe] group - **3.** [Straße] ring road.
◆ **Ringe** *pl* SPORT rings.

Ring|buch *das* ring binder.

Ringel|natter *die* grass snake.

ringen (*prät* **rang;** *perf* **hat gerungen**) *vi* - **1.** SPORT to wrestle - **2.** [sich anstrengen] to struggle; **mit etw ~** ***geh*** to wrestle with sthg; **mit sich ~** ***geh*** to wrestle with one's conscience; **um etw ~** ***geh*** to struggle for sthg; **nach Atem** ODER **Luft ~** to fight for breath ◇ *vt:* **die Hände ~** to wring one's hands.

Ringer, in (*mpl* **-;** *fpl* **-nen**) *der, die* wrestler.

Ring|finger *der* ring finger.

ringförmig *adj* ring-shaped ◇ *adv* in a ring.

Ring|kampf *der* - **1.** SPORT wrestling match - **2.** [Rauferei] fight.

Ring|richter, in *der, die* referee.

rings *adv:* **~ um jn/etw (herum)** all around sb/sthg.

ringsherum *adv* all around.

ringsumher *adv* all around.

Rinne (*pl* **-n**) *die* - **1.** [Vertiefung] channel - **2.** [Abflussrinne] gutter.

rinnen (*prät* **rann;** *perf* **ist geronnen**) *vi* ***geh*** to flow.

Rinnsal (*pl* **-e**) *das* trickle.

Rinn|stein *der* gutter.

Rio de Janeiro [ˈriːodeːʒaˈneːro] *nt* Rio de Janeiro.

Rippchen (*pl* **-**) *das* KÜCHE *lightly smoked pork rib.*

Rippe (*pl* **-n**) *die* - **1.** [Knochen] rib - **2.** [von Heizkörper] fin.

Rippen|fell *das* pleura.

Risiko (*pl* **Risiken**) *das* risk; **auf eigenes ~** at one's own risk; **ein ~ eingehen** to take a risk.

Risiko|gruppe *die* risk group.

riskant *adj* risky ◇ *adv* riskily.

riskieren *vt* to risk.

riss *prät* ▷ **reißen.**

Riss (*pl* **-e**) *der* [in Stoff, Kleidungsstück] tear; [in Gestein, Wand] crack; [in Gesellschaft] rift.

rissig *adj* cracked.

ritt *prät* ▷ **reiten.**

Ritt (*pl* **-e**) *der* ride.

Ritter (*pl* **-**) *der* knight.

ritterlich *adj* chivalrous ◇ *adv* chivalrously.

Ritual (*pl* **-e**) *das* ritual.

rituell *adj* ritual.

Ritus (*pl* **Riten**) *der* rite.

Ritze (*pl* **-n**) *die* crack.

ritzen *vt* [gravieren] to carve.
◆ **sich ritzen** *ref* [verletzen] to scratch o.s.

Rivale [riˈvaːlə] (*pl* **-n**) *der* rival.

Rivalin [riˈvaːlɪn] (*pl* **-nen**) *die* rival.

rivalisieren [rivaliˈsiːrən] *vi:* **(mit jm) um etw ~** to compete (with sb) for sthg.

rivalisierend [rivaliˈsiːrn̩t] *adj* rival *(vor Subst).*

Rivalität [rivaliˈtɛːt] (*pl* **-en**) *die* rivalry.

Riviera (*pl* **-ren**) *die:* **die ~** the Riviera.

RNS [ɛrɛnˈɛs] (*abk für* **Ribonukleinsäure**) *die* RNA.

Roastbeef [ˈrɔstbiːf] (*pl* **-s**) *das* roast beef.

Robbe (*pl* **-n**) *die* seal.

robben (*perf* **ist gerobbt**) *vi* to crawl.

Roboter (*pl* **-**) *der* robot.

robust *adj* robust.

roch *prät* ▷ **riechen.**

röcheln *vi* to breathe with a wheezing sound; [Sterbender] to give the death rattle.

Rochen (*pl* **-**) *der* ray.

Rock[1] (*pl* **Röcke**) *der* - **1.** [für Frauen] skirt - **2.** [für Männer] jacket.

Rock[2] *der* rock.

rocken *vi* to rock.

Rocker, in (*mpl* **-;** *fpl* **-nen**) *der, die* ***abw*** rocker.

Rock|musik *die* rock music.

Rocky Mountains [ˈrɔkiˈmaʊntɪns] *pl:* **die ~** the Rocky Mountains.

Rodel|bahn *die* toboggan run.

rodeln (*perf* **hat/ist gerodelt**) *vi* to toboggan.

Rodeln *das* tobogganing.

roden *vt* to clear.

Rogen (*pl* -) *der* roe.

Roggen *der* rye.

Roggen|brot *das* rye bread *(U)*.

roh *adj* - **1.** [ungekocht] raw - **2.** [grob, unbearbeitet] rough; **~e Gewalt** brute force <> *adv* - **1.** [ungekocht]: **etw ~ essen** to eat sthg raw - **2.** [behandeln, entwerfen] roughly.

Roh|bau (*pl* **-ten**) *der* shell.

Roh|kost *die (ohne pl)* raw fruit and vegetables *(pl)*.

Roh|material *das* raw material.

Roh|öl *das* crude oil *(U)*.

Rohr (*pl* **-e**) *das* - **1.** [Röhre] pipe; **volles ~** *fam fig* flat out - **2.** [Pflanze] reed.

Rohr|bruch *der* burst pipe.

Röhrchen (*pl* -) *das* tube; **ins ~ blasen (müssen)** to be breathalysed.

Röhre (*pl* **-n**) *die* - **1.** TECH pipe; **in die ~ gucken** *ODER* **sehen** *fam fig* to be left out in the cold - **2.** ELEKTR valve *Br*, tube *Am* - **3.** [Backofen] oven.

röhren *vi* [Hirsch] to bell; [Motorrad] to roar.

Rohr|zange *die* pipe wrench.

Rohr|zucker *der* cane sugar.

Roh|seide *die* raw silk *(U)*.

Roh|stoff *der* raw material.

Rokoko *das* rococo.

Rolladen *der* = **Rollladen.**

Roll|bahn *die* runway.

Rolle (*pl* **-n**) *die* - **1.** [in Theater, in Gesellschaft] role - **2.** [von Garn] reel *Br*, spool *Am* - **3.** [von Möbeln] castor - **4.** SPORT roll - **5.** *RW:* **aus der ~ fallen** to forget o.s.; **eine/keine ~ spielen** to/not to matter.

rollen (*perf* **hat/ist gerollt**) *vi (ist)* to roll <> *vt (hat)* - **1.** [Zigarette] to roll; [Teig] to roll out; [Papier, Fleisch] to roll up - **2.** [fortbewegen] to roll.
◆ **sich rollen** *ref* [Papier, Foto] to curl up; [sich wälzen] to roll around.

Rollen|spiel *das* role play.

Roller (*pl* -) *der* scooter.

Roller|blades® (*pl* -) *pl* roller blades, inline skates.

Roll|kragen *der* polo neck.

Rollladen (*pl* **-läden**) *der* (rolling) shutters *(pl)*.

Roll|mops *der* rollmop, *rolled-up pickled herring.*

Rollo (*pl* **-s**) *das* roller blind.

Roll|schuh *der* roller skate; **~ laufen** to roller-skate.

Roll|splitt *der (ohne pl)* loose chippings *(pl)*.

Roll|stuhl *der* wheelchair.

Rollstuhl|fahrer, in *der, die* wheelchair user.

Roll|treppe *die* escalator.

Rom *nt* Rome.

Roma *pl* Romanies.

Roman (*pl* **-e**) *der* - **1.** [Buch] novel - **2.** *fam* [lange Geschichte] long rigmarole.

Romanik *die* Romanesque.

romanisch *adj* - **1.** [in Bezug auf Sprache] Romance - **2.** [der Romanik] Romanesque.

Romanistik *die* Romance languages and literature.

Romantik *die* - **1.** [Gefühl] romance - **2.** [Epoche] Romantic period.

romantisch *adj* - **1.** [gefühlvoll] romantic - **2.** KUNST & MUS Romantic <> *adv* romantically.

Romanze (*pl* **-n**) *die* romance.

Römer, in (*mpl* **-**; *fpl* **-nen**) *der, die* Roman.

Römer|topf *der covered clay pot for slow oven cooking.*

römisch *adj* Roman.

römisch-katholisch *adj* Roman Catholic.

röm.-kath. (*abk für* **römisch-katholisch**) RC.

Rommee, Rommé (*pl* **-s**) *das* rummy *(U)*.

röntgen *vt* to X-ray.

Röntgen|aufnahme *die,* **Röntgenbild** *das* (*pl* **-er**) X-ray.

Röntgenstrahlen *pl* X-rays.

rosa *adj (unver)* pink.

Rosa *das* pink.

rosarot *adj* deep pink.

Rose (*pl* **-n**) *die* rose.

rosé *adj (unver)* pale pink.

Rosé (*pl* - *ODER* **-s**) *das* pale pink <> *der (pl Rosés)* [Wein] rosé.

Rosen|kohl *der (ohne pl)* (Brussels) sprouts *(pl)*.

Rosen|kranz *der* rosary.

Rosen|montag *der day before Shrove Tuesday which marks the height of the carnival season.*

Rosenmontags|zug *der carnival procession on the day before Shrove Tuesday.*

Rosette (*pl* **-n**) *die* rosette.

rosig *adj* rosy.

Rosine (*pl* **-n**) *die* raisin.

Rosmarin *der* rosemary.

Ross (*pl* **-e** *ODER* **Rösser**) *das* ***geh*** steed; ***Süddt*** horse; **auf dem hohen ~ sitzen** *fig* to be on one's high horse.

Ross|kastanie *die* horse chestnut.

Rost (*pl* **-e**) *der* **- 1.** [Eisenoxyd] rust **- 2.** [Gitter - zum Braten] grill; [- zum Abdecken] grating.

Rostbrat|wurst *die:* **Nürnberger ~** Nuremberg grilled sausage.

rostbraun *adj* russet.

rosten (*perf* **hat/ist gerostet**) *vi* to rust.

rösten *vt* & *vi* to roast.

rostfrei *adj* [Stahl] stainless; [Messer] stainless steel; [Blech] rustproof.

Rösti *pl* ***Schweiz*** *potato pancake made from grated fried potatoes.*

rostig *adj* rusty.

Rostock *nt* Rostock.

rot (*kompar* **röter** ODER **roter;** *superl* **röteste** ODER **roteste**) *adj* **- 1.** [Farbe] red; **~ werden** to blush **- 2.** ***fam*** POL Red.

Rot *das (ohne pl)* red.
◆ **bei Rot** *adv* at red.

Rotation (*pl* **-en**) *die* rotation.

rotblond *adj* ginger.

rotbraun *adj* reddish brown.

Rot|buche *die* beech.

Röte *die* redness.

Rote Kreuz *das:* **das ~** the Red Cross.

Röteln *pl* MED German measles *(U)*.

Rote Meer *das:* **das ~** the Red Sea.

röten ◆ **sich röten** *ref* to turn red.

rothaarig *adj* red-haired.

rotieren (*perf* **hat/ist rotiert**) *vi* **- 1.** *(hat)* [sich drehen, wechseln] to rotate **- 2.** *(hat, ist)* ***fam*** [durchdrehen] to be in a flap.

Rot|käppchen *das* Little Red Riding Hood.

Rot|kehlchen (*pl* **-**) *das* robin.

Rot|kohl *der* red cabbage.

Rot|kraut *das* ***Süddt*** red cabbage.

rötlich *adj* reddish.

Rotlicht *das* red light.

rot|sehen *vi (unreg)* to see red.

Rot|stift *der* red pen; **den ~ ansetzen *fig*** to make cuts.

Rotterdam *nt* Rotterdam.

Rötung (*pl* **-en**) *die* reddening.

Rot|wein *der* red wine.

Rotwild *das* red deer *(pl)*.

Rotz *der* ***salopp*** snot.

rotzfrech *adj* ***fam*** really cheeky.

Rouge [ruːʒ] (*pl* **-s**) *das* **- 1.** [Make-up] rouge **- 2.** [beim Roulette] red.

Roulade [ruˈlaːdə] (*pl* **-n**) *die* ≃ beef olive.

Roulette [ruˈlɛːt] (*pl* **-s**) *das* roulette *(U)*.

Route [ˈruːtə] (*pl* **-n**) *die* route.

Routine [ruˈtiːnə] (*pl* **-n**) *die* **- 1.** [Gewohnheit] routine; **zur ~ werden** to become routine **- 2.** [Erfahrung]: **~ haben** to have experience.

routinemäßig *adj* routine *(vor Subst)* ◇ *adv:* **etw ~ erledigen** to do sthg as a matter of routine.

Routine|untersuchung *die* routine examination.

routiniert [rutiˈniːɐ̯t] *adj* [Autofahrer, Redner] experienced; [Betrüger, Stil] skilful ◇ *adv* skilfully.

Rowdy [ˈraudi] (*pl* **-s**) *der* ***fam abw*** lout.

Rp. (*abk für* **Rappen**) c.

RTL [ɛr teːˈɛl] (*abk für* **Radio-Télévision Luxembourg**) *nt* RTL.

Ruanda *nt* Rwanda.

Rubbel|los *das* scratch card.

rubbeln *vt* **- 1.** [abrubbeln] to rub **- 2.** [Los] to scratch.

Rübe (*pl* **-n**) *die* **- 1.** [Pflanze] turnip; **gelbe ~ *Süddt*** carrot; **rote ~** beetroot **- 2.** ***fam*** [Kopf] nut.

Rubel (*pl* **-**) *der* rouble; **der ~ rollt *fig*** the money's rolling in.

rüber ***fam*** **- 1.** = **herüber - 2.** = **hinüber.**

rüber|kommen (*perf* **ist rübergekommen**) *vi (unreg)* **- 1.** ***fam*** [zu Besuch] to drop by **- 2.** ***fam*** [über die Grenze] to come over **- 3.** [mit Informationen]: **mit etw ~ *salopp*** to come out with sthg.

Rubin (*pl* **-e**) *der* ruby.

Rubrik (*pl* **-en**) *die* **- 1.** [Kategorie] category **- 2.** [von Zeitung] section; **unter der ~ XY** in the XY section.

Ruck (*pl* **-e**) *der* **- 1.** [Bewegung] jerk; **sich *(D)* einen ~ geben *fam fig*** to make the effort **- 2.** [politisch] swing.

Rück|antwort *die* reply.

ruckartig *adj* jerky ◇ *adv* jerkily.

rückbezüglich GRAM *adj* reflexive ◇ *adv* reflexively.

Rück|blende *die* flashback.

Rück|blick *der* look back; **im ~** looking back; **ein ~ auf etw *(A)*** a look back at sthg.

ruckeln (*perf* **hat/ist geruckelt**) *vi* **- 1.** *(hat)* ***fam*** [zappeln] to fidget; **an etw ~** to shake sthg **- 2.** *(ist)* [Fahrzeug] to jolt along.

rücken (*perf* **hat/ist gerückt**) *vt (hat) vi (ist)* to move.

Rücken (*pl* **-**) *der* **- 1.** [gen] back; [von Buch] spine; [von Nase] bridge **- 2.** SPORT [Schwimmen] backstroke **- 3.** ***RW:*** **hinter js ~** behind sb's back; **jm den ~ stärken** to back sb up; **jm/einer Sache den ~ kehren *geh*** to turn one's back on sb/sthg; **jm in den ~ fallen** to stab sb in the back.

Rụcken|deckung *die:* **jm ~ geben** to give sb one's backing.

Rụcken|lage *die:* **in ~** on one's back.

Rụcken|lehne *die* backrest.

Rụcken|mark *das (ohne pl)* spinal cord.

Rụcken|schmerzen *pl* backache *(sg)*.

Rụcken|schwimmen *das* backstroke.

Rụcken|wind *der:* **~ haben** to have a following wind.

rụck|erstatten *vt* to reimburse; **jm etw ~** to reimburse sb for sthg.

Rụckfahr|karte *die* return (ticket) ***Br***, round-trip ticket ***Am***.

Rụck|fahrt *die* return journey.

rụckfällig *adj:* **~ werden** to relapse.

Rụck|flug *der* return flight.

Rụck|frage *die* query.

Rụck|gabe *die* return *(U)*.

Rụck|gang *der* decrease.

rụckgängig *adj* decreasing <> *adv:* **etw ~ machen** [Geschäft] to cancel sthg; [Entschluss] to reverse sthg.

Rụck|gewinnung *die* recovery.

Rụck|grat *das* spine; **jm/sich das ~ brechen** [verletzen] to break sb's/one's back; **jm das ~ brechen *fig*** [Widerstand brechen] to break sb; **~ haben *fig*** to have fight in one; **~ zeigen** to show fight.

Rụck|griff *der:* **~ auf etw** *(A)* [Methode] recourse to sthg; [Mode, Musik] throwback to sthg.

Rụck|halt *der* support.

rụckhaltlos *adj* [Vertrauen, Offenheit] complete; [Mensch] frank <> *adv* completely.

Rụckhand *die (ohne pl)* backhand; **einen Ball mit der ~ spielen** to play a ball (on the) backhand.

Rụckkehr *die* return.

Rụck|kopplung, Rụckkoppelung *die* feedback *(U)*.

Rụck|lage *die* savings *(pl)*.

rụckläufig *adj* declining; [Trend] downward; **~e Entwicklung** decline <> *adv:* **sich ~ entwickeln** to decline.

Rụcklicht (*pl* **-er**) *das* rear light.

Rụck|reise *die* return journey.

Rụck|ruf *der* return call.

Rụck|sack *der* rucksack, pack; [für Reisen] backpack.

Rụck|schau *die* look back; **~ halten *geh*** to look back.

Rụck|schlag *der* setback; **einen ~ erleiden** to suffer a setback.

Rụck|schluss *der* conclusion; **ein ~ auf etw** *(A)* a conclusion about sthg; **aus etw Rückschlüsse ziehen** to draw conclusions from sthg.

Rụck|schritt *der* backward step.

Rụck|seite *die* back.

Rụck|sicht *die* **- 1.** [auf Person, Umstand] consideration; **aus ~ auf jn/etw** out of consideration for sb/sthg; **auf jn/etw ~ nehmen** to show consideration for sb/sthg **- 2.** [nach hinten] rear view.

Rụck|sichtnahme *die* consideration.

rụcksichtslos *adj* [unhöflich] inconsiderate; [verantwortungslos] reckless; [erbarmungslos] ruthless <> *adv* [unhöflich] inconsiderately; [verantwortungslos] recklessly; [erbarmungslos] ruthlessly.

Rụcksichtslosigkeit (*pl* **-en**) *die* [Unhöflichkeit] lack of consideration; [Verantwortungslosigkeit] recklessness; [Erbarmungslosigkeit] ruthlessness; **so eine ~!** how inconsiderate!

rụcksichtsvoll *adj* considerate <> *adv* considerately.

Rụck|sitz *der* back seat.

Rụck|spiegel *der* rear-view mirror.

Rụck|spiel *das* SPORT return game.

Rụck|sprache *die* consultation; **mit jm ~ halten** *ODER* **nehmen** to consult (with) sb.

Rụck|stand *der* **- 1.** WIRTSCH arrears *(pl)*; **(mit etw) im ~ sein** to be in arrears (with sthg) **- 2.** SPORT: **in ~ geraten** to fall behind; **(mit etw) im ~ sein** to be trailing (by sthg); **den ~ aufholen** to catch up **- 3.** [von Gift] residue **- 4.** [Abstand] gap; **den ~ aufholen** to close the gap.

rụckständig ***abw*** *adj* **- 1.** [Person, Politik] outdated **- 2.** [Land, Technik] backward.

Rụck|stau *der* [von Autos] tailback ***Br***, backup ***Am***; [von Flüssigkeiten] backing up *(U)*.

Rụck|stoß *der* **- 1.** PHYS thrust *(U)* **- 2.** [von Gewehr] recoil.

Rụck|strahler (*pl* **-**) *der* reflector.

Rụck|taste *die* EDV backspace key.

Rụck|tritt *der* **- 1.** [aus Amt] resignation **- 2.** ***fam*** [von Fahrrad] backpedal brake.

Rụcktritt|bremse *die* backpedal brake.

rụckversichern *vt* to reinsure.
◆ **sich rückversichern** *ref* to check.

Rụck|wand *die* back.

rụckwärtig *adj* [Teil] back; [Wohnung] at the back <> *adv* towards the back; **~ gelegen** at the back.

rụckwärts *adv* backwards; **~ einparken** to reverse into a parking space; **~ orientiert** backward-looking.

Rückwärts|gang *der* reverse gear; **im ~** in reverse.

Rück|weg *der* way back.

rückwirkend *adj* [Zahlung] backdated; [Datierung, Gesetz] retrospective <> *adv*: **die Gehaltserhöhung ist ~ vom 1.1. wirksam** the salary increase is backdated to 1.1.

Rück|zahlung *die* repayment.

Rück|zieher (*pl* -) *der*: **einen ~ machen** *fam* to back out.

Rück|zug *der (ohne pl)* retreat.

rüde *adj* rude <> *adv* rudely.

Rüde (*pl* **-n**) *der* male.

Rudel (*pl* -) *das* [von Wölfen] pack; [von Hirschen] herd.

Ruder (*pl* -) *das* **- 1.** [zum Rudern] oar **- 2.** [zum Steuern] rudder **- 3.** *RW*: **am ~ sein** *fam* to be at the helm; **ans ~ kommen** *fam* to take over the helm.

Ruder|boot *das* rowing boat *Br*, rowboat *Am*.

Ruderer, in (*mpl* -; *fpl* **-nen**) *der, die* oarsman (*f* oarswoman).

rudern (*perf* **hat/ist gerudert**) *vi* **- 1.** *(hat)* SPORT to row; **mit den Armen ~** to flail one's arms **- 2.** *(ist)* [in bestimmte Richtung] to row <> *vt (hat)* to row.

Ruf (*pl* **-e**) *der* **- 1.** *(ohne pl)* [Leumund] reputation **- 2.** *(ohne pl)* [Aufruf] call; **der ~ nach etw** the call for sthg **- 3.** UNI offer of a chair **- 4.** [von Tier] call.

rufen (*prät* **rief**; *perf* **hat gerufen**) *vi* to call; **nach jm/etw ~** to call for sb/sthg <> *vt* **- 1.** [herbeirufen, nennen] to call; **jd/etw kommt (jm) wie gerufen** sb/sthg comes at just the right moment; **jn zu Hilfe ~** to call on sb to help **- 2.** [schreien] to shout.

Rüffel (*pl* -) *der* telling-off.

Ruf|name *der* **amt** first name *(by which one is generally known)*.

Ruf|nummer *die* **amt** telephone number.

Rugby ['rakbi] *das* rugby.

Rüge (*pl* **-n**) *die* reprimand.

rügen *vt* **- 1.** [Person] to reprimand **- 2.** [Mängel] to complain about.

Rügen *nt* Rügen.

Ruhe *die* **- 1.** [Stille] silence; **~ bitte!** quiet please!; **~ geben** to be quiet **- 2.** [Erholung] rest **- 3.** [das Ungestörtsein] peace; **ich will jetzt meine ~ (haben)** I want a bit of peace and quiet; **in ~** in peace; **jn (mit etw) in ~ lassen** *fam* to stop bothering sb (with sthg); **keine ~ geben** to keep pestering **- 4.** [Gelassenheit] calm; **sie ist durch nichts aus der ~ zu bringen** she won't let anything disturb her composure; **etw lässt jm keine ~** sthg gives sb no peace; **(die) ~ bewahren** to keep calm **- 5.** *RW*: **zur ~ kommen** to calm down; **sich zur ~ setzen** to retire.

ruhelos *adj* restless <> *adv* restlessly.

ruhen *vi* **- 1.** [stillstehen - Verkehr, Arbeit, Maschinen] to be at a standstill; [- Waffen] to be silent **- 2.** *geh* [liegen] to lie; [schlafen] to sleep **- 3.** [lasten, verweilen] to rest.

Ruhe|pause *die* break.

Ruhe|stand *der* retirement; **in den ~ gehen** ODER **treten** to retire; **in den ~ versetzt werden** to be retired.

Ruhe|störung *die*: **jn wegen ~ anzeigen** to report sb for disturbing the peace; **nächtliche ~** disturbance of the peace *(at night)*.

Ruhe|tag *der* closing day; **'montags ~!'** 'closed on Mondays'.

ruhig *adj* **- 1.** [still] quiet **- 2.** [unbewegt] calm **- 3.** [gelassen - Mensch, Stimme] calm; [- Hand] steady; [- Gewissen] clear **- 4.** [geruhsam] peaceful <> *adv* **- 1.** [still - liegen] still; [- wohnen] in a quiet area; **sich ~ verhalten** to keep quiet **- 2.** [gelassen] calmly **- 3.** *fam* [gerne]: **mach ~ mit!** join in if you like!

Ruhm *der* fame.

rühmen *vt* *geh* to praise.
◆ **sich rühmen** *ref* *geh*: **sich einer Sache** *(G)* **~** to pride o.s. on sthg.

rühmlich *adj* notable.

Ruhr *die (ohne pl)* **- 1.** [Fluss]: **die ~** the (River) Ruhr **- 2.** [Krankheit] dysentery.

Rühr|ei *das* scrambled eggs *(pl)*.

rühren *vt* **- 1.** [gen] to move; **sie war gerührt** she was moved **- 2.** [umrühren] to stir <> *vi* [ansprechen]: **an etw** *(A)* **~** to touch on sthg.
◆ **sich rühren** *ref* **- 1.** [sich bewegen] to move; **rührt euch!** stand at ease! **- 2.** *fam* [sich melden] to be in touch.

rührend *adj* touching <> *adv* touchingly.

Ruhrgebiet *das*: **das ~** the Ruhr.

rührselig *adj* emotional.

Rühr|teig *der* cake mixture.

Rührung *die* emotion.

Ruin *der* ruin; **js ~ sein** to be the ruin of sb.

Ruine (*pl* **-n**) *die* ruin.

ruinieren *vt* to ruin.
◆ **sich ruinieren** *ref* to ruin o.s.

rülpsen *vi* to burp.

Rülpser (*pl* -) *der* burp.

rum *fam* = **herum**.

Rum (*pl* **-s**) *der* rum.

Rumäne (*pl* **-n**) *der* Romanian.

Rumänien *nt* Romania.

Rumänin (*pl* **-nen**) *die* Romanian.

rumänisch *adj* Romanian.

Rumänisch(e) *das* Romanian; *siehe auch* Englisch(e).

rum|gammeln *vi* **fam** to laze about.

rum|hängen *vi (unreg)* **fam** to hang around.

rum|kriegen *vt* **fam** - **1.** [Person] to talk round - **2.** [Zeit] to get through.

Rummel (*pl* -) *der* - **1.** [Jahrmarkt] fair - **2.** **fam** [Umstände]: **um jn/etw viel ~ machen** to make a big fuss about sb/sthg.

Rummel|platz *der* fairground.

rumoren *vi* - **1.** [Magen] to rumble; **bei jm rumort es im Bauch** sb's stomach is rumbling - **2.** [Person] to bang about.

Rumpel|kammer *die* junk room.

rumpeln (*perf* **hat/ist gerumpelt**) *vi* - **1.** *(hat)* [laut] to bang about - **2.** *(ist)* [fahren - Straßenbahn, Wagen] to rumble; [- Fahrrad] to bump along.

Rumpf (*pl* **Rümpfe**) *der* - **1.** [Oberkörper] trunk - **2.** TECH [von Schiff] hull; [von Flugzeug] fuselage - **3.** [Rest] remnant.

rümpfen *vt* ▻ **Nase.**

Rump|steak ['rʊmpste:k] *das* rump steak.

Rum|topf *der fruit soaked for a long time in rum.*

rum|treiben ◆ **sich rumtreiben** *ref* to hang around.

Run [ran] (*pl* **-s**) *der*: **der ~ auf etw** *(A)* the run on sthg.

rund *adj* - **1.** [Form, Summe] round - **2.** [ungefähr]: **eine ~e Woche** a good week ◇ *adv* - **1.** [ungefähr] about; **~ gerechnet** at a rough estimate - **2.** [ohne Ecken] in a round shape; [laufen] smoothly - **3.** [um ... herum]: **~ um jn/etw** [räumlich] round sb/sthg; [thematisch] all about sb/sthg.

Rund|bogen *der* round arch.

Rund|brief *der* circular.

Runde (*pl* **-n**) *die* - **1.** [gen] round; **eine ~ drehen** to go for a walk; **eine ~ ausgeben** to buy a round - **2.** SPORT [bei Rennen] lap; [bei Boxkampf] round - **3.** [Personen] group - **4.** *RW:* **etw macht die ~** sthg is doing the rounds; **über die ~n kommen fam** to get by.

runderneuert *adj*: **~er Reifen** retreads.

Rund|fahrt *die* tour.

Rund|flug *der* sightseeing flight.

Rund|frage *die* survey.

Rund|funk *der* - **1.** [Institution] radio - **2.** [Radiosender] radio station.

Rundfunk|anstalt *die* **amt** radio station.

Rundfunk|gebühr *die* radio licence fee.

Rund|gang *der* [Spaziergang] walk; [von Wächter] round.

rund|gehen (*perf* **ist rundgegangen**) *vi (unreg)*: **es geht rund** it's all go.

rundheraus *adv* straight out.

rundherum *adv* - **1.** [ganz] completely - **2.** [ringsherum] all round.

rundlich *adj* [Mensch] plump.

Rund|reise *die* tour.

Rund|schreiben *das* circular.

rundum *adv* completely.

Rundung (*pl* **-en**) *die* curve.
◆ **Rundungen** *pl* **fam** [Formen] curves.

rundweg *adv* flatly.

Rune (*pl* **-n**) *die* rune.

runter **fam** = **herunter, hinunter.**

runter|fallen (*perf* **ist runtergefallen**) *vi (unreg)* **fam**: **von etw ~** to fall off sthg; **mir ist ein Glas runtergefallen** I dropped a glass.

runter|gehen (*perf* **ist runtergegangen**) *vi (unreg)* **fam** - **1.** [herunter] to get down - **2.** [hinunter] to go down.

runter|hauen **fam** *vt*: **jm eine ~** to slap sb.

Runzel (*pl* **-n**) *die* wrinkle.

runzelig = **runzlig.**

runzeln *vt* ▻ **Stirn.**

runzlig, runzelig *adj* wrinkled.

Rüpel (*pl* -) *der* **abw** lout.

rüpelhaft **abw** *adj* loutish ◇ *adv* loutishly.

rupfen *vt* [Unkraut] to pull up; [Blätter] to pull off; [Huhn] to pluck.

ruppig *adj* [unfreundlich] gruff ◇ *adv* [unfreundlich] gruffly.

Rüsche (*pl* **-n**) *die* frill.

Ruß *der* soot.

Russe (*pl* **-n**) *der* Russian.

Rüssel (*pl* -) *der* [von Elefant] trunk; [von Schwein] snout; [von Fliege] proboscis.

rußen *vi* to produce soot.

rußig *adj* sooty.

Russin (*pl* **-nen**) *die* Russian.

russisch *adj* Russian.

Russisch(e) *das* Russian; *siehe auch* **Englisch(e).**

Russland *nt* Russia.

rüsten *vi* to arm.
◆ **sich rüsten** *ref* to prepare.

rüstig *adj* sprightly.

rustikal *adj* rustic.

Rüstung (*pl* **-en**) *die* - **1.** *(ohne pl)* [von Staat] armaments *(pl)* - **2.** [von Ritter] armour.

Rüstungs|industrie *die* MIL armaments industry.

Rute (*pl* **-n**) *die* **- 1.** [Stock] switch **- 2.** [Schwanz - von Hund] tail; [- von Fuchs] brush.

Rutsch (*pl* **-e**) *der:* **in einem** ODER **auf einen ~** in one go.
◆ **guten Rutsch** *interj* Happy New Year!

Rutsch|bahn *die* [auf dem Spielplatz] slide; [spiralförmig] helter-skelter; [Wasserröhre] flume.

Rutsche (*pl* **-n**) *die* **- 1.** [Rutschbahn] slide **- 2.** [zum Schütten] chute.

rutschen (*perf* **ist gerutscht**) *vi* [gleiten - ausrutschen, fallen] to slip; [- mit dem Auto] to skid; **auf dem Stuhl hin und her ~** to shift around on one's chair; **rutsch mal ein Stück** move up a bit.

rutschfest *adj* non-slip.

rutschig *adj* slippery.

rütteln *vt* to shake <> *vi:* **an etw** *(D)* **~** to rattle sthg; **an etw** *(D)* **ist nicht zu ~** ***fig*** there is no changing sthg.

S

s, S [ɛs] (*pl* -) *das* s, S.
◆ **S** (*abk für* **Süd**) S.

s. *abk für* **siehe.**

S. (*abk für* **Seite**) p.

s. a. (*abk für* **siehe auch**) *see also.*

Sa. (*abk für* **Samstag**) Sat.

Saal (*pl* **Säle**) *der* hall.

Saale *die:* **die ~** the (River) Saale.

Saar *die:* **die ~** the (River) Saar.

Saarbrücken *nt* Saarbrücken.

Saarland *das* Saarland.

Saarländer (*pl* -) *der* Saarlander <> *adj (unver)* Saarland *(vor Subst).*

Saarländerin (*pl* **-nen**) *die* Saarlander.

saarländisch *adj* of/from Saarland.

Saat (*pl* **-en**) *die* **- 1.** [das Säen] sowing **- 2.** [Körner] seed.

Sabbat (*pl* **-e**) *der* Sabbath.

sabbern *vi* [Person] to dribble; [Hund] to slobber.

Säbel (*pl* -) *der* sabre.

Sabotage [sabo'taːʒə] (*pl* **-n**) *die* sabotage *(U).*

Saboteur, in [sabo'tøːɐ̯, rɪn] (*mpl* **-e;** *fpl* **-nen**) *der, die* saboteur.

sabotieren *vt* to sabotage.

Saccharin [zaxa'riːn] *das* saccharin.

Sach|bearbeiter, in *der, die employee in charge of a particular matter.*

Sach|bereich *der* area.

Sach|beschädigung *die* damage to property *(U).*

sachbezogen *adj* relevant.

Sach|buch *das* non-fiction book.

sachdienlich *adj:* **~e Hinweise** useful information.

Sache (*pl* **-n**) *die* **- 1.** *(ohne pl)* [Angelegenheit] matter; **das ist (nicht) deine ~** that's (none of) your business; **bei der ~ bleiben** to keep to the point; **zur ~ kommen** to get to the point; **nicht bei der ~ sein** not to be with it; **das tut nichts zur ~ *fig*** that is beside the point **- 2.** *(ohne pl)* RECHT [Rechtssache] case **- 3.** ***RW:*** **das ist so eine ~ *fam*** it's a bit of a problem; **hart zur ~ gehen *fam*** to really get stuck in; **mit jm gemeinsame ~ machen *fam*** to join forces with sb; **seiner ~ sicher sein** to know what one is doing.
◆ **Sachen** *pl* **- 1.** [gen] things **- 2.** ***fam*** [Stundenkilometer]: **100 ~n draufhaben** to be doing a hundred; **mit 180 ~n *salopp*** at 180 **- 3.** ***RW*:** **du machst vielleicht ~n!** the things you do!; **in ~n** in the matter of.

Sach|gebiet *das* subject area.

sachgemäß *adj* proper <> *adv* properly.

Sach|kenntnis *die* expertise *(U).*

sachkundig *adj* knowledgeable <> *adv* knowledgeably; **sich ~ machen** to acquaint o.s. with the matter.

Sachlage *die (ohne pl)* situation.

sachlich *adj* **- 1.** [Person, Diskussion] objective **- 2.** [Fehler, Unterschied] factual <> *adv* **- 1.** [diskutieren, bleiben] objectively **- 2.** [richtig, falsch] factually.

sächlich *adj* GRAM neuter.

Sachlichkeit *die* objectivity.

Sach|register *das* subject index.

Sach|schaden *der* material damage.

Sachse ['zaksə] (*pl* **-n**) *der* Saxon.

sächseln ['zɛksəln̩] *vi* ***abw*** to speak with a Saxon accent.

Sachsen ['zaksn̩] *nt* Saxony.

Sachsen-Anhalt [zaksn̩'anhalt] *nt* Saxony-Anhalt.

Sächsin ['zɛksɪn] (*pl* **-nen**) *die* Saxon.

sächsisch ['zɛksɪʃ] *adj* Saxon.

sạcht, sạchte *adj* **- 1.** [sanft, langsam] gentle **- 2.** [vorsichtig] cautious ◇ *adv* gently; **sachte!** *fam* steady on!

Sạchverhalt (*pl* **-e**) *der* facts (of the matter) *(pl)*.

Sạchverstand *der* expertise.

sạchverständig *adj* expert ◇ *adv* expertly.

Sạch|verständige (*pl* **-n**) *der, die* expert.

Sạch|wert *der* real value.

Sạch|zwang *der* force of circumstance.

Sạck (*pl* **Säcke** *ODER* **-**) *der* **- 1.** *(pl Säcke, Sack)* [Behälter] sack **- 2.** *(pl Säcke)* **salopp** [Mensch] bastard **- 3.** *(pl Säcke)* **salopp** [Hodensack] balls *(pl)*.

Sạck|gasse *die* dead end; [in Wohngebiet] cul-de-sac; **in eine ~ geraten** [mit Fahrzeug] to go up a dead end; *fig* [in ausweglose Situation] to reach an impasse.

Sadịsmus *der* sadism.

Sadịst, in (*mpl* **-en**; *fpl* **-nen**) *der, die* sadist.

sadịstisch *adj* sadistic ◇ *adv* sadistically.

säen *vt* to sow.

Safari (*pl* **-s**) *die* safari.

Safe [seːf] (*pl* **-s**) *der* safe.

Sạfran *der* saffron.

Sạft (*pl* **Sạfte**) *der* **- 1.** [Fruchtsaft, Strom] juice **- 2.** [Pflanzensaft] sap.

sạftig *adj* **- 1.** [Obst, Fleisch] juicy **- 2.** *fam* [Rechnung, Ohrfeige] hefty.

Sạftladen *der (ohne pl)* ***fam abw*** useless outfit.

Sage (*pl* **-n**) *die* legend.

Säge (*pl* **-n**) *die* saw.

Säge|blatt *das* saw blade.

Sägemehl *das* sawdust.

sagen *vt* **- 1.** [gen] to say; **jm etw ~** to tell sb sthg; **sich** *(D)* **etw ~** to tell o.s. sthg; **das kann jeder ~!** that's easy to say!; **ich habe es dir ja gleich gesagt** *fam* I told you!; **das hat nichts zu ~** that doesn't mean anything; **was sagst du (denn) dazu?** (so) what do you think about it? **- 2.** [befehlen]: **etwas/nichts zu ~ haben** to have a/no say in things; **jm etwas/nichts zu ~ haben** to have sthg/nothing to say to sb; **er lässt sich nichts ~** you can't tell him anything; **das Sagen haben** to be in charge **- 3.** *RW:* **das sage ich dir** *fam* I'm telling you; **das kann man wohl ~!** *fam* you can say that again!; **dagegen ist nichts zu ~** it's perfectly all right; **man sagt ...** it is said ...; **wem sagst du das!** you're telling me!; **sich** *(D)* **etw nicht zweimal ~ lassen** to jump at sthg.
◆ **sage und schreibe** *adv* believe it or not.
◆ **du sagst es** *interj* you said it!
◆ **sag bloß** *interj* you don't say.
◆ **sag mal** *interj* tell me.
◆ **wie gesagt** *interj* as I've said.

sägen *vt* & *vi* to saw.

sagenhaft *adj* fantastic ◇ *adv* fantastically.

Sägespäne *pl* wood shavings.

Säge|werk *das* sawmill.

Sago *der* sago.

sah *prät* ▷ **sehen.**

Sahara, Sahara *die* Sahara (Desert).

Sahne *die* cream.

Sahne|torte *die* gâteau.

sahnig *adj* creamy.

Saison [sɛˈzɔŋ] (*pl* **-s**) *die* season; **~ haben** to be in vogue.

Saison|arbeiter, in *der, die* seasonal worker.

saisonbedingt *adj* seasonal.

Saite (*pl* **-n**) *die* string; **andere ~n aufziehen** ***fam fig*** to get tough.

Saiten|instrument *das* stringed instrument.

Sạkko (*pl* **-s**) *der* jacket.

sakral *adj* sacred.

Sakramẹnt (*pl* **-e**) *das* REL sacrament.

Sakrileg (*pl* **-e**) *das* sacrilege.

Sakristei (*pl* **-en**) *die* sacristy.

Salamạnder (*pl* **-**) *der* salamander.

Salami (*pl* **-s**) *die* salami.

Salami|taktik *die* ***fam*** step-by-step tactics *(pl)*.

Salat (*pl* **-e**) *der* **- 1.** [Gericht] salad; **grüner ~** green salad **- 2.** [Produkt] lettuce **- 3.** ***fam:*** **da haben wir den ~!** *fam* I said we'd end up in this mess!

Salat|besteck *das* salad servers *(pl)*.

Salat|gurke *die* cucumber.

Salat|schüssel *die* salad bowl.

Salat|soße *die* salad dressing.

Sạlbe (*pl* **-n**) *die* ointment.

Sạlbei *der* sage.

sạlbungsvoll ***abw*** *adj* unctuous.

Sạldo (*pl* **Sạldi**) *der* balance *(sg)*.

Salmonẹlle (*pl* **-n**) *die* salmonella *(U)*.

Salmonẹllen|vergiftung *die* salmonella poisoning.

Salon [saˈlɔŋ] (*pl* **-s**) *der* [Zimmer] drawing room.

salonfähig *adj* socially acceptable.

salọpp *adj* casual; [Ausdrucksweise] slangy ◇ *adv* casually; [sich ausdrücken] slangily.

Salpeter *der* saltpetre.

Salpetersäure *die* nitric acid.

Sạlto (*pl* **-s**) *der* somersault.

salutieren *vi* MIL to salute.

Salve ['salvə] (*pl* **-n**) *die* salvo.

Salz (*pl* **-e**) *das* salt.

salzarm *adj* low-salt.

Salz|bergwerk *das* salt mine.

Salzburg *nt* Salzburg.

Salzburger (*pl* -) *der* native/inhabitant of Salzburg <> *adj (unver)* of/from Salzburg.

Salzburger Festspiele *pl annual music and theatre festival held in Salzburg.*

Salzburgerin (*pl* **-nen**) *die* native/inhabitant of Salzburg.

salzen (*perf* **hat gesalzen**) *vt* to put salt in/on.

Salzgebäck *das (ohne pl)* savoury snacks *(pl)*.

salzig *adj* salty.

Salzkartoffeln *pl* boiled potatoes.

salzlos *adj* salt-free.

Salz|säule *die*: **zur ~ erstarren** to turn to stone.

Salz|säure *die* hydrochloric acid.

Salz|stange *die* pretzel stick.

Salz|stock *der* salt mine.

Salz|streuer (*pl* -) *der* salt cellar.

Salz|wasser *das* **- 1.** [Meerwasser] saltwater **- 2.** [Kochwasser] salted water.

Salz|wüste *die* salt desert.

Samba (*pl* **-s**) *die* ODER *der* samba.

Samen (*pl* -) *der* **- 1.** [Sperma] sperm **- 2.** [Pflanzensamen] seed.

Samen|bank (*pl* **-en**) *die* sperm bank.

Samener|guss *der* ejaculation.

Samen|zelle *die* sperm cell.

sämig *adj* thick.

Sammel|album *das* album.

Sammel|band (*pl* **-bände**) *der* omnibus edition.

Sammel|becken *das* gathering place.

Sammelbe|griff *der* collective term.

Sammel|bestellung *die* joint order.

Sammel|büchse *die* collecting box.

sammeln *vt* **- 1.** [Eindrücke, Anhänger, Kräuter] to gather **- 2.** [Geld, Briefmarken] to collect.
◆ **sich sammeln** *ref* **- 1.** [sich konzentrieren] to collect one's thoughts **- 2.** [Gruppe] to gather

Sammel|platz *der* assembly point.

Sammel|stelle *die* collection point.

Sammelsurium [zamḷ'zu:riʊm] (*pl* **-surien**) *das* jumble.

Sammler, in (*mpl* -; *fpl* **-nen**) *der, die* collector.

Sammler|wert *der* value to collectors.

Sammlung (*pl* **-en**) *die* **- 1.** [gen] collection **- 2.** [Ruhe] composure.

Samstag (*pl* **-e**) *der* Saturday; **am ~** on Saturday; **(am) nächsten ~ kommt sie** she's coming next Saturday; **~, den 31. Dezember** Saturday, 31 December.

Samstag|abend (*pl* **-e**) *der* Saturday evening; **~ muss ich nach Köln** I have to go to Cologne on Saturday evening.

Samstag|morgen (*pl* -) *der* Saturday morning; **~ muss ich nach Köln** I have to go to Cologne on Saturday morning.

Samstag|nacht *die* Saturday night; **~ hat es stark geregnet** it rained hard on Saturday night.

samstags *adv* on Saturdays; **~ morgens/abends** on Saturday mornings/evenings; '**~ geschlossen**' 'closed on Saturdays'.

samt *adv*: **~ und sonders** without exception <> *präp*: **~ jm/einer Sache** (together) with sb/sthg.

Samt (*pl* **-e**) *der* velvet.

samtig *adj* velvety.

sämtlich *adj* all; **~e Fehler verbessern** to correct all the mistakes; **er hat ~en Mut verloren** he lost all his courage; **Schillers ~e Werke** the complete works of Schiller <> *adv*: **sie waren ~ erschienen** they all turned up.

Sanatorium [zana'to:ri̯ʊm] (*pl* **-torien**) *das* sanatorium.

Sand *der* sand; **die Straßen mit ~ streuen** to grit the roads; **eine Million Mark in den ~ setzen** *fam fig* to blow a million marks; **im ~ verlaufen** *fig* to come to nothing; **~ im Getriebe** *fig* a spanner in the works.

Sandale (*pl* **-n**) *die* sandal.

Sandbank (*pl* **-bänke**) *die* sandbank.

Sandelholz *das* sandalwood.

sandig *adj* sandy.

Sand|kasten *der* sandpit *Br*, sandbox *Am*.

Sand|korn (*pl* **-körner**) *das* grain of sand.

Sand|männchen *das* sandman.

Sand|papier *das* sandpaper.

Sand|stein *der* sandstone.

Sandstrahl|gebläse *das* sandblaster.

Sand|strand *der* sandy beach.

Sand|sturm *der* sandstorm.

sandte *prät* ⊳ **senden.**

Sand|uhr *die* hourglass.

Sandwich ['sɛntvɪtʃ] (*pl* **-s** ODER **-e**) *der* ODER *das* sandwich.

San Francisco *nt* San Francisco.

sanft *adj* **- 1.** [gen] gentle **- 2.** [Hände, Stimme, Licht] soft **- 3.** [Geburt] natural; [Energie, Tourismus] sustainable; [Tod] peaceful ◇ *adv* - **1.** [gen] gently - **2.** [entschlafen] peacefully.

sanftmütig *adj* gentle ◇ *adv* gently.

sang *prät* ▷ **singen.**

Sang ◆ **mit Sang und Klang** *adv:* **mit ~ und Klang durchfallen** to fail spectacularly.

Sänger, in (*mpl* **-**; *fpl* **-nen**) *der, die* singer.

sanglos *adv:* **sang- und klanglos verschwinden** to disappear unnoticed.

Sangria (*pl* **-s**) *die* sangria.

sanieren *vt* - **1.** [Gebäude, Viertel] to renovate - **2.** [Firma] to turn around - **3.** [Finanzen] to sort out.
◆ **sich sanieren** *ref* [Person] to get o.s. out of the red.

Sanierung (*pl* **-en**) *die* - **1.** [von Gebäude, Viertel] renovation - **2.** [von Firma] turning round - **3.** [von Finanzen] sorting out.

sanierungsbedürftig *adj* in need of renovation.

sanitär *adj* sanitary; **~e Anlagen** sanitation *(U)*.

Sanitäter, in (*mpl* **-**; *fpl* **-nen**) *der, die* - **1.** MED paramedic - **2.** MIL medical orderly.

sank *prät* ▷ **sinken.**

Sankt Bernhard *der:* **Großer/Kleiner ~** Great/Little St Bernard Pass.

Sankt Gallen *nt* St Gallen.

Sankt Gotthard *der* St Gotthard.

Sanktion (*pl* **-en**) *die* sanction; **~en verhängen** to impose sanctions.

Sankt Petersburg *nt* St Petersburg.

San Marino *nt* San Marino.

sann *prät* ▷ **sinnen.**

Sansibar *nt* Zanzibar.

Sanskrit *das* Sanskrit.

Santiago *nt:* **~ (de Chile)** Santiago; **~ de Compostela** Santiago de Compostela.

Saphir, Saphir (*pl* **-e**) *der* sapphire.

Sarajevo *nt* Sarajevo.

Sardelle (*pl* **-n**) *die* anchovy.

Sardellen|paste *die* anchovy paste.

Sardine (*pl* **-n**) *die* sardine; **wie die ~n** *fam fig* like sardines.

Sardinen|büchse *die* tin of sardines.

Sardinien [zar'diːni̯ən] *nt* Sardinia.

Sarg (*pl* **Särge**) *der* coffin, casket *Am.*

Sarkasmus (*pl* **-men**) *der* - **1.** [Spott] sarcasm - **2.** [spöttische Bemerkung] sarcastic comment.

sarkastisch *adj* sarcastic ◇ *adv* sarcastically.

saß *prät* ▷ **sitzen.**

SAT 1 ['zat'ains] *nt private TV channel.*

Satan (*pl* **-e**) *der* - **1.** [Teufel] Satan - **2.** *abw* [Mensch] fiend.

Satellit (*pl* **-en**) *der* satellite.

Satelliten|fernsehen *das* satellite television.

Satelliten|foto *das* satellite picture.

Satelliten|schüssel *die* satellite dish.

Satelliten|stadt *die* satellite town.

Satelliten|übertragung *die* - **1.** [Sendemethode] satellite broadcasting - **2.** [Sendung] satellite broadcast.

Satin [za'tɛ̃ː, za'tɛŋ] (*pl* **-s**) *der* satin.

Satire (*pl* **-n**) *die* satire.

Satiriker, in (*mpl* **-**; *fpl* **-nen**) *der, die* satirist.

satirisch *adj* satirical ◇ *adv* satirically.

satt *adj* - **1.** [Mensch, Tier] full; **~ sein** to be full (up); **bist du ~?** have you had enough (to eat)?; **diese Knödel machen ~** these dumplings are filling; **davon werde ich nicht ~** I won't have enough to eat with that - **2.** [Farbe, Klang] rich ◇ *adv:* **sich ~ essen** to eat one's fill; **sich an etw ~ sehen** to gaze endlessly at sthg; **jn/etw ~ haben** *fam* to be fed up with sb/sthg.

Sattel (*pl* **Sättel**) *der* saddle.

sattelfest *adj:* **in etw** *(D)* **~ sein** to have a firm grasp of sthg.

satteln *vt* to saddle.

Sattel|schlepper *der* articulated lorry *Br*, semi-trailer *Am.*

Sattel|tasche *die* saddlebag; [für Fahrrad] pannier.

Sättigung (*pl* **-en**) *die* WIRTSCH & CHEM saturation.

Saturn *der* Saturn.

Satz (*pl* **Sätze**) *der* - **1.** [grammatikalische Einheit] sentence; **in** *ODER* **mit einem ~** in a single *ODER* one sentence - **2.** [Sprung] leap - **3.** [SPORT - bei Tennis] set; [- bei Badminton, Tischtennis] game - **4.** [von Text - das Setzen] setting; [- das Gesetzte] type - **5.** MUS movement - **6.** MATH theorem - **7.** [von Reifen, Unterwäsche] set - **8.** [Tarif] rate.

Satz|ball *der* [bei Tennis] set point; [bei Badminton, Tischtennis] game point.

Satz|bau *der* syntax.

Satz|gefüge *das* complex sentence.

Satz|glied *das* syntagm, syntactic unit.

Satz|teil *der* sentence part.

Satzung (*pl* **-en**) *die* statutes *(pl)*.

Satz|zeichen *das* punctuation mark.

Satzzusammen|hang *der* context.

Sau (*pl* **Säue** *ODER* **-en**) *die* - **1.** *(pl Säue)* [Schwein] sow - **2.** *(pl Sauen)* [Wildschwein] female wild boar - **3.** *(pl Säue)* ***salopp abw*** [Mensch] pig.

sauber *adj* - **1.** [rein] clean - **2.** ***fam iron*** [fein] fine

- **3.** [Arbeit] neat; [Darbietung] faultless ◇ *adv* - **1.** [gut] neatly - **2.** [fehlerfrei] faultlessly.

Sauberkeit *die* cleanliness.

säuberlich *adj* neat ◇ *adv* neatly.

sauber machen *vt* to clean.

säubern *vt* - **1.** [reinigen] to clean - **2.** [Institution] to purge.

Säuberung (*pl* **-en**) *die* - **1.** [Reinigung] cleaning - **2.** [Aussortierung] purge; **ethnische ~** ethnic cleansing.

Sauce ['zoːsə] (*pl* **-n**) *die* sauce; [Bratensoße] gravy.

Sauciere [zo'si̯ɛːrə] (*pl* **-n**) *die* ***geh*** sauce boat; [für Bratensoße] gravy boat.

Saudi (*pl* **-s**) *der* Saudi.

Saudi-Arabien *nt* Saudi Arabia.

saudi-arabisch *adj* Saudi Arabian.

sauer *adj* - **1.** [Essen] sour; **saure Gurken** (pickled) gherkins; **ein saurer Wein** an acidic wine - **2.** [Stimmung] annoyed, cross; **~ auf jn sein** ***fam*** to be annoyed ODER cross with sb; **ein saures Gesicht machen** to pull a sour face - **3.** CHEM acidic ◇ *adv* - **1.** [reagieren] crossly - **2.** [nicht süß]: **~ schmecken** to taste sour - **3.** CHEM acidically.

Sauerampfer *der* sorrel.

Sauer|braten *der* sauerbraten, *braised beef marinated in vinegar*.

Sauerei (*pl* **-en**) *die* ***salopp*** - **1.** [Schmutz] damn mess - **2.** [Gemeinheit] damn disgrace.

Sauer|kirsche *die* sour cherry.

Sauerkraut *das* sauerkraut.

Sauerland *das* Sauerland.

säuerlich *adj* - **1.** [Essen] slightly sour - **2.** [Stimmung] annoyed, cross ◇ *adv* - **1.** [nicht süß]: **~ schmecken** to taste slightly sour - **2.** [reagieren] crossly.

Sauer|stoff *der* oxygen.

Sauerstoff|gerät *das* [für Taucher] breathing apparatus *(sg)*.

Sauer|teig *der* sour dough.

saufen (*präs* **säuft**; *prät* **soff**; *perf* **hat gesoffen**) *vt* - **1.** [Subj: Tier] to drink - **2.** ***salopp*** [trinken] to knock back; **sie gehen einen ~** they're going on the booze - **3.** ***fam*** [verbrauchen]: **mein Auto säuft zu viel** my car's a real gas-guzzler ◇ *vi* - **1.** [Tier] to drink - **2.** ***salopp*** [Mensch] to booze.

Säufer (*pl* **-**) *der* ***salopp abw*** boozer.

Sauferei (*pl* **-en**) *die* ***salopp abw*** booze-up.

Säuferin (*pl* **-nen**) *die* ***salopp abw*** boozer.

säuft *präs* ▷ **saufen.**

saugen (*prät* **sog** ODER **saugte**; *perf* **hat gesogen** ODER **gesaugt**) *vt* - **1.** [heraussaugen] to suck; **etw aus etw ~** to suck sthg out of sthg - **2.** *(reg)* [mit Staubsauger] to vacuum ◇ *vi* - **1.** [ziehen] to suck; **an etw** *(D)* **~** to suck at sthg - **2.** *(reg)* [mit Staubsauger] to vacuum.

säugen *vt* to suckle.

Säuge|tier *das* mammal.

Säugling (*pl* **-e**) *der* baby.

Säuglingsnahrung *die* baby food.

Säuglingspflege *die* babycare.

Saug|napf *der* sucker.

saukalt *adj* ***fam*** damn cold.

Säule (*pl* **-n**) *die* ***eigtl*** & ***fig*** pillar.

Saum (*pl* **Säume**) *der* hem.

saumäßig ***salopp*** *adj* [schlecht] lousy; **~es Pech haben** to have lousy luck; **es war ein ~es Problem** it was a hell of a problem ◇ *adv* [sehr] terribly.

säumen *vt* - **1.** [Stoff] to hem - **2.** ***geh*** [Weg] to line.

saumselig *adj* ***geh*** dilatory.

Sauna (*pl* **-s** ODER **Saunen**) *die* sauna.

Säure (*pl* **-n**) *die* - **1.** CHEM acid - **2.** [von Wein] acidity; [von Zitrone] sourness.

säurefest *adj* acid-proof.

Saurier ['zau̯ri̯ɐ] (*pl* **-**) *der* dinosaur.

Saus *der*: **in ~ und Braus leben** to live like a king.

säuseln *vi* [Wind] to murmur ◇ *vt* [sprechen] to purr.

sausen (*perf* **hat/ist gesaust**) *vi* - **1.** *(ist)* ***fam*** [schnell]: **zum Bäcker ~** to dash over to the baker's; **mit dem Fahrrad um die Ecke ~** to hurtle round the corner on one's bike - **2.** *(hat)* [Wind] to whistle.

Sau|stall *der* ***salopp abw*** pigsty.

Sauwetter *das (ohne pl)* ***fam abw*** lousy weather.

sauwohl *adj* ***fam*** damn good; **sich ~ fühlen** to feel damn good.

Savanne [za'vanə] (*pl* **-n**) *die* savannah.

Saxofon, Saxophon (*pl* **-e**) *das* saxophone.

SB *abk für* **Selbstbedienung.**

S-|Bahn *die* suburban railway.

S-Bahn|hof *der* suburban railway station.

S-Bahn|station *die* suburban railway station.

SBB (*abk für* **Schweizerische Bundesbahn**) *Swiss federal railway company*.

s. Br. (*abk für* **südlicher Breite**): **60° ~** 60° S.

SC [ɛs'tseː] (*abk für* **Sportklub**) *der sports club*.

Scanner ['skɛnɐ] (*pl* **-**) *der* scanner.

Schabe (*pl* **-n**) *die* cockroach.

schaben *vt* & *vi* to scrape.

Schabernack (*pl* **-e**) *der* prank; **jm einen**

~ **spielen** to play a prank on sb; **mit jm ~ treiben** to play pranks on sb.

schäbig *abw adj* - **1.** [Kleidung, Möbel] shabby - **2.** [Bezahlung] paltry - **3.** [Person] mean <> *adv* - **1.** [angezogen, eingerichtet] shabbily - **2.** [ausnützen] shamelessly.

Schablone (*pl* **-n**) *die* - **1.** [zum Ausmalen] stencil; [zum Rundherummalen] template - **2.** [Schema] mould.

Schach (*pl* **-s**) *das* chess; **Schach!** check!; **jn in ~ halten** *fig* to keep sb in check.

Schach|brett *das* chessboard.

Schach|figur *die* chess piece.

schachmatt *adj* - **1.** [beim Spiel] checkmate - **2.** *fam* [müde] dead beat, shattered *Br.*

Schach|spieler, in *der, die* chess player.

Schacht (*pl* **Schächte**) *der* shaft.

Schachtel (*pl* **-n**) *die* - **1.** [Behälter] box; **eine ~ Zigaretten** a packet *Br* ODER pack *Am* of cigarettes - **2.** *salopp abw* [Frau] bag.

Schachtel|halm *der* horsetail.

Schach|zug *der* *eigtl* & *fig* move.

schade *adj*: **es ist ~ (um jn/etw)** it's a shame (about sb/sthg); **(wie) ~!** what a shame!; **zu ~ für jn/etw sein** to be too good for sb/sthg.

Schädel (*pl* -) *der* - **1.** [Knochen] skull - **2.** *fam* [Kopf] nut; **mir brummt der ~** *fam* my head is killing me.

Schädel|bruch *der* skull fracture.

schaden *vi* [Sache] to damage; [Person] to harm; **das schadet nichts** it won't do any harm.

Schaden (*pl* **Schäden**) *der* - **1.** [an Sachen] damage *(U)*; **~ verursachen** to cause damage - **2.** [an Menschen] injury; **sie hat an ihrer Gesundheit ~ genommen** her health has suffered; **zu ~ kommen** to be injured; **jm (einen) ~ zufügen** to cause sb harm - **3.** [Nachteil]: **es soll dein ~ nicht sein** I'll make it worth your while.

Schaden|ersatz *der* compensation.

Schadenfreiheits|rabatt *der* no-claims bonus *Br*, safe driver discount *Am.*

Schaden|freude *die* malicious pleasure.

schadenfroh *adj* gloating; **~ sein** to gloat.

Schadensbegrenzung *die* damage limitation.

Schadens|fall *der*: **einen ~ melden** to make a claim; **im ~** in the event of damage.

schadhaft *adj* [mit Fabrikationsfehler] defective; [beschädigt] damaged.

schädigen *vt* to damage; [Person] to harm.

schädlich *adj* harmful; **Rauchen ist ~ für die Gesundheit** smoking damages your health.

Schädling (*pl* **-e**) *der* pest.

Schädlingsbekämpfungs|mittel *das* pesticide.

schadlos *adv*: **sich an jm/etw ~ halten** *geh* to take advantage of sb/sthg.

Schad|stoff *der* [im Boden, in der Luft] pollutant; [im Essen] harmful substance.

schadstoffarm *adj* [Motor, Maschine] low-polluting; [Essen] low in harmful substances.

Schaf (*pl* **-e**) *das* - **1.** [Tier] sheep - **2.** *fam abw* [Mensch] dope; **ein schwarzes ~** *abw* a black sheep.

Schäfer (*pl* -) *der* shepherd.

Schäfer|hund *der* [Hirtenhund] sheepdog; **Deutscher ~** German shepherd, Alsatian *Br.*

Schäferin (*pl* **-nen**) *die* shepherdess.

schaffen¹ *vt* - **1.** [beenden, bewältigen] to manage; **es ~, etw zu tun** to manage to do sthg; **er schafft drei Teller Spaghetti zum Abendbrot** he gets through three plates of spaghetti for his dinner; **bis wann schaffst du das?** when can you have it ready by?; **du schaffst es!** you can do it!; **er hat nicht einmal das erste Semester geschafft** he didn't even make it through the first semester; **das wäre geschafft!** that's that done! - **2.** [Prüfung] to get through - **3.** [Ärger, Unruhe] to cause - **4.** [transportieren]: **etw an einen Ort ~** to take sthg somewhere; **jn ins Bett ~** to put sb to bed; **den Verletzten vom Spielfeld ~** to carry the injured player off the pitch - **5.** [erschöpfen] to wear out; **geschafft sein** to be worn out; **du schaffst mich!** you'll be the death of me! - **6.** [erreichen] *fam*: **den Bus gerade noch ~** only just to make it in time for the bus <> *vi* - **1.** [tun]: **mit jm/etw nichts zu ~ haben** to have nothing to do with sb/sthg; **jm zu ~ machen** to give sb trouble; **sich an etw** *(D)* **zu ~ machen** to busy o.s. with sthg - **2.** *Süddt* [arbeiten] to work.

◆ **geschafft** *interj* [beendet] that's it!; [geglückt] done it!

schaffen² (*prät* **schuf**; *perf* **hat geschaffen**) *vt* to create; **Platz ~** to make room; **Ordnung ~** to restore order; **wie geschaffen für jn sein** to be made for sb.

Schaffen *das (ohne pl)* works *(pl).*

Schaffhausen *nt* Schaffhausen.

Schaffner, in (*mpl* **-**; *fpl* **-nen**) *der, die* [in Bus] conductor; [in Zug] ticket collector.

Schaffung *die* *geh* creation.

Schafkopf *der card game for four people where players try to get 61 points.*

Schafs|fell *das* - **1.** [an Tier] fleece - **2.** [Material, Teppich] sheepskin.

Schafskäse *der* ewe's milk cheese.

Schaft (*pl* **Schäfte**) *der* - **1.** [von Speer, Pfeil] shaft; [von Messer] handle - **2.** [von Stiefel] leg.

Schakal (*pl* **-e**) *der* jackal.

schäkern *vi fam* [flirten] to flirt.

schal *adj* [Bier] flat; [Geschmack] stale.

Schal (*pl* **-s** *ODER* **-e**) *der* scarf.

Schälchen (*pl* **-**) *das* small bowl.

Schale (*pl* **-n**) *die* **- 1.** [von Zwiebel, Banane, Tomate] skin; [von Apfel, Orange, Kartoffel] peel; **Kartoffel ~n** potato peelings; **sich in ~ werfen** *fam fig* to get all dressed up **- 2.** [von Krebs, Ei, Kokosnuss] shell **- 3.** [Gefäß] bowl; [flach] dish.

schälen *vt* to peel; [Ei, Nüsse, Erbsen] to shell; **sie schälte die Erbsen aus der Hülse** she shelled the peas.
◆ **sich schälen** *ref* to peel.

Schalen|sitz *der* bucket seat.

Schalk (*pl* **-e** *ODER* **Schälke**) *der* rogue.

Schall (*pl* **-e** *ODER* **Schälle**) *der* sound.

schalldämmend *adj* soundproof <> *adv*: **etw ~ isolieren** to soundproof sthg.

Schall|dämpfer *der* **- 1.** [von Auto] silencer ***Br***, muffler ***Am*** **- 2.** [von Waffe] silencer **- 3.** [von Musikinstrument] mute.

schalldicht *adj* soundproof; **etw ~ machen** to soundproof sthg.

schallen (*prät* **schallte** *ODER* **scholl;** *perf* **hat geschallt**) *vi* to resound.

schallend *adj* resounding <> *adv*: **~ lachen** to roar with laughter.

Schall|geschwindigkeit *die* speed of sound.

Schall|mauer *die* sound barrier; **die ~ durchbrechen** [Flug] to break the sound barrier.

Schall|platte *die* record.

Schalotte (*pl* **-n**) *die* shallot.

schalt *prät* ▻ **schelten.**

schalten *vi* **- 1.** [den Gang wechseln] to change gear; **in den vierten Gang ~** to change into fourth gear **- 2.** [umschalten]: **auf das zweite Programm ~** to turn to channel two; **wir ~ jetzt nach Hamburg** we're now going over to Hamburg **- 3.** ***fam*** [reagieren] to catch on **- 4.** [tun]: **~ und walten** to do as one pleases <> *vt* [anschließen] to connect; **etw parallel/in Serie** ELEKTR **~** to connect sthg in parallel/series.

Schalter (*pl* **-**) *der* **- 1.** [Schaltknopf] switch **- 2.** [für Auskunft, Verkauf] counter.

Schalter|beamte *der* counter clerk; [bei Bahn] ticket clerk.

Schalter|beamtin *die* counter clerk; [bei Bahn] ticket clerk.

Schalter|halle *die* hall; [an Bahnhof] ticket office *(at large station)*.

Schalterschluss *der* closing time.

Schalt|getriebe *das* manual gearbox.

Schalt|hebel *der* AUTO gear lever.

Schalt|jahr *das* leap year.

Schalt|plan *der* circuit diagram.

Schaltung (*pl* **-en**) *die* **- 1.** [Gangschaltung] gear change **- 2.** ELEKTR circuit **- 3.** TV link-up.

Scham *die* shame; **~ empfinden** to be ashamed.

Scham|bein *das* pubic bone.

schämen ◆ **sich schämen** *ref* to be ashamed; **schäm dich!** shame on you!; **sich für etw ~** to be ashamed of sthg; **sich für jn ~** to be ashamed for sb; **ich schäme mich seinetwegen** I'm ashamed of him.

Schamgefühl *das* (sense of) modesty.

Scham|haar *das* pubic hair.

schamhaft *adj* modest <> *adv* modestly.

schamlos *adj* **- 1.** [gen] shameless **- 2.** [Lüge] barefaced <> *adv* shamelessly.

Schande *die* disgrace; **es ist eine ~!** it's a disgrace!; **jm/einer Sache ~ machen** to bring disgrace on sb/sthg; **zu js ~** to sb's shame; *siehe auch* **zuschanden.**

schänden *vt* **- 1.** [Denkmal, Friedhof] to desecrate; [Leichen] to defile **- 2.** [Menschen] to violate, to rape.

Schand|fleck *der* disgrace; **ein ~ in der Landschaft** a blot on the landscape.

schändlich *adj* disgraceful <> *adv* disgracefully.

Schand|tat *die* **- 1.** [Verbrechen] heinous crime **- 2.** ***fam hum*** [Aktion]: **zu jeder ~ bereit sein** to be game for anything.

Schändung (*pl* **-en**) *die* **- 1.** [von Denkmal, Friedhof] desecration; [von Leichen] defilement **- 2.** [von Menschen] violation, rape.

Schanghai *nt* Shanghai.

Schanze (*pl* **-n**) *die* ski jump.

Schar (*pl* **-en**) *die* [von Kindern] group; [von Vögeln] flock; **~en von ...** swarms of ...
◆ **in Scharen** *adv* [von Menschen] in droves; [von Tieren] in swarms.

Scharade (*pl* **-n**) *die* ***fig*** charade.

scharen *vt*: **jn/etw um sich ~** to gather sb/sthg around o.s.
◆ **sich scharen** *ref*: **sich um jn ~** to gather round sb.

scharenweise *adv* [von Menschen] in droves; **~ fliegen** to flock.

scharf (*kompar* **schärfer;** *superl* **schärfste**) *adj* **- 1.** [gen] sharp **- 2.** [Geschmack] hot, spicy **- 3.** ***fam*** [toll] great; [erotisch] hot; **~ auf etw sein** to be dead keen on sthg; **~ auf jn sein** ***salopp*** to have the hots for sb **- 4.** [Tempo] high; [Wind] biting **- 5.** [Geräusch] piercing; [Geruch] pungent **- 6.** [Säure] caustic **- 7.** [Hund, Angriff] fierce **- 8.** [Munition] live **- 9.** [Prüfer] tough <> *adv* **- 1.** [gen] sharply; **~ geschliffen** keenly whetted; **~ gewürzt** hot, spicy; **~ riechen** to be pungent; **~ beobachten** to watch closely; **~ nachdenken** to think hard; **jn ~ angreifen** to attack sb fiercely **- 2.** [knapp]: **der Ball flog ~ an meinem Kopf vorbei** the ball flew narrowly past my head; **~ bremsen** to brake hard, to slam on the brakes; **~ schießen** to use live ammunition.

Scharfblick *der* perspicacity.

Schärfe (*pl* **-n**) *die* **- 1.** [von Messer, Sinnen] sharpness; [von Verstand] keenness **- 2.** [Bildschärfe] focus **- 3.** [von Ton, Streit] severity **- 4.** [von Geschmack] spiciness **- 5.** [von Prüfer] toughness.

schärfen *vt* to sharpen.

scharf|machen *vt* ***fam*** [aggressiv machen] to rouse.

scharf machen *vt* **- 1.** ***fam*** [sexuell erregen] to turn on **- 2.** [Bombe] to prime.

Scharf|schütze, schützin *der, die* marksman (*f* markswoman).

Scharfsinn *der* astuteness.

scharfsinnig *adj* astute <> *adv* astutely.

Scharlach *der* scarlet fever.

Scharlatan (*pl* **-e**) *der* charlatan.

Scharm *der* = **Charme.**

scharmant *adj* = **charmant.**

Scharmützel (*pl* **-**) *das* skirmish.

Scharnier (*pl* **-e**) *das* hinge.

Schärpe (*pl* **-n**) *die* sash.

scharren *vi* to scrape; [Hund, Pferd] to paw; **mit den Füßen ~** to shuffle one's feet.

Scharte (*pl* **-n**) *die* notch; **eine ~ auswetzen *fig*** to make amends.

Schaschlik (*pl* **-s**) *der* ODER *das* shish kebab.

schassen *vt* ***fam*** to chuck out.

Schatten (*pl* **-**) *der* **- 1.** [Bereich ohne Sonne] shade; **im ~** in the shade **- 2.** [Silhouette, Fleck] shadow **- 3.** ***RW:*** **in js ~ stehen** to be in sb's shadow; **jn in den ~ stellen** to overshadow sb; **über seinen ~ springen** to force o.s.

Schatten|boxen *das* shadow boxing.

Schatten|dasein *das* shadowy existence.

Schatten|morelle (*pl* **-n**) *die* morello cherry.

Schatten|seite *die* **- 1.** [von Berg, Haus] dark side **- 2.** [Nachteil] drawback.

Schattierung (*pl* **-en**) *die* **- 1.** [dunkle Stelle] shading **- 2.** [Farbe] shade.

schattig *adj* shady.

Schatulle (*pl* **-n**) *die* casket.

Schatz (*pl* **Schätze**) *der* **- 1.** [Reichtum] treasure **- 2.** ***fam*** [Liebling] darling.

schätzen *vt* **- 1.** [Wert, Alter, Schaden] to estimate; **grob geschätzt** at a rough estimate **- 2.** [glauben, meinen] to think **- 3.** [mögen]: **jn/etw ~** to value sb/sthg; **jn/etw zu ~ wissen** to appreciate sb/sthg.

schätzenswert *adj* estimable.

Schatz|kammer *die* treasure chamber.

Schatz|meister *der* treasurer.

Schätz|preis *der* estimated price.

Schatz|suche *die* treasure hunt.

Schätzung (*pl* **-en**) *die* estimate; [das Schätzen] estimation; [von Gebäuden, Grundstücken] valuation.

schätzungsweise *adv* approximately.

Schätz|wert *der* estimated value.

Schau (*pl* **-en**) *die* show; **eine ~ abziehen *fam*** to put on a show; **jm die ~ stehlen *fam*** to steal the show from sb; **etw zur ~ stellen** to display sthg; **jn zur ~ stellen** to exhibit sb.

Schauder (*pl* **-**) *der* shudder; [vor Kälte] shiver.

schauderhaft *adj* terrible <> *adv:* **~ aussehen** to look terrible.

schaudern *vt* **- 1.** [vor Unbehagen] to shudder **- 2.** ***geh*** [vor Kälte] to shiver.

schauen *vi* **- 1.** [blicken] to look; **zu Boden ~** to stare at the ground; **auf jn/etw ~** to look at sb/sthg; **schau mal!** look! **- 2.** [sich kümmern]: **nach jm/etw ~** to look after sb/sthg **- 3.** [kontrollieren] to check.

Schauer (*pl* **-**) *der* **- 1.** [Regen] shower **- 2.** [vor Angst] shudder; [vor Kälte] shiver.

schauerlich *adj* **- 1.** [grausig] gruesome **- 2.** ***abw*** [schlecht] dreadful.

Schaufel (*pl* **-n**) *die* shovel.

schaufeln *vt* **- 1.** [Erde, Kies] to shovel; [Loch] to dig **- 2.** ***fam*** [essen] to shovel down.

Schau|fenster *das* shop window.

Schaufenster|bummel *der* window-shopping trip; **einen ~ machen** to go window-shopping.

Schaufenster|puppe *die* mannequin.

Schau|kasten *der* display case.

Schaukel (*pl* **-n**) *die* swing.

schaukeln *vi* **- 1.** [gen] to rock **- 2.** [auf einer Schaukel] to swing <> *vt* **- 1.** [Baby, Wiege] to rock **- 2.** ***fam*** [erledigen]: **ich werde das schon ~** I'll sort it out.

Schaukel|pferd *das* rocking horse.

Schaukel|stuhl *der* rocking chair.

Schaulustige (*pl* **-n**) *der, die* onlooker.

Schaum (*pl* **Schäume**) *der* foam; [von Bier] head; **~ vor dem Mund haben** to be foaming at the mouth.

Schaum|bad *das* bubble bath.

schäumen *vi* **- 1.** [Flüssigkeit] to foam; [Bier] to froth **- 2.** ***fam*** [vor Wut] to fume.

Schaumgummi *der* foam rubber.

schaumig *adj* foamy <> *adv:* **etw ~ rühren** to beat sthg until light and fluffy.

Schaum|stoff *der* plastic foam.

Schaum|wein *der* sparkling wine.

Schau|platz *der* [von Ereignis] scene; [von Erzählung] setting.

schaurig *adj* **- 1.** [erschreckend] gruesome **- 2.** [schlecht] dreadful <> *adv* **- 1.** [sehr] terribly **- 2.** [erschreckend] gruesomely.

Schau|spiel *das* **- 1.** [Bühnenstück] play **- 2.** [Gattung] drama **- 3.** ***fam*** [Spektakel] spectacle.

Schau|spieler, in *der, die* actor (*f* actress).

schauspielern *vi* ***fam abw*** to play-act.

Schauspiel|haus *das* theatre.

Schauspiel|schule *die* drama school.

Schau|steller, in (*mpl* **-**; *fpl* **-nen**) *der, die* showman (*f* showwoman).

Schau|tafel *die* wall chart *(often made of plastic, wood, etc).*

Scheck (*pl* **-s**) *der* cheque; **mit ~ bezahlen** to pay by cheque; **einen ~ ausstellen** to make out a cheque; **einen ~ sperren** to stop a cheque; **ungedeckter ~** bad cheque.

Scheck|heft *das* chequebook.

scheckig *adj* [Vieh] piebald <> *adv:* **sich ~ lachen** to laugh o.s. silly.

Scheck|karte *die* cheque card.

scheel ***abw*** *adj* [misstrauisch] sidelong <> *adv:* **jn ~ ansehen** [misstrauisch] to give sb a sidelong glance.

scheffeln *vt* ***fam abw*** [Geld] to rake in.

scheibchenweise *adv* ***fam*** a bit at a time.

Scheibe (*pl* **-n**) *die* **- 1.** [Glas] pane (of glass); [Fensterscheibe] window pane; [von Auto] window **- 2.** [von Brot, Käse, Wurst] slice; **etw in ~n schneiden** to cut sthg into slices, to slice sthg; **von ihrer Pünktlichkeit kannst du dir eine ~ abschneiden** ***fam*** you would do well to imitate her punctuality.

Scheiben|bremse *die* disc brake.

Scheibenwaschan|lage *die* windscreen ***Br*** *ODER* windshield ***Am*** washer unit.

Scheiben|wischer (*pl* **-**) *der* windscreen ***Br*** *ODER* windshield ***Am*** wiper.

Scheich (*pl* **-s** *ODER* **-e**) *der* sheikh.

Scheide (*pl* **-n**) *die* **- 1.** [Vagina] vagina **- 2.** [von Messer] sheath.

scheiden (*prät* **schied;** *perf* **hat/ist geschieden**) *vt (hat)* [Ehe] to dissolve; **sich ~ lassen** to get divorced <> *vi (ist)* ***geh*** **- 1.** [fortgehen] to part **- 2.** [entlassen werden]: **aus dem Amt ~** to resign from office.

Scheide|weg *der:* **am ~ stehen** to be at a crossroads.

Scheidung (*pl* **-en**) *die* divorce; **die ~ einreichen** to file for divorce.

Schein (*pl* **-e**) *der* **- 1.** [Lichtschein] light; **im ~ einer Taschenlampe** by torchlight **- 2.** *(ohne pl)* [Anschein] appearances *(pl);* **den ~ wahren** to keep up appearances; **der ~ trügt** appearances can be deceptive **- 3.** UNI ≃ credit, *certificate issued to students on successful completion of a course in a specific subject* **- 4.** [Geldschein] note.

scheinbar *adj* apparent <> *adv* apparently, seemingly.

Schein|blüte *die* WIRTSCH bubble.

scheinen (*prät* **schien;** *perf* **hat geschienen**) *vi* **- 1.** [leuchten] to shine **- 2.** [den Eindruck erwecken] to seem, to appear; **es scheint, dass ...** it seems *ODER* appears that ...; **mir scheint, dass ...** it seems to me that ...; **das scheint dir nur so** it just seems that way to you.

Schein|firma *die* fictitious company.

scheinheilig *adj* [heuchlerisch] hypocritical <> *adv* [heuchlerisch] hypocritically.

Schein|selbstständigkeit *die (ohne pl):* **in ~ arbeiten** *to be apparently self-employed but only work for one company and pay no National Insurance contributions.*

scheintot *adj* MED: **~ sein** to be apparently dead.

Scheinwerfer (*pl* **-**) *der* **- 1.** [am Auto] headlight **- 2.** [im Theater] spotlight; [Suchscheinwerfer] searchlight.

Scheinwerfer|licht *das* [von Autos] headlights *(pl);* [im Theater] spotlight; **im ~** in the spotlight.

Scheiß *der* ***salopp abw*** shit, crap; **mach keinen ~** stop pissing around!

Scheiß- *präfix* ***salopp:*** **~ computer** bloody computer.

Scheiße *die* ***salopp*** **- 1.** [gen] shit **- 2.** ***RW:*** **nur ~ im Kopf haben** to be a piss-artist; **~ sein** to be shit *ODER* crap; **in der ~ sitzen** to be in the shit <> *interj* ***salopp*** shit!

scheißegal *adj* ***salopp abw:*** **das ist mir ~** I don't give a shit about that.

scheißen (*prät* **schiss;** *perf* **hat geschissen**) *vi* ***salopp*** to shit; **auf jn/etw ~** not to give a shit about sb/sthg.

scheißfreundlich *adj* ***salopp*** apparently very friendly.

Scheit (*pl* **-e**) *der* log.

Scheitel (*pl* **-**) *der* [Frisur] parting ***Br,*** part ***Am;*** **einen ~ ziehen** to make a parting ***Br*** *ODER* part ***Am;*** **vom ~ bis zur Sohle** ***fig*** from top to toe.

Scheiterlhaufen *der:* **sie starben auf dem ~** they were burned at the stake.

scheitern (*perf* **ist gescheitert**) *vi* **- 1.** [Person - gen] to fail; [- Sport] to lose; **sie sind mit ihrem Plan am Widerstand der Bewohner gescheitert** their plan failed because of the opposition of the local population; **sie sind mit 2:0 an Italien gescheitert** they were knocked out 2–0 by Italy **- 2.** [Versuch, Vorhaben] to fail; **an etw** *(D)* **~** to fail because of sthg.

Schelle (*pl* **-n**) *die* [an Kostüm, Zügel] bell; [an Tür] doorbell.

schellen *vi* **fam** to ring; **es schellt** the bell is ringing.

Schelllfisch *der* haddock.

Schelm (*pl* **-e**) *der* rascal.

schelmisch *adj* mischievous <> *adv* mischievously.

schelten (*präs* **schilt;** *prät* **schalt;** *perf* **hat gescholten**) *vt* to scold; **auf/über jn/etw ~** to moan about sb/sthg.

Schema (*pl* **-s** ODER **-ta** ODER **Schemen**) *das* **- 1.** [Darstellung] diagram **- 2.** [Muster] routine.

schematisch *adj* **- 1.** [grob] schematic **- 2.** [routiniert] mechanical <> *adv* **- 1.** [grob] schematically **- 2.** [routiniert] mechanically.

schematisieren *vt* **- 1.** [nach Schema erklären] to outline (using a diagram) **- 2.** [vereinfachen] to oversimplify.

Schemel (*pl* **-**) *der* stool.

schemenhaft *adj* shadowy <> *adv:* **etw ~ erkennen** to make out the silhouette of sthg.

Schenkel (*pl* **-**) *der* **- 1.** [Bein] thigh **- 2.** MATH side.

schenken *vt* **- 1.** [geben] to give *(as a present)*; **jm etw ~** to give sb sthg **- 2.** [erlassen]: **jm etw ~** to let sb off sthg; **sich etw ~** to spare o.s. sthg.

Schenkung (*pl* **-en**) *die* gift.

scheppern *vi* to clatter.

Scherbe (*pl* **-n**) *die* piece, fragment; **die ~n zusammenkehren** to sweep up the broken pieces.

Scherbenlhaufen *der:* **sie stand vor einem ~** her life was in ruins.

Schere (*pl* **-n**) *die* **- 1.** [Werkzeug] pair of scissors, scissors *(pl)* **- 2.** [von Krebs] pincer, claw.

scheren (*prät* **scherte** ODER **schor;** *perf* **hat geschert** ODER **geschoren**) *vt (unreg)* **- 1.** [Schaf] to shear; [Hund] to clip **- 2.** [Hecke] to clip; [Haare] to crop **- 3.** *(reg)* [kümmern]: **das schert mich nicht** I don't care.

◆ **sich scheren** *ref (reg):* **sich um jn/etw ~/nicht ~** to care/not to care about sb/sthg.

Scherenlschnitt *der* silhouette.

Scherereien *pl* trouble *(U)*; **das gibt ~** that will lead to trouble.

Scherz (*pl* **-e**) *der* joke; **etw zum ~ tun/sagen** to do/say sthg as a joke.

◆ **Scherz beiseite** *adv* joking apart.

Scherzlartikel *der* novelty (item).

scherzen *vi* **geh** to joke; **mit diesem Husten ist nicht zu ~** this cough is no laughing matter.

Scherzlfrage *die* riddle.

scherzhaft *adv* jokingly.

scheu *adj* shy; **jn/etw ~ machen** to frighten sb/sthg <> *adv* shyly.

Scheu *die* shyness; **ohne ~** uninhibitedly.

scheuchen *vt* to shoo.

scheuen *vt:* **keine Mühen/Kosten ~** to spare no effort/expense <> *vi* [Pferd] to shy.

◆ **sich scheuen** *ref:* **sich ~, etw zu tun** to be afraid of doing sthg; **sich vor etw** *(D)* **~** to shy away from sthg.

Scheuerllappen *der* floorcloth.

scheuern *vt* **- 1.** [putzen - Boden] to scrub; [- Töpfe] to scour **- 2.** [reiben]: **sich** *(D)* **in seinen Schuhen die Fersen wund ~** to get sore heels because one's shoes are rubbing; **jm eine ~** *fam fig* to slap sb in the face <> *vi* to rub.

Scheuklappen *pl* blinker.

Scheune (*pl* **-n**) *die* barn.

Scheusal (*pl* **-e**) *das* **fam abw** beast.

scheußlich *abw adj* **- 1.** [Verhalten, Anblick, Wetter] terrible **- 2.** [Aussehen, Geschmack] horrible <> *adv* **- 1.** [sich verhalten, kalt] terribly **- 2.** [einrichten, dekorieren] horribly.

Schi = **Ski.**

Schicht (*pl* **-en**) *die* **- 1.** [Lage] layer **- 2.** [Gesellschaftsschicht] (social) class; **alle ~en der Bevölkerung** all strata of society **- 3.** [Schichtarbeit] shift; **~ arbeiten** to work shifts.

Schichtarbeit *die* shift work.

Schichtlarbeiter, in *der, die* shift worker.

schichten *vt* to stack.

Schichtlkäse *der low-fat "quark" with a layer of high-fat "quark".*

schichtspezifisch *adj* appropriate to one's class.

Schichtlwechsel *der* change of shifts.

schichtweise *adv* in layers.

schick *adj* **- 1.** [modisch] stylish **- 2.** [in] trendy **- 3.** [toll] great.

Schick *der* style; **mit ~** stylishly.

schicken *vt* to send; **jm etw ~, etw an jn ~** to send sb sthg, to send sthg to sb <> *vi:* **nach jm ~** to send for sb.

◆ **sich schicken** *ref* **geh - 1.** [sich gehören] to be proper; **es schickt sich nicht, etw zu tun** it is not the done thing to do sthg - **2.** [sich abfinden]: **sich in etw** *(A)* **~** to resign o.s. to sthg.

Schickeria *die fam* smart set.

Schickimicki (*pl* **-s**) *der* **abw fam** poser, trendy.

Schicksal (*pl* **-e**) *das* fate; **jn/etw seinem ~ überlassen** to leave sb/sthg to his/her/its fate; **(das ist) ~!** ***fam fig*** tough!

Schicksalsǀschlag *der* stroke of fate.

Schiebeǀdach *das* sunroof.

Schiebeǀfenster *das* sliding window.

schieben (*prät* **schob**; *perf* **hat geschoben**) *vt* - **1.** [wegschieben] to push; **die Schuld auf einen anderen ~** to put the blame on sb else; **ein schlechtes Ergebnis auf etw** *(A)* **~** to blame a poor result on sthg - **2.** [hineinschieben] to put - **3.** ***fam*** [schmuggeln] to traffic in.
◆ **sich schieben** *ref* to move; **sich durch das Gewühl ~** to push one's way through the crowd.

Schieber (*pl* **-**) *der* - **1.** [an Gerät] slider - **2.** ***fam*** [Mensch] black marketeer.

Schieberin (*pl* **-nen**) *die* **fam** black marketeer.

Schiebeǀtür *die* sliding door.

Schiebung (*pl* **-en**) *die* fixing; **das ist ~!** it's a fix!

schied *prät* ▻ **scheiden.**

Schiedsǀrichter, in *der, die* SPORT referee; [bei Tennis] umpire.

Schiedsǀstelle *die* arbitration board.

schief *adj* - **1.** [krumm] crooked; [geneigt] leaning; [Blick] wry; [Absatz] worn - **2.** [falsch - Vergleich] false; **ein ~es Bild abgeben** to present a lop-sided ODER distorted picture ◇ *adv:* **das Sofa steht ~** the sofa is at an angle; **das Bild hängt ~** the picture isn't straight; **jn ~ ansehen** to look at sb askance.

Schiefer (*pl* **-**) *der* slate.

Schieferǀtafel *die* slate.

schief gehen (*perf* **ist schief gegangen**) *vi (unreg)* to go wrong; **es wird schon ~!** it'll be okay!

schief gewickelt *adj* ***fam:*** **da bist du (aber) ~!** you couldn't be more wrong!

schiefǀlachen ◆ **sich schieflachen** *ref fam* to kill o.s. laughing.

schief liegen *vi (unreg)* **fam: mit einer Meinung ~** to be out in one's opinion.

schielen *vi* - **1.** [wegen Augenfehler] to squint; **sie schielt mit einem Auge** she has a squint in one eye - **2.** ***fam*** [schauen] to glance; **nach jm/etw ~ *fig*** to have one's eye on sb/sthg.

schien *prät* ▻ **scheinen.**

Schienǀbein *das* shin.

Schiene (*pl* **-n**) *die* - **1.** [Gleis] rail - **2.** MED splint - **3.** [Führungsschiene] runner.

schienen *vt* [Arm, Bein] to put a splint on.

Schienenǀfahrzeug *das* **amt: ~e** trains and trams.

Schienenverkehr *der (ohne pl)* trains and trams *(pl)*.

Schießǀbefehl *der:* **~ haben** to have orders to shoot.

Schießǀbude *die* shooting gallery.

schießen (*prät* **schoss**; *perf* **hat/ist geschossen**) *vi* - **1.** *(hat)* [mit Gewehr] to shoot, to fire; **auf jn/etw ~** to shoot ODER fire at sb/sthg - **2.** *(ist)* [wachsen] to shoot up - **3.** *(ist)* [sich schnell bewegen] to shoot; [Flüssigkeit] to gush; **die Röte schoss ihm ins Gesicht** the colour rushed to his face - **4.** *(hat)* SPORT to shoot ◇ *vt (hat)* - **1.** [gen] to shoot - **2.** [Tor] to score - **3.** [Foto] to take.

Schießen *das:* **das war zum ~ *fam*** it was a scream.

Schießerei (*pl* **-en**) *die* shoot-out.

Schießǀpulver *das* gunpowder.

Schießǀscharte *die* embrasure.

Schießǀstand *der* shooting range.

Schiff (*pl* **-e**) *das* - **1.** [Wasserfahrzeug] ship; **mit dem ~** by ship; **klar ~ machen** to clear the decks - **2.** [von Kirche] nave.

Schiffahrt *die* = **Schifffahrt.**

Schiffahrtsweg *der* = **Schifffahrtsweg.**

schiffbar *adj* navigable.

Schiffǀbruch *der* shipwreck; **~ erleiden** [untergehen] to be shipwrecked; **mit etw ~ erleiden** [scheitern] to fail in sthg.

Schiffchen (*pl* **-**) *das* - **1.** [Mütze] forage cap - **2.** [Schiff] small boat.

Schifffahrt *die* shipping.

Schifffahrtsǀweg *der* shipping lane.

Schiffsǀjunge *der* ship's boy.

Schiffsǀreise *die* voyage.

Schiffsǀschraube *die* ship's propeller.

Schiffsǀverkehr *der* shipping traffic.

Schikane (*pl* **-n**) *die* harassment; **mit allen ~n *fam fig*** with all the extras.

schikanieren *vt* **abw** to harass.

Schikoree (*pl* **-s**) *die* ODER *der* = **Chicorée.**

Schild (*pl* **-er** ODER **-e**) *das (pl Schilder)* sign; [an Auto] numberplate ***Br***, license plate ***Am***; [Namensschild] nameplate ◇ *der (pl Schilde)* shield; **etw im ~e führen *fig*** to be up to sthg.

Schildǀdrüse *die* thyroid gland.

schildern *vt* to describe.

Schilderung (*pl* **-en**) *die* description.

Schilderwald *der* **abw** maze of traffic signs.

Schildkröte *die* [auf dem Land] tortoise; [im Wasser] turtle.

Schildpatt *das* tortoiseshell.

Schilf (*pl* **-e**) *das* **- 1.** [Pflanze] reed **- 2.** *(ohne pl)* [Gebiet] reedbed.

schillern *vi* to shimmer.

Schilling (*pl* **-e** ODER **-**) *der* schilling.

Schimmel (*pl* **-**) *der* **- 1.** [Pilz] mould **- 2.** [Pferd] white horse.

schimmelig, schimmlig *adj* mouldy.

schimmeln (*perf* **hat/ist geschimmelt**) *vi* to go mouldy.

Schimmelpilz *der* mould.

Schimmer (*pl* **-**) **geh** *der* **- 1.** [Glanz] gleam **- 2.** [Spur] glimmer; **keinen (blassen) ~ von etw haben** ***fam fig*** not to have the faintest idea about sthg.

schimmern *vi* to glimmer; **durch etw ~** to show through sthg.

schimmlig = **schimmelig.**

Schimpanse (*pl* **-n**) *der* chimpanzee.

Schimpf *der:* **mit ~ und Schande** in disgrace.

schimpfen *vi* to grumble; **auf** ODER **über jn/etw ~** to grumble about sb/sthg; **mit jm ~** to tell sb off.

Schimpfwort (*pl* **-wörter** ODER **-e**) *das* swearword.

Schindel (*pl* **-n**) *die* shingle.

schinden (*prät* **schund;** *perf* **hat geschunden**) *vt* **- 1.** [quälen] to maltreat **- 2.** [herausschlagen]: **Zeit ~** to play for time; **Applaus ~** to fish for applause; **Eindruck ~** to try to impress.
◆ **sich schinden** *ref* to slave away.

Schinderei (*pl* **-en**) *die* **- 1.** [Quälerei] maltreatment **- 2.** [Strapaze] struggle.

Schindluder *das:* **~ mit jm/etw treiben** ***fam*** to abuse sb/sthg.

Schinken (*pl* **-**) *der* **- 1.** [Fleisch] ham; **roher/gekochter/geräucherter ~** cured/cooked/smoked ham **- 2.** ***fam*** [Buch] enormous tome **- 3.** ***fam*** [Film] tacky epic saga.

Schinkenspeck *der* bacon.

Schippe (*pl* **-n**) *die* shovel; **jn auf die ~ nehmen** ***fam fig*** to pull sb's leg.

schippen *vt* to shovel.

Schirm (*pl* **-e**) *der* **- 1.** [Regenschirm] umbrella **- 2.** [Sonnenschirm] sunshade; [zum Tragen] parasol; [an Mütze] visor, peak.

Schirmherrschaft *die* patronage.

Schirmmütze *die* peaked cap.

schiss *prät* ▷ **scheißen.**

Schiss *der* ***salopp:*** **da hast du wohl mächtigen ~ bekommen** you got the shits big time; **~ (vor jm/etw) haben** to be shit-scared (of sb/sthg).

schizophren *adj* **- 1.** MED schizophrenic **- 2.** [widersprüchlich] contradictory.

schlabberig, schlabbrig **abw** *adj* **- 1.** [wässrig] watery **- 2.** [Pullover] baggy.

Schlacht (*pl* **-en**) *die* battle; **sich** *(D)* **eine ~ liefern** ***fam*** to do battle.

schlachten *vt* to slaughter.

Schlachtenbummler, in (*mpl* **-;** *fpl* **-nen**) *der, die* away supporter.

Schlachter (*pl* **-**) *der* butcher.

Schlächter, in (*mpl* **-;** *fpl* **-nen**) *der, die* [grausamer Mensch] butcher.

Schlachtfeld *das* **- 1.** [Kriegsschauplatz] battlefield **- 2.** ***fam*** [Chaos]: **ein ~ in der Küche hinterlassen** to leave the kitchen looking as if a bomb had hit it.

Schlachthof *der* slaughterhouse.

Schlachtplan *der* ***fam*** battle plan.

Schlachtplatte *die* KÜCHE *platter of various cooked meats and sausages.*

Schlachtruf *der* battle cry.

Schlacke (*pl* **-n**) *die* clinker *(U);* [von Hochofen] slag *(U).*
◆ **Schlacken** *pl* MED waste products.

schlackern *vi* to shake; **mir ~ die Knie** my knees are trembling.

Schlaf *der* sleep; **jn um den ~ bringen** to stop sb from sleeping; **etw im ~ können** ***fam fig*** to be able to do sthg in one's sleep.

Schlafanzug *der* pyjamas *(pl).*

Schläfe (*pl* **-n**) *die* temple.

schlafen (*präs* **schläft;** *prät* **schlief;** *perf* **hat geschlafen**) *vi* **- 1.** [eingeschlafen sein] to sleep; **tief** ODER **fest ~** to sleep soundly; **~ gehen, sich ~ legen** to go to bed; **mit jm ~** to sleep with sb; **schlaf schön** ODER **gut!** sleep well! **- 2.** [übernachten]: **bei jm ~** to stay the night with sb **- 3.** ***fam*** [unaufmerksam sein] to be asleep.

schlaff *adj* **- 1.** [nicht fest - Seil] slack; [- Penis, Händedruck] limp; [- Haut] loose; [- Muskeln] flabby **- 2.** [müde] listless; **Mensch, bist du ein ~er Typ!** you're such a drip! ◇ *adv* **- 1.** [lose] slackly **- 2.** [energielos] listlessly.

Schlafgelegenheit *die* place to sleep.

Schlafittchen *das* ***fam:*** **jn am ~ packen/erwischen** to collar sb.

Schlaflied *das* lullaby.

schlaflos *adj* sleepless ◇ *adv* sleeplessly.

Schlaflosigkeit *die* insomnia.

Schlafmittel *das* sleeping pill.

Schlafmütze *die* ***fam*** **- 1.** [Langschläfer] sleepyhead **- 2.** [unaufmerksame Person] dopey person.

schläfrig *adj* sleepy <> *adv* sleepily.

Schlaf|saal *der* dormitory.

Schlaf|sack *der* sleeping bag.

Schlaf|störung *die* insomnia *(U)*.

schläft *präs* ▻ **schlafen.**

Schlaf|tablette *die* sleeping pill.

schlaftrunken *adj* drowsy <> *adv* drowsily.

Schlaf|wagen *der* sleeper.

schlafwandeln (*perf* **hat/ist schlafgewandelt**) *vi* to sleepwalk.

Schlafwandler, in (*mpl* **-**; *fpl* **-nen**) *der, die* sleepwalker.

Schlaf|zimmer *das* **- 1.** [Zimmer] bedroom **- 2.** [Möbel] bedroom suite.

Schlag (*pl* **Schläge**) *der* **- 1.** [Stoß] blow; [leicht] pat; [mit der Faust] punch; [mit der Hand] slap; **ein ~ ins Gesicht** ***eigtl*** & ***fig*** a slap in the face; **jm einen ~ versetzen** [Hieb] to hit sb; [Schock] to be a blow to sb **- 2.** [Geräusch - von Uhr] chime; ***Süddt*** [- Knall] crash; [- von Trommel] bang; **~ zwölf** on the stroke of twelve o'clock **- 3.** ***fam*** [Stromstoß] (electric) shock **- 4.** ***RW:*** **auf einen ~** in one go; **alle erschienen auf einen ~** they all turned up at once; **ein harter** *ODER* **schwerer ~** a heavy blow; **ein ~ ins Wasser** a washout; **mich trifft der ~** ***fam*** I'm flabbergasted.
◆ **Schlag auf Schlag** *adv* in quick succession; **plözlich ging es ~ auf ~** suddenly everything happened very quickly.
◆ **Schläge** *pl:* **Schläge bekommen** to get a hiding.

Schlag|abtausch *der* **- 1.** SPORT exchange of blows **- 2.** [in Diskussion] exchange.

Schlag|ader *die* artery.

Schlagan|fall *der* stroke.

schlagartig *adj* sudden <> *adv* suddenly.

Schlag|bohrer *der* hammer drill.

schlagen (*präs* **schlägt;** *prät* **schlug;** *perf* **hat/ist geschlagen**) *vt (hat)* **- 1.** [prügeln] to hit; [regelmäßig] to beat; [mit der Faust] to punch; [mit der Hand] to slap; [leicht] to pat; **jm etw aus der Hand ~** to knock sthg out of sb's hand **- 2.** [besiegen] to beat; **jn eins zu null ~** to beat sb one-zero **- 3.** [befestigen]: **jn/etw an etw** *(A)* **~** [mit Nägeln] to nail sb/sthg to sthg; **einen Nagel in die Wand ~** to bang a nail into the wall **- 4.** [Ball - bei Fußball] to kick **- 5.** [Eier, Sahne, Trommel] to beat **- 6.** [legen]: **die Hände vor das Gesicht ~** to cover one's face with one's hands **- 7.** [hinzufügen]: **etw zu etw ~** [Gebiet] to annex sthg to sthg; **etw auf etw** *(A)* **~** to add sthg to sthg <> *vi* **- 1.** *(ist)* [aufprallen]: **gegen etw ~** [Regen] to beat against sthg; [Wellen] to pound against sthg; **er schlug mit dem Kopf gegen die Wand** he banged his head against the wall **- 2.** *(hat)* [hauen] to hit; **jm auf die Schulter ~** to slap sb on the back; **nach jm ~** to hit out at sb; **mit der Hand auf den Tisch ~** to bang one's hand on the table; **gegen etw ~** [Tür] to bang on sthg; **um sich ~** to lash out **- 3.** *(ist)* [sich auswirken]: **das fette Essen schlägt mir auf den Magen** greasy food affects my stomach **- 4.** *(hat)* [Uhr] to strike; [mit Glocke] to chime **- 5.** *(ist)* [ähneln]: **nach jm ~** to take after sb **- 6.** *(hat)* [Herz, Puls] to beat **- 7.** *(hat, ist)* [einschlagen]: **in etw** *(A)* **~** to strike sthg **- 8.** *(ist)* [Flammen] to leap.
◆ **sich schlagen** *ref* **- 1.** [sich prügeln]: **sich (mit jm) ~** to fight (sb); **sich um etw ~** ***fam*** to fight for sthg; **die Gäste schlugen sich um das kalte Büfett** the guests fought over the cold buffet; **sich tapfer** *ODER* **wacker ~** ***fig*** to put up a good fight **- 2.** [sich begeben]: **sich in die Büsche ~** to slip off into the bushes; **sich auf js Seite ~** to side with sb.

schlagend *adj* conclusive <> *adv* conclusively.

Schlager (*pl* **-**) *der* [Lied] hit.

Schläger (*pl* **-**) *der* **- 1.** [für Tennis, Badminton] racquet; [für Tischtennis] bat; [für Golf] club; [für Hockey] stick **- 2.** ***abw*** [Mensch] thug.

Schlägerei (*pl* **-en**) *die* fight.

schlagfertig *adj* quick-witted <> *adv:* **~ antworten** to give a quick-witted reply.

Schlagfertigkeit *die* quick-wittedness.

schlagkräftig *adj* **- 1.** [Argument] compelling **- 2.** [Truppe] powerful.

Schlag|loch *das* pothole.

Schlag|sahne *die* whipped cream.

Schlag|seite *die (ohne pl)* list; **~ bekommen** [Schiff] to start to list; **er hatte ~** ***fam fig*** he was swaying from side to side.

Schlag|stock *der* truncheon ***Br***, nightstick ***Am***.

schlägt *präs* ▻ **schlagen.**

Schlag|wort (*pl* **-e** *ODER* **-wörter**) *das* **- 1.** *(pl Schlagworte)* ***abw*** [Gemeinplatz] catchword **- 2.** *(pl Schlagwörter)* [Stichwort] key word.

Schlag|zeile *die* headline; **~n machen** to make the headlines.

Schlag|zeug (*pl* **-e**) *das* [in Band] drums *(pl)*; [in Orchester] percussion.

Schlag|zeuger, in (*mpl* **-**; *fpl* **-nen**) *der, die* [in Band] drummer; [in Orchester] percussionist.

schlaksig *adj* lanky <> *adv* lankily.

Schlamassel *der* ***fam*** mess; **da haben wir den ~** we're in a real mess now!

Schlamm (*pl* **-e** *ODER* **Schlämme**) *der* mud; [Ablagerung] sludge.

schlammig *adj* muddy.

Schlampe (*pl* **-n**) *die* ***salopp abw*** slut.

Schlamperei (*pl* **-en**) *die* ***fam*** sloppiness.

schlampig ***abw*** *adj* **- 1.** [Person] slovenly **- 2.** [Arbeit] sloppy <> *adv* **- 1.** [sich anziehen] in a slovenly way **- 2.** [arbeiten] sloppily.

schlang *prät* ▷ **schlingen.**

Schlange (*pl* **-n**) *die* **- 1.** [Tier] snake **- 2.** [Reihe] queue *Br*, line *Am*; **~ stehen** to queue *Br*, to stand in line *Am*.

schlängeln ◆ **sich schlängeln** *ref* to wind one's/its way.

schlank *adj* slim; [Hals, Beine] slender ◇ *adv*: **das macht ~** that's good for your figure.

Schlankheits|kur *die* diet.

schlapp *adj* [müde] tired out; [energielos] listless ◇ *adv* listlessly.

Schlappe (*pl* **-n**) *die* ***fam*** setback; [bei Wahl, Spiel] defeat.

Schlapp|hut *der* slouch hat.

schlapp|machen *vi* ***fam***: **kurz vor dem Ziel ~** to pull out just before the finishing line.

Schlapp|schwanz *der* ***fam abw*** drip.

Schlaraffenland *das* Cockaigne.

schlau *adj* clever; [listig] cunning; **aus jm/etw nicht ~ werden** not to be able to work sb/sthg out ◇ *adv* cleverly; [listig] cunningly; **sich ~ machen** ***fam*** to put o.s. in the picture.

Schlauch (*pl* **Schläuche**) *der* hose; [in Reifen] tube.

Schlauch|boot *das* rubber dinghy.

schlauchen *vt* ***fam*** to wear out.

Schlaufe (*pl* **-n**) *die* loop.

schlecht *adj* **- 1.** [gen] bad, poor; [Zeiten] hard; **ein ~es Gedächtnis** a bad ODER poor memory; **(das ist) nicht ~!** ***fam*** (that's) not bad!; **mehr ~ als recht** after a fashion **- 2.** [gesundheitlich - Person] sick; **mir ist/wird ~** I feel sick; **~ aussehen** to look ill; **von jm ~ reden** to speak ill of sb **- 3.** [Lebensmittel] off; **~ werden** to go off ◇ *adv* **- 1.** [gen] badly, poorly; **die Geschäfte gehen ~** business is bad; **er sieht ~** he's got bad eyesight; **er hört ~** he's hard of hearing; **das Essen ist mir ~ bekommen** the food didn't agree with me; **es sieht ~ für jn/etw aus** it looks bad for sb/sthg; **es steht ~ um etw** [finanziell] things are looking bad for sthg; **es steht ~ um ihn** [gesundheitlich] he's not doing well **- 2.** [unangenehm - schmecken, riechen] bad **- 3.** [kaum] hardly; **das kann ~ sein** that's hardly possible.

schlecht gelaunt *adj*: **~ sein** to be in a bad mood ◇ *adv* irritably.

schlechthin *adv* **- 1.** [typisch]: **er ist der Gentleman ~** he is the quintessential gentleman **- 2.** [absolut] simply.

schlecht machen *vt* to run down.

schlecken *vt* [lecken] to lick ◇ *vi* ***fam*** [naschen] to eat sweet things.

schleichen (*prät* **schlich;** *perf* **ist geschlichen**) *vi* to creep; [Auto] to crawl.
◆ **sich schleichen** *ref* to creep.

schleichend *adj* **- 1.** [vorsichtig] creeping **- 2.** [allmählich - Inflation] creeping; [- Krankheit] insidious ◇ *adv* [langsam]: **die Autos bewegten sich ~ vorwärts** the cars crept forwards.

Schleich|weg *der* secret path.

Schleich|werbung *die* plug.

Schleier (*pl* **-**) *der* **- 1.** [Stoff] veil **- 2.** [von Dunst, Nebel] haze; **auf dem Foto ist ein ~** the photo is fogged.

schleierhaft *adj*: **es ist mir ~, wie du das gemacht hast** it's a mystery to me how you did that.

Schleife (*pl* **-n**) *die* **- 1.** [Band] bow **- 2.** [Biegung] bend.

schleifen (*prät* **schliff** ODER **schleifte;** *perf* **hat geschliffen** ODER **hat/ist geschleift**) *vt* **- 1.** *(unreg) (hat)* [abschleifen - Diamanten, Glas] to cut; [- mit Sandpapier] to sand; [- optische Linsen] to grind **- 2.** *(unreg) (hat)* [schärfen] to sharpen, to grind **- 3.** *(unreg) (hat)* [drillen] to drill hard **- 4.** *(reg) (hat)* [zerren] to drag ◇ *vi (reg) (hat, ist)* to drag.

Schleif|maschine *die* grinding machine; [für Dielenböden] sander.

Schleim (*pl* **-e**) *der* [in der Nase] mucus; [im Rachen] phlegm; [einer Schnecke] slime.

Schleim|haut *die* mucous membrane.

schleimig *adj* ***eigtl*** & ***fig*** slimy ◇ *adv* slimily.

schlemmen *vt* to feast on ◇ *vi* to feast.

schlendern (*perf* **ist geschlendert**) *vi* to stroll.

Schlenker (*pl* **-**) *der*: **einen ~ machen** to swerve.

schlenkern *vi*: **mit den Armen ~** to swing one's arms.

Schleppe (*pl* **-n**) *die* train *(of dress)*.

schleppen *vt* **- 1.** [tragen] to lug; [zerren] to drag **- 2.** [Fahrzeug] to tow **- 3.** ***fam*** [mitnehmen] to drag (along) **- 4.** ***fam abw*** [schmuggeln] to smuggle.
◆ **sich schleppen** *ref* **- 1.** [gehen] to drag o.s. **- 2.** [sich hinziehen] to drag on.

schleppend *adj* **- 1.** [Schritte, Gang] dragging **- 2.** [Bearbeitung, Abfertigung] slow **- 3.** [Absatz] sluggish ◇ *adv* **- 1.** [langsam] slowly **- 2.** [mühsam]: **~ die Stufen hinaufsteigen** to drag o.s. up the steps.

Schlepper (*pl* **-**) *der* **- 1.** [Schiff] tug **- 2.** [Fluchthelfer] smuggler *(of refugees)* **- 3.** ***fam*** [in Bars] tout.

Schlepp|lift *der* ski tow.

Schlepp|tau *das*: **jn ins ~ nehmen** ***fam*** to take sb along in tow.

Schlesien *nt* Silesia.

Schlesier, in ['ʃleːziɐ, rin] (*mpl* **-;** *fpl* **-nen**) *der, die* Silesian.

schlesisch *adj* Silesian.

Schleswig-Holstein *nt* Schleswig-Holstein.

Schleswig-Holsteiner (*pl* -) *der* native/inhabitant of Schleswig-Holstein ◇ *adj (unver)* of/from Schleswig-Holstein.

Schleswig-Holsteinerin (*pl* **-nen**) *die* native/inhabitant of Schleswig-Holstein.

Schleuder (*pl* **-n**) *die* **- 1.** [Steinschleuder] sling; [Wurfmaschine] catapult **- 2.** [Wäscheschleuder] spin-dryer.

schleudern (*perf* **hat/ist geschleudert**) *vt (hat)* **- 1.** *fam* [werfen] to hurl **- 2.** [zentrifugieren - Wäsche] to spin; [- Honig] to extract ◇ *vi (ist)* to skid.

Schleudern *das:* **ins ~ kommen** *ODER* **geraten** [mit dem Fahrzeug] to go into a skid; *fam* [unsicher werden] to be thrown; **jn ins ~ bringen** *fam* to throw sb.

Schleuder|sitz *der* ejector seat; **er sitzt auf dem ~** his future is hanging in the balance.

schleunigst *adv* **fam - 1.** [sofort] at once **- 2.** [schnell] hastily.

Schleuse (*pl* **-n**) *die* **- 1.** SCHIFF lock **- 2.** [Zwischenkammer] airlock.

schleusen *vt* [Person] to smuggle.

Schleuser, in (*mpl* **-**; *fpl* **-nen**) *der, die* smuggler *(of refugees)*.

schlich *prät* ▻ **schleichen.**

Schliche *pl* tricks; **jm auf** *ODER* **hinter die ~ kommen** to get on to sb.

schlicht *adj* simple ◇ *adv* simply; **~ und einfach** quite simply.

schlichten *vt* to settle.

schlichtweg *adv* simply.

Schlick (*pl* **-e**) *der* silt.

schlief *prät* ▻ **schlafen.**

schließen (*prät* **schloss;** *perf* **hat geschlossen**) *vt* **- 1.** [gen] to close; [Umschlag] to seal; [Stromkreis] to complete **- 2.** [Laden, Firma] to close down **- 3.** [einschließen]: **jn/etw in etw** *(A)* **~** to lock sb/sthg in sthg **- 4.** [schlussfolgern] to conclude **- 5.** [befestigen]: **etw an etw** *(A)* **~** to lock sthg to sthg **- 6.** [umarmen]: **er schloss sie in seine Arme** he embraced her **- 7.** [Vertrag] to conclude, to sign; [Bündnis] to form ◇ *vi* **- 1.** [zumachen] to close **- 2.** [den Betrieb einstellen] to close down **- 3.** [schlussfolgern] to conclude **- 4.** [enden] to end.

◈ **sich schließen** *ref* **- 1.** [anschließen]: **sich an etw** *(A)* **~** to follow sthg **- 2.** [Wunde, Blüte, Kreis] to close.

Schließ|fach *das* [am Bahnhof] left-luggage *Br* *ODER* baggage *Am* locker; [bei der Bank] safe-deposit box.

schließlich *adv* **- 1.** [endlich] finally; **~ und endlich** *fam* finally **- 2.** [nun einmal] after all.

Schließung (*pl* **-en**) *die* closure.

schliff *prät* ▻ **schleifen.**

Schliff (*pl* **-e**) *der* **- 1.** [Zuschleifen - Vorgang] cutting *(U)*; [- Ergebnis] cut **- 2.** [Schärfen - Vorgang] sharpening *(U)*; [- Ergebnis] edge **- 3.** [Vollkommenheit]: **ihm fehlt noch der ~** he lacks polish; **einer Sache** *(D)* **den letzten ~ geben** to put the finishing touches to sthg **- 4.** [Benehmen] refinement.

schlimm *adj* **- 1.** [gen] bad; [Folgen] serious; **es ist ~, wie viele Leute jetzt arbeitslos werden** the number of people being made redundant at the moment is terrible; **halb so ~ sein** to be not too bad; **halb so ~!** never mind! **- 2.** [böse, inakzeptabel] wicked; **es ist eine ~e Sache, wie er mit ihr umgeht** it's terrible the way he treats her.

Schlimmste *das:* **das ~** the worst thing; **auf das ~ gefasst sein** to expect the worst.

schlimmstenfalls *adv* at worst.

Schlinge (*pl* **-n**) *die* **- 1.** [Armschlinge] sling **- 2.** [in Seil] loop; [zum Aufhängen] noose **- 3.** [zum Jagen] snare.

Schlingel (*pl* -) *der* *fam* rascal.

schlingen (*prät* **schlang;** *perf* **hat geschlungen**) *vt* **- 1.** [binden] to tie; **etw um/in etw** *(A)* **~** to tie sthg round/in sthg; **etw durch etw ~** to thread *ODER* pass sthg through sthg **- 2.** *fam* [essen] to gobble down **- 3.** [legen]: **die Arme um jn/etw ~** to throw one's arms around sb/sthg ◇ *vi* *fam* [essen] to gobble.

◈ **sich schlingen** *ref:* **sich um etw ~** to wind o.s./itself around sthg.

schlingern (*perf* **hat/ist geschlingert**) *vi* to roll.

Schlips (*pl* **-e**) *der* tie; **jm auf den ~ treten** *fam fig* to tread on sb's toes.

Schlitten (*pl* -) *der* **- 1.** [Rodelschlitten] sledge *Br*, sled *Am*; **~ fahren** to go tobogganing *ODER* sledging *Br*; **mit jm ~ fahren** *fam* [rüde Zurechtweisen] to bawl sb out **- 2.** [Pferdeschlitten] sleigh **- 3.** *fam* [Auto] wheels *(pl)*.

schlittern (*perf* **ist geschlittert**) *vi* **- 1.** [Fahrzeug] to skid **- 2.** [Mensch] to slide **- 3.** [geraten]: **in den Konkurs ~** to slide into bankruptcy.

Schlitt|schuh *der* ice skate; **~ laufen** to ice-skate.

Schlittschuh|bahn *die* ice rink.

Schlitz (*pl* **-e**) *der* [für Geld, Briefe] slot; [Spalte] slit.

Schlitz|auge *das:* **~n haben** to have slit eyes.

schlitzen *vt* to slit.

Schlitz|ohr *das* *fam* crafty devil.

schlohweiß *adj* snow-white.

schloss *prät* ▻ **schließen.**

Schloss (*pl* **Schlösser**) *das* **- 1.** [Burg] castle; [Palast] palace - **2.** [Verschluss] lock; **hinter ~ und Riegel** *fig* behind bars.

Schlosser, in (*mpl* **-**; *fpl* **-nen**) *der, die* metalworker; [Autoschlosser] mechanic; [für Türschlösser] locksmith.

Schloss|kapelle *die* palace chapel.

Schloss|park *der* palace grounds *(pl).*

Schlot (*pl* **-e**) *der* chimney.

schlottern *vi* - **1.** [zittern] to tremble - **2.** [zu groß sein] to hang loose.

Schlucht (*pl* **-en**) *die* ravine.

schluchzen *vi* to sob.

Schluck (*pl* **-e**) *der* - **1.** [Menge] drop; **ein kleiner ~** a sip; **einen ~ trinken** to have a drop (to drink); **einen ~ nehmen** *ODER* **tun** to take a gulp - **2.** [Schlucken] gulp.

Schluckauf *der:* **einen ~ haben** to have hiccups.

Schluckbeschwerden *pl:* **haben Sie ~?** do you have difficulty swallowing?

schlucken *vt* - **1.** [Essen, Gefühle] to swallow - **2.** [übernehmen - Firma] to swallow up - **3.** *fam* [Alkohol, Benzin] to guzzle ◇ *vi* to swallow; **an etw** *(D)* **zu ~ haben** *fam fig* to find sthg hard to come to terms with.

Schlucker (*pl* **-**) *der fam:* **ein armer ~** a poor devil.

Schluck|impfung *die* oral vaccination.

schluderig = **schludrig.**

schludern *vi fam* to do sloppy work.

schludrig, schluderig *fam adj* sloppy ◇ *adv* sloppily.

schlug *prät* ▻ **schlagen.**

schlummern *vi geh* - **1.** [schlafen] to slumber - **2.** [vorhanden sein]: **in jm ~** to lie dormant within sb.

Schlumpf (*pl* **Schlümpfe**) *der* smurf.

Schlund (*pl* **Schlünde**) *der geh* - **1.** [Öffnung] abyss - **2.** [Rachen - von Person] back of the throat; [- von Tier] maw.

schlüpfen (*perf* **ist geschlüpft**) *vi* - **1.** [anziehen, ausziehen]: **aus etw ~** to slip sthg off; **in etw** *(A)* **~** to slip sthg on - **2.** [sich schnell bewegen] to slip; **aus etw ~** to slip out of sthg - **3.** [Küken]: **(aus etw) ~** to hatch (out of sthg).

Schlüpfer (*pl* **-**) *der* knickers *(pl)* ***Br,*** panties *(pl)* ***Am.***

Schlupf|loch *das* - **1.** [Öffnung] hole - **2.** [Versteck] hideout.

schlüpfrig *adj* - **1.** [anzüglich] lewd - **2.** [rutschig] slippery.

Schlupf|winkel *der* hideout.

schlurfen (*perf* **ist geschlurft**) *vi fam* to shuffle.

schlürfen *vt* & *vi* to slurp.

Schluss (*pl* **Schlüsse**) *der* - **1.** [Ende] end; **zum ~** at the end; **mit etw ~ machen** to stop sthg; **mit jm ~ machen** *fam* to break up with sb; **~ damit!** that'll do!, that's enough!; **jetzt ist aber ~ damit!** it's over now!; **~ für heute!** that'll do for today!; **damit mache ich ~ für heute** with that, I'll finish for today - **2.** [Schlussfolgerung] conclusion; **zum ~ kommen, dass ...** to reach the conclusion that ...; **Schlüsse aus etw ziehen** to draw conclusions from sthg - **3.** [Schlussstück] ending.

Schluss|akkord *der* [Musik] final chord; [Ausklang] finale.

Schluss|bemerkung *die* concluding remark.

Schluss|bericht *der* final report.

Schlüssel (*pl* **-**) *der* - **1.** [für Schloss, Auflösung] key; **den ~ (in der Tür) stecken lassen** to leave the key in the door; **der ~ zu etw** ***fig*** the key to sthg - **2.** [Schraubenschlüssel] spanner - **3.** [Code] code - **4.** [Verteilungsschlüssel] allocation base.

Schlüssel|bein *das* collar bone.

Schlüssel|blume *die* primrose.

Schlüssel|bund *der* bunch of keys.

Schlüssel|dienst *der* [für Notfälle] locksmith's; [zum Duplizieren von Schlüsseln] key-cutting service.

Schlüssel|erlebnis *das* crucial *ODER* key experience.

schlüsselfertig *adj:* **ein ~es Haus** a house which is ready to move into ◇ *adv:* **ein Haus ~ bauen** to build a house which is ready to move into.

Schlüssel|industrie *die* key industry.

Schlüssel|kind *das* latchkey child.

Schlüssel|loch *das* keyhole.

Schlüssel|reiz *der* stimulus.

Schlüssel|ring *der* key ring.

Schlüssel|roman *der* roman à clef.

Schlüssel|stellung *die* key position.

Schlüsselüber|gabe *die* handing over of the keys *(to a house).*

schlussfolgern *vt* to conclude; **aus etw ~** to conclude from sthg.

Schluss|folgerung *die* conclusion.

schlüssig *adj* conclusive; **sich** *(D)* **(nicht) ~ sein/werden** (not) to have made up/make up one's mind ◇ *adv* conclusively.

Schluss|licht *das* - **1.** [Letzter]: **der Verein ist das ~ in der Tabelle** the club is bottom of the table - **2.** [Rücklicht] rear light, taillight.

Schluss|notierung *die* closing price.

Schluss|pfiff *der* final whistle.

Schluss|punkt *der* conclusion; [von Feier] finale.

Schluss|strich *der:* **einen ~ unter etw** *(A)* **ziehen** to draw a line under sthg.

Schlussver|kauf *der* end-of-season sale.

Schlusswort (*pl* **-e**) *das* closing remarks *(pl)*.

Schmach *die* **geh** shame.

schmächtig *adj* slight <> *adv* [gebaut] slightly.

Schmackes ◆ **mit Schmackes** *adv* **fam** with gusto.

schmackhaft *adj* tasty <> *adv* [kochen] appetizingly; **jm etw ~ machen** to make sthg palatable to sb.

schmal *adj* [Straße, Treppe, Hüften] narrow; [Person] thin; [Figur] slender <> *adv* [geschnitten] narrowly; [gebaut] slenderly; [zusammenkneifen] tightly.

schmälern *vt* to diminish.

Schmälerung (*pl* **-en**) *die* reduction.

Schmalfilm|kamera *die* cine-camera ***Br***, movie camera ***Am***.

Schmal|seite *die* narrow side.

Schmalz (*pl* **-e**) *der* **- 1.** [Fett - zum Kochen] lard; [- zum Essen] dripping **- 2.** ***fam*** [Gefühl] schmaltz.

Schmalz|brot *das* slice of bread and dripping.

Schmalzgebäck *das deep fried cakes such as doughnuts.*

schmalzig *adj* schmaltzy <> *adv* schmaltzily.

schmarotzen *vt* **abw** to scrounge <> *vi* **- 1.** ***abw*** [Person] to sponge; **bei jm ~** to sponge off sb **- 2.** BIOL to live as a parasite.

Schmarotzer, in (*mpl* **-;** *fpl* **-nen**) *der, die* **abw** sponger.

schmatzen *vi* to eat noisily; **mit den Lippen ~** to smack one's lips.

schmecken *vi* to taste; **schmeckt es?** does it taste good?; **hat es geschmeckt?** did you enjoy your meal?; **es schmeckt mir** I like it; **nach etw ~** to taste of sthg; **es schmeckt gut/schlecht** it tastes good/bad; **lass es dir ~!** enjoy your meal! <> *vt* to taste.

Schmeichelei (*pl* **-en**) *die* flattery *(U)*.

schmeichelhaft *adj* flattering; **das Foto ist ~ für ihn** the photo flatters him <> *adv* flatteringly.

schmeicheln *vi:* **jm ~** to flatter sb.

schmeißen (*prät* **schmiss;** *perf* **hat geschmissen**) ***fam*** *vt* **- 1.** [werfen] to chuck **- 2.** [spendieren]: **eine Runde ~** to stand a round **- 3.** [aufgeben] to pack in **- 4.** [organisieren] to handle <> *vi:* **er schmiss mit dem Geschirr nach mir** he chucked the crockery at me.

◆ **sich schmeißen** *ref:* **sie schmiss sich aufs Bett** she threw herself on the bed; **sich in etw** *(A)* **~** to get togged up in sthg.

schmelzen (*präs* **schmilzt;** *prät* **schmolz;** *perf* **hat/ist geschmolzen**) *vi (ist)* to melt <> *vt (hat)* to melt; [Erz] to smelt.

schmelzend *adj* melting.

Schmelz|käse *der* cheese spread.

Schmelz|ofen *der* smelting furnace.

Schmelz|punkt *der* melting point.

Schmelz|tiegel *der* **- 1.** [Behälter] crucible **- 2.** [Ort] melting pot.

Schmelz|wasser (*pl* **-**) *das* melted snow and ice.

Schmer|bauch *der* **fam abw** paunch.

Schmerz (*pl* **-en**) *der* **- 1.** *(meist pl)* [körperlich] pain; **~en lindern** to relieve pain; **~en haben** to be in pain **- 2.** [seelisch] grief.

schmerzempfindlich *adj* [Mensch] sensitive to pain; [Stelle] tender.

schmerzen *vi* & *vt* to hurt.

Schmerzensgeld *das* compensation.

schmerzfrei *adj:* **der Patient ist ~** the patient is no longer feeling any pain.

Schmerz|grenze *die* absolute limit; **mit dieser Steuererhöhung ist die ~ überschritten** this is one tax increase too many.

schmerzhaft *adj* painful.

schmerzlich *adj* painful <> *adv* painfully.

schmerzlindernd *adj* pain-relieving; **~e Mittel** painkillers <> *adv:* **~ wirken** to relieve pain.

schmerzlos *adj* painless <> *adv* painlessly.

Schmerz|mittel *das* painkiller.

schmerzstillend *adj* painkilling <> *adv:* **~ wirken** to have a painkilling effect.

Schmerz|tablette *die* painkiller.

schmerzverzerrt *adj* [Gesicht] distorted with pain.

Schmetter|ball *der* SPORT smash.

Schmetterling (*pl* **-e**) *der* [Tier & SPORT] butterfly.

schmettern *vt* **- 1.** SPORT to smash **- 2.** [werfen] to hurl **- 3.** [singen] to bellow out.

Schmied (*pl* **-e**) *der* blacksmith.

Schmiede (*pl* **-n**) *die* forge, smithy.

Schmiede|eisen *das* wrought iron.

schmiedeeisern *adj* wrought-iron.

schmieden *vt* **- 1.** [bearbeiten] to forge **- 2.** [befestigen]: **jn an etw** *(A)* **~** to chain sb to sthg **- 3.** [Pläne] to make.

Schmiedin (*pl* **-nen**) *die* blacksmith.

schmiegen *vt* to nestle.
◆ **sich schmiegen** *ref:* **sich an jn/etw ~** to snuggle up to sb/sthg; **sich in etw** *(A)* **~** to snuggle into sthg.

schmiegsam *adj* supple.

Schmiere (*pl* **-n**) *die* **- 1.** [Fett] grease **- 2.** ***fam*** [Wache]: **~ stehen** to act as a lookout.

schmieren *vt* **- 1.** [mit Fett] to grease; [mit Öl] to oil **- 2.** ***fam*** TECH to lubricate; [bestechen] to bribe **- 3.** [streichen] to spread; **ein Butterbrot ~** ≃ to make a sandwich **- 4.** ***RW:*** **jm eine ~ *fam*** to clout sb; **wie geschmiert *fam*** without a hitch ◇ *vi* **- 1.** [schreiben] to scribble **- 2.** [klecksen] to smudge.

Schmier|fink *der* ***fam*** **- 1.** [Erwachsener] muckraker **- 2.** [Kind] mucky pup.

Schmier|geld *das* ***fam*** bribe.

schmierig *adj* **- 1.** [ölig] greasy **- 2.** ***abw*** [Witz, Anspielung] smutty **- 3.** ***abw*** [Typ] smarmy ◇ *adv* [angrinsen] smarmily; [lachen, anmachen] smuttily.

Schmier|mittel *das* lubricant.

Schmier|papier *das* ***fam*** scrap paper.

Schmier|seife *die* soft soap.

Schmier|zettel *der* ***fam*** piece of scrap paper.

schmilzt *präs* ▷ **schmelzen.**

Schminke (*pl* **-n**) *die* make-up.

schminken *vt* to make up.
◆ **sich schminken** *ref* to put on one's make-up.

Schmink|stift *der* make-up pencil.

Schmink|tisch *der* make-up table.

schmirgeln *vt* to sand.

Schmirgel|papier *das* sandpaper.

schmiss *prät* ▷ **schmeißen.**

Schmiss (*pl* **Schmisse**) *der* **- 1.** [Narbe] duelling scar **- 2.** ***fam*** [Pep] oomph.

schmissig *adj* spirited.

Schmöker (*pl* **-**) *der* tome *(of lightweight reading)*.

schmökern *vi:* **in einem Buch ~** to bury o.s. in a book ◇ *vt* to bury o.s. in.

schmollen *vi* to sulk.

Schmoll|mund *der* pout.

schmolz *prät* ▷ **schmelzen.**

schmoren *vt* to braise ◇ *vi* **- 1.** [braten] to braise **- 2.** ***fam*** [in der Sonne] to roast **- 3.** ***fam*** [warten]: **jn ~ lassen** to leave sb to stew (in his/her own juice).

Schmorfleisch *das* braising steak.

Schmu *der* ***fam:*** **~ erzählen** to talk nonsense; **~ machen** to cheat.

schmuck *adj* smart ◇ *adv* smartly; **~ aussehen** to look smart.

Schmuck *der* **- 1.** [Gegenstand] jewellery **- 2.** [Dekoration] decoration.

schmücken *vt* to decorate.
◆ **sich schmücken** *ref* to adorn o.s.

Schmuckkästchen (*pl* **-**) *das* jewellery box.

schmucklos *adj* plain, unadorned ◇ *adv* plainly.

Schmuck|stück *das* **- 1.** [Schmuck] piece of jewellery **- 2.** [aus Sammlung, Ausstellung] jewel.

schmuddelig *adj* [schmutzig] grubby; [unordentlich] messy ◇ *adv* [schmutzig] in a grubby state; [unordentlich] in a mess.

Schmuggel *der* smuggling; **~ (mit etw) treiben** to smuggle (sthg).

schmuggeln *vt* & *vi* to smuggle.

Schmuggler, in (*mpl* **-**; *fpl* **-nen**) *der, die* smuggler.

schmunzeln *vi:* **(über etw** *(A)***) ~** to smile to o.s. (at sthg).

schmusen *vi:* **(mit jm) ~** to cuddle (sb); [Liebespaar] to kiss and cuddle (with sb).

Schmutz *der* dirt; **~ abweisend** dirt-resistant; **(viel) ~ machen** to make a (terrible) mess; **jn/etw durch** ODER **in den ~ ziehen *fig*** to drag sb/sthg through the mud.

schmutzen *vi* to get dirty.

Schmutz|fink *der* ***fam*** **- 1.** [schmutziger Mensch - Erwachsener] dirty pig; [- Kind] mucky pup **- 2.** [unsittlicher Mensch] creep.

schmutzig *adj* **- 1.** [gen] dirty; **sich ~ machen** to get dirty **- 2.** [Geschäftspraktiken] shady.

Schmutzwäsche *die* dirty clothes *(pl)*.

Schmutz|zulage *die* dirty work bonus.

Schnabel (*pl* **Schnäbel**) *der* beak; **den ~ halten *fam fig*** to shut one's trap; **reden, wie einem der ~ gewachsen ist *fam*** to say exactly what one thinks.

Schnabel|tasse *die* feeding cup.

Schnake (*pl* **-n**) *die* [Weberknecht] daddy longlegs ***Br***, crane fly ***Am***.

Schnalle (*pl* **-n**) *die* buckle.

schnallen *vt* **- 1.** [festmachen] to strap; [Gürtel] to fasten, to buckle; **den Gürtel enger ~** to tighten one's belt; **etw auf etw** *(A)* **~** to strap sthg to sthg **- 2.** ***fam*** [kapieren] to get.

schnalzen *vi:* **mit der Zunge/den Fingern ~** to click one's tongue/fingers; **mit der Peitsche ~** to crack the whip.

Schnäppchen (*pl* **-**) *das* snip, bargain; **mit dem Hemd habe ich ein ~ gemacht** the shirt was a real snip ODER bargain.

Schnäppchen|führer *der guide to warehouses selling reduced goods.*

schnappen (*perf* **hat/ist geschnappt**) *vt (hat)* **- 1.** *fam* [festnehmen] to catch **- 2.** *fam* [nehmen]: **sich** *(D)* **etw ~** to grab sthg **- 3.** [packen] to grab <> *vi* **- 1.** *(hat)* [beißen]: **nach jm/etw ~** to snap at sb/sthg **- 2.** *(ist)* [federn] to spring up; **die Tür schnappte ins Schloss** the door clicked shut.

Schnapp|schloss *das* [an Tür] spring lock; [an Tasche] clasp.

Schnapp|schuss *der* snapshot.

Schnaps (*pl* **Schnäpse**) *der* schnapps.

Schnaps|glas *das* shot glass.

Schnaps|idee *die* **fam** hare-brained idea.

Schnaps|zahl *die number in which all digits are identical, e.g. 222.*

schnarchen *vi* [im Schlaf] to snore.

schnarren *vi* [Klingel] to buzz; [Stimme] to rasp.

schnattern *vi* **- 1.** [Gänse] to gabble; [Enten] to quack **- 2.** *fam* [reden] to chatter **- 3.** [zittern]: **er schnattert vor Kälte** his teeth are chattering with cold.

schnauben *vi* ***eigtl*** & ***fig*** to snort; **vor Wut ~** to snort with anger.

schnaufen *vi* to wheeze.

Schnauz|bart *der* **- 1.** [Bart] moustache **- 2.** *fam* [Mensch] guy with the 'tache.

Schnauze (*pl* **-n**) *die* **- 1.** [Maul] muzzle; [von Schwein] snout **- 2.** ***salopp abw*** [Mund] trap, gob ***Br;*** **jm eins auf die ~ hauen** to sock sb in the mouth **- 3.** ***RW:*** **halt die ~!** ***salopp*** shut your trap!; **die ~ voll haben (von etw)** ***salopp*** to be fed up to the back teeth (with sthg); **auf die ~ fallen** *ODER* **fliegen** ***salopp*** [hinfallen] to fall flat on one's face; [scheitern] to come a cropper.

schnäuzen ◆ **sich schnäuzen** *ref:* **sich (die Nase) ~** to blow one's nose.

Schnauzer (*pl* **-**) *der* **- 1.** [Hunderasse] Schnauzer **- 2.** [Schnurrbart] large moustache.

Schnecke (*pl* **-n**) *die* snail; [ohne Schneckenhaus] slug; **jn zur ~ machen** ***fig*** to give sb a dressing-down.

Schnecken|haus *das* snail shell.

Schnee *der* snow; **es fällt ~** snow is falling; **es liegt ~** there is snow (on the ground); **~ räumen** to clear snow; **~ von gestern sein** ***fam fig*** to be old hat.

Schnee|ball *der* snowball.

Schneeball|schlacht *die* snowball fight.

Schneeball|system *das* WIRTSCH pyramid selling.

Schnee|besen *der* whisk.

schneeblind *adj* snowblind.

Schnee|brett *das* frozen snow overhang.

Schnee|brille *die* snow goggles *(pl).*

Schnee|decke *die* covering of snow.

Schnee|fall *der* snowfall.

Schnee|flocke *die* snowflake.

schneefrei *adj* free of snow.

Schnee|gestöber (*pl* **-**) *das* [leicht] snow flurry; [stärker] snowstorm.

Schnee|glätte *die* packed snow *(U).*

Schnee|glöckchen (*pl* **-**) *das* snowdrop.

Schnee|grenze *die* snow line.

Schnee|kette *die* snow chain.

Schnee|mann (*pl* **-männer**) *der* snowman.

Schnee|matsch *der* slush.

Schnee|pflug *der* snowplough.

Schnee|regen *der* sleet.

Schnee|schaufel *die* snow shovel.

Schnee|schmelze *die* thaw.

Schnee|sturm *der* snowstorm.

Schnee|treiben *das* blizzard.

Schnee|verwehung (*pl* **-en**), **-wehe** (*pl* **-n**) *die* snowdrift.

schneeweiß *adj* snow-white.

Schneewittchen *das* Snow White.

Schneid *der (ohne pl)* ***fam*** guts *(pl).*

Schneidbrenner (*pl* **-**) *der* oxyacetylene torch.

Schneide (*pl* **-n**) *die* [Klinge] blade; [Kante] edge.

schneiden (*prät* **schnitt;** *perf* **hat geschnitten**) *vt* **- 1.** [gen] to cut; [Hecke] to trim; [Baum] to cut back; **sich** *(D)* **die Haare ~ lassen** to have one's hair cut **- 2.** [klein schneiden - in Stücke] to chop; [- in Scheiben] to slice; [- Braten] to carve; **etw in Würfel ~** to cube sthg **- 3.** [zurechtschneiden - Foto] to cut to size **- 4.** [ausschneiden] to cut out **- 5.** [beim Überholen] to cut in on; **eine Kurve ~** to cut a corner **- 6.** [ignorieren]: **jn ~** to ignore sb **- 7.** [überschneiden] to cut across, to cross; MATH to intersect **- 8.** [hinzufügen]: **Schnittlauch in die Suppe ~** to chop some chives and add them to the soup **- 9.** SPORT [Ball] to put spin on <> *vi* **- 1.** [beschädigen]: **(mit etw) in etw** *(A)* **~** to cut sthg (with sthg) **- 2.** [Frisör, Messer, Schere] to cut.

◆ **sich schneiden** *ref* **- 1.** [sich verletzen] to cut o.s.; **sich in den Finger ~** to cut one's finger **- 2.** [sich überschneiden] to intersect **- 3.** ***fam*** [sich täuschen]: **wenn du das glaubst, dann hast du dich aber geschnitten!** if you think that, you've got another think *ODER* thing coming!

schneidend *adj* **- 1.** [Wind, Kälte] biting **- 2.** [Stimme] piercing <> *adv* piercingly.

Schneider (*pl* **-**) *der* tailor; [für Damen] dressmaker; **aus dem ~ sein** ***fam fig*** to be out of the woods.

Schneiderin (*pl* **-nen**) *die* tailor; [für Damen] dressmaker.

schneidern *vt:* **(sich** *(D)***) etw ~** to make sthg ◇ *vi* to make clothes.

Schneider|sitz *der:* **im ~** cross-legged.

Schneide|zahn *der* incisor.

schneidig *adj* [Bursche] dashing; [Fahrstil] daring.

schneien *vi:* **es schneit** it's snowing.

Schneise (*pl* **-n**) *die* firebreak.

schnell *adj* **- 1.** [gen] quick **- 2.** [Tempo] fast, quick **- 3.** [Person, Gefährt] fast ◇ *adv* **- 1.** [laufen] fast, quickly; **nicht so ~!** not so fast! **- 2.** [zügig] quickly; **~ machen** to hurry up **- 3.** [bald] soon **- 4.** [gleich]: **kannst du mal ~ vorbeikommen?** could you just pop round quickly?; **sag doch mal ~** just tell me again.

Schnelle *die:* **auf die ~** quickly.

schnellebig *adj* = **schnelllebig.**

schnellen (*perf* **ist geschnellt**) *vi* to shoot; **in die Höhe ~** to shoot up.

Schnell|gericht *das* ready meal.

Schnell|hefter *der* loose-leaf binder.

Schnelligkeit *die* speed.

Schnell|imbiss *der* snack bar.

Schnellkoch|topf *der* pressure cooker.

schnelllebig *adj* fast-moving.

schnellstens *adv* as quickly as possible.

Schnell|straße *die* expressway.

Schnell|verfahren *das* **- 1.** RECHT summary trial **- 2.** [Vorgang] high-speed process; **im ~** *fig* quickly.

Schnell|zug *der* express train.

Schnepfe (*pl* **-n**) *die* **- 1.** [Vogel] snipe **- 2.** *salopp abw* [Frau] cow.

schneuzen *ref* = **schnäuzen.**

Schnickschnack *der fam* knick-knacks *(pl)*.

schniefen *vi* to sniffle.

Schnippchen *das:* **jm ein ~ schlagen** *fam* to outsmart sb.

schnippisch *adj* pert ◇ *adv* pertly.

Schnipsel (*pl* **-**) *der* scrap.

schnipsen *vt* to flick ◇ *vi* to snap.

schnitt *prät* ▷ **schneiden.**

Schnitt (*pl* **-e**) *der* **- 1.** [Öffnung] cut; [bei Operation] incision **- 2.** [von Haar, Kleidung] cut; [Schnittmuster] pattern **- 3.** [von Film] editing *(U)* **- 4.** [Schneiden - von Baum] cutting back; [- von Hecke] trimming **- 5.** *fam* [Durchschnitt] average; **im ~** on average; **einen guten ~ fahren** to go at a good average speed **- 6.** *fam* [Gewinn] profit; **seinen ~ machen** *fam* to make a profit.

Schnitt|blume *die* cut flower.

Schnittchen (*pl* **-**) *das* canapé.

Schnitte (*pl* **-n**) *die* **- 1.** [Scheibe] slice **- 2.** [belegtes Brot] open sandwich.

Schnitt|fläche *die* **- 1.** [angeschnittener Teil] cut end **- 2.** MATH section.

schnittig *adj* sporty.

Schnitt|lauch *der (ohne pl)* chives *(pl)*.

Schnitt|linie *die* line of intersection.

Schnitt|menge *die* MATH intersection.

Schnitt|muster *das* pattern.

Schnitt|punkt *der* point of intersection.

Schnitt|stelle *die* [gen & EDV] interface; **parallele/serielle ~** parallel/serial port.

Schnitt|wunde *die* cut.

Schnitzel (*pl* **-**) *das* **- 1.** [Fleisch] escalope **- 2.** [aus Papier] scrap.

Schnitzel|jagd *die* paper chase.

schnitzen *vt* & *vi* to carve.

Schnitzer (*pl* **-**) *der* **- 1.** [Fehler] blunder; **einen groben ~ machen** to make a terrible blunder **- 2.** [Beruf] carver.

Schnitzerei (*pl* **-en**) *die* carving.

Schnitzerin (*pl* **-nen**) *die* carver.

schnodderig, schnoddrig *adj* brash ◇ *adv* brashly.

Schnorchel (*pl* **-**) *der* snorkel.

schnorcheln *vi* to snorkel.

Schnörkel (*pl* **-**) *der* curlicue; [in Schrift] flourish.

schnorren *vt fam:* **etw (bei jm) ~** to scrounge sthg (off sb).

Schnösel (*pl* **-**) *der* **fam abw** snotty little upstart.

schnuckelig, schnucklig *fam adj* sweet ◇ *adv* sweetly.

schnüffeln *vi* **- 1.** [riechen]: **an etw** *(D)* **~** to sniff at sthg **- 2.** [durchsuchen] to snoop; **in etw** *(D)* **~** to snoop around in sthg ◇ *vt* **fam** [einatmen] to sniff.

Schnuller (*pl* **-**) *der* dummy ***Br***, pacifier ***Am***.

Schnulze (*pl* **-n**) *die* **abw** [Lied] slushy number.

schnupfen *vt* [Tabak] to take; [Kokain] to snort.

Schnupfen (*pl* **-**) *der* cold; **einen ~ haben/bekommen** to have/get a cold.

Schnupf|tabak *der* snuff.

schnuppe *adj:* **das ist mir ~** ***fam*** I couldn't give a damn.

Schnupper|kurs *der* taster course.

schnuppern *vi* **- 1.** [riechen]: **(an etw** *(D)***) ~** to sniff (at sthg) **- 2.** [testen]: **einige Stunden ~** to try it out for a few classes ◇ *vt* to sniff.

Schnur (*pl* **Schnüre**) *die* string; [Zugschnur] cord; [Kabel] lead.

Schnürchen *das:* **wie am ~ *fam*** without a hitch.

schnüren *vt* **- 1.** [gen] to tie; [Mieder] to lace up **- 2.** [Bündel, Paket] to tie up; **etw um etw ~** to tie sthg around sthg <> *vi:* **ins Fleisch ~** to bite into one's flesh.

schnurgerade, schnurgrade *adj* & *adv* dead straight.

Schnurr|bart *der* moustache.

schnurren (*perf* **hat geschnurrt**) *vi* ***eigtl*** & ***fig*** to purr.

Schnür|schuh *der* lace-up (shoe).

Schnürsenkel (*pl* **-**) *der* shoelace.

schnurstracks *adv* straight.

schnurz *adj:* **das ist mir ~ *fam*** I couldn't give a damn.

Schnute (*pl* **-n**) *die* mouth; **eine ~ ziehen *fam*** to pull a face.

schob *prät* ▻ **schieben.**

Schock (*pl* **-s**) *der* shock; **unter ~ stehen** to be in shock; **jm einen ~ versetzen** to give sb a shock.

schockieren *vt* to shock.

schockiert *adj* shocked; **über etw** *(A)* **~ sein** to be shocked at sthg <> *adv:* **~ reagieren** to react with shock.

schofel, schofelig *fam abw* *adj* horrid <> *adv* horridly.

Schöffe (*pl* **-n**) *der* lay judge, *one of two people without legal qualifications who hear cases together with a professional judge.*

Schöffin (*pl* **-en**) *die* lay judge, *one of two people without legal qualifications who hear cases together with a professional judge.*

Schokolade (*pl* **-n**) *die* **- 1.** [Süßigkeit] chocolate **- 2.** [Getränk - heiß] hot chocolate; [- kalt] chocolate drink.

Schokoladen|glasur *die* chocolate icing ***Br*** ODER frosting ***Am.***

Schokoladen|pudding *der* chocolate blancmange.

Schokoladen|seite *die* [vom Aussehen, Charakter] best side.

Schokoladen|torte *die* chocolate gâteau.

Schoko|riegel *der* chocolate bar.

Scholle (*pl* **-n**) *die* [Fisch] plaice.

schon *adv* **- 1.** [bereits] already; **wir essen heute ~ um elf Uhr** we're eating earlier today, at eleven o'clock; **~ damals** even then; **~ 1914** as early as 1914; **er ist ~ lange hier** he's been here for a long time; **ich bereite das ~ mal vor** I'll get that ready now; **~ jetzt** already; **~ wieder** again **- 2.** [inzwischen] yet; **warst du ~ auf der Post?** have you been to the post office yet?; **warst du ~ mal in Kanada?** have you ever been to Canada?; **ich war ~ mal im Ausland** I've been abroad before; **~ längst** a long time ago; **~ oft** often **- 3.** [zwar]: **es gefällt mir ~, aber ...** I DO like it, but ...; **ja ~, aber ...** yes of course, but ... **- 4.** [endlich]: **komm ~!** come on!; **nun rede ~!** come on – say something! **- 5.** [zur Beruhigung]: **du machst das ~** don't worry, I'm sure you'll manage it!; **es wird ~ gehen** it will work out all right; **~ gut!, ~ recht!** all right!, OK! **- 6.** [wirklich] really; **das ist ~ möglich** that's quite possible; **ich glaube ~** I think so **- 7.** [allein] just; **~ der Gedanke daran macht mich nervös** just thinking about it makes me nervous **- 8.** [in rhetorischen Fragen]: **was nützt das ~?** what on earth is the use of that?; **was kann sie ~ wollen?** what CAN she want?

schön *adj* **- 1.** [Frau, Kind, Sache] beautiful; [Mann] handsome **- 2.** [angenehm] good; **~es Wochenende!** have a nice weekend!; **das ist ja (alles) ~ und gut, aber ...** that's all very well, but ... **- 3.** [erheblich] considerable; **es ist noch ein ~es Stück** it's still quite a way **- 4. *fam iron*** fine; **das kann ja ~ werden!** what a delightful prospect! **- 5. *RW:*** **~en Dank!** many thanks!, thanks a lot! <> *adv* **- 1.** [gen] well; [gekleidet] beautifully **- 2.** [verstärkend]: **~ langsam** nice and slowly; **sei ~ brav!** be a good boy/girl!

◆ **ganz schön** *adv* ***fam*** really.

◆ **na schön** *interj* ***fam*** all right!

Schöne (*pl* **-n**) *der, die, das:* **die ~** the beauty; **der ~** the handsome man; **das ~** the beautiful; **das ~ daran** the nice thing about it; **da hast du was ~s angerichtet! *fam*** you've gone and done it now!

schonen *vt* **- 1.** [pfleglich behandeln - Kleider, Auto, Möbel] to be careful with, to treat gently **- 2.** [schützen - Augen, Umwelt] to protect **- 3.** [weniger verlangen von] to go easy on; **er schont den Stürmer für das nächste Spiel** he's saving ODER resting the forward for the next game **- 4.** [verschonen] to ask (sb) to be spared.

◆ **sich schonen** *ref* to take it easy.

schonend *adj* gentle <> *adv* gently; **jm etw ~ beibringen** to break sthg to sb gently; **mit jm/etw ~ umgehen** to be gentle with sb/sthg.

schön|färben *vt* to paint a rosy picture of.

Schönfärberei *die* whitewashing.

Schon|frist *die* period of grace.

Schönheit (*pl* **-en**) *die* **- 1.** [gen] beauty **- 2.** [Sehenswürdigkeit] attraction.

Schönheits|fehler *der* blemish.

Schönheits|pflege *die* beauty care.

Schonkost *die* light diet.

schön machen *vt* **- 1.** [hübsch machen]: **etw ~** to make sthg look nice **- 2.** [angenehm machen] to make agreeable; **es sich** *(D)* **~** to make things nice.

◆ **sich schön machen** *ref* to do o.s. up.

Schönschrift *die:* **etw in ~ schreiben** to write sthg neatly.

schöntun *vi (unreg)* ***fam*** to suck up.

Schonung *(pl* **-en)** *die* **- 1.** [Baumschule] young plantation **- 2.** [pflegliche Behandlung] careful ODER gentle treatment; [Schützen] protection; [verschonen] to spare; **jn um ~ bitten** [weniger verlangen von] to ask sb to go easy on one.

schonungslos *adj* ruthless; [Offenheit] brutal ◇ *adv* ruthlessly; [offen] brutally.

Schönwetterperiode *die* spell of fine weather.

Schonzeit *die* close season.

Schopf *(pl* **Schöpfe)** *der* [Haar] shock of hair; **die Gelegenheit beim ~ packen** to grasp the opportunity with both hands.

schöpfen *vt* **- 1.** [auftun] to scoop; [mit Löffel, Kelle] to ladle; **etw aus etw ~** to scoop/ladle sthg out of sthg **- 2.** [Mut, Kraft, Atem] to draw; **Verdacht ~** to become suspicious; **frische Luft ~** to get a breath of fresh air.

Schöpfer *(pl* **-)** *der* **- 1.** [Gott] Creator **- 2.** [Gestalter] creator.

Schöpferin *(pl* **-nen)** *die* creator.

schöpferisch *adj* creative ◇ *adv* creatively; **~ veranlagt sein** to have creative tendencies.

Schöpfkelle *die* ladle.

Schöpflöffel *der* ladle.

Schöpfung *(pl* **-en)** *die* **- 1.** [Welterschaffung] Creation **- 2.** ***geh*** [Werk] creation.

Schoppen *(pl* **-)** *der* glass *(holding 1/4 or 1/2 litre of wine).*

schor *prät* ▷ **scheren.**

Schorf *der (ohne pl)* scab.

Schorle *(pl* **-n)** *die* [mit Wein] spritzer; [mit Apfelsaft] *apple juice with mineral water.*

Schornstein *der* chimney.

Schornsteinfeger, in *(mpl* **-;** *fpl* **-nen)** *der, die* chimney sweep.

schoss *prät* ▷ **schießen.**

Schoß *(pl* **Schöße)** *der* **- 1.** [Körperteil] lap; **auf js ~ sitzen** to sit on sb's lap; **das schauspielerische Können ist ihr in den ~ gefallen** acting comes easily to her; **der Erfolg ist mir nicht in den ~ gefallen** success wasn't handed to me on a plate **- 2.** ***geh*** [Schutz] bosom **- 3.** ***geh*** [Mutterleib] womb **- 4.** [von Jacke] tail.

Schoßhund *der* lapdog.

Schote *(pl* **-n)** *die* **- 1.** [Frucht] pod **- 2.** ***fam*** [erfundene Geschichte] tale.

Schotte *(pl* **-n)** *der* Scotsman, Scot.

Schottenrock *der* kilt.

Schotter *der* gravel.

Schotterstraße *die* gravel road.

Schottin *(pl* **-nen)** *die* Scotswoman, Scot.

schottisch *adj* Scottish.

Schottland *nt* Scotland.

schraffieren *vt* to hatch.

schräg *adj* **- 1.** [schief] sloping; [Linie] diagonal **- 2.** ***fam*** [eigenartig] offbeat **- 3.** ***fam*** [falsch] dodgy ◇ *adv* **- 1.** [schief] at an angle; [diagonal] diagonally; **~ gegenüber** diagonally opposite; **etw ~ halten** to tilt sthg; **jn ~ ansehen** ***fam*** to look askance at sb **- 2.** ***fam*** [falsch]: **das klingt ~** that sounds dodgy.

Schräge *(pl* **-n)** *die* slope; [Wand] sloping ceiling.

Schrägschrift *die* TYPO italics *(pl).*

Schrägstrich *der* forward slash.

Schramme *(pl* **-n)** *die* scratch.

Schrank *(pl* **Schränke)** *der* [für Geschirr, Vorräte] cupboard; [für Kleider] wardrobe ***Br,*** closet ***Am;*** [für Bücher] bookcase.

Schranke *(pl* **-n)** *die* barrier.

◆ **Schranken** *pl* [Grenzen] limits; **deiner Fantasie sind keine ~n gesetzt** your imagination has free rein; **jn in die ~n weisen** to put sb in his/her place.

schrankenlos *adj* [Freiheit] boundless.

schrankfertig *adj* washed and ironed.

Schrankwand *die* wall unit.

Schraube *(pl* **-n)** *die* **- 1.** [zum Befestigen] screw; [ohne Spitze] bolt; **bei ihm ist eine ~ locker** ***salopp fig*** he's got a screw loose **- 2.** SPORT twist.

schrauben *vt:* **etw (auf/in etw** *(A)***) ~** to screw sthg (onto/into sthg); **etw an etw** *(A)* **~** to screw sthg to sthg; **etw aus** ODER **von etw ~** to unscrew sthg from sthg; **den Deckel von der Flasche ~** to screw the lid off the bottle; **etw nach oben/unten ~** ***fig*** to raise/lower sthg.

◆ **sich schrauben** *ref* [sich bewegen] to spiral.

Schraubenmutter *die* nut.

Schraubenschlüssel *der* spanner ***Br,*** wrench ***Am.***

Schraubenzieher *(pl* **-)** *der* screwdriver.

Schraubstock *der* vice.

Schraubverschluss *der* screw top.

Schraubzwinge *(pl* **-n)** *die* screw clamp.

Schrebergarten *der* ≈ allotment.

Schreck *der* fright; **vor ~** in fear ODER fright; **einen ~ kriegen** ***fam*** to get a fright; **jm einen ~ einjagen** to give sb a fright; **mit dem ~ davonkommen** to escape with no more than a fright; **ach du ~!** oh my goodness!

Schrecken *(pl* **-)** *der* terror; **die ~ des Krieges** the horrors of war; **er ist der ~ der Nachbar-**

schaft he's the terror of the neighbourhood.

Schreck|gespenst *das* spectre.

schreckhaft *adj* easily scared.

schrecklich *adj* terrible <> *adv* terribly.

Schreckschuss|pistole *die* blank gun.

Schreck|sekunde *die* moment of terror.

Schredder, Shredder (*pl* -) *der* shredder.

schreddern *vt* to shred.

Schrei (*pl* **-e**) *der* shout; [von Tier, Baby] cry; [aus Angst, vor Schmerz, Lust] scream; **der letzte ~** *fam fig* the latest thing.

Schreib|arbeit *die* clerical work *(U)*.

schreiben (*prät* **schrieb;** *perf* **hat geschrieben**) *vt* - **1.** [gen] to write; [mit Schreibmaschine] to type - **2.** [orthografisch] to spell; **wie schreibt man das?** how do you spell that?, how's that spelt? - **3.** [Klassenarbeit, Test] to do - **4.** [Rechnung] to make out; **die Firma schreibt rote Zahlen** the company is in the red <> *vi* - **1.** [gen] to write; **an jn ~** to write to sb; **an etw** *(D)* **~** to be writing sthg - **2.** [tippen] to type; *siehe auch* **großschreiben, kleinschreiben, krankschreiben.**
◆ **sich schreiben** *ref* - **1.** [korrespondieren] to correspond - **2.** [sich buchstabieren] to be spelt - **3.** [aufschreiben]: **mit diesem Kugelschreiber schreibt es sich gut** this biro writes well.

Schreiben (*pl* -) *das* letter.

Schreiber, in (*mpl* **-;** *fpl* **-nen**) *der, die* writer.

schreibfaul *adj* lazy about writing letters.

Schreib|kraft *die* clerical assistant; [Stenotypistin] shorthand typist.

Schreib|maschine *die* typewriter.

Schreib|schrift *die* cursive script.

Schreib|tisch *der* desk.

Schreibtisch|lampe *die* desk lamp.

Schreibung (*pl* **-en**) *die* spelling.

Schreib|unterlage *die* [auf Schreibtisch] desk pad.

Schreib|waren *pl* stationery *(U)*.

Schreibwaren|geschäft *das* stationery shop.

Schreib|weise *die* - **1.** [Schreibung] spelling - **2.** [Ausdrucksweise] style.

Schreib|zeug *das* writing things *(pl)*.

schreien (*prät* **schrie;** *perf* **hat geschrie(e)n**) *vi* [gen] to shout; [Tier, Baby] to cry; [aus Angst, vor Schmerz, Lust] to scream; **vor Schmerz ~** to scream with pain; **schrei nicht so!** stop shouting!; **nach etw ~** *eigtl* & *fig* to cry out for sthg.

Schreien *das* crying; [gellend] screaming; [Brüllen] shouting; **zum ~ sein** *fam* to be a scream.

schreiend *adj* - **1.** [Farben] garish - **2.** [Unrecht] flagrant.

Schrei|hals *der* *fam* bawler.

Schreiner, in (*mpl* **-;** *fpl* **-nen**) *der, die* joiner.

schreiten (*prät* **schritt;** *perf* **ist geschritten**) *vi* *geh* to stride; **zu etw ~** *fig* to get down to sthg.

schrie *prät* ▻ **schreien.**

schrieb *prät* ▻ **schreiben.**

Schrift (*pl* **-en**) *die* - **1.** [Handschrift] handwriting *(U)* - **2.** [das Geschriebene] writing *(U)* - **3.** [Alphabet] script - **4.** TYPO type.
◆ **Schriften** *pl* texts; [kurze Abhandlungen] papers; [Werke] works.

schriftlich *adj* written <> *adv* in writing; **jm etw ~ geben** *fam* to give sb sthg in writing.

Schrift|sprache *die* written language.

Schriftsteller, in (*mpl* **-;** *fpl* **-nen**) *der, die* writer.

schriftstellerisch *adj* literary, as a writer.

Schrift|verkehr *der* correspondence.

Schrift|zug *der* - **1.** [Logo] logo - **2.** [von Unterschrift] flourish.

schrill *adj* shrill.

schrillen *vi* to shrill.

Schrimp, Shrimp [ʃrɪmp] (*pl* **-s**) *der* shrimp.

Schritt (*pl* **-e**) *der* - **1.** [gen] step; **er ist mir immer einen ~ voraus** he's always a step ahead of me; **jn am ~ erkennen** to recognize sb's step - **2.** [von Hose] crotch - **3.** [zur Angabe der Entfernung] pace; **drei ~e von mir entfernt** three paces away from me - **4.** [Gangart] walk; **im ~ reiten** to ride at a walk - **5.** *RW:* **~ für ~** step by step; **auf ~ und Tritt** wherever one goes; **den ersten ~ tun** to take the first step; **mit jm/etw ~ halten** to keep up with sb/sthg.

Schrittempo = **Schritttempo.**

Schritt|macher (*pl* -) *der* - **1.** [Vorreiter] pacesetter - **2.** [im Sport] pacemaker.

Schritttempo *das:* **(im) ~ fahren** to go dead slow.

schrittweise *adv* gradually.

schroff *adj* - **1.** [Verhalten, Antwort, Wechsel] abrupt - **2.** [Felsen, Abhang] sheer - **3.** [Gegensatz] stark <> *adv* [abweisen, antworten] abruptly.

schröpfen *vt fam* [ausnehmen] to rip off.

Schrot *der* ODER *das* - **1.** [Munition] shot - **2.** [Getreide] meal; [von Weizen] wholemeal *Br*, wholewheat *Am* - **3.** *RW:* **er ist ein Handwerker von echtem ~ und Korn** he is a true craftsman.

Schrott *der* - **1.** [altes Metall] scrap metal; **etw zu ~ fahren** to write sthg off - **2.** *fam* [Plunder] junk - **3.** *fam* [Blödsinn] rubbish.

Schrott|platz *der* scrapyard *Br*, junkyard *Am*.

schrottreif *adj* fit for the scrapheap <> *adv:* **ein Auto ~ fahren** to write off a car.

schrubben *vt* to scrub.
◆ **sich schrubben** *ref fam* to scrub o.s.

Schrubber (*pl* -) *der* hard-bristled broom *(for scrubbing floors).*

schrumpelig, schrumplig *adj* [Haut] wrinkled; [Apfel] shrivelled.

schrumpfen (*perf* **ist geschrumpft**) *vi* to shrink.

schrumplig = **schrumpelig.**

Schub (*pl* **Schübe**) *der* - **1.** [Kraft] thrust - **2.** [Anfall] bout - **3.** [Ladung, Menschengruppe] batch.

Schub|fach *das* drawer.

Schub|karre *die,* **Schubkarren** *der* wheelbarrow.

Schub|kraft *die* thrust.

Schub|lade (*pl* **-n**) *die* drawer; **jn in eine ~ stecken** ***fam fig*** to pigeonhole sb.

Schubs (*pl* **-e**) *der* push; **jm/etw einen ~ geben** to give sb/sthg a push.

schubsen *vt* to push.

schubweise *adv* [in Gruppen] in batches; **das Fieber tritt ~ auf** the fever comes in waves.

schüchtern *adj* [Person, Blick] shy; [Versuch, Frage] timid <> *adv* [lächeln, schauen] shyly; [sich benehmen, fragen] timidly.

Schüchternheit *die* shyness.

schuf *prät* ▷ **schaffen.**

Schuft (*pl* **-e**) *der* ***abw*** scoundrel.

schuften *vi* ***fam*** to slave away.

Schuh (*pl* **-e**) *der* shoe; **das sind zwei Paar ~e** ***fam fig*** those are two different things; **wissen, wo jn der ~ drückt** ***fig*** to know what's bothering sb; **jm etw in die ~e schieben** ***fig*** to pin the blame for sthg on sb.

Schuh|bürste *die* shoebrush.

Schuh|creme, Schuhkrem *die* shoe polish.

Schuh|geschäft *das* shoe shop.

Schuh|größe *die* shoe size.

Schuh|karton *der* shoebox.

Schuh|löffel *der* shoehorn.

Schuh|macher, in (*mpl* **-;** *fpl* **-nen**) *der, die* cobbler, shoemaker.

Schuh|putzer (*pl* -) *der* - **1.** [Mensch] bootblack - **2.** [Gerät] shoe-cleaning machine.

Schuh|putzerin (*pl* **-nen**) *die* bootblack.

Schuh|sohle *die* sole.

Schuh|spanner *der* shoetree.

Schuh|werk *das* footwear; **festes ~** stout footwear.

Schul|abgänger, in (*mpl* **-;** *fpl* **-nen**) *der, die* school-leaver.

Schulab|schluss *der* school-leaving qualification.

Schul|amt *das* education authority.

Schul|anfang *der* - **1.** [Einschulung] first day of school - **2.** [nach den Ferien] beginning of term.

Schul|anfänger, in *der, die* child starting school.

Schul|aufgabe *die* homework *(U).*

Schul|bank (*pl* **-bänke**) *die* (school) desk; **die ~ drücken** ***fam fig*** to go to school.

Schulbei|spiel *das* classic example.

Schul|besuch *der* school attendance.

Schul|bildung *die* school education, schooling.

Schul|buch *das* schoolbook.

Schul|bus *der* school bus.

schuld *adj:* **an etw** *(D)* **~ sein** to be to blame for sthg; **er ist ~ daran** it's his fault.

Schuld (*pl* **-en**) *die* - **1.** [Verantwortung, Ursache] blame; **es war seine ~** it was his fault; **an etw ~ haben** to be to blame for sthg; **jm (an etw** *(D)***) ~ geben** to blame sb (for sthg); *siehe auch* **zuschulden** - **2.** [Unrecht] guilt; **sich** *(D)* **keiner ~ bewusst sein** to be unaware of having done anything wrong.
◆ **Schulden** *pl* debts; **~en haben** to be in debt; **40 Milliarden Mark ~en haben** to have debts of 40 billion marks; **~en machen** to run up debts.

Schuldbe|kenntnis *das* confession.

schuldbewusst *adj* guilty <> *adv* guiltily.

schulden *vt:* **jm etw ~** to owe sb sthg.

Schulden|berg *der* mountain of debt.

schuldenfrei *adj* free of debt; **unser Haus ist ~** we've paid off the mortgage on our house.

Schuld|frage *die* question of guilt.

Schuld|gefühl *das* feeling of guilt.

schuldig *adj* - **1.** [verantwortlich] guilty; **an etw** *(D)* **~ sein** to be to blame for sthg; **einer Sache** *(G)* **~ sein** ***geh*** to be guilty of sthg - **2.** [nicht bezahlt] due; **jm etw ~ sein** ODER **bleiben** to owe sb sthg <> *adv:* **sich ~ bekennen** to admit one's guilt; **sich ~ machen** to be guilty; **jn ~ sprechen** to find sb guilty.

Schuldige (*pl* **-n**) *der, die* guilty party; **der ~ an dem Raub** the person responsible for the robbery.

schuldlos *adj* innocent <> *adv* innocently.

Schuldner, in (*mpl* **-;** *fpl* **-nen**) *der, die* debtor.

Schuld|schein *der* IOU.

schuldunfähig *adj* not responsible for one's actions.

Schule (*pl* **-n**) *die* school; **in der ~** at school; **zur** *ODER* **in die ~ gehen** to go to school; **in die ~ kommen** to start school; **(keine) ~ haben** (not) to have to go to school; **~ machen** *fig* to set a precedent.

schulen *vt* to train.
◆ **sich schulen** *ref* to educate o.s.; **sich in etw** *(D)* **~** to teach o.s. sthg.

Schulenglisch *das* school-level English.

Schüler (*pl* **-**) *der* pupil.

Schüleraustausch *der* (school) exchange.

Schüler|ausweis *der pupil's ID card entitling them to concessions etc.*

Schülerin (*pl* **-nen**) *die* pupil.

Schüler|karte *die* school season ticket.

Schüler|zeitung *die* school magazine.

Schul|ferien *pl* school holidays.

Schul|französisch *das* school-level French.

schulfrei *adj*: **morgen ist ~** there's no school tomorrow; **~ haben** to be off school.

Schul|freund, in *der, die* school friend.

Schul|heft *das* exercise book.

Schul|hof *der* school playground.

schulisch *adj* & *adv* at school.

Schul|jahr *das* **- 1.** [Jahr] school year **- 2.** [Klasse] year.

Schul|kamerad, in *der, die* schoolmate.

Schul|kind *das* schoolchild.

Schul|klasse *die* class.

Schul|leiter, in *der, die* headmaster (*f* headmistress) *Br*, principal *Am*.

Schul|pflicht *die* compulsory education; **alle Kinder unter 15 Jahren unterliegen der ~** it is compulsory for all children under the age of 15 to attend school.

schulpflichtig *adj* required to attend school; **im ~en Alter** of school age.

Schul|rat *der* schools inspector.

Schul|rätin (*pl* **-nen**) *die* schools inspector.

Schul|schiff *das* training ship.

Schul|schluss *der*: **nach ~** after school; **um zwei Uhr ist ~** school finishes at two o'clock.

Schul|stunde *die* period.

Schul|system *das* school system.

Schul|tag *der* school day; **der erste/letzte ~** the first/last day of school.

Schul|tasche *die* schoolbag.

Schulter (*pl* **-n**) *die* shoulder; **jm auf die ~ klopfen** to pat sb on the back; **etw auf die leichte ~ nehmen** to make light of sthg.

Schulter|blatt *das* shoulder blade.

schulterfrei *adj* [Abendkleid] off-the-shoulder; [BH] strapless ◇ *adv* off the shoulder.

schultern *vt* [Sack, Gepäck] to shoulder; [einen Verletzten] to put over one's shoulder.

Schulung (*pl* **-en**) *die* **- 1.** [gen] training **- 2.** [Lehrveranstaltung] training course.

Schul|weg *der* way to school.

Schul|wesen *das* school system.

Schul|zeit *die* schooldays (*pl*).

Schul|zeugnis *das* school report.

schummeln *vi* to cheat.

schummerig, schummrig *adj* [Licht, Beleuchtung] dim; [Ort] dimly lit.

Schund *der* **abw** trash.

schunkeln (*perf* **hat geschunkelt**) *vi* **- 1.** [sich wiegen] to link arms and sway in time to the music **- 2.** [Schiff] to rock.

Schuppe (*pl* **-n**) *die* **- 1.** [von Fischen] scale **- 2.** [Hautstück] flake **- 3.** [Kopfschuppe] dandruff (*U*).

schuppen *vt* to scale.
◆ **sich schuppen** *ref* to flake.

schüren *vt* **- 1.** [Feuer] to poke **- 2.** [Hass, Unzufriedenheit] to stir up.

schürfen *vi* **- 1.** [schleifen] to scrape **- 2.** [suchen]: **nach Gold ~** to prospect for gold ◇ *vt*: **sich** *(D)* **das Knie ~** to graze one's knee.

Schürf|wunde *die* graze.

Schurke (*pl* **-n**) *der* **abw** villain.

Schurwolle *die*: **reine ~** pure new wool.

Schürze (*pl* **-n**) *die* apron.

Schuss (*pl* **Schüsse**) *der* **- 1.** [mit Schusswaffe, beim Fußball] shot; **ein ~ auf jn/etw abgeben** to fire a shot at sb/sthg **- 2.** [ein wenig] dash; **ein ~ Whisky** a dash of whisky **- 3.** [beim Skifahren]: **~ fahren** to schuss **- 4.** *RW*: **weit (ab) vom ~** *fam* off the beaten track; **gut in ~ sein** *fam* to be in good shape.

Schüssel (*pl* **-n**) *die* bowl.

schusselig *adj* *fam* scatterbrained.

Schuss|linie *die*: **in js ~ geraten** to get into sb's line of fire; *fig* to come under fire from sb.

Schuss|waffe *die* firearm.

Schuss|wechsel *der* exchange of fire.

Schuss|wunde *die* bullet wound.

Schuster, in (*mpl* **-**; *fpl* **-nen**) *der, die* shoemaker.

Schutt *der* rubble; '**~ abladen verboten!**' 'no dumping'; **in ~ und Asche liegen** to be reduced to rubble.

Schuttablade|platz *der* rubbish *Br* *ODER* garbage *Am* dump.

Schüttelfrost *der*: **~ haben** to be shivering.

schütteln *vt* to shake; **den Kopf ~** to shake one's head; '**vor Gebrauch ~**' 'shake before use'; **es schüttelte ihn bei dem Gedanken** the thought made him shudder.
◆ **sich schütteln** *ref* to shake o.s.; **sich vor etw** *(D)* **~** [Lachen, Kälte] to shake with sthg; [Ekel, Entsetzen] to be filled with sthg.

Schüttel|reim *der rhyming couplet in which the initial consonants of the final rhyming words or syllables are exchanged for humorous effect.*

schütten *vt* [Flüssigkeit] to pour; [Mehl, Kartoffeln] to tip ◇ *vi:* **es schüttet** ***fam*** it's pouring (down).

Schutz *der* protection; **jn in ~ nehmen** to stand up for sb; **(vor jm/etw) ~ suchen** to take refuge (from sb/sthg).

Schutzan|strich *der* protective coating.

Schutzan|zug *der* protective clothing *(U)*.

Schutz|behauptung *die* lie to cover o.s.

Schutz|blech *das* mudguard.

Schutz|brief *der* travel insurance certificate.

Schutz|brille *die* (safety) goggles *(pl)*.

Schütze *(pl* **-n***) der* **- 1.** ASTROL Sagittarius; **~ sein** to be a Sagittarius **- 2.** [Sportschütze] marksman **- 3.** [Schützenbruder] *member of a "Schützenverein" that holds a traditional annual contest involving shooting a wooden bird off a pole* **- 4.** [bei Ballsport] scorer **- 5.** [Soldat] private.

schützen *vt:* **jn/etw (vor jm/etw) ~** to protect sb/sthg (from sb/sthg); **gesetzlich geschützt** registered (as a trademark).
◆ **sich schützen** *ref:* **sich gegen etw** *ODER* **vor etw** *(D)* **~** to protect o.s. against sthg *ODER* from sthg.

Schützen|fest *das shooting festival.*

SCHÜTZENFEST

> This popular fair is still held in rural areas. The main attraction is a shooting competition organized by the local shooting club. The winner is nominated the "Schützenkönig" ("king of the marksmen").

Schützen|graben *der* trench.

Schützen|hilfe *die:* **jm ~ geben** *ODER* **leisten** ***fam*** to support sb.

Schutz|gebiet *das* **- 1.** [Naturschutzgebiet] protected area **- 2.** [Kolonie] protectorate.

Schutz|gebühr *die* token fee.

Schutz|gitter *das* protective grille.

Schutz|helm *der* [für Motorradfahrer] crash helmet; [für Bauarbeiter] safety helmet.

Schutz|hülle *die* protective cover; [für Buch] dust jacket.

Schutz|hütte *die* shelter.

Schutz|impfung *die* vaccination.

Schützin *(pl* **-nen***) die* [Sportschützin] markswoman.

Schützling *(pl* **-e***) der* [Kind in Obhut] charge; [Protegé] protégé *(f* protégée).

schutzlos *adj* defenceless ◇ *adv:* **jm ~ ausgeliefert sein** to be completely at sb's mercy.

Schutz|maßnahme *die* precaution.

Schutz|patron, in *der, die* patron saint.

Schutz|polizei *die (ohne pl)* police *(pl)*.

schutzsuchend *adj* seeking protection.

Schutzum|schlag *der* dust jacket.

schwabbelig *adj* [Körperteil] flabby; [Pudding] wobbly.

Schwabe *(pl* **-n***) der* Swabian.

Schwaben *nt* Swabia.

Schwäbin *(pl* **-nen***) die* Swabian.

Schwabing *nt artists' quarter in Munich.*

schwäbisch *adj* Swabian.

Schwäbische Alb *die:* **die ~** the Swabian Jura.

schwach *(kompar* **schwächer;** *superl* **schwächste***) adj* **- 1.** [gen] weak; **bei Kuchen werde ich immer ~** I have no willpower when it comes to cakes **- 2.** [Konstitution] delicate **- 3.** [leicht - Brise, Wärme, Ahnung, Gefühl] faint; [- Druck] light; [- Versuch, Entschuldigung] feeble **- 4.** [Selbstbewusstsein] low **- 5.** [Film, Leistung, Schüler] weak, poor; [Gehör, Gedächtnis] poor; **ein ~er Trost sein** to be cold comfort **- 6.** [Beteiligung] poor ◇ *adv* **- 1.** [eingeschränkt, schlecht, wenig] poorly **- 2.** [leicht - wehen, strahlen, sich erinnern] faintly; [- drücken] lightly; [- protestieren] feebly **- 3.** GRAM: **das Verb wird ~ konjugiert** it is a weak verb.

Schwäche *(pl* **-n***) die* **- 1.** [gen] weakness; **eine ~ für jn/etw haben** to have a weakness for sb/sthg **- 2.** [von Geräusch] faintness **- 3.** [von Druck] lightness.

Schwächean|fall *der* sudden feeling of weakness.

schwächen *vt* to weaken.

Schwach|kopf *der* ***fam abw*** dummy.

schwächlich *adj* delicate.

Schwächling *(pl* **-e***) der* ***abw*** weakling.

Schwachsinn *der* **- 1.** ***fam*** [Unsinn] nonsense **- 2.** MED mental deficiency.

schwachsinnig *adj* **- 1.** ***fam*** [unsinnig] stupid, ridiculous **- 2.** MED mentally deficient ◇ *adv* ***fam*** stupidly.

Schwach|stelle *die* weak point, weakness.

Schwachstrom *der* low-voltage current.

Schwächung *(pl* **-en***) die* weakening.

Schwaden *pl* clouds.

schwafeln ***fam abw*** *vi* to talk drivel <> *vt* to drivel on about.

Schwager (*pl* **Schwäger**) *der* brother-in-law.

Schwägerin (*pl* **-nen**) *die* sister-in-law.

Schwalbe (*pl* **-n**) *die* swallow.

schwamm *prät* ▷ **schwimmen.**

Schwamm (*pl* **Schwämme**) *der* **- 1.** [Tier, Haushaltsschwamm] sponge; **~ drüber!** let's forget it! **- 2.** [Schimmel] dry rot.

schwammig *adj* **- 1.** [Definition, Worte] woolly; [Kontur] vague, blurred **- 2.** [Gesicht] pasty **- 3.** [Material] spongy <> *adv* [unklar] vaguely.

Schwamm|tuch *das* sponge cloth.

Schwan (*pl* **Schwäne**) *der* swan.

schwand *prät abk für* **schwinden.**

schwanen *vt:* **ihm schwante Fürchterliches** he sensed that something awful was going to happen.

schwang *prät* ▷ **schwingen.**

schwanger *adj* pregnant; **~ werden** to get pregnant; **im dritten Monat ~ sein** to be in the third month of pregnancy.

Schwangere (*pl* **-n**) *die* pregnant woman.

schwängern *vt* to make pregnant; **von etw geschwängert sein** ***geh*** to be heavy with sthg.

Schwangerschaft (*pl* **-en**) *die* pregnancy.

Schwangerschaftsab|bruch *der* abortion, termination.

Schwank (*pl* **Schwänke**) *der* **- 1.** [Anekdote] funny story **- 2.** [Theaterstück] farce.

schwanken (*perf* **hat/ist geschwankt**) *vi* **- 1.** *(ist)* [sich schwankend bewegen] to sway **- 2.** *(hat)* [unentschlossen sein] to waver **- 3.** *(hat)* [instabil sein] to fluctuate.

Schwankung (*pl* **-en**) *die* fluctuation.

Schwanz (*pl* **Schwänze**) *der* **- 1.** [von Tieren] tail; **den ~ einziehen** ***fam fig*** to back down **- 2.** ***vulg*** [männliches Glied] dick **- 3.** ***fam*** [Serie] series.

schwänzen *vi* ***fam*** to skive ***Br***, to play hookey ***Am*** <> *vt* [Unterricht, Stunde] to skip; **die Schule ~** to skive off ***Br*** ODER play hookey ***Am*** from school.

schwappen (*perf* **hat/ist geschwappt**) *vi* **- 1.** *(ist)* [überlaufen] to spill **- 2.** *(hat)* [sich bewegen] to slosh <> *vt (hat)* to splash.

Schwarm (*pl* **Schwärme**) *der* **- 1.** [von Kindern, Bienen] swarm; [von Fischen] shoal; [von Vögeln] flock **- 2.** ***fam*** [Idol] heartthrob.

schwärmen (*perf* **hat/ist geschwärmt**) *vi* **- 1.** *(hat)* [begeistert sein]: **für jn/etw ~** to be mad about sb/sthg **- 2.** *(hat)* [erzählen]: **von jm/etw ~** to rave about sb/sthg **- 3.** *(ist)* [im Schwarm fliegen] to swarm.

Schwärmer, in (*mpl* **-;** *fpl* **-nen**) *der, die* dreamer.

schwärmerisch *adj* [Blick, Stimme] rapturous; [Mensch] effusive <> *adv* [blicken, reden] rapturously.

Schwarte (*pl* **-n**) *die* **- 1.** [von Speck] rind; [von Schweinebraten] crackling *(U)* **- 2.** ***fam abw*** [Buch] tome.

schwarz (*kompar* **schwärzer;** *superl* **schwärzeste**) *adj* **- 1.** [gen] black **- 2.** POL pro-CDU/CSU **- 3.** [Geschäfte] illicit <> *adv:* **der Stift schreibt ~** the pen writes in black; **~ auf weiß** ***fig*** in black and white; *siehe auch* **schwarz sehen.**

Schwarz *das* black.

Schwarzafrika *nt* Black Africa.

Schwarzarbeit *die* work on the black market; [als Nebentätigkeit] moonlighting.

Schwarz|brot *das* black bread.

Schwarze (*pl* **-n**) *der, die* black person <> *das (ohne pl)* black; **das kleine ~** the little black number ODER dress; **ins ~ treffen** to hit the bull's-eye.

Schwärze *die* blackness.

Schwarze Markt *der* black market.

Schwarze Meer *das* Black Sea.

schwärzen *vt* to blacken.

Schwarze Peter *der* ≃ old maid; **jm den Schwarzen Peter zuschieben** ***fig*** to blame sb.

schwarz|fahren (*perf* **ist schwarzgefahren**) *vi (unreg)* to travel without a ticket.

Schwarz|fahrer, in *der, die* fare dodger.

Schwarz|händler, in *der, die* black marketeer.

schwärzlich *adj* blackish.

Schwarz|markt *der* black market.

schwarz sehen *vi (unreg):* **(für jn/etw) ~** to be pessimistic (about sb/sthg).

Schwarzwald *der* Black Forest.

Schwarzwälder Kirschtorte *die* Black Forest gâteau.

schwarzweiß *adj* black and white <> *adv* in black and white.

Schwarzweiß|film *der* black and white film.

Schwatz (*pl* **-e**) *der* ***fam*** chat; **einen ~ halten** ***fam*** to have a chat.

schwatzen, schwätzen *vi* **- 1.** [sich unterhalten] to chat **- 2.** [in der Schule] to talk <> *vt* ***abw:*** **dummes Zeug ~** to talk rubbish.

Schwätzer, in (*mpl* **-;** *fpl* **-nen**) *der, die* ***abw:*** **ein ~ sein** to talk a load of nonsense.

schwatzhaft *adj* ***abw:*** **ein ~er Mensch** a person who can't keep their mouth shut.

Schwebe *die:* **in der ~** in the balance.

Schwebelbahn *die* overhead monorail.

Schwebelbalken *der* SPORT beam.

schweben *vi* - **1.** [fliegen, in Wasser] to float; [Vögel] to hover; [Staubteilchen] to hang - **2.** [unentschieden sein] to hover; **die Zukunft des Unternehmens schwebt noch im Ungewissen** the company's future is still in the balance - **3.** [Duft, Verdacht] to hang.

Schweblstoff *der* CHEM particles *(pl)* in suspension.

Schwede (*pl* **-n**) *der* Swede.

Schweden *nt* Sweden.

Schwedin (*pl* **-nen**) *die* Swede.

schwedisch *adj* Swedish.

Schwedisch(e) *das* Swedish; *siehe auch* **Englisch(e).**

Schwefel *der* sulphur.

schwefeln *vt* to sulphurize.

Schwefellsäure *die* sulphuric acid.

Schwefelwasserstoff *der* hydrogen sulphide.

Schweif (*pl* **-e**) *der* tail.

schweifen (*perf* **ist geschweift**) *vi* ***geh*** to roam.

Schweigelminute *die* minute's silence.

schweigen (*prät* **schwieg;** *perf* **hat geschwiegen**) *vi* to be silent; **wenn du ~ kannst, verrate ich dir etwas** if you can keep a secret, I'll tell you something; **über etw** *(A)* **~** to keep silent about sthg; **von jm/etw ganz zu ~** to say nothing of sb/sthg.

Schweigen *das* silence; **jn zum ~ bringen** to silence sb; **das ~ brechen** to break the silence; **sich in ~ hüllen** to keep silent.

schweigend *adj* silent <> *adv* silently, in silence.

Schweigepflicht *die* professional duty to maintain confidentiality.

schweigsam *adj* taciturn; **du bist heute ~** you're rather quiet today.

Schwein (*pl* **-e**) *das* - **1.** [Tier] pig - **2.** [Schweinefleisch] pork - **3.** ***salopp abw*** [Mensch] bastard - **4.** ***RW:*** **armes ~** ***salopp*** poor bastard; **kein ~** ***salopp*** not a damn soul; **~ haben** ***fam*** to be jammy.

Schweinelbraten *der* roast pork.

Schweinelfleisch *das* pork.

Schweinelhund *der* ***salopp*** bastard; **den inneren ~ überwinden** ***fig*** to overcome one's reluctance.

Schweinerei (*pl* **-en**) *die* ***fam*** - **1.** [schlimme Sache] goddamn scandal; **das neue Abtreibungsgesetz ist eine ~!** the new law on abortion is bloody ***Br*** ODER goddamn ***Am*** disgraceful! - **2.** [Schmutz] mess - **3.** [Unanständiges]: **~en** filth *(U).*

Schweinelstall *der* ***eigtl*** & ***fig*** pigsty ***Br,*** pigpen ***Am.***

Schweiß *der* sweat; **ihr brach der ~ aus** she broke out in a sweat.

schweißen *vt* & *vi* to weld.

schweißgebadet *adj* & *adv* bathed in sweat.

schweißtreibend *adj* - **1.** [schweißbildend] sudorific - **2.** [Arbeit] sweaty.

Schweißltropfen *der* drop of sweat.

Schweiz *die:* **die ~** Switzerland.

Schweizer (*pl* **-**) *der* & *adj (unver)* Swiss.

Schweizerdeutsch *das* Swiss German; *siehe auch* **Englisch(e).**

Schweizerin (*pl* **-nen**) *die* Swiss.

schweizerisch *adj* Swiss.

Schweizerische Eidgenossenschaft *die:* **die ~** the Swiss Confederation.

Schweizer Käse (*pl* **-**) *der* Swiss cheese.

Schwellbrand *der* smouldering fire.

schwelen *vi* - **1.** [Rauch entwickeln] to smoulder - **2.** ***geh*** [verborgen sein]: **in ihm schwelt die Eifersucht** he is smouldering with jealousy.

schwelgen *vi* ***geh:*** **in etw** *(D)* **~** to revel in sthg.

Schwelle (*pl* **-n**) *die* - **1.** [Türschwelle] threshold; **an der ~ einer Sache** *(D)* ***fig*** on the threshold of sthg; **an der ~ des Todes** at death's door - **2.** [der Eisenbahn] sleeper ***Br,*** tie ***Am.***

schwellen (*präs* **schwillt;** *prät* **schwoll;** *perf* **ist geschwollen**) *vi* to swell.

Schwellung (*pl* **-en**) *die* swelling.

schwemmen *vt:* **die Algen wurden an Land geschwemmt** the seaweed was washed ashore.

schwenken *vt* - **1.** [Kran] to swing; [Kamera] to pan - **2.** [Fahne] to wave - **3.** KÜCHE to toss.

schwer *adj* - **1.** [Gewicht] heavy; **wie ~ bist du/ist der Koffer?** how heavy are you/is the suitcase?; **zehn Kilo ~ sein** to weigh 10 kilos - **2.** [schwierig] difficult; [beschwerlich] hard; **wir hatten einen ~en Tag** we had a hard day; **es ~ haben mit ...** to have a hard time with ... - **3.** [schlimm - Krankheit, Schaden, Unfall] serious; [- Enttäuschung] huge, great; **es war ein ~er Schlag für ihn** it was a heavy blow for him - **4.** [stark - Geschmack, Geruch] strong; [- Mahlzeit, Sturm] heavy <> *adv* - **1.** [an Gewicht] heavily - **2.** [unter Mühen]: **~ atmen** to breathe with difficulty; **~ hören** to be hard of hearing - **3.** [arbeiten] hard - **4.** [schwerlich] hardly; **das ist nur ~ möglich** it's very unlikely - **5.** [schlimm - verletzt, krank] seriously; [- bestrafen] severely; **er**

ist ~ gestürzt he had a nasty fall - **6.** *fam* [sehr] really; **er ist ~ in Ordnung** he's all right.

Schwerarbeit *die* heavy work.

schwerbehindert, schwer behindert *adj* severely disabled.

Schwer|behinderte *der, die* severely disabled person.

schwer beladen *adj* heavily laden <> *adv:* **~ fahren** to drive with a heavy load.

schwerbeschädigt *adj* **amt** [behindert] severely disabled.

schwer beschädigt *adj* [beschädigt] badly damaged <> *adv* in a badly damaged state.

schwer bewaffnet *adj* heavily armed.

Schwere *die* - **1.** [gen] heaviness - **2.** [von Krankheit, Schaden, Unfall] seriousness; [von Enttäuschung] enormity - **3.** [Schwierigkeitsgrad] difficulty <> *das:* **~s durchmachen** to have a difficult time (of it).

schwerelos *adj* weightless <> *adv* weightlessly.

schwer erziehbar *adj* difficult.

schwer fallen (*perf* **ist schwer gefallen**) *vi (unreg):* **es fiel ihm schwer, Abschied zu nehmen** he found it difficult to say goodbye.

schwerfällig *adj* ponderous <> *adv* ponderously.

Schwer|gewicht *das* heavyweight.

schwerhörig *adj* hard of hearing.

Schwerin *nt* Schwerin.

Schwer|industrie *die* heavy industry.

Schwerkraft *die* gravity.

schwer krank *adj* seriously ill.

schwerlich *adv* hardly; **das wird dir ~ gelingen** you're never going to do that.

schwer machen *vt:* **jm etw ~** to make sthg difficult for sb.

schwermütig *adj* melancholy <> *adv* in a melancholy way.

schwer nehmen *vt (unreg):* **etw ~** to take sthg hard.

Schwer|punkt *der* - **1.** [Hauptsache] main focus; **den ~ verlagern** to shift the focus - **2.** PHYS centre of gravity.

schwerpunktmäßig *adj* - **1.** [Aktivität, Verlagerung] selective - **2.** [Thematik, Spezialisierung] main <> *adv* - **1.** [selektiv] selectively - **2.** [hauptsächlich] mainly.

Schwert (*pl* **-er**) *das* sword.

schwer tun ◆ **sich schwer tun** *ref (unreg):* **sich mit etw ~** to have difficulty with sthg.

Schwer|verbrecher, in *der, die* person who has committed a serious crime.

schwer verdaulich *adj* **eigtl** & **fig** difficult to digest.

schwer verletzt *adj* seriously injured.

Schwerverletzte *der, die:* **es gab fünf ~** five people were seriously injured.

schwer verständlich *adj* difficult to understand <> *adv* in a way that is difficult to understand.

schwerwiegend *adj* serious <> *adv* seriously.

Schwester (*pl* **-n**) *die* - **1.** [Verwandte] sister - **2.** [Krankenschwester] nurse - **3.** [Ordensschwester] nun, sister.

schwesterlich *adj* sisterly <> *adv* like sisters.

schwieg *prät* ▷ **schweigen.**

Schwieger|eltern *pl* parents-in-law.

Schwieger|mutter *die* mother-in-law.

Schwieger|sohn *der* son-in-law.

Schwieger|tochter *die* daughter-in-law.

Schwieger|vater *der* father-in-law.

Schwiele (*pl* **-n**) *die* callus.

schwierig *adj* difficult <> *adv* with difficulty.

Schwierigkeit (*pl* **-en**) *die* difficulty; **ohne ~en** without difficulty; **machen Sie uns keine ~en!** don't give us any trouble!; **das Atmen macht ihr ~en** she has difficulty breathing; **in ~en geraten/stecken** to get into/be in trouble.

Schwierigkeits|grad *der* (level of) difficulty.

schwillt *präs* ▷ **schwellen.**

Schwimm|bad *das* swimming pool.

Schwimm|becken *das* (swimming) pool.

schwimmen (*prät* **schwamm;** *perf* **hat/ist geschwommen**) *vi* - **1.** *(hat, ist)* [Person, Tier] to swim; **in Fett ~ fig** to be swimming in fat; **in Geld ~ fig** to be rolling in money - **2.** *(ist)* [treiben] to float <> *vt* to swim.

Schwimmen *das* swimming; **ins ~ kommen** ODER **geraten fig** to start to flounder.

Schwimmer, in (*mpl* **-;** *fpl* **-nen**) *der, die* swimmer.

Schwimm|halle *die* indoor swimming pool.

Schwimm|sport *der* (competitive) swimming.

Schwimm|verein *der* swimming club.

Schwimm|weste *die* life jacket **Br**, life preserver **Am**.

Schwindel *der* - **1.** [Gleichgewichtsstörung] dizziness; **~ erregend** [Höhe] vertiginous; [Preis] astronomical - **2. abw** [Betrug] swindle; **auf einen ~ hereinfallen** to fall for a trick - **3. fam abw** [Lüge] lie.

schwindelfrei *adj:* **~ sein** to have a head for heights.

schwindelig, schwindlig *adj:* **mir wird (es) ~** I feel dizzy; *fig* my head is spinning.

schwindeln *vi* **- 1.** [taumeln]: **mir schwindelt** I feel dizzy; **mir schwindelt der Kopf** *fig* my head is spinning **- 2.** [lügen] to lie <> *vt* [lügen]: **das hat er geschwindelt!** he was lying!

schwinden (*prät* **schwand;** *perf* **ist geschwunden**) *vi* *geh* **- 1.** [Vorräte, Kräfte, Geld] to dwindle; [Interesse] to wane **- 2.** [Erinnerung, Hoffnung] to fade.

Schwindler, in (*mpl* **-;** *fpl* **-nen**) *der, die* **- 1.** [Betrüger] swindler **- 2.** [Lügner] liar.

schwindlig = **schwindelig.**

schwingen (*prät* **schwang;** *perf* **hat/ist geschwungen**) *vi* **- 1.** *(hat)* [vibrieren] to vibrate **- 2.** [pendeln] to swing <> *vt (hat)* to wave; [Axt, Schwert] to swing.

◆ **sich schwingen** *ref* **- 1.** [springen]: **sich auf etw** *(A)* **~** to leap onto sthg **- 2.** [überspringen]: **sich über etw** *(A)* **~** to vault over sthg **- 3.** [Vogel] to soar (up).

Schwingung (*pl* **-en**) *die* **- 1.** [Vibration] vibration; **etw in ~ versetzen** to cause sthg to vibrate **- 2.** PHYS oscillation.

Schwips (*pl* **-e**) *der* *fam:* **einen ~ haben** to be tipsy.

schwirren (*perf* **ist geschwirrt**) *vi* **- 1.** [Insekt] to buzz **- 2.** [Geschoss] to whizz **- 3.** [Gedanken]: **Ideen ~ mir durch den Kopf** ideas are buzzing around my head.

schwitzen *vi* **- 1.** [Person] to sweat **- 2.** [feucht werden - Fenster] to steam up; [- Wand] to become damp.

Schwitzkasten *der* headlock.

schwoll *prät* ▷ **schwellen.**

schwor *prät* ▷ **schwören.**

schwören (*prät* **schwor;** *perf* **hat geschworen**) *vt* to swear; **jm etw ~** to swear sthg to sb; **ich schwöre dir, ich wars nicht** I swear it wasn't me; **ich habe mir geschworen, nie wieder zu rauchen** I have sworn never to smoke again <> *vi* to swear; **auf jn/etw ~** to swear by sb/sthg.

schwul *adj* *fam* gay.

schwül *adj* **- 1.** [Wetter] close, muggy **- 2.** [Duft] sensuous.

Schwule (*pl* **-n**) *der* *fam* gay (man).

schwülstig *abw* *adj* bombastic <> *adv* bombastically.

Schwund *der* **- 1.** [von Gedächtnis, Vertrauen] decline; [von Muskeln] atrophy **- 2.** WIRTSCH shrinkage.

Schwung (*pl* **Schwünge**) *der* **- 1.** [Bewegung] swing; **der Turner holte ~ für den Abgang** the gymnast wound himself up in preparation for his dismount **- 2.** [Elan] zest, verve; **(viel) ~ haben** to be (very) lively **- 3.** [Menge] stack **- 4.** *RW:* **etw in ~ bringen** *fam* to get sthg going; **in ~ kommen** *fam* [sich bewegen] to get going; [vorankommen] to get on; [Wirtschaft] to pick up; [aktiv werden] to get into one's stride.

schwunghaft *adj* [Handel, Geschäft] thriving; [Anstieg, Anwachsen] rapid <> *adv* [ansteigen] rapidly; **das Geschäft entwickelt sich ~** business is booming.

schwungvoll *adj* lively <> *adv* in a lively fashion.

Schwur (*pl* **Schwüre**) *der* oath; **einen ~ leisten** to take an oath.

Schwurgericht *das* *court comprising two lay assessors and a professional judge, used to try serious crimes.*

Schwyz [ˈʃviːts] *nt* Schwyz.

Schwyzer [ˈʃviːtsɐ] (*pl* **-**) *der* native/inhabitant of Schwyz <> *adj (unver)* of/from Schwyz.

Schwyzerin [ˈʃviːtsərɪn] (*pl* **-nen**) *die* native/inhabitant of Schwyz.

schwyzerisch [ˈʃviːtsərɪʃ] *adj* of/from Schwyz.

Sciencefiction, Science-fiction [ˈsaiənsfɪkʃən] *die* science fiction.

scratchen *vi* to scratch.

s. d. (*abk für* **siehe dies**) cf.

SDR [ɛsdeːˈɛr] (*abk für* **Süddeutscher Rundfunk**) *der South German Radio.*

sec. (*abk für* **Sekunde**) sec.

sechs [zɛks] *num* [als Zahl, Anzahl] six; **~ Mal** six times; **um ~ (Uhr)** at six (o'clock); **fünf vor/nach ~** five to/past *Br* ODER after *Am* six; **sie ist ~** she's six; **mit ~ kommen die Kinder in die Schule** children start school at the age of six ODER when they are six; **~ zu null** six–zero <> *pron* six; **sie waren ~** there were six of them; **ein Tisch für ~** a table for six.

Sechs (*pl* **-en**) *die* **- 1.** [Zahl, Spielkarte] six **- 2.** [Spieler, Bus] number six **- 3.** [Schulnote] ≃ F, *mark of 6 on a scale from 1 to 6.*

Sechseck (*pl* **-e**) *das* hexagon.

sechseckig *adj* hexagonal.

Sechserpack (*pl* **-s** ODER **-e**) *der* pack of six; [von Bierdosen] six-pack.

sechsfach *adj:* **die ~e Menge** six times as much; **in ~er Größe** six times as big; **die Formulare in ~er Ausfertigung abgeben** to provide six copies of the forms; **der ~e Gewinner** the six-times winner <> *adv* sixfold.

sechshundert *num* six hundred.

Sechshundertdreißig-Mark-Job *der* *low-paid job which is exempt from social security contributions.*

sechsmal *adv* six times.

sechsstellig *adj* six-figure.

Sechstage|rennen *das* six-day cycle race.

sechstausend *num* six thousand.

sechste, r, s ['zɛkstə, ɐ, s] *adj* sixth; **der ~ Juni** the sixth of June, June the sixth; **auf dem ~n Rang sein** to be sixth in the rankings.

Sechste (*pl* **-n**) *der, die, das* [in einer Reihenfolge] sixth; **Heinrich der ~** Henry the Sixth, Henry VI; **sie ist die ~ im Weitsprung** she is sixth in the long jump ◇ *der* [Angabe des Datums] sixth; **am ~n** on the sixth; **ich fahre Freitag, den ~n** I'm going on Friday the sixth.

sechstel *adj (unver)* sixth; **ein ~ Liter** a sixth of a litre.

Sechstel (*pl* **-**) *das* sixth; **etw in ~ teilen** to divide sthg in six ODER into sixths.

sechzehn *num* sixteen; *siehe auch* **sechs.**

sechzehntel *adj* sixteenth.

Sechzehntel (*pl* **-**) *das* sixteenth.

sechzig *num* sixty; *siehe auch* **sechs.**

Sechzig *die* sixty; *siehe auch* **Sechs.**

Sechzigerjahre, sechziger Jahre *pl*: **die ~** the sixties.

Secondhandshop ['sɛkənd'hɛndʃɔp] (*pl* **-s**) *der* second-hand shop.

SED [ɛs eː'deː] (*abk für* **Sozialistische Einheitspartei Deutschlands**) *die* HIST SED, *former East German Communist Party.*

See (*pl* **-n**) *der* lake ◇ *die* sea; **an der ~** at the seaside; **in ~ stechen** to put to sea; **an die ~ fahren** to go to the seaside; **auf ~** at sea; **auf hoher ~** out at sea; **zur ~ fahren** to be a sailor.

See|bad *das* seaside resort.

See|blick *der* sea view; **mit ~** with a sea view.

See|fisch *der* saltwater fish.

See|gang *der*: **leichter/hoher ~** calm/rough seas *(pl)*.

See|hund *der* **- 1.** [Robbe] seal **- 2.** [Fell] sealskin.

See|igel *der* sea urchin.

See|karte *die* (sea) chart.

seekrank *adj* seasick.

Seele (*pl* **-n**) *die* **- 1.** [gen] soul; **hier lebt keine ~ mehr** there's not a soul living here any more **- 2.** *RW:* **etw auf der ~ haben** to have sthg on one's mind; **das Problem liegt mir auf der ~** *geh* the problem is weighing on my mind; **er ist eine ~ von Mensch** he is an absolute dear; **du sprichst mir aus der ~** my thoughts exactly; **sich** *(D)* **die ~ aus dem Leib schreien** *fam* to scream one's head off; **sich** *(D)* **etw von der ~ reden** to get sthg off one's chest.

Seelenruhe *die*: **in aller ~** calmly.

seelenruhig *adv* calmly.

Seeleute *pl* ▻ **Seemann.**

seelisch *adj* psychological ◇ *adv* mentally; **~ bedingt sein** to have psychological causes.

See|löwe *der* sea lion.

See|sorge *die* pastoral care.

See|sorger, in (*mpl* **-**; *fpl* **-nen**) *der, die* pastor.

See|luft *die* sea air.

See|mann (*pl* **-leute**) *der* sailor.

See|meile *die* nautical mile.

See|not *die*: **in ~ geraten/sein** to get into/be in distress.

See|pferdchen (*pl* **-**) *das* seahorse.

See|räuber *der* pirate.

See|reise *die* voyage.

See|rose *die* [Pflanze] water lily.

See|sack *der* kitbag.

See|schlacht *die* sea battle.

See|stern *der* starfish.

See|tang *der* seaweed.

seetüchtig *adj* seaworthy.

See|weg *der*: **auf dem ~** by sea.

See|zunge *die* sole.

Segel (*pl* **-**) *das* sail.

Segel|boot *das* sailing boat.

segelfliegen *vi* to glide.

Segel|flug *der* **- 1.** [Sport] gliding **- 2.** [Flug] glider flight.

Segel|flugzeug *das* glider.

segeln (*perf* **hat/ist gesegelt**) *vi* to sail.

Segel|schiff *das* sailing ship.

Segeltuch (*pl* **-e**) *das* canvas.

Segen (*pl* **-**) *der* blessing.

segensreich *adj* beneficial.

Segler (*pl* **-**) *der* **- 1.** [Person] yachtsman **- 2.** *fam* [Segelschiff] sailing ship.

Seglerin (*pl* **-nen**) *die* yachtswoman.

Segment (*pl* **-e**) *das* segment.

segnen *vt* to bless; **mit etw gesegnet sein** to be blessed with sthg.

sehbehindert *adj* visually impaired.

sehen (*präs* **sieht**; *prät* **sah**; *perf* **hat gesehen**) *vt* **- 1.** [gen] to see; [willkürlich] to watch; **etw gerne/ungerne ~** to like/dislike sthg; **sie ist stets gern gesehen** she is always welcome; **ich kann keine Kartoffeln mehr ~!** I never want to see another potato again!; **das werden wir ja gleich ~** we'll soon see; **das kann sich ~ lassen** that's remarkable; **er hat sich lange nicht ~ lassen** *fam* he hasn't shown his face for a long time **- 2.** [treffen] to see, to meet ◇ *vi* **- 1.** [gen] to see; **gut/schlecht ~** to have good/bad eyesight; **sieh mal!** look!; **lass mich mal ~!**

let me have a look!; **jm ähnlich ~** to look like sb **- 2.** [hervorstehen]: **das Wrack sieht aus dem Wasser** the wreck sticks out of the water **- 3.** [mit Präpositionen]: **auf jn/etw ~** to look at sb/sthg; **sie sieht nicht auf den Preis** she doesn't care about the price; **nach jm/etw ~** to look after sb/sthg.
◆ **sich sehen** *ref* **- 1.** [treffen] to meet **- 2.** [sich fühlen]: **sich betrogen ~** to see o.s. cheated; **sich gezwungen ~, etw zu tun** to feel obliged to do sthg.
◆ **mal sehen** *interj* we'll see!
◆ **sieh mal** *interj* look!
◆ **siehste, siehst du** *interj* there you are!

sehenswert *adj* worth seeing.

Sehenswürdigkeit (*pl* **-en**) *die* attraction; **~en** sights.

Sehkraft *die* sight.

Sehne (*pl* **-n**) *die* **- 1.** [vom Muskel] tendon **- 2.** [vom Bogen] string.

sehnen ◆ **sich sehnen** *ref:* **sich nach jm/etw ~** to long for sb/sthg.

Sehnenscheidenent|zündung *die* tendonitis *(U)*.

sehnig *adj* **- 1.** [Fleisch] stringy **- 2.** [Körper] sinewy.

sehnlich *adj* [Wunsch, Verlangen] ardent ◇ *adv* longingly.

Sehnsucht (*pl* **-süchte**) *die* longing; **~ nach jm/etw haben** to long for sb/sthg.

sehnsüchtig *adj* [Blick] longing ◇ *adv* longingly.

sehr *adv* very; [mit Verben] a lot, very much; **das gefällt mir ~** I like it a lot; **zu ~** too much; **~ viel Geld** an awful lot of money; **bitte ~!** you're welcome!; **danke ~!** thank you very much!

Seh|test *der* eye test.

seicht *adj* shallow.

seid *präs* ▷ **sein.**

Seide (*pl* **-n**) *die* silk.

seiden *adj* **- 1.** [aus Seide] silk **- 2.** [wie Seide] silky ◇ *adv* [wie Seide] silkily.

Seiden|malerei *die* silk painting.

Seidenpapier *das* tissue paper.

seidig *adj* silky.

Seife (*pl* **-n**) *die* soap.

Seifen|blase *die* soap bubble; **wie ~n zerplatzen** ***fig*** to go up in smoke.

Seifen|lauge *die* soapsuds *(pl)*.

Seifen|oper *die* TV soap opera.

Seifen|pulver *das* soap powder.

Seifen|schaum *der* lather.

seifig *adj* soapy.

Seil (*pl* **-e**) *das* rope.

Seil|bahn *die* cable railway.

Seilschaft (*pl* **-en**) *die* **- 1.** [Bergsteiger] rope **- 2.** ***abw*** [Clique] clique.

Seil|tänzer, in *der, die* tightrope walker.

sein (*präs* **ist;** *prät* **war;** *perf* **ist gewesen**) *aux* **- 1.** [im Perfekt] to have; **sie ist gegangen** she has gone **- 2.** [im Konjunktiv]: **sie wäre gegangen** she would have gone ◇ *vi* **- 1.** [gen] to be; **Lehrer ~** to be a teacher; **das Hemd ist im Koffer** the shirt is in the suitcase; **das Konzert ist heute** the concert is today; **aus etw ~** to be made of sthg; **aus Indien/Zürich ~** to be from India/Zurich; **du warst es!** it was you! **- 2.** [mit Infinitiv, müssen]: **mein Befehl ist sofort auszuführen** my order is to be carried out immediately **- 3.** [mit Infinitiv, können]: **das ist nicht zu ändern** there's nothing that can be done about it; **dieses Spiel ist noch zu gewinnen** this game can still be won **- 4.** [mit Dativ]: **mir ist schlecht/kalt** I'm sick/cold; **das Buch ist mir *fam*** it's my book **- 5.** [mit unpersönlichem Pronomen] to be; **es ist zwölf Uhr** it's twelve o'clock; **es ist dunkel** it's dark; **wie wäre es mit ...?** what about ...? **- 6.** ***RW:* was ist?** what's up?; **das wärs** that's all; **etw ~ lassen** to give sthg up; **lass es gut ~!** leave it!; **ist was?** is there anything wrong?

sein, e *det* his.

seine, r, s *pron* [bei Personen] his; [bei Sachen, Tieren] its.

Seine [sɛːn(ə)] *die:* **die ~** the (River) Seine.

seiner *pron (Genitiv von er, es):* **wir gedenken ~** we remember him.

seinerseits *adv* **- 1.** [er selbst] for his part; [es selbst] for its part **- 2.** [von ihm - Person] on his part; [- Tier, Sache] on its part.

seinerzeit *adv* at that time.

seinesgleichen *pron* ***abw*** [Person] the likes of him; [Tier, Sache] the likes of it.

seinetwegen *adv* **- 1.** [ihm zuliebe - Person] for his sake; [- Tier, Sache] for its sake **- 2.** [wegen ihm - Person] because of him; [- Tier, Sache] because of it **- 3.** [von ihm aus - Person] as far as he's concerned; [- Tier] as far as it's concerned.

seinetwillen ◆ **um seinetwillen** *adv* [Person] for his sake; [Tier] for its sake.

seinige (*pl* **-n**) *pron (mit Artikel)* ***geh:*** **der/die/das ~** [Person] his; [Tier] its; **sie hat das ~ getan** [Pflicht] she did her part.

sein lassen *vt (unreg)* ***fam:*** **lass das sein!** stop that!; **sie kann es einfach nicht ~** she just can't help herself.

Seismograf, Seismograph (*pl* **-en**) *der* seismograph.

seit *präp (+ D)* **- 1.** [zur Angabe des Zeitpunktes]

since; **~ Kriegsende** since the end of the war; **~ wann?** since when? **- 2.** [zur Angabe der Dauer] for; **ich wohne hier ~ drei Jahren** I've lived here for three years; **~ langem** for a long time <> *konj* since.

seitdem *adv* since then <> *konj* since.

Seite (*pl* **-n**) *die* **- 1.** [gen] side; **etw zur ~ legen** to put sthg to one side; **zur ~ gehen** *ODER* **treten** to move aside; **auf der linken/rechten ~** on the left-hand/right-hand side; **er ist auf der linken ~ gelähmt** he is paralysed down the left side of his body; **auf js ~ sein** *ODER* **stehen** to be on sb's side **- 2.** [von Buch, Heft, Zeitung] page; **auf beiden ~n** on both sides; **js schwache/starke ~** sb's weakness/strong point; **jedes Ding hat seine guten und schlechten ~n** there's a good and a bad side to everything; **sich von seiner besten ~ zeigen** to show one's best side **- 3.** *RW:* **jm nicht von der ~ gehen** *ODER* **weichen** not to leave sb's side; **jm zur ~ stehen** to stand by sb; **jn von der ~ ansehen** to look at sb askance; **jn zur ~ nehmen** to take sb aside.
- ◆ **auf Seiten** *präp (+ G)* on the part of.
- ◆ **Seite an Seite** *adv* side by side.
- ◆ **von allen Seiten** *adv* from all sides.
- ◆ **von Seiten** *präp (+ G)* on the part of.

Seiten|airbag [-'eəbæg] *der* AUTO side airbag.

Seitenaufprall|schutz *der* AUTO side impact protection.

Seitenaus|gang *der* side exit.

Seiten|blick *der* sidelong glance.

Seitenein|gang *der* side entrance.

Seiten|hieb *der* sideswipe.

seitens *präp* **amt** on the part of.

Seiten|sprung *der* affair; **einen ~ machen** to have an affair.

Seiten|stechen *das* stitch; **~ haben** to have a stitch.

Seiten|straße *die* side street.

Seiten|streifen *der* hard shoulder *Br*, shoulder *Am*.

seitenverkehrt *adj* mirror-image; **das Dia ist ~** the slide is the wrong way round <> *adv* as a mirror image.

Seiten|wechsel *der* SPORT change of ends.

Seiten|zahl *die* **- 1.** [Anzahl der Seiten] number of pages **- 2.** [Seitennummer] page number.

seither *adv* since then.

seitlich *adj* [Fenster, Eingang] side; [Zusammenstoß] side-on; **ein ~er Wind** a crosswind <> *adv:* **~ von jm/etw** at the side of sb/sthg; **die Fahrzeuge stießen ~ zusammen** the vehicles were involved in a side-on collision <> *präp:* **~ einer Sache** *(G)* beside sthg.

seitwärts *adv* **- 1.** [zur Seite] sideways **- 2.** [auf der Seite] to one side <> *präp* **geh** [auf der Seite]: **~ einer Sache** *(G)* beside sthg.

Sek I (*abk für* **Sekundarstufe I**) *die* ≃ junior high school *Am*, *secondary schooling from 5th to 10th schoolyear, (normally up to age 16).*

Sek II (*abk für* **Sekundarstufe II**) *die* ≃ sixth form *Br*, ≃ senior high school *Am*, *secondary schooling from 11th to 13th schoolyear (normally after age 16).*

Sekret (*pl* **-e**) *das* secretion.

Sekretär (*pl* **-e**) *der* **- 1.** [Person] secretary **- 2.** [Möbelstück] bureau.

Sekretariat (*pl* **-e**) *das* secretary's office.

Sekretärin (*pl* **-nen**) *die* secretary.

Sekt (*pl* **-e**) *der German sparkling wine similar to champagne.*

Sekte (*pl* **-n**) *die* sect.

Sekt|glas *das* champagne glass.

Sektion (*pl* **-en**) *die* [von Organisation] branch.

Sektor (*pl* **-en**) *der* **- 1.** [gen & EDV] sector **- 2.** [Fachgebiet] field.

sekundär **geh** *adj* secondary <> *adv* secondarily.

Sekundar|stufe *die* SCHULE secondary *Br ODER* high *Am* school level; **~ I** ≃ junior high school *Am*, *secondary schooling from 5th to 10th schoolyear (normally up to age 16)*; **~ II** ≃ sixth form *Br*, ≃ senior high school *Am*, *secondary schooling from 11th to 13th schoolyear (normally after age 16).*

Sekunde (*pl* **-n**) *die* second.

Sekunden|schnelle ◆ **in Sekundenschnelle** *adv* in a matter of seconds.

Sekunden|zeiger *der* second hand.

selber *pron (unver)* = **selbst**.

Selbermachen *das* do-it-yourself, DIY; **Möbel zum ~** DIY furniture.

selbst *pron (unver):* **er ~** himself; **sie ~** herself, themselves *(pl)*; **ich ~** myself; **wir ~** ourselves; **Sie ~** yourself, yourselves *(pl)*; **ich ~** I myself; **du bist ~ schuld** it's your own fault; **das versteht sich von ~** that goes without saying <> *adv* even; **~ wenn** even if.
- ◆ **von selbst** *adv* **- 1.** [freiwillig] of one's own accord **- 2.** [automatisch] automatically, by itself; *siehe auch* **selbst gemacht**.

Selbstachtung *die* self-respect.

selbständig = **selbstständig**.

Selbständig = **Selbstständige**.

Selbständigkeit = **Selbstständigkeit**.

Selbst|auslöser *der* delayed-action shutter release.

Selbst|bedienung *die* self-service; **Restaurant mit ~** self-service restaurant.

Selbst|befriedigung *die* masturbation.

Selbst|beherrschung *die* self-control.

Selbst|bestimmung *die* - **1.** [von Individuen] independence - **2.** [von Völkern] self-determination.

Selbst|beteiligung *die* [bei Versicherungen] excess.

Selbst|betrug *der* self-deception.

selbstbewusst *adj* self-confident <> *adv* self-confidently.

Selbstbewusstsein *das* self-confidence.

Selbst|bildnis *das* self-portrait.

Selbstein|schätzung *die* self-assessment.

Selbst|erfahrung *die* self-discovery.

Selbst|erkenntnis *die* self-knowledge.

selbst gemacht *adj* homemade.

selbstgerecht **abw** *adj* self-righteous <> *adv* self-righteously.

Selbst|gespräch *das:* **~e führen** *ODER* **halten** to talk to o.s.

selbstherrlich **abw** *adj* high-handed <> *adv* high-handedly.

Selbst|hilfe *die* self-help; **zur ~ greifen** to take matters into one's own hands.

Selbsthilfe|gruppe *die* self-help group.

Selbst|justiz *die:* **~ üben** to take the law into one's own hands.

selbstklebend *adj* self-adhesive.

Selbstkosten|preis *der* cost price; **zum ~** at cost.

selbstkritisch *adj* self-critical <> *adv* self-critically..

Selbst|laut *der* vowel.

selbstlos *adj* unselfish, selfless <> *adv* unselfishly, selflessly.

Selbst|mitleid *das* **abw** self-pity.

Selbst|mord *der* suicide; **~ begehen** to commit suicide.

Selbst|mörder, in *der, die* suicide.

selbstsicher *adj* self-confident <> *adv* self-confidently.

Selbstsicherheit *die* self-confidence.

selbstständig *adj* - **1.** [unabhängig] independent - **2.** [im Beruf] self-employed; **sich ~ machen** to set up on one's own <> *adv* [unabhängig] independently.

Selbstständige (*pl* **-n**) *der, die* self-employed person.

Selbstständigkeit *die* independence.

selbstsüchtig *adj* selfish <> *adv* selfishly.

selbsttätig *adj* automatic <> *adv* automatically.

Selbstüberwindung *die:* **es kostete ihn einige ~** he had to force himself a bit.

selbstvergessen *adj* & *adv* **geh** lost in thought.

Selbstversorger, in (*mpl* **-;** *fpl* **-nen**) *der, die* self-reliant person.

selbstverständlich *adj* natural; **das ist doch ~!** that goes without saying!; **es ist für ihn ~** it is a matter of course for him <> *adv* naturally; **selbstverständlich!** of course!

Selbst|verständlichkeit (*pl* **-en**) *die* matter of course; **es ist doch eine ~, dass ich das mache** of course I'll do it; **etw mit der größter ~ tun** to do sthg as if it were the most natural thing in the world.

Selbst|verständnis *das* self-perception.

Selbst|verteidigung *die* self-defence.

Selbst|vertrauen *das* self-confidence.

Selbst|verwaltung *die* self-administration.

Selbst|verwirklichung *die* self-realization.

selbstzufrieden **abw** *adj* self-satisfied, smug <> *adv* smugly.

Selbstzweck *der* end in itself.

Selektion (*pl* **-en**) *die* selection.

selig *adj* - **1.** [glücklich - Person, Lächeln] blissfully happy; [- Schlummer] blissful - **2.** [heilig gesprochen] blessed - **3.** **geh** [tot] late <> *adv* [glücklich] blissfully.

Seligkeit *die* bliss; **sie strahlte vor ~** she beamed blissfully.

Sellerie *der* celery.

selten *adj* rare <> *adv* - **1.** [kaum] rarely - **2.** [besonders] exceptionally.

Seltenheit (*pl* **-en**) *die* rarity; **das ist keine ~** that's not unusual.

Selters (*pl* **-**) *die ODER das* sparkling mineral water.

Selterswasser *das* = **Selters.**

seltsam *adj* strange <> *adv* strangely.

seltsamerweise *adv* strangely enough.

Semantik *die* semantics *(U)*.

Semester (*pl* **-**) *das* semester; **im achten ~ sein** to be in the second half of one's fourth year.

Semesterferien *pl university holidays separating semesters, lasting between one and three months.*

Semikolon (*pl* **-s**) *das* semicolon.

Seminar (*pl* **-e**) *das* - **1.** [Veranstaltung] seminar - **2.** [Institut] department.

Semmel (*pl* **-n**) *die* **Österr** & **Süddt** (bread) roll; **das Buch geht weg wie warme ~n** **fam** the book is selling like hot cakes.

Semmel|knödel *der* bread dumpling.

sen. (*abk für* **senior**) Sen.

Senat (*pl* **-e**) *der* **- 1.** [gen & UNI] senate **- 2.** [von Berlin, Bremen, Hamburg] *government of one of the three German cities that have "Land" status* **- 3.** RECHT panel of judges.

Senator (*pl* **-en**) *der* **- 1.** [gen & UNI] senator **- 2.** [von Stadtstaat] *member of the government of one of the three German cities that have "Land" status.*

Senatorin (*pl* **-nen**) *die* **- 1.** [gen & UNI] senator **- 2.** [von Stadtstaat] *member of the government of one of the three German cities that have "Land" status.*

senden (*prät* **sendete** *ODER* **sandte;** *perf* **hat gesendet** *ODER* **gesandt**) <> *vt* **- 1.** *(reg)* [ausstrahlen] to broadcast **- 2.** *(reg)* [funken] to transmit, to send **- 3.** *(reg & unreg)* [schicken] to send; **etw an jn ~** to send sb sthg <> *vi (reg)* [übertragen] to broadcast.

Sendelpause *die* interval.

Sender (*pl* **-**) *der* **- 1.** [Station] station **- 2.** [Gerät] transmitter.

Sendelreihe *die* series.

Sendelschluss *der* closedown.

Sendelzeit *die* **- 1.** [von Sendungen] (broadcasting) time **- 2.** [von Sendern] airtime; **unsere ~ geht zu Ende** we're about to go off the air.

Sendung (*pl* **-en**) *die* **- 1.** [das Senden] dispatch **- 2.** [Postsendung - von Waren] consignment; [- Brief] letter; [- Paket] parcel **- 3.** [ausgestrahltes Programm] programme **- 4.** [Übertragung] broadcasting; **auf ~ gehen** to go on (the) air.

Senegal *der* Senegal.

Senf (*pl* **-e**) *der* mustard; **seinen ~ zu etw dazugeben** *fam abw & fig* to have one's say about sthg.

Senflgas *das* mustard gas.

Senflgurke *die chopped gherkins pickled with mustard seeds.*

sengend *adj* scorching.

senil *adj abw* senile.

Senior (*pl* **Senioren**) *der* **- 1.** [gen] senior **- 2.** [von Mannschaft, Gruppe] oldest member.
◆ **Senioren** *pl* **- 1.** [Alte] senior citizens **- 2.** SPORT seniors.

Seniorenlheim *das* old people's home.

Seniorenlpass *der* senior citizen's travel pass.

Seniorin (*pl* **-nen**) *die* **- 1.** [gen] senior **- 2.** [von Mannschaft, Gruppe] oldest member.

senken *vt* **- 1.** [gen] to lower; **beschämt senkte er den Kopf** he hung his head in shame **- 2.** [Preis, Steuern] to cut.
◆ **sich senken** *ref* **- 1.** [Wasserspiegel] to drop; [Erdreich] to subside **- 2.** [Schranken, Vorhang] to come down.

Senklfuß *der* MED fallen arch.

senkrecht *adj* vertical <> *adv* vertically.

Senklrechte *die* **- 1.** [Linie] vertical line **- 2.** [Lot] perpendicular.

Senkrechtstarter, in (*mpl* **-;** *fpl* **-nen**) *der, die* instant success.

Senkung (*pl* **-en**) *die* **- 1.** [Ermäßigung] reduction **- 2.** GEOL subsidence.

Senner, in (*mpl* **-;** *fpl* **-nen**) *der, die* **Süddt & Österr** *Alpine herdsman and dairyman (or -woman).*

Sensation (*pl* **-en**) *die* sensation.

sensationell *adj* sensational <> *adv* sensationally.

Sense (*pl* **-n**) *die* **- 1.** [Gerät] scythe **- 2.** *fam* [Schluss]: **nun ist ~!** that's enough!

sensibel *adj* sensitive <> *adv* sensitively.

sensibilisieren *vt:* **jn für etw ~** to raise sb's awareness of sthg.

Sensibilität *die* sensitivity.

Sensor (*pl* **-en**) *der* **- 1.** [Schalter] touch-sensitive button **- 2.** [Gerät] sensor.

Sentenz (*pl* **-en**) *die* *geh* aphorism.

sentimental *adj* sentimental <> *adv* sentimentally.

Sentimentalität (*pl* **-en**) *die* sentimentality.

Seoul [se'u:l] *nt* Seoul.

separat *adj* separate; [Wohnung] self-contained <> *adv* separately.

Separatismus *der* separatism.

Sept. (*abk für* **September**) Sept.

September *der* September; **der ~ war in diesem Jahr sehr schön** we had good weather this September; **am siebten ~** on the seventh of September, on September the seventh; **Sonntag, den 1. ~** Sunday, 1 September; **im ~** in September; **Anfang/Ende ~** at the beginning/end of September; **Mitte ~** in mid-September.

Septime (*pl* **-n**) *die* MUS seventh.

Sequenz (*pl* **-en**) *die* sequence.

Serbe (*pl* **-n**) *der* Serb.

Serbien *nt* Serbia.

Serbin (*pl* **-nen**) *die* Serb.

serbisch *adj* Serbian.

Serbokroatisch(e) *das* Serbo-Croat; *siehe auch* **Englisch(e)**.

Serenade (*pl* **-n**) *die* **- 1.** [Musikstück] serenade **- 2.** [Konzert] serenade concert.

Serie ['ze:riə] (*pl* **-n**) *die* **- 1.** [Reihe, Sendereihe] series **- 2.** [Satz] set **- 3.** [von Produkten] line; **in ~ gehen** to go into production.

Serienan|fertigung *die* series production.

serienmäßig *adj* standard <> *adv* [konstruieren, anfertigen] on a mass scale; [mit etw ausgestattet] as standard.

serienweise *adv* - **1.** [in Serie] in series - **2.** [oft] by the score.

seriös *adj* - **1.** [vertrauenswürdig] reliable - **2.** [würdevoll, solide] respectable <> *adv* [vertrauenswürdig] reliably; [würdevoll, solide] respectably.

Serpentine (*pl* **-n**) *die* - **1.** [Straße] steeply winding road - **2.** [Kurve] hairpin bend.

Serum (*pl* **Seren**) *das* serum.

Service[1] ['sø:ɐ̯vɪs] (*pl* -) *das* [Ess-, Kaffeegeschirr] service.

Service[2] ['sø:ɐ̯vɪs] (*pl* **-s**) *der* service.

servieren [zɛr'vi:rən] *vt* [Speisen, Getränke] to serve.

Serviererin [sɛr'vi:rərɪn] (*pl* **-nen**) *die* waitress.

Serviette [zɛr'vi̯ɛtə] (*pl* **-n**) *die* serviette.

Servietten|ring *der* serviette ring.

Servo|lenkung ['zɛrvolɛŋkʊŋ] *die* power steering *(U)*.

Servus ['zɛrvʊs] *interj* ***Süddt*** & ***Österr:*** **Servus!** [zur Begrüßung] hello!; [zur Verabschiedung] goodbye!

Sesam *der* sesame seeds *(pl)*.

Sessel (*pl* -) *der* armchair.

Sessel|lift *der* chairlift.

sesshaft *adj* settled; **~ werden** to settle down.

Set (*pl* **-s**) *das* ODER *der* set <> *das* (table) mat <> *der* SPORT set.

setzen (*perf* **hat/ist gesetzt**) *vt (hat)* - **1.** [gen] to put; **etw in jn/etw ~** to put sthg in sb/sthg - **2.** [Denkmal, Grabmal] to put up - **3.** [Frist, Belohnung, Text] to set - **4.** [Pflanzen] to plant - **5.** [wetten]: **etw auf etw** *(A)* **~** to put sthg on sthg - **6.** ***RW:*** **es setzt was *fam*** there'll be trouble <> *vi* - **1.** *(hat)* [wetten] to bet; **auf jn/etw ~** to bet on sb/sthg - **2.** *(hat, ist)* [befördern]: **über etw** *(A)* **~** [Fluss] to cross sthg; [Hindernis] to get over sthg.

◆ **sich setzen** *ref* - **1.** [hinsetzen] to sit down; **sich zu jm ~** to sit with sb - **2.** [Kaffeesatz] to settle.

Setzer, in (*mpl* -; *fpl* **-nen**) *der, die* typesetter.

Setzling (*pl* **-e**) *der* seedling.

Seuche (*pl* **-n**) *die* epidemic.

Seuchengefahr *die* danger of an epidemic.

seufzen *vi* to sigh.

Seufzer (*pl* -) *der* sigh.

Sevilla [ze'vilja] *nt* Seville.

Sex *der* sex.

Sex|bombe *die* ***fam*** sex bomb.

Sex|film *der* sex film.

sexistisch *adj* sexist <> *adv* in a sexist way.

Sexshop ['sɛksʃɔp] (*pl* **-s**) *der* sex shop.

Sexualität *die* sexuality.

Sexualleben *das (ohne pl)* sex life.

Sexual|verbrechen *das* sex crime.

sexuell *adj* sexual <> *adv* sexually.

sexy ***fam*** *adj (unver)* sexy <> *adv* sexily.

Seychellen [ze'ʃɛlən] *pl* Seychelles.

sezieren *vt* & *vi* to dissect.

SFB [ɛs ɛf 'be:] (*abk für* **Sender Freies Berlin**) *der* *Radio Free Berlin.*

sfr. (*abk für* **Schweizer Franken**) *Swiss francs.*

Shampoo ['ʃampu] (*pl* **-s**) *das* shampoo.

Shareware *die* EDV shareware.

Sherry ['ʃɛrɪ] (*pl* **-s**) *der* sherry.

Shorts ['ʃo:ɐ̯ts] *pl* shorts.

Show [ʃo:] (*pl* **-s**) *die* show.

Showgeschäft *das* show business.

Showmaster, in ['ʃo:ma:stɐ, rɪn] (*mpl* -; *fpl* **-nen**) *der, die* compere ***Br***, emcee ***Am***.

Shredder *der* = **Schredder.**

shreddern *vt* = **schreddern.**

Shrimp *der* = **Schrimp.**

Shuttle ['ʃatl] (*pl* **-s**) *der* shuttle.

Siam|katze *die* Siamese cat.

Sibirien [zi'bi:ri̯ən] *nt* Siberia.

sich *pron* - **1.** [Reflexivpronomen - unbestimmt] oneself; [- Person] himself (*f* herself), themselves *(pl)*; [- Ding, Tier] itself, themselves *(pl)*; [- bei Höflichkeitsform] yourself, yourselves *(pl)*; **~** *(D)* **etw kaufen** to buy (o.s.) sthg - **2.** [reziprokes Pronomen] each other.

Sichel (*pl* **-n**) *die* sickle.

sicher *adj* - **1.** [ungefährdet] safe; **in ~em Abstand** at a safe distance; **vor jm/etw ~ sein** to be safe from sb/sthg - **2.** [zuverlässig] reliable - **3.** [überzeugt, gewiss] sure, certain; **sich** *(D)* **einer Sache** *(G)* **~ sein** to be sure ODER certain about sthg - **4.** [selbstbewusst] self-confident <> *adv* - **1.** [ungefährdet] safely - **2.** [zuverlässig] reliably; **etw ~ wissen** to know sthg for sure; **langsam aber ~** slowly but surely - **3.** [sicherlich] certainly, definitely; **das ist ~ richtig, aber ...** that may be true, but ...; **Sie haben es ~ gemerkt** you must have noticed it - **4.** [selbstbewusst] self-confidently.

◆ **aber sicher** *interj* of course!

sicher|gehen (*perf* **ist sichergegangen**) *vi (unreg)* to play safe.

Sicherheit (*pl* **-en**) *die* - **1.** [Schutz - persönliche, öffentliche, im Straßenverkehr] safety; [- soziale, wirtschaftliche, innere] security; **in ~ (vor jm/etw) sein** to be safe (from sb/sthg); **jn/etw (vor jm/etw) in ~ bringen** to rescue sb/sthg (from sb/sthg) - **2.** [Bestimmtheit] certainty; **mit ~** definitely - **3.** [Fundiertheit, Zuverlässigkeit] reliability - **4.** [Selbstbewusstsein] confidence - **5.** [Bürgschaft] surety.

Sicherheitsab|stand *der* safe distance.

Sicherheits|glas *das* safety glass.

Sicherheits|gurt *der* seat belt.

sicherheitshalber *adv* to be on the safe side.

Sicherheits|kette *die* safety chain.

Sicherheits|maßnahme *die* safety measure.

Sicherheits|nadel *die* safety pin.

Sicherheits|schloss *das* safety lock.

sicherlich *adv* certainly.

sichern *vt* to secure.
◆ **sich sichern** *ref* - **1.** [sich absichern] to secure o.s.; **sich gegen etw ~** to protect o.s. against sthg - **2.** [sich verschaffen]: **sich** *(D)* **etw ~** to secure sthg.

sicher|stellen *vt* - **1.** [beschlagnahmen - Geld, Fund] to seize; [- Spuren] to secure - **2.** [gewährleisten] to safeguard.

Sicherung (*pl* **-en**) *die* - **1.** [Schutz] safeguarding - **2.** ELEKTR fuse - **3.** [Schutzmaßnahme] safeguard.

Sicherungs|kopie *die* EDV back-up (copy).

Sicht *die* - **1.** [Aussicht] visibility; **außer ~** out of sight; **die ~ auf etw** *(A)* the view of sthg; **jm die ~ versperren** to block sb's view - **2.** [Betrachtungsweise] point of view; **aus meiner ~** from my point of view.
◆ **auf lange Sicht** *adv* long-term.
◆ **in Sicht** *adv* in sight; **Land in ~!** land ahoy!

sichtbar *adj* - **1.** [deutlich] clear - **2.** [wahrnehmbar] visible; **es ist weithin ~** it can be seen from far away ◇ *adv* [deutlich] clearly.

sichten *vt* - **1.** [einsehen] to sift through - **2.** *geh* [sehen] to sight.

sichtlich *adj* obvious ◇ *adv* obviously.

Sicht|weite *die* visibility *(U)*; **außer/in ~ sein** to be out of/in sight.

sickern (*perf* **ist gesickert**) *vi* - **1.** [fließen] to seep - **2.** [bekannt werden] to leak out.

sie *pron* - **1.** [Singular - Nominativ] she; [- Akkusativ] her; **~ wars!** it was her! - **2.** [Plural - Nominativ] they; [- Akkusativ] them - **3.** [Tier, Gegenstand] it.

Sie *pron (Singular und Plural)* you.

Sieb (*pl* **-e**) *das* [Küchensieb] sieve; [Teesieb] strainer.

Siebdruck (*pl* **-e**) *der* - **1.** [Verfahren] silk-screen printing - **2.** [Bild] silk-screen print.

sieben[1] *vt* - **1.** [durchsieben] to sieve - **2.** [auswählen] to weed out ◇ *vi* [auswählen] to pick and choose.

sieben[2] *num* seven; *siehe auch* **sechs.**

Sieben (*pl* - ODER **-en**) *die* seven; *siehe auch* **Sechs.**

siebenarmig *adj* seven-branched.

Siebenbürgen *nt* Transylvania.

siebenfach *adj* & *adv* sevenfold.

siebenhundert *num* seven hundred.

siebenmal *adv* seven times.

Siebensachen *pl* ***fam*** belongings.

Siebenschläfer (*pl* **-**) *der* - **1.** [Tier] dormouse - **2.** *(ohne Artikel, ohne pl)* [Tag] 27 June, *day whose weather is supposed to indicate the weather for the following seven weeks.*

siebentausend *num* seven thousand.

siebte, siebente, r, s *adj* seventh; *siehe auch* **sechste.**

Siebte (*pl* **-n**) *der, die, das* seventh; *siehe auch* **Sechste.**

siebtel *adj (unver)* seventh; *siehe auch* **sechstel.**

Siebtel (*pl* **-**) *das* seventh; *siehe auch* **Sechstel.**

siebzehn *num* seventeen; *siehe auch* **sechs.**

Siebzehn (*pl* **-en**) *die* seventeen; *siehe auch* **Sechs.**

siebzig *num* seventy; *siehe auch* **sechs.**

Siebzigerjahre, siebziger Jahre *pl*: **die ~** the seventies.

sieden (*prät* **siedete** ODER **sott;** *perf* **hat gesiedet** ODER **hat gesotten**) *vi (reg)* [Flüssigkeit] to boil ◇ *vt* to boil.

siedend heiß *adv*: **mir fiel ~ ein, dass ...** ***fig*** I remembered with horror that ...

Siede|punkt *der* boiling point.

Siedler, in (*mpl* **-**; *fpl* **-nen**) *der, die* settler.

Siedlung (*pl* **-en**) *die* - **1.** [Häusergruppe] housing estate ***Br*** ODER development ***Am*** - **2.** [Ansiedlung] settlement - **3.** [Bewohner] estate ***Br***, development ***Am***.

Sieg (*pl* **-e**) *der* victory; **der ~ über jn/etw** the victory over sb/sthg; **einen ~ erringen** to be victorious.

Siegel (*pl* **-**) *das* seal.

Siegel|lack *der* sealing wax.

Siegel|ring *der* signet ring.

siegen *vi* to win; **über jn/etw ~** to beat sb/sthg.

Sieger (*pl* **-**) *der* winner.

Sieger|ehrung *die* medals ceremony.

Siegerin (*pl* **-nen**) *die* winner.

Siegerlmacht *die* victorious power.

siegessicher *adj* confident of victory <> *adv* confidently.

siegreich *adj* victorious <> *adv* victoriously.

siehe *vi* [in Text]: **~ oben** see above; **~ Seite 15** see page 15.

sieht *präs* ▷ **sehen.**

siezen *vt* to address as "Sie".
◆ **sich siezen** *ref* to address each other as "Sie".

Signal (*pl* **-e**) *das* signal; **das ~ zu etw geben** to give the signal for sthg.

signalisieren *vt* to signal.

Signalwirkung *die*: **~ haben** to have a knock-on effect.

Signatur (*pl* **-en**) *die* **- 1.** ***geh*** [Unterschrift] signature **- 2.** [von Büchern] shelf mark.

signieren *vt* to sign.

Silbe (*pl* **-n**) *die* syllable; **jn/etw mit keiner ~ erwähnen** ***fig*** not to say a word about sb/sthg.

Silbenlrätsel *das puzzle requiring the solver to put syllables together from an alphabetical list, thereby forming answers to clues.*

Silbenltrennung *die* syllabification *(U).*

Silber *das* silver.

Silberlblick *der* ***fam*** squint.

silbergrau *adj* silver-grey.

Silberhochlzeit *die* silver wedding (anniversary).

Silberlmedaille *die* silver medal.

silbern *adj* **- 1.** [aus Silber] silver **- 2.** [wie Silber] silvery <> *adv* [wie Silber - glänzen] with a silvery sheen.

Silhouette [zi'luɛtə] (*pl* **-n**) *die* silhouette.

Silicium, Silizium [zi'li:tsi̯ʊm] *das* CHEM silicon.

Silicon, Silikon (*pl* **-e**) *das* CHEM silicone *(U).*

Silo (*pl* **-s**) *der* ODER *das* silo.

Silvaner [zɪl'va:nɐ] (*pl* **-**) *der* [Wein] Silvaner.

Silvester [zɪl'vɛstɐ] (*pl* **-**) *der* ODER *das* New Year's Eve; **~ feiern** to see the New Year in.

SILVESTER

On New Year's Eve, Germans traditionally organize firework displays at home, in their gardens or from balconies, or in the street. They have also preserved a custom whereby the shapes obtained by melting a piece of lead and then submerging it in water are used to predict the future.

simpel *adj* simple <> *adv* simply.

Simplon *der*: **der ~** the Simplon Pass.

Sims (*pl* **-e**) *das* ODER *der* ledge.

Simulant, in (*mpl* **-en**; *fpl* **-nen**) *der, die* ***abw*** malingerer.

Simulation (*pl* **-en**) *die* EDV simulation.

simulieren *vt* **- 1.** [nachahmen] to simulate **- 2.** ***abw*** [vortäuschen] to feign <> *vi* ***abw*** [täuschen] to pretend to be ill.

simultan *adj* simultaneous <> *adv* simultaneously.

Simultanldolmetscher, in *der, die* simultaneous interpreter.

Sinai *der* Sinai.

sind *präs* ▷ **sein.**

Sinfonie *die* = **Symphonie.**

Sinfoniker, in *der, die* = **Symphoniker.**

Singapur *nt* Singapore.

singen (*prät* **sang**; *perf* **hat gesungen**) *vi* **- 1.** [musizieren] to sing **- 2.** ***salopp abw*** [aussagen] to squeal <> *vt* to sing; **jn in den Schlaf ~** to sing sb to sleep.

Single ['sɪŋ(g)l] (*pl* **-** ODER **-s**) *der (pl Singles)* single person <> *die (pl Single(s))* single.

Singlstimme *die* singing voice.

Singular *der* GRAM singular; **im ~** in the singular.

Singlvogel *der* songbird.

sinken (*prät* **sank**; *perf* **ist gesunken**) *vi* **- 1.** [einsinken, versinken] to sink **- 2.** [abnehmen, niedersinken] to fall.

Sinn (*pl* **-e**) *der* **- 1.** [Bedeutung, Wahrnehmungsfähigkeit] sense; **im übertragenen ~** figuratively; **im weitesten ~(e)** in the broadest sense **- 2.** [Gefühl]: **einen/keinen ~ für etw haben** to have a/no feeling for sthg; **er hat keinen ~ für Humor** he has no sense of humour **- 3.** [Denken]: **mir steht der ~ nicht nach Urlaub** I don't feel like a holiday; **jm durch den ~ gehen** to come to sb; **jm in den ~ kommen** to enter sb's head; **jn/etw im ~ haben** to have sb/sthg in mind; **sich** *(D)* **etw aus dem ~ schlagen** to put sthg out of one's mind; **in js ~e handeln** to act in accordance with sb's wishes; **von ~en sein** to be out of one's mind **- 4.** [Zweck] point; **der ~ des Lebens** the meaning of life; **es hat keinen ~** there's no point; **ohne ~ und Verstand** without a thought for what one is doing.

Sinnlbild *das* symbol.

sinnen (*prät* **sann**; *perf* **hat gesonnen**) *vi* ***geh*** **- 1.** [nachdenken] to meditate; **über etw** *(A)* **~** to meditate on sthg **- 2.** [trachten]: **auf etw** *(A)* **~** to plan sthg; **gesonnen sein, etw zu tun** ***geh*** to be minded to do sthg.

sinnentstellend *adj* which distorts the meaning <> *adv* in a way that distorts the meaning.

Sinneslеindruck *der* sensory impression.

Sinneslorgan *das* sense organ.

Sinnes|täuschung *die* hallucination.

Sinnes|wahrnehmung *die* sensory perception.

Sinnes|wandel *der* change of mind.

sinngemäß *adj:* **eine ~e Übersetzung von etw** a translation which conveys the general meaning of sthg <> *adv:* **etw ~ wiedergeben** to give the gist of sthg.

sinnig *adj* clever <> *adv* cleverly.

sinnlich *adj* **- 1.** [körperlichen Genuss betreffend] sensual **- 2.** [Sinneswahrnehmung betreffend] sensory <> *adv* **- 1.** [körperlichen Genuss betreffend] sensually **- 2.** [Sinneswahrnehmung betreffend] through the senses.

Sinnlichkeit *die* sensuality.

sinnlos *adj* **- 1.** [unsinnig] pointless **- 2.** ***abw*** [maßlos] blind *(vor Subst)* <> *adv* **- 1.** [unsinnig] pointlessly **- 2.** ***abw*** [maßlos - zerstören] in a blind rage; **sich ~ betrinken** to get blind drunk.

Sinnlosigkeit *(pl* **-en***) die* **- 1.** [Wesen] pointlessness **- 2.** [Handlung] pointless action.

sinnverwandt *adj* synonymous.

sinnvoll *adj* **- 1.** [befriedigend] meaningful **- 2.** [zweckmäßig] sensible <> *adv* **- 1.** [befriedigend] meaningfully **- 2.** [zweckmäßig] sensibly.

Sintflut *die* **- 1.** [biblisch] Flood **- 2.** [Übermaß - von Post, Anrufen] flood.

Sinti *pl* Sinti.

Sinus *(pl* **-** ODER **-se***) der* MATH sine.

Sinus|kurve *die* MATH sine curve.

Siphon, Sifon ['zi:fɔŋ] *(pl* **-s***) der* **- 1.** [Rohr] U-bend **- 2.** [Flasche] siphon.

Sippe *(pl* **-n***) die* clan.

Sippschaft *(pl* **-en***) die* ***fam abw*** tribe.

Sirene *(pl* **-n***) die* siren.

sirren *(perf* **hat/ist gesirrt***) vi* **- 1.** *(ist)* [fliegen] to buzz **- 2.** *(hat)* [tönen] to buzz.

Sirup *der* **- 1.** [für Saft] syrup **- 2.** [aus Zucker] treacle ***Br***, molasses ***Am***.

Sisal *der* sisal.

Sitcom *(pl* **-s***) die* TV sitcom.

Sitte *(pl* **-n***) die* **- 1.** [Gepflogenheit] custom; **etw ist (bei jm) ~** sthg is the custom (with sb) **- 2.** *(ohne pl)* ***fam*** [Sittenpolizei] vice squad.
◆ **Sitten** *pl* **- 1.** [Benehmen] manners **- 2.** [Moral] morals.

sittenlos *adj* immoral <> *adv* immorally.

Sittenpolizei *die (ohne pl)* vice squad.

sittenstreng *adj* morally strict <> *adv* in a morally strict way.

Sitten|strolch *der* ***fam*** sex fiend.

sittenwidrig *adj* morally offensive <> *adv* in a morally offensive way.

Sittich *(pl* **-e***) der* parakeet.

sittlich *adj* moral <> *adv* morally.

Sittlichkeits|verbrechen *das* sex crime.

sittsam *adj* demure <> *adv* demurely.

Situation *(pl* **-en***) die* situation; **die ~ retten** to save the situation.

situationsbedingt *adj* resulting from the situation <> *adv* as a result of the situation.

Situationskomik *die* situation comedy.

Sitz *(pl* **-e***) der* **- 1.** [in Parlament, Möbelstück] seat **- 2.** *(ohne pl)* [von Institution, Firma] headquarters *(pl);* [von Regierung] seat **- 3.** *(ohne pl)* [von Kleidung] fit.

Sitz|ecke *die* corner seat.

sitzen *(prät* **saß;** *perf* **hat gesessen***) vi* **- 1.** [gen] to sit; **bleiben Sie doch bitte ~!** please don't get up!; **auf etw** *(D)* **~** to be sitting on sthg **- 2.** [Mitglied sein]: **im Vorstand ~** to sit on the board (of directors); **im Parlament ~** to have a seat in parliament **- 3.** [sich befinden] to be; [Firma] to be based; **der Zahn sitzt locker** the tooth is loose **- 4.** [passen] to fit **- 5.** ***fam*** [im Gefängnis sein] to be inside **- 6.** ***fam*** [Gelerntes]: **das Gedicht sitzt** the poem has stuck; **bei dem Meister sitzt jeder Handgriff** the expert can do every move in his sleep **- 7.** ***fam*** [nicht loswerden]: **auf etw** *(D)* **~** to be stuck with sthg **- 8.** ***RW:*** **einen ~ haben *fam*** to have one too many; **das hat gesessen** ODER **saß! *fam*** that hit home!

sitzen bleiben *(perf* **ist sitzen geblieben***) vi (unreg)* **- 1.** [in Schule] to have to repeat a year **- 2.** [auf Waren]: **auf etw** *(D)* **~** to be stuck with sthg.

sitzen lassen *vt (unreg)* ***fam*** **- 1.** [Person]: **jn ~** [versetzen] to stand sb up; [verlassen] to walk out on sb **- 2.** [beruhen lassen]: **etw (nicht) auf sich** *(D)* **~** (not) to take sthg lying down.

Sitz|fleisch *das (ohne pl)* ***fam*** backside; **~ haben *fam hum*** & ***fig*** [nicht gehen wollen] to be in no hurry to go; [Ausdauer haben] to have staying power; [stillsitzen können] to be able to sit still for a long time; **kein ~ haben *fam hum*** & ***fig*** [nicht stillsitzen können] to be unable to sit still for long; [keine Ausdauer haben] to lack staying power.

Sitz|gelegenheit *die* seat.

Sitz|gruppe *die* set of chairs.

Sitz|kissen *das* **- 1.** [auf dem Boden] floor cushion **- 2.** [auf einem Sitz] seat cushion.

Sitz|ordnung *die* seating plan.

Sitz|platz *der* seat.

Sitzung *(pl* **-en***) die* **- 1.** [Konferenz - von Vorstand, Abteilung] meeting; [- von Bundestag] sitting **- 2.** [Behandlung - beim Zahnarzt] visit; [- beim Psychotherapeuten] session.

Sitzungs|protokoll *das* minutes *(pl)*.
Sitzungs|saal *der* conference hall.
Sizilien [zi'tsiːliən] *nt* Sicily.
Skala *(pl* **-s** *ODER* **-len)** *die* scale; [von Farben] range.
Skalpell *(pl* **-e)** *das* scalpel.
Skandal *(pl* **-e)** *der* scandal.
skandalös *adj* scandalous <> *adv* scandalously.
Skandinavien [skandi'naːviən] *nt* Scandinavia.
Skandinavier, in [skandi'naːviɐ, rɪn] *(mpl* **-**; *fpl* **-nen)** *der, die* Scandinavian.
skandinavisch [skandi'naːvɪʃ] *adj* Scandinavian.
Skat *der* skat; **~ spielen** to play skat.
Skateboard ['skeːtbɔː(r)d] *(pl* **-s)** *das* skateboard.
Skelett *(pl* **-e)** *das* skeleton.
Skepsis *die* scepticism.
skeptisch *adj* sceptical <> *adv* sceptically.
Sketsch, Sketch [skɛtʃ] *(pl* **-e(s)** *ODER* **-s)** *der* sketch.
Ski, Schi [ʃiː] *(pl* **-** *ODER* **-er)** *der* ski; **auf ~ern** on skis; **~ fahren** *ODER* **laufen** to ski.
Ski|fahren *das* skiing.
Ski|gebiet *das* skiing area.
Ski|gymnastik *die (ohne pl)* skiing exercises *(pl)*.
Ski|kurs *der* skiing course.
Ski|langlauf *der* cross-country skiing.
Ski|läufer, in *der, die* skier.
Ski|lehrer, in *der, die* skiing instructor.
Ski|lift *der* ski lift.
Skinhead ['skɪnhɛd] *(pl* **-s)** *der* skinhead.
Ski|piste *die* ski run.
Ski|springen *das* ski jumping.
Ski|stiefel *der* ski boot.
Ski|stock *der* ski stick.
Ski|urlaub *der* skiing holiday *Br ODER* vacation *Am*.
Ski|wachs *das* ski wax *(U)*.
Skizze *(pl* **-n)** *die* **- 1.** [Zeichnung] sketch **- 2.** [Text] outline.
Skizzen|block *der* sketch pad.
skizzieren *vt* **- 1.** [zeichnen] to sketch **- 2.** [schreiben] to outline.
Sklave ['sklaːvə] *(pl* **-n)** *der* slave.
Sklaverei [sklave'rai] *die* slavery.
Sklavin ['sklaːvɪn] *(pl* **-nen)** *die* slave.
Skonto *(pl* **-s)** *der ODER das* discount.
Skorbut *der* scurvy.
Skorpion *(pl* **-e)** *der* **- 1.** [Tier] scorpion **- 2.** ASTROL [Sternzeichen, Person] Scorpio; **~ sein** to be a Scorpio.
Skript *(pl* **-en** *ODER* **-s)** *das* **- 1.** UNI *printed version of a series of lectures* **- 2.** [Drehbuch] script.
Skrupel *(pl* **-)** *der* scruple.
skrupellos *adj* unscrupulous <> *adv* unscrupulously.
Skulptur *(pl* **-en)** *die* sculpture.
skurril *adj* bizarre <> *adv* bizarrely.
Skyline ['skailain] *(pl* **-s)** *die* skyline.
Slalom *(pl* **-s)** *der* slalom *(U)*.
Slang [slɛŋ] *(pl* **-s)** *der* **- 1.** *abw* [Umgangssprache] slang *(U)* **- 2.** [Fachsprache] jargon *(U)*.
Slapstick ['slɛpstɪk] *(pl* **-s)** *der* slapstick *(U)*.
Slawe *(pl* **-n)** *der* Slav.
Slawin *(pl* **-nen)** *die* Slav.
slawisch *adj* Slavonic.
Slip *(pl* **-s)** *der* briefs *(pl)*.
Slipper *(pl* **-)** *der* slip-on.
Slogan [sloːgn̩] *(pl* **-s)** *der* slogan.
Slowakei *die* Slovakia.
Slowenien *nt* Slovenia.
Slowenisch(e) *das* Slovene; *siehe auch* **Englisch(e)**.
Slum [slam] *(pl* **-s)** *der* slum.
Smaragd *(pl* **-e)** *der* emerald.
smart *adj* smart <> *adv* smartly.
Smog [smok] *der* smog.
Smoking *(pl* **-s)** *der* dinner jacket *Br*, tuxedo *Am*.
Snob [snob] *(pl* **-s)** *der abw* snob.
Snobismus *der abw* snobbery.
snobistisch *abw adj* snobbish <> *adv* snobbishly.
Snowboard *(pl* **-s)** *das* snowboard; **~ fahren** to go snowboarding.
so *adv* **- 1.** [auf diese Art] like this; [auf jene Art] like that; **lass es ~, wie es ist** leave it as it is; **~ ist es!** *fam* that's right!; **weiter ~!** keep it up!; **gut ~!** *fam* good; **~ was** something like that **- 2.** [mit Adjektiv, Adverb] so; **ich bin ~ froh, dass du gekommen bist** I'm so glad you came; **eine ~ schwierige Prüfung** such a difficult exam; **~ ... wie ...** as ... as ...; **sie ist ~ alt wie du** she's as old as you **- 3.** [mit Substantiv, Pronomen]: **~ einer/eine/eins** such a; **~ ein Pech!** what bad luck!; **~ ein Unsinn!** what nonsense!; **~ eine Art Jacke** a sort of jacket; **~ mancher** many (people) **- 4.** [mit Geste] this; **er war ~ groß** he was this big **- 5.** *fam* [etwa] about, around **- 6.** [bei Zitaten]: **..., ~ der Minister** ..., said the

minister **- 7.** ***fam*** [ohne etwas] as it is; **ich trinke den Tee lieber ~** I'd rather have the tea as it is **- 8.** ***fam*** [kostenlos] for free; **ich bin ~ ins Kino reingekommen** I got into the cinema for free **- 9.** ***fam*** [im Allgemeinen]: **was hast du sonst noch ~ gemacht?** what else did you do, then?; **das sagen Sie ~** that's easy for you to say ◇ *konj* as; **laufen, ~ schnell man kann** to run as fast as one can; **~ ..., dass** so ... that ◇ *interj:* **~, das wars** so, that's it; **ich habe es satt! – ~?** I'm fed up with it! – are you?; **ach ~!** oh, I see!
◆ **so dass** *konj* = **sodass.**
◆ **oder so** *adv* ***fam*** or so.
◆ **so oder so** *adv* anyway.
◆ **so und so** *adv* anyway.
◆ **und so** *adv* ***fam*** and so on.

s. o. (*abk für* **siehe oben**) *see above.*

So. (*abk für* **Sonntag**) Sun.

SO (*abk für* **Südost**) SE.

sobald *konj* as soon as.

Söckchen (*pl* **-**) *das* ankle sock.

Socke (*pl* **-n**) *die* sock; **sich auf die ~n machen** ***fam fig*** to get moving.

Sockel (*pl* **-**) *der* [von Denkmal] plinth; [von Haus] base.

sodass, so dass *konj* so that.

Sodbrennen *das* heartburn.

soeben *adv* just.

Sofa (*pl* **-s**) *das* sofa.

sofern *konj* ***geh*** provided that.

soff *prät* ▷ **saufen.**

Sofia *nt* Sofia.

sofort *adv* **- 1.** [unverzüglich] immediately, straight away; **er ging ~ nach Hause** he went straight home **- 2.** ***fam*** [gleich] in a moment; **ich komme ~!** I'm just coming!

Sofortbild|kamera *die* instant camera.

Soforthilfe *die* emergency aid.

sofortig *adj* immediate.

Sofort|maßnahme *die* emergency measure.

soft *adj* ***fam*** soft.

Soft|eis *das* soft ice cream.

Softie (*pl* **-s**) *der* ***fam*** softy.

Software ['sɔftwɛɐ̯] *die* EDV software.

Software|fehler *der* EDV software error.

Software|paket *das* EDV bundled software *(U)*, software package.

sog *prät* ▷ **saugen.**

sog. *abk für* **so genannt.**

sogar *adv* even.

so genannt *adj* so-called.

Sohle (*pl* **-n**) *die* **- 1.** [Fuß-, Schuhsohle] sole **- 2.** [Ebene - von Tal, Stollen] floor; [- von Fluss] bed; [- von Bergwerk] level.

Sohn (*pl* **Söhne**) *der* son; **der verlorene ~** ***fig*** [abwesend] the prodigal son; [enttäuschend] the lost son.

Soja *die* soya.

Soja|soße *die* soy sauce *(U)*.

Soja|spross *der* beansprout.

solang, solange *konj* as long as.

Solarenergie *die* solar energy.

Solarium [zo'la:ri̯ʊm] (*pl* **-rien**) *das* solarium.

Solar|zelle *die* solar cell.

solch *det* such; **~ ein/eine** such a; **~ nette Leute** such nice people; **~e wie Sie** people like you.

solche, r, s *det* such.

Soldat (*pl* **-en**) *der* soldier.

Soldatenfried|hof *der* military cemetery.

Soldatin (*pl* **-nen**) *die* soldier.

Söldner, in (*mpl* **-;** *fpl* **-nen**) *der, die* mercenary.

Sol|ei *das* pickled egg.

solid = **solide.**

Solidar|beitrag *der contribution paid as act of solidarity between members of a particular group.*

solidarisch *adj* [Mensch, Politik] showing solidarity; **~e Haltung zeigen** to show solidarity ◇ *adv:* **sich ~ verhalten** to act in/show solidarity.

solidarisieren ◆ **sich solidarisieren** *ref:* **sich mit jm ~** to show solidarity with sb.

Solidarität *die* solidarity; **die ~ mit jm** solidarity with sb.

Solidaritäts|zuschlag *der special tax levied to help finance the reconstruction of former East Germany.*

solide, solid *adj* **- 1.** [brav] respectable **- 2.** [stabil] solid **- 3.** [Finanzen, Wissen, Meinung] sound ◇ *adv* **- 1.** [brav] respectably **- 2.** [stabil] solidly **- 3.** [finanzieren, ausbilden, arbeiten] soundly.

Solidität *die* **- 1.** [von Finanzen, Wissen] soundness **- 2.** [Stabilität] solidness **- 3.** [Bravheit] respectability.

Solist, in (*mpl* **-en;** *fpl* **-nen**) *der, die* soloist.

Soll (*pl* **-** ODER **-s**) *das* **- 1.** [Minus] debit; **~ und Haben** debit and credit **- 2.** [Sollseite] debit side **- 3.** [Leistung] target; **sein ~ erfüllen** [Pensum] to achieve one's target; [Pflicht] to fulfil one's obligations.

sollen (*perf* **hat gesollt** ODER **-**) *aux (perf hat sollen)* **- 1.** [als Aufforderung] to be supposed to; **ich soll um 10 Uhr dort sein** I'm supposed ODER meant to be there at 10; **soll ich das Fenster**

aufmachen? shall I open the window?; **was soll ich nur tun?** what should I do? **- 2.** [als Vermutung]: **er soll 108 Jahre alt sein** he is said to be 108 years old; **was soll das heißen?** what's that supposed to mean?; **hier soll ein Kaufhaus hinkommen** a department store is to be built here **- 3.** [konjunktivisch] should, ought to; **wir hätten nicht kommen ~** we shouldn't have come **- 4.** [als Bedingung]: **sollte sie noch kommen, sag ihr ...** if she should turn up, tell her ... <> *vi (perf hat gesollt):* **die Ware soll nach München** the goods are meant to go to Munich; **soll er doch!** *fam* let him!; **was soll das?** *fam* what's all this?; **was solls!** *fam* what the hell! <> *vt (perf hat gesollt):* **warum soll ich das?** why should I?

solo *adv* **- 1.** [im Solo] solo **- 2.** *fam* [allein] on one's own <> *adj (unver)* *fam* [allein] on one's own.

Solo (*pl* **Soli** *ODER* **-s**) *das* solo.

Solopart (*pl* **-s** *ODER* **-e**) *der* solo part.

Solothurn *nt* Solothurn.

solvent [zɔl'vɛnt] *adj* solvent.

Somalia *nt* Somalia.

somit[1] *adv* so.

somit[2] *adv* therefore.

Sommer (*pl* **-**) *der* summer; **im ~** in (the) summer.

Sommer|anfang *der* beginning of summer.

Sommerfahr|plan *der* summer timetable.

Sommer|ferien *pl* summer holiday *Br ODER* vacation *Am.*

Sommer|frische *die (ohne pl)* summer holiday *Br ODER* vacation *Am.*

Sommer|kleid *das* summer dress.

sommerlich *adj* summery <> *adv:* **~ heiß/trocken** as hot/dry as in summer; **sich ~ kleiden** to wear summery clothes.

Sommer|pause *die* summer break.

Sommer|reifen *der* summer tyre.

Sommerschlussver|kauf *der* summer sale.

Sommer|semester *das* summer term *Br ODER* semester *Am.*

Sommer|spiele *pl* **- 1.** [Theaterspiele] summer festival *(sg)* **- 2.** [Olympiade]: **Olympische ~** Summer Olympics.

Sommer|sprosse *die* freckle.

Sommer|zeit *die* summertime.

Sonate (*pl* **-n**) *die* MUS sonata.

Sonde (*pl* **-n**) *die* probe.

Sonderan|fertigung *die* special model.

Sonderan|gebot *das* special offer; **im ~** on special offer.

Sonderaus|gabe *die* special edition.

sonderbar *adj* strange <> *adv* strangely.

Sonderbe|handlung *die* special treatment *(U).*

Sonder|fahrt *die* **amt** [Zugfahrt] special train; [Busfahrt] special bus.

Sonder|fall *der* special case.

Sonder|genehmigung *die* special permit.

sondergleichen *adj* unparalleled.

sonderlich *adj* **- 1.** [besondere] particular **- 2.** [sonderbar] peculiar <> *adv:* **nicht ~** not particularly.

Sonder|maschine *die* special plane.

Sondermüll *der* hazardous waste.

sondern *konj* but.

Sonder|nummer *die* special issue.

Sonder|preis *der* **- 1.** [Sonderprämie] special prize **- 2.** [reduzierter Preis] special price.

Sonder|schule *die* special school.

Sonder|schüler, in *der, die* *child at a special school.*

Sonder|sitzung *die* [von Vorstand, Abteilung] special meeting; [von Parlament] special sitting.

Sonder|zeichen *das* EDV special character.

Sonder|zug *der* special train.

sondieren *vt* **geh** to sound out.

Sonett (*pl* **-e**) *das* sonnet.

Song [sɔŋ] (*pl* **-s**) *der* song.

Sonnabend (*pl* **-e**) *der* Saturday; *siehe auch* **Samstag.**

sonnabends *adv* on Saturdays; *siehe auch* **samstags.**

Sonne (*pl* **-n**) *die* sun; **die ~ geht auf/unter** the sun rises/sets; **die ~ scheint** the sun is shining; **in der prallen ~** in the blazing sun.

sonnen ◆ **sich sonnen** *ref* **- 1.** [sich bräunen] to sun o.s. **- 2.** [in Erfolg, Ruhm]: **sich in etw** *(D)* **~** *fig* to bask in sthg.

Sonnenauf|gang *der* sunrise.

Sonnen|bad *das* sunbathing *(U);* **ein ~ nehmen** to sunbathe.

Sonnen|bank (*pl* **-bänke**) *die* sunbed.

Sonnen|blume *die* sunflower.

Sonnen|brand *der* sunburn *(U).*

Sonnen|brille *die* sunglasses *(pl).*

Sonnen|creme *die* sun cream.

Sonnen|dach *das* [von Auto] sunroof; [für Terrasse] awning.

Sonnenein|strahlung *die* insolation *(U).*

Sonnen|energie *die* solar energy.

Sonnen|finsternis *die* solar eclipse.

Sonnen|hut *der* **- 1.** [Hut] sun hat **- 2.** [Pflanze] rudbeckia.

sonnenklar *adj* **fam** crystal clear.

Sonnen|kollektor (*pl* **-ren**) *der* solar collector.

Sonnen|licht *das* sunlight.

Sonnen|öl *das* suntan oil.

Sonnen|schein *der* sunshine.

Sonnen|schirm *der* sunshade.

Sonnen|schutz *der* protection against the sun.

Sonnen|seite *die* sunny side.

Sonnen|stich *der* sunstroke.

Sonnen|strahl *der* sunbeam.

Sonnen|studio *das* tanning studio.

Sonnen|system *das* solar system.

Sonnen|uhr *die* sundial.

Sonnenunter|gang *der* sunset.

Sonnen|wende *die* solstice.

sonnig *adj* sunny.

Sonntag (*pl* **-e**) *der* Sunday; *siehe auch* **Samstag.**

sonntäglich *adj* Sunday *(vor Subst).*

sonntags *adv* on Sundays; *siehe auch* **samstags.**

Sonntags|arbeit *die* Sunday working.

Sonntags|fahrer, in *der, die* **fam abw** Sunday driver.

Sonntags|kind *das* **- 1.** [Glückskind] lucky person **- 2.** [am Sonntag geboren] Sunday's child.

sonor *adj* sonorous ◇ *adv* sonorously.

sonst *adv* **- 1.** [außerdem] else; **~ nichts** nothing else; **~ noch etwas/jemand? fam** anything/anybody else?; **~ noch Fragen?** any more questions?; **wenn es ~ nichts ist** if that's all **- 2.** [abgesehen hiervon] otherwise, apart from that; **wer/was (denn) ~?** who/what else? **- 3.** [gewöhnlich] usually ◇ *konj* or (else); **jetzt beeil dich, ~ kommen wir zu spät** hurry up, or we'll be late.

sonst. *abk für* **sonstig.**

sonstig *adj* other.

sonst was *pron* **fam** something else; **er hätte dir ~ antun können** he could have done anything to you.

sonst wer *pron* **fam** someone else; [in Fragen] anyone else; **sie glaubt, sie ist ~** she thinks she's somebody special.

sonst wie *adv* **fam** in some other way; [in Fragen] in any other way.

sonst wo *adv* **fam** somewhere else; [in Fragen] anywhere else.

sonst woher *adv* **fam** somewhere else; [in Fragen] anywhere else; **die Leute kamen (von) ~** people came from all over; **das könnte ~ stammen** that could be from anywhere.

sonst wohin *adv* **fam** somewhere else; [in Fragen] anywhere else; **er fährt, ~ nur um seine Lieblingsband zu sehen** he travels all over just to see his favourite group.

sooft *konj* whenever.

Sopran (*pl* **-e**) *der* **- 1.** [Stimmlage - Frau] soprano; [- Knabe] treble **- 2.** *(ohne pl)* [Stimme im Chor - Frauen] sopranos *(pl)*; [- Knaben] trebles *(pl)* **- 3.** [Sängerin] soprano; [Sänger] treble.

Sopranist, in (*mpl* **-en**; *fpl* **-nen**) *der, die* treble (*f* soprano).

Sorbe (*pl* **-n**) *der* Sorb.

Sorbet [sɔr'beːl] (*pl* **-s**) *der* ODER *das* sorbet.

Sorbin (*pl* **-nen**) *die* Sorb.

sorbisch *adj* Sorbian.

Sorge (*pl* **-n**) *die* **- 1.** [Problem] worry; **sein Verhalten macht mir ~n** his behaviour worries me; **sich um jn/etw ~n machen** to worry about sb/sthg; **in ~ (um etw) sein** to be worried (about sthg) **- 2.** [Pflege] care; **für jn/etw ~ tragen geh** to take care of sb/sthg; **~ dafür tragen, dass ...** to make sure that ...

◆ **keine Sorge** *interj* [keine Angst] don't worry!

sorgen *vi:* **für etw ~** to see to sthg; **für jn ~** to look after sb.

◆ **sich sorgen** *ref:* **sich um jn/etw ~** to be worried about sb/sthg.

sorgenfrei *adj* free from care ◇ *adv* in a carefree way.

Sorgen|kind *das* problem child.

Sorgerecht *das* custody; **das ~ für jn erhalten/haben** to get/have custody of sb.

Sorgfalt *die* care.

sorgfältig *adj* careful ◇ *adv* carefully.

sorglos *adj* carefree ◇ *adv* in a carefree way.

Sorte (*pl* **-n**) *die* sort, type.

◆ **Sorten** *pl* WIRTSCH foreign currency *(sg).*

sortieren *vt* to sort.

sortiert *adj:* **gut ~** well-stocked.

Sortiment (*pl* **-e**) *das* range.

sosehr *konj* however much.

Soße (*pl* **-n**) *die* [für Nudeln, Pudding] sauce; [für Braten] gravy; [für Salat] dressing.

Souffleur [su'fløːɐ̯] (*pl* **-e**) *der* prompter.

Souffleuse [su'fløːzə] (*pl* **-n**) *die* prompter.

Soul [soul] *der* soul.

Sound [saunt] (*pl* -s) *der* sound.

Sound|karte [] *die* EDV sound card.

soundso *fam adj*: **Seite ~** page such-and-such; **Frau ~** Mrs so-and-so <> *adv* [sowieso] anyway; **~ groß sein** to be of such-and-such a size; **~ viele Personen** such-and-such a number of people.

Souterrain [sutɛ'rɛ̃:] (*pl* -s) *der* basement.

Souvenir [suvə'ni:ɐ̯] (*pl* -s) *das* souvenir.

souverän [zuvə'rɛ:n] *adj* - **1.** POL sovereign - **2.** [überlegen] masterful <> *adv* - **1.** POL: **~ herrschen** ODER **regieren** to have sovereign power - **2.** [überlegen] masterfully.

Souveränität [zuvərɛni'tɛ:t] *die* - **1.** POL sovereignty - **2.** [Überlegenheit] mastery.

soviel *konj* as far as; **~ ich weiß** as far as I know.

so viel *adv* so much; **~ du willst** as much as you want; **noch einmal ~** as much again; **dreimal ~** three times as much; **~ wie** as much as; **halb ~ (wie)** half as much/many (as).

soweit *konj* as far as; **~ ich weiß** as far as I know.

so weit *adj*: **~ sein** to be ready; **es ist ~** it is time <> *adv* on the whole; **~ wie möglich** as far as possible; **~ ich weiß** as far as I know.

so wenig *adv*: **~ wie möglich** as little as possible.

sowie *konj* as well as.

sowieso *adv* anyway.

sowjetisch *adj* Soviet *(vor Subst)*.

Sowjet|republik *die* Soviet Republic.

Sowjetunion *die*: **die ehemalige ~** the former Soviet Union.

sowohl *konj*: **~ A als auch B** A as well as B, both A and B.

Sozi (*pl* -s) *der* ***fam*** Social Democrat; [Sozialist] socialist.

sozial *adj* social; [Einstellung] socially aware; **~er Beruf** caring profession <> *adv* socially; [handeln] in a socially aware manner; **~ eingestellt** socially aware.

Sozial|abbau *der* cuts *(pl)* in social services.

Sozial|abgaben *pl* social security contributions.

Sozial|amt *das* social security office.

Sozial|arbeit *die* social work.

Sozial|arbeiter, in *der, die* social worker.

Sozial|demokrat, in *der, die* Social Democrat.

sozialdemokratisch *adj* Social Democratic <> *adv* [wählen] Social Democrat; **~ eingestellt sein** to have Social Democratic views.

Sozial|fall *der*: **ein ~ sein** to be dependent on state benefit.

Sozial|hilfe *die* ≃ income support ***Br***, ≃ welfare ***Am***.

Sozialisation *die* socialization.

Sozialismus *der* socialism.

Sozialist, in (*mpl* **-en**; *fpl* **-nen**) *der, die* socialist.

sozialistisch *adj* socialist <> *adv* [wählen] socialist; **~ eingestellt sein** to have socialist views.

sozialkritisch *adj* socially critical <> *adv* in a socially critical way; **~ eingestellt sein** to have socially critical views.

Sozial|kunde *die* social studies *(U)*.

Sozial|lasten *pl* social security costs.

Sozial|leistungen *pl* social security benefits.

Sozial|minister, in *der, die* social services minister.

Sozial|pädagogik *die* social education.

Sozial|partner *der* social partner.

Sozial|plan *der scheme which seeks to alleviate the hardship resulting from mass redundancy.*

Sozial|politik *die* social policy.

Sozial|staat *der* welfare state.

Sozial|verhalten *das* social behaviour.

Sozialver|sicherung *die* social security.

Sozial|wohnung *die* ≃ council flat ***Br***, ≃ low-rent apartment ***Am***.

Soziologe (*pl* **-n**) *der* sociologist.

Soziologie *die* sociology.

Soziologin (*pl* **-nen**) *die* sociologist.

soziologisch *adj* sociological <> *adv* sociologically.

sozusagen *adv* so to speak.

Spaceshuttle ['spe:sʃat(ə)l] (*pl* -s) *das* space shuttle.

Spachtel (*pl* -) *die* ODER *der* spatula.

Spachtel|masse *die* filler.

spachteln *vt* [mit Spachtelmasse] to fill <> *vi* ***fam*** [essen] to tuck in.

Spagat (*pl* -e) *der* - **1.** SPORT: **einen ~ machen** to do the splits - **2.** ***fig*** balancing act.

Spagetti, Spaghetti *pl* spaghetti *(U)*.

spähen *vi* - **1.** MIL to reconnoitre - **2.** ***geh*** [Ausschau halten] to peer; **nach jm/etw ~** to watch out for sb/sthg.

Spalier (*pl* -e) *das* - **1.** [von Menschen] double line; **~ stehen** to form a double line - **2.** [für Pflanzen] trellis.

Spalt (*pl* **-e**) *der* crack; **etw einen ~ weit** *ODER* **breit öffnen** to open sthg a crack.

Spalte (*pl* **-n**) *die* **- 1.** [Öffnung] crack **- 2.** TYPO column.

spalten *vt* [gen, CHEM & PHYS] to split; [Substanz, Verbindung] to break down.
◆ **sich spalten** *ref* **- 1.** [kaputtgehen] to split **- 2.** [sich aufspalten] to split up.

Spaltung (*pl* **-en**) *die* **- 1.** [Teilen - von Land, Partei] splitting up *(U)*; [Teilung - von Land, Partei] split **- 2.** CHEM & PHYS splitting *(U)*; [von Substanz] breaking down *(U)* **- 3.** MED split.

Span (*pl* **Späne**) *der* shaving.

Spanferkel *das* KÜCHE suckling pig.

Spange (*pl* **-n**) *die* **- 1.** [Schmuckstück] slide ***Br***, barrette ***Am*** **- 2.** [Zahnspange] brace.

Spanien *nt* Spain.

Spanier, in [ˈʃpaːni̯ɐ, rɪn] (*mpl* **-**; *fpl* **-nen**) *der, die* Spaniard.

spanisch *adj* Spanish <> *adv*: **~ sprechen** to speak Spanish; **das kommt mir ~ vor** ***fam fig*** that seems weird to me.

Spanisch(e) *das* Spanish; *siehe auch* **Englisch(e)**.

spann *prät* ▷ **spinnen.**

Spann (*pl* **-e**) *der* instep.

Spannbetttuch *das* fitted sheet.

Spanne (*pl* **-n**) *die* period; **in der/einer ~ von ... bis** between ... and.

spannen *vt* [Bogen] to draw; [Muskeln] to tense; [Schnur] to tighten; [Netz] to stretch out <> *vi* **- 1.** ***fam*** [heimlich zusehen] to take a peep **- 2.** [zu eng sein] to be too tight.
◆ **sich spannen** *ref*: **sich über etw** *(A)* **~** to span sthg.

spannend *adj* exciting <> *adv* excitingly.

Spanner (*pl* **-**) *der* **- 1.** ***fam abw*** [Mensch] peeping Tom **- 2.** [Vorrichtung - für Tennisschläger] press; [- für Hose] hanger; [- für Schuh] tree.

Spannerin (*pl* **-nen**) *die* ***fam abw*** voyeuse.

Spannkraft *die* vigour.

Spannung (*pl* **-en**) *die* **- 1.** [gen] tension; **jn/etw mit** *ODER* **voll ~ erwarten** to await sb/sthg eagerly **- 2.** [elektrisch] voltage; **unter ~ stehen** to be live.
◆ **Spannungen** *pl* tension *(sg)*.

Spannungsfeld *das* **- 1.** ***fig*** [Interessensphäre] area of tension **- 2.** ELEKTR electric field.

Spannungsgebiet *das* area of tension.

spannungsgeladen *adj* tense.

Spannweite *die* wingspan.

Spanplatte *die* chipboard *(U)*.

Sparbuch *das* savings book.

Sparbüchse *die* money box.

Spareinlage *die* savings deposit.

sparen *vt* to save; **sich** *(D)* **etw ~** to save o.s. sthg; **spar dir deine dummen Bemerkungen** you can keep your silly remarks <> *vi* to save; **an etw** *(D)* **~** to save on sthg; **für** *ODER* **auf etw** *(A)* **~** to save (up) for sthg; **mit etw nicht ~** ***geh*** not to stint on sthg.

Sparer, in (*mpl* **-**; *fpl* **-nen**) *der, die* saver.

Sparflamme *die* low flame; **auf ~ arbeiten** ***fig*** & ***hum*** to tick over; **auf ~ leben** ***fam*** to watch one's money.

Spargel (*pl* **-**) *der* asparagus *(U)*.

Sparguthaben *das* credit balance *(with a savings bank)*.

Sparkasse *die* savings bank.

Sparkonto *das* savings account.

spärlich *adj* [Haare] sparse; [Beifall, Maßnahmen] meagre <> *adv* [bekleidet] scantily; [bewachsen, wachsen] sparsely; [bewaffnet] lightly.

Sparmaßnahme *die* economy measure.

Sparpolitik *die* money-saving policy.

Sparprogramm *das* economy drive.

sparsam *adj* economical; **mit etw ~ sein** to be economical with sthg <> *adv* economically; **mit etw ~ umgehen** to be economical with sthg.

Sparsamkeit *die* economy.

Sparschwein *das* piggy bank.

spartanisch *adj* **- 1.** [anspruchslos] spartan **- 2.** HIST Spartan <> *adv* **- 1.** [anspruchslos] spartanly **- 2.** HIST in the Spartan manner.

Sparte (*pl* **-n**) *die* **- 1.** WIRTSCH line of business **- 2.** [in Zeitungen] section.

Spaß (*pl* **Späße**) *der* **- 1.** [Vergnügen] fun; **zum ~** for fun; **an etw** *(D)* **~ haben** to enjoy sthg; **jm den ~ verderben** to spoil sb's fun; **es macht mir ~** I enjoy it; **Auto fahren macht mir keinen ~** I don't enjoy driving; **viel ~!** have fun!; **da hört der ~ auf** I draw the line at that; **mir ist der ~ vergangen** it's no fun any more **- 2.** [Scherz] joke; [Streich] prank; **aus** *ODER* **im** *ODER* **zum ~** as a joke; **~ machen** [nicht ernst meinen] to be joking; **~/keinen ~ verstehen** to have a/no sense of humour.

Spaßbad *das* *swimming pool with flumes, sauna etc.*

spaßen *vi* to joke; **mit jm/etw ist nicht zu ~** sb/sthg is not to be trifled with.

spaßeshalber *adv* for fun.

spaßig *adj* funny <> *adv* in a funny way.

Spaßmacher, in (*mpl* **-**; *fpl* **-nen**) *der, die* joker.

Spaßverderber, in (*mpl* **-**; *fpl* **-nen**) *der, die* spoilsport.

Spastiker, in (*mpl* **-**; *fpl* **-nen**) *der, die* spastic.

spastisch *adj* spastic <> *adv:* **~ gelähmt sein** to be a spastic.

spät *adj* late; **bis in die ~e Nacht** until late at night; **wie ~ ist es?** what's the time? <> *adv* late; **sie kam mal wieder zu ~** she was late again; **von früh bis ~** from dawn to dusk.

spätabends *adv* late in the evening.

Spaten (*pl* -) *der* spade.

Spätentwickler, in (*mpl* **-**; *fpl* **-nen**) *der, die* late developer.

später *adj* & *adv* later.
◆ **bis später** *interj* see you later!

spätestens *adv* at the latest.

Spät|folge *die* long-term effect.

Spät|lese (*pl* **-n**) *die* [Wein] late vintage.

Spätnach|mittag *der* late afternoon.

Spät|schaden *der* long-term damage *(U)*.

Spät|schicht *die* late shift.

Spät|sommer *der* late summer.

Spätvor|stellung *die* late show.

Spatz (*pl* **-en**) *der* **- 1.** [Tier] sparrow **- 2.** *fam* [Anrede] pet.

Spätzle *pl* **Süddt** *small round noodles, similar to macaroni.*

spazieren (*perf* **ist spaziert**) *vi* to stroll.

spazieren gehen (*perf* **ist spazieren gegangen**) *vi (unreg)* to go for a walk.

Spazier|fahrt *die* drive.

Spazier|gang *der* walk; **einen ~ machen** to go for a walk.

Spazier|gänger, in (*mpl* **-**; *fpl* **-nen**) *der, die* person going for a walk.

Spazier|stock *der* walking stick.

SPD [ɛspeːˈdeː] (*abk für* **Sozialdemokratische Partei Deutschlands**) *die* SPD.

Specht (*pl* **-e**) *der* woodpecker.

Speck *der* **- 1.** [tierisch - von Schwein] pork fat; [- geräuchert, durchwachsen] bacon; [- von Wal, Robbe] blubber **- 2.** *fam* [menschlich] flab.

speckig *adj* greasy.

Speck|schwarte *die* bacon rind *(U)*.

Spediteur, in [ʃpediˈtøːɐ̯, rɪn] (*mpl* **-e**; *fpl* **-nen**) *der, die* haulier; [für Umzug] furniture mover.

Spedition [ʃpediˈtsi̯oːn] (*pl* **-en**) *die* haulage firm; [für Umzug] removal firm.

Speer (*pl* **-e**) *der* **- 1.** SPORT javelin **- 2.** [Waffe] spear.

Speerwerfen *das* SPORT javelin.

Speiche (*pl* **-n**) *die* spoke.

Speichel *der* saliva.

Speicher (*pl* -) *der* **- 1.** [Dachboden] loft; **auf dem ~** in the loft **- 2.** EDV memory.

Speicher|kapazität *die* EDV memory capacity.

speichern *vt* **- 1.** [ansammeln, abspeichern] to store **- 2.** EDV to save.

speien [ˈʃpai̯ən] (*prät* **spie**; *perf* **hat gespie(e)n**) *vt* [Feuer, Lava] to spew; [Wasser] to spout <> *vi* to vomit.

Speise (*pl* **-n**) *die* dish; **warme ~n** hot food; **~n und Getränke** meals and drinks.

Speise|eis *das* ice cream.

Speise|kammer *die* larder.

Speise|karte *die* menu.

speisen *geh vt* **- 1.** [essen] to dine on **- 2.** [zu essen geben] to feed <> *vi* to dine.

Speise|röhre *die* gullet.

Speise|saal *der* dining room.

Speise|salz *das* salt *(for consumption)*.

Speise|wagen *der* dining car.

Spektakel (*pl* -) *das* [Aufführung, Ereignis] spectacle <> *der* racket; **~ machen** to make a racket.

spektakulär *adj* spectacular <> *adv* spectacularly.

Spektrum (*pl* **Spektren**) *das* spectrum.

Spekulant, in (*mpl* **-en**; *fpl* **-nen**) *der, die* speculator.

Spekulation (*pl* **-en**) *die* speculation.

Spekulations|objekt *das* object of speculation.

Spekulatius (*pl* -) *der spiced Christmas biscuit shaped like a human or animal figure.*

spekulativ *adj* speculative <> *adv* speculatively.

spekulieren *vi* **- 1.** *fam* [hoffen]: **auf etw** *(A)* **~** to hope to get sthg **- 2.** WIRTSCH: **(auf etw** *(A)***) ~** to speculate (on sthg) **- 3.** [mutmaßen]: **über etw** *(A)* **~** to speculate about sthg.

Spelunke (*pl* **-n**) *die* **abw** dive.

spendabel *adj* **fam** generous.

Spende (*pl* **-n**) *die* donation; **um eine ~ bitten** to ask for donations/a donation.

spenden *vt* to donate; [Blut] to give <> *vi* to give.

Spendenauf|ruf *der* appeal for donations.

Spender, in (*mpl* **-**; *fpl* **-nen**) *der, die* donor; **wer war der edle ~?** who do I/we have to thank for this?

spendieren *vt:* **(jm) etw ~** to buy (sb) sthg.

Sperling (*pl* **-e**) *der* sparrow.

Sperma (*pl* **-ta** ODER **Spermen**) *das* sperm.

sperrangelweit *adv:* **~ offen** wide open.

Sperre (*pl* **-n**) *die* **- 1.** [Verbot & SPORT] ban; **eine ~ verhängen/aufheben** to impose/lift a ban

- **2.** [Absperrung] barrier **- 3.** TECH locking device.

sperren *vt* **- 1.** [einsperren]: **jn/etw in etw** *(A)* **~** to shut sb/sthg in sthg **- 2.** [Konto, Kredit] to freeze; [Scheck] to stop **- 3.** [Straße] to close **- 4.** SPORT to ban.
◆ **sich sperren** *ref:* **sich (gegen etw) ~** to resist (sthg).

Sperr|gebiet *das* prohibited ODER no-go area.

Sperrholz *das* plywood.

sperrig *adj* bulky.

Sperr|konto *das* WIRTSCH blocked account.

Sperr|müll *der* bulky refuse *(collected separately from normal refuse)*.

Sperr|sitz *der* [in Zirkus] ringside seat.

Sperr|stunde *die* closing time.

Sperrung (*pl* **-en**) *die* **- 1.** [von Straße] closing **- 2.** [von Konto, Kredit] freezing; [von Scheck] stopping.

Spesen *pl* expenses; **auf ~** on expenses.

Spezi (*pl* **-s**) ***fam der Süddt*** mate ◇ *das* cola and orangeade.

Spezial|gebiet *das* specialist field.

spezialisieren ◆ **sich spezialisieren** *ref:* **sich auf etw** *(A)* **~** to specialize in sthg.

Spezialist, in (*mpl* **-en;** *fpl* **-nen**) *der, die* specialist.

Spezialität (*pl* **-en**) *die* speciality ***Br,*** specialty ***Am.***

speziell *adj* special ◇ *adv* specially.

Spezies [ˈʃpeːtsi̯ɛs] (*pl* **-**) *die* species.

spezifisch *adj* specific ◇ *adv* specifically.

spezifizieren *vt* ***geh*** to specify.

Sphäre [ˈsfɛːrə] (*pl* **-n**) *die* sphere.

Sphinx (*pl* **-e**) *die* sphinx.

spicken *vt* **- 1.** KÜCHE: **etw mit etw ~** to lard sthg with sthg **- 2.** [ausstatten]: **etw mit etw ~** [Text, Rede] to pepper sthg with sthg ◇ *vi* to crib.

Spick|zettel *der* ***fam*** crib (sheet).

spie *prät* ▻ **speien.**

Spiegel (*pl* **-**) *der* **- 1.** [Gegenstand] mirror **- 2.** [von Gewässern] surface **- 3.** MED level **- 4.** *(ohne pl)* [Magazin]: **der ~** *German weekly news magazine.*

DER SPIEGEL

> This magazine reports on politics, the economy and culture, and has a circulation of over a million. It has a reputation for being provocative, and has already been the cause of more than one political scandal.

Spiegel|bild *das* reflection.

Spiegel|ei *das* fried egg.

spiegelglatt *adj* very slippery.

spiegeln *vi* to shine.
◆ **sich spiegeln** *ref:* **sich in etw** *(D)* **~** to be reflected in sthg.

Spiegelreflex|kamera *die* reflex camera.

spiegelverkehrt *adj:* **eine ~e Darstellung** a mirror image ◇ *adv* the wrong way round.

Spiel (*pl* **-e**) *das* **- 1.** [Vergnügen, Wettkampf] game; **machen wir noch ein ~?** shall we have another game?; **das ist ein ~ mit dem Leben** you're risking your life by doing that; **ein ~ mit jm treiben** to play games with sb **- 2.** [von Musiker] playing; [von Schauspieler] acting; [von Sportler, Mannschaft] game **- 3.** TECH play **- 4.** [Glücksspiel] gambling **- 5.** ***RW:*** **auf dem ~ stehen** to be at stake; **etw aufs ~ setzen** to risk sthg; **jn/etw aus dem ~ lassen** to leave sb/sthg out of it.

Spiel|automat *der* slot machine, fruit machine ***Br.***

Spiel|ball *der* **- 1.** [in Tennis] game point **- 2.** [Mensch] plaything.

Spiel|bank (*pl* **-en**) *die* casino.

spielen *vi* **- 1.** [gen] to play; **mit jm/etw ~** to play with sb/sthg **- 2.** [als Schauspieler] to act **- 3.** [Roman, Film] to be set **- 4.** [Glücksspiel machen] to gamble; **um etw ~** to play for sthg **- 5.** [einsetzen]: **seine Beziehungen ~ lassen** to pull strings; **seinen Charme ~ lassen** to use one's charm ◇ *vt* to play; **Klavier/Saxophon ~** to play the piano/saxophone; **Lotto ~** to do the lottery; **den Unschuldigen ~** to act ODER play the innocent; **den Ahnungslosen/Kranken ~** to pretend to know nothing/be ill.

spielend *adv* **- 1.** [einfach] easily **- 2.** [beim Spielen] through play.

Spieler (*pl* **-**) *der* **- 1.** [Mitspieler] player **- 2.** [Glücksspieler] gambler.

Spielerei (*pl* **-en**) *die* **- 1.** [Schnickschnack] gimmick **- 2.** ***abw*** [Herumspielen] fooling around **- 3.** ***fam*** [Leichtigkeit]: **das ist doch eine ~!** that's a piece of cake!

Spielerin (*pl* **-nen**) *die* **- 1.** [Mitspielerin] player **- 2.** [Glücksspielerin] gambler.

spielerisch *adj* **- 1.** [locker] effortless **- 2.** [Fähigkeit - in Sport, Musik] as a player; [- in Theater] as an actor ◇ *adv* **- 1.** [locker] effortlessly **- 2.** [in Sport]: **eine ~ enttäuschende Mannschaft** a team that gave a disappointing performance.

Spiel|feld *das* [für Fußball, Hockey] field, pitch ***Br;*** [für Tennis, Federball, Volleyball] court.

Spiel|film *der* feature film.

Spiel|halle *die* amusement arcade.

Spiel|karte *die* playing card.

Spiel|kasino *das* casino.

Spielkonsole (*pl* **-n**) *die* game ODER video console.

Spiel|leitung *die* [von Theaterstück, Fernsehstück] direction; **die ~ haben** [von Spielsendung] to be the quizmaster.

Spiel|plan *der* **- 1.** [von Theatern] programme **- 2.** SPORT fixture list.

Spiel|platz *der* playground.

Spiel|raum *der* leeway.

Spiel|regel *die* rule; **sich an die ~n halten** to stick to the rules.

Spiel|uhr *die* music box.

Spiel|verderber, in (*mpl* **-**; *fpl* **-nen**) *der, die* spoilsport.

Spiel|waren *pl* toys.

Spiel|zeit *die* **- 1.** [von Theatern] season **- 2.** SPORT: **die reguläre ~** normal time; [von Fußballspiel] the ninety minutes.

Spiel|zeug *das* **- 1.** *(ohne pl)* [Spielsachen] toys *(pl)* **- 2.** [einzelnes Spielgerät] toy.

Spieß (*pl* **-e**) *der* spit; **am ~** spit-roasted; **den ~ umdrehen** ***fig*** to turn the tables; **wie am ~ brüllen** ***fig*** to scream one's head off.

Spieß|bürger, in *der, die* ***abw*** (petit) bourgeois.

spießen *vt:* **etw auf etw** *(A)* **~** to skewer sthg with sthg.

Spießer, in (*mpl* **-**; *fpl* **-nen**) *der, die* ***abw*** (petit) bourgeois.

spießig ***abw*** *adj* (petit) bourgeois ◇ *adv* in a (petit) bourgeois way.

Spieß|rute *die:* **~n laufen** to run the gauntlet.

Spike [ʃpaik, spaik] (*pl* **-s**) *der* [von Schuh] spike; [von Reifen] stud.

◆ **Spikes** *pl* **- 1.** [Schuhe] spikes **- 2.** [Reifen] studded tyres.

Spinat (*pl* **-e**) *der* spinach.

Spind *der* locker.

Spindel (*pl* **-n**) *die* spindle.

Spinett (*pl* **-e**) *das* spinet.

Spinne (*pl* **-n**) *die* spider.

spinnen (*prät* **spann**; *perf* **hat gesponnen**) *vt* to spin ◇ *vi* **- 1.** ***fam*** [verrückt sein] to be crazy; **du spinnst!, spinnst du?** are you crazy? **- 2.** [arbeiten] to spin.

Spinner (*pl* **-**) *der* **- 1.** ***fam*** [Verrückter] nutcase, nutter ***Br*** **- 2.** [Arbeiter] spinner.

Spinnerei (*pl* **-en**) *die* **- 1.** ***fam*** [Verrücktheit] crazy idea **- 2.** [Betrieb] spinning mill.

Spinnerin (*pl* **-nen**) *die* **- 1.** ***fam*** [Verrückte] nutcase, nutter ***Br*** **- 2.** [Arbeiterin] spinner.

Spinnwebe (*pl* **-n**) *die* cobweb.

Spion (*pl* **-e**) *der* **- 1.** [Geheimagent] spy **- 2.** [Türspion] peephole.

Spionage [ʃpio'na:ʒə] *die* spying; **~ betreiben** to spy.

Spionageabwehr *die* counter-espionage.

spionieren *vi* **- 1.** [Spionage treiben] to spy **- 2.** ***fam abw*** [neugierig sein] to snoop.

Spionin (*pl* **-nen**) *die* spy.

Spirale (*pl* **-n**) *die* **- 1.** [gewundene Linie] spiral **- 2.** MED coil.

spiritistisch *adj* spiritualist.

Spirituose (*pl* **-n**) *die* ***amt*** spirit.

Spiritus (*pl* **-se**) *der* spirit.

Spital (*pl* **-äler**) *das* ***Schweiz*** hospital.

spitz *adj* **- 1.** [Ende, Schuh, Bogen, Bemerkung] pointed; [Bleistift, Messer, Nadel] sharp **- 2.** [Winkel] acute **- 3.** ***fam*** [geil]: **auf jn ~ sein** to have the hots for sb; **~ darauf sein, etw zu tun** to be dying to do sthg ◇ *adv* **- 1.** [zulaufen] to a point **- 2.** [bemerken] pointedly.

Spitz (*pl* **-e**) *der* spitz.

Spitz|bart *der* goatee.

Spitzbergen *nt* Spitsbergen.

Spitz|bogen *der* pointed arch.

Spitz|bube *der* ***fam*** rascal.

spitzbübisch *adj* roguish ◇ *adv* roguishly.

spitze ***fam*** *adj (unver)* great ◇ *interj* great!

Spitze (*pl* **-n**) *die* **- 1.** [von Messer, Bleistift] point; [von Kirchturm, Baum] top; [von Berg] peak **- 2.** [Führung]: **an der ~** [in Betrieb, Partei] at the top; [in Rennen] in the lead **- 3.** [Höchstwert] maximum; **etw auf die ~ treiben** ***fig*** to take sthg too far **- 4.** ***fam*** [besonders gut]: **~ sein** to be great **- 5.** [Bemerkung] gibe.

Spitzel (*pl* **-**) *der* informer.

spitzen *vt* **- 1.** [spitz machen] to sharpen **- 2.** [Ohren] to prick up.

Spitzener|zeugnis *das* top-quality product.

Spitzen|geschwindigkeit *die* top speed.

Spitzen|klasse *die* **- 1.** [beste Qualität]: **~ sein** to be top-class **- 2.** [die Besten] top flight.

Spitzen|leistung *die* top-quality performance.

Spitzen|reiter, in *der, die* leader.

Spitzen|sportler, in *der, die* top sportsman (*f* top sportswoman).

spitzfindig ***abw*** *adj* hairsplitting ◇ *adv:* **~ argumentieren** to split hairs.

spitz|kriegen *vt* ***fam*** to get wise to.

Spitz|name *der* nickname.

spitzwinklig, spitzwinkelig *adj* [Form, Dreieck] acute-angled ◇ *adv* to an acute angle.

Spleen [ʃpliːn, spliːn] *(pl* **-s)** *der* **fam** quirk.

Splitter *(pl -) der* [aus Holz, Glas] splinter; [von Bombe] fragment.

Splitter|gruppe *die* splinter group.

splittern *(perf* **hat/ist gesplittert)** *vi* to splinter.

splitternackt *adj & adv* stark naked.

SPÖ [ɛspeː'ø] *(abk für* **Sozialdemokratische Partei Österreichs)** *die Austrian Social Democratic Party.*

Spoiler *(pl -) der* AUTO spoiler.

sponsern *vt* to sponsor.

Sponsor *(pl* **-soren)** *der* sponsor.

Sponsorin *(pl* **-nen)** *die* sponsor.

spontan *adj* spontaneous <> *adv* spontaneously.

Spontaneität, Spontanität *(pl* **-en)** *die* **- 1.** [Eigenschaft] spontaneity **- 2.** [Handlung] spontaneous act.

sporadisch *adj* sporadic <> *adv* sporadically.

Spore *(pl* **-n)** *die* spore.

Sporn *(pl* **-e** ODER **Sporen)** *der* **- 1.** *(pl Sporen)* [für Pferd] spur **- 2.** *(pl Sporne)* [Rammdorn] ram.

Sport *der* sport; **~ treiben** to do sport.

Sport|art *die* sport.

Sport|artikel *pl* sports equipment *(U).*

Sport|fest *das* sports festival; SCHULE sports day.

Sportflug|zeug *das* light aircraft.

Sport|gerät *das* piece of sports apparatus.

Sport|halle *die* sports hall.

Sport|kleidung *die* sportswear.

Sport|lehrer, in *der, die* sports teacher.

Sportler, in *(mpl -; fpl* **-nen)** *der, die* sportsman *(f* sportswoman).

sportlich *adj* **- 1.** [Leistung, Betätigung, Verhalten] sporting; [Person, Figur] sporty **- 2.** [leger] casual <> *adv* **- 1.** [den Sport betreffend]: **sich ~ betätigen** to do sport **- 2.** [leger] casually **- 3.** [fair] sportingly.

Sport|medizin *die* sports medicine.

Sport|nachrichten *pl* sports news *(U).*

Sport|platz *der* playing field.

Sport|verein *der* sports club.

Sport|wagen *der* **- 1.** [Auto] sports car **- 2.** [Kinderwagen] pushchair ***Br***, stroller ***Am***.

Spot *(pl* **-s)** *der* **- 1.** [Werbefilm] commercial **- 2.** [Scheinwerfer] spotlight.

Spott *der* mockery.

spottbillig *adj & adv* dirt-cheap.

spotten *vi*: **(über jn/etw) ~** to mock (sb/sthg).

spöttisch *adj* mocking <> *adv* mockingly.

Spott|preis *der* knockdown price.

sprach *prät* ▷ **sprechen.**

Sprache *(pl* **-n)** *die* **- 1.** [gen] language; **in deutscher ~** in German **- 2.** *RW:* **jm die ~ verschlagen** to leave sb speechless; **etw zur ~ bringen** to bring sthg up; **raus mit der ~!** ***fam*** out with it!; **zur ~ kommen** to come up.

Sprach|fehler *der* speech defect.

Sprachge|brauch *der* usage.

Sprach|gefühl *das* feeling for languages.

Sprach|kenntnisse *pl* knowledge *(U)* of languages.

Sprach|kurs *der* language course.

Sprach|labor *das* language laboratory.

sprachlich *adj* linguistic <> *adv* linguistically.

sprachlos *adj* [Staunen] speechless; **~ sein** to be speechless <> *adv* [dastehen] speechlessly.

Sprach|reise *die* language trip.

Sprach|rohr *das* mouthpiece.

Sprach|wissenschaft *die* linguistics *(U).*

sprang *prät* ▷ **springen.**

Spray [ʃpreː, spreː] *(pl* **-s)** *der* ODER *das* spray.

Spray|dose *die* aerosol.

Sprech|anlage *die* intercom.

Sprech|blase *die* speech bubble.

sprechen *(präs* **spricht;** *prät* **sprach;** *perf* **hat gesprochen)** *vi* **- 1.** [gen] to talk, to speak; **wer spricht da, bitte?** [am Telefon] who's speaking?; **mit jm ~** to talk to sb; **über jn/etw ~, von jm/etw ~** to talk about sb/sthg; **er sprach davon, dass ...** he mentioned that ...; **zu jm ~** to speak to sb; **auf jn/etw zu ~ kommen** to discuss sb/sthg **- 2.** [als Redner auftreten] to speak; **frei ~** to speak without notes **- 3.** [urteilend]: **das spricht für ihn** that's a point in his favour; **es spricht für ihn, dass ...** it's in his favour that ...; **alles spricht dafür, dass ...** there is every reason to believe that ...; **was spricht dagegen, jetzt Urlaub zu nehmen?** why shouldn't we go on holiday now? <> *vt* **- 1.** [gen] to speak; **Deutsch ~** to speak German; **jn ~** to speak to sb **- 2.** [Gebet] to say **- 3.** [reden mit] to speak to; **er ist nicht** ODER **für niemanden zu ~ sein** he's unavailable.

Sprecher, in *(mpl -; fpl* **-nen)** *der, die* **- 1.** [von Gruppe] spokesperson **- 2.** [von Nachrichten] newsreader.

Sprech|stunde *die* **- 1.** [beim Arzt] surgery **- 2.** UNI *time each week during which students can go to lecturers with individual problems.*

Sprechstunden|hilfe *die* (doctor's) receptionist.

Sprech|zimmer *das* consulting room.

spreizen *vt* to spread.

sprengen *vt* **- 1.** [mit Sprengstoff - Brücke, Gebäude] to blow up; [- Tür] to blow open; **etw in die Luft ~** to blow sthg up **- 2.** [mit Wasser - Rasen, Garten] to water; [- Wäsche] to sprinkle with water.

Spreng|kopf *der* warhead.

Spreng|kraft *die* explosive force.

Spreng|satz *der* explosive charge.

Spreng|stoff *der* explosive.

Spreu *die* chaff.

spricht *präs* ▻ **sprechen.**

Sprichwort (*pl* **-wörter**) *das* proverb.

sprichwörtlich *adj* proverbial.

sprießen (*prät* **spross;** *perf* **ist gesprossen**) *vi* to sprout.

Spring|brunnen *der* fountain.

springen (*prät* **sprang;** *perf* **hat/ist gesprungen**) *vi* **- 1.** *(ist)* [hüpfen & SPORT] to jump; **auf etw** *(A)***/aus etw/von etw ~** to jump onto/out of/from sthg **- 2.** [Ball] to bounce **- 3.** *(ist)* [kaputtgehen] to crack **- 4.** *RW:* **mein Vater hat 50 Mark ~ lassen** *fam* my dad gave me 50 marks ◇ *vt (hat)* SPORT [Salto] to do.

Springer (*pl* -) *der* **- 1.** [Sportler] jumper **- 2.** [Schachfigur] knight.

Springerin (*pl* **-nen**) *die* jumper.

Spring|form *die* KÜCHE spring-release tin *Br,* springform pan *Am.*

Spring|reiter, in *der, die* show jumper.

Sprint (*pl* **-s**) *der* sprint.

sprinten (*perf* **hat/ist gesprintet**) *vi* to sprint.

Spritze (*pl* **-n**) *die* **- 1.** [Injektion] injection **- 2.** [Injektionsgerät, Küchengerät] syringe **- 3.** [Wasserspritze] hose.

spritzen (*perf* **hat/ist gespritzt**) *vi* **- 1.** *(hat)* [herumspritzen - Flüssigkeit, Person] to splash; [- Fett] to spit **- 2.** *(ist)* [in bestimmte Richtung] to splash **- 3.** *(hat)* [eine Spritze geben] to give an injection ◇ *vt (hat)* **- 1.** [gen] to spray; **jn nass ~** to splash sb **- 2.** [Medikament, Droge] to inject; **sich/jm ein Schmerzmittel ~** to inject o.s./sb with a painkiller.

Spritzer (*pl* -) *der* splash; **einen ~ Würze** a dash of seasoning.

spritzig *adj* **- 1.** [Wein] sparkling **- 2.** [Auto, Läufer] lively.

Spritz|pistole *die* spray gun.

Spritz|tour *die:* **eine ~ machen** to go for a spin.

spröde *adj* **- 1.** [trocken] dry **- 2.** [brüchig] brittle **- 3.** [Mensch, Art] standoffish ◇ *adv* [unzugänglich] standoffishly.

spross *prät* ▻ **sprießen.**

Sprosse (*pl* **-n**) *die* rung.

Sprössling (*pl* **-e**) *der* ***fam hum*** offspring.

Sprotte (*pl* **-n**) *die* sprat.

Spruch (*pl* **Sprüche**) *der* [Redensart] saying; **Sprüche klopfen** ***fam abw*** to talk big.

Spruchband (*pl* **-bänder**) *das* banner.

spruchreif *adj:* **die Sache ist noch nicht ~** [nicht entschieden] no decision has been taken on the matter as yet; [noch nicht offiziell] we still can't talk about the matter.

Sprudel (*pl* -) *der* sparkling mineral water.

sprudeln (*perf* **hat/ist gesprudelt**) *vi* **- 1.** [gen] to bubble **- 2.** [wenn Kohlensäure entweicht] to fizz.

Sprüh|dose *die* aerosol.

sprühen (*perf* **hat/ist gesprüht**) *vt (hat)* to spray ◇ *vi* **- 1.** *(ist)* [fliegen] to spray **- 2.** *(hat)* [glänzen]: **vor Ideen ~** to be bubbling over with ideas; **vor Witz ~** to be sparklingly witty.

Sprühregen *der* drizzle.

Sprung (*pl* **Sprünge**) *der* **- 1.** [Bewegung] jump **- 2.** [Riss] crack; **einen ~ haben** to be cracked **- 3.** *RW:* **(gerade) auf dem ~ sein** to be about to leave; **auf einen ~ vorbeikommen** ***fam*** to drop in for a minute; **jm auf die Sprünge helfen** to help sb out.

Sprung|brett *das* springboard.

sprunghaft *adj* **- 1.** [unstet] erratic **- 2.** [abrupt steigend] rapid ◇ *adv* **- 1.** [unstet] erratically **- 2.** [abrupt steigend] rapidly.

Sprung|schanze *die* ski jump.

SPS [ɛs peː ɛs] (*abk für* **Sozialdemokratische Partei der Schweiz**) *die Swiss Social Democratic Party.*

Spucke *die* spit; **mir blieb die ~ weg** ***fam*** I was speechless.

spucken *vi* **- 1.** [ausspucken] to spit; **ich spucke auf dein blödes Geld!** ***salopp*** I spit on your stupid money! **- 2.** ***fam*** [sich übergeben] to puke ◇ *vt* [Olivenstein, Blut] to spit.

Spuk *der* haunting; **dem ~ ein Ende machen** ***fig*** to return things to normal.

spuken *vi:* **in einem Haus ~** to haunt a house; **spukt es hier?** is this place haunted?

Spül|becken *das* sink.

Spule (*pl* **-n**) *die* **- 1.** [Rolle] spool **- 2.** ELEKTR coil.

Spüle (*pl* **-n**) *die* sink.

spülen *vt* **- 1.** [Geschirr] to wash **- 2.** [Wäsche] to rinse **- 3.** [hinwegtragen]: **über Bord gespült werden** to be washed overboard ◇ *vi* **- 1.** [Geschirr reinigen] to do the dishes, to wash up ***Br*** **- 2.** [Subj: Waschmaschine] to rinse **- 3.** [hinunterspülen] to flush.

Spül|maschine *die* dishwasher.

Spül|mittel *das* washing-up liquid ***Br,*** dishwashing liquid ***Am.***

Spur (*pl* **-en**) *die* **- 1.** [Anzeichen] clue **- 2.** [Abdruck] track **- 3.** [Fahrstreifen] lane; **die ~ wechseln** to change lanes **- 4.** [kleine Menge - von Zutat] hint; [- von Substanz] trace **- 5.** *RW:* **eine heiße ~** a strong lead; **jm/einer Sache auf der ~ sein** to be on sb's/sthg's track.
◆ **keine Spur** *interj* not at all!

spürbar *adj* **- 1.** [fühlbar] noticeable **- 2.** [deutlich] clear ◇ *adv* **- 1.** [fühlbar] noticeably **- 2.** [sichtlich] clearly.

spuren *vi fam* to toe the line.

spüren *vt* **- 1.** [fühlen] to feel; **du wirst seinen Ärger zu ~ bekommen** you'll find out what it means for him to get angry; **du wirst die Konsequenzen zu ~ bekommen** you'll see what the consequences are **- 2.** [ahnen] to sense.

Spuren|element *das* trace element.

Spür|hund *der* **- 1.** [Hund] tracker dog **- 2.** *fam* [Detektiv] sleuth.

spurlos *adv* **- 1.** [verschwinden] without a trace **- 2.** [ohne negative Auswirkungen]: **die Trennung ist nicht ~ an ihr vorübergegangen** the separation has left its mark on her.

Spurt (*pl* **-s** ODER **-e**) *der* [Endspurt] sprint for the line; [Zwischenspurt] spurt.

spurten (*perf* **hat/ist gespurtet**) *vi* **- 1.** SPORT to put on a spurt **- 2.** *fam* [schnell laufen] to sprint.

Spur|wechsel *der amt* change of lane.

sputen ◆ **sich sputen** *ref* to hurry up.

Squash [skvɔʃ] *das* squash.

SR [ɛs'ɛr] (*abk für* **Saarländischer Rundfunk**) *der Saarland regional broadcasting company.*

SRG [ɛsɛr'geː] (*abk für* **Schweizerische Radio- und Fernsehgesellschaft**) *die Swiss broadcasting company.*

Sri Lanka *nt* Sri Lanka.

s. S. (*abk für* **siehe Seite**) see p.

SS [ɛs'ɛs] *abk für* **Sommersemester** ◇ *die* (*abk für* **Schutzstaffel**) MIL SS.

SSV *abk für* **Sommerschlussverkauf.**

s. t. (*abk für* **sine tempore (ohne akademisches Viertel)**) UNI punctually.

St. - 1. (*abk für* **Sankt**) St **- 2.** *abk für* **Stück.**

Staat (*pl* **-en**) *der* state; **die ~en** *fam* the States; **mit jm/etw keinen ~ machen können** *fig* not to be able to make an impression with sb/sthg.

Staaten|bund *der* Confederation.

staatenlos *adj* stateless.

staatl. *abk für* **staatlich.**

staatl. gepr. (*abk für* **staatlich geprüft**) *government-certified.*

staatlich *adj* state ◇ *adv* by the state; **~ anerkannt** government-approved; **~ geprüft** government-certified.

Staats|angehörigkeit *die* nationality; **doppelte ~** dual nationality.

Staats|anwalt, anwältin *der, die* public prosecutor *Br*, district attorney *Am*.

Staats|besuch *der* state visit.

Staats|bürger, in *der, die* citizen.

Staats|dienst *der* civil service.

staatseigen *adj* state-owned.

Staats|examen *das final exam taken by law and arts students at university.*

STAATSEXAMEN

> The "Staatsexamen" is an examination taken by some students who have completed their tenth term at university: it is sat by students studying for the teaching, legal or medical professions. Teachers and lawyers receive their diploma after a second "Staatsexamen" which follows a two-year practical training course known as a "Referendar".

Staats|feind, in *der, die* enemy of the state.

Staats|grenze *die* border.

Staats|kasse *die* public purse.

Staats|mann (*pl* **-männer**) *der* statesman.

Staatsober|haupt *das* head of state.

Staats|sekretär, in *der, die* ≃ permanent secretary.

Staats|sicherheitsdienst *der security service in former GDR.*

Staats|streich *der* coup (d'état).

staatstragend *adj* pro-government.

Staats|trauer *die* state mourning.

Staats|verdrossenheit *die* political inertia.

Staats|vertrag *der* international treaty.

Stab (*pl* **Stäbe**) *der* rod; [von Gitter] bar; [von Dirigent] baton; MIL [von Pilger] staff; [zum Stabhochsprung] pole.

Stäbchen (*pl* **-**) *das* stick; [Essstäbchen] chopstick.

Stabhoch|springer, in *der, die* SPORT pole-vaulter.

Stabhochsprung *der* SPORT pole vault.

stabil *adj* **- 1.** [Haus, Währung, Wetter] stable **- 2.** [Person, Gesundheit] robust; [Möbel] solid.

stabilisieren *vt* to stabilize.
◆ **sich stabilisieren** *ref* to stabilize.

Stabilität *die* stability.

Stab|reim *der* alliteration *(U)*.

stach *prät* ▻ **stechen.**

Stachel (*pl* **-n**) *der* **- 1.** [von Tier] sting **- 2.** [von Pflanze] thorn.

Stachel|beere *die* gooseberry.

Stachel|draht *der* barbed wire *(U)*.

stachelig, stachlig *adj* prickly.

Stachel|schwein *das* porcupine.

stachlig = **stachelig.**

Stadion [ˈʃtaːdi̯ɔn] (*pl* **Stadien**) *das* stadium.

Stadium [ˈʃtaːdi̯ʊm] (*pl* **Stadien**) *das* stage.

Stadt (*pl* **Städte**) *die* **- 1.** [Ort] town; [Großstadt] city; **die ~ Köln** the city of Cologne **- 2.** *fam* [Stadtverwaltung] town/city council.

Stadt|auto *das* city car club *(run on a pay-as-you-use basis)*.

stadtbekannt *adj* well-known throughout the town/city.

Stadt|bild *das* [von Ort] townscape; [von Großstadt] cityscape.

Stadt|bummel *der* stroll through town.

Städtebau *der* urban development; [Planung] town planning.

städtebaulich *adj* of urban development.

stadteinwärts *adv* towards the town/city centre.

Städter, in (*mpl* **-**; *fpl* **-nen**) *der, die* town/city dweller.

Städte|trip *der* city tour.

Stadt|flucht *die (ohne pl)* town/city exodus.

Stadt|gas *das* gas *(from the mains)*.

Stadt|gespräch *das*: **~ sein** to be the talk of the town.

städtisch *adj* **- 1.** [der Stadtverwaltung] municipal **- 2.** [der Stadt] urban.

Stadt|kern *der* town/city centre; **der historische ~** the historical town/city centre.

Stadt|mauer *die* city wall.

Stadt|mitte *die* town/city centre.

Stadt|park *der* municipal park.

Stadt|plan *der* street map.

Stadt|rand *der* outskirts *(pl)*.

Stadt|rat *der* **- 1.** [Versammlung] town/city council **- 2.** [Person] town/city councillor.

Stadt|rätin *die* town/city councillor.

Stadtrund|fahrt *die* city tour.

Stadt|staat *der* city state.

Stadt|streicher, in *der, die* town/city tramp.

Stadt|teil *der* district.

Stadt|tor *das* city gate.

Stadt|verkehr *der* town/city traffic.

Stadt|verwaltung *die* town/city council.

Stadt|viertel *das* district, quarter.

Stadt|werke *pl* town/city services.

Stadt|zentrum *das* town/city centre, downtown area *Am.*

Staffel (*pl* **-n**) *die* SPORT relay race.

Staffelei (*pl* **-en**) *die* easel.

staffeln *vt* to grade.

Stagnation (*pl* **-en**) *die* stagnation *(U)*.

stagnieren *vi* to stagnate.

stahl *prät* ▻ **stehlen.**

Stahl (*pl* **Stähle**) *der* steel *(U)*.

stählern *adj* [aus Stahl] steel.

Stahl|industrie *die* steel industry.

Stahl|rohr *das* steel pipe.

staksen (*perf* **ist gestakst**) *vi* *fam* to totter.

Stalinismus *der* Stalinism.

Stall (*pl* **Ställe**) *der* [gen] barn; [für Kühe] cowshed; [für Pferde] stable; [für Kaninchen] hutch; [für Schweine] sty; [für Hühner] coop.

Stamm (*pl* **Stämme**) *der* **- 1.** [von Baum] trunk **- 2.** [Volk] tribe **- 3.** [Wortstamm] stem.

Stamm|baum *der* family tree; [von Tier] pedigree.

stammeln *vt* & *vi* to stammer.

stammen *vi* to come; **aus etw ~** to come from sthg; **von jm ~** [herrühren] to come from sb; [gemacht sein] to be made by sb; **das Bild stammt von meiner Nachbarin** the picture was painted by my neighbour; **aus etw ~** [zeitlich] to date from sthg.

Stamm|gast *der* regular.

Stammhalter (*pl* **-**) *der* *fam hum* son and heir.

stämmig *adj* stocky.

Stamm|kunde *der* regular customer.

Stamm|kundin *die* regular customer.

Stamm|lokal *das* local *Br*, favourite bar *Am.*

Stamm|platz *der* usual seat.

Stamm|tisch *der* **- 1.** [Personen] *group of regular customers at a pub* **- 2.** [Treffen] *meeting of regular customers at a pub* **- 3.** [Tisch] *regulars' table at a pub.*

STAMMTISCH

This term can refer to the table in a pub reserved for the regulars, to the group of regulars who always sit there, and to their meetings. The "Stammtisch" is where the regulars play cards and talk, with politics, especially local politics, being a favourite topic for debate.

stampfen (*perf* **hat/ist gestampft**) *vi* **- 1.** *(hat)* [auftreten] to stamp; **mit den Füßen ~** to stamp one's feet **- 2.** *(ist)* [gehen] to stomp ◇ *vt (hat)* [Kartoffeln] to mash.

stand *prät* ▻ **stehen.**

Stand *(pl* **Stände***) der* - **1.** [auf Messe, Markt] stand - **2.** *(ohne pl)* [das Stehen] standing position - **3.** *(ohne pl)* [Stellung - von Sonne] position; [- von Zähler] reading; [- von Entwicklung]: **der ~ der Dinge** the state of things; **auf dem neuesten ~ sein** to be right up-to-date - **4.** *RW:* **aus dem ~ heraus** just like that; **einen schweren ~ (bei jm) haben** to have a tough time (with sb); *siehe auch* **instand, imstande, zustande.**

Standard *(pl* **-s***) der* standard.

Standardlauf|werk *das* EDV standard drive.

Standarte *(pl* **-n***) die* standard.

Stand|bein *das* - **1.** [Bein] supporting leg - **2.** *fig* & WIRTSCH mainstay *(U).*

Stand-by [stɛnt'bai] *(pl* **-s***) das* [bei Elektrogeräten] standby mode; **in ~** in standby mode ◇ *der* [bei Flugreisen] standby flight.

Ständchen *(pl* **-***) das* serenade; **jm ein ~ bringen** to serenade sb.

Ständer *(pl* **-***) der* [Gestell] stand.

Standes|amt *das* registry office.

standesamtlich *adj* registry-office ◇ *adv* at the registry office.

Standes|beamte, beamtin *der, die* registrar.

standesgemäß *adj* in keeping with one's social status ◇ *adv* according to one's social status.

Standes|unterschied *der* class difference.

standfest *adj* - **1.** [Person] firm - **2.** [Möbel, Leiter] stable.

standhaft *adj* steadfast ◇ *adv:* **sich ~ weigern** to refuse consistently.

stand|halten *vi (unreg):* **einer Sache** *(D)* **~** to withstand sthg.

ständig *adj* [Schmerzen, Belästigung] constant; [Mitglied] permanent ◇ *adv* constantly.

Stand|licht *das (ohne pl)* sidelights *(pl).*

Stand|ort *der* - **1.** [von Firma] location; **der ~ Deutschland** Germany as an industrial location - **2.** [von Person, Pflanze] position.

Stand|punkt *der* point of view; **auf dem ~ stehen, dass** ODER **den ~ vertreten, dass** to be of the view that.

Stand|spur *die* hard shoulder *Br,* shoulder *Am.*

Stand|uhr *die* grandfather clock.

Stange *(pl* **-n***) die* pole; [aus Metall] rod; **eine ~ Zigaretten** a carton of cigarettes; **ein Anzug von der ~** an off-the-peg suit; **bei der ~ bleiben** *fam fig* to stick it out; **eine ~ Geld** *fam fig* a fortune.

Stängel *(pl* **-***) der* stalk.

stank *prät* ▻ **stinken.**

stänkern *vi fam abw* to kick up a fuss.

stanzen *vt* - **1.** [Formen, Teile] to press - **2.** [Löcher] to punch.

Stapel *(pl* **-***) der* - **1.** [Haufen] pile - **2.** SCHIFF: **vom ~ lassen** to launch; **vom ~ laufen** to be launched.

Stapel|lauf *der* launching (of a ship).

stapeln *vt* to pile up.

◆ **sich stapeln** *ref* [hingestellt werden] to be piled up; [sich türmen] to be piling up.

stapfen *(perf* **ist gestapft***) vi* to tramp.

Star [ʃtaːɐ̯] *(pl* **-e** ODER **-s***) der* - **1.** *(pl Stare)* [Vogel] starling - **2.** *(pl Stars)* [Person] star - **3.** *(pl Stare)* [Augenkrankheit]: **der graue ~** cataract; **der grüne ~** glaucoma *(U).*

starb *prät* ▻ **sterben.**

stark *(kompar* **stärker;** *superl* **stärkste***) adj* - **1.** [gen] strong - **2.** [Sturm, Schnupfen, Verkehr] heavy - **3.** *fam* [toll] great; **stark!** great! - **4.** [dick - Brille, Wände, Träger] thick; [- Figur, Beine] large - **5.** [mit Maßangabe] thick - **6.** [Beteiligung] good; [Interesse] strong - **7.** GRAM: **~e Verben** strong verbs - **8.** *RW:* **sich für jn/etw ~ machen** to stand up for sb/sthg ◇ *adv* - **1.** [intensiv - zuschlagen, schwanken, etw vermuten] strongly; [- regnen] heavily - **2.** [viel] a lot.

Stärke *(pl* **-n***) die* - **1.** [gen] strength - **2.** [von Brett, Platte, Papier] thickness - **3.** [für Wäsche] starch; [Speisestärke] cornflour *Br,* cornstarch *Am.*

stärken *vt* - **1.** [kräftigen] to strengthen - **2.** [Wäsche] to starch.

◆ **sich stärken** *ref* to fortify o.s.

Starkstrom *der (ohne pl)* high-voltage current.

Stärkung *(pl* **-en***) die* - **1.** [Mahlzeit] refreshment - **2.** [Aufbau] strengthening.

starr *adj* - **1.** [unbeweglich - Glieder, Material] stiff; [- Blick] fixed; **~ vor Kälte/Schreck** stiff with cold/rigid with fear - **2.** [System, Regeln] fixed ◇ *adv* [unflexibel] doggedly.

starren *vi* - **1.** [sehen] to stare; **auf jn/etw ~** to stare at sb/sthg - **2.** [emporragen]: **aus etw ~** to rise up out of sthg; **vor** ODER **von Dreck ~** to be absolutely filthy.

starrsinnig *adj* obstinate.

Start *(pl* **-s** ODER **-e***) der* - **1.** [gen] start; **an den ~ gehen** to go to the starting line - **2.** [von Flugzeug] takeoff; [von Rakete] launch.

Start|bahn *die* runway.

Start|block *der* SPORT starting block.

starten *(perf* **hat/ist gestartet***) vi (ist)* - **1.** [Läufer, Pferd, Rennauto] to start - **2.** [Flugzeug] to take off - **3.** [abreisen] to set off ◇ *vt (hat)* to start.

Start|erlaubnis *die* - **1.** [für Sportler] permission to participate *(U)* - **2.** [für Flugzeug] clearance for takeoff *(U).*

Startlhilfe *die* - **1.** [finanzielle Unterstützung] initial financial support *(U)* - **2.** [bei Panne]: **jm ~ geben** to give sb a jump-start.

Startlkapital *das* initial capital.

startklar *adj* ready to go ◇ *adv:* **jn/etw ~ machen** to get sb/sthg ready to go.

Stasi (*abk für* **Staatssicherheit**) *die* ODER *der* Stasi, *security service in former GDR.*

STASI

The East German secret police, an instrument of state control and repression whose methods showed no respect for human rights, was responsible for monitoring the loyalty of East German citizens towards the state and towards Communism. The Stasi kept files on all those who fell under suspicion and encouraged informers, often through blackmail and intimidation. The opening of these files has led to violent disputes throughout Germany.

Statement ['ste:tmənt] (*pl* **-s**) *das* statement.

Statik *die* statics *(U).*

Station (*pl* **-en**) *die* - **1.** [im Krankenhaus] ward - **2.** [Haltestelle, Halt] stop; **~ machen** to stop off - **3.** [für Forschung] plant.

stationär *adv:* **~ behandeln** to treat as an in-patient.

stationieren *vt* to station.

statisch *adj* static.

Statist (*pl* **-en**) *der* extra.

Statistik (*pl* **-en**) *die* statistics *(pl).*

Statistin (*pl* **-nen**) *die* extra.

statistisch *adj* statistic ◇ *adv* statistically.

Stativ (*pl* **-e**) *das* tripod.

statt *konj* instead of; **~ früher aufzustehen, ...** instead of getting up earlier, ... ◇ *präp (+G)* instead of; **~ meiner** in my place, instead of me.

stattdessen *adv* instead.

Stätte (*pl* **-n**) *die geh* place.

stattlfinden *vi (unreg)* to take place.

stattlgeben *vi (unreg) amt:* **einer Sache** *(D)* **~** to approve sthg.

stattlich *adj* - **1.** [Erscheinung, Größe] imposing - **2.** [Summe, Anwesen] considerable ◇ *adv* considerably.

Statue ['ʃta:tu̯ə, 'sta:tu̯ə] (*pl* **-n**) *die* statue.

Statur (*pl* **-en**) *die* build.

Status (*pl* **-**) *der* - **1.** [Position] status - **2.** [Zustand] state.

Statuslsymbol *das* status symbol.

Stau (*pl* **-s** ODER **-e**) *der* - **1.** [von Autos] traffic jam; **im ~ stehen** to be stuck in a traffic jam - **2.** *(ohne pl)* [von Wasser] build-up.

Staub *der* dust; **~ wischen** to dust; **~ aufwirbeln** *fig* to create a stir; **sich aus dem ~ machen** *fam fig* to make one's getaway.

◆ **Staub saugen** *vi* = **staubsaugen.**

stauben *vi* to be dusty.

staubig *adj* dusty.

staubsaugen *vt* & *vi* to vacuum.

Staubsauger (*pl* **-**) *der* vacuum cleaner.

Staubltuch *das* duster.

Stauldamm *der* dam.

Staude (*pl* **-n**) *die* perennial.

stauen *vt* [Wasser] to dam; [Blut] to staunch.
◆ **sich stauen** *ref* - **1.** [Autos] to form a tailback - **2.** [sich ansammeln - Wut, Hitze] to build up; [- Luft] to accumulate.

staunen *vi* to be amazed; **über jn/etw ~** to be amazed at sb/sthg.

Staunen *das* amazement.

Staulsee *der* reservoir.

Stauung (*pl* **-en**) *die* [von Wasser] damming *(U);* [von Blut] staunching *(U);* [von Autos] build-up.

Std. *abk für* **Stunde.**

Steak [ʃte:k, ste:k] (*pl* **-s**) *das* KÜCHE steak.

stechen (*präs* **sticht;** *prät* **stach;** *perf* **hat gestochen**) *vt* - **1.** [verletzen - mit Stachel] to sting; [- mit Nadel] to prick; [- mit Spritze] to stick; [- mit Messer] to stab - **2.** [Spargel] to cut ◇ *vi* - **1.** [Nadel, Dorn, Stachel] to prick; **mit etw in etw** *(A)* **~** to stick sthg in sthg - **2.** [Sonne] to beat down.
◆ **sich stechen** *ref* [sich verletzen] to prick o.s.

stechend *adj* - **1.** [Blick] piercing - **2.** [Geruch] pungent - **3.** [Schmerz] stabbing - **4.** [Sonne] burning.

Stechlmücke *die* mosquito.

Stechluhr *die* time clock.

Stecklbrief *der* description *(of a criminal).*

Steckldose *die* socket.

stecken *vt* to put; **sich** *(D)* **etw in etw** *(A)* **~** to put sthg in sthg; **etw an etw** *(A)* **~** to put sthg on sthg; **die Kinder ins Bett ~** *fam* to put the children to bed ◇ *vi* - **1.** [gen] to be; **wo steckst du?** where have you got to? - **2.** *RW:* **sie zeigte was in ihr steckt** she showed what she can do; **hinter etw** *(D)* **~** *fam* to be behind sthg; **voller Ideen ~** to be full of ideas.

stecken bleiben (*perf* **ist stecken geblieben**) *vi (unreg)* to get stuck.

stecken lassen *vt (unreg)* to leave; **einen Schlüssel ~** to leave the key in the lock.

Steckenlpferd *das* hobbyhorse.

Stecker (*pl* **-**) *der* plug.

Stecklnadel *die* pin.

Steg (*pl* **-e**) *der* - **1.** [über Bach, Fluss] footbridge - **2.** [zu Boot] jetty - **3.** [an Hosen] stirrup.

Stegreif *der:* **aus dem ~ spielen** *fig* to improvise; **aus dem ~ eine Rede halten** to give an impromptu speech.

Stehauf|männchen *das* **- 1.** *fam* [Mensch]: **er ist ein ~** nothing gets him down **- 2.** [Spielzeug] tumbler.

stehen (*prät* **stand;** *perf* **hat gestanden**) *vi* **- 1.** [aufrecht sein] to stand **- 2.** [sich befinden] to be; **die Vase steht auf dem Tisch** the vase is on the table; **du stehst mir im Weg** you're in the way; **vor Schwierigkeiten/einer Wahl ~** to be faced with difficulties/a choice; **unter Alkohol ~** to be under the influence (of alcohol); **es steht 15:3** the score is 15–3; **wie steht es mit deiner Gesundheit?** how is your health?; **es steht zu hoffen, dass ...** it is to be hoped that ... **- 3.** [geschrieben sein]: **auf dem Schild steht, dass ...** the notice says that ...; **in der Zeitung steht, dass ...** it says in the paper that ... **- 4.** [Uhr, Motor, Zeiger] to have stopped; **der Zeiger steht auf 8 Uhr** the clock says 8 o'clock **- 5.** [Kleid, Farbe, Frisur]: **jm ~** to suit sb; **jm gut/nicht ~** to suit/not to suit sb **- 6.** GRAMM: **mit Akkusativ/Dativ ~** to take the accusative/dative; **das Substantiv steht im Plural** the noun is in the plural **- 7.** *fam* [mögen]: **auf jn ~** to fancy sb; **auf etw** *(A)* **~** to be into sthg **- 8.** [stellvertretend]: **für etw ~** to stand for sthg **- 9.** [verantwortlich]: **zu jm/etw ~** to stand by sb/sthg; **hinter jm/etw ~** to be behind sb/sthg **- 10.** [beurteilend]: **wie stehst du dazu?** what do you think about that? **- 11.** *RW:* **alles ~ und liegen lassen** to drop everything; **wie stehts?** *fam* how are things?; **mit etw ~ und fallen** to depend on sthg; **die Arbeit steht mir bis hier** *fam* I've had it up to here with this job.
◆ **sich stehen** *ref fam* **- 1.** [verstehen]: **sich mit jm (gut) ~** to get on with sb; **sich mit jm schlecht ~** not to get on with sb **- 2.** [finanziell]: **sich gut/schlecht ~** to be well-/badly-off.

Stehen *das:* **im ~** standing up.

stehen bleiben (*perf* **ist stehen geblieben**) *vi (unreg)* **- 1.** [anhalten] to stop; **wo waren wir stehen geblieben?** where were we?; **die Zeit ist stehen geblieben** time has stood still **- 2.** [nach Schlag, Erschütterung] to be left standing **- 3.** [Satz] to stay.

stehend *adj* **- 1.** [im Stand] standing **- 2.** [gebräuchlich] standard **- 3.** [unbewegt] stagnant ◇ *adv* [im Stand] standing.

stehen lassen (*perf* **hat stehen lassen** ODER **stehen gelassen**) *vt (unreg)* to leave; **alles stehen und liegen lassen** *fam fig* to drop everything.

Steh|lampe *die* standard lamp.

stehlen (*präs* **stiehlt;** *prät* **stahl;** *perf* **hat gestohlen**) *vt* [entwenden] to steal; **sie kann mir gestohlen bleiben** *fam* she can get lost; **jm die Zeit ~** to waste sb's time.
◆ **sich stehlen** *ref* [sich davonmachen] to steal.

Steh|platz *der* standing place.

Steh|vermögen *das* stamina.

Steierin (*pl* **-nen**) *die* Styrian.

Steiermark *die* Styria.

steif *adj* stiff; [Sahne] thick ◇ *adv* stiffly; **Sahne/Eiweiß ~ schlagen** to beat cream until thick/egg white until stiff; **~ und fest behaupten** *fig* to swear blind.

Steig|bügel *der* stirrup.

Steig|eisen *das* [beim Bergsteigen] crampon.

steigen (*prät* **stieg;** *perf* **ist gestiegen**) *vi* **- 1.** [hinaufsteigen]: **auf etw** *(A)* **~** [auf Leiter, Berg, Baum] to climb sthg; [auf Stuhl, Pferd] to climb onto sthg; [auf Fahrrad, Motorrad] to get on sthg **- 2.** [hineinsteigen]: **in etw** *(A)* **~** [Zug, Straßenbahn] to get on sthg; [Auto, Taxi] to get into sthg **- 3.** [aussteigen]: **aus etw ~** [Zug, Straßenbahn] to get off sthg; [Auto, Taxi] to get out of sthg **- 4.** [absteigen]: **von etw ~** to get off sthg **- 5.** [Flugzeug, Preis, Temperatur, Wasser] to rise; [Nebel] to lift; **einen Drachen ~ lassen** to fly a kite **- 6.** [Spannung, Misstrauen] to grow **- 7.** *fam* [Fest] to take place; **ein Fest ~ lassen** to have a party.

steigend *adj* [Zinsen, Temperatur] rising; [Tendenz, Bedarf] growing.

steigern *vt* **- 1.** [gen] to increase **- 2.** GRAM to compare **- 3.** [Leistung] to improve.
◆ **sich steigern** *ref* **- 1.** [sich verbessern] to improve **- 2.** [stärker werden] to intensify.

Steigerung (*pl* **-en**) *die* **- 1.** [von Preis, von Dosis] increase **- 2.** [von Leistung] improvement **- 3.** GRAM comparison.

steil *adj* **- 1.** [Wand, Berg, Weg] steep **- 2.** [Karriere, Aufstieg] rapid ◇ *adv* **- 1.** [senkrecht] steeply **- 2.** [schnell] rapidly.

Steil|hang *der* steep slope.

Steil|küste *die* cliffs *(pl)*.

Stein (*pl* **-e**) *der* stone; **mir fällt ein ~ vom Herzen** it's a weight off my mind; **bei jm einen ~ im Brett haben** to be in sb's good books; **jm ~e in den Weg legen** to make things difficult for sb.

Stein|bock *der* **- 1.** [Tier] ibex **- 2.** ASTROL Capricorn; **~ sein** to be a Capricorn.

Stein|bruch *der* quarry.

steinern *adj* **- 1.** [Treppe, Bank] stone **- 2.** [Miene] stony.

Steingut *das* earthenware.

steinhart *adj* rock-hard.

steinig *adj* stony.

Stein|kohle *die* coal.

Stein|metz, in (*mpl* **-en;** *fpl* **-nen**) *der, die* stonemason.

Stein|pilz *der* cep.

steinreich *adj* very rich.

Steinlschlag *der* falling rocks *(pl)*.

Steinlzeit *die* Stone Age.

steinzeitlich *adj* [der Steinzeit] Stone Age.

Steirer (*pl* -) *der* Styrian.

steirisch *adj* Styrian.

Steiß (*pl* -e) *der* coccyx.

Steißlbein *das* coccyx.

Stelle (*pl* -n) *die* - **1.** [Platz] place; [kleine Stelle] patch; [im Text] passage; **an vierter ~** in fourth place; - **2.** [Arbeitsplatz] job; **eine freie ~** a vacancy - **3.** [Amt] office - **4.** MATH figure; **eine Zahl mit vier ~n** a four-figure number; **zwei ~n nach/hinter dem Komma** two decimal places - **5.** *RW:* **an deiner ~** if I were you; **auf der ~** immediately; **zur ~ sein** to be on the spot.

stellen *vt* - **1.** [hinstellen] to put - **2.** [aufrecht stellen] to place upright - **3.** [Gerät, Aufgabe] to set; **jm eine Frage ~** to ask sb a question; **der Wecker auf drei Uhr ~** to set the alarm clock for three o'clock; **das Radio lauter/leiser ~** to turn the radio up/down - **4.** [zur Verfügung stellen]: **jm etw ~** to provide sb with sthg - **5.** [Diagnose, Prognose, Bedingung] to make - **6.** [Forderung, Antrag] to submit - **7.** [Dieb, Täter] to catch - **8.** FOTO to pose - **9.** [konfrontieren mit]: **jn vor etw** *(A)* **~** to present sb with sthg - **10.** *RW:* **gut/schlecht gestellt sein** to be well/badly off; **auf sich** *(A)* **(selbst) gestellt sein** to have to fend for o.s.
◆ **sich stellen** *ref* - **1.** [sich hinstellen] to go and stand; **sich auf einen Stuhl ~** to stand on a chair - **2.** [nicht ausweichen]: **sich einer Sache** *(D)* **~** to face sthg - **3.** [Meinung äußern]: **sich kritisch zu etw ~** to take a critical view of sthg; **wie ~ Sie sich zu ...?** what's your view on ...? - **4.** [ablehnen]: **sich gegen jn/etw ~** to be against sb/sthg - **5.** [unterstützen]: **sich hinter jn/etw ~** to back sb/sthg - **6.** [so tun als ob]: **sich krank/schlafend ~** to pretend to be ill/asleep - **7.** [sich melden] to give o.s. up - **8.** *RW:* **sich gut mit jm ~** to get on good terms with sb.

Stellenlangebot *das* job offer.

Stellenlanzeige *die* job advertisement.

Stellenlgesuch *das* 'situation wanted' advertisement.

Stellenlvermittlung *die* employment agency.

stellenweise *adv* in places.

Stellenlwert *der* value; **die Freizeit hat einen hohen ~ in meinem Leben** leisure time occupies an important place in my life.

Stelllplatz *der* space; [für Auto] parking space.

Stellung (*pl* -en) *die* position; **in seiner ~ als Vorsitzender** in his capacity as chairman; **meine ~ zu diesen Dingen kennst du ja bereits** you already know my position ODER where I stand on these matters; **(zu etw) ~ nehmen** to comment (on sthg); **(zu etw) ~ beziehen** to express an opinion (about sthg).

Stellungnahme (*pl* -n) *die* statement.

stellvertretend *adj* deputy; [vorübergehend] acting ◇ *adv* as a deputy.

Stelllvertreter, in *der, die* deputy.

Stelze (*pl* -n) *die* - **1.** [Krücke] stilt - **2.** [Vogel] wagtail.

stemmen *vt* - **1.** [drücken] to press - **2.** SPORT to lift; **ein Gewicht ~** to lift a weight above one's head; **den Körper hoch ~** to push one's body up; **die Hände in die Hüften ~** to put one's hands on one's hips.
◆ **sich stemmen** *ref* [sich drücken] to push o.s. up; **sich gegen etw ~** [sich abstemmen] to brace o.s. against sthg; **sich gegen etw ~** [sich wehren] to resist sthg.

Stempel (*pl* -) *der* [Gerät, Abdruck] stamp; [auf Briefmarke] postmark; [in Schmuckstück] hallmark; **jm/einer Sache seinen ~ aufdrücken** *fig* to leave one's mark on sb/sthg.

Stempellkissen *das* inkpad.

stempeln *vt* [Stempel anbringen] to stamp; [Briefmarke] to cancel; [Post] to postmark; [Schmuckstück] to hallmark; **jn zu etw ~** [klassifizieren] to brand sb sthg ◇ *vi:* **~ gehen** *fam* to be on the dole *Br* ODER welfare *Am*.

Stengel *der* = **Stängel.**

Steno *die* *fam* shorthand.

Stenografie, Stenographie (*pl* -n) *die* shorthand.

stenografieren, stenographieren *vt* to take down in shorthand ◇ *vi* to do shorthand.

Stenotypist, in (*mpl* -en; *fpl* -nen) *der, die* shorthand typist.

Steppldecke *die* quilt.

Steppe (*pl* -n) *die* steppe.

steppen *vi* [tanzen] to tap dance ◇ *vt* [nähen] to backstitch.

Stepptanz *der* tap dance.

Sterbelhilfe *die* [Lebensverkürzung] euthanasia.

sterben (*präs* **stirbt;** *prät* **starb;** *perf* **ist gestorben**) *vi* to die; **an etw** *(D)* **~** to die of sthg; **vor etw** *(D)* **~** *fig fam* to die of sthg; **diese Frau/das Projekt ist für mich gestorben** *fam* as far as I'm concerned this woman/the project no longer exists.

sterblich *adj* mortal.

stereo *adj (unver)* stereo ◇ *adv* in stereo.

Stereo *das:* **in ~** in stereo.

Stereoanllage *die* stereo (system).

stereotyp *adj* stereotyped ◇ *adv* in a stereotyped way.

steril *adj* sterile ◇ *adv* - **1.** [leblos]: **~ wirken** to be sterile - **2.** [ohne Keime]: **etw ~ machen** to sterilize sthg.

Sterilisation (*pl* **-en**) *die* sterilization.

sterilisieren *vt* to sterilize.

Sterilität *die* sterility.

Stern (*pl* **-e**) *der* star; **das steht noch in den ~en** that's impossible to say at the moment.

Stern|bild *das* constellation.

Sternenhimmel *der (ohne pl)* starry sky.

Sternen|system *das* galaxy.

sternhagelvoll **fam** *adj* plastered ◇ *adv* drunkenly.

Stern|schnuppe (*pl* **-n**) *die* shooting star.

Stern|stunde *die* **geh** great moment.

Stern|warte (*pl* **-n**) *die* observatory.

Stern|zeichen *das* star sign, sign of the zodiac.

stetig *adj* steady; [Belästigungen, Wiederholung] constant ◇ *adv* steadily; [wiederholen] constantly.

stets *adv* always.

Stettin *nt* Szczecin.

Steuer (*pl* **-n** ODER **-**) *die* - **1.** *(pl -n)* [Abgabe] tax; **etw von der ~ absetzen** to claim sthg against tax; **~n hinterziehen** to be guilty of tax evasion - **2.** *(pl -)* **fam** [Steuerbehörde]: **die ~** the taxman ◇ *das (pl -)* [von Fahrzeug] (steering) wheel; [von Flugzeug] controls *(pl)*; [von Schiff] helm; **am ~ sitzen** to be at the wheel.

Steuer|berater, in *der, die* tax consultant.

Steuer|bord *das* starboard.

Steuerer|klärung *die* tax return.

Steuer|fahndung *die* [Behörde] *body responsible for carrying out investigations into cases of suspected tax evasion.*

Steuer|karte *die* ≃ P60 **Br**, *form filled in by employer stating annual income and tax paid.*

Steuer|klasse *die* tax bracket *(based on income, marital status and number of children).*

steuerlich *adj* tax *(vor Subst)* ◇ *adv* in terms of taxation; **~ befreien** to exempt from taxation.

Steuer|loch *das* tax shortfall.

Steuermann (*pl* **-männer**) *der* helmsman.

steuern *vt* - **1.** [lenken - Schiff, Fahrzeug] to steer; [- Fluzeug] to fly; [- Spielzeugauto] to control - **2.** [beeinflussen] to guide, to steer - **3.** [organisieren] to organize - **4.** [kontrollieren & TECH] to control.

Steuer|oase *die* tax haven.

steuerpflichtig *adj* [Einnahme] taxable; [Person] liable to pay tax.

Steuer|prüfer, in *der, die* tax inspector.

Steuer|rad *das* [von Auto] steering wheel; [von Flugzeug] wheel; [von Schiff] wheel, helm.

Steuer|recht *das* tax law.

Steuer|reform *die* tax reform.

Steuer|ruder *das* rudder.

Steuerung (*pl* **-en**) *die* - **1.** [Lenken - von Auto, Schiff] steering; [- von Flugzeug] flying; [- von Modellflugzeug] controlling - **2.** [Steuergerät] controls *(pl)*.

Steuer|vergünstigung *die* tax break.

Steuervoraus|zahlung *die* advance payment of tax.

Steuer|zahler, in (*mpl* **-**; *fpl* **-nen**) *der, die* taxpayer.

Steuer|zeichen *das* EDV cursor.

Steward, Stewardess ['stjuːɐt, ʃtjuːɐt, 'stjuːɐdɛs, ʃtjuɐdɛs] (*mpl* **-s**; *fpl* **-en**) *der, die* steward (*f* stewardess).

StGB [ɛsteːgeː'beː] (*abk für* **Strafgesetzbuch**) *das penal code.*

stibitzen *vt* **fam** to pinch.

Stich (*pl* **-e**) *der* - **1.** [Einstich - von Messer] stab; [- von Biene, Wespe] sting; [- von Mücke] bite - **2.** [Färbung] tinge - **3.** [beim Nähen & MED] stitch - **4.** [Schmerz] stabbing pain; [in der Seite] stitch - **5.** [Bemerkung] gibe; **das war ein ~ gegen dich** that was a dig at you - **6.** [beim Kartenspiel] trick - **7.** [Bild] engraving - **8.** ***RW:*** **einen ~ haben** ***salopp*** [verrückt sein] to be nuts; [ungenießbar werden] to have gone ODER be off; **jn/etw im ~ lassen** [verlassen] to leave sb/sthg; [fallen lassen] to abandon sb/sthg; **wenn mich mein Orientierungssinn nicht im ~ lässt** if my sense of direction isn't deceiving me.

Stichelei (*pl* **-en**) *die* **fam abw** - **1.** *(ohne pl)* [Handlung] gibing - **2.** [Äußerung] gibe.

sticheln *vt* to tease ◇ *vi* to make snide remarks.

Stich|flamme *die* jet of flame.

stichhaltig *adj* valid; [Beweis] conclusive ◇ *adv* validly; [beweisen, widerlegen] conclusively.

Stich|probe *die* - **1.** [Menge] (random) sample - **2.** [Handlung] spot check.

sticht *präs* ▻ **stechen.**

Stich|tag *der* effective date.

Stich|wahl *die* final ballot.

Stich|wort (*pl* **-e** ODER **-wörter**) *das* - **1.** [Notiz] note - **2.** [Eintrag] headword - **3.** [Schlüsselwort] keyword - **4.** [im Theater] ***fig:*** **das ~ geben** to give the cue.

sticken *vt* & *vi* to embroider.

Stickerei (*pl* **-en**) *die* embroidery.

stickig *adj* stuffy.

Stickstoff *der* nitrogen.

Stief|bruder *der* stepbrother.

Stiefel (*pl* -) *der* boot.

stiefeln (*perf* **ist gestiefelt**) *vi fam* to stride.

Stief|eltern *pl* stepparents.

Stief|geschwister *pl* stepbrother(s) and stepsister(s).

Stief|kind *das* stepchild.

Stief|mutter *die* stepmother.

Stief|mütterchen (*pl* -) *das* pansy.

Stief|schwester *die* stepsister.

Stief|sohn *der* stepson.

Stief|tochter *die* stepdaughter.

Stief|vater *der* stepfather.

stieg *prät* ▻ **steigen.**

Stiege (*pl* **-n**) *die* [aus Holz] flight of stairs; [zwischen Häusern] step *(pl)*.

Stiel (*pl* **-e**) *der* **- 1.** [von Blume, Frucht, Trinkglas] stem **- 2.** [Griff] handle; [von Lutscher, Eis] stick.

Stiel|auge *das*: **er machte ~n** ***fam fig*** & ***hum*** his eyes nearly popped out of his head.

Stier (*pl* **-e**) *der* **- 1.** [Tier] bull **- 2.** [Sternzeichen, Person] Taurus; **~ sein** to be a Taurus.

stieren *vi* to stare vacantly.

Stier|kampf *der* bullfight.

stieß *prät* ▻ **stoßen.**

Stift (*pl* **-e**) *der* **- 1.** [Schreibutensil] pen; [Bleistift] pencil; [Buntstift] crayon **- 2.** ***fam*** [Lehrling] *name given to apprentices during their first year* **- 3.** TECH [aus Holz] peg; [aus Metall] pin.

stiften *vt* **- 1.** [gründen] to found **- 2.** [spenden] to donate; [ausgeben] to pay for **- 3.** [hervorrufen - Unruhe, Aufregung] to cause **- 4.** [spendieren] to buy.

stiften gehen (*perf* **ist stiften gegangen**) *vi (unreg)* ***fam*** to hop it.

Stifter, in (*mpl* **-**; *fpl* **-nen**) *der, die* **- 1.** [Gründer] founder **- 2.** [Spender] donor.

Stiftung (*pl* **-en**) *die* **- 1.** [Institution] foundation **- 2.** [Schenkung] donation.

Stiftung Warentest *die institute which tests consumer products.*

STIFTUNG WARENTEST

The "Stiftung Warentest" is a foundation created by the government in the context of its consumer protection policy. As it examines and analyzes consumer goods of all kinds, especially from the point of view of value for money, it is very popular with consumers.

Stil (*pl* **-e**) *der* style; **in diesem ~ kann es nicht weitergehen!** it can't go on like this!; **im großen ~** on a grand scale; **sie hat ihren Geburtstag im großen ~ gefeiert** she celebrated her birthday in style.

Stil|blüte *die* stylistic blunder.

stilistisch *adj* stylistic ◇ *adv* stylistically.

still *adj* **- 1.** [ruhig, lautlos, stressfrei] quiet; **im Stillen** secretly **- 2.** [bewegungslos] still **- 3.** [ohne Worte - Protest, Gebet, Leiden] silent **- 4.** [heimlich] secret ◇ *adv* **- 1.** [ruhig, lautlos, stressfrei] quietly **- 2.** [bewegungslos] still; **sie stand ~ da** she was standing still **- 3.** [ohne Worte - protestieren, beten, leiden] silently.

Stille *die* **- 1.** [Ruhe] quiet **- 2.** [Schweigen] silence; **in aller ~ heiraten** to get married in secret.

Stilleben *das* = **Stillleben.**

stillegen *vt* = **stilllegen.**

stillen *vt* **- 1.** [die Brust geben] to breastfeed **- 2.** [Schmerz] to stop **- 3.** [Hunger, Bedürfnis] to satisfy; [Durst] to quench ◇ *vi* to breastfeed.

Stille Ozean *der*: **der ~** the Pacific (Ocean).

stillgestanden *pp* ▻ **stillstehen.**

still|halten *vi (unreg)* [sich nicht wehren] to offer no resistance.

still halten *vt* & *vi (unreg)* to keep still.

stilliegen *vi (unreg)* = **stillliegen.**

Stillleben (*pl* -) *das* still life.

stilllegen *vt* to close down.

still|liegen *vi (unreg)* to be closed down; [Produktion] to be stopped.

stillos *adj* lacking in style; **diese Einrichtung ist ~** this décor lacks style ◇ *adv* without any style.

stillschweigend *adj* tacit ◇ *adv* tacitly.

still|sitzen *vi (unreg)* [ruhig sein] to sit still.

still sitzen *vi (unreg)* [bewegungslos] to sit still.

Still|stand *der* stopping; [von Maschine] stoppage; [von Verhandlung] deadlock; [von Entwicklung] halt; **zum ~ kommen** [Verkehr, Produktion] to come to a standstill; [Verhandlungen] to reach a deadlock; [Blutungen] to stop.

still|stehen *vi (unreg)* **- 1.** [Bewegung stoppen] to stand still; **stillgestanden!** MIL attention! **- 2.** [Telefon]: **das Telefon stand keine Minute still** the phone never stopped ringing **- 3.** [stillliegen - Verkehr, Produktion] to be at a standstill; [- Uhr, Maschine] to have stopped.

Stil|möbel *das* period furniture *(U)*.

stilvoll *adj* stylish ◇ *adv* stylishly.

Stimmband (*pl* **-bänder**) *das* vocal cord.

stimmberechtigt *adj* entitled to vote.

Stimm|bruch *der*: **er ist im ~** his voice is breaking.

Stimme (*pl* **-n**) *die* **- 1.** [gen] voice **- 2.** [Wählerstimme] vote; **seine ~ abgeben** to vote; **sich der ~ enthalten** to abstain **- 3.** MUS part.

stimmen *vi* **- 1.** [richtig sein] to be right *ODER* correct; [Gerücht, Aussage] to be true *ODER* correct; **stimmt das?** is that true?; **das stimmt nicht!** that's not true!; **stimmt!** that's true! **- 2.** [wählen]: **für/gegen jn/etw ~** to vote for/against sb/sthg **- 3.** [übereinstimmen] to be right; **irgendetwas stimmt mit ihm nicht** he doesn't seem quite right; **da stimmt doch etwas nicht** there's something not quite right *ODER* fishy about that; **stimmt so!** keep the change! ◇ *vt* **- 1.** MUS to tune **- 2.** [machen]: **jn traurig/fröhlich ~** to make sb feel sad/happy.

Stimmenthaltung *die* abstention.

Stimmgabel *die* tuning fork.

stimmhaft *adj* voiced ◇ *adv:* **etw ~ aussprechen** to voice sthg.

Stimmlage *die* voice; [beim Singen] register.

stimmlos *adj* voiceless, unvoiced ◇ *adv:* **etw ~ aussprechen** not to voice sthg.

Stimmrecht *das* right to vote.

Stimmung (*pl* **-en**) *die* **- 1.** [Laune] mood; **sie trank ein Bier, um in ~ zu kommen** she drank a beer to get in the mood; **guter/schlechter ~ sein** to be in a good/bad mood **- 2.** [Atmosphäre] atmosphere; **gegen jn/etw ~ machen** to stir up opinion against sb/sthg.

stimmungsvoll *adj* atmospheric ◇ *adv* atmospherically.

Stimmzettel *der* ballot paper.

stimulieren *vt* to stimulate.

Stinkbombe *die* stink-bomb.

stinken (*prät* **stank;** *perf* **hat gestunken**) *vi* **- 1.** *abw* [schlecht riechen]: **(nach etw) ~** to stink (of sthg) **- 2.** *fam* [faul sein]: **dieses Geschäft stinkt** there's something fishy about this business **- 3.** *salopp* [reichen]: **mir stinkt es** I'm fed up to the back teeth.

stinkfaul *salopp adj* bone-idle.

Stinktier *das* skunk.

Stipendiat, in (*mpl* **-en;** *fpl* **-nen**) *der, die* [als Unterstützung] recipient of a grant; [als Auszeichnung] scholarship holder.

Stipendium (*pl* **-dien**) *das* [als Unterstützung] grant; [als Auszeichnung] scholarship.

Stippvisite [ˈʃtɪpviziːtə] *die* flying visit.

stirbt *präs* ▻ **sterben.**

Stirn (*pl* **-en**) *die* forehead; **die ~ runzeln** to frown; **jm etw an der ~ ablesen** *fig* to tell sthg by sb's face; **jm/einer Sache die ~ bieten** *fig* to stand up to sb/sthg.

Stirnband (*pl* **-bänder**) *das* headband.

stöbern *vi* to rummage (around).

stochern *vi:* **(mit etw) in etw** *(A)* **~** to poke at sthg (with sthg); **im Essen ~** to pick at one's food; **in den Zähnen ~** to pick one's teeth.

Stock (*pl* **Stöcke** *ODER* **-s**) *der* **- 1.** *(pl Stöcke)* [Stab] stick; [von Dirigent] baton; **meine Oma geht am ~** my grandmother walks with a stick **- 2.** *(pl -s)* [Stockwerk] floor, storey; **im dritten ~** on the third *Br ODER* fourth *Am* floor **- 3.** *(pl Stöcke)* [Pflanze - Rosenstock] rose bush; [- Rebstock] vine **- 4.** *RW:* **über ~ und Stein** across country; **am ~ gehen** *fam* [schwach sein] to be in a bad way; *fam* [Geldschwierigkeiten haben] to be broke.

stockdunkel *adj* pitch-dark.

Stöckelschuh *der* stiletto.

stocken *vi* **- 1.** [zum Stillstand kommen - Verkehr] to be held up; [- Gespräch] to falter; [- Produktion] to be interrupted; [- Verhandlungen] to break off **- 2.** [verharren] to falter **- 3.** [fest werden - Milch] to curdle; [- Ei, Blut] to coagulate **- 4.** *RW:* **ihr stockte der Atem** she gasped.

stockend *adj* faltering; **es herrscht ~er Verkehr** traffic is moving slowly ◇ *adv* falteringly.

Stockfisch *der* stockfish.

Stockholm *nt* Stockholm.

stocksteif *adj* rigid ◇ *adv* rigidly.

stocktaub *adj fam* as deaf as a post.

Stockung (*pl* **-en**) *die* **- 1.** [Stillstand - von Verkehr] hold-up; [- von Verhandlungen] break; [- von Produktion] interruption **- 2.** [Festwerden - von Milch] curdling; [- von Eigelb, Blut] coagulation.

Stockwerk *das* floor, storey.

Stoff (*pl* **-e**) *der* **- 1.** [Tuch] material; **einen ~ zuschneiden** to cut out a piece of material **- 2.** [Inhalt] subject matter; [zu Roman, Film] material; **~ zum Nachdenken** food for thought **- 3.** [Substanz] substance.

stofflich *adj* & *adv* **- 1.** [inhaltlich] in terms of subject matter **- 2.** [einer Substanz] in terms of substance.

Stoffwechsel *der* metabolism.

stöhnen *vi* to groan; **über jn/etw ~** to moan about sb/sthg.

Stola (*pl* **Stolen**) *die* stole.

Stollen (*pl* **-**) *der* **- 1.** [Gang] gallery, tunnel **- 2.** [Gebäck] stollen, *sweet bread loaf made with dried fruit and marzipan, eaten at Christmas* **- 3.** [unter Schuhen] stud; [unter Hufeisen] calk.

stolpern (*perf* **ist gestolpert**) *vi* to stumble; **über etw** *(A)* **~** to trip over sthg; **über jn ~** *fig fam* to bump into sb.

stolz *adj* proud; **auf jn/etw ~ sein** to be proud of sb/sthg ◇ *adv* proudly.

Stolz *der* pride; **js ganzer ~ sein** to be sb's pride and joy.

stolzieren (*perf* **ist stolziert**) *vi* to strut.

stop *interj* [auf Verkehrsschild] stop.

Stop *der* = **Stopp.**

stopfen *vt* - **1.** [ausbessern] to darn - **2.** [hineinstopfen] to stuff; **etw in etw** *(A)* **~** to stuff sthg into sthg; **sich zwei Kekse in den Mund ~** to stuff two biscuits into one's mouth - **3.** [zustopfen] to plug - **4.** [füllen - Pfeife] to fill; [- Geflügel] to stuff ◇ *vi* - **1.** [satt machen] to be filling - **2.** [Stuhlgang erschweren] to cause constipation.

stopp *interj* [halt] stop!

Stopp (*pl* **-s**) *der* - **1.** [Halt] stop; **ohne ~** without stopping - **2.** [Sport] drop shot.

Stoppel (*pl* **-n**) *die:* **~n** stubble *(U).*

stoppelig, stopplig *adj* stubbly.

stoppen *vt* - **1.** [anhalten] to stop - **2.** [messen - Person, Lauf] to time ◇ *vi* - **1.** [anhalten] to stop - **2.** *fam* [per Anhalter fahren] to hitchhike.

stopplig = **stoppelig.**

Stopp|schild *das* stop sign.

Stopp|uhr *die* stopwatch.

Stöpsel (*pl* -) *der* - **1.** [Gegenstand - von Becken] plug; [- von Flasche] stopper - **2.** *fam hum* [Mensch] little chap.

Stör (*pl* **-e**) *der* sturgeon.

störanfällig *adj* temperamental.

Storch (*pl* **Störche**) *der* stork.

stören *vt* - **1.** [belästigen] to disturb; [unterbrechen] to interrupt; **du sollst sie nicht bei der Arbeit ~** don't disturb ODER bother her while she's working - **2.** [missfallen] to bother; **das stört mich an ihm** that's one thing I don't like about him - **3.** [beeinträchtigen - Verhältnis] to spoil; [- Radioempfang, Fernsehempfang] to interfere with ◇ *vi* - **1.** [belästigend sein]: **darf ich mal kurz ~?** may I disturb you for a moment?; **störe ich?** am I bothering you?; **'bitte nicht ~!'** 'do not disturb!' - **2.** [missfallend sein] to be annoying.

◆ **sich stören** *ref* [Anstoß nehmen]: **sich an etw** *(D)* **~** to take exception to sthg.

Störenfried (*pl* **-e**) *der* troublemaker.

stornieren *vt* to cancel.

störrisch *adj* stubborn ◇ *adv* stubbornly.

Störung (*pl* **-en**) *die* - **1.** [Belästigung] disturbance; [von Zeremonie] disruption; **bitte entschuldigen Sie die ~!** sorry to bother you! - **2.** [Funktionsstörung - von Gerät] fault; [- von Organ] disorder - **3.** [von Signal] interference *(U).*

Störungs|stelle *die* faults service.

Story ['stɔːri, 'stɔri] (*pl* **-s**) *die* story.

Stoß (*pl* **Stöße**) *der* - **1.** [Schlag] push, shove; [mit dem Fuß] kick; [in Auto, Schiff, Zug] jolt; **jm/einer Sache einen ~ versetzen** [stoßen] to give sb/sthg a push ODER shove; **ihre Beleidigung hat ihm einen schweren ~ versetzt** her insult hit him hard; **sich** *(D)* **einen ~ geben** *fam fig* to make an effort - **2.** [Stapel] pile - **3.** [mit Stichwaffe] thrust; [mit Stock] poke.

Stoß|dämpfer *der* shock absorber.

stoßen (*präs* **stößt;** *prät* **stieß;** *perf* **hat/ist gestoßen**) *vt (hat)* - **1.** [schubsen] to push; [mit der Faust] to punch; [mit dem Fuß] to kick - **2.** SPORT [Kugel] to put; [Gewichte] to press - **3.** [aufmerksam machen]: **jn auf etw** *(A)* **~** to point sthg out to sb ◇ *vi* - **1.** *(ist)* [berühren]: **an etw** *(A)* **~** to bang sthg; **er ist mit dem Kopf an den Balken gestoßen** he hit his head on the beam; **gegen etw** *(A)* **~** to bang into sthg; [Fahrzeug] to crash into sthg - **2.** *(hat)* [mit Waffe]: **nach jm ~** to lunge at sb - **3.** *(ist)* [angrenzen]: **an etw** *(A)* **~** [Grundstück] to border on sthg; [Zimmer] to be next to sthg - **4.** *(ist)* [finden]: **auf jn/etw ~** to come across sb/sthg; **auf Erdöl ~** to strike oil - **5.** *(ist)* [auf Reaktion]: **auf etw** *(A)* **~** to meet with sthg - **6.** *(ist)* [sich treffen mit]: **zu jm ~** to meet up with sb.

◆ **sich stoßen** *ref* - **1.** [sich wehtun] to bang o.s. - **2.** [nicht mögen]: **sich an etw** *(D)* **~** to take exception to sthg.

Stoß|stange *die* bumper *Br*, fender *Am*.

stößt *präs* ▷ **stoßen.**

stoßweise *adv* - **1.** [ruckartig] in bursts - **2.** [stapelweise] in piles.

Stoß|zahn *der* tusk.

Stoß|zeit *die* - **1.** [Hauptverkehrszeit] rush hour - **2.** [in Geschäften] busy period.

stottern *vi* - **1.** [sprechen] to stutter, to stammer - **2.** [aussetzen] to splutter ◇ *vt* [stammeln] to stammer.

St. Pauli *nt red-light district in Hamburg.*

Str. (*abk für* **Straße**) St.

Straf|anstalt *die amt* penal institution, penitentiary *Am*.

Straf|arbeit *die* extra homework *(U) (as punishment).*

Straf|bank (*pl* **-bänke**) *die* SPORT sin bin.

strafbar *adj* punishable; **sich ~ machen** *amt* to commit an offence.

Strafe (*pl* **-n**) *die* - **1.** [Bestrafung] punishment; **zur ~** as a punishment; **etw unter ~ stellen** to make sthg a punishable offence - **2.** [Geldbuße] fine; **(50 Mark) ~ zahlen** to pay a (50 mark) fine - **3.** [in Gefängnis] sentence.

strafen *vt* to punish; **jn mit Blicken ~** to look daggers at sb.

straff *adj* - **1.** [Schenkel, Brust] firm; [Haut] smooth - **2.** [Leine, Saite] taut; [Knoten] tight - **3.** [Planung, Organisation] tight ◇ *adv* - **1.** [halten, spannen] tight; **etw ~ ziehen** to pull sthg tight - **2.** [organisieren] tightly.

straffällig *adj:* **~er Jugendlicher** young offender; **~e Person** offender; **~ werden** to commit a criminal offence.

straffen *vt* **- 1.** [straff machen - Leine, Saite] to tighten; [- Haut] to firm (up) **- 2.** [kürzen, effektiver machen] to tighten up.

straffrei *adj:* **~ bleiben** to go unpunished; **~ sein** not to carry a penalty ◇ *adv:* **~ davonkommen** to get off; **~ ausgehen** [Person] to go unpunished.

Straf|freiheit *die* exemption from punishment.

sträflich *adj* criminal ◇ *adv* criminally.

Sträfling (*pl* **-e**) *der* prisoner.

Straf|mandat *das* ticket.

Strafmaß *das* sentence.

strafmildernd *adj* mitigating ◇ *adv:* **sich ~ auswirken** to have a mitigating effect.

Straf|porto *das* excess postage.

Straf|prozess *der* criminal proceedings *(pl)*.

Straf|raum *der* SPORT penalty area.

Straf|recht *das* criminal law.

Straf|tat *die* offence.

Straf|täter, in *der, die* criminal, offender.

strafversetzen *vt* to transfer for disciplinary reasons.

Strafvollzug *der* [Institution] penal system.

Straf|zettel *der* ticket.

Strahl (*pl* **-en**) *der* **- 1.** [Wasserstrahl] jet; [dünn] trickle **- 2.** [Lichtstrahl] ray; [von Scheinwerfer, Licht, Laser] beam.
◆ **Strahlen** *pl* [Energiewellen] rays.

strahlen *vi* **- 1.** [lachen] to beam **- 2.** [leuchten] to shine **- 3.** [Strahlen abgeben] to radiate **- 4.** [glänzen] to sparkle.

Strahlen|belastung *die* radioactive contamination.

strahlend *adj* **- 1.** [glücklich] beaming **- 2.** [leuchtend] radiant **- 3.** [Strahlen abgebend] radioactive **- 4.** [glänzend] sparkling; [Farbe] brilliant ◇ *adv* **- 1.** [glücklich] with a beaming smile **- 2.** [leuchtend] radiantly **- 3.** [glänzend] sparklingly.

Strahlung (*pl* **-en**) *die* radiation *(U)*.

Strähne (*pl* **-n**) *die* strand.

strähnig *adj* straggly.

stramm *adj* **- 1.** [straff] tight; [Seil, Gummiband] taut **- 2.** [wohlgenährt] sturdy **- 3.** [aufrecht] upright **- 4.** ***fam abw*** [überzeugt] hardline ◇ *adv* **- 1.** ***fam*** [marschieren, wandern] briskly **- 2.** [straff] tightly **- 3.** [aufrecht] upright.

strampeln (*perf* **hat/ist gestrampelt**) *vi* **- 1.** *(hat)* [zappeln] to kick out **- 2.** *(ist)* ***fam*** [Fahrrad fahren] to pedal, to cycle.

Strand (*pl* **Strände**) *der* beach; **am ~** on the beach.

Strand|bad *das* bathing beach *(which people pay to go to)*.

stranden (*perf* **ist gestrandet**) *vi* **- 1.** [festsitzen - Schiff] to run aground; [- Wal] to become beached **- 2.** ***geh*** [scheitern] to fail.

Strand|korb *der* wicker beach chair.

Strand|promenade *die* promenade.

Strang (*pl* **Stränge**) *der* **- 1.** [Seil] rope **- 2.** [von Muskeln] cord; [von Nerven] bundle **- 3.** [Bündel] skein **- 4.** [Abschnitt] section **- 5.** ***RW:*** **am selben ~ ziehen** to pull in the same direction; **über die Stränge schlagen *fam*** to kick over the traces.

Strapaze (*pl* **-n**) *die* strain; **~n auf sich** *(A)* **nehmen** to face the strain.

strapazieren *vt* **- 1.** [anstrengen] to be a strain on; [Geduld] to strain; **das Autofahren hat mich doch strapaziert!** the driving took it out of me! **- 2.** [abnutzen] to be hard on.
◆ **sich strapazieren** *ref* [sich anstrengen] to tax o.s.

strapazierfähig *adj* hardwearing.

Straps (*pl* **-e**) *der* suspender ***Br***, garter ***Am***.

Straßburg *nt* Strasbourg.

Straße (*pl* **-n**) *die* **- 1.** [in Stadt] street **- 2.** [Landstraße] road; **auf der ~ sitzen *fam*** [arbeitslos sein] to be out of work; [ohne Wohnung sein] to be on the streets; **auf die ~ gehen** [demonstrieren] to take to the streets; [anschaffen gehen] to walk the streets; **jn auf die ~ setzen *fam*** [Angestellten] to fire sb; [Mieter] to kick sb out.
◆ **auf offener Straße** *adv* in public.

Straßen|arbeiten *pl* roadworks.

Straßen|bahn *die* tram ***Br***, streetcar ***Am***.

Straßen|bau *der* roadbuilding.

Straßen|beleuchtung *die* street lighting.

Straßen|café *das* street café.

Straßen|ecke *die* street corner.

Straßenfeger, in (*mpl* **-**; *fpl* **-nen**) *der, die* roadsweeper.

Straßenglätte *die (ohne pl)* slippery road.

Straßen|graben *der* ditch.

Straßen|karte *die* road map.

Straßen|laterne *die* street light.

Straßen|netz *das* road network.

Straßen|schild *das* street sign.

Straßen|sperre *die* roadblock.

Straßenverhältnisse *pl* road conditions.

Straßen|verkehr *der* road traffic.

Strategie (*pl* **-n**) *die* strategy.

strategisch *adj* strategic ◇ *adv* strategically.

Stratosphäre *die* stratosphere.

sträuben ◆ **sich sträuben** *ref* - **1.** [Federn] to become ruffled; [Fell] to bristle; **ihr ~ sich die Haare** her hair is standing on end; **dem Hund sträubt sich das Fell** the dog's hair bristled - **2.** [sich wehren]: **sich gegen etw ~** to resist sthg.

Strauch (*pl* **Sträucher**) *der* bush.

Strauß (*pl* **Sträuße** *ODER* **-e**) *der* - **1.** (*pl Sträuße*) [Blumen] bunch of flowers - **2.** (*pl Strauße*) [Vogel] ostrich.

streben (*perf* **hat/ist gestrebt**) *vi* - **1.** (*ist*) [gehen]: **in etw** *(A) ODER* **zu etw ~** to head for sthg - **2.** (*hat*) [trachten]: **nach etw ~** to strive for sthg - **3.** (*hat*) *abw* [pauken] to swot *Br*, to grind *Am*.

Streber, in (*mpl* **-;** *fpl* **-nen**) *der, die abw* swot *Br*, grind *Am*.

strebsam *adj* [fleißig] industrious; [ehrgeizig] ambitious ◇ *adv* [fleißig] industriously; [ehrgeizig] ambitiously.

Strecke (*pl* **-n**) *die* - **1.** [Weg] route; **diese ~ bin ich noch nie gefahren** I've never been this way before - **2.** [Entfernung] distance - **3.** [von Straße] stretch; **die ~ zwischen Pforzheim und Karlsruhe** the road between Pforzheim and Karlsruhe - **4.** [von Eisenbahn] line; [von Schienen] track; **auf offener ~** between stations - **5.** MATH (straight) line - **6.** *RW:* **auf der ~ bleiben** *fam* [bei Wettrennen] to drop out, to pull up; [scheitern, verloren gehen] to fall by the wayside; **jn/etw zur ~ bringen** [erlegen] to kill sb/sthg; *fam* [überwältigen] to hunt sb/sthg down.

strecken *vt* - **1.** [ausstrecken] to stretch - **2.** [Hals] to crane; **den Kopf aus dem Fenster ~** to stick one's head out of the window - **3.** [verdünnen] to thin down; [Droge] to cut.
◆ **sich strecken** *ref* - **1.** [sich recken] to stretch - **2.** [sich hinlegen] to stretch out.

streckenweise *adv* in places.

Streetworker, in ['stri:twœ:(r)kɐ, rın] (*mpl* **-;** *fpl* **-nen**) *der, die* outreach worker.

Streich (*pl* **-e**) *der* [zum Ärgern] trick; **jm einen ~ spielen** *eigtl* & *fig* to play a trick on sb.

streicheln *vt* to stroke ◇ *vi:* **über etw** *(A)* **~** to stroke sthg.

streichen (*prät* **strich;** *perf* **hat/ist gestrichen**) *vt (hat)* - **1.** [mit Farbe] to paint; **'frisch gestrichen'** 'wet paint' - **2.** [Satz, Passage] to delete; **etw von einer Liste ~** to cross sthg off a list - **3.** [schmieren] to spread; **Brote ~** to make some sandwiches - **4.** [Subvention, Auftrag] to cancel; **Alkohol und Zigaretten ~** to cut out alcohol and cigarettes - **5.** [entfernen]: **sie strich sich** *(D)* **die Haare aus dem Gesicht** she pushed her hair back out of her face ◇ *vi* - **1.** (*hat*): **mit der Hand über den Stoff ~** to stroke the cloth; **sich** *(D)* **über den Kopf ~** to stroke one's head - **2.** (*hat*) [mit Farbe] to paint - **3.** (*ist*) [umherschleichen] to roam.

Streicher, in (*mpl* **-;** *fpl* **-nen**) *der, die:* **die ~** the strings.

Streich|holz *das* match.

Streich|instrument *das* stringed instrument.

Streich|käse *der* cheese spread.

Streich|quartett *das* string quartet.

Streichung (*pl* **-en**) *die* - **1.** [von Subvention, Auftrag] cancellation; **~en** [an Etat] cuts - **2.** [im Text] deletion.

Streife (*pl* **-n**) *die* patrol; **auf ~ gehen** to go on patrol.

streifen (*perf* **hat/ist gestreift**) *vt (hat)* - **1.** [berühren] to brush against; **mit dem Auto die Mauer ~** to scrape against the wall with the car - **2.** [ziehen]: **etw über etw** *(A)* **~** to pull sthg over sthg; **etw von etw ~** to pull sthg off sthg - **3.** [Thema] to touch on - **4.** [ansehen]: **jn/etw mit dem Blick ~** to glance at sb/sthg ◇ *vi (ist)* [umherziehen]: **durch etw ~** to roam through sthg.

Streifen (*pl* **-**) *der* - **1.** [Stück, Band] strip - **2.** [Strich] stripe; [auf Fahrbahn] line.

Streifen|wagen *der* patrol car.

Streik (*pl* **-s**) *der* strike; **in (den) ~ treten** to go on strike.

Streikbrecher, in (*mpl* **-;** *fpl* **-nen**) *der, die* strikebreaker.

streiken *vi* - **1.** [im Streik stehen] to strike - **2.** [Motor, Maschine] to pack up.

Streik|posten *der* picket.

Streit *der* argument; **~ mit jm haben** to argue with sb.

streiten (*prät* **stritt;** *perf* **hat gestritten**) *vi* - **1.** [sich auseinander setzen]: **(über etw** *(A)***) ~** to argue (about sthg) - **2.** *geh* [kämpfen]: **gegen/für etw ~** to fight against/for sthg.
◆ **sich streiten** *ref:* **sich (mit jm/um etw) ~** to argue (with sb/about sthg).

Streit|frage *die* contentious issue.

streitig *adv:* **jm etw ~ machen** to dispute sb's right to sthg.

Streitigkeiten *pl* disputes.

Streitkräfte *pl* armed forces.

streitsüchtig *adj* quarrelsome.

streng *adj* - **1.** [Eltern, Kontrolle, Diät, Regel] strict; [Blick] stern; [Maßnahme] stringent - **2.** [Geruch, Geschmack] pungent - **3.** [Gesicht, Frisur, Winter] severe ◇ *adv* - **1.** [erziehen, verbieten, einhalten] strictly; [überwachen] closely; [ansehen] sternly - **2.** [durchdringend]: **~ riechen** to smell pungent.

Strenge *die* - **1.** [von Erziehung, Kontrolle, Gesetz] strictness; [von Blick] sternness; [von Maßnahme] stringency - **2.** [von Gesicht, Frisur, Winter] severity - **3.** [von Geruch, Geschmack] pungency.

streng genommen *adv* strictly speaking.

strengstens *adv* strictly.

Stress *der* stress; **mach keinen ~!** *fam* stay cool!; **im ~ sein** to be under stress.

stressen (*präs* **stresst;** *prät* **stresste;** *perf* **hat gestresst**) *vt fam* to stress out.
◆ **sich stressen** *ref* to put o.s. under stress.

stressig *adj fam* stressful.

Stretching ['strɛtʃɪŋ] *das (ohne pl)* stretch gymnastics *(pl)*.

Streu *die* [aus Stroh] straw.

streuen *vt* [Salz, Gewürze] to sprinkle; [Dünger, Stroh, Gerüchte] to spread; [Futter, Samen] to scatter ◇ *vi* [mit Sand] to grit; [mit Salz] to put down salt.

streunen (*perf* **hat/ist gestreunt**) *vi* - **1.** [irgendwo] to roam around; [Hund, Katze] to stray - **2.** *(ist)* [irgendwohin] to roam.

Streusel (*pl* -) *der* ODER *das* crumble topping.

Streusellkuchen *der cake with crumble topping.*

strich *prät* ▻ **streichen.**

Strich (*pl* **-e**) *der* - **1.** [Linie] line; [Gedankenstrich] dash; [von Pinsel] stroke; **einen ~ ziehen** to draw a line - **2.** [Streichen] stroke; **Haare gegen den ~ bürsten** to brush hair the wrong way - **3.** *fam* [Prostitution] prostitution; **auf dem ~** on the game; **auf den ~ gehen** *fam* to walk the streets - **4.** *RW:* **es geht mir gegen den ~, aber ...** *fam* I don't like it, but ...; **jm einen ~ durch die Rechnung machen** to wreck sb's plans; **keinen ~ tun** *fam* not to lift a finger; **nach ~ und Faden** *fam* good and proper.
◆ **unter dem Strich** *adv* at the end of the day.

stricheln *vt* to sketch in.

strichweise *adj* & *adv* in places.

Strick (*pl* **-e**) *der* rope; **jm einen ~ aus etw drehen** *fig* to use sthg against sb; **wenn alle ~e reißen** *fig* if the worst comes to the worst.

stricken *vt* & *vi* to knit.

Stricklјacke *die* cardigan.

Strickleiter *die* rope ladder.

Strickmuster *das* knitting pattern.

Stricknadel *die* knitting needle.

Strickzeug *das (ohne pl)* [Handarbeit] knitting.

striegeln *vt* to groom.

Striemen (*pl* -) *der* weal.

strikt *adj* strict ◇ *adv* strictly.

Strippe (*pl* **-n**) *die fam* - **1.** [Telefon] phone; **an der ~ hängen** *fam* to be on the phone - **2.** [Schnur] piece of string - **3.** [Kabel] cable.

Striptease ['ʃtrɪptiːs, 'strɪptiːs] *der* ODER *das* striptease.

stritt *prät* ▻ **streiten.**

strittig *adj* contentious.

Stroh *das* straw.

Strohlblume *die* everlasting flower.

Strohldach *das* thatched roof.

Strohlhalm *der* straw; **sich an einen ~ klammern** *fig* to clutch at straws.

Strohmann (*pl* **-männer**) *der* front man.

Strohlwitwe *die hum* grass widow.

Strohlwitwer *der hum* grass widower.

Strolch (*pl* **-e**) *der* - **1.** *abw* [Mann] ruffian - **2.** *fam hum* [Schlingel] rascal.

Strom (*pl* **Ströme**) *der* - **1.** [elektrisch] electricity; **unter ~ stehen** to be live - **2.** [Fluss] river - **3.** [Strömung] current - **4.** [Menge] stream - **5.** *RW:* **es regnet** ODER **gießt in Strömen** it's pouring down; **gegen den ~ schwimmen** to swim against the tide; **in Strömen fließen** to flow freely.

Stromlabnehmer *der* [Stromkunde] electricity consumer.

stromabwärts *adv* downstream.

stromaufwärts *adv* upstream.

Stromauslfall *der* power failure.

strömen (*perf* **ist geströmt**) *vi* to stream.

Stromlkabel *das* electric cable.

Stromlkreis *der* (electrical) circuit.

stromlinienförmig *adj* streamlined.

Stromlnetz *das* electricity grid.

Stromschnelle (*pl* **-n**) *die* rapids *(pl)*.

Stromlstärke *die* current strength.

Strömung (*pl* **-en**) *die* - **1.** [Strom] current - **2.** [Bewegung] current of thought.

Stromverbrauch *der* electricity consumption.

Stromlzähler *der* electricity meter.

Strontium ['ʃtrɔntsi̯ʊm, 'strɔntsi̯ʊm] *das* strontium.

Strophe (*pl* **-n**) *die* verse.

strotzen *vi:* **vor Gesundheit ~** to be bursting with health; **vor Dreck ~** to be filthy.

strubbelig, strubblig *adj* tousled.

Strudel (*pl* -) *der* - **1.** [Wirbel] whirlpool - **2.** [Kuchen] strudel.

Struktur (*pl* **-en**) *die* - **1.** [von Systemen] structure - **2.** [von Material] texture.

strukturell *adj* structural ◇ *adv* structurally.

strukturieren *vt* to structure.

strukturschwach *adj* structurally weak.

Strukturwandel *der* structural change.

Strumpf (*pl* **Strümpfe**) *der* - **1.** [beinlang] stocking - **2.** [Socke] sock.

Strumpfhalter (*pl* -) *der* suspender *Br*, garter *Am*.

Strumpf|hose *die* tights *(pl) Br*, pantyhose *(U) Am*.

struppig *adj* shaggy.

Stube (*pl* **-n**) *die* - **1.** *fam* [Wohnzimmer] living room - **2.** [Raum] room.

stubenrein *adj* house-trained.

Stuck *der* - **1.** [Material] stucco - **2.** [Verzierung] moulding.

Stück (*pl* **-e**) *das* - **1.** [gen] piece; [von Butter, Zucker] lump; **ein ~ vorlesen** to read a bit out; **ein ~ Papier** a piece of paper; **im** ODER **am ~** unsliced; **wie viele? – 10 ~, bitte** how many? – 10, please; **fünf Mark pro** ODER **das ~** five marks each - **2.** [Strecke]: **jn ein ~ begleiten** to accompany sb a little way; **ein ~ zur Seite rücken** to move a bit to one side - **3.** [Bühnenstück] play - **4.** *salopp abw* [Frau]: **ein dummes/freches ~** a silly/cheeky cow - **5.** *RW:* **das ist ja ein starkes ~!** *fam* that's going too far!; **große ~e auf jn halten** to think very highly of sb.

◆ **aus freien Stücken** *adv* of one's own free will.

◆ **in einem Stück** *adv* - **1.** [ganz] in one piece - **2.** *fam* [ohne Unterbrechung] non-stop.

stückeln *vi* to add patches.

Stück|gut *das* parcel *(sent by train or lorry)*.

Stückwerk *das (ohne pl)*: **die Reform ist/bleibt ~** the reform does not go far enough.

Stück|zahl *die* number of pieces.

stud. *abk für* **Student.**

Student (*pl* **-en**) *der* student.

Studenten|verbindung *die exclusive society for university students and alumni, with its own traditional aims and customs.*

STUDENTENVERBINDUNG

These student organizations no longer play as important a role as they once did in 19th century university life or, through the influence of ex-students, in politics. However, they have undergone a revival since Germany was reunited.

Studenten|werk *das university body responsible for running student halls, cafés, dining rooms, etc.*

Studentenwohn|heim *das* hall of residence.

Studentin (*pl* **-nen**) *die* student.

studentisch *adj* student *(vor Subst)*.

Studie [ˈʃtuːdi̯ə] (*pl* **-n**) *die* study.

Studienab|schluss *der* degree.

Studien|aufenthalt *der* study visit.

Studien|fach *das* subject.

Studien|fahrt *die* study trip.

Studien|platz *der* university/college place.

Studien|rat *der secondary school teacher on the lowest state-employee salary scale.*

Studien|rätin *die secondary school teacher on the lowest state-employee salary scale.*

Studien|zeit *die* period of study.

studieren [ʃtuˈdiːrən] *vt* & *vi* to study.

Studio (*pl* **-s**) *das* studio.

Studium [ˈʃtuːdi̯ʊm] (*pl* **Studien**) *das* - **1.** [gen] study - **2.** *(ohne pl)* [Ausbildung] studies *(pl)*.

Stufe (*pl* **-n**) *die* - **1.** [von Treppen] step; **'Vorsicht ~!'** 'mind the step!' - **2.** [Stand] stage - **3.** [in einer Hierarchie] level; **sich mit jm auf die gleiche ~ stellen** [sich vergleichen] to compare o.s. with sb; [sich benehmen wie] to stoop to sb's level - **4.** [Schaltstufe] setting - **5.** [Abstufung] degree.

Stufen|heck *das* **ein Auto mit ~** a saloon.

stufenweise *adj* gradual ◇ *adv* in stages, gradually.

Stuhl (*pl* **Stühle**) *der* - **1.** [Sitzmöbel] chair; **zwischen zwei Stühlen sitzen** *fig* to fall between two stools; **der elektrische ~** the electric chair - **2.** [Stuhlgang] stool.

Stuhlgang *der (ohne pl)* stool; **~ haben** to have a bowel movement.

stülpen *vt:* **etw nach außen ~** to turn sthg inside out; **etw auf/über etw** *(A)* **~** to put sthg onto/over sthg.

stumm *adj* - **1.** [sprechunfähig] dumb - **2.** [schweigend] silent ◇ *adv* - **1.** [sprechunfähig] dumbly - **2.** [schweigend] silently.

Stummel (*pl* -) *der* [von Arm, Bein, Schwanz] stump; [von Zigarette] butt; [von Kerze, Bleistift] stub.

Stumm|film *der* silent movie.

Stümper (*pl* -) *der* *abw* bungler.

Stümperei (*pl* **-en**) *die* *abw* amateur work.

Stümperin (*pl* **-nen**) *die* *abw* bungler.

stumpf *adj* - **1.** [Messer, Spitze] blunt - **2.** [Fell, Haar, Lack] dull - **3.** [Person, Ausdruck] apathetic - **4.** MATH obtuse ◇ *adv* - **1.** [leben, blicken] apathetically - **2.** [nicht scharf, nicht spitz] bluntly - **3.** [glanzlos] dully.

Stumpf (*pl* **Stümpfe**) *der* stump; [von Kerze] stub.

Stumpfsinn *der* - **1.** [Monotonie] monotony - **2.** [geistige Abwesenheit] apathy.

stumpfsinnig *adj* - **1.** [monoton] monotonous - **2.** [teilnahmslos] apathetic ◇ *adv* [teilnahmslos] apathetically.

Stündchen (*pl* -) *das* **fam: ich habe noch ein ~ Zeit** I still have an hour or so.

Stunde (*pl* **-n**) *die* **- 1.** [Zeiteinheit] hour; **jede ~** every hour **- 2.** [Unterrichtsstunde] lesson **- 3.** *geh* [Zeit, Moment] time; **zur gewohnten ~** at the usual hour ODER time.
◆ **zu später Stunde** *adv geh* at a late hour.

stunden *vt*: **jm eine Zahlung ~** to give sb longer to make a payment.

Stunden|geschwindigkeit *die*: **eine ~ von 100 km** a speed of 100 km/h.

Stundenkilometer *pl* kilometres per hour.

stundenlang *adj* lasting for hours; **nach ~em Warten** after waiting for hours ◇ *adv* for hours.

Stunden|lohn *der* hourly rate.

Stunden|plan *der* timetable.

stundenweise *adv* [bezahlen] by the hour; **~ arbeiten** to work the odd hour.

Stunden|zeiger *der* hour hand.

stündlich *adv* **- 1.** [jede Stunde] hourly, once an hour **- 2.** [jeden Augenblick] at any moment ◇ *adj* [jede Stunde] hourly.

Stunk *der* **fam: ~ machen** to kick up a stink.

Stuntman ['stantmɛn] (*pl* **-men**) *der* stuntman.

Stuntwoman ['stantwumən] (*pl* **-women**) *die* stuntwoman.

stupid, stupide [ʃtu'piːt, ʃtu'piːdə] *adj* **abw** empty-headed.

Stups (*pl* **-e**) *der*: **jm einen ~ geben** to give sb a nudge.

stupsen *vt* to nudge.

Stups|nase *die* snub nose.

stur *abw adj* pigheaded ◇ *adv* pigheadedly; **~ geradeaus fahren** to drive straight on.

Sturm (*pl* **Stürme**) *der* **- 1.** [Unwetter] storm **- 2.** [von Begeisterung, Entrüstung] wave **- 3.** [Andrang, Angriff] assault; **der ~ auf die Bastille** the storming of the Bastille **- 4.** [beim Fußball] forward line **- 5.** *RW*: **gegen etw ~ laufen** to be up in arms about sthg; **~ klingeln** to lean on the doorbell.

stürmen (*perf* **hat/ist gestürmt**) *vt (hat)* **- 1.** [Geschäfte, Büfett] to besiege **- 2.** [Festung, Stellung] to storm ◇ *vi* **- 1.** *(ist)* [rennen] to rush **- 2.** *(hat)* [beim Fußball] to attack **- 3.** *(hat)* [Sturm herrschen]: **es stürmt** it's blowing a gale.

Stürmer, in (*mpl* **-**; *fpl* **-nen**) *der, die* forward.

Sturm|flut *die* storm tide.

sturmfrei *adj* ▷ **Bude.**

stürmisch *adj* **- 1.** [windig] stormy **- 2.** [Applaus] tumultuous; [Begeisterung] wild; [Protest] vehement **- 3.** [leidenschaftlich] passionate ◇ *adv* **- 1.** [applaudieren] tumultuously **- 2.** [leidenschaftlich] passionately **- 3.** [wehen] stormily; [regnen] violently.

Sturm|schaden *der* storm damage.

Sturm|tief *das* deep low (pressure area).

Sturm|warnung *die* gale warning.

Sturz (*pl* **Stürze**) *der* fall.

stürzen (*perf* **hat/ist gestürzt**) *vi (ist)* **- 1.** [fallen, zurückgehen] to fall **- 2.** [eilen] to rush ◇ *vt (hat)* **- 1.** [Regierung, Herrscher] to bring down; [mit Gewalt] to overthrow **- 2.** [Kuchen, Pudding] to turn out **- 3.** [stoßen] to hurl.
◆ **sich stürzen** *ref* **- 1.** [springen] to jump **- 2.** [herfallen über]: **sich auf jn/etw ~** [bestürmen] to fall on sb/sthg; [angreifen] to pounce on sb/sthg **- 3.** [sich begeben]: **sich in etw** *(A)* **~** [springen] to plunge into sthg; [sich widmen] to throw o.s. into sthg.

Sturz|flug *der*: **im ~** in a dive.

Sturz|helm *der* crash helmet.

Stuss *der* **fam abw** rubbish.

Stute (*pl* **-n**) *die* mare.

Stuttgart *nt* Stuttgart.

Stütze (*pl* **-n**) *die* **- 1.** [Vorrichtung] prop, support; [für Kopf, Rücken, Füße] rest; **zur ~** for support **- 2.** [Hilfe] support; [Gedächtnis] aid **- 3.** *fam* [Arbeitslosenunterstützung] dole *Br*, welfare *Am*.

stutzen *vt* [Bart, Haare, Hecke] to trim; [Pflanze, Baum] to cut back ◇ *vi* [innehalten] to stop short.

stützen *vt* to support; **den Kopf in die Hände ~** to prop one's head on one's hands; **die Ellbogen auf den Tisch ~** to prop one's elbows on the table.
◆ **sich stützen** *ref*: **sich auf jn/etw ~** [auf Stock, Möbel] to lean on sb/sthg; [auf Vermutung, Beweis] to be based on sb/sthg.

stutzig *adj*: **jn ~ machen** to make sb suspicious; **~ werden** to become suspicious.

Stütz|punkt *der* base.

StVO [ɛsteːfau'oː] (*abk für* **Straßenverkehrsordnung**) *die Road Traffic Act.*

stylen ['stailn̩] *vt* [Haare] to style.
◆ **sich stylen** *ref* to style o.s.

Styropor® *das* polystyrene.

s. u. (*abk für* **siehe unten**) *see below.*

Subjekt (*pl* **-e**) *das* **- 1.** GRAM subject **- 2.** *abw* [Mensch] individual, character.

subjektiv *adj* subjective ◇ *adv* subjectively.

Subjektivität [zupjɛktivi'tɛːt] *die* subjectivity.

Sub|kultur *die* subculture.

Substantiv (*pl* **-e**) *das* GRAM noun.

Substanz (*pl* **-en**) *die* substance; **das geht an die ~** it wears you down.

subtil *geh adj* subtle <> *adv* subtly.

subtrahieren *vt* & *vi* to subtract.

Subtraktion (*pl* **-en**) *die* subtraction.

subtropisch *adj* subtropical.

Sub|unternehmer, in *der, die* subcontractor.

Subvention [zupvɛn'tsio:n] (*pl* **-nen**) *die* subsidy.

subventionieren [zupvɛntsio'ni:rən] *vt* to subsidize.

subversiv [zupvɛr'zi:f] *adj* subversive <> *adv* subversively.

Suche (*pl* **-n**) *die* search; **auf der ~ nach jm/etw sein** to be looking for sb/sthg; [angestrengt] to be searching for sb/sthg; **sich auf die ~ (nach jm/etw) machen** to start looking (for sb/sthg).

suchen *vt* **- 1.** [finden wollen] to look for; [angestrengt] to search for; **er/es hat hier nichts zu ~** *fam* he/it has no business being here **- 2.** [sich wünschen] to seek <> *vi:* **(nach jm/etw) ~** to look (for sb/sthg); [angestrengt] to search (for sb/sthg).

Such|maschine *die* EDV search engine.

Sucht (*pl* **Süchte**) *die* addiction; **js ~ nach etw** *(D)* sb's addiction to sthg.

süchtig *adj:* **(nach etw) ~ sein** to be addicted (to sthg); **~ machen** to be addictive.

suchtkrank *adj:* **~ sein** to be an addict.

Such|trupp *der* search party.

Sud (*pl* **-e**) *der* decoction.

Süd *(ohne Artikel)* south; **aus ~en** from the south.

Südafrika *nt* South Africa.

Süd|afrikaner, in *der, die* South African.

südafrikanisch *adj* South African.

Südamerika *nt* South America.

Süd|amerikaner, in *der, die* South American.

südamerikanisch *adj* South American.

Sudan *der:* **der ~** (the) Sudan.

süddeutsch *adj* South German.

Süddeutschland *nt* South Germany.

süddt. *abk für* **süddeutsch.**

Süden *der* south; **nach ~** south; **im ~** in the south.

Südeuropa *nt* Southern Europe.

Süd|frucht *die ordinary citrus fruits and certain tropical fruits, e.g. bananas.*

Südkorea *nt* South Korea.

südl. *abk für* **südlich.**

Südländer, in (*mpl* **-;** *fpl* **-nen**) *der, die:* **er ist ~** he's from the Mediterranean.

südländisch *adj* Mediterranean.

südlich *adj* [Gegend] southern; [Richtung, Wind] southerly <> *präp:* **~ einer Sache** *(G)* ODER **von etw** (to the) south of sthg.

Südost *(ohne Artikel)* south-east.

Südosten *der* south-east.

südöstlich *adj* [Gegend] south-eastern; [Richtung, Wind] south-easterly <> *präp:* **~ einer Sache** *(G)* ODER **von etw** (to the) south-east of sthg.

Süd|pol *der* **- 1.** GEOGR South Pole **- 2.** PHYS south pole.

Südsee *die:* **die ~** the South Seas *(pl)*.

Süd|seite *die* [von Haus, Garten] south side; [von Hang, Berg] south face.

Südtirol *nt* South Tyrol.

Süd|tiroler, in *der, die* South Tyrolean.

südwärts *adv* southwards.

Südwest *der (ohne Artikel)* south-west.

Südwesten *der* south-west.

südwestlich *adj* [Gegend] south-western; [Richtung, Wind] south-westerly <> *präp:* **~ einer Sache** *(G)* ODER **von etw** (to the) south-west of sthg.

Süd|wind *der* south wind.

Sueskanal ['zu:ɛskana:l] *der* Suez Canal.

Suff *der* **salopp** boozing; **im ~** when one is plastered.

süffig *adj* very drinkable.

süffisant *adj* smug <> *adv* smugly.

Suffix (*pl* **-e**) *das* GRAM suffix.

suggerieren *vt* **geh** to suggest.

Suggestion (*pl* **-en**) *die* **geh** suggestion.

suhlen ◆ **sich suhlen** *ref* **eigtl** & **fig** to wallow.

Sühne (*pl* **-n**) *die* **geh** atonement.

sühnen *vt* & *vi* **geh: etw/für etw ~** to atone for sthg.

Suite ['svi:t(ə)] (*pl* **-n**) *die* [im Hotel & MUS] suite.

Sulfat (*pl* **-e**) *das* CHEM sulphate.

Sultan (*pl* **-e**) *der* sultan.

Sultanin (*pl* **-nen**) *die* sultana.

Sultanine (*pl* **-n**) *die* sultana.

Sülze (*pl* **-n**) *die* brawn *(U)* **Br**, headcheese *(U)* **Am**.

Sumatra *nt* Sumatra.

summarisch *adj* summary <> *adv* summarily.

Sümmchen (*pl* **-**) *das* **fam: ein hübsches** ODER **rundes ~** a tidy sum.

Summe (*pl* **-n**) *die* sum.

summen (*perf* **hat/ist gesummt**) *vi (hat, ist)* to buzz <> *vt (hat)* to hum.

Summer (*pl* **-**) *der* buzzer.

summieren *vt* to add.
◆ **sich summieren** *ref* to add up.

Sumpf (*pl* **Sümpfe**) *der* [Sumpfgelände] marsh; [in Tropen] swamp.

sumpfig *adj* marshy.

Sünde (*pl* **-n**) *die* sin; **eine ~ begehen** to commit a sin.

Sünden|bock *der* scapegoat; **jn zum ~ machen** to make sb a scapegoat.

Sünder, in (*mpl* **-**; *fpl* **-nen**) *der, die* sinner.

sündigen *vi* **- 1.** [religiös] to sin; **gegen etw ~** to sin against sthg **- 2.** [gegen einen Vorsatz handeln] to indulge o.s.

super ***fam*** *adj (unver)* great <> *adv* really well <> *interj* great!

Super *das* four-star (petrol) ***Br,*** premium (gas) ***Am.***

Superlativ (*pl* **-e**) *der* GRAM superlative.
◆ **Superlative** *pl* superlatives.

Super|macht *die* superpower.

Super|markt *der* supermarket.

Süppchen (*pl* **-**) *das* soup.

Suppe (*pl* **-n**) *die* **- 1.** [Essen] soup; **jm die ~ versalzen** ***fam fig*** to put a spoke in sb's wheel **- 2.** ***fam*** [Dunst, Nebel] pea souper.

Suppen|kelle *die* soup ladle.

Suppen|löffel *der* soup spoon.

Suppen|schüssel *die* tureen.

Suppen|teller *der* soup plate.

Suppen|würfel *der* stock cube.

Surf|brett ['sœːɐ̯fbrɛt] *das* **- 1.** [zum Wellensurfen] surfboard **- 2.** [zum Windsurfen] sailboard.

surfen ['sœːɐ̯fn̩] (*perf* **hat/ist gesurft**) *vi* **- 1.** [gen & EDV] to surf **- 2.** [mit Segel] to windsurf.

Surfer, in ['sœːɐ̯fɐ, rɪn] (*mpl* **-**; *fpl* **-nen**) *der, die* **- 1.** [gen & EDV] surfer **- 2.** [Windsurfer] windsurfer.

Surinam *nt* Surinam.

Surrealismus *der* surrealism.

surren (*perf* **hat/ist gesurrt**) *vi* **- 1.** *(ist)* [Pfeil] to whizz **- 2.** *(hat)* [Maschine] to whirr; [Insekt] to buzz.

suspekt *adj* suspicious; **jm ~ sein** to make sb suspicious.

suspendieren *vt* to suspend; **jn von etw ~** to suspend sb from sthg.

süß *adj* sweet <> *adv:* **~ schmecken/aussehen** to taste/look sweet; **träume ~!** sweet dreams!

süßen *vt* to sweeten.

Süßigkeiten *pl* sweets ***Br,*** candy *(U)* ***Am.***

süßlich *adj* **- 1.** [süß] sweetish **- 2.** [übertrieben freundlich] syrupy <> *adv* **- 1.** [süß]: **~ schmecken** to have a sweetish taste **- 2.** [übertrieben freundlich] in a sickly-sweet way.

süß-sauer *adj* sweet and sour <> *adv:* **~ schmecken** to have a sweet and sour taste.

Süß|speise *die* dessert.

Süßwasser *das* fresh water.

SV [ɛs'fau̯] (*abk für* **Spielvereinigung**) *der (ohne pl) sports association.*

SVP [ɛsfau̯'peː] (*abk für* **Schweizer Volkspartei**) *die (ohne pl) political party in Switzerland.*

SW (*abk für* **Südwest**) SW.

Sweatshirt ['svɛtʃœːɐ̯t] (*pl* **-s**) *das* sweatshirt.

SWF [ɛsveː'ɛf] (*abk für* **Südwestfunk**) *der (ohne pl) radio station in Germany.*

Swimming|pool ['svɪmɪŋpuːl] *der* swimming pool.

Sydney ['sɪdnɪ] *nt* Sydney.

Sylt *nt* Sylt.

Symbol (*pl* **-e**) *das* **- 1.** [Zeichen] symbol **- 2.** EDV [Icon] icon.

Symbolik *die* symbolism.

symbolisch *adj* symbolic <> *adv* symbolically.

symbolisieren *vt* to symbolize.

Symmetrie (*pl* **-n**) *die* symmetry.

symmetrisch *adj* symmetrical <> *adv* symmetrically.

Sympathie (*pl* **-n**) *die* [Zuneigung] liking *(U);* **für jn/etw ~ empfinden** ***geh*** to have sympathy with sb/sthg; **sich** *(D)* **viele ~n verscherzen** to lose a lot of sympathy; **bei aller ~** ***fam*** with the best will in the world.

Sympathisant, in (*mpl* **-en**; *fpl* **-nen**) *der, die* sympathizer.

sympathisch *adj* nice; **sie ist mir ~** I like her <> *adv* nicely.

sympathisieren *vi:* **mit jm ~** to sympathize with sb.

Symphonie = **Sinfonie.**

Symphoniker = **Sinfoniker.**

Symptom (*pl* **-e**) *das* **- 1.** MED symptom **- 2.** [Anzeichen] sign.

Synagoge (*pl* **-n**) *die* synagogue.

synchron *adj* synchronous <> *adv* synchronously.

synchronisieren *vt* [Film, Stimme] to dub; [Bewegungen, Abläufe] to synchronize.

Syndikat (*pl* **-e**) *das* syndicate.

Syndrom (*pl* **-e**) *das* MED syndrome.

Synode (*pl* **-n**) *die* REL synod.

Synonym (*pl* **-e**) *das* synonym.

Syntax (*pl* **-en**) *die* syntax.

Synthese (*pl* **-n**) *die:* **die ~ aus etw** the synthesis of sthg.

synthetisch *adj* synthetic <> *adv* synthetically.

Syphilis *die* syphilis.

Syrer, in (*mpl* **-;** *fpl* **-nen**) *der, die* Syrian.

Syrien *nt* Syria.

syrisch *adj* Syrian.

System [zys'teːm] (*pl* **-e**) *das* system; **mit ~** systematically; **~ haben** to be systematic.

System|absturz *der* EDV system crash.

Systematik (*pl* **-en**) *die* system.

systematisch *adj* systematic <> *adv* systematically.

System|datei *die* EDV system file.

System|diskette *die* EDV system disk.

System|software *die* EDV system software.

Szene (*pl* **-n**) *die* **- 1.** [im Film, Theater] scene; **sich in ~ setzen** *fig* to put o.s. in the limelight **- 2.** [Vorfall] scene; **(jm) eine ~ machen** to make a scene (in front of sb) **- 3.** [Milieu] scene.

T

t, T [teː] (*pl* **-** ODER **-s**) *das* t, T.
◆ **t** *abk für* **Tonne.**

Tab. *abk für* **Tabelle.**

Tabak, Tabak (*pl* **-e**) *der* tobacco *(U)*.

Tabak|geschäft *das* tobacconist's.

Tabak|laden *der* tobacconist's.

Tabak|steuer *die* duty on tobacco.

Tabak|waren *pl* tobacco *(U)*.

Tabasco® *der* Tabasco®.

tabellarisch *adj* tabular <> *adv* in tabular form.

Tabelle (*pl* **-n**) *die* **- 1.** [Liste] table **- 2.** SPORT (league) table.

Tabellen|führer *der* SPORT league leaders *(pl)*.

Tabellen|platz *der* SPORT position in the (league) table.

Tablett (*pl* **-s** ODER **-e**) *das* tray.

Tablette (*pl* **-n**) *die* tablet, pill.

tabu *adj (unver):* **etw ist ~** sthg is taboo.

Tabu (*pl* **-s**) *das* taboo.

Tacho (*pl* **-s**) *der* *fam* speedometer.

Tacho|meter *der* speedometer.

Tadel (*pl* **-**) *der* *geh* rebuke.

tadellos *adj* impeccable <> *adv* impeccably.

tadeln *vt* to rebuke.

Tadschikistan *nt* Tadzhikistan.

Tafel (*pl* **-n**) *die* **- 1.** [Schreibtafel] blackboard **- 2.** *geh* [Tisch] table **- 3.** [Stück]: **eine ~ Schokolade** a bar of chocolate.

tafelfertig *adj* ready-to-eat.

tafeln *vi* *geh* to feast.

täfeln *vt* to panel.

Täfelung (*pl* **-en**) *die* panelling *(U)*.

Tafelwasser (*pl* **-wässer**) *das* mineral water.

Tafel|wein *der* table wine.

Taft (*pl* **-e**) *der* taffeta.

Tag (*pl* **-e**) *der* **- 1.** [24 Stunden] day; **in vierzehn ~en** in a fortnight **- 2.** [in seinem Verlauf] day; **~ und Nacht geöffnet** open 24 hours **- 3.** *RW:* **am helllichten ~** in broad daylight; **auf seine alten ~e (hin)** *fam* in one's old age; **bei ~(e) besehen** in the cold light of day; **dieser ~e** *fam* [demnächst] in the next few days; [neulich] recently; **über/unter ~(e)** above/below ground; **~ der offenen Tür** open day.
◆ **eines Tages** *adv* [irgendwann] one day.
◆ **guten Tag** *interj* hello!; [am Morgen] good morning!; [am Nachmittag] good afternoon!
◆ **Tag für Tag** *adv* [immer] day after day.
◆ **von Tag zu Tag** *adv* [immer mehr] day by day.
◆ **Tage** *pl* **- 1.** [Zeit] days; **js ~e sind gezählt** [muss sterben/weggehen] sb's days are numbered **- 2.** *fam* [Periode] period *(sg)*; **sie hat/bekommt ihre ~e** *fam* she's got her period; *siehe auch* **zutage.**

tagaus *adv:* **~, tagein** day in, day out.

Tag der Deutschen Einheit *der* Day of German Unity.

TAG DER DEUTSCHEN EINHEIT

This day, 3 October, is a public holiday in Germany, commemorating the anniversary of German reunification in 1990, when the GDR officially ceased to exist. It replaces the previous "Tag der Deutschen Einheit", which before 1990 was celebrated in West Germany on 17 June to mark the political uprising that occurred in the GDR in 1953.

Tagebau *der* opencast mining.

Tage|buch *das* diary.

tagelang *adj* lasting for days; **~er Regen** days of rain ◇ *adv* for days.

Tagelöhner, in (*mpl* -; *fpl* **-nen**) *der, die* day labourer.

tagen *vi* **- 1.** [Sitzung haben - gen] to meet; [- Gericht] to be in session **- 2.** *geh* [hell werden]: **es tagt** day is breaking.

Tagesab|lauf *der* day.

Tagesan|bruch *der* dawn.

Tagesaus|flug *der* day trip.

Tagesbedarf *der (ohne pl)* daily requirement.

Tages|creme, Tages|krem *die* day cream.

Tages|einnahme *die* daily takings *(pl)*.

Tages|fahrt *die* day trip.

Tages|gericht *das* dish of the day.

Tages|geschehen *das* day's events *(pl)*.

Tages|karte *die* day ticket.

Tages|krem *die* = **Tagescreme.**

Tages|licht *das* daylight; **etw kommt ans ~** sthg comes to light.

Tages|mutter *die* childminder *Br*, babysitter.

Tages|ordnung *die* agenda; **zur ~ übergehen** [auf einer Versammlung] to proceed with the agenda; [im täglichen Leben] to carry on as usual; **etw ist an der ~** sthg is the order of the day.

Tagesrückfahr|karte *die* day return (ticket) *Br*, day round-trip ticket *Am*.

Tages|schau *die* news.

Tages|zeit *die* time of day.

Tages|zeitung *die* daily newspaper.

taghell *adj* as bright as daylight.

täglich *adj* daily ◇ *adv* every day; **dreimal ~** three times a day.

tags *adv* during the day; **~ zuvor/darauf** the day before/after.

Tag|schicht *die* day shift.

tagsüber *adv* during the day.

tagtäglich *adj* daily.

Tagung (*pl* **-en**) *die* conference.

Tahiti *nt* Tahiti.

Taifun (*pl* **-e**) *der* typhoon.

Taille ['taljə] (*pl* **-n**) *die* waist.

tailliert [ta'ji:ɐt] *adj* fitted.

Taipeh *nt* Taipei.

Taiwan *nt* Taiwan.

Takt (*pl* **-e**) *der* **- 1.** [musikalische Einheit] bar **- 2.** *(ohne pl)* [Feingefühl] tact **- 3.** *(ohne pl)* [Rhythmus] time **- 4.** *RW:* **jn aus dem ~ bringen** to put sb off; **zu etw ein paar ~e sagen** *fam* to have a few things to say about sthg.

Takt|frequenz *die* EDV clock rate.

Takt|gefühl *das* tact.

taktieren *vi* to manoeuvre.

Taktik (*pl* **-en**) *die* tactics *(pl)*.

Taktiker, in (*mpl* -; *fpl* **-nen**) *der, die* tactician.

taktisch *adj* [klug] tactical ◇ *adv* tactically; **~ klug vorgehen** to use clever tactics.

taktlos *adj* tactless ◇ *adv* tactlessly.

Taktlosigkeit (*pl* **-en**) *die* tactlessness.

Takt|stock *der* baton.

taktvoll *adj* tactful ◇ *adv* tactfully.

Tal (*pl* **Täler**) *das* valley.

talabwärts *adv* down the valley.

Talar (*pl* **-e**) *der* robe.

talaufwärts *adv* up the valley.

Talent (*pl* **-e**) *das* talent.

talentiert *adj* talented ◇ *adv* with talent.

Taler (*pl* -) *der* thaler.

Tal|fahrt *die* **- 1.** [ins Tal] descent into the valley **- 2.** *fig* [von Wirtschaft, Aktien] decline.

Talg (*pl* **-e**) *der* tallow; [von Menschen] sebum.

Talisman (*pl* **-e**) *der* talisman.

Tal|kessel *der* basin.

Talkshow ['tɔ:kʃo:] (*pl* **-s**) *die* talk show.

Tal|sohle *die* **- 1.** [von Tälern] valley floor **- 2.** *fig* [von Zyklus, Entwicklung] trough.

Tal|sperre *die* dam.

Tal|station *die* *valley-based terminus for ski-lift or mountain railway.*

Tamburin, Tamburin (*pl* **-e**) *das* tambourine.

Tampon ['tampɔn, tam'po:n] (*pl* **-s**) *der* tampon.

Tand *der (ohne pl)* *geh* trinkets *(pl)*.

Tandem (*pl* **-s**) *das* tandem.

Tang (*pl* **-e**) *der* seaweed *(U)*.

Tanga (*pl* **-s**) *der* thong.

Tangente (*pl* **-n**) *die* MATH tangent.

tangieren *vt* **- 1.** [beeinflussen] to affect; **das tangiert mich alles überhaupt nicht** I couldn't care less about all that **- 2.** MATH to be tangent to.

Tango (*pl* **-s**) *der* tango.

Tank (*pl* **-s**) *der* tank.

Tank|deckel *der* fuel cap, petrol cap *Br*.

tanken *vi* to get some petrol *Br* ODER gas *Am* ◇ *vt* **- 1.** [auftanken]: **Benzin ~** to get some petrol *Br* ODER gas *Am* **- 2.** [genießen] to get one's fill of.

Tanker (*pl* -) *der* tanker.

Tank|schloss *das* fuel *ODER* petrol *Br* cap lock.

Tank|stelle *die* petrol station *Br*, gas station *Am.*

Tank|wagen *der* tanker.

Tankwart, in (*mpl* **-e;** *fpl* **-nen**) *der, die* petrol *Br ODER* gas *Am* station attendant.

Tanne (*pl* **-n**) *die* **- 1.** [Baum] fir tree **- 2.** *(ohne pl)* [Holz] fir.

Tannen|baum *der* **- 1.** [Tanne] fir tree **- 2.** [Weihnachtsbaum] Christmas tree.

Tannen|nadel *die* fir needle.

Tannen|zapfen *der* fir cone.

Tansania *nt* Tanzania.

Tantal *das* CHEM tantalum.

Tante (*pl* **-n**) *die* **- 1.** [Verwandte] aunt **- 2.** *fam* [als Anrede] auntie.

Tante-Emma-|Laden *der* corner shop.

Tantieme [tɑ̃'ti̯eːmə] (*pl* **-n**) *die* [für Künstler] royalty.

Tanz (*pl* **Tänze**) *der* dance.

Tanzbein *das (ohne pl):* **das ~ schwingen** *fam hum* to hit the floor.

tänzeln (*perf* **hat/ist getänzelt**) *vi* **- 1.** *(ist)* [geziert gehen] to skip **- 2.** *(hat)* [sich unruhig bewegen] to prance.

tanzen *vt* & *vi* to dance; **komm, lass uns ~ gehen** let's go dancing; **willst du mit mir tanzen?** would you like to dance?

Tänzer, in (*mpl* **-;** *fpl* **-nen**) *der, die* dancer.

Tanz|fläche *die* dance floor.

Tanz|kurs *der* **- 1.** [Veranstaltung] dancing lessons *(pl)* **- 2.** [Teilnehmer] dancing class.

Tanz|schule *die* dancing school.

Tanz|stunde *die* **- 1.** [Kurs] dancing lessons *(pl)* **- 2.** [Unterrichtsstunde] dancing lesson.

Tanz|turnier *das* dancing competition.

tapern (*perf* **ist getapert**) *vi Norddt* to dodder.

Tapet *das:* **etw aufs ~ bringen** *fam* to bring sthg up.

Tapete (*pl* **-n**) *die* wallpaper *(U).*

Tapeten|wechsel *der fig* change of scenery.

tapezieren *vt* & *vi* to wallpaper.

tapfer *adj* brave <> *adv* bravely.

Tapferkeit *die* bravery.

tappen (*perf* **ist getappt**) *vi:* **durch das Zimmer ~** to patter through the room.

tapsig *adj* awkward <> *adv* awkwardly.

Tarantel (*pl* **-n**) *die* tarantula; **wie von der ~ gestochen** *fam fig* as if stung.

Tarif (*pl* **-e**) *der* **- 1.** WIRTSCH rate **- 2.** [Gebühr] charge; [Verkehrstarif] fare.

Tarif|abschluss *die* collective agreement.

Tarif|autonomie *die* right to free collective bargaining.

Tarif|konflikt *der* dispute over pay and conditions.

tariflich *adj* [Einigung, Vertrag] collective <> *adv* according to the collective agreement.

Tarif|lohn *der* agreed rate of pay.

Tarif|partner *der* social partner.

Tarifver|handlung *die* collective bargaining.

Tarif|vertrag *der* collective agreement.

tarnen *vt* to camouflage.
◆ **sich tarnen** *ref* to camouflage o.s.; **sich als etw ~** to disguise o.s. as sthg.

Tarnung *die* camouflage.

Tarock (*pl* **-s**) *das ODER der card game usually played with a pack of cards including 22 tarots.*

Tarot [ta'roː] (*pl* **-s**) *das ODER der* tarot.

Tasche (*pl* **-n**) *die* **- 1.** [Tragetasche, Handtasche] bag **- 2.** [Hosentasche] pocket **- 3.** *RW:* **etw aus eigener ~ bezahlen** to pay for sthg o.s.; **etw (schon) in der ~ haben** *fam* to have sthg in the bag; **jm auf der ~ liegen** *fam* to live off sb; **jn in die ~ stecken** *fam* to be more than a match for sb.

Taschen|buch *das* paperback.

Taschen|dieb, in *der, die* pickpocket.

Taschen|format *das:* **im ~** pocket-sized.

Taschen|geld *das* pocket money.

Taschen|kalender *der* pocket diary.

Taschen|lampe *die* torch *Br*, flashlight *Am.*

Taschen|messer *das* penknife, pocketknife.

Taschen|rechner *der* pocket calculator.

Taschen|schirm *der* telescopic umbrella.

Taschentuch (*pl* **-tücher**) *das* [aus Stoff] handkerchief; [aus Papier] tissue.

Taschen|uhr *die* pocket watch.

Taschkent *nt* Tashkent.

Tasse (*pl* **-n**) *die* cup; **nicht alle ~n im Schrank haben** *fam fig* & *abw* to have a screw loose.

Tastatur (*pl* **-en**) *die* keyboard.

Tastaturbelegung (*pl* **-en**) *die* EDV keyboard layout.

Taste (*pl* **-n**) *die* **- 1.** [von Instrument, Computer] key **- 2.** [von Geräten] button.

tasten *vi* to feel one's way; **nach etw ~** to feel for sthg <> *vt* to feel.
◆ **sich tasten** *ref* to feel one's way.

Tasten|instrument *das* keyboard instrument.

Tasten|telefon *das* push-button telephone.

Tastsinn *der* sense of touch.

tat *prät* ▻ **tun.**

Tat (*pl* **-en**) *die* action; **eine verbrecherische ~** a criminal act; **eine gute ~** a good deed; **jn auf frischer ~ ertappen** *fig* to catch sb in the act; **etw in die ~ umsetzen** to put sthg into action.
◆ **in der Tat** *adv* [tatsächlich] indeed.

Tatbe|stand *der* **- 1.** RECHT: **der ~ der Bestechung** the offence of bribery; **den ~ des Betrugs erfüllen** to constitute fraud **- 2.** [Tatsache] facts *(pl)* (of the matter).

tatenlos *adj* idle <> *adv* idly; **wir mussten ~ zusehen** we could only stand and watch.

Täter, in (*mpl* **-;** *fpl* **-nen**) *der, die* culprit.

Täterschaft *die* guilt.

Tather|gang *der* course of events.

tätig *adj* **- 1.** [beschäftigt]: **~ sein** to work **- 2.** [aktiv] active; **wir müssen in dieser Sache ~ werden** we must take action in this matter.

tätigen *vt* ***geh*** [von Geschäft] to transact.

Tätigkeit (*pl* **-en**) *die* [Arbeit] job; [Aktivität] activity.

tatkräftig *adj* active <> *adv* actively.

tätlich *adj* physical; **~ werden** to become violent <> *adv* physically.

Tätlichkeiten *pl:* **es kam zu ~** there was violence.

Tat|ort *der* **- 1.** [von Verbrechen] scene of the crime **- 2.** [Fernsehsendung] *television detective series.*

tätowieren *vt* & *vi* to tattoo.

Tätowierung (*pl* **-en**) *die* **- 1.** [Vorgang] tattooing *(U)* **- 2.** [Ergebnis] tattoo.

Tatra *die* Tatra; **hohe ~** High Tatra.

Tat|sache *die* fact; **jn vor vollendete ~n stellen** ***fig*** to present sb with a fait accompli <> *interj* it's true!

tatsächlich, tatsächlich *adj* real, actual <> *adv* really; **du bist ja ~ pünktlich!** you're actually on time!

tätscheln *vt* [liebkosen] to pat.

Tattoo [ta'tu:] (*pl* **-s**) *das* = **Tätowierung.**

Tatverdacht *der* suspicion.

Tatze (*pl* **-n**) *die* paw.

Tau (*pl* **-e**) *der* [Niederschlag] dew <> *das* [Seil] rope.

taub *adj* **- 1.** [nichts hörend] deaf; **sich ~ stellen** ***fam*** to turn a deaf ear **- 2.** [nichts fühlend] numb.

Taube (*pl* **-n**) *der, die* [Gehörlose] deaf person <> *die* [Tier - gewöhnlich] pigeon; [- weiße] dove.

Tauben|schlag *der* **- 1.** [Unterkunft für Tauben] pigeon loft; [für Turteltauben] dovecot **- 2.** [Kommen und Gehen]: **hier geht es zu wie im ~** it's like Piccadilly Circus ***Br*** ODER Times Square ***Am*** in here.

taubstumm *adj* deaf and dumb.

Taubstumme (*pl* **-n**) *der, die* deaf-mute.

tauchen (*perf* **hat/ist getaucht**) *vi (hat, ist)* to dive <> *vt (hat)* **- 1.** [eintauchen] to dip **- 2.** [drücken] to duck.

Taucher, in (*mpl* **-;** *fpl* **-nen**) *der, die* diver.

Taucher|brille *die* diving goggles *(pl)*.

Tauchsieder ['tauxzi:dɐ] (*pl* **-**) *der* element.

tauen (*perf* **hat/ist getaut**) *vi (hat, ist)* to melt; **es taut** it's thawing <> *vt (hat)* to thaw.

Tauf|becken *das* font.

Taufe (*pl* **-n**) *die* **- 1.** [Vorgang] christening **- 2.** *(ohne pl)* [Sakrament] baptism; **etw aus der ~ heben** ***fig*** to launch sthg.

taufen *vt* **- 1.** REL [Menschen] to baptize **- 2.** [Tiere, Gegenstände] to name.

Tauf|pate *der* godfather.

Tauf|patin *die* godmother.

taufrisch *adj* **- 1.** [Blume, Hemd] fresh **- 2.** ***fam*** [Mensch]: **~ sein** to be as fresh as a daisy.

Tauf|schein *der* certificate of baptism.

taugen *vi:* **nichts/wenig ~** to be no/not much good; **zu** ODER **für etw ~** to be suitable for sthg.

tauglich *adj* **- 1.** [geeignet] suitable **- 2.** MIL fit (for service).

Tauglichkeit *die* suitability.

Taumel *der (ohne pl)* **- 1.** [Rausch] frenzy; **ein ~ der Freude ergriff sie** they went into raptures **- 2.** [Schwindel] (feeling of) dizziness.

taumeln (*perf* **hat/ist getaumelt**) *vi* **- 1.** *(ist)* [schwankend gehen] to stagger **- 2.** *(hat)* [schwanken] to reel.

Taunus *der:* **der ~** the Taunus.

Tausch (*pl* **-e**) *der* exchange.

tauschen *vt* to swap <> *vi:* **mit jm ~** [Arbeitszeit] to swap with sb; [an js Stelle sein, jd anderes sein] to swap places with sb.

täuschen *vt* to deceive; [Gegner] to trick <> *vi* to be deceptive.
◆ **sich täuschen** *ref* to be wrong; **sich in jm ~** to be wrong about sb.

täuschend *adj* deceptive <> *adv* deceptively.

Tausch|handel *der* barter.

Tausch|objekt *das* object for barter.

Täuschung (*pl* **-en**) *die* **- 1.** [Irreführung] deception **- 2.** [Verwechslung] illusion; **optische ~** optical illusion.

Täuschungs|manöver *das* ploy.

tausend *num* a ODER one thousand; *siehe auch* **sechs.**

Tausend (*pl* - ODER **-e**) *das* thousand.
◆ **Tausende** *pl* [sehr viele]: **zu ~en** by the thousand; *siehe auch* **Sechs.**

Tausender (*pl* -) *der* - **1.** [Geldschein] thousand mark note - **2.** MATH thousand.

tausenderlei *adj (unver)* a thousand and one.

tausendfach *adj* thousandfold; **die ~e Menge** a thousand times the amount.

Tausendfüßler (*pl* -) *der* centipede.

tausendmal *adv* a thousand times.

tausendste, r, s *adj* thousandth; *siehe auch* **sechste.**

Tausendste (*pl* -n) *der, die, das* thousandth; *siehe auch* **Sechste.**

tausendstel *adj (unver)* thousandth; *siehe auch* **sechstel.**

Tausendstel (*pl* -) *das* thousandth; *siehe auch* **Sechstel.**

Tauwetter *das* thaw.

Tauziehen *das* tug-of-war.

Taxe (*pl* **-n**) *die* [Taxi] taxi.

Taxi (*pl* **-s**) *das* taxi.

taxieren *vt* - **1.** [Kunstwerk, Gebäude] to value - **2.** [Alter, Entfernung] to estimate - **3.** [Person] to size up.

Taxi|fahrer, in *der, die* taxi driver.

Taxi|stand *der* taxi rank.

Tb [teːˈbeː], **Tbc** [teːbeːˈtseː] *die abk für* **Tuberkulose.**

Teak [tiːk] *das* teak.

Team [tiːm] (*pl* **-s**) *das* team.

Teamarbeit *die* teamwork.

Technik (*pl* **-en**) *die* - **1.** *(ohne pl)* [Wissenschaft] technology - **2.** [Methode] technique - **3.** [Ausrüstung] equipment - **4.** *(ohne pl)* [Funktionsweise] workings *(pl)*.

Techniker, in (*mpl* **-**; *fpl* **-nen**) *der, die* engineer; [im Sport, in Musik] technician.

technisch *adj* technical; [Fortschritt] technological <> *adv* technically; [fortgeschritten] technologically.

Technische Hochschule *die technical college.*

Technische Überwachungsverein *der* **amt** *institution charged with testing roadworthiness of cars and safety of consumer goods and installations.*

Techno *der* MUS techno.

Technologie (*pl* **-n**) *die* technology.

Technologie|park *der* science park.

Technologie|transfer *der* transfer of technology.

technologisch *adj* technological <> *adv* technologically.

Teddy (*pl* **-s**), **Teddybär** (*pl* **-en**) *der* teddy bear.

Tee (*pl* **-s**) *der* - **1.** [gen] tea; **schwarzer ~** black tea - **2.** [Kräutertee] herbal tea.

Tee|beutel *der* teabag.

Tee|kanne *die* teapot.

Tee|kessel *der* kettle.

Tee|löffel *der* teaspoon.

Teenager (*pl* -) *der* teenager.

Teer *der* tar *(U)*.

teeren *vt* to tar.

Teer|pappe *die* roofing felt.

Tee|sieb *das* tea strainer.

Tee|tasse *die* teacup.

Tee|wagen *der* tea trolley.

Tee|wurst *die type of soft, smoked German sausage used for spreading.*

Teflon|pfanne® *die* Teflon® frying pan.

Teheran *nt* Teheran.

Teich (*pl* **-e**) *der* pond.

Teig (*pl* **-e**) *der* dough *(U)*.

teigig *adj* [Haut] pasty.

Teigwaren *pl* **amt** pasta *(U)*.

Teil (*pl* **-e**) *der* [Teilmenge] part <> *der* ODER *das* [Anteil] share; **seinen ~ zu etw beitragen** ***fig*** to do one's share in sthg; **sich** *(D)* **seinen ~ denken** ***fig*** to keep one's thoughts to o.s. <> *das* [Bestandteil] part.

◆ **zum Teil** *adv* [teilweise] partly.

Teilab|schnitt *der* section.

Teil|aspekt *der* aspect.

teilbar *adj* divisible.

Teil|bereich *der* branch.

Teilchen (*pl* -) *das* - **1.** PHYS particle - **2.** [kleines Teil] piece - **3.** ***Norddt*** [Gebäck] cake *(individual)*.

teilen *vt* [aufteilen] to share; [zerteilen] to divide; **etw mit jm ~** to share sthg with sb; **sich** *(D)* **etw ~** to share sthg <> *vi* to share.

◆ **sich teilen** *ref* [Gruppe] to split up; [Straße] to fork; [Meinungen] to be divided.

Teil|erfolg *der* partial success.

Teil|gebiet *das* branch.

teil|haben *vi (unreg)*: **an etw** *(D)* **~** to share in sthg.

Teilhaber, in (*mpl* **-**; *fpl* **-nen**) *der, die* partner.

Teil|menge *die* MATH subset.

teilmöbliert *adj* partially furnished.

Teilnahme (*pl* **-n**) *die* - **1.** [Aufmerksamkeit, Beteiligung] participation *(U)* - **2.** [an Kurs] attendance - **3.** [Mitgefühl] sympathy.

Teilnahme|bedingung *die* conditions *(pl)* of entry.

teilnahmslos *adj* apathetic <> *adv* apathetically.

teil|nehmen *vi (unreg)* **- 1.** [mitmachen]: **an etw** *(D)* **~** to take part in sthg **- 2.** [mitfühlen]: **an etw** *(D)* **~ *geh*** to share in sthg.
Teilnehmer, in (*mpl* **-;** *fpl* **-nen**) *der, die* participant.
Teilnehmer|liste *die* list of participants.
teils *adv* ***fam*** partly.
◆ **teils ..., teils ...** *adv* partly ..., partly ...
Teil|strecke *die* stretch.
Teilung (*pl* **-en**) *die* division.
teilweise *adv* **- 1.** [zum Teil] partly **- 2.** [zeitweise] sometimes <> *adj* partial.
Teil|zahlung *die* payment by instalments.
Teilzeit|arbeit *die* part-time work.
Teilzeit|beschäftigte *der, die* part-time worker.
Teint (*pl* **-s**) *der* **- 1.** [Gesichtsfarbe] complexion **- 2.** [Haut] skin.
Tel. (*abk für* **Telefon**) tel.
Tel Aviv [tɛla'vi:f] *nt* Tel Aviv.
Tele|arbeit *die* teleworking.
Telefon, Telefon (*pl* **-e**) *das* **- 1.** [Gerät] telephone; **am ~** on the telephone **- 2. *fam*** [Anruf]: **~ für dich** there's a call for you.
Telefonan|ruf *der* telephone call.
Telefonan|schluss *der* telephone line.
Telefonat (*pl* **-e**) *das* telephone call.
Telefon|auskunft *die* directory enquiries ***Br***, information ***Am***.
Telefon|buch *das* telephone book.
Telefon|gebühr *die* telephone charge.
Telefon|gespräch *das* telephone conversation.
telefonieren *vi* to make a telephone call; **mit jm ~** to talk to sb on the telephone.
telefonisch *adj* telephone *(vor Subst)* <> *adv* by telephone; **ich bin ~ erreichbar** you can reach me by telephone.
Telefon|kabel *das* telephone cable.
Telefon|karte *die* phonecard.
Telefon|leitung *die* telephone line.
Telefon|netz *das* telephone network.
Telefon|nummer *die* telephone number.
Telefon|rechnung *die* telephone bill.
Telefonver|bindung *die* telephone line.
Telefon|zelle *die* telephone box.
Telefon|zentrale *die* switchboard.
Telegrafen|mast *der* telegraph pole.
telegrafieren *vt* to telegraph.
telegrafisch *adj* telegraphic <> *adv* by telegram.
Telegramm (*pl* **-e**) *das* telegram.
Telegramm|formular *das* telegram form.
Telegrammstil *der* telegraphic style.
Tele|kolleg *das* ≈ Open University ***Br***, *course of lectures on television, forming part of a distance-learning course.*
Telekom® *die German telecommunications company.*
Telekommunikation *die (ohne pl)* telecommunications *(pl)*.
Tele|objektiv *das* FOTO telephoto lens.
Telepathie *die* telepathy.
Teleskop (*pl* **-e**) *das* telescope.
Telex (*pl* **-e**) *das* telex.
Teller (*pl* **-**) *der* [Gefäß] plate; **seinen ~ leer essen** to finish what's on one's plate.
Tempel (*pl* **-**) *der* temple.
Temperament (*pl* **-e**) *das* **- 1.** [Energie] liveliness; **~ haben** to be lively **- 2.** [Wesen] temperament.
temperamentvoll *adj* lively.
Temperatur (*pl* **-en**) *die* temperature; **~ haben** to have a temperature.
Temperatur|anstieg *der* rise in temperature.
temperaturbeständig *adj* resistant to heat and cold.
Temperaturrück|gang *der* drop in temperature.
Temperatur|schwankung *die* temperature fluctuation.
Tempo[1] (*pl* **-s** ODER **Tempi**) *das* **- 1.** *(pl Tempos)* [Geschwindigkeit] speed; **hier gilt ~ 30** there's a 30 km speed limit here **- 2.** *(pl Tempi)* MUS tempo.
Tempo®[2] (*pl* **-s**) *das* ***fam*** [Papiertaschentuch] tissue.
Tempo|limit *das* speed limit.
temporär *adj* ***geh*** temporary.
Tempo|sünder, in *der, die person who has committed a speeding offence.*
Tempotaschen|tuch® *das* ***fam*** tissue.
Tempus (*pl* **Tempora**) *das* GRAM tense.
Tendenz (*pl* **-en**) *die* **- 1.** [Entwicklung] trend **- 2.** [Neigung] tendency.
tendenziell *adj* in keeping with the trend.
tendenziös ***abw*** *adj* biased <> *adv* in a biased way.
Tendenz|wende *die* change in a/the trend.
tendieren *vi* to tend; **zu etw ~** to tend towards sthg.
Teneriffa *nt* Tenerife.
Tennis *das* tennis.
Tennis|arm *der* tennis elbow.
Tennis|ball *der* tennis ball.

Tennis|platz *der* tennis court.

Tennis|schläger *der* tennis racquet.

Tenor[1] (*pl* **Tenöre**) *der* MUS tenor.

Tenor[2] *der (ohne pl)* ***geh*** tenor.

Tentakel (*pl* **-**) *der* ODER *das* tentacle.

Teppich (*pl* **-e**) *der* **- 1.** [Einzelstück] rug; **der rote ~** the red carpet; **etw unter den ~ kehren** *fig* to sweep sthg under the carpet **- 2.** [Teppichboden] carpet.

Teppich|boden *der* carpet.

Termin (*pl* **-e**) *der* **- 1.** [Zeitpunkt] date; [Vereinbarung] appointment; **einen ~ vereinbaren** to make an appointment **- 2.** RECHT hearing.

Terminal ['tøːɐminəl] (*pl* **-s**) *der* ODER *das* [Gebäude] terminal <> *das* EDV terminal.

termingebunden *adv* to a deadline.

Termin|kalender *der* diary.

terminlich *adj* scheduled; **~e Verpflichtungen** commitments; **~e Schwierigkeiten** problems regarding schedule.

Terminologie (*pl* **-n**) *die* terminology.

Termin|plan *der* schedule.

Terminus (*pl* **Termini**) *der* ***geh*** term.

Termite (*pl* **-n**) *die* termite.

Terpentin (*pl* **-e**) *das* turpentine *(U)*.

Terrain [tɛ'rɛ̃ː] (*pl* **-s**) *das* ***geh*** terrain; **das ~ sondieren** ***fig*** to test the ground.

Terrarium [tɛ'raːri̯ʊm] (*pl* **Terrarien**) *das* terrarium.

Terrasse (*pl* **-n**) *die* **- 1.** [am Haus] patio **- 2.** [am Berg] terrace.

terrassenförmig *adj* terraced <> *adv* in terraces.

Terrier ['tɛri̯ɐ] (*pl* **-**) *der* terrier.

Terrine (*pl* **-n**) *die* tureen.

territorial *adj* territorial.

Territorium [tɛri'toːri̯ʊm] (*pl* **-torien**) *das* territory.

Terror *der* **- 1.** [Gewalt] terrorism **- 2.** [Angst] terror **- 3.** : **~ machen** ***fam*** to raise hell.

Terroran|schlag *der* terrorist attack.

terrorisieren *vt* to terrorize.

Terrorismus *der* terrorism.

Terrorist, in (*mpl* **-en**; *fpl* **-nen**) *der, die* terrorist.

terroristisch *adj* terrorist.

tertiär *adj* **- 1.** [Erdzeitalter] Tertiary **- 2.** ***geh*** [Sektor] tertiary.

Terz (*pl* **-en**) *die* MUS third.

Tesa® *der* Sellotape® ***Br***, Scotch tape® ***Am***.

Tesafilm® *der* Sellotape® ***Br***, Scotch tape® ***Am***.

Tessin *das* Ticino *(canton in south-east Switzerland)*.

Tessiner, in (*mpl* **-**; *fpl* **-nen**) *der, die* native/inhabitant of Ticino.

Test (*pl* **-e** ODER **-s**) *der* test.

Testament (*pl* **-e**) *das* **- 1.** [letzter Wille] will; **sein ~ machen** to make one's will **- 2.** REL: **das Alte/Neue ~** the Old/New Testament.

testamentarisch *adv*: **etw ~ verfügen** to put sthg in one's will.

Test|bild *das* TV test card.

testen *vt* to test.

Test|person *die* subject.

Test|reihe *die* series of tests.

Test|strecke *die* test circuit.

Tetanus|impfung *die* tetanus vaccination.

teuer *adj* **- 1.** [Preis] expensive **- 2.** ***geh*** [Freund] dear <> *adv* dearly; **etw kommt jm** ODER **jn ~ zu stehen** sb pays dearly for sthg.

Teufel (*pl* **-**) *der* **- 1.** [gen] devil **- 2.** *RW:* **der ~ ist los** ***fam*** all hell has broken loose; **den ~ (nicht) an die Wand malen** ***fam*** (not) to tempt fate; **in ~s Küche kommen** to be in deep water; **jn zum ~ jagen** ***fam*** to send sb packing; **scher dich** ODER **geh zum ~!** ***salopp*** go to hell!; **zum ~ mit ihr!** ***fam*** [Schluss damit] to hell with her!

◆ **auf Teufel komm raus** *adv* ***fam*** [unbedingt] like crazy.

Teufels|kreis *der* vicious circle.

teuflisch *adj* devilish <> *adv* devilishly.

Texas *nt* Texas.

Text (*pl* **-e**) *der* **- 1.** [Geschriebenes] text; [von Lied] lyrics *(pl)* **- 2.** [von Bild] caption.

Text|datei *die* EDV text file.

Texter, in (*mpl* **-**; *fpl* **-nen**) *der, die* copywriter.

Textilien *pl* textiles.

Textil|industrie *die* textile industry.

Text|stelle *die* passage.

Text|verarbeitung *die* EDV word processing *(U)*.

TH [teː'haː] *die abk für* **Technische Hochschule.**

Thailand *nt* Thailand.

Thailänder, in (*mpl* **-**; *fpl* **-nen**) *der, die* Thai.

thailändisch *adj* Thai.

Theater (*pl* **-**) *das* **- 1.** [gen] theatre; **~ spielen** to act **- 2.** ***fam*** [Ärger] fuss; **~ machen** to make a fuss; **so ein ~!** such a fuss! **- 3.** ***fam*** [Vortäuschung] play-acting; **~ spielen** to put on an act.

Theaterauf|führung *die* performance.

Theater|karte *die* theatre ticket.

Theater|kasse *die* theatre box office.

Theater|stück *das* play.

Theatervor|stellung *die* performance.

theatralisch *adj* dramatic.

Theke (*pl* **-n**) *die* **- 1.** [in Kneipe] bar **- 2.** [in Geschäft] counter.

Thema (*pl* **Themen**) *das* subject; MUS theme; **das ist doch kein ~!** ***fam fig*** that goes without saying!; **etw ist für jn kein ~ *fig*** sthg is not important to sb; **etw ist kein ~ mehr *fig*** sthg is of no interest any more.

Thematik (*pl* **-en**) *die* ***geh*** theme.

thematisch *adj* thematic <> *adv* thematically.

Themen|bereich *der* field.

Themse *die*: **die ~** the (River) Thames.

Theologe (*pl* **-n**) *der* theologian.

Theologie (*pl* **-n**) *die* theology.

Theologin (*pl* **-nen**) *die* theologian.

theor. *abk für* **theoretisch.**

Theoretiker, in (*mpl* **-;** *fpl* **-nen**) *der, die* theorist.

theoretisch *adj* theoretical <> *adv* theoretically.

theoretisieren *vi* ***geh*** to theorize.

Theorie (*pl* **-n**) *die* theory.

Therapeut, in (*mpl* **-en;** *fpl* **-nen**) *der, die* therapist.

therapeutisch *adj* therapeutic <> *adv* therapeutically.

Therapie (*pl* **-n**) *die* therapy.

Thermal|bad *das* thermal bath.

Thermo|meter *das* thermometer.

Thermos|flasche *die* Thermos® (flask).

Thermos|kanne *die* Thermos® (flask).

Thermostat (*pl* **-e** *ODER* **-en**) *der* thermostat.

These (*pl* **-n**) *die* thesis.

Thriller (*pl* **-**) *der* thriller.

Thrombose (*pl* **-n**) *die* MED thrombosis.

Thron (*pl* **-e**) *der* throne.

thronen *vi* to sit imposingly.

Thronfolger, in (*mpl* **-;** *fpl* **-nen**) *der, die* heir to the throne.

Thun|fisch, Tun|fisch *der* tuna.

Thurgau *der* Thurgau.

Thüringen *nt* Thuringia.

Thüringer (*pl* **-**) *der* native/inhabitant of Thuringia <> *adj (unver)* of/from Thuringia.

Thüringerin (*pl* **-nen**) *die* native/inhabitant of Thuringia.

Thüringer Wald *der* Thuringian Forest.

THW [te:ha:'ve:] (*abk für* **Technisches Hilfswerk**) *das public emergency services.*

Thymian (*pl* **-e**) *der* thyme.

Tiber *der*: **der ~** the (River) Tiber.

Tibet *nt* Tibet.

Tick (*pl* **-s**) *der* quirk; [nervös] tic.

ticken *vi* to tick; **nicht ganz richtig ~ *fam fig*** to be crazy.

Ticket (*pl* **-s**) *das* ticket.

Tide (*pl* **-n**) *die* ***Norddt*** tide.

◆ **Tiden** *pl* tides.

Tiebreak ['taibre:k] (*pl* **-s**) *der* SPORT tiebreak.

tief *adj* **- 1.** [gen] deep; **ein ~er Fall** a long fall; **zwei Meter ~** two metres deep; **ein ~er Teller** a soup plate; **im ~sten Winter** in the depths of winter **- 2.** [niedrig] low <> *adv* **- 1.** [nach unten] deep **- 2.** [niedrig] low; **die Sonne steht schon ~** the sun is low in the sky; **zu ~ singen** to sing flat **- 3.** [zeitlich]: **bis ~ in die Nacht** far into the night **- 4.** [verletzt, atmen, bewegt] deeply; **~ schlafen** to be in a deep sleep.

Tief (*pl* **-s**) *das* depression.

Tief|bau *der underground and surface level construction.*

Tiefdruck|gebiet *das* area of low pressure.

Tiefe (*pl* **-n**) *die* depth.

Tief|ebene *die* (lowland) plain.

Tiefen|schärfe *die* FOTO depth of focus.

tiefernst *adj* very serious <> *adv* very seriously.

Tiefgang *der* **- 1.** [von Schiffen] draught **- 2.** ***fam fig*** [von Gedanken] depth.

Tief|garage *die* underground car park ***Br*** *ODER* parking lot ***Am***.

tiefgefroren *adj* frozen.

tief gehend *adj* [Wandel, Veränderung] radical; [Gespräch] profound <> *adv* radically.

tiefgekühlt *adj* frozen <> *adv* in a freezer.

tief greifend *adj* radical <> *adv* radically.

Tiefkühl|fach *das* freezer compartment.

Tiefkühl|kost *die* frozen food.

Tiefkühl|truhe *die* freezer.

Tieflader (*pl* **-**) *der* low-loader.

tief liegend *adj* [Gebiet] low-lying; [Augen] deep-set.

Tief|punkt *der* low.

Tief|schlag *der* **- 1.** SPORT punch below the belt **- 2.** [Schicksalsschlag] blow.

tief schürfend *adj* profound <> *adv* profoundly.

tiefsinnig *adj* profound.

Tiefstand *der (ohne pl)* low.

Tiefst|temperatur *die* minimum temperature.

Tier (*pl* **-e**) *das* animal; **ein großes** *ODER* **hohes ~ *fam fig*** a big shot.

Tier|art *die* species.

Tier|arzt, ärztin *der, die* vet.

Tier|garten *der* zoo.

Tierhalter, in (*mpl* **-**; *fpl* **-nen**) *der, die* pet owner.

Tier|handlung *die* pet shop.

Tier|heim *das* animal home.

tierisch *adj* **- 1.** [von Tieren] animal **- 2.** ***fam*** [groß]: **ich habe ~e Angst** I'm really frightened <> *adv* ***fam*** really.

Tierkreis|zeichen *das* ASTROL star sign.

tierlieb *adj* animal-loving; **~ sein** to be an animal lover.

Tier|park *der* zoo.

Tier|pfleger, in *der, die* zoo-keeper.

Tier|quälerei *die* cruelty to animals.

Tierschutz|verein *der* society for the prevention of cruelty to animals.

Tier|versuch *der* animal experiment.

Tiger, in (*mpl* **-**; *fpl* **-nen**) *der, die* tiger.

tigern (*perf* **ist getigert**) *vi* ***fam*** to wander.

Tigris *der*: **der ~** the (River) Tigris.

Tilde (*pl* **-n**) *die* tilde.

tilgen *vt* to repay.

Tilgung (*pl* **-en**) *die* repayment.

Tilsiter (*pl* **-**) *der* [Käse] *strong cheese with small holes in it.*

Timbre ['tɛ̃ːbrə] (*pl* **-s**) *das* timbre.

timen ['tai̯mən] *vt* to time.

Timing ['tai̯mɪŋ] (*pl* **-s**) *das* timing *(U)*.

Tinktur (*pl* **-en**) *die* tincture.

Tinnef *der* ***fam abw*** rubbish.

Tinte (*pl* **-n**) *die* ink; **in der ~ sitzen** ***fam fig*** to be in the soup.

Tinten|fisch *der* octopus; [klein] squid; [Sepia] cuttlefish.

Tintenstrahl|drucker *der* EDV inkjet printer.

Tip = **Tipp.**

Tipp (*pl* **-s**) *der* **- 1.** [Hinweis] tip; **jm einen ~ geben** to give sb a tip **- 2.** [Wette] bet.

tippeln (*perf* **ist getippelt**) *vi* to trot.

tippen *vi* **- 1.** [vorhersagen, wetten] to bet; **meistens tippe ich richtig** I'm usually right; **auf etw** *(A)* **~** to bet on sthg; **ich tippe darauf, dass ...** I bet that ... **- 2.** ***fam*** [Maschine schreiben] to type **- 3.** [antippen] to tap; **an etw** *(A)* **~** to tap on sthg <> *vt* **- 1.** ***fam*** [Schreibmaschine schreiben] to type **- 2.** [antippen] to tap.

Tipp|fehler *der* typing mistake.

tipptopp *adj (unver)* ***fam*** [von Person, Garten] immaculate; [von Haus] shipshape.

Tirol *nt* Tyrol.

Tiroler (*pl* **-**) *der & adj (unver)* Tyrolean.

Tirolerin (*pl* **-nen**) *die* Tyrolean.

tirolerisch *adj* Tyrolean.

Tisch (*pl* **-e**) *der* **- 1.** [Möbel] table; **den ~ decken** to set the table; **jn zu ~ bitten** ODER **rufen** ***geh*** to ask sb to take his/her place at the table **- 2.** *RW:* **am runden ~ verhandeln** to hold round-table talks; **am grünen ~** from a purely theoretical point of view; **unter den ~ fallen** to fall by the wayside; **reinen ~ machen** [Sache bereinigen] to make a clean sweep; [alles gestehen] to make a clean breast of it; **das ist vom ~** that's been done and dusted.

Tisch|decke *die* tablecloth.

tischfertig *adj* ready to serve.

Tischfuß|ball *das* table football.

Tisch|gebet *das* grace.

Tisch|karte *die* place card.

Tischler, in (*mpl* **-**; *fpl* **-nen**) *der, die* carpenter.

tischlern *vt* to make.

Tisch|nachbar, in *der, die*: **mein ~** the person sitting next to me.

Tisch|platte *die* table top.

Tisch|rede *die* after-dinner speech.

Tisch|tennis *das* table tennis.

Tischtuch (*pl* **-tücher**) *das* tablecloth.

Titan (*pl* **-en**) *der* MYTH Titan <> *das (ohne pl)* CHEM titanium.

Titel (*pl* **-**) *der* title.

Titel|bild *das* cover picture.

Titel|blatt *das* title page.

Titel|rolle *die* title role.

Titel|seite *die* front page.

Titel|verteidiger, in *der, die* SPORT defending champion.

Titicacasee *der* Lake Titicaca.

titulieren *vt*: **jn mit** ODER **als etw ~** to call sb sthg.

Toast [toːst] (*pl* **-e** ODER **-s**) *der* **- 1.** [Brot] toast; [Scheibe] slice of toast **- 2.** [Trinkspruch] toast; **einen ~ auf jn ausbringen** ***geh*** to drink a toast to sb.

Toast|brot *das* sliced white bread *(U)*.

toasten ['toːstn̩] *vt* to toast.

Toaster ['toːstɐ] (*pl* **-**) *der* toaster.

toben (*perf* **hat/ist getobt**) *vi* **- 1.** *(hat)* [wild werden] to go berserk **- 2.** *(ist)* [rennen] to charge about **- 3.** *(hat)* [wüten] to rage.

Tochter (*pl* **Töchter**) *die* daughter.

Tochter|gesellschaft *die* subsidiary.

Tod (*pl* **-e**) *der* death; **jn zum ~(e) verurteilen** to condemn sb to death; **zu ~e kommen** to be killed; **sich** *(D)* **den ~ holen** ***fam*** to catch one's death; **zu ~e erschreckt** scared to death.

todernst *adj* deadly serious <> *adv* in a deadly serious way.

Todes|angst *die:* **eine ~ haben/ausstehen** to be scared to death.

Todes|anzeige *die* [in Zeitung] death notice.

Todes|fall *der* death.

Todes|kampf *der* death throes *(pl)*.

Todes|opfer *das* casualty, fatality.

Todes|stoß *der:* **jm/etw den ~ versetzen** *eigtl* & *fig* to deliver the coup de grâce to sb/sthg.

Todes|strafe *die* death penalty; **auf ~** on pain of death.

Todes|tag *der* anniversary of sb's death.

Todesur|sache *die* cause of death.

Todesur|teil *das* death sentence.

Tod|feind, in *der, die* mortal enemy.

todkrank *adj* terminally ill.

tödlich *adj* - **1.** [Krankheit, Unfall] fatal; [Gift, Biss] lethal - **2.** *fam* [Angst, Langeweile, Sicherheit] deadly; [Beleidigung] mortal <> *adv* - **1.** [verlaufen] fatally; [wirken] lethally - **2.** *fam* [langweilig] deadly; [beleidigt] mortally.

todmüde *adj* exhausted <> *adv* exhaustedly.

todschick *fam adj* dead smart <> *adv* dead smartly.

todsicher *fam adj* [Sache, Gewinn] sure-fire; **das ist ~** it's dead certain <> *adv* definitely.

Tod|sünde *die* REL mortal sin; **eine ~ sein** *fam fig* to be sacrilege.

todunglücklich *adj* terribly unhappy.

Tofu *der* tofu.

Togo *nt* Togo.

Tohuwabohu (*pl* **-s**) *das* chaos.

toi, toi, toi ['tɔy 'tɔy 'tɔy] *interj* - **1.** [unberufen] touch wood! - **2.** [viel Glück] best of luck!

Toilette [toa'lɛtə] (*pl* **-n**) *die* toilet; **auf die ~ gehen** to go to the toilet.

Toilettenpapier *das* toilet paper.

Tokio *nt* Tokyo.

tolerant *adj* tolerant <> *adv* tolerantly.

Toleranz (*pl* **-en**) *die* tolerance.

Toleranz|grenze *die* limit of one's tolerance ODER patience.

tolerieren *vt* to tolerate.

toll *fam adj* - **1.** [schön] fantastic, brilliant - **2.** [unglaublich] far-out <> *adv* - **1.** [wunderbar] fantastically, brilliantly - **2.** [sehr] like crazy; **er hat sich ganz ~ gefreut** he was dead pleased.

Tolle (*pl* **-n**) *die* quiff.

tollen (*perf* **ist getollt**) *vi* to run around like crazy.

tollkühn *adj* reckless; **ein ~er Mensch** a daredevil <> *adv* recklessly.

Tollpatsch (*pl* **-e**) *der* clumsy devil.

Tollwut *die* rabies *(U)*.

Tolpatsch = **Tollpatsch.**

Tomate (*pl* **-n**) *die* tomato; **die treulose ~ !** *fam hum* you unreliable old thing!

Tomaten|mark *das* tomato purée.

Tombola (*pl* **-s**) *die* raffle.

Ton (*pl* **-e** ODER **Töne**) *der* - **1.** *(pl Tone)* [Lehm] clay - **2.** *(pl Töne)* [Laut] note - **3.** *(pl Töne)* [Tonfall] tone; **hier herrscht ein rauer ~!** the atmosphere's terrible here!; **sich im ~ vergreifen** to adopt the wrong tone - **4.** *(pl Töne)* [Farbton] shade, tone - **5.** [von Platte, Film] sound - **6.** *RW:* **den ~ angeben** to be extremely influential; **zum guten ~ gehören** to be the done thing; **jn/etw in den höchsten Tönen loben** to praise sb/sthg to the skies; **keinen ~ sagen** *fam* to not say a word.

◆ **Ton in Ton** *adv* [farblich ähnlich] in matching shades (of the same colour).

tonangebend *adj* extremely influential.

Ton|art *die* - **1.** MUS key - **2.** [Tonfall] tone.

Tonaus|fall *der* TV loss of sound.

Tonband (*pl* **-bänder**) *das* - **1.** [Spule] tape - **2.** [Gerät] tape recorder.

Tonband|gerät *das* tape recorder.

tönen *vi* - **1.** [klingen] to sound - **2.** [prahlen] to boast <> *vt* [Haare] to tint.

Ton|fall *der* - **1.** [Tonart] tone - **2.** [Sprachmelodie] intonation.

Ton|film *der* sound film.

Ton|ingenieur, in *der, die* sound engineer.

Ton|kopf *der* head.

Ton|lage *die* pitch.

Ton|leiter *die* scale.

Tonne (*pl* **-n**) *die* - **1.** [Behälter] barrel - **2.** [Gewicht] tonne.

tonnenweise *adv* - **1.** [in Tonnen] by the tonne - **2.** [in großen Mengen] by the ton.

Ton|störung *die* TV sound interference.

Ton|techniker, in *der, die* sound technician.

Ton|träger *der* sound carrier.

Tönung (*pl* **-en**) *die* tint.

top *fam adj (unver):* **~ sein** to be brilliant <> *adv* brilliantly.

Top (*pl* **-s**) *das* top.

TOP [tɔp] (*pl* **-**) (*abk für* **Tagesordnungspunkt**) *der item on the agenda.*

Topas (*pl* **-e**) *der* topaz.

Topf (*pl* **Töpfe**) *der* - **1.** [zum Kochen] pan - **2.** [für Vorräte, Blumen] pot - **3.** *fam* [Klo] loo *Br*, john *Am*.

Töpfer (*pl* **-**) *der* potter.

Töpferei (*pl* **-en**) *die* pottery.

Töpferin (*pl* **-nen**) *die* potter.

töpfern *vt* to make *(pottery)* ◇ *vi* to do pottery.

Töpfer|scheibe *die* potter's wheel.

Topf|lappen *der* oven cloth.

Topf|pflanze *die* pot plant.

Top|management *das* top management.

topografisch, topographisch *adj* topographical ◇ *adv* topographically.

Topografie, Topographie (*pl* **-n**) *die* topography.

Topos (*pl* **Topoi**) *der* recurring theme.

Tor (*pl* **-e**) *das* **- 1.** SPORT goal; **ein ~ schießen** to score a goal; **im ~ stehen** to be in goal **- 2.** [Tür] gate; [von Garage, Scheune] door.

Torein|fahrt *die* entrance gate.

Torf *der* peat.

Torheit (*pl* **-en**) *die* **geh - 1.** [Handlung] foolish action **- 2.** [Dummheit] foolishness.

Torhüter, in (*mpl* **-**; *fpl* **-nen**) *der, die* goalkeeper.

töricht **geh** *adj* foolish ◇ *adv* foolishly.

torkeln (*perf* **hat/ist getorkelt**) *vi* to stagger.

Tor|linie *die* goalline.

Tornado (*pl* **-s**) *der* tornado.

Tornister (*pl* **-**) *der* knapsack.

Toronto *nt* Toronto.

torpedieren *vt* MIL & **fig** to torpedo.

Torpedo (*pl* **-s**) *das* torpedo.

Tor|pfosten *der* goalpost.

Torschluss *der:* **kurz vor ~** at the last minute.

Torschlusspanik *die:* **~ bekommen** to be afraid to be left on the shelf.

Tor|schütze, schützin *der, die* goalscorer.

Torso (*pl* **-s** *ODER* **Torsi**) *der* torso.

Torte (*pl* **-n**) *die* gâteau.

Torten|guss *der* glaze *(in fruit flan)*, jelly.

Tortenheber (*pl* **-**) *der* cake slice.

Tortur (*pl* **-en**) *die* **eigtl** & **fig** torture.

Torwart, in (*mpl* **-e**; *fpl* **-nen**) *der, die* goalkeeper.

tosen (*perf* **hat/ist getost**) *vi* to roar.

Toskana *die:* **die ~** Tuscany.

tot *adj* **eigtl** & **fig** dead; **~er Winkel** blind spot; **ein ~er Punkt** a standstill; **fig** a deadlock; **ein ~es Gleis** a disused line ◇ *adv:* **~ umfallen** to drop dead; *siehe auch* **tot stellen.**

total *adj* total ◇ *adv* **fam** totally; **~ gut** dead good.

Totalausver|kauf *der* clearance sale.

totalitär *adj* totalitarian ◇ *adv* in a totalitarian way.

Total|schaden *der* write-off.

Tote (*pl* **-n**) *der, die* dead person; **es gab mehrere ~n** several people were killed.

Tote Meer *das:* **das ~** the Dead Sea.

töten *vt* & *vi* to kill.
◆ **sich töten** *ref* to kill o.s.

Toten|kopf *der* **- 1.** [auf Arzneimittel, Piratenflagge] skull and crossbones **- 2.** [Schädel] skull.

Toten|messe *die* requiem mass.

Toten|schädel *der* skull.

Toten|schein *der* death certificate.

Toten|sonntag *der Sunday before Advent, day for commemoration of the dead in Protestant religion.*

totenstill *adj* deathly silent.

Tot|geburt *die* **- 1.** [Projekt] non-starter **- 2.** [Baby] stillbirth.

totgesagt *adj* given up for dead.

tot|lachen ◆ **sich totlachen** *ref* **fam** to kill o.s. laughing.

tot|laufen ◆ **sich totlaufen** *ref (unreg)* to run out of steam.

Toto (*pl* **-s**) *das* football pools *(pl)* **Br,** *lottery in which participants guess the results of soccer games.*

tot|schießen *vt (unreg)* **fam** to shoot dead.

Totschlag *der* RECHT manslaughter.

tot|schlagen *vt (unreg)* [töten] to beat to death.

tot|schweigen *vt (unreg)* to hush up.

tot stellen ◆ **sich tot stellen** *ref* to play dead.

Tötung (*pl* **-en**) *die* killing; RECHT homicide.

Touch [tatʃ] (*pl* **-s**) *der* touch, air.

Toulouse [tuluz] *nt* Toulouse.

Toupet [tu'peː] (*pl* **-s**) *das* toupee.

toupieren [tu'piːrən] *vt* to backcomb.

Tour [tuːɐ̯] (*pl* **-en**) *die* **- 1.** [Ausflug] tour; [kürzere Fahrt] trip **- 2.** **fam** [Verhaltensweise] ploy; **etw auf die dumme/langsame ~ machen** **fam** to do sthg the stupid/slow way; **es auf die sanfte ~ versuchen** **fam** to use the gentle approach **- 3.** [Strecke] route **- 4.** TECH revolution; **auf vollen** *ODER* **höchsten ~en laufen** [Motor, Maschine] to run at full speed; **fam** [Vorbereitungen] to be in full swing **- 5.** *RW:* **auf ~en kommen** **fam** to get going; **in einer ~** **fam** [ohne Unterbrechung] without stopping; [andauernd] all the time; **krumme ~en** **fam abw** shady dealings.

Touren|ski *der* cross-country ski.

Tourismus [tu'rɪsmʊs] *der* tourism.

Tourist [tu'rɪst] (*pl* **-en**) *der* tourist.

Touristen|klasse *die* tourist class.

Touristin [tu'rɪstɪn] (*pl* **-nen**) *die* tourist.

touristisch [tu'rɪstɪʃ] *adj* tourist *(vor Subst)* ◇ *adv* for tourists.

Tournee [tʊr'neː] (*pl* **-n**) *die* tour; **auf ~** on tour.

toxisch *adj* toxic <> *adv* toxically.

Trab *der* trot; **auf ~ sein** ***fig*** to be on the go; **jn auf ~ bringen** ***fam fig*** to make sb get a move on; **jn in ~ halten** ***fam fig*** to keep sb on the go; **sich in ~ setzen** ***fam fig*** to get going.

Trabant®¹ (*pl* **-s**) *der* AUTO Trabant®, *small car formerly manufactured in the GDR.*

Trabant² (*pl* **-en**) *der* ASTRON satellite, moon.

traben (*perf* **ist getrabt**) *vi* to trot.

Traber (*pl* **-**) *der* trotter.

Trabi (*pl* **-s**) *der* **fam** *colloquial name for a Trabant®.*

Trab|rennen *das* trotting.

Tracht (*pl* **-en**) *die* **- 1.** [Kleidung] traditional costume **- 2.** [Schläge]: **eine ~ Prügel** ***fam*** a beating.

trachten *vi:* **nach etw ~** to strive for sthg; **jm nach dem Leben ~** to be after sb's blood.

trächtig *adj* pregnant.

Trackball [tr'ɛkbɔːl] (*pl* **-s**) *der* EDV trackball.

Tradition (*pl* **-en**) *die* tradition.

traditionell *adj* traditional <> *adv* traditionally.

traf *prät* ▻ **treffen.**

tragbar *adj* **- 1.** [Gerät] portable **- 2.** [Zustand, Verhalten] acceptable; **finanziell ~ sein** to be financially viable.

träge *adj* **- 1.** [müde] lethargic **- 2.** [langsam] sluggish <> *adv* **- 1.** [müde] lethargically **- 2.** [langsam] sluggishly.

tragen (*präs* **trägt;** *prät* **trug;** *perf* **hat getragen**) *vt* **- 1.** [schleppen] to carry **- 2.** [am Körper haben] to wear **- 3.** [bei sich haben]: **etw bei sich ~** to carry sthg (on one) **- 4.** [Früchte] to produce; [Zinsen] to yield **- 5.** [Kosten, Schicksal, Leid] to bear; [Anteil] to pay **- 6.** [Einrichtung, Schule] to support **- 7.** [Verantwortung] to take; [Folgen] to suffer **- 8.** [Namen, Unterschrift] to bear <> *vi* **- 1.** [Baum] to bear fruit **- 2.** [Gewicht]: **das Eis trägt noch nicht** the ice won't bear any weight yet **- 3.** [Reichweite haben] to carry **- 4.** [stützen] to support **- 5.** ***RW:*** **an etw** *(D)* **schwer ~** to find sthg hard to bear.

◆ **sich tragen** *ref* ***fig*** **- 1.** [zu tragen sein]: **dieser Stoff trägt sich sehr angenehm** this material is very pleasant to wear; **der Koffer trägt sich schlecht** the suitcase is difficult to carry **- 2.** [sich selbst finanzieren] to be self-supporting **- 3.** ***geh*** [planen]: **sich mit etw ~** to contemplate sthg.

◆ **Tragen** *das:* **zum Tragen kommen** to apply.

tragend *adj* load-bearing.

Träger, in (*mpl* **-;** *fpl* **-nen**) *der, die* **- 1.** [Lastenträger] porter **- 2.** [von Titel] holder **- 3.** [Geldgeber] sponsor <> *der* **- 1.** ARCHIT girder **- 2.** [an Kleidung] strap.

trägerlos *adj* strapless.

Trage|tasche *die* carrier bag.

tragfähig *adj* **- 1.** [Kompromiss, Politik] tenable **- 2.** [Konstruktion] solid, capable of supporting a load.

Trag|fläche *die* wing.

Trägheit *die* **- 1.** [Faulheit] lethargy **- 2.** PHYS inertia.

Tragik *die* tragedy.

tragikomisch *adj* tragicomic.

tragisch *adj* tragic <> *adv* tragically.

Tragödie [tra'gøːdi̯ə] (*pl* **-n**) *die* tragedy.

trägt *präs* ▻ **tragen.**

Tragweite *die (ohne pl)* consequences *(pl)*; **von großer ~** of great consequence.

Trainer, in ['trɛːnɐ, rɪn] (*mpl* **-;** *fpl* **-nen**) *der, die* coach.

trainieren [trɛ'niːrən] *vt* [Verein, Sportler] to coach; [Pferd] to train; [Salto, Elfmeterschießen] to practise <> *vi* to train.

Training ['trɛːnɪŋ] (*pl* **-s**) *das* training *(U)*.

Trainingsan|zug *der* tracksuit.

Trainings|lager *das* training camp.

Trakt (*pl* **-e**) *der* ***geh*** wing.

traktieren *vt* to plague.

Traktor (*pl* **-toren**) *der* tractor.

trällern *vt* & *vi* to warble.

Tram (*pl* **-s**) *die* tram ***Br***, streetcar ***Am***.

trampeln (*perf* **hat/ist getrampelt**) *vi* **- 1.** *(ist)* ***fam*** [gehen] to stamp **- 2.** *(hat)* [stampfen]: **mit den Füßen ~** to stamp one's feet.

Trampel|pfad *der* path *(trampled through undergrowth, etc).*

trampen ['trɛmpn̩] (*perf* **hat/ist getrampt**) *vi (hat)* [an der Straße stehen] to hitchhike.

Tramper, in ['trɛmpɐ, rɪn] (*mpl* **-;** *fpl* **-nen**) *der, die* hitchhiker.

Trampolin (*pl* **-e**) *das* trampoline.

Tran (*pl* **-e**) *der* train oil; **im ~ sein** ***fam*** [unaufmerksam] to be out of it.

Trance ['trɑ̃ːs(ə)] (*pl* **-n**) *die* trance; **in ~** in a trance.

tranchieren = **transchieren.**

Träne (*pl* **-n**) *die* tear; **in ~n ausbrechen** to burst into tears; **zu ~n gerührt** moved to tears; **jm/etw keine ~ nachweinen** ***fam*** not to shed any tears for sb/sthg.

tränen *vi* to water.

Tränen|gas *das* tear gas.

trank *prät* ▻ **trinken.**

tränken *vt* to water.

Transaktion (*pl* **-en**) *die* transaction.
transchieren [trɑ̃'ʃi:rən], **tranchieren** *vt* to carve.
Transfer (*pl* **-s**) *der* transfer.
transferieren *vt* to transfer.
Transformator (*pl* **-toren**) *der* transformer.
Transfusion (*pl* **-en**) *die* transfusion.
Transistor (*pl* **-toren**) *der* transistor.
Transistor|radio *das* transistor radio.
Transit (*pl* **-e**) *der* transit.
transitiv *adj* GRAM transitive.
Transitverkehr *der* transit traffic.
transparent *adj* transparent.
Transparent (*pl* **-e**) *das* banner.
Transparenz *die* transparency.
Transplantation (*pl* **-en**) *die* [von Organ] transplant; [von Haut] graft.
transplantieren *vt* [Organ] to transplant; [Haut] to graft.
Transport (*pl* **-e**) *der* transport.
transportabel *adj* portable.
Transporter (*pl* **-**) *der* van.
transportfähig *adj*: **der Verletzte ist nicht ~** the injured man cannot be moved.
transportieren *vt* **- 1.** [befördern] to transport **- 2.** [Film] to wind on <> *vi* [Kamera] to wind on; [Nähmaschine] to feed.
Transport|mittel *das* means *(sg)* of transport.
transsexuell *adj* transsexual.
Transvestit [tansvɛs'ti:t] (*pl* **-en**) *der* transvestite.
transzendental *adj* transcendental.
Transzendenz *die* transcendency.
Trapez (*pl* **-e**) *das* **- 1.** [im Zirkus] trapeze **- 2.** MATH trapezium ***Br***, trapezoid ***Am***.
trapezförmig *adj* trapeziform ***Br***, trapezoid ***Am***.
trappeln (*perf* **hat/ist getrappelt**) *vi* **- 1.** *(ist)* [Pferde] to clip-clop **- 2.** *(hat)* [mit den Füßen] to patter.
Trara *das* ***fam***: **mit großem ~** with a great hullabaloo; **~ machen** to make a fuss.
Trasse (*pl* **-n**) *die* [für Autos] route; [für Züge] line.
trat *prät* ▷ **treten.**
Tratsch *der* ***fam abw*** gossip.
tratschen *vi* ***fam abw*** to gossip.
Traube (*pl* **-n**) *die* **- 1.** [Obst] grape **- 2.** BIOL raceme **- 3.** [Menge] cluster.
Trauben|saft *der* grape juice.
Traubenzucker *der* glucose.
trauen *vi*: **jm/einer Sache ~** to trust sb/sthg <> *vt* [Brautpaar] to marry ; **sich ~ lassen** to be married; **getraut werden** to be ODER get married.
◆ **sich trauen** *ref* to dare.
Trauer *die* **- 1.** [Schmerz] sorrow; '**in tiefer** ODER **stiller ~ ...** ' 'sadly missed by ...' **- 2.** [Staatstrauer, Trauerkleidung] mourning.
Trauer|fall *der* death, bereavement.
Trauer|feier *die* funeral service.
Trauergottes|dienst *der* memorial service.
Trauer|kloß *der* ***fam*** wet blanket.
trauern *vi*: **(um jn) ~** to mourn (for sb).
Trauer|spiel *das*: **es ist ein ~ *fam*** it's tragic.
Trauer|zug *der* funeral procession.
Traufe (*pl* **-n**) *die*: **vom Regen in die ~ kommen** to jump out of the frying pan into the fire.
träufeln *vt*: **etw auf/in etw** *(A)* **~** to trickle sthg onto/into sthg.
Traum (*pl* **Träume**) *der* dream; **ein ~ von einem Haus/Mann *fig*** a dream house/husband.
◆ **aus der Traum** *interj*: **aus der ~ von der eigenen Wohnung** we/you/*etc* can forget about having our/your/*etc* own flat.
◆ **nicht im Traum** *adv* ***fam*** [nie] not in my/your/*etc* wildest dreams.
Trauma (*pl* **-ta**) *das* trauma.
träumen *vi* **- 1.** [gen] to dream; **schrecklich/schön ~** to have terrible/pleasant dreams; **von jm/etw ~ *eigtl* & *fig*** to dream about sb/sthg **- 2.** [abwesend sein] to dream, to daydream <> *vt* to dream about; **das hätte ich mir nicht ~ lassen *fig*** I'd never have imagined it possible.
Träumer (*pl* **-**) *der* dreamer.
Träumerei (*pl* **-en**) *die* daydream.
Träumerin (*pl* **-nen**) *die* dreamer.
träumerisch *adj* [Mensch] dreamy; [Gedanken] wistful <> *adv* dreamily.
Traum|frau *die* ***fam***: **sie ist meine ~** she is the woman of my dreams.
traumhaft *adj* **- 1.** [wunderschön] fabulous **- 2.** [souverän] amazing <> *adv* [wunderschön] fabulously.
Traummann (*pl* **-männer**) *der* ***fam***: **er ist mein ~** he is the man of my dreams.
traurig *adj* **- 1.** [betrüblich] sad **- 2.** [Rest, Zustand] sorry <> *adv* sadly.
Traurigkeit *die* sadness.
Trau|ring *der* wedding ring.
Trau|schein *der* marriage certificate.
Trauung (*pl* **-en**) *die* wedding; **kirchliche/standesamtliche ~** church/civil wedding.
Trau|zeuge *der* witness *(at a wedding)*.
Trau|zeugin *die* witness *(at a wedding)*.

Traveller|scheck ['trɛvəlɐʃɛk] *der* traveller's cheque.

Treck (*pl* **-s**) *der* convoy ODER column (of refugees).

Trecker (*pl* **-**) *der* tractor.

Treff (*pl* **-s**) *der* meeting place.

treffen (*präs* **trifft;** *prät* **traf;** *perf* **hat/ist getroffen**) *vt (hat)* **- 1.** [begegnen] to meet **- 2.** [Ziel] to hit; **auf dem Foto bist du gut getroffen** it's a good photo of you; **es gut/schlecht getroffen haben** *fig* to have been lucky/unlucky **- 3.** [emotional verletzen] to affect **- 4.** [Verabredung, Entscheidung] to make; [Maßnahmen] to take; **eine Vereinbarung ~** to come to an agreement ◇ *vi* **- 1.** *(hat)* [ins Ziel treffen] to score; **der Schuss traf nicht** the shot missed **- 2.** *(ist)* [begegnen]: **auf jn/etw ~** to come across sb/sthg.
◆ **sich treffen** *ref* to meet; **sich mit jm ~** to meet sb; **es trifft sich gut/schlecht, dass ...** *fig* it's lucky/unlucky that ...; **es traf sich so, dass ...** it so happened that ...

Treffen (*pl* **-**) *das* meeting; **etw ins ~ führen** *geh* to put sthg forward.

treffend *adj* fitting ◇ *adv* fittingly.

Treffer (*pl* **-**) *der* **- 1.** [Tor] goal; [beim Basketball] basket **- 2.** [mit Schusswaffe] hit **- 3.** [Boxhieb] blow **- 4.** [Losgewinn] win.

Treff|punkt *der* meeting place.

treffsicher *adj* accurate ◇ *adv* accurately.

treiben (*prät* **trieb;** *perf* **hat/ist getrieben**) *vt (hat)* **- 1.** [gen] to drive; **jn in etw** *(A)* **/zu etw ~** to drive sb to sthg; **du treibst mich noch in den Wahnsinn** you're driving me mad; **die Strömung trieb das Boot an den Strand** the current carried the boat ashore; **durch Windkraft getrieben** wind-powered **- 2.** *fam* [anstellen] to get up to; **was treibt ihr beiden denn da wieder?** what are you two up to now? **- 3.** [ansetzen] to produce **- 4.** [bohren - Schacht, Tunnel] to dig **- 5.** *RW:* **es zu bunt ~** *fam* to overdo it; **es mit jm ~** *salopp* to do it with sb ◇ *vi* **- 1.** *(ist)* [im Wasser] to drift; **sich ~ lassen** *fig* to drift **- 2.** *(hat)* [ansetzen - Blüten] to flower; [- Wurzeln] to root **- 3.** *(hat)* [Harndrang verursachen] to be a diuretic, to have a diuretic effect.

Treiben *das (ohne pl)* **- 1.** [Durcheinander] bustle **- 2.** *abw* [Tun] activities *(pl)*.

Treiber (*pl* **-**) *der* EDV driver.

Treib|gas *das* propellant.

Treib|haus *das* greenhouse.

Treib|hauseffekt *der* greenhouse effect.

Treib|holz *das* driftwood.

Treib|jagd *die* shoot *(in which game is beaten)*.

Treib|riemen *der* drive belt.

Treib|stoff *der* fuel.

Trekking, Trecking (*pl* **-s**) *das* trekking.

Trenchcoat ['trɛntʃko:t] (*pl* **-s**) *der* trench coat.

Trend (*pl* **-s**) *der* trend; **im ~ liegen** to be in vogue.

Trendsetter (*pl* **-**) *der* trendsetter.

Trend|wende *die* turnaround; [in der Mode, in der Industrie] trend reversal.

trennbar *adj* [Verb] separable; **ist das Wort „eine" ~?** can the word "eine" be hyphenated at the end of a line?

trennen *vt* **- 1.** [gen] to separate **- 2.** [unterscheiden] to distinguish.
◆ **sich trennen** *ref* **- 1.** [Menschen] to separate; **sich von jm ~** to leave sb; **sich von etw ~** to part with sthg **- 2.** [Wege, Leitungen *etc*] to divide.

Trenn|linie *die* dividing line.

Trennung (*pl* **-en**) *die* **- 1.** [gen & CHEM] separation; **in ~ leben** to be separated **- 2.** [Unterscheidung] distinction **- 3.** GRAM end-of-line hyphenation.

Trennungs|strich *der* GRAM hyphen.

Trenn|wand *die* partition.

treppab *adv* *geh* down the stairs.

treppauf *adv* *geh* up the stairs.

Treppe (*pl* **-n**) *die* [in Gebäude] stairs *(pl)*; [im Freien] steps *(pl)*; **eine ~** [in Gebäude] a staircase; [im Freien] a flight of steps; **die ~ hinauffallen** *fam fig* to go up in the world.

Treppenab|satz *der* half-landing.

Treppen|geländer *das* banister.

Treppen|haus *das* stairwell.

Treppen|stufe *die* [in Gebäude] stair; [im Freien] step.

Treppen|witz *der* *iron:* **ein ~ der Weltgeschichte** a historical irony.

Tresen (*pl* **-**) *der* [Ausschank] bar; [Ladentisch] counter.

Tresor (*pl* **-e**) *der* safe; [Raum] strong room.

Tret|boot *das* pedal boat.

treten (*präs* **tritt;** *prät* **trat;** *perf* **hat/ist getreten**) *vt (hat)* **- 1.** [mit dem Fuß] to kick; **jn auf den Fuß ~** to tread on sb's foot; **sich einen Dorn in den Fuß ~** to get a thorn in one's foot **- 2.** [Kupplung, Bremse] to step on, to put one's foot down on **- 3.** *fam* [antreiben]: **jn ~** to push sb ◇ *vi* **- 1.** *(hat)* [mit dem Fuß] to kick; **auf etw** *(A)* **~** to step on sthg **- 2.** *(ist)* [gehen]: **ins Zimmer ~** to enter ODER come into the room; **zu jm ~** to go up to sb; **~ Sie näher!** come closer! **- 3.** [betätigen]: **auf die Bremse ~** to step on the brake, to brake **- 4.** *(ist)* [hervor]: **aus etw ~** to issue from sthg **- 5.** [beginnen]: **in den Staatsdienst ~** to enter government service; **in den Streik ~** to go on strike.

treu *adj* faithful; [Anhänger, Kunde] loyal; **einer**

Sache *(D)* **~ sein** to be true to sthg; **jm ~ sein** [sexuell] to be faithful to sb; **jm/einer Sache ~ bleiben** to remain faithful to sb/true to sthg ◇ *adv* [verlässlich] faithfully; [unterstützen] loyally.

Treue *die* - **1.** [gen] faithfulness; [von Anhänger, Kunde] loyalty; **jm die ~ halten** to keep faith with sb - **2.** [sexuell] fidelity.

treuherzig *adj* trusting ◇ *adv* trustingly.

treulos *adj* disloyal; [Liebhaber] unfaithful ◇ *adv* disloyally; [Liebhaber] unfaithfully.

Triangel (*pl* -) *der* MUS triangle.

Triathlon (*pl* **-s**) *das* triathlon.

Tribunal (*pl* **-e**) *das* tribunal.

Tribüne (*pl* **-n**) *die* - **1.** [Sitzplätze] stand - **2.** [Rednertribüne] rostrum.

Tribut (*pl* **-e**) *der* tribute; **jm/einer Sache ~ zollen** to pay tribute to sb/sthg; **einen hohen ~ fordern** to take a heavy toll.

tributpflichtig *adj* required to pay tribute.

Trichine (*pl* **-n**) *die* trichina.

Trichter (*pl* -) *der* - **1.** [Gerät] funnel; **auf den ~ kommen** ***fam fig*** to catch on - **2.** [nach Explosion] crater.

Trick (*pl* **-s**) *der* trick.

Trick|film *der* cartoon.

trieb *prät* ▷ **treiben.**

Trieb (*pl* **-e**) *der* - **1.** [biologisch] instinct - **2.** [psychologisch] urge - **3.** [pflanzlich] shoot.

Trieb|feder *die* motive.

triebhaft *adj* compulsive ◇ *adv* compulsively.

Trieb|kraft *die* driving force; [von Handeln] motive.

Trieb|wagen *der* railcar.

Trieb|werk *das* FLUG engine.

triefen (*prät* **triefte** ODER **troff;** *perf* **hat/ist getrieft**) *vi* - **1.** *(hat)* [nass sein]: **von** ODER **vor etw** *(D)* **~** ***eigtl*** & ***fig*** to drip with sthg; **eure Kleider ~ vor Nässe** your clothes are dripping wet - **2.** *(ist)* [fließen - in Tropfen] to drip; [- in Rinnsalen] to run.

triefnass *adj* dripping wet.

trifft *präs* ▷ **treffen.**

triftig *adj* [Grund] good; [Argumente] valid.

Trikot, Trikot [tri'koː, 'trɪko] (*pl* **-s**) *das* [von Radrennfahrer] jersey; [von Fußballspieler] shirt; [von Tänzer] leotard.

trillern *vt* & *vi* to warble.

Triller|pfeife *die* whistle.

Trilogie (*pl* **-n**) *die* trilogy.

Trimester (*pl* -) *das* [von Studienjahr] term; WIRTSCH quarter.

trimmen *vt* - **1.** [fit machen]: **einen Athleten auf Schnelligkeit ~** to do speed training with an athlete - **2.** [zurechtmachen]: **etw auf etw** *(A)* **~** to do sthg up to look like sthg - **3.** [schneiden] to trim.

◆ **sich trimmen** *ref* to get o.s. into shape.

trinkbar *adj* drinkable.

trinken (*prät* **trank;** *perf* **hat getrunken**) *vt* to drink; **einen ~** ***fam*** to have a drink; **einen ~ gehen** ***fam*** to go for a drink ◇ *vi* to drink; **auf jn/etw ~** to drink to sb/sthg.

Trinker, in (*mpl* **-;** *fpl* **-nen**) *der, die* alcoholic.

trinkfest *adj:* **er ist/ist nicht ~** he can/can't hold his drink.

Trink|geld *das* tip.

Trink|halm *der* (drinking) straw.

Trink|wasser *das* drinking water.

Trinkwasser|versorgung *die* drinking-water supply.

Trio (*pl* **-s**) *das* trio.

Trip (*pl* **-s**) *der* ***fam*** trip; **sie ist immer noch auf dem ökologischen ~** ***fam*** she's still on her ecological trip.

trippeln (*perf* **ist getrippelt**) *vi* to trip along.

Tripper (*pl* -) *der* gonorrhoea.

trist *adj* dreary.

tritt *präs* ▷ **treten.**

Tritt (*pl* **-e**) *der* - **1.** [Fußtritt] kick; **jm einen ~ (in den Bauch) versetzen** to kick sb (in the stomach) - **2.** [Schritt, Gang] step; **im ~** in step; **~ fassen** ***fig*** to get established.

Tritt|brett *das* step; [von Auto] running board.

Trittbrett|fahrer, in *der, die* **abw** parasite, free-rider **Am.**

Tritt|leiter *die* stepladder.

Triumph (*pl* **-e**) *der* triumph.

triumphal *adj* triumphant ◇ *adv* triumphantly.

triumphieren *vi* - **1.** [siegen]: **über jn/etw ~** to triumph over sb/sthg - **2.** [frohlocken]: **innerlich ~,** to be inwardly triumphant.

trivial [tri'vi̯aːl] ***geh*** *adj* - **1.** [banal] trite - **2.** [unbedeutend] trivial ◇ *adv* - **1.** [banal] tritely - **2.** [unbedeutend] trivially.

Trivialliteratur *die* light fiction.

trocken *adj* - **1.** [gen] dry - **2.** [ohne Beilage] plain; [Brot] dry - **3.** ***RW:*** **~ sein** ***fam*** [keinen Alkohol mehr trinken] to be on the wagon; **auf dem Trockenen sitzen** ***fam*** [keinen Alkohol mehr haben] to have nothing to drink; [kein Geld haben] to be broke ◇ *adv* drily; **~ schmecken** to taste dry.

Trockeneis *das* dry ice.

Trocken|haube *die* hair dryer *(at hairdresser's).*

Trockenheit (*pl* **-en**) *die* - **1.** [regenlose Zeit] drought - **2.** [Zustand] dryness.

trockenllegen *vt* - **1.** [entwässern] to drain - **2.** [Windeln wechseln] to change.

trocknen (*perf* **hat/ist getrocknet**) *vt (hat)* to dry; **sich** *(D)* **die Tränen/Hände ~** to dry one's tears/hands <> *vi (ist)* to dry.

Trockner (*pl* -) *der* dryer.

Troddel (*pl* **-n**) *die* tassel.

Trödel *der* junk.

Trödellmarkt *der* flea market.

trödeln (*perf* **hat/ist getrödelt**) *vi* to dawdle.

Trödler, in (*mpl* **-**; *fpl* **-nen**) *der, die* junk dealer.

troff *prät* ▻ **triefen.**

trog *prät* ▻ **trügen.**

Trog (*pl* **Tröge**) *der* trough.

Trommel (*pl* **-n**) *die* drum; [von Revolver] cylinder; [für Kabel] reel; **die ~ für jn/etw rühren** ***fam fig*** to drum up support for sb/sthg.

Trommellbremse *die* AUTO drum brake.

Trommellfell *das* MED eardrum.

trommeln *vi* - **1.** [Musik machen, Lärm machen] to drum; **sie trommelt sehr gut** she plays the drums very well - **2.** [schlagen] to beat <> *vt* - **1.** [Rhythmus] to beat out - **2.** [mit Lärm wecken]: **jn aus dem Bett ~** to get sb up by hammering on the door.

Trommler, in (*mpl* **-**; *fpl* **-nen**) *der, die* drummer.

Trompete (*pl* **-n**) *die* trumpet.

trompeten *vi* - **1.** [Musik machen] to play the trumpet - **2.** [Elefant] to trumpet <> *vt:* **einen Marsch ~** to play a march on the trumpet.

Trompeter, in (*mpl* **-**; *fpl* **-nen**) *der, die* trumpeter.

Tropen *pl:* **die ~** the tropics.

Tropenlhelm *der* pith helmet.

Tropenmedizin *die* tropical medicine.

tropentauglich *adj* fit for the tropics.

Tropf (*pl* **-e** ODER **Tröpfe**) *der* - **1.** *(pl Tropfe)* MED drip - **2.** *(pl Tröpfe)* [Mensch]: **armer ~!** poor devil!

tröpfeln (*perf* **hat/ist getröpfelt**) *vi* - **1.** *(ist)* [tropfen] to drip - **2.** *(hat)* ***fam*** [regnen]: **es tröpfelt** it's spitting <> *vt (hat)* to drip.

tropfen (*perf* **hat/ist getropft**) *vi* to drip; **es tropft** it's spitting <> *vt (hat)* to drip.

Tropfen (*pl* -) *der* drop; **ein edler ~** a fine wine; **ein ~ auf den heißen Stein sein** to be a drop in the ocean.
◆ **Tropfen** *pl* MED drops.

tropfenweise *adv* drop by drop.

Tropfsteinlhöhle *die cave with stalactites and/or stalagmites.*

Trophäe (*pl* **-n**) *die* [Jagdtrophäe] trophy.

tropisch *adj* tropical <> *adv* tropically.

Trost *der (ohne pl)* consolation, comfort; **nicht ganz bei ~ sein** ***fam*** to be out of one's mind.

trösten *vt* to console, to comfort.
◆ **sich trösten** *ref:* **sich (mit etw) ~** to console o.s. (with sthg); **sie tröstete sich mit ihrem Liebhaber** she found consolation in her lover; **tröste dich, mir geht es doch nicht besser!** if it's any consolation, I'm not much better!

tröstlich *adj* comforting.

trostlos *adj* ***abw*** - **1.** [deprimierend] dreary - **2.** [traurig] despairing.

Trostlpflaster *das* consolation.

Trostlpreis *der* consolation prize.

Tröstung (*pl* **-en**) *die* ***geh*** comfort *(U)*.

Trott (*pl* **-e**) *der* - **1.** [Gangart] trot - **2.** ***fam*** [Gewohnheit] routine; **der alltägliche ~** the daily grind; **in den alten ~ zurückfallen** to get back into the old routine.

Trottel (*pl* -) *der* ***fam abw*** idiot.

trotten (*perf* **ist getrottet**) *vi* to trot.

trotz *präp (+ G)* despite, in spite of.

trotzdem *adv* nevertheless.

trotzen *vi* ***geh:*** **jm/einer Sache ~** to defy sb/sthg; **dem Regen/der Gefahr ~** to brave the rain/danger.

trotzig *adj* [Kind] difficult; [aus gutem Grund] defiant; [Gesicht, Antwort] contrary <> *adv* [aus gutem Grund] defiantly; [uneinsichtig] contrarily.

Trotzlkopf *der* - **1.** [sturer Mensch] pigheaded so-and-so - **2.** [stures Wesen] defiant streak.

Trouble [trabl] *der* ***fam*** trouble.

trüb, trübe *adj* - **1.** [Flüssigkeit] cloudy; [Augen] dull - **2.** [Wetter, Tag, Stimmung] gloomy; **mit seinen Berufschancen siehts ~ aus** it's looking bleak as far as his career prospects are concerned; **im Trüben fischen** ***fam abw*** to fish in troubled waters.

Trubel *der* hurly-burly.

trüben *vt* - **1.** [verschlechtern] to mar; [gute Laune] to dampen - **2.** [Flüssigkeit, Denken, Urteilskraft] to cloud.
◆ **sich trüben** *ref* - **1.** [Wasser] to go cloudy; [Himmel] to cloud over - **2.** [Stimmung, Laune] to be dampened.

Trübsal *die* ***geh*** [Melancholie] melancholy; [Kummer] grief; **~ blasen** ***fig*** to mope.

trübselig *adj* gloomy <> *adv* gloomily.

trübsinnig *adj* gloomy <> *adv* gloomily.

Trübung (*pl* **-en**) *die* - **1.** [von Flüssigkeit - Prozess] clouding; [- Resultat] cloudiness - **2.** [von Himmel] clouding over - **3.** [Beeinträchtigung] marring *(U)* - **4.** MED corneal opacity.

trudeln (*perf* **ist getrudelt**) *vi* - **1.** [fliegen] to spin - **2.** [rollen] to roll.

Trüffel (*pl* -) *der* truffle.

trug *prät* ▻ **tragen.**

trügen (*prät* **trog;** *perf* **hat getrogen**) *vi* to be deceptive ◇ *vt* to deceive.

trügerisch *adj* deceptive.

Trug|schluss *der* misconception.

Truhe (*pl* **-n**) *die* chest.

Trumm (*pl* **-e** *ODER* **Trümmer**) *der ODER das* **fam** whopper; **ihr neuer Freund ist ein ~ von einem Mann** her new boyfriend is a man mountain.

Trümmer *pl* [Ruinen] ruins; [Schutt] rubble *(U);* [von Fahrzeug] wreckage *(U);* **in ~n** ***eigtl*** & ***fig*** in ruins.

Trümmer|haufen *der* heap of rubble.

Trumpf (*pl* **Trümpfe**) *der* trump (card); **Karo ist ~!** diamonds are trumps!; **Flexibilität ist ~** flexibility is the order of the day; **einen ~ ausspielen** [im Kartenspiel] to play a trump; ***fig*** to play one's trump card; **seine Trümpfe aus der Hand geben** ***fig*** to waste one's trump card.

Trunk (*pl* **Trünke**) *der* ***geh*** drink.

Trunkenheit *die* ***amt*** inebriation; **~ am Steuer** drink-driving ***Br***, drunk-driving ***Am***.

Trunksucht *die* alcoholism.

Trupp (*pl* **-s**) *der* [von Soldaten, Polizisten] detachment, squad; [von Arbeitern] group.

Truppe (*pl* **-n**) *die* **- 1.** [Einheit] unit; **nicht von der schnellen ~ sein** ***fam hum*** to be a slowcoach ***Br*** *ODER* slowpoke ***Am*** **- 2.** *(ohne pl)* [Streitkräfte] forces *(pl)*; [Heer] army **- 3.** [Gruppe] troupe. ◆ **Truppen** *pl* troops.

Truppenab|zug *der* withdrawal of troops.

Truppenübungs|platz *der* military training area.

Trut|hahn *der* turkey.

Tschad *der* Chad.

Tscheche (*pl* **-n**) *der* Czech.

Tschechien *nt* Czech Republic.

Tschechin (*pl* **-nen**) *die* Czech.

tschechisch *adj* Czech.

Tschechisch(e) *das* Czech; *siehe auch* **Englisch(e).**

Tschechische Republik *die* Czech Republic.

Tschechoslowakei *die* Czechoslovakia.

tschüs, tschüss *interj* ***fam*** bye!

Tsd. *abk für* **Tausend.**

T-Shirt ['tiːʃœːɐ̯t] (*pl* **-s**) *das* T-shirt.

TSV [teːɛs'fau̯] (*abk für* **Turn- und Sportverein**) *der gymnastics and sports club.*

TU [teː'uː] (*pl* **-s**) (*abk für* **Technische Universität**) *die university specializing in science and technology.*

Tuba (*pl* **Tuben**) *die* tuba.

Tube (*pl* **-n**) *die* tube; **auf die ~ drücken** ***fam*** [sich beeilen] to get a move on; [im Auto] to put one's foot down.

Tuberkulose (*pl* **-n**) *die* tuberculosis.

Tuch (*pl* **-e** *ODER* **Tücher**) *das* [Stoffteil, Stoff] cloth; [Halstuch] scarf; **für jn ein rotes ~ sein** ***fig*** to make sb see red.

tüchtig *adj* **- 1.** [fleißig] hardworking; [fähig] competent **- 2.** [groß] big; **ein ~er Schreck** a real shock ◇ *adv* **- 1.** [fleißig] hard; [fähig] competently **- 2.** ***fam*** [viel]: **~ kalt** really cold; **jn ~ ausschimpfen** to give sb a thorough telling off.

Tücke (*pl* **-n**) *die* **- 1.** [Eigenschaft] deceit **- 2.** [Handlung] trick, ruse; **seine ~n haben** ***fam*** [Auto, Motor] to be temperamental; [Berg, Strecke] to be treacherous; **die ~ des Objekts!** ***fam fig*** inanimate objects can be so perverse!

tückisch *adj* **- 1.** [hinterhältig - Person] deceitful; [- Plan, Idee] underhand **- 2.** [schwierig] devilishly difficult **- 3.** [Auto, Gerät] temperamental **- 4.** [gefährlich] treacherous ◇ *adv* **- 1.** [hinterhältig] deceitfully **- 2.** [gefährlich] treacherously **- 3.** [schwierig]: **etw ~ gestalten** to make sthg devilishly difficult.

tüfteln *vi:* **an etw** *(D)* **~** to fiddle about with sthg; [geistig] to puzzle over sthg.

Tüftler, in (*mpl* **-;** *fpl* **-nen**) *der, die* ***fam*** *person who enjoys fiddly tasks/complex puzzles.*

Tugend (*pl* **-en**) *die* virtue.

tugendhaft *adj* virtuous ◇ *adv* virtuously.

Tulpe (*pl* **-n**) *die* tulip.

tummeln ◆ **sich tummeln** *ref* to romp around.

Tummel|platz *der* **- 1.** [Ort]: **dieser Markt ist ein ~ für Diebe** this marketplace is crawling with thieves **- 2.** ***abw*** [Organisation] hotbed.

Tumor, Tumor (*pl* **Tumore**) *der* tumour; **ein gutartiger/bösartiger ~** a benign/malignant tumour.

Tümpel (*pl* **-**) *der* pond.

Tumult (*pl* **-e**) *der* commotion.

tun (*prät* **tat;** *perf* **hat getan**) *vt* **- 1.** [machen] to do; **was tust du denn da?** what are you doing?; **so etwas tut man nicht** you shouldn't do that; **was kann ich für Sie ~?** what can I do for you?; **das hat damit nichts zu ~** that's got nothing to do with it **- 2.** [stellen, legen] to put **- 3.** [antun]: **jm/sich etwas ~** to do something to sb/o.s. **- 4.** ***fam*** [hinreichend sein]: **ich denke, das tut es** I think that will do; **damit ist es nicht getan** that's not enough **- 5.** ***fam*** [funktionieren]: **das Auto tut es noch/nicht mehr** the car still works/has had it ◇ *vi* **- 1.** [machen]: **zu ~ haben** to be busy; **jm gut ~** to do sb good **- 2.** [vortäuschen]: **so ~, als ob** ***fam*** to act as if; **er tut nur so** he's only pretending **- 3.** [Ausdruck einer Beziehung]: **du bekommst es mit mir zu ~, wenn ...** ***fam*** you'll have me to answer to if

...; **zu ~ haben mit** to be linked to; **mit jm dienstlich zu ~ haben** to know sb professionally.
◆ **sich tun** *ref:* **es tut sich etwas/nichts** something/nothing is happening.

Tun *das (ohne pl)* actions *(pl)*; **js ~ und Treiben** sb's actions.

tünchen *vt* to whitewash.

Tuner ['tju:nɐ] *(pl -) der* tuner.

Tunesien *nt* Tunisia.

Tunesier, in [tu'ne:zi̯ɐ, rɪn] *(mpl* **-;** *fpl* **-nen)** *der, die* Tunisian.

tunesisch *adj* Tunisian.

Tun|fisch *der* = **Thunfisch.**

Tunis *nt* Tunis.

tunken *vt* to dip; [Brot, Keks] to dunk.

tunlichst ['tu:nlɪçst] *adv* [unbedingt] at all costs; [möglichst] as far as possible.

Tunnel *(pl -) der* tunnel.

Tunte *(pl* **-n)** *die* ***fam abw*** pansy.

Tüpfelchen *(pl -) das* dot; **bis aufs I-~** ***fam*** to the letter; **das ~ auf dem i sein** to be the icing on the cake.

tupfen *vt* to dab; **etw auf etw** *(A)* **~** to dab sthg onto sthg.

Tupfen *(pl -) der* spot; [kleiner] dot.

Tupfer *(pl -) der* **- 1.** MED swab **- 2.** [Fleck] dot.

Tür *(pl* **-en)** *die* **- 1.** [gen] door; **~ an ~ wohnen** to live next door to each other; **von ~ zu ~ gehen** to go from door to door; **~ zu!** shut the door! **- 2.** ***RW:*** **einer Sache** *(D)* **~ und Tor öffnen** to open the door to sthg; **ihr stehen alle ~en offen** the world is her oyster; **jn vor die ~ setzen** ***fam*** [rauswerfen, entlassen] to kick sb out; **mit der ~ ins Haus fallen** to be blunt; **damit rennst du bei mir offene ~en ein** ***fam*** you're preaching to the converted, you don't need to convince me; **zwischen ~ und Angel** in passing.

Tür|angel *die* (door) hinge.

Turban *(pl* **-e)** *der* turban.

Turbine *(pl* **-n)** *die* turbine.

Turbo *(pl* **-s)** *der* ***fam*** turbo.

turbulent *adj* **- 1.** [ereignisreich] eventful **- 2.** [chaotisch] turbulent.

Tür|griff *der* doorhandle.

Türke *(pl* **-n)** *der* Turk.

Türkei *die:* **die ~** Turkey.

Türkin *(pl* **-nen)** *die* Turk.

türkis *adj* turquoise.

Türkis *(pl* **-e)** *der* ODER *das* turquoise.

türkisch *adj* Turkish.

Türkisch(e) *das* Turkish; *siehe auch* **Englisch(e).**

Tür|klinke *die* door handle.

Turkmenistan *nt* Turkmenistan.

Turm *(pl* **Türme)** *der* **- 1.** [Bauwerk] tower **- 2.** [Schachfigur] rook, castle.

türmen *(perf* **hat/ist getürmt)** *vi (ist)* ***fam*** to beat it, to do a runner ***Br*** ◇ *vt (hat)* to pile up.
◆ **sich türmen** *ref* to be piled up.

turmhoch *adj* [Welle] towering; [Hindernis] enormous ◇ *adv:* **~ aufragen** to tower up.

Turm|spitze *die* spire.

Turm|uhr *die* tower clock; [von Kirche] church clock.

turnen *(perf* **hat/ist geturnt)** *vt (hat)* to perform ◇ *vi* **- 1.** *(hat)* [an einem Sportgerät] to do gymnastics; **an den Ringen/am Barren ~** to exercise on the rings/on the parallel bars **- 2.** *(ist)* ***fam*** [klettern] to clamber about.

Turnen *das* [in der Schule] gym; [sport] gymnastics *(U)*.

Turner, in *(mpl* **-;** *fpl* **-nen)** *der, die* gymnast.

Turn|halle *die* gymnasium.

Turn|hose *die* (gym) shorts *(pl)*.

Turnier *(pl* **-e)** *das* tournament.

Turn|schuh *der* gym shoe ***Br***, sneaker ***Am***.

Turnus *(pl* **-se)** *der* rota; **in einem ~ von vier Jahren** every four years; **im ~** in rotation.

turnusmäßig *adj* regular ◇ *adv* regularly.

Turn|verein *der* sports club.

Tür|rahmen *der* doorframe.

Tür|schloss *das* lock.

Tür|schwelle *die* threshold.

Tür|spalt *der* crack (of a/the door).

turteln *vi* ***fam*** to bill and coo.

Tusch *(pl* **-e)** *der* fanfare.

Tusche *(pl* **-n)** *die* Indian ink.

tuscheln *vt* & *vi* to whisper.

tuschen *vt:* **sich die Wimpern ~** to put one's mascara on.

Tusche|zeichnung *die* pen-and-ink drawing.

tut *präs* ▷ **tun.**

Tütchen *(pl -) das* sachet.

Tüte *(pl* **-n)** *die* bag; [mit Backpulver] packet; **das kommt nicht in die ~!** ***fam fig*** nothing doing!, no way!

tuten *vi* **- 1.** [hupen] to toot; **das Schiff tutet** the ship sounds its horn **- 2.** [tönen] to beep.

Tuten *das:* **er hat von ~ und Blasen keine Ahnung** ***fam abw*** he hasn't a clue.

Tutor *(pl* **-toren)** *der* tutor.

Tutorin *(pl* **-nen)** *die* tutor.

TÜV [tyf] *(abk für* **Technischer Überwachungsverein)** *der (ohne pl):* **ein Auto zum ~ bringen** ≃ to take a car for its MOT (test) ***Br;*** **das Kinder-**

spielzeug ist vom ~ geprüft the toy has been passed by the safety inspectorate.

TÜV

Periodic testing of vehicles as well as of some machines is compulsory in Germany. It should be carried out every two years, or after three years if the vehicle is new. Anybody who fails to observe this rule is liable to be fined.

TÜV-Plakette *die badge affixed to registration plates indicating that the vehicle has passed roadworthiness test.*

TV (*abk für* **Fernsehen**) TV.

Typ (*pl* **-en**) *der* **- 1.** [Menschentyp, Art] type; **er ist der ~ eines Deutschen** he is a typical German; **(nicht) js ~ sein** *fam* (not) to be sb's type **- 2.** *fam* [Kerl] guy, bloke *Br*.

Typhus *der* MED typhoid.

typisch *adj* typical; **etw ist ~ für jn** sthg is typical of sb ◇ *adv* typically ◇ *interj* typical!

Typografie, Typographie (*pl* **-n**) *die* typography.

Tyrann, in (*mpl* **-en;** *fpl* **-nen**) *der, die* tyrant.

tyrannisieren *vt abw* to tyrannize.

Tyrrhenische Meer *das:* **das ~** the Tyrrhenian Sea.

U

u, U [uː] (*pl* - ODER **-s**) *das* u, U.

u. *abk für* **und.**

u. a. (*abk für* **unter anderem**) *among other things.*

u. Ä. (*abk für* **und Ähnliches**) *and the like.*

u. a. m. (*abk für* **und anderes mehr**) etc.

u. A. w. g. (*abk für* **um Antwort wird gebeten**) R.S.V.P.

UB [uːˈbeː] (*pl* **-s**) *die abk für* **Universitätsbibliothek.**

U-Bahn *die* underground *Br*, subway *Am*.

U-Bahnhof *der* underground *Br* ODER subway *Am* station.

U-Bahn-Netz *das* underground *Br* ODER subway *Am* system.

übel (*kompar* **übler;** *superl* **übelste**) *adj* **- 1.** [Essen, Laune] bad; **nicht ~ sein** *fam* to be not bad **- 2.** [moralisch] evil; **in übler Gesellschaft** in bad company **- 3.** [Zustand] nasty, bad; **~ dransein** *fam* to be in a bad way **- 4.** [unwohl]: **mir ist/wird ~** I feel sick ◇ *adv* **- 1.** [schlimm] badly **- 2.** [unwirsch]: **~ gelaunt (sein)** (to be) in a bad mood ODER temper.

Übel (*pl* **-**) *das* evil; **von ~ sein** to be an evil; **das kleinere ~** the lesser evil.

übel nehmen *vt (unreg):* **jm etw ~** to hold sthg against sb.

üben *vt* **- 1.** [trainieren] to practise **- 2.** *geh* [äußern]: **Nachsicht ~** to be lenient; **Kritik ~** to criticize ◇ *vi* to practise.

◆ **sich üben** *ref:* **sich in etw** *(D)* **~** *geh* [trainieren] to practise sthg; **sich in Geduld ~** [sich angewöhnen] to exercise patience.

über *präp* **- 1.** *(+ A)* [eine Richtung anzeigend] over, above; [- quer über] over; [- bei Routen] via; **das Flugzeug flog ~ das Tal** the plane flew over the valley; **er breitete die Decke ~ das Bett** he spread the blanket over the bed; **~ die Straße gehen** to cross the road **- 2.** *(+ D)* [eine Position anzeigend] over, above; **die Lampe hängt ~ dem Tisch** the lamp hangs above ODER over the table; **er wohnt ~ uns** he lives above us **- 3.** *(+ A)* [zeitlich] over; **~ Wochen/Monate** for weeks/months; **~ Nacht** overnight; **~ kurz oder lang** *fig* sooner or later **- 4.** *(+ A)* [mehr als] over; **~ eine Stunde** over an hour; **das geht ~ meinen Verstand** it's beyond me **- 5.** *(+ D)* [mehr als] above; **~ dem Durchschnitt liegen** to be above average; **Kinder ~ zehn Jahren** children over ten (years of age); **~ Null** above zero; **seit ~ einem Jahr** for more than a year **- 6.** *(+ A)* [mittels] through, via **- 7.** *(+ A)* [stellt Bezug her] about; **ein Buch ~ Mozart** a book about ODER on Mozart **- 8.** *(+ A)* [zur Angabe des Betrages] for; **eine Rechnung ~ 30 Mark** a bill for 30 marks **- 9.** *(+ D)* [bei Rangfolge] above **- 10.** *(+ A)* *RW:* **ich bringe es nicht ~ mich ...** *fig* I can't bring myself to ... ◇ *adv* **- 1.** [mehr als] over **- 2.** [zeitlich]: **den Winter ~** all winter (long); **das ganze Jahr ~** all (the) year round ◇ *adj* *fam* **- 1.** [überdrüssig]: **etw ~ haben** to have had enough of sthg **- 2.** [übrig] left (over); **ich habe noch fünf Mark ~** I still have five marks left.

◆ **über und über** *adv* all over.

überall, überall *adv* everywhere; **~ und nirgends (sein)** *fig* (to be) everywhere and nowhere.

überaltert *adj* **- 1.** [Bevölkerung, Gruppe] containing a disproportionately high number of older people **- 2.** [Vorstellungen, Werte] outmoded.

Überalterung *die (ohne pl)* disproportionate increase in the number of older people.

Überan|gebot *das* surplus.
überängstlich *adj* overanxious.
überanstrengen *vt* to overstrain.
◆ **sich überanstrengen** *ref* to overexert o.s.
überantworten *vt* ***geh:*** **jn/etw jm ~** to entrust sb/sthg to sb.
überarbeiten *vt* to revise.
◆ **sich überarbeiten** *ref* to overwork.
überaus, überaus *adv* ***geh*** extremely.
überbacken (*präs* **überbackt** *ODER* **überbäckt;** *prät* **überbackte** *ODER* **überbuk;** *perf* **hat überbacken**) *vt* to brown; **etw mit Käse ~** to bake sthg with a cheese topping.
überbeanspruchen *vt* [Mensch] to overtax; [Material] to overstrain.
überbelichten *vt* to overexpose.
überbewerten *vt* [Qualitäten] to overrate; [Fehler] to exaggerate.
überbieten (*prät* **überbot;** *perf* **hat überboten**) *vt:* **einen Preis (um etw) ~** to exceed a price (by sthg); **jn (um 10.000 Mark) ~** to outbid sb (by 10,000 marks); **einen Rivalen ~** to outdo a rival; **einen Rekord (um 10 cm) ~** to break a record (by 10 cm).
◆ **sich überbieten** *ref* ***geh*** to surpass o.s.; [Konkurrenten] to vie with each other.
Überbleibsel (*pl* -) *das* [Spur] remnant; [Ruinen, Scherben] remains *(pl)*.
Über|blick *der* **- 1.: ein ~ über etw** *(A)* [Übersicht] an overall perspective of sthg; [Zusammenfassung] a summary of sthg; **den ~ verlieren** to lose perspective **- 2.** [Aussicht]: **ein ~ über etw** *(A)* a (panoramic) view of sthg.
überblicken *vt* **- 1.** [einschätzen] to assess **- 2.** [sehen] to overlook.
überbringen (*prät* **überbrachte;** *perf* **hat überbracht**) *vt:* **jm etw ~** to deliver sthg to sb.
Überbringer, in (*mpl* **-;** *fpl* **-nen**) *der, die* bearer.
überbrücken *vt* [Zeit] to fill in; [Gegensätze] to reconcile.
überdachen *vt* to roof over.
Überdachung (*pl* **-en**) *die* **- 1.** [Dach] roof **- 2.** [Vorgang] construction of a/the roof.
überdauern *vt* ***geh*** to survive.
überdecken *vt* **- 1.** [kaschieren] to cover up **- 2.** [bedecken] to cover (over).
überdehnen *vt* to strain.
überdenken (*prät* **überdachte;** *perf* **hat überdacht**) *vt* to think over.
überdeutlich *adj* extremely clear <> *adv* extremely clearly.
überdimensional *adj* outsize <> *adv* on an outsize scale.
Über|dosis *die* overdose.
überdrehen *vt* **- 1.** [zu fest anziehen - Schraube] to overtighten; [- Uhr] to overwind **- 2.** [Motor] to overrev.
Überdruck (*pl* **-drücke**) *der* excess pressure.
Überdruss *der* weariness; **~ an etw** *(D)* weariness of sthg; **sie haben bis zum ~ Karten gespielt** ***fam fig*** they played cards till they got fed up with it.
überdrüssig *adj:* **js/einer Sache ~ sein/werden** ***geh*** to be/grow tired of sb/sthg.
überdüngen *vt* to overfertilize; [Zimmerpflanze] to overfeed.
überdurchschnittlich [ˈyːbɐdʊrçʃnɪtlɪç] *adj* above average <> *adv:* **~ schön** more beautiful than average; **~ gut** better than average; **~ bezahlt** better paid than average.
übereifrig *adj* overzealous <> *adv* overzealously.
übereilen *vt* to rush; **nur nichts ~** don't rush things, take your time.
übereilt *adj* hasty <> *adv* hastily.
übereinander *adv* **- 1.** [Dinge] on top of each other **- 2.** [Menschen - reden, nachdenken] about each other.
übereinander legen *vt* to place on top of each other; **die Beine/Arme ~** to cross one's legs/fold one's arms.
übereinander schlagen *vt (unreg):* **die Beine ~** to cross one's legs.
überein|kommen (*perf* **ist übereingekommen**) *vi (unreg)* ***geh*** to agree; **mit jm ~, etw zu tun** to agree with sb to do sthg.
Übereinkunft (*pl* **-künfte**) *die* ***geh*** agreement.
überein|stimmen *vi* **- 1.** ***geh*** [einig sein]: **mit jm (in etw** *(D)***) ~** to agree with sb (about sthg) **- 2.** [gleich sein - Zahlen, Messwerte] to tally; [- Aussagen] to correspond.
übereinstimmend *adj* concurring <> *adv:* **die Ärzte stellten ~ fest, dass der Mann schon tot war** all the doctors agreed that the man was already dead.
Überein|stimmung *die* **- 1.** [Einigung] agreement *(U)* **- 2.** [Gleichheit] correspondence *(U)*; **etw (mit etw) in ~ bringen** to bring sthg into line (with sthg).
überempfindlich *adj:* **(gegen etw** *(A)***) ~ sein** to be oversensitive (to sthg); MED to be hypersensitive (to sthg) <> *adv* oversensitively; MED hypersensitively.
überfahren[1] (*präs* **überfährt;** *prät* **überfuhr;** *perf* **hat überfahren**) *vt* **- 1.** [töten] to run over; **jn ~** ***fig*** [überrumpeln] to catch sb unawares **- 2.** [Kreuzung, Schild] to drive through.
über|fahren[2] (*perf* **ist übergefahren**) *vi (unreg)* [überqueren] to cross (over).
Über|fahrt *die* crossing.

Über|fall *der* attack; **~ auf jn/etw** attack on sb/sthg; **bewaffneter ~** armed assault.

überfallen (*präs* **überfällt;** *prät* **überfiel;** *perf* **hat überfallen**) *vt* **- 1.** [ausrauben - gen] to attack; [- Bank] to raid; [- eine Frau] to assault **- 2.** *fam* [überraschen] to descend on.

überfällig *adj* overdue.

überfliegen (*prät* **überflog;** *perf* **hat überflogen**) *vt* **- 1.** [fliegen] to fly over **- 2.** *fig* [lesen] to glance over.

überflügeln *vt:* **jn (in etw** *(D)***) ~** to outdo sb (in sthg).

Überfluss *der* [viel] abundance; [zu viel] surplus; **im ~ leben** to live affluently; **etw im ~ haben** to have sthg in abundance; **zu allem ~** to top it all.

überflüssig *adj* [überzählig] superfluous; [frei] spare; [unnötig] unnecessary; **etw für ~ halten** to consider sthg unnecessary.

überfluten *vt* to flood.

überfordern *vt* to overtax; **jn (mit etw** *(D)***) ~** to ask too much of sb (with sthg); **die junge Mutter war überfordert** the young mother couldn't cope.

Über|forderung *die* overtaxing *(U)*.

überfragt *adj:* **da bin ich ~** I can't help you there.

überfrierend *adj:* **~e Nässe** ***amt*** black ice.

überführen *vt* **- 1.** RECHT: **jn einer Sache** *(G)* **~** to convict sb of sthg **- 2.** [transportieren - gen] to transfer; [- Tote] to transport.

Über|führung *die* **- 1.** [Transport] transfer; [von Toten] transportation **- 2.** [Brücke] bridge.

überfüllt *adj* overcrowded.

überfüttern *vt* to overfeed.

Über|gabe *die* **- 1.** [von Gegenstand, Besitz] handing over; **die ~ (einer Sache** *(G)***) an jn** the handing over (of sthg) to sb **- 2.** MIL surrender.

Übergang (*pl* **-gänge**) *der* **- 1.** *(ohne pl)* [Provisorium] temporary arrangement **- 2.** [Kontrast] contrast **- 3.** [Weg] crossing; [Brücke] bridge **- 4.** [Phase] transition.

Übergangs|lösung *die* interim solution.

Übergangs|regelung *die* interim regulation.

Übergangs|zeit *die* transitional period.

übergeben (*präs* **übergibt;** *prät* **übergab;** *perf* **hat übergeben**) *vt* **- 1.** [überreichen, weitergeben]: **jm etw ~** to hand sthg over to sb; [feierlich überreichen] to present sthg to sb **- 2.** [überantworten]: **jm etw/jn ~** to hand sthg/sb over to sb **- 3.** [freigeben] to open.
◆ **sich übergeben** *ref* to vomit.

übergehen[1] (*prät* **überging;** *perf* **hat übergangen**) *vt* **- 1.** [nicht beachten] to ignore; [überspringen] to skip **- 2.** [nicht berücksichtigen]: **jn bei etw ~** to pass sb over for sthg.

über|gehen[2] (*perf* **ist übergegangen**) *vi (unreg)* **- 1.** [wechseln]: **zu etw ~** to proceed to sthg; **dazu ~, etw zu tun** to proceed to do sthg **- 2.** [sich verändern]: **in etw** *(A)* **~** to change into sthg; [Farben] to merge into sthg; **in Verwesung ~** to decompose **- 3.** [den Besitzer wechseln]: **an jn ~** to pass to sb; **von jm an jn ~** to pass from sb to sb.

übergeordnet *adj* **- 1.** [wichtiger] higher; **jm/einer Sache ~ sein** to take precedence over sb/sthg **- 2.** [allgemeiner] generic.

Über|gewicht *das* **- 1.** [von Personen]: **~ haben** to be overweight **- 2.** [von Gegenständen] excess weight *(U)*.

übergießen (*prät* **übergoß;** *perf* **hat übergossen**) *vt:* **jn/etw mit etw ~** to pour sthg over sb/sthg.

überglücklich *adj* overjoyed.

über|greifen *vi (unreg):* **auf etw** *(A)* **~** to spread to sthg.

übergreifend *adj* comprehensive.

Über|griff *der* [Angriff] attack; [unrechtmäßige Handlung] encroachment.

Über|größe *die* outsize.

über|haben *vt (unreg)* ***fam*** to be sick of ODER fed up with.

überhand nehmen *vi (unreg)* to get out of hand.

Über|hang *der* **- 1.** [Vorsprung] overhang **- 2.** [Überzahl] surplus.

überhäufen *vt:* **jn/etw mit etw ~** to inundate sb/sthg with sthg.

überhaupt *adv* **- 1.** [verstärkend] at all; **gibt es ~ eine Hoffnung?** is there any hope at all?; **~ nicht** not at all; **~ nichts** nothing at all; **ich habe ~ kein Geld mehr** I've got no money left at all **- 2.** [eigentlich] anyway; **wie gehts dir ~?** so, how are you, anyway? **- 3.** [im Allgemeinen] on the whole ◇ *interj* **- 1.** [übrigens] by the way **- 2.** [Ausdruck der Ungeduld, des Missfallens]: **und ~** anyway.

überheblich *adj* arrogant ◇ *adv* arrogantly.

überhitzen *vt* to overheat.

überhöht *adj* **- 1.** [zu hoch gestiegen - Geschwindigkeit, Ansprüche] excessive; [- Preis] exorbitant **- 2.** [Gebäude] superelevated.

überholen *vt* **- 1.** [vorbeifahren] to overtake **- 2.** *fam* [übertreffen] to leave behind **- 3.** [warten] to overhaul ◇ *vi* to overtake.

Überhol|spur *die* overtaking lane; [auf der Autobahn] fast lane.

überholt *adj* outdated.

Überhollverbot *das* ban on overtaking.

überhören *vt* - **1.** [nicht hören] not to hear - **2.** [ignorieren] to ignore.

überirdisch *adj* supernatural; [Schönheit] ethereal.

überkandidelt *adj* ***fam*** over-the-top.

überkleben *vt:* **den Namensschild ~** to stick something over the nameplate.

überlkochen (*perf* **ist übergekocht**) *vi* - **1.** [überfließen] to boil over - **2.** ***fam*** [die Beherrschung verlieren] to explode.

überkommen¹ (*prät* **überkam;** *perf* **hat überkommen**) *vt* [Gefühl] to come over; **Traurigkeit überkam sie** a feeling of sadness came over her.

überkommen² *adj* traditional.

überkreuzen *vt* to cross; **die Arme ~** to fold one's arms.
◆ **sich überkreuzen** *ref* ***fam*** to cross over one another.

überlkriegen *vt* ***fam*** to get sick of *ODER* fed up with.

überladen¹ (*präs* **überlädt;** *prät* **überlud;** *perf* **hat überladen**) *vt* to overload.

überladen² *adj* [bombastisch] (over)ornate.

überlagern *vt* [Frequenz] to mask; [Ton, Bild] to superimpose.
◆ **sich überlagern** *ref* [übereinander - Gesteinsschichten] to overlie; [- Frequenzen] to mask each other; [- Ereignisse] to coincide; [sich überschneiden] to overlap.

Überlandlbus *der* coach.

Überllänge *die* - **1.** [zeitlich] excessive length; **der Film hat ~** the film is unusually long - **2.** [von Kleidung, räumlich] extra length.

überlappen ◆ **sich überlappen** *ref* to overlap.

überlassen (*präs* **überläßt;** *prät* **überließ;** *perf* **hat überlassen**) *vt* - **1.** [leihen]: **jm etw ~** to let sb have sthg - **2.** [sich nicht einmischen]: **jm etw ~** to leave sthg to sb; **das bleibt Ihnen ~!** that is up to you! - **3.** [allein lassen]: **jn seiner Verzweiflung ~** to leave sb to his/her despair; **jn sich** *(D)* **selbst ~** to leave sb to his/her own devices.
◆ **sich überlassen** *ref:* **sich einer Sache** *(D)* **~** to abandon o.s. to sthg.

überlastet *adj* - **1.** [belastet] overloaded - **2.** [überfordert]: **mit etw ~ sein** to be overburdened with sthg.

Überlastung (*pl* **-en**) *die* [von Stromleitung] overloading *(U);* [mit Arbeit] overburdening *(U);* [von Mensch] overtaxing *(U).*

überllaufen¹ (*perf* **ist übergelaufen**) *vi (unreg)* - **1.** [überfließen] to overflow - **2.** [überwechseln] to go over to the other side; **zu jm/etw ~** to go over to sb/sthg.

überlaufen² (*präs* **überläuft;** *prät* **überlief;** *perf* **hat überlaufen**) *vt* - **1.** [überkommen]: **es überläuft mich** shivers run down my spine - **2.** SPORT [hinter sich lassen] to outrun; [zu weit laufen] to overshoot.

überlaufen³ *adj:* **~ sein** to be overcrowded; [Kurs] to be oversubscribed.

Überlläufer, in *der, die* defector.

überleben *vt* - **1.** [lebend überstehen] to survive - **2.** [länger leben als]: **jn ~** to outlive sb ◇ *vi* to survive.
◆ **sich überleben** *ref* to become outdated; **sich überlebt haben** to have become a thing of the past.

Überlebende (*pl* **-n**) *der, die* survivor.

überlebensgroß *adj* larger than life-size.

überlegen¹ *vt* to think about, to consider; **sich** *(D)* **etw ~** [über etw nachdenken] to think sthg over; [sich etw ausdenken] to think of sthg; **es sich** *(D)* **anders ~** to change one's mind; **etw reiflich ~** to consider sthg very carefully ◇ *vi* to think; **ohne zu ~** without thinking.

überlegen² *adj* [besser] superior; [arrogant] patronizing; **jm ~ sein** to be superior to sb ◇ *adv* [siegen] convincingly; [lächeln] patronizingly.

Überlegenheit *die* superiority; **zahlenmäßige ~** numerical superiority.

überlegt *adj* deliberate ◇ *adv* in a considered way.

Überlegung (*pl* **-en**) *die* consideration *(U);* **ohne ~ handeln** to act without thinking; **bei** *ODER* **nach reiflicher ~** after careful consideration.

überlleiten *vi:* **zu etw ~** to lead on to sthg.

Überlleitung *die* link.

überliefern *vt* to hand down.

Überllieferung *die* - **1.** [das Überliefern] handing down - **2.** [das Überlieferte] tradition.

Übermacht *die* superior strength; **in der ~ sein** to be stronger.

übermächtig *adj* - **1.** [emotional] overwhelming - **2.** [kräftemäßig] superior.

übermalen *vt* to paint over.

Übermaß *das* excess; **ein ~ an etw** *(D)* ***geh*** an excess of sthg; **im ~ anwenden/genießen** to use/enjoy sthg to excess.

übermäßig *adj* excessive ◇ *adv* excessively; **sich ~ anstrengen** to overexert o.s.; **~ ehrgeizig** overambitious.

übermitteln *vt:* **jm etw ~** to pass sthg on to sb.

übermorgen *adv* the day after tomorrow.

übermüdet *adj* overtired.

Übermut *der (ohne pl)* high spirits *(pl).*

übermütig *adj* highspirited; [sich überschätzend] overconfident <> *adv* high-spiritedly.

übernächste, r, s ['y:bɐnɛ:çstə,-,-s] *adj:* **das ~ Auto** the next car but one; **~ Woche** the week after next.

übernachten *vi* to stay ODER spend the night; **bei jm ~** to stay the night with sb.

übernächtigt *adj* bleary-eyed.

Übernachtung (*pl* **-en**) *die* overnight stay; **eine ~ mit Frühstück** bed and breakfast.

Übernahme (*pl* **-n**) *die* **- 1.** [von Firma, Betrieb] takeover; [das Übernehmen] taking over *(U)* **- 2.** [Eingliederung]: **die ~ in ein dauerhaftes Arbeitsverhältnis** the conversion to a permanent position **- 3.** [von Kosten] meeting *(U)* **- 4.** [von Wort, Brauch] adoption *(U)*.

übernatürlich *adj* supernatural <> *adv* supernaturally; **~ klug** preternaturally clever.

übernehmen (*präs* **übernimmt;** *prät* **übernahm;** *perf* **hat übernommen**) *vt* **- 1.** [Firma, Betrieb] to take over; **etw von jm ~** to take sthg over from sb **- 2.** [annehmen] to take on **- 3.** [einstellen, weiterbeschäftigen] to keep on **- 4.** [kopieren]: **etw von jm/etw ~** [Verhaltensweise, Konzept] to adopt sthg from sb/sthg; [Text] to copy sthg from sb/sthg.
◆ **sich übernehmen** *ref* to overdo it; **sich mit etw ~** [finanziell] to take on too much of sthg.

über|ordnen *vt* **- 1.** [vorrangig behandeln]: **jm/etw jn/etw ~** to give sb/sthg priority over sb/sthg **- 2.** [höhere Position geben]: **jm/etw jn/etw ~** to put sb/sthg over sb/sthg.

überparteilich *adj* cross-party; [Zeitung] independent <> *adv* across party lines; [unabhängig] independently.

überproportional *adj* disproportionately large <> *adv:* **~ vertreten** overrepresented.

überprüfen *vt* to inspect, to check; [Verdächtigen] to screen; **jn/etw auf etw** *(A)* **(hin) ~** to check sb/sthg for sthg.

Über|prüfung *die* checking *(U);* [von Verdächtigen] screening *(U)*.

überqualifiziert *adj* overqualified.

über|quellen (*perf* **ist übergequollen**) *vi (unreg):* **vor etw** *(D)* **~** to overflow with sthg.

überqueren *vt* to cross.

überragen *vt* **- 1.** [größer sein] to tower above **- 2.** [übertreffen] to surpass; **jn/etw um etw ~** to be taller than sb/sthg by sthg.

überragend *adj* outstanding <> *adv* superbly.

überraschen *vt* to surprise; **jn mit etw ~** to surprise sb with sthg; **jn bei etw ~** to catch sb doing sthg; **von jm/etw überrascht werden** to be taken by surprise by sb/sthg; **vom Regen überrascht werden** to get caught in the rain.

überraschend *adj* surprising; [unerwartet] unexpected; **~ sein** to be surprising <> *adv* surprisingly; **~ kommen** [zu Besuch] to arrive unexpectedly; [Entwicklung] to come as a surprise.

Überraschung (*pl* **-en**) *die* surprise; **eine böse ~ erleben** to get a nasty surprise.

überreden *vt* to persuade; **jn zu etw ~** to persuade sb to do sthg; **sich zu etw ~ lassen** to let o.s. be talked into (doing) sthg.

Überredung (*pl* **-en**) *die* persuasion *(U)*.

überregional *adj* [Zeitung, Sender] national; **~e Zusammenarbeit** cooperation across regional boundaries <> *adv* [im ganzen Land] at national level; [über die Region hinaus] across regional boundaries.

überreich *adj* abundant; [zu viel] overabundant; [Entschädigung] overgenerous <> *adv:* **jn ~ beschenken** to lavish presents on sb.

überreichen *vt:* **jm etw ~** to present sthg to sb.

überreif *adj* **- 1.** [sehr reif] overripe **- 2.** *fig* [längst fällig] (long) overdue.

überreizt *adj* tense; [nervös] edgy, jumpy <> *adv* nervously; **~ wirken** to seem tense.

Über|rest *der* remains *(pl)*.

Überroll|bügel *der* AUTO roll-over bar.

überrollen *vt* **- 1.** [überfahren] to run over **- 2.** *fig* [überraschen] to catch unawares.

überrumpeln *vt:* **jn (mit etw) ~** to take sb by surprise (with sthg).

überrunden *vt* **- 1.** SPORT to lap **- 2.** [übertreffen] to outstrip.

übers *präp fam (über + das):* **der Vogel fliegt ~ Haus** the bird is flying over the house; **~ Jahr verteilt** spread over the year; **~ schlechte Wetter schimpfen** to complain about the bad weather; ▻ **Ohr, Knie.**

Übers. *abk für* **Übersetzung.**

übersät *adj:* **mit etw ~ sein** to be strewn with sthg.

übersättigt *adj* [Zuschauer] sated; [Markt] saturated.

Überschallgeschwindigkeit *die* supersonic speed.

überschatten *vt* to overshadow.

überschätzen *vt* to overestimate.
◆ **sich überschätzen** *ref* to overestimate o.s.

überschaubar *adj* with visible limits; [Arbeit] easy to grasp; [Risiko] calculable.

über|schäumen (*perf* **ist übergeschäumt**) *vi* **- 1.** [überfließen] to froth over **- 2.** *fig* [emotional - vor Begeisterung, Lebenslust] to brim over; [- vor Wut, Zorn] to boil over.

überschlafen (*präs* **überschläft;** *prät* **überschlief;** *perf* **hat überschlafen**) *vt* to sleep on.

Über|schlag *der* **- 1.** SPORT somersault **- 2.** [Schätzung] (rough) estimate.

überschlagen[1] (*präs* **überschlägt;** *prät* **überschlug;** *perf* **hat überschlagen**) *vt* **- 1.** [rechnen] to estimate (roughly) **- 2.** [überblättern] to skip.
◆ **sich überschlagen** *ref* **- 1.** [Auto] to overturn; [Person] to fall head over heels **- 2.** [Ereignisse] to follow one another thick and fast **- 3.** [Stimme] to crack.

über|schlagen[2] (*perf* **hat/ist übergeschlagen**) *(unreg) vt (hat)* [überkreuzen]: **die Beine ~** to cross one's legs ◇ *vi (ist)* [umschlagen]: **in etw** *(A)* **~** to turn into sthg.

über|schnappen (*perf* **ist übergeschnappt**) *vi* ***fam*** to go crazy.

überschneiden (*prät* **überschnitt;** *perf* **hat überschnitten**) ◆ **sich überschneiden** *ref* **- 1.** [räumlich] to intersect **- 2.** [zeitlich] to coincide **- 3.** [inhaltlich] to overlap.

überschreiben (*prät* **überschrieb;** *perf* **hat überschrieben**) *vt* **- 1.** [übereignen]: **jm etw ~** to make sthg over to sb **- 2.** [betiteln] to head.

überschreiten (*prät* **überschritt;** *perf* **hat überschritten**) *vt* **- 1.** [räumlich] to cross **- 2.** [inhaltlich - gen] to exceed; [- Befugnis] to overstep **- 3.** [zeitlich] to pass.

Über|schrift *die* heading; [in Fettdruck] headline.

Über|schuss *der* **- 1.** [Gewinn] profit; **~ erzielen** to make a profit **- 2.** [ein Zuviel] surplus.

überschüssig *adj* surplus.

überschütten *vt*: **jn/etw mit etw ~** to cover sb/sthg with sthg; **jn mit Lob ~** to shower sb with praise; **jn mit Vorwürfen ~** to heap criticism on sb.

Überschwang *der*: **im ~ der Gefühle** in a fit of exuberance.

überschwänglich *adj* effusive ◇ *adv* effusively.

überschwemmen *vt* **- 1.** [nass machen] to flood **- 2.** [überreich versehen]: **jn/etw mit etw ~** to inundate sb/sthg with sthg.

Überschwemmung (*pl* **-en**) *die* flood.

überschwenglich = **überschwänglich.**

Übersee ◆ **aus Übersee** *adv* from overseas ODER abroad.
◆ **in/nach Übersee** *adv* abroad, overseas.

überseeisch ['y:bɐze:ɪʃ] *adj* overseas.

übersehen (*präs* **übersieht;** *prät* **übersah;** *perf* **hat übersehen**) *vt* **- 1.** [nicht sehen, ansehen] to overlook; [absichtlich] to ignore **- 2.** [einschätzen] to assess.

übersetzen[1] *vt* [in Sprache] to translate; **in etw** *(A)* **~** to translate into sthg; **von** ODER **aus etw ~** to translate from sthg.

über|setzen[2] (*perf* **hat/ist übergesetzt**) *vi (ist)* [überqueren] to cross ◇ *vt (hat)* [befördern] to take across.

Über|setzer, in *der, die* translator.

Übersetzung (*pl* **-en**) *die* **- 1.** [das Übersetzen] translation **- 2.** TECH gear ratio.

Übersicht (*pl* **-en**) *die* **- 1.** [Fähigkeit] overview **- 2.** [Darstellung]: **eine ~ über etw** *(A)* an outline of sthg.

übersichtlich *adj* **- 1.** [gut strukturiert] clear **- 2.** [gut zu sehen] open ◇ *adv* clearly.

übersiedeln (*perf* **ist übergesiedelt**), **übersiedeln** (*perf* **ist übersiedelt**) *vi* to move.

übersinnlich *adj* [Wahrnehmung] supersensory; [Kräfte] supernatural.

überspannen *vt* [Saite] to overtighten; [Bogen] to overdraw.

überspannt *adj* **- 1.** [exaltiert] eccentric; [hysterisch] hysterical **- 2.** [zu hoch] exaggerated ◇ *adv* [exaltiert] eccentrically; [hysterisch] hysterically.

überspielen *vt* **- 1.** [verdecken] to cover up **- 2.** [aufnehmen] to record

überspitzt *adj* exaggerated ◇ *adv* in an exaggerated way.

überspringen[1] (*prät* **übersprang;** *perf* **hat übersprungen**) *vt* **- 1.** [darüber hinwegspringen] to jump **- 2.** [auslassen] to skip.

über|springen[2] (*perf* **ist übergesprungen**) *vi (unreg)* [Funke] to jump across.

über|sprudeln (*perf* **ist übergesprudelt**) *vi* **- 1.** [Person]: **vor etw** *(D)* **~** to bubble over with sthg **- 2.** [Flüssigkeit] to bubble over.

überstehen[1] (*prät* **überstand;** *perf* **hat überstanden**) *vt* [hinter sich bringen] to come through.

über|stehen[2] (*perf* **hat/ist übergestanden**) *vi (unreg)* [vorstehen] to jut out.

übersteigen (*prät* **überstieg;** *perf* **hat überstiegen**) *vt* **- 1.** [zu viel sein] to exceed **- 2.** [überklettern] to climb over.

überstimmen *vt* [Person] to outvote; [Antrag] to vote down.

über|strömen (*perf* **ist übergeströmt**) *vi* ***geh*** [emotional] to overflow.

überströmt *adj*: **sein Gesicht war von Tränen/Schweiß ~** tears were/sweat was streaming down his face.

Über|stunde *die*: **eine ~** an hour's overtime; **~n (machen)** (to do) overtime.

Überstundenzu|schlag *der* overtime rate.

überstürzen *vt* to rush into.

◆ **sich überstürzen** *ref* [Ereignisse] to follow in rapid succession.

überstürzt *adj* overhasty <> *adv* overhastily.

überteuert *adj* exorbitant <> *adv* at an exorbitant price.

übertönen *vt* to drown out.

Über|topf *der* plant-pot holder.

Übertrag (*pl* **-träge**) *der* sum carried forward.

übertragbar *adj* **- 1.** [Fahrkarte, Recht] transferable; **nicht ~** non-transferable **- 2.** [anwendbar] applicable.

übertragen[1] (*präs* **überträgt;** *prät* **übertrug;** *perf* **hat übertragen**) *vt* **- 1.** [anwenden]: **etw auf jn/etw ~** to apply sthg to sb/sthg **- 2.** [senden] to broadcast **- 3.** [übersetzen]: **etw in etw** *(A)* **~** to translate sthg into sthg **- 4.** [Krankheit] to transmit **- 5.** [überantworten]: **jm etw ~** to assign sthg to sb.

◆ **sich übertragen** *ref:* **sich auf jn ~** MED & *fig* to infect sb.

übertragen[2] *adj* [nicht wörtlich] figurative <> *adv* [nicht wörtlich] figuratively.

Übertragung (*pl* **-en**) *die* **- 1.** [Sendung] broadcast; [das Senden] broadcasting **- 2.** [von Krankheit] transmission **- 3.** [Überantwortung] transfer.

übertreffen (*präs* **übertrifft;** *prät* **übertraf;** *perf* **hat übertroffen**) *vt* [Erwartungen] to surpass; [Rekord] to beat; **jn an Ausdauer/Schnelligkeit ~** to have more stamina/be faster than sb; **sie übertrifft ihn im Tennis** she's better than him at tennis.

übertreiben (*prät* **übertrieb;** *perf* **hat übertrieben**) *vt* [bei Darstellung] to exaggerate; [Handlung] to overdo <> *vi* [bei Darstellung] to exaggerate; [bei Handlung] to overdo it.

Übertreibung (*pl* **-en**) *die* exaggeration.

übertreten[1] (*präs* **übertritt;** *prät* **übertrat;** *perf* **hat übertreten**) *vt* to break.

über|treten[2] (*perf* **hat/ist übergetreten**) *vi* *(unreg)* **- 1.** *(ist)* [beitreten]: **zu etw** *(D)* **~** [zu Partei] to go over to sthg; [zu Konfession] to convert to sthg **- 2.** *(hat)* SPORT to overstep.

übertrieben *adj* [Darstellung] exaggerated; [Forderung, Ehrgeiz] excessive <> *adv* [darstellen] in an exaggerated manner; [ernst, höflich] excessively.

übervoll *adj* [Gefäß] full to overflowing; [Raum] packed, crammed full.

übervorteilen *vt* to cheat.

überwachen *vt* to keep under surveillance; [Arbeit] to oversee; **jn/etw streng ~** to keep sb/sthg under close surveillance.

überwältigen *vt* **- 1.** [besiegen] to overpower **- 2.** [überkommen] to overwhelm.

überwältigend *adj* overwhelming; **nicht ~** not exactly brilliant <> *adv:* **~ aussehen** to look stunning; **~ viele Besucher** an overwhelming number of visitors.

über|wechseln ['y:bɐvɛksl̩n] (*perf* **ist übergewechselt**) *vi* to switch; **ins feindliche Lager ~** to go over to the enemy; **zu etw ~** to switch to sthg; **zu jm ~** [Partei, Firma] to go over to sb.

überweisen (*prät* **überwies;** *perf* **hat überwiesen**) *vt* **- 1.** [bezahlen] to pay; **jm etw ~, etw an jn ~** to pay sthg to sb; **Geld auf ein anderes Konto ~** to transfer money to another account; **Ihr Gehalt bekommen Sie überwiesen** your salary will be paid into your account **- 2.** MED: **einen Patienten ins Krankenhaus ~** to have a patient admitted to hospital; **jn (an jn** ODER **zu jm) ~** to refer sb (to sb).

Über|weisung *die* **- 1.** [Zahlung] transfer; [Formular] money transfer form; **die ~ des Geldes nimmt vier Tage** it takes four days for the money to be paid into your account **- 2.** MED referral.

Überweisungs|formular *das* credit transfer form.

über|werfen *vt (unreg)* [anziehen]: **sich** *(D)* **etw ~** to throw sthg over one's shoulders.

überwiegen (*prät* **überwog;** *perf* **hat überwogen**) *vi* **- 1.** [Skepsis, Zweifel] to prevail **- 2.** [zahlenmäßig] to predominate <> *vt* to outweigh.

überwiegend, überwiegend *adj* [Mehrheit] overwhelming; **der ~ Teil** the majority <> *adv* mainly.

überwinden (*prät* **überwand;** *perf* **hat überwunden**) *vt* to overcome; [Krise] to get over.

◆ **sich überwinden** *ref:* **sich zu etw ~** to force o.s. to do sthg; **sich nicht ~ können, etw zu tun** not to be able to bring o.s. to do sthg.

Überwindung *die* **- 1.** [gen] overcoming **- 2.** [von Berg] conquering **- 3.** [das Sichüberwinden]: **es ist für mich eine ~** ODER **es kostet mich ~, es zu tun** I have to force myself to do it.

überwintern *vi* **- 1.** [Pflanze, Vogel] to spend the winter **- 2.** [Winterschlaf halten] to hibernate **- 3.** *hum* [Mensch] to winter.

überwuchern *vt* to overgrow.

Überzahl *die* majority; **in der ~ sein** SPORT to have a numerical advantage; [mehr sein] to be in the majority.

überzählig *adj* spare, surplus.

überzeugen *vt* to convince; **jn von etw ~** to convince sb of sthg.

◆ **sich überzeugen** *ref:* **sich (von etw) ~** to satisfy o.s. (of sthg); **~ Sie sich selbst!** see for yourself!

überzeugt *adj* convinced; **von etw ~ sein** to be convinced of sthg; **davon ~ sein, dass ...** to be convinced that ...; **sehr von sich selbst ~ sein** to be very sure of o.s.

Über|zeugung *die* conviction; **gegen seine ~ handeln** to go against one's convictions; **meiner ~ nach ...** it is my firm belief that ...; **zur ~ kommen** *ODER* **gelangen, dass ...** to become convinced *ODER* come to believe that ...

überziehen[1] (*prät* **überzog;** *perf* **hat überzogen**) *vi* - **1.** [bei Bank] to go overdrawn - **2.** [zeitlich] to overrun ◇ *vt* - **1.** [Konto] to overdraw - **2.** [nicht pünktlich beenden] to overrun - **3.** [Sofa] to re-cover; **die Betten ~** to change the bedsheets - **4.** [übertreiben] to take too far.

über|ziehen[2] *vt (unreg)* [anziehen]: **sich** *(D)* **etw ~** to pull sthg on.

Überziehungs|kredit *der* overdraft facility.

überzogen *adj* exaggerated ◇ *adv:* **~ reagieren** to overreact.

Über|zug *der* - **1.** [Bezug] cover - **2.** [Belag] coating.

üblich *adj* usual; **wie ~** as usual.

üblicherweise *adv* usually.

U-|Boot *das* submarine.

übrig *adj* remaining; **ist noch etwas ~?** is there any left?; **die ~en Autos** the rest of the cars, the remaining cars; **die Übrigen** the rest; **ein Übriges tun** *fig* & *geh* to finish the job off ◇ *adv:* **für jn/etw viel/nichts ~ haben** to have a lot of/no time for sb/sthg.

◆ **im Übrigen** *adv* in addition.

übrig bleiben (*perf* **ist übrig geblieben**) *vi (unreg)* to be left over; **uns blieb nichts anderes** *ODER* **weiter übrig, als zuzustimmen** we had no alternative but to agree.

übrigens *adv* by the way.

übrig lassen *vt (unreg):* **jm etw ~** to leave sthg for sb.

Übung (*pl* **-en**) *die* - **1.** [das Üben] practice; **aus der ~ kommen/sein** to get/be out of practice - **2.** SPORT, SCHULE, MIL & MUS exercise - **3.** UNI seminar.

u. dgl. (*abk für* **und dergleichen**) *and the like.*

u. d. M. (*abk für* **unter dem Meeresspiegel**) *below sea level.*

ü. d. M. (*abk für* **über dem Meeresspiegel**) *above sea level.*

UdSSR [uːdeːɛsɛsˈɛr] (*abk für* **Union der sozialistischen Sowjetrepubliken**) *die* USSR.

u. E. (*abk für* **unseres Erachtens**) *in our opinion.*

UEFA [uˈeːfa] (*abk für* **Union der europäischen Fußballverbände**) *die* UEFA.

UEFA-Pokal *der* UEFA Cup.

UFA® [ˈuːfa] (*abk für* **Universum Film AG**) *die former Berlin-based film company.*

Ufer (*pl* -) *das* [von Fluss] bank; [von See, Meer] shore; **am ~** [von Fluss] on the bank; [von See, Meer] on the shore.

uferlos *adj* endless; **ins Uferlose gehen** [Kosten] to get out of hand; [Debatte] to go on and on.

UFO, Ufo [ˈuːfoː] (*pl* **-s**) *das* UFO.

Uganda *nt* Uganda.

Ugander, in (*mpl* **-;** *fpl* **-nen**) *der, die* Ugandan.

ugandisch *adj* Ugandan.

Uhr (*pl* **-en**) *die* - **1.** [Zeitanzeiger] clock - **2.** [Armbanduhr] watch - **3.** [Zeit]: **es ist 3 ~** it is 3 o'clock; **um 3 ~** at 3 o'clock; **um wie viel ~?** (at) what time?; **wie viel ~ ist es?** what time is it?; **rund um die ~** round the clock.

Uhrmacher, in (*mpl* **-;** *fpl* **-nen**) *der, die* [von Armbanduhren] watchmaker; [von größeren Uhren] clockmaker.

Uhr|zeiger *der* hand.

Uhrzeiger|sinn *der:* **im ~** clockwise; **gegen den ~** anticlockwise.

Uhr|zeit *die* time.

Uhu (*pl* **-s**) *der* eagle owl.

Ukraine *die* Ukraine.

Ukrainer, in (*mpl* **-;** *fpl* **-nen**) *der, die* Ukrainian.

ukrainisch *adj* Ukrainian.

Ukrainisch(e) *das* Ukrainian; *siehe auch* **Englisch(e).**

UKW [uːkaːˈveː] (*abk für* **Ultrakurzwelle**) *die* FM.

ulkig *adj* comical, funny ◇ *adv:* **~ aussehen** to look comical *ODER* funny.

Ulme (*pl* **-n**) *die* elm.

ultimativ *adj* final ◇ *adv:* **etw ~ fordern** to make a final demand.

Ultimatum (*pl* **-ten**) *das* ultimatum; **jm ein ~ stellen** to give sb an ultimatum.

Ultrakurzwelle *die* frequency modulation, FM.

Ultraschall *der* ultrasound.

Ultraschall|untersuchung *die* ultrasound scan.

ultraviolett [ˈʊltraviolɛt] *adj* ultraviolet.

um *präp (+ A)* - **1.** [räumlich] (a)round; **~ jn/etw herum** around sb/sthg; **gleich ~ die Ecke** just around the corner; **~ sich blicken** to look around - **2.** [zur Angabe der Uhrzeit] at; **~ drei Uhr** at three o'clock - **3.** [zur Angabe einer Differenz] by; **die Preise steigen ~ 15%** prices are rising by 15%; **~ einen Kopf größer** taller by a head - **4.** [zur Angabe von Grund]: **~ etw kämpfen** to fight for sthg; **sich ~ ein Spielzeug streiten** to

quarrel over ODER about a toy - **5.** [zur Angabe einer Folge] after; **Tag ~ Tag** day after day; **Schritt ~ Schritt** step by step - **6.** [ungefähr] about, around; **es kostet ~ die 300 Mark** it costs about ODER around 300 marks; **so ~ Ostern herum** some time around Easter <> *konj:* **~ zu** (in order) to; **zu stolz, ~ nachzugeben** too proud to give in <> *adv* [vorüber] up; **die zehn Minuten sind ~** the ten minutes are up.
◆ **um so** *konj* = **umso.**

umländern *vt* to alter.

umarmen *vt* to hug.
◆ **sich umarmen** *ref* to hug.

Umarmung (*pl* **-en**) *die* hug.

Umbau (*pl* **-e** ODER **-ten**) *der* renovation.

umlbauen[1] *vt* [verändern] to renovate; **etw zu etw ~** to convert sthg to sthg <> *vi* to renovate.

umbauen[2] *vt* [umgeben] to surround.

umlbenennen *vt (unreg)* [gen & EDV] to rename; **der Karl-Marx-Platz wurde in Augustusplatz umbenannt** Karl-Marx-Platz was renamed Augustusplatz.

umlbilden *vt* [Regierung, Kabinett] to reshuffle.

umlbinden *vt (unreg):* **sich** *(D)* **etw ~** to put sthg on.

umlblättern *vt* to turn over <> *vi* to turn over the page.

umlbringen *vt (unreg)* ***eigtl*** & ***fig*** to kill; **nicht umzubringen sein *fam fig*** to be indestructible; **diese Maloche bringt mich noch um!** this job will be the death of me!
◆ **sich umbringen** *ref* [sich töten] to kill o.s.

Umlbruch *der* - **1.** [Veränderung] radical change; **sich im ~ befinden** to be undergoing an upheaval - **2.** [von Büchern] page make-up.

umlbuchen *vt:* **einen Flug ~** to change one's flight booking <> *vi* to change one's booking.

umldenken *vi (unreg)* to change one's way of thinking.

umldisponieren *vi* to make new arrangements.

umldrehen (*perf* **hat/ist umgedreht**) *vt (hat)* - **1.** [Seite, Stein] to turn over; [Pulli] to turn round - **2.** [Auto, Stuhl, Schlüssel] to turn <> *vi (ist, hat)* [umkehren] to turn back.
◆ **sich umdrehen** *ref* - **1.** [im Stehen] to turn round; **sich nach jm/etw ~** to turn round to look at sb/sthg - **2.** [im Liegen] to turn over.

Umldrehung *die* - **1.** [um eigene Achse] turn - **2.** TECH revolution.

umeinander, umeinander *adv* [sich kümmern] about each other; [wickeln] around each other.

umlfahren[1] *vt (unreg)* [überfahren] to knock down.

umfahren[2] (*präs* **umfährt;** *prät* **umfuhr;** *perf* **hat umfahren**) *vt* [ausweichen] to go round; **etw weiträumig ~** to steer well clear of sthg.

umlfallen (*perf* **ist umgefallen**) *vi (unreg)* - **1.** [umkippen] to fall over; [auf den Boden] to fall down - **2.** [zusammenbrechen] to collapse - **3.** ***fam abw*** [nachgeben] to give in.

Umfang (*pl* **-fänge**) *der* - **1.** [Maß] circumference - **2.** [Ausmaß - von Projekt, Untersuchung] scale; [- von Buch, Zahlung] size; [- von Schaden] extent; [- von Stimme] range; **in vollem ~** fully.

umfangreich *adj* extensive <> *adv* extensively, at length.

umfassen (*präs* **umfasst;** *prät* **umfasste;** *perf* **hat umfasst**) *vt* - **1.** [beinhalten] to cover; **das Buch umfasst 200 Seiten** the book contains 200 pages - **2.** [umschlingen]: **jn ~** to put one's arm around sb; **etw ~** to clasp sthg.

umfassend, umfassend *adj* comprehensive <> *adv* comprehensively.

Umlfassung *die* - **1.** [Umrandung] border - **2.** [Umschlingung] hold, embrace.

Umlfeld *das* - **1.** [Umgebung] surroundings *(pl)* - **2.** [Milieu] environment, milieu.

umlformen *vt:* **einen Satz vom Aktiv ins Passiv ~** to put a sense from the active into the passive.

Umlfrage *die* survey.

umlfüllen *vt:* **etw in etw** *(A)* **~** to pour ODER transfer sthg into sthg.

umlfunktionieren *vt* to convert.

Umgang *der* contact; **der ~ mit Kindern/Tieren** working with children/animals; **das ist kein ~ für dich!** you shouldn't mix with people like that!; **mit jm ~ haben** ODER **pflegen** to associate with sb.

umgänglich *adj* [angenehm] friendly, affable; [gesellig] sociable.

Umgangsformen *pl* manners.

Umgangssprache *die* [informelle Sprache] colloquial speech; **in der ~** colloquially.

umgangssprachlich *adj* colloquial <> *adv* colloquially.

umgeben (*präs* **umgibt;** *prät* **umgab;** *perf* **hat umgeben**) *vt* to surround; **von jm/etw ~ sein** to be surrounded by sb/sthg.
◆ **sich umgeben** *ref:* **sich mit jm/etw ~** to surround o.s. with sb/sthg.

Umgebung (*pl* **-en**) *die* - **1.** [Gebiet] surroundings *(pl);* **in der ~ von Heilbronn** in the vicinity of Heilbronn; **die nähere ~** the immediate vicinity - **2.** [Umfeld] environment.

umgehen[1] (*präs* **umgeht;** *prät* **umging;** *perf* **hat umgangen**) *vt* - **1.** [Schwierigkeiten] to avoid;

[Verordnung] to get round; [Antwort] to evade **- 2.** [Stau, Ortschaft] to bypass.

umlgehen² (*perf* **ist umgegangen**) *vi (unreg)* **- 1.** [Grippe, Gerücht, Nachricht] to go round **- 2.** [behandeln]: **mit jm/etw ~ (können)** [Maschine] to (know how to) handle sb/sthg; [Kind, Tier] to (know how to) treat sb/sthg; **kannst du mit einem Computer ~?** do you know how to use a computer? **- 3.** [sich beschäftigen]: **mit dem Gedanken ~, etw zu tun** to be thinking of doing sthg.

umgehend *adj* immediate <> *adv* immediately.

Umgehungslstraße *die* bypass.

umgekehrt *adj* [Vorzeichen, Fall] opposite; [Verhältnis] inverse; [Reihenfolge] reverse; **nein, es ist gerade ~!** no, the opposite is true! <> *adv* the other way round; **die Sache verhält sich genau ~** the opposite is true; **... und ~** ... and vice versa.

umlgraben *vt (unreg)* to dig over.

umlgucken ◆ **sich umgucken** *ref fam* **- 1.** [zurücksehen] to look round **- 2.** [sich umsehen] to have a look around; **sich nach etw ~** to look for sthg; **du wirst dich (noch) ~!** *fam* you're in for a nasty surprise!

Umlhang *der* cape.

umlhängen *vt* **- 1.** [woandershin hängen] to hang somewhere else **- 2.** [umlegen]: **jm/sich etw ~** [Jacke, Decke] to put sthg round sb's/one's shoulders; [Kette] to hang sthg round sb's/one's neck.

Umhängeltasche *die* shoulder bag.

umlhauen *vt (unreg)* **- 1.** [fällen] to cut down **- 2.** *fam* [überraschen]: **es hat mich umgehauen, als** ... I was bowled over when ... **- 3.** *salopp* [Alkohol, Gestank] to knock out **- 4.** *fam* [niederschlagen] to knock for six **- 5.** *fam* [umwerfen] to knock over.

umher *adv* around.

umherlirren (*perf* **ist umhergeirrt**) *vi* to wander around.

umhinlkönnen *vi (unreg)*: **nicht ~, etw zu tun** to have no choice but to do sthg.

umlhören ◆ **sich umhören** *ref*: **sich ~** to ask around.

U/min (*abk für* **Umdrehungen pro Minute**) r.p.m.

umkämpft *adj* [Stadt, Gebiet] disputed; [Gesetz, Neuerung] controversial.

Umkehr *die* turning back; **jn zur ~ bewegen/zwingen** to urge/force sb to turn back.

umlkehren (*perf* **hat/ist umgekehrt**) *vi (ist)* to turn back <> *vt (hat)* [Entwicklung, Reihenfolge, Situation] to reverse.
◆ **sich umkehren** *ref* to be reversed.

umlkippen (*perf* **ist umgekippt**) *vi* **- 1.** [umfallen] to fall over; [Auto] to overturn **- 2.** *fam* [bewusstlos werden] to keel over **- 3.** [ökologisch] to become uninhabitable **- 4.** [Stimmung] to take a turn for the worse.

umklammern *vt* to clasp.

umlklappen *vt* to fold down.

Umkleidelkabine *die* [in Schwimmbad] changing cubicle; [auf Sportplatz] changing room; [in Kaufhaus] fitting room.

umlkleiden¹ ◆ **sich umkleiden** *ref* ***geh*** to change (one's clothes).

umkleiden² *vt* to cover.

umlknicken (*perf* **hat/ist umgeknickt**) *vi (ist)* **- 1.** [verrenken]: **mit dem Fuß ~** to sprain one's ankle **- 2.** [brechen] to snap in half <> *vt (hat)* [Buchseite] to crease; [Ast, Baum] to snap in half.

umlkommen (*perf* **ist umgekommen**) *vi (unreg)* to die; **vor Hunger** *(D)* **~** ***fig*** to be dying of hunger.

Umlkreis *der* **- 1.** *(ohne pl)* [Umgebung] vicinity; **im ~ von 50 km** within a 50 km radius **- 2.** MATH circumcircle.

umkreisen *vt* to circle around; [Subj: Planet, Satellit] to orbit.

umlkrempeln *vt* **- 1.** [hochkrempeln] to roll up **- 2.** *fam* [verändern - Mensch] to reform; [- Geschäft] to reorganize completely **- 3.** *fam* [durchsuchen] to turn upside down.

Umland *das* surrounding area.

Umllauf *der* [Zirkulation] circulation; **in ~ bringen** [Gerücht] to circulate; [Geld] to issue.

Umlauflbahn *die* orbit.

Umllaut *der* umlaut.

umllegen *vt* **- 1.** *salopp* [erschießen] to bump off **- 2.** [verteilen - Kosten, Ausgaben]: **etw auf mehrere Personen ~** to share sthg between several people **- 3.** [umhängen]: **sich/jm etw ~** [Jacke, Decke] to put sthg round one's/sb's shoulders; [Kette] to put sthg round one's/sb's neck **- 4.** [verlegen - Patienten, Telefongespräch] to transfer; [- Termin] to change **- 5.** [umklappen] to fold down **- 6.** [Kippen] to knock down; [Baum] to fell.

umlleiten *vt* to divert.

Umlleitung *die* diversion.

umliegend *adj* surrounding.

Umnachtung (*pl* **-en**) *die* (mental) derangement; **in geistiger ~** in a state of mental derangement.

umlquartieren *vt* to move *(to different quarters)*.

umrahmen *vt* **- 1.** [umgeben] to frame **- 2.** [begleiten] to accompany.

umranden *vt* [Wörter, Textstellen] to circle; [Terrasse, Beet] to border.

umǀrechnen *vt:* **etw (auf/in etw** *(A)***) ~** to convert sthg (into sthg).

umǀreißen¹ *vt (unreg)* [niederreißen - Baum, Mast] to tear down; [- Person] to knock down.

umreißen² (*prät* **umriss;** *perf* **hat umrissen**) *vt* to outline.

umǀrennen *vt (unreg)* to knock down.

umringen *vt* to surround.

Umǀriss *der* outline; **etw in groben ~en darstellen** to give a rough outline of sthg.

umǀrühren *vt* to stir.

umǀrüsten *vt* - **1.** MIL to re-equip - **2.** [ändern] to adapt ◇ *vi* to re-equip.

ums *präp (um + das)* round the; **~ Viereck gehen** to go round the block; **ihm geht es dabei weniger ~ Geld, als ...** for him it is not so much a question of money, as ...; **du willst dich nur ~ Einkaufen drücken!** you just want to get out of doing the shopping!

umǀsatteln *vi* [Arbeiter] to change jobs; [Student] to change courses; **auf etw** *(A)* **~** to switch to sthg.

Umǀsatz *der* turnover; **wir müssen den ~ steigern** we have to boost our sales ODER turnover.

Umsatzrückǀgang *der* drop in turnover.

Umsatzǀsteigerung *die* increase in turnover.

umǀschalten *vt* [Waschmaschine, Drucker] to switch (over) ◇ *vi* - **1.** [sich umstellen]: **auf etw** *(A)* **~** to switch (over) to sthg - **2.** TV to turn over; **wir schalten um nach Hamburg** we are going over to Hamburg.

Umschau *die:* **(nach jm/etw) ~ halten** to be on the lookout (for sb/sthg).

Umǀschlag *der* - **1.** [von Brief] envelope; [von Buch] dust jacket - **2.** [Wechsel] sudden change - **3.** MED compress - **4.** [an Ärmel] cuff; [an Hose] turn-up - **5.** [von Gütern] transfer - **6.** [Verkauf] sale.

umǀschlagen (*perf* **hat/ist umgeschlagen**) *(unreg) vi (ist)* [Wetter, Stimmung] to change suddenly ◇ *vt (hat)* - **1.** [umlegen - Kragen] to turn down; [- Hosenbeine] to turn up - **2.** [umblättern - Seite] to turn over - **3.** WIRTSCH to transfer - **4.** [verkaufen] to sell - **5.** [Baum] to fell.

Umschlagǀplatz *der* [im Transportwesen] transshipment centre; [von Drogen] distribution point.

umschließen (*prät* **umschloss;** *perf* **hat umschlossen**) *vt* - **1.** [mit Händen] to clasp; **jn mit den Armen ~** to put one's arms around sb - **2.** [einbeziehen] to cover, to include - **3.** [umgeben] to surround.

umschlingen (*prät* **umschlang;** *perf* **hat umschlungen**) *vt* - **1.** [mit Händen] to clasp; [umarmen] to embrace - **2.** [umwinden] to twine around.
◆ **sich umschlingen** *ref* to embrace.

umǀschmeißen *vt (unreg)* **fam** - **1.** [umwerfen] to knock over - **2.** [krank machen] to knock out.

umschreiben¹ (*prät* **umschrieb;** *perf* **hat umschrieben**) *vt* - **1.** [paraphrasieren] to paraphrase - **2.** [abgrenzen] to define - **3.** [schildern] to describe.

umǀschreiben² *vt (unreg)* - **1.** [ändern] to rewrite - **2.** [übertragen]: **etw auf jn ~ lassen** to have sthg transferred to sb.

Umschuldung (*pl* **-en**) *die* debt rescheduling.

umǀschulen *vt* - **1.** [ausbilden] to retrain - **2.** [Schule wechseln lassen] to move (to another school) ◇ *vi* to retrain.

Umǀschulung *die* retraining.

umschwärmt *adj* - **1.** [verehrt] besieged - **2.** [umgeben] surrounded.

Umschweife *pl:* **mach keine ~!** stop beating about the bush!; **etw ohne ~ sagen** to say sthg straight out.

Umǀschwung *der* sudden change.

umsegeln *vt* to sail round.

umǀsehen ◆ **sich umsehen** *ref (unreg):* **sich (nach jm/etw) ~** [suchen] to look around (for sb/sthg); [sich umdrehen] to look round (at sb/sthg).

um sein (*perf* **ist um gewesen**) *vi (unreg)* **fam** to be over.

umseitig *adj* & *adv* overleaf.

umǀsetzen *vt* - **1.** [realisieren - Plan] to implement; [- Theorie, Idee] to put into practice; - **2.** [Umsatz machen] to turn over; **wir haben Büchern im Wert von 300.000 Mark umgesetzt** we have sold 300,000 marks' worth of books - **3.** [umwandeln] to convert - **4.** [umpflanzen] to transplant - **5.** [Platz verändern] to move - **6.** [ausgeben]: **er setzt das ganze Geld in Drogen um** he spends all his money on drugs.
◆ **sich umsetzen** *ref* - **1.** [Sitzplatz wechseln] to sit somewhere else - **2.** [sich umwandeln] to be converted.

Umsicht *die* prudence.

umsichtig *adj* prudent ◇ *adv* prudently.

umǀsiedeln (*perf* **hat/ist umgesiedelt**) *vi (ist)* to move ◇ *vt (hat)* to resettle.

umso *konj (+ kompar):* **~ schneller/mehr/wichtiger** all the faster/more/more important; **~ besser!** all the better!; **je schneller, ~ besser** the quicker the better.

umsonst *adj:* **~ sein** [erfolglos] to be in vain; [gratis] to be free (of charge) ◇ *adv* - **1.** [erfolglos] in vain - **2.** [gratis] for free, for nothing; **nicht ~** not without reason.

umǀspringen (*perf* **ist umgesprungen**) *vi (un-*

reg) **- 1.** *abw* [umgehen]: **mit jm brutal ~** to treat sb brutally **- 2.** [wechseln] to change suddenly.

Umstand (*pl* **-stände**) *der* **- 1.** [Mühe]: **Umstände** trouble *(U);* **wenn dir das keine Umstände macht** if it's no trouble *ODER* bother; **mach dir keine Umstände** don't go to any trouble *ODER* bother; **wir wollen dir keine Umstände machen** we don't want to put you to any trouble; **nicht viele Umstände (mit jm/etw) machen** not to go to a great deal of trouble (over sb/sthg) **- 2.** [Sachlage] circumstance; **unter Umständen** in certain circumstances; **unter allen Umständen** whatever happens; **mildernde Umstände** RECHT mitigating circumstances; **in anderen Umständen sein** *fig* to be in the family way.

umständehalber *adv:* '**~ zu verkaufen**' 'genuine reason for sale'.

umständlich *adj* **- 1.** [Methode, Arbeit] laborious **- 2.** [im Denken] ponderous; [beim Sprechen] long-winded <> *adv* **- 1.** [mühevoll] laboriously **- 2.** [denken] ponderously; [sprechen] long-windedly.

Umstands|bestimmung *die* GRAM adverbial phrase.

Umstands|kleid *das* maternity dress.

Umstandswort (*pl* **-wörter**) *das* GRAM adverb.

umstehend *adj* **- 1.** [umgebend] standing round about; **die Umstehenden** the bystanders **- 2.** [umseitig] overleaf.

um|steigen (*perf* **ist umgestiegen**) *vi (unreg)* **- 1.** [beim Reisen] to change **- 2.** [wechseln]: **auf etw** *(A)* **~** to switch to sthg.

um|stellen¹ *vt* **- 1.** [anders ausrichten - Möbel] to switch round; [- Methode, Produktion, Weichen] to switch; [- Kabinett] to reshuffle; **heute Nacht werden die Uhren umgestellt** the clocks go forward/back tonight; **etw auf etw** *(A)* **~** to switch sthg to sthg; **einen Betrieb auf EDV ~** to computerize a company **- 2.** [Leben, Fahrplan, Mannschaft, Programm] to change.
◆ **sich umstellen** *ref* to change; **sich in der Ernährung ~** to change one's diet; **sich auf etw** *(A)* **~** [sich anpassen] to adapt to sthg.

umstellen² *vt* [einkreisen] to surround.

Um|stellung¹ *die* **- 1.** [von Methode, Produktion, Weichen] switch; **~ auf EDV** computerization **- 2.** [Veränderung] change.

Umstellung² *die* [Einkreisung] surrounding.

um|stimmen *vt:* **jn ~** to make sb change his/her mind.

um|stoßen *vt (unreg)* **- 1.** [Stapel, Vase, Stuhl] to knock over **- 2.** [Plan, Testament, Berechnungen] to wreck.

umstritten *adj* controversial; **es ist ~, ob ...** it is disputed whether ...

um|strukturieren *vt* to restructure.

Um|sturz *der* coup (d'état); **der ~ der Regierung** the overthrow of the government.

um|stürzen (*perf* **hat/ist umgestürzt**) *vi (ist)* to fall over; [Auto] to overturn <> *vt (hat)* **- 1.** [umwerfen] to knock over; [Auto] to overturn **- 2.** [vereiteln] to upset **- 3.** [ablösen] to overthrow.

um|taufen *vt* [anders nennen] to rename.

Umtausch *der* exchange; '**vom ~ ausgeschlossen**' 'no refunds or exchanges'.

um|tauschen *vt* **- 1.** [auswechseln] to exchange; **etw gegen etw ~** to exchange sthg for sthg **- 2.** [Währung tauschen] to change.

um|tun *(unreg)* ◆ **sich umtun** *ref fam* **- 1.** [sich kümmern um]: **sich nach etw ~** to cast around for sthg **- 2.** [sich kundig machen] to have a look around.

umwälzend *adj* [Ereignis, Veränderung] revolutionary.

um|wandeln *vt:* **etw in etw** *(A)***/zu etw ~** to convert sthg into sthg.
◆ **sich umwandeln** *ref* to be converted.

Umwandlung (*pl* **-en**) *die* conversion.

um|wechseln ['ʊmvɛksln] *vt* to change; **etw in etw** *(A)* **~** to change sthg into sthg.

Um|weg *der* detour; **einen ~ über etw** *(A)* **machen** to make a detour via sthg; **auf ~en** *fig* in a roundabout way.

Umwelt *die* environment.

umweltbedingt *adj* caused by the environment.

Umwelt|belastung *die* environmental pollution *ODER* damage.

umweltbewusst *adj* environmentally aware <> *adv* in an environmentally aware way.

Umweltbewusstsein *das* environmental awareness.

> **UMWELTBEWUSSTSEIN**
> The protection of the environment is one of the chief concerns of the German people, whose vigilance and commitment in this area give added strength to the environmentalist cause.

umweltfreundlich *adj* environmentally friendly, eco-friendly <> *adv* in an environmentally friendly *ODER* eco-friendly way.

Umwelt|minister, in *der, die* Environment Minister.

Umwelt|ministerium *das* Ministry of the Environment.

Umwelt|papier *das* recycled paper.

Umwelt|politik *die* policy on the environment.

Umwelt|schäden *pl* ecological damage *(U)*.

Umwelt|schutz *der* environmental protection.

Umweltschützer, in (*mpl* -; *fpl* **-nen**) *der, die* environmentalist.

Umwelt|sünder, in *der, die* polluter.

Umwelt|verschmutzung *die* pollution *(U)*.

um|werfen *vt (unreg)* - **1.** [umstürzen] to knock over - **2.** *fam:* **jn ~** [Alkohol] to knock sb out; [Nachricht] to stun sb - **3.** [umhängen]: **sich** *(D)* **etw ~** to put sthg round one's shoulders - **4.** [hinfällig machen] to upset.

umwerfend *fam adj* fantastic <> *adv:* **~ komisch** hilarious.

umwickeln[1] *vt:* **etw mit etw ~** to wrap sthg round sthg.

um|wickeln[2] *vt:* **jm/sich etw ~** to wrap sthg round sb/o.s.

um|ziehen (*perf* **hat/ist umgezogen**) *(unreg) vi (ist)* to move; **in etw** *(A)* **~** to move into sthg; **nach ... ~** to move to ... <> *vt (hat)* to change. ◆ **sich umziehen** *ref* to change, to get changed.

umzingeln *vt* to surround.

Um|zug *der* - **1.** [Wohnungswechsel] move - **2.** [Festzug] parade.

UN [uːɛn] (*abk für* **United Nations**) *die* UN.

unabhängig *adj* independent; **von jm/etw ~ sein** to be independent of sb/sthg; **~ davon, ob ...** regardless of whether ... <> *adv* independently.

Unabhängigkeit *die* independence.

unabkömmlich *adj:* **~ sein** to be tied up.

unabsichtlich *adj* unintentional <> *adv* unintentionally.

unachtsam *adj* - **1.** [unaufmerksam] inattentive - **2.** [nicht sorgsam] careless <> *adv* [nicht sorgsam] carelessly.

Unachtsamkeit (*pl* **-en**) *die* - **1.** [Unaufmerksamkeit] inattentiveness *(U)* - **2.** [fehlende Sorgfalt] carelessness *(U)*.

unangebracht *adj* inappropriate.

unangefochten *adj* unchallenged <> *adv:* **~ führen** to be the unchallenged leader.

unangemeldet *adj* & *adv* - **1.** [ohne Voranmeldung - gen] unannounced; [- Patient] without an appointment - **2.** [ohne amtliche Meldung] unregistered.

unangemessen *adj* inappropriate <> *adv* inappropriately; **~ hoch** disproportionately high.

unangenehm *adj* unpleasant; **etw ist jm ~** sb feels embarrassed about sthg <> *adv:* **~ berührt** embarrassed; **~ auffallen** to make a bad impression.

unangepasst *adj* nonconformist <> *adv* in a nonconformist way.

unangetastet *adj:* **etw ~ lassen** [Ehre, Privileg] to leave sthg intact; [Vorräte, Ersparnisse] to leave sthg untouched.

unangreifbar, unangreifbar *adj* unassailable; [Theorie] irrefutable.

Unannehmlichkeiten *pl* trouble *(U)*; **jm ~ bereiten** to cause sb trouble.

unansehnlich *adj* unattractive <> *adv* unattractively.

unanständig *adj* [obszön] indecent; [Wort, Witz] rude; **es ist ~, mit vollem Mund zu reden** it's rude to talk with your mouth full <> *adv* [obszön] indecently; [unhöflich] rudely.

unantastbar, unantastbar *adj* [Rechte, Würde] inviolable.

unappetitlich *adj* [Essen] unappetizing; [Anblick, Toilette] disgusting.

Un|art *die* bad habit.

unartig *adj* naughty <> *adv* naughtily.

unästhetisch *adj* unaesthetic.

unauffällig *adj* unobtrusive <> *adv* - **1.** [nicht auffällig] unobtrusively - **2.** [heimlich] without anyone noticing.

unauffindbar, unauffindbar *adj:* **~ sein** to be nowhere to be found <> *adv:* **etw ~ verstecken** to hide sthg where it cannot be found.

unaufgefordert *adj* unasked-for <> *adv* without being asked.

unaufhaltsam, unaufhaltsam *adj* inexorable <> *adv* inexorably.

unaufhörlich, unaufhörlich *adj* constant <> *adv* constantly.

unaufmerksam *adj* inattentive <> *adv* inattentively.

Unaufmerksamkeit *die* inattentiveness.

unaufrichtig *adj* insincere; **jm gegenüber ~ sein** not to be open with sb <> *adv* insincerely.

unausgeglichen *adj* - **1.** [Person] unstable; [launisch] moody - **2.** [Bilanz] unsettled.

unausgegoren *adj* **abw** [Konzept, Plan] half-baked.

unausgeschlafen *adj* & *adv* half asleep.

unaussprechlich, unaussprechlich *adj* indescribable <> *adv* [glücklich, traurig] indescribably; [hassen, lieben] more than one can say.

unausstehlich, unausstehlich *adj* unbearable <> *adv* unbearably.

unausweichlich, unausweichlich *adj* unavoidable <> *adv* unavoidably.

unbändig *adj* [Wut, Freude, Eifersucht] unbridled; [Temperament] boisterous ◇ *adv* beyond measure.

ụnbeabsichtigt *adj* unintentional ◇ *adv* unintentionally.

ụnbeachtet *adj* unnoticed; **jn/etw ~ lassen** to ignore sb/sthg ◇ *adv* unnoticed.

ụnbeantwortet *adj* unanswered.

ụnbedenklich *adj* safe ◇ *adv* [Medikament einnehmen] safely; [annehmen, zustimmen] without hesitation.

ụnbedeutend *adj* - **1.** [nicht bedeutend] unimportant - **2.** [belanglos] slight ◇ *adv* [belanglos] slightly.

ụnbedingt *adj* absolute ◇ *adv* - **1.** [auf jeden Fall] definitely; **er will ~ Ski fahren** he is determined to go skiing; **DU wolltest ja ~ Ski fahren** it was YOU that wanted to go skiing; **nicht ~** not necessarily - **2.** [bedingungslos] absolutely.

unbefahrbar, ụnbefahrbar *adj* impassable.

ụnbefriedigend *adj* unsatisfactory.

ụnbefristet *adj* permanent.

ụnbefugt *adj* unauthorized ◇ *adv* without authorization.

Ụnbefugte (*pl* **-n**) *der, die* unauthorized person; '**~n Zutritt verboten!**' 'authorized personnel only'.

ụnbegabt *adj* untalented.

unbegreiflich, ụnbegreiflich *adj* incomprehensible; **es ist mir ~, wie ...** I can't understand how ... ◇ *adv* unbelievably.

ụnbegrenzt *adj* [Freiheit, Möglichkeiten] unlimited; [Vertrauen, Zustimmung] total ◇ *adv* [vertrauen, zustimmen] totally; [nutzen, wohnen] indefinitely.

ụnbegründet *adj* unfounded ◇ *adv* without foundation.

ụnbehaglich *adj* uncomfortable; **es ist ihr ~** it makes her feel uncomfortable ◇ *adv* uncomfortably.

unbehẹlligt, ụnbehelligt *adj*: **~ sein** *ODER* **bleiben** to be undisturbed ◇ *adv* without being stopped.

ụnbeherrscht *adj* [Wutausbruch] uncontrolled; [Bemerkung] wild; **~ sein** to lack self-control ◇ *adv* without any self-control.

ụnbeholfen *adj* clumsy ◇ *adv* clumsily.

unbeịrrbar, ụnbeirrbar [ʊnbəˈɪrbaːɐ̯, ˈʊnbəɪrbaːɐ̯] *adj* unwavering ◇ *adv* unwaveringly.

ụnbekannt *adj* [Künstler, Substanz, Krankheit] unknown; [Flugobjekt] unidentified; **er ist mir ~** I don't know him; **diese Änderung ist mir ~** I don't know about this change; **Anzeige gegen ~** RECHT charge against person or persons unknown ◇ *adv*: '**~ verzogen**' 'gone away', 'address unknown'.

Ụn|bekannte *der, die* unknown person; [Fremde] stranger ◇ *die* MATH unknown.

ụnbekümmert, unbekụmmert *adj* [unbeschwert] carefree; [ohne Bedenken] casual ◇ *adv* [unbeschwert] in a carefree way; [ohne Bedenken] casually.

ụnbelastet *adj* - **1.** [Natur, Luft, Nahrungsmittel] unpolluted - **2.** [ohne Schuld] with a clean record; [ohne Vorurteil] unprejudiced - **3.**: **von Sorgen/Schulden/Verantwortung ~** free from care/of debt/of responsibility ◇ *adv* - **1.** [ohne Vorurteil] without prejudice - **2.**: **von finanziellen Sorgen ~** without any financial worries - **3.** [schuldenfrei] unmortgaged.

ụnbeliebt *adj* unpopular; **sich ~ machen** to make o.s. unpopular.

ụnbemannt *adj* & *adv* - **1.** [ohne Besatzung] unmanned - **2.** *fam hum* [ohne Mann] without a man.

ụnbemerkt *adj* & *adv* unnoticed.

ụnbeobachtet *adj* unobserved; **in einem ~en Moment** when no one was looking ◇ *adv* unobserved.

ụnbequem *adj* - **1.** [nicht bequem] uncomfortable - **2.** [lästig] awkward; **jm ~ sein** to be a nuisance to sb ◇ *adv* [nicht bequem] uncomfortably.

unberẹchenbar, ụnberechenbar *adj* unpredictable ◇ *adv* unpredictably.

ụnberechtigt *adj* [Ansprüche, Vorwürfe] unjustified; [Zutritt] unauthorized ◇ *adv* [entlassen, bestrafen] without justification; [ohne Erlaubnis] without authorization.

ụnberücksichtigt *adj*: **~ bleiben** *ODER* **gelassen werden** not to be taken into account.

ụnberührt *adj* - **1.** [nicht berührt - Essen, Gegenstand] untouched; [- Schnee] undisturbed; [- Natur] unspoilt - **2.** [ohne Regung] unmoved - **3.** [jungfräulich]: **~ sein** to be a virgin.

ụnbescheiden *adj* [Person, Gehalt] immodest; [Anspruch] presumptuous ◇ *adv* [auftreten] immodestly; [fragen] presumptuously.

ụnbeschrankt *adj* ▷ **Bahnübergang.**

ụnbeschränkt *adj* [Vertrauen, Macht] absolute; [Verbrauch, Gültigkeit] unlimited ◇ *adv* [vertrauen, Macht ausüben] absolutely; [gültig, verbrauchen] without limit.

unbeschreiblich, ụnbeschreiblich *adj* indescribable ◇ *adv* indescribably; **sich ~ freuen** to be overjoyed.

ụnbeschwert *adj* carefree ◇ *adv* free from care.

ụnbesonnen *adj* rash ◇ *adv* rashly.

ụnbeständig *adj* changeable.

unbestẹchlich, ụnbestechlich *adj* [durch

Geld] incorruptible; [Kritiker] uncompromising; [Verfechter] unwavering.

unbestimmt *adj* [Zeitpunkt & GRAM] indefinite; [Vorstellung, Äußerung] vague <> *adv* vaguely.

unbestritten *adj* undisputed.

unbeteiligt *adj* **- 1.** [nicht verwickelt] uninvolved; **an etw** *(D)* **~ sein** not to be involved in sthg **- 2.** [nicht interessiert] uninterested <> *adv* **- 1.** [nicht verwickelt] without getting involved **- 2.** [nicht interessiert] without taking an interest.

unbewacht *adj* [Haus, Gefangene] unguarded; [Gepäck, Parkplatz] unattended; **in einem ~en Moment** when no one was looking <> *adv* [unbeaufsichtigt] unattended; [ohne Bewachung] unguarded.

unbewaffnet *adj* & *adv* unarmed.

unbewältigt *adj* unresolved; **die Scheidung ist für sie noch ~** she hasn't come to terms with the divorce <> *adv*: **ein Problem ~ verdrängen** to suppress a problem without resolving it.

unbeweglich *adj* **- 1.** [nicht beweglich, festgelegt] immovable **- 2.** [unflexibel] inflexible **- 3.** [steif] stiff **- 4.** [unverändert] fixed <> *adv* **- 1.** [regungslos] motionlessly **- 2.** [unverändert] fixedly.

unbewohnbar, unbewohnbar *adj* uninhabitable.

unbewohnt *adj* uninhabited.

unbewusst *adj* unconscious <> *adv* unconsciously.

unbezahlbar, unbezahlbar *adj* **- 1.** [nicht erschwinglich] unaffordable **- 2.** [unersetzlich, unerschwinglich] priceless.

unbrauchbar *adj* useless.

und *konj* **- 1.** [gen] and; **~ wenn** even if; **~ ... aber** even though; **eins ~ eins ist zwei** one and one is two; **~ so weiter** and so on **- 2.** [Ausdruck von Ironie]: **der ~ sich entschuldigen?** him, say he's sorry?

◆ **und ob** *interj* of course!

◆ **und wie** *interj* and how!

undankbar *adj* **- 1.** [unhöflich] ungrateful **- 2.** [schwer] thankless <> *adv* ungratefully.

undefinierbar, undefinierbar *adj* indefinable.

undenkbar, undenkbar *adj* inconceivable.

undeutlich *adj* unclear <> *adv* unclearly.

undicht *adj* leaky.

undiszipliniert *adj* undisciplined <> *adv* in an undisciplined way.

undurchführbar, undurchführbar *adj* impracticable.

undurchschaubar, undurchschaubar *adj* unfathomable.

undurchsichtig *adj* **- 1.** [Geschichte, Mensch] shady **- 2.** [Glas, Strümpfe] opaque.

uneben *adj* uneven.

unecht *adj* **- 1.** [nachgemacht - Schmuck, Leder] imitation; [- Blumen] artificial; [- Fingernägel] false; [- Kunstwerk] fake **- 2.** [vorgetäuscht] false **- 3.** MATH improper.

unehelich *adj*: **~es Kind** illegitimate child; **in einer ~en Beziehung leben** to live together <> *adv* illegitimately.

unehrlich *adj* dishonest <> *adv* dishonestly.

uneigennützig *adj* unselfish <> *adv* unselfishly.

uneingeschränkt *adj* [Vertrauen, Zustimmung] total; [Handlungsspielraum] unlimited; [Macht, Herrscher] absolute <> *adv* totally.

uneinig *adj* in disagreement; **sich** *(D)* **über etw** *(A)* **~ sein** to disagree about sthg.

uneins *adj (unver) geh*: **~ sein** to be in disagreement <> *adv* without having reached an agreement.

unempfindlich *adj* **- 1.** [robust - Stoff, Material] hardwearing *Br*, longwearing *Am*; [- Gerät] sturdy; [- Pflanze] hardy **- 2.** [nicht anfällig - Person] immune; [- Haut] insensitive; **gegen etw ~ sein** [Kälte] to be insensitive to sthg; [Sticheleien, Krankheit] to be immune to sthg.

unendlich *adj* [Raum, Mühe & MATH] infinite; [Weite, Arbeit, Wiederholung] endless; [Geschichte] never-ending <> *adv* enormously.

Unendlichkeit *die* **- 1.** [von Raum, Universum] infinity; [von Weite, Wüste] endlessness **- 2.** *fam* [zeitlich] eternity.

unentbehrlich, unentbehrlich *adj* indispensable; **sich ~ machen** to make o.s. indispensable.

unentgeltlich, unentgeltlich *adj* free <> *adv* [benutzen] free of charge; [arbeiten, helfen] for nothing.

unentschieden *adj* **- 1.** [nicht entschieden - Spiel] drawn; [- Angelegenheit] undecided; **bei ~em Wahlausgang** if the election result is inconclusive **- 2.** [vor Entscheidung] undecided; [nicht entschlussfreudig] indecisive <> *adv* **- 1.** [nicht entschieden]: **~ spielen** to draw; **im Spiel steht es ~** so far the game is a draw **- 2.** [unentschlossen] undecidedly.

unentschlossen *adj* [vor Entscheidung] undecided; [nicht entschlussfreudig] indecisive <> *adv* [vor Entscheidung] undecidedly; [nicht entschlussfreudig] indecisively.

unentschuldigt *adj* unexcused <> *adv* without an excuse.

unentwegt, unentwegt *adj* constant <> *adv* constantly.

unerbittlich, unerbittlich *adj* **- 1.** [unnachgiebig] unrelenting **- 2.** [gnadenlos] relentless

<> *adv* - **1.** [unnachgiebig] unrelentingly; **~ bleiben** to remain adamant - **2.** [gnadenlos] relentlessly.

unerfahren *adj* inexperienced.

unerfreulich *adj* unpleasant.

unerheblich *adj* insignificant <> *adv* insignificantly.

unerhört *adj* - **1.** [empörend] outrageous; **(das ist ja) ~!** that's outrageous! - **2.** [Glück, Leistung] tremendous; [Preis] exorbitant <> *adv* - **1.** [ungeheuer] tremendously; **~ viel** a tremendous amount - **2.** [empörend] outrageously.

unerklärlich, unerklärlich *adj* inexplicable; **es ist mir ~** it's a mystery to me.

unerlässlich, unerlässlich *adj* essential.

unerlaubt *adj* unauthorized <> *adv* without authorization.

unerledigt *adj* [Arbeit] unfinished; [Post] unanswered <> *adv* [Post, Briefe] not dealt with.

unermesslich, unermesslich *geh adj* - **1.** [unendlich] immeasurable - **2.** [ungeheuer] immense <> *adv* immensely.

unermüdlich, unermüdlich *adj* tireless <> *adv* tirelessly.

unerschöpflich, unerschöpflich *adj* inexhaustible.

unerschrocken *adj* fearless <> *adv* fearlessly.

unerschütterlich, unerschütterlich *adj* [Überzeugung, Wille] unshakeable; [Person] unflinching <> *adv* unflinchingly.

unerschwinglich, unerschwinglich *adj* [Preis] prohibitive; [Luxusartikel] prohibitively expensive; **für jn ~ sein** to be beyond sb's means <> *adv* prohibitively.

unersetzlich, unersetzlich *adj* irreplaceable.

unerträglich *adj* unbearable <> *adv* unbearably.

unerwähnt *adj* unmentioned; **~ lassen** to fail to mention; **man sollte nicht ~ lassen, dass ...** one should also mention that ...

unerwartet *adj* unexpected <> *adv* unexpectedly.

unerwünscht *adj* [Gast] unwelcome; [Kind] unwanted; [Benehmen] undesirable <> *adv* [kommen] although one is not welcome; [sich benehmen] undesirably.

UNESCO [u'nɛsko] (*abk für* **United Nations Educational, Scientific and Cultural Organization**) *die* UNESCO.

unfähig *adj* incompetent; **~ sein, etw zu tun** to be incapable of doing sthg.

Unfähigkeit *die* incompetence; **die ~, etw zu tun** the inability to do sthg.

unfair ['unfɛːɐ̯] *adj* unfair <> *adv* unfairly.

Un|fall *der* accident; **tödlicher ~** fatal accident; **einen ~ bauen** *fam* to have an accident.

Unfall|flucht *die* RECHT failure to stop after an accident; **~ begehen** to fail to stop after an accident.

Unfall|gefahr *die* risk of an accident.

Unfall|stelle *die* scene of the/an accident.

Unfallver|sicherung *die* accident insurance.

unfehlbar, unfehlbar *adj* infallible.

unförmig *adj* shapeless; [Nase] unshapely; [Beine] huge <> *adv*: **~ angeschwollen** shapeless and swollen.

unfrei *adj* - **1.** [gehemmt] inhibited - **2.** [abhängig]: **ein ~es Volk** a subject people; **er war in seiner Entscheidung ~** he was not able to make a decision freely - **3.** [unfrankiert] unstamped <> *adv* - **1.** [gehemmt] in an inhibited manner - **2.** [abhängig]: **~ entscheiden** not to be able to decide freely.

unfreiwillig *adj* - **1.** [nicht freiwillig] compulsory - **2.** *hum* [unabsichtlich] unintentional <> *adv* - **1.** [nicht freiwillig] without wanting to - **2.** *hum* [unabsichtlich] unintentionally.

unfreundlich *adj* - **1.** [nicht freundlich] unfriendly; **zu jm ~ sein** to be unfriendly to sb - **2.** [unangenehm] unpleasant <> *adv* [nicht freundlich] coldly.

unfruchtbar *adj* - **1.** [steril, trocken] infertile - **2.** [nutzlos] fruitless.

Unfug *der* [Benehmen] mischief; [Unsinn] nonsense; **grober ~** public nuisance.

Ungar, in (*mpl* **-n;** *fpl* **-nen**) *der, die* Hungarian.

ungarisch *adj* Hungarian.

Ungarisch(e) *das* Hungarian; *siehe auch* **Englisch(e)**.

Ungarn *nt* Hungary.

ungeachtet ['ungəaxtət] *präp* *geh*: **~ einer Sache** *(G)* notwithstanding sthg.

ungeahnt, ungeahnt ['ungəaːnt, ungə'aːnt] *adj* undreamt-of; [Schwierigkeiten] unsuspected.

ungebeten *adj* uninvited <> *adv* without being invited.

ungebildet *adj* uneducated.

ungeboren *adj* unborn; **der Schutz ~en Lebens/~er Kinder** the protection of the unborn child.

ungebräuchlich *adj* uncommon.

ungedeckt *adj* uncovered; [Tisch] laid <> *adv* without cover.

Ungeduld *die* impatience.

ungeduldig *adj* impatient <> *adv* impatiently.

ungeeignet *adj* unsuitable.

ungefähr, ungefähr *adv* about; **wann kommst du denn ~ wieder?** about when will you be back?; **die Wohnung sieht ~ so aus** the flat looks something like this; **so ~** *fam* round about; **sowas kommt nicht von ~** such a thing is no accident.

ungefährlich *adj* safe.

ungehalten *adj* indignant; **über jn/etw ~ sein** to be indignant about sb/sthg <> *adv* indignantly.

ungeheizt *adj* unheated.

ungeheuer, ungeheuer *adj* tremendous <> *adv* tremendously.

Ungeheuer (*pl* -) *das* monster.

ungeheuerlich, ungeheuerlich *adj* monstrous.

ungehindert *adj* unhindered <> *adv* without hindrance.

ungehobelt *adj* **- 1.** *abw* [Mensch] uncouth **- 2.** [Holz] unplaned <> *adv* *abw* [Mensch] uncouthly.

ungehörig *adj* [Benehmen] improper; [Antwort] impertinent <> *adv* [sich benehmen] improperly; [antworten] impertinently.

ungehorsam *adj* disobedient.

Ungehorsam *der* disobedience.

ungeklärt *adj* **- 1.** [nicht entschieden - Problem, Mord] unsolved; [- Frage] unsettled **- 2.** [nicht gereinigt - Abwasser] untreated.

ungekünstelt *adj* unaffected <> *adv* unaffectedly.

ungelegen *adj* inconvenient; **das kommt mir ~** that's inconvenient for me.

ungelernt *adj* unskilled.

ungelogen *adv* *fam* honestly.

ungemein, ungemein *adj* tremendous <> *adv* tremendously.

ungemütlich *adj* **- 1.** [nicht behaglich] uncomfortable; [Mensch] unfriendly **- 2.** [unangenehm] unpleasant <> *adv* uncomfortably.

ungenau *adj* [Ausführungen, Erklärung] imprecise; [Übersetzung, Messung] inaccurate; [Vorstellung] vague <> *adv* [ausführen, erklären] imprecisely; [übersetzen, messen] inaccurately; [erkennbar] vaguely.

Un|genauigkeit *die* **- 1.** [Ungenausein - von Formulierung] imprecision; [- von Messung] inaccuracy **- 2.** [Abweichung] inaccuracy.

ungeniert, ungeniert *adj* uninhibited <> *adv* without any inhibition; [sich äußern] openly.

ungenießbar, ungenießbar *adj* **- 1.** [Essen] inedible; [Getränk] undrinkable **- 2.** *fam* [schlecht gelaunt] unbearable.

ungenügend *adj* inadequate <> *adv* inadequately.

ungepflegt *adj* untidy.

ungerade *adj* MATH odd.

ungerecht *adj* unjust <> *adv* unjustly.

Un|gerechtigkeit *die* injustice.

ungereimt *adj* **- 1.** [unklar] inconsistent **- 2.** [ohne Reim] unrhymed.

ungern *adv* reluctantly; **ich tue das nur ~** I don't like doing this.

ungerührt *adj* [Gesicht] impassive; [Person] unmoved <> *adv* impassively.

ungeschehen *adj*: **etw ~ machen** to undo sthg.

Ungeschick *das* clumsiness.

Un|geschicklichkeit *die* clumsiness; [Tat] piece of clumsiness.

ungeschickt *adj* **- 1.** [nicht geschickt] clumsy; **es wäre ~, das jetzt schon zu erwähnen** it wouldn't be wise to mention that now **- 2.** *fam Süddt* [ungelegen] inconvenient **- 3.** *fam Süddt* [unpraktisch] impractical <> *adv* [nicht geschickt] clumsily.

ungeschminkt *adj* **- 1.** [nicht geschminkt] without make-up **- 2.** [unverhüllt] unvarnished <> *adv* **- 1.** [nicht geschminkt] without make-up **- 2.** [unverhüllt] openly.

ungeschoren *adv* *fig:* **~ davonkommen** ODER **bleiben** *fig* to get away with it; **jn ~ lassen** to be spared.

ungeschützt *adj* unprotected; **~ vor etw** *(D)* ODER **gegen etw** unprotected against sthg <> *adv* without protection.

ungesetzlich *adj* illegal <> *adv* illegally.

ungespritzt *adj* unsprayed.

ungestört *adj* & *adv* undisturbed.

ungestüm *geh* *adj* impetuous <> *adv* impetuously.

ungesund *adj* unhealthy <> *adv* unhealthily.

ungeteilt *adj* undivided.

ungetrübt *adj* **- 1.** [Glück] perfect; [Zeit] blissful; [Zukunft] unclouded **- 2.** [Glas, Wasser] clear.

Ungetüm (*pl* **-e**) *das* monster.

ungeübt *adj* unpractised; **in etw** *(D)* **~ sein** to be unpractised in sthg.

ungewaschen *adj* unwashed.

ungewiss *adj* uncertain; **sich** *(D)* **über etw** *(A)* **~ sein** to be uncertain about sthg; **jn über etw** *(A)* **im Ungewissen lassen** to leave sb in the dark about sthg.

ungewöhnlich *adj* **- 1.** [unüblich] unusual **- 2.** [erstaunlich] exceptional <> *adv* **- 1.** [unüblich] unusually **- 2.** [erstaunlich] exceptionally.

ungewohnt *adj* [fremd] unfamiliar; [Tageszeit,

Großzügigkeit] unaccustomed; **etw ist für jn ~** sb is not used to sthg <> *adv* unusually.

ungewollt *adj* [Kind] unwanted; [Beleidigung] unintentional <> *adv* unintentionally.

Ungeziefer *das (ohne pl)* pests *(pl)*; **der Hund hat ~** the dog has fleas.

ungezogen *adj* naughty; [Benehmen] bad; [frech] cheeky <> *adv* [frech] cheekily; [sich benehmen] badly.

ungezwungen *adj* [Atmosphäre, Unterhaltung] informal; [Verhalten, Art] natural; [Lachen] easy <> *adv* [sich verhalten] naturally; [sich unterhalten] informally; [sich bewegen] easily.

unglaubhaft *adj* unconvincing <> *adv* unconvincingly.

ungläubig *adj* **- 1.** [nicht gläubig] unbelieving **- 2.** [zweifelnd] disbelieving <> *adv* in disbelief.

unglaublich, unglaublich *adj* **- 1.** [nicht zu glauben] unbelievable **- 2.** [ungeheuer] incredible <> *adv* incredibly.

unglaubwürdig *adj* [Mensch] untrustworthy; [Geschichte] implausible.

ungleich *adj* unequal; [Brüder] different <> *adv* **- 1.** [nicht gleich] unequally; [sich verhalten] differently **- 2.** [bei weitem] far.

ungleichmäßig *adj* **- 1.** [unregelmäßig] irregular **- 2.** [ungleich] unequal <> *adv* **- 1.** [unregelmäßig] irregularly **- 2.** [ungleich] unequally.

Un|glück *das* **- 1.** [Vorfall] accident **- 2.** [Pech] bad luck; **zu allem ~ brach er sich auch noch den Arm** on top of everything he broke his arm as well; **das bringt ~** that brings bad luck **- 3.** *RW:* **ins/in sein ~ rennen** *fam* to rush headlong into disaster.

unglücklich *adj* **- 1.** [nicht glücklich] unhappy **- 2.** [ungünstig] unfortunate **- 3.** [ungeschickt] clumsy <> *adv* **- 1.** [nicht glücklich] unhappily **- 2.** [ungeschickt] awkwardly **- 3.** [ungünstig] badly.

unglücklicherweise *adv* unfortunately.

Un|gnade *die:* **bei jm in ~ fallen/sein** *fig* to fall/be out of favour with sb.

ungültig *adj* invalid; **etw für ~ erklären** to declare sthg null and void.

Ungunsten *pl:* **zu js ~** to sb's disadvantage; *siehe auch* **zuungunsten.**

ungünstig *adj* unfavourable; [Moment] inconvenient; [Witterung] bad <> *adv* unfavourably.

ungut *adj* bad <> *adv* badly; **nichts für ~!** *fig* no offence!

unhaltbar, unhaltbar *adj* **- 1.** [Argument, Lage, These] untenable **- 2.** [Schuss] unstoppable.

unhandlich *adj* cumbersome.

Unheil *das geh* disaster; **~ stiften** *geh* to cause havoc.

unheilbar, unheilbar *adj* incurable <> *adv* incurably.

unheimlich, unheimlich *adj* **- 1.** [gruselig] eerie; **dieser Typ ist mir ~** this guy makes my flesh creep; **mir wird ~** I have an eerie feeling **- 2.** *fam* [groß] terrible; [Menge] huge <> *adv fam* [ungeheuer] dead; **~ viel Geld** loads of money; **sich ~ freuen** to be dead pleased.

unhöflich *adj* impolite <> *adv* impolitely.

unhygienisch *adj* unhygienic <> *adv* unhygienically.

Uni *(pl* **-s)** *die fam* uni.

UNICEF ['u:nitsɛf] *(abk für* **United Nations Children's Emergency Fund)** *die* UNICEF.

Uniform, Uniform *(pl* **-en)** *die* uniform.

uninteressant *adj* uninteresting <> *adv* uninterestingly.

Union *(pl* **-en)** *die* union.

Unionsparteien *pl "CDU" and "CSU".*

universal [univɛr'za:l] *adj* universal <> *adv* universally.

universell [univɛr'zɛl] *adj* universal <> *adv* universally.

Universität [univɛrzi'tɛ:t] *(pl* **-en)** *die* university.

Universitäts|bibliothek *die* university library.

Universitäts|klinik *die* university hospital.

Universitäts|stadt *die* university town.

Universum [uni'vɛrzʊm] *das* universe.

unken *vt & vi fam:* **„das geht mit Sicherheit schief", unkte sie** "it's bound to go wrong", she prophesied gloomily.

unkenntlich *adj* unrecognizable.

Unkenntlichkeit *die:* **bis zur ~** to the point of being unrecognizable.

Unkenntnis *die:* **in ~ einer Sache** *(G)* **sein** to be in ignorance of sthg; **etw in ~ einer Sache** *(G)* **tun** to do sthg out of ignorance of sthg.

unklar *adj* unclear; **jn (über etw** *(A)***) im Unklaren lassen** to leave sb in the dark (about sthg) <> *adv* **- 1.** [unverständlich] unclearly **- 2.** [vage] vaguely.

unklug *adj* unwise <> *adv* unwisely.

unkompliziert *adj* straightforward, uncomplicated <> *adv* straightforwardly.

unkontrollierbar, unkontrollierbar *adj* uncontrollable <> *adv* uncontrollably.

unkontrolliert *adj* uncontrolled.

unkonventionell ['ʊnkɔnvɛntsionɛl] *adj* unconventional <> *adv* unconventionally.

unkonzentriert *adj* lacking in concentration; **~ sein** to lack concentration <> *adv* without concentrating.

Unkosten *pl* expenses; **allgemeine** ODER **laufende ~** overheads *Br*, overhead *Am*; **sich in ~ stürzen** *fig* to go to great expense.

Unkosten|beitrag *der* contribution towards expenses.

Un|kraut *das* **- 1.** *(ohne pl)* [störende Pflanzen] weeds *(pl)* **- 2.** [Unkrautart] weed.

unkritisch *adj* uncritical <> *adv* uncritically.

unkündbar, unkündbar *adj* [Beamte, Stelle] tenured.

unlängst *adv* ***geh*** recently.

unlauter *adj* ***geh*** dishonest; **~er Wettbewerb** unfair competition.

unleserlich *adj* illegible <> *adv* illegibly.

unlogisch *adj* illogical <> *adv* illogically.

Unlust *die* ***geh*** [Lustlosigkeit] lack of enthusiasm; [Widerwille] reluctance.

unlustig *adj* [lustlos] unenthusiastic; [widerwillig] reluctant <> *adv* [lustlos] unenthusiastically; [widerwillig] reluctantly.

unmaßgeblich *adj* of no consequence <> *adv* insignificantly.

unmäßig *adj* **- 1.** [maßlos] excessive **- 2.** [ungeheuer] tremendous; **~ viel** a tremendous amount <> *adv* **- 1.** [maßlos] excessively **- 2.** [ungeheuer] tremendously.

Un|menge *die* masses *(pl)*; **eine ~ Arbeit** masses of work.

Un|mensch *der* ***abw*** monster; **ich bin kein ~** ***fam*** I'm not an ogre.

unmenschlich *adj* **- 1.** [menschenunwürdig, brutal] inhuman **- 2.** ***fam*** [unerträglich] terrible <> *adv* **- 1.** [menschenunwürdig, brutal] inhumanly **- 2.** ***fam*** [ungeheuer] terribly.

unmerklich, unmerklich *adj* imperceptible <> *adv* imperceptibly.

unmissverständlich *adj* unambiguous <> *adv* unambiguously.

unmittelbar *adj* immediate; [Verbindung] direct; **in ~er Nähe** in the immediate vicinity <> *adv* directly; **~ danach** immediately afterwards.

unmöglich, unmöglich *adj* [nicht möglich] impossible; **es ist mir ~, das zu tun** it is impossible for me to do that; **sich ~ machen** to make a fool of o.s. <> *adv* **- 1.** [nicht möglich, keinesfalls]: **das kann ~ stimmen** that can't possibly be right; **das kannst du ~ von ihm verlangen** you can't possibly ask that of him **- 2.** ***fam*** [sich benehmen] impossibly.

unmoralisch *adj* immoral <> *adv* immorally.

unmotiviert ['unmotivi:ɐ̯t] *adj* unmotivated <> *adv* without motivation.

unmündig *adj* [Kind] underage; **~ sein** to be under age, to be a minor; [Erwachsene] to be incapable of managing one's affairs.

unmusikalisch *adj* unmusical.

Unmut *der* ***geh*** displeasure.

unnachgiebig *adj* inflexible <> *adv* inflexibly.

unnachsichtig *adj* [Behandlung, Härte] unrelenting; [Mensch] merciless <> *adv* mercilessly.

unnahbar, unnahbar *adj* unapproachable.

unnatürlich *adj* unnatural <> *adv* unnaturally.

unnötig *adj* unnecessary <> *adv* unnecessarily.

unnütz *adj* useless <> *adv* [unnötig] needlessly.

UNO ['u:no] *(abk für* **United Nations Organization***)* *die* UN.

unordentlich *adj* untidy <> *adv* untidily.

Unordnung *die* mess; **etw in ~ bringen** to mess sthg up; **in ~ geraten** to get messed up.

unparteiisch *adj* impartial <> *adv* impartially.

unpassend *adj* inappropriate <> *adv* inappropriately.

unpersönlich *adj* [gen & GRAM] impersonal <> *adv* [gen & GRAM] impersonally.

unpolitisch *adj* unpolitical <> *adv* unpolitically.

unpopulär *adj* unpopular.

unpraktisch *adj* impractical <> *adv* impractically.

unproblematisch *adj* straightforward <> *adv* straightforwardly.

unproduktiv *adj* unproductive <> *adv* unproductively.

unpünktlich *adj* [Mensch] unpunctual; [Abfahrt, Zahlung] late <> *adv* late.

unqualifiziert *adj* **- 1.** [Arbeit, Arbeiter] unskilled **- 2.** ***abw*** [dumm] idiotic <> *adv* ***abw*** idiotically.

unrasiert *adj* & *adv* unshaven.

unrecht *adj* **- 1.** [Zeit, Moment] inconvenient; **ist es dir ~, wenn ich hier warte?** would it bother you if I wait here? **- 2.** ***geh*** [Tat, Gedanke] wicked; **es ist ~, so etw zu denken** it is wrong to think like that <> *adv* **- 1.** [ungelegen] inconveniently **- 2.** ***geh*** [handeln, sich benehmen] wrongly; **jm ~ tun** to wrong sb.

Unrecht *das* wrong; **~ haben, im ~ sein** to be wrong; **jn/sich ins ~ setzen** to put sb/o.s. in the wrong; **zu ~** wrongly.

unrechtmäßig *adj* illegal <> *adv* illegally.

unreflektiert *adj* unthinking <> *adv* unthinkingly.

unregelmäßig *adj* [gen & GRAM] irregular <> *adv* [gen & GRAM] irregularly.

unreif *adj* - **1.** [Obst] unripe - **2.** [Person] immature.

unrein *adj* - **1.** [Lösung, Droge] impure; [Wäsche] dirty - **2.** [Haut] blemished - **3.** REL unclean - **4.** [Text]: **etw ins Unreine schreiben** to write sthg out in rough.

Unruhe (*pl* **-n**) *die (ohne pl)* - **1.** [Treiben] commotion; **er sorgt ständig für ~** he's always causing a commotion; **~ stiften** to stir up trouble - **2.** [Ruhelosigkeit] unease; **jn in ~ versetzen** to make sb uneasy - **3.** [Aufregung] unrest, disquiet - **4.** [Bewegung]: **in ~ sein** to be moving restlessly.
◆ **Unruhen** *pl* [Aufruhr] riots.

Unruhe|herd *der* POL trouble spot.

unruhig *adj* - **1.** [nicht ruhig] restless - **2.** [ruhelos] uneasy; **~ werden** to get anxious - **3.** [gestört - Schlaf] fitful; [- Nacht] disturbed - **4.** [Zeit] troubled - **5.** [laut] noisy - **6.** [Muster, Bild] busy <> *adv* - **1.** [nicht ruhig] restlessly - **2.** [ruhelos] uneasily - **3.** [schlafen] fitfully.

uns *pron* - **1.** [Personalpronomen - Akkusativ, Dativ] us; **er sagte es ~** he told us; **das gehört ~** this is ours, this belongs to us; **mit ~** with us; **ein Freund von ~** a friend of ours - **2.** [Reflexivpronomen] ourselves; **wir konnten ~ das nicht vorstellen** we couldn't imagine that - **3.** [einander] each other, one another.

unsachgemäß *adj* improper <> *adv* improperly.

unsachlich *adj* subjective <> *adv* subjectively.

unsagbar, unsagbar *adj* indescribable <> *adv* indescribably.

unsanft *adj* rough <> *adv* roughly.

unsauber *adj* - **1.** [Geschäft] shady - **2.** [Arbeit] sloppy, shoddy - **3.** [dreckig] dirty <> *adv* - **1.** [unkorrekt] sloppily, shoddily - **2.** [dreckig]: **es geht ~ zu** it is dirty.

unschädlich *adj* harmless; **jn/etw ~ machen** to put sb/sthg out of action.

unscharf *adj* - **1.** [nicht scharf] blurred - **2.** [ungenau] vague <> *adv*: **~ sehen** to have blurred vision.

unschätzbar, unschätzbar *adj* inestimable.

unscheinbar *adj* inconspicuous.

unschlagbar, unschlagbar *adj* - **1.** [nicht zu schlagen] unbeatable - **2.** [nicht zu übertreffen] unsurpassable.

unschlüssig *adj* undecided; **(sich** *(D)***) über etw** *(A)* **~ sein** to be undecided about sthg <> *adv* indecisively.

unschön *adj* unpleasant; **das war ~ von ihm** that wasn't very nice of him.

Unschuld *die* - **1.** [gen] innocence - **2.** [Jungfräulichkeit] virginity.

unschuldig *adj* - **1.** [gen] innocent; **an etw** *(D)* **~ sein** not to be to blame for sthg - **2.** [jungfräulich]: **ein ~es Mädchen** a virgin <> *adv* - **1.** [gen] innocently - **2.** [verurteilen] wrongly.

unschwer *adv* easily.

unselbstständig *adj* dependent.

unser, e *det* our.

unsere, r, s ODER **unsers** *pron* ours <> *det* = **unser.**

unsereins *pron fam* the likes of us.

unsererseits, unsrerseits *adv* - **1.** [wir selbst] for our part - **2.** [von uns] on our part.

unseresgleichen, unsresgleichen *pron* people like us.

unseretwegen, unsertwegen *adv* - **1.** [uns zuliebe] for our sake - **2.** [wegen uns] because of us - **3.** [von uns aus] as far as we are concerned.

unseretwillen, unsertwillen ◆ **um unseretwillen** *adv* for our sake.

unseriös **abw** *adj* dubious <> *adv*: **~ arbeiten** to be engaged in dubious work.

unsertwegen = **unseretwegen.**

unsertwillen = **unseretwillen.**

unsicher *adj* - **1.** [gen] uncertain - **2.** [Stimme, Hand] unsteady; **ich bin mir ~, ob ...** I'm uncertain whether ... - **3.** [unverlässlich] unreliable - **4.** [gefährdet] insecure - **5.** [unbeständig] unsettled - **6.** [gefährlich] unsafe; **etw ~ machen** *fam* [sich vergnügen] to hit sthg <> *adv* [nicht sicher - gehen fahren] unsteadily; [- reden, auftreten] uncertainly.

Un|sicherheit *die* - **1.** [Ungewissheit] uncertainty; [Eigenschaft] insecurity - **2.** [von Handlung] lapse.

unsichtbar *adj* invisible; **sich ~ machen** to make o.s. scarce <> *adv* invisibly.

Unsinn *der* nonsense; **~ machen** to fool around.

unsinnig *adj* - **1.** [blödsinnig] idiotic - **2.** *fam* [ungeheuer] tremendous <> *adv* tremendously.

Un|sitte *die* **abw** bad habit.

unsittlich *adj* - **1.** [unmoralisch] indecent - **2.** RECHT immoral <> *adv* indecently.

unsozial *adj* antisocial <> *adv* antisocially.

unsportlich *adj* - **1.** [Person] unsporty - **2.** [Verhalten] unsporting.

unsrerseits = **unsererseits.**

unsresgleichen = **unseresgleichen.**

ụnsrige (*pl* **-n**) *pron (mit Artikel)* ***geh:*** **der/die/das ~** ours.

unstẹrblich, ụnsterblich *adj* immortal; [Liebe] undying <> *adv:* **~ verliebt** madly in love; **sich ~ blamieren** to make an absolute fool of o.s.

unstịllbar *adj* insatiable.

Ụnstimmigkeiten *pl* **- 1.** [Differenzen] differences of opinion **- 2.** [Abweichungen] discrepancies.

Ụn|summe *die* huge amount of money.

ụnsympathisch *adj* unpleasant; **er/es ist mir ~** I don't like him/it.

Ụn|tat *die* evil crime.

ụntätig *adj* idle <> *adv* idly.

ụntauglich *adj* unsuitable; **für den Wehrdienst ~** unfit for military service.

unteilbar, ụnteilbar *adj* indivisible.

ụnten *adv* **- 1.** [räumlich - im unteren Teil] at the bottom; [- tiefer gelegen] below; [- an der Unterseite] underneath; **~ am Tisch** at the bottom of the table; **links/rechts ~ im Bild** in the bottom left-hand/right-hand corner of the picture; **hier/dort ~** down here/there; **von ~** from below; **nach ~** down; [im Haus] downstairs; **mit dem Gesicht nach ~** face down; **weiter ~** further down **- 2.** [im Text] below; **siehe ~** see below **- 3.** ***fam*** [im Süden]: **~ im Süden** down south **- 4.** ***fam*** [rangniedriger]: **die da ~** those at the bottom of the pile **- 5.** ***RW:*** **die sind bei uns ~ durch** ***fam fig*** we're finished with them, we're through with them.

ụnter *präp* **- 1.** *(+ D)* [räumlich] under; [an der Unterseite von] underneath; **~ dem Tisch liegen** to lie under the table; **~ uns wohnt Herr Braun** Mr Braun lives below *ODER* beneath us **- 2.** *(+ A)* [räumlich] under; **~ den Tisch kriechen** to crawl under the table **- 3.** *(+ D)* [weniger als] under; **Kinder ~ 12 Jahren** children under the age of 12; **~ null** below zero **- 4.** *(+ A)* [weniger als] below **- 5.** *(+ D)* [zur Angabe einer Teilmenge] among; **einer ~ vielen** one of many; **~ sich sein** to be in private; **~ uns (gesagt)** between you and me; **~ anderem** among other things **- 6.** *(+ D)* [zwischen] between; **sie haben es ~ sich ausgemacht** they arranged it between themselves **- 7.** *(+ A)* [zwischen]: **sich ~ die Menge mischen** to mingle *ODER* mix with the crowd **- 8.** *(+ D)* [zur Angabe einer Hierarchie, einer Bezeichnung] under; **~ der Aufsicht/Leitung von ...** under the supervision/leadership of ...; **~ dem Namen X bekannt sein** to be known by the name of X **- 9.** *(+ D)* [zur Angabe des Umstands] under; **~ Umständen** under *ODER* in certain circumstances; **~ Druck stehen** to be under pressure; **~ Berücksichtigung von** taking into consideration; **~ der Bedingung, dass ...** on the condition that ... <> *adj* lower; **der ~ste Knopf** the bottom button.

Ụnter|arm *der* forearm.

ụnterbelichtet *adj* **- 1.** [Foto, Film] underexposed **- 2.** ***salopp*** [Mensch] dim.

ụnterbewerten *vt* to undervalue.

ụnterbewusst *adj* subconscious <> *adv* subconsciously.

Ụnterbewusstsein *das* subconscious.

unterbieten (*prät* **unterbot;** *perf* **hat unterboten**) *vt* **- 1.** [Preis, Angebot, Konkurrenz] to undercut **- 2.** SPORT to beat.

unterbịnden (*prät* **unterbạnd;** *perf* **hat unterbụnden**) *vt* to prevent.

Ụnterbodenschutz *der* AUTO underseal.

unterbrẹchen (*präs* **unterbrịcht;** *prät* **unterbrach;** *perf* **hat unterbrọchen**) *vt* **- 1.** [stören] to interrupt **- 2.** [aufhören - Arbeit, Behandlung, Urlaub] to break off; **unterbrochen sein** [Telefonverbindung, Kontakt] to be cut off.

Unter|brẹchung *die* **- 1.** [Störung] interruption **- 2.** [Aufhören - von Arbeit, Behandlung, Urlaub] breaking off; **ohne ~** without a break.

ụnter|bringen *vt (unreg)* **- 1.** [an einem Platz] to fit **- 2.** [über Nacht] to put up **- 3.** [bei Firma] to get a job for **- 4.** [in Gedächtnis] to place.

Ụnterbringung *die* [Unterkunft] accommodation.

unterderhạnd *adv* ▻ **Hand.**

unterdẹssen *adv* meanwhile.

unterdrụ̈cken *vt* **- 1.** [Volk, Minderheit] to oppress **- 2.** [Gefühl, Bemerkung, Information] to suppress.

Unterdrụ̈ckung (*pl* **-en**) *die* **- 1.** [von Volk, Minderheiten] oppression **- 2.** [von Gefühl, Bemerkung, Informationen] suppression.

untereinạnder *adv* **- 1.** [unter sich] among ourselves/yourselves/themselves **- 2.** [unter das andere] one below the other.

ụnterentwickelt *adj* underdeveloped.

ụnterernährt *adj* undernourished.

unterfọrdern *vt* to ask too little of.

Unter|führung *die* underpass, subway ***Br.***

Ụntergang (*pl* **-gänge**) *der* **- 1.** [von Volk, Kultur] decline **- 2.** [von Schiff] sinking **- 3.** [von Sonne, Mond] setting.

Untergebene (*pl* **-n**) *der, die* subordinate.

ụnter|gehen (*perf* **ist ụntergegangen**) *vi (unreg)* **- 1.** [Sonne, Mond] to set **- 2.** [Schiff, Person] to sink **- 3.** [Kultur, Volk] to decline.

ụntergeordnet *adj* **- 1.** [unterstellt & GRAM] subordinate **- 2.** [Bedeutung, Rolle] secondary.

untergliedern *vt* to subdivide.

untergraben (*präs* **untergräbt;** *prät* **untergrub;** *perf* **hat untergraben**) *vt* [schaden] to undermine.

Ụnter|grenze *die* lower limit.

Unter|grund *der* - **1.** [Boden] subsoil - **2.** [Unterwelt] underground; **in den ~ gehen** to go underground - **3.** [für Farbe, Stellfläche] surface.

Untergrund|bahn *die* underground ***Br***, subway ***Am***.

unter|haken *vt* to link arms with.
◆ **sich unterhaken** *ref:* **sich (bei jm) ~** to link arms (with sb).

unterhalb *adv:* **~ von** below ◇ *präp:* **~ einer Sache** *(G)* below sthg.

Unterhalt *der* - **1.** [Zahlung] maintenance - **2.** [von Familie, Kindern] keep - **3.** [von Gebäude, Park] upkeep.

unterhalten¹ (*präs* **unterhält;** *prät* **unterhielt;** *perf* **hat unterhalten**) *vt* - **1.** [amüsieren] to entertain - **2.** [Kosten übernehmen für - Familie] to support; [- Haus, Büro] to pay for the upkeep of - **3.** [Kontakte] to maintain - **4.** [betreiben] to run.
◆ **sich unterhalten** *ref* - **1.** [reden]: **sich (mit jm/über etw** *(A)***) ~** to talk (with sb/about sthg) - **2.** [sich amüsieren] to enjoy o.s.

unter|halten² *vt (unreg)* [darunter halten] to hold underneath.

unterhaltsam *adj* entertaining ◇ *adv* entertainingly.

Unterhaltskosten *pl* [für Wagen] running costs; [für Haus] maintenance costs.

Unter|haltung *die* - **1.** [Gespräch] conversation - **2.** [Zeitvertreib] entertainment; **gute ~!** enjoy yourselves! - **3.** [von Kontakten] maintenance - **4.** [Betreibung] running.

Unterhaltungselektronik *die* electronic goods *(for entertainment purposes)*.

Unterhaltungsmusik *die* light music.

Unter|händler, in *der, die* negotiator.

Unter|hemd *das* vest ***Br***, undershirt ***Am***.

Unter|hose *die* [für Herren] underpants *(pl)*; [für Frauen] briefs *(pl)*.

unterirdisch *adj* & *adv* underground.

unter|jubeln *vt:* **jm etw ~** ***fam*** to palm sthg off on sb.

Unter|kiefer *der* lower jaw.

unter|kommen (*perf* **ist untergekommen**) *vi (unreg)* - **1.** [über Nacht] to find accommodation - **2.** [Arbeit finden]: **bei jm ~** to get a job with sb; **so etwas ist mir noch nie untergekommen** I've never come across anything like it.

unter|kriegen *vt* ***fam*** to get down; **sich nicht ~ lassen** ***fam*** not to let things get one down.

unterkühlt *adj* - **1.** [Reaktion, Verhalten] frosty - **2.** [untertemperiert] suffering from hypothermia ◇ *adv* - **1.** [reagieren, sich verhalten] frostily - **2.** [untertemperiert] suffering from hypothermia.

Unterkunft (*pl* **-künfte**) *die* accommodation *(U)*; **eine ~ suchen** to be looking for accommodation.

Unter|lage *die* [für Gymnastik] mat; [zum Schreiben] something to rest on.
◆ **Unterlagen** *pl* [Urkunden] documents.

unterlassen (*präs* **unterlässt;** *prät* **unterließ;** *perf* **hat unterlassen**) *vt* to refrain from; **es ~, etw zu tun** to refrain from doing sthg.

unterlaufen¹ (*präs* **unterläuft;** *prät* **unterlief;** *perf* **ist unterlaufen**) *vt* [passieren]: **mir ist ein Fehler ~** I made a mistake.

unterlaufen² *adj:* **seine Augen waren mit Blut ~** his eyes were bloodshot; **blutig ~e Prellungen** severe bruising *(U)*.

unter|legen¹ *vt* [drunter legen] to put underneath.

unterlegen² *vt* - **1.** [Teppich] to underlay; [Kragen, Hosenbund] to line - **2.** [Film]: **etw mit Musik ~** to add background music to sthg.

unterlegen³ *adj* inferior; **zahlenmäßig ~** outnumbered.

Unter|leib *der* abdomen.

unterliegen (*prät* **unterlag;** *perf* **hat/ist unterlegen**) *vi* - **1.** *(hat)* [ausgesetzt sein]: **einer Sache** *(D)* **~** to be subject to sthg - **2.** *(ist)* [verlieren] to be defeated.

Unter|lippe *die* lower lip.

untermalen *vt:* **etw mit Musik ~** to provide sthg with background music.

untermauern *vt* to underpin.

Untermiete *die:* **in** ODER **zur ~ wohnen** to be a subtenant.

Unter|mieter, in *der, die* sub-tenant.

unternehmen (*präs* **unternimmt;** *prät* **unternahm;** *perf* **hat unternommen**) *vt* [Versuch, Anstrengung] to make; [Reise, Ausflug] to go on; **etwas/nichts ~** to do something/nothing; **Schritte gegen jn ~** to take action against sb.

Unternehmen (*pl* **-**) *das* - **1.** [Betrieb] business, company - **2.** [Vorhaben] undertaking.

Unternehmens|berater, in *der, die* management consultant.

Unternehmer, in (*mpl* **-;** *fpl* **-nen**) *der, die* entrepreneur.

Unternehmung (*pl* **-en**) *die* undertaking; [Ausflug] trip.

unternehmungslustig *adj* enterprising.

Unter|offizier, in *der, die* - **1.** [Mensch] non-commissioned officer - **2.** [Dienstgrad] sergeant.

unter|ordnen *vt* to subordinate; **jm/einer Sache untergeordnet sein** to be subordinate to sb/sthg.
◆ **sich unterordnen** *ref:* **sich (jm/einer Sache) ~** to subordinate o.s. (to sb/sthg).

Unterprima (*pl* **-men**) *die* SCHULE *eighth year of a "Gymnasium".*

Unterredung (*pl* **-en**) *die* discussion; **eine ~ mit jm haben** to have a discussion with sb.

Unterricht (*pl* **-e**) *der* lessons *(pl)*; **jm ~ geben** ODER **erteilen** to teach sb; **jm ~ in Englisch geben** to teach sb English; **hast du morgen ~?** do you have any classes tomorrow?; **~ in Deutsch nehmen** to have German lessons.

unterrichten *vt* **- 1.** [Unterricht geben] to teach; **sie unterrichtet Kinder im Zeichnen** she teaches children drawing **- 2.** [informieren]: **sich/jn (über etw** *(A)*) **~** to inform o.s./sb (about sthg) ◇ *vi* to teach.

Unterrichts|fach *das* subject.

Unter|rock *der* slip.

unter|rühren *vt* to mix in.

untersagen *vt* to forbid; **jm ~, etw zu tun** to forbid sb to do sthg.

Unter|satz *der* mat.

unterschätzen *vt* to underestimate.

unterscheiden (*prät* **unterschied;** *prät* **hat unterschieden**) *vt* **- 1.** [auseinander halten, bemerken] to distinguish; **jn/etw von jm/etw ~** to tell sb/sthg from sb/sthg **- 2.** [abgrenzen] to distinguish between ◇ *vi* **- 1.** [abgrenzen] to distinguish **- 2.** [differenzieren] to make a distinction.

◆ **sich unterscheiden** *ref:* **sich (durch etw** ODER **in etw** *(D)*) **~** to differ (in sthg).

Unter|scheidung *die* distinction; **eine ~ treffen** to make a distinction.

Unter|schenkel *der* lower leg.

Unter|schicht *die* lower classes *(pl)*.

unter|schieben *vt (unreg)* **- 1.** [unterjubeln]: **jm etw ~** [Dokumente, Rauschgift] to foist sthg on sb; [Motive] to impute sthg to sb **- 2.** [darunter schieben]: **(jm) etw ~** to push sthg under (sb).

Unterschied (*pl* **-e**) *der* **- 1.** [Verschiedenheit] difference; **ein feiner/großer ~** a slight/big difference; **ein ~ wie Tag und Nacht sein** to be as different as night and day **- 2.** [Unterscheidung] distinction; **im ~ zu jm/etw** unlike sb/sthg.

unterschiedlich *adj* different ◇ *adv* differently; **~ groß/schnell** of varying size/speed.

Unterschiedlichkeit (*pl* **-en**) *die* **- 1.** [Verschiedenheit] diversity **- 2.** [Ungleichheit] difference.

unterschlagen[1] (*präs* **unterschlägt;** *prät* **unterschlug;** *perf* **hat unterschlagen**) *vt* **- 1.** [sich aneignen] to misappropriate **- 2.** [verschweigen] to suppress.

unter|schlagen[2] *vt (unreg)* [Arme] to fold; [Beine] to cross.

Unterschlagung (*pl* **-en**) *die* [von Geldern] misappropriation.

Unterschlupf (*pl* **-e**) *der* [Obdach] shelter; [Versteck] hiding place; **~ suchen/finden** [Obdach] to seek/find shelter; [Versteck] to seek/find a hiding place.

unter|schlüpfen (*perf* **ist untergeschlüpft**) *vi* [Obdach finden] to shelter; [sich verstecken] to hide out.

unterschreiben (*prät* **unterschrieb;** *perf* **hat unterschrieben**) *vt* to sign ◇ *vi* to sign; **eigenhändig ~** to sign personally.

unterschreiten (*prät* **unterschritt;** *perf* **hat unterschritten**) *vt* [Maximum] to keep under; [Minimum] to fall below.

Unter|schrift *die* signature; **jm etw zur ~ vorlegen** to give sb sthg to be signed; **eigenhändige ~** personal signature.

Unterschriften|sammlung *die* petition.

unterschwellig *adj* subliminal ◇ *adv* subliminally.

Unterseeboot *das* submarine.

Unter|seite *die* underside.

Untersetzer (*pl* **-**) *der* [für Glas] coaster; [für Topf] mat.

untersetzt *adj* stocky.

Unter|stand *der* [vor Regen, Gefahr] shelter; [für Soldaten] dugout.

unterstehen (*prät* **unterstand;** *perf* **hat unterstanden**) *vi* [untergeordnet sein]: **jm/einer Sache ~** to be answerable to sb/sthg.

◆ **sich unterstehen** *ref* [es wagen]: **sich ~, etw zu tun** to dare to do sthg; **untersteh dich!** don't you dare!

unter|stellen[1] *vt* **- 1.** [zum Schutz] to store **- 2.** [unter Gegenstand] to put underneath.

◆ **sich unterstellen** *ref* [zum Schutz] to shelter.

unterstellen[2] *vt* **- 1.** [in Hierarchie]: **jm etw ~** to put sb in charge of sthg; **sie ist direkt dem Regierungspräsidenten unterstellt** she is directly answerable to the president **- 2.** [Behauptung] to assume **- 3.** [fälschlich]: **jm etw ~** to impute sthg to sb.

Unter|stellung *die* **- 1.** [in Hierarchie] subordination **- 2.** [fälschlich] imputation.

unterstreichen (*prät* **unterstrich;** *perf* **hat unterstrichen**) *vt* to underline.

Unter|stufe *die* SCHULE lower school.

unterstützen *vt* to support.

Unterstützung (*pl* **-en**) *die* support *(U)*; **bei jm ~ finden** to get support from sb.

untersuchen *vt* to examine; [polizeilich] to investigate; **etw auf etw** *(A)* **(hin) ~** to examine sthg for sthg; **etw näher ~** to examine sthg more closely.

Untersuchung (*pl* **-en**) *die* **- 1.** [Untersuchen - ärztlich] examination; [- polizeilich] investigation **- 2.** [Studie] study.

Untersuchungsaus|schuss *der* committee of inquiry.

Untersuchungshaft *die* imprisonment whilst awaiting trial; **in ~ sein** ODER **sitzen** to be on remand.

Untertan (*pl* **-en**) *der* subject.

Unter|tasse *die* saucer; **fliegende ~** *fig* flying saucer.

unter|tauchen (*perf* **hat/ist untergetaucht**) *vi (ist)* **- 1.** [tauchen] to dive; [versinken] to sink **- 2.** *fig* [in der Menge] to disappear; [Verbrecher] to go to ground <> *vt (hat)* to duck.

unterteilen *vt* to divide up; **etw in etw** *(A)* **~** to divide sthg up into sthg.

Unter|teilung *die* division *(U)*.

Unter|titel *der* subtitle; **mit ~n** with subtitles.

Unterton (*pl* **-töne**) *der* undertone.

untertreiben (*prät* **untertrieb;** *perf* **hat untertrieben**) *vi* to understate things <> *vt* to play down.

Untertreibung (*pl* **-en**) *die* understatement.

unter|vermieten *vt* to sublet.

Unter|verzeichnis *das* EDV subdirectory.

Unterwalden *nt* Unterwalden; **~ nid dem Wald** Nidwalden; **~ ob dem Wald** Obwalden.

unterwandern *vt* to infiltrate.

Unterwäsche *die* underwear.

unterwegs *adv* on the way; **~ sein** to be away.

unterweisen (*prät* **unterwies;** *perf* **hat unterwiesen**) *vt* **geh: jn in etw** *(D)* **~** to instruct sb in sthg.

Unterwelt *die* underworld.

unterwerfen (*präs* **unterwirft;** *prät* **unterwarf;** *perf* **hat unterworfen**) *vt* to subjugate. ◆ **sich unterwerfen** *ref* to submit.

unterwürfig **abw** *adj* servile <> *adv* servilely.

unterzeichnen *vt* to sign.

unter|ziehen[1] *vt (unreg)* **- 1.** [darunter anziehen] to put on underneath **- 2.** KÜCHE to fold in.

unterziehen[2] (*prät* **unterzog;** *perf* **hat unterzogen**) *vt* [aussetzen] to subject. ◆ **sich unterziehen** *ref* [über sich ergehen lassen]: **sich einer Sache** *(D)* **~** to undergo sthg.

Un|tiefe *die* **- 1.** [seichte Stelle] shallow **- 2.** [sehr große Tiefe] depth.

untragbar *adj* unacceptable.

untreu *adj* **- 1.** [treulos] unfaithful; **jm ~ werden** to be unfaithful to sb **- 2.** *geh* [illoyal] disloyal; **er ist sich selbst ~** he is untrue to himself.

Untreue *die* [zu Liebhaber] infidelity; [Illoyalität] disloyalty.

untröstlich *adj:* **über etw** *(A)* **~ sein** to be inconsolable about sthg.

untrüglich *adj* unmistakable.

unüberlegt *adj* rash <> *adv* rashly.

unübersehbar *adj* [Gebiet, Weite] vast; [Schild, Hinweis, Kratzer] obvious; [Folgen] inestimable <> *adv* [groß] extremely; [aufgestellt] conspicuously.

unübersichtlich *adj* [Gelände] broken; [Menge] vast; [Kurve] blind; [Anordnung] confusing <> *adv* [groß] extremely; [angelegt, angeordnet] unclearly.

unübertrefflich *adj* unsurpassable <> *adv* brilliantly.

unübertroffen *adj* unsurpassed <> *adv* exceptionally.

unumgänglich *adj* unavoidable.

unumwunden *adj* frank <> *adv* frankly.

ununterbrochen *adj* uninterrupted <> *adv* nonstop.

unveränderlich *adj* unchanging.

unverändert *adj* unchanged.

unverantwortlich *adj* irresponsible <> *adv* irresponsibly.

unverbesserlich *adj* incorrigible.

unverbindlich *adj* not binding <> *adv* without obligation.

unverblümt *adj* blunt <> *adv* bluntly.

unverdaulich *adj* indigestible.

unverdient *adj* undeserved <> *adv* undeservedly.

unverdorben *adj* unspoilt.

unverdrossen *adj* untiring <> *adv* untiringly.

unvereinbar *adj* incompatible; **mit etw ~ sein** to be incompatible with sthg.

unverfälscht *adj* [Wein, Geschmack] unadulterated; [Brauch] genuine; [Schönheit] pure <> *adv* purely.

unverfänglich *adj* harmless <> *adv* harmlessly.

unverfroren *adj* impudent <> *adv* impudently.

unvergesslich *adj* unforgettable; **etw ist/bleibt jm ~** sb will never forget sthg.

unvergleichlich *adj* incomparable <> *adv* incomparably.

unverhältnismäßig *adv* disproportionately.

unverheiratet *adj* unmarried.

unverhofft *adj* unexpected <> *adv* unexpectedly.

unverhohlen *adj* undisguised <> *adv* openly.

unverkäuflich *adj* not for sale; [schadhafte Ware] unsaleable.

unverkennbar *adj* unmistakable <> *adv* unmistakably.

unvermeidlich *adj* unavoidable.

unvermindert *adj* undiminished <> *adv:* **~ stark** as strong as ever.

unvermittelt *adj* sudden <> *adv* suddenly.

unvermutet *adj* unexpected <> *adv* unexpectedly.

Unvernunft *die* stupidity.

unvernünftig *adj* stupid <> *adv* stupidly.

unverrichtet *adj:* **~er Dinge** without having achieved anything.

unverschämt *adj* - **1.** [Mensch, Äußerung, Benehmen] impertinent; [Lüge] barefaced - **2.** [enorm - Glück] incredible; [- Preis] outrageous <> *adv* - **1.** [taktlos] impertinently - **2.** [sehr] incredibly.

Unverschämtheit (*pl* **-en**) *die* impertinence *(U);* **so eine ~!** what a cheek!

unverschuldet *adj* & *adv* through no fault of one's own.

unversehens *adv* all of a sudden.

unversehrt *adj* [Person] unscathed; [Sache] intact; **~ sein/bleiben** [Person] to be/remain unscathed; [Sache] to be/remain intact <> *adv* unscathed.

unversöhnlich *adj* irreconcilable <> *adv* irreconcilably.

Unverstand *der* lack of understanding.

unverstanden *adj* misunderstood.

unverständlich *adj* - **1.** [nicht deutlich] unintelligible - **2.** [unbegreiflich]: **es ist mir ~, wie ...** I don't understand how ...

Unverständnis *das* lack of understanding.

unversucht *adj:* **nichts ~ lassen** to try everything.

unverträglich *adj* - **1.** [Essen, Mahlzeit] indigestible; [Medikament] that cannot be tolerated - **2.** [unversöhnlich - Mensch, Verhalten] cantankerous; [- Meinungen, Gegensätze] incompatible.

unverwechselbar [ʊnfɛɐ̯'vɛks|baːɐ̯] *adj* unmistakable.

unverwüstlich *adj* [Material] durable; [Mensch, Natur] resilient; [Gesundheit] robust; [Humor] irrepressible.

unverzagt *adj* & *adv* undaunted.

unverzeihlich *adj* inexcusable.

unverzichtbar *adj* essential.

unverzüglich *adj* immediate <> *adv* immediately.

unvollendet *adj* unfinished.

unvollkommen *adj* [mit Fehlern] imperfect; [unvollständig] incomplete <> *adv* [mit Fehlern] imperfectly; [unvollständig] incompletely.

unvollständig *adj* incomplete <> *adv* incompletely.

unvorbereitet *adj* unprepared; [Rede] improvised.

unvoreingenommen *adj* impartial <> *adv* impartially.

unvorhergesehen *adj* [Ereignis, Problem] unforeseen; [Besuch] unexpected <> *adv* unexpectedly.

unvorhersehbar *adj* unforeseeable.

unvorsichtig *adj* careless <> *adv* carelessly.

unvorstellbar *adj* unimaginable <> *adv* incredibly.

unvorteilhaft *adj* unflattering.

unwahr *adj* untrue.

Un|wahrheit *die* - **1.** [Unwahrsein] untruthfulness - **2.** [Lüge] untruth.

unwahrscheinlich *adj* - **1.** [nicht wahrscheinlich] unlikely - **2.** ***fam*** [enorm] incredible <> *adv* ***fam*** [sehr] incredibly.

unwegsam *adj* impassable.

unweigerlich *adj* inevitable <> *adv* inevitably.

unweit *präp:* **~ einer Sache** *(G)* not far from sthg <> *adv:* **~ von etw** not far from sthg.

Unwesen *das:* **sein ~ treiben** to be up to no good.

unwesentlich *adj* insignificant <> *adv* slightly.

Un|wetter *das* storm.

unwichtig *adj* unimportant.

unwiderruflich *adj* irrevocable <> *adv* irrevocably.

unwiderstehlich, unwiderstehlich *adj* irresistible <> *adv* irresistibly.

unwillig *adj* [widerwillig] reluctant; [verärgert] angry <> *adv* [widerwillig] reluctantly; [verärgert] angrily.

unwillkommen *adj* unwelcome; **jm ~ sein** to be unwelcome to sb <> *adv* unwelcomely.

unwillkürlich *adj* involuntary <> *adv* involuntarily.

unwirklich *adj* unreal.

unwirksam *adj* ineffective.

unwirsch *adj* surly <> *adv* in a surly way.

unwirtschaftlich *adj* uneconomic <> *adv* uneconomically.

Unwissenheit *die* ignorance.

unwohl *adj:* **jm ist ~** [krank] sb feels unwell; [unbehaglich] sb feels uneasy; **sich ~ fühlen** [krank] to feel unwell; [unbehaglich] to feel uneasy.

Unwohlsein *das* indisposition.

unwürdig *adj* undignified; **einer Sache** *(G)* **~ sein** to be unworthy of sthg <> *adv* in an undignified manner.

Unzahl *die:* **eine ~ von etw** a huge quantity of sthg.

unzählig, unzählig *adj* innumerable <> *adv:* **~ viele** a huge number (of).

Unze (*pl* **-n**) *die* ounce.

Unzeit ◆ **zur Unzeit** *adv* at the wrong moment.

unzeitgemäß *adj* [Kleidung, Einstellung] outmoded <> *adv* in an outmoded way.

unzerbrechlich, unzerbrechlich *adj* unbreakable.

unzertrennlich, unzertrennlich *adj* inseparable.

unzüchtig *adj* indecent <> *adv* indecently.

unzufrieden *adj* dissatisfied; **mit etw ~ sein** to be dissatisfied with sthg.

Unzufriedenheit *die* dissatisfaction.

unzugänglich *adj* [Person] unapproachable; [Gegend] inaccessible.

unzulänglich **geh** *adj* inadequate <> *adv* inadequately.

unzulässig *adj* inadmissible <> *adv* inadmissibly.

unzumutbar *adj* unacceptable <> *adv* unacceptably.

unzurechnungsfähig *adj* not responsible for one's actions; **jn für ~ erklären** to certify sb insane.

Unzurechnungsfähigkeit *die* unsoundness of mind.

unzureichend *adj* insufficient <> *adv* insufficiently.

unzustellbar *adj* undeliverable.

unzutreffend *adj* incorrect.

unzuverlässig *adj* unreliable.

unzweideutig *adj* unambiguous <> *adv* unambiguously.

üppig *adj* [Busen] full; [Frau] voluptuous; [Essen] lavish; [Haar] thick; [Vegetation] lush <> *adv* [bewachsen] thickly; [speisen, leben] lavishly; **~ geformt** voluptuous.

Urab|stimmung *die* strike ballot.

Ural *der:* **der ~** the Urals *(pl)*.

Uran *das* CHEM uranium.

Urauf|führung *die* premiere.

urbar *adj:* **~ machen** [Sumpf] to reclaim; [Stück Land] to cultivate.

Ur|bevölkerung *die* original inhabitants *(pl)*.

Ur|bild *das* [Kunstwerke] original; [Inbegriffe] epitome.

ureigen ['u:ɐ̯laign] *adj* own personal.

Ur|einwohner, in *der, die* original inhabitant.

Ur|enkel, in *der, die* great-grandson (*f* great-granddaughter).

Urgroßeltern *pl* great-grandparents.

Urgroß|mutter *die* great-grandmother.

Urgroß|vater *der* great-grandfather.

Urheber, in (*mpl* **-**; *fpl* **-nen**) *der, die* [von Kunstwerk] creator; [von Verbrechen] perpetrator.

Urheber|recht *das* copyright.

Uri *nt* Uri.

Urin (*pl* **-e**) *der* urine *(U)*.

urinieren *vi* **geh** to urinate.

urkomisch *adj* hilarious.

Urkunde (*pl* **-n**) *die* certificate.

Urkundenfälschung *die* forging of documents.

Urlaub (*pl* **-e**) *der* holiday ***Br***, vacation ***Am***; **~ machen/haben** to have a holiday ***Br*** ODER vacation ***Am***; **im** ODER **in ~ sein** to be on holiday ***Br*** ODER vacation ***Am***.

Urlauber, in (*mpl* **-**; *fpl* **-nen**) *der, die* holidaymaker ***Br***, vacationer ***Am***.

Urlaubsan|schrift *die* holiday ***Br*** ODER vacation ***Am*** address.

Urlaubs|ort *der* holiday ***Br*** ODER vacation ***Am*** resort.

Urlaubs|vertretung *die* holiday replacement.

Urlaubs|zeit *die* holiday ***Br*** ODER vacation ***Am*** season.

Urne (*pl* **-n**) *die* **- 1.** [Graburne] urn **- 2.** [Wahlurne] ballot box.

Urologe (*pl* **-n**) *der* MED urologist.

Urologin (*pl* **-nen**) *die* MED urologist.

urplötzlich *adj* very sudden <> *adv* all of a sudden.

Ur|sache *die* cause; **die ~ für etw** the cause of sthg.

◆ **keine Ursache** *interj* don't mention it!

ursächlich *adj* causal.

Ur|sprung *der* origin.

ursprünglich *adj* **- 1.** [anfänglich] original **- 2.** [naturhaft] natural <> *adv* [zunächst] originally.

Ur|teil *das* **- 1.** RECHT verdict; **das ~ lautet auf ...** RECHT the sentence is ... **- 2.** [Bewertung] opinion; **sich** *(D)* **ein ~ bilden** to form an opinion.

urteilen *vi* to judge; **über jn/etw ~** to judge sb/sthg.

Urteilskraft *die* judgement.

Urteils|spruch *der* verdict.

Uruguay *nt* Uruguay.

Ur|wald *der* primeval forest; [tropisch] jungle.

urwüchsig ['uːɐ̯vyːksɪç] *adj* [Garten, Gelände] natural; [Sprache, Humor] earthy; [Stärke] elemental.

Urzu|stand *der* original state.

USA [uːˈɛsaː] (*abk für* **United States of America**) *die* USA.

Usbekistan *nt* Uzbekistan.

User ['juːzɐ] (*pl* -) *der* EDV user.

Usus *der*: **das ist bei jm so ~ *fam*** it's the custom with sb.

usw. (*abk für* **und so weiter**) etc.

Utensilien [utɛnˈziːli̯ən] *pl* equipment *(U)*.

Uterus *der* MED uterus.

Utopie [utoˈpiː] (*pl* **-n**) *die* utopia.

utopisch *adj* utopian.

u. U. (*abk für* **unter Umständen**) *possibly*.

UV (*abk für* **ultraviolett**) *adj* UV.

u. v. a. (*abk für* **und viele(s) andere**) *and many others*.

u. v. a. m. (*abk für* **und viele andere mehr**) *and many others too*.

u. zw. (*abk für* **und zwar**) *to be precise*.

V

v, V [fau̯] (*pl* - ODER **-s**) *das* v, V.

◆ **V** (*abk für* **Volt**) V.

v. *abk für* **von.**

V. (*abk für* **Vers**) v.

v. a. (*abk für* **vor allem**) *above all*.

vage ['vaːgə], **vag** [vaːk] (*kompar* **vager;** *superl* **vagste**) *adj* vague <> *adv* vaguely.

Vagina [vaˈgiːna] (*pl* **-nen**) *die* MED vagina.

Vakuum ['vaːkuʊm] (*pl* **-kuen**) *das* vacuum.

vakuumverpackt ['vaːkuʊmfɛɐ̯pakt] *adj* vacuum-packed.

Vamp [vɛmp] (*pl* **-s**) *der* vamp.

Vampir ['vampiːɐ̯] (*pl* **-e**) *der* vampire.

Vandalismus [vandaˈlɪsmʊs] *der* vandalism.

Vanille [vaˈnɪljə, vaˈnɪlə] *die* vanilla.

Vanille|eis *das* vanilla ice cream.

Vanille|pudding *der* vanilla-flavoured blancmange.

Vanille|zucker *der* vanilla sugar.

variabel [vaˈri̯aːbl̩] (*kompar* **variabler;** *superl* **variabelste**) *adj* variable <> *adv* variably.

Variable [vaˈri̯aːblə] (*pl* **-n**) *die* MATH & PHYS variable.

Variante [vaˈri̯antə] (*pl* **-n**) *die* ***geh*** variant; **eine ~ zu etw** a variant of sthg.

Variation [variaˈtsi̯oːn] (*pl* **-en**) *die* variation.

Varietee, Variété [vari̯eˈteː] (*pl* **-s**) *das* variety show.

variieren [variˈiːrən] *vt* & *vi* to vary.

Vase ['vaːzə] (*pl* **-n**) *die* vase.

Vaseline [vazeˈliːnə] *die* Vaseline®.

Vater (*pl* **Väter**) *der* father; **~ Staat *hum*** the State.

Vater|land *das* homeland.

väterlich *adj* **- 1.** [des Vaters] paternal **- 2.** [wohlwollend] fatherly <> *adv* [wohlwollend] in a fatherly way.

väterlicherseits *adv* on one's father's side; **Großeltern/Onkel/Verwandte ~** grandparents/uncle/relations on one's father's side.

Vater|tag *der* Father's Day.

Vaterunser (*pl* -) *das* REL: **das ~** the Lord's Prayer; **das ~ beten** to say the Lord's Prayer.

Vati (*pl* **-s**) *der* ***fam*** dad.

Vatikan [vatiˈkaːn] *der*: **der ~** the Vatican.

V-Aus|schnitt *der* V-neck.

VB *abk für* **Verhandlungsbasis.**

v. Chr. (*abk für* **vor Christus**) BC.

VDI [fau̯deːˈiː] (*abk für* **Verband der deutschen Industrie**) *der Association of German Industry*.

Veganer (*pl* -) *der* vegan.

Vegetarier, in [vegeˈtaːri̯ɐ, rɪn] (*mpl* **-;** *fpl* **-nen**) *der, die* vegetarian.

vegetarisch [vegeˈtaːrɪʃ] *adj* vegetarian <> *adv*: **~ leben/essen** to be a vegetarian.

Vegetation [vegetaˈtsi̯oːn] (*pl* **-en**) *die* vegetation *(U)*.

vegetieren [vegeˈtiːrən] *vi* ***abw*** to live from hand to mouth.

vehement [veheˈmɛnt] ***geh*** *adj* vehement <> *adv* vehemently.

Veilchen ['fai̯lçən] (*pl* -) *das* **- 1.** [Blume] violet **- 2. *fam fig*** [blaues Auge] black eye.

Velours [və'lu:ɐ̯] (*pl* -) *der* velour.

Vene ['ve:nə] (*pl* **-n**) *die* MED vein.

Venedig [ve'ne:dɪç] *nt* Venice.

Venezuela *nt* Venezuela.

Ventil [vɛn'ti:l] (*pl* **-e**) *das* valve.

Ventilation [vɛntila'tsi̯o:n] (*pl* **-en**) *die* ventilation *(U)*.

Ventilator [vɛnti'la:tɔr] (*pl* **-toren**) *der* fan.

verabreden *vt* to arrange; **etw mit jm ~** to arrange sthg with sb.
◆ **sich verabreden** *ref* to arrange to meet; **sich mit jm ~** to arrange to meet sb.

Verabredung (*pl* **-en**) *die* **- 1.** [Treffen - geschäftlich] appointment; [- mit Freund] date **- 2.** [Übereinkommen] arrangement; **eine ~ treffen** to come to an arrangement.

verabreichen *vt* to administer; **jm etw ~** *amt* to administer sthg to sb.

verabscheuen *vt* to detest.

verabschieden *vt* **- 1.** [zum Abschied] to say goodbye to **- 2.** [Gesetz] to pass.
◆ **sich verabschieden** *ref* [Auf Wiedersehen sagen] to say goodbye; **sich von jm ~** to say goodbye to sb.

Verabschiedung (*pl* **-en**) *die* **- 1.** [zum Abschied] farewell **- 2.** [von Gesetz] passing *(U)*.

verachten *vt* to despise; **das ist nicht zu ~** that's not to be sneezed at.

verächtlich *adj* **- 1.** [missbilligend] contemptuous **- 2.** [verachtenswert] despicable; **jn/etw ~ machen** to run sb/sthg down ◇ *adv* **- 1.** [missbilligend] contemptuously **- 2.** [verachtenswert] despicably.

Verachtung *die* contempt.

verallgemeinern *vt* & *vi* to generalize.

Verallgemeinerung (*pl* **-en**) *die* generalization.

veraltet *adj* obsolete.

Veranda [ve'randa] (*pl* **-den**) *die* veranda.

veränderlich *adj* [Wetter, Stimmung] changeable; [Größe] variable.

verändern *vt* to change.
◆ **sich verändern** *ref* **- 1.** [anders werden] to change **- 2.** [eine andere Stelle annehmen] to change one's job.

Ver|änderung *die* change.

verängstigt *adj* frightened.

verankern *vt* [anbringen] to fix; [Schiff] to anchor; **fest verankert sein** *fig* to be firmly established.

Verankerung (*pl* **-en**) *die* **- 1.** [das Anbringen] fixing *(U)*; [Befestigung] fixture; [von Schiff] anchoring *(U)* **- 2.** [von Rechten] establishment *(U)*.

veranlagt *adj*: **melancholisch ~ sein** to have a melancholic disposition; **homosexuell ~ sein** to have homosexual tendencies *(pl)*.

Veranlagung (*pl* **-en**) *die* disposition; [künstlerisch] bent; **homosexuelle ~** homosexual tendencies *(pl)*.

veranlassen *vt*: **jn ~, etw zu tun, jn zu etw ~** to make sb do sthg; **etw ~** to arrange for sthg.

Veranlassung (*pl* **-en**) *die* **- 1.** [Veranlassen] instigation; **auf js ~ (hin)** at sb's instigation **- 2.** [Anlass] reason; **keine ~ haben, etw zu tun** to have no reason to do sthg.

veranschaulichen *vt* to illustrate.

veranschlagen *vt* to estimate; **etw zu hoch/niedrig ~** to overestimate/underestimate sthg.

veranstalten *vt* **- 1.** [organisieren] to organize **- 2.** *fam* [machen] to make.

Veranstalter, in (*mpl* **-**; *fpl* **-nen**) *der, die* organizer.

Veranstaltung (*pl* **-en**) *die* **- 1.** [Ereignis] event **- 2.** [Organisation] organization.

Veranstaltungs|kalender *der* calendar of events.

verantworten *vt* to take responsibility for.
◆ **sich verantworten** *ref*: **sich vor jm/etw ~** to answer to sb/sthg; **sich für** ODER **wegen etw ~** to answer for sthg.

verantwortlich *adj* responsible; **für jn/etw ~ sein** to be responsible for sb/sthg; **jn für etw ~ machen** to hold sb responsible for sthg.

Verantwortung (*pl* **-en**) *die* responsibility; **jn zur ~ ziehen** to call sb to account; **auf eigene ~** on one's own responsibility.

verantwortungslos *adj* irresponsible ◇ *adv* irresponsibly.

verantwortungsvoll *adj* responsible ◇ *adv* responsibly.

verarbeiten *vt* **- 1.** [Material] to process; **etw zu etw ~** to make sthg into sthg **- 2.** [Eindruck, Erlebnis] to digest; [Misserfolg] to come to terms with.

Verarbeitung (*pl* **-en**) *die* **- 1.** [von Rohstoffen] processing *(U)* **- 2.** [Qualität] quality **- 3.** [psychisch] coming to terms with the past.

verärgern *vt* to annoy.

Verärgerung (*pl* **-en**) *die* annoyance *(U)*.

verarmt *adj* impoverished.

verarschen *vt* *salopp* to take the piss out of.

verarzten *vt* to treat.

verästelt *adj* [Baum] branchy; [Fluss] with many tributaries.

verausgaben *vt* *amt* to spend.
◆ **sich verausgaben** *ref* to overexert o.s.

veräußern *vt* to dispose of.

Verb [vɛrp] (*pl* **-en**) *das* GRAM verb; **ein starkes/schwaches ~** a strong/weak verb.

verbal [vɛr'baːl] *adj* verbal ◇ *adv* verbally.

Verband (*pl* **-bände**) *der* **- 1.** [für Wunden] bandage; **einen ~ anlegen** to apply a bandage **- 2.** [Organisation] association **- 3.** [Gruppe] unit.

Verband|kasten, Verbands|kasten *der* first-aid box.

Verbandzeug, Verbandszeug *das* first-aid kit.

verbannen *vt* to exile.

Verbannung (*pl* **-en**) *die* exile *(U)*.

verbarrikadieren *vt* to barricade.
◆ **sich verbarrikadieren** *ref* to barricade o.s. in.

verbauen *vt* **- 1.** *abw* [schlecht bauen] to botch **- 2.** [Aussicht] to block **- 3.** *fig* [Zukunft] to spoil **- 4.** [verbrauchen] to use up in building.

verbeißen (*prät* **verbiss;** *perf* **hat verbissen**) ◆ **sich verbeißen** *ref*: **sich in etw** *(A)* **~** [sich festbeißen] to sink its teeth into sthg; *fig* [sich auf etw konzentrieren] to get one's teeth into sthg.

verbergen (*präs* **verbirgt;** *prät* **verbarg;** *perf* **hat verborgen**) *vt* to hide; **etw vor jm ~** to hide sthg from sb; **nichts zu ~ haben** to have nothing to hide.
◆ **sich verbergen** *ref* to hide.

verbessern *vt* **- 1.** [Leistung] to improve **- 2.** [Fehler] to correct.
◆ **sich verbessern** *ref* **- 1.** [besser werden] to improve **- 2.** [sich korrigieren] to correct o.s. **- 3.** [sozial, finanziell] to better o.s.

Ver|besserung *die* **- 1.** [gen] improvement **- 2.** [Korrigieren, Text] correction **- 3.** [Aufstieg] betterment.

Verbesserungsvor|schlag *der* suggestion for improvement.

verbeugen ◆ **sich verbeugen** *ref* to bow; **sich vor jm ~** to bow to sb.

Verbeugung (*pl* **-en**) *die* bow.

verbiegen (*prät* **verbog;** *perf* **hat verbogen**) *vt* to bend.
◆ **sich verbiegen** *ref* to bend.

verbieten (*prät* **verbot;** *perf* **hat verboten**) *vt* [Handlung] to forbid; [Partei] to ban; **jm ~, etw zu tun** to forbid sb to do sthg.
◆ **sich verbieten** *ref* to be out of the question.

verbilligt *adj* reduced ◇ *adv* at a reduced price.

verbinden (*prät* **verband;** *perf* **hat verbunden**) *vt* **- 1.** [Wunde] to bandage **- 2.** [Werkstücke, Material] to join **- 3.** [Orte, Punkte] to connect **- 4.** [am Telefon] to put through; **jn mit jm ~** to put sb through to sb **- 5.** [zubinden]: **jm die Augen ~** to blindfold sb **- 6.** [kombinieren]: **etw mit etw ~** to combine sthg with sthg **- 7.** [Freunde, Bekannte] to unite **- 8.** [Gedanken] to associate ◇ *vi* **- 1.** [am Telefon]: **ich verbinde** I'll put you through; **falsch verbunden!** wrong number! **- 2.** [danken]: **jm sehr verbunden sein** *geh* to be much obliged to sb.
◆ **sich verbinden** *ref* **- 1.** [Stoffe, Materialien] to combine **- 2.** [zusammentreffen] to be combined **- 3.** [Vorstellungen, Assoziationen]: **sich mit jm/etw ~** to be associated with sb/sthg.

verbindlich *adj* **- 1.** [Person] friendly **- 2.** [Zusage] binding; **etw ist für jn ~** sthg is binding on sb ◇ *adv* **- 1.** [lächeln] in a friendly manner **- 2.** [verpflichtend]: **er hat ~ zugesagt** he has firmly accepted.

Ver|bindung *die* **- 1.** [Aneinanderfügen] joining *(U)* **- 2.** [Kombination & CHEM] combination; **eine chemische ~** a chemical compound **- 3.** [zwischen Orten, Punkten] link **- 4.** [Zusammenhang, am Telefon, Verkehrsverbindung] connection; **keine ~ bekommen** to be unable to get through **- 5.** [mit Erinnerung] association **- 6.** [zu Freund, Bekannten] contact; **sich mit jm in ~ setzen** to contact sb; **in ~ bleiben** to stay in touch **- 7.** [Gruppe]: **eine studentische/schlagende ~** a student/duelling fraternity.

verbissen *pp* ▻ **verbeißen** ◇ *adj* [Kampf, Person] dogged; [Miene] grim ◇ *adv* [arbeiten, kämpfen] doggedly; [betrachten] grimly.

verbitten (*prät* **verbat;** *perf* **hat verbeten**) *vt*: **sich** *(D)* **etw ~** to refuse to put up with sthg.

verbittert *adj* bitter ◇ *adv* with bitterness.

Verbitterung *die* bitterness.

verblassen (*präs* **verblasst;** *prät* **verblasste;** *perf* **ist verblasst**) *vi* to fade.

verbleiben (*prät* **verblieb;** *perf* **ist verblieben**) *vi* **- 1.** [übereinkommen]: **wie seid ihr gestern verblieben?** what did you arrange yesterday?; **wir sind damit so verblieben, dass ...** we left it that ... **- 2.** [bleiben, übrig bleiben] to remain.

verbleit *adj*: **~es Benzin** leaded petrol; **~es Super** super leaded.

verblendet *adj* deluded.

verblichen *adj* **- 1.** [blass] faded **- 2.** *geh* [verstorben] departed.

verblöden (*perf* **hat/ist verblödet**) *vi (ist)* & *vt (hat)* to turn into a moron.

verblüffen *vt* to amaze; **verblüfft sein** to be taken aback ◇ *vi* to be amazing.

verblüffend *adj* amazing ◇ *adv* amazingly.

verblüht *adj* **- 1.** [Pflanze] faded **- 2.** [Person] past one's prime.

verbluten (*perf* **ist verblutet**) *vi* to bleed to death.

verbohrt *adj* stubborn ◇ *adv* stubbornly.

verborgen *pp* ▻ **verbergen** ◇ *adj* hidden.

Verborgene *das (ohne pl)* ◆ **im Verborgenen** *adv* in obscurity.

Verbot (*pl* **-e**) *das* ban.

verboten *pp* ▷ **verbieten** ◇ *adj* - **1.** [nicht erlaubt] banned; **~ sein** to be forbidden; '**streng ~!**' 'strictly prohibited!' - **2.** *fam* [schrecklich] horrendous; **~ aussehen** *fam* to look a real sight.

Verbotsschild (*pl* **-er**) *das sign indicating a restriction, e.g. "no parking", "no entry", etc.*

Verbrauch *der* consumption; **der ~ von** *ODER* **an etw** *(D)* the consumption of sthg; **sparsam im ~** economical.

verbrauchen *vt* to consume.

Verbraucher, in (*mpl* **-**; *fpl* **-nen**) *der, die* consumer.

Verbraucherschutz *der* consumer protection.

Verbrauchsgüter [fɛɐ̯'brauxsgy:tɐl] *pl* consumer goods.

verbrechen (*präs* **verbricht;** *prät* **verbrach;** *perf* **hat verbrochen**) *vt fam:* **wer hat denn das verbrochen?** who's responsible for this?; **was hat er jetzt schon wieder verbrochen?** what's he been up to now?

Verbrechen (*pl* **-**) *das* crime; **ein ~ begehen** to commit a crime; **ein ~ gegen etw** a crime against sthg.

Verbrechensbekämpfung *die* fight against crime.

Verbrecher, in (*mpl* **-**; *fpl* **-nen**) *der, die* criminal.

verbrecherisch *adj* criminal.

verbreiten *vt* to spread.
◆ **sich verbreiten** *ref* - **1.** [sich ausbreiten] to spread; **weit verbreitet** widespread - **2.** *abw* [sich auslassen]: **sich über etw** *(A)* **~** to hold forth about sthg.

verbreitern *vt* to widen.
◆ **sich verbreitern** *ref* to widen.

Verbreitung *die* spreading.

verbrennen (*prät* **verbrannte;** *perf* **hat/ist verbrannt**) *vt (hat)* - **1.** [durch Feuer] to burn - **2.** [Kalorien] to convert ◇ *vi (ist)* - **1.** [durch Feuer] to burn - **2.** [Kalorien] to be converted.
◆ **sich verbrennen** *ref* to burn o.s.

Verbrennung (*pl* **-en**) *die* - **1.** [Verbrennen - von Holz, Kraftstoff] burning; [- von Kohlenhydraten] conversion - **2.** [Wunde] burn; **eine ~ ersten/zweiten/dritten Grades** a first/second/third-degree burn.

Verbrennungs|motor *der* internal-combustion engine.

verbringen (*prät* **verbrachte;** *perf* **hat verbracht**) *vt* - **1.** [Zeit] to spend - **2.** *amt* [bringen] to take.

verbrüdern ◆ **sich verbrüdern** *ref:* **sich mit jm ~** to avow eternal brotherhood with sb; [mit Feind] to fraternize with sb.

verbrühen *vt* to scald.
◆ **sich verbrühen** *ref* to scald o.s.

verbuchen *vt* to enter; **einen Sieg für sich ~ können** to notch up a success; **der Betrag wurde auf ihren Konto verbucht** the sum was credited to her account.

Verbund (*pl* **-e**) *der* WIRTSCH association.

verbünden ◆ **sich verbünden** *ref* to form an alliance; **sich mit jm ~** to form an alliance with sb.

Verbündete (*pl* **-n**) *der, die* ally.

verbürgen *vt* to guarantee.
◆ **sich verbürgen** *ref:* **sich für jn/etw ~** to vouch for sb/sthg.

verbüßen *vt* to serve.

verchromt *adj* chromium-plated.

Verdacht (*pl* **-e**) *der* suspicion; **im ~ stehen** to be under suspicion; **jn im** *ODER* **in ~ haben** to suspect sb; **~ schöpfen** to become suspicious.

verdächtig *adj* suspicious; **sich ~ machen** to arouse suspicion ◇ *adv* suspiciously.

verdächtigen *vt* to suspect; **jn einer Sache** *(G)* **~** to suspect sb of sthg.

verdammt *fam adj* & *adv* [übel] damned ◇ *interj* damn!

verdampfen (*perf* **ist verdampft**) *vi* to vaporize.

verdanken *vt:* **jm etw ~** to owe sthg to sb.

verdarb *prät* ▷ **verderben.**

verdauen *vt* to digest.

verdaulich *adj:* **leicht/schwer ~** easy/hard to digest.

Verdauung *die* digestion.

Verdeck (*pl* **-e**) *das* [von Autos] hood.

verdecken *vt* [zudecken] to cover; [verbergen] to conceal; **jm die Sicht ~** to block sb's view.

verdenken (*prät* **verdachte;** *perf* **hat verdacht**) *vt:* **jm etw nicht ~ können** not to be able to hold sthg against sb.

verderben (*präs* **verdirbt;** *prät* **verdarb;** *perf* **hat/ist verdorben**) *vi (ist)* to go off ◇ *vt (hat)* to spoil; [völlig] to ruin; **jm die Laune ~** to put sb in a bad mood; **es sich** *(D)* **mit niemandem/nicht ~ wollen** *fig* not to want to fall out with anyone.

verderblich *adj* perishable.

verdeutlichen *vt:* **jm etw ~** to explain sthg to sb.

verdichten ◆ **sich verdichten** *ref* to thicken.

verdienen *vt* - **1.** [Gehalt, Gewinn] to earn

- 2. [Lob, Strafe] to deserve ◇ *vi* to earn; **gut/schlecht ~** to be well/poorly paid.

Verldienst *der* [Entgelt] earnings *(pl)* ◇ *das* [Leistung] achievement.

Verdienstauslfall *der* loss of earnings.

verdient *adj* outstanding; **sich um etw ~ machen** to render great service to sthg ◇ *adv* deservedly.

verdirbt *präs* ▻ **verderben.**

verdonnern *vt:* **jn zu etw ~** ***fam*** to sentence sb to sthg; [zu Geldstrafe] to make sb pay sthg.

verdoppeln *vt* [Gewinn, Einsatz] to double; [Anstrengungen] to redouble.
◆ **sich verdoppeln** *ref* to double.

Verdoppelung, Verdopplung (*pl* **-en**) *die* [von Gewinn, Einsatz] doubling *(U)*; [von Anstrengungen] redoubling *(U)*.

verdorben *pp* ▻ **verderben.**

verdrängen *vt* **- 1.** [räumlich] to force out; **jn/etw aus etw ~** to force sb/sthg out of sthg **- 2.** [psychisch] to repress.

Verdrängung (*pl* **-en**) *die* **- 1.** [psychisch] repression *(U)* **- 2.** [Abdrängen - von Person] ousting.

verdreckt *adj* filthy.

verdrehen *vt* to twist; **die Augen ~** to roll one's eyes.

verdreifachen *vt* to triple.
◆ **sich verdreifachen** *ref* to triple.

verdrossen *adj* sullen ◇ *adv* sullenly.

verdrücken *vt* ***fam*** [essen] to put away.
◆ **sich verdrücken** *ref* ***fam*** [sich davonstehlen] to slip away.

Verdruss *der* annoyance.

verduften (*perf* **ist verduftet**) *vi* ***fam*** to make off.

verdünnen *vt* to dilute; [Farbe, Soße] to thin; [Kaffee, Wein] to water down.

Verdünner (*pl* **-**) *der* thinner.

Verdünnung (*pl* **-en**) *die* **- 1.** [Verdünnen - gen] dilution *(U)*; [- von Farbe] thinning *(U)*; [- Kaffee, Wein] watering down *(U)* **- 2.** [Substanz] thinner.

verdunsten (*perf* **ist verdunstet**) *vi* to evaporate.

verdursten (*perf* **ist verdurstet**) *vi* to die of thirst.

verdutzt *adj* nonplussed.

verehren *vt* **- 1.** [Gottheit] to worship **- 2.** ***geh*** [Person] to admire **- 3.** ***iron*** [schenken]: **jm etw ~** to present sb with sthg.

Verehrer, in (*mpl* **-**; *fpl* **-nen**) *der, die* admirer.

Verehrung *die* **- 1.** [von Gottheit] worship **- 2.** ***geh*** [für Person] admiration.

vereidigen *vt* to swear in.

Verein (*pl* **-e**) *der* [für Sport und Hobby] club; [gemeinnützig] society; **eingetragener ~** registered society.

VEREIN

> A lot of people in Germany belong to associations, clubs and community groups. A club or association exists for almost every hobby. These clubs are generally purely recreational rather than political in nature.

vereinbar *adj* compatible; **mit etw ~ sein** to be compatible with sthg; **etw ist mit etw zeitlich ~** sthg can be fitted in with sthg.

vereinbaren *vt* **- 1.** [verabreden]: **etw mit jm ~** to agree sthg with sb; [Termin, Treffpunkt] to arrange sthg with sb **- 2.** [vereinen]: **etw mit etw ~** to reconcile sthg with sthg.

Vereinbarung (*pl* **-en**) *die* agreement; [von Termin, Treffpunkt] arrangement; **eine ~ treffen** to come to an agreement.

vereinen *vt* [Gruppen, Länder] to unite; [Meinungen] to reconcile; [Eigenschaften] to combine.
◆ **sich vereinen** *ref* [Gruppen, Länder] to unite; [Eigenschaften] to be combined.

vereinfachen *vt* to simplify.

vereinheitlichen *vt* to standardize.

vereinigen *vt* [Länder, Gebiete] to unite; [Firmen] to merge; **mehrere Titel auf sich ~** to hold several titles.
◆ **sich vereinigen** *ref* [Statten, Gruppen] to unite; [Flüsse] to join up.

Vereinigte Arabische Emirate *pl* United Arab Emirates.

Vereinigte Staaten (von Amerika) *pl* United States (of America).

Verleinigung *die* **- 1.** [Vereinigen - von Staaten] uniting *(U)*; [- von Firmen] merging *(U)*; **- 2.** [Gruppe] organization.

vereinnahmen *vt* **- 1.** [Person] to monopolize **- 2.** [Geld] to take.

Vereinsmitlglied *das* [in Sportverein] club member; [gemeinnützig] member of a/the society.

vereint *adj* united ◇ *adv* together.

Vereinte Nationen *pl* United Nations.

vereinzelt *adj* [Regen] occasional; [Person, Überreste] odd ◇ *adv* occasionally.

vereist *adj* icy.

vereiteln *vt* to thwart.

verenden (*perf* **ist verendet**) *vi* to perish.

vererben *vt* **- 1.** [Güter]: **jm etw ~** to leave sthg to sb **- 2.** [Merkmal, Eigenschaft, Krankheit] to pass on; **etw auf jn ~** to pass sthg on to sb.

Vererbung (*pl* **-en**) *die* heredity *(U)*; **wir untersuchen die ~ von bestimmten Eigenschaften** we are investigating the way in which certain characteristics are passed on.

verewigen *vt* to immortalize.
◆ **sich verewigen** *ref* **fam hum** to immortalize o.s.

Verf. *abk für* **Verfasser.**

verfahren[1] (*präs* **verfährt;** *prät* **verfuhr;** *perf* **hat/ist verfahren**) *vi.(ist)* to proceed; **mit jm/etw ~** to deal with sb/sthg.
◆ **sich verfahren** *ref* to get lost.

verfahren[2] *adj* hopeless.

Verfahren (*pl* -) *das* - **1.** [Gerichtsverfahren] proceedings *(pl)* - **2.** [Methode] procedure.

Verfall *der* - **1.** [Niedergang - von Gebäude] decay; [- von Person, Gesundheit] decline - **2.** [von Gutschein, Garantie] expiry.

verfallen (*präs* **verfällt;** *prät* **verfiel;** *perf* **ist verfallen**) *vi* - **1.** [Gebäude] to decay; [Person] to decline - **2.** [Gutschein, Garantie] to expire - **3.** [auf etw kommen]: **auf jn/etw ~** to hit on sb/sthg - **4.** [geraten]: **in etw** *(A)* **~** to lapse into sthg - **5.** [hörig werden]: **jm/einer Sache ~** to become a slave to sb/sthg.

Verfallsldatum *das* sell-by date.

verfälschen *vt* [Aussage, Tatsachen] to distort; [Geschmack] to adulterate.

verfänglich *adj* awkward.

verfärben *vt* to discolour.
◆ **sich verfärben** *ref* to change colour; **sich blau/schwarz ~** to turn blue/black.

verfassen *vt* to write.

Verfasser, in (*mpl* **-;** *fpl* **-nen**) *der, die* author.

Verlfassung *die* - **1.** [von Staaten] constitution - **2.** [von Person] condition; **in guter/schlechter ~ sein** in good/poor shape.

Verfassungsschutz *der authority responsible for protecting the German state against anti-constitutional activities.*

verfaulen (*perf* **ist verfault**) *vi* to rot.

verfechten (*präs* **verficht;** *prät* **verfocht;** *perf* **hat verfochten**) *vt* to champion.

verfehlen *vt* to miss.

verfehlt *adj* misguided; **das wäre ~, ihn dafür zu bestrafen** it would be a mistake to punish him for that.

verfeindet *adj* [Personen] estranged; [Gruppen] enemy *(vor Subst)*.

verfeinern *vt* to refine.

verfeuern *vt* - **1.** [verbrennen] to burn - **2.** [verschießen] to fire.

verfilmen *vt:* **einen Roman ~** to make a film of a novel.

Verfilmung (*pl* **-en**) *die* - **1.** [Verfilmen] filming *(U)* - **2.** [Film] film version.

verfilzt *adj* [Wolle, Pullover] felted; [Haare] matted.

verfinstern *vt* to darken.
◆ **sich verfinstern** *ref* to darken.

Verflechtung (*pl* **-en**) *die* interconnection.

verfliegen (*prät* **verflog;** *perf* **hat/ist verflogen**) *vi (ist)* - **1.** [Geruch] to disappear; [Flüssigkeit] to evaporate - **2.** [Zeit] to fly by.
◆ **sich verfliegen** *ref* to fly off course.

verflixt **fam** *adj* - **1.** [verdammt] damned - **2.** [groß] incredible ◇ *adv* [sehr] damned.

verflochten *adj:* **mit etw ~ sein** to be interconnected with sthg.

verflossen *adj* **fam** one-time.

verfluchen *vt* to curse.

verflucht **fam** *adj* - **1.** [verdammt] damned - **2.** [groß] incredible ◇ *adv* [sehr] damned.

verflüchtigen ◆ **sich verflüchtigen** *ref* [Geruch] to disappear; [Gas] to disperse.

verfolgen *vt* - **1.** [folgen, beobachten] to follow - **2.** [Verbrecher, Ziel, Plan] to pursue - **3.** [unterdrücken] to persecute - **4.** [gerichtlich nachgehen]: **etw gerichtlich ~** to prosecute sthg.

Verfolger, in (*mpl* **-;** *fpl* **-nen**) *der, die* pursuer.

Verfolgte (*pl* **-n**) *der, die:* **politisch ~** victim of political persecution.

Verfolgung (*pl* **-en**) *die* - **1.** [gen] pursuit *(U)* - **2.** [Unterdrückung] persecution - **3.** [gerichtliches Verfolgen]: **strafrechtliche ~** prosecution.

Verfolgungsljagd *die* chase.

Verfolgungswahn *der* persecution mania.

verfrachten *vt* - **1.** [verladen] to transport - **2.** **fam hum** [transportieren] to cart off.

Verfremdung (*pl* **-en**) *die* alienation *(U);* [in Literatur, Theater] defamiliarization *(U)*.

verfressen[1] *adj* **salopp abw** piggish.

verfressen[2] (*präs* **verfrisst;** *prät* **verfraß;** *perf* **hat verfressen**) *vt* **salopp** [Geld] to blow on food.

verfrüht *adj* premature ◇ *adv* prematurely.

verfügbar *adj* available.

verfügen *vt* to order ◇ *vi:* **über jn/etw ~** [haben] to have sb/sthg at one's disposal; **über etw** *(A)* **(frei) ~ können** [bestimmen] to be able to do as one likes with sthg.

Verlfügung *die* - **1.** [Zugriff]: **jm etw zur ~ stellen** to put sthg at sb's disposal; **jm zur ~ stehen** to be at sb's disposal - **2.** [Erlass] order; **eine einstweilige ~** a temporary injunction.

verführen *vt* - **1.** [verleiten]: **jn zu etw ~** to tempt sb to do sthg; **jn zum Klauen ~** to encourage sb to steal - **2.** [zum Geschlechtsverkehr] to seduce.

verführerisch *adj* - **1.** [anziehend] tempting - **2.** [erotisch] seductive <> *adv* - **1.** [anziehend] temptingly - **2.** [erotisch] seductively.

Verführung (*pl* **-en**) *die* seduction *(U)*.

Vergabe *die* awarding.

vergammelt *adj* ***fam abw*** - **1.** [verdorben] spoilt - **2.** [heruntergekommen] scruffy.

vergangen *pp* ▷ **vergehen** <> *adj* [Zeiten] past; **~en Dienstag** last Tuesday.

Vergangenheit *die* - **1.** [vergangene Zeit] past - **2.** GRAM past tense.

Vergangenheitsbewältigung *die* coming to terms with the past.

vergänglich *adj* transitory.

vergasen *vt* to gas.

Vergaser (*pl* **-**) *der* carburettor.

vergaß *prät* ▷ **vergessen.**

vergeben (*präs* **vergibt;** *prät* **vergab;** *perf* **hat vergeben**) *vi:* **jm ~** to forgive sb <> *vt* - **1.** [verzeihen]: **jm etw ~** to forgive sb sthg - **2.** [geben] to award - **3.** [verpassen] to miss - **4.** [schaden]: **sich** *(D)* **etwas/nichts ~** to lose/not to lose face.

vergebens *adv* in vain.

vergeblich *adj* futile <> *adv* in vain.

vergegenwärtigen *vt:* **sich** *(D)* **etw ~** [sich vorstellen] to imagine sthg; [sich erinnern] to remember sthg.

vergehen (*prät* **verging;** *perf* **hat/ist vergangen**) *vi (ist)* - **1.** [Zeit] to pass - **2.** [verschwinden] to disappear; **der Spaß ist mir vergangen** I'm not enjoying it any more; **vor etw** *(D)* **~** ***fig*** to die of sthg.

◆ **sich vergehen** *ref* - **1.** [vergewaltigen]: **sich an jm ~** to assault sb (sexually) - **2.: sich an etw** *(D)* **~** [stehlen] to misappropriate sthg.

Vergeltung *die* retaliation.

vergessen (*präs* **vergisst;** *prät* **vergaß;** *perf* **hat vergessen**) *vt* to forget; **vergiss es!** ***fam fig*** forget it!

◆ **sich vergessen** *ref* to forget o.s.

Vergessenheit *die:* **in ~ geraten** to fall into oblivion.

vergesslich *adj* forgetful.

vergeuden *vt* to waste.

Vergeudung (*pl* **-en**) *die* waste *(U)*.

vergewaltigen *vt* [sexuell] to rape; [allgemein] to violate.

Vergewaltigung (*pl* **-en**) *die* rape.

vergewissern ◆ **sich vergewissern** *ref* to make sure; **sich einer Sache** *(G)* **~** to make sure of sthg.

vergießen (*prät* **vergoss;** *perf* **hat vergossen**) *vt* - **1.** [verschütten] to spill - **2.** [Blut, Tränen] to shed.

vergiften *vt* to poison.

◆ **sich vergiften** *ref* to poison o.s.

Vergiftung (*pl* **-en**) *die* poisoning *(U)*.

vergilbt *adj* yellowing.

Vergissmeinnicht (*pl* **-e**) *das* forget-me-not.

vergisst *präs* ▷ **vergessen.**

verglasen *vt* to glaze.

Vergleich (*pl* **-e**) *der* - **1.** [Gegenüberstellung] comparison; **im ~ mit** ODER **zu jm/etw** compared to sb/sthg; **einen ~ ziehen** to make a comparison; **der ~ hinkt** ***fig*** that's a poor comparison - **2.** RECHT settlement - **3.** SPORT friendly.

vergleichbar *adj* comparable.

vergleichen (*prät* **verglich;** *perf* **hat verglichen**) *vt* to compare; **jn/etw mit jm/etw ~** to compare sb/sthg to sb/sthg.

Vergleichs|möglichkeit [fɛɐ̯'glaiçsmøːklɪçkait] *die* opportunity for comparison.

vergleichsweise [fɛɐ̯'glaiçsvaizə] *adv* comparatively.

vergnügen ◆ **sich vergnügen** *ref* to enjoy o.s.

Vergnügen (*pl* **-**) *das* - **1.** [Freude] pleasure; **Tanzen macht ihr großes ~** she really enjoys dancing; **etw macht jm ~** sb enjoys sthg; **mit ~!** with pleasure! - **2.** [Unterhaltung] fun *(U)*.

◆ **viel Vergnügen** *interj* have fun!

vergnügt *adj* - **1.** [Person] cheerful - **2.** [Stunden] enjoyable <> *adv* cheerfully.

Vergnügungs|viertel *das area of a town where most bars, nightclubs, cinemas, etc are situated.*

vergoldet *adj* gold-plated.

vergraben (*präs* **vergräbt;** *prät* **vergrub;** *perf* **hat vergraben**) *vt* to bury.

◆ **sich vergraben** *ref* to hide o.s. away.

vergraulen *vt* ***fam*** to put off.

vergreifen (*prät* **vergriff;** *perf* **hat vergriffen**) ◆ **sich vergreifen** *ref:* **sich an jm ~** [brutal werden] to assault sb; [sexuell] to assault sb (sexually); **sich an etw** *(D)* **~** [stehlen] to misappropriate sthg.

vergriffen *pp* ▷ **vergreifen** <> *adj* out of print.

vergrößern *vt* to expand; [Foto] to enlarge; [Haus] to extend; [vermehren] to increase <> *vi* to magnify.

◆ **sich vergrößern** *ref* - **1.** [größer werden] to expand; [zunehmen] to increase; [Tumor] to increase in size - **2.** [mehr Raum benutzen] to get more space.

Vergrößerung (*pl* **-en**) *die* - **1.** [Vergrößern] expansion *(U)*; [von Haus] extension *(U)*; [von Tumor] increase in size; [Vermehrung] increase - **2.** [Foto] enlargement.

Vergrößerungs|glas *das* magnifying glass.

Vergünstigung (*pl* **-en**) *die* concession.

vergüten *vt:* **jm etw ~** [Unkosten] to reimburse sb for sthg; [Arbeit] to remunerate sb for sthg.

Vergütung (*pl* **-en**) *die* - **1.** [von Unkosten] reimbursement - **2.** [von Arbeit] remuneration.

verh. (*abk für* **verheiratet**) m.

verhaften *vt* to arrest.

Ver|haftung *die* arrest.

verhallen (*perf* **ist verhallt**) *vi* to die away.

verhalten¹ *adj* restrained <> *adv* in a restrained away.

verhalten² (*präs* **verhält**; *prät* **verhielt**; *perf* **hat verhalten**) ◆ **sich verhalten** *ref* - **1.** [sich benehmen] to behave - **2.** [sein] to be; **es verhält sich so** this is how matters stand; **die Sache verhält sich anders** this is not the case.

Verhalten *das* behaviour.

Verhaltens|forschung *die* behavioural research *(U)*.

verhaltensgestört *adj* with behavioural problems.

Verhältnis (*pl* **-se**) *das* - **1.** [Relation] ratio; **im ~ 1 zu 2** in a ratio of 1 to 2; **im ~ zum letzten Jahr** compared to last year - **2.** [persönliche Beziehung] relationship; **ein gutes ~ zu jm haben** to have a good relationship with sb - **3.** [Liebesbeziehung] affair; **ein ~ mit jm haben** to have an affair with sb.

◆ **Verhältnisse** *pl* [Bedingungen] conditions; **über seine ~se leben** to live beyond one's means.

verhältnismäßig *adv* relatively.

Verhältniswahlrecht *das* proportional representation.

verhandeln *vi* - **1.** [beraten]: **mit jm ~** to negotiate with sb; **über etw** *(A)* **~** to negotiate sthg - **2.** [vor Gericht] to hear a case <> *vt* - **1.** [aushandeln] to negotiate - **2.** [vor Gericht] to hear.

Ver|handlung *die* - **1.** [Beratung] negotiation - **2.** RECHT hearing.

Verhandlungsbasis *die (ohne pl)* basis for negotiation.

verhandlungsfähig *adj* RECHT fit to stand trial.

verhängen *vt* - **1.** [zuhängen] to cover - **2.** [Urteil, Verbot] to impose; **etw über jn/etw ~** to impose sthg on sb/sthg.

Verhängnis (*pl* **-se**) *das:* **jn zum ~ werden** to be sb's downfall.

verhängnisvoll *adj* [Tag, Begegnung] fateful; [Fehler] disastrous <> *adv* disastrously.

verharmlosen *vt* to play down.

verhärten (*perf* **hat/ist verhärtet**) *vi (ist)* to harden <> *vt (hat)* to harden.

◆ **sich verhärten** *ref* to harden.

verhasst *adj* hated; **diese Tricks sind mir ~** I hate these tricks.

verhauen *fam vt* - **1.** [schlagen] to beat up - **2.** *fig* [verderben] to mess up.

◆ **sich verhauen** *ref fig* [sich vertun] to mess up.

verheddern ◆ **sich verheddern** *ref* - **1.** [Fäden] to get tangled up - **2.** [Person] to get into a muddle.

verheerend *adj* devastating <> *adv* devastatingly.

verheilen (*perf* **ist verheilt**) *vi* to heal.

verheimlichen *vt* to keep secret; **jm etw ~** to keep sthg secret from sb.

verheiraten *vt* to marry.

◆ **sich verheiraten** *ref* to get married.

verheiratet *adj* married; **mit jm ~ sein** [mit dem Ehepartner] to be married to sb; **mit etw ~ sein** *fam hum* [auf etw fixiert sein] to be married to sthg.

verheißungsvoll *adj* promising <> *adv* promisingly.

verheizen *vt* - **1.** [verbrennen] to burn - **2.** *salopp abw* [Person] to burn out.

verhelfen (*präs* **verhilft**; *prät* **verhalf**; *perf* **hat verholfen**) *vi:* **jm zu etw ~** to help sb to get sthg.

verhext *adj:* **es ist wie ~** it's a real devil.

verhindern *vt* to prevent.

verhindert *adj* - **1.** [nicht verfügbar]: **~ sein** to be unable to come - **2.** [nicht professionell] would-be *(vor Subst)*.

Verhör (*pl* **-e**) *das* interrogation.

verhören *vt* to interrogate.

◆ **sich verhören** *ref* to mishear.

verhüllen *vt* to cover.

verhungern (*perf* **ist verhungert**) *vi* to starve to death.

verhunzen *vt fam abw* to mess up.

verhüten *vt* to prevent <> *vi* to take precautions.

Verhütungs|mittel *das* contraceptive.

verirren ◆ **sich verirren** *ref* to get lost.

verjagen *vt* to chase away.

verjähren (*perf* **ist verjährt**) *vi* to come under the statute of limitations.

Verjährung (*pl* **-en**) *die* limitation.

verjazzen *vt* to jazz up.

verjubeln *vt fam* to blow.

verjüngen *vt* [Aussehen, Haut] to rejuvenate; [Belegschaft] to introduce young blood into.

◆ **sich verjüngen** *ref* to taper.

verk. - **1.** (*abk für* **verkaufen**): **zu ~** for sale

- 2. (*abk für* **verkauft**) sold **- 3.** (*abk für* **verkürzt**) abbrev.

verkabeln *vt* **- 1.** [Elektrogerät] to connect up **- 2.** [an Kabelfernsehen] to connect up to cable.

verkalkt *adj* **- 1.** [verstopft] furred up **- 2.** *fam* [senil] senile; **~ sein** to be gaga.

verkappt *adj* in disguise.

Ver|kauf *der* **- 1.** [das Verkaufen] sale; **etw zum ~ anbieten** to offer sthg for sale; **zum ~ stehen** to be for sale **- 2.** [Abteilung] sales *(U)*.

verkaufen *vt* **- 1.** [Ware] to sell; **etw an jn ~** to sell sb sthg; **'zu ~!'** 'for sale' **- 2.** *fam* [darstellen]: **(jm) etw als etw ~** to sell (sb) sthg as sthg. ◆ **sich verkaufen** *ref:* **sich gut/schlecht ~** [Ware] to sell well/poorly; [sich darstellen] to sell o.s. well/poorly.

Ver|käufer, in *der, die* **- 1.** [beruflich] sales assistant *Br* ODER clerk *Am* **- 2.** [Verkaufende] seller.

verkäuflich *adj:* **~ sein** to be for sale; **schwer ~ sein** to be hard to sell.

Verkehr *der* **- 1.** [Straßenverkehr] traffic; **dichter ~** heavy traffic **- 2.** [Gebrauch]: **etw aus dem ~ ziehen** [Geld] to withdraw sthg from circulation; [Produkt] to withdraw sthg from sale; **jn aus dem ~ ziehen** *fam* to take sb out of circulation **- 3.** *geh* [Umgang] contact **- 4.** [Geschlechtsverkehr] intercourse.

verkehren (*perf* **hat/ist verkehrt**) *vi* **- 1.** *(hat)* *geh* [Person]: **mit jm ~** to associate with sb; **bei jm ~** to frequent sb's house; **in einem Lokal ~** to frequent a bar **- 2.** [Zug, Bus] to run ◇ *vt (hat):* **etw ins Gegenteil ~** to reverse sthg. ◆ **sich verkehren** *ref* to turn.

Verkehrs|ampel *die* traffic lights *(pl)*.

Verkehrs|aufkommen *das:* **dichtes** ODER **hohes ~** heavy traffic.

verkehrsberuhigt *adj:* **~e Zone/Straße** zone/street with traffic calming.

Verkehrsbetriebe *pl* public transport services.

Verkehrs|chaos *das* chaos on the roads.

Verkehrs|dichte *die* volume of traffic.

Verkehrs|funk *der* traffic bulletin service.

verkehrsgünstig *adj:* **~ gelegen** conveniently situated.

Verkehrs|kontrolle *die* traffic check.

Verkehrs|minister, in *der, die* minister of transport.

Verkehrs|ministerium *das* ministry of transport.

Verkehrs|mittel *das:* **die öffentlichen ~** public transport *(U)*.

Verkehrs|netz *das* traffic network.

Verkehrspolizei *die (ohne pl)* traffic police *(pl)*.

Verkehrs|polizist, in *der, die* traffic policeman (*f* traffic policewoman).

Verkehrs|regel *die* traffic regulation.

Verkehrs|teilnehmer, in *der, die* road user.

Verkehrs|tote *der* person killed on the roads.

Verkehrsun|fall *der* road accident.

Verkehrsver|bindung *die* connection.

Verkehrs|zeichen *das* road sign.

verkehrt *adj* wrong ◇ *adv* wrongly; **~ fahren** to go the wrong way. ◆ **verkehrt herum** *adv* the wrong way round.

verkeilen ◆ **sich verkeilen** *ref:* **sich in etw** *(A)* **~** to become wedged in sthg.

verkennen (*prät* **verkannte;** *perf* **hat verkannt**) *vt* [Situation] to misjudge; [Absicht] to mistake.

Verkettung (*pl* **-en**) *die* chain.

verklagen *vt* to sue.

verklappen *vt* to dump.

verklausulieren *vt* to provide with restrictive clauses.

verkleben (*perf* **hat/ist verklebt**) *vi (ist)* to become sticky ◇ *vt (hat)* **- 1.** [beschmieren] to make sticky **- 2.** [Riss] to stick something over.

verkleiden *vt* **- 1.** [mit Kostüm] to dress up **- 2.** [Innenwand] to cover; [Gebäude] to face. ◆ **sich verkleiden** *ref* to dress up.

Ver|kleidung *die* **- 1.** [Kostüm] costume **- 2.** [das Verkleiden] dressing up **- 3.** [von Innenwand] covering; [von Gebäude] facing.

verkleinern *vt* to reduce. ◆ **sich verkleinern** *ref* to decrease.

Verkleinerung (*pl* **-en**) *die* reduction *(U)*.

verklemmt *adj* inhibited.

verklingen (*prät* **verklang;** *perf* **ist verklungen**) *vi* to die away.

verknallen ◆ **sich verknallen** *ref fam:* **sich in jn ~** to fall for sb.

verkneifen (*prät* **verkniff;** *perf* **hat verkniffen**) *vt:* **sich** *(D)* **etw ~** to suppress sthg.

verkniffen *adj* [Gesichtsausdruck] strained; [Mund] pinched.

verknoten *vt* to tie together. ◆ **sich verknoten** *ref* to become knotted.

verknüpfen *vt* **- 1.** [verknoten] to tie together **- 2.** [verbinden]: **etw mit etw ~** to connect sthg with sthg.

verkochen (*perf* **ist verkocht**) *vi* **- 1.** [verdampfen] to boil away **- 2.** [breiig werden] to boil to a mush.

verkohlen (*perf* **hat/ist verkohlt**) *vi (ist)* to char ◇ *vt (hat)* *fam:* **jn ~** to pull sb's leg.

verkommen[1] (*prät* **verkam;** *perf* **ist verkommen**) *vi* **- 1.** [verfallen] to become rundown **- 2.** [verderben] to go bad **- 3.** [verwahrlosen]: **jn ~ lassen** to let sb go to the bad.

verkommen[2] *adj* **- 1.** [verdorben] disreputable **- 2.** [verfallen] run-down.

verkorken *vt* to cork.

verkorkst *adj* ***fam*** **- 1.** [unangenehm] rotten **- 2.** [verdorben] upset.

verkörpern *vt* to embody.

verkrachen ◆ **sich verkrachen** *ref:* **sich mit jm ~** to have a row with sb.

verkraften *vt* to cope with.

verkrampfen ◆ **sich verkrampfen** *ref* **- 1.** [Muskeln] to get cramped **- 2.** [Person] to tense up.

verkratzen *vt* to scratch.

verkriechen (*prät* **verkroch;** *perf* **hat verkrochen**) ◆ **sich verkriechen** *ref* [kriechen] to crawl; [sich verstecken] to hide.

verkrümmt *adj* crooked.

verkrüppelt *adj* **- 1.** [Mensch] crippled **- 2.** [Baum] twisted, gnarled.

verkrustet *adj:* **der mit Schmutz ~e Boden** the dirt-encrusted floor.

verkümmern (*perf* **ist verkümmert**) *vi* to wither (away).

verkünden *vt* to announce; [Urteil] to pronounce; [Prophezeiung] to make; **etw lauthals ~** ***fam*** to announce sthg at the top of one's voice.

verkuppeln *vt:* **jn mit jm ~** to pair sb off with sb.

verkürzen *vt* to shorten; [Leben, Urlaub] to cut short; [Arbeitszeit] to reduce; **die Zeit ~** to while away the time.

verladen (*präs* **verlädt;** *prät* **verlud;** *perf* **hat verladen**) *vt* to load.

Verlag (*pl* **-e**) *der* publishing house.

verlagern *vt* [Gewicht, Schwerpunkt] to shift; [an einen anderen Ort] to move.
◆ **sich verlagern** *ref* to shift.

Ver|lagerung *die* shift.

verlangen *vt* **- 1.** [fordern] to demand; [bitten] to ask for; **viel von jm ~** to ask a lot of sb; **das ist (nicht) zu viel verlangt!** that's (not) asking too much! **- 2.** [erfordern] to call for **- 3.** [Lohn] to ask **- 4.** [Ausweis] to ask to see **- 5.** [am Telefon]: **jn am Telefon ~** to ask to speak to sb on the phone; **du wirst am Telefon verlangt** there's someone on the phone for you ◇ *vi:* **nach jm/etw ~** [um etw bitten] to ask for sb/sthg; ***geh*** [sich sehnen] to long for sb/sthg.

Verlangen *das* **- 1.** [Wunsch] desire **- 2.** [Forderung] request.
◆ **auf Verlangen** *adv* on demand.

verlängern *vt* **- 1.** [zeitlich, räumlich] to extend; [Ausweis] to renew **- 2.** [Rock, Ärmel] to lengthen **- 3.** [Soße] to thin down.
◆ **sich verlängern** *ref* **- 1.** [zeitlich] to be extended **- 2.** [räumlich] to grow longer.

Verlängerung (*pl* **-en**) *die* **- 1.** [von Zeitraum, Strecke] extension **- 2.** [von Rock, Ärmel] lengthening; [von Ausweis] renewal **- 3.** SPORT extra time.

Verlängerungs|schnur *die* ELEKTR extension lead ***Br*** ODER cord ***Am.***

verlangsamen *vt* to slow down; **das Tempo ~** to reduce speed.
◆ **sich verlangsamen** *ref* to slow down.

Verlass *der:* **auf jn/etw ist ~** sb/sthg can be relied on.

verlassen[1] (*präs* **verlässt;** *prät* **verließ;** *perf* **hat verlassen**) *vt* to leave.
◆ **sich verlassen** *ref:* **sich auf jn/etw ~** to rely on sb/sthg.

verlassen[2] *adj* [menschenleer] deserted.

verlässlich *adj* reliable.

Verlaub *der* ***geh:*** **mit ~ (gesagt)** if you'll pardon me for saying so.

Ver|lauf *der* course; **im ~ von etw/einer Sache** *(G)* in the course of sthg.

verlaufen (*präs* **verläuft;** *prät* **verlief;** *perf* **hat/ist verlaufen**) *vi (ist)* **- 1.** [Weg, Strecke, Farbe] to run **- 2.** [Operation, Prüfung] to go.
◆ **sich verlaufen** *ref* **- 1.** [sich verirren] to get lost **- 2.** [Menge] to disperse.

verlauten (*perf* **ist verlautet**) *vi* to be reported; **etw (über etw) ~ lassen** to say sthg (about sthg).

verleben *vt* **- 1.** [verbringen] to spend **- 2.** [verbrauchen] to fritter away.

verlegen[1] *vt* **- 1.** [verlieren] to mislay **- 2.** [Termin] to postpone **- 3.** [an anderen Ort] to move, to transfer **- 4.** [Kabel, Teppichboden] to lay **- 5.** [Buch] to publish.
◆ **sich verlegen** *ref:* **sich auf etw** *(A)* **~** to resort to sthg.

verlegen[2] *adj* embarrassed; **um etw nicht ~ sein** not to be short of sthg ◇ *adv* in embarrassment.

Verlegenheit (*pl* **-en**) *die* **- 1.** [Befangenheit] embarrassment; **jn in ~ bringen** to embarrass sb; **jn in die ~ bringen, etw zu tun** to embarrass sb into doing sthg **- 2.** [Notlage] difficulty; **in finanzieller ~** in financial difficulties; **jm aus der ~ helfen** to help sb out.

Verleger, in (*mpl* **-;** *fpl* **-nen**) *der, die* publisher.

verleiden *vt:* **jm etw ~** to spoil sthg for sb.

Verleih (*pl* **-e**) *der* **- 1.** *(ohne pl)* [das Verleihen] hiring (out) **- 2.** [Firma - von Videos, Fahrrädern] rental shop; [- von Autos] car hire *Br* ODER rental *Am* company.

verleihen (*prät* **verlieh;** *perf* **hat verliehen)** *vt* **- 1.** [leihen] to lend; [gegen Bezahlung] to hire out **- 2.** [Orden, Titel]: **jm etw ~** to award sb sthg **- 3.** [Reiz, Glanz] to give, to lend.

verleiten *vt:* **jn dazu ~, etw zu tun** to lead sb to do sthg.

verlernen *vt* to forget; **das Klavierspielen ~** to forget how to play the piano.

verlesen (*präs* **verliest;** *prät* **verlas;** *perf* **hat verlesen)** *vt* **- 1.** [vorlesen] to read out **- 2.** [sortieren] to sort.
◆ **sich verlesen** *ref* to make a mistake *(when reading).*

verletzen *vt* **- 1.** [Mensch, Körperteil] to injure; **sich den Fuß ~** to injure one's foot **- 2.** [Gefühle, Stolz] to hurt **- 3.** [Grenze] to violate; [Abkommen] to break.
◆ **sich verletzen** *ref* to hurt o.s.; [schwer] to injure o.s.

verletzlich *adj* [verletzbar] vulnerable; [empfindlich] sensitive.

verletzt *pp* ▻ **verletzen** ◇ *adj:* **~ sein** [eine Wunde haben] to be injured; [gekränkt sein] to be hurt; **schwer ~** seriously injured; **leicht ~ sein** to suffer minor injuries.

Verletzte (*pl* **-n)** *der, die* injured person; **ein Unfall mit vielen ~n** an accident in which several people were injured.

Verletzung (*pl* **-en)** *die* **- 1.** [Wunde] injury **- 2.** [von Grenzraum] violation; [von Gesetz, Abkommen] infringement.

verleugnen *vt* to deny; [Freund] to disown.

Verleumdung (*pl* **-en)** *die* [mündlich] slander; [schriftlich] libel.

verlieben ◆ **sich verlieben** *ref:* **sich (in jn/etw) ~** to fall in love (with sb/sthg).

verliebt *adj* [Person] in love; [Blicke] amorous; **in jn ~ sein** to be in love with sb ◇ *adv* amorously.

verlieren (*prät* **verlor;** *perf* **hat verloren)** *vt* to lose; **nichts zu ~ haben** to have nothing to lose; **du hast hier nichts verloren** *fam* you've no business here ◇ *vi* **- 1.** [nicht gewinnen] to lose; **gegen jn ~** to lose to sb **- 2.** [einbüßen] to suffer; **an etw** *(D)* **~** [Reiz, Schönheit] to lose sthg.
◆ **sich verlieren** *ref* **- 1.** [Personen] to lose one another **- 2.** [Angst, Begeisterung] to evaporate.

Verlierer, in (*mpl* **-;** *fpl* **-nen)** *der, die* loser.

verloben ◆ **sich verloben** *ref:* **sich (mit jm) ~** to get engaged (to sb).

Verlobte (*pl* **-n)** *der, die* fiancé (*f* fiancée).

Verlobung (*pl* **-en)** *die* engagement.

verlockend *adj* tempting.

verlogen *adj* false.

verlor *prät* ▻ **verlieren.**

verloren *pp* ▻ **verlieren** ◇ *adj* lost.

verloren gehen (*perf* **ist verloren gegangen)** *vi (unreg)* to go missing, to disappear; **der Geschmack geht durch das Kochen verloren** it loses its taste when you boil it; **an ihm ist ein Lehrer verloren gegangen** he would have made a good teacher.

verlöschen (*präs* **verlischt;** *prät* **verlosch** ODER **verlöschte;** *perf* **ist verloschen** ODER **verlöscht)** *vi* to go out.

verlosen *vt* [kleine Preise] to raffle; [große Gewinne] to give away *(in a prize draw).*

Verlosung (*pl* **-en)** *die* [von kleinen Preisen] raffle; [von großen Gewinnen] prize draw.

Verlust (*pl* **-e)** *der* loss.

verm. (*abk für* **vermieten)**: **zu ~** to let.

vermachen *vt:* **jm etw ~** to leave sthg to sb (in one's will).

Vermächtnis (*pl* **-se)** *das* legacy.

vermarkten *vt* to market.

vermasseln *vt* **fam: jm etw ~** to ruin sthg for sb.

vermehren *vt* to increase.
◆ **sich vermehren** *ref* **- 1.** [größer werden] to increase **- 2.** [sich fortpflanzen] to reproduce.

vermehrt *adj* increased ◇ *adv* increasingly.

vermeiden (*prät* **vermied;** *perf* **hat vermieden)** *vt* to avoid; **das lässt sich nicht ~** that is unavoidable.

vermeintlich *adj* supposed ◇ *adv* supposedly.

vermelden *vt* to report; **es gibt nichts zu ~** there is nothing to report.

Vermerk (*pl* **-e)** *der* note.

vermerken *vt* **- 1.** [notieren] to make a note of **- 2.** [feststellen] to note.

vermessen[1] (*präs* **vermisst;** *prät* **vermaß;** *perf* **hat vermessen)** *vt* to measure; [Land, Wand] to survey.
◆ **sich vermessen** *ref* to get the measurements wrong.

vermessen[2] *adj* presumptuous.

vermiesen *vt* **fam: jm etw ~** to spoil sthg for sb.

vermieten *vt:* **etw (an jn) ~** to rent sthg out (to sb); **'zu ~!'** 'to let'.

Ver|mieter, in *der, die* landlord (*f* landlady).

Vermietung (*pl* **-en)** *die* renting out.

vermindern *vt* to reduce.

Verminderung (*pl* **-en)** *die* reduction.

vermischen *vt* to mix.
◆ **sich vermischen** *ref* to mingle.

vermissen *vt* **- 1.** [sehnsüchtig] to miss **- 2.** [suchen]: **ich vermisse meinen Regenschirm** my umbrella is missing; **ich habe dich bei dem Vortrag vermisst** I didn't see you at the talk.

vermisst *adj* missing.

vermitteln *vi* to mediate <> *vt* - **1.** [Ehe, Kontakt] to arrange - **2.** [Job, Arbeitskraft]: **jm jn/etw ~** to find sb/sthg for sb - **3.** [Gefühl, Eindruck] to convey; [Wissen, Erfahrung] to impart, to pass on; **jm etw ~** to impart sthg to sb, to pass sthg onto sb.

Vermittler, in (*mpl* -; *fpl* **-nen**) *der, die* - **1.** [in Streitfall] mediator - **2.** [von Stellen] agent.

Vermittlung (*pl* **-en**) *die* - **1.** *(ohne pl)* [von Mitarbeitern, Jobs] finding; [von Kontakten, Ehen] arranging; **durch js ~ eine Stelle bekommen** to get a job through sb - **2.** [Firma, Büro] agency - **3.** [Telefonzentrale] exchange.

Vermögen (*pl* -) *das* - **1.** [Besitz] fortune; **ein ~ kosten** to cost a fortune - **2.** *geh* [Fähigkeit] ability.

vermögend *adj* wealthy.

Vermögens|berater, in *der, die* financial adviser.

Vermögens|steuer *die* personal wealth tax.

vermummen ◆ **sich vermummen** *ref* [gegen Kälte] to wrap (o.s.) up; [zur Verkleidung] to disguise o.s.

vermuten *vt* - **1.** [annehmen] to assume - **2.** [für wahrscheinlich halten] to suspect.

vermutlich *adj* probable <> *adv* probably.

Vermutung (*pl* **-en**) *die* - **1.** [Annahme] supposition - **2.** [Verdacht] suspicion.

vernachlässigen *vt* - **1.** [gen] to neglect - **2.** [nicht beachten] to ignore.

vernehmen (*präs* **vernimmt**; *prät* **vernahm**; *perf* **hat vernommen**) *vt* - **1.** [verhören] to question; [vor Gericht] to examine - **2.** *geh* [hören] to hear.

Vernehmung (*pl* **-en**) *die* questioning; [vor Gericht] examination.

verneinen *vt* [Vorschlag] to reject; [Frage] to say no to.

Verneinung (*pl* **-en**) *die* - **1.** [einer Frage] negative answer; [von Vorschlag] rejection - **2.** GRAM: **die ~** the negative.

vernetzen *vt* - **1.** to connect, to link - **2.** EDV to network, to connect to the Internet; **vernetzt sein** to be on the Internet *ODER* online.

vernichten *vt* to destroy; [Schädlinge] to exterminate.

vernichtend *adj* [Kritik, Niederlage] devastating; [Blick] withering <> *adv* [kritisieren] devastatingly; **jn ~ ansehen** to give sb a withering look.

Vernichtung (*pl* **-en**) *die* destruction; [von Insekten] extermination.

Vernissage (*pl* **-n**) [vɛrni'saːʒ(ə)] *die private preview of a contemporary artist's work, held to open an exhibition.*

Vernunft *die* reason; **mit/ohne ~ handeln** to act sensibly/foolishly; **das widerspricht jeder Vernunft** that goes against all common sense; **zur ~ kommen** to come to one's senses; **jn zur ~ bringen** to bring sb to his/her senses.

vernünftig *adj* - **1.** [klug] sensible - **2.** [ordentlich] decent; [Preis] reasonable <> *adv* - **1.** [klug] sensibly - **2.** [ordentlich] decently.

veröffentlichen *vt* to publish.

Veröffentlichung (*pl* **-en**) *die* publication.

verordnen *vt*: **(jm) etw ~** to prescribe sthg (for sb).

Verordnung (*pl* **-en**) *die* - **1.** [von Medikament] prescription - **2.** [von Regel] regulation.

verpachten *vt* to lease.

verpacken *vt* [Waren] to pack; [Geschenk] to wrap (up).

Ver|packung *die* - **1.** [Hülle - von Ware] packaging; [- von Geschenk] wrapping paper - **2.** [Verpacken] packing.

verpassen *vt* - **1.** [Bus, Gelegenheit, Film] to miss - **2.** *fam* [Schlag, Frisur] to give.

verpatzen *vt fam* to make a mess of.

verpesten *vt abw* to pollute.

verpfänden *vt* [Wertstück] to pawn; [Haus] to mortgage.

verpflanzen *vt* to transplant; [Haut] to graft.

verpflegen *vt* to cater for.

Verpflegung *die* - **1.** [das Verpflegen] catering - **2.** [Essen] food.

verpflichten *vt* - **1.** [auf etw festlegen] to oblige; [durch Eid] to bind; **jn zu sechs Wochen gemeinnütziger Arbeit ~** to give sb six weeks' community service - **2.** [Schauspieler] to engage; [Mannschaftssportler] to sign <> *vi*: **dieses Angebot verpflichtet nicht zum Kauf** no purchase necessary to take advantage of this offer. ◆ **sich verpflichten** *ref* to commit o.s.; **sich vertraglich ~** to sign a contract.

Verpflichtung (*pl* **-en**) *die* - **1.** [Pflichten] obligation; **seine gesellschaftlichen ~en** his social commitments - **2.** [von Schauspieler] engaging; [von Mannschaftssportler] signing - **3.** [Schulden] commitment.

verpfuschen *vt* to make a mess of.

verplanen *vt* - **1.** [falsch planen] to plan badly - **2.** [festlegen - Zeit] to book up; **das Geld ist schon verplant** the money has already been earmarked for something else.

verplempern *vt fam* to fritter away.

verpönt *adj* frowned upon.

verprellen *vt* to drive away.

verprügeln *vt* to beat up.

verputzen *vt* **- 1.** to plaster; [Außenwand] to render **- 2.** *fam* [essen] to polish off.

verquer *adj* **- 1.** [schief] crooked **- 2.** [merkwürdig] weird <> *adv* **- 1.** [schief] at an angle **- 2.** [merkwürdig] weirdly.

Verrat *der* betrayal; [gegen Vaterland] treason.

verraten (*präs* **verrät;** *prät* **verriet;** *perf* **hat verraten**) *vt* **- 1.** [Person, Gedanken] to betray; [Geheimnis, Versteck] to give away, to betray **- 2.** [Gefühle] to show **- 3.** [mitteilen]: **er hat mir den Preis nicht ~** he didn't tell me the price.
◆ **sich verraten** *ref* to give o.s. away.

Verräter, in (*mpl* **-;** *fpl* **-nen**) *der, die* traitor.

verräterisch *adj* **- 1.** [zeigend] telltale **- 2.** [denunzierend] treacherous.

verrechnen *vt* to include; **etw mit etw ~** to offset sthg against sthg.
◆ **sich verrechnen** *ref* **- 1.** [falsch rechnen] to make a mistake; **sich um fünf Mark ~** to be five marks out **- 2.** [sich täuschen] to miscalculate.

Verrechnungs|scheck *der* crossed cheque.

verrecken (*perf* **ist verreckt**) *vi* *fam* to die a horrible death.

verregnet *adj* wet.

verreisen (*perf* **ist verreist**) *vi* to go away; **verreist sein** to be away.

verreißen (*prät* **verriss;** *perf* **hat verrissen**) *vt* to tear to pieces.

verrenken *vt*: **sich** *(D)* **den Arm ~** to dislocate one's arm.

verrichten *vt* to carry out.

verriegeln *vt* to bolt.

verringern *vt* to reduce.
◆ **sich verringern** *ref* to decrease.

verrosten (*perf* **ist verrostet**) *vi* to rust.

verrucht *adj* disreputable.

verrücken *vt* to move.

verrückt *adj* **- 1.** [geistesgestört] mad; **~ spielen** [Person] to act crazy; [Computer, Auto] to play up; **nach jm/etw ~ sein** *fam* to be crazy about sb/sthg **- 2.** [ausgefallen] crazy <> *adv* [ausgefallen] crazily.
◆ **wie verrückt** *adv fam* like mad.

Verrückte (*pl* **-n**) *der, die* lunatic.

Verrücktwerden *das*: **das ist (ja) zum ~!** *fam* it's enough to drive you crazy!

Verruf *der*: **in ~ bringen/kommen** to bring/fall into disrepute.

verrufen *adj* disreputable.

verrutschen (*perf* **ist verrutscht**) *vi* to slip.

Vers (*pl* **-e**) *der* line; **in ~en** in verse; **sich** *(D)* **keinen ~ auf etw** *(A)* **machen können** *fig* to be unable to make sense of sthg.

Vers. (*abk für* **Versicherung**) ins.

versacken (*perf* **ist versackt**) *vi* **- 1.** [einsinken] to sink **- 2.** *fam* [viel trinken] to go on a bender.

versagen *vi* to fail.

Versagen *das* failure; **menschliches ~** human error.

Versager (*pl* **-**) *der* failure.

Versagerin (*pl* **-nen**) *die* failure.

versalzen (*perf* **hat versalzen**) *vt* **- 1.** [Mahlzeit] to put too much salt in/on **- 2.** [Vorhaben] to spoil.

versammeln *vt* to assemble, to gather.
◆ **sich versammeln** *ref* to assemble, to gather.

Ver|sammlung *die* meeting; [im Freien] rally.

Versammlungsfreiheit *die* freedom of assembly.

Versand *der* **- 1.** [Versenden] dispatch **- 2.** [Abteilung] dispatch department.

Versand|haus *das* mail order firm.

Versandhaus|katalog *der* mail order catalogue.

Versand|kosten *pl* delivery costs, carriage *(U)*.

versäumen *vt* **- 1.** [Zug, Termin] to miss; **du hast nichts versäumt** you didn't miss anything **- 2.** [Pflicht] to neglect.

Versäumnis (*pl* **-se**) *das* omission; **durch ein ~ des Lehrers** owing to the teacher's negligence.

versch. (*abk für* **verschieden**) diff.

verschachtelt *adj* [Satz] meandering.

verschaffen *vt*: **jm etw ~** to get sb/sthg; **sich** *(D)* **etw ~** to get (hold of) sthg; **sich** *(D)* **einen Vorteil ~** to gain an advantage; **sich** *(D)* **Respekt ~** to earn respect.

verschämt *adj* bashful <> *adv* bashfully.

verschandeln *vt* to ruin.

verschärfen *vt* [Kontrolle] to tighten up; [Lage, Krise] to aggravate.
◆ **sich verschärfen** *ref* [Gegensätze] to intensify; [Lage, Krise] to get worse.

verschätzen ◆ **sich verschätzen** *ref* to miscalculate.

verschenken *vt* **- 1.** [weg geben] to give away **- 2.** [als Geschenk] to give *(as present)* **- 3.** [Punkte] to throw away; [Raum] to waste.

verscherzen *vt*: **sich** *(D)* **etw ~** to throw sthg away.

verscheuchen *vt* [Tier] to chase away; [Angst machen] to scare away.

verschicken *vt* to send out.

verschieben (*prät* **verschob;** *perf* **hat ver-**

schoben) *vt* **- 1.** [Termin] to postpone **- 2.** [Möbel] to move **- 3.** [schmuggeln] to traffic in.
◆ **sich verschieben** *ref* **- 1.** [Termin] to be postponed **- 2.** [verrutschen] to slip.

Verschiebung (*pl* **-en**) *die* postponement.

verschieden *adj* **- 1.** [unterschiedlich] different; **von jm/etw ~ sein** to be different from sb/sthg **- 2.** [mehrere] various ◇ *adv* [unterschiedlich] differently; **~ groß sein** to be different sizes; **die Aufgaben waren ~ schwer** the tasks were of varying degrees of difficulty.

verschiedentlich *adv* on various occasions.

verschimmeln (*perf* **ist verschimmelt**) *vi* to go mouldy.

verschlafen[1] (*präs* **verschläft;** *prät* **verschlief;** *perf* **hat verschlafen**) *vi* to oversleep ◇ *vt* **- 1.** [schlafend verbringen] to sleep through **- 2.** *fam* [vergessen] to forget.
◆ **sich verschlafen** *ref* to oversleep.

verschlafen[2] *adj* sleepy.

Ver|schlag *der* [im Garten] shed.

verschlagen[1] (*präs* **verschlägt;** *prät* **verschlug;** *perf* **hat verschlagen**) *vt* **- 1.** [Appetit] to take away; **jm die Sprache ~** to leave sb speechless **- 2.** SPORT to mishit.

verschlagen[2] *abw adj* sly ◇ *adv* slyly.

verschlechtern *vt* to make worse.
◆ **sich verschlechtern** *ref* to get worse, to deteriorate.

Verschlechterung (*pl* **-en**) *die* deterioration.

Verschleiß *der* wear (and tear).

verschleißen (*prät* **verschliss;** *perf* **hat/ist verschlissen**) *vi (ist)* to wear out; **diese Teile sind verschlissen** these parts are worn out ◇ *vt (hat)* to wear out.

verschleppen *vt* **- 1.** [Person] to take away (by force) **- 2.** [Gegenstand] to hide **- 3.** [Verhandlung] to draw out **- 4.** [Krankheit] to allow to drag on.

verschleudern *vt* **- 1.** [billig verkaufen] to give away **- 2.** *abw* [verschwenden] to throw away.

verschließen (*prät* **verschloss;** *perf* **hat verschlossen**) *vt* **- 1.** [Haus, Tür, Schrank] to lock **- 2.** [Kunststoffbehälter] to seal; [Flasche] to stop up; **die Augen vor etw** *(D)* **~** to close one's eyes to sthg.
◆ **sich verschließen** *ref* to close o.s. off.

verschlimmern *vt* to make worse.
◆ **sich verschlimmern** *ref* to get worse.

verschlingen (*prät* **verschlang;** *perf* **hat verschlungen**) *vt* to devour; **viel Geld ~** to cost a fortune.

verschlossen *adj* [Mensch] reticent; [Raum, Tür] locked; [Umschlag] sealed.

verschlucken *vt* to swallow.
◆ **sich verschlucken** *ref* to choke.

Ver|schluss *der* fastener; [von Flasche] top.
◆ **unter Verschluss** *adv* under lock and key.

verschlüsseln *vt* to encode.

verschmähen *vt* **geh** to spurn.

verschmelzen (*präs* **verschmilzt;** *prät* **verschmolz;** *perf* **ist verschmolzen**) *vi:* **mit etw ~** to blend with sthg.

verschmutzen (*perf* **hat/ist verschmutzt**) *vi (ist)* [Kleidung, Wohnung] to get dirty ◇ *vt (hat)* [Kleidung, Wohnung] to get dirty; [Umwelt] to pollute.

verschnaufen *vi* to have a breather.

verschneit *adj* snow-covered.

verschnörkelt *adj* ornate.

verschnupft *adj:* **~ sein** to have a cold.

verschnüren *vt* to tie up.

verschollen *adj* missing.

verschonen *vt* to spare; **jn mit etw ~** to spare sb sthg.

verschönern *vt* to brighten up.

verschossen *adj* **fam: in jn ~ sein** to have fallen for sb.

verschränken *vt:* **die Arme ~** to fold one's arms; **die Beine ~** to cross one's legs.

verschreiben (*prät* **verschrieb;** *perf* **hat verschrieben**) *vt:* **jm etw ~** to prescribe sb sthg.
◆ **sich verschreiben** *ref:* **ich habe mich verschrieben** I've written it down wrong.

verschreibungspflichtig *adj* available on prescription only.

verschrieen *adj* notorious.

verschrotten *vt* to scrap.

verschrumpelt *adj* shrivelled.

verschüchtert *adj* intimidated.

verschulden *vt* to be to blame for.
◆ **sich verschulden** *ref* to get into debt.

Verschulden *das:* **ohne mein ~** through no fault of mine; **durch fremdes ~** through someone else's fault.

verschuldet *adj* in debt.

verschütten *vt* **- 1.** [Wasser, Getränk] to spill **- 2.** [mit Erde] to bury.

verschweigen (*prät* **verschwieg;** *perf* **hat verschwiegen**) *vt* [Nachricht] to keep quiet about; [Wahrheit] to conceal; **jm etw ~** to conceal sthg from sb.

verschwenden *vt* to waste.

verschwenderisch *adj* [mit Geld] extravagant; [mit Energie] wasteful ◇ *adv* [mit Geld] extravagantly; [mit Energie] wastefully.

Verschwendung *die* squandering; **so eine ~!** what a waste!

verschwiegen *pp* ▷ **verschweigen** ◇ *adj* **- 1.** [Mensch] discreet **- 2.** [Winkel] secluded.

Verschwiegenheit *die* discretion.

verschwinden (*prät* **verschwand;** *perf* **ist verschwunden**) *vi* to disappear; **etw ~ lassen** [wegzaubern] to make sthg disappear; ***fam*** [unterschlagen] to help o.s. to sthg.

verschwommen *adj* blurred <> *adv* vaguely; **ohne Brille sieht sie alles ~** without her glasses everything looks blurred to her.

verschwören (*prät* **verschwor;** *perf* **hat verschworen**) ◆ **sich verschwören** *ref:* **sich gegen jn ~** to conspire against sb.

Verschwörer, in (*mpl* **-;** *fpl* **-nen**) *der, die* conspirator.

Verschwörung (*pl* **-en**) *die* conspiracy.

verschwunden *pp* ▻ **verschwinden** <> *adj* missing.

versehen (*präs* **versieht;** *prät* **versah;** *perf* **hat versehen**) *vt* **- 1.** [ausrüsten]: **etw mit etw ~** to equip sthg with sthg; **jn mit etw ~** to provide sb with sthg **- 2.** [erledigen] to perform.
◆ **sich versehen** *ref* [sich irren] to make a mistake; **ehe man sichs versieht** before you know where you are.

Versehen (*pl* **-**) *das* accident.
◆ **aus Versehen** *adv* accidentally.

versehentlich *adj* accidental <> *adv* accidentally.

versenden (*prät* **versandte** *ODER* **versendete;** *perf* **hat versandt** *ODER* **versendet**) *vt* to send.

versengen *vt* to scorch.

versenken *vt* [Schiff] to sink; [Sarg] to lower.

Versenkung (*pl* **-en**) *die* [von Schiff] sinking; [von Sarg] lowering; **in der ~ verschwinden *fam fig*** to disappear from the scene.

versessen *adj:* **auf jn/etw ~ sein** to be mad about sb/sthg.

versetzen *vt* **- 1.** [umstellen] to move; [Angestellten] to transfer, to move; [Schüler] to move up ***Br,*** to promote ***Am*** **- 2.** [in einen anderen Zustand]: **sich in die Lage eines anderen ~** to put o.s. in somebody else's position; **jn in Erstaunen/Angst ~** to astonish/frighten sb; **etw in Bewegung ~** to set sthg in motion **- 3.** [verpfänden] to pawn **- 4.** [bei einer Verabredung]: **jn ~** to stand sb up **- 5.** [austeilen]: **jm einen Stoß ~** to give sb a push; **jm einen Schlag ~** to hit sb **- 6.** [antworten] to retort.

Versetzung (*pl* **-en**) *die* **- 1.** [beruflich] transfer **- 2.** SCHULE moving up ***Br,*** promotion ***Am.***

verseuchen *vt* to contaminate.

versichern *vt* **- 1.** [erklären] to affirm; **jm ~, dass ...** to assure sb that ... **- 2.** [bei Versicherung] to insure.
◆ **sich versichern** *ref* **- 1.** [bei Versicherung] to insure o.s. **- 2.** [Gewissheit]: **sich einer Sache** *(G)* **~** to assure o.s. of sthg.

Ver|sicherung *die* **- 1.** [vertraglicher Schutz] insurance *(U);* [Vertrag] insurance policy; **eine ~ (über etw** *(A)***) abschließen** to take out insurance *ODER* an insurance policy (for sthg) **- 2.** [Firma] insurance company **- 3.** [Angabe] assurance; **eidesstattliche ~** sworn statement.

Versicherungs|beitrag *der* insurance premium.

Versicherungs|karte *die* insurance card; **grüne ~** green card ***Br,*** *insurance card required if taking a vehicle abroad.*

versicherungspflichtig *adj* subject to compulsory insurance.

Versicherungsschutz *der* insurance cover.

Versicherungs|summe *die* amount insured.

versickern (*perf* **ist versickert**) *vi* to seep away.

versiegeln *vt* to seal.

versinken (*prät* **versank;** *perf* **ist versunken**) *vi* **- 1.** [in Sumpf, Sand, Schnee]: **in etw** *(A)* **~** to sink into sthg **- 2.** [Schiff, Sonne] to sink **- 3.** [in Gedanken]: **in etw** *(A)* **~** to become immersed in sthg.

Version [vɛr'zio:n] (*pl* **-en**) *die* version.

versöhnen *vt* [Feinde] to reconcile; [besänftigen] to appease; **jn mit jm ~** to reconcile sb with sb.
◆ **sich versöhnen** *ref* to become reconciled; **sich mit jm ~** to make it up with sb.

versöhnlich *adj* **- 1.** [Antwort, Stimmung] conciliatory **- 2.** [Ende, Ausgang] optimistic <> *adv* in a conciliatory way.

Versöhnung (*pl* **-en**) *die* reconciliation; [Besänftigung] appeasement.

versorgen *vt* **- 1.** [versehen]: **jn/sich mit etw ~** to provide sb/o.s. with sthg **- 2.** [beliefern - mit Strom, Wasser] to supply **- 3.** [pflegen] to look after **- 4.** [ernähren] to provide for.

Versorgung (*pl* **-en**) *die* **- 1.** [mit Lebensmitteln] supply **- 2.** [von Patienten] care.

verspannt *adj* tense.

Ver|spannung *die* tension; **~en** tension *(U).*

verspäten ◆ **sich verspäten** *ref* to be late; **sich um eine halbe Stunde ~** to be half an hour late.

verspätet *adj* late; [Gratulation] belated <> *adv* late.

Verspätung (*pl* **-en**) *die* delay; **mit ~ ankommen** to arrive late; **~ haben** to be delayed; **eine Stunde ~ haben** to be an hour late.

versperren *vt* to block; **jm den Weg/die Sicht ~** to block sb's way/view.

verspielen *vt* [Geld] to gamble away; [Glück,

Chance] to throw away, to squander <> *vi fam:* **er hat bei uns verspielt** he's had it as far as we're concerned.

verspielt *adj* [Kind] playful; [Muster] fanciful.

versprechen (*präs* **verspricht;** *prät* **versprach;** *perf* **hat versprochen**) *vt* - **1.** [zusagen] to promise; **jm etw ~** to promise sb sthg - **2.** [erwarten]: **sich** *(D)* **etw von jm/etw ~** to hope for sthg from sb/sthg.

◆ **sich versprechen** *ref* [etw Falsches sagen] to trip over one's words.

Versprechen (*pl* -) *das* promise.

Ver|sprecher *der* slip of the tongue.

verspüren *vt* to feel.

verstaatlichen *vt* to nationalize.

Verstand *der (ohne pl)* [Urteilsvermögen] reason; [Intellekt] mind; [Vernunft] sense; **den ~ verlieren** *fam fig* to go out of one's mind; **jn um den ~ bringen** *fig* to drive sb mad.

verständig *adj* [vernünftig] sensible <> *adv* [vernünftig] sensibly.

verständigen *vt:* **jn (von etw** *ODER* **über etw** *(A)***) ~** to notify sb (of sthg).

◆ **sich verständigen** *ref* - **1.** [kommunizieren] to make o.s. understood; **sich mit jm ~** to communicate with sb - **2.** [übereinkommen]: **sich über etw** *(A)* **~** to come to an agreement on sthg.

Verständigung (*pl* **-en**) *die* - **1.** [Benachrichtigung] notification - **2.** [Kommunikation] communication - **3.** [Übereinkunft] agreement.

verständlich *adj* - **1.** [klar - Worte, Antwort] audible - **2.** [begreiflich - Verhalten, Angst] understandable; [- Text] comprehensible; **sich ~ machen** to make o.s. understood; **leicht/schwer ~** easy/difficult to understand <> *adv* [klar] clearly.

Verständnis *das* understanding; **~ für jn/etw haben** to understand sb/sthg.

verständnisvoll *adj* understanding <> *adv* understandingly.

verstärken *vt* - **1.** [stärker machen] to strengthen - **2.** [intensivieren] to increase; [Bemühungen] to intensify; [Strom] to boost; [Signal, Ton] to amplify - **3.** [Truppen, Team] to reinforce.

◆ **sich verstärken** *ref* [stärker werden] to intensify.

Verstärker (*pl* -) *der* amplifier.

Verstärkung (*pl* **-en**) *die* reinforcement; **~ anfordern** to call for reinforcements

verstaubt *adj* - **1.** [voller Staub] dusty - **2.** ***abw*** [veraltet] outmoded.

verstauchen *vt:* **sich** *(D)* **den Fuß ~** to sprain one's ankle.

verstauen *vt* to pack.

Versteck (*pl* **-e**) *das* hiding place; [von Verbrechern] hideout.

verstecken *vt* to hide.

◆ **sich verstecken** *ref:* **sich (vor jm/etw) ~** to hide (from sb/sthg).

Verstecken *das:* **~ spielen** to play hide-and-seek.

versteckt *adj* hidden; [lächeln] furtive; [Kritik, Drohung] veiled; [Eingang, Mangel] concealed <> *adv* [vorbereiten] secretly; **jn ~ kritisieren** to make a veiled criticism of sb.

verstehen (*prät* **verstand;** *perf* **hat verstanden**) *vt* - **1.** [gen] to understand; **ich konnte kein Wort ~** I couldn't understand *ODER* make out a single word; **etw unter etw** *(D)* **~** to understand sthg by sthg; **versteh mich nicht falsch** don't get me wrong - **2.** [vermögen] to know; **etwas/nichts ~ von ...** to know a bit/nothing about ...; **sie versteht es, mit Menschen umzugehen** she knows how to handle people <> *vi* to understand; **jm zu ~ geben, dass ...** to give sb to understand that ...

◆ **sich verstehen** *ref* [Personen] to get on; **sich (gut) mit jm ~** to get on well with sb; **das versteht sich von selbst!** that goes without saying!

versteifen *vt* to stiffen.

◆ **sich versteifen** *ref* - **1.** [Glied, Gelenk] to stiffen - **2.** [sich festlegen]: **sich auf etw** *(A)* **~** to insist on sthg.

versteigern *vt* to auction; **etw meistbietend ~** to sell sthg to the highest bidder.

Ver|steigerung *die* auction.

versteinert *adj* - **1.** [Pflanze, Tier] fossilized; [Holz] petrified - **2.** [Miene] stony.

Versteinerung (*pl* **-en**) *die* fossil.

verstellbar *adj* adjustable.

verstellen *vt* - **1.** [verändern] to adjust - **2.** [falsch stellen] to set wrongly; [Stimme, Schrift] to disguise - **3.** [blockieren]: **jm den Weg/die Sicht ~** to block sb's path/view - **4.** [an einen falschen Ort] to put in the wrong place.

◆ **sich verstellen** *ref* - **1.** [zur Täuschung - im Wesen] to play-act - **2.** [sich anders einstellen] to be moved (out of position).

versteuern *vt* to pay tax on.

verstimmt *adj* - **1.** [Instrument] out of tune - **2.** [Person] disgruntled.

verstockt ***abw*** *adj* stubborn <> *adv* stubbornly.

verstohlen *adj* furtive <> *adv* furtively.

verstopfen (*perf* **hat/ist verstopft**) *vt (hat)* to plug (up); [Abfluss] to block <> *vi (ist)* to be blocked (up).

Verstopfung (*pl* **-en**) *die* - **1.** [von Darm] constipation - **2.** [von Rohr, Straße] blockage.

Verstorbene (*pl* **-n**) *der, die* ***geh*** deceased.

verstört *adj* distraught.

Ver|stoß *der* infringement; **ein ~ gegen etw**

[gegen Gesetz] an infringement of sthg; [gegen Anstand] an offence against sthg.

verstoßen (*präs* **verstößt;** *prät* **verstieß;** *perf* **hat verstoßen)** *vi:* **gegen etw ~** [Regel, Gesetz] to infringe sthg; [Anstand, Geschmack] to offend against sthg <> *vt* [Kind, Ehefrau] to disown; **jn aus einer Gruppe ~** to throw sb out of a group.

verstreichen (*prät* **verstrich;** *perf* **hat/ist verstrichen)** *vt (hat)* [Butter] to spread; [Farbe] to apply <> *vi (ist)* [Zeit] to pass.

verstreuen *vt* **- 1.** [verteilen] to scatter **- 2.** [verschütten] to spill **- 3.** [Creme] to spread.

verstricken *vt geh:* **jn in etw** *(A)* **~** to draw sb into sthg; **sich in etw** *(A)* **~** to get involved in sthg.

verströmen *vt* to exude.

verstümmeln *vt* to mutilate.

verstummen (*perf* **ist verstummt)** *vi* ***geh*** to fall silent; [Geräusch] to cease.

Versuch (*pl* **-e)** *der* **- 1.** [Handlung] attempt; **einen ~ machen** *ODER* **unternehmen** to make an attempt **- 2.** [wissenschaftlich] experiment.

versuchen *vt* to try; [etwas Schwieriges] to attempt; **es mit jm/etw ~** to try sb/sthg <> *vi* [kosten]: **von etw ~** to try sthg.

◆ **sich versuchen** *ref:* **sich an** *ODER* **in etw** *(D)* **~** to try one's hand at sthg.

Versuchs|kaninchen [fɛɐ̯'zuːxskaniːnçən] *das* guinea pig.

Versuchung (*pl* **-en)** *die* temptation.

versüßen *vt* [Leben, Befinden] to make more pleasant; [schlechte Situation] to sweeten.

vertagen *vt* [verschieben] to postpone; [später fortsetzen] to adjourn.

vertauschen *vt* **- 1.** [verwechseln] to mix up **- 2.** [austauschen]: **etw (gegen/mit etw) ~** to exchange sthg (for sthg).

verteidigen *vt* to defend.

◆ **sich verteidigen** *ref* to defend o.s.

Verteidiger, in (*mpl* **-;** *fpl* **-nen)** *der, die* RECHT counsel for the defence.

Verteidigung (*pl* **-en)** *die* defence.

Verteidigung|minister, in *der, die* defence minister.

Verteidigungs|ministerium *das* ministry of defence ***Br***, defense department ***Am***.

verteilen *vt* **- 1.** [ausgeben] to distribute; [Prospekte] to hand out **- 2.** [teilen] to share out **- 3.** [Creme] to spread.

◆ **sich verteilen** *ref* to spread out.

Verteiler (*pl* **-)** *der* TECH distributor.

Ver|teilung *die* distribution.

verteuern *vt* to make more expensive.

◆ **sich verteuern** *ref* to become more expensive.

verteufeln *vt* to condemn.

vertiefen *vt* to deepen.

◆ **sich vertiefen** *ref* **- 1.** [Graben, Loch, Falten] to become deeper **- 2.** [Gefühl, Freundschaft] to deepen **- 3.** [sich konzentrieren]: **sich in etw** *(A)* **~** to become engrossed in sthg.

vertikal [vɛrti'kaːl] *adj* vertical <> *adv* vertically.

vertilgen *vt* **- 1.** [aufessen] to devour **- 2.** [vernichten] to exterminate.

vertonen *vt* [Text] to set to music.

vertrackt *adj* complicated <> *adv* in a complicated way.

Vertrag (*pl* **Verträge)** *der* contract; **jn unter ~ nehmen** to contract sb.

vertragen (*präs* **verträgt;** *prät* **vertrug;** *perf* **hat vertragen)** *vt* to stand, to bear; [Belastung, Kritik, Witz] to take; **sie verträgt keinen Kaffee** coffee doesn't agree with her; **sie kann viel ~** ***fam*** she can hold her drink.

◆ **sich vertragen** *ref:* **sich mit jm ~** to get on with sb.

vertraglich *adj* contractual <> *adv* contractually.

verträglich *adj* [Person, Charakter] easy-going; **gut ~** [Essen] easily digestible; [Medikament] with few side-effects.

Vertrags|bruch *der* breach of contract.

Vertrags|partner, in *der, die* party to a/the contract.

vertrauen *vi:* **jm/einer Sache ~** to trust sb/sthg; **auf etw** *(A)* **~** to put one's trust in sthg; **auf sein Glück ~** to trust to luck.

Vertrauen *das* trust; **zu jm ~ haben** to trust sb; **jn ins ~ ziehen** to take sb into one's confidence.

◆ **im Vertrauen** *adv* in confidence.

◆ **Vertrauen erweckend** *adj:* **ein ~ erweckender Mensch** a person who inspires confidence.

Vertrauens|basis *die* basis of trust.

Vertrauens|frage *die:* **die ~ stellen** POL to ask for a vote of confidence.

Vertrauens|sache *die* matter of trust.

vertrauensselig *adj* trusting <> *adv* trustingly.

vertrauensvoll <> *adj* **- 1.** [voller Vertrauen] trusting **- 2.** [zuversichtlich] confident **- 3.** [Beziehung, Zusammenarbeit] based on trust <> *adv* **- 1.** [voller Vertrauen] trustingly **- 2.** [zuversichtlich] confidently.

vertrauenswürdig *adj* trustworthy.

vertraulich *adj* **- 1.** [geheim] confidential **- 2.** [herzlich] familiar <> *adv* [geheim] confidentially.

verträumt *adj* dreamy <> *adv* dreamily.

vertraut *adj* familiar; [Freund] close; **jm ~ sein**

to be familiar to sb; **mit etw ~ sein** to be familiar with sthg; **sich mit etw ~ machen** to familiarize o.s. with sthg.

vertreiben (*prät* **vertrieb;** *perf* **hat vertrieben**) *vt* - **1.** [verjagen] to drive away; [aus Land] to drive out; **jn aus einem Haus ~** to turn sb out of a house - **2.** [verkaufen] to sell - **3.** [Zeit] to pass.

Vertreibung (*pl* **-en**) *die* expulsion.

vertretbar *adj* [Meinung] tenable; [Kosten, Risiko] justifiable.

vertreten (*präs* **vertritt;** *prät* **vertrat;** *perf* **hat vertreten**) *vt* - **1.** [bei Urlaub, Krankheit] to stand in for - **2.** [Interessen, Firma, Land] to represent - **3.** [Standpunkt, These, Prinzip] to support - **4.** [anwesend]: **~ sein** to be present - **5.** [verletzen]: **sich** *(D)* **den Fuß ~** to twist one's ankle.

Vertreter, in (*mpl* **-;** *fpl* **-nen**) *der, die* - **1.** [Stellvertreter] stand-in; [von Arzt] locum - **2.** [von Firma, Gruppe] representative - **3.** [von Meinung, Interessen] advocate.

Vertretung (*pl* **-en**) *die* - **1.** [bei Urlaub, Krankheit] replacement - **2.** [von Interessen, Firma, Land] representation - **3.** [Person] representative - **4.** [Filiale] branch; **diplomatische ~** diplomatic mission.

Vertrieb *der* - **1.** [Verkauf] sale - **2.** [Abteilung] sales department; **im ~ arbeiten** to work in sales.

Vertriebene (*pl* **-n**) *der, die* - **1.** [Flüchtling]: **die ~n aus dem Krisengebiet** the people driven out of the crisis region - **2.** [Heimatvertriebene] *ethnic German who fled East Prussia, Silesia or Bohemia in 1945.*

Vertriebsab|teilung *die* sales department.

Vertriebskosten *pl* sales and distribution costs.

vertrocknen (*perf* **ist vertrocknet**) *vi* [Boden] to dry out; [Pflanze, Gras] to wither.

vertrödeln *vt* to waste.

vertrösten *vt* to put off; **jn auf später ~** to put sb off until later.

vertun (*prät* **vertat;** *perf* **hat vertan**) *vt* to waste.
◆ **sich vertun** *ref* to get it wrong.

vertuschen *vt* [Skandal] to hush up; [Fehler, Wahrheit] to cover up.

verübeln *vt*: **jm etw ~** to hold sthg against sb; **ich verübele ihm seine ständige Unpünktlichkeit** I find his constant unpunctuality offensive.

verüben *vt* to commit.

verulken *vt* to make fun of.

verunglimpfen *vt geh* to denigrate.

verunglücken (*perf* **ist verunglückt**) *vi* to have an accident; **mit dem Zug ~** to be in a train crash; **tödlich/schwer ~** to be killed/seriously injured in an accident.

verunreinigen *vt* to pollute.

verunsichern *vt* to make uneasy.

verunstalten *vt* to disfigure.

veruntreuen *vt* RECHT to embezzle.

Veruntreuung (*pl* **-en**) *die* RECHT embezzlement.

verursachen *vt* to cause.

Verursacher, in (*mpl* **-;** *fpl* **-nen**) *der, die* **amt** person responsible.

Verursacherprinzip *das principle whereby the person responsible for the damage pays for it.*

verurteilen *vt* - **1.** [vor Gericht]: **jn zu etw ~** to sentence sb to sthg - **2.** [kritisieren] to condemn.

Verur|teilung *die* - **1.** [vor Gericht] sentencing - **2.** [Missbilligung] condemnation.

vervielfachen *vt* to multiply.
◆ **sich vervielfachen** *ref* to multiply.

vervielfältigen *vt* to make copies of.

vervollkommnen *vt* to perfect.
◆ **sich vervollkommnen** *ref* [Person] to perfect o.s.; [Verfahren] to be perfected.

vervollständigen *vt* to complete.
◆ **sich vervollständigen** *ref* to be completed.

Verw. - **1.** (*abk für* **Verwaltung**) admin. - **2.** (*abk für* **Verweis**) ref.

verwachsen[1] [fɛr'vaksn̩] *adj* deformed.

verwachsen[2] [fɛr'vaksn̩] (*präs* **verwächst;** *prät* **verwuchs;** *perf* **ist verwachsen**) *vi* - **1.** [heilen] to heal (up) - **2.** [verbinden]: **mit etw ~ sein** to have very close ties with sthg.
◆ **sich verwachsen** *ref* **fam** to correct itself with time.

verwackelt *adj* **fam** blurred.

verwählen ◆ **sich verwählen** *ref* to dial the wrong number.

verwahren *vt* to keep (safe).
◆ **sich verwahren** *ref*: **sich gegen etw ~** to protest against sthg.

verwahrlosen (*perf* **ist verwahrlost**) *vi* to be neglected; [Garten] to run wild.

Verwahrung *die* safekeeping; **etw in ~ nehmen** to take sthg into safekeeping.

verwaist *adj* - **1.** [Kind] orphaned - **2.** [Ort] deserted.

verwalten *vt* [Gebäude, Besitz] to manage; [Altenheim, Geschäft] to run; [Amt] to hold; [Geld] to administer.

Verwalter, in (*mpl* **-;** *fpl* **-nen**) *der, die* manager; [von Geld] administrator.

Verwaltung (*pl* **-en**) *die* administration; [von

Geschäft, Gebäude] management; **die städtische ~** the municipal authorities.

Verwaltungs|bezirk *der* administrative district.

Verwaltungs|gebäude *das* administration building.

Verwaltungs|kosten *pl* administrative costs.

verwandeln *vt* to transform, to change; **etw in etw** *(A)* **~** to transform ODER change sthg into sthg.

◆ **sich verwandeln** *ref* to change.

Ver|wandlung *die* transformation; ZOOL metamorphosis.

verwandt *pp* ▻ **verwenden** ◇ *adj* related; **mit jm ~ sein** to be related to sb; **seelisch ~ sein** to be kindred spirits.

Verwandte (*pl* **-n**) *der, die* relative.

Verwandtschaft (*pl* **-en**) *die* **- 1.** [alle Verwandte] family **- 2.** [Verwandtsein] relationship.

verwandtschaftlich *adj* family *(vor Subst)* ◇ *adv:* **~ verbunden sein** to be related.

verwarnen *vt* to caution.

Ver|warnung *die* caution; **eine gebührenpflichtige ~** a fine.

verwaschen *adj* faded.

verwässern *vt* to water down.

verwechseln [fɛr'vɛksln̩] *vt* to mix up; **jn/etw mit jm/etw ~** to mistake sb/sthg for sb/sthg.

Verwechseln *das:* **einander zum ~ ähnlich sehen** to be the spitting image of each other.

Verwechslung, Verwechselung [fɛr'vɛks(ə)lʊŋ] (*pl* **-en**) *die* mixing up; **es gab eine ~** there was a mix-up.

verwegen *adj* daring ◇ *adv* daringly.

verwehen *vt* **- 1.** [auseinanderwehen] to blow away **- 2.** [zuwehen] to cover over.

verweichlichen (*perf* **hat/ist verweichlicht**) *vi (ist)* to grow soft.

verweigern *vt* to refuse; **die Annahme von etw ~** to refuse to take sthg; **einen Befehl ~** to refuse to obey an order; **den Kriegsdienst ~** to be a conscientious objector; **jm etw ~** to refuse sb sthg ◇ *vi* ***fam*** [den Wehrdienst verweigern] to be a conscientious objector.

◆ **sich verweigern** *ref* to refuse; **er verweigert sich seinen Pflichten** he refuses to do his duty.

Ver|weigerung *die* refusal; **die ~ eines Befehls** refusal to obey an order.

Verweis (*pl* **-e**) *der* **- 1.** [Tadel] reprimand; **jm einen ~ erteilen** to reprimand sb **- 2.** [in Text]: **ein ~ auf etw** *(A)* a reference to sthg.

verweisen (*prät* **verwies;** *perf* **hat verwiesen**) *vt* **- 1.** [hinweisen]: **jn auf etw** *(A)* **~** to refer sb to sthg **- 2.** [weiterleiten]: **jn/etw an jn/etw ~** to refer sb/sthg to sb/sthg **- 3.** [ausweisen - von Schule] to expel; [- aus Raum] to throw out **- 4.** ***geh*** [rügen] to reprimand ◇ *vi:* **auf etw** *(A)* **~** to refer to sthg; **eine Tafel verweist auf den Eingang** a sign points to the entrance.

verwelken (*perf* **ist verwelkt**) *vi* to wilt.

verwenden (*prät* **verwendete** ODER **verwandte;** *perf* **hat verwendet** ODER **verwandt**) *vt* **- 1.** [benutzen] to use **- 2.** [einsetzen - Zeit, Geld] to spend; **etw für** ODER **zu etw ~** to use sthg for sthg; **Kraft auf etw** *(A)* **~** to put energy into sthg; **Mühe auf etw** *(A)* **~** to take trouble over sthg.

◆ **sich verwenden** *ref:* **sich für jn/etw ~** to use one's influence to benefit sb/sthg.

Ver|wendung *die* use; **eines Tages findet es sicher noch ~** we're sure to find a use for it some day.

verwerfen (*präs* **verwirft;** *prät* **verwarf;** *perf* **hat verworfen**) *vt* to reject.

verwerten *vt* **- 1.** [Kenntnisse] to make use of **- 2.** [Abfall, Altpapier] to re-use, to recycle.

Ver|wertung *die* **- 1.** [von Kenntnissen] use **- 2.** [von Abfall, Altpapier] re-use, recycling.

verwest *adj* decomposed.

Verwesung *die* decomposition.

verwickeln *vt:* **jn in etw** *(A)* **~** to involve sb in sthg.

◆ **sich verwickeln** *ref* to get tangled up.

verwickelt *adj* [kompliziert] complicated.

Verwicklung, Verwickelung (*pl* **-en**) *die* **- 1.** [Verwickeln] involvement **- 2.** [Komplikation] complication.

verwildern (*perf* **ist verwildert**) *vi* [Garten] to become overgrown; [Tier] to become wild.

verwinden (*prät* **verwand;** *perf* **hat verwunden**) *vt* ***geh*** to get over; **etw nicht ~ können** not to be able to get over sthg.

verwinkelt *adj* [Gasse, Flur] narrow and winding; [Haus] full of nooks and crannies.

verwirklichen *vt* [Traum] to realize; [Plan, Ziel] to achieve; [Idee] to put into practice.

◆ **sich verwirklichen** *ref* **- 1.** [Hoffnung, Traum, Befürchtung] to come true **- 2.** [Person]: **sich selbst ~** to fulfil o.s.

Verwirklichung (*pl* **-en**) *die* [von Traum] realization; [von Plan, Ziel] achievement; [von Idee] putting into practice.

verwirren *vt* **- 1.** [Fäden] to tangle up **- 2.** [Person] to confuse.

◆ **sich verwirren** *ref* **- 1.** [Fäden] to become tangled up; [Haar] to get tousled **- 2.** [Verstand, Sinne] to become confused.

Verwirrung (*pl* **-en**) *die* confusion.

verwischen *vt* [Spur] to cover over; [Schrift] to smudge; [Farbe] to smear; [Kontur] to blur.

◆ **sich verwischen** *ref* [Grenze] to become blurred.

verwittern (*perf* **ist verwittert**) *vi* to weather.

verwitwet *adj* widowed.

verwöhnen *vt* to spoil.

verwöhnt *adj* **- 1.** [Kind, Tier] spoiled **- 2.** [Geschmack] discriminating.

verworren *adj* confused ◇ *adv* [erzählen] in a confusing manner.

verwunden *vt* to wound.

verwunderlich *adj* surprising.

verwundern *vt* to surprise.
◆ **sich verwundern** *ref geh* to be surprised.

verwundert *adj* surprised ◇ *adv* in surprise.

Verwunderung *die* surprise.

Verwundete (*pl* **-n**) *der, die* wounded person; **die ~n** the wounded.

Verwundung (*pl* **-en**) *die* [Wunde] wound.

verwünschen *vt* **- 1.** [verfluchen] to curse **- 2.** [verzaubern] to bewitch.

verwüsten *vt* to devastate.

Verwüstung (*pl* **-en**) *die* devastation *(U)*.

Verz. *abk für* **Verzeichnis.**

verzählen ◆ **sich verzählen** *ref* to miscount.

verzapfen *vt fam abw* to come out with.

verzaubern *vt* to enchant; **einen Prinz in einen Frosch ~** to turn a prince into a frog.

Verzehr *der geh* consumption.

verzehren *vt geh* to consume.

verzeichnen *vt* to record; [Erfolg] to notch up; **ist diese Stadt auf der Landkarte verzeichnet?** is this town (marked) on the map?

Verzeichnis (*pl* **-se**) *das* **- 1.** [Liste] list; [Katalog] catalogue; [mit Namen] index **- 2.** EDV directory.

Verzeichnis|struktur *die* EDV directory structure.

verzeihen (*prät* **verzieh**; *perf* **hat verziehen**) *vt* to forgive; **jm etw ~** to forgive sb for sthg; **~ Sie bitte!** excuse me, please!; **~ Sie bitte, dass ich stören muss!** please forgive the intrusion!

verzeihlich *adj* forgivable.

Verzeihung *die* forgiveness; **jn um ~ bitten** to apologize to sb.
◆ **Verzeihung** *interj* sorry!

verzerren *vt* **- 1.** [Gesicht] to contort **- 2.** [Bild, Klang] to distort.
◆ **sich verzerren** *ref* [Gesicht] to contort.

verzetteln ◆ **sich verzetteln** *ref* to get bogged down.

Verzicht (*pl* **-e**) *der*: **der ~ auf Süßigkeiten fällt ihr schwer** he finds it hard to go without sweets; **~ leisten** to do without.

verzichten *vi* to do without; **auf jn/etw ~** to do without sb/sthg; **wir werden zukünftig auf ihre Dienste ~** we will be dispensing with her services; **auf eine Bemerkung ~** not to make ODER to refrain from making a comment; **er verzichtete darauf, sich zu beschweren** he refrained from making a complaint; **zugunsten eines anderen auf eine Stelle ~** to let sb have a job instead of o.s.; **verzichte auf deine blöde Kommentare!** stop making your stupid comments!; **danke, ich verzichte** I'll pass (on that one), thanks.

verzieh *prät* ▷ **verzeihen.**

verziehen (*prät* **verzog**; *perf* **hat/ist verzogen**) *pp* ▷ **verzeihen** ◇ *vt (hat)* **- 1.** [Miene, Mund] to screw up; **das Gesicht ~** to pull a face **- 2.** [Kind] to spoil ◇ *vi (ist)* [fortziehen] to move; **unbekannt verzogen** no longer at this address.
◆ **sich verziehen** *ref* **- 1.** [Gesicht, Mund] to contort **- 2.** [Tür, Holz] to warp **- 3.** [Nebel, Rauch] to disperse; [Unwetter] to pass **- 4.** *fam* [fortgehen] to disappear; **verzieh dich** get lost!

verzieren *vt* to decorate.

Verzierung (*pl* **-en**) *die* decoration.

verzinsen *vt* to pay interest on.
◆ **sich verzinsen** *ref* to yield interest.

verzögern *vt* **- 1.** [verschieben] to delay **- 2.** [verlangsamen] to slow down.
◆ **sich verzögern** *ref* [sich verspäten] to be delayed.

Verzögerung (*pl* **-en**) *die* **- 1.** [Verspätung] delay **- 2.** [Verlangsamung] slowing down.

verzollen *vt* to declare; **haben Sie etwas zu ~?** do you have anything to declare?

Verzug *der* delay; **in ~ (mit etw) geraten** ODER **kommen** to fall behind (with sthg).
◆ **im Verzug** *adv*: **mit etw im ~ sein** to be behind with sthg; **Gefahr ist im ~** danger is imminent.

verzweifeln (*perf* **ist verzweifelt**) *vi* to despair; **an etw** *(D)* **/über etw** *(A)* **~** to despair of/at sthg.

Verzweifeln *das*: **es ist zum ~!** it's enough to drive you to despair!

verzweifelt *adj* desperate; [Blick] despairing ◇ *adv* [kämpfen, versuchen] desperately; [sagen, anblicken] despairingly.

Verzweiflung (*pl* **-en**) *die* despair; **vor ~** in despair; **jn zur ~ bringen** to drive sb to despair.

verzweigt *adj* with many branches.

verzwickt *adj* tricky.

Vesuv *der*: **der ~** Vesuvius.

Veteran [vete'ra:n] (*pl* **-en**) *der* veteran.

Veto ['ve:to] (*pl* **-s**) *das* veto; **sein ~ gegen etw einlegen** to veto sthg.

Vetter (*pl* **-n**) *der* cousin.

Vetternwirtschaft *die* **abw** nepotism.

VGA-Standard [faugeː'aːʃtandart] *der* EDV VGA standard.

vgl. (*abk für* **vergleiche**) cf.

VHS [fauhaː'ɛs] *die abk für* **Volkshochschule.**

via ['viːa] *präp* via.

vibrieren [vi'briːrən] *vi* to vibrate; [Stimme] to quiver.

Video ['viːdeo] (*pl* **-s**) *das* video.

Video|clip *der* video clip.

Video|film *der* video.

Video|gerät *das* video *Br*, VCR *Am*.

Video|kamera *die* video camera.

Video|kassette *die* video (tape).

Videokonsole (*pl* **-n**) *die* game console.

Video|rekorder *der* video (recorder) *Br*, VCR *Am*.

Video|spiel *das* video game.

Video|text *der* videotext.

Videothek [video'teːk] (*pl* **-en**) *die* video store.

Vieh *das* **- 1.** [alle Tiere] livestock **- 2.** [Rinder] cattle.

Viehzucht *die* stock breeding; [von Rindern] cattle breeding.

viel (*kompar* **mehr;** *superl* **meiste**), **vieles** *adj:* **das ~e Geld** all the money; **das Kleid mit den ~en Knöpfen** the dress with all the buttons; **~en Dank!** thank you very much! <> *det* **- 1.** [Menge] much, a lot of; **zu ~** too much; **~ Tee/Zeit** a lot of tea/time **- 2.** [Anzahl] many, a lot of, lots of; **zu ~** too many; **~e Bücher** a lot of books, lots of books; **~e Menschen** many ODER a lot of people <> *adv* **- 1.** [intensiv, oft] a lot; **~ arbeiten** to work a lot; **sie ist ~ allein** she is alone a lot of the time **- 2.** [zum Ausdruck der Verstärkung] much; **~ mehr** much more; **~ zu** much too, far too; **es dauert ~ zu lange** it's far too long; **nicht ~ anders** not very different <> *pron* a lot; **er sagt ~** he says a lot; **er sagt nicht ~** he doesn't say much.

◆ **nicht viel** *det* not much <> *adv* not much; **er schläft nicht ~** he doesn't sleep much.

◆ **nicht viele** *det* not many.

◆ **vieles** *pron* a lot of things.

◆ **viel zu viel** *det* & *adv* much too much.

◆ **viel zu viele** *det* far too many; *siehe auch* **zu viel.**

viel beschäftigt *adj* very busy.

vielerlei *det* all kinds of <> *pron* all kinds of things.

vielfach *adj* [mehrfach, wiederholt] multiple; **auf ~en Wunsch** by popular demand; **das ~e Gewicht** many times the weight <> *adv* **- 1.** [mehrfach, wiederholt] several times **- 2.** [häufig] often.

Vielfache *das* [von Zahl] multiple; **um ein ~s** many times over.

Vielfalt *die* diversity, great variety.

vielfältig *adj* diverse.

Vielflieger, in (*mpl* **-**; *fpl* **-nen**) *der* frequent flier.

vielleicht *adv* **- 1.** [eventuell] perhaps **- 2.** *fam* [wirklich, außerordentlich] really; **der ist ~ gerannt!** he didn't half run! **- 3.** [Ausdruck der Höflichkeit]: **wären Sie ~ so freundlich, den Termin zu bestätigen?** could you possibly confirm the date for me? **- 4.** [ungefähr] about **- 5.** *fam* [etwa]: **hast du ~ gedacht, ich würde da mitmachen?** you didn't think I would join in, did you? **- 6.** *fam* [Ausdruck der Ungeduld]: **~ kannst du dich mal beeilen!** do you think you could possibly get a move on!

vielmals *adv:* **danke ~** thank you very much.

vielmehr *adv* **geh** rather.

vielsagend *adj* meaningful <> *adv* meaningfully.

vielschichtig *adj* complex <> *adv* from many different aspects.

vielseitig *adj* **- 1.** [Person] versatile **- 2.** [umfassend] varied <> *adv:* **~ begabt** multitalented; **~ einsetzbar** versatile.

vielversprechend *adj* promising <> *adv* promisingly.

Vielzahl *die* large number; **eine ~ von Möglichkeiten** a wealth of possibilities.

vier [fiːɐ̯] *num* four; **auf allen ~en** *fam* on all fours; **alle ~e von sich strecken** *fam* to put one's feet up; *siehe auch* **sechs.**

Vier (*pl* **-en**) *die* **- 1.** [Zahl] four **- 2.** [Schulnote] ≃ D, *mark of 4 on a scale from 1 to 6; siehe auch* **Sechs.**

Vierbeiner (*pl* **-**) *der* four-legged friend.

Viereck (*pl* **-e**) *das* four-sided figure; [Rechteck] rectangle; [Quadrat] square.

viereckig *adj* four-sided; [rechteckig] rectangular; [quadratisch] square.

Vierer (*pl* **-**) *der* **- 1.** SPORT four **- 2.** [Schulnote] ≃ D.

vierfach *adj:* **die ~e Menge** four times as much; **in ~er Größe** four times as big; **die Formulare in ~er Ausfertigung abgeben** to provide four copies of the form; **der ~e Gewinner** the four-time winner <> *adv* four times.

vierhändig *adv* as a duet <> *adj:* **ein ~es Stück** a duet.

vierhundert *num* four hundred.

viermal *adv* four times.

vierspurig *adj* four-lane.

vierstellig *adj* four-figure.

vierstimmig *adj* for four voices ◇ *adv* as a quartet.

viert ◆ **zu viert** *adv:* **wir waren zu ~** there were four of us; **wir sind zu ~ ins Kino gegangen** four of us went to the cinema.

Viertakt|motor *der* four-stroke engine.

viertausend *num* four thousand.

vierte, r, s *adj* fourth; *siehe auch* **sechste.**

Vierte (*pl* **-n**) *der, die, das* fourth; *siehe auch* **Sechste.**

viertel *adj (unver)* quarter; *siehe auch* **sechstel.**

Viertel (*pl* -) *das* [Teil] quarter; **~ vor/nach drei** a quarter to/past *Br* ODER after *Am* three; **das akademische ~** *the quarter of an hour between the official and actual beginning of a lecture at German universities; siehe auch* **Sechstel.**

Viertel|finale *das* quarter-final.

Viertel|jahr *das* quarter.

vierteljährlich *adj* & *adv* quarterly.

vierteln *vt* to divide into four.

Viertelpfund (*pl* -) *das* quarter (of a) pound.

Viertel|stunde *die* quarter of an hour.

viertelstündlich *adj* & *adv* every quarter of an hour.

viertens, viertens *adv* fourthly.

Vierwaldstätter See *der* Lake Lucerne.

vierzehn *num* fourteen; *siehe auch* **sechs.**

Vierzehn (*pl* **-en**) *die* fourteen; *siehe auch* **Sechs.**

vierzehntägig *adv* every fortnight, fortnightly ◇ *adj* **- 1.** [alle zwei Wochen] fortnightly **- 2.** [zwei Wochen lang] two-week, fortnight-long.

vierzig *num* forty; *siehe auch* **sechs.**

Vierzigerjahre, vierziger Jahre *pl:* **die ~** the forties.

Vierzigstunden|woche *die* forty-hour week.

Vierzimmer|wohnung *die* four-room flat *Br* ODER apartment *Am.*

Vier|zylinder *der fam* four-cylinder car.

Vietnam [vjɛt'nam] *nt* Vietnam.

Vietnamese [vjɛtna'meːzə] (*pl* **-n**) *der* Vietnamese.

Vietnamesin [vjɛtna'meːzɪn] (*pl* **-nen**) *die* Vietnamese.

vietnamesisch [vjɛtna'meːzɪʃ] *adj* Vietnamese.

Vikar, in [vi'kaːɐ̯, rɪn] (*mpl* **-e;** *fpl* **-nen**) *der, die* [evangelisch] ≃ curate.

Viktoriasee *der* Lake Victoria.

Villa ['vɪla] (*pl* **Villen**) *die* villa.

violett [vjo'lɛt] *adj* purple.

Violett *das* purple.

Violine [vjo'liːnə] (*pl* **-n**) *die* violin.

Violin|schlüssel *der* treble clef

Viper ['viːpɐ] (*pl* **-n**) *die* viper.

virtuell *adj* virtual; **~e Realität** virtual reality ◇ *adv* virtually.

Virus ['viːrʊs] (*pl* **Viren**) *der* ODER *das* MED & EDV virus.

Virus|infektion *die* viral infection.

Visage [vi'zaːʒə] (*pl* **-n**) *die* ***salopp abw*** mug.

V. i. S. d. P. (*abk für* **Verantwortlicher im Sinne des Presserechts**) *person responsible for the contents of a publication in the eyes of German press law.*

Visier [vi'ziːɐ] (*pl* **-e**) *das* **- 1.** [von Helm] visor **- 2.** [von Gewehr] sight; **jn/etw im ~ haben** [es auf jn abgesehen haben] to have it in for sb/sthg; [anpeilen] to have one's eye on sb/sthg.

Vision [vi'zjoːn] (*pl* **-en**) *die* vision.

Visite [vi'ziːtə] (*pl* **-n**) *die* [privat, geschäftlich] visit; [Besuch des Arztes]: **~ machen** to do one's rounds.

Visiten|karte *die* visiting card.

Viskose [vɪs'koːzə] *die* viscose.

visuell [vizu̯'ɛl] *adj* visual.

Visum ['viːzʊm] (*pl* **Visa** ODER **Visen**) *das* visa.

vital [vi'taːl] *adj* **- 1.** [Person] full of life **- 2.** [vordringlich] vital.

Vitamin [vita'miːn] (*pl* **-e**) *das* vitamin; **~ B** ***fam*** [Beziehungen] connections *(pl).*

Vitaminmangel *der* vitamin deficiency.

Vitrine [vi'triːnə] (*pl* **-n**) *die* **- 1.** [Schrank] display cabinet **- 2.** [Ausstellungskasten] display case.

Vize|kanzler, in *der, die* vice-chancellor.

Vize|präsident, in *der, die* vice-president.

Vogel (*pl* **Vögel**) *der* **- 1.** [Tier] bird **- 2.** ***fam*** [Person]: **ein komischer ~** an odd customer **- 3.** ***RW:*** **den ~ abschießen** ***fam*** to outdo everyone; **einen ~ haben** ***salopp abw*** to be off one's head; **jm einen ~ zeigen** ***fam*** to tap one's forehead at sb *(to indicate that he/she is crazy).*

Vogelbauer (*pl* -) *der* birdcage.

Vogelfluglinie *die ferry link between Germany and Denmark.*

vogelfrei *adj* outlawed; **für ~ erklärt werden** to be outlawed.

Vogel|futter *das* birdseed.

vögeln *vt* & *vi* ***vulg*** to screw.

Vogelperspektive *die:* **etw aus der ~ sehen** to have a bird's-eye view of sthg.

Vogelscheuche (*pl* **-n**) *die* scarecrow.

Vogesen *pl:* **die ~** the Vosges.

Vokabel [vo'kaːbl̩] (*pl* **-n**) *die* word; **~n** vocabulary *(U)*.

Vokabular [vokabu'laːɐ̯] (*pl* **-e**) *das* vocabulary.

Vokal [vo'kaːl] (*pl* **-e**) *der* vowel.

Voliere [vo'li̯eːr(ə)] (*pl* **-n**) *die* aviary.

Volk (*pl* **Völker**) *das* **- 1.** [gen] people *(pl)*; **das deutsche ~** the German nation ODER people; **sich unters ~ mischen** to mingle with the crowd **- 2.** *(ohne pl)* **fam** [viele Personen] crowd; **viel ~** lots of people.

Völkerbund *der* HIST League of Nations.

Völkerkunde *die* ethnology.

Völkerrecht *das* international law.

völkerrechtlich *adj* [Diskussion] of international law; [Bestimmung] under international law.

Völkerwanderung *die* HIST migration of the peoples, *migration of tribes such as the Huns and the Goths to the current geographical area of Germany between the 4th and 6th centuries AD.*

Volksabstimmung *die* referendum.

Volksbegehren *das* petition for a referendum.

Volksentscheid (*pl* **-e**) *der* referendum.

Volksfest *das* festival.

Volkshochschule *die* ≃ college of adult education.

VOLKSHOCHSCHULE

Colleges of adult education in Germany offer academic as well as practical courses, usually in the form of evening classes and lectures. These courses are offered in a variety of subjects and can in some cases lead to a certificate or other recognized qualification.

Volkskunst *die* folk art.

Volkslied *das* folk song.

Volksmund *der* vernacular.
◆ **im Volksmund** *adv*: **Helmut Kohl, im ~ „Birne" genannt** Helmut Kohl, popularly known as "Birne".

Volksmusik *die* folk music.

volksnah *adj*: **ein ~er Politiker** a politician who is in touch with ordinary people.

Volksrepublik *die* people's republic; **die ~ China** the People's Republic of China.

Volkstanz *der* folk dance.

Volkstrauertag *der* ≃ Remembrance Day **Br**, ≃ Veterans' Day **Am**, *German national day of remembrance.*

volkstümlich *adj* **- 1.** [traditionell] traditional **- 2.** [populär] popular ◇ *adv* [populär] in plain language.

Volksvertretung *die* parliament.

Volkswirtschaft *die* **- 1.** [Wissenschaft] economics *(U)* **- 2.** [Wirtschaft] economy.

volkswirtschaftlich *adj* economic.

Volkszählung *die* census.

voll *adj* **- 1.** [gen] full; **~ von** ODER **mit etw sein** to be full of sthg; **halb ~** half full; **er kann aus dem Vollen schöpfen** ***fig*** he has unlimited resources to draw on; **mit ~em Recht** with every justification; **in ~em Ernst** in all seriousness **- 2.** ***fam*** [gesättigt]: **~ sein** to be full (up) **- 3.** ***salopp*** [betrunken]: **~ sein** to be plastered **- 4.** [vollwertig]: **jn nicht für ~ nehmen** ***fam fig*** not to take sb seriously ◇ *adv* **- 1.** [völlig] totally, completely; **~ und ganz** completely **- 2.** ***salopp*** [verstärkend] really.

vollauf *adv* completely.

vollautomatisch *adj* fully automatic ◇ *adv* fully automatically.

Vollbart *der* full beard.

Vollblut (*pl* **-blüter**) *das* thoroughbred.

Vollbremsung *die*: **eine ~ machen** to slam on the brakes.

vollbringen (*prät* **vollbrachte**; *perf* **hat vollbracht**) *vt* ***geh*** to achieve.

vollbusig *adj* buxom.

Volldampf *der*: **mit ~** ***fam*** flat out.

vollenden *vt* to complete.

vollendet *pp* ▻ **vollenden** ◇ *adj* **- 1.** [perfekt] perfect **- 2.** [fertig] completed ◇ *adv* perfectly.

vollends *adv* completely.

Vollendung *die* **- 1.** [Perfektion] perfection **- 2.** [Vollenden] completion; **mit** ODER **nach ~ des 18. Lebensjahres** on reaching the age of 18.

voller *adj (unver)* full of.

Volleyball ['vɔlibal] *der* volleyball.

vollführen *vt* to perform.

Vollgas *das*: **mit ~** at full throttle; **~ geben** to put one's foot down **Br**, to step on the gas **Am**.

völlig *adj* complete ◇ *adv* completely.

volljährig *adj*: **~ sein** to be of age.

Vollkaskoversicherung *die* comprehensive insurance.

vollklimatisiert *adj* fully air-conditioned.

vollkommen *adj* **- 1.** [perfekt] perfect **- 2.** [absolut] complete ◇ *adv* **- 1.** [perfekt] perfectly **- 2.** [absolut] completely.

Vollkommenheit *die* perfection; **er bringt es im Klavierspielen zur ~** his piano playing is nothing short of perfect.

Vollkorn|brot *das* wholemeal *Br ODER* whole wheat *Am* bread.

voll laufen (*präs* **läuft voll;** *prät* **lief voll;** *perf* **ist voll gelaufen**) *vi* to fill up; **sich ~ lassen** *salopp abw* to get plastered.

voll machen *vt fam* - **1.** [Bett] to wet; [Windel, Hose] to dirty - **2.** [füllen] to fill - **3.** [vervollständigen] to complete.

Voll|macht (*pl* **-en**) *die* - **1.** (*ohne pl*) [Befugnis] authority; RECHT power of attorney; **jm (die) ~ geben** *ODER* **erteilen** to authorize sb; RECHT to give sb power of attorney - **2.** [Schreiben] letter of authorization; **schriftliche ~** written authorization.

Voll|milch *die* full-fat milk.

Voll|mond *der* full moon.

voll packen *vt* to pack full.

Vollpension *die* full board.

vollschlank *adj:* **die ~e Dame** the woman with a fuller figure.

vollständig *adj* complete <> *adv* completely.

Vollständigkeit *die* completeness; **der ~ halber** for the sake of completeness.

voll stopfen *vt fam* to stuff full.
◆ **sich voll stopfen** *ref fam* to stuff one's face.

vollstrecken *vt* - **1.** RECHT [Testament] to execute; [Urteil] to carry out - **2.** SPORT to score from, to convert.

Vollstreckung (*pl* **-en**) *die* [von Urteil] carrying out; [von Testament] execution.

voll tanken *vi* to fill up; **bitte einmal ~!** fill it up, please! <> *vt* to fill up.

Voll|treffer *der* - **1.** [Schuss] direct hit - **2.** *RW:* **ein ~ sein** to be a hit; **einen ~ landen** *fam* to hit the bull's-eye.

Vollver|sammlung *die* general meeting.

vollwertig *adj* - **1.** [gleichwertig] fully-fledged - **2.** [Speisen] wholefood.

Vollwertkost *die* wholefood.

vollzählig *adj* entire <> *adv:* **sie sind ~ erschienen** they all turned up.

vollziehen (*prät* **vollzog;** *perf* **hat vollzogen**) *vt* to carry out.
◆ **sich vollziehen** *ref* to take place.

Vollzug *der* - **1.** [von Urteil, Beschlagnahmung] carrying out - **2.** [von Ehe] consummation - **3.** *fam* [Gefängnis] clink.

Vollzugs|anstalt *die* prison, penitentiary *Am.*

Volontär [volɔn'tɛːɐ̯] (*pl* **-e**) *der* trainee.

Volontariat [volɔnta'ri̯aːt] (*pl* **-e**) *das* - **1.** [Stelle] traineeship - **2.** [Zeit] (period of) training.

Volontärin [volɔn'tɛːrɪn] (*pl* **-nen**) *die* trainee.

Volt [vɔlt] (*pl* **-**) *das* volt.

Volumen [vo'luːmən] (*pl* **-**) *das* volume.

vom *präp* - **1.** (*von + dem*) from the; **~ Bahnhof** from the station - **2.** (*untrennbar*): **~ Fach sein** to be an expert; **müde ~ Arbeiten sein** to be tired from working.

von *präp (+ D)* - **1.** [räumlich] from; [von weg] off, from; **~ ... nach ...** from ... to ...; **~ Köln bis Paris** from Cologne to Paris; **etw vom Tisch nehmen** to take sthg from *ODER* off the table - **2.** [zeitlich] from; **~ Montag bis Freitag** from Monday to Friday, Monday through Friday *Am*; **~ heute an** from today - **3.** [besitzanzeigend]: **ist das Buch ~ dir?** is the book yours? - **4.** [stellt Bezug her]: **die Zeitung ~ gestern** yesterday's paper; **ein Brief ~ meiner Schwester** a letter from my sister; **~ wem hast du das?** who gave it to you?; **ein Verwandter ~ mir** a relation of mine; **das war dumm/nett ~ dir** that was stupid/nice of you; **der Bürgermeister ~ Frankfurt** the mayor of Frankfurt - **5.** [in Passivsätzen] by; **~ einem Hund gebissen werden** to be bitten by a dog; **~ Hand hergestellt** made by hand - **6.** [zur Angabe der Ursache] from; **müde ~ der Reise** tired from the journey - **7.** [drückt Eigenschaften aus] of; **ein Sack ~ 25 kg** a 25 kg bag; **eine Fahrt ~ 3 Stunden** a 3-hour journey; **~ Gold** gold - **8.** [zur Angabe einer Teilmenge] of; **ein Stück ~ der Torte** a piece of the cake; **neun ~ zehn** nine out of ten - **9.** *RW:* **~ mir aus** *fam* I don't mind; **~ sich aus** *fam* by oneself.
◆ **von ... an** *präp* from; **~ hier an** from here; **~ jetzt an** from now on.
◆ **von ... aus** *präp* from; **~ hier aus** from here.

voneinander *adv* from one another; **sie sind ~ unabhängig** they are independent of one another.

vonnöten *adj:* **~ sein** *geh* to be necessary.

vonstatten *adv:* **~ gehen** *geh* to take place.

vor *präp* - **1.** (*+ D*) [räumlich] in front of; **~ dem Haus stehen** to stand in front of the house; **~ der Tür** at the door, in front of the door; **~ Gericht erscheinen** to appear before a court - **2.** (*+ A*) [räumlich] in front of - **3.** (*+ D*) [zur Angabe einer Reihenfolge] before; **X kommt ~ Y** X comes before Y - **4.** (*+ D*) [zeitlich - zuvor] ago; **heute ~ fünf Jahren** five years ago today; **~ kurzem** recently - **5.** [zur Angabe der Uhrzeit] to *Br,* before *Am;* **fünf ~ zwölf** five to twelve *Br,* five before twelve *Am;* **fünf ~ halb neun** twenty-five past eight *Br,* twenty-five after eight *Am* - **6.** (*+ D*) [wegen] with; **~ Kälte/Angst zittern** to tremble with cold/fear; **~ Freude in die Luft springen** to jump for joy; **~ Hunger sterben** to die of hunger - **7.** [stellt Bezug her]: **Schutz ~ etw** protection from sthg; **jn ~ etw warnen** to warn sb about sthg - **8.** *RW:* **es geht etwas ~ sich** something is going on; **~ sich hin murmeln/singen** to mutter/sing to oneself <> *adv* forwards.
◆ **vor allem** *adv* above all.

vorab *adv* [im Voraus] in advance; **~ möchte ich**

sagen, dass ... before we start, I would like to say that ...

Vor|abend *der* evening before.

Vorabend|programm *das* early evening schedule.

Vor|ahnung *die* premonition.

voran *adv* - **1.** [vorweg] at the front - **2.** [vorwärts] forwards.

voran|bringen *vt (unreg)* to make progress with.

voran|gehen (*perf* **ist vorangegangen**) *vi (unreg)* - **1.** [Arbeit, Projekt] to advance, to progress - **2.** [vorne gehen] to go on ahead - **3.** [vorher passieren]: **jm/etw ~** to precede sb/sthg.

voran|kommen (*perf* **ist vorangekommen**) *vi (unreg)* to make progress; [Arbeit, Projekt] to advance, to progress; **gut ~** to make good progress; **nicht ~** not to make any progress.

Voran|kündigung *die* advance notice; **ohne ~** without any advance warning.

Voran|meldung *die* appointment.

vor|arbeiten *vi*: **einen Tag ~** to work an extra day *(in order to have a day off later)*.
◆ **sich vorarbeiten** *ref* to work one's way forward.

Vor|arbeiter, in *der, die* foreman (*f* forewoman).

Vorarlberg *nt* Vorarlberg.

Vorarlberger (*pl* **-**) *der* native/inhabitant of Vorarlberg ◇ *adj (unver)* of/from Vorarlberg.

Vorarlbergerin (*pl* **-nen**) *die* native/inhabitant of Vorarlberg.

voraus *adv* in front; **jm in etw ~ sein** *fig* to be ahead of sb in sthg; **seiner Zeit ~** ahead of one's time.

Voraus ◆ **im Voraus** *adv* in advance.

voraus|berechnen *vt* to calculate in advance.

voraus|bezahlen *vt* to pay for in advance.

voraus|gehen (*perf* **ist vorausgegangen**) *vi (unreg)* - **1.** [vorher, früher gehen] to go on ahead - **2.** [vorher passieren]: **einer Sache** *(D)* **~** to precede sthg.

vorausgesetzt *pp* ▷ **voraussetzen** ◇ *konj* provided (that).

voraus|haben *vt (unreg)*: **jm etw ~** to have the advantage of sthg over sb.

voraus|sagen *vt* to predict.

voraus|schicken *vt* - **1.** [vorher bemerken]: **ich muss ~, dass** ... first of all, I have to say that ...; **einer Sache** *(D)* **etw ~** to begin sthg with sthg - **2.** [zuerst schicken] to send on ahead.

voraus|sehen *vt (unreg)* to foresee; **es war vorauszusehen, dass** ... it was to be expected that ...

voraus|setzen *vt* - **1.** [erfordern] to require - **2.** [für selbstverständlich halten] to take for granted; **wir müssen ~, dass** ... we must assume that ...; **etw als bekannt ~** to assume sthg is known.

Voraussetzung (*pl* **-en**) *die* - **1.** [Erfordernis] requirement; **ihm fehlen die nötigen ~en** he lacks the necessary qualifications; **unter der ~, dass** on condition that; **alle ~en erfüllen** to meet all the requirements - **2.** [Annahme] assumption.

Voraussicht *die* foresight; **aller ~ nach** in all probability.

voraussichtlich *adj* expected ◇ *adv* probably.

Voraus|wahl *die* preliminary selection; **eine ~ treffen** to carry out a preliminary selection.

Voraus|zahlung *die* advance payment.

Vorbau (*pl* **-e**) *der* - **1.** [Bauelement] porch - **2.** *salopp abw* [Busen]: **sie hat einen ordentlichen ~** she's rather top-heavy.

vor|bauen *vi* to take precautions; **einer Sache** *(D)* **~** to guard against sthg.

Vor|bedingung *die* precondition.

Vorbehalt (*pl* **-e**) *der* reservation; **etw unter** ODER **mit ~ annehmen** to accept sthg with reservations.

vor|behalten *vt (unreg)*: **sich etw ~** to reserve o.s. sthg; **der Swimmingpool ist den Hotelgästen ~** the swimming pool is reserved for hotel guests only.

vorbei *adv* - **1.** [räumlich] past, by; **an mir ~** past me - **2.** [zeitlich] over; **die Schmerzen sind ~** the pain has gone; **mit jm ist es ~** *fam* sb is finished; **mit etw ist es ~** *fam* sthg is over.

vorbei|fahren (*perf* **ist vorbeigefahren**) *vi (unreg)* - **1.** [vorüberfahren] to go past; [in Auto] to drive past; **an jm/etw ~** to go/drive past sb/sthg - **2.** [aufsuchen] to drop in.

vorbei|gehen (*perf* **ist vorbeigegangen**) *vi (unreg)* - **1.** [entlanggehen, vergehen] to pass; **an jm/etw ~** to pass sb/sthg - **2.** [hingehen] to drop in.
◆ **im Vorbeigehen** *adv* in passing.

vorbei|kommen (*perf* **ist vorbeigekommen**) *vi (unreg)* - **1.** [an etw vorüber]: **(an etw** *(D)***) ~** to pass (sthg) - **2.** [besuchen]: **(bei jm) ~** to drop in (on sb); **komm mal vorbei!** come round some time! - **3.** [vorbeikönnen] to get past.

vorbei|lassen *vt (unreg)* to let past.

vorbei|reden *vi*: **aneinander ~** to talk at cross purposes.

vorbelastet *adj*: **durch negative Erfahrungen ~ sein** to be biased as a result of previous bad experiences; **erblich ~ sein** to be predisposed.

vorlbereiten *vt* to prepare; **jn/etw auf etw** *(A)* ~ to prepare sb/sthg for sthg.
◆ **sich vorbereiten** *ref:* **sich (auf etw** *(A)*) ~ to prepare o.s. (for sthg).

Vorlbereitung *die* preparation; **in ~ sein** to be in preparation; **~en für etw treffen** to make preparations for sthg.

vorlbestellen *vt* to order in advance.

vorbestraft *adj:* ~ **sein** to have previous convictions, to have a criminal record.

vorlbeugen *vi:* **einer Sache** *(D)* ~ to prevent sthg ◇ *vt* to bend forward.
◆ **sich vorbeugen** *ref* to lean forward.

Vorlbeugung *die* prevention.

Vorlbild *das* model; **sich jn/etw zum ~ nehmen** to model o.s. on sb/sthg.

vorbildlich *adj* exemplary ◇ *adv* in exemplary fashion.

Vorbildung *die* previous experience *(U)*.

Vorlbote *der* herald.

vorlbringen *vt (unreg)* **- 1.** [Wunsch, Bedenken] to express; [Bitte, Beschwerde] to make; **etw gegen etw ~** to raise sthg as an objection to sthg; **etw gegen jn ~** to say sthg against sb **- 2.** [Beweise] to produce **- 3.** [bringen] to bring.

vorldatieren *vt* to predate.

Vorderlachse *die* front axle.

vordere, r, s *adj* front.

Vorderlfront *die* facade.

Vorderlgrund *der* foreground; **etw in den ~ stellen** *ODER* **rücken** to place special emphasis on sthg; **im ~ stehen** to be to the fore.

vordergründig *adj* superficial ◇ *adv* superficially.

Vorderlmann *der:* **der Läufer überholte seinen ~** the runner overtook the man in front of him.

Vorderlrad *das* front wheel.

Vorderlsitz *der* front seat.

vorldrängen ◆ **sich vordrängen** *ref* to push in.

vorldringen (*perf* **ist vorgedrungen**) *vi (unreg)* to advance; [in Menschenmenge] to push forward; **bis zu jm ~** to get as far as sb.

vordringlich *adj* priority *(vor Subst)* ◇ *adv* as a matter of priority.

Vorldruck *der* form.

voreilig *adj* rash ◇ *adv* rashly.

voreinander *adv* **- 1.** [in Bezug aufeinander]: **Angst ~ haben** to be afraid of one another **- 2.** [räumlich] one in front of the other.

voreingenommen *adj* biased; **gegen jn/etw ~ sein** to be biased against sb/sthg ◇ *adv* in a biased way.

vorlenthalten *vt (unreg):* **jm etw ~** to withhold sthg from sb; [Nachricht] to keep sthg from sb.

Vorentlscheidung *die* **- 1.** SPORT: **der Verlust des Satzes bedeutete eine ~** the loss of the set decided the course of the match **- 2.** [vorläufige Entscheidung] preliminary decision.

vorerst *adv* for the time being.

Vorfahr (*pl* **-en**), **Vorfahre** (*pl* **-n**) *der* ancestor.

vorlfahren (*perf* **hat/ist vorgefahren**) *vi (ist)* **- 1.** [nach vorn fahren] to drive forward **- 2.** [vorausfahren] to drive on ahead **- 3.** [vor Gebäude] to drive up ◇ *vt (hat)* **- 1.** [nach vorn] to drive forward **- 2.** [vor Gebäude] to drive up.

Vorfahrt *die* right of way; **~ haben** to have right of way; **jm die ~ nehmen** to fail to give way to sb.

Vorfahrtslstraße *die* major road.

Vorlfall *der* [Geschehnis] occurrence, incident.

vorlfallen (*perf* **ist vorgefallen**) *vi (unreg)* to happen, to occur.

Vorlfeld ◆ **im Vorfeld** *adv* in advance; **im ~ der Wahlen** in the run-up to the elections.

Vorlfilm *der* supporting film.

vorlfinden *vt (unreg)* to find.

Vorlfreude *die* anticipation.

vorlfühlen *vi:* **bei jm ~** to sound sb out.

vorlführen *vt* **- 1.** [zeigen - Film] to show; [- Kunststück] to perform; [- Funktionsweise] to demonstrate; **jm etw ~** to show sb sthg **- 2.** *fam* [blamieren] to show up.

Vorlführung *die* **- 1.** [im Theater, Kino, Zirkus] performance **- 2.** [von Maschine] demonstration.

Vorlgabe *die* **- 1.** [Vorlage] guideline **- 2.** [im Sport] handicap.

Vorlgang *der* event, occurrence.

Vorgänger, in (*mpl* **-**; *fpl* **-nen**) *der, die* predecessor.

Vorlgarten *der* front garden.

vorgefasst *adj* preconceived.

vorgefertigt *adj* prefabricated.

Vorlgefühl *das* presentiment.

vorgegeben *adj* set in advance.

vorlgehen (*perf* **ist vorgegangen**) *vi (unreg)* **- 1.** [vorhergehen] to go on ahead **- 2.** [passieren] to go on; **was geht hier vor?** what's going on here? **- 3.** [handeln] to proceed; **gegen jn/etw ~** to take action against sb/sthg **- 4.** [Uhr] to be fast **- 5.** [vorne gehen] to go first.

Vorlgeschichte *die* **- 1.** [vorherige Entwicklung] history **- 2.** [Prähistorie] prehistory.

Vorgeschmack *der:* **ein ~ auf etw** *(A)* a foretaste of sthg.

Vorgesetzte (*pl* **-n**) *der, die* superior.

vorgestern *adv* [vor zwei Tagen] the day before yesterday.
◆ **von vorgestern** *adj fam abw* [uralt]: **von ~ sein** to be really old-fashioned.

vorgestrig *adj* - **1.** [von vor zwei Tagen] of the day before yesterday - **2.** *fam abw* [uralt] really old-fashioned.

vor|greifen *vi (unreg)* to get ahead of o.s.; **jm/etw ~** to anticipate sb/sthg; **auf etw** *(A)* **~** to anticipate sthg.

vor|haben *vt (unreg)* to plan; **was habt ihr am Wochenende vor?** what have you got planned for the weekend?

Vorhaben *(pl -) das* plan.

vor|halten *(unreg) vt:* **jm etw ~** [halten] to hold sthg up to sb; [vorwerfen] to hold sthg against sb ◇ *vi* [ausreichen] to last.

Vorhaltungen *pl:* **jm ~ machen** to reproach sb.

Vorhand *die* SPORT forehand.

vorhanden *adj* existing; [Vorräte, Mittel] available; **~ sein** to exist; [Vorräte, Mittel] to be available; **davon ist nichts mehr ~** there's none of it left.

Vor|hang *der* curtain; **der eiserne ~** the Iron Curtain.

Vorhänge|schloss *das* padlock.

Vorhang|stange *die* curtain rod.

Vor|haut *die* foreskin.

vorher *adv* - **1.** [früher] before; **am Tag ~** the day before - **2.** [im Voraus] before(hand).

vorher|bestimmen *vt* to predetermine.

vorherig *adj* previous.

Vorherrschaft *die* supremacy.

vor|herrschen *vi* to prevail.

vorherrschend *adj* prevailing.

Vorher|sage *die* - **1.** [für Wetter] forecast - **2.** [des Schicksals] prediction.

vorher|sehen *vt (unreg)* [wahrsagen] to foresee; [voraussehen] to predict; [Wetter] to forecast.

vorhin, vorhin *adv* just now.

vorig *adj* last.

Vor|jahr *das* previous year.

vorjährig *adj:* **das ~e Treffen** the previous year's meeting.

Vorkaufs|recht *das* right of first refusal.

Vorkehrungen *pl:* **~ treffen** to take precautions.

Vorkenntnisse *pl* previous experience *(U)*; '**~ nicht erforderlich**' 'no experience necessary'.

vor|knöpfen *vt fam:* **sich** *(D)* **jn ~** [zur Kritik] to take sb to task; **sich** *(D)* **etw ~** [zur Bearbeitung] to tackle sthg.

vor|kommen *(perf* **ist vorgekommen***) vi (unreg)* - **1.** [passieren] to happen - **2.** [auftreten] to be found, to occur - **3.** [scheinen]: **jm verdächtig ~** to seem suspicious to sb; **es kommt mir vor, als sei heute Sonntag** today feels like Sunday to me; **sich überflüssig ~** to feel unwanted - **4.** [nach vorne kommen] to come forward.

Vorkommen *(pl -) das* - **1.** [an Bodenschätzen] deposit - **2.** [Existieren] presence - **3.** [Auftreten] occurrence.

Vorkommnis *(pl -se) das* incident.

vor|laden *vt (unreg)* to summons.

Vor|ladung *die* summons *(sg)*.

Vor|lage *die* - **1.** [Muster] pattern - **2.** [Vorlegen] presentation - **3.** [Gesetzesvorlage] bill - **4.** SPORT [bei Fußball] assist, pass *(leading to a goal)*.

vor|lassen *vt (unreg):* **jn ~** to let sb go first.

Vor|läufer, in *der, die* forerunner.

vorläufig *adj* provisional ◇ *adv* provisionally; **ich wohne ~ bei ihm** I'm staying with him for the time being; **die Polizei nahm sie ~ fest** the police held them.

vorlaut *adj:* **~ sein** to make comments out of turn ◇ *adv* out of turn.

Vorleben *das* past (life).

vor|legen *vt* to present; [Ausweis] to show; [Zeugnis] to submit; **jm etw ~** to present sb with sthg; **dem Professor seine Diplomarbeit ~** to hand in one's dissertation to the professor.

vor|lesen *vt (unreg)* to read out; **jm etw ~** to read sthg to sb.

Vor|lesung *die* UNI lecture.

Vorlesungs|verzeichnis *das* UNI lecture timetable.

vor|letzte, r, s *adj* penultimate, last but one.

Vorliebe *(pl -n) die* preference; **eine ~ für jn/etw haben** to be particularly fond of sb/sthg.

vorlieb nehmen *vi (unreg):* **mit jm/etw ~** to make do with sb/sthg.

vor|liegen *vi (unreg)* [vorgelegt sein]: **der Antrag liegt vor** the application has been received; **die Ergebnisse liegen noch nicht vor** the results are not yet available; **gegen ihn liegt nichts vor** no charges have been brought against him.

vor|machen *vt* - **1.** *fam* [zeigen]: **jm etw ~** to show sb how to do sthg - **2.** [vortäuschen]: **jm etwas ~** to fool sb; **mir kannst du nichts ~** you can't fool me.

Vormacht|stellung *die* supremacy *(U)*.

vormals *adv* [früher] formerly.

Vor|marsch *der:* **auf dem ~ sein** *fig* to be gaining ground.

vor|merken *vt* **- 1.** [Termin] to make a note of **- 2.** [Person]: **jn für einen Kurs ~** to put sb's name down for a course.

Vor|mittag *der* morning; **gestern/heute/morgen ~** yesterday/this/tomorrow morning.

vormittags *adv* in the morning.

Vormund (*pl* **-e** *ODER* **-münder**) *der* guardian.

Vormundschaft (*pl* **-en**) *die* guardianship.

vorn, vorne *adv* in front, at the front; **da ~** over there; **weiter ~e** further on; **nach ~** forwards.

◆ **von vorn** *adv* [von Anfang an] from the beginning.

◆ **von vorn bis hinten** *adv* ***fam*** [bedienen] hand and foot; **jn von ~ bis hinten belügen** to lie through one's teeth to sb.

Vor|name *der* first name.

vorne = **vorn.**

vornehm *adj* **- 1.** [fein - Charakter] noble; [der Oberschicht angehörend] distinguished **- 2.** [elegant] upmarket ◇ *adv* [elegant] elegantly.

vor|nehmen *vt (unreg)* **- 1.** [durchführen] to carry out; [Auswahl] to make **- 2.** [sich beschäftigen mit]: **sich** *(D)* **etw ~** ***fam*** to tackle sthg **- 3.** [sich entschließen]: **sich** *(D)* **~, etw zu tun** to resolve to do sthg; **sich** *(D)* **etw fest vorgenommen haben** to have made up one's mind to do sthg; **sich zu viel ~** to take on too much.

vornherein ◆ **von vornherein** *adv* from the start.

vornüber *adv* forwards.

Vor|ort *der* suburb.

Vorort|zug *der* suburban train.

Vor|platz *der* forecourt.

Vor|programm *das* supporting programme.

vor|programmieren *vt* to preprogram.

Vorrang *der*: **vor jm ~ haben** to take precedence over sb.

vorrangig *adj* of prime importance ◇ *adv*: **etw ~ behandeln** to treat sthg as a matter of priority.

Vorrat (*pl* **-räte**) *der* supply; [Reserve] store; **Vorräte** [von Geschäft] stocks; **ein ~ an etw** *(D)* a supply/store of sthg.

◆ **auf Vorrat** *adv*: **etw auf ~ einkaufen** to stock up on sthg.

vorrätig *adj* in stock; **etw ~ haben** to have sthg in stock; **~/nicht mehr ~ sein** to be in/out of stock.

Vor|raum *der* anteroom.

Vor|recht *das* privilege.

Vor|richtung *die* device.

vor|rücken (*perf* **hat/ist vorgerückt**) *vt (hat)* to move forward ◇ *vi (ist)* **- 1.** [räumlich] to move forward **- 2.** [in Hierarchie] to move up **- 3.** [zeitlich]: **zu vorgerückter Stunde** at a late hour.

Vorruhestand *der* early retirement; **in den ~ gehen** to take early retirement.

Vor|runde *die* SPORT qualifying round.

Vors. *abk für* **Vorsitzender.**

vor|sagen *vt*: **jm etw ~** to tell sb sthg ◇ *vi*: **jm ~** to tell sb the answer.

Vor|saison *die* low season.

Vor|satz *der* resolution; **einen ~ fassen, etw zu tun** to resolve to do sthg; **gute Vorsätze** good intentions.

vorsätzlich *adj* RECHT premeditated ◇ *adv* intentionally, on purpose.

Vor|schau *die* preview.

Vorschein *der*: **zum ~ kommen** to turn up.

vor|schieben *vt (unreg)* **- 1.** [schieben] to push forward; [Riegel] to push across; **das Kinn ~** to stick one's chin out **- 2.** [Vorwand] to put forward as an excuse **- 3.** [Stellvertreter] to use as a front man.

vor|schießen *vt (unreg)*: **jm eine Summe ~** ***fam*** to advance sb a sum.

Vor|schlag *der* suggestion; **jm einen ~ machen** to make a suggestion to sb; **ich habe ihr den ~ gemacht, wegzufahren** I suggested to her that we should go away.

vor|schlagen *vt (unreg)* to suggest; **jm etw ~** to suggest sthg to sb; **er schlug vor, ins Kino zu gehen** he suggested going to the cinema.

vorschnell *adj* rash ◇ *adv* rashly.

vor|schreiben *vt (unreg)* [Subj: Gesetz] to stipulate; **sein Vater versucht ihm alles vorzuschreiben** his father is always trying to tell him what to do; **sie lässt sich nichts ~** she won't be dictated to.

Vor|schrift *die* regulation.

Vorschub *der*: **jm/einer Sache ~ leisten** to play into the hands of sb/sthg.

Vorschulalter *das* preschool age.

Vor|schule *die* nursery school.

Vorschul|erziehung *die* preschool education.

Vor|schuss *der* advance; **ein ~ auf etw** *(A)* an advance on sthg.

vor|schützen *vt* to plead.

vor|schweben *vi*: **mir schwebt ein neues Projekt vor** I have a new project in mind.

vor|sehen *vt (unreg)* **- 1.** [planen] to plan; **die Feier ist für nächste Woche vorgesehen** the celebration is scheduled *ODER* planned for next week; **es war vorgesehen, dass er mich abholt** he was supposed to pick me up; **das ist nicht vorgesehen** there are no plans for that; **jn für etw ~** to have sb in mind for sthg; **etw**

für etw ~ to intend sthg for sthg - **2.** [vorschreiben] to provide for.

◆ **sich vorsehen** *ref:* **sich vor jm/etw ~** [achtsam sein] to beware of sb/sthg.

vor|setzen *vt:* **jm etw ~** to serve sb sthg.

Vorsicht *die* care; **dieser Kollege ist mit ~ zu genießen** you should be wary of this colleague ◇ *interj* look out!; **~, Stufe!** mind the step!

vorsichtig *adj* careful ◇ *adv* carefully.

vorsichtshalber *adv* as a precaution.

Vorsichts|maßnahme *die* precaution; **~n treffen** to take precautions.

Vor|silbe *die* prefix.

vor|singen *(unreg) vt:* **(jm) etw ~** to sing sthg (to sb) ◇ *vi* [zur Prüfung] to do a singing test; [beim Theater] to audition.

Vor|sitz *der* chairmanship; **den ~ führen** ODER **haben** to be in the chair.

Vorsitzende (*pl* **-n**) *der, die* chairperson.

Vorsorge *die (ohne pl)* [gegen Krankheit, Gefahr] precautions *(pl)*; [für das Alter] provisions *(pl)*; **~ treffen** to take precautions; [für das Alter] to make provisions.

vor|sorgen *vi:* **für etw ~** to make provisions for sthg.

Vorsorge|untersuchung *die* MED precautionary examination.

vorsorglich *adj* precautionary ◇ *adv* as a precaution.

Vorspann (*pl* **-e**) *der* opening credits *(pl)*.

Vor|speise *die* starter.

Vor|spiegelung *die:* **unter ~ falscher Tatsachen** under false pretences.

Vor|spiel *das* - **1.** [im Theater] prologue; [im Konzert] prelude - **2.** [vor dem Sex] foreplay

vor|spielen *vt* - **1.** [auf einem Instrument]: **jm ein Stück ~** to play a piece for sb - **2.** [vortäuschen] to put on an act ◇ *vi* [auf einem Instrument]: **jm ~** to play for sb.

vor|sprechen *(unreg) vt* - **1.** [zum Nachsprechen]: **jm etw ~** to say sthg for sb to repeat - **2.** [zur Prüfung] to recite ◇ *vi* - **1.** [mit Anliegen]: **bei jm ~** to go to sb - **2.** [im Theater] to audition.

vor|springen (*perf* **ist vorgesprungen**) *vi (unreg)* - **1.** [Balkon] to jut out - **2.** [Tiger, Kämpfer] to jump forward.

Vor|sprung *der* - **1.** [von Läufer, Auto] lead - **2.** [von Wand] ledge.

Vor|stadt *die* suburb.

Vor|stand *der* [von Firma] board of directors; [von Verein] committee; [von Partei] executive.

Vorstandsmit|glied *das* [von Firma] board member; [von Verein] committee member.

Vorstands|sitzung *die* [von Firma] board meeting; [von Verein] committee meeting.

vor|stehen *vi (unreg)* - **1.** to jut out; [Backenknochen] to be prominent; [Zähne] to protrude - **2.** [einer Gruppe, Institution]: **jm/etw ~** to be in charge of sb/sthg.

vor|stellen *vt* - **1.** [bekannt machen] to introduce; **jn jm ~** to introduce sb to sb - **2.** [sich ausdenken]: **sich** *(D)* **etw ~** to imagine sthg; **stell dir vor!** imagine! - **3.** [Uhr] to put forward.

◆ **sich vorstellen** *ref* - **1.** [bekannt machen]: **sich jm ~** to introduce o.s. to sb - **2.** [sich bewerben]: **sich bei jm ~** to go for an interview with sb.

Vor|stellung *die* - **1.** [Idee] idea; **etw entspricht (nicht) js ~en** sthg is (not) as sb imagined it; **sich keine ~ von etw machen** to have no idea about sthg - **2.** [im Theater] performance - **3.** [das Vorstellen] presentation.

Vorstellungs|gespräch *das* interview.

Vor|stoß *der* advance; **einen ~ bei jm machen** to approach sb.

vor|stoßen (*perf* **ist vorgestoßen**) *vi (unreg)* to advance.

Vor|strafe *die* RECHT previous conviction.

Vorstrafen|register *das* criminal record.

vor|strecken *vt* - **1.** [Arme, Beine] to stretch out - **2.** [Geld]: **jm etw ~** to advance sb sthg.

Vor|stufe *die* preliminary stage.

Vor|tag *der* day before.

vor|täuschen *vt* to feign; **jm etw ~** to pretend sthg to sb.

Vor|teil *der* advantage; **zu js ~** to sb's advantage; **jm gegenüber im ~ sein** to have an advantage over sb.

vorteilhaft *adj* [Geschäft, Lage] advantageous; [Haarschnitt] flattering.

Vortrag (*pl* **-träge**) *der* talk; **ein ~ über jn/etw** a talk about sb/sthg; **einen ~ halten** to give a talk.

vor|tragen *vt (unreg)* - **1.** [darbieten] to perform; [Gedicht] to recite - **2.** [aussprechen] to present; **jm eine Bitte/Beschwerde ~** to make a request/complaint to sb.

vor|treten (*perf* **ist vorgetreten**) *vi (unreg)* to step forward.

Vortritt *der:* **jm den ~ lassen** to let sb go first.

vorüber *adj:* **~ sein** to be over.

vorüber|gehen (*perf* **ist vorübergegangen**) *vi (unreg)* - **1.** [Person] to pass by; **an jm/etw ~** to pass by sb/sthg - **2.** [Schmerzen] to come to an end.

vorübergehend *adj* temporary ◇ *adv* temporarily.

Vorur|teil *das* prejudice; **~e gegen jn/etw haben** to be prejudiced against sb/sthg.

Vorver|kauf *der* advance booking; **Karten im ~ bekommen** to buy tickets in advance.

vor|verlegen *vt* to bring forward.

Vor|wahl *die* - **1.** [telefonisch] dialling code *Br*, area code *Am* - **2.** [von Wahlen] primary *Am*, *candidate selection procedure*.

Vorwahl|nummer *die* [telefonisch] dialling code *Br*, area code *Am*.

Vorwand (*pl* **-wände**) *der* excuse; **unter dem ~** under the pretext.

vorwärts *adv* forwards.

vorwärts gehen (*perf* **ist vorwärts gegangen**) *vi (unreg)* to progress; **mit dem Experiment geht es nicht vorwärts** the experiment isn't getting anywhere.

vorwärts kommen (*perf* **ist vorwärts gekommen**) *vi (unreg)* to make progress.

Vor|wäsche *die* pre-wash.

vorweg *adv* - **1.** [vorher] beforehand - **2.** [voraus] in front.

vorweg|nehmen *vt (unreg)* to anticipate.

Vorweihnachtszeit *die* pre-Christmas period.

vor|weisen *vt (unreg)* - **1.** [vorzeigen] to show - **2.** [bieten]: **etw ~ können** to possess sthg; **einiges vorzuweisen haben** to be very competent.

vor|werfen *vt (unreg)*: **jm etw ~** to accuse sb of sthg.

vorwiegend *adv* mainly.

Vorwissen *das* prior knowledge.

vorwitzig *adj* cheeky.

Vor|wort *das* preface.

Vor|wurf *der* accusation; **jm etw zum ~ machen** to accuse sb of sthg.

vorwurfsvoll *adj* reproachful <> *adv* reproachfully.

Vor|zeichen *das* - **1.** [Anzeichen] omen; **unter negativem ~ stehen** to be under a cloud; **unter positivem ~ stehen** to be blessed - **2.** MATH sign - **3.** MUS key signature.

vor|zeigen *vt*: **(jm etw) ~** to show (sb sthg).

vorzeitig *adj* early; [Altern, Wehen] premature <> *adv* prematurely; **~ in Rente gehen** to take early retirement.

vor|ziehen *vt (unreg)* - **1.** [lieber mögen] to prefer; **jn jm ~** to prefer sb to sb; **etw einer Sache** *(D)* **~** to prefer sthg to sthg - **2.** [Gardine] to close - **3.** [Termin] to bring forward - **4.** [nach vorn ziehen] to pull forward.

Vor|zimmer *das* secretary's office.

Vor|zug *der* - **1.** [Vorrang] advantage; **jm/etw den ~ geben** to give sb/sthg preference - **2.** [gute Eigenschaft] virtue.

vorzüglich *adj* excellent <> *adv* excellently.

vorzugsweise *adv* mainly.

Votum (*pl* **Voten**) *das (ohne pl)* vote.

VP *abk für* **Vollpension.**

VR (*pl* **-s**) *die abk für* **Volksrepublik.**

vulgär *adj* vulgar.

Vulkan (*pl* **-e**) *der* volcano.

vulkanisch *adj* volcanic.

v. u. Z. (*abk für* **vor unserer Zeitrechnung**) B.C.

VWL [fauveːˈɛl] (*abk für* **Volkswirtschaftslehre**) *die economics.*

W

w, W [veː] (*pl* - ODER **-s**) *das* w, W.

◆ **W** (*abk für* **West, Watt**) W.

WAA [veːaːˈaː] (*pl* **-s**) *die abk für* **Wiederaufbereitungsanlage.**

Waadt *die* Vaud.

Waadtländer, in (*mpl* **-**; *fpl* **-nen**) *der, die* native/inhabitant of Vaud.

waadtländisch *adj* of/from Vaud.

Waage (*pl* **-n**) *die* - **1.** [Gerät] scales *(pl)*; **sich die ~ halten** *fig* to balance each other - **2.** ASTROL Libra; **~ sein** to be Libra.

waagerecht, waagrecht *adj* horizontal <> *adv* horizontally.

Wabe (*pl* **-n**) *die* honeycomb.

wach *adj* - **1.** [nicht schlafend] awake; **jn ~ machen** to wake sb; **~ halten** [Person] to keep awake; [Erinnerung] to keep alive; **~ liegen** to lie awake; **~ sein** to be awake; **~ werden** to wake up - **2.** [Geist] alert.

Wache (*pl* **-n**) *die* - **1.** *(ohne pl)* [Wachdienst] guard duty; **~ halten** to be on guard - **2.** [Wächter] guard - **3.** [Polizeiwache] police station.

wachen *vi*: **(über jn/etw) ~** to keep watch (over sb/sthg).

wachhabend *adj* duty *(vor Subst)*.

Wach|hund *der* guard dog.

Wacholder (*pl* **-**) *der* juniper.

wach|rufen *vt (unreg)* to awaken; **etw in jm ~** to awaken sthg in sb.

Wachs [vaks] (*pl* **-e**) *das* wax *(U)*; **~ in js Händen sein** *fig* to be putty in sb's hands.

wachsam [ˈvaxzaːm] *adj* vigilant.

Wachsamkeit [ˈvaxzaːmkait] *die* vigilance.

wachsen [vaksn̩] (*präs* **wächst** *ODER* **wachst;** *prät* **wuchs** *ODER* **wachste;** *perf* **ist gewachsen** *ODER* **hat gewachst**) *vi (unreg) (ist)* **- 1.** [größer werden] to grow **- 2.** [entsprechen]: **einer Sache** *(D)* **gewachsen sein** to be up to sthg <> *vt (reg) (hat)* [mit Wachs] to wax.

wachsend ['vaksn̩t] *adj* growing.

Wachsfiguren|kabinett ['vaksfigu:rn̩kabinɛt] *das* waxworks *(pl).*

Wachsmal|stift ['vaksma:lʃtɪft] *der* wax crayon.

wächst [vɛkst] *präs* ▻ **wachsen.**

Wachs|tuch *das* oilcloth.

Wachstum ['vakstu:m] *das* growth.

Wachstums|rate *die* WIRTSCH growth rate.

Wachtel (*pl* **-n**) *die* quail.

Wächter, in (*mpl* **-;** *fpl* **-nen**) *der, die* guard.

Wacht|meister, in *der, die* constable *Br,* patrolman *Am.*

Wacht|posten *der* guard.

Wach|turm, Wachtturm *der* watchtower.

Wach- und Schließ|gesellschaft *die* security firm.

wackelig, wacklig *adj* **- 1.** [nicht fest] wobbly **- 2.** *fam* [gefährdet] shaky; **mit seiner Versetzung steht es recht ~** his transfer is looking really uncertain.

Wackel|kontakt *der* ELEKTR loose contact.

wackeln (*perf* **hat/ist gewackelt**) *vi* **- 1.** *(hat)* [nicht fest sein] to be wobbly **- 2.** *(hat)* [hin und her bewegen]: **mit etw ~** to shake sthg **- 3.** *(ist) fam* [gehen] to totter **- 4.** *(hat) fam* [Posten] to be shaky.

wacker *adj* **- 1.** [anständig] upright **- 2.** [tüchtig] hearty <> *adv* valiantly.

wacklig = **wackelig.**

Wade (*pl* **-n**) *die* calf.

Waden|bein *das* fibula.

Waffe (*pl* **-n**) *die* weapon; **die ~n strecken** *fig* to admit defeat; **jn mit seinen eigenen ~n schlagen** *fig* to beat sb at his own game.

Waffel (*pl* **-n**) *die* waffle.

Waffel|eisen *das* waffle iron.

Waffen|besitz *der* possession of firearms.

Waffen|gewalt *die:* **mit ~** by force of arms.

Waffen|handel *der* arms trade.

Waffen|ruhe *die* ceasefire.

Waffen|schein *der* firearms licence.

Waffenstill|stand *der* armistice.

wagemutig *adj* daring.

wagen *vt* to risk; **einen Versuch ~** to risk an attempt; **es ~, etw zu tun** to dare to do sthg; **alles ~** to risk everything.

◆ **sich wagen** *ref* to dare; **sich nachts nicht auf die Straße ~** not to dare to go out on the street at night; **sich an etw** *(A)* **~** to attempt sthg.

Wagen (*pl* -) *der* **- 1.** [Auto] car **- 2.** [von Zug, Straßenbahn] carriage *Br,* car *Am* **- 3.** [mit Pferd] carriage.

◆ **der Große Wagen** *der* ASTRON the Plough.

◆ **der Kleine Wagen** *der* ASTRON the Little Bear.

Wagen|heber (*pl* -) *der* jack.

Wagen|kolonne *die* [Konvoi] convoy; [Autoschlange] line of traffic.

Wagen|ladung *die* truckload, lorryload *Br.*

Wagen|park *der* fleet of cars.

Wagen|rad *das* cartwheel.

Waggon, Wagon [va'gɔŋ] (*pl* **-s**) *der* carriage *Br,* car *Am.*

waghalsig *adj* reckless.

Wagnis (*pl* **-se**) *das* risk.

Wagon = **Waggon.**

Wahl (*pl* **-en**) *die* **- 1.** *(ohne pl)* [Auswahl] choice; **die ~ haben** to have the choice; **eine ~ treffen** to make a choice; **wie viel Kandidaten stehen zur ~?** how many candidates are there to choose from?; **erste/zweite ~** first/second class; **in die engere ~ kommen** to be shortlisted; **keine andere ~ haben** to have no other choice **- 2.** [Abstimmung] election; **geheime ~** secret ballot; **zur ~ gehen** to vote.

wahlberechtigt *adj* entitled to vote.

Wahl|beteiligung *die:* **hohe/niedrige ~** high/low turnout.

Wahl|bezirk *der* electoral district.

wählen *vt* **- 1.** [aussuchen] to choose **- 2.** [am Telefon] to dial **- 3.** [politisch] to elect <> *vi* **- 1.** [aussuchen] to choose; **zwischen etw** *(D)* **und etw** *(D)* **~** to choose between sthg and sthg **- 2.** [am Telefon] to dial **- 3.** [politisch] to vote.

Wähler (*pl* -) *der* voter.

Wahl|ergebnis *das* election result.

Wählerin (*pl* **-nen**) *die* voter.

wählerisch *adj* choosy.

Wähler|stimme *die* vote.

Wähler|vereinigung *die:* **eine freie ~** an independent list.

Wahl|fach *das* SCHULE optional subject.

Wahl|gang *der* ballot; **im ersten/zweiten ~** in the first/second ballot.

Wahl|heimat *die* adopted home.

Wahl|helfer, in *der, die* polling officer.

Wahl|kabine *die* polling booth.

Wahl|kampf *der* election campaign; **einen ~ führen** to conduct an election campaign.

Wahl|kreis *der* constituency.

Wahl|lokal *das* polling station.

wahllos *adv* at random.

Wahlniederllage *die* election defeat.

Wahllprogramm *das* election manifesto.

Wahllrecht *das* right to vote; **allgemeines ~** universal suffrage.

Wahllrede *die* election speech.

Wähllscheibe *die* dial.

Wahllschein *der* polling card.

Wahllsieg *der* election victory.

Wahllspruch *der* motto.

Wahlverlsammlung *die* election meeting.

Wahllversprechen *das* election promise.

wahlweise *adv:* **zum Frühstück gibt es ~ Kaffee oder Tee** for breakfast there's a choice of coffee or tea.

Wahllzettel *der* ballot paper.

Wahn *der (ohne pl)* delusion.

Wahnsinn *der* madness; **Wahnsinn!** amazing!; **das ist heller** *ODER* **reiner ~** it's utter madness.

wahnsinnig *adj* - **1.** [verrückt] mad; **wie ~** *fam* like mad; **das macht mich ~!** *fam* that drives me crazy! - **2.** [groß] incredible <> *adv fam* [sehr] incredibly.

Wahnvorlstellung *die* delusion.

wahr *adj* true; **~e Liebe/Freundschaft** true love/friendship; **das darf doch nicht ~ sein!** *fam* that can't be true!; **etw ~ machen** *fig* to carry out sthg.

◆ **nicht wahr** *interj:* **du warst doch gestern auch hier, nicht ~?** you were here yesterday too, weren't you?; **das stimmt doch, nicht ~?** that's right, isn't it?

wahren *vt geh* [Interessen] to protect; [Form] to preserve; **den Schein ~** to keep up appearances.

während *konj* [zeitlich, gegensätzlich] while <> *präp* during.

währenddessen *adv* in the meantime.

wahrhaben *vt:* **etw nicht ~ wollen** not to want to accept sthg.

wahrhaftig *adv* really.

Wahrheit *(pl* **-en)** *die* truth *(U);* **es mit der ~ nicht so genau nehmen** to be economical with the truth.

◆ **in Wahrheit** *adv* in reality.

wahrheitsgemäß *adj* truthful <> *adv* truthfully.

wahrnehmbar *adj* perceptible.

wahrlnehmen *vt (unreg)* - **1.** [Veränderung, Geräusch] to notice - **2.** [Gelegenheit] to avail oneself of - **3.** [Interessen] to protect.

Wahrnehmung *(pl* **-en)** *die* - **1.** [Spüren] awareness *(U)* - **2.** [von Gelegenheit] seizing - **3.** [von Geschäft] representation.

wahrlsagen *vi* to predict the future.

Wahrsager, in *(mpl* **-;** *fpl* **-nen)** *der, die* fortune-teller.

wahrscheinlich *adj* probable <> *adv* probably.

Wahrscheinlichkeit *(pl* **-en)** *die* probability; **aller ~ nach** in all probability; **mit größter ~** most probably.

Wahrscheinlichkeitsrechnung *die* probability calculus.

Wahrung *die* protection.

Währung *(pl* **-en)** *die* currency; **eine harte ~** a hard currency.

Währungsleinheit *die* currency unit.

Währungsrelform *die* HIST & WIRTSCH currency reform.

Währungslsystem *das* monetary system.

Wahrlzeichen *das* symbol.

Waise *(pl* **-n)** *die* orphan.

Waisenlhaus *das* orphanage.

Waisenlkind *das* orphan.

Wal *(pl* **-e)** *der* whale.

Wald *(pl* **Wälder)** *der* wood; [groß] forest; **den ~ vor lauter Bäumen nicht sehen** *hum* & *fig* not to be able to see the wood for the trees.

Waldlbrand *der* forest fire.

Wäldchen *(pl* **-)** *das* copse.

Waldlgebiet *das* wooded area.

Waldllauf *der:* **einen ~ machen** to go for a run/jog in the woods.

Waldmeister *der* woodruff.

Waldorflschule *die* SCHULE Rudolf Steiner school.

WALDORFSCHULE

These schools were founded by the Austrian philosopher and educationalist Rudolf Steiner for the children of working-class and lower middle-class families. They give equal emphasis to pupils' scientific, artistic, manual and intellectual abilities and do not include any grading system.

Waldlsterben *das* forest dieback.

Waldlweg *der* forest track.

Wales ['weːls] *nt* Wales.

Waliser, in *(mpl* **-;** *fpl* **-nen)** *der, die* Welshman (*f* Welshwoman).

walisisch *adj* Welsh.

Walkie-Talkie ['wɔːkɪ'tɔːkɪ] *(pl* **-s)** *das* walkie-talkie.

Walkman® ['wɔːkmɛn] *(pl* **-men)** *der* Walkman®.

Wall *(pl* **Wälle)** *der* rampart.

Wallach (*pl* **-e**) *der* gelding.
Wall|fahrt *die* pilgrimage.
Wallfahrts|ort *der* place of pilgrimage.
Wallis *das* Valais.
Walliser (*pl* **-**) *der* native/inhabitant of Valais <> *adj (unver)* of/from Valais.
Walliserin (*pl* **-nen**) *die* native/inhabitant of Valais.
walliserisch *adj* of/from Valais.
Wallone (*pl* **-n**) *der* Walloon.
Wallonien *nt* Wallonia.
Wallonin (*pl* **-nen**) *die* Walloon.
wallonisch *adj* Walloon.
Wallung (*pl* **-en**) *die:* **jn in ~ versetzen** [Wut] to send sb into a rage.
Wal|nuss *die* walnut.
Wal|ross *das* walrus.
walten *vi* ***geh*** to reign; **etw ~ lassen** to exercise sthg.
Walze (*pl* **-n**) *die* roller.
walzen *vt* to roll.
wälzen *vt* **- 1.** [rollen] to roll **- 2.** [Buch] to pore over.
◆ **sich wälzen** *ref* to roll around.
Walzer (*pl* **-**) *der* waltz; **~ tanzen** to waltz.
Wälzer (*pl* **-**) *der* ***fam*** tome.
wand *prät* ▻ **winden.**
Wand (*pl* **Wände**) *die* **- 1.** [Mauer] wall *(inside);* **eine tragende ~** a supporting wall **- 2.** [Felswand] rock face **- 3.** [von Schrank] side **- 4.** ***RW:*** **dass die Wände wackeln** ***fam*** fit to raise the roof; **die Wände haben Ohren** walls have ears; **in den eigenen vier Wänden** in one's own home; **jn an die ~ stellen** ***fam*** to send sb before the firing squad.
◆ **Wand an Wand** *adv* next door.
Wandel *der* change; **im ~ begriffen** to be in a state of flux.
wandeln (*perf* **hat/ist gewandelt**) ***geh*** *vi (ist)* to stroll <> *vt (hat)* to change.
◆ **sich wandeln** *ref* to change; **sich zu etw ~** to turn into sthg.
Wanderer, Wandrer (*pl* **-**) *der* hiker.
Wanderin, Wandrerin (*pl* **-nen**) *die* hiker.
Wander|karte *die* walking map.
wandern (*perf* **ist gewandert**) *vi* **- 1.** [als Sport] to go hiking **- 2.** [ziellos] to wander **- 3.** ***fam*** [gebracht werden]: **ins Gefängnis ~** to end up in prison.
Wander|pokal *der* challenge cup.
Wanderschaft (*pl* **-en**) *die* travels *(pl).*
◆ **auf Wanderschaft** *adv* on one's travels *(pl).*
Wander|schuh *der* hiking ODER walking boot.
Wander|tag *der* school outing.
Wanderung (*pl* **-en**) *die* hike; **eine ~ machen** to go on a hike.
Wander|weg *der* trail.
Wand|gemälde *das* fresco.
Wand|kalender *der* wall calendar.
Wand|karte *die* wall map.
Wandlung (*pl* **-en**) *die* change; **eine ~ vollzieht sich** a change is taking place.
Wand|malerei *die* mural.
Wandrer = **Wanderer.**
Wandrerin = **Wanderin.**
Wand|schirm *der* screen.
Wand|schrank *der* built-in cupboard ***Br*** ODER closet ***Am;*** [Kleiderschrank] built-in wardrobe ***Br*** ODER closet ***Am.***
Wand|tafel *die* blackboard.
wandte *prät* ▻ **wenden.**
Wand|teppich *der* tapestry.
Wand|uhr *die* wall clock.
Wand|zeitung *die* wall newspaper.
Wange (*pl* **-n**) *die* ***geh*** cheek.
◆ **Wange an Wange** *adv* cheek to cheek.
wankelmütig *adj* ***geh*** & ***abw*** irresolute.
wanken (*perf* **hat/ist gewankt**) *vi* **- 1.** *(ist)* [Betrunkener] to stagger **- 2.** *(hat)* [Boden, Mauer] to sway **- 3.** *(hat)* ***geh*** [Macht] to be under threat; [Entschluss] to waver.
Wanken *das:* **ins ~ kommen** ODER **geraten** to start to waver.
wann *adv* when; **bis ~?** until when?, till when?; **seit ~ lebst du schon hier?** how long have you been living here?; **von ~ bis ~?** when?; **~ du willst** whenever you want.
Wanne (*pl* **-n**) *die* **- 1.** [Badewanne] bath; **in der ~ sitzen** to be in the bath **- 2.** [Becken] tub.
Wanze (*pl* **-n**) *die* bug.
Wappen (*pl* **-**) *das* coat of arms.
war *prät* ▻ **sein.**
warb *prät* ▻ **werben.**
Ware (*pl* **-n**) *die* product; **heiße ~** stolen goods.
Waren|angebot *das* range of goods.
Waren|haus *das* department store.
Waren|lager *das* warehouse.
Waren|probe *die* sample.
Waren|sendung *die* sample sent by post.
Waren|zeichen *das:* **eingetragenes ~** registered trademark.
warf *prät* ▻ **werfen.**
warm (*kompar* **wärmer;** *superl* **wärmste**) *adj* warm; **es ist ~** it's warm; **mir ist/wird ~** I'm warm/warming up; **draußen ist es 30°C ~** it's

30°C outside; **mit jm ~ werden** ***fam fig*** to get on well with sb; **~e Miete** *rent including heating bills* ◇ *adv* warmly; **~ essen** to have a hot meal.

Wạ̈rme *die* warmth.

wạ̈rmedämmend *adj* insulating.

wạ̈rmen *vt.* & *vi* to warm.
◆ **sich wärmen** *ref:* **sich an etw** *(D)* **~** to warm o.s.

Wạ̈rme|pumpe *die* TECH heat pump.

Wạrm|flasche *die* hot-water bottle.

wạrm|halten *ref (unreg):* **sich** *(D)* **jn ~** ***fig fam*** to keep in with sb.

Wạrmhalte|platte *die* hotplate.

wạrmherzig *adj* warm-hearted.

wạrm laufen (*perf* **hat/ist wạrm gelaufen**) *vi (unreg) (ist)* to warm up.
◆ **sich warm laufen** *ref* to warm up.

Wạrm|miete *die rent including heating bills.*

wạ̈rmstens *adv* most warmly.

Wạrmwasser *das* hot water.

Wạrnblinkan|lage *die* AUTO hazard lights *(pl).*

Wạrn|dreieck *das* AUTO warning triangle.

wạrnen *vt* to warn; **jn vor jm/etw ~** to warn sb about sb/sthg.

Wạrn|schild (*pl* **-er**) *das* warning sign.

Wạrn|signal *das* warning signal.

Wạrn|streik *der* token strike.

Wạrn|system *das* warning system.

Wạrnung (*pl* **-en**) *die* warning.

Wạrschau *nt* Warsaw.

Wạrschauer (*pl* **-**) *der* native/inhabitant of Warsaw ◇ *adj (unver)* of/from Warsaw; **~ Pakt** HIST Warsaw Pact.

Wạrschauerin (*pl* **-nen**) *die* native/inhabitant of Warsaw.

Wạrte|liste *die* waiting list; **auf der ~ stehen** to be on the waiting list; [bei Flug] to be on standby.

wạrten *vi* to wait; **auf jn/etw ~** to wait for sb/sthg; **mit etw ~** to put sthg on hold; **da kannst du lange ~!** ***fam*** you'll have a long wait!; **na warte!** ***fam*** just you wait!; **nicht lange auf sich ~ lassen** not to be long in coming ◇ *vt* TECH to service.

Wạ̈rter, in (*mpl* **-**; *fpl* **-nen**) *der, die* [im Zoo, Leuchtturm] keeper; [im Gefängnis] warder.

Wạrte|saal *der* waiting room.

Wạrte|zeit *die* wait *(U).*

Wạrte|zimmer *das* waiting room.

Wạrtung (*pl* **-en**) *die* servicing *(U).*

warụm *adv* why; **~ nicht?** why not?

Wạrze (*pl* **-n**) *die* wart.

wạs *pron* **- 1.** [Interrogativpronomen] what; **~ ist?** what is it?; **~ ist sie (von Beruf)?** what does she do (for a living)? **- 2.** [wieviel] how much, what; **~ kostet das?** how much is it? **- 3.** ***fam*** [warum] why; **~ fragst du?** why do you ask? **- 4.** ***fam*** [nicht wahr]: **da freust du dich, ~?** you're pleased, aren't you?; **es ist schön, ~?** it's nice, isn't it?; **gut, ~?** not bad, eh? **- 5.** [Relativpronomen] which, that; **das, ~ ...** what ...; **alles, ~ ...** everything (that) ...; **das Beste, ~ ich je gehört habe** the best I've ever heard **- 6.** ***fam*** [etwas] something **- 7.** ***RW:*** **~ für** what sort ODER kind of; **~ sind das für Tiere?** what sort ODER kind of animals are those?; **~ für ein Lärm!** what a noise!; **~ weiß ich!** ***fam*** don't ask me! ◇ *interj* ***fam*** [wie bitte] what?
◆ **ach, was** *interj* no it's/*etc* not!
◆ **so was** *interj:* **na** ODER **also so ~!** really!

Wạschan|lage *die* carwash.

wạschbar *adj* washable.

Wạsch|bär *der* raccoon.

Wạsch|becken *das* washbasin.

Wạ̈sche (*pl* **-n**) *die* **- 1.** [schmutzige Wäsche] laundry **- 2.** [Unterwäsche] underwear **- 3.** [Waschen] wash; **in der ~ sein** to be in the wash **- 4.** ***RW:*** **dumm aus der ~ gucken** ***fam*** to look dumbfounded; **schmutzige ~ waschen** ***abw*** to wash one's dirty linen in public.

wạschecht *adj* **- 1.** [Stoff] colourfast **- 2.** [typisch] true.

Wạ̈sche|klammer *die* clothes peg ***Br,*** clothespin ***Am.***

Wạ̈sche|korb *der* laundry basket.

Wạ̈sche|leine *die* washing line.

wạschen (*präs* **wạ̈scht;** *prät* **wu̲sch;** *perf* **hat gewạschen**) *vt* to wash; **sich** *(D)* **die Haare/die Hände ~** to wash one's hair/hands.
◆ **sich waschen** *ref* to have a wash; **die Fahrprüfung hatte sich gewaschen** ***fam fig*** the driving test was quite something; **er bekam eine Abreibung, die sich gewaschen hatte** he got one hell of a hiding.

Wäscher<u>ei</u> (*pl* **-en**) *die* laundrette.

Wạ̈sche|schleuder *die* spin-dryer.

Wạ̈sche|ständer *der* clotheshorse.

Wạ̈sche|trockner *der* **- 1.** [Maschine] tumble-dryer **- 2.** [Wäscheständer] clotheshorse.

Wạsch|gelegenheit *die* washing facilities *(pl).*

Wạsch|lappen *der* **- 1.** [Lappen] facecloth **- 2.** ***fam abw*** [Person] wimp.

Wạsch|maschine *die* washing machine.

Wạsch|mittel *das* detergent.

Wạsch|pulver *das* washing powder.

Wạsch|raum *der* washroom.

Wasch|salon *der* laundrette.

Wasch|straße *die* AUTO carwash.

wäscht *präs* ▷ **waschen.**

Washington ['wɔʃɪŋtən] *nt* Washington.

Wasser (*pl* - oder **Wässer**) *das* - **1.** [gen] water; **~ abstoßend** water-repellent; **unter ~ stehen** to be under water - **2.** *(ohne pl)* [Körperflüssigkeit] fluid; **mir läuft das ~ im Mund zusammen** my month is watering; **~ lassen** to pass water - **3.** *RW:* **ins ~ fallen** to fall through; **er ist mit allen ~n gewaschen** *fam* he wasn't born yesterday; **sich über ~ halten** to keep one's head above water; **~ auf js Mühle sein** to be grist to sb's mill.

◆ **am Wasser** *adv* by the water; **nahe am ~ gebaut haben** *fam fig* to cry at the slightest thing.

wasserabstoßend ▷ **Wasser.**

Wasser|bad *das* KÜCHE bain-marie.

Wasser|ball *der* - **1.** [Spiel] water polo - **2.** [Ball] beach ball.

Wasser|bett *das* waterbed.

Wässerchen (*pl* -) *das:* **sie sieht aus, als ob sie kein ~ trüben könnte** *fig* she looks as if butter wouldn't melt in her mouth.

Wasser|dampf *der* steam *(U)*.

wasserdicht *adj* - **1.** [Bekleidung, Uhr] waterproof - **2.** *fam* [Alibi] watertight.

Wasser|fall *der* waterfall; **wie ein ~ reden** *fam fig* to talk nonstop.

Wasser|farbe *die* watercolours *(pl)*.

Wasser|flugzeug *das* seaplane.

Wasser|glas *das* water glass.

Wasser|glätte *die:* '**Vorsicht bei ~!**' 'Danger! road slippery when wet'.

Wasser|graben *der* ditch; [Burggraben] moat.

Wasser|hahn *der* tap *Br*, faucet *Am*.

Wasser|kessel *der* kettle.

Wasser|kopf *der* - **1.** MED hydrocephalus *(U)* - **2.** *fig* [aufgebläht]: **der ~ der Verwaltung** excessive administration.

Wasserkraft|werk *das* hydroelectric power station.

Wasser|lauf *der* watercourse.

Wasser|leitung *die* water pipe.

wasserlöslich *adj* soluble.

Wasser|mangel *der* drought.

Wasser|mann (*pl* **-männer**) *der* ASTROL Aquarius; **~ sein** to be an Aquarius.

Wasser|melone *die* watermelon.

Wasser|mühle *die* watermill.

wässern *vt* - **1.** [Pflanze, Beet] to water - **2.** KÜCHE to soak.

Wasser|pfeife *die* water pipe.

Wasser|pflanze *die* aquatic plant.

Wasser|pistole *die* water pistol.

Wasser|ratte *die* - **1.** [Tier] water rat - **2.** *fam* [Person] waterbaby.

Wasser|rohr *das* water pipe.

Wasser|schaden *der* water damage *(U)*.

Wasser|scheide *die* watershed.

wasserscheu *adj* scared of water.

Wasser|schutzpolizei *die* river police.

Wasser|ski *der* [Gerät] water ski ◇ *nt* waterskiing.

Wasser|spiegel *der* water level.

Wasser|sport *der* water sport.

Wasser|spülung (*pl* **-en**) *die* flush.

Wasser|stand *der* water level.

Wasser|stelle *die* watering hole.

Wasser|stoff *der* CHEM hydrogen.

Wasser|straße *die* waterway.

Wasser|turm *der* water tower.

Wasser|uhr *die* water meter.

Wasser|verbrauch *der* water consumption.

Wasser|verschmutzung *die* water pollution.

Wasser|versorgung *die (ohne pl)* water supply.

Wasser|vogel *der* waterfowl.

Wasser|waage *die* spirit level.

Wasser|werfer (*pl* -) *der* water cannon.

Wasser|werk *das* waterworks *(pl)*.

Wasser|zähler *der* water meter.

Wasser|zeichen *das* watermark.

wässrig *adj* watery.

waten (*perf* **ist gewatet**) *vi* to wade.

watscheln (*perf* **ist gewatschelt**) *vi* to waddle.

Watt (*pl* -en oder -) *das* - **1.** *(pl Watten)* [Küstengebiet] mudflats *(pl)* - **2.** *(pl Watt)* PHYS & TECH [Maßeinheit] watt.

Watte *die* cotton wool.

Watte|bausch *der* wad of cotton wool.

Watten|meer *das* mudflats *(pl)*.

Watte|stäbchen *das* cotton bud.

wattiert *adj* padded.

WAZ [vats] (*abk für* **Westdeutsche Allgemeine Zeitung**) *die daily newspaper based in the west of Germany.*

WC [veː'tseː] (*pl* **-s**) (*abk für* **water closet**) *das* WC.

WDR [veːdeː'ɛr] (*abk für* **Westdeutscher Rundfunk**) *der German radio station.*

weben (*prät* **wob;** *perf* **hat gewoben**) *vt* to weave.
◆ **sich weben** *ref geh:* **sich um jn/etw ~** to circulate about sb/sthg.

Weber (*pl* -) *der* weaver.

Weberei (*pl* **-en**) *die* [Unternehmen] weaving mill.

Weberin (*pl* **-nen**) *die* weaver.

Weblkante *die* selvage.

Weblseite [websaitə] *die* EDV web page, website.

Weblstuhl *der* loom.

Wechsel ['vɛksl̩] (*pl* -) *der* **- 1.** [Tausch] change **- 2.** [Zahlungsmittel] exchange.
◆ **im Wechsel** *adv* in turns.

Wechsellbad *das* **- 1.** [Bad] *bath in alternating hot and then cold water* **- 2.** *fig* [Auf und Ab]: **~ der Gefühle** emotional rollercoaster.

Wechsellbeziehung *die* correlation.

Wechsellgeld *das* change.

wechselhaft ['vɛks|haft] *adj* changeable.

Wechseljahre *pl* menopause *(U)*.

Wechsellkurs *der* exchange rate.

wechseln ['vɛksl̩n] (*perf* **hat/ist gewechselt**) *vt (hat)* **- 1.** [Thema, Kleidung, Arbeitsplatz, Geld] to change; **etw gegen** ODER **in etw** *(A)* **~** to change sthg for sthg **- 2.** [tauschen] to exchange ◇ *vi* **- 1.** *(hat)* [sich verändern] to change **- 2.** *(ist)* [an anderen Ort] to move.

wechselnd ['vɛksl̩nt] *adj* changing.

Wechsellrahmen *der* clip frame.

wechselseitig *adj* mutual ◇ *adv* mutually.

Wechsellstrom *der (ohne pl)* ELEKTR alternating current.

Wechsellstube *die* bureau de change.

Wechsellwähler *der* floating voter.

Wechsellwirkung *die* interaction.

wecken *vt* **- 1.** [Person] to wake **- 2.** [Neugier, Wunsch] to awaken.

Wecker (*pl* -) *der* alarm clock; **jm auf den ~ fallen** *fam fig* to get on sb's nerves.

wedeln (*perf* **hat/ist gewedelt**) *vi:* **mit etw ~** to wave sthg; **mit dem Schwanz ~** to wag its tail.

weder ◆ **weder ... noch** *konj* neither ... nor.

weg *adv* away; **er ist schon ~** he has already gone; **nichts wie ~ hier!** *fam* let's get out of here!; **~ damit!** *fam* take it away!; **Hände ~!** hands off!; **weit ~** far away; **über etw** *(A)* **~ sein** *fam fig* to have got over sthg.

Weg (*pl* **-e**) *der* **- 1.** [Pfad] path; **am ~** by the wayside **- 2.** [Strecke, Methode] way; **ein weiter ~** a long way; **jm im ~ stehen** ODER **sein** to be in sb's way; **jm über den ~ laufen** to bump into sb; **(jn) nach dem ~ fragen** to ask (sb) the way; **sich auf den ~ machen** to be on one's way; **auf dem schnellsten** ODER **kürzesten ~** in the fastest possible way **- 3.** [Erledigung]: **jm einen ~ abnehmen** to save sb a journey **- 4.** *RW:* **auf dem besten ~ sein, etw zu tun** *iron* to be well on the way to doing sthg; **auf halbem ~** halfway; **etw in die ~e leiten** to set sthg in motion; **jm/etw aus dem ~ gehen** to avoid sb/sthg; **jm nicht über den ~ trauen** not to trust sb an inch.

weglbekommen *vt (unreg) fam* [entfernen] to get rid of.

Wegbereiter (*pl* -) *der* pioneer.

weglbleiben (*perf* **ist weggeblieben**) *vi (unreg)* **- 1.** [Person] to stay away **- 2.** [Abschnitt] to be left out **- 3.** [Motor, Strom] to cut out; **jm bleibt die Luft weg** sb is left gasping.

weglbringen *vt (unreg)* **- 1.** [fortbringen] to take away **- 2.** [entfernen] to get rid of.

wegldenken *vt (unreg):* **sich** *(D)* **etw ~** to imagine sthg as not being there; **Computer sind aus dem Arbeitsalltag nicht mehr wegzudenken** it is no longer possible to imagine daily working life without computers.

wegen *präp (+ G, D)* because of; **~ Umbau geschlossen** closed for refurbishment.
◆ **von wegen** *interj fam* far from it!

weglfahren (*perf* **hat/ist weggefahren**) *(unreg) vi (ist)* to leave; [verreisen] to go away; **er stieg ins Auto und fuhr weg** he got in the car and drove off ◇ *vt (hat)* [transportieren] to move; [entsorgen] to take away.

weglfallen (*perf* **ist weggefallen**) *vi (unreg)* to be abolished.

Weglgabelung *die* fork *(in the road)*.

Weggang *der* departure.

weglgeben *vt (unreg)* to give away.

weglgehen (*perf* **ist weggegangen**) *vi (unreg)* **- 1.** [fortgehen] to leave; [ausgehen] to go out; **von jm/etw ~** *fam* to leave sb/sthg; **geh weg!** go away! **- 2.** [verschwinden] to go away **- 3.** [Ware] to sell well.

weggetreten *adj:* **~ sein** *fam* [geistesabwesend] to be miles away; [benommen] to be stunned.

weglhaben *vt (unreg) fam* **- 1.** [entfernen] to get rid of **- 2.: etw ~** [verstanden haben] to get the hang of sthg; [viel wissen] to know what one is talking about.

wegljagen *vt* to chase away.

weglkommen (*perf* **ist weggekommen**) *vi (unreg)* **- 1.** [fortgehen können] to get away; **mach, dass du wegkommst!** *fam* get out of here!; **von etw ~** to get away from sthg; [Drogen] to get off sthg **- 2.** [verschwinden] to disappear **- 3.** [behandelt werden]: **gut/schlecht bei etw ~** to do well/badly out of sthg.

weglkönnen *vi (unreg)* [Person] to be able to get away; [Gegenstand]: **der Sessel kann weg** the armchair can go.

weg|lassen *vt (unreg)* **- 1.** [Person] to let go **- 2.** [Abschnitt, Teil] to leave out.

weg|laufen (*perf* **ist weggelaufen**) *vi (unreg)* to run away; **vor** *ODER* **von jm/etw ~** to run away from sb/sthg; **das läuft dir nicht weg!** ***fam fig*** it won't run away!

weg|legen *vt* to put down.

weg|machen *vt* **fam** to get rid of.

weg|müssen *vi (unreg)* to have to go.

weg|nehmen *vt (unreg)* to take away; **jm etw ~** to take sthg away from sb.

weg|räumen *vt* to clear away.

weg|schaffen *vt* [sich einer Sache entledigen] to get rid of ; [woandershin bringen] to move.

weg|schicken *vt* [Person] to send away; [Päckchen] to send.

weg|schnappen *vt* **fam: sie hat mir das Sonderangebot unter der Nase weggeschnappt** she snapped up the special offer from under my nose; **jm den Freund/die Freundin ~** to pinch sb's boyfriend/girlfriend.

weg|sehen *vi (unreg)* to look away.

weg|stecken *vt* **fam - 1.** [Geld] to put away **- 2.** [Schlag] to take.

weg|tun *vt (unreg)* **- 1.** [weglegen] to put away **- 2.** [wegwerfen] to throw away.

Wegweiser (*pl* **-**) *der* signpost.

weg|werfen *vt (unreg)* to throw away.

wegwerfend *adj* disdainful <> *adv* disdainfully.

Wegwerf|gesellschaft *die* **abw** throw-away society.

weg|wischen *vt* to wipe away.

weg|wollen *vi (unreg)* **fam** to want to leave.

weg|ziehen (*perf* **hat/ist weggezogen**) *(unreg) vi (ist):* **aus etw ~** [Stadt] to move away from sthg; [Wohnung, Haus] to move out of sthg <> *vt (hat)* to pull away; [Vorhang, Decke] to pull back.

weh *adj* painful; *siehe auch* **wehtun**.

◆ **oh weh** *interj* oh dear!; *siehe auch* **wehtun.**

wehen (*perf* **hat/ist geweht**) *vi* **- 1.** *(hat)* [blasen] to blow; [flattern] to flutter **- 2.** *(ist)* [geweht werden - Blatt, Schneeflocken] to blow about; [- Duft, Geruch] to waft <> *vt (hat)* to blow.

Wehen *pl* contractions.

wehleidig *adj* **abw** self-pitying.

wehmütig *adj* melancholy <> *adv* melancholically.

Wehr (*pl* **-e**) *die:* **sich zur ~ setzen** to defend o.s. <> *das (pl Wehre)* weir.

Wehr|dienst *der* military exercise.

Wehr|dienstverweigerer (*pl* **-**) *der* conscientious objector.

wehren ◆ **sich wehren** *ref* to defend o.s.; **sich gegen etw ~** to defend o.s. against sthg.

Wehrersatzdienst *der* community service *(as alternative to military service).*

wehrlos *adj* defenceless <> *adv:* **jm ~ ausgeliefert sein** to be defenceless against sb.

Wehrpflicht *die* compulsory military service.

wehrpflichtig *adj* liable for military service.

Wehrpflichtige (*pl* **-n**) *der* person liable for military service.

Wehr|übung *die* military exercise *(for reservists).*

weh|tun *vi:* **jm ~** to hurt sb; **mir tun die Füße ~** my feet hurt.

◆ **sich wehtun** *ref:* to hurt o.s.

Wehwehchen (*pl* **-**) *das* little complaint.

Weib (*pl* **-er**) *das* **fam abw** [Frau] woman.

Weibchen (*pl* **-**) *das* female.

weibisch *adj* **abw** effeminate.

weiblich *adj* **- 1.** [Person, Tier, Geschlecht] female **- 2.** [Kleidung, Verhalten & GRAM] feminine.

Weiblichkeit *die* femininity.

weich *adj* soft; **~ werden fam** to soften <> *adv* [landen] softly; [bremsen] gently; [liegen] comfortably; **~ gekocht** soft-boiled; **jn ~ machen** to soften sb up.

Weiche (*pl* **-n**) *die* points *(pl)* **Br,** switch **Am; die ~n für etw stellen *fig*** to set the course for sthg.

weichen (*prät* **wich** oder **weichte;** *perf* **ist gewichen** *ODER* **hat geweicht**) *vi (unreg)* **- 1.** [fortgehen] to move **- 2.** [zurückweichen] to retreat; **vor etw** *(D)* **~** to yield to sthg <> *vt (reg)* [einweichen] to soak.

weichgekocht *adj* ▻ **weich.**

Weich|käse *der* soft cheese.

weichlich *adj* **abw** weak.

Weichling (*pl* **-e**) *der* **abw** weakling.

weichmachen *vt* ▻ **weich.**

Weichsel ['vaiksl̩] *die:* **die ~** the (River) Vistula.

Weichspüler ['vaiçʃpy:lɐ] (*pl* **-**) *der* fabric conditioner.

Weichteile *pl* privates.

Weide (*pl* **-n**) *die* **- 1.** [für Vieh] meadow **- 2.** [Baum] willow tree.

Weideland *das* pastureland.

weiden *vi* to graze.

◆ **sich weiden** *ref* **geh: sich an etw** *(D)* **~** to revel in sthg.

Weidenkätzchen (*pl* **-**) *das* catkin.

weigern ◆ **sich weigern** *ref:* **sich ~, etw zu tun** to refuse to do sthg.

Weigerung (*pl* **-en**) *die* refusal.

weihen *vt* to consecrate; **jn zu etw ~** to ordain sb as sthg.

Weiher *(pl -) der* pond.

Weihnachten *(pl -) (ohne Artikel)* Christmas; **~ feiern** to celebrate Christmas.
◆ **frohe Weihnachten** *interj* Merry Christmas!

WEIHNACHTEN

German Christmas traditions differ somewhat from those in the English-speaking world. Presents are exchanged on "Heiligabend" or Christmas Eve, rather than on Christmas Day, and before going to Midnight Mass it is customary to light the candles with which the Christmas tree is decorated. The big family meal takes place at midday on Christmas Day. "Weihnachtsplätzchen" are plates of typical Christmas biscuits and cakes such as "Lebkuchen", and mulled wine is the traditional drink. In addition to Christmas Day, 26 December is also a public holiday.

weihnachtlich *adj* Christmassy ◇ *adv* for Christmas.

Weihnachts|abend *der* Christmas Eve.

Weihnachts|baum *der* Christmas tree.

Weihnachts|einkäufe *pl* Christmas shopping *(U)*.

Weihnachts|feier *die* Christmas party.

Weihnachtsfeier|tag *der*: **der erste/zweite ~** Christmas/Boxing Day.

Weihnachts|ferien *pl* Christmas holidays **Br** *ODER* vacation *(sg)* **Am.**

Weihnachts|geld *das (ohne pl)* Christmas bonus.

Weihnachts|geschenk *das* Christmas present.

Weihnachts|lied *das* Christmas carol.

Weihnachts|mann *(pl* **-männer***) der* Father Christmas.

Weihnachts|markt *der* Christmas market.

WEIHNACHTSMARKT

During the Christmas period, many German towns have a "Weihnachtsmarkt" or Christmas market, usually on the main square, where you can buy Christmas decorations, handmade goods, gift items, Christmas biscuits and cakes etc. There are also several stalls selling mulled wine and the local culinary specialities. The Nuremberg "Christkindlmarkt" and the Dresden Christmas market are the best known.

Weihnachts|tag *der*: **erster/zweiter ~** Christmas/Boxing Day.

Weihnachts|zeit *die* Christmas; **zur ~** at Christmas.

Weih|rauch *der* incense.

Weih|wasser *das* holy water.

weil *konj* because.

Weilchen ◆ **ein Weilchen** *adv* a little while.

Weile ◆ **eine Weile** *adv* a while.

Weimar *nt* Weimar.

Weimarer Republik *die* Weimar Republic.

WEIMARER REPUBLIK

The Weimar Republic was the first republic established in Germany after the abdication of the Emperor in November 1918. Plagued by economic difficulties and torn apart by left- and right-wing radicals hostile to democracy, it collapsed when Adolf Hitler came to power in 1933.

Wein *(pl* **-e***) der* - **1.** [Getränk] wine; **jm reinen ~ einschenken** ***fig*** to tell sb the truth - **2.** *(ohne pl)* [Pflanze] vine.

Wein|bau *der* wine-growing.

Wein|berg *der* vineyard.

Wein|brand *der* brandy.

weinen *vi* to cry; **über etw** *(A)* **~** to cry over sthg; **um jn ~** to cry for sb; **vor etw** *(D)* **~** to cry with sthg; **wegen etw ~** to cry because of sthg ◇ *vt* to cry.

weinerlich *adj* tearful.

Wein|essig *der* wine vinegar.

Wein|fass *das* wine cask.

Wein|flasche *die* wine bottle.

Wein|glas *das* wineglass.

Wein|karte *die* wine list.

Wein|keller *der* wine cellar.

Wein|kenner, in *der, die* wine connoisseur.

Wein|lese *(pl* **-n***) die* grape harvest.

Wein|probe *die* wine tasting.

weinrot *adj* wine-coloured.

Wein|stube *die* wine bar.

Wein|traube *die* grape.

weise *adj* wise ◇ *adv* wisely.

Weise *(pl* **-n***) die* - **1.** [Art] way - **2.** [Melodie] tune ◇ *der, die* wise man (*f* wise woman).
◆ **auf diese Weise** *adv* in this way.
◆ **auf seine Weise** *adv* in his own way.
◆ **in gewisser Weise** *adv* in some respects.

weisen *(prät* **wies**; *perf* **hat gewiesen***)* ***geh*** *vt* - **1.** [zeigen]: **jm etw ~** to show sb sthg - **2.** [wegschicken]: **jn aus** *ODER* **von etw ~** to expel sb from sthg - **3.** [abwehren]: **etw von sich ~** to reject sthg ◇ *vi* to point.

Weisheit *(pl* **-en***) die* wisdom; **mit seiner ~ am**

Ende sein *fig* to be at one's wits' end; **kannst du deine ~en nicht für dich behalten?** can't you keep your pearls of wisdom to yourself?

Weisheits|zahn *der* wisdom tooth.

weis|machen *vt fam:* **jm etw ~** to make sb believe sthg; **das kannst du mir nicht ~!** you don't expect me to believe that!

weiß *präs* ▷ **wissen** ◇ *adj* white.

Weiß *das* white.

Weiß|bier *das* **Süddt** wheat beer.

Weiß|brot *das* white bread *(U)*.

Weiße (*pl* **-n**) *der, die* [Person] white person ◇ *das* [Farbe] white ◇ *die:* **Berliner ~ mit Schuß** *type of wheat beer, with a shot of raspberry syrup.*

Weiße Haus *das:* **das ~** the White House.

weißen *vt* to whitewash.

Weiß|glut *die:* **jn zur ~ bringen** *fam fig* to send sb into a rage.

Weiß|herbst *der* rosé (wine).

Weiß|kohl *der* white cabbage.

Weißrussland *nt* White Russia.

Weiß|wein *der* white wine.

Weisung (*pl* **-en**) *die* **geh** instruction; **eine ~ befolgen** to follow an instruction.

weit *adj* **- 1.** [gen] wide; [Reise, Fahrt] long; **wie ~ ist es bis ...?** how far is it to ...?; **ist es ...?** is it far?; **es ist drei Kilometer ~ von hier** it is three kilometres away from here; **im ~esten Sinne** in the broadest sense **- 2.** *RW:* **mit seinen Kenntnissen ist es nicht ~ her** he doesn't know enough; **bist du so ~?** are you ready?; **es ist so ~** the time has come ◇ *adv* **- 1.** [beträchtlich] far; **~ besser** far better; **~ später** much later; **~ weg** far away; **~ bekannt** widely known; **ihre Meinungen gehen ~ auseinander** they differ widely in their opinions; **~ geöffnet** wide open; **~ verbreitet** widespread; **~ nach Mitternacht** long after midnight **- 2.** [gehen, fahren] a long way; **zwei Kilometer ~ fahren** ODER **gehen** to go two kilometres **- 3.** *RW:* **das geht zu ~!** that's going too far!; **so ~, so gut** so far, so good.

◆ **bei weitem** *adv* by far; **bei ~em nicht genug** not nearly enough.

◆ **von weitem** *adv* from far away.

◆ **weit und breit** *adv* far and wide.

weitab *adv* far away.

weitaus *adv* by far.

Weitblick *der* foresight.

weit blickend *adj* farsighted.

Weite (*pl* **-n**) *die* **- 1.** *(ohne pl)* [weite Fläche] expanse; **das ~ suchen** *fig* to make o.s. scarce **- 2.** SPORT distance **- 3.** [von Kleidungsstücken] width.

weiten *vt* to widen; [Schuhe] to stretch.

◆ **sich weiten** *ref* to widen; [Schuhe] to stretch.

weiter *adv* further; **was geschah ~?** what happened then?; **immer ~** further and further.

◆ **nicht weiter** *adv* [nicht weiter fort] no further; [nicht mehr] no longer; **es hat mich nicht ~ interessiert** I wasn't really interested in it.

◆ **und so weiter** *adv* and so on.

◆ **weiter nichts** *adv* nothing more.

weiter|arbeiten *vi* to carry on working.

Weiterbildung *die* training; **einen Computerkurs zur ~ besuchen** to do a computer course to further one's education.

weiter|bringen *vt (unreg)* to move forward.

weitere, r, s *adj* further.

◆ **alles Weitere** *adv* all the rest.

◆ **bis auf weiteres** *adv* until further notice.

◆ **ohne weiteres** *adv* just like that.

weiter|empfehlen *vt (unreg)* to recommend; **jm etw ~** to recommend sthg to sb.

weiter|entwickeln *vt* to develop further.

◆ **sich weiterentwickeln** *ref* to develop further.

weiter|erzählen *vt* **- 1.** [fortfahren] to continue with **- 2.** [weitersagen] to pass on; **du darfst es aber nicht ~** you're not allowed to tell (anyone).

weiter|fahren (*perf* **ist weitergefahren**) *vi (unreg)* to drive on.

weiter|führen *vt* to continue; **das führt uns nicht weiter** this isn't getting us anywhere.

weiter|geben *vt (unreg)* to pass on; **etw an jn ~** to pass sthg on to sb.

weiter|gehen (*perf* **ist weitergegangen**) *vi (unreg)* **- 1.** [gehen] to go on **- 2.** [sich fortsetzen] to continue.

weiter|helfen *vi (unreg):* **jm ~** to help sb.

weiterhin *adv* **- 1.** [immer noch] still **- 2.** [künftig] in future.

weiter|kommen (*perf* **ist weitergekommen**) *vi (unreg)* **- 1.** [auf Strecke, Weg] to get further **- 2.** [mit Arbeit] to make progress **- 3.** [im Beruf, Leben] to get ahead.

weiter|können *vi (unreg)* **fam** to be able to go on.

weiter|laufen (*perf* **ist weitergelaufen**) *vi (unreg)* **- 1.** [Person] to walk/run on; [Maschine] to keep running **- 2.** [Verhandlungen, Geschäfte] to continue.

weiter|leben *vi* to carry on living; **der Künstler lebt in seinen Werken weiter** the artist lives on in his works.

weiter|leiten *vt* to send on; **etw an jn ~** to pass sthg on to sb.

weiter|machen *vi* to carry on.

weiter|sagen *vt* to pass on; **jm etw ~** to tell sb sthg.

weiter|sehen *vi (unreg):* **anschließend sehen wir weiter** then we'll see.

Weiterver|kauf *der* resale.

weiter|wissen *vi (unreg):* **nicht mehr ~** to be at one's wits' end.

weit gehend *adj* considerable.

weither *adv geh:* **von ~** from far away.

weithin *adv* from far away.

weitläufig *adj* **- 1.** [Haus, Grundstück] spacious **- 2.** [Verwandtschaft] distant **- 3.** [Schilderung] long-winded <> *adv* **- 1.** [angelegt] spaciously **- 2.** [verwandt] distantly **- 3.** [schildern] at great length.

weiträumig *adj* spacious <> *adv:* **etw ~ umfahren** to give sthg a wide berth.

weitsichtig *adj* **- 1.** [sehbehindert] longsighted **- 2.** [umsichtig] farsighted.

Weitsprung *der* SPORT long jump.

weit verbreitet *adj* common.

Weit|winkel *das* FOTO wide-angle lens.

Weitwinkel|objektiv *das* FOTO wide-angle lens.

Weizen *der* wheat.

Weizen|bier *das* wheat beer.

Weizen|mehl *das* wheat flour.

welche, r, s *det* which <> *pron* **- 1.** [Interrogativpronomen] which (one); **~r von ihnen?** which (one) of them? **- 2.** [Relativpronomen - Person] who, that; [- Sache] which, that; **die Bücher, ~ ich brauche** the books (that) I need **- 3.** [Indefinitpronomen - in Aussagesätzen] some; [- in Frage- und Konditionalsätzen] any; **hast du ~?** have you got any?

welk *adj* [Blumen] wilted; [Haut] withered.

welken (*perf* **ist gewelkt**) *vi* to wilt.

Well|blech *das* corrugated iron *(U)*.

Welle (*pl* **-n**) *die* **- 1.** [im Wasser] wave **- 2.** [beim Rundfunk] wavelength **- 3.** *RW:* **grüne ~** phased traffic lights *(pl)*; **~n schlagen** to create a stir.

wellen ◆ **sich wellen** *ref* [Papier] to wrinkle; [Haar] to become wavy; [Teppich] to ruck up.

Wellen|bad *das swimming pool with wave machine.*

Wellenbe|reich *der* waveband.

Wellen|brecher (*pl* -) *der* breakwater.

Wellen|gang *der:* **hoher ~** heavy seas *(pl)*.

Wellen|länge *die* PHYS wavelength; **auf einer ~ sein** *fam fig* to be on the same wavelength.

Wellen|linie *die* wavy line.

Wellen|sittich *der* budgerigar.

wellig *adj* [Haar] wavy; [Papier] wrinkled; [Gelände] undulating.

Well|pappe *die* corrugated cardboard *(U)*.

Welpe (*pl* **-n**) *der* [von Hund] puppy; [von Fuchs, Wolf] cub.

Welt (*pl* **-en**) *die* world; **auf der ~** in the world; **in alle ~** all over the world; **die Dritte ~** the Third World; **alle ~** the whole world; **auf die** ODER **zur ~ kommen** to come into the world; **nicht um alles in der ~** not for anything in the world; **sie trennen ~en** they are like chalk and cheese.

Welt|all *das (ohne pl)* universe.

Welt|anschauung *die* world view.

Weltaus|stellung *die* world fair.

Welt|bank *die* World Bank.

weltberühmt *adj* world-famous.

weltfremd *adj* unworldly.

Welt|handel *der* world trade.

Welt|karte *die* map of the world.

Welt|krieg *der* HIST: **der Erste/Zweite ~** the First/Second World War.

weltlich *adj* worldly.

Welt|literatur *die* world literature.

Welt|macht *die* world power.

Welt|markt *der* WIRTSCH world market.

Welt|meister, in *der, die* world champion.

Welt|meisterschaft *die* world championship; [im Fußball] World Cup.

weltoffen *adj* open-minded.

Welt|rang *der:* **von ~** world-class.

Weltrang|liste *die* SPORT world rankings *(pl)*.

Welt|raum *der* space.

Welt|reise *die* round-the-world trip.

Welt|rekord *der* world record.

Welt|sicherheitsrat *der* (United Nations) Security Council.

Welt|stadt *die* cosmopolitan city.

Welt|untergang *der* end of the world.

weltweit *adj* worldwide.

Weltwirtschaft *die* world economy.

wem *pron (Dativ von wer)* (to) who; **~ gehört die Tasche?** whose bag is it?; **mit ~ kommst du morgen?** who are you coming with tomorrow?; **mit ~ spreche ich?** who's speaking?; **von ~ hast du das?** who did you get it from?

wen *pron (Akkusativ von wer)* who, whom; **für ~ ist das?** who is that for?

Wende (*pl* **-n**) *die* **- 1.** [Veränderung] change **- 2.** SPORT turn **- 3.** HIST: **die ~** the fall of the Berlin Wall.

Wende|kreis *der* **- 1.** [von Auto] turning circle **- 2.** GEOGR tropic.
◆ **Nördliche Wendekreis** *der* Tropic of Cancer.
◆ **Südliche Wendekreis** *der* Tropic of Capricorn.

Wendel|treppe *die* spiral staircase.

wenden (*prät* **wendete** *ODER* **wandte;** *perf* **hat gewendet** *ODER* **gewandt**) *vt (reg)* [umdrehen] to turn; [Kleidungsstück] to reverse ◇ *vi (reg)* to turn around; '**bitte ~**' 'please turn over'.
◆ **sich wenden** *ref* - **1.** *(reg)* [sich ändern]: **sich zum Besseren/Schlechteren ~** to take a turn for the better/worse - **2.** [sich richten]: **sich an jn/etw ~** [hilfesuchend] to turn to sb/sthg; [appellierend] to address sb/sthg; **sich gegen jn/etw ~** to oppose sb/sthg.

Wende|punkt *der* turning point.

wendig *adj* - **1.** [beweglich - Auto, Boot] manoeuvrable; [- Person] agile - **2.** [geschickt] astute.

Wendung (*pl* **-en**) *die* - **1.** [Redewendung] idiom - **2.** [Drehung] turn - **3.** [Veränderung]: **eine ~ zum Guten/Schlechten nehmen** to take a turn for the better/worse.

wenig *det* - **1.** [Anzahl] a few; **mit ~en Worten** in few words - **2.** [Menge] little ◇ *pron* - **1.** [Anzahl] a few; **es ist nur ~en bekannt, dass ...** only a few people know that ... - **2.** [Menge] little ◇ *adv* a little; **~ bekannt** little known; **~ erfreulich** not very pleasant.
◆ **ein wenig** *det, pron* & *adv* a little.
◆ **nur wenig** *det* - **1.** [Anzahl] only a few - **2.** [Menge] only a little; **er hat nur ~ Zeit** he hasn't got much time ◇ *adv* only a little.
◆ **zu wenig** *det* - **1.** [Anzahl] too few - **2.** [Menge] too little ◇ *adv* & *pron* too little.

weniger *adv* less ◇ *konj:* **sieben ~ drei** seven minus three.

wenigste *adj* ▷ **wenig.**
◆ **am wenigsten** *adv* least.

wenigstens *adv* at least.

wenn *konj* - **1.** [zeitlich] when - **2.** [konditional] if; **~ ich das gewusst hätte** if I had known, had I known; **~ er nur käme!** if only he would come!
◆ **wenn auch** *konj* even if.
◆ **wenn bloß** *konj* if only.

Wenn *das:* **ohne ~ und Aber** with no ifs or buts.

wennschon *interj* **fam: na ~!** so what!; **~, dennschon!** no half measures!

wer *pron* - **1.** [Interrogativpronomen] who; **~ von euch?** which of you? - **2.** [Relativpronomen] anyone *ODER* anybody who; **~ mitkommen will** anyone who wants to come - **3.** *fam* [Indefinitpronomen - in Aussagesätzen] somebody, someone; [- in Frage- und Konditionalsätzen] anybody, anyone; **ist da ~?** is there anyone there?; **~ sein** *fig* to be somebody.

Werbe|agentur *die* advertising agency.

Werbe|fernsehen *das* television advertising.

Werbe|film *der* promotional film.

Werbe|geschenk *das* free gift.

Werbe|kampagne *die* advertising campaign.

werben (*präs* **wirbt;** *prät* **warb;** *perf* **hat geworben**) *vi* to advertise; **für etw ~** to advertise sthg ◇ *vt* to attract; **jn für etw ~** to recruit sb for sthg.

Werbe|slogan *der* advertising slogan.

Werbe|spot *der* advertisement, commercial.

Werbe|trommel *die:* **die ~ für etw rühren** *fig* to plug sthg.

Werbung (*pl* **-en**) *die* advertising; **für jn/etw ~ machen** to advertise sb/sthg.

Werde|gang *der* development; **der berufliche ~** professional development.

werden (*präs* **wird;** *prät* **wurde;** *perf* **ist geworden** *ODER* **worden**) *aux* - **1.** [zur Bildung des Futurs] will; **sie wird kommen** she will come, she'll come; **sie wird nicht kommen** she won't come; **es wird warm werden** it is going to be warm - **2.** [zur Bildung des Konjunktivs] would; **würdest du/würden Sie ...?** would you ...?; **ich würde gerne ...** I would like to ...; **ich würde lieber noch bleiben** I would prefer to stay a bit longer - **3.** *(Perf ist worden)* [zur Bildung des Passivs] to be; **sie wurde kritisiert** she was criticised; **nebenan wird gelacht** there's someone laughing next door ◇ *vi (Perf ist geworden)* - **1.** [gen] to become; **Vater ~** to become a father; **er will Lehrer ~** he wants to be a teacher; **das Kind wird groß** the child's getting bigger; **alt ~** to grow *ODER* get old; **rot ~** to turn *ODER* go red; **verrückt ~** to go mad; **krank ~** to fall ill; **schlecht ~** to go off; **ich werde morgen 25** I'll be 25 tomorrow; **es wird bald Sommer** it will soon be summer; **es wird Nacht** it's getting dark; **aus ihm wird mal ein guter Lehrer** he'll make a good teacher; **was soll aus dir ~?** what is to become of you?; **daraus wird nichts** nothing will come of it; **zu Stein ~** to turn to stone; **zum Mann ~** to become a man; **(na,) wirds bald!** *fam* get a move on! - **2.** *fam* [gelingen, sich erholen]: **sind die Fotos was geworden?** did the photos come out?; **es wird schon wieder ~** *fam* it will be all right.

werfen (*präs* **wirft;** *prät* **warf;** *perf* **hat geworfen**) *vt* - **1.** [Ball, Stein] to throw - **2.** [Tor, Korb] to score ◇ *vi* to throw; **mit etw ~** to throw sthg; **mit Geld nur so um sich ~** to throw one's money around.
◆ **sich werfen** *ref* to throw o.s.

Werft (*pl* **-en**) *die* shipyard.

Werk (*pl* **-e**) *das* - **1.** [gen] work - **2.** [Betrieb] plant.

Werk|angehörige = **Werksangehörige.**

Werkbank (*pl* **-bänke**) *die* workbench.

werkeigen = **werkseigen.**

Werks|angehörige, Werkangehörige *der, die* plant employee.

Werkschutz *der* plant security.

werkseigen, werkeigen *adj* plant-owned.

Werk|statt (*pl* **-stätten**) *die* workshop.

Werk|stoff *der* material.

Werk|stück *das* workpiece.

Werks|verkauf *der ex-factory sale of reduced price products.*

Werk|tag *der* working day.

werktags *adv* on working days.

werktätig *adj* working.

Werkzeug (*pl* **-e**) *das* tool.

Werkzeug|kasten *der* tool box.

Wermut (*pl* **-s**) *der* vermouth *(U)*.

wert *adj:* **~ sein** to be worth; **nichts ~ sein** to be worthless; **viel/tausend Mark ~ sein** to be worth a lot/a thousand marks; **Berlin ist eine Reise ~** Berlin is worth visiting; **~e Gäste!** dear guests!

Wert (*pl* **-e**) *der* value; **auf etw** *(A)* **~ legen** to attach importance to sthg; **im ~ steigen/fallen** to increase/decrease in value; **das hat keinen ~!** ***fam*** it's pointless.
◆ **Werte** *pl* values.

Wertan|gabe *die* registered value.

wertbeständig *adj* stable.

werten *vt* [benoten] to rate; [beurteilen] to judge; [einschätzen]: **etw als Erfolg ~** to consider sthg a success.

Wertgegen|stand *der* valuable object.

wertlos *adj* worthless.

Wert|minderung *die* WIRTSCH depreciation *(U)*.

Wert|papier *das* WIRTSCH bond.

Wert|sache *pl* valuables.

Wertung (*pl* **-en**) *die* judgement.

wertvoll *adj* valuable.

Wesen (*pl* **-**) *das* **- 1.** [Charakter] nature **- 2.** [Mensch] being **- 3.** [Lebewesen] creature.

Wesens|art *die* character.

wesentlich *adj* essential <> *adv* considerably.
◆ **im Wesentlichen** *adv* essentially.

Weser *die:* **die ~** the (River) Weser.

weshalb *adv* why.

Wespe (*pl* **-n**) *die* wasp.

Wespen|nest *das* wasp's nest; **in ein ~ stechen** ***fig*** to stir up a hornet's nest.

wessen *pron (Genitiv von wer)* whose.

Wessi (*pl* **-s**) *der* ***fam*** *citizen of the former West Germany.*

West *(ohne Artikel)* **- 1.** [Kurs, Windrichtung] west **- 2.** [Länder] West.

westdeutsch *adj* West German.

Westdeutschland *nt* western Germany; [frühere BRD] West Germany.

Weste (*pl* **-n**) *die* waistcoat ***Br***, vest ***Am***; **eine reine** ODER **weiße ~ haben** ***fam fig*** to have a clean record.

Westen *der* **- 1.** [gen] west; **aus ~** from the west; **nach ~** west; **im ~** in the west; **der Wilde ~** the Wild West **- 2.** POL West.

Westen|tasche *die:* **etw wie seine ~ kennen** to know sthg like the back of one's hand.

Western (*pl* **-**) *der* western.

Westeuropa *nt* Western Europe.

Westf. *abk für* **Westfalen.**

Westfale (*pl* **-n**) *der* Westphalian.

Westfalen *nt* Westphalia.

Westfälin (*pl* **-nen**) *die* Westphalian.

westfälisch *adj* Westphalian.

Westindische Inseln *pl:* **die ~** the West Indies.

Westjordanland *das:* **das ~** the West Bank; **im ~** on the West Bank.

West|küste *die* West Coast.

westl. *abk für* **westlich.**

westlich *adj* western <> *präp:* **~ einer Sache** *(G)* ODER **von etw** (to the) west of sthg.

West|seite *die* west side.

westwärts *adv* westwards.

West|wind *der* west wind.

weswegen *adv* why.

Wettbewerb (*pl* **-e**) *der* competition; **in ~ mit jm treten** to enter into competition with sb.

wettbewerbsfähig *adj* competitive.

Wett|büro *das* betting office.

Wette (*pl* **-n**) *die* bet.
◆ **um die Wette** *adv:* **um die ~ laufen** to have a race; **um die ~ jodeln** to have a yodelling competition.

wetteifern *vi:* **mit jm um etw ~** to compete with sb for sthg.

wetten *vi* to bet; **auf jn/etw ~** to bet on sb/sthg; **mit jm ~** to bet sb; **um etw ~** to bet sthg <> *vt* to bet.
◆ **wetten, dass?** *interj* do you want to bet?

Wetten *das* betting.

Wetter (*pl* **-**) *das* [Klima] weather; **schönes/schlechtes ~** good/bad weather.

Wetter|amt *das* meteorological office.

Wetter|aussichten *pl* weather outlook *(sg)*.

Wetter|bericht *der* weather report.

Wetter|fahne *die* weather vane.
wetterfest *adj* weatherproof.
wetterfühlig *adj* sensitive to changes in the weather.
Wetter|karte *die* weather map.
Wetter|lage *die* general weather situation.
Wetter|leuchten *das* sheet lightning.
wettern *vi:* **gegen jn/etw ~** to curse sb/sthg.
Wettervorher|sage *die* weather forecast.
Wett|kampf *der* contest.
Wett|lauf *der* race.
wett|machen *vt* to make up for.
Wett|rennen *das* race.
Wett|rüsten *das* arms race.
wetzen (*perf* **hat gewetzt**) *vt* to sharpen.
WEU (*abk für* **Westeuropäische Union**) *die* WEU.
WEZ (*abk für* **westeuropäische Zeit**) GMT.
WG [veːˈgeː] (*pl* **-s**) *die abk für* **Wohngemeinschaft.**
Whg. *abk für* **Wohnung.**
Whirlpool [ˈwœrlpuːl] *der* Jacuzzi®.
Whiskey, Whisky [ˈvɪski] (*pl* **-s**) *der* whisky.
WHO [veːhaːˈoː] (*abk für* **World Health Organization**) *die* WHO.
wich *prät* ▻ **weichen.**
wichtig *adj* important; **etw ~ nehmen** to take sthg seriously; **sich (mit etw) ~ machen** ***fam*** to show off (about sthg).
Wichtigkeit *die* importance.
Wichtigtuer (*pl* **-**) *der* ***fam abw*** bighead.
Wickel (*pl* **-**) *der* compress; **jn am ~ haben** ***fam fig*** to have sb by the scruff of the neck.
wickeln *vt* to wind; **etw um etw ~** to wrap sthg around sthg; **jn/etw in etw** *(A)* **~** to wrap sb/sthg in sthg; **ein Baby ~** to change a baby's nappy ***Br*** ODER diaper ***Am;*** **schief gewickelt sein** ***fam fig*** to be very much mistaken.
Widder (*pl* **-**) *der* **- 1.** [Tier] ram **- 2.** ASTROL Aries; **~ sein** to be an Aries.
wider *präp* ***geh*** against.
Wider|haken *der* barb.
wider|hallen *vi* to echo.
widerlegen *vt* [Argument, Behauptung] to refute; **jn ~** to prove sb wrong.
widerlich *adj* ***abw*** revolting.
widerrechtlich *adj* illegal ◇ *adv* illegally.
Wider|rede *die* contradiction.
◈ **keine Widerrede** *interj* don't argue!
Wider|ruf *der* [von Aussage] retraction *(U);* [von Befehl] revocation.
◈ **bis auf Widerruf** *adv* until further notice.
widerrufen (*prät* **widerrief;** *perf* **hat widerrufen**) *vt* [von Aussage] to retract; [von Befehl] to revoke.
wider|setzen ◈ **sich widersetzen** *ref:* **sich einer Sache** *(D)* **~** to oppose sthg; **sich einem Befehl ~** to refuse to comply with an order.
widerspenstig *adj* unruly ◇ *adv* in an unruly manner.
wider|spiegeln *vt* to reflect.
◈ **sich widerspiegeln** *ref* to be reflected.
widersprechen (*präs* **widerspricht;** *prät* **widersprach;** *perf* **hat widersprochen**) *vi* to contradict; **jm ~** to contradict sb; **einer Sache/sich** *(D)* **~** to contradict sthg/o.s.
Wider|spruch *der* **- 1.** [von Personen] protest **- 2.** [in Aussage] contradiction; **in ~ zu etw stehen** to contradict sthg.
widersprüchlich *adj* contradictory.
widerspruchslos [ˈviːdɐʃpruxsloːs] *adj* unprotesting ◇ *adv* without protest.
Wider|stand *der* **- 1.** [Ablehnung & ELEKTR] resistance *(U);* **~ gegen jn/etw** resistance against sb/sthg; **~ leisten** to put up resistance; **auf ~ stoßen** to meet with resistance **- 2.** [Hindernis] obstacle.
widerstandsfähig *adj* resilient.
Widerstandskämpfer, in (*mpl* **-;** *fpl* **-nen**) *der, die* resistance fighter.
widerstandslos *adj* & *adv* without resistance.
widerstehen (*prät* **widerstand;** *perf* **hat widerstanden**) *vi:* **jm/einer Sache ~** to resist sb/sthg.
widerstreben *vi:* **etw widerstrebt jm** sb dislikes sthg; **es widerstrebt jm, etw zu tun** sb is loath to do sthg.
widerstrebend *adj* reluctant ◇ *adv* reluctantly.
widerwärtig *adj* revolting; **Ratten sind mir ~** I find rats repulsive ◇ *adv:* **sich ~ verhalten** to behave offensively.
Widerwille, Widerwillen *der* reluctance; **~n gegen jn/etw empfinden** to be disgusted by sb/sthg.
widerwillig *adj* reluctant ◇ *adv* reluctantly.
widmen *vt* **- 1.** [zueignen]: **jm etw ~** to dedicate sthg to sb **- 2.** [aufwenden] to dedicate.
◈ **sich widmen** *ref* [sich zuwenden]: **sich jm/einer Sache ~** to devote o.s. to sb/sthg.
Widmung (*pl* **-en**) *die* dedication.
wie *adv* how; **~ heißen Sie?** what's your name?; **sie fragte ihn, ~ alt er sei** she asked him how old he was; **~ war das Wetter?** what was the weather like?; **~ gehts?** how are you?; **~ spät ist es?** what's the time?, what time is it?; **~ oft?** how often?; **~ wäre es mit ei-**

nem Gläschen? how about a drink?; **wie wäre es, wenn wir ins Schwimmbad gingen?** how about going to the (swimming) pool?; **~ bitte?** sorry?, excuse me?; **~ war das?** *fam* come again?; **~ nett von dir!** how kind of you!; **~ schade!** what a pity! <> *interj:* **er kam wohl nicht, ~?** he didn't come, did he? <> *konj* **- 1.** [vergleichend - vor Substantiv] like; [- vor Adjektiv, Verb, Partikel] as; **~ sein Vater** like his father; **so ... ~ ...** as ... as ...; **so viel, ~ du willst** as much as you want; **~ wenn ...** as if; **so groß ~ du** as big as you; **weiß ~ Schnee** as white as snow; **so schön ~ noch nie** more beautiful than ever; **~ ich schon sagte** as I said earlier; **~ gesagt** as has been said **- 2.** [zum Beispiel] such as, like **- 3.** [dass]: **ich hörte, ~ mein Nachbar Klavier spielte** I heard my neighbour playing the piano.

wieder *adv* **- 1.** [gen] again; **immer ~, ~ und ~** again and again; **hin und ~** now and again; **nie ~** never again; **was hast du denn (jetzt) ~ angestellt?** what have you done this time?; **er ist ~ da** he is back; **er ging ~ ins Haus** he went back into the house **- 2.** *fam* [wiederum] on the other hand.

Wiederaufbau *der* reconstruction.

wiederauf|bauen *vt* to reconstruct.

wiederauf|bereiten *vt* to reprocess.

Wiederaufbereitung (*pl* **-en**) *die* reprocessing *(U)*.

Wiederaufbereitungsan|lage *die* reprocessing plant.

wiederauf|nehmen *vt (unreg)* [Studium, Verhandlungen] to resume; [Thema, Vorschlag] to take up again.

wieder|bekommen *vt (unreg)* to get back.

wiederbeleben *vt* to revive.

Wiederbelebungs|versuch *der* attempt at resuscitation.

wieder|bringen *vt (unreg)* to bring back.

wiedereinfallen (*perf* **ist wiedereingefallen**) *vi (unreg):* **jm ~** to come back to sb.

wiedereinführen *vt* [Ware] to reimport.

wieder erkennen *vt (unreg)* to recognize.

wieder finden *vt (unreg)* to find again.

Wieder|gabe *die* [Bericht] account; [von Bild, Ton, Farben] reproduction; [von Musikstück, Gedicht] rendition.

wieder|geben *vt (unreg)* **- 1.** [zurückgeben]: **jm etw ~** to give sthg back to sb **- 2.** [mit Worten] to give an account of **- 3.** [technisch] to reproduce.

wieder gut|machen *vt* [Schaden] to compensate for; [Fehler] to put right; [Unrecht] to repair.

Wiedergutmachung (*pl* **-en**) *die* [von Unrecht] reparation; [von Schaden] compensation *(U)*.

wieder|haben *vt (unreg)* to get back.

wiederher|stellen *vt* to restore; [Kontakt] to reestablish.

wiederholen¹ *vt* **- 1.** [gen] to repeat **- 2.** [lernen] to revise.
◆ **sich wiederholen** *ref* **- 1.** [Sprecher] to repeat o.s. **- 2.** [Ereignis] to recur **- 3.** [Muster] to reappear.

wieder|holen² *vt* to go and fetch.

wiederholt *adj* repeated <> *adv* repeatedly.

Wiederholung (*pl* **-en**) *die* repetition.

Wiederhören ◆ **auf Wiederhören** *interj* goodbye! *(on telephone)*.

wieder|käuen *vt* **- 1.** [kauen] to chew again **- 2.** ***abw*** & ***fig*** [wiederholen] to rehash <> *vi* [Tier] to chew the cud.

Wiederkäuer (*pl* -) *der* ruminant.

Wiederkehr *die* ***geh*** **- 1.** [von Person] return **- 2.** [von Ereignis] recurrence.

wieder|kommen (*perf* **ist wiedergekommen**) *vi (unreg)* **- 1.** [Person] to come back **- 2.** [Ereignis] to happen again.

Wiederschauen ◆ **auf Wiederschauen** *interj* ***Süddt*** & ***Österr*** goodbye!

wiedersehen *vt (unreg)* to see again.

Wiedersehen (*pl* -) *das* reunion.
◆ **auf Wiedersehen** *interj* goodbye!

wieder tun *vt (unreg)* to do again.

wiederum *adv* **- 1.** [von neuem] again **- 2.** [andererseits] on the other hand.

Wiederver|einigung *die* HIST reunification *(U)*.

WIEDERVEREINIGUNG

The first step towards the reunification of the two German states was achieved on 1 July 1990, when economic, monetary and social union was brought about following the referendum in March 1990, when the majority of the citizens of East Germany voted to join the Federal Republic. This became official on 3 October 1990. On that day, the GDR ceased to exist and became part of the Federal Republic.

wieder verwenden *vt* to reuse.

wieder verwerten *vt* to reuse.

Wiederver|wertung *die* reuse *(U)*.

Wieder|wahl *die* reelection.

wieder wählen *vt* to reelect.

Wiege (*pl* **-n**) *die* cradle.

Wiege|messer *das* KÜCHE mezzaluna (knife).

wiegen (*prät* **wiegte** ODER **wog**; *perf* **hat gewiegt** ODER **gewogen**) *vt* **- 1.** *(unreg)* [abwiegen] to neigh **- 2.** *(reg)* [schaukeln] to rock.

Wiegen|lied *das* lullaby.

wiehern *vi* to weigh.

Wien *nt* Vienna.

Wiener (*pl* -) *der* Viennese ◇ *adj (unver):* **~ Schnitzel** Wiener schnitzel, *escalope of veal coated with breadcrumbs;* **~ Würstchen** Wiener, *small sausage made of beef, pork or veal.*

Wienerin (*pl* **-nen**) *die* Viennese.

wienerisch *adj* Viennese.

Wienerwald *der (ohne pl)* **- 1.** GEOGR Vienna Woods *(pl)* **- 2.** [Restaurantkette]: **Wienerwald®** *chain of restaurants serving mainly chicken dishes.*

wies *prät* ▻ **weisen.**

Wiesbaden *nt* Wiesbaden.

Wiese (*pl* **-n**) *die* meadow; **auf der grünen ~** outside town.

Wiesel (*pl* -) *das* weasel.

Wiesen|blume *die* meadow flower.

wieso *pron* why.

wie viel *pron* **- 1.** [Anzahl] how many **- 2.** [Menge] how much; **~ ist zwei mal drei?** what is two times three?; **~ Uhr ist es?** what's the time?, what time is it?; **~ älter/schneller?** how much older/faster?; **~ Geld das kostet!** what a lot of money it costs!

wievielmal *pron* how many times.

wievielt *adj* which.

◆ **zu wievielt** *adv:* **zu ~ seid ihr in Urlaub gefahren?** how many of you went on holiday?

Wievielte *der, die, das:* **der ~ ist heute?** what's today's date?

wieweit *konj* how far.

wild *adj* **- 1.** [gen] wild; **~ auf etw** *(A)* **sein** *fam* to be crazy about sthg; **wie ~** *fam* like crazy; **~ werden** to go crazy; **halb so ~ sein** *fam fig* not to be so bad **- 2.** [unzivilisiert] savage **- 3.** [illegal] illegal ◇ *adv* **- 1.** [gen] wildly **- 2.** [illegal] illegally.

Wild *das* game.

Wilde (*pl* **-n**) *der, die* savage; **wie ein ~r** *fam* like a madman.

wildern *vi* [jagen - Mensch] to poach; [- Tier] to hunt ◇ *vt* to poach.

wildfremd *adj* completely strange; **ein ~er Mensch** a complete stranger.

wild lebend *adj* wild.

Wild|leder *das* suede *(U).*

Wildnis (*pl* **-se**) *die* wilderness.

Wild|schwein *das* wild boar.

wild wachsend ['vıltvaksn̩t] *adj* wild.

Wildwasser (*pl* -) *das* white water *(U).*

Wild|wechsel *der* [Pfad] game path.

will *präs* ▻ **wollen.**

Wille (*pl* **-n**), **Willen** *der* will; **aus freiem ~n** of one's own free will; **beim besten ~n** with the best will in the world; **sie musste wider ~ n lachen** she couldn't help laughing.

willen *präp:* **um js/einer Sache ~** for the sake of sb/sthg.

willenlos *adj* & *adv* with a total lack of will.

willens *adj:* **~ sein, etw zu tun** *geh* to be willing to do sthg.

Willenskraft *die* willpower.

willensschwach *adj* weak-willed.

willensstark *adj* strong-willed.

willig *adj* willing ◇ *adv* willingly.

willkommen *adj* welcome; **sein Besuch ist uns ~** we welcome his visit; **ihr seid uns jederzeit ~** you are always welcome.

◆ **herzlich willkommen** *interj* welcome!

Willkommen (*pl* -) *das* welcome.

Willkür *die* arbitrariness.

willkürlich *adj* arbitrary ◇ *adv* arbitrarily.

wimmeln *vi:* **es wimmelt von ...** it's crawling with ...

wimmern *vi* to whimper.

Wimpel (*pl* -) *der* pennant.

Wimper (*pl* **-n**) *die* eyelash; **ohne mit der ~ zu zucken** *fig* without batting an eyelid.

Wimpern|tusche *die* mascara *(U).*

Wind (*pl* **-e**) *der* wind; **bei ~ und Wetter** in all weathers; **etw in den ~ schlagen** *fig* to ignore sthg; **in alle ~e verstreut** *fig* scattered to the four winds; **jm den ~ aus den Segeln nehmen** *fig* to take the wind out of sb's sails; **~ von etw bekommen** *fam fig* to get wind of sthg.

Wind|beutel *der* KÜCHE ≃ profiterole.

Winde (*pl* **-n**) *die* **- 1.** [Hebevorrichtung] winch **- 2.** [Pflanze] bindweed *(U).*

Windel (*pl* **-n**) *die* nappy ***Br,*** diaper ***Am.***

windelweich *adv* ***fam:*** **jn ~ schlagen** to beat sb to a pulp.

winden (*prät* **wand;** *perf* **hat gewunden**) *vt geh* [flechten] to wind; [Kranz] to make; **etw um etw ~** to wind sthg around sthg.

◆ **sich winden** *ref* **- 1.** [sich schlängeln - Schlange, Aal] to slither; [- vor Schmerz] to writhe **- 2.** *geh* [Pflanze] to wind o.s. **- 3.** [Weg] to wind **- 4.** [vor Verlegenheit] to squirm.

Windenergie *die* wind energy.

Windeseile *die:* **in ~** in a flash.

Wind|fang *der* porch.

windgeschützt *adj* sheltered.

Wind|hose *die* whirlwind.

Wind|hund *der* **- 1.** [Tier] greyhound **- 2.** ***fam abw*** [Mensch] dodgy character.

windig *adj* - **1.** [Wetter] windy - **2.** *fam abw* [Person, Ausrede] dodgy.
Wind|jacke *die* windcheater *Br*, windbreaker *Am*.
Wind|jammer (*pl* -) *der* SCHIFF windjammer.
Wind|kanal *der* wind tunnel.
Windkraft|anlage *die* wind turbine.
Wind|mühle *die* windmill.
Wind|pocken *pl* chickenpox *(U)*.
Wind|richtung *die* wind direction.
Wind|rose *die* compass card.
Wind|schatten *der* lee.
windschief *adj* lop-sided.
Windschutz|scheibe *die* windscreen *Br*, windshield *Am*.
Wind|stärke *die* wind force.
windstill *adj* [Tag] still; [Ecke] sheltered.
Wind|stoß *der* gust of wind.
Windsurfing [vɪnt'sœrfɪŋ] *das* windsurfing.
Windung (*pl* **-en**) *die* winding.
Wink (*pl* **-e**) *der* - **1.** [Geste] sign - **2.** [Bemerkung] hint; **jm einen ~ geben** to give sb a tip; **ein ~ mit dem Zaunpfahl** *fig* a clear hint.
Winkel (*pl* -) *der* - **1.** MATH angle; **ein stumpfer/spitzer/rechter ~** an obtuse/an acute/a right angle; **toter ~** *fig* blind spot - **2.** [Ecke] corner - **3.** [Platz] spot.
winken (*perf* **hat gewinkt** ODER **gewunken**) *vi* - **1.** [zur Begrüßung, zum Abschied] to wave; **jm ~** to wave to sb - **2.** [als Aufforderung]: **einem Taxi ~** to hail a taxi; **dem Kellner ~** to call the waiter - **3.** [Belohnung] to get ◇ *vt*: **jn zu sich (hin) ~** to beckon sb over; **jn an einen Ort ~** to direct sb to a place.
winseln *vi* - **1.** [Tier] to whine - **2.** *abw* [Person] to whimper.
Winter (*pl* -) *der* winter; **den ~ über** for the winter; **im ~** in winter.
Winter|anfang *der* beginning of winter.
Winterfahr|plan *der* winter timetable.
Winter|ferien *pl* winter holidays *Br* ODER vacation *(sg) Am*.
Winter|garten *der* conservatory.
winterlich *adj* wintery; [Kleidung, Landschaft] winter ◇ *adv*: **~ kalt** cold and wintery.
Winter|mantel *der* winter coat.
Winter|pause *die* winter break.
Winter|reifen *der* winter tyre.
Winter|schlaf *der* hibernation.
Winterschlussver|kauf *der* January sale.
Winter|semester *das* UNI winter semester.
Winter|spiele *pl*: **Olympische ~** Winter Olympics.
Winter|sport *der* winter sport.
Winter|zeit *die* wintertime.
Winzer, in (*mpl* **-**; *fpl* **-nen**) *der, die* wine grower.
winzig *adj* tiny.
Wippe (*pl* **-n**) *die* seesaw *Br*, teeter-totter *Am*.
wippen *vi* to rock.
wir *pron* we; **~ beide** both of us; **~ waren es** it was us.
Wirbel (*pl* -) *der* - **1.** [von Wasser] whirlpool; [von Wind] whirlwind - **2.** [Aufregung] stir; **viel ~ um etw machen** to make a big fuss about sthg - **3.** [im Haar] cowlick - **4.** [im Rücken] vertebra.
wirbeln (*perf* **hat/ist gewirbelt**) *vi (ist)* to whirl; [Schneeflocken, Blätter] to swirl ◇ *vt (hat)* to whirl; [Schneeflocken, Blätter] to swirl.
Wirbel|säule *die* spine.
Wirbel|sturm *der* tornado.
Wirbel|tier *das* BIOL vertebrate.
wirbt *präs* ▻ **werben**.
wird *präs* ▻ **werden**.
wirft *präs* ▻ **werfen**.
wirken *vi* - **1.** [erscheinen] to seem; **sie wirkt auf jeden sympathisch** everybody finds her nice - **2.** [wirksam sein] to have an effect; **beruhigend ~** to have a calming effect; **gegen etw ~** to be effective against sthg - **3.** [beruflich, Bild, Muster] to work.
wirklich *adj* real ◇ *adv* really.
Wirklichkeit (*pl* **-en**) *die* reality.
◆ **in Wirklichkeit** *adv* in reality.
wirksam *adj* effective ◇ *adv* effectively.
Wirk|stoff *der* active substance.
Wirkung (*pl* **-en**) *die* effect; **eine ~ auf jn/etw haben** to have an effect on sb/sthg; **ohne ~ bleiben** to have no effect.
wirkungslos *adj* ineffective.
wirkungsvoll *adj* effective.
wirr *adj* - **1.** [unordentlich] tangled - **2.** [konfus] confused ◇ *adv* - **1.** [unordentlich] in a tangle - **2.** [konfus] in a confused way.
Wirren *pl* chaos *(U)*.
Wirrwarr *der* ODER *das* confusion.
Wirsing, Wirsingkohl *der* savoy cabbage.
Wirt, in (*mpl* **-e**; *fpl* **-nen**) *der, die* landlord (*f* landlady).
Wirtschaft (*pl* **-en**) *die* - **1.** [Ökonomie] economy; **die freie ~** the private sector - **2.** [Gaststätte] pub *Br*, bar *Am*.
wirtschaften *vi* - **1.** [leiten]: **Gewinn bringend ~** to run things at a profit; **wer wirtschaftet auf diesem Gut?** who runs this estate?; **mit Geld ~** to manage finances - **2.** [tätig sein] to be busy

<> *vt* [leiten]: **eine Firma in den Ruin ~** to ruin a company.

wirtschaftlich *adj* **- 1.** [materiell] economic **- 2.** [sparsam] economical <> *adv* economically.

Wirtschafts|abkommen *das* economic agreement.

Wirtschafts|beziehungen *pl* economic relations.

Wirtschafts|geld *das* housekeeping money.

Wirtschafts|gipfel *der* economic summit.

Wirtschafts|hilfe *die* economic aid *(U)*.

Wirtschafts|jahr *das* financial year.

Wirtschafts|kriminalität *die* economic crime.

Wirtschafts|krise *die* economic crisis.

Wirtschafts|lage *die* economic situation.

Wirtschafts|macht *die* economic power.

Wirtschafts|minister, in *der, die* Minister of Economic Affairs.

Wirtschafts|ministerium *das* Ministry of the Economy.

Wirtschafts|politik *die (ohne pl)* economic policy.

Wirtschafts|prüfer, in *der, die* auditor.

Wirtschafts|system *das* economic system.

Wirtschafts|teil *der* business section.

Wirtschafts|wachstum *das* economic growth.

Wirtschafts|wissenschaft *die* economics *(U)*.

Wirtschafts|wunder *das* HIST (post-war) economic miracle.

WIRTSCHAFTSWUNDER

This is the name given to the rebuilding of the German economy that began in 1948, following monetary reform and financial assistance from America. Ludwig Erhard, the minister for economic affairs at the time, embodied the "economic miracle", which reached its height in the sixties when Germany became the leading European economic power.

Wirtschafts|zweig *der* economic sector.

Wirts|haus *das pub, often with accommodation.*

Wirts|leute *pl* landlord and landlady.

Wirts|stube *die* bar.

wischen *vt* [Boden, Mund] to wipe; [Dreck] to wipe away; [putzen] to clean <> *vi:* **mit der Hand über die Stirn ~** to wipe one's hand across one's brow.

Wischer *(pl -) der* wiper.

Wischer|blatt *das* AUTO wiper blade.

wischfest *adj* washable.

wispern *vt & vi* to whisper.

wiss. *abk für* **wissenschaftlich.**

wissbegierig *adj* thirsty for knowledge.

wissen *(präs* **weiß;** *prät* **wusste;** *perf* **hat gewusst)** *vt* to know; **etw über jn/etw ~** to know sthg about sb/sthg; **jn etw ~ lassen** to let sb know sthg; **immer alles besser ~** to always know better; **weißt du was?** *fam* you know what?; **ich will nichts von ihm/davon ~** I don't want to have anything to do with him/it; **das musst du ~** that's up to you; **was weiß ich!** *fam* don't ask me! <> *vi* to know; **ich weiß!** I know!; **soviel** ODER **soweit ich weiß, ...** as far as I know ...; **nicht, dass ich wüsste** *fam* not as far as I know; **weißt du noch?** do you remember?; **von/um etw ~** to know about sthg; **man kann nie ~** you never know.

Wissen *das* knowledge; **wider besseres ~** against my/your/*etc* better judgement; **nach bestem ~ und Gewissen** to the best of one's knowledge and ability; **meines ~s** to my knowledge.

Wissenschaft *(pl* **-en)** *die* science.

Wissenschaftler, in *(mpl* **-;** *fpl* **-nen)** *der, die* scientist; [in Geisteswissenschaften] academic.

wissenschaftlich *adj* academic; [naturwissenschaftlich] scientific <> *adv* academically; [naturwissenschaftlich] scientifically.

Wissens|lücke *die* gap in one's knowledge.

wissenswert *adj* worth knowing; [Fakten] valuable.

Wissenswerte *das* useful knowledge.

wissentlich *adj* deliberate <> *adv* deliberately.

wittern *vt* **- 1.** [riechen] to scent **- 2.** [vermuten] to sense.

Witterung *(pl* **-en)** *die* **- 1.** [Wetter] weather **- 2.** [Geruch] scent.

Witwe *(pl* **-n)** *die* widow.

Witwen|rente *die* widow's pension.

Witwer *(pl -) der* widower.

Witz *(pl* **-e)** *der* **- 1.** [Scherz] joke; **der ~ an der Sache war ...:** *fam* the funny thing was ...; **ein fauler ~** *fam* a bad joke; **~e machen** ODER **reißen** *fam* to crack jokes; **du machst wohl ~e!** you can't be serious! **- 2.** [Humor] wit.

Witzbold *(pl* **-e)** *der* ***fam*** joker.

witzeln *vi:* **über jn/etw ~** to make fun of sb/sthg.

Witz|figur *die* ***fam abw*** figure of fun.

witzig *adj* funny; [Idee] original <> *adv* [lustig] funnily.

witzlos *adj* - **1.** [langweilig] dull - **2.** *fam* [überflüssig] pointless.

w. L. (*abk für* **westlicher Länge**): **50° ~** 50° W.

WM [veːˈɛm] (*pl* **-s**) *die abk für* **Weltmeisterschaft.**

wo *adv* where; **von ~ kam das Geräusch?** where did that noise come from? <> *pron* where <> *konj* *fam* - **1.** [obwohl] when - **2.** [da] since; **jetzt, ~ ich es weiß, verstehe ich es** now that I know, I understand.

w. o. (*abk für* **wie oben**) *see above.*

woanders *adv* somewhere else.

wob *prät* ▻ **weben.**

wobei *pron* - **1.** [als Frage]: **~ ist es passiert?** how did it happen?; **~ hast du ihn gestört?** what was he doing when you disturbed him? - **2.** [zeitlich]: **sie stürzte von der Leiter, ~ sie sich ein Arm brach** she fell off the ladder and broke her arm - **3.** [allerdings] although.

Woche (*pl* **-n**) *die* week; **vorige** ODER **letzte ~** last week; **diese/nächste ~** this/next week.

Wochenarbeits|zeit *die* working week.

Wochen|blatt *das* weekly (newspaper).

Wochen|ende *das* weekend; **am ~** at the weekend.

◆ **schönes Wochenende** *interj* have a nice weekend!

Wochenend|haus *das* weekend house.

Wochen|karte *die* weekly ticket.

wochenlang *adj* lasting for weeks; **nach ~em Warten** after waiting for weeks <> *adv* for weeks.

Wochen|lohn *der* weekly wages (*pl*).

Wochen|markt *der* weekly market.

Wochen|tag *der* weekday.

wochentags *adv* on weekdays.

wöchentlich *adj* & *adv* weekly.

Wodka (*pl* **-s**) *der* vodka.

wodurch, wodurch *pron* - **1.** [als Frage] how - **2.** [Relativpronomen] as a result of which.

wofür, wofür *pron* - **1.** [als Frage] what … for? - **2.** [Relativpronomen] for which.

wog *prät* ▻ **wiegen.**

Woge (*pl* **-n**) *die* *geh* wave.

wogegen, wogegen *pron* - **1.** [als Frage] against what - **2.** [Relativpronomen] against which <> *konj* [wohingegen] whereas.

wogen *vi* *geh* [Meer] to swell; [Kornfeld] to wave.

woher, woher *pron* - **1.** [als Frage] where … from; **~ kommen Sie?** where do you come from?; **~ weißt du das?** how do you know that? - **2.** [Relativpronomen] from where.

wohin, wohin *pron* - **1.** [als Frage] where; **~ damit?** *fam* where shall I put it? - **2.** [Relativpronomen] where.

wohl (*kompar* **wohler** ODER **besser;** *superl* **am wohlsten** ODER **besten**) *adv* - **1.** (*kompar wohler, superl am wohlsten*) [zufrieden] well; **sich ~ fühlen** [gesundheitlich] to feel well; [angenehm] to feel at home; **~ oder übel** *fig* like it or not - **2.** [wahrscheinlich] probably; **das ist ~ möglich** quite possibly; **du bist ~ wahnsinnig!** you must be crazy! - **3.** [zum Ausdruck der Unbeantwortbarkeit]: **ob sie ~ gut angekommen sind?** I wonder if they have arrived safely - **4.** (*kompar besser, superl am besten*) *geh* [gut] well; **er weiß sehr ~, dass ...** he knows perfectly well that …

◆ **wohl aber** *konj* but.

Wohl *das* well-being; **zum ~e der Allgemeinheit** for the common good; **zum ~!** cheers!

wohlauf *adj* *geh*: **~ sein** to be in good health.

wohlbehalten *adv* safe and sound.

wohlerzogen *adj* *geh* well brought up.

Wohlfahrt *die* welfare.

Wohlfahrts|staat *der* welfare state.

wohlgemerkt *adv* mind you.

wohlhabend *adj* well-to-do.

wohlig *adj* [Wärme, Gefühl] pleasant; [Seufzer] contented <> *adv* contentedly.

wohlmeinend *adj* well-meaning.

Wohl|stand *der* affluence.

Wohlstands|gesellschaft *die* *abw* affluent society.

Wohl|tat *die* - **1.** [Hilfe] charitable deed - **2.** [Genuss]: **eine ~ sein** to be very welcome.

wohltätig *adj* charitable.

wohl tuend *adj* pleasant <> *adv* pleasantly.

wohl tun *vi* (*unreg*) *geh* to do good.

wohlverdient *adj* well-earned.

wohlweislich *adv* very wisely.

wohlwollend *adj* benevolent <> *adv* benevolently.

Wohnan|lage *die* (housing) development.

Wohn|block *der* block of flats *Br*, apartment house *Am*.

wohnen *vi* to live; **wir ~ vorübergehend bei Freunden** we're staying with friends at the moment; **zur Miete ~** to rent, to live in rented accommodation.

Wohn|gebiet *das* residential area.

Wohn|gegend *die*: **eine gute/schlechte ~** a good/bad area (to live).

Wohn|geld *das* *amt* rent rebate.

Wohn|gemeinschaft *die* shared flat/house; **in einer ~ wohnen** to share a flat/house.

wohnhaft *adj* *amt* resident.

Wohn|haus *das* house.

Wohn|heim *das* [für Studenten] hall of residence; [für Obdachlose] hostel.

Wohn|lage *die:* **eine gute/schlechte ~** a good/bad place to live.

wohnlich *adj* homely <> *adv* in a homely way.

Wohn|mobil (*pl* **-e**) *das* camper *Br*, RV *Am*.

Wohn|ort *der* place of residence.

Wohn|raum *der* **- 1.** [Wohngebiet] living space **- 2.** [Zimmer] room.

Wohn|sitz *der* place of residence; **ohne festen ~** of no fixed abode.

Wohnung (*pl* **-en**) *die* flat *Br*, apartment *Am*.

Wohnungs|amt *das* housing office.

Wohnungs|bau *der* housebuilding; **der soziale ~** *amt* social housing.

Wohnungs|eigentümer, in *der, die* flat owner *Br*, apartment owner *Am*.

Wohnungs|inhaber, in *der, die* occupant.

Wohnungs|not *die* housing shortage.

Wohnungs|suche *die* flat-hunting; **auf ~ sein** to be flat-hunting.

Wohnungs|tür *die* front door.

Wohn|viertel *das* residential area.

Wohn|wagen *der* caravan *Br*, trailer *Am*.

Wohn|zimmer *das* living room.

Wok (*pl* **-s**) *der* wok.

wölben ◆ **sich wölben** *ref* [Oberfläche] to curve; [Segel, Material] to bulge; **sich über etw** *(A)* **~** to arch over sthg.

Wölbung (*pl* **-en**) *die* [von Himmel] dome; [von Oberfläche] curvature.

Wolf (*pl* **Wölfe**) *der* **- 1.** [Tier] wolf; **mit den Wölfen heulen** *fam fig* to follow the herd **- 2.** *fam* [Fleischwolf] mincer; **jn durch den ~ drehen** *fig* to give sb a hard time.

Wolga *die:* **die ~** the (River) Volga.

Wolke (*pl* **-n**) *die* cloud; **aus allen ~n fallen** *fig* to be astounded.

Wolken|bruch *der* cloudburst.

Wolken|kratzer *der* skyscraper.

wolkenlos *adj* cloudless.

wolkig *adj* cloudy.

Woll|decke *die* blanket.

Wolle *die* wool; **aus ~** woollen; **sich in die ~ kriegen** *fam fig* to start arguing.

wollen (*präs* **will**; *prät* **wollte**; *perf* **hat gewollt** ODER **-**) *aux (perf hat wollen):* **er will anrufen** he wants to make a call; **~ wir aufstehen?** shall we get up?; **ich wollte gerade gehen, da ...** I was just about to go when ...; **was willst du damit sagen?** what do you mean by that?; **diese Entscheidung will überlegt sein** this decision needs to be thought through <> *vi (perf hat gewollt):* **das Kind will nicht** the child doesn't want to; **sie will nach Hause** she wants to go home; **ich wollte, es wäre nur schon vorbei** I wish it were over; **dann ~ wir mal!** *fam* let's do it!; **ganz wie du willst** *fam* it's up to you! <> *vt (perf hat gewollt)* **- 1.** [gen] to want; **ich will ein Eis** I want an ice-cream; **mach, was du willst** do as you like; **~, dass jd etw tut** to want sb to do sthg; **willst du, dass ich dir helfe?** do you want me to help you?; **was willst du mit dem Messer?** what do you want a knife for?; **von jm etwas ~** *fam* to fancy sb **- 2.** *fam* [brauchen] to need **- 3.** *RW:* **da ist nichts (mehr) zu ~** *fam* there's nothing that we/*etc* can do about it.

Woll|knäuel *das* ball of wool.

Woll|pullover *der* woollen jumper *Br* ODER sweater *Am*.

Woll|socke *die* woollen sock.

womit¹ *pron* [Interrogativpronomen] what ... with; **~ habe ich das verdient?** what did I do to deserve that?

womit² *pron* [Relativpronomen] with which; **..., ~ ich sagen will ...** ..., by which I mean ...

womöglich *adv* possibly.

wonach¹ *pron* [als Frage] for what; **~ suchst du?** what are you looking for?; **~ schmeckt es?** what does it taste of?

wonach² *pron* [nach was] for which; **das Kleid, ~ ich solange gesucht habe** the dress I have been looking for for so long.

Wonne (*pl* **-n**) *die* *geh* joy.

woran¹ *pron* [Interrogativpronomen] what ... on; **~ denkst du?** what are you thinking about?

woran² *pron* [Relativpronomen] on which; **alles, ~ du dich noch erinnern kannst** everything you can remember; **ich möchte wissen, ~ ich bei ihm bin** I'd like to know where I stand with him.

worauf¹ *pron* [Interrogativpronomen] what ... on; **~ wartest du?** what are you waiting for?

worauf² *pron* **- 1.** [räumlich] on which **- 2.** [woraufhin] whereupon.

woraus¹ *pron* [Interrogativpronomen] what ... from; **~ ist die Tasche?** what is the bag made of?

woraus² *pron* [Relativpronomen] from which.

worin¹ *pron* [Interrogativpronomen] what ... in; **~ besteht der Unterschied?** what's the difference?

worin² *pron* [Relativpronomen] in which.

Workaholic [wœː(r)kə'hɔlik] (*pl* **-s**) *der* workaholic.

Workshop ['wœː(r)kʃɔp] (*pl* **-s**) *der* workshop.

World Wide Web [wɜːld waid web] *das* EDV World Wide Web; **im ~** on the (World Wide) Web.

Wort (*pl* **-e** *ODER* **Wörter**) *das* **- 1.** *(pl Wörter)* [sprachliche Einheit] word; **~ für ~** word for word **- 2.** *(pl Worte)* [Äußerung] word; **etw aufs ~ glauben** to believe every word of sthg; **sein Hund gehorcht ihm aufs ~** his dog obeys his every word; **kein ~ sagen/glauben** not to say/believe a word; **mir fehlen die ~e!** I'm speechless!; **mit anderen ~en** in other words; **sie ließ mich nicht zu ~ kommen** she wouldn't let me speak *ODER* have my say **- 3.** *(pl Worte)* [Zitat] quotation **- 4.** *(pl Worte) geh* [Text] words *(pl)* **- 5.** *(ohne pl)* [Zusage] word; **jm sein ~ geben** to give sb one's word **- 6.** *RW:* **das letzte ~ haben** to have the last word; **das ~ haben/erteilen/ergreifen** to have/give/take the floor; **ein geflügeltes ~** a well-known quotation; **für jn ein gutes ~ einlegen** to put in a good word for sb; **jm ins ~ fallen** to interrupt sb; **über etw** *(A)* **kein ~ verlieren** not to breathe a word about sthg.

Wort|art *die* GRAM part of speech.

wortbrüchig *adj:* **~ werden** to break one's word.

Wörtchen (*pl* -) *das* little word; **ein (ernstes) ~ mit jm reden** to have words with sb; **ein ~ mitzureden haben** *fam fig* to have a say.

Wörter|buch *das* dictionary.

Wort|führer, in *der, die* spokesman (*f* spokeswoman).

wortgetreu *adj* word-for-word <> *adv* word for word.

wortgewandt *adj* eloquent <> *adv* eloquently.

wortkarg *adj* laconic <> *adv* laconically.

Wortklauberei (*pl* **-en**) *die* **abw** quibbling.

Wortlaut *der* wording; **im vollen ~** verbatim.

wörtlich *adj* word-for-word <> *adv* [übersetzen] word for word; **etw ~ nehmen** to take sthg literally.

wortlos *adj* silent <> *adv* without a word.

Wort|meldung *die* request for the floor; **eine ~ liegt vor** someone would like the floor.

wortreich *adj* wordy <> *adv* at length; **sich ~ entschuldigen** to apologize profusely.

Wort|spiel *das* pun.

Wort|wahl *die* choice of words.

Wort|wechsel *der* heated exchange (of words).

wortwörtlich *adj* word-for-word <> *adv* word for word.

worüber[1] *pron* [Interrogativpronomen] what ... about; **~ lachst du?** what are you laughing about?

worüber[2] *pron* [Relativpronomen] about which.

worum[1] *pron* [Interrogativpronomen] what ... about; **~ geht es?** what's it about?

worum[2] *pron* [Relativpronomen] about which.

worunter[1] *pron* [Interrogativpronomen] under what; **~ hat er gelitten?** what did he suffer from?

worunter[2] *pron* [unter was] under which.

wovon[1] *pron* [Interrogativpronomen] what ... from; **~ hast du geträumt?** what did you dream about?

wovon[2] *pron* [Relativpronomen] from which.

wovor[1] *pron* [Interrogativpronomen] what ... of; **~ hast du Angst?** what are you frightened of ?

wovor[2] *pron* **- 1.** [räumlich] in front of which **- 2.** [stellt Bezug her]: **~ ich mich am meisten fürchte** ... what I'm most frightened of ...

wozu[1] *pron* [Interrogativpronomen] why; **~ dient dieser Schalter?** what's this switch for?

wozu[2] *pron* [Relativpronomen] for which.

Wrack (*pl* **-s** *ODER* **-e**) *das* wreck.

WS *abk für* **Wintersemester.**

WSV *abk für* **Winterschlussverkauf.**

WTO [veːteːoː] (*abk für* **World Trade Organization**) *die* WTO.

Wttbg. *abk für* **Württemberg.**

Wucher *der* **abw** extortion; **10 Mark für ein Sandwich? das ist ~!** 10 marks for a sandwich? that's daylight robbery!

wuchern (*perf* **hat/ist gewuchert**) *vi* **- 1.** *(ist)* [wild wachsen] to grow uncontrollably **- 2.** *(hat)* [Wucher treiben] to profiteer.

Wucher|preis *der* **abw** extortionate price.

Wucherung (*pl* **-en**) *die* MED growth.

Wucherzinsen *pl* **abw** extortionate interest *(sg)*.

wuchs [vuːks] *prät* ▷ **wachsen.**

Wuchs [vuːks] *der* **- 1.** [Wachstum] growth **- 2.** [Gestalt] stature.

Wucht *die* force; **mit voller ~ gegen einen Baum fahren** to smash into a tree.

wuchtig *adj* **- 1.** [plump] massive **- 2.** [Schlag, Stoß] violent.

wühlen *vi* **- 1.** [graben] to dig **- 2.** [stöbern] to rummage; **in etw** *(D)* **~** *fam* to rummage through sthg.

◆ **sich wühlen** *ref* [sich graben] to burrow; **sich in etw** *(A)* **~** to dig into sthg.

Wühl|tisch *der* bargain counter.

Wulst (*pl* **Wülste**) *der* roll.

wulstig *adj* thick.

wund *adj* sore <> *adv:* **sich die Füße ~ laufen** to walk until one's feet are sore.

Wunde (*pl* **-n**) *die* wound.

Wunder (*pl* -) *das* miracle; **~ wirken** to work wonders; **kein ~!** no wonder!; **er glaubt, er**

sei ~ was für ein toller Kerl *fam* he thinks he's God's gift; **sein** *ODER* **ein blaues ~ erleben** *fam fig* to get a nasty surprise.

wụnderbar *adj* - **1.** [großartig] wonderful - **2.** [übernatürlich] miraculous <> *adv* [großartig] wonderfully.

wụnderhübsch *adj* quite beautiful <> *adv* quite beautifully.

Wụnder|kerze *die* sparkler.

Wụnder|kind *das* child prodigy.

wụnderlich *adj* strange <> *adv* strangely.

wụndern *vt* to surprise.
◆ **sich wundern** *ref:* **sich (über jn/etw) ~** to be surprised (at sb/sthg); **du wirst dich noch ~** you're in for a nasty surprise.

wụnderschön *adj* beautiful <> *adv* beautifully.

wụndervoll *adj* wonderful <> *adv* wonderfully.

Wụnder|werk *das* marvel.

Wụndstarrkrampf *der* MED tetanus.

Wụnsch (*pl* **Wụ̈nsche**) *der* wish; **ein ~ nach etw** a wish for sthg; **auf js ~** at sb's request; **nach ~ verlaufen** to go as planned; **die besten Wünsche für etw** best wishes for sthg.

Wụnschdenken *das* wishful thinking.

Wụ̈nschel|rute *die* divining rod.

wụ̈nschen *vt* - **1.** [haben wollen]: **sich** *(D)* **etw ~** to want sthg; **was wünschst du dir zum Geburtstag?** what would you like for your birthday?; **wünsch dir etwas** make a wish; **dich würde ich mir als Tante ~** I wish you were my aunt; **(sich** *(D)***) ~, dass** to hope that; **ich wünschte, das wäre schon zu Ende** I wish it was already over - **2.** [erhoffen]: **jm etw ~** to wish sb sthg - **3.** [verlangen] to want; **ich wünsche eine Auskunft** I would like some information; **wie viel Kilo ~ Sie?** how many kilos would you like?; **ich wünsche das nicht, dass du so spät heimkommst** I don't want you coming home so late; **was ~ Sie?** can I help you?; **~, dass jd etw macht** to want sb to do sthg - **4.** [zu erhoffen]: **es ist zu ~, dass** it is to be hoped that - **5.** [an einen Ort]: **jn weit weg ~** to wish sb far away - **6.** *RW:* **zu ~ übrig lassen** to leave a lot to be desired; **ganz wie Sie ~!** certainly!

wụ̈nschenswert *adj* desirable.

wụnschgemäß *adv* as requested.

Wụnsch|kind *das* wanted child.

wụnschlos *adv:* **~ glücklich sein** *hum* to be perfectly happy with what one has.

Wụnsch|traum *der* dream.

Wụnschvor|stellung *die* dream.

Wụnsch|zettel *der* ≃ letter to Santa Claus *(asking for presents)*.

wụrde *prät* ▷ **werden.**

Wụ̈rde (*pl* **-n**) *die* - **1.** [Selbstachtung] dignity; **unter js ~ sein** to be beneath sb - **2.** [Stellung] rank.

Wụ̈rdenträger (*pl* **-**) *der* dignitary.

wụ̈rdevoll *adj* dignified <> *adv* with dignity.

wụ̈rdig *adj* - **1.** [würdevoll] dignified - **2.** [entsprechend] worthy; **einer Sache** *(G)* **~ sein** to be worthy of sthg <> *adv* - **1.** [würdevoll] with dignity - **2.** [entsprechend] appropriately.

wụ̈rdigen *vt* - **1.** [mit Auszeichnung] to honour; [in Ansprache] to pay tribute to - **2.** [schätzen] to appreciate.

Wụ̈rdigung (*pl* **-en**) *die* appreciation.

Wụrf (*pl* **Wụ̈rfe**) *der* - **1.** [Werfen] throw; **ein großer ~** *fig* a resounding success - **2.** [bei Säugetieren] litter.

Wụ̈rfel (*pl* **-**) *der* - **1.** [Kubus] cube - **2.** [Spielwürfel] dice.

wụ̈rfeln *vi* [Würfel werfen] to throw the dice; **um etw ~** to throw for sthg <> *vt* - **1.** [mit dem Würfel] to throw - **2.** [in Würfel schneiden] to dice.

Wụ̈rfelzucker *der (ohne pl)* sugar cubes *(pl)*.

Wụrf|geschoss *das* projectile *(thrown, not fired)*.

Wụrf|sendung *die* mailshot.

wụ̈rgen *vt* [Subj: Person] to strangle; [Subj: Krawatte] to choke <> *vi* - **1.** [schlucken]: **an etw** *(D)* **~** to choke on sthg - **2.** [Brechreiz haben] to retch.

Wụrm (*pl* **Wụ̈rmer**) *der* worm; **da ist** *ODER* **sitzt der ~ drin** *fam fig* there's something wrong there.

wụrmen *vt* to rankle with.

wụrmstichig *adj* worm-ridden.

Wụrst (*pl* **Wụ̈rste**) *die* - **1.** [gen] sausage - **2.** [Aufschnitt] cold meats *(pl)* - **3.** *RW:* **es geht um die ~** *fam* it's the moment of truth; **es ist mir ~** *fam* I couldn't care less.

WURST

> Sausages are extremely popular in Germany and there is a wide variety, with every region having its own speciality. Some sausages are always eaten hot - they may be fried, grilled or boiled. These include "Bratwurst", "Bockwurst", "Wiener" and "Frankfurter". Others, such as "Leberwurst" (liver sausage) and "Blutwurst" (black pudding), can be served hot or cold. Cold meats such as salami are also popular and are eaten with bread for supper or even for breakfast.

Wụrst|brot *das slice of bread topped with salami etc.*

Wụ̈rstchen (*pl* **-**) *das* - **1.** [kleine Wurst] frankfurter-style sausage - **2.** *fam* [unwichtige Person] nobody; **ein armes ~** a poor thing.

Wụ̈rttemberg *nt* Württemberg.

Württemberger (*pl* -) *der* native/inhabitant of Württemberg ◇ *adj (unver)* of/from Württemberg.

Württembergerin (*pl* **-nen**) *die* native/inhabitant of Württemberg.

württembergisch *adj* of/from Württemberg.

Würze (*pl* **-n**) *die* seasoning; ***fig*** spice.

Wurzel (*pl* **-n**) *die* [gen & MATH] root; **~n schlagen *lit* & *fig*** to put down roots.

Wurzel|bürste *die* scrubbing brush.

würzen *vt* **- 1.** [Speise] to season **- 2.** [Bericht] to spice up.

würzig *adj* [gut gewürzt] well-seasoned; [Bier] rich; [stark duftend] aromatic.

wusch *prät* ▷ **waschen.**

wusste *prät* ▷ **wissen.**

Wust *der* ***abw*** jumble.

wüst *adj* **- 1.** [vereinsamt - Gegend] desolate **- 2.** [wirr - Haare] wild; [- Durcheinander] chaotic **- 3. *abw*** [Schlägerei, Beschimpfung] savage ◇ *adv* **- 1.** [wirr] chaotically **- 2. *abw*** [fluchen, schimpfen] savagely.

Wüste (*pl* **-n**) *die* desert; **jn in die ~ schicken *fam fig*** to fire sb.

Wut *die* rage; **eine ~ auf jn haben** to be furious with sb; **seine ~ an jm/etw auslassen** to vent one's anger on sb/sthg.

Wutan|fall *der* fit of rage.

wüten *vi* to rage.

wütend *adj* furious; **auf** *ODER* **über jn ~ sein** to be furious with sb ◇ *adv* furiously.

wutentbrannt *adv* in a rage.

Wwe. *abk für* **Witwe.**

WWF [veːveːɛf] (*abk für* **World Wide Fund for Nature**) *der* WWF.

WWW *abk für* **World Wide Web.**

X

x, X [ɪks] (*pl* -) *das* x, X; **jm ein X für ein U vormachen *fig*** to fool sb.

X-Beine *pl* knock-knees.

x-beinig, X-beinig *adj* knock-kneed.

x-beliebig *adj **fam*** any old.

x-mal *adv **fam*** countless times.

XXL-|Größe *die* XXL, extra large.

Y

y, Y [ˈʏpsilɔn] (*pl* - *ODER* **-s**) *das* y, Y.

Yacht [jaxt] (*pl* **-en**) *die* = **Jacht.**

Yen [jɛn] (*pl* - *ODER* **-s**) *der* yen.

Yoga, Joga [ˈjoːga] *der ODER das* yoga.

Yuppie [ˈjupi] (*pl* **-s**) *der* yuppie.

Z

z, Z [ˈtsɛt] (*pl* - *ODER* **-s**) *das* z, Z.

z. *abk für* **zur.**

Z. *abk für* **Zeile.**

zack *interj **fam*** pow!; **~, ~ !** chop, chop!

Zack *der*: **auf ~ sein *fam*** to be on one's toes.

Zacke (*pl* **-n**) *die* [von Gabel, Harke] prong; [von Stern] point.

Zacken (*pl* -) *der* [von Krone] point; [von Gabel, Harke] prong; **du brichst dir keinen ~ aus der Krone *fam fig*** it won't hurt you.

zackig *adj* **- 1.** [gezackt - Felsen, Kante, Blatt] jagged; [- Stern] pointed **- 2. *fam*** [forsch] brisk ◇ *adv* **- 1.** [gezackt] jaggedly **- 2. *fam*** [forsch] briskly.

zaghaft *adj* hesitant ◇ *adv* hesitantly.

Zagreb *nt* Zagreb.

zäh *adj* **- 1.** [widerstandsfähig] tough **- 2.** [zähflüssig] thick **- 3.** [hartnäckig] tenacious <> *adv* **- 1.** [langsam] slowly **- 2.** [hartnäckig] firmly.

zähflüssig *adj* thick; [Verkehr] slow-moving.

Zähigkeit *die* **- 1.** [von Material] toughness **- 2.** [von Mensch] tenacity.

Zahl (*pl* **-en**) *die* number; **römische ~en** Roman numerals; **wir haben keine genauen ~en** we don't have exact figures; **eine gerade/ungerade ~** an even/odd number; **in den roten/schwarzen ~en sein** ***fig*** to be in the red/black.

zahlbar *adj* payable; **~ an/in** payable to/in.

zählbar *adj* countable.

zahlen *vt* **- 1.** [gen] to pay; **jm etw ~** to pay sb sthg, to pay sthg to sb **- 2.** [Taxi, Hotelzimmer, Reparatur] to pay for <> *vi* to pay; **bitte ~!** the bill, please! ***Br,*** the check, please! ***Am;*** **im Voraus ~** to pay in advance.

zählen *vt* **- 1.** [die Anzahl ermitteln] to count **- 2.** [rechnen]: **ich zähle ihn zu den bedeutendsten Malern dieses Jahrhunderts** I would count him as one of the greatest painters of the century; **etw zu etw ~** to count sthg as sthg **- 3.** [wert sein] to be worth <> *vi* **- 1.** [gen] to count **- 2.** [gehören]: **Monet zählt zu meinen Lieblingsmalern** Monet is one of my favourite painters **- 3.** [vertrauen]: **auf jn/etw ~** to count on sb/sthg.

Zahlen|kombination *die* combination.

zahlenmäßig *adj* numerical <> *adv:* **~ überlegen sein** to have a numerical advantage.

Zahlen|material *das (ohne pl)* figures *(pl)*.

Zahlen|schloss *das* combination lock.

Zähler (*pl* -) *der* **- 1.** [Gerät] meter **- 2.** MATH numerator.

Zahl|grenze *die* fare stage.

zahllos *adj* innumerable.

zahlreich *adj* numerous <> *adv* in great numbers.

Zahlung (*pl* **-en**) *die* payment; **etw in ~ geben** to trade sthg in; **etw in ~ nehmen** to take sthg in part exchange.

Zählung (*pl* **-en**) *die* count; [der Bevölkerung] census.

Zahlungsan|weisung *die* money transfer order.

Zahlungsauf|forderung *die* request for payment.

Zahlungs|bedingungen *pl* terms of payment.

Zahlungs|bilanz *die* balance of payments.

zahlungsfähig *adj* solvent.

Zahlungs|frist *die* payment deadline.

Zahlungs|mittel *das* method of payment.

Zahlungs|schwierigkeiten *pl:* **in ~ stecken** to be having difficulty paying one's debts.

Zahlungs|termin *der* due date.

zahlungsunfähig *adj* insolvent.

Zahlwort (*pl* **-wörter**) *das* GRAM numeral.

zahm *adj* tame <> *adv* tamely.

zähmen *vt* **- 1.** [Tier, Natur] to tame **- 2.** ***geh*** [Neugier, Ungeduld] to curb; [Kinder] to control.

Zähmung (*pl* **-en**) *die* **- 1.** [von Tier] taming **- 2.** [von Neugier, Ungeduld] curbing.

Zahn (*pl* **Zähne**) *der* **- 1.** [im Mund] tooth; **einen ~ ziehen** to extract a tooth; **sich einen ~ ziehen lassen** to have a tooth out; **sie klapperte mit den Zähnen** her teeth were chattering; **sich** *(D)* **die Zähne putzen** to clean ODER brush one's teeth; **die dritten Zähne** [Gebiss] false teeth **- 2.** ***RW:*** **die Zähne zusammenbeißen** ***fam*** to grit one's teeth; **einen ganz schönen ~ draufhaben** ***fam*** to drive at breakneck speed; **jm auf den ~ fühlen** to grill sb; **jm die Zähne zeigen** ***fam*** to show sb one's teeth; **jm einen ~ ziehen** to pour cold water on sb's idea; **daran habe ich mir die Zähne ausgebissen** ***fam*** I didn't get anywhere with it.

Zahn|arzt *der* dentist.

Zahnarzt|helfer, in *der, die* dental nurse.

Zahn|ärztin *die* dentist.

zahnärztlich *adj* dental.

Zahnarzt|praxis *die* dental practice.

Zahnbe|handlung *die* dental treatment.

Zahn|bürste *die* toothbrush.

zähneklappernd *adv* with chattering teeth.

zähneknirschend *adv* with bad grace.

zahnen *vi* to teethe.

Zahn|ersatz *der (ohne pl)* false teeth *(pl)*.

Zahn|fleisch *das (ohne pl)* gums *(pl);* **auf dem ~ kriechen** ***fam fig*** to be on one's last legs.

Zahn|klammer *die* brace.

Zahn|krone *die* crown.

zahnlos *adj* toothless.

Zahn|lücke *die* gap in one's teeth.

Zahn|medizin *die* dentistry.

Zahn|pasta (*pl* **-ten**), **Zahnpaste** (*pl* **-n**) *die* toothpaste.

Zahnputz|becher *der* tooth mug.

Zahn|rad *das* cog.

Zahnrad|bahn *die* cog railway.

Zahn|schmelz *der* (tooth) enamel.

Zahn|schmerzen *pl* toothache *(U);* **~ haben** to have toothache.

Zahn|seide *die* dental floss.

Zahn|spange *die* brace.

Zahn|stein *der* tartar.

Zahn|stocher (*pl* -) *der* toothpick.

Zahn|wurzel *die* root *(of a tooth)*.

Zaire [za'iːr(ə)] *nt* Zaire.

Zange (*pl* **-n**) *die* pliers *(pl)*; [Beißzange, von Insekt] pincers *(pl)*; [für Kohlen, Zucker] tongs *(pl)*; MED forceps *(pl)*; **jn in die ~ nehmen** *fam fig* to put the screws on sb.

Zank *der* quarrelling.

zanken ◆ **sich zanken** *ref*: **sich (mit jm um etw) ~** to quarrel (with sb about sthg).

zänkisch *adj* quarrelsome.

Zäpfchen (*pl* -) *das* [Medikament] suppository.

zapfen *vt*: **ein großes Bier ~** ≃ to pull a pint.

Zapfen (*pl* -) *der* **- 1.** [aus Holz] tenon **- 2.** [von Bäumen] cone **- 3.** [aus Eis] icicle.

Zapfenstreich *der*: **um 23 Uhr ist ~** lights out is at eleven o'clock.

Zapf|hahn *der* tap.

Zapf|pistole *die* petrol pump nozzle.

Zapf|säule *die* petrol *Br* ODER gas *Am* pump.

zappelig, zapplig *adj* [Kind] fidgety.

zappeln *vi* to wriggle; **auf seinem Stuhl ~** to fidget in one's chair; **jn ~ lassen** *fam fig* to let sb sweat.

Zappelphilipp ['tsap(ə)lfilɪp] (*pl* **-e** ODER **-s**) *der fam abw* fidget.

zappen *vi* to channel-hop.

zappenduster *adj fam* pitch-black.

zapplig = **zappelig.**

zart *adj* **- 1.** [gen] delicate **- 2.** [weich - Haut] soft; [- Fleisch, Gemüse, Pflänzchen] tender **- 3.** [Gebäck] fine **- 4.** [Berührung, Kuss] gentle; [Farbton] soft ◇ *adv* [berühren, küssen, lächeln] gently.

zart besaitet *adj* very sensitive.

zartbitter *adj* [Schokolade] dark.

zart fühlend *adj* sensitive ◇ *adv* sensitively.

zärtlich *adj* tender, affectionate; [Fürsorge] loving; **zu jm ~ sein** to be tender ODER affectionate towards sb ◇ *adv* tenderly, affectionately.

Zärtlichkeit (*pl* **-en**) *die* [Gefühl] tenderness. ◆ **Zärtlichkeiten** *pl* [Liebkosungen] caresses.

Zauber (*pl* -) *der* magic; **das ist doch fauler ~!** *fam abw* that's a con!

Zauberei (*pl* **-en**) *die* magic.

Zauberer (*pl* -) *der* magician.

Zauber|formel *die* **- 1.** [Zauberspruch] (magic) spell **- 2.** [Patentlösung] magic formula.

zauberhaft *adj* enchanting ◇ *adv* enchantingly.

Zauberin (*pl* **-nen**) *die* magician.

Zauber|kraft *die* magic power.

Zauber|künstler, in *der, die* magician.

Zauberkunst|stück *das* magic trick.

zaubern *vi* to do magic ◇ *vt*: **etw aus etw ~** *fig* to conjure sthg from sthg.

Zauber|spruch *der* (magic) spell.

Zauber|stab *der* magic wand.

Zauber|trick *der* magic trick.

Zaum (*pl* **Zäume**) *der* bridle; **sich/etw im ~ halten** *fig* to keep o.s./sthg in check.

zäumen *vt* to bridle.

Zaumzeug (*pl* **-e**) *das* bridle.

Zaun (*pl* **Zäune**) *der* fence.

Zaun|gast *der person who watches an event, e.g. a football match, from a distance to avoid paying.*

Zaun|pfahl *der* fencepost.

z. B. (*abk für* **zum Beispiel**) e.g.

ZDF [tsɛtdeː'ɛf] (*abk für* **Zweites Deutsches Fernsehen**) *das second German public television channel.*

Zebra (*pl* **-s**) *das* zebra.

Zebra|streifen *der* zebra crossing *Br*, crosswalk *Am*.

Zeche (*pl* **-n**) *die* **- 1.** [Rechnung] bill *Br*, check *Am*; **die ~ prellen** *fam* to leave without paying **- 2.** [Mine] pit.

zechen *vi hum* to booze.

Zechpreller, in (*mpl* -; *fpl* **-nen**) *der, die person who leaves without paying.*

Zech|tour *die* pub crawl.

Zeder (*pl* **-n**) *die* cedar.

Zeh (*pl* **-en**) *der* toe; **großer/kleiner ~** big/little toe.

Zehe (*pl* **-n**) *die* **- 1.** [Fußglied] toe; **jm auf die ~n treten** *fam fig* to tread on sb's toes **- 2.** [Knoblauchzehe] clove.

Zehen|nagel *der* toenail.

Zehen|spitze *die* tip of one's toes; **auf ~n** on tiptoe.

zehn *num* ten; *siehe auch* **sechs.**

Zehn (*pl* **-en**) *die* ten; *siehe auch* **Sechs.**

Zehner (*pl* -) *der* **- 1.** *fam* [Groschen] ten-pfennig coin **- 2.** [zehn Mark] ten-mark note **- 3.** MATH [Zahl] ten **- 4.** *fam* [Zehnmeterbrett] ten-metre board.

Zehner|karte *die* book of ten tickets.

zehnfach *adj* tenfold ◇ *adv* ten times.

Zehn|kampf *der* SPORT decathlon.

Zehn|kämpfer *der* SPORT decathlete.

zehnmal *adv* ten times.

Zehnmark|schein *der* ten-mark note.

zehntausend *num* ten thousand; **die oberen Zehntausend** *fig* the upper crust; *siehe auch* **sechs.**

zehnte, r, s *adj* tenth; *siehe auch* **sechste.**

Zehnte (*pl* **-n**) *der, die, das* tenth; *siehe auch* **Sechste.**

zehntel *adj (unver)* tenth; *siehe auch* **sechstel.**

Zehntel (*pl* -) *das* tenth; *siehe auch* **Sechstel.**

Zehntel|sekunde *die* tenth of a second.

zehren *vi:* **von etw ~** to live on sthg; **an jm/etw ~** to wear sb/sthg down.

Zeichen (*pl* -) *das* - **1.** [gen] sign; **jm ein ~ geben** to give sb a signal ODER sign; **zum ~ seiner Dankbarkeit** as a token of his appreciation; **zum ~, dass sie ihm folgen solle** to let her know that she should follow him; **er hat die ~ der Zeit erkannt, und ist ausgewandert** he saw which way things were going and left the country - **2.** [Symbol] symbol - **3.** [Tierkreiszeichen] (star) sign - **4.** EDV character.

Zeichen|block (*pl* **-blöcke** ODER **-s**) *der* drawing pad.

Zeichener|klärung *die* key.

Zeichen|kohle *die* charcoal.

Zeichen|papier *das* drawing paper.

Zeichen|setzung *die* punctuation.

Zeichen|sprache *die* sign language.

Zeichen|stift *der* drawing pencil.

Zeichen|tabelle *die* EDV character set.

Zeichentrick|film *der* cartoon.

zeichnen *vt* - **1.** [darstellen] to draw - **2.** [kennzeichnen] to mark; **das Fell ist interessant gezeichnet** its coat has interesting markings - **3.** [unterzeichnen - Scheck] to sign; [- Aktien, Anleihe] to subscribe <> *vi* to draw.

Zeichner, in (*mpl* -; *fpl* **-nen**) *der, die* draughtsman (*f* draughtswoman); **technischer ~** technical draughtsman (*f* technical draughtswoman).

Zeichnung (*pl* **-en**) *die* - **1.** [Bild] drawing - **2.** [von Fell, Tier, Blüte] markings *(pl)*.

Zeige|finger *der* index finger; **mit erhobenem ~** *fig* in a moralizing tone.

zeigen *vt* - **1.** [gen] to show; **jm etw ~** to show sb sthg; **den Gästen die neue Wohnung ~** to show the guests round the new flat; **der habe ich es gezeigt!** *fam* I showed her! - **2.** [Uhr] to say; [Waage] to read <> *vi* to point; **nach Südost ~** to point south-east; **auf jn/etw ~** to point at sb/sthg; **zeig mal!** *fam* let's/let me see!

◆ **sich zeigen** *ref* - **1.** [sich verhalten] to show o.s.; **sich nachsichtig ~** to show lenience, to show o.s. to be lenient - **2.** [sich präsentieren]: **sich in der Öffentlichkeit ~** to appear in public - **3.** [erkennbar werden]: **schon ~ sich die ersten Fehler** the first mistakes are already starting to appear; **es hat sich gezeigt, dass ...** it has been shown ODER demonstrated that ...; **es wird sich ~, ob ...** time will tell whether ...

Zeiger (*pl* -) *der* hand; **der große/kleine ~** the big/little hand.

Zeile (*pl* **-n**) *die* - **1.** [von Texten] line; **zwischen den ~n** between the lines - **2.** [Nachricht]: **jm ein paar ~n schreiben** to drop sb a line.

Zeilenab|stand *der* (line) spacing.

Zeit (*pl* **-en**) *die* - **1.** [gen] time; **in letzter ~** lately; **im Laufe der ~** in the course of time; **von ~ zu ~** from time to time; **die ~ stoppen** to stop the clock; **~ raubend** time-consuming; **~ sparend** time-saving; **sich** *(D)* **für jn/etw ~ nehmen** to spend time on sb/sthg; **die ~ drängt** *fig* time is short; **wir dürfen keine ~ verlieren** we have no time to lose; **sich** *(D)* **die ~ (mit Kartenspielen) vertreiben** to pass the time (playing cards); **sich** *(D)* **~ lassen** to take one's time - **2.** GRAM tense - **3.** [Zeitung]: **Die ~** *weekly German newspaper.*

◆ **auf Zeit** *adv* temporarily.

◆ **eine Zeit lang** *adv* for a while.

◆ **mit der Zeit** *adv* - **1.** in time - **2.** = **zurzeit.**

DIE ZEIT

Die Zeit is a weekly newspaper that is published at national level. Its feature articles, analyses and reports have established its reputation as a serious newspaper, especially in terms of its coverage of political, economic and cultural affairs.

Zeit|alter *das* age.

Zeitan|sage *die* speaking clock.

Zeit|arbeit *die* temporary work.

Zeit|bombe *die* **eigtl** & **fig** time bomb.

Zeit|dokument *das* document of contemporary events.

Zeit|druck *der:* **in ~ sein, unter ~ stehen** to be under time pressure.

Zeitein|teilung *die:* **freie ~** freedom to manage one's own time.

Zeit|ersparnis *die* time saving.

Zeit|gefühl *das* sense of time.

Zeit|geist *der* spirit of the times, zeitgeist.

zeitgemäß *adj* contemporary, modern.

Zeit|genosse *der* contemporary.

Zeit|genossin *die* contemporary.

zeitgenössisch *adj* contemporary.

Zeit|geschehen *das (ohne pl)* current affairs *(pl)*.

Zeit|geschichte *die* contemporary history.

Zeit|gewinn *der* time saving.

zeitgleich *adj* simultaneous <> *adv* simultaneously, at the same time.

zeitig *adj* & *adv* early.

Zeit|karte *die* travel pass.

Zeitlang *die* ▻ **Zeit.**

zeitlebens *adv* all my/his/her/*etc* life.

zeitlich *adj* chronological <> *adv:* **~ begrenzt sein** to be of limited duration.

Zeitliche *das:* **das ~ segnen** to give up the ghost.

zeitlos *adj* timeless.

Zeitlupe ◆ **in Zeitlupe** *adv* TV in slow motion.

Zeitmangel *der* lack of time.

Zeit|not *die* lack of time; **in ~ sein** to be short of time.

Zeit|plan *der* timetable.

Zeit|punkt *der* time; **etw zum richtigen ~ tun** to do sthg at the right moment ODER time; **zu diesem ~** at this point in time.

Zeit|raffer *der* time-lapse photography.

zeitraubend *adj* = **Zeit.**

Zeit|raum *der* period.

Zeit|rechnung *die:* **vor unserer ~** Before Christ; **nach unserer ~** Anno Domini.

Zeit|schrift *die* [Illustrierte] magazine; [wissenschaftlich] journal.

Zeit|soldat *der soldier who enlists for a fixed period of time.*

Zeit|spanne *die* timespan.

zeitsparend *adj* = **Zeit.**

Zeitung (*pl* **-en**) *die* newspaper.

Zeitungs|abonnement *das* newspaper subscription.

Zeitungs|annonce *die* newspaper advertisement.

Zeitungs|anzeige *die* newspaper advertisement.

Zeitungs|artikel *der* newspaper article.

Zeitungsaus|schnitt *der* newspaper cutting.

Zeitungs|bericht *der* newspaper report.

Zeitungs|kiosk *der* newspaper kiosk.

Zeitungs|leser, in *der, die* newspaper reader.

Zeitungs|notiz *die* newspaper item.

Zeitungs|papier *das* newspaper.

Zeit|unterschied *der* time difference.

Zeit|verlust *der* lost time.

Zeit|verschiebung *die* time difference.

Zeit|verschwendung *die* waste of time.

Zeit|vertrag *der* fixed-term ODER temporary contract.

Zeit|vertreib (*pl* **-e**) *der* pastime; **zum ~** to pass the time.

zeitweilig *adj* temporary <> *adv* from time to time, on and off.

zeitweise *adv* **- 1.** [gelegentlich] occasionally **- 2.** [vorübergehend] temporarily.

Zeit|wert *der* current value.

Zeit|zeichen *das* time signal.

Zeit|zünder *der* time fuse.

Zelle (*pl* **-n**) *die* cell.

Zell|kern *der* BIOL nucleus.

Zell|stoff *der* cellulose.

Zell|teilung *die* BIOL cell division.

Zellulitis *die* cellulite.

Zelluloid [tsɛlu'lɔyt] *das* celluloid.

Zellulose (*pl* **-n**) *die* cellulose.

Zelt (*pl* **-e**) *das* tent; **die ~e abbrechen** ***fig*** to up sticks; **die ~e aufschlagen** ***fig*** to settle.

zelten *vi* to camp.

Zelt|lager *das* camp.

Zelt|plane *die* tarpaulin.

Zelt|platz *der* campsite.

Zelt|stange *die* tent pole.

Zement *der* cement.

zementieren *vt* to cement.

zensieren *vt* **- 1.** [benoten] to mark **- 2.** [kontrollieren] to censor <> *vi* to mark.

Zensur (*pl* **-en**) *die* **- 1.** [Benotung] mark **- 2.** [Kontrolle] censorship **- 3.** [Behörde] censorship board, censors (*pl*).

Zenti|gramm *das* centigram.

Zenti|liter *der* centilitre.

Zenti|meter *der* centimetre.

Zentimeter|maß *das* tape measure.

Zentner (*pl* **-**) *der unit of measurement equivalent to 50 kg in Germany and 100 kg in Austria and Switzerland.*

Zentner|last *die* heavy load.

zentral *adj* central <> *adv* [wohnen, gelegen] centrally.

Zentralafrika *nt* Central Africa.

Zentralafrikanische Republik *die* Central African Republic.

Zentralbank (*pl* **-en**) *die* central bank.

Zentrale (*pl* **-n**) *die* **- 1.** [zentrale Stelle] headquarters (*pl*) **- 2.** [Telefonzentrale] switchboard.

Zentral|heizung *die* central heating.

zentralisieren *vt* to centralize.

Zentralismus *der* centralism.

zentrieren *vt* to centre.

Zentrifuge (*pl* **-n**) *die* centrifuge.

Zentrum (*pl* **Zentren**) *das* centre.

Zeppelin (*pl* **-e**) *der* zeppelin.

Zepter (*pl* **-**) *der* ODER *das* sceptre; **das ~ führen** ODER **schwingen** ***fam*** to rule the roost.

zerbeißen (*prät* **zerbiss;** *perf* **hat zerbissen**) *vt* [mit den Zähnen] to crunch; **von Flöhen zerbissen werden** to get bitten all over by fleas.

zerbomben *vt* to flatten (with bombs).

zerbrechen (*präs* **zerbricht;** *prät* **zerbrach;** *perf* **hat/ist zerbrochen**) *vi (ist)* [Glas, Vase] to break into pieces, to smash; [Freundschaft, Ehe] to break up; **an etw** *(D)* **~** ***fig*** to be broken by sthg ◇ *vt (hat)* to smash.

zerbrechlich *adj* fragile.

zerbröckeln (*perf* **hat/ist zerbröckelt**) *vt (hat)* & *vi (ist)* to crumble.

zerdrücken *vt* [Kartoffeln, Bananen] to mash; [Knoblauch, Insekt] to crush.

Zeremonie (*pl* **-n**) *die* ceremony.

Zerfall *der* [von Gebäude, Denkmal] decay; [von Moral, Diktatur] decline.

zerfallen (*präs* **zerfällt;** *prät* **zerfiel;** *perf* **ist zerfallen**) *vi* to disintegrate; [Mauer, Kuchen, Reich] to crumble; [Molekül] to decay; **in etw** *(A)* **~** [Molekül] to decay into sthg; [Mauer, Kuchen] to crumble into sthg.

zerfetzen *vt* to tear to pieces; [Brief] to tear up.

zerfleddern *vt* to make fatty.

zerfleischen *vt* to tear apart.

zerfließen (*prät* **zerfloss;** *perf* **ist zerflossen**) *vi* **- 1.** [schmelzen] to melt **- 2.** [auseinander fließen] to run.

zerfressen (*präs* **zerfrisst;** *prät* **zerfraß;** *perf* **hat zerfressen**) *vt* **- 1.** [durch Insekten]: **ein von Motten ~er Mantel** a moth-eaten coat **- 2.** [durch Rost, Säure] to corrode.

zergehen (*prät* **zerging;** *perf* **ist zergangen**) *vi* to melt; **etw im Mund ~ lassen** to allow sthg to dissolve in one's mouth.

zerhacken *vt* to chop up.

zerkauen *vt* to chew thoroughly.

zerkleinern *vt* to cut up; [mit Gabel] to mash.

zerklüftet *adj* [Landschaft, Tal] rugged; [Felsen] jagged.

zerknirscht *adj* remorseful; **über etw** *(A)* **~ sein** to be full of remorse for sthg.

zerknittern *vt* to crumple.

zerknüllen *vt* to screw up (into a ball).

zerkratzen *vt* to scratch.

zerkrümeln (*perf* **hat/ist zerkrümelt**) *vt (hat)* & *vi (ist)* to crumble.

zerlassen (*präs* **zerlässt;** *prät* **zerließ;** *perf* **hat zerlassen**) *vt* to melt.

zerlegen *vt* **- 1.** [auseinander nehmen] to take apart; **etw in (seine) Einzelteile ~** to dismantle sthg into its constituent parts **- 2.** [Geflügel, Wild] to carve up.

zerlumpt *adj* ragged.

zermalmen *vt* to crush.

Zermatt *nt* Zermatt.

zermürben *vt* to wear down.

zerpflücken *vt* **- 1.** [Kopfsalat] to pull the leaves off; [Blume] to pull the petals off **- 2.** [kritisieren] to pull to pieces.

zerplatzen (*perf* **ist zerplatzt**) *vi* [Ballon, Reifen] to burst; [Kessel] to explode.

zerquetschen *vt* to crush; [Kartoffeln] to mash.

Zerr|bild *das* distorted picture.

zer|reden *vt* to discuss at great length.

zerreiben (*prät* **zerrieb;** *perf* **hat zerrieben**) *vt* [Kräuter] to rub between one's fingers; [Farben, Feind] to pulverize.

zerreißen (*prät* **zerriss;** *perf* **hat/ist zerrissen**) *vt (hat)* **- 1.** [in Stücke] to tear to pieces; [Brief] to tear up **- 2.** [Strümpfe, Hose] to tear ◇ *vi (ist)* to tear.

Zerreiß|probe *die*: **eine ~ für die Koalition** a serious test of the strength of the coalition.

zerren *vt* to drag; **sich** *(D)* **einen Muskel ~** to pull a muscle ◇ *vi*: **an etw** *(D)* **~** to pull on sthg.

zerrinnen (*prät* **zerronn;** *perf* **ist zerronnen**) *vi* **- 1.** [Butter] to melt **- 2.** [Träume] to fade away **- 3.** [Zeit] to slip by.

zerrissen *adj* torn.

Zerrung (*pl* **-en**) *die* pulled muscle ODER ligament.

zerrüttet *adj* [Gesundheit] ruined; [Ehe] broken; **aus ~en Verhältnissen** from a broken home.

zersägen *vt* to saw up.

zerschellen (*perf* **ist zerschellt**) *vi* to be dashed to pieces.

zerschlagen[1] (*präs* **zerschlägt;** *prät* **zerschlug;** *perf* **hat zerschlagen**) *vt* to smash.
◆ **sich zerschlagen** *ref* [Pläne] to fall through.

zerschlagen[2] *adj* shattered.

zerschmettern *vt* to shatter.

zerschneiden (*prät* **zerschnitt;** *perf* **hat zerschnitten**) *vt* **- 1.** [in Stücke] to cut up **- 2.** [verletzen] to cut.

zersetzen *vt* - **1.** [Subj: Säure, Rost] to corrode; [Subj: Fäulnis] to decompose - **2.** [untergraben] to undermine.
◆ **sich zersetzen** *ref* [durch Säure, Rost] to corrode; [durch Fäulnis] to decompose.

Zersetzung *die* [durch Säure, Rost] corrosion; [durch Fäulnis] decomposition.

zersiedelt *adj* overdeveloped.

zerspalten (*perf* **hat zerspalten** ODER **zerspaltet**) *vt* to split.

zersplittern (*perf* **ist zersplittert**) *vi* [Holz, Knochen] to splinter; [Glas, Fenster] to shatter.

zerspringen (*prät* **zersprang**; *perf* **ist zersprungen**) *vi* to shatter.

zerstampfen *vt* - **1.** [Kartoffeln] to mash; [Gewürze] to grind - **2.** [zerstören] to trample.

zerstäuben *vt* to spray.

Zerstäuber (*pl* -) *der* atomizer.

zerstechen (*präs* **zersticht**; *prät* **zerstach**; *perf* **hat zerstochen**) *vt* - **1.** [beschädigen] to puncture - **2.** [Subj: Insekten] to bite all over.

zerstören *vt* to destroy.

Zerstörer (*pl* -) *der* SCHIFF destroyer.

zerstörerisch *adj* destructive.

Zer|störung *die* destruction.

zerstreuen *vt* - **1.** [Blätter] to scatter - **2.** [Demonstranten] to disperse - **3.** [vom Alltag ablenken] to distract - **4.** [Zweifel] to dispel.
◆ **sich zerstreuen** *ref* - **1.** [Menschenmenge] to disperse - **2.** [sich vom Alltag ablenken] to distract o.s.

zerstreut *adj* absent-minded ◇ *adv* absent-mindedly.

Zerstreutheit *die* absent-mindedness.

Zerstreuung (*pl* **-en**) *die* distraction.

zerstückeln *vt* [Land] to divide up; [Leiche] to dismember; [Stoff] to cut up.

zerteilen *vt* [Wild, Geflügel] to carve up; [Stoff] to cut up; **den Kuchen in kleine Stücke ~** to divide the cake into small pieces.
◆ **sich zerteilen** *ref* [Wolken] to part.

Zertifikat (*pl* **-e**) *das* certificate.

zertrampeln *vt* to trample (on).

zertreten (*präs* **zertritt**; *prät* **zertrat**; *perf* **hat zertreten**) *vt* [Insekt] to stamp on; [Zigarettenkippe] to stub out with one's foot.

zertrümmern *vt* [Schrank, Felsbrocken] to smash up; [Spiegel] to smash.

zerzaust *adj* [Haare] dishevelled.

zetern *vi* **abw** to moan.

Zettel (*pl* -) *der* piece of paper; [Nachricht] note; [Einkaufszettel] (shopping) list.

Zettel|kasten *der* file-card box.

Zettelwirtschaft *die* **abw: bei so einer ~ findet man nichts wieder** you'll never find anything with notes strewn everywhere like that.

Zeug *das* **fam** [Sachen] stuff; [Kleidung] gear; **das ~ zu etw haben** ***fam fig*** to have the makings of sthg; **jm am ~ flicken** ***fam fig*** to put sb down; **wir müssen uns ins ~ legen** we're going to have to put our backs into it; **arbeiten, was das ~ hält** ***fam fig*** to work flat out.
◆ **dummes Zeug** *interj* **fam** rubbish!

Zeuge (*pl* **-n**) *der* witness; **die ~n Jehovas** the Jehovah's Witnesses.

zeugen *vi*: **von etw ~** ***geh*** to show sthg ◇ *vt* to father.

Zeugenaus|sage *die* statement.

Zeugin (*pl* **-nen**) *die* witness.

Zeugnis (*pl* **-se**) *das* - **1.** [von Arbeitgeber] reference - **2.** [von Prüfung] certificate - **3.** SCHULE report.

Zeugung (*pl* **-en**) *die* fathering (*U*).

z. H. (*abk für* **zu Händen**) attn.

Zi. *abk für* **Zimmer.**

Zicke (*pl* **-n**) *die* nanny goat.
◆ **Zicken** *pl* **fam: ~n machen** to cause trouble.

Zickzack (*pl* **-e**) *der* zigzag.
◆ **im Zickzack** *adv*: **im ~ laufen/fahren** to zigzag.

Ziege (*pl* **-n**) *die* - **1.** [Tier] goat - **2.** **fam** [als Schimpfwort] cow.

Ziegel (*pl* -) *der* - **1.** [Stein] brick - **2.** [Dachziegel] tile.

Ziegel|dach *das* tiled roof.

Ziegel|stein *der* brick.

Ziegen|bock *der* billy goat.

Ziegen|käse *der* goat's cheese.

ziehen (*prät* **zog**; *perf* **hat/ist gezogen**) *vt* (*hat*) - **1.** [gen] to pull; [Subj: Tier - Karren] to draw; **etw durch etw ~** to pull sthg through sthg; **etw von etw ~** to pull sthg off sthg; **jn am Ärmel ~** to tug sb's sleeve; **jn an den Haaren ~** to pull sb's hair - **2.** [herausziehen - Zahn, Korken] to pull out; [- Rüben, Unkraut] to pull up - **3.** MED [Fäden] to take out - **4.** [Brieftasche, Waffe] to take out; [Hut] to doff; **etw aus etw ~** to take sthg out of sthg - **5.** [zeichnen] to draw - **6.** [züchten - Pflanzen] to grow; [- Tiere] to breed - **7.** [anziehen]: **Aufmerksamkeit auf sich** (*A*) **~** to draw attention to o.s.; **du hast ihren Hass auf dich gezogen** you've incurred her hatred - **8.** [zur Folge haben]: **etw nach sich ~** to lead to sthg; **Probleme nach sich ~** to cause problems - **9.** [aus dem Automaten] to get *(from a vending machine)* - **10.** [anlegen - Mauer, Zaun] to put up; [- Graben] to dig; [- Grenze] to draw ◇ *vi* - **1.** (*hat*) [zerren] to pull; **an etw** (*D*) **~** to pull sthg; **der Hund zog**

an der Leine the dog was pulling on the lead *Br ODER* leash *Am* - **2.** *(ist)* [umziehen, sich bewegen] to move; **durch die Straßen ~** to wander through the streets; **eine Blaskapelle zog durchs Dorf** a brass band trooped through the village; **die Vögel ~ nach Süden** the birds are going *ODER* flying south - **3.** *(hat)* [saugen]: **an etw** *(D)* **~** [Pfeife, Zigarette] to puff on sthg - **4.** *(hat)* [Auto, Motor] to run - **5.** *(ist)* [dringen]: **der Duft zog durchs ganze Haus** the scent floated throughout the house; **in etw** *(A)* **~** [Flüssigkeit] to soak into sthg - **6.** *(hat)* [Kaffee, Tee] to brew - **7.** *(hat)* [bei Brettspiel] to move; **du musst ~!** it's your move! - **8.** *(hat)* **fam** [Eindruck machen] to go down well; **das zieht bei mir nicht!** that doesn't wash with me! - **9.** *(hat)* [Luftzug haben]: **es zieht** there's a draught; **in eurer Wohnung zieht es ja furchtbar** it's terribly draughty in your flat.

◆ **sich ziehen** *ref* - **1.** [nicht enden wollen] to drag on - **2.** [sich erstrecken] to stretch - **3.** [sich hochziehen] to pull o.s. up.

Ziehlharmonika *die* concertina.

Ziehung (*pl* **-en**) *die:* **die ~ der Lottozahlen** the lottery draw; **die ~ der Lose** the drawing of lots.

Ziel (*pl* **-e**) *das* - **1.** [Zielort] destination; **am ~ sein** to have reached one's destination - **2.** SPORT finish - **3.** [Zweck] goal; **sich** *(D)* **ein ~ setzen** to set o.s. a goal *ODER* target; **etw zum ~ haben** to have sthg as a goal.

zielbewusst *adj* purposeful ◇ *adv* purposefully.

zielen *vi* to aim; **auf jn/etw ~** to aim at sb/sthg.

Zielfernlrohr *das* telescopic sight.

Ziellgerade *die* SPORT finishing straight.

Ziellgruppe *die* target group.

Ziellauflwerk *das* EDV destination drive.

Ziellllinie *die* SPORT finishing line.

ziellos *adj* aimless ◇ *adv* aimlessly.

Ziellscheibe *die* - **1.** [beim Schießen] target - **2.** [Opfer] butt.

Zielsetzung (*pl* **-en**) *die* objective.

zielsicher *adj* purposeful ◇ *adv* purposefully.

zielstrebig *adj* single-minded ◇ *adv* single-mindedly.

ziemlich *adj* **fam: mit ~er Genugtuung/Sicherheit** with some satisfaction/certainty; **das war eine ~e Gemeinheit** that was a rather mean thing to do ◇ *adv* - **1.** [sehr] quite; **~ viel** quite a lot - **2.** **fam** [fast] almost.

Zierde (*pl* **-n**) *die* decoration.

zieren ◆ **sich zieren** *ref* to be coy.

Zierlfisch *der* ornamental fish.

zierlich *adj* [Person] petite; [Hände] dainty; [Porzellanfigur] delicate ◇ *adv* daintily.

Zierlpflanze *die* ornamental plant.

Ziffer (*pl* **-n**) *die* figure.

Zifferlblatt *das* face.

zig *adj* **fam** umpteen.

Zigarette (*pl* **-n**) *die* cigarette.

Zigarettenlautomat *der* cigarette machine.

Zigarettenlpause *die* cigarette break.

Zigarettenlschachtel *die* cigarette packet.

Zigarettenlstummel *der* cigarette stub.

Zigarillo (*pl* **-s**) *der ODER das* cigarillo.

Zigarre (*pl* **-n**) *die* cigar.

Zigeuner, in (*mpl* **-;** *fpl* **-nen**) *der, die* gypsy.

zigmal *adv* **fam** umpteen times.

Zimbabwe [zɪm'babvə] *nt* Zimbabwe.

Zimmer (*pl* **-**) *das* room; '**~ frei!**' 'vacancies'.

Zimmerllautstärke *die:* **in ~** at low volume.

Zimmerlmädchen *das* chambermaid.

Zimmerlmann (*pl* **-leute**) *der* carpenter.

zimmern *vt* to make *(from wood)* ◇ *vi* to do carpentry.

Zimmerlnachweis *der* accommodation service.

Zimmerlnummer *die* room number.

Zimmerlpflanze *die* house plant.

Zimmerlservice *der* room service.

Zimmerlsuche *die:* **auf ~ sein** to be looking for a room.

Zimmerlvermittlung *die* accommodation service.

zimperlich *abw adj:* **sei nicht so ~!** don't be such a wimp!; **sie ist nicht gerade ~** she doesn't exactly hold back ◇ *adv:* **nicht ~ mit jm umgehen** not to treat sb with kid gloves.

Zimt *der* cinnamon.

Zimtlstange *die* cinnamon stick.

Zink *das* zinc.

Zinke (*pl* **-n**) *die* [von Gabel] prong; [von Kamm] tooth.

Zinn *das* - **1.** [Metall] tin - **2.** [Gegenstände] pewter.

Zins (*pl* **-en**) *der:* **~en** interest *(U);* **~en bringen** to earn interest.

Zinseslzins *der* compound interest.

Zinslfuß *der* interest rate.

zinsgünstig *adj* WIRTSCH with a favourable interest rate.

zinslos *adj* interest-free.

Zinslsatz *der* interest rate.

Zipfel (*pl* -) *der* corner.

Zipfellmütze *die* pointed hat.

zirka, circa ['tsɪrka] *adv* about, approximately; ~ **1900** circa 1900.

Zirkel (*pl* -) *der* - **1.** [Gerät] compasses *(pl)* - **2.** [Gruppe] circle.

zirkulieren (*perf* **hat/ist zirkuliert**) *vi* to circulate.

Zirkus (*pl* **-se**) *der* circus.

Zirkuslzelt *das* big top.

zirpen *vi* to chirp.

zischen (*perf* **hat/ist gezischt**) *vi* - **1.** *(hat)* [Geräusch] to hiss - **2.** *(ist)* [Fahrzeug] to whizz <> *vt (hat)* - **1.** [sagen] to hiss - **2.** ***salopp*** [trinken] to knock back.

Zisterne (*pl* **-n**) *die* well.

Zisterzienser, in (*mpl* **-**; *fpl* **-nen**) *der, die* Cistercian.

Zitadelle (*pl* **-n**) *die* citadel.

Zitat (*pl* **-e**) *das* quotation, quote.

Zither (*pl* **-n**) *die* zither.

zitieren *vt* - **1.** [wiedergeben] to quote - **2.** [rufen]: **jn zu jm/vor etw** *(A)* ~ to summon sb to sb/ before sthg <> *vi:* **aus etw** ~ to quote from sthg; **ich zitiere** and I quote.

Zitronat *das* KÜCHE candied lemon peel.

Zitrone (*pl* **-n**) *die* lemon.

Zitronenlpresse *die* lemon squeezer.

Zitronenlsaft *der* lemon juice.

Zitronenlschale *die* lemon zest.

Zitruslfrucht *die* citrus fruit.

zitterig, zittrig *adj* shaky.

zittern *vi* - **1.** [vibrieren - Hände, Körper] to tremble; [- Stimme] to shake; **vor Kälte** ~ to shiver with cold - **2.** [Angst haben]: **vor jm/etw** ~ to be terrified of sb/sthg - **3.** [sich sorgen]: **um** *ODER* **für jn/etw** ~ to be very worried about sb/ sthg.

zittrig = **zitterig**.

Zivi ['tsiːvi] (*pl* **-s**) *der* **fam** *man doing his "Zivildienst".*

zivil [tsi'viːl] *adj* - **1.** [Bevölkerung, Leben] civilian - **2.** [Preise] ***fam*** reasonable <> *adv* ***fam*** [anständig] reasonably.

Zivil [tsi'viːl] ◆ **in Zivil** *adv* [Soldat] in civilian clothes; [Polizist] in plain clothes.

Zivillbevölkerung *die* civilian population.

Zivillcourage *die* courage of one's convictions.

Zivilldienst *der community service done by conscientious objectors instead of military service.*

ZIVILDIENST

Under constitutional law, all men who are eligible for military service can claim exemption on the grounds of conscience. In such cases they are required to do community work for a period of thirteen months, this being three months longer than the statutory military service period. Roughly 40% of young German men choose this option.

Zivilldienstleistende (*pl* **-n**) *der man doing his "Zivildienst".*

Zivilisation [tsiviliza'tsjoːn] (*pl* **-en**) *die* civilization.

Zivilisationslkrankheit *die* disease of modern society.

zivilisiert [tsivili'ziːɐ̯t] *adj* civilized.

Zivilist, in [tsivi'lɪst, ɪn] (*mpl* **-en**; *fpl* **-nen**) *der, die* civilian.

Zivillrecht *das* RECHT civil law.

ZKB (*abk für* **Zimmer, Küche, Bad**) *room(s), kitchen, bathroom.*

ZOB (*abk für* **Zentraler Omnibusbahnhof**) *central bus station.*

Zoff *der* ***salopp:*** ~ **machen** to cause a lot of hassle; **es gibt** ~ there is trouble.

zog *prät* ▻ **ziehen.**

zögern *vi* to hesitate; **mit etw** ~ to delay sthg; **ohne zu** ~ without hesitation.

Zögern *das* hesitation.

Zölibat *das ODER der* REL celibacy.

Zoll (*pl* **Zölle** *ODER* -) *der* - **1.** *(pl Zölle)* [Abgabe] duty - **2.** *(ohne pl)* [Behörde] customs *(pl)* - **3.** *(pl Zoll)* [Maßeinheit] inch.

Zollablfertigung *die* customs clearance.

Zolllamt *das* customs office.

Zolllbeamte *der* customs officer.

Zolllbeamtin *die* customs officer.

zollen *vt* ***geh:*** **jm Beifall** ~ to applaud sb.

Zollerlklärung *die* customs declaration.

Zolllfahndung *die* customs investigation.

zollfrei *adj* duty-free.

Zolllkontrolle *die* customs check.

Zöllner (*pl* -) *der* customs officer.

zollpflichtig *adj* liable for duty.

Zolllschranke *die* customs barrier.

Zolllstock *der* folding rule.

Zombie (*pl* **-s**) *der* zombie.

Zone (*pl* **-n**) *die* zone.

Zonenlgrenze *die* border between the former East and West Germany.

Zoo [tsoː] (*pl* **-s**) *der* zoo.

Zoo|handlung *die* pet shop.

Zoologie [tsoolo'giː] *die* zoology.

zoologisch [tsoo'loːgɪʃ] *adj* zoological; ▻ **Garten.**

Zoom [zuːm] (*pl* **-s**) *das* FOTO zoom.

Zopf (*pl* **Zöpfe**) *der* plait *Br*, braid *Am*; **Zöpfe flechten** to plait *Br* ODER braid *Am* one's hair.

Zopf|muster *das* cable pattern.

Zorn *der* anger; **der ~ auf jn/etw** anger at sb/sthg.
◆ **im Zorn** *adv* in anger.

zornig *adj* angry; **auf jn/über etw** *(A)* **~ sein** to be angry with sb/about sthg ◇ *adv* angrily.

Zote (*pl* **-n**) *die* **abw** smutty joke.

zottig *adj* shaggy.

z. T. (*abk für* **zum Teil**) partly.

Ztr. *abk für* **Zentner.**

zu *präp (+ D)* **- 1.** [räumlich - Richtung] to; [- Position] at; **~ jm/etw hin** towards sb/sthg; **~ Hause** (at) home; **~ beiden Seiten** on both sides **- 2.** [zeitlich] at; **~ Beginn** at the beginning; **~ Ostern/Weihnachten** at Easter/Christmas **- 3.** [modal]: **~ Pferd** by horse; **~ Fuß** on foot; **~ Fuß gehen** to walk; **~ meiner großer Enttäuschung** to my great disappointment **- 4.** [stellt Bezug her] about **- 5.** [in Kombination mit] with; **stell das Glas ~ den anderen** put that glass with the others **- 6.** [für einen bestimmten Zweck] for **- 7.** [mit Nennung eines Endzustandes] into; **~ Eis werden** to turn into ice **- 8.** [aus einem bestimmten Anlass] on **- 9.** [in Mengenangaben]: **~ viert** in fours; **wir sind ~ viert** there are four of us; **~ Tausenden** in thousands; **Säcke ~ 50 kg** 50 kg bags; **Orangen ~ 50 Pfennig das Stück** oranges at 50 pfennigs each **- 10.** SPORT: **3 ~ 2** 3–2 ◇ *adv* **- 1.** [übermäßig] too; **~ alt** too old; **~ sehr** too much **- 2.** *fam* [zumachen]: **Tür ~!** shut the door! **- 3.** [zur Angabe der Richtung] towards ◇ *konj* **- 1.** *(+ Infinitiv)* to; **etwas ~ essen** something to eat; **es fängt an ~ schneien** it's starting to snow; **~ verkaufen** for sale; **ohne ~ fragen** without asking **- 2.** *(+ pp)* to; **die ~ erledigende Sache** the matter to be dealt with.
◆ **nur zu** *interj* go ahead!; *siehe auch* **zu sein.**

zuallererst, zuallererst *adv* first of all.

zuallerletzt, zuallerletzt *adv* last of all.

Zubehör (*pl* **-e**) *das* accessories *(pl)*.

zu|beißen *vi (unreg)* to bite.

zu|bekommen *vt (unreg)* [Tür, Koffer] to get shut.

zu|bereiten *vt* to prepare.

Zubereitung (*pl* **-en**) *die* preparation.

zu|betonieren *vt* to concrete over.

zu|bewegen *vt:* **etw auf jn/etw ~** to move sthg towards sb/sthg.
◆ **sich zubewegen** *ref:* **sich auf jn/etw ~** to make one's way towards sb/sthg.

zu|billigen *vt:* **jm etw ~** to allow sb sthg.

zu|binden *vt (unreg)* to tie up.

zu|bleiben (*perf* **ist zugeblieben**) *vi (unreg)* **fam** to stay shut.

zu|blinzeln *vi:* **jm ~** to wink at sb.

zu|bringen *vt (unreg)* **- 1.** [Zeit] to spend **- 2.** [Tür, Koffer] to get shut.

Zubringer (*pl* **-**) *der* feeder road.

zu|buttern *vt* **fam** to chip in.

Zucchini [tsʊ'kiːni] (*pl* **-s**) *die* courgette *Br*, zucchini *Am*.

Zucht (*pl* **-en**) *die* **- 1.** [Züchten - von Tieren] breeding; [- von Pflanzen] growing; [- von Perlen] cultivation **- 2.** *geh* [Disziplin] discipline; **~ und Ordnung** order and discipline.

züchten *vt* [Tiere] to breed; [Pflanzen] to grow; [Bakterien, Perlen] to cultivate.

Züchter, in (*mpl* **-**; *fpl* **-nen**) *der, die* [von Tieren] breeder; [von Pflanzen] grower; [von Austern] cultivator.

Zucht|perle *die* cultured pearl.

Züchtung (*pl* **-en**) *die* [Züchten - von Tieren] breeding; [- von Pflanzen] growing; [- von Bakterien, Perlen] cultivation; [Zuchtergebnis - Tiere] breed; [- Pflanzen] variety.

zucken (*perf* **hat/ist gezuckt**) *vi* **- 1.** *(hat)* [unwillkürlich] to twitch; **mit den Schultern ~** to shrug (one's shoulders) **- 2.** *(ist)* [in eine Richtung - Flamme] to leap up; [- Blitz] to flash.

zücken *vt* **- 1.** *geh* [Waffe] to draw **- 2.** *hum* [Portmonee, Notizbuch] to whip out.

Zucker *der* **- 1.** [Nahrungsmittel] sugar *(U)* **- 2.** *fam* [Krankheit] diabetes; **~ haben** to be diabetic.

Zucker|dose *die* sugar bowl.

Zucker|guss *der* icing.

Zucker|hut *der* sugar loaf.

zuckerkrank *adj* diabetic.

zuckern *vt* [Nachspeise, Kuchen] to put sugar in/on; [Kaffee] to sugar.

Zucker|rohr *das* sugarcane.

Zucker|rübe *die* sugar beet.

zuckersüß *adj* **- 1.** [sehr süß] as sweet as sugar **- 2.** *abw* [übertrieben freundlich] sickly sweet.

Zuckerwatte *die* candyfloss *Br*, cotton candy *Am*.

Zuckung (*pl* **-en**) *die* twitch.

zu|decken *vt* to cover; **sich/jn/etw mit etw ~** to cover o.s./sb/sthg with sthg.

zudem *adv* **geh** moreover.

zu|drehen *vt* - **1.** [schließen] to turn off - **2.** [zuwenden]: **jm den Rücken ~** to turn one's back on sb.
◆ **sich zudrehen** *ref* [sich zuwenden]: **sich jm ~** to turn to sb.

zudringlich *adj* pushy.

Zudringlichkeit (*pl* **-en**) *die* [zudringliche Art] pushiness; **~en** *(pl)* pushy behaviour *(U)*.

zu|drücken *vt* [Auge, Koffer] to close; [Tür] to push shut.

zueinander *adv* to each other; **~ passen** to go together.

zueinander halten *vi (unreg)* to stick together.

zu|erkennen *vt (unreg)*: **jm etw ~** to award sthg to sb.

zuerst *adv* - **1.** [als Erstes] first - **2.** [am Anfang] at first - **3.** [zum ersten Mal] for the first time.

zu|fahren (*perf* **ist zugefahren**) *vi (unreg)* - **1.** [sich zubewegen]: **auf jn/etw ~** to drive towards sb/sthg - **2.** *fam*: **fahr zu!** get a move on!

Zu|fahrt *die* - **1.** [Zufahrtsweg] access road; [zu einem Haus] drive; **die ~ sperren** to block access - **2.** [Zufahren] access.

Zufahrts|straße *die* access road.

Zu|fall *der* coincidence; **so ein ~!** what a coincidence!; **etw dem ~ überlassen** to leave sthg to chance.
◆ **durch Zufall** *adv* by chance.

zu|fallen (*perf* **ist zugefallen**) *vi (unreg)* - **1.** [Tür, Deckel] to slam shut; [Augen] to close - **2.**: **jm ~** [Preis] to go to sb; [Aufgabe] to fall to sb; **sie ist ein Glückspilz, alles fällt ihr zu** she's very lucky, everything falls into her lap.

zufällig *adj* chance *(vor Subst)* ◇ *adv* by chance.

zufälligerweise *adv* by chance.

Zufalls|bekanntschaft *die* chance acquaintance.

zu|fassen *vi*: **schnell ~, ehe die Vase umkippt** to make a grab for the vase before it falls over; **fest ~** to grip tightly.

zu|fliegen (*perf* **ist zugeflogen**) *vi (unreg)*: **jm ~** [Vogel] to fly into sb's house; [Ideen] to come easily to sb; **auf jn/etw ~** to fly towards sb/sthg.

Zu|flucht *die* refuge; **~ suchen** to seek refuge; **zu etw ~ nehmen** *fig* to resort to sthg.

zu|flüstern *vt*: **jm etw ~** to whisper sthg to sb.

zufolge *präp*: **jm/einer Sache ~** according to sb/sthg.

zufrieden *adj* contented; [mit Befriedigung] satisfied; **mit jm/etw ~ sein** to be satisfied with sb/sthg ◇ *adv* contentedly.

zufrieden geben ◆ **sich zufrieden geben** *ref (unreg)*: **sich mit etw ~** to be satisfied with sthg.

Zufriedenheit *die* contentment; [Befriedigung] satisfaction; **zu js vollster ~** to sb's complete satisfaction.

zufrieden lassen *vt (unreg)* to leave in peace; **jn mit etw ~** to stop going on at sb about sthg.

zufrieden stellen *vt* to satisfy.

zufrieden stellend *adj* satisfactory.

zu|frieren (*perf* **ist zugefroren**) *vi (unreg)* to freeze over.

zu|fügen *vt*: **jm Schaden/Unrecht ~** to do sb harm/an injustice.

Zufuhr *die* [von Energie] supply; [von Luft] influx.

zu|führen *vt* **amt**: **jn seiner Strafe ~** to punish sb; **dem Geschäft neue Kunden ~** to bring the company in new customers ◇ *vi*: **auf etw** *(A)* **~** to lead to sthg.

Zug[1] (*pl* **Züge**) *der* - **1.** [Bahn] train; **mit dem ~ fahren** to go by train - **2.** [Schar] procession - **3.** [Bewegung - von Vögeln] migration; [- von Wolken] drifting; **im ~e einer Sache** *(G)* **amt** in the course of sthg - **4.** [mit Spielfigur] move; **er ist am ~** ***eigtl*** & ***fig*** it is his move - **5.** [Schluck] gulp; **in einem ~** in one go - **6.** [beim Rauchen] puff - **7.** [Atemzug] breath; **in vollen Zügen** in deep breaths; ***fig*** to the full - **8.** *(ohne pl)* [Durchzug] draught - **9.** [Gesichtszug]: **Züge** features - **10.** [Charakterzug] characteristic - **11.** [beim Schwimmen] stroke - **12.** ***RW***: **in groben Zügen** in broad outline; **zum ~(e) kommen** to get a chance.

Zug[2] *nt* Zug.

Zu|gabe *die* - **1.** [Zugeben] addition - **2.** [Zugegebenes] free gift ◇ *interj* encore!

Zugab|teil *das* compartment.

Zu|gang *der* - **1.** [gen & EDV] access; **'~ verboten!'** 'no entry!'; **~ zu etw haben** to have access to sthg - **2.** [Zugangsweg] entrance.

zugange *adj*: **mit etw ~ sein** ***fam*** to be busy with sthg.

zugänglich *adj* - **1.** [Raum, Ort] accessible; **schwer ~** difficult to get to - **2.** [Information] available; **jm etw ~ machen** to make sthg available to sb - **3.** [Person] approachable; **für etw ~ sein** to be receptive to sthg.

Zug|begleiter, in *der, die* [Person] guard ***Br***, conductor ***Am*** ◇ *der* [Faltblatt] train information leaflet.

Zug|brücke *die* drawbridge.

zu|geben *vt (unreg)* - **1.** [hinzugeben] to add

- **2.** [gestehen] to admit; **zugegeben, ...** admittedly ...

zugegebenermaßen *adv* admittedly.

zugegen *adj:* **bei etw ~ sein** ***geh*** to be present at sthg.

zu|gehen (*perf* **ist zugegangen**) *vi (unreg)* **- 1.** [sich zubewegen]: **auf jn/etw ~** to approach sb/sthg **- 2.** [verlaufen]: **auf der Party gehts lustig zu** the party is going with a swing **- 3.** ***fam*** [schneller gehen]: **geh zu!** get a move on! **- 4.** [sich schließen - Tür, Koffer] to close; [- Knopf, Reißverschluss] to do up.

zugehörig *adj* that belongs with it/them; **sich jm/einer Sache ~ fühlen** to feel a part of sb/sthg.

Zugehörigkeit *die* [zu Verein, Familie] membership.

zugeknöpft *adj* buttoned up.

Zügel (*pl* -) *der* reins *(pl);* **die ~ in der Hand haben** ***fig*** to have things under control; **die ~ schleifen lassen** ***fig*** to slacken the reins.

zügellos *adj* unrestrained <> *adv* in an unrestrained manner.

zügeln *vt* **- 1.** [Pferd] to rein in **- 2.** [Gefühl] to restrain.

◆ **sich zügeln** *ref* [sich zurückhalten] to restrain o.s.

Zu|geständnis *das* concession; **~se an jn/etw machen** to make concessions to sb/sthg.

zu|gestehen *vt (unreg):* **jm etw ~** [gestatten] to grant sb sthg; [zugeben] to admit sthg to sb.

zugetan *adj:* **jm/etw ~ sein** ***geh*** to be fond of sb/sthg.

Zu|gewinn *der* gain.

Zugewinn|gemeinschaft *die* RECHT *agreement whereby only those possessions acquired jointly since marriage are divided up equally on divorce.*

Zug|führer, in *der, die* senior guard ***Br*** ODER conductor ***Am.***

zugig *adj* draughty.

zügig *adj* rapid <> *adv* rapidly.

Zug|kraft *die* PHYS traction *(U).*

zugkräftig *adj* with popular appeal; [Name] influential; [Werbung, Titel] catchy.

zugleich *adv* at the same time.

Zug|luft *die (ohne pl)* draught.

Zug|maschine *die* tractor.

Zug|personal *das (ohne pl)* train crew.

zu|greifen *vi (unreg)* **- 1.** [zufassen] to grab it/them; **sie greift schnell zu und hält die Leiter fest** she grabs the ladder and holds it firmly **- 2.** [sich bedienen] to help o.s.; **greifen Sie zu!** help yourself! **- 3.** [mithelfen] to do one's bit; **kräftig ~** to really get stuck in.

Zu|griff *der* **- 1.** [Zugang]: **~ auf etw** *(A)* **haben** to have access to sthg; **sich js ~ entziehen** to escape sb's clutches **- 2.** EDV access *(U).*

Zugriffs|zeit *die* EDV access time.

zugrunde, zu Grunde *adv:* **an etw** *(D)* **~ gehen** [sterben] to perish from sthg; [ruiniert werden] to be wrecked by sthg; **einer Sache** *(D)* **~ liegen** to form the basis of sthg; **jn ~ richten** to ruin sb.

Zug|schaffner, in *der, die* ticket inspector.

Zugspitze *die:* **die ~** the Zugspitze.

Zug|telefon *das* train telephone.

Zug|unglück *das* train accident.

zugunsten, zu Gunsten *präp:* **~ js/einer Sache** in favour of sb/sthg <> *adv:* **~ von jm/etw** in favour of sb/sthg.

zugute *adv:* **jm/etw ~ kommen** to prove beneficial to sb/sthg; **jm etw ~ halten** ***geh*** to make sb due allowance for sthg.

Zugver|bindung *die* train connection.

Zug|verkehr *der (ohne pl)* train services *(pl).*

Zug|vogel *der* migratory bird.

Zug|zwang *der:* **unter ~ stehen** to be forced to act; **in ~ geraten** to find o.s. forced to act.

zu|haben *vi (unreg)* ***fam*** to be shut.

zu|halten *vt (unreg)* [Tür, Mund, Augen] to keep closed; [Nase] to hold; [Ohren] to cover <> *vi:* **auf jn/etw ~** to head for sb/sthg.

Zuhälter (*pl* -) *der* pimp.

zuhause *adv* ***Schweiz*** & ***Österr*** at home; *siehe auch* **Haus.**

Zuhause *das* home.

zu|heilen (*perf* **ist zugeheilt**) *vi* to heal up.

zu|hören *vi* to listen; **jm/einer Sache ~** to listen to sb/sthg.

Zu|hörer, in *der, die* listener.

zu|kehren *vt:* **jm den Rücken ~** to turn one's back on sb.

zu|klappen (*perf* **hat/ist zugeklappt**) *vt (hat)* [Fenster, Deckel] to slam shut; [Taschenmesser] to snap shut <> *vi (ist)* [Fenster, Deckel] to slam shut.

zu|kleben *vt* **- 1.** [schließen] to seal **- 2.** [bekleben]: **etw mit etw ~** to stick sthg all over sthg.

zu|knallen (*perf* **hat/ist zugeknallt**) *vt (hat)* & *vi (ist)* ***fam*** to slam.

zu|kneifen *vt (unreg)* to shut tightly.

zu|knöpfen *vt* to button up.

zu|kommen (*perf* **ist zugekommen**) *vi (unreg)* **- 1.** [sich bewegen]: **auf jn/etw ~** to approach sb/sthg; **etw auf sich** *(A)* **~ lassen** ***fig*** to take sthg as it comes - **2.** [zustehen]: **jm ~** to befit sb - **3.** *geh* [zuteil werden]: **etw kommt jm zu** sb receives sthg; **jm etw ~ lassen** to send sb sthg.

Zukunft *die* [künftige Zeit & GRAM] future; **etw hat ~/keine ~** ***fig*** to have a/no future.
◆ **in Zukunft** *adv* in future.

zukünftig *adj* future <> *adv* in future.

Zukunfts|musik *die* pie in the sky.

Zukunfts|perspektive *die* future prospects *(pl)*.

Zukunfts|pläne *pl* plans for the future.

zul. *abk für* **zulässig.**

zu|lächeln *vi:* **jm ~** to smile at sb.

Zu|lage *die* bonus.

zu|lassen *vt (unreg)* - **1.** [erlauben] to allow - **2.** [amtlich - Medikament] to license; [- Auto] to register; **jn zu einer Prüfung ~** to permit sb to take an examination - **3.** [nicht öffnen] to leave closed.

zulässig *adj* permissible.

Zulassung (*pl* **-en**) *die* - **1.** [Zulassen - von Medikament] licensing; [- von Arzt, Auto] registration; **die ~ zum Studium** acceptance to study at university; **die ~ zur Prüfung** permission to take an examination - **2.** AUTO [Schein] vehicle registration document.

Zulassungs|stelle *die* vehicle registration office.

Zulauf *der:* **regen** *ODER* **großen ~ haben** to be very popular.

zu|laufen (*perf* **ist zugelaufen**) *vi (unreg)* - **1.** [sich bewegen]: **auf jn/etw ~** to run towards sb/sthg - **2.** [Tier]: **jm ~** to adopt sb - **3.** [auslaufen] to taper; **spitz ~** to end in a point.

zu|legen *vt* - **1.** [anschaffen]: **sich** *(D)* **etw ~** to get o.s. sthg - **2.** [dazutun - Geld] to put in; [- Tempo] to put on <> *vi* [schneller werden] to get moving.

zuleide, zu Leide *adv:* **jm etwas ~ tun** to harm sb.

zuletzt *adv* - **1.** [gen] last; **nicht ~** not least - **2.** [am Ende] in the end; **bis ~** to the very end.

zuliebe *präp:* **jm ~** for sb's sake; **einer Sache** *(D)* **~** for the sake of sthg.

Zulieferbe|trieb *der* supplier.

Zulieferer (*pl* **-**) *der* supplier.

Zu|lieferung *die* supply.

zum *präp* - **1.** *(zu + dem)* to the; **~ Friseur gehen** - to go to the hairdresser's - **2.** *(untrennbar):* **~ Tanzen gehen** to go dancing; **~ Teil** partly; **~ Beispiel** for example; **~ Thema ...** on the subject of ...; **Fenster ~ Garten** window overlooking the garden; *siehe auch* **zu.**

zu|machen *vt & vi* to close; [Mantel] to do up.

zumal *adv* especially <> *konj* especially as.

zu|mauern *vt* to brick up.

zumindest *adv* at least.

zumutbar *adj* reasonable.

zumute, zu Mute *adj:* **jm ist/wird ... ~** sb feels ...; **ihm ist nicht zum Lachen ~** he doesn't feel like laughing.

zu|muten *vt:* **jm etw ~** to expect sthg of sb; **das kannst du ihr nicht ~** you can't ask her to do that.

Zumutung (*pl* **-en**) *die:* **etw als ~ empfinden** to feel that sthg is unreasonable; **eine ~ sein** to be unreasonable.

zunächst [tsu'nɛːçst] *adv* - **1.** [zuerst] first - **2.** [einstweilen] for the moment.

zu|nageln *vt* [Kiste] to nail up; [Fenster] to board up.

zu|nähen *vt* to sew up.

Zunahme (*pl* **-n**) *die* increase.

Zu|name *der* surname.

zünden *vt* [Bombe, Sprengladung] to detonate; [Triebwerk] to fire <> *vi* [Triebwerk] to fire; [Treibstoff] to ignite.

zündend *adj* ***fig*** [Aussprache] rousing; [Idee] exciting.

Zünder (*pl* **-**) *der* detonator.

Zünd|holz *das* ***Süddt*** & ***Österr*** match.

Zünd|kerze *die* AUTO spark plug.

Zünd|schloss *das* AUTO ignition.

Zünd|schlüssel *der* AUTO ignition key.

Zünd|schnur *die* fuse.

Zünd|stoff *der* ***fig*** dynamite *(U)*.

Zündung (*pl* **-en**) *die* - **1.** [Zünden] detonation - **2.** AUTO ignition.

zu|nehmen *(unreg) vi* - **1.** [gewinnen]: **an etw** *(D)* **~** to gain in sthg - **2.** [dicker werden] to put on weight <> *vt:* **5 Kilo ~** to put on 5 kilos.

zunehmend *adj* [Alter, Einfluss] increasing; [Mond] waxing; **in ~em Maße** increasingly <> *adv* increasingly.

zu|neigen *vi* [zu etw tendieren]: **jm/einer Sache ~** to lean towards sb/sthg <> *vt* ***geh*** [zuwenden]: **jm etw ~** to lean sthg towards sb.
◆ **sich zuneigen** *ref* ***geh*** [sich hinneigen]: **sich jm ~** to lean towards sb.

Zuneigung *die* affection; **~ zu jm/etw** affection for sb/sthg.

Zunft (*pl* **Zünfte**) *die* HIST guild.

zünftig *adj* proper <> *adv* properly.

Zunge (*pl* **-n**) *die* tongue; **auf der ~ zergehen** to melt in the mouth; **die ~ herausstrecken** to stick one's tongue out; **es liegt mir auf der ~** ***fig*** it's on the tip of my tongue; **seine ~ im Zaum halten** ***fig*** to watch one's tongue.

Zungenbrecher (*pl* -) *der* tongue twister.

Zungenlspitze *die* tip of the tongue.

Zünglein (*pl* -) *das*: **das ~ an der Waage sein** *fig* to tip the scales.

zunichte *adj*: **etw ~ machen** to ruin sthg.

zulnicken *vi*: **jm ~** to nod to sb.

zunutze, zu Nutze *adj*: **sich** *(D)* **etw ~ machen** to take advantage of sthg.

zuoberst *adv* on top.

zulordnen *vt*: **jn/etw jm/einer Sache ~** to assign sb/sthg to sb/sthg; **Katzen werden den Raubtieren zugeordnet** cats are classified as carnivores.

zulpacken *vi* **- 1.** [greifen] to grab it/them **- 2.** [mitarbeiten] to knuckle down to it.

zulparken *vt* to block with one's vehicle.

zupass *adv*: **jm ~ kommen** *geh* to come at the right moment for sb.

zupfen *vi*: **an etw** *(D)* **~** to tug at sthg <> *vt* **- 1.** [Unkraut] to pull up **- 2.** [Instrument, Augenbrauen, Haar] to pluck.

Zupflinstrument *das* plucked instrument.

zulprosten *vi*: **jm ~** to raise one's glass to sb.

zur *präp* **- 1.** *(zu + der)* to the; **~ Post gehen** to go to the post office **- 2.** *(untrennbar)*: **~ Zeit** at the moment; **~ Straße liegen** to face the street; **~ allgemeinen Verwunderung** to everyone's amazement; *siehe auch* **zu**.

zulraten *vi (unreg)*: **jm ~** to advise sb.

Zürcher, Züricher (*pl* -) *der* native/inhabitant of Zurich <> *adj (unver)* of/from Zurich.

Zürcherin, Züricherin (*pl* -nen) *die* native/inhabitant of Zurich.

zulrechnen *vt*: **jn/etw jm/einer Sache ~** to class sb/sthg as sb/sthg.

zurechnungsfähig *adj* of sound mind.

Zurechnungsfähigkeit *die* soundness of mind.

zurechtlfinden ◆ **sich zurechtfinden** *ref (unreg)* to find one's way around.

zurechtlkommen (*perf* **ist zurechtgekommen**) *vi (unreg)* to get on; **mit jm ~** to get on with sb; **mit etw ~** to cope with sthg.

zurechtllegen *vt* **- 1.** [Kleidung, Werkzeug] to lay out ready **- 2.** [Ausrede] to get ready.

zurechtlmachen *vt* [herrichten] to get ready. ◆ **sich zurechtmachen** *ref* [schminken] to put one's make-up on.

zurechtlrücken *vt* to straighten.

zurechtlweisen *vt (unreg)* to reprimand.

Zurechtlweisung *die* reprimand.

zulreden *vi*: **jm ~** to persuade sb; **jm gut ~** to talk nicely to sb.

zulreichen *vt*: **jm etw ~** to pass sb sthg.

Zürich *nt* Zurich.

Züricher = **Zürcher.**

Züricherin = **Zürcherin.**

Zürichsee ['tsy:rıçze:] *der* Lake Zurich.

zulrichten *vt* to mess up; **jn übel ~** to beat sb up.

zurück *adv* **- 1.** [gen] back; **ich bin um 5 Uhr ~** I'll be back at 5 o'clock; **einmal Berlin und ~** a return to Berlin ***Br***, a round-trip ticket to Berlin ***Am*** **- 2.** [im Rückstand] behind.

Zurück *das*: **es gibt kein ~ mehr** there's no going back.

zurücklbehalten *vt (unreg)* **- 1.** [als Pfand] to keep back **- 2.** [als Erinnerung] to be left with.

zurücklbekommen *vt (unreg)* to get back.

zurücklbilden ◆ **sich zurückbilden** *ref* to go down.

zurücklbleiben (*perf* **ist zurückgeblieben**) *vi (unreg)* **- 1.** [nicht folgen] to stay behind; **hinter jm/etw ~** to fall behind sb/sthg **- 2.** [sich nicht nähern] to keep back **- 3.** [mit Leistung, Ergebnis] to fall behind **- 4.** [Erinnerung, Schaden] to be left.

zurücklblicken *vi* to look back; **auf etw** *(A)* **~** to look back at sthg; ***fig*** to look back on sthg.

zurücklbringen *vt (unreg)* to bring/take back; **jm etw ~** to bring sthg back.

zurückldatieren *vt* to backdate.

zurücklerhalten *vt (unreg)* to get back.

zurücklerobern *vt* to recapture.

zurücklerstatten *vt*: **jm etw ~** to refund sb sthg.

zurücklerwarten *vt* to expect back.

zurücklfahren (*perf* **hat/ist zurückgefahren**) *(unreg) vi (ist)* **- 1.** [zurückkehren] to go back **- 2.** [rückwärts fahren] to drive back <> *vt (hat)* to drive back.

zurücklfallen (*perf* **ist zurückgefallen**) *vi (unreg)* **- 1.** [gen] to fall back **- 2.** [in Rückstand geraten] to fall behind **- 3.** [zurückgegeben werden]: **an jn ~** to revert to sb **- 4.** [zurückgeführt werden]: **auf jn ~** to reflect on sb.

zurücklfinden *vi (unreg)* to find one's way back.

zurücklfliegen (*perf* **hat/ist zurückgeflogen**) *vi (ist) (unreg)* to fly back.

zurücklfordern *vt*: **etw ~** to ask for sthg back.

zurücklführen *vt* **- 1.** [von etwas herleiten]: **etw auf etw** *(A)* **~** to put sthg down to sthg

- 2. [Person, Sache] to take back <> *vi* [Weg] to lead back.

zurück|geben *vt (unreg)* **- 1.** [wiedergeben - Geliehenes, Führerschein] to give back; [- Ware] to return; [- Mandat] to give up; **jm etw ~** to give sb sthg back **- 2.** [antworten] to answer **- 3.** [zurückspielen] to return.

zurückgeblieben *adj* retarded.

zurück|gehen (*perf* **ist zurückgegangen**) *vi (unreg)* **- 1.** [gen] to go back **- 2.** [weniger werden] to go down **- 3.** [zurückzuführen sein]: **auf jn/etw ~** to go back to sb/sthg **- 4.** [zurückgesandt werden]: **etw ~ lassen** to send sthg back.

zurückgezogen *adj* [Mensch] retiring; [Leben] secluded <> *adv* in seclusion.

zurück|greifen *vi (unreg):* **auf jn/etw ~** to fall back on sb/sthg.

zurück|halten *vt (unreg)* **- 1.** [Person, Meinung, Gefühl] to hold back **- 2.** [Nachricht, Sendung] to withhold **- 3.** [an etw hindern]: **jn von etw ~** to stop sb from doing sthg.
◆ **sich zurückhalten** *ref* [sich bremsen] to restrain o.s.; **sich mit Kritik ~** to stop being critical; **sich mit dem Trinken ~** to watch what one drinks.

zurückhaltend *adj* [Mensch] reserved; [Beifall, Äußerung] restrained <> *adv* with restraint.

Zurückhaltung *die* restraint.

zurück|holen *vt* to fetch back.

zurück|kämmen *vt* to comb back.

zurück|kehren (*perf* **ist zurückgekehrt**) *vi geh* to return; **zu jm/etw ~** to return to sb/sthg.

zurück|kommen (*perf* **ist zurückgekommen**) *vi (unreg)* **- 1.** [zurückkehren] to come back **- 2.** [zurückgreifen]: **auf jn/etw ~** to come back to sb/sthg.

zurück|können *vi (unreg)* to be able to get back.

zurück|lassen *vt (unreg)* **- 1.** [hinterlassen] to leave behind **- 2.** [zurückgehen lassen] to let go back.

zurück|legen *vt* **- 1.** [wieder hinlegen] to put back **- 2.** [Kopf] to lean back **- 3.** [Geld, Ware] to put aside **- 4.** [Strecke] to cover.
◆ **sich zurücklegen** *ref* [sich zurücklehnen] to lie back.

zurück|liegen *vi (unreg)* **- 1.** [vergangen sein]: **es liegt zwei Jahre zurück** it was two years ago **- 2.** [im Rückstand sein] to be behind.

zurück|müssen *vi (unreg)* to have to go back.

zurück|nehmen *vt (unreg)* **- 1.** [Ware] to take back **- 2.** [widerrufen - Äußerung, Vorwurf] to take back; [- Antrag] to withdraw; [- Entscheidung, Befehl] to rescind.

zurück|rufen *(unreg) vt* to call back; **sich etw in Bewusstsein ~** to recall sthg <> *vi* [am Telefon] to call back.

zurück|schicken *vt* to send back.

zurück|schlagen (*perf* **hat/ist zurückgeschlagen**) *(unreg) vi* **- 1.** *(hat)* [schlagen] to hit back **- 2.** *(ist)* [sich zurückbewegen - Pendel] to swing back; [- Wellen] to fall back **- 3.** *(hat)* [sich auswirken]: **auf etw** *(A)* **~** to have a detrimental effect on sthg <> *vt (hat)* **- 1.** [Kragen, Decke, Verdeck] to turn back **- 2.** [Ball] to hit back; [mit Fuß] to kick back **- 3.** [Gegner, Angriff] to repulse.

zurück|schrecken (*perf* **ist zurückgeschreckt**) *vi* **- 1.** [vor Schreck] to start back in fright **- 2.** [sich scheuen]: **vor etw** *(D)* **~** to shy away from sthg; **vor nichts ~** to stop at nothing.

zurück|setzen *vt* **- 1.** [wieder zurück] to put back **- 2.** [nach hinten] to move back **- 3.** [Auto] to reverse **- 4.** [benachteiligen] to neglect; **sich zurückgesetzt fühlen** to feel neglected <> *vi* [mit Auto] to reverse.
◆ **sich zurücksetzen** *ref* **- 1.** [wieder zurück] to sit down again **- 2.** [nach hinten] to move back.

zurück|stecken *vt* **- 1.** [wieder zurück] to put back **- 2.** [nach hinten] to move back <> *vi* [mit weniger zufrieden sein] to lower one's sights; **hinter jm nicht ~** to lag behind sb.

zurück|stellen *vt* **- 1.** [wieder zurück] to put back **- 2.** [nach hinten] to move back **- 3.** [Heizung, Lautstärke] to turn down **- 4.** [verschieben - Plan, Projekt] to put off; [- Wünsche, Zweifel] to set aside.

zurück|stoßen *vt (unreg)* **- 1.** [wieder zurück] to push back **- 2.** [wegstoßen] to push away.

zurück|strahlen *vt* to reflect <> *vi* to be reflected.

zurück|treten (*perf* **ist zurückgetreten**) *vi (unreg)* **- 1.** [nach hinten] to step back **- 2.** [von Kauf, Zusage]: **von etw ~** to withdraw from sthg **- 3.** [von Amt] to resign; **von etw ~** to resign from sthg.

zurück|verfolgen *vt* to trace back.

zurück|versetzen *vt* **- 1.** [an Ausgangspunkt] to move back **- 2.** [in frühere Zeit] to take back.
◆ **sich zurückversetzen** *ref* [in frühere Zeit] to imagine o.s. back.

zurück|weichen (*perf* **ist zurückgewichen**) *vi (unreg)* to shrink back; **vor jm/etw ~** to shrink away from sb; **vor etw ~** to shrink from sthg.

zurück|weisen *vt (unreg)* **- 1.** [abweisen] to reject **- 2.** [Vorwurf] to repudiate.

Zurück|weisung *die* rejection.

zurück|werfen *vt (unreg)* **- 1.** [an Ausgangspunkt] to throw back **- 2.** [Licht, Schall] to reflect **- 3.** [in Rückstand bringen] to set back.

zurück|zahlen *vt* to pay back; **jm etw ~** [Schulden] to pay sb back sthg; **fam** [aus Rache] to pay sb back for sthg.

zurück|ziehen (*perf* **hat/ist zurückgezogen**) *(unreg) vt (hat)* - **1.** [gen] to withdraw - **2.** [nach hinten] to pull back <> *vi (ist)* [umziehen] to move back.
◆ **sich zurückziehen** *ref* [sich isolieren] to withdraw; **sich aus etw ~** to retire from sthg.

Zu|ruf *der* shout.

zu|rufen *vt (unreg)* to shout; **jm etw ~** to shout sthg to sb.

zurzeit *adv* at present.

zus. *abk für* **zusammen.**

Zu|sage *die* - **1.** [zu Einladung] acceptance *(U)* - **2.** [Versprechen] promise.

zu|sagen *vt* [versprechen] to promise; **jm etw ~** to promise sb sthg <> *vi* - **1.** [bei Einladung] to accept - **2.** [gefallen]: **jm ~** to appeal to sb.

zusammen *adv* - **1.** [gen] together - **2.** [insgesamt] altogether; **das macht ~ 10 Mark** that's 10 marks altogether; *siehe auch* **zusammen sein.**

Zusammenarbeit *die* collaboration; **in ~ mit jm/etw** in collaboration with sb/sthg.

zusammen|arbeiten *vi* to work together; **mit jm ~** to work with sb.

zusammen|beißen *vt (unreg)* ▻ **Zahn.**

zusammen|bekommen *vt (unreg)* - **1.** [Geldsumme] to get together - **2.** [zusammensetzen können] to be able to put together.

zusammen|binden *vt (unreg)* [Blumen, Fäden] to tie together; [Haare] to tie up.

zusammen|bleiben (*perf* **ist zusammengeblieben**) *vi (unreg)* to stay together.

zusammen|brauen *vt* **fam** to concoct.
◆ **sich zusammenbrauen** *ref* to be brewing.

zusammen|brechen (*perf* **ist zusammengebrochen**) *vi (unreg)* - **1.** [gen] to collapse - **2.** [Verkehr] to come to a standstill.

zusammen|bringen *vt (unreg)* - **1.** [beschaffen] to get together - **2.** [Personen] to bring together - **3.** [Gelerntes] to manage.

Zusammen|bruch *der* collapse.

zusammen|drängen *vt* [Menge] to herd together; [Termine] to pack together.
◆ **sich zusammendrängen** *ref* [Menschen] to crowd together; [Termine] to be packed together.

zusammen|fahren (*perf* **ist zusammengefahren**) *vi (unreg)* - **1.** [erschrecken] to start - **2.** [zusammenstoßen] to collide <> *vt* **fam** [kaputtfahren - Auto] to smash up; [- Person, Tier] to knock down.

zusammen|fallen (*perf* **ist zusammengefallen**) *vi (unreg)* - **1.** [einsinken]: **(in sich) ~** to collapse - **2.** [abmagern] to become emaciated - **3.** [Termine, Flächen] to coincide.

zusammen|falten *vt* to fold up.

zusammen|fassen *vt* to summarize.

Zusammen|fassung *die* summary.

zusammen|flicken *vt* **fam** to patch up.

zusammen|fügen *vt* **geh** to fit together.
◆ **sich zusammenfügen** *ref* **geh** to fit together.

zusammen|führen *vt* to bring together.

zusammen|gehören *vi* to belong together.

zusammengehörig *adj* [Teile] that belongs together; [Fragen, Aspekte] related.

Zusammengehörigkeitsgefühl *das (ohne pl)* feeling of belonging together.

zusammengewürfelt *adj* [Gruppe] motley; [Mobiliar, Kleidungsstücke] assorted.

Zusammenhalt *der* solidarity.

zusammen|halten *(unreg) vi* - **1.** [Personen] to stick together - **2.** [Teile] to hold together <> *vt* - **1.** [verbunden halten] to hold together - **2.** [beisammenhalten - Herde, Gruppe] to keep together; [- Geld] to hang on to.

Zusammen|hang *der* connection; **etw in ~ mit etw bringen** to make a connection between sthg and sthg; **etw aus dem ~ reißen** to take sthg out of context; **im ~ mit etw stehen** to be connected with sthg.

zusammen|hängen *vi (unreg)* - **1.** [befestigt sein] to be joined (together) - **2.** [ursächlich]: **mit etw ~** to be connected with sthg.

zusammenhängend *adj* coherent.

zusammenhanglos, zusammenhangslos *adj* incoherent <> *adv* incoherently.

zusammen|klappen (*perf* **hat/ist zusammengeklappt**) *vt (hat)* to fold up <> *vi (ist)* **fam** to collapse.

zusammen|kommen (*perf* **ist zusammengekommen**) *vi (unreg)* - **1.** [Personen] to meet; **mit jm ~** to meet sb - **2.** [Ereignisse, Unglück] to happen together; **heute kam wirklich alles zusammen** everything that could go wrong today, did go wrong - **3.** [sich sammeln - Spenden] to be collected; [- Unkosten, Verluste] to mount up.

Zusammenkunft (*pl* **-künfte**) *die* meeting.

zusammen|laufen (*perf* **ist zusammengelaufen**) *vi (unreg)* - **1.** [Personen, Tiere] to gather - **2.** [Linien, Flüsse] to meet - **3.** **fam** [Flüssigkeit] to run together.

zusammen|leben *vi* to live together; **mit jm ~** to live together with sb.

zusammen|legen *vt* - **1.** [sammeln, zusammen unterbringen] to put together - **2.** [falten] to fold up - **3.** [Termine, Gruppen] to combine ◇ *vi* [gemeinsam bezahlen] to club together.

zusammen|nehmen *vt (unreg)* to summon up.
◆ **sich zusammennehmen** *ref* to pull o.s. together.

zusammen|packen *vt* & *vi* to pack up.

zusammen|passen *vi* [Farben, Kleidungsstücke] to go together; [Menschen] to suit each other.

zusammen|prallen (*perf* **ist zusammengeprallt**) *vi* to collide; **mit jm/etw ~** to collide with sb/sthg.

zusammen|pressen *vt* [Mund, Hände] to press together; [Schwamm] to squeeze.

zusammen|rechnen *vt* to add up.

zusammen|reimen *vt:* **sich** *(D)* **etw ~** to figure sthg out.

zusammen|reißen ◆ **sich zusammenreißen** *ref (unreg)* **fam** to pull o.s. together.

zusammen|rotten ◆ **sich zusammenrotten** *ref* **abw** to band together.

zusammenrücken (*perf* **hat/ist zusammengerückt**) *vi (ist)* to move closer together ◇ *vt (hat)* to move together.

zusammen|schlagen (*perf* **hat/ist zusammengeschlagen**) *(unreg) vt (hat)* - **1.** [gegeneinanderschlagen - Hände] to clap; [- Absätze] to click - **2.** **fam** [niederschlagen] to beat up ◇ *vi (ist):* **über jm/etw ~** to engulf sb/sthg.

zusammen|schließen *vt (unreg)* to lock together.
◆ **sich zusammenschließen** *ref* to join forces.

Zusammen|schluss *der* joining together *(U).*

zusammen sein (*perf* **sind zusammen gewesen**) *vi (unreg)* to be together.

Zusammensein *das* being together.

zusammen|setzen *vt* to put together.
◆ **sich zusammensetzen** *ref* - **1.** [bestehen]: **sich aus etw ~** to be composed of sthg - **2.** [zusammentreffen] to get together; **sich mit jm ~** to get together with sb.

Zusammensetzung (*pl* **-en**) *die* composition.

Zusammenspiel *das* [von Team] teamwork; [von Kräften] interaction.

zusammen|stellen *vt* to put together.

Zusammen|stellung *die:* **die ~ von etw** putting sthg together.

Zusammen|stoß *der* [von Fahrzeugen] crash; **fig** [von Menschen] clash.

zusammen|stoßen (*perf* **ist zusammengestoßen**) *vi (unreg)* to crash; **mit jm/etw ~** [als Unfall] to crash into sb/sthg; **fig** [als Streit] to clash with sb/sthg.

zusammen|suchen *vt* to collect together.

zusammen|tragen *vt (unreg)* to collect.

zusammen|treffen (*perf* **ist zusammengetroffen**) *vi (unreg)* - **1.** [Personen] to meet; **mit jm ~** to meet sb - **2.** [Ereignisse] to coincide.

Zusammen|treffen *das* [mit Freunden] meeting; [von Ereignissen] coincidence.

zusammen|treten (*perf* **hat/ist zusammengetreten**) *(unreg) vi (ist)* to assemble ◇ *vt (hat)* **fam:** **jn ~** to kick sb's head in.

zusammen|tun *vt (unreg)* **fam** to put together.
◆ **sich zusammentun** *ref* to get together; **sich mit jm ~** to get together with sb.

zusammen|wachsen [tsu'zamənvaksn̩] (*perf* **ist zusammengewachsen**) *vi (unreg)* to grow together; [Städte] to merge; [Knochen] to knit.

zusammen|zählen *vt* to count up.

zusammen|ziehen (*perf* **hat/ist zusammengezogen**) *(unreg) vt (hat)* - **1.** [enger machen - Schlinge, Netz] to pull tight; [- Augenbrauen] to knit - **2.** [sammeln] to mass ◇ *vi (ist)* [in eine Wohnung] to move in together; **mit jm ~** to move in with sb.
◆ **sich zusammenziehen** *ref* [enger, kleiner werden] to contract.

zusammen|zucken (*perf* **ist zusammengezuckt**) *vi* to give a start.

Zu|satz *der* addition; [in Nahrungsmittel] additive; [in Vertrag] rider.

Zusatz|gerät *das* attachment.

zusätzlich *adj* additional ◇ *adv* in addition.

zuschanden, zu Schanden *adv:* **etw ~ machen** to ruin sthg.

zu|schauen *vi* **Süddt, Österr** & **Schweiz** to watch; **~, dass ...** to make sure that ...; **jm bei etw ~** to watch sb doing sthg.

Zuschauer, in (*mpl* **-;** *fpl* **-nen**) *der, die* [im Theater, Kino] member of the audience; [im Stadion] spectator; [bei Unfall, Prügelei] onlooker.
◆ **Zuschauer** *pl* [im Theater, Kino] audience *(sg).*

Zuschauer|raum *der* auditorium.

zu|schicken *vt:* **jm etw ~** to send sthg to sb.

zu|schieben *vt (unreg)* - **1.** [schließen] to push shut - **2.** [hinschieben]: **jm etw ~** to push sthg over to sb - **3.** [Schuld]: **jm etw ~** to push sthg onto sb.

zu|schießen (*perf* **hat/ist zugeschossen**) *(unreg) vt (hat)* - **1.** [Ball] to pass - **2.** [Geld]: **jm etw ~** to give sb sthg as a contribution ◇ *vi (ist)* [sich schnell zubewegen]: **auf jn ~** to rush towards sb.

Zu|schlag *der* - **1.** [zusätzlicher Betrag - auf Lohn] additional pay *(U);* [- auf Ware] surcharge - **2.** [zur Fahrkarte] supplement - **3.** [Zusage]: **den**

~ erhalten [Firma] to be awarded the contract; [Gebot] to be successful.

zu|schlagen (*perf* **hat/ist zugeschlagen**) *(unreg) vi* **- 1.** *(ist)* [Tür, Deckel] to slam shut **- 2.** *(hat)* [Person] to hit out **- 3.** *(hat)* [Einsatztruppe, Terrorist] to strike **- 4.** *(hat)* ***fam*** [kaufen] to go for it ◇ *vt (hat)* **- 1.** [Tür, Deckel] to slam shut **- 2.** [zusprechen]: **jm etw ~** [einem Bieter] to knock sthg down to sb; [einer Firma] to award sthg to sb.

zuschlagpflichtig *adj* subject to a supplement.

zu|schließen *(unreg) vt* to lock ◇ *vi* to lock up.

zu|schnappen (*perf* **hat/ist zugeschnappt**) *vi* **- 1.** *(hat)* [Hund] to snap **- 2.** *(ist)* [Fälle, Tür] to click shut.

zu|schneiden *vt (unreg)* [Stoff, Kleidungsstück] to cut out; [Brett] to cut to size; **auf jn/etw zugeschnitten sein** ***fig*** to be tailor-made for sb/sthg.

Zu|schnitt *der* **- 1.** [Zuschneiden] cutting out **- 2.** [Schnitt] cut.

zu|schnüren *vt* to tie up.

zu|schrauben *vt* [Flasche, Glas] to screw the top on; [Deckel] to screw on.

zu|schreiben *vt (unreg):* **jm etw ~** to attribute sthg to sb; **sich** *(D)* **etw selbst zuzuschreiben haben** to have o.s. to blame for sthg.

Zu|schrift *die* reply.

zuschulden, zu Schulden *adv:* **sich** *(D)* **etwas ~ kommen lassen** to do wrong; **sich** *(D)* **nichts ~ kommen lassen** to do no wrong.

Zu|schuss *der* [öffentlich] grant; [privat] contribution.

zu|sehen *vi (unreg)* **- 1.** [zuschauen] to watch; **jm bei etw ~** to watch sb doing sthg; **bei etw ~** to watch sthg **- 2.** [veranlassen]: **~, dass ...** to make sure that ...; **sieh zu, dass du wegkommst!** ***fam*** go away!

zusehends *adv* visibly.

zu sein (*perf* **ist zu gewesen**) *vi (unreg)* to be closed.

zu|setzen *vt* **- 1.** [Zutat] to add **- 2.** [Geld] to pay out ◇ *vi* [schaden]: **jm ~** to take it out of sb.

zu|sichern *vt:* **jm etw ~** to assure sb of sthg.

zu|spielen *vt:* **jm etw ~** [Ball] to pass sthg to sb; [Nachricht] to pass sthg on to sb.

zu|spitzen ◆ **sich zuspitzen** *ref* to intensify.

Zuspruch *der (ohne pl)* ***geh*** **- 1.** [Trost] words *(pl)* of comfort; [Aufmunterung] words *(pl)* of encouragement **- 2.** [Zulauf]: **großen ~ finden** to be very popular.

Zu|stand *der* state; [Gesundheitszustand] condition; **in gutem/schlechten ~** in good/bad condition.

◆ **Zustände** *pl* situation; **Zustände bekommen** ODER **kriegen** ***fam fig*** to have a fit.

zustande, zu Stande *adv:* **etw ~ bringen** to bring sthg about; **~ kommen** to come about.

zuständig *adj* relevant; **für etw ~ sein** to be responsible for sthg.

zustatten *adv:* **jm/etw ~ kommen** to come in useful for sb/sthg.

zu|stecken *vt:* **jm etw ~** to slip sb sthg.

zu|stehen *vi (unreg):* **etw steht jm zu** sb is entitled to sthg; **das/es steht mir nicht zu** that's/it's not up to me.

zu|steigen (*perf* **ist zugestiegen**) *vi (unreg)* to get on; **noch jemand zugestiegen?** any more tickets?

zu|stellen *vt* **- 1.** [Weg] to block **- 2.** ***amt*** [Brief]: **jm etw ~** [bringen] to deliver sthg to sb; [schicken] to send sb sthg.

Zu|stellung *die* ***amt*** delivery.

zu|steuern (*perf* **hat/ist zugesteuert**) *vi (ist):* **auf jn/etw ~** to head for sb/sthg ◇ *vt (hat):* **etw auf jn/etw ~** to steer sthg towards sb/sthg.

zu|stimmen *vi* to agree; **jm ~** to agree with sb.

Zu|stimmung *die* agreement; **zu etw seine ~ geben** to give one's consent to sthg; **~ finden** to meet with approval.

zu|stoßen (*perf* **hat/ist zugestoßen**) *(unreg) vt (hat)* [schließen] to push shut ◇ *vi* **- 1.** *(hat)* [mit Waffe] to make a stab **- 2.** *(ist)* [geschehen]: **jm ~** to happen to sb.

Zustrom *der (ohne pl)* stream.

zutage, zu Tage *adv:* **etw ~ fördern** to bring sthg to light; **klar** ODER **offen ~ liegen** to be as clear as day; **~ treten** ODER **kommen** to come to the surface; ***fig*** to come to light.

Zutaten *pl* ingredients.

zu|teilen *vt:* **jm etw ~** to allocate sthg to sb.

Zu|teilung *die* allocation.

zutiefst *adv* deeply.

zu|tragen *vt (unreg):* **jm etw ~** to take sb sthg.

◆ **sich zutragen** *ref* ***geh*** to come to pass.

zu|trauen *vt:* **jm/sich etw ~** to think sb/one is capable of sthg; **ich hätte ihm mehr Geschick zugetraut** I would have expected him to show more skill.

Zutrauen *das* confidence; **~ zu jm haben** to have confidence in sb.

zutraulich *adj* trusting ◇ *adv* trustingly.

zu|treffen *vi (unreg)* to be correct; **auf jn/etw ~** to apply to sb/sthg.

Zutreffendes *(ohne Artikel)* ***amt:*** '**~ bitte ankreuzen**' 'tick as applicable'.

zu|trinken *vi (unreg)*: **jm ~** to drink to sb.

Zutritt *der* entry; **~ haben** to have access; '**~ verboten!**' 'no entry'.

Zutun *das*: **ohne js ~** without sb's involvement.

zuungunsten, zu Ungunsten *präp*: **~ js/einer Sache** against sb/sthg <> *adv*: **~ von jm** against sb.

zuverlässig *adj* reliable <> *adv* reliably.

Zuverlässigkeit *die* reliability.

Zuversicht *die* confidence.

zuversichtlich *adj* confident <> *adv* confidently.

zu viel *pron* too much; **~ kriegen** ***fam*** [sich aufregen] to blow one's top; [nicht aushalten] not to be able to stand it.

zuvor *adv* before.

zuvor|kommen (*perf* **ist zuvorgekommen**) *vi (unreg)*: **jm ~** to beat sb to it.

zuvorkommend *adj* obliging.

Zuwachs ['tsu:vaks] *der* growth; **etw auf ~ kaufen** to buy sthg big enough to allow room for growth.

zu|wachsen ['tsu:vaksn̩] (*perf* **ist zugewachsen**) *vi (unreg)* to become overgrown.

Zu|wanderung *die* immigration *(U)*.

zuwege, zu Wege *adv*: **etw ~ bringen** to bring sthg about.

zuweilen *adv* ***geh*** now and again.

zu|weisen *vt (unreg)*: **jm etw ~** to allocate sthg to sb.

zu|wenden *vt*: **jm den Rücken ~** to turn one's back on sb; **sein Interesse der Zeitung ~** to turn one's attention to the newspaper.
◆ **sich zuwenden** *ref*: **sich jm/etw ~** to turn to sb/sthg.

Zu|wendung *die* **- 1.** [Aufmerksamkeit] attention **- 2.** [Geld] contribution.

zu wenig *pron* not enough.

zu|werfen *vt (unreg)*: **jm etw ~** to throw sthg to sb.

zuwider *adv*: **Würmer sind mir ~** I find worms revolting.

zuwider|handeln *vi*: **einer Sache** *(D)* **~** to contravene sthg.

zu|winken *vi*: **jm ~** to wave to sb.

zu|zahlen *vt* to pay extra.

zu|ziehen (*perf* **hat/ist zugezogen**) *(unreg) vt (hat)* **- 1.** [schließen - Tür, Fenster] to pull shut; [- Vorhang, Reißverschluss] to close; [- Schlinge, Knoten] to pull tight **- 2.** [Spezialist] to bring in **- 3.** [verschaffen]: **sich** *(D)* **etw ~** [Erkältung] to catch sthg; [Zorn, Neid] to incur sthg <> *vi (ist)* [an einen Ort ziehen] to move into the area/town/*etc*.

zuzüglich *präp (+G, D)* plus.

ZVS [tsɛtfau'ɛs] (*abk für* **Zentralstelle für die Vergabe von Studienplätzen**) *die* ≃ UCAS ***Br***, *German organization responsible for the allocation of student places*.

zw. (*abk für* **zwischen**) bet.

zwang *prät* ▻ **zwingen.**

Zwang (*pl* **Zwänge**) *der* [körperlich] force; [Druck] pressure; [gesellschaftlich] constraint; [innerer] compulsion; **sich keinen ~ antun** to feel free.

zwängen *vt* to force; **sich/etw in etw** *(A)* **~** to force o.s./sthg into sthg.

zwanglos *adj* informal <> *adv* informally.

Zwangs|arbeit *die* forced labour.

Zwangs|jacke *die* straitjacket.

Zwangs|lage *die* predicament.

zwangsläufig *adj* inevitable <> *adv* inevitably; **etw ~ tun müssen** to be bound to do sthg.

Zwangs|maßnahme *die* coercive measure.

Zwangsver|steigerung *die* forced sale *(by auction)*.

zwanzig *num* twenty; *siehe auch* **sechs.**

Zwanzig *die (ohne pl)* twenty; *siehe auch* **Sechs.**

Zwanzigerjahre, zwanziger Jahre *der* [Banknote] twenty <> *die* [Briefmarke] twenty-pfennig/-schilling/*etc* stamp.

Zwanziger (*pl* **-**) *pl* twenties; **die ~** the twenties.

Zwanzigmark|schein *der* twenty-mark note ***Br*** ODER bill ***Am***.

zwanzigste, r, s *adj* twentieth; *siehe auch* **sechste.**

Zwanzigste (*pl* **-n**) *der, die, das* twentieth; *siehe auch* **Sechste.**

zwar *adv*: **das ist ~ schön, aber viel zu teuer** it's nice but far too expensive; **dieses Hotel ist ~ teuer, aber nicht sehr komfortabel** while this hotel is expensive, it's not very comfortable; **und ~** to be exact; **ihr geht jetzt ins Bett, und ~ sofort!** go to bed right now, and I mean right now!

Zweck (*pl* **-e**) *der* **- 1.** [Ziel] purpose; **für einen guten ~** for a good cause; **seinen ~ erfüllen** to serve its purpose; **zu diesem ~** for this purpose **- 2.** [Sinn] point; **keinen ~ haben** to be pointless.

zweckdienlich *adj* appropriate.

zweckentfremden *vt*: **etw als etw ~** to use sthg as sthg.

zweckentsprechend *adj* appropriate.

zwecklos *adj* pointless.

zweckmäßig *adj* appropriate <> *adv* appropriately.

zwecks *präp amt:* **~ einer Sache** *(G)* for the purpose of sthg.

zwei *num* two; **für ~ essen** ***fig*** to eat enough for two; *siehe auch* **sechs.**

Zwei (*pl* **-en**) *die* **- 1.** [Zahl] two **- 2.** [Schulnote] ≃ B, *mark of 2 on a scale from 1 to 6; siehe auch* **Sechs.**

Zweibett|zimmer *das* twin room.

zweideutig *adj* **- 1.** [mehrdeutig] ambiguous **- 2.** [frivol] suggestive <> *adv* **- 1.** [mehrdeutig] ambiguously **- 2.** [frivol] suggestively.

zweidimensional *adj* two-dimensional.

Zweidrittel|mehrheit *die* two-thirds majority.

Zweier (*pl* -) *der* **- 1.** [Schulnote] ≃ B **- 2.** [Ruderboot] double scull.

zweierlei *num* **- 1.** [zwei verschiedene] odd **- 2.** [etwas anderes]: **es ist ~** it is two different things.

zweifach *adj* double; **die ~e Menge** twice as much; **in ~er Ausfertigung** in duplicate; **der ~e Gewinner** the two-times winner <> *adv* twice.

Zweifamilien|haus *das* two-family house.

Zweifel (*pl* -) *der* doubt; **~ an etw** *(D)* doubts *(pl)* about sthg; **außer ~ stehen** to be beyond doubt; **ohne ~** without doubt.

zweifelhaft *adj* **- 1.** [unsicher] doubtful **- 2.** [anrüchig] dubious.

zweifellos *adv* undoubtedly.

zweifeln *vi* to doubt; **an etw** *(D)* **~** to doubt sthg.

Zweifels|fall *der:* **im ~** in case of doubt.

zweifelsfrei *adj* definite <> *adv* beyond doubt.

Zweig (*pl* **-e**) *der* branch; **auf keinen grünen ~ kommen** ***fig*** not to get anywhere.

zweigleisig *adj* **- 1.** [mit zwei Gleisen] double-track *(vor Subst)* **- 2.** [doppelt] twin-track *(vor Subst)* <> *adv* [mit zwei Gleisen] on two tracks.

Zweig|stelle *die* branch.

zweihundert *num* two hundred.

Zweihundertmark|schein *der* two-hundred-mark note ***Br*** *ODER* bill ***Am.***

Zweikanalton *der* TV *feature utilizing stereo TV channels for simultaneous transmission of film dialogue in the original and a foreign language.*

zweimal *adv* twice.

Zweimark|stück *das* two-mark piece.

Zweipfennig|stück *das* two-pfennig piece.

Zwei|rad *das* two-wheeler.

zweireihig *adj* double-breasted.

zweischneidig *adj* double-edged.

zweiseitig *adj* **- 1.** [zwei Seiten umfassend] two-page *(vor Subst)* **- 2.** [gegenseitig] bilateral.

Zweisitzer (*pl* -) *der* AUTO two-seater.

zweisprachig *adj* bilingual <> *adv* [aufwachsen] bilingually; [geschrieben] in two languages.

zweistellig *adj* two-figure *(vor Subst).*

zweistimmig *adj* two-part *(vor Subst)* <> *adv* in two parts.

zweistöckig *adj* two-storey *(vor Subst).*

zweit ◈ **zu zweit** *adv:* **sie waren zu ~** there were two of them; **wir sind zu ~ ins Kino gegangen** two of us went to the cinema.

Zweitakt|motor *der* AUTO two-stroke engine.

zweitausend *num* two thousand.

zweitbeste, r, s *adj* second best.

zweite, r, s *adj* second; *siehe auch* **sechste.**

Zweite (*pl* **-n**) *der, die, das* second; **wie kein ~r** like nobody else; *siehe auch* **Sechste.**

zweiteilig *adj* [Kleid, Badeanzug] two-piece *(vor Subst);* [Film] two-part *(vor Subst);* [Ausgabe] two-volume *(vor Subst).*

zweitens *adv* secondly.

zweitrangig *adj* [Frage, Aufgabe] of secondary importance; [Bedeutung] secondary.

Zweit|stimme *die* POL second vote.

zweitürig *adj* two-door *(vor Subst).*

Zweit|wagen *der* second car.

Zweizimmer|wohnung *die* two-room flat ***Br*** *ODER* apartment ***Am.***

Zwerch|fell *das* diaphragm.

Zwerg (*pl* **-e**) *der* dwarf.

Zwetsche, Zwetschge (*pl* **-n**) *die* plum.

zwicken *vt* & *vi* to pinch.

Zwick|mühle *die* **- 1.** [schwierige Situation] dilemma **- 2.** [beim Mühlespiel] *winning position in "Nine Men's Morris".*

Zwieback (*pl* **Zwiebäcke** *ODER* **-e**) *der* rusk.

Zwiebel (*pl* **-n**) *die* onion.

Zwiebel|kuchen *der pizza-like dish consisting of dough base with topping of onion, ham and sour cream.*

Zwielicht *das* twilight; **ins ~ geraten** ***fig*** to fall under suspicion.

zwielichtig *adj* shady.

Zwiespalt (*pl* **-e** *ODER* **-spälte**) *der* conflict.

zwiespältig *adj* [Gefühle] conflicting; [Charakter] contradictory.

Zwilling (*pl* **-e**) *der* **- 1.** [Person] twin; **eineiige/**

zweieiige ~e identical/non-identical twins - 2. ASTROL Gemini; ~ sein to be a Gemini.
◆ Zwillinge *pl* ASTROL Gemini *(sg)*.

Zwillings|bruder *der* twin brother.

Zwillings|schwester *die* twin sister.

zwingen (*prät* **zwang;** *perf* **hat gezwungen**) *vt* to force; **jn zu etw ~** to force sb to do sthg.
◆ **sich zwingen** *ref* to force o.s.; **sich zu etw ~** to force o.s. to do sthg.

zwinkern *vi* [als Reflex] to blink; [als Zeichen] to wink.

Zwirn (*pl* **-e**) *der* thread.

zwischen *präp (+D, A)* **- 1.** [gen] between **- 2.** [inmitten] amongst.

Zwischen|aufenthalt *der* stopover.

Zwischen|bemerkung *die* interjection.

Zwischen|ding *das* **fam** cross.

zwischendurch *adv* **- 1.** [zeitlich] in the meantime **- 2.** [räumlich] here and there.

Zwischen|ergebnis *das* provisional result.

Zwischen|fall *der* incident.
◆ **Zwischenfälle** *pl* clashes.

Zwischen|händler, in *der, die* middleman.

Zwischen|landung *die* stopover.

zwischenmenschlich *adj* interpersonal.

Zwischen|prüfung *die* UNI intermediate examination.

Zwischen|raum *der* gap.

Zwischen|ruf *der* interjection.

Zwischen|speicher *der* EDV cache.

Zwischen|wand *die* partition.

Zwischen|zeit *die* time in between; **in der ~** in the meantime.

zwischenzeitlich **amt** *adj* during the interim period <> *adv* in the meantime.

Zwist (*pl* **-e**) *der* **geh** strife *(U)*.

Zwistigkeiten *pl* **geh** disputes.

zwitschern *vi* to twitter.

Zwitter (*pl* **-**) *der* hermaphrodite.

zwölf *num* twelve; **es ist fünf vor ~ *fig*** time has almost run out; *siehe auch* **sechs.**

Zwölf (*pl* **-en**) *die* twelve; *siehe auch* **Sechs.**

zwölfhundert *num* twelve hundred.

zwölfte, r, s *adj* twelfth; *siehe auch* **sechste.**

Zwölfte (*pl* **-n**) *der, die, das* twelfth; *siehe auch* **Sechste.**

zwölftel *adj (unver)* twelfth; *siehe auch* **sechstel.**

Zwölftel (*pl* **-**) *das* twelfth; *siehe auch* **Sechstel.**

Zyankali [t͜sy̆an'ka:li] *das* potassium cyanide.

zyklisch [t͜sy:klɪʃ] *adj* cyclical <> *adv* cyclically.

Zyklus ['t͜sy:klʊs] (*pl* **Zyklen**) *der* cycle.

Zylinder [t͜si'lɪndɐ] (*pl* **-**) *der* **- 1.** [Hut] top hat **- 2.** MATH & TECH cylinder.

zynisch ['t͜sy:nɪʃ] *adj* cynical.

Zynismus [t͜sy'nɪsmʊs] *der* cynicism.

Zypern *nt* Cyprus.

Zypresse [t͜sy'prɛsə] (*pl* **-n**) *die* cypress.

Zyste ['t͜systə] (*pl* **-n**) *die* MED cyst.

z. Z. = **zurzeit.**

zzgl. *abk für* **zuzüglich.**

Achevé d'imprimer par l'Imprimerie
Maury-Eurolivres S.A. à Manchecourt
N° de projet 10073140 - 6 - OTB 52°
N° de projet 10076580 - 2,5 - OSB 50°
Dépôt légal : juillet 2000 - N° d'imprimeur : 79369
Imprimé en France - (Printed in France)

Infinitiv *Infinitive*	Präsens *Present*	Präteritum *Preterite*	Perfekt *Past Participle*
beginnen	beginnt	begann	hat begonnen
beißen	beißt	biss	hat gebissen
bergen	birgt	barg	hat geborgen
bersten	birst	barst	ist geborsten
bewegen	bewegt	bewegte	hat bewegt
biegen	biegt	bog	hat gebogen
bieten	bietet	bot	hat geboten
binden	bindet	band	hat gebunden
bitten	bittet	bat	hat gebeten
blasen	bläst	blies	hat geblasen
bleiben	bleibt	blieb	ist geblieben
bleichen	bleicht	blich	hat geblichen
braten	brät	briet	hat gebraten
brechen	bricht	brach	hat/ist gebrochen
bringen	bringt	brachte	hat gebracht
denken	denkt	dachte	hat gedacht
dürfen	darf	durfte	hat gedurft/dürfen
empfehlen	empfiehlt	empfahl	hat empfohlen
essen	isst	aß	hat gegessen
fahren	fährt	fuhr	hat/ist gefahren
fallen	fällt	fiel	ist gefallen
fangen	fängt	fing	hat gefangen
fechten	ficht	focht	hat gefochten
finden	findet	fand	hat gefunden
flechten	flicht	flocht	hat geflochten
fliegen	fliegt	flog	hat/ist geflogen
fliehen	flieht	floh	ist geflohen
fließen	fließt	floss	ist geflossen
fragen	fragt	fragte	hat gefragt
fressen	frisst	fraß	hat gefressen
frieren	friert	fror	hat gefroren
gären	gärt	gor	hat/ist gegoren
geben	gibt	gab	hat gegeben
gedeihen	gedeiht	gedieh	ist gediehen
gehen	geht	ging	ist gegangen
gelten	gilt	galt	hat gegolten
genießen	genießt	genoss	hat genossen
gelingen	gelingt	gelang	ist gelungen
geschehen	geschieht	geschah	ist geschehen
gewinnen	gewinnt	gewann	hat gewonnen
gießen	gießt	goss	hat gegossen
gleichen	gleicht	glich	hat geglichen
gleiten	gleitet	glitt	ist geglitten
graben	gräbt	grub	hat gegraben
greifen	greift	griff	hat gegriffen
haben	hat	hatte	hat gehabt
halten	hält	hielt	hat gehalten
hängen	hängt	hing/hängte	hat gehangen/gehängt
hauen	haut	haute	hat gehauen
heben	hebt	hob	hat gehoben
heißen	heißt	hieß	hat geheißen
helfen	hilft	half	hat geholfen
kennen	kennt	kannte	hat gekannt
klingen	klingt	klang	hat geklungen

Infinitiv *Infinitive*	Präsens *Present*	Präteritum *Preterite*	Perfekt *Past Participle*
kneifen	kneift	kniff	hat gekniffen
kommen	kommt	kam	ist gekommen
können	kann	konnte	hat können/gekonnt
kriechen	kriecht	kroch	ist gekrochen
lassen	lässt	ließ	hat gelassen/lassen
laufen	läuft	lief	hat/ist gelaufen
leiden	leidet	litt	hat gelitten
leihen	leiht	lieh	hat geliehen
lesen	liest	las	hat gelesen
liegen	liegt	lag	hat gelegen
lügen	lügt	log	hat gelogen
mahlen	mahlt	mahlte	hat gemahlen
meiden	meidet	mied	hat gemieden
messen	misst	maß	hat gemessen
mögen	mag	mochte	hat gemocht/mögen
müssen	muss	musste	hat gemusst/müssen
nehmen	nimmt	nahm	hat genommen
nennen	nennt	nannte	hat genannt
pfeifen	pfeift	pfiff	hat gepfiffen
pflegen	pflegt	pflegte	hat gepflegt
quellen	quillt	quoll	ist gequollen
raten	rät	riet	hat geraten
reiben	reibt	rieb	hat gerieben
reißen	reißt	riss	hat/ist gerissen
reiten	reitet	ritt	hat/ist geritten
rennen	rennt	rannte	ist gerannt
riechen	riecht	roch	hat gerochen
ringen	ringt	rang	hat gerungen
rinnen	rinnt	rann	ist geronnen
rufen	ruft	rief	hat gerufen
salzen	salzt	salzte	hat gesalzen
saufen	säuft	soff	hat gesoffen
schaffen	schafft	schuf	hat geschaffen
schallen	schallt	schallte	hat geschallt
scheinen	scheint	schien	hat geschienen
schieben	schiebt	schob	hat geschoben
schießen	schießt	schoss	hat/ist geschossen
schlafen	schläft	schlief	hat geschlafen
schlagen	schlägt	schlug	hat/ist geschlagen
schleichen	schleicht	schlich	ist geschlichen
schließen	schließt	schloss	hat geschlossen
schlingen	schlingt	schlang	hat geschlungen
schmeißen	schmeißt	schmiss	hat geschmissen
schmelzen	schmilzt	schmolz	ist geschmolzen
schneiden	schneidet	schnitt	hat geschnitten
schreiben	schreibt	schrieb	hat geschrieben
schreien	schreit	schrie	hat geschrie(e)n
schreiten	schreitet	schritt	ist geschritten
schweigen	schweigt	schwieg	hat geschwiegen
schwellen	schwillt	schwoll	ist geschwollen
schwimmen	schwimmt	schwamm	hat/ist geschwommen
schwinden	schwindet	schwand	ist geschwunden
schwingen	schwingt	schwang	hat geschwungen
schwören	schwört	schwor	hat geschworen

Infinitiv *Infinitive*	Präsens *Present*	Präteritum *Preterite*	Perfekt *Past Participle*
sehen	sieht	sah	hat gesehen
sein	ist	war	ist gewesen
senden.	sendet	sandte	hat gesendet/gesandt
sieden	siedet	sott	hat gesotten
singen	singt	sang	hat gesungen
sinnen	sinnt	sann	hat gesonnen
sitzen	sitzt	saß	hat gesessen
sollen	soll	sollte	hat gesollt
spalten	spaltet	spaltete	hat gespalten
sprechen	spricht	sprach	hat gesprochen
springen	springt	sprang	hat/ist gesprungen
stehen	steht	stand	hat gestanden
stehlen	stiehlt	stahl	hat gestohlen
steigen	steigt	stieg	ist gestiegen
sterben	stirbt	starb	ist gestorben
stoßen	stößt	stieß	hat/ist gestoßen
streichen	streicht	strich	hat gestrichen
streiten	streitet	stritt	hat gestritten
tragen	trägt	trug	hat getragen
treffen	trifft	traf	hat getroffen
treiben	treibt	trieb	hat/ist getrieben
treten	tritt	trat	hat/ist getreten
trinken	trinkt	trank	hat getrunken
tun	tut	tat	hat getan
verderben	verdirbt	verdarb	hat verdorben
vergessen	vergisst	vergaß	hat vergessen
verlieren	verliert	verlor	hat verloren
wachsen	wächst	wuchs	ist gewachsen
waschen	wäscht	wusch	hat gewaschen
wenden	wendet	wendete/ wandte	hat gewendet/ gewandt
werden	wird	wurde	ist geworden/worden
werfen	wirft	warf	hat geworfen
winken	winkt	winkte	hat gewunken
wissen	weiß	wusste	hat gewusst
wollen	will	wollte	hat gewollt/wollen
ziehen	zieht	zog	hat/ist gezogen
zwingen	zwingt	zwang	hat gezwungen

Infinitive *Infinitiv*	**Past Tense** *Präteritum*	**Past Participle** *Perfekt*
arise	arose	arisen
awake	awoke	awoken
be	was, were	been
bear	bore	born(e)
beat	beat	beaten
become	became	become
begin	began	begun
bend	bent	bent
beseech	besought	besought
bet	bet (*also* betted)	bet (*also* betted)
bid	bid (*also* bade)	bid (*also* bidden)
bind	bound	bound
bite	bit	bitten
bleed	bled	bled
blow	blew	blown
break	broke	broken
breed	bred	bred
bring	brought	brought
build	built	built
burn	burnt (*also* burned)	burnt (*also* burned)
burst	burst	burst
buy	bought	bought
can	could	-
cast	cast	cast
catch	caught	caught
choose	chose	chosen
cling	clung	clung
come	came	come
cost	cost	cost
creep	crept	crept
cut	cut	cut
deal	dealt	dealt
dig	dug	dug
do	did	done
draw	drew	drawn
dream	dreamed (*also* dreamt)	dreamed (*also* dreamt)
drink	drank	drunk
drive	drove	driven
dwell	dwelt	dwelt
eat	ate	eaten
fall	fell	fallen
feed	fed	fed
feel	felt	felt
fight	fought	fought
find	found	found
flee	fled	fled
fling	flung	flung
fly	flew	flown
forbid	forbade	forbidden
forget	forgot	forgotten
forsake	forsook	forsaken
freeze	froze	frozen
get	got	got (*Am* gotten)
give	gave	given

Infinitive *Infinitiv*	Past Tense *Präteritum*	Past Participle *Perfekt*
go	went	gone
grind	ground	ground
grow	grew	grown
hang	hung (*also* hanged)	hung (*also* hanged)
have	had	had
hear	heard	heard
hide	hid	hidden
hit	hit	hit
hold	held	held
hurt	hurt	hurt
keep	kept	kept
kneel	knelt (*also* kneeled)	knelt (*also* kneeled)
know	knew	known
lay	laid	laid
lead	led	led
lean	leant (*also* leaned)	leant (*also* leaned)
leap	leapt (*also* leaped)	leapt (*also* leaped)
learn	learnt (*also* learned)	learnt (*also* learned)
leave	left	left
lend	lent	lent
let	let	let
lie	lay	lain
light	lit (*also* lighted)	lit (*also* lighted)
lose	lost	lost
make	made	made
may	might	-
mean	meant	meant
meet	met	met
mistake	mistook	mistaken
mow	mowed	mown (*also* mowed)
pay	paid	paid
put	put	put
quit	quit (*also* quitted)	quit (*also* quitted)
read	read	read
rend	rent	rent
rid	rid	rid
ride	rode	ridden
ring	rang	rung
rise	rose	risen
run	ran	run
saw	sawed	sawn
say	said	said
see	saw	seen
seek	sought	sought
sell	sold	sold
send	sent	sent
set	set	set
shake	shook	shaken
shall	should	-
shear	sheared	shorn (*also* sheared)
shed	shed	shed
shine	shone	shone
shoot	shot	shot
show	showed	shown

Infinitive *Infinitiv*	Past Tense *Präteritum*	Past Participle *Perfekt*
shrink	shrank	shrunk
shut	shut	shut
sing	sang	sung
sink	sank	sunk
sit	sat	sat
slay	slew	slain
sleep	slept	slept
slide	slid	slid
sling	slung	slung
slit	slit	slit
smell	smelt (*also* smelled)	smelt (*also* smelled)
sow	sowed	sown (*also* sowed)
speak	spoke	spoken
speed	sped (*also* speeded)	sped (*also* speeded)
spell	spelt (*also* spelled)	spelt (*also* spelled)
spend	spent	spent
spill	spilt (*also* spilled)	spilt (*also* spilled)
spin	spun	spun
spit	spat	spat
split	split	split
spoil	spoiled (*also* spoilt)	spoiled (*also* spoilt)
spread	spread	spread
spring	sprang	sprung
stand	stood	stood
steal	stole	stolen
stick	stuck	stuck
sting	stung	stung
stink	stank	stunk
stride	strode	stridden
strike	struck	struck (*also* stricken)
strive	strove	striven
swear	swore	sworn
sweep	swept	swept
swell	swelled	swollen (*also* swelled)
swim	swam	swum
swing	swung	swung
take	took	taken
teach	taught	taught
tear	tore	torn
tell	told	told
think	thought	thought
throw	threw	thrown
thrust	thrust	thrust
tread	trod	trodden
wake	woke (*also* waked)	woken (*also* waked)
wear	wore	worn
weave	wove (*also* weaved)	woven (*also* weaved)
wed	wedded	wedded
weep	wept	wept
win	won	won
wind	wound	wound
wring	wrung	wrung
write	wrote	written

Genusangabe durch den bestimmten Artikel
gender shown by definite article

langer betonter Vokal
long stressed vowel

britische und amerikanische Varianten
British and American variants

phonetische Umschreibung nach der internationalen Lautschrift
pronunciation information using the IPA

eigenes Stichwort für das Femininum bei Formunterschied
separate word for feminine when form differs

Querverweise auf die neue Schreibweise
old spellings cross-referred to new

kurzer betonter Vokal
short stressed vowel

Hervorhebung der Ausdrücke
fixed expressions given special status

Abkürzungen
abbreviations and acronyms

Femininum
feminine form

Plural mit eigener Bedeutung
plural with its own meaning

Abitur (*pl* **-e**) *das* ≃ A levels *(pl)* **Br**, ≃ SATs *(pl)* **Am**, *final examination at a German "Gymnasium", qualifying pupils for university entrance.*

ABITUR

The German equivalent of British A-levels, the "Abitur" is the leaving examination taken by all German pupils at the end of their school career and is a requirement if they wish to go on to university. Pupils select one main subject and a number of optional subjects. Each of the "Bundesländer" administers its own examinations.

Arzt [aːɐ̯tst] (*pl* **Ärzte**) *der* doctor; **praktischer ~** general practitioner, GP.

Ärztin [ˈɛːɐ̯tstɪn] (*pl* **-nen**) *die* doctor.

auf|brechen (*perf* **hat/ist aufgebrochen**) *(unreg) vt (hat)* [mit Gewalt öffnen - Tür] to force open; [- Schloss] to force; [- Deckel] to force off; [- Wohnung, Auto, Tresor] to break into ◇ *vi (ist)* **- 1.** [abreisen]: **~ (nach)** to set off (for) **- 2.** [aufreißen] to open.

auf|wendig *adj* & *adv* = **aufwändig.**

August *der* August; *siehe auch* **September.**

Ausflugs|ziel *das* destination *(of a trip).*

betrachten *vt* **- 1.** [ansehen] to look at; **sich** *(D)* **etw (näher) ~** to have a (closer) look at sthg **- 2.** [beurteilen] to regard **- 3.** [überprüfen] to examine, to consider.

◆ **sich betrachten** *ref* to look at o.s.

bisschen *adj* [wenig]: **das ~ Regen macht doch nichts** that little bit of rain won't do any harm.

◆ **das bisschen** *pron:* **das ~ kannst du jetzt auch noch essen** you can eat that little bit up.

BKA [beːkaːˈaː] (*abk für* **Bundeskriminalamt**) *das Federal Office for criminal investigation.*

Depp [dɛp] (*pl* **-en**) *der* **fam Österr, Schweiz & Süddt** twit.

Denker, in (*mpl* **-;** *fpl* **-nen**) *der, die* thinker.

Denkmalspflege, Denkmalpflege *die* preservation of historical monuments.

Ersparnis (*pl* **-se**) *die* saving.

◆ **Ersparnisse** *pl* savings.

Entsprechungen
cultural equivalents

Erläuterungen, falls es keine Übersetzung gibt
explanation where no direct translation exists

landeskundliche Information
cultural information

klare Bedeutungsdifferenzierungen und Kontextangaben
clear differentiation of sense and context

zu benutzende Hilfsverben
auxiliary verb information

genaue Angaben zur Übersetzung
comment clarifying translation

Kasusangaben für das Deutsche
case information

grammatische Gebrauchsmuster
grammatical constructions

Dialektvarianten des Deutschen
German regional variants

Angabe der Pluralform
information on plural